金融学译丛
FINANCE

固定收益证券手册（第八版）上册

The Handbook of Fixed Income Securities (Eighth Edition)

弗兰克 · J . 法博齐 (Frank J. Fabozzi) ／编著

范 舟 王新荣 胡东屿 王 博 周从意 房 悦 孙尚惠 等／译

中国人民大学出版社
· 北 京 ·

出版说明

作为世界经济的重要组成部分，金融在经济发展中扮演着越来越重要的角色。为了加速中国金融市场与国际金融市场的顺利接轨，帮助中国金融界相关人士更好、更快地了解西方金融学的最新动态，寻求建立并完善中国金融体系的新思路，促进具有中国特色的现代金融体系的建立，中国人民大学出版社精心策划了这套“金融学译丛”，该套译丛旨在把西方，尤其是美国等金融体系相对完善的国家最权威、最具代表性的金融学著作，被实践证明最有效的金融理论和实用操作方法介绍给中国的广大读者。

该套丛书主要包括以下三个方面：

(1) 理论方法。重在介绍金融学的基础知识和基本理论，帮助读者更好地认识和了解金融业，奠定从事深层次学习、研究等的基础。

(2) 实务案例。突出金融理论在实践中的应用，重在通过实务案例以及案例讲解等，帮助广大读者将金融学理论的学习与金融学方法的应用结合起来，更加全面地掌握现代金融知识，学会在实际决策中应用具体理论，培养宏观政策分析和进行实务操作的能力。

(3) 学术前沿。重在反映金融学科的最新发展方向，便于广大金融领域的研究人员在系统掌握金融学基础理论的同时，了解金融学科的学术前沿问题和发展现状，帮助中国金融学界更好地认清世界金融的发展趋势和发展前景。

我们衷心地希望这套译丛的推出能够如我们所愿，为中国的金融体系建设和改革贡献出一份力量。

中国人民大学出版社
2004年8月

前言*

本书全面介绍了各种类型的固定收益产品，以及固定收益证券组合管理策略。其中每一章都是由该领域的专家撰写。

本书第八版分为十个部分。第1部分介绍固定收益证券的投资特征和相关风险的基础知识，以及固定收益一级、二级市场的背景知识。固定收益分析的基本因素——债券定价、收益率指标、即期汇率、远期汇率，以及波动率指标（久期以及凸性）等——均在第1部分进行了介绍。

第2部分和第3部分覆盖了市场工具的基本特征。政府证券和公司债务（包括债券和贷款）均在第2部分中讨论。第八版的一个重要更新是更广泛地覆盖了杠杆贷款和资产担保债券，同时也介绍了指数股票型固定收益基金。第3部分侧重于证券化产品：抵押贷款支持证券和资产支持证券。对非机构住房抵押贷款支持证券和商业抵押贷款支持证券的覆盖，体现了2007年次贷危机后市场所发生的变化。与第七版不同，本版为按计划摊还类别债券、支持债券、递增（Z类）债券和本息分离抵押贷款支持证券设立了独立章节。

第4部分集中讨论了利率的期限结构。既涉及对利率中所蕴含知识的利用，又涉及对期限结构的建模。

第5部分以第1部分的分析框架为基础。这一部分讨论固定收益证券的两种估价方法：分叉树模型和蒙特卡罗模型。这些模型的辅助工具是期权调整利差。可转换证券也在本部分讨论。

第6部分的主题是信用风险和信用风险分析。这一部分对公司债券和市政债券的传统

* 本书的译者还有刘兴坤、侯锦慎、周尧、周晓波等。

信用风险分析方法进行说明和阐述。这一部分还会覆盖信用风险建模的不同方法。

第 7 部分将介绍多因素风险模型及其应用。更为广泛使用的固定收益证券投资组合管理策略将在第 8 部分介绍。第 8 部分的第一章，即第 49 章，将介绍债券投资组合策略的分类框架。随后将对数量管理策略同基准的全球信用债券投资组合管理、高收益债券投资组合管理、国际债券投资组合管理和受困结构化信用证券管理进行对比分析。在此基础上，还有几个专门章节和债券投资组合相关，例如投资组合转换管理和债券市场中的融资安排，以及对冲基金策略。

第 9 部分将介绍衍生工具：利率衍生品（期货、远期合约、期权、利率互换以及利率上限和利率下限）以及信用衍生品（主要是信用违约互换）。每个工具的基本特征、定价方法和其在控制固定收益投资组合风险中所发挥的作用都将得以介绍。本部分还将介绍信用衍生品的基本特征。

第 10 部分即本书最后三章将介绍业绩评估和收益归因分析。这一部分将介绍如何建立和应用相关模型，以及建模的基础性原则。

对第七版的改动

第八版相比第七版进行了很大的改动。第七版有 60 章。第八版有 71 章。以下 31 章是新增的：

第 4 章　固定收益市场的电子化交易
第 5 章　宏观经济动态与公司债券市场
第 10 章　机构债券
第 13 章　杠杆贷款
第 15 章　结构化票据和信用连结票据
第 21 章　固定收益交易所交易基金
第 22 章　资产担保债券
第 27 章　机构 CMO 按计划摊还类别债券特征对业绩的影响
第 28 章　机构 CMO 的 Z 债券
第 29 章　机构 CMO 交易中含时间表的支持债券
第 30 章　本息分离抵押贷款支持证券
第 31 章　非机构住房抵押贷款支持证券
第 34 章　汽车贷款与租赁、设备贷款与租赁以及学生贷款资产支持证券
第 35 章　贷款抵押债券
第 38 章　收益率曲线动态与收益率曲线敞口的经验分析
第 39 章　无套利利率模型的期限结构建模
第 46 章　固定收益多因素风险模型及其应用
第 47 章　固定收益多因素风险模型的风险分析
第 52 章　管理高收益债券投资组合的要素
第 55 章　使用久期乘以利差法来管理信用组合的利差风险
第 56 章　投资于受困结构化信用证券

第 57 章　对冲基金固定收益策略
第 63 章　利率互换和互换期权的估值
第 65 章　利率上限和下限
第 66 章　信用衍生工具
第 67 章　信用衍生工具估值和风险
第 68 章　对冲尾部风险
第 69 章　投资组合业绩贡献度分析原则
第 70 章　固定收益证券投资组合的业绩贡献
第 71 章　对业绩贡献的进一步讨论

同时，以下 7 章也有重大改动：

第 14 章　可转换债券及其投资应用
第 19 章　国际债券市场与投资工具
第 25 章　机构抵押贷款支持证券
第 42 章　可转换证券：结构、估价与交易
第 43 章　公司债券的信用分析
第 53 章　国际债券投资组合管理
第 54 章　固定收益投资组合转换管理

当对一本内容全面广泛的书进行补充以适应新的产品、新的分析工具和其背后的方法论以及新的策略时，前一版中的部分章节就因为真实的“约束”条件而不得不被舍弃——一本书的页数有限。从第八版中删除的章节包括专用证券组合策略（免疫和现金流匹配）和担保债务凭证（现金的和合成的）。前一个专题虽然重要，但是含有管理者追求锁定普遍利率的债券投资组合策略。在该书撰写过程中的低利率背景下，似乎少有机构在执行这样的策略。至于担保债务凭证，虽然这样的证券有一定的未偿付量，但是除去其中的贷款抵押债券外，担保债务凭证基本不存在新发行（第八版有关于贷款抵押债券的章节）。

弗兰克·J. 法博齐博士，注册金融分析师兼注册会计师

致谢

《固定收益证券手册》（以下简称《手册》）第一版是在 30 年前出版的。随着时间的推移和该书八个版本的问世，我从证券市场不同领域中的很多同行的指导中获益。我也想向这本书各个版本的合作者致以我个人深切的谢意，特别是史蒂文·曼——与我共同合作了最新版本共八章的作者。

我想向两位对最初的六个版本做出贡献而如今离开了这个行业的合作者特别提出感谢：简·特里普·豪和理查德·威尔逊。简因其作为最杰出的公司信用分析家之一被广泛认可。她不仅为《手册》出力，对我所编辑的其他几本书也有贡献。当我需要写一章关于公司信用分析方面的内容时，她就是我想要找到的人。在第八版的编辑中，我和马丁·弗里德森和亚当·科恩修订了由简编写的公司债券信用分析的一章，并感谢她允许我使用在第六版中由她编写的一章的核心内容。

理查德·威尔逊为《手册》先前的版本撰写了几章。当我在 20 世纪 70 年代开始对固定收益市场的研究时，他是我的导师。市场在制度层面上存在非常多的细微差别，但是都没有进行出版说明。威尔逊的历史展望和他的远见帮助我形成了对市场的看法。除此之外，通过他与这个行业中同行的多次接触，威尔逊为我确定了第一版的潜在合作者。

弗兰克·J. 法博齐博士，注册金融分析师兼注册会计师

作者

第 1 章

弗兰克·J. 法博齐（Frank J. Fabozzi）博士，注册金融分析师，注册会计师

EDHEC 商学院金融学教授

迈克尔·G. 费里（Michael G. Ferri）博士

乔治·梅森大学金融学教授

史蒂文·V. 曼（Steven V. Mann）博士

南卡罗来纳大学摩尔商学院金融学教授

第 2 章

拉维·F. 达塔特里亚（Ravi F. Dattatreya）博士

Exellex 金融工程公司常务董事

弗兰克·J. 法博齐（Frank J. Fabozzi）博士，注册金融分析师，注册会计师

EDHEC 商学院金融学教授

塞尔焦·M. 福卡尔迪（Sergio M. Focardi）博士

EDHEC 商学院金融学教授

第 3 章

弗兰克·K. 赖利（Frank K. Reilly）博士，注册金融分析师

圣母大学伯纳德·J. 汉克金融学教授

戴维·J. 赖特（David J. Wright）博士

威斯康星大学帕克塞德分校金融学教授

第 4 章

马歇尔·尼科尔森（Marshall Nicholson）

骑士资本集团骑士债点（Knight BondPoint）常务董事

第 5 章

史蒂文·I. 蒂姆（Steven I. Dym）博士

水手资本合伙公司总裁（President，Mariner Capital Partners）

第 6 章

弗兰克·J. 法博齐（Frank J. Fabozzi）博士，注册金融分析师，注册会计师

EDHEC 商学院金融学教授

第 7 章

弗兰克·J. 法博齐（Frank J. Fabozzi）博士，注册金融分析师，注册会计师

EDHEC 商学院金融学教授

小杰拉尔德·W. 比托（Gerald W. Buetow，Jr.）博士，注册金融分析师

Innealta Capital 首席投资官

罗伯特·R. 约翰逊（Robert R. Johnson）博士，注册金融分析师

CFA 研究院高级执行副总裁

布莱恩·J. 亨德森（Brian J. Henderson）博士，注册金融分析师

乔治·华盛顿大学助理教授

第 8 章

弗兰克·J. 法博齐（Frank J. Fabozzi）博士，注册金融分析师，注册会计师

EDHEC 商学院金融学教授

第 9 章

迈克尔·J. 弗莱明（Micheal J. Fleming）

纽约联邦储备银行副总裁

弗兰克·J. 法博齐（Frank J. Fabozzi）博士，注册金融分析师，注册会计师

EDHEC 商学院金融学教授

第 10 章

马克·O. 卡巴纳（Mark O. Cabana）

纽约联邦储备银行，高级交易员/分析师

弗兰克·J. 法博齐（Frank J. Fabozzi）博士，注册金融分析师，注册会计师

EDHEC 商学院金融学教授

第 11 章

席尔万·G. 费尔德斯坦（Sylvan G. Feldstein）博士

美国嘉定人寿保险公司投资部主管

弗兰克·J. 法博齐（Frank J. Fabozzi）博士，注册金融分析师，注册会计师

EDHEC 商学院金融学教授

亚历山大·格兰特（Alexander Grant）

投资组合经理

RS 免税和 RS 高收益市政债券基金

戴维·拉特纳（David Ratner），注册金融分析师

行业咨询师

第 12 章

弗兰克·J. 法博齐（Frank J. Fabozzi）博士，注册金融分析师，注册会计师

EDHEC 商学院金融学教授

史蒂文·V. 曼（Steven V. Mann）博士

南卡罗来纳大学摩尔商学院金融学教授

亚当·B. 科恩（Adam B. Cohen），法律博士

契约评论（Covenant Review）公司创始人

第 13 章

斯蒂芬·J. 安特科扎克（Stephen J. Antczak），注册金融分析师

顾问

弗兰克·J. 法博齐（Frank J. Fabozzi）博士，注册金融分析师，注册会计师

EDHEC 商学院金融学教授

荣格·李（Jung Lee）

顾问

第 14 章

乔纳森·L. 霍恩（Jonathan L. Horne）

太平洋投资管理公司执行副总裁

克里斯·P. 迪亚里纳斯（Chris P. Dialynas）

太平洋投资管理公司常务董事

第 15 章

约翰·D. 芬纳蒂（John D. Finnerty）博士

福特汉姆大学金融学教授

芬纳蒂经济咨询有限责任公司负责人

雷切尔·W. 帕克（Rachael W. Park）
芬纳蒂经济咨询有限责任公司高级经理

第 16 章
弗兰克·J. 法博齐（Frank J. Fabozzi）博士，注册金融分析师，注册会计师
EDHEC 商学院金融学教授
史蒂文·V. 曼（Steven V. Mann）博士
南卡罗来纳大学摩尔商学院金融学教授

第 17 章
弗兰克·J. 法博齐（Frank J. Fabozzi）博士，注册金融分析师，注册会计师
EDHEC 商学院金融学教授
史蒂文·V. 曼（Steven V. Mann）博士
南卡罗来纳大学摩尔商学院金融学教授

第 18 章
约翰·B. 布林约尔松（John B. Brynjolfsson），注册金融分析师
Armored Wolf 有限责任公司常务董事，首席投资官

第 19 章
卡蒂克·拉马纳坦（Karthik Ramanathan）
富达管理研究公司/Pyramis 全球顾问公司高级副总裁和债券部主管

第 20 章
简·萨卡·布劳尔（Jane Sachar Brauer）
美林证券公司董事

第 21 章
马修·塔克（Matthew Tucker），注册金融分析师
黑石公司常务董事
斯蒂芬·莱普莱（Stephen Laipply）
黑石公司董事

第 22 章
维诺德·科塔里（Vinod Kothari）
印度管理学院加尔各答分校金融顾问和访问学者

第 23 章

史蒂文·V. 曼（Steven V. Mann）博士

南卡罗来纳大学摩尔商学院金融学教授

第 24 章

阿南德·K. 巴塔查亚（Anand K. Bhattacharya）博士

亚利桑那州立大学金融系实践教授

威廉·S. 柏林纳（William S. Berliner）

曼哈顿资本市场公司（Manhattan Capital Markets）执行副总裁

第 25 章

安德鲁·戴维森（Andrew Davidson）

安德鲁·戴维森公司总裁

安妮·程（Anne Ching）

安德鲁·戴维森公司高级分析师

埃克纳特·贝尔贝斯（Eknath Belbase）博士

安德鲁·戴维森公司高级咨询师

第 26 章

亚历山大·克劳福德（Alexander Crawford）

第 27 章

琳达·洛威尔（Linda Lowell）

OffStreet 研究有限责任公司总裁

第 28 章

琳达·洛威尔（Linda Lowell）

OffStreet 研究有限责任公司总裁

第 29 章

琳达·洛威尔（Linda Lowell）

OffStreet 研究有限责任公司总裁

第 30 章

塞勒斯·穆希比（Cyrus Mohebbi）博士

摩根士丹利投资公司常务董事以及纽约大学兼职教授

加里·李（Gary Li）

汇丰银行高级副总裁

托德·怀特（Todd White）
哥伦比亚管理投资顾问有限责任公司常务董事
戴维·昆（David Kwun）
汇丰银行常务董事

第 31 章
胡大鹏（Dapeng Hu）博士，注册金融分析师
黑石风险管理公司常务董事
罗伯特·戈尔茨坦（Robert Goldstein）
黑石风险管理公司常务董事

第 32 章
韦恩·M. 菲茨杰拉德二世（Wayne M. Fitzgerald Ⅱ）
黑石风险管理公司常务董事
马克·D. 帕特洛维茨（Mark D. Paltrowitz）
黑石风险管理公司常务董事

第 33 章
约翰·麦克艾尔瑞维尔（John McElravey），注册金融分析师
富国证券公司董事，消费信贷 ABS 研究部主任

第 34 章
约翰·麦克艾尔瑞维尔（John McElravey），注册金融分析师
富国证券公司董事，消费信贷 ABS 研究部主任

第 35 章
弗兰克·J. 法博齐（Frank J. Fabozzi）博士，注册金融分析师，注册会计师
EDHEC 商学院金融学教授

第 36 章
安蒂·伊尔马宁（Antti Ilmanen）博士
AQR 资本管理（欧洲）有限合伙公司常务董事

第 37 章
安蒂·伊尔马宁（Antti Ilmanen）博士
AQR 资产管理（欧洲）有限合伙公司常务董事

第 38 章

韦斯利・潘（Wesley Phoa）博士

资本国际研究公司高级副总裁

第 39 章

小杰拉尔德・W. 布托（Gerald W. Buetow, Jr.）博士，注册金融分析师

Innealta 资本公司首席投资官

布莱恩・J. 亨德森（Brian J. Henderson）博士，注册金融分析师

乔治・华盛顿大学金融学助理教授

目录

第 1 部分

背景

第1章 固定收益证券类型与特征概览

弗兰克·J. 法博齐（Frank J. Fabozzi）博士，注册金融分析师，注册会计师
EDHEC 商学院金融学教授

迈克尔·G. 费里（Michael G. Ferri）博士
乔治·梅森大学金融学教授

史蒂文·V. 曼（Steven V. Mann）博士
南卡罗来纳大学摩尔商学院金融学教授

本章将探讨债券、优先股和结构化产品的一些最重要的特征，并给读者提供一个术语和概念的分类，这对于阅读以后的章节会很有帮助。

1.1 债券

□发行人类型

债券的一个重要特征是发行人的特征。尽管外国政府和公司也在美国金融市场上筹集资金，但三个最大的债券发行人是国内公司、州和地方政府、联邦政府及其机构。每一类发行人都有自己的显著特征和内在差异。

例如，国内公司既包括受政府管制较多的公用事业公司，也包括受管制较少的其他公司。此外，每一个公司可能发行不同的债券：一些债券可能面向公众发行，而另一些债券则直接出售给一个或仅仅几个买家［称之为**私募**（private placement）］；一些债券是以公司特定的资产作抵押的，而另一些债券可能是没有抵押的纯粹信用债券。市政债券也是多种多样的：一般责任债券（general obligation bond，GO）是由发行它们的政府的完全信誉、信用和征税权担保的；收益债券（revenue bond）的安全或信用以发债的地方政府经营项目（例如收费公路、医院、自来水供水系统）的重要性和成功程度为保证。

美国财政部发行债券的胃口最大，而它的下属机构对发行债券也有很大的需求。联邦政府机构包括与联邦政府相关的机构和政府支持企业（GSE）。

无论从法律的角度还是从实践的角度看，在过去的岁月中，不同的借款者形成了不同的债务资金筹集方法。对于投资者来说，意识到这一点非常重要。不同债券发行人的差别决定了债券在收益率、面值、本金安全性、到期期限、赋税，以及诸如提前赎回、回售和偿债基金等重要条款方面的不同。在讨论固定收益证券的关键特征时，我们将指出债券的特征怎样随债务人或发行机构的改变而改变。更深入的讨论将在本书后面解释各种工具的章节中展开。

□到期日

任何债券都具有**到期期限**（term-to-maturity）是债券的一大重要特征。到期期限是指借款人承诺履行债务条款的年数（债务条款包含在债券契约内）。在债券到期日，所有对应的债务将终止，借款人通过偿付面值金额或本金赎回债券。到期日的重要性，可从每只债券的代码或名字都包括到期日（和息票利息）中看出。例如，2016 年到期的安海斯-布希公司（Anheuser Busch）债券被表示为“Anheuser Busch 8⅝s of 2016”。在实际操作中，**到期日**（maturity）、**期限**（term）和到期期限这几个词常常会被交替使用，表示债券的剩余年限。然而在技术上，到期日表示债券将被赎回的日期，而期限和到期期限表示到赎回日所剩余的年数。

债券到期日的重要性体现在四个方面：第一，到期日表明了债券的预期存续期，或是债券持有者预期能收到息票利息的期数，以及本金被偿付之前的年数。第二，债券的收益率实际上依赖于到期日。更进一步说，如果给定某个时点，某只长期债券的收益率可能大于、小于或等于某只短期债券的收益率。在第 8 章将进一步指出，到期日对收益率的影响依赖于**收益率曲线的形状**（shape of the yield-curve）。第三，债券价格的波动性与到期日密切相关。同样，市场利率水平的变动对长期债券价格的影响比对其他条件相同但期限较短的债券价格的影响更大。[1]第四，还有另外一些风险与债券的到期日相关。这一点将在第 2 章解释。

在考虑债券的到期日时，投资者应该注意到任何修改或允许发行人修改债券到期日的条款。尽管公司债券是典型的**期限债券**（term bonds）（仅有一个到期日），却常常附有一些协议——允许发债公司能够或者必须提前全部或部分清偿债务。例如，一些公司债券允许发行人拥有**赎回权**（call privilege），允许发行公司在一定的条件下（这些条件将在下面讨论）提前赎回债券。市政债券中的很多也有同样的条款。美国政府不再发行新的有提前赎回权的债券，最后一批可提前赎回债券于 2009 年 11 月偿付。许多工业和公用事业债券有**偿债基金条款**（sinking-fund provisions），这项条款要求发债公司在债券到期日之前，按照预先安排的时间表赎回债务的一定部分。市政债券是典型的系列债券（serial bond），或者说是由具有不同到期日的债券组成的债券包（一些公司债券也具有这个特征）。

一般来说，公司债券的到期期限介于 1 到 30 年之间，但也有例外。事实上，财务健全的公司已经开始发行更长期的债券以便锁定长期有吸引力的资金来源。例如，在 20 世纪 90 年代末期，大约有 90 家公司发行的是 100 年期的债券。

尽管把债券分为短期债券、中期债券和长期债券这种做法没有被普遍接受，但这是具有代表性的分类法。到期期限在 1 到 5 年之间的债券通常被认为是短期债券，5 到 12 年之间的债券是中期债券［常被称为**票据**（note）］，长期债券是指那些到期期限在 12 年以上的债券。

□息票利息和本金

债券的**息票利息**（coupon）是指在债券存续期内需要对持有者定期支付的利息。息票利息总是和到期日一起出现在债券报价单上。在债券现货交易中，常常可以听到“IBM 6.5，2028 年到期”或者“金宝汤 8.875，2021 年到期”这样的报价。在这些例子中，息票利息实际上是指**息票利率**（coupon rate），即用来乘以债券的**本金**（principal）或**面值**（par value or face value），得出应付现金利息额的利率。在美国，已发行债券通常每半年支付一次利息，但不绝对。一个重要的例外是抵押贷款支持证券和资产支持证券，它们通常每月支付现金利息。相反，一些在欧洲地区债券市场上发行的债券和所有在**欧洲债券市场**（Eurobond market）发行的债券，一年支付一次利息。债券可以有**无记名债券**（bearer bonds）和**记名债券**（registered bonds）之分。持有无记名债券的投资者需要剪下息票并寄给债务人才能得到利息支付。而对于记名债券，持有人在适当的时间自动收到利息。现在所有新发行的债券都要求是记名债券。

零息票债券（zero-coupon bond）自 20 世纪 80 年代早期以来由公司和市政当局发行。例如，巴克莱银行在 2006 年 8 月 15 日发行了一只 2036 年 8 月到期的零息票债券。尽管美国财政部不发行一年期以上的零息票债券，但政府证券交易商们创造了类似的证券。美林公司在 1982 年 8 月创造出国债投资增长票据（treasury investment growth receipt，TIGR），率先实现了创新。迄今为止，最热门的零息票国债是国债交易商们根据财政部关于本息分离债券（STRIPS）程序创造的。关于这些被称为**本息分离国债**（treasury strips）的证券如何被创造出来的问题，我们将在第 9 章中解释。通常，零息票债券的投资者以低于本金或到期价值的价格购买债券，然后以持有至到期的方式获取利息。发行零息票债券的原因将在第 9 章解释。此外，也存在一些按面值发行的零息票债券。这些债券在存续期内计息，在到期日偿付应计利息和本金。

主权政府和公司发行利率与通化膨胀率相关的证券。这些债务工具被称为通胀连结债券（inflation-linked bonds），或者简称为“连结债券”。这类债券自 1945 年以来便开始发行。连结债券的早期发行者有阿根廷、巴西和以色列政府。现代连结债券是于 1981

年由英国政府发行的，澳大利亚、加拿大和瑞典紧随其后。美国于1997年1月引入通胀连结债券，并将这些债券称为“通货膨胀保值债券”（Treasury Inflation-Protected Securities，TIPS)。这类证券具有美国政府的完全的信誉保证，在2009年年中占美国流通国债的10%。在1997年引入TIPS不久，美国政府相关实体如联邦农业信贷公司、联邦住房贷款银行、联邦国民抵押贷款协会（房利美）和田纳西河流域开发管理局即开始发行连结债券。

连结债券可以采用不同的设计。通胀率的参考利率随着消费者价格指数（CPI）而变化。例如，在英国，所用指数是商品零售价格指数（RPI）。在法国，有两类连结债券和两类指数：法国CPI（不包括香烟）和欧元区的调和消费者价格指数（不包括香烟，HICP)。在美国，非经季节性调整的城市消费者价格指数（CPI-U）由美国劳工统计局进行统计。[2]

还有一种证券的息票利率是随时间递增的。这种息票利率随时间推移阶梯式增长的证券也被称作**阶梯式票据**（step-up note）。例如，一种6年期的阶梯式票据可能在第一个2年息票利率是5%，第二个2年为5.8%，最后2年则为6%。考虑巴克莱银行在2009年7月发行的**阶梯票据**（stairway note）。这只债券在2010年1月之前的息票利率是2.8%，在此之后息票利率每6个月进行一次重设，重设方法是：在现行的息票利率和6个月期伦敦银行同业拆借利率（LIBOR）中选择最高的利率。

浮动利率证券（floating-rate security or floater）是一种与存续期内息票利率固定不变相反的证券。这种证券不止一种，但无论差异如何，它们均有一个共同的特点，即息票利率在存续期内会改变。在指定日期，息票利率将在参考利率值的基础上，按照一个利差重新确定。例如，思考一个由美国银行于2007年9月发行、2011年9月到期的浮动利率证券。利率计算公式等于3个月期伦敦银行同业拆借利率（LIBOR）加上50个基点。

通常，浮动利率证券的息票利率的重新确定一年不止一次（例如半年一次、一季一次或者每月一次）。相反，**可调利率**（adjustable-rate）债券或**可变利率**（variable-rate）债券的利率调整次数则少得多，至多一年一次。

浮动利率证券有几个特征值得一提。第一，在利率重设日，需要调整的息票利率可能会有最大值（最小值）限制，称为利率的**上限**（cap）或**下限**（floor）。第二，虽然大多数浮动利率证券的参考利率是基准（benchmark）利率或利率指数，但是许多五花八门的参考利率也用于利率计算公式中。例如，参考利率可与汇率变动、商品价格（例如原油）变动、股票指数（例如标准普尔500指数）或者债券指数（例如美林公司债券指数）的变动挂钩。第三，尽管浮动利率证券的利率通常与参考利率同向变动，也存在利率与参考利率反向变动的浮动利率证券。这些证券叫作**反向浮动利率证券（或债券）**（inverse floater or reverse floater）。考虑按照如下公式支付息票利息的一个假设的反向浮动利率证券：

$$18\% - 2.5 \times 3\text{ 个月期 LIBOR}$$

这只反向浮动利率证券的利率下限为3%，利率上限为15.5%。第四，有一种叫作**设定**

范围票据（range note）的浮动利率证券，如果在重设日参考利率处于特定的范围内，则该证券的息票利率等于参考利率（按照一定的利差进行调整）。如果参考利率超出该范围，则那一期的息票利率为零。例如，巴克莱银行在2006年11月发行了设定范围票据（于2016年11月到期）。这只票据每季付息。如果3个月期LIBOR在0到7.5%之间，那么投资者可以按3个月期LIBOR加上113个基点的利率获得利息。如果3个月期LIBOR超出这个范围，那么，息票利率为零。因此，这只设定范围票据的利率下限为0。

在利息支付方式上，公司债券市场中的**高收益债券**（high-yield bond）［**垃圾债券**（junk bond）］板块有更多的创新。例如，在杠杆收购或资产重组中，发行高收益债券融资会使企业背上沉重的利息支付负担，使企业处于严重的现金流约束下。为减轻负担，涉足杠杆收购或资产重组的企业发行了一种递延利息支付的债券，允许发行人在3～7年的期限内不必使用现金支付利息。递延息票债券有三种类型：（1）递延利息债券；（2）阶梯式债券；（3）实物支付债券。这些债券种类将在第12章阐述。

另一种高收益债券允许发行人重新确定息票利率，以便债券按照预先确定的价格交易。息票利率可以每年重设或者在债券存续期内仅仅重设一次。通常，息票利率取两家投资银行建议利率的平均值。新的利率既反映了重设日的基准利率水平，也反映了当日市场对这种债券的信用利差（又称“信用价差”）要求。这种债券叫作**可延伸重设债券**（extendible reset bond）。请注意此债券与前面描述的浮动利率债券之间的区别。对于浮动利率债券，息票利率的重设基于一些基准利率的固定利差，这个利差是在债务契约中事先确定的，利差的大小反映了债券发行时的市场状况。与之相比，可延伸重设债券的息票利率重设，基于重设时几个投资银行对市场状况的判断，而且新的息票利率反映了新的利率水平和投资者所要求的新的利差。

债务融资之所以受公司欢迎，一个重要原因是，利息偿付是可以在税前扣除的费用。因此，对于一家盈利的公司来说，债务的真正税后成本通常低于明文规定的息票利率。任何债券的息票利率通常接近于同类债券在首次公开发售时的收益率水平。一些债券最初以低于面值的价格发行［称为**初始发行折价债券**（original-issue discount bond，OID）］，它们的息票利率故意设得低于当前市场利率。然而，企业通常试图把息票利率设定在某个水平上，以保证债券的市场价格接近面值。将息票利率设为接近当时的市场利率有助于实现这一目的。

对于许多投资者来说，息票利息仅仅是他们每年将收到的利息额。然而根据债券投资者的经验，息票利息的多少还影响着债券价格的波动性。息票利息越多，市场利率变动对债券价格变动的影响越小。因此，息票利息和到期期限对债券的价格波动性有相反的影响。这将在第7章阐述。

债券的本金或面值，均是指在债券到期日、提前赎回日或债券按照偿债基金条款或还款计划（repayment schedule）被收回时，付给投资者的金额。但是本金也扮演着另一个角色：因为息票利息是本金和息票利率的乘积，因此，本金是息票利息或定期利息的计算基础。

债券市场的参与者使用以下几个尺度衡量投资债券的潜在收益：当前收益率、到期收益率、可赎回债券的赎回收益率和可回售债券的回售收益率。**最差收益率**（yield-to-worst）常为债券所用。它是如下所列中的最低收益率：到期收益率、到所有可能的提前赎回日的收益率、到所有回售日的收益率。这些收益率的计算方法及其局限性将在第 6 章解释并阐述。

大多数债券价格的报价以面值或面值的百分比表示。把报价转换为相应的美元价格的一个简单方法是：报价除以 100（化为小数形式）然后乘以面值。如下表所示：

面值（美元）	报价	以占面值百分比表示的价格(%)	美元价格（美元）
1 000	$91\frac{3}{4}$	91.75	917.50
5 000	$102\frac{1}{2}$	102.5	5 125.00
10 000	$87\frac{1}{4}$	87.25	8 725.00
25 000	$100\frac{3}{4}$	100.875	25 218.75
100 000	$71\frac{9}{32}$	71.281 25	71 281.25
500 000	$97\frac{5}{16}$	97.156 25	485 781.25
1 000 000	$88\frac{111}{256}$	88.433 593 75	884 335.94

对于二级市场上财政部的债券和票据，有一个很独特的报价方法。该法将在第 9 章予以说明。

□提前赎回和换新条款

如果债券契约包含**提前赎回特征**（call feature）或**提前赎回条款**（call provision），意味着发行人拥有在既定到期日前完全或部分购回债券的权利。这样一个条款的主要好处是，允许借款人在市场利率降低时，发行利息成本更低的债券以取代原有债券。提前赎回特征对于作为发行人的公司和市政机构具有附加价值。它也可以帮助发行人摆脱债务条款中繁杂的约束条款（涉及资产转让或担保时）。另外，提前赎回特征为那些可能要用大量现金购回未到期债券的公司或者希望重构资产负债表的公司提供额外的好处。

提前赎回条款对投资者是有害的，因为他们必须承受在利率下降时失去高息票利率债券的风险。借款人提前赎回债券时，投资者必须寻找其他投资渠道，而这些渠道的收益率大概都比早先被通过提前赎回权回收的债券低。对于投资者的另一个问题是，对提前赎回的预期限制了利率下降时债券应有的增值。

由于提前赎回特征对发行人有利而对投资者不利，所以，可赎回债券比那些不能提前赎回的债券有更高的收益率。当投资者相信市场利率将下降，借款人可能要用新的低息债券代替原有的高息债券［这样的交易被称为**债券换新**（refunding）］时，收益率的这个差异很可能加大。然而，仅仅有更高的收益率往往不足以补偿投资者在发行人行使提前赎回权时遭受的损失。因此，债券被赎回的价格，称为**提前赎回价格**（call price），通常比本金或面值高。提前赎回价格与本金之间的差额叫作**提前赎回溢价**（call premium），溢价金额在债券存续期的头几年可能相当于一年的利息，此后逐步降低。

对借款人拥有提前赎回权的一个重要约束是**提前赎回保护期**（period of call protection）或**递延期**（deferment period）。保护期是一种特定的年限，规定发行人在债券发行后的这个年限内不得赎回债券。保护期是对投资者的另一种让步，它有两种形式：一种是在递延期内债券不能以任何理由赎回（noncallable，NC），另一种是在那段时期内不可以进行债券换新（nonrefundable，NF）。两种形式的区别在于，不可以进行换新的债券可被提前赎回，但赎回旧债的资金只能来自内部，如来自经营、销售资产或设备的现金流，或来自非负债资金如普通股出售收入，但不能来自发新债。因此，尽管两个术语容易混淆，但比较清楚的是，不能进行换新的债券可以在刚才描述的情形下赎回，而不可赎回债券不能以任何理由提前赎回（除了满足后面解释的偿债基金条款之外，对此将在以后的章节中解释）。因此，对于投资者来说，不可换新债券比不可赎回债券提供的赎回保护更少。从 1986 年初开始，许多公司发行的是有扩展的提前赎回保护而不是有换新保护的长期债券。其中相当数量的债券是存续期内不可提前赎回的，如利率为 8.625%、2006 年到期的陶氏化学公司（Dow Chemical Company）债券，该债券明确禁止发行人在到期前赎回债券。这些**全期不可赎回债券**（noncallable-for-life issue）又称为**一次性还本付息债券**（bullet bond）。如果一只债券没有任何提前赎回保护，则称之为**随时可赎回债券**（currently callable）。

自 20 世纪 90 年代中期以来，在新发行的债券中，越来越多地出现了一种附有**互利赎回条款**（make-whole call provision）的债券。互利赎回条款早在 20 世纪 80 年代后期就出现了，常见于私募发行的债券中。与那些按照某种计划事先固定赎回价格的一般赎回条款不同，互利赎回价格与利率水平反向变动。互利赎回价格（即赎回金额）通常是剩余利息偿付额和本金的贴现值之和，所用贴现率等于与债券剩余期限相同的国债收益率加上一个利差。例如 2008 年 1 月 22 日某工业公司发行了 3 亿美元于 2038 年 1 月 15 日到期的债券，该债券含有互利赎回条款。该条款允许发行人选择在任何时间赎回债券的全部或部分。赎回价格取以下二者中较大的一个：(1) 本金额的 100%加上应计利息；(2) 互利赎回额加上应计利息。在这个例子中，互利赎回额等于剩余利息与本金偿付额按调整的国债利率加 15 个基点所得贴现率贴现的现值。[3] 调整的国债利率是与被赎回债券剩余期限相同的国债的债券等值收益率。按照互利赎回条款，在赎回日前至少 30 天但不超过 60 天预先通知债券持有人。这只债券和大多数含有互利赎回条款的债券一样，可以在发行后随时赎回。需要注意的是，在利率下降时，互利赎回价格上升。于是，当发行人在利率下降时使用互利赎回条款，债券持有人可以获得更高的提前赎回价格。因此，互利赎回条款在某种程度上保护了投资者免于再投资的利率风险。

关键问题是，公司选择什么时机进行债券换新最合适？对投资者而言，了解公司购回旧债券和发行新债券的过程是重要的。我们用一个简短的例子说明这个过程，并向读者介绍投资者在预测债券是否将被换新时用到的几种计算方法。

假设一公司的未偿付债券的面值总额为 3 亿美元，息票利率为 10%，剩余期限为 15 年，该债券的递延期已经失效。公司现在能发行具有同样期限（15 年）、利率为 7.8%的债券。假定发行费用和法律费用总计 200 万美元。债券的赎回价格为每百美元面值 105 美元。公司必须支付经税收调整的赎回溢价和费用。为简化计算，假定税率为 30%，赎回的总费用为 1 190 万美元。[4] 换新交易能为公司在下一个 15 年中每年节省 462 万美元的利息偿付额（等于现存债券的 3 000 万美元年利息减去新发债券的 2 340 万美元年利息并经税收调整)。[5]以 1 190 万美元的费用支出，换取 15 年中每年 462 万美元的节约额，这笔投资的年收益率大约是 38%。此收益率远远超过公司债券的税后成本（目前为 7.8%×0.7=5.46%）。因此，这个换新完全有利可图。

就市政债券而言，换新的含义有所不同。它能被先于到期日预先换新（prerefunded）(通常在赎回日)。在这里，市政机构不是发新债还旧债，而是将发行新债的收入用于购买足够多的无风险证券，再用无风险证券的收益支付现存债券的所有现金流。市政机构将这些无风险证券置于一个不可撤销的信托之中，这样一来，市政机构依然有两笔未偿付债务，但是其中的旧债贴上了一个新的标签——它们是被预先换新的。如果用国债换新旧债，则债券的现金流可获得国家信誉的担保。因此，市政债券会被评为 AAA 级，并因此获得比以前更高的交易价格。市政机构常常发现，这是一个降低债务成本的有效手段。

□偿债基金条款

偿债基金条款（sinking-fund provision）要求借款人每年购回一定数量的未偿付债务。这种条款常见于以公募或私募方式发行的工业债券，在某些类别的公用事业债券中也不难见到。债券购回一般在两种方式中选其一：如果债券价格低于面值，公司可在公开市场上购回相应数量的本公司债券；或是公司把应付款交给被授权监督契约的受托人，由受托人以抽签的方式选择一定数量的债券赎回。在后一种方式中，投资者获得预先确定的赎回价格，通常是面值。不同债券购回的时间安排有相当大的不同。在私募市场上，一些发行人会购回他们的全部或大部分债务；在公开发行市场上，一些发行人在到期日前可能只会购回未偿付面值总额 20%～30%的债券。此外，许多债券契约包括递延期，允许发行人过 5 年或更多年份才开始启动偿债基金购回程序。

从投资者的角度看，偿债基金条款有三个好处：第一，偿债基金要求确保了债务的有序购回，从而使到期日时最后偿付额不会太大；第二，该条款增强了一些债务的流动性，尤其是增强了发行额小、二级市场交易清淡的债券的流动性；第三，有该条款的债券价格大都比较稳定，因为当价格回落时，发行人可能成为积极的购买者。出于以上理由，含有偿债基金条款的债券的收益率往往低于不带该条款的债券。

然而，偿债基金条款也会对投资者不利。假设一个投资者持有债券没多长时间就因偿债基金条款而被提前赎回了，这个投资者为分析该债券而投入的所有时间和努力也就被浪费了，投资者不得不再去选择新的投资工具。另外，当利率开始下降时，偿债基金条款会迫使投资者放弃高利率债券，承受再投资风险。所以我们可看到，在利率较高时，投资者对那些含有偿债基金条款的债券，会要求比其他债券更高的收益率。

偿债基金条款对投资者的利益的另一种损害，是通过公司债券契约中的**选择权加速特征**（optional acceleration feature）实现的。许多公司债券契约中有这部分内容。通过这个选择权，公司可自由地购回比偿债基金条款要求购回的数量更多的债券（并且常常是它的倍数），而且购回的价格是为偿债基金条款而设的赎回价格。当然，公司会在利率相对较低、债券价格超过偿债基金价格（通常接近面值）时行使这个权利。典型的情况是，如果在提前赎回递延期失效之前偿债基金条款有效（可操作），公司就会根据选择权加速特征购回大量债券，并且能按远低于债券换新时的提前赎回价格的价格做到这一点。如此行为对投资者权益的影响是显而易见的：公司以面值或接近面值的价格赎回大量债券，而这些债券本来是可以受到提前赎回保护的，并且有高于面值的市场价值。

□回售条款

可回售债券（putable bond）授予投资者在指定日期以面值将债券回售给发行人的权利。这种债券对投资者的好处是，如果发行日后利率上升，从而导致债券的市场价值降低，投资者可以要求发行人以面值赎回债券。一些带有回售条款的债券对债券持有人在任何一个回售日可以回售给发行人的债券数量进行了限制。公司债券中包括回售条款可阻止恶意接管。这样的回售条款被称为“毒丸回售”。

回售选择权可分为**硬回售**（hard put）和**软回售**（soft put）。在硬回售中，发行人只能用现金赎回证券。在软回售中，发行人有用现金、普通股、其他债务工具或同时使用三者来赎回证券的选择权。软回售常见于可转换债券，我们将在后面阐述。

□可转换债券或可交换债券

可转换债券（convertible bond）是可以按指定数量转换为发行公司普通股的债券。可转换债券不能做逆向转换，转换条款由公司在债券契约中规定。最重要的条款是**转换比率**（conversion ratio）和**转换价格**（conversion price）。转换比率指可转换债券的持有者认领的普通股数。例如，凯撒铝业（Kaiser Aluminum）在 2010 年 4 月发行了 1.75 亿美元的 2015 年到期的可转换债券。这些债券的息票利率为 4.5%，每张债券的转换比率为 20.694 9。这意味着发行时的转换价格为每股 48.32 美元（1 000 美元票面价值除以 20.694 9 的转换比率）。发行时的转换价格也称为**指定转换价格**（stated conversion price）。

转换权可以在债券的整个存续期或仅仅一段时期有效。转换比率可随时间推移而降低，它总是随股票拆分和分红而相应调整。发行人通常可以提前赎回可转换债券，这实际上是允许发行人强制转换债券（如果发行人欲提前赎回债券，则投资者要么被迫转换债券，要么允许它被赎回）。有一些可转换债券具有提前赎回保护，这种保护可采取以下两种形式之一：或是不允许发行人在某一指定日期之前赎回债券；或是直到股票价格上涨到高于指定转换价格的一定百分比时，才允许发行人赎回债券。

可交换债券（exchangeable bond）是指能被交换成其他公司而非债券发行公司的普通股的债券。有少数债券可交换不止一种证券。可转换债券市场的一个重大变革是美林资本市场公司（Merrill Lynch Capital Markets）1985 年创造的流动收益期权票据（liquid yield option note，LYON）。流动收益期权票据是一种零息票、可转换、可提前赎回和可回售的债券。关于可转换债券和可交换债券的分析技术，将在本书第 14 章和第 42 章中进一步阐释。

□中期票据

中期票据（medium-term note）是一种高度灵活的债务工具。这种工具可以方便地根据市场条件和投资者的口味变化而构造。“中期”这个词其实是个误解，因为这种证券的期限范围短至 9 个月，长可达 30 年甚至更长时间。自 20 世纪 80 年代后期以来，中期票据日益成为公司、联邦机构的重要融资手段。中期票据通常不可提前赎回，无担保，有固定利率，属于投资级信用等级的优先债务凭证。它们在初始发行程序上与其他债券不同。关于这个问题将在第 12 章中进一步讨论。**结构化中期票据**（structured medium-term note）或简称**结构化票据**（structured note）是与衍生工具相关联的债务工具。将在第 15 章进一步讨论，例如，结构化票据通常附有某个相关的互换交易。这种套期保值互换允许发行人创造出有债券投资者所需要的风险/收益特征的更有吸引力的证券。

□认股权证

认股权证（warrant）是一种选择权，它允许持有者以指定价格从发行公司购买一定数量的普通股股份。上市公司在发行新债券时，同时发行认股权证的做法是很常见的。

认股权证的价值在于它的存续期相当长。大多数认股权证从发行开始至少两年有效，有一些甚至是永久的。[6]认股权证的另一个关键特征是**执行价格**（exercise price），即持有者能从公司购买股票的价格。这个价格通常高于发行债券以及认股权证时普通股价格的 15%。通常，执行价格会按照债券契约的规定随时间推移而上升。认股权证还有一个重要特征，即它的可分性。**可分认股权证**（detachable warrant）在美国证券交易所（American Stock Exchange）的交易常常比较活跃。其他的认股权证只能被债券持有人执行，称为**不可分认股权证**（nondetachable warrant）。认股权证对投资者的主要好处是，它能提供融资杠杆。

1.2 优先股

优先股（preferred stock）是一种股票，而不是债务工具，但它兼有普通股和债务工具的特点。像普通股股东一样，优先股的持有者有权得到分红。然而不同于普通股的是，优先股股息等于面值的指定百分比。[7]这个百分比称为**股息率**（dividend rate）；在优先股存续期内，它不需要固定不变，可以浮动。

无力支付优先股股息并不会使发行人破产。如果发行人不能按期（通常每季）发放优先股股息，那么按照发行条款有两种处理办法。其一，在完全付清之前，股息偿付额可累积。有这种特征的优先股叫作**累积优先股**（cumulative preferred stock）。其二，如果企业某次不能发放股息，持有者必须放弃这次股息，这种优先股称为**非累积优先股**（noncumulative preferred stock）。不分发股息可能会导致企业被迫接受管理上的一定限制。例如，如果到期未付股息，优先股股东可能被授予投票权。

与债务不同的是，对优先股股东的股息支付来自收益。这意味着按照当前税法，优先股股息对公司来说是不能抵税的（相反，利息可以抵税）。尽管看起来公司通过发行优先股融资的税后成本比借款高，但有一个因素可以缩小两种融资方式的成本差异，这就是，如果获取股息者是符合条件的公司，那么按照税法，该股息的70%可以免交联邦所得税。例如，如果A公司拥有B公司的优先股，那么A公司收到的每100美元分红中只有30美元需要按A公司的边际税率纳税。此条款的目的是减轻对公司收益的双重征税。优先股股息的这种税收处理有两个含义：第一，优先股的主要购买者是寻求投资税收优惠的公司；第二，比起没有此税收条款，优先股的发行成本更低，因为税收优惠通过购买者自愿接受低股息率而传递给了发行人。

优先股，尤其是累积优先股与债务有一些重要的相似之处，这体现在两个方面：(1) 发行人对优先股股东承诺支付的金额是固定的；(2) 优先股股东在股息分发和破产时的资产分摊方面比普通股股东享有优先权（非累积优先股的地位比累积优先股低得多）。正是由于这第二个特点，优先股被叫作**优先证券**（senior security），优先于普通股。在资产负债表上，优先股被列入权益部分。

优先股可以没有到期日，这种优先股被称为**永久性优先股**（perpetual preferred stock）。几乎所有优先股都有偿债基金条款，某些优先股可以转换成普通股。摩根士丹利公司的标志性产品——优先权益赎回累积股（preferred equity redemption cumulative stock，PERCS），就是一种到期强制转换的优先股。

1.3 住房抵押贷款支持证券

住房抵押贷款支持证券（residential mortgage-backed security，RMBS）是一种现金流依赖于基础抵押贷款集合的金融工具。在美国市场中，住房抵押贷款支持证券（RMBS）可分为两类：**机构住房抵押贷款支持证券**（agency RMBS）和**非机构住房抵押贷款支持证券**（nonagency RMBS）。

机构住房抵押贷款支持证券是第25章的主要内容，由美国政府国民抵押贷款协会（吉利美，Government National Mortgage Association，"Ginnie Mae"）、房地美（Federal Home Loan Mortgage Corporation，"Freddie Mac"）或房利美（Federal National Mortgage Association，"Fannie Mae"）发行。美国政府国民抵押贷款协会是隶属于住房和城市发展部的联邦政府机构。由美国政府国民抵押贷款协会发行的住房抵押贷款支持证券以美国政府的信用作担保。房地美和房利美是美国政府支持企业（GSE）。在2008年9月，这两个集团被联邦住房金融局（Federal Housing Finance Agency）托管。截至2010年年底，机构住房抵押贷款支持证券是美国债券市场的最大组成部分。在如巴克莱资本（Barclays Capital）等公司的债券指数中，这些债券被称为"抵押贷款支持证券"或者"MBS"市场，虽然市场中存在非机构住房抵押贷款支持证券。

非机构住房抵押贷款支持证券是第31章的主要内容，由储蓄机构、商业银行和私人机构发行，这些机构没有任何政府机构支持。这些债券的结构通过在设计中提供信用增级以提高它们所获得的信用评级。在一段时间里，非机构住房抵押贷款支持证券市场被分成了两部分：一级非机构住房抵押贷款支持证券（prime non-agency RMBS）和次级非机构住房抵押贷款支持证券（subprime non-agency RMBS）。两者根据贷款群体的信用质量和抵押权种类划分。长久以来，贷款者的所谓费埃哲（Fair Isaacs）或者 FICO 信用分数，或者任何没有在这里讨论的相关措施（例如，显示贷款者偿付能力的收入比值和丈量贷款者在房产中权益比重的贷款—价格比值），被用来区分借款群体的信用质量。一级贷款者的 FICO 信用分数一般在 660 分以上。次级贷款者是信用评级有缺陷的贷款者，他们的 FICO 信用分数在 660 分以下。但是，由于 2007 年夏天开始的次级住房抵押贷款支持证券市场的困难，以及一级和次级住房抵押贷款支持证券抵押物的不佳表现，投资者不再将两者做明显区分。只有少数专家认为次级住房抵押贷款支持证券市场会在未来恢复繁荣。

住房抵押贷款支持证券只有三种类型：(1) 转手抵押贷款支持证券；(2) 担保抵押证券（CMO）；(3) 本息分离抵押贷款支持证券。机构住房抵押贷款支持证券以全部三种类型存在。典型的非机构住房抵押贷款支持证券只以第二种形式存在，因此这一部分市场也被称为非机构担保抵押证券市场。

机构住房抵押贷款支持证券使投资者暴露在**提前偿付风险**（prepayment risk）中。这个风险指贷款池中的贷款者会在利率下降时提前偿付其贷款。提前偿付风险和投资者在可提前偿付公司或市政债券中面对的赎回风险在本质上是一致的。非机构住房抵押贷款支持证券使投资者暴露在提前偿付风险和信用风险中，不过在这里投资者主要关心的是信用风险。

1.4 商业抵押贷款支持证券

商业抵押贷款支持证券（commercial mortgage-backed securities，CMBS）是基于增值型财产（income-producing property）负担的商业贷款，增值型财产包括多户房产（multifamily properties，如公寓建筑）、购物中心、旅馆以及健康护理设施（如养老院）。商业抵押贷款支持证券交易的基石是一种商业贷款，这种贷款源于为商业采购提供经费，以及为之前的抵押贷款凭证（mortgage obligation）再次融资。对于债券投资者、多财产的单一借款人以及渠道（multiproperty single borrowers and multiproperty conduits）而言，其感兴趣的有两种主要的商业抵押贷款支持证券的交易结构类型。其中，增长最快的部分是渠道导向型交易。这里“渠道”指的是为了向证券化提供担保品这一目的而建立的商业贷款实体。

商业抵押贷款与住房抵押贷款不同，对于后者，放贷者依赖于借款人的还款能力，并且如果偿付条款不够令人满意，放贷者享有追索权，而放贷者对商业抵押贷款不享有追索权。这就意味着放贷者只能通过贷款所依靠的收入增长型财产来获得利润以及本金偿付。如果存在拖欠，放贷者只能通过财产出售的实收款项获得偿付，而不能依据未偿付的款额对借款人实施追索权。基本上，这就意味着放贷者必须将每一份财产视为能够独自支持的业务，并且使用在衡量信用风险方面很有用的方法来衡量每一份财产。

1.5 资产支持证券

资产支持证券（asset-backed security，ABS）是由非抵押贷款的资产担保的证券。在设计资产支持证券时，发行人汲取了抵押贷款支持证券的结构特征。资产支持证券具有转手证券的结构特征，同时兼有被称为**转手支付类债券**（pay-through）的特征，转手支付类债券与担保抵押证券非常相似。资产支持证券的信用增级通过信用证、超额抵押或高级/次级结构实现。

资产支持证券有三种普通类型，分别是信用卡应收款支持证券、住宅权益贷款支持证券和汽车贷款支持证券。这些证券的每一种将在第 33 和 34 章专门阐述。也有一些资产支持证券由下述资产的集合支持：小企业管理局（Small Business Administration，SBA）贷款、学生贷款、船舶贷款、设备租赁、休闲车辆贷款、优先银行贷款或者你最喜欢的演艺人员的未来演出出场费。

1.6 资产担保债券

在 2008—2009 年金融危机中，一个欧洲投资者非常熟悉的债券结构——**资产担保债券**（covered bonds）——成为住房贷款的另一个融资途径。欧洲资产担保债券的典型担保物包括住房、商业抵押物和公共债务。

资产担保债券是一个以特定资产池做担保的债务工具。资产担保债券是第 22 章的主题，与在美国发行的抵押贷款支持证券在几个维度上不同。第一，资产池中的资产仍然留在发行人的资产负债表上而不是卖给一个特殊目的实体。第二，抵押贷款支持证券的抵押物只是提供给投资者的担保物，而资产担保债券的本金和利息都由发行人的现金流提供。第三，抵押贷款支持证券是对静态集合的所有权，而资产担保债券的集合则是动态的，不产生收益的抵押物一定被产生收益的抵押物所替代。第四，与抵押贷款支持证券不同，资产担保债券的结构使得其避免提前偿付的发生。第五，在出现亏空时，资产担保债券的投资者保留对发行人的无担保索赔权（比如未偿付的本金和利息）。

1.7 关键知识点

- 债券在几个方面有所不同，这些方面包括发行人、到期期限、息票利息、本金、赎回方式以及内嵌期权。
- 债务工具中的内嵌期权有提前赎回和换新条款、提前偿付条款、选择权加速条款、回售条款以及可转换条款。

● 中期债券是非常灵活的债务工具，其结构可以很容易地根据市场环境的变化和投资者偏好而改变。

● 结构化债券是与衍生品头寸相挂钩的债务工具，它允许发行人向投资者发行定制化的债务工具。

● 优先股具有债券和股票的特性。

● 住房抵押贷款支持证券可分为机构住房抵押贷款支持证券和非机构住房抵押贷款支持证券两大类。

● 有三类住房抵押贷款支持证券：(1) 转手抵押贷款支持证券；(2) 担保抵押证券；(3) 本息分离抵押贷款支持证券。非机构抵押贷款支持证券是典型的担保抵押证券。

● 资产支持证券由金融资产而非住房抵押贷款作为担保。

● 资产担保债券是由特定担保池来担保的一类债务工具。

【注释】

[1] 第 7 章将详细讨论这一点。

[2] 在所有的选择中，CPI-U 或许是应用最广泛和最容易理解的通货膨胀指数，例如，GDP 平减指数和个人消费支出平减指数。CPI-U 的月度变化代表了城市居民所面对的一篮子商品和服务的价格变化。这一组城市消费者代表了美国总人口的 87%。在如下情形中，美国财政部有权调整价格指数：(1) CPI-U 不连续；(2) CPI-U 的重大调整损害了投资者的利益或者证券的收益；(3) 依据法律或者行政命令对 CPI-U 所做的调整损害了投资者的利益或者证券的收益。

[3] 在现值计算过程中使用了每月 30 天、每年 360 天的计算惯例。

[4] 这些费用都是可在税前扣除的。总费用是 1 500 万美元的提前赎回溢价加 200 万美元的发行费和法律费。税后费用等于税前费用乘以 1 减去税率之差。因此，税后费用为 1 700 万美元乘以 1 减去 0.3 之差，为 1 190 万美元。

[5] 新的利息费用为 3 亿美元乘以 0.078。税后利息费用是 660 万美元乘以 1 减去 0.3 之差。

[6] 长存续期与短存续期形成了鲜明的对比，在短存续期内许多类似认股权证的交易所交易的普通股看涨期权是可以被执行的。

[7] 几乎所有优先股都限定证券持有者获得特定数量的股息。从历史上看，也有一些优先股允许其持有者获得超出特定数量（基于某一公式）的收益分配。具有这一特征的优先股叫作参与优先股（participating preferred stock）。

第 2 章

投资固定收益证券的风险

拉维·F. 达塔特里亚（Ravi F. Dattatreya）博士
Exellex 金融工程公司常务董事

弗兰克·J. 法博齐（Frank J. Fabozzi）博士，注册金融分析师，
注册会计师
EDHEC 商学院金融学教授

塞尔焦·M. 福卡尔迪（Sergio M. Focardi）博士
EDHEC 商学院金融学教授

从购买固定收益证券开始到售出为止，投资者获得的收益可分为两部分：（1）证券最后出售时的市场价值；（2）持有期间收到的现金流和对现金流再投资所获得的收入。有几种环境因素会对这两部分收益产生影响。我们可以通过衡量这些市场因素对证券收益特征的影响程度来定义各种证券的风险。

固定收益证券的投资者可能面临以下风险：

- 利率风险；
- 再投资风险；
- 提前赎回或提前偿付风险；
- 信用风险；
- 通货膨胀风险或购买力风险；
- 流动性风险；

- 汇率风险或货币风险；
- 波动性风险；
- 政治风险或法律风险；
- 事件风险；
- 部门风险。

本章将一一阐述上述风险。随着本书其他章节更深入的讨论，这些概念将更加清晰。

在管理债券投资组合时，投资经理能够量化上述风险是很重要的。在后面的章节中，本书将介绍用以构建并控制投资组合相对于债券指数或基准的风险结构的多因素风险模型。这些模型依赖于准确衡量主要风险的能力。虽然不是所有本章中所提及的风险都可以被量化，但是与任何债券指数和投资组合相关的主要风险都是可以被量化的。当投资者的基准是债券指数时，主动型债券投资组合管理的关键是量化一些关键的风险因素，以使得对一些或者全部主要风险因素进行投资的投资组合经理可以通过构建一个相对于基准的具有目标风险结构的投资组合来实现。在被动型债券投资组合管理中，基金经理则试图匹配基准的风险结构。

2.1 利率风险

利率风险是由利率发生不利变化所带来的风险。这种风险包含两类：水平风险和收益率曲线风险。在后面章节所描述的多因素风险模型中，利率风险将被称为**曲线风险**（curve risk）或者**期限结构风险**（term structure risk）。

□水平风险

典型的固定收益证券价格与利率反向变动：当利率上升（下降）时，固定收益证券的价格将下降（上升）。[1]这个特性将在第 7 章阐述。对于打算持有固定收益证券至到期的投资者来说，不用关心到期之前证券的价格变化，然而，对于到期日之前可能不得不出售固定收益证券的投资者来说，利率上升意味着资本利得的损失。这种风险被称为**利率风险**（interest-rate risk），是迄今为止投资者在固定收益证券市场面对的主要风险。

按惯例，市场利率用国债的收益率水平表示。大多数其他证券的收益率用适当的国债收益率的利差表示，在固定收益证券的报价中一般都这样做。所有固定收益证券的收益率都是相互关联的，它们的价格随国债收益率的变化而变化。正如第 7 章所讨论的，证券价格变动的实际程度依赖于证券的各种特点，比如息票利率、到期日和包含在证券中的各种选择权（例如提前赎回和可回售条款）。

为了控制利率风险，有必要对其进行量化分析。衡量利率风险最普遍使用的尺度是**久期**（duration）。久期是收益率变化 100 个基点时，债券或债券组合价格变化的近似百分比。关于久期的具体内容和计量方法将在第 7 章解释。

□收益率曲线风险

收益率曲线是对信用质量相同但是到期期限不同的债券之间的收益关系的图表式刻画。收益率曲线，以及与之相关的被称为**利率的期限结构**（term structure of interest rates）的关系，会在后面的章节中更为详细地介绍。一只债券组合通常由不同到期期限的债券组成并且每只债券都可能存在利率风险。举例来说，考虑两个由以下三种债券组成的债券投资组合：5 年期的债券、10 年期的债券以及 20 年期的债券。投资组合的风险敞口取决于利率水平依不同到期期限的变化。假设第一种债券组合是由 45%的 5 年期债券和 45%的 20 年期债券以及 10%的 10 年期债券组成。第二种债券组合是由 5%的 5 年期债券和 5%的 20 年期债券以及 90%的 10 年期债券组成。不难理解利率水平在收益率曲线上的变化会对两种债券投资组合产生显著不同的影响。

收益率曲线风险是投资组合对收益率曲线形状的变化（比如移动）的风险敞口。有一些不同的方法可以用于量化投资组合对收益率曲线变化的风险敞口。最为常见的方法是**关键利率久期**（key rate duration）。

收益率曲线风险在债券投资组合管理中是一个重要的风险。同时，除了抵押贷款支持证券以外，主要是投资组合层面需要考虑的风险。

2.2 再投资风险

如第 6 章所述，从证券投资中收到的现金流通常（或假定）被用来再投资。从再投资中获得的收入有时被称为**利息的利息**（interest-on-interest）。额外收入的多少依赖于再投资时的利率水平和再投资策略。按照既定策略做再投资时，由市场利率变动导致收益波动的风险叫作**再投资风险**（reinvestment risk）。再投资风险是期中现金流再投资时利率下降的风险。持有时间越长，再投资风险越大；现金流越多越早，再投资风险也越大，例如高利息债券。第 6 章将对此类风险进行详细分析。

需要强调的是，利率风险和再投资风险正好是相反的。例如，当利率上升时，存在利率风险，这时固定收益证券价格下降。相反，当利率下降时，存在再投资风险。

2.3 提前赎回或提前偿付风险

第 1 章提到，债券中有许多包含一个允许发行人在到期日之前购回或赎回全部或部分债券的条款。发行人通常保有这个权利，以便于在未来市场利率下降到低于息票利率时对债券进行再融资。

从投资者的角度看，提前赎回条款有三个不利之处，因此面临**提前赎回风险**（call

risk)。首先，可赎回债券的现金流模式是不确定的。其次，因为当利率下降时发行人可提前赎回债券，投资者会暴露在再投资风险之下。也就是说，当债券被赎回时，投资者将不得不按较低的利率将收到的款项做再投资。最后，债券的升值潜力将减小，这是因为可提前赎回债券的价格不可能高于债券的赎回价格。我们将在第 7 章描述可提前赎回债券的这一特性，这种特性被称作**负凸性**（negative convexity）。

机构债券、公司债券以及市政债券可能都含有借款人在到期日前赎回或终止债券的选择权，所有抵押贷款支持证券都有这种选择权。尽管可以通过降低价格、提高收益率等手段对投资者承受的提前赎回风险予以补偿，但补偿是否到位难以确定。无论怎样，投资于有提前赎回风险的债券所获的收益，明显不同于不能提前赎回的债券。这种风险的大小取决于提前赎回条款的内容和市场状况。

抵押贷款支持证券的现金流受房主提前偿付抵押贷款的影响，该抵押贷款的集合是抵押贷款支持证券的担保品。这种情况下的时间风险被称为**提前偿付风险**（prepayment risk），它包括**紧缩风险**（contraction risk）——当抵押贷款的利率下降时，房主提前偿付部分或全部抵押贷款的风险。然而，如果利率上升，投资者会从提前偿付中受益。这时，提前偿付的做法会减少，投资者会面对抵押贷款利率上升而出现的风险，谓之**延伸风险**（extension risk）。

2.4 信用风险

债券的信用风险包括：

（1）发行人在到期日不能赎回的风险（即违约风险）；

（2）债券价值可能下降或者债券价格的表现低于由债券投资者进行比较的其他债券价格的表现，因为可以觉察到的发行者将出现的违约风险的增加，或者给债券评级的公司将下调债券的评级均会使得市场需要一个更大的价差或利差（spread）。

第一种风险被称作**违约风险**（default risk）。第二种风险基于不利或稍逊表现的原因被列入进来。归因于价差增加的风险，或者更具体来说，归因于市场所需要的信用价差的风险被称为**信用价差风险**（credit-spread risk）；归因于信用评级降低（例如评级下调）的风险被称为**降级风险**（downgrade risk）。

信用评级（credit rating）是由专业公司依据特定债务支持证券所面临的违约风险而出具的正式意见（formal opinion）。这种提供信用评级的专业化公司被称为“评级机构”。在美国全国公认的三大评级机构是穆迪投资者服务公司、美国标准普尔公司、惠誉国际信用评级有限公司。这些评级机构所使用的符号以及对于每一个评级的总体介绍将在第 12 章给出。

一旦一个信用评级被分配给了某项债务，一个评级机构将监控发行者的信用质量，并且可以给其重新评级。当债务的信用质量提高时，会出现“升级”；当信用质量下降时，会出现“降级”。就像之前所说的，降级风险指的是一项债务将被降级的风险。

在一项债务的评级发生改变之前，评级机构往往提前发布公告，即其正在审查有可能被升降级的债务。这种情况下的债务据说会处于“评级监视”或“信用监视”。在公告中，评级机构将说明在评级方面可能的变化方向——升级或者降级。评级机构往往在3个月内做出决定。

此外，评级机构将发布评级展望。**评级展望**（rating outlook）是指关于一份债务在长期（从六个月到两年）中可能升级、降级或者保持目前评级的推测。评级机构规定评级推测有三种类型：积极（如可能升级）、消极（如可能降级）或者稳定（如可能评级没有变化）。

□测定违约风险和降级风险

对于投资者而言，能够从评级机构得到的有关信用风险的信息包括：(1) 等级；(2) 评级监控或信用监控；(3) 评级展望。穆迪的一项研究表明，对于公司债券，结合评级监控和评级展望的评级比单纯使用等级能够更好地测评违约风险。[2]而且，评级机构所做的周期性研究能够向投资者提供有关信用风险的信息。

下面我们描述如何利用评级机构所提供的信息测量两种形式的信用风险：违约风险和降级风险。

对于长期债务承担，信用评级是对以下方面的前瞻性评估：(1) 违约的可能性；(2) 违约发生后相应损失的程度。对于短期债务承担（比如初始到期期限为一年期甚至更短的债务），信用评级是对违约可能性的前瞻性评估。相应地，信用评级是评级机构对于与一项证券相联系的违约风险的评估。

评级机构的周期性研究提供了关于违约风险的两方面信息——违约率以及违约损失率。首先，评级机构研究并对投资者公布在一段时期开始给定评级的债券在该时期结束后违约的百分比。这个百分比被称为**“违约率”**（default rate）。**违约损失率**（default loss rate）是一种对于违约发生后可能的损失程度的测量。

由评级机构周期性发布的**评级转换表**（rating transition tables）也提供了相应的信息。一张评级转换表展示了一段时期开始给定评级的债券在该时期结束后升级或降级的百分比。相应地，通过查看一个特定等级的降级比例，能够估计出降级可能性，这就可以当作一种对降级风险的衡量工具。

2.5 信用风险模型

除了信用评级，投资组合经理也使用其他方法来计算债券投资组合损失的概率分布，用以计算一些衡量损失的指标，比如风险价值（VaR）和条件风险价值（CVaR）。对银行来说，在《巴塞尔协议Ⅱ》中，监管框架发生了变化，因此需要新的工具和概念来衡量信用风险，需要开发内部评级系统，同时需要关于信用风险敞口和回收率的详细数据。这些新的工具和概念会协助银行评价和管理它们的信用风险。

有关信用风险的模型很早就出现在实际和公司金融的文献中。传统的模型集中于违约率、信用评级和信用风险溢价，也专注于分散化投资，其背后的假设是违约风险是异质性的，因此可以在较大的投资组合中通过分散化投资的方法解决。对于个别的信用风险，模型通过对于无风险利率的加价来计算风险溢价。但是，从 20 世纪 90 年代以来，通过信用风险模型估计债券投资组合的损失的概率分布的方法得到了很大的推进。这些模型被划分为以下三类：结构模型、简化型模型和不完全信息模型。这些模型会在第 45 章中介绍。

2.6 通货膨胀风险或购买力风险

通货膨胀风险（inflation risk）**或购买力风险**（purchasing power risk）起因于通货膨胀下证券现金流按购买力衡量的价值变化。例如，如果投资者购买一只能实现7%息票利率的 5 年期债券，而通货膨胀率是 8%，在这种情况下，现金流的购买力就降低了。除了通胀调整证券以外，其他证券都使投资者暴露在通货膨胀风险下，因为发行人许诺的利率在债券存续期内是固定的。由于浮动利率债券的利率反映了预期通货膨胀率，这类债券的通货膨胀风险较低。

2.7 流动性风险

流动性风险（liquidity risk）是投资者不得不以低于最近一次交易标示的债券真实价值的价格出售债券的风险。衡量流动性高低的基本指标是交易商报出的买价与卖价之差。买卖价差越大，流动性风险越大。

一个流动性高的市场通常被描述为“有很小的买卖价差，并且不会因大宗交易而明显扩大”[3]。在有多个交易商的市场中，如何定义买卖价差取决于不同情况。例如，假设有四个交易商时的买卖价差，每一个报价是92 加上如下所示的三十二分之几：

	交易商			
	1	2	3	4
买价	1	1	2	2
卖价	4	3	4	5

每个交易商的买卖价差是（单位是 1/32）：

	交易商			
	1	2	3	4
买卖价差	3	2	2	3

上面计算的买卖价差是对单个交易商而言的。最好的买卖价差是交易商 2 和交易商 3 的 2/32。

对**市场整体**（market overall）而言，买卖价差用最高买价（交易商愿意买进证券的最高价格）和最低卖价（交易商愿意卖出证券的最低价格）表示。这个反映市场流动性的指标也叫作**市场买卖价差**（market bid-ask spread）。在四个交易商中，最高的买价是 92 加 2/32，最低的卖价是 92 加 3/32。因此，市场买卖价差是 1/32。

那些计划投资债券并持有至到期，且不必随时根据市场价格对资产定价的投资者，对流动性风险可以不那么关心。相反，那些计划持有证券至到期，但需要不断根据市场价格确定资产价值的机构投资者，必须时时关注流动性风险。按照当前市场价格对资产定价，意味着将投资组合中的证券价值按照当前市场价格重新评估。例如，共同基金需要按照每天的收市价格重新评估持有资产组合的价值，以计算净资产价值（net asset value，NAV）。其他一些机构投资者可以不必像共同基金那样频繁地按市场价格评估资产价值，但在定期向客户、董事会及托管人提供报告时，也必须这样做。

那么，按市场价格对资产组合定价时，这个市场价格是如何取得的？一般地，投资经理会从不同的交易商那里寻求几个指导买价，然后使用某种程序确定一个买价。证券的流动性越小，交易商获得的买价差异就越大。如果证券的流动性很低，其价格确定将不得不寻求定价服务机构的帮助，而不是交易商。在缺乏交易商提供的指导买价时，投资经理会更关心定价服务机构使用的定价模型，这会导致他们偶尔滥用买价（在经过超出经理人员控制权限的内部批准下）。

2.8 汇率风险或货币风险

非美元计价的债券（即以外国货币偿付的债券）的美元现金流是未知的。美元现金流的多少依赖于收到偿付款时的汇率。例如，假定投资者购买一只以日元偿付的债券，如果日元相对于美元贬值，那么收到的美元将会减少。这样的风险就是**汇率风险**（exchange rate risk）或**货币风险**（currency risk）。当然，如果日元相对于美元升值，投资者将因收到更多的美元而获利。

除了汇率以外，投资者还可能遭受当地市场的利率风险或市场风险。例如，如果美国投资者购买以欧元计价的德国政府债券，在到期日之前出售债券得到的收益，除了取决于汇率以外，还取决于德国债券市场的利率水平。

2.9 波动性风险

如同将在以后章节说明的，内含选择权的债券价格取决于利率水平和影响选择权价值的因素。这些因素之一是利率的预期波动性。说得具体些，当预期利率波动性加大时，选择权的价值上升。就可赎回债券和抵押贷款支持证券而言，因为投资者授予借款人选择权，投资者放弃了更有价值的权利，证券价格就会随预期利率波动性的上升而下降。波动性变化对证券价格反向影响的风险叫作**波动性风险**（volatility risk）。

多因素风险模型通常将波动性风险称为 **vega**。这是因为在期权理论中，有用于衡量期权对影响期权价值的因素变化的风险敞口。其中一个因素是波动性，vega 被用来衡量期权价格对波动性变化的敏感程度。因此，有内嵌期权的债券和组合中有内嵌期权债券的债券组合对波动性变化的敏感程度有相同的名称。

2.10 政治风险或法律风险

有时政府会宣布扣缴或增加额外的债券税收，或宣布对某只债券免税。此外，监管机构可能会断定，某只债券对其监管的投资实体来说是不合适的。这些行为可能会对证券价值产生消极影响，也可能会产生积极影响。任何有可能对证券价值产生消极影响的政治或法律行为，均构成**政治风险**（political risk）或**法律风险**（legal risk）。

为进一步说明政治风险或法律风险，我们可以考虑购买免税市政债券的投资者。这些投资者将面对两种政治风险［更恰当的称呼是**税收风险**（tax risk）］。第一种税收风险是联邦所得税税率下降的风险。边际税率越高，免税市政债券的价格就越高。边际税率下降，免税市政债券的价格就会降低。例如，统一的低税率建议明显减少了持有市政债券的税收好处，使免税市政债券的价格降低。第二种税收风险是按免税市政债券发行的债券最终会被国内税务署（IRS）宣布需要纳税。这种情况可能会发生，因为许多市政（收入）债券均有精细设计的债券结构，它们会受未来可能不利的委员会诉讼（congressional actions）和国内税务署的解释的影响。一旦失去免税的好处，市政债券的价值就会下降，形成与可比的不免税债券一致的收益率。

2.11 事件风险

发行人还本付息的能力，偶尔会发生严重且出乎意料的变化，原因有二：（1）自然灾害或行业事故；（2）并购或公司重组。这些风险被称为**事件风险**（event risk）。核电站建设计划被取消就是发生在公用事业行业的第一种事件风险。

第二种事件风险的例子是发生在 1988 年的雷诺兹-纳贝斯克公司（RJR Nabisco）并购事件。约 250 亿美元的并购需要通过**杠杆收购**（leveraged buyout，LBO）实现。为此，新公司需要偿付大量债务，它的质量等级被降为非投资级。结果，杠杆收购的消息一公布，公司债券收益率相对于国债基准利率的利差，就从 100 个基点增加到了 350 个基点。

事件风险对其他公司也会有外溢影响。例如，如果发生核事故，将会对生产核能的整个行业产生影响。

2.12 部门风险

上述风险中部分或全部风险的协同作用，使得市场环境的变化对于不同债券价格的影响不同。例如折价发行债券对比溢价发行债券、工业债券对比公用事业债券、公司债券对比抵押贷款支持债券，其价格对于市场变化有不同的反应。各部门债券价格发生不同程度的不利变化的可能性，称为**部门风险**（sector risk）。

2.13 其他风险

本章介绍的固定收益证券市场的投资风险种类并不包括全部风险。在市场中，人们习惯于考虑所有风险而不仅仅是市场风险（利率风险），但市场风险被视为**基差风险**（basis risk）。

2.14 投资组合风险的统计量：标准差、偏度和峰度

由哈里·马科维茨发展[4]的投资组合理论（也被称为均值变化分析），用投资组合历史收益的**标准差**（standard deviation）来衡量投资的组合风险。这个统计量提供了以投资组合收益均值为中心的区间，投资组合的实际收益以一定的概率落在这个区间内。当以债券指数为基准衡量债券组合的实际和潜在表现时，是在比较债券指数和投资组合的收益均值和标准差。

在实际应用中，对投资组合风险的衡量也会应用有关收益分布的其他统计量。[5]最为常见的统计量是偏度和峰度。如果收益分布以平均或者预期收益为中心的概率分布是对称的，那么就称分布是对称的。如果收益分布没有这个特征，就称其为**非对称的**（asymmetric）。**偏度**（skewness）是用来衡量收益分布的对称性的。实际上，更有意义的说法是峰度是收益分布缺乏对称程度的衡量。因此，当收益分布被默认为正态分布时，偏度就不是我们需要考虑的问题。

峰度（kurtosis）是用来衡量收益分布相对于正态分布的尖扁程度的统计量。也就是说，峰度高的收益分布在均值附近有个明显的尖顶，下降较为快速，并且有肥大的（或

者重的）尾部。当在对均值的温和偏离的基础上存在一些低频率的极度偏离时，收益分布的这一特征就会出现。有较低峰度的收益分布在均值附近有较为扁平的峰而非尖峰。

2.15 跟踪误差风险

一只债券投资组合的标准差和一个给定基准的标准差是绝对数值。一个投资组合经理可以通过比较均值和标准差来衡量投资组合相对于基准的风险结构。如果偏度和峰度也被考虑在内，这就会拓展用以衡量债券投资组合和债券指数间相对风险的框架。

一个投资组合经理或者客户也可以通过观察债券组合收益在定期内（每周或每月）对基准的偏离度来掌握债券组合收益相对于基准（比如债券指数）的偏离度。两者之间的差异被称为**主动收益**（active return）。计算如下：

主动收益＝投资组合的实际收益－基准的实际收益

利用主动收益，就可以通过主动收益的标准差来衡量投资组合相对于基准的风险。这个标准差被称为**跟踪误差风险**（tracking error risk）或者**跟踪误差波动性**（tracking error volatility），或者简称为**跟踪误差**（tracking error）。

投资组合的跟踪误差越大，其风险结构相对于基准的偏离程度就越大。实际上，当我们在后面的章节讨论债券投资组合策略时，我们会看到存在主动型和被动型策略。后一种策略会有很小的跟踪误差。举例来说，一个被构造来匹配债券指数表现的投资组合的跟踪误差就会接近零。主动型策略会有相对更高的跟踪误差，高的程度取决于投资组合经理或者客户所愿意接受的风险的程度。

存在两种跟踪误差。利用投资组合历史主动收益计算的跟踪误差被称为**向后看跟踪误差**（backward-looking tracking error）。它也被称为**历史跟踪误差**（historical tracking error）或者**事后跟踪误差**（ex-post tracking error）。向后看跟踪误差的局限性在于它无法考虑投资组合经理在当下所做的会影响未来主动收益的决定，因此其预测价值较低并且对投资组合未来表现的认识存在误导性。另一种跟踪误差被称为**向前看跟踪误差**（forward-looking tracking error），也被称为**预测跟踪误差**（predicted tracking error）或者**事前跟踪误差**（ex-ante tracking error）。这种误差尝试精确地反映投资组合在未来的风险。在实际应用中，向前看跟踪误差通过第 46 和 47 章所介绍的多因素风险模型来衡量。

2.16 关键知识点

- 与个体固定收益证券投资相关的风险是利率风险、再投资风险、提前赎回或提前偿付风险、信用风险、通货膨胀风险或购买力风险、流动性风险、汇率风险或货币风险、波动性风险、政治风险或法律风险、事件风险和部门风险。

• 利率风险是有关利率发生不利变化的风险，其包括水平风险和收益率曲线风险。最受欢迎的衡量水平风险的指标是久期；关键利率久期是衡量收益率曲线风险最受欢迎的指标。

• 信用风险包括违约风险、信用价差风险和降级风险。信用风险模型尝试估计债券投资组合损失的概率分布。

• 投资组合风险指标包括有关收益的统计量和跟踪误差风险。

• 投资组合和基准的风险指标包括标准差、偏度和峰度。

• 跟踪误差风险是投资组合的主动收益（比如投资组合收益相对于基准收益的差值）的标准差。向后看跟踪误差被用来考量投资组合相对于基准的表现。向前看跟踪误差被用来预测投资组合相对于基准的未来表现。

【注释】

[1] 有一些固定收益工具的价格与利率同向变动，比如有可回售选择权的债券和只付利息抵押贷款支持证券。

[2] David T. Hamilton and Richard Cantor，"Rating Transitions and Defaults Conditional on Watch-list，Outlook and Rating History，" Moody's Investors Service，February 2004.

[3] Robert I. Gerber，"A User's Guide to Buy-Side Bond Trading，" Chapter 16 in Frank J. Fabozzi (ed.)，*Managing Fixed Income Portfolios*（New Hope，PA：Frank J. Fabozzi，1997），p. 278.

[4] Harry M. Markowitz，"Portfolio Selection，" *Journal of Finance* 7，1（1952），pp. 77-91.

[5] Svetlozar T. Rachev，Christian Menn，and Frank J. Fabozzi，*Fat-Tailed and Skewed Asset Return Distributions：Implications for Risk Management，Portfolio Selection，and Option Pricing*（New York：John Wiley & Sons，2005）.

第3章 债券市场指数

弗兰克·K. 赖利（Frank K. Reilly）博士，注册金融分析师
圣母大学伯纳德·J. 汉克金融学教授

戴维·J. 赖特（David J. Wright）博士
威斯康星大学帕克塞德分校金融学教授

美国未偿付的非市政债券的价值超过了8万亿美元，这个数字几乎相当于美国的股票价值总额。在全球资本市场上，固定收益证券的价值总额也比股票总额高。只有在债券市场还不成熟的新兴市场国家，这一结果才不成立。既然固定收益市场有如此强大的经济力量，为何人们对债券市场指数一向缺乏关注和分析呢？部分原因在于这些指数的历史相当短。比如，股票市场指数存在了100多年，而总收益率债券指数直到20世纪70年代才出现，并且70年代的指数范围也仅限于美国投资级债券。专门针对美国高收益债券的指数直到20世纪80年代中期才开始编制，虽然目前在美国该债券的市值已经超过1万亿美元。国际政府债券指数也是在20世纪80年代中期才出现的。

本章共分5节，第1节考察债券市场指数的主要用途；第2节论述与股票市场指数比较，编制并维护债券市场指数的困难；第3节讨论三种主要的指数类别；第4节介绍各种债券市场的风险/收益特征；第5节考察不同债券指数间的相关性。

3.1 债券市场指数的用途

以下几条理由可以说明债券市场指数不仅非常重要而且是适时的。第一，由于养老基金与个人债券投资组合的迅速发展，固定收益共同基金的销售已经连续多年超过股票共同基金。随着债券投资组合数量和规模的增长，投资者以及投资组合经理越来越依赖债券指数，并将它作为**衡量绩效的基准**（benchmark for measuring performance），对基于投资表现费用（performance-fee）的证券投资组合进行管理并据以确定基金的管理费率。针对债券市场总体以及不同的债券子市场（政府债券市场、公司债券市场和抵押债券市场）有不同的债券指数。明智之举是选择能准确反映债券市场状况的债券指数。

第二，因为**债券指数基金**（bond index fund）越来越受欢迎，专门评价债券投资组合绩效的人发现，与股票基金经理类似，大多数债券基金经理也不能跑赢大市。投资于债券指数基金的资金从 1984 年的 30 亿美元增长到 2010 年的4 000亿美元。按照设定的债券市场总规模和增长速度，估计在 21 世纪的第二个十年期间，债券指数基金可达到 6 000 亿美元。

对于力图按照指数基金复制绩效的固定收益投资经理来说，指数的变动特征是至关重要的。显然，如果所有指数能够同时移动，那么选择哪一种指数都无关紧要。我们必须检验各种指数间的收益率相关性以及它们的风险/收益特征。对长期指数的风险/收益及相关性进行分析是十分重要的，因为这些指数虽然在长期内有相同的变化趋势，但在短期内可能有明显的不同。

债券指数基金经理需要随时重新调整资产以按债券市场复制资产组合的构成、期限和久期。正如赖利、高和赖特（Reilly, Kao and Wright）所指出的，债券市场的结构在 20 世纪 80 年代变化剧烈，在 20 世纪 90 年代以及 21 世纪初也继续发生着变化。[1]我们可以用指数记录下影响市场风险和收益特征的债券构成、期限和久期的持续变动。

第三，由于债券市场的规模和重要性，对固定收益证券的实质性研究必须持续进行。而债券市场指数能对这些资产的风险/收益特征以及市场特征提供准确而及时的度量。例如，股票指数收益率的时间序列性质已经被广泛地研究过，但对债券没有这样做。我们的研究表明债券市场指数收益率之间存在着显著的自相关性，通过研究不同期限美国国债的持续表现可以证明这一点。[2]

3.2 编制并维护债券指数

为编制**股票市场指数**（stock market index），你必须挑选股票样本，决定如何确定成份股权重，并选择计算方法。一旦这样做了，股票拆分带来的调整通常会自动进行，并且对股票定价也就相对容易了，因为大多数成份股在大交易所上市，或者在场外市场有活跃的交易。一旦发行成份股的公司有并购事件或业绩有了重大变动，股指成分要做必要的改变。如果没有发生这类事情，被选入成份股的股票可能在指数中保留数十年（道琼斯工业平均指数平均每年变更一种股票）。

然而，编制、计算和维护债券市场指数要比股票指数难得多。主要原因是，首先，债券的种类比股票多且差异大。债券包括美国财政部发行的国债、机构债券、市政债券以及跨越几个行业（工业、公用事业和金融业）的公司债券。在公司债券中，根据信用质量，从高信用质量的 AAA 级债券到违约债券又分三六九等。更进一步说，每一种债券按照息票利率、到期日和偿债基金及可提前赎回特征的不同，又可以进一步分类。债券的多样性使债券的总市场指数又进一步分为众多的次级指数，比如美林指数包括 150 多个次级指数。

其次，所有债券都在不断变化。一家公司一般只有一只未偿付的普通股，它的规模可能会由于增发或回购而改变。而一家大公司在任何时点都可能有几种未偿付的债券，且这些债券的特征将由于到期日、偿债基金和提前赎回特征而不断变化。未偿付债券价格的频繁起伏使确定其市值的工作不那么容易，而确定市值在计算收益率市值权重时又是必需的。

再次，债券价格的波动性因债券种类和期限的不同而不同。在第 7 章我们指出，债券价格波动性受债券久期和凸性的影响。而这两个因素是随债券期限、息票利率、市场收益率和提前赎回特征的变化而不断变化的。随市场收益率的不断波动（这会反过来影响内含可赎回选择权），估算单只债券或总体债券指数的久期、凸性和隐含波动率就会变得更困难。

最后，在单只债券的定价中存在重大问题。单只债券的流动性普遍不如股票。大多数股票在交易所上市交易，或者在活跃的使用电子报价系统的场外市场（NASDAQ，纳斯达克）交易，而大多数债券（尤其是公司债券）是在分割的场外市场上交易。值得注意的是，在未来电子平台的贸易扩张之后，这个问题将得到缓解。[3]

3.3 对几种债券指数的描述

这一节将分三个部分来介绍全球债券市场的三个主要板块：（1）美国投资级债券（包括国债）；（2）美国高收益债券；（3）全球政府债券。我们将分别研究相应指数的所有约束条件及计算过程。

在判断或比较债券指数时，有几件事情要高度关注。第一是**证券样本**（sample of security），包括样本债券的数量和可作为样本债券的其他必备特征，如发行规模和期限。知道何种债券不应该进入指数也很重要。第二是单只债券的**收益率加权方法**（weighting of return）。具体来讲就是，对收益率是按市值加权还是平均加权？第三，指数使用者必须注意计算中所用的**价格数据质量**（quality of the price data）。计算收益率时使用的债券价格是与编制股票指数一样直接取自最近的实际交易价格，是来自交易商提供的当前“最优估计价格”，还是来自用**“矩阵定价”**（matrix pricing）这种计算机模型测算的价格（该模型根据当前与历史价格数据关系估算价格）？第四，计算期间现金流的收益率时，使用何种**再投资假设**（reinvestment assumption）？

□美国投资级债券指数

有四家公司发布投资级债券市场持续收益率指数，其中三家发布覆盖多种美国债券的综合性指数，这三家公司是巴克莱资本（Barclays Capital，BC）（原为雷曼兄弟）、美国银行-美林（Bank of America-Merrill Lynch，B of A-ML）和摩根士丹利美邦（Morgan Stanley Smith Barney，MSSB）。第四家公司，瑞安研究所（Ryan Labs，RL），专攻政府债券指数研究。

图表 3—1 总结了所有这四家公司编制并维护的指数的特征。四家公司中有三家（巴克莱资本、美国银行-美林和摩根士丹利美邦）公司的指数包括为数众多的债券（超过 5 000种），并且样本分类详细，包括国债、公司债券等类别。相反，瑞安研究所指数只局限于国债，而且样本数随未偿付国债的变化而变化（即从 26 种到 118 种）。所有这些指数都要求样本债券的期限至少为 1 年，最小发行规模从 5 000 万美元（摩根士丹利美邦）到 2 亿美元（巴克莱资本）不等，瑞安研究所指数要求的最小国债发行规模更大。所有指数只包括投资级债券（BBB 级以上），并剔除了可转换债券和浮动利率债券。巴克莱资本、美国银行-美林和摩根士丹利美邦发布的三种大范围指数还剔除了政府鲜花债券，但瑞安研究所指数中当然包括这种债券，因为鲜花债券在 20 世纪 50 年代是政府债券市场的重要组成部分。

有两种计算指数的加权方法，一种是按未偿付债券的**相对市值**（relative market value）加权，另一种是**平均加权**［equal weighting，也称为**不加权**（unweighted）］。按市值加权的优点在于它反映了债券的相对经济重要性，而且对那些对于资产组合内容没有偏好的投资者来说，它是一种合适的加权方法。尽管如此，一些理论争议也不无道理。在实际操作中，在一定的提前赎回可能性、偿债基金条款和赎回条款下，要想紧紧跟踪未偿付债券市值并不是一件易事。另一种方法——平均加权法对于不注重个别债券相对重要性的投资者来说也是合适的。如果随机选择债券，同平均加权法的结果是一样的。而且，平均加权的指数更容易计算且得数不会模棱两可，因为不需要考虑由于提前赎回等原因造成的未偿付债券市值的变动。前三种大样本指数是按市值加权的，瑞安研究所编制的指数既按市值加权也按平均加权。（为了便于比较，我们使用市值加权指数。）

前面提到过，为债券指数计算收益率面临的一个主要问题是，大多数债券的连续交易价格无法得到。瑞安研究所可以得到国债的近期交易价格，摩根士丹利美邦可以从它的交易商那里得到所有的价格。交易商的价格可能基于最近的实际交易，也可能来自交易商的当前买入报价，或者是交易商做市时将要报出的价格。巴克莱资本和美国银行-美林（美国银行-美林来自外部资源）都把交易商报价和用计算机模型得出的矩阵价格结合起来使用。多数债券的价格来自交易商，所以大多数指数都是基于交易商的价格。

这些指数对期间现金流的处理方法也不相同。瑞安研究所假定所有现金流都被用来投资于可产生现金流的债券，摩根士丹利美邦假定现金流按照 1 个月期国库券利率做再投资，美国银行-美林假定现金流按照 1 个月期伦敦银行同业拆入利率（LIBID）做再投资，而巴克莱资本假设没有资金的任何再投资。显然，立即再投资于相同债券是最激进的设计，不进行再投资是最保守的假设。

图表 3—1　债券市场指数概要

指数名称	样本数	期限	样本规模	加权方法	定价方法	再投资假设	样本种类
美国投资级债券指数							
巴克莱资本综合	8 000+	1 年以上	2.5 亿美元以上	市值加权	交易商报价	无	政府、政府机构、信用、公司、抵押和资产支持债券
美国银行-美林综合	6 000+	1 年以上	1.5 亿美元以上	市值加权	交易商报价（外部）	投资于 1 月期 LIBID 利率	政府、政府机构、公司、抵押转手债券
瑞安国债综合	118	1 年以上	所有国债	市值加权及平均加权	市场报价	投资于特定债券	国债
摩根士丹利美邦综合	5 000+	1 年以上	5 000 万美元以上	市值加权	交易商报价	投资于 1 月期国库券	广义投资级、政府机构、公司和抵押贷款支持债券
美国高收益债券指数							
瑞士信贷第一波士顿	500+	不限	1 亿美元以上	市值加权	交易商报价	有	综合的并依据级别
巴克莱资本	1 800+	1 年以上	1.5 亿美元以上	市值加权	交易商报价	无	综合的并依据级别
美国银行-美林	2 000+	1 年以上	1 亿美元以上	市值加权	交易商报价（外部）	1 月期 LIBID 利率	综合的并依据级别
摩根士丹利美邦	300+	7 年以上	5 000 万美元以上	市值加权	交易商报价	有	综合的并依据级别
全球政府债券指数							
巴克莱资本	1 200+	1 年以上	3 亿美元以上	市值加权	交易商报价	无	综合的并包括 23 个国家、地区及美国政府债券
美国银行-美林	800+	1 年以上	近 10亿美元	市值加权	交易商报价	有	综合的并包括 20 个国家、地区及美国政府债券
JP 摩根	700+	1 年以上	2 亿美元以上	市值加权	交易商报价	按某种指数	综合的并包括 13 个国家、地区及美国政府债券
摩根士丹利美邦	525	1 年以上	2.5 亿美元以上	市值加权	交易商报价	按当地短期利率	综合的并包括 14 个国家、地区及美国政府债券

资料来源：Frank K. Reilly, Wenchi Kao, and David J. Wright, "Alternative Bond Market Indexes," *Financial Analysts Journal* 48, no. 3 (May–June 1992); Frank K. Reilly and David J. Wright, "An Analysis of High Yield Bond Benchmarks," *Journal of Fixed Income* 3, no. 4 (March 1994); Frank K. Reilly and David J. Wright, "Global Bond Market: An Analysis of Performance and Benchmarks," mimeo (March 1994).

□美国高收益债券指数

关于高收益（high-yield，HY）债券指数有两点值得注意。第一，它们的历史比投资级债券指数短。这并不奇怪，因为几项研究表明，这个市场直到 1977 年才成为一个可以识别的市场，它的快速成长始于 1982 年。[4]因此，高收益债券指数创建于大约 1984 年是合乎情理的。

第二，前面提到，由于样本规模和特征不断变化以及定价中存在问题，编制和维护债券指数是比较困难的。在高收益债券市场上，这些困难都被放大了，因为在这个市场上违约及频繁的赎回使样本变化得更快。此外，在高收益债券市场上遇到的流动性和债券定价问题与政府和投资级公司债券市场相比简直有飞跃性的变化。

如图表 3—1 所示，有四家投资公司编制高收益债券指数：瑞士信贷第一波士顿（CFSB）、巴克莱资本（BC）、美国银行-美林（B of A-ML）和摩根士丹利美邦（MSSB）。这些投资公司也编制高收益债券的分级指数，即 BB 级、B 级和 CCC 级债券指数。

图表 3—1 对所有这些指数的特征进行了概括。可以看出，高收益债券指数之间存在明显的不同，投资级债券指数则不然。不同的高收益债券指数包含的债券数量多少不一，比如摩根士丹利美邦指数包括约 300 种高收益债券，美国银行-美林指数包括 2 000 种债券。样本量的差异部分源于某些指数的期限约束。美国银行-美林指数之所以包含大量债券样本，是由于它的期限指导原则。该指数要求包括所有 1 年期以上的高收益债券，而摩根士丹利美邦指数只包括 7 年期以上的高收益债券。

最小发行规模是另外一个重要约束条件。摩根士丹利美邦要求样本债券的最小发行量为 5 000 万美元，瑞士信贷第一波士顿和美国银行-美林为 1 亿美元，巴克莱资本为 1.5 亿美元。

值得注意的是，不同的指数对违约债券的处理方法有很大的不同。美国银行-美林从债券违约的那天起把该债券从指数中剔除，而瑞士信贷第一波士顿和巴克莱资本则根据规模和其他约束条件将它们无限期保留。相反，所有指数在收益率加权的方法上没有不同，都按照市值加权。

除美国银行-美林以外，所有高收益债券指数中的债券都由交易商定价。美国银行-美林对一些缺乏流动性的债券使用矩阵定价方法。交易商定价的不足在于，当债券没有交易时，所提供的价格是交易商对价格“应该是多少”的最优估计值。矩阵定价同样存在问题，因为每种债券可能都有没有被计算程序考虑到的特征。这意味着从各个交易商处或矩阵定价程序中得到的价格有明显差别。

除巴克莱资本以外，所有指数都假设对期间现金流做再投资，但是再投资的利率假设有所不同——或者是某只债券的利率，或者是平均投资组合的利率，或者是某种国库券的利率。所有指数的平均期限和久期都与约束条件一致：瑞士信贷第一波士顿、巴克莱资本和美国银行-美林有 1 年或者更低的最小久期，摩根士丹利美邦有 7 年的最小久期。

总之，在样本选取和定价方面，高收益债券指数之间有很大的区别。这些区别肯定会对指数的风险/收益特征以及指数间的相关性产生重大影响。[5]

□全球政府债券指数

与高收益债券指数相类似，基于全球政府债券市场的指数也是相对较新的（开始于1985年），因为20世纪80年代以来这些市场的利息收入十分有限。从图表3—1中可以看出，除了最小发行规模下限从2亿美元（JP摩根）到10亿美元（美国银行-美林）不等之外，四家投资公司的指数间有大量相似之处，它们分别由JP摩根（J. P. Morgan, JPM）、巴克莱资本（BC）、美国银行-美林（B of A-ML）和摩根士丹利美邦（MSSB）发布。对债券发行规模的约束会影响指数的样本数量，使样本选取的范围从JP摩根的700种债券到巴克莱资本的多于1 200种债券。这些指数都按市值加权，并由交易商定价。除了巴克莱资本之外的所有指数都假定现金流再投资随再投资债券的细小差异而波动。最终的差异是所包含的国家数量，从JP摩根的13个到巴克莱资本的23个。

3.4 风险/收益特征

对各种指数的风险/收益特征的介绍分为两个部分。第一个部分介绍并讨论美国的债券指数，包括政府债券、投资级债券和高收益债券。第二个部分介绍全球债券市场指数的风险收益特征，包括收益率用本国货币表示的债券以及用美元表示的债券。

□美国投资级和高收益债券

图表3—2包括1986—2010年间用算术平均法和几何平均法计算的债券指数的年收益率及风险。除奥尔特曼（Altman）违约债券指数缺少1986年数据以外，其他指数数据均从1986年开始。图表中列出了美国投资级债券的巴克莱资本指数系列，因为该指数系列显示所有投资级债券指数间都是高度相关的。[6]

图表3—2　　美国和全球债券指数的收益率、风险及变动范围，1986—2010年

	几何平均年收益率	算术平均年收益率	年收益率的标准差	变异系数*	最小年收益率	最大年收益率
美国债券指数						
巴克莱资本政府/信用	7.42	7.56	5.45	0.72	−3.51	19.24
巴克莱资本政府	7.20	7.36	5.86	0.80	−3.37	18.34
巴克莱资本信用	7.94	8.13	6.49	0.80	−3.93	22.25
巴克莱资本美国抵押贷款支持证券	7.56	7.65	4.46	0.58	−1.61	16.80
巴克莱资本综合	7.46	7.58	5.09	0.67	−2.92	18.47

续前表

	几何平均年收益率	算术平均年收益率	年收益率的标准差	变异系数*	最小年收益率	最大年收益率
巴克莱资本综合高收益	8.96	10.14	16.87	1.66	−26.16	58.21
巴克莱资本高收益 Ba 级	9.66	10.26	11.89	1.16	−17.53	46.09
巴克莱资本高收益 B 级	8.26	9.25	15.01	1.62	−26.65	44.73
巴克莱资本高收益 Caa 级	7.19	10.80	30.28	2.80	−44.35	90.65
奥尔特曼违约指数(1987—2010)	7.15	12.23	34.11	2.79	−55.09	96.42
美国银行-美林全球政府债券指数（本国货币）						
美国银行-美林加拿大	8.40	8.57	6.14	0.72	−4.33	21.28
美国银行-美林法国	7.79	7.96	6.10	0.77	−4.37	20.21
美国银行-美林德国	6.26	6.36	4.74	0.75	−2.10	16.03
美国银行-美林日本	4.34	4.44	4.69	1.06	−2.92	13.45
美国银行-美林英国	8.74	8.96	7.02	0.78	−5.65	21.20
美国银行-美林美国	7.20	7.37	6.09	0.83	−3.72	18.45
美国银行-美林全球政府债券指数（美元）						
美国银行-美林全球（包括美国）	8.17	8.43	7.74	0.92	−6.48	22.96
美国银行-美林全球（除美国）	8.92	9.48	11.41	1.20	−9.12	35.88
美国银行-美林加拿大	9.89	10.32	9.77	0.95	−10.52	29.17
美国银行-美林法国	9.65	10.39	12.86	1.24	−17.17	33.83
美国银行-美林德国	8.48	9.28	13.49	1.45	−16.48	37.52
美国银行-美林日本	8.20	9.14	14.75	1.61	−14.21	40.05
美国银行-美林英国	9.09	9.84	13.28	1.35	−18.35	46.31
美国银行-美林美国	7.20	7.37	6.09	0.83	−3.72	18.45

* 变异系数＝年收益率的标准差/算术平均年收益率。

在浏览图表 3—2 和图表 3—3 时，有两件事会让我们感到惊讶：第一件事是 25 年中的平均高收益率水平：25 年中，投资级债券的平均年收益率为 7%～8%，高收益债券的平均年收益率则为 7%到将近 10%。

第二件事是收益率和风险（用年收益率标准差衡量）的关系与预期大体一致。一般而言，投资级债券指数的风险和收益率低一些，而高收益债券指数的风险和收益率较高。主要偏差出自风险非常高的债券（Caa 级债券和违约债券）。这些债券的收益率与高收益债券大体一致，但风险远远高于后者。[7] Ba 级债券的情况则好得出奇。它们的收益率高于其他高收益债券，但风险与投资级债券相似。

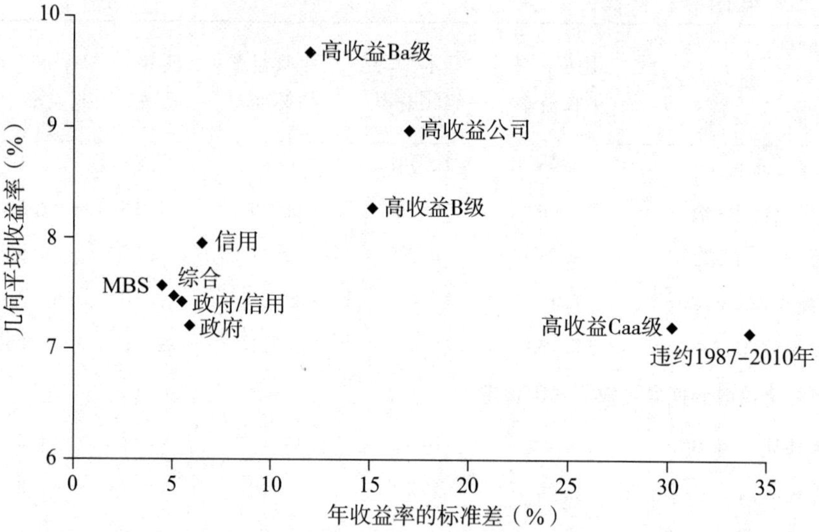

图表 3—3　美国政府债券指数的几何平均收益率及标准差，1986—2010 年

□全球政府债券

我们将从两个角度考察全球政府债券指数的风险/收益率结论：收益率用本国货币表示或用美元表示。图表 3—2 和图表 3—4 显示，对不同国家来说，用当地国家货币表示债券指数时，风险与收益率的关系是一致的。在欧洲范围内德国政府债券的风险和收益率最低（6.26%），英国政府债券的收益率较高（8.74%），同时风险也较高（约 7%），德国则不到 5%。唯一偏离主要证券市场线的国家是日本，其政府债券风险较低但收益率也非常低（约 4.3%）。

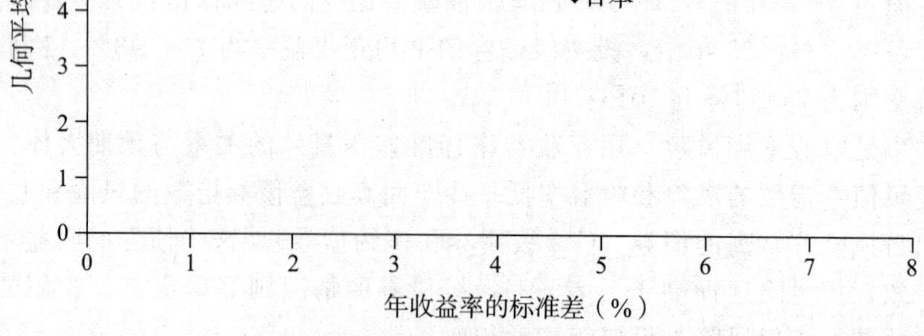

图表 3—4　以本国货币表示的各国政府债券指数的几何平均收益率及标准差，1986—2010 年

图表 3—2 和图表 3—5 描绘了以美元表示的各国政府债券的风险/收益特征。从图表 3—5 可清楚地看出折算为美元之后这些特征有了很大的变化。具体而言，美国政府债券市场明显是具有最低的风险/收益率的市场，形成反差的是加拿大，它是除美国外收益率最高而风险最小的国家。法国、英国和德国的风险水平类似，但是三者中法国有最高的收益率，然后是英国，最后是德国。日本在一致线以下，风险最高，而收益率则是除了美国之外最低的。

除了单个国家的指数之外，还存在包括和不包括美国在内的两个全球指数。值得注意的是，这两个指数都接近平均值。

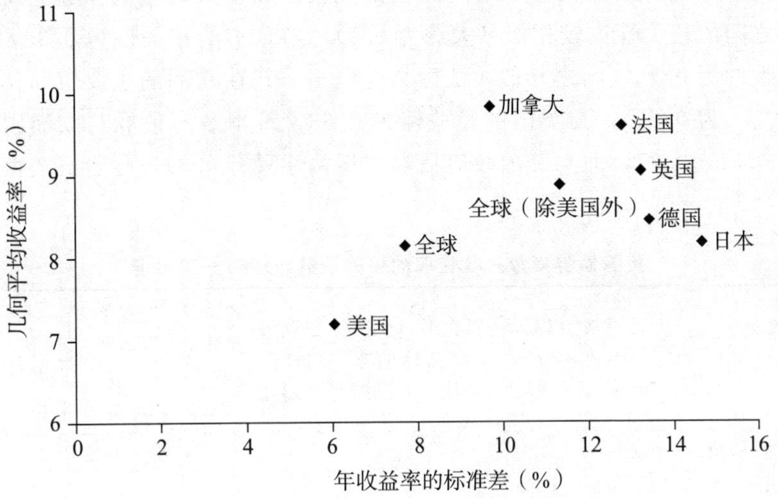

图表 3—5　以美元表示的各国政府债券指数的几何平均收益率及标准差，1986—2010 年

3.5　相关关系

相关性同样分为两个部分加以介绍：美国债券市场的结论和全球债券市场的结论。

□美国投资级债券和高收益债券

图表 3—6 中的各种相关系数证实了人们对各债券市场之间相关性的预测，但也有一些例外。符合预期的是五个投资级债券指数之间的相关性。因为都是投资级债券，意味着违约的可能性很小，影响收益率的主要因素就是以国债收益率曲线为基础的利率变动。既然决定因素相同（国债利率变动），自然有高度相关性。尤其是巴克莱资本指数之间的相关度高达 0.79～0.99，但其抵押贷款支持债券指数与其他指数间的相关性要低一些，主要受抵押贷款债券中内含可提前赎回选择权的影响。

高收益债券的相关性则有两种截然不同的模式。第一，高收益债券指数之间的相关性非常高，相关系数为 0.72～0.96。与之相比，不同的投资级债券和高收益债券之间的相关性较低且变化范围非常大，一般为 0～0.56。这不足为奇，因为 Ba 级债券和投资级债券之间具有最高的相关性，而投资级债券和 Caa 级债券之间的相关性最低。

违约债券的相关性是独特的，但并不是不可预测的。违约债券和投资级债券之间的相关性通常为负值且有时显著。相反，违约债券和各种高收益债券之间的相关性相当高，都很显著。

□全球政府债券的相关性

讨论将再次分为两个部分，分别从本国货币和美元角度考察。图表 3—7 显示了以本国货币表示的各国政府债券收益率之间的相关关系。加拿大的政府债券与所有欧洲国家的政府债券之间的相关性比较相似（大约为 0.5），与日本的相关性为 0.33，而美国—加拿大的相关性约为 0.75。与之相似，法国与德国——其在欧洲的主要贸易伙伴的政府债券相关性很高（为 0.85），与英国的相关性为 0.68。日本政府债券与欧洲国家政府债券的相关性为 0.31～0.37，而与美国政府债券的相关性只有 0.34，尽管日美两国是重要的贸易伙伴。

图表 3—6　　美国债券指数月收益率的相关系数，1986—2010 年

	巴克莱资本政府/信用	巴克莱资本政府	巴克莱资本信用	巴克莱资本抵押	巴克莱资本综合	巴克莱资本高收益综合	巴克莱资本高收益Ba级	巴克莱资本高收益B级	巴克莱资本高收益Caa级	奥尔特曼违约
巴克莱资本政府/信用	1.000									
巴克莱资本政府	0.965*	1.000								
巴克莱资本信用	0.931*	0.805*	1.000							
巴克莱资本抵押	0.874*	0.870*	0.788*	1.000						
巴克莱资本综合	0.990*	0.960*	0.919*	0.925*	1.000					
巴克莱资本高收益综合	0.233*	0.038	0.483*	0.171*	0.249*	1.000				
巴克莱资本高收益 Ba 级	0.354*	0.158*	0.590*	0.286*	0.369*		0.931*	1.000		
巴克莱资本高收益 B 级	0.204*	0.015	0.448*	0.149*	0.220*	0.983*	0.893*	1.000		
巴克莱资本高收益 Caa 级	0.076	−0.094	0.310*	0.045	0.092	0.910*	0.781*	0.876*	1.000	
奥尔特曼违约（1987—1910 年）	−0.084	−0.241*	0.142*	−0.132*	−0.080	0.670*	0.563*	0.659*	0.694*	1.000

* 显著性为 5%。

图表 3—7　　以本国货币表示的全球政府债券月收益率的相关系数，1986—2010 年

	美国银行-美林美国	美国银行-美林加拿大	美国银行-美林法国	美国银行-美林德国	美国银行-美林日本	美国银行-美林英国	美国银行-美林全球（除美国）	美国银行-美林全球(包括美国)
美国银行-美林美国	1.000							
美国银行-美林加拿大	0.745	1.000						

续前表

	美国银行-美林美国	美国银行-美林加拿大	美国银行-美林法国	美国银行-美林德国	美国银行-美林日本	美国银行-美林英国	美国银行-美林全球(除美国)	美国银行-美林全球(包括美国)
美国银行-美林法国	0.606	0.512	1.000					
美国银行-美林德国	0.633	0.532	0.851	1.000				
美国银行-美林日本	0.338	0.334	0.312	0.372	1.000			
美国银行-美林英国	0.587	0.587	0.645	0.678	0.356	1.000		
美国银行-美林全球(除美国)	0.410	0.339	0.279	0.348	0.423	0.373	1.000	
美国银行-美林全球(包括美国)	0.620	0.489	0.388	0.445	0.430	0.460	0.960	1.000

注：所有相关系数的显著性水平为5%。美国银行-美林全球收益率用美元表示。

图表3—8包括折算为美元的各国债券收益率之间的相关性。结果既不同于以本国货币表示的结果，也不同于正常的预期。一般来说，由于汇率随机变动的影响，把一国货币折算为美元之后相关性就下降了。这些国家的政府债券和美国政府债券的相关性也发生了同样的变化，而且其与加拿大政府债券的相关性也发生了同样的变化。作为对比，当货币折算为美元后，欧洲国家政府债券之间的相关性及其与日本政府债券的相关性持续地经历了较大的提高，并且这些指数与国际指数的相关性大体上也增加了。例如，法国和德国政府债券之间的相关性由0.85提高到了0.97。这表明在这段时期内它们的汇率相关性十分高，成为收益率相关性变强的原因。另外，欧元于1999年1月1日开始启用，也对最近的结果产生了影响。

图表3—8　　以美元表示的全球政府债券月收益率的相关系数，1986—2010年

	美国银行-美林美国	美国银行-美林加拿大	美国银行-美林法国	美国银行-美林德国	美国银行-美林日本	美国银行-美林英国	美国银行-美林全球(除美国)	美国银行-美林全球(包括美国)
美国银行-美林美国	1.000							
美国银行-美林加拿大	0.397	1.000						
美国银行-美林法国	0.411	0.349	1.000					
美国银行-美林德国	0.382	0.327	0.971	1.000				
美国银行-美林日本	0.270	0.108	0.513	0.538	1.000			
美国银行-美林英国	0.358	0.341	0.663	0.661	0.431	1.000		
美国银行-美林全球(除美国)	0.410	0.352	0.872	0.880	0.826	0.738	1.000	
美国银行-美林全球(包括美国)	0.620	0.433	0.865	0.859	0.761	0.706	0.960	1.000

注：所有相关系数的显著性水平为5%，除了日本对加拿大的显著性水平为10%之外。

3.6 关键知识点

● 对于分析债券或管理债券投资组合的人来说，债券市场指数是一个非常重要的要素。它们有几种重要的用途：作为绩效评价标准；作为要投资于债券指数基金的投资者的基准；作为确定固定收益资产风险/收益特征和相关性的工具；作为资产配置决策的输入变量。

● 对不同债券指数的风险/收益特征的简要分析表明，大多数指数具有与预期相符的结果。例外的是表现低于一般市场价格的风险非常高的证券（Caa 级债券和违约债券）和表现高于一般市场价格的低风险投资级债券（Ba 级债券）。对全球政府债券指数的分析结论在很大程度上受货币形式的影响。除了日本政府债券的风险/收益低于市场线外，用本国货币分析得到的结论是一致的。用美元分析所得的结论在风险和收益方面是一致的，差不多所有国家都受益于弱势美元。全球指数与大多数国家的指数一致。

● 对美国债券指数相关性的分析证实了早先的研究，即无论是在投资级债券指数系列内部，还是在高收益债券指数系列内部，都有非常高的相关性（通常介于 0.79 和 0.99 之间）。相反，投资级债券和高收益债券之间的相关性较低（相关性一般介于 0.20 和 0.40 之间）。违约债券和投资级债券之间没有相关性，但它与高收益债券之间有较为显著的相关性。

● 以本国货币表示的全球指数之间的相关性一般都较低（约为 0.5），但美国—加拿大和法国—德国除外（介于 0.75 和 0.85 之间）。当我们从美元角度来考察收益时，这些相关性就改变了。具体而言，所有其他国家和美国政府债券的相关性都下降了，而许多非美国国家政府债券之间的相关性升高了，这是由于这段时期内的美元弱势以及欧元货币的引入影响了这些国家。

● 由于分析期较短（25 年），许多关于风险/收益以及相关性的实证分析结果的显著性有限。虽然这些分析结果所跨越的时间不如人们希望的那么久，但现在对债券市场进行这样的分析还是可行的，因为已经有大量的、构造良好的、品种多样的债券指数。对于投资者以及基金管理人来说，对债券市场及其子市场进行这样的分析是至关重要的，这有助于他们进行有效的资产配置和做出正确的组合决策。

【注释】

[1] Frank K. Reilly，Wenchi Kao，and David J. Wright，“Alternative Bond Market Indexes,” *Financial Analysts Journal* 48，no. 3 (May/June 1992)，pp. 44-58.

[2] 同上。

[3] 电子债券交易以及交易平台将在第 4 章进行讨论。

[4] Edward I. Altman，“Revisiting the High-Yield Bond Market：Mature but Never Dull,” *Journal of Applied Corporate Finance* 13，no. 1 (Spring 2000)，pp. 64-74；Rayner Cheung，Joseph C. Bencivenga，and Frank J. Fabozzi，“Original-Issue High Yield Bonds：Historical Return and Default Experiences 1977-1989,” *Journal of Fixed Income* 2，no. 2 (September 1992)，pp. 58-76；Martin S. Fridson，

"The State of the High-Yield Bond Market: Overshooting or Return to Normalcy?" *Journal of Applied Corporate Finance* 7, no. 1 (Spring 1994), pp. 85-97; Frank K. Reilly, David J. Wright and James A. Gentry, "Historic Changes in the High-Yield Bond Market," *Journal of Applied Corporate Finance* 21, no. 3 (Summer 2009), pp. 65-79.

[5] 对各种高收益债券指数的详细分析见 Frank K. Reilly and David J. Wright, "An Analysis of High-Yield Bond Benchmarks," *Journal of Fixed Income* 3, no. 4 (March 1994), pp. 6-25。

[6] 参见 Reilly, Kao, and Wright, 文章同 [1]。

[7] 对违约债券的详细分析见 Frank K. Reilly, David J. Wright, and Edward I. Altman, "Including Defaulted Debt in the Capital Markets Asset Spectrum," *Journal of Fixed Income* 8, no. 3 (December 1998), pp. 33-48。

第4章 固定收益市场的电子化交易

马歇尔·尼科尔森（Marshall Nicholson）
骑士资本集团骑士债点（Knight BondPoint）常务董事

在很短的时间里，固定收益行业的交易就发生了革命性变化，正如其他证券市场比如股权、期权和外汇市场已经发生的一样。我们还仅仅处在一个彻底改变之初，这将会触及每一个市场参与者，包括从支持办公室到经销商，从货币管理者到投资顾问，从监管者到零售投资者（retail investor）。

4.1 总体债券市场增长

想领会电子化交易（electronic trade）如何适应固定收益市场，从美国债券市场总体出发很重要，这个市场从2000年以来已经规模翻番。根据证券行业和金融市场协会（SIFMA）的数据，截至2010年年末，未兑付债务超过35万亿美元。到2010年年末，国债及抵押相关债务（mortgage-related debt）约占全部美国债券市场债务的四分之一，紧随其后的是公司债券，约占该市场的21%。市政债券、机构债券、资金市场及资产支持债券各自代表未兑付总额的不到10%。美国整个股票市值（equity market capitalization）比较而言就相当小，据世界交易所联合会（WFE），2010年末约为22万亿美元。

固定收益交易额也增加了。根据证券行业和金融市场协会，前述美国债券类别 2010 年 12 月日均交易额超过 1 万亿美元，全年日均约为 9 500 亿美元。比 2002 年日均几乎 6 300亿美元上扬超过了 50%，2002 年是证券行业和金融市场协会刚把公司债券纳入统计的第一年。据证券行业和金融市场协会计算，2010 年美国股权日均交易所成交量为 993 亿美元，在这里债券再度胜过股权。

据证券行业和金融市场协会，在 2010 年日均成交量中，美国国债占比超过半数，机构抵押贷款支持证券（mortgage-backed securities，MBS）超过 3 000 亿美元。流动性较小（less-liquid）的公司债券和市政债券分别经历了 165 亿美元和 133 亿美元的日成交量。有一系列因素参与助推了债券市场总体规模及固定收益日均交易额的增加。某些增长与周期性因素相关，比如利率及 2008 年金融危机之后的股市相对疲弱表现，也有的受一次性事件的驱动，比如 2010 年 5 月 6 日“闪电崩盘”（flash crash）及其所导致的股权市场的不确定性。

但是长期的人口统计学意义上及结构性的变动已经并将继续支撑固定收益（行业）的扩张。显而易见，随着美国人口老龄化，固定收益行业正处于需求增长阶段。到 2030 年，将会有约 7 210 万年届 65 及以上的人口，为 2000 年这个数字的 2 倍多。根据美国老龄局（Administration on Aging）的估计，这部分人口届时将占总人口的 19%。“婴儿潮”一代为了收入分配及财富保值目的正在把资本增值类证券比如股票重新配置到债券中来。

美国固定收益市场的参与者可分为三组。一是发行者，包括政府、公司、银行及自治市（Municipalities），而且它们的主要职能包括发行债券以便为其各种活动及实体需求而融资。二是各种中介，包括投资银行、商业银行和同业经纪商（interdealer broker），它们在二级市场上对这些债券进行承销、分销和交易。三是投资者，包括政府、共同基金、保险公司、商业银行、商业公司及零售投资者，他们购买固定收益证券。这最后一组中的零售投资者（retail investors）正日益扩容，而这大部分要归功于技术进步使得他们更易接触到个别固定收益证券。

4.2 电子化交易的兴起

从 20 世纪 60 年代起，美国的固定收益证券已经压倒性地在二级场外交易（OTC）市场上进行交易。在大约 2 000 年之前，大部分交易仍然在分散的各方之间通过电话、传真、电子邮件及报文服务（messaging services）进行，而没有可把各市场参与者连接起来的处于中心位置的交易所或者方式。另外，固定收益市场由众多个别发行物组成，今天有约 300 万只证券，而相应地只有大约 2 万只不同的股权类证券，这使得一个中央固定收益证券流动性中枢（liquidity hub）及/或连通机制的建立难上加难。

纽约证券交易所（NYSE）于 20 世纪 20 年代及 30 年代破天荒地运营了一个交易所，用于公司债券、政府债券和市政债券交易。2006 年，纽约证券交易所推出纽约证券交易所债券平台（NYSE Bonds Platform），取代纽约证券交易所自动化债券系统（NYSE

Automated Bond System)，以期建立一个电子化交易场所供买卖者交易公司债券。然而，由于缺乏一个中心场所来整合流动性，以及固定收益市场的场外（OTC）特性，电子化交易远比在股市中的发展来得缓慢。

固定收益证券交易的典型工作流包括一系列买者、卖者及中介机构比如说经纪商的经纪商（brokers' broker）或者固定收益证券经销商相互之间的电话交流。想象一下其中的低效率和错误，因为发现、定价及执行固定收益证券的手工特征创造了手工和重复性的工作流活动，这带有较高的资料录入错误（data entry errors）可能性。

一旦技术进步到使得连接买方、卖方更加有性价比和效率时，固定收益行业就能够向前推进了。交易执行从通过电话转向通过传真，再继而转向通过电子邮件和即时报文(instant messaging)，直到通过建立电子化通信网络（ECNs）。

然而，固定收益证券交易仍主要停留于场外市场。相比较于每天在美国各交易所里交易的其他金融证券，大量固定收益证券存量发行物在二级市场上缺乏一致性且成交稀少。固定收益市场的这种碎片化的、异质化的、流动性较少的特征，已然成为建立电子化交易（electronic trading）的另一障碍。

尽管有此等背景，固定收益证券的电子化交易在20世纪90年代晚期和21世纪初期仍然获得了显著的牵引力。机会源自互联网革命Web技术的兴起，这些机会得益于那些富有远见者为追求这些技术的企业筹集资本的日益提升的能力。就其核心而言，这些技术允许一个低成本的基础架构和一个更快、更有效率的分布式模型，从中诞生了一系列电子化交易场所，从真实的交易所（bona fide exchanges）及多经销商电子通信网络到单一经销商（single-dealer）交易系统。根据债券市场协会（Bond Market Association）[1]的年度调查，运营中的固定收益证券电子化交易系统数量从1997年的区区11个上升到截至2001年的大约90个。

2001—2005年间，许多电子化固定收益产品交易的早期进入者要么关张，要么被整合，要么将其商业模型转型到新的与固定收益相关的活动之中。对本领域（space）的过度投资催生了过多的交易场所，结果使当时的固定收益产品电子化交易容量供过于求。幸存者典型地是那些资本充足者，而且常常组成经纪自营商（broker-dealer）财团，其所有者成为天然的用户，并且/或者聚焦于更标准化和更具流动性的固定收益产品，诸如政府及机构债券、高等级公司债券。

直到21世纪头十年的后半段，所谓的后合并（post-consolidation）时期，固定收益产品电子化交易的增长才随着不断增进的行业认可度以及电子化接入(electronic access)方式被更广泛采纳而加油提速。持续采纳（电子化接入）的两个主要动因，除了日益严格的固定收益产品市场规制监管外，还有多种电子化交易场所增值（服务）的引入。电子化地完成交易的能力是一个重要进步，但是（电子化接入的）采纳引爆点（tipping point）是更多交易前及交易后服务（pre-and post-trade services）的引入，它们消除了冗余工作流工序（workflow processes）。

的确，交易前及交易后服务超越执行本身而进一步自动化了固定收益交易生命周期(life cycle) 的方方面面。这个交易生命周期的自动化经常被公认为直通式交易程序(straight through processing，STP)，直通式交易程序本质上容许电子化录入的信息在清算与结算过程中从一方传递到另一方而不用在整个事件顺序里反复手工再录入同样的信息片段。电子化交易场所可以提供的 STP 服务的例子中，除了把交易执行信息提交到（证券）后台办公室及交易后处理的清算之外，还有把确认指令及账户分配信息等提交到组合管理系统。固定收益交易系统的供应商所提供的其他类型的附加服务，除了风险管理及监控外，还包括合规模块（compliance modules），用于辅助监管和合规要求的捕获和建档。这些额外服务可通过消除并自动化那些重复性的工作流来提升致力于固定收益交易的厂商的运营效率。当与贯穿于固定收益交易历史的海量手工工序相比较时，这种自动化反过来又减少了那些必须加以搜索及解决的交易误差的数量。

股权市场采纳了金融信息交换协议（Financial Information eXchange，FIX）作为 20 世纪 90 年代早期的报文标准（messaging standard）并取得了巨大成功。金融信息交换协议——一项公共域（public domain）的技术——便利了证券交易的实时电子交换。接下来把金融信息交换协议采纳作为固定收益交易协议是过去十年中该领域的主要技术进步之一。在金融信息交换协议之前，不用报文标准而把多种固定收益系统连接并联系起来是大量占用资源的（resource intensive）。金融信息交换协议使电子化交易场所能够提供信息服务以便支持它们的直通式交易程序活动。今天，金融信息交换协议处理进行固定收益交易的多种必要信息，包括订单的传输和交易执行的确认，还允许经销商提供关于固定收益证券的买方或卖方报价（bid or offer）信息（见图表 4—1）。对于固定收益产品的经销商和投资者而言，金融信息交换协议通过消除重复性活动并支持合规责任而带来了效率。实质上，金融信息交换协议使得电子化交易场所得以快速且富有成效地建立起一种经销商和投资者的“网络效应”。一经建立，这些网络效应容许电子化交易场所对新的竞争者制造进入壁垒（barriers to entry）。

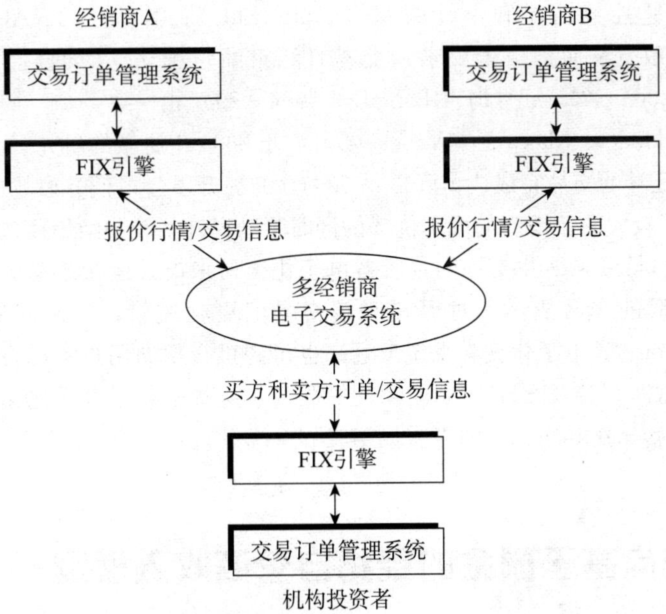

图表 4—1　固定收益市场参与者 FIX 连接性图示

4.3 合规要求的影响

有一个合规努力在推动固定收益交易电子化方面产生了尤其重要的影响。2001 年，美国证券交易委员会（SEC）批准了多项规则（rules），要求作为国家证券经销商协会（NASD，现在叫作金融业监管局，FINRA）会员的经纪自营商报告某些公司类固定收益证券的二级市场交易。这些规则旨在通过收集并传播来自并返回市场的固定收益产品交易数据来为公司债券市场带来更大的价格透明度。由监管者所觉察到的更大透明度（greater transparency），将会减少买卖价差（bid/ask spreads），从而降低与公司债券买入和卖出相关联的投资者交易成本（trading costs）。

由 FINRA 管理的、旨在报告传播公司债券交易信息的这个系统，以“（美国债券）交易报告与合规引擎（TRACE）”而为人所知。TRACE 要求经销商在交易完成后 15 分钟之内上报公司债券的合格交易（eligible transactions）。TRACE 最终于 2010 年得以扩充，除了最初的合格公司债券的市场交易以外，还覆盖了某些联邦政府机构债券（federal government agency debt）。

另外，2004 年，美国证券交易委员会批准了拟议规则改变建议书，涉及美国市政债券监管理事会（Municipal Securities Rule Board，MSRB）实时交易报告与价格传送系统的实施，详见于“MSRB 发布第 34－50294 号”（MSRB Release 34－50294）。据 MSRB 称，此项规则被改进——其中要求合格交易报送到 MSRB 的“实时交易报告系统（RTRS）设施”——以便提高市政债券的价格透明度，并改进执法机构（enforcement agencies）使用的监控数据库和审计跟踪（audit trails）。类似于 TRACE 报告的要求，MSRB 的规则被改变从而把报告要求从交易日结束缩短到交易时间后 15 分钟以内，与“MSRB 通告第 2004－29 号”（MSRB Notice 2004－29）相一致。

根据 Bessembinder、Maxwel 和 Venekatraman 于 2005 年所做的研究[2]，TRACE 成功地把 TRACE 合格证券的交易完成成本降低了 50%，并提升了公司债券市场的竞争。事实上，TRACE 在削弱了较大的经销商的成本优势的同时帮助提升了较小经销商的市场份额。该行业届时就有了通过持续采纳并支持固定收益电子化交易来提升运营效率的恰当激励：买卖价差的减少，较低的交易成本，对固定收益交易的更强监管，以及更容易的技术接入（access of technology）。电子化交易系统反过来也得到机会帮助用户完成合规义务，即向用户提供诸如 TRACE 报告及 STP 主观能动性等服务，这些服务把电子化交易系统连通到报文自动化（message automation）的专有或第三方系统上。

4.4 转向基于酬金的经纪自营商收入模型

零售经纪行业从佣金收入（commission revenue）模型转向基于酬金的（fee-based）

模型在推动零售固定收益市场采纳电子化交易方面扮演了一定的角色。

历来，拥有强大零售力量的经纪自营商（broker-dealers）持有巨大的库存量，并通过财务顾问与其零售账户进行固定收益证券支配性的自营交易（principal trading）。然而在过去的十年中，许多经纪自营商引入了基于酬金的平台。在基于酬金的平台模型内的账户，是根据经纪自营商处的托管资产被收取一笔酬金（fee）而非基于个别交易而被收取佣金（commissions）。针对这些基于酬金的账户，美国证券交易委员会对经纪自营商做出限制，即当为其客户利益而交易时，要在自营容量（principal capacity）内行动。

作为服务于酬金账户的这些限制的结果，经纪自营商启用了固定收益产品接入的解决方案以及机构执行（agency executions）解决方案。电子化零售平台诸如“骑士债点”（Knight BondPoint）和“债券柜台”（BondDesk）应运而生，通过基于 Web（Web-based）的财务顾问门户（portals）及替代交易系统（alternative trading system，ATS）多经销商平台接入，来提供前述解决方案。伴随着零售账户不断增加的委托人交易机会的损失，许多经纪自营商指望把它们的零售分销拓宽到它们自有的零售销售力量之外。这些零售中心化（retail-centric）的电子化交易平台也提供了此种机会。

到 2011 年年初，还没有关于电子化执行的固定收益产品的每日交易量官方量度水平。尽管 TRACE 和 MSRB 的报告要求命令参与者报告其合格证券的交易，报告厂商没有被要求说明该交易是否为电子化执行的，更不用说提供那些交易得以发生的系统或场所了。更进一步地，许多系统和场所不直接向市场发布成交量统计数据，即使是那些这么做了的系统和场所也使用大量不同方法累计和报告成交量，使得比较意义尚欠科学性。

然而在 2008 年 4 月，Celent 公司，作为奥纬咨询公司（Oliver Wyman）的一个分支机构，估计了美国固定收益产品日均成交量的 57%为电子化交易，并预测电子化交易的采纳将会驱动以电子化形式完成的交易到 2010 年达到 62%。据 Celent 公司，电子化交易已经对流动性较大（more-liquid）的证券具有更大的穿透力，包括美国国债，在该研究当时其日均成交量估计有 80%为电子化交易。与此同时，机构类抵押贷款支持证券（agency MBS）占日均成交量的 32%。[3] Celent 公司继续估计电子化交易在流动性较小的证券诸如市政债券、公司债券及联邦机构证券等方面的采纳率不及前述。事实上，2006 年只有 15%的联邦机构证券成交量、10%的公司债券成交量及 8%的市政债券成交量为电子化交易。Celent 公司预测在这些证券中的电子化采纳将处于低位，估计 2010 年电子化交易量占日均成交量的比例分别为：联邦机构证券 16%，公司债券 12%，以及市政债券 10%。

4.5 电子化交易平台的范围

在本节，我们简要描述交易平台的类型及交易模型的类型。

□交易平台的类型

尽管金融服务行业缺少官方定义来描述固定收益交易平台的多种类型，但大多数是按参与者及这些系统所使用的交易方法来加以分组的。

1. 经销商同业系统（Interdealer Systems）

容许固定收益经销商执行电子化并匿名互相交易，经销商同业系统利用了一个经销商同业经纪（IDB）作为中介。经销商同业平台在国债及政府机构债券的交易中最为盛行。典型的经销商同业经纪（IDB）为它们的客户同时提供电子化及语音两种能力。许多这种平台当前容许非经销商（nondealers）诸如机构客户接入这些平台。“经销商同业系统”的例子包括 eSpeed 及 BrokerTec。

2. 单一经销商客户系统（Single-Dealer Client Systems）

为主要固定收益经销商所拥有和运营，典型地这些单一经销商客户系统容许机构客户直接与该系统的经销商赞助人电子化交易多种固定收益产品。运行这些单一经销商客户系统的固定收益经销商在委托人容量内运作。实际例子包括德意志银行的 Autobahn 及 JP 摩根的 JPeX。

3. 多经销商客户系统（Multi-Dealer Client Systems）

这些系统使得机构客户能够从多家经销商处接入行情报价并执行，并且通常它们为使用该种系统的机构客户和经销商提供交易前及交易后（pre-and post-trade）服务作为附送利益。许多今天还存在的多经销商客户系统肇始于由固定收益经销商们所建立的财团。实际例子包括 Tradeweb 及 MarketAxess。

4. 交易所（Exchanges）

为固定收益证券提供一个系统模型，在其中买方和卖方匹配交易，交易所创造流动性，而非依靠固定收益做市商来提供行情报价。交易以匿名方式达成。一个例子将是 NYSE Bonds。

5. 零星交易系统（Odd-Lot Trading Systems）

零星（odd lots）交易被定义为其面值低于 100 万美元的交易，这些系统的使用者是那些代表直接零售投资者进行固定收益证券买与卖的厂商。作为结果，其大多数都支持交易多种债券类型。大多数零星交易系统都是多经销商系统，但某些专做零星交易的经销商也有单一经销商系统，在其上它们的客户可以执行交易。另外，零星交易系统被机构顾客用来便利它们需要买或卖的零星头寸（odd-lot positions）的交易。实际例子包括骑士债点、债券柜台及 TMC。

□交易模型的类型

虽然有大量交易模型能够便利固定收益证券的电子化交易，但是三种今天最为流行的模型是报价申请（request for quote）、订单驱动（order-driven）和拍卖系统（auction systems）。许多电子化平台当前支持多元交易模型（multiple trading models），这大部分取决于给定时间点上来自用户的需求。

1. 报价申请

典型地被用于多经销商客户系统并且由机构顾客用来执行交易，报价申请模型使得客户能够从参与到多经销商平台上来的一家或多家经销商处申请关于一种或多种债券的报价。一旦接到询盘，经销商可以用行情报价来回应，行情报价回应随后可能引出行动，并且如果买方报价（bid）被击落（hit）或卖方报价（offer）被掀起（lift），一个交易执行就发生了。

2. 订单驱动

订单驱动模型使得参与者针对其他被称作价格制定者（price makers）或流动性供应商（liquidity providers）或做市商（market makers）的参与者的行情报价投放订单。执行发生于所提交的订单被流动性供应商的行情报价所匹配时。这样一个匹配的订单，为流动性供应商和流动性接受者双方生成了一个执行信息。大多数零星交易系统都是基于订单驱动的系统。

3. 拍卖系统

通常来说大多数拍卖系统用于新券发行或路演询价（book-building）活动中。典型地，这些系统允许一个发行者或发行经理张贴招标详情，诸如证券、规模和拍卖规则。随后投资的意思表示（indications of interest）到位，订单则于拍卖结束时被分配。

4.6 当前技术

固定收益交易方面的技术演进与其他资产类别诸如股票、期权及外汇等是一致的。最为显著的发现之一是独一无二的图形用户界面（GUI）应用在固定收益电子化交易上的重要性日渐式微。发生在电子化固定收益场所的活动不断增长的比例现在则源自一种应用程序界面（API），它使来自多元竞争性电子平台的程序化信息整合成为可能。

□ GUI 与 API

股票市场已经当然地在采纳自动化方面领先于其他领域。股票市场上超过 90%的进线价格（inbound prices）和订单通过一个金融信息交换协议（FIX）的应用程序界面（API）到达它们的终点，比如一个电子化通信网络（ECN）或交易所。在外汇市场上经由 API 传输的（API-delivered）价格和订单的百分比就没有那么高了，但是似乎也代表着成交量的绝大部分。在两种情形下，替代交易系统（ATS）和 ECN 在这些市场中都是以图形用户界面（GUI）作为开端获得了初始的采纳而最终演进到以基于 API 的活动为主。

固定收益市场上的交易也基本上遵循着这些自然演进路径，从带有专用 GUI 的单一及多经销商系统转向固定收益成熟的 ECN 当前套装（current set）。这个资产类别中的电子化交易平台的早期版本通过 GUI（图形用户界面）生成了它们的大部分价格制定和价格接受活动，并且通常聚焦于一个或者一个以上的特定部门（specific sectors）。其结果是许多市场参与者都必须在多重 GUI 上管理市场活动，而这带来了非效率和风险，特别是对于那些致力于做市（market making）的厂商。

作为对市场请求的回应，ECN 开始提供 API 作为替代。聚焦于机构用户的 ECN 在这个成熟过程中带了路，零星或者零售 ECN 最终跟进。初期的 API 整合被看作高成本和耗费时间的，这是因为在每个 ECN 上应用着不同的非标准专用通信协议以及缺少整合工具。然而当 ECN 成熟后，它们越来越多地采纳了金融信息交换协议（FIX），后者允许许多厂商进行更加轻松的整合。一般而言，在零星的、聚焦于零售的 ECN 上，绝大部分报价通过 API 进行实时传输，并且少于半数的价格接受活动经由 API 进行。在机构市场上由 API 所代表的成交量的百分比稍稍高些，这是由于它较早起步及持续需求。举例说明，给定了 API 的可获得程度，价格制定者现在可以从连通到所有（或者如他们所需要的那么多个）ECN 上的一个系统输入价格了。

彭博交易订单管理系统（TOMS）已经成为参与零售市场的固定收益经销商的简式记账（single-entry）系统中的优选，因为它把库存管理与布隆伯格证券主机（security master）* 相结合，并且提供其他附加价值的特色功能。可替代地，一些经销商使用专用系统来管理它们的价格模型并把价格传输到不同的 API 上去。在多数情况下，价格模型通过手工调整与基准（benchmarks）之间的利差来进行管理，但是比较自动化些的方法被用于有选择的工具，比如新券（on-the-runs）及其他高流动性的美国国债。

同时，买方宁愿用买方取向的订单管理系统（OMS），比如彭博的 AIM、Charles River 和 Latent Zero。所有 ECN 中的 API 的可获得性消除了监控和管理额外屏幕的需要，并使得与交易后工序进行顺畅整合成为可能。在多数情况下，价格接受的决策点仍是基于人工（human-based）的，但是它出现于 OMS 的 GUI 中，与 ECN 中的情形形成对照。从复杂模型中接受订单的能力是存在的。因此，一些较大的机构已经为完全自动化的执行过程采用了基于规则（rule-based）或者算法（algorithmic）的交易，但是此种需求还未达到见于股票和外汇市场的那种水平。

在固定收益 ECN 的早期历史上，设计良好的 GUI 被认为是独特的竞争优势。在当前的这个时代，由于基于 API 的平台日益增长的成交量，GUI 被一些参与者认为是一种商品。截至 2011 年年初，两家美国机构性固定收益 ECN——MarketAxess 及 Tradeweb Markets——为价格制定者和价格接受者提供了 GUI 和 API 两种接入方式。另外，同样的可用选择也见于所有四家零售 ECN：债券柜台、骑士债点、TMC 和 Tradeweb Retail。

在大多数情况下，API 接入使用 FIX，与其他市场相一致。仍保留有某些基于部门覆盖面的独特性，比如 TMC 的聚焦于市政债券，或者 MarketAxess 的聚焦于信用债券，但是除此之外，与参与者、库存量及债券价格相关的竞争力差距则已经非常小了。尽管

* 或是“安全主机”。——译者注

多种 ECN 之间的差距已经缩小，对接入的总体需求已经增长了。事实上，API 的接入的可获得性被认为是 2009 年成为电子化交易创纪录之年的显著贡献者，并且被期待在将来扮演渐强的角色。

4.7 市场数据和固定收益 ECN 的整合

在由固定收益 ECN（电子化通信网络）所提供的 API（应用程序界面）现有能力之上的市场数据引入已经使电子化交易的下一阶段演进——整合和自动化——成为可能。这追随了目前普遍通行于其他资产类别的交易模型，这是由于横跨流动性资产池的市场深度的可获得性，以及自动化的价格制定也正广泛运用在股票和外汇市场上。来自这些 ECN 的市场数据的较好可获得性也已经容许整合工具更容易被卖方和买方获得，并为双方提供了许多优势。

在卖方一侧，经销商能够使用整合工具来实时管理它们的头寸，以及与正在提交的和任何时刻市场水平不一致的价格这一点相关联的风险。一个好的整合应用（aggregation application）能够容许它们把它们的当前价格与源自多家 ECN 的价格相比较，从而确定它们没有捐献于一个已逆转了的市场，或者在另外的情形下可能处于正常范围之外了。越来越多已采纳这些技术的经销商当前正在实施自动化交易模型来建立超越其竞争者的优势。

在买方一侧，则有从整合观点来看的决策和基于合规的优势。一个发育良好（well-developed）的整合平台能够横跨所有 ECN 来显示市场深度，提供前所未有的透明度水平。持有相对较大单一债券头寸的机构现在可以较好地估测对那种债券存在的胃口有多少了，估测当前最优价格能否应用于自己的整个头寸，或者如果不能，估测在最优价格之外什么价格和数量是可获得的。

在合规一侧，监管当局现在可以要求为一个 ECN 内部的最优执行（best execution）建档，例如，以一个打印件或者电子化记录显示该执行价格处于该交易发生时刻该交易规模的可接受价格区间之内。然而，某些内部的合规部门采用更加严格的标准并期望它们的交易员和组合经理横跨整个市场（也就是所有 ECN）进行最优执行归档。一个商业性可获得的整合产品不用任何开发就能够提供这项能力，容许厂商迅速升级到这项较高标准。某些专家相信监管当局正在考虑在将来在整个市场范围适用这一合规水平。

4.8 固定收益市场的零售参与

零售固定收益产品的投资者能够借助于多种可获得的投资载体接入固定收益市场，包括共同基金（mutual funds）、封闭基金（closed-end funds）、单位投资信托（unit investment trust）（在其中一个职业货币经理受雇选择并管理一个固定收益证券组合）、固定收益取向（fixed income-oriented）的交易所交易基金（ETF）。零售投资者也能通过直接拥有经纪账户而管理固定收益证券组合。根据投资公司研究会（Investment Company Institute）的《投资公司资料手册》（Investment Company Fact Book），截至2009年，零售投资者持有固定收益共同基金约合2.2万亿美元。2009年另外1 070亿美元的债券是通过ETF持有的。尽管投资者持有的有关个别债券所有权的综合数据稍显有限，我们的确知道的是，零售投资者是市政债券及国债市场上的重量级参与者。根据证券行业和金融市场协会，2010年第三季度个人持有市政债券1.06万亿美元，超过包括基金公司、银行和保险公司三者在内的总持有量的三分之一。与机构相比，零售投资者所持有的国债占比较小，但尽管如此，在2010年第三季度也持有1.08万亿美元国债。

目标在于透明度的合规努力，已经通过收集并传播交易数据而为该行业提供了在公司债券、机构债券和市政债券的零售参与度方面的良好洞察力。由美国金融业监管局出版的数据表明，从2007年起零售交易量已经有了实质性增长。除此之外，零售已经占了总交易量的较大百分比。例如，TRACE数据显示了如下情况：

- 二级市场上投资级日均市场交易量为28 349笔；该交易量中面值在10万美元（典型的零售）以下者从2007年占71%上升到2010年第三季度占79%。
- 高收益债券的日均市场交易量为8 307笔；该交易量中面值在10万美元以下者从2007年占53%上升到2010年第三季度占63%。

在一种类似于投资级公司债券的交易模式中，由美国市政债券监管理事会（MSRB）提供的数据同样凸显了零售投资者是日益活跃的参与者。

- 在2010年第四季度，75%的市政债券交易为面值在10万美元以下的交易。

4.9 个别债券的零售接入

传统上零售投资者通过附属于经纪自营商的金融中介买入和卖出个别固定收益证券。十年前，此类过程可能需要零售投资者与财务顾问间的许多电子邮件、电话呼叫以及/或者传真，随后这些又发生于财务顾问与固定收益交易员或销售联络员（sales liason）之间。附加的电子邮件、电话呼叫和传真可以发生于固定收益交易员或销售联络员与该厂商内部的其他交易员之间，以及发生于交易员与其他厂商的销售人员之间。然后，为零售账户选择一种或数种债券来买入，而有可能那种债券或者那些债券中的某些债券已不再可得，或者只能在不同于原始标示的数量和价格之上可得了。因此更多的电话呼叫、传真及电子邮件将会发生于零售账户、财务顾问、交易柜台之间以便完成该笔交易。

这个无效率的过程随着Web技术于20世纪90年代中晚期的成长而被淘汰了，经由简单的Web应用固定收益证券专业人士即可以搜索已经整合到独立数据库之中的一个报价列表。那时，固定收益经销商将会传真或通过电子邮件发送一张库存列表给这些系统的运营者，数据录入员将会手工把收到的债券库存数录入到中央化的数据库（centralized database）中。这些系统常常被描述为一个“电子化蓝表”（Electronic Blue List），这是参考了标准普尔在蓝色报纸上创制发布市政及公司证券的固定收益报价每日摘要与广告。这些 Web 系统的使用者能够依据多种债券相关条件搜索一个报价数据库，包括到期日、评级及收益率。经销商联络信息在每种报价上均可加以识别，系统的使用者可以致电进行议价交易。

这些基于 Web 的系统于 21 世纪初增补了诸多先进功能，除了让经销商通过 API 向系统发送库存的附加功能以外，还包括把订单按路由电子化地发送给通过系统进行债券报价的经销商的功能。此外，这些系统的多种版本被开发出来供财务顾问使用及供零售账户直接使用，为此把订单录入及订单路由到一个内部交易柜台的功能也纳入进来了。

电子交易系统中不同供应商所提供的这些改进了的功能满足了许多在线经纪商的策略计划，即它们想要将产品报价扩展到股票、期权及共同基金之外从而包括接入个别债券。因此，通过在线经纪商和电子交易系统供应商之间的合作，零售投资者能够经由紧密集成到在线经纪技术之中的基于 Web 的应用而进行个别固定收益证券的电子化搜索及交易了。今天，这些固定收益门户接口（portals）容许零售投资者同时搜索大量一、二级市场报价，执行价格发现功能，构建由个别证券构成的组合及债券阶梯（bond ladders），并电子化地执行交易。

图表 4—2 到图表 4—5 是基于 Web 的应用搜索市政债券（图表 4—2 及图表 4—3）和公司债券（图表 4—4 及图表 4—5），由骑士债点提供。

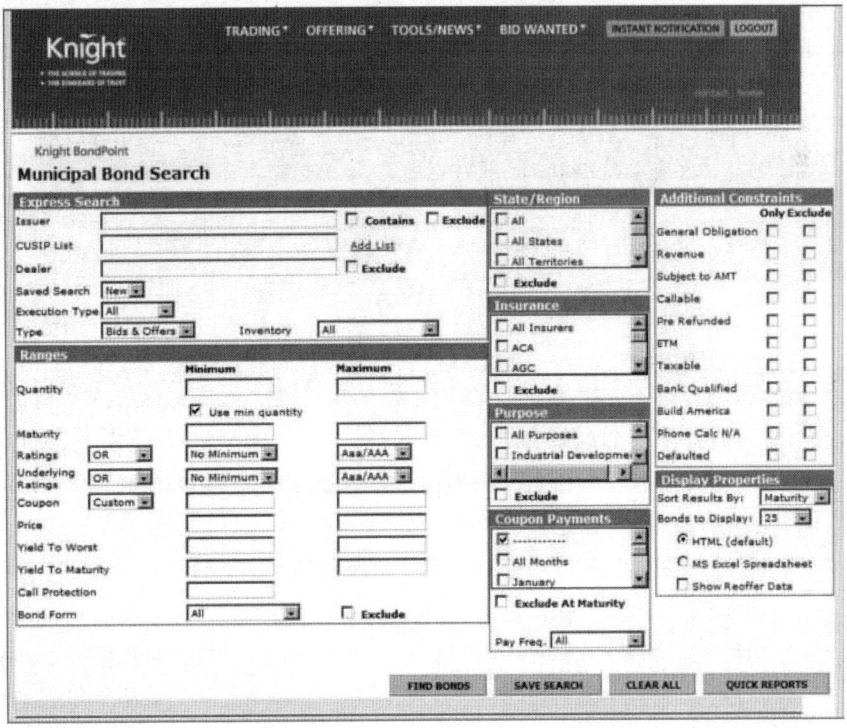

图表 4—2　多变量市政债券筛选

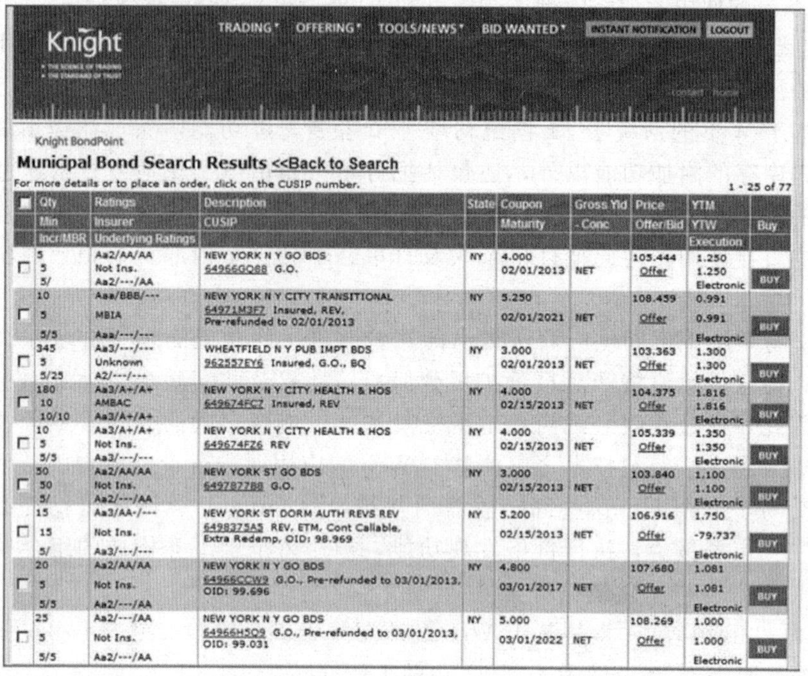

Knight

TRADING OFFERING TOOLS/NEWS BID WANTED INSTANT NOTIFICATION LOGOUT

Knight BondPoint

Municipal Bond Search Results <<Back to Search

For more details or to place an order, click on the CUSIP number. 1 - 25 of 77

	Qty Min Incr/MBR	Ratings Insurer Underlying Ratings	Description CUSIP	State	Coupon Maturity	Gross Yld - Conc	Price Offer/Bid	YTM YTW Execution	Buy
☐	5 5 5/	Aa2/AA/AA Not Ins. Aa2/---/AA	NEW YORK N Y GO BDS 64966GQ88 G.O.	NY	4.000 02/01/2013	NET	105.444 Offer	1.250 1.250 Electronic	BUY
☐	10 5 5/5	Aaa/BBB/--- MBIA Aaa/---/---	NEW YORK N Y CITY TRANSITIONAL 64971M3F7 Insured, REV, Pre-refunded to 02/01/2013	NY	5.250 02/01/2021	NET	108.459 Offer	0.991 0.991 Electronic	BUY
☐	345 5 5/25	Aa3/---/--- Unknown A2/---/---	WHEATFIELD N Y PUB IMPT BDS 962557EY6 Insured, G.O., BQ	NY	3.000 02/01/2013	NET	103.363 Offer	1.300 1.300 Electronic	BUY
☐	180 10 10/10	Aa3/A+/A+ AMBAC Aa3/A+/A+	NEW YORK N Y CITY HEALTH & HOS 649674FC7 Insured, REV	NY	4.000 02/15/2013	NET	104.375 Offer	1.816 1.816 Electronic	BUY
☐	10 5 5/5	Aa3/A+/A+ Not Ins. Aa3/---/---	NEW YORK N Y CITY HEALTH & HOS 649674FZ6 REV	NY	4.000 02/15/2013	NET	105.339 Offer	1.350 1.350 Electronic	BUY
☐	50 50 5/	Aa2/AA/AA Not Ins. Aa2/---/AA	NEW YORK ST GO BDS 649787788 G.O.	NY	3.000 02/15/2013	NET	103.840 Offer	1.100 1.100 Electronic	BUY
☐	15 15 5/	Aa3/AA-/--- Not Ins. Aa3/---/---	NEW YORK ST DORM AUTH REVS REV 6498375A5 REV, ETM, Cont Callable, Extra Redemp, OID: 98.969	NY	5.200 02/15/2013	NET	106.916 Offer	1.750 -79.737 Electronic	BUY
☐	20 5 5/5	Aa2/AA/AA Not Ins. Aa2/---/AA	NEW YORK N Y GO BDS 64966CCW9 G.O., Pre-refunded to 03/01/2013, OID: 99.696	NY	4.800 03/01/2017	NET	107.680 Offer	1.081 1.081 Electronic	BUY
☐	25 5 5/5	Aa2/---/AA Not Ins. Aa2/---/AA	NEW YORK N Y GO BDS 64966H5Q9 G.O., Pre-refunded to 03/01/2013, OID: 99.031	NY	5.000 03/01/2022	NET	108.269 Offer	1.000 1.000 Electronic	BUY

图表 4—3　市政债券筛选结果

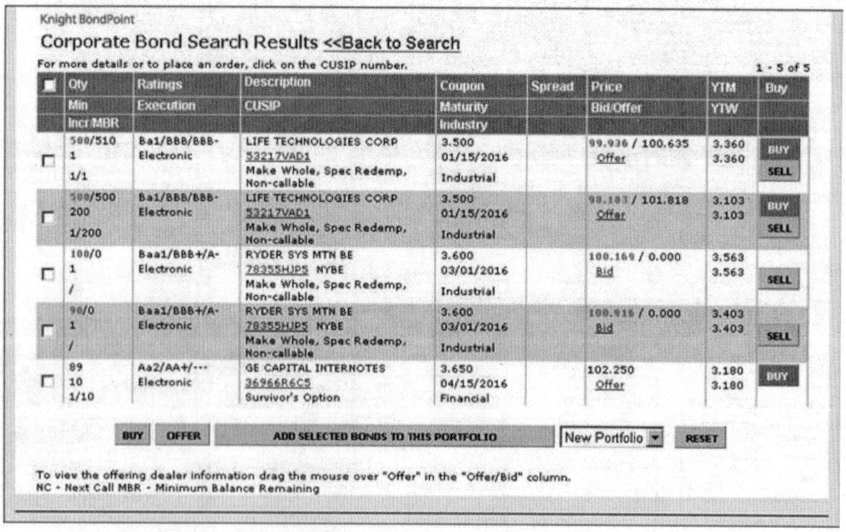

Knight BondPoint

Corporate Bond Search Results <<Back to Search

For more details or to place an order, click on the CUSIP number. 1 - 5 of 5

	Qty Min Incr/MBR	Ratings Execution	Description CUSIP	Coupon Maturity Industry	Spread	Price Bid/Offer	YTM YTW	Buy
☐	500/510 1 1/1	Ba1/BBB/BBB- Electronic	LIFE TECHNOLOGIES CORP 53217VAD1 Make Whole, Spec Redemp, Non-callable	3.500 01/15/2016 Industrial		99.936 / 100.635 Offer	3.360 3.360	BUY SELL
☐	500/500 200 1/200	Ba1/BBB/BBB- Electronic	LIFE TECHNOLOGIES CORP 53217VAD1 Make Whole, Spec Redemp, Non-callable	3.500 01/15/2016 Industrial		98.103 / 101.818 Offer	3.103 3.103	BUY SELL
☐	100/0 1 /	Baa1/BBB+/A- Electronic	RYDER SYS MTN BE 78355HJP5 NYBE Make Whole, Spec Redemp, Non-callable	3.600 03/01/2016 Industrial		100.169 / 0.000 Bid	3.563 3.563	SELL
☐	90/0 1 /	Baa1/BBB+/A- Electronic	RYDER SYS MTN BE 78355HJP5 NYBE Make Whole, Spec Redemp, Non-callable	3.600 03/01/2016 Industrial		100.916 / 0.000 Bid	3.403 3.403	SELL
☐	89 10 1/10	Aa2/AA+/--- Electronic	GE CAPITAL INTERNOTES 36966R6C5 Survivor's Option	3.650 04/15/2016 Financial		102.250 Offer	3.180 3.180	BUY

BUY　OFFER　ADD SELECTED BONDS TO THIS PORTFOLIO　New Portfolio　RESET

To view the offering dealer information drag the mouse over "Offer" in the "Offer/Bid" column.
NC - Next Call MBR - Minimum Balance Remaining

图表 4—4　公司债券筛选结果

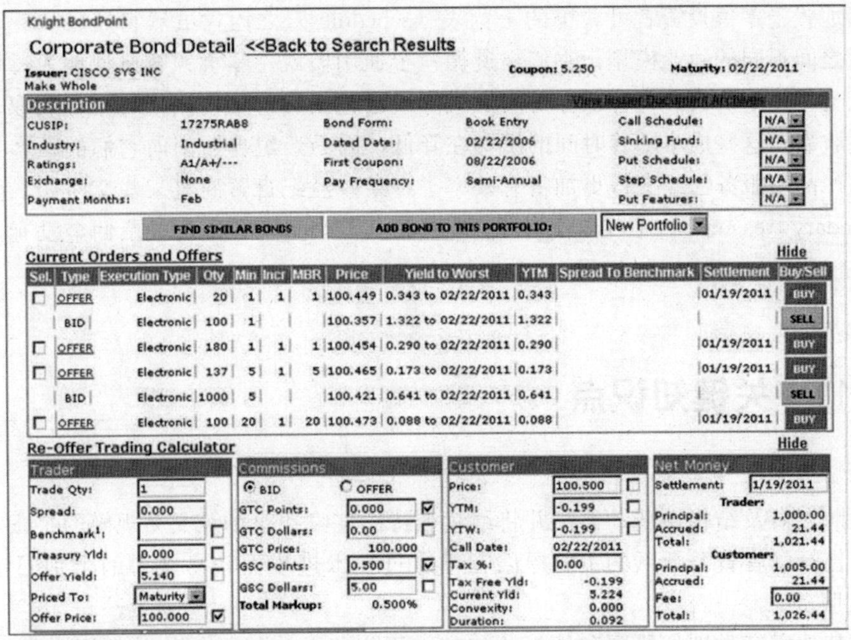

图表 4—5 多经销商实时可执行报价行情

4.10 固定收益定价

当在二级固定收益市场上交易时，经纪自营商典型地以三种可能容量（capacities）来打理零售投资者。

从事自营容量（principal capacity）的经纪自营商为了它们自己的账户对零售投资者买入或卖出债券，通过收集这个（这些）交易上的买卖价差而获取利润。举例说明，一个投资者可能希望从他的组合中卖出一种债券，在该项交易中作为媒介的经纪自营商可能将该等债券纳入它自己的库存以期将来以一个较高价格卖给另一投资者或者经纪商。

从事无风险自营交易（riskless-principal transaction）的经纪自营商通过在执行之前找到某固定收益工具的一个买方或卖方来便利零售交易，通过为零售投资者的价格应用加码（markup）或减码（markdown）而从交易中获利。举例说明，一个投资者可能希望从他的组合中卖出一种债券并且把请求发送给经纪自营商以求定价。经纪自营商就可能把该请求发送给其他经纪自营商，并且一收到从各利益相关方得来的该工具的各种价格，就会提供一个比它从其他经纪自营商处收到的价格稍微低点儿的价格作为该零售投资者可能卖出该工具的价格。影响到二级市场交易加码或减码总额的因素包括交易的规模及/或该工具的到期日。

从事代理容量（agency capacity）的经纪自营商向零售投资者收取二级市场交易佣金（commissions）。如同无风险自营交易，作为媒介的经纪自营商为零售投资者提供该工具可获得的最优价格。然而，并非加码或减码，而是经纪自营商对该交易加上一个佣金。这些佣金典型地置于零售投资者可获得的一览表（schedules）之内，虽然它们反映着竞争性经纪自营商之间不同的商业模型，它们也遵循一个通用模式。零售顾客典型地为每单交易或每次执行支付一个价格，每种证券的附加成本或已包括在价格内或依每单位收取，设有最低或最高收费。这些成本随着时间的推移在降低，因为经纪自营商向它们的顾客提供固定收益交易产品与服务已经变得更加富有效率了。某些经纪自营商对某些交易如二级市场国债（secondary treasuries）不收取任何佣金，并在其他产品上提供与股票佣金没有太大差异的佣金。

4.11 关键知识点

• 长期人口及结构性变动已经并将继续维持固定收益市场及交易规模的扩张。

• 零售投资者日益活跃的主要原因在于通过技术进步而较易获得的个别固定收益证券的接入服务。

• 与其他资产类别如股票和外汇相比较，固定收益市场的结构放缓了电子化交易的采纳。

• 基于 Web 技术的引入及资本的接入帮助加速了众多电子化交易场所在 20 世纪 90 年代和 21 世纪初期的扩张，跟着是一个合并期间。

• 关键性技术进展包括通过直通式交易程序（STP）的自动化，通过金融信息交换协议（FIX）的电子化连接，通过应用程序界面（API）的接口，以及市场数据向交易平台的整合。

• 合规要求包括实时交易报告、价格发布，以及最佳执行建档，进一步鞭策了朝向电子化交易的转变。

• 当零售经纪行业转向基于酬金的模型并且寻求扩展它们的分销时，对电子化零售平台的需求就增长了。

• 固定收益市场接入和交易的更高效率已经推动了佣金下降，帮助吸引了甚至更多的零售投资者的现身。

【注释】

[1] 债券市场协会现在是证券行业和金融市场协会（SIFMA）的一部分。

[2] Hendrik Bessembinder, William F. Maxwell, and Kumar Venkataraman, "Market Transparency, Liquidity Externalities, and Institutional Trading Costs in Corporate Bonds." Presented at the 2006 American Finance Association Meeting available at SSRN: http://ssrn.com/abstract=644624 or doi: 10.2139/ssrn.644624.

[3] David Easthope, "Electronic Trading: Reaching the Tipping Point," Report by Celente, April 14, 2008 (http://reports.celent.com/PressReleases/200804142/ebond.asp).

第5章 宏观经济动态与公司债券市场

史蒂文·I. 蒂姆 (Steven I. Dym) 博士
水手资本合伙公司总裁 (President, Mariner Capital Partners)

也许与资本市场的任何其他部门相比较而言，公司债券都更加深刻地受到宏观经济动态（dynamics of the macro-economy）的影响。利率、通货膨胀、收益率曲线形状及公司盈余在很大程度上都受经济周期驱动。这些变量及其波动性都在公司债券的收益、价格及其衍生物的决定中起着一定作用。这一章解释了这些不同的作用及其相互作用。本章以一个实用宏观经济学的概要作为开始。[1]

5.1 宏观经济

实际国内生产总值（Real Gross Domestic Product）代表了在给定时段，通常是一个季度，在某个国家所生产的货物及服务（goods and services）的总值。它典型地表示为自上一个季度的变化率——增长率（growth rate）——且为年化了的变化率。这样做的方便之处在于，利率及通货膨胀率也同样典型地用年度百分比来表示。之所以说是实际值，是因为在粗略估计时扣除了通货膨胀率。

某个经济体能够产出的GDP的数量被称为**"潜在GDP"**（potential GDP）或者**"潜在产出"**（potential output）。它是一个理论测度，因为根据定义它是观察不到的。然而它却极其重要，原因如下。一个国家的潜在GDP由它的资源——劳动、实物资本

(physical capital）及自然资源决定。如果实际的GDP低于其潜在量，那么这些资源中的一部分就没有被充分利用。进一步讲，它们是不充分就业的（或者失业的，如果某人虽然愿意却完全没有在工作的话），这对社会而言是个无谓损失（deadweight loss）。实际GDP与潜在GDP之间的差异即是**国内生产总值缺口**（GDP gap）。

为什么投资者，特别是那些涉及公司债券的投资者关心实际GDP、潜在GDP及GDP缺口呢？下面所列的就是一些好理由。

• GDP的变动与公司收入高度相关。的确，几乎是凭借定义——产出一定要被生产出来，而公司从事这些生产。[2]更多收入意味着厂商强化了其偿付债务的能力，因而减少了违约风险（并且，结果是降低了公司债券的风险溢价，稍后会加以讨论）。然而，有一点要注意：债务偿付是来自净（net）收入而非总（gross）收入。一个厂商的收入将会消耗于生产成本（比如劳动）及固定成本（比如租金）上。这就使前述相关性变得不完美。

• 利率由对信用的供给与需求决定。反过来，信用的供给——通过家庭储蓄（household savings），信用的终极（国内的）供给者——及信用的需求——来自公司（及政府）——这二者均深受GDP水平及GDP增长（加上对这种增长的期望）的影响。

• 至少在短期（比如说，在一个经济周期内），通货膨胀率是GDP缺口规模的自然产物。对投入品（劳动力、原材料及资本品）的需求在很大程度上取决于实际GDP，与此同时，投入品的供给反映了经济体的潜力。对供给与需求关系的分析有助于解释通货膨胀压力存在与否。

• 中央银行流动性的注入或收回在很大程度上是GDP缺口的函数。直接地，中央银行关注该国资源，特别是以GDP缺口来测度的劳动的不充分或过度利用（under or over utilization）。间接地，中央银行寻求避免通货膨胀（或通货紧缩）压力，这种压力有可能是GDP缺口的结果。并且因为中央银行的政策工具通过金融市场起作用，公司债券投资者注意而且确实试图预测中央银行的动作。

之后很清楚，公司债券投资者最感兴趣的是什么促进了GDP进而形成了GDP缺口。不幸的是，我们对此不是很确定。我们对宏观经济变量相互之间的关系已经有了相当好的理解，但是没有谁对宏观经济活动的驱动因子有完全自信。所以，我们只是回顾我们所知道的，并且指出观点的主要分歧。对于投资者而言，搞清楚还不知道什么与确信已经知道了什么同等重要。

GDP中的“产品”被出售给了该产品的需求者。我们把所有的需求者或者购买者划入称为**“总需求部门”**（aggregate demand sectors）的部门中：

• **家庭**（households）。也被称为消费者，家庭购买了所生产的货物及服务的大部分。如果没有消费者支出的伴随变动（concomitant movements），则很难经历显著的GDP扩张或者收缩。一部分消费甚至如它加总到实际GDP那样加总到潜在GDP之中。教育支出即为一例，因为至少在理论上，它对该人的生产力（productive capabilities）有所贡献。对任意项目（discretionary items）的消费者支出都对经济周期敏感，因此也具有波动性，与在必需项目上的支出有所不同。家庭支出中一个相对较小但是非常具有波动性的部分是住宅（homes）支出——不是花在装饰品或者电器上的支出，而是花在房子（house）本身上的支出。没有花费在货物和服务之上的家庭可支配收入（disposable income）的百分比被定义为（个人）储蓄率（savings rate），此处可支配收入以家庭收入扣除税收来测度。

● **企业**（businesses）。公司对原材料采购、工人工资和福利的支付，给建筑所有者的租金或者给贷款者的利息没有计入 GDP；这些已经由最终使用者为货物及服务所支付的价格所代表了。更确切地说，诸如花在工厂、设备及软件等上的资本支出（capital expenditures）却要包括在 GDP 内。很重要地，这些被称为"资本支出"（Capex）的支出，除了要计入实际 GDP 外，还要计入该经济体的潜在 GDP，因为它们增进了每个工人生产产出的能力。描述这一点的另外一种方式是，资本支出在增加了 GDP 的同时改善了该国的"生产率"（productivity），后者典型地定义为总产出（aggregate output）对劳动投入（labor input）的比率。与此独立地，存货（inventories）的堆积，无论是由于销售不理想还是由于有意的库存积累（stock accumulation），都会增加 GDP——毕竟，货物已经被生产出来了。后续库存的减少将会降低 GDP。资本支出及存货占实际 GDP 的比重相对较小。但是因为它们对于经济波动的敏感性，它们及住宅支出倾向于在 GDP 的**"变动"**（changes）中占有较高份额。

● **政府**（governments）。州及地方政府的支出是联邦政府支出的 2 倍。这两种单位（units）均对当期消费支出进行征税，它们还在资本项目（例如学校、桥梁）上进行支出，后者对这个国家的潜在 GDP 作出贡献。联邦政府增加支出（或者减少征税）以便提升总需求并刺激经济所采用的措施被称为**"财政政策"**（fiscal policy）。注意，当经济疲弱时，某些政府计划（失业保险是其中最广为人知的）不必新立法即开始生效。这些措施被称为**"自动稳定器"**（automatic stabilizers）。至关重要的是，不要把中央政府在货物及服务上的支出混同于中央银行在金融工具上的"支出"（货币政策）——前者进入"实体经济"（real economy），后者曲线进入金融市场。我们将很快接触到这个关键区别。

● **外国人**（foreigners）。上述支出的任何部分若采购自外国人——就是说，进口——其结果是总需求的减少，因此会降低 GDP。外国人对美国生产的货物及服务的任何采购都增加了总需求。对于给定水平的 GDP，商业资本支出对于家庭储蓄的任何出超部分都必须匹配于政府收入（receipts）（主要是征税）对于政府支出的一个出超部分。如果前者大于后者，贸易赤字（进口大于出口）将必然出现。如果政府支出超过其收入就更会如此。相反，如果家庭储蓄超过了资本支出，而且其差额小于政府支出与其征税的差额，则结果是贸易顺差。[3]

这是底线。任何部门的需求增加都将诱发货物及服务的生产。GDP 增长了。生产者使用原材料，从其他厂商处采购它们，这反过来促进了生产。厂商雇用劳动力，后者花费他们的薪金。实物资本（physical capital）得到更充分的利用，刺激着资本库存量（capital stock）的增加。简而言之，一个正向动态（positive dynamic）被引入了该经济体。当资源被更充分利用时，GDP 缺口变窄了。依赖于 GDP 增长率，或者等价地说，依赖于 GDP 缺口变窄的程度，通货膨胀有可能露出苗头。原材料供应紧张，劳动力市场坚挺，这两者共同推高加于生产成本上的压力。

这是个优美直白的故事。然而经济学家之间以及市场参与者之间并没有就故事的真实性达成一致。关于这种意见不一的理论支撑是复杂的，然而公司债券投资者需要对这些问题有一定的了解。

简要地讲，这是一个关于宏观经济的“需求驱动”观点。经济活动是被总需求或者说前述各部门支出之和所驱动或者决定的。如果需求疲弱，经济松弛——GDP 缺口——就出现了。如果支出坚挺，资源受追捧，因此被采购与利用，则 GDP 缺口就会变窄。因此总生产（aggregate production）对需求**“作出反应”**。其他人或许会认为这种分析忽略了经济学的一项基本原则——价格机制充当货物及服务的供给与需求之间的均衡器。类似地，劳动力的价格（含工资及福利）应该会调整直至劳动力供给满足厂商基于其生产率对工人的需求为止。（进一步地，利率使资本的供给与需求达到了均衡。）现在，这点并不能立即成立，但是宏观经济变量随着时间的推移达到其均衡值。替代论断的意外结果是：只要基础的经济测度（economic measures）——诸如家庭储蓄率、劳动力市场现实（labor market realities）（包括生产率及失业保险福利）——保持不变，则实际 GDP 从而 GDP 缺口将不会呈现持续的变动。特别地，政府支出的增加将不会有长期效应，这是因为家庭在认识到它们终会被征税这一点之后会减少其支出。政府需求“挤出”（crowd out）了私人部门需求。

在替代观点看来，不管总需求是否决定着宏观经济活动，或者多少（联合地）还被后者所决定，它都理所当然地成为衡量实际 GDP 的一项指标。如果没有支出，明显不会有生产。因此，理解总需求动态与预测总需求对 GDP 起着同样的作用。这就解释了公司债券投资者对上面罗列的需求部门的浓厚兴趣了。

5.2 公司利润

与其说公司利润总量与宏观经济活动同升降，毋宁说公司**收入**（revenue）遵循宏观经济的路径。的确，既然 GDP 测度了货物及服务的产出，而公司生产了那个产出，这几乎就是恒等式。然而公司债券是以利润[4]偿付的，而不是收入，所以我们的兴趣在于利润。

很清楚地，更多的 GDP 意味着更多的销售或收入。如果公司进行盈利性生产，较高水平的销售可转化为更高的利润。利息及其他债务的偿付就更容易得到弥补，债券持有者感觉更舒适，信用利差（credit-spreads）变窄（稍后会更多论及）。这些对公司利润都是好事，唯需注意如下可能性。更高水平的经济活动会推动经济更接近它的潜在水平。如前所解释的，这可能会大大提升生产成本。在某一时点上，通货膨胀不期而至。如果原材料及劳动力成本比产出价格上升得更快，公司利润率将被侵蚀（在极端情况下它们将呈现负值），从而降低债务偿付能力。投资者则会更加恐惧违约的可能性，从而公司债券的信用利差变宽。

5.3 利率

我们迄今为止所讨论的皆为经济的**真实**（real）一面。我们需要对它本身有所了解，因为它充当了公司收入及利润的决定因子。但是另外，宏观经济活动与金融面密切相关，而这直接影响了公司债券的投资者。

什么决定利率呢？根本上说，利润是由信用的供给与需求决定的。从宏观经济的视角来看，之所以能够获得信用，是因为家庭的消费少于生产。你可以双向地思考这个问题。货物及服务的生产者是家庭（它们是它们自己的劳动力及该经济体的实物资本与自然资源的终极所有者）。家庭没有消费的那个部分可供其他方面（企业、政府、外国人）消费。但是它们必须偿付，还要加上利息。家庭则由于其生产努力而获得工资、利润及租金等形式的收入。家庭并非全部花费掉它们的收入，家庭借出一部分给借款者（借款者采购由家庭所生产的“剩余”货物及服务），并期待后者连本带息偿付。家庭向借款者提供的信用越多，亦即它们储蓄得越多，借款者所需支付的利率就越低。借款者需要的信用越多，用以诱使更多家庭进行储蓄的必要利率就越高。

5.4 中央银行

我们上面描绘的是一幅宏图。细节有许多，但其中仅有一部分与公司债券相关。其中最主要的是中央银行的角色。把它置于何处合适呢？

中央银行在流动性创造方面拥有垄断力量，至少在短期是这样。流动性在上下文中指的是促成（effecting）交易的手段。每个经济体都需要流动性。的确，经济活动的步伐越大，就需要越多的流动性。[5]这种垄断赋予中央银行设置（短期）利率的能力。这里就概括说明它如何发挥作用。让我们聚焦于美国的中央银行——美联储（the Fed）。其他（工业化）国家中央银行的运作也类似。

假设美联储观察到实际 GDP 正以显著低于其潜在水平的速度在增长。失业率已经高到了令人不爽甚至无法接受的程度（通货膨胀不是此处要关注的问题）。中央银行介入市场，从债券经销商手里购买政府证券。美联储用它自己的欠条（IOUs）为债券进行支付。流动性由此进入金融市场。经销商或者用这些美元购买其他债券，或者把它们存入银行。无论采用哪种方式，某些银行在当日结束时都会以更多美元终盘。如果那家银行不打算囤积这笔现金，这些美元将一路进入同业市场（interbank market）。从而，同业利率——在美国以**“联邦基金利率”**（federal funds rate）著称——将会降低。简言之，中央银行购买债券增加了金融系统的流动性——在美联储的情形下即美元。[6]的确，这一点将由中央银行的任何资产购买（包括提供贷款）引起。该银行的资产负债表将扩张：债券或贷款在资产一侧（asset side）；美元或者该国的通货在负债一侧（liability side）。

美联储进行如上所述的流动性注入的用意就是为了降低利率，从而降低家庭及厂商的借款成本，因此诱导它们增加支出，以此增加 GDP。降低同业利率，依靠它们自身难以完成。美联储希望看到，联邦基金利率的降低将会渗透进金融市场，最终引起长期利率——借款及基于其上的支出决策——也同样下降。何以如此？较低的联邦基金利率敦促银行在发行储蓄产品比如存单（certificates of deposit，CDs）方面少些激进。它们的利率降低了，带动与存单（CDs）及其他银行储蓄相竞争的其他货币市场利率一起下降。现在的投资者沿着收益率曲线搜寻较高的利率。这推动了长期利率降低。进一步地，既然利率已经降下来了，投资者在寻求替代其资产组合的收益时会更愿意接受信用风险。公司债券的风险利差变窄了。下文会有关于收益率曲线和公司信用利差的更多讨论。

我们可以快速设想一下相反的情形。假定经济已经在其潜在增长率之上增长，则中央银行将担心通货膨胀。为钳制总需求，美联储想要使利率上升。它从其组合中出售资产。金融系统就留有较少的现金，或者流动性较低，引起同业利率被抬升。之后，屈从于将在下面讨论的警告（caveats），货币市场利率紧接着是长期利率上升，这就抑制了那些对利率敏感的部门的支出。[7]

尤其要注意的是，联邦基金利率可以发生升或降而不用美联储做出任何行动。的确，发生的**原因**（because）在于美联储方面的不作为。假定 GDP 上升。较高水平的经济活动要求较高的流动性。如果中央银行没有通过资产购买带来额外的流动性，某些银行将去同业市场搜寻它。联邦基金利率将随后继余波的影响而上升，这在上面已描述过。如果美联储的确供给了必要的美元，就被说成“已经认可”了该流动性需求。如果美联储决定不予认可（或许经济已被认定为足够稳健了），联邦基金利率的提高是如何恢复均衡的呢？某些银行可能会安坐于其额外的流动性或者储备之上，因为贷款收益已经提高了，它们可能会决定将资金贷出去。或者某些银行会寻求美联储贷款，而这等同于美联储购买额外的资产。

5.5 重要考量

尽管就其目前情况而言依然正确，这个分析还是过于简单化了，而且公司债券投资者需要理解原因。其关键是收益率曲线，即各种利率与不同到期日之间的关系。中央银行对于流动性创造的垄断允许它设置隔夜利率（overnight rates），但是（影响总需求的）更长到期日的利率又如何呢？如同稍后我们将会详细阐述的那样，对那些反过来由经济周期、通胀展望、储蓄率及政府赤字所驱动的未来利率的预期，决定了相对于短期利率而言的较长期利率，并且这些基础因素在很大程度上**超出**（outside）了美联储的活动范围。

且等片刻！如果美联储能够控制短期利率，并且较长期利率反映了由美联储所控制的这批相同的短期利率的预期，那么美联储就应该对全部利率负责——不论直接通过它们的行动还是通过对此种行动的预期！从表面上看的确如此。进一步的考察所呈现的则是另一回事。

一个需要承认的关键点是，利率与我们相伴左右的时间比中央银行长得多。因此，很显然，中央银行不可能是利率的唯一决定因子。相反，在任何时点上对任何给定到期日都存在一个“均衡”利率。这个利率反映了各种基础因素的汇合，它们都会在信用（与流动性相对）的供给与需求中表现出来。储蓄者——大多数是家庭——供应信用。厂商及政府（如果预算并非处于盈余）需求信用。均衡利率使供给与需求得以出清。在这个真实利率之上要加上一个针对那个特定到期日而支付的通胀溢价。中央银行如何融入这个框架？通过它对流动性创造的垄断，中央银行以前面描述的那种方式能够迫使实际利率背离均衡利率。的确，这就是关于中央银行货币政策的全部内涵。当经济疲软（在我们的框架当中即是存在宽 GDP 缺口）时，均衡利率靠自己就会下降。家庭倾向于在经济疲软时期储蓄其收入中的更大份额，厂商为资本支出而借款的动机也相对较少。[8]理论上，这种当前已较低的利率应当诱使家庭及商业部门支出更多，然而实际上往往不会（作为对宏观经济疲软的反应）。并且即使它们做到了，可能也会因其过迟而不能令中央银行满意。在此等情形下，中央银行将会增加流动性以推动短期利率降低到均衡水平以下，以期迫使长期利率也下降，旨在鞭策总需求。在相反的情况下，强劲的经济（一个较窄甚至是负的 GDP 缺口）推高了均衡实际利率，反映着减少了的家庭储蓄及厂商对资本的健康需求。如果容许此情此景放任自流，则中央银行可能会担心出现通货膨胀的结果。它将因此撤回流动性以将短期利率提升到均衡利率以上，以期长期利率会跟随，而这将抑制支出并冷却经济。

所以，这个版本的宏观经济故事错在哪里？我们是否无法得出中央银行“微调”（fine-tune）利率以实现宏观经济稳定的结论？该版本错就错在它认为中央银行拥有全面的掌控力——当然不是针对经济体，而是指针对各种利率。它没有全面的掌控力。假定中央银行将利率保持在过低的水平，也就是说，与本来可以让信用的供给与需求相等的均衡利率相比较而言。中央银行必须不断把流动性注入金融系统。其结果是通货膨胀。[9]最坏的结果是它很快发生，最好的结果是它变得可预期并且内嵌在金融合约里。在任何情况下，该通货都损失了其价值。在极端情况下，人们拒绝持有它，这就会完全抹杀中央银行的权力，因为此权力存在于对一个没有人想要的商品的垄断。相反，假如中央银行保持利率位于均衡利率之上的时间过长，个人及机构将会适应。当流动性成本居高不下时，他们将节约现金并且发展出可以绕过现在已显昂贵的中央银行负债的交易手段。再一次，中央银行的能力又被降格了。[10]简言之，中央银行仅能迫使利率暂时地背离其均衡值。

但是暂时是指多久？没人知道，即使中央银行也不知道。我们只能有把握地说长期利率被维持在背离其均衡值的水平上，距离越远，该种通货丧失其作为流动性最终源泉地位的概率越大，与此同时，中央银行对流动性的垄断地位受损越大。中央银行家们熟谙此道。

这对于公司债券意味着什么呢？很多。除了选择部门（比如政府债券对应公司债券）及挑选发行者之外，投资者还必须做出到期日决策。与其他一些参数一道考虑，这涉及对利率（及信用利差）的预期。我们现在可以得出结论：建立这些预期涉及分析经济的可能进程及相伴随的信用（基于流动性）的供给与需求。相关分析详见后文。

5.6 收益率曲线

在掌握了这些基础知识后，让我们思考收益率曲线以及对公司债券至关重要的**利差曲线**（spread curve）。收益率曲线表示在任何特定时点上，债券收益与剩余到期期限之间的关系。有代表性的收益率曲线通常被应用于分析基准政府债券，从而使得曲线反映了“纯”利率因素并且不会与信用风险、流动性及其他因素混淆。[11]从根本上说，收益率曲线的形状取决于：

- 市场参与者对未来（短期）利率的预期；
- 对债券覆盖时段内的通货膨胀的预期；
- 对应曲线上特定时点（到期日）的供给及需求因素之间的相互作用，外加风险厌恶（risk aversion）；
- 利率波动及债券凸性。[12]

前两个因素可以说是主要的，因为它们从定量的意义上解释了收益率曲线的主体部分；后两个因素则是次要的。宏观经济的状态、它的周期性时点，以及对这些因素的预期，都要在主要因素中表现出来。这正是前面的分析将完美切合我们心意之原因所在。所以让我们考察包含于图表 5—1 中的程式化了的收益率曲线。它向上倾斜，是经济体处在经济扩张早期的代表性的曲线形状。其“收益率”栏包含的是长期利率，为收益率曲线的焦点。每一个收益率都等于“远期”利率截止到那一年的平均值，收益率请参见第二栏。[13]远期利率可被视为市场参与者对于未来年份能够获得的一年期利率（one-year interest rates）的预期值。债券收益率是“名义的”，因为它们等于实际利率与对债券期限内通货膨胀的市场预期之和。因此下面两栏就呈现了每一个未来年份的此等构成部分。每对数据分别代表市场参与者在那个特定年份对实际利率及通货膨胀率所做的市场预期，然后将它们加总，得到该年份的远期利率。[14]

图表 5—1　　10 年期公司债券收益率的构成（%）

年份	收益率	远期利率	预期实际利率	预期通货膨胀率	信用利差	公司债券收益率
1	2.00	2.00	1.00	1.00	3.60	5.60
2	3.00	4.00	3.00	1.00	3.25	6.25
3	3.50	4.50	3.50	1.00	3.00	6.50
4	4.00	5.50	4.00	1.50	2.95	6.95
5	4.40	6.00	4.50	1.50	3.08	7.48
6	4.75	6.50	5.00	1.50	3.25	8.00
7	5.07	7.00	5.00	2.00	3.43	8.50
8	5.34	7.25	4.75	2.50	3.61	8.95

续前表

年份	收益率	远期利率	预期实际利率	预期通货膨胀率	信用利差	公司债券收益率
9	5.56	7.25	4.50	2.75	3.74	9.30
10	5.68	6.75	4.25	2.50	3.97	9.65

让我们在宏观经济动态的语境中考察图表 5—1 中的数据分录及其结果收益率曲线。请记住各栏所列的利率到目前为止均为国债（Treasury securities）利率，也就是说，它们是无（违约）风险的利率。该图表描绘了程式化了的疲软经济图景，但有望于一年内开始反弹。考虑一下（名义）远期利率栏，如前所述，它等于其后两栏之和。在当前年份（第 1 年），由于经济活动受到抑制，劳动力及商品市场存在大量过剩，因此通货膨胀是相当驯服的 1%。中央银行已经注入流动性，把名义一年期利率推降到 2%。合起来说，这意味着实际利率是 1%。美联储的希望是，低利率将会令借入与支出更具吸引力。在此情此景下，市场参与者相信政策将发挥作用。当经济活动于第二年回升时，如果各种预期被印证了，流动性需求将会相应提振，中央银行将变得稍欠奉迎，而短期实际利率将如图表 5—1 所示从 1%增加到 3%。

请特别注意该图表中的预期通货膨胀率一栏。虽然对下一年的经济回升已有期待，通货膨胀却未被预期加速。这是真的，存在关于通货膨胀或多或少随总体经济活动或涨或落的经验规律性。但是讲此种关系是滞后的通常也是真的。就是说，价格压力仅在经济已然坚挺了一阵子之后才倾向于累积，而非与经济坚挺的开始同步。我们的程式化场景假定市场参与者预期通货膨胀于从今年起三年后方开始提速。因此，即使当时实际利率依预期仅温和地提升——在第 4 年提升了半个百分点——当经济继续它的扩张期时，较高的预期通货膨胀考虑与实际远期利率相互作用而产生了更具规模的 1%的名义远期利率的跳跃。

在接下来的几年里，预期实际利率及通货膨胀率这二者均将提高。实际利率将上升是由于扩张中的经济体变得需要更多信用；通货膨胀之所以将提高是由于资源正被更充分利用，从而逼高其价格。到第 8 年，市场参与者预见到实际利率将会下降，反映了他们认为扩张已达终点的观点。然而他们相信通货膨胀将会继续加速，再一次反映了它对经济动态的滞后反应。这阻止了远期利率下降。直到第 10 年，在出现了两三年的经济疲软之后，通货膨胀才被预期转向。然后远期利率下降。不过，收益率曲线的形状总体上仍保持向上倾斜。[15]

5.7 利差曲线

第六栏包含了相关未来年份的信用利差。信用利差是给予投资者的违约风险补偿，因此要被加到无风险的政府债券利率之上以产生公司债券收益率。[16]违约风险越大，信用利差越宽。哪种公司债券？因为这是个格式化的分析，我们将假定它指的是对每个到期日的多种级别信用的平均值。当分析相关到期日的信用利差时，两种因素发挥作用。

(1) 公司利润的循环性。如开头所解释的那样，扩张的经济活动通常与增长的公司利润及缩窄的利差相关联。图表 5—1 中的收益率曲线中隐含的预期集合（expectations set）就是一个反弹而后增长的经济。因此，由于增长的信用需求引起的对上升的无风险利率的预期，对缩窄的公司信用利差的预期相伴而至，这反映着厂商们偿付其债务的能力正越来越大。然而随着预期通货膨胀将在之后年份上升，所担心的是工资及原料成本开始加速，或许会快于产出价格，这会伤害到公司的盈利能力并且使更远期年份中的利差趋于变宽。

(2) 信用风险中的时间因素。假定所有其他因素不变，某种公司债券的到期日越长，违约的可能性就越大。为什么？时间越长，则负面事件发生的机会越多，而这会减少利润并且这类事件往往变本加厉，从而导致违约。当然，正面事件发生的机会也同样增加。但是请记住，债券持有者并不会从公司收益的正向冲击中获益（如同股权所有者那样获益）。他们仅仅处在从负面事件受损的地位。因此，到期日越长，违约风险就越大，并且信用利差也越宽。

简言之，在扩张期间或者对于扩张有所预期时，在公司收益率—利差曲线（yield-spread curve）中这两种因素是典型地相互作用的元素——增加（无通货膨胀）扩张的年限会缩窄信用利差，与此同时延长到期日会加宽信用利差。图表 5—1 所示的公司收益率曲线假定了周期性因素在近年居于主导地位。在稍后的年份中，时间因素的组合加上对工资及原料价格的通货膨胀预期起相反的作用。相反地，如果经济正处于收缩的阵痛当中，这些因素将典型地得到再强化（re-enforcing）。公司信用利差将随着到期日而显著加宽，即使在最初年份也是如此。的确，一种结果是，在某些情况下政府债券收益率曲线可能是向下倾斜的，反映了总体上的宏观经济疲软及此种预期，而公司债券收益率曲线却向上倾斜。

5.8 利差曲线的周期性

在前一节，我们考察了收益率及信用利差对于特定时点上的一系列到期日的一个格式化图形（亦即公司债券收益率曲线）。本节我们将观察公司收益率及利差是如何倾向于随着经济周期而动态运行的。我们考虑的是高等级（high-grade）及高收益（high-yield）公司债券。

讨论围绕图表 5—2 中的信息而展开，它包含了长期的、格式化的债券收益率的平均值。第一栏描述的是如前面已解释过的宏观经济活动相对于该国潜在水平的状态。我们从国债开始，其余债券的利率均以国债利率为参照。不要忘记不带信用风险因素的政府债券利率仅仅包含两种成分：被称为实际利率（real rate）的基础利率（base interest rates），加上一个对该债券存续期内预期通货膨胀的溢价。图表 5—2 中标有“潜在”的那一行所指的是一个以刚好大于零的 GDP 缺口运行着的经济体，属于一种中性的情景。在这样的环境里，我们可以假定一个 3%的大略平均实际利率。假定通货膨胀的中点位于 3%也是同样合理的，因为我们观察的时间段需要长于最近所经历的。由此，国债的（名义）收益率就是 6%。[17] 标有“疲软”的那一行显示经济运行显著低于其潜在水平。这并不必然意味着衰退（经济收缩），但是若干经济衰退时段在此处被包括在平均数当中。在经济周期的这个阶段实际利率较低，反映着疲软的信用需求及中央银行所提供的充足流动性。通货膨胀倾向于比实际利率更具波动性。因此这一条目假定了一个 2%的实际利率及一个 1%的通货膨胀率，或者一个 3%的国债收益率。相反地，经济在其潜在水平之上运行——标着“坚挺”的那一行——结果是较高的通货膨胀率，比如说 5%。信用需求更加强劲，这与美联储为避免进一步的通货膨胀而控制流动性增长一道推动实际利率上升到 4%，总计达到 9%。最后一行我们稍后论及。

图表 5—2　　经济周期不同阶段的收益率

经济周期阶段	国债收益率	投资级公司债券收益率	投机级公司债券收益率
疲软	3%	5.5%	17%
潜在	6%	7.5%	11%
坚挺	9%	10.0%	13%
滞胀	8%	12.0%	20%

投资级公司债券的收益率等于国债收益率（实际利率加上通货膨胀率）加上信用风险利差。该利差转而又反映了一系列基础性因素，包括该厂商的资产负债表的构成，该特殊行业、公司的特性及其管理历程，以及投资者的风险厌恶程度。以我们的宏观经济关注点而言，最重要的是该厂商的预期盈余（expected earnings）。每个个别厂商对于经济周期阶段的敏感性都是独一无二的。然而考虑到高等级部门作为整体，如我们在上面所看到的那样，公司利润确实与宏观经济活动正相关。让我们再次从中间那一行开始。与经济在其潜在水平运行相关，信用利差的中点值为 1.5%，因此该条目值为 7.5%。疲软的经济活动降低了平均公司利润，加大了违约风险，与此同时违约利差从 1.5%提高到 2.5%，产生了 5.5%的数字。在另一头，由于宏观经济在该国的潜在水平之上运行，利差收紧到 1%，反映着超大的公司利润，汇总为 10%。换句话说，信用利差是反周期的（counter-cyclical）——它们在经济扩张期间收缩，在经济收缩期间扩张。这是一个非常重要的结论，因为恰如上面刚刚解释过的那样，国债利率是顺周期的（pro-cyclical）。这样，公司债券收益率的两个成分——国债利率和信用利差——在经济周期的进程中相互抵消。换句话说，与国债收益率相比较，在绝对或者相对基础上，公司债券收益率表现出较小的波动性，这从该图表中前三行可以清楚地看到。不过，它们的相关性是正的。请进一步注意，比平均值更疲软的公司盈余向平均信用利差加上了整整一个百分点（与潜在水平那一行比较），而比平均值更坚挺的公司盈余仅仅减掉了半个百分点。为何缺少对称性？道理很简单：利差的下限是 0，而其上限则仅仅受限于实际违约。小结如下：

- 高等级公司债券与政府债券的收益率在经济周期各阶段表现为正相关。
- 高等级公司债券比它们对应的国债品种具有较小的波动性。

现在来看最后一栏。高收益债券的信用利差保留了在高等级债券一栏所见的周期性模式——衰退时期变宽，扩张时期收窄。但是投机性债券部门的周期敏感性太大了，以致它与国债的整体相关性显得反常。请注意到投机级债券的“高收益率”当然是由于它们对于无信用风险政府债券的范围非常宽阔的信用利差。这种范围宽阔的利差转而反映了显著的违约风险，而这又源自该等厂商资产负债表的较大杠杆比率，以及与高等级部门相比较而言更具波动性的行业（例如，制造业对于公用事业）。因此该部门的盈余对于宏观经济总需求的变动具有高度敏感性。这种盈余周期性对于信用利差的效果被投资者的风险偏好（risk appetite）所增进。风险厌恶倾向于在扩张期间减少而在衰退期间增加，反映着收入/财富与承担风险的意愿之间的自然关系。总的来看，这些因素倾向于使高收益债券的利差对于经济周期高度敏感。高收益与对经济周期的较大敏感性相结合对投资组合具有两个主要意义。比较一下高收益利差（第四栏减去第二栏）与高等级利差（第三栏减去第二栏）。前者表现了大得多的波动性。此处存在着反常的关系。两种利差是反周期的，如图表 5—2 所示。但是高收益债券的利率中源于信用利差成分的比例要比高等级债券的利率中源于信用利差成分的比例高出一个数量级。例如，在第二行，高等级利差代表了总利率的五分之一（1.5/7.5），而高收益利差代表了将近一半（5/11）。由此可见，在经济周期上国债利率的任何变动都会迷失于高收益利差。这就使国债与高收益债券利率之间的相关性失效了。我们可以得出结论：

- 投机级债券不仅比投资级债券提供更高收益率，它们的信用利差对于经济周期也更具波动性。[18]
- 尽管投资级债券的收益率表现出对于国债收益率的正相关性，在投机级债券中信用利差的更大作用却抹掉了相对于国债收益率的任何有意义的相关性。[19]

5.9 滞胀

滞胀（stagflation）在现代美国经济中已经很少发生，但是它们不可忘却。滞胀标示着某一个时段中宏观经济的停滞伴随着通货膨胀。停滞（stagnation）描述了一个运行水平远低于其潜在水平的经济，因此存在显著的失业（unemployment）。当经济活动没有进一步收缩时，它并不必然被确认为衰退，尽管它可能预示着一个收缩的时期。然而，尽管宏观经济疲软，通货膨胀水平却相对较高。滞胀的情形可能源自一个上升的商品（典型地如石油）价格时段，以及/或者已经内嵌入经济当中的通货膨胀预期。滞胀对于公司债券是毁灭性的。[20]由于疲软的经济活动，利润下行。当通货膨胀对未来的产品需求创造了不确定性时，厂商不再增加它们的产能。通货膨胀、不确定性及经济萎靡不振导致公司债务上的风险溢价猛烈扩展，如图表 5—2 最后一行所示。很容易注意到图表中滞胀那一行与其他各行的定性差异。把潜在水平那一行作为基准来观察，如同我们已经做的那样，在疲软及坚挺期间，国债利率与风险溢价（对高等级及高收益公司债券二者）沿相反方向运动。此种动态在滞胀的王国里就大相径庭了。国债利率因为它们的通货膨胀成分而提高了。然而，与此同时，信用利差也非同寻常地加宽了。简言之，在滞胀期间信用利差的变宽加剧了公司债券收益率的增长。

5.10 相关性及资本结构

我们的最后一个话题不是关于宏观经济对于公司债券作为整体（或者公司债券部门）的影响。确切地说，我们考察宏观动态对处于发行者资本结构不同位置的公司债券产生的差异化效果。某些债券由抵押品来担保（这使得它们在厂商的资本结构中显得更优先），与此同时其他债券则没有经过担保［被称为信用债券（debentures），因此归为从属或次级债券］。抵押品在降低公司债券信用风险中的作用可用相关性概念（concept of correlation）来表述。这不是个易于理解的概念，但是它对于在宏观经济语境下正确分析有抵押担保（collateralized）债券和无抵押担保（uncollateralized）债券尤其至关重要。[21]

假定一个零售连锁公司发行了债券，半数为优先级债券，半数为次级债券。该公司拥有一座大型建筑物，其中坐落着其旗舰店（flagship store）。此建筑物充作其优先级债券的抵押品，因此该部分债务得到担保。一旦出现违约，该建筑物的钥匙就要转交到债券持有者手里。次级或从属债券无抵押品担保。[22]图表 5—3 考察了四种该公司可能面对的情景，以及它们对于两类债券持有者的意义。

图表 5—3　零售连锁债券发行者的可能情景（√：存续；×：违约）

情景	零售业务	建筑物
Ⅰ	√	√
Ⅱ	×	√
Ⅲ	√	×
Ⅳ	×	×

“√”号表示一个特定实体或者资产的存续（至少到债券到期日）；“×”号表示未能存续。很清楚，这四种情景穷尽了所有可能性。我们所做的一个简单假设是运作中的零售业务靠它自己就能付清两类债券持有者的债务，并且建筑物在必要时可以被售卖以付清优先级债券。为了我们的目的还没有必要把概率与可能的结果相联系。尽管如此，从宏观经济的视角看，情景Ⅰ是最有可能出现的。如果该公司的零售业务得以存续，优先级及次级债券二者均可被全额付清。建筑物能够保持其价值对于该公司当然是好事情，但是在此情形之下没有为任何债券持有者带来额外好处。

如果该公司的核心零售业务摇摇欲坠，并且该公司在其债务上违约，则优先担保债券持有者将指望通过抵押品（假定该厂商的其他资产已经被用于支付其他排位在债券持有者前面的债权人，例如政府指望通过收取退缴税）来获得偿付。在情景Ⅱ中，建筑物被保留，所以优先级债券得以全额付清，这正是抵押品的初始立足点。次级债券的持有者空手回家（建筑物的市场价值恰好足够支付优先债务）。

情景Ⅲ代表了反面情形，并且不太常见——该公司的业务运作良好，至少足够覆盖它对两类债券持有者的义务，但是建筑物已经丧失了其价值。在此情况下建筑物价值的下降与债券头寸实际上并不相干。

最后，情景Ⅳ表明零售业务已失败并且建筑物贬值到了优先级债券持有者都不能被全额付清的地步。这样的情形虽不是非常可能，但是依然有可能（最近的衰退可以作为一个戏剧性的实例）。

让我们退一步近距离看一下优先级的受担保债券持有者的头寸。他们将仅在情景Ⅳ中受损，因为他们要么从零售业务要么从建筑物中获得偿付。换种方式来看，他们仅当零售业务及资产二者都不足以覆盖索赔时才遭受损失。现在设想一个极端情形。当建筑物与零售业务完全负相关时又如何呢？如果那样的话，情景Ⅳ将无从出现。优先级债券持有者将永远毫发无损。换句话说，他们遭受损失的仅存可能性反映了建筑物与该厂商的业务之间所呈现出的任何正相关度（degree of positive correlation）的程度，使得情景Ⅳ起码成为可能。的确，相关度越高，它们的头寸的风险就越高，因为这将增加情景Ⅳ得以展现的机会。[23]

在我们考虑另一个理论上的极端——零售业务与建筑物完全正相关——之前，让我们看看来自次级债券持有者视角的风险。如果公司违约，由于零售业务恶化，次级债券持有者将不会指望靠建筑物获得偿付；建筑物担保的是优先级债券的持有者，仅此而已。情景Ⅱ及Ⅳ是这些放款人所担心的。换种说法，图表5—3的第二栏与他们不相关。如果两种业务完全负相关，他们在情景Ⅱ中仍然遭受损失；与优先级债券持有者截然不同的是，次级债券持有者无法从负相关性（negative correlation）中受益。[24]

现在考虑相反的极端——该公司的零售销售业务与充作抵押品的建筑物的价值完全正（positively）相关。在此情况下，只有情景Ⅰ及Ⅳ能够发生。在情景Ⅰ中，两类债券持有者均得到偿付；在情景Ⅳ中，两者均无法得到偿付。因此在完全正相关情形下，优先级的受担保债券持有者并无额外好处。换种方式来讲，债券发行者的抵押品与其核心业务越是正相关，该抵押品作为在该公司资本结构中优先性增进物的价值就越低。并且价值越低，成为优先级所费的成本就应越低；也即是说，他们在收益率上所做出的让步就越小。在债券的术语里，相关性越大，优先级债券持有者与次级债券持有者之间的利率差异，或者叫作利差，就越窄。

那么，此处宏观经济寓意就是直截了当的。经济周期以其宽度及深度为特征。一次经济低迷（downturn）可以相当严重，但是它也可能会绕过经济的许多部门。例如房地产业在总需求摇摇欲坠时可以逆境保身，也即是说，它与经济的其他部门呈现出弱相关。在那种情形下，抵押担保（collateralization）是有用的，受担保债券遭受的负面影响比无担保债券小（它们的信用利差适当地加宽）。2008—2009年的低迷与此不同。它不仅来得突然，而且涉及面广。的确，房地产业遭受的负面影响比经济总体更大。抵押担保被证实好处较少，这表现为各类公司债券利差的戏剧性加宽。[25]

5.11 关键知识点

• 在总体上，厂商履行其债务的能力依赖于宏观经济活动的水平。一般而论，较高的 GDP 水平与较高的收入及利润相关。相反，衰退性的 GDP 水平削弱了厂商履行其债务的能力，因此增加了违约风险。故理解经济的驱动因子对投资于公司债券是至关重要的。

• 公司债券收益率等于国债利率加上违约风险溢价。前者包括实际利率及预期通货膨胀溢价。国债收益率曲线基本上反映了投资者关于经济周期的过程及其与通货膨胀的相互作用的各种预期。通货膨胀在短期内是 GDP“缺口”的函数；在长期内它是一个货币现象。货币当局通过其在流动性创造上的近乎垄断地位能够“控制”短期（同业）利率，但是在长期内，它无法从经济的均衡利率上显著偏离。

• 公司债券上的利差决定于总体经济动态、对经济周期的部门敏感性及诸如杠杆作用一类的厂商特定因素。投资者的风险偏好也起到重要作用，尤其是在高收益债券部门。“利差曲线”反映了两种有时彼此竞争的因素。到期日越长，负面事件发生的可能性越大。在宏观经济回升之初，时间框架越长，经济的机会就越多，公司因此获得盈利动量(earnings momentum)。

• 在完整的经济周期中高等级公司债券的收益率相比国债收益率具有较小的波动性，因为信用利差是反周期的，与此同时无风险利率倾向于是周期性的。然而投资级债券的收益率显示了与国债利率的正相关性。高收益债券可能显示出更大的波动性，这依赖于经济周期的陡峭度（sharpness），而且在本质上表现出与国债较小的相关性。

• 同一个发行者的公司债券能够对宏观经济动态做出不同的反应，这依赖于它们在该厂商资本结构中的地位。优先级债券，尤其是那些有房地产担保的，仅当该厂商的业务（产生现金流）及抵押品两者都不足以付清债务时才受到损害。因此，这两者之间的负相关性越大，优先级债券持有者所面对的风险越小（并且他们所要求的信用利差也越窄）。次级的、无抵押担保的债券持有者从负相关性中所获益处甚微，因为他们不会指望靠抵押品来偿付。

【注释】

[1] 专门针对固定收益市场参与者的更详尽的讨论，请见 Steven Dym 的 *The Complete Practitioner's Guide to the Bond Market*（New York：McGraw-Hill，2010）的第五章、第六章。

[2] 这并非精准，因为家庭、政府和非公司化的企业也同样能够生产产品。

[3] 这仅当 GDP“派”（pie）固定时才为真。理论上，假如政府支出增加，而这又未能与家庭储蓄的增加所匹配，刺激了 GDP 的额外增长，那么资本支出在没有外贸赤字的伴随增长的情况下增长就是可能的。

[4] 实际上，对债券持有者的支付来自息税前利润（EBIT），它并非与利润精确一致，但是与我们

的目的足够接近了。

[5] 很有趣地，从特长期来考察，一个经济体越是发达，它在使用流动性方面就越是倾向于富有效率，它所发明出的替代物也就越多。想想信用卡及电子化支付（即使最终美元仍旧现身于这些支付转移的背后）。

[6] 这以“公开市场”操作著称。并不是所有的操作都发生于公开市场。例如，美联储也直接（通过“贴现窗口”）贷款给银行。2008 年，美联储获准主持新一轮公开市场操作及通过直接手段向美国经济中增加流动性。

[7] 我们将使用频率较低的中央银行工具——最低准备金要求及贴现窗口贷款——留给宏观经济学教科书去讨论。

[8] 政府融资在此期间则更可能出现赤字，但是在典型情况下，这样也不足以避免均衡利率的下降。

[9] 换句话说，在长期内，通货膨胀是个货币现象（与下面截然相反，通货膨胀是 GDP 缺口的函数，或者在较短期内，是一个稍早些时候提到过的周期关系）。

[10] 为应对 20 世纪 70 年代的通货膨胀及两位数利率而引入的附带可开支票特权的货币市场共同基金可作为一个很好的例证。

[11] 为了完全正确，收益率曲线理应代表“零息票”政府债券收益率，即所有利率中最纯粹的利率（在技术上被称为“即期”利率）。在我们的分析中来了个跳跃，正如多数收益率曲线图所做的那样，从零息票债券到附息债券（就是说从即期利率到收益率）。

[12] 限于篇幅，关于这些因素如何决定收益率曲线形状的详尽论述可见于 Steven Dym，*The Complete Practitioner's Guide to the Bond Market*。

[13] 再次，为了完全正确，该平均值应为几何平均，而图表 5—1 中所示则是算术平均。

[14] 例如，该图表假定市场参与者预期距离今天两年后的一年期实际利率等于 3.5%，那一年的通货膨胀率为 1%。这不要与今天的三年期现行（prevailing）实际利率及对未来三年内的通货膨胀预期相混淆。

[15] 这是因为远期或者预期未来的利率在该图表所覆盖的整个时段内都位于收益率之上。见于 Steven Dym，*The Complete Practitioner's Guide to the Bond Market* 第八章。此处的分析限于收益率曲线中的宏观经济因素。微观经济因素，例如利率风险、波动性及债券凸性被忽略了。更详尽的讨论请见 Dym，同前。

[16] 在技术上，信用利差理应被加到每年的远期利率之上，而且那一年的公司债券收益率是作为截止到那一年的加总值的累计（几何）平均值计算出来的。该图表通过将利差加总到政府债券收益率之上做了简化。

[17] 我们承认我们的数字不够精确，因为我们的焦点并不在于每个表格项目的利率水平，而是在于它们横跨经济周期的共同运动（或者缺少共同运动）。

[18] 这里我们耍了一个“小花招”。高等级债券仅当它们保持为高等级债券时才会比高收益债券表现出较少的波动性。如果一个厂商的信用价值（credit worthiness）发生戏剧性恶化——这可能是由于经济周期因素，它就进入了投机级区域，就变成高收益的了。作为其结果的收益率波动性将不会出现在覆盖高等级债券波动性的统计数字当中，然而它本应该出现在那里。

[19] 这项结论的一个进一步的推论与对冲（hedging）相关。对冲涉及某种证券（或者衍生品）的“空头”销售，旨在针对投资组合中所拥有的某种证券价格的可能下降提供保护。一项成功的对冲能使得对冲工具与被对冲的证券之间具有相关性。这样的话，一方的价格下降将被另一方的价格下降所抵消。我们的分析告诉我们，国债在为高等级公司债券进行对冲时可能是有用的，而对于高收益公司债券而言则是效果极差的对冲了。

[20] 它实际上对所有公司证券都是毁灭性的，包括股权类证券。

[21] 当涉及那些其价值依赖于不止一种证券或一家公司的信用衍生品时，这是个格外重要的概念。

[22] 一旦违约，如果该建筑物的价值超过了优先级债券持有者的索赔额，则超出部分通常用于支付次级债券的索赔。为了简化，我们的例子假定该建筑物的价值将不超过优先级债券的面值。因此，次级债券的持有者不用“指望”建筑物作为支付，就如同优先级债券持有者所做的那样。

[23] 因此，有担保的债券持有者可以被说成仅仅经受**相关性风险**（correlation risk）。

[24] 因此，他们暴露于直接风险（outright risk）而非相关性风险。

[25] 让我们把结构略做调整。假定零售业务仅能够覆盖优先级债券。该公司的资产负债表是简单的：两种债券的面值之和等于其核心业务与建筑物的价值之和（就是说，在违约的情景下，股权的缓冲为零）。再一次，优先级的受担保债券持有者仅仅在情景Ⅳ中受损。但是现在次级债券持有者除了情景Ⅰ外在其余每种情景下都会遭受损失。因此给出警告：如果两种资产完全负相关，次级债券持有者永远是输家。换句话说，负相关性越大则风险越大，这在结构化信用产品例如担保债务凭证（collateralized debt obligations）中是一个关键概念（key notion）。

第 6 章 债券定价、收益率的衡量和总收益率

弗兰克·J. 法博齐（Frank J. Fabozzi）博士，注册金融分析师，
注册会计师
EDHEC 商学院金融学教授

本章将阐释固定收益证券的定价方法与收益率的衡量方法。本章的结构是：在现值概念的基础上阐释债券定价，然后进行收益率的衡量。为此，我们将首先介绍固定利率债券的常规收益率（到期收益率和可赎回债券的赎回收益率）以及浮动利率债券的常规收益率的衡量方法，然后分析常规收益率衡量方法的不足，并介绍更好的收益率衡量方法——总收益率。

6.1 债券定价

任何一种金融工具的价格都等于预期现金流的现值。用于计算现值的利率（或贴现率）取决于市场上可比证券的收益率。本章将说明怎样确定不可赎回债券的价格，可赎回债券的定价方法将在第 40 章谈及。

□现金流的确定

确定债券价格的第一步是确定它的现金流。无选择权债券的现金流由以下两者组成：（1）直到到期日为止的定期息票利息收入；（2）到期日得到的面值（或到期价值）收入。

尽管支付利息的时间可以任意确定（每周、月、季、半年或年），但美国的普遍做法是每半年支付一次债券利息。在我们所举的例子中，均假设息票利息每半年支付一次。为了简化分析，我们假设债券的下一次利息支付距离现在正好 6 个月。最后我们会介绍当下一次利息支付少于 6 个月时的定价方法。

在实际操作中，即使我们忽略违约的可能性，确定债券的现金流依然不是一件简单的事情。唯一可以确切知道现金流的是那种利率固定并且不附有选择权的债券。可赎回债券的现金流取决于发行人是否选择提前赎回债券，可回售债券的现金流则取决于持有者是否选择回售债券。在这两种情况下，选择权被行使的日期都不会提前知道，因此现金流是不确定的。至于抵押贷款支持证券和资产支持证券，其现金流取决于提前偿付。由于对未来提前偿付的金额和时间一无所知，所以，现金流也不确定。如果债券息票利率是浮动的而不是固定的，现金流则取决于参考利率的未来值。第 5 部分将讨论处理现金流不确定性的技巧。本章则假定债券现金流确定且已知，并在此基础上讨论债券定价的基本要素。

无选择权债券的现金流由年金（即每 6 个月一次的固定息票利息支付）和面值（或到期价值）组成。例如，一只 20 年期、息票利率为 9%（每 6 个月 4.5%）、面值（或到期价值）为1 000美元的债券的现金流如下：

半年息票利息＝1 000×0.045＝45 美元

到期价值＝1 000 美元

因此，一共有 40 次、每半年 45 美元的现金流入，加上从现在起 40 个 6 个月后收到的 1 000美元的现金流入。

注意，面值不单纯是 20 年以后收到的一笔现金，它还是每半年一次利息收入的计算基础。

□必要收益率的确定

投资者做债券投资时所要求的利率叫作**必要收益率**（required yield）。必要收益率根据市场可比债券的收益率确定。通过比较分析，我们可以取有同样信用等级和同样到期日的无选择权债券的收益率均值作为必要收益率。[1]

必要收益率通常指年利率。当现金流是半年一次时，按惯例使用年利率的一半作为贴现现金流的期间利率。如在本书附录中所述，年利率一半的期间利率将产生大于年利率的有效收益率。

到目前为止，我们介绍了用一个收益率计算所有现金流现值的做法，但理论上存在争议。一些观点认为，应该用不同的收益率贴现不同时期的现金流，因为每一个现金流本质上如同一只零息票债券，一只息票债券也就如同一组零息票债券的集合。因此，对于每一个现金流来说，恰当的收益率应该基于一种理论利率，该理论利率是根据与现金流有相同期限的零息票债券利率确定的。但受本章目的所限，在这一章我们仅使用一个收益率贴现所有的现金流。在接下来的章节我们会重新探讨这个问题。

□价格的确定

有了债券的现金流和必要收益率，我们就有了给债券定价的所有必要数据。债券的价格等于现金流的现值，通过加总按半年支付的息票利息现值和面值（或到期价值）的现值，就可以得出债券价格。

因为按半年支付的利息相当于普通年金，利息和面值（或到期价值）的现值可通过下面的公式算出[2]：

$$c\left[\frac{1-\frac{1}{(1+i)^n}}{i}\right]+\frac{M}{(1+i)^n}$$

式中：

c——半年息票支付额（美元）；

n——支付期数（年数乘以 2）；

i——期间利率（必要收益率除以 2）（小数形式）；

M——到期价值。

例 1. 如果必要收益率是 12%，计算息票利率为 9%、20 年期、面值为1 000美元的债券的价格。

这只债券的现金流是：（1）40 次 45 美元的半年息票支付额；（2）40 个 6 个月之后收到的1 000美元。半年或期间利率是 6%。

40 次 45 美元利息支付额的现值用 6%的利率折算为 677.08 美元，计算如下：

$c=45$ 美元

$n=40$

$i=0.06$

$$45\times\left[\frac{1-\frac{1}{(1.06)^{40}}}{0.06}\right]$$

$$=45\times\left(\frac{1-\frac{1}{10.285\,72}}{0.06}\right)$$

$$=45\times\left(\frac{1-0.097\,222}{0.06}\right)$$

$$=45\times15.046\,30$$

$=677.08$ 美元

40 个 6 个月之后的面值（或到期价值）的现值，以 6%的利率折算为 97.22 美元，计算如下：

$M=1\,000$ 美元

$n=0.40$

$i=0.06$

$$1\,000\times\left[\frac{1}{(1.06)^{40}}\right]=1\,000\times\frac{1}{10.285\,72}$$

$$=1\,000\times0.097\,222$$

$=97.22$ 美元

债券价格等于这两个现值之和：

息票支付额现值	677.08
面值（到期价值）现值	97.22
价格	774.30

例 2. 假设必要收益率是 7%，计算例 1 中债券的价格。

如果现金流不变，期间利率现在是 3.5%（=7%/2）。

40 次 45 美元的半年息票支付额现值，以 3.5%的利率折算为 960.98 美元，如下所示：

$c=45$ 美元

$n=40$

$i=0.035$

$$45\times\frac{1-\frac{1}{(1.035)^{40}}}{0.035}$$

$$=45\times\frac{1-\frac{1}{3.959\ 26}}{0.035}$$

$$=45\times\frac{1-0.252\ 572}{0.035}$$

$$=45\times21.355\ 09$$

$=960.98$ 美元

40 个 6 个月之后的 1 000 美元的面值（或到期价值）的现值，以 3.5%的利率折算为 252.57 美元，如下所示：

$M=1\ 000$ 美元

$n=40$

$i=0.035$

$$1\ 000\times\frac{1}{(1.035)^{40}}$$

$$=1\ 000\times\frac{1}{3.959\ 26}$$

$$=1\ 000\times0.252\ 572$$

$=252.57$ 美元

债券价格等于这两个现值之和：

息票支付额现值	960.98
面值（到期价值）现值	252.57
价格	1 213.55

□特定时点上必要收益率与价格的关系

无选择权债券的价格与必要收益率逆向变动，原因在于债券的价格是现金流的现值。当必要收益率上升时，现金流的现值减少，债券价格降低；反之，当必要收益率下降时，现金流的现值增加，债券价格上升。

我们可通过对照例 1 和例 2 中的 20 年期、息票利率为 9%的债券看出这一点。当必要收益率是 12%时，债券价格为 774.30 美元。若必要收益率为 7%，则债券价格变为 1 213.55美元。图表 6—1 显示了必要收益率为 5%～14%时 20 年期、息票利率为 9%的债券的价格变化。

图表 6—1　　20 年期、息票利率为 9%的债券的价格/收益率关系

必要收益率（%）	债券价格（美元）
5	1 502.05
6	1 346.72
7	1 213.55
8	1 098.96
9	1 000.00
10	914.21
11	839.54
12	774.30
13	717.09
14	666.71

如果把任一无选择权债券的价格/收益率关系用图形表示出来，我们可发现它是如图表 6—2 所示的“弓”形，这个形状被称为**凸形**（convex）。[3] 价格/收益率的凸性关系对债券的投资特征有重要影响。我们将在第 7 章详细讨论这种关系。

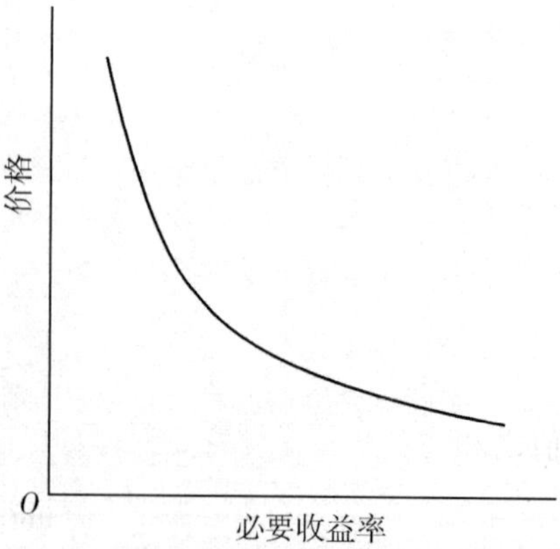

图表 6—2　价格/收益率关系图

□息票利率、必要收益率和价格的关系

对于特定时点的债券而言，息票利率和到期期限是固定不变的。因此，当市场收益率改变时，投资者在新的必要收益率下得到的补偿只能来自债券价格的改变。如前所述，若必要收益率上升（下降），则价格降低（上升）。

通常，债券发行时的息票利率设在接近市场一般收益率的水平。[4]在这种情况下，债券价格大约等于它的面值。在图表 6—1 中，我们看到当必要收益率等于息票利率时，债券价格就是它的面值。于是我们得到如下性质：

- 当息票利率等于必要收益率时，价格等于面值。
- 当价格等于面值时，息票利率等于必要收益率。

在特定时点上，当市场的必要收益率高于息票利率时，债券的价格必须做出调整以使投资者得到一些额外的利息。调整是通过债券价格降到面值以下实现的。面值和价格的差额是资本利得，代表由于息票利率低于必要收益率而补偿给投资者的一种利息。债券以低于面值的价格出售称为**折价**（或贴水，discount）出售，图表 6—1 中有相关例子。当必要收益率高于 9%的息票利率时，债券的价格总是低于面值。这样，我们得到如下性质：

- 当息票利率低于必要收益率时，价格低于面值。
- 当价格低于面值时，息票利率低于必要收益率。

最后，当市场上必要收益率低于息票利率时，债券价格必然高于面值。因为以面值购买债券的投资者能得到超过市场水平的收益率。结果，投资者竞相购买这种有吸引力的债券，抬高了债券的价格，直到债券收益率等于市场收益率为止。债券以高于面值的价格出售叫作**溢价**（或升水，premium）出售。图表 6—1 显示了当必要收益率低于 9%的息票利率时，债券价格高于它的面值。于是我们得到如下性质：

- 当息票利率高于必要收益率时，价格高于面值。
- 当价格高于面值时，息票利率高于必要收益率。

□债券价格的时间轨迹

如果从债券购买日开始到到期日为止的这段时间必要收益率不变，债券价格会有怎样的变化？对以面值出售的债券来说，息票利率等于必要收益率。随着时间向到期日推移，债券一直按面值出售。因此按面值出售的债券在时间向到期日推移的过程中，价格始终维持在面值水平上。

溢价或折价出售的债券其价格不会保持不变。对所有折价债券来说，随着时间的推移，如果必要收益率不变，价格将上升。图表 6—3 显示了假设必要收益率保持在 12%、期限为 20 年、息票利率为 9%的债券，随时间向到期日推移的价格变化轨迹。就溢价出售的债券而言，随着时间的推移，债券价格将下降。图表 6—3 也显示了 20 年期、息票利率为 9%、以 7%的收益率出售的债券价格的时间轨迹。

图表 6—3　　20 年期、息票利率为 9%的折价和溢价债券的时间轨迹

距到期日的剩余年数	折价债券* 的价格（美元）	溢价债券** 的价格（美元）
20	774.30	1 213.55
18	780.68	1 202.90
16	788.74	1 190.89
14	798.91	1 176.67
12	811.75	1 160.59
10	827.95	1 142.13
8	848.42	1 120.95
6	874.24	1 096.63
4	906.85	1 068.74
2	948.02	1 036.73
1	972.50	1 019.00
0	1 000.00	1 000.00

* 以 12%的收益率出售。

** 以 7%的收益率出售。

□债券价格变化的原因

下列原因中的任何一个都会导致债券价格的变化：

- 利率水平的变动。例如，如果利率由于联邦政策而上升（下降），债券价格将降低（上升）。
- 非面值出售的债券在必要收益率不变的情况下，随着时间向到期日推移，价格将发生变化。我们已经举例说明，如果收益率不变，随着时间的推移，折价债券的价格将上涨，溢价债券的价格将下降。
- 由国债利差的变动导致的非国债的必要收益率的变动。如果国债利率不变，但与国债的利差改变（变小或变大）了，非国债的价格将发生变化。
- 已察觉的发行人信用质量的变化。假设市场利率以及非国债和国债之间的利差不变，如果非国债已察觉的信用质量得到改善（恶化），其价格将上涨（降低）。
- 对于内含选择权的债券（如可赎回债券、可回售债券和可转换债券），债券价格会随影响内含选择权价值的因素变化而改变。

□零息票债券的定价

迄今为止，我们确定了附息债券的价格。但有些债券没有任何期间利息支付，投资者的利息收入是通过债券到期价值和购买价格之间的差额实现的。

零息票债券的定价与附息债券的定价并无不同：价格是预期现金流的现值。但零息

票债券仅有一个现金流，即到期价值。因此，零息票债券的价格就是到期价值的现值。一般在计算价格时，用于折算到期价值的期数是到期年数的 2 倍。之所以这样做是因为要和附息债券到期价值的处理方法一致。

例 3. 某零息票债券的期限是 10 年，到期价值是1 000美元。如果必要收益率为 8.6%，它的价格等于 20 期以后的1 000美元按 4.3%的利率贴现所得的现值，即：

$$1\ 000\times\left[\frac{1}{(1.043)^{20}}\right]=430.83\text{ 美元}$$

□交割日处于付息日之间时的价格确定

在我们的例子中，假设下一次付息日正好是 6 个月以后。这意味着交割发生在付息日。通常，投资者会在两个付息日之间购买债券，这使下一次利息支付距交割日的时间少于 6 个月。为计算债券价格，我们必须回答下列三个问题：

- 到下一个付息日还有多少天？
- 应该怎样确定非整数期的现金流现值？
- 购买者应该怎样补偿出售者在非整数期（上一个付息日后，下一个付息日前）赚得的利息？

第一个问题是天数计算的问题，第二个是复利计算的问题，第三个是怎样确定应计利息的问题。下面我们逐一讨论这些问题。

天数计算

市场习惯做法给出了第一个问题的答案，即到下一次支付利息为止的天数。这适用于所有类型的债券。

对附息国债来说，一年设定为 365 天，交割日和下一次付息日之间的天数就是两个日期之间的实际天数。习惯上称附息国债的天数计算规则为“实际/实际”，意思是用月的实际天数和计息期的实际天数。假设有一个上次付息在 3 月 1 日的国债，下次付息就是 6 个月之后的 9 月 1 日。假定购买这只债券后的交割日是 7 月 17 日，7 月 17 日（交割日）和 9 月 1 日（下一次付息日）之间的实际天数是 46 天（计息期内的实际天数是 184 天），如下所示：

7 月 17 日—7 月 31 日	14 天
8 月	31 天
9 月 1 日	1 天
	46 天

和附息国债的“实际/实际”天数计算规则相反，公司债券、市政债券和联邦机构债券的天数计算规则是“30/360”，即假设每月有 30 天，每年有 360 天。例如，假定我们前面例子中的证券不是附息国债而是附息公司债券、市政债券或联邦机构债券，则 7 月 17 日和 9 月 1 日之间的天数是：

7月17日—7月31日	13天
8月	30天
9月1日	1天
	44天

复利计算

一旦确定了交割日和下一个付息日之间的天数，接下来必须修改现值公式，因为现金流将在不到6个月（一个完整期间）之后收到。华尔街的计算规则如下：

（1）确定计息期天数。

（2）计算如下比率：

$$w=\frac{\text{交割日到下一个付息日之间的天数}}{\text{计息期天数}}$$

公司债券、市政债券和联邦机构债券的计息期天数是180天，因为假定一年有360天。附息国债的计息期天数是实际天数。计息期天数也叫作基础天数（the basis)。

（3）距到期日有 n 次利息支付的债券价格为：

$$p=\frac{c}{(1+i)^{w}}+\frac{c}{(1+i)^{1+w}}+\frac{c}{(1+i)^{2+w}}+\cdots+\frac{c}{(1+i)^{n-1+w}}+\frac{M}{(1+i)^{n-1+w}}$$

式中：

p——价格（美元）；

c——半年利息支付额（美元）；

M——到期价值；

n——剩余付息期数；

i——期间利率（必要收益率除以2）（小数形式）。

在公式中用来确定现值的期数（指数）通常表示成 $t-1+w$。例如，第一个现金流的期数是 $1-1+w$，简写为 w；第二个现金流的期数是 $2-1+w$，简写为 $1+w$。如果债券有20个剩余付息期，最后一期的期数是 $20-1+w$，简写为 $19+w$。

例4. 假定购买一只在2006年7月17日交割的公司债券，息票利率为10%，2012年3月1日到期。如果收益率为6.5%，这只债券的价格是多少？

下次利息支付将发生在2006年9月1日。由于这只债券是公司债券，基于“30/360”的天数计算规则，交割日和下一个付息日之间有44天，计息期的天数是180天。因此，

$$w=\frac{44}{180}=0.244\ 44$$

剩余付息期数 n 是12，半年利率是3.25%（=6.5%/2)。

图表6—4中给出了按照公式计算价格的全过程。每百元面值的公司债券的价格应为120.028 1美元。以这种方式算出的价格叫作**全价**（full price，dirty price)，它包含了卖方本应赚得却由买方收到的那部分利息。

图表 6—4　　在付息日之间购买的债券的价格计算

期数	每百美元面值的现金流（美元）	1 美元以 3.25%贴现的现值（美元）	现金流的现值（美元）
0.244 44	5.000	0.992 212	4.961 060
1.244 44	5.000	0.960 980	4.804 902
2.244 44	5.000	0.930 731	4.653 658
3.244 44	5.000	0.901 435	4.507 175
4.244 44	5.000	0.873 060	4.365 303
5.244 44	5.000	0.845 579	4.227 896
6.244 44	5.000	0.818 963	4.094 815
7.244 44	5.000	0.793 184	3.965 922
8.244 44	5.000	0.768 217	3.841 087
9.244 44	5.000	0.744 036	3.720 181
10.244 44	5.000	0.720 616	3.603 081
11.244 44	105.000	0.697 933	73.283 000
		总计	120.028 100

应计利息和净价

买方必须补偿卖方在上一次付息日到交割日期间应该赚得的利息。这部分利息卖方无法从发行人那里得到，因为下一次付息时，发行人会将计息期内的所有利息全部付给买方。卖方应该从买方手里拿到的这部分利息叫作**应计利息**（accrued interest），它的多少取决于上次付息日到交割日的天数。[5]应计利息计算如下：

$$AI=c\times\frac{\text{上次付息日到交割日之间的天数}}{\text{计息期天数}}$$

式中：

AI——应计利息（美元）；

c——每半年利息支付额（美元）。

例 5. 我们继续使用例 4 中的公司债券。因为交割日（2006 年 7 月 17 日）和下一个付息日（2006 年 9 月 1 日）之间的天数是 44 天，计息期天数是 180 天，所以从上一付息日（2006 年 3 月 1 日）到交割日的天数是 136 天（＝180－44）。每百美元面值应计利息为：

$$AI=5\times\frac{136}{180}=3.777\ 778\text{（美元）}$$

全价包括卖方有权收到的应计利息。例如，从图表 6—4 的全价计算中可以看出，下一次的利息支付额 5 美元是现金流的一部分。**净价**（clean price，flat price）等于全价减去应计利息。

买方付给卖方的是全价。需要注意的是，在全价的计算中，下一次支付的利息是贴现值，而在应计利息的计算中，它是不经过贴现的。由于市场的操作办法不同，如果债券以面值出售并且交割日不是付息日，债券的收益率将比息票利率稍微低一些。只有当交割日和付息日一致时，以面值出售的债券收益率才等于息票利率。

在美国市场上，按惯例，债券交易按照净价报价，买方付给卖方全价。在其他市场上，按全价报价。

6.2 常规的收益率衡量方法

在上一节中，我们说明了在给定必要收益率下怎样计算债券价格。本节我们介绍在既定债券价格下如何计算各种收益率。让我们先了解一下持有债券都有哪些潜在的收益来源。

债券的投资者可以从下面的来源中获得货币收入：

- 发行人支付的息票利息。
- 债券到期、被赎回或出售时的任何资本利得（或资本损失——负美元收益）。
- 利息的再投资收入。

最后一种收入称为**利息的利息**（interest-on-interest）。

市场参与者衡量投资债券的潜在收益时，最常用的是这三种指标——当前收益率、到期收益率和赎回收益率。这些收益率指标表示为百分比收益而不是货币收益。不管怎样，在评价任何收益时都应该考虑以上三种指标。下面我们讨论这三种收益率指标，并评价它们是否考虑了三种潜在的收益来源。

□当前收益率

当前收益率是年息票利息收入与债券市场价格的比值。计算公式是：

$$当前收益率=\frac{年息票利息收入}{价格}$$

例 6. 一只 18 年期、息票利率为 6%、以每千美元面值 700.89 美元出售的债券的当前收益率是 8.56%。计算如下所示：

$$年息票利息收入=1\,000\times 0.06=60\ 美元$$

$$当前收益率=\frac{60}{700.89}=0.085\,6\ 或\ 8.56\%$$

当前收益率仅仅考虑了息票利息，没有考虑影响投资者收益的其他收益来源。比如在例 6 中，没有考虑债券到期时投资者将实现的资本利得。当前收益率也没有考虑溢价出售的债券到期时带来的资本损失。另外，利息再投资所获的利息也被忽略了。

□到期收益率

我们知道，收益率或任何投资的内部报酬率是使现金流现值等于价格（或初始投资）的利率。[6]债券的到期收益率的计算方法与收益率相同，其中现金流是投资者持有债券至到期而实现的现金收入。对半年付息的债券来说，将利率或贴现率乘以 2 就可得出到期收益率。

我们知道收益率的计算涉及试错法。市场参与者通常使用计算器或计算软件获知债券的到期收益率。下面的例子展示了怎样计算债券的到期收益率。

例 7. 在例 6 中，我们计算了一只 18 年期、息票利率为 6%、以每千元面值 700.89 美元出售的债券的当前收益率。债券的到期价值是1 000美元，到期收益率是 9.5%。如图表 6—5 所示，这只债券的现金流是：

- 36 次每 6 个月支付 30 美元的利息支付额；
- 36 个 6 个月之后的 1 000 美元。

图表 6—5　　18 年期、利率为 6%、以 700.89 美元出售的债券的到期收益率的计算

目标：通过试错法找出使得下列现金流的现值等于 700.89 美元的半年利率：
36 次每 6 个月支付 30 美元的利息支付额；
36 个 6 个月之后的 1 000 美元。

年利率（%）	半年利率（%）	36 个 30 美元的现值*（美元）	1 000 美元的现值**（美元）	总现金流的现值（美元）
6.50	3.25	631.20	316.20	947.40
7.00	3.50	608.71	289.83	898.54
7.50	3.75	587.42	265.72	853.14
8.00	4.00	567.25	243.67	810.92
8.50	4.25	548.12	223.49	771.61
9.00	4.50	529.98	205.03	735.01
9.50	4.75	512.76	188.13	700.89

* $30\times\left[\frac{1-\frac{1}{(1+\text{半年利率})^{36}}}{\text{半年利率}}\right]$。

** $1\,000\times\left[\frac{1}{(1+\text{半年利率})^{36}}\right]$。

我们需要尝试不同的利率，直到找到使现金流的现值等于 700.89 美元的那一个利率。因为债券的息票利率是 6%并且折价出售，所以收益率必须大于 6%。图表 6—5 显示了半年利率从 3.25%至 4.75%（对应于年利率从 6.5%至 9.5%）时，债券现金流现值的变化。可以看出，用 4.75%的利率贴现时，现金流的现值是 700.89 美元。因此，到期收益率是 9.50%（=4.75%×2）。

到期收益率考虑了利息收入和投资者在**持有债券至到期**（holding the bond to maturity）的时间内实现的任何资本利得或损失，考虑了现金流的时间安排，顾及了利息的利息。然而，它假设息票利息以等于到期收益率的利率再投资。于是，如果债券的到期收益率是 9.5%，为赚得这个收益率，息票利息必须以 9.5%的利率再投资。下面的例子清楚地说明了这一点。

假定一位投资者有 700.89 美元并把这笔资金投资于 18 年中每 6 个月以 4.75%利率或每年以 9.5%利率支付利息的存单。在第 18 年末，700.89 美元的投资将增值为3 726美元。现在假定这位投资者投资的对象不是存单，而是所有条件都相同的债券。这只债券的到期收益率是 9.5%，投资者预期在第 18 年末从这笔投资中收到3 726美元。

让我们来看他将收到什么。投资期内将有 36 次每 6 个月支付 30 美元的利息收入，总值1 080美元。债券到期时还会收到1 000美元。因此，如果持有债券至到期，他收到的总金额将是2 080美元。但是这比半年收益率为 4.75%（年收益率为 9.5%）时所收到的3 726美元还少1 646美元。这个缺口如何弥补？如果这位投资者以 4.75%的半年利率（或 9.5%的年利率）将息票利息再投资，不难算出利息再投资赚得的利息收入将是1 646美元。因此，按 9.5%的收益率计算的3 025美元（=3 726−700.89）货币收益中，大约 54%（=1 646÷3 025）必须通过息票利息再投资获得。

显然，这位投资者要实现购买时规定的到期收益率必须满足两个假设前提：（1）息票利息能按照到期收益率再投资；（2）持有债券至到期。就第一个假设而言，投资者面对的是未来再投资利率低于购买时的到期收益率的风险，这种风险称为**再投资风险**（reinvestment risk）。如果不持有债券至到期，并且出售债券时的价格低于债券买入价格，就会使报酬率小于到期收益率。在出售债券时，由于利率上升遭受损失的风险就是**利率风险**（interest rate risk）。

再投资风险

债券的两个特征决定了再投资风险的程度。第一，给定到期收益率和息票利率，债券期限越长，要实现购买时的到期收益率，债券的总货币收益中利息再投资收入的权重越大，再投资风险也越大。这表明，长期债券的到期收益率对于持有债券至到期的投资者来说，不能有效地表达潜在收益率。在高利率的环境中，长期债券的利息再投资收入可能占债券潜在总货币收益的 80%。

决定再投资风险程度的第二个特征是息票利率。在给定期限和到期收益率下，息票利率越高，为实现买入债券时的到期收益率，债券的总货币收益越多地依赖息票利息的再投资收入。这意味着，如果期限和到期收益率不变，溢价出售的债券将比平价出售的债券更多地依赖利息的再投资收入。但零息票债券的总货币收益一点也不依赖利息再投资收入。如果持有至到期，零息票债券没有任何再投资风险。

利率风险

债券的价格变化与利率变动的方向相反。在利率上升（下降）时，债券的价格将下跌（上涨）。对计划持有债券至到期的投资者来说，到期日之前债券的价格变化是无关紧要的。但对到期日之前可能不得不出售债券的投资者来说，购买债券后利率的上升意味着资本损失。不是所有债券都有相同的利率风险。在第 7 章我们将讨论决定利率风险的债券特征。

通过以下假设的到期收益率，我们可以说明到期收益率在评价债券潜在收益方面的作用有限。假定一位具有5年投资期限的投资者正在考察下面四种无选择权债券：

债券	息票利率（%）	到期期限（年）	到期收益率（%）
W	5	3	9.0
X	6	20	8.6
Y	11	15	9.2
Z	8	5	8.0

假设所有四种债券都具有相同的信用质量，哪一种债券对这个投资者最具吸引力？如果因为到期收益率最高而选择债券Y，投资者将会无法确认潜在收益率，因为债券5年之后必须出售，出售价格取决于当时市场上10年期、息票利率为11%的债券的必要收益率。因此，可能存在某种资本利得或资本损失，使收益率高于或低于现在许诺的到期收益率。此外，债券Y的息票利率比其他三种债券更高，因而其收益更多地依赖于利息的再投资收入。

债券W提供次高的到期收益。从表面上看它似乎特别有吸引力，因为债券W不存在债券Y的问题，即在债券到期之前必须出售可能带来的资本损失。另外，由于息票利率最低，再投资风险看起来也比其他三种债券小。但投资者依然不能排除再投资风险，因为他必须把到期时收到的所得款项再投资2年。在将3年后收到的本息做再投资时，投资者到底能实现多大的收益还取决于当时的利率。

哪一种债券是最佳的呢？看起来到期收益率无助于我们鉴别最好的债券。答案取决于投资者的预期，进一步说，依赖于直到投资期限结束之前，投资者对于利息再投资时的利率的预期。同样，对于到期日比投资期限长的债券，答案取决于投资者对投资期限结束时利率的预期。因此，基于不同的再投资利率和投资期限结束时的未来利率，任何一种债券都有可能成为最佳投资工具。在下一节，我们将介绍评估债券潜在收益的另一种标准。

零息票债券的到期收益率

当现金流只有一个时，计算投资收益率十分容易。零息票债券的特征就是投资成果表现为单一现金流。因此，用以下公式我们可以计算出零息票债券的到期收益率：

$$y=(1\text{美元投资的未来值})^{1/n}-1$$

式中：

$$y=\frac{1}{2}\times\text{到期收益率}$$

$$1\text{美元投资的未来值}=\frac{\text{到期价值}}{\text{价格}}$$

再重复一遍，y 乘以 2 就可得到到期收益率。记住，公式中的期数是年数的 2 倍。

例 8. 一只 15 年期零息票债券的到期价值为1 000美元，售价为 274.78 美元，计算得出到期收益率为 8.8%：

$$n=15\times2=30$$

$$1\text{美元投资的未来值}=\frac{1\,000.00}{274.78}=3.639\,275\text{ 美元}$$

$$\begin{aligned}y&=(3.639\,275)^{1/30}-1\\&=(3.639\,275)^{0.033\,333}-1\\&=1.044-1\\&=0.044\text{ 或 }4.4\%\end{aligned}$$

4.4%乘以 2 得出 8.8%的到期收益率。

息票利率、当前收益率和到期收益率之间的关系

应该认识到在息票利率、当前收益率和到期收益率之间存在如下关系：

债券售价	关系
面值	息票利率＝当前收益率＝到期收益率
低于面值	息票利率＜当前收益率＜到期收益率
高于面值	息票利率＞当前收益率＞到期收益率

收益率年度化过程

半年利率乘以 2 将得到一个低于有效年收益率的值。正确地将半年收益率年度化的方法可以用下面的公式表示：

$$\text{有效年收益率}=(1+\text{期间利率})^k-1$$

式中：

k——每年付息次数。

对半年付息的债券来说，公式可修正为：

$$\text{有效年收益率}=(1+\text{半年利率})^2-1$$

或者

$$\text{有效年收益率}=(1+y)^2-1$$

例如在例 7 中，半年利率是 4.75%，那么有效年收益率就是 9.73%，计算如下：

$$\begin{aligned}\text{有效年收益率}&=(1.047\,5)^2-1\\&=1.097\,3-1\\&=0.097\,3\text{ 或 }9.73\%\end{aligned}$$

尽管上述公式给出了将半年利率年度化的适当方法，然而市场上依然习惯于把半年利率翻倍，得出年利率。以这种方式——把半年利率翻倍——计算出的到期收益率是**债券等值收益率**（bond-equivalent yield）。事实上，在其他类型固定收益证券的收益率计算中也习惯用这种方法。

□赎回收益率

对于可赎回债券，投资者还需计算另一个收益率（内部报酬率），即**赎回收益率**（yield-to-call）。用于计算赎回收益率的现金流来自债券在设定的赎回日被提前赎回所产生的金额。普遍使用的是两个赎回日，即**首次提前赎回日**（first call date）和**首次面值提前赎回日**（first par call date）。赎回收益率是债券持有至设定赎回日时，使债券现金流现值等于债券价格（也就是全价）的利率。

例 9. 在例 6 和例 7 中，我们算出了 18 年期、息票利率为 6%、售价为 700.89 美元的债券的当前收益率和到期收益率。假定这只债券在 5 年之后可以首次提前赎回，赎回价是 1 030 美元。如果该债券于首次赎回日被赎回，那么有如下现金流：

- 10 次每 6 个月支付 30 美元的利息支付额；
- 10 个 6 个月之后的 1 030 美元。

我们要计算的利率是使现金流现值等于 700.89 美元的利率。从图表 6—6 可看出，当利率为 7.6%时，现金流的现值是 700.11 美元，已充分接近 700.89 美元的目标值。因此，按债券等值收益率计算的赎回收益率为 15.2%（把 7.6%的期间利率翻倍）。

投资于溢价出售的可赎回债券的稳健投资者，习惯计算债券的赎回收益率和到期收益率，然后从中挑选出较低者以衡量投资的潜在收益率。投资者用于评价债券收益率的往往是两个收益率中的最小者。一些投资者不仅计算首次提前赎回日和首次面值提前赎回日的收益率，还计算所有可能赎回日的收益率。因为大多数债券可能在首次提前赎回日之后的任何时间被赎回，所以，人们还要计算首次提前赎回日后到每一个付息日的收益率，然后将所有算出的赎回收益率与到期收益率进行比较，最低者就是**最差收益率**（yield-to-worst）。对于稳健型投资者来说，最差收益率往往被看作合适的收益率。

图表 6—6　18 年期、6%利率、以 700.89 美元出售的债券在第 5 年以 1 030 美元赎回的收益率计算

目标：通过试错法找出使得下列现金流的现值等于 700.89 美元的半年利率：

10 次每 6 个月支付 30 美元的利息支付额；

10 个 6 个月之后的 1 030 美元。

年利率（%）	半年利率（%）	10 个 30 美元的现值*（美元）	1 030 美元的现值**（美元）	总现金流的现值（美元）
11.20	5.60	225.05	597.31	822.36
11.70	5.85	222.38	585.35	805.73

续前表

年利率（%）	半年利率（%）	10 个 30 美元的现值*（美元）	1 030 美元的现值**（美元）	总现金流的现值（美元）
12.20	6.10	219.76	569.75	789.51
12.70	6.35	217.19	556.50	773.69
13.20	6.60	214.66	543.58	758.24
13.70	6.85	212.18	531.00	743.18
14.20	7.10	209.74	518.73	728.47
14.70	7.35	207.34	506.78	714.12
15.20	7.60	204.99	495.12	700.11

$* \ 30\times\left[\frac{1-\frac{1}{(1+\text{半年利率})^{10}}}{\text{半年利率}}\right]$。

$** \ 1\,030\times\left[\frac{1}{(1+\text{半年利率})^{10}}\right]$。

现在，我们进一步考察用来衡量可赎回债券的潜在收益率的赎回收益率。赎回收益率考虑到了拥有债券的所有三种潜在收益来源。然而，和到期收益率一样，赎回收益率假设所有现金流都能按照计算出的收益率——在这里是赎回收益率——再投资，直到设定的赎回日。在本章前面我们已提出这个假设可能不合适。此外，赎回收益率假设：(1) 投资者将持有债券至设定赎回日；(2) 发行人将在那个日期赎回债券。

赎回收益率的这些假设常常是不切实际的，它们没有考虑如果债券被提前赎回，投资者将如何把所得款项再投资。例如，考察 M 和 N 两只债券。假定 5 年期的不可赎回债券 M 的到期收益率是 10%，并假设 3 年以后被提前赎回的债券 N 的赎回收益率是 10.5%。对一位有 5 年投资期限的投资者来说哪一只债券更好？答案不可能从它们的收益率中得出。如果投资者打算持有债券 5 年，而发行人打算 3 年以后赎回债券，5 年以后可得到的总金额将取决于从赎回日到投资期限结束这段时间内再投资的利率。

第 40 章将对可赎回债券做进一步的分析。

□投资组合的收益率（内部报酬率）

债券投资组合的收益率不是其中所有单只债券到期收益率的简单平均或加权平均。它是通过确定投资组合的现金流，然后找出使现金流的现值等于投资组合市场价值的利率计算出来的。[7] 和任何其他收益率一样，它也存在假设方面的问题。

例 10. 考察以下包含三种债券的投资组合[8]：

债券	息票利率（%）	到期期限（年）	面值（美元）	价格（美元）	到期收益率（%）
A	7.0	5	10 000 000	9 209 000	9.0
B	10.5	7	20 000 000	20 000 000	10.5
C	6.0	3	30 000 000	28 050 000	8.5

该投资组合的总市场价值是57 259 000美元。每一只债券和整个投资组合的现金流如下所示：

收到现金流的时期	债券 A（美元）	债券 B（美元）	债券 C（美元）	资产组合（美元）
1	350 000	1 050 000	900 000	2 300 000
2	350 000	1 050 000	900 000	2 300 000
3	350 000	1 050 000	900 000	2 300 000
4	350 000	1 050 000	900 000	2 300 000
5	350 000	1 050 000	900 000	2 300 000
6	350 000	1 050 000	30 900 000	32 300 000
7	350 000	1 050 000	—	1 400 000
8	350 000	1 050 000	—	1 400 000
9	350 000	1 050 000	—	1 400 000
10	10 350 000	1 050 000	—	11 400 000
11	—	1 050 000	—	1 050 000
12	—	1 050 000	—	1 050 000
13	—	1 050 000	—	1 050 000
14	—	21 050 000	—	21 050 000

为了确定这个包含三种债券的投资组合的收益率（内部报酬率），必须找出使得上述图表中最后一列所示现金流的现值等于57 259 000美元（投资组合的市场总值）的利率。如果用4.77%的利率折算，可以使现金流现值等于57 259 000美元。将4.77%翻倍得到9.54%，就是投资组合的债券等值收益率。

□浮动利率证券的收益率衡量

浮动利率证券的利率随某些参考利率（例如LIBOR）定期改变。[9] 由于不知道未来的参考利率，所以不可能确定现金流，也就不能计算到期收益率。

估计浮动利率证券潜在收益的习惯做法是估计证券的**贴现差额**（discounted margin）。贴现差额是指投资者预期证券存续期内的收益率与参考利率之间的平均利差或差额。计算贴现差额的步骤如下：

（1）确定在假定证券存续期内参考利率不变情况下的现金流。

（2）挑选一个差额（利差）。

（3）用当前参考利率加上第（2）步选择的差额所得的利率对第（1）步确定的现金流进行贴现。

（4）把第（3）步算出的现金流现值与价格相比较。如果现值等于证券价格，贴现差额就是第（2）步假设的差额。如果现值不等于证券价格，回到第（2）步尝试不同的差额。

就平价出售的证券来说，贴现差额就是浮动息票利率对参考利率的利差。

例 11. 为说明计算过程，假定有一只 6 年期的浮动利率证券，售价为99.309 8美元，利率等于某参考利率指数加 80 个基点，息票利率每 6 个月重设一次，假设当前参考利率是 10%。图表 6—7 展示了这只证券贴现差额的计算过程。表中第二列是参考利率（10%）。第三列列出了该证券的现金流。前 11 期的现金流等于参考利率当前值的一半（5%）加上 40 个基点的半年利差再乘以 100。在第 12 个 6 个月，现金流是 5.4 美元加上 100 美元的到期价值。最后五列的顶行给出了假设的贴现差额，贴现差额下面是每个现金流的现值，最下面一行是现金流的总现值。在这五个假设的贴现差额中，假设差额是 96 个基点时计算出的现值等于浮动利率证券的价格（99.309 8美元）。因此，半年的贴现差额是 48 个基点，1 年的贴现差额是 96 个基点。（注意，当证券折价出售时，贴现差额为 80 个基点，与参考利率的利差相同。）

用贴现差额衡量浮动利率证券的潜在收益率存在两个缺陷。首先，这个指标假设参考利率在证券存续期内不变；其次，没有考虑浮动利率证券有浮动上限或下限的情况。我们将在第 40 章中讨论利率变动的上下限以及处理技术。

图表 6—7　　计算浮动利率证券的贴现差额

浮动利率证券：期限为 6 年
息票利率＝参考利率＋80 个基点
每 6 个月重设

时期	参考利率(%)	现金流*	在假定的年收益率利差下的现金流现值（基点）				
			80	84	88	96	100
1	10	5.4	5.123 3	5.122 4	5.121 4	5.119 5	5.118 5
2	10	5.4	4.860 9	4.859 0	4.857 2	4.853 5	4.851 6
3	10	5.4	4.611 8	4.609 2	4.606 6	4.601 3	4.598 7
4	10	5.4	4.375 5	4.372 2	4.368 9	4.362 3	4.359 0
5	10	5.4	4.151 4	4.147 4	4.143 5	4.135 6	4.131 7
6	10	5.4	3.938 7	3.934 2	3.929 7	3.920 8	3.916 3
7	10	5.4	3.736 9	3.731 9	3.727 0	3.717 1	3.712 2
8	10	5.4	3.545 4	3.540 1	3.534 7	3.524 0	3.518 6
9	10	5.4	3.363 8	3.358 0	3.352 3	3.340 9	3.335 2
10	10	5.4	3.191 4	3.185 4	3.179 4	3.167 3	3.161 3
11	10	5.4	3.027 9	3.021 6	3.015 3	3.002 8	2.996 5
12	10	105.4	56.072 9	55.945 4	55.818 2	55.564 7	55.438 5
现值：			100.000 0	99.826 9	99.654 1	99.309 8	99.138 0

* 第 1～11 期：现金流＝100×(参考利率＋假定差额)×0.5；

第 12 期：现金流＝100×(参考利率＋假定差额)×0.5＋100。

6.3 总收益率分析

如果常规收益率指标，如到期收益率和赎回收益率不足以有效地揭示债券的潜在收益率，还有哪些更好的指标呢？适当的指标应该考虑到投资期限内所有三种潜在货币收益的来源。这需要投资者首先设定整个投资期限的未来总货币收入，收益率则是使债券价格（全价）能够在投资期结束时增值到设定的未来收入总额的利率。以这种方法算出的收益率就是**总收益率**（total return），也称**投资期收益率**（horizon return）。在这一节，我们将介绍这个方法，并示范如何用它来评估债券投资的潜在收益率。

□总收益率的计算

计算总收益率需要投资者确定：

- 投资期限；
- 再投资利率；
- 投资期结束时的债券售价（取决于投资期结束时，出售债券的假设收益率）。

形式上，计算一定投资期内的总收益率有以下步骤：

步骤1：计算利息收入总额以及按假设再投资利率取得的再投资利息。再投资利率是投资者确信利息再投资所能赚取的年利率的一半。

总息票利息收入及利息再投资收入能用年金终值公式（前一章已给出）算出：

$$\text{息票利息加再投资利息}=\text{半年息票利息}\left[\frac{(1+r)^h-1}{r}\right]$$

式中：

h——投资期长度（以半年为单位）；

r——设定的半年再投资利率。

步骤2：确定投资期末的预期售价。预期售价取决于投资期末可比债券的预期收益率。

步骤3：把步骤1和步骤2的得数相加，即可得到在给定假设再投资利率和投资期末预期必要收益率下的**未来总货币收入**（total future dollar）。

步骤4：用下面的公式计算半年总收益率：

$$\left(\frac{\text{未来总货币收入}}{\text{债券买入价}}\right)^{1/h}-1$$

步骤5：因为假设息票利息半年支付一次，把步骤4得到的利率乘以2，即可得到债券等值基础上的总收益率。另外，总收益率也可以用有效年度收益率表示，需要使用下面的计算公式：

$$(1+\text{半年总收益率})^2-1$$

例 12. 假定一位有 3 年投资期的投资者正在考虑购买一只 20 年期、息票利率为 8%、价格为 828.40 美元的债券。债券的到期收益率是 10%。投资者预期他能以 6%的年利率把息票利息再投资，并预计在投资期末，17 年期的债券将以 7%的到期收益率价格出售。图表 6—8 显示了这只债券的总收益率的计算过程。

一些投资组合经理拒绝使用总收益率分析方法的理由是，它需要他们对再投资利率和未来收益率做出假设，并且必须思考投资期限方面的问题。遗憾的是，一些投资经理认为使用无意义的收益率指标——如到期收益率——更方便，因为它不需要加入任何预期。正如下面所解释的，总收益率分析框架使投资经理能够分析债券收益率在不同利率情景下——包括再投资利率和未来市场收益率——的情况。通过研究多种情景，投资经理能够看到债券收益变化对每一个情景的敏感程度。在这个分析框架中，不用假设再投资利率在整个投资期限内固定不变。

图表 6—8　　总收益率计算示例

假定：

债券为息票利率为 8%、20 年期、以 828.40 美元出售的债券（到期收益率是 10%）；

年再投资利率为 6%；

投资期限为 3 年；

在投资期限末，17 年期债券的收益率为 7%。

步骤 1：计算利息收入总额以及按假设的年 6%（或 6 个月 3%）的再投资利率取得的再投资利息。利息收入为 3 年或 6 期（投资期限）内每 6 个月 40 美元。这样利息收入总额与再投资利息之和为：

$$\text{息票利息}+\text{再投资利息}=40\times\left[\frac{(1.03)^{6}-1}{0.03}\right]=258.74\text{ 美元}$$

步骤 2：假设在投资期末，17 年期债券的必要到期收益率为 7%，通过计算 34 期 40 美元的利息额及1 000美元面值以 3.5%贴现的现值之和，得出那时该债券预计销售价格将为 1 098.51 美元。

步骤 3：以上两步得数相加，得到 1 357.25 美元的未来总货币收入。

步骤 4：计算半年总收益率：

$$\left(\frac{1\,357.25}{828.40}\right)^{1/6}-1$$
$$=(1.638\,40)^{0.166\,67}-1$$
$$=1.085\,8-1$$
$$=0.085\,8\text{ 或 }8.58\%$$

步骤 5：8.58%乘以 2，可得出债券等值基础上的 17.16%的年总收益率。有效年总收益率为：

$$(1.085\,8)^{2}-1$$
$$=1.179\,0-1$$
$$=0.179\,0$$
$$=17.90\%$$

对于那些需要对短期再投资利率和投资期末债券收益率进行预期的投资经理来说，可以从收益率曲线中算出隐含远期利率，计算的理论基础是套利理论。用隐含远期利率算出的总收益率叫作**无套利总收益率**（arbitrage free total return）。第 8 和 36 章将具体介绍隐含远期利率。

□情景分析

由于总收益率取决于再投资利率和投资期末的收益率，所以，投资组合经理需要为这两个变量设定更多的情景以评价投资组合收益率。这种分析方法叫作**情景分析法**（scenario analysis）。

例 13. 假定一位投资组合经理正在考虑购买 20 年期、息票利率为 9%、以每百美元面值 109.896 美元出售的无选择权债券 A。债券的到期收益率是 8%。同时假设该投资组合经理的投资期限是 3 年，他估计再投资利率的变动范围是 3%～6.5%，投资期末的收益率可能为 5%～12%。

图表 6—9 的上半部分列示了在不同情景下第 3 年末的未来总货币收入，下半部分列出了总收益率（基于 6 个月总收益率的有效年收益率）。这位投资经理知道，在这些情景下的最大和最小总收益率将分别为 16.72%和－1.05%，以及每一个总收益率将在什么样的情景中实现。如果投资组合经理面对 3 年期、利率为 6%的有担保债务，那么就应该重点考虑提供低于 6%的总收益率的情景。这些情景能从图表 6—9 中查到。

图表 6—9　　债券 A 的情景分析

债券 A：　息票利率为 9%、20 年期的无选择权债券
价格：　109.896 美元
到期收益率：　8.00%
投资期限：　3 年

	投资期末的收益率							
	5.00%	6.00%	7.00%	8.00%	9.00%	10.00%	11.00%	12.00%
	投资期末的价格（美元）							
	145.448	131.698	119.701	109.206	100.000	91.903 5	84.763	78.447 8
再投资	未来总货币收入（美元）							
利率（%）	5.00%	6.00%	7.00%	8.00%	9.00%	10.00%	11.00%	12.00%
3.0	173.481	159.731	147.734	137.239	128.033	119.937	112.796	106.481
3.5	173.657	159.907	147.910	137.415	128.209	120.113	112.972	106.657
4.0	173.834	160.084	148.087	137.592	128.387	120.290	113.150	106.834
4.5	174.013	160.263	148.266	137.771	128.565	120.469	113.328	107.013
5.0	174.192	160.443	148.445	137.950	128.745	120.648	113.508	107.193
5.5	174.373	160.623	148.626	138.131	128.926	120.829	113.689	107.374
6.0	174.555	160.806	148.809	138.313	129.108	121.011	113.871	107.556
6.5	174.739	160.989	148.992	138.497	129.291	121.195	114.054	107.739

再投资利率（%）	（有效）总收益率							
	5.00%	6.00%	7.00%	8.00%	9.00%	10.00%	11.00%	12.00%
3.0	16.44	13.28	10.37	7.69	5.22	2.96	0.87	−1.05
3.5	16.48	13.32	10.41	7.73	5.27	3.01	0.92	−0.99
4.0	16.52	13.36	10.45	7.78	5.32	3.06	0.98	−0.94
4.5	15.56	13.40	10.50	7.83	5.37	3.11	1.03	−0.88
5.0	16.60	13.44	10.54	7.87	5.42	3.16	1.08	−0.83
5.5	16.64	13.49	10.59	7.92	5.47	3.21	1.14	−0.77
6.0	16.68	13.53	10.63	7.97	5.52	3.26	1.19	−0.72
6.5	16.72	13.57	10.68	8.02	5.57	3.32	1.25	−0.66

例 14. 假定同一位投资经理持有 14 年期、息票利率为 7.25%、当前价格为每百美元面值 94.553 美元的无选择权债券 B。到期收益率是 7.9%。图表 6—10 显示了在与图表 6—9 相同的情形之下，投资期限为 3 年的未来总货币收入和总收益率。打算将债券 B 和债券 A 互换的投资经理可比较图表 6—9 和图表 6—10 中列出的两只债券的相关收益率。图表 6—11 显示了两只债券以基点表示的收益率差异。这种比较分析假设两只债券具有相同的信用等级，并对用债券 B 置换债券 A 时涉及的财务会计和税收费用忽略不计。

图表 6—10　　债券 B 的情景分析

债券 B：　息票利率为 7.25%、14 年期的无选择权债券

价格：　94.553 美元

到期收益率：　7.90%

投资期限：　3 年

再投资利率（%）	5.00%	6.00%	7.00%	8.00%	9.00%	10.00%	11.00%	12.00%
	投资期末的收益率							
	5.00%	6.00%	7.00%	8.00%	9.00%	10.00%	11.00%	12.00%
	投资期末的价格（美元）							
	118.861	109.961	101.896	94.580 8	87.938 6	81.900 9	76.406 6	71.401 2
	未来总货币收入（美元）							
	5.00%	6.00%	7.00%	8.00%	9.00%	10.00%	11.00%	12.00%
3.0	141.443	132.543	124.478	117.163	110.521	104.483	98.989	93.983
3.5	141.585	132.685	124.620	117.448	110.663	104.625	99.131	94.125
4.0	141.728	132.828	124.763	117.448	110.806	104.768	99.273	94.268
4.5	141.872	132.971	124.907	117.592	110.949	104.912	99.417	94.412
5.0	142.017	133.116	125.051	117.736	111.094	105.056	99.562	94.557
5.5	142.162	133.262	125.197	117.882	111.240	105.202	99.708	94.703
6.0	142.309	133.409	125.344	118.029	111.387	105.349	99.855	94.849
6.5	142.457	133.556	125.492	118.176	111.534	105.497	100.002	94.997

再投资利率（%）	（有效）总收益率							
	5.00%	6.00%	7.00%	8.00%	9.00%	10.00%	11.00%	12.00%
3.0	14.37	11.92	9.60	7.41	5.34	3.38	1.54	−0.20
3.5	14.41	11.96	9.64	7.45	5.38	3.43	1.59	−0.15
4.0	14.44	12.00	9.68	7.50	5.43	3.48	1.64	−0.10
4.5	14.48	12.04	9.72	7.54	5.48	3.53	1.69	−0.05
5.0	14.52	12.08	9.77	7.58	5.52	3.57	1.74	0.00
5.5	14.56	12.12	9.81	7.63	5.57	3.62	1.79	0.05
6.0	14.60	12.16	9.85	7.67	5.61	3.67	1.84	0.10
6.5	14.64	12.20	9.90	7.72	5.66	3.72	1.89	0.16

图表 6—11　　情景分析所揭示的债券 A 和债券 B 的总收益率差异

债券 A 的总收益率与债券 B 的总收益率之差（基点）								
再投资利率（%）	5.00%	6.00%	7.00%	8.00%	9.00%	10.00%	11.00%	12.00%
3.0	207	136	77	28	−12	−43	−67	−85
3.5	207	136	77	28	−11	−42	−66	−84
4.0	207	136	77	28	−11	−42	−66	−84
4.5	207	136	77	29	−11	−42	−66	−83
5.0	207	137	78	29	−10	−41	−65	−83
5.5	208	137	78	29	−10	−41	−65	−82
6.0	208	137	78	30	−10	−41	−64	−82
6.5	208	137	78	30	−9	−40	−64	−81

□债券互换潜在收益的评估

投资组合经理常常把投资组合中现存的某种债券换成另一种债券。债券互换可分为纯收益率互换、利率预期互换、市场间利差互换和替代互换。总收益率分析能用于评估通过互换而得到的潜在收益。

- **纯收益率互换**（pure yield pickup swap）：将一种债券转换为另一种有较高收益率的债券，叫作纯收益率互换。进行这种互换不是为了获得较高的当前息票收入，就是为了得到较高的到期收益率，或二者兼顾。这种互换并不涉及对利率、收益率利差或信用质量变化的预期。
- **利率预期互换**（rate-anticipation swap）：一位对未来利率方向有某种预期的投资组合经理会利用债券互换重构投资组合，以从预期的利率变动中获利。这种做法被称为利率预期互换。例如，如果预计利率将下降，可用有较大价格波动性的债券换掉投资组合中现存的价格波动性较小的债券（一旦利率真的下降，由此导致的价格剧烈变动就可以使经理人获利）。如果预期利率上升，则做反方向的互换。

- **市场间利差互换**（intermarket-spread swap）：当投资经理确信市场上两只债券之间的当前收益率利差超出它们历史上的收益率利差，并且到投资期末会重新调整时，便会进行互换。债券之间存在收益率利差的原因是：(1) 债券的信用质量存在差异（例如，有相同到期日的国债与 AA 级的公用事业债券之间）；(2) 公司债券对投资者产生吸引力的特征方面有所不同（例如，可赎回债券和不可赎回债券，可回售债券和不可回售债券）。

- **替代互换**（substitution swap）：在替代互换中，投资经理会把一种债券换为另一种被认为在息票利率、到期日、对利率变动的价格敏感性和信用质量这些方面相同，但可以提供更高收益率的债券。这种互换依赖于资本市场的不完善。短暂的市场不均衡会使债券市场出现这种互换机会。投资经理在替代互换时面临的风险是购买的债券可能与被交换的债券不同质。例如，如果信用质量不相同，购买的债券提供更高收益率的原因是存在更高的信用风险而不是市场不均衡。

□市政债券和公司债券收益率的比较

比较一种免税市政债券和一种赋税公司债券相对收益率的常规方法，是计算**赋税等值收益率**（taxable equivalent yield）。赋税等值收益率是能够使赋税债券收益率与免税市政债券收益率相同的收益率。计算公式是：

$$\text{赋税等值收益率}=\frac{\text{免税收益率}}{1-\text{边际税率}}$$

例如，假定一位处在 35% 的边际税率的投资者正在考虑投资一只 10 年期的市政债券，它的到期收益率为 4.5%。赋税等值收益率是：

$$\frac{4.5\%}{1-0.35}=6.92\%$$

如果一只具有可比品质、10 年到期的公司债券提供的到期收益率大于 6.92%，用这个收益率方法的人就可以知道应该购买公司债券。相反，如果可比公司债券提供的到期收益率低于 6.92%，投资者应该投资于市政债券。

但是这个方法有什么不当之处？市政债券的免税收益率和赋税等值收益率都有与到期收益率一样的局限性。另外，公司债券和市政债券之间存在再投资机会的差异。前者的息票利息需要缴税，因此，再投资的金额不是全部息票利息收入而是税后净所得。与之相比，市政债券的息票利息免税，可以全部用于再投资。

总收益率的分析框架就可以避免赋税等值收益率的问题，因为这种分析方法可让我们仔细考虑再投资机会。总收益率方法跟赋税等值收益率方法相比的另一个优点是，税率的改变（投资者预期的税率改变或税收结构的改变）能被考虑进去。

6.4 关键知识点

- 债券的价格等于其预期现金流的贴现值。
- 对于内含期权的债券来说，其现金流是难以估计的。
- 用于贴现现金流的必要收益率由可比证券的收益率决定。
- 在债券市场中两个最通行的收益率衡量方法是到期收益率法和赎回收益率法。两种收益率衡量方法都考虑了息票利息收入和在到期日或赎回日的任何资本利得（或损失）。
- 然而，息票利息收入和资本利得（或损失）仅是持有债券至到期或赎回所能获得的三种潜在货币收益中的两种。另一种是息票利息的再投资收入，一般被称为利息的利息。这种潜在收入能占到债券总货币收益的 80%。
- 到期收益率假设息票利息收入能按照算出的到期收益率再投资。
- 赎回收益率假设息票利息收入能按照算出的赎回收益率再投资。
- 衡量在预定投资期内持有债券的潜在收益率的更好指标是总收益率。这个指标全面考虑了所有三种潜在货币收益的来源，并且能被用来分析债券互换和债券表现。

【注释】

[1] 在第 7 章中，我们将介绍一种叫作**久期**（duration）的利率风险衡量指标。届时，我们会用相同久期替换相同到期日，作为比较指标。

[2] 这个公式中的第一项和 n 期普通年金的现值公式相同。

[3] 在图表中，代表价格/收益率关系的曲线与价格轴相交的点就是必要收益率为零并且债券价格最高的点。这个价格就是现金流的非贴现价值。

[4] 初始发行折价债券，如零息票债券，是例外。

[5] 不是所有债券都计算应计利息。违约债券或收益债券不计算应计利息。不带应计利息的债券交易叫作除息交易。

[6] 对于资产支持证券和抵押贷款支持证券，等价的衡量方法被称为现金流收益率。这个方法将在第 41 章介绍。

[7] 第 7 章将讨论久期的概念。用久期作为权数对投资组合中单只债券的到期收益率做加权平均，可以得到比较好的收益率近似值。

[8] 为简化计算，假设每只债券的付息日都相同。

[9] 浮动利率债券将在第 17 章讨论。

第7章 利率风险的衡量*

弗兰克·J. 法博齐（Frank J. Fabozzi）博士，注册金融分析师，注册会计师
EDHEC 商学院金融学教授

小杰拉尔德·W. 比托（Gerald W. Buetow, Jr.）博士，注册金融分析师
Innealta Capital 首席投资官

罗伯特·R. 约翰逊（Robert R. Johnson）博士，注册金融分析师
CFA 研究院高级执行副总裁

布莱恩·J. 亨德森（Brian J. Henderson）博士，注册金融分析师
乔治·华盛顿大学助理教授

债券价值的变化与利率的变化是反向的。如果利率上升，债券多头的价值将减少，

* 这一章中的部分内容改编自以下文献：Frank J. Fabozzi, *Duration, Convexity, and Other Bond Risk Measures* (New Hope, PA: Frank J. Fabozzi Associates, 1999)；以及 Gerald W. Buetow and Robert R. Johnson, "A Primer on Effective Duration and Convexity," in Frank J. Fabozzi (ed.), *Professional Perspectives on Fixed Income Portfolio Management*, Vol. 1 (New Hope, PA: Frank J. Fabozzi Associates, 2000)。

造成损失。对债券空头来说，利率的下降将带来损失。然而，投资者绝不满足于仅仅知道何时头寸将遭受损失，他们还要了解更多的东西。为控制利率风险，投资者必须能够量化风险将造成的后果。

衡量利率风险的关键是对利率反向变动后头寸的价值做出精确估计。估价模型就是用来衡量利率风险的。如果没有可信赖的估价模型，就没有办法准确衡量利率风险的暴露程度。

有两种衡量利率风险的方法——**完全估价法**（full valuation approach）和**久期/凸性方法**（duration/convexity approach）。我们先从完全估价法开始，然后介绍久期/凸性方法。关于久期/凸性方法的背景知识方面，我们将先讨论无选择权债券和内含选择权债券的价格波动性特征，然后着眼于如何用久期衡量利率风险，并讨论各种久期（有效久期、修正久期和麦考利久期）之间的区别。我们还将阐述如何用一种称为"凸性"的衡量办法来改进久期在评估债券价格波动性上的不足。接下来，我们将阐述久期和投资者使用的其他价格波动性衡量指标之间的关系，以及基点价格（或"01"的货币价值）。在最后一节，我们还将讨论引入收益率波动性对于估计利率风险暴露程度的重要性。

7.1 完全估价法

在测算债券头寸或投资组合的利率风险暴露程度时，最容易想到的方法是重新评估利率改变后的资产或头寸价值。这种评估要在假设的利率变动情景下进行。例如，一个投资者可能希望衡量利率瞬时改变 50 个基点、100 个基点和 200 个基点时的利率风险暴露程度。首先假定利率变动情景，然后重新评估债券或债券组合价值的方法称为完全估价法。因为涉及对利率多种变动情景下的风险暴露程度的评价，完全估价法有时也被称为情景分析法。

为了说明这个方法，假定一个投资者有票面价值总额 1 000 万美元、息票利率为 5%、20 年期的债券头寸。该债券是无选择权债券，每百美元票面价值标示的市场价格为 106.548 4 美元，对应 4.5%的收益率（即到期收益率）。这笔头寸的总市值为 10 654 840美元（=106.548 4%×1 000 万美元）。既然持有债券，这位投资者很自然地要关注收益率是否有导致头寸价值降低的上升趋势。为评价市场收益率上升时的风险敞口程度，投资者决定考察当收益率按照下面三种情景瞬时改变时，债券的价值将怎样变化：(1) 上升 50 个基点；(2) 上升 100 个基点；(3) 上升 200 个基点。这意味着这位投资者需要估计这只债券的收益率从 4.5%增加到 5%、5.5%、6.5%时，头寸价值的变化。因为无选择权，价值评价相对简单。我们假设，用一个收益率贴现所有现金流，也就是假设收益率曲线是水平的。按这只债券的每百美元票面价值价格，1 000万美元票面价值头寸的市场价值如图表 7—1 所示。图表 7—1 同时给出了市场价值的变化百分比。

图表 7—1　　用完全估价法评估一笔债券头寸在三种情景下的利率风险

当前债券头寸：息票利率为 5%、20 年期的无选择权债券
价格：106.548 4 美元
到期收益率：4.5%
面值总额：1 000 万美元
头寸市值：10 654 840.00 美元

情景	收益率变动（基点）	新收益率（%）	新价格（美元）	新市值（美元）	市值变动百分比（%）
1	50	5.0	100.000 0	10 000 000	−6.15
2	100	5.5	93.980 5	9 398 050	−11.80
3	200	6.5	83.343 7	8 334 370	−21.78

对于一个投资组合，所有债券的价值都需要根据设定的利率情景重估，投资组合的重估总价值等于所有被重估的债券价值之和。例如，假定一位经理有一个由下面两只无选择权债券构成的投资组合：(1) 息票利率为 4%的 5 年期债券；(2) 息票利率为 5%的 20 年期债券。期限较短债券的票面价值总额为 500 万美元，价格是 109.471 3 美元，对应的收益率是 2%。期限较长债券的票面价值总额为 1 000 万美元，价格是 106.548 4 美元，对应的收益率是 4.5%。假定这位经理要在假设 5 年期收益率和 20 年期收益率都变动相同基点的情况下，按照利率上升 50、100、200 个基点的情景来评定这个投资组合的利率风险。图表 7—2 列出了结果。图中的 a 部分给出了三个情景之下 5 年期债券的市场价值，b 部分是 20 年期债券的市场价值，c 部分列示了投资组合的总市场价值和三种情景下市场价值的变化百分比。

图表 7—2　　用完全估价法评估债券投资组合在收益率曲线平行移动情况下三种情景的利率风险

两种债券构成的投资组合（均为无选择权债券）

a 部分

债券 1：	息票利率为 4%、5 年期的债券	面值：	5 000 000 美元
初始价格：	109.471 3 美元	市值：	5 473 565 美元
收益率：	2%		

情景	收益率变动（基点）	新收益率（%）	新价格（美元）	新市值（美元）
1	50	2.5	107.009 1	5 350 455
2	100	3.0	104.611 1	5 230 555
3	200	4.0	100.000 0	5 000 000

b 部分

债券 2：	息票利率为 5%、20 年期的债券	面值：10 000 000 美元
初始价格：	106.548 4 美元	市值：10 654 838 美元
收益率：	4.5%	

情景	收益率变动（基点）	新收益率（%）	新价格（美元）	新市值（美元）
1	50	5.0	100.000 0	10 000 000
2	100	5.5	93.980 5	9 398 050
3	200	6.5	83.343 7	8 334 370

c 部分					
投资组合市值：16 128 403.00 美元					
	收益率变动	市值（美元）			市值变化
情景	（基点）	债券 1	债券 2	投资组合	百分比（%）
1	50	5 350 455	10 000 000	15 350 455	−4.82
2	100	5 230 555	9 398 050	14 628 605	−9.30
3	200	5 000 000	8 334 370	13 334 370	−17.32

在图表 7—2 中，假设 5 年期和 20 年期的收益率改变相同数量的基点。完全估价法也能处理收益率曲线不以平行方式变动的情景，图表 7—3 沿用 5 年期和 20 年期债券的投资组合阐明了这一点。在图表 7—3 的例子中，假设的情景是收益率曲线非平行移动，具体而言，假设 5 年期收益率和 20 年期收益率有如下变动：

情景	5 年期收益率变动（基点）	20 年期收益率变动（基点）
1	50	10
2	100	50
3	200	100

图表 7—3 中最后的部分展示了每一个情景下投资组合的市场价值有怎样的改变。

图表 7—3　用完全估价法评估债券投资组合在收益率曲线非平行移动情况下三种情景的利率风险

两种债券构成的投资组合（均为无选择权债券）

a 部分

债券 1：	息票利率为 4%、5 年期的债券	面值：	5 000 000 美元
初始价格：	109.471 3 美元	市值：	5 473 565 美元
收益率：	2%		

情景	收益率变动（基点）	新收益率（%）	新价格（美元）	新市值（美元）
1	50	2.5	107.009 1	5 350 455
2	100	3.0	104.611 1	5 230 555
3	200	4.0	100.000 0	5 000 000

b 部分

债券 2：	息票利率为 5%、20 年期的债券	面值：	10 000 000 美元
初始价格：	106.548 4 美元	市值：	10 654 838 美元
收益率：	4.5%		

情景	收益率变动（基点）	新收益率（%）	新价格（美元）	新市值（美元）
1	10	4.6	105.194 0	10 519 400
2	50	5.0	100.000 0	10 000 000
3	100	5.5	93.980 5	9 398 050

c部分				
投资组合市值：16 128 403 美元				
情景	市值（美元）			市值变化百分比（%）
	债券 1	债券 2	投资组合	
1	5 350 455	10 519 400	15 869 855	−1.60
2	5 230 555	10 000 000	15 230 555	−5.57
3	5 000 000	9 398 050	14 398 050	−10.73

完全估价法的特点是直截了当。如果有一个好的估价模型，只要估计在收益率曲线平行或非平行移动的不同情景之下投资组合或单只债券价值将怎样改变，就可测算出一个投资组合的利率风险。

使用完全估价法时常常遇到的问题是如何选择情景。对一些受制于监管机构的投资者来说，一些情景是监管机构设置的。例如，储蓄机构的监管者要求储蓄机构确定利率在100、200 和 300 个基点瞬时变动（上升或下降）时，对债券组合价值的影响。（监管者倾向于称之为"模拟"利率情景而不是情景分析。）风险管理人和诸如对冲基金这些高负债投资者，趋向于考虑极端情景下的利率风险，这种做法被称为**压力测试**（stress testing）。

当然，在评价收益率曲线变动如何影响投资组合的风险暴露程度时，可以设置无数多的情景并评估价值变动。最艺术的做法是，使用一个复杂的统计分析程序，根据历史数据确定一组最有可能出现的收益率曲线移动情景。

假设——这个词必须被不断重复——**投资者有一个好的估价模型，可用来估计在任何利率情景之下债券的价格**，我们就能用完全估价法评估任何情景，从而估算出一只债券或一个投资组合对利率变动的风险暴露程度。在评估单只债券头寸或是少数几种债券的投资组合时，完全估价法是值得推荐的方法，但对于由多种债券或种类较少但复杂（即有内含选择权）的债券组成的投资组合而言，完全估价法就过于耗时了。如果利率曲线平行移动，投资者们需要一种能够直接测知投资组合或者单只债券价值将怎样变动的衡量方法，而不必通过重估投资组合价值才能获得答案。这个衡量方法就是久期。我们将探讨这个方法以及它的辅助方法（凸性）。为了了解这些方法的局限性，我们还要介绍基本的债券价格波动性特征。无疑，使用一个或两个方法衡量一个头寸或一个投资组合的利率风险依然存在局限性，重要的是这些方法提供了衡量利率风险的一个起点。

7.2 债券的价格波动性特征

影响债券价格波动性的特征主要有：（1）到期日；（2）息票利率；（3）内含选择权的存在。此外，我们还要看一下收益率水平如何影响债券价格的波动性。

□无选择权债券的价格波动性特征

我们首先将无选择权债券（即没有内含选择权的债券）作为分析对象。无选择权债券的一个基本特征是，债券的价格与债券的必要收益率逆向变动。图表 7—4 用假设的面值为 100 美元的四种债券例子说明了这个特性。

图表 7—4　　四种假设的无选择权债券的价格/收益率关系

收益率（%）	价格（美元）			
	4%/5 年期	4%/20 年期	5%/5 年期	5%/20 年期
2.00	109.471 3	132.834 7	114.207 0	149.252 0
3.00	104.611 1	114.957 9	109.222 2	129.915 8
3.50	102.275 3	107.148 6	106.825 9	121.445 7
3.90	100.450 3	101.379 8	104.953 4	115.178 3
3.99	100.044 9	100.136 9	104.537 4	113.826 6
4.00	100.000 0	100.000 0	104.491 3	113.677 7
4.01	99.955 1	99.863 3	104.445 2	113.529 1
4.10	99.552 0	98.644 1	104.031 6	112.202 7
4.50	97.783 4	93.451 6	102.216 6	106.548 4
5.00	95.624 0	87.448 6	100.000 0	100.000 0
6.00	91.469 8	76.885 2	95.734 9	88.442 6

用图形来表示任何无选择权债券的价格/收益率关系，可得到图表 7—5 所示的图形。注意，随着必要收益率的提高，无选择权债券的价格将下降。然而，这种关系不是线性的（即不是直线关系）。反映无选择权债券的价格/收益率关系的图形形状称作凸形。在必要收益率瞬时改变的情况下，存在这种价格/收益率关系。

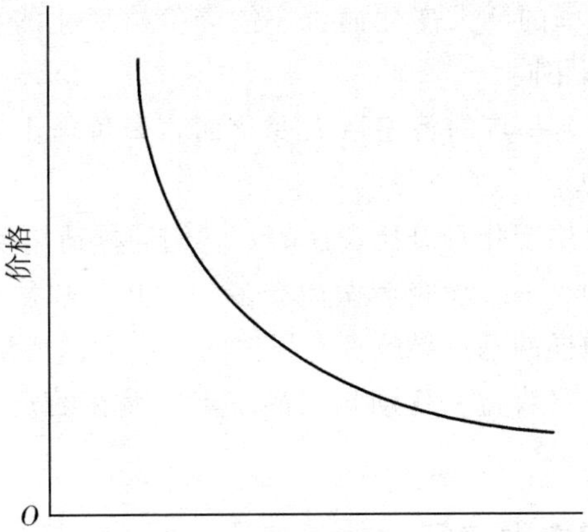

图表 7—5　一个假设的无选择权债券的价格/收益率关系

债券对必要收益率变动的价格敏感性可用货币价格改变或价格改变的百分比来衡量。

假设所有债券的初始收益率是 4%，图表 7—6 用图表 7—4 中假设的四种债券显示了在各种收益率变动情况下，每一种债券的价格变化百分比。

图表 7—6　　四种假设债券的即时价格变化百分比

（初始收益率为 4%）

新收益率（%）	价格变化百分比（%）			
	4%/5 年期	4%/20 年期	5%/5 年期	5%/20 年期
2.00	9.47	32.83	9.30	31.29
3.00	4.61	14.96	4.53	14.28
3.50	2.28	7.15	2.23	6.83
3.90	0.45	1.38	0.44	1.32
3.99	0.04	0.14	0.04	0.13
4.01	−0.04	−0.14	−0.04	−0.13
4.10	−0.45	−1.36	−0.44	−1.30
4.50	−2.22	−6.55	−2.18	−6.27
5.00	−4.38	−12.55	−4.30	−12.03
6.00	−8.53	−23.11	−8.38	−22.20

图表 7—6 的分析揭示了无选择权债券价格波动性的如下特性：

特性 1：尽管所有债券的价格与必要收益率变动的方向相反，但并不是所有债券的价格变化百分比都一样。

特性 2：就必要收益率的微小变化而言，特定债券的价格变化百分比大致相同，不管必要收益率是提高还是降低。

特性 3：就必要收益率的巨大变化而言，债券价格变化的百分比在必要收益率提高时与必要收益率降低时不相同。

特性 4：就必要收益率基点的特定巨大变化而言，价格上升百分比要比价格下降百分比大。

虽然这些特性是用价格变化百分比表述的，它们同样适用于价格变化的绝对额。

特性 4 的含义是，如果一位投资者做债券多头，必要收益率下降导致资产增值的幅度要比必要收益率上升同样的基点导致资本损失的幅度大。如果一位投资者做债券空头，则会发生相反的情况：如果收益率变动相同的基点，潜在的资本损失要大于潜在的资本利得。

□影响利率风险的债券特征

债券价格对于市场利率改变的敏感度（也就是债券的利率风险）取决于债券的各种特征，比如到期日、息票利率和内含选择权。

到期日的影响

假定其他因素不变，债券的到期日越长，债券价格对利率变动的敏感性越大。例如，对一只息票利率为 4%、以 4%的收益率价格出售的 20 年期债券来说，必要收益率上升到 4.5%将使债券的价格从 100 美元下降到93.451 6美元，价格下降幅度为 6.55%。而对一只息票利率为 4%、以 4%的收益率价格出售、价格为 100 美元的 5 年期债券来说，必要收益率上升同样的基点将使价格下降到97.783 4美元，价格仅下降了 2.22%。

息票利率的影响

债券的特性之一是，在所有其他因素不变情形下，息票利率越低，债券价格对利率变动的敏感性越大。例如，考察一只息票利率为 5%、以 4%的收益率价格出售的 20 年期债券。这只债券的价格应为 113.677 7 美元。如果必要收益率增加 50 个基点，升到 4.5%，债券价格将下降 6.27%，跌到 106.548 4 美元。这个下降幅度要比利率为 4%、以 4%的收益率价格出售的 20 年期债券 6.55%的下降幅度小。

这个特征意味着，零息票债券的价格比有相同到期日、以相同收益率交易的附息债券有更大的利率敏感性。

内含选择权的影响

在第 1 章中我们探讨了可能包含在债券发行条款中的各种内含选择权。有内含选择权债券价值的变化，依赖于利率变动时内含选择权的价值变化。例如，当利率下降时，可赎回债券的价格上涨幅度可能没有可比的无选择权债券（即没有内含选择权的债券）大。

为弄清楚原因，我们把可赎回债券的价格分解为两个部分，如下所示：

可赎回债券的价格＝无选择权债券价格－内含赎回选择权价格

之所以从无选择权债券的价格中减去内含赎回选择权价格，是因为赎回选择权对发行人有利而对债券持有者不利。这使可赎回债券的价格比无选择权债券的价格要低。

利率下降时无选择权债券的价格会上升，但利率下降也使内含赎回选择权的价格上涨了，因为赎回选择权将变得对发行人更有价值。这样，当利率下降时两个部分价格都上涨，可赎回债券价格的变化最终取决于两个价格部分的相对变化程度。一般来说，利率下降将导致可赎回债券的价格提高，但提高的幅度比可比的无选择权债券价格提高的幅度要小。

同样地，当利率上升时，可赎回债券的价格下跌幅度将比可比的无选择权债券的价格下跌幅度小，原因是内含赎回选择权的价格下降了。利率上升时无选择权债券的价格下降，但内含赎回选择权价格的下降，抵消了一部分可赎回债券价格的下降幅度。

□内含选择权债券的价格波动性特征

这一节我们分析含有各种选择权（可提前赎回选择权和可回售选择权）债券的价格/收益率关系，以及选择权对价格波动性的意义。

内含赎回选择权及提前偿付选择权的债券

在下面的讨论中，我们把可能被提前赎回或被提前偿付的债券称为可赎回债券。图表7—7显示了无选择权债券和可赎回债券的价格/收益率关系。标为 $a-a'$ 的凸线显示的是无选择权债券的价格/收益率关系。标为 $a-b$ 的不常见的曲线显示的是可赎回债券的价格/收益率关系。

分析可赎回债券的价格/收益率关系呈如此形状的原因，会发现当可比债券的市场收益率高于可赎回债券的息票利率时，发行人不太可能提前赎回债券。比如一种息票利率为3%的可赎回债券，当可比债券的市场收益率是6%时，发行人赎回债券并发行6%息票利率债券的情况基本不可能发生。既然债券不可能被赎回，这个可赎回债券的价格/收益率关系就和其他可比的无选择权债券类似，其价值基本可以按照无选择权债券的定价方式确定。然而，因为可赎回选择权仍然有一些价值，所以，债券交易不会与无选择权债券完全相同。

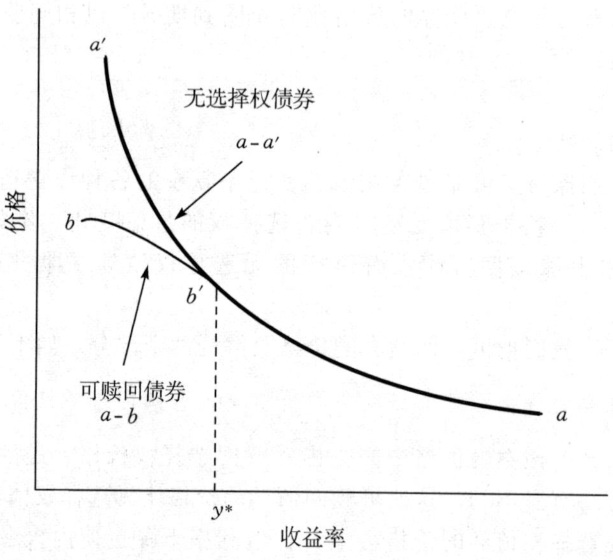

图表 7—7　可赎回债券和无选择权债券的价格/收益率关系

当市场收益率下降时，发行人会提前赎回债券。只要市场收益率没有降到息票利率以下，发行人就没有必要行使赎回选择权。当收益率从较高水平接近息票利率时，内含赎回选择权的价值就增加了。例如，当息票利率是3%、市场收益率下降为3.5%时，发行人不大可能赎回债券。但投资者担心一旦市场收益率进一步下降，债券可能被提前赎回。而此时债券的赎回选择权却变得对发行人更有价值，提高的选择权价值降低了可赎回债券相对其他可比的无选择权债券的价格。[1]在图表7—7中，特定收益率下内含赎回选择权的价值，可用无选择权债券的价格（曲线 $a-a'$ 表示的价格）与曲线 $a-b$ 表示的价格之间的差距来衡量。注意在低收益率水平上（横轴的 y^* 以下），内含赎回选择权的价值是高的。

让我们从图表 7—7 中观察在特定价格/收益率关系下，可赎回债券与无选择权债券在价格波动性方面的不同。图表 7—8 放大了图表 7—7 中可赎回债券的价格/收益率关系曲线与无选择权债券分离的部分（图表 7—7 中的线段 $b-b'$）。从我们对价格/收益率的讨论中可知，如果收益率有巨大的基点变动，无选择权债券的价格上涨幅度将大于其价格下降幅度（前述的特性 4）。这个特性同样适用于图表 7—8 中用来显示可赎回债券价格/收益率关系的曲线部分吗？不是的。事实上，从图表中看正好相反！也就是说，在这个曲线段上，对于给定的收益率的巨大变化，价格上涨幅度小于价格下降幅度。

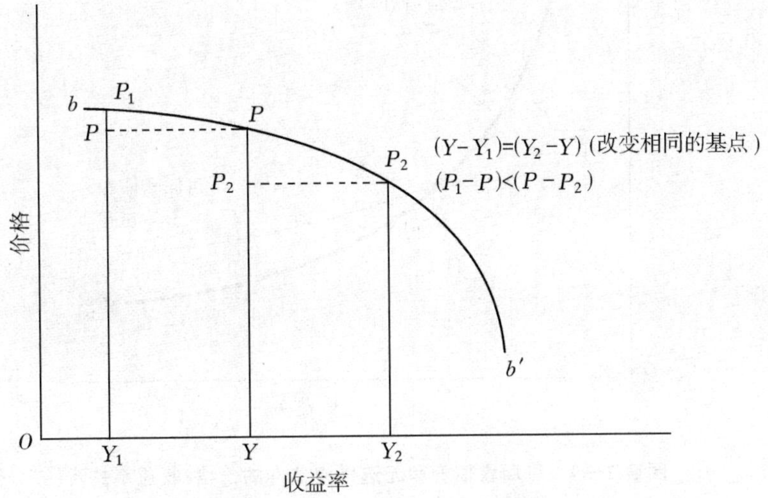

图表 7—8　可赎回债券价格/收益率关系的负凸性区

理解可赎回债券的价格波动性特征是重要的。当利率基点有大的变动时，可赎回债券价格上涨幅度小于下降幅度的价格波动性特征称为**负凸性**（negative convexity）。[2] 但是从图表 7—7 中可看到，可赎回债券不是在任何收益率水平都表现出这种特征。当收益率高时（相对于债券息票利率），其价格/收益率关系与无选择权债券相同，因此在高收益率水平下也有收益大于损失的特征。鉴于市场参与者把图表 7—8 中的价格/收益率关系称为负凸性，无选择权债券价格/收益率关系就称为**正凸性**（positive convexity）。从而可以说，可赎回债券在低收益率水平表现出负凸性，在高收益率水平表现出正凸性。

从这些图表中可看出，若债券表现出负凸性，利率下降时债券的价格上涨幅度受到了压抑。也就是说，在一定的收益率水平下，利率下降时债券价格上涨的幅度非常小。一旦进入这个区域，债券就表现出价格压抑（price compression）。

内含回售选择权的债券

可回售债券持有者可以在债券契约指定日期按照指定的价格兑现。回售价格一般为面值。持有可回售债券的好处是，一旦收益率上升使债券价格低于回售价格，投资者就可执行回售选择权。若回售价格等于面值，意味着当市场收益率高于息票利率、债券价格低于面值时，投资者将执行回售选择权。

可回售债券的价值等于无选择权债券的价值加上回售选择权的价值。因此，可回售债券的价值与其他可比的无选择权债券价值之间的差别等于内含的回售选择权价值。这一点可从图表 7—9 看出。图表 7—9 显示了可回售债券的价格/收益率关系（曲线 a'-b）和无选择权债券的价格/收益率关系（曲线 a-a'）。

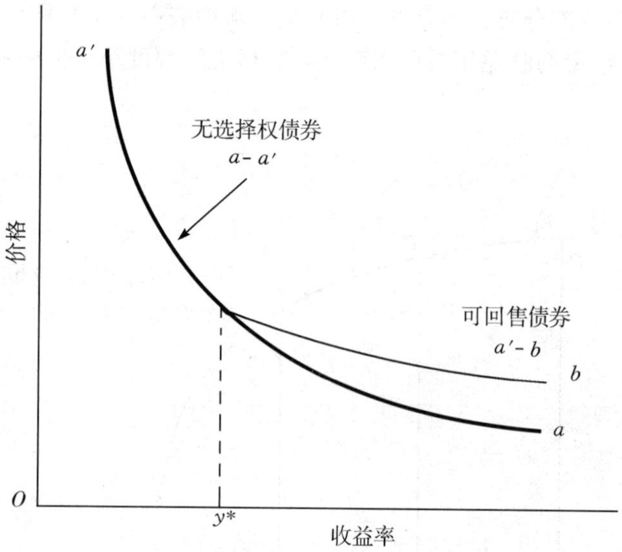

图表 7—9　可回售债券和无选择权债券的价格/收益率关系

在低收益率水平上（比债券息票利率低），可回售债券的价格和无选择权债券的价格基本相同，因为回售选择权的价值较小。当利率上升时，可回售债券的价格下跌，但价格下跌幅度小于无选择权债券的价格下跌幅度。在某个收益率水平上，可回售债券价格与其他可比的无选择权债券价格的差异就是回售选择权的价值。当收益率上升到某个水平时，债券价格会跌破回售价格，在这一水平上的价格就是回售价格。

□浮动利率证券的利率风险

固定利率证券的价格随市场利率变化的原因在于，债券的息票利率与当前市场利率之间的差异发生了变化。但浮动利率证券的息票利率是根据参考利率的当前值加上基点利差定期重设的。利差针对证券的全部期限设定。有三个因素影响浮动利率证券的价格波动。

第一，到下一个息票利率重设日的时间越长，可能的价格波动幅度越大。[3] 例如某种浮动利率证券，它的息票利率每 6 个月重设一次，按公式重设的利率是 6 个月期国库券利率加 20 个基点。假定在息票利率重设日，6 个月期国库券的利率是 0.35%。如果在息票利率重设后的第二天，6 个月期国库券利率上升到了 0.75%，意味着这只证券在剩余 6 个月期中所提供的 6 个月期息票利率低于当前的 6 个月期利率。对这一现实的反应自然是债券价格下跌。假定息票利率不是每 6 个月而是每 1 个月在 1 个月期国库券利率基础之上重设一次，并且假定利率重设后国库券利率立即上升，这时，虽然投资者将获得低于市场利率的 1 个月期息票利率，但仅仅是 1 个月。由此造成的债券价格下跌幅度，将小于每 6 个月重设一次利率的证券价格下跌幅度。

影响浮动利率证券价格波动的第二个因素是市场上投资者要求的必要利差的改变。例如，对于息票利率按照 6 个月期国库券利率加 20 个基点重设的那种证券，如果市场条件改变，比如说投资者要求 30 个基点利差而不是 20 个基点，会使该证券提供的息票利率低于市场利率 10 个基点，结果使该证券的价格下跌。

第三个因素是利率上限。浮动利率证券通常有利率上限，一旦按公式算出的息票利率高于上限利率，实际的息票利率将被设在上限利率，使该证券只能提供低于按市场标准确定的息票利率，证券的价格将下跌。实际上，一旦息票利率抵达利率上限，这种证券的价格相对市场利率的变动就会和固定利率证券基本一致。浮动利率证券的这种风险叫作**利率上限风险**（cap risk）。

□收益率水平的影响

信用风险的存在使不同的债券即使有相同的息票利率、到期日和内含选择权，也能以不同的收益率交易。那么假设其他因素不变，收益率水平会如何影响债券价格的利率敏感性？事实上，债券交易的收益率水平越高，其价格敏感性越低。

为了说明这一点，我们可以比较下面两只债券：息票利率为 5%、20 年期、最初以 5%的收益率价格出售的债券，以及息票利率为 5%、20 年期、最初以 9%的收益率价格出售的债券。前者最初出售的价格为 100 美元，后者为 63.20 美元。现在，若两只债券的收益率都上升 100 个基点，第一只债券的交易价格将下降 11.56 美元（或 11.56%），为 88.44 美元。第二只债券将以 57.10 美元的价格交易，价格仅下降了 6.10 美元（或 9.64%）。于是我们看出，在其他特征都相同时，以较低的收益率交易的债券无论是在百分比价格还是在绝对价格方面的变动都更为剧烈。另外，对于特定的利率变动，在市场利率水平高的时候债券价格的敏感性较低，在利率水平低的时候债券价格的敏感性较高。

7.3 久期

有了关于债券价格波动性特征的背景知识，我们就可以学习替代完全估价法的另一种方法：久期/凸性方法。久期是衡量债券价值对利率变动敏感性的近似指标。更准确地说，它是对于利率变动 100 个基点时价值变化的近似百分比。我们将在这一节中知道，久期是价格变化百分比的一阶近似值。凸性是用来改善久期评估效果的一个指标。用久期结合凸性去评估债券价格对利率变动的百分比变化的方法，被叫作久期/凸性方法。

□久期的计算

债券的久期可以按如下方法估算：

$$\frac{\text{收益率下降时债券的价格}-\text{收益率上升时债券的价格}}{2\times\text{初始价格}\times\text{小数形式的收益率变动}}$$

如果我们令

Δy 为小数形式的收益率变动，

V_0 为初始价格，

V_- 为收益率下降 Δy 时债券的价格，

V_+ 为收益率上升 Δy 时债券的价格，

那么久期可表示如下：

$$\text{久期}=\frac{V_- - V_+}{2\times V_0\times\Delta y} \tag{7—1}$$

例如，考察一只息票利率为 5%、20 年期、售价为 113.677 7 美元、对应收益率为 4%的无选择权债券（见图表 7—4）。让我们把收益率上下浮动（也就是变动）20 个基点，然后看看公式中分子的价格是多少。如果收益率下降 20 个基点，即从 4.0%下降到 3.8%，那么价格将上涨到 116.704 9 美元；如果收益率上升 20 个基点，价格将下跌到 110.752 7 美元，因此有：

$\Delta y = 0.002$

$V_0 = 113.677\,7$

$V_- = 116.704\,9$

$V_+ = 110.572\,7$

于是，

$$\text{久期}=\frac{116.704\,9-110.752\,7}{2\times113.677\,7\times0.002}=13.09$$

久期是利率变动 100 个基点时价格变动的近似百分比。13.09 的久期表示利率变动 100 个基点，这只债券的价格大约变动 13.09%。

对久期的这种解释的最多疑问是，计算公式（7—1）中用来计算久期的收益率变动与久期的含义是否一致？让我们举例说明这个问题。在计算息票利率为 5%、20 年期债券的久期时，我们用 20 个基点的收益率变动来取得公式（7—1）分子中的两个价格。由此计算出的久期表示收益率变动 100 个基点时价格变动的近似百分比。之所以这样解释久期的含义，是因为不管用于公式（7—1）的收益率变动是多少，说明的内容都是相同的。如果我们用 25 个基点的收益率变动来计算公式（7—1）中的分子，计算出的久期依然说明收益率变动 100 个基点时价格变动的近似百分比。后面我们将用不同的收益率变动说明久期的敏感性。

□用久期计算价格变化的近似百分比

若给定收益率变动和久期，我们可以用下面的公式求出价格变化的近似百分比：

$$\text{价格变化的近似百分比}=-\text{久期}\times\Delta y\times100 \tag{7—2}$$

式子右边之所以有负号，是因为价格变化和收益率变化之间存在逆向关系。

例如有一个息票利率为5%、20年期、以113.677 7美元价格交易的债券，我们刚刚算出它的久期是13.09。

如果收益率上升10个基点（即$\Delta y=+0.001$），该债券的价格变化近似百分比是：

$$价格变化的近似百分比=-13.09\times(+0.001)\times100=-1.309$$

这个近似值有多精确？实际的价格变化百分比是－1.30%（如图表7—6所示，收益率为4.10%的价格变化百分比）。在这个例子中，久期在估算价格变化百分比方面做得极好。如果用久期估算收益率降低10个基点（即$\Delta y=-0.001$）情况下的价格变化百分比，我们也能得到同样的结论。这时，价格变化的近似百分比是＋1.309%（即算出的价格变化方向相反而改变量相同）。图表7—6中实际的价格变化百分比是＋1.32%。

我们看看用久期估算新价格时效果如何。假定初始价格是113.677 7美元，如果收益率上升10个基点，用久期可估算出价格将下降1.309%，价格将下降到112.189 7美元（用113.677 7乘以1减去0.013 09的差）。图表7—4显示，收益率上升10个基点时的实际价格是112.202 7美元。用久期估算出的价格接近于实际价格。若收益率下降10个基点，图表7—4中的实际价格为115.178 3美元，用久期估算出的价格为115.165 8美元（1.309%的价格上涨）。所以就收益率变动10个基点而言，用久期估算出的新价格是接近于实际价格的。

现在看一下如果收益率上升200个基点而不是10个基点，久期估算效果如何。在这个例子中，Δy等于＋0.02。代入公式（7—2）可得：

$$价格变化的近似百分比=-13.09\times(+0.02)\times100=-26.18$$

这个估算值好吗？从图表7—6我们看到，当收益率上升200个基点达到6%时，实际的价格变化百分比是－22.20%，因而，这个估算值不如收益率仅变化10个基点时的结果精确。如果用久期近似计算收益率下降200个基点时的价格变化百分比，得到的结果是，价格变化百分比为26.18%，而图表7—6所示的实际价格变化百分比是＋31.29%。

让我们再次使用久期来估算新的价格。用久期可估算出初始价格为113.677 7美元，收益率上升200个基点时价格下降26.18%，于是，新价格是83.916 9美元（用113.677 7乘以1减去0.261 8的差）。如果收益率为6%，图表7—4显示这只债券的实际价格为88.442 6美元。比起收益率10个基点的变化，这个估计值的精确程度下降了。如果收益率下降200个基点，用久期估算出的新价格是143.438 6美元，实际价格是149.252 0美元（如图表7—4所示）。估算值同样不如收益率变动10个基点时精确。注意，无论收益率是上升还是下降200个基点，久期均低估了新价格。我们将简单地分析原因。

对用久期估计价格变化百分比的总结如下：

收益率变动（基点）	初始价格（美元）	新价格（美元）		价格变化百分比（%）		评价
		用久期计算	实际	用久期计算	实际	
+10	113.6777 7	112.189 7	112.202 7	−1.309	−1.30	估计价格接近新价格
−10	113.677 7	115.165 8	115.178 3	+1.309	+1.32	估计价格接近新价格
+200	113.677 7	83.916 9	88.442 6	−26.180	−22.20	低估新价格
−200	113.677 7	143.438 6	149.252 0	+26.180	+31.29	低估新价格

再看一下公式（7—2），我们注意到，无论收益率的变动是上升还是下降，价格变化的近似百分比除了符号相反以外都是相同的，这违反了收益率改变时无选择权债券价格波动性的特性 3 和特性 4。特性 3 强调，对于收益率相同基点的较大幅度上升或下跌，价格变化的百分比将不相同。这就是当收益率变动 200 个基点时，久期估算不精确的原因之一。为什么在收益率 10 个基点的微小变动下久期估算的效果不错呢？特性 2 已经有所解释，它强调不管收益率增加还是减少微小数量的基点，价格变化的百分比近似相同。此外，我们也能用价格/收益率关系图来解释这些结果。下面我们就做这件事。

□使用久期估算价格变化的曲线描述

无选择权债券的价格/收益率关系图是凸形。图表 7—10 展示了这种关系。图中价格/收益率曲线的切线经过对应收益率 y^* 的点［对那些不熟悉切线概念的人来说，它是在相关（局部）范围内的某一点紧贴曲线的一条直线］。图中的切线在收益率等于 y^*、价格等于 p^* 的那一点与曲线相切。用这条切线可以估算收益率改变时的新价格。如果我们从任一（横轴上）收益率画一条垂线，如图表 7—10 所示，横轴和切线之间的距离代表了在初始收益率为 y^* 时，用久期近似计算出的价格。

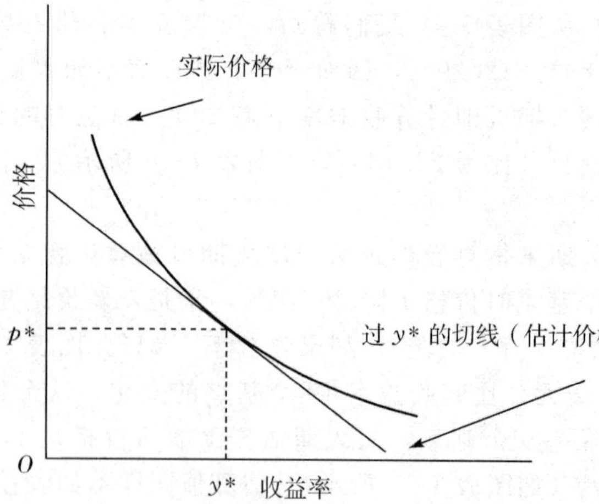

图表 7—10　无选择权债券的价格/收益率曲线及切线

那么，这条用来估计收益率变动情形下债券新价格的切线和久期有怎样的关系呢？久期告诉了我们价格变化的近似百分比。给定初始价格和久期所提供的［即用公式（7—2）算出的］价格变化近似百分比，可以估算近似的新价格。用数学方法可以证明用久期计算的价格也在切线上。

图形可以帮助我们理解为什么当收益率有微小的基点变动时，用久期估算的价格变化百分比及相应的新价格是有效的。图表 7—11 显示，当收益率有微小变动时，切线几乎不离开价格/收益率曲线。因此，当收益率上下变动 10 个基点时，用切线估计新价格比较精确，如同我们在前面的数字计算中发现的一样。

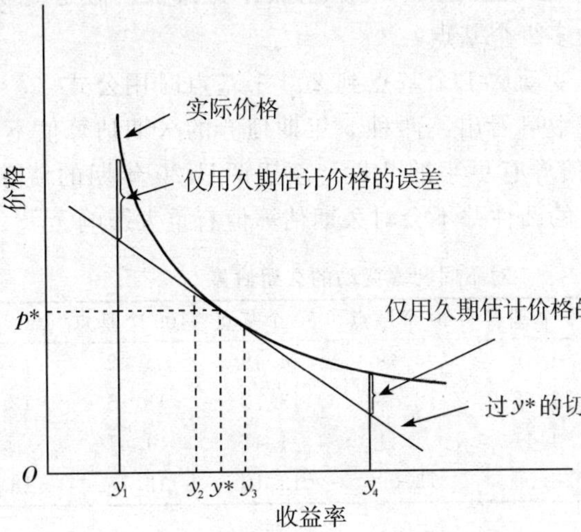

图表 7—11　使用切线估计新价格

图表 7—11 同样也显示了当收益率变动基点很大时，用切线估计新价格的效果。注意，离初始收益率越远，切线对价格的估计误差就越大；曲线越凸，估计值就越不准确。图表 7—12 显示了这个特点。

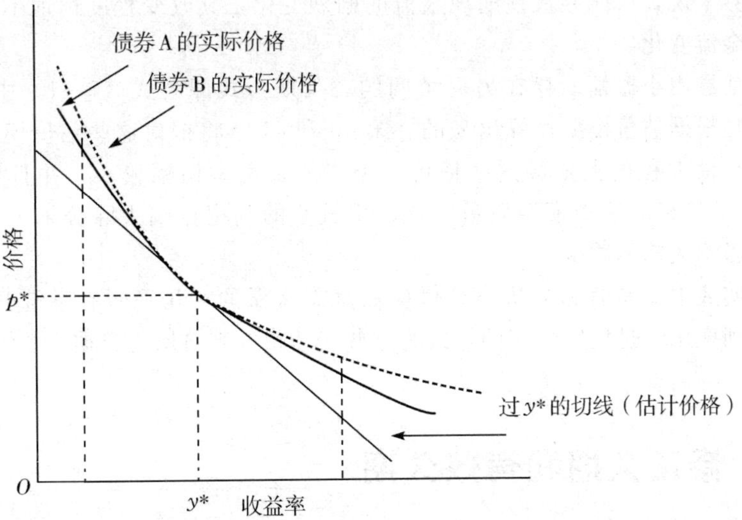

图表 7—12　对凸性不同的债券估计收益率大幅变动后的新价格

注：债券 B 的凸性比债券 A 大。对债券 A 的价格估计比债券 B 准确。

我们也注意到不管收益率变动多少，切线总是低估了无选择权债券的新价格，因为切线位于价格/收益率曲线的下方。这解释了为什么在我们的例子中使用久期总是低估实际价格。

□利率变动和久期估算

使用公式（7—1）计算久期，需要让利率（收益率）上下变动同样基点以获得V_-和V_+的值。在我们的举例中，任意挑选了20个基点作为振幅。但是变动幅度应该多大？或者说，利率应该上下变动多少个基点？

图表7—13列出了利率变动从1个基点到200个基点时用公式（7—1）计算出的四种假设债券的久期。从图表中可看出，两种5年期债券的久期估算值不受利率振幅的影响，并且比两只20年期的债券有更小的凸性。至于两只20年期的债券，在图表7—13给出的振幅范围内，其更大的凸性并不会对久期估算值有重大影响。

图表7—13　　对不同利率变动的久期估算

债券	1个基点	10个基点	20个基点	50个基点	100个基点	150个基点	200个基点
4%，5年期	4.49	4.49	4.49	4.49	4.49	4.50	4.50
4%，20年期	13.68	13.68	13.68	13.70	13.75	13.85	13.99
5%，5年期	4.41	4.41	4.41	4.41	4.41	4.42	4.42
5%，20年期	13.09	13.09	13.09	13.10	13.16	13.25	13.37

注：初始收益率为4%。

因此，可看出振幅是不重要的。但图表9—13所列的结果仅仅针对无选择权债券，如果我们要讨论更复杂的证券，比如内含选择权债券，无法反映市场上各种利率变动类型的小利率振幅，就不能用来评价价格的可能变化，因为这种债券的预期现金流会变化。但如果使用大利率振幅，我们将遇到凸性造成的不对称问题。而且，巨大的振幅对含有选择权的债券来说，可能导致预期现金流的剧烈变化，其改变程度远远不同于小利率振幅引起的现金流变化。

对复杂证券用小振幅还存在另一个问题。久期公式即公式（7—1）中嵌入了价格，而这些价格是根据估价模型计算出来的。第40和41章将探讨这些估价模型以及有关的假设。久期在很大程度上依赖这些估价模型。如果利率振幅较小，并且用于获得公式（7—1）中所需价格的估价模型质量不佳，用较小的利率振幅去除分子上质量不高的价格，会严重影响久期的质量。

那么在实践中交易商和分析系统供应商是怎么做的？几乎所有系统开发商都认为，它们使用的利率振幅是比较现实的，因为这些变动幅度来自历史数据。

7.4　修正久期和有效久期

业内人士使用的久期的一种形式是**修正久期**（modified duration）。修正久期是在收益率改变时债券的预期现金流不变的假设下，收益率变动100个基点时，债券价格变化的近似百分比。这意味着在计算公式（7—1）中的 V_- 和 V_+ 时，使用的是与计算 V_0 时相同的现金流。这样，当收益率改变时，债券价格的改变便单独归因于按新收益率水平贴现的现金流。

收益率改变时现金流不变的假设对于无选择权债券如不可赎回国债来说是有意义的，因为当利率改变时，美国财政部对它的债务持有人的偿付金额是不变的。然而，对于内含选择权的债券（即可赎回债券、可回售债券和抵押贷款支持证券）就不能这么说。对于这些债券，收益率的改变可能在很大程度上影响着预期现金流。

前面我们介绍了可赎回债券和可提前偿付债券的价格/收益率关系。如果不能认清收益率的改变怎样影响预期现金流，用于公式（7—1）分子中的两个价格就是不准确的，因为没有准确反映收益率变化对它们的影响，因此计算出的久期就不能很好地衡量价格变化百分比。

在以后讨论含有选择权债券估价模型的章节中，我们将解释这些模型是怎样考虑收益率的改变对预期现金流的影响的。因此，如果用这些估价模型得出 V_- 和 V_+，算出的久期就不仅考虑了以不同的利率贴现的现金流，而且考虑了预期现金流可能的变化。用这种方法得出的久期被称为**有效久期**（effective duration）或**期权调整久期**（option-adjusted duration）。图表 7—14 总结了修正久期和有效久期之间的区别。

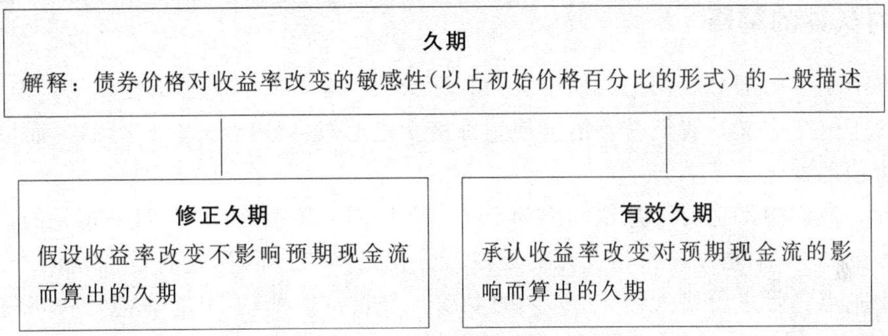

图表 7—14　修正久期与有效久期

对于含有选择权的债券，修正久期和有效久期之间的差别可能是相当大的。例如，某种可赎回债券可能有 5 的修正久期，但有效久期仅为 3。有些担保抵押债务的修正久期可能是 7，而有效久期却是 20！因此，用修正久期衡量含有选择权的证券对收益率改变的价格敏感性会产生误导。对含有选择权的债券来说，更合适的衡量指标是有效久期。

□麦考利久期和修正久期

比较修正久期和麦考利久期之间的关系是值得的。修正久期也可这样表示[4]：

$$\frac{1}{1+\text{收益率}/k}\left[\frac{1\times \text{PVCF}_1+2\times \text{PVCF}_2+\cdots+n\times \text{PVCF}_n}{k\times \text{价格}}\right] \tag{7—3}$$

式中：

k——每年付息次数（例如，$k=2$ 表示债券每半年付息，$k=12$ 表示债券每月付息）；

n——到期前期数（即到期年数乘以每年支付次数）；

收益率——债券的到期收益率；

$PVCF_t$——第 t 期的现金流以到期收益率贴现的现值。

修正久期公式（7—3）中方括号内的表达式是 1938 年由弗雷德里克·麦考利（Frederick Macaulay）提出的。[5]该指标通常被称为**麦考利久期**（Macaulay duration）。因此修正久期一般表达为：

$$修正久期=\frac{麦考利久期}{1+收益率/k}$$

久期的一般公式（7—1）提供了确定债券修正久期的快捷方法。因为使用这个快捷方法计算修正久期更容易，所以，大多数分析软件的供应商使用公式（7—1）而不是公式（7—3）以减少计算时间。

然而必须清楚地意识到，修正久期在衡量含有选择权的债券对利率变动的价格敏感性时是有缺陷的，麦考利久期也同样如此。使用久期公式（7—3）会误导使用者，因为它掩盖了含有选择权债券的预期现金流改变必须被承认这个事实。尽管公式（7—3）对无选择权债券会给出和公式（7—1）相同的价格变化百分比估算值，但公式（7—1）依然要好一些，因为它承认收益率变动时现金流以及价值可以改变。

□对久期的解释

在本节的开始部分我们把久期定义为利率变动 100 个基点时价格变化的近似百分比。如果理解了这个定义，我们就不需要使用价格变化近似百分比公式（7—2），而可直接算出债券价值的变化。

例如，我们想知道对于息票利率为 5%、20 年期、售价为 113.677 7 美元的债券，如果收益率变动 50 个基点，价格变化的近似百分比是多少。因为久期是 13.09，收益率变动 100 个基点将带来价格大约 13.09%的变动。若收益率变动 50 个基点，价格将变动大约 6.545%（=13.09%/2）。因此，如果收益率变动 50 个基点，价格将变化 6.545%，从 113.677 7 美元变为 106.237 5 美元。

现在让我们来看看到目前为止人们对久期的其他定义或解释。

久期是一阶导数

有时市场参与者把久期称为价格/收益率函数的一阶导数或简称为一阶导数。首先，这里的“导数”与“衍生工具”（即期货、互换、期权等）的“衍生”一词无关。* 这里所用的导数是对数学函数求导得到的，有一阶导数、二阶导数等。当市场参与者说久期是一阶导数时，他们的意思是，如果可以为债券写一个闭合的数学方程，一阶导数是对这个方程第一次求导的结果。尽管这是对久期的一种正确解释，却丝毫无助于我们理解债券的利率风险。也就是说，这是一种没有实际意义的解释。

* “导数”与“衍生工具”中的“衍生”一词的英文均为“derivative”。——译者注

为什么它是一种没有实际意义的解释？回顾久期为 6 的1 000万美元面值总额的债券头寸。假定有一位顾客正在关心这种债券对利率变动的风险暴露程度。现在，你告诉这位顾客债券头寸的久期是 6，并且说这是这种债券价格函数的一阶导数。他对于关心的事情知道什么了？什么也没有。相反，如果你告诉这位顾客久期为 6，并且久期是债券对利率变动 100 个基点的近似价格敏感性，那么你给了他关于这种债券利率风险的大量信息。

久期是一种时间度量

当麦考利在 1938 年最早引入久期这个概念时，他把它作为未偿付债券的一种时间度量标准。更确切地说，麦考利把久期定义为债券持有者取得每一笔利息经历的时间和取得本金的时间的加权平均数。随后，久期被频繁地视作时间的代名词，用年表示。有这样的结果太令人遗憾了，之所以这样说有两点理由。

第一，作为一种度量标准，用久期来表示年数没有错，因为它的确是时间的度量标准。但对久期的正确理解应该是：久期是有确定到期年限的零息票债券的价格波动性。其中的到期年限是用久期计算出来的年数。因此，当一个经理说一种债券有 4 年的久期时，仅仅关注这个 4 年的时间长度是没有任何意义的，应该注意的是，这只债券具有 4 年期零息票债券对于利率变动的价格敏感性。

第二，把久期看作年数会使投资经理以及他们的客户难以理解一些复杂证券的久期。有一些这样的例子。例如某种只付利息的抵押贷款支持证券的久期是负值。负数，比如说－4 年意味着什么？按照久期是价格变化百分比的解释，－4 意味着当利率变动 100 个基点时，债券的价格变动大约为 4%，其变动方向与利率变动方向相同。

另一个例子是某种 1 年后到期的期权。假设它的久期是 60，意思是什么？对那些把久期理解为时间的人来说，它的意思是 60 年、60 天，还是 60 秒？这些都不是。它只是表明这种期权大约有 60 年期零息票债券的利率变动价格敏感性。

忘掉一阶导数和时间度量的定义

当人们用年数（零息票债券的价格波动性）或一阶导数解释久期时，并不必介意其在技术上是否正确。有一些人甚至用证券的“一半存续期”来解释久期。依据我们后面将描述的限制条件，久期只是作为一种衡量证券价格对收益率变动的敏感性的手段。随着本书的深入，我们将对这一定义进行精雕细琢，使其更完善。

使用利率风险衡量指标的人，只是对该指标是否告知债券（或资产组合）对于利率变动的价格敏感程度感兴趣。久期直白地告诉投资者，一旦利率有一定程度的变化，头寸的货币金额变动程度或价格百分比变动程度，进而表明风险暴露程度。

□利差久期

对于非国债证券来说，收益率等于国库券收益率加上非国债证券收益率曲线与国库券收益率曲线之间的差距。非国债证券被称为**利差产品**（spread products）。债券价格由于利差变化而变化的风险称为**利差风险**（spread risk）。**利差久期**（spread duration）衡量利差产品的价格如何随着市场利差的变化而变化。利差久期说明了在国库券收益率不变情形下，利差变动 100 个基点时的价格变化近似百分比。例如，假设一只公司债券的利差久期是 1。这意味着利差变化 100 个基点时，该公司债券的价值将变化约 1%。

□投资组合的久期

一个投资组合的久期可通过对投资组合中各种债券的久期进行加权平均得到。权重是各种证券在投资组合中的比例。投资组合久期的数学计算公式如下所示：

$$w_1D_1+w_2D_2+w_3D_3+\cdots+w_KD_K$$

式中：

w_i——债券 i 的市场价值/投资组合的市场价值；

D_i——债券 i 的久期；

K——投资组合中的债券数量。

现举例说明计算过程。考察由如下三种债券构成的投资组合，所有债券都无选择权。

债券	价格（美元）	收益率（%）	持有的面值总额（美元）	市场价值（美元）	久期
9%， 5 年期	122.456 5	4	5 000 000	6 122 823	4.147
5%，20 年期	113.677 7	4	2 000 000	2 273 555	13.087
5.5%，30 年期	126.070 7	4	2 000 000	2 521 413	16.290

在这个例子中，假设每一种债券的下一次利息支付都正好发生在 6 个月之后（也就是没有应计利息）。这个投资组合的市场价值为10 917 791美元。既然每一种债券都无选择权，可以使用修正久期。每种债券每百美元面值的市场价格以及它们的收益率、久期在下面列出。

在这个例子中，K 等于 3，且有

$$w_1=\frac{6\ 122\ 823}{10\ 917\ 791}=0.561 \qquad D_1=4.147$$

$$w_2=\frac{2\ 273\ 555}{10\ 917\ 791}=0.208 \qquad D_2=13.087$$

$$w_3=\frac{2\ 521\ 413}{10\ 917\ 791}=0.231 \qquad D_3=16.290$$

资产组合的久期是：

$$0.561\times4.417+0.208\times13.087+0.231\times16.290=8.81$$

投资组合 8.81 的久期意味着对于所有三种债券收益率 100 个基点的变动，该投资组合的市场价值将变动大约 8.81%。但必须记住，这三种债券的收益率都必须改变 100 个基点。这是一个至关重要的假设，它的重要性怎么强调都不过分。[6]

计算投资组合的久期还可以用另一种方法，就是根据特定收益率变化的基点，计算投资组合中每一种证券的价格变化金额，然后把所有价格变化金额加总起来。用得到的总价格变化金额除以投资组合的初始市场价值，即可得出价格变化的百分比，经过调整就获得了投资组合的久期。

我们还是用上面三种债券的投资组合来说明如何使用这种方法。假定我们用每种债券的久期算出收益率变化 50 个基点情形下它们各自的价格变化额，于是有：

债券	市场价值（美元）	久期	收益率变动 50 个基点时的价值变化额（美元）
9%，5 年期	6 122 823	4.147	126 957
5%，20 年期	2 273 555	13.087	148 770
5.5%，30 年期	2 521 413	16.290	205 369
		总计	481 096

因此，所有期限的收益率变动 50 个基点将使这个由三种债券组成的投资组合的市场价值变动481 096美元。因为该组合的市场价值是10 917 791美元，因此 50 个基点的收益率变动将导致组合价值变动 4.41%（=481 096/10 917 791）。久期是对于收益率变动 100 个基点的价格变动近似百分比，因此，该投资组合的久期是 8.82（=4.41×2）。这个值和早先算出的结果相同。

投资组合或债券指数的利差久期是每个部分的利差久期的市场加权平均值。

对投资组合久期的贡献率

一些投资组合经理将投资组合或基准指数的风险暴露仅仅看成是投资组合中该证券或部门的市值百分比。对单只证券或部门的风险暴露的更好衡量方法是对投资组合久期或基准指数久期的贡献率。这一贡献率等于该证券或部门在投资组合中的市值百分比乘以单只证券或部门的久期。也即：

$$对投资组合久期的贡献率=证券或部门在投资组合中的市值百分比 \times 证券或部门的久期$$

$$对基准指数久期的贡献率=证券或部门在基准指数中的市值百分比 \times 证券或部门的久期$$

投资组合经理如想确定相对于更广义的市场指数的贡献率而言，某个部门对投资组合久期的贡献率，则可以计算两个贡献率之间的差。某个部门的分布百分比之差不如其久期贡献率之差有意义。

7.5 凸性

久期表示不管利率是上升还是下降，价格变化的近似百分比都相同。然而，这和我们早先提到的债券价格波动性特性 3 不一致。更具体地说，就收益率的微小变化而言，不管上升还是下降，价格变化的百分比将是相同的，但是对收益率的大幅变化就不是这样。这说明久期只有在收益率有微小变化时才是一个好的价格变化近似百分比衡量尺度。

前面我们用一只息票利率为 5%、20 年期、以 4%的收益率价格出售、久期为 13.09 的债券证明了这个特性。当收益率有 10 个基点的变化时，不管收益率是上升还是下降，估计值都是准确的。但是当收益率有 200 个基点的变化时，价格变化百分比与实际有相当大的偏差。

原因在于，久期实际上是对收益率微小变化的一阶（线性）近似值。[7]这个近似值可用一个二阶近似值来改善。二阶近似值被称为“凸性”。在业内使用这个术语稍有不妥，因为凸性这个词还被用来描述价格/收益率曲线的形状。证券凸性能用来近似估计没有被久期反映的那部分价格变化。

□凸性值

债券的凸性值可以用下面的公式近似估算：

$$凸性值=\frac{V_{+}+V_{-}-2V_0}{2V_0(\Delta y)^2} \tag{7—4}$$

公式中所用符号含义与久期公式（7—1）相同。

以我们假设的息票利率为 5%、20 年期、以 4%的收益率价格出售的债券为例。我们知道对于收益率 20 个基点的变化（$\Delta y=0.002$）有：

$$V_0=113.677\,7,\ V_{-}=116.704\,9,\ V_{+}=110.752\,7$$

把这些值代入凸性值公式（7—4）：

$$凸性值=\frac{110.752\,7+116.704\,9-2\times 113.677\,7}{2\times 113.677\,7\times(0.002)^2}=112.38$$

下面我们会介绍如何使用凸性值。在这之前有三点应该引起注意。第一，对凸性值没有一种简单的解释；第二，与久期不同，市场参与者更多地把用公式（7—4）算出的值称作“债券的凸性”而不是“债券的凸性值”；第三，各个交易商和程序供应商对无选择权债券所提供的凸性值有所不同，原因在于从公式（7—4）获得的值常常出于某种原因被以另外的方式重新计算，我们在示范怎样使用凸性值之后再对此做出解释。

□价格变化百分比的凸性调整值

给定凸性值，由债券的凸性存在而进行的价格变化近似百分比调整值（即没有被久期说明的价格变化百分比部分）是：

$$凸性调整值=凸性值\times(\Delta y)^2\times 100 \tag{7—5}$$

例如，对于息票利率为 5%、20 年期的债券来说，如果收益率从 4%上升到 6%，基于久期的价格变化近似百分比的凸性调整值是：

$$112.38\times(0.02)^2\times100=4.50$$

如果收益率从 4%下降到 2%，基于久期的价格变化近似百分比的凸性调整值也是 4.50%。

将基于久期的价格变化近似百分比加上凸性调整值，就可以修正久期的估计偏差。例如，如果收益率从 4%变到 6%，估算出的价格变化百分比将是：

用久期估计的变化百分比＝－26.18%
凸性调整值＝ ＋4.50%
价格变化百分比总估计值＝－21.68%

实际价格变化百分比是－22.20%。

如果收益率从 4%下降 200 个基点，降至 2%，价格变化近似百分比应为：

用久期估计的变化百分比＝＋26.18%
凸性调整值＝ ＋4.50%
价格变化百分比总估计值＝＋30.68%

实际价格变化百分比是＋31.29%。因此，把久期和凸性调整值结合起来，可以更好地估算债券价格变化对收益率大幅变化的敏感性。

注意，当凸性值为正时，对于既定的利率大幅变动，会有债券收益大于损失，此种情形我们在前面已经描述过，即这种债券呈现出正凸性。从上面的例子也可看出这一点。然而，如果凸性值是负的，我们将遇到损失大于收益的情况。例如一个可赎回债券的有效久期为 4，凸性值为－30。这意味着对于收益率 200 个基点的变化，价格变化的近似百分比是 8%，收益率变化 200 个基点的凸性调整值为：

$$-30\times(0.02)^2\times100=-1.2$$

由于凸性调整值是－1.2%，该债券显示出如图表 7—7 所示的负凸性。经过凸性调整之后的价格变化近似百分比为：

用久期估计的变化百分比＝－8.0%
凸性调整值＝－1.2%
价格变化百分比总估计值＝－9.2%

对于基点下降 200，价格变化近似百分比应为：

用久期估计的变化百分比＝＋8.0%
凸性调整值＝－1.2%
价格变化百分比总估计值＝＋6.8%

注意，损失大于收益——一种叫作负凸性的性质——已经在前面探讨过，并在图表 7—7 中举例说明过。

□不同尺度的凸性值计算

单独看由公式（7—4）算出的凸性值是没有任何意义的，只有将它代入公式（7—5）

以获得估计的凸性调整值时才能显示出作用。因此，完全可以用其他方式计算凸性值，并获得同样的凸性调整值。

例如，有些书中把凸性值定义为：

$$凸性值=\frac{V_{+}+V_{-}-2V_{0}}{V_{0}(\Delta y)^{2}} \tag{7—6}$$

公式（7—6）与公式（7—4）不同，它的分母中没有2。因此，用公式（7—6）算出的凸性值将是公式（7—4）计算结果的2倍。于是，用公式（7—4）计算我们前面使用的例子，得出凸性值是112.38，而用公式（7—6）算出的凸性值是224.76。

哪一个是正确的？112.38还是224.76？答案是两个都对。因为如果凸性值是用公式（7—6）算出的，那么计算凸性调整值的相应公式就不再是公式（7—5），而代之以如下凸性调整值公式：

$$凸性调整值=\frac{凸性值}{2}\times(\Delta y)^{2}\times 100 \tag{7—7}$$

公式（7—7）与公式（7—5）的不同之处在于，它的凸性值要除以2。因此，不管是用公式（7—4）得出凸性值然后用公式（7—5）算出凸性调整值，还是用公式（7—6）计算出凸性值然后用公式（7—7）确定凸性调整值，得出的结果都是一样的。

一些交易商和程序供应商还以另外一种不同方式计算凸性值：

$$凸性值=\frac{V_{+}+V_{-}-2V_{0}}{2V_{0}\times(\Delta y)^{2}\times 100} \tag{7—8}$$

公式（7—8）与公式（7—4）的不同之处在于，它的分母上有100。按照我们的例子，用公式（7—8）得出的凸性值将是1.123 8，而不是用公式（7—4）算出的112.38。于是，对应于公式（7—8）的凸性调整值公式为：

$$凸性调整值=凸性值\times(\Delta y)^{2}\times 10\,000 \tag{7—9}$$

类似地，凸性值还可用公式（7—10）表示：

$$凸性值=\frac{V_{+}+V_{-}-2V_{0}}{V_{0}\times(\Delta y)^{2}\times 100} \tag{7—10}$$

还是用我们前面使用的债券例子，可以计算出凸性值为2.247 6。相应的凸性调整值为：

$$凸性调整值=\frac{凸性值}{2}\times(\Delta y)^{2}\times 10\,000 \tag{7—11}$$

因此，这只无选择权债券的凸性值（或被某些市场参与者称为“凸性”）可以报为112.38、224.76、1.123 8或2.247 6。所有这些值都是正确的，但孤立地看它们没有任何意义。要用它们来获得凸性调整值并调整久期估计的价格变动，就必须知道它们是怎样计算出来的，这样才能使用与之对应的凸性调整值公式。重要的是凸性调整值，而不是孤立的凸性值。

理解这一点对比较交易商和程序供应商报告的凸性值也是重要的。例如，如果一个交易商告诉某投资组合经理，债券 A 的久期为 4，凸性值为 50，第二个交易商告诉这位经理，债券 B 的久期为 4，凸性值为 80，那么哪一种债券对利率变动的价格变化百分比更大呢？既然两种债券的久期相同，那么凸性值更大的那种债券在利率变动时价格变动幅度更大。然而，由于不知道这两个交易商是怎样计算凸性值的，这位经理无法知道哪一种债券的凸性调整值更大。如果第一个交易商使用公式（7—4）而第二个使用公式（7—6），那么这两个凸性值应根据各自的计算公式进行调整。比如，用公式（7—4）计算时，用公式（7—6）算出的凸性值 80 就相当于用公式（7—4）得出的凸性值 40。

□修正凸性和有效凸性

在用公式（7—4）计算凸性时使用的那些价格，或者在假定预期现金流不随收益率变化情形下得到，或者在假设变化情形下得到。在假设不变情形下得到的凸性叫作**修正凸性**（modified convexity，业内通常将修正凸性简称为凸性）。相反，**有效凸性**（effective convexity）假设当收益率变动时，现金流改变。它们的区别和修正久期与有效久期之间的区别相同。

和久期一样，无选择权债券的修正凸性和有效凸性没有区别。但对含有选择权的债券来说，修正凸性和有效凸性之间的差异就很大了。实际上，所有无选择权债券的凸性都是正值。对含有选择权的债券来说，当修正凸性为正时，其有效凸性可能为负。

□有效久期和有效凸性的例子

前面提到，修正久期和有效久期是衡量固定收益证券价格敏感性的两种方法。修正久期忽略了利率变动对现金流可能产生的影响，有效久期没有忽略这种现金流变动的可能性。例如，当利率（或收益率）变化时，含有选择权的债券将有非常不同的现金流特征。修正久期完全忽略了这些影响。为了运用有效久期，需要一个有用的利率模型和相应的估价模型。这一节将举例说明如何计算现金流随利率改变的证券的有效久期。

对于无选择权的债券，修正久期和有效久期之间没有不同。事实上，当利率（或收益率）变动非常小的时候，它们在数值上是同一的。下例将说明，即使对于含有选择权的债券，在收益率的一定变动范围内，这两个值之间的区别也是非常小的。例如，当内含的选择权处于深度虚值（价值接近零）时，债券的现金流不受收益率微小变动的影响，于是计算这两个值所用的现金流几乎没有差别。

修正凸性（有时称为标准凸性）与修正久期有相同的局限性，因此通常对含有选择权的债券是没有用处的。然而和久期相类似，在现金流本质上不受收益率微小变动影响的利率（或收益率）范围内，两个凸性值大致相同。

下面的例子将说明怎样计算并解释无选择权债券和含有选择权债券的有效久期及有效凸性。

假定我们需要测算下面三种证券的利率敏感性：

(1) 5 年期、息票利率为 2.50%、半年付息的无选择权债券，当前价格为面值的 97.69%。

(2) 5 年期、息票利率为 2.25%的债券，可在 2 年后一直到第 5 年每半年一次的付息日以面值提前赎回，现价为面值的96.54%。

(3) 5 年期、息票利率为2.75%的债券，可在2年后一直到第5年每半年一次的付息日以面值回售，现价为面值的100.441 045 3。

当利率变化时，这些债券的现金流可能十分不同，因此，对利率变化的价格敏感性也会非常不同。

使用基于当前利率期限结构的利率模型[8]，上下移动利率期限结构10个基点，会有相应的价格变化。使用本章早先用于久期和凸性的符号，V_-代表利率下移后的价格，V_+代表利率上移后的价格，V_0是当前价格，Δy是假设的期限结构移动幅度。[9]图表7—15列出了每一种债券的这些价格，以及用公式（7—1）算出的久期、用公式（7—6）算出的凸性值。

图表 7—15　基于布莱克-德曼-托伊（Black-Derman-Toy）模型分析三种债券在利率移动10个基点情况下的价格变化，以及相应的有效久期和有效凸性

移动10个基点后的价格变化			
变量	初始价格 V_0	上移10个基点后的价格 V_+	下移10个基点后的价格 V_-
无选择权债券价格	98.839 555 7	98.379 686 5	99.301 879 7
可赎回债券价格	97.655 052 4	97.213 218 2	98.092 251 7
可回售债券价格	100.441 045 3	100.134 338 4	100.770 685 4

使用利率期限结构移动10个基点而带来的价格变化计算出的有效久期和有效凸性		
	有效久期	有效凸性
无选择权债券	4.67	24.84
可赎回债券	4.50	−47.46
可回售债券	3.17	228.32

认识到估价模型在这种计算中的重要性是非常重要的。估价模型反映利率变动时证券现金流的变化。可赎回债券和可回售债券有很不同的现金流特征，该特征体现为现金流随利率水平变化。估价模型必须对这种特征有清楚的解释。（注意在测算这些指标时，不要对数据轻易四舍五入，因为久期和凸性公式的分母都非常小，任何四舍五入对结果都会有重大影响。）

无选择权债券

计算出利率期限结构上下移动10个基点时无选择权债券的价格（V_+和V_-），然后将它们代入公式（7—1），就可得到无选择权债券的有效久期。这些价格已在图表7—15中列出。有效久期与有效凸性的计算如下：

$$\text{有效久期}=\frac{99.3018797-98.3796865}{2\times 98.8395557\times 0.001}=4.67$$

同样地，将相应价格代入公式（7—6），可算出有效凸性：

$$有效凸性=\frac{99.3018797+98.3796865-2\times98.8395557}{98.8395557\times(0.001)^2}$$

$$=24.84$$

这种无选择权债券的修正久期是 4.67，修正凸性是 24.84，非常接近图表 7—15 中列出的有效值。这说明对无选择权债券来说，在收益率的微小变动范围内，修正值与有效值几乎是相同的。

图表 7—16 显示了利率期限结构移动对无选择权债券的有效久期和有效凸性的影响。当收益率下降时，有效久期增加，因为此时无选择权债券的价格/收益率曲线变得更陡峭，而有效久期（和修正久期）是与这条曲线的斜率直接成比例的。例如，在非常低的收益率（移动－250 个基点）上，有效久期是 4.74，而在非常高的收益率（移动＋1 000 个基点）上，有效久期减少到了 4.44。图表 7—17 描绘了这种现象。注意观察当收益率上升时，价格/收益率曲线的斜率怎样减小（曲线变得更水平）。

图表 7—16　三种债券在利率期限结构移动情况下的有效久期和有效凸性

期限结构移动（基点）	无选择权债券		可赎回债券		可回售债券	
	有效久期	有效凸性	有效久期	有效凸性	有效久期	有效凸性
－250	4.74	25.59	1.97	4.88	4.72	25.43
0	4.67	24.84	4.50	－47.46	3.17	228.32
250	4.59	24.10	4.61	24.28	1.91	4.62
500	4.51	23.39	4.54	23.57	1.88	4.50
1 000	4.44	22.70	4.47	22.89	1.86	4.39

当利率期限结构上移时（即当利率上升时），无选择权债券的到期收益率上升大约同样的幅度。当收益率上升时，这种债券的凸性减小。从图表 7—17 中可以看出，随着收益率上升，弯曲度（或斜率的变化率）减小。图表 7—16 中无选择权债券的数值也证实了这一点。随着收益率的上升，无选择权债券的有效凸性将变小。例如在非常低的收益率（移动－500 个基点）处，有效凸性是 25.59，而在非常高的收益率（移动＋1 000个基点）处，有效凸性减小到了 22.70。

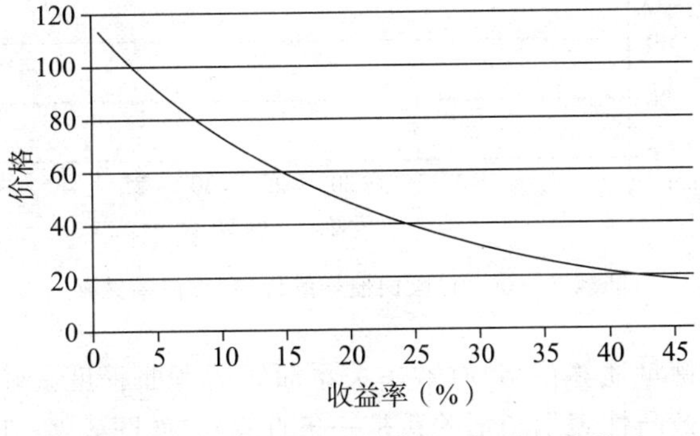

图表 7—17　无选择权债券的价格/收益率关系

无选择权债券的这些性质都是容易得到证实的。无选择权债券的修正久期和修正凸性与图表 7—16 中列出的关于这种债券的有效指标值几乎是一样的。

可赎回债券

计算出利率期限结构上下移动 10 个基点时可赎回债券的价格（V_+和V_-）后，把它们代入公式（7—1），就可得到可赎回债券的有效久期。这些价格已在图表 7—15 中列出。注意这些价格考虑到了由内含赎回选择权决定的现金流变动。计算如下：

$$有效久期=\frac{98.0922517-97.2132182}{2\times97.6550524\times0.001}=4.50$$

同样地，将相应价格代入公式（7—6），可以计算出有效凸性：

$$有效凸性=\frac{98.0922517+97.2132182-2\times97.6550524}{97.6550524\times(0.001)^2}$$
$$=-47.46$$

利率移动与有效久期之间的关系如图表 7—16 和图表 7—18 所示。随着利率上升，可赎回债券的有效久期会变得更大。例如，在非常低的收益率（移动－250 个基点）处，有效久期是 1.97，而在非常高的收益率（移动＋1 000个基点）处，有效久期则变为 4.47。这反映了如下事实：随着利率上升，债券被提前赎回的可能性减小，结果，可赎回债券的价格变化更像无选择权债券，它的有效久期将增大。相反，当利率下降时，债券被赎回的可能性增大，它自身的特性以及有效久期表现得更像一只 2 年期的债券，这是因为赎回选择权在 2 年后生效。随着利率下降幅度的加大，发行人在 2 年后赎回债券的可能性增大。因此，在利率非常低或处于中间状态时，有效久期值和修正久期值之间的差别是巨大的，而利率非常高时这种差别较小。

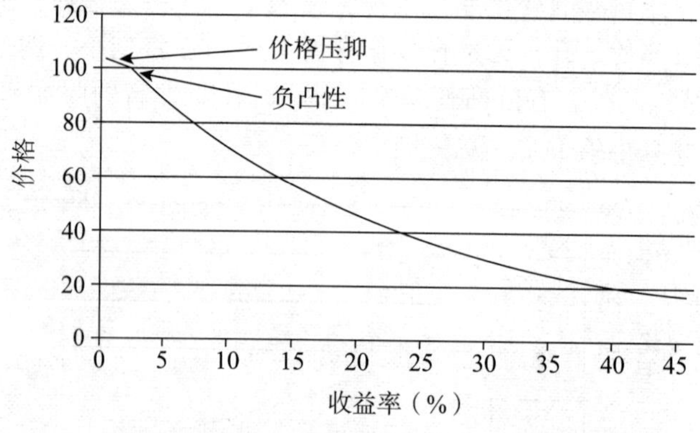

图表 7—18　可赎回债券的价格/收益率关系

有效凸性可用来衡量债券价格/收益率关系曲线的弯曲程度。较低的有效凸性表明，曲线接近直线（零有效凸性表示图形关系是一条直线）。如图表 7—16 所示，在利率极低处（即利率期限结构移动－250 个基点处），可赎回债券的有效凸性值是非常小的正数 4.88。这意味着这种关系几乎是线性的，只呈现出轻微的凸性。这归因于赎回选择权推迟 2 年生效。由于赎回价格带来的价格压抑在 2 年内还没有生效，这使可赎回债券在极低的利率处表现出轻微的正凸性。[10]如果这种债券立即可赎回，价格/收益率关系将在高收益率处表现出正凸性而在低收益率处表现出负凸性。在当前很低的利率水平上，有效凸性应该是负值。这时，内含赎回选择权造成了足够的价格压抑，使价格/收益率关系曲线呈现反凸形（即凹形）。图表 7—18 描绘了这些特性。当处于这种利率水平时，内含选择权才能对可赎回债券的现金流产生重大的影响。

图表 7—16 显示当收益率曲线正向大幅移动时（即期限结构移动＋250 个基点、＋500个基点和＋1 000 个基点），可赎回债券的有效凸性为正值并且非常接近纯粹债券的有效凸性值。例如，在移动＋250 个基点后，可赎回债券的有效凸性是 24.28 而纯粹债券的有效凸性是 24.10。造成二者差异的唯一原因是这两种债券的息票利率不同。因此在非常低的和中间的利率水平上，可赎回债券的有效凸性和标准凸性之间的差别是巨大的，但在利率非常高时，这种差别较小。这些特征很容易根据直觉推断出来。当利率低时，可赎回债券的现金流在很大程度上受发行人行使内含赎回选择权可能性提高的影响。当利率高时，内含赎回选择权的价值非常低，以致它对可赎回债券的现金流几乎没有影响，因此可赎回债券表现得像一只无选择权债券。

可回售债券

计算出利率期限结构上下移动 10 个基点后的价格（V_+和V_-）后，将这些值代入公式（7—1），就可得到可回售债券的有效久期。这些价格已在图表 7—15 中列出。价格中考虑到了由内含回售选择权带来的现金流变动。因此，有效久期的计算过程如下：

$$有效久期=\frac{100.770\,685\,4-100.134\,338\,4}{2\times100.441\,045\,3\times0.001}=3.17$$

类似地，有效凸性是通过把相应价格代入公式（7—6）算出：

$$有效凸性=\frac{100.770\,685\,4+100.134\,338\,4-2\times100.441\,045\,3}{100.441\,045\,3\times(0.001)^2}$$

$$=228.32$$

因为可回售债券的表现非常不同于其他两种债券，它的有效久期和有效凸性值与其他债券也十分不同。当利率上升时，可回售债券表现得更像一只 2 年期的债券，因为持有者只要一有可能就会按回售价格行使回售选择权，回售手中的债券。于是可回售债券的有效久期会随利率上升而减小，原因在于内含回售选择权极大地影响了可回售债券的现金流。相反，当利率下降时，可回售债券表现得更像一只 5 年期的纯粹债券，因为这时内含回售选择权价值很低，以至几乎不会对债券现金流产生影响。如图表 7—16 所示，有效久期反映了这些性质。例如，在非常低的收益率（移动－250 个基点）处有效久期是 4.72，而在非常高的收益率（移动＋1 000个基点）处有效久期减小到 1.86。因此当利率处于非常高和中间水平时，有效久期和修正久期之间的差别是巨大的，而在利率非常低时，这种差别较小。

图表 7—16 表明可回售债券的有效凸性对于所有预期利率移动而言都是正的，但是会随利率上升（也就是随着期限结构移动＋250 个基点、＋500个基点和＋1 000个基点）

而变小。随着利率的上升，可回售债券的价格/收益率关系将变成线性关系，因为在回售价格处债券存在价格截断。[11]这是导致可回售债券的有效凸性值在利率期限结构的三个正向移动处较小（分别为4.62、4.50和4.39）的原因。当利率处于这些水平时，内含回售选择权对债券现金流会产生重大影响。因此，在利率处于非常高的水平和中间水平时，有效凸性和标准凸性之间的区别非常大。图表7—19描绘了这些性质。

当利率水平非常低（即在期限结构下移250个基点）时，该可回售债券表现得像一只5年期的纯粹债券，因为此时回售选择权的价值非常低。因此随利率期限结构的下移，这个可回售债券的有效凸性值越来越接近可比的5年期无选择权债券的有效凸性值。通过对比我们可以明显看出这个特征。例如，在利率移动－250个基点处，可回售债券的有效凸性是25.43，无选择权债券的有效凸性是25.59，两个凸性值差不多一样。事实上，如果两种债券的息票利率相等，它们将完全一样。

图表7—19描述了这些性质。从图表中我们可以看到，在收益率从低到高转变的过程中，价格/收益率关系图在中间收益率水平上有非常高的凸性。例如，可回售债券的当前有效凸性是228.32，而纯粹债券是24.84，可赎回债券是47.46。之所以有这个特征是因为随着收益率的上升，回售选择权的价值由虚值转向实值，债券价格的变化特征也从类似于5年期的纯粹债券转为更像2年期债券。其间相应的价格截断使得价格/收益率关系不得不非常快地从5年（高有效久期）转换到2年（低有效久期），从而造成了非常高的有效凸性。

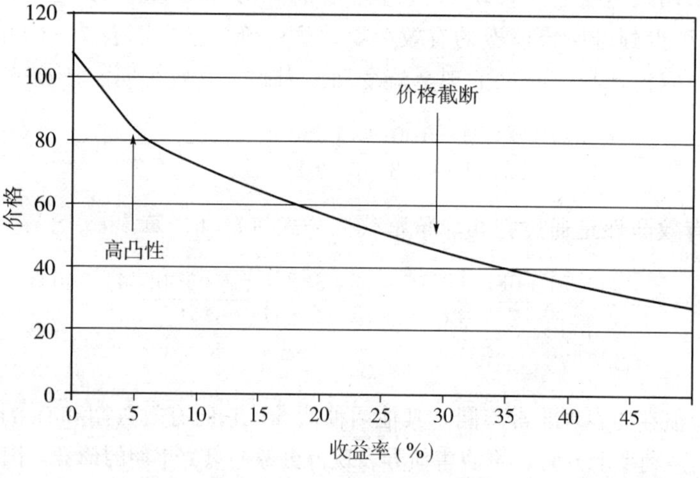

图表7—19 可回售债券的价格/收益率关系

总结

从图表7—16中我们注意到，随着收益率的变化，可赎回债券和可回售债券的有效久期的变化幅度将比无选择权债券大得多。这是意料之中的，因为当收益率在较大范围变动时，内含选择权对现金流的影响重大。有趣的是，在高（低）收益率处，可提前赎回（可回售）债券的有效久期与无选择权债券十分接近。这是因为在这些收益率处，内含赎回（回售）选择权的价值非常之低，以至两种证券有相似的表现。同样的解释也适用于有效凸性。

我们已经知道，有效久期和有效凸性一般用于估算在假设的收益率变动下，固定收益证券价格变化的百分比。在实践中人们经常用给定一个收益率变动幅度单位（通常是100个基点）的方法来评价收益率变动时的价格变化百分比。图表7—20和图表7—21给出了使用这种表达方式的评价结果，所使用的公式是公式（7—2）和公式（7—7）。

图表7—20　在期限结构移动情况下，假设收益率上升100个基点带来的价格变化百分比及相应的有效久期和有效凸性

期限结构移动(基点)	无选择权债券			可赎回债券			可回售债券		
	有效久期表示的价格变动(%)	有效凸性表示的价格变动(%)	总价格变动(%)	有效久期表示的价格变动(%)	有效凸性表示的价格变动(%)	总价格变动(%)	有效久期表示的价格变动(%)	有效凸性表示的价格变动(%)	总价格变动(%)
−250	−4.74	0.128 0	−4.614 3	−1.97	0.024 4	−1.940 8	−4.72	0.127 1	−4.593 0
0	−4.67	0.124 2	−4.540 9	−4.50	0.237 3	−4.738 0	−3.17	1.141 6	−2.026 1
250	−4.59	0.120 5	−4.468 1	−4.61	0.121 4	−4.492 4	−1.91	0.023 1	−1.885 4
500	−4.51	0.116 9	−4.395 8	−4.54	0.117 9	−4.421 4	−1.88	0.022 5	−1.861 9
1 000	−4.44	0.113 5	−4.323 9	−4.47	0.114 4	−4.350 8	−1.86	0.022 0	−1.838 9

图表7—21　在期限结构移动情况下，假设收益率下降100个基点带来的价格变化百分比及相应的有效久期和有效凸性

期限结构移动(基点)	无选择权债券			可赎回债券			可回售债券		
	有效久期表示的价格变动(%)	有效凸性表示的价格变动(%)	总价格变动(%)	有效久期表示的价格变动(%)	有效凸性表示的价格变动(%)	总价格变动(%)	有效久期表示的价格变动(%)	有效凸性表示的价格变动(%)	总价格变动(%)
−250	4.74	0.128 0	4.870 2	1.97	0.024 4	1.989 6	4.72	0.127 1	4.847 3
0	4.67	0.124 2	4.789 3	4.50	−0.237 3	4.263 4	3.17	1.141 6	4.309 4
250	4.59	0.120 5	4.709 1	4.61	0.121 4	4.735 2	1.91	0.023 1	1.931 5
500	4.51	0.116 9	4.629 7	4.54	0.117 9	4.657 1	1.88	0.022 5	1.906 9
1 000	4.44	0.113 5	4.550 8	4.47	0.114 4	4.579 7	1.86	0.022 0	1.882 8

7.6　基点价格

一些经理人使用另外的债券价格波动性指标衡量利率风险，即**基点价格**（price value of a basis point，PVBP）。这个指标也叫作**“01”的货币价值**（dollar value of an 01，DV01），是收益率变动一个基点时债券价格变动的绝对值。即：

PVBP＝|初始价格－收益率变动一个基点后的价格|

收益率上升或减少一个基点会使PVBP的值有所不同吗？不会，因为特性2——收益率的微小变动带来的价格变动大致相同。

我们用图表7—4中的数据说明如何使用这个指标。如果初始收益率是4%，我们能用收益率在3.99%和4.01%时的价格算出PVBP。每一种债券的PVBP如下表所示：

息票利率	4.0%	4.0%	5.0%	5.0%
期限（年）	5	20	5	20
初始价格（美元）	100.000 0	100.000 0	104.491 3	113.677 7
收益率为3.99%时的价格（美元）	100.044 9	100.136 9	104.537 4	113.826 6
收益率为3.99%时的PVBP（美元）	0.044 9	0.136 9	0.046 1	0.148 9
收益率为4.01%时的价格（美元）	99.955 1	99.863 3	104.445 2	113.529 1
收益率为4.01%时的PVBP（美元）	0.044 9	0.136 7	0.046 1	0.148 6

PVBP与久期有关。事实上，PVBP就是货币久期的一个特例。我们知道债券的久期是对利率变动100个基点的价格变化的近似百分比。我们也知道了给定久期之后如何用公式（7—2）计算任何基点的利率变化所带来的价格变化的近似百分比。如果给定初始价格和一个基点变化带来的价格变化的近似百分比，我们就能算出利率变动一个基点，价格将怎样变化。

例如，有一只息票利率为5%、20年期、久期为13.09的债券。用公式（7—2）计算利率上升一个基点（即$\Delta y = 0.000\ 1$）带来的价格变化的近似百分比，并略去公式（7—2）中的负号可得：

$$13.09 \times 0.000\ 1 \times 100 = 0.130\ 9\%$$

假定初始价格为1，用久期估算出的货币价格变化为

$$0.130\ 9\% \times 113.677\ 7 = 0.148\ 8 \text{ 美元}$$

计算结果与上表中所示的这只债券的PVBP相同。下面将用两种方法对四种债券的计算结果进行比较。需要比较当每种债券的收益率上升一个基点时的PVBP值和用久期估算的价格变化：

息票利率	4.0%	4.0%	5.0%	5.0%
期限（年）	5	20	5	20
上升一个基点的PVBP（美元）	0.044 9	0.136 7	0.046 1	0.148 6
债券久期	4.491 3	13.677 7	4.410 7	13.087 1
用久期估计的价格变动值（美元）	0.044 9	0.136 8	0.046 1	0.014 88

7.7 收益率波动性的重要性

到目前为止我们还没有考虑利率的波动性。在所有其他因素相同的前提下，息票利率越高的债券，其价格对于利率变动的波动性也越低。此外，收益率越高，债券的价格

波动性也越低。从描述无选择权债券价格/收益率关系的图表 7—22 中可看出这一点。当收益率高的时候（图中的 Y_H），利率的变动不会导致初始价格（图中的 P_H）大幅度变动。但当收益率处于低点时（图中的 Y_L），利率变动相同数量基点会造成初始价格（图中的 P_L）的大幅变动。

$$Y_{H'}-Y_H=Y_H-Y_{H''}=Y_{L'}-Y_L=Y_L-Y_{L''}$$

$$(P_H-P_{H'})<(P_L-P_{L'})$$

$$(P_H-P_{H''})<(P_L-P_{L''})$$

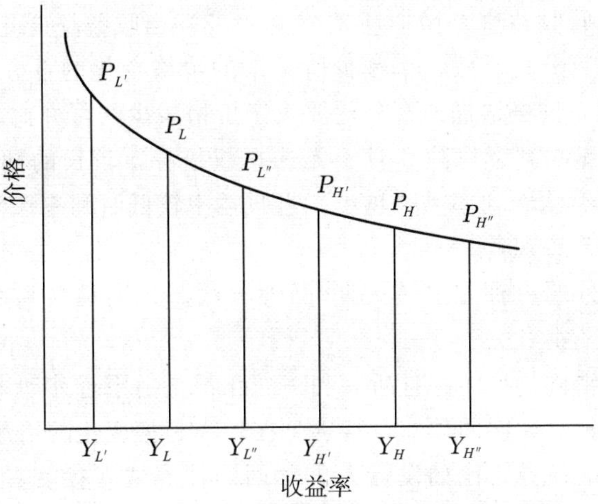

图表 7—22　不同收益率的价格波动性

也可以用久期表述这个特征，即息票利率越高，久期越小；收益率水平越高，久期越小。按照这个说法，一只 10 年期非投资级债券的久期比目前 10 年期的附息国债的久期小，因为前者的息票利率较高且以较高的收益率交易。这是不是说 10 年期的非投资级债券比 10 年期的附息国债有更低的利率风险呢？让我们再看另外一个例子：10 年期的瑞士政府债券比当前 10 年期的美国附息国债有更低的息票利率，且以更低的收益率交易，因而 10 年期的瑞士政府债券比 10 年期的美国附息国债有更大的久期。这是否意味着 10 年期的瑞士政府债券比 10 年期的美国附息国债有更高的利率风险？不能简单下结论。我们还必须加上一个不能漏掉的分析环节，即利率的相对波动性。我们称之为**收益率波动性**（yield volatility）或**利率波动性**（interest rate volatility）。

预期的收益率波动性越大，在特定的久期和头寸值下，利率风险也就越高。尽管非投资级债券的久期低于有相同到期日的附息国债，但它的收益率波动性比国债大。至于 10 年期瑞士政府债券，尽管其久期大于 10 年期美国附息国债，但前者的收益率波动性比后者小许多。

一种将债券头寸对利率变动的价格敏感性和收益率波动性结合起来考虑的分析方法叫作**风险价值**（value-at-risk，VaR）。该方法将风险定义为特定概率下预期头寸市值的最大损失估计值。

7.8 关键知识点

• 利率风险管理的完全估价法是在不同利率情景下对债券进行重新估价以量化债券价格对利率变化的敏感性。

• 无选择权债券重要的债券价格波动特征包括：(1) 价格同收益率向相反方向移动，但不是所有债券的价格变化百分比都是相同的。(2) 当收益率变化较小时，价格变化的百分比大致相同，不管收益率是增加还是减少。(3) 当收益率变化较大时，收益率增加所带来的价格变化的百分比和收益率减少所带来的价格变化的百分比不同。(4) 给定收益率的某一较大变化，价格增加的百分比要大于价格减少的百分比。

• 债券的特性会影响利率风险。对于无选择权债券，较长的期限意味着更大的利率风险，息票利率越高意味着利率风险越小，当收益率较低时利率风险较大。在此基础上，内含选择权也会影响利率风险。

• 完全估价法以外的一种方法是久期/凸性方法。久期是当利率变化 100 个基点时，债券价值变化的近似百分比。

• 久期假设期限结构是平的并且所有利率变化都是由平行移动产生的。

• 凸性调整会改善对久期的预估，特别是在较大利率变化的情形下。

• 有内含选择权的债券，比如发行人可赎回的债券或者投资者可回售的债券，会产生随利率变化而变化的现金流。有效久期考虑了债券现金流的变化。为此，需要一个期限结构模型。

• 可赎回债券在低利率下会展现负凸性和价格抑制。可回售债券会在高收益率情形下展现价格截断，在低收益率下展现强凸性。

【注释】

[1] 对已经熟悉选择权理论的读者来说，这个特点可以这样陈述：当债券的息票利率低于市场收益率时，内含赎回选择权价值处于“虚值”。当债券的息票利率高于市场收益率时，内含赎回选择权处于“实值”。

[2] 数学家称这种形状为“凹形”。

[3] 息票利率重设是在计息期开始的时候进行的，但付息要等到计息期末。

[4] 更准确地说，这是按年付息债券的修正久期公式。

[5] Frederick Macaulay, *Some Theoretical Problems Suggested by the Movement of Interest Rates, Bond Yields, and Stock Prices in the U. S. Since 1856* (New York: National Bureau of Economics Research, 1938).

[6] 这相当于说各种期限的收益率变动之间的相关系数等于 1。

[7] 久期是一个线性近似的原因可以从图表 7—11 中看出。图表中显示切线可用来估计新价格，也就是说，可以用一条直线近似估计非线性（凸性）的关系。

[8] 可以用布莱克-德曼-托伊无套利二项式模型进行这个分析：Fischer Black, Emanuel Derman, and William Toy, “A One-Factor Model of Interest Rates and Its Application to Treasury Bond Options,”

Financial Analysts Journal (January February 1990), pp. 24-32。

[9] 注意对无选择权债券来说，平行移动的利率期限结构将使债券收益率移动同样的距离。

[10] 本章前面提到过，可赎回债券的价格压抑是指收益率下降时，可赎回债券价格上升可能性会受到极大限制的特性。如图表 7—18 所示，随着收益率下降到一定水平（即与赎回价格相应的收益率水平），可赎回债券的价格上涨幅度受到压抑。

[11] 可回售债券的价格截断是指随着收益率的上升，可回售债券的价格下跌潜力将受到极大限制的性质。如图表 7—19 所示，当收益率上升到一定水平（也就是对应于回售价格的水平）时，可回售债券的价格下跌将被截断。

第 8 章

利率的结构

弗兰克·J. 法博齐（Frank J. Fabozzi）博士，注册金融分析师，注册会计师
EDHEC 商学院金融学教授

在任何一种经济中，都并非只有一种利率，而是存在一个相互联系的利率体系。借款者应付的利率取决于多种因素。本章我们将讨论这些因素。我们先从基础利率——美国政府债券的利率——开始。接下来我们将探讨影响非政府债券收益率利差或风险溢价的因素。最后，我们着重讨论一个影响利率的特殊因素：到期日。收益率和到期日（或期限）之间的关系称为**利率的期限结构**（term structure of interest rate）。利率的期限结构对于证券估价非常重要。本章不讨论决定利率一般水平的因素。

8.1 基础利率

美国财政部发行的证券受美国政府的完全信誉和信用担保。虽然美国财政赤字引发了关于信用的担心以及标准普尔于 2011 年 8 月将美国政府的信用评级从 3A 级下调至 AA＋级（穆迪和惠誉仍然保持了 3A 级评级），全世界所有市场参与者仍将该类证券视为信用风险极低的证券，因此，其利率也被视为美国经济的基准利率。巨大的国债发行规模也使美国的国债市场成为世界上最有活力从而最具流动性的市场。

投资者购买非政府证券所要求的最低利率或**基础利率**（base interest rate）是有可比期

限的新发行国债的收益率。这个基础利率也同样指**基准利率**（benchmark interest rate）。

8.2 风险溢价

在债券交易中，市场参与者往往用非国债利率与国债利率的差来表示非国债利率。例如，某 10 年期非国债的收益率是 5%，而 10 年期国债的收益率是 4%，二者的利差为 100 个基点。这个利差反映了投资者投资于非美国政府发行的证券时所面临的额外风险，该利差被称为风险溢价（risk premium）。因此，我们可以把非国债利率表示为：

基础利率＋利差

或者

基础利率＋风险溢价

影响利差的因素包括：(1) 发行人的类型；(2) 发行人的信誉；(3) 债券的到期期限；(4) 内含选择权；(5) 利息的纳税性；(6) 债券的预期流动性。

□发行人的类型

一笔债务的关键特征是发行人的性质。除美国政府外，美国政府机构、地方政府、公司（国内和国外的）以及外国政府均发行债券。

债券市场可按照发行人的类型分类。各类债券市场称为债券市场的**子市场**（market sector）。两只债券子市场上同期利率之差称为**市场间利差**（intermarket-sector spread）。

除国债市场外，其他债券市场上存在大量信用质量不一的发行人。不同发行人的偿债能力不同。例如在公司债市场内，发行人可分为公用事业类、运输类、工业类及银行和金融公司类。同一个子市场内两种债券之间的利差叫作**市场内利差**（intramarket-sector spread）。

□发行人的信誉

违约风险（default risk）或**信用风险**（credit risk）是指债券发行人可能无法按时支付本金或利息的风险。大多数市场参与者主要依靠商业评级公司来评估发行人的违约风险。

除信用质量以外其他各方面都相同的国债与非国债之间的利差，称为**信用利差**（credit spread）或**质量利差**（quality spread）。

□债券的到期期限

我们在第 6 章谈到，在存续期内，债券的价格将随市场收益率的变化而波动，在第 7 章中论证了债券价格的波动性还取决于它的期限。在所有其他因素不变的前提下，债券的期限越长，市场收益率变化造成的价格波动就越剧烈。

市场中两个具有不同期限的证券的利差叫作**收益率曲线利差**（yield curve spread）或

期限利差（maturity spread）。对于不同期限的可比证券收益率之间的关系，我们在前面已经阐述过，并将之定义为利率的期限结构。

有关到期期限的内容非常重要，我们将在本章的稍后部分详细讨论。

□内含选择权

发行的债券中经常附有一些条款，这些条款赋予债券持有者或发行人可以采取某些行动的选择权，该行动会不利于另一方。债券中包含的选择权叫作**内含选择权**（embedded option）。我们在第1章中已经讨论了各种类型的内含选择权。债券中最普通的选择权是提前赎回条款，它给予发行人在规定到期日前部分或全部偿付债务的权利。当市场利率下降时，发行人可以通过发行利率较低的债券替换利率较高的债券而从中受益。提前赎回条款实际上允许发行人改变债券的到期日。提前赎回条款的执行对债券持有者来说是不利的，因为他们不得不以较低的利率对所得款项做再投资。

内含选择权既影响债券相对于国债的利差，也影响债券相对于其他可比的无内含选择权债券的利差。一般而言，市场参与者对含有有利于发行人的选择权（如提前赎回选择权）的债券所要求的相对于可比国债的利差，要比不含这种选择权的债券大得多。相反，市场参与者对含有有利于投资者的选择权（如回售选择权或转换选择权）的债券所要求的利差要小得多。事实上，包含有利于投资者的选择权的债券，其利率可能低于可比的国债利率。

□利息的纳税性

除联邦所得税条款允许免税的债券外，其他所有债券的利息收入在联邦范围内都要缴税。除联邦所得税之外，利息收入可能还要缴纳州和地方税。

联邦税法特别免除了符合其条件的市政债券的利息所得税。由于免税，市政债券的收益率低于相同期限的国债的收益率。免税证券和国债收益率之间的利差通常不用基点衡量，而是用百分数。也就是说，该利差用免税证券收益率相对于可比国债收益率的百分比来衡量。

纳税债券在缴纳联邦所得税之后的收益率为：

$$\text{税后收益率}=\text{税前收益率}\times(1-\text{边际税率})$$

例如，某只纳税债券的收益率为4%，购买该债券的投资者需要缴纳的边际税率为35%，则税后收益率为：

$$\text{税后收益率}=0.04\times(1-0.35)=0.026=2.6\%$$

同时，我们也可以通过使纳税债券的税后收益率等于免税债券的收益率来确定该纳税债券应有的收益率。这个收益率叫作**赋税等值收益率**（equivalent taxable yield），由如下等式得出：

$$\text{赋税等值收益率}=\frac{\text{免税收益率}}{1-\text{边际税率}}$$

例如，一位面对35%的边际税率的投资者购买了一只收益率为2.6%的免税债券，那么赋税等值收益率为：

$$赋税等值收益率=\frac{0.026}{1-0.35}=0.04=4\%$$

注意，边际税率越低，赋税等值收益率越低。在上例中，如果边际税率是25%而不是35%，那么赋税等值收益率将为3.47%而非4%，如下所示：

$$赋税等值收益率=\frac{0.026}{1-0.25}=0.0347=3.47\%$$

州和地方政府可能会对免除了联邦所得税的债券课税。有些市政当局对所有市政债券的利息收入免税，有些市政当局则不免。一些州对本州内市政当局发行的债券免税，而对州外市政当局发行的债券不免税。这意味着由于不同州对市政债券的免税要求不同，具有相同质量和期限的两种市政证券间可能存在利差。例如，在征收高所得税的纽约州，其对市政债券的课税要求会使该债券收益率相对低于低所得税的州，如佛罗里达州。

市政当局不能对美国财政部发行的证券征收利息所得税，因此，有相同期限的国债和需纳税的非国债之间的部分利差反映了国债免征州和地方税的价值。

□债券的预期流动性

债券是以不同的流动性进行交易的。所交易债券的预期流动性越高，投资者要求的收益率就越低。前面提到，美国国债是世界上最具流动性的证券，其相对于非国债的较低收益率反映了流动性和信用风险的不同。即使在国债市场内部，也存在流动性差异，新发行的债券比旧债券有更高的流动性。

8.3 利率的期限结构

在以后的章节中，我们将看到利率的期限结构在债券估价中所扮演的重要角色。因此，我们有必要用大量篇幅来讨论这个重要问题。

□收益率曲线

描述具有相同的信用质量但期限不同的债券之间的收益率关系的图形称为**收益率曲线**（yield curve）。过去，大多数市场参与者都是通过观测国债市场价格与收益率来构建收益率曲线的。这样做有两个原因。首先，国债没有违约风险，即使国债有信誉差异也不至于影响人们对收益率的估计；其次，作为最活跃的债券市场，国债市场几乎没有流动性不足或不经常交易的问题。图表8—1显示了在美国和其他国家观测到的三种假想的国债收益率曲线。

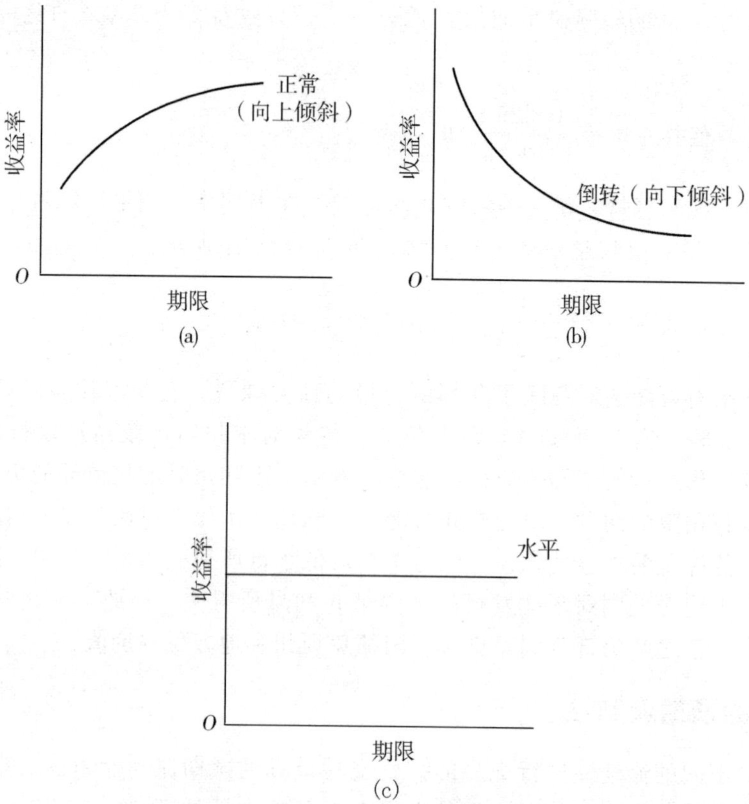

图表 8—1　三种假想的收益率曲线

在本章前面我们谈到，在实际操作中，国债收益率曲线的关键功能是为其他种类债券或债券市场提供定价基础。其他债券市场包括银行贷款市场、抵押证券市场、公司债券市场和国际债券市场等。然而，市场参与者们逐渐意识到按传统方法构建的国债收益率曲线不能令人满意地描述必要收益率和期限之间的关系。一个重要的现象是，期限相同的债券的收益率可能不同。这种现象反映了债券息票利率差异带来的影响。因此，有必要建立一个更准确可靠的方法以估测国债收益率曲线。下面我们将进一步分析用传统方法估测收益率曲线所造成的问题，然后提出一个构建收益率曲线的适当方法。该方法借助于零息票债券的收益率来解决传统方法中收益率—期限关系不唯一的问题。

□用收益率曲线为债券定价

债券的价格是它的现金流的现值。在第 6 章对债券定价的讨论中，我们假设可用一个利率来贴现债券所有的现金流。适当的利率是与债券期限相同的国债收益率加上一个适当的风险溢价或利差。

然而，用国债收益率曲线确定贴现债券现金流的适当收益率时存在一个问题。为说明这个问题，我们假定有两种 5 年期国债 A 和 B。它们之间的区别在于息票利率不同。A 的息票利率为 12%，B 的为 3%。一直到到期日的 10 个 6 个月中，每百美元面值的现金流如下：

时期	债券 A 的现金流（美元）	债券 B 的现金流（美元）
1～9	6.00	1.50
10	106.00	101.50

由于现金流模式不同，所以使用同一个利率贴现所有现金流是不恰当的。适用于每一个现金流的贴现率应该与收到该现金流的时间对应。但问题是如何确定每一时期的利率？

正确的方法是，不把债券 A 和 B 看作债券，而是看作一组现金流。进一步说，将它们看作零息票证券的组合，赚得的利息就是到期价值和支付价格之间的差额。例如，债券 A 可看作 10 只零息票证券：第一个到期日的值为 6 美元，6 个月后到期；第二个到期日的值为 6 美元，1 年后到期；第三个到期日的值为 6 美元，1 年半以后到期；依此类推。最后一个零息票证券是在 10 个 6 个月之后到期，到期日的值为 106 美元。同样地，债券 B 也可看作 10 只零息票证券：第一个到期日的值为 1.50 美元，6 个月后到期；第二个到期日的值为 1.50 美元，1 年后到期；第三个到期日的值为 1.50 美元，1 年半以后到期；依此类推。最后一只零息票证券是在 10 个 6 个月之后到期，到期日的值为 101.50 美元。显然，对于每一只附息债券，它的价值或价格等于组成它的零息票证券的价值总额。

一般来说，所有债券都可以看作一揽子零息票证券。一揽子中的每一个零息票证券都有与付息日（对于本金而言是到期日）相同的到期日。债券的价值应该等于一揽子零息票证券的价值。否则，市场参与者会通过分离这种债券的本息并创造本息分离证券来获得无风险利润。

为确定每一个零息票证券的价值，必须知道有相同到期日的零息票国债的收益率，这个收益率称为**即期利率**（spot rate）。描述即期利率和它的到期期限之间关系的图形称为**即期利率曲线**（spot-rate curve）。由于不存在期限超过一年的零息票国债，因此无法单独通过观测零息票国债的收益率来构建即期利率曲线，需要借助于理论推导。根据实际零息票国债收益率推导出的收益率曲线称为**理论即期利率曲线**（theoretical spot-rate curve）。

□理论即期利率曲线的构建

理论即期利率曲线是在对国库券和附息国债收益率曲线的观测基础上构建的。以这种方式生成理论即期利率曲线的过程叫作**自展**（bootstrapping）。[1] 为解释这个过程，我们假设了 20 个不同期限国债的价格和年度化收益率（到期收益率）的数据，如图表 8—2 所示。

在下面将要展开的分析与示例过程中一定要切记自展的基本原则，即附息国债的价值应该等于用来复制该债券现金流的一揽子零息票国债的价值。

看图表 8—2 中的 6 个月期国库券。如第 10 章所解释的，国库券是一种零息票证券，因此它的年度化收益率就等于即期利率。同样，表中 1 年期国库券的 8.3%的收益率就是 1 年期即期利率。给定这两个即期利率，我们可以算出理论上的 1.5 年期零息票国债的即期利率。理论上的1.5年期国债的价格应该等于实际的1.5年期附息国债的三个现金流的现值，而用于贴现的收益率就是与该现金流对应的即期利率。以100美元为面值，1.5年期附息国债的现金流如下所示：

0.5年：0.085×100×0.5=4.25美元

1.0年：0.085×100×0.5=4.25美元

1.5年：0.085×100×0.5+100=104.25美元

图表8—2　　20只假想国债的期限和到期收益率

期限（年）	息票利率	到期收益率	价格（美元）
0.50	0.000 0	0.080 0	96.15
1.00	0.000 0	0.083 0	92.19
1.50	0.085 0	0.089 0	99.45
2.00	0.090 0	0.092 0	99.64
2.50	0.110 0	0.094 0	103.49
3.00	0.095 0	0.097 0	99.49
3.50	0.100 0	0.100 0	100.00
4.00	0.100 0	0.104 0	98.72
4.50	0.115 0	0.106 0	103.16
5.00	0.087 5	0.108 0	92.24
5.50	0.105 0	0.109 0	98.38
6.00	0.110 0	0.112 0	99.14
6.50	0.085 0	0.114 0	86.94
7.00	0.082 5	0.116 0	84.24
7.50	0.110 0	0.118 0	96.09
8.00	0.065 0	0.119 0	72.62
8.50	0.087 5	0.120 0	82.97
9.00	0.130 0	0.122 0	104.30
9.50	0.115 0	0.124 0	95.06
10.00	0.125 0	0.125 0	100.00

现金流的现值为：

$$\frac{4.25}{(1+z_1)^1}+\frac{4.25}{(1+z_2)^2}+\frac{104.25}{(1+z_3)^3}$$

式中：

z_1——年度化的6个月期理论即期利率的一半；

z_2——1年期理论即期利率的一半；

z_3——1.5 年期理论即期利率的一半。

因为 6 个月期即期利率和 1 年期即期利率分别为 8.0%和 8.3%，我们可知：

$$z_1=0.04 \qquad z_2=0.0415$$

1.5 年期附息国债的现值可以表示为：

$$\frac{4.25}{(1.0400)^1}+\frac{4.25}{(1.0415)^2}+\frac{104.25}{(1+z_3)^3}$$

因为 1.5 年期附息国债的价格（来自图表 8—2）是 99.45 美元，以下等式可成立：

$$99.45=\frac{4.25}{(1.0400)^1}+\frac{4.25}{(1.0415)^2}+\frac{104.25}{(1+z_3)^3}$$

从中我们可以解出 1.5 年期理论即期利率：

$$99.45=4.08654+3.91805+\frac{104.25}{(1+z_3)^3}$$

$$91.44541=\frac{104.25}{(1+z_3)^3}$$

$$(1+z_3)^3=1.140024$$

$$z_3=0.04465$$

将这个收益率乘以 2，我们就可得出0.0893或 8.93%的债券等值收益率，也即 1.5 年期理论即期利率。这个利率是市场上可以应用于 1.5 年期零息票国债的利率，如果这种证券存在的话。

给定 1.5 年期理论即期利率，我们可算出 2 年期理论即期利率。图表 8—2 中 2 年期附息国债的现金流为：

0.5 年：0.090×100×0.5=4.50 美元

1.0 年：0.090×100×0.5=4.50 美元

1.5 年：0.090×100×0.5=4.50 美元

2.0 年：0.090×100×0.5+100=104.50 美元

则现金流的现值为：

$$\frac{4.50}{(1+z_1)^1}+\frac{4.50}{(1+z_2)^2}+\frac{4.50}{(1+z_3)^3}+\frac{104.50}{(1+z_4)^4}$$

式中：

z_4——2 年期理论即期利率的一半。因为 6 个月期即期利率、1 年期即期利率和 1.5 年期即期利率分别为 8.0%、8.3%和 8.93%，则有：

$$z_1=0.04 \qquad z_2=0.0415 \qquad z_3=0.04465$$

因此，2 年期附息国债的现值为：

$$\frac{4.50}{(1.0400)^1}+\frac{4.50}{(1.0415)^2}+\frac{4.50}{(1.04465)^3}+\frac{104.50}{(1+z_4)^4}$$

因为 2 年期附息国债的价格是 99.64 美元，以下等式成立：

$$99.64=\frac{4.50}{(1.0400)^1}+\frac{4.50}{(1.0415)^2}+\frac{4.50}{(1.04465)^3}+\frac{104.50}{(1+z_4)^4}$$

求解 2 年期理论即期利率：

$$99.64=4.32692+4.14853+3.94730+\frac{104.50}{(1+z_4)^4}$$

$$87.21725=\frac{104.50}{(1+z_4)^4}$$

$$(1+z_4)^4=1.198158$$

$$z_4=0.046235$$

将此收益率乘以 2，我们就可以得出 9.247%的 2 年期理论即期债券等值收益率。

可以继续用这种方法，用已经算出的 z_1、z_2、z_3 和 z_4（6 个月、1 年、1.5 年和 2 年期理论即期利率），以及 2.5 年期债券的价格和息票利息推导出 2.5 年期的理论即期利率，进而可推导出其余 15 个半年的利率。如此得到的即期利率被列示在图表 8—3 中。它们代表了 10 年的利率期限结构。

图表 8—3　　理论即期利率

期限（年）	到期收益率	理论即期利率
0.50	0.080 0	0.080 00
1.00	0.083 0	0.083 00
1.50	0.089 0	0.089 30
2.00	0.092 0	0.092 47
2.50	0.094 0	0.094 68
3.00	0.097 0	0.097 87
3.50	0.100 0	0.101 29
4.00	0.104 0	0.105 92
4.50	0.106 0	0.108 50
5.00	0.108 0	0.110 21
5.50	0.109 0	0.111 75
6.00	0.112 0	0.115 84
6.50	0.114 0	0.117 44
7.00	0.116 0	0.119 91
7.50	0.118 0	0.124 05
8.00	0.119 0	0.122 78
8.50	0.120 0	0.125 46
9.00	0.122 0	0.131 52
9.50	0.124 0	0.133 77
10.00	0.125 0	0.136 23

□为什么国债定价必须基于即期利率

金融理论告诉我们，国债的理论价格应该等于其所有现金流的现值。每个现金流的现值可以用适当的理论即期利率贴现得出。然而，我们还没有阐述确保国债市场价格不会大大偏离其理论价格的经济因素。

为说明问题，我们使用图表 8—2 所列的 20 只假想国债的数据。该图表假定最长期限的债券是 10 年期、息票利率为 12.5%、以面值出售、到期收益率为 12.5%的附息债券。假设一个政府交易商按面值购买该债券并把它的息票剥离，然后打算按照图表 8—3 所列的与期限对应的到期收益率出售零息票国债。

图表 8—4 列出了被创造出的每一种零息票国债的价格。每个价格都是来自剥离国债的现金流现值。贴现现金流的利率都是与证券期限（图表 8—3）对应的到期收益率。出售所有这些被创造出来的零息票国债，会得到原始债券每百美元面值104.188 0美元的价格收入。于是，购买 10 年期、息票利率为 12.5%的国债会创造每百美元面值4.188 0美元的套利利润。

图表 8—4　　来自息票剥离的套利利润示例

期限（年）	现金流（美元）	以 12.5%贴现的现值（美元）	到期收益率	以到期收益率贴现的现值（美元）
0.50	6.25	5.882 4	0.080 0	6.009 6
1.00	6.25	5.536 3	0.083 0	5.761 8
1.50	6.25	5.210 7	0.089 0	5.484 7
2.00	6.25	4.904 2	0.092 0	5.221 0
2.50	6.25	4.615 7	0.094 0	4.967 6
3.00	6.25	4.344 2	0.097 0	4.704 0
3.50	6.25	4.088 6	0.100 0	4.441 8
4.00	6.25	3.848 1	0.104 0	4.166 3
4.50	6.25	3.621 8	0.106 0	3.926 7
5.00	6.25	3.408 7	0.108 0	3.693 8
5.50	6.25	3.208 2	0.109 0	3.486 3
6.00	6.25	3.019 5	0.112 0	3.250 2
6.50	6.25	2.841 9	0.114 0	3.040 2
7.00	6.25	2.674 7	0.116 0	2.838 4
7.50	6.25	2.517 4	0.118 0	2.645 1
8.00	6.25	2.369 3	0.119 0	2.478 9
8.50	6.25	2.229 9	0.120 0	2.321 0
9.00	6.25	2.098 7	0.122 0	2.152 8
9.50	6.25	1.975 3	0.124 0	1.993 0
10.00	106.25	31.604 6	0.125 0	31.604 6
总计		100.000 0		104.188 0

要了解为什么政府交易商有机会赚取这个利润，看一下图表 8—4 中的第三列。第三列列出了政府交易商购买整个现金流集合（也就是购买债券）而对每一个现金流支付的

金额。请看第 4 年的 6.25 美元息票利息。通过购买按收益率为 12.5%定价的 10 年期国债，政府交易商为购买这笔利息实际支付了用 12.5%（半年利率为 6.25%）贴现的金额，即3.848 1美元。然而，这个例子假设投资者愿意接受较低的收益率 10.4%（半年收益率为 5.2%）来确定购买 4 年期零息票国债的价格。因此，投资者愿意支付4.166 3美元。从这笔利息支付中，政府交易商实现了相当于4.166 3美元与3.848 1美元之间差额（即0.318 2美元）的利润。交易商从所有现金流中得到的利润是4.188 0美元。这个息票剥离的例子揭示了部分之和大于整体。

现在假定投资者要求的收益率不是从图表 8—2 中看到的到期收益率，而是与图表 8—3 所列的理论即期利率相同的收益率。如果我们用这些即期利率贴现现金流，那么出售所有零息票国债的总收入将等于 100 美元，这样一来，息票剥离将不再有利可图。

在我们设定的息票剥离例子中，国债的市场价格是低于它的理论价格的。如果我们假定相反的情况，即国债的市场价格高于其理论价格，这时，投资者可购买现金流与被错误定价的附息国债现金流相同的一揽子零息票国债。这样做，投资者将实现比附息国债收益率高的收益率。例如，在我们的例子（图表 8—4）中，10 年期国债的市场价格是 106 美元。投资者通过购买图表 8—4 所示的、到期日的值等于第二列现金流的 20 只零息票债券，能够做到用104.188 0美元而不是 106 美元的成本购买 10 年期的附息国债。

这种息票剥离和重组的做法阻止了根据零息票国债观测的实际即期利率曲线对理论即期利率曲线的大幅度偏离。随着更多的剥离和重组的发生，供需力量将使利率回到它们的理论即期利率水平。这就是国债市场的现实状况。

□远期利率

投资期为 1 年的投资者有以下两种选择：

选择 1：购买 1 年期的国库券；

选择 2：购买 6 个月期的国库券，待其到期后，再购买另外一只 6 个月期的国库券。

如果这两种投资方法在 1 年后能带来同样的收益，那么该投资者选择哪一种国库券都无关紧要。这位投资者知道 6 个月期国库券和 1 年期国库券的即期利率。然而，他不知道 6 个月期后购买的 6 个月期国库券的收益率。在这里，6 个月之后的 6 个月期国库券的收益率叫作**远期利率**（forward rate）。给定 6 个月期国库券和 1 年期国库券的即期利率后，我们可以找出能使这位投资者对两种选择都一视同仁的 6 个月期国库券的远期利率。做到这一点很容易。

然而，我们需要暂时离题并回忆一下现值和投资的几个关系。第一，如果你投资于 1 只 1 年期国库券，在 1 年以后你将收到 100 美元。1 年期国库券的价格为：

$$\frac{100}{(1+z_2)^2}$$

式中：

z_2——理论 1 年期即期利率的债券等值收益率的一半。

第二，若你以 X 美元购买 6 个月期的国库券，6 个月以后，这项投资的价值将为：

$$X(1+z_1)$$

式中：

z_1——理论 6 个月期即期利率的债券等值收益率的一半。

令 f 为 6 个月之后可得到的 6 个月期国库券的远期利率（表示成债券等值收益率）的一半。如果 6 个月以后投资者打算购买 6 个月期的国库券以继续投资，那么 1 年后 X 美元投资的终值将为：

$$X(1+z_1)(1+f)$$

第三，使用这个公式可容易地算出若在 1 年后得到 100 美元，投资者必须投入的 X 是多少，如下所示：

$$X(1+z_1)(1+f)=100$$

由此可得：

$$X=\frac{100}{(1+z_1)(1+f)}$$

现在我们回到那位投资者的选择上来，并分析这种情况下的远期利率。如果两种选择都会使投资者 1 年后获得 100 美元，那么他选择哪一种投资方案其实是无所谓的。如果下面的式子成立，两种选择结果一样：

$$\frac{100}{(1+z_2)^2}=\frac{100}{(1+z_1)(1+f)}$$

从中求解 f，得

$$f=\frac{(1+z_2)^2}{(1+z_1)^1}-1$$

将 f 乘以 2 就可以得到 6 个月后的用债券等值收益率表示的 6 个月期国库券的远期利率。

我们用图表 8—3 所列的理论即期利率来举例说明这个公式的用法。从图表中得知：

6 个月期国库券的即期利率＝0.080，从而 $z_1=0.040\,0$；

1 年期国库券的即期利率＝0.083，从而 $z_2=0.041\,5$。

代入公式有：

$$f=\frac{(1.041\,5)^2}{1.040\,0}-1$$
$$=0.043$$

于是，以债券等值收益率表示的 6 个月期国债远期利率是 8.6%（＝0.043×2）。让我们验证一下这个结果。到期日的值为 100 美元的 1 年期国库券的价格是：

$$\frac{100}{(1.041\,5)^2}=92.19$$

如果以 8% 的 6 个月期即期利率投资 92.19 美元，那么 6 个月以后将获得：

$$92.19\times1.040\,0=95.877\,6$$

如果将这95.877 6美元再投资于即期利率为4.3%（1年为8.6%）的6个月期国库券，1年以后将获得：

$$95.8776\times 1.043=100$$

显然，在6个月以后6个月期国库券的收益率为4.3%（用债券等值收益率表示为8.6%）的情况下，两种选择都将有相同的100美元的回报。这意味着，如果投资者确信6个月以后6个月期国库券的收益率为4.3%（用债券等值收益率表示为8.6%），两种选择对他来说没有差别。

我们用理论即期利率计算得出的远期利率也叫作**隐含远期利率**（implied forward rate）。

现在我们可以分析得更深入一些。我们不必局限于6个月后的远期利率，用收益率曲线可以计算投资期内未来任何时间的隐含远期利率。例如可以计算：

- 5年后的2年期隐含远期利率；
- 2年后的6年期隐含远期利率；
- 3年后的7年期隐含远期利率。

□即期利率和短期远期利率的关系

假定一位投资者以58.48美元购买了一只到期价值为100美元的5年期零息票国债。他也可以购买6个月期的国库券，并将每6个月的收入在5年内重复投资，可实现的收益取决于6个月期国库券的远期利率。若投资者实际上以隐含的6个月远期利率对每6个月的收益做再投资，我们看看5年后的收益是多少。我们用图表8—3的收益率曲线计算6个月期隐含远期利率。令f_t表示从现在起第t个6月期的远期利率，用图表中给出的即期利率计算出的6个月期隐含远期利率如下：

$f_1=0.043000$　$f_2=0.050980$　$f_3=0.051005$　$f_4=0.051770$

$f_5=0.056945$　$f_6=0.060965$　$f_7=0.069310$　$f_8=0.064625$

$f_9=0.062830$

将58.48美元以上面显示的6个月期即期利率4%（用债券等值收益率表示为8%）进行第1期投资，用远期利率做再投资，则5年后的累计收入为：

$$58.48\times 1.04\times 1.043\times 1.05098\times 1.051005\times 1.05177\times 1.056945$$
$$\times 1.060965\times 1.069310\times 1.064625\times 1.06283=100\text{ 美元}$$

因此我们看到，如果隐含远期利率可以实现，以这种方式投资58.48美元产生的收益将与按5年期即期利率投资于5年期的零息票国债相同。从这个例子我们可看出，5年期即期利率与现行6个月期即期利率以及6个月期隐含远期利率相关。

一般来说，t期的即期利率、当前6个月期的即期利率和6个月期的隐含远期利率之间的关系如下：

$$z_t=[(1+z_1)(1+f_1)(1+f_2)(1+f_3)\cdots(1+f_{t-1})]^{1/t}-1$$

为什么投资者应该关注远期利率？理由很充分，因为了解隐含在现行长期利率中的远期利率会对投资决策产生影响。此外，远期利率对于内含选择权债券的定价是一个关键的输入变量。

例如，假定一位投资者打算做一项为期1年（2个6个月期）的投资。当前的6个月期利率或短期利率（z_1）是7%，且1年（2个6个月期）利率（z_2）是6%。* 使用前面建立的公式，该投资者会发现如果购买一只2期的证券，相当于他签署了一份6个月以后按5%的6个月期利率借出资金的远期合约。如果投资者确信第2期的利率将高于5%，那么开始时只买1期的证券，然后在第1期结束后将本息所得再做一期投资对他来说会更有利。

□决定期限结构形状的因素

如果我们将不同期限的利率期限结构、到期收益率或者即期利率按时间顺序排列并连接成线，会形成什么形状？图表8—1给出了三种形状，它们都有一定的出现频率。图(a)是一条向上倾斜的收益率曲线，即收益率随期限的增加稳步上升。这种形状通常称为**正常的收益率曲线**（normal yield curve）或**向上倾斜的收益率曲线**（upward-sloping yield curve）。图（b）是一条**向下倾斜的收益率曲线**（downward-sloping yield curve）或**倒转的收益率曲线**（inverted yield curve），收益率随期限的增加而下降。图（c）是一条**水平的收益率曲线**（flat yield curve）。

解释这三种形状的主要理论有两个：**预期理论**（expectations theory）和**市场分割理论**（market-segmentation theory）。

有三种预期理论：**纯预期理论**（pure expectations theory）、**流动性理论**（liquidity theory）和**偏好理论**（preferred-habitat theory）。所有这些理论都同意短期远期利率行为的假设，并且假定当前长期债券的远期利率与市场对未来短期利率的预期密切相关。这三种理论的不同之处在于，对是否有其他因素影响远期利率以及如何影响观点不一。纯预期理论主张，除了预期的未来短期利率外，没有其他系统性因素影响远期利率；流动性理论和偏好理论则认为，存在其他影响因素，因此后两者被称为**有偏预期理论**（biased expectations theory）。

纯预期理论

按照纯预期理论，远期利率只代表预期的未来利率。因此，某个特定时间的整个期限结构就反映了市场当前对未来短期利率的预期。按照这一观点，图表8—1所示的上升的期限结构表明市场预期短期利率会在未来相应的时间段内上升，水平的期限结构反映了市场预期未来短期利率大体上是稳定的，而下降的期限结构则反映了市场预期未来短期利率会稳步下降。

为阐释纯预期理论，我们将考察预期未来短期利率上升如何影响各种市场参与者的行为，从而形成上升的收益率曲线的情况。假设初始的利率期限结构为水平状，并假定财经报道会使市场参与者预期利率将上升。

* 指每期利率6%，也就是年利率12%。——译者注

• 那些原本对长期投资感兴趣的投资者将不再愿意购买长期债券，因为他们预期收益率曲线迟早会上升，会导致债券价格下降并带来持有长期债券的资本损失。于是他们转向短期债务工具，直到收益率曲线上升。上升的收益率曲线使他们可以以更高的收益率再投资。

• 当预期利率会上升的投机者预期长期债券的价格将下降时，会卖出他们持有的所有长期债券或者“卖空”手头现在没有的长期债券。（一旦利率如预期的那样上升，长期债券价格便会下降。投机者会卖空债券，然后以较低的价格买入债券以填补卖空的部分，从中赚取利润。）所有出售长期债券或卖空债券取得的收入将投资于短期债务工具。

• 想获得长期借款的借款者将会选择现在借款，因为根据预期，以后借款会更昂贵。

所有这些原因都将引起对长期债券净需求的减少和长期债券供应的增加，这两种反应将增加对短期债券的需求。市场均衡要求长期收益率相对于短期收益率呈上升趋势；也就是说，投资者、投机者和借款者的这些行为将使期限结构上翘，直至它与预期的更高的未来利率相一致。同理可知，引起对未来利率有下降预期的事件将使收益率曲线向下倾斜。

遗憾的是，纯预期理论有一个严重的缺陷。它忽略了投资于债券和类似证券的内在风险。如果远期利率能完美地预测未来利率，就可以确切地知道债券的未来价格，任何投资期限内的收益率也是确定的，且不依赖于证券的剩余期限以及投资者打算持有的期限。但是，当未来利率不确定从而未来债券价格也不确定时，对这些证券的投资就会成为有风险的投资，因为在一定投资期内的收益率是不确定的。

有两种风险可以导致一定投资期内的收益率不确定。第一种风险是，投资期末债券价格的不确定。例如，一个打算做 5 年期投资的投资者可考虑以下三种投资方案：（1）投资于 5 年期债券并持有 5 年；（2）投资于 12 年期债券，在 5 年后出售；（3）投资于 30 年期债券，在 5 年后出售。第二种和第三种方案的投资收益率是未知的，因为第 5 年末的长期债券价格未知。在投资于 12 年期债券的方案中，价格将取决于 5 年后的 7 年期债券的收益率，而在投资于30 年期债券的方案中，价格将取决于 5 年后的 25 年期债券的收益率。因为隐含在当前利率期限结构中的未来 7 年期债券和未来 25 年期债券的远期利率并不能完美地预测未来利率，两种债券 5 年后的价格都是不确定的。因此存在这样的价格风险：投资期末债券的价格比预期的要低。在第 9 章中我们谈到过，价格风险的一个重要特征是它随着债券期限的延长而增加。

第二种风险是，投资期内债券收入再投资的利率的不确定性，即再投资风险。例如，一个准备做 5 年期投资的投资者可能考虑以下三种投资方案：（1）投资于 5 年期债券并持有 5 年；（2）投资于 6 个月期证券，到期时把所得款项在剩余时间内重复投资于 6 个月期证券；（3）投资于 2 年期债券，到期后，把所得款项再投资于 3 年期债券。第二种和第三种方案的风险在于整个 5 年投资期的收益是未知的，因为所得款项被再投资时的利率是未知的。

经济学家对纯预期理论提出了几种解释。这些解释并不严格一致，主要由于它们对价格风险和再投资风险的看法不同。[2]

纯预期理论的第一种解释即广义解释认为，不管选择何种期限策略，投资者预期投资期限内的收益是一样的。[3]例如对一个有5年投资期限的投资者来说，购买5年期、12年期或30年期的债券并持有5年是没有区别的，因为投资者预期5年后从所有三种债券获得的收益率是相同的。对这种广义解释的主要批评是，由于存在价格风险（由于投资于到期日比投资期限长的债券产生的风险），这三种非常不一样的债券投资方案的预期收益率应当有很大不同。[4]

第二种解释称为**局部预期**（local expectation）形式的纯预期理论。该理论认为，在从现在起的一个短投资期限内，收益将是相同的。例如一个投资者有6个月的投资期限，那么购买5年期、10年期还是20年期的债券都将产生相同的收益。缩短了期限的局部预期理论已经被证明是唯一可以维持均衡的纯预期理论。[5]

纯预期理论的第三种解释认为，在某一投资期限内以短期滚动式投资所得的收益率将等于到期期限与投资期限相同的零息票债券的收益率。（零息票债券没有再投资风险，因此超过投资期限的未来利率不影响收益率。）这种解释称为**到期收益率预期**（return-to-maturity expectation）。例如一个有5年投资期限的投资者，如果购买5年期的零息票债券并持有至到期，其收益率等于到期价值与债券价格的差额除以债券的价格。如果他购买6个月期的证券，并在5年内滚动投资也会取得相同收益，但这种解释的有效性受到很多质疑。

流动性理论

纯预期理论的缺陷在于没有考虑与债券投资密切联系的风险。现在我们需要强调在投资期内，持有长期债券也是有风险的，并且这一风险将随债券期限的延长而增加，因为期限与价格的波动性是直接相关的。

考虑到这一不确定性以及投资者对不确定性的普遍反感，一些经济学家和金融分析家又提出了不同的理论。该理论认为，只有在长期债券提供的长期利率比平均预期利率高出足够的部分，从而能够补偿投资期限较长带来的风险时（风险溢价与到期期限正相关），投资者才会投资长期债券。[6]并且，该理论认为远期利率应当反映利率预期和流动性溢价（真正的风险溢价）两部分内容，期限越长，溢价应该越大。

这个理论称为**期限结构的流动性理论**（liquidity theory of the term structure）。根据这个理论我们可以知道，隐含远期利率并非一种市场对未来利率的无偏估计，因为它包含了流动性溢价。因此，向上倾斜的收益率曲线既可反映未来利率上升的预期，也可反映未来利率水平不变（甚至下降）的预期；但是因为收益率曲线包含了随期限延长增长足够快的流动性溢价，结果形成了向上倾斜的形状。

偏好理论

偏好理论也采纳了期限结构以反映未来利率变动趋势的预期，同时也反映了风险溢价的观点，然而它摒弃了风险溢价必定随期限增长而均衡增加的论断。[7]这一理论的支持者说，只有当所有投资者都想在第一个可能的时间变现他们所有的投资，而且所有借款者都想要得到长期借款时，这一论断才能成立。但是，考虑到一些机构根据负债的性质决定持有期的事实，很容易驳倒这个假定前提。

偏好理论认为，当一定期限的资金供求出现不均衡时，投资者和筹资人会改变投资期限，结果形成相反的不平衡。当然，人们需要有适当的风险溢价作为补偿。风险溢价的大小取决于人们对价格风险或再投资风险的厌恶程度。

因此这一理论认为，人们对未来利率的预期、或正或负的风险溢价不仅决定了收益率曲线的形状，而且引导市场参与者改变他们的投资偏好。显然，收益率曲线向上倾斜、向下倾斜、水平或隆起都是可能的。

市场分割理论

市场分割理论认为，投资者的投资偏好受制于其负债的性质。该理论还提出，决定收益率曲线形状的主要因素是资产/负债管理约束（法律约束或自我约束）及贷款人（借款人）将贷款（借款）限制在特定的期限品种上。[8]市场分割理论与偏好理论的不同之处在于，它假设无论是投资者还是借款者都不愿意改变投资期限，以捕捉由于不同的利率预期和远期利率产生的利润机会。市场分割理论认为，收益率曲线的形状是由不同期限市场上证券的供求决定的。

8.4 关键知识点

● 在所有经济环境中，并非只有一种利率，而是存在一个利率结构。任何两种债券收益率间的差额叫作收益率利差。

● 基准利率是国债的收益率。

● 非国债证券与可比并且有活跃交易的国债之间的利差叫作风险溢价。影响利差的因素包括：(1) 发行人类型（如政府、公司、市政机关）；(2) 商业评级公司对发行人信誉的评估；(3) 证券期限或到期日；(4) 债券内含的选择权（如提前赎回、回售或转换条款）；(5) 投资者的利息收入对联邦税和地方政府税的缴纳；(6) 证券的预期流动性。

收益率和到期期限之间的关系称为利率的期限结构。描述信用质量相同但到期期限不同的债券的收益率之间关系的图形是收益率曲线。

● 因为国债收益率是据以确定非国债收益率的基准利率，所以经常使用的收益率曲线是国债收益率曲线。

● 用国债收益率曲线确定贴现债券现金流的贴现率时存在一个问题。每个现金流应该用收到该现金流时适当的利率贴现。由于任何债券都可以被看作一揽子零息票证券，所以债券的价值应该等于所有构成它的零息票证券的价值之和。零息票债券的利率叫作即期利率。

● 国债的理论即期利率曲线是用自展的方法从国债收益率曲线中推导出来的。

● 在一定假设条件下，市场对未来利率的预期可从国债理论即期利率曲线推算出来。得出的远期利率叫作隐含远期利率。

● 对于利率期限结构的决定因素有几个解释理论：纯预期理论、有偏预期理论（流动性理论和偏好理论）和市场分割理论。

● 所有预期理论都假设一期的远期利率代表了市场对未来实际利率的预期。纯预期理论称这些利率是决定收益率曲线的唯一因素。有偏预期理论认为还存在其他决定因素。

【注释】

[1] 在实际操作中，用于构建理论即期利率曲线的证券是最近拍卖的、给定期限的国债。这种债券被称为**新发行的国债**（on-the-run Treasury issue)。我们将在第 9 章中解释市场上实际存在的期限大于 1 年的零息票国债。这些证券不是美国财政部发行的，而是市场参与者们从附息国债中创造出来的。看起来，用观测到的零息票国债收益率构建一条实际的即期利率曲线是合理的。但这种方法存在问题。首先，这些证券的流动性不如附息国债大；其次，某些期限的零息票国债吸引投资者的地方在于，这些投资者可能愿意牺牲收益率以交换与债券期限有关的具有吸引力的特征，这种交易会扭曲利率的期限结构。

[2] 这方面的表述在下文中进行了归纳：John Cox，Jonathan Ingersoll，Jr. ，and Stephen Ross，"A Re-Examination of Traditional Hypotheses about the Term Structure of Interest Rates"（September 1981)，pp. 769-799

[3] F. Lutz，"The Structure of Interest Rates，" *Quarterly Journal of Economics*（1940-1941)，pp. 36-63.

[4] Cox，Ingersoll，and Ross，op. cit. ，pp. 774-775.

[5] Cox，Ingersoll，and Ross，op. cit. ，p. 788.

[6] John R. Hicks，*Value and Capital*，second ed.（London：Oxford University Press，1946)，pp. 141-145.

[7] Franco Modigliani and Richard Sutch，"Innovations in Interest Rate Policy，" *American Economic Review*（May 1966)，pp. 178-197.

[8] 该理论在下面论文中提出：J. M. Culbertson，"The Term Structure of Interest Rates，" *Quarterly Journal of Economics*（November 1957)，pp. 489-504.

第 2 部分

政府证券和公司债务

第 9 章 美国国债

迈克尔·J. 弗莱明（Micheal J. Fleming）
纽约联邦储备银行副总裁

弗兰克·J. 法博齐（Frank J. Fabozzi）博士，注册金融分析师，
注册会计师
EDHEC 商学院金融学教授

美国国债是由美国财政部发行的美国政府的直接债务。由于它们的发行由信用等级非常高的美国政府做担保，因此被认为是不存在信用风险的。截至 2010 年 12 月 31 日，为了偿付到期债务和满足募集资金需求而发行的可流通美国国债已达到 8.9 万亿美元。[1]美国国债的良好信誉度和充足供应，造就了一个全天候、交易活跃、买卖价差小、流动性充足的二级市场。

由于它们具有良好的流动性，美国国债普遍被用于对其他固定收益债券定价，确定套期保值头寸，以及预测利率进程。美国国债的良好信誉和流动性也使得其成为广泛使用的无风险基准利率。上述这些特质使得美国国债成为中央银行和其他金融机构的核心储备资产（reserve assets）。最后，由于美国国债的利息收入免收州税和地方税，因此它们也是机构和个人中广受欢迎的投资性资产。

截至 2010 年 6 月 30 日，外国和国际投资者持有美国国债的 46%。[2]联邦储备银行持有 9%。剩下的公共债券由养老基金（8%）、共同基金（7%）、州和地方财政（6%）、存款机构（depository institution）（3%）、保险公司（3%）和包括个人投资者在内的其他各种各样的投资者（17%）持有。

在这一章中，我们将讨论美国国债。我们将重点关注可流通美国国债。

9.1 国债的类型

美国国债按发行方式分为**贴现债券**（discount securities）和**息票债券**（coupon securities）。贴现债券在到期日支付固定金额，称为票面价值（face value 或 par value），不支付利息。贴现债券之所以如此命名是因为它们以低于票面价值的价格发行，投资者所获得的收益是发行价格和票面价值之差。息票债券以一定的利率发行，每 6 个月支付一次利息，在到期日偿付本金。息票债券的发行价格和票面价值相近，投资者所获得的主要收益是息票债券存续期的息票收入。

美国财政部将票面期限在 1 年和 1 年以下的债券以贴现债券的形式发行。这些债券被称为**国库券**（Treasury bill）。当前，美国财政部发行的国库券的票面期限为 4 周（1 个月）、13 周（3 个月）、26 周（6 个月）和 52 周（1 年），还有不同到期期限的现金管理国库券。截至 2010 年 12 月 31 日，美国国库券达到 1.8 万亿美元，占 8.9 万亿美元未偿付的可流通美国国债的 20%。

票面期限在 1 年以上的债券以息票债券的形式发行。票面期限在 1 年以上 10 年以下的息票债券被称为**中期国债**（Treasury note）。美国财政部发行的中期国债票面期限为 2 年、3 年、5 年、7 年和 10 年。截至 2010 年 12 月 31 日，美国中期国债达到 5.6 万亿美元，占未偿付的可流通美国国债的 63%。

票面期限在 10 年以上的息票债券被称为**长期国债**（Treasury bond）。美国财政部发行的长期国债的到期期限为 30 年。截至 2010 年 12 月 31 日，美国财政部发行的长期国债达到 8 930 亿美元，占未偿付的可流通美国国债的 10%。在过去，美国财政部曾发行可提前赎回国债，但在 1984 年之后再也没有发行过可提前赎回债券，最后一只可提前赎回国债在 2009 年被偿付。

在 1997 年 1 月，美国财政部开始发行**通胀保值债券**（Treasury Inflation-Protected Securities，TIPS）。这些债券的本金采用消费者价格指数进行调整。每半年支付的利息是通胀调整的债券本金的一个固定比例，而通胀调整的债券本金在到期日支付。截至 2010 年 12 月 31 日，通胀保值债券达到 6 160 亿美元，占未偿付的可流通美国国债的 7%。由于这些债券会在第 18 章中详细讨论，本章的余下部分将主要介绍名义（固定利率）国债。

9.2 国债的一级市场

可交易国债通过密封投标在一级市场进行**单一价格拍卖**（single-price auctions）[或者**统一价格拍卖**（uniform price auctions）]。每次拍卖都会在拍卖的一天或者数天前通过财政部新闻发布会宣布。公告不仅包含发行数量、发行条件、发行的债券类型，同时也会说明拍卖规则及程序。

国债拍卖会对所有经济实体开放。投标必须是 100 美元的倍数（最少为 100 美元），并且通过经授权的金融机构递交给财政部。竞争性投标必须以收益率的形式进行，并且一般必须在拍卖日美国东部时间下午 1：00 之前提交。非竞争性投标一般必须在拍卖日午时之前提交。[3]

公众递交的所有金额在 500 万美元以下的非竞争性投标都会被接受。竞争性投标则从收益率最低（价格最高）的开始被接受，直至投标累计金额满足国债拍卖金额（去除非竞争性投标的金额）。被接受的最高收益率称为**停止收益率**（stop-out yield）。所有被接受的投标（竞争性和非竞争性）都统一以停止收益率决标。不存在收益率上限，财政部也不会根据投标强度增加或减少发行金额。

历史上，财政部曾经通过**多重价格拍卖**（multiple-price auctions）［或者**歧视价格拍卖**（discriminatory auctions）］发行国债。在多重价格拍卖中，财政部仍然会先接受收益率最低的投标，直至发行金额全部被拍卖出去（去除非竞争性投标的额度），但是被接受的投标以其投标收益率决标，而不是以停止收益率决标。非竞争性投标以竞争性投标的加权平均收益率而不是以停止收益率决标。从 1992 年 9 月起，财政部开始对 2 年和 5 年的中期国债发行采取单一价格拍卖。在 1998 年 11 月，美国财政部开始对所有国债拍卖都采取单一价格拍卖。

在下午 1:00 这个拍卖截止时间的几分钟内，财政部便会宣布拍卖结果。宣布的拍卖结果包括停止收益率、对应价格和刚好以停止收益率中标的投资者所获得的国债比例。对于中期国债和长期国债，公告会包含新发行债券的息票利率。息票利率会尽可能接近（以 1 个百分点的 1/8 作为增量）但不超过根据成功竞标者的中标收益率估算出的票面价值。

中标者可以在发行日通过一个联邦储备账户或者自己在金融机构的账户进行支付，也可以在投标时完全支付。可流通国债采用记账方式发行，并被记录在由联邦储备银行运营的商业簿记系统中或被记录在财政部保管的其他簿记系统中。

□一级交易商

虽然一级市场对所有经济实体都开放，但**一级政府债券交易商**（primary government securities dealer）仍然充当专门角色。一级交易商是纽约联邦储备银行（Federal Reserve Bank of New York）在公开市场操作中直接相互交易的企业。这些交易商的责任包括：扮演纽约联邦储备银行在公开市场操作中的交易对方，为纽约联邦储备银行交易部门提供市场评论和市场信息，参与所有美国国债的拍卖会，以及在纽约联邦储备银行为其外国官方证券账户持有人代为执行操作时营造一个健康合理的市场。交易商也必须满足最小资本要求。图表 9—1 列出了直至 2010 年 12 月 31 日的 18 个初级交易商。

历史上，财政部发行国债的拍卖会曾经在规则上倾向于一级交易商竞标。但是在 1991 年 8 月，所罗门兄弟公司（Salomon Brothers Inc.）承认曾故意多次违反拍卖规则。

在规则上不允许任何投标者获得一期发行国债金额的35%以上，但所罗门兄弟公司通过代表其客户做未被授权的投标而积聚了大量头寸。举例来说，在1991年2月21日进行的5年期中期国债拍卖会上，所罗门兄弟公司竞标的金额占到当期国债发行总额度的105%，并中标获得了当期国债总额度的57%。在事件披露的当年，规则就被修改以允许任何政府债券经纪人或交易商代表其客户提交投标，以方便非一级交易商的竞争性投标。[4]

图表9—1　　　　截至2010年12月31日的一级政府债券交易商

巴黎银行证券公司	巴克莱资本公司
康托-菲茨杰拉德（Cantor Fitzgerald）公司	花旗全球市场公司
瑞士信贷第一波士顿银行	大和证券美国公司
德意志银行证券公司	高盛公司
汇丰证券（美国）公司	杰富瑞投资银行（Jefferies & Company，Inc.）
摩根大通证券公司	Merrill Lynch，Pierce，Fenner & Smith公司
瑞穗证券美国公司	摩根士丹利公司
野村证券国际公司	加拿大皇家银行资本市场公司
苏格兰皇家银行证券公司	瑞银证券公司

资料来源：Federal Reserve Bank of New York (www.newyorkfed.org/markets/pridealers_current.html).

□拍卖进度表

为最小化关于拍卖的不确定性，以降低借款成本，财政部将按图表9—2所展示的常规、可预期的时间表发行国债，4周、13周和26周到期期限的国库券每周发行一次，而52周到期期限的国库券则每4周发行一次。一般来讲，4周到期期限的国库券周一宣布拍卖，在当周的周二进行拍卖，并在当周的周四发行。13周和26周到期期限的国库券一般在周四宣布拍卖，在下一周的周一进行拍卖，并在那一周的周四发行（即在宣布拍卖的一周后）。52周到期期限的国库券一般在周四宣布拍卖，在下一周的周二进行拍卖，并在那一周的周四发行。财政部会根据其短期现金需求，而非一个固定的时间表，发行现金管理国库券。

2年期、3年期、5年期和7年期的中期国债每月发行一次。其中2年期、5年期和7年期的中期国债一般在当月下半月宣布拍卖，几天后进行拍卖，并在月底的最后一天发行。3年期的中期国债一般在当月上半月宣布拍卖，几天后进行拍卖，并在当月15日发行。

10年期的中期国债和30年期的长期国债作为财政部季度换新债券的一部分在每年的2月、5月、8月和11月发行。财政部在债券换新月的第一个星期三举行新闻发布会（或者在前一个月的最后一个星期三），并公布将要进行的拍卖的相关细节。长期国债拍卖会在接下来的一周进行，并在季度换新月的15日发行。

图表 9—2　　　　　　　　　　美国国债的拍卖进度表

债券发行种类	拍卖频率	公开发行规模（亿美元）
4 周国库券	每周	220～360
13 周国库券	每周	290～300
26 周国库券	每周	280～300
52 周国库券	每四周	220～250
2 年期中期国债	每月	350～380
3 年期中期国债	每月	320～350
5 年期中期国债	每月	350～370
7 年期中期国债	每月	290
10 年期中期国债	每季度	240
30 年期长期国债	每季度	160

注：发行频率和发行规模以财政部 2010 年下半年的一般规则为准。新的 10 年期中期国债和 30 年期长期国债每季度发行一次，并会在此之后的 1～2 个月内发行额外的中期国债。发行规模不包含发行的用于替代联邦储备银行的已到期债券的债券。

虽然财政部尽量保持有规律的国债发行周期，但是其借款需求会不断随时间推移而变化。就最近而言，金融危机和政府针对金融危机的措施都加大了财政部的借款需求，导致国债发行量增加以及未偿付国债存量增加。鉴于此，财政部加快了某些国债的发行频率，比如 3 年期中期国债（从每季度发行一次改为每月发行一次），并且重新开启某些国债的发行，包括 52 周的国库券（在 2008 年重启发行）和 7 年期中期国债（在 2009 年重启发行）。

在尽量保持有规律的发行周期的基础上，财政部也会尽量对发行品种的发行规模保持稳定。2010 年下半年，各年期限的短期国债的发行规模为 220 亿～360 亿美元，各年期的中期国债的发行规模为 240 亿～380 亿美元，30 年期长期国债的发行规模为 160 亿美元。近年来，由于政府融资需求的增加，发行规模也有所变化。举例来说，2 年期中期国债的发行规模就从 2007 年年中的 180 亿美元增加到 2009 年年底的 440 亿美元。

□增发

财政部在发行新债券时，也会增量发行已经发行的国债。这种增量发行被称为**增发**(reopenning)。目前财政部的做法是在 10 年期中期国债和 30 年期长期国债初始发行后的一到两个月里扩大发行。与此同时，较短期的国库券一般与过去发行和存量的短期国债是可替换的，所以每个 13 周国库券是过去发行的 26 周国库券的增发，每个 4 周国库券是过去发行的 13 周和 26 周国库券的增发。财政部也会不定时增发债券。

□回购

为了在联邦财政出现盈余的时候控制国债的规模、对存量国债的平均到期期限进行管理，财政部在 2000 年 1 月展开了国债回购项目。在该项目下，财政部通过二级市场的逆拍卖操作，对尚未偿付且未到期国债进行赎回。回购操作会提前一天公告。每次公告都包含回购操作的具体细节，包括回购规模、符合条件的债券以及回购的规则和流程。

财政部在2000年3月和2002年4月间进行了45次回购操作（从2002年4月至2010年12月没有回购操作）。回购规模从7.5亿美元到30亿美元不等，其中只有三次回购的回购规模不在10亿美元到20亿美元之间。符合回购条件的债券数目在6只到26只之间，但大多数都在10只到13只之间。符合条件的债券仅限于初始到期期限（original maturity）为30年的长期国债，这与财政部通过回购的方式控制国债平均到期期限的目标一致。

9.3 国债的二级市场

国债在二级市场通过多方柜台交易而非有组织交易的方式成交。交易在东京、伦敦和纽约这三个主要交易中心每天不间断地进行。如图表9—3所示，绝大多数交易发生在纽约时间早上7:30—下午5:00之间。一级交易商是主要做市商，从客户手中买卖国债。在2010年，一级交易商报告其在二级市场的日均交易量达到了5 650亿美元。[5]

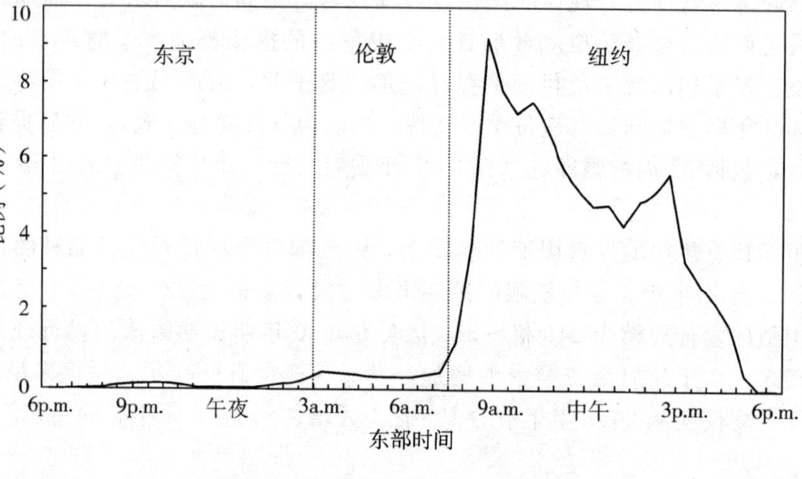

图表9—3 美国国债半小时交易量

注：图中画出了从1994年4月4日到8月19日这段时期的半小时平均交易量占日均交易量的百分比。横坐标上的时间为各时间段的开始时间。

资料来源：Chart 2 in Michael J. Fleming, "The Round-the-Clock Market for U.S. Treasury Securities," Federal Reserve Bank of New York, *Economic Policy Review* (July 1997).

□交易商间经纪人

在与客户交易的基础上，交易商之间还会通过**交易商间经纪人**（interdealer broker）进行交易。经纪人为交易商和其他一些金融机构提供电子屏幕或者电子交易平台，这些屏幕（平台）会展示同业市场中交易者的最佳买价和卖价，以及相对应的买卖出价数量（国库券的最低单笔交易金额为500万美元，中长期国债的最低单笔交易金额为100万美元）。企业将自己的买卖意愿告知经纪人，经纪人转而宣布企业的交易价格和买卖数量。

经纪人通过这种方式在促进国债市场信息流通的同时，为交易商提供匿名性。作为报酬，经纪人会收取一小笔佣金费用。

同业交易市场的结构在近年发生了显著的改变。在1999年以前，所有国债同业市场交易都通过电话，在经纪人的语音协助下进行。经纪人为企业提供显示最佳买价、卖价和对应交易额度的电子显示屏，但交易是通过电话执行的。在此之后，经纪人会在显示屏上发布交易的价格和额度。

在1999年，康托-菲茨杰拉德公司引入了全自动的eSpeed电子交易平台，在这里交易通过电子平台成交而无须人工操作。在2000年，BrokerTec，一个与eSpeed相竞争的电子交易平台，开始投入使用。在几年的时间之内，几乎所有国债的主动交易都转而在电子交易平台上进行。[6]随后，eSpeed通过公开发行的方式从康托-菲茨杰拉德公司分割出来并在此之后与BGC Partners合并，BrokerTec则被ICAP收购。

□联邦储备银行

在国债的二级市场上，联邦储备银行是另一个重要的参与者，它的主要活动有公开市场操作、国债持有和监管活动。纽约联邦储备银行通过公开市场买卖国债，这是用来执行联邦公开市场委员会（Federal Open Market Committee，FOMC）的货币政策的主要工具之一。截至2010年6月30日，联邦储备银行持有7 770亿美元国债，占国债发行量的9%。此外，纽约联邦储备银行跟踪分析国债市场并且与包括联邦储备委员会和美国财政部在内的其他政府机构交流市场动向。

金融危机显著地改变了联邦储备银行在国债市场中的参与度和国债持有量。在金融危机的早期，联邦储备银行减持了其国债，以获得足够的资金引入新的流动性工具。因此联邦储备银行卖出了大量债券，或者没有将到期债券的收益再度投入市场。这样的结果是，联邦储备银行的国债持有量从2007年年中的7 900亿美元下降到了2008年年中的4 800亿美元。

在2009年3月，联邦储备银行在之前购买机构MBS和机构债券公告的基础上公布了最多增持3 000亿美元长期国债的计划。联邦储备银行在2009年10月底完成了这3 000亿美元国债的增持。在2010年8月，联邦储备银行公布将把持有的到期机构MBS和机构债券的本金用于买入长期国债，并在2010年11月公布将在2011年6月底之前增持6 000亿美元长期国债。截至2010年12月29日，联邦储备银行所持有的国债已经上升至1万亿美元。

□交易活跃度

国债市场非常活跃，其流动性非常强，但最活跃的品种大约集中在300个未偿付的品种上。最近刚发行的给定到期期限的债券被称为**新发行债券**（on-the-run securities），它们特别活跃。政府债券定价系统公司（GovPX，Inc.）是一家跟踪交易商间交易量的公司。它的数据分析显示，新发行债券占债券交易总量的70%。给定到期期限以前发行的债券被称为**旧债券**（off-the-run securities）。而几乎所有国债都是旧债券，它们仅占交易商间交易量的24%。

交易商间交易的其余6%的交易量发生在**预发行债券**（when-issued securities）中。预发行债券是已经被宣布拍卖但仍未发行的债券。预发行债券的交易能够促进新发行债券的价格发现，并且能够减少拍卖中出价水平的不确定性。预发行债券市场也能使交易商在债券拍卖之前把债券拍卖给它们的客户，因此相关的竞争性出价几乎没有风险。虽然大多数债券市场交易在次日结算，但预发行市场上的交易在新债券发行的当天即可结算。

随着发行类型的不同，市场交易的活跃程度也存在显著的差异。根据一级交易商向联邦储备银行的报告，虽然未偿付的国库券占未偿付且可流通国债的20%，2010年国库券交易量只占国债总交易量的15%。虽然未偿付的长期国债占未偿付且可流通国债的10%，长期国债交易量只占国债总交易量的6%。BrokerTec有关新发行债券的资料显示，2年期、5年期和10年期的中期国债交易最为活跃，在2009年的日均交易量分别达到了250亿美元、240亿美元和230亿美元。与之形成对比，3年期中期国债和7年期中期国债的日均交易量分别为100亿美元和50亿美元。[7]

□国库券的报价惯例

在国债市场上对于国库券的报价惯例是以贴现率为基础的。这个以贴现率为基础的收益率由下面的公式计算得出：

$$Y_d = \frac{F-P}{F} \times \frac{360}{t}$$

式中：Y_d ——以贴现为基础的收益率；

F ——票面价值；

P ——价格；

t ——距到期日的天数。

例如，在2008年8月拍卖的26周国库券每100美元票面价值（F）是以98.999美元的价格（P）卖出的。在发行时，此国库券距到期日有182天（t）。贴现基础上的收益率可以计算如下：

$$Y_d = \frac{100-98.999}{100} \times \frac{360}{182} = 1.98\%$$

反过来，当给定以贴现为基础的收益率时，也可以计算出价格，公式如下：

$$P = F - F \times Y_d \times \frac{t}{360}$$

对于我们的例子，有

$$P = 100 - 100 \times 1.98\% \times \frac{182}{360} = 98.999 \text{ 美元}$$

这个贴现率与较为标准的收益率衡量方法存在差别，原因有两个：首先，这种衡量方法衡量的是美元收益与票面价值的比值而不是与预计的比值。其次，按年计算的贴现率是以360天为基础的，而不是以365天为基础的。不过，这个贴现率能被转换成一只债券等值收益率（已经在第6章讨论过），这些收益率常常在贴现率旁边列出。

国库券的贴现率在二级市场上通常报出小数点后两位数，因此一个报出的贴现率可能是 1.18%。对于一些更加活跃的品种，最后一位数字常常被分成一半，因此一个报出的贴现率可能是 1.175%。

在交易商间市场上对新发行国库券的买卖报价价差是 0.5 个基点。一个基点等于一个百分点的百分之一，因此基于半个基点的价差报价可能是 1.175%/1.17%。价差随着市场条件的变化而变化，大多数时间它的变化范围为 0～2 个基点。零价差被称为一个锁定的市场，并且它能在交易商间市场上持续下来，因为交易费用要付给作为交易中介的经纪人。买卖报价价差在交易商间市场外明显变大了，对于交易活跃度较低的品种来说也是如此。

□息票债券的报价惯例

与国库券相反，中期国债和长期国债在二级市场上是以点为基础进行报价的，在这里一个点等于票面价值的 1%。[8] 这种点被分成 32 个单元，例如一个 97－14 的价格，表示价格为 $97\frac{14}{32}$ 或 97.437 5 美元。这 32 个单元本身又通过附加的加号或数字分开，当有加号时，表示 1/32 的一半（1/64）被加到这个价格上，而数字表示加到价格上的是多少个 1/32 的 1/8（即 1/256）。如 97－14＋表示价格 $97\frac{14\frac{1}{2}}{32}$ 或 97.453 125，而 97－142 表示价格 $97\frac{14\frac{2}{8}}{32}$ 或 97.445 312 5。到期收益率已经在第 6 章中讨论过，它通常与价格一起发布。

在交易商间市场上，新发行的息票债券的买卖报价价差的范围通常是从 2 年期中期国债的 $\frac{1}{128}$ 点到 10 年期长期国债的 $\frac{1}{32}$ 点，如图表 9—4 所示。一个 2 年期中期国债因此可能以 99－082/99－08＋报价，而一个 10 年期中期国债可能以 95－23/95－24 报价。就国库券来说，价差随着市场条件而变化，一般来说交易商间市场之外的、交易活跃度较低的国库券价差更大。

9.4 零息票债券

零息票中长期国债是由现存的中长期国债通过息票剥离创造出来的（财政部并不发行零息票中长期国债）。息票剥离是一个把债券的息票支付与债券本金彼此分离的过程。剥离之后原始债券的每一个部分都能单独交易，这样可以使得它的持有人有权在一个特定的日期得到一个特定的支付。例如新发行的 10 年期中期国债能被分成 20 个半年期的息票支付［称为**息票剥离债券**（coupon strips）］和它的本金支付［称为**本金剥离债券**（principal strip）］，结果形成了 21 只单独的证券。这些被剥离的债券只包含单一的支付

(没有中间的息票支付)。它们被称为**零息票债券**(zero coupons)或**零息债券**(zeros)。

由于没有中间支付,零息债券以票面价值折价发行,它们往往由于具有长到期日而通常以较大幅度折价出售。2011 年 2 月 11 日,例如,2040 年 11 月的本金剥离债券的收盘买价是 22.83 美元(每百美元票面价值)。由于零息票债券在未来特定日期有已知现金流,它们使得投资者能够匹配负债与债券现金流,从而颇受养老基金和保险公司青睐。零息债券对机构投资者也颇具吸引力,因为它们的价格比具有同样到期期限的附息债券对于利率的变化更敏感。

财政部为了改善零息票市场的流动性,在 1985 年 2 月引入了本息分离债券(separate trading of registered interest and principal securities, STRIPS)项目。这个项目允许符合条件的债券的单个部分分别在美联储的簿记系统中单独持有。拥有簿记账户的机构可以通过发指令给联邦储备银行要求将一只债券剥离成分离的组成部分。每个被剥离的组成部分拥有它自己的统一证券识别程序委员会代码(CUSIP),因此能够进行交易和分开注册。被剥离债券的各个部分仍旧是美国政府的直接债务。STRIPS 项目起初只限于到期期限为 10 年或更长时间的新的息票债券,但是自 1997 年 9 月起其扩展到所有新的息票债券。

从 1987 年 5 月开始,财政部也允许一个被剥离债券的组成部分被重新组合成设立的完备形式。一个拥有簿记账户的机构可以组合一个给定债券的本金部分和所有剩余的利息部分,然后给联邦储备银行发送指令要求重新组合。

在 2010 年 12 月 31 日,有 1 970 亿美元的中长期国债以剥离的形式持有,在 6.5 万亿美元的符合条件的固定利率息票债券中占据了 3%的份额。[9]在剥离利率方面,在不同发行类型之间和某一个专门类型的不同发行种类之间存在着较大的差异。就拿 2010 年 12 月 31 日来说,20%的符合条件的长期国债被剥离,但是只有 0.3%的符合条件的中期国债被剥离。在中期国债中,有一种国债的 8%被剥离,而有 89 种符合条件的中期国债根本没有被剥离。从流量的角度看,在 2010 年第四季度,国债以每月 360 亿美元的速度被剥离,并且以 341 亿美元的速度被重新组合。

9.5 致谢

我们感谢尼尔·克里斯南(Neel Krishnan)所做的助理研究工作。迈克尔·J. 弗莱明在本章中表达的是自己的观点,不代表纽约联邦储备银行或者联邦储备银行的观点。

9.6 关键知识点

- 美国国债是美国政府通过财政部发行的债务。

● 可流通国债通过密封标投在一级市场销售，进行单一价格拍卖（或统一价格拍卖）。

● 美国国债以贴现证券（短期债券）或者息票证券（票据和长期债券）的方式发行，有固定本金债券和通胀保值债券。

● 国债的二级交易不是在一个有组织的交易所，而是在一个有众多交易商的场外市场进行的。

● 国债交易的二级市场流动性非常强，被市场参与者作为定价和对冲工具、无风险基准、储蓄资产以及投资资产。

● 零息票中长期国债是由现存的中长期国债通过息票剥离创造出来的（财政部并不发行零息票中长期国债）。息票剥离是一个把债券的息票支付与债券本金彼此分离的过程。

【注释】

[1] 同期的不可流通美国国债达到 5.2 万亿美元。其中，4.6 万亿美元由非公众持有（政府持有），2 000亿美元由私人投资者以美国储蓄债券的形式持有，还有 2 000 亿美元由州政府和当地政府以特殊形式持有（Monthly Statement of the Public Debt，www. treasurydirect. gov/govt/reports/pd/mspd/mspd. htm）。

[2] 公开发行国债包括非政府账面持有的可流通和不可流通国债。数据来源：Table OFS-2 of the Treasury Bulletin and the Federal Reserve's H. 4. 1 statistical release。

[3] 了解详细投标规则可以登录公共债务局网站 www. treasurydirect. gov/。

[4] 了解关于违反拍卖规则和其导致的规则修改的更多信息，参见 Joint Report on the Government Securities Market，published by the Department of the Treasury，the Securities and Exchange Commission，and the Board of Governors of the Federal Reserve System in January 1992。

[5] 纽约联邦储备银行（www. newyorkfed. org/markets/statrel. html）。由于数据只从一级交易商那里收集，因此一级交易商间的交易会被双倍计数，而非一级交易商之间的交易则不会被计数。该数据不考虑融资业务，比如回购协定和逆回购协定。

[6] 参见 Bruce Mizrach and Christopher Neely，"The Transition to Electronic Communications Networks in the Secondary Treasury Market，" Federal Reserve Bank of St. Louis Review 88，November/December 2006 和 Michael J. Barclay，Terrence Hendershott，and Kenneth Kotz，"Automation versus Intermediation：Evidence from Treasuries Going Off the Run，" *Journal of Finance* 61（2006），pp. 2395-2414。

[7] BrokerTec 统计交易商间的大多数交易活动，但无法统计所有交易活动。因此交易商间的实际交易量会大于文中给出的交易量。

[8] 中期国债和长期国债在预发行债券的交易中是以收益率的形式进行报价的，因为息票利率在这些债券被拍卖之后才能够设定。

[9] 数据来源于 Table V of the Treasury's Monthly Statement of the Public Debt（www. treasurydirect. gov/govt/reports/pd/mspd. htm）。

第 10 章 机构债券

马克·O. 卡巴纳（Mark O. Cabana）
纽约联邦储备银行，高级交易员/分析师

弗兰克·J. 法博齐（Frank J. Fabozzi）博士，注册金融分析师，注册会计师
EDHEC 商学院金融学教授

机构债券是由联邦政府机构或政府支持企业直接承担的债务。**联邦机构**（federal agencies）是美国政府的实体，例如田纳西河流域开发管理局。**政府支持企业**（government-sponsored enterprise，GSE）是指由政府特许设立、归私人所有和经营的实体。例如，联邦国民抵押贷款协会（房利美，Federal National Mortgage Association，Fannie Mae）、联邦住房抵押贷款公司（房地美，Federal Home Loan Mortgage Corporation，Freddie Mac）、联邦住房贷款银行（Federal Home Loan Banks，FHLB）和农业信贷银行（Farm Credit Bank）。在技术上，政府支持企业是免除了其他政府机构所受的特定管理法律和约束限制的政府执行机构。不过，虽然有这个区别，在本章中，政府支持企业也会被经常称为**机构**（agencies）。[1]

这些机构发行债券来为公共政策所支持的活动提供融资，这些活动包括住房和农业。另一些政府计划，比如临时流动性保证计划，则为其他企业发行的债券提供支持，很多市场参与者认为这些项目与机构直接债务的特征类似。

机构债券并不像美国国债那样得到美国政府的完全信用支持，因而，机构债券并不被认为是无风险的投资工具。但是，由于这些机构所开展的业务具有坚实的基础，以及

其所具有的政府从属关系，机构债券被认为具有很高的信用质量。

10.1 机构债券市场概览

机构债券市场在 20 世纪 90 年代经历了快速的扩张，这主要是由于房产相关机构（包括房利美、房地美和联邦住房贷款银行）在其留存资产组合和抵押贷款相关业务增长时所增加的债券发行。机构债券市场规模从 1990 年的 4 260 亿美元增长到 2009 年年底的 2.7 万亿美元。不过，未偿付的机构债券在近几年有所下降，主要是由于向住房相关机构的借款需求下降了。下降主要由联邦住房贷款银行的贷款下降驱动并且可能会由于房利美和房地美在未来几年最大留存资产组合的缩小而继续。[2]在此基础上，改革政府在抵押贷款金融市场中所发挥作用的努力可能会影响机构债券市场的规模。到 2010 年年底，未偿付的机构债务大约有 2.6 万亿美元。

□机构证券的信用质量

有些市场参与者认为政府隐性地为机构发行债券背书，并且不愿意让机构出现债务违约的情形。不过，政府从未明确地表达其为任何机构债券提供担保，因此政府对机构债券的支持对一些投资者来说是存在不确定性的。

由于其法律特质和同美国联邦政府间的关联，机构债券被认为是存在政府支持的。机构从众议院获得发行债务的权利，同时很多高管是由美国总统任命的。此外，大多数机构有权直接从财政部借款，一些机构获得了财政部的直接融资。更为重要的是，机构债券是适用于美联储公开市场操作的。

尽管其同政府有关联，机构证券在历史上相比于美国国债一直稍有折价。机构证券和美国国债的价格差异取决于不同机构相关业务的实力、关于政府支持力度大小的认识，以及机构证券和美国国债之间的流动性差异。举例来说，2005 年左右，房利美和房地美的 5 年期债务交易的价格同可比的美国国债 5 年期债券的交易价格相差 30 个基点。不过，随着 2007 年住房市场的恶化以及房利美和房地美在留存抵押贷款支持证券投资组合上的损失增加，它们的债务同可比美国国债的利差显著扩大，见图表 10—1。

房利美和房地美于 2008 年 9 月 8 日被美国联邦住房金融局（FHFA）托管。在托管关系生效时，那时的财政部部长亨利·鲍尔森指出这一举措的目的是为金融市场提供稳定性；提高抵押贷款金融的可获得性；并且通过最小化近期成本和促使政策制定者解决两家机构所引发的系统性风险来保护纳税人。[3]通过托管，美国财政部和美国联邦住房金融局建立了优先股购买协议（PSPA），财政部保证两家企业都会维持正净值。虽然 PSPA 随着时间的推移发生了一些调整，这些协议通过保证两家企业的偿付能力有效地保证了两家企业的优先债务和劣后债务。具体地，如果在公认会计原则下，两家企业中任意一家的债务超过了其净资产，那么财政部就会提供足额的现金资本以消除赤字，而条件是增加财政部 10 亿美元优先股的流动性偏好。[4]到 2011 年 1 月 1 日，房利美和房地美一共从财政部获得了 1 508 亿美元，并且通过分红一共偿付财政部 202 亿美元。[5]

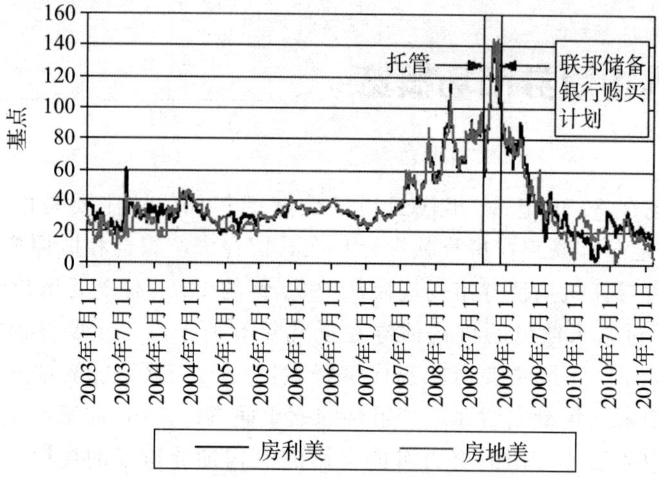

图表 10—1 房利美和房地美 5 年期债券利差：2003 年 1 月 1 日

资料来源：由彭博金融的数据构建。

即使是房利美和房地美在 2008 年 9 月进入托管后，政府也没有为其未偿付债券提供明确保证，而是像上一自然段所揭示的那样为两家企业提供了更多直接支持。这一举措加强了政府对房利美和房地美的支持但是没能消除投资者的顾虑，随着 2008 年末金融市场动荡加剧，其债务利差继续扩大。

房利美和房地美债务利差在 2008 年经历了快速扩大，直到 2008 年 11 月 25 日美联储宣布会购买一些机构直接债务，这一趋势才被逆转。[6]美联储一共购买了房利美（671 亿美元）、房地美（674 亿美元）和联邦住房贷款银行系统（372 亿美元）总计 1 720 亿美元的直接债务。虽然美联储购买计划没有从法律层面上改变政府对住房相关机构的支持，一些投资者仍认为对这些机构进一步加强的官方支持足以减少它们当时债务定价上的较高折价。

□机构债券投资者

有几种类型的市场参与者会投资机构债券。很多投资者会被机构债券较高的信用质量所吸引，机构债务提供比国债更高的回报率，但其信用风险似乎只比后者稍高。同时，由于很多机构债券的利息收入免缴州和地方所得税（房利美和房地美发行的债券除外），机构债券对投资者也具有吸引力。不过，在美国当前的资本管理标准下，大多数美国银行持有的机构债券都要求记账时有 20%的风险权重，而美国国债的风险权重则为 0。

机构债券投资者的构成随着时间推移而变化。我们以房地美的债券数据为例，从 20 世纪 90 年代末到 2005 年左右，投资经理和北美的投资者传统上是机构债券的最大购买者。而 2005 年以后，中央银行和亚洲投资者则大量购买房地美债券，而投资经理和北美投资者的份额则下降了。不过，在 2008 年年中，这一趋势反转，投资经理和北美投资者再次成为房地美债券的最大购买者。由于公开资料不足，我们无法知道其他机构是否也有类似的投资者构成趋势。

10.2 机构债券的类型

机构债券有不同的到期期限和类型以帮助管理发行机构的业务融资需求，减小利率风险以及扩大它们的投资者基础。

□短期机构证券

机构经常会发行到期期限短于 1 年的证券，这些证券也被称为**贴现票据**（discount notes）。贴现票据以低于票面价值的价格发行，到期期限介于 1 天和 365 天之间，并且定价方式近似于国库券。有的机构会通过建立标准化公布和出售日期的计划提供定期且可预测的短期贴现票据，比如房利美的**短期基准债券**（Benchmark Bill）项目、房地美的短期**参考证券**（Reference Bill）项目和联保住房贷款银行的贴现票据拍卖会。机构发行的其他贴现票据通过投资者逆向选择的方式出售。

□长期机构证券

机构也会发行种类多样、到期期限介于 1 年和 30 年之间的中长期证券。大多数机构债券是以美元计价，不过有些机构发行的债务是以其他币种计价的。一些中长期债券规模很大，并通过已经建立的项目以固定利率息票的方式发行，这些项目包括房利美的**基准票据**（Benchmark Notes）项目、房地美的**参考票据**（Reference Notes）项目和联邦住房贷款银行的**全球债券**（Global Debt）项目。这些项目于 20 世纪 90 年代末建立，以试图创造更加规范、标准化、流动性更强的债务。通过这些项目发行的债务从 2000 年的 1 180亿美元增加到了 2010 年的 4 000 亿美元。这些项目也希望为流动的机构证券产生一个收益率曲线，从而吸引那些本可能购买美国国债的投资者。

在这些项目的基础上，机构也会发行规模较小的、拥有一系列特征的、经常被称为**中期票据**（medium term notes）的中长期证券。在过去，机构会发行具有一系列特征的中期票据，包括：优先级和劣后级；可赎回、可回售、固定限期；固定利率、浮动利率、指数化、零息票；以美元计价的或以其他币种计价的。有一些机构会发行可赎回固定利率证券的变化产品，被称为“阶梯式票据”，其发行人一般会拥有在特定日期赎回证券的权利，如果发行机构不选择赎回，那么投资者的利率会增加或“阶梯式递增”。在此基础上，联邦住房贷款银行的融资部发行 TAP 项目，其发行到期期限较长的固定利率证券并且有权根据投资者的需求在三个月的期限内增补发行。我们将会在本章后面的内容中更为详细地介绍其中一些中长期证券。

大多数中长期机构证券一般会每半年支付息票利息，其定价也与美国中期国债相似，同时取决于其不同特征。一些中长期机构证券也符合通过美联储记账系统进行本息剥离的条件。

□可赎回证券和其他缓解利率风险的工具

机构发行种类多样的中长期证券以更好地管理其经营业务所带来的利率风险和现金流风险，特别是一些机构的业务同抵押贷款的证券化和购买抵押贷款证券相关。住房类政府支持企业所面临的最大风险之一是抵押贷款提前偿付速度的不可预测性，因为抵押贷款提前偿付水平通常会随利率环境而变化。具体地，抵押贷款提前偿付会在利率下降时加速而在利率上升时减速。

住房类机构通过发行可赎回债券在一定程度上避免了这一风险，这些债券的特征类似于抵押贷款支持证券。具体地，抵押贷款支持债券和可赎回债券的久期会随着利率的下降而变短，因为抵押贷款拥有者和可赎回债券发行人执行债券结构中赎回条款的可能性会增加。通过发行可赎回债券，政府支持企业就有效地从投资者手中购买了赎回权利，并同时通过比类似的不可赎回证券更低的发行价格或更高的收益率来补偿投资者。

可赎回证券一般有三个主要特征：到期日、锁定期和赎回条款的类型。到期日同不可赎回证券类似，如果证券没有被赎回，是证券最晚偿付的日期。锁定期指的是可赎回证券不能被发行人赎回的时间。举例来说，一个“3，不可赎回 1 年，证券”是第一年不能被赎回但是在证券 3 年期的剩余时间段里可以被赎回的证券。赎回条款一般有三种类型：欧洲式，此时赎回条款只能在锁定期结束后的某一天里执行；百慕大式，此时赎回条款可以在锁定期结束后的任意息票利息支付日执行；美国式，此时赎回条款可以在锁定期结束后的任意时间点执行。[7]

如图表 10—2 所示，住房类机构经常发行可赎回债券，近年可赎回债券的发行规模一直在 4 600 亿美元至 7 450 亿美元之间。从 2007 年起，可赎回债券占总住房类政府支持企业发行的到期期限超过 1 年的债券的比例在 35%至 49%之间。

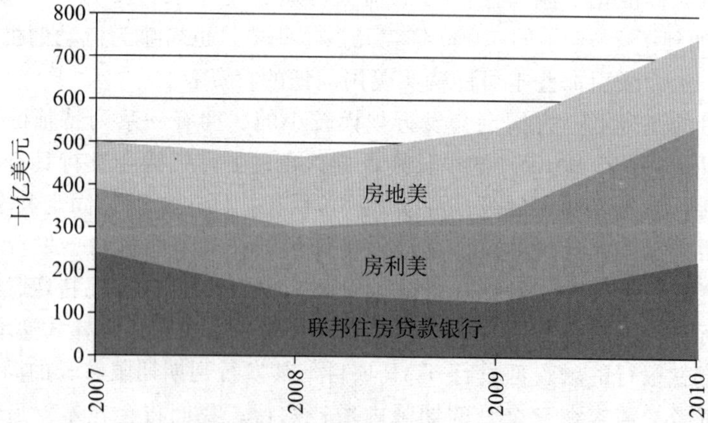

图表 10—2　房利美、房地美和联邦住房贷款银行所发行的可赎回债券：2007—2010 年

资料来源：房利美、房地美、联邦住房贷款银行、纽约联邦储备银行。

在可赎回债券的基础上，住房类政府支持企业也通过一系列其他工具来缓解利率风险，包括互换和互换期权在内的利率衍生品。可赎回债券和利率衍生品是住房类政府支持企业风险管理策略的重要组成部分，也让一些政府支持企业扩大了其投资者基础。

10.3 一级市场

机构可以使用各种方式发行债券，包括交易商竞标、配售给交易商、通过交易商配售给投资者和直接销售给投资者。根据不同的发行人和发行的债券类型，方式有所不同。

机构有多种方式可以发行短期证券，虽然大多数发行是通过场馆的贴现债券拍卖或逆向选择销售的方式进行。住房类机构会通过每周的贴现债券公布和拍卖来提供常规的和可预测的短期证券。拍卖会由事先确定的交易商承销，它们通过各类住房类机构的网络平台参与竞标。根据机构的不同，这些贴现债券的发行可能会通过单一或多种价格招标。

机构也会通过逆向选择发行短期债券。在这一过程中，一家机构每日会向公众或者投资者群体公开其愿意发行贴现证券的利率。这些利率有时被称作**窗口利率**（window rates）。交易商会协助投资者向发行机构在可行利率附近按照一定的规模和期限做出申购。这个过程对机构发行人和投资者来说都是有吸引力的，因为它允许范围更广的投资者为机构提供期限较短的融资，这符合投资者的投资目标。不过，通过逆向选择或者窗口发行的贴现债券的到期期限可能不是常规的，并且未偿付的规模也有限，这会限制其二级市场的流动性，不利于原投资者的出售。

对于中长期证券，机构也会使用多种方式发行，包括联合发行、多次拍卖或逆向选择出售。机构债券的一个常规发布机制是将它们分配给卖方集团或者联合交易商。联合团体会在分配的事前和事中向发行机构提供关于市场和交易的信息，同时也可能在分配后协助所发行债券二级市场的交易。作为对它们服务的酬劳，联合发行人获得发行过程的特许权，或者它们被允许保留所出售证券的部分收入。

有的机构会通过联合发行的过程发行可赎回的固定利率息票债券。联合发行通常用于发行规模很大的固定利率息票债券，比如房利美的基准票据项目、房地美的参考票据项目和联邦住房贷款银行的全球债券项目。为了协调这些项目的发行，美国财政部会与美国联邦住房金融局和住房类机构合作，制定月度发行计划表，其中每家机构都拥有事先确定的可以向投资者发行大规模固定利率息票债券的日期。机构可以在自己的发行日期选择发行证券或者放弃并且等到下一计划的发行日期。月度发行计划表的协调保证了每家住房类机构可以在不干扰其他机构发行计划的前提下，发行较大规模的息票证券。需要注意的是，在发行日期，机构可以通过这些已经建立的项目，再次发行过去已经发行的证券。机构通常通过内部系统来管理再次发行拍卖会，因此在这一过程中不需要联合交易商。

与贴现票据相似，机构也会通过逆向选择过程发行中期票据。有的机构会向承销商发布多种证券的每日利率，这些承销商则会帮助投资者向机构申购。机构经常通过逆向选择程序发行可赎回证券，并且可以发行多个赎回种类，包括具有欧洲、美国和百慕大式赎回特征的债券。机构会通过逆向选择程序考虑多种其他债务结构。在任意一天里，机构可以通过这一过程发行具有多种到期期限、息票种类和赎回条款的不同的中长期证券。

10.4 二级市场

机构债券如同国债一样，也在一个有众多交易商的场外二级市场交易。同时，交易商之间的交易也是用大屏幕显示的，并通过交易商间经纪人完成。机构债券的交易量比国债市场的交易量低得多，但是它相对于其他固定收益市场仍旧相当高。从2000年到2010年，一级交易商机构债券的日均交易量占到美国固定收益市场日均交易量的11%。

二级市场的交易活动大多集中于机构发行的贴现债券。从2002年到2010年，贴现债券占到一级交易商日均交易量的78%，而中长期机构证券的交易量则只占22%。在2010年，一级市场交易商平均每天交易600亿美元，其中贴现债券为470亿美元，中长期息票债券为130亿美元。

10.5 机构债券发行

在20世纪90年代和21世纪头十年，通过一级市场发行的机构债券的规模不断增加。在1990年，机构发行的期限为1年或1年以上的证券的规模只有200亿美元。到2000年底，机构发行的中长期债券达到了4 830亿美元的规模，到2009年底，机构发行的到期期限超过1年的债券超过了1.1万亿美元。不过，机构发行的短期债券仍超过长期债券将近4倍。

住房类机构从20世纪90年代初起就一直是发行到期期限超过1年的机构债券的最大主体。从1998年起，房利美、房地美和美国联邦住房贷款银行所发行的长期机构债券就占到了所有长期机构债券规模的90%以上。到2009年底，这三家主体所发行的长期机构债券占所有长期机构债券规模的92%。

虽然机构发行量从2000年开始一直在增加，未偿付的机构债券规模却在相同时间段内只经历了温和的增长，如图表10—3所示。2000年底，未偿付的机构债务规模是1.8万亿美元，到2009年底增加了8 800亿美元，达到2.7万亿美元。很多新发行的机构债券都用来偿付原先未偿付的债券，因此在这一时间段内，新发行的净债券规模有限。

绝大多数未偿付的机构债券都是由三家主要房产类机构发行：房利美、房地美和联邦住房贷款银行。这三家机构发行的债券占2005年总机构债券的95%，占2009年总机构债券的92%。到2009年底，房利美、房地美和联邦住房贷款银行的总债券规模达到2.5万亿美元。

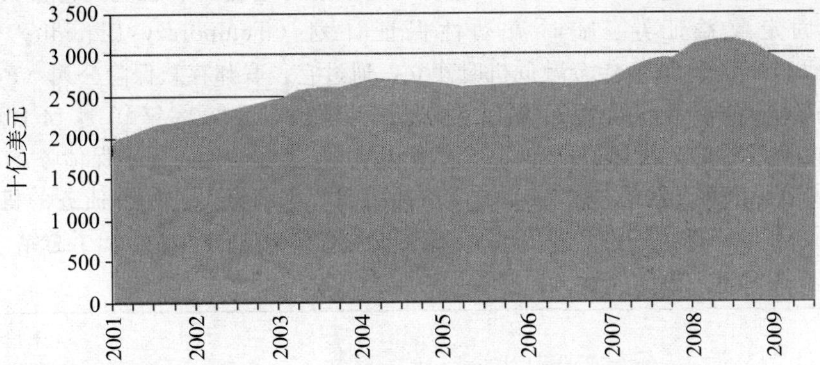

图表 10—3 2001—2009 年机构未偿付债券

资料来源：联邦储备银行资金流动。

10.6 发行机构

先前提到，机构债券是联邦机构或政府支持企业的直接负债。联邦机构是联邦政府的实体。它们包括美国进出口银行（Export-Import Bank of the United States）、联邦住房管理局（Federal Housing Administration）、政府国民抵押贷款协会（吉利美）、田纳西河流域开发管理局以及小企业管理局（Small Business Administration）。历史上，一些联邦机构发行了它们自己的债券。1974 年，联邦融资银行被建立以合并机构的借款，但田纳西河流域开发管理局仍旧发行它自己的债券，同时，它所发行的债券几乎占了直接由联邦机构发行的未偿付债券的全部份额。

政府支持企业是由私人拥有并由美国国会授权运营的实体，这样可以减少一定经济部门的资金成本。政府支持企业被准许拥有一定的特权以帮助实现它们的公共目的，但它们的活动领域也受到一定的限制。就像前面所提到的，机构债券被看成暗含有政府的担保，并且机构债券的利息收入对许多发行人来说可以免交州和地方所得税。机构本身可以免交州和地方所得税，免交证券交易委员会的注册费用。

最大的政府支持企业经特许可以为住房部门提供信贷。它们包括联邦国民抵押贷款协会、联邦住房抵押贷款公司以及联邦住房贷款银行系统。另外一些政府支持企业可以为农业部门提供信贷，它们包括农业信贷银行（Farm Credit Banks）、农业信贷系统财务援助公司（Farm Credit System Financial Assistance Corporation）以及联邦农业抵押贷款公司（Federal Agricultural Mortgage Corporation，Farmer Mac）。

还有一些有未偿付债券的较老的政府支持企业，另一些政府支持企业则最近被私有化了。融资公司（Financing Corporation）和重组融资公司（Resolution Funding Corporation）的建立旨在改变储蓄和贷款领域的资本结构。另外一个较老的政府支持企业是学生贷款市场协会（Student Loan Marketing Association，Sallie Mae），其于 2004 年底被完全私有化。

在机构和政府支持企业的基础上，还有一些政府计划会明确地支持为公共政策目的而发行的固定收益证券。临时流动性保证计划（Temporary Liquidity Guarantee Program，TLGP）于2008年金融危机时建立，通过它，联邦存款保险公司（Federal Deposit Insurance Company，FDIC）保证了受保的储蓄机构于2008年10月14日至2009年6月30日之间发行的、到期期限在2012年6月30日之前的优先无担保债务。

本节剩下的内容是对每一个有未偿付债券的或者刚刚偿付完所有债务的机构、政府支持企业和政府支持计划进行简要介绍。这些信息在图表10—4中进行了总结。

图表10—4　　机　构

机构	目的	未偿付债券（2010年12月31日）
联邦国民抵押贷款协会（房利美）	促进住房抵押贷款二级市场的流动性	7 940亿美元
联邦住房抵押贷款公司（房地美）	促进住房抵押贷款二级市场的流动性	7 290亿美元
联邦住房贷款银行系统	为住房抵押贷款提供信贷	7 970亿美元
农业信贷系统	为农业部门提供信贷支持	1 790亿美元
联邦农业抵押贷款公司	促进农业和农村住房贷款二级市场的流动性	70亿美元
田纳西河流域开发管理局	促进田纳西河及附近地区的发展	230亿美元
融资公司	为改变联邦储蓄和贷款保险公司的资本结构筹资	80亿美元
重组融资公司	为改变储蓄和贷款领域的资本结构筹资	300亿美元

10.7　大型活跃发行人

三家大型活跃发行人分别是房利美、房地美和联邦住房贷款银行系统。

□联邦国民抵押贷款协会（房利美）

联邦国民抵押贷款协会是一个股份公司，它是经特许于1938年为了发展住房抵押贷款的二级市场而建立的。联邦国民抵押贷款协会在一级市场上从银行和其他抵押出借人处购买住房贷款，并持有这些抵押贷款直到它们到期，或者以抵押贷款的集合来发行支持债券。

就像在前面写到的那样，在2008年9月6日，联邦住房金融局的主管被任命为房利美的监管官，同时政府支持企业也同美国财政部建立了优先股购买协议（PSPA）计划，以保证企业可以维持正的净值。到2010年底，房利美从美国财政部共获得了876亿美元。联邦住房金融局也负责监管房利美。

房利美会发行各种各样的证券，其中包括贴现票据和中期票据以满足其融资需求。1998年1月，房利美开始了其基准票据的发行计划，随后于1999年11月推出了其短期基准债券的发行计划。这些计划为常规的、可预测的大型国债发行做准备，并致力于提高债务的有效性、流动性和可交易性。短期基准债券以拍卖方式发行，包括每周发行的3周和6周的短期基准债券，以及每两周发行的1年期短期基准债券。基准票据根据年度发行计划表，通过证券承销集团（underwriting syndicate）进行发售。

2010年，房利美发行了4 390亿美元的到期期限短于1年的证券和4 630亿美元的到期期限长于1年的证券。到2010年底，房利美未偿付的到期期限短于1年的证券的规模为1 520亿美元，到期期限长于1年的证券的规模为6 420亿美元。

□联邦住房抵押贷款公司（房地美）

房地美是经特许于1970年成立的股份制公司，其目的是改善二级抵押市场的流动性。房地美从单独的贷款者那里购买抵押贷款，并以对投资者的抵押贷款为支持来出售债券，或者持有抵押贷款直到它们到期。

和房利美类似，房地美也在2006年9月被联邦住房金融局托管，并且与财政部之间有PSPA计划。为了保持净值为正，2010年底，房地美从美国财政部获得了6 320亿美元。联邦住房金融局也监管房地美。

房地美发行各种类型证券，其中包括贴现票据和中期票据。1998年4月房地美建立了被称为参考票据的基准债券项目，随后于1999年11月推出了短期参考债券项目。短期参考债券通过拍卖发行，包括每周发行的1个月期、3个月期以及6个月期的短期参考债券，以及每4周发行的12个月期短期参考债券。短期参考债券根据年度计划表通过拍卖和交易商集团（dealer syndicate）发行。

2010年，房地美发行了4 820亿美元的到期期限短于1年的证券和3 310亿美元的到期期限长于1年的证券。到2010年底，房地美未偿付的到期期限短于1年的证券的规模为1 950亿美元，到期期限长于1年的证券的规模为5 340亿美元。

□联邦住房贷款银行系统

联邦住房贷款银行系统（Federal Home Loan Bank System，FHLB System）是于1932年建立的用来增加住房部门信贷的政府支持企业。它由12个联邦特许的私有联邦住房贷款银行组成，通过8 000多家成员机构承担着支持住房抵押贷款和中小企业、农村及农业贷款的任务。联邦住房贷款银行系统是合作社制的，每家成员机构都是12家地方银行的股东。它提供贷款给这些成员机构，然后这些成员机构再一次提供贷款给购房者。

联邦住房金融局管理着联邦住房贷款银行系统，其使命是保证债券的安全和有序发行。不像房利美和房地美，12个地区联邦住房贷款银行都没有被托管。

联邦住房贷款银行通过其系统中的财政机构，也就是金融办公室来发行债券。联邦住房贷款银行金融办公室售卖各种债券，包括贴现票据和中期票据。联邦住房贷款银行金融办公室每两周通过多重价格竞标大型如下标准年期的贴现债券：4周、9周、13周和26周。金融办公室同时维护贴现票据逆向选择窗口。1999年7月，金融办公室开始了TAP发行项目，以发行常规到期期限的可以在发行后的三个月里重复发行的中长期固定收益证券。1994 年 7 月，联邦住房贷款银行金融办公室建立了全球债券项目，可以通过这一项目发行规模较大的固定收益证券，虽然它也可以发行规模较小的特征不同的证券。联邦住房贷款银行全球债券根据年计划，通过单一交易商或者联合交易商承销。

到 2010 年，联邦住房贷款银行金融办公室发行了 1.2 万亿美元到期期限短于 1 年的证券和 5 330 亿美元到期期限超过 1 年的证券，后者包括 310 亿美元的 TAP。到 2010 年底，联邦住房贷款银行未偿付的到期期限短于 1 年的证券规模为 1 950 亿美元，到期期限超过 1 年的证券规模为 6 020 亿美元，后者包括 880 亿美元的 TAP。

10.8 小型活跃发行人

农业信贷系统、联邦农业抵押贷款公司和田纳西河流域开发管理局是三个小型活跃发行人。

□农业信贷系统

农业信贷系统（Farm Credit System，FCS）是一个建立于 1916 年的为农业部门提供信贷的政府支持企业。农业信贷系统包括 5 个农业信贷银行和大概 88 个协会。由农业信贷系统机构提供的产品和服务包括房地产贷款、运营贷款、农村房屋抵押贷款、农作物保险以及各种各样的金融服务。农业信贷系统由农业信贷管理局进行管理。

联邦农业信贷银行融资公司是这个系统的财务主体，它通过发行债券为系统内的机构提供现金。农业信贷系统发行贴现票据、固定利率可赎回和不可赎回证券以及浮动利率票据。在此基础上，农业信贷系统还发行指定债券（designated bonds），它们是规模大的、流动性良好的可赎回和不可赎回债券。这些债券通过联合交易商发行，其初始期限在 2 年至 10 年之间，不可赎回债券的最小发行规模为 10 亿美元，可赎回债券的最小发行规模为 5 亿美元。到 2010 年底，农业信贷系统未偿付的到期期限短于 1 年的债券规模为 170 亿美元，未偿付的长期债券规模为 1 620 亿美元。

□联邦农业抵押贷款公司

联邦农业抵押贷款公司（Federal Agricultural Mortgage Corporation，Farmer Mac）是一家股份制公司，经特许于 1988 年建立，旨在促进农业不动产和农村住房贷款流动的二级市场的发展。它从贷款人处购买合格的贷款，然后把这些贷款集中成一个贷款集合，进而依靠它发行债券。联邦农业抵押贷款公司因此扮演了一个为农业抵押贷款市场发展服务的角色，这与联邦国民抵押贷款协会和联邦住房抵押贷款公司在住房抵押贷款市场发展过程中所扮演的角色十分相似。2010 年底，联邦农业抵押贷款公司未偿付的到期期限短于 1 年的债务规模为 40 亿美元，未偿付的长期债务规模为 30 亿美元。

□田纳西河流域开发管理局

田纳西河流域开发管理局（Tennessee Valley Authority）是一家建立于1933年的政府所有的公司，它促进了田纳西河及附近地区的发展。田纳西河流域开发管理局管理着田纳西河流域的防洪、航运、发电和其他系统，并且它是国家最大的电力提供者。

田纳西河流域开发管理局不仅发行贴现债券，而且发行被称为电力债券的长期息票债券。电力债券的利息和本金由田纳西河流域开发管理局的电力项目的收入进行支付。2010年底，田纳西河流域开发管理局有2.19亿美元未偿付的贴现票据和230亿美元未偿付的长期债券。

10.9 不活跃的发行人和不再发行新债券的政府支持企业

除上述发行人之外，还有一些已经不再发行新债券的政府支持企业仍有未偿付的债券。

□融资公司

融资公司（Financing Corporation，FICO）建立于1987年，目的是为联邦储蓄和贷款保险公司（Federal Savings and Loan Insurance Corporation，FSLIC）筹集资本并改善资本结构。在1987—1989年间，融资公司通过发行债券筹集了82亿美元本金。在1991年底，融资公司发行新债券的权利被终止。由联邦住房贷款银行系统提供资金购买零息票国债来偿付本金。利息支付是根据对联邦储蓄和贷款保险公司保险的机构的评估来提供的。到2010年底，融资公司未偿付的债券规模大约为80亿美元。

□重组融资公司

重组融资公司（Resolution Funding Corporation，REFCorp）在1989年作为重组信托公司的融资部门成立，其目的是改变储蓄和贷款领域的资本结构。重组融资公司在1989—1991年间发行了300亿美元的债券。重组融资公司债券的利息由美国政府担保，而本金则通过购买与重组融资公司债券票面价值相同的零息票债券进行担保。截至2010年底，发行的300亿美元的债券全部未偿付。

□农业信贷系统财务援助公司

农业信贷系统财务援助公司（Farm Credit System Financial Assistance Corporation）是于1988年经特许建立的为农业信贷系统改变资本结构而进行融资的公司。1988—1990年间，这个公司通过发行债券筹集了13亿美元，并提供系统机构优先股作为回报。与大多数政府支持企业不同的是，农业信贷系统财务援助公司的债券由美国财政部全额担保。所有由农业信贷系统财务援助公司发行的债券都已被赎回或者到期，最后一只债券于 2005 年 6 月到期。农业信贷系统财务援助公司的特许执照于 2006 年 12 月 31 日被农业信贷系统取消。

□学生贷款市场协会

学生贷款市场协会（Student Loan Marketing Association，Sallie Mae）曾是一家股份公司，它是为改善学生贷款的可获得性而于 1972 年建立的。作为一家政府支持企业，学生贷款市场协会从贷款者那里购买被保险的学生贷款，并向以学生贷款作担保的贷款者发放贷款。学生贷款市场协会在 1997 年被改组并朝着私有化前进，于 2004 年底被完全私有化。作为一家政府支持企业，学生贷款市场协会曾发行贴现票据、中期票据和其他证券，但已经没有未偿付的证券。学生贷款市场协会由一家名为 SLM 公司的股份制私营金融服务公司替代，其核心业务是为教育提供资金。

□财政部流动性保障计划

财政部流动性保障计划（Treasury Liquidity Guarantee Program）于 2008 年 10 月 14 日宣布，其目的是通过保证金融机构滚动大规模到期债务的能力来缓解金融部门的系统性风险。通过财政部流动性保障计划，联邦存款保险公司为受保的储蓄机构新发行的数量有限的优先无担保债务提供保证，这些储蓄机构大多是美国的控股银行以及一家非银行金融公司。通过财政部流动性保障计划发行的债券有美国政府的信用做担保。

通过财政部流动性保障计划发行债券的机构需要根据发行机构的类型和发行债券的到期期限向联邦存款保险公司缴纳费用。所有参与的金融机构根据其在一个给定时间段内即将到期的优先无担保债务规模被分配以最大发行债务的额度。最开始，适用于财政部流动性保障计划的优先无担保债券的发行日期在 2009 年 6 月 30 日之前，且到期期限在 2012 年 6 月 30 日之前。不过，这一限制后来被放松至发行日期在 2009 年 10 月 31 日之前，到期期限在 2012 年 12 月 31 日之前。

通过财政部流动性保障计划发行的债券规模在计划刚开始时激增，因为其他类型的公司债券发行受到了限制。在财政部流动性保障计划开始的前 6 个月里，合格机构发行了 3 460 亿美元的债券。不过，随着企业信贷市场的逐步恢复、信贷的可获得性提高、财政部流动性保障计划鼓励企业回到私有融资市场，通过财政部流动性保障计划发行和未偿付的债券规模下降。到 2010 年底，未偿付的通过财政部流动性保障计划发行的债券规模为 2 670 亿美元。

10.10 致谢

马克·卡巴纳在本章表达的观点是他自己的，不代表纽约储备银行和美联储的观点。

10.11 关键知识点

• 机构债券是由美国政府的下属机构或由美国政府支持企业发行的债券。机构债券被认为只有很低的信用风险，虽然它们不是无风险的，因此，在交易时与国债相比有明显折价。

• 由于房产类政府支持企业如房利美、房地美和联邦住房贷款银行系统的业务增长，机构发行和未偿付的债券规模在近年来都有所增长。不过在未来，随着住房类政府支持企业留存的投资组合下降、美国政府改变其在抵押贷款融资市场的作用，机构债券的供给可能会下降。

• 联邦机构和政府支持企业会发行种类多样的债券，包括到期期限短于 1 年的贴现票据以及不同结构的到期期限长于 1 年的中期票据。

• 机构会通过不同的方法来发行证券，包括交易商竞标、配售给交易商、通过交易商配售给投资者和直接销售给投资者。

• 大多数发行和交易的机构债券（大多数是贴现票据）由房利美、房地美和联邦住房贷款银行系统发行。

【注释】

[1] 关于政府执行机构和机构的区别的更多细节，见 Kevin R. Kosar，Government-Sponsored Enterprises (GSEs)：An Institutional Overview，CRS Report for Congress，December 20，2005。参见 http：//www. policyarchive. org/handle/10207/bitstreams/3817 _ Previous _ Version _ 2005-12-20. pdf。

[2] 房利美和房地美留存资产组合计划每年下降 10%，从 2009 年底的 9 000 亿美元下降到 2022 年的 2 500 亿美元。更多信息请见 U. S. Treasury Support for Fannie Mae and Freddie Mac，Mortgage Market Note 10-1，Janurary 20，2010. http：//www. fhfa. gov/webfiles/15326/MMNote _ 10-1 _ revision _ of _ MMN _ 09-1A _ 01192010. pdf。

[3] 来源于美国财政部部长的如下声明："Treasury and Federal Housing Finance Agency Action to Protect Financial Markets and Taxpayers，" September 7，2008。

[4] PSPA 会在两家企业出现以下情景时终止：(1) 财政部提供了 2 000 亿美元或者 2 000 亿美元加上 2010 年、2011 年和 2012 年累计净资产赤字；(2) 企业清算了其资产；或 (3) 企业偿付了、违约了或者为其抵押贷款支持债务做出了规定。

[5] 关于托管的更多信息，见 U. S. Treasury Support for Fannie Mae and Freddie Mac，Mortgage Market Note 10-1。

[6] 2008 年 11 月 25 日，美联储宣布其购买住房相关政府支持企业直接债务的计划，这些企业包括房利美、房地美和联邦住房贷款银行。这一配合以规模更大地购买机构抵押贷款支持证券的计划的债务购买的目的，是"减少成本并且增加购买房产的信贷支持"。购买住房相关企业直接债务的目标是减少这些直接债务同美国国债间的利差。购买由纽约联邦储备银行与其主要交易商执行。政府支持企业直接债务购买计划的规模最初被设定在 1 000 亿美元，并于 2009 年 3 月 18 日增加到 2 000 亿美元。2009 年 11 月 9 日，规模由于可购买机构债务的有限性而被降低为"大约 1 750 亿美元"。在这一计划被

执行时，美联储购买了房利美基准票据项目、房地美参考票据项目和联邦住房贷款银行全球项目所发行的固定利率、不可提前赎回的优先级证券。最近的美联储购买发生于2010年3月24日，使得累计购买规模达到1 720亿美元。

[7] 很多关于可赎回条款的描述都可从房利美的网站中获取："Understanding Fannie Mae Debt," http://www.fanniemae.com/markets/debt/understanding_fm_debt/debt_securities_programs.jhtml?p=Debt+Securities%s=Understanding+Fannie+Mae+Debt&t=Characteristics+of+Fannie+Mae+Debt+Securities。

第 11 章

市政债券

席尔万 · G. 费尔德斯坦（Sylvan G. Feldstein）博士
美国嘉定人寿保险公司投资部主管

弗兰克 · J. 法博齐（Frank J. Fabozzi）博士，注册金融分析师，
注册会计师
EDHEC 商学院金融学教授

亚历山大 · 格兰特（Alexander Grant）
投资组合经理
RS 免税和 RS 高收益市政债券基金

戴维 · 拉特纳（David Ratner），注册金融分析师
行业咨询师

美国的债券市场可以分成两个主要部分：应税债券市场和免税债券市场。应税债券市场包括美国政府、美国政府机构和政府支持企业，以及公司所发行的债券。免税债券市场是一个对其中已发行和正在销售的债券的利息免征联邦所得税的市场。在州和地方一级，利息有时免税，有时不免。美国国债的利息免征州和地方所得税。判断债券是否为免税债券的标准是联邦所得税是否被免征。

应该注意到最近几年已经开始出现需要征税的市政债券。作为发行规模最大的项目，联邦建设美国债券（Federal Build America Bond）项目在 2009—2010 年发行了将近

1 900亿美元的建设美国债券（Build America Bonds，BABs）。这些债券的利息征收联邦所得税，而联邦政府负责支付利息的35%。

联邦储备委员会估计，截至2010年9月底，市政债券市场的规模为2.86万亿美元。根据巴克莱资本指数，截至2011年，市政债券已经占到其追踪的固定收益市场总规模的7.9%，后者只包含规模较大的债券。市政债券市场确实是美国本国债券市场较大的组成部分，但它显然与应税债券市场规模相比还有较大的差距。

多数免税债券是由州和地方政府以及它们建立的“权威机构”及特区发行的。因此，**市政债券市场**（municipal market）和**免税债券市场**（tax-exempt market）这两个术语常常被交替使用。尽管并不是所有市政债券都是免税债券，但大部分都是。

投资者投资于市政债券的主要动机是它们的税收优势。市政债券的主要持有者是个人投资者；其余的投资者是共同基金、商业银行以及财产和意外险保险公司。尽管一些机构投资者如养老基金不需要这种有税收优势的投资，但有一些实例表明，机构投资者也已经进入市政债券市场以获取更高的收益率。当市政债券的预期盈利超过应税债券时，投资者就会购买市政债券。机构投资者主要投资于应税债券，但是有时也购买市政债券，所以被称为**交叉购买者**（crossover buyers）。

这个行业现在有很多新的买方参与者。除传统的银行信托部门、共同基金、财产和意外险保险公司以及高净值客户之外，购买者现在还包括对冲基金、投机者、人寿保险公司、交叉购买者、外资银行以及其他相对价值购买者。现在已经有专门为投资者服务的市政债券交易所交易基金（exchange-traded funds，ETFs）。

一般家庭是市政债券市场最大的持有者。另一个主要的持有者是共同基金。然而，联邦储备委员会的数据显示，近年来持有者有三个主要改变。首先，自1986年以来商业银行持有的比例已经出现了显著下降。一般来说，1986年的《税收改革法案》减少了商业银行通过持有市政债券得到的好处。因而，商业银行减少了它们的市政债券持有量而投资在能提供更大收益的资产上。

其次，家庭所持有的市政债券份额也发生了很大的变化。1990年，家庭所持有的市政债券份额在20年的时间区间里达到了49%的高峰。然而，到了2010年9月底，家庭所持有的份额则是41%。如果商业银行和家庭持有人都减少了它们的持有量，那么其他投资者肯定就增加了它们的持有量。联邦储备委员会的数据显示：共同基金、货币市场基金和封闭式基金大幅度地增加了它们的持有量。1979年，它们仅仅持有市政债券总量的1%，到2010年9月底，它们一共持有的份额则增加到了33%。

保险公司和个人银行信托账户持有的市政债券份额相对稳定。保险公司根据收益性和市政债券与应税债券的相对价值来调整它们的市政债券持有量。信托账户是相对稳定的市政债券购买者。典型的信托账户以接近面值的价格购买债券，获得免税收入并持有债券至到期。

应当注意到当市政债券比应税债券（taxable bond）拥有更多收益时，传统的债券买家、对冲基金（hedge funds）以及套利者会更积极，并且不时地成为市政债券市场上重要的参与者。

过去，人们认为市政债券在投资安全性方面仅次于美国国债；然而，不管这些债券是否由商业评级公司评定投资信用等级，投资者都越来越关注市政债券的信用风险。有如下几个原因：(1) 1975 年，随着纽约数十亿美元的财务危机的发生，几个主要的市政债券发行人的财务危机相继发生，1994 年在加利福尼亚州的奥兰治还出现了申请破产事件；(2)《联邦破产法》(于 1979 年 10 月生效) 使得市政债券的发行人很容易通过提出申请破产从债券持有人那里寻求保护；(3) 由于华盛顿公共电力供应系统 (Washington Public Power Supply System，WPPSS) 20 世纪 80 年代早期的违约，金融技术的创新和广泛应用以及合法的未经评价的证券结构使人们更加重视信用风险；(4) 削减联邦赠予和资助计划将影响一定的市政债券发行人如期偿付债务的能力；(5) 美国经济基础的变化可能导致国内某些地区的市政债券发行人面临经济上的困难，因此很难如期偿付债务。

2007 年 12 月，当最近的一次衰退开始时，加利福尼亚州瓦列霍 (Vallejo)、宾夕法尼亚州哈里斯堡 (Harrisburg) 发生的广为人知的债券违约以及几个大州和城市所发生的预算困难，引发了对市政债券信用风险的担忧。瓦列霍利用《美国破产法典》第 9 章来避免向债券持有者支付利息。哈里斯堡则根本没有履行债务责任。

11.1 市政债券的特点

我们在第 1 章中已经描述过固定收益债券的各种特点，其中包括提前赎回条款、换新条款、偿债基金条款和回售条款。这些条款也可以包括在市政债券中。下面所讨论的市政债券类型中有一个特别的提前赎回特征：如果条款受到破坏，发行人必须提前赎回所发行的全部债券。

□息票特征

市政债券的息票利率既可以在存续期内始终不变，也可以定期地重新设定。当息票利率周期性地重新设定时，该市政债券就被称为**浮动利率** (floating-rate) 或**可变利率** (variable-rate) 债券。通常，浮动利率债券的息票重新设定公式是：

参考利率 (以百分数表示) ±利差

通常，当参考利率是市政债券指数时，息票重新设定公式为：

参考利率±利差

被用于市政债券发行的参考利率包括美国证券业和金融市场协会 (SIFMA) 利率、伦敦银行同业拆借利率 (LIBOR) 以及国库券利率。浮动利率债券的利率不一定与参考利率的变化方向相同。有一些衍生的市政债券，它们的息票利率相对于参考利率是以相反的方向变化。也就是说，如果参考利率相对先前的息票重设日上升，那么所发行债券的息票利率将下降。这些债券被称为**反向浮动利率** (inverse floating-rate) 债券。一些市政债券有一个固定的息票利率，并且以相对于到期日的价值折价发行。初始发行价格低于到期日价值的债券就是所说的**初始发行折价债券** (original-issue discount bond，OID)。

面值和初始发行价格之间的差额就是免税债券的利息，投资者只有通过持有债券直至到期才能实现这个利息。

有两种类型的市政债券不向投资者分发定期的利息。第一种类型叫作**零息票债券**（zero-coupon bond）。这种债券的息票利率为零，并且初始发行价格低于到期日价值。因此，零息票债券属于初始发行折价债券。另一种不分发定期利息的市政债券，其息票利率已做了规定，但是息票利息不分发给投资者，而是被累积起来并在到期日连同到期价值一起被支付给投资者。下面，我们将讨论投资者决定在二级市场中购买初始发行折价债券时所应考虑的主要因素。

□到期日

到期日是发行人有责任偿付债券面值的日期。公司债券的发行人通常会安排它们的债券在将来1个或2个不同的年份到期。有所不同的是，市政债券的发行人常常为它们的债券安排一系列到期日。这些债券被称为**系列债券**（serial bond）。市政债券一般有10个或更多的到期日。

在最后一个系列到期日之后，一些市政债券可能会积累形成大量的1年或2年的债务——像许多公司债券一样。这些债券被称为**期限债券**（term bond）。因为这些期限债券有足够的规模，所以一个活跃的二级市场就相应发展起来了，导致现在期限债券在市政债券市场上越来越流行。

□法律意见书

市政债券有法律意见书。法律意见书与包括一般责任债券和收益债券在内的市政债券的安全性的关系，主要体现在以下三个方面。第一，债券律师应该检查发行人是否真的能够合法地发行债券。第二，债券律师要查看发行人是否已经制定出各种所需要的没有违反任何其他法律和规则的合约、决议和信托契约，进而为债券销售完全做好准备。这种准备在高技术领域特别重要，它决定了债券在联邦法律下是否具备免税的资格，以及债券发行方式是否违反了联邦套利交易规则。第三，债券律师要保证提供给债券持有人的、由发行人或者第三方许诺的债券的安全和补救措施（例如银行的信用证协议）确实得到了联邦、州和地方政府的法律和法规的支持。

尽管人们一般认为大多数债券发行时的法律文件实际上是样板文件，但是从债券持有者的角度来看，法律意见书和文件评述应该是最后的安全条款。这是因为如果其他所有方法都失败了，债券持有者可能不得不去法院行使他的权利。因此，由既诚实又具有能力的律师评述这些文件，并且写出法律意见书是十分重要的，这些法律意见书通常以官方语言进行总结和陈述。

应该注意到，到2011年，行业中已经有了上千个律师。他们分散在全美国并被列在《债券购买者》（*The Bond Buyer*）的市政债券律师目录中。他们将自己定位为市政金融法的专家，并且提供各种有关证券结构和税务的建议。想要评判他们工作的质量，以及区分哪些人有良好的法律基础、哪些人没有，是一件有挑战性的事情。

11.2 市政债券的类型

市政债券发行人的数量是惊人的。一家经纪商/交易商估计发行人总数有 60 055 个。更值得关注的是发行债券的种类和数量。截至 2011 年，交互数据定价与参考数据公司（Interactive Data Pricing and Reference Data）在其有超过 260 万条记录的数据库里提供超过 140 万只债券的每日交易价格。[1]截至 2011 年，彭博金融市场数据库[2]（Bloomberg Financial Markets' database）包含了 480 万个统一证券识别程序委员会（CUSIP）代码（包括到期债券）。彭博会对 119 万个仍然活跃的统一证券识别程序委员会代码进行定期更新。从这些不同的发行数量中进行选择是困难的。考虑到市场中所有不同类型的发行人，包括州、州属机构、城市、机场、学院和大学、医院、学区、收费公路和桥梁、公共电力设施、海港设施、自来水和下水道管理局、固体废料设施和其他特殊的管区，对投资者来说其投资选择是非常多的。一些发行人的发行规模非常之大，达到几十亿美元。而一些非常小规模的发行人可能只有 100 万美元～200 万美元的发行额。显而易见，这些发行人和它们的债券的特征是十分不同的，对它们需要进行独立和仔细的分析。然而，市政债券能被分成两种主要的债券结构。依据债券结构，市政债券基本上有两个不同的类型：第一种是一般责任债券，第二种是收益债券。

□一般责任债券

一般责任债券是由州、县、特区、城市、城镇以及学区发行的债务工具。它们通过发行人的一般税收权获得安全保障。通常，一般责任债券是通过发行人的无限制税收权来进行保障的。对于较小的政府机构，例如学区和城镇，唯一有效的无限制税收权来自财产。对于较大的一般责任债券的发行人，例如州和大城市，税收收入来源更加广泛，可能包括公司和个人的所得税、销售税和财产税。由较大的发行人，例如州担保的债券有时被称为**信誉完备债券**（full faith and credit obligation）。

另外，特定的一般责任债券不但可以通过发行人的一般税收权创造的货币积累形成的一般基金得到保障，而且可以从一般基金之外的额外收入来得到保障，比如一定的鉴定费、捐款和特殊收费项目。这些债券由于收入来源的双重性使得它们在安全保障方面以双保险出名。而且，并不是所有一般责任债券都是由无限制税收权来保障的。一些债券的税收保证会在收入来源和最大的财产税计税数量方面受到限制。这些债券通常被称为**限税一般责任债券**（limited-tax general obligation bond）。

□收益债券

第二个基本的市政债券结构类型是收益债券。这些债券一般而言是为某个项目或企业融资而发行的，同时债券发行人可以通过项目运营收入来保证债券持有人收入的实现。以下是一些专门类型的已经发行了许多年的收益债券的例子。

机场收益债券

为机场收益债券做担保的收入通常来自运输方面，比如旅客费用、着陆费、特许费以及航空公司停机坪使用费和燃料费，或者来自一个或更多的航空公司在使用专用设备——例如候机楼或飞机修理库时的租赁收入。

特许学校债券

这些债券由政府财政支持的私立学校发行，这些学校比当地的公立学校提供更多的制度和学术灵活性。州政府的助学金一般会随着学生从传统公立学校转学到特许学校而转移到新的学校。债券发行的收入一般用于改善资本结构。

学院和大学收益债券

为学院和大学收益债券做担保的收入通常包括宿舍出租费、学费，有时也包括学院或大学的普通资产。

生活护理收益债券

发行生活护理（life care）收益债券或者持续照料退休社区（continuing care retirement community，CCRC）债券的目的是为老龄公民建立长期居住设施。收入通常来自居民的初始一次性付款和经营收益。

高等教育债券

高等教育机构经常会发行债券来为它们建造/翻新设施或购买土地以进行扩张提供资金。这些债券以特定项目的收入、学生学费和/或大学的一般责任作为担保。

医院收益债券

为医院收益债券做担保的收入通常来自联邦和州补偿计划（例如穷人医疗救助计划和老年医疗保险计划）、第三方商业支付者［例如蓝十字会（Blue Cross）和私人保险公司］、健康维护组织（health maintenance organization，HMO）以及个人患者的支付。

工业发展和污染控制收益债券

工业发展和污染控制收益债券的发行是为各种工业和商业活动融资，它们的范围从制造工厂到商业中心。它们通常由公司或商业企业使用这些设施所产生的支付作为担保。

土地担保“土地”债券

与未开垦土地上新建项目有关的公共设施成本通常用土地担保债券进行融资，这些债券又被称为“土地债券”。由于环境改善所带来的周边地产的额外税收收入或价值的提高是债券持有人的主要担保。

多户住宅收益债券

多户住宅收益债券通常是为针对年长的公民和低收入家庭的多户住宅项目而发行。有一些住房收益证券由获得联邦保险的抵押贷款作为担保；另一些则可以获得联邦政府的运营补贴或者利息成本补贴；还有一些仅能获得地方财产税的扣减作为补贴。

公共电力收益债券

公共电力收益债券由发电厂和配电系统的收入进行担保。有的债券是由单个发行人发行的，目的是为建设和运营电厂以及销售电力提供融资。另一些公共收益债券是由公众和私人投资者所有的公用事业集团为了合资建设一个或更多的电厂而发行的债券。后一种发行模式被称为联合电力（joint power）融资结构。在过去几年，这一部门发生了自电力被发明以来最剧烈的变化。在许多州，电力公用事业正在转变为解除管制的工业。在一个解除管制的环境中，消费者将有权选择电力供应商，因此电力供应商将面临竞争。这意味着这个部门将经历新的挑战，投资者也需要以新的方式分析这一部门。

政府和社会资本合作（Public-Private Partnerships，PPPs）

私有化指的是一种私有企业支付一笔很大的金额来运营，以及在很多情况下是建设或者改善一项政府资产（例如收费公路）的市政融资方式。购买者通过发行债券来支付大额预付费用，运营收入则成为偿付债券持有人的资金来源。

资源回收收益债券

资源回收设备可以把废物（固体废料）转换成在商业上可出售的能源、可以回收的产品以及一些被掩埋的残渣。资源回收收益债券的主要收入来源通常是：(1)“倾卸费”，按照吨位由垃圾处理者支付；(2) 向电力公司或其他能源使用者出售蒸气、电力或者来自废物的燃料的收入；(3) 可回收材料例如铝和废钢铁的销售收入。

海港收益债券

对海港收益债券的担保包括与受益公司签订的专门租赁协议，或者是海运卸货码头和货物吨位费。

下水道收益债券

下水道收益债券的收入担保来源于连接费和使用者的支付。对于许多旧的下水道收益债券发行人来说，其建设预算的大部分已经由联邦拨款进行资助。

单户住宅抵押收益债券

单户住宅抵押收益债券通常由单户住房抵押贷款和抵押贷款支付作为担保。虽然担保特征不同，但可能来自联邦住房管理局（Federal Housing Administration，FHA）、联邦退伍军人管理局（Federal Veterans Administration，VA）和私人抵押保险公司。

综合体育馆和会议中心收益债券

综合体育馆和会议中心收益债券通常从利用这些设施举行的体育活动或者会议获得收入。在某些情况下，还可以获得特定用途的外部收入，比如当地汽车旅馆和旅馆房间税。

学生贷款债券

学生贷款债券通常由州政府机构或者非营利组织发行，并用来购买学生接受高等教育所背负的贷款。根据证券的结构，债券持有人的偿付来源包括学生贷款偿付和联邦支付。

税收分配债券

税收分配债券的发行通常是为建造办公楼和衰退地区的新建筑而进行筹资的。它们由对改善的不动产所征集的财产税作为担保。

烟草收益债券

一些烟草债券由烟草公司基于主结算协议（Master Settlement Agreement，MSA）每年向州政府的支付作为担保。

收费公路和汽油税收益债券

通常有两种类型的公路收益债券。第一种类型的公路收益债券的发行收入被用来建设专门的能够盈利的设施，如收费公路、桥梁和隧道。对于这些纯粹企业型收益债券，通常用收费作为担保。第二种类型的公路收益债券向债券持有人支付除过路费之外的其他指定收入，例如汽油税、机动车注册费以及驾照费。

部落赌场债券

北美当地政府通常通过发行债券为建设赌场设施提供融资。部落赌场债券通过这些设施的收入进行偿付。

水务收益债券

水务收益债券的发行旨在为水处理厂、泵站、收集设施和分配系统筹集建设资金。收入通常来自连接费和水务系统使用者的支付。

□混合债券和特种债券

下列类型的市政债券尽管有一般责任债券和收益债券的特征，但它们具备更独特的债券结构。

换新债券（refunded bond）

尽管初始发行的市政债券是收益债券或一般责任债券，但是它有时也被换新。换新通常发生在初始债券是代管的、由美国政府直接担保的或由其他类型的证券担保的情况下。代管基金中证券的到期时间表安排要能保证在到期时支付债券的到期日价值、息票利息以及对换新债券的溢价（如果有的话）。一旦这种现金流被适当匹配，那么，这种换新债券就不再由一般责任债券或收益债券来进行担保，而由代管基金中的证券来支持。这类债券几乎没有信用风险，是最安全有效的市政投资债券。

通常，代管基金是由初始债券发行人与一家商业银行或州财政办公室共同建立起来的不可撤销的托管资产。政府债券被存放在一个代管基金中用以支付换新债券的利息。纯粹的代管基金中存放的证券只有国债或是由美国政府担保的债券，反之，混合的代管基金允许存放的证券——像信用契约中定义的那样——并不只限于国债或是由美国政府担保的证券。联邦机构债券、银行存单、其他市政债券甚至商业保险公司的养老金保险单都能被置于混合代管基金中。代管协议应该指明在代管基金中包括哪些证券，以及是否允许用低信用质量的证券进行置换。

另外一种类型的换新债券是**交叉换新债券**（crossover refunded bond）。出售交叉换新债券的收入用于购买被放置在代管账户中的证券。通常，这种交叉换新债券由恰好到交叉日为止的代管债券的到期本金和利息进行担保，并且将要被换新的债券继续由发行人到交叉日为止的自己的收入来进行担保，这个交叉日通常是将要被换新的债券的第一个赎回日。就在这一天，交叉发生，并且需换新的债券从代管基金的到期债券中被赎回，包括美国政府债券或其他投资工具，例如存单。这样，换新债券的担保又变回发行人自己的收入。

这里我们主要集中讨论纯粹的代管基金支持债券，而不是混合的代管债券或者交叉换新债券。换新的市政债券的代管基金能够以某种方式构成，从而使得被换新债券能够在初始的债券契约中约定的第一可能的赎回日或者随后的赎回日被赎回。该赎回价格通常在面值基础上有1%～3%的溢价。利用这种结构通常可以进行这样一些换新——要么减少发行人的利息支付，要么改变债务到期时间表。这些债券被称为**预先换新的市政债券**（prerefunded municipal bond）。预先换新的市政债券通常在它的第一个或者随后的各自的赎回日被赎回，但是这些换新债券的代管基金的结构可能有所不同。在这些换新中，代管基金中的债券的到期时间表与最初的债券契约规定的债券的定期利息要求相匹配。这些债券被称为代管至到期债券或 ETM（escrowed-to-maturity）债券。应该注意到在1986 年的《税收改革法案》中，这些 ETM 换新市政债券仍然被允许。在二级市场上也有未偿付的 ETM 换新市政债券。然而，投资者或者交易者应该弄清是否所有早期赎回在购买 ETM 债券之前已经被法律禁止了。

上缴税收支持和结构化资产支持债券

最近，州和地方政府发行了越来越多的债券，在这些债券中，债务利息将由所谓的上缴的收入进行支付，比如销售税、烟草税、固定收费和罚款。许多结构是模仿应税市场中很常见的资产支持债券。这种对市政债券提供担保的资产通常是上缴收入而不是通常被用来担保应税资产支持债券的信用卡应收款、住宅权益贷款以及汽车贷款支付。

有保险的债券

有保险的债券除了由发行人的收入来做担保外，也可由商业保险公司所签发的保险单来担保。这些保险通常被构造成一个保险合约，如果发生违约，保险公司将对债券持有人进行支付。这些债券将在本章的后面更详细地加以讨论。

租赁支持债券

租赁支持债券通常被构造为每年进行支付的收入类型债券。在一些情况下，支付可能仅仅来自指定用途的税收收入、学生学费或者病人的诊疗费用。而在其他一些情况下，承租人政府单位可以从它的一般基金中每年进行拨款。

信用证支持债券

一些市政债券，除了由发行人的现金流收入进行担保外，也由商业银行的信用证进行担保。在一些情况下，信用证是不可撤销的，如果需要，它可以被用来支付给债券持有者。在另外一些情况下，发行人需要在信用证被使用之前保持投资质量。

道德责任债券

道德责任债券是对州发行的债券的一种保护措施。如果债券持有人需要得到支付，有关的州立法机关可以合法授权对一般的州税收收入之外的拨款进行安排，尽管有时候没有这个必要。

“领土”债券

这些债券由美国的领地如波多黎各、美属维尔京群岛和关岛发行。这些债券在大多数国家是免税的。同时，这些发行人的经济受到美国公司税收法典中的积极的特别条款的影响，而这些条款并不适用于其他州。

“困境城市”救援债券

“困境城市”救援债券的结构看起来像纯粹的收益债券，但其本质上并不是收益债券。收入来源于一般目的的税收和收入，这些税收和收入本来应该进入州或城市的一般基金。创造这种债券结构的目的是救援潜在的陷入严重预算赤字的一般责任债券发行人。例如纽约州纽约市政援助公司债券（New York State Municipal Assistance Corporation for the City of New York Bonds，MAC）和伊利诺伊州芝加哥学校财务管理局债券（Illinois Chicago School Finance Authority Bonds）。

□货币市场产品

免税的货币市场产品包括市政票据、商业票据、可变利率需求债务以及后两种产品的混合。

市政票据

市政票据包括税收预期票据（TAN）、收入预期票据（RAN）、拨款预期票据（GAN）以及债券预期票据（BAN）。这些是州、地方政府和特别权力机构的临时借款。

通常，这些票据的期限为 12 个月，尽管期限短至 3 个月、长至 3 年的票据并不罕见。税收预期票据和收入预期票据（也被称为 TRAN）是以预期税收或其他预期的收入为基础发行的。这些借款使州和地方政府单位不规则的收入现金流更加平滑。债券预期票据是在一个长期债券销售预期的基础上发行的。

免税货币市场产品通常有一些类型的信贷支持。它可以以一个不可撤销的信用证、一个贷款额度、一份市政债券保险单、一份代管协议、一份债券购买协议或者一份担保投资协议的形式出现。在签有债券购买协议的情况下，如果再流通代理人不能重新出售这些工具或者做出及时的支付，那么银行有责任购买这些债券。在签有担保投资协议的情况下，一家保险公司或者一家银行必须进行足够的投资，以使一个支持资产投资组合所产生的现金流能够满足债券发行的需要。

商业票据

与公司发行的商业票据相似，市政当局可以发行免税的商业票据以筹集时间在 1 ～270 天的短期资金。交易商规定了各种到期期限的利率水平，投资者可以选择自己希望的到期期限。这样投资者在选择一个满足其投资目标的到期期限时就有相当大的选择余地。

可变利率需求债务

可变利率需求债务属于浮动利率债务，它名义上有一个长的到期期限，但是它的息票利率每天或者每 7 天必须重新设定一次。投资者有权提前 7 天告知然后把这些债务回售给托管人。回售价格等于面值加上应计利息。

商业票据/可变利率需求债务混合产品

商业票据/可变利率需求债务混合产品是为了满足投资者的现金流需求而定制的。与免税的商业票据一样，这种产品有灵活的到期期限，因为再流通代理人对不同到期期限的产品设定了不同的利率。尽管这种工具可能有一个较长的名义上的到期期限，但是它与可变利率需求债务一样也有一个回售条款。回售期范围可以短至 1 天、长至超过 360 天。在回售日，投资者能够回售这种债券，收到本金和利息，或者投资者也可以选择以一种新的利率延长到期期限，并且让再流通代理人推迟回售日。这样，投资者在最初购买这种产品时要做两个选择：利率和回售日。如果回售日在 180 天以内，利息通常在回售日进行支付。如果回售日在 180 天以上，利息每半年支付一次。一些商业票据交易商对这样的产品进行了私人命名，但大多数交易商只简单地把它们称为货币市场市政产品。

□市政衍生证券

最近几年，从基本的固定利率市政债券中派生出许多市政衍生产品。这是通过拆分最新发行的债券和二级市场上现存债券的现金流来完成的。这些产品是通过把息票利息支付和本金支付分成两个或者更多的债券种类或者分券（tranch）而创立出来的。这样构造出来的债券种类与构造衍生证券的基础固定利率市政债券相比具有非常不同的收益和价格波动性特征。通过扩展在市政债券市场上能够得到的风险/收益类型，机构投资者可以更灵活地构造市政债券投资组合，以实现特定的资产/负债目标，或者使得对利率或收益率曲线的预测更加准确。

因为这些债券种类的价值来源于基础固定利率市政债券，它们被称为**衍生证券**（derivative security）。这一市场的发展与应税债券，特别是抵押贷款支持证券市场的发展是同步的。随着市政债券互换市场的发展，投资银行家创造这些证券的能力不断增强。

普通的衍生债券主要有两类：**浮动利率债券**（floating-rate bond）和**反向浮动利率债券**（inverse floating-rate bond），它们都是从固定利率债券衍生出来的。市场上的反向浮动利率债券主要有两种：拍卖利率债券和随后开发的偿付选择权债券（tender option bond，TOB）。各种形式的TOB项目自20世纪80年代初期就已经存在，但是直到20世纪90年代才被广泛使用。

最初，反向浮动利率债券是以拍卖利率债券的形式出现的。2008年拍卖利率债券的失败导致拍卖利率债券的新发行被终止。现在，拍卖利率衍生债券已经在很大程度上被以偿付选择权债券为主要工具创立的反向浮动利率债券所取代。在功能上，偿付选择权债券与拍卖利率债券十分相似。这两种衍生债券都是反向浮动利率债券。拍卖利率债券主要被卖给公司，而偿付选择权债券则主要被卖给货币市场基金。拍卖利率债券是不能被卖给货币市场基金的。免税的货币市场基金对于免税利息有持续的需求。这种需求对偿付选择权债券这种浮动利率债券提供了一个稳定的购买基础。为了利用这种货币市场需求，偿付选择权债券以流动便利为特征，它使这些浮动利率衍生债券可以在货币市场上卖出。这些流动便利通常持续364天，并由高评级的银行或者经纪—交易商来提供。

偿付选择权债券是以信托方式创立的。在这种结构下，一定要有特定的条款来触发偿债事件。例如，如果再流通代理人未能卖出浮动利率产品或者基础债券下跌至低于设定的担保品价值下限，将导致一个强制的偿债事件。当一个强制的偿债事件发生时，流动性的提供者将支付给浮动利率债券持有者面值加应计利息。托管人同时终止这种信托并且清算这些债券。出售债券的收入首先被用于向流动性提供者支付面值和应计的利息，然后被用于支付所发生的所有费用。最后，债券投资者获得剩余的价值。

共同基金和保险公司已经设计了几个项目来交易和出售普通的偿付选择权债券。一些华尔街结构化产品在外部联合交易中也开始更多地使用偿付选择权债券。花旗集团所拥有的计划被称为剩余期权凭证和剩余期权多头证券，剩余期权凭证是短期凭证，剩余期权多头证券是反向浮动利率债券。巴克莱公司的项目被称为剩余利息债券（RIBS）和信托收据。

11.3 市政债券的商业信用评级

在1929年由一家商业评级公司评定等级并于1932年陷入违约的市政债券中，78%的债券曾经被评为AA级或者更好的等级，48%曾经被评为AAA级。但是，自那以后评级机构评估市政债券信用的能力已经发展到能够被一般行业所接受和信服的水平。在大多数情况下，这些评级充分地表明了发行人的财务状况并识别出了其所面临的信用风险。然而，近期发生的一些小的却很重要的事件已经使市场参与者开始重新审查其对评级机构意见的依赖。

如果举例子的话，应该提到华盛顿公共电力供应系统（Washington Public Power Supply System，WPPSS）和加利福尼亚州奥兰治县发行的债券。两个主要的商业评级公司——穆迪公司和标准普尔公司——在20世纪80年代早期对WPPSS债券给予了最高的评级。穆迪公司对WPPSS工程项目的第1、2、3期债券给予了最高的信用评级Aaa，对第4、5期债券的评级为A1。A1级被定义为中上级信用等级中有最高投资属性的等级。标准普尔公司也曾经给予WPPSS工程项目的第1、2、3期债券最高的评级AAA，并且对第4、5期债券给予A的评级。这些高等级的评级使得WPPSS卖出了超过80亿美元的长期债券。但是到1990年为止，有超过20亿美元的债券发生了违约。

加利福尼亚州奥兰治县在1994年12月6日申请破产保护之前也有很高的信用评级。奥兰治县破产是美国历史上最大的市政破产事件，而且是历史上独一无二的。这个县的问题既不像20世纪90年代早期的费城危机那样是由地方的经济问题引起的，也不像1975年纽约市那样是由预算问题引起的。奥兰治的问题是由该县财政和税收办公室在奥兰治投资基金上的投资战略的失当引起的。这个投资基金有很高的杠杆比率，并且包含有高比例的反向浮动利率债券。1994年当利率提高时，这些投资的价值减少了，且提供财务杠杆的机构决定终止这些财务协议。问题在于，如果投资基金被清算，资产的数量将不足以抵偿所有贷款。因为这个基金没有足够的资产来抵偿其债务，于是奥兰治选择了寻求破产保护。

该县主动提出的破产申请是没有先例的。它带给投资者一个信号，那就是该县不打算偿付它的所有债务了。而大多数市政当局面临严重的财务困境时，却努力如期偿付所有的债务，甚至不愿意让人们想到它们可能会不希望履行它们的债务。给大多数投资者带来麻烦的奥兰治是一个有活力、经济发达的地区，它应该完全有能力履行它的债务。这对投资者来说就出现了一个与以前完全不同的情况，并且引出了发行人的支付能力和它的支付意愿的问题。这是市政投资者在奥兰治出现问题以前很少考虑的事情。

在奥兰治申请破产之前投资者很少考虑的另一个问题是，用来管理运作基金投资和其他州和地方投资基金的投资战略问题。人们通常认为州和地方政府的财政官员比较保守，奉行强调资本安全性和保持流动性的投资策略。但是奥兰治破产事件一发生，大批的投资者开始质疑州和地方政府官员的投资策略，以及他们在财务杠杆和衍生证券方面的使用情况——因为奥兰治在出现问题之前有高等级的信用评级；投资者也开始质疑商业信用评级机构的可靠性。

华盛顿公共电力供应系统和加利福尼亚州奥兰治县在问题出现之前都是有高评级的发行人，但是出现类似问题的并不止它们两个，只是它们的名气更大一些而已。实际上，自1975年以来，所有违约的市政债券最初都被穆迪公司和标准普尔公司给予了投资级评级。当然，也应该注意到在大多数情况下商业评级公司的评级还是充分反映了发行人的信用状况。然而，与35年以前商业评级公司不评定许多种收益债券的发行不同的是，今天它们好像已经把自己看作资本信息处理中所不可缺少的助手。

在一些联邦和州政府官员提出批评后，我们看到在2009年评级机构上调了很多一般责任和关键服务收益债券的评级。他们认为基于历史违约率和回收率，市政债券应该比公司债券的评级更高。这导致很多市政债券有了更高的评级。

今天，许多大型机构投资者、承销商和交易商都把这种商业评级机构的评级作为出发点，然后依靠自己的市政信用分析师来判断市政债券的信用质量。但是，其他投资者并不进行独立的信用风险分析，而是完全依靠穆迪公司和标准普尔公司的信用风险评级。在这一节中，我们将讨论这两个商业评级公司的评级种类。

我们还将讨论一个排名第三的稍小一些的商业评级公司——惠誉公司。它在市场上的影响越来越大，而且它在卫生保健和持续照料退休社区债券评级方面十分出名。

□穆迪投资者服务公司

穆迪公司使用的市政债券评级系统以九个符号组成的系统对市政债券投资质量进行分级评定，最高的级别是 Aaa，最低的级别是 C。这九个依字母顺序排列的评级及其定义见图表 11—1。

图表 11—1　　穆迪公司市政债券评级

级别	定义
Aaa	最高质量级，最低程度的信用风险
Aa	高质量级，很低程度的信用风险
A	中上质量级，低程度的信用风险
Baa	中等程度的信用风险
Ba	投机元素，明显的信用风险
B	投机级，较高的信用风险
Caa	较差的质量级，很高的信用风险
Ca	投机性很强，已违约或接近违约
C	已违约，没有回本希望

评级最高的四种市政债券（Aaa、Aa、A 和 Baa）是投资级的。投机级或非投资级包括五个较低的等级（Ba、B、Caa、Ca 和 C）。另外，从 Aa 到 Caa 的债券种类可以利用数字 1、2 和 3 的修正来进一步精确其评级，其中“1”表示处于该种评级分类的上三分之一，“2”代表中三分之一，“3”代表下三分之一。

穆迪公司使用的市政票据评级系统是利用穆迪公司的投资级类别符号 MIG 和投机级类别符号 SG 进行评级的，如图表 11—2 所示。

图表 11—2 **穆迪公司的市政票据评级***

级别	定义
MIG 1	最优的保护
MIG 2	很高的质量
MIG 3	可接受的质量
SG	投机级

* 对有即期特点的短期债券（例如，依靠外部的流动性偿付，通常是即期的而不是依据固定的到期日来进行偿付），穆迪公司利用从 VMIG 1 到 VMIG 3 以及 VSG 的符号来进行区分。

穆迪公司也为免税商业票据提供信用评级。这些是允诺的到期期限不超过 9 个月的债务。穆迪公司使用三个符号来表示投资级分类，并有一个投机级分类，它们给出了被评级的发行人相对的偿付能力，见图表 11—3。

图表 11—3 **穆迪公司免税商业票据评级**

级别	定义
上等一级（P-1）	很强的偿付能力
上等二级（P-2）	较强的偿付能力
上等三级（P-3）	可接受的偿付能力
非上等	非上等级

□标准普尔公司

标准普尔公司使用的市政债券评级系统以 10 个符号组成的系统分出了市政债券投资质量的级别，最高的级别是 AAA，最低的级别是 D。[3] 级别最高的四种类型（AAA、AA、A 和 BBB）的债券被标准普尔认为是投资级的。这 10 个依字母顺序排列的评级及其定义见图表 11—4。

图表 11—4 **标准普尔公司的市政债券评级**

级别	定义
AAA	最高级，极强的安全性
AA	很强的安全性，与 AAA 的区别很小
A	有很强的偿付能力，但是比前两个级别更易受不利的经济环境的影响
BBB	有充足的偿付能力，但是不利的经济环境更有可能弱化这种能力
BB	最低的投机程度，风险开始暴露
B	投机级，风险暴露
CCC	投机级，较多的风险暴露
CC	很可能不能得到偿付
C	可能会提出破产请求
D	债券违约，利息和/或本金偿付出现欠款

标准普尔也使用加号（+）或者减号（-）来表示评级在 AA 到 CCC 之间的债券的相对位置。

在使用标准普尔公司的市政票据评级系统评估这些市政票据的投资级别时，可以把它分成四个符号系统，最高的级别是 SP-1+，最低的级别是 SP-3。级别最高的三种（即 SP-1+、SP-1 和 SP-2）被标准普尔公司认为具有投资级质量。各个评级及其简要定义见图表 11—5。

标准普尔公司也像应税的商业票据那样以相同的四种分类方法评估了免税的商业票据。这四种免税的商业票据评级分类见图表 11—6。

图表 11—5　标准普尔公司的市政票据评级

级别	定义
SP-1	很强的支付本金和利息的能力。那些被确定具有绝对的安全特性的债券通过加上一个加号来表示
SP-2	令人满意的支付本金和利息的能力
SP-3	投机性的支付本金和利息的能力

图表 11—6　标准普尔公司免税商业票据评级

级别	定义
A-1+	极强的安全程度
A-1	强的安全程度
A-2	令人满意的安全程度
A-3	足够的安全程度
B	投机性的及时支付能力
C	可疑的支付能力
D	在本金或利息的应付款日期不能完成支付时使用

□惠誉公司

全球排名第三的评级公司是惠誉公司。惠誉公司所使用的按字母顺序排序的评级符号及其定义在图表 11—7 中给出。加号（+）和减号（-）被用来标明在某种评级分类内的相对地位。[4]加号和减号不在 AAA 级中使用。

图表 11—7　惠誉市政债券评级

评级	定义
AAA	最高的信用等级
AA	很高的信用等级
A	高信用等级
BBB	良好

续前表

评级	定义
BB	投机级
B	高度的投机级
CCC	高违约风险
CC	较高违约风险
C	最高违约风险
D	违约

在此基础上，惠誉会对到期期限在36个月以内的债务进行评级。评价体系有三个投资级评级水平，F1（最高级）、F2和F3。还有两个投机级评级水平，B和C。RD评级给予那些履行了大多数债务责任，却在一个或多个金融承诺上违约了的实体。最后，如果一家企业发生了违约事件或者短期债务违约，它会被给予D评级。

11.4 市政债券的保险

使用市政债券保险是一种在一个投资组合内帮助减少信用风险的方法。市政债券保险是债券利息不是由债券发行人支付而是由保险公司来支付的协议。市政债券保险合约保证了对债券持有人的市政债券利息支付。也就是说，保险公司在发行人不能履行债务时许诺代替发行人对债券持有人进行支付。

这种保险通常贯穿于债券的整个存续期。当托管人或者投资者在发行人应付款的日期仍然没有得到相应支付时，可以通报给保险公司并且提交违约的债券和息票。在这种保险合约条款下，保险公司有责任在到期时支付足够的钱来补偿投保人投保的本金和利息的违约金额。

因为市政债券保险减少了投资者的信用风险，所以，特定的市政债券的可流通性大大地提高了。从保险中受益良多的市政债券包括质量较低的债券、由较小的不太为金融界所知的政府单位所发行的债券、结构复杂难懂但很健全的债券，以及由没有市场追随者的很少发行债券的地方政府借款者所发行的债券。

当然，发行人想要获得债券保险的一个主要的原因是：在没有保险的情况下它的信誉远远低于有保险时的信誉。也就是说，当发行人潜在的信誉比较低时，利息成本的节约完全能够补偿保险费成本。有两类主要的市政债券保险集团。第一类为“单一业务”公司，它们拥有绝大多数的金融证券（包括市政债券）保险。现在，几乎所有给市政债券保险的公司在结构上都是以单一业务为特色。第二类通常为业务范围广泛的“多种经营”的财产和意外险保险公司，这些业务包括火灾、交通事故、飓风和健康问题保险。

在2008年前的很多年里，大多数被保险的市政债券都由单一业务保险公司进行保险——大多数公司在三家评级机构都获得了AAA评级，并且一并占有了新发行市场的

50%——这在后来发生了巨大的改变。当它们账面上的被保险债券发生大量违约后，它们的评级被不断下调并且面临破产风险。在 2010 年，只有一家单一业务保险公司还是 AAA 评级，其市场份额也下降到了 6%。在 2010 年底，标准普尔公司将这家保险公司的评级从 AAA 级下调到了 AA+级。

11.5 评估方法

传统的评估市政债券的方法相对简单。首先，投资者会考虑债券的到期期限、发行价格（折价、平价或溢价），评估任何可提前赎回特性或者偿债基金条款；其次，投资者会考虑信用质量。对溢价债券和可赎回债券，投资者将更多地强调提前赎回的日期。如果是可赎回债券并且折价销售，那么这种可提前赎回的特性并不是一个主要因素，可以通过债券的到期期限来进行评估。基本上，投资者是基于最差的收益率的计算来评估债券的相对吸引力的。信用质量被定量计算。对于特定的信用质量，将在基本的最差收益率的计算中加上一个适当的收益率溢价。因为投资者没有进行期权调整利差分析，所以收益率溢价是名义上的。可以利用多种途径评估债券的基准收益率，例如通过一级市场的收益率水平、二级市场上相似债券的交易利率水平和基准利率曲线（AAA 级政府债券、一般部门债券、州特殊部门债券）。

有兴趣购买市政债券的投资者必须能够比较一种市政债券的承诺收益率和相应的应税债券的收益率孰优孰劣。利用上面的传统方法计算出收益率后，再由下面的公式可以计算出一种免税债券的**赋税等值收益率**（equivalent taxable yield）：

$$赋税等值收益率=\frac{免税收益率}{1-边际税率}$$

例如，假设边际税率为 40%，投资者考虑购买一种提供 6%的免税收益率的免税债券。那么赋税等值收益率为 10%，计算如下：

$$赋税等值收益率=\frac{0.06}{1-0.40}=0.10=10\%$$

在计算赋税等值收益率时，因为只有息票利息免除了联邦所得税，所以如果债券低于面值销售（折价销售），那么按照传统方法计算出来的到期收益率并不是免税收益率。相反，到期收益率是在一个假定的资本利得税之上计算得到的，然后应用在上面公式的分子中。

假定资本利得税之后的到期收益率的计算方法与传统的到期收益率计算方法相同。但是，在计算中并没有使用赎回价值，而是使用了考虑资本利得税之后的净收益。

在使用赋税等值收益率来比较应税债券和免税债券的相对投资价值时，有一个主要的障碍。在第 6 章我们对到期收益率的计算假定了全部息票利息能够按计算出的收益率进行再投资。因为总美元收益率可能与计算出的收益率不同，所以有相同的到期收益率的应税债券不能进行比较。当试图比较应税债券和免税债券时，同样的问题也会出现，特别是在只有一部分应税债券的息票利息能够被用于再投资时。但是市政债券的全部息票支付都能用来进行再投资。可用于比较应税债券和免税债券的总收益率框架我们已经在第 6 章讨论过了。

评估市政债券的传统方法有大量问题需要解决。基本的问题是没有对提前赎回风险进行适当的分析。这种最差收益率的计算忽视了一些事实，比如，利率在将来能够改变，现金流的实际时间安排可能与所计划的不一致。如果一个投资者评估一种债券及其到期日，那么他可能会惊讶地发现这种债券早在几年前就被提前赎回了。相反，如果这个投资者评估一种债券在一个特定的提前赎回日的价值，但是这种债券没有被提前赎回，那么将会有一个不同于预期的现金流。传统的方法论的结果是，大多数可提前赎回的市政债券定价太高，而带有额外凸性的不可提前赎回的债券的定价太低。长期限的债券尤其如此。有关期权调整利差分析的更多内容见本书第 40 章。

11.6 影响市政债券的税收条款

联邦税率水平影响着市政债券的价值和投资者使用的策略。市政债券的投资者需要熟悉美国《国内收入法》中的三个条款。这些条款涉及了初始发行折价债券的税收处理、可选择的最小税负，以及获得市政债券产生的利息费用的可抵减性。而且，投资者也必须知道相关的州和地方的税收法规。

□初始发行折价债券的税收处理

当投资者在二级市场上购买初始发行折价债券时，因为初始发行折价债券的税收处理比较复杂，他们需要仔细分析这些债券。当投资市政债券时，很少有投资者会考虑税收方面的因素。毕竟，大多数市政债券的利息收入是免交联邦税的，并且在很多情况下也免交州和地方税。如果投资者考虑税收，他们很可能会考虑在一个比原始税收成本更高的价格上卖出债券。大多数投资者相信这会产生一个资本利得并且在无资本利得时将不会有税收影响。这听起来很简单，但市政债券并不是这么简单。几年以前，市场上引入了 1993 年《收入调节法案》，自那以后市政债券的投资已经变得更加复杂。目前，1993 年 4 月 30 日之后在二级市场购买债券的所得利润可能是免税的，既不征资本利得税，也不征所得税，或两者的组合。为了理解这种情况，必须理解微量规则（rule of de minimus）。

微量规则的基础条款规定债券在征收一般所得税之前要在债券存续期的每个剩余年份里，债券面值折价 0.25%。这个价格就是通常所说的市场折价截止价格。如果以折价购买债券，但是这个价格高于市场折价截止价格，那么利润将以资本利得税税率交税。如果购买价格低于市场折价截止价格，那么利润可能将以一般所得税税率或一般所得税税率和资本利得税税率的组合税率征税。确切的税负依赖于几个因素。

对于初始发行折价债券来说，微量规则特别复杂。对于这些债券，不仅要计算一个修正的发行价格，也要计算市场折价截止价格。因为初始发行折价债券有其存续期，这种修正的发行价格必然随着时间的推移而改变。这种微量规则并不适用于初始发行折价部分，但适用于市场折价部分。市场折价部分等于购买价格（二级市场价格）减去修正的发行价格。如果一个初始发行折价债券是在二级市场中以高于债券修正的发行价格的价格买入的，那么这只债券就被认为存在溢价并且这种微量规则不再适用。如果初始发行折价债券是以低于修正的发行价格但是高于市场折价截止价格的价格购买的，那么这种初始发行折价债券将以市场折价购买，并且利润将以资本利得税税率征税。最后，如果初始发行折价债券的购买价格低于市场折价截止价格，那么利润可能将以一般所得税税率或者一般所得税税率与资本利得税税率的组合税率征税。确切的税负依赖于几个因素。这种初始发行折价债券的问题是很复杂的。更加具体详细的内容参见国内收入署（Internal Revenue Service，IRS）的相关出版物。

□可选择的最小税负

可选择的最小应税收入（alternative minimum taxable income，AMTI）是一个纳税人的应征税收入，并对特定的税收优惠进行了一定的调整，以使 AMTI 近似等于经济收入。对于个人和公司来说，一个纳税人的税负是下面两者中较大的一个：(1) 以规定的税率对应税收入计算的税负；(2) 在可选择的最小应税收入上以一个更低的税率来计算的税负。可选择的最小税负这种平行的税收系统被用来防止纳税人逃避重大的纳税责任，这种责任逃避主要是通过利用总收入中的不予计列额、抵减额和《国内收入法》所允许的其他税收抵减来达到的。

对于个人和公司来说，决定可选择的最小应税收入的规则不同。后者需要用两种方法计算它们的最小税负责任。而且，对于财产和意外险保险公司有专门的规定。

必须被包括的税收优惠条款之一就是一定的市政债券利息免税。作为可选择的最小税负的结果，免税债券的免税特征的价值减少了。然而，一些市政债券发行的利息不受可选择的最小税负的影响。在当前的税收法规下，在所有于 1986 年 8 月 7 日之后发行的私人行为债券所挣得的免税利息必须包括在可选择的最小应税收入中。但是也有两个例外。第一个例外是由 501(c)(3) 组织（即非营利性组织）所发行的债券利息不受可选择的最小应税收入的影响。第二个例外是，原始债券发行于 1986 年 8 月 7 日之前，以换新为目的发行的债券的利息。可选择的最小税负并不适用于政府或者非私人行为的市政债券的利息。可以推出，那些受可选择的最小税负影响的债券比不受可选择的最小税负影响的债券会以更高的收益率进行交易。

□获得市政债券产生的利息费用的可抵减性

有一些投资策略是借入资金来购买或者持有证券。通常，借入资金来购买或者持有投资证券的利息费用是可以在税前抵减收入的。但是对市政债券投资者来说有一个例外。国内收入署明确表示，为购买或者持有利息完全免税的债券而导致的负债的应计支付或者应计利息并不能在税前抵减收入。如果任何免税利息由纳税人在应税年份实际收到，就不会引起任何差别。换句话说，借入来购买或者持有免税证券的资金，其利息是不可抵减的。

这一特别的规则适用于商业银行。同时，银行被允许抵减所有因购买或持有市政债券而产生的利息费用。后来的税收法规最初限制利息费用的抵减额最多达 85%，后来改为 80%。1986 年的《税收改革法案》解除了在 1986 年 8 月 6 日之后获得的债券的利息费用的可抵减性。利息费用不可抵减规则的例外是**符合银行要求的债券**（bank-qualified issue）。这些是由小型发行人在 1986 年 8 月 6 日之后销售的免税债券，并且由银行为建立投资组合而购买。

一只债券的发行如果满足下列条件就是符合银行要求的：（1）它是一种免税债券而不是基于私人行为的债券，但是包括任何由 501(c)(3) 组织发行的债券；（2）它是发行人专门为符合银行的要求而发行的，并且发行人或者它的下属单位不打算发行超过1 000 万美元的债券。应该由国家承认的、有经验的债券律师出具证明某债券符合银行要求的法律意见书。

□州和地方税

市政债券的税收处理各州有所不同。总共可以征收三种税：（1）在息票收入方面的所得税；（2）实现的资本利得税；（3）个人财产税。

许多州征收个人所得税。由本州的发行人发行债券的息票利息在大多数州免除了州个人所得税。少数州以发行人是来自本州还是外州来决定是否征收息票利息的个人所得税。

当做出投资决定时，各州征收的资本利得税常常被投资者忽略。在许多州，税款是以资本交易（例如，资本利得或者损失）所获得的收入为基础而征收的。在许多对本州发行人免征息票利息税的州，同样的免税并不适用于包括市政债券在内的资本利得税。

一些州在市政债券上征收个人财产税。这种税更像所得税而不是个人财产税。在 1995 年以前，一些州和地方政府对拥有市政债券的居民征收这些税，但是那些市政债券的发行人必须位于投资者家庭所在州以外。而那些拥有由位于投资者家庭所在州的发行人所发行的市政债券的居民可免征这些税。这些税被美国最高法院认定违反宪法，因为它支持了州内交易，限制了跨州交易，从而违反了联邦商业条款。具有决定性的例子是富尔顿公司（Fulton Corporation）诉贾尼丝 · H. 福克纳（Janice H. Faulkner）——北卡罗来纳州税收干事案（第 94－1239 号，U. S. S. C. 1996 年 2 月 21 日）。在这一案件由法院裁决之后，许多征收相似税款的州和地方政府都废除了该税或者选择不再征收这种税款。

在确定某个州的有效税率时，投资者必须考虑联邦所得税中州税的抵减效应。而且，在一些州，在决定州所得税时联邦税款是可以抵减的。

11.7 市政债券市场中收益率的关系

□指定的信用评级内的差别

债券的购买者主要使用由商业评级公司（如标准普尔公司和穆迪公司）做出的信用

评级作为对一只债券定价的起点。最终市场上债券的价格是由信用评级机构给出的评级和投资者根据自己所作的该债券信誉分析和所感知的可流通性经调整后决定的。例如，即使大多数被保险的债券由商业评级公司给出了 AAA 级的评级，但有保险的市政债券趋向于比没有保险的高投资级市政债券有更高的收益率。另外，尽管具有相同的信用质量和其他可比投资特征，但许多投资者还是对债券存在地理偏好。

□信用评级之间的差别

在所有其他因素保持不变的情况下，投资者感知到的信用风险越大，投资者期望的回报就越高。不同信用质量的市政债券之间的利差并不是永远保持不变的。利差变化的原因有以下几点：（1）对经济的展望和它对发行人的预期影响；（2）联邦预算的融资需要；（3）市政债券市场的供需因素。在利率相对低的时期，投资者为了获得额外的收益有时会增加对低信用质量债券的持有量，这就缩小了高信用评级债券和低信用评级债券之间的利差。在投资者预期经济形势黯淡的时期，因为投资者会追逐更加保守的信用风险暴露，常会有一个"追求质量"的风气，这就加大了高信用评级债券和低信用评级债券之间的利差。

另一个在不同信用质量债券之间导致利差变化的因素是，一个市场部门内所发行债券的暂时的过量供应。例如，新发行的大量高等级的州一般责任债券可能会导致在高等级和低等级收益债券之间的利差变小。在一个疲软的市场环境下，高等级市政债券要比信用评级低的市政债券卖得好。因此，在疲软的市场中高等级债券占据统治地位，而与此同时，中低等级的市政债券却相对较少。

□本州市场和一般市场之间的差别

位于特定的州（例如，纽约州、加利福尼亚州、亚利桑那州、马里兰州和宾夕法尼亚州）的发行人发行的市政债券的收益率通常显著低于具有同样的信用评级但来自其他州在"一般市场"交易的债券的收益率。这种利差的存在有三个原因。第一，各州常常免除州内发行债券的利息的州和地方个人所得税，对外州发行的债券的利息通常不免税。因此，那些具有高所得税的州（例如，纽约州和加利福尼亚州）相对于那些州和地方所得税不是重要考虑因素的州（例如，伊利诺伊州和威斯康星州）所发行的债券来说，投资者对本州发行的债券的强烈需求将减少他们的收益率。当然，值得注意的是波多黎各和其他美国地区政府也免征州和地方所得税。第二，一些州要求银行对所接受的存在银行的公众存款以物品作为抵押。这个要求被称为担保品要求。可接受的担保品通常包括特定的本州发行机构发行的债券。相对于不合格的债券，这些合格债券的需求趋向于增加（特别是对于到期期限短的债券），收益率趋向于减小。第三，一些州的投资者表现出极度不愿购买他们的州或者地区以外的发行人所发行的债券。乡土观念使这些州所发行债券的相对收益率趋向于减小。

□到期日之间的差别

在债券的收益方面具有决定性的是距离到期日的剩余年数。这已经在第 8 章中进行了解释，收益率曲线描述了除了到期日之外其他都相同的债券在一个给定时点的收益率和到期日之间的关系。当收益率随着到期日临近而提高时，收益率曲线被认为是标准的或者有正的斜率。因此，当投资者延长到期日时，他们要求一个更高的收益率。收益率曲线也有可能是反向的，这意味着长期收益率小于短期收益率。如果短期、中期和长期收益率大致相同，收益率曲线被认为是平坦的。

在应税债券市场中，在商业循环的不同阶段并不难找到所有三种形状的收益率曲线。然而，在市政债券市场中，收益率曲线通常是标准的或者斜率为正。因此，在市政债券市场中，长期债券提供的收益率通常比短期和中期债券更高。

□有保险的市政债券

通常，尽管有保险的市政债券是以低于它们没有保险时的市政债券的收益率水平进行销售，它们仍然趋向于有比其他 Aaa/AAA 级债券更高的收益率，比如高折价换新债券。当然，供需因素和本州税收因素有时能够扭曲市场交易模式。有保险的债券作为一个普通的类别在始自 2008 年的大范围降级之前可能不被认为与一些债券有同样的较高的安全级别，这些债券或者是由代管的美国国债进行担保的换新债券，或者是由那些有活力、经济增长强劲、财政预算保守、债务负担低的州发行的一般责任债券。

11.8 一级市场和二级市场

市政债券市场可分为一级市场和二级市场。一级市场是新发行的市政债券首次销售的市场。二级市场是以前所发行的市政债券进行交易的市场。

□一级市场

每周都有大量市政债券进入市场。州或地方政府可以通过公开发售债券给投资者或向一小部分投资者私募来发售新债券。如果选择公开发行，通常是由投资银行或者商业银行的市政债券部门进行承销。公开发行可以通过竞争性投标或者与承销商直接协商发行。当一笔债券通过竞争性投标发行时，出价最高的投标者将获得这笔债券。

大多数州要求一般责任债券以竞争性投标方式发行，但是对于收益债券来说通常这种要求是不必要的。一般来说，州和地方政府要求竞争性发售必须在公认的财经出版物上发布公告，例如，《债券购买者》。它是一份关于市政债券交易的出版物。《债券购买者》提供了关于即将进行的竞争性发售和大多数协议发行的信息，以及前几周的发行结果。

发行人销售债券，不管是通过竞争性投标还是协商发行，已经变得日益高效和电子化。两家公司为竞争性投标提供服务。一家是 I-Deal/Ipreo，为协商性债券销售提供软件平台。另一家是格兰特街集团（Grant Street Group），它专注于市政债券市场的竞争性投标。

□二级市场

市政债券在由遍及全国的市政债券交易商支持的场外市场中交易。小发行人（被称为地方信用）的债券交易市场可以通过地方经纪公司、地方银行以及某些较大的华尔街公司来维持。大发行人（被称为一般市场发行人）由较大的经纪公司和银行支持，它们中的大多数与发行人有投资银行业务关系。经纪人在交易商与大型机构投资者之间的市政债券批发交易中提供中介服务。另外，从 2000 年开始，不但在二级市场上的债券，而且一些新的竞争性发售和协议发行的债券也开始在互联网上由大小经纪—交易商向机构和个人投资者进行拍卖和销售。

在市政债券市场上，零售投资者一笔零星交易的债券面值是25 000美元或者更少。对于机构投资者而言，任何在 100 000 美元面值以下的交易都被认为是一笔零星交易。交易商的利差取决于几个因素。对于零售投资者，利差的范围低至大宗交易活跃债券的 1/4 点（每 5 000 美元面值 12.50 美元），高至零星不活跃债券的 4 点（每 5 000 美元面值 200 美元）。对于零售投资者来说，通常的委托应该为 1.5～2.5 点。对于机构投资者来说，交易商利差很少超过 1/2 点（每 5 000 美元面值 25 美元）。

公司债券和国债的惯例是以 100 等于面值，然后以面值的一个百分比来进行报价。然而，市政债券通常根据收益率（到期收益率或者赎回收益率）来进行交易和报价。这种情况下的债券价格被称为**基础价格**（basis price）。某些到期期限较长的收益债券例外。使用美元价格交易和报价的债券（实际上是面值的一个百分比）被称为**美元债券**（dollar bond）。

应该注意，许多机构投资者为了达到交易和购买债券的目的，对债券的定价偏离了“MMD”尺度。这是涵盖了全部收益率曲线的普通“AAA 级债券”价格的每日指数，它由汤姆森金融公司（Thomson Financial）提供，订户可以通过互联网得到它们。同时，在华盛顿特区的市政债券规则制定委员会（Municipal Securities Rulemaking Board，MSRB）以天为基础公布那些无费用的实际交易和特定债券的价格。该委员会的网址为 www.investinginbonds.com，这是美国证券业和金融市场协会（SIFMA）的主页，该协会是为债券发行人服务的。

11.9 债券指数

机构投资者需要的总收益指数的主要提供者是巴克莱资本。投资者使用巴克莱资本市政债券指数（曾经的雷曼兄弟市政债券指数）来测度相对的总收益绩效，以加强基金经理战胜市场的能力。雷曼兄弟于 1980 年 1 月开始发布市政债券指数，到 2011 年，巴克莱资本已经汇编了超过 2 500 个基准的收益和统计数据。它们是对征税债券市场的广义的绩效测量。与巴克莱资本所提供的其他债券指数相似，市政债券指数以一定的规则为基础，并且以市场价值进行加权。到 2011 年，巴克莱资本市政债券指数包括了超过 46 000种债券，这些债券的市值达到了 1.2 万亿美元。要想被包括在这个指数中，这些债券的最低信用评级必须达到Baa/BBB。它们必须有一个至少700万美元的未偿付票面价值，并且是一个7 500万美元或以上交易的一部分。这些债券必须在1990年12月31日以后发行，并且有至少1年的剩余到期期限。

除了投资级指数之外，巴克莱资本为非投资级免税债券市场提供了总收益基准。为了确保成为资本化水平低的州的有统计意义和代表性的基准，巴克莱资本提供了针对特定州的流动性要求低的市政债券基准。

许多投资者利用巴克莱资本市政债券指数作为对一个给定的市政或者市场部门的绩效测度。这个基准也被用来确定和量化资产组合决策与一般市场和/或给定的同类市场的相对绩效。

巴克莱资本指数也被用来对未偿付债券市场确定相对的价值机会和代理人。假定方法一致，巴克莱资本指数常常被用来比较免税和应税固定收益市场。

在巴克莱资本指数的基础上，美国银行—美林也会发布一系列市政债券指数。此外，《债券购买者》，一份报道每日交易的报纸，每周也会发布收益指数。

还有两个在每个交易日的下午提供关于不同到期期限和信用评级信息的普遍评级体系。如上所述，一个评级体系由汤姆森市政债券市场信息（Thomson Municipal Market Data）提供，在行业内被称为MMD评级体系。另一个评级体系是市政债券市场顾问（Municipal Market Advisors，MMA）评级体系。

11.10 正式公告

介绍发行和发行商信息的**正式公告**（official statement，OS）是为发行一个新的债券做准备的。通常在最终的正式公告之前，要先发布一个初步的正式公告（preliminary official statement，POS）。这些公告提供给潜在的投资者许多信息。这些公告包含了一些基本信息，包括要发行的债券的数量、到期日、息票、债券出售收入的用途、信用评级、关于发行商的一般说明，并公布承销商与承销团成员的名字。这些信息的大部分能够在正式公告的封面或者前面几页中找到。这些公告也包含一些具体细节，如债券支付的担保和来源、资金的来源和使用、债务利息要求、相关的风险因素、发行人的财务状况、债券契约的摘要、相关的协议、所有现存或未决诉讼的公告、债券保险单样本（如果有保险的话）以及债券律师的意见。正式的公告包含了投资者为了做出一个信息充分的、有经验的投资决策而需要的大多数信息。

11.11 市政债券市场的监管

作为广泛使用的股票市场惯例的产物，美国国会在1933年通过了《证券法》，并且在1934年通过了《证券交易法》。在1934年的法案中产生了证券交易委员会，授予其监管公司证券发行和交易的权力。国会特别免除了有关市政债券的1933年法案中的登记注册要求和1934年法案中的定期报告要求。然而，反欺诈条款适用于市政债券的发行或者交易。

对市政债券的上述义务免除看来有以下原因：(1)政府礼节的要求；(2)在包含市政债券的交易中没有滥用现象；(3)在债券市场的这个部分中存在更多的老练的投资者(即机构投资者占绝对优势)；(4)市政债券发行人很少违约的事实。因此，从20世纪30年代早期到70年代早期的两个联邦证券法案的制定来看，市政债券市场是相对脱离于联邦监管的。

然而，20世纪70年代早期，环境改变了。随着收入的增加，个人投资者参与市政债券市场的程度比以前大得多。因此，公众对市政债券销售惯例的抗议也更加频繁。20世纪70年代早期，证券交易委员会发布了7项禁令来制止72名被告的市政债券交易欺诈行为。证券交易委员会认为滥用的惯例包括被告忽视提供给个人的特别的市政债券对于这些投资者是否确实是适当的投资工具，以及信息误传从而不能披露个人评估市政债券发行人的信用增长所需要的信息，特别是在收益债券的情况下。而且，一些市政债券发行人(特别是纽约市)的财务问题使得市场参与者意识到市政债券发行人也有出现严重的财务困难甚至破产的可能性。

国会1975年通过的《证券法修正案》扩大了市政债券市场的监管范围。这个立法使市政债券市场上的经纪人和交易商，包括承销和交易市政债券的银行，都包括在1934年的《证券交易法》的监管范围之内。另外，该修正案要求证券交易委员会建立一个由15名成员组成的市政债券规则制定委员会，作为一个独立的、自我监管的机构，这个机构的主要责任是制定规则来管理市政债券市场中银行、经纪人和交易商的行为。市政债券规则制定委员会所采纳的规则必须由证券交易委员会批准。市政债券规则制定委员会没有执行和检查的权力。这个权力属于证券交易委员会、全国证券交易商协会和特定的银行监管机构，例如联邦储备银行。1975年的《证券法修正案》并不需要市政债券发行人遵守1933年《证券法》中的登记注册要求和1934年《证券交易法》中的定期报告要求。然而，现在已经有几个立法提议要求财务信息披露。尽管这些提议还没有获得通过，但在加强财务信息披露方面已经有了明显的压力。即使在缺少财务信息披露规则立法的情况下，因为证券交易委员会正在实施更加严格的反欺诈条款，承销商也开始进行更多的信息披露。而且，债券发行人也认识到必须加强信息披露以便把市政债券销售给更加关注发行人的信用风险的公众投资者。1989年6月28日，证券交易委员会正式批准了第一个债券信息披露规则，并于1990年1月1日生效。以下段落概述了它的内容。这些规则适用于所有发行量在100万美元以上的新发行的市政债券。对下面的三种市政债券，免税条件已经增加到债券发行币值为10万美元或以上的债券：

- 只卖给不超过35个“老练”的投资者；
- 有一个等于或少于9个月的到期期限；
- 是可变利率需求债务工具。

在出价或者购买债券之前，承销商必须获得并检查发行人最后的正式公告，不得缺少下列信息：

- 发行价格；
- 利率；
- 销售报酬；
- 总的本金数量；
- 每个到期期限的本金数量；
- 交割日期；
- 被指定为竞争性投标的债券发行人所需要的其他条款、规定和评级，依赖于这些条件的其他证券条款以及承销商的身份。

承销商必须与发行人或者它的指定机构订立合约，以在任何最终的债券购买、提供和销售协议签订后 7 个工作日之内收到最终正式公告的副本，并有足够的时间来提供任何顾客所要求的支付确认书。

除了提供竞争性的出价，承销商将应任何潜在顾客的要求在下一个交易日之前发送给顾客一个最近的初步的正式公告的副本。

如果最后的正式公告已经制定出来，承销商需要根据潜在顾客的要求把最终的正式公告在 90 天之内或者 25 天之内分发给顾客。

最近，《多德-弗兰克华尔街改革和消费者保护法案》(Dodd-Frank Wall Street Reform and Consumer Protection Act) 在 2010 年 7 月 21 日生效，它要求市政债券顾问接受美国证券交易委员会和市政债券规则制定委员会的监管。

□证券交易委员会 15c2-12 条款下的重大事项披露

1995 年 7 月 3 日生效的 15c2－12 条款的修正条款在第一阶段要求交易商确定发行人在发行新的市政债券之前必须做出安排以披露未来至少每年需要公布一次的财务信息，以及条款中指定的任何 11 个重大事项发生的通告。到 2011 年，修正的条款将重大事项的数量增加到了 14 个。也是在 2011 年，市政债券规则制定委员会要求年度报告和重大事项通告必须以规定的电子形式存放在市政债券规则制定委员会。市政债券规则制定委员会建立了电子市政债券市场数据获取系统。

第二阶段的内容是在 1996 年 1 月 1 日生效的，它要求交易商有内部程序，以保证交易商在发行人有任何需要披露的重大事项时可以及时收到这种通知。

□美国政府会计准则委员会

美国政府会计准则委员会是一个非营利机构，旨在为州和地方政府制定公认会计准则。它成立于 1984 年并提供详细的方针，多年以来它提高了州和地方政府报告的标准，而分析师、审计师和其他用户都是这些报告的用户。通过提高州和地方政府会计制度的透明度，它帮助发行者区分了预算赤字和长期负债这两个在过去通常带来预算灾难和债券违约的因素。该委员会的网址是 http：//gasb. org。

□美国市政债券分析师联合会

美国市政债券分析师联合会（National Federation of Municipal Analysts，NFMA）

于1983年成立，到2004年拥有1 000名市政专家成员，吸引了部分市政债券机构投资者，它促进投资者加大信息量发布并做到及时发布。到2011年，联合会已经发布了针对包括从特殊信用市场到互换市场范围的市政债券的详细披露指南以及风险因素。市政债券发行人基于这些信息向投资者提供当前财政和经营信息。联合会的网址是www.nfma.org。

11.12 关键知识点

• 绝大多数免税债券由美国州和地方政府或者两者创造的实体发行。大多数未偿付的市政债券是免税证券，意味着其利息收入免征联邦政府所得税。因此，投资免税市政债券的一大激励是其税收优势。不同的州和地方政府对市政债券是否征税有不同的规定。

• 依市政债券的结构分类，一般来说有两种不同类型的市政债券：一般责任债券（由发行人的一般征税权力作为担保）和收益债券（其发行是为项目或者企业提供融资，债券的发行人以对应的经营项目所产生收入作为向债券持有人进行支付的来源）。还有一些债券的证券结构则同时拥有一般责任债券和收益债券的一些特征。这些混合并且特殊的债券包括换新债券、上缴税收支持和结构化资产支持债券、有保险的债券、租赁支持债券、信用证支持债券、道德责任债券、"领土"债券和"困境城市"救援债券。市政货币市场产品包括市政票据、商业票据、可变利率需求债券和商业票据/可变利率需求债券混合产品。

• 就像公司债券一样，市政债券也由商业评级机构（穆迪、标准普尔和惠誉）给出信用评级。有的投资者不自己进行信用风险分析，而是完全依赖信用风险评级。大的机构投资者、承销商和交易者一般运用评级作为分析市政债券信用的出发点，然后依赖其内部市政信用分析师来决定市政债券的信用质量。

• 就像债券市场的其他部门一样，到期收益率和赎回收益率这样的衡量标准会被使用。在比较免税市政债券的收益和可比的征税债券的收益时，要计算对应的赋税等值收益率。

• 影响对征税市政债券的投资的因素包括初始发行折价债券的税收处理、可选择的最小税负、获得市政债券产生的利息费用的可抵减性以及州和地方税。

• 巴克莱资本是机构投资者所使用的总收益市政债券指数的主要提供者。巴克莱资本市政债券指数被用来测度相对的总收益绩效。巴克莱指数系列也包含市政债券市场内分市场的指数。汤姆森市政债券市场信息和市政债券市场顾问会在每个交易日的下午提供关于不同到期期限和信用评级的普遍评级体系。

• 介绍发行和发行商信息的正式公告是为发行一个新的债券做准备的。通常在最终的正式公告之前，要先发布一个初步的正式公告。

【注释】

[1] 交互数据定价与参考数据公司是一个专注于数据收集和内部授权评估的证券信息提供商。数据

通过电子途径提供给金融机构和获得授权的分销商。固定收益市场包括市政债券市场和应税债券市场。还有一个定价服务是标准普尔的证券评估服务（Standard & Poor's Securities Evaluation Service）。

[2] 彭博金融市场公司是一个提供全球金融市场和企业新闻、数据和分析服务的多媒体发行人。彭博金融市场公司的核心业务是通过计算机网络发布实时的金融信息，并且把世界上的金融市场和金融专家连接在一起。

[3] www.standardandpoors.com. Standard & Poor's Ratings Definitions，August 20，2010.

[4] www.fitchratings.com，Fitch Ratings，January 14，2011.

第 12 章 公司债券

弗兰克·J. 法博齐（Frank J. Fabozzi）博士，注册金融分析师，注册会计师
EDHEC 商学院金融学教授

史蒂文·V. 曼（Steven V. Mann）博士
南卡罗来纳大学摩尔商学院金融学教授

亚当·B. 科恩（Adam B. Cohen），法律博士
契约评论（Covenant Review）公司创始人

以最简单的形式来说，公司债券是一种债务工具，发行人在特定日期偿付债券票面价值的规定比例（息票支付）以及在到期日偿付债券票面价值或本金。如果票据到期（并满足条款的其他要求）时不能支付本金和/或利息，则按照条款的规定，此债务工具已形成法律上的违约，可以通过诉讼程序来要求执行合约。对于公司的收入和资产，债券持有人作为债权人具有优先于普通股股东和优先股股东的优先索偿权；如果享有留置权或抵押权，那么债券持有人也具有比其他债权人更高的优先权。然而较高的法律地位并不能保护债券持有人，使之免受经济上的损失。事实上，债券持有人的收益与公司能否产生足够现金流以支付债务的能力息息相关。

公司债券的发行面额通常是 1 000 美元和它的倍数。一般的习惯是，如果没有其他明确的规定，公司债券的面额通常假设为 1 000 美元。如果一位债券交易商声称要出售 5 张债券，则意味着每张债券的本金是 1 000 美元。如果约定的利率（息票利率）是 6%，

那么，每张债券的年利息额是 60 美元，半年的利息额是 30 美元。

尽管在债券、票据和信用债券（debenture）之间有技术上的不同，但我们依然沿用华尔街的惯例，用一个常用的术语——**债券**（bonds）来代表具有固定收益的债务。

12.1 公司受托人

通常把将公司债券发行人的承诺和债券投资者的权利在合约中做了详细规定的合约称为**债券契约**（indenture）。如果由债券持有人来执行整个契约，则在理解法律条文方面就会出现麻烦，甚至有时让人很难判断公司发行人是否在履行它的全部诺言。通过把第三方，即**公司受托人**（corporate trustee）引入合约中，这些问题就可以大体上得到解决。契约通常是由公司受托人作为债券持有人利益的代表来处理的。也就是说，受托人在受托范围内为拥有债券的投资者执行事务。

公司受托人往往是银行或者信托公司，其拥有信托部门和擅长处理信托事务的专家。在债券发行时，公司受托人必须进行确认，也就是跟踪所有售出的债券，以保证债券的本金没有超出契约规定的数额。它必须获取并传达发行人、律师、债券持有人的合规证书及要求。那些合约不仅数量众多，也很专业，在债券没有清偿的整个期间内，必须予以密切关注。下面我们将对此进行讨论。

公司受托人的能力和财力非常重要。为此，名为《信托契约法》（Trust Indenture Act）的联邦法规要求：跨州出售的数额达 500 万美元以上的公司债券，必须有公司受托人。契约必须具有完备的条款以保证受托人可以代表债券持有人履行职责。作为一个受托人，它的利益和其他任何利益之间必须没有丝毫冲突，尤其是当受托人也是发行人的债权人时。契约中必须规定，受托人要向债券持有人及时通报情况。如果公司发行人发生违约，如不能支付利息或本金，或未能借入额外的有担保债券，受托人可以宣布发行人违约，并采取必要的措施保护债券持有人的权利。

然而，必须强调的是，受托人由债务发行人支付报酬，而且只能依契约的规定行事。契约中可能会包含一项条款，规定受托人必须履行的职责。受托人只承担这些在契约中明确规定的职责，而不能在契约中加进对受托人的任何暗示性的规定或义务。受托人通常不必采取如监管发行人的资产负债表来确定发行人的合规性这样的行动。事实上，契约通常明示受托人可依赖发行人或其律师所提交的证明及意见行事。受托人不一定必须对送交给它的文件进行事实调查，但是如果它认为有必要，则可以去做。依照契约，受托人通常没有义务应债券持有人的要求来行使权力或权利，除非提供有相应的担保或赔偿金。

债券契约中有关债券发行的条款是一种折中的产物——债券发行人和购买债券的投资者之间利益的折中。发行人总是想支付尽可能低的利率，而且尽可能不受法律条款的约束。债券持有人总是想得到尽可能高的利率、最可靠的担保，并且制定各种各样的条款，从各个方面来约束发行人。当我们讨论债券契约的条款时，一定要记住这种利益上的冲突，看看在实践中双方是如何妥协的。在有关信用分析的第 43 章将详细讨论契约条款。

12.2 债券的一些基本知识

债券可以根据某些特征进行分类，我们可以很方便地以此为依据来组织本章的内容。

□按发行人的类型对债券进行分类

依照发行人的类型，可以把在美国出售的公司债券粗略地分为五种类型：公用事业债券、运输业债券、工业债券、银行和金融公司债券、国际或扬基债券。市场参与者经常会对债券进行更细致的划分，以形成具有相同性质的债券集合。例如，公用事业类公司进一步又可分为电话或通信公司、电力公司、煤气配送公司以及自来水公司；运输业公司可以进一步划分为航空公司、铁路运输公司和公路运输公司。和公用事业公司一样，运输公司也经常受到州和联邦政府机构不同程度的管制或控制。工业是一个总括性的划分，但是为了进行分析，必须做进一步的区分。工业公司包括制造和采掘业公司、零售业公司和服务业公司。甚至连扬基或国际借款者也可以做更细致的划分。例如，可以把发行人分为超国家借款者（国际复兴开发银行和欧洲投资银行）、政府发行人（加拿大、澳大利亚、英国）以及国外的市政机构。

□公司债券的期限

债券的到期日是指发行人履行契约条款上规定的义务的日期。在到期日，本金和所有溢价以及应计的已到期利息一并得到清偿。但是，以后我们讨论债务的偿付时会看到，发行人的条款中标明的最后到期日可能是也有可能不是合约的终止日。很多债券可以在到期日以前被赎回。某一企业所发行债券的期限结构可以利用彭博的 DDIS 功能进行查询。

□利息支付特征

在美国国内发行的公司债券依利息支付方式主要可分为三种：直接息票债券、零息票债券和浮动利率债券或变动利率债券。浮动利率债券将在第 17 章讨论，我们现在来分析其他两种类型的债券。

在分析利率特征以前，我们先来看一下债券的类型。将债券的利率称为**息票**（coupon），这是一种技术上的错误，因为现在发行的债券上并没有附着息票。相反，债券是以证书的形式发行的，类似于股票证书，在正反两面印有简短的条款说明。这些债券被称为**注册债券**（registered bond）。由于债券的本金标在证书上，利息支付机构和受托人有责任在到期日检查核实登记注册的持有人并进行清偿。多年以前，债券采用无记名发行或附息票发行的形式，凭息票兑换利息。不过，人们认为注册的形式更加安全，而且减少了书面的工作量。事实上，当债券越来越多地以**记账**（book-entry）的形式发行时，注册的债券证书就会逐渐被淘汰。这意味着只需发行一张主要的或全球性的证书，由中心证券存放机构持有，并用收据来记录全球性证书上的利息。

在债券的发行期内，不管是长期还是短期，直接息票债券都有一个事先规定的利率，所以它们也被称为**固定利率债券**（fixed-rate bonds）。美国的大部分固定利率债券是每半年在到期日支付利息。例如，考虑由高盛集团于 2003 年 7 月发行的一只息票债券。该债券附带着 4.75％的息票利息，具有 1 000 美元的票面价值。相应地，这只债券将在每一个 1 月 15 日和 7 月 15 日进行 23.75 美元的偿付，包括 2013 年 7 月 15 日这一到期日。在到期日，债券的票面价值也应得到偿付。每年进行息票偿付的债券在美国资本市场较少见，但在欧洲大陆较为普遍。

公司债券的利息是在每年 12 个月、每个月 30 天、一年 360 天的基础上计算的。公司日历天数的计算惯例也是每月 30 天、每年 360 天。

大多数固定利率公司债券利息的支付会有一个标准的模式，不过，也应该认识到还有一些其他变化。大多数美国国内债券以美元付息，然而，从 20 世纪 80 年代初期开始，有些债券的本金和利息用其他货币标价，如澳大利亚元、新西兰元、加拿大元或英镑。一般来说，偿付机构在清偿本金和利息时，都要把外币兑换成美元，除非另有说明。债券持有人承担与货币兑换有关的一切成本。外币债券给投资者提供了多样化投资组合的另外一种方式，但并非没有风险。债券持有人除了承受所有债务工具都涉及的风险以外，还要承担货币或者汇率风险。

有些债券能够在规定的利率之上参与发行人的财富分配。因为持有人可以分享发行人的利润或者是超过一定水平的某些资产的增值部分，因而我们称这种债券为**参与债券**（participating bond）。另外一种现在很难见到的债券是**收益债券**（income bond），这些债券承诺支付规定的利率，但是它以充足的收入为条件，并与契约中规定的用于利息支付的收益额相一致。本金的支付是无条件的。利息可能是累计性的，也可能是非累计性的。如果是累计性的，未偿付的利息必须在将来的某个时候一并计算；如果是非累计性的，一旦过了利息支付期，就不必再支付了。收益债券不能支付利息并不是违约行为，也不会引起破产。收益债券往往是由一些从重组过程中分离出来、财务上有麻烦的公司发行的。

顾名思义，零息票债券是不附息票的债券。从本质上讲，零息票债券到期只支付本金部分。这些债券按面值折价发行，其差额即是债券持有人的投资回报。首次发行时，面值和售价之间的差额称为**初始发行折价**（original-issue discount，OID）。其回报率依折价额和发行期限而定。例如，考虑一个由施乐公司（Xerox）发行的到期日为 2023 年 9 月 30 日的零息票债券，在 2011 年 5 月中旬标价为 55.835。此外，该债券自 2011 年 9 月 30 日起可以以 41.77 的价格回售。我们将在随后的内容中更详细地讨论这些嵌入期权结构。

零息票债券首次在公司债券市场上公开发行是在 1981 年春天，并且立刻赢得了投资者的青睐。但是好景不长，几年以后，因为所得税法的改变，债券持有人的税后成本更加昂贵，而且这些变化也减弱了发行人的税收优势。然而，对于能够延迟税收的投资者

（比如养老基金）来说，投资于零息票债券还是有利的。零息票债券消除了一个很重要的风险，那就是再投资风险。因为没有息票用于再投资，也就没有任何再投资风险。当然，在利率下降的市场上它是有利的；但如果利率呈上升趋势，情况则相反，投资者将不能在提高的再投资利率基础上获得再投资收益。在低利率市场上，投资者发现零息票债券是没有吸引力的，因为复利并不像利率高时那么有意义。而且，利率越低，回升的可能性越大，使得对零息票债券的投资在潜在债券持有人眼中变得价值更低。

如果公司破产，零息票债券的债权人能够申报初始的发行价以及到破产申请日止的累计未支付利息，而不是 1 000 美元的本金数额。零息票债券是在大幅折价的基础上卖出的，在债券到期日，发行人的负债金额可能会相当大。公司账簿上累计的折价额并不是存起来作为特定的基金，而是用于在到期日偿付债务。大多数公司都没有偿债基金。人们总是希望公司的管理者能够为了全体投资者的利益进行正确的投资并管理公司，以免在到期日出现现金危机。潜在的巨额的气球式付款引起了投资者的担心。因此投资于高质量的债券是最重要的，这样可以降低潜在问题引起的风险。如果有人想用信用较低的债券做投机，那么投资活动会损失一些现金回报。

最后，零息票债券的另一种变异是**递延利息债券**（deferred-interest bond，DIB）。这些债券通常是投机级债券发行人所发行的次级债券，这类发行人也被称为垃圾债券发行人。大多数债券在前五年不用支付现金利息。在递延支付利息期结束以后，如果债券没有提前赎回，自然就会产生现金利息，而且是每半年支付一次，直到到期日为止。递延利息这一特点允许刚刚成立的、具有较高杠杆比率的公司和其他现金流较少的公司在债券发行初期推迟现金利息的支付。人们希望在开始支付现金利息的时候，公司有能力进行支付。如果公司有完备的计划，使其财务状况趋于好转，它有可能赎回债券，或者重新融资，而不是支付高额利息费用。

递延利息债券的一个分支是实物支付（pay-in-kind，PIK）债券。对于实物支付债券，发行人有权延迟支付现金利息，直到将来的某个日期。不像递延利息债券和零息票债券那样，仅仅附有初始发行折价，实物支付债券的发行人可以用额外的一些相同债券来支付利息。用现金支付利息还是用实物支付利息的选择权在发行人手中，但是在多数情况下，发行人几乎没有这种选择权，因为其他债务工具的一些条款禁止用现金支付利息，除非满足了某些确定的契约和贷款测试。债券持有人只是得到了更多的票据，不过他可以在市场上卖出票据，而不用放弃最初的投资。实物支付债券、递延利息债券和零息票债券没有关于债券利息部分转售的条款。因为这种债券是由投机级公司发行的，所以投资者进行投资时，应该仔细分析发行人的现金流状况和生存能力。

12.3 债券的担保

购买公司债券的投资者偏好有某种类型的担保。不动产（用作抵押）和动产都可以用于担保，以提供超过债券一般信用标准的担保。事实上，担保的种类或不接受哪种特定类型担保品的担保通常会在债券发行条款中注明。然而，最好的担保还是强劲的一般信用，即发行人能够用其收入偿付债务的能力。

□抵押债券

抵押债券给予了债券持有人对所有财产的第一抵押留置权。这为债券持有人提供了额外的保障。因此，如果债务没有这样的保障，发行人能够以一个更低的利率发行债券。几乎可以肯定的是，在其他条件相同的情况下，出自相同发行人的公司债务（如无担保债务）的息票利息更高。留置权是一种法律上的权利，就是出售抵押财产以使债券持有人得到偿付的权利。实际上，担保品赎回权的取消和抵押财产的出售都是很少见的。如果发生了违约，经常由发行人进行财务重组，并对债券持有人债务的清偿做出决定。然而，担保品的留置权还是很重要的，因为与其他债权人相比，在制定重组的条款时，它给予债券持有人更有利的讨价还价的余地。

一般来说，第一抵押债券是序列发行的，每一序列都由相同的第一担保品进行同等的担保。许多公司，尤其是公用事业公司，有一项关于筹资的政策，要求资金需求的一部分通过连续地发行长期债券来满足。它们愿意以债券的形式筹集一部分资金，是因为这些资金的成本低于股票筹资的成本。所以当债务的本金付清以后，它们就会用同样的担保品发行另一个序列的债券；当公司扩张、需要更大数额的债务资金时，就增发新的序列债券。与签发不同的担保协议、发行全新的债券相比，依据同样的担保品和同样的契约发行序列债券是更为方便、更为有利的，这种安排称为**一揽子抵押**（blanket mortgage）。如果抵押财产被出售或者解除了抵押的留置权，为了向债务人提供充分的担保，可能会用其他的财产或现金来代替，也有可能赎回债券。

当债券发行以后，债券契约又批准以同样的担保品留置权发行其他序列债券时，它就会在附加的序列债券发行以前提出一些必须满足的条件。债券持有人不想让他们的担保受到侵害，那些条件就是用来维护他们的利益的。第一抵押债券契约通常会规定，发行人在签署第一抵押债券留置权以后取得的财产也应该受第一抵押留置权的支配，这就是**后得条款**（after-acquired clause）。而且，契约一般批准附加债券的发行达到后得财产的某个确定的百分比，比如说60%。剩余的40%，或者也可能是另外的百分比，必须通过其他途径筹集。这样做的目的是为了保证附加资产的价值远远大于由担保品担保的附加债券的金额。对于附加债券序列发行的另外一种常见的约束是，要求在最近的一段时间内，其收入必须等于数倍的所有未偿付抵押债券的年利息额，包括新的或计划中的序列债券的年利息（1.5倍、2倍或其他倍数）。为此，收入一般是指税前所得。还有另外一种常见的条款是，附加债券要等早期的序列债券全部清偿以后才可以发行。

关于债券的发行，你可能很少看到条款中有**第二抵押贷款**（second mortgage）的提法，原因在于此提法给人一种处于弱势的感觉。有时候为了回避这个问题，公司就采用其他术语，像**第一和联合抵押债券**（first and consolidated mortgage bonds）、**第一和换新抵押债券**（first and refunding mortgage bonds）以及**一般和换新抵押债券**（general and refunding mortgage funds）等。通常，这种说法意味着：这种债券的发行是由发行人的一部分财产作为第一抵押和由另一部分财产作为第二甚至第三抵押。一般和换新抵押债券通常是用对公司所有财产的留置权进行担保，但如果有未偿付的第一抵押债券，第一抵押债券具有优先留置权。

□质押信托债券

一些公司没有固定资产或其他不动产，所以就不能设置抵押留置权以保护债券持有人。但是它们拥有其他公司的证券，这些公司是**控股公司**（holding companies），而其他公司则称为**子公司**（subsidiaries）。为了满足债券持有人关于担保的要求，它们就用股票、票据、债券或者它们所拥有的其他任何形式的担保物作担保。这些资产称为**质押品**（collateral）（或个人财产），被担保的债券称为**质押信托债券**（collateral trust bonds）。有些公司既有不动产，又有证券，它们就用不动产作为抵押债券的担保，用证券作为质押信托债券的担保。例如，考虑全国乡村公用事业（National Rural Utilities）公司发行的息票利率为10.375%、于2018年到期的质押信托债券。根据债券的说明书，在受托人处放置的债券包括抵押票据、现金和其他被批准的投资品。

质押信托债券的法律规定与抵押债券大体相同。发行人依据债券契约，把用作质押的证券移交给公司受托人，受托人为了债券持有人的利益而持有证券。如果质押品包括有表决权的普通股，只要不发生债券违约，契约一般允许发行人拥有表决权。这对于那些债券的发行人是很重要的，因为股票通常是子公司的，发行人通过行使表决权来控制子公司。

一旦发生违约，契约往往规定把质押品中有表决权的股票转移给受托人。对于发行人来说，失去表决权是相当不利的，因为这意味着失去了对子公司的控制。受托人也许会以市价出售质押的证券，并用此收入来清偿质押信托债券。然而，这种极端的做法不会在违约时立即发生，公司受托人最重要的责任是最大限度地维护债券持有人的利益，至少通过给予违约发行人一定的代理权，即质押股票的表决权，来保持控股公司的结构完整，以使得他们的利息在一段时间内还能够得到支付。对于债券持有人来说，如果财务重组看起来比出售质押品更有利，他们就会推迟质押品的出售。

质押信托契约包含了很多保护债券持有人的条款。一般来说，质押品的市场或评估价值必须是未偿付债券金额的一定百分比，这个百分比要大于100%，使之有额外的安全保障。如果质押品的价值降到最低限度的百分比之下，发行人必须提供附加的质押品。如果能够提供其他可接受的质押品，那么就可以撤回原来的某些质押品。

质押信托债券的序列发行类似于抵押债券。关于附加序列债券的条款要求必须提供足够的质押品用于担保。另外，附加序列债券的资金用途也可能受到限制。总之，所有序列债券的发行依据同样的契约，对质押品具有同样的索偿权。

从2005年开始，越来越多的高收益债券的发行由抵押品和其他担保品的混合组合以第一、第二甚至第三抵押留置权为原则作担保。这些受担保的高收益债券有非常规范的关于增加发行受担保债务的条款。当在经济周期中面临破产时，这些高收益债券的所谓抵押品能否相对于传统无担保资本结构提供更高的保障尚存在争议。

□设备信托证书

借款人希望对他们的债务支付尽可能低的利率，所以他们总是提供最好的担保，给予最有利的索偿权。很多年以前，铁路公司发展了一种用于汽车和火车的购买的筹资方法，被称为**滚动股票**（rolling stock）。它们使得铁路公司能以最低的利率在公司债券市场上进行融资。

在很长一段时间里，铁路滚动股票被投资者认为是极好的债务担保。设备都是非常标准化的，能够被不同铁路使用，而且可以很容易地由一条铁路的铁轨转移到另一条铁路的铁轨。通常要有一个完善的市场，以便开展车厢和火车头的租赁、出售业务。铁路部门已经把滚动股票的一些特性加以资本化，形成了一项法律协议，给予投资者对股票的法律索偿权，这种权利不同于抵押留置权，甚至还要优于后者。

法律协议给予受托人对铁路设备的法定权利，从投资者的角度看，它要优于对财产的第一抵押留置权。一家铁路公司从制造商那里订购了一些车厢和火车头，工作完成以后，制造商就把设备的法定权利转移给受托人，受托人把它们租赁给订购设备的铁路公司，同时出售**设备信托证书**（equipment trust certificate，ETC），金额相当于买价的大部分，一般是80%。出售证书的收入用于支付给制造商。租金的首付由铁路公司承担，金额等于买价的余额部分。当受托人把资金交给制造商时，对制造商的欠款就全部还清了。受托人定期从铁路公司处收取租金，用于债券本金和利息的支付。支付的利息称为股息。租金额是经过详细计算得出的，以便足以支付设备信托证书。一段时间以后，比如说15年，债券已经全部清偿完毕，受托人就以某种象征性的价格把设备卖给铁路公司，租约到此终止。

铁路ETC通常采用序列发行的形式，就是说，在确定的日期偿付一定的数额，直到分期还款结束。例如，一笔6 000万美元的ETC可能会从2000年持续到2014年，每年的6月15日有400万美元到期。15个到期日中的每个将会分别定价，以反映收益率曲线的形状、投资者对特定到期日的偏好以及供求状况。从投资者的角度看，序列发行的好处在于，清偿计划的安排与抵押设备价值的递减相匹配，因而降低了本金的偿付风险。从发行人一方看，债券按次序到期，允许在债券的有效期内分期偿付债务，降低了在最后到期日由于一次性大额清偿而引起危机的可能性。

从投资者的角度来看，这种协议的绝妙之处在于，在债券全部清偿之前铁路公司并不拥有滚动股票的法定所有权。万一铁路公司不支付租金，取消担保品的留置权也不会出现大的法律纠纷。受托人拥有财产。如果因为铁路公司不能支付租金而破坏了租约，受托人可以把设备收回来，租给其他铁路公司，继续用新的租金偿付债券。

以上强调了设备信托证书协议的法律特性。在实践中，那些债券被看作是租赁设备的铁路公司的债务，列示在资产负债表的负债方。铁路公司的名称会出现在债券的发行条款中。一般来说，在这一过程中，受托人仅仅是一个中间人，他所承担的职责包括拥有财产所有权、充当出租人以及收取资金，用于债券的支付。很重要的一点是，即使在出现危机的最不景气的年份里，铁路公司也会对设备信托证书进行支付，尽管它可能不支付担保品担保的债券。设备信托证书绝大部分是由铁路公司发行的，但是航空公司也已经开始采用这种筹资形式。

□信用债券

在其他条件相同的情况下，债券持有人倾向于购买有担保的证券，然而大多数已发行债券都是无担保债券。这些无担保债券被称为**信用债券**（debentures）。除了公用事业以及特定目的的筹资，几乎其他所有出售的公司债券都是无担保的。

信用债券没有用特定的财产作明确的担保，这并不意味着其持有人对发行人的财产或收入没有索偿权。信用债券持有人跟一般债权人一样，对发行人所有未对其他债务提供担保的财产拥有索偿权。他们甚至对抵押财产的价值超过担保债权人所需的那部分资产也拥有索偿权。实际上，如果没有抵押资产和担保债权人，信用债券持有人和其他债权人一样享有对所有财产的第一索偿权。

信用债券有时是由财务状况良好、信用等级较高的公司发行的，根本没必要提供担保。这些公司根本不考虑那些想要担保的投资者，而且能够以相对低的利率出售债券。但是，有些信用债券是由另外一些公司发行的，这些公司已经卖出了抵押债券，并对大部分财产设置了留置权。此类信用债券对财产的索偿权排在抵押债券和质押信托债券之后，投资者可能认为他们的地位较为不利，不过，这些债券一般具有较高的利率。

尽管信用债券没有担保，但是债券的契约可能会有各种各样的条款来保护投资者。通常来说，信用债券的发行数额以最初的发行额为限。这种限制是为了防止因附加未担保债务的积欠而削弱债券持有人的地位。假如在最近的会计期间，发行人的盈利足以支付所有现存债务和附加发行的债券的利息，那么，它可以发行特定次数的附加债券。

如果一个公司没有经担保的债务，那么习惯做法是，信用债券将和以后发行的任何担保债券享有同等的担保，相关条款被称为**消极保证条款**（negative pledge clause）。信用债券发行的一些条款就是旨在在发行人发行的其他债券大大有损发行人的信誉时保护信用债券持有人的利益。例如，一些信用债券发行条款要求发行人保持一定水平的净值，限制发行人出售主要资产，有时甚至限制发行人支付现金股息。然而，近些年的趋势却是逐渐脱离了契约的限制，至少对于投资级公司来说是如此。

□次级信用债券和可转换债券

很多公司已发行了**次级信用债券**（subordinated debenture bond）。次级的含义是，这种债券对资产和收入的索偿权排在担保债务、信用债券之后，通常也排在一些一般债权人之后。当发行人经营失败时，在所有债权人中，这种债券持有人的地位最低。

因为次级信用债券对财产的索偿权较弱，发行人不得不提供较高的利率，除非它们另有吸引人之处。其诱惑可能会是一种选择权，就是由债券持有人自行决定是否把债券转换成发行人的股票。如果发行人发展态势良好，股票价格在市场上呈上升趋势，债券持有人可以把债券转换成股票，因为股票的价值超出了债券的价值。这种转换的特权也有可能会包含在非次级信用债券的契约中，可转换债券将在第 14 和 42 章中予以讨论。

有的债券可以转换成债券发行人之外公司的普通股，这种债券称为**可交换债券**（exchangeable bond）。也有一些债券与到期日或赎回日的商品价格或现金等价物联系在一起。

□保证债券

有时，一个公司可能会替另一个公司发行的债券提供保证，这种债券称为**保证债券**(guaranteed bond)。然而，保证并不意味着这种债务没有违约风险。保证债券的安全性取决于保证人满足保证条款的财务能力，以及发行人的财务能力。保证条款可能要求保证人对利息和/或本金的支付提供保证，保证债券可能有不止一个保证人。每个保证人的责任不仅包括他分得的份额，而且包括其他保证人保证的部分。

12.4 在到期日之前偿付债务的可能方式

我们可以将偿付债务的不同方式分为两大类：必须包含在债券契约里才能使用的方式，以及无须包含在债券契约里的方式。债券契约里所包含的偿付债务方式有：提前赎回和换新条款、偿债基金、维持和替代基金以及通过资产出售和其他方式进行赎回。与之相反，一些偿付债务的方式并不需要包含在债券契约里（如固定价差股权收购）。

□提前赎回和换新条款

很多公司债券包含了一个嵌入式的选择，从而给予了发行人在到期日前以一个固定价格全部或部分赎回债券的权利。这种特征被称为**提前赎回条款**（call provision)。发行人在到期日之前偿付债务的能力提供给债券持有人一个有价值的选择，因为他们需要事前补偿。在其他条件不变的情况下，债券持有人为可回购债券所支付的价格低于无选择权债券（例如纯粹债券)。两者之间的价格差就是嵌入的赎回选择的价值。

传统观点认为对于公司来说提前偿付债务最具说服力的原因是能够从下降的贷款利率中获益。如果公司有能力做到这一点，公司将发行低利率水平的新债券来代替高利率水平的旧债券。不过，公司提前偿债也有其他原因。例如公司偿债以消除限制性条款(restrictive covenant)、改变资本结构、增加股东利益或者提高财务/管理弹性。在公司债券中有两种赎回条款——一种是固定价格提前赎回条款，一种是互利赎回（make-whole call）条款。我们将逐个讨论。

固定价格提前赎回条款

拥有标准的固定价格提前赎回条款，债券发行人就拥有了在到期日之前以一个固定价格全部或部分提前赎回债券的权利。这个固定的价格称为**提前赎回价格**（call price)。通常，债券契约中包含着一个规定债券可赎回的时间和价格的提前赎回价格计划表。提前赎回价格通常开始时超过票面价格，并随着时间的推移逐渐朝票面价格递减，因此在债券到期的最后时限里，提前赎回价格常常是票面价格。

在某些公司发行的债券中，债券持有人被提供了一些在债券发行早期免于赎回的保护。这种保护通常以两种形式出现。第一，一些可赎回债券拥有在特定时期内禁止赎回的特征。第二，一些可赎回债券禁止债券在特定时期内被换新。这样的债券被称为**不可换新债券**（nonrefundable bonds）。禁止换新将以下情况排除在外，即当偿付的款项被用于重新购买较之前发行债券利率更低的新债券。然而禁止换新并没有阻止取自其他资源的资金用于债券偿付［例如资产出售、股权保险（insurance of equity）等］。禁止提前赎回为债券持有人提供了比拥有禁止换新条款但在其他情况下可提前赎回债券更多的保障。[1]

互利赎回条款

与一个标准的固定价格提前赎回债券正好相反，互利赎回债券的价格是基于债券的剩余现金流而制定的。用于决定当前价格的贴现率（discount rate）是到期日可比的国库券利率加上契约具体规定的互利赎回溢价（make-whole call premium）。例如，2010年11月，可口可乐公司宣布发行10亿美元到期日为2020年11月15日、息票利率为3.15%的票据。这些票据可以由发行人在到期日前的任意时间部分或全部赎回。赎回价格为以下两者中较高者：（1）100%本金加上应计利息；（2）互利赎回价格，等同于剩余息票的现值加上本金支付（principal payments）之和按国库券利率加上10个基点贴现的价值。附加的15个基点就是上述互利赎回溢价。这样一来，互利赎回价格实质上是一个随利率水平呈相反方向变动的浮动的赎回价格。

国库券利率通过以下两种方式之一来计算。最常见的方式是使用一个恒定到期日国库券（constant-maturity Treasury，CMT）收益率作为国库券利率。恒定到期日国库券收益率每周由美国联邦储备系统数据发布公告H.15进行公布。CMT收益率的到期日与债券的剩余到期日相匹配（凑整成最近的月份）。如果没有与债券剩余到期日最匹配的CMT收益率，将使用最接近两个CMT的到期日进行线性插值（linear interpolation）。一旦CMT收益率决定了之后，债券剩余现金流的贴现率就是CMT收益率加上契约中规定的互利赎回溢价。

第二个，也是较少用于决定国库券利率的方法是选择一个与要计算的互利赎回债券的剩余到期日可比较的美国国库券。选择由债券契约中指定的美国国库券一级交易商进行。选择的美国国库券的平均价格通过利用众多一级交易商的报价单进行计算。之后平均价格被用于计算债券等价（bond-equivalent）收益率。这个收益率随后被当作美国国库券利率。

互利赎回条款最初于1995年在公开交易的公司债券中引入。现在有着互利赎回条款的公司债券按照惯例发行。并且互利赎回条款正逐渐变得流行，而固定价格提前赎回条款的运用在减少。图表12—1展示的是1995—2009年根据债券类型（纯粹债券、固定价格提前赎回债券、互利赎回债券）、以十亿美元为单位的公司债券未偿付票面总价值。[2]这组债券的样本包括了在1995年1月1日当天和以后发行的包含有特定特征的所有债券。[3]这些数据显示，互利赎回条款正在迅速成为公司债券最受欢迎的提前赎回条款。

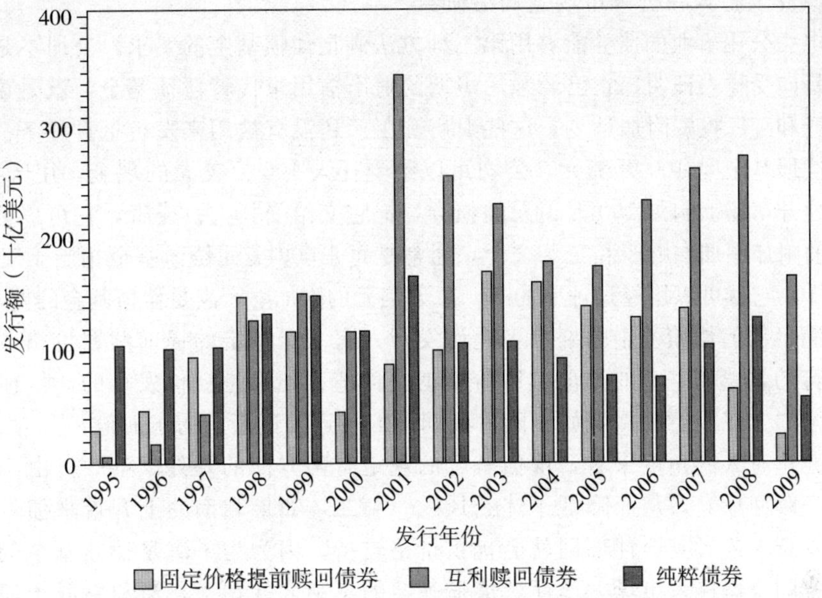

图表 12—1　根据赎回条款类型列示的未偿付公司债券票面总价值

公司相对于固定价格提前赎回条款更看重互利赎回条款的最大好处是，后者成本更低。由于互利赎回价格与国库券利率成反方向变化，发行人不需要仅仅因为借款利率下降就实行赎回。简而言之，单纯的再筹资事实上已经消失了。这个特征将减少债券持有人因持有互利赎回债券而非固定价格提前赎回债券而要求预支的补偿。

□偿债基金条款

期限债券可能是用**偿债基金**（sinking fund）来偿付的。人们经常对偿债基金产生误解，以为发行人用现金或者能随时变现的资产来积累资金，以便在到期日用来偿付债券。这已经是很多年以前的含义了，现在用于偿债基金的资金并不是放在那里以备急需。现在的做法是，并没有真正的基金，偿债只是意味着在到期日以前，用资金定期地赎回债券。公司债券契约要求发行人每年收回一定比例的债券。这种清偿公司债券的条款有可能规定在到期日清偿完所有债券，或者只清偿一部分。例如，考虑维实伟克（Westvaco）公司在 1997 年 6 月发行的 1.5 亿美元的债券。该债券的息票利率为 7.5%，于 2027 年 6 月 15 日到期。根据不同年度，该债券的契约提供年度偿付为 750 万美元或 1 500 万美元的偿债基金。

发行人可能选择以下两种方法中的一种来满足偿债基金的要求。当债券被收回时，由公司的债务人对受托人进行金额为面值的现金支付。后者通过抽签来决定赎回的债券。债券有自己的序列号码，赎回的号码可能会以随机的方式选取。于是，以这种方式选定债券的所有者交出债券，得到偿付。同时，在赎回日停止利息的支付。另外，发行人也可以移交给受托人一些债券，其面额等于需要赎回的债券的价值。这些债券是由发行人在公开市场上购买的。当债券的售价低于面额时，发行人会这样做。然而，有些公司债券的契约禁止发行人在公开市场上购买债券。

很多电力公用事业的债券能够用第三种方法满足偿债基金的要求。公司不是真正收回债券，而是向受托人证明，它已经采用短期的财产信用来代替偿债基金。就是说，公司已制订了财产和工厂投资附加计划，这些财产和工厂还没有被用来发行抵押债务。例如，如果要求的偿债基金是 100 万美元，公司可以给受托人 100 万美元的现金，用于赎回债券；也可以在公开市场上购买 100 万美元的债券，把它交给受托人；或者，它可以证明，它已经把要求的附加额加在财产和工厂之上，通常是每 1 000 美元偿债基金相当于工厂的1 667 美元，这样，它就可以用经过证明的 166.7 万美元的附加财产满足偿债基金的要求。

为了满足任何偿债基金的要求，允许发行人有一个特定的提前赎回价格。如果债券是平价发行的，偿债基金的提前赎回价格就是面值；如果是溢价发行的，偿债基金的提前赎回价格通常以发行价格开始，随着到期日的临近，逐渐趋向于面值。

从债券持有人的角度来看，偿债基金的规定有两方面的好处。第一，由于在到期日前是按顺序赎回债券，从而降低了违约风险；第二，如果利率的上升带来债券价格的下降，那么发行人或者其会计部门就会提供价格支持，因为为了满足偿债基金的要求，它必须以买方的身份进入市场。然而，偿债基金的不利之处在于，当利率低于债券发行时的利率水平时，债券有可能以特定的偿债基金提前赎回价格被赎回。在这种情况下，债券会以高于面额的价格出售，但是有可能会被发行人以等于面额的特定提前赎回价格提前赎回。

通常来说，要求偿债基金各期的定期偿付额是相等的。煤气公司发行的债券经常会不断提高偿债基金的数额。然而，有些契约可能允许每期有不同的偿付额，定期偿付额依据契约中规定的条件而变化。最常见的条件是发行人的收入。在这种情况下，定期偿付额直接随着收入而变化。发行人一般喜欢这样的弹性，投资者却喜欢固定的定期偿付，因为这种安排对违约风险提供了更大的保护。

很多公司债券的契约包括这样一项条款，即给予发行人一种选择权，其债券的赎回额可以大于约定的偿债基金的赎回额。这种选择权称为**加速偿债基金条款**（accelerated sinking-fund provision），它有力地削弱了对债券持有人的提前赎回保护。当利率下降时，发行人发现行使这种选择权，以特定的偿债基金提前赎回价格赎回相当比例的未偿付债券，会给它带来经济上的好处。

偿债基金条款已经不受许多公司青睐，但在过去它一度在公用事业公司、管道公司和某些工业公司债券发行中非常常见。金融公司的发行一般不涉及偿债基金条款，在强制性的偿债基金条款下，债券必须被赎回，就像上面提到的一样；还有非强制性的偿债基金，可以利用特定的财产信用来代替偿债基金。如果偿债基金用于特定债券的发行，则被称为**特定偿债基金**（specific sinking fund）。也有一些**非特定偿债基金**（nonspecific sinking fund）（也称为漏斗式、地道式、一揽子或者集合偿债基金），偿债要求依发行人未偿付的债券的总额而定。一般来说，可能会要求偿债基金每年偿付所有未偿付债务的1%。发行人可以把这种偿债要求应用于某种特定债券或者其他任何债券。另外，一揽子偿债基金可能是强制性的（规定必须赎回债券），也可能是非强制性的（可以用短期额外财产来代替）。

□维持和替代基金

维持和替代基金（M&R）条款最初出现于美国证券交易委员会依据1940年《公众控股公司法案》(Public Holding Company Act) 监管下的电力公用事业公司发行的债券契约中。尽管大多数公用事业公司已不再受该法监管，该条款依然存在于债券契约中。最初将该条款纳入契约的动机很直接。财产受经济折旧影响，替代基金表面上能帮助维持为债券提供抵押的财产的完整性。维持和替代基金与偿债基金的不同之处在于前者仅仅帮助保持支撑债务的证券价值，而偿债基金是为了提升支撑债务的证券价值。尽管更为复杂，两者与住宅抵押条款要求物主保持房屋良好状态的精神是一致的。

维持和替代基金要求某一公用事业公司每年确定满足基金和应对短缺的资金。这个要求基于这样的准则：通常是调整过的总营业收入的某个比例（如15%）。所要求的数量超过为维护而实际花费的数量即为短缺。短缺的部分通常由流动性财产（unfunded property）提供，不过也可以由现金弥补。

尽管通过维持和替代基金条款进行的债务偿付并不如之前那样普遍，但维持和替代基金仍然很重要，因此债券投资者应当了解契约中的这类条款。例如在2000年4月，PPL电力公用事业公司通过使用该条款赎回了其所有于2019年到期、息票利率为9.25%的尚未偿付的第一抵押债券。而其特定赎回价格为票面价值。该公司发布的声明中称赎回的目的是为了减少利息支出。

□通过资产出售和其他方式进行的赎回

由于抵押债券是由财产来担保的，所以债券持有人想保持担保品的完整性。债券持有人不愿意让公司出售工厂（已用作抵押），然后把收入分配给股东。因此，在许多债券的契约中都能发现财产的解除条款和财产替代条款。

例如，得克萨斯—新墨西哥电力公司在1992年1月发行了1.3亿美元、息票利率为11.25%的第一抵押债券。这些债券自1997年1月起可以提前赎回，提前赎回价为105美元。在出售了其六处公用设施之后，该公司在1995年10月以票面价格赎回债券，比原定的初次赎回时间提前了。作为对赎回的修正，得克萨斯—新墨西哥电力公司发表声明，它被迫在北得克萨斯以市政公债的形式（by municipalities）出售了六处公用设施，因此，在债券契约中的土地征用权条款下，债券是可赎回的。债券持有人提出了控告，声明提前赎回的债券违背了契约。1997年4月，法院支持了债券持有人的诉求，他们的损失以及失去的利息得到赔付。在法院的判决中，尽管六处公用设施面临依法征用，但没有实施私产征用程序。

□股权收购

除了在契约中具体列出的这些方式之外，公司也有在到期日之前解除债务的工具。任何时候公司都可以发布股权收购（tender offers）通告，公布购回特定债务的意愿。公司通过股权收购以消除限制性契约的影响或者为债务再筹资。通常股权收购是为了回收目标债券的所有资金，但也可以将目标确定为少于未偿付面值的固定美元数目。一份收购通告（offering circular）将被送达债券持有人，表明公司愿意支付的价格以及债券持有人可以将其债券卖回公司的时间窗口。如果公司认为参与度过低，公司可以提高股权收购价格以及延长收购期限。当股权收购结束时，所有参与的债券持有人交出债券并从公司得到同样的现金偿付。

近来，股权收购以与固定价格相反的固定价差形式进行。[4]在一个固定价差的股权收购中，如果债券可赎回，股权收购价格与在债券到期日或下一个赎回日的剩余现金流现值是一致的。现值计算在股权收购截止时立刻进行。计算中所使用的贴现率等于到期日可比国库券或者相联系的恒定到期日国库券的到期收益率加上特定的固定价差。固定价差的股权收购消除了债券持有人和公司在股权收购窗口期的利率风险。

12.5 信用风险

所有公司债券都面临着信用风险，包括**信用违约风险**（credit default risk）以及**信用价差风险**（credit spread risk）。

□信用违约风险的衡量

任何债券投资都有这样的不确定性，那就是发行人会否按照债券契约及时支付利息和本金。这种风险被称为信用违约风险，是债券发行人可能无法偿付债务的风险。机构投资者已经开发出相应的工具，以分析发行人以及发行债券的信息，从而帮助他们评估信用违约风险。这些技术将在随后的章节中讨论。然而，大多数个人债券投资者以及部分机构投资者并没有进行细致的信用分析。相反，他们依赖于大型评级机构出具的债券评级，评级机构进行信用分析并以评级表格的形式发布结论。在美国，全国公认的三大主要统计评级机构（NRSRO）是穆迪投资者服务公司、美国标准普尔公司、惠誉国际信用评级有限公司。这些评级因其独立公正的立场而被市场参与者视为评估证券的重要参考。

这些评级系统使用相似的符号，如图表 12—2 所示。除去一般评级类别，穆迪公司在一个评级类别中使用了 1、2 和 3 的数字修饰以表明一个特定发行的相对排名。这种修饰被称为等级。标准普尔和惠誉都采取“+”“−”以表明同样的信息。等级为“BB”或者更高的债券被称为投资级债券。等级低于“BB”的债券被称为非投资级债券，或者更为普遍地，被称为投机级债券或垃圾债券。

图表 12—2　　公司债券信用评级

惠誉	穆迪	标准普尔	简明定义
		投资级	
AAA	Aaa	AAA	金边证券，最优质，最高安全性，最低风险，主权借款人被认为“无违约风险”

续前表

惠誉	穆迪	标准普尔	简明定义
AA+	Aa1	AA+	
AA	Aa2	AA	高级，高信用质量
AA−	Aa3	AA−	
A+	A1	A+	
A	A2	A	中高级
A−	A3	A−	
BBB+	Baa1	BBB+	
BBB	Baa2	BBB	中低级
BBB−	Baa3	BBB−	
投机级			
BB+	Ba1	BB+	
BB	Ba2	BB	低级；投机级
BB−	Ba3	BB−	
B+	B1		
B	B2	B	高度投机级
B−	B3		
绝对的投机类——相当大的风险或违约			
CCC+		CCC+	
CCC	Caa	CCC	风险巨大，市场地位低
CC	Ca	CC	可能违约，投机性非常大
C	C	C	极度投机性
		CI	收益债券——无利息支付
DDD			
DD			违约
D	D		

信用评级随着时间的推移可能并的确发生着改变。**评级转换表**（rating transition table)，也称评级迁移表，是一个表明评级如何在特定的时间区间内变化的表格。图表12—3展示的是在一年的时间范围内假设的评级转换表。在每一列开头的评级是该年结束时的评级。相应地，表中第一列表明在年初评级为AAA的债券中有93.2%在年末仍保持该评级。这些表由三大评级机构定期发布并被用来评价信用违约风险的变化。

图表 12—3　　假设的一年期信用评级转换表

年初信用评级	年末信用评级								
	AAA	AA	A	BBB	BB	B	CCC	D	总计
AAA	93.20	6.00	0.60	0.12	0.08	0.00	0.00	0.00	100
AA	1.60	92.75	5.07	0.36	0.11	0.07	0.03	0.01	100
A	0.18	2.65	91.91	4.80	0.37	0.02	0.02	0.05	100
BBB	0.04	0.30	5.20	87.70	5.70	0.70	0.16	0.20	100
BB	0.03	0.11	0.61	6.80	81.65	7.10	2.60	1.10	100
B	0.01	0.09	0.55	0.88	7.90	75.67	8.70	6.20	100
CCC	0.00	0.01	0.31	0.84	2.30	8.10	62.54	25.90	100

□信用价差风险的衡量

信用价差指的是公司债券收益与一个到期日可比的基准国库券的收益之差。[5]信用价差因其反映公司债券面临的信用风险导致的不同收益率而得名。然而这在某种程度上导致了误解，因为公司债券的风险预测与国库券在很多维度上都不同，也就是说，公司债券具有更小的流动性，并且经常具有嵌入式期权。

信用价差风险指的是较固定收益产品市场而言，由于在市场中所使用的价差水平变动而导致的金融损失或者一个投资组合的弱势表现。信用价差可由宏观经济因素和特定发行（issue-specific）因素导致。宏观经济因素包括了诸如国库券收益率曲线的水平和斜率、经济周期以及消费者信心等因素。相应地，特定发行因素包括了公司的财务状况以及对公司及其行业未来的预期。

用来衡量信用价差风险的一个常见方法是**价差久期**（spread duration）。价差久期指的是假定国库券利率不变情况下对于价差中 100 个基点的变动，债券价格变动的大约百分比。例如，假如一种债券的价差久期为 3，这表明对于信用价差 100 个基点的变化，债券的价格应当改变大约 3%。价差久期将在第 55 章进行讨论。

12.6　事件风险

近年来，在公司债券投资者中，谈论得越来越多的话题之一便是**事件风险**（event risk）。在过去的几十年中，公司债券的契约变得越来越缺乏约束性，公司管理者拥有很大的自主权去做他们想做的事情，而不用考虑债券持有人。管理者最重要的事情或者责任就是增加股东财富。对于债券持有人来说，要求公司做到的就是满足债券契约的条款，其中包括本金和利息的支付。当发生合并浪潮和其他事件时，由于对公司管理者缺乏约束以及公司管理者对股东财富最大化观念的充分应用，毫无疑问债券持有人会变得十分担心。另外，如去资本化、重组、资本调整、合并、收购、杠杆收购以及股份赎回等，经常能引起公司资本结构的重大变化，也就是说，大幅度增加融资额而减少股权的金额。对债券持有人的保护明显减弱，导致债务质量的等级下降，在很多情况下，会降到投机级的类别。伴随着风险的提高，债券的价值降低。股东财富的增加是以牺牲债券持有人的利益为代价的。

由于针对公司的入侵、合并、收购行为越来越严重，一些公司在它们的契约中提出了“毒丸回售”条款，通过使目标公司对于并购者变得难以接受来阻止敌意收购。毒丸回售条款规定，在特定环境下，如果出现一些已经明确指明的事件如控制权的改变等，债券持有人可以要求公司赎回债券。毒丸回售可能阻止不了有目的的收购活动，但它能使其付出昂贵的代价。许多时候，除了那些规定中的事件，一项毒丸回售的实施还常常会使债券评级降到投资级以下。作为一项补救措施，一些债券通常会提供较高的利率来代替毒丸回售。

事件风险使得一些公司在它们的契约中规定了其他特殊债务的赎回。其中一个例子就是某些低等级债券的契约中包含的**保持净值条款**（maintenance of net worth clause）。在这种情况下，发行人约定保持其净值在规定的水平之上，如果没有达到规定的要求，就必须按面值赎回债券。通常只是赎回一部分债券，而且是定期持续进行，直到净值恢复到规定的金额以上，或者全部债务被清偿完为止。另外，公司只需提议赎回所要求的债券额。**赎回的建议**（offer to redeem）对于债券持有人是非强制性的，只有那些愿意赎回债券的持有人才需要这么做。在很多情况下，发行人被要求提前赎回债券，但是债券持有人可能不愿意被清偿。这和赎回的建议没有太大的区别。它可以保护债券持有人的高息票债务不以低利率被清偿。然而，如果公司的净值非常低，低到足以使它提前赎回债券，赎回债券可能是一种明智之举。

保护债务投资的价值，使它免受公司管理行为造成的附加风险，这并不是一件容易的事。投资者应该仔细分析发行人的基本情况，看公司是否将面临重组。关注新闻和股票投资报告能够使决策变得相对容易。另外，还应该反复查看契约里有没有保护性条款。然而，即便如此，那些精通法律的人也能够设法予以规避。为此，一些债务评级机构会对公司债券的契约特征加以解释，表明对于事件风险的保护程度。当然，大型投资组合能够通过各行各业的广泛的多样性来降低风险。但是，价格的下降并不只是影响债券的风险，它会渗透到方方面面，带来一些负面影响。发生在1988年秋天的雷诺兹-纳贝斯克公司的收购就属于这种情况。当买者和交易者从市场上撤出时，整个行业债券市场都受到了牵连。新债券被推迟发行，二级市场几乎陷于瘫痪。最初的杠杆收购价格的公布，给该公司的债务带来了巨大的影响，与国债相比，两者的利差从100个基点上升到350个基点。雷诺兹-纳贝斯克公司的交易说明，规模并不成为杠杆收购的障碍。因此，投资者从前认为不会成为杠杆收购对象的大公司也是相当危险的。对其他主要的公司来说，其附加的影响是加大了收益率利差。这一现象在2005年左右不断出现，一些像奥特（Alltel）、第一资讯（First Data）和希尔顿酒店（Hilton Hotels）这样大的投资级上市公司被收购。

12.7 高收益债券

正如所强调的那样，高收益债券是评级机构所评级别低于投资级的债券。这些债券也被称为垃圾债券。尽管“垃圾”一词具有负面的暗示意义，但并不是所有高收益债券都到了违约或破产的边缘。相反，很多这样的债券都接近于投资级别。

□发行人的类型

有几类发行人属于投资级以下的、高收益的范围。下面将对它们进行讨论。

初创发行人

初创发行人（original issuers）包括一些成立时间较短、处于成长期的公司，这类公司往往缺乏许多成熟企业所拥有的极佳的资产负债表和利润表。但是，它们会有很多承诺，所以也称为风险资本状况或者成长型或新兴市场公司。它们的债务是以一个故事为基础出售的，这个故事预言了将来较好的财务状况，故有“故事债券”的说法。也有一些处于成熟期、正在运营中的公司，它们的财务状况既没有达到投资级的高度，也没有衰弱到破产的边缘。投资级发行人发行的次级债券就属于这种情况。处于投资类的底部（Baa 级和 BBB 级）或者投机类的顶部（Ba 级和 BB 级）的债券具有“经理人风险”。

“堕落的天使”

“堕落的天使”是指这样一些公司，它们的债务评级为投资级，但是现在的处境比较困难，资产负债表和利润表中的财务指标相当糟糕。它们可能是已经违约或接近破产。在这种情况下，投资者感兴趣的是债务在重组或者清算中的评估价值，无论是在破产法庭内还是外的评估价值。一些人喜欢把这些债券称为“特殊情况”。在过去的一段时间内，这些公司变得举步维艰，有些公司后来能够复苏，有些则没有。

重组和杠杆收购

一些公司持有股东财富最大化的观点，所以特意增加它们的债务负担。股东可能成为这样一个公共团体，公司以借入的资金或出售财产的收入，向其支付专门的超额股息。这样会导致大量现金流出、净值减少、融资额增加和债务等级下降。因为公司的财务状况较差，所以新发行的债券成为垃圾债券。

在杠杆收购（leveraged buyout，LBO）中，由一个新的、不公开的股东团体拥有并管理公司。债务发行的目的可能是为了从商业银行、投资银行和机构投资者手中赎回其他债务，这些银行和投资者曾经为 LBO 进行融资。要被赎回的债务被称为**过桥融资**（bridge financing），因为它在最初的 LBO 活动和更长期的融资之间起到了桥梁的作用。一个例子是安泰勒公司（Ann Taylor Inc.），它在 1989 年的债务融资就是为了偿付过桥贷款。BCI 控股公司 1986 年的公开债务融资和银行借贷，主要用于比阿特丽斯公司

(Beatrice Companies) 普通股股东的支付、发行费用的偿付、公司特定债务的赎回以及满足营运资金的需要。

□一些债券的独特性

一些管理活动使得债券被评为非投资级，从而加重了公司的利息支付负担，给公司的现金流带来了更大的约束。为了减轻负担，这类公司发行了具有**递延息票结构**（deferred coupon structures）的债券，它允许发行人在3～7年的时间内不必用现金来支付利息。递延息票结构的债券有三种：（1）递延利息债券；（2）阶梯式债券；（3）实物支付债券。

递延利息债券（deferred-interest bonds）是一种最常见的递延息票结构债券。这些债券以较大幅度的折价出售，在最初的一段时间内不用付息，通常是3～7年内（由于发行初期没有利息，所以有时候被当作零息票债券）。**阶梯式债券**（step-up bond）要支付息票利息，但是最初的息票利率很低，以后逐步增加到较高的利率水平。**实物支付债券**［payment-in-kind（PIK）bonds］给发行人一种选择权，要么到期以现金支付息票利息，要么给债券持有人类似的债券（就是说，此债券与到期需要偿付的息票具有相同的息票利率且面值等于需要支付的息票总额）。发行人能够进行选择的期间为5到10年不等。

有时，市场上会出现这样一种新的债券，这种债券的特点是：为了使债券以事先确定的价格进行交易，允许发行人重新确定债券的价格。[6]息票利率可能是每年甚至更短的时间重新确定一次，或者是整个发行期只重设一次。在重设日的息票利率通常是两个投资银行所提出的利率的平均值。新利率将反映出：（1）重设日的利率水平；（2）在重设日市场上对该债券的信用利差。这种结构的债券称为**可延长的重设债券**（extendible reset bond）。

要注意可延长的重设债券与典型的浮动利率债券之间的差别。在浮动利率债券中，息票利率是依据与参考利率的固定利差来重新确定的。契约中明确规定了指数的利差，指数利差的数额反映了债券发行时的市场状况。相反，可延长的重设债券反映的是价格重设日的市场状况（由几家投资银行提出建议），而且，新息票利率反映的是新的利率水平和投资者所要求的新的利差。

投资于可延长的重设债券的好处是，息票利率会依据市场利率重新确定，包括当时的利率水平和信用利差。其本金不变，依然是票面金额。实际上，在萧条时期，可延长的重设债券在高收益债券市场上并不是很受欢迎。突如其来的违约风险的大幅度增加意味着，要保持债券的面值必须大幅度提高债券的利率，这种大幅度的提高有可能导致公司破产。结果，息票利率的提高不足以使债券保持在约定的价格水平上。

一些投机级债券从1992年开始同意给予发行人一种有限制的权利，使得在不可赎回期，如果发行人的收入来自股票的首次公开发行，那么它可以赎回部分债券。有时候，二级市场的股票收入也是一种允许的资金来源，称为“收回”条款，细心的债券投资者对此应予以特别的关注。绝大多数新发行的高收益债券都有收回条款，甚至允许以出售股票的方式来为收回提供条件。在收回期内（发行后的3年里），发行人能够进行赎回的百分比一般是35%，赎回价格为票面价值的100%，再加上一年的息票利息。投资者应该预先警惕收回条款，因为投资者有可能在发行人通过进入股票市场而使其财务能力大大增强以后失去债券。而且，未偿付债券减少到一定数额后，会影响债券在次级市场上的流动性。

12.8 违约率和回收率

现在，我们应该把注意力转移到公司发行人身上。说到对债券持有人履行他们的职责，在过去发行人有各种各样的表现。在此，我们只关注两个方面的表现。首先，我们来看一下公司借款者的违约率。从投资的角度说，违约率本身并不是特别重要，它完全是一种可能性，即债券的投资组合遭受违约风险的可能性。同时，如果投资组合的收益率利差相当大，大到足以弥补违约的损失，就有可能使债券的投资组合在遭受违约的同时收益还胜过了国债。其次，因为违约债券的持有人通常能够收回投资面值的一定百分比，**违约损失率**（default loss rate）实际上低于违约率。所以，了解违约损失率或者**回收率**（recovery rate）是很重要的。

□违约率

违约率可以用不同的方法衡量。一个简单的方法是用发行人作为研究单位。那么，违约率就可以用年初违约的发行人数量除以发行人的总数来衡量。这种衡量方法没有考虑违约的债券金额和债券的发行总额。穆迪公司在违约率研究中采用的就是这种统计数据。[7]忽略金额的合理性在于，投资者的信用决定并不随发行人的规模而提高。衡量违约风险的第二种方法是，用特定日历年度的全部违约债券的面值除以同期所有未偿付债券的面值。爱德华·奥尔特曼（Edward Altman）用这种方法对投机级债券的违约率进行了更深层次的分析。下面我们将对两种方法加以区分，把第一种方法称为**发行人违约率**（issuer default rate），把第二种方法称为**金额违约率**（dollar default rate）。

不管哪种方法，都必须在给定的年份中测量违约率，或者是确定几年中的平均违约率。用过去几年的平均违约率来定义金额违约率的公式如下：

$$\frac{\text{所有违约债券的累计价值}}{\text{所有发行债券的累计价值}\times\text{未偿付年数的加权平均值}}$$

另外，一些研究者提出了累计的年均违约率的说法，没有用年份的数量来修正。例如，它的计算公式如下：

$$\frac{\text{所有违约债券的累计价值}}{\text{所有发行债券的累计价值}}$$

关于公司债券的违约率，还有几种比较好的研究方法，因为结果非常相似，就不一一介绍了。现在，我们看一下穆迪公司的研究工作，研究覆盖的期间范围是1970—1994

年。[8]在这 25 年间，作为研究对象的4 800个发行人中，有 640 个违约，导致公开发行的长期债券的违约金额超过 960 亿美元。穆迪公司定义的违约是指任何不能支付或者推迟支付利息和/或本金的行为。这里计算的是发行人违约率。穆迪公司研究发现，信用评级越低，公司发行人违约的可能性越大。

有较多的研究侧重于投机级债券发行人的违约率。奥尔特曼和屈恩（Altman and Kuehne）在他们 2011 年的研究中发现，基于 1971—2010 年未偿付高收益债券的样本，违约率一般为 2%～5%，偶尔会在金融动荡时达到 10%。[9]

□回收率

还有其他一些关于公司债券回收率或违约损失率的研究。计算回收额不是一件轻松的事情。当发生违约时，索赔人最后的所得可能包括现金和证券。不过，一般很难知道会得到什么，所以也很难估计非现金赔偿物的现值。

虽然实证记录仍在发展，我们会列举几个有关回收率以及隐含违约率的几个典型事实。[10]

- 优先级的平均回收率在 38%左右。
- 回收率的分布呈双峰状。
- 回收率与债券发行的规模无关。
- 违约率和回收率负相关。
- 当经济下行以及在陷入困境的行业，回收率较低。
- 有形资产比重较大的行业，其回收率也会较高。

12.9 中期票据

中期票据（medium-term notes，MTNs）同其他债务工具的最大不同是它们卖给投资者的方式。与商业票据计划相似，中期票据由发行人的代理人连续向机构投资者发行。中期票据在规则 415（“储架登记”）下在证券交易委员会登记，这就给了企业足够的灵活性以连续发行证券。中期票据也会由非美国公司、联邦机构、国际机构和主权政府发行。

有人会认为中期票据描述的是中等到期期限的证券，但这种看法是不恰当的。中期票据的期限可以介于 9 个月到 30 年之间，甚至更长。例如，迪士尼公司（Walt Disney Corporation）通过其中期票据计划发行了到期期限为 100 年的所谓世纪债券。中期票据或许可以被更准确地描述为一种高度灵活、设计方便、可以捕捉市场机会和满足投资者偏好的债务工具。

如上所述，中期票据的最大不同点是其发行方式。大多数中期票据计划有 2～4 个代理人。通过代理人，中期票据的发行人会宣布一系列期限范围的发行利率。例如，9 个月到 1 年、1 年到 18 个月、18 个月到 2 年、随后范围区间为 1 年。很多发行人宣布的发行利率是相比于到期期限相同的国债的收益率利差。

一般来说，发行人会在其想要的融资期限宣布比较有吸引力的收益率利差。投资银行则会将这个宣布的利率告知它们的投资者客户。当一个投资者对某一中期票据发行表现出兴趣时，代理人就会联系发行人以确认交易的条款。在一个到期期限范围内，如果获得发行公司同意，投资者有最终选择到期期限的权利。发行人会在某一到期期限内满足了其融资需求后，降低其宣布的利率。

结构化中期票据（structured medium-term notes），简称**结构化票据**（structured notes），是具有衍生头寸的债务工具（期权、远期、期货、互换、上限、下限）。例如，结构化票据往往内含互换条款。这种“对冲互换”允许发行人创造结构化票据，以满足一些固定收益投资者所追求的有趣的风险/收益特征。

12.10 关键知识点

• 债券契约包括公司债券发行人的承诺和投资者的权利。债券契约中的条款永远是债券发行人利益同债券投资者利益的妥协。

• 按发行人的类型，可以把公司债券分为：公用事业债券、运输业债券、工业债券、银行和金融公司债券、国际或扬基债券。

• 在美国国内发行的公司债券依利息支付方式主要可分为三种：直接息票债券（固定利率债券）、零息票债券和浮动利率债券（变动利率债券）。

• 不动产（用作抵押）和动产都可以用于担保，以提供超过债券一般信用标准的担保。事实上，担保的种类或不接受哪种特定类型担保品的担保通常会在债券发行条款中注明。然而，最好的担保还是强劲的一般信用，即发行人能够用其收入偿付债务的能力。

• 抵押债券给予了债券持有人对所有财产的第一抵押留置权，因此相比于没有保障，发行人能够以较低的利率发行债券。

• 一些公司没有固定资产或其他不动产，所以就不能设置抵押留置权以保护债券持有人。它们用股票、票据、债券或者它们所拥有的其他任何形式的担保物做担保。这些资产称为质押品，被担保的债券被称为质押信托债券。

• 信用债券没有用指定的财产做明确的担保。信用债券的持有人跟一般债权人一样，对发行人所有未对其他债务提供担保的财产拥有索偿权。他们甚至对抵押财产的价值超过担保债权人所需的那部分资产也拥有索偿权。实际上，如果没有抵押资产和担保债权人，信用债券持有人和其他债权人一样享有对所有财产的第一索偿权。

• 当发行人破产时，在所有债权人中，次级信用债券持有人的索偿权排在最后。

• 有时，一个公司可能会替另一个公司发行的债券提供保证，这种债券称为保证债券。然而，保证并不意味着这种债务没有违约风险。保证债券的安全性取决于保证人满足保证条款的能力，以及发行人的财务能力。

• 债券契约里所包含的偿付债务方式有：提前赎回和换新条款、偿债基金条款、维持和替代基金以及通过资产出售和其他方式进行赎回。

● 所有公司债券都有信用风险，包括信用违约风险和信用价差风险。

● 信用评级可能也会随着时间的推移发生变化。评级转换表，也称为评级迁移表，是一个表明评级如何在特定的时间区间内变化的表格。

● 信用价差风险指的是较固定收入产品市场而言，由于在市场中所使用的价差水平变动而导致的金融损失或者一个投资组合的弱势表现。一个用来衡量信用价差风险的常见方法是价差久期，即假定国债利率不变情况下对于价差中 100 个基点的变动，债券价格变动的大约百分比。

● 三类发行人组成了投资级以下、高收益公司债券发行市场：初始发行人、“堕落的天使”、重组和杠杆收购。

● 一些管理者的活动使得债券被评为非投资级，从而加重了公司的利息支付负担，给公司的现金流带来了更大的约束。为了减轻负担，这类公司发行了具有递延息票结构的债券，它允许发行人在 3～7 年的时间内不必用现金来支付利息。递延息票结构的债券有三种：(1) 递延利息债券；(2) 阶梯式债券；(3) 实物支付债券。

● 从投资的角度说，违约率本身并不是特别重要，它完全是一种可能性，即债券的投资组合遭受违约风险的可能性。同时，如果投资组合的收益率利差相当大，大到足够弥补违约的损失，有可能使债券的投资组合在遭受违约的同时收益还胜过了国债。此外，因为违约债券的持有人通常能够收回投资票面价值的一定百分比，违约损失率实际上低于违约率。所以，了解违约损失率或者回收率是很重要的。

● 违约率可以通过发行人违约率和金额违约率进行衡量。

【注释】

[1] 当然，对提前赎回的禁止也有例外的情况，比如偿债基金以及在强制性条款下赎回债券。

[2] 我们的数据来自固定收益证券数据库，是由 LJS 全球信息服务公司与休斯敦大学的阿瑟·沃加(Arthur Warga) 联合发布的。

[3] 这些特征包括了以下内容：发行数量至少为 2 500 万美元，不包括中期票据和有其他嵌入式期权的债券（比如可回售债券以及可转换债券）。See Scott Brown and Eric Powers, “The Life Cycle of Make-whole Call Provisions,” Working Paper, March 2011.

[4] Steven V. Mann and Eric A. Powers, “Determinants of Bond Tender Premiums and the Percentage Tendered,” *Journal of Banking and Finance*, March 2007, pp. 547 - 566.

[5] 美国国库券收益率曲线是一个衡量信用价差基准的通常选择，但绝不是唯一选择。其他合理选择包括互换曲线 (swap curve) 以及机构收益率曲线。

[6] 大多数债券具有重新确定息票的公式，要求发行人重新确定息票利率，以使债券的交易价格达到 101 美元。

[7] Moody's Investors Service, “Corporate Bond Defaults and Default Rates: 1970—1994,” Moody's Special Report, January 1995, p. 13. 在一个公司的附属公司中的不同发行人应该分别计算。

[8] Moody's Investors Service, “Corporate Bond Defaults and Default Rates: 1970—1994.”

[9] Edward I. Altman and Brenda J. Kuehne, “Defaults and Returns in the High-Yield Bond and Distressed Market: The Year 2010 in Review and Outlook,” Special Report, New York University Salomon Center, Leonard N. Stern School of Business, February 4, 2011.

[10] Dilip B. Madan, Gurdip S. Bakshi, and Frank Xiaoling Zhang, "Understanding the Role of Recovery in Default Risk Models: Empirical Comparisons and Implied Recovery Rates," FDIC CFR Working Paper No. 06; EFA 2004 Maastricht Meetings Paper No. 3584; FEDS Working Paper; AFA 2004 Meetings (September 2006). 可通过浏览 SSRN: http: //ssrn. com/abstract=285940 or doi: 10. 2139/ssrn. 285940 获得。

第13章 杠杆贷款

斯蒂芬·J. 安特科扎克 (Stephen J. Antczak)*，注册金融分析师
顾问

弗兰克·J. 法博齐 (Frank J. Fabozzi) 博士，注册金融分析师，注册会计师
EDHEC 商学院金融学教授

荣格·李 (Jung Lee)*
顾问

杠杆贷款 (leveraged loan) 指的是向一家信用评级为投机级的企业进行贷款。也就是说，借款者的评级在投资级以下 (在 BBB－/Baa3 级以下)。当说到市场参与者的"贷款"时，通常指的是：(1) 联合程度很高的贷款 (从 10 家或更多的银行和非银行投资者那里获得)；(2) 在贷款者资本结构中级别最高的优先级担保贷款；(3) 贷给大企业的规模很大的贷款。从未偿付规模来说，抵押贷款市场相对而言在 1996 年是很小的 (杠杆贷款的规模为 150 亿美元，而公司债券的规模为 9 750 亿美元)。到 2005 年，这个市场的规模则扩大到了 2 500 亿美元。在随后的三年里，这个市场的规模增长到了 5 500 亿美元。虽然 2009 年和 2010 年的市场规模因为 2008 年金融危机的原因而有所缩小，该市场的规

* 在写作这一章时，安特科扎克是美国信用策略公司 (U. S. Credit Strategy) 的主管，李是法国促进工商业发展总公司的信用策略师。

模仍显著地高于其长期平均水平。

对投资级以下的公司来说，杠杆贷款是它们资本结构中的关键组成部分。虽然不同企业存在显著的差异，但一个典型的杠杆贷款借款者的债务结构中65%～70%由贷款组成，30%～35%由债券组成。广义地讲，公司贷款者通过杠杆贷款所获得的资金有几种不同用途。在2011年第一季度，64%的新发行贷款用于偿付存续债务，11%用于进行对股权投资者有利的活动，从而避免杠杆化资本重构（例如，特别分红），10%用于进行公司收购，10%用于为杠杆并购提供融资（或至少部分融资），剩下的5%则用于其他用途，比如运营资本。

杠杆贷款从20世纪80年代末开始就被出售给非银行机构投资者，但是机构投资者一直到1995年才成为这一市场的重要组成部分。我们将在这一章介绍杠杆贷款市场的不同特征。

13.1 联合银行贷款

杠杆贷款是**联合贷款**（syndicated loan）的一种形式。联合贷款是一种有统一条款的单一贷款，但是有多个贷款人，它们各自提供资金的一部分。从借款者的角度来说，联合贷款有以下好处：（1）它允许公司一次性进行贷款条件的谈判的同时，可以与多个贷款者接触；（2）它避免了借款者逐一协商贷款条件可能引发的优先顺序问题。联合贷款集团中的所有贷款者在信用合同中具有同等权利。

一般来说，联合贷款由商业银行或者投资银行进行安排——后者被称为**安排者**（arranger），也称为**指定主要安排者**（mandated lead arranger）[1]，这一主体将就贷款的类型（在后面将提到，一个循环的信用资金链和/或期限贷款）向借款者提供建议，还负责协商贷款条件，包括价格，并且管理信用合同的结构。安排者会准备一个信息备忘录或者银行账簿。这个文件是保密的，只提供给合格的银行和投资者，内含关于借款者的信息、借款者所处的部门、贷款条件和借款者的财务预测。为了日常管理这个贷款，会任命一个**代理人**（agent）。这个代理人，也就是其中一家银行，负责监控借款者以保证其遵守贷款条款。

在信用合同和担保合同被确认以后，有关文件就会被上报给相关的监管机构。不过，信用合同可能会因为一系列原因进行修订。可能是免除某一条款这样小的改动。这样的改动只需要在投票时获得绝对多数通过即可。相反，有的改动可能涉及利率、贷款期限、贷款的担保，就会比较复杂。复杂的改动需要获得一致同意。

值得注意的是，一个越发频繁出现的改动是“修订并延期”。破产过程对贷款者来说往往是很昂贵的——到2010年底，也就是雷曼兄弟根据《破产法》第11章申请破产保护的2008年9月中旬后的两年，其破产的成本超过了10亿美元——因此从贷款者的角度来说，调整贷款的期限可能是比走破产流程更好的选择。图表13—1显示修订并延期以及免除条款修订的数量在2008年达到了100个，到2009年则达到350个。虽然这一数量到 2010 年下降了大约 50%，但是修订的数量仍然显著地高于历史平均值。

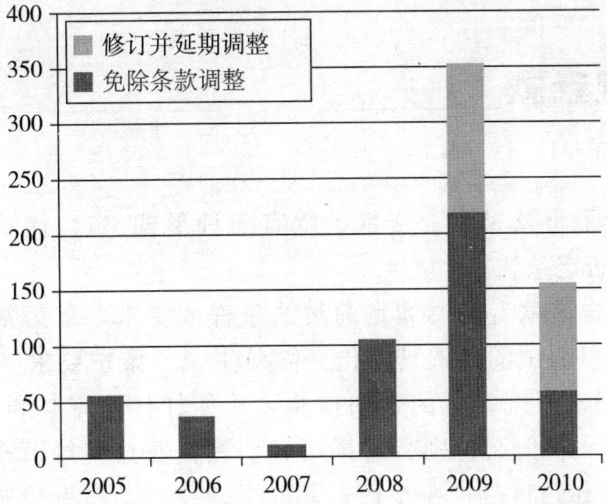

图表 13—1　免除条款和修订并延期调整的数量

资料来源：S&P LCD.

贷款既可以承销，也可以以尽力而为作基础。在**承销安排**（underwriting deal）中，任何没有分配给其他银行或者投资者的贷款，安排者都需要认购（提供这一部分的融资）。相对地，在**尽力而为安排**（best-efforts deal）中，安排者不保证整个贷款都会有其他银行或者投资者认购。相反，债务的定价或者规模是可调整的。尽力而为安排的一个变化则涉及利用**市场灵活语言**（market flex language），借款者会给安排者足够的灵活性来调整贷款的条款和定价以保证整个贷款都会被认购。一般来说，在这种安排下，借款者可以接受的条款是有上限的，并经常涉及提高贷款相对于参考基准的利差。**反向市场灵活**（reverse market flex）则会在认购过多或者其他市场状况下降低利差。

13.2　贷款结构

在实际操作中，一般来说，不会仅仅安排一个贷款。相反，信贷合同往往是一个**信贷循环**（revolving line of credit）和一个或更多的到期期限递增的定期贷款：定期贷款 A，定期贷款 B，等等。在一些信贷合同中，借款者可以通过信贷循环获取贷款，并且将贷款转换为定期贷款。

在信贷合同下，杠杆贷款可以被分为按比例贷款和机构贷款。**按比例贷款**（pro rata loans）发放给银行，通常包含信贷循环和到期期限在 3～5 年的定期贷款。如名称所示，机构贷款（institutional loans）一般被发放给非银行机构，一般包含到期期限在 5～7 年的定期贷款。20 世纪 90 年代末期，新发行的杠杆贷款大多数都是按比例贷款（例如，在 1997—1999 年，新发行的按比例贷款平均占所有新发行杠杆贷款的 81%），但是机构贷款规模增长迅速，现在已经成为新发行贷款的重要组成部分（在 2006—2010 年，新发行机构贷款占所有新发行杠杆贷款的 60%)。

13.3 贷款条款

信贷合同中规定了贷款条款。贷款条款有三种形式:(1) 借款者的承诺和保证;(2) 肯定条款;(3) 否定条款。

杠杆贷款大多包含借款者需要满足的契约条件或要求。最为常见的是维护要求和招致要求。这些要求以测试的形式具体化。简单来说,**维护要求** (maintenance requirements) 是对一系列经营表现指标的定期检验,比如杠杆比率、利息保障倍数,等等。维护要求不需要公司采取什么特别行动即可“引发”对这些经营指标的检验。**招致要求** (incurrence requirement) 是指在发行人采取了某种行动引发检验后,对特定经营指标所进行的相对于事先确定水平的检验。股权回购、剥离和特别分红都是这些行动的典型代表。这一过程有五个目的。[2]

(1) **保障抵押物** (preservation of collateral):借款者承诺贷款者对抵押物有合法、有效、可执行的证券保障。一般来说,这不仅局限于借款者在贷款生效时已经拥有的资产,也包含借款者后续获得的资产。在有些贷款中,只有一些特定资产会被当作抵押物。

(2) **控制超额现金流** (appropriation of excess cash flow):在缺乏约束时,借款者可以申请贷款,出售其资产,并将出售资产收入和由贷款所获得的收入转移给权益投资者,这会创造一个对于贷款人来说没有资产抵押的空壳公司。为了防止这种现象,借款者的一般和特别经营活动所产生的超额现金流——界定为现金流减去现金支出、必要分红、债务偿付、资本支出和运营资本变化——被要求用来偿付贷款。

(3) **控制经营风险** (control of business risk):贷款者在借款者经营活动的风险加大时会吃亏,借款者做出牺牲贷款者利益以增强权益投资者利益的经营决策的风险也会增加。[3]借款公司的管理层可以通过进行风险更大的投资项目、增加债务水平或者并购其他公司增加其风险。贷款条款可以阻止上述行为。贷款条款可能会禁止新增债务,即使新发行的债务的优先水平低于现有贷款。

(4) **绩效要求** (performance requirements):贷款者使用的绩效指标包括比率指标,比如覆盖率、杠杆比率、流动率,也包括金额指标,比如有形资产净值、最大资本支出和现金流/净值要求。这些指标可以通过会计报表(一般公认会计原则)计算,也可以由贷款者计算。如果这些指标未能达标,贷款就会立即到期并且成为应付的。

(5) **报告要求** (reporting requirements):为了监督借款者,贷款者要求借款者定期制作特定文件和报告。这些文件不仅包括政府监管机构所要求的文件,还包含预算、预测、应收账款分析在内的内部报告,以及包含对特定资产进行评估的第三方非上报报告。

贷款的定价(例如,贷款的利差)取决于三个因素:(1) 借款者的信用质量/评级;(2) 贷款的规模;(3) 新发行债务的供给与需求。[4]显然,当其他因素相同时,借款者的信用评级越低，贷款的利差就越大。第二个因素则与发行贷款规模和买者的胃口（例如，银行和机构投资者）之间的平衡或不平衡有关。贷款规模的大小可能会导致较高或较低的利差。一方面，贷款规模越大，所要求的使市场出清的利差就越高。另一方面，从交易的角度说，贷款规模较大也可能降低利差，因为投资者认为由于对发行人更为熟悉，规模较大的贷款在二级市场的可交易性更强。[5]

13.4 回收率

教科书中认为当出现破产时，贷款者所处的位置由贷款者的优先程度决定，因为原先的贷款合同会被法庭所尊重。但是，很多经验性研究表明，当出现第 11 章破产时，绝对优先规则一般会被违反。也就是说，高优先级的贷款者可能并不能在低优先级的贷款者甚至权益投资者获得某种形式的偿付之前获得全额偿付。有不少经济原因可以解释为什么绝对优先规则会被违反。这些原因与贷款者和权益投资者进行谈判的直接和间接成本有关。归根到底，不同优先水平贷款者的回收率是一个经验性的问题。

幸运的是，有关回收率的研究虽然证实现实中违反绝对优先规则的风险很高，银行贷款贷款者以回收率度量的优先水平仍高于其他贷款者。穆迪所做的关于 1987 年以来 720 家美国非金融公司出现的 3 500 起债务和债券违约的综合研究表明，贷款的最终回收率要高于债券。[6]具体地，穆迪发现违约贷款的平均回收率是票面价值的 81%，而违约债券的平均回收率仅仅是票面价值的 39%。当然，债券的回收率也与债券在资本结构中的优先级有关，最高优先级的债券（例如，优先担保债券）的回收率是票面价值的 67%。进一步地，穆迪的研究发现贷款回收率的分布向右偏离，而债券回收率的分布则向左偏离。

另一个看待回收率的方法则是运用违约前交易价格作为回收的代理变量，而不是最终回收率。基于发行人不同权重的违约前交易价格，1990—2009 年第一抵押留置权贷款的平均回收率达到了票面价值的 70%。作为比较，穆迪发现在相同时间段内，公司债券的平均回收率是票面价值的 41%左右。

要记住，之前提到的回收率都是以票面价值的百分比形式表示的。基于此，当出现违约时，以票面价值交易的贷款所面临的损失要大于以低于票面价值交易的贷款。例如，图表 13—2 中，2008 年 12 月，二级市场中杠杆贷款的平均出价跌落到 62 美元的低位。如果我们假设最终回收率为 82%，那么如果投资者在 2008 年以 62 美元的价格购买了贷款，即使出现违约，他也不会蒙受损失。另外值得注意的是，回收率一般会随不同年份出现波动。例如，尽管贷款的回收率在 2004 年几乎达到票面价值的 90%，而到 2009 年则只有 55%。

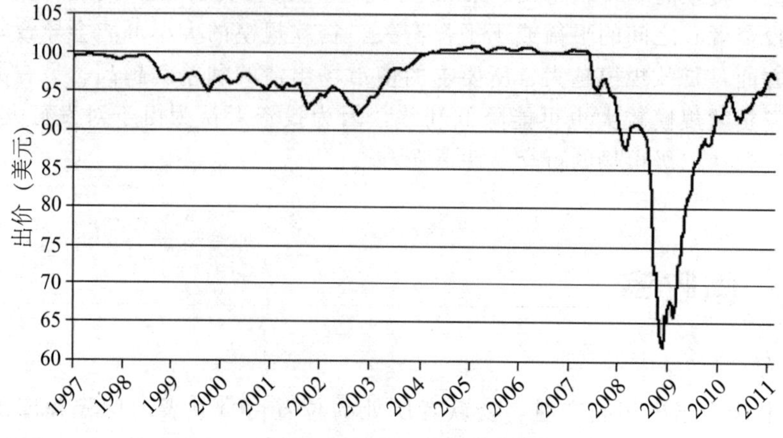

图表 13—2　杠杆贷款的平均出价

注：截至 2011 年 3 月 11 日。剔除了已经违约的贷款。

资料来源：S&P LCD.

13.5　二级市场

杠杆贷款是私人合同，因此在 1987 年之前，有关杠杆贷款的公开资料很少。这限制了二级市场的交易。到 1987 年，贷款定价公司（Loan Pricing Corporation，LPC）开始发布全球杠杆贷款的信息。其旗舰产品，黄金表（Gold Sheets），每周发布有关价格、结构、到期期限和不同工业部门的信息。

在 1995 年，联合贷款和交易协会（Loan Syndications and Trading Association，LSTA）以一个工业协会的身份被创立，其目标是促进一个流动性更强、更透明的二级市场。它通过建立有关结算和运营的市场实务和流程达到这一目标。例如，联合贷款和交易协会发布标准信贷合同条款及一个覆盖借贷市场参与者沟通原则和保密信息的使用的文件。

联合贷款和交易协会与贷款定价公司开始收集有关市场的定价信息。LoanX（现在是 Markit Partners 的一部分）在 1999 年开始提供贷款定价信息。

联合贷款和交易协会以及标准普尔（Standard&Poor's，S&P）协作以创立二级市场指数。市场指数对所有资产种类都扮演重要的角色，有以下原因：衡量某一资产种类的表现以做出资产配置决策和评价主动型投资经理的表现。在杠杆贷款市场，标准普尔/联合贷款和交易协会美国杠杆贷款 100（S&P/LSTA U. S. Leveraged Loan 100）是主要指数。[7]这一指数从标准普尔/联合贷款和交易协会杠杆贷款指数（S&P/LSTA Leveraged Loan Index，LLI）所包含的大约 1 000 个定期贷款中，衡量了 100 个最大的机构杠杆贷款（根据市值加权）的表现。如果想要被标准普尔/联合贷款和交易协会杠杆贷款指数包括在内，定期贷款必须是高优先级的，拥有第一留置权，初始期限不短于 1 年，对伦敦银行同业拆借利率的初始利差不小于 125 个基点，票面价值不低于 5 000 万美元，并以美元计价。指数中所包括的贷款通过标准普尔指数委员会所制定的特定规则选取。

根据联合贷款和交易协会，二级市场的季度交易量从2005年第一季度的500亿美元增长到了2008年第二季度的1 420亿美元，到2010年第四季度则回落到1 070亿美元。二级市场的年度交易量截至2010年底稍微超过4 000亿美元，相比2007年的5 000亿美元有所回落，但仍比2006年的3 500亿美元要多。

二级市场中的贷款有两种易主方式：通过指派或者参与。如果是**指派**（assignment），购买者会成为享有所有权利的记录在案的贷款者。指派一般需要获得借款者的同意，交易才能发生。相反，如果交易是通过**参与**（participation）完成的，虽然买者接受偿付的权利，初始的贷款者仍然是记录在案的贷款者。因此，记录在案的贷款者就有责任从借款者那里征收应付款项并将该款项支付给参与者。这种交易一般不需要获得借款者的同意。不过，在参与时，购买者面临更大的信用风险，因为借款者和参与者之间没有合同联系。其结果是，如果初始贷款者出现破产，参与者就可能没有追偿权。

在图表13—3中，我们看到历史上二级市场的波动性曾经较小，平均出价在票面价值附近，利差（到期利差）保持在伦敦银行同业拆借利率加400个基点的范围内，直到2007年金融危机开始。

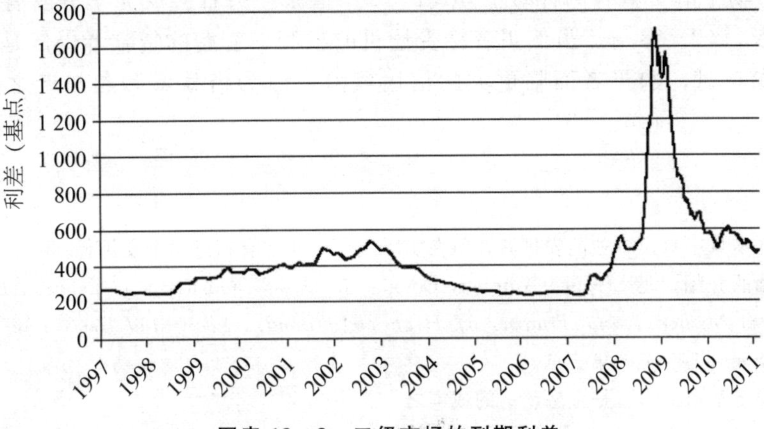

图表13—3　二级市场的到期利差

注：截至2011年3月11日。不包括已发生违约的贷款。

资料来源：SG Cross Asset Research，S&P LCD.

13.6　关键知识点

● 杠杆贷款指的是向一家信用评级为投机级的企业进行贷款。也就是说，借款者的评级在投资级以下（在BBB－/Baa3级以下）。当说到市场参与者的“贷款”时，通常指的是（1）联合程度很高的贷款（从10家或更多的银行和非银行投资者那里获得）；（2）在借款者资本结构中级别最高的优先级担保贷款；（3）贷给大企业的规模很大的贷款。

● 杠杆贷款是联合贷款的一种形式。联合贷款是一个有统一条款的单一贷款，但是有多个贷款人，它们各自提供资金的一部分。从借款者的角度来说，联合贷款有以下好处：(1) 它允许公司一次性进行贷款条件的谈判的同时，可以与多个贷款者接触；(2) 它避免了借款者逐一协商贷款条件可能引发的优先顺序问题。联合贷款集团中的所有贷款者在信用合同中拥有同等权利。

• 杠杆贷款可以被分为按比例贷款和机构贷款。按比例贷款发放给银行，通常包含信贷循环和到期期限较短的定期贷款。机构贷款发放给非银行机构，一般包含到期期限较长的定期贷款。

• 杠杆贷款大多包含借款者需要满足的契约条件或要求。最为常见的是：(1) 维护要求，或者对经营指标的定期检验；(2) 招致要求，在发行人采取某种行动引发检验后对特定经营指标的检验。这些贷款合同的目的包括：(1) 保障抵押物；(2) 控制超额现金流；(3) 控制经营风险；(4) 绩效要求；(5) 报告要求。

• 对回收率的研究证实银行贷款贷款者对借款者资产拥有优先索偿权，因为其以票面价值百分比度量的回收率高于其他贷款者。需要记住，由于回收率是以票面价值百分比的方法表示的，因此当出现违约时，以票面价值交易的贷款所遭受的损失就大于低于票面价值交易的。另外需要注意的是，回收率每年都会发生变化。

• 二级市场中的贷款有两种易主方式：(1) 指派。买者会成为享有所有权利的记录在案的贷款者。(2) 参与。虽然买者接受偿付的权利，初始的贷款者仍然是记录在案的贷款者。在参与时，购买者面临更大的信用风险，因为借款者和参与者之间没有合同联系。

【注释】

[1] 虽然在本章中只说单独的安排者，但在实际交易中往往有超过 1 个安排者。

[2] 更详细的介绍，见 Stephen Antczak, Douglas J. Lucas, and Frank J. Fabozzi, *Leveraged Finance: Concepts, Methods, and Trading of High-Yield Bonds, Loans and Derivatives* (New York: John Wiley & Sons, 2009) 的第三章。

[3] 金融经济学家认为这是金融动荡的成本之一。

[4] 另外，影响贷款吸引力的因素，见 Antczak, Lucas, and Fabozzi, *Leveraged Finance: Concepts, Methods, and Trading of High-Yield Bonds, Loans and Derivatives* 的第三章。

[5] 同上，第 63 页。

[6] 穆迪 *Ultimate Recovery Database: Special Comment*, April 2007。衡量回收率的方式因研究而异。有的研究将贷款或债券的违约前交易价格作为回收率的代理变量。穆迪的研究则使用了债券持有人在清算时所获得的折价实际金额。

[7] 更多细节，参见标准普尔发布的"标准普尔/联合贷款和交易协会美国杠杆贷款 100"，可在 www.SPindices.com 获得。

第 14 章 可转换债券及其投资应用

乔纳森·L. 霍恩 (Jonathan L. Horne)

太平洋投资管理公司执行副总裁

克里斯·P. 迪亚里纳斯 (Chris P. Dialynas)

太平洋投资管理公司常务董事

可转换债券是一种允许持有人将其转化为公司一定数量股份权益的证券。这种可以转换为权益的能力意味着可转换债券的持有人会从公司股票的显著价格上涨中获益，而在股票价格下跌时可以通过债权获得保护。在这一章中，我们将首先讨论可转换债券的一些关键条款和基本特征，然后描述发行这些证券的动力和投资它们的核心投资组合管理考虑，而在最后概述对它们估值所涉及的主要因素。

14.1 可转换债券的基本特征和关键条款

从概念上，一个典型的可转换债券是债权和对公司权益的看涨期权的组合。不过，给定一个可转换债券，它的表现和风险的性质由证券的几个特征之间的交互作用决定。

□债权的性质

可转换债券的基础债权的优先级是评估证券“债券下限”强弱时最为重要的考虑之

一。(延伸来说，也决定当权益价格大幅下跌时，债券是正凸的还是负凸的。)可转换债券大多是优先无担保债权，但也经常是次级债务或者优先股。如果是优先股，息票利息的递延一般不视作发行者的违约行为，并且未支付的息票利息也经常是不可累计的。一个有优先债权的可转换债券所展现的正凸性会比次级债务或者优先股强得多，因此投资者对优先级较低的证券会要求更高的息票利息（更大的信用利差）。

为了分析次级债务或者优先股相对于优先债务的合适信用利差，投资者需要考虑在发生违约时，每个等级的债务的潜在回收率，以及用所占整体公司价值百分比衡量的相对厚度。(对于一家企业价值远超过其债务的公司，给定次级程度相同，投资者对于较薄的资本结构应该要求更大的信用利差。)在此基础上，优先无担保可转换债券的信用风险部分大多可以利用信用违约互换（credit default swaps，CDS）进行对冲，而有关次级债务和优先股的信用违约互换一般不在市场中交易。

除基础债权为优先无担保债权、次级债权和优先股的可转换债券之外，另一种常见的可转换债券是“强制”可转换债券。这些证券其实根本不是债权。在最典型的结构中，投资者根据证券的面值获得息票利息，同时针对发行公司的普通股卖出平价看跌期权并买进价外看涨期权。在到期日，强制可转换债券转变为普通股，如果股票价格在看跌执行价格和看涨执行价格之间，投资者获得面值；如果股票价格低于看跌执行价格或者高于看涨执行价格，投资者则承担直接权益风险。强制可转换债券实际上只是对公司权益的看涨头寸，而大多数投资者购买这些证券的原因是为了增加收入或者由于无法拥有直接权益头寸。

□息票利息支付

历史上，可转换债券对发行人的主要优势之一是它们相对较低的息票利息支付。相对于不可转换债券，由于可转换债券嵌入的权益看涨期权，投资者愿意接受更低的息票利息。息票利息一般是固定利率的而不是浮动的，而零息票可转换债券也并非不常见。当考虑一个新可转换债券的结构时，发行人必须比较降低息票利息成本同债券被转换为权益时产生稀释作用的可能的得失（比如，卖出的权益期权的价值更大）。

□权益转换权利

可转换债券嵌入的权益看涨期权的形式是**转换率**（conversion ratio），债券的持有人有根据给定债券的面值将其转换为一定数量的股份的权利。这个比例会产生对应的**转换价格**（conversion price）（也就是嵌入的权益看涨期权的执行价格），简单来说就是债券的面值除以转换率。例如，一个面值为 1 000 美元、转换率为 25 的可转换债券的转换价格是 40 美元。市场参与者一般用可转换价格的“高出”来说明当前股票价格同转换价格的距离。例如，我们可以说新入市的某一可转换债券是“3%，高出 25”，意思是息票利率为 3%，可转换价格比当前权益价格高出 25%。

另一个与可转换债券权益部分相关的概念是证券的**平价**（parity），也就是转换率乘以普通股的市场价格。参与者经常会使用相对平价的“溢价点数”来描述可转换债券的估值（特别是那些深度价内的）。例如，如果一个可转换债券的平价是 80 美元，而它的价格是 105 美元，那么我们就说它以 25 点溢价进行交易。另外，参与者还会使用可转换债券**转换溢价**（conversion premium），它指的是相对于工具平价的百分比溢价（[可转换价格－平价] /平价）。

最后，可转换债券的 **delta** 指的是债券价格对基础权益价格增加的敏感程度。delta 一般是相对于平价来说的，因此，如果先前例子中债券的 delta 是 50%，这意味着股票价格每增长 1%，可转换债券的价格就预期增长 0.4 美元（＝1%×50%×80）。另外，delta 也可以是相对于可转换债券自身的价格来说的（一般被称为完全 delta），之前例子中是 38.1%（＝0.4/105）。相对于平价或者债券价格的 delta 一般被分别称为“对冲 delta”或者“完全 delta”。

□提前赎回和回售选择权

通常可转换债券包含一系列允许发行人提前赎回债券的提前赎回选择权以及持有人以特定价格将债券回售给发行人的回售权。这些提前赎回和回售选择权的日期相同或者非常相近，这有效降低了可转换债券的久期。尽管这些提前赎回选择权和回售选择权的存在大大加大了可转换债券估值的复杂性，它们却是非常常见的条款，因为对发行人来说，它们可以优化证券的税收和会计优势。

□分红保护

分红保护条款的目的是就向普通权益持有人的分红支付向可转换债券持有人进行补偿。对于不含有这些条款的证券，分红的支付会对债券持有人产生不利影响，因为可转换债券不会收到分红支付，却会遭受分红后股票价格下跌的损失。为了弥补这一点，大多数可转换债券包含一个转换率调整条款，使得转换率与分红同比例调整。也就是说，如果公司宣布分红水平是每股价格的 2%，那么转换率就会调整从而使得转换价格下跌 2%。

□收购保护

与分红保护相似，收购保护是用来保护可转换债券持有人免受对债券价值产生不利影响的公司行动的条款。收购保护可以有几种不同的形式，包括对转换率的调整（就像前面例子中提到的那样）或者以新的转换率转换为收购者的股票价格，以实现“补足”价值。认真考虑对于给定可转换债券的收购保护是非常重要的，因为不同债券的条款可能有显著不同。

□其他条款

净份额协议、视情况转换和视情况支付是可转换债券的其他常见条款，特别是那些在 2008 年以前发行的债券。历史上，这些条款背后的主要动力是出于会计考虑，最小化可转换债券的权益稀释和利息费用，同时最大化用应税收入的利息抵扣衡量的税收好处。(我们将在后面的章节中讨论发行可转换债券的动力。)

净份额协议（net share settlement）在其最为基本的形式下，允许发行人通过现金支付债券面值并仅仅以对于高出面值的转换价值发行股份的方式来执行其转换责任。在一些情况下，这一条款会被描述成：发行人有自行决定如何使用现金和股票组合结算转换债券的权利。在历史上，这一条款背后的动力是出于每股收益会计考虑而最小化发行人的权益稀释，但是2008年会计准则的改变大大地降低了这一条款的作用。

视情况转换（contingent conversion，CoCo）这一条款在权益的价值达到指定门槛值之前（一般是转换价格的130%），禁止进行转换。这个条款在历史上被用来帮助发行人实现会计和税收优势，但在过去两年里由于税收和会计准则的变化，这一动力已经大大降低了。

拥有**视情况支付**（contingent payment，CoPa）条款的债券会在权益的价格达到指定水平时（比如转换价格的130%），支付更高利率的利息。传统上，这一条款被用来从可转换债券中获得税收优势，它允许发行人出于税收考虑，将相关的直接债务利息成本当作费用处理，而实际上却只需要支付更低（有时候为零）的可转换债券息票利息。

□可转换债券收益特征

虽然一般是高度复杂的证券，可转换债券在概念上可以被认为是公司债券和权益凭证的组合。对于达到或者超过可转换债券"执行价格"的权益价值（也就是说，内嵌的看涨期权给予发行人购买股票权利的价格），它们就会很像一个权益期权（也就是像一个深度价内的直接权益投资），而对于距离执行价格较远的权益价值，也就是说在深度价外的情形下，则在很大程度上表现得像一个公司债券。

它们的混合特征是可转换债券拥有动态凸性特质，就像图表14—1所展示的例子那样。如图所示，对于一个典型的可转换债券，当权益价格大约比转换价格低或高30%时，它是正凸的工具，但是当权益价格趋于零而破产风险占据主导地位时，它会变成负凸的（就像大多数公司债券那样）。凸性使得可转换债券成为一种非常有趣的资产类型，它要求投资者了解发行人资本结构中的权益和债务部分，以及两者之间可能发生的互动。

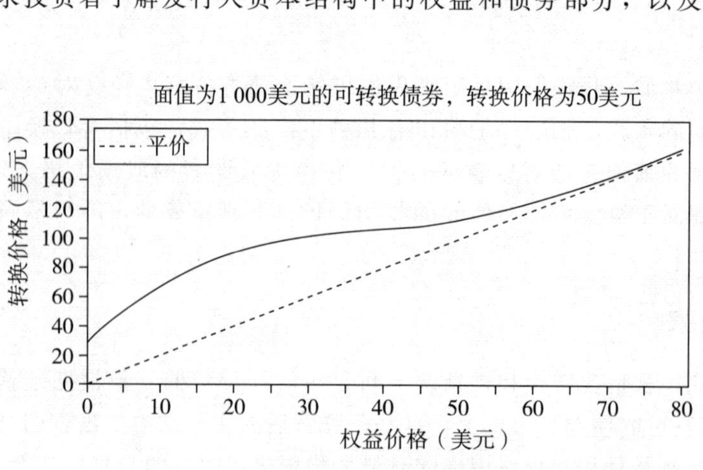

图表14—1　可转换债券的典型表现特征

14.2 可转换债券估值和风险度量概览

虽然在概念上，可转换债券是风险债券和股权凭证的组合，可转换债券的估值却不是简单地对两个组成部分分别进行定价。一方面，一般来讲可转换债券是不能从实体上拆分它们的权益凭证和债券成分的。另一方面，允许发行人或者持有人提前赎回或者回售证券的看涨期权和看跌期权，进一步使得估值变得复杂化。最后，可转换债券对信用利差变化以及权益价格变化的敏感程度动态地取决于这两个要素。举例来说，深度价内的可转换债券可能几乎没有信用利差风险，而受困可转换债券的权益系数则可能接近1。(考虑一家公司，随着其权益价格趋于零，其违约后的回收率是零。)作为这些复杂化的结果，可转换债券的估值并不存在一种可以完全反映其复杂程度的封闭解决办法。市场参与者使用的主要估值方法的核心是模拟股票价格以及相伴随的可转换债券价格在不同时间点的可能路径，一般使用的是二叉树或者所谓的有限差分法，后者使用可转换债券价格作为因变量、股票价格和时间作为自变量的偏微分方程。我们不讨论这些模型的技术性问题，而是主要侧重讨论用于这些模型的主要元素，以及这些元素之间的主要区别，然后描述任何定价模型都会产生的主要风险度量。

□股票价格演化

任何对可转换债券进行估值的模型的基础部分都是预测股票价格在未来随时间的演化。权益波动率将描述这一过程的特征，可能是通过二叉树中渐进的一步，也可能是在使用偏微分方程时帮助界定扩散过程。给定未来股票价格的路径，可转换债券随时间的可能价值就可以使用到期日的可能价值逆向推导得到。在到期日，可转换债券的价值将超过平价和债券的本金价值（加上任何最后的息票利息），而在到期日前的任意一天里，债券的价值将是其概率加权的未来现金流。在此基础上，如果债券有看涨和看跌期权，那么它们会被考虑在这个过程中，因而影响可转换债券的潜在价格路径。这种首先界定未来期权价值，然后从到期日逆向推导得到在给定股票价格前提下可转换债券可能价值的基础结构，在绝大多数可转换债券定价模型中都是常见的。这些模型的关键不同在于，第一，用于对未来现金流进行贴现的方法不同，第二也是最重要的，所设定的股票价格演化和信用利差之间的关系。

□贴现方法

有两种基本方法可用来对可转换债券的可能未来价值进行贴现以获得当期价值，它们被称为“混合贴现法”和“完全贴现法”。在混合贴现法中，可转换债券被分为权益部分和债券部分，两者贴现率不同；债券部分用包含发行人信用利差的风险利率进行贴现，而权益部分则一般用无风险利率进行贴现。(因为权益价格已经包括了风险溢价。)可转换债券具体如何被拆解为权益部分和债券部分因模型而异，但是一种典型的方法是在任意给定时间点，将实际现金流拆分到债券部分（如果没有被转换）和权益部分（如果被转换了）。

另外，可转换债券定价模型也可能会使用完全贴现法，也就是对所有现金流都使用一种贴现率。这里的逻辑是投资组合可以通过做多可转换债券的债券部分、做空权益部分来构造，该投资组合的唯一风险是发行人即刻违约，而该风险的风险溢价将被可转换债券的信用利差捕捉。虽然在给定常见输入时，这两种贴现方法可以造成可转换债券理论价格和 delta 的明显不同，但这些差别相比于将信用利差作为随机要素的影响相对较小。

□考虑信用风险

在今天，大多数可转换债券模型都会包括权益价格和信用利差之间的动态关系。也就是说，它们会尝试捕捉在直觉上非常明显的现象，就是信用风险通常会随着权益价格的下降而增加，这种关系在权益价格趋于零时会变得高度非线性。如果其他因素保持不变，将信用利差作为一种由权益价格产生的随机要素考虑在内，会导致可转换债券的理论价值下降，权益 delta 更高，vega 值更小，隐含波动性更强。这种估值和风险度量的改变捕捉以下一种事实：信用对权益越敏感，可转换债券提供的“债券下限”越低，因此嵌入证券的权益“期权”的价值越低。

将信用利差变化与股票价格进行关联的具体方法被认为是不同可转换债券定价模型的关键不同之处。一种常见的建立这种联系的方法是使用一种界定在给定权益价格下未来信用利差的衰退因子，比如 $C_t = C_0(S_0/S_t)^k$，这里 k 是衰退因子，C_t 是未来信用利差，C_0 是现在的信用利差，S_0 是现在的股票价格，S_t 是未来股票价格。因此，随着股票价格趋于零，信用利差趋于无穷大，虽然还可以加入额外的参数，以使得在给定回收率下，债券的最低价格是给定的。虽然这种方法相比于在估计可转换债券未来价值时将信用利差保持不变肯定是有所改善的，对于给定的常数衰退因子 k，它很有可能会在面对给定高杠杆比率企业权益价格变动时，错过那种非常不同的信用凸性特征。（考虑权益价值下降 50%对两家公司信用利差的不同百分比影响，一家公司的债务占企业价值的比率为 10%，另一家则为 90%。）另一种更加复杂的方法，是使用默顿（Merton）资本结构模型的一种版本，将权益价格和信用利差作为因变量，直接对公司企业价值的未来路径进行建模。虽然两种方法都在真实市场中有所应用，被广泛使用的第三方定价引擎比如彭博和 Kynex 都采用衰退因子的方法，使用者可以改变衰退因子的值来反映资本结构的不同。

□主要可转换债券风险度量

（1）**delta**：就像前面所说的，这捕捉到了可转换债券价值随给定权益价格变动的改变。保持其他因素相同，将信用利差作为动态要素考虑在内会增加可转换债券的 delta，因此对权益价格下降时，债券下限的恶化做出了补偿。通常来讲，delta 一般是相对于平价来说的，因此如果平价为 80，价格为 105 的债券的 delta 是 50%，这就意味着股票价格上涨 1%将使得可转换债券的价格上涨 0.40 美元（=1%×50%×80）。另外，delta 也可以被表示为相对于可转换债券本身价格的值（也被称为完全 delta），这在上一个例子中是 38.1%（=0.4/105）。将 delta 表示为相对于平价或者债券价格的方法一般分别被称为“对冲 delta”或者“完全 delta”。

（2）**gamma**：与其他选择一样，gamma 捕捉了基础权益价格改变时，delta 的变化。成功管理可转换债券投资组合的一个关键是理解当股票价格下跌时，一个给定的债券什么时候会由正的 gamma 变为负的 gamma，这是由信用利差的预期表现和破产情形下的债券回收率驱动的。对此的图形解释可以在随后的图表 14—2 中找到。（虚线表示回收率为 10，而实线表示回收率为 40。）

（3）**vega**：这指的是当给定权益隐含波动率变动时，可转换债券价值的变化。保持其他因素相同，如果假设信用对权益的敏感度较高，那么 vega 就会较低。实际上，给定信用对权益有高敏感度，如果权益隐含波动率足够高，vega 可能是负的（因为非常高的权益波动率实际上意味着出现困难的高概率）。

（4）**rho**：可转换债券的利率风险与香草债券的修正久期相同。

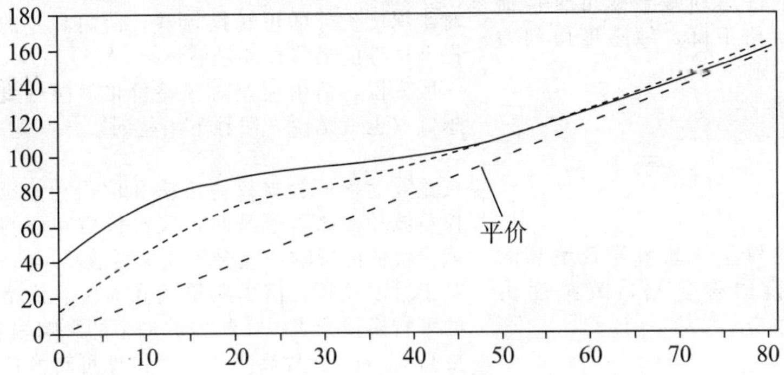

图表 14—2　不同回收率对可转换债券凸性特征的影响

（5）**信用利差久期**（credit-spread duration）：可转换债券对信用利差变化的敏感程度。在考虑如何对冲可转换债券权益和信用风险时，意识到使用什么样的假设来计算证券的 delta 是重要的。例如，如果使用在权益发生变动时记录信用利差变化的动态模型，delta 实际上是隐含地包括了证券对信用质量渐进变化的敏感程度。其结果是，同时对冲这个模型给出的完全 delta 以及完全利差久期就会对权益和信用的局部变化做出过度的对冲。如果希望分开对冲两种风险，使用不包含权益和信用利差关系的权益 delta 可能是更加一致的。在实际应用中，权益对冲一般是最好的对冲权益渐进移动的方法，而信用违约互换则可以有效地对冲权益价格和信用质量的非渐进下跌。

（6）**债券下限**（bond floor）：有时候也被称为“投资价值”，如果债券被视作一只用一条合适的风险贴现曲线贴现的直接债券，这仅仅是可转换债券的价值。一个投资者应该永远意识到这个衡量与可转换债券市场价格之间有多远的距离，根据不同不利信用利差假设，使用案例分析来对债券下限进行冲击可以较好地了解某个头寸的“最坏”结果是什么，以及合适的对冲可能是什么。

在直接影响可转换债券的估值的基础上，权益价格、信用利差和权益隐含波动率中的每一个主要风险要素都会互动，因而影响表现。图表 14—3 总结了每一个要素的影响以及它们之间的互动。

图表 14—3　　　　可转换债券主要风险要素影响的总结

	对可转换债券价格的影响（保持其他要素不变）	与其他风险要素的互动
权益价格	更高的权益价格意味着更高的可转换债券价格，敏感度则由 delta 定义	delta 一般随着权益价格的上升而上升，不过对于信用利差对权益价格高度敏感的受困公司来说，权益敏感程度也可能随着权益价格的下降而上升 更高的权益价格一般会降低对信用利差的敏感度，特别是当平价＞面值时 与任何看涨期权的情形一样，vega 和 gamma 在权益价格到达转换价格时最高
信用利差	更高的信用利差导致可转换债券的价格下降，敏感度由利差久期决定	信用利差一般与权益价格负相关，随着股票价格趋于零，利差对权益价格变动的敏感程度下降 对于深度价外的可转换债券，信用利差的显著上升可能提升证券的最终权益敏感度 一般来说，信用利差对权益价格敏感程度越高，vega 就越低（也就是说，债券下限越弱）
权益隐含波动率	更高的权益波动率导致更高的可转换债券价格，敏感度由 vega 决定	权益波动率一般与权益价格和信用利差正相关，因此当权益波动率显著上升时，权益价格和信用利差对可转换债券价值的影响一般会压倒更高波动率所带来的益处 对于时限较长、信用质量较高、权益价格接近转换价格的可转换债券来说，权益波动率的影响一般最大 更高的 vega 会提高平价或者价外可转换债券的 delta，但是会降低深度价内可转换债券的 delta

14.3　可转换债券的主要投资者

由于该资产类别的复杂程度，可转换债券市场在历史上一般由专业化的投资者占据，具体来说是可转换债券投机对冲基金和专注绝对（也就是说只做多的）可转换债券基金。除过去十年里占据可转换债券持有量和二级市场交易量 75%以上的这两个核心组成参与者之外，其他可转换债券的主要投资者包括权益和高收益共同基金。一般来说，从资产类别来说，投资可转换债券的主要动力来源于这些证券提供的正凸的收益特征，它允许投资者从权益的显著上升中获益，同时在不利市场环境中还可以降低损失。从 2000 年以来，可转换债券的表现就超过了标准普尔 500 指数，可转换债券投机资金的表现也比对可转换债券指数的绝对投资要好（见图表 14—4）。不过，可转换债券在金融危机期间经历了显著的价格变动，美国银行—美林指数从 2008 年 8 月到 2009 年 2 月下跌了 32%，相比之下，标准普尔 500 指数下跌了 43%。在此期间，可转换债券不仅因为股票价格的快速下跌和信用利差的扩大而遭受损失，还由于其他投资者在当时是该资产类别的主要持有人而受到对冲基金去杠杆的直接影响。

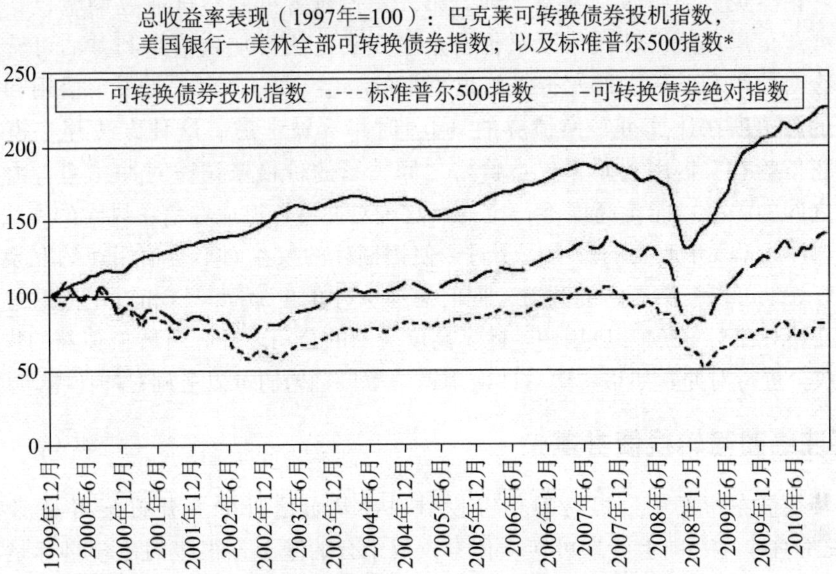

图表 14—4　可转换债券与权益总收益率表现的对比

* 由巴克莱银行、美国银行和彭博提供的数据整理而成。

□可转换债券投机者

可转换债券投机对冲基金在 20 世纪 90 年代末被认为是可转换债券市场的主要参与者，到 2008 年占到了用日交易量衡量的市场以及用可比份额衡量的所有权的大约 80%。虽然从 2008 年信用危机以来，由于可获得杠杆的下降，份额已经下降，这些投资者仍然代表可转换债券所有权的大约 40%，以及日交易量的 50%～75%。

可转换债券投机包括购买可转换债券，然后通过卖空普通股来试图对冲出权益成分；对冲比率由债券的权益 delta 给出。这种策略的目的是提供与权益市场相关系数较低的收益率，同时提供高信息比率。“投机”可转换债券的逻辑是可转换债券的权益期权成分一般是被系统性低估的，因此投机者可以在吸引人的波动率水平下购买这种期权，并且通过剥离普通股价格显著变化所提供的 gamma（也就是 delta 对冲）来获利。因此，这些投资者一般会关注股票价格是可转换价格 80%～130%的可转换债券，进而最大化 delta 对冲可转换债券头寸的凸性特征。在此基础上，深度价内可转换债券的交易价格与平价相比有较低的溢价，因此可以通过提供对股票便宜的隐含看跌期权，来为这样的投资者提供非常有吸引力的凸性特征。

delta 对冲可转换债券头寸中最为重要的风险要素是嵌入头寸的残差信用利差/违约暴露，投资者可以通过两种主要方式尝试对冲这种风险。第一，也是最为直接的，假设存在对应可转换债券某一资本结构的衍生品，投资者可以通过购买信用违约互换来对冲违约风险。这可以对扩大的信用利差或者突然违约提供完全的对冲，但是也降低了头寸的利差。更进一步地，如果基础权益表现良好，并且可转换债券变成深度价内的，那么对信用利差的敏感度会大大降低，投资者就需要调整信用违约互换的对冲，支付额外的买卖成本，以避免成为净做空利差久期。第二，投机者可以尝试通过调整权益的对冲比率来反映残差信用风险。在预估股票价格未来变动范围时加入信用利差的可转换债券定价模型将会对信用利差较大的发行人给出更高的权益 delta，也就是说，信用利差对股票价格变动的敏感度在计算可转换债券的 delta 时将会被考虑。这种方法存在模型不确定性，因为它依赖有关信用利差和权益价格之间关系的价格来调整对冲比率。由于信用质量和权益之间的关系可能是高度不稳定的，这种对冲可转换债券信用风险的方法将使得投资者受到这种关系发生改变的影响。不过，使用额外的权益而不是信用违约互换来对冲信用部分的好处是可以提供更高的利差，同时总体头寸也更加简单（相对于同时进行权益和信用违约互换对冲）。在实际应用中，除了高度受困的公司之外，可转换债券的投机者一般只对权益成分进行对冲，如果希望对冲信用违约敞口，他们可以上调对冲比率。

□专注绝对可转换债券基金

在可转换债券市场中，可转换债券投机对冲基金之外的主要投资者是那些在绝对（也就是说不对冲）基础上管理可转换债券投资组合的基金，很多的比较目标是可转换债券指数。所谓的绝对参与者（包括那些专注于可转换债券和那些专注于权益的）在 20 世纪 90 年代中期占据统治地位，但是在 2005 年随着可转换债券成为一个对冲基金产品，它们的份额下降到 10%～20%。但是，在 2008 年金融危机中，随着对冲基金公司数量下降，以及剩下的对冲基金大幅降低它们的杠杆水平，这些参与者对市场来说变得重要得多。到 2010 年，专注绝对可转换债券基金占据所有权和每日交易量的 15%～20%。

这些投资者在购买可转换债券时所考虑的事项和可转换债券投机者类似，但是和投机者不同，他们对给定公司权益估值的判断是他们相比于同业者表现的核心决定因素。在权益敏感度上，这些基金一般专注于那些有“平衡”特征的可转换债券，后者的基础权益价格一般是可转换价格的 80%～120%，并且相比于可转换债券投机基金，一般更加青睐比较稳定的公司所发行的可转换债券。

在投资组合层面，一个绝对基金实际上是在管理一系列权益、信用、权益波动率和利率风险组合而成的做多头寸，因此它必须相应考虑它对这些要素的观点。在实际应用中，权益风险要素一般在绝对基金表现中占据统治地位，尽管信用风险也会扮演非常重要的角色。除去风险资产中极端稳定的环境，权益波动率和利率风险部分对总收益率的影响相对没有那么重要（后者是因为大多数可转换债券的有效久期较短）。

□权益和高收益基金

最后，可转换债券经常会引起主要投资于权益和公司信用的投资者的交叉兴趣。对权益投资者来说，他们可能倾向于投资可转换债券而不是直接投资权益，如果债券的息票利息可以提供收入优势，或者他们想要获得下限保护而可转换债券提供保护的方式比购买权益看跌期权更便宜。权益投资者一般会投资高 delta、类权益的可转换债券，这并不令人吃惊。在另一端，高收益债券基金和其他公司信用投资者也会投资于可转换债券，主要侧重于那些已经“爆掉”的、没有权益 delta 或者权益 delta 很低的发行。在这里，对选定公司的资本结构，如果可转换债券能够比非可转换债券提供更加有吸引力的估值（也就是信用利差更大），就会受到青睐。

对于任何投资者，投资可转换债券的最关键的投资考虑是分析在何种程度上真正存在债券“下限”，换句话说，投资者在何种程度上在购买股票的看涨期权而不是简单获得绝对权益风险。

14.4 发行可转换债券的动力

由于可转换债券仅仅是一家公司可以用于融资的其他证券类型的组合，我们就需要问为什么公司要发行这样的工具。答案是由于存在市场分割效应（因此小型、不被充分了解的公司的债券发行就缺乏吸引力）、历史上存在的税收和会计收益以及公司所获得的独到的可以以有吸引力的价格出售它们的权益的机会。由于可转换债券的税收和会计收益这几年下降了，这使得投资级公司占可转换债券市场的份额下降了很多（从 2001 年的 50%下降到了 2010 年的不到 30%），而可转换债券投机者则帮助那些小型的、没有获得信用评级公司评级的公司增加了相对发行，如图表 14—5 所示。

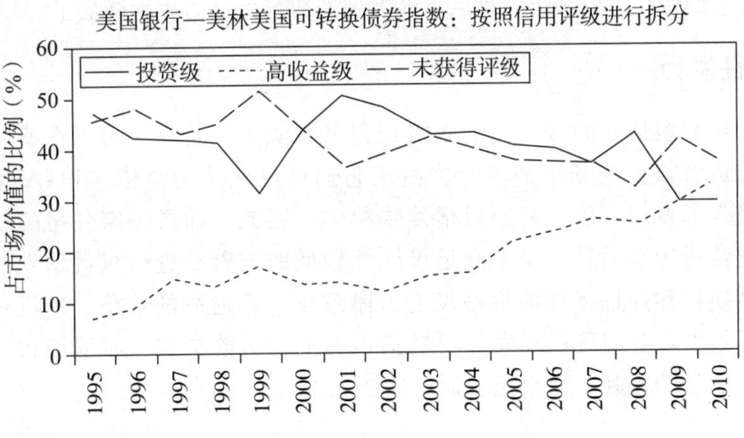

图表 14—5 按照信用评级区分的可转换债券构成

注：由美国银行提供的数据整理而成。

□无法参与直接债务市场的公司

对于那些相对较小、没有获得机构固定收益投资者关注并且没有获得任何评级机构信用评级的上市公司来说，可转换债券可以提供一种有吸引力的获得额外权益资本的不同手段。如果这样的公司认为它们的股票被低估了，它们就可以发行可转换债券，其中设定的转换价格与它们认为合适的进行权益增发的价格一样，这样它们支付的利息成本就比在高收益市场中进行首次发行低得多。更进一步地，很多公司会在发行可转换债券的同时购买自家股票的利差看涨期权（也就是说，购买一个执行价格等于转换价格的看涨期权，卖出一个更加深度价外的看涨期权），这样就可以进一步提高发生股权稀释的实际价格。

在此基础上，很多经历财务困境的公司也会利用可转换债券市场来融资，理由与上面所述类似。市场可能难以满足这些公司所要求的收益率，公司可能就有动力寻求以“甩卖”价格进行融资之外的其他途径。在这两种类型公司的例子中，可转换债券投机对冲基金使得可转换债券市场成为一种可行的融资渠道，因为它允许公司从那些一般不关心其未来增长可能而仅仅是寻找具有吸引力的凸性特征的证券投资者那里进行融资。

□税收和会计收益

在21世纪的最初10年里，投资级公司发行可转换债券的目的是获得这些债券所提供的会计和税收收益。特别地，对净份额结算和视情况转换的会计处理允许公司在发行可转换债券时不会或者只会出现很小的权益稀释效应，这就使得它们相比于发行股票格外有吸引力。在此基础上，相比于一般公认会计原则下的一般费用处理，发行公司可以剔除更高的利息成本，这与较小的稀释效应结合起来，使得可转换债券对高质量公司来说是一种非常有吸引力的进行每股收益（earnings per share，EPS）管理的手段。不过，2008年发生的会计准则改变大大降低了可转换债券的会计优势，因为它在净份额结算上强制要求公司在进行会计处理时，将这些证券的债务和权益部分分开处理，这就关闭了出于收入报告和税收目的的利息费用录入的不对称性。虽然这些会计和税收改变的全部细节超出了本章的范畴，它们使得投资级公司进入可转换债券市场的动力大大降低了。

□投机性发行

公司发行可转换债券的最后一个原因是它可能认为这是一个可以在有吸引力的水平上出售其权益或者权益波动率的机会。由于它们可以被认为是依《144A条例》私募发行，可转换债券的发行可以比普通股增发快得多。因此，如果一家公司的权益价格明显提升，同时它认为未来的进一步上涨是可能性较低的或者是进行权益增发的机会，它就可以发行可转换债券并且将转换价格设定为愿意发行普通股的价格。更进一步地，根据权益波动率的偏度，公司可以在发行可转换债券的同时购买利差看涨期权，进而获得以显著溢价发行股份的权利，而承担较低的债务成本。

14.5 关键知识点

- 可转换债券是权益和债券的组合，在权益价格较高时表现得越发像普通股，而在权益价格较低时表现得越发像直接债务。
- 由于它的混合特质，可转换债券可以是高度凸性的证券，这种特征使得它们对对冲基金投资者格外有吸引力。
- 不过，当分析可转换债券作为潜在投资标的时，投资者必须认真分析发行人的信用质量以及潜在的增长前景和权益上涨空间。

• 信用质量较差的公司发行的可转换债券的“债券下限”较弱，因而不能在范围广泛的可能股票价格上提供正凸性。相应地，很多可转换债券会随着公司股票价格的下跌而从正凸的工具变成负凸的工具。

• 公司出于一系列原因发行可转换债券。最为直接的发行可转换债券的动力是公司无法进入直接债务市场，但发行也可能受到税收和会计收益以及公司对自己公司股票价格超过某一水平的潜力的观点的推动。

第 15 章 结构化票据和信用连结票据

约翰·D. 芬纳蒂（John D. Finnerty）博士
福特汉姆大学金融学教授
芬纳蒂经济咨询有限责任公司负责人

雷切尔·W. 帕克（Rachael W. Park）
芬纳蒂经济咨询有限责任公司高级经理

结构化票据和信用连结票据是根据特定资产、市场价格、指数、利率或者其他市场指标提供特定利息或本金支付的债务工具。它们允许投资者作为其投资管理计划的一部分或者在其风险管理计划中保护其他资产免受基础资产的价格波动影响，对某一参考产品的未来表现做多或做空。结构化票据将传统固定利率票据或浮动利率票据与嵌入衍生工具（比如期权或者互换）结合，因而票据的支付就与参考项目相关联。一个信用连结票据（credit-linked note，CLN）是结构化票据的一种特别形式，此时衍生工具是信用违约互换或者另一种形式的信贷衍生品。

结构化票据和信用连结票据为投资者提供了通过其他方式难以获得的或者获得成本过高的投资机会，比如因为交易成本、监管约束和其他市场摩擦。一般来说，任何衍生工具都可以被设计成一个独立的金融工具，比如互换或者期货，也可以被附加在一个传统票据上形成结构化票据。结构化票据至少从 20 世纪 80 年代中期开始就被定期发行。它们在 20 世纪 90 年代初期成为重要的工具，此时金融工程师们通过将衍生工具附加在美国、欧洲和亚洲的中期票据上，定期地创造新的结构化票据，特别是信用连结票据。根据彭博，在美国市场上发行的结构化票据规模从 2000 年的 80 亿美元增长到 2010 年的 2 300 亿美元，增长了将近 28 倍。

信用连结票据从 20 世纪 90 年代中期信用衍生品市场刚开始发展时起就广受欢迎。根据彭博，在美国市场发行的信用连结票据规模从 2000 年的 6 亿美元增长到 2007 年的 65 亿美元，增长了近 10 倍。但是，2007 年末开始的全球金融危机导致信用连结票据的发行规模到 2010 年下降到了 4 亿美元。不过，随着世界经济在金融危机后的复苏以及投资者和对冲者再一次寻求这些工具能够提供的风险/收益机会，信用连结票据和其他结构化票据的新发行规模将很有可能增长。

15.1 结构化票据

结构化票据是包含嵌入衍生工具的混合证券，其通过将支付与某一特定参考资产、市场价格、指数、利率或者其他市场指标相关联，转化利率支付或者本金支付（或者两者都转化)。**结构化**（structured）一词指的是将衍生品嵌入票据的结构中，以赋予重构的票据特定的金融特征。加入这一特征，可以改变（结构化）票据的风险/收益特征以满足投资者的投资偏好。

与固定或根据某一特定指数浮动的传统利率支付方式不同，结构化票据支付利率的水平由某一与股票价格或者指数、债券或贷款价格、大宗商品价格、汇率，或者其他金融变量相关的方程决定。有的结构化票据有相对保守的风险/收益特征，因此可以减少投资组合的风险，而另一些则被设计成拥有激进的风险/收益特征，例如，对收益加杠杆以增加较大收益或损失的概率。嵌入衍生工具的特性和设计决定了结构化票据的风险/收益特征。

□结构化票据的特征

虽然浮动利率票据不被认为是结构化票据，但是固定利率票据和浮动利率票据之间的关系可以用来说明结构化票据的最鲜明特征，就是传统票据与衍生品的结合。我们从一个 10 年期限、每年支付 6％固定利率的票据开始。增加一只债券发行人每季度支付伦敦银行同业拆借利率＋100 个基点、获得 6％年利率的 10 年期固定换浮动利率互换。图表 15—1 展示了相应的债务流动。包含 6％利率票据和互换的结构化票据相当于一个支付伦敦银行同业拆借利率＋100 个基点的浮动利率票据。一个浮动利率票据因此可以被描绘成一个传统固定利率票据和一个传统支付浮动利率、收入固定利率互换的结合。（类似地，这个基本关系也说明一个固定利率票据可以被描绘成一个传统浮动利率票据和一个传统支付固定利率、收入浮动利率互换的结合。）这个简单的关系是所有结构化票据的基础，后者的复杂程度会由于衍生工具的特征的不同而变化。

大多数结构化票据以中期票据（medium-term notes，MTN）的形式发行。中期票据一般在公司的储架登记计划下发行，其允许发行人登记一系列证券并在登记声明生效日期的两年内出售这些证券。拥有已登记证券使得发行人可以在很短的时间内设计并发行事先已经登记的证券，而无须再向证券交易委员会做出登记声明。这样的灵活性使得发行人可以对市场环境做出快速反应，设计并发行结构化票据以抓住较好的融资机会。

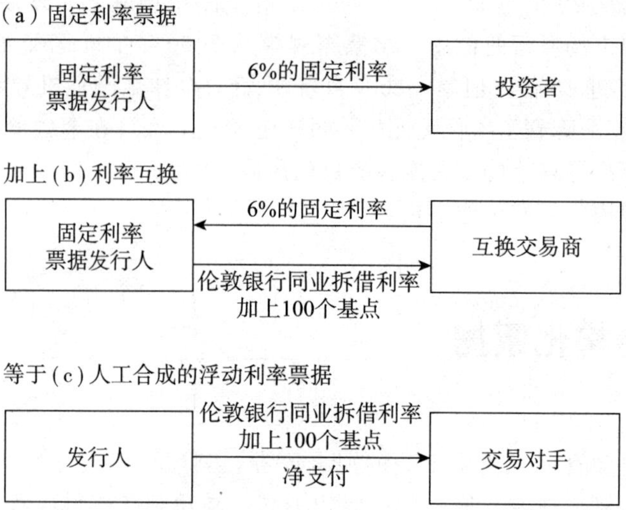

图表 15—1　一个浮动利率票据可以被描绘成一个固定利率票据和一个利率互换的组合

中期票据的另一个优势是其设计的灵活性，这对发行人和投资者都有利。通过将中期票据与衍生品结合，发行人可以降低融资成本，投资者也可以满足其特定投资需求。投资者通过逆向咨询满足其投资需求：他们与投资银行沟通，要求获得市场中尚不存在的特定特征的票据。基于投资者对未来市场环境的判断，比如利率的未来变动、汇率变动、大宗商品结算，或者其他市场变量，投资者和发行人可以定制结构化票据以反映投资者对市场的特定看法。因此，结构化票据可以与一系列嵌入期权一起发行，包括看涨期权、看跌期权、互换、上限、下限或者双限。

投资者一般希望中期票据的发行人拥有较高的投资级质量以避免承担过高的信用风险。结构化票据的投资者则会选择其愿意承担的特定金融风险，因此只有当信用风险是他们愿意接受的风险时，他们才会承担该风险。我们将在本章后面讨论的信用连结票据，就是提供这种机会的结构化票据的一种形式。

结构化票据的发行人一般不愿意承担与嵌入衍生品相关的额外金融风险。当出售结构化票据时，发行人一般会通过同时进行衍生品交易，转换需要支付给投资者的现金流，来对冲这种风险。这种衍生交易允许发行人消除定制结构化票据所带来的风险。回到我们浮动利率票据的例子，发行浮动利率中期票据，支付伦敦银行同业拆借利率加 100 个基点的投资者，可以同时进行利率互换交易，支付固定利率并从交易对手处获得伦敦银行同业拆借利率。通过组合浮动利率票据和互换交易，发行人可以人工创造一个固定利率票据并且消除浮动利率风险敞口，因为浮动利率支付是相互抵消的。

发行结构化票据允许一家公司在结构化票据购买者愿意支付溢价（接受较低的收益）以获得投资机会时降低其融资成本。他们可能在类似的投资机会受到投资限制而无法获得时同意支付溢价。例如，假设一个不被准许购买独立非美元货币期权的机构投资者认为澳元将在未来的五年里对美元显著升值。它不能购买澳元看涨期权，但是能够购买当澳元升值超过某一门槛值时，将在到期日支付额外金额的结构化票据。这种视情况而定的支付结构在结构化票据中嵌入了看涨期权，如图表 15—2 所示。相比于相同发行人发行的相同期限的普通固定利率票据，机构投资者愿意为嵌入的看涨期权接受结构化票据更低的息票利率。

假设结构化票据发行人不愿意承担澳元的汇率风险。他可以从期权交易商（可能是创造结构化票据的相同交易商）那里购买配对的看涨期权，并支付交易商期权溢价，比如每年支付给交易商 90 个基点。如果年化期权溢价支付小于结构化票据和其他方面相同的传统票据之间的利差，那么支付之间的差额，就是公司融资成本的下降程度，如图表 15—3 所示。发行人在这一例子中节省了 10 个基点（从 6.00%到 5.90%）。

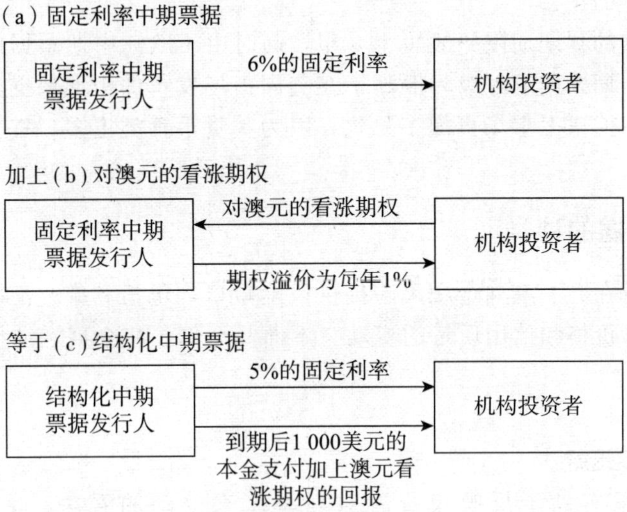

图表 15—2　含有嵌入外汇看涨期权的结构化票据

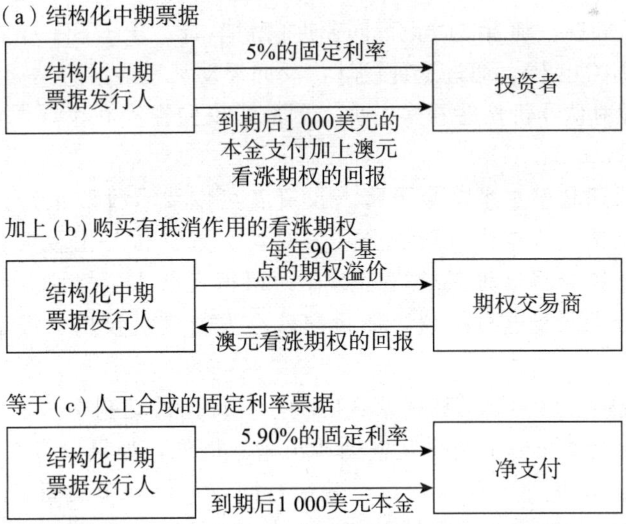

图表 15—3　当参与抵消衍生品交易的成本小于嵌入结构化票据的看涨期权的价值时，结构化票据发行人降低了筹资成本

□结构化欧洲中期票据

当一个结构化票据在美国市场外发行，特别是在欧洲市场发行时，这个产品就被称为欧洲中期票据。欧洲中期票据不受像证券交易委员会登记要求这样的监管。欧洲中期票据的发行人可以保留一份标准化的单独文件，这个文件可以被调整以适合几乎任何欧洲中期票据发行。它为发行的规模、汇率和视情况而定的结构提供很强的灵活性。类似于在美国市场发行的中期票据，结构化欧洲中期票据可以为发行人提供通过构造结构化票据降低融资成本的机会。

欧洲中期票据的到期期限一般短于5年，同时由于欧洲中期票据市场投资者对信用更加敏感，欧洲中期票据的评级一般高于在美国市场发行的中期票据的评级。欧洲中期票据市场比美国中期票据市场更加多元化，因为其货币种类更多，贷款者和投资者的国际化程度也更高。

□结构化票据的种类

结构化票据旨在为一系列金融风险提供风险敞口，包括利率、汇率、股票价格、市场指数、大宗商品价格和信用质量的变动。下面几个例子将会展示结构化中期票据的丰富种类。

反向浮动利率票据

浮动利率票据有助于反映投资者对利率未来变动的看法。反向浮动利率票据（inverse floating-rate notes，IFRNs）则表达了对利率变动的反向看法。它们也有助于增加杠杆程度。特别是，反向浮动利率票据有息票重设方程，将从固定百分比变化中剔除伦敦银行同业拆借利率。随着伦敦银行同业拆借利率的上升（下降），反向浮动利率票据的息票支付会下降（上升）。通过这种设计，反向浮动利率票据的投资者一般预期利率水平将要下降，因而对债券价格持看多态度。因此，反向浮动利率票据也被称作**看多浮动利率票据**（bull floaters）。

如果投资者预期利率水平将会下降，投资者可以要求投资银行提供购买结构化票据的机会，这种结构化票据由投资级公司发行，息票支付与伦敦银行同业拆借利率反向移动。投资银行则会将这种兴趣告知潜在的票据发行人，提议开展反向浮动利率票据交易。如果发行人同意这种提议，那么它就会发行满足投资者需求的反向浮动利率票据。

图表15—4提供了反向浮动利率票据的例子。反向浮动利率票据可以通过在固定利率中期票据的基础上增加一个利率互换创造出来。例如，如果发行人将利率为7%的固定利率票据和支付7%固定利率、获得伦敦银行同业拆借利率的固定利率交换浮动利率互换结合起来，则可构造出一个支付14%减去伦敦银行同业拆借利率的结构化票据。反向浮动利率票据的息票利率与伦敦银行同业拆借利率呈反向关系。

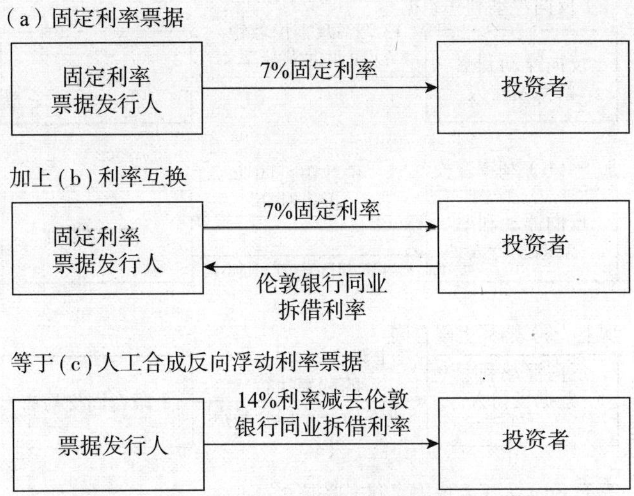

图表 15—4　一个反向浮动利率票据可以被描绘成固定利率票据和利率互换的组合

反向浮动利率票据的久期非常长。当利率下降时，票据的息票利率将增加，同时债务偿付估值所使用的贴现率将下降，从而放大价格的上涨。当利率上升时，相反的事情会发生。因此，反向浮动利率票据的价格比期限相同的传统固定利率票据对利率变化要敏感得多。如图表 15—4 所示，反向浮动利率票据的久期大概是可比固定利率票据的两倍。

发行人发行结构化票据的目标是在满足投资者需求从而降低融资成本的同时，不额外承担不必要的风险。如果反向浮动利率票据的发行人不愿意支付同市场利率变化方向相反的浮动利率，而想要支付固定利率，那么它就需要对冲这个风险。为了保护自己不受反向浮动利率票据加剧的利率风险的过大影响，反向浮动利率票据发行人可以同时进行抵消利率互换交易，支付浮动利率而接受固定利率。

假设发行人可以发行到期期限为 3 年，每年支付利率为 13.75％减去伦敦银行同业拆借利率，每半年重新调整利率的反向浮动利率票据。相比于图表 15—4 所示息票债券所节省的 25 个基点，可能反映了购买者为反向浮动利率票据投资机会所愿意接受的收益减少。反向浮动利率票据中有利率下限，以防止伦敦银行同业拆借利率超过 13.75％时，息票利率为负。虽然互换没有这种特征，但是反向浮动利率票据的发行人可以通过购买上限合同来抵消反向浮动利率票据的利率下限。因此，反向浮动利率票据的发行人可以通过进行在 3 年里接受 7％固定利率、支付伦敦银行同业拆借利率互换的同时，购买当伦敦银行同业拆借利率超过 13.75％ 、支付执行利率以上部分收益的上限合同，从而对冲反向浮动利率票据的风险敞口。假设上限合同的成本为每年 10 个基点。图表 15—5 展示了对冲交易的效果。发行反向浮动利率票据，进行利率互换，购买上限合同的结果是，发行人创造了人工合成的支付 6.85％息票利率的固定利率票据。它的 3 年期固定利率的融资成本为 6.85％，代表节省了 15 个基点（6.85％对 7％）。

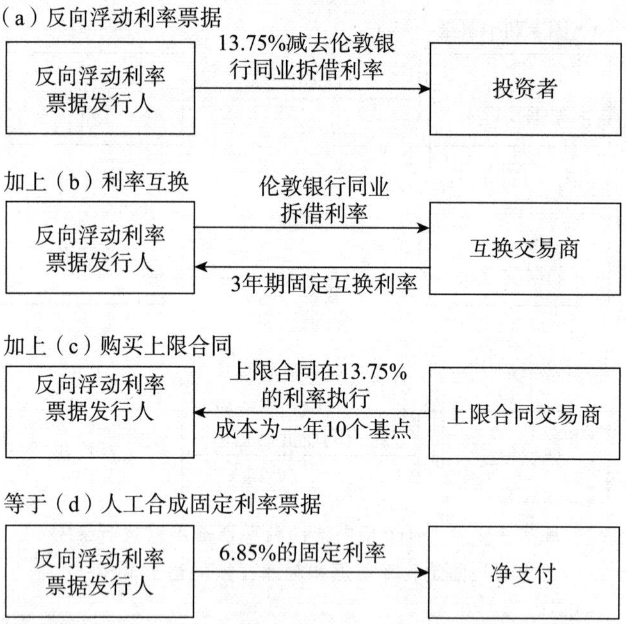

图表 15—5　反向浮动利率票据的发行人可以通过进行抵消利率互换交易和购买上限合同来抵消其利率风险

杠杆反向浮动利率票据

反向浮动利率票据可以通过额外增加利率互换实现杠杆化。这个结构导致息票利率是某个固定的利率减去参考利率的某一乘数。图表 15—6 展示了杠杆反向浮动利率票据（leveraged inverse floating-rate note，leveraged IFRN）的结构。在例子中，两个利率互换被嵌入结构化票据中。其结果是，伦敦银行同业拆借利率的乘数为 2，同时随着伦敦银行同业拆借利率的上升，杠杆反向浮动利率票据的息票利率的下降速度是图表 15—4 中反向浮动利率票据的 2 倍。杠杆反向浮动利率票据支付的利率是 21％减去 2 倍伦敦银行同业拆借利率。

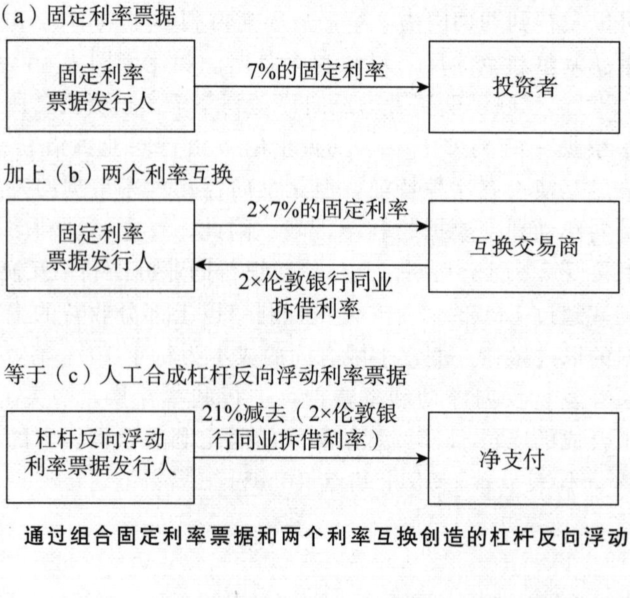

图表 15—6　通过组合固定利率票据和两个利率互换创造的杠杆反向浮动利率票据

设定范围浮动利率票据

设定范围浮动利率票据允许发行人和投资者对未来利率波动持某种观点。设定范围浮动利率票据只有在参考利率，一般是某一短期利率如 3 个月期伦敦银行同业拆借利率，保持在某一范围内时才支付利息。例如，假设发行人出售某一设定范围浮动利率票据，该票据在前两个利息期内的利率是 3 个月期伦敦银行同业拆借利率，同时在 3 个月期伦敦银行同业拆借利率在 3%～4%时，加上 100 个基点。这种设定范围一般在随后的期间内会上升。如果 3 个月期伦敦银行同业拆借利率在设定范围以外，那么当天不计利息。因此，如果短期利率逐渐上升并且在设定范围内，投资者就可获利。同时，投资者承担伦敦银行同业拆借利率超过或低于设定范围的风险。作为回报，投资者获得的基于伦敦银行同业拆借利率的利差比同一发行人发行的传统浮动利率票据要高。

设定范围浮动利率票据的发行人可以同时进行利率互换交易来对冲其浮动利率风险敞口。例如，假设发行人进行利率互换，支付 6%的固定利率，接受与息票支付相同的浮动利率支付，也就是上一个例子中，当伦敦银行同业拆借利率在设定范围内时，3 个月期伦敦银行同业拆借利率加上 100 个基点。组合交易的结果是，设定范围浮动利率祟据的发行人锁定了 6%的融资成本，如果传统固定利率融资的成本超过 6%，前者就是有好处的。

□货币连结票据

货币连结票据（currency-linked note）是支付水平与某一特定外汇汇率或者一篮子货币的表现相关的结构化票据。投资者因此可以通过他们对汇率水平走势的判断而获利。最广受欢迎的货币连结票据是将固定利率票据与嵌入货币看涨或看跌期权相结合的。如果嵌入期权是做多（做空）的，发行人以增加（减少）的息票利率的形式向（从）投资者支付（接受）期权溢价。在到期日，如果货币期权是价外的，那么发行人向投资者支付票面价值。如果货币期权是价内的，那么本金偿付水平会根据期权的种类和条款增加或减少。

例如，假设一家金融机构想要发行一个可以对冲日元相对于美元贬值风险的结构化票据。它可以向投资者出售日元关联、美元计价的结构化票据，票据的规模为 1 000 万美元，同时有嵌入的看涨日元看跌期权，该期权设定的执行汇率等于当前的日元兑美元汇率，比如 90 日元/美元。这个对日元的看跌期权可以等同于对美元的看涨期权。票据在期权未到价时（日元高于或者美元低于 90 日元/美元），在到期日按照票面价值支付本金。如果在到期日日元贬值了（也就是美元升值了），汇率变为 95 日元/美元，那么支付水平会减少 53 万美元［＝1 000 万美元×(90－95)/95］。因此，金融机构支付——投资者获得——947 万美元。通过发行货币连结票据所进行的对冲，金融机构节省了 53 万美元，可以部分抵消在相关资产上蒙受的外汇损失。相反，如果非美国投资者认为日元会相对于美元升值——也就是美元会相对于日元贬值——他们就可以作为交易的对手方来表达这种观点。

就像其他结构化票据一样，对货币期权的对冲或者投资功能不感兴趣，仅仅是作为中间人的货币连结票据的发行人，可以通过进行抵消交易来对冲风险。上述例子中的货币连结票据发行人，也就是看跌货币期权的购买者，如果仅仅是作为中间人，那么他就可以通过出售相同（或者类似）的日元看跌期权来对冲其对日元兑美元汇率波动的风险敞口。

权益连结票据

权益连结票据是票据与权益衍生品的结合。权益连结票据的支付水平主要由标的期权衍生品的收益决定，标的期权衍生品可能是一只股票、一篮子股票或者一个权益指数。

一种结构合并了无息票据和权益看涨期权。在到期日，投资者获得票据的票面价值加上变动的、由标的权益衍生品变化百分比决定的收益。具体地，最终的支付水平等于初始投资乘以基础股票或权益指数的损益乘以票据特定的参与率。例如，如果投资期间，基础股票或权益指数的收益是30%，参与率是90%，那么投资者获得的支付是其投资量的1.27倍。如果票据提供本金保护（收益率下限为0），并且标的权益在投资期间下跌或保持不变，那么投资者就获得他所投资的初始金额。

权益连结票据也可以是支付利息的。在这种情况下，参与率会被削减以反映利息支付所带来的收入。就像其他结构化票据一样，权益连结票据的发行人可以通过同时购买权益看涨期权来对冲特定股票或权益指数价格上涨所带来的风险。发行权益连结票据的发行人一般是经纪商/交易商，它们可以相对便宜地构造对冲。

大宗商品连结票据

大宗商品连结票据通过将票据与大宗商品衍生品结合来创造。作为这些证券标的的大宗商品包括原油、天然气、汽油、铜、铅或稀有金属。大宗商品连结票据的支付水平取决于标的大宗商品或一篮子大宗商品的表现水平。利率或者本金都可以与大宗商品关联。

一种结构合并了无息票据和大宗商品看涨期权。在到期日，投资者获得无息票据的票面价值加上变动的、由标的大宗商品价格变化百分比决定的收益。如果票据提供本金保护，并且标的大宗商品价格在投资期间下跌或保持不变，那么投资者就获得他所投资的初始金额。

大宗商品连结票据也可以是支付利息的。大宗商品连结票据的发行人可以通过同时进行抵消大宗商品衍生品交易来对冲风险敞口。

□结构化票据的风险

结构化票据的发行人和投资者在特定嵌入衍生工具风险之外还面临一系列风险。

信用风险

由于结构化票据结合了普通票据和投资银行创造的用于满足投资者对某种特定风险的暴露意愿的衍生工具，投资者需要承担发行人违约的风险。投资者通过只购买高评级发行人（如在遭遇财务危机前的房地美、房利美这样的政府支持企业）发行的结构化票据来控制这种风险。

不过，由投资银行来发行结构化票据已经越发平常。由于发行人违约风险，结构化票据可能会分文不值，即使嵌入期权是价内的。这种交易对手风险在雷曼兄弟于2008年9月倒闭时展现得淋漓尽致，当时雷曼兄弟发行的结构化票据毫无价值，虽然其标的衍生品有正收益率。结果是，违约风险击败了嵌入衍生工具中的风险和收益，使得发行人和投资者在结构化票据发行时想要做的赌注无效。

市场风险

从设计上看，投资结构化票据在传统票据风险的基础上还有额外的市场风险，因为其包含嵌入衍生工具。结构化票据为想要从特定市场风险中获利的投资者而创设。取决于未来市场情况，比如利率变动、股票价格变动或者大宗商品价格变动，结构化票据的投资损失可能被放大。市场风险可以通过金融模型进行量化，比如利率期限结构模型或者期权定价模型，这样市场风险的程度就可以被量化，并被考虑在结构化票据的价格中。

流动性风险

一般来说，结构化票据市场的流动性不如传统票据市场。大多数结构化票据在发行后很少被交易。市场缺乏流动性的原因之一是结构化票据被创造以满足原始投资者的特定需要，因此愿意在二级市场购买（并做同样的特定赌注）的潜在投资者的数量就会较少。市场缺乏流动性的另一个原因是发行规模比较小，同时交易成本也比标准票据要高。因此，在对结构化票据进行估值时，不仅需要考虑发行人的信用风险，还需要考虑投资者特定的风险/收益特征。定价的准确性是结构化票据的另一个问题。由于结构化票据在发行后很少被交易，它们的价格一般通过金融模型计算。在这种情况下，估值的准确性在很大程度上取决于标的衍生品是否被正确反映在模型中。

因此，投资者想要在结构化票据到期前将其出售，就比较难以在合理的时间范围内获得合理的价格。例如，如果利率与投资者购买结构化票据时所预期的方向相反，投资者就可能想要出售结构化票据，却发现没有市场。另一个例子是，当投资者对利率的变动方向被证实是正确的，但是结构化票据的标的利率（比如反向浮动利率票据的利率）变化比预期要早时，投资者可能先要在结构化票据到期前出售它，以锁定他的利润。由于结构化票据是交易量较小的证券，市场的买卖价差可能很大；买卖价差的扩大会减少在结构化票据投资上实现的利润。

系统性风险

系统性风险指的是金融系统内部出现的与广泛市场波动相关的风险，而不是仅限于一只证券或者某一市场领域的风险。相比于传统票据，结构化票据从设计上就体现了更多的系统性风险敞口，因为结构化票据的支付常常与外汇衍生品、权益衍生品或大宗商品的衍生品市场的情况有关。任何标的衍生品市场的波动或者问题都可能放大结构化票据持有人对该市场的风险敞口，并且放大他对固定收益市场波动或者问题的风险敞口。

□投资者购买结构化票据的原因

投资者会在证券匹配其投资需求或者类似投资机会的风险/收益特征在资本市场无法便宜地（或根本无法在资本市场）获得时购买结构化票据。

行政效率

相比于可能复杂并且成本高昂的独立的票据和衍生工具交易，购买结构化票据的过程简单并且可以减少行政成本，比如维持保证金的成本或者滚动短期衍生品合同的成本。

分散化和对冲

结构化票据有助于投资者将其投资组合分散到新的产品、新的证券类型和可能的市场。嵌入衍生品可以实现对冲，比如在之前例子中提到的为了保护自己免受日元相对美元贬值，发行包含日元看跌期权的结构化货币连结票据的金融机构。

定制和管理风险敞口

由于结构化票据可以被定制来表现投资者对作为标的衍生工具的利率、股票价格、汇率或者大宗商品价格的判断，投资者可以调整他们投资组合的风险/收益特征。通过逆向咨询，投资者可以要求获得具有特定特征的票据，这些票据可能在现行市场中不存在。

有的结构化票据会通过提供本金保护来最小化风险敞口，有的则在有或没有本金保护的前提下最大化收益。在任何情况下，结构化票据的衍生品部分都使得产品可以与特定投资者对市场的看法或经济预期匹配，从而满足投资者的风险容忍程度。更为重要的是，投资者可以在结构化票据中加入杠杆，比如杠杆反向浮动利率票据，从而增加相比于直接投资基础资产的预期收益，但同时也会增加投资风险。因此，投资者可以根据他们对市场的看法，管理与他们的风险/收益特征匹配的风险。

□本金保护结构化票据

本金保护结构化票据（principal-protected structured note，PPN）是一个不管市场环境如何，只要持有票据至到期日，就将至少100％偿付投资资本的结构化票据（收益率下限为0）。在到期日，只要发行人没有违约，投资者获得的支付是初始本金值加上基础资产的任何收益。由于本金保护结构化票据是一个结合了下限保护的结构化票据，投资本金保护结构化票据的投资者用较弱的确定性和较高的潜在收益来交换较强的确定性和较低的潜在收益。投资本金保护结构化票据的收益取决于嵌入期权在到期日的价值。很多本金保护结构化票据在投资期间并不支付利息，而是在到期日进行一次性支付。

它的名字暗示本金保护结构化票据保证100％的投资本金偿付。但是，这种保证并不代表负收益率的可能性为零，因为发行人可能会违约。一般来说，投资银行是发行人，负责在到期日支付本金值。因此，评价投资银行发行人的财务状况和信用水平是决定是否购买本金保护结构化票据的重要一步。信用风险可能是显著的，它会在投资银行发行人违约时实现。

雷曼兄弟破产的影响

雷曼兄弟在 2008 年 9 月的破产影响了金融市场内的几乎所有领域，但其对结构化票据市场的影响特别大，因为很多产品都与雷曼兄弟的信用有关。较为知名的产品之一是雷曼兄弟本金保护结构化票据。

雷曼兄弟本金保护结构化票据以混合金融工具的形式发行，其由股票、债券、货币、大宗商品和衍生品组合而成，并被作为低风险的安全投资品出售给散户投资者。瑞士银行——结构化票据的最大卖方之一——和其他经纪公司将雷曼兄弟的结构化票据卖给散户投资者，票据的本金由雷曼兄弟保证。但是，随着雷曼兄弟在 2008 年 9 月的破产，本金保护的保证变得没有意义，这些本金保护结构化票据也变得毫无价值。

在雷曼兄弟破产之前，投资银行可以很容易地将本金保护结构化票据出售给投资者，因为投资者相信本金保护结构化票据可以保证本金的偿付，即使标的投资没有产生正的收益。不过，雷曼兄弟的破产很粗暴地提醒了投资者信用风险损失的可能性，同时产生了大量法律诉讼，因为投资者认为本金保护结构化票据的保证作用存在失真，投资者的本金并不是在所有情况下都受到真正保护。

这一负面例子强化了适当地向投资者警告与投资结构化票据有关的风险的必要性。它也突出了每个衍生品合同所固有的问题：对手方的违约将会削弱投资者在购买结构化票据时认为应得的价格上行机会和价格下行保护。

15.2 信用连结票据

广义地说，信用连结票据是至少一部分支付与某一特定信用事件的发生相关的结构化票据，比如特定实体的违约、特定主体信用评级的改变或者特定债务工具信用利差的改变。信用连结票据的重要性随着信用违约互换（credit default swaps，CDS）市场的发展而增加，因为就像信用违约互换一样，信用连结票据提供吸引人的管理信用风险敞口的机会。

□信用连结票据的特征

一般来说，信用连结票据是传统票据与信用违约互换的结合。信用连结票据一般由拥有非常强信用的主体比如一个高评级的银行、一个政府支持企业或者一个特殊目的破产隔离信托发行，后者是信用违约互换的交易对手方。一个总收益互换或者一个信用远期合约也可以被应用在结构中。信用连结票据允许发行人将特定的信用风险敞口转移给信用连结票据的购买者。在这种结构中，信用连结票据的发行人（卖方）是保护的购买方，而信用连结票据的投资者（买方）则是保护的出售方，最终承担信用风险。

如图表 15—7 所示，如果信用事件发生，信用连结票据就会被提前赎回。赎回的金额是票面价值减去标的参考资产的价值，比如债券或银行贷款由于信用事件发生所引发的减值。

信用连结票据对于想要对冲信用违约风险或者下调评级风险的发行人是有吸引力的，后者将会对他们的投资的价值产生不利影响。他们可以定制信用保护合同中的条款来满足他们的信用风险保护。另外，投资者将出于放大债券投资收益的目的购买信用连结票据。投资者认为信用连结票据是有吸引力的，因为他们可以借此获得信用市场的参与权，而这是无法通过其他方式实现的。

信用连结票据一般通过调整本金偿付来支付嵌入票据的信用衍生工具。例如，假设一个投资者以 200 个基点的利差购买了一个 5 年期信用连结票据。在到期日，票据会支付1 000美元的本金，而如果在到期前发生了信用事件，那么票据就支付 1 000 美元减去信用事件的偿付值。投资者对票据的发行人出售了看跌期权，并因此获得了更高的息票利率。假设参考债券的信用利差是 100 个基点，那么信用事件的发生就会导致参考资产的价格下跌到 80。信用连结票据的发行人为看跌期权每年支付 100 个基点（＝200－100）。在信用事件发生后，信用连结票据的发行人每 1 000 美元票面价值获得 800 美元支付（1 000 美元的 80%）。一次性支付相当于获得 1 000 美元的同时因为看跌期权支付 200 美元。

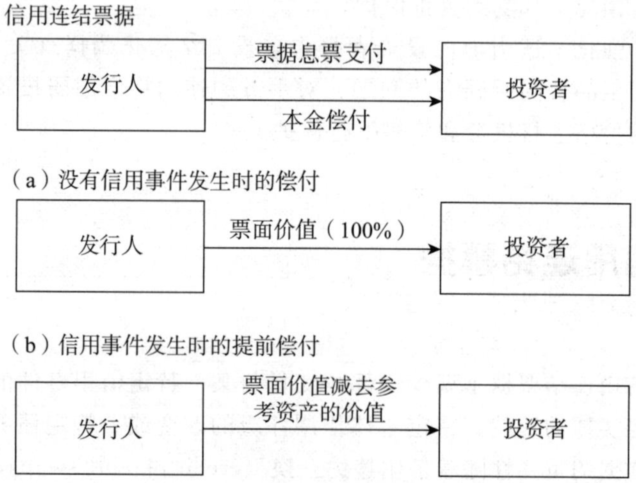

图表 15—7　信用连结票据的支付

融资信用衍生品

信用连结票据越发受到欢迎的原因是它们像信用违约互换一样提供信用保护的同时，存在较低的违约风险。信用连结票据是融资信用衍生品的一种形式。信用连结票据的投资者，也是保护出售者，向保护购买者支付现金——信用连结票据的价格——来购买信用连结票据。如果信用事件发生，保护购买者的偿付责任减少，保护购买者向保护出售者支付相比于没有信用事件发生时较少的现金。对比之下，在信用违约互换下，如果以现金方式结算，保护购买者需要向保护出售者收取现金支付；如果以实物方式结算，保护出售者必须从保护购买者那里获得债券或者贷款凭证，并在市场中出售。因此，信用连结票据所包含的违约风险小于同一保护出售者的信用违约互换。

特殊目的实体结构

有的信用连结票据由大型金融机构发行。这种未融资结构使得信用连结票据的投资者暴露在金融机构的违约风险下。另外，信用连结票据可以以融资结构发行，发行人是被创造来持有高质量金融资产的破产隔离特殊目的载体（special-purpose vehicle，SPV）。这种结构，如图表 15—8 所示，可以让信用连结票据的投资者免受发行人违约风险，因为特殊目的载体的资产可以产生足够的现金流来支持信用连结票据。融资信用连结票据结构可以限制投资者信用连结票据中特定参考责任的风险敞口，这也是创造信用连结票据的初衷。

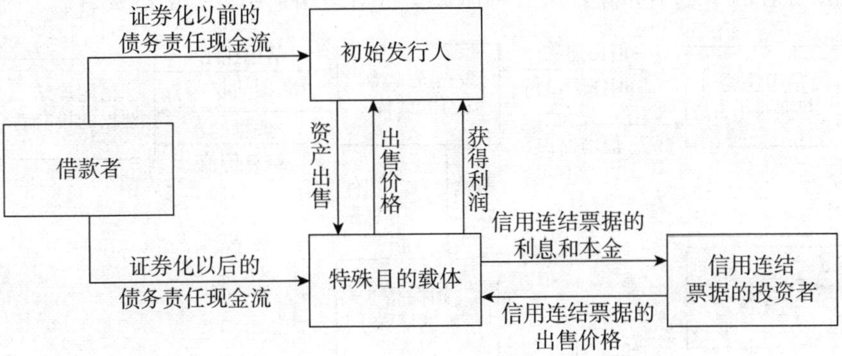

图表 15—8　信用连结票据的结构

□结合信用连结票据和信用违约互换

信用连结票据的发行人可以通过设计组合信用连结票据和信用违约互换的结构化产品来满足发行人和投资者的需求。图表 15—9 展示了信用连结票据和信用违约互换的组合结构，它被用来为信用违约互换责任提供融资，同时为愿意承担相关信用风险的投资者提供更高的收益率。信用连结票据由特殊目的载体发行，它们持有抵押证券［也被称为**标的证券**（underlying securities）］。特殊目的载体利用发行信用连结票据的收益来购买预先决定的抵押证券。它们一般是无风险证券，如国债。特殊目的载体通过抵押品的证券利息保障了特殊目的载体可以执行信用连结票据合同。只要没有发生信用事件，这些高质量证券产生的现金流就被用来支付信用连结票据的利息和本金。在这种结构中，特殊目的载体通过进行信用连结票据交易并支付包含在信用连结票据利息中的溢价，对某一个参考资产或者实体购买信用保护。信用连结票据的投资者出售信用保护并获得溢价；他们对参考资产或者实体有风险暴露。

与此同时，特殊目的载体还会与一个高评级的互换对手方签订信用违约互换协议。在互换协议中，特殊目的载体出售相同参考资产或实体的信用保护，并获得信用违约互换溢价。通过信用连结票据和信用违约互换的组合结构，特殊目的载体相对于参考资产或实体就是信用风险中立的。

信用连结票据的息票利率表现为相对于伦敦银行同业拆借利率的利差，并且通过抵押证券和信用违约互换交易中出售保护来融资。特殊目的载体为信用连结票据进行的支付与参考资产或者实体有关。如果与参考资产或者实体相关的特定信用事件[1]发生，那么就有三种结算信用连结票据和信用违约互换的方式。第一，在回收关联选择下，第三方在市场中出售标的抵押证券，并通过向互换对手方支付出售收益来结算信用违约互换。第二，在实物结算选择下，信用违约互换对手方将参考资产交给特殊目的载体，特殊目的载体再将它们交给信用连结票据的投资者，同时特殊目的载体将标的抵押证券交给信用违约互换对手方。第三，在二元选择下，特殊目的载体、信用违约互换对手方和信用连结票据的投资者在交易发生前协商具体现金支付水平。如果信用事件发生，特殊目的载体将协商好的现金支付给信用违约互换对手方。特殊目的载体将支付的金额从信用连结票据的投资者的本金中扣除，然后将净额支付给信用连结票据的投资者。

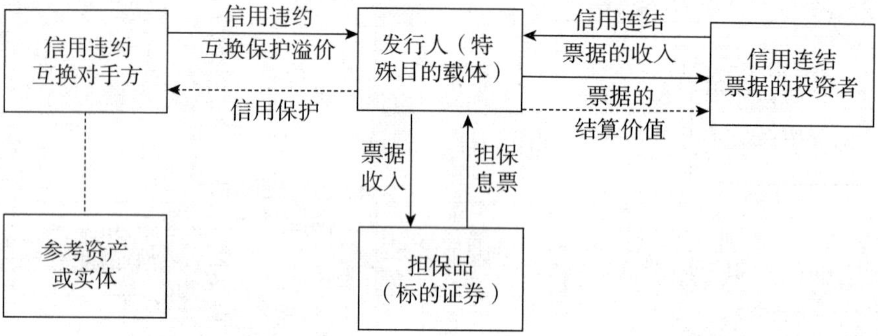

图表 15—9　单独参考下的信用连结票据和信用违约互换结构

当参考责任是新兴市场主权债务时

当信用连结票据的参考责任是新兴市场主权债务时，特殊目的载体还需要进行利率互换或者货币互换来减少利率风险，从而将信用连结票据所要求的现金流与担保品的现金流相匹配。其结果是一个表现与主权债券类似的信用连结票据。购买这样的信用连结票据的投资者追求比可比主权债券更高的收益，而对信用连结票据的流动性不做要求。

□信用敏感票据

一个传统的公司债券可以被视作看多国债头寸和看空信用违约互换头寸的组合，信用事件则被定义为需要立即进行支付的实际违约。（相反地，我们可以假设在发生违约事件时立即将票据出售，从而放弃内在的出售违约票据的时间上的灵活性。）对于传统公司债券，息票支付的一部分（信用利差）可以被视作信用违约互换溢价。息票支付的规模取决于发行当天债券的信用质量，但是不取决于债券信用质量随后的变化。信用敏感票据则在发行公司信用质量变化时，提供息票规模的波动。

一个信用敏感票据是利息根据发行人信用质量调整的固定利率票据或者浮动利率票据。息票利率与票据的信用评级的变化方向相反。如果发行人被评级机构下调了信用评级，信用敏感票据就会支付更高的息票利率来补偿投资者额外承担的信用风险。在这种结构中，投资者实际上购买了信用利差看跌期权。

考虑有下述信用评级和利差的例子：

信用评级	信用利差（基点）
AA	100
A	125
BBB	150
BB	200

一个投资者购买了相比于国债提供125个基点利差的A级票据。如果信用评级上升至AA级，那么投资者每年就少获得25个基点的利息。如果信用评级下调至BBB级，那么投资者每年就多获得25个基点的利息。因此，信用敏感票据是结构化票据的一种形式，它的内部结构中有对冲，以应对发行人信用质量的变化。由此，它为固定收益投资者所面临的道德风险提供了一定程度上的保护。

□第一违约信用连结票据

一个标准的信用连结票据有一个参考的票据或者贷款。一篮子信用连结票据则是与多个参考实体关联的信用连结票据。在第一违约信用连结票据中，投资者在一篮子资产上出售信用保护，但篮子中任何一个实体发生违约时，支付就会发生。第一违约信用连结票据的息票支付是伦敦银行同业拆借利率加上一篮子资产中参考实体平均利差的某一乘数。一旦任何参考资产发生信用事件，信用连结票据就到期了。

图表15—10展示了典型的第一违约信用连结票据的结构。假设一个发行人以票面价值出售到期期限为3年的第一违约信用连结票据，后者票面价值为1 000万美元，并且有10个参考资产。投资者在成交时向票据的发行人支付1 000万美元。发行人会在票据的有效期内支付利息，并且在不发生信用事件时，在到期日偿付1 000万美元。信用连结票据的投资者实际上在每一个参考实体上都有1 000万美元的信用头寸。当篮子中的任何资产发生信用事件时，发行人通过向信用连结票据的投资者交付票面价值为1 000万美元的发生了信用事件的资产来赎回信用连结票据。一般地，实际赎回金额由参考凭证在发生信用事件时的市场价格而不是回收率决定。

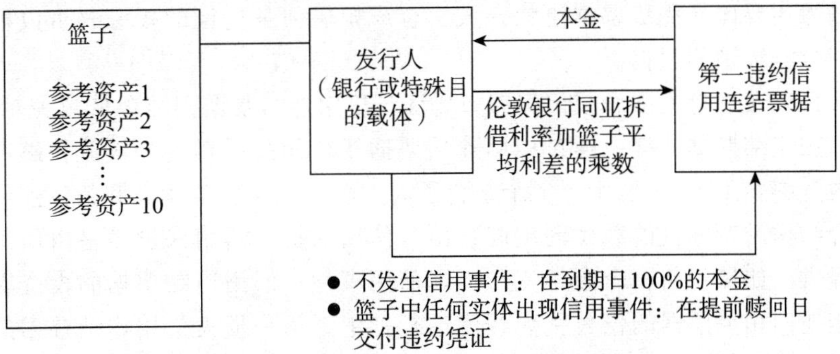

图表15—10 第一违约信用连结票据的结构

第一违约信用连结票据的投资者面临的信用风险敞口与标准信用连结票据面临的属于同一种类型，也就是违约信用所引发的降低的回收率。由于第一违约信用连结票据与篮子中的多个资产有关，而不像标准信用连结票据只与一个资产有关，它可以通过信用风险分散化降低投资者的违约风险敞口。信用连结票据的投资者获得对一篮子参考实体的违约风险敞口，后者可以通过不同领域和信用评级进行分散化。篮子中参考实体收益率的相关性越弱，分散收益就越大。

□新兴市场信用连结票据

新兴市场信用连结票据是与评级相对较低的主权信用相关联的结构化票据。随着世界经济从 2007—2009 年的金融危机中复苏，新兴经济体的增长前景变得更加明朗，近些年想要通过新兴市场信用连结票据获得高收益的投资者需求也在增加。为了补偿新兴市场信用连结票据的投资者所承担的更大的对手方信用风险以及流动性风险，投资者一般获得比标的债务收益更高的报酬。例如，一家投资银行发行的与土耳其政府债务关联的 10 年期、1 000 万美元规模的票据的利率为 9.5%，而相同年期的土耳其政府债券的利率为 9%。

新兴市场信用连结票据对于无法对相关国家的标的债券进行交易的投资者来说是有效的投资工具，而无法交易的原因可能包括交易成本、投资限制或其他市场摩擦。它们对于那些认为某一主权信用评级将要上调，并且想要获得投资机会的新兴市场固定收益投资者来说是有吸引力的，后者允许他们表达自己的看法。

□人工合成担保债务凭证信用连结票据

人工合成担保债务凭证（synthetic collateralized debt obligations，SCDOs）是担保债务凭证的一种形式，目的是通过投资信用违约互换或者其他资产来获得对某一固定收益投资组合的风险敞口。与一般只与一个资产关联的信用违约互换不同，人工合成担保债务凭证与一个投资组合内的资产相关联。这个投资组合通过将发行的票据分成不同的分券来提供担保。人工合成担保债务凭证一般根据它们对标的投资组合的违约风险敞口确定优先级序列。它们一般还有序列摊还结构：优先级别最高的票据会首先被足额偿付，然后次优级的票据被足额偿付，依此类推。因此，由于先向优先级别最高的票据进行偿付，它们的摊还要比次优级票据更快。人工合成担保债务凭证的投资者可以根据风险偏好购买某一分券级别的票据。

发起人可以通过将人工合成担保债务凭证与信用连结票据相结合来减少对手方风险。就像其他信用连结票据一样，通过信用连结票据获得的高质量资产被放在破产隔离特殊目的载体内。图表 15—11 展示了一个组合了人工合成担保债务凭证和信用连结票据的完全融资混合结构。特殊目的载体向发起人出售信用保护，信用保护最终由信用连结票据的投资者提供。如果任何一个参考资产出现信用事件，信用连结票据的投资者获得的支付就会根据他们相关票据的偿付优先程度进行抵消。第一损失信用连结票据的投资者第一个承担损失，只有当损失超过他们的本金总额时，更高级的信用连结票据才会受影响。

人工合成担保债务凭证交易也可以被构造成融资结构和无融资结构的混合体。一个高评级的投资者以无融资信用违约互换的形式购买最高优先级的分券，而剩下的债务结构则被分成一系列融资信用连结票据分券，后者由不同投资者根据其相对风险偏好购买。人工合成担保债务凭证的融资部分的结构与图表 15—11 中一样。

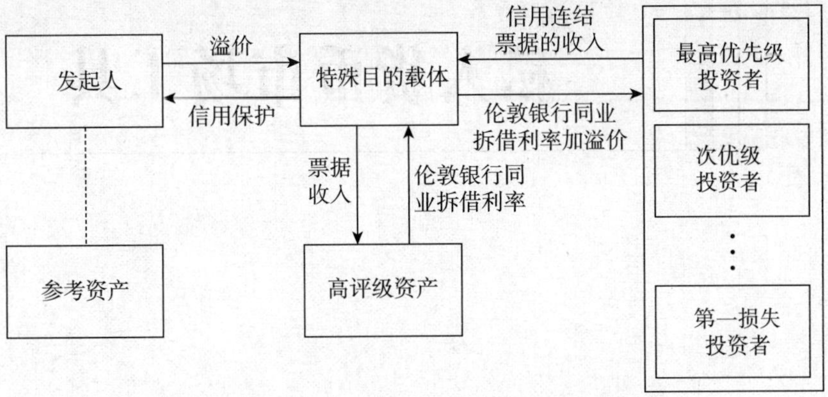

图表 15—11　融资人工合成担保债务凭证：
人工合成担保债务凭证与信用连结票据的组合

15.3　关键知识点

• 结构化票据和信用连结票据根据特定参考资产、市场价格、指数、利率、汇率、大宗商品价格或者其他市场指标提供特定利息或本金。

• 结构化票据结合了传统固定或者浮动利率票据和内嵌衍生工具。

• 信用连结票据是结构化票据的一种特殊形式，其衍生工具是信用违约互换或者另一种形式的信用衍生品。

• 发行人发行结构化票据的目的是在不额外承担不必要风险的前提下，通过满足投资者对某一特定结构的需求来降低融资成本。

• 投资者会在证券匹配其投资需求或者类似投资机会的风险/收益特征无法便宜地（或者根本无法）在资本市场获得时，购买结构化票据。

• 2007—2009 年的金融危机导致结构化票据和信用连结票据的发行规模都减少了。两者的发行随着危机的结束开始恢复。这些固定收益工具的发行应该会随着固定收益证券市场参与者抓住机会优化他们的投资组合而增加。

【注释】

[1] 信用事件一般包含破产、支付违约、拒绝偿付和重组。

第16章 私人货币市场工具

弗兰克·J. 法博齐（Frank J. Fabozzi）博士，注册金融分析师，
注册会计师
EDHEC商学院金融学教授

史蒂文·V. 曼（Steven V. Mann）博士
南卡罗来纳大学摩尔商学院金融学教授

货币市场（money market）曾被定义为到期期限为1年或短于1年的资产市场。在货币市场上交易的资产包括国库券、商业票据、中期票据、银行承兑汇票、联邦机构贴现票据、短期市政债务、存单、回购协议、浮动利率工具和联邦基金。尽管其中有些资产的期限超过1年，它们依然被划分到货币市场里。

在第9章，我们已经讨论过国库券。本章，我们将论述以下私人货币市场工具：商业票据、银行承兑汇票、存单、回购协议和联邦基金。中期票据的期限从9个月到30年不等，我们已在第12章予以分析。

16.1 商业票据

一个需要长期资金的公司可以通过股票市场或债券市场进行筹资，而一个需要短期资金的公司可以通过银行借贷来得到资金。另外一个可供选择的融资方式就是商业票据。

商业票据（commercial paper）是作为发行机构的债务在公开市场上发行的、短期的、无担保的期票。

商业票据曾经仅仅局限于有较高信用等级的机构，但是近年来，一些信用等级较低的公司通过信用增级或提供其他担保品，也被允许作为发行人进入市场发行商业票据。商业票据的发行人不只限于美国公司，非美国公司和政府发行人也可以发行商业票据。

大多数商业票据的期限一般都少于 270 天，最常见的期限少于 45 天。[1] 首先，1933 年的《证券法》要求债券必须在证券交易委员会登记。这一法规中有一项特别的规定——到期期限不超过 270 天的商业票据免于登记。为了避免因在证券交易委员会登记带来的发行成本，发行人很少发行期限超过 270 天的商业票据。为了偿付持有者手中的到期票据，发行人一般会发行新的商业票据。在决定期限长短的时候，公司还要考虑，如果想从联邦储备银行的贴现窗口借到钱，此债券能否作为合格的担保品被银行接受。为了达到银行的要求，票据的期限一般不超过 90 天。因为与不合格票据比较起来，合格票据可以以更低的成本交易，所以发行人喜欢发行期限不超过 90 天的票据。

投资者面对的风险是借款人在到期日不能发行新的票据。作为预防展期风险的一项保护性措施，商业票据的发行人保证留有一定的备用信贷额度，有时称作**流动性增级**（liquidity enhancement）。大多数商业票据的发行人一般都保持 100%的备用资金，因为信用评级机构（惠誉公司、穆迪公司以及标准普尔公司）在对商业票据进行评估时，通常将银行的信贷额度作为评估的前提。

投资于商业票据的一般是机构投资者。货币市场共同基金是商业票据的最大购买者；养老基金、商业银行的信托部门、州和地方政府以及寻求短期投资品的非金融公司购买了剩余的部分。最小单位的成交额为 10 万美元。一些发行人将会出售币值为 25 000 美元的商业票据。

□商业票据的发行人

联邦储备银行的资料显示，截至 2010 年底，未偿付商业票据的规模为 10 580 亿美元。商业票据可以根据三个维度进行分类：(1) 发行人类型；(2) 发行渠道；(3) 是否有担保品。发行人的类型包括金融公司、非金融公司和资产支持证券。金融公司是最大的发行人（截至 2010 年底，未偿付规模为 5 560 亿美元），随后是资产支持证券（3 820 亿美元），最后是非金融公司（1 200 亿美元）。

金融公司和非金融公司使用商业票据收入的方式不同。非金融公司将资金用于满足现金流需求（例如，工资和存货），金融公司则将资金用于管理短期流动性需求，比如资产和负债之间的错配。

尽管商业票据的典型发行人具有较高的信用评级，但是近几年，那些信用等级较低、不太出名的小公司也已经能够发行商业票据。它们通过从信用评级高的公司得到信用支持，或者用高品质的资产作为担保品来发行票据。其中，前者称作**信用支持商业票据**（credit-support commercial paper），后者称作**资产支持商业票据**（asset-backed commercial paper）。信用支持商业票据的一个例子是以信用证支持的商业票据。信用证的条款明确规定：如果发行人到期无力支付，则开证行要保证代为偿付。银行出具信用证要收取一定的费用。从发行人的角度看，这笔费用能够使它进入商业票据市场，以低于银行借贷的成本得到融资。这种通过信用增级发行的票据称作 **LOC 票据**（LOC paper）。信用增级也可以采取从保险公司取得履约保证的形式。[2]资产支持商业票据是由大公司发行的，它可以通过某种具有特殊目的的工具来聚集资产，发行债券。用于担保的资产包括信用卡应收款项、汽车和设备租赁、健康医疗应收款项，甚至包括小型公司贷款。

□直销票据与交易商承销票据

商业票据分为直销票据和交易商承销票据。**直销票据**（direct paper）由发行公司直接出售给投资者，不需要证券交易商作为中介。直销票据的发行人大多是金融公司，因为它们为了向客户提供贷款，必须要有持续不断的资金来源。它们还发现，组建一个销售团体负责把商业票据直接卖给投资者能够节约成本。

如果是交易商发行票据，发行人则可以利用证券公司的服务来销售它的票据。用这种方法销售的票据称为**交易商承销票据**（dealer paper）。迫于竞争的压力，交易商收取的承销费用有了大幅度的下降。

□二级市场

商业票据是货币市场上最大的组成部分之一。尽管这样，二级市场上的交易量依然很小。假设投资者能够购买到具有合意的特定到期期限的商业票据，那么最具代表性的投资者就是那些计划持有票据至到期日的机构。如果投资者的经济环境发生了变化，需要卖出票据，他可以把票据再出售给交易商；如果是直销票据，发行人则会进行票据回购。

□商业票据的收益率

和国库券一样，商业票据是一种贴现工具。就是说，它的卖出价格低于它的到期日的价值。尽管一些商业票据被当作附息工具发行，但是，到期日价值和支付的价格之间的差额才是投资者真正取得的利息。对于商业票据，一年是按 360 天计算的。

从 1997 年 1 月 1 日到 2010 年 12 月 31 日，3 个月期商业票据与 3 个月期美国国库券之间的平均周利差是 41 个基点，最低为 4 个基点（2010 年 3 月的第二周），最高为 325 个基点（2008 年 10 月的第二周）。

商业票据的利率之所以高于国库券的利率，有以下三方面的原因。首先，商业票据的投资者面临着信用风险；其次，由于投资于国库券得到的利息可以免征州和地方所得税，导致商业票据不得不提供较高的收益率，来弥补这种税收上的劣势；最后，商业票据的流动性不如国库券。然而，流动性的补偿要求可能很少，因为典型的投资者持有商业票据是遵循"购买并持有"的策略，不太关心流动性问题。商业票据的利率和存单的利率比较起来，也高出几个百分点，本章的下面部分将进行讨论。商业票据之所以具有较高的收益率，是因为它的流动性不如存单。

16.2 银行承兑汇票

简单地说，银行承兑汇票是一种促进商业贸易业务的工具，这种工具被称为**银行承兑汇票**（bankers acceptances）是因为银行承担了向汇票持有人最后支付的责任。银行承兑汇票用于为商业贸易进行融资的作用称为**承兑融资**（acceptance financing）。

产生银行承兑的交易活动包括：

（1）美国的商品进口；

（2）从美国向国外实体的商品出口；

（3）在美国之外的其他两个国家之间的商品的储存和运输，而这两国的进口方和出口方都不是美国企业[3]；

（4）美国国内两个经济实体之间商品的储存和运输。

银行承兑汇票与国库券和商业票据一样，也是贴现出售的。银行承兑汇票的投资者主要是货币市场共同基金和市政机构。银行承兑汇票近年来重要性的下降有利于其他金融形式的发展。

□银行承兑汇票产生过程示例

要解释银行承兑汇票的产生过程，最好的方法是通过例子来说明。

我们的交易涉及以下几个经济实体：

• 美国汽车进口股份有限公司（Car Imports Corporation of America，简称汽车进口公司），是一家出售汽车的公司，位于新泽西州；

• 德国汽车有限公司（Germany Autos，Inc.，GAI），是德国的汽车制造商；

• 新泽西的霍博肯银行（Hoboken Bank），是新泽西州霍博肯的一家商业银行；

• 柏林国家银行（Berlin National Bank，简称柏林银行），是德国的一家银行；

• H-C货币市场基金（High-Caliber Money Market Fund），是美国一家投资于货币市场工具的共同基金。

汽车进口公司和GAI正在考虑进行商业贸易。汽车进口公司想进口15辆GAI生产的汽车，而GAI关心的是，当汽车进口公司收到15辆汽车以后，它是否有足够的支付能力。

承兑融资作为向交易提供帮助的工具此时被提出来了。汽车进口公司想要为15辆汽车支付30万美元。销售协议规定，GAI将15辆汽车运到汽车进口公司后60天得到支付的款项。GAI决定是否接受30万美元的价格。在考虑支付价格时，GAI必须计算30万美元的现值，因为它必须在货物装运后60天才得到支付。现在假设GAI同意接受所有条款。

汽车进口公司可以安排其开户银行——霍博肯银行发行信用证。信用证标明：霍博肯银行将支付汽车进口公司在货物装运后60天必须向GAI偿付的30万美元货款。信用证或定期汇票将由霍博肯银行送达 GAI 的开户银行——柏林银行。收到信用证后，柏林银行会通知 GAI，GAI 则立即把 15 辆汽车装船运输。汽车运走以后，GAI 把运输文件交给柏林银行，同时收取 30 万美元的现值。GAI 就此退出。

柏林银行把定期汇票和运输文件提交给霍博肯银行，后者在定期汇票上盖上“承兑”字样。至此，霍博肯银行就创造了一张银行承兑汇票。这意味着霍博肯银行同意在汇票到期日支付给持票人 30 万美元的承兑金额。汽车进口公司将收到运输文件，这样它一旦同霍博肯银行签署票据或者其他类型的融资协议，就可以提取 15 辆汽车。

这时，银行承兑汇票的持有者是柏林银行，它有两种选择：继续保留银行承兑汇票，作为贷款组合的一项投资；或者要求霍博肯银行支付 30 万美元的现值。假设柏林银行要求得到 30 万美元的现值支付。

现在，银行承兑汇票的持有者是霍博肯银行，它也有两种选择：保留银行承兑汇票，作为贷款组合的一项投资；或者把汇票卖给投资者。假设霍博肯银行选择了后者，同时 H-C 货币市场基金正在寻找一种与银行承兑汇票有相同期限的、高品质的投资。霍博肯银行会以相当于 30 万美元现值的价格把汇票卖给货币市场基金。如果不愿意把汇票直接卖给投资者，霍博肯银行可以把汇票卖给交易商，再由交易商转卖给货币市场基金之类的投资者。不管是哪种情况，货币市场基金都会在到期日把银行承兑汇票交给霍博肯银行，收取 30 万美元，而霍博肯银行反过来再向汽车进口公司索取。

信用风险

投资于银行承兑汇票的投资者将面临信用风险，这种风险是指借款人和承兑银行在票据到期日都不能支付本金的风险。因此，同样期限的银行承兑汇票会提供高于国库券的收益率。

合格的银行承兑汇票

如果承兑银行已经决定保留银行承兑汇票作为投资组合的一部分，它有可能用此汇票作抵押，从联邦储备委员会的贴现窗口取得贷款。我们说“可能”，是因为银行承兑汇票必须满足联邦储备委员会设立的合格条款的要求。合格的一个要求是期限不超过 6 个月，极少数个别情况除外。关于合格的其他一些要求太详细了，这里不再赘述。但是基本的原则很简单：银行承兑汇票应该是为自偿性的商业贸易进行融资。相反，**融通票据**（finance bill）是不牵涉特定交易的承兑汇票，它通常是不合格的。

合格性很重要，因为联邦储备委员会对于通过非合格银行承兑汇票筹集的资金，有一项准备金的规定。承兑银行卖出的承兑汇票其实是银行的潜在负债，但是合格的银行承兑汇票没有强制性的准备金要求。所以，大多数银行承兑汇票会满足各种各样的合格标准。最后，联邦储备委员会对银行能够发行的合格银行承兑汇票的数量也提出了一定的限制。

银行签发银行承兑汇票的费率

在发行银行承兑汇票时，为了计算应该向客户收取的费用，银行会首先确定它在公开市场上能够卖出该银行承兑汇票的利率，在此基础上，加上一定的手续费。如果是不合格的银行承兑汇票，银行还会加上一部分金额以弥补准备金的成本。

16.3 大额可转让存单

存单（certificate of deposit，CD）是由银行或储蓄机构发行的一种证明书，用以证明特定数量的货币已经储存在开单的储蓄机构。存单是银行或储蓄机构为其商业活动筹集资金而发行的。一张存单上标有一个到期日和确定的利率，并能以任何面额发行。银行发行的存单由联邦存款保险公司担保，但是担保的数额最高只能到 10 万美元。对于到期日，则没有最长期限的限制。不过，根据联邦储备委员会的监管规定，存单的期限不能少于 7 天。

存单可以是不可转让的，也可以是可转让的。在前一种情形下，最初的储户必须等到存单的到期日才能拿到资金，如果储户选择在到期日以前提取资金，就要支付提前支取的罚金。相反，可转让存单允许最初的储户（或者是存单的后来所有者）于到期日以前在公开市场上出售存单。

可转让存单出现于 20 世纪 60 年代初期，当时，银行支付给各种类型存款的利率必须以联邦储备委员会规定的利率上限为界（活期存款除外，它是期限少于 1 个月的存款，法律上规定不用付息）。由于复杂的历史原因，那些最高利率开始时很低，随着期限的延长而提高，而一些相当长期限的利率仍保持低于市场利率的水平。在可转让存单推行以前，那些用货币进行投资的人不愿意把钱存放到银行里，因为它们只能得到低于市场利率的回报，除非他们在积累资金以用于较长时间的投资。可转让存单出现以后，那些投资者就能买到收益率等于市场利率的、以 3 个月期或更长期限的收益率为市场利率的可转让存单，以便将来在市场上把它卖掉，收回全部投资或者得到高于最初投资的金额（依市场情况而定）。

这种创新具有关键意义，它帮助银行在货币市场上增加了融资数额，而货币市场融资在战后初期曾经一度委靡不振；它也促进了银行之间的竞争，开创了一个崭新的时代。可转让存单有两类。第一类是大额可转让存单，通常是 100 万美元或更多的面额，我们刚刚所描述的就是这种可转让存单的历史。

1982 年，美林公司通过开放小额存单（面额少于 10 万美元）的一级市场和二级市场开始进入存单的零售业务，使得大量银行和存款机构委托人的存单适合于零售客户。同时，美林公司开始为那些客户提供机构投资者享有的流通性，即它们也可以随时在到期日以前买回存单。现在，有些零售经纪商公司可以提供可在二级市场上销售的存单，这就是我们所说的第二类存单。然而，本章只关注大额可转让存单，并简称为存单。

存单的投资者大部分是投资公司，其中大部分是货币市场基金。银行和银行信托部门、一些市政机构和公司也是存单的投资者。

□存单的发行人

依据发行银行的不同，可以把存单分为四种类型。第一类是由国内银行发行的存单。第二类是在美国以外、以美元发行的存单，称为**欧洲美元存单**（Eurodollar CD）或**欧洲存单**（Euro CD）。欧洲存单是以美元计价发行的，主要是在伦敦由美国、加拿大、欧洲和日本的银行发行的存单，大型美国银行的分支机构曾经是欧洲存单的主要发行人。第三类存单是**扬基存单**（Yankee CD），是指在美国的外国银行的分支机构以美元发行的存单。第四类是由储蓄和贷款协会与储蓄银行发行的**储蓄存单**（thrift CD）。

□存单的收益率

与国库券、商业银行票据、银行承兑汇票不同的是，国内存单的收益率是以所附的利息为基础来标价的。期限为 1 年或少于 1 年的存单在到期日支付利息。为了计算利息的方便，一年按 360 天计算。在美国发行的定期存单一般是每半年付息一次，一年也是按 360 天计算。

标注在存单上的收益率是不同的，它受以下三种因素影响：（1）发行银行的信用等级；（2）存单的期限；（3）存单的供给和需求情况。考虑到第三种因素，银行和储蓄机构都把发行存单作为负债管理的一部分，所以存单的供给状况是由银行贷款的需求和筹集贷款的其他替代资金成本所决定的。此外，银行贷款的需求将依赖于其他资金来源的成本，比如说商业票据。当贷款需求减弱时，存单的利率会下降；当需求旺盛时，利率会上升。期限的影响决定于收益率曲线的形状。

信用风险在发行中已逐渐增多。货币中心银行发行的国内存单曾在不记名的基础上进行过交易。然而，近来发生在银行界的金融危机已经引起投资者对发行银行更多的关注。与非特优存单（信用等级较低的国内银行发行的存单）相比，特优存单（信用等级较高的国内银行发行的存单）是以更低的收益率进行交易。因为投资者对外国银行不太了解，所以扬基存单的收益率要高于国内存单的收益率。

欧洲存单的收益率之所以高于国内存单的收益率，有以下三个方面的原因：第一，对于在美国的国内银行发行的存单，美国联邦储备委员会有一项法定存款准备金的规定。而对于欧洲存单的发行人而言，则不适用此项规定。法定存款准备金明显地提高了发行银行的资金成本，因为它不能把所有通过存单筹集到的资金用于投资，而必须持有的准备金不能为银行获取收益。由于出售国内存单的资金获利少，所以国内发行银行在国内存单上的支付也会少于欧洲存单。第二，由于发行存单的银行必须向联邦存款保险公司支付保险费用，这又进一步提高了资金的成本。第三，欧洲存单是一种美元债务，它的支付主体是在外国的司法制度下运作的，存单持有者面临这样一种风险，即他们的要求可能得不到外国司法制度的认可［该风险被称为**主权风险**（sovereign risk）］。因此，欧洲存单和国内存单之间利差的一部分就反映了这种**主权风险溢价**（sovereign risk premium），它的变化依赖于人们对国际银行体系的信任程度。

自 20 世纪 90 年代以来，欧洲美元存单的流动性大幅度增加，以至高风险的概念减弱了很多。从 2000 年 1 月 1 日到 2010 年 12 月 31 日，3 个月期伦敦银行同业拆借利率和

3个月期存单利率的平均周利差为9个基点，最低利差为−7个基点（2010年9月的第三周），最高利差为106个基点（2008年10月的第二周）。

存单的收益率要高于同一期限的国债收益率。从2000年1月1日到2010年12月31日，3个月期存单利率和3个月期国库券利率的平均周利差为48个基点，最低利差为5个基点（2010年3月的第二周），最高利差为437个基点（2008年10月的第二周）。利差的产生主要是由于存单投资者所面临的信用风险敞口以及存单的流动性更差这一事实。信用风险导致的利差会根据经济状况和对银行系统的信心而变化，当投资者进行安全投资转移（flight to quality）或者银行系统出现危机时，利差会扩大。

曾经有30多个交易商参与存单市场的交易，众多交易商的存在使市场具有很强的流动性。现在，很少有交易商会对存单市场感兴趣，而存单市场因此可以定义为缺乏流动性的市场。

16.4 回购协议

回购协议（repurchase agreement）是指出售证券的同时，约定在将来设定的日期，以规定的价格，由出售者从购买者手中买回债券。从本质上讲，回购协议是一种抵押贷款，担保品就是债券。我们用具体的例子来解释。

假设在2006年9月28日，一位政府债券交易商购买了息票利率为4.875%、于2016年8月15日到期的在国债市场上拍卖的10年期美国中期票据。头寸的票面价值是100万美元，中期票据的实际总价格［例如现货价格（flat price）加上应计利息］为1 025 672.55美元。进一步假设该证券交易商打算持有头寸直到第二个交易日，也就是周五，2006年9月29日。交易商从哪里获得资金来为该头寸进行融资呢？当然，交易商能够用自己的资金或从银行贷款。然而，交易商一般是利用回购协议从回购（repo）市场上得到融资。在回购市场上，交易商可以用国库券作抵押获取贷款。贷款期限和交易商同意支付的利率［**回购利率**（repo rate）］要事先明确规定。贷款期限为一天，称为**隔夜回购**（overnight repo）；贷款的期限长于一天，则称为**定期回购**（term repo）。另外，自动新开回购协议给予交易双方同样的选择权，它们都有权利在任何一天终止协议。如果双方选择连续滚动隔夜回购协议，能够降低结算成本。

这种交易之所以被称为回购协议，是因为它要求卖出债券并在将来的某一天重新将其购回。出售价格和购买价格都已经在协议中做了明确规定，购买（回购）价格和出售价格之间的差额就是贷款的美元利息成本。

让我们回头再说交易商，它需要为国债的看多头寸提供1天的融资。结算日期是交易启动所需的担保品被交付、现金被借入的日期，在我们的例子中就是2006年9月28日。类似地，回购协议的终止日期是9月29日。现在，我们来考虑谁可能作为交易商在这次交易中的对手方（资金的借出者）。假设加入该交易商的客户拥有一笔数目为1 025 672.55美元的资金盈余，即正好是回购协议中的贷款数目。在2006年9月28日，交易商同意把价值1 025 672.55美元的中期票据移交（卖）给客户，第二天即2006年9月29日，再按照第二个交易日决定的回购利率把同样的中期票据从客户处购买回来。[4]

假设交易的回购利率为5.15%，那么，正如下面所介绍的，交易商同意以1 025 819.28美元移交中期票据。售价1 025 672.55美元和回购价1 025 819.28美元的差额146.73美元就是融资的美元利息。从客户的角度看，称之为逆回购。

下面的公式可以用来计算回购交易的美元利息：

$$美元利息=美元本金\times回购利率\times\frac{回购期限}{360}$$

注意，利息是在360天的基础上计算的。在我们的例子中，回购利率是5.15%，期限是1天，美元利息是146.73美元，计算过程如下：

$$美元利息=1\ 025\ 672.55\times0.051\ 5\times\frac{1}{360}=146.73$$

交易商通过回购市场进行短期融资的好处在于，其利率低于银行融资的成本。我们随后将予以解释。从顾客的角度看，回购市场提供了一笔从具有较强流动性的短期债券担保交易中得到的很有吸引力的收益。

这个例子说明了交易商在回购市场上进行多头融资的情况，但是证券商同样可以利用此市场轧平空头。例如，假设一位政府交易商两个星期前卖掉了1 000万美元的国库券，现在必须补齐头寸，即移交债券。交易商可以做一个逆回购（协议买进债券，然后再卖回去）。当然，交易商最终要在市场上买进国库券以轧平头寸。

有很多描绘回购交易的华尔街专用术语。为了能更好地理解这些术语，我们必须记住：交易的一方借出货币，而接受作为贷款担保的证券；另一方借入货币，并为此提供担保。当有人要借出债券以得到现金（借入货币）时，这一行为被称为**转出**（reversing out）债券；而借出货币并接受债券作为担保的行为被称为**转入**（reversing in）债券。有时候也用**回购债券**（to repo securities）和**执行回购**（to do repo）来表示。前者的意思是有人将以债券作担保来为债券融资；后者代表投资于回购协议。最后，**卖出担保品**（selling collateral）和**买入担保品**（buying collateral）描述的是，协议当事人一方通过回购协议为债券融资，另一方以担保品为基础借出资金。

回购协议中的担保品不仅限于政府债券，货币市场工具、美国联邦机构债券和抵押支持债券都可以用作抵押。此外，回购协议中还包括替代条款，就是在整个回购期内，允许用等同的担保品来替换原来的债券。

□信用风险

为什么在回购交易中存在着信用风险？可以回到我们最初的例子中，交易商用1 000万美元的政府债券作为借款抵押，如果交易商不能重新买回债券，那么客户就会拥有债券。然而，在回购交易后，如果政府债券的利率上升，则政府债券的市场价值下降，客户持有的债券的市场价值就会低于它借给交易商的贷款金额。相反，如果债券的市场价值上升，交易商关心的是担保品的收回，因为它的市场价值高于贷款金额。

为了降低信用风险，人们现在会以更审慎的态度来对待回购协议。贷款金额一般低于用作担保品的债券的市场价值，这样，当担保品的市场价值下跌时，可以给借贷者提供一定的保护。用作抵押的债券的市场价值超过贷款价值的部分称为**保证金**(margin)。[5]保证金的数量一般为1%～3%。如果借贷者的信誉较低或用流动性较差的债券作抵押，保证金会达到10%或更多。

限制信用风险的另外一种做法是，定期由市场来评定担保品的价值。当市场价值以特定的比率变动时，回购协议的资金头寸也相应地进行调整。假设一家交易商用市场价值为2 040万美元的担保品借到2 000万美元，保证金是2%。进一步假设担保品的市场价值降到2 010万美元。一份回购协议可以明确规定：(1) 追加保证金；(2) 对回购协议进行重新定价。两种方法任选其一。如果选择追加保证金，则要求交易商提交市场价值为30万美元的附加担保品，以使保证金数额达到40万美元；如果双方同意进行重新定价，回购协议的本金会由2 000万美元变为1 970万美元（用市场价值2 010万美元除以1.02)，那么，交易商将会交给客户30万美元。

在制定回购协议时，另外一个值得关心的问题是担保品的移交问题。最直接的做法就是借款人把担保品移交给贷款人，回购协议到期时，借款人支付给贷款人本金和利息，同时贷款人把担保品还给借款人。然而，考虑到移交担保品的成本，这个过程可能花费太高，尤其是对于短期的回购协议。借款人会在交易中把这种移交的成本当作提出更低的回购利率的一个因素。贷款人如果不持有担保品，他面临的风险是，借款人有可能卖掉担保品，或者用同样的债券作抵押，与另一方签署回购协议。

移交担保品的另外一种选择是，贷款人同意借款人在独立的客户账户上持有债券。当然，贷款人依然面临着违约风险，因为借款人会欺骗性地将该担保品用作其他回购交易中的抵押。

还有一种方法是，可以把担保品移交到贷款人在借款人的清算银行中开立的保管账户上。于是，保管人代表贷款人拥有担保品。这种做法减少了移交的费用，因为它仅仅是在借款人清算银行内部进行转移。例如，如果交易商与客户A之间进行的是隔夜回购交易，第二天，担保品被交还给交易商，交易商就可以与客户B签署回购协议，比如说是五天，而不用重新移交担保品。清算银行只是为客户B设立了一个保管账户，用以持有担保品。

非交易商机构投资者利用回购协议进行交易，导致了许多众所周知的灾难性损失，最著名的发生在加利福尼亚州的奥兰治。损失不是由信用风险带来的，而是当利率波动时，投资者运用回购协议进行杠杆性赌博，即回购协议不是被用作货币市场工具，而是被用作杠杆性工具。它可以通过回购和逆回购的期限上的不匹配来实现。例如，某人认为利率将会上升，那么，他可以通过定期回购协议（假定是3个月）筹集资金，然后通过隔夜逆回购贷出货币。相反，如果预期利率会下降，他可以做相反的交易。如果市场参与者能够多次运用一份担保品进行借贷活动，则融资额会成倍地提高。

□市场参与者

由于交易商（通常由投资银行和货币中心银行来充当）常常用回购协议来为多头筹集资金和轧平空头，所以回购市场已经发展成为货币市场中最重要的部分之一。金融公司和非金融公司参与市场，既可能是买者，也可能是卖者，这要依它们所处的环境而定。储蓄机构和商业银行是典型的债券净出售者（即资金的净借入者）；货币市场基金、银行信托部门、市政机构和公司是典型的债券净买入者（即资金的提供者）。

当交易商需要为它手中的证券筹集资金和轧平空头时，往往把回购市场作为首选工具，它也可以用回购市场来经营一本对等账簿，即从事同样期限的回购和逆回购交易活动。公司这样做的目的是赚取所参与的回购与逆回购协议的利差。例如，假设交易商与货币市场基金签订了10天的定期回购协议，又用同样的担保品与储蓄机构签订了10天的逆回购协议。这就意味着交易商从货币市场基金处借入资金，而向储蓄机构贷出资金。假设回购利率是0.30%，逆回购利率是0.35%，交易商以0.30%的利率借入，以0.35%的利率借出，从而锁定0.05%的利差（5个基点）。

另一位市场参与者是回购经纪商，为了理解经纪商的角色，我们假设一家交易商有5 000万美元的债券缺口，它将向其老客户进行调查，看能否通过逆回购协议借入短缺的债券。假如它找不到愿意做逆回购交易的客户（回购是从客户的角度来说的，逆回购是从交易商的角度来说的），这时，交易商就会利用回购经纪商提供的服务。当担保品很难获得时，我们称之为热门债券或特殊债券。

美联储和回购市场

美联储通过它的公开市场操作来影响短期利率，即采用直接买入或卖出政府债券的做法。然而，这并不是联邦储备委员会的经常性手段。它往往在回购市场上，通过买入或卖出担保品来实施货币政策。通过买入债券（即借出资金），美联储把货币注入金融市场，从而给短期利率施加向下的压力。当美联储在自己的账户上买入担保品时，称为**系统回购**（system repo）。美联储也可以代表外国中央银行在回购交易中买入债券，这被称为**客户回购**（customer repo）。不过，美联储主要通过系统回购来影响短期利率。通过在自己的账户上卖出债券，美联储从金融市场上抽走资金，对短期利率施加向上的压力，这种交易被称为**卖出回购证券**（matched sale）。

我们来看一下用来描绘回购市场上美联储交易活动的语言。当美联储在抵押的基础上贷出货币时，我们称之为系统回购或客户回购，而不是逆回购。用担保品借入资金被称为卖出回购证券而不是回购。这些术语非常容易混淆，所以我们用**买入担保品**（buying collateral）和**卖出担保品**（selling collateral）来描绘市场上交易双方的活动。

□回购利率的决定因素

回购利率并不是唯一的，它随着交易的不同而不断变化，其决定因素有以下几项。

质量：担保品的信用质量越高、流动性越强，回购利率越低。

回购的期限：期限对利率的影响依据收益率曲线的形状而定。

移交的要求：正如前面所讲，如果要求把担保品移交给贷款人，回购利率则比较低；如果允许把担保品存放在借款人的银行里，就要支付较高的回购利率。

担保品的可获得性：担保品越不容易得到，回购利率就越低。为了更深刻地理解这一点，要记住借款者（或者说担保品的出售者）持有的是热门债券或特殊债券。需要债券的一方为了得到债券，情愿以较低的回购利率贷出资金。

以上决定回购利率的因素会在具体的交易中影响回购利率；而下面讨论的联邦基金利率可以决定回购利率的一般水平。回购利率一般低于联邦基金利率，原因在于，回购交易是有担保的借贷，而联邦基金的交易是无担保的借贷。

16.5 联邦基金

由联邦基金市场确定的利率是影响向本章所描述的所有其他货币市场工具支付的利率的主要因素。当联邦储备委员会制定并实施货币政策时，它对联邦基金利率设定了目标水平。宣布改变货币政策则规定了美联储的目标利率的改变水平。联邦储备委员会通过公开市场操作来影响联邦基金利率。

存款机构（商业银行和储蓄机构）按规定要提取准备金，并存放在所在区的联邦储备银行，这一准备金被称为联邦基金。银行必须持有的准备金水平依前 14 天的日均存款额而定。在所有存款机构中，商业银行持有的联邦基金数额最多。

联邦基金不能获取利息。因此，如果一家存款机构持有的联邦基金超过了法定水平，就会导致机会成本——超额准备金能够赚取的利息收益损失。同时，也有一些存款机构的联邦基金低于法定数额。具有代表性的是，小银行具有超额准备金，而货币中心银行缺少准备金，必须弥补差额。银行要维护联邦基金交易柜台，它的经理要对银行的联邦基金头寸负责。

准备金不足的银行可以与非银行客户签订回购协议，使其达到法定的水平。银行还可以从具有超额准备金的银行借入资金。需要基金的银行买进（借入）联邦基金，具有超额准备金的银行卖出（借出）联邦基金，这样的市场被称为**联邦基金市场**（federal fund market）。由联邦基金的供求所决定的均衡利率就是**联邦基金利率**（federal funds rate）。

联邦基金利率和回购利率紧密相连，因为它们都是银行借贷的工具。联邦基金利率较高，因为基金的借贷没有担保。它不同于回购协议，后者有债券做担保品。两者之间的利差依市场状况的不同而变化，一般在 25 个基点左右。

大多数联邦基金的交易是隔夜进行的，但是也有时间更长的交易，范围从 1 周至 6 个月不等。典型的交易一般在买者和卖者之间直接进行，通常是两个规模相当的大银行。有些联邦基金的交易需要利用经纪商。

16.6 关键知识点

- 货币市场由到期期限在 1 年或短于 1 年的债务工具组成。

• 商业票据是作为发行机构的债务在公开市场上发行的、短期的、无担保的期票。

• 银行承兑汇票是一种促进商业贸易业务的工具。

• 存单是由金融机构发行的一种证明书，用以证明特定数量的货币已经储存在开单的储蓄机构。

• 回购协议是指出售证券的同时，约定在将来设定的日期，以规定的价格，由出售者从购买者手中买回债券。

• 联邦基金是储蓄机构在地区联邦储蓄银行的储蓄。

【注释】

[1] See Frank J. Fabozzi, Steven V. Mann, and Moorad Choudhry, *The Global Money Market* (Hoboken, NJ: John Wiley & Sons, 2002).

[2] 这种履约保证是保险公司所签署的保险单，用以保证另一方当事人免受失去合约或违反合约的损失。

[3] 由这种交易产生的银行承兑汇票称为**第三国承兑汇票**（third-country acceptances）。

[4] 在该例子中，我们假设借款者提供的担保品价值等于所借款项的价值。在实践中，贷款者通常要求借款者提供比所借款项价值更高的担保品。当我们讨论回购溢价时，我们将说明这是如何起作用的。

[5] 保证金也称为“折扣”。

第 17 章

浮动利率债券*

弗兰克·J. 法博齐（Frank J. Fabozzi）博士，注册金融分析师，
注册会计师
EDHEC 商学院金融学教授

史蒂文·V. 曼（Steven V. Mann）博士
南卡罗来纳大学摩尔商学院金融学教授

浮动利率债券可以划分为几种不同类型，但它们都具有相同的本质特征，即息票利息在债券存续期内是变化的。浮动利率债券最初出现在欧洲债券市场，并且在 20 世纪 70 年代初开始在美国发行。如今浮动利率债券已在美国及全世界债券市场的各个部门发行，这包括政府债券、机构债券、市政债券、抵押贷款支持债券和资产支持债券。尽管浮动利率债券的付息准则可能依赖多个经济变量（例如汇率或商品价格），但浮动利率债券的息票支付更多地取决于货币市场的利率水平（比如伦敦银行同业拆借利率即 LIBOR、短期国库券利率）。浮动利率债券的息票利率可以按每半年、每季度、每月或每周进行重新调整。**“可调利率”**（adjustable rate）或**“可变利率”**（variable rate）这类术语通常指息票利率至少每年调整一次，或者以更长期限的利率为基准。但这些差异都是无关紧要的，因此我们也把可调利率债券看作浮动利率债券。

* 本章部分内容选自 Frank J. Fabozzi and Steven V. Mann, *Floating-Rate Securities* (New Hope, PA: Frank J. Fabozzi Associates, 2000)。

本章我们将讨论浮动利率债券的一般特征并对主要的债券类型列举一些例证。绝大多数市场参与者都使用利差或差额（例如调整后的简单差额或贴现差额）来评估浮动利率债券的相对价值。我们将简要地描述这些度量方法，并指出其局限性。最后，我们讨论几种较流行的使用浮动利率债券的投资组合策略。

17.1 浮动利率债券的一般特征及主要的债券类型

浮动利率债券是指息票利率以指定的参考利率为基准且在指定日进行调整的一种债券。净浮动利率债券（即无嵌入期权的浮动利率债券）的息票公式列示如下：

息票利率＝参考利率±报价差额

报价差额（用基点表示）是发行人一致赞同的针对参考利率所进行的调整。例如，现在考虑美国银行在 2007 年 9 月发行的 2011 年 9 月 11 日到期的浮动利率债券。该浮动利率债券按季度支付现金流且该债券的息票公式等于 3 个月期伦敦银行同业拆借利率加 12 个基点。

正如所强调的，参考利率是出现在浮动利率债券息票公式中且落在嵌入的上限与/或下限确定的边界范围内的利率或指数，并且参考利率常用于决定每个重设日的息票支付额。最常用的四种参考利率是伦敦银行同业拆借利率、短期国库券收益率、优惠利率及国内大额存单利率，并且它们出现在多种浮动利率债券的息票公式中。另外还有一些参考利率主要应用于较专业化的市场，比如抵押贷款支持债券市场与市政债券市场。例如，对可调利率抵押贷款或担保抵押证券的浮动利率债券最为常用的参考利率包括：

（1）1 年期固定到期国债利率（即 1 年期的 CMT）；

（2）第 11 区资金成本（11th District Cost of Funds）；

（3）6 个月期伦敦银行同业拆借利率；

（4）全国月度资金成本指数中位数。

在市政债券市场中，浮动利率债券的参考利率通常是国库券利率或优惠利率。另外，参考利率也可以是市政指数。三种常见的市政指数是：肯尼指数（J. J. Kenney Index）、债券购买者 40 债券指数（Bond Buyer 40 Bond Index）及美林市政债券指数（Merrill Lynch Municipal Securities Index）。[1]

浮动利率债券经常限定息票利率的浮动范围。具体来讲，浮动利率债券可能对任一重设日所支付的息票利率限定最大值，并称之为**上限**（cap）。考虑一个由联邦住房贷款银行（Federal Home Loan Bank）发行的 2006 年 10 月 20 日到期的浮动利率债券，其息票公式为 3 个月期伦敦银行同业拆借利率加上 75 个基点且上限为 3.75%。若某一息票重设日的 3 个月期伦敦银行同业拆借利率为 3.25%，那么从息票公式易知新的息票利率应为 4%。然而，上限把最大息票利率限定在 3.75%。毫无疑问，从投资者的角度来看，上限并不是一个富有吸引力的特征。

相反，浮动利率债券也有可能会设定一个最小息票利率，称为**下限**（floor）。假设一个浮动利率债券支付季度息票利息，息票计算公式为3个月期伦敦银行同业拆借利率加上12.5个基点且下限为4.25%。那么，如果3个月期伦敦银行同业拆借利率一度下降到4.125%之下，则息票利率仍然为4.25%。从投资者的角度来说，利率下限是一个有吸引力的特征。当浮动利率债券既有上限也有下限时，这一特征被称为**双限（上下限）**（collar）。因此，双限浮动利率债券的息票利率有最大值和最小值。

尽管浮动利率债券的息票利率通常随着参考利率沿同一方向变化，但也存在一些浮动利率债券，它们的息票利率与参考利率的变化方向恰好相反，这种债券被称为**反向浮动利率债券**（inverse floater or reverse floater）。反向浮动利率债券的一个通用公式为：

$K-L\times$参考利率

从公式中易看出随着参考利率上升（下降），息票利率下降（上升）。例如，考虑一个大银行发行的反向浮动利率债券。这一债券按照下面的公式每季度支付息票利息。

18%－2.5×3个月期伦敦银行同业拆借利率

此外，这个反向浮动利率债券的上、下限分别为15.5%和3%。值得注意的是，对于这种反向浮动利率债券，在息票调整公式中的L值［被称为**息票杠杆因子**（coupon leverage）］是2.5。若假定不存在上、下限的约束，则意味着3个月期伦敦银行同业拆借利率每改变一个基点，息票利率就沿相反的方向变化2.5个基点。[2]

存在多种浮动利率债券，它们因其特殊的特征而受到某些类别投资者的特别青睐。例如，一些发行人允许浮动利率债券的报价差额（即在息票调节公式中从参考利率加上或减去的利差）可在其持有期间按一定的时间间隔变化。这种债券被称为**阶梯式利差浮动利率债券**（stepped spread floater），这是因为其报价差额可随时间的推移上下移动。考虑阿布扎比商业银行（Abu Dhabi Commercial Bank）2016年5月到期的浮动利率债券。从2006年5月到2011年5月，该债券的息票利息计算公式为3个月期伦敦银行同业拆借利率加上60个基点。但是，随后直至到期日，其报价差额逐渐增加到90个基点。

设定范围票据（range note）是指息票支付取决于指定的参考利率落在预先规定的双限内的天数的一种浮动利率债券。巴克莱银行于2006年11月发行了一份设定范围票据（于2016年11月到期）。对于3个月期伦敦银行同业拆借利率在3%～9%的整个季度中的每一天，投资者获得3个月期伦敦银行同业拆借利率加155个基点。对于3个月期伦敦银行同业拆借利率超出设定范围的每一天，息票利率为零。

有的浮动利率债券的息票利息公式包含不止一个参考利率。**双重指数化浮动利率债券**（dual-indexed floater）即为这样一个例子。这类债券的息票利率通常等于一个固定百分比加上两个参考利率之差。例如，Swedbank Hypotek发行的在2015年8月到期的浮动利率债券，其息票公式如下：

20年期日元互换利率－2年期日元互换利率＋40个基点

在此基础上，发行的利率有0.1%的下限。

尽管大多数浮动利率债券的参考利率都是利率或者利率指数，但在息票公式中仍出现了很多种参考利率。对于结构化票据而言尤为如此。可能的参考利率包括：外汇汇率的变化、某种商品（例如黄金）的价格、一种股票指数（例如标准普尔 500 指数）的变化或通货膨胀指数（例如消费者价格指数）。财务管理人员能够用几乎任何一种参考利率来结构化浮动利率债券。例如，联邦住房贷款银行在 1996 年 3 月发行了一种结构化票据，这种票据把 7 年期的互换利率作为息票公式中的参考利率。具体来讲，这种反向浮动利率债券（inverse floater）每半年支付一次息票，其使用的息票利息计算公式如下：

2.5×(9.219%－7 年期互换利率)

这种债券的息票利率的下限为零。

17.2 提前赎回和回售条款

类似于固定利率债券，一个浮动利率债券也可以是**可提前赎回的**（callable）。提前赎回选择权赋予发行人在规定的到期日之前买回发行债券的权利。提前赎回选择权可能在未来的某一时间对发行人来说是有价值的。这主要是因为两个基本原因。第一，市场利率可能下降，因此发行人可执行该选择权来收回浮动利率债券并将其替换为固定利率债券；第二，要求的差额减少，因此发行人能够提前赎回该浮动利率债券并用一个具有更低报价差额的浮动利率债券来代替它。[3]发行人的提前赎回选择权对投资者来说则是不利的，因为他们获得的收益必须以更低的利率或更低的差额进行再投资。因此，发行人若想在发行浮动利率债券时包括一个提前赎回特征，就必须提供一个更高的报价差额来对投资者进行补偿。

分期摊还债券（例如抵押贷款支持债券与一些资产支持债券）是由带有本金偿付计划的贷款提供支持。个人借款者通常有权在预定日之前偿付部分或全部贷款。任何超出规定量的额外本金偿付都被称为**提前偿付**（prepayment）。借款者可以提前偿付的权利被称为**提前偿付选择权**（prepayment option）。从本质上讲，提前偿付选择权类似于提前赎回选择权。但不同于提前赎回选择权的是，在提前偿付选择权中没有取决于借款者何时付清的提前赎回价格。通常一笔贷款的提前偿付价格就是它的面值。

浮动利率债券可能还包括一个**回售条款**（put provision）。回售条款赋予债券持有人在某一确定日以规定的价格将债券出售给发行人的权利。规定的价格被称为**回售价格**（put price）。不同债券的回售条款结构可能发生变化。一些浮动利率债券允许持有人要求发行人在任一付息日赎回该债券；而另外一些则要求持有人只有在息票调整日才可以执行回售条款。提前通知发行人或其代理的时间要求短至四天长则几个月。回售条款对浮动利率债券持有人来说优势在于：对于按面值进行交易的浮动利率债券，若发行后市场要求的差额上升至高于此债券的报价差额，投资者可迫使发行人以回售价格赎回该债券，然后将所获收益投资到另一个具有更高报价差额的浮动利率债券中。

17.3 利差度量

有几种收益率利差或差额常用来评估浮动利率债券。四种最常用的差额是：终身利差、调整后的简单差额、调整后的总差额和贴现差额。所有这些利差度量方法都可以在彭博的收益分析屏上获得。

□终身利差

当一个浮动利率债券正以溢价/折价出售，那么债券的潜在购买者将把此溢价或折价看作额外的美元收益来源。**终身利差**［spread for life，也叫**简单差额**（simple margin）］就是用来度量潜在收益的，这种潜在收益代表了折价（溢价）的增长（摊还）及债券在剩余期限内的固定指数利差。

□调整后的简单差额

调整后的简单差额［adjusted simple margin，也叫**有效差额**（effective margin）］是对终身利差的调整。这一调整解释了当用借来的资金购买浮动利率债券时的一次性持有成本效应。假定一个债券交易商已购买了价值1 000万美元的某种浮动利率债券，很自然，这个交易商有几种可选方案来为此头寸提供融资——从银行借贷、回购协议等。无论选取哪一种方式，这个交易商都必须对此浮动利率债券的价格进行一次性调整，以便反映从结算日（settlement date）到下一次息票重设日这段时间的持有成本。

□调整后的总差额

调整后的总差额（adjusted total margin）就是把附加的改进值加到调整后的简单差额上。具体来说，调整后的总差额等于调整后的简单差额加上将浮动利率债券的面值与用持有成本调整后的价格之间的差额进行投资而赚得的利息。[4]

□贴现差额

度量使用贴现现金流的潜在收益的一个常用方法是**贴现差额**（discount margin）。这个方法在对参考利率假定一条特定的路径前提下，表明了投资者预期在债券存续期内可能赚得的超出参考利率的平均利差或差额。假定参考利率的未来值等于它的当前值已成为目前的市场惯例。计算贴现差额的步骤如下：

（1）假定参考利率在债券存续期内不发生变化，确定其现金流。

（2）选择一个差额（即超出参考利率的某一利差）。

（3）用参考利率的当前值加上步骤（2）中选定的差额对步骤（1）中获得的现金流进行贴现。

（4）将步骤（3）中计算得到的现金流的现值与债券价格进行比较。如果现值与债券价格相等，那么贴现差额就是步骤（2）选定的差额，否则返回到步骤（2）再重新选择一个不同的差额。

对于一个以面值出售的浮动利率债券，贴现差额就是该债券的报价差额。同样地，若浮动利率债券以溢价（折价）出售，那么贴现差额将低于（高于）该债券的报价差额。

专业从业者们用上面介绍的利差来估计持有一个浮动利率债券的潜在收益。类似于固定收益债券的常规的收益率度量方法，我们在这里讨论的收益率或差额在很大程度上相对容易计算和理解。然而，这些度量方法仅在几个简化的假定前提（例如，参考利率不变）下，才能反映出相对值。

在运用本章中所描述的度量方法时，主要的难点之一在于这些度量没有识别出嵌入期权。正如前面所讨论的，存在一些可提前赎回/回售的浮动利率债券与带有上限和/或下限的浮动利率债券。然而，嵌入期权的确认对于正确地评估浮动利率债券来说是非常关键的。如果发行人能够在机会来临时提前赎回所发行债券并且以一个更低的利差进行偿付，那么投资者就必须以这个更低的利差进行再投资。在这种背景下，老练的从业者们用无套利双向利率树与蒙特卡罗模拟来对浮动利率债券进行估值也就不足为奇了。这些模型适用于对现金流取决于利率的债券进行评估。

17.4 浮动利率债券的价格波动性特征

对于固定利率债券来说，当市场利率改变时，债券的价格就会相应发生变化，这是因为债券的息票利率不同于以面值新发行的可比债券的息票利率。因此，对一位投资于10年期、息票利率为7%并以面值买入的投资者来说，将会发现如果市场对具有相同风险与到期日的债券要求高于7%的收益率，债券的价格将会下跌到面值以下。与之相反，浮动利率债券息票利率的周期性调整会减小它对市场利率变化的敏感度。正是出于这个原因，浮动利率债券被认为是更具有防御性的债券。当然这并不意味着浮动利率债券的价格不会改变。

□影响浮动利率债券价格的因素

一个浮动利率债券的价格变化依赖于下面几种因素：

(1) 到下一个息票重设日所剩的时间；

(2) 市场要求差额的改变；

(3) 是否达到上限或下限。

我们将依次讨论这些因素的影响。

到下一个息票重设日所剩的时间

到下一个息票重设日的时间越长，浮动利率债券的表现与固定利率债券越相似，并且浮动利率债券的潜在价格波动性越大。相反，两个息票重设日之间的时间间隔越短，浮动利率债券的潜在价格波动性就越小。

为了便于理解，我们来考虑一个还剩 5 年到期的浮动利率债券，其息票公式为 1 年期国债利率加上 50 个基点，现在对息票进行调整且此时的 1 年期国债利率为 5.5%。息票利率将在这一年内保持在 6%的水平上。一个月后，持有该浮动利率债券的投资者实际上拥有一个 11 个月期、息票利率为 6%的债券。假定当时市场对一个 11 个月期的可比债券要求的收益率为 6.2%，那么，我们的浮动利率债券正提供着一个低于市场的利率（6%对 6.2%）。该浮动利率债券的价格将跌到面值以下以便为这种低于市场的收益率对投资者做出补偿。同样的道理，如果市场对一个 11 个月期的可比债券所要求的收益率小于 6%，则该浮动利率债券将以高于面值的价格（即以溢价）进行交易。而对于一个没有上限约束且市场要求的差额恰好等于报价差额的浮动利率债券来说，按日进行调节的该浮动利率债券将以面值交易。

市场要求差额的变化

在最初出售浮动利率债券时，发行人根据当时的市场条件来设定报价差额以便该债券将以接近面值的价格进行交易。随后，如果市场要求一个更高/更低的差额，则该浮动利率债券的价格将下降/上升以反映出当前这种差额要求。我们今后将把这种市场要求的差额称为要求差额（required margin）。举例说明，考虑一个浮动利率债券，其息票公式为 1 个月期 LIBOR 加上 40 个基点。如果市场条件发生变化从而使要求差额上升至 50 个基点，显然该浮动利率债券提供着一个低于市场的差额，因此该债券的价格将跌至面值以下。同样的道理，若要求差额小于报价差额——在我们的例子中就是小于 40 个基点，浮动利率债券将以高于面值的价格进行交易。

对于一个特定债券的要求差额取决于：（1）在竞争性资金市场中可获得的差额；（2）债券的信用质量；（3）是否带有任何嵌入的看涨或看跌期权；（4）债券的流动性。浮动利率债券的另一个可供选择的资金来源是财团贷款。因此，要求差额部分地受到在财团贷款市场中可获得的差额的影响。

要求差额中可归因于信用质量的那一部分被称为**信用利差**（credit spread）。市场要求的信用利差增加的风险被称为**信用利差风险**（credit spread risk）。对信用利差风险的关注不仅适用于单个发行人，同时也适用于部门或整体经济。例如，尽管单个发行人的情况与前景本质上保持不变，但是信用利差仍可能由于金融危机（例如股票市场的崩溃）而增加。

如果浮动利率债券是可提前赎回的，则要求差额中的一部分反映了提前赎回风险。由于提前赎回特性是将风险施加到投资者身上，因此在其他条件都相同的情况下，提前赎回风险越大，发行时的报价差额就越大。发行后，已察觉的提前赎回风险与补偿这一风险所要求的差额将随着利率与要求差额的改变而相应地变化。与由于嵌入看涨期权带来的提前赎回风险形成对照的是，回售条款是对投资者有利的。如果浮动利率债券可以按面值回售，在其他条件不变的情况下，在接近回售日时，其应当以面值进行交易。

最后，发行时报价差额的一部分将反映出该债券的流动性。**流动性风险**（liquidity risk）是指在察觉到债券的流动性出现恶化时，要求差额可能增大的风险。非传统浮动利率债券的投资者尤为关注流动性风险。

是否达到上限或下限

对于带有上限的浮动利率债券，一旦由息票公式确定的息票利率上升至上限以上，浮动利率债券便提供了一个低于市场的息票利率且该债券将以折价进行交易。随着上限的进一步下降，该浮动利率债券越来越类似于固定利率债券。简单地讲，如果浮动利率债券的息票利率不再浮动，它实际上就是一个固定利率债券。**上限风险**（cap risk）就是指由于达到上限而使浮动利率债券的价值下降的风险。

若浮动利率债券带有下限，则情况恰好相反。一旦达到下限，在其他条件不变的情况下，浮动利率债券的息票利率不会低于其他债券提供的利率，该债券则或以面值或以溢价进行交易。

□浮动利率债券的久期

我们已详细描述了在所有其他条件不变的情况下，浮动利率债券的价格如何对要求差额的改变做出响应。正如第 7 章所解释的，市场参与者用于量化债券价格对利率变化敏感度的度量方法被称为**久期**（duration）。债券的久期告诉我们当利率变化 100 个基点时，债券价格近似的百分比变化。计算债券久期的过程已在第 7 章中作了详细的解释。

我们使用两种度量方法来估计浮动利率债券对息票公式中的每一部分的敏感度。当报价差额不变时，度量浮动利率债券的价格对参考利率变化的敏感度的方法被称为**指数久期**（index duration）。相应地，假定参考利率不变时，度量浮动利率债券的价格对报价差额或利差变化的敏感度的方法被称为**利差久期**（spread duration）。

□反向浮动利率债券的价格波动性

我们可以通过获得一个固定利率债券并将其分解为一个浮动利率债券与一个反向浮动利率债券来产生一个反向浮动利率债券。用于形成浮动利率债券与反向浮动利率债券的这种固定利率债券被称为抵押债券。支付给浮动利率债券投资者与反向浮动利率债券投资者的利率必须与支付给抵押债券的利率相等。

因为定价是可加的（也就是说，抵押债券的价值等于浮动利率债券的价值与反向浮动利率债券的价值之和），因此久期（适当加权后）也是可加的。相应地，反向浮动利率债券的久期以某一特定方式与抵押债券、浮动利率债券的久期相关。具体来讲，反向浮动利率债券的久期是相应的抵押债券久期的倍数。

为了加深理解，我们假定一个 30 年期、市值为 1 亿美元的固定利率债券。现在将其分解为一个浮动利率债券与一个反向浮动利率债券，它们各自的市场价值分别为 8 000 万美元和 2 000 万美元，并假定抵押债券（也就是这个 30 年期固定利率债券）的久期是 8。给定这个久期值，我们可知当要求的收益率每变化 100 个基点时，该抵押债券的价值将改变大约 8%即 800 万美元（8%乘以 1 亿美元）。既然浮动利率债券与反向浮动利率债券是由抵押债券分解而来，那么当要求的收益率每变化 100 个基点时，这两种债券价值的总变化必须为 800 万美元。我们面临的问题就转化为如何在浮动利率债券价值与反向浮动利率债券价值这两者之间分配此变化量。如果浮动利率债券的久期很小，正如前面所解释的那样，那么价值 800 万美元的变化量就完全由反向浮动利率债券来实现。在这种情形下，该反向浮动利率债券的久期大约是40。久期是40的含义是指，当要求的收益率每变化100个基点时，该反向浮动利率债券的值将变化40%，在这里此改变量的价值大约为800万美元（40%乘以2 000万美元）。

实际上，反向浮动利率债券在抵押债券中处于一种杠杆地位。也就是说，持有一个反向浮动利率债券等价于买入抵押债券并以浮动利率方式进行筹资，在这里借款时的参考利率等于反向浮动利率债券的参考利率。相应地，反向浮动利率债券的久期是抵押债券久期的倍数。

17.5 投资组合策略

目前存在几种使用浮动利率债券的投资组合策略。主要有：(1) 基础资产负债管理策略；(2) 风险套利策略；(3) 推测要求差额是否变化；(4) 运用资产互换在固定利率市场与浮动利率市场之间进行套利。下面我们将依次简要地描述这些策略。

资产负债管理策略可以用储蓄机构来清楚地加以解释。这些机构通常短期借入，并且它们的目标就是锁定超出短期筹资成本的利差。实现这一目标的一个明显途径就是投资于浮动利率债券。很自然这种策略也存在一定的风险。浮动利率债券的息票利率很可能被设定了上限而同时短期资金利率却没有设定，这种情况被认为面临**上限风险**（cap risk）。此外，浮动利率债券的参考利率可能不同于筹资时的参考利率。如果这样，该机构将会面临**基差风险**（basis risk）。

运用浮动利率债券的风险套利策略并不是真正意义上的套利。我们来举例说明这类策略：资金管理者运用杠杆作用（通过回购协议）投资于机构可调利率转手证券，该债券可以赚得一个更高的超出借入利率的利差。当然，这并不是一个无风险的交易。与前面相同，如果该浮动利率债券的息票利率设定了上限而筹资利率没有设定上限，那么资金管理者将很可能遭受上限风险。如果两种参考利率不匹配，管理者也可能遭受基差风险。最后，如果浮动利率债券的风险进一步恶化，就会出现**价格风险**（price risk），并且此时该浮动利率债券必须在到期日之前售出。在这种情况下，报价差额将不再为此债券的风险对投资者做出补偿，同时该浮动利率债券将折价出售。任何一个谨慎的投资者都不认为风险套利策略是一个可靠的利差收入来源。

投资者也能够推测浮动利率债券的差额要求是否变化。在最初发行浮动利率债券时，将设定息票公式中的报价差额以使浮动利率债券能以面值或接近面值的价格进行交易。在浮动利率债券进入二级市场后，对于标准的浮动利率债券来说其报价差额不会改变。因此，如果该浮动利率债券的风险不变，则市场所要求的补偿也不会变化，此时浮动利率债券的价格在每一个息票重设日将与面值相等。在这种情形下，该债券提供的报价差额与市场要求的报价差额（也称为要求差额）是相等的。如果情况发生改变以致要求差额大于（小于）报价差额，该浮动利率债券将以折价（溢价）进行交易。在这种背景下，资金管理者很显然要执行的策略就是推测单只债券或部门的要求差额是否变化。

最后，一些资金管理者用一种所谓的资产互换（asset swap）在浮动利率债券与固定利率债券之间进行套利。一个以资产为基础的互换交易是指通过购入一个现有的债券同时执行一个互换协议而形成的一种合成债券。

17.6 关键知识点

• 浮动利率债券是指息票利率以指定的参考利率为基准且在指定日进行调整的一种债券。无嵌入期权的浮动利率债券的息票利率为参考利率加或减报价差额。

• 一般来说，浮动利率债券有利率上限或最大息票利率；浮动利率债券也可能有利率下限或最小息票利率；有双限的浮动利率债券同时拥有上、下限。

• 反向浮动利率债券是息票利率同参考利率反向变化的浮动利率债券。

• 浮动利率债券的类型包括阶梯式利差浮动利率债券、设定范围票据和双重指数化浮动利率债券。虽然大多数浮动利率债券的参考利率是利率或者利率指数，但很多各种形式的参考利率都有可能出现在息票公式中。

• 浮动利率债券可能是可提前赎回的。有的浮动利率债券也可能是可回售的。

• 几种常用来评估浮动利率债券的差额是：终身利差、调整后的简单差额、调整后的总差额和贴现差额。

• 一个浮动利率债券的价格变化依赖于如下因素：（1）到下一个息票重设日所剩的时间；（2）市场要求差额的改变；（3）是否达到上限或下限。

• 当报价差额不变时，度量浮动利率债券的价格对参考利率的敏感度的方法被称为指数久期。当参考利率不变时，度量浮动利率债券的价格对报价差额或利差变化的敏感度的方法被称为利差久期。

• 反向浮动利率债券可以被理解为在抵押债券中处于一种杠杆头寸，也就是说，持有一个反向浮动利率债券等价于买入抵押债券并以浮动利率方式进行筹资，在这里借款时的参考利率等于反向浮动利率债券的参考利率。

• 反向浮动利率债券的久期是抵押债券久期的倍数。

• 几种使用浮动利率债券的投资组合策略包括：（1）基础资产负债管理策略；（2）风险套利策略；（3）推测要求差额是否变化；（4）运用资产互换在固定利率市场与浮动利率市场之间套利。

【注释】

[1] 每一种参考利率的详细描述可参见 Frank J. Fabozzi and Steven V. Mann，*Floating Rate Securities* (New Hope，PA：Frank J. Fabozzi Associates，2000)。

[2] 当 L 大于 1 时，这种债券被称为**杠杆化的反向浮动利率债券**（leveraged inverse floater）。

[3] 要求差额是市场要求的差额（可正可负），它用来补偿发行中内含的风险。如果要求差额与报价差额相等，则该浮动利率债券的价格在息票重设日处于平价状态。

[4] 若浮动利率债券调整后的价格大于 100，则额外的增加值是负值并代表着已放弃的利息。

第 18 章

通胀连结债券*

约翰·B. 布林约尔松（John B. Brynjolfsson），注册金融分析师

Armored Wolf 有限责任公司常务董事，首席投资官

通货膨胀是影响投资业绩的重要因素，它决定了每美元收益的实际价值，同时也决定着资产收益本身。考虑 1983—2000 年这 17 年，这段时期以通货膨胀的下降为特征。原材料价格的下降扩大了公司的毛利润。与此同时，利率的下降也正面影响了市盈率。这二者使得公司股权收益激增。由于各种原因，该段时期内经通货膨胀调整的债券与现金收益也有所上升。当然，在通货膨胀上升时期将会出现相反的情形。1966—1983 年这 17 年具有很高的通货膨胀率，该段时期代表了最近历史上股票、债券与现金投资环境最为恶劣的一段时期。

最近，投资者已找到一种武器，可以用来有效抵消这种威胁从而获得稳定、可预测的投资收益——这就是本章的主题。

通胀保护国债（Treasury inflation protection security，TIPS），又称通货膨胀保值债券，是一种承诺保护并增加投资者购买力的债券。[1]美国财政部通过参照消费者价格指数（CPI）的变化来调整 TIPS 的本金以兑现这种承诺。[2]它偿付给债券持有者的本金额恰好维持了他们最初投资的按照 CPI 确定的购买力。此外，美国财政部支付的利息额也维持了以消费者价格指数指数化的本金量为基础计算出的半年期息票支付的购买力（参见图表 18—1）。

* 我在此要感谢我的客户、同事、业内人士以及朋友，感谢大家对本章的贡献和支持。

图表 18—1　　TIPS 现金流示意图

	买入量	首期年息票	中期年息票	末期年息票	本金	收益率（年百分比，%）
日期	第 0 年 1 月 15 日	第 1 年 1 月 15 日	第 5 年 1 月 15 日	第 10 年 1 月 15 日	第 10 年 1 月 15 日	第 10 年 1 月 15 日
实际现金流	(1 000)	20.00	20.00	20.00	1 000	2.00
CPI（基值＝200）	200.0	206.0	231.8	268.7	268.7	3.00
指数化本金	1 000	1 030	1 159	1 343	1 343	(na)
名义现金流	(1 000)	20.60	23.18	26.87	1 343.50	5.06

美国财政部在 1997 年开始发行通胀保护国债，并且到 2011 年第一季度末未偿付量超过 5 130 亿美元。按照证券行业和金融市场协会的统计数据，在一个具有代表性的交易日内该证券的交易量就超过 80 亿美元。自 20 世纪 40 年代以来，至少有 15 个国家及众多的公司已发行了类似的结构化证券。在英国，通胀指数债券占政府债券未偿付量的 20%以上。为了叙述清楚，我们将集中讨论美国财政部发行的 TIPS，同时在适当之处介绍其他 TIPS 本质上的差异。

TIPS 被认为是防止通货膨胀的最佳保障，同时它们也提供了战略与策略优势。在策略上，TIPS 提供给投资者推测通货膨胀与实际利率变化的机会。而在战略上，TIPS 提供给有长远规划的个人与机构投资者较高的实际收益率、与传统金融资产低的相关性及并不显著的波动性。投资者认识到 TIPS 将有助于达到他们的长期投资目标，并将减少操作过程中的风险。

TIPS 的特征使其有资格作为一种与股票、传统债券及现金一样的基础资产类别。TIPS 彼此之间有着较高的相关性，然而与其他资产类别却有着较低的相关性。总的来说，它们形成了一类较大的、可供投资的且易作为基准的集合。

除了 TIPS 相关性方面的优点之外，它们的新颖性及范围也是作为一个重要的投资工具的原因。本章有两个目的：第一个也是最重要的目的就是向市场参与者介绍这种重要的新型投资工具；第二个目的就是向投资组合管理者提供有关 TIPS 特有的投资特性的全面研究。

我们从分析 TIPS 现金流的结构开始，探讨实际收益率与实际久期，这两种度量类似于名义债券的到期收益率与有效久期。在“市场”一节里叙述了 TIPS 的简短发展历程，包括其交易特征。在“评估与业绩表现”一节里提出了一个结构，并以此结构为背景来评估 2011 年中期的 TIPS 市场。在“投资者”一节里讨论了专业管理者与机构如何将 TIPS 运用在投资组合与资产负债管理中。在“发行人”一节里介绍了 TIPS 的供给者及其为何使用这一流行的结构化融资工具。最后我们提出了投资者共同关注的话题，特别是税收与通货紧缩。

18.1 机制与度量

□ TIPS 如何运作

TIPS 的优点在于：由于偿付给投资者的本金与利息是随消费者价格指数的变化而波动的，因此每一次支付额的购买力是不变的。因而，TIPS 的实际收益率（持有至到期的投资者将获得的购买力增长）是固定的。对应图表 18—1 的假定描述如下：

- 发行日：第 1 年 1 月 15 日。
- 发行价格：100 美元。
- 期限：10 年。
- 实际年息票利率：2%。
- 年通货膨胀率：3%。
- 初始面值：1 000 美元。

若 TIPS 发行日的消费者价格指数为 200.0，并且 1 年后付息日的 CPI 为 206.0，则年度通货膨胀率应为 3%。TIPS 调整过的本金额应为 1.03 乘以其初始值，或对每 1 000 美元的初始面值来说调整过的本金额将为1 030美元。

这种指数化本金用于计算所需支付的息票。换言之，美国财政部在本金经通货膨胀调整的基础上计算每次息票支付额。图表 18—1 显示出 2%的实际息票利率与 3%的通货膨胀率的综合效应是导致名义现金流的年收益率为 5.06%。

TIPS 实际现金流与收益率的计算更加复杂。TIPS 每半年按规定的年息票利率的1/2支付利息。通货膨胀指数化本金是在结算月之前的两个最近的月度 CPI 数据之间进行插值基础上按日自然增长。最后，美国财政部使用相当晦涩的舍入方式来计算中期及末期息票支付。

消费者价格指数

用于 TIPS 指数化的特定 CPI 序列是“未经季节调整的、所有城市消费者价格指数”(NSA CPI-U)，并且此序列是按月公布的。不同于季节调整过的序列，NSA CPI-U 不需要进行修正。使用 NSA CPI-U 的一种结果就是该序列包含了通货膨胀中可预测的季节波动性。举例说明，每年 12 月份，通货膨胀通常会由于年底的大减价及清理存货而大大减弱，此时未经季节调整的 CPI-U 指数趋向于比它的趋势增长率略小，而在其他月份则趋向于上升至比基本趋势略大。

用于测度给定月份，例如 5 月的价格水平的 CPI 通常在下一个月的 15 日左右公布，在我们的例子中为 6 月。6 月 15 日至 7 月 1 日（TIPS 开始计息）的这两周考虑到了官方公布 CPI 可能出现滞后，同时消除了在整个月底计算每日计息数（day-counts）的必要。最后的计息日是 7 月 31 日，即 CPI 公布大约 7 周后。因此，5 月的 CPI 已完全体现在 8 月 1 日的 TIPS 本金中。

15 天的 CPI 计算周期还是相对较短的，但把 CPI 考虑到 TIPS 指数中去似乎经历了

3个月的滞后期，这是因为5月份的CPI已完全体现在截至8月1日的TIPS中了。为了计算1个月除第1天之外的任一个结算日的TIPS本金，例如7月10日，我们遵循以下步骤：

（1）得到适用于7月1日的TIPS本金。这以4月份的NSA CPI-U报表为基础（7－3＝4）。

（2）得到适用于8月1日的TIPS本金。这以5月份的NSA CPI-U报表为基础（8－3＝5）。

（3）将计息天数（本月的第10天－第1天）9天用31（当月的总天数）去除。

（4）进行线性插值，也即将7月1日与8月1日的TIPS本金值之差的9/31加到7月1日的本金值上。

□实际参照系、实际收益率、名义收益率及均衡通货膨胀率

实际参照系

名义参照系是用美元表示投资，而不考虑这些美元购买力的改变。与之相反，实际参照系考虑由于通货膨胀而造成的购买力的损失。换言之，它计算对于确定的美元量对应着多少蒲式耳小麦、多少篮苹果或更一般地什么程度的生活水平。如果在第0年购买一篮子消费品需花费100“实际美元”，则在第20年，这100“实际美元”仍将购得同样一篮子商品。

任何一项投资既可以用实际参照系也可以用名义参照系来加以描述。为了直接比较任意两项投资的预期收益率，我们必须选择名义或实际参照系。例如，杰里米·西格尔（Jeremy Siegel）在1998年出版的《长期股票》（*Stocks for the Long Run*）一书中，将1926—1997年期间的股票描述为具有7.2%的实际收益率或10.6%的名义收益率。

一方面，在理想情形下，参照系将由投资者的目标决定，然而在实际中投资工具的特征在很大程度上影响了参照系的选择。例如，传统债券很容易用名义参照系来加以描述，这是因为它们有着固定的名义息票及本金。另一方面，TIPS较容易用一实际参照系来加以描述，这是因为它们有着固定的实际息票与本金。TIPS的实际收益率、实际久期及其他一些实际特性是相对直观的并且如名义债券的到期收益率、有效久期及其他名义特征一样容易计算，这一点是毫无疑问的。

实际收益率

一个TIPS债券的实际收益率是指持有此证券到期所赚得的购买力的年增长率。通过输入TIPS的市场报价、息票利率及到期日，实际收益率可以很容易地用一个标准债券计算器计算得到。这个计算器并不知道此债券是TIPS，或输入的价格与息票利率是真实的。将结果解释为“实际收益率”是使用者的责任。[3]

一个名义债券的实际收益率的计算更为困难，因为它只有借助于事后的认识才能被精确地确定。实际中，当分析师谈及名义债券的实际收益率时可能是指：（1）“当前的”实际收益率（大约等于债券的名义收益率减去当前的年度通货膨胀率）；（2）在未来通货膨胀预期基础上，估计该名义债券的“预期”实际收益率；（3）过去已到期债券实现的

实际收益率。

名义收益率

对名义收益率会出现相反的情形。虽然传统债券的名义收益率较易确定，但 TIPS 的名义收益率较难确定。将 TIPS 持有至到期所获得的名义收益率依赖于此债券有效期内通货膨胀的平均水平及变动轨迹。忽略通货膨胀率的变化轨迹，并且将注意力仅集中在通货膨胀的平均水平，那么已实现的名义收益率可近似表示为：

$$\text{TIPS 的已实现名义收益率}=(1+\text{实际收益率})\times(1+\text{通货膨胀率})-1$$

均衡通货膨胀率

均衡通货膨胀率是使得 TIPS 的持有者与名义债券的持有者达到“收支平衡”的比率。运用上述方程，设定 TIPS 的名义收益率等于传统债券的名义收益率。解这个方程，可求得均衡通货膨胀率为：

$$\text{均衡通货膨胀率}=\frac{1+\text{传统债券的名义收益率}}{1+\text{TIPS 的实际收益率}}-1$$

如果传统债券的名义收益率为 7%，而且 TIPS 的实际收益率为 4%（两者都简单地以年度形式表示），则均衡通货膨胀率为 2.88%。在大多数情况下，上式都可简单地近似表示为两种债券的收益率之差 3%，并且这已成为一种常见做法。

2008 年发生的事情则由于另一个原因而具有指导性。在这段时期里，财务报表迅速地去杠杆化，产出快速减少，支付系统瘫痪，人们担心货币政策无法扭转通货紧缩预期。虽然经常可以看到 10 年期均衡通货膨胀率图表展现通货膨胀预期迅速向零跌去，这些利率还是显著地低估了通货紧缩预期的实际程度。特别是，10 年期 TIPS 是“新发行的”，因此在发行时有嵌入的“看跌通货紧缩”的平价期权。因此，无论通货紧缩的前景如何，都几乎不可能在新发行的 10 年期 TIPS 上观察到负的均衡通货膨胀率。另外，旧的 TIPS 的市值可能包含过去积累的通货膨胀，它们可能会失去这一部分本金，因此，可能并且确实在 2008 年末和 2009 年初定出了一个负的均衡通货膨胀率。

尽管均衡通货膨胀率可能有助于估计市场的通货膨胀预期或为受严格约束的固定收益投资者估计收支平衡条件，但是它通常高估了可适用于长期策略的经风险调整的均衡通货膨胀率。特别地，名义债券的较大风险具体表现为通货膨胀风险溢价。研究者已估计出这种名义债券内含的通货膨胀风险溢价的变化范围为 0.50%～1.0%。[4]

因为 TIPS 以实际美元进行支付，显示出较低的波动性以及与其他资产较低的相关性，因此至少部分通货膨胀风险溢价不应当包含在 TIPS 的收益率中。因此，TIPS 的经风险调整的均衡通货膨胀率等于计算出的均衡通货膨胀率减去通货膨胀风险溢价。这意味着投资者能够方便地使用 TIPS，甚至在他的预期通货膨胀率等于计算出的均衡通货膨胀率情况下也可如此。这样的投资者将通过降低整体投资组合风险或将产生的风险“再分配”到其他部门的方式获利。

□实际久期与有效久期

实际久期

久期（duration）可用来度量债券的市场价值对名义或实际收益率变化的敏感度。上一节对实际与名义参照系以及实际与名义收益率的描述对久期的讨论有着关键的作用。按照定义，TIPS的实际久期是指当它的实际收益率变化1%时所引起的市场价值的百分比变化。举例说明，如果TIPS的市场价值（market value，MV）是1 000美元，并且伴随着TIPS的实际收益率增加或减少0.50%的市场价值分别为1 051美元与951美元，则TIPS的实际久期为10。为了将计算集中于当前收益率水平，定义中收益率1.0%的改变可同样表示为收益率0.50%的增加与0.50%的减少。

TIPS的实际久期的计算公式可以表示为：

$$\frac{100\times\left[MV\text{（实际收益率}+0.50\%\text{）}-MV\text{（实际收益率}-0.50\%\text{）}\right]}{MV\text{（实际收益率）}}$$

TIPS的久期公式与名义债券的公式相同（除参照系之外），这也不足为奇。因此可用一个标准的债券计算器来计算TIPS的久期。与实际收益率一样，使用者要记住这里的结果是指TIPS的实际久期。（在专用的投资组合内使用实际久期将在下一节讨论。）

正如实际久期对TIPS投资组合管理者有重大意义一样，理解TIPS的实际久期并没有量化TIPS对名义收益率变化的暴露是非常关键的。首先，从历史数据来看，实际收益率与名义收益率的相关性趋向于非常低——实际久期以相反的方式或根本没有度量对可能影响名义债券的现象的敏感度。其次，实际收益率趋向于有着比名义收益率明显更低的波动性——因此任意给定的实际久期与相同的名义久期相比，趋向于对应着明显更低的投资组合波动性。不过最近的现实已并非如此。也许这是因为对美联储能力的高度信任，相信美联储能够成功并且永久地把通货膨胀率稳定在2%～3%的目标范围内。受此影响，实际收益率和名义收益率之间的相关性已经变得很高了。此外，TIPS收益率的波动性已经变得几乎与名义收益率的波动性相等，甚至超过了名义收益率。历史将会证明这种情况在一个更加不确定的2008年后的世界是否合理。

有效久期

为了将TIPS的风险与名义债券的风险相比，以便把它们纳入传统的债券投资组合内，管理者需要度量TIPS对名义利率变化的敏感度。把TIPS市场价值的变化量确定为名义收益率变化量的函数的方法称为“有效久期”方法。这一方法的局限性在于由于这个计算结果必须从给定名义收益率的变化来推得实际收益率的变化，因此这一度量仅是统计上有意义而非确定性的。

最初这种困境造成很多管理者断定TIPS的风险暴露不能在传统的固定收益投资组合情况下进行管理。然而进入20世纪80年代后人们很快认识到如何解决这种困境，比如，抵押贷款支持债券克服了类似的担忧。对抵押贷款支持债券的有效久期的计算要求一个结论，即名义国债收益率的变化将造成抵押贷款支持债券现金流基础收益率的变化。

类似于TIPS，抵押贷款支持债券收益率的定价并不与国债收益率完全相关。事实上，在1998年夏天的通货紧缩恐慌期间，抵押贷款支持债券的价格表现明显地不如其有效久期所预期的最初计算结果。对于一段较短的时期，当国债的收益率下降时，抵押贷款支持债券的收益率实际上上升了。然而，有效久期被广泛用于将一个抵押贷款支持债券价值的变化确定为名义收益率变化的函数。管理剩余的抵押贷款支持债券的基差风险则是固定收益管理者的职责所在。

迄今为止，我们已发现的用于将TIPS的实际收益率转换为有效久期的度量是将75%的乘数因子运用到TIPS的实际久期上，这一度量虽粗糙，但却是最好的。这种方法经常被称为"75%收益率β"——是在实际收益率的变化对名义收益率的变化的线性回归中的第二个系数（β）的一个参考值。类似于抵押贷款支持债券，TIPS的有效久期应当仅仅作为名义利率暴露的一个不精确度量，这是因为仍存在巨大的风险（基差风险）。

偶尔会出现名义收益率下降的同时TIPS的实际收益率上升，这意味着TIPS的有效久期为负。相反，有时名义收益率上升，而实际收益率上升得更快，这意味着TIPS经历着超出事前有效久期预测很多的资本损失。使用TIPS的管理者有义务管理TIPS中所包含的超出适度有效久期的基差风险。

以2010年10年期TIPS实际收益率的周变化为因变量，以10年期名义收益率为自变量的回归显示，斜率为0.56，统计上很显著，R^2则达到了0.47。这个斜率显示，从历史上看该时期的"收益率β"是56.51%，比我们使用的75%要小。回归结果（作为选择用来计算个体变化的时期的函数）会随着如下因素变化：研究中使用的时间区间，选择的证券，并且可能最重要的，经济环境的变化。

TIPS的实际久期度量了与实际收益率变化相关的风险，而TIPS的有效久期度量了与名义收益率变化相关的风险。TIPS风险的两个更广义的度量是波动性及相对波动性。波动性简单地指TIPS价格（或收益）的标准差。波动性作为计算期及度量间隔的函数，是随着时间及到期日而改变的。

18.2 市场

□ TIPS发展历程简述

从概念上讲，TIPS是这样一种基本的经济工具，它们的出现可能先于债券，甚至先于硬币。在本质上，这些债券的购买者仅仅是"储藏"（同时赚得收益）当前的商品篮子而用于未来的消费。

在古代的美索不达米亚（Mesopotamia），涉及谷粒与其他商品数量的仓库收据在二级市场进行交易，并且在某种程度上比今天的货币更受欢迎。[5]这些收据就是TIPS。它们能够交易，并且在到期时它们的价值将以一篮子真实消费品的形式赎回。

在美国，TIPS可追溯到国家诞生之时。在1780年，马萨诸塞州创立了债券，当时的情形被生动地记载下来：

> 本金与利息都用该州当时的流通货币支付，所支付的全额依据5蒲式耳玉米、68$\frac{4}{7}$磅牛肉、10磅羊毛及16磅鞋底皮，以上述物品当时的流通价格计算，将花费大约130磅流通货币。[6]

第二次世界大战以来已有超过15个国家发行了TIPS，或者更通俗地说，通货膨胀连结债券（inflation-linked bond，ILB）。ILB并不仅仅在正经历着失控的通货膨胀的国家发行，已成功控制通货膨胀的国家也经常发行ILB。例如，爱尔兰在1949—1954年的通货膨胀率每年平均超过15%，然而在引入了ILB之后的1955年，爱尔兰公布的通货膨胀率降为零。[7]

□报价与结算

在美国，TIPS是按照“实际—净价”的方式进行报价的——区别于“名义—全价”的报价方式。1美元的零头是以1/32为单位进行报价的。

举个例子，“实际的”暗指美国的TIPS是在经通货膨胀调整的100个单位本金基础上进行报价的。报价95—20可理解为95 $\frac{20}{32}$实际美元，意味着投资者支付了指数化本金量的95.625%。尽管这似乎是非常直观的，但这并不是TIPS的唯一报价方式。若价格正如英国连结债券市场一样以名义为基础进行报价，那么同样的购买将被报为101.512（=95.625×1.061 57，即实际价格乘以指数比率）。类似地，为了计算必须以“名义美元”支付的净结算价格，应该用指数比率乘以实际价格。

净价是指TIPS的报价中不包括TIPS债券的购买者欠出售者的应计利息。正如名义债券一样，TIPS的购买者必须为从最后的息票支付中所赚得的息票收入向出售者做出赔偿。因此双方可通过将实际的应计利息乘以指数比率同时将结果加到净结算价格上来计算得出清算收入。在实际中，可用计算机算法来实现规定的舍入过程。

加拿大与法国的TIPS报价类似于美国，当然还要参考当地的通货膨胀指数。

英国连结债券市场是在名义净价的基础上报价的，因此一些英国TIPS对每100美元的初始面值，以超过200美元的价格进行交易。这是因为该国的零售价格指数自从英格兰银行在20世纪80年代初开始发行这些债券以来已增加了一倍多。

在澳大利亚与新西兰，ILB通常以实际收益率为基础进行报价和交易。

□流动性

流动性常用的度量指标是周转率、买卖价差与交易规模。TIPS与传统的息票国债相比流动性较差，但是若以交易5 000万美元的买卖价差来度量，则TIPS的流动性优于绝大多数公司债券、非机构抵押转手证券，甚至一些机构债券。TIPS的流动性明显优于其他为预防通货膨胀造成的损失而进行的套期保值，例如房地产、商品期货、贵金属合约、天然气合伙契约、森林契约及可代收财物契约。

18.3 评估与业绩表现

与任何债券相同，TIPS 债券持有期的收益为它的收益率与资本利得的总和。对 TIPS 而言，实际收益率的变化决定了资本利得。因此对评估 TIPS 的投资者来说，最重要的问题也许是："实际收益率朝什么方向变化?"

长期以来，我们认为美国的实际收益率应当保持在 2.0%以下。从历史的、比较的观点来看，对于无风险证券来说，2.0%的实际收益率甚至也是较高的。在过去的 70 年里，长期国债的实际收益率仅高于 2%，而短期国库券的实际收益率则低于 1%，这两个平均值掩盖了实际收益率中显著的波动性。在 1999 年，长期国债的名义收益率平均达到大约 3.5%，而短期国库券达到 2.5%。在 2008 年债务危机后，更低的增长速度成为发达国家的"新常态"，这会在 2015 年以前抑制实际收益率。

通货膨胀的决定因素及实际收益率的泰勒规则

斯坦福大学的约翰·泰勒（John Taylor）教授提出了一个著名的观点，即在可承受的实际经济增长率与实际联邦基金利率之间有着不变的联系。泰勒规则认为，在长期实际联邦基金利率应当平衡经济体的长期实际经济增长率，且泰勒估计出实际经济增长率大约为 2%。如果货币当局在相当长的时期内维持高于此的实际联邦基金利率，则通货膨胀将朝通货紧缩转变。如果货币当局维持低于此的实际联邦基金利率，最终将导致恶性通货膨胀。[8]

然而在 2008 年，决策者们面临着一种不同的风险——结构性通货紧缩的风险。正如时任联邦储备委员会主席本·伯南克（Ben Bernanke）所说，我们必须注意到通货紧缩的风险与成本可能和通货膨胀的风险与成本一样巨大。

其含义是非常明显的。在接下来的 10 年里，货币政策应当是相对宽松的。联邦储备委员会将可能管理着一个平均值最多超出通货膨胀率 2%、同时显著地小于在 20 世纪八九十年代以及 21 世纪初所经历的超出通货膨胀率 4%的基金利率。

18.4 投资者

□战术运用（在固定收益的投资组合内）

经济基本面、金融市场发展或者仅仅结构曾一度使得 TIPS 独领风骚，或者至少像 1999 年那样没有其他投资工具表现得那么差劲。所有投资者都能够从理解如何评估及购买 TIPS 中获取战术收益。

投资者为了战术目标而选择投资 TIPS 时，通常将它们与具有相似信用等级、有效久期及流动性的债券相互比较来进行相对价值评估。在做出投资决策之后，投资者必须勤于管理追踪风险，即非固定收益风险，而且该风险与引入 TIPS 战术配置相关。

国际相对价值机会

目前 ILB 的国际市场远远大于美国的 TIPS 市场。我们认为全球所有的 ILB 都属于同样的资产类别。战术机遇在所有这些市场中都存在，这是因为没有一个地区不受到全球资本供给与需求的兴衰影响。在某种程度上来自不同国家的 ILB 是可互换的。

然而，确实存在一些将 ILB 彼此区分开来的细微差别。国际性 ILB 提供给投资者一些途径以便可以利用多种货币、货币政策及其他一些局部现象。这些战术机遇可被归纳为关于全球绝对实际收益率、通货膨胀率及国内与全球平均值之间的差异的看法。图表 18—2 表明了九个较大的 ILB 政府发行人的辅助数据。

图表 18—2　　九个较大的 ILB 政府发行人的数据

国家	市值（十亿美元）	实际收益率（%）	修正久期（年）
美国	685.1	1.05	7.90
英国	408.0	0.58	15.86
法国	228.9	1.23	8.30
意大利	146.3	2.74	8.52
德国	62.1	0.64	5.22
日本	56.1	1.06	5.59
加拿大	52.9	1.18	16.11
瑞典	40.3	1.02	7.81
澳大利亚	18.1	2.54	8.61

资料来源：Barclays Capital Global Inflation Linked Monthly, March 2011.

标题分别为“市值”与“实际收益率”的两栏尤其值得注意，因为它们各自公布了相对价值的规模及长期度量。修正久期仅仅衡量了债券对实际收益变化的敏感度。实际收益率是将本金的实际收益与 ILB 持有者赚得的中间实际收入合并起来。

一些潜在的国际性风险没有包括在图表 18—2 中，但影响实际收益率。第一，特定发行国的信用结构。在某种程度上政府发行人很少对以自己货币标价的债券违约，因此信用风险较低。第二个因素是发行量。如果一个国家发行的通胀指数债券的供给量多于国内及全球重要的 ILB 投资者的需求量，那么收益率很可能会上升，直到吸引到足够多的战术投资者为止。

ILB 也能够在股权与现金投资组合中使用。从概念上讲，动机是相似的。在英国，作为一种防御性战术，投资者经常撤出在股权方面的投资而分配给 ILB——正如美国股权管理者重新投资给公用事业股票以预防剧烈的市场下跌一样。

□战略运用

战略配置要比战术配置更为慎重，并且最终要谈到 ILB 内在的投资特性。ILB 在这样的自上而下的战略配置中起着重要的作用。一些持久的投资者目标，例如匹配债务、分散风险、控制下降趋势的暴露，以及实现实际收益率目标通常都影响着战略配置。与之相反，自下而上的估价、市场时机以及其他一些机遇因素很少成为战略决策过程中的重要方面。

投资者通常在基本的资产类别中进行战略性资产配置，例如股票、债券、现金及为避免通货膨胀而进行的套期保值合约。一些投资者轻率地通过在他们的资产配置结构的最高层使用更加不实用的范围狭窄的资产类别如大盘股、中盘股、小盘股以及政府债券来选择更好的等级。

通常，将一些资产归属于同一类的依据就是其中每种资产的收益主要受到共有的基本现象的影响。简单地讲，同一资产类别的两种资产之间的相关性较高，而不同资产类别的两种资产之间的相关性较低。

对于 ILB 而言，通货膨胀率与全球实际利率都一致被认为是推动收益的基本现象。因此，可以合理地认为所有 ILB（财政部、国际部门、政府机构及公司）构成一个不同的资产类别，它区别于股权、（名义）债券及现金。房地产、商品及某些其他的为预防通货膨胀造成的损失而进行的套购保值也都属于这种通货膨胀对冲（inflation-hedging）资产类别。

大体上有三种情形可确保战略再分配中包含 ILB。第一，对于预期高收益同时不增加风险的投资组合经理来说，可能考虑脱离低风险的资产如现金。第二，目标明确为维持以往收益的投资者有可能考虑一种防御性配置，脱离具有较高风险的资产如股票或房地产。更重要的是，这种防御性配置将趋向于明显降低或消除不足概率。（不足概率是指投资组合将下跌至低于最小可接受的临界值的可能性。）第三，在战略上，ILB 能够运用于资产负债管理的情况中。

资产负债管理

资产负债管理同资产配置关系密切。传统上讲，资产配置研究并不明确包括负债，它们一般关注增加绝对收益率水平，这一目标是通过配置到具有较高收益的资产或通过资产的分散化来实现的，分散化资产可以在不考虑负债的情况下减少计算所得的风险。

资产负债管理研究集中于减少资产与负债之间的不匹配。传统上，研究者在一个常规的名义参照系内研究资产负债管理，并且比较资产与负债对传统收益率变化的暴露，同时在某种程度上将资产与负债进行匹配。这里负债假定为名义负债，甚至在负债实际上对通货膨胀敏感的情况下也是如此。

美国财政部大规模发行 TIPS 已使资产负债管理者有能力度量及管理绝大多数实际的资产与负债。这对以后将讨论的许多投资者来说都是一个暂时解脱。

投资者不再局限于在资产配置与资产负债管理中做出选择。这两者能够被结合到一个结构中，通常被称为**“盈余管理”**（surplus management），即最优化盈余（债务的净资产值）的收益与风险。

风险/收益率最优化

在美国，ILB 作为一种新的资产类别对证券的战略使用者提出了挑战。特别地，为了将 ILB 引进标准的名义马科维茨均值—方差最优化模型中，分析家们必须输入 ILB 及包括在最优化模型中的其他资产（或负债）的适当预期收益率、方差及相关数据。

尽管从概念上讲对这样的最优化的输入应是超前的，但实践者经常在很大程度上依赖于历史数据。既然美国的 TIPS 自从 1997 年以来就已存在，那么我们就可以使用 1997 年以来的资产类别收益或 1997 年之前对 TIPS 收益的估计值来建立相关矩阵。尽管绝大多数最优化模型是在名义参照系内建立的，但一些实践者也在实际参照系内适当地运用这些模型。

运用实际久期管理专用的 ILB 投资组合

当 ILB 配置确定之后，就必须执行一个实施战略。为此，投资者必须在积极管理和消极管理中做出选择。无论哪种情况，当实际久期用来度量配置对实际收益率曲线变化（平行移动）的相对敏感度时，它是一种对风险暴露的有用度量。

为了构造一个 ILB 投资组合，实践者首先需要为投资组合选择一个“实际久期”目标值，然后设计多种备选的投资组合结构。在备选的投资组合中可能包括一次性还本式投资组合与杠铃投资组合，前者所有的 ILB 都接近目标久期，而后者长期与短期 ILB 的加权组合可达到目标久期。

为了从那些具有相同实际久期的投资组合中选出最有利的投资组合结构，实践者仅需关注各种备选投资组合总的实际收益率曲线斜率的变化。这是因为备选投资组合具有相同的实际收益率久期，因此它们对平行移动的响应将是非常相似的。

TIPS 投资组合的管理的最新进展是增加了对均衡结构的需求。典型的 TIPS 投资组合通过锁定债券至到期日的实际收益率体现了通货膨胀保护。均衡结构涉及出售具有类似到期日的固定利率国库券、期货或者支付固定利率的互换。这实际上使得 TIPS 的实际收益率和实际久期无效，产生持有人持有的是通货膨胀指数 TIPS 的效果。当然，为了从这一战略中受益，实际通货膨胀必须等于或者超过嵌入到名义市场定价中的通货膨胀。实际上，这一战略在如下情形下颇具吸引力：（1）实际收益率很低，使得所放弃的收益少；（2）投资者认为通货膨胀将会超过国库券市场的预期，或者投资者尤其希望对冲某种与通货膨胀相关的特定风险。

投资者类型：养老金计划、捐赠基金、基金会及个人

定额给付养老金计划包括退休期与就业期负债，尽管作为资产的 ILB 可能与这些计划中的就业期部分极度匹配，但计划的发起者通常并不仅仅依赖于 ILB 来支持其就业期负债。相反，它们通过使用具有较高风险及收益特性的其他资产类别来获得较高的预期收益。假定 ILB 及就业期负债两者都与通货膨胀相关[9]，发行人认识到为了获得更高的收益，它们需承担一些在通货膨胀环境下业绩较差的风险。除了一般的资产配置之外，养老金计划可以将 ILB 用于保护盈余，以便抵消大量的股权风险暴露，或者减少每年资金需求的波动性。定额缴费养老金计划与其参与者也可能从持有 ILB 中受益，下面分别进行描述。

捐赠基金、基金会及其他慈善组织也可能用实际量来表示其收益目标。通常它们的目标就是使持有的投资组合产生5%或更高的实际收益率。（美国国内收入署通常要求每年慈善基金资产的5%应当用于慈善业务的支付，因此，支出与捐纳金的净值要求5%的实际收益率以便维持基金的经通货膨胀调整的规模。）

建立投资业绩的实际收益率目标对这些组织来说是有意义的。不论是否涉及实物基础设施或服务，教育或慈善计划都经常编入预算中以便使用经通货膨胀调整的美元。这暗示着这些目标、宗旨及计划代表着实际负债。

这表明慈善机构在它们的投资策略中将ILB作为核心支柱使用。ILB通常不能独自获得5%的收益率，但有助于大大减小下降趋势的收益分布风险。这种下降趋势风险的大大减小，造成更高收益（更大风险）资产的过于频繁的使用。直到本书出版时，慈善机构通常很少使用ILB。

个人储蓄主要是为退休需求做准备，其次是为了孩子的教育、遗产及其他目的。年轻人可能相对不太受到通货膨胀对负债造成的损失的影响。他们以被称为人力资本（未来的收益能力）的无形实际资产形式持有他们“财富”中的绝大部分。随着个人年龄的增长，他们的实际资产的比例通常下降而同时他们的金融资产的比例增加——这使得50岁或以上的人群更容易受到通货膨胀对他们的退休生活标准的侵蚀。

18.5 发行人

尽管公司与政府机构能够并且的确发行了ILB，但政府显然仍是最大的发行人。通过发行ILB，政府官员更加明确地表明了他们维持较低的通货膨胀水平的承诺。政府愿意承担通货膨胀的金融风险是市场关于未来政策的一个强有力的信号。新西兰储备银行董事唐纳德·T. 布拉什（Donald T. Brash）在新西兰引入这种证券之后的一次讲话中表明了这一态度：

> 政府发行这种通胀指数债券的唯一“成本”就是，它放弃了借助于通货膨胀减少实际借入成本的机会……既然（新西兰）政府并不打算窃取债券持有者投资的钱，放弃通过通货膨胀去窃取的权利似乎并不是一个很严重的惩罚。[10]

正如前一节所描述的，一个对投资者来说如此有意义的投资工具如何才能有利于发行人？布拉什的叙述提供了一个投资者如何获益的实例，而发行人放弃了他认为不值得的某些东西。下面我们来讨论美国财政部发行TIPS的理论基础。

□美国财政部发行TIPS的理论基础

克林顿政府的一大目标是减少财政部债务未来的利息负担。平衡预算是这项政策的主要目标，而其次要目标是针对“债券市场义务警戒员”。该政府认识到由于长期债券固有的期限溢价，滚动一个3年期债券10次将比发行一个30年期债券可能承受更少的利息成本。在克林顿政府执政期间财政部着手的最重要的计划之一就是努力缩短未偿付债券的平均到期期限。

TIPS 计划

正是由于这个原因，美国财政部制定了 TIPS 发行计划。如同浮动利率债券一样，TIPS 的规定期限较长，而有效期限较短，这减少了短期债券所固有的滚动风险。此外，TIPS 明确地提供了供联邦储备委员会使用的以市场为基准的通货膨胀预测。TIPS 减少了为政府债务提供融资的预期成本，这是因为从概念上讲它们摆脱了名义长期债券收益率所固有的通货膨胀风险溢价。在正常情况下，我们可能断言为了从债券投资者身上消除这种风险，财政部无疑要承担数量上相等的负担或风险。然而在这里事实却并非如此。

通过减少名义负债同时增加通货膨胀指数（实际）负债，财政部实际上已改变了它的债务结构以便更好地匹配它的唯一资产——它的征税权。换句话说，财政部是通胀指数债券的理想发行人。

TIPS 的发行增加了纳税人的财富，这是通过消除研究者认为在名义债券收益率中所内含的通货膨胀风险溢价的 0.5%～1.0%来实现的。从边际意义上而言，投资者不再关心是接受较低的收益率还是承受名义债券的较高风险——因此从概念上讲他们的境况不再好转或恶化。因此，这种通货膨胀风险溢价的消除是真正的福利收益。在实践中，发行 TIPS 获得的福利收益在发行人与投资者之间均分。

□道德风险

政府既是 TIPS 的发行人（财政部），又是 CPI 的发布人（劳工部劳动统计局）。度量 CPI 时固有的不确定性产生了道德风险，这是因为政府能够直接控制其负债的经济价值。幸运的是，下面几个因素降低了政府公布没有科学根据的统计数据的风险。

首先，职业信誉、一种重要的机构基础以及有影响力的政治选民共同阻止政府操纵 CPI。其次，任何通过指数扭曲来吞噬价值的做法都将被金融界理解为信誉腐蚀，或者如果非常明显，这就等价于违约。既然发行过程在很大程度上是个重复博弈，这样的信誉腐蚀将对未来的债券发行及其他政府承诺产生长期影响，这将大大地超出任何明显的短期经济或政治利益。

□国际发行人

英国的 ILB 市场规模巨大且非常发达，构成未偿付债券量的 20%左右。此外，加拿大、澳大利亚、法国、意大利及瑞典也发行了大量的 ILB 以确保合理的市场流动性。

尽管这些国家与其美国伙伴共同享有有关基本的通货膨胀保护概念，但同时也存在一些差异，其中包括市场规模、贸易流动性、同通胀指数密切相关的时滞、税制、日结算约定以及报价约定。这些差异显著影响了观测到的所报实际收益率与投资者所能够得到的“真正”实际收益率。

所有这六国政府发行的和美国财政部发行的全部 ILB 构成了一个全球流通的通货膨胀债券的业绩评估基准，此基准通常被称为**巴克莱全球资本通货膨胀连结债券指数**

(Barclays Capital Global Inflation-Linked Bond Index)。

□公司发行人与 CPI 浮动利率债券

除美国财政部与国外政府发行人之外，美国公司、政府机构及市政当局也发行通胀指数债券。两个最早的公司发行人是田纳西河流域开发管理局与所罗门兄弟公司。它们的通胀指数债券实际上在结构上与美国财政部的 TIPS 相同。其他发行人包括国民银行 (Nationsbank)、丰田汽车信贷公司（Toyota Motor Credit)、学生贷款市场协会以及联邦住房贷款银行等，它们都选择以 CPI 浮动利率债券的方式来结构化其债券。

一个 CPI 浮动利率债券是由 TIPS 与传统的浮动利率票据（floating-rate note, FRN）混合而成的。类似于 TIPS，它的收益率与 CPI 通货膨胀率密切相连。同时正如传统的浮动利率票据，它的本金在规模上是固定的。一个 CPI 浮动利率债券的息票利率是变动着的而且通常规定为 CPI 通货膨胀率加上一个固定的百分比利差。

18.6 其他有关发行的问题

□税制

对美国 TIPS 的征税与零息票债券类似。它们对虚幻收入（已赚得但没有支付的收入）征税。这并不意味着 TIPS 的投资者支付更多的税款或他们要早于名义债券的持有者付税。事实上，如果通货膨胀率、名义收益率与税率都是固定的，那么持有 TIPS 的应支付税款及收到支付额的现金流结构与名义债券是差不多的（假定额外的息票进行再投资）。在实践中，很多纳税人在免税账户中［401(k)等］或在共同基金内（通常要求分配应税收入）持有 TIPS。

□通货紧缩保护

我们很自然地会提出一个问题：TIPS 在通货紧缩环境下（照字义来看，在这种情形下价格是下降的）表现如何？运用 CPI 指数化，当前调整过的本金值将可能小于以前调整过的本金值。相应地，这将影响半年一次的利息支付。

扩展上述假定，调整过的本金确实可能下跌到小于最初的本金值，因此息票支付是在一个不断收缩的基础上计算的。值得注意的是，它们仍然可能是正的并且几乎等于初始值。举个例子，即使经历了 10 年的 1%的通货紧缩，并且导致相应的价格水平下跌了初始值的 10%，但是对于价值 1 000 美元的 TIPS 的半年一次的息票支付将仍然大约是 18 美元（不是最初的 20 美元)。对最终本金的提前偿付被认为更有利。

特别是，财政部已做出保证：投资者收到的到期日本金支付（并且仅仅是到期日支付额）将不会少于最初的本金额。

在这样的通货紧缩情形下，为了维持可接受的名义收益率，财政部实际上正在支付一个比最初承诺高的实际收益率。财政部认为提供这一保证的规则上、制度上及心理上的收益将有利于促进债券的发行，使得政府理论上的或有成本达到充分合理的程度。

政府保证100%的本金偿付使得TIPS区别于所有其他为预防通货膨胀造成的损失而进行的套期保值。

18.7 关键知识点

- 通胀指数债券市场已经以各种形式存在了数个世纪，但从1997年美国财政部发行通胀保护国债之后才开始流行，近年则随着投资者对它们的策略性使用而得到了进一步的发展。
- 可以用期限相同的固定利率国债的名义收益率减去通胀保护国债的实际收益率来得到“均衡通货膨胀率”。
- 大量的投资者将通胀保护国债包括在他们的资产配置中，以追求在保护他们的本金不受购买力水平侵蚀的同时，锁定固定的实际收益。
- 现在，投资者利用“均衡”结构来决定他们在通胀保护国债中的配置。这需要将市场定价的相对较低的实际收益率对冲出去，以更直接地从通货膨胀率的上升中获利，通货膨胀率的上升可能会也可能不会与实际收益率的上升一起出现。

【注释】

[1] 美国财政部长罗伯特·鲁宾于1996年发明了专业名词“TIPS”，并在1997年1月正式开始使用“通胀指数国债”（Treasury inflation-indexed security，TIIS）这一术语。市场参与者倾向于用首字母缩写词“TIPS”来指各种形式的通胀连结债券。为了表达清晰，本章也做了同样的处理。其余的常用来指这类债券的专业名词包括“通胀保护债券”、“通胀指数国债”、“通胀连结债券”（inflation-linked bond）、“连结债券”（linkers）与“实际收益债券”（real return bond）。

[2] 美国劳动统计局是美国劳工部一个独立的经济导向机构，它负责收集并报告消费者价格的变化。用于计算TIPS的消费者价格指数序列是对所有城市消费者的未经季节调整的消费者价格指数。本章后面会详细讨论CPI。

[3] 两种现象可能导致在TIPS所报实际收益率与TIPS实现的实际收益率之间的细微差别：(1) 息票现金流的实际再投资利率；(2) 在CPI的可应用日与TIPS指数化的可应用日之间的时间滞后。

[4] 通过引入TIPS的巨大供给量、TIPS的非流动性及TIPS对实际利率变化的暴露，卢卡斯和奎克（Lucas and Quek）认为TIPS的部分（或全部）“通货膨胀风险溢价”可能被抵消。参见Gerald Lucas and Timothy Quek，“Valuing and Trading TIPS，” Chapter 9 in John Brynjolfsson and Frank J. Fabozzi（eds.），*Handbook of Inflation Indexed Bonds*（New Hope，PA：Frank J. Fabozzi Associates，1999）。有关隐含的收支平衡与风险溢价的更为详细的讨论，可参见哈里森和克雷普斯（M. Harrison and D. Kreps）的有关预期与市场的初步成果，“Martingales and Multiperiod Securities Markets，” *Journal of Economic Theory*（1979），pp. 381-408。

[5] Glyn Davies，*A History of Money*（Cardiff：University of Wales Press，1994）.

[6] Willard Fisher，“The Tabular Standard in Massachusetts History，” *Quarterly Journal of Eco-*

nomics (May 1913), p. 454.

[7] *Statistical Abstract of Iceland*, Table 12.5, p. 150.

[8] 泰勒公式表明在高通货膨胀时期，高的实际利率可能是临时要求的。

[9] 具体来讲，就业期的负债依赖于雇员工资的增加。养老金计划可能规定雇员的退休金是固定的年金，且每月的支付额为该雇员的最高年收入的一小部分。这种收益水平虽不明显但通常与 CPI 高度相关。

[10] Donald T. Brash, "Monetary Policy and Inflation-Adjusted Bonds," an address to the New Zealand Society of Actuaries (April 12, 1995).

第 19 章 国际债券市场与投资工具*

卡蒂克·拉马纳坦（Karthik Ramanathan）
富达管理研究公司/Pyramis 全球顾问公司高级副总裁和债券部主管

本章将集中于描述国际债券市场在大型公司、国家和国际组织融资中所扮演的重要角色，同时将介绍该市场中的投资工具。在定义了国际债券市场并且提供了在国际市场所发行债务的增长和动机的历史背景后，我们将详细介绍该市场中的主要投资工具：国内债券、欧洲债券和外国债券。重要的是，我们将解释美元计价债券和非美元计价债券的关键区别，同时介绍投资者和债务发行人用于进入这些市场的载体。最后，我们将着重描述非美元计价债券货币敞口所带来的风险和回报成分，以及对冲这部分风险的好处。

19.1 国际债券市场概览

在 21 世纪的头十年，投资者对国际债券市场的兴趣出现了显著上升，有超过 60%的固定收益证券在美国以外进行交易。虽然在美国的固定收益证券的票面总价值仍然比最接近的同伴——欧元区[1]和日本——要高出不少，但是国际债务工具的范围大大扩张了。

* 我非常感谢克里斯托弗·斯图亚特（Christopher Steward）（Pyramis 全球顾问公司）和南希·泰勒（Nancy Taylor）（富达投资公司）对本章的贡献。

例如，从 2000 年到 2010 年，国际固定收益市场的规模每年以几乎 10%的速度增长。相当大部分的增长集中于相对欠发达的国家。[2]

国内债券往往被包含在一个多元化的投资组合里，这是因为它的价格的波动性在一般情况下比股票小，而且国内债券会在规定的时间间隔内支付已知数量的利息（除非违约发生）。美元计价的国际债券与美国国内债券的表现大致相同。对于美国投资者，国际债券一般包含可以以美元或者其他货币计价的在美国市场以外发行的债券。不过，对于美国投资者来说，由于货币要素，非美元计价债券的表现和收益的波动性更强。

从 20 世纪 80 年代以来，债务发行人的复杂程度不断增加，与此同时，货币和全球利率市场的规模扩大了数倍。在此基础上，连续市场信息的可获得性以及像彭博这样稳健的定价工具的发展使得发行的透明性和简易性都提升了。因此，在国际债券市场上的借贷蓬勃发展。

□历史背景

债券市场的全球化并不是最近才出现的趋势。在第一次世界大战之前，跨国的政府债券投资已比较常见。到 1920 年，穆迪公司提供了 50 多个国家的信用评级。20 世纪 20 年代德国魏玛共和国时期，极高的通货膨胀率使德国马克变得一文不值。同时，美国投资者发现他们的对外投资大幅减少，以美元计算，在法国减少了 86%，在意大利减少了 70%，在西班牙减少了 50%。一个有趣的现象是在这期间一些避免了货币大幅度贬值的国家，包括英国、瑞典以及阿根廷，在 20 世纪 70 年代固定汇率的布雷顿森林体系瓦解后，都发生了货币贬值。

从 1930 年到 1970 年，资本管制和国内限制使得跨境债券投资急剧下降。离岸市场的发展和国际金融机构的增长使得跨境投资在 20 世纪 80 年代初实现了增长，并促使政府改变之前的政策。一些放松现金、债券和权益市场资本管制的市场改革则被引入以增强国内资本市场，并吸引国外资本。

资本管制在许多国家的解除，以及信息传播技术的进步使得发行人和投资者开始侧重于国际债券工具的机会。根据国际清算银行（Bank for International Settlements，BIS）的数据，全球未偿付债务[3]的名义价值从 2000 年的 35 万亿美元增长到了 2010 年的 90 万亿美元。以美元计价的债券一直是世界债券市场的最大组成部分。不过，以其他货币计价的国际债务，比如欧元、日元和新兴市场国家货币的市场份额不断增加。

一个显示筹资者愿意开拓融资机会渠道的指标，是在国内发行债务和在国际市场发行债务的比率。在 2000 年到 2010 年之间，全球筹资者将其国际债券的发行量提升到了所有未偿付全球债务的将近 30%。美国和欧元区的债券发行量在这一时间段内向国际债券市场的转移最为积极。但是，在这 10 年期间，日本所发行的非国内债务水平仍接近于零。

虽然美国经济的庞大规模保证了美国债券在全球资本市场的核心地位，但是国际债券市场规模的增长和参与国家数量的扩张是一个长期趋势。特别是，像中国这样的国家逐渐放松对外资投资的货币交易的限制，会使得这个全球趋势提速。这一章将会介绍国际债券市场广泛的投资工具、市场和投资者。首先，我们将描述国际债券市场美元计价部分的投资工具和市场。然后，我们将大体介绍国际债券市场的非美元计价部分以及用以进入这些市场的载体。最后，我们将集中介绍货币对美元计价投资者收益率和波动性的影响。[4]

□发行国际债券的目的

国际债券市场中的融资技术与美国国内市场的融资技术复杂程度相当。无论是何种货币和国家，国家、准政府、外国政府机构、金融机构和公司发行人一般都追求最低的融资成本。在国际上发行债券使得潜在投资者的集合更大，可以潜在降低监管负担，并允许建设更为定制化的投资策略。不管动机如何，发行人使用的工具一般会落在以下几个界定清晰的类别里。

19.2 投资工具：欧洲、外国和全球

根据发行人的所在地、承销团的性质、一级市场购买者所在地和标价的货币单位，国际债券分为三大类：国内债券、欧洲债券和外国债券。国内债券是在一个国家国内的债券市场的管制下，以本国货币为标价单位，由本国的筹资者发行、承销和交易的债券。欧洲债券是由一个国际承销团承销并可以在任何国外市场交易的债券。外国债券是在一国国内市场的管制下，由所在地在外国的筹资者发行并主要面向本国投资者销售的债券。全球债券是在欧洲和美国国外（或扬基）市场交易和结算的混合债券。

国际债券示例如下[5]：

国内债券：一个日本公司在日本发行的本金和利息均以日元计价的债务。

欧洲债券：一个日本公司在德国发行的本金和利息均以日元计价的债务。

外国债券：一个日本公司在德国发行的本金和利息均以欧元计价的债务。

对一种债券的价格或收益最具决定性影响的是它的标价货币单位。因此，对美国投资者来说，首要的是在以美元标价的国际债券和以其他货币标价的债券之间进行选择和分配。不考虑发行人、购买者或交易市场的所在地，以美元标价（美元计价）的债券价格主要受美国利率变动的影响，而以其他货币标价（外币计价）的债券价格主要受标价货币单位所在国利率变动的影响。所以，对以美元计价的投资者来说国际债券投资分析分为两部分：美元计价的债券和外币计价的债券。

只要改变一点管理风格和总的组合风险，大多数美元计价的国际债券就能纳入国内债券投资组合中。在大多数情况下，投资者付出的额外努力就是要分析新的、不熟悉的发行人的信用，了解欧洲美元债券的结算过程。新兴市场的债券是以美元计价的债券的一个例外，在下面的详细讨论中可以看到，它比其他多数美元计价的债券波动性更大。

外币计价的债券的货币单位决定了它的收益波动性相当大，其风险显著不同于美国国内债券和美元计价的国际债券。货币套期保值（积极、消极或两者都不是）和对交易时间、结算过程、扣除税收的考虑以及外币计价的国际债券交易中的其他细微区别，都要求投资者接受更多的培训和付出更多的努力，才能对国际债券进行有效的管理。

19.3 美元计价的国际债券

美元计价的国际债券市场由欧洲美元债券和扬基债券组成，欧洲美元债券是在任何一个美国国内市场之外发行和交易的债券，扬基债券主要是在美国发行和交易的债券。全球债券同时可以在扬基市场和欧洲美元市场上发行和交易，但除了流动性不同外，全球债券和扬基债券对国内投资者来说一般是没有差别的。

历史上，新兴市场债务一般以美元计价。不过，在过去十年里，以国内（本币）计价发行的债务已经远远超过以美元计价的债务。在这些工具的基础上，《144A条例》私募配售（Private Placements）和欧元中期票据市场很多时候则以美元计价。在深入研究这些工具之前，首先需要解决几个关于美元计价国际债券的基础问题。

为什么外国的发行人在美国市场上筹资？首先，美国债券市场仍然是世界上最大、流动性最强、技术最先进的债券市场之一。外国经济实体通过在美国发行债券使资金来源多样化。发行公司也会在生产和分配方面更加全球化，公司的资产和负债可由许多不同的货币构成，因而减弱了与其国内债券市场的联系。金融创新，特别是利率和货币互换市场的出现，极大地拓宽了筹资者尤其是公司的资金来源。

财务上需要浮动利率的公司已经能够将固定息票利率债券和浮动利率互换组合在一起，产生出比传统的浮动利率票据成本更低的金融投资工具。类似地，当货币互换更为有利，也就是说，公司需要货币互换时，英镑基金（Sterling fund）可以发行一种欧洲美元债券并将它与货币互换组合在一起，产生比传统的英国债券（UK bond）成本更低的英镑基金。

为什么用美元支付的投资者应该对美元计价的国际债券感兴趣？扬基债券在证券交易委员会注册，并同其他美国国内债券一样进行交易。尽管在最近的几年中，扬基债券新发行人的信用质量一直在降低，但在扬基债券市场上发行人的信用质量仍然很高。欧洲美元债券通常比扬基债券缺乏流动性，但有时能提供更具吸引力的收益以及更多的信用评级信息。由于大多数国际债券都会获得由主要评级机构评定的等级，因而投资者只需要做一点额外的信用分析工作，就可以在美元计价的国际债券中发现一种比其他可比评级、特别是美国投资者对其信用评级不熟悉的债券收益高的债券。

扬基债券和欧洲美元债券有什么不同？两者主要的不同在于是否要在美国证券交易委员会注册。扬基债券要在美国证券交易委员会注册，在美国发行和交易。欧洲美元债券在美国之外发行，主要是外国投资者进行交易。欧洲美元债券多由公司发行人发行，而扬基债券多由信用等级较高的有国家主权的发行人和有国家主权担保的发行人发行。欧洲美元市场的规模在历史上曾经是扬基债券市场规模的4～5倍。另外，扬基债券是注册债券，而欧洲美元债券是非注册的或者是不记名的。扬基债券每半年支付一次利息，而欧洲美元债券每年支付一次利息。

□欧洲美元债券

在泛欧货币即欧元推出之前，欧洲债券市场已有很长时间的历史。在国际债券市场中，“欧洲”这个前缀意味着离岸的或者任何在国内管辖权以外的、以非本币计价的债务。

欧洲美元银行业务市场始于冷战期间，由于苏联担心美国可能冻结它的美元存款，因而情愿持有以美元标价的欧洲银行的储蓄存单，从而不受美国当局的控制。由于银行寻求免受对国内银行业务的限制，例如，对储蓄利率水平设置上限的《Q条例》（Regulation Q）以及不允许银行从事承销、经济业务的《格拉斯-斯蒂格尔法案》，欧洲美元市场才逐步发展起来。[6] 1968年对美国公司海外直接投资的限制促使美国公司增加了离岸资本的数量，从而扩大了欧洲债券市场的规模。

然而，欧洲美元市场最重要的发展时期是在20世纪70年代末，欧佩克国家的大量美元外汇盈余（由于石油是以美元计价的）寻求再投资途径，导致大量美元流入欧洲市场。国际收支逆差加上较高的石油价格，也刺激了有国家主权和有国家主权担保的欧洲美元债券的发展。

欧洲美元债券是欧洲债券市场上最大的一个组成部分，而欧洲债券市场由不同货币单位计价的证券构成。欧洲美元债券是：

（1）以美元计价的债券；

（2）在任何一个国家管辖权之外发行和交易的债券；

（3）由一个国际承销团承销的债券；

（4）以不记名（非注册）形式发行的债券；

（5）以美元向投资者支付利息和本金的债券。

以美元计价的欧洲债券被称为**欧洲美元债券**（Eurodollar bond）。因为欧洲美元债券不在美国证券交易委员会注册，而美国国内的新债券要求注册，所以在债券发行结束且时效期到期之前，法律禁止承销商将新欧洲美元债券出售给美国大众。在债券全部分销结束后，一种债券一般的时效期为40天。这种时效规定有效地将美国投资者挡在一级市场之外。虽然在时效期届满后，未偿付的一部分欧洲美元债券进入美元计价的投资组合中，但由于新债券出售中缺少美国投资者的参与，欧洲美元市场将仍然由外国投资者占主导地位。虽然没有指定一个单独的地点为欧洲美元市场所在地，但实际上伦敦是欧洲美元债券的一级市场交易中心。

第一个欧洲美元债券于1957年由比利时石油金融公司（Petrofina）发行，规模仅仅为500万美元。随着市场规模的扩大，欧洲美元债券的可销售性有所增强。在过去，很多直接发行的固定利率欧洲美元债券的交易频率很低，特别是较早发行的、个体规模大多在5 000万美元以下的债券。现在正常的规模为2亿～5亿美元，甚至更高。

尽管市场规模扩大了，但债券的流动性仍然受到欧洲美元债券在欧洲零散投资者中的普及程度的限制。因此，相比于其他可比债务，交易量更少、买卖利差会更大。由于欧洲美元债券以不记名形式持有，有关主要持有人的信息往往是不可靠的。市场参与者估计散户投资者通过直接购买这些投资工具或者持有公共基金，广泛地参与欧洲美元市场。

欧洲美元债券的参与者可以划分为四种主要类型：国际机构、国家主权筹资者、金融机构和公司。国际机构，例如世界银行、欧洲投资银行，一直是融资规模最大的筹资者之一，反映了它们为发展而融资的不断需要以及缺乏“自己”的发行市场。

尽管由于政府减少了海外筹资而倾向于在自己本国债券市场上筹资，在 20 世纪 80 年代末有国家主权的欧洲美元债券的发行减缓，但是国家主权和有国家主权支持的筹资者仍然非常重要。同样，很多新兴市场的财政支出缩减以及本国债券市场的发展降低了国家主权筹资者在该市场中的作用。银行和金融公司在新债券发行市场上一直占主导地位，不过公司债券的发行在增加。

欧洲美元债券市场的推动因素之一是一般经济环境。在 20 世纪 80 年代末，由于较大的借款需求以及本国债券市场外国参与者的有限参与，日本公司是欧洲美元债券市场最活跃的筹资者。但日本本国债券市场的逐渐开放（因而减少了离岸市场发行的相对吸引力），以及随着日本经济长期陷入衰退之中使得日本公司开始去杠杆化，导致日本欧洲债券发行大幅减少。

1987—1990 年期间以及 20 世纪 90 年代末期美元的坚挺，提高了以美元标价的证券对投资者的吸引力，增加了欧洲美元债券的发行。同样地，1994—1995 年美元对日元的疲软以及 2003—2008 年美元对欧元的疲软，都导致投资者兴趣下降，国际筹资者减少了欧洲美元债券的发行。

同样，随着欧元在 1999 年的推出，很多传统欧洲美元债券的发行人也可以通过泛欧渠道来发行欧元计价的债务。地区承销商的竞争导致了承销商净利差的下降，以及发行人贷款成本的下降。相反，在 2007—2009 年信用危机期间，由于高昂的贷款成本，欧洲美元债券市场的流动性消失了，只有最高质量的发行人才能进入市场。

不过在长期，市场的规模和活力主要由有关金融市场和证券监管的政策决定。随着各国政府放松对本国债券市场的管制，欧洲美元债券对发行人和投资者的吸引力逐渐消失。不过 2007—2009 年信用危机后，美国监管者的监管趋严以及全球债券市场的增长可能再次推动欧洲美元债券的发行。

□扬基债券

美元计价的国际债券市场的另一构成部分是**扬基债券市场**（Yankee bond market），它由所在地在外国的发行人构成，这些筹资者要在美国证券交易委员会注册，并在美国由美国承销团承销以筹集美元。[7]一个扬基债券的例子是一家日本公司在美国发行的本金和利息均以美元计价的债务。主要的需求来自美国，虽然“国外”投资者可以并且会参与。

与没有注册要求的欧洲美元债券不同，发行扬基债券的公司面临严格的要求，以保证它们是财务稳定并且可以在债券到期时进行偿付的。一般来说，任何没有在证券交易委员会注册的债券都不能在发行时出售给美国投资者。扬基债券的发行人一般面临为期四周的审查期以及常态披露要求。与此同时，注册审查阶段一般使得投资者对新发行债券有更清晰的了解。因此，一般认为扬基债券比未经审查的其他“外国”债券的风险更低。

扬基债券市场的历史比欧洲美元债券市场还长。海外筹资者第一次发行扬基债券是在 20 世纪初。早期的扬基债券利息支付记录并不好，到 20 世纪 30 年代中期，美国有三分之一的未偿付的“外国”债券由于未能支付利息而违约。经过几年的缓慢发展，在1974年取消了利息平衡税后，扬基债券市场取得了迅猛的发展。[8]在此之后，扬基债券市场已经成为国际发行人仅次于欧洲债券市场的融资渠道。

国际机构和加拿大各省（包括省辖公用事业类公司）在历史上一直是扬基债券最重要的发行人，占整个扬基债券市场的一半多。那些融资规模巨大但是在本国市场无法获得这么大流动性的机构或者可以在外国市场获得更加吸引人的借款条件的机构偏好在扬基债券市场发行债券。相比于欧洲美元债券，扬基债券交易的二级市场的流动性更强，因而买卖价差较低。进一步地，扬基债券对债务发行人是有吸引力的，因为将债券转换为本国货币的条件往往较好。

用以增加金融机构资本水平的监管措施也增加了扬基债券市场的发行。例如，2001—2010年，为了提高资本水平并且满足更为严格的银行业监管要求，欧洲银行发行的扬基债务提高了将近四成。

公司作为欧洲美元债券市场的一个地位不断增长的筹资者，在扬基债券市场上却并不重要。不过，全球债券的广泛发行，缩小了扬基债券市场与欧洲美元债券市场的区别。

□欧洲美元债券市场和扬基债券市场

虽然市场所在地在美国限制了外国投资者如他们在欧洲市场上一样占主导地位，但外国投资者仍然在扬基市场上起了重要的作用。1984年以前，外国投资者偏好包括扬基债券和欧洲美元债券在内的美元计价的国际债券，这是因为这些债券免征美国政府对所有支付给外国投资者的利息征收的30%预扣税。

当1984年7月美国政府取消了免征的预扣税后，美元计价的国际债券相对于美国国债和国内公司债券的主要优势已不复存在。这使得扬基债券和欧洲债券相对于美国国内市场来说变得更有吸引力，但外国投资者在这两个市场中的作用仍然非常重要。美元计价的国际债券的收益率优于美国政府债券的原因在于国际债券较小的流动性和较低的信用等级，以及外国购买者一般相对于美国国内债券更熟悉扬基债券和欧洲美元债券。最后，扬基债券和欧洲美元债券的发行人有时通过提供较短的期限和更多对海外投资者有吸引力的提前赎回保护条款，来弥补它们在美元计价市场上的“外国”地位。

由于上述原因，当外国购买者寻求购买美元计价的债券时，他们经常购买美元计价的国际债券——欧洲美元债券或扬基债券——来代替国内债券。外国购买者对美元计价的证券的兴趣大小反映在它与美国国内债券或大或小的收益率利差上，对欧洲美元债券尤其如此，因为外国利率对这个市场的影响高于扬基市场，这更符合美国投资者的偏好。

欧洲美元市场和扬基市场不同的投资者基础有时会造成两个市场之间的交易不等价。例如，因为美国和加拿大相邻，美国投资者更热衷于加拿大的债券，导致交易时结构相似的加拿大扬基债券经常比加拿大欧洲美元债券的收益低。

□全球债券

投资领域的全球化使扬基债券市场和欧洲美元债券市场紧密地联系在一起，当两个市场的收益出现不等价时，投资者经常在两个市场间进行套利。随着全球债券的出现，两个市场的分界线变得越来越模糊不清。全球债券一般是一个单一筹资者同时在北美、欧洲、亚洲和其他地区以多种货币发行的大型国际债券。

世界银行在1989年发行了第一只全球债券，规模为15亿美元，并且在扬基市场和欧洲美元市场同时发行。由于投资者在欧洲和美国都购买并交易该证券，其流动性更强，发行成本也更低（相比于几个单独发行的欧洲债券）。虽然这些证券是以登记形式发行的，与欧洲美元债券不同，投资者认为这些债券更大的规模和更强的流动性比无记名债券提供的不记名性更有价值。

发行全球债券的意义是创造一个同时具有扬基债券和欧洲美元债券性质的投资工具。其结果是，限制流动性并且创造利差额的市场分割将会消失。全球债券的成功再次证明了欧洲债券市场和本国债券市场之间的融合，后者降低了跨国资本流动的壁垒。由于强大的信用质量可以不断在不同市场、以不同工具利用全球债券工具进行筹资的发行者一般也会受到投资者青睐。

全球债券市场一般由中央政府和国际组织利用。经常发行全球债券的发行人包括开发性银行，比如亚洲开发银行和世界银行，以及国家主权主体比如巴西和墨西哥。这些机构在收益率曲线上发行流动性很好的基准债券，这可以提高价格的透明度并降低融资成本。

□《144A条例》私募债券

为了鼓励国际企业在美国发行债务，同时降低相关的披露成本，证券交易委员会在1990年实施了《144A条例》(Regulation 144A，Reg 144A)。私募固定收益证券一般直接售卖给数量有限的高资质投资者（比如保险公司、养老基金和一些高净值个人投资者），并且免于在证券交易委员会进行登记。

自从证券交易委员执行该条例以来，《144A条例》市场已经成为具有万亿美元市值的市场，其中大多数发行都由主要的评级机构进行评级。美国公司是该市场的主要发行人，随后是欧洲跨国公司，市场中发行的债券绝大多数以美元计价。最初，由于较小的发行规模，《144A条例》债券的收益率比公共债务工具要稍微高一些。但随着《144A条例》市场的发展，这种利差已经减少。

《144A条例》为外国筹资者提供了更多的机构投资者。由于发行人只需要披露其本国监管机构要求的文件，它们不需要满足更为繁杂的证券交易委员会登记过程。很多私人公司更喜欢这个市场，因为可以在财务报表上保密。其他机构利用《144A条例》来创造并且发行更多定制化债务产品。很多《144A条例》产品有助于发行人快速获得资本以及扩大债务规模以具备在证券交易委员会进行登记的资格。

传统上，大型保险公司、养老基金和长期机构资产经理是这个市场最大的投资者。因为更为严格的协议保护和信用增强，《144A条例》的债务发行可能为投资者提供分散化的好处。一般来说，想要获得该市场中投资者的国际发行人需要提供这些额外的激励来补偿投资者所获得的有限财务披露。

□欧洲中期票据市场

欧洲中期票据（Euro Medium Term Notes，EMTNs）允许在一个伞形协议下发行不同货币和到期期限的债务。这个协议与“储架登记”相似，后者允许发行人在特定时间段内多次发行债务而只需要申报一次。因此相比于传统的需要为每只债券发行进行登记的欧洲美元债券，筹资者可以利用欧洲中期票据来更加迅速和有效地利用市场。虽然欧洲中期票据原来只被用于发行非承销的私募证券，但它们现在也经常由银团联合承销。由于这些证券是在美国之外发行的，因此它们无须满足证券交易委员会的监管要求。

大多数欧洲债券会互换为浮动利率债务。有时候，获得有利互换条款的市场机会是有限的。其结果是，筹资者尊重欧洲中期票据的灵活性。期限和其他发行条件可以被构造以满足特定投资者的需求，这允许公司机会主义地发行债务。这些票据被广泛地使用于规模较小的、流动性较差的结构化私募发行。随着欧洲中期票据市场获得关注，规模更大、更加标准化的债务发行开始变得常见，并且经常与欧洲美元债券市场和《144A 条例》市场所发行的债券竞争。

□美元计价的新兴市场债务

在国际债券投资组合中经常可以发现新兴市场债券。最开始，大多数这样的债券以美元或者其他主要货币，比如英镑或者德国马克计价。不过，非美元计价的债务工具，比如墨西哥国库券，也很快可以被国际投资者获得。一个美元计价新兴市场债券市场发展的关键标志性事件是布雷迪债券市场的发展。

布雷迪债券以美国财政部部长尼古拉斯·布雷迪（Nicholas Brady）的名字命名。布雷迪在 20 世纪 80 年代后期通过将不良银行贷款重新包装为可流通的证券，为解决拉丁美洲债务危机提供了一种市场导向的方法。其结果是，商业银行可以将这些贷款从它们的资产负债表中去掉。第一个布雷迪债券合约出现在墨西哥，1990 年 3 月墨西哥发行了布雷迪债券。在其顶峰，未偿付布雷迪债券的名义价值大约为 1 300 亿美元。

大多数国家都已经偿付了其布雷迪债券债务，转而利用成本更低的欧洲债券或者本国信用市场进行融资。新兴市场主权发行人则在拉丁美洲债务危机后回到了金融市场并以吸引人的收益率发行美元计价和非美元计价的债务。

无论以何种货币计价，新兴市场债务投资者都需要考虑这些证券的额外风险特征。违约的原因可能不仅包括无法偿付债务，还可能有政府对某些信贷人的偏好。投资者不仅需要关注新兴市场债务的信用质量，还需要关注政治风险。

持有新兴市场证券的市场风险一般比持有发达国家证券的风险要高。虽然很多新兴市场主权发行人发生的违约，比如厄瓜多尔（2008）、伯利兹（2006）和多米尼加共和国（2005），都对更为广泛的金融市场的影响有限，但是例如俄罗斯（1998）和阿根廷（2001）的违约则对地区甚至全球信用市场都造成了显著压力。

发达国家的金融市场大多数避免了 1997 年亚洲危机的动荡，但是它们受到了俄罗斯在 1998 年 8 月违约事件的深刻影响。随后发生的逃向安全资产不仅损害了新兴市场的债券价格和总体信心，还使得美国公司和机构利差快速扩大。

投资者对新兴市场债务的信心在 1999—2002 年拉丁美洲面临经济压力时再次受到打击。巴西雷亚尔和阿根廷比索的贬值，以及阿根廷的主权债务违约对全球新兴市场产生了压力。虽然两个事件都给金融市场带来了动荡，结果却非常不同。巴西走上了财政紧缩和制定通货膨胀目标的道路，随后再次进入了主权债务市场。而另一边的阿根廷，在本国债务和外国货币债务上都出现了违约，在将近10年过去以后仍然无法在国际债务市场进行融资。

2007—2009年信用危机期间，随着先前追求高收益证券的投资者开始降低他们在这些外国市场的头寸，并且回到像美国国债这样“更为安全”的资产，新兴市场债务承受了巨大的压力。不过，随着危机过去以及增长前景再次变得吸引人，投资者再次投资同样的这些新兴市场主权债务。

讽刺的是，虽然新兴市场主权债务在危机后重新获得青睐，很多发达市场的主权债务——特别是在欧洲的——仍然脆弱。大量的结构性赤字、脆弱的银行系统以及年代末期的低增长前景都使得投资者开始怀疑像爱尔兰、希腊、葡萄牙和西班牙这样的主权国家的财政可持续性。连意大利和法国的债券市场都多次受到挑战。很多“发达”的主权债务的交易价格比传统“新兴市场”债务的交易价格还低。尽管欧洲央行在二级市场购买证券，欧元区国家政府创造了多种神奇的流动性工具，这些忧虑仍显著地影响了金融市场参与者。

危机的结果是，新兴市场和发达市场的界限变得越来越模糊。超过50%的新兴市场债务发行人会获得主要评级机构的投资级评级。更为重要的是，以本币发行的主权债务已经成为国际固定收益市场快速增长的组成部门。投资者需求从美元计价债务转向了在本国债券市场发行的非美元计价债务。

19.4 外币计价的国际债券

从美国投资者的角度看，外币计价的国际债券是所有以非美元标价的债券。美国投资者可以获得各种类型的债券货币单位是产生波动的来源，因此美国投资者在国际债券面前面临的最重要的问题是货币是否可以套期保值。但是，货币套期保值问题的理论基础已经超出了本章的范围。

像美国债券市场一样，根据发行人所在地、一级交易市场的地点可以将外币计价固定收益投资工具分为三种：国内市场、外国市场（如扬基市场）——发行人所在地在发行国家之外，以及欧洲市场——在任何一个国家司法管辖权之外进行交易。

□美国以外的国内市场

筹资者发行的以本国货币计价并在本国发行的证券是典型的国内债券。这些债券的直接发行人包括政府、政府机构（有时叫半政府机构）和公司。在大多数国家，有政府背景的债券、由中央政府发行的债券、由政府机构发行的债券、由州（省）或地方政府发行的债券占据着国内债券市场的主导地位。美国是最发达、最活跃的公司债券市场。相反，日本公司非常依赖银行贷款而不是公司债务的发行。结果是，日本公司债券市场缺乏流动性。

就如前面一节所谈到的那样，在新兴市场发行的非美元计价债务是国际债券市场快速增长的一部分。这些国内市场由于一系列原因展现了显著的增长，包括货币控制的放松，有效经济和监管政策的执行，以及吸引额外流动性的愿望。

很多新兴市场国家会在收益率曲线的特定点上连续发行美元计价的债务。这些基准发行一般流动性较好，并且为国际投资提供更加透明的定价方式。随着离岸市场流动性的发展，本国债务市场也成为重要的融资来源。对于这些主权国家来说，以本国货币而不是以美元发行债务，使得它们能更好地将负债与资产进行匹配。

进一步地，一个深度的、流动性充足的本国债券市场一般会促进公司债务市场的增长，有利于减少公司对银行贷款的依赖。通过在国内市场和美元计价市场发行债务，发行人可以接触到更为广泛的投资者，降低融资成本，并且减少与货币波动和外部事件相关的风险。

国内新兴市场债务市场流动性的增加为国际固定收益投资者提供了广泛得多的债务工具（在美元计价债务之外）。的确，2000—2010 年，以本币发行的债务市场的规模相比于美元计价市场的规模翻了一倍。这些新兴市场债务提供的分散化好处是需求增加的关键推动要素。

□猛犬债券、武士债券和其他外国债券

外国债券市场是由不同国别的筹资者最初在某个市场以该国货币售出的债券组成。扬基债券是外国债券市场中以美元计价的市场。另外还有武士债券市场（Samurai market）（由非日本筹资者在日本发行的日元计价债券组成）以及猛犬债券市场（Bulldog market）（由非英国实体在英国发行的英镑计价债券组成）。

其他外国债券市场（很多名字很有趣）包括那些新兴市场。这些外国债券包括套娃债券（由非俄罗斯实体在俄罗斯发行的以俄罗斯卢布计价的债券）、阿里郎债券（由非韩国实体在韩国发行的以韩元计价的债券）、熊猫债券（由非中国实体在中华人民共和国发行的以人民币计价的债券）和点心债券（由在中国香港的实体发行的以人民币计价的债券）。

相对于它们对应的国内债券市场，这些国外债券市场规模较小，流动性也有限。对于筹资者来说，国外债券市场的最大优势是它可以提供更为广泛的投资者。例如，武士债券就使得筹资者可以利用日本数量庞大的投资资本。对于投资者，外国债券提供了在国内交易、结算的便利性，并在很多时候提供了更高的收益率。不过，国内债券市场所提供的不断增加的流动性和分散化收益（包括货币和久期敞口）都降低了国外债券市场的增长速度。

□离岸外币计价市场

直接在国际（离岸）市场发行的债券称为欧洲债券。欧洲债券可以以不同的货币单位发行，这些货币包括欧元、日元，甚至是南非兰特、捷克克朗。这些债券多由国际承销团承销并在许多国家市场上同时销售。这些债券可能得到或没有得到计价货币单位所在国筹资者的担保，筹资者可以是有国家主权的政府、公司或国际机构。与外国债券市

场一样，欧洲债券的流动性一般不如国内政府债券的流动性。

大多数欧洲债券以美元或者欧元发行。不过，在2000—2010年，美元计价的欧洲债券发行量下降了。美元在欧洲债券中的份额下降可以被归结为三个趋势：美元对其他主要货币在1984年达到顶峰之后的贬值；大型机构分散货币敞口和融资来源的愿望；以及互换和其他衍生品市场提供的流动性。

□通过其他工具进入国际债券市场

将国际债券加入固定收益投资组合中使得投资者可以扩大他们的可投资范围。与此同时，投资者还可以享受分散化的好处。不过，对个人投资者来说，利用这些市场可能是困难的，因为它们的价格形成缺乏透明度、买卖利差很大、交易成本高昂。随着个人投资者对国际债券特征的了解的深入，一些投资产品被研发以提供更加有效利用这些市场的渠道。两个有较大资金流入并且推动了国际债务市场发展的产品是全球债券共同基金和交易所交易基金（exchange-traded funds，ETFs）。

□国际债券共同基金

虽然很多国际债券基金和新兴市场债务基金从20世纪80年代末期就已经开始运营，这些产品真正的发展发生在上个10年。这些债券共同基金从投资者对额外收益的需求中格外获益，但仍然是固定收益共同基金资产中较小的一部分。截至2010年12月，在2万亿美元应税债券基金中，大约有2 000亿美元被投资在国际固定收益资产上。[9]

美国投资者一般为了分散化和获得非美元敞口而将这些基金加入他们的投资组合中。随着每日定价透明度的增加和主动或被动管理的专业化，全球债券基金为投资者提供了另一个进入国际债务市场的渠道。

投资国外固定收益资产的债券基金利用多种策略。不过一般来说，存在三种类型：新兴市场债券基金、全球债券基金和国际债券基金。新兴市场债券基金将它们大部分的资产投资于新兴市场国家，后者由具体评级机构的评级标准决定。全球债券基金在美国市场和“外国市场”都进行债务投资。结果是，这些基金会承担美元敞口。国际债券基金则不承担美元敞口，因为它们投资的国家不包括美国。根据每只债券基金的不同原则，公司债务、国家主权债务、超国家债务或者其他债务都可能是潜在投资对象。

□国际债券交易所交易基金

在全球债券共同基金为投资者提供广泛的策略和机会的同时，交易所交易基金（exchange-traded funds，ETFs）专注于固定收益——特别是国际固定收益——其规模也大大增加了。截至2010年12月，在将近1万亿被投资于交易所交易基金的美元中，大约15%被投资于固定收益策略。国际固定收益市场交易所交易基金占到固定收益交易所交易基金的5%左右，不过这一分市场在快速增长。

交易所交易基金因为一些特定特征而吸引投资者。如同传统共同基金，公共投资者对证券和其他资产组成的集合感兴趣。交易所交易基金的份额在市场中交易的价格接近份额的净资产价值，而不是以折价或者溢价价格交易。[10]相比于共同基金，很多交易所交易基金的费用率较低、有一些税收优势，同时允许投资者以一天内的市场价格买卖份额。更为重要地，投资者可以做空交易所交易基金，生成期权并设定市场、限制和止损线。

债券交易所交易基金一般跟踪知名度高的债券指数，比如巴克莱全球债券综合指数、花旗银行世界政府债券指数和JP摩根新兴债券指数。这些指数根据期限、部门和/或质量代表了债券市场的某个分市场。像分层抽样这样的方法可以减少匹配某一指数或策略所需要购买的债券的数量。主动管理债券交易所交易基金可以使用定制基准并使用不同策略，包括在管理国际债券和风险敞口时的杠杆。更为重要地，这些策略在对冲风险敞口时可以采用不同的方法。

19.5 国际固定收益和理解货币风险

虽然在全球投资组合中加入国际债券所带来的分散化收益一般被认为是正的，外国货币因素却经常压倒其他收益成分。对于单一国家外国债券投资，不同的研究表明货币风险占到了以波动率衡量的总风险的95%。[11]每个投资者的波动性和收益目标会驱动对冲、部分对冲或不对冲货币敞口的决策。

对冲和它对国际债券投资组合管理的影响是一个有争议的话题。一些声誉良好的学术研究认为，对于长期投资者来说，对冲债券投资组合的波动性超过对应的未对冲债券投资组合的波动性。特别地，向购买力评价的均值回复会创造“天然对冲”。结果是，从长期来说，不对冲货币敞口是更好的（对于超过7年的债券投资组合）。[12]这个观点认为在长期内，不对冲的投资组合会比对冲投资组合提供更高的收益。

不过，其他研究则得出了不同结论。根据1975—2009年国际债券收益的样本，对于5年以内的案例，对债券投资组合采取完全对冲都是最优策略。[13]在此基础上，根据投资者的基本货币，对冲货币风险会对收益产生有意义的影响。

□收益构成

对基于美元的投资者而言，在积极管理的美元计价的债券组合中有两种收益：息票收益和国内资本利得。国内资本利得来自利率的变化或发行人可察觉的信用质量的变化。

对于外币计价的投资，投资者还必须考虑第三种收益来源：外国货币变动收益。美国投资者必须将收益和本国价格变动联系起来考虑，并将全部国内收益换算为用美元估计的总收益。

对美国投资者来说，外国货币债券的预期收益不仅要考虑收益的绝对量，而且应该分析美国市场预期的相对收益。这种分析分为以下三个问题。

国际债券的收益是否完全是货币变动的函数

这个问题的答案取决于时间跨度。图表19—1展示了1985—2010年的25年间，根据花旗银行非美元世界政府债券指数测算，在 8 个分期中有 6 个分期息票收益率是三个收益率构成因素中最大的。

在较短的时间内，外国货币和国内资本利得对收益率的影响是极其重要的。这个结果与最近认为在 5 年期以内，对冲国际债券投资组合的货币敞口来降低风险是明智的研究类似。虽然这些投资者的波动性可以被降低，但是收益也会被限制。

图表 19—2 给出了 1985—2010 年的年度收益率，显示了在较短时间内国内资本价格变化和汇率波动对整个收益的影响。国内资本利得的变化范围是从－10.0％（1994 年）到 9.3％（1993 年），货币收益率的变化范围是从－12.6％（2005 年）到 25.5％（1987 年）（记住对美元计价的投资者来说，相应于美元对其他货币的升值，外国货币的收益率是负的，反之亦然）。息票收益率整个期间都在很窄的范围内变动，从 2.9％（2010 年）的最低点到 8.3％（1990 年）的最高点。

图表 19—1　　国际债券指数不同时段平均每年收益率的构成

期间	收益的贡献			
	息票收益（％）	国内资本利得（％）	外国货币变动收益（％）	换算为美元的平均每年总收益率（％）
1985—1988	＋7.6	＋1.6	＋14.6	＋23.7
1989—1992	＋8.0	＋0.4	－0.5	＋7.9
1993—1996	＋7.2	＋2.4	＋1.1	＋10.7
1997—2000	＋5.5	＋0.3	－4.5	＋1.3
2001—2003	＋4.2	＋0.6	＋2.9	＋7.8
2004—2006	＋3.4	－0.3	－0.2	＋2.9
2007—2010	＋3.2	＋0.5	＋3.9	＋7.6
1985—2010	＋5.7	＋0.8	＋2.9	＋9.3

资料来源：图表中的月度总收益来自花旗银行非美元世界政府债券指数。总收益的构成由花旗银行提供的主要当地市场收益率计算而得。

图表 19—2　　国际债券指数平均每年收益率的构成

年份	收益的贡献			
	息票收益（％）	国内资本利得（％）	外国货币变动收益（％）	换算为美元的平均每年总收益率（％）
1985	8.1	2.8	21.6	32.4
1986	7.4	3.6	18.1	29.1
1987	7.2	0.4	25.5	33.2
1988	7.6	－0.5	－4.4	2.7
1989	7.7	－4.9	－5.7	－2.9
1990	8.3	－3.5	10.2	15.1

续前表

年份	收益的贡献			
	息票收益（%）	国内资本利得（%）	外国货币变动收益（%）	换算为美元的平均每年总收益率（%）
1991	8.1	5.8	1.7	15.5
1992	7.9	4.8	−7.3	5.4
1993	7.6	9.3	−2.0	14.8
1994	7.4	−10.0	9.6	7.0
1995	7.1	8.5	2.9	18.5
1996	6.7	3.0	−5.3	4.4
1997	6.2	2.3	−11.9	−3.4
1998	5.7	3.3	7.9	16.9
1999	5.1	−5.0	−4.9	−4.8
2000	4.7	0.9	−7.8	−2.2
2001	4.4	0.4	−8.0	−3.2
2002	4.1	2.8	14.0	20.9
2003	3.7	−1.5	16.0	18.2
2004	3.6	1.6	6.6	11.7
2005	3.3	0.6	−12.6	−8.7
2006	3.3	−3.1	6.8	7.0
2007	3.4	−1.0	8.8	11.3
2008	3.4	4.1	2.3	9.8
2009	3.1	−0.7	2.0	4.4
2010	2.9	−0.4	2.7	5.2

资料来源：图表中的月度总收益来自花旗银行非美元世界政府债券指数。总收益的构成由花旗银行提供的主要当地市场收益率计算而得。

当然，对个别国家而言，收益率的构成变动还是相当大的。货币的波动是收益率的构成中波动性最大的成分，历史上兑美元的年增长率或者年减少率曾经高达20%～30%。尽管资本增长被证明具有比较小的波动性，但是它在利率波动期间仍能产生两位数的增加或者减少。

最后，尽管收益率的构成在定义上始终是正的，它在国家和国家之间也有非常大的差别，这正如前文在讨论一定时期内收益率的影响时，比较日本和新西兰的债券收益率所描述的那样。这些数据清楚地表明所有影响收益率的三个因素——息票收益、资本价格变化、货币波动——都是重要的，它们与美国债券相比的绝对量和相对量都必须被考虑。

什么是相对于美元债券收益率水平的初始收益率水平

如果利差是正的，这种收益优势随着时间的推移会提供一种保护，消除外国债券价格相对于美国债券相反的变动，或者避免外国货币价值的贬值。时间的跨度越大，累积的收益优势形成的保护越强。

另外，如果外国货币债券的初始收益水平低于美国债券的收益水平，收益不足必须由一种升值的货币或相对于美国债券正的内部价格变动来弥补，从而可以提供可比的收益。

后一种初始收益比美国债券收益的情况对投资者来说可能是难以接受的。但在1970—1980年，整体而言最低收益率水平的债券投资累计的美元债券总收益率是最高的。20世纪80年代有同样的情况，尽管日元债券是全球主要债券市场中利率最低的，但按美元折算的日元债券取得了全球最高的总收益。解释上述结果的基本原理是低利率的债券以低通货膨胀率国家的货币（日元）为计量单位，这种低通货膨胀率理论上可以转换为相对于美元的货币升值。

2000—2010年，投资于非美元计价债务市场的投资者不但从总体利率下降中获益，还从这些货币相对于美元的持续升值获益。高收益带来了强大的机构和散户投资者的需求。甚至2007—2009年的信用危机都没有对这些趋势产生太大影响。

什么是相对于美国债券预期的内部价格变动趋势

在外币计价的债券和美元债券之间的收益率利差的变动方面，该因素得到了广泛的讨论，并将此讨论和描述了美国国内市场相对价格的收益率利差变动做了类比。然而，这一比较应该考虑以下几点：第一，尽管变动的幅度不等，但美国市场上所有的债券价格通常朝相同的方向变动，而外币计价债券的国内价格的变动方向可以与美国市场相反。

第二，虽然美国市场的收益率利差波动较大，但在许多情况下，收益率利差是正常的且具有某种可遵循的内在含义。但是，美国和其他国家经济、政治、社会的变动趋势表明在长期中几乎没有一个一般的关系可以作为指导准则。

第三，投资者必须意识到相同的利率变化可能带来资本价格完全不同的变动。无论是美国投资者还是国际投资者都十分熟悉久期的概念，即根据单只证券的当前收益率、到期期限、息票利率和赎回结构的不同，相同的收益率变动将导致不同的价格变动。但是由于国际债券投资者的注意力集中在基准市场的收益率利差关系上，他们经常忽视不同市场相同到期期限的债券久期变动的结果。

例如，当前收益率1.3%左右的日本长崎债券的较低收益，使得日本10年期债券的价格相对于5.5%左右的新西兰债券对收益率变动的敏感程度高出15%左右。

因此，初始收益率5.5%、10年期的新西兰固定息票利率政府债券下降20个基点（0.2%）导致价格变动1.55%，而初始收益率1.3%、10年期的日本债券下降相同的20个基点将导致价格变动1.90%。

当更多地分析不同到期期限和不同收益率变化对不同初始收益率水平的影响效果时，相对价格变动引起的变动在直觉上并不明显。

最后，信用等级的变化对债券价格产生了显著的影响。近年的例子包括2001年阿根廷或者2007—2009年金融机构会显著地影响投资者情绪，并且突出这些工具的基础结构弱点。结果是，这些国家的公司债务溢价和主权利差都会受到不利影响。

什么是相对于美元的货币收益预期

如同股票市场和债券市场，许多因素对汇率有直接的影响。预测者面临的一般问题是这些因素是否已经在价格上得到了完全的反映以及哪一个因素在某一给定的时间内占主导地位。这些影响汇率波动的因素通常包括：

(1) 国际收支和国际收支预期变化；

(2) 国家间通货膨胀率和利差的差异；

(3) 社会和政治环境，特别是影响外国投资的因素；

(4) 货币政策的相对变化；

(5) 中央银行对货币市场的干预。

汇率预测者的过往记录比较差。影响汇率变动的要素、各个要素之间的互动，以及市场内资本的巨额流动使得短期和中期预测格外困难。2010 年国际结算银行的调查显示，外汇市场的每日交易量为 4 万亿美元，比 5 年前增长了将近 1 倍。根据这项调查，交易量的增加是由高频交易者更活跃的活动、小型银行和金融机构的更多交易以及散户投资者的出现推动的。[14] 从这样庞大的信息和资本流动中确定出趋势是非常困难的。

19.6 关键知识点

- 美元计价和非美元计价国际债券代表了世界固定收益市场中显著并且份额不断增长的部分。
- 美元计价国际债券的特征与“国内”发行的债券的特征类似，因此受相同的市场要素影响。
- 非美元计价国际债券的潜在收益和风险都更高，因此需要更强的专业能力来有效管理与全球债券投资相关的独特货币风险。
- 美元计价固定收益投资工具，包括欧洲美元债券、扬基债券、全球债券、新兴市场债务、《144A 条例》债务发行和欧洲中期票据，都推动了国际债券市场的发展。
- 国际债券市场中欧洲的前缀现在指的是离岸或者在本国管辖权以外发行的以外币计价的债务。
- 非美元计价债务，包括外国债券、欧洲债券和以本国货币计价的国内债务，提供了更大的潜在收益机会，但同时由于外国货币敞口，风险也更高。
- 非美元计价债券的收益由息票收益、国内资本利得和外国货币变动收益组成。
- 因为国际债券共同基金（比如新兴市场债券基金、全球债券基金和国际债券基金）和专注于国际债券策略的交易所交易基金的快速增长，国际固定收益资产的潜在投资者范围更加广泛了。
- 国际债券投资者需要考虑对冲货币风险投资组合和未对冲货币风险投资组合的波动性和潜在收益。

● 在较短的时间跨度内，货币的波动性和收益是国际债券投资组合收益的最重要的决定要素，因此对冲这些敞口是有好处的。在较长的时间跨度内，固定收益证券的息票收益为正，因此对冲可能是没有必要的。

【注释】

[1] 欧元区由使用欧元作为货币的国家组成。

[2] 除非特别说明，本章中全球债券市场规模和其他相关信息都从 *BIS Quarterly Review* 的报告中获得（特别是 Tables 14A、14B 和 16A）。

[3] 全球未偿付债务包括一个国家所有实体发行的国际债务、货币市场工具和国内债务。

[4] 在本章中，**外国货币债券**（foreign currency bond）或者**离岸债券**（offshore bond）指的是计价货币与发行人所在地货币不同的债券。**本国货币债券**（local currency bond）或者**在岸债券**（onshore bond）指的是计价货币与发行人所在地货币相同的债券。为了简便，我们将采用美国投资者的视角。因此，我们使用美元计价债券和非美元计价债券两个概念。

[5] “欧洲债券”这个说法有时会引起混淆。欧洲债券不需要以欧元计价。例如，相同的日本公司可以在瑞士发行本金和利息支付均以日元计价的债务。这个工具也会被称为欧洲债券，或者更具体地，日元欧洲债券。

[6] 欧洲美元是在离岸市场发行的以美元计价的短期货币市场工具。

[7] 一小部分未偿付的扬基债券是以“外国”货币计价的。它们在这段分析中未被考虑。

[8] 利息平衡税是 1963—1974 年对美国居民购买外国证券征收的税。该税收的目的和作用是通过提高资本的成本来抑制外国筹资者在美国筹资。为了与国内债券的利率竞争，外国筹资的净利率必须高于国内债券的利率。

[9] Investment Company Institute，*Trends in Mutual Fund Activity Investing*，Haver Analytics（Monthly Data，December 2010）.

[10] “Exchange-Traded Funds（Proposed Rule），” *Federal Register*. 73：50（March 18，2008）. p. 14618.

[11] Jochen M. Schmittmann，“Currency Hedging for International Portfolios，” IMF Working Paper 10/151，June 2010，p. 12.

[12] Kenneth A. Froot，“Currency Hedging Over Long Horizons，” NBER Working Paper，No. 4355，1993，p. 26.

[13] Schmittmann，“Currency Hedging for International Portfolios，” p. 40.

[14] King，Michael R. and Rime，Dagfinn，“The ＄4 trillion question：what explains FX growth since the 2007 survey?”，Monetary and Economics Department，*BIS Quarterly Review*，Basel，Switzerland，December 2010，p. 28.

第 20 章

新兴市场债券*

简·萨卡·布劳尔（Jane Sachar Brauer）
美林证券公司董事

新兴市场是由经济正在发展中的或正在摆脱不发达状态的国家组成的。它通常包括非洲、东欧、拉丁美洲、俄罗斯、中东地区和亚洲（不包括日本）的大部分或全部国家。除此之外，一些投资者将信用评级作为标准，他们将投资级别的信用评级视为国家完成新兴市场阶段的一个标志。一些新兴经济体严重依赖商品出口，而另一些新兴经济体有丰富的服务业和制造业。新兴市场债券包括政府发行的主权债券和贷款，以及新兴市场国家的公共和私人公司发行的固定收益证券。这些资产可以以任何货币计价。其中许多国家在 20 世纪 80 年代拖欠银行贷款，而从 20 世纪 90 年代开始，它们将拖欠的商业银行贷款转换为重组的主权债券，这种债券被称为**布雷迪债券**（Brady bonds）。20 世纪 90 年代初期到中期被认为是拖欠的贷款进行全球性重组的时代，而 20 世纪 90 年代末期以后被认为是拖欠贷款重组为新债券的时代。我们将会讨论这类资产的拖欠、重组和现状。

20.1 债券总量

新兴市场中流通的债券总额超过 3 万亿美元。流通债券的总量在整个 20 世纪 90 年

* 本章写于 2005 年，从第七版复制过来。

代都在膨胀，但债券的增长速度一般要比经济的年度增长速度慢。这部分是由于在整个新兴市场中财政状况的整体改善导致了融资需求的减少。

□国内债券与外部债券

国内债券是在当地发行的，需要遵守其发行国当地的法规，而外部债券在国外发行，需要遵守外国的法规。国内债券占新兴市场流通债券总量的77%。较低的流动性、频繁的投资限制、不同的实践和更高的兑现风险使得对于外国投资者来说，买卖国内债券比买卖外部债券更加困难。因此，大多数外国人持有的新兴市场投资品都集中在外部债券上。

在外部债券中，大部分是主权债券。截至2003年年底，市场中外部主权债券的未偿付面值已经达到了4 400亿美元，其中绝大多数都是通过发行**全球债券**（global bonds）或者**欧洲债券**（Eurobonds）而增长的，这两种债券经常被交替使用。[1]与此同时，主权布雷迪债券的未偿付面值从1 700亿美元下降到了420亿美元，这是由于一些政府赎回了它们的更昂贵的布雷迪债券或发生了违约。

□各地区的债券

拉丁美洲和亚洲继续占外部流通债券总量的主导地位。流通债券不包括类似国际货币基金组织（IMF）的贷款这样的非流通债券，但是并不一定是流动性债券。流通债券不一定具有作为基准指数的参考债券的资格，因为这种参考债券为了估值而对流动性有额外的要求。自1999年以来，各地区未偿付债券的分项数据一直保持相对稳定。目前，拉丁美洲占未偿付债券总额的48%，亚洲占25%，欧洲新兴地区占20%，中东和非洲占7%。在拉丁美洲，高主权再融资需求导致了新发行量的更高水平，此外，进入国际资本市场的公司融资者数量持续增长。在亚洲，由于一些国家有偿付紧急多边融资方案，这些国家发行的国内债券的金额相对于外部债券一直在增加，这导致了国内债券占到了未偿付新兴亚洲债券的89%。相比之下，在拉丁美洲，国内债券仅仅占未偿付债券的57%。虽然大部分外部主权债券都是来自拉丁美洲，但是国内债券在拉丁美洲和亚洲的数额都很大。

□债券发行者的多元化

自从20世纪90年代初以来，就每个国家的债券金额和发行外部债券的国家数量而言，外部债券的存量一直在扩张。自1996年以来，外部债券的发行量一直保持在大概每年700亿美元的平均水平上，与之相比的是在20世纪90年代初期年均发行量大约为300亿美元。一半以上的债券都是主权债券。发行国家数目的增加对投资者寻求以指数为参考的多样化投资表现是非常有益的，因为这减少了在任何一个主要的新兴市场指数中大型国家的比例。主要的市场指数通常由对日常定价来说具有足够流动性的未偿付的外部主权债券组成。外部债券的交易限制很少，因此非本地的投资者对其具有极大的兴趣。与之相反，许多国家的当地债券具有交易限制，这使得外国投资者不能轻易进入或退出市场。此外，主权债券比大多数公司债券具有更强的流动性，并且能够提供更加精确的指数估值。在过去的几年中，投资者开始越来越多地对当地货币投资感兴趣，因此这些当地市场指数开始在这类资产中发挥越来越重要的作用。

自 1991 年外部债券市场指数启用以来，指数中包括的新兴市场国家的数目从 4 个增加到了 35 个。这是由于大型国家将银行贷款转换成了债券，而小型国家开始挖掘外部债券市场。举例来说，美林证券公司新兴市场主权附加指数（IGOV）包括了所有评级为 BBB+或以下的新兴国家，截至 2004 年，其面值为大约 2 380 亿美元。在这个指数中，1993 年 5 个最大的国家占了指数的 98%，但是十多年之后只占指数的 66%。

虽然在美林证券公司，新兴市场主权附加指数在起初的时候，其 98%的市值都集中在拉丁美洲，但是在过去的 12 年中，东欧、非洲、中东和亚洲市场的份额一直在增加。这使得拉丁美洲有资格纳入指数的外部债券的面值和市值仅仅占总额的 58%。类似的多元化现象出现在了其他主要经销商的外部债券指数中。

□新兴市场国家的质量

实际上，作为一个资产类别，新兴市场的信用质量已经有所改善。它现在是一个多元化的资产类别，包括的种类从投资级别的信用到违约的债券。这个资产类别是由较弱的经济创造出来的，自 20 世纪 80 年代以后，这些经济一直在努力改善。许多国家都施行使它们能够更好地抵御外部冲击的影响并减少其对资本流动变化的敏感度的宏观经济政策。它们的信用质量也因此得到了改善。

尽管在 1998 年末因俄罗斯的违约出现了一些困难，但自 1998 年以来，积极的评级行为一直比负面的评级行为多很多。新兴市场指数包含许多完善了的国家，这些国家由于它们的历史原因而被归于这个资产类别。因此，投资级别的债券占主要的基准指数的比例已经从 1997 年的 8%左右上升到了更大的比例，根据特定指数的不同，所占比例为 25%～50%。平均信用质量也上升了一个等级，从 BB－/Ba3 上升到了 BB/Ba2。

□投资者基础

由于新兴市场债券和超额历史回报的增长，新兴市场的主权投资者基础也变得越来越多元化了。所有权一度集中在少数债权人银行和经销商手中，但是现在，交易活跃的全球债券的所有权的分布已经变得更加广泛了。

30 年以前，新兴市场债券是以商业银行贷款的形式存在的。在 20 世纪 80 年代，跨市场经销商参与到了这些贷款的交易中。起初，主要的非银行投资者是新兴市场国家的高净值个体。他们首先认识到，这些国家已经开始“走出谷底”。到了 20 世纪 80 年代末期，它们开始通过购买不良资产把资金调回国内。反过来，这引发了资产价值的稳步复苏，又由于随后发行的布雷迪债券获得了进一步的支持。

这些债券的高回报越来越引起了机构的兴趣。最早的机构投资者是比较激进的基金经理（对冲基金、环球增值基金、新兴市场专有基金等）和经纪交易商（包括主要的华尔街公司和几家参与了布雷迪交换的初始贷款银行）。不久之后，来自国内投机级债券市场（其收益率不再具有吸引力）的“跨界”投资者开始将新兴市场视作一个资产类别加入他们的投资组合（参见图表 20—1）。

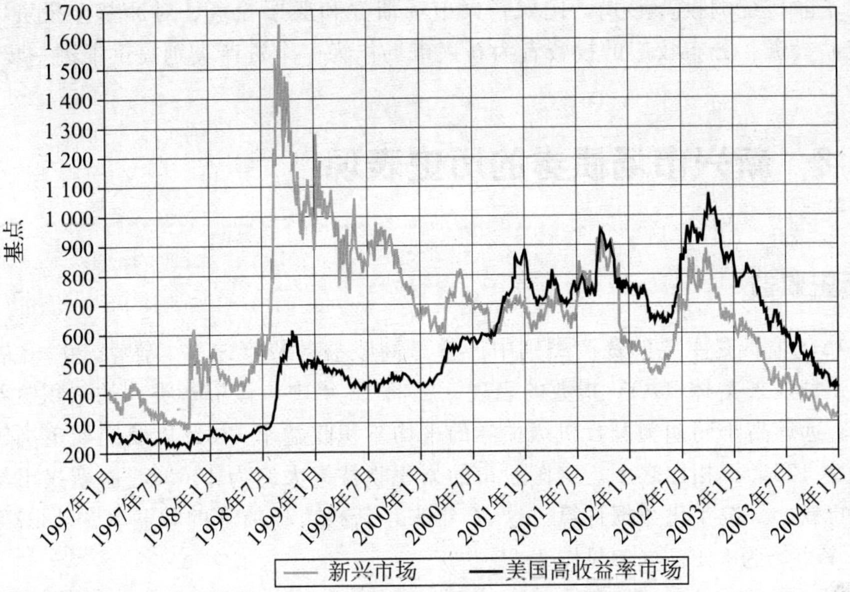

图表 20—1　新兴市场和美国高收益率市场利差

资料来源：Merrill Lynch.

随着 1996 年波兰的布雷迪债券升级到了投资级别，美国的公司、亚洲和欧洲的投资者也开始对其感兴趣了。随后，墨西哥和韩国分别在 2000 年和 2002 年也升级到了投资级别。这种资产类别的升级仍在进一步进行着，这使得大量高级别投资者可以容易地跨界进入新兴市场债券业。更高的回报也起到了关键作用。新兴市场跑赢了市场，在 1996 年收益率高达 41%，这带来了更多投资者。

在 1997 年亚洲金融危机和 1998 年夏天的俄罗斯经济崩溃之后，流向新兴市场的资本大幅度减少，投资者承担风险的愿望迅速下降。此外，投资者放弃了高收益率资产而转向了更安全、更具流动性的债券。这种对金融风暴的恐惧使金融危机进一步恶化，这是因为发展中国家无法在国际资本市场中筹集新的资金。在全球市场的沉重压力下，对冲基金业倒塌，被迫进行了清算，这导致了大规模的价格下跌。

然而，在后来的几年中，市场伴随着投资者基础和债券发行者基础质量的提高逐渐成熟。流动性有所改善，波动性也有所下降。此外，除了阿根廷违约之外，大多数国家摆脱了金融风暴，这增加了投资者避免危机的信心。

随着美国的利率在 21 世纪头十年的中期达到了美国 45 年来的最低点，较为保守的投资者也对新兴市场资产产生了需求。保险公司和养老基金开始在更广的范围内寻找更高的收益率和多样化，于是开始投资于新兴市场。相对较低的融资成本和许多新成立的对冲基金提供的杠杆收益潜力使得对资产增长的需求进一步增大了。

此外，跨界投资者开始关注指数基准的构成。越来越多地使用更广泛的指数将跨界投资者吸引到新兴市场，这些指数中包含 BBB 或更好的新兴市场主权债券，比如美林公司美国广泛市场指数（Merrill Lynch U. S. Broad Market Index）和雷曼综合指数或雷曼总体指数（Lehman Aggregate or Universal Indexes）。

由于 2000 年股市泡沫破裂，养老金和保险投资组合经理开始寻求进一步的多样化。

他们采取了非传统的投资形式，比如新兴市场债券和股票投资、对冲基金投资、房地产投资和商品投资。分布较广的投资者为新兴市场作为一个资产类别提供了进一步的支持。

20.2 新兴市场债券的历史表现

□历史收益

新兴市场债券是主要的资产类别中产生最高收益的资产之一。图表 20—2 展示了自 1991 年 12 月以来美林 IGOV 指数的表现。在前 12 年中，该资产类别的累积收益率累计达 368%，远远高于同期美国投机级债券的平均累积收益率 178%以及同期美国国债平均累积收益率 125%。相比之下，美国股市的累积收益率大约为 106%，而新兴市场股票发生了 6%的减少。按年化数据计算，这 12 年来，新兴市场债券的收益率为 13.7%，而美国高收益率市场为 8.9%（参见图表 20—3）。

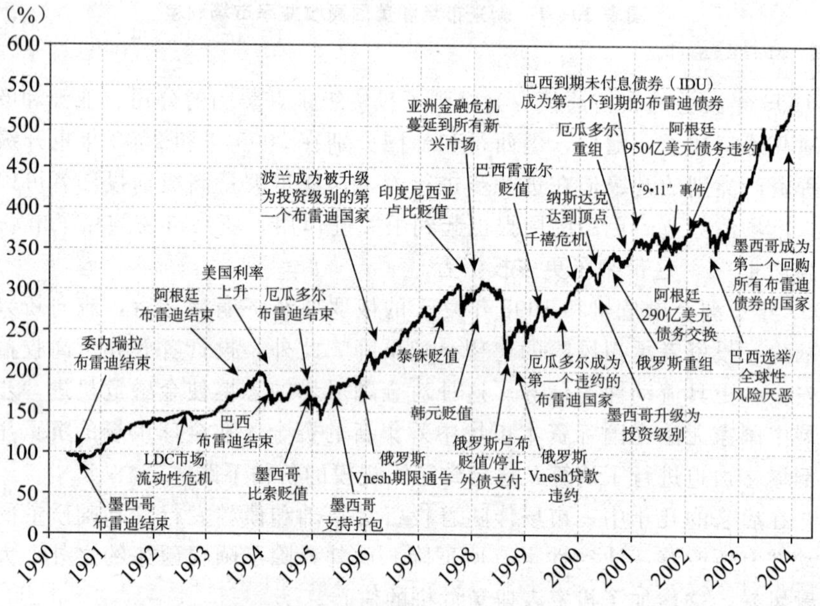

图表 20—2　美林新兴市场指数的总收益占初始投资的百分比

资料来源：Merrill Lynch IGOV 指数基于该指数被创造出来之前未偿付的几个布雷迪债券的价格推算到 1990 年。

图表 20—3　12 年的总收率、波动性和夏普比率（年化）

	总收益率	波动性	12 年的夏普比率
新兴市场债券	13.7%	16.0%	0.58
美国高收益债券	8.9%	6.4%	0.70
美国国债	7.0%	4.6%	0.57
美国公司债券	8.0%	4.8%	0.76
美国抵押债券	7.0%	3.0%	0.88

续前表

	总收益率	波动性	12 年的夏普比率
股票			
标准普尔股票	10.7%	14.7%	0.43
欧洲股票	7.7%	17.4%	0.19
新兴市场股票	5.9%	23.1%	0.06

注：股票指数带有股息。

资料来源：Merrill Lynch，Bloomberg. 夏普比率等于无风险利率的超额收益率除以波动率。

这种收益中的一小部分是由于国债的反弹。在指数的开端，美国国债利率下降了不到 300 个基点，也就是说，前 12 年每年下降不到 25 个基点。这大约占年收益率的 1%。[2]收益的其余部分可以归结于息票收益和价格升值（由于利差紧缩和随着低价债券价格逐渐统一而来的逐步老化）。这一时期在国债收益率达到历史最低点以及新兴市场利差同时达到了历史最紧水平时结束，这提供了随后的 12 年无法复制的年均收益。

□波动性和夏普比率

新兴市场的周期性危机在带来高收益的同时也带来了波动性。从长期来看，尽管新兴市场债券提供了年均 13.7%的收益，它也带来了 16%的年度波动（参见图表 20—4）。更高的风险应该有更高的收益。夏普比率是一种风险调整后的收益测算方法，它经常在股票投资中使用。它的测算方法是测算无风险利率的超额收益率除以波动性的比率。

在过去的 12 年中新兴市场债券的夏普比率与美国国债的夏普比率几乎相同，这是由于新兴市场的高波动性。抵押债券一直有着最高的夏普比率。从夏普比率的角度来看，新兴市场债券是一个比欧洲或新兴市场股票更好的投资品，后两者在历史上是高波动低收益的。

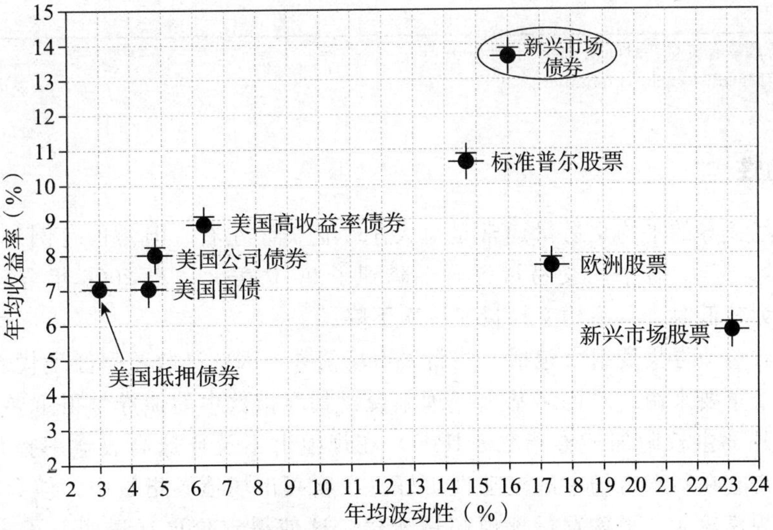

图表 20—4 12 年年均收益率与波动性

注：股票指数带有股息。

资料来源：Merrill Lynch.

第20章 新兴市场债券

□与其他资产类别的相关性

新兴市场债券与美国国债有弱相关性，与美国公司债券与抵押债券也有弱相关性（参见图表20—5）。最高的相关性是与美国高收益债券市场的相关性（0.52）。低相关性使得新兴市场在全球性投资组合中扮演了重要角色。直到1997年底，新兴市场债券还与美国国债高度相关，但俄罗斯债务危机期间的安全投资转移结束了这种关系。自俄罗斯危机以来，新兴市场的收益率已经与美国国债市场的收益率几乎不相关了。

图表20—5　　俄罗斯债务危机后市场间的相关性

	新兴市场债券	美国高收益债券	美国国债	美国公司债券	抵押债券	标准普尔股票	欧洲股票	新兴市场股票
新兴市场债券	1	0.52	0.09	0.34	0.17	0.47	0.47	0.61
美国高收益债券		1	−0.07	0.34	−0.01	0.46	0.37	0.57
美国国债			1	0.85	0.82	−0.35	−0.46	−0.37
美国公司债券				1	0.76	−0.08	−0.26	−0.10
抵押债券					1	−0.25	−0.31	−0.31
标准普尔股票						1	0.85	0.75
欧洲股票							1	0.72
新兴市场股票								1

注：股票指数带有股息；时间从1999年到2003年。
资料来源：Merrill Lynch，Bloomberg.

□流动性

新兴市场债券的平均交易量通常是每天160亿美元左右。但是也有例外，在俄罗斯金融危机的第二年，日平均交易量暂时下降到了90亿美元。当2002年全球股市下跌、风险承受能力较低时，日平均交易量又一次下降。

许多高收益债券投资组合包括一些新兴市场债券，因此高收益率经理代表了“跨界”投资者的一个重要来源。对许多基金经理来说，基准指数中的债券是很重要的。虽然全球新兴市场外部主权附加债券指数（IP00）在规模上不及环球高收益率指数（HW00）的一半，但是它在新兴市场中的流动性更好。在新兴市场债券指数中，债券发行者的数量较少，但规模较大，平均发行规模超过4倍，这使得定价更加透明，买卖利差更窄。因此新兴市场债券在高收益率投资组合中起着关键作用，在需要时能够提供较大的流动性。

20.3 布雷迪债券

1989 年，以美国财政部前部长尼古拉斯·布雷迪命名的布雷迪计划被提出。它通过让债务国以较低利率重新安排其商业银行债务或者直接减免债务的方式，将原有债务转换成可以交易的固定收益证券。作为交换，发展中国家同意改革其宏观经济。银行被给予选择权，可以选择本金或利息偿付减免权。到 20 世纪 80 年代末，许多银行已经向发展中国家供应了其商业贷款面值的 60%。由于一些商业银行持有的是账面资产，一个等面值的交换使得它们能够通过债务重组使发展中国家获得一些正式的债务减免。

1982—1988 年发展中国家纷纷出现债务危机，于是产生了布雷迪计划。在 20 世纪 80 年代初期，工业化国家经济的缓慢增长、全球利率的提高和商品价格的回落导致了发展中国家经济的衰退。其后果是，由于与国际资本市场隔绝，同时落后的国内储蓄水平不能满足外部债务的需要，绝大多数发展中国家开始出现严重的债务支付问题。它们着手处理这种危机的首选策略是向商业银行或多国组织申请新的借款计划并进行结构调整。有一点很明显，在 1988 年以前这种做法很少取得成功，发展中国家没能摆脱债务危机，因而新的债务减免策略是很有必要的。

从 1989 年到 1997 年，共有 17 个国家参与了该计划并从中获益，它们发行布雷迪债券的累积面值达到 1 700 亿美元。[3]采用布雷迪债券的国家主要集中在拉丁美洲，包括巴西、墨西哥、阿根廷及委内瑞拉，合计占到未偿付的布雷迪债券市场 78%的份额（参见图表 20—6）。从 20 世纪 80 年代开始，几乎所有商业银行出现不良贷款的国家都将其债券转换为布雷迪债券或者重新安排其贷款。从那时起，绝大多数国家都有能力增加它们的财政预算，并随后从欧洲债券市场筹集更多资金。最近出现了几个值得注意的例外，包括阿根廷、厄瓜多尔、科特迪瓦和乌拉圭。前三个国家出现了违约，而乌拉圭在其危机之时成功地重组了其债务，因而没有发生违约。众所周知的 1998 年俄罗斯重组债务违约并没有按照布雷迪计划发行，但值得一提的是以下几点：重组债务支付息票的期限非常短（不到两年），违约规模，以及其对全球市场造成的灾难性影响。

图表 20—6　　原始布雷迪/转换发行金额和与商业银行的多边债务减免协议

国家	布雷迪债券总发行额（十亿美元）	占所有布雷迪债券比例(%)	官方债务本金和利息缩减合约协议日	转换协议中债务缩减比例(%)	穆迪评级	标准普尔评级
拉丁美洲						
阿根廷	25.45	15.0	1993 年 4 月	35	违约	违约
巴西	50.66	29.9	1994 年 4 月	35	B2	B+
哥斯达黎加	0.59	0.4	1990 年 5 月	na	Ba1	BB
多米尼加共和国	0.52	0.3	1994 年 8 月	35	B2	CCC

续前表

国家	布雷迪债券总发行额（十亿美元）	占所有布雷迪债券比例(%)	官方债务本金和利息缩减合约协议日	转换协议中债务缩减比例(%)	穆迪评级	标准普尔评级
厄瓜多尔	6.13	3.6	1995年2月	45	Caa2	CCC+
墨西哥	36.90	21.7	1990年3月	35	Baa2	BBB−
巴拿马	3.22	1.9	1996年5月	45	Ba1	BB
秘鲁	4.87	2.9	1996年11月	45	Ba3	BB−
乌拉圭	1.07	0.6	1991年2月	na	B3	B−
委内瑞拉	18.55	10.9	1990年12月	30	Caa1	BB−
非拉丁美洲						
保加利亚	5.13	3.0	1994年7月	50	Ba2	BB+
波兰	7.90	4.7	1994年10月	45	A2	BBB+
科特迪瓦	1.33	0.8	1997年5月	50	NR	NR
约旦	0.74	0.4	1993年12月	35	Ba2	BB
尼日利亚	2.05	1.2	1992年1月	na	NR	NR
菲律宾	4.21	2.5		na	Ba2	BB
越南	0.55	0.3	1997年12月	50	B1	BB−
俄罗斯	26.00	na*	1997年12月	0	Baa3	BB+
总计	169.88	100.0				

*俄罗斯在技术上不是布雷迪结构，但是与布雷迪结构类似，它往往被包括在作为20世纪80年代的不良银行贷款交换的20世纪90年代发行的全球债券的数额里面。

资料来源：World Bank，Global Envelopment Finance，1999 Analysis and Summary Tables，Merrill Lynch.

□布雷迪债券的类型

布雷迪债券（Brady bond）是指由这些发展中国家用于交换到期贷款而发行的一系列主权债券。布雷迪债券在几个方面都有其独特之处。其一是收益率总是比非布雷迪债券更高。其二是一些债券发行量巨大且流动性很高，特别是与典型的主权欧洲债券相比。其三，由于债务重组的目标是对早年的主权债券利息进行减免，因此没有债券是简单的固定利率一次性偿付债券，也不会在一个单一的到期年中支付全部本金。相反，每只债券至少将以下特征中的几个组合起来：递增息票、浮动利率息票、分期偿付、开始偿付本金之前的长宽限期、资本化，以及本金和利息担保品等。

传统上，在布雷迪转换其不能流动的违约贷款时，银行被给予几种选择，其中一种包含将违约贷款转换成部分抵押的折价债券（discount bonds），也被称为本金缩减债券。这些债券要求根据债务本金总量或债务存量，以减免违约贷款面值的35%～50%的形式提供主权债务减免。它们提供比伦敦银行同业拆借利率+13/16的市场息票利率，但是真正的市场息票利率可能已经高出数百个基点了。平价债券（par bonds）是平价发行的，用来交换重组贷款的初始面值。但是，平价债券采用固定的、低于市场的利率。此外，投资者还被给予逾期利息债券（past-due-interest bond），该债券的面值是逾期利息的金额，即在违约日之前和交换日之间的应计支付。

由于每个连续的布雷迪交换发生后，条款通常都会在支持主权上得到更多进展。折扣或者减免（重组时的本金减少参考基准）、价格攀升、抵押物减少和其他创造性的方式都被用来隐含地减少逾期利息的计算。

债权人选择特定的债券类型来给主权发行人提供本金和利息的减免。在谈判期间，债权人要在几个月时间内从可能的债务缩减方案中做出选择。这些方案被提出时，所有的选择都一样具有吸引力，而且具有基本相同的净现值。在选择过程中，一些债权人受到自己内部账户要求的限制，而另一些债权人则能够选择那些可以提供最高现值的债券。通常，这些决策主要受到对主权发行的利差风险和美国国债市场变动的预期的影响。关于布雷迪债券类型的详细介绍将放在本章附录中。

后布雷迪时代的违约交换也包含明显的折扣。投资者的选择更少了，参与的压力也一直很大，这其中有着多种原因，稍后将会介绍，图表 20—6 列出了布雷迪国家各自的交换日期、债务减免量和目前的信用评级。

□布雷迪债券估值

由于几乎所有重组债券在最初几年都提供较低的债券利息，因此没有布雷迪债券是简单的固定利率一次性偿付债券，布雷迪债券也不会在一个单一的到期年中完全支付本金。由于布雷迪债券复杂的特性，新兴市场投资者需要比高等级市场或高收益率市场的可比投资者具有更强的债券结构理解力。

举例来说，具有抵押物的债券需要一种稍微有些不同的估值方法，而不是仅仅计算在价格基础上的到期收益率。投资者通过剥离担保品来为抵押债券估值，从而使得**剥离收益率**（stripped yield）和**剥离利差**（stripped spread）升高。同样地，分期偿付债券或资本化债券需要一个更为复杂的方法，这是因为任何时间流的时点在决定债券价值时都是很关键的。在本章的后面将会介绍最常见的债券估值方法。

□布雷迪债券的收回和转换

自第一个布雷迪债券在 1989 年发行以来，许多国家都实施了经济改革。这些改革足以使它们以欧洲债券和全球性债券的形式进入资本市场，并将其发行和出售给国际投资者。同时，许多国家都通过各种形式的回购在收回其昂贵的布雷迪债券上做出了一致努力。通过转换收回的布雷迪债券一般比代替它的欧洲债券具有更低的息票和更低的价格，但是它具有更高的利差。因此，这种形式的收回能为主权提供净现值（NPV）的节省，这在经济上和政治上都是很重要的。

大部分收回之所以可以完成，是由于国际资本市场重拾了信心。这使得投资者能够把带有复杂结构的具有历史污点的布雷迪债券转换为清白的简单的全球债券。在介绍完积极转换的主要机制后，我们将会详细讨论 1999 年以来的几个不良转换和违约转换。这些转换的细节为未来的转换提供了具有启发性的例子。

小规模的公开转换开始于 1995 年的阿根廷，而更大规模的公开转换开始于 1996 年的墨西哥，转换是用特定的欧洲债券来交换一个或者更多的布雷迪债券。大多数转换保持市值固定，这种转换用价格接近面值的欧洲债券代替价格远低于面值的布雷迪债券，这导致了新债券的较小面值。这种转换为减少总债务存量未偿付的面值带来了益处。能够创造数十亿美元债券，且这种债券具有很强的流动性、交易也很积极的转换是由巴西2027、墨西哥2026和委内瑞拉2027带领完成的。

自发行以来，布雷迪债券的主权发行人通过以下几种方式收回了布雷迪债券：

• 发行人行使对债券的提前赎回权，比如墨西哥已经赎回了它发行的全部布雷迪债券，波兰也采用此方法赎回了大部分布雷迪债券。所有布雷迪债券通常可以在息票支付日期按面值赎回。如果债券被赎回了，它必须被回收。

• 发行国家从市场上直接购回其布雷迪债券，比如阿根廷、巴西、墨西哥、巴拿马和波兰。

• 主权发行人启动一项正式的布雷迪转换程序。其中的转换价格和利差是预先确定好的而且希望将其转换为新的欧洲债券。1996年，墨西哥成为第一个大规模将布雷迪债券转换为欧洲债券的国家。那时，新兴市场正在提供非常高的回报，而利差持续变小。投资者很高兴有机会将他们持有的有担保的墨西哥平价或折价债券转换成一种无担保的全球债券。如果利差继续变小，这种全球债券的表现将胜过原有债券。这为后来一些国家的正式转换设立了样板，包括阿根廷、巴西、巴拿马、乌拉圭、委内瑞拉和菲律宾等。

• 发行人可以提供一种转换为地方债务的正式转换方式。阿根廷利用从税收收入中支付债券利息的承诺，将许多外部债券转换为了地方债券。

• 主权发行人可以达成一种私下的转换协议，例如2～4个拥有相当多布雷迪债券的持有人同意将其转换成现存主权欧洲债券重新启用。

• 主权发行人将布雷迪债券作为私人化支付手段被接受，特别是在巴西。

• 主权发行人对债券违约（阿根廷、厄瓜多尔、科特迪瓦和俄罗斯，尽管俄罗斯债券违约在技术上并不是布雷迪计划的一部分）。

• 发行人按时分期支付本金。大多数分期偿付的布雷迪债券已经偿付了大量本金。2001年，巴西的到期未付息（IDU）债券成为第一个真正到期的布雷迪债券。

这种用全球性债券或欧洲债券代替布雷迪债券的趋势对投资者更有利，这是因为新债券远远没有它们所代替的布雷迪债券复杂，因此吸引了更广泛的投资者。

在2004年初，只有大约25%的原来价值1 700亿美元的布雷迪债券仍是未偿付的。同时，大多数国家已经发行了全球债券和欧洲债券作为它们的外部资金的主要来源之一，这些债券超过了布雷迪债券，成为新兴市场债券中流动性最强的债券。

20.4 违约、转换、结构调整、重组和诉讼

□ 成功的不良债务转换案例

任何一次新兴市场中的转换都可以为未来的转换设置先例。这既包括了在违约之前发生的、避免了违约的不良债务转换，也包括了违约债务转换。正如每一个新的布雷迪转换都提供了可能不利于债券持有人的条款，每个连续违约全球债券重组的效果可能都会与违

约前重组类似或者稍差。下面是1999年以来主要的不良重组和违约重组的介绍。

□ 1999年巴基斯坦：有序的转换避免了违约

巴基斯坦没有布雷迪债券，但是在1999年自愿转换之前外部债券正流行。在那时，巴基斯坦重组了超过6亿美元的外部全球债券。它将三个将在未来三年内到期的债券转换为了六年后到期的新证券。大约90%的债券进行了转换。投资者关注巴基斯坦的未来偿债能力。这次债券转换是一个更大规模的30亿美元的债务重组的一部分，包括政府手中的债券和发展银行债权人手中的债券。这次债券转换增加了债券持有人获得报酬的可能性。该债券使标准普尔将未转换的债券降级到违约等级（D），因为这次转换使得仍存在的债券不能按时偿付了。这是标准普尔第一次将一个国家降级为违约级别。

□ 2000年乌克兰以及2001年摩尔多瓦：避免了违约

乌克兰和摩尔多瓦都在其支付违约前提出了合理的重组计划。两个国家都仅仅拥有极少量的全球（非布雷迪）债券，还不是广泛持有。两个国家都缺乏现金，投资者都对任何没有国际支持的主权债务危机的解决方案比较悲观。但事实上，这种支持包括外部本金支付延长几年。

□ 2003年乌拉圭：有序的转换避免了违约

乌拉圭在其2003年自愿转换之前一直对其债券还本付息，但因为乌拉圭的主要贸易伙伴是阿根廷，人们担心其邻国阿根廷的经济衰退所带来的溢出效应将使得乌拉圭不能维持其财政账户。在阿根廷违约之前，乌拉圭具有投资级别的评级。乌拉圭将49亿美元的布雷迪债券和全球债券转换为到期日延长、支付较低利率的新证券来延长债务偿付期限。这次转换给乌拉圭带来了财政盈余，并使其能够利用国际货币基金组织的贷款，恢复投资者对其支付债务和振兴经济的信心。超过95%的合格债券被转换了，其中三分之一按照当地法律发行。

标准普尔将这次转换称为违约，并在投资者收到新债券后将乌拉圭的长期外币债务评级为投资级别之下的大约五个等级，理由是新债券既有更长的到期期限，又有更低的息票，使得新债券的净现值小于旧债券的净现值。

□不成功的不良债务转换案例

2001年阿根廷：转换不足以避免违约

在2001年12月违约前的一年中，阿根廷进行了两次大规模的债务转换，努力通过延长期限和降低现金息票利率来减少近期债券的还本付息。在2001年6月，阿根廷进行了“百万转换”，转换了接近300亿美元的地方全球债券、外部全球债券和外部布雷迪债券，其中大部分是接近到期的债券。阿根廷将这些债券转换为四种外部债券，其中大部分在五年内不用支付现金息票，但是作为代替要拨作本金，然后逐步上升到高达12%的息票（参见图表20—7）。一些投资者，大多是本地的投资者，为这次转换喝彩，认为这是阿根廷债务问题的解决之道。其他人则不太乐观，担心国家的借贷成本将在2006年之后飙升。

阿根廷本地的银行和养老基金是这次转换积极的参与者。阿根廷具有吸引力的特点是它大大减少了近五年的还本付息。然而，投资者的信心并没有显著上升，阿根廷持续的资金需求不能被持续满足。随后在11月，阿根廷将布雷迪债券和欧洲债券转换为本地贷款。这种转换原本仅仅对本地投资者开放，但最终参与者的限制条件被放宽了。这次转换被认为是强制进行的，标准普尔将所有符合资格的债券降级为违约评级（D)。一个月之内，政府宣布暂停950亿美元的外部债券的支付，这是历史上最大规模的主权债务违约。

图表20—7　　阿根廷的"百万"转换，2001年6月

面值	到期时间	货币	初始息票	逐步上升息票
115亿美元	2008	美元	7%	15.5%
75亿美元	2018	美元	拨作本金计算	12.5%
85亿美元	2031	美元	拨作本金计算	12.0%
9亿阿根廷比索	2008	比索	10%	12.0%

资料来源：Merrill Lynch.

□违约后的重组

下文将对俄罗斯和厄瓜多尔的大规模违约和随后的重组进行总结，此外还将对阿根廷在2001年底的规模更大、情况更复杂的违约进行介绍。

俄罗斯、厄瓜多尔、科特迪瓦和阿根廷分别于1998年、1999年、2000年和2001年在其重组债券上进行了违约。俄罗斯的债务没有正式采用布雷迪计划，但是俄罗斯的重组债务仅仅流行了一年多。厄瓜多尔是第一个在布雷迪债券上违约的国家。在2000年，两个国家都将400亿美元的违约债券重组为270亿美元的欧洲债券。科特迪瓦在2000年违约，但是债权人没有投票来敦促债券，这很可能是因为规模比较小，正如他们的支付能力一样。

俄罗斯违约债务的特点

俄罗斯是在国内债务上违约的。该违约达320亿美元，是对苏联时代的发展及对外经济事务银行（Vnesheconombank）的两个外部债务的违约：一个是贷款，一个是债券。这两个债务中没有一个对俄罗斯联邦外部债券有交叉违约。俄罗斯没有在任何俄罗斯发行的欧洲债券上违约。主要债务是一笔参与贷款，交易低至6美元。

厄瓜多尔违约债务的特点

厄瓜多尔的违约更加多样化，有6个总额为77亿美元面值的债券。逾期利息布雷迪债券（PDI）是唯一具有流动性的、无抵押的布雷迪债券。厄瓜多尔2002是一个在1997年发行的极其缺乏流动性的全球债券，主要由银行持有，也是唯一的在未偿付时不上市交易的全球债券。最后，这两个全球债券都得到了优惠待遇，但是投资者可以解决不公平的时限太短了，以致不能让投资者对其有所行动。对除利息平衡债券（Interest Equalization Bond，IEB）之外的所有债券的折扣都是以一致的方式决定的，这些债券的违约债务的所有现金流以11.25%的水平贴现（最近发行的固定利率欧洲债券的利率）。投资者得到新的债券，该债券的面值就是基于这个净现值得到的。

利息平衡债券有着不同的方法。由于超过50%的利息平衡债券都是被单一的投资者持有的，为了鼓励投资者参与到转换中，债券能比其他布雷迪债券得到更好的条件。对于新债券来说，非金融的条件被作为杠杆来鼓励参与。此外，投资者会被转换要约公告的日期和接受要约的日期之间仅仅两周的时间弄得措手不及。因此，会指定一个最低参与率。如果未能达到最低参与率，会产生额外的逾期利率，这个结构将不再是可行的。这迫使投资者采取行动，而不是争论是否不平等。

此外，如果厄瓜多尔对其新债务违约，债券持有人可以恢复其原有的债权（面值较高），这种债权是在转换发生之前存在的。这提供了进一步的保护。

阿根廷违约债务的特点

虽然俄罗斯和厄瓜多尔的转换协议都提供给投资者关于如何开展未来重组的指导，但阿根廷的重组更为复杂，有如下几个原因。首先，规模和不一致程度是巨大的，总面值950亿美元的违约外部债券，涵盖了8个管辖区、多个币种的超过80个外部债券。其次，有许多有着自己的议程的不同当事人来到谈判桌前，许多投资者是初始的或早期的债券持有人，他们需要最小化投资的损失。因此，他们努力促使自己得到比最近的俄罗斯转换更好的条件。俄罗斯的债务源于苏联贷款，有着动荡的历史，已经经历了违约、重组、再违约的过程。大部分债务已经偿付，而且在重组时被以极度低廉的价格购买的投资者所持有。阿根廷的重组价值很可能要比俄罗斯的重组价值低。图表20—8展示了俄罗斯、厄瓜多尔和阿根廷在违约时的债务比率的比较。虽然远远少于支付本金和利息的债券，违约债券仍在交易。违约后的债券价格如图表20—9所示。对新债券的介绍和对违约债务向新债券的转换条款的介绍如图表20—10和图表20—11所示，它为今后的转换介绍了重要的先例。转换后新债券的利差的一个介绍如图表20—12所示。在2003年底，阿根廷欠多边机构（比如国际货币基金组织和世界银行）300亿美元，违约后发行了相当数量的高级本地市场以美元计价的债券（超过200亿美元）。

图表20—8 违约时的情况

国家	阿根廷	俄罗斯	厄瓜多尔
违约时的债务存量（十亿美元）	148	171	17
违约的债务量（十亿美元）	95	25 外部 40 本地	6.4
违约后短期内的债务/GDP	113%	63%	124%
违约后短期内的债务/出口	416%	241%	313%

资料来源：Merrill Lynch.

转换通常由三个部分组成：本金、逾期利息和现金。**本金**（principal）往往有个折扣，或者说面值的减少，取而代之的是一个长期债券。逾期利息通常要比本金处理得好，部分在转换时以现金的形式支付，很少或者根本没有折扣。转换债券通常是中间债券，而不是较长期的本金债券。

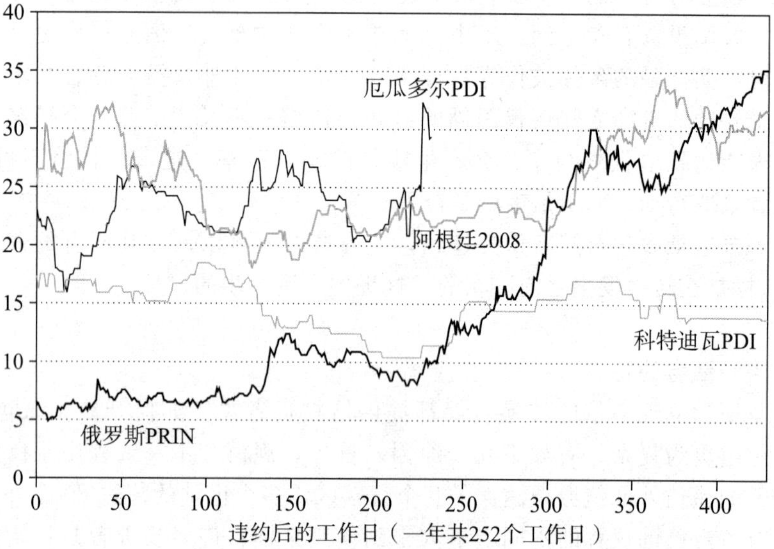

图表 20—9　违约后即刻的违约债券价格（日期 0＝违约日期）

资料来源：Merrill Lynch.

由于其复杂性和深度，阿根廷重组的条款要比之前的转换差。举例来说，阿根廷建议 75％的债务减免，这用历史的标准来衡量是前所未有的。阿根廷还建议完全减免逾期利息。平均息票率为 10％，违约和重组之间很可能距离三年，期待从每 100 美元票面价值的违约债务得到 30 美元票面价值的中间债券的投资者立刻拒绝了这一建议。

出现了一些针对未偿付债券的支付的诉讼。这次债券的主权破产标志着第一次许多不同的外国债券持有人组成有组织的委员会来强烈反对阿根廷提出的框架，这些委员会一个设在美国，另一个设在欧洲。

外国和本地投资者有着不同的目标。阿根廷养老基金允许甚至鼓励将高达 50％的资产投资于主权债务，从而确保 20 世纪 90 年代发行的许多全球债券的大量需求。在当时的大部分时间里，阿根廷比索与美元一对一挂钩。阿根廷对其外部债务违约的一个月前，大多数持有外部债券的养老基金将外部债券转换为更高级的当地贷款，尽管息票更低，且到期期限被延长。阿根廷重组的重点是公平分摊负担。

图表 20—10　　最近重组债券的介绍

	违约日期和重组时间	本金债券	逾期利息债券
俄罗斯	1998 年	30 年期（俄罗斯 2030）	10 年期（俄罗斯 2010）

续前表

	违约日期和重组时间	本金债券	逾期利息债券
	1.9 年重组	184 亿美元	28 亿美元
		分期偿付	分期偿付
		阶梯式上升息票 2.25%～7.5%	8.25%息票
		无抵押	无抵押
		俄罗斯联邦债券，尽管 PRINS 是苏联债券	俄罗斯联邦债券，尽管 PRINS 是苏联债券
厄瓜多尔	1999 年违约	30 年期（厄瓜多尔 2030）	12 年期（厄瓜多尔 2012）
	1 年重组	25 亿美元	12.5 亿美元
		阶梯式上升息票 4%～10%	12%息票
		按票面价值抵押	按票面价值抵押
		主权必须通过面值赎回或在公开市场按计划支付本金	主权必须通过面值赎回或在公开市场按计划支付本金

资料来源：Merrill Lynch.

□国际货币基金组织的作用

西方国家在第二次世界大战后建立了国际货币基金组织（IMF）和世界银行，将其作为支撑布雷顿森林体系的常设机构。当发展中国家在 20 世纪 60 年代末开始经历债务问题时，巴黎俱乐部成立了，用以重组出口信用机构的债务。十年后，伦敦俱乐部成立，用以处理商业银行债务的重组。20 世纪 90 年代期间，相对于贷款来说，国家有大量的未偿付债券，因此进入 2000 年以后，重组违约债务需要一个新的进程。在提出一个永久性的机制来处理违约债券的过程中，国际货币基金组织和美国财政部都起到了重要作用。

主权债务违约可能会带来全球性的影响。主权国家发行自己的货币，并间接为银行系统提供保护。主权债务相对于公司债务来说，是一种在一个国家的金融体系中更重要的资产，而且它在银行系统中起着重要的作用。国际货币基金组织可以在缺少任何已经建立的或者是强制性的优先级体系的情况下提供能带来新资金的手段。从历史上来看，接受国际货币基金组织援助的条件是主权债务不仅必须遵循国际货币基金组织对通货膨胀、财政赤字和汇率控制的目标，也必须向国际货币基金组织偿付。国际货币基金组织从来没有进行过债务减免，但在一些例如尼加拉瓜和卢旺达这样的重债穷国（highly indebted poor countries，HIPC）的情况下除外。

图表 20—11　　厄瓜多尔和俄罗斯的债务减免条款和特点总结

	债券	本金担保品（现值）	违约一个月之前的价格	重组两个月之前的价格	本金面值的折扣	逾期利息和逾期本金的数额	逾期利息减免	现金支付
厄瓜多尔	Par（本金布雷迪债券）*	23.5*	37	35	60%	5.0	0	4.1
	Disco（本金布雷迪债券）	23.5*	42	38	42%	8.2	0	4.7
	PDI（布雷迪债券）	0	29	21	22%	5.5	0	2.0
	IEB（布雷迪债券）**	0	NA	NA	0	23.5	0	22.2
	2002（欧洲债券）	0	NA	NA	0	15.7	0	12.0
	2004 浮动（欧洲债券）	0	NA	NA	0	15.0	0	11.3
俄罗斯	PRIN（本金重组贷款）	0	8.75	31.125	37.5%	10.7	0	1.0
	IAN（重组利息拖欠票据）	0	10.4	30.625	33%	9.1	0	0.9
阿根廷	80 种不同债券		43～50	在 2004 年 1 月时不到 30		在 2004 年 1 月时为 20～25		

* 本金担保品是按照近似的市场价格以现金支付的；本章的附录将会介绍布雷迪债券。

** 大多数被单一投资者持有。

资料来源：Merrill Lynch.

图表 20—12　　发行后的即刻主权利差（基点）

	转换后的时间		
	一周	一月	一年
俄罗斯			
PDI（2010）	882	1 043	883
30 年期债券	925	1 083	981
EM IGOV 指数	578	619	758
超过指数的 30 年期利差	347	464	223
厄瓜多尔			
PDI（2012）	1 343	1 202	1 428
30 年期债券	1 309	1 286	1 405
EM IGOV 指数	645	620	753
超过指数的 30 年期利差	664	666	652

注：美林银行 IGOV 指数由评级为 BBB 或以下的、以美元计价的新兴市场主权债券组成。

资料来源：Merrill Lynch.

考虑主权国家出现流动资金短缺的情况，也许这是由于对国家偿债能力的担忧而产生的。在这种情况下，国际货币基金组织可以提供信贷，将融资与政策调整相连接以解决对偿债能力的担忧。如果这种支持足够多，主权债务可以恢复投资者的信心（例如，巴西和乌拉圭）。在其他时候，如果支持不足或者没有得到主权国家的同意，可能会出现违约支付或暂停支付（例如，阿根廷和俄罗斯）。

□不良债务市场的国际诉讼

没有破产法院

对于主权违约没有类似于公司违约那样的破产法庭，因此大多数主权违约的结果要么是恢复支付，要么是不良转换，后者是大多数情况。没有正式的破产程序使得债务重组很混乱。有一个关于国际金融体系改革的辩论，主要的关注点就是需要有一个主权债务重组程序，这个程序可以限制诉讼可能会破坏或者延误重组的风险。然而，在许多情况下，重组进程都被“钉子”投资者的干扰阻碍了。这些投资者不愿意参与到重组当中，仍然想要按原有的合约约定得到支付，或者想要通过诉讼为他们争取一个更好的解决方案。这些投资者一般都是具有足够大头寸的不良债务基金，并用雇用律师起诉主权国家的方式来扣押资产。此外，如果有太多的债权人没有参加重组，重组将不可能完成。因此，要求迅速并且有序地完成主权债务重组程序来降低坚持持有的风险。没有适当的程序，将会产生投资者倾向于在违约出现之前卖出他们的债券的担忧，从而加速拖延，甚至阻止主权国家提出解决方案。

同等权益条款和主权豁免

投资者已经赢得了对主权发行者在违约上的判决。但与公司违约不同的是，扣押主权发行者的资产是非常困难的。

相对于英国和美国来说，欧洲大陆在扣押资产上拥有更加有利的法律氛围。在欧洲大陆，成功的诉讼会扣押主权发行者所持有的中央银行的资产。[4]此外，另行为商业目的注册成立的中央银行不享有豁免权，只有主权发行者享受豁免权。1976 年颁布的《外国主权豁免法》(Foreign Sovereign Immunities Act) 规定外国中央银行账户有不受在判决前扣押的豁免权。自那时起，一些普通法系国家在主权豁免方面通过了类似的立法。另外，在欧洲大陆，外国中央银行一般都被视为独立的个体，与外国的政府分开。这样的结果是，中央银行的资产享有很少甚至不享有任何保护。德意志联邦银行 (Deutsche Bundesbank) 在一个诉讼案件中，考虑通过议会修订关于对将资产存入德国银行的主权发行者不提供豁免权的法律。[5]

这些法律对不良转换的非参与者也有影响。另一个向非参与者开放的渠道是电子转账。在美国，扣押令只能在付款开始之前或者完成付款之后干预电子转账。但是，欧洲没有相同的法律。不良投资者可以从主权发行者手中拦截支付，使得支付无法抵达债券持有者。[6]

□两个著名的坚持持有的案件设置了对抗性的先例

达特与巴西

在 1993 年巴西布雷迪转换之前，达特家族持有本金为 14 亿美元的违约巴西贷款，他们对该贷款提出了索赔。他们已经为此支付了大约每美元 30 美分。索赔的面值是本金加上利息共 22 亿美元。在诉讼中没有扣押资产或者加速付款。初始的债务工具被证券化于一个转手信托工具中，并且款项正准备由巴西在原到期日时完全付清。

埃利奥特联营公司与秘鲁

秘鲁的情况是这样的，秃鹫基金（vulture funds）在二级市场购买廉价的主权债务，然后起诉，要求完全偿付本金加上利息。这种做法受到了国际社会的关注。埃利奥特联营公司（Elliot Associates LP），一家总部位于纽约的对冲基金，在 1996 年以很高的折扣购买了前布雷迪贷款，随后将秘鲁政府告上了法庭，而没有选择重组协议。该公司赢得了官司，秘鲁政府最终支付给它超过 5 800 万美元。

这起事件是为数不多的几个单一债券持有人将政府告上法庭并取得了全部违约债券的偿付额的案例之一。埃利奥特成功的诉讼是基于对同等权益条款的解释。同等权益意味着无担保债权人要被同等排序。因此，这种观点认为，如果非坚持持有债券者得到了他们的（新）索赔，坚持持有债券者也应该得到他们的原有（全部）索赔。一个索赔能够得到实现仅取决于申请索赔人的收款能力。与公司不同，主权政府一般在没有主权豁免的国家之外没有资产，因此，即使判决已定，也很难收回款项。

埃利奥特找出了在比利时的技术上和法律上属于秘鲁资产的资产。比利时是清算代理（欧洲清算系统）所在地，也是布雷迪支付在抵补给债券持有人之前进行转让的地方。埃利奥特在法庭上阻止欧洲清算系统在秘鲁向布雷迪债券持有者付款之前将任何金额的原产生在秘鲁的债券抵补给投资者。

这些案例的影响导致了厄瓜多尔谨慎行事

埃利奥特与秘鲁案例导致了厄瓜多尔决定继续向一小部分没有参与 2000 年债券转换的原布雷迪持有者偿债。这些和其他一些诉讼已经使得一些坚持持有债券者得到了偿付。在某些情况下，这些坚持持有者会提出诉讼，要求完全偿付未重组债务，即使重组已经发生。乌拉圭也选择继续向一个很小比例的未参与转换的投资者偿债，尽管并没有违约。如果没有发展一个使得绝大多数债权人可以接受并对少数人具有约束力的重组计划的能力，将没有办法充分保护主权国家免受坚持持有债券者的诉讼风险。

改变债券的规定

要解决坚持持有债券者的问题并鼓励转换的最大参与度，所有合约都建议寻求改变重组程序，通过改变主权债务合约中的规定来允许绝大多数持有者对重组条款进行表决。

纽约法律文件

一份标准的纽约法律合约要求所有债权人的一致同意来改变"关键的财政条款"(付款日期和金额)。所有其他条款通常只要得到一半或者三分之二的未偿付债券持有人的支持就可以修改。一些遵从纽约法律的债券要求 25%的债券持有人同意，才可以启动诉讼。

英国法律文件

一份标准的英国法律合约允许绝大多数债券持有人（通常为 75%）参与符合法定人数要求的会议来修改债券的所有条款，包括债券的付款日期和金额。许多英国法律债券也有类似规定，使得个人债券持有者难以提起诉讼。

集体行动条款

自从墨西哥在 2003 年推出集体行动条款（Collective Action Clauses，CAC）以来，这种在纽约法律之下的条款已经开始被包含在许多债券之中。集体行动条款定义了修改债券的还款条件时，需要多少债券持有人同意，以使得改变有效，并使得改变适用于所有债券持有人。集体行动条款是用来对付恶意债权人的。集体行动条款已经存在于在英国法律之下出售的债券中了。

墨西哥条款规定的改变债券的财政条款和非财政条款所要求的人数比例更低。典型的结构中允许 75%～85%的债券持有人修改债券的财政条款，只要反对的债券持有人不超过 10%。财政条款包括付款日期和金额。其余的非财政条款只要有 75%的债券持有人支持就可以被修改。此外，某些涉及债权人起诉以收回他们的债券的能力的条款完全不能被修改。[7]

20.5 衍生品

除了现金债券之外，活跃的衍生品和布雷迪债券以及欧洲债券的回购市场给予了机构投资者杠杆作用，并提高了他们表达意见或充分利用市场中的相关错误定价的机会。

□信用违约互换

新兴市场信贷衍生品的发展是伴随着公司信贷衍生品市场的快速增长进行的。信用违约互换（credit default swap，CDS）的增长在新兴市场的投资和对冲交易中发挥了重要作用。[8]信用违约互换的风险与浮动利率债券投资品的风险类似。债券利差和信用违约互换利差都与信用违约风险相关。信用违约互换为投资者提供了另一种买空或卖空一个特定信贷的方式。图表 20—13 展示了日交易量为 10 亿美元的信用违约互换按国家和地区分布的情况。韩国和巴西是目前交易最活跃的国家。

在一些国家，信用违约互换提供了在市场中卖空的机会，这种机会在其他情况下是不可能得到的，比如，具有长期限的可用债券。在许多国家卖空债券是十分困难或者昂贵的，这是由于缺乏流动性或缺乏定期的回购市场。但是通过信用违约互换来卖空市场头寸不仅容易，而且成本是已知的。投资于新兴国家的公司已经广泛地使用了主权信用违约互换来对冲整体的主权风险，或者来决定它们在借款给各种私人项目贷款时应当设立什么样的回报目标，或者来为购买本地资产估价。

通过新兴市场信用违约互换创造多头头寸几乎总比投资于现金债券获得更高的回报。其他用途是发现没有现金债券的期限的风险，比如杠杆投资，基于相对价值或曲线错误定价上的交易策略，以及对新兴市场贷款人或投资者的风险管理。此外，信用违约互换为市场提供了评估债券相对价值的工具。

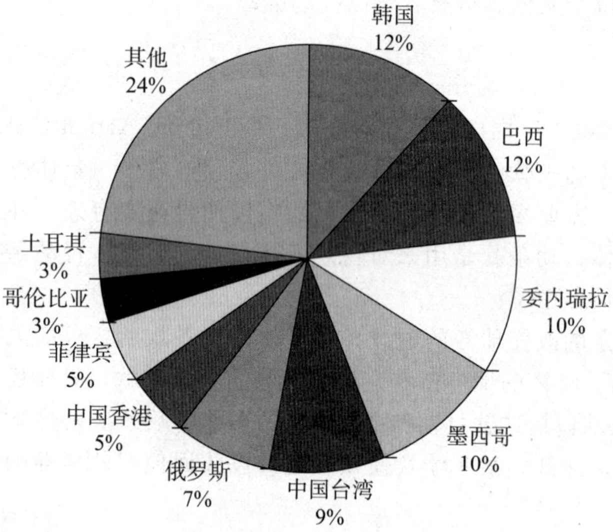

图表 20—13　新兴市场信用违约互换（每日成交量超过 10 亿美元）

资料来源：Emerging Markets Traders Association.

信用违约互换类似于对由于违约造成投资品价格亏损的保险。在一个给定信用的信用违约互换中，交易方 A 支付给交易方 B 定期的款项（信用违约互换利差），这可以被看作保险费。作为交换，交易方 B 同意在违约出现时支付债券发行者符合资格的其中一只债券的面值，这类似于保险索赔。交易双方一般被称为“保护买家”（支付保险费的一方）和“保护卖家”（为可能发生的违约支付补偿或在发生违约时以面值买下符合资格的债券的一方）。信用违约互换合约指定哪些信用事件被认为是违约事件以明确可能发生的索赔，并指定哪些资产可以以面值交付。经销商采用国际互换与衍生品协会（International Swap and Derivatives Association，ISDA）的文件。

20.6　信用连结票据

信用连结票据（credit-linked note，CLN）是一种常见的新兴市场资产，投资者会受到关于在类似于综合公司债券或者贷款但是通常具有更高利差的结构中的债券发行人的信用风险。与债券类似，信用连结票据使投资者以获得利息和面值的偿付作为债券的信用风险的回报。常见的结构是通过特殊目的载体（special-purpose vehicle，SPV）发行，并利用发行收益为持有的抵押证券融资。信用衍生品信用连结票据是通过在特殊目的载体中嵌入信用衍生品而创造出来的。

信用连结票据主要由三个部分组成：特殊目的载体、担保品和信用违约互换。信用连结票据的发行收益通过特殊目的载体购买预先同意的担保品为信用违约互换提供资金。特殊目的载体同时与一个具有高利率互换的交易方（如一个经销商）进入信用违约互换，即它出售信用保护来交换持续收取保险费。特殊目的载体以在前面签订的违约互换合约下特殊目的载体的未来表现为根据为担保品补贴证券利息。特殊目的载体也可能需要进入一个利率互换（或交叉货币互换）来减少利率风险，并定制票据所要求的现金流。整套方案是表现类似于主权债券的信用连结票据。信用连结票据由重视相对于主权债券的收益率的增加，而且并不需要流动资金的投资者所购买。

□投资者的信用风险

购买信用连结票据的投资者要承担信用违约互换的参考发行人的风险，信用风险与抵押证券相关，而交易方风险与保险买家或互换交易方相关。但是，就预先同意的担保品评级很高、互换交易方评级也很高这一点来说，主要强调的风险还是信用违约互换的信用风险。

□回购

新兴市场债券往往比其他低质量的市场更具技术性，这是因为发行规模大、流动性强。这是为数不多的投资者能够在其中既获得多头头寸，又获得空头头寸的债券市场之一。因此，新兴市场中的回购市场在高等级回购市场出现之前就发展得很成熟了。当融资利率很高，比如在5%～7%时，很容易筹集到更具流动性的3月期或6月期债券。同时融资柜台提供流动资金，就如同它们在交易融资曲线一样。那时，由于投资者的空头头寸可以以低于一般抵押融资利率数百个基点的利率借到，债券处于高需求状态之中。这为回购柜台提供了一个机会，使它们可以从借来的抵押物的特殊利率的利差中获得部分利润。接近1%的低融资率减弱了新兴市场回购的活跃度和流动性。

20.7 估值方法

□零利差

新兴市场估值的常用方法是使用零息票曲线上的利差。每只债券现金流的建模都以对浮动利率债券的未来息票的预测为基础，这些浮动利率债券是基于远期伦敦银行同业拆借利率曲线。在预测出现金流后，由于结果是有风险的，因此非抵押现金流需要用零息票国债利率加上利差的和进行贴现。这个利差是“超过曲线的利差”或者“剥离利差”。经销商根据它们使用的特定的国债曲线来修改利差，目前许多投资者使用超过互换曲线所隐含的零息票曲线的利差。这种利差通常被称为**超过互换的利差**（spread over swaps）。

□修正现金流

修正现金流（MCF）法提供了一种说明利息抵押债券的滚动利息担保（RIG）的方式。这些债券的利息支付由足以支付指定数量的息票支付额的金额部分抵押。利息担保的特点是滚动的利息担保，这是因为如果担保没有被使用，担保将向前“滚动”至下一个计息期。

虽然利息担保通常并不包括将来的息票，但当每次利息支付时这些息票仍然从滚动利息担保中受益。修正现金流法的目的在于当每次连续的息票被支付时模拟利息担保的滚动特征。举例来说，如果两个半期的息票被担保，在五年后到期的息票将会在前四年有主权风险，但在第五年会有评级为 AA 的抵押风险。

为了反映这一点，并仅仅测算出主权风险，息票将会进行修改，修改的方式是连续贴现和根据特定的担保期间移向下一个息票，在担保期间如果抵押滚动，息票将会被担保。这有效地模拟了每当一个连续的利息支付被担保时卖出每个息票来得到其现值的过程。

在这个例子中，在第 4 年底，第 10 期的息票可以以没有主权风险的贴现率出售。这种从销售中得到的收益代表了修正现金流。投资者现在可以通过使用修正现金流法和一个剥息价格计算出抵押布雷迪债券的内部收益率。剥息价格是债券价格减去担保本金的现值（用本息分离国债利率进行贴现）和它的利息担保的现值（用反映 AA 级抵押的互换曲线贴现）。在前面的例子中，前两个担保息票贴现到了结算日，应当从价格和现金流中都减去。这种剥息收益率和剥息利差（超过美国国债零息票曲线的利差）被认为代表着对一个国家主权风险水平的市场观点。利用这些计算出的风险价值，投资者能够识别抵押布雷迪债券和非抵押布雷迪债券之间的相对价值。

□浮动利率债券估值

与大多数公司债券不同的是，许多布雷迪债券支付浮动利率息票，这些息票在一些或者全部息票期中根据 6 个月期伦敦银行同业拆借利率加上一个固定利差的和重新设定。为了对这些债券估值，投资者要基于远期伦敦银行同业拆借利率预测息票现金流。这些远期利率来源于伦敦银行同业拆借利率互换曲线或者欧洲美元期货曲线。当美国国债利率上升或下降时，远期伦敦银行同业拆借利率也随之上升或下降。因此，浮动利率债券比固定利率债券对美国市场利率变动的敏感度要小很多。

□内含选择权

除了所有布雷迪债券都有的平价赎回特征，某些平价或折价债券包含价值恢复权（value recovery right，VRR）或价值恢复保证。如果未来经济状况好转，主权债务人偿付债务的能力得到提高，价值恢复权可以使债券持有人有机会“夺回”一部分债务和由于转换造成的债务利息的缩减。该项权利是使布雷迪债券发行国和其债权人可以共同分享不断增长的财政收入的一部分的一种机制。例如，这种财政收入增加的原因可以是石油价格的上涨（墨西哥、委内瑞拉及尼日利亚）和国家GDP的增加（保加利亚）。这些保证通常和石油出口价格指数、一国的石油收入（比如墨西哥、委内瑞拉和尼日利亚）或者贸易条件指数水平（比如乌拉圭）相联系。由于石油价格一直居高不下，墨西哥的价值恢复权向债券持有者支付了两年多。

20.8 小结

20世纪90年代的布雷迪重组将缺乏流动性的商业银行贷款转换为了具有流动性的全球交易债券。布雷迪债券的发行将新兴市场债务转换为了真正的资产类别。

随着该资产类别的发展，自1999年以来外部债券开始出现违约，而这些违约债券的重组并不是布雷迪计划的一部分。但是，减免债务和缩减债务利息的推进为主权国家提供了重建经济的机会，这种推进的结果与重组债券的概念已经很类似了。

新兴市场债券已经演变成了一个复杂的市场，其中从养老基金的全球投资者到对冲基金的全球投资者都参与到这个市场之中。随着它向国际投资敞开了大门，它在过去的12年中增长强劲。虽然它也经历过众所周知的市场冲击，但由于它和其他资产类别相比有丰厚的回报，每次受到冲击后投资者又回到了市场中。新兴市场已经作为一种可行的资产类别找到了自己的位置，并为公司债务市场扩展了产品选择。

附录20A 布雷迪债券的类型

□抵押布雷迪债券

平价债券和折价债券这两种本金债券是25年期到30年期的记名债券，它们是布雷迪债券市场中数量最大、最常见的资产，占布雷迪市场中超过一半的市场份额。其发行规模从9 000万美元到224亿美元不等，在某些情况下，比最具流动性的美国国债规模还要大。平价债券以“平价”发行，也就是说，它转换的债券金额与重组贷款的初始面值一样，但是其利率是低于市场利率的某一固定利率。

另外，折价债券采用浮动利率，转换后的债券金额要比初始贷款数额少一些，但是具有更高的息票。在转换开始的时候，平价和折价的选择都提供大致相同的净现值。大部分平价债券和折价债券已经被收回。

平价债券和折价债券通常用美国财政部的零息票债券进行本金担保[9]，这些零息票债券最早是由国际货币基金组织及世界银行贷款和本国的准备金联合资助的。另外，部分平价债券和折价债券的利息是由评级不低于AA级的证券担保的，以涵盖未偿付的本金的一些利息（通常是12个月）。其利息担保具有滚动利息担保的特征，因为如果担保没有被使用，担保将会向前滚动至下一计息期。无论是本金担保还是利息担保，都由一家指定的担保机构进行维持，并由纽约联邦储备银行（Federal Reserve Bank of New York）代为保管。在某个国家没有支付利息时，托管人将利用利息担保向投资者支付利息直到全部担保被用完。在到期之前债券持有人不必求助于本金担保。

□非抵押布雷迪债券

在某一布雷迪计划中包括的债券类型通常由债权人财团和债务国在进行债务重组谈判时确定。这些债券通常有多样化的息票进度表和分期偿付计划，有时还有利息的资本化。债券往往发行规模巨大，通常被提及的是名字，而不是息票和到期期限，这两者在债券的整个生命周期中都不是固定的。

流动性最强的新兴市场债券[10]是巴西的C债券，一种用现金支付部分息票、用更多的债券支付剩余息票的资本化债券。它在1994年发行，在10年中并没有开始分期偿付。大部分有比较长的宽限期，在宽限期中没有分期偿付计划的浮动利率债券也已经过了宽限期。分期偿付期可以超过10年。

由于频繁的资本化或分期偿付，每只债券都附有能够反映仍未偿付的初始面值的比例（不包括收回的债券）的因子。在购买债券时，购买的面值要按照发行时购买的初始面值计算，但是价格要按照现有的面值计算。因此这个因子是必要的，以决定收益和利息支付。

举例来说，购买1 000万美元的息票利率为7%的债券，该债券的因子是0.6，在息票日的牌价是80美元，这将会花费购买者480万美元，支付给投资者的利息将为600万美元债券的7%，即每年420 000美元。几乎所有目前未偿付的浮动利率分期偿付债券都没有利息担保。其中最具流动性的债券是债务转换债券（debt-conversion bond，DCB）、新货币债券（new-money bond，NMB）、合格利息债券（eligible interest bond，EI）、欠息债券（interest arrears bond，IAB）、前重后轻减息债券（front-loaded interest-reduction bond，FLIRB）、逾期利息债券（past-due-interest bond，PDI）和浮动利率逾期利息债券（floating-rate past-due-interest bond，FRB）。

【注释】

[1] 欧洲债券是发行和出售给国际投资者而且不必注册的债券。全球债券是在主要金融中心的司法管辖区注册的债券。

[2] 利差收紧25个基点将会增加1%的指数值。

[3] 俄罗斯通常被认为是布雷迪债券计划的一部分，因为它是在布雷迪重组时代重组违约债务。但是，它不符合实际的布雷迪计划。

[4] 卡迪纳尔与也门以及柳卡迪亚与尼加拉瓜。

[5] 卡迪纳尔与也门。

[6] 埃利奥特与秘鲁。

[7] 发行人只为国际债券发行使用少数司法管辖区。纽约是迄今为止最大的司法管辖区，其次是英

国和德国。依据德国法律发行的债券通常也缺乏条款，但是随着欧元的引入，使用德国法律的新发行债券正在减少。

[8] 信用违约互换将在第 68 章讨论。

[9] 用除美元之外的其他货币计价的抵押债券可能由另一个 G10 政府发行的债券来担保本金。

[10] 目前规模最大、流动性最强的新兴市场债券是 196 亿美元的俄罗斯 2030，一种从违约债务中产生但并不是布雷迪计划一部分的债券。

第21章

固定收益交易所交易基金*

马修·塔克（Matthew Tucker），注册金融分析师
黑石公司常务董事

斯蒂芬·莱普莱（Stephen Laipply）
黑石公司董事

固定收益交易所交易基金（exchange traded funds，ETFs）是一种混合投资载体。就像一个传统共同基金一样，固定收益交易所交易基金由资产管理公司进行指导，其根据投资准则对投资组合进行管理和再平衡。就像交易所交易期货合约一样，一个固定收益交易所交易基金给投资者提供可以在一天的任何时点进行交易的头寸。

固定收益交易所交易基金具有三种关键特征：

- **交易所挂牌提供透明性和全天的流动性**：这与场外合约（over-the-counter，OTC）债券市场形成鲜明的反差，后者更加不透明和缺乏流动性。
- **一种发行和赎回新基金份额的机制**：未偿付的份额水平会根据市场需求和供给进行调整。这与封闭式交易所交易基金有所不同，后者有固定数量的份额。结果是，固定收益交易所交易基金可以避免传统封闭式基金所经历的溢价和折价波动率。
- **瞄定市场头寸**：交易所交易基金经理会对基金进行再平衡并且管理现金流以试图提供与某一市场指数相似的（如果是指数交易所交易基金）或者超过该指数的风险和收益

* 作者想要感谢克里斯·巴尔（Chris Barr）、马西娅·罗伊特贝格（Marcia Roitberg）和卡伦·斯凯诺内（Karen Schenone）的帮助。

特征（如果是主动性交易所交易基金）。

在本章中，我们将讨论固定收益交易所交易基金的特征并且将其与其他固定收益工具等进行比较。然后我们将探究私人投资、投资咨询以及机构投资者的不同固定收益交易所交易基金的投资方式。最后，我们将研究这些基金的结构、管理以及交易行为。

21.1 投资特征

交易所交易基金的优势如下：

- **投资管理成本低。**交易所交易基金相对开放式共同基金和封闭式共同基金具有更低的管理费用。固定收益交易所交易基金的平均管理费率为 0.27%，而固定收益共同基金的平均管理费率为 0.66%。[1]
- **透明性。**每日公布大多数固定收益交易所交易基金的控股情况。这些信息的公布使投资者更加了解基金资产风险敞口。
- **全天流动性。**交易所交易基金在交易日内全天实时交易，这种交易灵活性使得交易所交易基金即使在市场充满波动性和缺乏流动性之时，投资者仍然能较为正确地评判基金组合的价值。
- **税收效益。**交易所交易基金的发行/赎回机制使得交易所交易基金比传统共同基金具有更高的税收效益。赎回交易所交易基金份额时，分发给投资者的是有价证券（securities in-kind），即返还给投资者的是标的/基础证券（underlying securities）而不是现金。这种行为并不会产生资本利得，所以并不会对其征税。而共同基金和其他投资方式通常在投资者赎回基金份额时，返还给投资者现金，所以通常其他投资方式需要通过销售证券来获得现金，在此过程中，则会产生潜在的资本利得或资本损失，而这种资本利得或者资本损失将会由投资者承担。
- **投资广度。**交易所交易基金为广泛的行业提供头寸组合，而期货和其他交易所交易方式并不涉及某些行业。
- **风险控制。**因为交易所交易基金是由交易所交易的，基金的基础证券由独立托管账户持有，因此，固定收益交易所交易基金的交易对手风险较小。[2]

图表 21—1 列出了交易所交易基金与其他常用固定收益头寸工具（包括固定收益证券、期货和互换）的特点。

图表 21—1　　债券、交易所交易基金、期货和互换的特点

	债券	交易所交易基金	期货	互换
优势	高度定制化：指定任意资产头寸	同股票进行定价、交易、结算；具有较广的市场头寸组合	合同标准化、电子交易、交易量大和交易成本低	高度定制化；可以瞄准多部门头寸组合
法律结构	债券	1940 年《基金法案》	衍生品	衍生品
交易执行成本	买卖价差	买卖价差；佣金	买卖价差；佣金	买卖价差、终止费、其他费用

续前表

	债券	交易所交易基金	期货	互换
明显持有成本	不适用	费用率	合同成本	嵌入式融资成本
成本透明度	低	高	高	低
名义投资	100%	100%	边际	抵押（可变）
跟踪误差	潜在地高，不同资产类别误差不同	一般来说很低	单只可交割较低；篮子可交割较为便宜（期权最低）	低
最小投资规模	单只债券	单只份额	单个合约	定制（一般基于最小标准）
效期	书面规定到期日	到期日与永久日期同时存在	季度（通常）	开始时便已确定
流动性	场外，多经销商模式	场内，多经销商模式	场内，多经销商模式	场外；单经销商模式
交易对手风险	小	小	小	大；通过担保可以减少

散户和机构投资者购买固定收益交易所交易基金，这实际上就类似于通过一篮子资产组合或者特定市场获得固定收益。散户投资者把该基金作为核心投资组合头寸工具，而机构投资者利用这些基金，将其视为增加流动性的固定收益工具。

□散户投资和金融中介

散户投资者以及金融中介购买固定收益交易所交易基金以及传统投资工具比如开放式共同基金、封闭式共同基金、独立管理账户等，散户投资者以及金融中介通过以下三种战略决定购买策略：

- **核心头寸：**固定收益交易所交易基金与传统基金种类一样，可以被视为核心固定收益头寸。投资者典型的核心控股应是与广泛市场接触的。以此基金组合为核心，选择其他投资方式用以满足特定风险/收益目标。固定收益交易所交易基金的广泛选择使得投资者在无论是购买某单一行业市场交易所交易基金（例如以巴克莱资本美国综合债券指数为基准的交易所交易基金）还是购买各种跟踪政府、信用部门指数的交易所交易基金时，都能使投资者接触到广泛市场。
- **自定义头寸：**固定收益交易所交易基金可以针对特定市场提供相对应的投资头寸，为投资者量身定做针对不同投资目标或不同约束下的投资组合。这种策略通常为广大私人投资者所用，在投资顾问中也深受欢迎。因为这种投资方式使顾问以可扩展的方式为广大的客户群体提供一个固定收益头寸。例如，持有综合债券交易所交易基金头寸的投资者会希望通过定期增加头寸来增强投资信用等级。投资者可以通过战略性合理配置核心头寸从而达到投资级信用交易所交易基金。同样地，投资者愿意缩短或者加长核心头寸中的美国国库券久期头寸，并且通过混合短期或长期美国国库券以及交易所交易基金达到此目的。

● **市场准入**：在特定固定收益市场中，低成本、相对高流动性的投资工具使得投资者能接触到某些细分市场，比如说高收益市场或者是新兴市场，而在标的债券市场上是很难接触到一些细分化的市场的。比如，私人投资者可能会发现，想通过私人债券在新兴市场上实现股票战略配置是极具挑战性的一件事情（尽管不是不可能）。但是，如今，有很多投资者可以通过交易所交易基金的交易快速接触这个具有挑战性的固定收益市场部门。

□机构投资者

机构投资者借助于交易所交易基金的流动性、透明性、灵活性和相对而言低成本的优势来实现下述常用投资策略：

● **现金证券化**：现金证券化包括通过短期过剩现金投资来保持市场头寸。由于期货的高流动性且买卖方便，所以期货通常而言是现金证券化的常用方式。现金通过投资于货币市场账户，通过对期货的整体细分预测得出最优股市投资比率。但是期货面临的挑战是期货只有货币市场以及美国国债的头寸。而场外互换（例如，指数总收益互换）会提供准确的、个性化的一系列固定收益组合头寸，但是流动性更低。相对交易所交易工具，场外互换具有更高的交易对手风险、透明度更低，并需要频繁进行场外交易的操作。相反，固定收益交易所交易基金通过交易所交易方式提供广泛的固定收益组合选择。

例如，一个经理设置一个广泛的指数基准，如巴克莱资本美国综合债券指数，而后利用现金证券化工具最小化现金证券化阻力并且维持该指数基金头寸。美国国库券期货流动性高，但是与综合指数之间存在大的跟踪误差，这主要是由于各个市场之间头寸不同，以及期货合同中的交割期权不一致导致的。大量固定收益交易所交易基金的出现，使得投资经理可以在有效提高过剩资金投资效率的前提下不明显加大证券投资组合收益的跟踪误差。

● **资金转移管理**：当投资者调整投资组合时（比如由于经理特征或战略资产调整等等），通常会出现收益的显著变化与成本的显著变化。较快转移资产会伴随更大的交易成本，但慢慢转移资产会使得收益与原目标相比出现显著差异，这两者之间需要权衡。例如，在养老金配置计划中，如果将一大笔养老金投入企业的债券市场，可能会花费较长时间来在私人债券市场中找到最佳债券组合。即使是在寻找最佳证券投资组合的过程中，养老金的配置计划也面临着公司债券市场的变化。当然，养老金配置计划可以利用期货和场外互换快速获得市场资产头寸，但是我们仍然不得不考虑先前讨论过的权衡关系。在养老金计划中，可以用购买固定收益交易所交易基金的方式替代购买目标公司债券市场的债券组合来实现收益与成本之间的平衡。

● **战略配置**：战略型投资者要能快速进出市场来抓住市场机会。私人债券能提供更具针对性的头寸，但是一般而言很难进行大量、多样化的篮子产品交易。期货和场外合约互换是两种很好的资产配置工具，但是正如之前讨论的一样，在进行资产调整配置时，成本与收益之间会存在权衡关系。

固定收益交易所交易基金结合了期货的流动性及指数总收益互换头寸的多样性。例如，在2009年，偏好较大信用利差的投资者可以购买公司债券交易所交易基金而不是购买对等的私人证券投资组合，前者更具效率与效益。投资顾问认为相对于标的市场债券，通过利用市场信息战略操作多个市场的账户运行的固定收益交易所交易基金的投资方式更有效率且更节省成本。

• **证券投资组合再平衡**：典型投资者会基于投资目标和风险容忍度设置资产投资组合战略策略。当确立策略后，维持目标配置尤其是在快速变化和不流动的市场中维护资产配置是很有挑战性的一件事。在不显著增加交易成本的前提下，想通过基金工具管理和个体债券来增强流动性几乎是不可能的。

作为在更广泛资产组合中组成核心流动性要素之一的交易所交易基金指数通常是养老金配置计划中应对上述那些挑战的重要方法。交易所交易基金投资涉及每种资产类别中的一部分，因此，它实际上是在扩充而非替代核心控股情况。交易所交易基金组合增强了资产组合整体的流动性，以实现再平衡的作用效果。这种方法使得养老基金可以在不减小组合流动性的情况下维持资产战略配置。在私人债券买入/卖出利差较大而流动性不足的固定收益市场中，这种配置方式尤为有效。

□高级运用

除了上述比较传统的交易方式之外，战略型投资者也可以将固定收益交易所交易基金这个工具运用于更加高级的战略配置方式中，如期权、卖空以及其他杠杆基金工具。

• **期权**：固定收益交易所交易基金市场正在不断发展壮大，交易所交易期权也越来越成为大家的基金组合选择。固定收益交易所交易基金期权的交易战略与期货期权或场外固定收益期权相似。固定收益交易所交易基金期权使得投资者可以拥有更多杠杆市场的头寸，并且运用更多的投资策略，比如看涨或看空利差、多空套做猜测市场波动性方向等等。固定收益交易所交易基金期权场内交易的特质使其相对场外固定收益期权具有成本低、透明度高和操作方便等优势。

• **卖空**：投资者通过做空固定收益交易所交易基金而非做空标的债券市场来做空一个短期固定收益部门更加容易。交易所交易基金份额连同股票可以被借入卖空。交易所交易基金成本受市场供求影响，而投资者根据成本确认自己的投资策略组合：通过交易所交易基金还是其他选择来做空市场。除此之外，借入固定收益交易所交易基金的成本错位（成本差距）能创造投资机会。

举个例子，由于短期利率上升，相对应的高收益交易所交易基金的对冲基金的借入成本从1%上升至5%。对冲基金者通过分析该种情况，买入此类交易所交易基金而后以5%的利率将其贷出（注意：借入贷出利差还是相当可观的）。通过上述行为，投资者可以赚取该高收益交易基金5%的收益率。除此之外，通过做空一篮子相关证券资产的行为，可对高收益beta（风险）头寸进行对冲。如果做空一篮子相关证券资产的成本低于5%，只要一直存在成本错位，做此类对冲基金就可以赚取利差。在上述例子中，此类对冲基金亦需负担交易所交易基金和相关篮子之间潜在基准风险的成本。

• **杠杆与反向交易所交易基金**：越来越多的交易所交易基金拥有为投资者提供固定收益市场做空头寸杠杆和做多头寸杠杆的能力。这些基金已经吸引众多乐意在瞄定固定收益市场上进行短期战略投资的投资者以及愿意在多杠杆机制市场中投资的投资者的兴趣。这些基金通常通过综合场外总收益互换或者期货交易所内交易实现其头寸杠杆。

考虑以上投资方式的投资者应该注意：大多数杠杆和反向基金每日均设立其目标杠杆比率，基准本身不是杠杆，所以基金杠杆的使用、市场路径依赖型的影响和收益的复利从长期而言都极有可能扭曲杠杆基准市场有关的资金收益率。

21.2 固定收益交易所交易基金的管理

由于固定收益交易所交易基金是管理资金，投资顾问负责监督投资组合，并根据发布的附加信息（SAI）和发布的招股说明书实现其投资目标。经理对投资组合头寸和交易拥有全权投资控制权。在市场上有两种主要类型的基金——指数基金和主动式基金。

□指数交易所交易基金

固定收益交易所交易基金大多数为指数基金，与市场基准较为相符。固定收益债券缺乏持续流动性，所以难以概括广泛市场的基准。因此，大多数固定收益交易所交易基金指数使用了一系列来自市场的其他工具的取样。大多数这些方法得到的相关数据都是来自十分优秀的取样，涉及创建包含与该指数主要风险特点最为契合的小样本的资产组合。为了构建与维护上述组合，经理必须平衡债券流动性与交易成本，创造一个多样化的投资组合，减少个别风险，更好地追踪绩效衡量标准。

□主动式交易所交易基金

2008 年，在发行第一只指数交易所交易基金 20 年后，发行了第一只主动式固定收益交易所交易基金。像场内指数基金一样，主动式交易所交易基金也有自身的基准。但与指数基金不一样的是，主动式交易所交易基金的目的是赚取超过基准的利润。主动式交易所交易基金通常而言并不是投资者提高流动性头寸的最佳选择，而指数交易所交易基金通常是投资者提高流动性的不二之选，指数交易所交易基金与主动式交易所交易基金通常的瞄定市场并不一样。主动式交易所交易基金更多地是对阿尔法进行管控，并能随时进行交易。

主动式交易所交易基金的管理者使用一系列投资工具来实现超额利润，包括债券选择、资产配置和久期管理，这与传统开放式共同基金和封闭式共同基金的管理方法相似。

主动式固定收益交易所交易基金与指数交易所交易基金一样，需要基金提供者每日公布持股情况，但是在投资经理的核心控股位于非流动性市场时，这给组合基金经理带来了巨大的挑战。因此，迄今为止主动式固定收益交易所交易基金通常而言都会投资给更具流动性的资产或者快到期的资产证券。这最小化了投资经理由于持股通告而被投机者利用的风险。

21.3 固定收益交易所交易基金的特征和运行机制

固定收益交易所交易基金通常会发布每日控股变化情况，并且每月进行分红。固定收益交易所交易基金的流动性主要来源于两个补充市场——一级市场（股票基金发行及赎回市场）、二级市场（已发行股票进行买卖交易的市场）。

□控股透明

固定收益交易所交易基金的差异化之处是相比共同基金更频繁披露控股情况。大多数固定收益交易所交易基金提供商每日都会公布一次持股情况，透明化的控股情况有助于投资者持续了解基金组合风险概况。代表共同基金份额的交易所交易基金和那些已经收到具体监管豁免的交易所交易基金例外。

□基金分布

与1940年《共同基金法案》一样，固定收益交易所交易基金要求向投资者分发收益。这个分红体现基金应计利息、证券摊销、证券增值、证券借贷收入、资金管理费用等。通常而言，每月均会分发固定收益交易所交易基金收益。赚取的收入可以定义为：

收入＝应计利息＋证券增值－证券摊销＋证券借贷收入－基金管理费用

基金会赚取利润，而收入分配是按照股份来确定的。因此，假设在某月，股票份额发生变化，每股所得收入也会变化，所以尽管基金赚取的利润并没有发生变化，但投资者得到的收入会产生变化。资产净值中会体现每笔盈余或亏损。对于中等规模流动性的基金而言，当份额发生变化时，月度分配的利润会有一些变化，而对于更小规模与具有极端流动性的基金，股票份额带来的影响会更大。注意，这种收入分配机制不仅适用于交易所交易基金，也适用于其他所有共同基金。

固定收益交易所交易基金分发的利润是想赚取红利的投资者重点关注的对象。交易所交易基金持有者会收到未来现金流流入，而相似地，私人债券提供未来的利息收入。

□一级市场：发行并赎回股票基金

发行或赎回交易所交易基金份额的券商通常而言被称作授权参与者。授权参与者通常而言与投资者和交易所交易基金提供者打交道来维持市场流动性。

投资者买入卖出交易所交易基金，这种交易方式跟上市股票的交易行为如出一辙。每一基金份额都代表着基金证券组合的部分所有权，大抵就像传统开放共同基金的基金份额代表着标的基金持有的部分利益一样。开放式共同基金和交易所交易基金的不同之处在于交易所交易基金的发行或赎回机制。

每日，交易所交易基金提供商发布该基金持股情况以及发行或赎回份额的证券清单。当市场上出现对交易所交易基金的强烈需求时，做市商卖出它们所有的库存，为了补充库存，授权参与者会购买私人证券组合，然后将这些实物证券抵押给交易所交易基金提供商来获得新的交易所交易基金份额。当出现较大的基金销售压力时，授权参与者有过剩的交易所交易基金份额，供求平衡机制发生效用，这些过剩份额会以实物抵押的形式抵押给交易所交易基金提供商，而提供商会用一篮子可交易的私人债券作为这些基金的偿付物。由市场驱动的交易所交易基金库存管理机制有效杜绝了交易所交易基金和标的债券市场的价差过大。

当对交易所交易基金的需求过于强烈时，基金份额的市场价格会被哄抬，当这个价格高于交易所交易基金中的标的债券的价值时，出现套利机会，授权参与者将会购买标的固定收益资产，然后将这些资产抵押给交易所交易基金提供商来换取更多的交易所交易基金份额（例如，增发相应基金），再在市场上出售以获取利润。

同样的运转机制在市场出售压力过大时也会发生。当交易所交易基金的交易价格过于低于市场上基金证券的价值时，授权参与者在开放市场中回购交易所交易基金份额，同时向交易所交易基金提供商换取标的债券（如赎回某些股权），然后卖出这些收益证券，获取净利润。套利压力使得交易所交易基金的价格能与其指数包含的证券价格保持一致。

要注意：要想消除交易所交易基金的套利机会，也不一定要成为授权参与者。举个例子，当交易所交易基金价格相对于相关证券有折扣时，市场参与者（如对冲基金商）将会购买交易所交易基金，但同时会做空相应的一篮子证券或衍生物，这样的做法将会缩小价差。一篮子抵押品包括私人债券、利率互换或者信用违约掉期等。对冲基金的做法即是交易所交易基金的价值与一篮子抵押品的价值相等。那时，所有参与者都将没有任何净利润。

基金份额的发行或者赎回价值应与基金的净资产价值保持一致，使得当资产和固定收益交易所交易基金价值出现偏差时可以回归正常价值。只有在这种情况下，固定收益交易所交易基金的现有股东才能在股票发行或赎回过程中不遭受财产转移损失。

除此之外，投资者进入基金市场或者离开基金市场时，应以市场价格而不是净资产价格对其进行处理。固定收益交易所交易基金与传统开放式基金的不同之处之一就在于市场价格执行方面的不同。交易所交易基金利用实物抵押发行/赎回流程，每个投资者会有按市场价格发行/赎回交易基金时需要承担的交易成本，其他投资者不会受影响。而在共同基金市场上，投资者会在基金净资产价值点进出市场，而不是以市场价格出售/买入，因而交易成本会由所有投资者共同承担。注意，通常人们习惯性地从标的债券市场发行方的角度去计算净资产价值，去评判固定收益债券价格，而投资者通常而言从市场提供方的角度去购买固定收益证券。由此，新的投资者通常会以净资产价格去购买共同基金，而当投资者进入后，证券购买方的进入成本会比隐含在净资产价格中的发行价格更高。这部分成本需要由已有的持有投资者承担。

这样的机制对正在交易的投资者有好处，但是会损害已有投资者的利益。从一定程度上而言，投资者关于交易所交易基金或者共同基金的选择部分地取决于他们是想独自承担成本还是想大家共同分担成本。

□二级市场：证券流通市场

固定收益交易所交易基金与其他管理工具的不同之处在于份额是否在股票市场上上市并在交易所交易。不同于场外债券交易市场，交易所交易模式提供了对“交易量、发行市场和销售市场两方市场以及交易成本的极高程度的可视性”。同时，交易所交易基金通过股权贸易策略（比如说限单定价、止损单等）来向投资者提供控制市场运行的能力，同时通过买入或卖出交易所交易基金市场份额来实施做空战略。

交易所交易基金与相应的场外合约债券市场提供的流动性和市场透明性形成了鲜明的对比，交易所交易基金的交易通常而言是直接由双方通过电话、邮件和其他交流媒介进行协商。在场外合约债券市场上，投资者遇到许多挑战。首先，最佳交易点很难确定。投资者可以从选择的经销商中征求市场竞价或优惠，但投资者无法知道交易是不是在最合适的价格上进行的。其次，场外交易市场一般只提供买入价或卖出价，而双边市场让投资者明确地通过买入卖出价差观察他们的交易成本。

交易所交易基金的核心利益在于随着交易量和交易份额的快速增长，交易所交易基金已经在二级市场有了属于自己的独立的交易流动层。二级市场的交易占据大多数交易所交易基金的交易量，大多数交易无须再通过发行或者赎回相应份额进行，也无须通过标的市场即可进行。二级市场的流动性更是一般和固定收益交易所交易基金市场中交易基金的核心利益。

流动层使得交易所交易基金流动性与场外合约债券市场分离，投资者可以在没有新发行或者赎回债券的前提下进行交易所交易基金的交易。固定收益交易所交易基金在流动市场上的自由流动使得发行或赎回价差相对债券市场上的价差更小。当交易需求超过交易流动性所能提供的需求时，在市场机制的作用下，固定收益交易所交易基金使得交易者进入债券市场来使需求与库存保持一致。

因此，固定收益交易所交易基金的流动性不止依赖于可观察到的交易流动性。固定收益交易所交易基金的大笔买入或卖出都将导致现有基金持有者的流动性发生变化，因此为了平衡市场，券商必须多发行或者买回部分基金份额，即通过相应债券市场购买债券增加债券份额、卖出债券赎回部分份额。因此，固定收益交易所交易基金的总流动性不仅包括交易流动性，还包括相应债券市场的流动性（债券市场是固定收益部门流动性的更大来源）。

固定收益交易所交易基金的总流动性可以总结如下：

（1）可视交易流动性（日均交易量）。

（2）通过限价单机制促进每日随时交易（即控股人不愿意以非市场价格而是以更有利于他们的价格进行交易）。

（3）发行或赎回债券的相应债券市场的流动性。

通过最大化使市场交易流动性可视的执行机制，市场参与者通常可以以最小市场影响一天之内多次交易固定收益交易所交易基金。图表 21—2 展示了固定收益交易所交易基金的流动层。

图表 21—3 展示了固定收益交易所交易基金和标的债券市场的利差区别。注意，由于交易所交易基金的强有力的流动性，买卖利差通常而言是相应债券市场买卖价差的几分之一，尤其是在某些特定市场，比如高收益和新兴市场等。

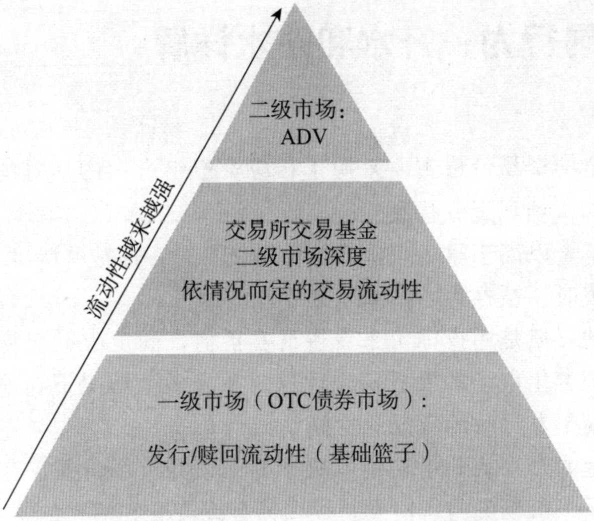

图表 21—2　固定收益交易所交易基金流动性分层

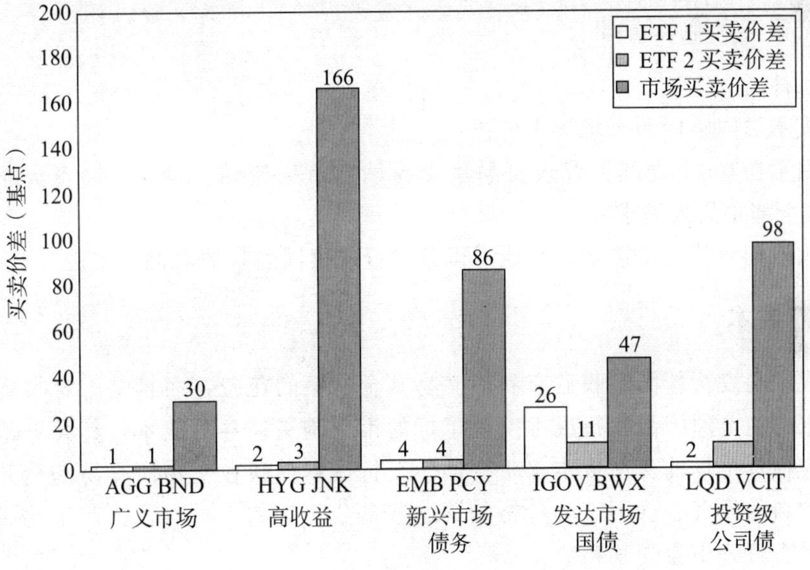

图表 21—3　交易所交易基金样本和市场买卖价差

资料来源：Barclays Capital and NYSE Arca. Thirty-day average，as of 12/31/2010. Funds represented：iShares Barclays Capital Aggregate Bond Fund（AGG），Vanguard Total Bond Market ETF（BND）. iShares iBoxx ＄ High Yield Corporate Bond Fund（HYG），SPDR Barclays Capital High Yield Bond ETF（JNK），iShares JPMorgan USD Emerging Market Bond Fund（EMB），PowerShares Emerging Markets Sovereign Debt Portfolio（PCY），iShares S&P/Citigroup International Treasury Bond Fund（IGOV），SPDR Barclays Capital International Treasury Bond ETF（BWX），iShares iBoxx ＄ Investment Grade Corporate Bond Fund（LQD） and Vanguard Intermediate-Term Corporate Bond ETF（VCIT）.

21.4 交易行为：升水和贴水详解

交易所交易基金的交易价格主要来源于相应资产组合中的债券的价值，同时也受市场波动性、流动性和市场现金流状况的影响。[3]

当交易所交易基金以高于净资产价值的价格交易时，即被称为“升水销售”；当以低于此价值的价格销售时，被称为“贴水”交易。

固定收益市场的习惯是用投标价来看待证券价值，固定收益交易所交易基金的净资产价值通常用相应证券化市场的投标价来计算。在大多数情况下，固定收益交易所交易基金的交易价格会高于发行时的净资产价值。

交易所交易基金的升水或贴水通常取决于标的债券市场价差、交易所交易基金流动平衡、市场波动水平、市场参与者对发行赎回债券或者套利活动的执行风险。[4]

固定收益交易所交易基金市场价与净资产价格关系的差异可以定义为：

$$\frac{\text{固定收益交易所}}{\text{交易基金升水/贴水}}=(\text{发行成本}\times\text{流动因素})+\text{执行风险调整}$$

满足以下条件：

发行成本等同于标的市场买卖价差；

流动因素在 0～1 之间，代表交易所交易基金市场流动平衡（0 代表全部是销售需求；1 代表全部是买入需求）；

执行风险调整等同于篮子商品成本以及发行或赎回当日的对冲成本。

□发行成本

发行成本是发行新固定收益交易所交易基金份额的花费，而且是固定收益交易所交易基金升水的主要原因。发行成本反映了标的市场购买债券的成本，其大小随着流动性水平和相应债券市场的交易成本水平变动。发行成本反映在交易所交易基金升水上，而且仅当存在新的投资者（用市场价格购买这些基金份额的人）时才会产生此成本，该基金的已有持有者并不会受其影响。

债券市场流动性随着时间推移而改变，交易费用同样如此。这使得发行成本也会发生变化，即导致了交易所交易基金升水。这种逻辑框架从 2009 年市场流动性剧烈下滑中可见一斑。图表 21—4 描述了在 2009 年通胀保值类债券交易所交易基金市场上的升水现象，这是与标的通胀保值类债券市场价差相对应的。随着通胀保值类债券市场流动性的提高，买卖价差下降，交易所交易基金的发行成本（体现在价差上）也下降了。

一些固定收益交易所交易基金通过收取现金而不是一篮子私人债券实物的方式去整体促进或者部分促进新份额的发行。基金（不是券商）在开放市场上获得债券，因此直接产生了执行成本，这部分成本由已有持有者承担而不是由新持有者承担。这些基金通常比利用实物资产抵押发行或赎回的基金有更小的溢价交易，因为新发行份额的发行成本由已有持有者承担，因而并不反映在交易所交易基金价格上。

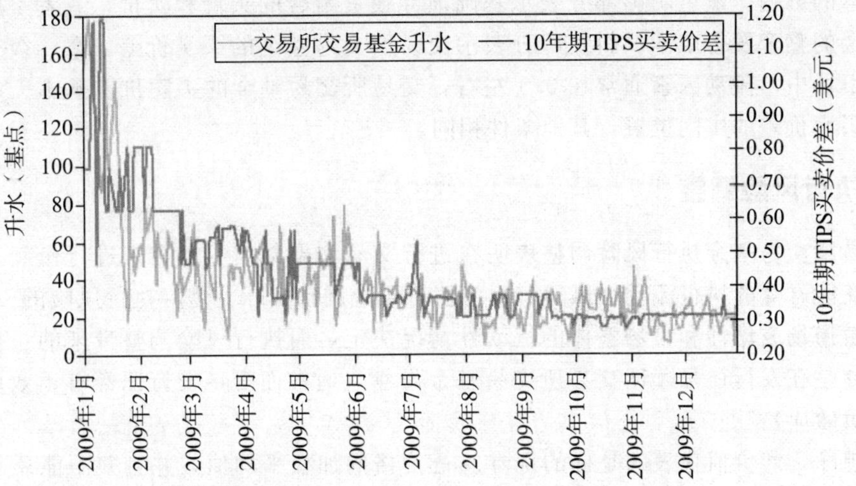

图表 21—4　TIPS 交易所交易基金升水相对于 10 年期 TIPS 的买卖价差

□流动因素

交易所交易基金市场流动平衡，通常被称作流动因素，决定交易所交易基金的价格在多大程度上受发行成本影响，以及交易所交易基金和相应的基金组合买卖价差的区别。这个因素值在 0～1 之间，表示与交易流动性相关的基金购买销售比。当流动因素接近 1 时，表明市场中有很多人净买入此基金，可能会导致基金新发行。在这种情况下，交易所交易基金反映更多的可能是相应债券市场的供方情况。相应地，如果这个数字接近 0，表明有大量卖出，这可能会使得市场上基金被大量赎回。在这种情况下，交易所交易基金市场价格可能反映的是相应市场的买方需求。

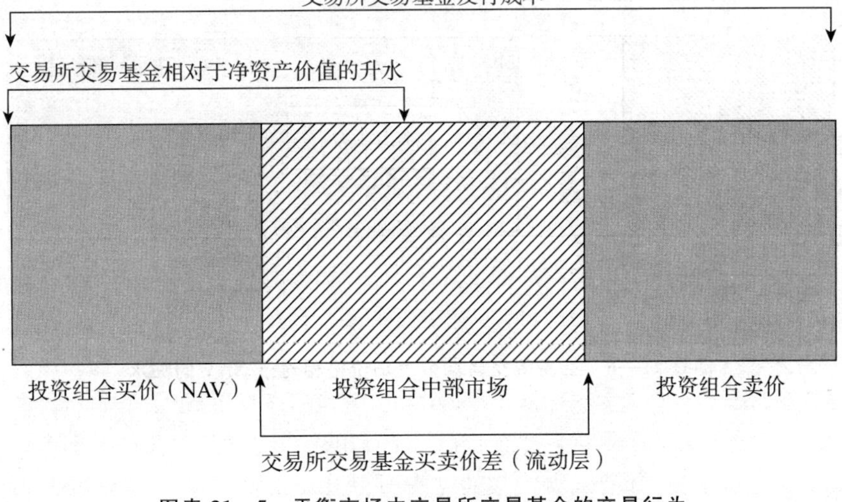

图表 21—5　平衡市场中交易所交易基金的交易行为

图表 21—5 表明了交易所交易基金流动层在平衡市场的运行机制，以及流动因素对发行成本的影响。灰色阴影部分表示基础债券投资组合的买价和卖价，或者是股票债券发行基金的整个发行成本；斜纹部分表示交易所交易基金的买卖价差。在二级交易流动平衡的市场中，流动因素通常在 0.5 左右，交易所交易基金的买卖价差基本上在基础投资组合买卖价差的中间位置，其他条件相同。

□执行风险调整

交易所交易基金执行风险调整表明在进行交易和聚集债券组合来进行份额发行和赎回时券商能忍受的执行流动性风险。因为执行风险调整实际上是对执行风险的一种衡量，其大小由市场波动性和市场整体的流动性情况决定，而执行风险调整带来的正负效应取决于券商是在发行还是赎回交易所交易基金份额（通常而言，发行证券有正效应，赎回债券有负效应）。

回想净资产价值代表的是标的证券发行价格的加权平均值，并且并不能反映同等篮子的实际经济情况。在缺少流动性和透明度的市场上，从理论上而言，某些债券市场卖方供给和买方需求都极小，市场极小。因此，为了实现特定篮子债券发行或赎回的一定交易量，券商将会遇到很多销售困难。执行风险调整水平反映了价格发现和流动性的不确定性。在高压市场中，执行风险调整是十分有必要的，能实现高于普通水平的升水和贴水。

图表 21—6 展现了市场压力使得交易所交易基金价格贴水的情况。注意，交易所交易基金的买卖价差从理论上而言比基金组合的发行价更小，表明券商认为，赎回基金份额时的清算价值低于理论上相应基金组合的买方定价。两者之间的区别（白色区域）即是执行风险调整。

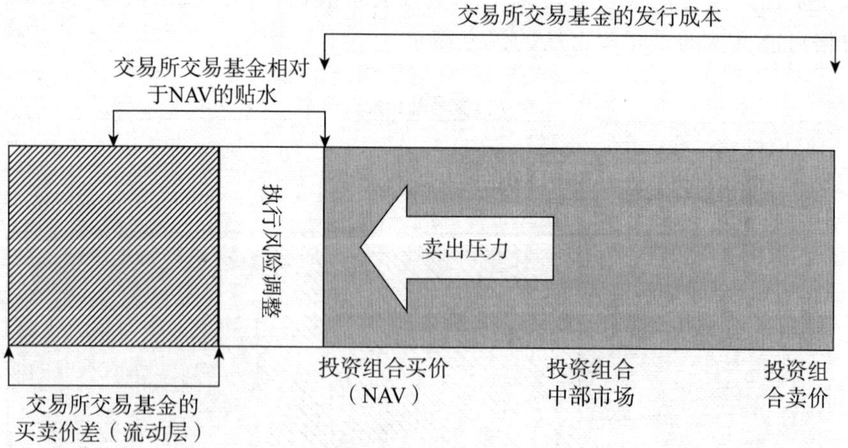

图表 21—6　交易所交易基金市场价格相对于 NAV 的贴水

21.5 关键知识点

• 固定收益交易所交易基金结合了多种属性：单只债券、共同基金、互换和期货，目的是为了给投资者提供交易的透明性、流动性、高效性和成本效率。

• 零售和中介投资者使用固定收益交易所交易基金的首要目的是获得核心头寸和自定义头寸以及市场准入。而机构投资者是为了实现现金证券化、资产转移管理、战略配置以及投资组合的再平衡。

• 在固定收益交易所交易基金的一级市场中，权威参与者会帮助维持流动性。当需求上升时，会增加交易所交易基金份额；当需求下降时，会减少交易所交易基金份额。套利的压力使得交易所交易基金的价格围绕着基础固定收益债券的价值变化。

• 在二级市场上，投资者在股票市场上进行交易所交易基金交易，流动性的增加可能会使得价差相对于基础股票市场上的价差缩小。

• 固定收益交易所交易基金的定价行为主要受标的债券市场的变动影响，但同时也受交易所交易基金流动性和市场波动性影响。

【注释】

[1] 信息来自晨星和彭博 2010 年底的数据。

[2] 存在依赖于 OTC 互换获取市场头寸的交易所交易基金，因此，相对于仅通过持有现金债券头寸实现风险管理的交易所交易基金拥有更高的交易对手风险。

[3] 关于这些市场机制的更多细节，请参见 Matthew Tucker and Stephen Laipply，“Understanding Bond ETF Premiums and Discounts：A Conceptual Framework，” *Journal of Indexes*（September/October 2010），pp. 40—48。

[4] 假定固定收益证券市场于美国东部时间下午 3 点闭市，而股票市场继续交易到下午 4 点，就可能会存在时间效应。但由于时间效应会扭曲对升水的衡量而且不是它的驱动因素，我们这里的讨论排除了时间效应。

第 22 章

资产担保债券

维诺德·科塔里（Vinod Kothari）
印度管理学院加尔各答分校金融顾问和访问学者

随着金融中介机构创造并且持有金融资产，它们寻求一系列方式对这些资产进行再融资。公司债券是基于基本市场进行的再融资的最传统形式。不过，公司债券会对发行人造成直接敞口，并且直接受到发行人财务实力的影响。显然，在到期日之前的一段时间里，这些债券受到发行人评级的影响，违约概率也受到后者的影响。

出于一系列考虑，一国的金融系统可能想要那些不受或者受发行人信用评级影响较小的金融工具。假设发行人创造并且持有标准金融资产，比如优质抵押贷款。如果对这些抵押贷款进行再融资的系统允许投资者合法地购买这类资产的投资组合，那么投资者更倾向于对健康资产的组合具有索取凭证，而不是对发行人具有索取凭证。从政策角度来看，如果发行人被允许发行仅与资产池质量相关的债券，或者至少与后者相关的债券，那么发行人就有希望发行评级更高的债券，因而就可以以较低的融资成本创造并且持有所讨论的资产组合。如果发行人需要依赖公司债券，那么一个低评级的发行人就无法以较低的成本进行融资并持有健康的资产。这会导致一个自我实现的循环，实力较弱的银行必须持有低质量的资产，并因此保持较弱的实力甚至变得更弱。

在固定收益证券市场中，市场一直在寻找资产担保而不是实体担保的工具。住房抵押贷款支持证券和资产支持证券是希望脱离发行人评级并仅依赖资产池的质量和结构性信用增级的工具。本章的主题——资产担保债券——可以被视作介于公司债券和住房抵押贷款支持证券之间的另一种工具，因为它们同时依赖于发行人的质量和标的资产的质量。

22.1 资产担保债券：从欧洲到世界其他国家

在机构投资严重依赖于投资评级的环境中，抵押贷款支持证券和资产担保债券都是将工具的评级提升到发行人的评级以上的方式。对于抵押贷款支持证券来说，假设融资与发行人的风险是独立的，那么这些证券往往可以获得最高评级。这些评级以及它们所证明的证券的质量，在2007—2008年次贷危机时受到严重挑战，从而使得抵押贷款支持证券至少在那段时间里变得不受欢迎。对替代品的寻找在遇到资产担保债券之后便停止了，后者在欧洲已经使用了几十年。资产担保债券没有抵押贷款支持证券的魅力，但是在次贷危机发生和之后的环境里，资产担保债券在历史上的质量远比抵押贷款支持证券有吸引力。

作为抵押贷款融资的一种工具，资产担保债券有一段很长的历史。据说它们于1769年在德国普鲁士首次发行。在丹麦的首次发行是在1797年，在1795年哥本哈根火灾之后。它们在欧洲有不同的名字，举例来说，在德国它们被称为pfandbriefe，在丹麦它们被称为realkreditobligationer，在法国它们被称为obligations fonciers，在西班牙它们被称为pantbrev。资产担保债券在本质上是一种欧洲工具，由特别法提供保障，直到最近一些欧洲以外的国家进行立法来推动担保债券或者一些结构化者使用证券化的结构化方法的组合在普通法下创造资产担保债券。

在美国，华盛顿互惠银行在2006年9月成为头几个推出美国担保债券的公司，美国银行在一年之后也紧随其后。在次贷危机期间，时任美国财政部长鲍尔森（Paulson）宣布了财政部推进资产担保债券的计划，包括一个最佳做法声明。这创造了一个保证，那就是拥有广泛的、毫无争议是世界上最大的抵押贷款金融市场的美国，将会加入使用担保债券的国家之列。之后，在2011年3月，2011年《担保债券法案》在HR940被展示。其他国家也采取了立法或者监管措施来促进担保债券，包括澳大利亚、新西兰和加拿大。

22.2 理解资产担保债券

资产担保债券并没有统一的结构——一系列的原因造成了这些差异的存在。在我们讨论它们的结构之前，让我们先理解担保债券背后的逻辑。一方面，公司债券，不管是担保的还是未担保的，其违约概率都是由其发行人决定的。如果发行人违约，那么哪怕是担保债券也会发生违约，虽然我们可以预期回收率会根据抵押品的价值显著地更高。而另一方面，抵押贷款支持证券的结构使得其资产池不受发行人破产风险的影响。抵押贷款支持证券一般会由于信用增级而获得最高的信用评级。

资产担保债券借鉴了证券化的框架，也借鉴了古老的担保债券。担保公司债券是发行人的债务责任，由抵押品的证券利息作为担保。至于在发行人发生破产的情形下，抵押品在何种程度上是可获得的，以及对抵押品的索偿权的优先顺序，则视不同国家的破产法而定。在证券化的情形下，抵押品池与发行人完全隔离，因此不受发行人破产的影响，这使得投资者可以获得它的全部价值。通过创造一种至少包含了以下几点的结构，资产担保债券达到了一种“近似”的中间通道：

- 一种同时对发行人和抵押品池子的追索权，像公司债券一样，该债券仍然是发行人的义务，但是由对抵押品池的索偿权作为担保。在发行人发生破产的情形下，后者应该保证可以抵御竞争性索偿权或者优先索偿权。因此，与证券化的情形不同，不存在抵押品与发行人完全隔离的情况，但是存在一种可以保护抵押品并且以第一优先权将抵押品支付给资产担保债券投资者的结构。
- 存在可以吸收损失的信用增级，并且压力水平可以保证最高的评级，这在资产担保债券中也是常见的。但是，资产担保债券中使用的信用增级结构在传统上比证券中的信用增级结构要简单。
- 因此，资产担保债券既依赖于发行人的信用，也依赖于资产池的质量。

22.3 资产担保债券的结构

资产担保债券是资产负债表上的证券化。如果“证券化”指的是池子的转移以及其向证券的转化，那么担保债券不是证券化：它们更接近担保债券发行。在主流担保债券交易中，不存在资产向特殊目的实体（special-purpose entity，SPE）的转移。另外，资产能够被识别出来，同时能够根据当地担保贷款法律创造基于资产的抵押权，这些抵押品将作为对债券的担保。如果抵押贷款支持证券的发行人破产，那么普通担保贷款法律或者与资产相关的特别法将允许债券持有人对资产池进行追索，而后者创造了证券利息。在超过一半的情形下，依据破产法或者其他法律存在优先或者平行的索偿权，这削弱了对担保债券持有人的支付能力。在此基础上，一般难以避免对债券持有人支付的干扰，因为一旦发行人受困或者破产，支付只能通过法律对担保资产的强制执行实现。换句话说，担保债券会受到发行人破产风险的影响。

证券化结构尝试通过“真正出售”来消除这种风险——资产池本身依据法律被出售，一般被出售给特殊目的实体。从法律设定上看，特殊目的实体本身是破产隔离的；也就是说，它的结构保证它可以免除破产风险。因此，证券化交易可能可以使得资产池与发行人的破产风险隔离。在此之后，唯一需要关注的风险是资产池发生信用损失的风险。如果存在可以充分吸收这种风险的信用增级，那么相应的证券就可以获得最高评级。

证券化结构对隔离或者真正出售的依赖导致了一些特征。最为显著的后果是资产池现金流与支付给投资者的现金流之间的相关性。这通常被称为交易的“通道”特征，意思是所有获得的现金流都支付给了投资者。这种通道特征导致了几种后果：

- 抵押贷款支持证券的到期日与资产池的相同。举例来说，如果抵押贷款池在 20 年后到期，那么流向证券的最后一美元现金也会发生在20年后。当然，会存在一些改变的方法：比如，可能存在证券分券，有的层级比另一些层级先支付。还可能存在**清理看涨期权**（clean up call option），允许出售者在未偿付的池子价值变得不显著时进行赎回。但是，总体来说，交易是不存在资产/负债的错配的——负债的偿付，也就是债券本身，是受到对资产的支付推动的。

- 随着住房抵押贷款收到提前支付，投资者也收到提前支付。因此，广受讨论的提前支付风险就完全转移给了投资者。与前面一样，可以使用重新分配工具将提前支付风险不平均地分配给不同类别的投资者。
- 对负债的支付来自一个静态池。**静态池**（static pool）指的是池子卖给特殊目的实体时，里面存在的住房抵押贷款。因此，住房抵押贷款支持证券就会受到静态池预期表现的影响——关键变量的表现，比如提前支付率、违约率、平均收益率以及到期日。
- 由于证券化要基于资产的真实出售，那么就会出现关于法律上的出售是否为会计意义上的出售的疑问——这就导致了关于资产在资产负债表外的处理问题以及如果出售处理是可实现的，明显与之相关的利润/损失的加速及首期认定问题。

现在让我们考虑资产担保债券。考虑到资产担保债券是发行人的债务责任，它们的现金流不一定要完全从资产池中获取。换句话说，资产担保债券不是资产池所产生现金流进行转移的通道。现金流结构可能存在错配（不过是在一定范围内，就如我们后面将会更进一步讨论到的）。因此，对于资产担保债券来说，所有由交易的通道特质导致的证券化特征就可以被完全或者至少部分避免。

但是关键问题随之而来。如果资产担保债券不过是发行人的债务责任，那么担保公司债券与资产担保债券之间有什么区别？如前面所讲述的那样，资产担保债券的起源来自它给予债券持有人的免受破产影响的对资产的索取能力。因此，资产担保债券需要创造一种即使发行人破产，也允许投资者获取抵押资产的法律结构。这种破产保护权利的基础来自给予它们特殊权利的立法，或者交易的设计/结构。因此，资产担保债券的结构可以根据不同的立法管辖范围被区分成立法资产担保债券和结构化资产担保债券。

□立法资产担保债券

立法资产担保债券结构指的是一特别法给予投资者破产保护。这与资产担保债券的起源有关——它们被创造以使得债券的投资者可以获得资产的质量，而不仅仅是发行人的质量。在大多数欧洲国家的立法管辖范围里，资产担保债券立法给予对担保债券进行担保的资产以特殊豁免权——破产托管人不能接管这些资产。

例如，考虑德国的资产担保债券（pfandbriefe）。按照德国法律，德国资产担保债券只能由银行发行，同时发行人还需要满足一系列条件以获取特定的执照。这些德国债券定期稳定地发行，而不是机会主义地或者零星地发行。

《德国资产担保债券法案》（German Pfandbriefe Act）允许几种不同类型的资产担保债券的存在——住房抵押贷款资产担保债券、公共资产担保债券、船只资产担保债券以及最近的飞机资产担保债券，债券的名字说明了担保资产的类型。公共资产担保债券受对公共领域机构的索偿权的担保。

德国资产担保债券的关键特征是“担保资产”，也就是对德国资产担保债券进行担保的抵押品。根据德国资产担保债券的类型，担保资产应该是合格的住房抵押贷款、对公共领域的索偿权或者对船只的抵押贷款。在此基础上，在特定范围内，对中央银行、信用机构和衍生品交易的索偿权也被视作担保资产。

德国资产担保债券破产隔离的关键规定可参见《德国资产担保债券法案》的第30条。该条款申明，如果需要对发行德国资产担保债券的银行的资产进行破产清算，那么登记为担保物的资产将不包括在破产清算资产中。德国资产担保债券的债权人对登记在案的相关资产的债权需要被完全满足；它们不受对发行德国资产担保债券的银行所进行的破产清算的影响。德国资产担保债券的债权人只有在其债权无法被担保资产满足时才参与破产清算过程。

对担保资产则有独立的行政执行条款。《德国资产担保债券法案》第30条第2款规定，负责管辖的法院将会指派一到两个自然人作为行政执行人，管理或者抛售担保资产的权利将被转移给行政执行人。因此，行政执行人可以继续从资产中获得现金流，也可以将其抛售并立即对投资者进行偿付。

在其他国家法律体系中也存在类似的专门针对资产担保债券的条款。因此，对于立法资产担保债券来说，对发行人破产风险的保护来自立法中的特殊条款。

□结构化资产担保债券

有几类资产担保债券没有特别法所提供的破产保护。在这些国家，发行人使用特殊目的实体和资产转移的组合来试图获得破产保护。这些资产担保债券可以被称为**结构化资产担保债券**（structured covered bonds）。

与结构化资产担保债券相关的各方有：

- 发行人：想要进行融资的银行/主体。
- 特殊目的实体：如图表22—1所示的特殊目的实体的目的是对资产池从法律角度拥有所有权并且提供破产保护。特殊目的实体的结构应该保证其免受与发行人合并的风险。
- 担保池的监视人：一个用以保证担保池满足交易所需要的最低信用增级的主体。
- 行政执行人或者托管人：在发行人发生破产时接管资产的主体。
- 债券投资者。

结构化担保债券的典型结构如图表22—1所示。典型的结构化债券的机制可以用以下几个步骤描述：

- 第一步：结构化资产担保债券一般有拥有资产或者担保池的独立特殊目的实体。要注意到明显的差别——在普通证券化结构中，债券由特殊目的实体发行。在结构化资产担保债券的案例中，虽然抵押品或者担保池可以被合法地出售给特殊目的实体，债券是由发行人或者想要进行融资的银行发行的。因此，这些债券是发行人的直接或者无条件责任。债券一般是发行人的无担保责任，而证券利息则由特殊目的实体创造（见后文）。特殊目的实体所扮演的角色是提供另一种追索方法。因此，在结构化资产担保债券中，特殊目的实体一般是保证人。

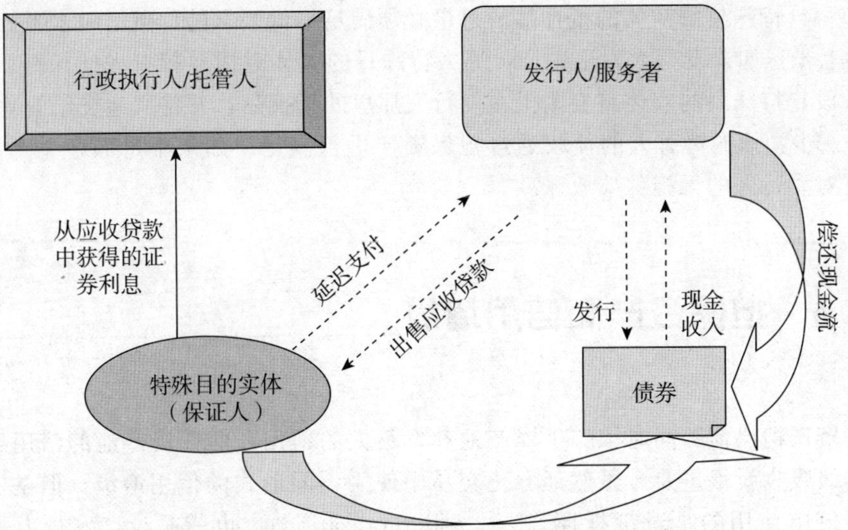

图表 22—1　结构化资产担保债券的结构

● 第二步：从发行资产担保债券获得的收入将会被借给特殊目的实体。特殊目的实体利用这些收入以真实出售的方式从发行人那里购买担保池。[1]因此，特殊目的实体在法律意义上就成为池子的拥有人。换句话说，从法律角度来说，发行人对特殊目的实体所进行的出售必须满足真实出售的法律特征。不过，这样的售卖从会计角度来看却不是出售——见随后的讨论。另外，需要注意发行人给特殊目的实体提供的贷款的优先级低于特殊目的实体对股权人的责任。

● 第三步：以担保池作为担保，特殊目的实体为资产担保债券持有人提供了有关资产担保债券本金和利息偿付的保障，在发行人出现违约时可以被执行。这种保证反映了特殊目的实体不可撤销的、直接的和无条件的责任，并且以资产池作为担保。也就是说，特殊目的实体通过担保池创造了一种有利于托管人的证券利息。

● 第四步：发行人继续从抵押贷款中接受并且支付现金流。如果担保池的支付和债券的支付存在错配，那么发行人就可以：(a) 保留从池子中所获得的支付；(b) 为债券支付超过池子所提供的现金流。从法律上来讲，发行人将担保池出售给了特殊目的实体，而成为了服务者。不过，从担保池中获取的现金流在支付外部成本后可以被发行人保留，以作为发行人为特殊目的实体所提供的公司内部贷款的偿付。因此，随着发行人通过担保池获得现金流，公司内部贷款和特殊目的实体所进行的资产购买就被抵消了；也就是说，特殊目的实体偿付公司内部贷款的责任就被认为是被满足了。另外，由于资产担保债券是发行人的直接债务，发行人也可以周期性地进行偿付。

● 第五步：虽然发行人拥有担保池并且可以使用担保池产生的现金流，也可以替换担保池中的资产或者加入新的资产以替代那些已经被偿付或者被提前偿付的资产，发行人需要保证信用增级水平在所有时间点上都被满足。一般来说，一个独立的担保池监视人会对有关要求的合规工作进行监视。

● 第六步：虽然发行人可以在担保池中继续加入贷款，也可以从池子中收回贷款，但“出售”给特殊目的实体的抵押品的总量必须满足最低要求的信用增级水平。

• 第七步：如果发行人发生破产，那么特殊目的实体对债券持有人的保证就生效了。在这一阶段，特殊目的实体将会附上在发行人那里的抵押品，并将其递交给管理人。

• 第八步：债券持有人的债权通过担保资产进行满足。如果不足额，那么债券持有人就拥有对发行人的无担保应收账款。

22.4 担保资产和信用增级

由于资产担保债券同时依赖于资产池和发行人的信用，保证资产池的信用风险可以被信用增级吸收就很重要。虽然证券化交易中使用不同形式的信用增级，但是资产担保债券在传统上使用的是**过度抵押**（over-collateralization）。也就是说，发行人需要保证“担保”资产过度抵押未偿付债券的水平超过过度抵押所要求的最低水平。例如，如果所要求的过度抵押水平是10%，对100美元的未偿付债券，就需要有至少110美元的担保资产。虽然这些债券会随着时间的推移被偿付，但过度抵押比率却需要在所有时间里被保持。

在此基础上，担保资产，也就是组成担保池的资产，还需要满足立法或者监管所要求的一些条款，例如每个贷款所要求的贷款价值比率。换句话说，担保池中的标的贷款的质量受到监管者的密切监视。

22.5 资产/负债错配和流动性风险

资产担保债券的偿付与担保池产生的现金流相互独立。因此，它们的偿付来自发行人的常规现金流。与之相似，从资产池获得的现金流则成为担保池常规现金流的一部分。这明显地说明了资产担保债券存在资产/负债错配。

如果这一资产/负债错配完全无法控制，那么对资产担保债券进行偿付的责任就与发行人偿付担保或者无担保债券的责任没有差别。因此，资产担保债券的强弱取决于资产/负债错配的程度。资产/负债的错配反映了交易的流动性风险。如果资产/负债错配太宽，那么资产担保债券就过度依赖于发行人的流动性优势，因此与公司债券没有差别。如果资产/负债错配可以被忽略，那么资产担保债券就变得与抵押贷款支持债券类似。因此，一般来说，资产担保债券的发行人会控制资产/负债错配的水平。如下所述，资产/负债的错配水平还会影响资产担保债券很有可能获得的评级提升。

图表22—2展示了由评级机构标准普尔对资产/负债错配所进行的计算。在这个图表中，列A展示了资产池的可能未偿付水平，而列B则展示了资产担保债券的可能未偿付水平。有人可能会注意到，在交点处，担保池的价值是120美元，而未偿付债券的总价

值则为 100 美元，意味着过度抵押水平为 20%。很明显，列 A 和列 B 之间存在错配。资产的未偿付水平取决于抵押贷款的偿付，后者则包括了有关提前偿付和违约的假设。列 B 中债券的未偿付水平则基于债券的合约化偿付。这可以在列 D 中看到。从图表中还可以看到，虽然资产池需要几年完全偿付，债券则将在 10 年后完全偿付。

现金流入和现金流出之间的缺口在列 E 中给出。列 F 使用了一种比例因子，对较早年份出现的错配赋予更大的权重而对较晚年份出现的错配赋予更小的权重。比例因子是评级机构使用的一系列比例。

图表 22—2　　对资产担保债券中资产/负债错配的计算（标准普尔）

年份	有效资产水平（百万欧元）	负债水平（百万欧元）	受困周期性资产现金流入（百万欧元）	受困周期性负债现金流出（百万欧元）	受困周期性现金流的净值	比例因子（%）	按比例处理后的受困周期性现金流的净值	累计按比例处理后的受困周期性现金流的净值
	A	B	C	D	E=C−D	F	G=E×F	H=G 的累计
未偿付水平	120.00	100.00	—	—	—	—	—	—
1	114.00	90.00	6.00	10.00	−4	100	−4	−4.00
2	108.30	70.00	5.70	20.00	−14.3	95	−13.585	−17.59
						—		
4	97.74	20.00	5.15	20.00	−14.85	85	12.622 5	−52.34
5	92.85	20.00	4.89	0.00	4.89	80	3.912	−48.43
6	88.21	20.00	4.64	0.00	4.64	75	3.48	−44.95
7	83.80	20.00	4.41	0.00	4.41	70	3.087	−41.86
8	79.61	20.00	4.19	0.00	4.19	65	2.723 5	−39.14
9	75.63	20.00	3.98	0.00	3.98	60	2.388	−36.75
10	71.85	0.00	3.78	20.00	−16.22	55	−8.921	−45.67
最大资产/负债错配水平								−52.34

注：资产/负债错配百分比=最大资产/负债错配水平÷未偿付债务水平。

最后，在列 G 中我们对资产/负债的错配进行加总，并找到错配的最高水平。这被界定为交易的资产/负债错配水平。错配水平越高，交易取决于发行人评级的程度越大。

在上面对资产/负债错配的讨论中，显而易见的是，资产担保债券的期限与资产的偿付可能是没有关系的。一般来说，资产担保债券可能有**软的一次性还本付息期限**（soft bullet maturity）；也就是说，它们有规定的偿付日期，但是发行人可以延长偿付债券的时间至到期日以后。在本例中，列 D 展示了在五个不同年份对债券的支付。最有可能的情况是，这不是一只债券的五个支付日期，而是五个不同债券层级各自的一次还本付息期限。

22.6 资产担保债券的评级

就如我们前面所讨论的那样，资产担保债券发行人的愿望是通过工具超过发行人的评级水平进行融资。也就是说，评级提升是每个发行人的显著目标。

所有主要评级机构都推出了对资产担保债券的评级标准，事实上是评级增级的标准。这些标准随时间推移而演变，而随着金融系统中出现波动性的尖峰，评级机构变得更加保守了。

我们在这里无意对每个评级机构的评级标准进行讨论，但是我们需要观察到与证券化的情形不同，对资产担保债券的评级与对发行人的评级不是完全没有关联的。事实上，发行人的评级显著地影响资产担保债券的评级。因此，评级机构一般会列出各要素的矩阵，并以此为基础考虑对资产担保债券的评级进行一定程度的评级提升。

22.7 资产担保债券和证券化

如前所述，资产担保债券在过去是基于担保债券的，但是在最近的交易中它们被证券化方法所丰富，特别是在那些没有资产担保债券特别立法的国家。因此，它们是证券化和担保债券的混合产物。两者之间少有的共同点包括：两者都会导致证券的产生；两者都是在资产市场进行融资的手段；两者都包括资产池的创造；两者都有负责监视交易条款的执行情况的托管人；等等。资产担保债券的结构与证券化的主信托结构非常相似，特别是如果结构被用于住房抵押贷款。不过，它们之间仍存在显著的不同，如图表 22—3 所示。

图表 22—3　　资产担保债券和证券化之间的比较

	资产担保债券	证券化
目的	本质上是为了获得流动性	流动性、表外处理、风险管理、额外利润的现金化等
风险转移	发行人继续吸收池子的违约风险以及提前偿付风险。为了对提前偿付风险进行部分转移，债券中可能嵌入看涨期权	发行人不吸收事先规定好的基于信用支持的违约风险；提前偿付风险一般会被完全转移给投资者
法律结构	发行人的直接和无条件债务责任，由创造的证券利息进行担保。资产既有可能会放置在有区别的实体中，也有可能不会；破产隔离可能通过特别法或者普通法原则实现	将资产出售给有区别的实体；破产隔离通过资产隔离实现
资产池的种类	大多数是动态的。发行人被允许管理资产池，只要所要求的“担保”被满足。同一个担保资产池可能对应数个发行	大多数是静态的。除了主信托之外，投资者投资的是一个可以识别的资产池。一般来说，一个资产池只对应一个发行

续前表

	资产担保债券	证券化
期限匹配	可以从一个动态的池子中在一段时间里发行证券。一般来说，资产担保债券是“项目”，也就是说，一个动态和不断被补充的抵押贷款池所进行的一系列发行	一般来说，证券与池子产生的现金流相匹配。当静态池被偿付时，证券也被赎回
向投资者进行的利息和本金支付	利息和本金通过发行人产生的一般现金流支付	利息和本金通过资产池支付
提前偿付风险	基于池子所受的管理的性质，贷款的提前偿付对投资者的影响仅限于债券中嵌入的看涨期权	基础贷款的提前偿付会被转移给投资者，因此，投资者承担提前偿付风险
信用增级的性质	所提供的担保，也就是担保资产比未偿付融资多出的部分	不同形式的信用增级会被使用，比如额外利差、次级和过度抵押，等等
证券的类型	一般来说只发行一种类型的债券。可能会有数个时间分券，每个有或硬或软的还本期限	大多数交易使用不同类型的证券，它们的风险和回报都不同
评级与发行人评级的独立性	理论上，证券的评级与发行人相同，但是从破产隔离和“担保资产”的价值来看，证券一般会获得评级提升	基于低优先级债券信用增级的充分性，最高优先级债券一般会获得 AAA 评级
表外处理	不进行表外处理	一般是在表外处理
释放资本	在标准化方法下，会被当作表内零售资产组合，并获得合适的权重。需要监管资本。监管为投资者提供更低的风险权重	监管资本的最高水平不能超过卖者的保留风险

22.8 资产担保债券的会计处理

观察资产担保债券的结构，特别是结构化资产担保债券，我们可能会看到担保资产从发行人向特殊目的实体的法律意义上的转移。这会影响卖者—发行人将担保资产从自己的报表中移除吗？在 IAS 39/FAS 140 下，真实出售不是表外处理的先行条件。满足通道处置条件的交易，即使没有真实出售，也可能导致资产进行表外处理。同时，真实出售也不保证表外处理。另外，表外处理基于交易的性质，也就是说，从资产池中获得的风险和奖励。如果卖者保留显著的风险和奖励，那么资产就保留在卖者的报表中，而融资则被当作借款处理。

如我们前面讨论的那样，几类资产担保债券交易依赖真实出售来实现破产保护。因此，一个问题就产生了——随着发行人将池子出售给保证债券偿付的特殊目的实体，这些资产应该从发行人的资产负债表中移除吗？答案明显是否定的，因为债券是发行人的无条件债务责任。因此，真实出售不会导致资产从发行人的资产负债表中被移除。

会计原则还申明，没有从卖者资产负债表中被移除的资产不能被写入买者的资产负债表。在结构化资产担保债券的情形中，特殊目的实体是债券的买者和保证者。但是，特殊目的实体不能将资产放在它的资产负债表中。如果特殊目的实体根据会计标准编制任何资产负债表，它就有可能将所进行的担保披露为负债，但是资产和贷款都不会成为特殊目的实体的表内项。

22.9 关键知识点

• 作为对抵押贷款进行再融资的资本市场工具，资产担保债券在欧洲大陆已经存在超过200年。但是它们在近年的受欢迎程度似乎来源于次贷危机后住房抵押贷款支持债券的不受欢迎。

• 资产担保债券可以被视作公司债券和抵押贷款支持证券的混合产物——从它们是发行人的债务责任的角度来说，它们与担保债券相近，但是由于投资者依赖于资产作为后备方案，它们有资产支持证券的特征。

• 以担保资产形式进行的资产支持为投资者提供了双重索取渠道。投资者可以依赖资产的程度，在出现破产后对其他债权人的索偿权的豁免，取决于交易的立法或者法律结构。

• 当破产保护来源于立法时，它们被称为立法资产担保债券；当来自法律结构时，它们被称为结构化资产担保债券。

• 结构化资产担保债券使用一个在发行人提供融资后，同意购买担保资产的特殊目的实体。特殊目的实体则会保证债券的偿付。

• 资产担保债券的关键是提供评级提升，这样债券的评级就可以优于发行人的评级。资产担保债券评级相对于发行人评级提升的程度取决于担保资产的质量、信用增级的程度、内在的资产/负债错配和流动性风险，等等。

• 资产担保债券的信用增级的形式一般是过度抵押。

• 虽然结构化资产担保债券交易使用发行人向特殊目的实体所进行的担保池的出售，出售的方式使得它在法律意义上是出售，但是在会计标准上不是出售。因此，从会计角度看，资产担保债券与担保债券没有区别。

【注释】

[1] 另一种方法是，特殊目的实体会购买资产，但是采用延迟支付而非即时支付方式。

第 23 章

不可转换优先股

史蒂文·V. 曼（Steven V. Mann）博士
南卡罗来纳大学摩尔商学院金融学教授

优先股是一种混合型证券，它兼有普通股和公司债券这两种证券的特征。尽管优先股拥有一些债券的特征，但它实际上还是一种股权类型的证券。优先股股东拥有向股票发行公司索要现金股息的权利，而这种权利优先于普通股股东的分红权。此外，优先股股东所得到的现金股息一般都是在合约中确定的固定数目（比如，指定数目的金额或者股票面值的一个指定百分比）。因此，传统意义上的优先股在本质上是一种永久持有权。指定的百分比被称为**股息率**（dividend rate），股息率既可以是固定的，也可以是浮动的。如今几乎所有发行的优先股都会把股票持有人所获得的收益限制在一个指定的数目以下，限制的方式是合约中会有附加条款规定持有人获得的现金流不能超过这个数目。

即使不能支付优先股的股息，股票发行人也不会被强制宣布破产。如果股票发行人不能按合约规定支付股息，则根据发行条款的不同会出现下列两种情况。第一种情况是，如果股票的发行是**累积红利的**（cumulative），那么股息也会累积直到股票发行人可以全部支付这些股息。第二种情况是，如果股票的发行是**不累积红利的**（noncumulative），那么优先股股东就只能放弃这些未能支付的股息。不能支付股息也会引发一系列对于股票发行人管理方面的限制。例如，如果股息被拖欠了，优先股股东就会被授予投票权来选举股票发行人的董事会成员。这种特征被称为**或有投票权**（contingent voting），这是因为这种投票权是以股息未能支付作为条件的。[1]

累积优先股具有一些债券的特征：（1）向优先股股东承诺支付的现金流是在合约中

就固定下来的；（2）一旦股票发行人破产，优先股股东在股息支付和资产分配上相对于普通股股东具有优先权。[2]但是，在资产负债表上，优先股被划分在权益里。当存在超过一类优先股股东时，在破产的时候不同优先股股东对于股票发行人资产的权利也是不同的。比如，第一优先股对于股息和资产的权利优先于其他优先股。与之相对应的是，第二优先股的发行要排在至少一种其他优先股的发行之后。

几乎所有优先股都有一个偿债基金条款（sinking-fund provision），这一条款通常与公司债券所采用的条款类似。偿债基金条款是一种考虑在优先股的整个使用期限中定期偿付的条款。大多数偿债基金条款都要求定期对指定数量的股份或者原有发行的一个指定的百分比进行偿付，通常以一年作为一个周期。偿债基金的支付通常有两种方式：一种是支付现金回购所需数量的股份，一种是在公开市场上购买需要的股份。大多数偿债基金都会给予股票发行人一个非累积期权，该期权用来偿付与强制规定所要求的偿付数目相等的优先股。这被称为**双向期权**（double-up option）。收购优先股以满足偿债基金的偿付要求通常被称为使用一个随机选择过程（random selection process）。

相比于债务和其他权益投资，优先股为投资者提供了两种优势。优先股的平均收益率比债券和普通股要高。更为重要的是，优先股由于与证券和债券的相关性较低，可以提供良好的分散化作用。优先股价格上涨的空间有限，原因是它的总收益中最大的一部分来自分红。自然地，这会增加对违约风险的恐惧，后者指的是违反与优先股持有人的合约，比如不履行分红义务。根据穆迪，1983—2008 年期间被给予评级的 1 802 只优先股，有 118 只出现过不履行分红义务的情况，也就是说，分红规模或者分红日期与计划书中规定的不一致。[3]有的优先股是可提前赎回的，因此投资者面临再投资的风险。最后，优先股的流动性一般不如普通股。

23.1 优先股的发行

公司使用三种类型的证券来为自己的运作融资——债券、普通股和优先股。在发行的总金额方面，优先股排在第三，而且金额远小于另外两种。从 20 世纪 80 年代初以来，在优先股发行模式上已经有了两个根本性的改变。第一，从 20 世纪 80 年代中期开始，优先股的主要发行者是金融机构和保险公司，而在此之前，大多数优先股都是由公用事业公司发行的。第二，如今发行的大多数优先股都带有一个可调整的股息率，而传统上几乎所有优先股都支付固定的股息。

□优先股的类型

优先股的类型有三种：（1）**固定股息率优先股**（fixed-rate preferred stock）；（2）**可调整股息率优先股**（adjustable-rate preferred stock，ARPS）；（3）**拍卖股息率和再流通优先股**（auction-rate and remarketed preferred stock）。

固定股息率优先股

在1982年之前，所有公开发行的优先股都支付固定的股息率。例如，考虑卡罗来纳电力与照明公司（Carolina Power and Light）在1955年发行的固定股息率优先股。这些股份每年支付4.2美元的股息，按季度支付。这些优先股将在2011年5月26日以后以每股102元的价格整体回购或部分回购。

可调整股息率优先股

对于可调整股息率优先股（ARPS）来说，股息率是用国债收益率曲线上的3个点中最高的一个点，在一个预先确定的利差的基础上，按季度重新设定的。这个预先确定的利差被称作**股息率重设利差**（dividend reset spread）。用收益率曲线上的基准利率加上或者减去股息率重设利差即得到可调整股息率优先股的股息率。收益率曲线上的3个点包括：（1）3个月期国债利率；（2）10年期国债利率；（3）30年期国债利率。要取这3个利率中最高的一个。股息率利差往往被表示成基准利率的一个指定的百分比。例如，汇丰银行美国公司（HSBC USA Corp.）在1994年发行的优先股的股息率是3个月期美国国债利率、10年固定期限国债利率和30年固定期限国债利率这三个利率中最高利率的83%。此外，股息率的上限被设定为10.5%，下限被设定为4.5%。该股票在2011年5月26日以后可以被赎回，赎回价格与发行价格同样为每股25美元。将股息率与国债收益率曲线上的3个点的最高点挂钩的动机，是为了给优先股股东提供保护，使得他们能够减少因收益率曲线的不利变化所带来的损失。

拍卖股息率和再流通优先股

大多数可调整股息率优先股都是永久性的，并且股息率都具有上限和下限。但是，由于大多数可调整股息率优先股都是不可回售的，因此，如果由市场需求所决定的作为证券的风险补偿的利差大于股息重设利差，可调整股息率优先股可以在发行后以低于票面价值的价格进行交易。当可调整股息率优先股开始以低于其票面价值的价格进行交易时，可调整股息率优先股就变得不再那么受欢迎了。这是因为当发行者的信用风险恶化的时候，由于股息率的计算公式不变，优先股的价值将下降。在1984年，一种新型优先股——拍卖股息率优先股——的发行克服了这个问题。这种创新深受寻求税收优惠的短期投资工具以投资过剩的资金的企业投资者的欢迎。虽然拍卖股息率优先股的股息率也是定期重置的，但股息率是通过一个荷兰式拍卖过程确定的。拍卖的参与者既包括现有优先股的股东，也包括潜在的买家。参与者愿意接受的股息率反映了目前的市场情况。商业票据利率作为基准利率。例如，Advent Claymoore在2007年9月发行了面值为25 000美元的拍卖股息率优先股。重置频率是每7天一次。该股票有强制赎回要求并且在分红支付日是可以赎回的。

对于再流通优先股来说，股息率是由再流通代理人决定的。股息率的设定要使得所有优先股都能够按票面价值被收购或者以初始发行价转售（再流通）。投资者可以选择每7天或者每49天重设一次股息率。举例来说，考虑DNP选择收入基金（DNP Select Income Fund）——一家封闭式基金公司在1988年12月发行的某只再流通优先股。该股票有三个方面值得注意。首先，股息是每 49 天重置一次。其次，2024 年 12 月 11 日是强制赎回股票的日期。最后，该股票是可以以票面价值（即 10 万美元）加上累积股息的价格在任何支付股息的日子回购的。

23.2 信托优先证券

信托优先证券是主要由金融机构发行的同时具有债务和权益特征的混合证券。它们在税收方面被当作债务，分红可以抵税并且最多可以递延支付五年。另外，它们被当作一级资本，因为信托优先证券比优先股和普通股的优先度要高，但比所有债务要低。这些证券具有 30 年的到期期限，并且允许发行人提前赎回。信托优先股一般按季度分红。

在 2007—2008 年金融危机后，监管者认为金融机构的杠杆比率过高，更多监管非常必要。监管的变化由两个改变组成——《巴塞尔协议Ⅲ》和《多德-弗兰克法案》。由 G20 国家倡导，《巴塞尔协议Ⅲ》银行业标准需要在 2013 年 1 月 1 日前被会员国通过监管或者立法执行。《多德-弗兰克法案》代表美国自大衰退以来最为重要的金融改革。两个决议提高了资本充足率的要求并且将信托优先证券从一级资本中移除。《巴塞尔协议Ⅲ》所给出的移除期限一般比《多德-弗兰克法案》所规定的三年要长得多。其他有关信托优先证券的重要区别是《多德-弗兰克法案》允许小银行无须做出移除，《巴塞尔协议Ⅲ》则没有这种例外。

23.3 优先股的评级

优先股的评级就像公司债券的评级一样。优先股的评级是对发行者按时支付股息的能力和履行其他合约中规定的义务（比如偿债基金的支付）的能力的评估。三家为公司债券评级的全国认可的统计评级机构也为优先股评级。这三家全国认可的统计评级机构包括：惠誉国际评级公司、穆迪投资者服务公司和标准普尔评级公司。这三家全国认可的统计评级机构在为优先股评级时所使用的符号与为长期公司债券评级时所使用的符号相同。但值得注意的是，优先股评级所考虑的是发行的股票的等级，而非发行者本身的等级。因此，同一公司发行的两种不同证券可能得到不同的评级。标准普尔在每个等级后面附带加号或者减号以表明该股票在主要的评级级别中的相对级别，这被称为微调级别（notches）。[4]

《多德-弗兰克法案》要求美国监管机构摆脱它们在规则和监管中对所有证券信用评级的参考。美国监管机构需要发展不同于评级机构的评价方法。到 2011 年年中，进展缓慢。很多人认为这个过程需要耗费大量的时间和精力来完成。

23.4 优先股股息的征税方式

向优先股股东支付股息被视为一种利益的分配。这意味着根据现行税法，公司在计算税项时，股息是不可以被扣除的。[5]利息的支付在计算税项时是可以被扣除的，但股息的支付不可以。虽然如果一个公司选择通过发行优先股而不是贷款来融资会提高公司资金的税后成本，但是这里有一个可以减少这种成本差异的因素，即在现行税法中有这样一个条款：在公司从其他征收联邦所得税的公司处所获得的股息总收入中，可以免除70%的联邦所得税。举例来说，如果A公司拥有B公司的优先股，A公司每获得100美元的股息，只有30美元会按照A公司的边际税率征税。这一条款的目的是为了减少对企业盈利所进行的双重征税。

优先股的征税方式也会按照它属于新货币优先股、旧货币优先股还是半新货币优先股而有所不同。旧货币优先股是指1942年10月1日以前发行的优先股。对于旧货币优先股来说，股息扣减只有42%。半新货币优先股是指新发行中非常小的一部分被归类于既属于旧货币优先股又属于新货币优先股的优先股。旧货币优先股和半新货币优先股仅占如今未偿付的优先股中的一小部分，换句话说，如今几乎所有未偿付优先股都是新货币优先股。

从这种优先股股息的征税方式中可以得到以下两个结论。第一，优先股的大部分购买者都是在寻求有税收优惠的投资的公司。事实上，很少有个人投资者在其投资组合中持有优先股。第二，如果没有上文所述的税收条款，发行优先股的成本将会更低。这是因为，税收优惠是通过公司的投资者愿意接受一个更低的股息率来给予股票发行者的。

23.5 关键知识点

- 优先股是一种混合型证券，它兼有普通股和公司债券这两种证券的特征。
- 优先股的平均收益率要高于债券或者普通股，并且由于它们与普通股及债券的相关性较低，它们可以提供良好的分散化作用。
- 优先股价格的上涨潜力有限，同时有违约风险。
- 有三种优先股：(1) 固定股息率优先股；(2) 可调整股息率优先股；(3) 拍卖股息率和再流通优先股。
- 信托优先证券是主要由金融机构发行的同时具有债务和权益特征的混合证券。它们在税收方面被当作债务，分红可以抵税并且最多可以递延支付五年。

【注释】

[1] 与之相反，空白支票优先股包含这样一个条款：它给予记名的优先股股东投票权从而为防止敌

意收购提供保护。

[2] 非累积优先股的地位是相当弱的。

[3] Moody's Analytics，Preferred Stock Impairments and Recovery Rates 1983—2008，November 2009.

[4] 穆迪公司用 1、2 和 3 来表示微调等级。

[5] 信托优先证券是一个例外。

第 3 部分

证券化产品

第 24 章 抵押贷款与抵押贷款市场概述

阿南德·K. 巴塔查亚（Anand K. Bhattacharya）博士
亚利桑那州立大学金融系实践教授

威廉·S. 柏林纳（William S. Berliner）
曼哈顿资本市场公司（Manhattan Capital Markets）执行副总裁

美国的抵押贷款市场在过去的几十年中已经成为了最大的资产类别之一。截至 2010 年第四季度，未偿付的一居到四居家庭住房抵押贷款债券的总票面价值约为 10.4 万亿美元，其中约 6 万亿美元已经被证券化为各种投资工具。作为比较，在同一时间点，未偿付的美国国库券、中期票据的总额为 8.8 万亿美元。由于某些原因，如产品创新、技术和监管变化、消费者和贷款人的偏好变化，初级抵押贷款市场的构成仍然在动态发展。在过去十年里，抵押贷款市场经历了深刻的变化。从 2002 年到 2007 年中期，一系列产品被设计出来以满足变化的消费者偏好以及扩大可以获得抵押贷款的贷款者范围。虽然这提高了美国居民的房产拥有率，但它最终导致了放松了的承销标准和居民不动产价格泡沫的灾难性组合。随之而来的金融危机中数个大型金融公司、贷款者以及房利美和房地美都破产了，后两者在 2008 年被托管。这导致贷款者大大收紧了产品发行和承销标准，同时出现了很多有关抵押贷款部门形式和监管的不确定性。

本章的目的是描述抵押贷款市场的根本特征。我们将界定一系列抵押贷款市场产品的术语和度量，描述贷款者为贷款定价的过程，并且讨论与抵押贷款产品相关的不同风险。

24.1 产品的定义及条款

在一般情况下，**抵押贷款**（mortgage）是一种由基础不动产担保的贷款，当出现违约事件时，基础不动产可以被收回。在本章中，抵押贷款被定义为由一个一居到四居家庭住宅的所有者申请的、由基础财产担保的贷款。这种贷款一般都是支付“完全分期偿付”级别的抵押贷款，表明债务人的本金和利息支付都是以等额递增的方式进行计算的，以在规定的期限内还清贷款。但是，为了了解这种债务工具，需要有一些慎重考虑的关键特点，这些特点在下列属性中有所区别。

□留置权地位

留置权地位决定了贷款在由于债务人的违约而对财产进行强制清盘的事件中的特权。抵押贷款具有的压倒性优势来源于抵押贷款具有第一留置权地位，这意味着，如果财产将被收回，那么抵押贷款的债权人将会首先获得财产清盘的所得。借款人经常使用第二留置权贷款作为一种转化家庭住宅价值的手段，目的是消费（比如支付医疗账单或大学学费）或者投资（比如房屋装修）。第二留置权贷款也可以与第一留置权贷款同时启用，以使得第一留置权贷款的贷款价值比（LTV）保持在一定水平之下。这是一个在 2007 年年中之前比较常见的做法，它使得债务人避免了抵押贷款保险的需要，因为按规定，贷款价值比高于 80%的贷款需要进行抵押贷款保险，而保险增加了每月支付的费用。

□初始贷款期限

绝大部分抵押贷款在启用时都具有一个 30 年的期限，并要求按月分期偿付。具有较短期限的 10 年期、15 年期、20 年期贷款也已经变得越来越流行，特别是那些渴望早日拥有自己房子的借款人。由于抵押贷款的每月支付金额与贷款的期限呈负相关，因此在这些抵押贷款当中，15 年期抵押贷款是最常见的债务工具。有些贷款也具有所谓的气球支付的结构。这种贷款的分期偿付期限超过 30 年，但是在某个预设的时间点（称为“气球日期”，一般是发放贷款后的 5 年或 7 年），借款人必须全额支付贷款余额。

□利率类型（固定利率与可调利率）

从其命名的方式就可以看出，**固定利率抵押贷款**（fixed-rate mortgages）适用的是在贷款封闭时设定的利率（或者更准确地说，是“锁定”了的利率），并且这个利率在贷款的期限内是固定的。在贷款的整个期限内都有效的还款计划在贷款余额、利率和期限的基础上被计算出来以分期偿付本金余额。请注意，虽然每月支付的金额在贷款的整个期限中都是固定的，但将支付金额以怎样的比例分配到利息和本金中是随着时间的推移不断变化的。就像我们在本章后面将要展示的那样，在贷款的前几年中，抵押贷款的还款金额主要是用来支付利息，而在贷款整个期限的末期，这种固定支付的金额主要用来支付本金。

可调利率抵押贷款（adjustable-rate mortgages，ARM），顾名思义，在贷款的整个期限中，票据利率都在不断地发生着变化。票据利率是基于特定的贷款计划所要求的基础利率（指数）的变动与超过指数的利差（差额）计算出来的。一些不同的指数，比如一年期固定期限国债（CMT）和伦敦银行同业拆借利率（LIBOR）可以用来决定参考利率。可调利率抵押贷款通常每年调整或者重置一次，尽管具有其他重设频率的债务工具也在使用着。出于竞争性的考虑，初始利率往往比所谓的完全指数利率略低一些。在这种情况下，该初始利率被称为“诱惑利率”（teaser rate）。在任何情况下，票据利率应该遵守一系列上限和下限，以限制利率在重设时可以改变的程度。在结构上，上限有利于保护客户，使他们免于受到可能在利率上升状态下出现的支付冲击；而下限有利于保护贷款持有人的利益，以防止票据利率下降到预先设定的水平以下。绝大多数可调利率贷款都具有 30 年的期限。

最为常见的可调利率抵押贷款是固定利率时期可调利率抵押贷款或者**混合可调利率抵押贷款**（hybrid ARM）。这些贷款具有在融资后的较长一段时间内（3 年、5 年、7 年和 10 年）有效的固定利率。在这段时间结束之后，贷款利率以一种与更加传统的可调利率抵押贷款非常类似的方式重设。混合可调利率抵押贷款适用于那些希望有更低的首付款（这是因为可调利率抵押贷款的利率一般都低于 30 年期固定利率贷款的利率），但并不希望像没有固定利率时期的可调利率抵押贷款那样有太多的支付不确定性与利率变动风险的借款人。

□摊还计划

就像所强调的那样，传统上抵押贷款一般被设计成完全摊还工具，这意味着所有支付中的一部分被用来减少贷款余额。在 2007 年之前，越来越流行的其他摊还计划是只还利息贷款（interest-only loan），特别是在可调利率抵押贷款市场中。产品的偿付被分为两个阶段。在只还利息的阶段，贷款者的每月偿付只包含利息，并且是贷款票面利率和未偿付额的简单函数。当只还利息阶段结束后，贷款被重设（recast）（也就是说，支付额被重新计算）以反映贷款的剩余期限。这意味着在贷款产生后的某一个时间点上，贷款的偿付额将增加。这种现象被称为**偿付冲击**（payment shock），对于那些无法支付更高重设偿付额的贷款者造成了财务麻烦。

现在，一个简单的例子是有帮助的。一个余额为 100 000 美元、息票利率为 6%的贷款，在正常的 360 个月期限内将有每月 600 美元的偿付额。一个其他条件相同但是具有 10 年只付利息期的贷款在前 120 个月的初始偿付额为每月 500 美元。在第 121 个月，贷款将被重设并且要求 716 美元的月供。（由 6%的利率和剩下的 240 个月的剩余期限计算得出。）

另一个曾经流行过一段时间的变形模式是**偿付选择贷款**（payment option loan）或者**负摊还计划贷款**（negative-amortization loan）。虽然这些产品的条款比较复杂，这种产品通常允许每月的偿付额低于贷款的完全月度利息。如果偿付额低于任意一个月需要支付的利息，不足的部分就会加到贷款的余额中，使得余额增加，从而反映产品名字中的“负摊还”的意义。由于一系列原因，该类产品后来名声并不好，并且在一些州是完全非法的。

□信用担保

尽管我们的讨论集中在介绍抵押贷款的基本知识，能够区分各种抵押贷款的考虑因素之一是提高贷款流动性所需要的最终信用支持的形式。虽然对于二级市场的完整介绍超出了本章的范围，但是抵押贷款银行不断地发起抵押贷款的能力，在很大程度上依赖于从向众多的个体债务人贷出的互不相同的贷款中创造出容易变现的资产的能力。因此，抵押贷款可以被进一步按照与贷款相关的最终信用担保是由联邦政府提供、由准政府机构提供，还是由私人实体单位提供来进行分类。

贷款分类的一个依据是联邦政府的支持力度。作为住房政策考虑因素的一部分，住房和城市发展部（HUD）监管着两家机构——联邦住房管理局（FHA）和退伍军人管理局（VA），这些机构为符合条件的借款者提供住房信用。联邦住房管理局为只能够负担得起低首付款并且一般情况下收入也处在相对较低水平的借款人提供贷款担保。退伍军人管理局为退伍军人提供贷款担保，以便他们得到有利的贷款条款。这些担保都是由美国财政部支持的，财政部利用美国政府的“十足信用”（full faith and credit）来提供这些贷款。这些贷款指的是**政府贷款**（government loan），政府贷款一般通过政府国民抵押贷款协会（吉利美）实现证券化，后者也由住房和城市发展部监管。

与政府担保无关的贷款被称为**常规贷款**（conventional loans）。常规贷款的证券化既可以通过所谓的自有品牌结构完成，也可以通过两家美国政府支持企业，即房地美和房利美担保的组合来完成。美国政府支持企业是由美国国会创建的、用来支持住房活动的股东拥有的公司。在 2008 年 8 月，房利美和房地美被美国财政部托管。截至 2010 年底，政府支持企业一共从政府收到了超过 1 500 亿美元的支持，形式是财政部拥有的优先股(两家企业为此支付 10%的股息率)。政府支持企业的继续存在，以及它们的形式和功能，在撰写本书时仍然不明确。但是，不论如何，未来它们在住房金融领域所起的作用将变小。在将一个特定贷款证券化时实际选择的工具（美国政府支持企业还是自有品牌）取决于多种因素，比如债务人的信用特征与美国政府支持企业贷款所要求的财产特征的一致性、信用增级的成本以及贷款余额。[1]

□贷款余额（合规与非合规）

如前所述，抵押贷款余额往往决定了贷款证券化时所使用的工具。这是由于机构对于可以被包含在机构担保组合里的贷款余额有限额的事实。在下一个阳历年内对一居到四居住房有效的最高贷款规模在每年 11 月进行一次调整。与上一年同期相比的限额变化百分比是在由联邦住房金融局公布的 10 月对上一年 10 月的平均家庭住房（包括新住房和现有住房）价格变化的基础上确定的。自创建以来，房地美和房利美的资产组合中已经拥有了完全相同的贷款限额，这是因为该限额是由同一法规所决定的。任何一个单独贷款的有效合规余额因为 2007 年金融危机的爆发而变得复杂。在 2006 年，一个家庭的法定余额限制达到了 417 000 美元的顶峰。2008 年《住房和经济恢复法案》（Housing and Economic Recovery Act，HERA）基于地区的房价中位数，将高成本地区的合规限制提高到了625 000美元（或者法定限额的150%）。2008年的《经济刺激法案》（Economic Stimulus Act，ESA）临时将高成本地区的上限提高到729 750美元，并且每年会更新。到2010年底，高成本地区的上限计划在2011年9月下降到《住房和经济恢复法案》所规定的水平。

大于合规限额的贷款（因此没有资格列入机构资产组合中）被称为**巨型贷款**(jumbo loans)，并通过自有品牌进行证券化。虽然自有品牌部门的规模是显著的，但是与机构资产组合市场相比，它就相形见绌了。虽然政府支持企业出现了困难，2010年被证券化为机构抵押贷款支持证券的贷款的市场份额预计超过90%，这主要是因为证券公司无法发行非机构抵押贷款支持证券。

□贷款的信用和凭证的特点

抵押贷款历来侧重于具有强劲的信用质量的借款人，他们能够（或者愿意）为他们的收入和资产提供大量凭证。这些贷款一般被称为**一级贷款**（prime loans）。如前所述，2002—2007年的特征是随着产品的快速扩张，很多原先不在传统信贷范围内的消费者也获得了贷款。给信用质量明显较低的借款人的贷款被称为**次级贷款**（subprime loans）。这一部门在2003—2006年快速增长，在其高峰期，按照贷款规模，它占美国所有贷款的20%。在2007年年初则快速下降。

介于一级和次级贷款之间的类别是所谓的Alt-A贷款。这一类别在过去由具有非传统特征的贷款组成，比如放宽了凭证及财产要求。不过，到2007年，这一部门实际上成为了不容易辨识为一级贷款还是次级贷款的中间地带。结果是，Alt-A贷款的信用质量和表现非常不平均，随着人们对产品失去兴趣，它的发行量也剧烈下降。

推动次级和alt-A贷款增长的主要因素是投资者对以这些贷款做担保的证券的接受。特别是，贷款人在自己的贷款投资组合中几乎从来不会持有次级贷款，这就导致后者的发行特别依赖通过证券化来变现。结果，投资者对以这些产品做担保的投资产品的需求的急剧下降成为这些产品以及专门生产这些产品的贷款者消失的主要原因。

24.2 抵押贷款的技术性问题

如前所述，大多数抵押贷款是立即并且完全分期偿付的债务工具，其中本金余额在贷款的整个期限中进行支付。如前所述，固定利率贷款一般具有一个在贷款的整个期限中固定的月度支付金额，该月度支付金额是在贷款余额、贷款期限和利率的基础上计算出来的。固定利率贷款的月度支付金额可以用下面这个公式进行计算：

$$月度支付金额=初始余额\times\frac{利率\times(1+利率)^{贷款期限}}{(1+利率)^{贷款期限}-1}$$

（请注意，上式中使用的利率是月度利率，是将贷款的利率除以12而计算出来的。）

使用这一公式，从随着时间的推移支付金额中本金和利息的分配可以看出财产中逐渐增加的所有者权益。举例来说，图表 24—1 展示了一个 100 000 美元、利率（通常被称为票据利率）为 5.5%的贷款在前 60 个月中的总支付额以及利息和本金的分配。

该图表显示了在贷款初期支付金额主要由利息组成。由于计算利息所依据的余额是逐渐下降的，利息支付额随着时间的推移也在逐渐下降。在此计算中，由于总支付额是固定的，所以支付额中本金的组成比例随着时间的推移而增加。事实上，该图表显示，在第 60 个月末，未偿付本金余额为92 460 美元，这意味着在这一时刻，借款人支付的34 067美元中，只有7 539美元是对本金的偿付。但是，随着贷款越来越少，支付额中被分配给本金的份额在增加。例子中的交点（即支付金额的组成中，本金与利息相等的点）是第 210 个月。图表 24—2 给出了本金和利息支付以及贷款余额的图形。

具有较短的分期偿付计划表的贷款（例如，15 年期贷款）使得对住宅的所有权以一个更快的速率逐渐增长。图表 24—3 展示了 30 年期、20 年期和 15 年期的分期偿付的、票据利率为 5.5%的 100 000 美元贷款的未偿付余额。请注意，30 年期贷款在第 246 个月时有一半余额得到偿付，而 20 年期贷款是在第 151 个月偿付一半，15 年期贷款是在第 107 个月偿付一半。在气球型贷款的情况下，月度支付金额是根据在 360 个月的期限中的分期偿付本金余额计算出来的。气球支付出现在第 60 个月（5 年期气球型贷款）或者第 84 个月（7 年期气球型贷款），这是指在该气球日期需要支付未偿付的本金余额。

图表 24—1　　利率为 5.5%的 100 000 美元 30 年期贷款的支付金额分析

月	支付金额（美元）	利息（美元）	本金（美元）	未偿付余额（美元）
1	567.79	458.33	109.46	99 890.54
2	567.79	457.83	109.96	99 780.58
3	567.79	457.33	110.46	99 670.12
4	567.79	456.82	110.97	99 559.15
5	567.79	456.31	111.48	99 447.68
6	567.79	455.80	111.99	99 335.69
7	567.79	455.29	112.50	99 223.19
8	567.79	454.77	113.02	99 110.17
9	567.79	454.25	113.54	98 996.63
10	567.79	453.73	114.06	98 882.58
11	567.79	453.21	114.58	98 768.00
12	567.79	452.69	115.10	98 652.90
13	567.79	452.16	115.63	98 537.27
14	567.79	451.63	116.16	98 421.11
15	567.79	451.10	116.69	98 304.41
16	567.79	450.56	117.23	98 187.18
17	567.79	450.02	117.77	98 069.42

续前表

月	支付金额（美元）	利息（美元）	本金（美元）	未偿付余额（美元）
18	567.79	449.48	118.31	97 951.11
19	567.79	448.94	118.85	97 832.27
20	567.79	448.40	119.39	97 712.87
21	567.79	447.85	119.94	97 592.93
22	567.79	447.30	120.49	97 472.44
23	567.79	446.75	121.04	97 351.40
24	567.79	446.19	121.60	97 229.81
25	567.79	445.64	122.15	97 107.65
26	567.79	445.08	122.71	96 984.94
27	567.79	444.51	123.28	96 861.66
28	567.79	443.95	123.84	96 737.82
29	567.79	443.38	124.41	96 613.42
30	567.79	442.81	124.98	96 448.44
31	567.79	442.24	125.55	96 362.89
32	567.79	441.66	126.13	96 236.76
33	567.79	441.09	126.70	96 110.05
34	567.79	440.50	127.29	95 982.77
35	567.79	439.92	127.87	95 854.90
36	567.79	439.33	128.46	95 726.44
37	567.79	438.75	129.04	95 597.40
38	567.79	438.15	129.64	95 467.76
39	567.79	437.56	130.23	95 337.53
40	567.79	436.96	130.83	95 206.71
41	567.79	436.36	131.43	95 075.28
42	567.79	435.76	132.03	94 943.25
43	567.79	435.16	132.63	94 810.62
44	567.79	434.55	133.24	94 677.38
45	567.79	433.94	133.85	94 543.53
46	567.79	433.32	134.47	94 409.06
47	567.79	432.71	135.08	94 273.98
48	567.79	432.09	135.70	94 138.28
49	567.79	431.47	136.32	94 001.96
50	567.79	430.84	136.95	93 865.01

续前表

月	支付金额（美元）	利息（美元）	本金（美元）	未偿付余额（美元）
51	567.79	430.21	137.58	93 727.43
52	567.79	429.58	138.21	93 589.23
53	567.79	428.95	138.84	93 450.39
54	567.79	428.31	139.48	93 310.91
55	567.79	427.68	140.12	93 170.80
56	567.79	427.03	140.76	93 030.04
57	567.79	426.39	141.40	92 888.64
58	567.79	425.74	142.05	92 746.59
59	567.79	425.09	142.70	92 603.88
60	567.79	424.43	143.36	92 460.53

对于一个可调利率抵押贷款来说，支付金额是按照整个 360 个月期限的初始票据利率计算出来的。在第一次重设以及以后的每一次调整时，贷款都会被“重铸”，而月度支付金额的计划表也按照新的票据利率和贷款的剩余期限重新进行计算。举例来说，票据利率为 4.5%的 3 年期混合可调利率抵押贷款的支付金额在起初会被作为一个 360 个月期限的 4.5%贷款进行计算。如果在 3 年以后，贷款利率被重设为 5.5%，那么支付金额将会按照 5.5%的票据利率和 324 个月的期限进行计算。在接下来的一年，支付金额将会依据当时的利率（取决于贷款参考指数的表现）和 312 个月的期限重新计算。

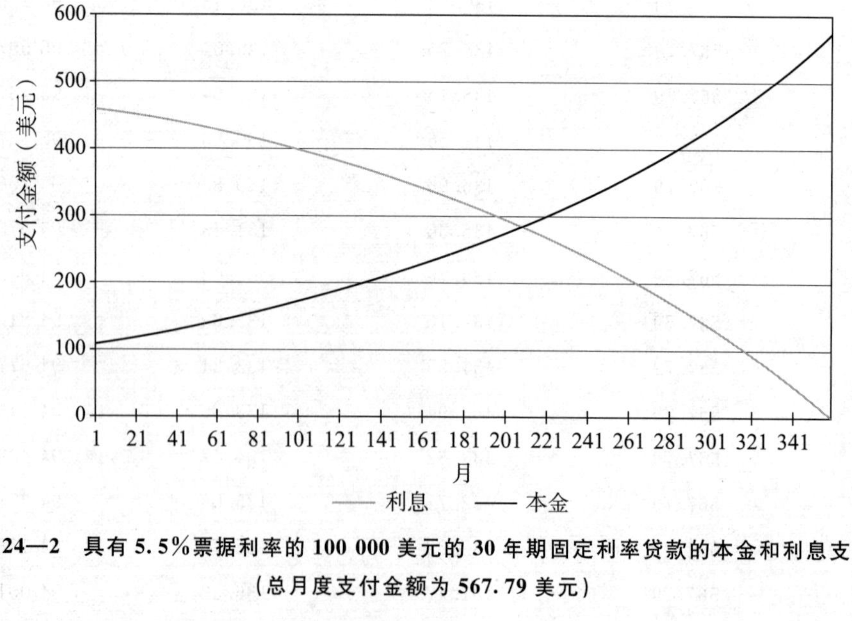

图表 24—2　具有 5.5%票据利率的 100 000 美元的 30 年期固定利率贷款的本金和利息支付额

（总月度支付金额为 567.79 美元）

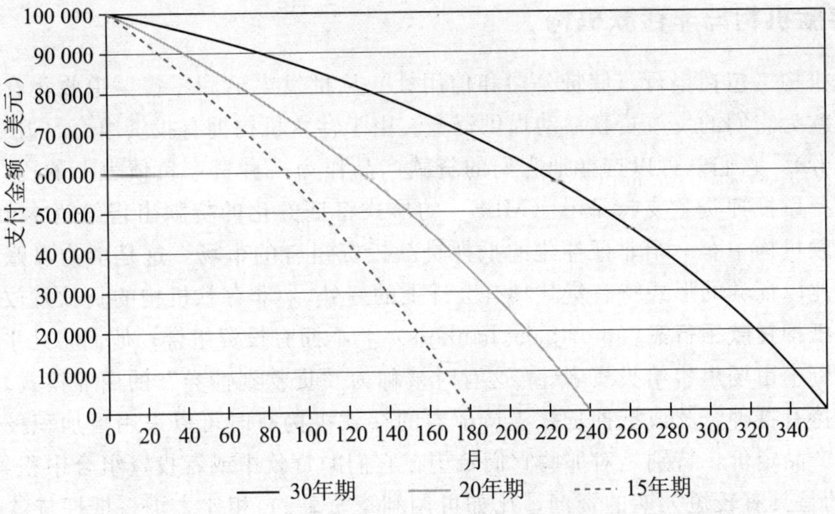

图表 24—3　不同贷款期限的 5.5%利率的 100 000 美元固定利率贷款的未偿付本金余额

一般情况下，抵押贷款可以按照借款人的选择提前偿付。当贷款被提前偿付时，贷款的持有者（无论是作为投资组合中贷款的形式，还是作为抵押贷款支持证券的一部分）按照票面价值收取提前偿付的本金。提前偿付有多种原因。提前偿付既可以通过借款人为贷款"再融资"来完成，也可以通过出售财产而完成，还可以通过对贷款违约来完成。提前偿付（尤其是那些因为再融资而进行的提前偿付）通过转移资产并且迫使抵押贷款持有人把收益按照较低的利率进行再投资而对抵押贷款持有人造成了伤害。提前偿付的原因及影响将在下文做更深入的讨论。

24.3　抵押贷款行业

在抵押贷款市场中，有一些不同类型的金融机构会直接或者间接地参与到抵押贷款的业务之中。在区分业务和职能时，可以使用多种分类方法。

□直接贷款发放人与贷款经纪人

从其命名的方式就可以看出来，直接贷款发放人实际上承销贷款并为贷款提供资金。与之相对的是，抵押贷款经纪人代表客户并致力于与许多不同的贷款发放人一起发行贷款。但是，经纪人不发放贷款，而是提供联系借款人和贷款发放人的代理服务。许多大型贷款发放人都把运营分为两类，一种是与经纪人一起完成的工作［一般被称为**批发渠道**（wholesale channel）］，另一种是需要直接与借款人一起完成的工作［**零售渠道**（retail channel）］。这种区分是很有必要的，这部分是因为不同的渠道有不同的成本结构，需要不同的定价方式。

□存款机构与非存款机构

存款机构（包括银行、储贷公司和信用社）从批发渠道和零售渠道收集存款，并使用这些存款为它们的发放贷款活动提供资金。由于存款机构拥有投资组合（既包括贷款，也包括证券），它们既可以选择把它们的贷款产品作为一种资产负债表上的资产来持有，也可以选择以抵押贷款支持证券（MBS）的形式将证券化的贷款出售给资本市场。（此外，在存款机构中有一个非证券化的抵押贷款投资组合的市场，这是因为以账簿的形式持有贷款比以证券的形式持有贷款具有会计上的好处。）非存款机构的贷款发放人［主要是所谓的**抵押贷款银行家**（mortgage bankers）］不拥有投资组合；他们将几乎所有贷款产品通过资本市场出售给投资者。（这有时被称为“贷款到债券”的商业模式。）能在投资组合中持有抵押贷款或抵押贷款支持证券的存款机构有时可以采用更加积极的策略来为不同的产品定价，特别是对那些它们希望在它们的贷款中或者投资组合中积累的产品。（最常见的是具有较短久期的资产，比如可调利率贷款。）相比之下，抵押贷款银行家必须按照资本市场中的执行价格为他们所有的产品定价。这说明，抵押贷款银行家在发行资本需求较弱或者不存在的产品时存在竞争劣势，他们还可能发现，有时很难与银行在一些产品领域内进行有针对性的积极竞争。

□发起人与服务商

贷款**发起人**（originators）承销贷款，并为贷款提供资金。但是，一旦贷款封闭之后，就需要有一个基础设施来收取并负责本金和利息的支付，代缴财产税，处理借款人的拖欠款，并且管理取消未偿付贷款流程。提供抵押贷款这方面功能的实体单位被称作**服务商**（servicers）。为了提供这些服务，这些实体单位将收取一笔费用，这笔费用一般是每月支付的利息中的一部分。虽然许多发起人也承担服务商的角色，但是服务作为一种业务来说，既是劳动密集型的，又是数据密集型的。因此，大型服务商的运营在正常产业条件下可以从规模经济中获得好处。但是大型服务商难以应对大规模的严重拖欠贷款。在2010年，这导致了拖欠贷款的严重堆积，也引发了一些关于大型服务商经营和活动的争议。

服务费作为一种资产可以按照一些维度进行分类。必要服务费，或者说“基础”服务费，是一种对从事上述活动的补偿，既可以由行业标准做出规定，也可以（在非机构债券或者非机构贷款的情况下）依产品而定。举例来说，在撰写这篇文章时，美国政府支持企业对固定利率贷款要求25个基点的基础服务费，而吉利美对类似的固定利率贷款要求19个或44个基点（取决于证券化的工具）。基础服务费也为服务商提供了附带的利益，包括保险和税金第三方托管账户（tax escrow account）的利率浮动与使用借款人的信息数据库来交叉销售其他产品的能力。“超额”服务费是指任何超过基础数额的额外服务费，它只不过是由能够使得贷款以一个“对等”息票进行证券化的服务商持有的一期利息支付金额，正如在后面的执行价格动态过程部分所演示的那样。超额服务费既不需要服务商方面从事任何活动，也没有带来任何收益，它纯粹是证券化过程中的一个副产品。

□贷款承销过程

在贷款的申请被提交之后，它就被认为是“流水线”中的一部分了，这意味着必须在贷款资金到位之前完成一系列有计划的活动。在应用中，借款人既可以锁定贷款利率，也可以让贷款利率在贷款封闭的某一个点之前一直保持浮动。从贷款发放人的角度来看，直到贷款被锁定之前，贷款不存在相关的利率风险。但是，当贷款被锁定之后，贷款发放人就具有了如同所有固定利率资产一样的风险。许多贷款发放人分开追踪锁定后的贷款与浮动负债；这二者分别被称为“受约束的”流水线和“不受约束的”流水线。

承销过程有两个重要且独立的组成部分：

- 对于借款人按期偿付贷款方面的能力和意愿的评估；
- 确保财产的完整性，以及该财产是否可以在违约的情况下出售以还清贷款余额。

在评估潜在的借款人是否有资格接受信用贷款时，有几个因素被认为是很重要的。

信用评分

几家公司收集贷款发放机构的个人支付历史数据，并使用复杂的模型来评估和量化借款人是否有资格接受信用贷款。这个过程的最终结果是一个**信用评分**（credit scores），该评分实质上是借款人信用历史的数值得分。主要有三家不同的信用报告公司来计算信用评分，即益百利公司（Experian）[该公司使用益百利-费埃哲模型（Experian Fair Isaac model）]、美国环联公司（Transunion）（该公司使用 Emperica 模型）以及艾克飞公司（Equifax）（该公司使用 Beacon 模型）。虽然信用评分有不同的基础方法，但是评分一般都是指“FICO 分数”。贷款发放人通常会得到不止一种分数以尽量减少不同评分机构之间的不同信用评分的影响。在这种情况下，如果贷款发放人得到了全部三个分数，一般使用中间的分数，同时在惯例中，在只有两个分数可以使用的情况下，要使用较低的分数。

信用评分在量化潜在借款人的信用历史时是很有用的。一般的经验法则是借款人需要 700 分或者更高的信用评分来达到“优等”信用资格。金融危机导致的问题引发了对这一门槛的重新评估。现在，贷款者只有获得 730 分或者更高的信用评分才能从借款人那里获得最低的利率。

贷款价值比

贷款价值比（LTV）是在贷款申请被提交时借款人杠杆比率的一个指标。贷款价值比的计算是把所需的贷款的价值与该财产的市场价值进行比较。根据定义，贷款的贷款价值比是在购买交易中所涉及的首次付款的函数。在再融资时，它取决于新贷款所要求的余额与该财产的市场价值。[2]贷款价值比是非常重要的，这有一系列原因。首先，它是一个衡量在违约事件发生时可回收贷款金额的指标，特别是在财产的价值下降情形下。其次，它还对债务人的预期支付表现有影响，因为高贷款价值比意味着贷款违约的可能性更大。尽管贷款发起时贷款价值比可能会非常高，但是寻求贷款价值比高于 80%的贷款的借款人在一般情况下必须获得超过 80%的那部分贷款的贷款保险。举一个例子来说明，如果借款人申请一份 90 000 美元的贷款来购买一个 100 000 美元的财产，他必须获得余额 10 000 美元的所谓抵押贷款保险。抵押贷款保险是按月将保险费加到贷款的支付金额中，并且如果借款人的住宅增值到贷款的贷款价值比低于80%的点，那么抵押贷款保险就可以被消除。

承销商使用的另一个测量方法是**总贷款价值比**（combined LTV，CLTV），它适用于所有第二留置权存在的情况。假设一个财产价值100 000美元，第一留置权贷款80 000美元，而第二留置权贷款10 000美元，这样的财产的贷款价值比为80%，而总贷款价值比为90%。为了承销贷款的目的，总贷款价值比是优于贷款价值比的借款人信用状况指标，因此能够更好地衡量贷款的信用。[3]

债务收入比率

为了确保借款人的债务与其收入一致，贷款发放人会计算债务收入（debt-to-income，DTI）比率，从而把贷款的潜在每月支付金额与借款人的月收入进行比较。最常见的测量方法是**向前比率**（front ratio）和**向后比率**（back ratio）。向前比率的计算方法是用住宅的每月支付总额，包括本金、利息、房产税和房屋保险，除以借款人的税前月收入。向后比率是类似的，但是向支付总额中加入了其他债务支付（比如汽车贷款和信用卡支付）。传统的向前比率和向后比率的限制分别为28%和36%。

凭证

贷款发放人一般要求潜在的借款人为他们的财务状况提供数据，并提供支持这些数据的凭证。贷款工作人员通常要求申请人报告收入、就业状况和财务资源（包括交易的首期付款的来源），并为之提供凭证。申请程序的一部分经常涉及汇编类似于纳税申报表和银行对账单这样的凭证，以在承销过程中使用。从2000年到2007年，凭证标准被显著放宽了，导致有限凭证和无凭证贷款项目的扩散。一些受欢迎的选择包括"声明收入贷款"（要求借款者申报收入，但是不需要提供支持文件）以及无须披露收入、资产或就业情况的项目。这些项目经常被标为"无收入/无资产"贷款（"no income/no asset，'NINA' loans"）。

这种趋势自1905年左右就开始了。项目针对的是信用较好但是收入流变动或者难以提供凭证（如自我雇佣者）的借款者。这导致了面向工资收入者的贷款的广泛销售。这类借款者经常借口正式凭证的缺失来夸大他们的收入并躲避债务收入比率分析。

2007年开始的金融危机的一个结果是更加严格的承销标准的回归，完整的收入证明和资产凭证成为核心需求。虽然这确实加强了贷款的信用质量，遗憾的是，它也将很多信用质量良好但缺乏收入凭证的借款者拒之于抵押贷款和住房市场之外。

24.4 抵押贷款利率的产生

虽然表面看起来可能很简单，但是抵押贷款利率的确定是一种贷款（或者更一般来说，抵押贷款支持证券）的二级市场的水平、服务费的价值、信用增级的成本以及与产生贷款相关的成本之间的复杂的相互作用。在这个过程中，不同抵押贷款支持证券的定价（直接报价及通过跨息票利差的机制报价）在决定贷款的最终处置中是非常重要的，这是因为抵押贷款支持证券市场通过允许资金的供应者（投资者）和资金的使用者（贷款发放人）在国家范围内相互影响，来促进中介功能的制度化。使用抵押贷款支持证券市场，贷款发放人发放贷款，把它们打包成证券，将它们出售到资本市场上，并使用收益来发放新贷款。尽管一些贷款发放人可能持有一些贷款和贷款组合中的产品（比如，银行倾向于持有具有较短久期的产品，比如可调利率抵押贷款），但是大部分产品都被证券化并出售到证券市场上。

虽然对于抵押贷款支持证券市场的完整介绍超出了本章的范围，但回顾一下涉及证券化贷款的过程还是十分有益的，这是因为该过程在决定贷款利率时是非常重要的。为了简单起见，接下来的讨论将集中在固定利率合格贷款上，而且该贷款的证券化是在美国政府支持企业方案的主持下进行的。这样的资产组合的息票（或称为“转手”，这是因为它们将本金和利息传递给投资者）一般都以二分之一个百分点为递增单位被创造出来，比如 5.5%和 6.0%。相比之下，贷款一般都以八分之一个百分点为递增单位发行。这种作为抵押贷款支持证券来进行交易的资产组合的创建涉及具有类似特点的贷款的加总，这些特点包括取决于机构和方案的不同息票利率的最低金额和最高金额的票据利率。资产组合中贷款的票据利率的加权平均被称为资产组合的“加权平均息票率”（weighted average coupon，WAC）。资产组合的加权平均息票率和其息票利率（或转手利率）之间的利差有三种来源：

- 必要服务费或基础服务费，这指的是贷款的票据利率的一部分，是由贷款的服务商要求持有的。如前所述，该实体单位从抵押贷款借款人手中收取支付，为借款人完成税金和保险支付，并把支付汇给投资者。所需要的基础服务费的金额依机构和方案的不同而不同。
- 担保费用（或 g 费用）是支付给机构以担保贷款的费用。由于这些费用基本上代表了信用风险保险的价格，费用在不同贷款类型之间是不同的。在传统环境中，被认为是高风险的贷款通常需要较高的证券化担保费。与此同时，大量发放贷款的贷款发放人可以通过谈判得到较低的担保费。对于吉利美的资产组合来说，担保费用几乎总是 6 个基点。请注意，对于房利美和房地美的证券来说，担保费是可以被资本化的，并作为一种预付费用进行支付，以便于某些期权的执行。
- 超额服务费是能够将贷款的利率降低到期望的息票利率的剩余金额。这种资产通常都被证券化，并由服务商持有。然而，二级市场既可以为未加工的抵押贷款的服务权利提供交易服务，也可以为从超额服务费中创造出的证券提供交易服务。

图表 24—4 展示了一个由美国政府支持企业发行的典型的资产组合是如何分配现金流的。

一个常见的误区是贷款者向消费者提出利率报价。实际上，贷款者为一系列票据利率计算“折扣点数”（例如，在成交时支付的预付款）。注意，这些利率水平有可能为正点数，也有可能是负点数。负点数可以被看作为换取一个较高利率而给予借款人的一种折扣。其他产品的这一过程即使不完全相同，在概念上也是类似的。图表 24—5 展示了一个 30 年期的合规固定利率贷款的假定利率和点数矩阵。

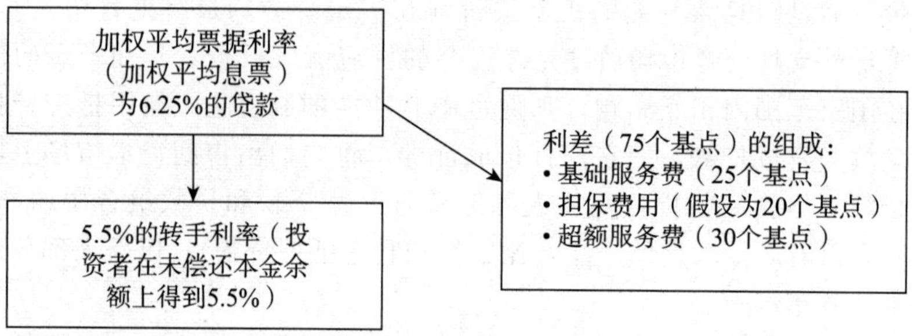

图表 24—4　一个利率为 5.5%的美国政府支持企业转手资产池的现金流分配

图表 24—5　　30 年期合规固定利率贷款的假定利率/点数矩阵

利率（%）	点数
4.750	6.625
4.875	5.750
5.000	5.125
5.125	4.625
5.250	3.500
5.375	2.750
5.500	2.250
5.625	1.750
5.750	1.250
5.875	0.500
6.000	0.125
6.125	−0.250
6.250	−0.625
6.375	−1.000
6.500	−1.500
6.625	−1.625
6.750	−1.875
6.875	−2.250
7.000	−2.250
7.125	−2.250
7.250	−2.625
7.375	−2.875
7.500	−3.000

给定现有的市场条件，产生点数的过程涉及两个步骤：

● 决定每个票据利率的最优执行价格；

● 计算每个票据利率的点数的适当数量。

贷款可以在资产组合中以一个范围广泛的息票被证券化（比如，票据利率为 6.5% 的常规贷款可以在房利美或者房地美的资产组合中被证券化，而息票利率的范围是 4.0%～6.25%）。为了最大限度地提高收益，最优的执行价格被发起人定期计算出来，而且它是转手价格水平、服务费价值和担保费调低收益的函数。[4] 图表 24—6 展示了票据利率为 6.25%的贷款的两种可能执行情形。请注意，在经济学上一般规定，被放入资产组合进行投资的贷款的息票利率要比票据利率低 25～75 个基点；创造一个票据利率和息票之间较大的利差往往是不经济的。在这个例子中，将贷款证券化到利率为 6.0%的资产组合中是最好的执行方案，因为它为贷款发放人提供了最大收益。

图表 24—6　　使用假定的价格和水平的 6.25%的票据利率贷款的资产组合选择

	6.0%抵押贷款支持证券	5.5%抵押贷款支持证券	备注
抵押贷款支持证券的转手价格	101	99	远期结算的待定价格
基础服务费	1.0	1.0	在两种情况下都是 25 个基点——假设 4 倍*
超额服务费：			
基点数额	0	30	
超额服务费价值	0	1.2	对于 5.5%的抵押贷款支持证券来说，为 30 个基点的 4 倍*
担保费调高/调低费用：			
担保费调高/调低费用的基点**	20	0	
担保费调低费用价值	(0.60)	0.00	假设调低费用为 3 倍
收益	**101.4**	**101.2**	
总发起成本（包括管理费用、对冲成本和发起成本）	−1.65	−1.65	假设两种情况完全相同
净收益	**99.8**	**99.6**	

* 为了简单起见，本例中的基础服务费和超额服务费的倍数被假设成是完全相同的。此外，服务费的价值是房地美和房利美使用的不同汇款方式的函数。因此，汇款方式的选择也可能会影响最佳的资产组合决策。

** 本例中假设担保费用为 20 个基点。请注意，担保费调低费用是支付给美国政府支持企业的，因此它作为一个负值来对待。

一旦各个票据利率层的最优执行价格被确定之后，相关的点数就能够计算出来了。正如执行价格的计算一样，点数是基于转手市场价格以及服务费和担保费用调低的当时估价而计算出来的。图表 24—7 展示了具有 6.25％和 6.625％的票据利率的贷款点数的假定计算，并假设两个利率的最佳执行价格都是在 6.0％息票利率的部分资产组合中进行证券化。计算出来的点数见表格中的最后一行，这是贷款在所有部分都定价完成之后的净价值与其票面价值的差额。虽然这个例子没有表现出来，但是一般情况下点数都近似到最接近的八分之一水平，如图表 24—7 所示。

图表 24—7　　给定贷款利率的点数计算范例（所有水平都为假定的）

	6.25％	6.625％	备注
最佳转手息票*	6.0	6.0	
抵押贷款支持证券转手价格	101	101	
服务费价值：			
基础服务费**	1.0	1.0	25 个基点，假设 4 倍
超额服务费（净担保费用）**	0.0	0.7	假设担保费为 20 个基点，对于 6.25％的票据利率来说没有超额服务费，对于 6.625％的票据利率来说有 17.5 个基点的超额服务费——本例中假设 4 倍
担保费调低费用	−0.6	0	对于 6.25％的票据利率，20 个基点的担保费必须按 3 的倍数调低。但是 6.625％的票据利率不要求调低，这是因为 20 个基点的担保费用可以在基础服务费之后支付
服务费和调低费用的总和	0.4	1.7	
总值	**101.400 0**	**102.700 0**	抵押贷款支持证券的价格加上服务费价值加上发起收入
总成本（包括发起成本、管理成本、对冲成本以及目标利润保证金的分配）	2.0	2.0	
净值	99.400 0	100.700 0	总值减成本
总点数	**0.600 0**	**−0.700 0**	100.00 减去净值

* 由图表 24—6 中所介绍的方法确定。

** 在这个例子中，两种票据利率所假定的倍数是完全相同的。但是在实践中，由于两种票据利率的服务费的估价可能会有所不同，倍数也有可能会不同。

注意到图表 24—7 所列出的成本包括了贷款者的目标利润保证金的分配。保证金的要求会随着市场条件，特别是当下的贷款水平和部门价格的竞争性而变化。

如果一个贷款因为信用分数下降、凭证减少和/或更高的贷款价值比而增加了风险性，政府支持企业就会要求更高的担保费。因此，借款者所面临的成本就更高了。例如，图表 24—7 中票据利率为 6.25％的贷款有 30 个基点的担保费。在 3 倍乘数之下，担保费的购买成本为 0.9。增加的 0.3 的信用增级成本意味着贷款的净值为 99.1，票据利率为 6.25％的贷款的定价为 0.9 个点。因此，被称为**风险定价**（risk-based pricing）的模式意味着与风险较大的贷款相关的更高成本（形式是给定票面利率基础上的点数）代表了被转移给贷款者的更高的信用增级成本。

如前所述，这些例子展示了决定一个贷款是否能够被证券化并加入一个政府支持企业发行的集合。如果贷款未能达到证券化的条件，那么担保费会被证券化该贷款的其他信用增级成本所替代。在非机构交易中最为常见的信用支持形式被称为**次级**（subordination）。简单地说，这意味着在交易中创造出来的债券在接受本金和利息现金流以及交易抵押集合的损失累计上有不同的优先次序。（高优先级债券在接受现金流时有最高的优先级，而最后遭受减值。）结果是，交易的信用增级成本是两个要素的函数：

- 次级债券或低优先级债券的相对规模。
- 它们能够出售给投资者的价格。

传统上，次级债券的规模由评级公司决定。它们的主要作用是决定次级债券的规模需要多大，优先级债券才能获得 3A 评级。反过来说，次级债券的规模是人们所认为的为交易做担保的贷款的风险的函数。次级债券在新发行市场交易的水平由投资者所认为的可以获得吸引人的风险调整收益的价格决定。一般来说，相比于优先级债券，次级债券的交易价格有较大的折扣，这是为了反映它们更大的风险和/或更少的损失保护。

因此，非机构或者自有品牌交易的信用支持的成本以次级债券可以出售的加权平均价格表示。风险更高的抵押物有更高的信用增级成本，因为次级债券的规模更大和/或次级债券可以出售的总体价格更低。

对个别属性的风险定价是通过两种主要的方法完成的。贷款者经常创建能够反映不同属性的多个贷款方案，并根据信用增级成本来为贷款方案定价。金融危机以前不同贷款项目的扩散反映了这一点。当创建独立的贷款方法效率低下或者不合意时，各种属性通过使用“附加费用”（add-ons）进行定价，或者是把点数添加到使用前面所述的方式计算出来的折扣点数中。附加费用的计算说明了一个贷款的信用增级所带来的成本增加。与折扣点数类似，这些费用也被表示成贷款的票面价值的百分点数。举例来说，一个 30 年期、票面利率为 5.875%的固定利率合规余额贷款可能具有二分之一点。但是，借款人可能寻求一个具有高于方案的指导原则所规定的贷款价值比的贷款。如果在这种情况下附加费用是一又二分之一点，那么贷款就变成了具有 2 点的 5.875%贷款。

但是，给定了一些点数的目标数量以及当时的利率/点数结构，许多借款人不愿意在封闭交易时支付大量金钱，这使得有必要重新设定利率。在前面的例子中，假设借款人在附加费用生效之后只愿意支付二分之一点。回顾图表 24—5，请注意具有二分之一的点数的贷款是与 5.875%的票据利率相连的，而具有 −1 点数的贷款的票据利率为 6.375%。因此，在本例中，借款人可以获得二分之一点的利率为 6.375%的贷款。这种方法解释了以点数计量的其他贷款的成本是如何转变为更高的票据利率的。

24.5 抵押贷款产品的风险构成

固定收益投资品的持有人通常都会面对利率风险，这是一种市场利率水平的变化会导致这类投资品的市场价值波动的风险。但是，抵押贷款以及与它相关的抵押贷款支持证券具有与它们相关的额外风险，这种风险对产品来说是独一无二的，并且需要进行额外的分析。在接下来的讨论中，为了清晰起见，抵押贷款与抵押贷款支持证券被统称为**资产池**（pool）。

□提前偿付风险

在上一节中我们提到过，债务人一般都有能力在他们的贷款到期之前提前偿付贷款。对于抵押贷款资产的持有人来说，借款人提前偿付的选择权创造了一个独特的风险。在债务人将贷款再融资以便从市场利率的下降中获益的情况下，投资者拥有一个高收益率的资产回报，而且它能被一个具有较低收益率的资产取代。在对回报的影响方面，提前偿付风险类似于公司债券和市政债券的提前回购风险，而且它造成了关于投资者的现金流的时间的不确定性。此外，由于利率变化而造成的提前偿付速度的改变导致了抵押贷款资产池的现金流的变化，这强烈地影响了它们的相对表现。

提前偿付对于抵押贷款部门的重要性催生了对于提前偿付行为的测量与分析的需要。提前偿付发生的原因如下：

- 出售财产；
- 由于火灾或其他灾难造成了对财产的破坏；
- 借款人方面的违约（净亏损）；
- 削减贷款（即部分提前偿付）；
- 再融资。

一种有用的命名方法是将提前偿付分为“利率敏感”和“利率不敏感”类别。利率不敏感提前偿付在过去由住房周转率（包含了住房销售）以及通过套现再融资实现的权益提取。不过，在2007年以后拖欠付款和信用问题的快速上升意味着在分析提前偿付速度时还需要考虑信用连结提前偿付。（例如，从2010年年中起，政府支持企业必须从资产池中购买严重拖欠的贷款。这样的收购行为在机构资产池中被当作提前偿付。我们后面将提到，信用连结提前偿付的处理方式与自有品牌证券不同。）

利率敏感提前偿付主要由借款者不将房产权套现的再融资组成，也被称为“利率与期限”再融资（“rate-and-term” refinancings）。再融资活动一般取决于是否能够以一个更低的利率获得新贷款，这使得再融资活动高度依赖于利率水平和抵押贷款利率水平。此外，给定一个看似很小的利率变化，再融资活动的金额可能也会发生很大变化。因此，抵押贷款的范式是相当简单的。具有低票据利率的抵押贷款（这些是价外期权，从期权市场中借来的一个术语）的提前偿付通常是相当缓慢的，而且是可预见的，而具有更高利率的贷款（价内期权）则往往会在利率下降时出现提前偿付高峰，提前偿付的速度也会出现显著的波动。

从表面上看，提前偿付率的测量是相当简单的。一个被称为**月提前偿付率**（single monthly mortality，SMM）的指标测量了抵押贷款投资组合的每月本金的提前偿付，并表示成月初余额的百分比。（请注意，月提前偿付率并不包括正常的本金分期偿付。）**条件提前偿付率**（conditional prepayment rate，CPR）就是简单地使用下面这个公式将月提前偿付率年度化：

$$条件提前偿付率=1-(1-月提前偿付率)^{12}$$

虽然条件提前偿付率在描述提前偿付时是最常见的方法，但是有时候也使用其他方法。比如，从逻辑上看，提前偿付行为在贷款的整个期限中并不是一成不变的。再比如，借款人不可能在得到资金之后马上提前偿付抵押贷款；但是，提前偿付的倾向（由于任何原因）会随着时间的推移而增加。这意味着，提前偿付遵循着某些类型的"轨道"，即条件提前偿付率以一个固定的并可以预见的速率增加。最常见的轨道是所谓的 PSA 模型，这是由公共证券协会（Public Securities Association）（现在被称为证券行业和金融市场协会）创建出来的。基础 PSA 模型（100%模型或 100% PSA 模型，使用市场惯例）假设提前偿付在第一个月以 0.2%的利率开始，并以每月 0.2%的速度增加，直到它们在第 30 个月时条件提前偿付率达到 6.0%；从那时起，提前偿付在贷款或证券的剩余期限内保持 6%的条件提前偿付率。在这种方法的基础上，200% PSA 模型意味着速度是基础模型速度的两倍（即在第一个月为 0.4%，轨道的终点速度是第 30 个月条件提前偿付率达到 12%）。图表 24—8 展示了 PSA 模型的图形表示。

PSA 模型取决于贷款的寿命（或者，在一个资产池中取决于加权平均贷款寿命）。举例来说，第 20 个月中 4.0%的条件提前偿付率相当于 100% PSA 模型，而第 6 个月中 4.0%的条件提前偿付率代表着 333% PSA 模型。相反，PSA 模型的实用性（或性质类似的其他轨道）取决于提前偿付以多快的速度移向终点（或者换种方式说，它们"按轨道上升"的速度有多快）。一般的理解是提前偿付的轨道已经在过去的十年中缩短了，这反映了再融资的壁垒和成本降低了。反过来，这无疑扭曲了第 30 个月或者更早期报告的贷款的 PSA 速度，这使得 PSA 模型在测量提前偿付速度时的实用性变差了。

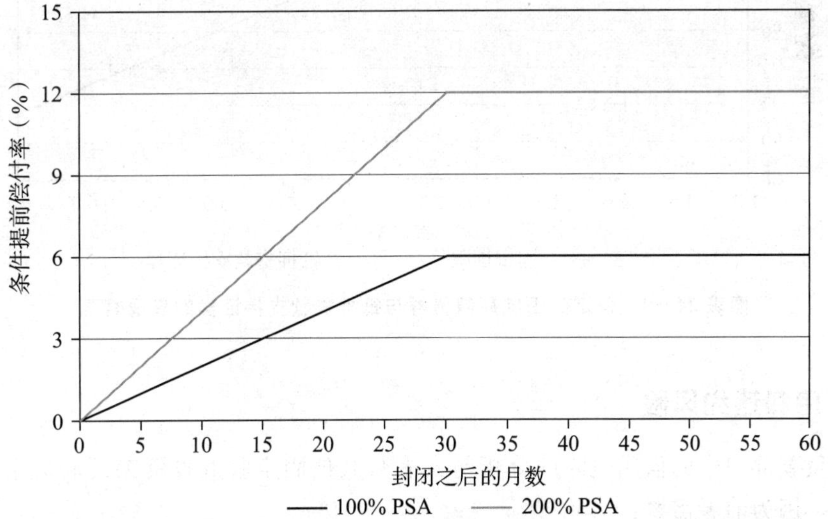

图表 24—8　PSA 模型

虽然对于提前偿付行为及其风险的完整介绍远远超出了本章范围，但是理解提前偿付率如何影响抵押贷款和抵押贷款支持证券的表现还是很重要的。由于提前偿付随着债券价格的上升以及市场收益率的下降而增加，因此当债券市场反弹时，抵押贷款的平均寿命和久期会缩短。所以，当利率下降时，抵押贷款投资组合或者证券的价格表现往往滞后于没有提前偿付风险的债券的价格表现。相反，当市场收益率上升时，提前偿付往往趋于缓慢，从而使得抵押贷款或抵押贷款支持证券的平均寿命和久期延长。这种现象，一般被描述为扩张，会导致随着收益率的现行水平的上升，抵押贷款或者抵押贷款支持证券的价格的跌幅要大于可比固定期限投资工具（比如中期票据）。

由于提前偿付率的变化，抵押贷款和抵押贷款支持证券展现出来的价格表现一般被称为“负凸性”（negative convexity）。由于当收益率下降时提前偿付会增加，恰恰在它们能够从扩张中获益的时候，抵押贷款支持证券的平均寿命和久期会缩短。相反，当债券市场出现抛售的时候，抵押贷款的平均寿命和久期会延长。这种行为导致了抵押贷款和抵押贷款支持证券的价格变动具有非线性的性质，也会导致价格变动的表现弱于那些没有表现出负凸性行为的资产。图表 24—9 给出了这种行为的图形表示。投资者通常通过更高的基本情况收益率为抵押贷款支持证券的滞后价格表现提供补偿。但是，在投资者方面，管理负凸性和提前偿付风险的必要性呼吁对抵押贷款支持证券投资组合进行积极分析和管理。

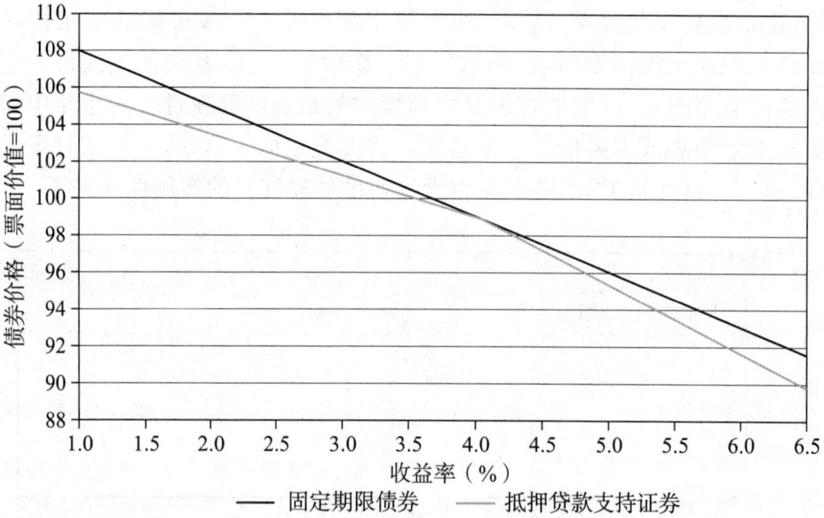

图表 24—9　假定的固定期限债券与抵押贷款支持证券的表现概要

□信用和违约风险

抵押贷款部门中的信用风险的分析与大多数其他固定收益投资工具的信用风险评估是不同的，因为前者需要：

- 将构成抵押贷款投资工具的数以千计的贷款的特点进行量化和分层；
- 估计这些属性将如何转换成基于标准指标的表现以及评估合理的最佳表现、最差表现以及可能情况下的表现；

• 在这些情形下计算回报。

在前面我们已经讨论了一些用来衡量借款人的信誉以及导致贷款的本金损失的可能性的一些因素（如信用评分和贷款价值比）。在评估一个抵押贷款资产池的信誉时，也使用许多相同的测量方法。举例来说，在资产池的信用评估中，也使用定期计算的加权平均信用评分和贷款价值比，以及这些特点（与凭证类型和其他属性一起）的分层。除了贷款的这些特点之外，在对抵押贷款资产池的后验评估中，下列指标也是有关的。

拖欠

衡量拖欠的目的是为了了解借款人是否正在对贷款进行支付，或者说，如果借款人没有按时支付，根据他们拖欠的严重程度将借款人分层。最常见的将拖欠分类的方法是由储蓄管理局（OTS）提出的。储蓄管理局按照如下方法将贷款进行分类：

• 按期支付或逾期支付 30 天之内：按期支付；
• 逾期 30 天到 60 天：30 天拖欠；
• 逾期 60 天到 90 天：60 天拖欠；
• 逾期超过 90 天：90 多天拖欠。

□违约

由于一些原因，一些与拖欠相关的贷款会恢复按期支付，这是由于导致拖欠的条件（比如失去工作、生病等）自行得到了解决。但是，拖欠贷款中有一部分最后会发生违约。根据定义，违约是指借款人会失去有关财产的所有权。违约一般发生在拖欠 90 天以上的贷款上，尽管有些借款人已经破产的贷款会在一个更早的时间点被划归违约贷款。

一个重要的关注点是对机构和非机构证券的违约处理方式不同。就像前面提到的那样，严重拖欠的贷款会从机构资产池中被购买出来。由于相关机构负责向投资者偿付全部本金，收购从所有实际角度来说就是提前偿付。对于自有品牌证券就没有这样的机制，只有通过**止赎程序**（或者通过其他机制，比如卖空），投资者才会收回本金。更为重要的是，只有回收的本金会还给投资者，损失则由交易吸收。

因此，自有品牌交易的处理和报价方式必须与再融资、换手以及其他**自愿提前偿付**（voluntary prepayments）相区别。**非自愿提前偿付**（involuntary prepayments）的利率一般用**条件违约率**（conditional default rate，CDR）衡量。条件违约率的计算方式与条件支付率相似，用任意给定月份违约的贷款的面值除以该月的初始值。得到的**月度违约率**（monthly default rate，MDR）的年化方式则与 SMM 相同。

□严重性

由于贷款人对借款人的财产拥有留置权，因此贷款的一部分价值可以通过止赎程序实现。**损失严重性**（loss severity）衡量在止赎程序完成之后损失的票面价值。损失严重性经常会受贷款的贷款价值比严重影响（由于高贷款价值比的贷款留给亏损情况下财产价值下降的余地更小）。但是，在违约的情况下，具有相对较低贷款价值比的贷款也会产生损失，这一般有几个原因：

- 该财产的评估价值可能会相对高于财产的实际市场价值。
- 财产的价值可能在贷款产生后由于不动产市场出现的变化而下降了。
- 存在与止赎程序相关的费用和收入损失。

根据这些指标，评估一个资产池的经过信用调整的表现的过程涉及对基于信用特点的预期拖欠、违约以及损失严重性的初步理解。随后，可以生成经过亏损调整的收益率和回报。

24.6 关键知识点

- 抵押贷款可以依据几种不同的要素进行分类，包括留置权地位、初始贷款期限、利率类型、贷款余额类型、摊还类型、借款者信用和凭证标准。贷款也可以依它们所获得的信用支持进行分类。比如，直接来自美国政府的担保、来自房利美或房地美的担保，或者某种形式的私人信用增级。
- 固定利率完全摊还抵押贷款的支付在贷款的期限内是固定的。在贷款的前几年中，抵押贷款的支付金额主要用来支付利息，而用来支付本金的部分则随着贷款年限的增长而增加。
- 抵押贷款承销是一个考虑贷款者偿付贷款能力和意愿的复杂过程。后两者用信用分数、贷款价值比和债务收入比这样的指标进行衡量。收入、就业状况和资产的准确凭证被证明在评估贷款者信用时是重要的。
- 抵押贷款贷款者以一系列票据利率所需要的折扣点数的形式计算定价。消费者抵押贷款定价是一个复杂的过程，涉及抵押贷款支持证券的水平、服务价值以及信用增级的成本。
- 以住房抵押贷款做担保的证券有一系列风险。除了利率风险外，抵押贷款支持证券还有提前偿付风险，以及如果相应的证券没有隐含的或直接的政府担保情形下的信用风险。

【注释】

[1] 关于术语的说明：在本章中，我们将会使用“机构”一词来指代房地美、房利美和吉利美；而“美国政府支持企业”一词仅指房地美和房利美。

[2] 如果新贷款的规模超过原有贷款，那么该交易被称为“现金支出再融资”（cash-out refinancing），否则，交易会被描述为“利率和期限再融资”（rate-and-term refinancing）。

[3] 当然，这里假设贷款发放人知道基于该财产做出的所有贷款；该财产具有未知第二留置权或者“沉默”第二留置权的贷款可能会导致过度的杠杆贷款和一个更高的最终本金亏损概率。

[4] 担保费调低费用是担保费用的货币化价值。它们由发起人支付，相当于一笔为贷款提供资金的费用。

第25章 机构抵押贷款支持证券

安德鲁·戴维森（Andrew Davidson）
安德鲁·戴维森公司总裁

安妮·程（Anne Ching）
安德鲁·戴维森公司高级分析师

埃克纳特·贝尔贝斯（Eknath Belbase）博士
安德鲁·戴维森公司高级咨询师

机构抵押贷款支持证券（mortgage-back securities，MBS）是一个大并且重要的资产类别。它们代表固定收益的一个核心领域，流动性充足。在2007—2009年金融危机后，它们实际上已经没有信用风险了，从资本和监管要求来看，它们是被偏好的投资工具。但同时，它们带给投资者的风险在很多时候是难以掌握与衡量的。这是由基础抵押贷款提前偿付的不确定性、借款者提前偿付行为的复杂性，以及基础抵押贷款信用风险和机构池中提前偿付的交互影响造成的。在本章中，我们概述**机构抵押贷款支持证券**、**政府支持企业**（government supported enterprise，GSEs）发行的证券的特征，并提供评估这些复杂证券的风险与相对价值的分析框架。

25.1 抵押贷款

住房抵押贷款是抵押贷款支持证券的基石。到2010年末，住房抵押贷款是美国经济中最大的债务类别。要想加深对抵押贷款支持证券如何运作的理解，就必须熟悉抵押贷款的构成和特征。

抵押贷款（mortgage）是一种由不动产担保的贷款。借款人或抵押人承担偿付贷款的法律义务，否则支持贷款的担保品将被没收。抵押贷款由两部分组成：抵押契据（mortgage deed）或信托契约（deed of trust）和本票。抵押契据记述了作为还款担保品的房地产。本票代表偿付贷款的个人承诺，并规定了包括借款人与贷款人两者权利在内的财务条款。

抵押贷款通常按到期期限、利率类型、分期偿付结构和贷款规模进行分类。顾名思义，固定利率抵押贷款（fixed-rate mortgages）在贷款期限内具有固定利率。贷款期限一般为15年或30年，其他期限（如20年、25年或40年）则不常见。固定利率抵押贷款最重要的类型是固定支付完全摊还抵押贷款，这意味着本金是在贷款期限内完全摊还的，每月还款金额相同。也就是说，与到期一次性偿付的美国国债和公司债券有所不同，其本金是在贷款期限内逐渐偿付的。固定利率抵押贷款具有多种分期还本类型。最常见的一种类型为水平付款抵押贷款，也称固定支付抵押贷款（constant-payment mortgage, CPM）。对于固定支付抵押贷款而言，在贷款的整个生命周期内每月偿付金额相等，而本金和利息则不断变化，见图表25—1。该图表显示了在贷款初期，相对于本金偿付额，利息偿付额占支付的大部分，但随后以递增的速度减少。随着贷款年份的增加，每月付款额中本金所占比例越来越大，直到完全偿付本金。

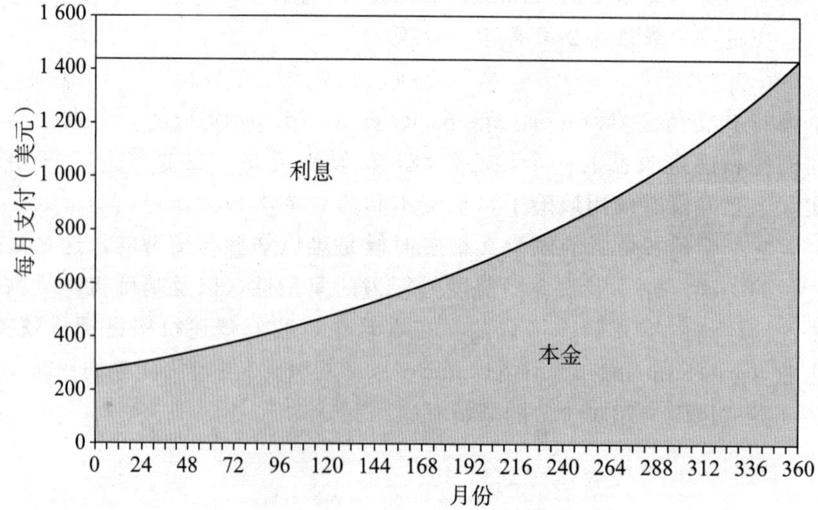

图表25—1　固定支付抵押贷款

其他类型的抵押贷款包括气球型贷款、只付利息贷款。**气球型贷款**（balloon loans）要求在未来的某个日期完全偿付剩余本金。例如，一个拥有 10 年期气球的 30 年期固定利率贷款要求在第 120 个月完全偿付所欠本金。**只付利息贷款**（interest-only loan）允许借款人在一定初始期（如 5 年或者是 10 年）进行只包含利息的小额支付，然后，在该日期之后，由于剩余摊还期较短，进行更大额的支付。最后，**负的分期偿付抵押贷款**（negative amortization mortgage）允许在初始期借款人的支付额小于应还利息，从而使得贷款利率增加。

可调利率抵押贷款（adjustable-rate mortgage，ARM）具有可变利率。借款人通常在初始时提供低于市场"引导"利率的可调利率抵押贷款。引导利率期满后，息票按某一具体指数重新设定。在通常情况下，该指数是可比期限的美国国库券或者其他市场资金成本，例如伦敦银行同业拆借利率（LIBOR）或者第十一区基金成本指数（the 11th District Cost of Funds Index，COFI）。从监管角度看，一个可接受的指数应该是不容易受到贷款机构市场操纵和市场条件驱动的指数。通常，合约利率在上限范围内每年调整一次。定期利率上限（periodic cap）限制了重置日期利率的增长，而全期利率上限（lifetime cap）限制了息票在整个贷款期的上限。因此，每月支付会随着利率的上下变动而调整。

混合可调利率抵押贷款（hybrid ARMs）融合了固定利率抵押贷款和可调利率抵押贷款的特征，并在 2002 年左右开始流行起来。这种抵押贷款通常在最初的 3、5、7 或者 10 年里是固定利率贷款，随后在 30 年期限的剩余时间变为每年按照一个具体利差加上指数进行重设的可调利率贷款。混合可调利率抵押贷款的主要特点还有上限结构和指数。混合可调利率抵押贷款服从于初期、定期、全期利率上限。初期利率上限（initial cap）限制了第一次重设日合约利率所能上升的量。定期利率上限限制在随后每次重设日合约利率的上升。全期利率上限则设立了在贷款全期中合约利率所能上升的最大值。图表 25—2 展示了混合可调利率抵押贷款最常见的利率上限结构。在此基础上，有的 5/1 混合可调利率抵押贷款有 2/2/5 的利率上限结构。

混合可调利率抵押贷款伴随着各种指数发行。2001 年前最常用的指数是一年期固定期限国债（constant maturity Treasury，CMT）。现今已经有使用伦敦银行同业拆借利率的趋势，这反映了随着一年期国库券的消失所产生的流动性问题。在此基础上，基于伦敦银行同业拆借利率的抵押贷款支持证券更好地匹配了银行的资产与负债，降低了基于伦敦银行同业拆借利率的负债与可调利率抵押贷款之间的基点风险。在 2003 年，联邦国民抵押贷款协会（房利美）引进了 LIBOR 指数 5/1 混合计划这样一种方式，以在市场上为基于 LIBOR 的混合产品创造同一性和流动性。

虽然固定利率贷款也可以有只还利息期，但是在 21 世纪头十年，只还利息与混合贷款之间的联系越来越多。与此同时，随着混合贷款越发受到欢迎，气球贷款几乎消失了。最后，虽然负的分期偿付贷款对于固定利率贷款和一次分期偿付更改日期在理论上是可以实现的，21 世纪头十年中出现的负的分期偿付贷款一般是可调利率或者混合的。"选择—可调利率抵押贷款"这一产品在 2004—2010 年房产泡沫的产生和后果中臭名昭著。

抵押贷款的另一个显著特征是贷款的绝对规模。例如，在 2011 年，单户抵押贷款（single family mortgage）少于或等于 417 000 美元，则被认为是符合标准的贷款规模。而高于这个标准的贷款规模则被称为巨型贷款（jumbo loan）。在美国，大约 80％的抵押贷款符合贷款规模标准。

图表 25—2　　典型的混合 ARM 上限结构

混合型	初期上限	定期上限	全期上限
3/1	2%	2%	6%
5/1	5%	2%	5%
7/1	5%	2%	5%
10/1	5%	2%	5%

图表 25—3 列出了在 2004 年 3 月可获取的抵押贷款产品。值得注意的是，最前面的两个产品都是 30 年期的固定利率抵押贷款。然而，它们的合约利率并不相同，原因在于第一个产品要求借款人在借款时就提前支付贷款金额的 2%。第二个产品并不要求这样的点支付。点［有时称为**折扣点**（discount points）］用来支付给借款人以降低总体贷款利率。打算长期在某一房屋居住的借款人倾向于提前支付这样的点来降低他们的利率和每个月的抵押贷款支出。分析师认为借款人提前支付点的选择在预期贷款期内是可以预测的。

从图表 25—3 中我们进一步看出两种固定利率的巨型贷款（30 年和 15 年）一般要求比合规贷款更高的利率，这既是因为巨型贷款中贷款者一般会更加无情地使用再融资的选择权（在我们有关提前偿付的章节中有更多介绍），也是因为巨型贷款不满足机构贷款计划，因而大额贷款支持证券的流动性较弱。随着时间的推移，巨型贷款与符合机构标准的贷款之间的利差不断波动，后者主要取决于几个要素，比如机构抵押贷款支持证券所获得的流动性溢价、信用利差的一般水平以及提前偿付风险的价格。列出的可调利率抵押贷款之所以有低于固定利率产品的利率，是由于这些抵押贷款的利率在初始固定期结束以后是完全可调整的，就如图表中所展示的日期一样，收益率曲线是相对陡峭的。随着时间的推移，可调利率抵押贷款与固定利率抵押贷款之间的区别主要是收益率曲线斜率的函数，以及可调利率抵押贷款作为投资品的需求相对借款者对它的需求。

图表 25—3 也引用了年百分率（annual percentage rate，APR），它比原合约利率更高并且计入了所有成本，包括利息和所有的发行费用、折扣点和私人抵押贷款保险费，这些也许是贷款协议的一部分。

图表 25—3　　2004 年 3 月 5 日抵押贷款产品和利率

项目	利率（%）	折扣点	APR（%）
30 年固定	5.25	2	5.45
30 年固定	5.75	0	5.77
20 年固定	5.38	0	5.41
15 年固定	4.50	2	4.84
15 年固定	5.13	0	5.16
30 年固定巨型	5.75	0.25	5.79
15 年固定巨型	5.25	0	5.28
30 年可调整	3.13	0	3.95
3/1 可调整	3.25	2	3.73
5/1 可调整	4.50	0.125	3.97
7/1 可调整	4.75	0	4.19
30 年固定 FHA/VA	4.75	0	6.54

注：APR＝年百分率。
资料来源：Countrywide Mortgage.

25.2 二级抵押贷款市场的历史

房利美建立于20世纪30年代，对FHA担保贷款和VA贷款（1948）进行购买和出售。20世纪50年代之前，二级抵押贷款市场专门由出售给投资者的整体贷款组成。抵押贷款银行和储蓄机构发行抵押贷款并出售给寿险公司、养老基金和其他金融机构。FHA和VA贷款的明确的政府担保使整体贷款在二级贷款市场上交易活跃。

在经营的很长一段时间，房利美作为国民储蓄和贷款机构运作，从某种意义上可以说它是通过发行自己的债券和在自己的组合中购买抵押贷款来积聚资金，直到1968年它被拆分为两家公司。一家新的政府支持企业保留着相同的名字——房利美，被创建为股份制政府支持企业。新的吉利美则被创建来继续为政府担保贷款提供二级市场。1970年，吉利美发行了它的第一个抵押转手证券，保证本金和利息被及时支付给投资者，并保证即使在违约的情况下也对本金进行完全支付。与此同时，房利美将重点从政府担保抵押贷款转移到非FHA/VA抵押贷款，也就是现今熟知的传统抵押贷款上。

1970年，美国政府特许房地美处理占据住房抵押贷款最大份额的单户住房抵押贷款的信用短缺。政府的目标是为储蓄机构和其他传统抵押贷款发起人提供一个二级市场。房地美还被授权购买FHA/VA贷款。同时，房利美得到授权购买传统抵押贷款，这促使两个政府支持企业竞争住房抵押贷款。

从20世纪80年代中期到2000年，若以美元衡量，吉利美发行的抵押贷款支持证券的量保持稳定；与此同时，房利美和房地美的发行量在20世纪90年代末和21世纪初出现了显著的增长，这导致吉利美的份额一直在降低，直至2007—2009年金融危机的发生。那时，一直在占领吉利美市场份额的非机构证券化市场（也被称为自有品牌证券市场）停止运行，而联邦住房管理局（FHA）则显著调大了贷款规模来缓解信贷的短缺。这导致吉利美在2008—2010年发行量的上升。

机构抵押贷款支持证券最重要的特点是它们所携带的隐性或显性的担保。例如，吉利美保证及时支付由美国政府完全信用支持的吉利美抵押转手证券的本金和利息。因此，在基础担保池中出现借款人的抵押贷款违约的情况下，投资者仍然继续得到本金和利息的及时支付。

对于房利美和房地美，无论抵押人是否还款，抵押贷款支持证券投资者本金和利息的及时支付都得到了保证。然而，房利美和房地美的保证构成公司保证而并非由美国政府的完全信用支持的保证。尽管缺乏正式的政府担保，房利美和房地美的抵押贷款支持证券在金融市场上仍被视为优于3A信用等级债券（通常被称为隐性担保）。这种观念通常归因于政府与政府支持企业之间的密切关系。这种密切关系包括政府支持企业作为政府机构的历史、政府支持企业独特的规管架构、财政部象征性的信用额度以及总统任命政府支持企业董事会成员的存在。

对本金和利息偿付的保证、它所允许的大发行量以及我们将在后面讲述的特别的远期交割/回购机制，使得吉利美和政府支持企业的证券的流动性在资产支持证券中遥遥领先，它们的流动性显著高于公司债券，有时候甚至高于某些美国国债的流动性。

政府对政府支持企业的隐性担保在2007—2009年的金融危机中受到了严重的挑战。房利美和房地美在它们的担保投资组合中开始遭受显著的逾期情况，一般认为由此导致的损失将比它们用来承担这种风险的保证溢价和资本缓冲要大；在此基础上，它们在非机构证券的AAA级分券中有可观的头寸，后者随着流动性危机冲击市场出现了显著的价格下跌。很多投资者开始怀疑这些政府支持企业偿付它们的短期债务的能力。在紧急状况下，财政部的有关部门指定它们的监管者将它们**托管**（conservatorship），这实际上就是对机构抵押贷款支持证券和高优先级债券做出了明确担保。截至撰写本书的2011年初，政府支持企业的最终命运正在被重新思考，特别是政府担保的内容。虽然如此，我们预期机构抵押贷款支持证券在可预见的将来仍是固定收益资产中主要的类别之一。

25.3 机构池方案

政府支持企业（GSE）依靠发放贷款的贷款人网络建立抵押贷款池以支持它们的MBS。合格的贷款者一般通过两种渠道将他们的抵押贷款卖给政府支持企业：流动与打包；贷款者的发行和服务行为如果达到了政府支持企业的要求就被认为是合格的。流动渠道允许发行量随贷款者的发行能力波动，但是有预设的保证金（在2006年以前，保证金是每年设定一次，但在之后变成每季度设定一次）。保证金由决定信用质量的贷款水平变量决定。流动的渠道可以被视作流动性最好的远期市场。打包渠道则涉及贷款组合的出售，而担保溢价则按照不同组合单独议价。

尽管在一个池子中的贷款具有广泛的相似性，但是差异确实存在。例如，并不是所有借款人都会支付同样的息票利率。贷款被打包时它们的期限可能不一样。认识到这些差异，总池的特性为投资者提供了分析起点。图表25—4通过房地美贷款池的信息展示了用于描述典型的机构转手证券的标准术语。

图表25—4　　房地美贷款池C00875

发行日期	1999年10月1日
担保类型	30年固定
净息票利率	7.5%
当前余额	80 561 443美元
初始金额	992 811 774美元
因子	0.003 038 56
WAM（月）	296
WALA（月）	54
WAC	8.0%
延期	44天

总加权平均息票率是指基础贷款池中的抵押贷款的实际加权平均息票率，而净加权

平均息票率表示为总加权平均息票率扣除服务费后的息票利率。图表 25—4 中房地美池子中的加权平均息票率（weighted-average coupon，WAC）为 8%。抵押贷款转手证券所得可用总额或者净额衡量。在这个池子中，净加权平均息票率为 7.5%。在这个特殊的例子中，服务费是 50 个基点，这是房地美转手证券的标准。服务涉及处理房主的每月抵押贷款、向地方政府支付物业税并在必要时支付财产保险和抵押贷款保险费。服务提供方也确保借款人每月的及时支付。

特别值得一提的是，在池子中抵押贷款息票的分散度相当小，限制取决于机构池方案（agency pooling program），这将在之后详细讨论。加权平均息票率之所以重要，是因为它不仅告诉投资者潜在的抵押贷款利率，也揭露出贷款池对提前偿付的敏感度。当借款人可支付的当前抵押贷款利率低于贷款池的当前抵押贷款加权平均息票率 1.5%或者 150 个基点时，我们可以预计转手证券更快被提前偿付。但是如果当前抵押贷款利率上升到高于贷款池中的加权平均息票率，在加权平均息票率和目前的抵押贷款利率之间的这种关系保持不变时，我们不能预期提前支付率上升。

与加权平均息票率类似，加权平均到期时间（weighted-average maturity，WAM）是另外一个重要测度，原因在于它使投资者意识到池子里的本金被收回前有多少剩余支付。具体来说，WAM 表示用池子的贷款余额加权所得到的平均到期日。在这个例子中，房地美的这个贷款池的加权平均到期时间是 296 个月。加权平均贷款年龄（weighted-average loan age，WALA）与加权平均到期时间相反，表示加权池子中基础贷款余额的平均年龄。在这个例子中，加权平均年龄是 54 个月。

抵押贷款池的贷款的基本特征一般被标准化并取决于具体的机构和方案。图表25—5总结了每一机构方案的具体要求。

图表 25—5　　机构池方案的特征

	吉利美	房利美	房地美
抵押贷款类型	FHA/VA/RHS	传统的/一些 FHA/VA	传统的/一些 FHA/VA
发行人	吉利美Ⅰ：单一发行人 吉利美Ⅱ：多个发行人		
担保	本金和利息的及时支付	本金和利息的及时支付	本金和利息的及时支付
担保人	美国政府完全信用	托管下的房利美	托管下的房地美
基础抵押贷款利率	吉利美Ⅰ：除已建成住房池外，其余均相同 吉利美Ⅱ：可能在 1%幅度内变动		
最小池规模	1 000 000 美元（单户）		
未偿付金额	5 800 亿美元	28 000 亿美元	18 000 亿美元
服务利差	吉利美Ⅰ：50 个基点 吉利美Ⅱ：50～150 个基点	最大为 250 个基点	最大为 250 个基点
延期（天数）规定	45	55	45

续前表

	吉利美	房利美	房地美
实际	14	24	14

* 2010 年 12 月 31 日。
资料来源：美联储，GNMA。

每一抵押贷款支持证券池都有一个转手利率或者息票利率，这是传递给投资者的利率，通常在权责发生期结束后的第 25 天计算。转手利率低于池中基础抵押贷款利率。利差涵盖了支付给政府支持企业的保证费和为从房主处收取款项及其他服务项目而支付给服务机构的费用。

吉利美提供了几种方案：吉利美Ⅰ、吉利美Ⅱ和吉利美白金。每一方案都以美国政府完全信用保证作为支持来提供利息与本金的全额及时支付。

吉利美Ⅰ方案发行转手抵押贷款支持证券，登记持有人收取他们证书上独立的本金和利息。该方案要求所有贷款必须由单一的贷款人发出。每个池中至少包含三笔贷款并且合计不得少于 1 000 000 美元。基础抵押贷款有着大致相同的期限和利率。这项方案只能在固定利率抵押贷款中实施。单户池需要 50 个基点的保证费和服务费。每个月的第 15 天向持有者进行支付。

1983 年推出的吉利美Ⅱ方案，允许登记持有人从中央支付机构收取其所有吉利美Ⅱ方案抵押贷款支持证券合计的本金和利息。吉利美Ⅱ方案适用于多发行人池（multiple-issuer pools）和单发行人池（single-issuer pools），从而具有更大的灵活性。不符合吉利美Ⅰ方案最低美元池要求的较小的发行人可以参与到大小为 250 000 美元的池子中。吉利美Ⅱ方案还同时允许固定与可调利率抵押贷款。基础抵押贷款的息票利率可以高于池中利率 50～150 个基点。吉利美Ⅱ方案抵押贷款支持证券每月第 20 天进行支付。

吉利美白金证券是在吉利美多类证券方案下发行的。吉利美白金证券将吉利美抵押贷款支持证券池与统一息票和至到期日的原始条款结合形成单一证书。白金方案的一个有趣的特点是，拥有几个较小余额的抵押贷款支持证券的投资者就有能力聚合抵押贷款支持证券。这为投资者提供了关键的流动性。白金池也可以被投资者用来作为回购协议及结构性金融产品的担保品。

房利美提供了一个本金和利息完全、及时支付的转手方案。然而，房利美并不是以美国政府的完全信用来保证完全、及时支付的。房利美的抵押贷款支持证券每个月的第 25 天支付利息（权责发生期之后）。转手利率低于基础抵押贷款利率；利差涵盖支付给房利美的保证费和支付给服务商的服务费。当基础贷款汇集在一起后，房利美允许贷款利率在 250 个基点范围内下降变动。

房地美也提供利息的完全、及时支付和最终本金偿付的转手方案，它是由房地美而非美国政府完全信用进行担保的。房地美黄金方案提供了由房地美担保的完全、及时的利息和预定本金支付。房地美的黄金方案相比房利美的抵押贷款支持证券方案更有竞争力，因此，它是房地美最受欢迎的抵押贷款支持证券方案。黄金方案每个月第 15 天支付利息。房利美推出了巨型方案，房地美也推出了巨人方案，这两个方案与前面所述的吉利美白金方案性质相似。

25.4 交易特征

时间和机构抵押贷款支持证券交易涉及的转手现金量对证券价格和收益率的决定至关重要。因此，了解为机构抵押贷款支持证券建立的市场交易规则是分析这些证券的价值和风险的关键。对关键问题的讨论如下。

□结算和预售

通常情况下，转手抵押贷款支持证券每个月结算一次。每种类型的抵押贷款被指定在每个月的某一天进行交易结算。在任何特定的月份，当月达成的大多数积极交易将在下一个月对证券进行结算。例如，在6月达成的积极交易将在7月结算。到了7月中旬，交易商一般会把积极结算月转移到8月。二级担保抵押证券（collateralized mortgage obligation，CMO），第26章的主要内容，是在公司（3个工作日）结算基础上交易的。

由于发起公司可以在建立抵押贷款池之前出售抵押贷款支持证券期货，所以期货市场促进了抵押贷款的发放。这样，发放人通过锁定借款人的利率套期保值。1个月期远期市场的积极交易也取决于担保抵押证券市场的重要作用。在大多数华尔街交易商中，转手抵押贷款支持证券的交易者的最大交易对手是交易商的基础担保抵押证券平台。转手证券的交易者有义务为所有交易购买需要的CMO担保品。由于大多数担保抵押证券交易在定价日起1个月（或更多）内成交，所以在1个月期远期市场上担保品交易最为活跃。对投资者而言这并不排除其他结算的可能性。在所有特定月份结算两天前投资者仍可以为当前月份结算购买债券。交易商仍然会为当前月份结算做市，但未必与最活跃交易月份的流动性一样。

然而，在当前结算临近时对于投资者而言会出现多次富有吸引力的机会。在交易商仍然需要一份担保抵押证券进行结算的情况下，它可能会为当前结算担保品支付高价或者在抵押贷款滚动市场制造价差。那些“滚动”他们转手抵押贷款支持证券的投资者将签订回购协议，卖出现在的抵押贷款支持证券并在未来时间回购。图表25—6展示了预售报价并且根据2011年1月26日的交易环境，对几个在2011年2月结算的房利美30s进行询价。例如，假设在买卖价的中间执行，房地美4.5s的滚动者会在2月结算时以101—28.5/32的价格卖出，并且在3月结算时以更低的101—17.5/32的价格重新买进。两者的差别被称为**下降**（drop），并且可以被认为是贷款者收到的部分息票支付。标为下降的一栏对下降给出了更详细的买卖价差。价格单位为1/32，举例来说，2月/3月4.5息票下降买价为（10 5/8)/32，以小数表示大约是0.33。如果我们假设基础预售为某一个月的提前偿付水平，那么每次下降都对应一个隐含的融资利率。

这些融资利率在最后一栏中给出。在结算的临近月，华尔街对抵押贷款转手证券的需求越大，则下降越大。对当前抵押贷款转手证券产品的需求受到对CMO担保品需求或其他投资者对MBS的需求的驱动。滚动债券的选择取决于投资者出售他们的抵押贷款转手证券的投资过程能否获得比债券收益率更高的回报。下降越大，隐含的债券融资利率越大。

图表 25—6　　预售滚动示例（美元滚动和融资利率示例）

市场数据：2001 年 1 月 26 日				
息票	2 月价格	3 月价格	下降	利率
4.5	10－28/29	101－17/18	10 5/8	0.065
5	104－22/23	104－12/13	9 5/8	－0.349
5.5	106－25＋/26＋	106－18/19	7 3/8	0.088

资料来源：彭博。

虽然滚动与其他政府债券市场中的**逆回购**（reverse repo）交易很相似，两者还是有一些值得注意的区别。出售债券的投资者重新获得相同池子的可能性不大，但他可以获得一个拥有相同特征的池子。一般来说，买者将会交割回与息票和预售规则匹配的债券中最便宜的那个，因此当进行滚动分析时，最好假设最为不利的集合将被交割回给你。鉴于提前偿付及驱动因素的复杂性，决定最便宜交割债券可能比在政府证券市场中要难得多。

□结算现金流和证券交割

在交易时，交易对手双方就证券的日期、时间、数量达成一致。在结算时，买方支付的金额为证券价格与数量的乘积加上所有应计利息。计息期包括从当月第一天到结算日的天数。

大部分交易发生在**预售**（to-be-announced,TBA）基础上。为二级市场的购买而将抵押贷款证券化，抵押贷款人获得机构许可出售抵押贷款远期。结算日期设定在交易谈判达成后的 1～9 个月。这将允许贷款人为他们发行抵押贷款锁定一个价格。预售市场的一个有趣的特点是购买者直到结算时才知道所交割的池子是什么样的。一般来说，利用给定的贷款方案的一般特征来对预售抵押贷款证券进行分析。

交易也会发生在**指定池**（specified pool）中。这些交易将反映交易商所持有或者客户所需要的特殊财产。指定池中的交易通常发生在价格高于目前的预售报价时。这是由于指定担保品具有一些相对于 TBA 或最便宜交割债券的有价值的特征。除了指定池，买方和卖方之间还可以协定其他特征类型，比如起始年或者交割池的数量。

指定池交易通常发生在优质债券或者 WAM 债券、更低贷款余额池（LLB）、更低 FICO 或 Alt-A 池中。相对于平均池子，鉴于它们提前偿付的特点（通常对利率波动更不敏感），WAM 债券往往比一般池子具有更高的价值，因此通常以高于预售价格的价格出售。华尔街交易员也会利用指定池交易获得结构性交易池或者通过限制交割池的数量节省后勤费用。

虽然指定池交易存在于机构抵押贷款支持证券市场的整个生命周期中，其所占比例在 1995—2003 年增长十分惊人，这在机构抵押贷款支持证券市场上产生了相当大的裂片。裂片源自在房地美和房利美传统的 30 年期贷款池中大范围的贷款规模和分散的借款人信用质量，以及随着时间的推移更具体的有关更多借款人变量的披露。机构池中成分的差异导致在提前偿付和投资决策上的重大差异。在高需求时期，所购买的特定池通常会被转化为 TBA 交易，从而为 TBA 市场提供应急流动性。

在过去，房利美和房地美会定期提供息票、剩余期限、加权平均贷款年龄、加权平均贷款期限、初始 WAM、初始贷款规模及每个池的发行人等信息。从 2003 年起，房利美和房地美开始披露额外的池特征，它们会影响到未来抵押贷款交易和提前偿付模型。额外披露的信息包括贷款目的、贷款价值比、借款人标准信用评分（FICO 评分）、服务商、占用状态、地理分布和财产类型。这些额外的池特性的提供很有可能会提高指定池的可选择性，并形成选择包含更大提前偿付敏感性的最便宜交割池的更大能力。

□现金流的延期

几乎所有借款人都会拖延他们抵押贷款的按月偿付。同样，投资者每月只收到一次现金。从借款人的预期现金支付到投资者收到最终现金流之间的时间被称为**延期**(delay)。在计算抵押贷款支持证券的收益率时必须考虑延期效应，因为它代表了经济机会的真实损失。机构与政府支持企业之间的延期略有不同（见图表 25—5）。

尽管延期因子涵盖了导致借款人延期支付的实发状况和处理现金流的机械复杂性，它同时为金融中介机构提供了一项重要的收入来源。房利美和房地美都从它们收取现金流和支付给投资者之间的时差赚取了可观的收入。

□应计利息

在每个月的第一天抵押贷款支持证券开始计息。这与借款人的权责发生期一致。在结算时，投资者必须支付前一持有者至结算日的利息。结算后，投资者享有整个月的利息收入权。

抵押贷款支持证券以 30/360 天的方式计息。也就是，在计算应计利息时假设每个月有 30 天，每年有 360 天。实际上，这意味着投资者每个月收取年息票的 1/12。至于计算应计利息，在结算前每天获得一个月利息支付的 1/30。在一个月的第 31 天不会有额外的利息支付。在通常情况下，大多数结算发生在每月中旬，所以额外的一天并不成问题。

□交割标准：方差和池/百万

在抵押贷款支持证券交易的具体细节中，通过做出一定安排来推动交易的顺利进行。许多抵押贷款支持证券池并非整数美元。然而，经销商和机构投资者之间的交易通常在 100 万美元或以上。为了适应池子大小的不规则，卖方在交割池子的数量和结算金额上有一定的灵活性。

在达成交易的过程中，卖方可以修改交割的金额。这种与初始交易额的偏差称为**方差**（variance）。房利美、房地美、吉利美证券的预售证券交易允许交易双方达成交易的金额存在±0.01%的方差。在指定池交易情况下是不允许方差存在的。如果方差不在 0.01%以内，这样的池不被视为良好的交割。在行情下跌的市场中，抵押贷款支持证券的卖方会充分利用方差的上限尽可能地交割更多。在行情上涨的市场中则相反。

为了避免交割大量低本金池，证券行业和金融市场协会也会限制交易过程中池的交割数量。将池的数量限制在一个小数目上有助于保证抵押贷款支持证券购买者的运作收益。跟踪每月本金和利息支付既费力又费钱。卖者会竭力摆脱小池子的负担。随着时间的推移，交易要求在某种程度上得以修改，允许高息票抵押贷款支持证券每次交易更多的池子。池子数量的增加反映出高的分期付款额和低结余。抵押贷款支持证券的交割和结算标准要求从《证券行业和金融市场协会统一惯例》手册上可以找到。[1]

□提前偿付和现金流行为

提前偿付（prepayment）是机构抵押贷款支持证券的主要特征。如果没有提前偿付，抵押贷款分析起来非常容易。另外，如果抵押贷款支持证券这么简单，投资机会的数量和范围将会受到严重限制。提前偿付是抵押贷款支持证券市场上的一把双刃剑，在创造机会的同时也创造了风险。

转手抵押贷款支持证券收到现金流的时间和数量受到抵押贷款支持证券池里基础抵押贷款的提前偿付行为的极大影响。借款人有权提前偿付他们的贷款而无任何处罚（除了一些次级抵押贷款）。借款人可能会还清部分或者全部贷款。对于完全提前偿付，借款人还清贷款剩下的未偿付余额。部分提前偿付，通常称为**紧缩**（curtailment），减少贷款余额但不改变预定的每月付款。对于个体贷款，部分提前偿付缩短了贷款期限。然而，对于一个贷款池，一笔或者几笔贷款的完全提前偿付与个体贷款的部分提前偿付的影响是不一样的。一个池子中贷款的完全提前偿付减少了贷款的未偿付余额，但并不影响贷款池的最终到期日。

25.5 提前偿付惯例

提前偿付被定义为任一月份中抵押贷款支持证券池中实际余额与预计的正常分期偿付余额之差。市场中已发展出一些描述贷款池的提前偿付的方法。由于抵押贷款支持证券具有不同规模，提前偿付的金额测度不具有可比性。图表 25—7 总结了三个提前偿付的公式，它们都以百分比或者百分率的形式来表示。

为了熟悉公式，我们可以对数值例子进行计算。[2] 使用图表 25—8 的预定余额、实际余额和贷款年龄信息，我们可以根据 SMM、CPR 和 PSA 公式计算出提前偿付率。

图表 25—7　提前偿付惯例

月提前偿付率（SMM）	SMM 测度每个月提前偿付金额的百分比，表示为预期抵押贷款余额的百分比	$\text{SMM}=100\times\frac{\text{预定余额}-\text{实际余额}}{\text{预定余额}}$
条件提前偿付率（CPR）	CPR 反映了将 SMM 转换成年比率后计算得到的提前偿付百分比。CPR 最好被理解为年度基础上的非摊销贷款余额提前偿付百分比	$\text{CPR}=100\times\left[1-\left(1-\frac{\text{SMM}}{100}\right)^{12}\right]$

公共证券协会(PSA)模型	公共证券协会所采纳的一个行业惯例，用CPR表示的提前偿付率被假定随着时间的推移遵循一个标准的路径。这个路径假设在前30个月贷款池中的提前偿付率逐渐加大，然后保持一个恒定的比率。沿着100%的SPA曲线，提前偿付率在第一个月以0.2%开始，未来30个月每月递增0.2%CPR，直到提前偿付率水平为6%CPR	$PSA = 100 \times \frac{CPR}{MIN(\text{贷款年龄}, 30) \times 0.2}$

注：公共证券协会是现在的证券行业和金融市场协会的前身，但是提前偿付惯例中PSA的名字并没有改变。

图表 25—8　　提前偿付率计算示例

预定余额（美元）	154 000
实际余额（美元）	153 000
年龄（月）	25
SMM	0.65%
CPR	7.53%
PSA	150.54%

25.6　提前偿付产生的原因

当借款人移居、再融资或者对抵押贷款违约时就产生了提前偿付。源自改变住所的提前偿付构成了一个基础提前偿付率，称为**转换率**（turnover）。换工作、结婚、离婚和孩子都是影响住房转换的直接因素。大多数传统抵押贷款（非FHA/VA贷款）包含**出售条款**（due-on-sale clause），其中规定房子卖出去时，必须按时足额偿付贷款。相比之下，FHA/VA贷款往往比较宽松，这意味着贷款可以转移给新的房主，只要新的借款人符合最低信用要求。

抵押贷款再融资是提前偿付最大并最具波动性的来源。再融资的发生分为几类。例如，在市场利率下降的环境下，高品质的借款人就希望利用更低成本的抵押贷款的优势。也有借款人为了借入比当前贷款余额更多的钱，通过足够的抵押资产净值进行再融资，这种类型的再融资行为称为**套现再融资**（cash-out refinance）。过去存在信用污点记录的借款人由于信用评级的改善能够以更优惠的利率进行再融资。这种类型的再融资称为**信用纠正**（credit curing）。

违约并不是严格意义上的提前偿付，但是它们在机构抵押贷款支持证券情况下与提前偿付具有相同的效果，需要将违约欠款部分的本金余额归还给投资者。由于政府支持企业提供的隐性或者显性担保，投资者避免了遭受个人借款人组成的池子的信用风险。由于基础抵押贷款的高信用质量，机构抵押贷款支持证券的违约只占小部分，因此可以作为提前偿付进行预测。较为知名的例外是2006—2008年产生的由Alt-A低凭证贷款组成的机构池。在这种情况下，特别是对非机构的次级抵押贷款，担保品的低质量使得对违约的单独预测至关重要。

影响个人提前偿付行为的重要因素包括利率、老化、贷款规模、耗尽和季节性。影响提前偿付率的最重要因素是利率水平，这反映了借款人再融资的机会。再融资的动机反映了目前在新的贷款市场利率和借款人的贷款利率之间的差额。例如，在安德鲁·戴维森公司提前偿付模型中，我们使用目前的票面收益率（以接近面值的价格交易的 MBS 收益率）作为借款人当前能获得的借款利率的替代。若贷款的息票利率和当前的息票收益率之间的差异大于零，则再融资有更大的激励。图表 25—9 展示了结果。由于再融资的比率差额从负向正转变，提前偿付速度的加快如纵轴的 CPR 所示。若再融资比率差额小于零，相对水平的提前偿付速度则显示出相反的现象。息票利率小于当前票面收益率的这些贷款被称为折价贷款，因为它们的价格比票面价值低。

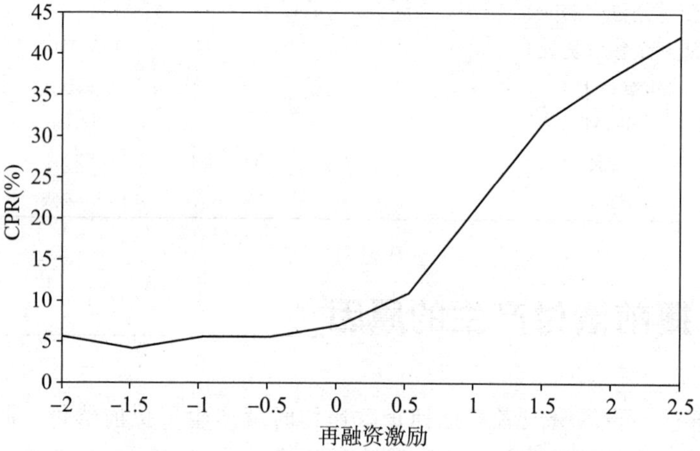

图表 25—9　利率对 GNSF 提前偿付率的影响

提前偿付与利率的关系是非线性的（很多提前偿付函数使用反正切函数来拟合我们所看到的 S 形）。很多学术文章试图用简单的方法对抵押贷款支持证券进行估价（而不是用蒙特卡罗模拟法，后者将在估值的章节中讲到）时都假设了线性关系，这使得到目前为止的学术方法都对实践者没有实际使用价值。

因为新抵押贷款的再融资有固定成本（比如评价、发行费用等），贷款的规模也是影响贷款者再融资激励的额外要素。其他变量不变，从百分比来看，贷款的规模越大，固定成本就越低，这使得再融资的激励曲线比房利美和房地美贷款的要陡峭，而这两者的激励曲线又比联邦住房管理局贷款的要陡峭。一级巨型贷款的再融资激励曲线则更为陡峭。

老化（aging）是第二重要的影响因素。老化反映出新的贷款的提前偿付速度通常比旧的贷款要慢。在 20 世纪 80 年代中期引入 PSA 的基础年龄曲线，用以解释观察到的机构抵押贷款支持证券的贷款老化模式。该基础 PSA 曲线或 100% PSA 在图表 25—10 中描绘出来，到第 30 个月从 0CPR 开始线性上升至 6% CPR。PSA 曲线描绘了折价贷款的提前偿付模式，但不能用于溢价贷款。由于不同的贷款品种的老化形式不同，PSA 曲线被认为是一种过时的方法，因为它假设所有贷款品种和息票具有相同的老化模式。由于不少现今流行的分析方法都继续用它代替 CPR 和 SMM，为了分析的完整性，我们这里的讨论也涉及它。

图表 25—11 表明了吉利美息票贷款的老化模式。溢价息票贷款的息票利率高于现行市场利率，因此是一个积极的再融资激励，而折价息票贷款的息票利率低于现行市场利率。该图表说明，不管是溢价贷款还是折价贷款，较新的贷款提前偿付更慢。此外，该图表还表明，相同年龄的贷款的提前偿付速度也不一样。溢价贷款较折价贷款而言具有更快的提前偿付速度和更早的波峰。此外，在老化曲线上折价贷款的提前偿付率上升得更慢且波峰的出现更迟。

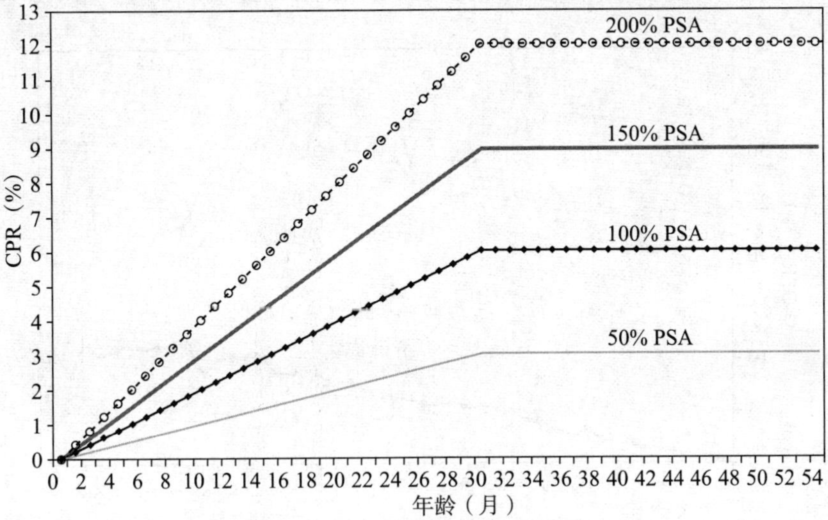

图表 25—10　PSA 提前偿付惯例

耗尽（burnout）是下一个决定提前偿付率的重要因素，也可能是最难测度的一个因素。耗尽的概念基于经验观察，无论在未来利率是否进一步下降，在一个贷款池内的再融资活动都会随着时间的推移而减少。对耗尽效应最好的理解办法是将抵押贷款支持证券池看成是借款者的组合，每个借款者有不同的再融资倾向。随着利率下降，有最大倾向的借款者会去再融资。池子中剩下的借款者面临更高的再融资成本，无论是经济上的还是非经济上的。这些借款者一般进行偿付的速率要慢于第一拨借款者，即使面临相同的利率差。由于池子的组成取决于利率和融资自池子被创建以来的路径，耗尽也被称为**路径依赖**（path-dependent）变量。在我们前面提到的非线性再融资激励的基础上，这种路径依赖使得将抵押贷款支持证券与其他资产类别进行估值比较变得更有挑战性。

图表 25—12 展示了耗尽的概念并使用房利美 30 年期固定集合从 2002 年到 2010 年的综合表现来衡量它的难度。

柱子展现了总余额随着时间的推移的变化，虚线是我们的模型预测（给定准确的利率预测），而实线则是实际的加总提前偿付速度。可以看到，2002 年的余额的大部分随着 2003 年、2004 年的强激励被再融资了，模型在这个时间段是大致准确的。随后，以一个非常不同的池子成分，虽然利率在金融危机期间要低得多（在 2009 年初为史上最低），模型预测了低得多的提前偿付尖峰，顶点在 50% CPR。虽然如此，从加总角度来看，实际上耗尽的程度要大得多，主要由于非常艰难的住房市场和信贷匮乏。（我们在随后有关住房和总体经济影响提前偿付的自然段中会做出更多描述。）

季节性（seasonality）是提前偿付率的另一个主要决定因素。季节性反映房屋市场活动与提前偿付的密切关系。历史地来看，提前偿付往往在夏季较快而在冬季的几个月较慢，这反映了夏季房屋转手量的增加。与溢价贷款相比，折价贷款的季节性更为明显。溢价贷款并没有表现出较大的季节性波动，原因在于再融资活动削弱了季节性效应。观察到的季节性的共同特点如下：提前偿付的发生频率往往在 5 月和 7 月最高并在 12 月上扬，这也许反映了年底税务策略和假期尤其是暑假迁移的影响。

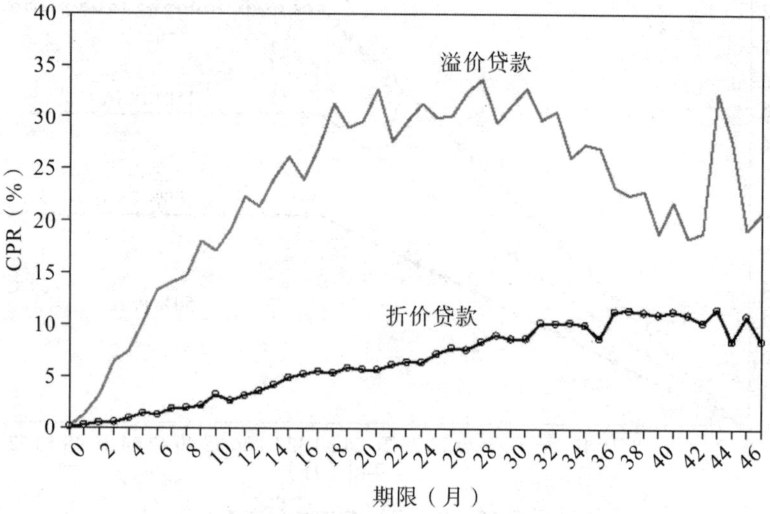

图表 25—11　折价贷款的提前偿付率对溢价贷款的提前偿付率

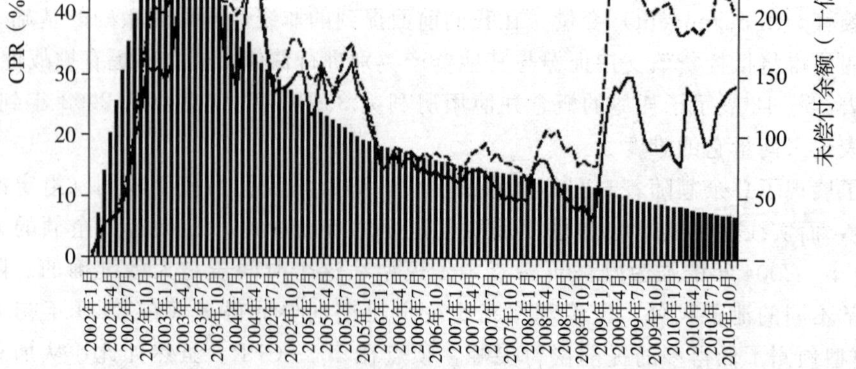

图表 25—12　提前偿付速度的比较，房利美 30 年期 2002 集合

住房价格和宏观经济形势也会影响提前偿付。疲软的经济活动、住房价格下降和失业率提高都倾向于压低提前偿付率。这些因素有时是区域性的，并可能导致在美国各地的提前偿付率差异较大。在 20 世纪 90 年代，住房价格升值强烈影响了提前偿付，因为房价上涨导致了更大的房主权益净值，从而增加了借款人的财务机会。之后，2006—2010 年，随着全国范围内住房价格的下降，提前偿付明显减少，即使在纸面上它看起来像可比的再融资激励。很多借款者缺乏足够的权益来再融资，与此同时，银行和政府支持企业提高了它们的承销标准，并且提高了承担信用风险的溢价。这导致了相比于 20 世纪 90 年代末和 21 世纪初长时间压抑的提前偿付，在那段时间里强劲的住房价格上涨导致了提前偿付速度比人们基于以往经验所预计的要快。这段时间使得一些建模的人在衡量再融资激励时包含明确的信用利差。

收益率曲线的形状也能影响提前偿付。随着各种抵押贷款产品如可调利率抵押贷款、混合可调利率抵押贷款、气球贷款等的发展，借款人可以选择价格源自收益率曲线不同部分的产品。在收益率曲线陡峭时，借款人可能会进行较短期贷款的再融资，以减少他们的借款成本。当收益率曲线平坦时，借款人在收益率曲线长期部分锁定利率可能是有利的，尤其在他们有长远眼光时。

25.7 提前偿付模型

抵押贷款支持证券投资特性的估值需要估计提前偿付率。这些估计可以采用多种形式，从基于经验的单一假设到依靠贷款级别详细信息的复杂模型。

这些预测，不论其来源，被用来理解抵押贷款支持证券的性能特点，并对不同的投资确定适当的估值。提前偿付的预测面临着一个基础性的问题。它们试图在不断变化的世界里估计未来事件。例如，新的贷款种类不断被创建，贷款发放过程不断发展。

尽管如此，过去提前偿付是未来提前偿付的主要向导，因此学者们开发模型以试图解释之前的提前偿付。他们希望这些信息能够对未来的提前偿付提供有价值的见解。由于经济和社会环境不断变化，而且提前偿付受一系列因素影响，任何以历史为基础的分析不可能完全反映未来的提前偿付。基于提前偿付模型的投资有点像通过看后视镜开车。这可能难以在道路上继续下去，但它总比你闭着眼睛驾驶要好。

良好的模型是健全而简约的。健全的模型在各种条件下都提供了良好的预测。也就是说，它们并不需要不断进行调整，以反映不断变化的环境。需要不断调整的模型可能不能提供对未来提前偿付的准确预测。简约意味着模型要尽可能简单。简约的模型使用最少的参数并捕获主要影响提前偿付的变量。与具有较多因素的模型相比，它们具有不需要过度拟合数据的优势。带有许多参数的复杂模型可能与历史数据十分契合，但可能无法提供准确的预测。新增的变量可能反映了虚假的一次性相关性，而不是真正的长期关系。简约的模型也更容易被纳入评估工具。

25.8 估值

投资者之间使用的一个共同价值度量是抵押贷款支持证券和基准美国国债的利差。虽然利差的测度是不充分的，因为它们只提供一个相对值的静态视图，但它们是相对价值评估的一个有用的出发点。图表 25—13 显示了息票利率从 4.5%到 6%的房利美 30 年期抵押贷款支持证券的不同利差测度。

图表 25—13　　　　房利美 30 年期 MBS 的利差分析，2011 年 1 月 4 日

机构	息票利率(%)	期限(年)	WAM	价格	静态收益率	WAL	利差		
							利差/基准*	WAL 国债	零利差曲线
FNMA	3.5	30	356	95.50	4.30	7.1	97/10	212	60
FNMA	4.0	30	355	99.47	4.10	5.2	218/5	232	62
FNMA	4.5	30	347	102.58	3.64	3.7	172/5	253	69
FNMA	5.0	30	338	105.17	3.00	3.0	197/3	218	82
FNMA	5.5	30	326	107.66	2.37	2.5	134/3	155	75
FNMA	6.0	30	330	108.58	2.34	2.6	131/3	152	67

* 来源于彭博。

资料来源：Andrew Davidson & Co.，Inc.，Prepayment and OAS models.

图表 25—13 展示的第一个测度是静态收益率，表示为“利差/基准”。它是用抵押贷款支持证券的收益率减去特定的美国国债收益率来计算的。对于目前新发行的抵押贷款支持证券，基准国债往往是 10 年期的国债。其他抵押贷款支持证券与具有相似平均寿命的美国国库券相比较。第一个数字代表利差基点，第二个数字代表基准国债期限。例如，相比 3 年期国债，FNMA 5.0 的利差为 197 个基点。

一个比静态收益率更可靠的价值测度是插值加权平均寿命利差（interpolated weighted-average life spread），在同一个图表中以“WAL 国债利差”显示。这种测度使用了能更加确切地反映抵押贷款支持证券本金提前偿付的国债基准。例如，我们将用与 FNMA 4.5 具有相同的 3.7 年插值加权平均寿命的国债和其进行比较，而不是 FNMA 4.5 和 5 年期国债的比较。为了做到这一点，我们内插出平均寿命为 3.7 年的国债的收益率。可以看到 FNMA 4.5 的插值加权平均寿命利差要大于静态利差。区别归结于抵押贷款支持证券的平均寿命与基准国债的差别，正是这一差别使得 WAL 利差更加可靠。

零利差曲线或者“零利差”也在图表 25—13 中表示出来，由于它将收益率曲线和现金流的时间安排结合起来，因此是静态收益率和插值 WAL 利差的一个重大改进。抵押贷款支持证券产生的现金流用零息票利率加上一个固定利差贴现使得现金流的净现值等于当前市场价格。在图表 25—13 中，零利差与 WAL 利差相比较低，原因是远期的现金流获取的较低利差比早期现金流获取的较高利差对价值的影响更大。收益率曲线越平坦，则所观测到的 WAL 测度和零利差测度之间的差异越小。

因考虑到多种利率情景下潜在的现金流变化的性质，**期权调整利差**（option-adjusted spread，OAS）是风险和价值最重要的测度。OAS 代表在大量可能的利率情景下，相对于基准收益率曲线的平均期望利差。OAS 计量了投资者期望从 MBS 现金流的提前偿付期权中获取的额外收益。MBS 的预期收益率可被看作无风险收益率加期权成本加 OAS 之和。[3]一般来说，OAS 利用价格得到的价值或 OAS 的价格计算利用了**蒙特卡罗模拟**（Monte Carlo Simulation）。这与其他更简单工具的估值方法不同，后者可以用一个闭合的形式或者**向后归纳**（backward inducton）（这种方法比蒙特卡罗方法要快）。提前偿付的非线性以及路径依赖阻止我们使用第一种方法，而路径依赖经常会阻止我们对第二种方法的使用。

如**有效久期**（effective duration）和**有效凸性**（effective convexity）的额外测度也提供了对证券风险价值的洞察。有效久期测度了在保持 OAS 不变时，利率每变动 100 个基点，价格的变化。凸性测度利率每变动 100 个基点久期的变化。由于提前偿付，**负凸性**（negative convexity）是 MBS 或含有嵌入期权的其他债券的一般特征，这就限制了相对于下行价格风险量的上行价格增量。

图表 25—14 展示了 OAS 对不同房利美 30 年期转手息票的结果。星线由安德鲁·戴维森公司的提前偿付模型和 OAS 模型得到。用我们的模型，对 2010 年 12 月 17 日房利美转手证券的 OAS 定价范围为 5～35 个基点。虚线和三角线展示了利用五大交易商所发布的每周 OAS 结果得到的 OAS 值的中位数和均值。不同模型 20 个基点左右的差异经常出现，突出了使用不同提前偿付模型会造成的不同。

在图表 25—15 中，我们对期权调整久期（OAD）给出类似的对比。与 OAS 结果类似，不同公司结果之间的差异主要是由提前偿付模型的差别造成的（还有利率模拟模型的影响）。该图表表明折价息票的久期可以变得相当大，并且斜率越来越大，但是较高的息票久期缩小的速率则会下降，这使得久期曲线变得更加扁平。

这一特征是由抵押贷款支持证券的负凸性造成的。这意味着相比于有正久期的固定收益投资，抵押贷款支持证券从下降的利率环境中获得的收益将有限，而在上升的利率环境中的损失会更大。抵押贷款支持证券支付的期权成本—收益溢价可以被看作是对抵押贷款支持证券这一特征的补偿，而 OAS 溢价则可以被看作是对提前偿付模型不确定性的补偿。

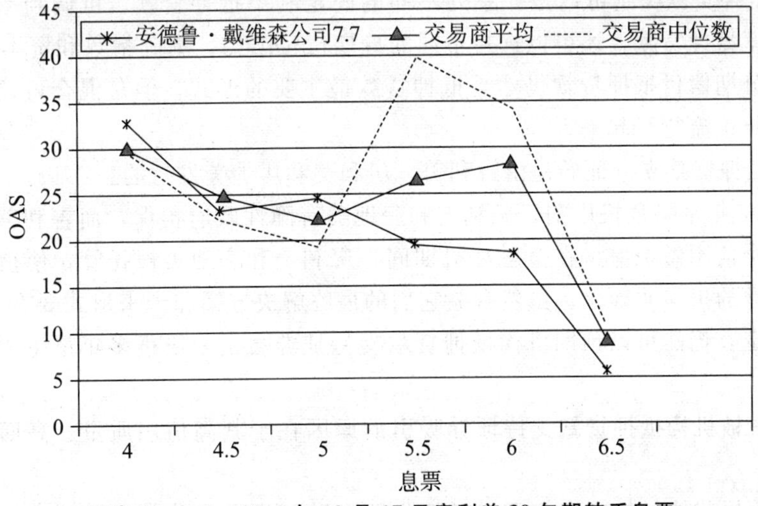

图表 25—14　2010 年 12 月 17 日房利美 30 年期转手息票
OSA 定价比较：安德鲁·戴维森公司和交易商

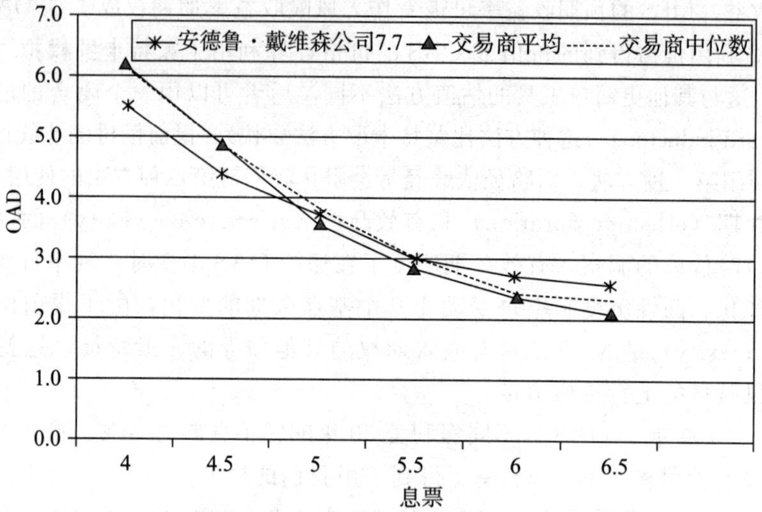

图表 25—15 2010 年 12 月 17 日房利美 30 年期转手息票
OAD 定价比较：安德鲁·戴维森公司和交易商

25.9 关键知识点

● 抵押贷款支持证券由抵押贷款池组成，给投资者的现金流依赖于基础抵押贷款现金流以及潜在现金流的构造规则（担保抵押证券）。最简单的抵押贷款支持证券是转手证券。

● 基础抵押贷款类别可以是一系列不同的固定利率抵押贷款、可调利率抵押贷款和混合可调利率抵押贷款，还可以选择不同的分期偿付结构、基础指数和资本结构。30 年期固定利率分期偿付抵押贷款仍然是抵押贷款最主要的形式，但是混合可调利率抵押贷款在最近十年也流行了起来。

● 机构抵押贷款支持证券是由吉利美、房利美和房地美发行的。

● 在 2007 年金融危机以前，房利美和房地美有隐性政府担保，而吉利美则一直由美国政府的完全信用做担保。在金融危机期间，房利美和房地美被托管，使得对机构抵押贷款支持证券的担保明确化。虽然有关它们的最终解决方案和未来形式要在 2012 年或者以后才能确定，仍然可以预期机构抵押贷款支持证券会是未来很多年里主要的资产类别之一。

● 投资者被机构抵押贷款支持证券吸引的原因在于其高信用质量、高回报和巨大的市场流动性。

● 模型化提前偿付的难度使得对抵押贷款支持证券进行估值和风险管理很困难，即使和有嵌入期权的其他固定收益工具比也是如此。特别地，抵押贷款池和担保债券的路径依赖以及提前偿付模型的非线性，使得蒙特卡罗模拟成为实践者偏好的进行估值的方法。

【注释】

[1] www. sifma. org.

[2] 计算 SMM、CPR 和 PSA 的公式可以参见《证券行业和金融市场协会统一惯例》手册，许多 MBS 估值的计算公式也可以在里面找到。

[3] OAS 将在第 26 章进一步讨论。

第 26 章 担保抵押证券*

亚历山大·克劳福德（Alexander Crawford）

本章向读者介绍了美国担保抵押证券（CMO）市场。本章的第一节给出了 CMO 市场的背景介绍并解释了机构和非机构担保抵押证券之间的区别。本章介绍了房利美、房地美和吉利美等发行人，并从结构和分析方面涵盖了所有主要 CMO 分券类型，并提供了实例。它还包括期权调整利差（option-adjusted spread，OAS）和提前偿付模型的信息以及如何使用这些信息来对冲担保抵押证券或者确定相对价值。第 31 章将详细讨论非机构担保抵押证券。

26.1 CMO 市场

CMO 市场自 20 世纪 80 年代中期以来一直存在。其初衷是为了让投资者更加严密地控制他们收到的来自抵押贷款支持证券（MBS）的资金。经过转手，在证券的整个生命周期（通常为一个完整的 30 年），每个月都可以收到资金。在 CMO 中，本金被划分成几部分或几个分券，创造一些能马上收到本金的债券（因而具有较短的久期）和一些不能马上收到本金的债券（通常导致了较长的久期）。所谓按计划摊还类别（planned amortization

* 写作本章时，作者是德意志银行的工作人员。

class，PAC）债券的创造使 CMO 更进了一步，尝试创建投资者认为合适的公司替代债券。

为了创造一个担保抵押证券，交易商需要收集机构转手抵押物，结构化交易，并且向房地美、房利美或者吉利美支付费用以发行担保抵押证券。吉利美有美国政府的全部信用作为担保，而其他机构则有美国政府的隐性担保。

现在 CMO 市场已经演变成使用不同类型的担保品的无数分券。现金流优先级的分券围绕预付款剧烈波动。用于创建 CMO 的同样的金融技术也可被用于创建全球市场中的其他证券化产品。

□它们为什么存在？

像任何证券一样，CMO 存在是因为有一个买卖它们的市场。从需求方面看，有投资者仍想更加严密地控制他们从抵押贷款支持证券得到的现金流。此外，CMO 市场的发展使得它能够发挥比抵押贷款支持证券市场多得多的功能。从供给方面看，只要 CMO 的发起人能从业务中获得合理的利润，他们就会继续运作下去。通常情况下，所有 CMO 分券不能被立刻出售，这就迫使经销商保持库存，从而承担风险。

□ CMO 市场的规模

CMO 市场的发行量在 2005 年达到顶峰，超过 1 万亿美元。在 2008 年金融危机期间，CMO 的发行量下降到只有 1 910 亿美元，但随后有所反弹。例如，CMO 在 2010 年的发行规模超过 5 000 亿美元。历史上，新 CMO 的发行量使大多数其他市场，包括国债和公司债券市场相形见绌。

□流动性

CMO 市场的初始大小意味着它应该有着巨大的流动性。然而，由于在 CMO 市场缺少同质性，流动性受到一定的阻碍。即使是最常见的档次类型，按计划摊还类别债券和同系列的债券，也可能有需要研究和重视的细微差别。（我们后面将详细讨论。）CMO 的流动性通常小于转手证券，但可与公司债券相媲美。甚至专门的衍生产品，如只付利息（IO）的证券，在正常市场条件下通常有约 0.8 个点的相对狭窄的买卖价差。

□实际细节

在本节中，我们涉及实际细节，例如 CMO 的典型支付和结算结构。对于 CMO 和公司债券的规则一般是不同的。在某些情况下，某些类型的 CMO 分券和换手证券的规则相同。

债券结算

CMO 通常通过存管信托有限公司（Depository Trust Co.，DTC）记账结算。一级市场 CMO 可能会延迟结算，类似于转手证券。例如，许多新发行的 CMO 在交易日的一个月后结算。新发行的CMO通常在月底结算，这样可以给经销商时间来引入抵押，完成交易结构。

二级市场的CMO交易通常是为了公司结算，需在当前时间T之后的3个工作日进行结算。如果有必要，CMO也可以为其他结算项目进行交易，如现金。

按月还本付息

CMO按月支付利息，类似于基础转手证券。有资格获得本金偿付的分券将在收到利息偿付的同时收到本金偿付。大多数CMO与基础担保品有着同样的延期天数，例如，FNMA转手证券有规定的55天延期天数。然而，某些分券，如浮动利率CMO的延期天数可能减少，以方便与公司债券相比。每个分券的延迟天数均可从招股说明书或电子资源中得到。当然，延期天数会影响收益率，因为期限越长，利息和本金的返还时间越晚(因此，在这部分利息和本金上再投资的利息就被放弃了)。

交易清偿性提前赎回权

当仅有一小部分交易剩余时，一些交易可能包含由此触发的清偿性提前赎回权。触发的百分比通常设定在1%～10%（含）。此类功能使得当少量债券仍然未得以偿付时，可以避免交易受托人的高固定成本的负担。我们将在本章后面讨论及分析交易清偿性提前赎回。

新发行的CMO市场与二级市场

新发行的CMO市场通常会在未来一两个月结算，允许发行人为交易收集必要的担保品并完成建构。这个建构期也给投资者一个机会去定制适合他的投资组合的CMO分券。大多数二级分券是为了企业结算而交易。虽然投资者不能改变现有的分券，有关付款的更多信息，如历史的提前偿付速度，对于投资是宝贵的。

26.2 CMO的分券类型

了解CMO市场的关键是理解不同的分券类型和它们是如何建构的。如今，CMO交易非常复杂，对于每个CMO交易都有一个复杂的系列，包括多元抵押物的来源、多种分券类型等。重要的是要认识到，这些交易主要是由两个基本类型构成的：

- **按计划摊还类别债券**（planned amortization class，PAC）交易：非PAC（伴随债券或支持债券）分券有多变的现金流和平均期限，但是PAC有相当稳定的提前计划好的现金流。
- **顺序偿付交易**（sequential deal）：标准顺序偿付分券依次有现金流的优先级（即吸收交易中的大部分或全部本金），直到它们被完全清偿。

这些类型的交易可以被轻微地改变或修饰（例如在一个PAC顺序偿付交易中），但仍有两种基本的类型。一旦PAC与顺序偿付债券被创造出来，它们可以被进一步分割

（例如，分成一个浮动利率的 PAC 与一个反向浮动利率的 PAC）。也可以加入其他有特点的分券，例如一种利息累计到本金的分券，称为 Z 债券（Z bond）（即零息票债券）。然而，为了了解 CMO 的结构，我们必须从第一个问题"它是哪种交易类型"开始，然后进一步了解，为了正确地分析它，单个分析分券是怎样被创造的。

对于本节中的每个分券类型，我们将提供以下内容：介绍、示例、收益表和分析方法。请注意，虽然我们在显示收益表并为 CMO 分券做 OAS 分析时力求做到尽可能符合事实，这些数据不一定能与当前市场中任何可获得的数据相对应。这些例子主要是为了学习的目的被构造出来，不是为了解释相对价值或者对冲。由于以上原因，我们没有给出任何债券的交易名字或者美国统一证券识别程序委员会代码（CUSIP）。

□顺序偿付

顺序偿付 CMO（sequential CMO），也被称为"普通债券"，这种债券的交易通常需要担保品的本金和"时间档"。第一顺序分券收到全部提前偿付额，并分配交易中的本金，直到这一分券被完全清偿，然后下个顺序开始收到本金。例如，在一个简单的三分券顺序偿付结构例子中（见图表 26—1），第一顺序可以被分配 30%的交易本金。所有本金现金流会支付第一顺序分券直到余额为零。然后第二顺序会收到它的本金，最终轮到第三顺序。这种结构的目的是双重的。投资者可能想要比基础担保品更短或更长的久期。除此之外，在第二顺序收到任何本金之前的时间段被称为**锁定期**（lockout）。这个锁定功能对于那些在某些时间段内不想收到（或者可能是再投资）本金的投资者是重要的。

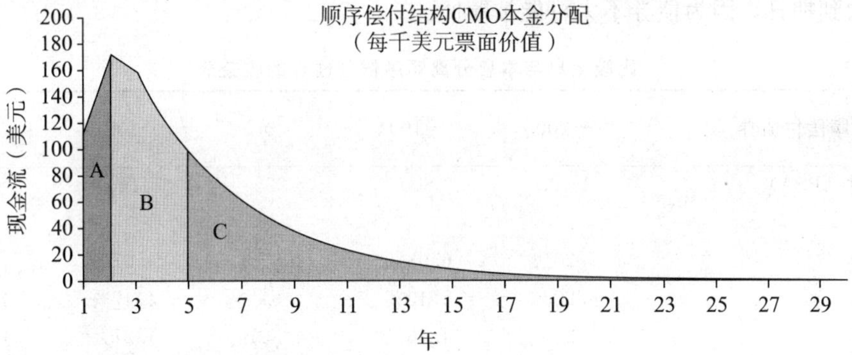

图表 26—1　来自三分券顺序偿付结构的现金流

示例

顺序偿付债券对于每个被验证的提前偿付假设都会有不同的久期、平均寿命和预计的现金流。在很多方面，它们的表现像 CMO 交易中的基础担保品。增加的提前偿付和顺序偿付使它们的平均寿命和久期缩短。在顺序偿付和担保品之间有如下一些区别：

● 顺序偿付中返还给投资者本金的时间窗口较担保品中的更窄。

● 在某些时间段，顺序偿付类别可能被提前偿付锁定（即因子仍为 1.0）。转手证券的因子自被创造出来后就从 1.0 开始下降。

• 顺序偿付类别（或其他任何 CMO 债券）的息票可能不同于基础担保品。最常见的是，顺序偿付类别的息票被“剥离”而低于担保品，以此创造以等于或低于票面价值的价格进行交易的债券。

当一个顺序偿付债券的息票被剥离后，来自担保品的部分利息被转移到交易中的其他地方。[1]这个策略的目的是降低顺序偿付债券的价格，虽然一般来说债券的收益率也将下降。用 CMO 术语来说就是**分券息票利率**（tranche coupon）与**担保品息票利率**（collateral coupon）。例如，一个 5.0/5.5 的顺序偿付债券会是一个有 5%息票利率的债券，并在交易中使用 5.5%的转手担保品。

图表 26—2 比较了全息的 5.5/5.5 顺序偿付债券收益表与本息分离的 4.0/4.5 顺序偿付债券收益表。需要注意的是，本金现金流基本上都是相同的——这些债券的本金现金流以同样的方式对提前偿付率的变化做出反应。然而，由于 4.0/5.5 分券有较长的久期，市场表现可能会完全不同。在我们的例子中，4.0/5.5 分券有一个 5.26 的期权调整久期（option-adjusted duration，OAD），而 5.5/5.5 全息顺序偿付分券的期权调整久期是 3.11。在我们的例子中，当只付利息（IO）从一个分券中被移除，与 IO 相关的负的久期也将被移除，延长了其余债券的久期。

一种直观的思考溢价与折价 CMO 久期的方式是可提前赎回公司债券。由于债券价格高于票面价值，假定利率由于这个期权的赎回特征而下跌（在抵押贷款支持证券的情况下，更快的提前偿付），价格上涨将变得更加困难。一个高溢价的可提前赎回债券的久期接近开始日期，因为它很可能被赎回。然而，深折价可提前赎回债券的久期较长，接近债券的到期日，因为债券不太可能被赎回。

图表 26—2　　比较全息与本息分离顺序偿付债券的收益表

4/5.5 顺序偿付债券	−200	−100	0	100	200
提前偿付（PSA）	1 595	800	225	145	120
价格					
96.625	7.20%	6.03%	4.87%	4.67%	4.61%
97.625	6.20%	5.40%	4.61%	4.47%	4.43%
98.625	5.21%	4.78%	4.35%	4.27%	4.25%
平均期限	1.09	1.76	4.5	6.2	7.05
LIBOR OAS	25				
OAD	5.26				
OAC	−1.36				
5.5/5.5 顺序偿付债券	**−200**	**−100**	**0**	**100**	**200**
提前偿付（PSA）	1 596	823	223	146	121
价格					
101.937 5	3.51%	4.23%	5.00%	5.13%	5.17%
102.937 5	2.58%	3.63%	4.75%	4.93%	4.99%
103.937 5	1.67%	3.04%	4.50%	4.73%	4.81%

续前表

5.5/5.5 顺序偿付债券	−200	−100	0	100	200
平均期限	1.09	1.73	4.54	6.18	7.01
LIBOR OAS	35				
OAD	3.11				
OAC	−2.27				

注：本表前两行数字按惯例皆未给出单位，本章后面类似表格同此。

资料来源：DB Global Markets Research.

分析

顺序偿付债券的分析分为两大类：

- 那些正在支付的短久期顺序偿付债券，一般作为短久期债券来分析。它们可能会与短期机构债券、ABS、混合 ARM 及其他 CMO 等相比较。
- 经常与基础担保品做比较的长久期顺序偿付债券。顺序偿付债券的很多特点与担保品很相似：提前偿付的速度、久期概况，等等。

对于短久期债券，投资者通常是看收益率并与类似久期的债券做比较。除此之外，投资者需要估计顺序偿付债券的延期风险，以确保如果利率上升、提前偿付速度降低以及顺序偿付债券延期，延期风险并没有超出他们的风险承受能力。

对于长久期债券，可以这样与担保品比较：使用 OAS 或收益率分析，再加上比较不同利率情景下不同债券的预期收益率的一种潜在的总收益率分析。

按计划摊还类别债券

CMO 交易的第二个基本类型是 PAC /支持债券结构。PAC 代表按计划摊还类别，是最稳定的 CMO 类别之一。它的本金偿付依预设的计划进行。如果提前偿付在证券的整个生命周期以固定速度保持在一个特定的提前偿付约束带（PAC band）里，按计划摊还类别就会坚持其原定的计划，并在行为上类似于具有按比例偿债基金结构的公司债券。图表 26—3 显示了一个假定的按计划摊还类别债券的摊还计划。

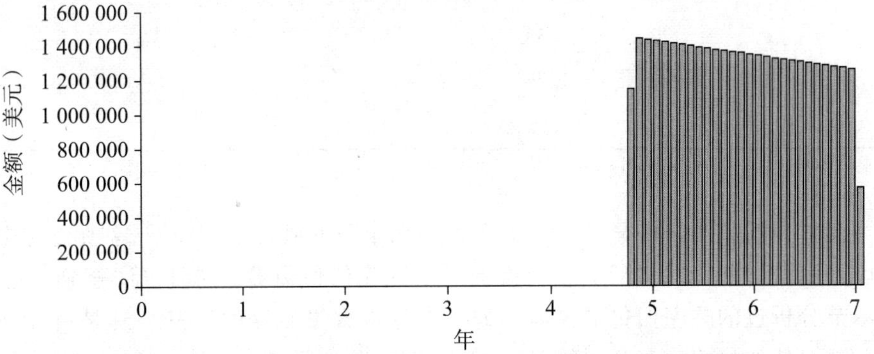

图表 26—3　一个假定的按计划摊还类别债券的摊还计划

资料来源：DB Global Markets Research.

PAC 约束带、约束带移动与破碎的 PAC

正如前面所提到的，每个 PAC 都有一个约束带，用 PSA 这个术语表达。如果提前偿付在 PAC 的整个生命周期都保持在一个水平不变，它将坚持其计划的摊还计划并有预期的平均寿命。

当然，一个月与另一个月的提前偿付并不会保持不变，更不用说证券的整个生命周期。因此，随着时间的推移，尤其是在一个快速的提前偿付环境中，**PAC 约束带**（PAC bands）可以移动，一般随着时间的推移变得更严格（即对投资者更不利）。

PAC 约束带移动的一个例子是在一个快速的提前偿付环境中。如果 PAC 的 CMO 交易中大约有三分之一是支持债券并且提前偿付增长超过了 PAC 约束带的顶端，在某些时候，所有支持债券都会被清偿。当所有支持债券消失后，PAC 的表现像顺序偿付债券一样，在市场上被称为**破碎的 PAC**（broken PAC）。在现实中，一个破碎的 PAC 的表现像顺序偿付债券一样。然而，考虑到“破碎”这个词的恶名，破碎的 PAC 可能以比相似的顺序偿付债券更低的价格进行交易。

图表 26—4 显示了一个具有 100%～250% PSA 约束带的新 PAC 的示例。注意到随着利率上升，它的平均期限保持在大约 5.95 年。但是，由于所有抵押贷款支持证券本质上在任何给定的月份都是可提前赎回的，由抵押贷款利率下降所引起的非常快的提前偿付速度导致 PAC 冲破了它的 PAC 约束带，并显著地缩短了久期。

图表 26—4　　新 PAC、初始 PAC 约束带 100%～250% PSA 示例

方案	−200	−100	0	100	200
提前偿付（PSA）	1 665	800	220	143	120
价格					
101.187 5	3.99%	4.39%	4.75%	4.75%	4.75%
102.187 5	3.30%	3.96%	4.56%	4.56%	4.56%
103.187 5	2.62%	3.54%	4.37%	4.37%	4.37%
平均期限	1.5	2.47	5.95	5.95	5.95
LIBOR OAS	41				
OAD	3.65				
OAC	−1.26				
成交量久期	0.05				

资料来源：DB Global Markets Research.

作为对比，图表 26—5 显示了一个产生于几年前的破碎的 PAC。这项交易中所有支持债券已经清偿，所以它实际上表现得像一个顺序偿付债券。同时也注意到，它的 OAS 正好比本节分析过的顺序偿付债券高。如果充斥着大量破碎的 PAC，这是可能在市场中出现的。这只债券目前没有余下的 PAC 约束带，但是起初有一个 100%～255% PSA 的约束带。

图表 26—5　　破碎的 PAC 示例，无余下的 PAC 约束带

方案	−200	−100	0	100	200
提前偿付（PSA）	1 595	800	225	145	120
价格					
102.937 5	0.74%	2.97%	4.57%	4.84%	4.92%
103.937 5	−0.74%	2.17%	4.26%	4.61%	4.72%
104.937 5	−2.19%	1.38%	3.96%	4.39%	4.53%
平均期限	0.66	1.26	3.52	5.02	5.79
LIBOR OAS	37				
OAD	1.98				
OAC	−4.07				
成交量久期	0.03				

资料来源：DB Global Markets Research.

分析

购买 PAC 而不是顺序偿付债券或者转手证券的决定涉及几个问题。首先，有一个购买现金流稳定性的原因吗？

- 通过购买 PAC，现金流稳定性会更便宜吗？
- 从会计的角度来看，使用期权或其他衍生工具来对冲转手证券或顺序偿付债券的现金流更贵或更麻烦吗？
- 投资者认为债券市场是窄幅震荡的，还是可以打破范围的？
- 隐性的和实际的市场波动看起来是什么样子的？它们的走向是什么？

这些问题的答案可以指导投资者是否购买 PAC 债券。

注意，破碎的 PAC 分析与顺序偿付债券的分析相似。如前所述，破碎的 PAC 往往比类似的顺序偿付债券在更广的范围内进行交易，创造相对价值机会。[2]

像顺序偿付债券一样，由于 PAC 的稳定性质，它可以使用 OAS 分析、收益率分析、总收益率分析等，与其他抵押贷款支持证券甚至公司债券相比较。

□ PAC 2

在一些结构中，PAC 类别的有效性可以通过创造一个结构相似但有更严格 PAC 约束带的 PAC 而被加强。在现金流瀑布的优先级中，PAC 优先，接着是 PAC 2，最后是支持债券。如果支持债券都被清偿而 PAC 还存在，那么 PAC 2 实际上成为新的支持债券。由于 PAC 2 具有更高的现金流多变性，它比同样交易中相似的 PAC 产生更多的收益。同时，在极端的提前偿付环境中，PAC 2 会在 PAC 之前遭受延期或者赎回风险。为图表 26—6 选定的 PAC 债券有着相当严格的 PAC 约束带——严格到我们不能在±100的基点方案中观测到这只债券现金流的稳定性。

图表 26—6　PAC 2 示例，无余下的 PAC 约束带

方案	-200	-100	0	100	200
提前偿付（PSA）	1 665	800	220	145	120
价格					
97.875	8.05%	7.06%	6.11%	5.97%	5.84%
98.875	6.63%	6.20%	5.80%	5.74%	5.68%
99.875	5.23%	5.36%	5.49%	5.51%	5.53%
平均期限	0.75	1.27	3.81	5.54	8.78
LIBOR OAS	36				
OAD	5.37				
OAC	-2.19				

资料来源：DB Global Markets Research.

分析

对 PAC 2 的分析需要非常小心，因为这类债券显示了比 PAC 1 和顺序偿付分券类别更多的结构变异、现金流以及价值。OAS 分析可以帮助投资者决定一只债券是否有吸引力。投资者还需要将重点放在潜在的延期和在极端情形下的缩短久期上，以确保久期的变化是可以容忍的。在我们的示例债券中，利率上升引起的延期比我们顺序偿付债券中的例子更糟糕。

□支持债券

伴随债券或支持债券在 PAC 债券已经尽可能按照计划进行支付后的每个月用剩下来的本金支付。如果提前偿付的速度很快，一旦已做出对 PAC 的本金偿付，多余的本金就会用于支付支持分券。另外，如果提前偿付的速度很慢，所有的本金可能都流向 PAC 债券，那么支持债券在该月就收不到本金。

示例

由于一次交易中将近 30%是支持债券与收支平衡的 PAC，支持债券的结构具有高度可变的现金流和多样化的表现特征。因此，支持债券的收益往往很高。图表 26—7 显示了债券的平均期限的变动范围有多大。

分析

结构在不同的交易中是不同的，OAS 模型可以帮助决定支持证券之间的相对价值。要注意，OAS 与相对价值对于模型假设是敏感的。折价支持债券更受欢迎，因为它们可以更容易地卖给散户投资者。图表 26—7 显示了我们的示例——具有高的平均期限多变性但是大的 OAS 的支持债券。还要注意的是，结构和价格防止了债券的收益率下降到远低于 6%，即使在利率上升的环境中也是如此。在我们的示例债券中，一个显著的利率反弹使收益率超过了 40%。

□按目标摊还类别债券

按目标摊还类别（targeted amortization class，TAC）债券与单方面的 PAC 债券相似。该债券对不利的提前偿付速度有一些提前赎回保护。但是，如果提前偿付速度跌至太低，它也会有很大的延期风险。

图表 26—7　　支持债券示例

方案	－200	－100	0	100	200
提前偿付（PSA）	1 595	800	225	145	120
价格					
94.375	44.97%	25.96%	9.44%	6.00%	5.98%
95.375	36.95%	21.93%	8.70%	5.92%	5.90%
96.375	29.29%	18.03%	7.97%	5.83%	5.82%
平均期限	0.16	0.3	1.57	23.95	25.66
LIBOR OAS	90				
OAD	11.00				
OAC	－16.04				

资料来源：DB Global Markets Research.

示例

在图表 26—8 中，我们看到示例 TAC 债券有很大的延期风险。即使提前偿付速度合理且很慢，债券也延期到了 20 年以上。

图表 26—8　　TAC 债券示例

方案	－200	－100	0	100	200
提前偿付（PSA）	1 595	800	225	145	120
价格					
92.187 5	32.71%	20.16%	8.90%	6.33%	6.22%
93.187 5	28.78%	18.09%	8.44%	6.22%	6.13%
94.187 5	24.97%	16.08%	7.98%	6.12%	6.04%
平均期限	0.32	0.59	2.74	17.94	21.7
LIBOR OAS	44				
OAD	10.11				
OAC	－2.46				

资料来源：DB Global Markets Research.

分析

TAC 债券并不总是相同的。一些表现得像 PAC 债券或者 PAC 2 债券，其他的更像支持债券。TAC 债券的决定性特点是它们应该有一些提前赎回保护。分析的首要方面应包含综观可能出现的平均期限的范围。除此之外，OAS 或者总收益率分析可能是有用的。

尽管我们选择的 TAC 债券确有一个高的 OAS，当利率上升时，它显然有较大的风险。这个 TAC 债券具有折价美元价格，并且如果收益率曲线非常陡峭，提前支付减慢并将 TAC 债券的平均期限延长至 20 年，它的价格可能进一步暴跌。

□按计划摊还类别顺序偿付债券

一个按计划摊还类别顺序偿付债券（PACquential）混合了 PAC 和顺序偿付类别的特征。尽管类型 1 的 PAC 通常有更低的 100% PSA 约束带，一个按计划摊还类别顺序偿付债券有更大的延期风险，有更低的通常为 150% PSA 的约束带。然而，一个按计划摊还类别顺序偿付债券确实有一个 PAC 约束带，并有自己的支持债券做支持。这个特征使它比标准的顺序偿付债券分券更稳定。

示例

我们的示例债券具有 150%～360% PSA 的 PAC 约束带，在这之间有着 5.1 年的平均期限（见图表 26—9）。在这种情况下，债券的延期风险最低降至 120% PSA。因此，这种债券与通常 PAC 的区别并不那么大。

分析

请注意，因为按计划摊还类别顺序偿付债券在市场中并不是很标准化，每只债券都必须仔细考察它的优点。要特别注意的一个因素是在 PAC 约束带以下低至100% PSA的按计划摊还类别顺序偿付债券的延期风险。除此之外，所有标准分析工具都适用：OAS 分析、平均期限多变性及总收益率分析。

图表 26—9　　按计划摊还类别顺序偿付债券示例

方案	−200	−100	0	100	200
提前偿付（PSA）	1 665	800	220	145	120
价格					
96.75	6.14%	5.26%	4.73%	4.72%	4.65%
97.75	5.42%	4.84%	4.49%	4.48%	4.44%
98.75	4.72%	4.43%	4.26%	4.26%	4.23%
平均期限	1.53	2.7	5.1	5.23	5.85
LIBOR OAS	37				
OAD	4.48				
OAC	−1.38				

资料来源：DB Global Markets Research.

□ Z 债券

债券有着不同的现金流特征（PAC 和按计划摊还类别顺序偿付债券）。同样，它也有不同的利息偿付特征。在 Z 债券的情况下，利息累计并被添加到初始的本金上。Z 债券的初始阶段和零息票债券类似。在某些点，Z 债券开始偿付利息和本金。可在某些时间段暂停付息这个特征延长了 Z 债券的久期。Z 债券可以由任何基础现金流创造出来。注意到从 Z 债券中获得的应计利息可用于偿付另一个 CMO 分券的本金。这种技巧可以用于创造具有短的法定最终到期日的债券，即期限完全确定（very accurately determined maturity，VADM）债券。

示例

我们为示例（见图表 26—10）所选择的伴随 Z 债券有一个高折价美元价格，具有像 PO 的特点，包括负得不是那么多的很接近零的凸性。注意到不同方案中平均期限的广泛变化。

分析

分析一个 Z 债券与同一品种的常规债券有一些主要的区别。

- 这个 Z 债券是当前的支付者吗？如果不是，关注这只债券的投资者可能减少。
- Z 债券的 OAD 在不同的利率条件下会变化很大，因为它能够将利息偿付增值为本金。
- 它的 OAD 会比担保品的 OAD 长很多。

图表 26—10　　Z 债券示例

方案	—200	—100	0	100	200
提前偿付（PSA）	1 595	800	223	145	120
价格					
84	12.58%	8.75%	6.64%	6.45%	6.39%
85	12.09%	8.36%	6.57%	6.39%	6.34%
86	11.61%	8.16%	6.49%	6.33%	6.28%
平均期限	2.57	6.05	17.36	21.03	22.28
LIBOR OAS	53				
OAD	19.47				
OAC	—0.09				

资料来源：DB Global Markets Research.

标准 OAS 或者总收益率分析应该把这些因素考虑在内。在我们的示例债券中，OAD 相当长，几乎为 19.5。要问的基本问题是：投资者会选择这种债券还是零息国债？使用总收益率分析可以对这两种债券进行最好的比较。

还要注意，这些债券对模型假设的微小变化极为敏感。不同的模型，几乎可以肯定地给出差别很大的 OAS 估价。

□期限完全确定债券

期限完全确定（VADM）债券在构造上有很短的最终到期日。它们利用 Z 债券的应计利息去偿付本金（见前面的“Z 债券”）。一般地，一个 VADM 债券比一个具有可比久期的顺序偿付债券的平均期限更稳定。它们尤其能抵抗延期风险，因为即使提前偿付速度下降到零（虽然这极不可能出现），债券短的最终到期日也得以保证。

示例

图表 26—11 显示了我们的示例债券，即使提前偿付速度下降到零，也有 5.95 年的平均期限。但是请注意，如果利率下降并且提前偿付速度加快，溢价会大大增加债券的发行量。

分析

如果投资者非常需要有保证的最终到期日，他们应主要购买 VADM 债券，例如在某些共同基金或者其他投资者情景下。核实 VADM 的到期日确实符合投资者的要求。除此之外，核实债券具有怎样的提前赎回风险，这在 CMO 中有很大的变化。

图表 26—11　　VADM 债券示例

方案	−200	−100	0	100	200
提前偿付（PSA）	1 595	800	225	145	120
价格					
103.5	3.44%	4.26%	4.81%	4.81%	4.81%
104.5	2.89%	3.92%	4.61%	4.61%	4.61%
105.5	2.34%	3.59%	4.41%	4.41%	4.41%
平均期限	1.85	3.13	5.95	5.96	5.96
LIBOR OAS	56				
OAD	3.56				
OAC	−1.20				

资料来源：DB Global Markets Research.

□浮动利率债券

由于本金现金流有不同的类型，利息也可以以不同的形式被偿付。大多数分券有固定利率的现金流，因为 CMO 的大多数担保品有着固定的利率。但是，也可能创建一种具有浮动利率的分券，一般地，与 LIBOR 绑定，但在概念上适用于任何市场利率。一种可能做法是使用利率互换去创造一种浮动利率债券。但是，更可能的做法是把一个固定利率分券分解为一个“浮动利率债券”和一个利率随着浮动利率债券的上升而下降的

"反向浮动利率债券"（见下文有关"反向浮动利率债券"的讨论）。

一个浮动利率债券的关键组成部分包括：

- 指数，例如 LIBOR。所使用的其他指数是固定期限国债指数，例如一个 10 年期的 CMT。
- 偿付给投资者的超过指数的差额或者利差。
- 浮动利率债券所能支付的利率上限或最大息票利率。
- 利率下限或最小息票利率，通常等于差额或利差。

示例

在图表 26—12 中显示的示例债券是一个伴随浮动利率债券。平均期限有着高度的差别。该债券买方的主要发行人会很难对冲内嵌的上限风险。因此，更高的现金流多变性一般会使一个浮动利率债券的 OAS 更低。

分析

浮动利率债券分析在考察现金流和债券的 OAS 时类似于固定利率债券。但是，浮动利率债券由于内嵌的上下限要估价（即使下限是 0）而更加复杂。尤其重要的是，要确定在这类分析中，期限结构模型准确使用了上限和下限的市值。除此之外，投资者可以为证券预期的平均期限计算一个实际的上限和下限，看看浮动利率债券加上对冲的组合是否可行。

贴现差额（discount margin）指的是，一旦债券价格与提前偿付假设被考虑在内，超过指数的实际利差。投资者会同时根据贴现差额与 OAS 决定一个浮动利率债券的价格。

注意到，浮动利率 OAD（如果没有上限）被有效地限制在指数与指数重置的组合中。大多数浮动利率债券的久期会截止到上限的久期。

图表 26—12　　浮动利率债券示例

方案	−200	−100	0	100	200
提前偿付（PSA）	1 665	800	220	145	120
价格					
98	6.84%	5.12%	2.74%	2.53%	2.52%
99	2.47%	2.47%	2.56%	3.64%	4.42%
100	2.04%	2.19%	2.39%	2.41%	2.41%
平均期限	0.42	0.7	7.05	21.34	23.56
LIBOR OAS	19				
OAD	2.58				
OAC	−2.82				

资料来源：DB Global Markets Research.

□反向浮动利率债券

反向浮动利率债券一般通过把一个固定利率分券分为一个浮动利率债券部分与一个反向浮动利率债券部分而被创造出来。关键是要理解各部分（浮动利率债券与反向浮动利率债券）之和必须同时在利率与本金偿付上与整体（基础分券）相等。（也可参见本章后面关于创造价值的讨论。）

示例

我们的示例是图表 26—13 中显示的折价伴随反向浮动利率债券。这些债券有很长的期限并常被用作只付本金（PO）债券的替代品。我们的示例有高度可变的平均期限，但是各利率条件下有很高的收益率。

分析

反向浮动利率债券久期（inverse floater duration）随着反向浮动利率债券的息票利率公式的杠杆比率的提高而增加。在我们的示例债券中，基础分券有 9.57 的 OAD，反向浮动利率债券的杠杆比率是 2.75。如果浮动利率债券的久期为 0，那么反向浮动利率债券的 OAD 大致等于 1 加杠杆比率乘以基础分券的 OAD。在这种情况下，由于延期风险以及浮动利率债券相当低的息票利率上限，浮动利率债券有非常大的久期（超过 2）。

OAS 分析对于分析反向浮动利率债券是重要的，像浮动利率债券一样，反向浮动利率债券有内嵌的上限与下限。因此，期限结构模型对于估价相当重要。同样，用于估价反向浮动利率债券的提前偿付模型也很重要。当市场利率下降时，反向浮动利率债券的息票利率上升，但是更快的提前偿付（与本金偿付）可能会抵消其对于债券持有者的价值。实际上，反向浮动利率债券的购买者被提前偿付调控，因此必须小心地考察提前偿付假设的变化对证券估价的影响。

图表 26—13　　反向浮动利率债券示例

方案	−200	−100	0	100	200
提前偿付（PSA）	1 665	800	220	145	120
价格					
84.312 5	60.38%	41.89%	19.84%	17.08%	17.04%
85.312 5	56.69%	39.75%	19.41%	16.87%	16.83%
86.312 5	53.09%	37.66%	18.98%	16.66%	16.63%
平均期限	0.42	0.7	7.05	21.34	23.56
LIBOR OAS	696				
OAD	28.80				
OAC	−12.45				

资料来源：DB Global Markets Research.

反向浮动利率债券与杠杆化的担保品

OAS 分析有用吗？核实的一种方法是比较反向浮动利率债券与杠杆化的担保品头寸。尽管乍看起来似乎人们应该购买具有最高 OAS 的债券，实际上，进行比较的两种资产的久期（或者 OAD）也非常重要。为了正确地比较反向浮动利率债券与杠杆化的担保品，这个担保品必须被隐含地用杠杆移动（通过借钱）到与反向浮动利率债券相同的久期，以保证比较的公平性。（这个比较仍不完全公平，因为杠杆化的担保品可能有更高的流动性并比反向浮动利率债券更容易筹资。）

在图表 26—14 中，我们可以看到，与杠杆化的担保品头寸相比，我们的提前偿付模型仍然偏爱反向浮动利率债券。用杠杆移动担保品涉及投资与反向浮动利率债券相似的现金量，然后借入额外的现金去购买更多的担保品，直到投资者在反向浮动利率债券与杠杆化的担保品之间有相似的久期和凸性风险暴露（convexity exposure）。在本例中，我们借入了等于 2.75 乘以反向浮动利率债券杠杆比率的钱，假设我们能以与 LIBOR 持平的利率借钱。

图表 26—14　　杠杆化的担保品与反向浮动利率债券的比较

分券类型	证券	价格	OAS	OAD
反向浮动利率债券担保品	FNMA 5.5%	100.578 125	5	4.7
杠杆化的担保品统计值	杠杆化的 FNMA 5.5%	2.75×杠杆比率	33	17.5
反向浮动利率债券		85.31	696	28.8

* 见图表 26—13。

资料来源：Deutsche Bank.

创造价值（creation value）是分析反向浮动利率债券的另一种方法。反向浮动利率债券的价值比较容易判断，因为它们相对具有流动性并且容易定价。同样地，浮动利率债券与反向浮动利率债券的结合品的基础分券通常容易定价。给定那两个价格，反向浮动利率债券的无套利创造价值就得以确定（见图表 26—15）。投资者偏好以等于或低于创造价格的价格购买反向浮动利率债券。

图表 26—15　　浮动利率债券＋反向浮动利率债券＝基础支持债券

	浮动利率债券	反向浮动利率债券	基础支持债券
担保品	FNCL 5.5	FNCL 5.5	FNCL 5.5
发行量（当前与初始）	25 626 350	9 318 674	34 945 024
息票利率	1 ML＋130 bp	17.05－2.75×1 ML	5.50
上限	7.50%	17.05%	
下限	1.30%	0%	
收益率	2.60%	19.41%	7.08%
价格	99.00	85.31	95.35
OAS	19	696	199
OAD	2.58	28.80	9.57
OAC	－2.82	－12.45	－5.39

注：对所有债券来说，WAM 为 354，WAC 为 5.90。

资料来源：DB Global Markets Research.

针对远期利率进行交易

一些投资者购买反向浮动利率债券，是为了防止远期利率像市场显示的那样快速上升。例如，我们的反向浮动利率债券保持不变的收益率，220% PSA 是 19.41%。假设提前偿付的速度加快但远期利率是 18.4%。如果利率比建议的远期利率上升得更慢，债券真正的收益率会位于这两个数字之间。

对反向浮动利率债券的分析是复杂的，并可以用很多不同的方式进行。它们不像一般分券那样具有流动性。收获可能是发现了债券中一些真正的价值或者对市场有了特定的见解。

□只付利息分券与只付本金分券

只付利息（interest-only，IO）分券有几种形式。我们将讨论的最重要的一种是“信托 IO”，它的担保品被交易商贡献给一个 IO/PO 交易，收取少量的费用，并且 IO/PO 分券按照交易商的担保品贡献比例被归还给它们。这种结构类型有它自己的 IO/PO 信托号码和名字。一个 IO 也可以通过从 CMO 分券中剥离利息或其他方式被创造，这通常导致具有 IO 特征的 CMO 分券。信托 IO 往往有最大的流动性，因为它们是经纪人屏幕上的大宗交易，然而小宗交易价格透明度更低。

IO 通常有负的久期。如果利率上升，提前偿付速度往往减慢。减慢的速度使 IO 持有者受益，他们希望担保品因子尽可能久地保持尽可能高。一旦贷款被提前偿付，他们在提前偿付出现的下一个月停止偿付利息。一个 IO 投资者希望提前偿付速度尽可能低。在极其不利的情况下，投资者可能购买一个 IO，发现当月所有分券已经清偿，这会在下个月被报告。

只付本金（principal-only，PO）分券是 IO 的补充。它只返还转手证券的本金部分。因此，PO 持有者会更喜欢提前偿付以极其快的速度实现。在将近 85 美元的价格（这是典型价格）下，PO 有正凸性。这使得它们对于对冲是有用的，例如，对冲抵押服务权。

示例

图表 26—16 显示了 IO 的一个例子。由于信托 IO 和 PO 定价相当具有流动性，对于 IO 和 PO 的大多数分析是关于投资者对于提前偿付或者相对于市场的（像 IO/PO 所展示的那样）利率的观点。然而，IO/PO 价格也会由于技术，包括对某些分券的短期挤压，而波动。注意图表 26—16 中的 IO 怎样有一个很高的负久期。

图表 26—16　　IO 示例

方案	−200	−100	0	100	200
提前偿付（PSA）	1 665	800	325	150	125
价格					
24.531 25	−104.60%	−59.38%	2.13%	12.50%	13.94%
25.531 25	−106.20%	−60.62%	1.13%	11.52%	12.96%
26.531 25	−107.70%	−61.78%	0.21%	10.61%	12.05%

续前表

方案	−200	−100	0	100	200
平均期限	1.12	1.55	4.93	8.71	9.69
LIBOR OAS	328				
OAD	−24.11				
OAC	−17.02				

资料来源：Deutsche Bank Global Markets Research.

图表 26—17 显示了来自同一个信托交易的 PO 例子。一些投资者为了提前偿付保护或者正凸性而购买 PO，但其他人只是为了给他们的抵押贷款投资组合增加久期。当利率下降时，观察到 PO 的收益率由于增加了的提前偿付而显著上升。通常，像在我们假设的例子中一样，由于 PO 有正凸性，它反过来会有一个负的 OAS。实际上，当投资者购买 PO 时，他们在为购买的看涨期权支付溢价。

图表 26—17　　PO 示例

方案	−200	−100	0	100	200
提前偿付（PSA）	1 665	1 200	325	150	125
价格					
74.937 5	28.69%	20.71%	6.58%	3.66%	3.27%
75.937 5	27.23%	19.66%	6.24%	3.47%	3.10%
76.937 5	25.81%	18.63%	5.91%	3.29%	2.94%
平均期限	1.12	1.55	4.93	8.71	9.69
LIBOR OAS	−132				
OAD	14.71				
OAC	2.78				

资料来源：Deutsche Bank Global Markets Research.

分析

使用 OAS 模型或者其他技巧进行 IO/PO 分析极其困难，即使是有经验的交易商在 IO 市场也会由于技术问题而赔钱。由于 IO/PO 对于提前偿付假设中即使很小的改变也极其敏感，我们必须非常小心地检查计算 OAS 的模型。像季节性（seasoning）和耗尽（burnout）等变量在分析担保品和 IO/PO 衍生品之间被放大了很多倍。

创造价值也可以用于分析 IO 和 PO，类似于对反向浮动利率债券与浮动利率债券结合品的分析。对于信托 IO 与 PO，起初结合品（combination，combo）通常在担保品很小的溢价上进行交易。结合品不能以显著低于担保品的价格进行交易，因为各部分可能以很少的费用被重新组合成担保品进行销售。但是，结合品可能以显著高于预售担保品的价格进行交易，原因如下：

- 基础担保品是有价值的，例如，它的旺季价值有可能与预售担保品的价值同样高。
- 存在 IO/PO 的挤压或稀缺，这会反过来抬高结合品的价格。有时 PO 在其他交易中被重构，这就潜在地使它们处于高价。

对于IO和PO的OAS数据的历史分析可能在一定程度上有用，但结果高度依赖于提前偿付与OAS模型。

高级分券或者IO的套利是另一种比较IO与一般类型CMO的相对价值的方法。例如，一个PAC IO加上一个剥离后的PAC应该等于一个全息PAC的价值，或者存在套利。这与一个反向浮动利率债券的重组价值类似。实际上，由于很多投资者愿意接受有更低价差的低价PAC债券，我们可以看到在交易定价中有套利机会出现，这使得把一个高级PAC分券重构成一个剥离了息票的PAC和PAC IO变得有吸引力。

对于PO，一些投资者可能正在使用它们去对冲其他资产，比如抵押服务权(mortgage servicing right，MSR)。在这种情况下，所有以前的分析可能被执行，但是投资者可能也想核实相关的PO价格的改变能够多好地与相对冲的债券的改变相匹配。

一般特征

由于IO可以由任何类型的CMO剥离，例如，由PAC创造PAC IO，这种类型的债券在约束带内表现得像一个高收益率的PAC，但是，如果提前偿付加速，会更快地清偿，也许会给投资者带来损失。其他非信托IO由于它们的现金流的性质而必须接受仔细的检查。

□奇异期权

为了完整性，我们下面将介绍几种奇异CMO，但不会花费很多时间去考察个别债券。

反向IO

反向IO通过从反向浮动利率债券剥离溢价部分而获得。在一些情况下，它们被作为利率下限。有时，它们的定价一直被认为与价格下限相关。然而，它们更像是“被淘汰”的下限，因为如果利率下降得足够多，提前偿付速度将加快，并偿付了该分券的名义本金，使投资余额为零。由于它们的流动性不足，这些债券比信托IO更难对冲和估价。

反向IO被杠杆高度调节到个人的利率情况和提前偿付预期。重要的是分析提前偿付或利率假设的微小变化是如何改变债券的潜在价值的。

暴涨Z债券

一个暴涨Z债券（jump Z）通过突然从累积（accrual）转向偿付利息和本金（变成“付款人”）来对快速提前偿付做出反应。如果Z债券是折价的，这种期权对于投资者会有很大的价值。还要注意，一些暴涨Z债券是黏性的，这意味着，一旦“付款人”已经触发，即使随后提前偿付率下降，他们也会继续偿付。

结构化的PO

PO本身可以被结构化为TAC PO、超级PO（伴随PO）等。分析与一般的PO相似，除了这种债券可能对提前偿付假设的微小改变更敏感外。

26.3 机构 CMO 与非机构 CMO

尽管大多数能够购买机构转手证券的投资者都被允许购买机构 CMO，一些投资者不能参与非机构 CMO 市场。在这里我们将介绍这两个市场之间的一些区别（见图表 26—18 的概述）。在第 31 章将更详细地讨论非机构 CMO。

图表 26—18　　机构 CMO 与非机构 CMO 的区别

	机构 CMO	非机构 CMO
信用支持	基础抵押的机构担保，初级抵押保险	信用增级（例如，高级次级），基础抵押，初级抵押保险
实际延期天数	可变的：0，14，24	可变的：0，24
BIS 风险权重	对于 GNMA 是 0%，否则是 20%	对于 AAA 级的分券是 20%
担保品类型	机构转手证券，合规 Alt-A 贷款，VA 贷款	大宗交易或者其他非合规转手证券，Alt-A 贷款，恢复正常缴纳本息贷款
提前偿付模型	标准机构提前偿付模型	基于担保品的特殊化的模型
是否受利息不足的影响	否，通过 GSE 补偿利率	一些交易受影响

资料来源：DB Global Markets Research.

26.4 机构 CMO 分析

本节着眼于投资者如何分析和使用机构 CMO。我们还对期限结构及提前偿付模型作了简要介绍。

□一般 CMO 分券的分析

CMO 分析取决于投资者的需求。虽然相对价值似乎可能是一个答案，但一个规则并不一定对所有投资者成立。相对价值的定义对于不同投资者可能不同。其他投资者有投资组合约束。例如，即使利率表现出大的波动，一家保险公司也需要与负债密切匹配的资产。

投资者的目标和约束

在购买 CMO 时，投资者可能有很多目标和约束。例如，

- 保险公司和银行有时有一个收益率水平，低于这一水平时它们可能不会购买债券。
- 相对价值投资者可能需要一定的 OAS 或者相对于担保品的 OAS。
- 对冲基金在购买债券和潜在的对冲（如可撤销互换）时，可能需要一定量的流动

性。如果债券或对冲的流动性不足，它们可能会拒绝做有吸引力的贸易。

• 提供资金的投资者可能需要在增加 MBS 之前发行债券或提高股权。如果环境不适合有关发行，那么 CMO 购买可能会推迟。

• 银行可能对于它们的投资组合拥有内部到期日或久期限制或债券偏好。

• 个人或机构投资者可能有一个美元价格上限，在此以上他们不会购买债券。

也许投资者的多变性解释了为什么有这么多不同类型的 CMO，而且一些是独特的。正是不同的要求和意见构成了市场。

现金流分析

对于最一般的分券类型，现金流分析包括测试各种提前偿付模型和静态提前偿付，以确定债券对于利率变动的敏感性。这种分析将包括比较不同的 CMO 债券的负凸性。

对于一些投资者来说，现金流分析变得更详细，因为他们可能会尝试对冲其自身的负债流，或者他们是用摊销互换对冲 CMO。

最后，对于非标准分券，值得做的是研究现金流瀑布、测试不同的利率情景并从现金流的角度研究结果。

重要的是要检查有不寻常现金流的债券。例如，任何可能导致债券有比预期更长的到期日的事情，或者不支付本金时的差距，都是令人怀疑的。

OAS 分析

对于大多数一般的 CMO 分券，OAS 分析比较有用。对于有着类似担保品的类似分券，很容易使用 OAS 分析去确定债券的相对价值。此外，比较 CMO 与基础担保品的 OAS 数据也很简单。棘手的问题是如何比较具有不同久期的分券的 OAS 数据。例如，往往较长期分券的 OAS 数据比较短期分券的更大。这种结构性问题使得较长期 CMO 与较短期 CMO 的相对价值难以评估。

在本章的后面以及第 41 章，将展现更多的 OAS 分析问题。

对冲

对于正常的 CMO 分券，OAD 是计算如何对冲的一个可以接受的方法。然而，宽窗口序列可能需要在收益率曲线上的多个点对冲，以避免收益率曲线风险，类似于对冲基础担保品的收益率曲线。图表 26—19 显示了一个特定债券在 10 年之间会有多大的久期风险，但在 2 年、5 年和 30 年区域的对冲，将有助于减少收益率曲线风险。

图表 26—19　　一个 5 年宽窗口序列的部分久期

收益率曲线上的点	2	5	10	30
部分久期	0.685	1.56	2.795	0.17
OAD	4.7			

□ OAS 分析中存在的问题

OAS 分析中还有很多问题需要讨论，从而决定所得到的债券 OAS 是否真的是投资者所追求的：相对于诸如互换的基准的 MBS 利差、隐性成本。虽然在 20 世纪 80 年代和 90 年代初，区分 OAS 大小的主要变量是提前偿付模型，但是在技术上，期限结构模型也同样重要。我们在本节还讨论一些其他问题，如交易提前赎回风险以及提前偿付模型之间的差异。

期限结构模型

随着时间的推移，抵押贷款与场外交易衍生工具市场（互换和互换期权）更加紧密地联系在一起，模型化这两个市场之间的关系非常关键。就使用互换和互换期权来对冲 MBS（反之亦然）来说，需要使用相同的期限结构模型和相同的假设来评估这两个市场，否则就会得到不同的甚至错误的结果。

虽然在过去使用单因素利率模型对转手证券来说可能是合理的，但如果投资者在寻找 ARM、浮动利率证券或者任何类型的逆向浮动利率证券，该模型显然是不够的。需要扩大收益率曲线建模的自由度。因此，为了保持不同类型的 MBS 分券和衍生工具分析的一致性，关键要使用期限结构模型的最小公分母，它将容纳所有可能的分券类型和分析，而不用屈从于对不同种类的债券和情形使用不同的模型。

期限结构模型的发展把以下特征加入抵押贷款的分析中：

- 收益率曲线的多个拐点；
- 使用模型给场外交易衍生工具正确定价；
- 在波动性的“曲率”上定价（比如，非平价期权在与标准的平价期权不同的波动性上定价）；
- 在互换曲线和波动性的基础上对未来的抵押贷款利率进行先进的模拟。

要点是，没有用这些特征的期限结构模型为使用它的投资者开辟了套利的机会。在极端情况下，期限结构模型的缺陷将虚报与 CMO 相关的价值和风险数量。

远期利率曲线偏差

即使把所有要考虑的因素都加入期限结构模型并且无套利，还有一点也非常重要，那就是投资者要认识到在这些模型中存在远期利率曲线偏差，这就造成了一个悖论。

- 为了保持无套利，期限结构模型必须以远期收益率曲线为基础；
- 实际上，远期收益率曲线通常是错的。

我们怎样才能调和这两个事实呢？

简短的回答是，我们应该使用远期收益率曲线，因为如果我们不相信它所预测的东西，我们就能进行反向交易，并且如果我们是正确的，就能赚钱。有时，第二点变得很明显。例如，当收益率曲线极为陡峭时，远期利率预测在很短的时间内收益率曲线会严重扁平化。如果美联储在这段时间里保持利率不变，我们能得到收益率曲线扁平化的总量吗？大概不可能。但是，如果直接基于这个观点，比起在抵押贷款市场上试图实现它，在衍生工具和期货市场中可能会更容易实现交易。

提前偿付模型

提前偿付模型仍然是抵押贷款分析和 OAS 的一个非常重要的组成部分。随着时间的推移，提前偿付变得更有效率。受服务商之间的竞争的支持，这种趋势将持续到未来。虽然大多数提前偿付模型讨论了年龄、相对息票等标准问题，但是现在模型需要考虑各种细微之处：

- 模型是否考虑了以高于市场利率的利率发行的“信用受损”抵押贷款？
- 提前偿付在模型中是如何发挥其“耗尽”作用的？能随着时间的推移消除这种“耗尽”吗？
- 模型是否正确考虑了“缩水”抵押贷款（贷款比房屋价值高的情形）？

那些即使只在一小部分市场（高溢价抵押贷款市场）过时或不正确的提前偿付模型，可能也会对 OAS 产生较大的影响，因为 OAS 模型往往会产生有较高和较低利率的一些路径——检验提前偿付模型的边界以及它们在样本以外利率上形成合理的提前偿付预测的能力。

为什么 *A*+*B* 大于 *C*

在本节中我们要讨论的主题之一是，为什么 $A+B>C$，即使 A 和 B 是 C 的现金流的组成部分？这里有一些因素：

- A 和 B 是独一无二的，而且不能被创建。例如，一旦关闭了信托 IO/PO 交易，就不能增加额外的担保品来扩大交易规模。此后，挤压 A 或 B，将增加它们与 C 相关的价格，这就是简单的预售抵押贷款支持证券担保。$A+B$ 不能长时间小于（C－交易成本），因为这能创建一个套利重组。[3]
- A 或 B 越来越受到挤压。IO/PO 市场的风险之一是债券可被重新证券化，从而有了重组的可能性。例如，如果在信托交易中所有 PO 都被重新证券化，为了对冲其他 IO 分券，就会对其他 PO 产生很高的需求。此外，信托 IO/PO 的规模可以足够小，从而经销商或潜在的投资者可以挤占这些债券的部分市场，使得 $A+B>C$。
- 基础担保品是有价值的。有时可能会把 $A+B$ 与错误的 C 比较。例如，大多数时候，拿信托 IO 和 PO 与预售抵押贷款支持证券担保品相比是恰当的。但是，在成交后一段时间，基础担保品（underlying collateral）本身的价值比预售抵押贷款支持证券的还高（成熟的担保品通常要求对预售抵押贷款支持证券的一个溢价）。

检验交易的提前赎回风险

在很多 CMO 交易中出现但经常不被讨论并且有时未被模型化的一个特点是嵌入提前赎回期权。对那些交易规模已经收缩到非常小的 CMO 的信托人，最初设想是作为一种方式来限制他们的持续固定支出，这对于投资者来说意义重大。例如，最终现金流的持有者一般有提前赎回风险。对整个交易听起来很小的提前赎回（如 1%），在 CMO 交易的剩余最后分券中也可能会占很大比重。对于只占交易的初始本金 5%的分券，当剩下最后分券的 20%时，就执行了 1%的清除赎回。其他分券对投资者的影响很**微小**（de minimis），但对最终现金流的持有者的影响显然很大。

好消息是，大多数时候都会执行提前赎回，因为交易的固定成本往往足够大，从而信托人想在任何可能的时候执行提前赎回。这个假定使分析变得容易。然而，如果担保品的价格明显低于面值，提前赎回交易就要花费信托人的金钱。在这种情况下分析交易提前赎回的概率就很困难。所以，债券持有人就会想操作有提前赎回权或没有提前赎回权的债券来估计可能的冲击。

□投资者类型和行为

在本节中我们考察不同类型的投资者，例如商业银行。对于每种类型的投资者，我们都涵盖以下信息：

- 这些机构通常所购买的 CMO 种类；
- 这些机构在选择债券时可能使用的方法。

历史上，银行通常是 MBS 的最大持有者。

银行

银行是 CMO 产品的大型客户。对很多银行来说，转手证券的较长久期和可能的久期延伸不能恰当地与它们的负债相匹配。所以，对很多银行来说更容易做到的是获取久期较短的证券，或通过适当地买入结构化 CMO 债券来降低延期风险。银行通常是 CMO 的买入并持有投资者，虽然在交易户头中也会安排一些债券。

一般来说，银行关注久期较短的 CMO。10 年期债券一般不适合银行的负债结构。银行通常会购买 2 年期的顺序偿付 CMO。一般来说，银行为了获得更大的利差，将接受提前偿付和凸性风险。所以，银行往往更喜欢顺序偿付 CMO，而不是 PAC 债券。银行很少使用期权买卖市场来对冲它们的负凸性，虽然当其久期发生变化时，它们会对它们的抵押贷款头寸进行 delta 对冲。

银行在选择 CMO 时一般会考虑一些因素：超基准收益率（yield bogey）、久期、OAS。一般来说，为了购买债券，银行的目标将是高于资金成本的边际净利息。这个目标也许会变成高于市场利率的收益率或利差补给。并且，银行也许不想承担太多久期风险，因此证券的久期必须适合银行的资产/负债结构，或者它们必须准备对冲 CMO 的久期。有些银行使用 OAS 来确定分券间的相对价值，但是一般来说，在它们的 CMO 购买决策中，资产/负债和流动性因素往往占主导地位。

还要注意的是，银行也是“整体贷款”的抵押贷款或没有证券化的抵押贷款的最大客户。这些整体贷款对机构证券化来说是最不合格的，它们或者是 ARM，或者是混合 ARM。

保险公司

保险公司在“正常的”分券范围内——按计划摊还类别债券（PAC）、顺序偿付债券（sequential）、按计划摊还类别顺序偿付债券（PACsequential）——购买 CMO。财产和灾害保险公司（property and casualty companies）往往购买期限较短的部分，比如 2 年期顺序偿付债券。人寿保险公司寻找更多结构来匹配它们的债务，并且更有可能购买久期更长的债券，例如 10 年期 PAC。通常保险公司为它们所投资的投资组合中的公司债券承担信用风险，尽管MBS不受这种信用风险的影响，但是它们必须注意MBS所承担的凸性风险。在1995年，标准普尔发明了一个“凸性测试”，对那些在投资组合中有负凸性的保险公司进行惩罚。这主要用来减少持有大量MBS的某些特别大的“异常”企业的抵押贷款持有量，同时随着时间的流逝，还使保险公司的MBS持有量减少。

一般来说，保险公司在出售CMO方面受到限制，因为其收益和损失受到限制。财产和灾害保险公司可以出售针对索偿权的债券（如在飓风之后）。

货币基金经理

货币基金经理（money managers）在熟练程度（sophistication）上有所不同。他们通常不受收益/损失限制，因为他们不断地进行逐日盯市（mark-to-market），除非他们是为金融机构管理独立账户。一些货币基金经理活跃在CMO衍生工具市场上，但是很多人不是这样。大多数货币基金经理以包含转手证券的指数为基准。所以，对他们来说，任何CMO实际上都是一个“指数外”的赌注。对于特定类型的CMO，他们通常会拿它和担保品或者国债/机构债券进行比较。OAS分析往往是他们的一个重要工具。

相对于保险公司，流动资产是货币基金经理的更大债券。货币基金经理可能需要迅速地转移资产，从而准备放弃一部分以获得更好的流动资产。因此大多数货币基金经理持有比CMO更多的转手证券。另外，转手证券有机会在有吸引力的水平上融资（通过滚动市场）。从特定融资中获得的收入可以是货币基金经理的额外收入，因为这个收入通常没有包含在抵押贷款指数收益中，后者是货币基金经理的基准。

货币基金经理在抵押贷款策略上常常采取长期观点。其中一种观点类型是，构建比基准指数的凸性更好（或更差）的投资组合。货币基金经理通常可以通过购买PAC债券来获得更好的凸性，或者通过购买支持债券、某种类型的顺序偿付的/中断的PAC来放弃凸性。

养老基金

养老基金（pension funds）在有些方面像货币基金经理那样运作。但是，ERISA（养老基金法律）或投资者考虑有时使它们不能投资于抵押贷款衍生工具。类似于人寿保险公司，它们有时可能对久期较长的部分感兴趣。

对冲基金

对冲基金（hedge funds）可以像货币基金经理那样操作，但有时它们能参与包含OTC衍生工具的更复杂的交易。例如，它们可能购买一个CMO，并试图用互换和期权来对冲其现金流，净额结算它们希望得到的正利差。

某些对冲基金专门从事抵押贷款衍生工具的交易：反向浮动利率证券、IO、PO、反向IO等。它们使用复杂的模型来为这些部分估值、买入和对冲。这些基金的主要工作之一是为存货（因为有些债券可能几个月内都不进行交易）和流动性定价。

散户投资者/区域经纪商

很多CMO，包括诸如反向浮动利率债券的CMO衍生工具，最终落入散户投资者

(retail investor) 的手中。相反，这些区域经纪商 (regional dealer) 会把那些债券出售给散户。一般而言，这些购买者通常关注收益率，从而支持债券通常通过这种渠道出售。

注意到，任何把 CMO 出售给散户投资者的经纪人必须签订一系列特殊的免责声明，它由美国证券监管机构强制执行。

来自过去的经验

投资于 MBS 特别是衍生 MBS 的投资者在过去已经歇业了。在危机中，虽然抵押贷款市场能通过转手证券继续交易，但是 CMO 市场失去了流动性，并且在一段时间内衍生工具市场实际上停止了交易。投资者应该做好承担所有风险的准备，包括流动性风险和由这种流动性造成的彻底的价格变动。经纪商必须确保它们"了解它们的客户"以及客户购买了适合自己目标的债券。

26.5 关键知识点

- 机构担保抵押证券由经纪商—交易商组成不同的分券，并利用机构转手证券作为担保。这些交易被组合并且由房利美、房地美和吉利美发行。吉利美有美国的全部信用做担保，其他两家则有隐性担保。
- 机构担保抵押证券对银行、共同基金、保险公司和其他机构投资者来说是安全而有吸引力的投资。标准的担保抵押证券包括 PAC (用以模拟公司债券)、顺序偿付债券 (给定不同本金现金流分券) 和支持债券 (通过本金现金流的高波动性获得高收益率)。
- 不像大多数债券那样，所有抵押贷款支持证券 (包括担保抵押证券) 都有不可预测的本金收益率，因此创造了获取高收益的机会和赎回风险。美国的房主一般有权在任何时候进行再融资，这实际上是投资者使用赎回的权利。利用 OAS 和提前偿付模型可以帮助投资者了解他们拥有的或者购买的抵押贷款支持证券的本质。
- 对担保抵押证券的分析在一定程度上依赖于投资者的类型：收益表和 OAS 分析是最受欢迎的。银行一般会看平均寿命指标、收益表，并可能考虑 OAS。货币基金经理一般更多关注 OAS，更少关注收益率。
- 担保抵押证券衍生品可以提供对冲的好处或者不同寻常的收益特征。举例来说，只付利息的本息分离债券有负的久期，当利率上升时，一般它们的价格也上升。反向浮动利率债券是息票利息随着利率下降而增加的债券，有时会导致债券的 OAD 非常长。

【注释】

[1] 请注意，从这些分券剥离的息票收入可以成为一个"IO/IOette"分券或者可以将本金添加到一个一般的分券中去创造一个高级分券，例如，对于 5.5%担保品的 6%的息票利率。

[2] 破碎的 PAC 往往以比顺序偿付债券略低的价格进行交易，也许是因为"破碎的"交易名声不好，也许是因为它们是由那些卖出 PAC 从而购买新的有完整约束带的 PAC 的投资者卖出的。

[3] 通常情况下，可以重组同一信托中的一个 IO 和一个 PO，从而以一个 1/32 的费用形成基础担保品并且作为担保品再转售出去。虽然这通常不会在实践中发生，但它为 IO 和 PO 的价格创建了一个套利下限，从流动性和定价的角度来看这是很重要的。对于浮动利率证券和反向浮动利率证券更加难以做到，因为在那种情况下更加难以发现组合中的双方，且它们流动性更差，不能像信托 IO 和 PO 那样在经纪人的屏幕上交易。

第 27 章 机构 CMO 按计划摊还类别债券特征对业绩的影响

琳达·洛威尔（Linda Lowell）
OffStreet 研究有限责任公司总裁

按计划摊还类别（planned amortization class，PAC）债券在抵押担保证券（collateralized mortgage obligation，CMO）市场上占最大的比例。这种债券的市场份额扩大的原因有很多，其中之一是投资者纷纷逃离公司债券市场。这些投资者被更高的收益率以及 3A 信用等级所吸引，并且在其自然栖息地受到供给约束以及利差小的制约，还受到事件风险的影响。

典型的 PAC 购买者通常是资产/负债的匹配者，比如人寿保险公司和商业银行。不过，PAC 市场同时也会吸引那些采取积极的债券管理策略的投资者。比如，这些投资者对抵押贷款和国债的利差或抵押贷款和公司债券利差的趋势有些看法。他们希望实行杠铃形策略（barbell strategy）或其他策略，以便对收益率曲线的形状或趋势做出预期。他们也可能会寻找价值优势（value advantage），比如 CMO 市场中 PAC 与其他部分之间的价值优势。或者，他们也可能会在 PAC 内部具有不同特征的债券之间寻找价值优势。

PAC 债券的主要吸引力在于，它能够提供明确的本金偿付［或者类似于目标余额（target balance）］的时间表。只要提前偿付率（prepayment rates）在规定的范围内，这个时间表就是有保障的。(因此得名“按计划摊还”。) 持有人可以在很大程度上回避有关抵押贷款支持证券（MBS）的现金流风险。这种风险源自抵押贷款的借款人有权在任何时刻提前偿付贷款。提前偿付的行为对利率很敏感（房产拥有者搬家或再融资倾向与利率趋势呈反向关系）。这会对抵押贷款支持证券的平均期限、久期以及业绩产生实质性影响。市场上涨时 MBS 会缩短，市场下跌时 MBS 会延长。为了补偿投资者承担的风险，转手证券以及其他抵押贷款支持证券所定的收益率会高于信用质量相似的其他到期偿付债券（比如机构债券）。PAC 债券带有 MBS 市场里的增量收益（incremental yield）性质，同时提供更确定的现金流。除了在一系列提前偿付行为中提供支付保证之外，PAC 债券还可以在较短的时间或者“窗口”内集中支付。窗口狭窄的 PAC 债券被认为比那些期末本金整付（bullet principal payments）的国债和公司债券更好。因此，窗口窄的 PAC 债券利率差通常比窗口宽的 PAC 债券利率差更小。

这一章的内容针对两类投资者：买入并持有 PAC 债券的购买者，他们希望获得抵押市场中有吸引力的收益率，但是在债务或精算方面要求比转手证券或标准的 CMO 更稳定的现金流；积极的资产组合经理。这一章将考察 PAC 债券的不同特征及其对市场价值、投资效益的影响。如果我们可以分离出一个具体的特征，那么我们可以用模型来考察它对债券平均期限、收益率的影响，以及对债券的理论价值和期权调整价值（option-adjusted value）的影响。

27.1 CMO 收益率的期限结构

对于 PAC 市场中平均期限不同的债券，投资者所要求的收益率取决于相同的一些因素。这些因素也会影响其他固定收益产品的投资者：资产组合的目标及约束条件，当前及预期的收益率曲线形状，对于影响利率的潜在货币因素和经济因素的预期，等等。另外，当 PAC 债券购买者延长投资期限时，他们会要求更高的收益率来补偿风险的增加。其风险是，提前偿付的利率上下限（collars）可能会被打破，并且如果利率上下限被打破，交易中的后续分券会出现更大的平均期限波动。图表 27—1 显示的是名义平均期限不同的 PAC 分券，其平均期限存在波动性。该图表描述了同一个 CMO 市场发行[1]的一系列 PAC 债券的平均期限，其提前偿付的速度可以打破所有 PAC 债券的利率上下限。在所有中等期限的 PAC 债券中，最大平均期限和最小平均期限之间的距离会随着预期平均期限的增加而逐渐变大，直到达到最大值。

投资者持有的 PAC 债券期限越长，要求的补偿就越大。因此，一般的 CMO 收益率曲线比国债收益率曲线更陡峭。图表 27—2 给出的是由当前息票（current-coupon）常规担保品支持的当前息票 PAC 债券的一般收益率以及新发行的国债一般收益率。虽然对这个问题的详细讨论超出本章的范围，但我们还是需要注意，影响 CMO 利差的因素也同样是影响转手证券利差的因素：市场收益率的波动性、提前偿付的预期、新产品的供给，等等。CMO 的利差通常会跟随转手证券利差的轨迹，两者的关系受到 CMO 套利机会的影响。当转手证券比 CMO 债券更便宜时，新的交易就会发生，从而增加 CMO 债券的供给，最终导致 CMO 债券比转手证券更便宜，进而减少了套利机会。

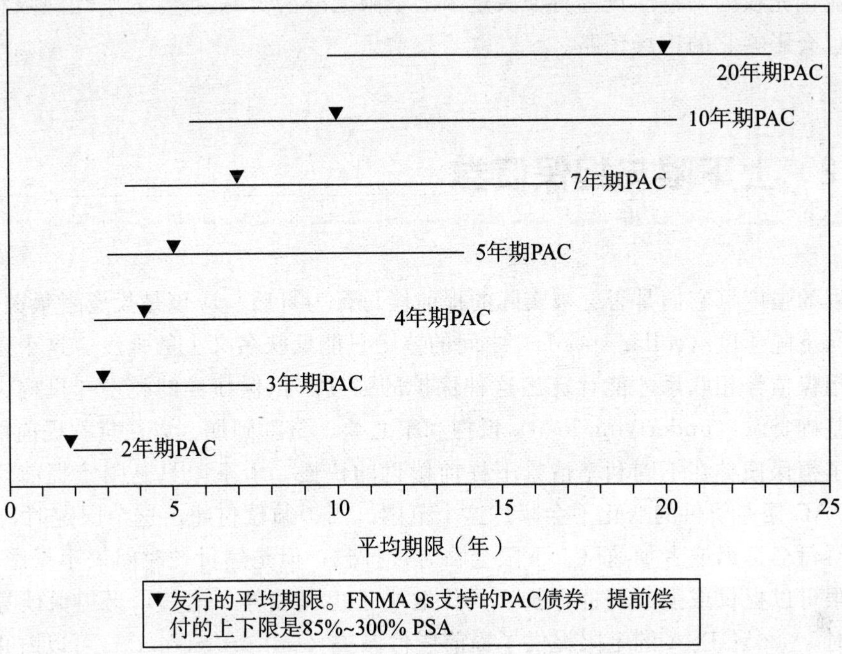

图表 27—1　PAC 债券平均期限随着提前偿付的变化在 0～600% PSA 间变化

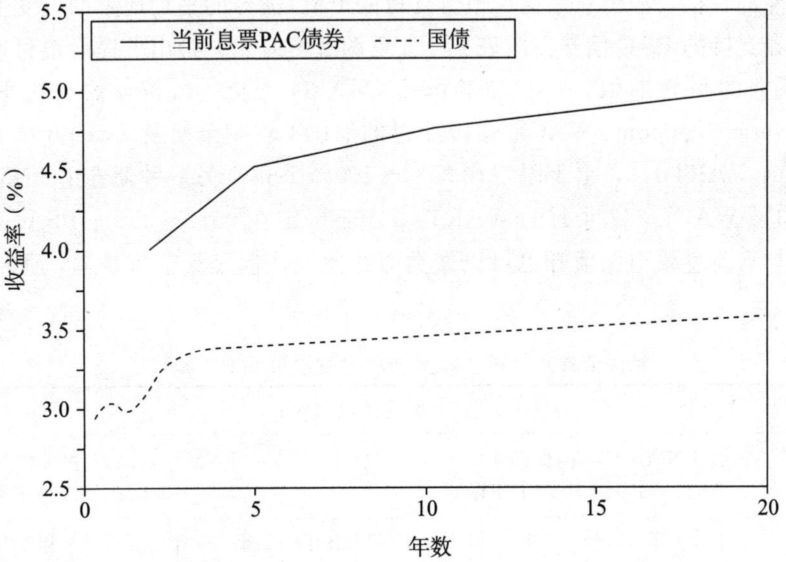

图表 27—2　国债和 PAC 收益率曲线的例子

这个期限结构的其他特征，比如担保息票（collateral coupon）、PAC 息票、利率上下限以及窗口，也会导致目标收益率的修正。另外，上下限之外的债券现金流会受到其他特征的影响，比如它的时间表是否得到期限结构后期的长期 Z 债券的支持，是否得到超额现金流优先权的支持。这些特征决定了上下限之外的 PAC 债券的平均期限和收益率的波动，也会影响它的市场销路。

27.2 上下限与担保债券

上下限的强度（它们是否会被实际的提前偿付行为打破）应该是投资者最关心的事。上限速度与下限速度（collar speeds）之间的差距只能反映名义上的强度。这个差距必须与具体的担保债券相联系才能计算出这种保护的强度。担保债券的类型［机构、当前抵押利率与基础贷款（underlying loan）抵押利率之差、贷款到期、以往贷款提前偿付的进度］决定了担保债券在不同利率情景下提前偿付的快慢。上下限只是限定提前偿付的速度范围，PAC 债券偿付的变化不会超过这个范围。当提前偿付超出这个限定时，对 PAC 持有人的偿付会延迟或者加速（上下限会临时被打破，但是偿付的时间表不受影响）。给定的上下限可以提供或强或弱的保护，具体取决于担保债券。比如，当担保债券是当前息票债券时，300% PSA 的上限提供了提前偿付保护（call protection），可以防止利率下降的影响大于担保债券是溢价息票债券时的影响。类似地，当担保债券是常规的转手证券时，100% PSA 的下限可以防止延期的影响大于担保债券是 GNMA 证券时的影响。

其他条件都一样，溢价息票担保债券支持的 PAC 债券的平均期限的可变性大于当前息票担保债券支持的 PAC 债券。图表 27—3 是两者的对比，给出了提前偿付速度不同的两类 PAC 债券的平均期限。一种债券由 FNMA 9s 支持［9.77%的加权平均息票率（weighted average coupon，WAC），349 个月的加权平均剩余期限（weighted average remaining term，WART）］，上下限定在 85%～300% PSA。另一种债券由 FNMA 10 1/2s 支持（11.13% WAC，347 个月的 WART），上下限定在 95%～350% PSA。[2]（折价息票担保债券与当前息票担保债券也可以做类似的比较，但是为节省篇幅，我们省略这个讨论。）

图表 27—3　　担保债券息票对 PAC 债券平均期限可变性的影响

偿付速度（%PSA）	平均期限（年）													
	FNMA 9% 担保债券（85%～300% PSA 上下限）							FNMA 10.5% 担保债券（95%～350% PSA 上下限）						
	2 年	3 年	4 年	5 年	7 年	10 年	20 年	2 年	3 年	4 年	5 年	7 年	10 年	20 年
0	3.20	7.70	11.44	13.74	16.97	20.50	22.75	3.63	8.81	12.78	15.06	18.11	21.01	22.61
50	2.23	3.61	5.25	6.67	9.37	13.49	19.24	2.27	3.79	5.60	7.16	10.06	13.82	19.07
85	2.14	3.05	4.16	5.16	7.13	11.22	19.23	2.16	3.15	4.37	5.45	7.57	11.33	19.07
95	2.14	3.05	4.16	5.16	7.13	11.22	19.23	2.14	3.05	4.16	5.16	7.13	11.22	19.07
300	2.14	3.05	4.16	5.16	7.13	11.22	19.23	2.14	3.05	4.16	5.16	7.13	11.22	19.07

续前表

偿付速度（%PSA）	平均期限（年）													
	FNMA 9% 担保债券（85%～300% PSA 上下限）							FNMA 10.5% 担保债券（95%～350% PSA 上下限）						
	2年	3年	4年	5年	7年	10年	20年	2年	3年	4年	5年	7年	10年	20年
350	2.14	3.05	4.16	4.99	6.29	9.69	17.06	2.14	2.05	4.16	5.16	7.13	11.22	19.07
400	2.14	3.05	3.93	4.40	5.51	8.48	15.09	2.14	3.05	4.16	4.88	6.28	9.81	19.03
450	2.14	2.98	3.52	3.93	4.90	7.52	13.43	2.14	3.04	3.83	4.33	5.56	8.67	15.17
600	2.10	2.38	2.67	2.97	3.67	5.54	9.86	2.14	2.51	2.86	3.22	4.10	6.32	11.11

投资者认识到折价担保债券稳定的重要性，所以当他们预计提前偿付将会加速时，对于折价息票支持的债券结构，他们会接受一个更紧的利率差。类似地，对于溢价担保债券支持的PAC债券，看跌的投资者要求的利率差大于当前息票担保债券支持的PAC债券。在充满看跌情绪的市场中，相对价值会被颠倒。投资者会全部付清溢价息票和溢价息票担保债券，转而要求获得折价担保债券。

27.3 上下限与担保债券的相互作用

在进一步考察上下限对PAC价值的影响之前，我们有必要回顾一下设定上下限以及建立偿付时间表的方式。现金流的可视化也有助于理解不同情景下债券结构的状况。对给定的担保债券，设计出本金的偿付，以及固定的高速提前偿付和低速提前偿付，这就界定了PAC时间表。两套计划的本金偿付所满足的偿付数量（即每个到期日产生的两个数量中较小的那个数量）组成该时间表。图表27—4用图形描述了这种情况。我们描述的这个例子是5亿美元FNMA 9s、9.77%WAC以及349个月WART[3]的基础抵押贷款，并且假设上下限是85%～300% PSA，有2年锁定期（第一个本金偿付计划开始之前的时间期限）。

速度快的现金流模式会导致发行的前5～7年里大部分本金就被偿付了。速度慢导致更平坦的小额现金流，延伸到担保债券的最终到期日。这两种偿付模式的交集构成时间表。在这个例子中，下限决定了前100个月左右的偿付数额，上限决定了剩下月份中的偿付数额。

处于这个上下限之间的速度，其曲线还会包含其下面的时间表面积。高于上限的任意速度，其曲线在前几年聚集的本金较多，并且在上限与下限的交点之前缩短时间表的尾部。类似地，任何低于下限的速度，其曲线将减少前几年的偿付数额。在非常低的速度下，本金的偿付大部分都被推迟到最后几年。

一旦PAC时间表确立了上下限，该时间表可以进一步按照不同的平均期限进行分类。从给定的时间表中分离出来的单只债券，其提前偿付保护程度大于上下限所给出的

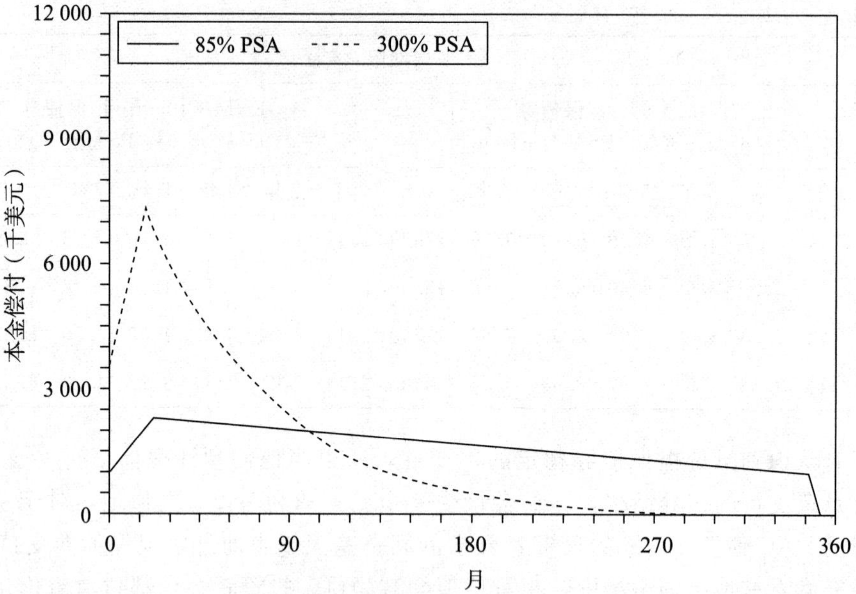

图表 27—4　本金现金流：提前偿付速度是 300%和 85% PSA 的 FNMA 9%担保债券

安排。图表 27—5 中的例子被分成 7 个分券。初期的一些债券有更高的实际上限。实际上下限是最高或最低的不变的提前偿付速度。该速度满足整个分券的偿付要求。比如，很多高于 300% PSA 的速度包含了这个例子的第 1 个分券。最高速度包含整个第 1 个分券，它是债券的实际上限。图表 27—5 给出了第 3 个和第 4 个分券的实际上限。这些实际上限分别大约是 370% PSA 和 330% PSA。很显然，前面几个分券有较高的实际上限。

图表 27—5　实际最高 PAC 提前偿付上限：FNMA 9%担保债券

同样地，图表 27—4 和图表 27—5 中的下限不能完全指明平均期限较长的第 6 个和第 7 个分券实际获得的延期保护程度。低于 85% PSA 的速度偿付本金太慢，不能满足 PAC 前面分券的计划支付。但是，这种速度可以提供更多的现金，满足 100 个月之后的支付需要。在 100 个月的时候，上限可以约束时间表。比如，第 7 个分券的实际下限是 55% PSA。由于第 6 个分券是在上下限相交处开始支付，所以实际的上下限与预设的上下限相同。

当 PAC 债券开始流行时，各种不同的上下限取值范围被用于设定时间表。直到 1989 年第一季度，还很少看到新发行的 CMO 债券的上下限得到相似担保债券的支持。不过，这种提前支付上下限的大杂烩大都被日益标准化的速度所取代。PAC 债券按照这个标准化的速度建立时间表。

PAC 债券时间表的标准速度可以代表市场对于什么是“好的”上下限的主流观点。不过，投资者应该能够识别债券的实际上下限，并且利用计量经济学的提前偿付模型将 PSA 上下限转换成利率上下限，从而确定利率移动多少才可以突破上下限。一旦上下限速度与利率移动明确相关，投资者可以确定上下限是否具有“良好的”保护作用，保护那些符合投资者愿景和资产组合的情景。

新发行的 PAC 债券可能是按照时间表的上下限交易，也可能是按照实际的上下限交易，但是趋势上是使用实际上下限。除非实际上下限是已知的，否则 PAC 债券免受利率移动影响的程度不能确定。因此，投资者应该坚持要求获得这一信息，以及有关实际上下限之外的债券业绩分析。[4] 出于相同的原因，投资者不能认为新发行的平均期限短且实际上限非常高的 PAC 比平均期限相似且只有规定上下限的 PAC 更好。[5]

拥有标准化的规定速度之后，PAC 市场可以建立双层结构。第一层是标准的 PAC，第二层的 PAC 上下限比较弱。该市场交易价格显著低于“好的”PAC 债券。在 1989 年中期，发行人开始同时发行这两类 PAC 债券，并且第二类 PAC 的上下限比第一类更窄。这种双层的 PAC 本质上是支持债券。我们会在第 29 章详细讨论这个问题。

在 1991—1994 年期间，将“超级 PAC”从第一优先权 PAC 中切割出去的做法变得非常普遍。拥有对超级 PAC 第二优先权的 PAC 仍然有标准的新发行 PAC 上下限，但是上下限速度之外的平均期限具有更大的易变性。因此，他们常常会在标准的 PAC 之后交易。由于持续发生提前偿付事件，上下限对于精明的投资者而言不太重要。投资者转而审查债券在一系列提前偿付情况下的表现。

27.4 PAC 的上下限漂移

很多投资者不理解为什么 PAC 上下限在分券的有效期内不是固定的，而是让它随着担保债券实际提前偿付的情况而发生变化。这可以从投资者的数量上明显看出来。这些投资者通过观察发行时公布的上下限（可以是规定的上下限，也可以是实际的上下限）可以评估二级 PAC 市场的交易。旧的 PAC 债券的评估是通过观察当前的实际上下限进行的。在多数情况下，它取决于证券经纪人或第三方数据服务。他们对结构进行模型化，并且知道当前债券以及担保债券的余额。

实际上下限只是给出最高和最低的固定提前偿付速度。给定的担保债券按照这个速度实现计划中的提前偿付。除非担保债券严格按照限定的速度提前偿付（因此它只能达到某个速度，上限速度或下限速度），否则它的余额会与时间表所预计的不同。同样地，支持债券的数量（以及支持债券占 PAC 的比例）也会不同。提前偿付率低于上限会导致上限逐渐向上漂移（因为未偿付数量显著大于预计数量）。如果提前偿付率较高，则实际上限降低。同样地，高于下限的提前偿付会导致下限上升。在时间表的末期或尾部，低于下限的速度对短期和中期 PAC 债券的影响不同于长期 PAC 债券。速度太低会导致前期分券的下限上移，而低于下限的速度可以增大长期 PAC 债券的保护范围。如果上限比下限的变化更快（除非提前偿付率非常接近上限），介于上下限之间的提前偿付率（历史上很普遍）会导致实际的提前偿付保护范围变大。

27.5 当 PAC 时间表被破坏

破坏 PAC 时间表并导致它被部分地赎回或延期，对于债券的经济表现而言，这不一定是负面事件。债券相对于市场收益率的息票（或者债券相对于平价的价格[6]）决定了上下限之外的提前偿付对实际收益率或总收益率的影响。如果上限被打破，PAC 折价息票债券可能会受益。按照面值计算的本金归还会比定价时预期的更早一些。同样地，打破下限引起的延期会对折价息票 PAC 债券产生负面影响。在 PAC 溢价息票的情况下，如果下限被打破，那么它会有益于债券的业绩，因为本金留存的时间比预计的更长，可以获得额外的息票利息。当然，息票越高，打破上限的影响就越坏。

收益率曲线的形状也是一个考虑因素。当收益率曲线陡峭时，延期的成本更高。当收益率较高时，债券现金流的折价会抵消额外息票收入所具有的价值。类似地，收益率曲线由陡峭变平坦所产生的资本利得可以补偿息票收入的损失。

当上下限退化并接近破坏点时，市场会更注意平均期限的情况。PAC 债券不再具有可测度的实际上下限，但是在一个合理的提前偿付速度范围内仍然有稳定的平均期限。

27.6 窗口

PAC 窗口是本金按计划偿付债券持有人的时间区间。只要提前偿付保持固定的速度，处于上下保护带之间，或者说处于 PAC 上下限之间，那么第一次和最后一次本金偿付日期（以及相应的偿付期的长度）是确定的。PAC 购买者通常喜欢较窄的窗口。在某种程度上，这种偏好反映出他们管理资产组合的现实性。如果是集中在短时间内实现偿付，我们比较容易设想单个负债与单个资产之间的匹配。我们也很容易通过互换将它们转换成浮动利率的资产。短窗口还意味着次数较少、数量较大（相对投资数量而言）的提前偿付。窄的窗口会产生子弹形偿付支付。从概念上来讲，这是对公司债券更好的替代品。不过，窄窗口的主要好处是，随着债券逐渐到期，它可以使得收益率曲线平坦下来。在理想情况下，如果每年都有未偿付债券，平均期限会减少 1 年（假设存在稳定的收益率和提前偿付）。

一般而言，债券的平均期限越长，窄的窗口就会成为越重要的考虑因素。PAC 债券期限越短，窗口也越短。在第 20 年想要得到窄窗口是不可能的，这是因为在交易的末期，现金流具有“尾部”性质。也就是说，计划的末期本金偿付金额相对较少。看一看图表 27—4 就容易明白这一点。将“尾部”切成更短的窗口，就会导致更多的零散的分组，这样的平均期限没有市场。

在 3～4 年里，“好的”窗口是 12～15 个月。5～7 年期 PAC 债券的购买者喜欢 18～24 个月的窗口。10 年期 PAC 债券的购买者喜欢 24～30 个月的窗口。

有些投资者要求窄的窗口，因为他们希望平均期限有优越的稳定性。比如，他们认为当提前偿付超出 PAC 上下限时，窄的窗口不会发生平均期限的变化。这个预感被实验证明是错误的。除了窗口长度不同外，这些实验所用的 PAC 债券完全相同（相同的担保债券和相同的平均期限）。图表 27—6 给出了两个这样的实验。这两个实验对一个期限结构中的 5 年期和 10 年期 PAC 债券窗口进行操作。该期限结构包含一组完整的 PAC 债券，平均期限是 2～20 年，得到 5 亿美元 FNMA 9s 的支持（9.77%的 WAC，349 个月的 WART），并且受到 85%～300% PSA 的上下限保护。即使是在极端的提前偿付速度下（比如 0～600% PSA），窗口不同而其他方面相同的 PAC 债券在平均期限方面也没什么不同。保持其他方面一致，如果稍微扩大利差，平均窗口或宽窗口的 PAC 债券会胜过窄窗口。这些结果表明，投资者不希望他们的投资采用子弹形的偿付，而是比较分散的偿付。这些投资者不会对窗口的大小有歧视，尤其是在平坦的收益率曲线的情况下。投资者可以修改现金管理流程，采用复杂的技术来建模，对资产负债的匹配进行管理，并且启动其他方面的程序变革，以适应较长的偿付时间。因此，他们也可以利用相对便宜的宽窗口。

图表 27—6　　窗口大小对 PAC 债券平均期限可变性的影响

偿付速度（% PSA）	平均期限（年）					
	5 年期 PAC 债券			10 年期 PAC 债券		
	0.5 年窗口	2.2 年窗口	4.4 年窗口	3.2 年窗口	5.0 年窗口	7.3 年窗口
0	13.78	13.69	13.38	20.68	20.61	20.50
50	6.68	6.67	6.65	13.70	13.62	13.49
75	5.49	5.48	5.48	11.42	11.47	11.50
100	5.16	5.16	5.16	11.22	11.22	11.22
300	5.16	5.16	5.16	11.22	11.22	11.22

续前表

偿付速度（% PSA）	平均期限（年）					
	5 年期 PAC 债券			10 年期 PAC 债券		
	0.5 年窗口	2.2 年窗口	4.4 年窗口	3.2 年窗口	5.0 年窗口	7.3 年窗口
350	5.01	4.96	4.87	9.68	9.69	9.69
400	4.40	4.41	4.41	8.47	8.48	8.48
450	3.93	3.94	3.96	7.51	7.51	7.52
600	2.97	2.98	3.00	5.53	5.53	5.54

注：所有期限结构都得到 5 亿美元 FNMA 9s 的支持（9.77%的 WAC，349 个月的 WAM，并且有 85%～300% PSA 的上下限）。

有一种例外情况。当 PAC 是当前支付债券时，窄窗口可以提高债券的表现。在这种情况下，窄窗口可以减少以下可能性：在债券按照时间表完全到期之前，提前偿付能够加速或减速到保护带之外。

27.7 锁定

有两种方式可以“锁定”PAC 债券。第一种是锁定 PAC 全部的时间表：早在支持类债券之前移动一部分 PAC 的时间表。这使得 PAC 债券在本金转变成支持债券期间被锁定。这种锁定通常会从发行的前 12 个月延长到 24 个月。锁定的目的是稳定早期的支持类债券。这需要将本金现金流支付给支持债券。而本金现金流有最高的实际上下限（也就是说，提前偿付的范围非常广）。这些现金流具有高度的稳定性，在锁定期间被用于偿付支持债券。不过，有些市场参与者把锁定看成是 PAC 债券的特征或特色。他们会把锁定看成是缩小 PAC 窗口的工具。还有些参与者把锁定看成是 PAC 债券的某种不利因素，认为这种 PAC 债券会损害支持债券受益的程度。

从图表 27—7 中可以很明显地看出这些观点是否正确。该图表对比了没有任何锁定的 3 年期、7 年期以及 10 年期债券平均期限的波动性与具有 2 年锁定期的债券的波动性。这两类期限结构都得到相同担保债券的支持，FNMA 9s，9.77%的 WAC，349 个月的 WART，并且对应适当的锁定。这些债券的大小做了适当的调整，与两位小数以内的平均期限相匹配。（20 年期债券不在比较范围之内，因为它们的平均期限在匹配早期债券之后存在巨大差异。）

根据该图表，锁定可以减少提前赎回风险和延期风险，从而有利于 PAC 债券。早期债券得到的好处高于后期债券。10 年期债券在平均期限波动性上只表现出微小的下降。这里存在两种影响。第一，锁定会去除前两年所有的偿付，减少时间表的长度。它会自动地导致 PAC 债券的数量小于支持债券。相反地，支持债券可以保护剩下的 PAC 时间表。由于支持债券以最低的提前赎回风险包含来自担保债券的现金流，所以支持债券不容易受到提前赎回风险的影响。即使是在非常高的提前偿付速度下，支持债券未偿付的部分越大，对PAC债券的保护就越大。与此同时，这些本金不再遵循时间表的安排，这意味着后期的偿付计划有可能会按照低于下限的速度执行。

图表 27—7　　锁定特征对 PAC 债券平均期限波动性的影响

偿付速度（% PSA）	平均期限（年）					
	没有锁定			2年锁定期		
	3年	7年	10年	3年	7年	10年
0	11.14	18.98	21.96	7.46	16.57	20.72
50	4.41	10.22	14.36	3.60	9.23	13.75
85	3.05	7.10	11.22	3.05	7.10	11.22
300	3.05	7.10	11.22	3.05	7.10	11.22
355	3.01	6.26	9.70	3.05	6.34	9.68
400	2.84	5.49	8.49	3.02	5.58	8.47
450	2.66	4.89	7.53	2.89	4.96	7.51
600	2.17	3.66	5.55	2.37	3.71	5.53

注：这两种期限结构都得到5亿美元FNMA 9s的支持，9.77%的WAC，349个月的WAM，并且有85%～300% PSA的上下限。

第二种锁定形式是所有CMO结构中常见的提前赎回保护形式。它指的是在最糟糕的情况下，债券（或债券本金数额）在特定债券开始支付本金之前偿付。在简单的顺序偿付结构中，除了平均期限最短的债券之外的所有债券都具有一定的锁定特征，而结构中的早期债券首先开始偿付。PAC债券可以从支持债券中得到明确的提前赎回保护，而时间表中的早期债券也可以提高内在的提前赎回保护。换句话说，平均期限越长，债券内在的提前赎回保护就越好。当我们考察平均期限对于本书后面的期权成本的影响时，锁定的影响特别显著。

27.8　交易中是否存在Z债券

Z债券或一次性还本付息债券（“Z”代表零息票）是一种CMO债券结构类型：直到开始偿付本金时才支付利息。到那时，按照息票利率支付利息，并计入未偿付的本金中。Z债券通常包含在CMO债券结构中，是最后到期的债券类型。当然，基础的担保债券仍然支付息票利息。归于Z债券持有人的那部分利息被设计成付息债券，用于收回早期的债券。因此，Z债券的存在实际上使得CMO的组建者可以增加早期债券的数量，因为“一次性还本付息”的数量是对担保债券本金偿付的补充。更贴切地说，一次性还本付息有助于稳定早期债券，因为有一部分现金流被用于收回早期债券，这部分现金流不直接取决于提前偿付的水平。

第 28 章会详细讨论 Z 债券与早期债券之间的相互影响。读者如果对 Z 债券结构不熟悉，或者有兴趣了解更复杂的 Z 债券结构，可以参考那一章。这个讨论的目的是考察长期 Z 债券对 PAC 的意义，如果存在某种意义的话。另外还讨论了一个相关问题，即 Z 债券的一次性还本付息是否有可能被用于稳定早期债券而不是 PAC 债券，或者等价地，是否有可能被用于定期到期类债券（stated-maturity-type bonds）的偿付。当这种结构的债券发生交易时，这种机制可能很难说清楚，只能通过债券发行说明书来阐明，或者在发行过程中详细阐述。

我们对两种 CMO 结构进行模型化，进一步考察 Z 债券对它们的业绩以及相对价值的影响。它们得到相同的 FNMA 9%担保债券的支持，包含最大的 PAC 本金数额，上下限为 85%～300% PSA，并且有相关的一次性还本付息机制。时间表由一组债券构成。这些债券的名义平均期限是 2 年、3 年、4 年、5 年、7 年、10 年以及 20 年。除了 20 年之外的其他平均期限都有两位小数（与锁定例子的情况一样，由于时间表在数量方面存在显著差异，20 年债券没有可比性）。

这两种结构都包含 20 年期 Z 债券。第一种结构将累计利息付给 PAC 和早期支持债券，第二种结构将累计利息只付给早期支持债券。图表 27—8 给出了不同的提前偿付速度下两种 PAC 系列的平均期限。

投资者需要注意，Z 债券支持的 PAC 与支持债券的支持债券是 Z 债券的 PAC 在平均期限方面存在差异。当提前偿付速度打破下限时，Z 债券可以稳定住 PAC 债券。这合乎情理：只要 Z 债券未偿付，就会产生一次性还本付息的现金流。另外，当上限被打破时，在包含 Z 债券的结构中，PAC 债券会急剧缩小。这是因为在任何时候，支持债券未偿付的比例较低，可以缓冲高速提前偿付对 PAC 的影响。实际上，提前偿付越快，Z 债券的本金余额就越少（当它开始吸收超额现金时），它被清偿得就越快。然而，这个例子警告投资者不要认为，由于结构中存在 Z 债券，PAC 延期的风险就会变小。市场规则不要求发行人一次性偿付 PAC 债券。在某些市场环境下，将利息转给支持债券可以使得它们更好卖，CMO 套利更可行。如果情况是这样，那么发行人会相应地组建 CMO。这个故事的寓意是：要求优先权，并且仔细阅读债券发行说明书。

图表 27—8　　Z 债券一次性还本付息对 PAC 债券平均期限可变性的影响

偿付速度（% PSA）	平均期限（年）											
	累计利息给 PAC 和支持债券						累计利息只给支持债券					
	2 年	3 年	4 年	5 年	7 年	10 年	2 年	3 年	4 年	5 年	7 年	10 年
0	2.74	6.03	9.05	11.04	14.01	17.11	3.20	7.70	11.44	13.74	16.97	20.50
50	2.21	3.53	5.07	6.40	8.85	12.24	2.23	3.61	5.25	6.67	9.37	13.49
85	2.13	3.05	4.16	5.16	7.13	11.23	2.13	3.05	4.16	5.16	7.13	11.22
300	2.13	3.05	4.16	5.16	7.13	11.23	2.13	3.05	4.16	5.16	7.13	11.22
350	2.13	3.00	4.13	4.76	6.19	9.68	2.13	3.05	4.16	4.99	6.29	9.69

续前表

偿付速度（% PSA）	平均期限（年）											
	累计利息给 PAC 和支持债券						累计利息只给支持债券					
	2年	3年	4年	5年	7年	10年	2年	3年	4年	5年	7年	10年
400	2.13	2.82	3.68	4.19	5.93	8.47	2.13	3.05	3.93	4.40	5.51	8.48
450	2.13	2.21	3.30	3.74	4.83	7.51	2.13	2.95	3.52	3.93	4.90	7.52
600	1.97	1.82	2.52	2.84	3.62	5.53	2.10	2.38	2.67	2.97	3.67	5.54

注：这两种期限结构都得到 5 亿美元 FNMA 9s 的支持，9.77%的 WAC，349 个月的 WAM，并且有 85%～300% PSA 的上下限。

读者可能还注意到，在这个例子中，没有收到利息的 PAC，其平均期限与没有 Z 债券的结构中得到相同担保债券支持的 PAC 完全相同。（参见图表 27—3。）换句话说，对于 PAC 的购买者而言，利息支付给支持债券与结构中不包含 Z 债券的情况是完全一样的。这是合乎情理的：用总数相同的支持债券去支持 PAC 债券。唯一的差别是支持债券的本金支付提前了，因为在偿付非 Z 债券支持的债券时，其中包含一部分 Z 债券产生的利息。

27.9 暴涨 Z 债券和期限完全确定的债券结构对 PAC 债券的影响

在 1990 年，组建者开始将 Z 债券所释放的利息设计成特别债券（special bond）。各种所谓的储蓄流动性债券、期限完全确定（very accurately determined maturity，VADM）债券或定期到期（stated maturity，SMAT）债券，首先对储蓄贷款机构产生吸引力。这些机构受到管制，需要将一定比例的资产用于非常高质量的短期投资，因此相应地愿意为合格的收益工具支付溢价。这些工具产生的收益率比政府公债的收益率更有吸引力。这些债券会吸引银行之类的投资者。在收益率上升的前提下，银行对延期风险非常敏感，所以最终期限在两年以上的 VADM 发行数量越来越多。VADM 类债券的规模取决于利息（或利息加本金）是否按照零提前偿付速率释放，直到想要到达的最终期限。显然，提前偿付越快，期限就越短，并且没有什么事件可以延长期限。VADM 对 PAC 的业绩影响等同于前面的例子中将利息转移给支持债券的影响。

在某些发行过程中，组建者设计支持债券 Z 债券，如果出现某种触发条件，它将转换为“付款方”。这将改变它们在支持债券当中一直拥有的优先偿付权（payment priority）。有很多方法可以让 Z“暴涨”。主要的方法参见第 28 章。一旦 Z 债券转变成当前支付（current pay）债券并且开始支付息票利息，那么它的支持债券不再适用于 PAC 类。一般而言，这对 PAC 债券业绩的影响等同于前面基本例子中的情况。不过，PAC 债券失去延期保护的程度会因为它要花时间触发转换而有所缓解，也会因为暴涨是对某个条件（比如规定的提前偿付界限）的临时性反应还是永久性反应（“黏性”的 Z）而有所缓解。这种组建策略在 20 世纪 80 年代后期很普遍，但是在最近的市场中再也没有看到了。

27.10 获得超额现金流的优先权

PAC 时间表受到支持债券的保护。这个保护机制很简单：在任何时期内，支持债券可以吸收的本金超过计划的付款金额，并且任何现收现付 PAC 债券可以优先要求获取所有本金。当所有支持债券都完全到期之后，这种保护就停止了。如果担保债券始终以高于上限的速度偿付，就会出现这种情况。一旦支持债券到期，根据 CMO 发行时确定的优先权，所有本金会被分配给未偿付的 PAC 债券。这些优先权一般会按照最终到期日将剩余的本金支付给未偿付的 PAC 债券，但也并非总是如此。对 CMO 发行说明书进行大量的考察之后，我们可以找到很多结构实例。它们按照到期日逆向排序支付剩余本金，或者以其他方式牺牲一些债券而保护另一些债券。我们可以预计，这种方案会对各种 PAC 债券的平均期限可变性产生巨大的影响。

图表 27—9 用一个简单的例子来对比两种优先权方案。它比较了两组 PAC 债券在不同提前偿付速度下的平均期限：一组是按照到期顺序获得剩余本金，另一组是按照逆向到期顺序获得剩余本金。如图表中所指出的，在逆向排序时 PAC 的提前偿付速度高于上限，如果提前偿付速度在限定之外，这会极大地改变 PAC 债券的平均期限。正如我们所预计的，PAC 债券收益的时间越短，付出代价的时间越长。当余额支付逆向排序时，中短期 PAC 债券明显更稳定。当提前偿付加速时，较长的具有 10 年、20 年平均期限的 PAC 债券的期限会明显缩短。

图表 27—9　　剩余款项的支付排序对 PAC 债券平均期限可变性的影响

速度 (% PSA)	平均期限（年）													
	余额按到期日排序							余额按到期日逆向排序						
	2年	3年	4年	5年	7年	10年	20年	2年	3年	4年	5年	7年	10年	20年
0	3.20	7.70	11.44	13.74	16.97	20.50	22.75	3.20	7.70	11.44	13.74	16.97	20.50	22.75
50	2.73	3.61	5.75	6.67	9.37	13.49	19.24	2.73	3.61	5.75	6.67	9.37	13.49	19.24
85	2.14	3.05	4.16	5.16	7.13	11.22	19.23	2.14	3.05	4.16	5.16	7.13	11.22	19.23
300	2.14	3.05	4.16	5.16	7.13	11.22	19.23	2.14	3.05	4.16	5.16	7.13	11.22	19.23
350	2.14	3.05	4.16	4.99	6.29	9.69	17.06	2.14	2.05	4.16	5.16	7.14	11.95	5.42
400	2.14	3.05	3.93	4.40	5.51	8.48	15.09	2.14	3.05	4.16	5.16	7.17	9.65	4.07
450	2.14	2.95	3.52	3.93	4.90	7.52	13.43	2.14	3.04	4.16	5.16	7.26	7.56	3.35
600	2.10	2.38	2.67	2.97	3.67	5.54	9.86	2.14	2.51	4.16	5.16	7.24	3.09	2.27

注：这两种期限结构都得到 5 亿美元 FNMA 9s 的支持，9.77%的 WAC，349 个月的 WAM，并且有 85%～300% PSA 的上下限。

27.11 PAC 债券的期权成本特征

在 PAC 市场中，大部分参与者评估各只债券的方式是，在各种不同的固定提前偿付速度下（速度在上下限之外），考察 PAC 债券的平均期限和收益率。这种方法类似于本章分析 PAC 债券的各种特征时所使用的方法。这种方法存在很多缺点，其中一些缺点可以简化成某种抱怨：使用固定的提前偿付假设。投资者采用这种工具，可以设计 PAC 债券的投资准则，比如“如果有 4 年窗口的 10 年期 PAC 债券没有缩短到小于 8 年的平均期限，那么给定收益率瞬时下降 200 个基点，我会在 120 时购买该债券”。他们会隐含地利用这些工具来测度并评估 PAC 债券中内嵌的提前偿付期权。不论这些准则看起来多么精明和客观，它们实际上只是纯粹主观的猜测：这些期权的随机运用会对投资结果造成多大的损害或帮助。

我们可以用期权定价模型来测度提前偿付风险对 PAC 债券产生的收益率的影响。这些模型产生利差、久期（价格敏感度）以及凸性（久期对收益率变化的敏感度）。这些因素会发生明显的调整，在大样本上可以说明在 PAC 债券的期限内，预期提前偿付所处的可能利率路径。尤其是，这些模型可以导出 PAC 债券中提前偿付期权的平均成本，可以确定利率波动性导致的总利差的下降预期。[7]这个模型用简单的术语概括了数以百计的具体情景，这不是投资者看一看价格—收益表就能消化的。另外，这些情景更具现实性，因为它们允许利率在路径的每个点上随机变动。

期权调整利差（option-adjusted spreads，OAS）随着市场环境的变化而变化。因此，在这里不适合讨论当前的 OAS。不过，分析中导出的期权成本对当前市场收益率没有这么敏感（虽然它们也会随着隐含的波动而发生细微变化）。所以这里可以做一些讨论，不用担心它会在固定收益市场上过时，下次又回升或修正。

如我们所料，PAC 债券有较低的期权成本。在这一章讨论的当前息票支持的结构中，对于平均期限在 3～20 年的债券而言，期权成本通常在 0 到 20 个基点之间变化。相比之下，担保债券（FNMA 9s）有 35 个基点的期权成本。（记住，期权成本、收益率等指标的绝对度量要跟具体的期权模型保持一致。）溢价担保债券支持的 PAC 债券（FNMA 10 1/2s）的期权成本明显更高，介于 3 到 40 个基点之间。担保债券有 68 个基点的期权成本。

图表 27—10 给出了期权定价模型的一般模式。我们计算了前面几节提到的一系列债券：FNMA 9s 支持的平均期限为 2 年、3 年、4 年、5 年、7 年以及 20 年的 PAC 债券。（这些债券平均期限的状况参见图表 27—3。）图表 27—11 给出了溢价支持的 PAC 债券期权成本模式。我们在三个情景下分析这些债券的期权成本：假设（1990 年 1 月 23 日）利率环境保持不变，假设利率瞬时向上和向下移动 100 个基点。假设期权调整利差保持不变，上移和下移通常非常大，可以给分券一个折价或溢价。分券当前的价格接近于票面价值。通过这种方法，我们可以得到一些有关债券结构对利率冲击敏感度的结论。当前息票支持的 PAC 债券的期权成本始终在 3 到 30 个基点之间变化。另外，我们看到溢价

息票支持的 PAC 债券的期权成本普遍较大。

正如我们所料，期权成本随着 PAC 平均期限的增加而增加。如果只是因为到期日越晚，使用期权的可能性就越大，那么结果是可以预料的。比较当前的行情与看跌行情，利率上升引起延期风险上升，从而导致 2 年期和 3 年期 PAC 债券的期权成本有所提高。利率更高的原因是，随着 PAC 债券的期限从 10 年变化到 20 年，期权成本以较慢的速度在每个利率点上或减少或上升。在图表 27—11 所描述的一组相似的 PAC 债券中这个结论对期权成本也成立。这个例子得到溢价息票担保证券的支持（其平均期限状况如图表 27—3 所示）。期权成本往往会在 10 年期 PAC 债券中达到最大，而不是 20 年期 PAC 债券。这一事实可能出乎某些市场参与者的意料。这表明，20 年期 PAC 债券的购买者通常要求利差超过 10 年期的 PAC 债券，这种额外的利差代表的是附加值。直觉上，这个结果很有趣。它反映出锁定时间长，而且 PAC 债券的时间表变短，延期的空间有限。另外，提前偿付模型还被用于设计不同利率下的提前偿付路径。它可以准确地反映出，在连续不断的高速提前偿付下，抵押贷款组合“逐渐消失”的趋势。其结果是，在该组合的后期，提前偿付速度往往会慢下来。

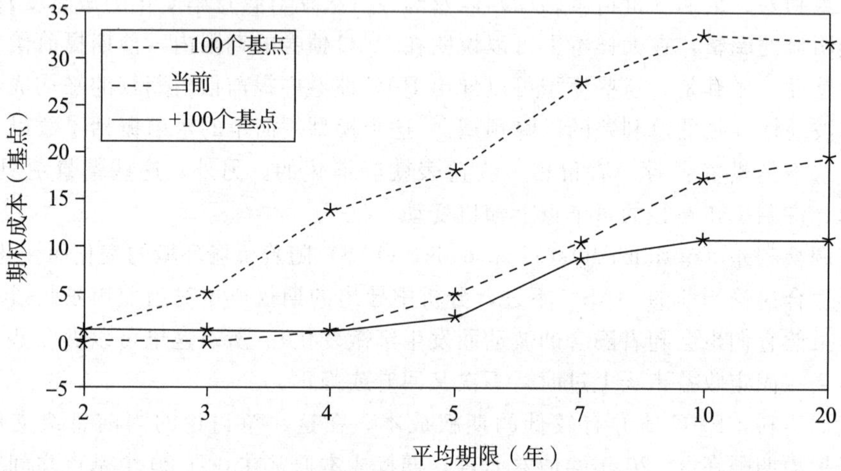

图表 27—10 PAC 债券* 期权成本对利率移动的敏感度（当前息票常规担保债券）

* PAC 债券由 FNMA 9s 支持；假设瞬时利率移动。

当我们用平均期限来考察锁定效应时（见图表 27—7），债券加入序列的时间越早，PAC 债券得到的好处越明显。我们对同一个实例做明确的期权成本评估，发现存在类似的效应，如图表 27—12 所示。不过，7 年期和 10 年期的分券没有得到期权成本方面的好处，虽然在极端缓慢的提前偿付速度下，它们的平均期限没有大幅度地延长。这个图表还给出了 20 年期 PAC 债券所得到的好处，以下情况除外：利率下降，抵押证券变成溢价债券，并且提前偿付速度加快。图表 27—6 没有比较 20 年期 PAC 债券，因为如果在时间表中给定另一个数量，我们无法匹配四种债券的平均期限（在锁定结构中，20 年期债券的平均期限接近于 16 年）。这种差别还可以说明为什么在锁定结构中，转嫁给 20 年期债券的期权成本较低。

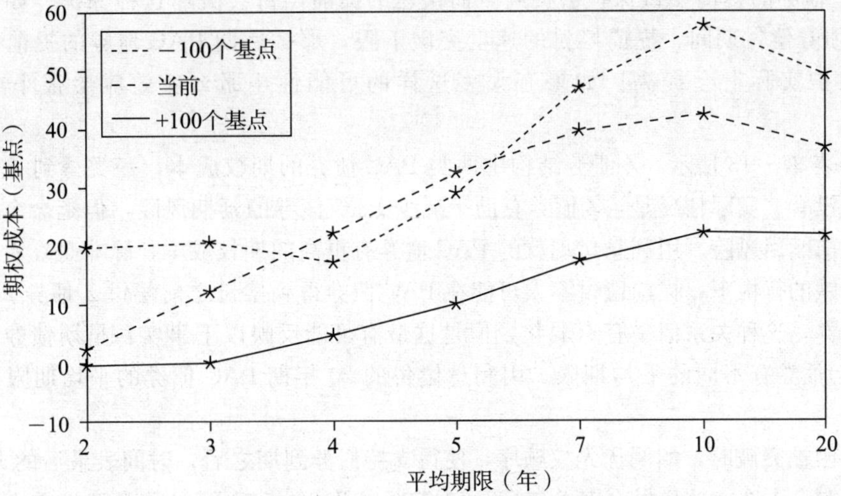

图表 27—11　PAC 债券* 期权成本对利率移动的敏感度（溢价息票常规担保债券）

* PAC 债券由 FNMA10 1/2s 支持；假设瞬时利率移动。

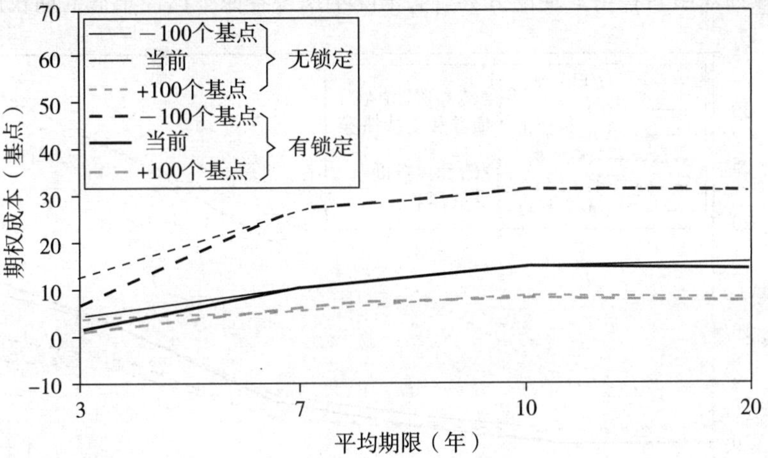

图表 27—12　有或没有锁定的 PAC（债券）* 期权成本对利率移动的敏感度

* PAC 债券由当前息票常规担保债券支持；假设瞬时利率移动。

我们还可以考察 5 年期和 10 年期 PAC 债券不同的窗口长度的影响。我们没有看到期权成本发生变化，除了在看涨情况下的 5 年期债券。即使在这种情况下，也只有细微的差别，最多 3 个基点。这又重复了前面提到的结论：窗口的长度不会对上下限以外的债券平均期限的稳定性造成太大的影响。

有些证券分析师和投资者反对这个结论。比如，他们相信在偿付现款期间，窄窗口可以降低突破上下限的可能性。因此他们的推论是，他们实际掌握的提前偿付期权成本较低。不过，期权的时间价值包括支付首期之前的时期，因为债券体系的前几个月或前几年提前偿付的经历会破坏或加强上下限隐含的保护功能。在 5 年期或 7 年期 PAC 债券的本金偿付之前，会发生一个以上的完整利率和住宅行业周期。在提前偿付速度减慢期间，PAC 债券的提前偿付保护会提高，而快速的提前偿付会破坏这种保护。如果在早期的 PAC 债券偿付期间，提前偿付的速度突破下限，那么后期 PAC 债券的提前偿付保护和延期保护实际上会提高！如果有太多这样的可能性，那么净效应会很小或者可以忽略。[8]

如图表 27—13 所示，Z 债券结构中两类 PAC 债券的期权成本，一类得到 Z 债券的资助，一类没有。实际情况是，Z 债券有助于减少 PAC 债券的延期风险，但是会令它们面临额外的提前赎回风险。用利息付现款的 PAC 债券有更高的期权成本，除非是在看跌的行情下。在看跌的行情下，提前偿付不太可能在 PAC 债券得到偿付之前偿付 Z 债券。（对于 20 年期的债券，这种关系似乎有点弱化，但是这最有可能反映以下事实：早期债券的匹配导致 20 年期债券有不同的平均期限。用利息偿付的 20 年期 PAC 债券的平均期限实际超过 26 年。）

当上限被突破时，颠倒优先权顺序，使得支持债券到期之后，时间表最后的 PAC 债券首先获得剩余本金。这样做会对 7 年期、10 年期以及 20 年期 PAC 债券产生重大影响。这种影响可以从图表 27—14 中看出。优先权越高，则提前赎回风险越大，期权成本也越高。正如我们所预料的，当收益率的下降提高了提前偿付的风险时，这种影响会加重。相比之下，将提前赎回风险转移给后期的分券，会消除早期分券原本已经很低的期权成本。

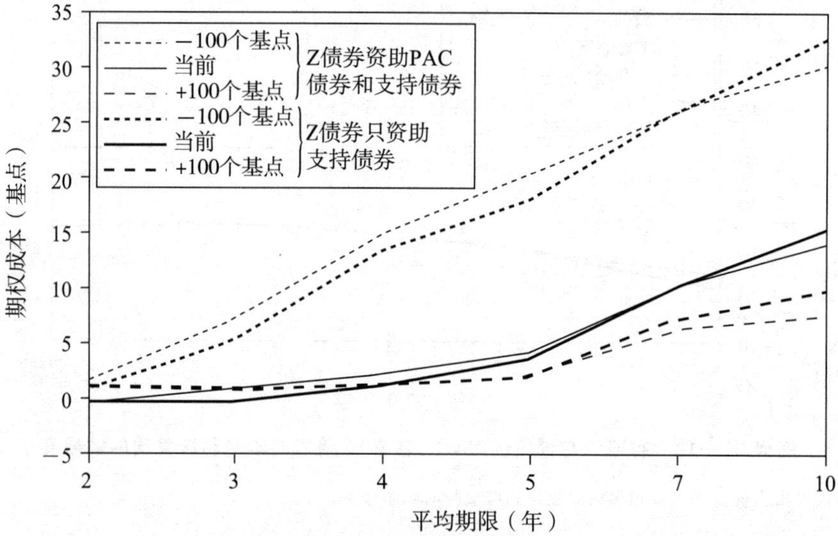

图表 27—13　当 Z 债券只资助支持债券以及当 Z 债券资助 PAC 债券和支持债券* 时 PAC 债券* 期权成本对利率移动的敏感度

* PAC 由当前息票常规担保债券支持；假设瞬时利率移动。

27.12　关键知识点

- PAC 债券的偿付计划、提前偿付速度的保护范围广泛是吸引保险公司以及其他长

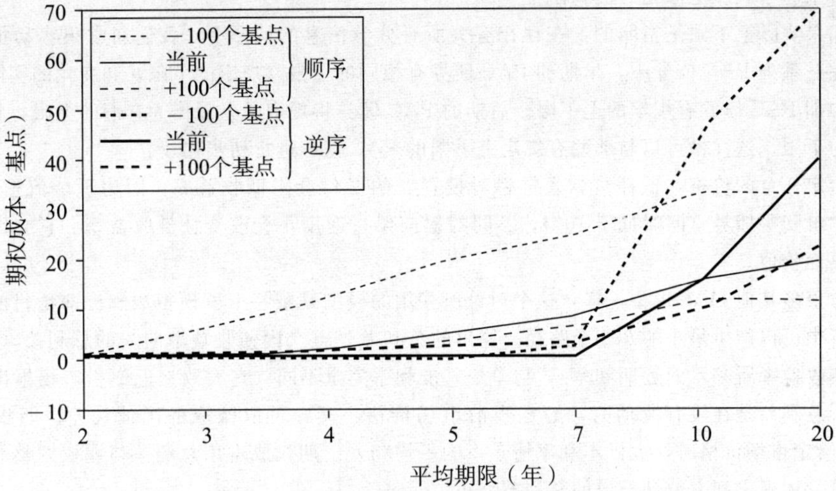

图表 27—14　当剩余现金按顺序和倒序支付给 PAC 债券时
PAC 债券期权成本对利率移动的敏感度

期投资者的主要特征。这些投资者需要匹配特定债务。市场中的流动性、收益率以及多样性特征也正在吸引越来越多积极的债券管理者。

• 有关某种 PAC 债券特征的错误价值观念会为两类投资者带来机会。最重要的是，当人们考虑债券当前实际上下限时，很多溢价息票支持的 PAC 债券被低估了。PAC 债券窗口的长度不会影响经济价值。锁定功能有利于平均期限短的 PAC 债券以及支持债券。Z 债券可以保护早期的 PAC 债券不受延期风险影响。

• 不能对 PAC 债券投资做压力测试的投资可能会忽略以下事实：实际上下限明显不同于发行时规定的上下限。我们需要注意，在支持类债券被偿付之后，剩余现金流优先顺序的扭曲或偏离，因为它会对长期 PAC 债券的业绩产生巨大影响。虽然对价值的影响不大，但投资者还是需要决定长期 Z 债券是偿付支持债券还是偿付 PAC 债券。

• 我们通常在各种不同的提前偿付情景下考察 PAC 债券投资的收益率和平均期限，对 PAC 债券做出评估。这个分析还需要深入下去，与可能的利率情景联系在一起。最合理的方法是采用提前偿付模型。该模型可以清楚地确定提前偿付行为的决定因素。采用期权定价方法可以充实这个分析，扩展它的见解。

【注释】

[1] 这个例子假设在正常情况下，PAC 债券有优先权，要求在支持债券被偿付之后，按照预定的期限提前偿付本金。注意，这一章所有的例子是在作者可以直接使用实验模型以及交易平台操作工具的情况下创造出来的，属于非正常的情况。对于连续的利率环境以及 CMO 债券的平均年数，这些实验的一般结果是成立的。

[2] 这些例子是 1990 年 1 月建立的，当时 9%息票的转手证券的定价低于票面价值，但非常接近该价值。这导致 PAC 债券的 CMO 市场收益率曲线中所构造的分券的息票是当前市场收益率。

[3] 对担保债券的分期偿付计划取决于 WAC 和 WART。

[4] 在牛市中，上限没有什么保护作用，这时提前偿付速度显著高于 100%PSA。在这种背景下，

债券的价值来源于它在上限之外的稳定性。

[5] 如果实际上下限是指明的，在存在有关所有分券信息的情形下，我们通常很容易推断出计划的速度。在一系列PAC债券中，早期的PAC债券有相同的下限（规定的下限）和变化的实际上限。一个或多个中期PAC债券有规定的上下限。后期的PAC债券将规定的上限作为它们的上限，将变化的实际下限作为下限。这样做可以与那些有规定上下限的PAC债券进行初步比较。

[6] 给定任意的价格，抵押贷款人推迟对投资者的偿付会降低收益率，因为现金流被向后推迟。如果按照平价购买债券（略微低于100），不同的提前偿付速度不会改变债券收益率。它会因为延迟支付而调整票面价值。

[7] 与很多其他OAS模型一样，这个讨论所采用的模型是蒙特卡罗模拟法和提前偿付的计量经济模型。分析中可以产生最小的200个路径。算出的总利差是整个国债收益率曲线的总利差（准确地说，是当前国债收益率所暗示的远期利率），与单个基准利率完全不同。它大致上近似于市场报出的特定国债的利差。总利差是在没有波动时，给定当前市场价格，债券可以赚取的国债利差。期权调整利差（OAS）是给定市场价格时，大样本利率情景下的平均利差。期权成本用总利差与期权调整利差之间的差额来度量，体现出利率波动导致的总利差缩小。

[8] 因此，第一个PAC债券应该从窄窗口中受益最大。根据前面的解释，2年期或3年期PAC债券通常有短窗口，并且期权成本非常低。

第 28 章

机构 CMO 的 Z 债券*

琳达·洛威尔(Linda Lowell)
OffStreet 研究有限责任公司总裁

在机构交易中,传统的一次性还本付息的担保抵押证券(CMO)是长期债券。这种结构可以使得发行人在支付本金的时候才开始支付利息。相反,一次性还本付息债券的本金余额会因为每个付息日规定的息票增加而增加。在 CMO 结构中,一旦早期的债券被偿付之后,一次性还本付息债券就停止累计,开始按照标准的 CMO 债券偿付本金和利息。一次性还本付息债券通常被称为 **Z 债券**(Z-bonds),因为它们在累计阶段是零息票债券。以这种方法设计的债券为投资者带来较长的久期、诱人的收益率,以及在累计阶段对再投资风险的防护。由此产生的现金流模式适合匹配长期负债。因此,这种债券受到养老基金经理人、人寿保险公司以及其他投资者的欢迎。这些投资者希望延长资产组合的久期,减少再投资风险。

Z 债券从一开始就成为 CMO 市场的重要产品。Z 债券当前大部分未偿付的金额来自传统的顺序偿付 CMO,但是一般的结构可以适应基于 PAC 债券的 CMO。自 20 世纪 80 年代后期开始,市场一直都喜欢这种债券。将一次性还本付息债券当作最后一类债券仍然是一种普遍的做法。与此同时,Z 债券是 CMO 市场中创新的核心,因为发行人设计出大量的平均期限适中的 Z 债券。越来越多的债券有各种不同的平均期限,它们的利息累计和支付是依据 PAC 时间表,并且利用各种条件或事件来启动或者关闭一次性还本付息机制。这些创新为 Z 债券购买者拓宽了传统的市场,提高了 Z 债券现金流的稳定性。

* 早期版本的本章内容是与布鲁斯·马胡德(Bruce Mahood)合写的。

发行的Z债券有更广泛的平均期限，或者说设计出的债券在衰退时可以更好地恢复并保持高收益率。

这一章讨论机构CMO市场中的重要部分。我们首先考察传统Z债券的机制以及按计划摊还类别Z债券，然后重点考察在不同的提前偿付情景中这些债券结构的行为。我们还会考虑Z债券对CMO中其他债券的影响，以及Z债券的基本特征与它的市场属性及经济绩效之间的关系。最后会讨论更复杂的Z债券结构的特征，比如分期偿付的Z债券、按计划摊还类别Z债券以及暴涨的Z债券。

28.1 基本的一次性还本付息结构

大部分Z债券是传统的分期偿付CMO结构。它们通常是四类债券中的最后一类，名义的平均期限是20年。图表28—1用图形描述了包含Z债券的顺序偿付型CMO的本金和现金流。如图所示，第一类债券在到期之前一直偿付本金和利息。在到期后，第二类债券开始偿付现款。付息债券，A类、B类、C类，按照规定的息票利率得到利息，偿付其初始的本金余额。不过，Z债券中的Z类直到前面几类债券完全到期之后才能获得偿付。它的本金余额是按照复利增加的，可以有效保证债券持有人的再投资利率在利息累计期间等于票面利率。并且，只要早期的债券还未偿付，它就可以杜绝投资的再投资风险。本金余额的数量可以在计划的利息累计期间增加至三倍或四倍。图表28—2用图形说明了这一点。图表28—1中Z债券的本金余额在预期年限中按照假设的固定提前偿付速度165% PSA增长。分券的本金余额是2 500万美元，在第150个月达到最大值7 950万美元。从那一时点起，余额开始减少，担保证券中预先计划的摊还和提前偿付开始支付给债券持有人。这符合最后支付先前分券的要求。

如果实际提前偿付速度高于165% PSA，那么在利息累计结束时Z类本金余额会小于图表28—2中所示的7 950万美元。由于早期的分券很快就要支付现款，Z债券累计利息的时间较短，因此总的利息累计较少。相反，较慢的提前偿付使得Z债券有较长的累计利息时间，使得Z债券在为债券持有人产生现金流时有较大的本金余额。图表28—3给出了在不同的固定提前偿付速度下，利息累计时期结束时的本金余额。在165% PSA的定价速度下，这个例子中的余额数量超过最初面值金额三倍。在更快的350% PSA的速度下，最初面值金额会翻倍。在较低的100% PSA速度下，它会变为原来的4倍。同样地，较快的提前偿付会加速收回本金和利息的首付款。在这个例子中，首付款的速度从第12年年中的165% PSA暴涨到第9年年初的350% PSA。如果提前偿付下降到固定的速度100% PSA，那么向Z债券的第一次偿付要等到发行后的第16年年初才开始。

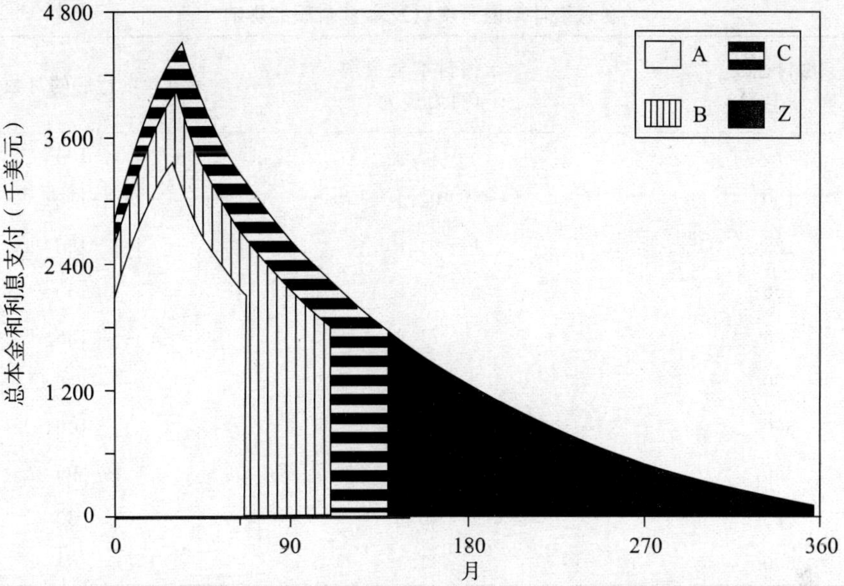

图表 28—1　传统的包含 Z 债券的顺序偿付 CMO* 的总本金和利息支付

* 提前偿付速度为 165% PSA。

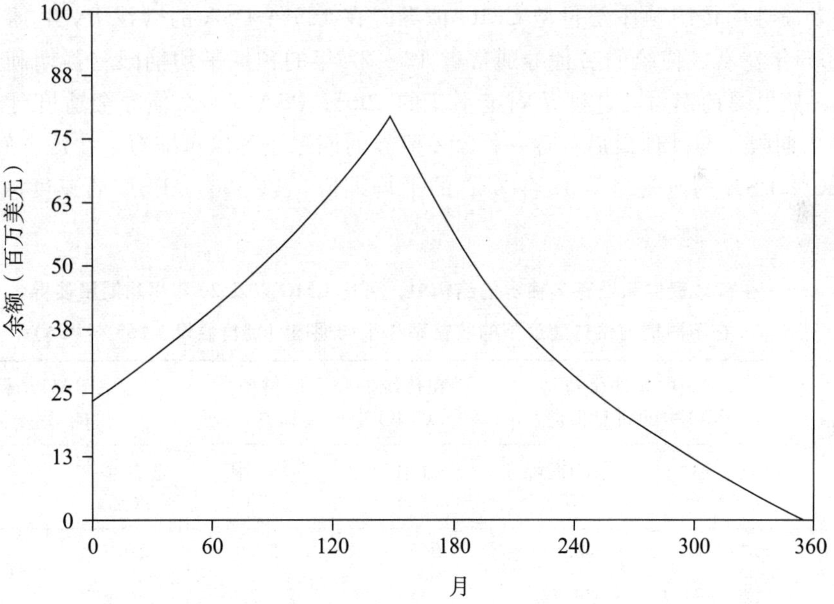

图表 28—2　Z 债券的本金余额随时间的变化：2 500 万美元初始余额*

* 提前偿付速度为 165% PSA。

图表 28—3　　在 2 500 万美元 20 年平均期限的 Z 债券类* 利息累计期结束时，提前偿付速度对利息累计期的长度以及本金余额的影响

偿付速度 (% PSA)	未偿付本金余额 (百万美元)	发行后的月数
75	115.4	194
100	102.1	180
125	91.8	166
165	79.5	150
200	71.4	135
250	63.4	119
300	57.2	106
350	52.9	96
425	46.6	80
600	41.1	64

* 总发行额为 3 亿美元，顺序偿付 CMO 债券，由 FNMA 9½s 支持。

图表 28—4 给出了提前偿付速度的快慢对同一个例子里平均期限和收益率的影响。这是包含 Z 债券的传统顺序偿付型 CMO 债券。在 165% PSA 的假设下，Z 债券的平均期限是 18.5 年左右。传统的 Z 债券通常有 18～22 年的预期平均期限（预期利息累计期 8～10年）。如果提前偿付的速度是固定不变的 100% PSA，那么债券会适度延长至大约 22 年的平均期限。与其他最后分券一样，Z 债券的期限还可以再缩短。在这个例子中，Z 债券以 350% PSA 的速度缩至 12 年左右的平均期限，以 600% PSA 的速度减少到 7.5 年左右。[1]

图表 28—4　　在有 Z 债券和没有 Z 债券的结构中，可比 CMO 以及 20 年平均期限债券在不同提前偿付速度下的收益率和平均期限（定价假设：165% PSA）

偿付速度 (% PSA)	在传统的顺序偿付型 CMO 中的付息债券		在传统的顺序偿付型 CMO 中的 Z 债券		在 PAC 结构中的 Z 债券	
	收益率* (%)	平均期限 (年)	收益率** (%)	平均期限 (年)	收益率*** (%)	平均期限 (年)
75	9.97	25.01	9.82	22.91	10.17	22.91
100	9.98	23.25	9.83	21.71	10.20	21.71
125	9.94	21.40	9.83	20.47	10.24	20.47
165	10.00	18.55	9.85	18.55	10.30	18.55
200	10.02	16.41	9.86	17.02	10.35	17.02
250	10.05	13.88	9.89	15.02	10.44	15.02
300	10.08	11.92	9.91	13.37	10.52	13.54

续前表

偿付速度 (% PSA)	在传统的顺序偿付型CMO中的付息债券		在传统的顺序偿付型CMO中的Z债券		在PAC结构中的Z债券	
	收益率*（%）	平均期限（年）	收益率**（%）	平均期限（年）	收益率***（%）	平均期限（年）
350	10.11	10.38	9.93	11.96	10.69	12.48
425	10.15	8.66	9.98	9.80	11.18	8.38
600	10.27	6.18	10.06	7.61	13.02	3.05

* 价格：96：28。
** 价格：96：29。
*** 价格：90：10。

越接近票面价格，Z债券得到的收益率对提前偿付速度的差别越不敏感。与其他折价抵押贷款支持证券一样，在更大的折扣下，Z债券会因为平均期限的缩短而受益，这是因为本金按照票面价格偿付的时间比预定的更早。相反，收益率会随着提前偿付的速度以及初始折扣的下降而减少。传统的20年平均期限Z债券的初始发行价格低到30，而当前价格高于85的情况非常普遍。一般而言，发行人可以通过使用折价担保债券或者将利息剥离到另一类债券中而减少息票，产生一个更有吸引力的价格。

28.2　Z债券与结构中的其他债券如何相互作用

Z债券与CMO结构中早期债券的相互作用决定了Z债券的自身表现以及其他债券的表现。发行人将一次性还本付息债券包含在CMO结构中，这样做可以达到两个目的：(1)总发行量中包含到期日较早的分券的比例会高于没有Z债券的情况；(2)在不同的提前偿付速度下，早期债券的现金流以及平均期限的稳定性高于没有Z债券的同类结构。另外，由于Z债券现金流的时间安排取决于早期分券什么时候到期，所以Z债券本身更稳定。

一次性还本付息债券支持大部分早期债券，因为原本用于偿付Z债券本金余额的息票利息被纳入担保债券的本金支付中，用于偿付早期的债券。与此同时，转移利息的数量增加了Z债券的本金数额。虽然初看起来这像是个花招，但是累计利息的过程保持着一个简单的代数关系：未偿付债券的本金余额之和总是会等于担保证券的未偿付本金余额。图表28—5用一个简单的数值例子来说明这一关系。在这个例子中，担保债券分10次等额偿付10%的息票以及100美元的本金余额。A类和Z类规定了10%的息票，所以支付给A类债券的利息加上Z类债券累计的利息或得到的利息总是会等于担保证券支付的利息。[在实际的CMO中，担保证券的利息与债券持有人得到的利息之间存在一个差额，这个差额会支付给剩余持有人（residual holder）]。注意，如果Z类债券是付息债券，那么A类债券获得的支付比原来更快。

图表 28—5　　　Z 债券的累计利息和支付方式：简化的例子

担保债券：100 美元的贷款　　　　CMO：A 类 50 美元 10％息票
10％的利息，10 年分期偿付　　　　Z 类 50 美元 10％息票

偿付	担保债券			A 类			Z 类		
	偿付			偿付			偿付		
	利息（美元）	本金（美元）	余额（美元）	利息（美元）	本金（美元）	余额（美元）	利息（美元）	本金（美元）	余额（美元）
0	0.00	0.00	100.00	0.00	0.00	50.00	0.00	0.00	50.00
1	10.00	10.00	90.00	5.00	15.00	35.00	0.00	(5.00)	55.00
2	9.00	10.00	80.00	3.50	15.50	19.50	0.00	(5.50)	60.50
3	8.00	10.00	70.00	1.95	16.05	3.45	0.00	(6.05)	66.55
4	7.00	10.00	60.00	0.34	3.45	0.00	6.66	6.65**	60.00***
5	6.00	10.00	50.00	0.00			6.00	10.00	50.00
6	5.00	10.00	40.00	0.00			5.00	10.00	40.00
7	4.00	10.00	30.00	0.00			4.00	10.00	30.00
8	3.00	10.00	20.00	0.00			3.00	10.00	20.00
9	2.00	10.00	10.00	0.00			2.00	10.00	10.00
10	1.00	10.00	0.00	0.00			1.00	10.00	0.00

* 括号里的数值不是现金流，而是本金余额向上的修正值。
** 6.65 美元＝A 类到期之后的本金余额。
*** 60 美元＝上期余额－本金支付＝66.55 美元－6.65 美元。

一次性还本付息结构使得发行人可以设计更多中短期平均期限的债券。图表 28—6 用图形说明了一次性还本付息债券对早期债券的影响。本金支付的图形来自图表 28—1 的 CMO。偿付 Z 债券本金的数量与偿付早期分券的数量之间存在间断，这反映了以下事实：Z 债券息票利息的一定比例被看成是本金，以偿付前期较大的分券（如果对第四类债券的最后偿付比较小）。如果 CMO 套利取决于收益率曲线的性质，并且当收益率曲线前端点的债券折扣越大时得到的好处也越多，这个策略容易吸引发行人。当收益率曲线平坦或者反向时，这种策略有助于发行人最小化平均期限较长的债券比例。这样做之所以有用，是因为抵押证券原本支付给持有人最后分券的利息，被用于支持第一个分券。图表 28—7 给出了一次性还本付息债券对早期债券本金分配的影响。该图表对比了相同抵押证券支持的两种四分券顺序偿付型 CMO 债券。一种是有 Z 债券，一种是没有 Z 债券。每一种结构的四种分券都有相同的平均期限，大约是 3 年、7 年、10 年、20 年。（这个例子中的第四分券是名义的 20 年期债券，也包含在图表 28—4 中。）两种债券的不

同之处在于担保证券的本金分布在债券中的方式不同。比如，在Z债券结构中，2 500万美元Z债券支持13 600万美元的第一分券。没有Z债券的结构在第一类中有12 000万美元3年期的债券，而在第四分券中有7 900万美元20年期的债券。

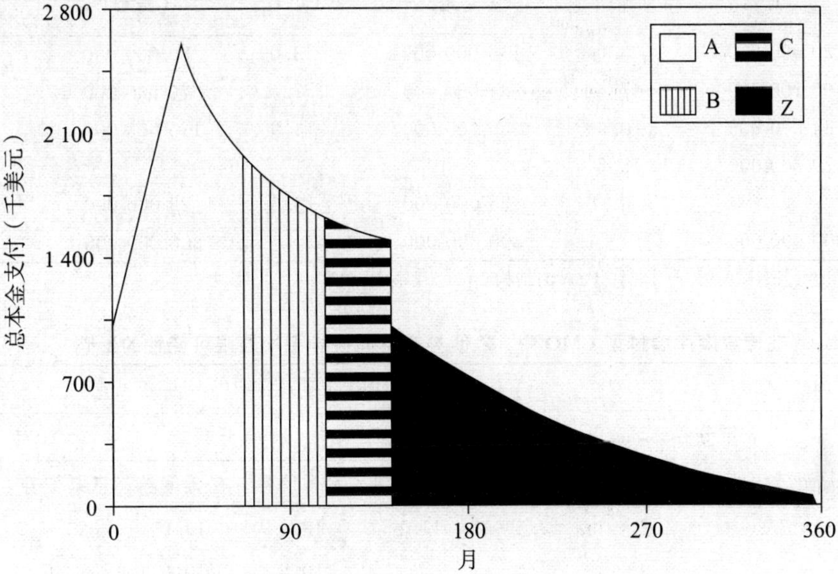

图表28—6　传统的有Z债券的顺序偿付型CMO的总本金支付*

*提前偿付速度为165% PSA。

在典型的债券结构中，一次性还本付息机制为所有债券带来更大的稳定性。这在图表28—8中很容易看出。各列是在样本结构中不同分券的不同提前偿付速度下进行平均期限的比较。在每一种情形中，如果结构中包含Z债券，那么分券的平均期限可变性小于没有包含Z债券的结构。

28.3　包含PAC和Z债券的CMO

在典型的PAC结构中，Z债券对早期债券有相似的效应。对于给定的担保债券和定价假设，Z债券的累计利息可以用于支持更大数额的PAC债券以及早期分券中的支持债券。图表28—9给出了结构中包含3年期和7年期PAC债券、7年期支持债券以及20年期Z债券时，本金与利率的支付。在不同提前偿付速度下，这一结构中Z债券的收益率和平均期限包含在图表28—4中，各类债券的数量和平均期限如图表28—7所示。（实际上，Z债券的平均期限是18.6年。为了讨论的方便，它与其他例子中的Z债券以及常规的息票支付分券的平均期限匹配。）在给定的速度下，Z债券累计利息对早期债券的支持通常会产生更大比例的本金。发行人据此切割PAC，可以增加PAC的数量。

图表 28—7　有 Z 债券和没有 Z 债券的 CMO 结构比较*

类别	没有 Z 债券的传统 CMO		有 Z 债券的传统 CMO		有 Z 债券的 PAC CMO	
	初始余额（美元）	平均期限（年）	初始余额（美元）	平均期限（年）	初始余额（美元）	平均期限（年）
A	120 000 000	3.0	136 000 000	3.0	80 000 000	2.8
B	66 200 000	7.4	84 000 000	7.4	70 000 000	7.0
C	34 500 000	10.9	55 000 000	10.9	125 000 000	7.3
D	79 300 000	18.6				
Z			25 000 000	18.6	25 000 000	18.6
总额	300 000 000		300 000 000		300 000 000	

* 担保债券：FNMA 9½s；165% PSA 的结构。

图表 28—8　在传统顺序偿付型 CMO 中，Z 债券对不同债券平均期限可变性的影响*

提前偿付速度	平均期限（年）							
	3 年分券		7 年分券		10 年分券		20 年分券	
	无 Z 债券	有 Z 债券	无 Z 债券	有 Z 债券	无 Z 债券	有 Z 债券	息票债券	Z 债券
75% PSA	5.2	4.7	13.2	11.1	18.4	14.9	25.0	22.9
165% PSA	3.0	3.0	7.4	7.4	10.9	10.9	18.6	18.6
425% PSA	1.6	1.7	3.4	3.8	4.8	5.9	8.7	10.3

* 担保债券：FNMA 9.5s。

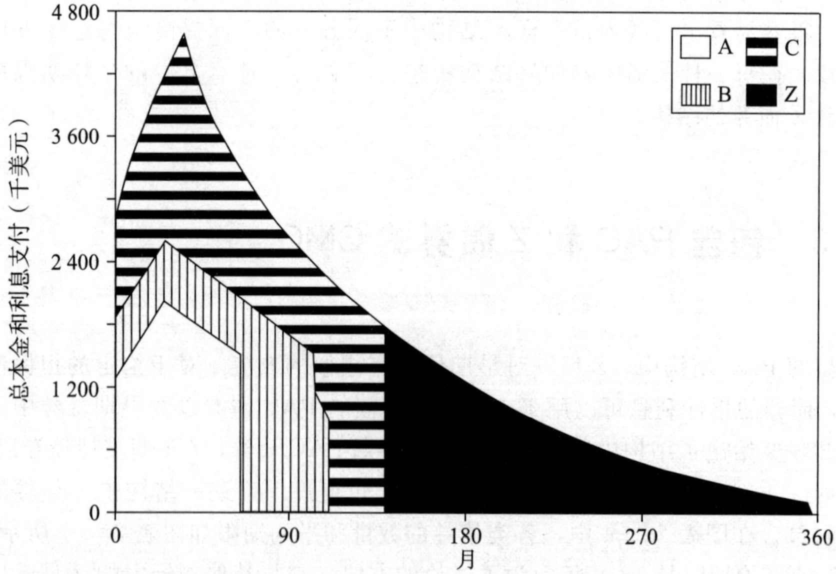

图表 28—9　有 PAC 债券和 Z 债券的 CMO 的总本金和利息支付*

* 提前偿付速度为 165% PSA。

支持债券减弱了提前偿付的波动性，为 PAC 债券提供了防护作用。因此，在决定支持债券的平均期限在各种提前偿付情景下变化的程度时，PAC 债券与支持债券的比例关系是一个重要的参数。在给定的偿付 PAC 和支持债券的速度下，Z 债券的存在增加了总本金数额。这意味着，当其他因素相同时，可以发行更多的 PAC 债券，这不会对支持债券的稳定性造成负面影响。利息的累计期也会更稳定。不过，用于支持 PAC 分券的 Z 债券必定会比传统 CMO 发行中的 Z 债券更容易波动。如图表 28—4 所示，对比 PAC 结构中 Z 债券提前偿付速度下的平均期限与传统 CMO 中的 Z 债券提前偿付速度下的平均期限，我们就可以明白其中的原因。与样本的传统债券中第四分券一样，这个 Z 债券在 165% PSA 速度下也有 18.6 年的平均期限。如图表 28—4 所示，PAC 结构中的 Z 债券平均期限会延长很多，因为提前偿付速度慢会延迟支持债券的到期，也会延长 Z 债券的利息累计期。(这一影响被过于简化的例子所掩盖。)

如果处于 Z 债券之前的支持债券分券是按目标摊还类别（TAC）债券，那么 Z 债券的波动性会大于标准的支持债券。如果优先权强化了债券结构，要求 TAC 债券（和 PAC 债券）的本金余额支付给 Z 债券，那么 Z 债券可以在支持债券 TAC 到期之前就开始获得支付。在牛市中，这种结构产生的 Z 债券比传统的 Z 债券或支持的 Z 债券更具波动性。如果提前偿付的速度足够快，可以将传统的 20 年期 Z 债券缩短到 10 年，那么它可以把这种债券缩短到 1 年。当这些债券的息票较低时，它们的定价可以通过提前偿付加速产生慷慨的回报。实际上，这种方法可以创造出看涨 Z 债券，被称为“暴涨 Z 债券”。这一章的后面会详细讨论暴涨 Z 债券。

28.4 Z 债券的表现

Z 债券在不同的提前偿付速度下会出现收益率的变动，这不能很好地反映 Z 的预期价格以及它在不同利率情景下的表现。使用收益率作为 Z 债券的测度指标，或者作为所有抵押贷款支持证券的测度指标，其主要缺陷是到期收益率的计算会假定现金流的数量和时间是已知的，并且可以在投资期间按照等于收益率的利率进行再投资。在现实中，抵押贷款支持证券面临的投资风险大于其他普通固定收益投资。大部分 CMO 都是按月偿付本金和利息。更重要的是，当市场利率下降时，随着再投资的收益率下降，本金的提前偿付通常会加速。当市场收益率上升时，情况相反。当有吸引力的再投资机会来临时，提前偿付速度会下降，本金的偿付会减慢。Z 债券不太会受到这种再投资风险的影响，因为在累计利息期间再投资利率被锁定了。不过，这种保护不是完全的。累计利息的期限长度不是确定的。当它到期之后，债券完全按照付息 CMO 的模式开始偿付。出于这些原因，收益率不能反映出 Z 债券的业绩与再投资风险低的债券之间的差异，比如国债是到期之后才支付息票，或者国债是利息累计期限固定的债券，比如零息国债。

提前偿付风险也会让投资者面临提前赎回风险和延期风险，这些风险对市场价值有额外的影响。如果按照高于票面的价格购买抵押贷款支持证券，那么按照票面提前偿付本金就是负面事件，因为在投资期间得到的利息较低。包含 Z 债券的溢价息票 CMO 的价格反映了市场对这些风险的看法。利率下降得越快，该价格上升得越慢。当债券平均期限延长并且债券在正斜率的收益率曲线上向外移动时，投资者也会面临市场价值下降的可能性。当债券在向上倾斜的收益率曲线环境下延长期限时，预期现金流的贴现率会提高，导致市场价值下降。

另一个特征是，收益率的计算不能反映 CMO 债券的提前赎回条款。新发行的债券往往会有最低限度的清偿式提前赎回条款，目的是当剩下的余额低于一定水平时清偿债券。市场认为这是非常有利的条款，在债券发行 10 年或 15 年之后，允许债券按照票面提前赎回。这时未偿付的分券余额下降的幅度是初始金额的 10%～20%。这些都非常普遍。不太有利的条款会规定更高的余额或更短的期限，或者两者都要满足。投资者在购买之前最好还是要仔细检查 Z 债券的提前赎回条款。

在平均期限相同的情况下，Z 债券的预期久期比付息债券要更长一些。这是因为本金余额会随着时间的推移而增加。在相同的速度下，保持相同的本金结构（偿付顺序、支持债券等）和相似的平均期限，将 Z 与付息债券进行比较，就可以看出这一点。比如，FHLMC 1727 Z，支持债券是 Z，以及 FNMA 93-204 J，支持债券是付息债券，都是 20 年期 125% PSA 的债券（1994 年 11 月 28 日），得到 6.5s 的支持。FHLMC 1727 Z 在 125% PSA 速度上的平均期限是 20.4 年，而 FNMA 93-204 J 的平均期限是 21.5 年。在这个速度上，Z 债券修正后的久期是 15.4，而付息债券修正后的久期是 9.8。在更低的提前偿付速度上，这种差异会更大：在 90% PSA 上，Z 债券的平均期限是 23.4，久期是 16.7，而付息债券的平均期限是 24.0，久期是 10.3。仅当速度能够显著缩短这些支持债券结构的平均期限时，Z 债券的久期才会趋同于相应的付息债券。在 250% PSA 上，Z 债券缩短为 6.1 年的平均期限，修正后的久期是 3.6，而付息债券的平均期限是 6.2 年，久期是 3.5。期权调整分析方法可以得出相似的结论：Z 有 15.9 的预期久期，付息债券有 10.0 的久期。给定这种价格敏感性的模式不变，投资者会预期：在看跌的背景下，如果平均期限和到期日相似，Z 债券在总收益方面的表现不如 CMO 付息债券。另外，在看涨背景下，由于一次性还本付息机制的作用，Z 债券的表现往往比相应的零息票国债更好。在牛市背景下，Z 债券的久期长会导致高收益率。不过在急剧下降的收益率背景下，Z 债券的大幅缩短会失去它对相应的其他债券的优势。

28.5 一次性还本付息债券的更多趣事

在某些市场条件下，组建者对基础的一次性还本付息机制的使用更具创造性。一次性还本付息的变异版本包含 PAC Z 债券以及包含中长期 Z 债券的结构，或者包含各种平均期限 Z 债券的结构。其他结构是启动还是关闭一次性还本付息机制，取决于计划偿付之后剩余的本金数量是否满足条件。虽然初看起来这些结构似乎很复杂、很独特，但是在传统 Z 债券中发挥作用的基本原则仍然适用。在大部分情况下，复杂性的增加会给那些有特殊目标和投资标准的投资者带来额外的附加价值。

28.6 PAC Z 债券

PAC Z 债券将标准 Z 债券的现金流特征与 PAC 在利息支付的数量和时间上的确定性结合在一起。当提前偿付的速度处于 PAC 上下限指定的范围内时，PAC Z 债券在固定的期间内将利息累计到计划的本金余额中，此后按照计划偿付。正如我们更熟悉的付息 PAC，剩余的现金流都会被支持债券所吸收，只要它们尚未偿付。类似地，在利息累计期间，PAC Z 债券未偿付余额所赚取的息票利息被用于支持结构中早期的债券。PAC Z 债券的余额会增加相同的数量。假定提前偿付速度在 PAC 的上下限范围内，在确定的累计利息期间，债券结构消除了再投资风险，并且在到期日之前一直提供可预测的支付。这个结构特别适合匹配债务。PAC Z 债券的发行会使用不同的平均期限（通常是 5 年、7 年、10 年或 20 年），这增加了它们的适用性。另外，计划的偿付时间表提供了提前赎回保护和延期保护，这意味着投资的久期随着利率的上升而上升（或者随着利率的下降而下降）的可能性低于标准 Z 或支持 Z 的久期。也就是说，PAC Z 债券比标准 Z 或支持 Z 的负凸性要小。因此，当积极的资产组合经理预期市场回升时，会考虑使用 PAC Z 债券来延长其资产组合的久期。

28.7 有一个以上 Z 债券的结构

也有可能在一个结构中发行两个或更多的 Z 债券。在组建多个 Z 债券类别时存在多种可能性，但是有两种常用的策略，用于发行顺序偿付的 Z 债券系列。该债券有一个平均期限范围（比如 5 年、7 年、10 年、20 年，或者 7 年、10 年、15 年、20 年）。或者也可以是一对 Z 债券。这一对债券有中期和长期的平均期限（5 年、20 年或 10 年、20 年是常见的例子）。在一对有中期和长期平均期限的例子中，债券不一定按顺序偿付，更多地是在中间的息票支付类债券之前和之后偿付。在传统的 CMO 债券以及包含 PAC 债券的结构中采用过这两种策略。

一般而言，CMO 中包含多个一次性还本付息债券，它们会与其他债券相互作用。作用的方式与单个传统 Z 债券一样，支持早期债券的提前偿付。这些早期债券可能会支付当前息票利息，也可能会累计利息。在 Z 债券系列中，长期 Z 债券会向短期 Z 债券提供稳定性，就像它们对到期日较早的付息型债券所做的一样。当 Z 债券变成短期支付型债券时，后期的 Z 债券累计利息可以被用于偿付早期的 Z 债券，就如同它们是付息债券一样。

图表 28—10 给出了顺序偿付型 CMO 债券的现金流。该债券包含 5 年、7 年、10 年、20 年系列 Z 债券，在它们前面有 2 年的付息分券。在构建这个例子时，用到了前面单一 Z 债券的例子中所使用的担保债券和定价速度。最后的分券 5Z 的大小与前面例子中的一样，因此在不同的提前偿付速度下也有相同的平均期限。为了讨论方便，第一个分券的大

小与包含 Z 债券的传统 CMO 第一个分券的大小相同，为 13 600 万美元。如图表 28—11 所示，在债券结构中，一次性还本付息债券数量很大，会将单一 Z 债券例子中的这种债券从 3 年 165% PSA 缩短到 2 年。(读者会注意到，这个例子不太符合实际。组建者会发行更多的短期平均期限债券。这种债券可以以较低的收益率出售，获得较大的套利利润，操纵息票和卖出价，等等。) 图表 28—11 列出了不同提前偿付速度下前五类债券的平均期限。一般而言，中期 Z 债券代表较强的稳定性。将 7 年和 10 年期 Z 债券与前面图表 28—8 的例子中 7 年和 10 年期付息债券进行比较，我们发现这一点非常明显。10 年期债券得到 20 年期 Z 债券的支持，并且比没有 Z 债券的 CMO 中的 10 年期债券明显更稳定。正如我们所预计的，如果这个例子中大量的累计利息连续支付给短期债券，那么 5 年期 Z 债券显然比对应的单一 Z 债券支持的 5 年期标准息票支付债券更稳定。一般的结论是，在一系列 Z 债券中，期限越短的 Z 债券"越干净"。也就是说，它们会逐渐比其他相应的息票支付债券更具平均期限的稳定性。在 20 年期 Z 债券支持的结构中，散布在付息债券类的中等平均期限 Z 债券（另一种常见策略）也会同样受益。它们比其他债券更稳定，其稳定性取决于支持它们的 Z 债券的大小。

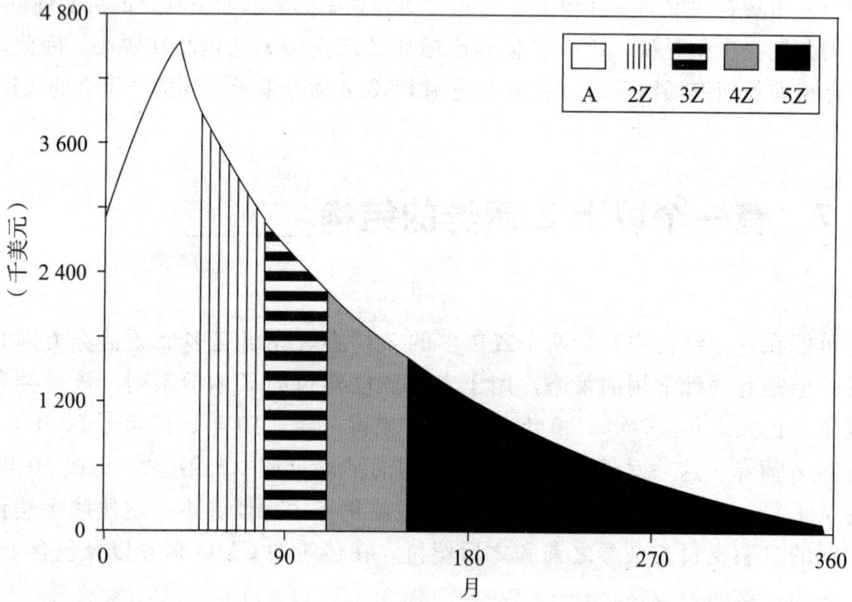

图表 28—10　包含 Z 债券系列的顺序偿付型 CMO 的总本金和利息支付*

* 提前偿付速度为 165% PSA。

图表 28—11　在包含 Z 债券系列的顺序偿付型 CMO 中不同债券提前偿付速度下的平均期限

	平均期限（年）				
	A	2Z	3Z	4Z	5Z
75% PSA	2.5	6.6	10.1	14.0	22.9
165% PSA	2.0	5.0	7.6	10.5	18.6
425% PSA	1.4	3.1	4.5	6.0	10.3

多重 Z 策略（multiple-Z strategies）的结果是，它们得到的债券具有相对更稳定的

现金流模式：不如具有合适上下限的PAC那么稳定，但是比传统的顺序偿付型债券更稳定。这些稳定的债券还具有一定的抵御再投资风险的能力。这是传统Z债券的主要吸引力。另外，对于任何预期期限，它们都有这种能力，所以扩大了Z债券对投资者的吸引力，对中期投资者的吸引力大于长期投资者。

□复杂的Z债券

另一个新奇的债券是“复杂”Z债券。在Z债券中，利息累计机制是启动还是关闭，要看具体条件。其中一个条件是日期。比如，在不同债券之间分配现金流的规则可能是“利息一直累计到某只债券的某个日期”，而不是传统的“利息累计到分券A、B、C到期”。或者，Z债券利息的累计可能取决于当前可用于偿付非一次性还本付息债券的本金数量。采取这种规则会导致债券的业绩特征与前面讨论的Z债券完全不同。

CMO的发行人建立CMO债券时混合使用了Z债券的一次性还本付息机制，有时采用息票支付利息，有时采用累计利息。这些有特殊目的的债券在构建时有一套规则。这套规则会根据某种现金流条件来启动或关闭一次性还本付息机制。这些一次性还本付息规则的目的通常是帮助前期债券实现它们的现金流计划，并且/或者达到它们预期的到期日。比如，发行人将这些累计利息债券包含在CMO结构中，帮助早期债券达到5年期限的要求，目的是进入健康的流动性资产组合中。这些乐善好施的Z债券支付如下：当抵押担保债券的现金流不足以按计划偿付流动性债券时，它们的一次性还本付息机制启动，担保债券的相应息票被用于早期债券的偿付；当现金流足够按计划偿付流动性债券时，它们的一次性还本付息机制关闭，它们的债券变成标准的息票支付债券。将有条件的一次性还本付息规则纳入债券中，这种方法可以有效地减少早期债券的延期风险。当然，延期风险不会被杜绝，大部分被转移给乐善好施的Z债券以及其他后期的债券。

另一个有利因素是，当达到某个现金流水平时，可以将Z债券永久性地转变成息票支付债券。这种Z债券结构的早期例子是FNMA 89-15中九类债券的最后一个。这种债券没法用显著的标签推向市场。该结构中的另一种债券是由所谓“S”债券支持的PAC和TAC系列债券。Z债券的支付如下：超过计划PAC债券和TAC债券支付的余额被作为利息支付分配给Z债券；如果数量低于累计利息的数量，那么不足的数量会累计；如果数量大于累计利息的数量，那么多余数量会被作为本金来分配；在第一个完整的利息支付完成之后，所谓的Z类债券每个月都分配利息。其结果是，一个月的例外提前偿付可能会触发息票债券的转换机制。此后，平均期限会比原来的小，这是因为在原本应该是累计利息的期间，有一部分现金流被分散了。这种“变色龙”债券所提供的对再投资风险的防御只是短暂的。一旦债券转换，它的表现与其他支持债券相似。

甚至PAC Z债券也会受到基因变异（genetic alteration）的影响。比如，瑞兰德承兑公司（Ryland Acceptance Corporation）88个系列中第5个分券是首次发行的PAC Z债券。在第一个规定的偿付日之前都在累计利息，或者在非PAC债券到期时都在累计利息。在这个日期之前，如果支持债券得到偿付，PAC Z债券将获得多余的现金流。在这个日期之后，PAC Z债券是最后获得者。这意味着在利息累计期间，提前赎回风险更大了。因此，平均期限只有在定价速度以下才能稳定。由此得到的平均期限波动性是逆向

TAC 债券的典型特征。它没有扩大提前赎回风险，但是有相当大的风险。

□暴涨 Z 债券

Z 债券的另一种创新是暴涨 Z 债券。一般地，暴涨 Z 债券是看涨支持 Z 债券。该债券的目的是转变成当前息票支付债券。当提前偿付加速时，它可以从剩余的本金中获得偿付。在看涨情景下，按照获得本金偿付的优先权顺序，该债券会“暴涨”超过其他债券。一旦触发，暴涨 Z 债券通常会得到所有剩余的（在计划的 PAC 债券支付之上的）本金，直到它到期。可想而知，暴涨 Z 债券的持有人会在预期的利息累计期间较早获得这些支付。本金加速会明显缩短债券的平均期限：20 年平均期限的 Z 债券可能会缩短到 1 年之内。由于这些债券通常有较低的息票，并且发行价格大幅低于票面价值（在 20 世纪 80 年代），所以暴涨 Z 债券的持有人在价格回升时可以获得高回报。一般而言，暴涨 Z 债券还会以大幅的折扣价格换取紧的利差，因为投资者更看重暴涨的特征。在看涨背景下，很多投资者购买暴涨 Z 债券来弥补其他抵押证券的负凸性，提高抵押贷款支持证券资产组合的表现。

暴涨 Z 债券曾经按照完全不同的一套暴涨规则发行。虽然明显缺乏一致性或标准化，这些规则有一个共同的目标，那就是在看涨的经济环境下提高债券的业绩。与市场反弹相关的事件可以刺激暴涨：提高提前偿付速度，降低利率，增加现金流。不过，最好的暴涨 Z 债券是使用提前偿付触发器来组建：当优先抵押担保债券的提前偿付速度高于 CMO 的定价速度或者其他一些预定的提前偿付水平时，债券会缩短。一般地，高于定价速度的提前偿付会大幅缩短暴涨 Z 债券的平均期限。在包含 TAC 债券的结构中，暴涨 Z 债券的常见设计是，当提前偿付速度高于 TAC 时间表规定的速度时，暴涨 Z 债券缩短。除了提前偿付触发器之外，CMO 的发行人还用利率触发器来组建暴涨 Z 债券。当国债收益率低于某个临界值时，触发器被激活。利率触发器消除了投资者对精确预测提前偿付速度的需要，确保暴涨 Z 债券的持有人可以获益，即使市场反弹并没有伴随提前偿付速度的提升。一般而言，暴涨触发器越接近实际提前偿付速度或当前利率水平，暴涨 Z 债券的价值越大。

暴涨 Z 债券可以分成累计型或非累计型，也可以分成“黏性”型或“无黏性”型。自发行起，提前偿付速度或其他累计型提前偿付过程的测度指标超过某个临界值，则累计型触发器被激活。相反地，非累计型触发器只要求提前偿付在单个期间满足暴涨条件。持有人通常更喜欢非累计型触发器，因为一个月的反常高速提前偿付就可以导致他们的折价债券提前到期。形容词“黏性”和“无黏性”的意义是，如果暴涨条件不再满足，那么暴涨 Z 债券是否恢复它在 CMO 结构中的初始优先权。一旦触发，黏性 Z 债券会继续获得本金偿付，即使提前偿付随后会下降到临界值以下。另外，一旦它的暴涨规则不再得到满足，非黏性 Z 债券会恢复到一次性还本付息债券。持有人通常会重视带有非黏性触发器的暴涨 Z 债券，因为每月的提前偿付速度只要增加一次就可以导致全部债券提前到期。对于由未成熟的抵押担保债券支持的暴涨 Z 债券，提前偿付速度微小的增加都会触发暴涨：当提前偿付速度偏离 PSA 斜面的早期部分，CPR 的微小增加会转变成大的 PSA 高峰。

前面描述过另一种创建暴涨 Z 债券的常用方法：在 PAC 结构中，将 TAC 债券和其他支持债券设置在它前面。暴涨 Z 债券的表现如传统的支持债券一样，承担 PAC 债券和 TAC 债券的波动性。TAC 债券在 Z 债券之前，当来自优先担保债券和 Z 债券的本金支付超过了满足 PAC 和 TAC 时间表所需数量时，暴涨 Z 债券得到本金。债券平均期限缩短的程度取决于暴涨规则和总体的交易结构。当偿付速度突破 TAC 时间表（黏性 Z）或者只收到超过 PAC 和 TAC 计划以上的支付时（无黏性），暴涨规则可以决定债券是否在 TAC 债券之前暴涨。在其他条件相同的情形下，黏性 Z 的平均期限会比相应的无黏性 Z 更短。这些 Z 债券排在 TAC、PAC 以及其他支持债券的后面。延期风险可以忽略不计，因为它们通常属于 CMO 中最后的支持债券。除了暴涨规则之外，暴涨 Z 债券的平均期限可变性还会受到它们前面的 PAC 债券特征的影响。比如，PAC 债券通常会锁定 1～2 年，这会进一步缩短暴涨 Z 债券的平均期限。由于在锁定期间没有计划的本金偿付，当暴涨 Z 债券被触发时，会有大量的现金流用于支付暴涨 Z 债券。

暴涨 Z 债券的这种简单形式（便于形象化和分析）不涉及标准的一次性还本付息机制的修正：Z 债券的利息份额被纳入本金支付。按照设定的时间表以及优先权顺序，这些利息被用于偿付早期债券。不过，以前有些暴涨 Z 债券修改了一次性还本付息机制，改变了一次性还本付息机制启动和关闭的条件。在债券暴涨之前和之后，这些规则都可以决定息票的支付方法。一次性还本付息操纵机制最常见的例子是，暴涨 Z 债券只支付一部分息票利息，然后累计不足的数额。在触发之后，暴涨 Z 债券确切的利息支付数额通常取决于债券超越的支持债券的数量和大小，比如，当处于Ⅰ级和Ⅱ级 PAC 后面时，支付给暴涨 Z 债券的息票利息数量取决于它是否超越了Ⅱ级 PAC。如果暴涨 Z 债券仍然比Ⅱ级 PAC 低，那么暴涨 Z 债券的一部分息票利息会被用于支持Ⅱ级 PAC。

28.8 关键知识点

- 在 CMO 结构中，传统的一次性还本付息债券通常指的是 Z 债券。它要等到债券开始支付本金时才支付息票利息。
- Z 债券会给投资者带来衍生抵押贷款支持证券市场上最长的久期和最高的收益率。并且现金流的模式很适合匹配长期债务。
- 在 CMO 结构中，Z 债券与早期债券的相互作用是决定其自身表现以及结构中其他债券表现的关键因素。
- 大量的创新被用于设计一次性还本付息债券。该债券有令人满意的投资特征，包括更稳定，在市场反弹时本金加速回收。这增加了中期 Z 债券的实用性。

【注释】

[1] 计算平均期限的目的是测度在偿付本金之前的加权平均时间。有些预期期限还将累计利息作为现金流列入。本金余额的增加部分可以纳入计算，这是早期偿付所费时间的负权重。实际的本金偿付可以作为后期偿付所费时间的正权重。小的数值赋予负权重，大的数值赋予正权重，这样得到的期限会长于基础担保债券的剩余期限（比如，比 30 年更长）。为了避免这种不切实际的结果，CMO 市场的习惯做法是从计算中去除所有本金的增加部分，其理由是这种方法会大大低估债券真实的利率敏感度。

第 29 章 机构 CMO 交易中含时间表的支持债券

琳达·洛威尔（Linda Lowell）
OffStreet 研究有限责任公司总裁

第一次设计抵押担保证券（CMO）是为了实现两个总体目标。第一个是为了更好地匹配各种投资者之间的到期日要求，以及抵押贷款池的预期现金流。第二个目标是在不同债券之间重新分配提前偿付风险，使得更多的投资者能够接受。最初的解决方案是简单地将回收的本金在顺序偿付型债券之间进行拆分。后来这种结构演化成一系列风险更低的 CMO 债券结构。其中发行最多的是按计划摊还类别（PAC）债券。PAC 债券可以为投资者提供偿付时间表，包含偿付日期和数量，有明确的偿付期间（窗口），并且在一定的提前偿付情景下受到保护。

支持债券是在设计 PAC 债券过程中自然出现的副产品。[1] 在 CMO 债券发行中，为了保护 PAC 债券的时间表，需要有足够多的债券被用于吸收剩余的本金偿付，并且提供有关缓冲。当提前偿付速度比较慢时，计划的偿付通过这个缓冲得以实现。由于支持债券可以接受额外的提前偿付波动性，它们的偿付必定比 PAC 债券和传统的 CMO 具有更大的不确定性。因此，投资于支持债券所带来的实际的收益率或经济回报会完全不同于投资时计划的情况。投资者意识到这种风险，他们需要用收益来对风险进行相应的补偿。

发行人和承销商还建立了各种机制来帮助减少支持债券的一部分风险。另外，在利率（以及提前偿付速度）朝特定方向强烈变化时，创造出波动性的工具来奖励持有人。锁定[2] 处于第一组中，而超级 PO 和暴涨 Z 债券通常处于第二组。另一个常见的策略是建立浮动的支持债券以及逆向浮动利率的息票。不过，最老且最广泛采用的一种策略是为一部分支持债券的现金流安排时间表，对这些时间表提供的限制提前偿付保护大于基础 PAC 系列得到的保护。这个降低风险的支持债券族是本章的主题。

支持债券的时间表具有按目标摊还类别（TAC）债券的特征［所以它们可以抵御提前赎回风险或延期风险（逆向 TAC），但不能都抵御］；或者具有 PAC 债券的特征，所以它们在一定范围的提前偿付背景下具有提前赎回保护和延期保护（Ⅱ级 PAC）。Ⅱ级 PAC 的概念是在 1989 年第三季度确定下来的。在 20 世纪 90 年代初期，人们普遍建立了多个级别的 PAC。这些 PAC 的提前偿付保护带依次变窄，这使得单个交易可以包含Ⅰ级、Ⅱ级、Ⅲ级 PAC。另外，将“超级 PAC”时间表分离出基本 PAC 时间表也变得非常普遍。

以下讨论支持 PAC 和 TAC 债券的构建方法，以及它们的结构在不同的提前偿付背景下如何影响它们的业绩。我们还会探讨，增加一个 TAC、逆向 TAC 或者Ⅱ级 PAC 对支持债券的表现有什么影响。

29.1 支持债券基础

在 PAC 时间表确定之后，从剩余的本金支付中产生支持债券。一般而言，在 PAC 时间表之后，支持债券有第二索偿权，要求获得担保债券的剩余本金偿付，并且在所有支持债券到期之前按顺序偿付。在设定的提前偿付速度下，支持债券与 PAC 同时支付。在非常低的固定提前偿付速度下，它们必须等到 PAC 到期之后再获得本金。在非常高的固定速度下，它们与短期平均期限的 PAC 同时支付，并且很快到期。在此之后，PAC 必须吸收多余的偿付并且提前到期。

图表 29—1 给出了一个简化的有关标准 PAC 支持债券结构的例子。大的无阴影面积是从第 1 个月到第 300 个月左右的支付，包含所有计划支付。这些计划支付被用于构建 PAC 债券。假设 85% PSA 的上限和 300% PSA 的下限。[3] 组建者通常会将这个 PAC 区域分成数个有不同平均期限的 PAC。PAC 的实际创建数目取决于对特定到期日和窗口（向 PAC 债券持有人第一次和最后一次偿付本金的时间间隔）的需求。为了便于阐述，这个例子以及后面例子中的 PAC 区域没有分割。支持债券不会受到单个 PAC 区域分割成独立债券的影响，但是它们会受到整个 PAC 区域相对于总的支持债券的大小的影响。（一般而言，PAC 区域面积越大，给定担保债券的数量不变，支持债券的波动性越大。）在 PAC 明确构成支持债券的一部分之后，本金支付会有剩余。在设定提前偿付速度为 165% PSA 时，支持债券在担保债券剩下的期限中按顺序偿付。在这个例子中，支持债券按照 165% PSA 的速度偿付，并且被分成三类，平均期限是 3.1 年、11.5 年、20.3 年（名义上是 3 年、10 年、20 年的债券）。

图表 29—2 用图形表示出实际偿付过程如何影响对支持债券支付的本金的大小和支付时间。当提前偿付的速度是固定的 300% PSA（PAC 上限）时，如图表 29—2 所示，PAC 时间表不受干扰，但是支持债券会显著缩短，并且在第 8 年全部到期。相比之下，当提前偿付速度降低到 85% PSA（PAC 下限）时，第一个支持债券直到第 8 年左右才开

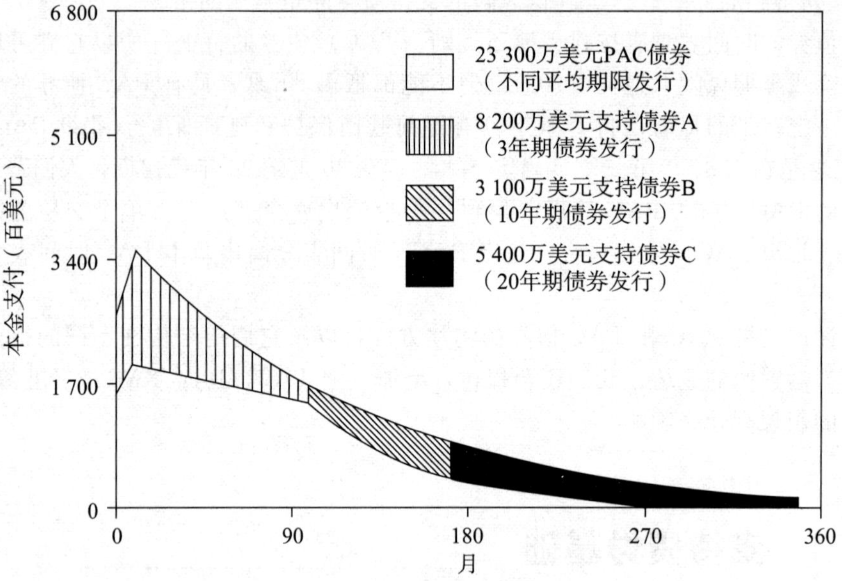

图表 29—1　有标准支持债券的 PAC，165% PSA

始偿付，如图表 29—3 所示。其结果是，平均期限的波动性非常显著。在 300% PSA 的速度下，平均期限是 3 年、10 年、20 年的债券分别缩短到平均期限为 1.0 年、2.5 年、5.8 年的债券。在 85% PSA 的速度下，这些债券的平均期限分别是 15.0 年、21.1 年、25.6 年。

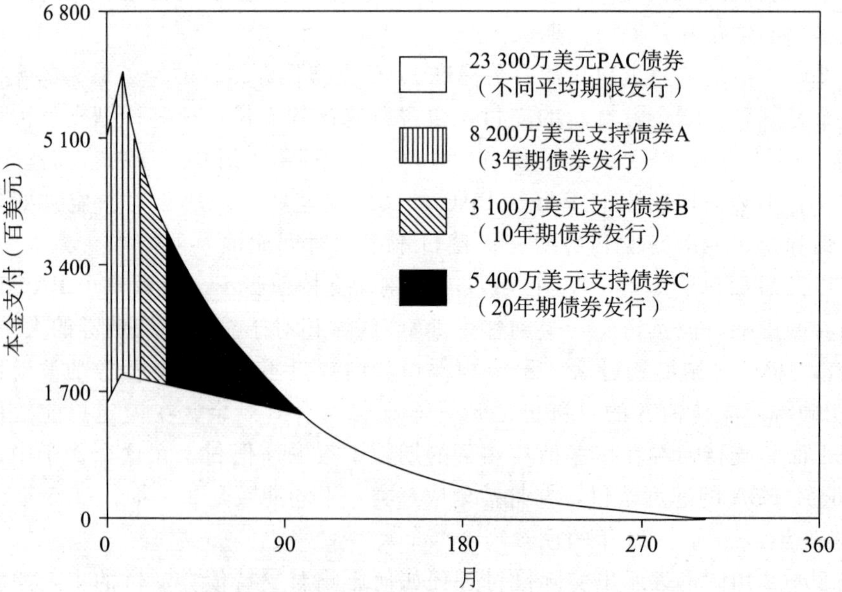

图表 29—2　有标准支持债券的 PAC，300% PSA

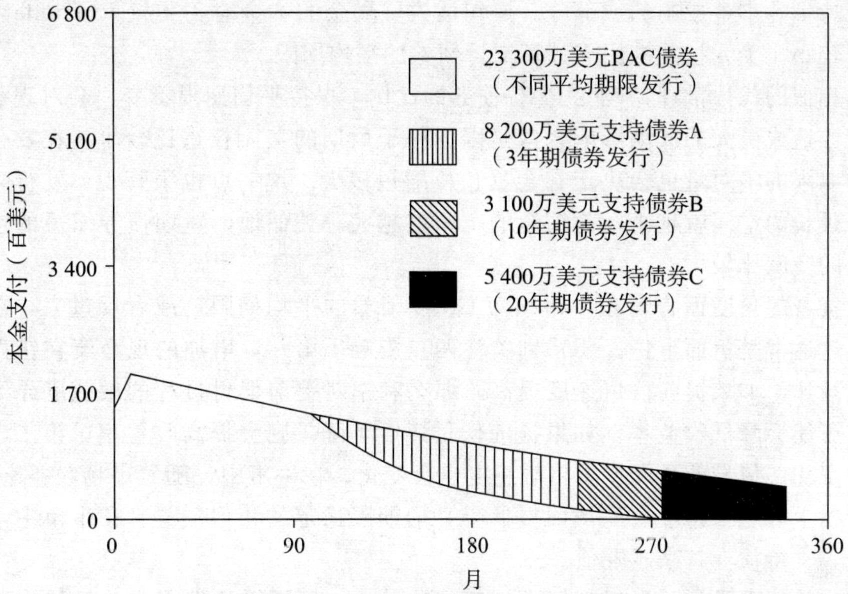

图表 29—3　有标准支持债券的 PAC，85% PSA

支持债券平均期限的可变性通常会受到 PAC 区域相对于发行总量大小的影响，受到支持债券相对于剩余支持债券大小的影响。另外，提前偿付速度的假设会影响平均期限，进而影响平均期限的可变性。这些特征在不同的提前偿付背景下如何相互影响，从而导致支持债券不同的实际表现，对这个问题的详细讨论已超出本章的范围。但是，我们仍然有必要概述支持债券的结构与表现之间的关系，因为它们可以用于更复杂的基于时间表的结构，而这个结构是本章的主题。

支持债券接受剩余现金流的时间顺序也会大大影响平均期限的状况。我们通常假设支持债券会按照平均期限的顺序到期，这个优先权的顺序不会在交易期间发生变化（我们在整个讨论中都使用该假设）。不过，这个假设可以修改，产生的结果完全是针对特定的交易。投资者应该确保他们可以理解优先权以及决定债券结构的其他规则，而不是假定某种优先权顺序是标准的。另外，还要理解规则启动和关闭的条件。

有三种不同的方法可以改变支持债券的相对大小。前面提到的锁定通常被用于提高早期支持债券偿付的稳定性。另外，如果增加 2 年或 3 年的偿付计划，那么第一个支持债券可以为后面的支持债券提供更大的防护，防止提前赎回风险和延期风险。类似的技术可以将 PAC 计划中最后几年或者“尾部”的支付给予支持债券。这是按计划的时间要支付的债券。中期和长期支持债券可以从这个技术中获益。最后，紧缩的上下限可以增加支持债券的大小。

提高下限可以在早期（通常是担保债券剩余的前四分之一到前三分之一的期间）增加支持债券可得的本金，而降低上限可以增加后期的本金。

很显然，在任意给定的提前偿付速度下，计划的 PAC 支付越小，可以支付给支持债券的本金就越多。这意味着延期风险的下降；提前赎回风险也下降。PAC 区域越小，则在任何一个时期内向支持债券的计划支付越大，并且剩余的本金会越小。剩余的本金是计划的支持债券本金成本的一部分。换句话说，剩余的本金对美元权重（dollar weight）的影响比较小。美元权重被用于计算支持债券的平均期限。

根据相似的代数推理，改变 PAC 债券的比例，保持平均期限不变，会对现金流尾部的支持债券造成更大的波动影响，这是因为用于后期的美元权重比较小。在发行支持债券时平均期限的绝对量也会决定它会延长或缩短多少。这一点也很直观：发行时平均期限越长，延长的空间就越小，而缩短的空间就越大。类似地，短期债券缩短的空间比较小，延长的空间比较大。

从投资者的角度而言，在牛市缩短 CMO 债券的平均期限，或者反过来，在熊市延长期限，这通常是负面事件。要特别关注两点影响。第一，增加的现金流在错误时间内的加速或减速。如果提前偿付速度提高，那么利率对提前偿付过程的敏感度导致的再投资机会有可能会降低收益率。如果提前偿付速度下降，则会提高收益率。第二，随着平均期限的变化，债券的久期或价格敏感度也会变化。在牛市中，随着市场收益率的下降，债券的价格上升越来越慢，经济回报低于平均期限稳定的相似债券。在牛市中，随着收益率上升，支持债券越来越贬值。[4]

由于支持债券承担了受保护债券的额外波动性，预期平均期限变化是持有该债券的投资者最关注的。担保债券提前偿付的变化导致该预期平均期限的变化。与精确的提前偿付模型同样重要的是，为了预测不同利率背景下其他与抵押相关的产品表现，评估支持债券其实更有价值。如果没有适当的提前偿付预测，就像计量经济的提前偿付模型那样的准确预测，那么我们不可能将利率水平的变化与有意义的支持债券收益率或总收益率联系在一起。

29.2 支持 TAC 债券

自从 1988 年第三季度引入支持 TAC 债券之后，它已被证明具有高度的市场创新能力。实际上，自从第一只 TAC 债券发行以后，市场就从单纯的 TAC 结构逐渐转变成支持 TAC 债券。（在没有 PAC 的结构中）纯 TAC 债券的发行越来越少。

TAC 时间表是按照一个固定的提前偿付速度向抵押证券提供本金现金流。这个速度通常是债券定价时的提前偿付速度。在纯 TAC 债券的情况下，依据计划的本金偿付确定时间表。在支持 TAC 债券的情况下，TAC 的构建是根据计划的 PAC 偿付之后的本金余额来设计。在 PAC 之后，TAC 拥有本金偿付的第一优先权。它们的时间表可以回避提前赎回风险，因为在任何时期其他支持债券都可以吸收那些超过计划的 PAC 和 TAC 支付的本金。与支持 TAC 债券相关的这些支持债券越大，提供给 TAC 计划的保护就越大。

与具有相似（在实例中它们是相同的）平均期限和基础担保债券的纯 TAC 债券相比较，支持 TAC 债券必定会得到较少的保护，因为总的担保债券大部分被分配给了有高级优先权的 PAC 债券，而分配给优先权较低的支持分券的本金比例比较低。在这个讨论中，支持 TAC 债券的简化例子是从图表 29—1 中 3 年期支持债券中创造出来的。它的做法是，简单地将时间表定义为本金支付给 3 年期支持债券，假设提前偿付速度是固定的 165% PSA。由于在 165% PSA 的速度下，它与 PAC 标准的支持债券的例子完全相同，所以读者可以参考图表 29—1 的现金流图形来理解这个结构。较快的提前偿付对这个 PAC-TAC 结构的影响如图表 29—4 所示。在 300% PSA 上，TAC 时间表的优先权使得 10 年期和 20 年期支持债券与 TAC 债券同时支付（而不是图表 29—2 中的顺序偿付）。读者要注意，在 300% PSA 下，支持 TAC 债券的形状几乎与 165% PSA 时一样，但不是完全一样。这表明，在这个速度下时间表仍然得到很好的保护。在较高的提前偿付速度下，由于下面要分析的原因，后期的支付数量和时间有细微的改变。

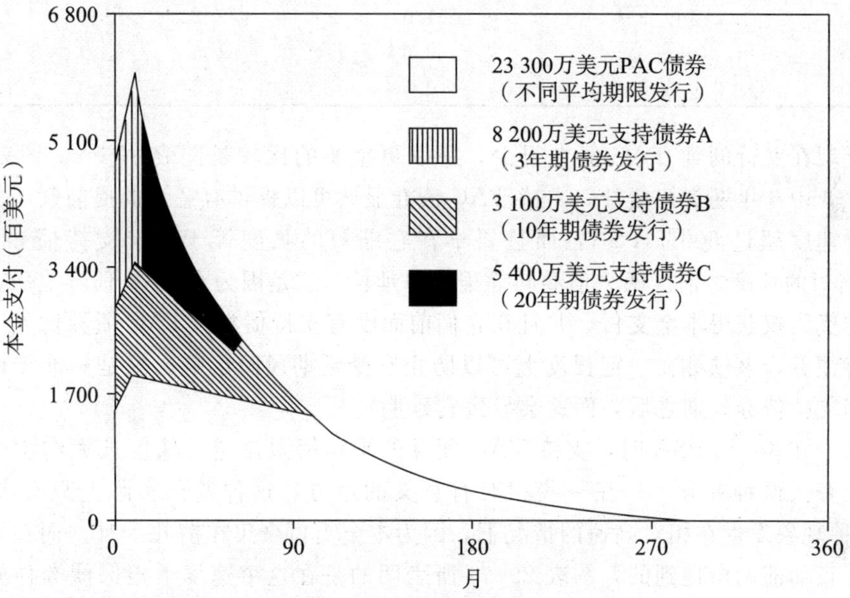

图表 29—4　有标准支持债券的 TAC，300% PSA

支持 TAC 债券通常具有与纯 TAC 债券相同的性质。它们提供一定程度的提前赎回保护，但没什么延期保护。当提前偿付速度稍微超过 TAC 速度时，很多结构实际上会出现第一次延期，然后以较高速度缩短。重要的区别在于，支持 TAC 债券的提前赎回保护明显更低，因为一旦剩余的非计划支持债券到期，它们必定吸收剩余的本金。通过考察图表 29—5 就会明白这一点。这个图表对比了在不同提前偿付速度下，各种 3 年期 CMO 债券的平均期限。为了能够比较，平均期限 3.1 年的纯 TAC 债券是从一个担保债券中构造出来的，而这个担保债券也被用于建立 PAC 标准支持债券和 PAC-TAC 的例子。纯 TAC 债券具有异常的提前赎回保护功能（它受到 36 000 万美元支持债券的保护，后者构成债券结构的余下部分）。在非常低的提前偿付速度下，纯 TAC 债券的规模较小还会导致它的平均期限低于支持 TAC 债券（纯 TAC 债券的规模很小，即使是很小的偿付，在较低的速度下也可以在前几年显著地减少它的本金余额）。

图表 29—5　在不同提前偿付速度下各种 3 年期 PAC 支持债券结构的平均期限（定价假设 165% PSA）

提前偿付速度（% PSA）	平均期限（年）			
	纯 TAC 债券	支持债券	支持 TAC 债券	Ⅱ级 PAC
0	16.7	24.7	24.7	23.3
50	8.0	19.9	19.9	16.8
85	6.0	14.9	14.9	9.5
90	5.2	13.7	13.7	3.1
125	4.0	7.2	7.2	3.1
165	**3.1**	**3.1**	**3.1**	**3.1**
225	3.1	1.6	3.1	3.1
275	3.1	1.2	3.1	2.7
300	3.1	1.0	3.2	2.5
475	3.1	0.6	1.6	1.5
600	3.1	0.5	1.2	1.1

由于现在发行的纯 TAC 债券很少，所以更重要的比较是图表 29—1、图表 29—2、图表 29—3 中 3 年期支持债券。支持 TAC 债券显然可以提供有意义的提前赎回保护，但是这需要速度超过 600% PSA，而且要早在它缩短的长度等于标准支持债券在 300% PSA 时缩短的长度之前。两只债券同等程度地延长。这是因为在 PAC 债券之后，它们都有同样的优先权获得本金支付，并且在它们前面没有支持债券（TAC 债券优先于一个早期的支持债券，该债券在一定程度上可以防止它受延期风险影响，但是标准支持债券会等到早期支持债券到期之后，而这会导致它延期）。

注意，在 300% PSA 时，支持 TAC 债券的平均期限比定价速度长大约 1 个月（四舍五入会夸大这种差异——在一些相对有意义的地方，这种差异实际上只有大约 0.08 年）。这种现象发生在相对高速的情况下，因为本金支付聚集在前几个月，而在尾部下降得很快。正如前面所提到的，图表 29—4 所表明的是在这个速度下担保债券释放的本金现金流会出现什么情况。在支持债券的时间表末端，现金支付更像“尾部”，使得它要像超额支付一样等待，进入尾部，并不足以满足时间表的要求。

PAC-TAC 结构与纯 TAC 债券以及 PAC 标准支持债券结构之间的另一个显著区别是，非计划的支持债券还会有多大的波动。额外的风险下降结构使得剩下的支持债券可以承担更多的提前偿付波动性。图表 29—6 表明了这一点，它对各种不同的 20 年期支持债券的结构进行了比较。当提前偿付速度大于 225% PSA 时，PAC-TAC 结构中的支持债券开始比标准支持债券更快地缩短。

图表 29—6　在不同提前偿付速度下不同 CMO 结构中 20 年期支持债券的平均期限（定价假设 165% PSA）

提前偿付速度（% PSA）	平均期限（年）		
	PAC 结构	PAC/TAC 结构	分层 PAC 结构
0	27.7	27.7	27.8
50	26.8	26.8	27.0

续前表

提前偿付速度（% PSA）	平均期限（年）		
	PAC 结构	PAC/TAC 结构	分层 PAC 结构
90	25.3	25.3	25.6
125	23.3	23.4	23.3
165	**20.3**	**20.3**	**18.2**
190	18.0	18.0	12.5
225	13.6	13.1	5.1
250	10.4	9.2	3.8
275	7.4	5.7	3.1
300	4.8	2.6	2.6
475	2.0	1.0	1.3
600	1.5	0.7	1.0

29.3 逆向 TAC 债券

支付规则和优先权也可以做如下设计：保护支持债券不受延期风险的影响，同时让它面临更多提前赎回风险。这种结构恰当的术语是“逆向 TAC”。当看跌情绪浓厚时，创建逆向 TAC 债券的可能性比较大。这些结构通常是 20 年期的支持债券。这种长期的期限使得它们成为这种处理的自然候选，因为在任何情况下，它们的延期都不会超过 6 年或 8 年。另外，这些债券结构的定价大幅低于票面价格，目的是通过提高提前偿付速度来获益。

按照图表 29—1、图表 29—2 和图表 29—3 所描述的 PAC 支持债券结构，定义其第 4 分券就可以得到我们讨论的逆向 TAC 的例子。图表 29—7 给出了提前偿付速度为 85% PSA 的现金流图。（正如后面要解释的，在 165% PSA 以及更快的速度下，PAC 逆向 TAC 结构的支付与 PAC 标准支持债券完全一样。图表 29—1 描述了 165% PSA 时 PAC 标准支持债券的支付，图表 29—2 描述了 300% PSA 时 PAC 标准支持债券的支付。）这个时间表按照 165% PSA 的速度运行，所有这些例子都采用这个定价速度。另外，在计划的 PAC 支付之后，它还有优先权。逆向 TAC 债券在 3 年期和 10 年期支持债券到期之后获得剩余现金流。这种安排使得时间表的提前偿付速度低于那些被用来产生这个时间表的时间表，但是速度也不快。逆向 TAC 债券直到提前偿付速度低于固定的 70% PSA 左右才开始延期。

图表 29—8 将逆向 TAC 债券的平均期限波动性与其他 20 年期的支持债券结构进行比较。例子中的逆向 TAC 债券有 20.3 年的平均期限。在最糟糕的情况下，即在没有提前偿付的情况下，债券的平均期限只延长到 24.5 年。相比较而言，简单结构的最后分券可以延长到 27.7 年。图表 29—3 和图表 29—7 中的现金流图可以让我们更清楚为何如

此。在简单的PAC支持债券结构中（见图表29—3），按照等于上限时的速度，支持债券是在PAC债券到期之后按顺序偿付。在逆向TAC结构中（见图表29—7），3年期和10年期支持债券可以延期，使得逆向TAC债券的支付计划得以实现。在85% PSA下，即PAC下限，短期和中期支持债券与逆向TAC债券同时支付。在更慢的提前偿付速度下，两种支持债券的平均期限都超过逆向TAC债券。

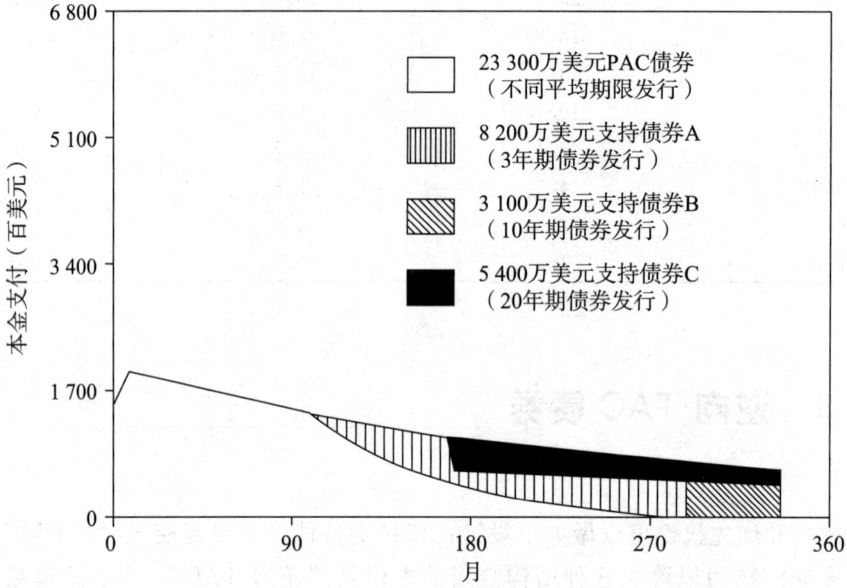

图表29—7　有逆向TAC债券的PAC债券，85% PSA

图表29—8　　在不同提前偿付速度下不同PAC支持债券结构中20年期支持债券的平均期限（定价假设165% PSA）

提前偿付速度（% PSA）	平均期限（年）		
	标准PAC	逆向TAC	Ⅱ级PAC
0	27.7	24.5	24.6
50	26.8	20.7	20.3
85	25.6	20.3	18.1
125	23.3	20.3	18.1
165	**20.3**	**20.3**	**18.1**
190	18.0	18.0	18.1
225	13.6	13.6	18.1
250	10.4	10.4	14.7
275	7.4	7.4	8.6
300	4.8	4.8	5.8
350	3.3	3.3	3.7
475	2.0	2.0	2.2
600	1.5	1.5	1.6

当提前偿付速度慢时，逆向 TAC 债券会给其他支持债券带来相当大的波动性。但是在提前偿付速度快的背景下，它不会导致它们有更大的波动性。在图表 29—9 列出的两种结构中，对比 3 年期支持债券也可以明白这一效应。这是目标分期摊还结构所提供的单方面保护的自然结果。

时间表也可以应用于中期的支持债券，在提前偿付速度低的背景下保护它们的平均期限不受延期的影响。与此同时，在适度快速的提前偿付背景下，如果提前偿付速度稍微超过定价速度，那么 TAC 债券有天然的趋势会延长一点点。这会有助于债券结构“抵御”提前赎回风险。由此得到的平均期限状态能够在提前偿付速度大幅波动的情况下保持合理的稳定（比如，假定计划的运行速度是 165% PSA，在 50%或 75% PSA 到 225%或 250% PSA 的范围内，延长期不超过 2 年或 3 年）。实际上，中期支持 TAC 债券可以提供类似 PAC 债券的稳定性。以前确实发行过一些这样的债券，其中有的债券的绰号就表明支付稳定或受控。

图表 29—9　　在不同提前偿付速度下不同 PAC 支持结构中 3 年期结构支持的平均期限（定价假设 165% PSA）

提前偿付速度（% PSA）	平均期限（年）		
	PAC 结构	PAC/逆向 TAC 结构	分层 PAC 结构
0	24.7	26.3	26.1
50	19.9	22.7	22.7
85	14.9	16.5	18.3
90	13.7	15.0	17.4
100	11.5	12.4	14.5
125	7.2	7.2	8.7
165	**3.1**	**3.1**	**3.1**
225	1.6	1.6	1.5
275	1.2	1.2	1.1
300	1.0	1.0	1.0
475	0.6	0.9	0.6
600	0.5	0.6	0.5

29.4 分层 PAC 债券

在基本的 PAC 支付都完成之后，对剩下的一部分本金建立次级的 PAC 支付时间表，这样可以进一步提高支持债券的价值。图表 29—10 给出了在 165% PSA 的定价速度下，双层 PAC 结构的现金流图。这个例子采用的上下限与前面的例子相同。同样的上下限（从 85% PSA 到 300% PSA）被用于建立相同数量的基本 PAC 或 Ⅰ 级 PAC：40 000 万美元CMO 债券中总的初始余额 23 300 万美元。第二层 PAC 的上下限是 90%

PSA 到 225% PSA。第二层 PAC 的区域被进一步分成一系列名义期限为 10 年和 20 年的债券，支持债券被分成 3 年和 20 年债券。（为了与前面例子中 3.1 年的平均期限匹配，我们有必要令分层 PAC 例子中的长期债券平均期限更接近 18 年而不是 20 年。这不会妨碍比较。）图中的Ⅱ级 PAC（也被称为 PAC 2s）处于 PAC 区域和支持债券之间的狭窄地带：在 165% PSA 下，它们与基本的 PAC 同时支付。PAC 的第二层的大小取决于上下限：保护带越紧，可以建立的 PAC 数量就越大。在这个例子中，直到 225% PSA 都可以保护Ⅱ级时间表，这限制了 3 年期Ⅱ级 PAC 的数量。它可以被创造成 560 万美元。总之，第二层的 PAC 只占交易的 11%（交易的 58.25%是标准的Ⅰ级 PAC）。

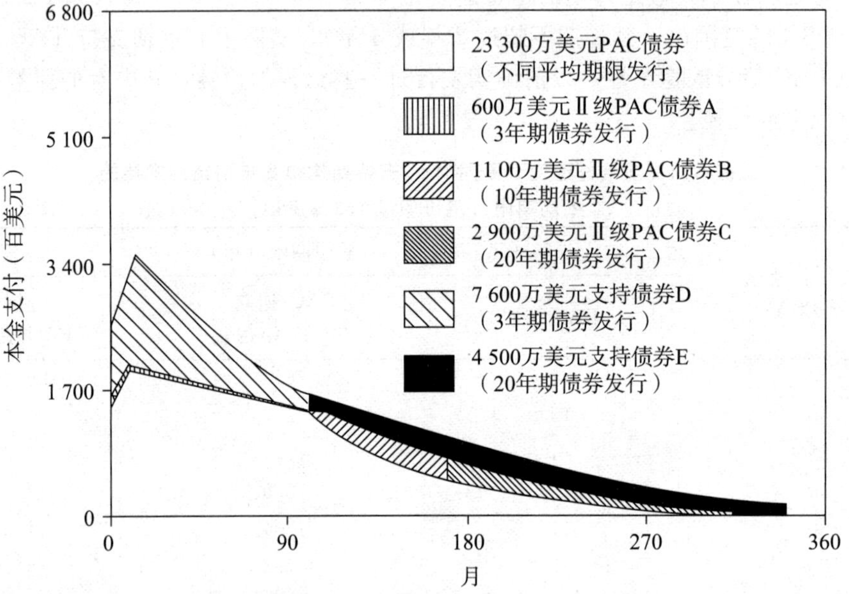

图表 29—10　分层 PAC 结构，165% PSA

Ⅱ级 PAC 时间表在提前偿付速度突破基本 PAC 的上下限之前都是完整的。比如图表 29—11 显示的是在 300% PSA 时的本金支付。在这个速度下，基本 PAC 时间表没有被破坏，但是向Ⅱ级 PAC 的支付明显加速了，平均期限分别缩短至 2.5 年、3.9 年、5.8 年。类似地，当提前偿付慢到固定的速度 85% PSA 时，基本 PAC 支付是遵循时间表的，但是对Ⅱ级 PAC 的支付延迟了。在 85% PSA 时，如图表 29—12 所示，支持债券 PAC 的平均期限分别是 9.5 年、11.3 年、18.1 年。正如我们所预测的，当提前偿付加速时，Ⅱ级 PAC 的期限越长，向上的波动越大。当提前偿付减速时，PAC 的期限越短，向下的波动越大。3 年期和 20 年期支持债券在Ⅱ级 PAC 获得偿付之后才开始收到本金，将它们的平均期限分别延长到 18.3 年、25.6 年。

将Ⅱ级 PAC 与图表 29—6 中的支持 TAC 债券和 3 年期标准支持债券的平均期限波动性进行比较。虽然保护程度不如基本 PAC，但是Ⅱ级 PAC 提供了适度的提前赎回保护和延期保护。另外，这些例子表明，当提前偿付速度超出合适的保护范围时，它们缩短和延长的力度小于对应的 TAC 和逆向 TAC。在提前偿付发生温和移动时，分层 PAC 的支持债券

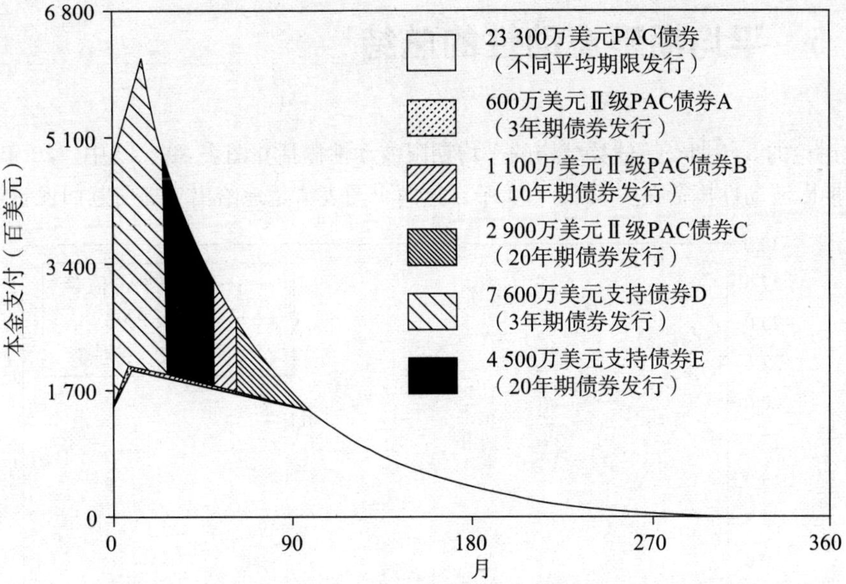

图表 29—11　分层 PAC 结构，300% PSA

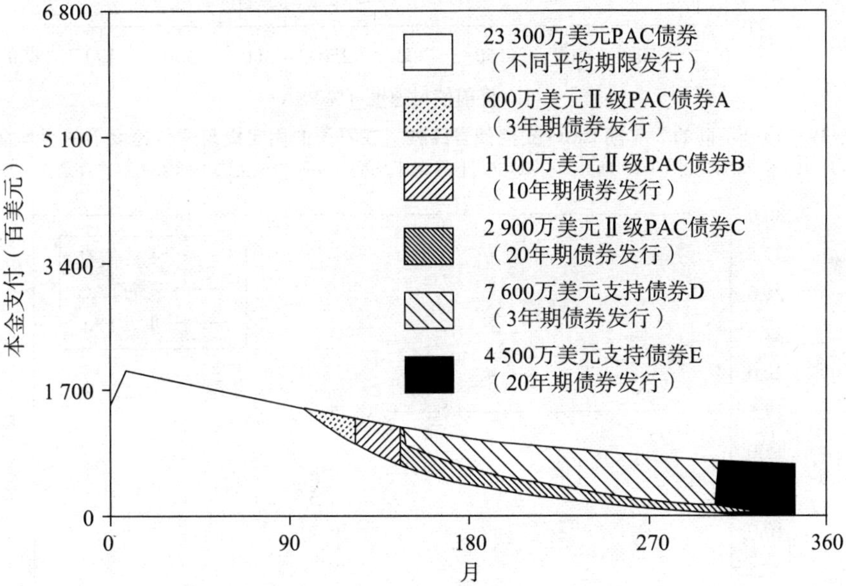

图表 29—12　分层 PAC 结构，85% PSA

的波动性稍微大一点。将图表 29—8 与 20 年期标准支持 TAC 债券以及逆向 TAC 进行比较，我们发现在 165% PSA 到大约 250% PSA 之间，20 年期分层支持 TAC 债券锁定的速度比其他两种债券更快。类似地，图表 29—9 表明，当提前偿付的速度介于 165%PSA 到 50% PSA 之间时，3 年期分层支持 TAC 债券延长的速度比其他两种债券更快。[5]

29.5 平均期限波动性的总结

本章讨论的 3 年期支持债券结构的平均期限波动性概括在图表 29—13 中。20 年期支持债券的平均期限波动性概括在图表 29—14 中。这两个图表清楚地给出了提前赎回保护和延期保

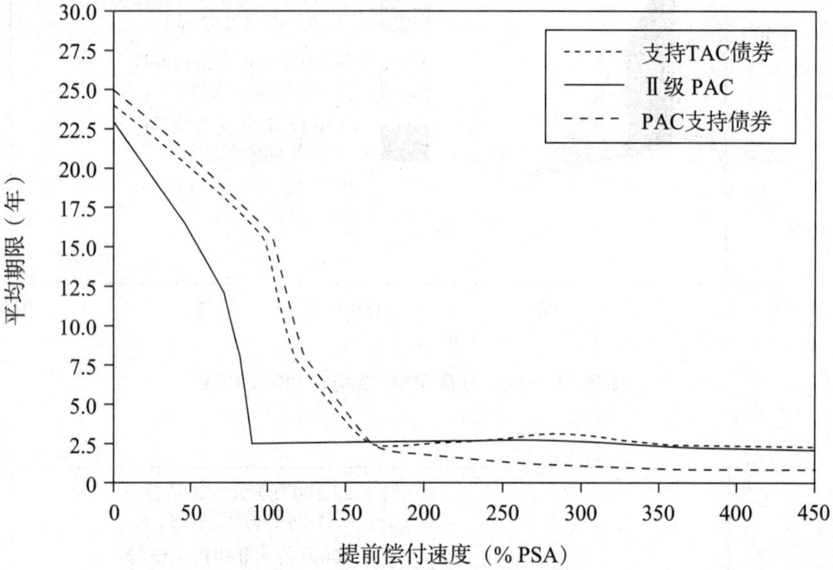

图表 29—13　不同的 3 年期 CMO 支持债券结构（在不同的固定提前偿付速度下的平均期限）

注：在 0～165% PSA，支持 TAC 债券和 PAC 支持债券的平均期限相同。在图表中两条线不重合是为了提高可读性。

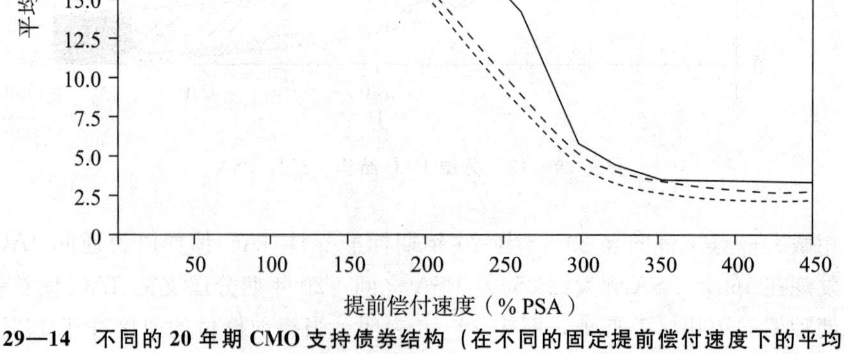

图表 29—14　不同的 20 年期 CMO 支持债券结构（在不同的固定提前偿付速度下的平均期限）

注：在提前偿付速度超过 165%PSA 时，支持债券和逆向 TAC 的平均期限相同。在图表中两条线不重合是为了提高可读性。

护之间的差别。包含TAC或PAC时间表的支持债券可以提供这两种保护。在上下限之间的速度下，Ⅱ级PAC有稳定的平均期限模式。（Ⅰ级PAC会有相似的模式，只是它的稳定区间更宽，比如从75%PSA到300% PSA，并且由于存在支持债券，在范围之外的缩短或延长比较有节制。）相比之下，在相同的范围内，标准支持债券表现出更陡峭和更连续的平均期限。这个范围是Ⅱ级PAC受保护的范围。正如我们所预测的，TAC债券可以提供提前赎回保护，但是不提供延期保护。逆向TAC债券在低速情况下比较稳定，但是当固定的提前偿付速度超过假设的速度时，它会急速缩短。

29.6 关键知识点

- 支持TAC债券的时间表可能具有TAC债券的特征[因此它们可以回避提前赎回风险或延期风险（逆向TAC债券），但是不能同时回避这两种风险]，也可能具有PAC债券的特征，因此在一定的提前偿付速度范围内具有提前赎回保护和延期保护作用（Ⅱ级PAC）。
- 虽然受保护的程度不如基本的PAC，但是有时间表的支持PAC债券（也被称为Ⅱ级PAC）提供适度的提前赎回保护和延期保护。
- Ⅱ级PAC时间表在提前偿付速度突破基本PAC上下限之前保持完整。
- 当提前偿付的速度处于适当的保护区域之外时，Ⅱ级PAC缩短或延长的力度小于对应的TAC债券和逆向TAC债券。在提前偿付发生温和移动时，分层PAC的支持债券波动性稍微大一点。

【注释】

[1] 其他债券结构设计的目的是，在CMO债券发行中减少或转移某些债券的提前偿付风险，它们也会产生支持债券。这里的讨论不会涉及这些。除非明确指出，这一章使用的术语“支持”或“支持债券”指的都是PAC支持债券。

[2] 锁定可以将本金支付转移给支持债券。在没有锁定的情况下，这个本金支付会被用于PAC时间表。锁定效应是将第一个PAC窗口开始时间推到一个规定日期，并且稳定支持债券。锁定通常被用于第一个PAC债券2年或3年，向最早的支持债券提供稳定性。

[3] 假设有一般的当前息票担保债券。

[4] 组建者可以通过操纵息票来提高波动性债券对某些投资者的吸引力。组建者操纵息票，从而可以折价发行，通过高速提前偿付获益；或者溢价发行，通过低速提前偿付获益。

[5] 记住，所有这些例子都是高度简化的，只能对这些债券结构的表现做出基本的理解。实际的CMO发行会更复杂，包含其他结构或本章讨论对象的变体。复杂性的增加会导致债券的表现在价值上不同于这些例子。

第 30 章 本息分离抵押贷款支持证券

塞勒斯·穆希比（Cyrus Mohebbi）博士
摩根士丹利投资公司常务董事以及纽约大学兼职教授

加里·李（Gary Li）
汇丰银行高级副总裁

托德·怀特（Todd White）
哥伦比亚管理投资顾问有限责任公司常务董事

戴维·昆（David Kwun）
汇丰银行常务董事

在 1983 年，房利美公司发行了担保抵押证券（CMO）结构。它使得发行人可以根据投资者息票利息、到期日以及提前偿付风险的规定来制定抵押证券。在 1986 年 7 月，房利美在抵押证券生产线上引入新的产品：本息分离抵押贷款支持证券（stripped mortgage-backed securities，SMBS）。在这一章，我们将讨论 SMBS 特殊的投资特征，以及不同的市场参与者如何将它们用于各种投资策略和套期保值策略。

房利美公司重新分配抵押贷款中的全部或部分利息和/或本金现金流，变成两个或更多的 SMBS，从而开发出新的抵押证券。该证券可以使投资者在有关提前偿付和利率的预期变动方面获得强势的市场地位。随着抵押转手证券（mortgage pass-through securities）市场的成熟，衍生品的数量不断增加，使得投资者有更大的选择余地来实现他们的投资目标。除了直接的只收利息（interest-only，IO）证券和只收本金（principal-only，PO）证券，投资者现在还可以从每个本息分离债券中的大量合成息票（synthetic coupons）中进行选择。投资者可以微调他们的衍生品，使得他们想要的敏感度与利率、提前偿付、市场风险匹配。

SMBS对利率和提前偿付速度的变化高度敏感。往往会表现出不对称的收益。被分派了所有或大部分基础本金现金流的SMBS凭证显示出非常吸引人的看涨收益率。当市场利率下降并且基础抵押证券提前偿付速度上升时，这些SMBS的回报会大大提高，因为本金现金流的回收比预期要早。相反，有权获得全部或大部分利息现金流的SMBS具有非常诱人的看跌回报特征，因为当本金提前偿付速度下降时（通常是在市场利率上升时），会产生更多的利息现金流。

SMBS不对称的回报会吸引各种投资者。SMBS可以被有效地应用于利率套期保值和其他抵押证券的提前偿付风险。这些抵押证券包括某些CMO债券和溢价息票抵押转手证券。SMBS与利息衍生品相结合，还可以成为抵押机构的重要工具，用于利率套期保值以及抵押服务权利的提前偿付风险对冲。储蓄机构和抵押银行经常会使用PO证券对它们管理的资产组合套期保值，或者使用IO证券作为服务收入的替代品。SMBS还可以与其他固定收益证券组合在一起，比如美国国债和抵押证券，在不同的利率背景下提高资产组合的总收益。保险公司和养老基金经常会将SMBS作为一种工具，使得它们的投资组合可以满足债务久期，进而最小化利率风险。各类投资者都会利用SMBS来实现投资目标。保险公司、养老基金、资金经理、对冲基金以及其他总收益率账户都会使用SMBS来提高固定收益资产组合的回报。

30.1 SMBS市场综述

自从1986年7月SMBS第一次出现以来，SMBS市场就一直快速成长。到2010年12月，市场总共发行603次，共计约5 220亿美元的机构SMBS。房利美公司是占主导地位的SMBS发行人，共发行了417次，总值3 280亿美元。

□ SMBS的类型

本息分离证券有多种存在形式。第一种也是最早的抵押本息分离证券类型被称为**合成息票转手证券**（synthetic-coupon pass-through securities）。合成息票转手证券从基础抵押贷款（underlying mortgage loans）中获得固定比例的本金和利息现金流。这些证券是房利美在1986年年中通过它的“字母表”本息分离计划引入的。

信托IO和信托PO是第二个也是常见的本息分离抵押证券，是房利美在1987年1月引入的。IO和PO在基础担保抵押证券中分别只收到利息或本金现金流。房利美（FNMA）和房地美（FHLMC）信托IO/PO SMBS代表SMBS市场上主要的发行和交易活动。一个流动的动态二级市场的建立，与机构预售（to-be-announced，TBA）市场相结合，实现了快速频繁的交易。该领域的基准债券（数量大、流动性高）提高了流动性以及投资者定价的透明性。

第三种本息分离证券，CMO 本息分离证券（也被称为结构化 IO 和 PO），在发行人和投资者当中也很流行。正如它们的名字所暗示的，结构化 IO 和 PO 是 CMO 发行中的分券，只得到本金或利息现金流，或者合成的高息票利息。

□机构 SMBS 市场的发展

第一只本息分离抵押证券：FNMA SMBS“字母表”本息分离证券

在 1986 年 7 月新建立的 SMBS 计划中，房利美首创第一只本息分离抵押证券。对于 SMBS 系列从 A 到 L 的每一种证券，房利美将资产组合中的抵押贷款集合在一起，发行了两种 SMBS 转手凭证。这两种凭证代表着对于有限抵押贷款中利息和本金现金流一定比例的所有者权益。字母表本息分离证券随后被称为提前赎回合成折价或溢价息票证券，因为字母表本息分离证券的息票利率是证券本金总余额的百分比。比如，一只本息分离证券如果从 FNMA 10%中收到 75%利息和 50%本金的现金流，那么它就是合成的 15%息票证券，因为 7.50%的息票被看成 100%的本金（即 7.50% 息票/50%本金=15%息票/100%本金）。根据同样的逻辑，如果 FNMA 10%收到 50%的利息和 1%的本金，它的本息分离证券将是 5 000%息票证券。

30.2 FNMA SMBS 信托计划以及 IO 和 PO

连续的当前 FNMA 本息分离计划——SMBS 信托计划始于 1987 年，提供了一种工具。交易经理（比如投资银行）可以利用这个工具将 FNMA 转手证券与 FNMA SMBS 信托证券互换。在互换过程中，交易经理提交的合格的 FNMA 转手证券被房利美并入一个 FNMA 巨型联合信托（Megapool Trust）。作为回报，房利美将两个相似的说明性 SMBS 凭证分销给交易经理。该凭证列明了对于 FNMA 巨型联合信托本金和利息现金流中相应比例的所有权。

迄今为止，FNMA SMBS 信托的主体包含 IO 和 PO。IO 和 PO 是以最大的杠杆方式获得抵押证券的两个现金流的不对称业绩特征。虽然 IO 和 PO 可以按照不同的比例搭配，形成合成息票债券，但是有些投资者更喜欢仅有一个凭证的合成证券，因为这样记账方便。在 1993 年后期，FNMA 将另外一个特征加入它的 SMBS 结构中。除了 IO 和 PO 之外，FNMA SMBS 信托还包含一个规定，即关于 IO 和 PO 如何与具有合成息票的其他债券进行交易的规定。合成息票在每个信托的补充发行说明书中有规定，通常变化范围是基础抵押债券息票的 0.5%到 2 倍，以 50 个基点的幅度变化。假定 IO 与 PO 的比例是正确的，交易的履行需要支付少量费用，并且会返回到 IO 和 PO 以及其他结合体中。为了提高 SMBS 市场的流动性，所有的 FNMA SMBS 凭证（FNMA SMBS L 系列除外）都有唯一的转换特征。该特征使得相似名称的 FNMA SMBS 发行或信托可以在联邦储备银行的记账系统中互换，因为FNMA SMBS凭证或巨型凭证的名称相似。由于套利有获利的可能性，任意相同的两类FNMA发行或信托的总价格往往会比具有同类息票和剩余期间的FNMA转手凭证略微高一点（“重组溢价”）。

所有FNMA SMBS转手证券（字母表和信托）与常规的FNMA转手证券有相同的支付结构、支付延期、FNMA保证。

□ FHLMC本息分离大型计划

房地美也是SMBS市场的参与者。在1989年10月，房地美宣布了本息分离大型抵押参与凭证（Participation Certificate，PC）计划。

房地美的本息分离大型计划类似于房利美的互换SMBS信托计划。交易经理提交FHLMC PC给房地美；房地美将这些PC累积到大型的共同资金中，发行本息分离大型PC。这个PC代表交易经理想要的本金和利息比例。所有房地美本息分离PC的支付结构、支付延期、支付保证与常规的FHLMC PC相同。与房利美SMBS相似，房地美大型本息分离IO和PO的转换特征使得它们可以与名称相似的FHLMC PC交换。在房地美的金MACS（Modifiable and Combinable Securities，可修改可联合证券）计划下，IO和PO可以与合成息票类证券交换。这类证券在发行说明书的费用补充说明中有规定。

□ SMBS的吉利美担保

1990年，房地美开始发行吉利美转手凭证担保的SMBS。从1990年开始，房利美发行了76个包含基础GNMA担保的信托。在1993年，房地美开始发行GNMA支持的SMBS，到现在已经发行了7个GNMA本息分离证券。GNMA SMBS的增加进一步扩大了SMBS的投资者基础，提高了SMBS市场的流动性，增加了GNMA投资者可用的对冲选择。

□ PO担保化的CMO

盈利的套期保值机会导致了由PO担保的CMO证券的引入。由PO担保的CMO在具有不同到期日和提前偿付模式的几个CMO分券之间分配来自基础PO证券的现金流。利用PO证券进行套期保值获利的潜在可能性提高了SMBS市场的效率。这实际上是通过在给定的市场环境下对PO设定潜在价格下限和对相应的IO设定价格上限来进行的。

□ CMO本息分离证券

本息分离证券包括在CMO发行中，是作为定期利息（非剩余）CMO分券。在基础抵押担保品的期限内，只支付本金、支付大部分利息现金流（相对于本金现金流）或者只支付利息的CMO本息分离证券分别被称为PO证券、“高利息”证券以及IO证券。它们的业绩特征通常会类似于SMBS。在CMO的其他证券到期或偿付之后，其他类型的CMO本息分离证券会收到初始的和持续的担保品本金或利息的现金流。这些本息分离 CMO 证券的类型是 PO、PAC IO、TAC IO 或超级 PO。它们的表现不同于 SMBS。

30.3 投资特征

SMBS 使得投资者可以抓住抵押转手证券现金流的本金和利息的业绩特征。这两个组成部分对利率和提前偿付速度的变化作出相反的反应。PO SMBS 是看涨工具，在利率下降的环境下胜过抵押转手证券。IO SMBS 是看跌投资，可用于对利率上涨进行套期保值。

□利息和本金随提前偿付的变化

MBS 投资者每个月收到的现金流来自一大群房主支付的本金和利息。在总支付中本金和利息的变化取决于抵押资金的提前偿付速度。图表 30—1 和图表 30—2 是 100 万美元 30 年期 FNMA 当前息票转手证券在不同 PSA 提前偿付速度下的现金流。

图表 30—1 显示的是每月现金流的本金部分。由于利率与未偿付本金成正比，所以这个图表也可以被看成是不同提前偿付速度下抵押贷款余额的下降。

在提前偿付速度为零时，图表 30—1 和图表 30—2 中的利息和本金现金流构成正常的分期摊还时间表。在证券期限的早期月份中，现金流主要是利息支付。这是因为利息支付的计算是基于每个月的月初抵押贷款未偿付本金余额。当抵押贷款分期偿付时，现金流逐渐变成本金支付。在趋近证券期限的末尾时，本金支付是现金流的主体。

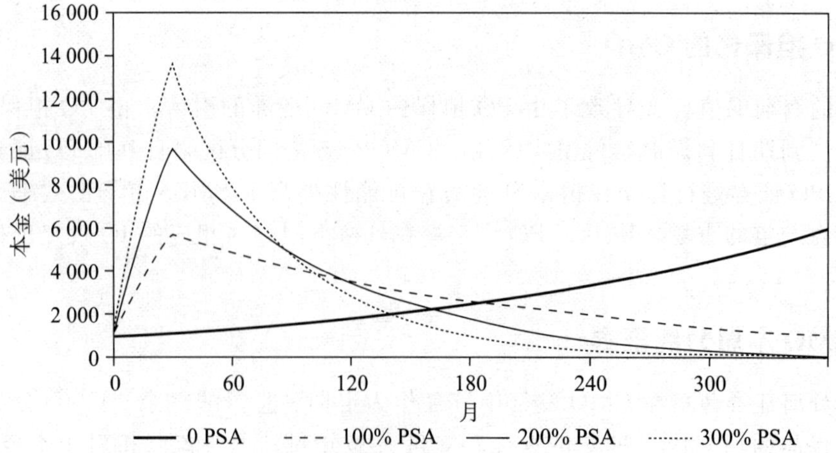

图表 30—1 每月现金流的本金部分

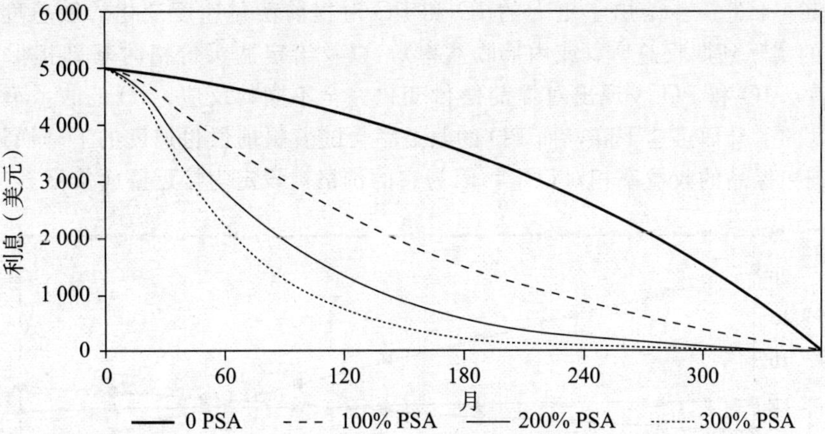

图表 30—2　利息现金流总量

在抵押贷款转手证券中，本金的提前偿付会显著地改变投资者获得的本金和利息现金流。房主提前偿付全部或部分抵押贷款，会在抵押证券初期返回更多的本金给投资者。其他条件相同，提前偿付的增加有两种效应：

(1) 如图表 30—1 所示，偿付本金的剩余时间会缩短。在 100% PSA 下，本金现金流的平均期限是 11.3 年。在比较快的 200%PSA 和 300% PSA 下，收回本金的平均时间分别是 7.6 年和 5.7 年。

(2) 如图表 30—2 所示，总的利息现金流减少。这是因为利息支付的计算是基于每个月初较大的未偿付本金，而较高的提前偿付速度减少了未偿付本金的数量。

提前偿付速度变化对价值的影响

抵押转手证券代表了利息和本金现金流的组合价值。提前偿付对每个组成部分现值的影响常常会彼此互补。提前偿付速度的提高会减少剩余时间，直到本金被偿付完。本金提前偿付得越早，本金的现值越高。相反，由于提前偿付速度的提高会减少利息现金流，利息的价值会降低。

因此，利息和本金现金流对提前偿付速度变化的敏感度超过组合抵押贷款转手证券。图表 30—3 说明了这一点，它给出了不同提前偿付速度下，FNMA 当前息票转手证券的本金和利息现值。

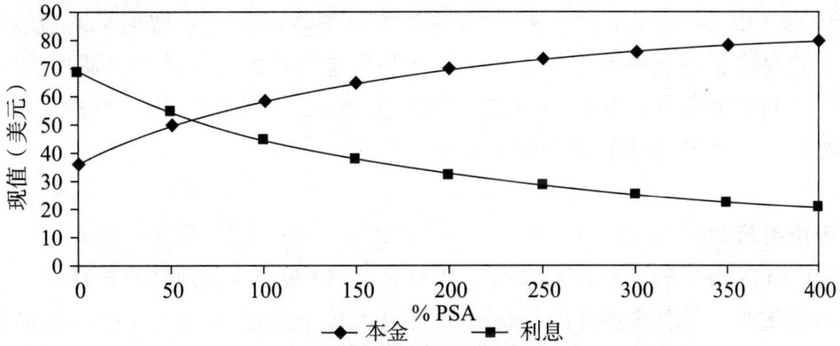

图表 30—3　FNMA 当前息票转手证券的本金和利息现值

图表 30—4 进一步给出了更大的 IO 和 PO 对提前偿付速度变化的敏感度：典型的 IO 和 PO 的实际到期收益率（或内部收益率），以及给定购买价格时基础担保品的实际到期收益率。IO 和 PO 表现出对提前偿付变化完全不同的反应；IO 的收益率会随着提前偿付速度的上升而迅速下降，而 PO 的收益率会随着提前偿付速度的下降而迅速下降。另外，基础担保品的收益率相对稳定，因为它的价格被设定为接近票面价格。

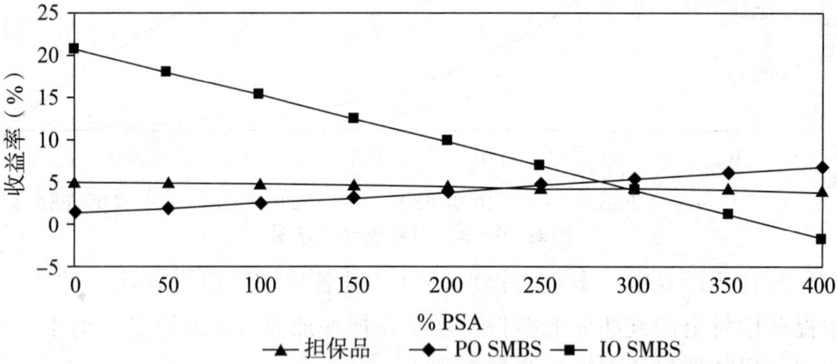

图表 30—4　典型的 IO 和 PO 实际到期收益率

SMBS 的价格表现

前面的讨论表明，到目前为止，提前偿付速度是 SMBS 价值的最重要决定因素。由于 SMBS 对利率变化的价格反应在很大程度上取决于担保品的提前偿付速度受利率变化的影响方式，所以我们首先讨论抵押提前偿付的情况。

提前偿付 S 曲线

MBS 提前偿付速度受证券特征（比如息票和年限）、利率以及其他经济和人口统计变量的影响。虽然详细的提前偿付预测通常需要建立计量经济模型，但是投资者可以通过考察担保品的总息票和当前抵押利率之间的利差来判断 SMBS 的表现。

在决定提前偿付速度时，这个利差通常是最重要的变量。关于这个速度，提前偿付速度有一个 S 形状。对于折价息票，速度相当平坦（这时利差是负的，并且提前偿付主要是由住宅成交量引起的）。当利差变成正的时，它们会迅速飙升，直到利差达到几百个基点。然后在证券出现高溢价时，它们会持平。这时，抵押品持有人有强大的进行再融资的经济激励，并且利差的进一步扩大会导致再融资活动的边际增加。图表 30—5 给出了 S 曲线，它是在抵押利率发生规定变化时，当前息票担保品的预计长期提前偿付。

在这一节剩下的部分，我们会重复提到图表 30—5，因为 SMBS 的表现可以通过它的担保品在提前偿付 S 曲线的位置加以解释。[1]

预计的价格行为

图表 30—6 给出了利率平行移动时，当前息票 IO 和 PO 的预计价格路径。[2]

当利率变化时，SMBS 预计的价格行为可以大体上用图表 30—5 中的提前偿付 S 曲线来解释。

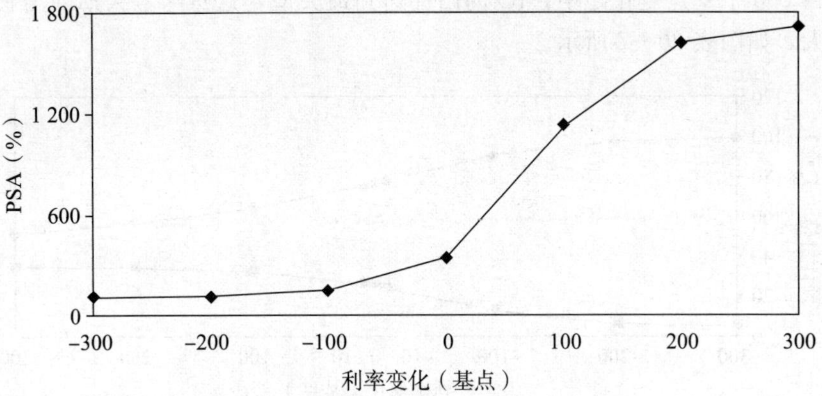

图表 30—5　提前偿付 S 曲线

(1) 当利率从当前水平开始下降时，担保品的提前偿付速度开始出现迅速上升。与较低的折扣率相结合，这会引起 PO 价格大幅升水。然而，对于 IO，较高的提前偿付的影响超过较低的折扣率的影响，导致价格下降。

(2) 如果利率下降几百个基点，那么担保品变成高溢价息票和提前偿付的高地。PO 价格升值率和 IO 价格贬值率都会下降。最终 IO 的价格开始提高，这是因为较低的折扣率的影响超过提前偿付边际增加的影响。

(3) 如果利率上升，较慢的提前偿付和较高的折扣率相结合，导致 PO 的价格急剧下降。IO 一开始会得到较慢提前偿付的帮助，给予 IO 负的久期。但是到最后，位于提前偿付 S 曲线较慢部分的提前偿付高地以及 IO 价格开始下降。

有效久期和凸性

图表 30—7 表明，对于当前或低溢价担保品，PO 往往有大的正的有效久期。而 IO 有大的负的有效久期。图表 30—7 中的有效久期反映了图表 30—6 中的价格轨迹：

(1) 对于 PO，随着利率的下降，有效的久期刚开始时会上升，表明它会随着提前偿付速度的飙升而出现快速价格上涨。注意，这与传统的方法完全相反。比如，国债或修正的久期反映的是 PO 的缩短，它们实际上会下降。当利率继续下降时，PO 的有效久期保持平稳，然后下降。这表明提前偿付保持平稳。另外，它还表明，为了计算有效久期，我们要除以上涨的价格。如果利率上升，PO 久期会减少，但仍然是正的。

(2) 对于 IO，有效久期刚开始时是负的，然后随着利率的下降而迅速下降，在提前偿付高地之后最终会上升，并且变成正的。

凸性测度的是久期的变化率，被用于反映价格变化的趋势是出现加速还是减速。它的计算方法是比较利率下降时的价格变化和利率上升时的价格变化。图表 30—8 是用图表 30—6 中的预计价格得到的凸性。

对图表 30—6 和图表 30—7 进行比较后可以看出，凸性反映了久期如何变化。当久期增加时（就像利率从初始值开始下降时 PO 的情况一样），凸性是正的。当久期减少时，凸性是负的。比如，IO 的凸性刚开始时是负的，但是在利率下降超过 100 个基点之后，利率开始上升。虽然在 200 个基点时久期仍然是负的，但是正的凸性意味着久期是递增的。在 200 个基点变化之中，IO 的凸性达到最大值，这意味着久期的增长率在这个点达到最大，如图表 30—7 所示。

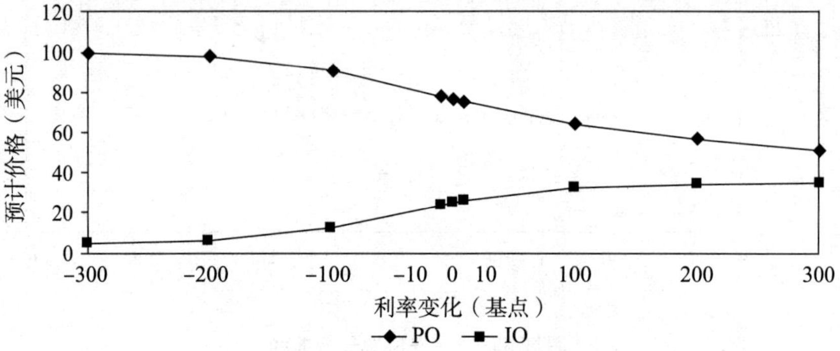

图表 30—6　利率平行移动时当前息票 IO 和 PO 的预计价格轨迹

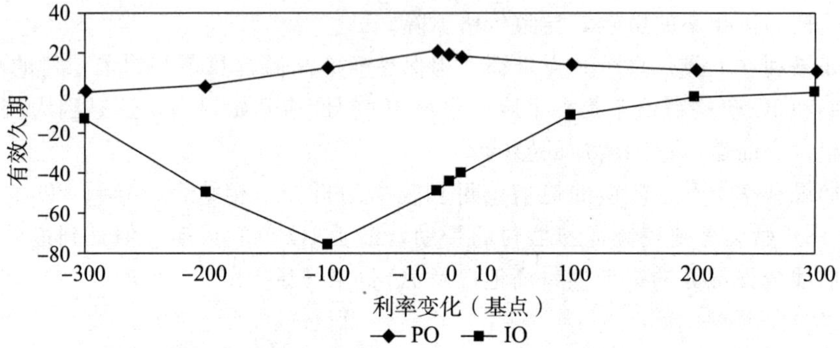

图表 30—7　当前息票或低息票担保品的 IO 和 PO 有效久期

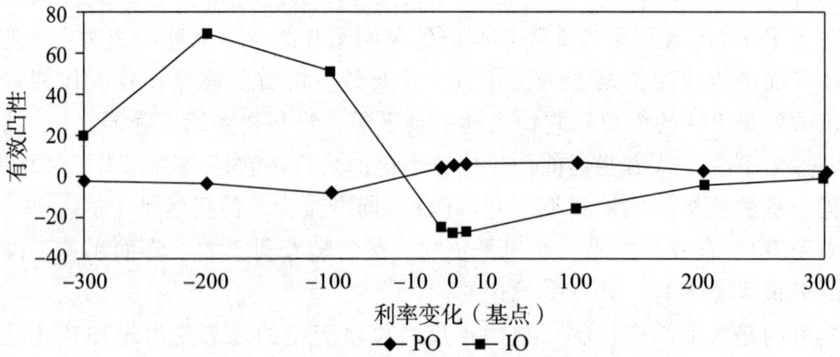

图表 30—8　IO 和 PO 的凸性

总之，提前偿付 S 曲线意味着 SMBS 可以用以下方式做担保：

(1) 当前或折价转手证券：PO 上涨潜力很大，下跌风险很小，而 IO 刚好相反。

(2) 低溢价：有点类似于上涨潜力和下跌风险的情况。

(3) 高溢价（包括目前发行的主要 SMBS)：PO 上涨潜力很小，下跌风险很大，而

IO 刚好相反。

□ SMBS 的定价和期权调整利差

SMBS 现金流对未来提前偿付速度的严重依赖性，以及提前偿付对利率变化的典型不对称反应，这二者使得传统的收益率测度方法，比如到期收益率，在 SMBS 定价或分析中的作用有限。SMBS 定价最常见的方法是期权调整利差（OAS）。OAS 分析用概率统计来估计在整个利率变化轨迹中的证券。提前偿付变化对证券现金流的影响也在考虑之中。OAS 是在证券提供的基准曲线（国债或互换曲线）上的不含期权利差。假定市场在利率上是中性的，它给出了证券的长期平均值。

图表 30—9 将 OAS 分析用于当前息票 FNMA 信托、溢价 FNMA 信托以及基础转手证券的担保品。在每个应用中，价格被定为 30 个基点的 LIBOR OAS（LOAS）。该图表中还有到期收益率和加权平均期限（weighted average life，WAL）。

图表 30—9　　当前息票和溢价 FNMA 信托的 OAS 分析

	价格	YTM	WAL	LOAS	Z 利差	期权成本
当前息票 PO	74－03	5.365	6.365	30	－13	－43
当前息票 IO	27－14	0.578	6.365	30	332	302
担保 PT	101－23	4.134	6.365	30	72	42
	价格	YTM	WAL	LOAS	Z 利差	期权成本
溢价 PO	78－10	5.592	4.989	30	－8	－38
溢价 IO	25－31	0.695	4.989	30	310	280
担保 PT	104－16	3.815	4.989	30	69	39

在一个收益率曲线平坦的环境下，当抵押利率处于当前水平时，0%波动（Z 利差）的 OAS 通常会接近于标准的基准曲线利差。Z 利差与 LOAS 之间的差额，我们称之为**期权成本**（option cost）。假定利率波动的幅度不变，它可以衡量提前偿付的变化对证券的影响。期权成本在很大程度上不取决于定价和提前偿付预测水平的高低（尽管它取决于斜率或提前偿付预测对利率变化的反应）。因此，期权成本可以衡量利率可能的变化对 SMBS 的内在影响。

在讨论图表 30—9 的期权成本之前，我们需要注意，一般而言，利率和提前偿付的变化对 MBS 有两种影响：

（1）对于任意的可提前赎回证券，在低利率环境下提前赎回通常会产生不利影响，因为证券的本金价值通常会超过它收回时的价格。（一个例外情况是由住宅成交量导致的抵押提前赎回，这时从提前赎回权持有人的角度而言提前赎回是不经济的。）从另一个角度来说，被收回的本金通常会被用于再投资，收益率低于现有证券。

（2）对于折价或溢价的 MBS，提前偿付的变化会导致折价或溢价比预期的更早或更晚。这会减轻或强化（1）所讨论的提前赎回效应。

一般而言，第一个效应的重要性大于第二个；不过，如果证券的折扣比较大，比如

PO，那么第二个效应有时候会大于第一个。这两种效应的最终结果取决于担保品在图表30—5所示的提前偿付曲线的位置。

（1）如图表30—9所示，当前息票FNMA信托是由当前息票或折价息票担保的SMBS的典型特征。对于折价或当前息票担保品，如果利率出现明显下降，提前偿付不太可能会明显下降，但有可能会显著上升。这种不对称性意味着PO通常会因为提前偿付速度的变化而获得巨大利益。PO的期权成本通常是负的；也就是说，PO可以从利率波动中获益。这意味着在低利率环境下，较快收回本金的好处超过提前赎回的普通效应。另外，基础担保品往往有正的（但是在折价担保的情况下通常比较小）期权成本；在利率低时，提前赎回的负效应大于快速收回本金的好处。最后，IO通常有比较大的正的期权成本；前面讨论的提前偿付变化的不对称性意味着，如果利率上升（因为提前偿付不会显著下降），IO得不到什么好处，但是利率大幅下降可能会导致提前偿付的飙升和利息现金流的减少。

（2）溢价FNMA信托是具有溢价担保的未偿付SMBS的典型例子。一般而言，对于溢价担保品，提前偿付可能增加也可能减少。提前偿付变化的净效应取决于具体的息票和现行的抵押利率。比如，成熟的溢价不会出现速度的大幅提高，因此溢价信托PO通常有较小的负期权成本。因为相同的原因，担保品有正的期权成本。

提前偿付变动的重要性使得标准到期收益率与SMBS的定价没有什么关系，因此它们往往是根据OAS来定价（见图表30—9）。

30.4 关键知识点

• 在两个以上SMBS类别的抵押贷款池中，重新分配全部或部分利息和/或本金现金流，可以得到本息分离抵押贷款支持证券。

• SMBS使得投资者可以了解抵押转手证券的本金或利息现金流的业绩特征。本金与利息现金流对利率和提前偿付速度的反应完全相反。PO SMBS是看涨工具，在利率下降的环境下胜过抵押转手证券。IO SMBS是看跌投资，可以被用于对利率上升进行套期保值。

• SMBS的特征使得用户和投资者可以实施他们选择的投资策略或套期保值策略。

• 存在各种不同的SMBS证券，那些非信托IO/PO证券（比如CMO本息分离证券）会表现出细微的行为差异，具体差异取决于具体的交易结构。

• 传统的收益测度方法，比如到期收益率，在SMBS的分析或定价时的作用有限。这是因为SMBS现金流对未来提前偿付速度的严重依赖，以及提前偿付对利率变化的典型不对称反应，从而改变了OAS分析。该分析是一种常用的方法，它是用概率统计方法来估计在整个利率变化轨迹中的SMBS。

【注释】

[1] 不过，投资者需要注意，不是所有提前偿付都可以用息票与抵押利率之间的利差来解释。图

表 30—5 中预计的提前偿付是长期平均值。每月的提前偿付率会变化（比如因为季节性因素），即使抵押利率不变。如果抵押利率出现大量而持续的下降，那么抵押品的持有者在面临第一次抵押再融资激励时，最初表现为提前偿付的急速上升。当房主非常焦虑并且再融资时，它会逐渐下降。溢价息票提前偿付速度的这种与利率无关的下降被称为"耗尽"。在利率下降背景下出现的预计速度是早期高速与后期低速的平均。对于经历过大量再融资过程的息票，耗尽意味着提前偿付对于利率的下降不敏感。这适用于大部分当前未偿付的溢价息票。年限对提前偿付的影响众所周知。新的抵押贷款的提前偿付速度会比较慢，直到抵押 2～3 年之后才开始逐渐加快。此后年限就不重要了。

[2] 计算这个价格时要在所有情况下给出－15 个基点的 LIBOR 期权调整利差（LOAS）。下一节会给出 OAS 分析。注意，如果担保品价格也是定在－15 个基点的 LOAS，那么它正好是 IO 和 PO 的价格之和。

第31章 非机构住房抵押贷款支持证券

胡大鹏（Dapeng Hu）博士，注册金融分析师
黑石风险管理公司常务董事

罗伯特·戈尔茨坦（Robert Goldstein）
黑石风险管理公司常务董事

非机构RMBS指的是没有得到政府支持企业（government-sponsored enterprises，GSE）或政府机构担保的住房抵押贷款支持证券（residential mortgage-backed securities）。它得到以下证券的支持：优质大额房贷、Alt-A、期权可调利率抵押贷款（option ARM）、次级贷款、第二留置权、预制房屋（manufactured housing，MH）抵押贷款。这类证券包含大量的工具，从高质量的传统贷款一直到创造性和风险性极大的贷款。这些抵押贷款通常不合规，要么大于机构贷款限额标准，要么不遵守机构保险准则。每个非机构RMBS都包含几百个到几千个抵押贷款。与机构RMBS不同，非机构RMBS具有提前偿付风险和信用风险。证券中的现金流包含在各种工具或分券中，所以不同的分券会面临不同的风险，适合不同的投资者。每个分券都是一个RMBS。

在金融危机之前，优质大额房贷、Alt-A、期权ARM通常会被称为非机构担保抵押证券（CMO），而次级贷款、第二留置权、预制房屋抵押贷款通常会被称为住宅资产支持证券（ABS）。[1]过去的非机构CMO证券与次级ABS分开，因为提前偿付和利率风险被看成是非机构CMO独有的风险。这与次级贷款、第二留置权、预制房屋抵押贷款完全相反。在金融危机之后，这些产品被看成是一种一般的非机构RMBS类别，因为投资者已经认识到所有这些产品中的信用风险和它们的意义。这一章将所有这些证券都称为

非机构 RMBS。

在房地产繁荣时期，对非机构抵押贷款的需求迅速增加。由于抵押贷款产品发明、创新的迅速增加，以及所谓的可承受抵押贷款的泛滥，这一需求得到满足。另外，由于非机构 RMBS 的收益率略微高于机构 RMBS，并且貌似没有增加风险，所以对这些证券的需求很大，因为投资者是追求收益率的。此外，ABS 信用违约互换以及担保债务凭证（collateralized debt obligations，CDO）的发展，导致非机构 RMBS 的发行量从 2005 年开始迅速增加。非机构 RMBS 的发行量在 2006 年达到顶峰，新发行的金额超过 1 万亿美元，并且利差处于最紧的水平。在 2007 年，次贷危机和房地产市场的崩溃大幅减少了新证券的发行，并且到 2008 年和 2009 年逐渐停止发行。

虽然从 2009 年中期开始价格在逐渐恢复，但是非机构 RMBS 市场仍然处于流失的状态。2010 年少量发行了一次带有新发明的 RMBS，但是没能带动市场。这是因为新的风险自留要求（risk retention requirement）、管制政策的不确定性、经济复苏微弱，以及普遍低的对没有政府担保的抵押贷款工具的不信任。随着优质大额房贷市场容量的增加，我们预期优质 RMBS 的证券化会重新被引入，成为抵押资金的重要来源。信用有瑕疵的借款人对抵押贷款的需求也会导致新的 Alt-A 抵押贷款出现，并且最终导致 Alt-A 证券化市场重新出现。不过，业内不太相信次级贷款或期权 ARM 产品在可预见的未来会回来。

这一章首先综述非机构 RMBS 市场，回顾证券化的兴起、衰弱以及可能的再生。然后考察非机构 RMBS 两个核心的领域：抵押结构和资本结构。我们也会讨论房地产市场，它是非机构 RMBS 最重要的宏观因素。当然，如果不涉及重要的政治、法律、管制等问题，任何关于非机构 RMBS 市场的讨论都是不完美的。这些问题最直接的体现是贷款修改和政府在房地产市场所扮演的角色。最后，这一章会引入相对价值和风险分析。

31.1 市场综述

我们在这里回顾一下主要的 RMBS 产品类型、产业结构以及市场的演化。

□ RMBS 产品类型

在每次交易时，非机构 RMBS 的类型是按照占主导地位的抵押贷款类型来确定的。虽然我们很容易从其他抵押贷款类型中区分次级留置权、MH 以及期权 ARM，但是对于优质贷款、Alt-A、次级抵押贷款并没有明确的定义。一般而言，优质大额房贷有较高的 FICO 分数，贷款规模一开始就会超过机构贷款限额标准。次级抵押贷款最明显的特征是 FICO 分数低，通常会低于 660 分，平均分为 620。Alt-A 贷款的特征介于优质大额房贷与次级贷款之间。Alt-A 贷款的规模可能是限额的，也可能是不限额的，并且有很高的 FICO 分数。明确的特征是，大部分 Alt-A 借款人在发起时会选择提供或者只能提供有限的文件证明，或者没有文件证明（比如收入和资产核实证明）。

证券的类型通常可以通过证券的发行说明书来识别。发行说明书是一份报价文件，描述了抵押特征和证券结构，并且披露了关联的交易方（比如承销商、受托人、服务商）以及投资风险。由于发行人通常会对不同类型的产品使用不同的实体名称或“货架”名称，所以这个货架常常用来对证券进行分类。比如，美国全国金融公司（Countrywide）使用“Countrywide住房贷款抵押转手信托”（CWHL）表示优质证券，用“Countrywide选择性贷款信托”（CWALT）表示Alt-A和期权ARM证券，用“全国资产支持凭证”（CWL）表示次级贷款证券。期权ARM证券有时候被归类为Alt-A，因为它们通常是通过Alt-A货架来发行的。

一只证券经常会包括各种抵押贷款的混合。比如，优质房贷会包含少量的免财力证明贷款（low-doc loans），普通的Alt-A会包含少量的期权ARM贷款，次级贷款会包含一定数量的第二留置权或MH贷款。在优质大额房贷和Alt-A中，一只证券或债券中通常会包含100%的固定利率抵押贷款，或者是100%的混合（先固定几年然后浮动）抵押贷款。然而在次级贷款中，一只证券中通常会有固定利率抵押贷款和混合利率抵押贷款的混合。

□行业结构

非机构证券化的过程涉及几种机构组织，从发起人到贷出机构，到发行人，到信用评级机构，到服务商、受托人等。发起人承销并向借款人发起抵押贷款。主要发起人包括银行、抵押贷款公司、代理行以及经纪人。贷出机构向发起人提供短期融资，使得一次交易可以累积大量资金。发行人将贷款打包，置于不同的分券中，然后与信用评级机构一起合作获得信用等级，将分券作为RMBS在资本市场出售。主要发行人包括银行、抵押贷款公司、房地产投资信托公司（REIT）、投资银行等。信用评级机构分析抵押损失和证券结构，并且将信用等级分配给每个分券。它们还要监督现有的债券，决定它们是否有资格进行信用升级或应该降级。主要的信用评级机构是穆迪、标准普尔以及惠誉。受托人实施交易，包括发布付款清单，详细报告抵押品和债券的业绩，还要分配现金流给投资者。

在非机构RMBS的生命周期中，抵押贷款服务商具有至关重要的作用。它们从借款人手中收取支付款，把它交给受托人。根据证券的类型和发行说明书的条款，服务商通常会负责向有拖欠行为的借款人预付账款，前提是服务商相信预付款的数额可以收回。服务商还负责收款、止赎、管理强制取得的房地产（real estate-owned，REO）以及清算等工作。最近，服务商还负责执行贷款修改。

在非机构证券化繁荣时期，行业的一些参与者建立了垂直一体的证券化业务，称为导管（conduits）。这些业务获得贷款后，有的是直接通过经纪人，有的是通过与最终证券化的各个代理商之间的流程进行投资。它们通常还保留着对已购贷款的服务权，或者自己提供服务或者转包给第三方服务商。“传统的”导管包括如下机构：富国银行、美国全国金融公司（Countrywide）以及住宅资产公司（Rescap，原名通用汽车金融服务公司-住房基金，GMAC-RFC）。不过，正如前面提到的，导管也会积极从事零售业务的发起工作。从2004年到2006年，华尔街经纪人的货架，比如BSABS/BALTA（贝尔斯登公司，Bear Stearns)、HEAT（瑞士信贷第一波士顿银行，CSFB)、SASC（雷曼兄弟公司，Lehman）在这一领域表现非常积极。

□非机构 RMBS 市场的演化

非机构证券化始于 20 世纪 80 年代。在 RMBS 市场发展的初级阶段，在二级抵押市场上，机构池/证券与非机构证券之间存在本质的区分。不具备机构资格的贷款可能会作为贷款整体保留下来，也可能会转入“非机构证券”。信用质量和承销分级后来成为非机构领域的特征，但是在那时是普遍缺乏的。因此，20 世纪 80 年代以及 90 年代初发行的非机构证券通常包含范围广泛的抵押类型。

在 20 世纪 90 年代初，非机构 RMBS 开始采用系统的承销标准，类似于 GSE 的标准。这个标准导致优质大额房贷中信用质量更相似。信用分数（FICO）开始被用于抵押贷款，向行业内部提供一致的信用风险测度。这会导致一般的非机构证券向优质大额房贷、Alt-A 以及次级贷款证券转移。优质大额房贷是最大的部分，而 Alt-A 是最小的。

在 21 世纪初房地产市场开始繁荣时，每个抵押贷款开始偏离它在 30 年期固定利率产品中的传统根基。各种替代偿付能力的产品应运而生，并迅速扩大。混合的可调利率抵押贷款（ARM）占据了开发市场的较大比重，而混合的非分期摊还（即只付利息）和负分期摊还产品也是如此。在 2003 年之前，非机构 RMBS 在总的美国 RMBS 新发行市场占大约 20%。2004 年伊始，非机构市场从机构市场获得的市场份额在增加，优质大额房贷仍然是最大的部分。到 2005 年为止，证券化的非机构 RMBS 发行额超过机构发行数额，达到 1.2 万亿美元，其中次级贷款成为最大的非机构部分，Alt-A 次之。

在 ABS 信用违约互换（CDS）中的现收现付（pay-as-you-go，PAUG）结构以及 ABS CDO 市场的迅速扩大，进一步推动了非机构证券化。传统的公司 CDS 将信用事件（典型的是破产）与实物交割结合在一起。然而，次级 ABS 证券通常没有严重的或清晰的信用事件。本金注销账面价值（本金损失）以及利息支付不足（利息损失）都会增加并且可逆。另外，过去的中间分券存在信用保护，通常是证券总资本结构的 5%～10%，或者是几百万美元的规模。小规模的 ABS 信用分券使得信用保护买方难以找到可以交付的参考资产（reference obligation）来完成实物交割，除非这个人已经拥有该分券。这些困难不利于公司 CDS 模板在 ABS 市场上的广泛使用。2005 年，业内对 ABS CDS 的交易采用现收现付的结构。[2] 在这个结构下，如果 ABS 证券遭遇本金损失或利息亏空，那么信用保护卖方向买方支付损失或亏空的数额。如果该证券后来弥补了这个支付，那么信用保护买方会将支付还给卖方。这个模板基本上使得 ABS CDS 就像现金债券一样。这会大大增强 ABS CDS 的流动性。

现收现付模板促进了两个方面的重要发展，并且最终成为金融危机的导火索：卖空市场的能力以及合成 ABS CDO 的创建。在采用现收现付 ABS CDS 后不久，ABX（次级 ABS CDS 指数或一篮子 ABS CDS）启动了。很多市场参与者以前在美国抵押债券市场上并不活跃，现在致力于 ABX 指数，以此表达它们对抵押信用的意见。ABX 价格变成非机构 RMBS 的市场晴雨表，并且是卖空非机构市场的最重要工具。合成 ABS 的创建使得 ABS CDO 机器开始轰鸣。与现金债券相反，合成 ABS 是运用 ABS CDS 合同来建立现金流，这类似于拥有参考债券（reference bond）的情况。在2005年之前，对CDO债券的需求大于现金资产的供给。合成ABS将CDO经理从现金债券的相对稀缺中解放出来，使得他们可以创造数百亿美元的合成或混合（现金债券和合成债券的混合）工具，并且没有实际的抵押债券发行。这是证券化过程中资源最密集的部分。这大大放大了非机构抵押贷款违约对金融系统整体的影响。

非机构抵押贷款需求的飙升直接导致抵押承销准则的放松。由于借款人不需要放弃大量的产权来购买住宅，因此总的组合贷款价值比（loan-to-value ratios）在递增。债务收入比（debt-to-income ratio）、信用评分以及文件证明要求都放松了。为了满足贷款资格，评估价值常常会虚增。承销尽职调查经常会妥协。偿付能力产品（affordability products）（只付利息、负的分期摊还等）大幅增加。

承销放松的后果很快显现出来，因为新发行的2006次级债券的早期偿付违约（early pay defaults，EPD，指的是前几个偿付周期内有违约行为）迅速蔓延。与此同时，房地产市场开始恶化，房屋销售下滑。这加速了2006年的贷款违约率，因为借款人没有任何产权做缓冲。违约率持续上升，2006年末迅速超过EPD，因此从信用的角度而言，2006年很显然面临严峻的挑战，相关债券的市场价格开始下跌。

到2007年初，由于房地产市场没有显示出任何软着陆的迹象，并且次级贷款和Alt-A的违约率每月都在增大，所以资本市场开始惩罚所有RMBS价格，很多杠杆投资者不得不去杠杆，以满足追加保证金的要求。这触发了一个恶性循环：

估值下降→去杠杆化→进一步估值下降→进一步去杠杆化

因此，对新证券发行的需求消失了。很多发起人停止营业或者停止发起活动。到2007年底，几乎所有非机构的发起活动都停止了。非机构证券化逐渐停顿，RMBS利差显著扩大。由于恶性循环以及ABS CDS和CDO的巨大风险，非机构RMBS市场的信用问题很快转化为整个信用市场的混乱。

另外，值得注意的是，信用市场的混乱与基本面的恶化之间存在相互作用。资本市场流动性冻结导致非机构抵押贷款的发起活动的停顿。这反过来又切断了非机构抵押贷款借款人的再融资渠道。提前偿付与违约通常是“对抗的”，因为借款人会寻找机会再融资，降低每月的偿付金额，或者在最终违约之前卖掉房产。缺少提前偿付的机会导致违约进一步增加。与此同时，信贷紧缩和流动性短缺进一步冻结房地产市场，对住房销售和价格变动施加了更大的下行压力。房地产市场的恶化进一步导致抵押信用基本面的恶化。

市场出现螺旋式下跌，因为银行开始逐日盯住它们资产负债表的资产。逐渐增加的非机构抵押信用损失不仅导致银行资产负债表出现大幅的账面价值下降，还大大增加了这些大型金融机构的资本储备要求。这进一步恶化了市场流动性。由于很多银行和大型金融机构是RMBS、ABS CDS以及CDO资产的主要发行人和持有人，抵押贷款的信用危机最终导致大型金融机构的毁灭，包括贝尔斯登、华盛顿互惠银行（Washington Mutual）、雷曼兄弟、AIG、房利美以及房地美。

从2008年后期开始，非机构部门进入了流出模式，几乎没有任何新的债券发行。2009年3月资产估值达到最低点，并一直处于复苏之中。CDO清算和整批出售增加了现有证券的市场供给。到2010年底，有1.46万亿美元的非机构RMBS未偿付，包括4 320

亿美元的 Alt-A、3 950 亿美元的次级贷款、3 180 亿美元的优质债券、1 580 亿美元的期权 ARM 以及 1 560 亿美元的第二留置权。2006 年和 2005 年是数额最大的两个年份，2007 年排在第三位。

在危机期间，绝大多数 AAA 级债券都出现了评级下降，包括 99%的期权 ARM、97%的 Alt-A、94%的次级贷款、85%的优质债券。很多债券从 AAA 级降到低于投资级别。2010 年底只有一小部分未偿付的非机构 RMBS 仍然高于投资级别。如图表 31—1 所示，2005 年、2006 年、2007 年这三年大部分债券都低于投资级别。虽然大部分成熟的债券（2004 年以及早些时间）保留着投资级别，但是这期间的债券数量以及余额都比较小。

图表 31—1　　到 2010 年 12 月为止，每个年份投资级别债券的名义余额加权百分比（%）

年份	优质贷款	Alt-A	期权 ARM	次级贷款
2003	98.0	93.9	79.4	88.6
2004	92.4	81.8	61.4	81.8
2005	58.4	22.9	24.2	48.4
2006	18.3	4.4	7.0	13.3
2007	7.8	4.0	5.9	13.0

资料来源：穆迪、标准普尔、惠誉以及黑石风险管理公司。

自 2010 年初以来，再证券化的出现以一种有意思的机制吸收并重新包装非机构 RMBS。再证券化也被称为 re-REMIC，它将非机构 RMBS 债券置于信托中，然后向投资者发行高级债券和低级债券。最近，re-REMIC 主要是用发行时为 AAA 级的债券来建立。它们采用简单的结构：在这个结构中高级债券在被清偿之前得到全部本金现金流，而所有的损失首先由低级债券承担。低级债券为高级债券提供的信用提升超过基础债券。因此，高级债券可以获得 AAA 评级，满足投资者的需要。这种交易的另一个好处是，它们可以缓解资本压力，允许建立和保留新的 AAA 级债券，出售少量低级债券。另一个复兴非机构市场的尝试是，在 2010 年 4 月引入 PrimeX 指数。PrimeX 指数使得投资者可以通过 CDS 接触到一篮子优质大额 RMBS 债券。自创立开始，它们的交易相当活跃，并且促进了现有优质债券的交易。[3]

证券化的基本元素（抵押贷款池的聚集和分割）成为重要的房地产融资渠道。尽管 2007—2010 年的证券化承受了相当大的压力，我们预期非机构 RMBS 可以经过结构改革和管制革新重新回到稳定状态。

31.2　担保品

担保分析是非机构 RMBS 相对价值分析的关键。我们在这里全面回顾非机构抵押贷款的主要特征、它们的表现以及在分析非机构 RMBS 债券的担保时遇到的问题。

□担保特征

不同的产品、年份、交易都会造成不同的特征。这些特征与宏观经济环境结合在一起，形成不同的提前偿付和信用表现。图表 31—2 给出了优质债券、Alt-A、期权 ARM、次级债券以及第二留置权担保的一般特征。

固定与混合

混合借款人通常比固定利率借款人的杠杆更大。另外，在利率递增的环境下，利率重置会引起大幅的支付冲击（payment shocks)。因此，混合贷款往往会有糟糕的信用表现。在提前偿付方面，混合抵押贷款也不同于固定利率抵押贷款。在危机之前，混合抵押贷款提前偿付的速度超过固定利率产品。由于主观利率风险比较高，混合提前偿付显著地慢于固定提前偿付。虽然混合是 40%的优质担保债券，但是它们代表着 75%的次级担保证券。与优质或 Alt-A 混合不同，次级混合中占主导的是短期重置产品，比如 2/28 和 3/27。虽然大部分优质或 Alt-A 混合的平均重置期是 12 个月，并且利率可上可下，并受到上下限的影响，但是大部分次级混合每 6 个月重置一次，并且利率只能向上重置。

图表 31—2　　担保品的一般特征

贷款项目	优质	Alt-A	POA	次级	第二留置权
混合百分比（%）	39.6	50.4	100	75.6	8.5
2006 年和 2007 年百分比(%)	14.3	35.7	46.1	25.1	36.9
发起混合贷款价值比	71	80	77	84	96
附加贷款占比（%）	9.9	31.3	24.6	17.8	100
FICO 分数	735	711	708	622	680
PICO 分数低于 680 分的比例(%)	11.7	27.1	28.1	83.1	51
FULL _ DOC	64	29.2	15.5	61.6	52.1
DTI	33	37	35	41	40
AOLS	411 962	258 933	388 488	169 911	48 575
IO 占比（%）	27.3	50	N/A	15.2	9.2

资料来源：贷款绩效公司（LoanPerformance）以及黑石风险管理公司。

年份

年份（vintage）指的是发起的年份。由于放款人的承销标准会随着时间的推移而变化，所以不同年份发起的贷款往往会有不同的信用质量。这些差异存在于可观察的特征中，更重要的是还存在于投资者不可观察的特征中，比如评估质量、承销异常情况、实际占有、欺诈的可能性，等等。在这 10 年中，2002 年和 2003 年被认为是质量最好的，而 2006 年和 2007 年一般被认为是最差的。除了受到放松的承销标准影响之外，2006 年和 2007 年还受到住房价格大幅贬值的影响，因为它们是在房地产市场高峰时期发起的。

贷款价值比

贷款价值比（LTV）是担保信用绩效最重要的影响因素。LTV 有几种测度方法。最初的 LTV 是发起时的贷款数额对房屋价值的比例。最初的组合 LTV 包括发起时贷款数额中的第二留置权。当前的 LTV 指的是当前的贷款数额对当前房屋价值的比例。当前的组合 LTV 测度的是当前的贷款数额对当前房屋价值的比例，当前贷款数额包括第二留置权。最初的组合 LTV 较高不仅代表较高的杠杆，而且表示房屋价格对于给定收入的借款人而言咄咄逼人。当前的组合 LTV 测度的是借款人当前在房屋中还剩多少产权。当 LTV 超过 100%时，借款人拥有“负的产权”。他们的贷款价值超过标的房屋。

如果最初的 LTV 超过 80%，放款人通常要求借款人购买抵押贷款保险。借款人通常会回避在得到第二笔贷款时为第一笔贷款 80%的 LTV 购买保险的情况。这被称为“附加贷款”（piggyback）。如图表 31—3 所示，到 2010 年底为止，Alt-A、期权 ARM 以及次级贷款中有大量的附加贷款。抵押贷款经纪人通常会与借款人合作，从同一个放款人那里获得这两笔贷款。

组合 LTV 高会导致违约行为增加和违约率升高。当借款人有负的产权时，违约期权是价内（in-the-money）期权，并且所谓的理性违约率会大幅提高。当贷款违约时，LTV 高会导致损失幅度大。另外，LTV 高还会导致提前偿付减慢，因为借款人难以获得新的贷款。

另一个问题是“沉默的第二”，或者说是第一留置权之后发起的第二或第三留置权。在 2004—2007 年房地产繁荣时期，很多借款人通过现有的第一留置权或第二留置权之外的住房产权贷款（home equity loan，HEL）或住房产权信用额度（home equity line of credit，HELOC）将他们房屋的产权借出。这大大增加了杠杆和违约风险，但是第一留置权持有人和服务商都不知道这些贷款（所以称为“沉默”）。直到最近才有信用机构报告关于“沉默的第二”的数据。图表 31—3 表明了问题的严重性：36%的期权 ARM、30%的优质和 Alt-A 贷款以及 26%的次级贷款，除了第一留置权之外至少有一个沉默的第二，同时还有附加贷款。

图表 31—3　　2010 年 12 月 31 日的当前组合 LTV 和沉默的第二

	优质贷款	Alt-A	期权 ARM	次级贷款
当前组合 LTV	87	108	131	115
TU 中的当前组合 LTV	101	125	155	123
第一抵押加沉默的第二占比（TUC LTV>LPC LTV）	30%	30%	36%	26%

注：沉默的第二被规定为 TU 中的当前组合 LTV 高于报告给投资者的当前组合 LTV。

资料来源：环联信用卡公司（TransUnion）、贷款绩效公司、黑石风险管理公司。

信用分数

抵押贷款业在 20 世纪 90 年代后期开始使用信用分数。使用最广泛的是 FICO 分数，它是由独立的信用机构对每个抵押贷款采用经验模型分析得到的。该经验模型是费埃哲公司（Fair Isaac Corporation，FICO）建立的。分数取值范围从 350 分到 900 分，分数越高代表信用质量越好。在发起抵押贷款时，FICO 是最重要的变量，决定借款人是优质的、次级的还是 Alt-A。优质借款人的平均 FICO 分数是 735 分，而次级借款人是 620 分。在次级交易中，FICO 分数低的借款人的百分比明显偏高。

FICO 分数有助于预测信用和提前偿付的状况，即使非机构 RMBS 数据报告的 FICO 分数是发起时的 FICO 分数。FICO 分数较高的借款人往往有较好的信用表现。由于在房地产繁荣时期存在很多替代产品，并且承销标准宽松，所以 FICO 分数低不会影响借款人再融资的能力。然而在金融危机之后，不存在次级贷款和 Alt-A 的发起，FICO 分数成为再融资的重要标准，现在 FICO 分数在 600 分以下的借款人想要获得新贷款非常困难。

债务收入比和证明文件

债务收入比（debt-to-income ratio，DTI）衡量借款人偿付贷款的能力。在抵押贷款中有两个 DTI 比率：前端和后端的比率。前端 DTI 是房款支付（包括抵押支付和第三方支付）对总收入的比率，也称为房屋支出比。后端 DTI 是把所有其他金融负债和子女抚养费加入分子中。如图表 31—2 所示，优质贷款的发起通常需要一个低的 DTI，而次级贷款的发起可以接受较高的 DTI。作为支付能力的测度，DTI 高意味着支付风险高。

放款人通常需要各种文件来证明借款人的收入和资产。一般而言，完全的证明文件包括收入证明（W-2、工资单等）和资产证明（银行对账单、经纪证明等）。有限的证明文件，也被称为“简易文件”（low doc）。它的定义在不同的放款人之间存在差异，包括声明收入、声明资产、无收入以及证实的资产。有一小部分贷款的发起甚至不需要文件。对于特殊的借款人，比如小企业主，他们很难得到正规的收入证明，所以过去曾经流行低要求的文件证明。不过，它通常被用于证明借款人是否合格。这些人会夸大自身收入，以便具备获得贷款的资格（“骗子贷款”）。

Alt-A 和期权 ARM 产品的核心特征是，有比较大比例的贷款只具备有限文件或者没有文件。很多 Alt-A 借款人不能完全证明自己的收入，他们会夸大收入水平，以便获得贷款资格。从 2005 年到 2007 年，证明文件标准大幅放松，甚至很多完全文件证明贷款都可以有虚高的收入。

证明文件标准各不相同，其结果是，信用表现和 DTI 之间的历史关系变得模糊。

地理

在分析非机构抵押贷款时，地理是另一个重要因素。第一，地方经济和地方房地产市场会对抵押信用表现产生重要影响。比如，铁锈地带的州（俄亥俄州、密歇根州、印第安纳州）违约率比较高，因为地方经济和就业市场不景气。第二，州法律与司法系统之间的差异会对抵押状况产生巨大影响。当贷款违约时，由州法律来对止赎程序做出规定。需要走司法程序的州，比如佛罗里达州，要求将止赎案件交给法院，由法官来裁决。这会导致清算时间比不需要走司法程序的州比如加利福尼亚州长得多。另外，不同的州对止赎案件的法律文件要求也不一样。最近，止赎文件问题所产生的影响，在每个州都不一样。在这个问题上，州法院发现在有些止赎案件中，很多银行无法提交合适的文件，包括业权契据转让档案。

负分期摊还和重组

对于期权 ARM 贷款，额外的风险来自负分期摊还和重组的支付冲击。由于期权 ARM 的借款人有权偿付最小的支付，这通常会低于利息支付，所以本金余额会增加。这就是负分期摊还。负分期摊还会提高贷款价值比，进一步扭曲借款人的支付能力。如果期权 ARM 到达负分期摊还的初期界限或者预定时间（通常是第 5 年末），贷款将重组。当贷款重组时，它开始按照完全的指数利率在剩下的贷款期限中分期摊还未偿付余额。全部的未偿付余额（通常接近于原始余额，如果不是更高）要在较短时期内摊还，所以重组支付冲击会非常大，通常是 40%或者更高。

其他

除了以上风险因素之外，还有一些其他因素会影响到担保状况。这些因素包括贷款规模、贷款目的（采购、再融资、现金不足）、居住情况（业主自住、第二居所、投资性房产）、是分期摊还还是只付利息、房屋类型（独立屋、市区发展规划、高级公寓、合作公寓、独立洋房等）以及提前偿付罚金（通常是在次级贷款和期权 ARM 中，且主要是影响提前偿付）。

风险分层

以上描述的每个因素都会对担保状况产生负面影响。当把这些因素聚集在一起时，风险呈指数增长。在 2005—2006 年放松承销标准达到顶峰时，很多次级贷款和 Alt-A 的放款人提供的只付利息（IO）抵押贷款不需要支付定金。其他普通的分层风险包括简易文件证明的高 LTV、有高 DTI 的高 LTV。这些贷款对房屋价格的小幅下降极度敏感，因为它们会迅速导致负资产，并且增加未来的偿付。

□担保状况

担保状况的主要测度包括拖欠行为、违约行为、自愿提前偿付以及损失幅度。另外，滚转率（roll rate）或转移矩阵是近期未来绩效的重要指示器。滚转率指的是之前的正常贷款或拖欠贷款"滚入"另一个状态的比率。转移矩阵是每个状态滚转率的联合。

有两个衡量借款人的违约状态的标准：抵押贷款银行协会（MBA）标准和储蓄机构监理局（OTS）标准。两者的区别在于是否存在收到还款的宽限期。MBA 标准适用于优质贷款市场，它不存在宽限期。OTS 标准适用于次级贷款市场，它存在一天的宽限期。与 MBA 标准比较，这可以有效地减少整整一个月报告的拖欠行为。MBA 标准显然比 OTS 标准更严格。对 Alt-A 交易的报告是二者的混合，但是大部分交易还是遵循在触发点上定义的 MBA 标准。

对于违约没有标准定义，但是普遍使用的一个标准是清算。也就是说，如果之前的拖欠贷款通过短售（short sale）、没收抵押品销售或者 REO 销售而得到清偿，那么贷款剩下的余额被算成违约余额。[4] 短售是出售房地产时获得的销售收入低于贷款剩下的余额。这时服务商认为短售房产好于代价更高的没收担保品。止赎指的是承受抵押人（或留置权持有人）获得法定解除权，解除抵押人（借款人）赎回房产的法律权利。[5] 止赎销售有两种类型。各个州都存在这两种类型，并且在很多需要走司法程序的州是强制要求的。它涉及在法院监督下对抵押房产的销售。非司法的止赎销售由州政府授权，如果销售权条款包含在抵押权中，或者如果包含该条款的信托契约被用于取代实际抵押权。当抵押品被取消赎回权后，产权变成 REO。

图表 31—4 给出了主要产品的历史表现。所有产品的自愿提前偿付速度大幅下降。这是拖欠率上升、当前 LTV 提高以及承销标准收紧导致的。次级贷款和期权 ARM 的提前偿付接近于 0，因为这些产品没有新的发起。从 2006 年开始，次级贷款的拖欠显著上升，到 2009 年达到高峰。违约行为在 2010 年达到高峰，因为贷款修改要求和止赎文件证明问题大幅度延长了止赎的时间表。损失幅度从 2006 年的较低水平显著增加，在 2009 年达到高峰。损失严重程度仍然停留在高位。

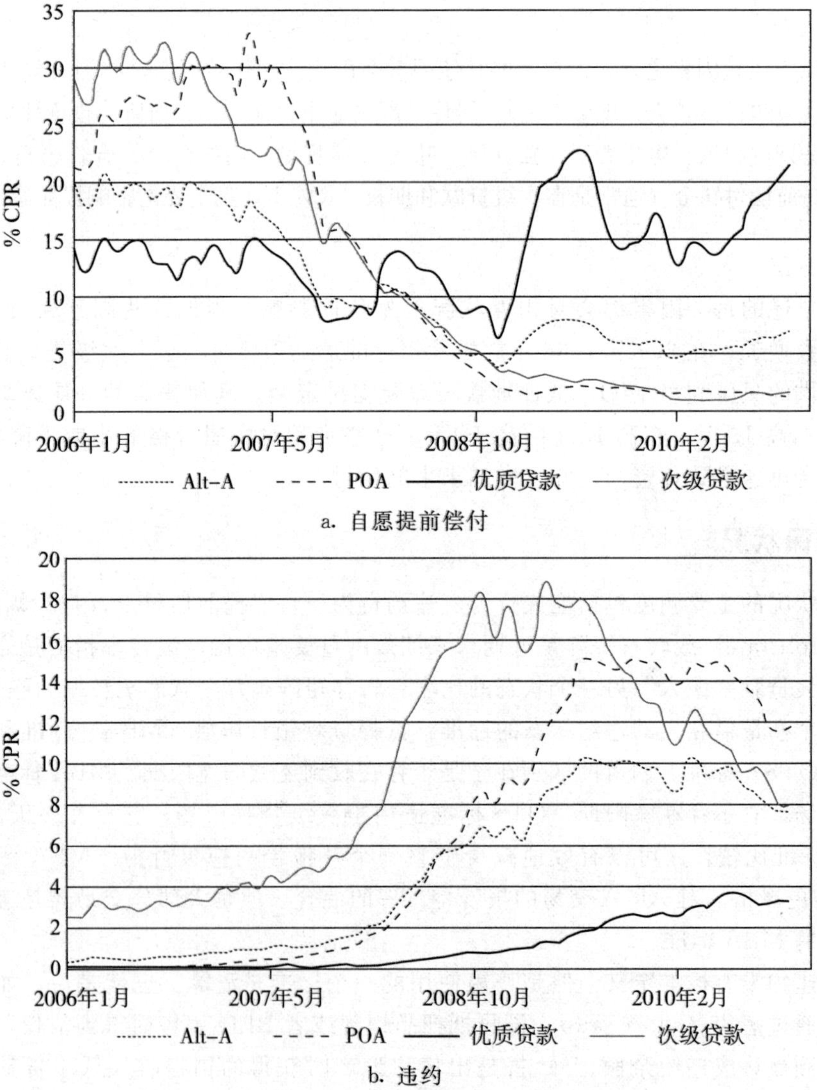

a. 自愿提前偿付

b. 违约

图表 31—4　主要产品的历史表现

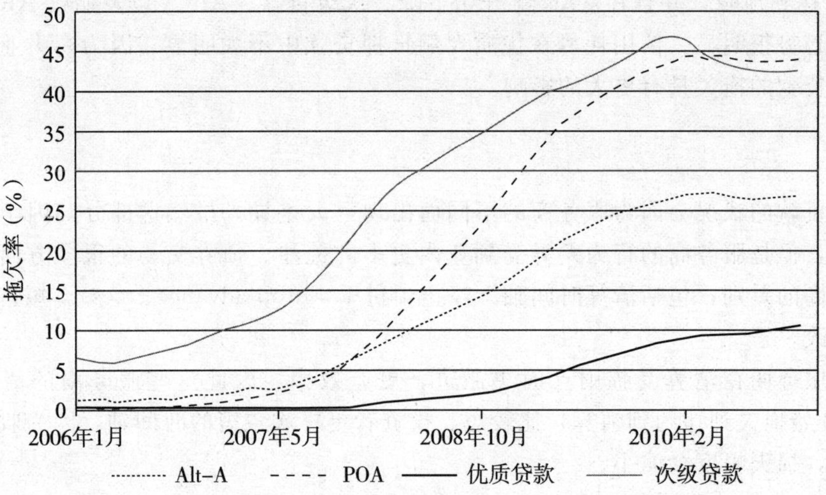

c. 拖欠率

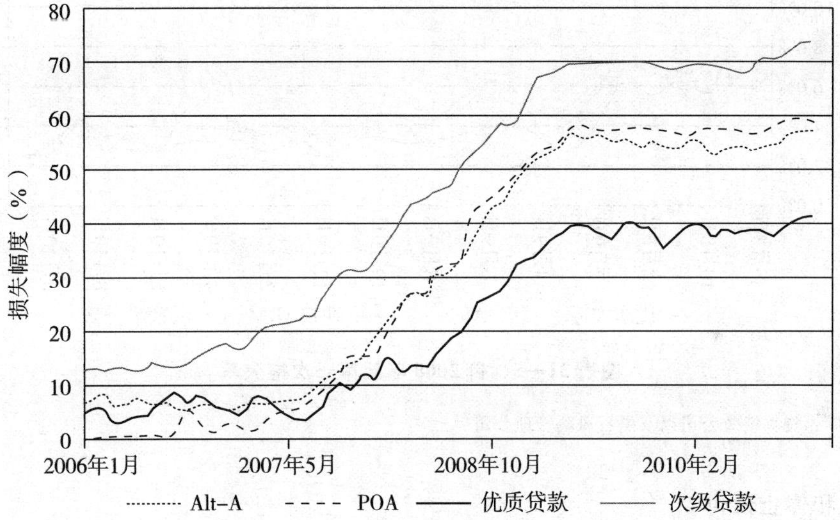

d. 损失幅度

图表 31—4　主要产品的历史表现（续）

资料来源：贷款绩效公司以及黑石风险管理公司。

信用耗尽

在 2009 年拖欠率达到顶峰之后，次级抵押贷款的状况开始表现出改善的迹象。这种稳定趋势部分归功于信用耗尽（credit burnout）。信用耗尽有两种机制。在贷款池中，信用质量最差的贷款会拖欠，退出池子，而信用质量比较好的贷款仍然留在池中。从池中清除最差的违约借款人之后，贷款池的表现会改善，因为剩下的贷款都有比较好的信用质量。另一个机制在于贷款水平。如果 LTV 高的贷款长期缩水，而借款人仍然在偿付，那么借款人拖欠的机会往往会减少。

在拖欠率第一次下降时，可以观察到信用耗尽。如图表 31—5 所示，新的拖欠率在

2008 年底达到顶峰，并且在 2009 年开始下降。次级贷款、Alt-A 以及期权 ARM 抵押贷款的这个趋势很明显。信用耗尽在优质大额抵押贷款中不太明显，因为高失业率对优质大额抵押贷款的拖欠具有更大的影响。

服务

抵押贷款的状况会因为服务商的不同而出现巨大差异。虽然这部分归因于抵押的类型和特征，但是服务商的行为差异受到业内更多的关注。债券交易的很多方面都可以体现出服务商的差别，包括清算时间轴、停止预付率（stop-advance rates）、短售的使用以及贷款修改。

有些服务商在清算受损财产时更激进、更有效率，因此这些服务商的清算时间轴（从贷款开始拖欠到违约到清算）比较短。投资者更喜欢较短的时间轴，因为收回投资的时间更早，损失幅度会缩小。

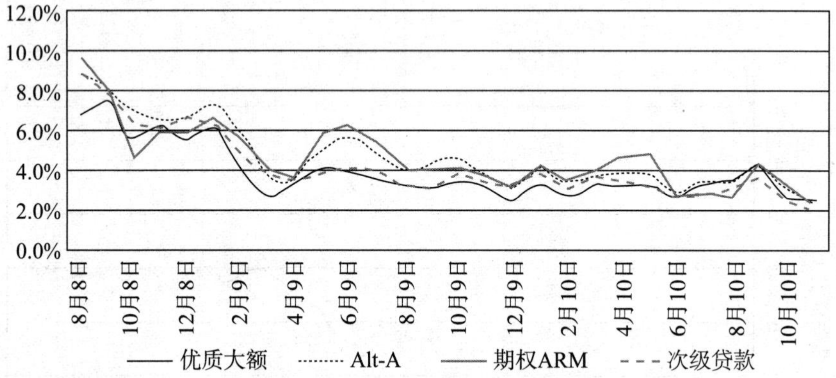

图表 31—5　自 2008 年起第一次拖欠率

资料来源：贷款绩效公司以及黑石风险管理公司。

预付和停止预付

在大部分非机构债券中，服务商需要预付拖欠的本金和利息（P&I）给受托人，并且这个预付款被认为是可收回的。大部分 RMBS 交易都允许服务商的预付款在信托支付顺序的最高点得到偿付。

最近，拖欠率高、止赎权增加、REO 时间轴延长等使得很多预付 RMBS 的服务商面临流动性的挑战。另外，维护拖欠贷款的成本也在增加。在某些情况下，服务商可能无法从清算收入中弥补所有的成本。因此，越来越明显的趋势是服务商停止预付。

由图表 31—6 还可以看出服务商有一些变化。融资困难的服务商有可能停止预付。另外，大银行中的服务商往往有较低的停止预付率。急于短售的服务商也会有较低的停止预付率。

停止预付对现金流交易会产生巨大的不确定性。它会大幅度延长高级债券的期限。另外，停止预付还会缩小损失幅度。停止预付对损失幅度的影响来自预付利息的节省。服务商停止预付的月数越多，从清算收入中扣除的支付就越少，因此损失幅度也就越小。

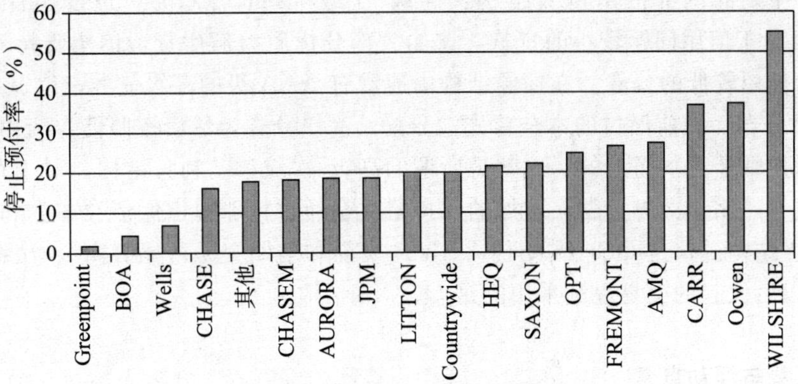

图表 31—6　服务商的停止预付率

资料来源：贷款绩效公司以及黑石风险管理公司。

31.3　资本结构

非机构 RMBS 的交易结构是要控制住房抵押贷款中内在的两种主要风险：提前偿付风险和信用风险。这种结构将基础贷款中的总现金流分成本金和利息，并且重新分配现金流和相关损失给各个分券（债券）。分配规则在债券发行说明书中有详细说明（这被称为顺序表）。

从提前偿付的角度而言，很多非机构 RMBS 与机构 CMO 相似。它们按时间对现金流分组，控制提前偿付的速度和平均期限的波动。也就是说，每个高级分券有不同的预期到期日和预期的本金偿付时间窗口。实际到期日会随实际提前偿付速度的变化而变化，但是可以根据假设的提前偿付速度进行交易。复杂之处在于，在非机构 RMBS 中，修复信用违约被看成是提前偿付。

很多高级的 RMBS 还包含特定的分券，提供额外的敞口或保护，减少提前偿付风险。这些分券包括按计划摊还类别（PAC）和伴随（支持）债券、非加速高级债券（NAS）、只付利息（IO）债券、逆向 IO（IIO）债券以及只付本金（PO）债券。这些债券通常是根据具体的投资者偏好来设立的。一般而言，它们构成 RMBS 发行的一小部分，但是要仔细检查每个分券现金流的时间设置。因为这些分券与机构 CMO 中的类似，所以我们不准备在这一章讨论它们。这些债券的讨论参见第 26 章。

非机构 RMBS 中的信用风险可以通过增强信用来解决：外部的、内部的风险都可以通过交易结构来解决。建立高水平的信用，合理地将高级投资者从损失风险中隔离出来。在实践中，发行人组织交易，尽量发行 AAA 级债券，因为这可以最大化总交易的收入。由高信用质量贷款支持的交易要求的次级贷款比由低信用质量贷款支持的交易少。

外部信用的增强，主要是债券保险，通常用于非机构证券化的初级阶段。从 21 世纪初开始，通过交易结构来强化内部信用成为最主要的方法。

有两种主要的内部信用增级结构：高级/次级（senior/sub），过度担保/超额利差（OC/XS）。对于信用问题较小的贷款，比如大部分优质大额房贷，信用支持完全依赖于将损失转给信用较低的分券。在债券结构中通常有 AAA 级的高级债券，以及级别在 AA 到 B 之间的分券。提前偿付的本金首先被分配给高级分券，然后按照债券结构向下分配，而损失的承担则是自下而上的。这就是所谓的高级/次级移动利息结构。对于存在信用损失的担保债券，比如次级贷款，增加的支持层次会通过特殊的担保债券本金和/或利息进入高级/次级结构。这是 OC/XS 结构。Alt-A 交易和早期交易可能有高级/次级结构，但是 2004 年以后发起的交易逐渐采用的是 OC/XS 结构。

固定息票与浮动息票

由 ARM 担保债券（混合和期权 ARM）支持的债券通常是浮动息票债券，而由固定利率抵押证券支持的债券既可以是固定息票债券，也可以是浮动息票债券。当基础担保债券是固定的时，浮动利率债券可以通过逆向 IO 分券来建立。在该分券中，息票与基础指数负相关。几乎所有的住房 ABS（次级贷款、HEL、MH）和期权 ARM 债券都有浮动息票。优质和 Alt-A 债券可以有固定和浮动利率的债券。

顺序偿付与按比例支付

顺序偿付与按比例支付是在各类债券中分配支付的两种方法。对于顺序偿付结构而言，高级债券在完全清偿之前一直是第一个获得本金，然后次级的分券获得偿付，依此类推。按比例支付指的是，按每个分券未偿付的本金余额的比例进行偿付。对于相同的高级分券，支付既可以是序贯的，也可以是按比例的，而损失通常是按比例的。AAA 级债券有时候会进一步分层，高级支持债券在超高级债券之前蒙受损失。

锁定期

在交易结算后，次级债券会有一段时间被锁定，不接受提前偿付。优质债券和Alt-A 债券的锁定期通常是 5～10 年，而次级债券的锁定期通常是 36 个月左右。在锁定期结束时，如果担保债券的表现满足或超过最低信用条件，即触发测试（trigger test），那么提前偿付可以进入低级债券。

触发

为了在债券极有可能蒙受损失的期间保证信用支持仍然完整，很多债券会包含一系列触发测试，限制所有信用支持（即 OC 和/或次级债券的所有者偿付本金）的发布数量和时间。最常见的触发是拖欠测试，仅当 60 天以上拖欠率低于当前高级信用增级水平时，它允许信用支持下降。可以将它表示为当前剩余余额的百分比。其他触发测试有因子测试，要求资金池至少要付一半（即资金池因子必须等于或小于 50%）。还有信用支持水平测试，它要求高级信用支持水平（用百分比表示）至少翻倍。另外还有累计损失测试，如果累计损失超过触发水平，它限制了对 OC 和/或次级债券的本金偿付。

线性结构或 Y 结构与 H 结构

一只债券可以有一个或多个担保债券组。线性结构是最简单的，因为它只有一个担保债券组，并且单个担保债券组的现金流会分配给所有债券。Y 结构有点变化。在这个结构中，所有的次级或者中间级收到的现金流都来自所有的担保债券组。不过在 AAA 级水平上，担保债券按照贷款规模被分成两组：合规余额和特大余额。每个 AAA 级债券都只会得到这两组中一组的支付。这种分组往往会方便 GSE 购买合规余额债券。在 H 结构中，有两个（或更多）中级分券和担保债券组的集合，并且每个中级分券都分别得到一个担保债券组的支持。每个中级分券集合都支持它自己的高级分券。在 H 结构中，不同组之间通常存在交叉担保。

交叉担保

对于 H 结构的债券，一只债券通常包含多个贷款组。在每个组的债券得到利息支付之后，组中的债券可以被用于支付其他组的债券利息。除了其他方面之外，这个特征还会影响残值。比如，有两个贷款组的债券通常会有两个残值。如果第 1 组 OC 获得全额资助，并且触发也通过了，那么资金会被用于第 1 组的残值。不过，如果次级债券是交叉担保的（这种情况很正常），并且第 2 组 OC 没有获得全额资助，那么第 1 组的资金不会转移给第 2 组 OC。

清偿性提前赎回条款

在讨论每种结构的细节之前，非机构 RMBS 中还有最后一个条款也很常见。它类似于机构 CMO：清偿性提前赎回权。清偿性提前赎回权赋予其所有者（通常是残值所有者）一种期权，可以在预先设定的价格上购买剩余的债券。这个预设价格通常是票面价格加累计利息。这时的因子等于或低于某个临界值，大部分情况下是 10%。清偿性提前赎回条款的主要目的是最小化管理费用，但是它也会给高级债券或 IO 持有人带来额外的风险。如果担保债券是以溢价息票清偿的，那么这只债券很可能被提前赎回。如果它受损，那么不太可能被提前赎回。在使用提前赎回权时，它会缩短支付窗口和后期分券的平均期限。如果在因子低于临界值时没有使用清偿性提前赎回权，那么息票供应会增加。这要求现有债券的息票适度增加。

□高级/次级之比的移动利率结构

高级/次级是最直接的提高高级分券信用的方法。在这个结构中，高级债券（AAA 级别）通常有 6 种支持债券（AA、A、BBB、BB、B 和无级别），因此被称为“六只装”(six pack)。AA、A、BBB 被称为中级，因为它们仍然属于投资级别。剩下的 BB、B 和无级别通常被称为低级。在债券初期存在一个锁定期，这时所有的事先未安排的本金支付被分派给高级分券，而低级债券被锁定，不能获得提前偿付。损失的承担是自下而上的，从没有级别的债券开始。该债券经常被称为**第一损失**（first loss）部分。在锁定期结束时，如果触发通过了，次级债券开始按比例获得提前偿付。

图表 31—7 是优质大额固定利率 RMBS 的资本结构。在这只债券中，96.1%的总担

保债券都被设计成高级的 AAA 分券（除了 IO，它是名义的）。这些分券的支持债券是 3.1%的中级分券和 0.8%的低级分券。

IO 分券收到的利息来自所有的担保债券余额。在大部分六只装结构中都存在 IO 分券。虽然不是这种情况，但是 IO 分券有时候会被用于控制担保利息支付与债券利息债务之间的差额（本质上是超额利差）。

如果在锁定期（在这个案例中是 5 年）之前收到提前偿付，那么它们首先被支付给高级分券。只有在锁定期结束并且触发测试通过之后，提前偿付的本金才会流向中级和低级债券。在高级分券内部，A1 和 A2 有先后顺序，所以 A2 要等到 A1 获得支付之后才能得到本金。A3 是非加速固定支付债券。它在前 5 年只能得到固定利息，然后按固定的时间表分期偿付（因此得名）。PO 和 A1 所有的本金都是按比例支付。

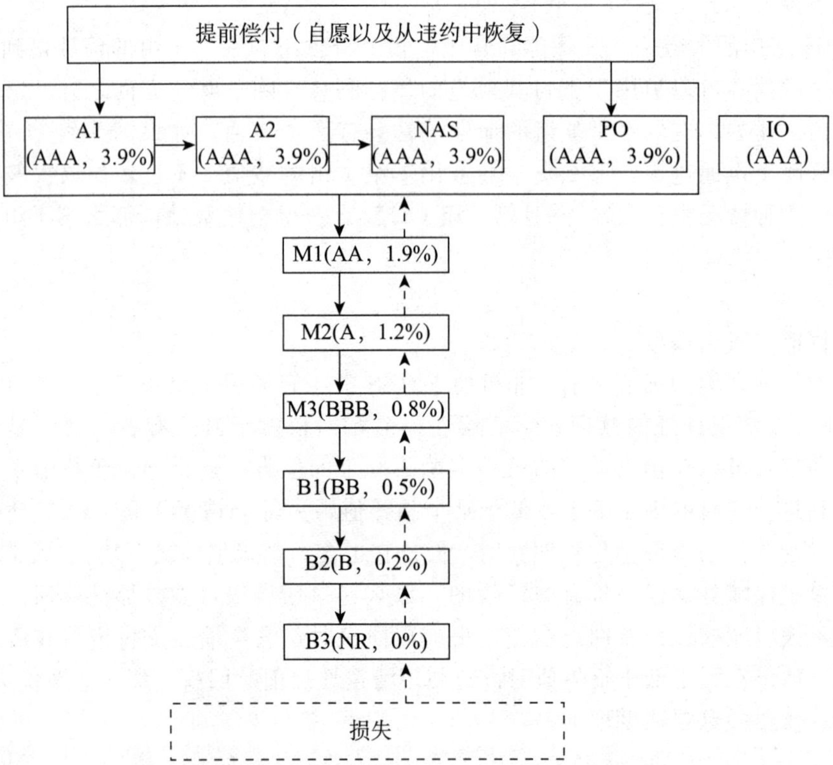

图表 31—7　移动利率结构 RFMSI-2005 S8

注：括号里是最初的等级和信用支持。

资料来源：英特斯（Intex）公司以及黑石风险管理公司。

在锁定期之后，如果移动利率触发测试（用拖欠率来衡量）通过了，提前偿付开始流向中级和低级债券。如果在某个点上触发测试失败，所有的非计划本金都会回到高级债券。

需要注意的是，在移动利率结构中，中级和低级债券会在锁定期内获得计划的本金支付（和计划的利息）。这不同于典型的 OC/XS 结构。在提前偿付速度很低的情况下，正如我们在很多固定利率 Alt-A 债券中所看到的，与 OC/XS 债券相比较，这种分期摊还有助于大幅缩短高级/次级债券中中级分券的加权平均期限。

损失首先由B3类债券承担，然后自下而上轮到其他低级和中级债券。如果损失一直渗透到M1，那么它们会按比例被分派到所有高级分券（A1、A2、A3以及PO）。注意，这些信用缓冲债券非常瘦（即规模小）。无怪乎我们会看到整个低级和中级债券都被淘汰了。（实际上在这只债券中，M3及以下债券都被淘汰了，并且M2甚至M1也即将被淘汰。）

移动利率结构主要是为了解决高级债券持有人面临的提前偿付风险。显然，如果损失比支持水平高得多，那么高级债券将面临本金减损，因为信用没有得到强化。更高的预期损失导致信用降级，这会进一步增加价格下行的压力。这正是很多优质AAA债券在2009年所发生的情况。

□超额担保和超额利差

当担保信用损失成为大问题时，发行人通常会使用OC/XS结构来提供额外的保护层。绝大部分次级债券和大多数期权ARM和Alt-A都会使用这个结构。给定信用压力，有些2007年优质大额贷款也采用了这个结构。

OC/XS还会使用高级、中级以及低级框架，但是它会增加额外的担保债券，使得支持债券的担保债券余额大于它的债券余额。另外，次级债券或Alt-A债券的票据利率（note rate）通常很高，使得抵押WAC（加权平均息票）高于基础债券的WAC。因此，每个月都有额外的利息支付（超额利差）。

OC目标

在下降日期（step-down date）之前，OC目标是事先确定的，比如债券担保的2%。在债券的初期，OC可以在0到目标（OC获得完全资助）之间变化。如果OC在开始时没有获得完全资助，那么超额利差（在覆盖损失之后）被用于建立OC。由于违约通常在几个月之后才开始，所以OC通常可以在一年之内建立。当OC达到目标时，超额利差会流向残值持有人。如果一开始OC获得完全资助，那么通常会存在一个净利差（net interest margin，NIM）债券来接受超额利差。NIM分券一般属于残值所有人。在锁定期结束之后，并且触发测试也通过了，OC可以逐步释放或下降到NIM或残值持有人，条件是高级债券有事前确定的支持水平。如果触发没有通过，OC的下降会停止或者它会上升。

根据承担损失的顺序，XS利差是第一道防线，OC是第二道，而传统的次级分券在损失到达高级分券之前提供最后保护。

下降

下降日期指的是次级债券开始接受本金并且OC开始释放的时期。它通常是36个月或高级信用增级是初始CE的两倍或达到预先确定的水平的日期两者中的较晚日期。

除了信用增级要求下降之外，还有很多有关担保品表现的触发测试可以控制从下降日期开始的现金流。拖欠和累计触发都很常见。这些触发器的主要依据是等级评定机构的等级要求。

可用资金的上限风险和利息套期保值：大部分 OC/XS 交易都要支付浮动利率给它们的债券。债券息票与市场指数相关，比如一个月 LIBOR＋20 个基点。息票通常有个可用资金上限（AFC）。上限一般是支持债券的抵押证券组所产生的加权平均利率。次级债券支付的息票通常比高级息票更多，所以 AFC 将首先碰到次级债券。AFC 风险的主要来源是指数变化与抵押 WAC 变化之间的错配。比如，在基础抵押贷款重置之前，1 个月期 LIBOR 发生大幅变化会大大增加 AFC 风险。在抵押贷款组合中，低息票固定利率抵押贷款的比例大也会增加 AFC 风险。在基础抵押贷款中，如果较高的息票抵押贷款退出资金池的速度快于较低息票抵押贷款，那么比较分散的 WAC 也会增加 AFC 风险。使用利息衍生品，比如上限和互换，可以直接对 AFC 风险进行对冲。

图表 31—8 给出了一个例子，是具有 OC/XS 资本结构的次级债券。该债券的 75.15％被构造成有两个抵押证券组的高级债券（为了 GSE 的方便，A1 组有余额限额标准），19.65％是中级债券，2.3％是低级债券，2.9％是发起时获得完全资助的 OC。PEN 是 NIM 分券，也会受到提前偿付惩罚，并且可以进行互换，对利率套期保值。债券确立时间是 2006 年 5 月，下降日期是 2009 年 6 月。

在 AAA 级债券中，A1 得到来自第 1 组的偿付，而 A2A、A2B、A2C 和 A2D 得到来自第 2 组的偿付。所有低级债券的偿付来自两个抵押证券组。债券 A2A、A2B、A2C 以及 A2D 依次获得本金。不过，如果低级债券在信用损失中被消除，那么本金的支付会转变成按比例支付的方式。信用增级水平相同会产生误导。由于这四只债券是按顺序偿付的结构，所以提前偿付慢会大幅度延长这些债券的期限。前面支付的 A2A 债券现在得到偿付，但是 A2B、A2C 以及 A2D 的期限都延长了。在当前非常慢的提前偿付背景下，最后偿付的 A2D 有 20 年的加权平均期限（WAL）。如果在此之前 M1 的价值减少，那么 A2D 很有可能遭受最高的本金损失。

图表 31—8　　　　次级债券资本结构样本，GSAMP 2006-HE3，2006 年 6 月

分券	担保债券组	息票利率（％）	息票利率（LIBOR＋）（％）	分券占债券的百分比（％）	初始 CE（％）	初始等级
A1	1	5.47	0.15	19.07	24.85	AAA
A2A	2	5.37	0.05	32.41	24.85	AAA
A2B	2	5.42	0.1	11.03	24.85	AAA
A2C	2	5.48	0.16	9.52	24.85	AAA
A2D	2	5.57	0.25	3.11	24.85	AAA
M1	0	5.6	0.28	3.95	20.90	AAA
M2	0	5.62	0.3	3.70	17.20	AA＋
M3	0	5.66	0.34	2.25	14.95	AA＋

续前表

分券	担保债券组	息票利率(%)	息票利率(LIBOR+)(%)	分券占债券的百分比(%)	初始 CE(%)	初始等级
M4	0	5.67	0.35	2.00	12.95	AA
M5	0	5.7	0.38	1.85	11.10	AA−
M6	0	5.79	0.47	1.70	9.40	A+
M7	0	6.2	0.88	1.60	7.80	A
M8	0	6.42	1.1	1.40	6.40	A−
M9	0	7.19	1.87	1.20	5.20	BBB+
B1	0	7.82	2.5	1.20	4.00	NA
B2	0	7.82	2.5	1.10	2.90	NA
PEN	0	0	—	—	—	NA
OC	0	0	—	2.90	—	NA
SWAP	0	5.32	—	—	—	NA

注：0 组代表债券中的所有担保债券。B1、B2 和 PEN 没有给出。还有三个非经济的剩余凭证 R、RC 和 RX，它们没有得到信用等级，但是在派发时有最初的级别。

资料来源：英特斯公司以及黑石风险管理公司。

与六只装债券不同，在下降日期之后并且通过了业绩触发测试之后，OC 中的低级债券才能得到本金。中级债券只有在下降日期之后并且高级债券得到偿付之后才能获得本金。这里的低级分券从一开始就得不到任何本金。实际上，OC、M6、M5 以及 M4 会因为损失而被消除。所有的中级债券都有可能出现价值减损。

与六只装债券相比，OC/XS 结构更复杂。还有其他的触发事件，它们会使得债券现金流剧烈波动，因为业绩的小变化会触发现金流大的波动，对债券估值产生巨大影响。这会大幅增加未来现金流的不确定性，并且使得这些分析很难保持正确。即使触发器是按照信用评级机构的要求设置的，所有高级债券还是会被降很多级。

□外部信用增级

外部信用增级是第三方保证，提供损失保护，使得损失不超过特定的金额。外部信用增级通常包括保险统筹（pool insurance）、信用证、债券保险和储备基金。

保险统筹是放款人在统筹层面上支付的抵押保险，覆盖与强制破产相关的损失。该损失可能是因为发行欺诈导致的，也可能是由房屋保险没有覆盖到的特殊危险导致的。信用证（letter of credit，LOC）是开证行（issuing bank）的财务保证。LOC 是最老的信用增级形式，最近几年很少使用。储备基金（reserve fund）是发行收入中产生的直接现金存款。该基金通常被投资于货币市场工具。在汽车和其他消费者 ABS 债券中，储备基金很常见，但是它们很少被用于非机构 RMBS 债券。

如果这些支付不能从基础担保债券中获得现金流，债券保险是本金和利息按时支付的财务保证（financial guarantee）。债券保险，也被称为单线风险外包（monoline wrappers），主要是由保险公司提供。主要的保险人包括市政债券保险公司（MBIA）、安巴克保险公司（Ambac Assurance Corporation）、财务担保公司（Financial Guaranty Insurance Corporation，FGIC）、财务安全保证（Financial Security Assurances，FSA）公司。主要的再保险人是安达再担保公司（ACE Guaranty Re）、安盛再融资公司（AXA Re Finance）、Enhance 再保险公司、RAM 再保险公司。

债券保险还包含着隐含的账面价值减损。如果受托人不允许通过债券证明文件来减少账面价值，并且剩下的担保债券余额与债券本金余额之间有差额，就会出现隐含的账面价值减损。为了调整这个差额，并且更快地认清损失，单线风险外包通常会把隐含的账面价值减损看成是一个信用事件。这会减少参考债务（reference obligation）的名义金额，虽然债券本金余额不受影响。这对 CDS 也是一样的。

与内部信用增级（internal credit enhancement）不同，外部信用比较简单，并且可以减少总的信用风险。不过，它会给对方带来风险。在金融危机期间，单线保险公司遭受巨大损失。有些公司现在破产了，或者资金严重紧张。因此，很多债券保护取消了。单线风险外包的价值大幅下降，有些甚至价值为零，或者接近于零。

31.4 住宅市场

在非机构市场中，住宅市场是最重要的宏观经济驱动力。价格变化和住房销售量是房地产市场状况的两个核心指标。图表 31—9 显示了美国自 20 世纪 80 年代后期以来的住宅价格变化（HPA）和成品房销量（EHS）。从 21 世纪初开始，住宅市场经历了高速增长的阶段，HPA 每年达到 10%以上。在大部分情况下，HPA 都伴随着住房销量的大幅增长。在这些年中，EHS 从 6%增长到 9%。随着房地产市场的繁荣，很多放款人和投资者忽略了抵押贷款的风险。而这进一步刺激了非机构 RMBS 市场。

然而，这种增长之后出现了美国战后历史上最严重的房地产萧条。2006 年年中住宅销量减少，价格开始下降。2006 年的下降相对比较温和，很多人期待着软着陆。到了 2007 年年初，很显然这是痴心妄想，螺旋式下跌开始了。与非机构市场的崩盘相似，房地产市场的萧条也是由几个恶性循环构成。由于住房价格下降，很多潜在的购买者推迟购买，而这大幅度降低了住房销售量。需求下降进一步推动价格下跌。另外，价格下降还触发了拖欠率的上升，进一步加深了住房供给的困境，使得整体价格水平进一步下跌。与此同时，流动性紧缩对房地产市场造成巨大的压力，很多借款人无法得到抵押贷款。因此，房地产市场的恶化加深了金融危机。

房地产市场在 2009 年初达到谷底，全国 HPA 同比为－18%。凯斯-席勒房价指数（Case-Shiller HPI）从 2006 年第二季度的顶峰到 2009 年第一季度下降了 32%，而成品房销量从 2005 年第一季度的峰值 9%下降到 2009 年第二季度的 5.2%（见图表 31—9）。

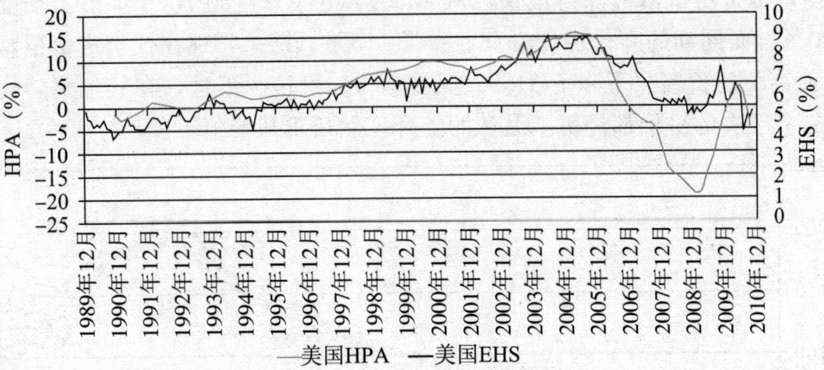

图表 31—9　美国自 20 世纪 80 年代后期以来每年住宅价格变化和成品房销量百分比

资料来源：费哲·凯斯-席勒（Fiserv Case-Shiller）、房地产经纪人全国协会、黑石风险管理公司。

2009 年中期，房地产市场开始反弹，主要是因为存在被压抑的需求、联邦政府实施房产税抵免政策、低利率的环境以及信用的恢复。住房销售活动大量增加，价格持续回升。不过，在税收抵免政策到期之后，过度需求迅速耗尽。动力消失，住房销售量再次大幅下降。

房地产市场中一个突出的问题是，存在数百万个难以处理的不良资产。这些不良资产既包括 REO 中的，也包括法院拍卖的房屋，并且贷款严重拖欠。在这个巨大的影子库存下，价格需要经过漫长的时间才能恢复。贷款修改和法院延期拍卖房屋，放慢了不良资产涌入房地产市场的步伐，有助于缓解近期的房地产压力。不过，这些机制也延长了清算的时间轴，导致更长的房地产过剩期及更缓慢的恢复期。

□地理区分

房地产价格指数和成品房销售指数表明，总的房地产市场存在明显的地理区分。图表 31—10 给出了美国人口普查地理分区的凯斯-席勒房价指数以及美国整体的房价指数。每个层次都可以观察到地理区分：每个人口普查分区内的各州，每个州内的都市统计区域（MSA），每个 MSA 内的邮政区号。

房地产市场的地理区分对于非机构担保债券的地理分布极为重要。最初 LTV 相同的贷款，因为来自不同的地理位置，会有完全不同的逐日盯市 LTV。未来住房价格变动也会有所不同。值得注意的是，地理位置之间历史上的相关性比较小，这使得 MBS 得到多样性的好处。不过，在危机期间，相关性变得更大，产生了大量的厚尾风险（fat-tail risk）。

□房产层级之间的不同

从房屋价值的角度看，房地产市场也存在可观察的区分。它就是价格层级。费哲·凯斯-席勒提供了不同价格层级的房价指数。所有房屋销售可以分为三类：高价、中等价位、低价，并且使得每一层在总销售额中的比例相同。然后对每一价格层的房屋建立房价指数。每一层都经历了不同的房价上升和下降的路径，因为每个州的情况不同。比如在加利福尼亚州，低价房价格上涨得最快，从 2000 年第一季度到 2006 年第二季度的最高点上涨了 230%，而同期的高价房价格只上涨了 115%。结果，现在低价房价格从峰值下降了 58%，而高价房价格只下降了 31%（见图表 31—11）。不过，在其他州，比如科罗拉多州，这三个层次的房价都经历了温和的上升，然后都从峰值下降。

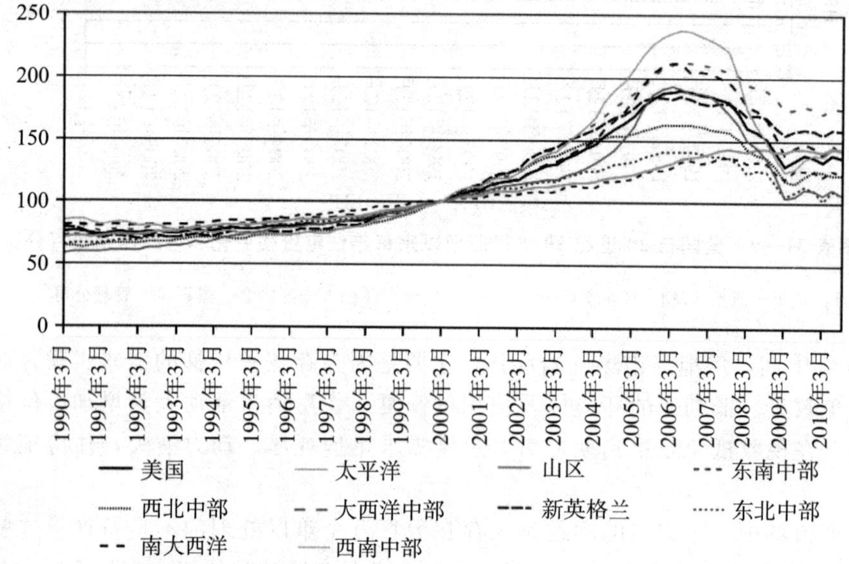

图表 31—10　在选定的人口普查轨迹中的住房价格指数

资料来源：费哲·凯斯-席勒、黑石风险管理公司。

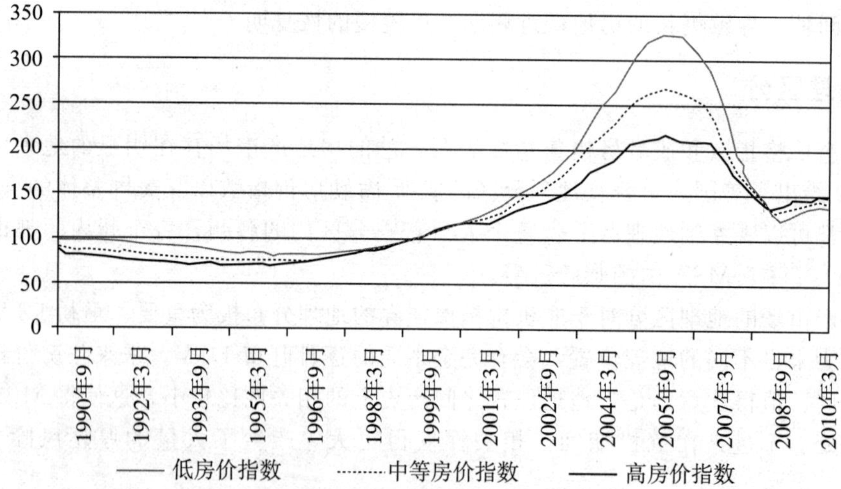

图表 31—11　加利福尼亚州不同价格层级的凯斯-席勒房价指数

资料来源：费哲·凯斯-席勒、黑石风险管理公司。

市场的高端与低端之间的差距对于非机构 RMBS 的相对价值具有巨大的意义。比如，优质大额房贷主要得到高端房产的支持。房价下跌对优质大额抵押贷款影响不大，这在一定程度上是因为在贷款中拖欠率比较低：优质大额贷款的拖欠率甚至低于机构抵押贷款。不过，在大额抵押贷款市场中的资金短缺比限额市场要更严重。

31.5 抵押贷款修改

虽然服务商一直可以使用贷款修改来减少损失，但是在危机之前它没有得到广泛的应用。随着2007年抵押贷款拖欠状况的恶化，政府开始要求抵押贷款服务商增加贷款修改，以试图让人们持有他们的房屋。有些指导方针或项目是由不同的政府机构设立的。其中很多都失败了，因为缺少实际的透明度，缺少服务商的激励，缺少防止道德风险的机制。2009年，政府引入住房可偿付调整计划（Home Affordable Modification Program，HAMP）。HAMP给出了标准的模型，确定了修改的净现值，为供应商提供了参与的货币激励。大部分服务商实施了HAMP。到2010年底为止，大约有120万个贷款通过HAMP计划进行了修改。

有几种修改方式。最普遍的方式是资本重组（recapitalization），其中逾期贷款的应计利息滚入本金。有时候它会伴随着期限的延长，但是资产重组更多地会导致每月支付的增加。更有效的修改方式是降低抵押贷款的利率。这会减少借款人每月的支付，但不会直接导致投资者的本金损失。本金的减免和延展是更极端的方式，但是可以最直接地解决借款人面临的负资产问题。在本金的减免方式下，借款人不欠原始贷款的剩余本金。这会直接导致信托损失。在本金延展的方式下，剩下的本金余额在到期日期末整付（balloon payment）。

在大部分联合服务协议中，如果他们觉得更高的回收率或更及时的支付有益于信托，服务商可以修改借款人的抵押贷款。有些债券的文件限制了修改，但是大部分债券都赋予服务商自由裁量权。另外，服务商还可以将HAMP作为安全港。如果在没有修改条款的情况下，预期的违约和损失严重程度很高，那么贷款的修改实际上可以给信托带来更多的现金流。但是对于高风险贷款，如果修改，再违约的风险也会增加。所以，主要是由服务商决定修改什么贷款以及修改多少贷款。

在非机构RMBS中，由于政府项目的发展和变化，修改方式的数量随着时间的推移发生了巨大的变化。虽然2009年前半年，修改方式总的数量增加了，但是大部分方式只允许借款人资产重组或进行温和的利率下调。修改方式的数量减少了，但是使用本金减免方式的比例从2009年初的20%增加到2010年末的35%，而资产重组的比例大幅下降。Alt-A担保贷款中的修改方式不多，但是它的模式通常类似于次级贷款中所看到的修改方式。期权ARM中的修改方式也不多，但主要的方式是本金减免或延展。优质大额贷款的修改方式与众不同。

□再犯

修改之后再犯或再违约，是修改政策面临的挑战。图表31—12是2009年修改后的次级抵押贷款拖欠率。2009年年初，当资产重组成为最常见的修改方式时，拖欠率非常高，超过60%。实施HAMP之后，2009年下半年的拖欠率下降了，这是因为大量使用了利率修改和本金修改。在负资产的情况下，本金修改特别有效。减少贷款本金，使得所欠的本金余额与房产价值一致，减少了借款人违约的激励。

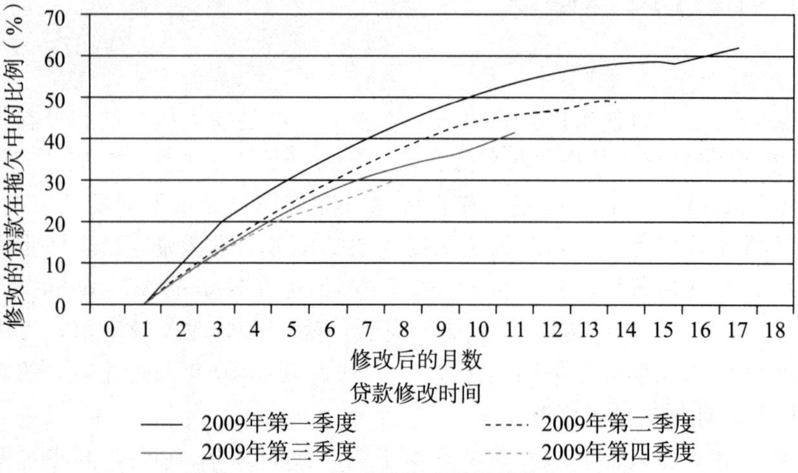

图表 31—12 修改后的次级贷款的拖欠率

资料来源：贷款绩效公司、黑石风险管理公司。

□估值影响

修改对债券投资者的影响取决于债券的类型、它在资本结构中的位置以及当前价格水平。图表 31—13 给出的是将程式化的修改情景应用于 ABX 中的某些债券后产生的影响。该情景假设，贷款的 10%进行了本金以及利率修改，25%只进行了利率修改，而剩下的 65%不变。本金的减少被设定为 20%，利率的减少被设定为 5%。图表 31—13 的结果表明，这种情景不会实质性地改变债券的累计损失，但是会延长违约，进而导致债券延期，降低隐含的收益率。

图表 31—13 修改计划的影响

证券库斯普号码	证券名称	ABX 系列	价格	有修改			无修改		
				WAL	收益率	累计损失	WAL	收益率	累计损失
03072SU78	AMSI 05-R11-A2C	2006-1 Pen-AAA	92.92	0.84	9.70	19.85	1.02	8.04	20.78
03072SU86	AMSI 05-R11-A2D	2006-1 AAA	67.47	3.41	13.05	19.85	4.08	11.00	20.78
36244KAD7	GSAMP 06-HE3-A2C	2006-2 Pen-AAA	55.91	3.08	23.19	37.72	5.12	17.16	37.95
36244KAE5	GSAMP 06-HE3-A2D	2006-2 AAA	38.00	11.05	10.50	37.72	12.95	10.62	37.95
61750FAE0	MSAC _ 06-HE6-A2C	2007-1 Pen-AAA	37.03	10.22	21.95	47.15	11.69	17.04	47.02
61750FAF7	MSAC _ 06-HE6-A2D	2007-1 AAA	34.53	12.15	17.33	47.15	13.43	14.44	47.02

资料来源：黑石风险管理公司。

31.6 相对价值和风险分析

我们在这里介绍相对价值和风险分析的分析性框架。在这个框架中普遍使用的是提前偿付和信用模型以及滚转率分析。

□分析框架

正如前面所描述的，担保债券、资本结构、房地产市场以及贷款修改是非机构 RMBS 债券分析的重要方面。为了综合考虑这些因素，投资者需要一个类似于图表 31—14 所描述的分析框架。这个框架主要包含担保债券的数据、宏观假设、业绩预测模型以及现金流引擎（cash-flow engine）。

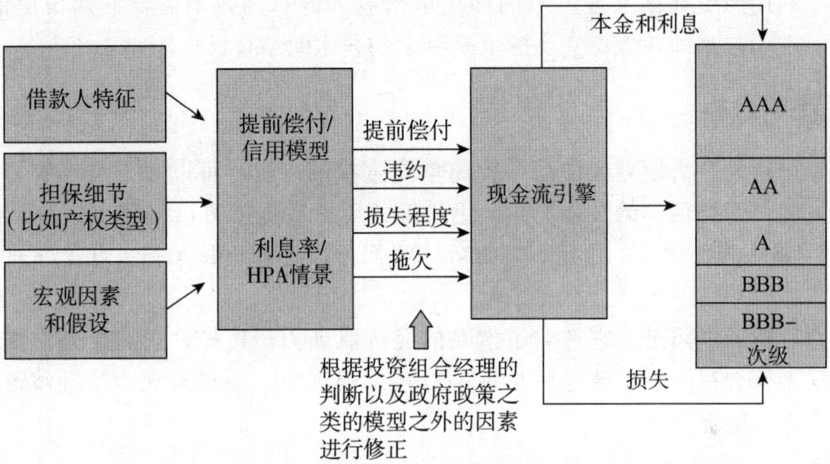

图表 31—14　非机构分析框架

资料来源：黑石风险管理公司。

□关键风险测量

除了像收益率这样的标准估值和风险测度之外，还有加权平均期限（WAL）、贴现率差、期权调整利差（OAS）、期权调整久期（OAD）和期权调整凸性（OAC）。以下测量指标被广泛应用于非机构行业：

（1）累计损失：已实现的本金损失加上未来预期损失，再除以初始的余额。

（2）剩余损失：未来预期损失除以当前余额。

（3）本金损失：债券的本金损失。

（4）利息差额：分配的利息低于应计利息数额。

（5）偿付能力系数：担保协议的剩余损失与协议中债券信用增级之间的比例。

（6）收支相抵乘数：强度乘数，在将这个乘数应用于模型时，预计的剩余损失会等于债券的信用增级。

□提前偿付和信用模型

提前偿付和信用模型可以预测担保债券的未来表现，包括协议中每个抵押组中的条件提前偿付率（conditional prepayment rate，CPR）、条件违约率（CDR）、拖欠率、损失程度。该模型通常会使用历史数据来建立提前偿付和信用表现与贷款特征、当前贷款状况、宏观经济环境的关系。比如，拖欠模型是时效（seasoning）、FICO 分数、LTV、DTI、证明文件、州政府等因素的函数。止赎权的滚转率是当前 LTV、州法律、房地产市场等因素的函数。

提前偿付和信用模型的目的是在不同利率、房屋价格或其他情景下预测未来现金流。根据这些模型的实际属性以及千变万化的市场动态，模型需要不断地更新。正如我们从抵押贷款危机中所学到的，历史本身不会简单地重复。因此，模型不需要完全符合历史。好的模型是利用历史数据来理解不同环境下借款人的行为，不需要强调历史的一致性，而是应该侧重于未来的性能；它实际上是科学与艺术的结合。

□滚转率分析

滚转率分析是分析债券业绩的一种简单而直接的方式，可以非常准确地预测近期业绩。这种方法只需要债券的转移矩阵。用最近的历史数据就可以得到该矩阵。图表 31—15 是一个转移矩阵的例子。给定转移矩阵，我们可以计算出每个拖欠状态下的提前偿付和违约率。

滚转率分析的缺陷是，它忽略了潜在的经济驱动力。比如，它需要假设滚转率保持不变，而这不符合很多贷款统筹所呈现的自然选择现象。如果宏观经济环境改变了，那么滚转率不太可能保持不变。

图表 31—15　　Alt-A 债券的转移矩阵示例

	权重	CC	CD	DQ30	DQ60	DQ90	Fc	REO	提前偿付	违约
CC	54.2%	97.4%	0.0%	1.7%	0.0%	0.0%	0.0%	0.0%	1.0%	0.0%
CD	12.2%	4.3%	86.4%	9.0%	0.1%	0.1%	0.0%	0.0%	0.2%	0.0%
DQ30	4.5%	0.0%	21.5%	48.0%	30.0%	0.3%	0.0%	0.0%	0.2%	0.0%
DQ60	2.4%	0.0%	5.4%	9.7%	39.0%	44.1%	1.4%	0.0%	0.3%	0.1%
DQ90	11.2%	0.0%	3.4%	0.6%	1.1%	83.6%	10.2%	0.5%	0.0%	0.7%
Fc	12.8%	0.0%	1.0%	0.1%	0.0%	3.9%	90.7%	2.9%	0.0%	1.3%
REO	2.7%	0.0%	0.0%	0.0%	0.0%	0.1%	0.6%	85.5%	0.0%	13.8%

注：CC 是当前净价，在过去的 12 个月没有拖欠记录；CD 指的是当前贷款，在过去的 12 个月有拖欠记录。

资料来源：贷款绩效公司、黑石风险管理公司。

31.7 关键知识点

• 非机构 RMBS 没有得到 GSE 或政府机构的保证。它的证券得到以下支持：优质大额贷款、Alt-A、期权 ARM、次级贷款、第二留置权、预制房屋抵押贷款。

• 非机构 RMBS 被用于管理住房抵押贷款的混合资金，其内在的两种主要风险是提前偿付风险和信用风险。这种结构将基础贷款中的总现金流分成本金和利息，并且根据协议规定的规则重新分配现金流和相关损失给各个分券。

• 非机构 RMBS 相对价值和风险分析的两个关键是担保债券特征和资本结构。服务商在担保债券现金流中发挥主要作用。

• 担保债券业绩的主要测度指标是拖欠率、违约、自愿提前偿付、损失程度。

• 非机构 RMBS 中的信用风险可以通过信用增级来解决：外部增级方式、内部增级方式，或者是两者的结合。

• 房地产市场是非机构抵押贷款业绩的基本决定因素。

• 贷款修改、止赎权延期、服务商停止预付显著地增加了交易现金流的不确定性，使得投资者难以估计这些债券的风险。

• 提前偿付和信用模型有助于预测担保债券的未来业绩。

【注释】

[1] 次级 ABS 有时会被称为房屋净值，因为住宅 ABS 市场最初是被第二留置权房屋净值贷款所左右。

[2] 现收现付是单一险种保险公司采用的支付模板，可以保证利息和本金按计划、按时分期摊还。

[3] See Dapeng Hu and Kishore Yalamanchili, "PrimeX—A Roadmap for Investors," *American Securitization* 4, 3 (August 2010), pp. 19-21.

[4] 在本金免除的情况下，被免除的本金部分也可被算作违约余额。没有统一的延缓处理标准。

[5] 止赎所需要的法律程序和文件证明比较复杂，每个州的情况都不一样。最近关于止赎的文件证明问题的综述，参见 "Transfer and Assignment of Residential Mortgage Loans in the Secondary Mortgage Market," *American Securitization Forum White Paper* (November 2010)。

第32章

商业抵押贷款支持证券*

韦恩·M. 菲茨杰拉德二世（Wayne M. Fitzgerald Ⅱ）
黑石风险管理公司常务董事

马克·D. 帕特洛维茨（Mark D. Paltrowitz）
黑石风险管理公司常务董事

商业抵押贷款支持证券（CMBS）是结构化产品，向商业抵押贷款市场提供债务融资。CMBS是商业房地产金融的组成部分（商业银行、保险公司以及养老基金也可直接贷款给商业房地产所有者）。

与住房抵押贷款支持证券（RMBS）产品一样，CMBS代表抵押贷款池的经济利益。建立CMBS所使用的结构可以将潜在的商业房地产贷款的信用风险转移给CMBS的所有者。证券的从属关系会逐渐减轻证券持有人的商业抵押贷款的信用风险。CMBS证券结构将损失留给最低级的未偿付证券，并且根据从属关系，对最高级证券的持有人提供高度的信用风险保护。

CMBS投资者需要理解失业房地产估价的基本原理以及商业房地产贷款标准，才能正确地分析CMBS投资中蕴含的信用风险。CMBS交易中的贷款通常大于其他证券产品中的贷款。CMBS交易中最大的15项贷款可以占担保贷款总资金的30%～50%。贷款的集中使得资产审核变得比其他证券产品更重要。在其他证券产品中，大数定律使得统计抽样有效。CMBS与非机构RMBS之间的主要差异罗列于图表32—1中。

* 作者感谢 Nishith Ajitsaria 和 Kunal Khara 两位金融分析师对本章内容的贡献。

CMBS发行人建立了几种交易方式。**导管交易**（conduit transaction）是固定利率商业抵押贷款的证券化。其中每项贷款的比例不超过5%，最大的10项贷款的比例不超过30%。**融合交易**（fusion transactions）是典型的固定利率证券化，其中最大的10项贷款的比例不超过30%。发行人为商业房地产的大股东发行大额债券时创造了单个发起人（single-sponsor）交易。CMBS发行人建立了浮动利率交易，它通常是由过渡性房产（即处于建造或翻修中，正在重新布置）的大额贷款组成。这些贷款通常是1年或2年贷款，会有几次1年延期。最后，如果大型机构借款人寻求抵押贷款，为独立的CMBS交易提供担保，那么CMBS发行人会给市场带来“单个发起人”交易。

图表32—1　　CMBS交易与非机构RMBS交易核心属性的对比

属性	CMBS	非机构RMBS
担保贷款构成	贷款规模较大，信托贷款较少：基础担保贷款比较多样化。资金集中风险较高，最大的15项贷款构成30%～50%的交易	交易中有大量的贷款。贷款的规模小，每个贷款所占的比例小。给定大量的贷款，担保债券多样化程度高
贷款类型	贷款期限较短，5年、7年或10年到期大额偿付。大部分贷款是固定利率贷款	15～30年的固定利率和浮动利率贷款
提前偿付	抵押贷款通常会禁止提前偿付，直到快到期的前几个月	很多抵押贷款可以随意提前偿付
交易	交易通常按顺序支付本金，信用强化只有从属形式，损失按逆向顺序分配	本金、利息以及损失现金流的分配范围广泛，还有触发器以及多种形式的信用增级，比如超额担保、从属关系、超额利差、储备账户、外部信用保证
模型	模型通常包含详细的贷款审核和资产审核，假定是集中贷款。确定性规则导向违约模型最为常用，因为贷款业绩缺乏丰富的历史数据库	提前偿付、违约和损失程度的概率建模非常普遍，模型建立在贷款业绩的大型历史数据库上

CMBS的交易大部分是融合交易。融合交易中的集中抵押贷款具有不同的性质，CMBS投资者（不论信用支持是什么）通常会对最大的贷款进行尽职调查，了解抵押贷款的发起人是否审慎估值，以及是否对贷款进行了适当的大小分类。

32.1　抵押贷款池

由于大部分CMBS交易有大额贷款，而大额贷款的主要部分是信托，所以投资者通常会审核基础抵押贷款和被抵押产权，以了解该投资特殊的信用风险。

□概述基础抵押产权的评估方法

一般而言，办公、零售、工业、酒店以及多户家庭的房产具有为基础抵押贷款进行担保的作用。办公、零售、工业、酒店的房产是“商业”房产，而多户家庭的房产更多地是用于出租。商业地产价值通常是利用直接资本化的方法来计算。还可以应用贴现现金流分析法、数据比较法以及重置费用法。直接资本化的方法利用的是资本化率，它是关于商业地产当前收入的非杠杆收益率。直接资本化法根据以下公式计算房产价值：

房产价值＝净营业收入/资本化率

资本化率涵盖很多因素，包括利率成分在内。多户家庭房产通常会获得最低的平均资本化率，因为可以向政府支持企业（GSE）进行债务融资，也可以根据短期租赁频繁重置租金。酒店房产通常会拉平最高的资本化率，因为酒店和旅游休闲业的净营业收入存在波动性。投资者用介于多户家庭与酒店基准之间的平均资本化率评估办公、零售、工业的房产。直接资本化的方法对 CMBS 投资者非常有用，因为通常可以从经纪人那里得到数据，使得该分析有标准化的数据库做基础。

贴现现金流分析（discounted cash-flow analysis，DCF 分析）是评估商业地产更为精确的方法，将加权平均的资金成本作为贴现率，对房产的净营业收入按照实际进行贴现。在购买商业地产的产权时，商业地产的权益投资者会使用 DCF 分析法。不过，CMBS 投资者在使用这种评估技术时通常不具备必要的输入信息（即现金流预测）。

数据比较法是根据同一领域相似房产的实际销售来确定某个房产的价值，进而确定商业地产的价值。如果最近交易的房产是相似的，那么这种方法能够有效地找到市场价值。在销售 CMBS 投资时，经纪人通常口头披露房产的比较数据，以保证交易中的最大抵押贷款。房产价值被简化为每平方英尺（SF）或每单位价值。举个例子，曼哈顿中城区 A 级（高质量）办公楼可以按照 800 美元/平方英尺到 1 200 美元/平方英尺来交易；而在次级市场上的郊区办公楼可以按照 100 美元/平方英尺来交易。虽然在 CMBS 交易时经纪人可以获得比较信息，但是更新的信息不会出现在交易报告中。

重置成本法对房地产估值的方法是，计算土地价值以及关于房产修缮的成本，减去折旧。这个方法在商业地产估值中没有得到广泛应用，因为它没有考虑房产的收入流。估价师还需要用比较数据来决定土地价值：给定高度发达地区的土地出售是稀缺的，基于这种方法的估价需要做出重要的假设。

对商业地产估值传统的指导方针现在并没有改变：位置是决定地产价值的关键。CMBS 投资者应该重视并且考虑商业地产的预定属性，以及它们对于正确模型化 CMBS 交易中商业地产债务敞口的意义。

□商业抵押贷款标准

与大部分有合理信用质量的硬资产（hard asset）一样，商业地产的所有者可以利用杠杆来提高他们的总收益率。抵押贷款的大小是依据债务与房产价值的比例来确定的（贷款价值比或 LTV）。商业地产的大部分所有者的借款是房产价值（或购置成本）的 50%～80%。通常大部分 CMBS 发起人的放款会多达 75%～80% LTV。在 2006 年和 2007 年，CMBS 发起人的贷款产品为借款人提供的贷款价值比超过 95%。在 2008 年金融危机期间，大部分商业地产的债券发行（包括 CMBS）随着市场流动性一起消失。如果债务是有效的，那么其条款通常具有经济惩罚性（即高息票以及高达 50%LTV 的最大贷款规模，依据低迷的房地产价值）。

抵押贷款的大小还可以依据基础担保债券的净营业收入与抵押贷款的债务清偿业务之比。这个比率是**债务清偿业务覆盖率**（debt service coverage ratio，DSCR）。CMBS 发起人通常要求最小化 1.2 倍的 DSCR；不过，有些产权特征会使得 CMBS 的发起人按照较低的 DSCR 临界值发放贷款（比如，担保品是长期土地租约或者是租赁期超过 15 年的租约）。

□贷款结构和特征

CMBS 的经纪人在 CMBS 交易的要约文件（offer document）中会披露很多贷款特征。商业抵押贷款在发行时通常具有结构性特征，为了信托而隔离基础担保贷款。大部分借款人是目标单一的实体（公司或有限责任公司）。建立该实体的唯一目的是拥有商业地产，而商业地产可以为抵押贷款作抵押。对于大额贷款，单一目标实体具有某种组织特征，使得借款人难以宣布破产。这些法律保护对于 CMBS 交易中的贷款而言是必要的，因为大部分贷款都没有追偿权。它意味着在贷款违约时放款人唯一能做的是抓住基础抵押品。

当借款人无法谨慎经营抵押的房地产时，CMBS 发起人还需要其他的贷款特性来保护信用。CMBS 发起人通常需要借款人建立储备账户，为不同的房地产费用提供贷款服务。比如，CMBS 发起人会要求借款人免除一定比例的年度物业税和财产保险费。这是它每个月支付的一部分。CMBS 发起人也可以要求借款人每月支付重置储备金（replacement reserves）、承租人修缮费用、租赁佣金。CMBS 发起人还可以要求偿债储备金、土地租约储备金以及其他储备金，以此调节具体的房产状况，具体取决于抵押的房产及其状况。

从 2005 年到 2007 年，很多借款人受益于“暂时扣留”（holdback）。它是服务商储备待用的额外贷款收益。当房产基准（property benchmark）［租赁目标、净营业收入（NOI）目标、居住目标等］完成后，暂时扣留会释放给借款人。这样的度量很多都是基于总的房产业绩预期，而很多抵押的房产因为金融危机而无法实现这些预期。如果暂时扣留释放标准得不到满足，那么很多暂时扣留就会变成附加贷款抵押。在某些情况下，未释放的暂时扣留会被用作现金支付贷款本金余额，并且会对证券持有人提前偿付。

CMBS 发起人通常要求锁箱结构（lockbox structure）。锁箱是服务商持有的存款账户。如果 CMBS 发起人要求硬锁箱（hard lockbox），那么在贷款结束之后，借款人需要立即通知所有的租户支付租金，并且向服务商退还锁箱中的存款，借款人可以按照贷款文件中的条款使用这些资金。发起人会对锁箱中的资金释放设置各种条件。在多数情况下，服务商会每月向第三方提供资金并偿付债务，将剩余的资金释放给借款人。随着 CMBS 市场的成熟，发行人将会允许软锁箱，允许服务商每天将锁箱内所有资金转给借款人控制的账户。如果出现违约，严格的现金管理条款生效，借款人将无法再得到锁箱中的资金。

CMBS 贷款通常会在贷款期间制约提前偿付。CMBS 发起人通常会在贷款期限的前 2～4年“锁定”所有的贷款，不能提前偿付。过了这个最初的锁定期之后，借款人可以用美国政府证券作为贷款抵押品，从而撤销房产抵押。替换的证券可以赎回，让基础贷款的利息和本金按计划支付。CMBS愿意接受这种撤销功能，因为它可以保持合同贷款的现金流。在某些情况下，CMBS的发起人会允许借款人提前偿付他们的抵押贷款，并且支付提前偿付罚款或者收益率维持费。这种做法可以代替撤销功能。这些提前偿付罚金可以为抵押贷款的提前偿付对证券持有人进行一定程度的补偿，因为他们的总收益还是会受到提前偿付的负面影响。

CMBS的发起人有时会交叉担保某些抵押贷款。当借款人用分离的抵押贷款为多个房产融资时（而不是以多个房产为一个抵押贷款做担保）会用到这种特征。如果发起人要求借款人同意，在确定的抵押贷款统筹中任何一个违约都会导致所有抵押贷款违约，那么就会出现交叉违约。交叉担保是一种必然的特征，它允许CMBS的发起人使用担保品，保证所有抵押贷款可以补偿任何单个抵押贷款的损失。

□ CMBS贷款池的多样化

为了了解信用风险，CMBS的发起人需要关注大额抵押贷款和担保集中的问题。美国美联银行（Wachovia Bank）商业抵押信托2007-C32系列（WBCMT 2007-C32）展现出这一章描述的很多贷款特征、贷款的集中度以及证券特征。图表32—2描述了WBCMT 2007-C32交易中的前15项贷款。

CMBS交易通常包含美国所有地区的抵押贷款。图表32—3给出了WBCMT 2007-C32的地理集中度。

CMBS还应该包含足够多样化的房产类型。特定的房产类型的集中度会使得CMBS交易容易受到特定行业的特定衰退影响或者某个经济领域的影响。图表32—4给出了WBCMT 2007-C32中房产类型的集中度。

CMBS交易的抵押贷款还应该包含分期摊还，以提供足够的保护。CMBS的发起人在CMBS的初期要求分期摊还，但是在CMBS的后期转而喜欢只付利息或部分付息的贷款。图表32—5给出了WBCMT 2007-C32中只付利息的集中度。

图表32—2　　WBCMT 2007-C32中排名前10的贷款

贷款名称	贷款金额（美元）	信托余额占比(%)	平方英尺数	余额（美元/平方英尺）	初始到期日	初始LTV(%)	初始认购DSCR(NOI)(倍)	认购的资本化率(%)
1 Beacon D. C. & Seattle Pool	414 000 000	10.8	9 848 341	274	05/07/2012	78.7	1.27	7.04
2 ING Hospitality Pool	283 850 000	7.4	5 796	97 947	06/11/2012	63.8	2.14	8.62
3 DDR Southeast Pool	221 250 000	5.8	7 297 943	121	06/11/2017	63.5	1.51	5.77
4 Two Herald Square	200 000 000	5.2	354 298	564	04/11/2017	66.7	1.25	4.93
5 Westin Casuarina Resort & Spa-Cayman Islands	140 000 000	3.7	343	408 163	06/11/2017	71.4	1.25	7.44
6 DDR-TRT Pool	110 000 000	2.9	678 553	162	06/11/2017	67.0	1.50	5.80

续前表

贷款名称	贷款金额（美元）	信托余额占比(%)	平方英尺数	余额（美元/平方英尺）	初始到期日	初始LTV（%）	初始认购DSCR（NOI）（倍）	认购的资本化率(%)
7 Ashford Hospitality Pool 4	103 906 000	2.7	1 396	74 431	04/11/2017	74.3	1.36	8.74
8 17 Battery Place South	95 000 000	2.5	413 828	230	05/11/2012	70.4	1.54	6.55
9 Rockvale Square	92 400 000	2.4	539 661	171	05/11/2017	80.0	1.38	6.71
10 Centerside Ⅱ	89 300 000	2.3	287 494	311	10/11/2017	56.1	1.66	5.33
总数/加权平均	1 749 706 000	45.8				69.9	1.50	6.82

注：DSCR＝债务清偿业务覆盖率；LTV＝贷款价值比；NOI＝净营业收入。

资料来源：黑石风险管理公司。

图表 32—3　　WBCMT 2007-C32 地理集中度的前 5 位

州	房产数目	贷款金额（美元）	信托余额占比（%）	截止日LTV（%）	截止日DSCR（倍）	到期日LTV（%）	加权平均息票率（%）
纽约州	10	597 750 000	15.6	70.0	1.44	69.9	5.73
加利福尼亚州	25	575 873 000	15.1	65.6	1.62	65.6	5.74
南加利福尼亚	20	525 626 000	13.7	65.5	1.61	65.5	5.74
北加利福尼亚	5	50 247 000	1.3	66.7	1.65	66.7	5.67
佛罗里达州	44	356 557 496	9.3	71.1	1.41	69.2	5.71
佐治亚州	28	237 654 004	6.2	68.7	1.45	67.8	5.77
弗吉尼亚州	13	199 442 775	5.2	74.4	1.35	73.0	5.81
其他州	155	1 856 575 794	48.6	73.7	1.42	71.3	5.78
总数/加权平均	275	3 823 853 069	100.0	71.4	1.45	69.9	5.76

资料来源：黑石风险管理公司。

图表 32—4　　WBCMT 2007-C32 房产类型集中度

房产类型	房产数目	贷款金额（美元）	信托余额占比（%）	截止日LTV（%）	截止日DSCR（倍）	到期日LTV（%）	加权平均息票率（%）
办公	56	1 169 790 500	30.6	72.0	1.40	71.5	5.76
零售	99	1 026 196 690	26.8	71.2	1.45	69.3	5.66
酒店	61	715 271 335	18.7	68.0	1.71	64.5	5.91
多户家庭	30	443 196 794	11.6	77.3	1.32	76.3	5.71
混合用途	11	365 700 000	9.6	69.6	1.27	69.1	5.81
工业	10	67 297 750	1.7	78.7	1.40	74.6	5.88
特殊用途	2	17 500 000	0.5	63.5	1.59	60.9	6.42

续前表

房产类型	房产数目	贷款金额（美元）	信托余额占比（%）	截止日LTV（%）	截止日DSCR（倍）	到期日LTV（%）	加权平均息票率（%）
医疗	1	13 000 000	0.3	69.1	1.37	65.7	6.03
土地	5	5 900 000	0.2	44.1	1.20	39.1	5.98
总数/加权平均	275	3 823 853 069	100.00	71.4	1.45	69.9	5.76

资料来源：黑石风险管理公司。

图表 32—5　　WBCMT 2007-C32 的分期摊还类型

分期摊还类型	贷款数目	贷款金额（美元）	信托余额占比(%)	截止日LTV（%）	截止日DSCR（倍）	到期日LTV（%）	加权平均息票率（%）
非分期摊还	86	3 044 468 500	79.6	71.47	1.48	71.5	5.71
部分只付利息分期摊还	33	599 077 500	15.7	70.06	1.38	64.0	5.98
1～12 个月	6	46 950 000	1.2	73.7	1.30	65.2	5.83
13～24 个月	6	212 912 500	5.6	70.7	1.29	62.7	6.27
25～36 个月	3	23 780 000	0.6	64.6	1.53	57.9	5.62
49～60 个月	16	281 707 000	7.4	69.3	1.46	64.7	5.85
＞60 个月	2	33 728 000	0.9	71.8	1.15	68.9	5.73
非部分只付利息分期摊还	23	180 307 069	4.7	75.1	1.27	62.4	5.90
总数/加权平均	142	3 823 853 069	100.0	71.4	1.45	69.9	5.76

资料来源：黑石风险管理公司。

CMBS 交易还会包括同一个所有权群体（贷款资助人）的多重贷款。该群体不是交叉担保的。CMBS 的经纪人通常会在发售过程中提供这些信息。CMBS 的投资者在导管交易或融合交易中需要监督借款人的集中度，保证借款人的风险足够多元化。图表 32—6 给出了 WBCMT 2007-C32 交易的贷款发起人分类。

为了减少最大贷款的风险集中度，并且让风险程度低于某个规模临界值（该临界值需要更多的披露），CMBS 的发行人会将抵押贷款分成多个小贷款。其结构可以是 A/B 型债券结构，其中 B 债券从属于高级的 A 债券。发起人还可以将债券分割成“同等权益”结构，其中的每只债券都按照比例得到本金和利息（在债券损失的情况下蒙受损失）。

如果发起人建立同等权益的贷款结构，那么贷款业务被分派给第一次证券化的服务商。它拥有同等权益贷款第一次证券化的债券。这个服务商（出纳）负责收集贷款支付，管理所有不同债券的贷款。这些债券是发起人建立的。图表 32—7 给出了 WBCMT 2007-C32 中的同等权益贷款。

CMBS 交易中最复杂的抵押贷款是 Beacon D. C. & Seattle 组合贷款。27 亿美元的贷款最初被分成6个同等权益债券。在第一只债券被证券化之后，CMBS的发起人将同等权益债券中的一个（A4债券）分成3只债券。CMBS的发起人会根据总的CMBS交易规模来调整同等权益债券的大小。这些CMBS交易得到同等权益债券。所有包含Beacon D. C. & Seattle组合贷款的A类同等权益债券都在各种CMBS融合交易中实现证券化。图表32—8给出了贷款结构。

通过对CMBS交易中最大的10个贷款进行尽职调查，CMBS的投资者能够了解30%～50%的抵押品所具有的风险状况。

图表32—6　　WBCMT 2007-C32中超过5%的贷款发起人集中度

贷款发起人	贷款数目/抵押房产	贷款数目	贷款总金额（美元）	信托余额占比(%)	截止日LTV(%)	截止日DSCR(倍)	加权平均息票率(%)
Beacon Capital Strategic Partners V，LP	1/20	1	414 000 000	10.8	78.7	1.27	5.78
Developers Diversified Realty Corporation (DDR)	2/55	3，6	331 250 000	8.7	64.7	1.51	5.57
ING Clarion Partners	1/46	2	283 850 000	7.4	63.8	2.14	5.66
The Moinian Group	4/4	8，13，16，44	237 500 000	6.2	75.1	1.40	5.71
Sharon Sutton	1/1	4	200 000 000	5.2	66.7	1.25	5.92
The Irvine Company LLC	3/3	10，15，18	195 300 000	5.1	52.6	1.79	5.65

资料来源：黑石风险管理公司。

图表32—7　　WBCMT 2007-C32中的同等权益贷款

贷款	贷款数目	贷款金额（美元）	占总贷款池的比例(%)	同等权益债务在信托中的占比(%)	非信托同等权益债务金额（美元）	出纳交易
Beacon D. C. & Seattle Pool	1	414 000 000	10.8	15.3	2 286 000 000	MSCT 2007-IQ14
ING Hospitality Pool	3	283 850 000	7.4	50.0	283 850 000	WBCMT 2007-C32
DDR Southeast Pool	3	221 250 000	5.8	25.0	663 750 000	CGCMT 2007-C6
总数		919 100 000	24.0			

资料来源：黑石风险管理公司。

图表 32—8 **Beacon D. C. & Seattle 组合的贷款结构**

<table>
<tr><td rowspan="2">A1 票据</td><td rowspan="2">A2 票据</td><td rowspan="2">A3 票据</td><td>A4-A1 票据</td><td>A4-A2 票据</td><td>A5 票据</td><td rowspan="2">A6 票据</td></tr>
<tr><td colspan="2">A4-B 票据</td><td>卖给 WBCMT 2007-C32</td></tr>
</table>

32.2 CMBS 信托结构

CMBS 交易首先要由贷款发起人发起商业抵押贷款。各种保险公司、专业理财公司、导管公司以及银行是 CMBS 交易的抵押贷款发起人。发起人将抵押贷款卖给存款人实体，实现法律上的抵押贷款隔离。存款人通常会通过联营及服务协议（Pooling and Servicing Agreement，PSA）形成企业经营信托（common law trust），将抵押贷款转换成信托。信托向投资者发行证券，总额等于抵押贷款在截止日的余额。CMBS 信托通常不会存在过度担保或者担保不足的情形。

信用评级机构在交易设计初期会评估贷款额度，为 CMBS 交易提供初步的证券从属关系。抵押贷款发起人向信用评级机构提供数据以及贷款文件，帮助信用评级机构进行贷款尽职调查，对房产进行现场考察，保护抵押贷款的安全。信用评级机构对基础贷款和房产做尽职调查（包括现场考察在内），确定从属关系，满足具体评级的需要。发行人和交易承销商要为交易准备各种不同的证明文件，包括内容说明书、联营及服务协议（PSA）以及附件 A。附件 A 包含有关联合抵押中基础贷款的详细信息。交易承销商将 CMBS 证券推销给潜在的投资者。在交易清算日，交易承销商从信托中得到证券，并且将证券转给投资者。图表 32—9 给出了标准的交易参与者之间的关系。

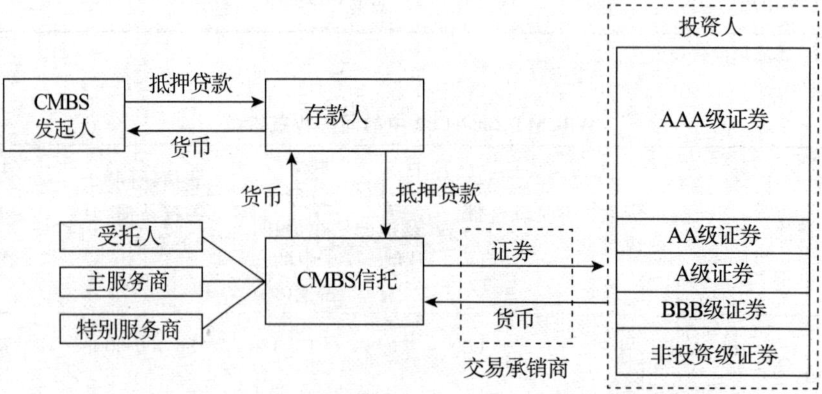

图表 32—9 抵押贷款转移、证券发行以及交易参与者的关系图

在 2008 年金融危机之前，CMBS 交易包括各个信用等级的分券。在大额贷款出现严重损失时，这会导致单薄的证券容易出现完全的账面损失。在 2008 年金融危机之后，CMBS 的发行人简化了资本结构，建立了更厚实的证券，能够更好地抵挡单个贷款的违约。图表 32—10 给出了 2008 年金融危机之前和之后典型的 CMBS 证券结构。

图表 32—10　　2008 年金融危机之前和之后 CMBS 证券从属关系说明

a. WBCMT 2007-C32

类别	分券	评级	余额（百万美元）	交易占比（%）	次级比例（%）
高级 AAA	A-1	AAA	26	0.7	30.00
	A-2	AAA	946	24.7	30.00
	A-PB	AAA	63	1.6	30.00
	A-3	AAA	949	24.8	30.00
	A-4FL	AAA	250	6.5	30.00
	A-1A	AAA	443	11.6	30.00
初级 AAA	A-MFL	AAA	382	10.0	20.00
	AJ	AAA	258	6.6	13.38
	B	AA+	43	1.1	12.25
	C	AA	48	1.2	11.00
	D	AA−	29	0.8	10.25
	E	A+	29	0.8	9.50
中级	F	A	38	1.0	8.50
	G	A−	43	1.1	7.38
	H	BBB+	48	1.3	6.13
	J	BBB	53	1.4	4.75
	K	BBB−	33	0.9	3.88
信用	L	BB+	19	0.5	3.38
	M	BB	10	0.2	3.13
	N	BB−	14	0.4	2.75
	O	B+	10	0.2	2.50
	P	B	10	0.3	2.25
	Q	B−	10	0.3	2.00
	S	NR	76	2.0	0.00
只付利息	IO	AAA	3 824	NAP	NAP
总计			3 824	100.0	

b. WFRBS 2011-C2

类别	分券	评级	余额（百万美元）	交易占比（%）	次级比例（%）
AAA	A-1	AAA	78	6.0	17.13
	A-2	AAA	383	29.5	17.13
	A-3	AAA	122	9.4	17.13
	A-4	AAA	493	38.0	17.13
中级	B	AA	39	3.0	14.13
	C	A	44	3.4	10.75
	D	BBB−	68	5.3	5.50
信用	E	BB	21	1.6	3.88
	F	B	15	1.1	2.75
	G	NR	36	2.8	0.00
只付利息	XA	AAA	1 077	NAP	NAP
	XB	AAA	222	NAP	NAP
总计			1 299	100.0	

32.3 交易参与者

在证券化之后，CMBS 信托的管理涉及几个参与者。受托方是 CMBS 信托的资产负债管理者，履行各项职责。受托方会计算并分配本金和利息给 CMBS 证券持有人，定期准备并披露支付数据，保存信托的账簿记录。在某些情况下，如果后者不能履行其职责，受托方还要对主服务商提供支持。受托方从每月的利息收入中获得费用。这个利息收入是由担保品履行职责时产生的。托管费（trustee fee）优先于证券持有人的利息支付。受托方还可以将服务商所给的现金流用于再投资以获得额外收入。这个现金流可以在晚些时候再返还给证券持有人。

除了履行基本的工作职责之外，比如第三方支付、储备金以及锁箱的管理，主服务商还要收集贷款支付并分配给受托方。主服务商定期收集贷款绩效数据以及房产财务数据并提供给受托方和信用评级机构。如果贷款拖欠或受损，那么主服务商将其服务职责转移给特别服务商。特别服务商专门负责追索欠款并减少损失。主服务商仍然会预付拖欠贷款的本金和利息给信托，只要主服务商认为这种预付可以从追索的贷款中收回。主服务商还会收到一笔费用，它通常是未偿付抵押贷款余额的几个基点。主服务商的费用类似于受托方的费用，也是优先于证券持有人的利息支付。主服务商还可以赚取一笔额外的收入，那就是在向受托方转移优先抵押贷款现金流之前的一段时间里，将其用于再投资。

特别服务商负责处理受损贷款。这些受损贷款有可能处于拖欠、破产、止赎等状态。主服务商判定一笔贷款为不良贷款后，将该贷款转给特别服务商，由它及时处置并执行追索程序。特别服务商对 CMBS 信托的职责是使收回的不良贷款的价值最大化。在贷款追索期间，特别服务商会根据未偿付的贷款余额按月获得一笔费用。特别服务商还会因为贷款问题的处置而获得报酬，具体取决于贷款是清偿还是修改。与受托方以及主服务商的费用相似，对于特别服务商的支付优先于对证券持有人的现金流支付。

CMBS 交易通常会将最低级的分券指派给控制类证券持有人（controlling certificate holder）。由于控制类证券持有人是 CMBS 交易蒙受违约贷款损失时的第一个受损者，控制类证券持有人（通过控制类代表）有权进行某些决策。控制类代表一般有权替换特别服务商，并有权批准特殊用途的贷款解决方案。如果控制类证券持有人蒙受的损失超过初始证券余额的 75%，那么这些控制权转移给其他类。其他类要比当前控制类证券持有人更高级。在 2000 年之前以及 2008 年之后，如果本金损失和 ARA（后面会定义）超过控制类证券持有人初始证券余额的 75%，CMBS 交易通常要求将控制权转给下一个最高级的证券持有人。相反，2000—2008 年期间发行的 CMBS 交易允许控制类证券持有人继续存在，即使本金损失即将超过控制类证券持有人初始证券余额的 75%。

32.4 交易特征

CMBS 的发行人通常会包含一套标准的交易特征，不论年限如何。从 20 世纪 90 年代开始，CMBS 的交易特征基本保持不变，很少有例外。发行人加入小的变动来满足投资者的需求。

□从属关系

CMBS 证券是按照时间和信用的维度来建立“资本结构”的，其现金流和风险预测会有所不同，以迎合不同的投资者。比如，高级的证券通常有本金支付的优先权，因此是交易中期限最短的证券。低级的证券在本金现金流方面从属于高级分券，也是第一个承受担保损失的证券。从属率（subordination rate）是衡量证券的信用支持的指标。它的定义是担保贷款余额的一个百分比，这部分余额必须是在该证券面临本金损失之前就承受完全的账面减损。交易中最高级的证券从属率最高，并且沿着资本结构向下递减。

导管交易有三种不同的本金支付证券：AAA 级信用类、中级信用类、低级信用类。它们都有一个以上的只付利息（IO）证券。AAA 级通常还可以进一步分成 3 种不同的从属层次，首先，资本结构顶端超级优秀的分券（交易中最高级的分券：图表 32—10 中的 A1 类到 A4 类）得到最高的从属率（通常是 30%），然后是中级的 AAA（AM 类）证券，以及低级的 AAA（AJ 类）证券。CMBS 的发行人根据投资者的反馈建立了超级优秀和中级 AAA 结构。CMBS 的发行人根据信用评级机构的反馈决定低级 AAA 的从属层次。

超级优秀 AAA 证券构成大约 70%的交易本金余额，是交易中最优秀的证券。典型的导管交易有 6 类超级类证券：A1、A2、A3、A4、APB、A1A。每一类都有不同的现金流模式。A1 证券是第一支付 AAA，在交易中是期限最短的证券，其中的 WAL 大约是 2 年。A1 按时间分期摊还。这与 A2、A3 证券不同，它们是子弹形现金流结构，因为它们通常会捆绑 5 年期或 7 年期的气球形贷款。为了维持中期 AAA 的子弹形现金流，APB 分券在 A2 和 A3 类证券到期日之间吸收分期摊还的本金现金流。A4 证券通常是最大的 AAA 类证券，并且拥有最长的 WAL。A4 类通常指的是交易的基准证券。与 A2 和 A3 类相似，A4 证券也有子弹形本金现金流，捆绑 10 年期气球形抵押贷款。最后，仅当 CMBS 交易中存在多户家庭和预制房屋贷款时，才会建立 A1A 类。它的目的是帮助 GSE 从选中的抵押贷款中获得现金流。选中的抵押贷款满足 GSE 的承销标准和/或可负担住房标准。

中级 AAA（AM 类）通常会达到 20%的从属率，而低级 AAA（AJ 类）的从属率是 10%～15%。实际的从属程度会因为交易而有所不同，并且会依据信用评级机构的反馈。AM 和 AJ 证券也捆绑气球形贷款，有子弹形本金现金流。中级证券的评级通常介于 AAA 与 BBB−之间，在初始交易余额中只占小部分。中级证券通常会捆绑 10 年期的气球形支付。CMBS 交易还可以包括评级低于 BBB 的分券——或者没有评级的第一损失类证券，它被称为 B 类。这些分券捆绑了抵押贷款里期限最长的贷款。B 类通常是控制类，保留某种投票权，使得其有权替换特别服务商。

□转手率

传统的导管交易结构可以让抵押品（资产）的净加权平均息票超过证券（债务）加权平均息票。抵押品的净加权平均息票等于抵押品的加权平均息票减去支付给受托方和主服务商的费用。这种结构导致超额的利息现金流流向 IO 分券。根据定义，IO 不会获得任何本金。

导管 CMBS 证券可以有三种息票结构：固定利率、WAC（加权平均息票）、限额 WAC。大部分 CMBS 分券都会支付固定利率息票。WAC 证券支付抵押品的加权平均净息票率，它会随着抵押品组合的变化而变化。限额 WAC 支付的利率是固定利率与 WAC 利率之间最小的那个利率，在资本结构中通常较低。

□支付的优先权

一般而言，给定比较简单的 CMBS 资本结构，现金流和损失在资本分层——被称为“瀑布结构”（waterfall structure）——之间的分配非常简单明了。APB 和 A1A 分券提高了复杂程度，后面会详细描述这一点。

本金的支付从资本结构的顶层向下顺序分配。本金现金流来自贷款的到期、计划的分期摊还、提前偿付以及违约资产回收。顺序偿付结构意味着，一般情况下仅当资本结构中比某只证券更高级的分券获得完全偿付时，该证券才会获得本金支付。

A1A 分券只能从担保品中指定的多户家庭和预制房屋贷款中获得现金流。剩下的分券从剩下的担保品中获得现金流。APB 分券首先获得本金，数量与它的分期摊还计划一致。多余的本金按顺序分给 A1、A2、A3、A4。仅当 APB 分券得到本金的分配之后，A1 分券（它是第一支付证券）才可以获得本金支付。按照顺序偿付结构，A2 分券在 A1 分券全程偿付之后得到本金，A3 分券在 A2 分券全程偿付之后得到本金。当 A3 分券得到支付之后，所有来自非多户家庭资金的本金都分配给 APB 类。最后，当 A1、A2、A3 以及 APB 类得到偿付之后，本金现金流按顺序分配给其他类分券。

本金是按照“自上而下”的方式分配的，而损失采用“自下而上”的逆向分配方式。假定 CMBS 交易中的信用增级形式是从属化，那么特定的分券不会蒙受损失，除非它背后的证券价值完全损失。需要注意的是，交易中所有超级优秀证券有相同的从属率。因此，虽然本金现金流是按顺序分配给超级优秀证券，但是当低级分券出现完全本金损失时，损失是按比例分配给超级优秀证券。利息支付按比例分配给超级优秀证券以及 IO 分券，然后按顺序分配给剩下的证券。利息现金流会受到当前债务还本付息的影响，还会受到前期利息推迟到当前支付的影响。

图表 32—11 说明了 WBCMT 2007-C32 交易中的证券从属关系以及支付优先权。

图表 32—11　　WBCMT 2007-C32 证券结构

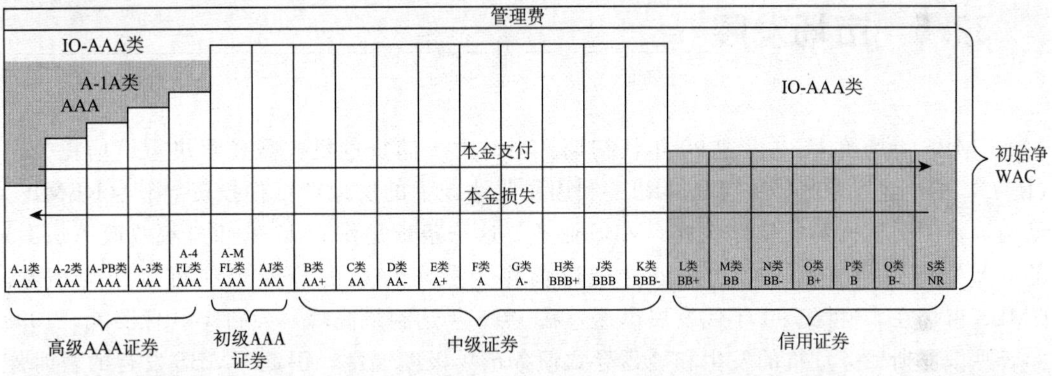

注：A-4FL 类和 A-MFL 类是通过互换合同创造出来的。CMBS 信托将初始的每类固定利率息票交换到浮动利率息票中。CMBS 发行人将这些证券按照浮动利率证券销售出去。不过，如果本金损失殃及这些证券，互换通常会停止并且息票恢复到固定利率息票。

□只付利息证券

大部分 CMBS 融合交易也有 IO 分券。正如前面所提到的，那些支付给所有非 IO 分券的加权平均息票率通常会低于担保池中的总利息。这个多余的利息被分配给 IO 分券，只要信托中的所有非 IO 分券都得到利息支付。IO 分券的名义余额是基于所有交易中的 AAA 分券总余额，取决于不同分券的息票的剥离程度。

如果担保品息票与证券息票之间的差距比较大，那么交易可能会包含按计划摊还类别（PAC）IO 结构。在这种结构中存在多个 IO 类，其中有一个 IO 类证券被看成支持债券，承受提前偿付的影响，使得 PAC IO 的投资者获得稳定的现金流和收益率。

□预付和估值下降

当贷款被拖欠时，主服务商通常需要预付本金和利息给信托，以最小化证券持有人每月现金流的波动。不过，服务商预付的金额是依据它是否认为预付金额在清算时可收回。为了确定预付的金额，服务商需要雇用评估师来评估房产。估值折扣（通常是10%）被应用于评估金额，并且被用于比较拖欠的未偿付贷款余额。服务商随后根据降低了的未偿付贷款余额以及调整后的评估价值做预付。其差额被称为**估值减少数额**（appraisal reduction amount，ARA）。如果信托中的拖欠程度相当高，或者如果估值大大低于未偿付贷款余额，那么利息短缺会影响信托，因为服务商的预付不足以覆盖支付给所有证券持有人的利息。一旦贷款被清算，清算价值首先被用于弥补服务商的预付款。

□清偿式提前赎回条款

每个CMBS交易都包含清偿式提前赎回条款，使得未偿付证券的持有人可以购买信托中剩下的抵押贷款。清偿式提前赎回条款通常是在剩下的抵押贷款余额占信托初始余额1%～3%的时候使用。购买价格通常是抵押贷款未偿付余额加应计利息。当交易中剩下的余额太少，不足以负担发生的管理成本时，清偿式提前赎回条款会被用于逐步减少CMBS交易。

32.5 市场发展

CMBS市场始于20世纪90年代初期。当时由于储贷危机，需要解决重组信托公司（RTC）的商业房地产贷款问题。RTC利用税收法规下的房地产抵押投资导管（REMIC）结构，将倒闭机构的贷款打包成CMBS业务。这一条款是作为1986年《税收改革法案》的一部分得到通过的。它允许证券中以前作为股东权益的分券现在可以作为债券。CMBS市场在20世纪90年代发展迅速，在1998年达到最高峰，发行740亿美元。1998年8月俄罗斯债务危机的发生和蔓延导致债务市场极度混乱，引起CMBS发行的暂时停滞。2003年的成交量超过1998年。2007年的CMBS发行量出现爆炸式增长，达到2 280亿美元，这是因为高质量利差产品的需求不断上升。

从2001年到2007年，CMBS信用利差普遍出现紧缩的趋势。[1]在2007年年初的市场高点上，CMBS相对于国债（T）的利差紧缩到10年期超级优秀AAA证券的大约$T+0.60\%$与BBB等级证券的$T+1.20\%$。2007年次级抵押贷款危机影响了CMBS的定价。2007年8月，10年期超级优秀AAA证券的利差大幅扩大（$T+1.50\%$）。2007年初BBB等级证券的利差是$T+1.25\%$，随后在2007年秋季扩大到$T+4.75\%$。随着利差的扩大和次贷危机的蔓延，发行人减少了贷款的发放量，部分是因为他们无法在利差扩大的环境下对冲信用利差风险。2008年7月，CMBS市场失灵，发行人释放了1H-2008中的9笔业务。直到2009年第四季度才有私人发起的CMBS发行。这时只有满足不良资产救助计划（TARP）的证券化资产才可以在市场上销售。2010年，市场逐渐呈现出交易量的增加，年度个体发行总量约为130亿美元。某些证券的CMBS利差历史参见图表32—12。

32.6 建模

市场参与者在分析 CMBS 时考虑两种主要的风险类型：利率风险和信用风险。如果大部分证券是固定利率且久期较长，那么利率风险非常重要，因为基础贷款的期限是5～10 年。信用风险关系重大，因为贷款违约导致的任何损失都由证券持有人承担。

□ 0/0 情景

在 2008 年金融危机以及后来的衰退之前，商业抵押贷款违约很少出现，对高级证券没有影响。因此，投资者习惯上依赖于所谓的 **0/0 框架**（0/0 framework）来为 CMBS 价格和收益率报价。0/0 框架的意思是零提前偿付［用条件提前偿付率（CPR）来度量］和零违约率［用条件违约率（CDR）来度量］。这意味着担保池不存在提前偿付、违约和损失。这个简单的模型框架常常会被扩充，在清算时会增加贷款违约和延期情景，其中延期更为普遍。提前偿付风险对于商业抵押贷款而言通常不太重要，因为贷款的提前偿付通常会受到限制。

□概率模型

概率模型试图描述商业贷款业绩与确定的业绩驱动因素之间的统计关系。比如，贷款违约及其严重程度通常被看成是 DSCR 和 LTV 的函数。在所有其他条件相同的情形下，LTV 越高，DSCR 越低，则感知的信用风险会越高。投资者试图研究历史上违约严重程度与联合资金的 DSCR/LTV 之间的经验关系，从而预测未来贷款业绩。

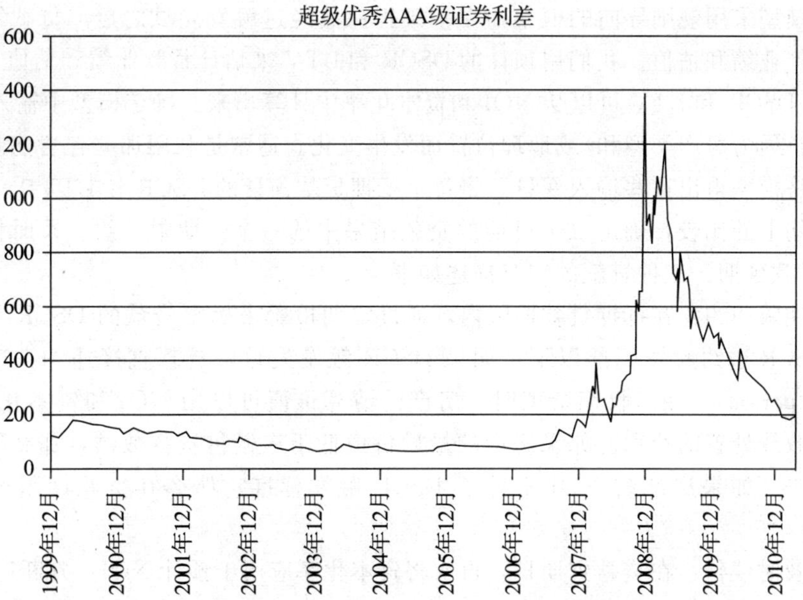

图表 32—12　10 年期美国国债的 AAA 级和 BBB 级 CMBS 利差历史

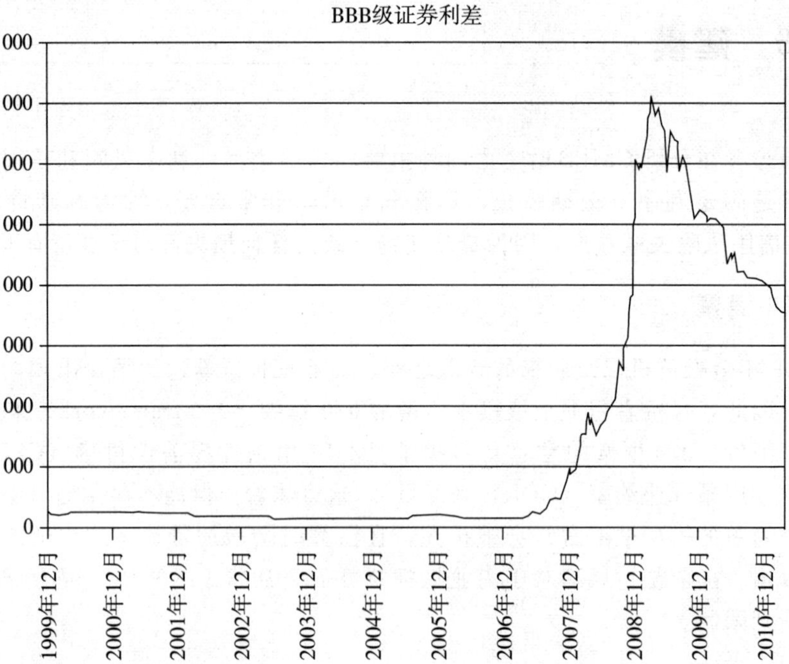

图表 32—12　10 年期美国国债的 AAA 级和 BBB 级 CMBS 利差历史（基点）（续）

资料来源：Trepp 有限责任公司。

□确定模型

由于商业抵押贷款业绩中的贷款数据不容易获得，市场参与者更多地依赖于确定模型。确定模型采用规则导向的框架，在基础担保品经过触发测试之后，贷款结果取决于预计的房产业绩和估值。我们用预计的 DSCR 和 LTV 来估计贷款业绩和估值（类似于概率模型）。DSCR 和 LTV 可以从 NOI 和资本化率中计算出来。确定模型中输入的 NOI 和资本化率会因为房产类型和/或地理位置而发生变化。通常是利用那些包含房地产基本面的宏观经济模型得出这些输入变量。将每个抵押贷款预计的 DSCR 和 LTV 与一组触发标准进行时间上的比较，确定三个可能的贷款结果中的一个：期限违约、及时偿付、到期日违约/贷款延期。三种贷款的细节描述如下：

（1）期限违约：在抵押贷款期限内，通过定期检验来确定贷款的 DSCR 是否下降到预定的 DSCR 违约触发标准以下：如果 DSCR 触发失败，贷款直接违约，进入回收期（workout period）。在回收期结束时，房产的清算价值可以用 NOI 和资本化率来计算，要扣除回收或处置的费用。如果房产的最后价值低于未偿付贷款数额，那么不足的金额被记为损失。如果房产的 NOI 不低于 DSCR 触发标准，那么在贷款期限内不会出现违约。

（2）及时偿付：在贷款到期日，再次将资本化率应用于预计 NOI，判断房产的价值。如果房产价值明显大于未偿付贷款金额（比如 LTV＜80%），那么该贷款会及时得到偿付。

(3) 到期日违约/贷款延期：如果没有按计划在到期日偿付贷款，那么进行一次延期，或者违约。确定模型通常假设贷款会延长到它没有缩水（LTV＜100%）。而缩水的担保贷款（LTV＞100%）会在到期日违约。如果出现到期日违约，则在回收期末计算出房产价值，确定损失的数额。如果贷款延期，则在延期结束时再次计算偿付和违约的数额。

DSCR 和 LTV 的临界值通常是根据观察到的历史业绩、房地产市场趋势、参与者的经历和判断来设置。图表 32—13 用图示法说明了一个确定性框架的例子。

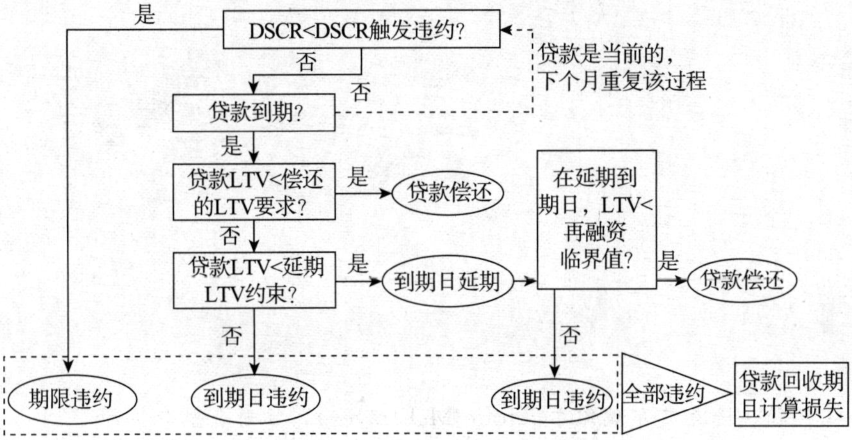

图表 32—13　确定模型的逻辑树

32.7　关键知识点

• CMBS 与其他抵押产品之间存在重大的结构差异和不同的建模方法。

• 大部分 CMBS 交易是导管交易或融合交易，存在多样化的地理位置和房产类型：办公楼、零售房产、工业房产、酒店以及多户住宅是主要的房地产类型。

• CMBS 通常有很多结构性特征，可以保护高级投资者免受信用损失，同时允许资本结构中高级部分灵活地设置狭窄的到期日窗口目标。

• 如果大部分抵押贷款的提前偿付受到限制，提前偿付的影响会得到一定程度的缓解。

• 假定 CMBS 交易中的商业房产存在属性的差异，那么要理解潜在的信用风险和延期风险，就必须分析自下而上的贷款结构和产权层次。

【注释】

[1] 利差信息由 Trepp 有限责任公司提供。

第33章 信用卡应收款资产支持证券

约翰·麦克艾尔瑞维尔（John McElravey），注册金融分析师
富国证券公司董事，消费信贷ABS研究部主任

信用卡应收款证券化可以追溯到1987年。之后，信用卡ABS市场发展迅速，已经成为最大的ABS市场之一。从1995年到2008年，信用卡ABS平均每年新发行量达到600亿美元，成为消费信贷ABS市场的中流砥柱。1995年，信用卡ABS未偿付余额规模达到1 300亿美元，到2003年攀至高位，达到4 020亿美元。金融危机前的2007年，信用卡ABS市场规模大约是3 500亿美元。由于流动性、透明性以及发起人很高的信用资质，信用卡ABS市场在金融市场大幅波动期间已经成为投资者的避风港，许多投资者在进入其他资产市场投资之前，首先选择在信用卡ABS市场先行尝试。

信用卡ABS市场的规模与信用卡市场的发展密切相关。信用卡已经成为消费者购买商品或服务的一种便捷支付方式，同时亦是消费者获得贷款的便捷途径。此外，信用卡发卡人也视信用卡证券化为替代存款储蓄的直接融资来源。2007—2009年金融危机和经济萧条之后，信用卡发放人与之前相比减小了对信用卡应收款证券化的依赖。但是，信用卡ABS仍然是ABS市场重要的组成部分。本章将概述信用卡应收款证券化的关键结构特征，同时简述信用卡ABS市场。

33.1 信用卡应收款证券化

信用卡应收款证券化开始于20世纪80年代末90年代初。当时，银行急切使融资渠

道多元化，希望把资产移至表外。此时，银行业面临着监管部门严格的资本标准。证券化通过减少表内资产、提高监管资本比率为银行提供了满足监管标准的工具。除此之外，证券化还允许信用卡专业银行进入市场，不依赖储户存款，得以迅速发展。这些专业银行包括美信银行（MBNA）、第一美国银行（First USA）和第一资本银行（Capital One）。它们能够通过信用卡应收款证券化直接进入资本市场融资，借以与普通银行进行竞争。20 世纪 90 年代信用卡市场的大量创新和激烈竞争来自这些专业银行。如果没有证券化，这些银行难以实现如此快速的增长。

近些年会计准则发生的一些变化，如 FAS 166/167 新规，已经强制将大多数信用卡证券化移至表内。此举降低甚至取消了证券化带来的改善资本比率的优势。因而，证券化作为一种融资方式不得不与股权、债券和储蓄竞争。尽管规模相对变小，但是信用卡 ABS 市场仍是消费信贷 ABS 重要的组成部分，仍然是信用卡发卡人重要的融资渠道。

□主信托结构

信用卡应收款证券化在 1991 年之前主要采用的是单一信托结构（stand-alone trust），它选取符合条件的信用卡应收款和信用卡账户组成单一的资产池。如果有新的信用卡应收款或者账户需要发行证券，只能组成新的资产池。1991 年之后，主信托（master trust）成为信用卡应收款 ABS 市场采用的主要组织形式（见图表 33—1）。发行人建立的主信托可以接受新增账户和新应收款，发行多系列证券。主信托中的所有证券以资产池中所有应收款的本金和利息为支持。资产池不分割出来支持任何单只证券。

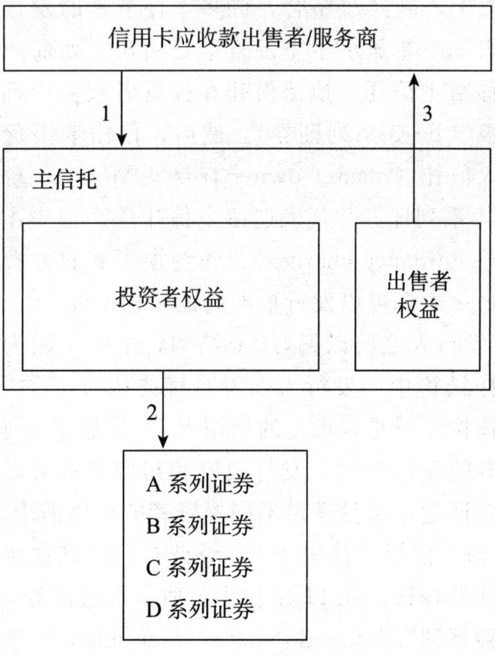

图表 33—1 主信托基本结构

资料来源：富国证券有限责任公司。

信用卡 ABS 的发行人、出售者/服务商将账户资产转移给主信托（第 1 步）。主信托将多种证券再出售给投资者（第 2 步）。投资者按比例获得相应利息和本金，同时也被分配违约损失。同时，出售者/服务商在主信托中保留一部分权益，该部分权益被称为“出售者权益”。出售者权益不是信用增级的组成部分，而与投资者一样获得同等权益。出售者按比例获得相应的本金和利息，同时也被分配违约损失。出售者权益实际上回到了发行人手中（第 3 步）。

从发行人的角度看，主信托结构降低了 ABS 的发行成本，并且提高了灵活性。另外，只有一个资产池需要核查，投资者在投资信用卡应收款 ABS 时分析的工作量减少。随着信托中资产池的扩大，其中的资产也更加多元化。尽管资产池的特征可能随着利率、承销标准和行业竞争状况等变化而变化，但是主信托的变化相较于单一信托更加缓和。

□主票据/所有人/发行信托结构

信用卡应收款主信托结构随着时间的推移发生了变化，现在大多数发行人使用的是主票据/所有人/发行信托结构（master note/owner/issuance trust structures）。本章主要介绍“发行信托”（issuance trust，IT）。IT 发行的证券基础资产仍然是处在变化中的信用卡账户和应收款，投资者的信用分析并没有受到实际影响。然而，现在的信托结构与以前遗留下来的信托结构存在很多不同点。有一点不得不提，IT 结构为发行人提供了更大的灵活性，并且满足了投资者不同证券或者不同到期日的要求。

尽管信用卡市场历史上不断经过整合，许多幸存下来的发行人手上都有一个或者多个遗留信用卡信托。图表 33—2 显示了主发行信托结构。如前所述，信用卡发卡银行把信用卡账户和应收款转移给主信托。遗留信托在投资者权益中拥有数个系列证券，每个系列都有自己的信用增级（1～3 系列证券）。然后，信用卡银行决定按照现在证券市场的组织方式建立主所有人信托（master owner trust，MOT）。现有主信托发行**抵押凭证**（collateral certificate）（4 系列证券）代表遗留主信托资产池中不可分割的权益，按照比例被分配本金、财务收益（finance charges）、违约损失和服务费用。对于拥有遗留主信托的信用卡银行而言，每一个都可以发行抵押凭证，转换成 IT。

信用卡应收款 ABS 发行人之所以偏好 IT 结构，主要是因为可以增加发行新证券时的灵活性。在早期主信托结构中，发行人在发行优先级证券的同时必须发行次级证券。优先级证券和次级证券挂钩。但是，现在的信用卡 IT 类似于企业中期票据，可以发行不同类别的证券。这些证券的发行时间、发行规模和到期日都可以不同。这样的灵活性允许发行人根据时机发行新证券，并且满足不同投资者的具体需求。

IT 有时被称为“脱钩”信托，其中 AAA 级证券可以和次级证券分开发行。次级证券并不与任何单一系列证券挂钩。在 IT 结构中，所有次级证券为优先级证券提供信用增级。这被称为**“共享增级系列”**（shared enhancement series），如图表 33—2 的下半部分所示。新证券的发行量必须有足够的次级证券进行增级。比如，B 类证券只有足够的 C 类证券增级才能发行；而 A 类资产只有相应足够的 B 类和 C 类证券进行增级才能发行。发行新优先级证券到底需要多少次级证券由信用评级机构按照评级要求决定。

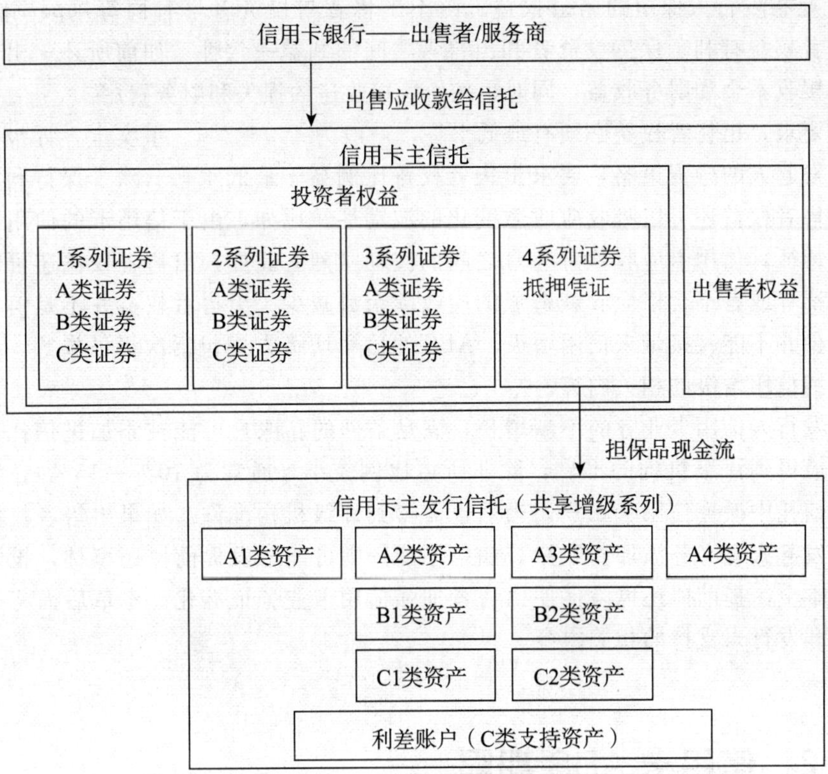

图表 33—2　主发行信托结构

资料来源：富国证券有限责任公司。

次级证券的到期日有可能与A类资产的不同。如果次级证券先于优先级证券到期，在优先级证券到期之前，信托必须发行新的次级证券，以填补缺口。如果没有及时发行次级证券，回收的本金将转入支持优先级证券的账户。优先级证券必须拥有一定的信用增级量。为优先级证券做担保的次级证券必须达到一定的量，以维持优先级证券的评级水平。

IT 结构受到市场欢迎的另一个原因是：IT 顾及了投资者基数的扩大，特别是次级证券投资者基数的扩大。证券可以作为票据发行，但是不能作为转手凭证（pass-through certificate）发行。所有类别的次级证券都可以达到《职工退休所得保障法案》（Employee Retirement Income Security Act）的合法性要求。这非常重要，因为固定收益市场的重要投资者养老基金只能购买满足合法性要求的证券。因而，信用卡应收款 ABS（特别是次级证券）的投资者基数得以扩大，次级证券的流动性也得以改善。此外，IT 结构还方便及时发行满足投资者需求的新证券。

□投资者权益和出售者权益

信用卡应收款主信托将产生的现金流在信用卡 ABS 投资者和发起人之间进行分配。一般而言，发起人是把信用卡账户和应收款转移给信托的出售者/服务商。**投资者权益**（investor interest）是指归属于 ABS 投资者的累计本金总额。**出售者权益**（seller interest）是指发行人保留的剩余权益。由于出售者与投资者享有**同等**（pari passu）权益，出售者权益有利于保持投资者和出售者之间的利益一致性。如前所述，出售者权益按照份额接收本金和财务收益，同时也按份额接收违约损失和财务费用。

按照要求，出售者权益必须有最低水平，一般为4%～7%。事实上，评级机构很有可能根据发起人的融资策略，要求出售者权益比例高于最低水平。除了保持利益一致性之外，出售者权益还可以吸收应收款变化的波动性。比如，由于信用卡的使用呈现明显的季节性特征，信用卡应收款月与月之间的波动剧烈。此外，出售者权益还可以抵消由于应收款稀释或者不合格应收款造成的应收款余额减少。出售者权益并不是信用增级的方式，至少并不能直接带来信用增级。ABS的信用增级方式包括次级证券等，本章后面将详细介绍信用增级的相关内容。

随着发行人信用卡业务的不断增长，满足条件的新账户可能被添加进信托。账户的添加通常应得到评级机构的准许，除非所占比例较小（通常为10%～15%）。发起人也可以从主信托中撤掉信用卡账户，当然也需得到评级机构准许。如果出售者权益低于最低水平，发起人有义务添加新账户，如果不能，则可能触发提前摊还事件，投资者立即开始回收本金。提前摊还风险促使出售者加强信用卡业务证券化。本章后面将详细介绍提前摊还和发行人支持的相关内容。

33.2 信用卡ABS期限

在正常情况下，信用卡应收款ABS被分为两个时期：循环期（revolving period）和摊还期（amortization period）。

□循环期

在循环期内，投资者只能收到利息。信用卡账户所产生的本金全部用于购买新的应收款，或者如果指定的账户没有产生足够的新应收款，这部分本金将被用于购买部分出售者权益。循环期被发行人用于为短期信用卡贷款融资。此外，循环期可以使得信用卡ABS的平均期限保持在一个稳定的水平，避免基础资产和资产支持证券出现期限错配。

□摊还期

循环期结束之后，摊还期开始，回收的本金开始被用于偿付投资者。摊还期的长度各异，取决于月偿付率（monthly payment rate）。月偿付率是指每月偿付金额占应收款总额的百分比。比如，假定信用卡应收款ABS预期5年到期，在48个月的循环期之后，进入最后12个月的摊还期。摊还期分为两类：控制摊还和控制累计。现在的大多数信托偏好控制累计的摊还方式。

控制摊还（controlled amortization）是指摊还期内本金每月等额偿付给ABS投资者（见图表33—3）。图表中的简单案例假定主信托发行了一个系列证券。在四年的循环期内，投资者只收到利息，回收的本金用于购买新发行的应收款。信用卡应收款总额在循环期内在 7 亿美元到 8 亿美元之间波动，投资者权益的波动被出售者权益吸收。出售者权益在循环期内平均占比为 19%，远超最低份额水平。在第五年伊始，循环期结束，进入摊还期。投资者在第五年每月收到等额本金，没有偿付 ABS 投资者的余下本金被用于购买新应收款。尽管本金下降，利息继续支付。

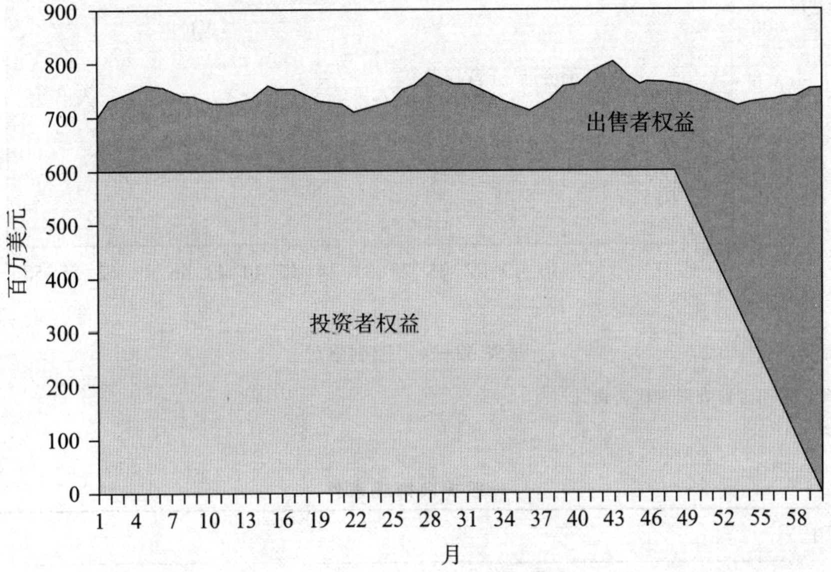

图表 33—3 控制摊还

资料来源：富国证券有限责任公司。

控制累计（controlled accumulation）是指在摊还期内每月偿付 ABS 的本金存入一个信托账户，直到到期日一次性偿付投资者（见图表 33—4）。图表 33—4 的案例也假设四年的循环期。循环期结束时，本金分为 12 个等额款项支付，超额回收的本金被用于购买新应收款。累计摊还期内利息的支付基于原始未偿付投资额。本金到期一次性支付给投资者，形如“子弹头”。这样的摊还方式类似于公司债券。累计摊还方式一般还被称为“软子弹头”（soft bullet），因为与大多数消费贷款证券化一样，信用卡 ABS 的法定到期日超过预期到期日，以应对本金回收的不确定性。

□提前摊还

在一些情况下，比如信用表现变差或者服务商遭遇财务困境，主信托提前偿付投资者，使投资者遭受的信用损失最小化。在大多数信托中，提前摊还是为了降低投资者暴露在风险中的时间跨度。图表 33—5 列出了触发提前摊还的事件。如果出现触发提前摊还的事件，处在循环期的证券将立即停止循环期，开始把回收的本金按照次序先后偿付给投资者。大多数信托的结构利用迅速摊还本金的方式保护投资者。这样的机制可以把原本用于偿付出售者权益的本金转给投资者，以使投资者能够尽快得到偿付。

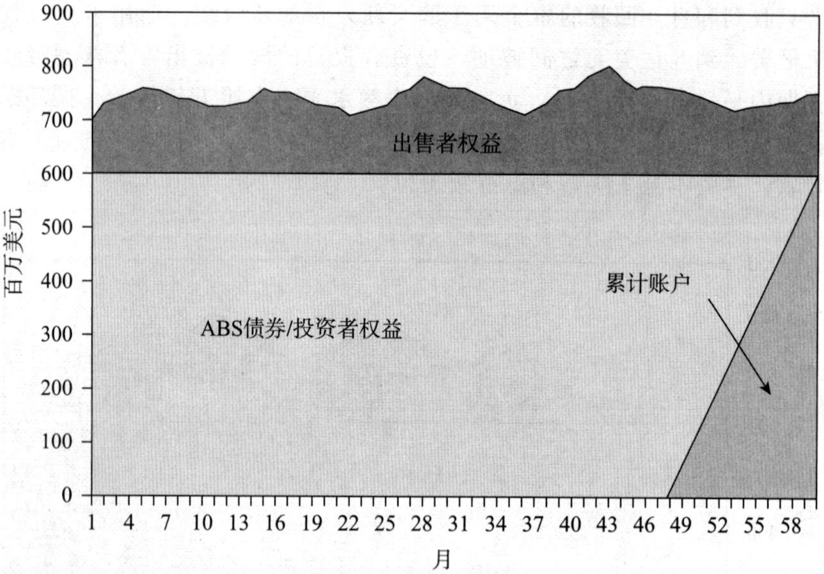

图表 33—4　控制累计

资料来源：富国证券有限责任公司。

图表 33—5　　一般提前摊还事件

资产池信用
三个月平均超额利差低于 0 出售者权益低于最低水平 资产池总额低于投资额
出售者/服务商事件
没有或者没有能力确保足额的偿付额 没有按照要求把应收款转移给信托 出现违约、破产或者清算事件 虚假陈述或者担保
法律事务
根据 1940 年《投资公司法》，信托被认定为“投资公司”

资料来源：Various transaction prospectuses.

33.3　现金流分配

信用卡账户回收的本金和利息转移给信托的过程相对简单，但是向投资者和发起人分配现金流的过程相对复杂。

□组

信用卡应收款主信托利用**“组”**（group）的概念，帮助在信托发行的不同 ABS 之间分配现金流。一个信托可能建立一个或者多个组，把各系列证券分到各组。首先，主信托把现金流按比例分配给投资者权益和出售者权益。投资者权益再被分成组。有的信托只有一个组，而有的信托则有两个以上的组。在多组信托中，拥有相同特点的系列证券被分为一组，比如，浮动利率证券被分成一组，而固定利率证券则被分为另外一个组。超额本金或者超额财务收益将按照组别分配。

□本金回收

回收的本金按照比例在同组各系列证券之间分配。每个系列证券是否被分配本金取决于该证券所处期限的阶段。处于循环期的证券将不被分配本金，这些证券回收的本金被重新分配给处于摊还期的证券。这样共享本金的方式有一大优势：可以确保本金被及时偿付给投资者。支付投资者之后剩余的本金用于重新购买新的应收款。

对于处于控制累计期的证券，本金会分配到这类证券。支付的比例由该证券在控制累计期开始时的金额决定。系列证券之间共享本金的另一个优势是减少发起人账户的闲置资金。偿付到期 ABS 的时间可能比月偿付率的速度更快。比如，月偿付率 10%表明需要 10 个月，但如果只有一只证券到期，超额本金便可用于缩短该证券的控制累计期，同时也减少了账户的资金闲置。

□财务收益回收及分配

信用卡主信托的财务收益包括月利息、年费、滞纳金、核销回款和应收款折扣。财务收益除以应收款总额便是**投资组合收益率**（portfolio yield）。投资组合收益是主信托主要的收入来源。

现在大多数主信托按照“公有化”（socialized）的形式分配财务收益。在公有化信托中，财务收益在同组内各系列证券之间按需分配。“按需分配”是指按照各系列证券的成本进行分配，成本包括息票利率、服务费率和核销率等。既然服务费率和核销率等成本按照比例分配，那么证券成本越高，所分配的财务收益比例也就越大。这样“公有化”分配的优势在于保证高成本证券能够及时得到支付。但是，各系列证券之间密切相连，一旦某只证券发生了提前摊还事件，整个信托都不能幸免。

一些遗留主信托仍旧保留着原有的结构形式，按照现金流次序和规模给付，而不是按需分配、共同分享。这样的信托形式被称为**“非公有化”**（nonsocialized）信托。在这样的信托中，超额财务收益按照信托规则决定是否共同分配。“非公有化”信托的一大优势在于把提前摊还风险更多地局限在一个系列证券之内，即使某只证券发生提前摊还事件，也不影响整个信托。但是，缺点在于，如果信用环境急剧变差或者核销率大幅攀升，成本比较大的证券更容易发生提前摊还风险。共享超额财务收益或许能够减小提前摊还风险，但是不能消除这种风险。

□本金折扣、持卡风险费和核销回款

2007—2009 年经济危机期间信用卡应收款主信托的一个重要支持来源便是应收款折扣。这样的支持机制一直长时间存在，但是不常使用。大多数主信托材料中都会提到作为财务收益一部分的应收款折扣。折扣是临时增加组合收益和超额利差的一种方式。如果信托在财务收益锐减或者核销率大幅攀升的压力之下，发起人最有可能采用应收款折扣的方式来减小提前摊还风险。

2007 年 12 月开始的经济萧条期间，核销率大幅攀升，2009 年年中达到高点，在 10％到 11％之间。这样疲软的信用环境大幅降低了大多数应收款主信托的超额利差。由于超额利差过低引发提前摊还事件，许多发起人通过应收款折扣的方式支持信托。

另外应该引起我们注意的两项财务收益是核销回款和持卡风险费。**核销回款**（recovery）作为财务收益的一部分，也被计入组合收益。在考量核销率的时候，使用的是总违约率，而不是净核销率，以免重复计量核销回款。持卡风险费是支付给发卡银行的费用，作为对发卡银行承担信用风险、延迟偿付的补偿。持卡人消费、发卡银行转付资金给商户时，就会产生持卡风险费。这部分费用由发卡银行、商户开户银行以及清算机构（比如威士或者万事达卡）共同承担。

33.4 信用和投资考量因素

我们在以上内容已经分析了主信托的结构特点以及现金流分配。在这一部分主要考察投资者在购买信用卡应收款 ABS 时考量的因素。为了增加投资组合的确定性，大多投资者都希望投资产品有评级。并且，许多投资者只购买 AAA 级证券。尽管监管机构采取措施，希望降低固定收益市场对评级的依赖，但是现在并没有找到很好的替代方法，所以评级仍然是 ABS 投资者考量的重要因素。

为了使信用卡应收款达到预期的评级水平，主信托资产池一般采取信用增级的方式。由于各个信托的信用表现或者预期达到的评级水平不一样，不同的信托增级水平也不尽相同。此外，评级机构也很重视考察发行人的信用表现，特别是在 2008—2009 年经济危机之后，评级机构更加重视发行人的信用表现。

□信用增级

早期信用增级的方式主要是信用证（letter of credit），一般由商业银行提供信用证对信用卡应收款 ABS 提供担保。这样的方式实际上将 ABS 和公司评级捆绑在了一起，如果公司评级下降，ABS 也会下降。随着时间的推移，内部增级方式逐渐取代了信用证等外部增级方式。

超额利差

超额利差是衡量信用卡主信托财务健康程度的最重要标准，也是保护投资者的第一

道防线。如果资产池的信用表现开始恶化，超额利差可能导致提前摊还事件。每月支付给投资者息票利率、服务费率和核销率之后剩下的便是超额利差。如图表 33—6 所示，超额利差的计算相对简单，表示为占信托总额的百分比。

在大多数主信托中，提前摊还事件依据的是三个月平均超额利差。如果三个月平均超额利差低于 0，循环期立即结束，开始偿付投资者本金。在非公有化主信托中，超额利差触发提前摊还事件适用于各系列证券层面，因此，即使单个系列证券提前摊还，也不影响整个信托。

图表 33—6　　计量超额利差

总投资组合收益率	20%
减去：	
核销率	8.0%
净投资组合收益率	12.0%
减去：	
投资者息票利率	3.5%
服务费率	1.0%
超额利差	7.5%

资料来源：富国证券有限责任公司。

现金担保账户

现金担保账户（cash collateral account）是信托完成发行时设立的为投资者提供担保的现金储备。在大多数信托中，现金担保账户一般只为低等级证券提供增级。比如，C 类资产（一般评级为 BBB）由超额利差和现金担保账户提供增级。A 类和 B 类资产由超额利差和 C 类资产提供增级，但没有现金担保账户。投资者在查看信用卡应收款 ABS 时，一定要注意这些结构特点。现金担保账户一般通过向第三方借贷融资，在使用之前，通常投资于短期证券。现金担保账户提取的现金未来由超额利差填补。

担保投资金额

担保投资金额（collateral invested amount，CIA）是另一种信用增级方式，一般为私募次级证券，这些证券一般被不要求评级的第三方投资者购买。在发行者看来，担保投资金额是对现金担保账户的一种改进，因为提供增级的是次级证券，而不是现金。担保投资金额的减少将来由超额利差填补。

次级证券

随着信用卡应收款 ABS 市场的演变，为了提供更大的灵活性和满足投资者不同的需要，信用卡 ABS 已经变得更为复杂。信用证逐渐被现金担保账户或者担保投资金额取代，而后随着次级证券市场越来越大、流动性越来越好，次级证券成为信用增级的主要方式。次级证券通常是指 A 级和 BBB 级资产。信用卡主信托的一般资本结构见图表33—7。

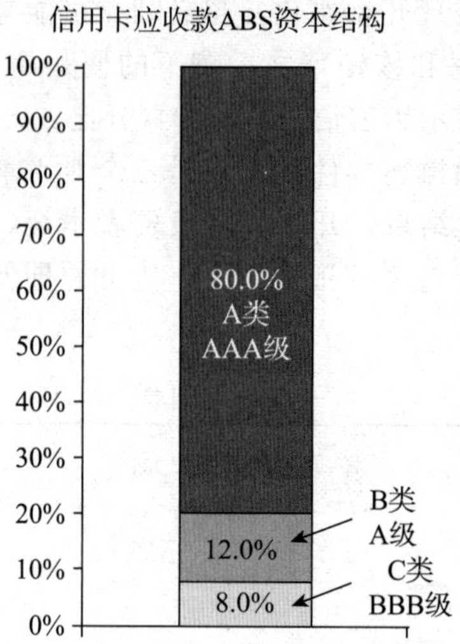

图表 33—7　信用卡应收款 ABS 资本结构

资料来源：富国证券有限责任公司。

在图表 33—7 的案例中，评级机构决定，AAA 级证券占资本结构的 80%，次级证券以及超额利差等占 20%。B 类资产和 C 类资产分别占 12%和 8%。次级证券可以扩大投资者范围，同时也可以满足投资者对不同到期日或者息票类型的需求。

□主信托信用分析

主信托的结构随着时间的推移发生了很大变化，但是信用分析方式没有太大变化。比如，大多数信用分析师仍然强调现金流关键变量的历史表现，以这些数据检测信用卡 ABS 的财务稳健性。经过几轮信用周期的长期信用表现是理想的分析标的。2007—2010 年经济不景气期间的信用数据欠佳，这是因为在这期间，违约率和核销率大幅攀升，对信用卡 ABS 市场构成了极大的压力。除此之外，资产池长时期静态数据对于观察信用表现和承销标准的变化也十分有帮助。

证券信用分析的主要变量包括投资组合收益率、核销率、超额利差、拖欠率、月偿付率、购买率以及投资者息票利率。这些变量对于分析主信托的稳健程度都非常重要，同时对于分析提前摊还风险也相当重要。

投资组合收益率

如前所述，投资组合收益率是衡量信用卡应收款产生收入的一个重要指标。投资组合收益率包括利息、年费和滞纳金等。此外，持卡人的使用率对于投资组合收益率也有重要影响，使用频率越高，投资组合收益率也可能越高（见图表 33—8）。

核销率和超额利差

超额利差已经在本章进行了大篇幅的讨论，是信用卡应收款 ABS 财务稳健的重要指标。核销费是资产池的信用损失，通常适用于逾期 180 天以上的账户（见图表 33—9）。

从图表33—9可知，我们可以看到大约 24 个月的时间中资产池损失的运动轨迹。核销率和超额利差并列比较是决定不同信用卡发起人不同层级的重要分析工具。

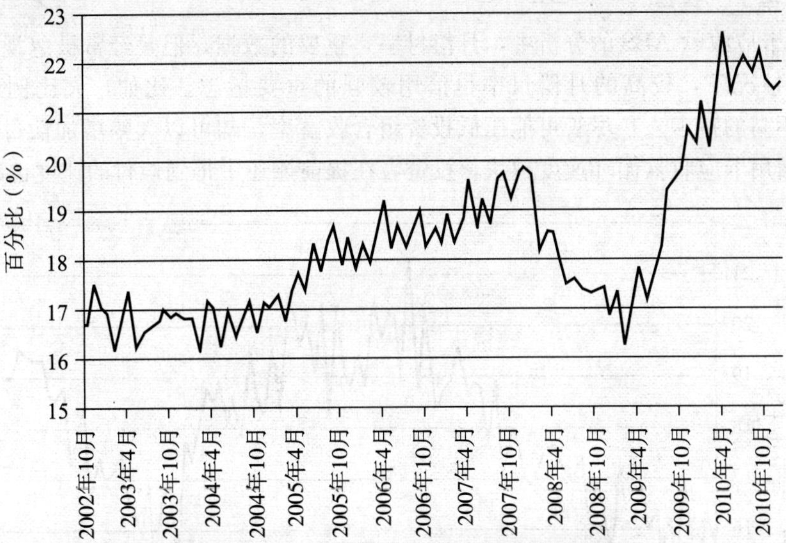

图表 33—8　富国证券投资组合收益率指数

资料来源：富国证券有限责任公司。

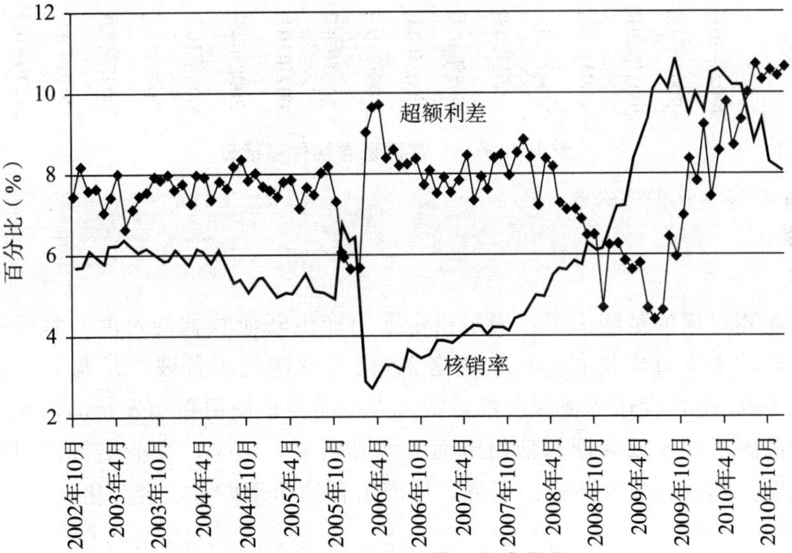

图表 33—9　富国证券信用卡指数

资料来源：富国证券有限责任公司。

严重拖欠率

严重拖欠率（serious delinquency rate）是核销率的领先指标，是指账户逾期60 天以上的拖欠率。严重拖欠率的趋势表明信用卡主信托信用表现的发展方向。比如，2007—2009 年经济衰退期间，严重拖欠率急剧恶化，为信用卡应收款 ABS 核销率急剧攀升提供了早期预警指标。

月偿付率

在信用卡应收款 ABS 的分析中，月偿付率是重要的数据，但是经常被忽视。在资产池备受压力的情况下，较高的月偿付率是信用较强的重要标志。比如，大比例便利持卡人（使用频率不高的持卡人）尽管可能压低投资组合收益率，却可以大幅增加偿付率（见图表 33—10）。信用卡应收款循环速度越快，投资者在提前摊还中得到偿付的速度也越快。

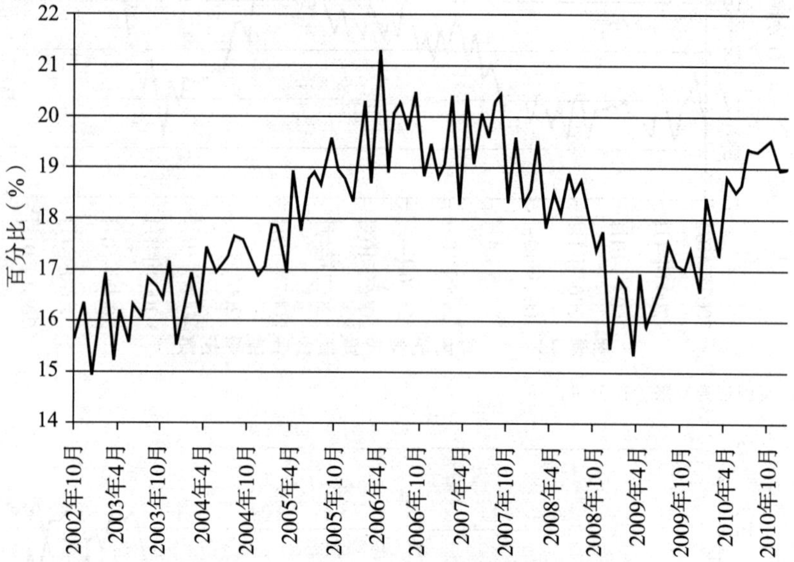

图表 33—10　富国证券偿付率指数

资料来源：富国证券有限责任公司。

购买率

与偿付率相对应的是购买率，表示指定账户产生新应收款的速度。购买率越高表明有越多的应收款来支持未偿付 ABS。服务商/出售者违约或者破产是购买率最主要的风险，如果服务商/出售者违约或者破产，持卡人可能停止使用它们发行的信用卡。这个风险对于自有品牌信用卡或者商超信用卡而言尤其明显；但是，商业银行信用卡也可能遭遇相同的风险。随着应收款金额的下降，资产组合的信用质量也会恶化。

投资者息票利率

由于评级机构在压力测试中会假设市场利率急剧增加，浮动利率 ABS 一般比固定利率 ABS 要求更大的信用增级。ABS 融资成本的增加可能降低保护投资者的超额利差。

□测试主信托结构

一般而言，信用卡主信托的压力测试假定投资组合收益率、偿付率和购买率急剧下降的同时核销率大幅攀升。这些因素的压力测试压低超额利差，引发提前摊还。在现实中，只有少数主信托出现了提前摊还事件。在这些提前摊还事件中，核销率的确出现大幅攀升，而购买率下降，偿付率下降到了大约3%的水平。值得关注的是，投资组合收益率则表现得很好。此外，信用疲软、多元化程度低的信用卡ABS更容易发生提前摊还事件。

除了上面的定量因素，分析时还要考虑其他定量因素，比如地域集中度、公司战略目标、账户时间跨度以及信用卡类别（一般用途信用卡或者自有品牌信用卡）。新账户承销标准也是分析的一个因素。这些定性因素对于决定对不同定量因素适用什么程度的压力测试有重要影响。

随着过去十年信用卡市场的整合，对地域集中度的关注度正在降低。一般用途信用卡的主要发行人（比如提供威士卡、万事达卡、发现卡和美国运通卡的商业银行）从尽可能多的用户中选取账户。信用卡ABS的市场定价通常考量发起人的信用状况。发行银行实力越强，对信用卡ABS提供的支持越强，这在2008—2009年经济危机期间表现得尤其明显。

信用卡发卡人一直使用一些营销手段来获得市场份额，提高持卡人的忠诚度。这些营销手段对于主信托的信用状况也有一定影响。

初始诱惑利率

比如，发卡人通过提供低利率或者低年费的方式从竞争对手那里争夺客户。"诱惑利率"（teaser rate）招揽客户的方式从使用高利率信用卡转向使用低利率信用卡。诱惑利率通常持续时间不长，一般为6个月到12个月。这种营销手段也会产生负面影响，更容易吸引信用质量差的信用卡借款人。为了减弱负面影响，大多数银行只针对潜在目标申请人实行这种营销手段。

亲和团体卡和联名卡

发卡人大量技术性投资的主要用途之一便是留住客户。发卡人使用利率、信用卡限额以及其他服务选择组合，根据持卡人的信用状况和使用习惯，为持卡人量身定制营销策略。这些策略的制定借助于复杂的电脑系统，使用数据库，追踪现有客户的信用历史以及盈利状况。

亲和团体卡（affinity card）和联名卡（co-branded card）是两个差异化信用卡产品。亲和团体卡是银行同特殊利益群体（比如大学校友、职业协会或者运动团体）合作发行的信用卡，团体从银行获取一定费用，而银行能够向目标群体营销。联名卡是银行联合商业公司发行的信用卡。客户使用这样的信用卡消费可以获得一定奖励。比如，航空公司的里程数奖励就备受市场欢迎。汽油公司和连锁酒店也常使用联名卡，以加强消费者忠诚度。

□自有品牌信用卡

自有品牌信用卡（private label credit card）发卡人的目的与一般用途信用卡不同。自有品牌信用卡一般由零售商发起，在自己商店使用，目的是增加销售额。但是，在过去几年中自有品牌信用卡的管理慢慢转移到了专营自有品牌信用卡的银行手中。与一般用途信用卡相比，自有品牌信用卡证券化的急迫性相对较小，损失率相对较大，但是年利率以及投资组合收益率相对较高。自有品牌信用卡应收款 ABS 的市场定价一般参照一般用途信用卡应收款 ABS。愿意投资的投资者可以在这一类别 ABS 中寻找很好的投资标的。

33.5 关键知识点

- 信用卡应收款证券化可以追溯到 1987 年。信用卡 ABS 市场发展迅速，已经成为最大的 ABS 市场之一。许多投资者在进入其他资产市场投资之前，首先在信用卡 ABS 市场进行尝试。
- 信用卡应收款 ABS 使用主信托结构。发卡银行把指定账户及其应收款转移到主信托。发起人建立信托，接纳定期增加的账户，发行多系列证券。主信托所有证券的基础资产是指定账户应收款的利息和本金。资产池不分割出来支持单一证券。
- 信用卡应收款循环的特质对于证券化而言是一项特殊挑战。因而，主信托分出两个时期，循环期只分配利息，摊还期开始分配本金。
- 主信托分为两个部分：投资者权益和出售者权益。投资者权益是出售给第三方投资者的 ABS，而出售者权益是银行自留在担保池中的那部分权益。由于共担风险和损失，出售者权益有利于加强发行人和投资者之间的利益一致性。
- 资产证券的评级需要增级措施。大多数信用卡应收款 ABS 采用次级证券和超额利差等内部信用增级方式。
- 信用分析的主要变量包括投资组合收益率、核销率、超额利差、拖欠率、月偿付率、购买率以及投资者息票利率。这些变量对于分析主信托的稳健程度都非常重要，同时对于分析提前摊还风险也相当重要。
- 信用卡 ABS 的市场定价通常考量发起人的信用状况。发行银行实力越强，对信用卡 ABS 提供的支持越强，这在 2008—2009 年经济危机期间表现得尤其明显。发起人支持 ABS 的能力也应该成为投资者考量的一个因素。

第 34 章 汽车贷款与租赁、设备贷款与租赁以及学生贷款资产支持证券

约翰·麦克艾尔瑞维尔（John McElravey），注册金融分析师
富国证券公司董事，消费信贷 ABS 研究部主任

自 1985 年以来，非抵押金融资产证券化已经成为企业直接进入金融市场获取资金的一个渠道。资产支持证券起源于斯佩里租赁金融公司的计算机租赁交易。不久之后，汽车贷款也进入证券化领域。其他多类消费者和商业资产纷纷进入其中。非抵押资产证券化从默默无闻发展成了巨大市场，2007 年规模大约为 8 000 亿美元。自 2008—2009 年金融危机以来，资产证券化市场从顶峰跌入低谷，但仍是金融市场融资的重要来源。本章阐述证券化过程，并且概览资产证券化市场三大资产类别的重要特征。这三大证券化市场分别是：汽车贷款与租赁、设备贷款与租赁以及学生贷款。信用卡应收款 ABS 相关内容已经在第 33 章论述。

34.1 证券化概述

证券化是指发起人把资产出售给特殊目的载体的过程。基础资产通常是贷款和租赁合约，但也可以是其他一些应收款和金融债务，比如应收款和公共服务收费，也都进入了证券化市场。在证券化过程中，特殊目的载体是最为关键的一部分，它把发起人的破产风险与证券化产品隔离开来。由于这一破产隔离安排，特殊目的载体的债务评级可能超过发起人。大部分投资者购买的是评级为 AAA 的 ABS。即使发起人发生破产或债务

违约事件，ABS产生的现金流也能支付给投资者，不受发起人破产事件的影响。

特殊目的载体向投资者发行证券，该证券由基础资产的现金流支持。基础资产一般是由成百上千只债券组成的资产池。但是，有时候，资产池中的资产相对集中，比如说地域、债务人或者行业集中。这样的资产池一般需要信用增级措施，减小资产集中带来的风险。资产产生的利息用于向投资者支付利息，本金用于向投资者支付本金。如前所述，投资者依赖的是用于偿付利息和本金的资产池，而不是资产发起人或者出售人的信用。

但是，这并不是说资产池的发起人或服务商不重要。相反，债权人保持高质量债务和提供有效贷款服务的能力对于证券化的成功至关重要。事实上，评级机构在决定信用增级的程度时，会明确考量发起人的营运能力。在大多数情况下，发起人即是服务商。

图表34—1显示了证券化的一般流程。在资产（应收款、租赁费用和贷款等）出售给特殊目的载体之后，交易资产进行结构化安排，然后出售给投资者ABS提供的高等级资产（A类资产），通常评级为AAA。被评为投资级别的次级资产（评级为AA到BBB）也可能提供给投资者，或者由发起人保留。

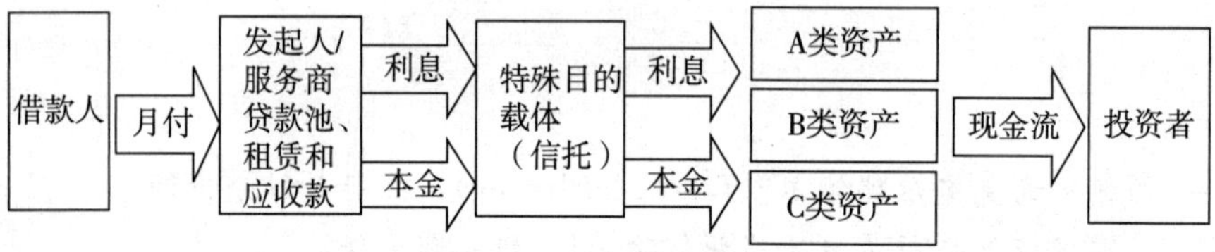

图表34—1 证券化流程图

资料来源：富国证券有限责任公司。

无评级资产组合的ABS获得评级的关键一步是信用增级。信用增级程度与资产池预期信用损失率直接挂钩。譬如，属于高质量贷款人的汽车贷款资产池预期信用损失率可能不足1%，而次级贷款人的汽车贷款资产池预期信用损失率可能达到10%。次级贷款ABS需要更多的信用增级措施，才能达到优先级贷款的评级水平。

□信用增级

ABS信用增级分为内部增级和外部增级。外部增级主要是债务保险和企业担保，将ABS评级直接与担保人评级挂钩。2008—2009年金融危机期间，这样的增级方式承受了巨大压力，因而自那时起，越来越不受市场欢迎。内部增级方式包括超额利差、现金储备账户、超额担保和次级证券。每个ABS基本都要使用上述一种或者多种增级方式。

超额利差（excess spread）是指回收利息超过支付利息和交易费用的差额。由于在每个时期都可以吸收信用损失，超额利差是ABS的第一道防线。如果不保留在为投资者担保的账户，没有使用的超额利差通常被返还给服务商。

现金储备账户（cash reserve account）在ABS完成之时被添加资金，也有可能通过保留超额利差添加。一旦利息或者本金现金流不及预期，现金储备账户可以提供更多的流动性。如果ABS的信用表现达到某一目标，现金储备账户的资金也可以分配给发起人。投资者在投资ABS时，需要核查相应的现金储备账户的具体信息。

超额担保（over-collateralization）是指资金池中超过发行总额的担保金额。比如，如果总资金池为5亿美元，而发行的ABS为4.5亿美元，超额担保则是0.5亿美元，即资金池的10%。不希望向现金储备账户注入资金的发起人更希望利用这种方式进行信用增级。

次级证券是指本金偿付次序靠后的其他类别证券。许多ABS中有售卖给第三方投资者的次级证券。这些证券大多数拥有从AA到BBB的评级，但是在资本结构的底部也可以看到BB级证券。次级证券不仅提高了资产池的信用评级，也满足了风险偏好不同的投资者。

□ ABS信用分析

ABS的信用分析主要基于资产池的信用表现。诚然，发起人的贷款管理能力和服务能力也是信用分析的重要组成部分，但是本章分析的重点放在资产池上。在此，我们简述追溯信用表现的主要数据。

违约率是未来产生损失大小的先行指标，特别是超期60天的严重违约率。违约率、净损失率和核销回款率等数据是评级机构决定信用增级水平的重要依据。评级机构追溯这些数据，观察其是否符合预期。由于大部分金融债务都可能被提前偿付，因而提前偿付比率也是评级机构参考的一个数据，提前偿付比率还是每个ABS定价的一个要素。提前偿付比率是否符合预期对于ABS估价有重要影响。

最后，当资金池余额降到一定程度时，大多数ABS的发行人都可以行使清偿性提前赎回权（clean-up call）。清偿性提前赎回权标准通常设定为原资金池总额的10%，我们也可能看到设定标准在5%到15%之间的情形。需要注意的一点是，清偿性提前赎回权针对的是资金池，而不是直接针对未偿付ABS。发行者之所以执行清偿性提前赎回权，是因为随着资金池余额的递减，服务的固定成本很大。清偿性提前赎回权让发行者可以更好地管理证券化成本。所以应该了解发行人的清偿性提前赎回权的执行效率，因为发行人行使清偿性提前赎回权的能力及意愿影响发行人对ABS的估价。

34.2 汽车贷款与租赁

汽车ABS是发行最早、最活跃的ABS之一。自20世纪80年代以来，证券化成为汽车金融服务企业最受欢迎、最为有效的融资来源。自20世纪90年代以来，投资者对证券化产品的接受程度越来越高，ABS的新发行人陆续进入证券化市场：专业化金融小企业、次级贷款放款人。再者，汽车租赁市场愈加成熟，汽车租赁ABS也随之兴起。汽车ABS的发行人可以分为五类：底特律三大汽车公司、国外汽车厂商、银行放款人、独立金融企业和次级贷款放款人。汽车服务行业经历了重大整合，特别是非次级贷款放款人之间。

□汽车贷款 ABS 结构

汽车贷款 ABS 一般采用所有人信托（owner trust）结构。所有人信托结构顾及了优先级债券的时间期限，也顾及了次级债的信用评级。顺序偿付优先级债券的结构可以让发行人根据固定收益投资者的不同到期期限偏好具体安排。比如，如图表 34—2 所示，汽车所有人信托的优级资产被分为四个子类别。A1 资产的平均期限较短，通常满足 2a-7 规则（Rule 2a-7）的合法性要求，才能让投资者购买。

图表 34—2　　汽车 ABS 结构示例

资产类别	加权平均期限（年）	定价基准	评级	本金支付窗口（月）
A1	0.3	Interp. LIBOR	A1/P1	1～8
A2	1.0	EDSF	AAA/Aaa	8～16
A3	2.0	EDSF/互换	AAA/Aaa	16～34
A4	3.0+	互换	AAA/Aaa	34～48
B	3～4	互换	Aa/AA	48～51
C	4.0+	互换	A2/A	51～51
D	4.0+	互换	Baa/BBB	51～51

其他内部信用增级

现金储备账户

超额担保

超额利差

注：C 类和 D 类资产被发行人执行清偿性提前赎回权。EDSF 被用于加权平均期限＜2.0 年、互换≥2.0 年的固定收益定价。加权平均期限和支付窗口的取值仅用于分析目的。

资料来源：富国证券有限责任公司。

此外还有加权平均期限为一年和两年的资产类别以及加权平均期限大于 3 年的最后一笔现金流优先级债券。由于到期期限很长，不确定性大，最后一笔现金流优先级债券的投资者范围有限。案例中 ABS 还有一个或者多个次级证券，评级从 AA 到 BBB。

固定利率汽车 ABS 的定价基准取决于加权平均期限。譬如，短期资产的定价基准为伦敦银行同业拆借利率插值（interpolated LIBOR）。如果加权平均期限为 0.30 年，定价基准是 3～4 个月期 LIBOR。对于加权平均期限超过 2.0 年的债券，定价基准通常是互换曲线。加权平均期限不到 2.0 年的债券定价基准为欧洲美元合成远期（Eurodollar synthetic forward，EDSF）利率。

既然基础贷款每月支付现金，投资者也是每月接受本金。这个结构性产品为每个资产类别设置“支付窗口”。比如，A2 类资产本金支付窗口长达 9 个月，从第 8 个月到第 16 个月。这个特点不像信用卡 ABS，其赋予到期日一次性偿付本金的结构。

为减少加权平均期限和估值的不确定性，投资者一般更偏好支付窗口短的资产。投资者的收益受到提前偿付和违约的影响，同时也受到发行人清偿性提前赎回权的影响。

A2 类资产一般而言是汽车贷款 ABS 中最大的资产，这类资产通常位于资本结构的上端，以减少资本成本。

34.3 设备贷款与租赁

设备贷款与租赁是最早的证券化资产之一，证券化组织架构与汽车贷款 ABS 类似，如图表 34—2 所示。此外，设备贷款和租赁证券的估价同样以汽车 ABS 市场为指导，以汽车 ABS 定价为基准上下浮动。设备贷款和租赁证券看起来与其他资产支持证券没有什么不同：基础资产产生的利息用于支付投资者利息，本金用于支付本金。租赁应收款证券化过程中有一个问题，即其本身不产生利息。因而，租赁资产池按照加权平均息票再加上服务费和其他费用进行折算，形成资产池的利息支出。

设备资产支持证券的基础资产包括不同类型的贷款或者租赁费用，可以分为三类：小额设备资产池，一般初始成本不足 10 万美元，比如电话、电脑和复印机；中等金额设备资产池，一般初始成本在 10 万～50 万美元，比如一些医疗或者大型打印机设备；大额设备资产池，一般初始成本超过 50 万美元，比如农业或者建筑设备。[1]

由于设备的专业化用途不同，因而设备 ABS 的信用分析相对复杂。此外，设备折旧后的残值也很重要，一些设备，特别是小额设备，贬值的速度非常快。证券化后的设备残值对于资本结构中后支付的证券极为关键。

有时候，设备 ABS 的发行人和发起人可能是规模不大、没有任何评级的专业化金融企业，它们利用证券化进行大部分融资。还有的时候，设备 ABS 的发行人是自有企业评级的大型制造企业，它们把证券化作为多元化融资的一个途径。

34.4 学生贷款

2010 年学生贷款 ABS 已经成为 ABS 市场中最大的一个证券化市场，达到 2 480 亿美元，而信用卡 ABS 市场的规模是 2 060 亿美元，汽车 ABS 市场是 1 270 亿美元。在金融危机期间，学生贷款 ABS 市场的规模下降，但是由于提前偿付比率放缓，总体规模比较稳定。学生贷款市场的特点随着时间的推移不断变化，从私人市场转移到直接政府借贷。政府借贷相对而言难以证券化。

由于教育成本的增速远超学生和家长的支付能力，学生贷款 ABS 市场变得前所未有地庞大。一些缺口由政府担保助学贷款和无担保商业化贷款填补。学生贷款 ABS 市场包括以下两大类。

□政府担保学生贷款

联邦家庭教育贷款计划（Federal Family Education Loan Program，FFELP）为学生

和家长提供高等教育助学贷款。FFELP 贷款来自放款人，比如银行、保险公司、政府机构或者非营利性贷款机构。此外，FFELP 贷款由联邦政府担保，政府担保利息支付以及 97%的本金偿付。FFELP 贷款计划分为四类：政府贴息斯坦福贷款（subsidized Stafford）、非政府贴息斯坦福贷款（unsubsidized Stafford）、学生家长贷款（PLUS）和组合贷款（consolidation loans）。政府贴息斯坦福贷款主要发放给符合财务审查要求的学生。非政府贴息斯坦福贷款主要发放给没有资格获得政府贴息斯坦福贷款或者贷款额度超过政府贴息斯坦福贷款的学生。学生家长贷款主要发放给学生家长。贷款学生可以将斯坦福贷款和学生家长贷款合成一个组合贷款，进行每月偿付。

学生是在校还是已经开始偿付的状态是决定学生贷款 ABS 现金流的关键因素。当学生入学、斯坦福贷款发放时，学生贷款人的状态是“在校学习”。**在校学习**（in-school period）没有时间限制，但一般是一年到四年，取决于贷款发放时间、学校类型和学位类型。在校学习时间之后是**宽限期**（grace period），之后就是**偿付期**（repayment period）。在偿付期内，贷款学生负责偿付本息。

获得政府贴息斯坦福贷款的学生在在校学习和宽限期内不偿付本息，在这期间内的利息由政府代学生偿付。对于非政府贴息斯坦福贷款，累计利息资本化，计入未偿付贷款余额。学生家长贷款和组合贷款在发放 60 天之后开始偿付本金和利息。

如果进入偿付期，贷款学生还可以申请延展贷款偿付。**贷款延展**（deferment）允许贷款学生因为失业、经济困难、进入公共服务领域和服兵役等原因推迟贷款偿付。贷款延展期可以长达一到三年，贷款学生可能获得 6 个月或者 12 个月的延展，但是不能超过三年。学校类型不同，信用和提前偿付风险也有区别。学校类型包括两年制大学、四年制大学和研究生学校，还包括营利性学校。

□学生商业贷款

联邦政府已经以政府直接贷款形式代替 FFELP 贷款。未来，学生贷款 ABS 市场应该更多地倾向于商业化学生贷款。但是，随着大学教育成本越来越大，学生和家长需要更多的融资来源来填补教育成本和家庭储蓄之间的缺口。学生商业贷款无政府担保，从这方面看与其他消费贷款类似。因而，学生商业贷款资产池的发行和服务方式与其他消费贷款 ABS 类似，但是也有一个不同点：不像其他消费贷款，学生贷款即使破产也是不可免除的。从违约贷款回收这个层面讲，这个因素为学生贷款增添了保护。

学生商业贷款可以直接发放给学生，而不通过学校财务资助部门。直接发放的贷款可能违约率更高，这是因为这样的贷款可能是通过欺诈得来的，最后没有用于支付学费。但是，与政府担保学生贷款相同，商业学生贷款的信用表现取决于其本身的一系列特征。为了保证投资决策的正确性，投资者应该收集资产池风险因素信息。

与 FFELP 贷款相同，学生商业贷款最显著的一个特点是贷款类型：本科生和研究生贷款、营利性学校贷款以及组合贷款。贷款学生的信用资质通常考虑其财务信息，包括是否由家长共同签署或者是否由第三方担保偿付。如前所述，直接发放给学生的贷款比通过学校渠道的贷款风险更大。两年制、四年制或者营利性等学校类型对贷款信用资质也有影响。与其他消费信贷类似，贷款存在时间也可以显示风险大小。一般而言，存在年限长的贷款资产池比存在年限短的风险更低。不同贷款状态（比如在校学习期、宽限期、偿付期或者延展期）产生的现金流不同，风险特征也不相同。

□学生贷款 ABS 的结构和风险

与其他 ABS 相同，学生贷款 ABS 的结构是为了减小风险，也是为了满足投资者的投资需求以及信用评级机构的评级需要。学生贷款 ABS 的主要风险包括：信用损失风险、流动性风险、服务风险、利率风险以及基差风险。信用风险可以通过信用增级减小。基础资产收益大于证券成本产生的超额利差是防备信用损失的第一道保护墙。信用增级的方式还包括超额担保和次级担保。

由于大量学生贷款在发放时还没有进入偿付期，学生贷款的流动性风险显得尤为突出。处于在校学习期、宽限期或者延展期的贷款还没偿付本金和利息，因而减小获得向投资者支付本息的现金流。这时，设立资本化利息账户，在进入偿付期之前提升流动性，产生用于支付给投资者的现金流。此外，证券化结构中还可能设立现金储备账户，在提供流动资金的同时，还可以实现信用增级。这样的现金储备账户在 ABS 准备完毕时注入资金，可以提供保护投资者免受损失的最小金额。

学生贷款 ABS 的利率风险和基差风险可能比其他 ABS 更大。这是因为学生贷款的利息要么是固定的，要么是浮动的。如果是浮动的，基准参照利率为优惠利率、国库券利率、1 个月期或者 3 个月期 LIBOR。如果基础资产和证券化产品都采用浮动利率，利率风险将减小。但是也有可能出现时间上的错配，导致资产池提供超额利差。

服务商风险也是证券化风险的一部分。债权人负责承销、贷款利息和本金的回收、把因为违约而造成的损失降到最小。对于 FFELP 贷款 ABS 而言，资产池由政府担保，因而通过担保可以降低损失。但是，服务商必须遵守教育部的法律法规，才能获得政府担保。学生商业贷款没有政府担保，因而承销和服务必须依赖债权人和服务商的贷款回收能力。由于学生贷款人能够在贷款的各个阶段延迟偿付，服务商对于学生贷款 ABS 的长期信用资质显得更为重要。

34.5 关键知识点

- 证券化是指金融资产现金流（本金和利息）用于偿付证券投资者款项的过程。
- 证券化基础资产通常是贷款和租赁费用，但也可以是其他一些应收款和金融债务，比如应收账款和公共服务收费，也都进入了证券化市场。
- 在证券化过程中，特殊目的载体是最为关键的一部分，它把发起人的破产风险与证券化产品隔离开来。由于这一破产隔离安排，特殊目的载体的债务评级可能超过发起人。大部分投资者购买的 ABS 评级为 AAA。
- 内部增级方式用于保护投资者，包括超额利差、现金储备账户、超额担保和次级证券。

• ABS信用分析主要基于违约率、提前偿付率以及基础资产历史现金流数据。服务商也间接地影响资产池的信用表现，因为服务商对于投资者收益最大化有重大影响。

• 除了信用卡 ABS 之外，汽车贷款与租赁、设备贷款与租赁以及学生贷款资产支持证券是最大的 ABS 市场。

• 不同 ABS 资产类别的结构取决于不同贷款或者租赁费的现金流特征。不同资产类别组成独特的结构，同时也是为了减小风险。

【注释】

[1] 分类标准摘自 Fitch Ratings，*Criteria for Rating Equipment Lease and Loan ABS*，January 25，2011。

第 35 章

贷款抵押债券*

弗兰克·J. 法博齐（Frank J. Fabozzi）博士，注册金融分析师，
注册会计师
EDHEC 商学院金融学教授

担保债务凭证（collateralized debt obligation，CDO）属于一种结构性金融产品，其由一种或多种债券构成的多样化资金池作为担保。在通常情况下，这一资金池被交由资产管理者进行管理。担保债务凭证发行债务和股票，并利用由此得到的款项来获取由债券构成的投资组合。由债券构成的资金池的现金流按照既定的方式被配置到担保债务凭证的多种债务的持有人手中，这种分配方式考虑了不同债务之间的优先偿付顺序。

目前，以源于公司债券、住房抵押贷款支持证券、商业抵押贷款支持证券以及资产担保证券所构成的资金池为担保的担保债务凭证已被终止发行，并且市场观察者大都认为，此类担保债务凭证在将来也不会再发行。以银行贷款所构成的资金池为担保的担保债务凭证被称为**贷款抵押债券**（collateralized loan obligation，CLO）。这一类型的担保债务凭证仍在发行，也是本章所要讨论的对象。

关于贷款抵押债券的概念，其专业术语解释有点儿令人费解。贷款抵押债券是一个明确的法人实体，正如后文将要阐述的，这一法人实体是作为破产隔离实体而设立的，同时也是投资者可以购买的证券的发行者。[1]令人费解之处在于，贷款抵押债券不仅是证券的发行者，而且其发行的证券也被称为贷款抵押债券。也就是说，贷款抵押债券表示

* 本章的撰稿在很大程度上得益于与道格拉斯·L. 卢卡斯（Douglas J. Lucas）进行的讨论以及反馈意见。

证券的发行人以及由其发行的证券。根据本章阐述的上下文逻辑，我们将能够清晰地知道如何解释这一概念。

贷款抵押债券具有四个属性：资产、资本结构、创造目的和信用结构。本章接下来将分别简要介绍这四个属性。[2]

35.1 资产

贷款抵押债券的资产是企业贷款，通常表现为杠杆贷款（leveraged loans）。

如第13章所述，银行杠杆贷款是根据证券投机级别评级向企业发放的贷款。但是，一些贷款抵押债券通过拖欠贷款和不良贷款所构成的资金池来提供担保，另外一些则通过投资级别贷款所构成的资金池作为担保。一些贷款抵押债券并非购买贷款，而是通过销售对贷款的信用保护而获得对贷款的暴露，或者通过信用违约互换来获取贷款债务人。在这些交易中，贷款抵押债券使其自身有义务支付因贷款违约而导致的实质性信用损失。

35.2 资本结构

贷款抵押债券的资本结构包括优先债务（senior debt）、居间债务（mezzanine Debt）、次级债务（subordinated debt）和股权（equity）。贷款抵押债券发行的证券通常被称为“分券”（tranches），并且根据资本结构从高到低的顺序（按照偿付优先权）被划分为A类、B类、C类，依此类推。其范围涵盖了从包括最大数量次级贷款的、安全性最高的AAA级债券到杠杆比率最高的、未分级的权益类债券。以杠杆贷款所构成的资金池为担保的贷款抵押债券的“分券”结构（tranche structure）的简化形式如图表35—1所示。

图表35—1　常规贷款抵押债券的分券结构简化形式

分券	资本结构占比（%）	等级	息票利率
A类	77.50	AAA	LIBOR+30
B类	9.00	A	LIBOR+80
C类	2.75	BBB	LIBOR+190
D类	2.75	BB	LIBOR+480
股权	8.00	NR	剩余现金流

贷款抵押债券被创造出来是为了充当“破产隔离实体”，其往往伴随着能够提供这种保护的特殊目的实体（special purpose entity，SPE）的建立。关于贷款抵押债券的破产

隔离功能，最重要的一个方面是其债务“分券”相互之间存在的绝对偿付优先次序和从属关系。尽管可以确定的是，某些贷款抵押债券的债务持有者不能够获得所有的本金和利息，但是其资产所产生的现金流仍然根据偿付优先次序确定的分配原则来进行分配。贷款抵押债券不可能走向破产，不论是自愿地还是通过侵犯债权人合法权益的行为。实际上是破产的必要性被排除了，因为贷款抵押债券的现金流分配（尽管贷款抵押债券是无力偿付的）在贷款抵押债券被创造出来时就已经被具体确定了。但是，在关于偿付优先次序的严格规定中，贷款抵押债券的债务“分券”具有多样化的特征。贷款抵押债券结构被创造出来的驱动力量是为了以尽可能低的成本来筹集资金。因此，贷款抵押债券的股权持有人，也就是位于偿付优先权链条最低端的债权人，能够得到最多的剩余现金流。

35.3 创造目的

贷款抵押债券的创造往往出于两个目的中的一个，这两个目的是资产负债表和套利。其中，套利是最常见的目的。

在以资产负债表为目的的情况下，银行出于下列原因中的单个原因或者多个原因而向贷款抵押债券卖出贷款：(1) 削减资产负债规模；(2) 降低所必需的监管资本；(3) 降低所必需的经济资本；(4) 降低融资成本。通过向贷款抵押债券售出贷款，银行从资产负债表中将这部分贷款排除，并由此降低银行的监管资本要求。即使是银行必须购买新创造的贷款抵押债券的部分股权的时候，这一目标也能够得以实现。

以套利为目的的贷款抵押债券的动机是专门从事贷款业务的资产管理者寻求增加由其管理的资产和管理佣金费用。正是资产管理者组装了最初的以套利为目的的贷款抵押债券投资组合，并根据在贷款抵押债券合同中事先约定好的指导方针来管理这一投资组合。投资者希望从专门从事杠杆贷款投资组合管理的资产管理者那里得到专业化的建议。资产管理者在市场上从许多不同的卖者那里购买的贷款，将被投入贷款抵押债券。与共同基金和对冲基金类似，贷款抵押债券是资产管理者向投资者提供服务的另外一种工具。不同之处在于，并非所有投资者都能够分享到与其投资额成比例的基金收益，投资者的收益水平还取决于他们所购买的贷款抵押债券各债务分券的偿付优先权。

这两种创造目的使得贷款抵押债券在贷款获取方式、银行卖出贷款的动机和资产管理者的动机等方面有所不同。从投资者的角度来看，所有的贷款抵押债券都具有许多共同的目的。其中之一就是在拥有不同风险偏好的投资者群体中分割和分配贷款资金池的信用风险。因此，AAA 级投资者和 BB 级投资者都能够投资杠杆贷款。在通常情况下，贷款抵押债券的债务能够提供比类似的投资更高的价差。

贷款抵押债券能够为股权投资者带来基于杠杆贷款多样化投资组合的杠杆收益，而无须通过重购协议（回购协议）从银行获取贷款，其方便投资者按照 LIBOR 的固定价差获取无追索权长期融资。因此，贷款抵押债券中的股权投资者面临一个止损点（loss limit)，其值等于因贷款抵押债券所产生的现金的先验分布而降低的购买股权分券的成本。

35.4 信用结构

除了通过贷款抵押债券的资金结构的偿付优先次序和从属关系所产生的保护功能之外，贷款抵押债券还具有额外的结构性信用保护功能。诸如此类的信用结构被划分为两类：现金流保护和市场价值保护。在此，我们将只讨论现金流信用结构，因为它是贷款抵押债券中占主导地位的信用增级机制（credit enhancement mechanism），约占所有贷款抵押债券的95%。贷款抵押债券的现金流结构的特性决定了因不同类型的债务和股权所导致的风险，并进而决定这些不同类型的债务和股权所带来的收益组合。

为了理解现金流信用结构，我们有必要了解贷款抵押债券的现金流的**"瀑布结构"**（cash-flow waterfalls）。在某一现金流贷款抵押债券中，存在两个"瀑布结构"：一个是关于抵押利息（collateral interest）的"瀑布结构"，另一个是关于抵押本金的"瀑布结构"。正是现金流的"瀑布结构"指明了贷款抵押债券持有者的偿付优先次序，并因此使得在这一结构中，一个债权人所享有的偿付权优先于其他人。现金流的"瀑布结构"需要事先进行**覆盖测试**（coverage tests），如果不能通过这一测试，则会导致次级贷款抵押债券债权人的抵押现金流转而流向享有偿付优先权的债权人手中。这些覆盖测试中最重要的是**票面价值覆盖测试**（par coverage tests），即

A类票面价值覆盖测试＝资产票面价值/A类票面价值

B类票面价值覆盖测试＝资产票面价值/（A类票面价值＋B类票面价值）

并且，对于所有的贷款抵押债券的债务分券，依此类推。

在票面价值覆盖测试的计算过程中，拖欠贷款的票面价值会被削减或者排除在资产票面价值之外。

接下来介绍一个简单的常规性的利率"瀑布结构"（interest waterfall），其中抵押利息按照以下顺序支付给贷款抵押债券的债权人：

(1) 支付受托人的基础佣金和支出；

(2) 支付资产管理者的基础佣金；

(3) 支付A类的利息成本；

(4) 如果A类没有通过覆盖测试，则支付A类的本金，直到A类满足覆盖测试为止；

(5) 支付B类的利息成本；

(6) 如果B类没有通过覆盖测试，则支付享有最高偿付优先权的未偿付债务分券（可能是A类，或者如果A类已得到完全支付，那么可能是B类）的本金，直到B类满足覆盖测试为止；

(7) 支付C类的利息成本；

（8）如果C类没有通过覆盖测试，则支付享有最高偿付优先权的未偿付债务分券的本金，直到C类满足覆盖测试为止（对于剩下的债务分券，重复步骤7和步骤8）；

（9）决定一定数量的抵押利息是否有必要被投资于额外抵押品的额外覆盖测试；

（10）支付受托人的额外佣金；

（11）支付资产管理者的额外佣金；

（12）根据与资产管理者签订的某项利润分享协议，支付股权债务分券。

值得注意的是，覆盖测试迫使发行人必须做出一个决定，即是对某一等级的债务分券支付利息，还是对享有最高偿付优先权的未偿付债务分券偿付本金。

然后，我们将介绍一个简单的常规性的本金“瀑布结构”（principal waterfall），其中抵押本金（collateral principal）按照以下顺序被偿付给贷款抵押债券的债权人：

（1）从利率“瀑布结构”的第1步到第8步中应付的金额，并且不适宜采用抵押利息；

（2）在贷款抵押债券被再投资的期间内，购买新的抵押资产（collateral assets）；

（3）贷款抵押债券的再投资期间结束之后，按照其偿付优先权顺序依次偿付各债务分券的本金；

（4）从利率“瀑布结构”的第9步到第12步中应付的金额。

抵押利息转移的目的是为了向享有偿付优先权的贷款抵押债券的债务分券提供更好的保护。贷款抵押债券的债务分券可以得到其所有的本金和利息，尽管抵押损失超出了其在资本结构中的从属分券的金额。对于优先偿付的债务分券来说，覆盖测试的好处取决于其能够以多快的速度覆盖整个测试。优先偿付的债务分券的利息转移发生得越早，在接下来的整个抵押生命周期内抵押利息转移得越多。如果在贷款抵押债券的生命周期中覆盖测试出现得很晚，那么可以实现转移的现金规模将会很小。

然而，对于这一问题实际上存在一些策略可供贷款抵押债券管理者使用，以设法加强对现金流转移的保护。“票面价值构建”（par building）交易被人为地用来改善票面价值覆盖测试，其通过用价格相对较低的抵押品来替代价格相对较高的抵押品的方式实现这一点。例如，假设贷款抵押债券的管理者售出票面价值为600万美元的贷款，并且通过按照8.5折的价格买进票面价值为700万美元的贷款而从中获益。经票面价值覆盖测试计算，这一交易将会使资产票面价值被推高100万美元。当资产的票面价值被推高到足够高时，将会使得贷款抵押债券不会违背票面价值覆盖测试，从而使得现金流沿着贷款抵押债券的“瀑布结构”流向管理者和股票持有者手中。

35.5 关键知识点

- 贷款抵押债券是担保债务凭证的一种，其资金池由银行贷款，尤其是杠杆贷款构成。
- 贷款抵押债券的资本结构包括优先债务、居间债务、次级债务和股权。

• 贷款抵押债券的创造往往出于两个目的中的一个，这两个目的是资产负债表和套利。不论创造贷款抵押债券的目的是什么，但是从其投资者的角度来说，是为了在拥有不同风险偏好的投资者群体中分割和分配贷款资金池的信用风险。

• 除了由贷款抵押债券的资本结构的偿付优先次序和从属关系而提供的信用保护之外，还存在另外一种结构性信用保护，其允许在事先假定的覆盖测试得不到满足的情况下，现金流转移到享有最高偿付优先权的未偿付债务分券。

【注释】

[1] 在通常情况下，贷款抵押债券被包含在开曼群岛之中。

[2] 关于贷款抵押债券的更详细的讨论，请参见 Stephen J. Antczak，Douglas J. Lucas，and Frank J. Fabozzi，*Leveraged Finance*：*Concepts*，*Methods*，*and Trading of High-Yield Bonds*，*Loans*，*and Derivatives*（Hoboken，NJ：John Wiley & Sons，2009）。

第 4 部分

利率的期限结构

第 36 章

远期利率分析概述*

安蒂·伊尔马宁（Antti Ilmanen）博士

AQR 资本管理（欧洲）有限合伙公司常务董事

多年来，利率期限结构的理论与实证分析都取得了一定进展。但是，这些分析通常是定量分析，而且很少注重其在实际投资中的应用。本章中，我们简要介绍平价利率、即期利率和远期利率（par, spot, and forward rates）的计算；在识别远期利率的主要影响因素的基础上建立一个远期利率的解释框架；开发实用的工具，从而在积极的债券投资组合管理中能够利用远期利率信息。

影响国债收益率曲线形状的三个主要因素是：(1) 远期利率变化的市场预期；(2) 债券的风险溢价［不同期限债券之间的预期收益（expected return）差异］；(3) 凸性偏差。从概念上把收益率曲线（或远期利率期限结构）分解成这三个部分比较容易。难的是如何解释现实世界的收益率曲线的形状，而这才是具有重大意义的。例如，投资者通常想知道收益率曲线的倾斜度到底是反映了市场对利率上升的预期还是反映了正的风险溢价。这个问题的答案决定了延长久期是否会提高预期收益，同时也决定了我们是否可以将远期利率视为未来即期利率的市场预期。此外，在本章中，我们还将

* 本章是花旗集团（所罗门兄弟公司）一份研究报告的修订版。该研究报告的版权仍归花旗集团所有，适用其免责条款。作者感谢拉里·巴德（Larry Bader）、爱德华多·卡纳巴罗（Eduardo Canabarro）、阿贾·德拉维德（Ajay Dravid）、弗朗西斯·格伦尼斯特（Francis Glenister）、瑞·伊万诺斯基（Ray Iwanowski）、卡尔·约翰逊（Cal Johnson）、汤姆·克拉夫基（Tom Klaffky）、瑞克·克劳次（Rick Klotz）、斯坦·寇格尔曼（Stan Kogelman）、珍妮·夏沃思（Janet Showers）和查理·叶（Charlie Ye）的宝贵意见。

解释如何重塑市场收益率曲线以及波动性预期如何影响今天的收益率曲线形状，这些预期决定了通过久期一中性（duration neutral）收益率曲线交易来提高投资组合凸性的成本。[1]

远期利率分析在直接应用中也很有价值。比如，远期利率既可以被用作盈亏平衡利率来与主观利率预测进行比较，也可以作为相对价值工具来识别那些有着诱人收益率曲线的部门。[2]

36.1 平价利率、即期利率和远期利率的计算

首先，为了确保我们使用的术语的一致性，有必要对到期收益率、平价利率、即期利率和远期利率的概念进行回顾。附录36A描述了本章中使用的主要概念的符号和定义。我们的分析重点是有确定现金流的政府债券（没有违约风险，没有嵌入式期权）。**到期收益率**（yield-to-maturity）是指使债券未来现金流的现值等于其市场价格的贴现率（discount rate）。**收益率曲线**（yield curve）是表示债券收益率与债券期限之间关系的图形（此外，还可以像我们在本章所做的那样，画债券收益率与其久期之间的关系图）。最有名的收益率曲线是新发行的（on-the-run）国库券（新券）的收益率曲线和利率互换曲线（interest-rate-swap curve）。新券是指向成熟部门最新发行的政府债券，由于总是以接近面值（100）的价格发行，因此新券的收益率曲线往往与**平价收益率曲线**（par yield curve）——价格等于面值的理论债券的曲线——很相似。以接受固定利率、支付浮动利率的合约为基础的利率互换曲线可以通过构建一条平价收益率曲线来描绘。

尽管到期收益率是衡量债券预期收益的一种方便、简单的工具——因此也成为相对价值分析中的一个流行工具，但是在收益率曲线不平坦的情况下采用单一利率来贴现多个现金流可能是有问题的。首先，收益率曲线的斜率表明不同日期的现金流适用不同的贴现率，而用该方法时一个给定债券的所有现金流都以相同的利率贴现。其次，不同债券在给定日期的现金流的再投资利率不同，因为它取决于债券的收益率。本章我们将说明如何使用比到期收益率（到期日不同的多个现金流的平均贴现率）更简单的构件——单一现金流和一期贴现率——来分析收益率曲线。

一只息票债券可以被看作一系列零息债券的组合。它可以分解成一组能分别估值的零息债券。然后，这些零息债券可以重新组合成一只更加复杂的债券，其价格应等于组成部分的价格之和。[3] **即期利率**（spot rate）是未来单一现金流（如零息债券）的贴现率。等式（36—1）显示了一只 n 年期零息债券的价格 P_n 与年化的（annualized）n 年即期利率 s_n 之间的简单关系。

$$P_n = \frac{100}{(1+s_n)^n} \qquad (36\text{—}1)$$

尽管对单一现金流的分析已经很容易，但其贴现率还可以进一步分解成一期利率（one-period rates）。一个多年即期利率可以分解成**一年期远期利率**（one-year forward rates)，这是利率期限结构中最简单的构件。一个给定的即期利率期限结构均隐含着一个特定的远期利率期限结构。例如，如果已知 m 年和 n 年的即期利率，那么根据等式(36—2)可以很容易计算出到期日在 m 和 n 之间的年化远期利率 $f_{m,n}$。

$$(1+f_{m,n})^{n-m}=\frac{(1+s_n)^n}{(1+s_m)^m} \quad (36\text{—}2)$$

远期利率是在今天签约的未来任意两个日期之间的贷款的利率。通过以价格 $P_n=100/(1+s_n)^n$ 购买一单位 n 年期零息债券，并按价格 $P_m=100/(1+s_m)^m$ 来卖空 P_n/P_m 单位的 m 年零息债券，任何远期利率都可以在今天被锁定(locked in)。(这种组合在今天不需要净投资，因为现金流入与流出都是 P_n。)一年期远期利率($f_{n-1,n}$，如 $f_{1,2}$，$f_{2,3}$，$f_{3,4}$，…)是等式(36—2)的特殊情况，即 $m=n-1$ 时。即期利率则是另外一种特殊情况，即 $m=0$，因而 $s_n=f_{0,n}$ 时。

总的来说，平价利率用于把一系列现金流(平价债券的现金流)贴现到今天，即期利率用于把一个单一的未来现金流贴现到今天，而远期利率则用于把一个单一的未来现金流贴现到更靠近今天的未来的某一天。平价利率曲线、即期利率曲线和远期利率曲线都包含了今天的利率期限结构的有关信息。[4]如果知道了其中一种利率，很容易就可以算出其他利率。[5]图表 36—1 显示了三条假设的曲线。在附录 36B 中，我们展示了如何根据平价利率来计算即期和远期利率。

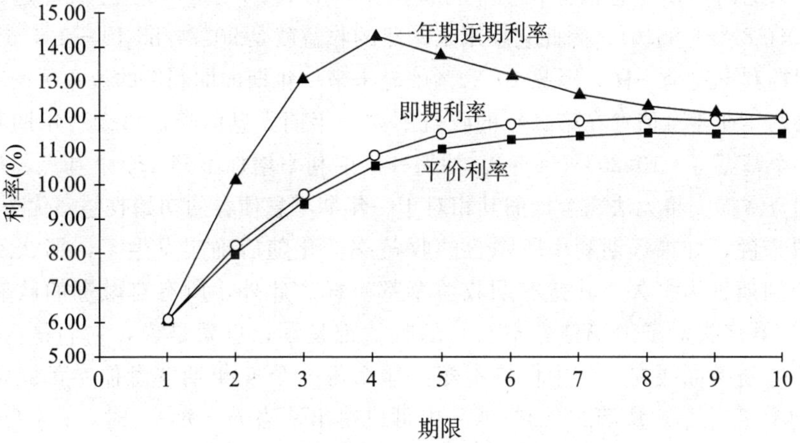

图表 36—1　平价利率、即期利率和一年期远期利率曲线

在图表 36—1 的例子中，平价和即期利率曲线是单调向上倾斜的，而远期利率曲线[6]则是先向上倾斜然后反转(由于即期利率曲线的扁平化)。如果即期利率曲线是向上倾斜的，三条曲线的位置从上到下依次是远期利率曲线、即期利率曲线和平价利率曲线。如果相反，即期利率曲线是向下倾斜的，则三条曲线的位置就会颠倒过来：从上到下依次是平价利率曲线、即期利率曲线和远期利率曲线。因此一条曲线的大致特点(如陡峭向上倾斜、平坦、反转、隆起)也会适用于其他曲线。然而，只有在三条曲线都是水平的时候才会重合。远期利率曲线会放大即期利率曲线斜率的任何变化。一年期远期利率衡量的是把投资期限延长一年所得到的边际回报，而即期利率衡量的是从今天到到期日 n 之间的平均回报。因此，即期利率是一个或多个远期利率的几何平均值。同样地，平价利率是一个或多个即期利率的几何平均值，因此在三条曲线中，平价利率曲线的形状是最平坦的。在附录 36C 中，我们进一步讨论了即期利率曲线与远期利率曲线之间的关系。

把远期利率看作**盈亏平衡利率**（break-even rates）是非常有帮助的。通过构建，未来一年的隐含即期利率（$f_{1,2}$，$f_{1,3}$，$f_{1,4}$，…）等于这样一个未来即期利率，它能使所有政府债券同（无风险）一年期零息债券一样，在下一年获得同样的收益。例如，今天的两年期零息债券（其今天的利率是 s_2）的持有期收益率取决于其在一年时间里的卖出利率（同一年期零息债券一样）。一年后的隐含一年期即期利率（$f_{1,2}$）是作为卖出利率来计算的，它使得两年期零息债券的收益［等式（36—3）的左边］等于一年期即期利率［等式（36—3）的右边］。形式上，在等式（36—2）中设定 $m=1$，$n=2$ 并重新整理，就能得到等式（36—3）。

$$\frac{(1+s_2)^2}{1+f_{1,2}}=1+s_1 \tag{36—3}$$

举一个例子，使用附录 36B 中图表 36B—1 中的数字，一年期即期利率（s_1）等于 6%，两年期即期利率（s_2）等于 8.08%。把这些数字代入等式（36—3），就能算出一年后的隐含一年期即期利率（$f_{1,2}$）等于 10.20%。如果该隐含远期利率确实在今后一年实现了，那么今天的两年期零息债券在明年将价值 100/1.102 0=90.74。今天，这个零息债券值 $100/(1.080\,8)^2=85.61$；因此它在未来一年的收益就是 90.74/85.61－1＝6%，与今天的一年期即期利率完全一样。因此 10.20%就是未来一年期即期利率的盈亏平衡利率。换句话说，如果两年期零息债券在第二年的收益不如一年期零息债券，那么一年期利率至少需要增加 420 个基点（=10.20%－6%）。如果一年期利率增加不到 420 个基点，那么两年期零息债券的资本损失将无法完全抵消其相对于一年期零息债券的初始收益率优势。

更一般来说，如果远期利率所隐含的收益率变化随后确实发生了，那么所有的政府债券，不论到期日为多久，其持有期收益率都一样。此外，所有自融资的政府债券头寸（如哑铃形债券多头对子弹形债券空头）的收益都是零，也就是说，它们是盈亏平衡的。但是，如果收益率曲线在一年中保持不变，那么每一个 n 年期零息债券都获得了相应的一年远期利率 $f_{n-1,n}$。从等式（36—2）中可以得出，当 $m=n-1$ 时，$1+f_{n-1,n}=(1+s_n)^n/(1+s_{n-1})^{n-1}$，也就是以利率 s_n 买入 n 年期零息债券，并在一年后以利率 s_{n-1} 将其卖出的持有期收益率。因此，对于一条不变的收益率曲线，一年期远期利率等于零息债券的水平收益率。有关详细信息，请参阅附录 36C。

36.2 影响收益率曲线形状的主要因素

在本节中，我们将介绍一些影响远期利率期限结构以及收益率曲线形状的经济因素。

其中三个最主要的因素是市场利率预期（market's rate expectations）、债券风险溢价（bond risk premiums）（债券间的预期收益差异）以及所谓的凸性偏差（convexity bias）。事实上，这三个因素就足以决定收益率曲线，每一个一年期远期利率与一年期即期利率之间的差异约等于即期利率变化的期望值、债券风险溢价与凸性偏差之和。[7]我们首先分别讨论单个因素如何影响收益率曲线的形状，然后分析它们的综合影响。

□预期

显然，对未来利率变化的市场预期是收益率曲线形状的一个重要决定因素。例如，一条陡峭的、向上倾斜的曲线可能表明市场预期在短期内美联储将收紧货币或者通胀率将上升。但是，如果认为不同期限的债券间的收益率差异仅仅反映市场利率预期，那就太绝对了。著名的纯预期假设就有这样一个极端含义。**纯预期假设/理论**（pure expectations hypothesis）认为，所有的政府债券都有相同的短期预期收益（正如名义上无风险的短期债券），因为风险中性交易商的逐利行为能消除债券间的所有预期收益差异。只有当所有收益率高于短期利率的债券都可能遭受资本损失，并且该损失足以抵消其收益率优势时，短期预期收益才会相等。当市场预期债券收益率会提高时，当前的利率期限结构就会向上倾斜，以使长期债券收益率优势与预期资本损失（由于预期收益率提高）刚好相互抵消。换句话说，如果投资者预期由于利率上升，他们的长期债券投资将会遭受损失，他们就会要求更高的初始收益率来作为对久期延长的补偿。相反，收益率下降、资本增值的预期会使得当前长期债券收益率低于短期利率，从而使利率期限结构反转。

同样的逻辑——正（负）的初始收益率利差抵消期望资本损失（收益），从而等于短期预期收益——对于债券组合，包括久期中性收益率曲线头寸，同样适用。以从 2 年期和收益率曲线的趋平（flattening）中获利的交易为例：卖出一单位 2 年期债券，买入久期加权数量（市场价值）的 10 年期债券，并把卖出债券剩下的收入以“现金”（非常短的短期债券）形式持有。给定典型的凹形收益率曲线，这样一个曲线扁平化头寸（curve-flattening position）能获得负利差。[8]只有当收益率曲线平坦到足以抵消负利差的影响时，该交易才是有利可图的。隐含的远期利率表明了要达到盈亏平衡需要怎样的扁平率（缩窄 2 年期与 10 年期之间的利差）。

正如对未来利率水平的市场预期会影响今天的收益率曲线的**陡度**（steepness）一样，对收益率曲线的未来陡度的市场预期也会影响今天的收益率曲线的**曲率**（curvature）。如果市场预期收益率曲线将更加扁平，那么扁平化交易的负利差就应该更大（以抵消期望资本增值），这使得今天的收益率曲线更凹（弯曲）。图表 36—2 展示了给定不同的利率预期，附息债券的收益率与它们的久期之间的关系，或者说零息债券的收益率与它们的期限之间的关系。在不考虑债券风险溢价与凸性偏差的情况下，如果市场预期收益率曲线的位置和斜率没有变化，那么今天的收益率曲线将是水平的。如果市场预期明年所有利率将平行提高（但没有重塑），那么今天的收益率曲线将会线性提高（作为久期的函数）。如果市场预期利率将上升并且收益率曲线是平的，那么今天的收益率曲线将会提高并且是凹的（作为久期的函数）。[9]

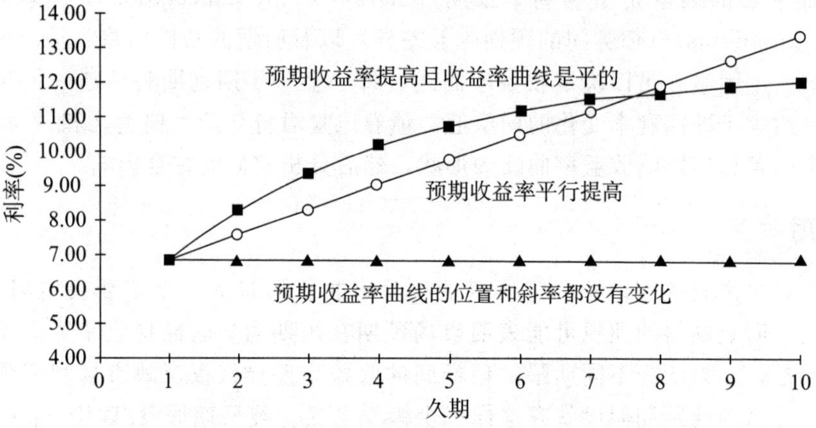

图表 36—2 给定不同市场利率预期的收益率曲线

□债券风险溢价

纯预期理论的一个重要假设是，无论期限长短，所有政府债券都具有相同的预期收益率。与此相反，许多理论和经验证据表明，不同债券的预期收益率是有差异的。在此，我们将**债券风险溢价**（bond risk premium）定义为，长期债券的单期预期收益（expected one-period return）超过单期债券无风险收益的部分。一个正的债券风险溢价往往会使收益率曲线向上倾斜。不同的理论对债券风险溢价的符号（+/—）、决定因素以及稳定性（随着时间的推移）持不同观点。经典的流动性溢价理论认为，大多数投资者不喜欢资产价格的短期波动；只有当它们提供一个正的风险溢价以补偿较大的收益率波动时，这些投资者才会持有长期债券。此外，一些现代资产定价理论认为，债券风险溢价应该随着债券的久期、收益率波动性以及它与市场财富的协方差的增加而增加。相反，固定偏好理论（preferred-habitat hypothesis）认为，债券风险溢价应该随着久期的增加而减少；长久期债券持有人可能会把长期债券当作无风险资产，而对持有短期资产则要求更高的预期收益率。虽然学术分析关注与风险相关的溢价，但是市场从业者往往强调导致收益率曲线上不同预期收益率的其他因素，包括市场部门间的流动性差异、制度约束、供给与需求的影响等。我们广泛使用**债券风险溢价**（bond risk premium）这一概念来涵盖债券间的预期收益率差异，包括那些由与风险无关的因素造成的差异。

美国国债的历史数据为债券风险溢价的实证研究提供了依据。例如，近几十年来超过 90%的时间国债收益率曲线是向上倾斜的，这可能反映了正的债券风险溢价的影响。与历史收益率相比，历史平均收益率为不同期限的预期收益率提供了更加直接的证据。尽管债券收益率的周波动和月波动通常是无法预测的，但是意料之外的收益率的波动在一个较长的样本期内是可以消除的。因此，不同期限部门在相对走势不明朗的样本期内的**历史平均收益率**（historical average returns）应该反映了**长期预期收益率**（long-run expected returns）。

图表 36—3 显示了作为平均久期的函数的经验平均收益率曲线，并与流行的理论

预期收益率曲线（随着久期的增加线性提高）进行对比。理论债券风险溢价是用不同久期的年化预期收益率与无风险的 1 个月期票据的年化收益率（曲线上最左边的点）的差来度量的。同样地，经验的债券风险溢价是用超过 1 个月期票据收益率的历史平均债券收益率（不同久期）来度量的。[10] 历史经验表明，债券风险溢价与久期之间并非线性关系，在收益率曲线的前端，债券风险溢价随久期的增加急剧上升，两年后上升的速度就变慢了很多。凹形的曲线可能反映了养老基金和其他长久期债券持有人对长期债券的需求。

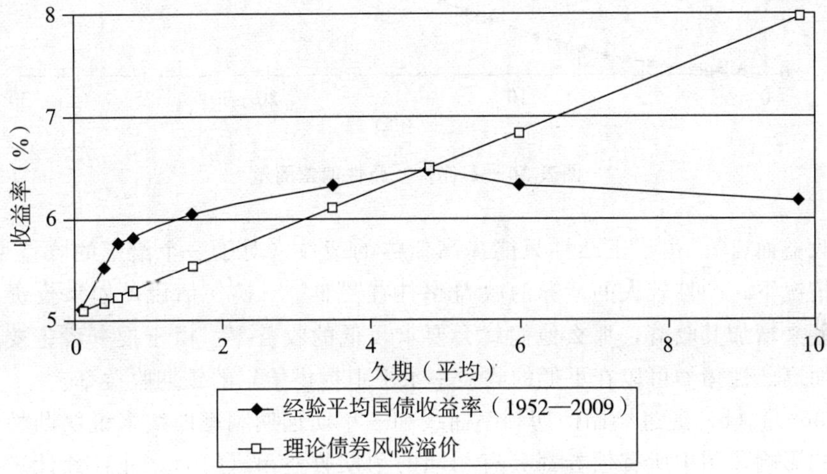

图表 36—3　理论和经验的债券风险溢价

图表 36—3 向我们展示了不同久期的长期平均债券风险溢价的最佳实证估计。实证研究也表明，债券风险溢价并不是一成不变的，而是随着时间的推移不断变化。也就是说，当短期债券风险溢价畸高或畸低时，它是可以提前确定的。在较差的经济形势下，即收益率曲线陡峭、高通胀预期或通胀不确定时，风险溢价会提高。当国债价格从避险溢价（股市大幅下跌或股票—债券负相关时，如 1998 年和 2002 年）或稀缺性溢价（处于财政盈余和预期政府债券市场萎缩的情况下，如 2000 年）中获益时，风险溢价会降低。[11]

□凸性偏差

第三个影响收益率曲线的因素——凸性偏差（convexity bias）——可能是最不为人所知的。不同的债券有不同的凸性特征，不同期限间的凸性差异可能会增大（或抵消）收益率差异。特别地，长期债券表现出高凸性［见图表 36—4（a）］，这往往会压低其收益率。**凸性偏差**（convexity bias）是指凸性差异对收益率曲线形状的影响。

凸性与债券价格—收益率之间的非线性关系是密切相关的。所有不可赎回债券都表现出正凸性；收益率下降一定幅度所引起的价格上涨程度要大于收益率增加同样幅度所带来的债券价格下降程度。在所有其他条件相同的情况下，正凸性是一个理想的特征，因为不论收益率是上升还是下降——只要它有变化，都会使债券收益增加（相对于不存

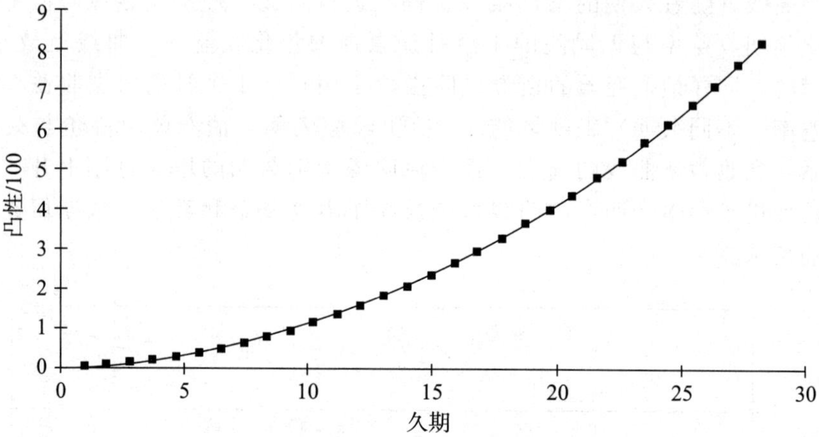

图表 36—4 (a) 凸性偏差图示

在凸性的收益而言)。由于正凸性只能提高债券的绩效(对于一个给定的收益率),在久期相同的情况下,凸性较大的债券的收益率往往更低。[12]换句话说,如果投资者未来可以通过凸性来增加其收益,那么他们就会要求较低的收益率。由于投资者主要关注预期收益率,而高凸性债券可以在更低的收益率水平上提供给定的预期收益率。

图表 36—4 (b) 通过绘制即期利率曲线和一年期远期利率曲线来说明凸性对收益率曲线形状的影响,图中所有债券都具有相同的预期收益率(8%),并且预计短期利率将保持在目前的水平上。如果没有债券风险溢价和预期利率变化,这些收益率曲线应该是位于 8%的水平线。否则,这些收益率曲线会加速下降,因为需要更低的收益率来抵消长久期债券的凸性优势,从而使所有债券之间的短期预期收益率相等。[13]短期债券的凸性较小,所以在收益率曲线的前端凸性偏差很小,但是在很长的持续期内,凸性对收益率曲线的形状会产生重大影响。凸性偏差是收益率曲线呈典型的凸形的主要原因之一(例如,在较长的时间里收益率曲线倾向于变平坦甚至反转)。

凸性的价值随收益率的变化幅度而增加。因此,提高波动性会增加整条收益率曲线形状的凹度,凸性较大和凸性较小的债券之间(如久期匹配的附息债券与零息债券之间,哑铃形债券与子弹形债券之间)的利差也会扩大。[14]

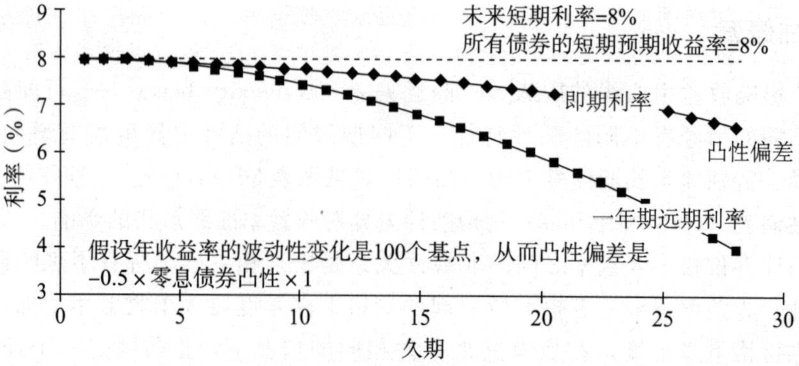

图表 36—4 (b) 凸性对收益率曲线形状的影响

□把三个因素合在一起

由于三个因素是同时影响债券收益率的，这使得解释整条收益率曲线的形状变得相当困难。一条陡峭、向上倾斜的收益率曲线要么反映了市场预期利率是上升的，要么反映了市场要求较高的风险溢价。一条高度隆起的曲线（例如，高曲率）既可以反映市场预期收益率曲线是扁平化的，也可以反映市场的高波动性（这使得凸性更有价值）预期，甚至可以反映市场预期风险溢价曲线是凹形的。

理论上，收益率曲线可以恰好分解成预期、风险溢价和凸性偏差。在现实中，精确的分解是不可能的，因为这三个因素都随时间的推移而变化，并且不能被直接观察到，因而需要进行估计。[15]尽管精确的分解是不可能的，本章的分析却可以给投资者提供一个理解不同收益率曲线形状的框架。此外，我们通过对早期文献进行研究以及进行新的实证研究来评价哪些理论和市场神话是正确的（与数据一致），哪些是错误的。我们得出的主要结论如下：

- 我们经常听到"远期利率表示市场对未来利率的预期"的说法。然而，只有在不存在债券风险溢价并且凸性偏差非常小的时候，这种说法才是正确的。[16]如果目标是推断未来一年或两年的期望短期利率，那么由于凸性偏差非常小，可以对其忽略不计。但是，我们的实证研究表明，在短期，债券风险溢价是很重要的。因此，如果用远期利率来推断市场对短期利率的预期，那么就应该从远期利率中减去已测度出的债券风险溢价，否则对市场利率预期的估计就会出现严重的向上偏差。
- 传统的利率期限结构理论假设零风险溢价（纯预期假设），或者假设风险溢价是一个非零的常量（流动性溢价假设，固定偏好假设），这与历史数据不符。根据纯预期理论，一条向上倾斜的收益率曲线预示长期利率会提高，从而资本损失抵消了长期债券的收益率优势。然而，经验证据表明，平均而言，向上倾斜的收益率曲线往往伴随着长期利率的小幅下降（这会放大长期债券的收益率优势）。收益率曲线越陡峭，预期的债券风险溢价越高。这一发现明显违背了纯预期理论，而支持了随时间推移而变化的风险溢价理论。
- 现代期限结构模型所做的假设不像刚才提到的传统理论那么严格。然而，许多单因素模型假定，具有相同久期的债券将获得相同的预期收益率。该假设意味着，无论凸性是大还是小，久期中性头寸都将获得相同的预期收益率（因为任何凸性优势都会刚好被收益率劣势所抵消）。但是，如果市场很看重凸头寸的保险特性，那么凸性更高的头寸的预期收益率可能更低。我们对久期中性的哑铃—子弹形交易绩效的实证分析表明，长期来看，哑铃形债券的业绩要略差于子弹形债券。

36.3 在收益率曲线交易中运用远期利率分析

回想一下，如果经典的预期假设成立，那么所有的债券和债券头寸都会有相同的短期预期收益率。尤其是，一条向上倾斜的收益率曲线反映了利率上升和资本损失的预期，并且凸性是有价值的，因此凸性优势会被收益率劣势完全抵消。在这样的世界里，收益率不反映价值，交易没有获利的可能性，并且只有当投资者真的拥有超强的预测能力时，积极的管理才可以增加价值。幸运的是，现实世界并非如此，债券之间的预期收益率确实不同（见图表36—3）。其主要原因可能是大多数投资者是厌恶风险的，并且看重资产的其他特性；此外，投资者的行为也并非总是完全理性的。因此，收益率可以反映价值，一定的相对价值交易也是有获利机会的。

上一节是为理解期限结构的形状提供了一个框架。在本节中，我们将介绍实际中如何应用，即在收益率曲线交易中使用远期利率的几种方法。第一种方法要求有明确的主观利率观点并且对预测能力有信心。

□积极收益率曲线观点把远期利率当作盈亏平衡利率

远期利率显示了未来的盈亏平衡利率和利差的路径。这条路径为积极的投资组合经理的主观收益率曲线设想和收益率路径预测（yield-path forecast）提供了一个明确的标准。它直接体现了交易的盈利能力。例如，只有在经理预期利率上升幅度将超过远期利率隐含的上升幅度时，他才应该持有看跌投资组合头寸（bearish portfolio position）。但是，如果他预期利率将上升，但是幅度小于预期利率隐含的上升幅度（如低于能够抵消正利差所需要的利率），他应该持有看涨投资组合头寸。如果经理的预测是正确的，其头寸将能盈利。相反，每当预期债券收益率将上升时都持有看跌投资组合头寸的经理人——忽略远期利率——会发现他的头寸会因为负利差而亏损，尽管他的利率预测是正确的。

作为盈亏平衡利率的远期利率的一个积极作用就是，它们不依赖于有关预期、风险溢价、凸性偏差的假设。规则很简单，如果远期利率实现了，所有头寸都获得相同的收益。如果收益率的上升幅度比远期利率隐含的上升幅度更大，空头头寸是盈利的，多头头寸是亏损的。如果收益率的上升幅度小于远期利率隐含的上升幅度，则正好相反。对于任何收益率利差和相关头寸，例如曲线扁平头寸，类似说法都成立。

图表36—5显示了2004年4月美元互换（平价）收益率曲线以及3个月期与12个月期的远期利率的隐含互换曲线。如果我们相信，远期利率只反映市场的利率预期，那么对这些曲线的比较告诉我们，市场预期在未来的一年里利率将会上升并且曲线趋于平缓。另外，隐含收益率曲线上升可能反映了债券的风险溢价，隐含曲线扁平化可能反映了凸性价值。无论哪种方式，远期收益率曲线都反映了盈利和亏损之间的盈亏平衡水平。

远期利率结构中的信息可以体现在几个方面。对于那些想把自己对未来收益率曲线的主观看法与在未来某范围内的客观盈亏平衡曲线作比较的投资者而言，图表36—5是有用的。而对于另一些想看到任何给定的到期收益率的盈亏平衡未来路径（而不是整条曲线），并将其与自己的预测——可能基于宏观经济预测或基于对美联储紧缩货币的速度的主观看法——进行比较的投资者来说，另一幅图可能更有用。图表36—6显示了2004年4月以来3个月期利率的盈亏平衡路径。注意在图表36—5中每条隐含远期利率平价曲线的起始点都是在既定未来日期的隐含远期3个月期利率。因此，通过跟踪图表36—5

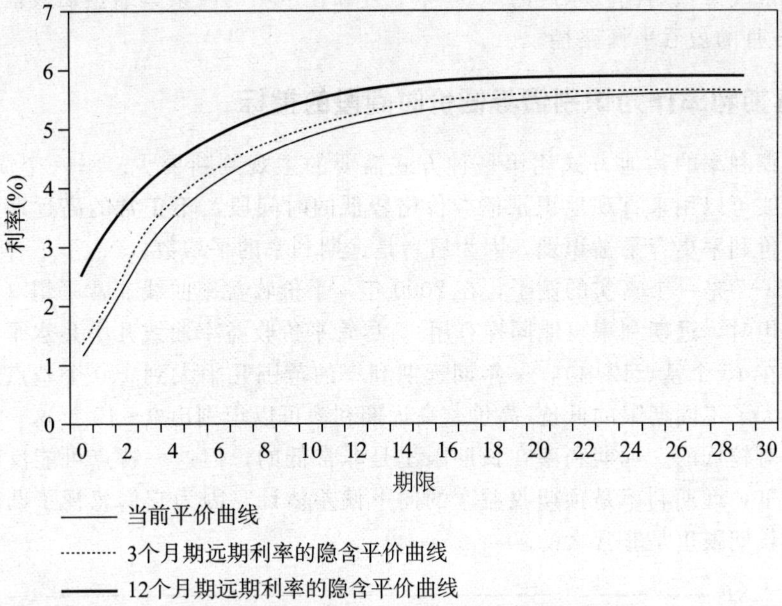

图表 36—5　2004 年 4 月以美元互换曲线为基础的当前和远期平价收益率曲线

中三条曲线的 3 个月的点，并通过跟踪在其他视域里的类似曲线，可以构建图表 36—6 中的远期利率路径。由于图表 36—6 描述的是随时间推移而变化的利率路径，因此横轴是公历年而非到期日。

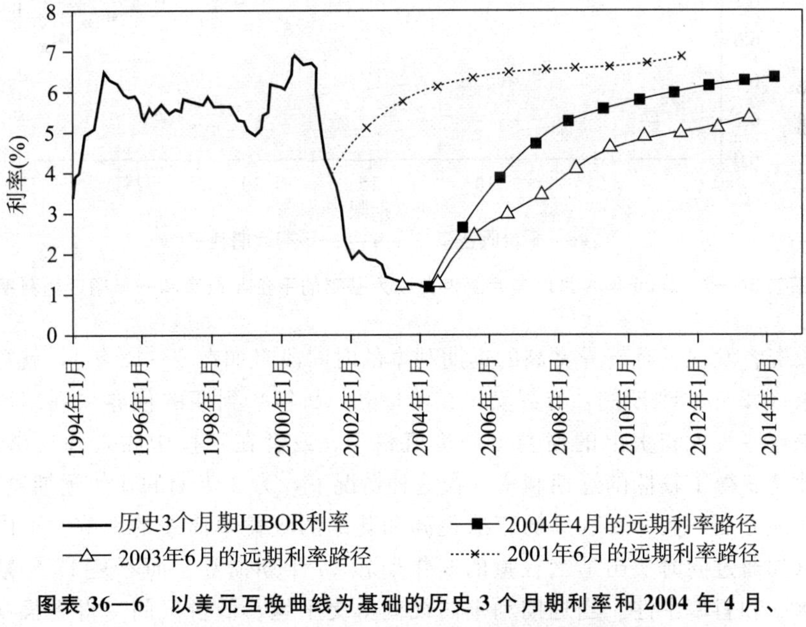

图表 36—6　以美元互换曲线为基础的历史 3 个月期利率和 2004 年 4 月、2003 年 6 月和 2001 年 6 月的隐含远期利率路径

为了更加直观，图中还包含了 3 个月期利率在过去十年里的历史路径，以及 3 个月期利率在货币政策预期比较乐观的 2003 年 6 月和在市场的政策紧缩预期被证明是不成熟的 2001 年 6 月的盈亏平衡路径。

□将远期利率作为识别债券低价时间段的指标

使用远期利率的其他方式比第一种方式需要的主观判断要少。举一个简单的例子，远期利率曲线可以用来直观地识别债券价格较低的时间段。不正常的高远期利率比高即期利率或平价利率更容易被识别，因为后者是远期利率的平均数。

图表 36—7 是一个真实的例子，在 2000 年，平价收益率曲线非常平坦（当平价收益率曲线不平坦时，远期利率可能同样有用）。尽管平价收益率曲线几乎是水平的（所有平价收益率都在 15 个基点以内），一年期远期利率的范围几乎大到 100 个基点，因为远期利率曲线放大了不同期限的低价/高价。高远期利率可以识别出 9～12 年这一时间段的债券价格是相对较低的。远期利率在长期限里是非常低的，但这一特点可能反映了凸性偏差。回想一下，远期利率是预期收益率的向下偏差估计，因为它们忽视了凸性优势，而凸性优势在长期限里是非常大的。

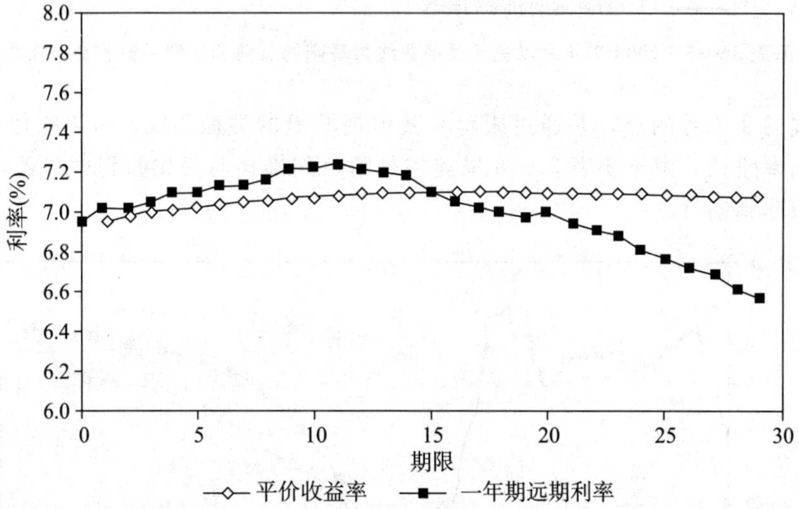

图表 36—7　2000 年 8 月以美元互换曲线为基础的平价收益率和一年期远期利率

一旦投资者发现了有着异常高的远期利率的时间段（如在 9～12 年），就可以通过买入在阶段末（12 年）到期的债券并卖出在阶段初（9 年）到期的债券来利用该时间段的低价。如果这些买入和卖出的债券市场价值相等，或者在互换中收入和支出是固定的，那么该头寸就获得了较低的远期利率（在这种情况下，为 3 年期的 9 年远期利率）。在平价收益率曲线方面，头寸受利率的普遍提高和陡峭的收益率曲线的影响。可以构造更复杂的交易（如通过同时卖出适当权重的 9 年期和 15 年期债券，而不是 12 年期债券）来保持利率水平和斜率中性。当远期利率曲线变得更平坦、低价区间变得更长（除了较高的收益率和向下的头寸收益以外）时，交易将获得资本收益，此时远期利率曲线的隆起和扭结在一定程度上反映了临时的局部低价。

□将远期利率用作收益率曲线交易中的相对价值工具

本章到目前为止用远期利率来识别债券低价区间是很不严谨的。使用远期利率的一种更正式的方式是为久期中性的扁平交易，如哑铃—子弹形债券交易，构建定量低价指标（quantitative cheapness indicators）。我们首先用一个市场交易的例子介绍一些概念。

当收益率曲线向上倾斜时，长期债券超过无风险短期债券的收益率优势就为上升的收益率提供了缓冲。从某种意义上说，当收益率曲线非常陡峭并且缓冲（正利差）很大时，久期的延长是“低价的”。只有当利率上升所造成的资本损失抵消了初始的收益率优势时，这些交易才会赔钱。此外，相比于短期债券，长期债券的滚动收益率优势[17]甚至比它们的收益率优势更大。通过构建，可使一年期远期利率（$f_{n-1,\ n}$）等于 n 年期零息债券的滚动收益率（见附录 36C）。因此，它是 n 年期零息债券的滚动收益率优势的直接测度。[另一种与远期利率相关的测度，即远期利率所暗含的 $n-1$ 年期即期利率的变化（$f_{1,\ n}-s_{n-1}$），说明了收益率曲线需要移动多大程度才能抵消这种优势，以及使 n 年期零息债券的持有期收益率和一年期零息债券的持有期收益相等。]

因为一年期远期利率测度了零息债券的短期预期收益率，所以它们可以被看作识别低价时间段的指标。使用该指标不需要任何关于利率的主观看法。相反，它需要一种从历史中得来的信念，即不变收益率曲线是一种很好的基本情景。[18]如果真是这样，那么当远期利率曲线向上（向下）倾斜时，长期债券比短期债券有更高的（更低的）短期预期收益率。在长期，根据收益率曲线形状动态调整投资组合久期的策略会比恒定久期策略获得更高的平均收益。[19]

类似分析也适用于收益率曲线趋平的交易。回想一下，当作为久期函数的收益率曲线是凹的时，任何久期中性的扁平化交易都将获得负利差。收益率曲线凹形（曲率）越高，表示扁平化交易越缺乏吸引力（更大的负利差），远期利率所“隐含的扁平化”越大（用来抵消负利差）。因此，远期利率所隐含的利差变化程度是识别收益率曲线交易的低价区间的有用指标。如果从历史角度看，隐含利差很大，那么交易是昂贵的，反之亦然。

图表 36—8 是一个近期的例子，说明了负利差使得持有曲线扁平化头寸变得更加昂贵。2003 年 10 月，高收益率曲线的曲率表示强烈的扁平化预期——远期利率暗示在未来 6 个月内 2 年期与 30 年期的利差将下降 50 个基点——或者较高的预期波动性（凸性的高价值）。只有当曲线比远期利率所隐含的扁平程度更大，或者波动性突然增大时，与久期匹配的 2 年期子弹形债券相比，哑铃形债券（30 年期债券和 6 个月期票据）才会盈利。纯粹从收益率角度看，2 年期子弹形（变得更陡峭的头寸）比哑铃形价格更低。事后来看，我们知道利差/低价指标在这种情况下给出了正确的信号。图表 36—8 画出了 2003 年 10 月和 2004 年 4 月的美元互换曲线；令人惊讶的是在曲线扁平化中陡峭的头寸表现更好。尽管收益率曲线确实扁平化了（在 2004 年 4 月，2 年期与 30 年期的利差实际上收窄了 38 个基点），但已实现的扁平化与远期利率所隐含的扁平化程度并不相符。更陡峭的（子弹形）初始利差和滚动优势的作用不仅在于抵消由随后的曲线扁平化所造成的资本损失。[20]

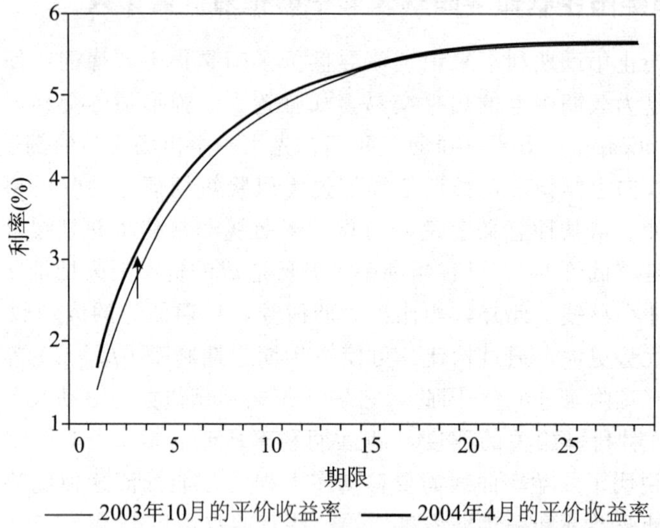

图表 36—8　2003 年 10 月和 2004 年 4 月的美元互换曲线

附录 36A　符号和定义

P——债券的市场价格

P_n——n 年零息债券的市场价格

C——息票率（百分数；其他利率用小数表示）

y——债券的年化到期收益率（YTM）

n——债券的到期时间（年）

s_n——年化 n 年期即期利率；n 年期零息债券的贴现率

s_{n-1}——下一期的年化 $n-1$ 年期即期利率；上标 * 表示下期（年）价值

Δs_{n-1}——今天和下期的 $n-1$ 年即期利率的已实现的变化（$= s^*_{n-1} - s_{n-1}$）

$f_{m,n}$——m 年和 n 年之间的年化远期利率

$f_{n-1,n}$——$n-1$ 年和 n 年之间的一年期远期利率；也是 n 年期零息债券的滚动收益率

$f_{1,n}$——1 年与 n 年之间的年化远期利率；也叫作隐含的 $n-1$ 年期即期利率的一年期远期利率

Δf_{n-1}——今天和下期之间的 $n-1$ 期即期利率的隐含变化（$= f_{1,n} - s_{n-1}$）；也叫作远期利率所隐含的盈亏平衡收益率变化（在下期）

Δfz_n——n 年期零息债券，一个特殊债券的收益率在下期的隐含变化（$= f_{1,n} - s_n$）

FSP——远期—即期利率溢价（$FSP_n = f_{n-1,n} - s_1$）

h_n——n 年期零息债券已实现的持有期收益率［一期（年）以上］

滚动收益率——在收益率曲线不变的情况下，债券的水平收益；收益率和下滑收益之和

债券风险溢价（BRP）——长期债券在下期（年）超过无风险一期债券的期收益率；对于 n 年期零息债券，$BRP_n=E(h_n-s_1)$

已实现的债券风险溢价——长期债券在下期（年）超过一年期债券的已实现的一年持有期收益；也叫作超额债券收益；已实现的 $BRP_n=h_n-s_1$

持久因素（PF）——年度已实现的 BRP_n 对 FSP_n 的回归中的斜率系数

期限利差——长期债券和短期债券之间的收益率差异；对于 n 年期零息债券，期限利差 $=s_n-s_1$

实际收益率——长期债券收益率和预期通胀率的近似值之间的差；我们用的近似值是最新公布的消费者价格同比通胀率

逆财富（inverse wealth）——过去财富对当前财富的指数加权率；我们用股票市场价值来近似代表财富 W；$W=(W_{t-1}+0.9\times W_{t-2}+(0.9)^2\times W_{t-3}+\cdots)\times 0.1/W_t$

久期（dur）——衡量债券价格的利率敏感度；$\text{dur}=-(dP/dy)\times(1/P)$

凸性（Cx）——衡量债券 P/y 的非线性关系；$Cx=(d^2P/dy^2)\times(1/P)$

凸性偏差（convexity bias，CB）——凸性对远期利率曲线的影响；$CB_n=-0.5\times Cx_n\times(\Delta s_n\text{ 的波动率})^2$

附录 36B　已知平价利率时计算即期和远期利率

我们下面用一个简单的例子来说明，已知平价利率后，在付息日如何计算即期利率和远期利率（利息支付和复利频率是按年计算的）。不管是通过到期收益率——等式（36B—1）——还是通过即期利率曲线——等式（36B—2）——给债券定价，债券价格都将是相同的，等于其现金流现值的总和。

$$P=\frac{C}{1+y}+\frac{C}{(1+y)^2}+\cdots+\frac{C+100}{(1+y)^n} \tag{36B—1}$$

$$P=\frac{C}{1+s_1}+\frac{C}{(1+s_2)^2}+\cdots+\frac{C+100}{(1+s_n)^n} \tag{36B—2}$$

其中，P 是债券价格，C 是息票利率（用百分数表示），y 是年化到期收益率（用小数表示），s 是年化即期利率（用小数表示），n 是到期时间（年）。我们只展示前两年的计算，其中平价利率分别为 6% 和 8%。第一年，平价利率、即期利率和远期利率是相等的（6%）。递归地使用已知的平价债券价格和现金流以及之前求出的即期利率，可以算出较长期的即期利率。通过构建，可得每个平价债券的价格是 100（平价），因此其收益率（平价利率）等于其息票利率。因为两年期平价债券的市场价格（100）和现金流（8 和 108）已知，并且已知一年期即期利率（6%），所以很容易就可以解出两年期即期利率，它是下式中的唯一未知数：

$$100=\frac{C}{1+s_1}+\frac{C+100}{(1+s_2)^2}=\frac{8}{1.06}+\frac{108}{(1+s_2)^2} \quad (36B—3)$$

简单处理后可得 s_2 的解为 8.08%。当只知道即期利率时，等式（36B—3）也可以用来计算平价利率。如果即期利率是已知的，那么息票利率 C——等于平价利率——就是等式（36B—3）中的唯一未知数。

使用等式（36B—3）和已知的一年期和两年期即期利率，可以计算一年和两年之间的远期利率。

$$1+f_{1,2}=\frac{(1+s_2)^2}{1+s_1}=\frac{(1.0808)^2}{1.06}=1.1020 \quad (36B—4)$$

$f_{1,2}$ 的解是 10.20%。图表 36B－1 中的其他即期利率和一年期远期利率（$f_{2,3}$，$f_{3,4}$，…）是用同样的方法计算出来的。图表 36—1 给出了这些数字。

图表 36B—1　　平价利率、即期利率和一年期远期利率曲线

到期日	平价利率（%）	即期利率（%）	远期利率（%）
1	6.00	6.00	6.00
2	8.00	8.08	10.20
3	9.50	9.72	13.07
4	10.50	10.86	14.36
5	11.00	11.44	13.77
6	11.25	11.71	13.10
7	11.38	11.83	12.55
8	11.44	11.88	12.20
9	11.48	11.89	11.97
10	11.50	11.89	11.93

附录 36C　即期利率、远期利率、滚动收益率和债券收益率之间的关系

投资者往往希望能在“信封背面”（back of the envelope）快速计算即期利率、远期利率和债券收益率。在本附录中，我们讨论这些变量之间的一些简单关系，首先介绍即期利率和一年期远期利率之间的很有用的近似关系。[21]等式（36—2）准确地说明了 m 年期和 n 年期远期利率与 m 年期和 n 年期即期利率之间的关系。等式（36C—1）用一种近似但是更简单的形式说明了同样的关系；这个等式忽视了凸性偏差等非线性效应。如果即期利率和远期利率是连续复利的，那么这一关系就是准确的。

$$f_{m,n} \approx \frac{ns_n - ms_m}{n-m} \tag{36C—1}$$

对于一年期远期利率（$m=n-1$），等式（36C—1）可以简化为：

$$f_{n-1,n} \approx s_n + (n-1)(s_n - s_{n-1}) \tag{36C—2}$$

等式（36C—2）表明，在收益率曲线不变的情况下，远期利率等于 n 年期零息债券的一年水平收益率（horizon return）：初始收益率和下滑收益率（rolldown return）之和[在($n-1$)时的零息债券久期乘以当它老化时沿着收益率曲线滚动/调整的数量]。这个水平收益率通常被称为**滚动收益率**（rolling yield）。因此，如果收益率曲线不变，一年期远期利率是收益率曲线上不同部分的短期预期收益率的近似值。通过检验 n 年期零息债券在下一年的持有期收益率 h_n，从等式（36C—3）中我们可以隐含地得出，一年期远期利率和滚动收益率是相等的。零息债券得到初始收益率 s_n 加资本收益/损失，后者近似等于零息债券的年末久期和已实现的收益率变化的积。

$$h_n \approx s_n + (n-1) \times (s_n - s^*_{n-1}) \tag{36C—3}$$

其中，s^*_{n-1} 是下一年的（$n-1$）年即期利率。如果收益率曲线是随机游走的，对 s^*_{n-1} 的最佳预测是（今天的）s_{n-1}。因此，n 年期零息债券的持有期收益率的期望值就是等式（36C—2）中的一年期远期利率。主要问题是，当前即期利率是未来即期利率的最佳预测的假设是否比远期利率是最佳预测的假设更加合理。实证证据表明，对不变收益率曲线的"随机游走"预测比由远期利率所隐含的预测更准确。

等式（36C—2）表明，（一年期）远期利率曲线位于即期利率曲线的上方，只要后者是向上倾斜的（并且滚动收益率为正）。相反，如果即期利率曲线是向下倾斜的，并且滚动收益为负，那么远期利率曲线就位于即期利率曲线的下方。如果即期利率曲线先升后降，远期利率曲线将在其最高点处从上而下穿过即期利率曲线。最后，如果即期利率曲线向上倾斜，但是先陡峭然后扁平（降低了滚动收益率），那么远期利率曲线就会向下倾斜。下面的计算说明了这一点，并且可以看出，近似估计是比较令人满意的——与图表36B—1中的正确值（10.20—13.07—14.36—13.77）相比仅相差几个基点。

$$f_{1,2} \approx 8.08 + 1 \times (8.08 - 6) = 8.08 + 2.08 = 10.16$$

$$f_{2,3} \approx 9.72 + 2 \times (9.72 - 8.08) = 9.72 + 3.28 = 13.00$$

$$f_{3,4} \approx 10.86 + 3 \times (10.86 - 9.72) = 10.86 + 3.42 = 14.28$$

$$f_{4,5} \approx 11.44 + 4 \times (11.44 - 10.86) = 11.44 + 2.32 = 13.76$$

36.4 关键知识点

- 几种可相互转换的方式均可描画收益率曲线或利率期限结构，包括平价收益率曲线、即期利率曲线以及远期利率曲线。

• 收益率曲线的主要影响因素是市场的利率预期、债券风险溢价和凸性偏差。

• 向上倾斜的收益率曲线要么表明市场预测未来短期利率会上升，要么表明债券风险溢价异常高，或者二者皆有。纯预期理论认为市场预期决定了收益率曲线的波动，而实证证据表明债券风险溢价更重要。而在现实中，二者都很重要。

• 对于债券投资者来说，远期利率是其做盈亏平衡分析（需要多高的收益率来抵消资产的初始收益率优势?）和相对价值分析（如果收益率曲线不变，零息债券的预期收益是多少?）的重要工具。

• 国债分析既可以以久期延长和收益率变化为重点，也可以以久期中性策略和收益率曲线形状的变化为重点。

【注释】

[1] 关于收益率曲线三个影响因素的更多细节，参见 Antti Ilmanen，“Market's Rate Expectations and Forward Rates,” *Journal of Fixed Income*（September 1996），pp. 8-22；Antti Ilmanen，“Does Duration Extension Enhance Long-Term Expected Returns?” *Journal of Fixed Income*（September 1996），pp. 23-36；and Antti Ilmanen，“Convexity Bias in the Yield Curve,” Chapter 3 in Narasimgan Jegadeesh and Bruce Tuckman (eds.)，*Advanced Fixed-Income Valuation Tools*（New York：Wiley，2000）。

[2] 关于收益率曲线交易的多层面分析，如哑铃—子弹形交易等，以及对它们历史行为的经验证据的介绍，参见 Antti Ilmanen and Ray Iwanowski，“Dynamics of the Shape of the Yield Curve,” *Journal of Fixed Income*（September 1997），pp. 47-60；以及本书第 37 章。

[3] 套利活动确保了在分别使用市场即期利率和债券本身的到期收益率来对债券的现金流进行贴现时，得到的现值是非常接近的。然而，由于交易成本及其他市场缺陷的存在，二者之间的价格还是会有一些偏差。换句话说，即期利率期限结构为所有的政府债券提供了一组一致的贴现率，但是所有债券的市场价格并不完全与这些贴现率相一致。由于债券的流动性、息票利率、税收以及供给等方面存在不同，因此相对于即期利率曲线，个别债券可能更贵或更便宜。

[4] 通过在新券收益率（近似平价利率曲线）之间或者零息债券收益率（即期利率曲线）之间插值，可以直接算出这些利率曲线。由于不同资产具有不同的流动性特征，这些曲线可能无法代表广泛的国债市场。因此，平价、即期或远期利率曲线通常是用众多的附息国债价格来进行估算的。有许多不同的曲线拟合技术，但其目标都是找到一条曲线来合理地拟合价格。本章的重点不是收益率曲线的估计，而是如何理解和应用已经估计出来的收益率曲线。

[5] 此外，可以运用今天的即期利率和等式（36—2）来倒推未来任一日期的隐含即期利率曲线及任何到期日的即期利率的隐含未来路径。一定要区分一年后的隐含即期利率曲线（$f_{1,2}$，$f_{1,3}$，$f_{1,4}$，…），即等式（36—2）中 $m=1$ 的特殊情况，与一年期远期利率曲线（$f_{1,2}$，$f_{2,3}$，$f_{3,4}$，…）。前者减去今天的即期利率曲线可以得到远期隐含的收益率变化。（这种用语可能会引起误解，因为这些“隐含的”远期利率曲线/路径不只是反映了未来利率的市场预期。）

[6] 注意，尽管在图表 36—1 中，x 轴表示的每个远期利率的到期日是指最终到期日，但是所有一年期远期利率实际上都是一年到期的。例如，$n-1$ 年和 n 年之间的一年期远期利率的到期日是从今天开始的第 n 年。

[7] 证明参见第 37 章的附录。

[8] 凹形意味着（向上倾斜的）收益率曲线在前端比在后端更加陡峭。把 2 年期债券变成现金的收益损失要大于把 2 年期债券转换成 10 年期债券的收益增加。因此从现金与 10 年期债券组合中获得的收益要低于放弃 2 年期债券的收益损失。

[9] 对于这个问题的详细处理，参见 Ilmanen，“Market's Rate Expectations and Forward Rates，” op. cit.。

[10] 实际的债券风险溢价是根据 1952—2009 年间不同到期日的国债、票据、债券的资产组合的综合平均收益率计算出来的。这一时期没有明显的牛市或者熊市偏见，因为长期收益率在样本期的开始和结束是类似的。而且，样本期通常开始于财政部和美联储协议终止了 10 年的管制（有限额）债券收益率的时候。算术平均收益率会比这些复合平均收益率高一点（在最长的到期日高 0.2%～0.4%）。这一证据请参见 Antti Ilmanen，*Expected Return*（Hoboken，NJ：John Wiley &Sons ，2011）的第 9 章，它讨论了债券溢价，但主要关注这类溢价的前瞻性衡量。

[11] 对不同期限债券间的长期平均收益率差异的讨论参见 Ilmanen，“Does Duration Extension Enhance Long-Term Expected Returns?” op. cit.。对债券间的短期预期收益率差异和债券风险溢价的时间变化的讨论参见 Antti Ilmanen，“Forecasting U.S. Bond Returns，” *Journal of Fixed Income*（June 1997），pp. 22-37。一个更新的研究，Antti Ilmanen，“Stock-Bond Correlations，” *Journal of Fixed Income*（September 2003），pp. 55-56，强调股票—债券的相关性是债券风险溢价的重要决定因素，同时也讨论了其他决定因素。

[12] 凸性程度在债券间有所不同，主要取决于其期权特征和久期。嵌入式卖出期权会使凸性降低。对于没有嵌入期权的债券，凸性以久期的平方迅速上升（见图表 36—4）。久期相同的债券之间也会有凸性的差异。哑铃形头寸（现金流非常分散）比久期匹配的子弹形头寸的凸性更大。原因是收益率上升使哑铃形头寸的较长期现金流的相对权重下降了（因为与短期现金流相比，其现值下降得更多），因此缩短了哑铃形头寸的久期。久期与收益率之间的反向关系会增加哑铃形头寸的凸性：在收益率上升时限制其损失，在收益率下降时增加其收益。在具有相同久期的所有债券中，零息债券的凸性最小，因为它的现金流不是分散的，所以它的麦考利久期不随收益率水平而变化。

[13] 凸性偏差与不同纯预期理论之间的差异密切相关。之前我们提到了一种纯预期理论。实际上，有两种纯预期理论，二者之间并不完全一致。局部预期理论（local-expectations hypothesis，LEH）假定“所有债券在未来一期获得相同的预期收益率”，而无偏预期理论（unbiased-expectations hypothesis，UEH）假定“远期利率等于预期的即期利率”。在图表 36—4（b）中，假设 LEH 成立，那么 UEH 就不完全正确。即使一年期远期利率出现反转，预期未来短期利率仍然是在 8%的水平线上。在收益率方面，LEH 和 UEH 之间的差异就是凸性偏差。

[14] 关于这一问题的详细讨论，参见 Ilmanen，“Convexity Bias in the Yield Curve，” op. cit.。

[15] 我们在另一个研究中说明了如何用调查数据来测度利率预期，如何使用历史收益率数据来估计债券风险溢价，以及如何使用期权价格来推断凸性偏差，参见 Ilmanen，“Market's Rate Expectations and Forward Rates，” op. cit.；Ilmanen，“Does Duration Extension Enhance Long-Term Expected Returns?” op. cit.；以及 Ilmanen，“Convexity Bias in the Yield Curve，” op. cit.。另外，如果人们愿意采用一些期限结构模型，就可以从收益率曲线中估计出所有这三个组成部分。

[16] 一个相关的观点认为，如果债券间的短期预期收益率不相同，就意味着存在**无风险套利机会**（riskless arbitrage opportunities）。这种说法是错误的。的确，如果远期合约是交易性资产，套利力量会使其价格与根据等式（36—2）计算的零息债券的价格一致。然而，套利说本身并没有提到任何决定零息债券价格的经济因素，比如利率预期或风险溢价。1994 年和 1999 年的经验表明，即使长期债券比短期债券有更高的预期收益率，买入长期债券也不是无风险的。

[17] 随着债券老化，它们将沿着向上倾斜的收益率曲线滚动，并且如果收益率曲线保持不变，就能提高滚动收益率（由于收益率变化所得的资本收益率）。债券的滚动收益率或者说水平收益率，既包括初始收益率，也包括收益率曲线不变情况下的下滑收益率。

[18] 如果预期当前的收益率曲线不变，一期远期利率能代表短期预期收益率——尽管由于它忽略

了凸性价值而会导致向下偏差。实证研究表明，假设收益率曲线不变比假设远期利率可以反映期望的未来收益率更现实。从历史上看，当前的即期利率比当前的远期利率能更好地预测未来即期利率，因为平均而言，远期利率所隐含的收益率变化并没有实现。

[19] 有一种策略是利用长期债券的短期收益的可预测性，对这一动态策略的历史业绩的评价参见 Antti Ilmanen, "Forecasting U. S. Bond Returns," *Journal of Fixed Income* (June 1997), pp. 22-37。动态策略一直优于不积极调整投资组合久期的静态策略。

[20] 在 Ilmanen, "Market's Rate Expectations and Forward Rates," op. cit. 以及 Ilmanen and Iwanowski, "Dynamics of the Shape of the Yield Curve," op. cit. 中，我们展示了如何运用远期利率分析来评估类似的投资机会。

[21] 在 Ilmanen, "Market's Rate Expectations and Forward Rates," op. cit. 的附录中更加详细地讨论了这些关系。

第 37 章 收益率曲线交易的分析框架*

安蒂·伊尔马宁（Antti Ilmanen）博士

AQR 资产管理（欧洲）有限合伙公司常务董事

在第 36 章中，我们解释了收益率曲线的形状依赖于三个主要决定因素：市场利率预期、必要的债券风险溢价和凸性偏差。在这一章，我们将解释如何把远期利率（forward rate）曲线分解成这三个决定因素。虽然我们不能直接观察到这些因素，但是这种分解能阐明我们对收益率曲线的思考。

我们的分析还产生了直接应用——它为不可赎回政府债券的相对价值分析提供了一个系统框架。类似于期货价格的分解，任何政府债券头寸的总预期收益率（total expected return）都可以看作以下部分的和：（1）初始收益率；（2）下滑收益率；（3）凸性价值；（4）利率的久期影响。此外，对于在回购市场上“特定”交易的证券和违背正常曲线的以特高价或特低价交易的证券，还需要增加另外一项。

以下观察激发了这种分解。债券的短期预期收益率（near-term expected return）是在给定一条不变的收益率曲线上的水平收益率（horizon return）与收益率曲线的预期变动带来的预期收益率之和。第一项，即水平收益率，也叫作**滚动收益率**（rolling yield），因为它是债券的初始收益率与下滑收益率之和（这是债券获得的主要收益率，因为随着到期日的缩短，它的收益率不断下降，并且“滚动”出一条向上倾斜的收益率曲线）。第二项，即收益率曲线的预期变动带来的预期收益率，可以由久期和凸性效应来估算。如果预期收益率曲线保持不变，久期效应为零，但如果利率预测是基于一个投资者或者经济学家

* 这一章是花旗银行（所罗门兄弟公司）研究报告的修订版本。这份报告及其免责声明仍归花旗银行所有。

的市场观点或者基于一个定量预测模型，久期效应就可能是预期收益率的主要来源。凸性价值总是正的，并且依赖于债券的凸性和收益率变动的感知水平（perceived level）。

我们论证了预期的和历史的相对价值分析都应该关注债券头寸间短期预期收益率的差异，而不是关注其收益率利差。前一种方法更加全面，因为它们考虑了预期收益率的所有来源。此外，它们为评估所有类型的政府债券头寸提供了一个连续框架。利用实际例子，我们还说明了不同的预期收益率度量是如何计算的，我们的相对价值分析框架是如何与比较出名的情景分析（scenario analysis）相关联的。

37.1 远期利率及其决定因素

第 36 章表明，收益率曲线可以利用平价利率、即期利率或者远期利率表示方法。不论使用何种表示方法，收益率曲线都有三个主要决定因素，接下来我们将对其进行讨论。

□主要决定因素如何影响收益率曲线的形状?

这里我们将描述市场利率预期、必要的债券风险溢价[1]和凸性偏差如何影响利率期限结构。市场利率预期认为未来利率行为可能是今天的期限结构的最重要的影响因素。对收益率平行增加的预期往往使今天的期限结构线性向上倾斜，对收益率下降的预期往往使今天的期限结构线性向下倾斜。预期未来曲线呈扁平状则会导致今天的即期利率曲线和远期利率曲线是凹的（是到期日的函数），预期未来曲线呈陡峭状则会导致今天的即期利率和远期利率曲线是凸的。[2]这些是事实，但是这些关系背后的直觉是什么呢?

传统的直觉基于纯预期假设。在缺乏风险溢价和凸性偏差的情形下，长期利率相当于在长期债券期限内的所有预期短期利率的平均数。如果预期短期利率上升，那么预期的未来平均短期利率（即长期利率）会比现在的短期利率高，使得今天的期限结构向上倾斜。相似的逻辑可以解释为什么预期利率下降会使得今天的期限结构向下倾斜。然而，这一逻辑对于市场有关未来曲线重塑的期望和今天的期限结构的曲率之间的关系只给出了很少的见解。

对于纯预期假设的另一个视角可能会提供更好的直觉。缺乏风险溢价意味着与到期日无关的所有债券有着相同的短期预期收益。回忆一下，债券的持有期回报等于初始收益与收益变化造成的资本收益/损失的和。因此，如果所有的债券都有相同的预期收益，债券间的初始收益的差异必须抵消任何期望的资本增值/损失。同样地，有期望资本增值的任何债券资产组合相对于无风险资产必须有收益率劣势（yield disadvantage）。如果投资者因为利率下降而预期长期债券增值，那么对于长期债券，他们就要接受比短期债券更低的初始收益。相反，如果投资者因为利率提高而预期长期债券价值受损，那么对于长期债券，他们就要求比短期债券更高的初始收益，使得今天的即期利率曲线和远期利率曲线向上倾斜。同样地，如果投资者因为未来曲线扁平化而预期扁平曲线头寸来获得资本增值，他们就会为他们的头寸接受更低的初始收益。在这种情况下，相对于期限匹配的一次性还本付息债券，哑铃形债券将会有更低的收益（使它们的短期预期收益相等），使得今天的即期利率曲线和远期利率曲线呈凹形。相反的逻辑把市场预期曲线陡峭与凸形的即期利率曲线和远期利率曲线联系起来。

上述分析假定所有的债券头寸拥有相同的短期预期收益。实际上，相对于持有短期债券，投资者为持有长期债券要求更高的回报。很多承认债券风险溢价的模型假设它们随着持续时间（或者收益率波幅）线性提高，并且不随时间推移而改变。经验证据反驳了这两个假设。[3]历史平均收益在曲线的前端随着持续期大幅度提高，但是超过中间持续期后变化适度。因此平均来说，债券风险溢价使得期限结构向上倾斜并且呈凹形。此外，有可能预测到必要的债券风险溢价在什么时候是反常地高或低。所以债券风险溢价的时间变化会导致期限结构形状的显著变化。

凸性偏差（convexity bias）是指债券的价格/收益率曲线的非线性对于期限结构的影响。这种影响在期初很小，但是在很长期限内会很重要。一条正凸性价格/收益率曲线有这样的特征：比起收益率提高相同幅度引起的价格下降，既定收益率下降使债券价格提高更多。在其他条件相同的情形下，这一特征使高凸性债券比低凸性债券更有价值，尤其当波动性很大时。从而，投资者倾向于为更凸的债券接受更低的初始收益，因为它们有由凸性带来的提高收益的可能。因为长期债券比短期债券显示出更大的凸性，所以它会有更低的收益率，并且提供相同的短期预期收益。那么，如果缺乏债券风险溢价，凸性偏差会使期限结构变成反向的。如果存在正的债券风险溢价，凸性偏差会使期限结构隆起（humped）——因为只有在很长期限内凸性偏差的负效应才会超过债券风险溢价的正效应。利率波动性的提高会使偏差增强，从而导致期限结构更加隆起。

这三个决定因素同时影响期限结构的形状，这使得很难区分它们各自的效应。纵使存在普遍误解，期限结构的形状也不只是反映了市场利率预期。只有当债券风险溢价和凸性偏差可以忽略时，远期利率才是对市场利率预期的有效测量。但是几乎不存在这种情况，即使曲线形状的短期波动在很大程度上反映了市场关于远期水平和曲线形状的变动预期。既定日子里的曲线陡度主要依赖于市场对利率方向的看法，但是在长期，基本上没有正利率和负利率预期的影响。因此，收益率曲线的平均向上倾斜水平主要归功于正的债券风险溢价。期限结构的曲度反映了所有这三个部分。在既定日子里，如果市场参与者对未来曲线的扁平化或者较高的未来波动性有很强的预期，即期利率曲线就会是凹的（隆起）。在长期，应该忽略重塑预期，期限结构的平均凹形形状反映了风险溢价曲线的凹性和凸性偏差。

□把远期利率分解成它们的主要决定因素

在概念上，任一期的远期利率都可以分解成三部分：利率预期影响、债券风险溢价和凸性偏差。到目前为止这种说法只是一种主张（assertion）。在这一小节我们将直观地阐明为什么远期利率和它们的主要决定因素之间存在这种关系。我们在附录37A中提供了一个更正式的推导（我们考虑到了这一实际——分析不是瞬时的，在投资资本增长的离散范围内会发生收益率变化）。在附录37B中，通过总结有关远期利率的不同说法，厘清这些说法之间的关系，我们把一些松的字符串结合在了一起。

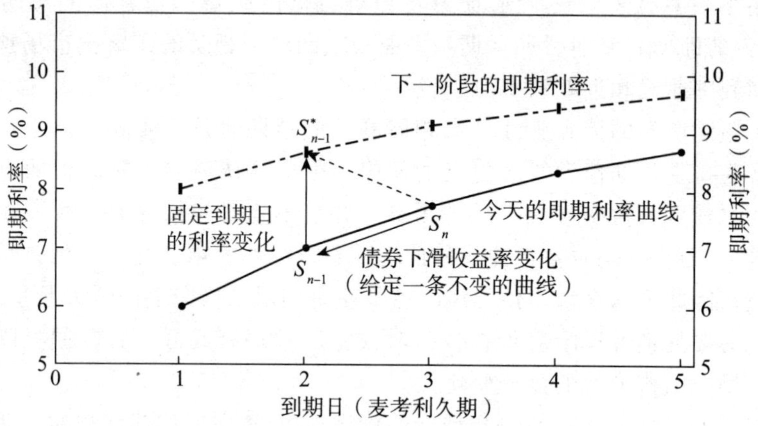

图表 37—1　把零息票债券一期收益率变化分解为两部分

图表 37—1 表明 n 年期零息票债券的一期收益率变化（虚线箭头）如何分解成下滑收益率变化和 $n-1$ 年期固定到期日即期利率 s_{n-1}（$\Delta s_{n-1}=s^*_{n-1}-s_{n-1}$）一期变化（两个实心箭头）。[4]零息票债券的价格可以按相似的方法进行分解（见附录 37A）。那么 n 年期零息票债券在下一期的持有期收益 h_n 是：

$$
\begin{aligned}
h_n &= \text{曲线没有改变带来的收益}+\text{曲线发生改变带来的收益}\\
&= \text{滚动收益率}+\text{价格变化百分比（水平值）}\\
&\approx \text{一期远期利率}+[(-\text{久期}\times\Delta s_{n-1})+(0.5\times\text{凸性}\times\Delta s_{n-1})^2] \qquad (37—1)
\end{aligned}
$$

等式（37—1）以下述关系为基础。首先，给定一条不变的收益率曲线，债券的一期水平收益率叫作滚动收益率。零息票债券的滚动收益率等于一期远期利率（$f_{n-1,\,n}$）。例如，如果四年（五年）期固定期限利率在下一年中保持 9.5%（10%）水平不变，今天以 10%购买的五年期零息票债券可以在下一年当作四年期零息票债券以 9.5%卖出，那么债券的水平收益率就是 $(1.10)^5/(1.095)^4-1=0.1202=12.02\%$，这是四年期和五年期期限间的一年远期利率［见附录 37B 中的等式（37—11）］。零息票债券的持有期收益率的第二个来源——由收益率曲线移动造成的价格变化——可以由久期和凸性效应近似计算，但是收益率曲线会发生很大的移动。

把远期利率与预期收益率和期望利率变化联系起来比与实际利率变化联系起来更有趣。对等式（37—1）两边取期望，把债券的预期持有期收益率分解为短期利率和债券风险溢价，回忆 $E(\Delta s_{n-1})^2\approx[\mathrm{vol}(\Delta s_{n-1})]^2$。然后重新整理等式，把一期远期利率表示为其他项的和：

$$\text{远期利率}\approx\text{短期利率}+\text{久期}\times E(\Delta s_{n-1})+\text{债券风险溢价}+\text{凸性偏差} \qquad (37-2)$$

其中，债券风险溢价 $=E(h_n-s_1)$，凸性偏差 $\approx -0.5\times\text{凸性}\times[\mathrm{vol}(\Delta s_{n-1})]^2$。

如果把短期利率移到等式的左边，我们就把“远期—即期溢价”（$f_{n-1,\,n}-s_1$）分解为期望利率项、风险溢价项和凸性项［见附录 37A 中的等式（37—10）］。我们把等式

（37—2）的期望理解为市场利率和波动性的期望以及市场为持有长期债券所要求的预期风险溢价。市场预期是单个市场参与者预期的平均值。

一些读者可能会疑惑，为什么我们的分析涉及远期利率，而不涉及更熟悉的平价利率和即期利率？原因是一期远期利率的简单性。一期远期利率是期限结构分析的最基本单元，是现金流一个阶段的贴现率。即期利率是现金流在多个阶段的平均贴现率，而平价利率是许多现金流——包含平价债券——在多个阶段的平均贴现率。这些平均化使得对即期利率和平价利率的分解比一期远期利率在等式（37—2）中的分解更加难以处理。然而，因为即期利率和平价利率是一期远期利率的综合平均（complex averages），所以它们也可以分解为三个主要决定因素。

因为等式（37—2）的近似分解是通过数学推导得到的，没有使用特殊的经济假设，因此一般来说它是正确的。然而，实际上很难进行这种分解，因为组成部分不可观察，且随着时间推移而变化。对于这一分解需要更多的假设或者替代。在图表 37—2 中，我们利用历史平均收益率计算债券风险溢价，利用历史利率波动性计算凸性偏差——结合观察到的市场远期利率（到 2004 年 4 月为止）——消掉等式（37—2）中的唯一未知项：期望的即期利率变化乘以久期（expected spot-rate change times duration）。我们也可以把久期这一项分解成对市场利率预期的推断。等式（37—2）中我们消掉的利率预期表明，市场预期提高了短期利率，但是降低了所隐含的远期利率。

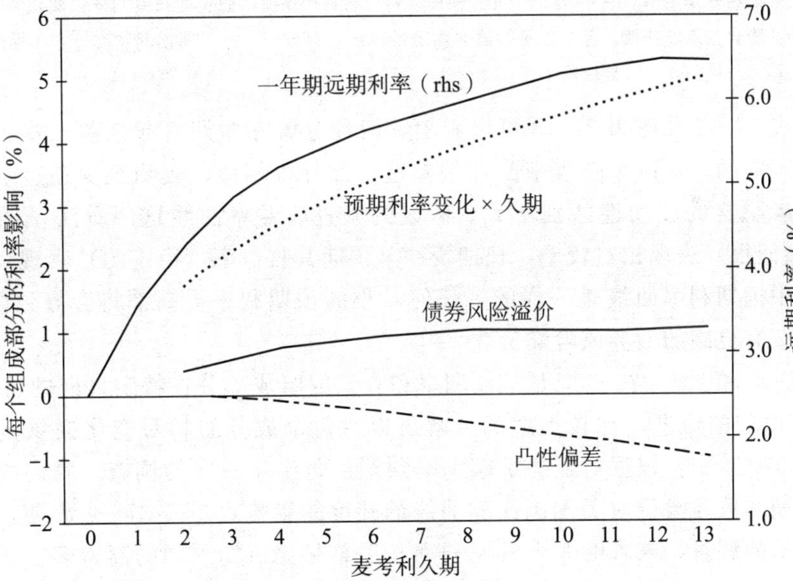

图表 37—2　利用历史平均风险溢价和波动性分解远期利率

注：一年期远期利率以 2004 年 4 月的美元互换曲线为基础。债券风险溢价以 1972—2001 年间多样化期限债券组合（various maturity-subsector bond portfolio）的历史算术平均收益率为基础，用超过无风险利率的一年期收益率表示。凸性偏差以 2004 年多样化期限互换（various maturity swaps）的历史波动性为基础，从而每个久期的利率期望项作为差——一年期远期利率－一年期即期利率－债券风险溢价－凸性偏差——被消掉了。

如果债券风险溢价随着时间的推移而改变，使用历史平均风险溢价就可能会产生误导。另一种方法是，我们可以使用调查数据或者基于定量预测模型的利率预期来代替市场利率预期。在图表 37—3 中，我们使用了假设的一致（consensus）利率预测，其预测熊市走平（收益率在两年期限中提高了 100 个基点，在 10 年期限中提高了 20 个基点）。此外，我们使用互换价格间的隐含波动性（implied volatilities）来计算凸性偏差。这些组成部分可以与一年期远期利率一起使用来取消对不可观察的债券风险溢价的估计。

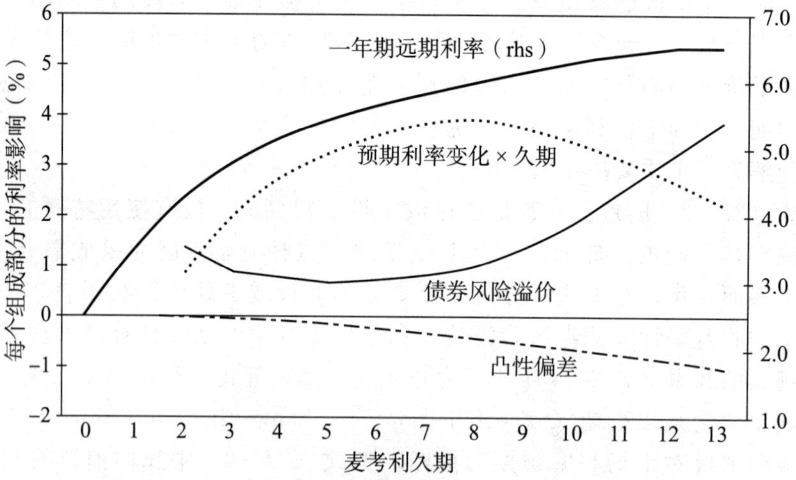

图表 37—3　利用假设的调查利率预期和隐含波动性分解远期利率

注：一年期远期利率基于 2004 年 4 月的美元互换曲线。市场利率预期由假设的一致利率预测代替。凸性偏差基于来自互换价格的隐含基点波动性。每个久期的债券风险溢价项作为差——一年期远期利率——一年期即期利率－预期利率变化×久期—凸性偏差——被取消了。

比较图表 37—2 和图表 37—3 可以看出，两种分解在短期看起来差不多，但是在中期和长期是不同的。这两个图表中凸性偏差这一部分很相似，表明至少在这个例子中使用历史的或者隐含的波动性区别不大。假设的调查收益率曲线这一看法说明中期资产（低预期超额回报）表现相对较差，长期资产（预期其收益率是稳定的）表现良好。因为在两个图表中远期利率曲线是一样的，任何微小的预期利率提高都将会导致图表 37—3 比图表 37—2 有更高的债券风险溢价。[5]

图表 37—2 和图表 37—3 只是远期利率和它们的组成部分在特定日期的特写（snapshot）。随着时间的流逝，比较类似的分解可以对每个成分的相对变化提供更深刻的见解。在图表 37—4 中，根据对经济学家利率预期的每半年一次的调查，我们尝试着说明改变利率预期和风险溢价对美国国库券曲线的陡度的影响。图表 37—4 表明，根据对债券市场分析员的调查，未来的 3 个月期利率几乎总是比市场预期的高得多。这个差别与长期债券要求的超过短期债券的风险溢价成比例关系（因为债券呈现出微不足道的凸性，可以忽略其影响）。这一差别随着时间的推移显著变化。

在图表 37—4 中，基于调查的债券风险溢价的时间变动在经济上是有道理的。从 20 世纪 80 年代早期到 90 年代晚期，其非周期性的下降可能反映了通货膨胀期望和水平依赖的通货膨胀不确定性的下降趋势。除了更低的通货膨胀风险溢价外，提高财政信心可能导致这一下降趋势。债券风险溢价也表现出了周期性波动，这与一致的利率预测方向从而与中央银行的收紧政策和减轻周期（policy tightening and easing cycles）相关。最后，债券风险溢价在 1998 年末的“逃向高质量资产”（flight to quality）时期转为负值，无疑反映了政府债券作为安全资产的角色。[6]

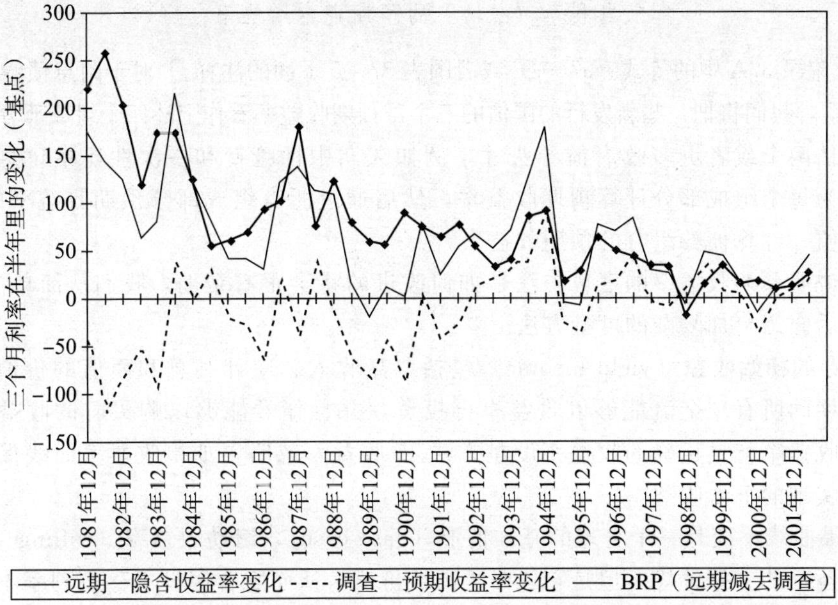

图表 37—4　1981—2002 年间短期国库券市场中远期—隐含收益率变化 VS 调查—预期收益率变化

注：远期—隐含收益率变化是隐含 3 个月期利率的半年远期利率（$f_{0.5,0.75}$）与基于市场数据（国债收益率曲线）的当前 3 个月期利率（$s_{0.25}$）的差。调查—预期收益率变化是 3 个月期利率半年前的期望值[$E(s_{0.25})$]与当前 3 个月期利率的差，市场利率预期由《华尔街日报》对经济学家预期的每半年一次的调查中值替代。远期—隐含收益率变化与调查—预期收益率变化的差和债券风险溢价成比例关系。

37.2　分解债券头寸的预期收益率

我们分解收益率曲线的框架也为有确定现金流的政府债券的相对价值系统分析提供了框架。我们可以综合利用简单且直观的因素来评估所有债券头寸的预期收益率。我们强调相对价值分析应该基于短期预期收益率差，而不是收益率利差，后者只是前者的一部分。也就是说，总收益率的投资者应该更多地关心预期收益率，而不是收益率。从而，我们的方法向固定收益投资者推荐了均值—方差分析，即根据预期收益率和收益率波幅来评估多种头寸。

□预期收益率的五种不同度量方法

等式（37—1）表明，零息票债券的持有期收益率是收益率曲线没有改变带来的收益率与收益率曲线发生改变带来的收益率之和。收益率曲线没有改变时的收益率叫作滚动收益率，因为它是零息票债券收益率与下滑收益率的和。收益率曲线发生改变带来的收益率可以由久期和凸性效应来估算。对等式（37—1）两边取期望，把滚动收益率分为初始收益率和下滑收益率，零息票债券的短期预期收益率是：

预期收益率＝初始收益率＋下滑收益率＋凸性价值
＋来自利率“立场”的预期资本增值率

[详见附录37A中的等式（37—8）或者图表37—5下面的注释。] 对于附息债券也能得到类似的关系，我们将把一些新发行的国债的三个月预期收益率看作上述四个组成部分的和。[7]

当评估两个或者更多政府债券头寸，例如久期中性哑铃和一次性还本付息债券时，我们首先为每个组成部分计算预期收益率，然后通过所有组成部分预期收益率的加权平均市场价值，计算债券组合的预期收益率。

逐步说明预期收益率的度量方法是如何改进的将会很有帮助，我们从简单的收益率开始，然后介绍更加复杂的度量方法。

- 债券的**初始收益**（yield income）包括票息收入、应计利息和面值的价值增值/摊销。如果期间所有现金流能够以收益率再投资，并且债券能够以购买时的收益率售出，那么到期收益率就是正确的收益率度量方法。[8] 收益率忽略了如果收益率曲线保持不变，债券所能实现的下滑收益率。
- 如果曲线不变是一个合理的基准情形（base case），**滚动收益率**（rolling yield）就是预期收益率的更好替代。但是它忽略了凸性价值，从而隐含假设不存在利率不确定性。因此，如果预期没有曲线变动并且没有波动，就用滚动收益率来度量预期收益率。
- 滚动收益率和凸性价值相结合进一步改进了预期收益率的度量。可以说明，这是因为债券的凸性调整预期收益率等于滚动收益率和凸性价值的和。这种方法承认了利率不确定性的影响，但暗示收益率曲线是预期不变的。[9] 经验证据表明，不变的收益率曲线常常是一个合理的基本“观点”。[10]
- 如果投资者愿意，他们可以用其他一些利率（或利差）“观点”来代替不变曲线的预测。一种可能是使用对市场当前利率预测的调查信息，这种方法对取消每只债券的市场必要收益率可能是有用的。另外，投资者可以忽略市场观点，加入他们自己的利率观点或者一个经济学家的主观利率预测或者从一些定量模型得到的利率预测。[11] 任一利率观点的影响都可以由根据久期比例改变的预期收益率来估算［见附录37A中的等式（37—10）］，这可以加入凸性调整预期收益率中。合计提供给我们对“预期收益率”的一个看法——在等式（37—3）中度量的四项预期收益率。然而，这个等式只有位于拟合曲线的债券才是对预期收益率的完美描述。之前的相对价值度量方法忽略了“局部”或者相对于曲线债券特有的高价或低价。
- 很多技术因素可以使得特殊债券具有“局部”高价或低价（相对于相邻期限债券），或者它们可以使整个期限相对于拟合曲线昂贵或廉价。这些因素包括供给效应（由新保险引起的对某个部分产生的暂时价格压力）、需求效应（期限约束或重要市场参与者的偏好——例如，季末债券的高价）、流动性效应（新发行的债券与过去发行的债券相比、10年期债券与8年期债券相比、短期国库券与久期错配的附息债券相比有更低的交易费用，等等）、息票效应（由税收津贴、会计准则等激发），最重要的是融资效应（financing effect）（对新发行的债券来说很普遍的“特殊”回购收入）。[12] 幸运的是，很容易在四项预期收益率度量基础上增加融资效应以及两个局部最低价的度量——拟合曲线的利差下降以及对拟合曲线的预期降价。五项预期收益率的度量是对总预期收益率的综合度量——忽略了小的估算误差，它们结合了不可赎回政府债券的预期收益率的所有来源。[13]

作为一个数值描述，图表 37—5 显示了三种债券（3 个月期短期国库券、5 年期和 10 年期新发行的中期国债）和 3 个月期债券与 10 年期债券的哑铃组合的多种预期收益率度量方法。在这个例子中我们尽可能多地使用基于市场的数据，比如，非历史的隐含波动性，来估计凸性价值和基于市场利率预期的调查证据而不是定量预测模型的“观点”（利率预测）。所有数字都是 2004 年 4 月 22 日的市场价格。

图表 37—5 上半部分说明了预期收益率的不同组成部分可以多么完美地加总在一起。此外，哑铃的预期收益率度量只是它的组成部分的预期收益率的市场价值的加权平均。在这个例子中，长期债券的收入、下滑收益率和凸性价值都比较高。相反，市场利率观点的久期影响是负的，因为一致预测表明，市场预测下一季度利率会提高。5 年期和 10 年期国债的局部高价/低价效应是正的，原因是负的收益率利差和期望降价不足以抵消高的回购市场优势。根据“无观点”（viewless）预期收益率度量，5 年期一次性还本付息债券比哑铃形债券更有吸引力，这可归因于它的持有和下滑优势。然而，如果我们强加一个扁平曲线的一致观点（与 10 年期利率提高 20 个基点相比，5 年期利率提高 30 个基点），各种预期收益率度量方法就会偏好哑铃形债券，而不是一次性还本付息债券。

图表 37—5　　2004 年 4 月 3 个月期预期收益率度量及其组成部分（%）

期限	0.25	5	10	哑铃
初始收益率	**0.259**	**0.881**	**1.128**	**0.742**
＋下滑收益率	0.000	0.321	0.281	0.156
＝滚动收益率	**0.259**	**1.203**	**1.409**	**0.898**
＋凸性价值	0.000	0.047	0.129	0.072
＝凸性调整预期收益率	**0.259**	**1.250**	**1.538**	**0.970**
＋“观点”的久期影响	0.000	−1.315	−1.579	−0.879
＝有观点的预期收益率	**0.259**	**−0.065**	**−0.041**	**0.092**
＋总的局部高价/低价影响	0.000	0.023	0.010	0.006
＝总预期收益率	**0.259**	**−0.042**	**−0.031**	**0.097**
背景资料				
票面收益率	1.05	3.59	4.600	NA
下滑收益率变化	NA	−0.074	−0.036	NA
现在的久期	0.249	4.54	7.94	4.53
水平久期	0.000	4.33	7.79	4.33
现在的凸性	0.002	0.24	0.76	0.42
水平凸性	0.000	0.22	0.73	0.40
收益率波动性	NA	0.656	0.592	NA

续前表

期限	0.25	5	10	哑铃
收益率变动"观点"	+0.20	+0.30	+0.20	NA
新发行债券的收益率	1.00	3.56	4.46	NA
融资优势	NA	0.175	0.225	0.13
面值曲线的利差	NA	−0.007	−0.035	−0.02
预期降价收益率	NA	−0.145	−0.180	−0.10

注：NA 表示无数据。哑铃是 0.56 单位 10 年期平价债券和 0.44 单位 3 月期债券的组合；它们衡量了哑铃与 5 年期一次性还本付息平价债券的久期错配。如果它能以收益率售出并且任何现金流都能以收益率进行再投资，收入是平价债券在 3 个月内的回报。根据花旗银行国库券的平价收益率曲线模型，收益每半年以复利计算。下滑收益是债券从下滑收益变化中得到的资本增值。下滑收益率是给定不变的收益率曲线下债券的水平收益率。凸性价值可以由 0.5×水平凸性×(收益率波动性)^2×(1+滚动收益率/100) 近似计算，其中收益率波动性是水平的 3 个月基点收益率波幅。后者是通过用收益值乘以新发行债券的相对收益率波动性——基于这只债券附带的 3 个月 OTC 期权价格的隐含波动性——并且除以 2 计算出来的。对于 3 年期债券，我们取新发行的 2 年期和 5 年期债券的隐含波动性之间的差值。有观点的预期收益率是 (−水平久期)×(固定期限利率在 3 个月内的期望变化)×(1+滚动收益率/100)。在这个例子中，根据一致预测报告，"观点"反映了市场收益率曲线预期。"有观点的预期收益率"度量了假设的完全符合模型曲线的平价债券的预期收益率，忽略了实际债券的任何局部低价或者融资优势。我们可以给这个四项度量增加第五个组成部分，即总的局部高价/低价效应 (total local rich/cheap effect)。它是特定债券收益率的三个附加来源的和：(1) 融资优势，即一般担保品的 3 月期回购利率和新发行债券的 3 个月特殊期限回购利率的差，再除以 4；(2) 新发行债券收益率和模型化平价收益率之间的利率差，除以 4；(3) 当它丧失了新发行债券的高价时，债券期望降价。

图表 37—6 描绘了三种债券期限的五条不同的预期收益率曲线。在这里，由于在收益率曲线重塑上强烈的熊市走平观点，最简单的预期收益率度量（收入）和最全面的度量（总预期收益率）看起来非常不同。一般而言，在图表 37—5 中五种组成部分的相对重要性可能会显著不同。资产久期越长，投资水平越短，久期影响的相对重要性越大，

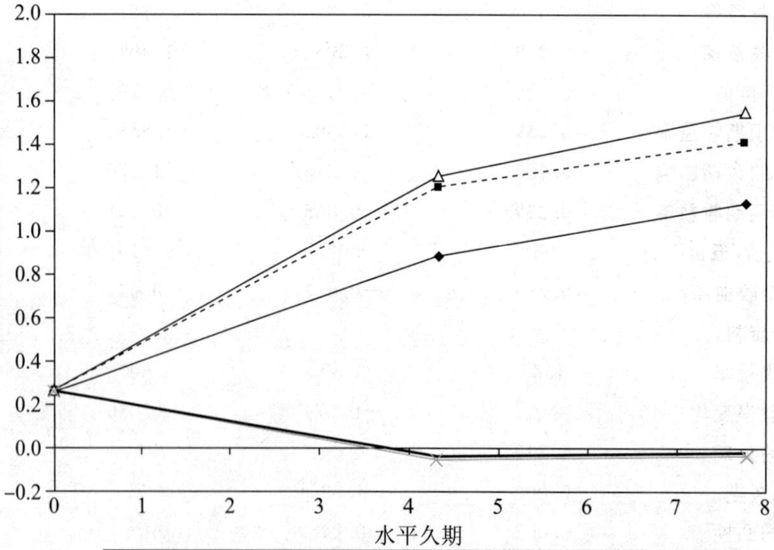

图表 37—6　3 个月期债券、5 年期债券和 10 年期债券在 2004 年 4 月的预期收益率

收入影响的重要性则越小。值得一提的是，实际收益率可以和预期收益率一样进行分解，久期影响甚至在实际收益率中占主要地位。[14]

如果仔细估计，总预期收益率应该对相对价值分析产生最有用的信号。收益率利差可能是有用的信号，但它们仅仅是其中的一部分。因此，我们提倡监督更广泛的预期收益率度量方法相对于它们作为低价指标的历史——正如监督相对于它们的历史的收益率利差。

上面讨论的预期收益率的组成部分不是最新的。然而，很少有投资者把这些组成部分组合成一个整体框架，他们的历史分析也没有以广泛的预期收益率度量为根据。这个框架的另一个有用特征是在该框架内可以连续地分析所有类型的政府债券交易：投资组合持续期决策（市场指向观点），期限一部门头寸和哑铃形债券一一次性还本付息债券决策（曲线重塑观点），个人问题选择（部分低价观点）。如果做一点修改，该框架可以拓展至包含货币对冲的政府债券头寸的跨国分析。其他可能的未来拓展包括外汇风险分析以及政府债券和其他固定收益资产的价差头寸分析。

我们以一些保留观点结束。尽管两个投资者使用相同的普通框架和相同类型的预期收益率度量方法，他们可能提供不同的数据，因为他们使用了不同的数据来源和不同的估计技术。利用任何原始资料都可以进行整体分析，我们强调高质量投入要素的重要性。原始资料的不同候选包括新发行和过去发行的政府债券、资产剥离证券、欧洲存款、互换和欧洲存款期货。[当然，这种多样化开启了曲线之间交易的可能性，如果我们能估计多个特征（比如，凸性）在每条曲线上是如何标志的。] 最普遍的方法是首先把众多附息政府债券当作原始资料来估计即期利率曲线（或贴现函数），然后计算远期利率和其他相关数值。在欧洲债券市场中，流动互换曲线（把欧洲存款和互换现金当作原始材料）获得了更大的基准地位。当然，在互换曲线和政府债券收益率曲线之间可能存在着一些与信用和税收相关的利差。最近，另一种方法变得流行起来：把欧洲存款远期价格当作原始材料。在这个例子中，用调节期货合约和远期合约之间的凸性差来计算远期利率，只有那时才能从远期中得到零息票利率曲线。期望合约的一些组成部分比其他部分要容易度量且争议较少。收入是相对明确的。下滑收益率和局部高价/低价效应依赖于曲线拟合技术。凸性价值依赖于波幅，从而依赖于波动估计技术。利率“观点”，第四项，可以根据依靠基本分析或技术分析的不同方法，例如定量模型或者主观预测。即使是定量方法也不纯粹客观，因为存在无限多的其他预测模型和估计技术。当然，预测利率变化作为具有最大潜在回报和风险的任务，同时也是最艰巨的任务。预测收益率利差变化可能也会很困难。多数债券头寸的短期收益主要依赖于久期影响（利率变化或者利差变化）。然而，即使投资者不能预测到利率变化，在长期中他们也可能获得超额回报——以及低波动性——通过系统地利用债券间预期收益率差别的更加稳定的来源：初始收益率、下滑收益率、凸性价值和局部高价/低价效应。更一般地，比起收益率利差，尽管总预期收益率利差在理论上是更好的相对价值指标，但是实际上，所得到的测量误差会对它们产生噪声，从而它们会给出错误信号。因此，检查历史数据是很重要的，任何根据推测得到的超额相对价值工具可能都增强了投资绩效，至少在过去是这样的。

□连接到情景分析

很多根据主观收益率曲线观点来做投资决策的积极投资者（active investor）经常会使用情景分析。我们的相对价值分析框架与情景分析有紧密关系。更深入地探究这种关系可能是值得的。

一个投资者可以按两个步骤进行不可赎回政府债券的情景分析。首先，投资者在给定水平上确定一些收益率曲线情景，在每种情景下计算债券组合——或者可能只是某个特定交易——的总收益率。然后，投资者给不同的情景分配主观概率，给投资组合计算概率加权预期收益率。有时候第二步并没有完成，投资者只是定性研究投资组合在每种情景下的表现。然而，我们提倡进行这一步骤，因为投资者可以从中得到有价值的见识。特别地，概率加权预期收益率是总收益率管理者应该关心的“底线”值。通过给不同情景分配概率，投资者也可以明确地取消他们对收益率曲线重塑和收益率波动性及相关性的隐含观点。

在情景分析中，投资者可以通过选择一个情景集合并且分配概率来含蓄地定义平均的收益率曲线观点和波动性观点。相反，我们的相对价值分析框架明显地阐明了收益率曲线观点（与概率加权平均收益率曲线情景一致）和波动性观点（与收益率曲线分布情景一致）。不管怎样，收益率曲线观点决定了久期影响，波动性观点决定了凸性价值。

图表 37—7 列出了一个包含五个相同权重的零息票债券的投资组合，其 1～5 年（每年复利）的收益率为 6%～7%。该投资组合的期限——及其麦考利久期——起初是 3 年。在某一水平上，每个零息票债券的期限缩短一年。我们在该水平上确定五个不同的收益率曲线情景：平行移动＋100个基点，平行移动－100 个基点，没有变化，与扁平曲线结合的收益率提高，与陡峭曲线结合的收益率降低（见图表 37—8）。我们计算每个资产和每个投资组合在每种情景下的一年持有期收益率。特别地，中间情景显示了如果收益率曲线保持不变，每个零息票债券获得的滚动收益率。我们可以分别估计每种情景。然而，这种分析限制了我们的见识——比如，图表 37—7 中最后一列只是表明看跌情况会比看涨情况产生更低的投资组合收益率。

图表 37—7　　情景分析和预期收益率

	债券					投资组合
初始期限	1	2	3	4	5	3
水平期限	0	1	2	3	4	2
初始收益率	6.00%	6.25%	6.50%	6.75%	7.00%	
收益率变化情景 （1～5 年固定期限利率）						
熊市	1.00	1.00	1.00	1.00	1.00	
牛市	－1.00	－1.00	－1.00	－1.00	－1.00	

续前表

	债券投资组合					
中间	0.00	0.00	0.00	0.00	0.00	
熊市走平	1.00	0.875	0.75	0.625	0.50	
牛市陡峭	−0.50	−0.375	−0.25	−0.125	0.00	
在每种情景下的一年期收益率						
熊市	6.00	5.51	5.02	4.53	4.05	5.02
牛市	6.00	7.51	9.04	10.59	12.15	9.06
中间	6.00	6.50	7.00	7.50	8.01	7.00
熊市走平	6.00	5.51	5.26	5.26	5.51	5.51
牛市陡峭	6.00	7.01	7.76	8.26	8.51	7.51
分配相同概率						
每种情景（0.2）且取消各种统计数据						
收益率均值	6.00	6.41	6.82	7.23	7.65	6.82
收益率波动率	0.00	0.80	1.52	2.17	2.78	1.45
收益率变化均值	0.10	0.10	0.10	0.10	0.10	
收益率变化波动率	0.80	0.76	0.72	0.69	0.66	

相反，如果我们给每种情景分配概率，就可以取消很多潜在利率。我们开始给出一个简单的例子，其中我们只使用了前两种情景：向上或者向下平行移动 100 个基点。我们给这两个情景分配相同的概率（0.5），投资组合的预期收益率是 7.04%（＝0.5×5.02＋0.5×9.06）。平均而言，这些情景没有考虑曲线变化，这个预期收益率就比给定曲线不变情形下的投资组合预期收益率（也就是在中间情景下计算得到的 7%）高了 4 个基点。这个差异反映了凸性价值。如果我们只使用一个情景，就隐含假定零波动性，这会导致正凸债券头寸的预期收益率估计的向下偏差。如果我们使用前两种情景（看跌和看涨），就隐含假定了 100 个基点的收益率波动；这个假定可能合理也可能不合理，但是它肯定比零波动要更合理。这个例子强调了使用多种情景来识别凸性价值的重要性。（然而，在这里这个值很小，因为我们关注的是只有小的凸性的短期资产。）

现在我们回到图表 37—8 中有五种收益率曲线情景的例子。作为一个例子，我们给每种情景分配相同的概率（$p_i=0.2$）。很容易计算投资组合的概率加权预期收益率：

$$E(h_p)=\sum_{i=1}^{5}p_i\times h_i=0.2\times(5.02+9.06+7.00+5.51+7.51)$$
$$=6.82 \tag{37—3}$$

给定这些概率，我们可以计算每种资产的预期收益率，还可能取消隐含的收益率曲线观点。图表 37—7 的下半部分表明对每个利率来说，情景间的平均收益率变化是 10 个基点（因为在这个例子中熊市走平和牛市陡峭情景在数量上是很不对称的），意味着一个温和的看跌偏差，但没有隐含曲线陡峭的观点。另外，通过度量在每种情景下收益率变动结果偏离均值的大小，我们可以取消隐含的基点收益率波动。这些收益率波动水平是凸性价值的重要决定因素。图表 37—7 中的最后一行表明波动性范围是从 80 个基点到 66 个基点，意味着一个反向的波动性期限结构。最后，我们可以计算多种期限收益率变化间的隐含相关系数；五种情景间的曲线行为是如此相似，以致所有相关系数都是 0.92 或者更高（没有列出来）。注意到如果只使用前三种情景，相关系数等于 1.00；熊市走平和牛市陡峭情景的不完全相关系数会提高。

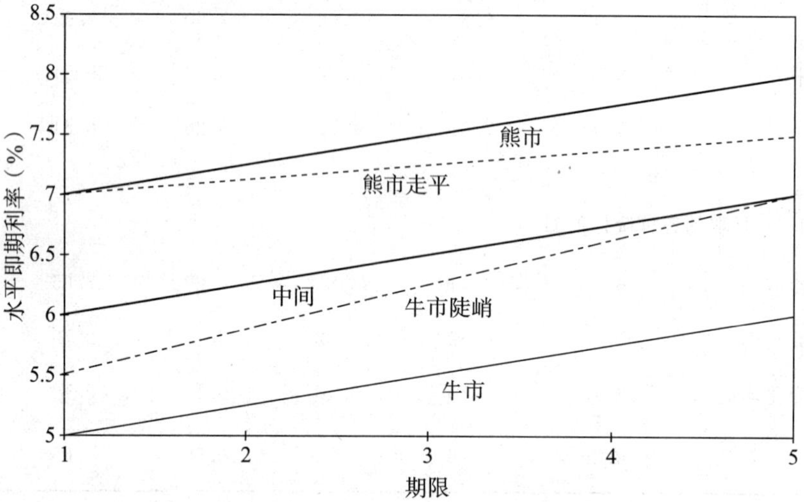

图表 37—8　不同收益率曲线情景

投资者在任何时候使用情景分析都应该取消这些隐含曲线的观点、波动性和相关系数——并且检查哪种偏差是合理的且与他自己的观点一致。不给每种情景分配概率就不能完成这一步骤；投资者在其分析中就可能忽视隐藏的偏差，例如偏差曲线的观点，以及使得正凸头寸显得更好或更差的很高或很低的隐含波动性假设。如果投资者使用量化工具——例如情景分析、均值—方差优化或者这一章概述的方法——来估计预期收益率，他们应该认识到在这个过程中他们的利率观点的重要性。较强的主观观点会使任何特定头寸显得有吸引力。因此，投资者应该有纪律和能力来充分意识到投入量化工具中的观点。

除隐含曲线观点之外，我们还取消了之前讨论过的预期收益率的四个组成部分。在这个例子中，我们只分析了“在曲线上”的债券，从而会忽视第五个组成部分——局部高价/低价效应。第一，我们度量了由五个零息票债券的市场价值加权平均收益率组成的投资组合的收益率，等于 6.50%。第二，每个资产的滚动收益率是给定不变收益率曲线下的水平收益率和初始收益率的差额。图表 37—7 表明在中间情景下投资组合的水平收益率是 7%，因此投资组合（市场价值加权平均）的下滑收益率是 50 个基点（＝7%－6.5%）。注意到，长期债券的下滑收益率更大这一现象，反映了下滑收益率的微小变化

（25 个基点）对长期债券产生更大的资本增值这一事实。第三，每个零息票债券的凸性价值都可以由0.5×水平凸性×(基点收益率变化)^2×(1＋滚动收益率/100) 近似得到。利用图表37—7中的隐含收益率波动，债券间的这个价值在 0.6～4.5 个基点之间变化。投资组合的凸性价值是债券特有凸性价值的市场价值加权平均，或者大约为 2 个基点。第四，对每种债券的利率“观点”的久期影响等于(－水平久期)×(预期收益率变化)×(1＋滚动收益率/100)。最后一项是必要的，因为在期末重新定价时每一投资美元增长到了（1＋滚动收益率/100)。久期影响的核心是久期产出和预期收益率变化。预期收益率变化指的是债券水平期限的固定期限利率（在投资期间）变化。在图表 37—7 中，所有利率都预期会提高 10 个基点，久期对特定债券收入的影响在 0 到－40 个基点之间变动。投资组合的久期影响是债券特有久期影响的市场价值加权平均，或者大约为－20 个基点。

四个组成部分相加得到总的概率加权预期收益率为 6.82%（＝6.50%＋0.50%＋0.02%－0.20%）。把预期收益率分解成这些组成部分应该有助于投资者更好地理解他们的投资头寸。比如，他们会知道预期收益率的哪个部分反映了静态市场条件，哪个部分反映了他们的主观市场观点。除非他们完全相信他们的市场观点，否则他们就需要强调反映静态市场条件的预期收益率优势部分。在我们的例子中，久期效应很小，因为隐含利率观点很温和（10 个基点），一年期限相对来说很长（“慢”效应需要时间来积累)。如果期限短且利率观点很强，久期效应就会很容易支配其他效应。

附录 37A　把远期利率结构分解成它的主要决定因素

在这个附录里我们要说明远期利率结构是如何与市场利率预期、债券风险溢价和凸性偏差相联系的。特别地，n 年期零息票债券的持有期收益率可以表示成给定不变的收益率曲线下的水平收益率和由 $n-1$ 年固定期限即期利率的变化（Δs_{n-1}）引起的期末价格变化的和。水平收益率等于一年期远期利率，期末价格变化可以由久期效应和凸性效应来近似估计。这些关系用来把短期预期收益率和一期远期利率分解成简单的组成部分。以下等式中使用的所有利率和收益率都是按复利计算的，并且用百分比表示。

$$\frac{h_n}{100}=\frac{P_{n-1}^{*}-P_n}{P_n}=\frac{(P_{n-1}^{*}-P_{n-1})+(P_{n-1}-P_n)}{p_n}$$
$$=\left(\frac{\Delta P_{n-1}}{P_{n-1}}\times\frac{P_{n-1}}{P_n}-1\right)+\left(\frac{P_{n-1}}{P_n}-1\right) \qquad (37—4)$$

其中，h_n 是 n 年期债券的一阶持有期收益率，P_n 是它的价格（今天)，P_{n-1}^{*} 是下一期的价格（当它的期限是 $n-1$)，$\Delta P_{n-1}=P_{n-1}^{*}-P_{n-1}$。等式（37—4）右边的第二项是债券的滚动收益率（水平收益率)。等式（37—4）右边的第一项是$n-1$年零息票债券的瞬时价格变化百分比乘以一个调整项 P_{n-1}/P_n。[15]

等式（37—5）说明零息票债券的滚动收益率（P_{n-1}/P_n）等于 $n-1$ 年期和 n 年期之间的一年远期利率。而且，调整项等于 1 加上远期利率。

$$1+\frac{f_{n-1,\ n}}{100}=\frac{\left(1+\frac{s_n}{100}\right)^n}{\left(1+\frac{s_{n-1}}{100}\right)^{n-1}}=\frac{P_{n-1}}{P_n} \tag{37—5}$$

等式（37—6）说明了众所周知的结果：价格变化百分比（$\Delta P/P$）近似等于泰勒级数展开的前两项——久期和凸性效应。

$$100\times\frac{\Delta P}{P}\approx-\mathrm{dur}\times(\Delta s)+0.5\times Cx\times(\Delta s)^2 \tag{37—6}$$

其中，

$$\mathrm{dur}\equiv-\frac{dP}{ds}\times\frac{100}{P},\ Cx\equiv\frac{d^2P}{d^2s}\times\frac{100}{P}$$

把等式（37—5）和等式（37—6）代入等式（37—4），我们得到：

$$h_n\approx f_{n-1,\ n}+\left(1+\frac{f_{n-1,\ n}}{100}\right)\left[-\mathrm{dur}_{n-1}(\Delta s_{n-1})+0.5Cx_{n-1}(\Delta s_{n-1})^2\right] \tag{37—7}$$

尽管收益率曲线移动发生在有效期内，为了计算绩效这一目的，重新定价只在期末发生。这种不一致导致了等式（37—6）和等式（37—7）中价格变化百分比的很大差异。第一，发生价格变动的资本的数量在期末增加到了（$1+f_{n-1,\ n}/100$）。第二，相关收益率变化是 $n-1$ 年期固定期限利率变化而不是 n 年期零息票债券自身的收益率（这个差异是滚动收益率变化）。[16]第三，期末（与当前相反）久期和凸性决定了价格变动。

实际收益率可以分为可预期部分和不可预期部分。对等式（37—7）两边求期望，就得到了 n 年期零息票债券在下一年的预期收益率：

$$E(h_n)\approx f_{n-1,\ n}+\left(1+\frac{f_{n-1,\ n}}{100}\right)\left[-\mathrm{dur}_{n-1}E(\Delta s_{n-1})+0.5Cx_{n-1}E(\Delta s_{n-1})^2\right] \tag{37—8}$$

从等式（37—5）可以知道，一期远期利率等于零息票债券的滚动收益率，它可以进一步被分成非常不同的两个部分。此外，预期收益率变化的平方近似等于收益率变化的方差或者波动性的平方 $E(\Delta s_{n-1})^2\approx[\mathrm{vol}(\Delta s_{n-1})]^2$。如果预期收益率变化是零，这种关系是正确的，从而零息票债券的预期收益率可以写成（近似）初始收益率、下滑收益率、凸性价值和来自利率“观点”的期望资本增值［见等式（37—3）］。

我们可以把等式（37—8）中的期望理解成市场利率预期。等式（37—8）右边的远期利率结构和市场利率预期决定了左边的短期预期收益率。如果市场预期是内部一致的，这些预期收益率应该等于市场为各种债券要求的必要报酬。这些必要报酬反过来又依赖于诸如每只债券的风险和市场风险规避水平等因素。从而可以这样认为，作为整体，市场参与者设定这样的债券市场价格使得给定远期利率结构和一致利率预期情形下，每只债券都期望得到其必要报酬。[17]

在等式（37—8）两边同时减去一阶无风险利率（s_1），得到

$$E(h_n - s_1) \approx (f_{n-1,n} - s_1) + \left(1 + \frac{f_{n-1,n}}{100}\right)[-\text{dur}_{n-1} E(\Delta s_{n-1})$$
$$+ 0.5Cx_{n-1} \text{vol}(\Delta s_{n-1})^2] \quad (37—9)$$

我们定义债券风险溢价为 $BRP_n \equiv E(h_n - s_1)$，远期—即期溢价为 $FSP_n \equiv f_{n-1,n} - s_1$。远期—即期溢价度量了一年期远期利率曲线的陡峭度（远期利率曲线上的点与那条曲线上的第一个点之间的差），它与收益率曲线陡峭度的更简单的度量方法密切相关。重新整理等式（37—9），得到

$$FSP_n \approx BRP_n + \left(1 + \frac{f_{n-1,n}}{100}\right)[\text{dur}_{n-1} E(\Delta s_{n-1}) - 0.5Cx_{n-1} \text{vol}(\Delta s_{n-1})^2] \quad (37—10)$$

也就是说，远期—即期溢价近似等于债券风险溢价、利率预期的影响（由市场利率"观点"引起的期望资本增值/损失）和凸性偏差（由利率不确定性引起的期望资本增值）三项之和。遗憾的是，三个组成部分中没有一项是能直接观察到的。

到目前为止，这些分析都很一般化，依据的是会计恒等式和近似值，而不是经济假设。不同的期限结构假设和模型有不同的假设。某些简化假设通过使等式（37—10）的某些项为零，产生了众所周知的期限结构行为假设——尽管完全指定的期限结构模型甚至需要更多的特殊假设。第一，如果固定期限利率遵循随机游走，远期—即期溢价主要反映了债券风险溢价和凸性偏差 $[E(\Delta s_{n-1}) = 0 \Rightarrow FSP_n \approx BRP_n + CB_{n-1}]$。第二，如果**局部预期假设**（local-expectations hypothesis）成立（所有债券都有相同的短期预期收益率），那么远期—即期溢价主要反映了市场利率预期和凸性偏差 $[BRP_n = 0 \Rightarrow FSP_n \approx \text{dur}_{n-1} E(\Delta s_{n-1}) + CB_{n-1}]$。第三，如果**无偏预期假设**（unbiased-expectations hypothesis）成立，那么远期—即期溢价只反映了市场利率预期 $[BRP_n + CB_{n-1} = 0 \Rightarrow FSP_n \approx \text{dur}_{n-1} E(\Delta s_{n-1})]$。最后两种情况说明了纯预期假设的两种形式的区别。

附录 37B　有关远期利率的不同陈述的相互关系

我们对远期利率做了不同的陈述——用不同方法来描述、理解和分解它们。大量陈述可能会令人困惑，因此，我们现在尝试去厘清它们之间的关系。

我们提到某个特定日期的即期利率曲线和远期利率曲线，就好像它们没有歧义一样。在现实中，如果不同的分析人员使用不同的曲线拟合技术或者不同的基础数据（资产总体或价格来源），他们会得到特定日期中即期曲线的不同估计。我们承认这些问题的重要性——对于任何形式的收益率曲线分析，拥有好的原始材料是很重要的——但是这里我们忽略这些区别。我们假设估计出来的即期曲线是给定的，关注说明如何理解和使用这条曲线上的信息。

相反，利率期限结构（平价利率曲线、即期利率曲线和远期利率曲线）的不同描述

间的关系是明确的。特别地，一旦估计出即期利率曲线，任何远期利率都可以通过等式（37—11）计算出来：

$$\left(1+\frac{f_{m,n}}{100}\right)^{n-m}=\frac{\left(1+\frac{s_n}{100}\right)^{n}}{\left(1+\frac{s_m}{100}\right)^{m}} \tag{37—11}$$

式中，$f_{m,n}$ 是按年计的 $n-m$ 年利率的 m 年后年化利率，s_n 和 s_m 是按年计算的 n 年和 m 年即期利率，用百分比表示，从而远期利率和当前即期利率之间存在一一映射。陈述“远期隐含提高利率”相当于说“即期利率是向上倾斜的”，陈述“远期隐含曲线扁平”相当于说“即期利率曲线是凹的”。另外，远期利率曲线的不同形式之间存在着明确的映射，比如隐含即期利率曲线的一年期远期（$f_{1,n}$）和固定期限曲线的一年期远期利率（$f_{n-1,n}$）。

远期利率可以是一个明确的合约交易——未来两个日期之间的贷款——上确定的利率。更普遍的是远期利率隐含的定义为基于等式（37—11）的今天即期利率曲线。然而，套利压力确保了明确交易的远期利率等于隐含远期利率，从而与等式（37—11）一致。例如，隐含的一年即期利率四年远期（也叫作一年远期利率四年提前，$f_{4,5}$）必须使等式 $(1+s_5/100)^5=(1+s_4/100)^4(1+f_{4,5}/100)$ 成立。如果 $f_{4,5}$ 比这高，套利者就可以通过短期出售五年期零息票债券并购买四年期零息票债券和提前四年购买一年远期合约来获利。这种行为应该使得在交易费用内等式成立。

可以从很多方面来看待远期利率：套利解释、盈亏平衡解释和滚动收益率解释。根据套利解释，隐含远期利率是确保即期合约（零息票债券）和远期合约间（如果后者被交易了）不存在无风险套利机会的利率。根据远期利率的盈亏平衡解释，隐含远期利率是使债券头寸间的持有期收益相同的未来即期利率。根据滚动收益率的解释，一期远期利率体现了如果收益率曲线保持不变，不同零息票债券获得的一阶水平收益率。每种解释在一定目的下是有用的：采用相对远期的积极观点（盈亏平衡），没有给定收益率曲线观点的相对价值分析（滚动收益率）——衍生工具估价（套利）。

通过构造可以［从等式（37—11）］得到所有这些解释，因此它们相互一致。例如，一期远期利率可以用不同的方式来理解和应用。隐含一年即期利率四年远期（$f_{4,5}$）可以被看作盈亏平衡一年利率四年远期利率或者一个五年期零息票债券在下一年的滚动收益率。这两种解释都符合等式 $(1+s_5/100)^5=(1+s_4/100)^4(1+f_{4,5}/100)$。这个等式表明远期利率是盈亏平衡一年再投资利率，它使两个策略（持有五年期零息票债券至到期日相对于购买四年期零息票债券，当四年期零息票债券到期时再投资一年期零息票债券）在五年期限内的收益相等。［把等式改写成 $(1+s_4/100)^4=(1+s_5/100)^5/(1+f_{4,5}/100)$ 给出了稍微不同的见解；远期利率也是使得两个策略（持有四年期零息票债券至到期日相对于购买五年期零息票债券，四年后作为一年期零息票债券出售）间的收益率相等的盈亏平衡出售利率。］最后，把等式改写成 $(1+f_{4,5}/100)=(1+s_5/100)^5/(1+s_4/100)^4$ 表明远期利率是在利率水平 s_5 上购买一个五年期零息票债券，一年后作为四年期零息票债券以利率 s_4 出售的水平收益率（那么固定期限四年利率从今天起是不变的）。我们的分析关注最后一种（滚动收益率）解释。

把一期远期利率看作滚动收益率增强了我们关于一年远期利率（$f_{0,1}$，$f_{1,2}$，$f_{2,3}$，…，$f_{n-1,n}$）和隐含即期曲线一年远期（$f_{1,2}$，$f_{1,3}$，$f_{1,4}$，…，$f_{1,n}$）之间的关系。“盈亏平衡”曲线显示了即期利率曲线需要移动多少来造成足以补偿债券间初始滚动收益率差异从而使持有期收益相等的资本增值/损失。一期远期利率的这样一条向上倾斜的曲线要求或者“意味着”即期利率曲线在期限内很大的补偿提高，但一期远期利率的扁平曲线只意味着即期利率曲线上很小的“盈亏平衡”移动。[18]久期中性的哑铃形债券与一次性还本付息债券之间的滚动收益率之间的差异，和需要补偿一次性还本付息债券的滚动收益率优势的盈亏平衡收益率利率变化（扁平曲线）存在类似的关系。对于为什么向上倾斜的即期利率曲线意味着利率提高以及为什么凹的即期利率曲线意味着扁平曲线，这些例子提供了一些见解。

附录37A说明远期利率有三个主要决定因素（利率预期、风险溢价和凸性偏差）。你可能希望套利、盈亏平衡或者滚动收益率解释能帮助我们取消给定日期的远期利率结构中的利率预期、风险溢价和凸性偏差的相对作用。然而，这种希望是徒劳的。这三种解释因为它们的数学特征一般都能成立，从而它们不能指导我们分解远期利率结构。

因此，即使两个分析员一致认为今天的远期利率结构是三个组成部分的近似和，对于这些组成部分的相对重要性，他们可能也会持不同态度。我们可以尝试用实证方法来解决这个问题。它与有关预测未来利率变动和未来债券收益的远期利率能力的问题密切相关。如果远期主要反映利率预期，就忽略凸性偏差，它们应该是未来即期利率的无偏预测（它们与未来债券收益率的相关性较小）。然而，如果远期主要反映债券风险溢价，它们应该是未来债券收益率的无偏预测（它们与未来利率变化的相关性较小）。[19][20]

最后，我们的分析没有揭示必要风险溢价或市场利率预期的基本经济决定因素——它也没有告诉我们名义利率预期反映预期通货膨胀率和预期实际利率的程度。有关经济增长、通货膨胀率、预算赤字等的宏观经济新闻可以影响风险溢价和市场利率预期。显然还需要做更多工作来加强我们对这些影响机制的理解。

37.3 关键知识点

- 收益率曲线或者远期利率的形状可以被分解为三个主要的决定因素：市场利率预期、必要的债券风险溢价和凸性偏差。
- 以类似的方式，（无违约）政府债券的预期收益率或者头寸的预期收益率可以被分解为若干构成要素：初始收益率、下滑收益率、凸性价值和利率的久期影响。
- 其中，预期收益率的前三个构成要素（初始收益率、下滑收益率和凸性价值）构成了可以被合理预期的“看不见的”部分，而最后一个构成要素（利率的久期影响）最不容易确定，却在很大程度上决定实际收益率。
- 上述分解方法为分析收益率曲线交易的吸引力提供了一个有用的框架。为了分析个体发行的吸引力，需要附加考虑当地政府债券相对于收益率曲线的丰富程度及其在回购市场的丰富程度这两个重要因素。

【注释】

［1］债券风险溢价定义为债券的超过无风险短期利率的预期（短期）持有期收益。历史经验表明长期债券会获得一些风险溢价，因为它们有更大的感知风险。然而，我们的“债券风险溢价”这一术语同时包括影响债券间要求收益差别的不同于风险的其他因素，例如流动性差异、供给效应或者市场情绪。

［2］一条凹（但是向上倾斜）的曲线在短的到期日比在长的到期日有更陡的斜率；这样曲线上的两个点之间的连线总是在曲线下方。一条凸（但是向下倾斜）的曲线在长的到期日比在短的到期日有更陡的斜率；这样曲线上的两个点之间的连线总是在曲线上方。

［3］对有关证据的讨论见 Antti Ilmanen，“Does Duration Extension Enhance Long-Term Expected Returns?” *Journal of Fixed Income*（September 1996），pp. 23－36 以及 Antti Ilmanen，“Forecasting U. S. Bond Returns,” *Journal of Fixed Income*（June 1997），pp. 22－37。

［4］这一章里的所有利率和收益率都用百分比表示（200 个基点＝2％）。

［5］我们必须尽快指出，这些计算是很不严谨的，尤其是在长期。即使是替代市场利率预期的几个基点的错误都会对任何长期债券的预期收益率（从而对估计的债券风险溢价）产生重大影响，因为预期收益率变化根据久期呈比例提高。这种敏感性减少了该分解在长期中的作用。

［6］这里我们分析了货币市场期限里的债券风险溢价，但是我们在 Antti Ilmanen，“Stock-Bond Correlations,” *Journal of Fixed Income*（September 2003），pp. 55－66 中为 10 年期国债找到了类似结构。

［7］然而，当我们分析附息债券而不是零息票债券的预期收益率时，需要修改一下——并且估算可能是错误的。我们用债券的滚动收益率来估计既定的不变收益率曲线下的水平收益率；这种估计不再等于一期远期利率。我们还使用水平端点的久期和凸性，以及固定附息债券在水平处的固定期限利率的变化，因为在水平端点债券价值提高到了（1＋滚动收益率/100）这一事实，我们调整了久期和凸性。除了忽视高阶项而不是久期和凸性效应带来的近似错误外，对附息债券来说还有另外一个错误源：再投资利率的假设在债券之间是变化的。回忆一下，到期收益率的计算隐含地假设所有的现金流以债券到期收益率被再投资了。如果收益率曲线向上倾斜，这一事实可能会导致对长期债券收入的过高估计，并且对于所有使用到期收益率这个概念的预期收益率度量方法，这个问题很普遍。尽管我们使用债券特定收益率的方法没有确保债券间再投资假设的内在一致性，任何不一致性都该对债券预期收益率的总体值有相对较小的影响。

［8］单个现金流的到期收益率是明确的，但有多个现金流的投资组合的收益率是更加有争议的度量。久期时间市场价值加权收益率是投资组合的真正到期收益率（内部收益率）的比较合适的替代。资本增值能由负久期产品和这种收益率度量的改变来估计。然而，相比于到期收益率，一个投资组合的市场价值加权收益率或许是其在短期的可能收入（其短期预期收益）更好的度量。到期收益率对长期现金流赋予更大权重，并且更多地受内置再投资假设的影响。

［9］参见 Antti Ilmanen，“Convexity Bias in the Yield Curve,” Chapter 3 in Narasimgan Jegadeesh and Bruce Tuckman (eds.)，*Advanced Fixed-Income Valuation Tools*（New York：Wiley，2000）。

［10］参见 Antti Ilmanen，“Market's Rate Expectations and Forward Rates,” *Journal of Fixed Income*（September 1996），pp. 8－22。

［11］例如，某人可以使用 Antti Ilmanen，“Forecasting U. S. Bond Returns,” *Journal of Fixed Income*（June 1997），pp. 22－37 中确定的预测值。

［12］这种局部降价效应是否以拟合收益率曲线的偏离或者拟合曲线上的“波动”或“扭结”（wiggles or kinks）的形式出现依赖于曲线估计技术。回忆一下，所有的曲线估计技术都试图很好地拟合债

券价格，同时使曲线保持合理的形状。如果拟合程度权重很高，所有的债券对于拟合曲线就会有很小的偏离或者没有偏离。但是，高度拟合（close fit）可能导致“不合理的”锯齿形的远期利率曲线。根据等式（37—2），远期利率曲线应该是光滑的而不是锯齿形的，因为很难调整利率或波动行为的特定到期期望，而且套利者可能很快利用相邻期限债券间的任何不正常的预期收益率差。

［13］在我们的分析中，我们把局部效应作为第五项单独放入了债券预期收益率中。作为另一种替代方法，我们添加融资优势（回购收入）和低于初始收益率曲线的利差，以及下滑收益率中的期望降价。如果整条曲线保持不变，“高价”债券，比如新发行的债券，不可能符合拟合曲线。假设新发行债券的收益率优势以及预期降价大致上抵消了其预期融资优势，这是合理的。对于其他不同于新发行债券的问题，假设（或者更好地，估计）一些与拟合曲线相比的“正常”低利差的相反问题，这也经常是合理的。

［14］实际收益率可以分为可预期部分和不可预期部分，每一部分可以进一步分解。等式（37—3）描述了可预期部分的分解，不可预期部分可以分为久期效应和凸性效应。收益属性（attribution）的这种形式在风险管理和绩效评估中有重要作用，但这两项不是本章的重点。

［15］调整项是有必要的，因为债券的瞬时价格变化发生在期末，而不是今天。如果收益率曲线不变，债券头寸的价值在期末就从 1 增加到 P_{n-1}/P_n。期末价值（P_{n-1}/P_n）受限于收益率水平移动。

［16］如果我们使用等式（37—7）的债券自身收益率变化，这些收益率变化就会包括下滑收益率变化。在这个例子中，我们不应该使用远期利率（它包含了下滑收益率变化对收益以及收入的影响）作为等式（37—7）的右边第一项。作为代替，我们使用即期利率。

［17］单个投资者也可以使用等式（37—8），但是理解起来会有些不同，因为他们中的大部分人是如此弱小以致他们不能影响市场利率，因此他们是“价格接受者”。任一单个投资者都可以把自己的主观利率预期加入等式（37—8），在给定这些期望和市场决定的远期利率下，取消预期收益率。这些预期收益率与市场要求的必要报酬可能不同；这种不一致可能会促使投资者基于自己的观点来交易。

［18］在第 36 章里，我们描述了使用盈亏平衡远期利率的常用方式。投资者可以比较他们有关某些未来日期的收益率曲线（或者有关某些固定期限利率随时间变化的路径）的主观观点和远期利率，然后直接决定看涨策略或看跌策略是否合适。如果远期隐含利率的变动实现了，所有的债券都获得无风险收益［因为 $(1+s_n/100)^n/(1+f_{1,n}/100)^{n-1}=1+s_1/100$］。如果利率提高得更多，长期债券就不如短期债券。如果利率提高得更少，长期债券优于短期债券，因为它们的资本损失不能补偿它们的初始收益率优势。

［19］在 Antti Ilmanen，“Market's Rate Expectations and Forward Rates，” *Journal of Fixed Income* (September 1996)，pp. 8－22 中我们提供了一些经验证据来说明远期利率能更好地预测未来债券收益，而不是远期利率变化。这些证据也表明相较于隐含即期利率曲线一阶远期，当前即期利率曲线能更好地预测下一阶段的即期利率曲线。这些发现意味着滚动收益率是体现短期预期收益率的恰当指标——尽管滚动收益率只体现了短期实际债券收益率的很小部分。注意到远期利率在预测未来利率变化时表现更差，它们在预测债券收益率时表现更好——因为补偿初始收益率优势的隐含利率变化会发生得更少。还要注意到一些投资者可能不关心预测债券收益率的远期能力是否反映了理性风险溢价或预测利率变化的市场无能；他们想赚取任何可预见的利润，而不论其原因为何。

［20］一个普遍误解是远期利率可被用于互换、期权及其他衍生工具估价中，因为远期是未来即期利率的恰当预测。实际上，预测未来即期利率的远期能力与衍生产品定价没有任何关系。不像预测收益率，衍生产品估价是基于套利理论。例如，理论上通过动态对冲，交易员可以把风险长期债券和附在其身上的期权构建成无风险组合。期权价格应该使对冲头寸获得无风险利率，否则就会出现无风险套利机会。在这个估价中远期利率是核心，因为交易员在他们的对冲行为中锁定未来阶段的这些利率。这种对冲说法意味着收益率曲线期权定价模型应该校准到与市场远期利率一致，而不管远期对未来即期利率的预测非常差这个事实。

第38章 收益率曲线动态与收益率曲线敞口的经验分析

韦斯利·潘（Wesley Phoa）博士
资本国际研究公司高级副总裁

有很多因素会影响具体债券的收益率，最重要的影响因素——尤其是对优质债券(high-quality bonds）而言——是基准（国债）收益率曲线。其他债券的收益率往往会随着该收益率曲线的变化而变化。比如，如果10年期国债收益率上升或下降，那么其他10年期左右的债券将会跟着变化。因此，债券组合的收益率与国债收益率曲线的变化相关：当收益率曲线上移和下移时（或者以更复杂的方式发生斜率或形状的变化），债券组合往往会追随相同期限的国债收益率的变化轨迹，进而影响债券组合的盯市（mark-to-market）收益率。这种对收益率曲线移动的敏感度被称为债券或债券组合的**收益率曲线敞口**（yield-curve exposure）或者**利率风险**（interest rate risk)。为了理解并测度这个指标，我们首先需要理解收益率曲线移动的方式。这个题目就是本章的主题。

38.1 决定收益率曲线的基本因素

国债收益率不会以完全不相关的方式随机变动。如果真是如此，那么我们分析债券组合的利率风险就没有任何意义，甚至债券组合久期（portfolio duration）的概念也没有意义。因此，为了分析债券组合，我们需要对不同久期的国债收益率之间的变动关系做出一些假设。比如，我们可以确定最重要的收益率曲线的移动。

最简单的假设是，所有国债收益率始终保持平行移动。比如，如果 30 年期国债收益率增加 10 个基点（basis points，bp），那么 10 年期、5 年期、2 年期的国债收益率必定也增加 10 个基点。因此，所有国债收益率都完全相关，并且波动相同。在这个假设下，任何久期相同的两个国债组合都是等价的。实际情况显然会更复杂。债券收益率不会始终平行变动，久期相同的两种债券组合之间可以存在大的差别。比如，如果一种债券组合的杠铃式投资大于另一种，那么当收益率曲线是平坦的时，这种债券组合会胜出。收益率曲线风险比久期更重要。

要理解收益率曲线，我们就需要了解收益率曲线的各种移动方式，并将它们放入某个系统框架里。至少有 4 种方法：

（1）我们纯粹根据直觉做出任意一组假设；这种直觉是由市场经验推测出来的。

（2）我们可以设计出合理的收益率曲线的数学模型。如果模型刚好与现实吻合，我们就推导出收益率曲线可能的移动。

（3）我们可以分析投资者关于经济基本面的预期会如何改变债券收益率，然后确定收益率曲线的各种移动方式。这些移动都是因为经济预期的变化而导致的。

（4）我们可以观察国债收益率变化的历史记录，应用一些统计方法来确定收益率曲线的几种基本的移动方式。这些移动都是过去发生的。

这四种方法都有问题。我们的直觉可能是错的。无论这个数学模型有多精致，我们也不能保证它的现实性。经济理论分析可能靠不住，也可能忽略相关的非经济因素。统计方法经常会给出虚假的结果甚至不一致的结果，这是因为所使用的数据不同。

这一章将采用以下办法。首先，我们要承认投资者的经济预期对债券收益率有重要影响，论证收益率曲线应该是什么样子，以及收益率曲线会发生什么重要的移动。然后，我们要对国债的历史收益率进行统计分析，利用我们的经济结论对结果进行交叉检验，确定结论是否有意义。如果只使用一种分析方法，我们不可能检测所有的相关现象，所以我们必须使用不同的方法来分析数据。

□收益率曲线动态中的经济因素与非经济因素

债券收益率取决于投资者的预期。所以，显而易见的问题是：什么预期是有意义的？（不可直接观察的）预期与可观察的债券收益率之间的确切关系是什么？最后，这如何帮助我们理解收益率曲线的动态？

我们显然要关注经济预期。在经济大萧条时代，凯恩斯关注的预期是未来经济增长、需求、产出。还有一种预期，即对于未来不确定性带来的流动性需求的预期：这是一种比较微妙的预期。从 20 世纪 70 年代开始，对未来通胀预期的研究变得越来越流行。但是老凯恩斯主义思想最近开始复活。当中央银行使用非常规政策工具时，这种思想被用来理解收益率曲线的动态。[1]至少，经济增长和通货膨胀皆是重要因素。

所以，我们暂时采用简明的经济方法，简单地假设远期利率以及当前债券收益率由投资者的以下预期决定：

（1）实际利率，它取决于资本的预期实际收益率。

（2）通货膨胀，即“价格水平”的变化；这个概念的定义有很多种。

注意，投资者不会认为实际利率和通货膨胀率会保持不变。不过，如果投资者不能对未来一两年之后的事情做出准确的预测，那么他们在形成预期时会假设在这个时间区间以后，实际利率和通货膨胀率都会趋于某种长期“均衡”。这种情形如图表 38—1 所示。

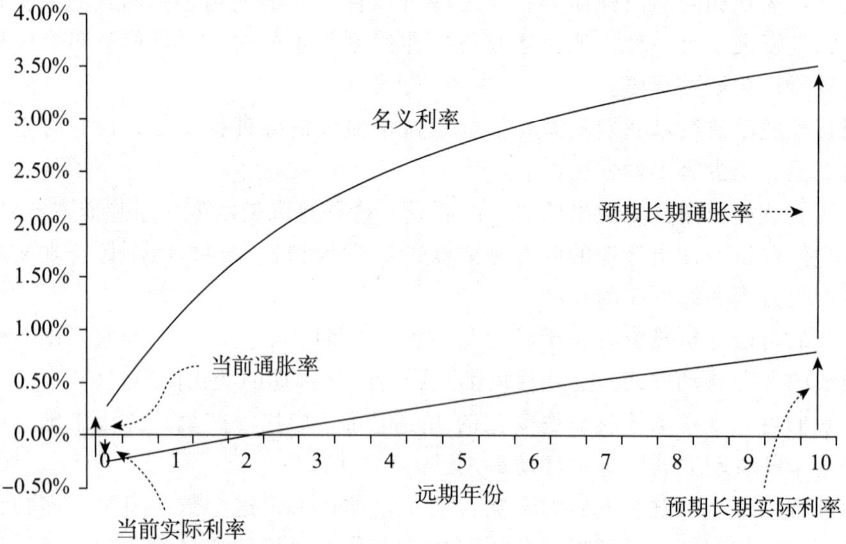

图表 38—1　经济预期决定预期未来利率

实际利率大致上相当于实际经济增长率，或者产出的实际增长率。我们没有给出预期未来利率与当前债券收益率之间的确切关系，但是我们假设预期未来利率与当前远期利率之间存在某种固定的关系。当然，知道当前远期利率也就知道当前债券收益率。实际上，预期未来利率与远期利率之间的关系取决于预期的波动性。这种关系的确切性质取决于模型。我们这里简单地假设，当预期未来利率变动时，远期利率也会发生相同数量的变动。如果远期足够远，这个假设是合理的。

举个例子可能会有用。在我们的框架里，长期债券收益率取决于预期长期实际利率加上预期长期通胀率。在 20 世纪 80 年代末和 90 年代初，澳大利亚的长期债券收益率主要是受到经常账户（current account）赤字波动的影响。经常账户赤字会影响关于实际利率的预期。相比之下，1994 年之后，澳大利亚的长期债券收益率主要受到消费者价格指数（CPI）波动的影响。消费者价格指数会影响投资者对于通货膨胀的预期。

在美国的债券市场中，弗兰克尔（Frankel）警告我们不要只关注通胀预期，与法马（Fama）1975 年的主张相反，他强调实际利率不是固定不变的。比如，“当（20 世纪 80 年代初）名义利率大幅提升时，它不是由预期通胀上升导致的。货币紧缩政策成功地提高了实际利率”[2]。最近，通胀连结国债（inflation-linked Treasury securities）让我们可以直接观察长期实际利率的波动。这些利率的波动有时候与长期通胀预期一样。

注意，在我们的框架里，收益率曲线的斜率有一个自然的解释。如果投资者相信实际利率或通胀率将会高于当前水平，那么曲线向上倾斜。如果投资者相信实际利率或通胀率将会低于当前水平，那么曲线向下倾斜。也就是说，收益率曲线之所以有斜率，是因为人们通常不认为经济会处于静态均衡。

收益率曲线向上倾斜的另一个原因是，投资者持有债券需要风险溢价（risk premium），即所谓的期限溢价（term premium）：期限溢价随着期限的增加而增加。经验研究表明，虽然债券与国债相比存在风险溢价，但是两年以上的风险溢价跟期限没什么关系（也就是说，它具有非常平坦的期限结构）。所以，我们可以认为期限溢价是一般债券市场风险溢价或流动性溢价与短期货币市场的比较，而不是期限风险溢价与短期货币市场的比较。[3]

注意，期限溢价不可直接观察，但可以通过期限结构模型来估计；它与经济变量有关。图表 38—2 中的简单模型肯定不能涵盖所有影响收益率曲线的经济因素。但是这个问题超越了本章的范围。[4]

图表 38—2　　物价与利率调整的宏观经济模型

常量		
$\overline{\pi}$	预期长期通胀率	
$\overline{e}$	预期长期实际利率	
随时间变化的数量		
r	短期名义利率	
$\overline{y}$	潜在产出的对数（生产力）	
y	实际产出的对数（利用率）	
m	货币供给量的对数	
p	物价水平的对数	
方程		
IS	$y-\overline{y}=-\Psi\left(\left(r-\frac{dp}{dt}\right)-\overline{e}\right)$	当前产出的缺口取决于当前实际利率的缺口
LM	$m-p=y-\lambda r$	实际货币需求取决于实际收入以及名义利率
CU	$\frac{dp}{dt}=\rho(y-\overline{y})+\overline{\pi}$	当前通胀取决于长期通胀以及当前产出缺口
MP	$\frac{dm}{dt}=\overline{\pi}+\frac{d\overline{y}}{dt}$	货币供给增长取决于潜在产出增长以及长期通胀

□收益率曲线的形状

我们知道了什么经济预期会影响债券收益率，所以我们可以研究经济预期的变化如何影响收益率曲线的移动。比较方便的做法是，使用弗兰克尔最早提出来的简单的收益率曲线经济模型。[5]

令 r_0 为当前短期名义利率，$\overline{\pi}$ 为预期长期通胀率，$\overline{e}$ 为预期长期实际利率。根据定义，预期长期名义利率为 $\overline{\pi}+\overline{e}$。一般情况下，$r_0\neq\overline{\pi}+\overline{e}$。不过，投资者预计未来利率 $r=r_t$（$t>0$）会随着时间的推移接近 $\overline{\pi}+\overline{e}$，这样假设似乎也是合理的。实际上，在某些现实主义的假设下，我们可以证明存在常数 κ，使得：

$$\frac{dr}{dt}=-\kappa(r-(\overline{\pi}+\overline{e}))$$

弗兰克尔用来推导这一关系的宏观经济模型在图表 38—2 中给出。它比较符合“标准的大学生宏观经济学”。以上公式用 $\kappa=\rho\gamma(\Psi\gamma+\lambda)$ 来推导会比较直观，其中 $\gamma:=\Psi/(1-\Psi\rho)$。然而，各种经济模型中类似的关系似乎也成立，包括那些允许货币供给的水平和趋势受到随机冲击的模型。因此，这个结论似乎很一般化。

基本的直觉是，利率需要花时间调整它的预期长期水平，因为价格是黏性的。不管怎样，给定 r_0 这个当前短期利率，我们容易确定在时间 t 时的预期短期利率：

$$r_t=(1-\exp(-\kappa t))(\bar{\pi}+\bar{e})+r_0\exp(-\kappa t)$$

把它写成以下形式会更方便：

$$r_t=(\bar{\pi}+\bar{e})-\exp(-\kappa t)\ ((\bar{\pi}+\bar{e})-r_0)$$

也就是说，理性的投资者会认为，短期利率将渐近收敛于某个长期均衡水平 $\bar{\pi}+\bar{e}$。未来短期利率预期的路径可以用指数曲线来刻画。还有其他方法也可以得到这个结论。

经济模型对于预期利率的这个描述不需要是“真的”。我们需要假定的是，在形成关于未来利率的预期时，投资者隐含地（尽管可能不正确）在心里假设有这样的经济模型。给定模型的合理性以及假设的一般性，这是一个合理的假设。

这个方程的系数不能直接观察到，但是可以从当前的收益率曲线中估计出来。$\bar{\pi}+\bar{e}$ 是均衡中的预期长期名义利率，它反映在当前长期债券收益率上。$(\bar{\pi}+\bar{e})-r_0$ 是短期名义利率与长期均衡利率的差，反映在收益率曲线的斜率上。

对当前短期名义利率的准确理解要比表面上微妙得多。模型描述的经济不是静态的（利率调整需要花时间，因为物价是黏性的），它沿着均衡路径向长期稳定状态移动。这是一种合理的方式，可以推导出中期或长期的经济预测，比如两年以上。但是在短期内，我们知道经济的表现会比较复杂。我们不能依靠简单的均衡模型做更详细的经济预测。同样的情况也适用于短期利率。

因此，把 r_0 看成实际的当前短期利率，比如联邦基金利率或 3 月期国债收益率，是不对的。根据理查德·梅森（Richard Mason），合理的解释是：由当前收益率曲线包含的中长期均衡利率预测值可以“外推”出 r_0。也就是说，当当前的经济处于均衡时，即当当前的经济与模型一致时，当前短期均衡利率必定是 r_0。在某种意义上，r_0 是债券市场基于经济基本因素认为短期利率应该有的水平。它不需要跟实际水平一致，尤其是如果联邦储备委员会与市场之间存在分歧[6]，或者如果零利率下限对短期利率有约束力（比如，最优政策利率原本可能是负的）。

虽然这个解释看起来有点陈旧，但确实有建设性。它意味着，当我们试图估计这个模型时，我们可以而且应该排除货币市场收益率，只使用债券收益率。它还告诉我们，模型给我们的任何有关收益率曲线移动的信息都适用于债券收益率，不适用于货币市场收益率。

这个模型表明，收益率曲线有三种可观察的变动：

（1）水平移动（level shifts），这是由于预期长期利率 $\bar{\pi}+\bar{e}$ 变化导致的。

（2）斜向移动（slope shifts），这是由于 r_0 或 $(\bar{\pi}+\bar{e})-r_0$ 变动导致的。

（3）曲率移动（curvature shifts），这是由于 κ 变动导致的。

换句话说，水平移动是因为长期预期的变化；斜向移动是因为对于近期货币政策的预期发生变化；曲率移动在理论上是因为投资者相信经济存在长期变化，比如价格变得越来越具有黏性。模型隐含地认为，水平移动和利率变动会经常发生，而曲率移动比较少见。实际上在现实中，不太可能因为模型中的经济原因而发生曲率移动。非经济的解释，比如在收益率曲线上的某个点上供求不平衡，更能够解释曲率移动。我们还会进一步讨论曲率移动，但是暂时先讨论水平移动和斜向移动。

关于“远期利率”和“利率差”的想法并不新颖，我们这里所要做的是为它给出理论上的辩护。注意，到目前为止，我们不认为模型所示的水平移动和斜向移动是不相关的。实际上，是否相关取决于投资者对于货币政策的看法。如果大家普遍认为联邦储备委员会行动缓慢，那么长期通胀率或实际利率预期的上升会伴随着收益率曲线的陡峭，而长期债券收益率的下降通常会伴随着收益率曲线的平坦。因此存在正的相关性。

模型关于斜向移动的预测很有趣。当 κ 处于稳定期，所有的斜向移动遵循相同的模式。除了“比例因素”（scaling factor）之外，斜向移动“看起来一样”。换句话说，在不同的日子里，我们观察到的斜向移动就像图表 38—3 中任意一条细实线，而不是细虚线（后者有可能，但是要被看成是斜向移动加曲率移动）。正如我们将要看到的，这个预测与经验数据大体上一致，但是有一些有趣的限制条件。

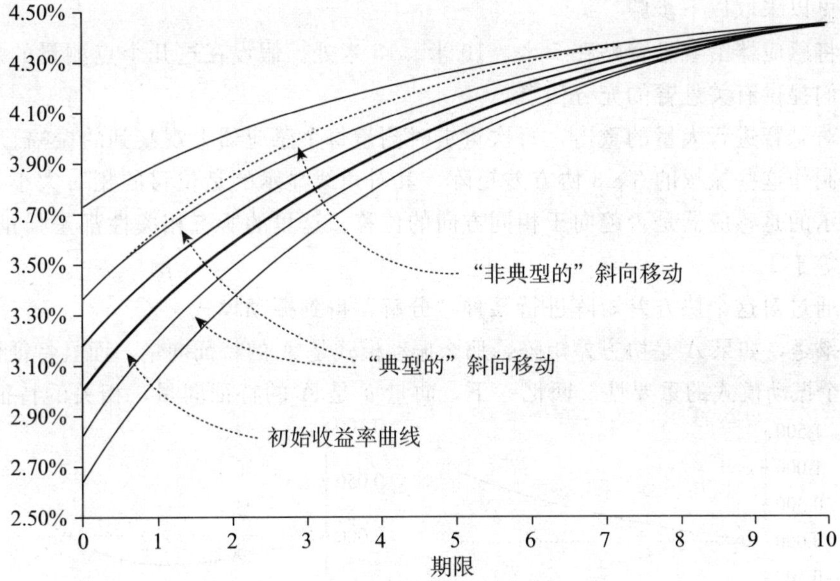

图表 38—3　“典型的”收益率曲线斜向移动与“非典型的”斜向移动

38.2　收益率曲线动态的经验分析

我们刚才通过收益率曲线的一个宏观经济模型讨论了债券收益率的变动，认为它不是完全无序的变动，而是系统的可分类的变动，因为它受经济预期变化的驱动。具体而言，最重要的收益率曲线变动是水平移动和斜向移动。我们是否可以通过分析过去发生的收益率曲线随机变动来证实这个预言？

□用主成分分析法来确定收益率曲线的变动

我们可以用一种统计方法来分析过去的债券收益率，从而得到“基本的收益率曲线变动”。李特曼和施可曼（Litterman and Scheinkman）是第一个这么做的经济学家，用的是标准的统计方法，即主成分分析法。[7]在将该方法应用到债券收益率之前，我们先看詹宁斯和麦基翁（Jennings and McKeown）举的一个物理学的例子，了解一下它背后的直觉。[8]虽然还有其他方法可用于引导出主成分分析法，但是我觉得物理学的类比更有意思。

在墙上固定一个悬臂。这个悬臂的振动方式是什么？直觉上很明显，它只能以某种“自然频率”振动，或是以某种“振动模式”振动。也就是说，任何可观察的振动都是这两种振动模式的组合。

实际上，我们可以计算出三种模式，如图表 38—4 所示。注意每个图表的刻度，它表示每种模式的相对重要性：第二种模式的振幅小于第一种模式的二十分之一，而第三种模式小于第二种模式的十分之一。这可能是肉眼看不见的振幅。

现在假定我们不懂物理，并且想要仅仅通过观察悬臂的状况来得到这些振动模式。我们希望可以采取以下步骤：

（1）将感应器沿着悬臂贴在 5 米、10 米、15 米处。假设在这几个点测量的悬臂位移可以为我们提供有关悬臂的充分信息。

（2）对悬臂进行大量的重击，每次重击时测量每个感应器上观察到的振幅。

（3）制作这些振幅的 3×3 协方差矩阵。其对角线显示的是位移的相对大小，其他矩阵元素显示的是感应器是否趋向于相同方向的位移。这里的所有相关性都是强正相关的，但是都不等于 1。

（4）通过对这个协方差矩阵进行某种“分解”得到振动模式。

其结果是，如果 A 是协方差矩阵，那么振动模式是 A 的特征向量，而且特征值可以告诉我们每个振动模式的重要性。回忆一下，向量 u 是 A 的特征向量，相关的特征值是 λ，

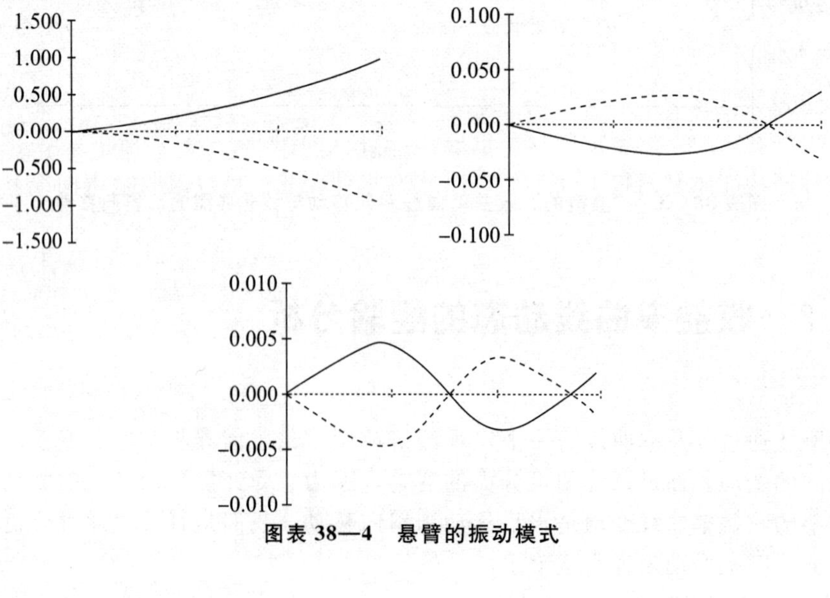

图表 38—4　悬臂的振动模式

如果它是方程 $Au=\lambda u$ 的解；用标准的数值方法就可以找到矩阵所有的特征向量和特征值。另外，我们可以证明任意两个特征向量都是正交的，即相当于不相关的模式。实际上特征向量构成正交基（orthogonal basis）。我们所需要的“分解”相当于找到 A 的特征向量。

因此，要确定悬臂的动态，原则上不需要掌握任何物理知识，只要掌握矩阵代数知识。当然，实际情况不会这么简单。小的测量错误可能会导致协方差矩阵的错误，进而导致特征向量和特征值的数字计算错误。第一个振动模式不会出错，但是第二个模式就很难检测。第三个太小，相对而言，任何测量错误都可能使之失效。还要注意，由于特征向量是正交的，所以它们对应于不相关或独立的振动模式。

我们可以将同样的方法应用于分析收益率曲线的动态：确定某些“关键点”（代表流动性关键点的标准债券期限）；看看这些关键点上过去的收益率变动；计算收益率变动的协方差矩阵；计算特征向量和特征值。每个特征值对应一个基本的收益率曲线变动。根据定义，这些基本变动（fundamental shifts）是不相关的。特征值是权重，给出了每个变动的相对重要性。具体某一天的实际收益率曲线变动是基本变动的线性组合。

我们的经济分析认为，最重要的基本变动是水平移动，次重要的基本变动是斜向变动。但是，我们不能肯定这是否符合事实。比如，模型预测的水平移动和斜向移动可能是相关的，两者都是统计分析所确定的基本变动的线性组合，而根据定义它们是不相关的。由于相关程度低，我们希望这两个最重要的基本变动近似于水平移动和斜向移动。

注意，经济分析本身并没有告诉我们收益率曲线的这两种不同变动的相对重要性。我们也不知道是否还有其他的变动。不过，由于这种经验分析的结果取决于数据集的使用，所以用不同的数据集来检验稳健性就变得很重要。

主成分分析法的结果取决于我们使用的是哪一种债券收益率。比如，如果我们大量使用货币市场收益率，那么可能我们得到的收益率曲线变动是专门影响货币市场曲线的，并且我们会降低收益率曲线变动对中期债券（midrange bonds）影响的权重，或者根本检测不到这种变化。因此，与所有的统计分析一样，我们必须谨慎选择最相关的观测对象。对于大多数债券投资者而言，这意味着使用债券收益率优于使用货币市场收益率。

最后，要记住一个技术要点：在我们的分析中，我们使用相关矩阵（correlation matrix），而不是协方差矩阵。这相当于去除了收益率曲线不同点上收益率波动的差异。[9]用主成分分析法确定的美国国债收益率的基本变动，如图表 38—5 所示。只给出前四个特征向量；其他特征向量的权重太小，可以忽略不计。我们可以对收益率曲线基本变动的经验观察做出以下评论：

（1）最重要的基本变动是水平移动（粗实线），整个曲线的收益率近乎是水平移动。这可以解释观察到的大约 85%的收益率变动。

（2）第二重要的基本变动是斜向移动（细实线）。收益率曲线在 5 年期处旋转。这可以解释观察到的大约 10%的收益率变动。最近几年，它的重要性提高了。

（3）第三重要的基本变动是曲率移动（虚线），有时候被称为“蝶式移动”（butterfly shift）。3～6 年期债券收益率移动到更短和更长的债券。曲率移动这个确切而重要的性质每期都会变化。曲率移动可以解释观察到的低于 3%的收益率变动。

（4）主成分分析法确定的其他变动（比如第四个特征向量，图中的点线）没有解释

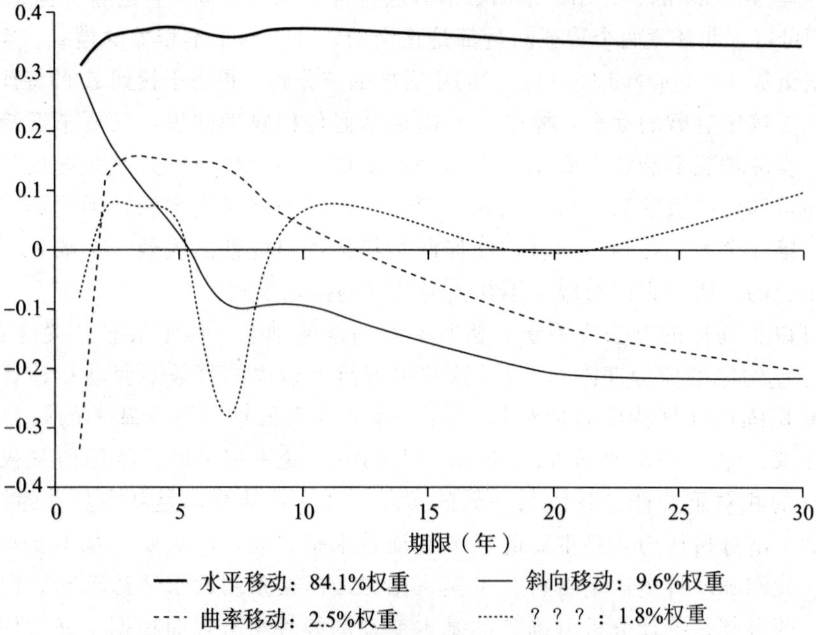

图表 38—5　1993—2011 年美国国债收益率的主成分分析

的意义。它可能是由统计噪声造成的，它的变化取决于数据集。

这些结果的稳健性如何？一个重要的检验是确定观察到的动态过程是否会随时间的推移而变化。为此，我们可以对不同时间段做相同的分析。图表 38—6 的三个面板给出了这个分析，对比了五个不同时间段观察到的前三个特征向量（即水平移动、斜向移动、曲率移动）。这五个不同时间段对应美国不同的货币政策制度。

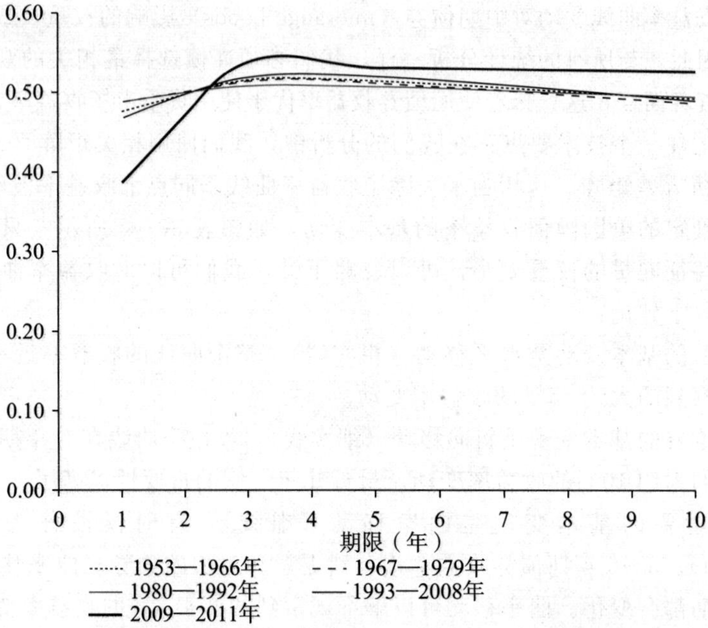

图表 38—6A　美国国债曲线水平移动：不同时间段

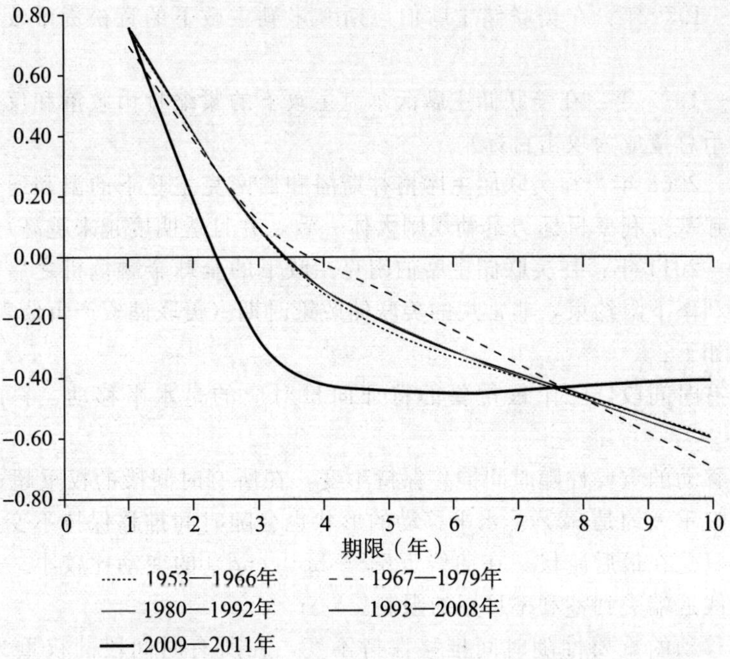

图表 38—6B　美国国债曲线斜向移动：不同时间段

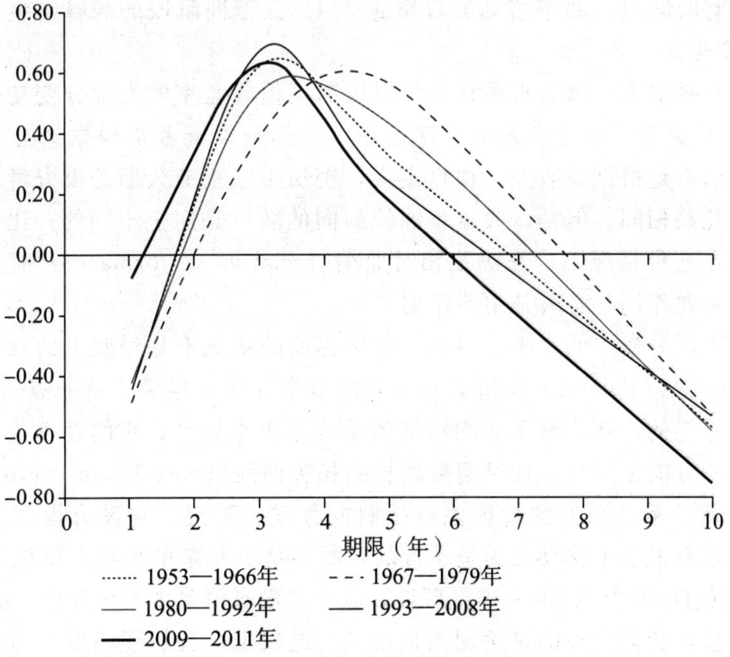

图表 38—6C　美国国债曲线曲率移动：不同时间段

（1）1953—1966 年：在美联储主席马丁主政下的低通胀和保守主义美联储政策时期。

(2) 1967—1979 年：在美联储主席伯恩斯和米勒主政下的宽松货币政策和通胀加速时期。

(3) 1980—1992 年：在美联储主席沃尔克主政下的紧缩货币政策和反通胀时期（在最初阶段，货币总量成为攻击目标）。

(4) 1993—2008 年：在美联储主席格林斯潘和伯南克主政下的温和通胀和常规货币政策时期（联邦基金利率目标与泰勒规则大体一致，并且透明度越来越高）。

(5) 2009—2011 年：在美联储主席伯南克主政下的全球金融危机之后的短期利率接近零，具有零利率下限约束，非常规的美联储政策时期（美联储资产负债表扩大）。

结论大致如下：

(1) 在所有时间段，三个最重要的特征向量对应的是水平移动、斜向移动、曲率移动。

(2) 水平移动的重要性随时间推移保持不变，在所有时间段的权重超过 90%，只是在最后阶段的权重大约是 82%。水平移动的形状也会随时间推移保持不变，每个阶段近乎是平行的，只是在最后阶段，在曲线近端（short end）的变动比较小。这反映出的实际情况是，曲线近端受到零利率目标的限制。

(3) 斜向移动的重要性随时间推移保持不变，在所有时间段的权重为 5%～10%，只是在最后阶段的权重大约是 15%。斜向移动的形状也会随时间推移明显保持不变，只是最后阶段除外。

(4) 在所有时间段，曲率移动的权重低于 4%。不同阶段的驼峰发生变化，在曲线的 3～5 年间变化。

结论非常有吸引力：因为水平移动可以说明国债收益率的大部分变动，所以斜向移动和其他移动不重要。这是不对的。理由是，大部分投资者是根据基准（benchmark）来评估债券，而不是根据总收益。根据定义，密切跟踪基准久期的投资者，他的水平移动敞口与基准几乎相同。但是，收益率曲线斜向的敞口是完全不同的；比如，投资组合是杠铃式的。在这种情况下，在决定相对业绩（relative performance）时，收益率曲线斜向移动具有重要作用，有时是主要作用。

顺便说一下，分析中的水平、斜向、曲率移动的状况不是经验上的意外事件。洛德和佩尔森（Lord and Pelsser）从协方差矩阵的数学性质中推导出这一点。[10] 比如，如果所有相关性都是正的，那么最重要的特征值始终是水平移动。它的意思是，所有期限的收益率都在同一方向上变化。如果期限越长的相关曲线（correlation curve）越平坦（见图表 38—9），那么第二重要的特征值就是斜向移动。不过，它没有提到这些移动的形状；比如，它没有说水平移动必须是平行的，而不是更复杂的形状，就像它分析 2009—2011 年美国国债曲线时的情况一样。所以，数学并没有消除主成分分析的必要性。

到目前为止，我们分析的是美国国债市场。逻辑上，我们还需要知道类似的结果是否对其他债券市场也成立，最近阶段的显著变化是否会发生在其他市场上。由于以前关于利率预期影响收益率曲线形状的论证可以应用于大多数市场经济，所以我们认为各个发达国家期限结构的动态大致是一样的。结果是这样的，虽然存在的一些细微差别还值得进一步研究。

图表 38—7A 给出了欧元区国债收益率主成分分析的结果（具体而言是德国长期国债曲线）。其结果与美国所有时间段的国债分析非常相似，只是曲率移动的峰值出现在较长期的时间点上。同时注意到水平移动非常接近平行移动。

图表 38—7B 给出了日本政府债券收益率主成分分析的结果。其结果与 2009—2011 年美国国债分析非常相似，并且在水平移动的近端向下弯曲。这并不意外，因为在分析的时间段中，零利率下限会对日本银行当前利率目标产生约束。在大部分时间里，它采取的是非常规货币政策（量化宽松）。[11]

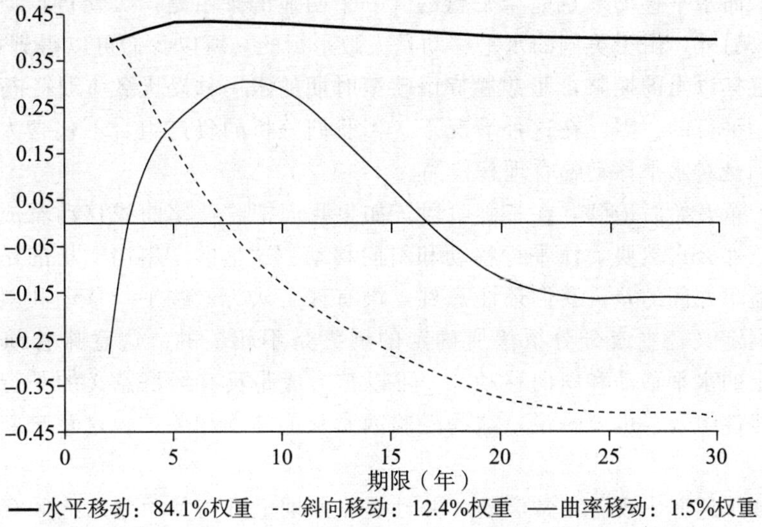

图表 38—7A　2000—2011 年欧元区长期国债收益率的主成分分析

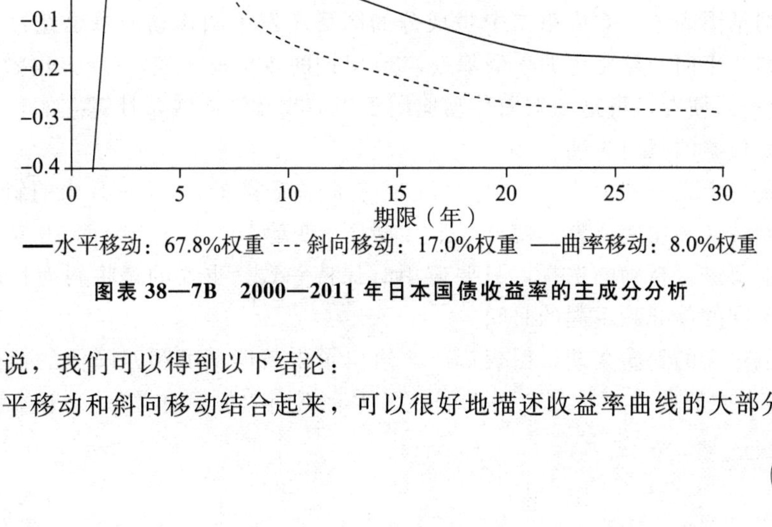

图表 38—7B　2000—2011 年日本国债收益率的主成分分析

总的来说，我们可以得到以下结论：

（1）水平移动和斜向移动结合起来，可以很好地描述收益率曲线的大部分风险。

（2）曲率移动可以解释剩下的大部分风险，但是曲率移动的性质比较模糊。

（3）收益率曲线动态在非常规货币政策时期或者在零利率下限约束下会有所不同。

□对债券组合风险管理的意义

我们已经讨论过，如果水平移动不是平行的，那么久期不是一个恰当的资产组合风险测度（risk measure）。资产组合有效的久期可以测度它对于收益率曲线平行移动的敏感度；它应该被“水平久期”（level duration）取代。水平久期测度的是它对实际水平移动的敏感度，而水平移动不是完全平行的。一个明显的理由是，久期被广泛地接受，也更容易计算。另外，由于美国的水平移动是大致平行的，所以我们可以得到相似的答案。注意，对于三年以上的期限，非常规货币政策时期的水平移动大致上是平行的。较短期限的移动不是平行的。因此在这种情况下，当我们分析的资产组合不包含太多短期债券时，平行移动是对水平移动的合理替代品。

我们这一章开始时谈到，在基础阶段，如果我们把收益率曲线移动看成是因为经济预期的变化，那么自然要关注平行移动和斜向移动。这里的“斜向”指的是短期利率与长期债券收益率之间的差。我们还注意到，没有理由认为这些平行移动和斜向移动是不相关的。根据定义，主成分分析法所确定的因素是不相关的。这意味着前两个主要成分——经验上的水平移动和斜向移动——可以被看成是具有经济意义的平行移动和斜向移动的某种线性组合。也就是说，这些经验因素只能是不相关的。这意味着它们本质上没什么意义。

比如，如果通胀出现不正常波动，并且通胀预期上升与货币紧缩之间存在高度相关（也就是说，如果是市场有关通胀压力的看法导致货币紧缩，并且紧缩过度），那么经验上的水平移动不会是平行的。因此，经验上的水平移动的性质（不像具有经济意义的平行移动和斜向移动）取决于非正常的经济环境是否影响货币政策。

在监测利率风险时，更可取的指标是具有经济意义的平行移动和斜向移动。它们之间是非零相关（non-zero correlation）。这时不适合使用主成分分析所确定的经验上的水平移动和斜向移动。也就是说，我们应该继续使用久期，辅之以经济分析中的“斜向久期”（slope duration），而不应使用主成分分析法建立新的风险测度。

注意，与平行久期不同，斜向久期没有标准的定义。斜向久期的一个便捷定义如下：斜向移动相当于图表 38—5 中第二个主成分的图形所发生的移动，但是经过了转换和比例调整，使得 2 年期的点变化 100 个基点，30 年期的点保持不变。（应该也做了一些平滑处理。）给定一只债券，将这个斜向移动应用于当前收益率曲线，计算它的价值。原价变动的百分比是债券的斜向久期。

还有其他的定义方式。比如，我们可以令斜向移动是图表 38—6B 中的斜向移动。对这个移动进行转换和比例调整，使得 6 个月收益率变动 100 个基点，而 10 年期收益率保持不变。不需要进行精确的选择，只要应用时保持一致。重要的是将斜向移动定义的一致性应用于不同的债券和不同的时间。

根据我们定义的斜向久期，图表 38—8 给出了未清偿不可赎回国债的普通久期和斜向久期。（图表中的曲线不是完全平滑的，因为有不同的债券息票率。）注意，平行久期会随着期限的增加而增加，但是斜向久期是在大约 7 年期的债券达到最高，原因是长期债券的收益率不会受到收益率曲线斜向移动太大的影响。

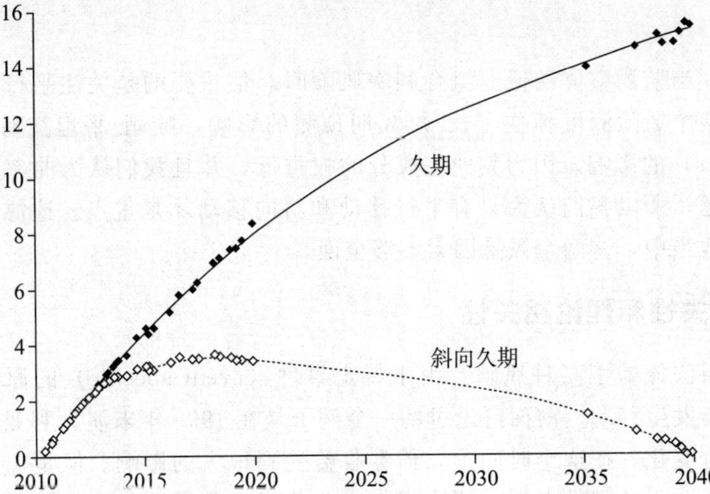

图表 38—8　部分不可赎回国债的普通（平行）久期与斜向久期

下面我们讨论一下曲率移动以及其他不太重要的收益率曲线的移动（比如“驼峰移动”。如果数据集包含这些短期债券，曲率移动会影响非常短的期限）。主成分分析中一直存在这些移动，因此被看成是与水平移动、斜向移动一样的“基本”因素，但是重要性低很多。这是完全不同的情况。正如我们在本章前面所看到的，水平移动、斜向移动有经济意义，并且水平移动和斜向移动的形式会随着时间的推移保持稳定。

相比之下，曲率移动或驼峰移动没有经济意义，受该移动影响的收益率曲线的区域变化非常大。比如，关于未来货币政策的复杂市场预测通常会导致货币市场曲线的驼峰。它的中心在收益率曲线的（比如）9 个月、12 个月、18 个月的位置，取决于具体环境。类似地，曲率移动的出现通常是因为供求失衡，导致收益率曲线部分出现异常。比如，在 1995 年末，3 年期澳大利亚国债收益率受互换市场（swap market）的影响而下降。互换市场的活动既受到澳大利亚在日本市场发行债券的影响，也受到与维多利亚州电力行业私有化相关的一些具体交易的影响。3 年期收益率受到的影响尤其大，原因是日本零售业对 3 年期投资的需求，以及已经发生的私有化交易。在其他情况下，最可能受影响的曲线部分是 2 年期或 3 年期。就一般意义而言，将这种现象看成曲率移动并没有什么意义。

债券组合风险管理的实际结果如下。用同一种方法来测度债券组合水平风险和斜向风险才有意义，因为这些风险是基本的利率风险因素。水平移动和斜向移动的意义不会随着时间推移而变化。不过，用同样严格的方法来测度曲率风险或驼峰风险是不明智的，因为曲率移动和驼峰移动没有什么重要意义。它们的发生有一些具体的原因，并且在不同的视角采取的形式也不同。因此，我们必须采用更灵活的方法来监测收益率曲线的这类风险。在这一章的后面我们还会进一步探讨这个问题。

38.3 超常规的水平风险和斜向风险

我们认为，当监测整体的债券组合利率风险时，最重要的是关注平行久期和斜向久期。比如，这两个风险测度抓住了长/短久期预测的影响，陡峭/平坦交易（steepening/flattening trades）的影响。因为其他主成分的权重低，并且我们认为曲率风险和驼峰风险的测度有问题，所以我们认为只有平行移动和斜向移动才是重点。遗憾的是，事情并非如此，在实践当中，这两个风险因素不够全面。

□经验相关性和理论相关性

主成分分析法掩盖了某种风险：由于特定事件（event-specific）的原因，收益率曲线的特定部分会发生移动。前面讨论过的一个例子是在1995年末澳大利亚3年期债券收益率曲线的部分变化。在这个时间段，债券收益受到很大的影响。但是，如果收益率曲线的这种精确移动不会重复发生，那么当主成分分析法分析的是5年或10年的数据时，它在统计上是不显著的。最近的一个例子是美国5年期中期国债在2010年的变化。它比其他期限的债券涨价更快，然后降价也更快。

当我们只关注平行久期和斜向久期时，我们怎么知道忽略了什么？为了回答这个问题，雷博纳托和库珀（Rebonato and Cooper）对比了不同债券收益率变化的经验相关性以及仅发生平行移动和斜向移动时的预期相关性。[12]

图表38—9给出了1年、5年或30年期国债收益率的经验相关性。它是收益比较的结果。比如，5年期收益率与3年期、7年期收益率的相关性大约是0.95，但是与30年期收益率的相关性只有0.90，与1年期的相关性只有0.85。注意，当我们远离特定的债券时，相关性会显著下降。

图表38—10是仅发生平行移动和斜向移动时的相关性。注意，当我们远离特定的债券时，相关性会逐渐下降。也就是说，相邻债券之间的相关性在理论上高于经验上的相关性。这表明，只关注平行移动和斜向移动会低估两个相邻债券之间的基本风险。我们认为，（比如）5年期债券和7年期债券之间的相互替代性高于实际情况。

在图表38—10中观察到的逐渐递减的相关性并非偶然。雷博纳托和库珀用数学方法证明：如果假设只有两种收益率曲线的移动，那么相关函数（correlation function）必定是这样的。这个结果与前面洛德和佩尔森提到的结果相反。

什么方法适合监测特定期限风险（maturity-specific risks）？这种期限风险不会对应重复发生的基本收益率曲线移动。这时，最有用的工具是偏久期（partial duration）的概念。它测度的是在收益率曲线某个点上的收益率变化敞口。我们简单介绍一下这个概念。比如，我们计算5年期的偏久期，收益率曲线5年期点移动100个基点，然后重新计算债券价值。原价的百分比变动就是偏久期。[13]还有一种定义。比如，用零息票收益率曲线的移动而不是基准或平价收益率曲线。这种方法也很常见。计算偏久期没有标准的到期点（maturity points）。

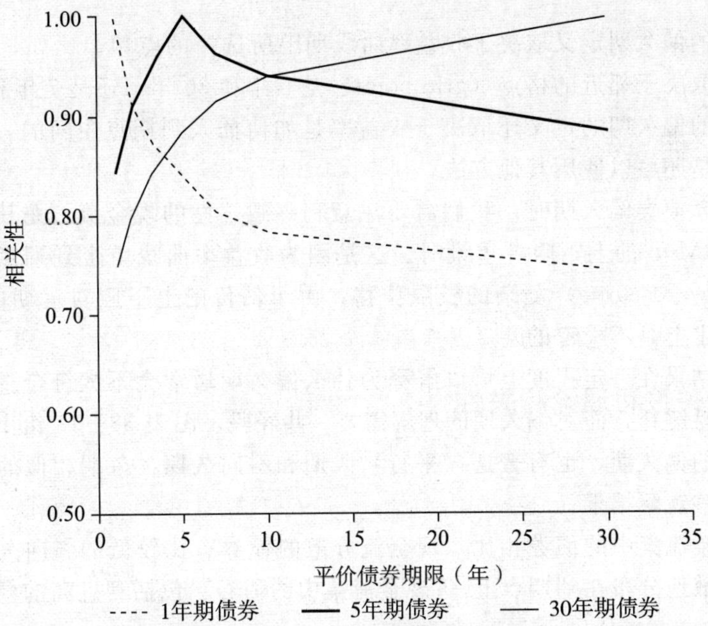

图表 38—9　不同国债收益率的经验相关性

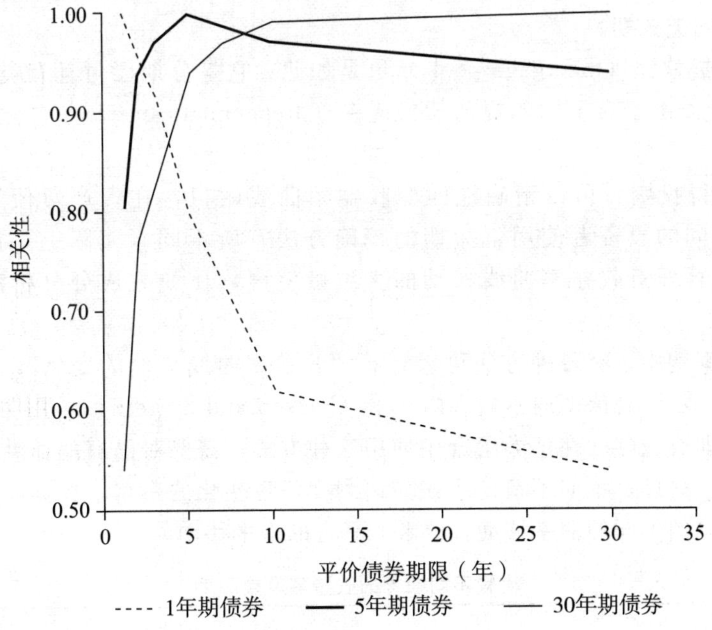

图表 38—10　不同国债收益率的理论相关性，双因素模型

关于偏久期的概念，有一些重要的观察结果：

(1) 在偏久期的定义中，收益率曲线的移动没有经济意义；实际上，它完全不切实际。因此，偏久期本身没有经济意义，纯粹是一种工具，是收益率曲线风险的构成要素。

(2) 具体的偏久期定义取决于收益率曲线期限所选择的点集。比如，10 年期偏久期的价值和意义取决于邻近的格点（grid point）是 5 年和 30 年，还是 7 年和 20 年。

(3) 具体的偏久期的定义还取决于收益率是如何插入到期点中间的。以上例子假设线性插值，但是还可以使用其他方法。

(4) 在计算债券偏久期时，我们需要注意利率敏感性的现金流，尤其是当可调利率抵押贷款（ARMs）的上下限可重设时。这是因为收益率曲线单个到期点的移动相当于远期曲线（forward curve）复杂的极限位移。由于估价的上下限对远期曲线高度敏感，所以结果在数字上是不稳定的。

这些观察结果在一定程度上可以解释为什么偏久期通常会不太符合直觉。平行久期和斜向久期容易解释，而对偏久期的理解需要一些经验。图表 38—11 给出的一些例子是关于不同债券的偏久期。也有普通（平行）久期和斜向久期，久期相似的债券被分门别类。以下是一些观察结果：

(1) 与现金流集中的债券相比，现金流分散的债券有比较低的斜向久期，并且它的偏久期会更分散地分布在到期点上。“现金流集中的债券”包括利息高的债券和分期摊还债券（amortizing bond）。

(2) 可赎回债券也是一样。它的现金流是“分散的”，意思是在不同的利率条件下会发生变化。因此，30 年期限 10 年可提前赎回市政债券在那些到期点上有偏久期，并且斜向久期低于同类久期。

(3) 抵押贷款池（mortgage pools）更是如此。它是分期偿付且有类期权（option-like）的现金流。由于有不同的提前偿付速率（prepayment speed），它会随着不同的利率条件而变化。

偏久期使得投资者可以精确地匹配收益率曲线敞口，在资产负债管理中尤为有用。不过，不同的投资者使用偏久期的精确方法有所不同。实际上，偏久期的一种有效应用是计算任意收益率曲线移动的大致敏感度，比如主成分分析法所确定的那些移动。

在具体的案例中，有各种方法可以计算“收益率曲线久期的变化”。比如，维尔纳（Willner）的方法[14]是依据内尔松和西格尔（Nelson and Siegel）[15]，用明确的函数形式来代表收益率曲线位移。在债券组合中使用这种方法，需要对已有的债券组合分析进行大幅度的修补。另外，我们不清楚应该如何测度任意变化的敞口。比如，在非常规货币政策时期观察到的不同的曲率移动，或者非平行的水平移动。

图表 38—11　　比较不同债券的收益率风险测度

	债券类型	久期		偏久期			
		平行	斜向	2 年	5 年	10 年	30 年
US TREASURY NOTE 4.625% 02-15-17	不可提前赎回、附息	5.4	3.4	0.1	4.2	1.1	0.0
US TREASURY BOND 8.875% 08-15-17	不可提前赎回、附息	5.2	3.2	0.2	3.6	1.4	0.0
FNCI 3.0 AB2139 01-01-26	固定利率抵押贷款池	5.2	2.8	0.6	1.6	2.8	0.2

续前表

债券类型		久期		偏久期			
		平行	斜向	2年	5年	10年	30年
US TREASURY NOTE 2.125% 12-31-15	不可提前赎回、附息	4.7	3.2	0.1	4.6	0.0	0.0
FNCI 3.5 AE3992 10-01-25	固定利率抵押贷款池	4.8	2.7	0.7	1.6	2.3	0.2
US TREASURY NOTE 2.75% 10-31-13	不可提前赎回、附息	2.6	2.4	2.0	0.6	0.0	0.0
FNCL 5.5 851568 03-01-36	固定利率抵押贷款池	2.7	1.6	0.7	0.9	0.8	0.3
FNMA POOL ＃AC3014 ARH5 WP 3.561% 10-01-39	混合型可调利率抵押贷款池	2.5	2.0	1.3	1.0	0.1	0.1
US TREASURY NOTE 3.5% 05-15-20	不可提前赎回、附息	8.1	3.5	0.0	1.1	7.0	0.0
US TREASURY COUPON STRIPS 0% 02-15-19	不可提前赎回、零息票	8.2	3.9	−0.3	3.0	5.5	0.0
FNCL 3.5 AE7613 11-01-40	固定利率抵押贷款池	7.7	2.8	0.4	1.1	4.2	2.0
TEAC GAS PROJ REV SER C（GOS）SF 5.0% 02-01-27	不可提前赎回、附息	10.7	3.2	0.1	0.3	7.6	2.7
SC PUB SER SANTEE COOPER SF 5.5% 01-01-38	可提前赎回、附息	10.8	2.8	0.1	0.9	5.4	4.4
GOLDEN STATE TOBACCO REFG SER A-1 SF（T）5.00% 06-01-33	不可提前赎回、分期偿付	10.8	2.8	0.2	0.6	5.7	4.3

计算债券或债券组合对任意收益率曲线变化的敏感度，还有一种更直接的方法。对于任意给定的变化，这个窗口大致等于债券偏久期的一个固定线性组合。这表明，偏久期是一种一般性的工具，用于分解相关的或有意义的任意收益率曲线变化。这样理解可能会更好一些。

□曲线近端的异质性行为

相关性分析表明，平行移动和斜向移动没有体现出特定的期限风险。还有两种风险："货币市场风险"和"远端风险"（long end risk）。这些风险的原因是曲线的近端和远端的活动可以独立于收益率曲线2～10年的区间。注意，主成分分析不能发现曲线的近端和远端的异质性移动，除非可以对曲线的近端和远端进行一些观察。比如，如果主成分分析的数据集只包含唯一的长期债券收益率的观察数据，那么统计上显著的"远端"因素不太可能被发现。类似地，如果分析中只使用曲线上少量的到期点，那么也不太可能描述收益率曲线近端的动态。（回忆一下这一章开头对收益率曲线动态的理论分析。在曲线的近端上，它不能告诉我们有关动态的情况。）

注意，每个国家货币市场的行为都有所不同，取决于中央银行的操作手法以及其他异质性因素。比如，美国和澳大利亚的货币当局试图对货币政策进行相对平稳的调整，因此曲线的近端（0～3个月）通常比长期货币市场（比如6～18个月）稳定。另外，新西兰的储备银行经常会允许隔夜至3个月期收益率出现较大波动。关键在于，虽然影响债券收益率的经济因素在各个国家是相同的，但是影响货币市场收益率的因素是不同的。它们取决于每个国家的货币政策。

当我们试图分析货币市场收益率时，需要注意两点。首先，由于到期日不足一个月的利率会出现收益率的剧烈变化，所以所有的统计分析都应该将此排除在外。其次，由于曲线近端和远端的变化取决于当前的货币市场特性，使用横跨不同货币体制的数据集是没有意义的。

根据这一点，图表38—12仅仅分析了近端。它给出了主成分分析的一个结果，对象是到期日为1～12个月的伦敦银行同业拆借利率（LIBOR）。注意：

（1）与前面一样，确定水平移动、斜向移动以及曲率移动。[16]但是，水平移动不是完全平行的。利用20年的分析周期可以观察到这一点，所以它不是因为非常规的联邦储备委员会政策，可能是因为极为短期的利率的惯性。联邦储备委员会往往会逐渐改变隔夜利率。

（2）曲率移动的顶点在3个月到期的点上，所以它显然跟美国债券曲线动态分析中观察到的曲率移动无关。

关于短期收益率动态，我们很难得出明确的结论，尤其是货币政策的性质变化会导致以前的结论失效。我们所能做的是仔细监控所选定的偏久期。无论如何，美元风险大大低于债券，并且投资者在货币市场上持有资产的灵活性通常会低于持有债券的灵活性，所以在实践中，我们可能会比较能够容忍犯错。

此外，我们要注意，很多关于利率动态的经验研究只关注国库券收益率。以上分析表明，这种研究与债券收益率的相关性值得怀疑。债券曲线的分析必须与货币市场曲线分开。

38.4 关键知识点

- 收益率曲线移动并不总是平行的。因此不建议将传统的久期概念作为唯一的利率风险测度。
- 理论和经验分析表明，两个最重要的收益率曲线移动是平行移动和斜向移动。
- 在经验上，可以用主成分分析法来判断这些移动的形式。它们在时间上基本是一致的，除非短期利率处在零利率下限。
- 对于这两种收益率曲线移动的风险测度是传统的（平行）久期和斜向久期。这两者结合在一起可以体现债券组合的大部分但不是所有的收益率曲线风险敞口。
- 曲率移动看起来很重要，但是没有明确的经济意义，也不会在时间上保持一致。比较好的监测复杂的收益率曲线移动敞口的方法是偏久期。

【注释】

[1] Ben Bernanke,“Deflation: Making Sure ‘It’ Doesn’t Happen Here,” Remarks before the Na-

tional Economists Club, Washington, DC, November 21, 2002; http: //www.federalreserve.gov/boarddocs/speeches/2002/ 20021121/ default.htm.

[2] Jeffrey A. Frankel, *Financial Markets and Monetary Policy* (Cambridge, MA: MIT Press, 1995), p. xii.

[3] Ibid., p. 134; and Antti Ilmanen, "Does Duration Extension Enhance Long-Term Expected Returns?" *Journal of Fixed Income* 6, No. 2 (September 1996), pp. 23-36.

[4] 更多细节，参见 Don H. Kim and Athanasios Orphanides, "The Bond Market Term Premium: What Is It, and How Can We Measure It?" *BIS Quarterly Review* (June 2007), pp. 27-40。

[5] Frankel, *Financial Markets and Monetary Policy*, pp. 115-116.

[6] 更多讨论，参见 Wesley Phoa, "Can You Derive Market Volatility Forecasts from the Observed Yield-Curve Convexity Bias?" *Journal of Fixed Income* 7, No. 1 (June 1997), pp. 43-54。

[7] Robert Litterman and José Scheinkman, "Common Factors Affecting Bond Returns," *Journal of Fixed Income* 1, No. 1 (June 1991), pp. 54-61.

[8] See Chapter 6 in Alan Jennings and J. J. McKeown, *Matrix Computation*, 2nd Edition (Chichester, UK: Wiley, 1992).

[9] 关于这一点更多的讨论，参见 Roger Lord and Antoon Pelsser, "Level-Slope-Curvature—Fact or Artefact," *Applied Mathematical Finance* 14, No. 2 (2007), pp. 105-130。

[10] 关于这一点更多的讨论，参见 Roger Lord and Antoon Pelsser, "Level-Slope-Curvature—Fact or Artefact," *Applied Mathematical Finance* 14, No. 2 (2007), pp. 105-130。

[11] 关于全球收益率曲线动态的更多讨论，参见 Wesley Phoa, "Yield-Curve Risk Factors: Domestic and Global Contexts," in Lev Borodovsky and Marc Lore (eds.), *The Practitioner's Handbook of Financial Risk Management* (Woburn, MA: Butterworth-Heinemann, 2000)。

[12] Riccardo Rebonato and Ian Cooper, "The Limitations of Simple Two-Factor Interest Rate Models," *Journal of Financial Engineering* 5, No. 1 (March 1996), 1-16.

[13] 更多细节，参见 Thomas Ho, "Partial Durations: Measures of Interest Rate Risk," *Journal of Fixed Income* 1, No. 2 (September 1992), pp. 29-44。

[14] Ram Willner, "A New Tool for Portfolio Managers: Level, Slope and Curvature Durations," *Journal of Fixed Income* 6, No. 1 (June 1996), pp. 48-59.

[15] Charles R. Nelson and Andrew F. Siegel, "Parsimonious Modeling of Yield-Curves," *Journal of Business* 60, No. 4 (1987), pp. 473-489.

[16] 关于这一点，数学上的解释参见 Lord and Pelsser, "Level-Slope-Curvature—Fact or Artefact"。

第 39 章 无套利利率模型的期限结构建模

小杰拉尔德·W. 布托（Gerald W. Buetow, Jr.）博士，注册金融分析师
Innealta 资本公司首席投资官

布莱恩·J. 亨德森（Brian J. Henderson）博士，注册金融分析师
乔治·华盛顿大学金融学助理教授

利率模型是从业者使用的重要工具，可以为固定收益证券以及利率或有权益（contingent claims）定价，评定利率风险。存在很多利率模型，这些模型的区别在于它们对利率动态的假设以及假设的特异性。由于对利率变化过程的假设不同，每个模型都有不同的性质。这些性质对于模型的使用非常重要。这些模型有的非常简单，也有的数理性很强、很复杂，主要看数学的易处理性以及如何准确反映利率动态。

本章的重点是无套利（no arbitrage）利率模型。这里的期限意味着模型被嵌入当前的期限结构中，用该模型评估债券时得到的价格与市场价格保持一致。除了无套利模型之外，另一类利率模型是所谓的**均衡模型**（equilibrium model）。该模型在一般均衡的框架下通过随机微分过程建立定价机制。我们关注无套利模型的原因是，这种模型在实践中被从业者广泛接受。

一般而言，利率模型是用随机微分方程（SDE）来描述利率的动态过程。单因素模型描述短期利率，而多因素模型用随机微分方程描述附加利率（additional interest rates）。要得到利率模型的封闭解（closed-form solution），就需要使用随机微积分。我们假设读者不太熟悉随机微积分，所以尽量使用最容易处理的方法来建模。

在这一章，我们将给出几个无套利利率模型。我们关注的是每个模型的重要特征，重点是模型的关键假设以及反映这些假设的性质。虽然有更复杂的模型，但是这一章的模型与复杂的模型有相同的直觉，而且代数性质也一样。

为了让利率模型具有实际作用，我们需要把它变成重新组合的分叉树结构（lattice structure)。这通常会转化成二项式树（binomial trees）和三项式树（trinomial trees)。在建立模型并强调其重要的性质之后，我们将用分叉树来描述该模型。分叉树法是一种有用的工具，可以用于利率或有权益定价，比如可赎回债券和互换期权；也可以用于利率风险敞口的评估。

39.1 短期利率模型简介

在这一节，我们给出五种短期利率的无套利模型。我们的重点是每个模型背后的假设，以及这些假设对于最终利率的影响。在下一节，我们将依据这种思路将模型转变成二项式分叉树（binomial lattice)，然后说明其重要性质。

□ Ho-Lee 模型

第一个无套利利率模型是 Ho-Lee 模型。[1]这个模型假设短期利率遵循如下随机过程：

$$dr=\theta(t)dt-\sigma dz \tag{39—1}$$

这里的连续时间过程表明，短期利率动态是预期与随机冲击的组合。$\theta(t)dt$ 是预期的变化，也被称为短期利率的漂移（drift）。这一部分具有重要的特征，比如均值回归(mean reversion)，会导致利率的预期变化。漂移的参数是时间的函数，它的数值来源于当前期限结构——让模型符合无套利约束。我们后面会说明这一点。

在连续时间过程中，第二个组成部分是风险。它是 σ 和 dz 的乘积。这个部分很重要，因为它具有利率的分布特征。Ho-Lee 利率模型假设风险水平随时间保持不变。这被称为正态过程（normal process)，因为 z 是维纳过程，服从正态分布。$dz=\varepsilon\sqrt{dt}$ 是正态分布，因为 ε 来自标准正态分布，均值为 0，标准差为 1。因此，Ho-Lee 将短期利率模型化为正态分布。正如我们马上要看到的，这意味着模型可能会出现负利率。

我们做了一个离散的数值逼近，得到近似的利率。用 $r(t_k)$表示随机微分方程在 t_k 时刻的解，这个数值算法得到的解用 r_k 表示，它是精确解 $r(t_k)$的近似。对于每个细小的离散时间（其中 Δt 接近于零)，我们有 $dt\approx\Delta t=t_{k+1}-t_k$。这就得到了利率的近似值，其中 $dr\approx\Delta r=r(t_{k+1})-r(t_k)\approx r_{k+1}-r_k$。利用这个离散近似，我们可以得出，当利率从时间 k 变动到时间 $k+1$ 时，Ho-Lee 模型的近似值是：

$$r_{k+1}=r_k+\theta_k\tau+\sigma_k\Delta z_k \tag{39—2}$$

其中 $t_k=k\tau$，且 Δz_k 是 dz 的（离散）近似值。将 $dz=\varepsilon\sqrt{dt}$ 代入，方程变成：

$$r_{k+1}=r_k+\theta_k\tau+\sigma_k\varepsilon_k\sqrt{\tau} \quad (39—3)$$

其中 ε_k 是从标准正态分布 N（0，1）中产生的一个随机数字。我们用 τ 表示 t_k 时刻与起始时刻之间的时间步长。考察上面的方程，我们发现短期利率的平均值会随着时间的推移越来越大；对于某个 θ，如果 $\theta_k\tau$ 可以变大，就会出现以上这个结果。另外，如果冲击的波动很大，那么短期利率动态会受到波动率的严重影响，并且随机冲击非常大。因此，Ho-Lee 模型有两个基本缺点：利率的增长不可控制，可能出现负利率。

□ Hull-White 模型

Hull-White 利率模型的随机过程是[2]：

$$dr=(\theta-\phi r)dt+\sigma dz \quad (39—4)$$

方程（39—4）中的随机过程类似于方程（39—1）中的 Ho-Lee 过程，因为波动率被假设为保持不变，并且利率服从正态分布。另外，Hull-White 模型中可能出现负利率。Hull-White 中的漂移项与 Ho-Lee 的不同。注意，如果 θ 等于 0，那么 Hull-White 模型会退化为 Ho-Lee 模型。Hull-White 模型的漂移项反映利率的均值回归的性质，可以控制 Ho-Lee 模型中不受控的短期利率增长。

如果我们定义短期利率的长期目标为 $\mu=\theta/\phi$，那么我们可以把方程（39—4）中的漂移项重新写成 $\phi(\mu-r)$。当短期利率低于目标利率 μ 时，利率将来会朝着目标利率向上漂移。相反，当短期利率高于目标利率时，漂移项会把未来利率拉回到目标利率。参数 ϕ 控制均值回归的速度。如果 ϕ 接近 0，那么短期利率靠近目标利率的速度会低于 ϕ 接近 1 的时候。当 ϕ 取正数的时候，会出现正的均值回归。当 ϕ 取负数的时候，会出现负的均值回归，但是会导致短期利率的指数增长。均值回归的另一个重要特征是，向目标利率的漂移过程在一定程度上取决于短期利率与目标利率之间的距离。短期利率距离目标利率越远，漂移会越大。在负均值回归的情况下，这第二个效应会放大短期利率的指数增长。

我们在 Hull-White 随机过程中使用离散逼近（discrete approximation）。就像 Ho-Lee 模型中所描述的一样，我们得到以下近似值：

$$r_{k+1}=r_k+(\theta_k-\phi_k r_k)\tau+\sigma_k\varepsilon_k\sqrt{\tau} \quad (39—5)$$

与 Ho-Lee 过程一样，Hull-White 过程的数值逼近将短期利率模型化为正态分布。正态分布假设是很显然的，因为 ε_k 是从标准正态分布 $N(0,1)$ 中产生的一个随机数字。另外，短期利率可以是负的，尤其是当我们假设波动幅度很大时。

由于模型的参数增加，将 Hull-White 过程变成分叉树时，代数运算需要涉及可变时间步长（variable time step）。可变时间步长不是一个好的性质，需要用样条插值法（spline methodology）来处理平均时间步长。用三项式分叉树取代二项式分叉树，会导致自由度的增加。最后的解决办法是节点之间有固定的时间步长。因此，当我们给出模型分叉树时，我们会给出 Hull-White 模型的三项式模型。

□ Kalotay-Williams-Fabozzi 模型

Kalotay-Williams-Fabozzi（KWF）模型类似于 Ho-Lee 模型，因为随机过程有固定

不变的漂移，不包含均值回归，波动率保持稳定。[3]然而，其差别是该模型将利率的自然对数看成是服从正态分布。虽然短期利率的自然对数可能是负的，但是短期利率本身在这个模型中不会变成负的。这与 Ho-Lee 模型和 Hull-White 模型不同。具体而言，KWF 模型的微分过程是

$$d\ln(r)=\phi dt+\sigma dz \tag{39—6}$$

我们可以看出，如果 $\mu=\ln(r)$，这个方程与 Ho-Lee 模型是完全一样的。我们把这个微分过程重新写成

$$d\mu=\phi dt+\sigma dz \tag{39—7}$$

由于 μ 服从正态过程，所以 $\ln(r)$ 也服从正态过程，这意味着 r 服从对数正态过程。虽然与 Ho-Lee 和 Hull-White 过程中一样，μ 可能是负的，但 r 不会是负的。要理解这一点，注意 $\mu=\ln(r)$，所以 $r=e^{\mu}$。这表明 r 始终是正的，并且 KWF 模型规避了 Ho-Lee 模型和 Hull-White 模型中的问题，即负利率问题。

KWF 模型的离散型近似值是：

$$\mu_{k+1}=\mu_k+\theta_k\tau+\sigma_k\varepsilon_k\sqrt{\tau} \tag{39—8}$$

因为 $\mu=\ln(r)$，我们可以将方程重新写成：

$$r_{k+1}=r_k e^{\theta_k\tau+\sigma_k\varepsilon_k\sqrt{\tau}} \tag{39—9}$$

我们从这个方程中看到，如果 θ 是正的，短期利率逐渐上升，并且没有上限。类似地，如果 θ 是负的，短期利率逐渐下降到零。与 Ho-Lee 模型一样，KWF 模型的短期利率的增长没有上限，但是规避了负的短期利率问题。这个问题困扰着 Ho-Lee 模型和 Hull-White 模型。另外，短期利率是对数正态分布，不是正态分布。

□ Black-Karasinski 模型

Black-Karasinski 模型中的利率微分过程采取以下形式[4]：

$$d\ln(r)=(\theta-\phi\ln(r))dt+\sigma dz \tag{39—10}$$

如果我们再次令 $\mu=\ln(r)$，并重写微分过程，那么我们可以得到

$$d\mu=(\theta-\phi\mu)dt+\sigma dz \tag{39—11}$$

注意，这个表达式是 Hull-White 利率过程。由于 μ 的性质与 Hull-White 模型中的一样，所以 μ 服从正态分布，r 服从对数正态分布。由于 $r=e^{\mu}$，所以 Black-Karasinski 过程中的利率大于零。这是这个模型比 Hull-White 模型优越的地方。

与 KWF 模型相比，Black-Karasinski 模型还包括利率的均值回归。Hull-White 模型是对 Ho-Lee 模型的扩展。与此类似，Black-Karasinski 模型扩展了对数正态分布的 KWF 模型，增加了利率的均值回归性质。与 Hull-White 模型相似，参数 ϕ 控制短期利率的增长速度。短期利率从一个阶段到下一个阶段的漂移，取决于均值回归参数的速度以及利率与目标利率之间的距离。

接下来，我们用前面提到的其他模型中的方法来对该过程离散化：

$$\mu_{k+1}=\mu_k+(\theta_k-\phi_k r_k)\tau+\sigma_k\varepsilon_k\sqrt{\tau} \tag{39—12}$$

由于 $\mu=\ln(r)$，我们将方程重新写成：

$$r_{k+1}=r_k e^{(\theta_k-\phi_k \ln r_k)\tau+\sigma_k\varepsilon_k\sqrt{\tau}} \tag{39—13}$$

注意这个方程与 Hull-White 模型中方程（39—5）的相似性。这两个模型都包含漂移项的均值回归。它们的主要区别是分布假设：Hull-White 模型是正态分布，Black-Karasinski 模型是对数正态分布。

□ Black-Derman-Toy 模型

与 Black-Karasinski 模型相似，Black-Derman-Toy（BDT）利率模型将均值回归和短期利率的对数正态分布结合在一起。[5] BDT 模型的主要贡献是，均值回归是内生决定的，也就是说，它取决于模型的输入参数（input parameter）。这个模型背后的数学使得它成为我们给出的模型中最复杂的一个。模型中的短期参数遵循以下过程：

$$d\ln(r)=\left(\theta(t)+\frac{\sigma'(t)}{\sigma(t)}\ln(r)\right)dt+\sigma(t)dz \tag{39—14}$$

如果我们再次令 $\mu=\ln(r)$，并重写这个过程，我们可以得到：

$$\mu=\left(\theta(t)+\frac{\sigma'(t)}{\sigma(t)}\mu\right)dt+\sigma(t)dz \tag{39—15}$$

方程（39—15）非常类似于 Black-Karasinski 模型的方程（39—11），唯一的区别是均值回归的参数不同。在这个模型中，均值回归是模型内生的，因为它取决于短期利率的波动率假设。这个模型中的均值回归机制是一样的。当 $\sigma'(t)$ 小于零时，短期利率均值回归。相反，如果 $\sigma'(t)$ 是正的，这意味着 $\sigma(t)$ 是递增的，短期利率增加，不存在均值回归。注意，如果波动率是固定不变的，那么导数为零，均值回归项也是零。如果波动率不变，那么 KWF 模型是 BDT 模型的特例。

接下来，我们采用与其他模型相同的方法对 BDT 利率过程离散化：

$$\mu_{k+1}=\mu_k+\left(\theta_k-\frac{\sigma'(t)}{\sigma(t)}r_k\right)\tau+\sigma_k\varepsilon_k\sqrt{\tau} \tag{39—16}$$

因为 $\mu=\ln(r)$，我们把方程重新写成：

$$r_{k+1}=r_k e^{\left(\theta_k-\frac{\sigma'(t)}{\sigma(t)}\ln r_k\right)\iota+\sigma_k\varepsilon_k\sqrt{\tau}} \tag{39—17}$$

39.2 二项式利率分叉树

在这一节，我们用二项式分叉树来表示利率模型。在二项式分叉树中，在离散的时间点上利率从两个可能的行动中选择其中一个。为了实现我们的目的，我们给出的分叉树每个时间步长是 6 个月。图表 39—1 给出了四期二项式树。注意，在每个节点上，利率要么上升，要么下降。每一步的大小取决于利率模型的性质。另外，要注意树枝的重合。它的意思是，一次上升后的一次下降与一次下降后的一次上升得到相同的利率。重合是二项式树的一个常用假设，是我们对它施加的代数约束条件。将利率模型转变成二项式树时用到的数值方法超越了本章的范围，但是我们可以用二项式树来表示模型，阐述利率模型的重要特征。布托和索哈茨基（Buetow and Sochacki）对数值方法做了全面的讨论，包括把模型变成二项式树。[6]

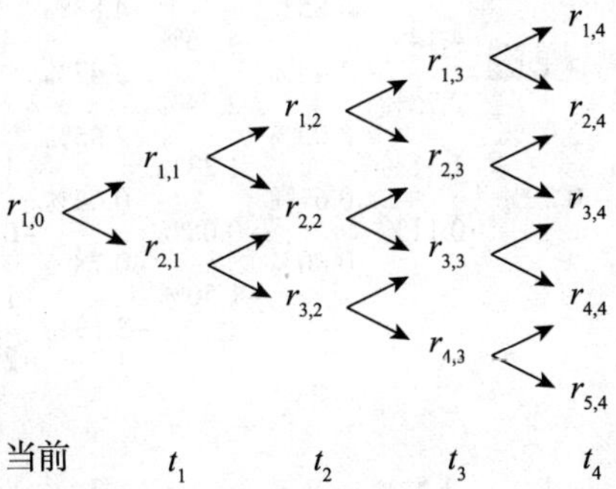

图表 39—1　远期利率的二项式分叉树

本章提到的期限利率结构模型的无套利性质来自以下事实：模型的利率具有当前期限结构的性质。比如，用 $r_{1,0}$ 表示当前一期（6 个月）的即期利率（spot rate），用 z 表示两期的即期利率，用 f_1 表示远期利率，我们可以用二项式分叉树来阐述无套利性质。在二项式分叉树中，下一期利率的可能取值是 $r_{1,1}$ 和 $r_{2,1}$。以下约束条件满足无套利性质（根据下一期的一期利率 $r_{1,1}$ 或 $r_{2,1}$，该约束条件要求一期即期利率等于两期即期利率）：

$$\left(1+\frac{1}{2}z\right)^2=\left(1+\frac{1}{2}r_0\right)\left[p_u\left(1+\frac{1}{2}r_{1,1}\right)+p_d\left(1+\frac{1}{2}r_{2,1}\right)\right] \tag{39—18}$$

其中 p_u 和 p_d 分别是利率向上和向下移动的概率。无套利约束可以使得我们利用利率分叉树对普通债券（straight bond）定价，得到的价格与市场价格产生的可观察即期利率曲线（spot rate curve）保持一致。由于这个性质，无套利模型具有实际应用价值，有助于定价与风险管理。

图表 39—2 给出了 Ho-Lee 二项式分叉树。期限结构在 2%处是平坦的，并且波动率保持不变。在图表 39—2（a）中，波动率为 1%；在图表 39—2（b）中，波动率为 10%。在二项式分叉树中，Ho-Lee 模型很明显存在几个重要的特征。第一，一期利率可能是负的，这是因为在 Ho-Lee 过程中，利率服从正态分布且无界。实际上，我们可以看到在 Ho-Lee 分叉树中，高低利率之间的差等于 $2\times k+\sigma\sqrt{\tau}$，其中 k 是时间（年数），τ 是时间步长的长度。这种代数关系表明，在每一个时间步长上，最高利率与最低利率之间的差或者距离是时间的增函数，并且会经常产生负利率。另外，波动的幅度会影响利

率差。为了说明这一点，图表 39—2（b）给出的 Ho-Lee 分叉树有 10%的波动率。波动率越大导致利率越分散，这就是明显的证据。它也表明，该模型中的利率可能会很大，并且经常是负的。虽然负利率的经济意义不受欢迎，但是它对模型也没什么坏处，因为根据三项式树计算出来的债券价格是未来短路径（short path）的平均，是所有利率的平均。

（a）期限结构在2%处平坦，始终保持1%的波动率

时间（年）		0.5	1	1.5	2	2.5	3	3.5	4	4.5
	2.00%	2.71%	3.42%	4.14%	4.85%	5.57%	6.29%	7.02%	7.75%	8.48%
		1.30%	2.01%	2.72%	3.44%	4.16%	4.88%	5.60%	6.33%	7.06%
			0.59%	1.31%	2.02%	2.74%	3.47%	4.19%	4.92%	5.65%
				−0.11%	0.61%	1.33%	2.05%	2.78%	3.50%	4.23%
					−0.80%	−0.08%	0.64%	1.36%	2.09%	2.82%
						−1.50%	−0.78%	−0.05%	0.67%	1.40%
							−2.19%	−1.47%	−0.74%	−0.01%
								−2.88%	−2.15%	−1.42%
									−3.57%	−2.84%
										−4.25%

（b）期限结构在2%处平坦，始终保持10%的波动率

时间（年）		0.5	1	1.5	2	2.5	3	3.5	4	4.5
	2.00%	9.32%	16.88%	24.70%	32.75%	41.06%	49.61%	58.40%	67.44%	76.72%
		−4.82%	2.74%	10.55%	18.61%	26.92%	35.46%	44.26%	53.30%	62.58%
			−11.40%	−3.59%	4.47%	12.77%	21.32%	30.12%	39.16%	48.44%
				−17.73%	−9.67%	−1.37%	7.18%	15.98%	25.01%	34.30%
					−23.82%	−15.51%	−6.96%	1.83%	10.87%	20.15%
						−29.65%	−21.10%	−12.31%	−3.27%	6.01%
							−35.25%	−26.45%	−17.41%	−8.13%
								−40.59%	−31.55%	−22.27%
									−45.70%	−36.41%
										−50.56%

图表 39—2　Ho-Lee 二项式利率分叉树

Ho-Lee 过程将短期利率模型化为正态分布。这在二项式分叉树中很明显，因为利率是对称分布于平均利率左右的。比如，利率 $r_{1,2}$ 和 $r_{2,2}$ 之间的距离与 $r_{2,2}$ 和 $r_{3,2}$ 之间的距离完全相同。

Ho-Lee 模型另一个重要的性质是，漂移项与当前利率结构的斜率相关。图表 39—3（a）说明了这个性质。期限结构的斜率向上倾斜，远期利率曲线每期增加 15 个基点，波动率始终是 10%。这个例子相当于正常的期限结构，因为它的斜率是正的。漂移项很显然是正的，而且我们注意到节点之间的差距或者距离与图表 39—2（b）完全相同。区别在于正的漂移项。在有些情况下，由于漂移与时间成比例并且无限增长，所以这一项会变得

非常大。因此，当漂移项是正的时，分叉树不大可能出现负利率。图表 39—3（b）给出了与 Ho-Lee 模型相反的一个期限结构，其中远期利率曲线每一期下降 15 个基点，波动率还是 10%。最高利率与最低利率之间的差距还是完全相同。这是因为波动率是 10%，并且波动率影响 Ho-Lee 模型中的差距。另外，我们可以看到，与平坦的或正常的期限结构相比，漂移项是负的，并且负的漂移项导致 Ho-Lee 模型中的所有利率向下移动。

（a）正常的期限结构，始终保持10%的波动率

2.00%	9.62%	17.48%	25.59%	33.94%	42.54%	51.38%	60.45%	69.77%	79.33%
	–4.52%	3.34%	11.45%	19.80%	28.40%	37.23%	46.31%	55.63%	65.18%
		–10.80%	–2.69%	5.66%	14.25%	23.09%	32.17%	41.49%	51.04%
			–16.84%	–8.48%	0.11%	8.95%	18.03%	27.34%	36.90%
				–22.62%	–14.03%	–5.19%	3.89%	13.20%	22.76%
					–28.17%	–19.33%	–10.26%	–0.94%	8.61%
						–33.48%	–24.40%	–15.08%	–5.53%
							–38.54%	–29.22%	–19.67%
								–43.37%	–33.81%
									–47.95%
时间（年）	0.5	1	1.5	2	2.5	3	3.5	4	4.5

（b）反转的期限结构，始终保持10%的波动率

2.00%	9.02%	16.29%	23.80%	31.57%	39.58%	47.84%	56.36%	65.12%	74.13%
	–5.12%	2.14%	9.66%	17.42%	25.44%	33.70%	42.21%	50.98%	59.99%
		–12.00%	–4.48%	3.28%	11.29%	19.56%	28.07%	36.84%	45.85%
			–18.63%	–10.86%	–2.85%	5.42%	13.93%	22.69%	31.71%
				–25.00%	–16.99%	–8.73%	–0.21%	8.55%	17.56%
					–31.13%	–22.87%	–14.35%	–5.59%	3.42%
						–37.01%	–28.50%	–19.73%	–10.72%
							–42.64%	–33.88%	–24.86%
								–48.02%	–39.00%
									–53.15%
时间（年）	0.5	1	1.5	2	2.5	3	3.5	4	4.5

图表 39—3　正常的期限结构和反转的期限结构下的 Ho-Lee 二项式分叉树

我们现在考察 KWF 的二项式分叉树。回忆一下，这个模型类似于 Ho-Lee 模型的对数正态版。如果假设波动率是正的且固定不变，它也是 BDT 模型的特例。图表 39—4（a）给出了 KWF 二项式分叉树，其中期限结构在 2%处平坦，波动率始终是 10%。这个情形正好可以跟图表 39—2（b）的 Ho-Lee 模型进行比较。这两者存在两个重要的区别。第一，KWF 模型中的对数正态分布使得利率不会变成负的。因为 Ho-Lee 模型是正态分布，所以有可能有负的利率，但是 KWF 模型的对数正态分布使得利率为正。第二，相同波动幅度下的利率差小于 Ho-Lee 模型。Ho-Lee 模型中的利率围绕中心节点成正态分布，而 KWF 模型中的利率不是围绕中心节点成对称分布，而是向高利率方向倾斜。这个性质说

明了分布假设的重要性。分布假设源自模型的微分过程。

（a）期限结构在2%处平坦，始终保持10%的波动率

2.00%	2.14%	2.29%	2.45%	2.63%	2.82%	3.02%	3.23%	3.46%	3.71%
	1.86%	1.99%	2.13%	2.28%	2.44%	2.62%	2.80%	3.00%	3.22%
		1.73%	1.85%	1.98%	2.12%	2.27%	2.43%	2.61%	2.79%
			1.61%	1.72%	1.84%	1.97%	2.11%	2.26%	2.42%
				1.49%	1.60%	1.71%	1.83%	1.96%	2.10%
					1.39%	1.49%	1.59%	1.70%	1.83%
						1.29%	1.38%	1.48%	1.58%
							1.20%	1.28%	1.38%
								1.11%	1.19%
									1.04%
时间（年）	0.5	1	1.5	2	2.5	3	3.5	4	4.5

（b）期限结构在2%处平坦，始终保持20%的波动率

2.00%	2.28%	2.60%	2.97%	3.39%	3.88%	4.43%	5.07%	5.80%	6.64%
	1.72%	1.96%	2.24%	2.56%	2.92%	3.34%	3.81%	4.36%	5.00%
		1.48%	1.69%	1.93%	2.20%	2.51%	2.87%	3.28%	3.76%
			1.27%	1.45%	1.66%	1.89%	2.16%	2.47%	2.83%
				1.09%	1.25%	1.42%	1.63%	1.86%	2.13%
					0.94%	1.07%	1.22%	1.40%	1.60%
						0.81%	0.92%	1.05%	1.20%
							0.69%	0.79%	0.90%
								0.60%	0.68%
									0.51%
时间（年）	0.5	1	1.5	2	2.5	3	3.5	4	4.5

图表 39—4　KWF 二项式利率分叉树

图表 39—5 给出了 KWF 分叉树的另外两种情形，包括正常的期限结构和反转的期限结构。图表 39—5（a）给出的是正常的期限结构，其中利率每期增加 15 个基点，波动率始终是 10%。注意，利率随着时间的推移越来越大，这是漂移项的影响。图表 39—5（b）给出的是分叉树反转的期限结构，其中的利率每期减少 10 个基点，波动率始终还是 10%。注意在反转的期限结构中，利率随着时间的推移逐渐变小，这是因为负的漂移项的影响。另外我们注意到，在反转的期限结构中，每个时间步长的最高利率与最低利率之差明显小于正常期限结构的利率差。这个观察结果与 Ho-Lee 模型形成鲜明对比，后者的利率差只取决于波动率。

（a）正常的期限结构，始终保持10%的波动率

									8.75%
								7.64%	
							6.64%		7.59%
						5.74%		6.63%	
					4.93%		5.76%		6.59%
				4.21%		4.98%		5.75%	
			3.56%		4.28%		5.00%		5.72%
		2.98%		3.65%		4.32%		4.99%	
	2.46%		3.09%		3.72%		4.34%		4.96%
2.00%		2.59%		3.17%		3.75%		4.33%	
	2.14%		2.68%		3.23%		3.76%		4.30%
		2.25%		2.75%		3.26%		3.76%	
			2.33%		2.80%		3.27%		3.73%
				2.39%		2.83%		3.26%	
					2.43%		2.84%		3.24%
						2.45%		2.83%	
							2.46%		2.81%
								2.46%	
									2.44%
时间（年）	0.5	1	1.5	2	2.5	3	3.5	4	4.5

（b）反转的期限结构，始终保持10%的波动率

									0.38%
								0.70%	
							0.97%		0.33%
						1.21%		0.60%	
					1.41%		0.84%		0.28%
				1.58%		1.05%		0.52%	
			1.72%		1.22%		0.73%		0.25%
		1.83%		1.37%		0.91%		0.45%	
	1.93%		1.49%		1.06%		0.63%		0.21%
2.00%		1.59%		1.19%		0.79%		0.39%	
	1.67%		1.30%		0.92%		0.55%		0.18%
		1.38%		1.03%		0.69%		0.34%	
			1.12%		0.80%		0.48%		0.16%
				0.90%		0.59%		0.30%	
					0.69%		0.41%		0.14%
						0.52%		0.26%	
							0.36%		0.12%
								0.22%	
									0.10%
时间（年）	0.5	1	1.5	2	2.5	3	3.5	4	4.5

图表 39—5　KWF 二项式分叉树：正常的和反转的期限结构

我们接下来看一看 BDT 二项式分叉树。回忆一下，这个模型中的微分过程是对数正态的，并且包括内生的均值回归。波动率曲线的斜率推动模型的均值回归。图表 39—6 给出了正常利率树的二项式分叉树，其中当前利率为 2%，且利率每期增长 0.15 个基点。图表 39—6（a）、（b）和（c）给出的是不同波动结构的正常期限结构。在图表39—6（a）中，波动结构是波动幅度从 20%开始每期减少 0.5%。在图表 39—6（b）中，波动结构是波动幅度从 20%开始每期增加 0.5%。在图表 39—6（c）中波动率保持不变。当波动率保持不变时，模型退化为 KWF 模型。注意，所有利率都是正的，并且不会像 Ho-Lee 模型的正态分布那样出现极端情况。

波动率曲线的形状推动模型的均值回归。这在图表 39—6（a）、(b)、(c) 中显而易见，因为这三个图表的唯一区别是波动率结构的形状。对比图表 39—6（a）与图表 39—6（b）及（c)，我们发现递减的波动率结构会导致均值回归。注意，每个时间步长上的向上漂移以及高低利率之差都不相同。当波动率结构是递减的并且利率差比较低时，可以验证均值回归向上漂移。对比图表 39—6（b）与（c)，在斜率为正的波动率结构下，向上的漂移显然更大，并且每个时间步长上的利率差也更大。

（a）正常的期限结构，波动率递减

时间（年）	0.5	1	1.5	2	2.5	3	3.5	4	4.5
2.00%	2.62%	3.35%	4.17%	5.08%	6.08%	7.15%	8.28%	9.44%	10.61%
	1.98%	2.56%	3.22%	3.98%	4.82%	5.73%	6.71%	7.74%	8.79%
		1.95%	2.49%	3.11%	3.82%	4.59%	5.44%	6.35%	7.29%
			1.93%	2.44%	3.02%	3.68%	4.41%	5.20%	6.04%
				1.91%	2.39%	2.95%	3.58%	4.26%	5.01%
					1.90%	2.37%	2.90%	3.50%	4.15%
						1.90%	2.35%	2.87%	3.44%
							1.90%	2.35%	2.86%
								1.93%	2.37%
									1.96%

（b）正常的期限结构，波动率递增

时间（年）	0.5	1	1.5	2	2.5	3	3.5	4	4.5
2.00%	2.62%	3.42%	4.46%	5.81%	7.59%	9.96%	13.16%	17.55%	23.66%
	1.98%	2.55%	3.27%	4.21%	5.43%	7.04%	9.17%	12.06%	16.03%
		1.89%	2.40%	3.05%	3.89%	4.97%	6.39%	8.29%	10.86%
			1.76%	2.21%	2.78%	3.51%	4.46%	5.70%	7.36%
				1.60%	1.99%	2.48%	3.11%	3.92%	4.98%
					1.42%	1.75%	2.16%	2.69%	3.38%
						1.24%	1.51%	1.85%	2.29%
							1.05%	1.27%	1.55%
								0.87%	1.05%
									0.71%

（c）正常的期限结构，波动率不变

时间（年）	0.5	1	1.5	2	2.5	3	3.5	4	4.5
2.00%	2.62%	3.39%	4.31%	5.44%	6.80%	8.46%	10.47%	12.92%	15.91%
	1.98%	2.55%	3.25%	4.09%	5.12%	6.37%	7.87%	9.71%	11.94%
		1.92%	2.45%	3.08%	3.86%	4.79%	5.92%	7.29%	8.96%
			1.84%	2.32%	2.90%	3.60%	4.45%	5.48%	6.72%
				1.75%	2.19%	2.71%	3.35%	4.12%	5.04%
					1.65%	2.04%	2.52%	3.09%	3.78%
						1.54%	1.89%	2.32%	2.84%
							1.42%	1.74%	2.13%
								1.31%	1.60%
									1.20%

图表 39—6　BDT 二项式分叉树：正常的期限结构和可变的波动率结构

图表 39—7 给出了反转期限结构的 BDT 利率分叉树，其中当前短期利率是 2%，每期减少 10 个基点。这种情况类似于前面的情形。对比图表 39—7（a）与图表 39—7（b）

及（c），递减的波动率结构导致均值回归，而均值回归显然会影响每个时间步长之间利率差的下降。

回到 Black-Karasinski 模型。图表 39—8 给出这个模型的利率分叉树，期限结构平坦，初始波动率为 20%，但每期减少 0.5%。为了阐述模型中均值回归的重要性，图表包含了两个部分。在图表 39—8（a）中的分叉树，均值回归参数等于 0.015；在图表 39—8（b）中的分叉树，均值回归参数等于 0.005。该图表显示，较大的均值回归会影响利率，缩小每个时间步长之间的利率差。另外，我们还需要注意，为了将模型转变成二项式分叉树，这个模型的时间步长必须是可变的。我们需要使用插值法来调整这个二项式树，使得时间步长等距。较大的均值回归会导致时间步长缩小。规避这个模型中时间步长不均匀的方法是使用三项式分叉树，因为它可以增加自由度。

（a）反转的期限结构，波动率递减

时间（年）	0.5	1	1.5	2	2.5	3	3.5	4	4.5
2.00%	2.06%	2.08%	2.04%	1.93%	1.75%	1.48%	1.14%	0.73%	0.30%
	1.56%	1.59%	1.59%	1.53%	1.41%	1.23%	0.97%	0.66%	0.30%
		1.22%	1.23%	1.21%	1.14%	1.01%	0.83%	0.59%	0.30%
			0.96%	0.96%	0.92%	0.84%	0.71%	0.53%	0.30%
				0.76%	0.74%	0.69%	0.61%	0.48%	0.29%
					0.60%	0.57%	0.52%	0.43%	0.29%
						0.48%	0.44%	0.38%	0.29%
							0.38%	0.34%	0.29%
								0.31%	0.28%
									0.28%

（b）反转的期限结构，波动率递增

时间（年）	0.5	1	1.5	2	2.5	3	3.5	4	4.5
2.00%	2.06%	2.14%	2.21%	2.29%	2.36%	2.42%	2.46%	2.51%	2.68%
	1.56%	1.59%	1.61%	1.64%	1.66%	1.66%	1.63%	1.58%	1.51%
		1.18%	1.18%	1.18%	1.16%	1.13%	1.08%	0.99%	0.86%
			0.86%	0.84%	0.82%	0.78%	0.72%	0.62%	0.48%
				0.61%	0.57%	0.53%	0.47%	0.39%	0.27%
					0.40%	0.36%	0.31%	0.25%	0.15%
						0.25%	0.21%	0.16%	0.09%
							0.14%	0.10%	0.05%
								0.06%	0.03%
									0.02%

图表 39—7　BDT 二项式分叉树：反转的期限结构和可变的波动率结构

（c）反转的期限结构，波动率不变

									0.67%
								1.16%	0.50%
							1.52%	0.87%	0.38%
						1.77%	1.14%	0.66%	0.28%
					1.94%	1.33%	0.86%	0.49%	0.21%
				2.03%	1.46%	1.00%	0.65%	0.37%	0.16%
			2.08%	1.53%	1.10%	0.76%	0.49%	0.28%	0.12%
		2.08%	1.57%	1.16%	0.83%	0.57%	0.37%	0.21%	0.09%
	2.05%	1.57%	1.18%	0.87%	0.62%	0.43%	0.28%	0.16%	0.07%
2.00%	1.55%	1.18%	0.89%	0.66%	0.47%	0.32%	0.21%	0.12%	0.05%
时间（年）	0.5	1	1.5	2	2.5	3	3.5	4	4.5

图表 39—7　BDT 二项式分叉树：反转的期限结构和可变的波动率结构（续）

（a）平坦的期限结构，均值回归=0.015

									3.71%
								3.68%	3.21%
							3.59%	3.13%	2.78%
						3.46%	3.01%	2.67%	2.41%
					3.28%	2.85%	2.52%	2.27%	2.08%
				3.06%	2.66%	2.35%	2.11%	1.93%	1.80%
			2.82%	2.44%	2.15%	1.93%	1.77%	1.65%	1.56%
		2.67%	2.20%	1.94%	1.74%	1.59%	1.48%	1.40%	1.35%
	2.22%	1.98%	1.72%	1.54%	1.41%	1.31%	1.24%	1.19%	1.17%
2.00%	1.72%	1.47%	1.35%	1.23%	1.14%	1.08%	1.04%	1.02%	1.01%
时间（年）	0.50	0.99	1.48	1.96	2.43	2.89	3.35	3.81	4.25

（b）平坦的期限结构，均值回归=0.005

									4.01%
								3.92%	3.41%
							3.78%	3.29%	2.91%
						3.60%	3.12%	2.76%	2.47%
					3.37%	2.92%	2.58%	2.31%	2.10%
				3.12%	2.70%	2.38%	2.13%	1.94%	1.79%
			2.85%	2.46%	2.17%	1.94%	1.76%	1.62%	1.52%
		2.65%	2.21%	1.94%	1.74%	1.58%	1.45%	1.36%	1.30%
	2.24%	1.97%	1.72%	1.53%	1.39%	1.28%	1.20%	1.14%	1.10%
2.00%	1.74%	1.46%	1.34%	1.21%	1.11%	1.04%	0.99%	0.96%	0.94%
时间（年）	0.50	1.00	1.49	1.99	2.48	2.96	3.45	3.93	4.41

图表 39—8　Black-Karasinski 二项式分叉树：反转的期限结构

39.3 三项式利率分叉树

回到 Hull-White 模型。图表 39—9 给出了 Hull-White 三项式分叉树。三项式分叉树的结构与二项式分叉树基本一致，区别是它的每一个节点都有三个可能的时间步长，而不是两个。与二项式分叉树相似，解的约束可以使得三项式分叉树重合，并且树中的利率满足必要条件。图表 39—9 给出了 Hull-White 三项式分叉树，其中的期限结构在 2%处平坦，波动率始终是 10%，零均值回归。Hull-White 过程的重要性质体现在分叉树中：在最终节点（bottom node）上的利率为负，每个时间步长上高低利率之差很大，利率服从正态分布。另外，在中间节点上的利率明显向上漂移。

										123.63%
									109.06%	111.38%
								94.77%	98.81%	99.13%
							80.74%	82.52%	84.57%	86.89%
						66.98%	68.50%	70.27%	72.32%	74.64%
					53.48%	54.73%	56.25%	58.03	60.07%	62.39%
				40.23%	41.23%	42.49%	44.00%	45.78%	47.82%	50.14%
			27.24%	27.99%	28.99%	30.24%	31.75%	33.53%	35.58%	37.90%
		14.50%	14.99%	15.74%	16.74%	17.99%	19.51%	21.28%	23.33%	25.65%
	2.00%	2.25%	2.74%	3.49%	4.49%	5.75%	7.26%	9.04%	11.08%	13.40%
		−10.00%	−9.50%	−8.76%	−7.76%	−6.50%	−4.99%	−3.21%	−1.17%	1.15%
			−21.75%	−21.00%	−20.00%	−18.75%	−17.24%	−15.46%	−13.41%	−11.09%
				−33.25%	−32.25%	−31.00%	−29.48%	−27.71%	−25.66%	−23.34%
					−44.50%	−43.24%	−41.73%	−39.95%	−37.91%	−35.59%
						−55.49%	−53.98%	−52.20%	−50.16%	−47.84%
							−66.23%	−64.45%	−62.40%	−60.08%
								−76.70%	−74.65%	−72.33%
									−86.90%	−84.58%
										−96.83%
时间（年）		0.5	1	1.5	2	2.5	3	3.5	4	4.5

图表 39—9 Hull-White 三项式分叉树：平坦的期限结构、10%的波动率、零均值回归

由于 Hull-White 模型包含均值回归，图表 39—10 给出了 Hull-White 模型。该模型与图表 39—9 有相同的期限结构和波动率，但是包含 5%的均值回归。我们预计，均值回归会将利率拉回到均值，或者分叉树是“修剪过”的。均值回归的性质很明显，因为与图表 39—9 中的分叉树相比，时间步长上的利率差逐步缩小，利率被拉回到目标利率。

总之，这一章用分叉树来表示无套利利率模型，阐述了模型关于短期利率的假设对模型结果的重要影响。尤其重要的是，模型的使用者要理解模型的假设以及这些假设对于模型结果（定价或风险度量）的影响。

									121.55%
								107.60%	109.30%
							93.78%	95.35%	97.05%
						80.12%	81.54%	83.10%	84.81%
					66.62%	67.88%	69.29%	70.85%	72.56%
				53.30%	54.38%	55.63%	57.04%	58.61%	60.31%
			40.16%	41.05%	42.13%	43.38%	44.79%	46.36%	48.06%
		27.22%	27.91%	28.80%	29.88%	31.13%	32.55%	34.11%	35.82%
	14.50%	14.97%	15.67%	15.56%	17.63%	18.89%	20.30%	21.86%	23.57%
2.00%	2.25%	2.73%	3.42%	4.31%	5.39%	6.64%	8.05%	9.62%	11.32%
	−10.00%	−9.52%	−8.83%	−7.94%	−8.86%	−5.61%	−4.20%	−2.63%	−0.93%
		−21.77%	−21.08%	−20.19%	−19.11%	−17.86%	−16.44%	−14.88%	−13.17%
			−33.32%	−32.43%	−31.38%	−30.10%	−23.69%	−27.13%	−25.42%
				−44.68%	−43.80%	−42.35%	−40.94%	−39.37%	−37.67%
					−55.85%	−64.60%	−53.19%	−51.62%	−49.91%
						−66.85	−55.43%	−63.87%	−62.16%
							−77.68%	−76.12%	−74.41%
								−88.36%	−86.66%
									−98.90%
时间（年）	0.5	1	1.5	2	2.5	3	3.5	4	4.5

图表 39—10　Hull-White 三项式分叉树：平坦的期限结构、10%的波动率、5%的均值回归

39.4 关键知识点

• 利率模型是从业者重要的工具，可以用于固定收益证券定价以及利率或有权益定价，也可用于风险管理。

• 有很多利率模型。短期利率的单因素模型对它的时间动态做了重要的假设。从业者需要理解这些假设及其意义。

• 利率模型通过设定随机微分方程来说明模型的动态特征。

• 早期的模型（Ho-Lee 模型和 Hull-White 模型）假设短期利率服从正态分布。这些模型的利率可能是负的。其他模型（KWF 模型、BDT 模型、Black-Karasinski 模型）假设短期利率服从对数正态分布，使得短期利率为正。

• 均值回归是利率趋向长期利率的趋势。如果缺少均值回归，利率模型可能会使得短期利率的变化没有界限。

• 无套利模型包含当前期限结构的信息，使得所有无期权债券的价格相同。

• 对内含期权的债券定价时，利率模型的假设至关重要，会导致不同的模型之间出现意义深远的差别。

【注释】

［1］ Thomas Ho and Sang Lee, "Term Structure Movements and Pricing Interest Rate Contingent Claims," *Journal of Finance* (1986), pp. 1011-1029.

［2］ John Hull and Alan White, "Pricing Interest Rate Derivative Securities," *Review of Financial Studies* (1990), 3, pp. 573-592，以及 "One Factor Interest Rate Models and the Valuation of Interest Rate Derivative Securities," *Journal of Financial and Quantitative Analysis* (1993), pp. 235-254.

［3］ Andrew Kalotay, George Williams, and Frank J. Fabozzi, "A Model for the Valuation of Bonds and Embedded Options," *Financial Analysts Journal* (May-June 1993), pp. 35-46.

［4］ F. Black and P. Karasinski, "Bond and Option Pricing When Short Rates are Lognormal," *Financial Analyst Journal* (July-August 1991), pp. 52-59.

［5］ Fischer Black, Emanuel Derman, and William Toy, "A One Factor Model of Interest Rates and Its Application to the Treasury Bond Options," *Financial Analyst Journal* (January-February 1990), pp. 33-39.

［6］ See Gerald W. Buetow and James Sochacki, *Binomial Interest Rate Models*, AIMR Research Foundation, 2001.

金融学译丛
FINANCE

固定收益证券手册（第八版）下册

The Handbook of Fixed Income Securities (Eighth Edition)

弗兰克·J.法博齐(Frank J. Fabozzi) ／编著

范 舟 王新荣 胡东屿 王 博 周从意 房 悦 孙尚惠 等／译

中国人民大学出版社
·北 京·

作者

第 40 章

弗兰克·J. 法博齐（Frank J. Fabozzi）博士，注册金融分析师，注册会计师

EDHEC 商学院金融学教授

安德鲁·卡洛泰（Andrew Kalotay）博士

安德鲁·卡洛泰合伙公司总裁

迈克尔·道瑞根（Michael Dorigan）博士

PNC 资本顾问有限责任公司董事和高级数量分析师

第 41 章

弗兰克·J. 法博齐（Frank J. Fabozzi）博士，注册金融分析师，注册会计师

EDHEC 商学院金融学教授

斯科特·F. 理查德（Scott F. Richard），数据库管理员

宾夕法尼亚大学沃顿商学院金融学实践教授

彼得·鲁（Peter Ru）

摩根士丹利华鑫基金管理公司固定收益投资部主任

第 42 章

米希尔·巴塔查里亚（Mihir Bhattacharya）博士

UBS（瑞银）金融服务公司执行董事

第 43 章

马丁 · 弗里德森（Martin Fridson），注册金融分析师

法国巴黎银行资产管理部全球信贷策略师

弗兰克 · J. 法博齐（Frank J. Fabozzi）博士，注册金融分析师，注册会计师

EDHEC 商学院金融学教授

亚当 · B. 科恩（Adam B. Cohen），法律博士

Covenant Review 公司创始人

第 44 章

席尔万 · G. 费尔德斯坦（Sylvan G. Feldstein）博士

美国嘉定人寿保险公司投资部主管

小亚历山大 · 格兰特（Alexander Grant）

RS 免税高收益市政债券基金投资组合经理

戴维 · 拉特纳（David Ratner），注册金融分析师

产业顾问

第 45 章

蒂姆 · 巴克夏尔（Tim Backshall）

信用衍生产品研发股份有限公司首席信用衍生产品策略师

凯 · 吉塞克（Kay Giesecke）博士

斯坦福大学管理科学与工程助理教授

丽莎 · 戈德伯格（Lisa Goldberg）博士

摩根士丹利资本国际公司研究部执行董事

加州大学伯克利分校统计学兼职教授

第 46 章

安东尼 · 拉扎纳斯（Anthony Lazanas）博士

巴克莱资本常务董事

安东尼奥 · 巴尔达克 · 达 · 席尔瓦（António Baldaque Da Silva）博士

巴克莱资本董事

拉杜 · 格布代安（Radu Gabudean）博士

巴克莱资本副总裁

阿恩 · D. 斯塔尔（Arne D. Staal）博士

巴克莱资本董事

第 47 章

安东尼 · 拉扎纳斯（Anthony Lazanas）博士

巴克莱资本常务董事

安东尼奥·巴尔达克·达·席尔瓦（António Baldaque Da Silva）博士

巴克莱资本董事

拉杜·格布代安（Radu Gabudean）博士

巴克莱资本副总裁

阿恩·D. 斯塔尔（Arne D. Staal）博士

巴克莱资本董事

第 48 章

莱昂奈尔·马蒂里尼（Lionel Martellini）博士

EDHEC 商学院金融学教授

EDHEC 风险研究所科学主任

菲利普·普利奥里特（Philippe Priaulet）博士

法国 Natixis 银行股东网络固定收益销售主管

埃夫里大学数学系副教授

弗兰克·J. 法博齐（Frank J. Fabozzi）博士，注册金融分析师，注册会计师

EDHEC 商学院金融学教授

第 49 章

肯尼思·E. 沃尔佩特（Kenneth E. Volpert），注册金融分析师

先锋集团应税债券部经理

第 50 章

莱维·丁金（Lev Dynkin）博士

巴克莱资本常务董事

杰伊·海曼（Jay Hyman）博士

巴克莱资本常务董事

瓦蒂姆·康斯坦丁诺维奇（Vadim Konstantinovsky），注册金融分析师

巴克莱资本董事

布鲁斯·D. 费尔普斯（Bruce D. Phelps）博士，注册金融分析师

巴克莱资本常务董事

第 51 章

杰克·马尔维（Jack Malvey），注册金融分析师

纽约梅隆资产管理公司首席全球市场策略师

第 52 章

马克·R. 申克曼（Mark R. Shenkman）

申克曼资本管理公司总裁兼首席投资官

尼古拉斯·R. 萨尔切斯（Nicholas R. Sarchese），注册金融分析师
申克曼资本管理公司高级副总裁

第 53 章
卡西克·拉马纳坦（Karthik Ramanathan）
富达管理与研究公司/富达锥体国际顾问公司高级副总裁
詹姆斯·M. 杰拉德（James M. Gerard）
富达管理与研究公司/富达锥体国际顾问公司量化研究分析师
弗兰克·J. 法博齐（Frank J. Fabozzi）博士，注册金融分析师，注册会计师
EDHEC 商学院金融学教授

第 54 章
阿南什·马达范（Ananth Madhavan）博士
黑石集团常务董事
丹尼尔·加莱戈斯（Daniel Gallegos）
黑石集团董事

第 55 章
埃里克·本·多尔（Arik Ben Dor）博士
巴克莱资本公司董事
列夫·邓肯（Lev Dynkin）博士
巴克莱资本公司常务董事
杰伊·海曼（Jay Hyman）博士
巴克莱资本公司常务董事

第 56 章
阿尔弗雷德·村田（Alfred Murata），法律博士
太平洋投资管理公司执行副总裁

第 57 章
埃伦·拉克林（Ellen Rachlin）
水手投资集团有限公司常务董事
克里斯·P. 迪阿里纳斯（Chris P. Dialynas）
太平洋投资管理公司常务董事
威内尔·班萨利（Vineer Bhansali）博士
太平洋投资管理公司常务董事

第 58 章

弗兰克·J. 法博齐（Frank J. Fabozzi）博士，注册金融分析师，注册会计师

EDHEC 商学院金融学教授

史蒂文·V. 曼（Steven V. Mann）博士

南卡罗来纳大学摩尔商学院金融学教授

第 59 章

弗兰克·J. 法博齐（Frank J. Fabozzi）博士，注册金融分析师，注册会计师

EDHEC 商学院金融学教授

史蒂文·V. 曼（Steven V. Mann）博士

南卡罗来纳大学摩尔商学院金融学教授

马克·皮茨（Mark Pitts）博士

罗宾·格里弗斯（Robin Grieves）博士

南卡罗来纳大学摩尔商学院临床教授

第 60 章

弗兰克·J. 法博齐（Frank J. Fabozzi）博士，注册金融分析师，注册会计师

EDHEC 商学院金融学教授

马克·皮茨（Mark Pitts）博士

布鲁斯·M. 柯林斯（Bruce M. Collins）博士

西康涅狄格州立大学金融学教授

第 61 章

弗兰克·J. 法博齐（Frank J. Fabozzi）博士，注册金融分析师，注册会计师

EDHEC 商学院金融学教授

什里坎特·拉马穆尔蒂（Shrikant Ramamurthy）

顾问

马克·皮茨（Mark Pitts）博士

第 62 章

弗兰克·J. 法博齐（Frank J. Fabozzi）博士，注册金融分析师，注册会计师

EDHEC 商学院金融学教授

史蒂文·V. 曼（Steven V. Mann）博士

南卡罗来纳大学摩尔商学院金融学教授

穆拉德·查德瑞（Moorad Choudhry）博士

苏格兰皇家银行企业财政、全球银行业与市场部总经理

第 63 章

小杰拉尔德·W. 布托（Gerald W. Buetow，Jr.）博士，注册金融分析师

Innealta 资本公司首席投资官

布莱恩·J. 亨德森（Brian J. Henderson）博士，注册金融分析师

乔治·华盛顿大学金融学助理教授

第 64 章

威廉·J. 加特兰（William J. Gartland），注册金融分析师

邦仕马克有限责任公司（Benchmark Solutions）常务董事

尼古拉斯·C. 莱蒂卡（Nicholas C. Letica）

花旗环球金融有限公司常务董事

第 65 章

乔治·L. 阿尔伯塔（George L. Albota）

美国美林银行伦敦分行资本市场/市场风险管理部主任

拉杜·S. 图纳鲁（Radu S. Tunaru）

肯特大学商学院数量金融学教授

第 66 章

多米尼克·奥凯恩（Dominic O'Kane）博士（牛津）

EDHEC 商学院金融学助理教授

第 67 章

多米尼克·奥凯恩（Dominic O'Kane）博士（牛津）

EDHEC 商学院金融学助理教授

第 68 章

史蒂芬·J. 安特科扎克（Stephen J. Antczak），注册金融分析师

第 69 章

安东尼·拉扎纳斯（Anthony Lazanas）博士

巴克莱资本常务董事

安东尼奥·巴尔达克·达·席尔瓦（Antonio Baldaque Da Silva）博士

巴克莱资本常务董事

克里斯·斯图哈恩（Chris Sturhahn）

巴克莱资本副总裁

埃里克·P. 威尔逊（Eric P. Wilson）

巴克莱资本副总裁

张潘（Pam Zhong），注册金融分析师

巴克莱资本副总裁

第 70 章

安东尼·拉扎纳斯（Anthony Lazanas）博士

巴克莱资本常务董事

安东尼奥·巴尔达克·达·席尔瓦（Antonio Baldaque Da Silva）博士

巴克莱资本常务董事

克里斯·斯图哈恩（Chris Sturhahn）

巴克莱资本副总裁

埃里克·P. 威尔逊（Eric P. Wilson）

巴克莱资本副总裁

张潘（Pam Zhong），注册金融分析师

巴克莱资本副总裁

第 71 章

安东尼·拉扎纳斯（Anthony Lazanas）博士

巴克莱资本常务董事

安东尼奥·巴尔达克·达·席尔瓦（Antonio Baldaque Da Silva）博士

巴克莱资本常务董事

克里斯·斯图哈恩（Chris Sturhahn）

巴克莱资本副总裁

埃里克·P. 威尔逊（Eric P. Wilson）

巴克莱资本副总裁

张潘（Pam Zhong），注册金融分析师

巴克莱资本副总裁

目　录

第 5 部分

估价模型

第 40 章 嵌入期权的债券的估价

弗兰克·J. 法博齐（Frank J. Fabozzi）博士，注册金融分析师，注册会计师
EDHEC 商学院金融学教授

安德鲁·卡洛泰（Andrew Kalotay）博士
安德鲁·卡洛泰合伙公司总裁

迈克尔·道瑞根（Michael Dorigan）博士
PNC 资本顾问有限责任公司董事和高级数量分析师

复杂的是，在用含有嵌入期权（embedded options）和期权衍生工具（option-type derivatives）的模型来估计债券价值时，现金流将取决于未来的利率。学者和从业者曾试图通过各种模型捕获这一利率的不确定性，常常设计单因素或多因素的模型。这些模型试图发现利率的随机行为。

在实践中，这些优雅的数学模型必须转换为数字应用。在这里，我们把重点放在这样一个单因素模型（single-factor model）。我们假设一个固定的方差，或者通常称其为波动率。我们将演示如何从收益率曲线移动到估值的分叉树（valuation lattice）。实际上，分叉树是一个代表性的模型，以此获得不同时间利率的分布。在我们的例子中，我们将分析最简单的分叉树形式，即二叉树（binomial tree）。

分叉树持有类似期权的利率产品估价所需的所有信息。首先，分叉树是用来产生证券到期后的现金流。其次，分叉树利率用于计算现金流的现值。

部分利率模型在实践中被用于构造一个利率分叉树，这些在其他章节中描述。在每一种情况下，当我们从一个时期移动到下一个时，利率可以实现几种可能利率中的一种。假定在给定利率下在下一期只有两种利率可能实现的分叉树模型被称为**二叉树模型**（binomial model）。假设在下一期可以采取三种可能利率的分叉树模型被称为**三叉树模型**（trinomial model）。甚至有假设超过三种可能在下一期实现的利率的更复杂的模型。

无论隐含的基本假设如何，每个模型都有一个共同的限制。利率生成树必须产生一个值来运行与当前平价收益率曲线一致的无期权债券。实际上，由模型得到的输出值必须等于用无期权工具观察到的市场价格。在这些情况下，该模型应该说是无套利的。产生一个无套利估值的分叉树应该是公正的。当它需要被校准为公正的时，分叉树只用于估值。下文将对校准做出更详细的表述。

在这一章中，我们展示了如何使用分叉树的方法用嵌入期权估计债券价值。我们将从展示如何构建一个利率分叉树开始。然后，我们使用该模型用嵌入期权来估计债券价值。分叉树的方法可通过使用期权类型的衍生工具、债券期权、上限期权、下限期权、互换期权和远期互换期权来估计浮动利率证券的价值。[1]

40.1 利率的分叉树

图表 40—1 提供了一个利率二叉树的例子，包括一系列节点和支。每条支代表为期一年的时间间隔。为期一年的时间间隔的简化假设是为了说明主要原则。该方法同样适用于较小的时期。事实上，在实践中，时间长度的选择是至关重要的，但我们现在不去关注这一细微之处。

未来利率的分布在利率树上是通过每个时点的节点来表示的。每个节点被标记为 N，并且有一个下标 L 和 H 的组合。下标表示相比于其他节点，节点分别是偏低还是偏高。因此，当第一年实现的一年期利率是这一时期的两种利率中较高的，并且为第二年的最高利率时，节点 N_{HH} 可以达到。

树的根是 N，这是唯一一个我们知道确切利率的点。今日的一年期利率（即在 N 点上）是目前的一年期即期利率，我们记作 r_0。

我们必须对在某个时点达到某利率的概率做出假设。为了便于说明，我们假设，在任何时点利率发生的概率相同；换句话说，在每条支线上的概率是 50%。

我们将用来构造二叉树的利率模型假设为一年期利率依据一个对数正态随机游走和一个已知（固定）波动率随时间推移而演变。从技术上讲，树表示一个单因素模型。在分布假设下，任何一个时点的两个相邻利率之间的关系都可通过下列公式计算：

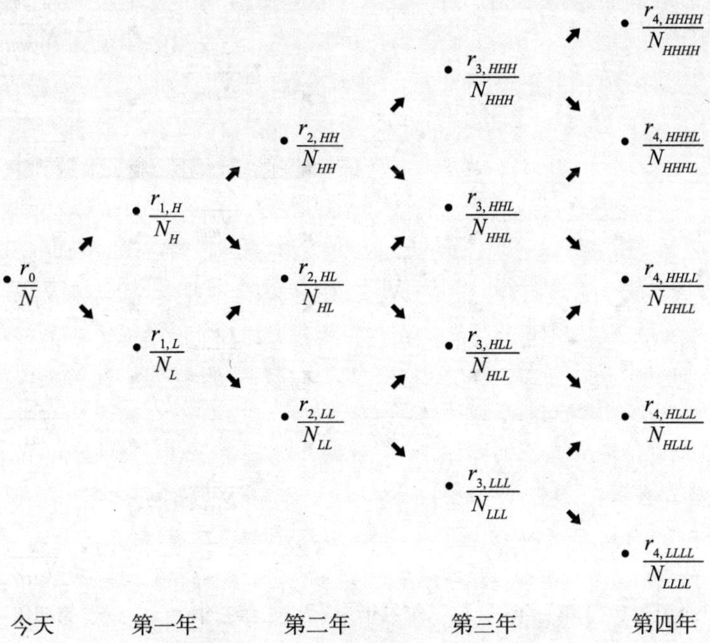

图表 40—1　为期四年的利率二叉树

$$r_{1,H}=r_{1,L}e^{2\sigma\sqrt{t}}$$

其中，σ 是一年期利率假设的波动，t 表示以年计量的时间，e 是自然对数的底。由于我们假设一年的时间间隔，即 $t=1$，我们可以忽略指数上 t 平方根的计算。例如，假设 r 为 4.444 8%，并且 σ 为每年 10%，则可得到：

$$r_{1,H}=4.444\,8\%(e^{2\times 0.10})=5.428\,9\%$$

在第二年中，有三种可能的一年期利率的值。$r_{2,LL}$ 和另外两个一年期利率的关系表示如下：

$$r_{2,HH}=r_{2,LL}(e^{4\sigma})\ ,\ r_{2,HL}=r_{2,LL}(e^{2\sigma})$$

因此，举个例子，如果 $r_{2,LL}$ 等于 4.695 8%，并且再一次假设 σ 等于 10%，于是得到：

$$r_{2,HH}=4.695\,8\%(e^{4\times 0.10})=7.005\,3\%$$

$$r_{2,HL}=4.695\,8\%(e^{2\times 0.10})=5.735\,4\%$$

这种利率之间的关系在每个时点上都存在，图表 40—2 用这种新符号展示了利率树。

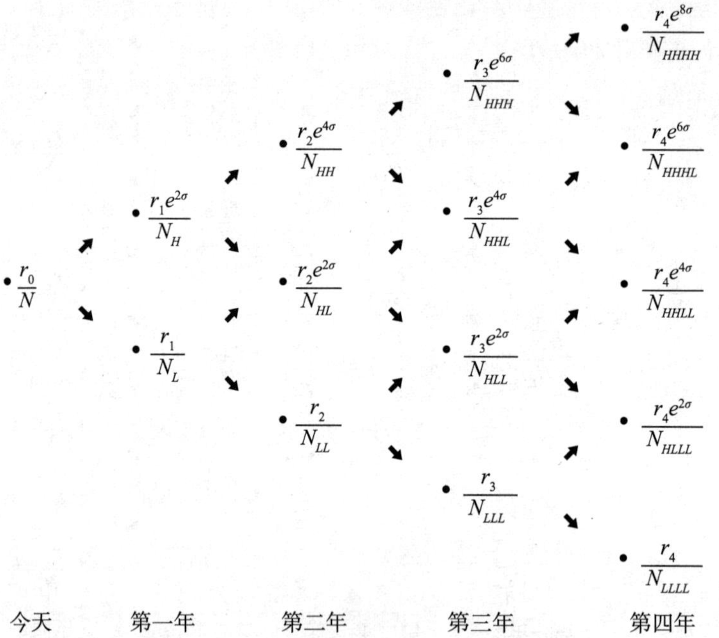

图表 40—2　四年期的利率二叉树和一年期利率*

* r_t 是每个时点上最低的一年期利率。

□ 确定节点的值

在一般情况下，为了在一个节点获得安全的值，我们遵循估值的基本规则：该值是预期现金流的现值。提前使用现金流的适当贴现率是我们在计算价值的节点上的一年期利率。在这种情况下有两个现值：现金流在一年期利率较高状态下的现值以及处在低利率状态下的现值。我们假设两种结果的可能性是相等的。图表 40—3 提供了一个节点的例子，假设一年期利率 r^* 位于寻求估值的节点上。

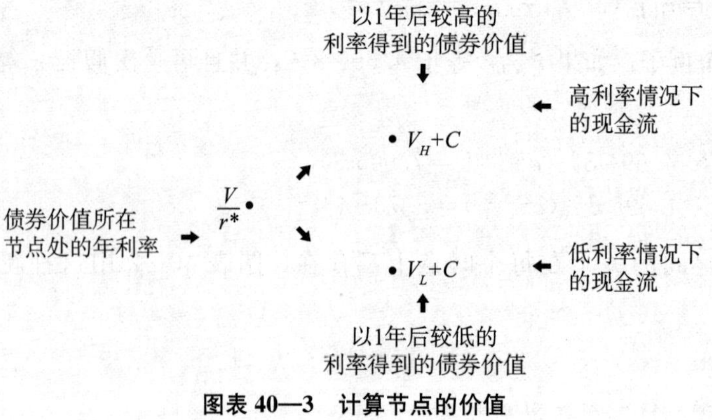

图表 40—3　计算节点的价值

V_H ＝以较高的利率路径得到的债券价值

V_L =以较低的利率路径得到的债券价值

C=利息支付额（息票）

那么，未来的价值从哪里来呢？实际上，任何节点上的价值都取决于未来现金流。未来现金流包括：(1) 从现在起一年的利息支付额（息票）；(2) 从现在起一年的债券价值。这两者都可能是不确定的。进程从去年的树开始，逆向得到最终的估值来解决不确定性。当到期时，工具的价值是已知的面值。最后的付息可以由票面利率或由作为参考的现行利率来决定。通过树逆向运作后，我们认识到，每个节点上的价值能被迅速计算。这个逆向运作的过程通常被称为递归估值。

使用我们的符号，节点上的现金流为：

V_H+C 为较高的一年期利率

V_L+C 为较低的一年期利率

利用节点 r^* 上的一年期利率的现金流现值是：

$$\frac{V_H+C}{1+r^*}=\text{较高的一年期利率下的现值}$$

$$\frac{V_L+C}{1+r^*}=\text{较低的一年期利率下的现值}$$

这样，节点上的债券价值如下：

$$\text{节点的价值}=\frac{1}{2}\left(\frac{V_H+C}{1+r^*}+\frac{V_L+C}{1+r^*}\right)$$

40.2 校准分叉树

我们前面提到了无套利条件的重要性，这个条件在很大程度上决定了分叉树的构建。为了确保这一条件，分叉树必须校准到目前的票面收益率曲线，即我们以下展示的过程。最终，分叉树必须将无期权债券以面值定价。

假设为一个虚构的发行人运行的标准收益率曲线如图表 40—4 所示。目前一年期利率是已知的，为 3.50%。因此下一步就是要找到一个适用于一年后的一年期利率。一如既往，我们假设波动率 σ 是 10%并且构建一个为期两年的树，使用票面利率为 4.2%的两年期国债，这是一个为期两年的证券的票面利率。

图表 40—5 显示了一个更详细的二叉树，每个节点上都显示了现金流。树根利率 r_0 仅仅是目前一年期利率，为 3.5%。在第二年初，有两种可能的一年期利率：较高的利率和较低的利率。我们已经知道了两者之间的关系。一个在 N_L 上的 4.75%的利率被随意选为出发点。一个迭代过程决定了正确利率（即试错）。步骤如下所述。我们的目标是寻找一个利率，当该利率被应用在树中时能提供一个为期两年的、息票利率为 4.2%的

债券的面值。

第 1 步：为 r_1 选择一个值。r_1 是较低的 1 年期利率的面值。在第一次试算中，我们随意选择一个值：4.75%。

第 2 步：决定相应的较高的 1 年期远期利率的值，如前所述，这个利率是通过 $r_1e^{2\sigma}$ 得到的。由于 r_1 为 4.75%，因此，如果利率上升，1 年后 1 年期远期利率就是 5.801 7%（$=4.75\% e^{2\times 0.10}$），这个值反映在图表 40—5 的节点 N_H 上。

图表 40—4　　发行人平价收益率曲线

到期期限	票面利率	市场价格
1 年	3.50%	100
2 年	4.20%	100
3 年	4.70%	100
4 年	5.20%	100

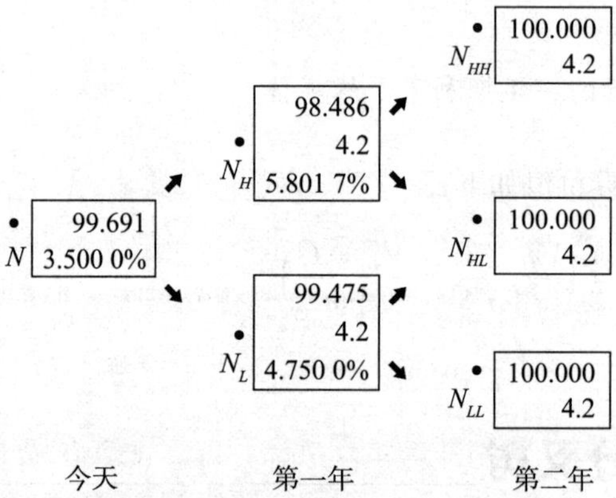

图表 40—5　采用息票利率为 4.2%的两年期新发行债券得到的第一年的一年期远期利率：第一次试算

第 3 步：以两种利率情况中的每一种，分别计算从现在开始 1 年后的债券价值。步骤如下：

a. 决定从现在起两年后的债券价值。由于我们采用的是一个两年期的债券，债券的价值就是到期价值 100 加上其最后的息票支付额 4.2，即 104.2。

b. 计算 V_H。现金流是已知的。适当的贴现率是较高的一年期利率。在我们的例子中是 5.801 7%。现值是 98.486（=104.2/1.058 017）。

c. 计算 V_L。同样地，现金流已知，和步骤 3b 的一样。假设贴现率较低的一年期利率为 4.75%。现值是 99.475（=104.2/1.047 5）。

第 4 步：计算 V。

a. 添加息票 V_H 和 V_L 来分别获得现金流 N_H 和 N_L。在我们的例子中，我们有较高利率时的 102.686 和较低利率时的 103.675。

b. 计算 V。一年期利率是 3.50%。（注：在这一点上的估值，r^* 是根率，为

3.50%。）因此，99.691＝1/2×(99.214＋100.169)。

第5步：比较步骤4得到的价值和债券市场的价值。如果这两个值相同，那么第一次试算中所采用的 r_1 就是我们寻找的利率。如果步骤4所得到的价值不是债券市场的价值，表明我们假设的 r_1 值不是与收益率曲线相一致的一年期利率。在这种情况下，就必须以一个不同的 r_1 值来重复这五步。

当 r_1 为4.75%时，步骤4得到的结果就是价值99.691，这比观察到的市场价格100要少。因此，4.75%过大，必须重复这五个步骤以得到一个较低的 r_1。

让我们直接跳到这个例子中正确的 r_1 并且重复步骤1～5。当 r_1 为4.444 8%时，这种情况会发生。相应的二叉树显示在图表40—6中。根的价值等于为期两年的市场价值。

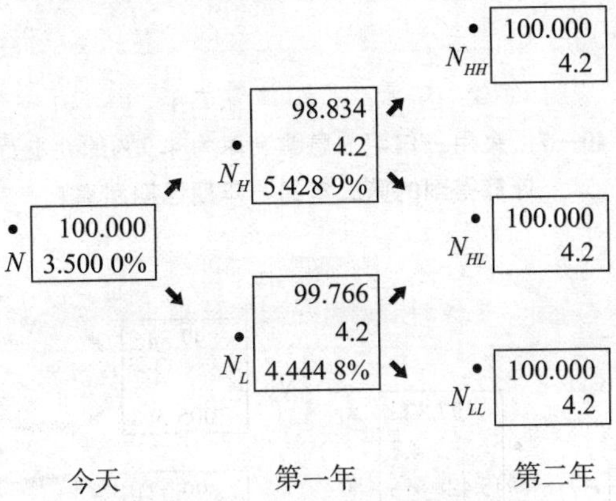

图表40—6　采用息票利率为4.2%的两年期新发行债券得到的第一年的一年期远期利率

我们希望通过使这个二叉树再生长一年来确定 r_2。我们将采用一个息票利率为4.7%的三年期的新发行债券来得到 r_2。在迭代过程中采用相同的5个步骤来找出两年后的一年期利率。我们现在的目标是找到 r_2 的值，这样将产生一个面值为100的债券。注意，从现在起的两个一年期利率4.444 8%（较低）和5.428 9%（较高）不会改变。这些是这个树一年期远期利率的公平利率。

这个问题在图表40—7中有所说明。三年期的息票利率为4.7%的债券的现金流已给出。我们需要执行的估值是从第三年开始的利率。实际上，我们需要找到 r_2 的债券面值价格。同样，选定任意一个出发点，并且用一个迭代过程产生其正确的利率。

图表40—7的完全版本见图表40—8。r_2 的值，或等价的 $r_{2,LL}$，会产生预期的结果4.695 8%。相应地，利率 $r_{2,HL}$ 和 $r_{2,HH}$ 分别是5.735 4%和7.005 3%。

为了证明这些利率是第二年采用的正确的一年期远期利率，可以从树的最右边的四个节点开始逆向计算，如图表40—8所示。例如，N_{HH} 节点未来现金流的现值可以通过以7.005 3%的贴现率贴现其邻近的两个节点的平均现金流（104.7）得到，为97.846。同样地，N_{HL} 节点可以通过5.735 4%的贴现率得到，为104.70，N_{LL} 的贴现率为4.695 8%。

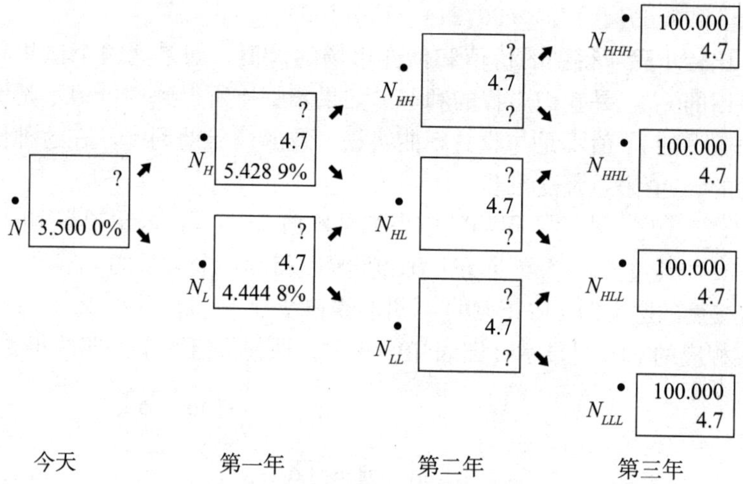

图表 40—7　采用三年期、息票利率为 4.7%的新发行债券计算得到的第二年的一年期远期利率

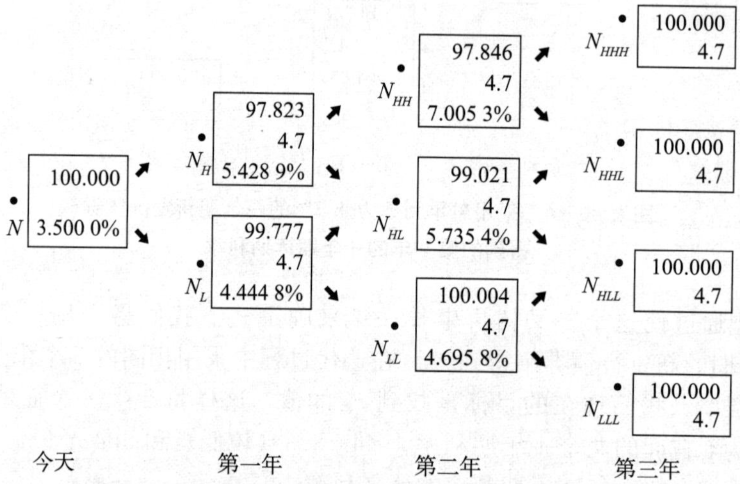

图表 40—8　采用三年期、息票利率为 4.7%的新发行债券计算得到的第二年的一年期远期利率

40.3　利用分叉树估值

为了说明如何使用分叉树估值，考虑利率为 6.5%的、至到期日的剩余期限为四年的无期权债券。由于这种债券是无期权的，没有必要使用分叉树模型估算它的价值。获得一个无套利债券的价值的唯一必要条件是取得由收益率曲线获得的即期利率来贴现现金流。收益率曲线如图表 40—4 所示。即期利率如下：

第一年：3.500 0%；

第二年：4.214 7%；

第三年：4.734 5%；

第四年：5.270 7%。

扣除6.5%的为期四年的债券面值100的无期权债券在上面的即期利率下将得到104.643的债券价值。

图表40—9包含了一个为期四年的估值公平的二叉树。图表40—10显示了利用图表40—9中的分叉树在贴现的过程中得到的不同价值。树的根表明104.643的债券价值，相同的值通过贴现在即期利率的过程中得到。这表明，使用分叉树模型的估值与使用即期利率的无期权债券的估值相一致。

40.4 内含嵌入期权的定息债券

内含嵌入期权的债券的估值与无期权债券的估值方式相同。然而，嵌入期权增加了复杂性，它需要根据期权的结构对树上的现金流进行调整。必须在适合行权的树的节点上对认购还是认沽做出决定。可提前赎回债券（callable bonds）和可回售债券（putable bonds）的例子如下。

□ 为可提前赎回债券估值

在看涨期权的情况下，当未来现金流的现值比买权在已做出行权决策的节点上的买价要高时，会执行看涨期权。实际上，会有以下计算：

$$V_t = \min[\text{买价}, PV(\text{未来现金流})]$$

此处，V_t 代表节点处的未来现金流的现值。这项操作在债券可赎回的每个节点上执行。

例如，考虑一个利率为6.5%的四年到期债券，可以用100赎回。我们将采用二叉树对这种债券以及本章中的其他工具估值。图表40—9是在本章前面派生的二叉树，然后被用来估计无期权债券。在构建二叉树图表40—9时，假设利率波动的幅度是10%。本章中一整章将使用该二叉树。

图表40—11显示，现在二叉树的每个节点上存在两个值。前面解释的贴现过程用于计算每个节点的两个值中的第一个。第二个值基于是否会被赎回。再次，如果未来现金流的现值超过期权的价格，发行人会赎回债券。这第二个值会被纳入后续计算。

在图表40—12和图表40—13中，图表40—11中的某些节点很突出。图表40—12显示在第二年和第三年债券没有被赎回的节点（依据图中使用的简单赎回规则）。[2] 在这种情况下报告的价值和无期权债券的估值一致。图表40—13显示在第二年和第三年中债券被赎回的节点。注意这种方法是如何改变现金流的。例如，在第三年中，在节点 N_{HLL}，递归估值过程中产生100.315的现值。然而，在规定了赎回规则的情形下，债券

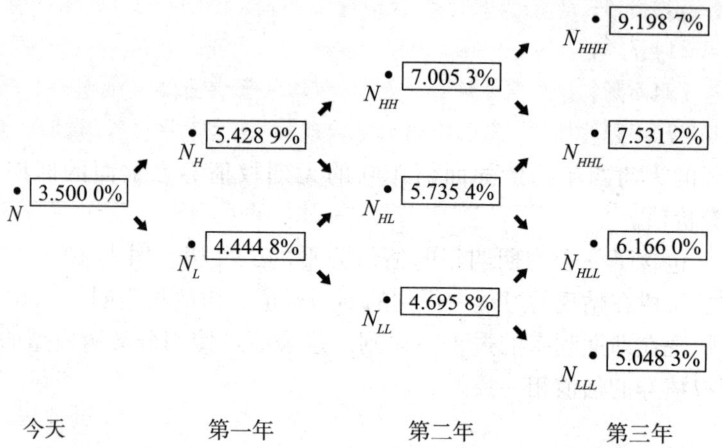

图表 40—9 发行人的一个四年期债券估值完成的二叉树（假设波动率为 10%）

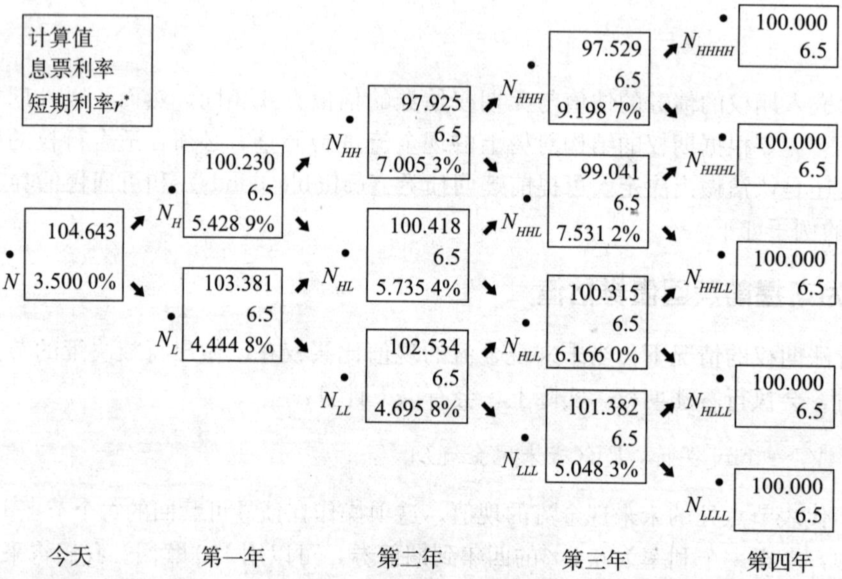

图表 40—10 为一个四年到期、息票利率为 6.5%的无期权债券估价（假设波动率为 10%）

将被赎回。因此，100 显示为节点的第二个值，也正是这个值后来在估值过程中被继续使用。直到整个过程结束，得到可赎回债券的价值 102.899。

看涨期权的价值由一个无期权债券的价值和一个可提前赎回债券的价值之间的差额计算得到。在我们的例子中，无期权债券的价值是 104.643（在本章前面计算过）。可赎回债券的价值是 102.899。因此，看涨期权的价值为 1.744(＝104.634－102.899)。

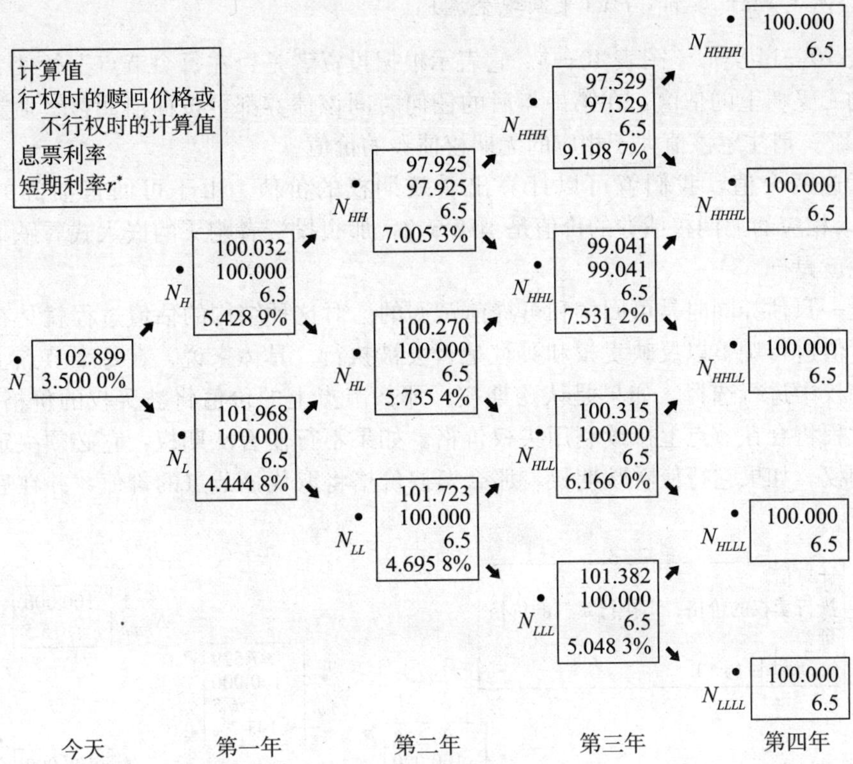

图表 40—11 为可提前赎回债券估值：四年到期，息票利率为 6.5%，可在第一年后以 100 提前赎回（假设波动率为 10%）

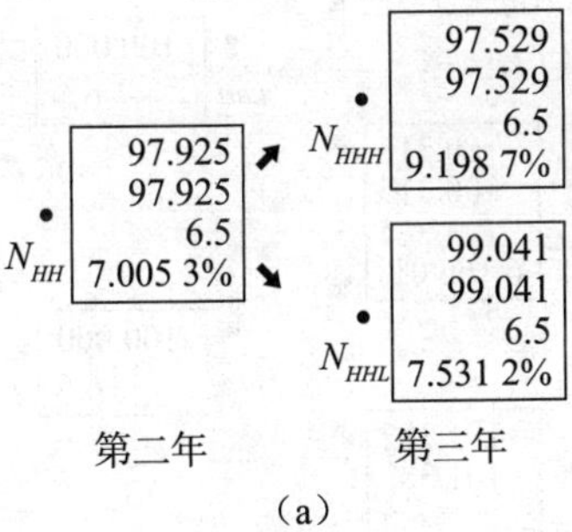

图表 40—12 可提前赎回债券在第二年和第三年的突出节点：看涨期权不行权时的节点

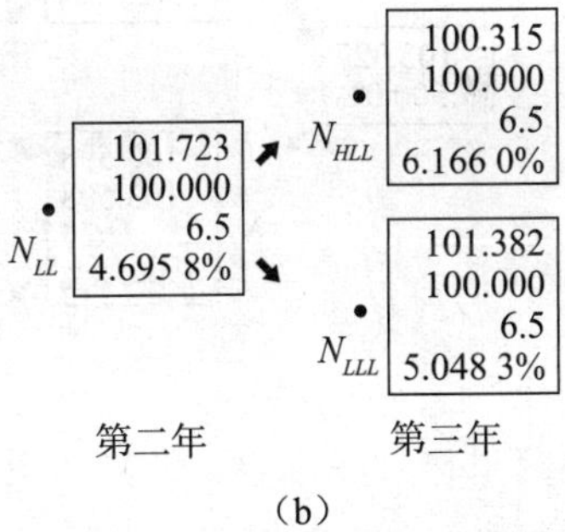

图表 40—13 可提前赎回债券在第二年和第三年的突出节点：看涨期权行权时的节点

□ 为可回售债券估值

可回售债券的持有人有权强制发行人在债券到期日之前还清债务。对可回售债券的分析与可提前赎回债券很类似。我们必须制定卖权可执行的规则。道理和可提前赎回债券相似。如果未来现金流的现值小于卖价（即面值），那么债券的卖权将被执行。方程的形式如下：

$$V_t = \max[\text{卖价}, PV(\text{未来现金流})]$$

图表 40—14 类似于图表 40—3。它表示根据投资者是否在每个节点上行使看跌期权而进行的二叉树上的估值。在第一年后的任何时间该债券都可按面值回售。债券的价值是 105.327。请注意该值大于相应的无期权债券的价值。

有了这两个值，我们就可以计算出看跌期权的价值。由于可回售债券的价值是 105.327，相应的无期权债券的价值是 104.643，那么投资者购买的嵌入式看跌期权的价值实际上就是 0.684。

假设一只债券同时是可回售和可提前赎回的。对这种结构的估值过程就是在每个节点上对价值进行调整以反映卖权和买权是否会被执行。具体来说，在每个节点上，必须在两个期权中进行选择。如果是认购期权，那么节点上的价值将被买权的价格所取代。估值的过程将会在节点上持续利用买权价格。如果不行使看涨期权，它必须决定是否行使看跌期权。如果它行使看跌期权，那么卖权价格将取代该节点的价值，并在后续计算中被使用。

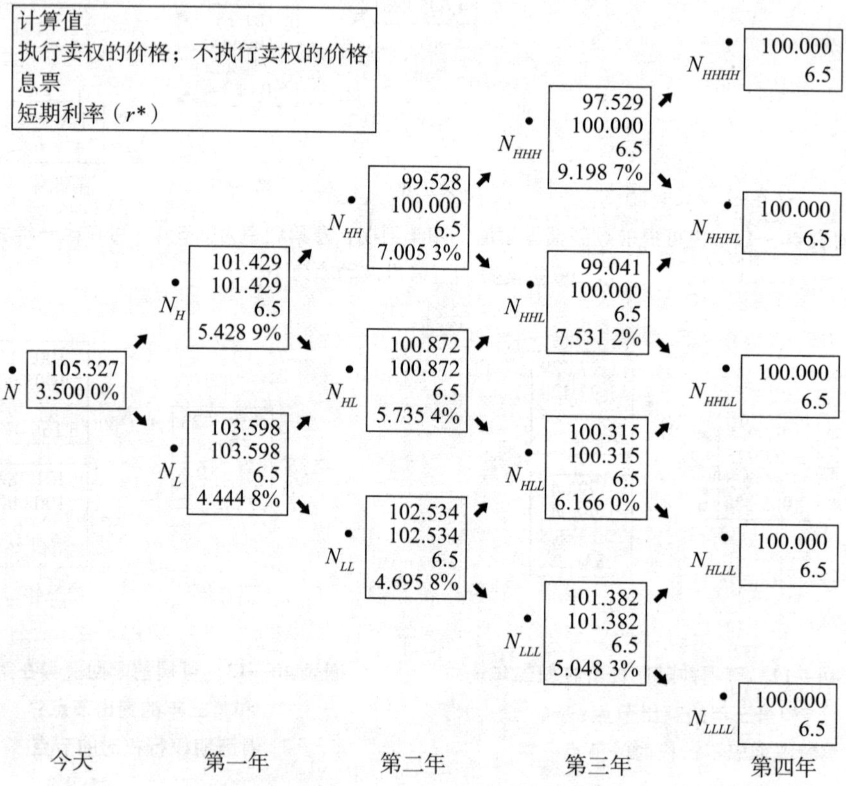

图表 40—14　为可回售债券估值：四年期，息票利率为 6.5%，卖权可在第一年后以 100 执行（假设波动率为 10%）

40.5 对两个更奇特的结构估值

基于分叉树的递归的估价方法是稳健的。为了进一步支持这种说法，我们要解决两个更奇特的结构的估值——阶梯式可提前赎回票据（step-up callable note）和范围浮动票据（range floater）。

□ 对阶梯式可提前赎回票据估值

阶梯式可提前赎回票据是在指定的时间内其票面利率增加（即加紧）的可提前赎回工具。票面利率在证券存续期上升一次的票据被称为**单阶梯式可提前赎回票据**（single step-up callable note），一个**多阶梯式可提前赎回票据**（multiple step-up callable note）指在存续期内不止一次地上升的阶梯式可提前赎回票据。使用分叉树模型的估价除了需要在每个节点上修改现金流来反映阶梯式可提前赎回票据的息票特征以外，与之前描述的可提前赎回债券的估价很类似。

假设一个为期四年的阶梯式可提前赎回票据前两年的息票利率为 4.25%，后两年为 7.5%。假设这个票据可在第二年和第三年年底按面值赎回。我们将使用二叉树在图表 40—9 中对其估值。

图表 40—15 显示了在不可提前赎回情形下该债券的价值。估值过程在图表 40—12 和图表 40—13 中表现为熟悉的递归估值。每个节点框中的息票利率都反映了递增的过程。该值是 102.082。图表 40—16 表明单阶梯式可提前赎回票据的值是 100.031。嵌入式看涨期权的价值等于无期权阶梯式票据的价值与阶梯式可提前赎回债券的价值之差，为 2.051。

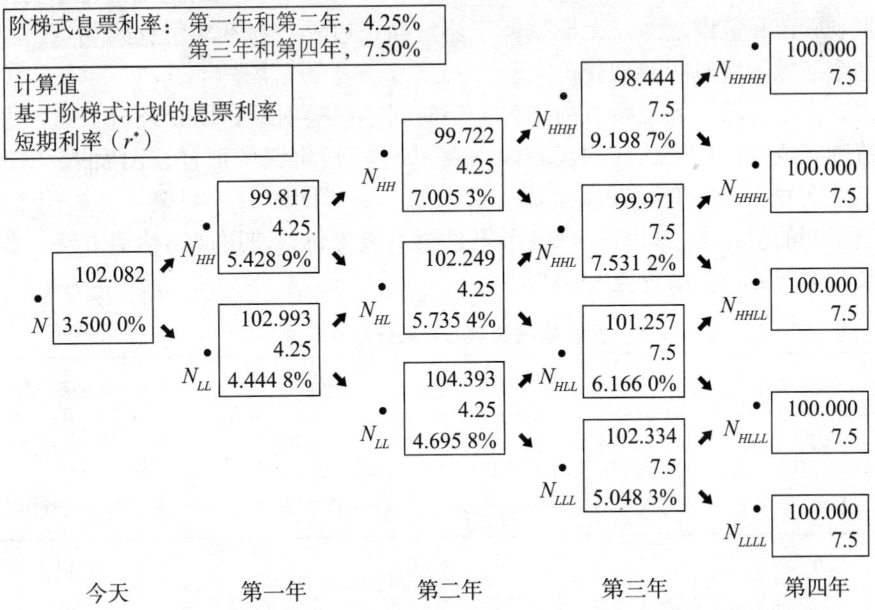

图表 40—15　为四年期的阶梯式不可提前赎回票据估值（假设波动率为 10%）

现在，我们研究另一种结构，这种结构的息票以一个有限制的参考利率浮动。这类债券的利率范围被设定：当利率落在指定的范围内时，债券支付参考利率；当利率超过该范围时，债券不支付任何息票利息。

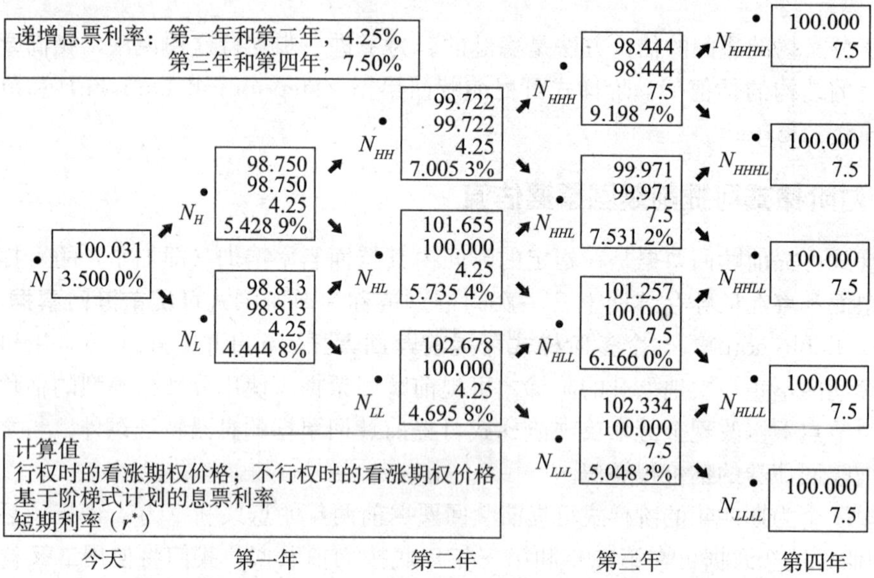

图表 40—16 为四年期、两年后可以以 100 赎回的单阶梯式可提前赎回票据估值（假设波动率为 10%）

□ 为范围票据估值

范围票据（range note）是一种证券，只有当利率落在一定的范围内时才支付参考利率。如果利率落在范围之外，无论是低于还是高于边界，都不支付息票利息。在通常情况下，这个区域随着时间的推移扩大。

再次，为了说明，假设参考利率为一年期利率，票据距到期日还有三年。进一步假设区域范围（或者说息票的计划表）如图表 40—17 所定义的那样。图表 40—18 画出了二叉树，并在每年年底有预期现金流：要么得到一年期的参考利率，要么什么也没有。在这个三年期的债券中，只有一种情形下息票不被支付。使用递归估值方法，我们可以通过二叉树运行回当前的价值 98.963。

图表 40—17 范围票据的息票利率计划（区域）

	第一年	第二年	第三年
下限	3.00%	4.00%	5.00%
上限	5.00%	6.25%	8.00%

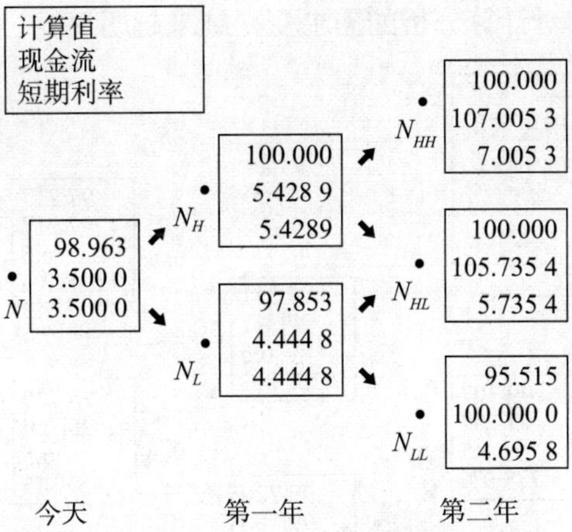

图表 40—18　一个三年期范围票据的估值

40.6　拓展

接下来，我们将演示如何计算期权调整利差（option-adjusted spread）、有效久期以及一个带有嵌入期权的固定收益工具的凸性。

□ 期权调整利差

我们都关心自己在这一问题上的估值。然而，金融交易市场却为固定收益工具确定了实际价格，而不是一系列对分叉树利率的计算。如果市场能够提供一个有意义的价格（通常为证券交易市场流动性的一个函数），这个价格可以被转变成一个可选的测量价值，即期权调整利差（OAS）。

证券的期权调整利差是基准利率之上的固定利差（通常以基点衡量），相当于从实际的证券市场价格的估值过程中得到的输出。相比于无期权证券，OAS 的计算是相对简单、迭代的过程。加入了期权的复杂性后，这个过程将更具有挑战性。正如期权的价值取决于波动性，加入嵌入期权或类似期权的利率产品的固定收益证券的 OAS 也取决于波动性。

回想一下图表 40—11，其中一个可提前赎回债券的价值为 102.899。假设我们从市场信息可获知其实际价格是 102.218。我们需要 OAS，它等于从分叉树和市场价格中获得的价值。由于市场价格低于估值，OAS 对于图表中所示的利率有正利差，而图表中利率是我们假设的基准利率。

这种情况下的解决方案是 35 个基点，它被纳入图表 40—19 中，它显示每个利率增加 35 个基点后的可提前赎回债券的价值。简单的二叉树为复杂的计算提供了依据，这种计算被用来确定可提前赎回债券的 OAS。在图表 40—11 中，这只债券在 N_{HLL} 处被赎回。然而，一旦树如图表 40—19 那样被移动 35 个基点，那么 N_{HLL} 处的未来现金流的现值下降到低于买权价 99.985，因此，债券不在这个节点上被赎回。因此，随着分叉树结构的规模和复杂性增加，对计算分析的需求变得越来越明显。

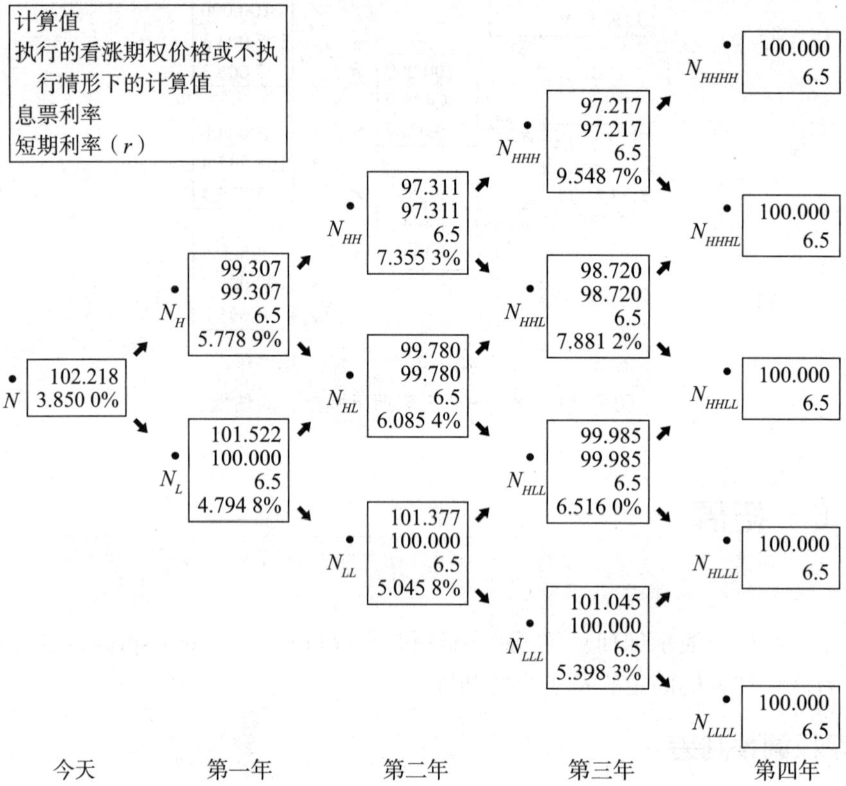

图表 40—19 期权调整利差范例：利率为 6.5%的可提前赎回债券，可用 102.218 美元的价格赎回，期权调整利差为 35 个基点（假设波动率为 10%）

□ 有效久期和有效凸性

久期和凸性衡量了存在于固定收益证券中的固有风险。我们依靠分叉树模型来计算一个有嵌入期权和其他类似期权的证券的有效久期与有效凸性。衡量这两种风险的计算公式如下：

$$有效久期=\frac{V_{-}-V_{+}}{2V_0(\Delta r)}$$

$$有效凸性=\frac{V_{+}+V_{-}-2V_0}{2V_0(\Delta r)^2}$$

其中，V_- 和 V_+ 为收益率曲线平行下移和上移一个固定利差分别得到的值。模型随嵌入式看涨期权的价值的变化而调整，看涨期权的价值的变化源于 V_- 和 V_+ 计算所得的曲线的位移。

注意，计算必须考虑证券的 OAS。下面我们提供正确计算 V_+ 的步骤。V_- 的计算也是类似的。

第 1 步： 给出债券的市场价格，计算它的 OAS。

第 2 步：向上移动现行的收益率曲线一个小幅的基点（Δr）。

第 3 步：依据第 2 步得到的新的收益率曲线构建一个基准利率树。

第 4 步：依据 OAS 移动基准利率树，得到一个“被调整的树”。即计算有效久期和凸性时假设了不变的 OAS。

第 5 步：利用第 4 步得到的被调整的树来决定债券的价值 V_+ 。

我们可以对我们的 4 年期息票利率为 6.5%的可赎回债券执行这个计算，按面值以 102.218 赎回。我们以 35 个基点计算了这只债券的 OAS。图表 40—20 展示了以 25 个基点进行收益率曲线位移后得到的被调整的树，然后再对树加回 35 个基点（OAS）。调整后的树被用来对债券估值。由此产生的值 V_+ 是 101.621。

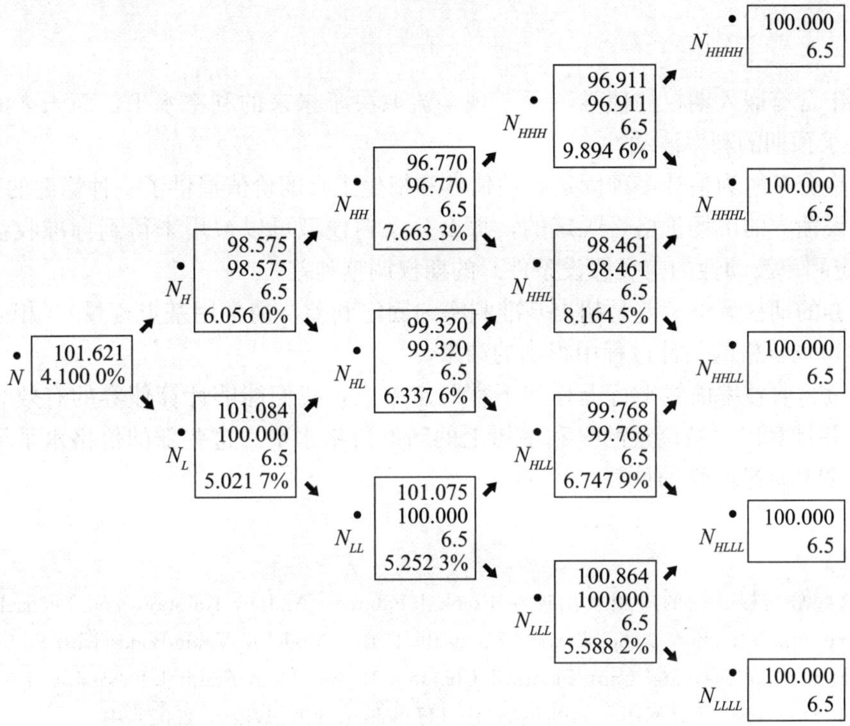

图表 40—20　通过计算有效久期和有效凸性确定 V_+ 的值示例

注：现行收益率曲线移动 25 个基点。

为了确定 V_- 的价值，同样需要进行以上五个步骤中除了第 2 步以外的步骤，因为第 2 步向下移动了少量的基点（Δr）。由计算结果可知，我们的可提前赎回债券的 V_- 为 102.765。

结果可以总结如下：

$\Delta r = 0.0025$

$V_+ = 101.621$

$V_- = 102.765$

$V_0 = 102.218$

这样就有：

$$有效久期=\frac{102.765-101.621}{2\times102.218\times0.0025}=2.24$$

$$有效凸性=\frac{101.621+102.765-2\times102.218}{2\times102.218\times(0.0025)^2}=-39.1321$$

注意，这个可提前赎回债券具有负凸性。

40.7 关键知识点

- 对于含有嵌入期权的债券，预期现金流取决于未来的利率水平，而未来的利率水平又取决于预期的利率波动性。
- 利率分叉树为估计多种固定收益债券和衍生工具的价值提供了一种稳健的工具。
- 假设债券的市场价格是既定的，那么分叉树模型可以被用来得到标准收益率曲线（基于既定利率波动性的前提假设条件）的期权调整利差。
- 债券的期权调整利差是超出基准利率的固定利差（通常用基点衡量），相当于从实际的证券市场价格的估计过程中得到的结果。
- 通过将收益率曲线平行上移和下移既定基点，我们能够计算债券的有效久期和有效凸性，并计算出"被调整的"利率树上的新的价格水平。这些新的价格水平继而被用于标准久期和标准凸性的计算。

【注释】

[1] 这些分叉树方法的应用也出现在 Frank J. Fabozzi, Andrew Kalotay, and Michael Dorigan, "Yield Curves and Valuation Lattices" and "Using the Lattice Model to Value Bonds with Embedded Options, Floaters, Options, and Caps/Floors," Chapters 13 and 14 in Frank J. Fabozzi (ed.), *Interest Rate, Term Structure, and Valuation Modeling* (Hoboken, NJ: Wiley, 2002) 中。

[2] 我们假设现金流在每年年底出现。

第 41 章

抵押贷款支持证券估价

弗兰克·J. 法博齐（Frank J. Fabozzi）博士，注册金融分析师，注册会计师
EDHEC 商学院金融学教授

斯科特·F. 理查德（Scott F. Richard），数据库管理员
宾夕法尼亚大学沃顿商学院金融学实践教授

彼得·鲁（Peter Ru）
摩根士丹利华鑫基金管理公司固定收益投资部主任

固定收益债券估价的传统方法是计算收益率，即到期收益率、可提前赎回债券的赎回收益率（yield to call）以及抵押贷款支持证券的现金流收益率。一种更好的方法是运用期权调整利差（OAS）。本章的目的是描述适用于抵押贷款支持证券的期权调整利差方法。在本章的结尾，我们将该方法应用到两个担保抵押证券（collateralized mortgage obligation，CMO）的交易中。

本章描述了这种方法的理论基础、期权调整利差模型的输入变量与假设条件以及期权调整利差模型的输出变量，其中除了期权调整利差值以外，输出变量还包括期权调整久期和期权调整凸性。由于期权调整利差模型的使用者面临建模风险（modeling risk），因此有必要检验这些输出数值对假设条件变化的敏感性。

尽管由于发行人将提前偿付风险和利率风险分割成被称为分券（tranch）的更小部分而增加了困难，但是 CMO 的估价模型与转手证券（pass-through）的估价模型是相似的。CMO 得

以形成的基础即转手证券对这两种风险的敏感性不是均匀地分配在CMO的每个分券中。相对于该担保品，一些分券对提前偿付风险和利率风险更为敏感，而另一些分券对二者的敏感性却小得多。

资金管理者的目标是要计算出担保品的期权调整利差或者担保品价值是如何分配于CMO的各分券中的。具体来说，就是要计算出价值和风险的流向，以便资金管理者能识别出具有低风险、高价值的分券，这种分券正是他想要购买的。有利的方面是这种低风险、高价值的组合经常存在于每笔交易中。不利的方面是每笔交易中也经常存在具有低期权调整利差、低价值和高风险的分券。

41.1 静态估价

由于要分析未来利率的不同情形，因此运用期权调整利差来评估抵押债券是一项动态技术。静态估价只分析一种利率情形，并经常假设收益率曲线保持不变。静态估价可计算出两项测度：平均期限和静态利差。以下对二者作简单回顾。

□ 平均期限

抵押贷款支持债券的**平均期限**（average life）是本金支付（预定支付和预测的提前偿付）时间的加权平均值。平均期限的公式为：

$$\frac{1\times\text{时刻 1 收回的本金}+\cdots+T\times\text{时刻 }T\text{ 收回的本金}}{12\times\text{全部收回的本金}}$$

式中，T 为月份数。

为了计算平均期限，投资者要对所分析的抵押债券的提前偿付率进行假设或者运用一种提前偿付模型。通过计算不同提前偿付率条件下的平均期限，投资者能够对债券现金流的稳定性有一定认识。例如，按计划摊还类别债券的平均期限在规定的提前偿付率范围内不会改变，但是在提前偿付率超过上限值时，平均期限会明显缩短。通过考察提前偿付率超过上限值时的平均期限，投资者可以对按计划摊还类别债券的风险有部分认识。使用提前偿付模型，抵押债券的平均期限可以通过改变抵押贷款的再融资利率来计算。随着再融资利率的上升，提前偿付模型会降低提前偿付率，从而使得债券的平均期限延长。相反地，若再融资利率下降，提前偿付模型会提高提前偿付率，从而使得债券的平均期限缩短。

□ 静态利差

评估抵押贷款支持证券的一种标准测度是现金流收益率，或简称收益率。该收益率利差，有时被称为**名义利差**（nominal spread），可通过以插值计算的国债收益率曲线上对应于平均期限的收益率为基础而得到。即使在没有利率波动的情形下，将该方法应用于分期摊还的债券也是不合适的。自1998年末，结构化产品使用互换而不是国债，用于定价和对冲目的。这主要是因为互换的利差比国债更加稳定。

要计算的应该是所谓的**静态利差**（static spread）。这是在静态情形下（即没有利率波动）相对于整条理论上的国债即期利率曲线而不仅仅是该曲线上单个点而计算的债券收益率利差。名义利差与静态利差之间差异的大小取决于收益率曲线的倾斜度：该曲线越倾斜，二者差异越大。在利率曲线相对平坦时，名义利差与静态利差的差异较小。

有两种方法可以计算静态利差。一种方法是用当前的收益率曲线来贴现未来现金流并且将抵押贷款再融资利率保持在现在的水平。由于抵押贷款再融资利率固定，投资者可以为债券在存续期内确定一个合理的提前偿付率。使用该提前偿付率可以估计债券的未来现金流。运用这种方法来计算静态利差考虑了未来货币的不同现期价值。于是在保持提前偿付率固定的情形下对现金流进行了适当的贴现。当前价格有效地显示了未来的贴现率，而未来利率的最优估计值是当前的利率。

计算静态利差的第二种方法允许抵押贷款利率按由远期利率隐含的利率曲线上升。该方法有时被称为**无波动性期权调整利差分析**（zero volatility OAS）。在这种情形下需要有提前偿付模型来确定由未来各时期的再融资利率所隐含的未来各时期的提前偿付率。运用静态利差的资金管理者应该确定在计算中运用哪种方法。

41.2 动态估价模型

由于CMO只是对转手证券现金流的重新组合，因此CMO各分券的估价可直接由转手证券的估价得出。

□ 运用模拟来产生利率路径和现金流

模拟（simulation）技术被用来对诸如转手抵押贷款支持证券之类的复杂债券进行定价。之所以运用模拟方法是因为每月的现金流与路径有关。这意味着当月收到的现金流不仅由当前和未来的利率水平决定，而且由到达当前利率水平的利率路径决定。

CMO分券现金流的路径依赖性主要有两个来源。首先，担保品的提前偿付与路径有关，这是由于当月的提前偿付率依赖于自债券发行以来是否已经有再融资的机会。其次，当月收到的CMO分券现金流依赖于其他未偿付分券余额。这也需要提前偿付的历史数据来计算这些余额。

利用模拟方法来对转手证券进行定价在概念上是比较简单的。然而，实际操作是很复杂的。运用模拟方法时要基于模拟的未来抵押贷款的再融资利率来产生一组未来的现金流，再融资利率中隐含了模拟的提前偿付率。

华尔街公司和第三方供应商用来产生这些随机利率路径的模型通常都采用现在的利率期限结构以及波动性假设作为输入。利率的期限结构是现在的国债所隐含的理论上的即期利率（或零息票）曲线。波动性假设决定了模拟的未来利率的离散程度。应该对模拟值加以规范以使得零息票国债的价格等于现在的实际价格。

各期权调整利差模型有自己的未来利率变化模型和波动性假设。直到最近，交易商和期权调整利差第三方供应商之间使用的利率模型都没有大的差别，但是其波动性假设有着明显差异。注意，期限结构模型的波动性根据流动性证券的价格进行调整。这样的流动性证券把平价期权反映在了利率上，比如平价上限和互换期权以及虚值互换期权。

利率的随机路径应该根据未来利率期限结构的无套利模型来产生。无套利一方面意味着该模型复制了现在的利率期限结构，这作为模型的一个输入，另一方面也意味着在所有未来时间内模型中没有套利的可能。[1]

模拟过程要产生未来利率路径的多种情形。在各种情形下都要产生每月的利率和抵押贷款再融资利率。每月的利率被用于对各种情形下的现金流进行贴现。抵押贷款再融资利率被用于确定每月产生的现金流，因为它代表了抵押贷款债务人所面临的机会成本。

若再融资利率相对于抵押贷款债务人初始的息票利率较高，则抵押贷款债务人不太愿意进行再融资，或根本不愿意（也就是说，房屋所有人会为了避免再融资而避免迁移）。若再融资利率相对于抵押贷款债务人初始的息票利率较低，则抵押贷款债务人将会愿意进行再融资。

提前偿付可通过将再融资利率和贷款年限之类的贷款特性代入提前偿付模型计算而得到。在计算出提前偿付后，即可确定与利率路径相关联的现金流。

更具体地，考虑一新发行的转手证券，其期限为 360 个月。图表 41—1 显示了 N 条模拟的利率路径。各情形都包含有 360 个模拟的 1 个月期未来利率。应该产生多少条路径将在后面加以解释。图表 41—2 显示了与图表 41—1 中各情形相对应的模拟的抵押贷款再融资利率路径。在假设了这些抵押贷款再融资利率的条件下，每条利率路径下得到的现金流显示在图表 41—3 中。

图表 41—1　　未来每月利率模拟路径

月份	利率路径数						
	1	2	3	…	n	…	N
1	$f_1(1)$	$f_1(2)$	$f_1(3)$	…	$f_1(n)$	…	$f_1(N)$
2	$f_2(1)$	$f_2(2)$	$f_2(3)$	…	$f_2(n)$	…	$f_2(N)$
3	$f_3(1)$	$f_3(2)$	$f_3(3)$	…	$f_3(n)$	…	$f_3(N)$
t	$f_t(1)$	$f_t(2)$	$f_t(3)$	…	$f_t(n)$	…	$f_t(N)$
358	$f_{358}(1)$	$f_{358}(2)$	$f_{358}(3)$	…	$f_{358}(n)$	…	$f_{358}(N)$
359	$f_{359}(1)$	$f_{359}(2)$	$f_{359}(3)$	…	$f_{359}(n)$	…	$f_{359}(N)$
360	$f_{360}(1)$	$f_{360}(2)$	$f_{360}(3)$	…	$f_{360}(n)$	…	$f_{360}(N)$

注：$f_t(n)$ 为路径 n 在 t 月的 1 个月期未来利率；N 为利率路径总数。

图表 41—2 抵押贷款再融资利率的模拟路径

月份	利率路径数						
	1	2	3	…	n	…	N
1	$r_1(1)$	$r_1(2)$	$r_1(3)$	…	$r_1(n)$	…	$r_1(N)$
2	$r_2(1)$	$r_2(2)$	$r_2(3)$	…	$r_2(n)$	…	$r_2(N)$
3	$r_3(1)$	$r_3(2)$	$r_3(3)$	…	$r_3(n)$	…	$r_3(N)$
t	$r_t(1)$	$r_t(2)$	$r_t(3)$	…	$r_t(n)$	…	$r_t(N)$
358	$r_{358}(1)$	$r_{358}(2)$	$r_{358}(3)$	…	$r_{358}(n)$	…	$r_{358}(N)$
359	$r_{359}(1)$	$r_{359}(2)$	$r_{359}(3)$	…	$r_{359}(n)$	…	$r_{359}(N)$
360	$r_{360}(1)$	$r_{360}(2)$	$r_{360}(3)$	…	$r_{360}(n)$	…	$r_{360}(N)$

注：$r_t(n)$ 为路径 n 在 t 月的抵押贷款再融资利率；N 为利率路径总数。

图表 41—3 每条利率路径下的模拟现金流

月份	利率路径数						
	1	2	3	…	n	…	N
1	$C_1(1)$	$C_1(2)$	$C_1(3)$	…	$C_1(n)$	…	$C_1(N)$
2	$C_2(1)$	$C_2(2)$	$C_2(3)$	…	$C_2(n)$	…	$C_2(N)$
3	$C_3(1)$	$C_3(2)$	$C_3(3)$	…	$C_3(n)$	…	$C_3(N)$
t	$C_t(1)$	$C_t(2)$	$C_t(3)$	…	$C_t(n)$	…	$C_t(N)$
358	$C_{358}(1)$	$C_{358}(2)$	$C_{358}(3)$	…	$C_{358}(n)$	…	$C_{358}(N)$
359	$C_{359}(1)$	$C_{359}(2)$	$C_{359}(3)$	…	$C_{359}(n)$	…	$C_{359}(N)$
360	$C_{360}(1)$	$C_{360}(2)$	$C_{360}(3)$	…	$C_{360}(n)$	…	$C_{360}(N)$

注：$C_t(n)$ 为路径 n 在 t 月的现金流；N 为利率路径总数。

□ 计算各利率路径下的现值

已知每条利率路径下的现金流，就可以计算其现值。用于确定现值的贴现率是各利率路径上模拟的每月即期利率加上一定利差。每条路径上的即期利率可通过模拟的未来每月利率来确定。路径 n 下 T 月的模拟即期利率与模拟的未来每月利率的关系为：

$$z_T(n)=\{[1+f_1(n)][1+f_2(n)]\cdots[1+f_T(n)]\}^{1/T}-1$$

式中，$z_T(n)$ ——路径 n 下 T 月的模拟即期利率；

$f_j(n)$ ——路径 n 在 j 月的模拟未来一个月利率。

从而，模拟的未来一个月利率路径可以转换为模拟的每月即期利率路径，结果显示于图表 41—4 中。因此，用 T 月的模拟即期利率加上一定利差对路径 n 下 T 月的现金进行贴现后的现值为：

$$PV[C_T(n)]=\frac{C_T(n)}{[1+z_T(n)+K]^{1/T}}$$

式中，$PV[C_T(n)]$——路径 n 下 T 月现金流的现值；

$C_T(n)$——路径 n 下 T 月的现金流；

$z_T(n)$——路径 n 下 T 月的即期利率；

K——利差。

路径 n 的未来现金流现值是该路径上每月现金流的现值之和。即：

$$PV[\text{路径}(n)]=PV[C_1(n)]+PV[C_2(n)]+\cdots+PV[C_{360}(n)]$$

式中，$PV[\text{路径}(n)]$——利率路径 n 的现金流现值。

当利差 K 加在所有路径的即期利率上使得所有路径的平均现值等于观测到的市场价格（加上积累的利息）时，该利差 K 就是期权调整利差。在数学表达上，期权调整利差是满足以下条件的利差 K：

$$\text{市场价格}=\frac{PV[\text{路径}(1)]+PV[\text{路径}(2)]+\cdots+PV[\text{路径}(N)]}{N}$$

式中，N——利率路径的数目。

这种对转手证券进行定价的方法也适用于 CMO 分券。各利率路径上每月的现金流可根据本金的偿付和利息分布规则加以确定。为此，需要有 CMO 的结构化模型。

图表 41—4　每月即期利率的模拟路径

月份	利率路径数						
	1	2	3	…	n	…	N
1	$z_1(1)$	$z_1(2)$	$z_1(3)$	…	$z_1(n)$	…	$z_1(N)$
2	$z_2(1)$	$z_2(2)$	$z_2(3)$	…	$z_2(n)$	…	$z_2(N)$
3	$z_3(1)$	$z_3(2)$	$z_3(3)$	…	$z_3(n)$	…	$z_3(N)$
t	$z_t(1)$	$z_t(2)$	$z_t(3)$	…	$z_t(n)$	…	$z_t(N)$
358	$z_{358}(1)$	$z_{358}(2)$	$z_{358}(3)$	…	$z_{358}(n)$	…	$z_{358}(N)$
359	$z_{359}(1)$	$z_{359}(2)$	$z_{359}(3)$	…	$z_{359}(n)$	…	$z_{359}(N)$
360	$z_{360}(1)$	$z_{360}(2)$	$z_{360}(3)$	…	$z_{360}(n)$	…	$z_{360}(N)$

注：$z_t(n)$ 为路径 n 下 t 月的即期利率；N 为利率路径总数。

□ 选择利率路径的数目

现在考虑为 CMO 分券进行定价所需要的模拟路径数目或者重复次数 N。典型的期权调整利差计算需要 512～1 024 条利率路径。用模拟方法产生的路径显得很真实，并能够复制当前的国债利率曲线。采用这种方法，资金管理者实际上认为国债现在被合理地定价以及目标是要确定某一分券价格相对于国债是高还是低。

利率路径的数目决定了估计的好坏程度，这里不是指相对于真实值而是指相对于使用的期权调整利差模型。路径越多，平均利差越趋向稳定。这是一个统计样本问题。

大部分期权调整利差模型使用某种形式的方差衰减技术（variance reduction）来减少为得到好的统计样本所需要的样本路径数目。[2] 运用方差衰减技术可以得到变化范围在一个单位内的价格估计值。这意味着若用期权调整利差模型来产生更多的路径，模型的价格估计值变化不会超过一个单位。因此，如果已用 1 024 条路径来得到某分券的估计价格，那么从含有超过该数目的路径的期权调整利差模型中不能得到更多的信息。（对一些非常敏感的 CMO 分券，可能需要产生更多的路径才能得到一个单位内的价格估计。）

□ 期权调整利差的解释意义

确定期权调整利差的程序尽管费时却比较直观，那么，下一个问题是，如何解释期权调整利差？总体上，期权调整利差是用来使得债券价值和市场价格相一致。在上一等式的左边是市场信息：抵押贷款支持证券或抵押贷款衍生物的价格。等式右边的所有路径的平均现值是模型的输出，即我们所称的价值。

资金管理者想要做的是购买那些价值大于价格的债券。如上所述的定价模型使得资金管理者能够估计债券的价值，这对于决定是否购买某一种债券已经足够。也就是资金管理者可以说某一债券便宜 1 个点或 2 个点之类的话。然而，模型并不只是停留于此。它将价格与价值之间的差异转化为一种收益率利差的测度，这是由于绝大多数市场参与人员发现考虑收益率利差比考虑价格差异要更方便。

期权调整利差被发展为一种收益率利差的测度，用于调整价值与价格的差异。但这是相对于哪条曲线的“利差”？从之前的模型介绍中可以看出，期权调整利差度量的是相对于国债即期利率曲线（treasury spot rate curve）的平均利差，而不是相对于国债收益率曲线（treasury yield curve）。由于期权调整利差是通过对不同利率路径加以平均而得到的，其中各利率路径对应于各种可能的即期利率曲线，因而期权调整利差是一种平均利差。

□ 期权成本

任何抵押贷款支持证券嵌入期权的隐含成本都可以通过计算假定利率波动性下的期权调整利差和静态利差的差异而得到。也就是：

期权成本＝静态利差－期权调整利差

期权成本可用这种方式度量的原因是：在没有利率变化的环境下，投资者将会获得静态利差。然而，在未来利率不确定时，由于抵押贷款债务人有提前偿付的权利，因而利差会减少，期权调整利差就反映了用这种期权进行调整后的利差。因此，期权成本应该是静态利率环境下所获得的利差（静态利差）与抵押贷款债务人进行期权调整后所获得的利差之间的差异。

总体上，在市场变化时分券的期权成本比其期权调整利差更为稳定。这一有趣的特性可用于在市场变化时减少计算期权调整利差所需的昂贵计算成本。对于小的市场变化，分券的期权调整利差可通过重新计算静态利差（这相对便宜而且容易计算）再减去其期权成本而近似得到。

□ 期权调整利差模型的其他结果

期权调整利差模型的其他结果包括期权调整久期、期权调整凸性和模拟的平均期限。

期权调整久期

总体上，久期度量了债券价格对小范围利率变化的敏感性。久期可以被解释为在收益率曲线平行移动 100 个基点时债券价格变化的近似百分比。例如，若债券的久期为 4，则意味着利率增加 100 个基点会导致债券价格下降大约 4%。收益率增加 50 个基点会导致债券价格下降大约 2%。变化的基点越小，估计的价格变化越准确。

债券的久期可用下式来近似表达：

$$久期=\frac{P_{-}-P_{+}}{2P_{0}\Delta y}$$

式中，P_{-}——收益率下降 Δy 时债券的价格（每 100 美元面值）；

P_{+}——收益率上升 Δy 时债券的价格（每 100 美元面值）；

P_{0}——初始价格（每 100 美元面值）；

Δy——用于计算 P_{-} 和 P_{+} 的利率变化。

久期的标准测度是修正久期，而修正久期的不足之处是它假设在利率变化时现金流不发生变化。虽然修正久期能够较好地应用于不含期权的债券如国债，但它不适用于抵押贷款支持债券，这是由于预测的现金流随着利率和提前偿付的变化而变化。若久期计算公式中的债券价格是在假设现金流随利率变化而变化的条件下计算得到的，此时所得到的久期被称为**有效久期**（effective duration）。

有效久期可应用期权调整利差模型通过以下方法计算得到。首先，通过使用当前的利率期限结构计算债券的期权调整利差。其次，保持期权调整利差不变，移动期限结构而对债券重新定价。采取两种移动方式，一种方式是增加收益率，另一种方式是降低收益率。相应地，可计算公式中所需的两种价格：P_{+} 和 P_{-}。用这种方式计算的有效久期常常被称为**期权调整久期**（option adjusted duration）或 **OAS 久期**（OAS duration）。

运用修正久期或有效久期来计算价格变化百分比所做的前提假设是所有利率都变化同样的基点数，即收益率曲线发生平行移动。若利率期限结构不做平行移动，那么有效久期就不能正确地给出债券价格的变化。

期权调整凸性

债券的凸性是不能由久期解释的近似价格变化。**正凸性**（positive convexity）意味着在收益率变化一定的基点数时，价格的增长百分比会大于价格的下降百分比。**负凸性**（negative convexity）意味着在收益率变化一定的基点数时，价格的增长百分比会小于价格的下降百分比。也就是，在收益率变化 100 个基点时：

凸性的类型	价格上升	价格下降
正凸性	$X\%$	小于 $X\%$
负凸性	$X\%$	大于 $X\%$

显然，债券具有正凸性是较好的性质。转手证券可能呈现出正凸性或负凸性，这依赖于与基础抵押贷款的利率相比较，当前的抵押贷款利率水平。若当前的抵押贷款利率远高于基础抵押贷款的利率，此时转手证券常常呈现正凸性。若基础抵押贷款的利率接近或高于当前的抵押贷款利率，此时转手证券常常呈现负凸性。

任何债券的凸性可用以下公式近似给出：

$$\frac{P_{-}+P_{+}-P_{0}}{2P_{0}(\Delta y)^{2}}$$

若公式中的价格计算假设在收益率变化时现金流不发生变化，这时得到的凸性可以很好地近似于不含嵌入期权债券的标准凸性。若公式中的价格计算假设在收益率变化时现金流随之发生变化（通过改变提前偿付率），这时得到的凸性被称为**有效凸性**（effective convexity）。同样，在使用期权调整利差模型来计算价格时，此时得到的凸性被称为**期权调整凸性**（option-adjusted convexity）或**期权调整利差凸性**（OAS convexity）。

模拟的平均期限

期权调整利差模型给出的平均期限是各利率路径平均期限的平均值。也就是说，对于每一条利率路径有一个平均期限。这些平均期限的平均值就是期权调整利差模型给出的平均期限。

平均期限的分布可以给出更多信息。平均期限的范围和标准差越大，分券的平均期限越不确定。

41.3 应用举例

下面以三种结构的 CMO 为例说明如何用期权调整利差方法来分析 CMO，它们分别为：普通顺序偿付结构的 CMO 以及按计划摊还类别/支持结构的 CMO。

□ 普通顺序偿付结构的 CMO

顾名思义，顺序偿付 CMO 各分券是按照顺序进行偿付。其内部包含的债券到期日期和久期不尽相同，但是根据需要组成不同的 CMO。

我们这里用的案例是普通的顺序偿付 CMO：FHLMC 3145，Collateral Group 5。分析日期定于 2007 年 6 月 7 日。我们分析的主要是分券 AB、AC 和 AJ。图表 41—5 显示了评估当日的互换收益率利差和波动率曲线。

图表 41—5　　互换曲线和波动率曲线

(a) 互换曲线

年	互换
0.25	5.35
0.5	5.39
1.0	5.47
2.0	5.45
3.0	5.47
4.0	5.51
5.0	5.55
7.0	5.62
10.0	5.70
20.0	5.83
30.0	5.85

(b) 波动率曲线

6 个月期 EDF 期权		7.19	
LIBOR 上限波动率		互换期权波动率	
1 年期	6.58	3M×10	12.49
2 年期	11.05	1×10	12.11
3 年期	12.51	3×10	12.74
4 年期	13.16	5×10	12.61
5 年期	13.50	7×10	12.17
7 年期	13.75	10×10	11.57
10 年期	13.67	20×10	10.69

注：互换曲线来自花旗银行自营交易部门，摘取主要互换率。

从图表 41—6 (a) 中我们可以看到 CMO 结构中担保品和三个分券的期权调整利差及期权成本。担保品的期权调整利差是 24 个基点。由于期权成本是 32 个基点，静态利差为 56 个基点（24 个基点加上 32 个基点）。如图表 41—5 (a) 所示，在分析当日，互换曲线并不陡峭。如前所述，在这样一个利率曲线环境中，静态利差与传统计算的收益率利差相差不大。因而，对于图表 41—6 的三个分券，分券 AB 的静态利差为 27 个基点，分券 AC 是 36 个基点，分券 AJ 是 52 个基点。注意，各分券的期权调整利差并不相同，但是期权成本都一样。评估的价值趋向于长期债券，一般情况下都是这样。随着到期期限的延长，期权成本和静态利差也变大。注意，通过购买高期权调整利差分券产品，资金管理者承受按照有效久期衡量的更高的利率风险。

图表 41—6　　FHLMC 3145 分券 AB、AC 和 AJ 的 OAS 分析（2007 年 6 月 7 日）

(a) 基本情况（市场利率波动）

	OAS（基点）	期权成本（基点）	有效久期	静态利差
担保品	24	32	5.3	56
AB	12	15	1.9	27
AC	14	22	4.3	36
AJ	20	32	8.4	52

(b) 提前偿付率为 80%和 120%

	新 OAS		价格变化（点）		有效久期	
	80%	120%	80%	120%	80%	120%
担保品	19	30	−10	9	5.8	5.0
AB	12	12	0	0	1.9	1.9
AC	9	17	−7	5	4.5	4.1
AJ	15	26	−14	13	9.0	7.9

(c) +4%利率波动

	新 OAS		价格变化（点）		有效久期	
	−4%	+4%	−4%	+4%	−4%	+4%
担保品	41	19	17	−19	5.6	5.2
AB	12	12	0	0	1.9	1.9
AC	18	10	5	−5	4.3	4.2
AJ	30	8	26	−30	8.6	8.2

(d) 本金支付图

开始端黑线	下一笔本金支付	
灰线	WAL	
结束端黑线	到期日	WAL
AB		2.1
AC		5.3
AJ		13.8
AH		2.9

接下来考虑模型风险。考察各分券对提前偿付和利率波动性的敏感性可以帮助理解该结构中各分券之间的相互作用以及承受风险的情况。

首先考虑提前偿付的影响。特别地，保持利率路径与基本情形下得到期权调整利差时的利率路径相一致（图表 41—6 中的上部分），而将每条利率路径下提前偿付率降低到基本情形下的 80%。如图表 41—6（b）所示，随着提前偿付率的降低，担保品的价格和期权调整利差也降低。这是因为该担保品的交易价格低于面值。由这一担保品构造的分券也以相同的方式变化。但是，如果某一分券有较高的息票利率，并且交易价格低于面值，那么有可能出现相反的情形。图表中列示了敏感性分析的两个结果。首先，图表中列示了期权调整利差的变化；其次，图表中列示了保持期权调整利差与基本情形相同条件下价格的变化。

为了说明资金管理者如何使用图表 41—6（b）的信息，我们以分券 AC 的分析为例。当提前偿付率下降为 80%时，该分券期权调整利差从 14 个基点降到 9 个基点。如果期权调整利差不变，该分券的购买者将每 100 美元面值损失 0.07 美元。

注意，对于图表 41—6（b）中的分券 AC 和 AJ，提前偿付率的下降导致了损失。这是因为所有顺序偿付分券的定价都低于面值。分券 AB 的期权调整利差和价格不受提前偿付率影响。

图表 41—6（b）还测试了提前偿付率的敏感性：提前偿付率升到基本情形的 120%。在这种情况下，由于交易价格低于面值，担保品的价格升高。这反映为担保品的期权调整利差从 24 个基点上升到 30 个基点。

现在让我们看三个分券。分券 AB 的价格和期权调整利差没有变化。因而，该分券的提前偿付率敏感性不强。但是，其他两个分券的期权调整利差和价格增加。

接下来看对利率波动性的敏感性。实验两种情况：以基本情况为基准上升和下降 4%。这些结果显示在图表 41—6（c）中。在基本情形中，波动性的降低使担保品价格上升 0.17 美元，期权调整利差也从 24 个基点增加到 41 个基点。但是，担保品价格 0.17 美元的升幅并不是均匀分布在各个分券上。分券 AC 没有增加；价格的大部分增幅分布在期限最长的分券 AJ。

各个分券期权调整利差的增幅基本上与其有效久期相同。这是因为有效久期越长，利率风险越大；当波动率下降时，回报率在给定风险条件下越高。

当利率波动处于较高水平时，担保品受到明显的负面影响。正如预期，担保品在各分券中的分布为：有效久期越长，损失越大。

使用期权调整利差方法分析普通结构 CMO 的结论是：所预料的结果和所得到的相一致。资金管理者愿意延长期限来获得这一风险水平下的收益。

按计划摊还类别/支持结构的 CMO

按计划摊还类别（planned amortization class，PAC）结构 CMO 设计的目的是创造一个稳定的债券组合，把担保品的提前偿付风险分摊到其他债券（支持债券）上。按计划摊还类别结构 CMO 被分配本金赎回时间表，其优先于剩余债券（支持债券）的本金偿付。

现在让我们看一下如何运用期权调整利差方法来分析更为复杂的 CMO：FHLMC 3104，Collateral Group 1。这一产品在 2006 年 1 月 30 日发行了 2.5 亿美元。我们分析的日期定于 2007 年 6 月 7 日（图表 41—5 显示了当时的利率环境）。从图表 41—7 中我们可以看到 FHLMC 3104 的基本信息。图表 41—7 中圆括号内的内容是各个分券类别的名称。图表 41—8 中有 5 个按计划摊还类别分券属于优先级，而其他类别分券为低优先级的支持债券。我们分析的重点正是 5 个按计划摊还类别（PAC）分券以及支持类别分券 HO 和 HZ。我们在这里不分析浮动利率和反向浮动利率支持债券（分别是分券 FA 和 SA）。

图表 41—7　　FHLMC 3104 Collateral Group 1 概览

总发行额	2.5 亿美元	最初结算日	2006/02/28
发行日期	2016/01/30	延迟天数	30
结构类型	房地产抵押投资证券 CMO	支付频率	按月，每月 15 日
结构类型	房地产抵押投资证券 CMO	支付频率	按月，每月 15 日
发行人	机构		
标记日	2006/02/01		

100%提前偿付模型

分券	初始余额（美元）	票息利率（%）	标明到期日	平均期限（年）	预期到期日
QA（PAC）	71 655 780	5.00	2025/10/15	1.9	2011/03/15
QB（PAC）	25 372 498	5.00	2029/01/15	5.0	2013/11/15
QC（PAC）	25 633 676	5.00	2031/09/15	8.1	2017/04/15
QD（PAC）	31 839 817	5.00	2034/05/15	12.1	2022/01/15
QE（PAC）	24 132 798	5.00	2036/01/15	17.7	2035/11/15
FA (FLT, SUP)	9 074 584	0.84	2033/06/15	1.4	已付
SA (INV, SUP)	3 629 834	15.39	2033/06/15	1.4	已付
HA（SUP）	10 000 000	5.00	2033/06/15	1.5	已付
HB（SUP）	20 525 844	6.00	2017/11/15	2.3	已付
HO (PO, SUP)	8 105 169	0.00	2036/01/15	6.4	2034/07/15
HZ（SUP）	20 000 000	6.00	2036/01/15	8.8	2034/07/15

图表 41—8　　FHLMC 3104，Collateral Group 1 本金分配图（2007 年 6 月 7 日）

低优先级	FA/SA	HA	HB	HO	HZ
高优先级	QA	QB	QC	QD	QE

时间 →

开始端黑线　下一笔本金支付

灰线　WAL

结束端黑线　到期日

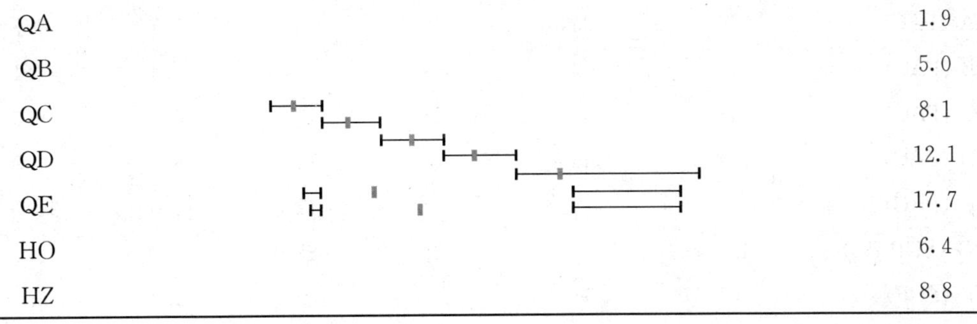

图表 41—9（a）显示了基本情形担保品和各分券的期权调整利差和期权成本。担保品期权调整利差是 12 个基点，期权成本是 28 个基点。担保品静态利差是 40 个基点。与普通顺序偿付 CMO 不同，12 个基点的期权调整利差并没有等额地分布在各分券中。注意分券 HO 零息支持债券的高期权调整利差：513 个基点。该分券的期权成本是−83 个基点。这表明：根据模型，该分券类别被低估。对于按计划摊还类别 CMO 的顺序偿付分券类别债券，有效久期越长，期权调整利差越高。

图表 41—9（b）和（c）显示了期权调整利差和价格（基本情形假设期权调整利差不变）对提前偿付率（基本情形的 80%和 120%）和利率波动（基本情形的+4%）的敏感性。对于提前偿付的敏感性，短期 PAC 分券 QA 和支持债券 HZ 对提前偿付率的变化不敏感。对于其他分券，随着提前偿付率的下降，期权调整利差和价格上升。

图表 41—9（c）显示了担保品和各分券对利率波动的敏感性。短期 PAC 分券（QA）对利率变化不敏感。但是，支持债券分券 HZ 对利率变化敏感。对于除了 HO 之外的各分券，利率波动下降，价格上升。

图表 41—9　　FHLMC 3104 Collateral 1 的 OAS 分析（2007 年 6 月 7 日）

（a）基本情形（市场利率波动）

	OAS（基点）	期权成本（基点）	有效久期	静态利差
担保品	12	28	6.2	40
QA（PAC）	26	15	1.7	41
QB（PAC）	47	18	4.3	65
QC（PAC）	54	24	6.3	78
QD（PAC）	57	25	8.3	82
QE（PAC）	60	24	10.5	84
HO（SUP PO）	513	−83	6.0	430
HZ（SUP）	55	40	5.1	95

（b）提前偿付率 80%和 120%

	新 OAS		价格变化（点）		有效久期	
	80%	120%	80%	120%	80%	120%
担保品	6	20	−13	12	6.6	5.9
QA（PAC）	26	26	0	0	1.7	1.7
QB（PAC）	41	53	−9	7	4.4	4.1
QC（PAC）	43	64	−21	17	6.7	6.0
QD（PAC）	48	66	−23	19	8.8	7.9
QE（PAC）	55	65	−14	12	11.0	10.1
HO（SUP PO）	480	555	−22	27	5.2	6.6
HZ（SUP）	55	56	0	2	5.3	5.0

(c) ±4%利率波动性

	新 OAS		价格变化（点）		有效久期	
	−4%	+4%	−4%	+4%	−4%	+4%
担保品	13	−7	16	−19	6.4	6.0
QA（PAC）	26	26	0	0	1.7	1.7
QB（PAC）	50	45	3	−3	4.3	4.2
QC（PAC）	60	46	11	−14	6.5	6.2
QD（PAC）	65	47	18	−23	8.7	8.1
QE（PAC）	67	50	18	−26	10.9	10.2
HO（SUP PO）	473	552	−27	25	5.9	6.1
HZ（SUP）	70	37	26	−28	5.4	4.9

41.4 关键知识点

- 抵押贷款支持证券是复杂的投资工具。现金流等传统估值方法以及收益率利差和静态利差等相对估值法仍不够用，因为房主有提前偿付的选择权。
- 期权调整利差模型是复杂的价值评估工具。
- 期权调整利差模型分析的结果应能够经受模型风险压力测试：考虑可能出现的提前偿付和利率波动假设。
- 期权调整利差分析可以帮助投资者理解 CMO 交易的风险点，并识别出哪些分券被低估、被高估或者估值合理。
- 与期权调整利差这样的复杂分析工具相比，静态利差等传统分析方法对于估值可能得出不同的结论。

【注释】

[1] 国债收益率的风险中性无套利模型意味着，在所有未来时间内任何长期债券的价格等于将短期债券展期至到期日的预期价值。更多的细节可参见 Fischer Black, Emmanuel Derman, and William Toy, "A One-Factor Model of Interest Rates and Its Application to Treasury Bond Options," *Financial Analyst Journal*（January/February 1990），pp. 33 - 39。

[2] 关于方差衰减技术的讨论，参见 Phelim P. Boyle, "Options: A Monte Carlo Approach," *Journal of Financial Economics* 4（1977），pp. 323 - 338。

第 42 章　可转换证券：结构、估价与交易

米希尔·巴塔查里亚（Mihir Bhattacharya）博士
UBS（瑞银）金融服务公司执行董事

可转换债券和可转换优先股，又被称为股票连结证券，是介于普通股和普通债券（不可转换债券）之间的证券品种。大多数最新发行的可转换证券综合了普通股和普通债券的性质，其性质一部分倾向于普通股，另一部分则倾向于普通债券。一些新发行的证券可能只有 3 年期限，就像可转换票据和强制可转换证券一样，而传统的可转换优先股是永久性的（即不要求发行人偿付证券面值或本金额）。但是，绝大部分可转换证券的到期期限介于 5 年到 30 年之间，其中 5 年到 10 年是最常见的期限区间。随着时间的流逝，由于价格上升，可转债从最初十分接近普通债券的情形，逐渐转变成非常接近普通股［称为**"基础股票"**（underlying stock）］的情形。如果基础股票价格下跌，则情况恰好相反。

随着市场分析复杂性的增强、交易量的增加以及对风险关注程度的提高，可转换证券经历了明显的演进历程。本章将考察构成这一资产类别的产品、演进过程、发行与购买的动机及其结构等方面。本章大部分内容将集中讨论可转换证券的估价。同时我们也参考其他国家或地区，即欧洲地区、日本和日本以外的亚洲地区可转换证券市场的情况。

以下是可转换产品的基本特征和值得注意的例外情况：

- 一般来讲，在到期前的任何时候，可转换证券都可以转换成基础普通股。其中例外的情况是，一些可转换证券在最初发行后的 6～12 个月期间内或者更长期间内不可转换。一些可转换证券可能含有**或有转换权**（contingent conversion）条款。对于此种可转换证券，只有在基础股票价格超过某一门槛价格（threshold price）（通常介于高出有效

转换价格的25%到50%之间）并维持此种状态达预先约定的天数时，投资者才能行使其转换权。[1]

● 大部分可转换证券可以转换成其发行人的股票。也有部分证券可以转换成其他公开交易的股票，这种证券被称为**可交换证券**（exchangeables）。

● 转换权取决于投资者。例外的情况是，对于一些强制性可转换证券，投资者没有转换的权利。到期时，他们被强制给予相应数量的股票。另外，一些非强制可转债可能包含自动敲入条款，在基础股票价格超过某个门槛价格并持续预先约定的天数时发生效用。

● 几乎所有的可转债都具有赎回的特征，允许发行人在到期之前进行赎回。例外的情况是：一些传统可转债和大部分强制可转债不可赎回。

● 尽管可转换证券在任何时候都可以转换，但持有者往往是在发行人发出赎回通知时才能行使转换权［发行人提前赎回的做法又称**发行人提前赎回**（issuer call）或简称**提前赎回**（call）］。换句话说，实际上所有转换都是在发行人强迫的情况下实现的。例外的情况是：（1）当股票有高股息支付但缺乏流动性时，如房地产投资信托股票；（2）当市场存在较大摩擦，如存在限制转换的管理规定或进行可转换证券套期保值交易的成本较高时；（3）当基础股票价格位于**临界股票价格**（critical stock price）之上时。关于临界股票价格将在后面详细论及。

● 至于转换内容，发行人常常向持有者按比例转移一定数量的基础股票，以此来履行义务，这种方法也叫作**实物交割**（physical settle）。例外的情况是，有时发行人可能有权通过向持有者支付基础证券现金价值的权利来履行其义务，这种做法称为**现金交割选择**（cash settle option）。**这一权利为可转换证券章程规定的权利**。由于基础股票的流动性，现金交割可转换证券可能会比实物交割可转换证券的价格稍低，这是由于套利和对冲基金投资者补进股票空头头寸时也会产生成本。深度价外（deep-out-of-the-money）可转换债券存在一些例外情况，对冲基金使得基础股票在转换过程中的多头头寸得到对冲。在一些情况下，双方约定转换以基础股票和现金混合形式进行，或以特定股票的组合形式进行，或从约定好的多只股票中选择一只来进行转换。最后一种情形称为**"彩虹转换期权"**（rainbow conversion option）。此时可转债持有人可以在组合中选择任何股票来最大化转换价值。

● 可转换证券的当前收益率或到期收益率通常会超过基础证券的收益率。

● 可转换证券的价格至少与它可转换成的股票等价，即等于它的转换价值。换句话说，可转换证券必须按照等于或者高于其转换价值的价格进行交易，即必须有非负溢价。但在以下条件下可能会有例外：（1）当对持有者的转换权有限制规定时；（2）当基础股票缺乏流动性并且股票的借入成本较高时；（3）当预期到强制转换会导致应付利息发生损失时，当前可赎回且具有高实值的可转债可以按照低于其转换价值的价格来交易，这在日常生活中被称为"螺丝条款"；（4）现金交割的情况，此时可能会给套利基金和对冲基金的投资者带来额外的套利基金交易成本。

● 尽管次级优先债券和非次级优先债券变得日益普遍，可转换债券在大多数情况下作为次级债券发行。非次级可转换债券通常出现在欧洲。当按照次级可转换债券或可转换优先股发行时，它们通常附有较少的限制性规定。

- 可转换证券预先规定了到期日。例外情况包括：(1) 小部分强制性可转换债券的期限可根据发行人的选择延期 1 年。(2) PHONES 可转换产品（下面详述）的期限可以最长延迟 30 年。
- 可转债对应着事先确定的单位股票转换量，称为固定**“转换比率”**(conversion ratio)。例外情形是：(1) 强制可转债的单位转换比率并不固定，而是交割日期基础股票价格的函数。然而，可转股数受到事先约定的上下限约束。(2) 一些日本可转债或非日本的亚洲可转债包含**“重设”**(reset) 或**“重新固定”**(refix) 条款。利用这一条款，如果基础股票价格没有超过预先规定的触发价格，那么就可以向上调整转换比率，并向下调整转换价格。

在可转债市场上，来自发行人、投资银行家以及可转债持有者的复杂性不断上升，从而在好几个关键方面带来了变化。债券市场利率波动性的上升将所有证券中固定收益成分的久期风险和凸性的重要性凸显出来，可转债也不例外。对企业违约和主权国家违约［**主权债务违约** (sovereign defaults)］的担忧加剧了企业债价差（以美国国库券、LIBOR 或其他利率为基准）的波动，这使投资者提高了对可转换证券违约风险的敏感性。其催生了**信用违约互换** (credit default swap, CDS) 的出现，并成为企业和国家主权违约的风险转移工具，其重要性不断得到强调。[2] 在可转换债券的情况下，企业债价差的波动性使得人们更加怀疑该可转换债券固定收入的上下限估计值的可靠性。结果会达到某一点，在这一点上会得到债券最低利率的更好的估计值，并且能够冲销可转换债券发生违约的可能性，同时信用违约互换的定价水平可适用于该可转换债券，并且信用违约互换交易已迅速成为可转换债券估价和套利中的不可分割的一部分。

可转换证券包含股票期权和利率期权，偶尔还会有货币期权。发行人和投资者越来越意识到期权的价值受另外一些因素影响：(1) 股票波动性；(2) 利率波动性；(3) 利差波动性；(4) 违约概率；(5) 违约事件发生时的可回收价值。除了在一些简单情形中，可转债中的嵌入期权可以分离，因此定价可以用简单的加性模型来进行。但是在绝大部分情况下，期权相互作用，不能够分离。因而，投资者在定价嵌入期权时，应当意识到与可分离期权相关的陷阱。

我们将运用或有索偿权的方法对可转换证券进行估价。在回顾过去 10 年可转换证券市场的演化并介绍各种产品类型以及最近创新后，我们将讨论可转换证券的一般性质和传统的估价方法。我们将介绍一种简单的利用或有索偿权方法的估价模型并讨论引入各种变量对模型的影响。最后，我们将讨论模型的运用以及发行人和投资者要面对的决策。

42.1 可转换证券市场的演进过程

尽管可转换证券市场中的证券发行者仍没有进行投资级别定级，但是情况已经发生了变化，即不再是只有边际信用质量较高的企业和（或）无法进入公共债务市场的企业通过发行可转换证券来筹集资金。这一资产类别已经演化成为一种大规模并且成熟的资产，投资者可以通过发行可转换证券筹集到大规模资金，每次都可以筹集超过 10 亿美元，一些企业通过隔夜交易市场发行这种证券，几乎无须付出营销努力就可以成功。[3]为了更好地理解可转换证券市场的演进过程，把握其未来发展方向，我们有必要将这个市场分割成多个子市场，以便进行进一步的分析。

□ 对可转换证券市场的进一步划分

可转换证券市场最主要的构成部分是公开发行的可转换证券，其包括所有根据 1933 年《证券法》注册发行（在证券交易委员会注册）或根据《144A 条例》机构私募条款发行（“144A 发行”）的可转换证券。在该市场中单笔发行额至少为 5 000 万美元。更小规模的可转换证券通常是小型股（small cap）和微型股（micro cap）发行人发行的证券，往往不能引起大机构证券组合管理者的购买兴趣，由此导致其交易不频繁，并且买卖价差较大。[4] 本章将集中讨论公开交易的可转换证券，相关的经济分析和估价逻辑同样适用于其他可转换证券。

可转换证券市场的另一个构成部分由高级结构产品和个人协议交易组成，发行人同单个或几个投资者草拟投资条款，设计被交换的可转换证券结构。这种“私人投资”不面向大范围的投资者。私募发行的、特定的一次性非市场化特征及合约可能包括以下内容：（1）以很高的转换溢价交换高息票或优先股股息；（2）可延长的不可转换期；（3）转换成限制性股票，即按照转换条款不能立即变现的股票；（4）对特定时间基于资产负债表/利润表/现金流目标比率重设转换溢价和（或）息票利率或优先股股息率[5]；（5）债券合约限制规定；（6）破产、兼并或收购时有优先索偿权；（7）关于投票权和控股权的规定。主要投资者包括杠杆收购基金、私募基金、对冲基金等，有时候也包括共同基金。这些机构对有困难的企业、需要补充资本以重组或进行收购来实现成长的企业以及不准备或不愿意进行公开市场交易的企业提供战略注资。这些投资者一般持有周期为中期或长期，看多该公司股票的未来表现，并且（或者）会进行自我对冲。因此，这类结构性可转债的二级市场流动性对他们来说就不是那么重要了。

□ 可转换产品的范围

根据在资产负债表和税收处理方面分红的优先次序，可以把可转换产品[6] 分成三类：（1）可转换债券产品；（2）强制性和非强制性可转换优先股产品；（3）混合可转换产品，这一产品从财务报告角度看是优先股，但在结构上可以获得避税好处，因而能降低发行人的净成本；（4）结构性公共可转换证券。

□ 可转换债券产品

可转换债券产品的利息支付可以通过现金固定收益进行，也可以通过应计利息进行，或者同时采用，又或者两种都不用。“两种都不用”的情况指的是可转债中的嵌入期权价值抵消了相同发行人发行的相同非可转换可转债固定收益支付额。不足为奇的是，在最近的低利率行情中，无息非增长结构产品变得更加普遍。利息和应计利息享受免税，并且评级机构[7] 也不对发行人进行资信评级。这些产品包括：

● **传统的可转换债券**：一般期限为5年、7年或10年，有15%～40%的转换溢价和3年或更长时间的强制不可赎回期（hard noncall）。债券按面值发行，到期日价格等于面值，有固定转换比率[8]，因此在期限内有固定的转换价格。基本变量包括较高的转换溢价，与转换溢价相关的是较高的息票利率，或者一个基于有条件赎回［也称作**临时确定的提前赎回**（provisional call）或**软提前赎回保护**（soft call protection）］的股票价格触发点。[9] 初期的强制不可赎回及随后的软赎回综合在一起，常常被用来平衡低息票利率和（或）高转换溢价。通常的做法是，基础股票的价格波动性越大，其增长预期就越高，来自基础结构的变动就越大。[10] 当企业或企业所在国家的基本经济环境变得不利时，就需要对已发行的可转换证券进行重设。如果达不到股价触发点，转换价格就要向下调整。重设条款可以降低投资者的风险，并将风险转移给发行人。[11]

● **零息票可转换债券**：众所周知，流动性收益率期权票据（liquidity yield option note，LYON）[12] 是一种零息票、可回售、可提前赎回、期限为15～30年的可转换债券。该债券自发行后每5年、10年、15年有一天可以按增加价值回售，并且在第一个回售日前不可提前赎回。在第一个回售日后，发行人可以无条件地在任何时间按增长价值赎回。这种债券是按面值折价发行的，贴现率按半年计算复利的到期收益率计算。例如，到期收益率为5%、20年期的LYON按面值37.243%的价格发行，其价格为以2.5%的贴现率按40期折算得出的100美元的现值。在大多数情况下最初的转换溢价范围为15%～40%。在证券存续期内，发行时确定的转换比率保持不变。结果，由于债券价值趋向于面值，同时转换比率固定不变，转换价格会因此连续上升。[13] 从发行人的角度看，这种证券的吸引力在于：

● 保有现金的能力，并且可以按照发行人（较高）的内部收益率行使期权；

● 对应计利息有税收减免；

● 转换时，加到资产负债表上的债券权益价值相当于最初的发行价格加上应计利息；

● 转换时，不存在应计利息税收减免（被财政部）收回的情形；

● 如果其他条件都相同，LYON及其或有可转债结构（下文将讨论）的无息变形是最接近债券的股权连结证券，具有最高的有效转换价格；

● 向市场发出信号：发行人不愿按照当前市价发行股票，而只愿意按照高的有效转换价格卖出股票。

投资者需要对上涨的转换价格作利益权衡。这个价格取决于5年强制不可赎回期中较高的期权价格；较高的价值增值率；在规定间隔，按照增值价格将证券回售给发行人的期权。[14] 该结构的所有主要特征变量包括：高信用等级的发行人有较高的转换溢价；有较大价格波动的股票有较高的增长预期；有时在3年强制不可赎回期中，第3年可以作首次回售。其他变形包括更长的首次回售日期，一般设定为7年；也有不对称提前赎回、回售日期，首次提前赎回日期在首次回售日期之前。

● **初始发行折价可转换债券**（original issue discount convertible debt）：这种结构［称为**OID可转换债券**（OID convert）］结合了前面两种结构的特点，原因在于到期收益率的一小部分是以现金息票的方式支付的，并且有余额增值。正如预期的一样，如果其他条件相同，这种结构的到期收益率兼具前面两种结构的特征，转换价格也就上升了，但上升率比零息票结构低，与应计利息相联系的税收减免因此也较低。这种品种的期限是5～7年，一般附有一个3年强制不可提前赎回保护期。尽管没有道理不将这种证券设计成诸如3年可回售而5年或7年才到期这样的结构，但是该产品在到期之前通常不可回售。

● **溢价可赎回可转换债券**（premium redemption convertible debt）：这是OID可转换债券的另一种简单变形。它与OID可转换债券之间的唯一差异就是后者按低于面值的价格发行并在到期时增值至面值，而前者是按面值发行并按完全相同的方式增值，到期时价值超过面值。这种结构在欧洲和亚洲非常常见，因为在这些地区，一般规定债券按照面值发行。

● **阶梯式可转换债券**（step-up convertible debt）：这种品种的结构与非投资级债券（高收益率）市场的一般结构相同，高收益债券结构在至多5年的时期内不付利息，然后息票利率提高到一个较高的水平，超过一开始就按期付息的利率水平。为了适应可转换证券市场，阶梯式可转换债券在头3年支付低现金利息，这3年也是强制不可提前赎回期，然后息票利率在可转换证券的剩余期限内提高，这个时间为4～7年。有效转换价格在最后的低利息支付日以前连续上升，然后停留在高利率水平上并保持不变，直到证券到期。正如可能预期的一样，阶梯式可转换证券的绝对利息水平远低于高收益债券市场，因为它包括了可转换期权。利息按照到期收益率支付，高于低利率时期的现金息票利率，但低于后期的现金息票利率，因此发行人十分希望在高息票利率到来之前赎回这种证券。这种结构的反面，特别是在低利率环境中，就是"递降式可转换债券"。此时，在首次付息期后，利息水平下降，甚至变成零，之后可能增长，也可能不增长。

或有可转换证券（contingent convertible）

大部分可转债允许投资者行使美式期权，将债券转换为基础股票。因此，公认会计准则（GAAP）要求计算每股收益的时候，分母不仅要包括已发行在外的股本总额，还要包括由可转债新转换而来的股本数量。只要新发行可转债开始交易，并且前提假设是投资者将转换可转债，分母中股本数额的增加以及由此稀释每股收益的情况就会立即发生。而在昵称为**"CoCo可转债"**（CoCo convertible）的可转债中，转换期权不允许投资者立即进行转换，而是除非满足预先设定的条件，否则投资者不能够行使美式期权，即只有在股价超过预设价格门槛时，转换期权才会敲入。通过采用这些手段，从1999年末开始应用以来，CoCo可转债的发行人不必马上稀释每股收益，而是可以推迟到转换期权敲入之日。在这种规则之下，CoCo可转债的结构逐渐成长并占据了美国可转换证券新产品的大部分。大部分发行人都具有投资级评级，并且交易数额通常非常大，因为非立刻稀释特征对投资者非常具有吸引力。

然而，CoCo可转债的发行在2008年5月美国财务会计标准委员会（Financial Accounting Standards Board）的工作人员职位会计原理委员会意见14－1（APB 14－1）发布之前，并且只持续发行了很短的时间。CoCo可转债的设立发行被认为既具有前瞻性，也具有回溯性，所有的可转债都被置于"分叉概念"（bifurcation concept）之下，即被视为一种由直接债务和权益部分构成的组合。由此导致的结果是，无论 CoCo 可转债的结构如何，可转换债券在发行之际，投资者就能够立刻意识到对每股收益的稀释。因此，CoCo 可转债的发行量从高峰时刻大幅急剧下滑。现在，CoCo 可转债的发行人可以选择以股票的形式进行结算，即通过实物股票进行结算，或者通过组合的形式进行结算，被称为“净股票结算”（net share settlement），其中票面价值通过现金结算而价内期权组件（in-the-money component）则通过股票进行结算，又或者票面价值和价内期权组件都以现金的形式进行结算。非常清晰的是，后两种结算方式旨在减少转换时交付的股票数量。[15][16][17]

- **或有应付可转债**（contingent payable bonds，CoPay）：正如名字的表面意思所示，只有在股价超过事先设定的门槛价格的情况下，此类 CoPay 债券的发行人才会向投资者敲入或有支付。这一或有应付特征通常有助于投资者延迟自愿性的转换，从而允许发行人继续要求对传统的长期结构的利息扣除，因为在此也适用分叉方法。在或有支付按照可靠的概率发生的前提下，CoPay 债券的发行人能够按照证券到期日的长期直接债务利率来扣除利息成本。此种产品结构所获得的税收减免的大小取决于该证券产品最终是否被转换，但是任何一种情况都能够为发行人带来可观的潜在税收减免。CoCo 可转债或任一递增结构都能够体现这一或有应付结构。
- **负收益率可转换债券**（negative yield convertible debt）：日本 10 年期基准日元政府债券的收益率已经在 1%上下保持了好几年，2011 年 3 月 10 日 5 年期日本政府债券（JGBs）的收益率为 0.54%。日本股票的分红收益也一向很低。在此情形下，假设某种零息日元债券具有低转换溢价，非次级，有效期限为 5 年，并且发行时带有 5 年强制不可转换条款，那么该种债券的理论价值可以仅比面值高几个基点。为了在发行人和投资者之间实现平等，该种可转债可以以高于面值 1%或 3%的价格发行，但是到期时以面值偿付。因此，就产生了到期收益率为负的证券。不出所料，此种结构在低息市场环境中出现得更多，并且当基础股票价格波动剧烈时尤其如此。

很多新发行可转债以高级非次级债的形式发行，偿付顺序与相同发行人的高级未偿债或未来不可转债相同。这对 CoCo/CoPay 结构产品来说尤其如此，并且在欧洲早已成为已发可转债的共性了。增加这一特征之后，针对投资级和高收益的债券基金就开始选择此类产品，从而推升了美国的可转换证券市场的流动性。另外，这一特征还方便了资本结构套利和 CDS 信用对冲。

□ 可转换优先股产品

可转换优先股产品（convertible preferred products）在优先顺序上仅优先于发行人的普通股。优先股股息没有税收减免，因此它是基于每股盈利融资时的一个成本来源。可转换优先股产品主要是在以下情况下发行的：企业需要取得符合评级机构评级标准的股票信用质量时；由于其他类别优先证券形成企业杠杆测试比率压力，使企业无法或不愿意发行债券时；由于企业出现累积损失而不必缴税时。可转换优先股产品被看作永久性的或长期的融资，即便企业有一两次不能支付优先股股息，也不至于引发无力偿付的危险。因此，从总体上看它们能达到评级机构 50%的股票信用标准。[18][19] 由永久期限导致的预提税和低债券底价是这种产品结构不能在欧洲普遍使用的主要原因。适用于非美国投资者的优先分红的预提税同样限制了他们投资于美国的可转换优先股。这类产品还可以作进一步划分：一种是若不转换则按面值赎回的产品，即不损失本金的产品；另一种是在到期日强制转换成一定数量普通股的产品，转换成普通股的数量是按照公式计算出来的。在后一种情况下，如果股价跌落到发行日股价之下，投资者会损失部分初始投资额。

非强制可转换优先股

● **永久性可转换优先股**（perpetual maturity convertible preferred shares）：这是与上述转换价格固定的传统可转换债券不同的优先股，其结构非常容易理解，并且经历数十年发展形成了大规模的可转换市场。与传统产品比较，其主要差别在于它永久性的期限及较低的优先程度。因此，可转换优先股的股息率要高于其他条件相同的可转换债券的息票利率。导致可转换优先股股息率较高的原因是，基准利率和相对基准利率的长期信用利差（又称"信用价差"）都较高，而基准利率和期限利差共同构成了这种产品的基础利率。[20] 可转换优先股股息率是通过向下调整嵌入股票期权的较高基础利率而决定的。[21][22]

● **有限期可转换优先股**（dated convertible preferred）：这又是一种具有高收益率证券市场特点的可转换证券，期限为 10～12 年，尽管已发行了 30 年有限期可转换证券。它与典型的高收益债券期限相同或有所超出，而后者的期限通常为 10 年，有时是 12 年。如果不转换，有限期可转换优先股肯定会在到期时按面值偿付。该产品在所有其他方面都与永久性可转换优先股相同。由于这种证券具有像债券一样的到期偿付特征，评级机构不太可能给它股票信用级别的做法是可以理解的。一般来说，受合约规定限制的非投资级发行人愿意使用这种产品。

● **阶梯式可转换优先股**（step-up convertible preferred）：该产品与阶梯式可转换债券相差不大，但是为永久性的。

强制可转换优先股

强制可转换优先股（mandatorily convertible preferred shares）本质上是以较高的优先股股息作为交换，将股票下跌的风险转移给投资者。这类可转换证券包括：

● **附带上限的普通股**（capped common）：即我们所知道的优先股权赎回累积股票（preferred equity redemption cumulative stock，PERCS）。[23] 从根本上来说，附带上限的普通股相当于购买一只普通股，同时向发行人卖出一只虚值看涨期权。在该证券有效期（一般是 3 年，有时也会少于 3 年）内的任何时点上，投资者都没有转换权。倘若在到期日以前优先股股息都给予完整支付，发行人可以在任何时候赎回该种转换证券。投资者卖空的赎回期权溢价综合表示为季度优先股股息。这种普通期权策略的综合（也被称为买进—卖出策略）使可转换基金（convertible funds）可以对其进行投资。可转换基金章程规定，如果这些 3 年期的可转换证券被分拆（unbundled）了，则不能对其进行投资。附带上限的普通股的投资者知道，从发行价到上限的价格水平就是这种股票的所有升值空间，任何超过上限价格的部分都归发行人。另外，如果到期时股价低于发行价，投资者会损失相应数量的本金。在股票市场上涨的情况下，发行人几乎总是行使提前赎回期权。因此，事后从投资者的角度看，这种产品业绩的表现逊于普通股。因此，其受投资者的欢迎程度下降了许多。一般情况下，评级机构对其授予的股票信用会达到85%。

● **修正的附带上限普通股**（modified capped common）：它是上述附带上限普通股的一种变形。对投资者来说，修正的附带上限普通股被看作带有一些下跌保护的优先股权赎回累积股票，下跌保护表现为投资者从发行人那里购买的嵌入可回售期权。1996 年，微软公司率先发行了上限为28%、价值10亿美元的修正的附带上限普通股。这种证券对投资者来说没有任何价格下跌风险，也就是说不存在本金损失的风险。投资者购买的嵌入可回售期权是一种 3 年期、实值的可回售期权，其基础资产为一种价格波动性较高的股票，因而其价格很高。投资者从中获得的净优先股股息率也相应较低。[24]

● **强制可转换优先股**（mandatorily convertible preferred）：此种产品结构产生于1993年，其混合升级版**信托强制性优先股**（Trust Mandatory Preferred）（将在后文进行论述）已经被十分频繁地用作可转换证券市场上的融资工具，以至产生了一大堆用缩写字母表示的产品。[25] 这种产品一般按基础股票的价格发行，期限为 3～5 年，多数情况是 3 年。转换溢价介于 20%到 22%之间，但是在低利率环境下可能会更高。这种证券最容易被当作 3 年期、用股票交割、包含发行人从投资者处买入的实值可回售期权的传统可转换证券（一般情况下是强制性的）。投资者在到期时得到的股票数量取决于到期日的股价水平。[26] 这种证券被普遍看好的原因主要有三个：评级机构给予其较高的股票信用；股价下跌时可以把风险转移给投资者；在股价上升时具有传统可转换证券的特点。因为这种证券以股票形式交割，发行人无力按面值支付的信用风险不存在。信用风险只与优先股股息的支付有关。因此，这种结构化证券对于发行人的信用质量相对较敏感。强制可转换优先股通常较高的股息率对于购买者具有较强的吸引力，这也是其被普遍交易的另一个原因。

● **修正的强制可转换优先股**（modified mandatorily convertible preferred）：这是上述结构化证券的一种变形。该产品为投资者提供了现价降低幅度为 10%～25%的下跌保护，作为交换，其优先股股息率较低。从效果来看，发行人购买的净一篮子可回售期权的虚值程度为 10%～25%。因此，回售溢价较低，并且可以看作是优先股股息较低。在可回售期权虚值为 10%的情况下，可转换的股票最大数目是 1.111 股，而不是传统强制可转换优先股在实值状态下的 1 股，但二者的股票信用都是相同的。

强制可转换证券和修正的强制可转换证券（其中基础股票不同于发行人的普通股）可以当作债券发行。几乎所有强制可转换证券都是这样的，这是人们发行这种结构化证券的主要动因。当强制可转换证券根据发行人自己的股票发行时，它被认为是发行普通股的远期（forward）销售，因此没有税收减免。一些特殊结构化产品（对其细节的讨论超出本章范围）在设计上构思巧妙，以适应相关税法规定，从而取得避税效果。下面将简单介绍这类混合产品。

□ 混合可转换产品

从财务报告的角度看这类产品由可被视作优先股的产品构成，但它们的收益是免税的。继固定利率不可转换优先股市场中的按月收入的可转换优先股（monthly income preferred shares，MIPS）、按季收入的可转换优先股（quarterly income preferred shares，QIPS）和信托发起的优先证券（trust originated preferred securities，TOPRS）[27] 被发明之后，出现了混合可转换优先股。这类产品的基本结构是：有一家信托机构[28] 对投资者发行可转换优先股，同时用发行收入从发行人那里购买可转换次级债券。可转换次级债券成为信托机构的独立资产，发行人向信托机构支付的利息就是信托机构支付的优先股股息。一旦投资者要求转换，信托机构就会相应地转换可转换债券，将获得的股票转递给投资者。

- **信托非强制性优先股**（trust nonmandatory preferred）：此产品的期限为 15～30 年，并且与信托的存续期相同，其现金分配方法和期限就是信托机构从发行人那里购买的可转换债券的镜像。投资者一般对这些证券和传统永久性可转换优先股之间的结构差异并不敏感。评级机构给予的股票信用与传统的永久可转换优先股相同。所以近来有观点认为，这会导致此类产品更接近债券。
- **信托强制性优先股和修正的强制性优先股**（trust mandatory preferred and modified mandatory preferred）：除了涉及信托以及发生在投资者和发行人之间的远期购买合约的复杂性外（发行人必须确保在信托到期时进行强制转换，信托的期限一般为 3 年），这种产品与其无税收扣减的对应产品相似。信托强制性优先股的变形形式与产品结构和远期购买合同的条件有关。这种信托结构只有当发行股票的经济实体不在证券交易委员会注册，而是向个人、其他投资者或风险资本定向募集时才使用。如果公司发行人的信用度低于可接受标准，或者卖方没有在证券交易委员会注册，投资者在证券有效期内应得的优先股股息就由第三方信托以本息分离国债的形式保存。本息分离国债的期限必须与优先股股息支付计划的期限相匹配。在发行日，信托强制性优先股的发行收入扣除本息分离国债成本以及信托管理成本后的余额归发行人。基础股票也由第三方信托保存，这样做可以形成具有破产隔离性质的信托机构，其隐含的信用级别达到 AAA 级。

零溢价可交换债券（zero premium exchange debt）

该产品的缩略名为“PHONES”[29]，这是一种按基础股票价格发行的、30 年期零转换溢价证券，该基础股票可以交换。发行人可以在任何时候赎回，投资者也可以在任何时候进行转换，其间可能存在一个初始的不可转换期间。但假如投资者在 30 年期限的初期进行转换，转换比率将为 0.95，另外的 5%是对于自愿转换的罚金。该证券如果符合一定的最小约束条件，可以再延长 30 年，在此期间内转换比率变为 1 股。投资者收到由基础股票支付的优先股股息外加一个固定的利息部分。按股票支付的股息如果有任何提高，都被认为是本金的返还和从剩余“面值”（最初等于发行价）中的扣减。投资者需要对收入纳税，因为该收入被看作来自发行人次级普通债券的利息，而这个利息明显超过了发行人支付的利息。作为交换，投资者投资这种股票的计税基准也会随着时间的推移而上升。在最基础的水平上，零溢价可交换债券对发行人来说是有纳税好处的，它可以使发行人将持有的基础股票变现而不实际转移股票的所有权。发行人可以因此推迟交纳资本利得税长达 60 年，所享受的利息免税好处比其现金息票支付（在本例中是 6%的估算率对1.75%的实际现金息票利率）的免税好处更大。此结构能够给发行人提供如此大的潜在减免税好处，当然会对发行人产生很大吸引力。然而，考虑到它对应税投资实体产生的重大税责，该产品很可能对股票收入类型的避税投资工具、避税指数基金和离岸对冲基金具有吸引力。许多投资者认为它缺乏任何有意义的凸性，并不把它当作是可转换的，因此其受欢迎程度也下降了。

□ 结构性公共可转换证券

为了降低与可转换证券发行相关的每股收益稀释而实现的最新产品创新，需要将其自身与一种股票衍生品的重叠交易相结合。在这些产品创新中，使用最广泛的是“买权价差重叠”（call spread overlay）。现在，我们考虑发行时转换溢价为25%的可转换证券的情况。发行人运用出售该可转换证券所获得的部分收益，从投资银行那里买进冲抵25%的虚值买权，正好与该可转换证券在到期日所体现的转换期权、股票数量以及赎回特征相匹配。甚至，该发行人售出具有相同特征的50%的虚值买权。据此，该发行人通过这一净50%的虚值买权降低了该可转换证券的潜在稀释作用。此外，可能会出于税收目的而扣减买权价差的净成本。并且，如同买权价差的销售者一样，投资银行需要通过买进基础股票来实现对冲（介于25%到50%之间的虚值范围），从而有利于该股票的行情。该可转换证券的投资者在到期日的结算按照惯例执行，既可以用股票进行结算，也可以用现金进行结算，还可以同时使用股票和现金进行结算。如果股票价格超过了50%的门槛价格，那么投资银行所进行的结算是净股票计算。

图表42—1是主要可转换证券的最终收益图示，其他可转换产品的相似的收益图示也可以画出来。

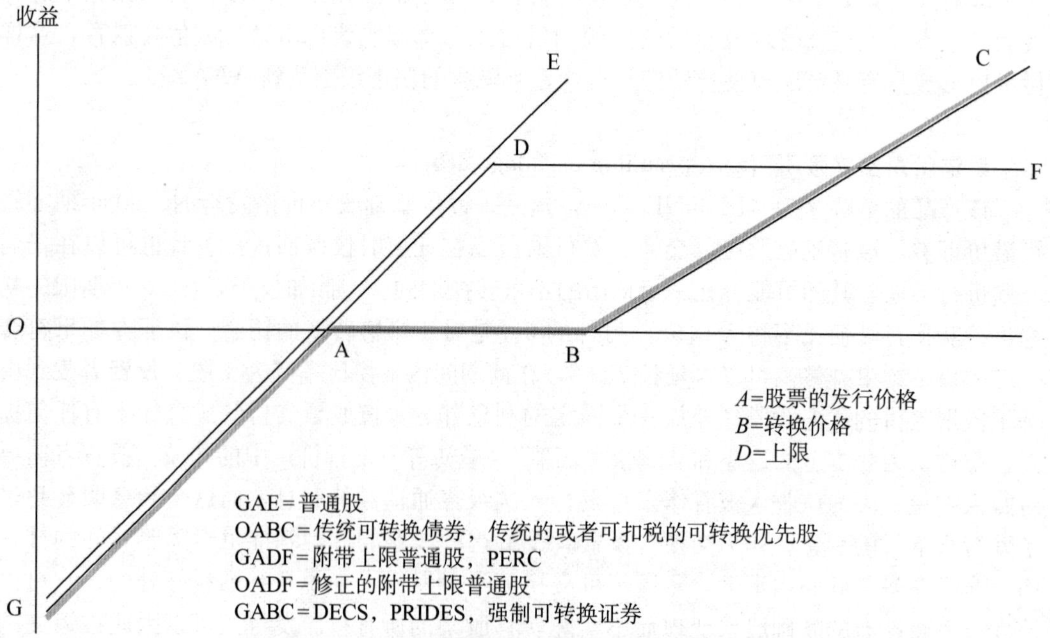

图表42—1　股票连结类产品的收益图示

自从 2005 年可转换证券市场发生动荡以及 2007—2008 年更加严重的金融危机爆发以来，发行人和投资者已经明显地转向较为简单的产品结构。市场对传统的可转换债券、强制可转换债券以及可转换优先股的青睐程度已经超过上述更为复杂的结构性产品。

□ 可转换证券的投资

投资可转换证券最常见的原因是：可转换证券可以提供股价下跌保护，并且投资者可以分享股价上升的好处。从一般意义上看的确如此，但这并不能充分解释强制性证券的情况，其投资者保留了该股票的股价下跌风险。因为可转换证券所涵盖的范围介于股票和直接债务之间，任一可转换产品的风险组合都兼具二者的风险特征。投资者将会从一系列可转换证券中选择一种证券，使得与其目标风险收益相匹配，并且与未来基础股价的估计值、利率和信用利差水平、波动率指数以及诸如供给—需求和流动性之类的市场技术性因素相匹配。关于这些因素，将在下文进行详细讨论。

可转换证券的机构投资者大体被划分为直接投资者和套期保值者。直接投资者包括可转换证券专业投资基金（dedicated convertible funds）、股票收入基金、保险公司、专门寻找有上升潜力股票的固定收益基金。可转换证券共同基金、货币管理人（专门经营第三方的资金，如来自养老基金的资金，这些资金专门选择可转换证券作为一种投资品种）、专门投资可转换证券的内部基金也属于直接投资者。主要的套期保值基金参与者包括专门从事可转换证券套期保值、股票波动套期保值和资本结构套期保值的投资者。直接投资者共同的投资目标是获得因组合波动性而导致的低于普通股的股权风险。投资者均是活跃的资金管理者，人们经常用一些基准指数来衡量他们的持有期收益率。这些基准指数包括标准普尔 500 指数、小型股票的拉塞尔（Russell）2 000 指数、风险调整基准等。对细分市场经理人的业绩衡量指标一般采用夏普比率。[30] 直接可转换基金许可证的一个特征是，不允许它们持有转换时获得的普通股票，也不允许对其持有的可转换证券头寸做套期保值。而这种灵活性只留给了可转换套期保值基金。

在过去 10 年期间，投资者们将资金（尤其是对冲基金）投入可转换证券的情况发生了巨大变化，不仅体现在此类资产类型的规模方面，而且体现在可转换证券的构成、销售、股价以及交易方式等方面。可转换对冲基金曾是可转换证券市场的重要组成部分，而到 2007 年，其不断成长并成为可转换证券市场的主导部分，根据当时的各方信息，可转换对冲基金中的超过 80%投向了美国以及全球的可转换证券市场。此外，鉴于其较高的资产组合周转率（portfolio turnover），可转换对冲基金承担了大部分的市场流动性供给。2007—2008 年期间的金融流动性不足严重冲击了可转换证券专业套期保值基金，迫使许多此类基金停止投资，并且多策略对冲基金大幅削减了向可转换证券市场的资产配置额度。因为可转换对冲基金不再充当购买者来决定新发行定价，持有期限较长的直接购买者反而成为决定新发行定价的主要力量，并且与 2007—2008 年金融流动性不足事件发生之前相比较，其购买此类资产的规模所占比重提高了。

直接投资者很少会购买可转换证券，除非他们了解基础股票的基本面情况或者股票的背景。从直接投资者的角度来看，一位发行人最理想的特征包括：

- 一支强有力的管理队伍和一个良好的商业模式；

• 处于一个经济体的欣欣向荣的行业；

• 企业正处于其生命周期的增长阶段；

• 具有良好或不断改善的信用状况，有能力承受固定负债而不会损害其信用评级；

• 发行人发行不可转换证券交易活跃，形成了信用利差，或者显示了信用违约互换或者资产互换水平；

• 有价格波动性强的股票；

• 普通股很少有或没有分红；

• 可转债和基础股票的二级市场富有流动性。

对冲基金（它们本质上属于相对价值投资者）还应考虑以下方面：

• 为股票融资的成本。

• 相比可比上市股票期权，可转债中的嵌入期权隐含波动性的频繁程度以及基础股票的历史波动性。这构成了波动性交易的基础。

• 信用违约互换和股权违约互换的隐含证券波动性。同时也应考虑可比证券期权的隐含波动性。

• 基础股票的所有水平的债券优先次序所产生的信用利差，包括资本结构套利视角下的可转换证券。其中，"资本结构套利"（capital structure arbitrage）的基本思想是对以下机会进行套利：（1）信用利差定价错误；（2）企业隐含违约概率差异；（3）这些债务中隐含在价格里的违约事件发生时的回收率。

因此，要对可转换证券中的一种产品进行估价，我们需要研究市场基础流动性，分析利率、信用利差、资本结构的变动情况，同时研究以股权和债务衍生产品作为交易或对冲市场技术、该证券的流动性、对此流动性的限制条件以及成本、做空基础股票的工具。为了理解需要进行这些日益复杂的分析的情况，我们接下来将讨论可转换债券所面临的新问题。

□ 新的可转换证券

美国公开发行的可转换证券产品的发展过程跌宕起伏，其市场规模已从 1992 年的 120 亿美元稳步跃升到 2001 年的 1 060 亿美元（在网络泡沫破灭之前），之后经历了下滑趋势，并且直到 2007 年才恢复到 1 000 亿美元的水平。并且，不足为奇的是，受本次全球流动性不足危机的冲击，美国可转换证券市场的发展再次转入衰退周期，2010 年其市场总供给只有 390 亿美元。如果将到期问题考虑在内，那么美国可转换证券市场的确在这些年经历了收缩周期。从全球范围来看，可转换证券的新发行规模的演变过程大体上与美国一样，也经历了高峰和低谷，其总发行量在 2003 年为 1 800 亿美元，2007 年为 1 980 亿美元，而到 2010 年下降为 1 010 亿美元。从地理范围来看，美国可转换证券市场仍然是最具流动性的，虽然其新发行产品占全球总量的比重下降了，从市场环境挑战重重的 2008 年的 61%下降为 2009 年和 2010 年的 38%，但是在最近 20 年的大多数年份中，其占全球总发行量的比重都在一半以上。另外，欧洲可转换证券发行量占全球总发行量的比重一直稳定在 15%～25%，并且在 2009 年达到顶峰值 37%。在 21 世纪，日本可转换证券的发行规模一直徘徊在个位数中值，并于 2004 年达到罕见的高峰值 16%（因为少数大规模交易，其中包括日本东芝发行的价值 1 000 亿日元、相当于 9.23 亿美元的可转换证券)，之后下降到远远低于 21 世纪之前数十年高速经济增长时期的发行规模。但是，正如人们所期望的，与以美国、西欧和日本为主的发达地区相比较，除日本之外的亚洲经济体保持了高速经济增长，因此其可转换证券的新发行规模所占比重明显提高了，2010 年达到 25%。

究竟是什么因素决定了发行人对可转换融资市场的融资类型及融资规模的选择？一个关键的因素当然是经济周期以及受其影响的股票市场和债券市场环境。正如人们所期望的，在低利率市场环境下，发行人很明显倾向于通过发行直接债务来构建起资本基础、延长证券期限、重构收支平衡表，而不是通过发行股票或者股票连接证券来稀释其股权收入。尤其是，银行、金融企业以及其他因经济周期下行而遭受重创的企业是例外情况，其投资指令是供其选择的结构性产品。因此，可转换融资的结构具有周期性特征，并且随之服从税收和会计准则，并受其影响。人们预期，为保持全球经济稳定而投入的政府融资以及因此导致的或因此并发的低利率环境将会抑制可转换证券的新增发行，并且这种状态将一直持续到全球经济进入较强劲的复苏阶段。历史发展为可转换证券的结构性选择提供了借鉴。[31]

尽管自 2007—2008 年金融危机以来，可转换证券的新增发行趋于放缓，但是从 2009 年到 2011 年第一季度，美国新增发行 15 只可转换证券，并且每只证券的收益都超过了 10 亿美元。例如，(1) 通用汽车公司在摆脱破产困境之后，于 2010 年 11 月 18 日发行了利率为 4.75%的强制可转换证券，到期日为 2013 年 12 月 1 日；(2) 为了通过增发股票充实资本基础，花旗集团于 2009 年 12 月 6 日发行了利率为 7.5%、价值为 35 亿美元的强制可转换证券，到期日为 2012 年 12 月 15 日；(3) 英特尔公司于 2009 年 6 月 21 日发行了利率为 3.25%、价值为 20 亿美元的强制可转换证券，到期日为 2039 年 8 月 1 日；(4) 大都会人寿保险公司（MetLife Inc.）于 2011 年 3 月 3 日发行了 30 亿美元的强制可转换证券，到期日为 2013 年 9 月 11 日，优先分红比例为 5.0%。根据市场情况变化，美国可转换证券发行平均规模的变动区间为 1.6 亿美元～5.5 亿美元，不仅规模非常可观，并且流动性也良好。欧洲可转换证券的发行规模与美国大体相当，尽管其每年的波动性较大，但是除日本之外的亚洲经济体的可转换证券发行规模逐渐扩大，2010 年的平均规模达到 2.25 亿美元。日本可转换证券的发行主要以日元计价，欧盟以欧元计价，并且在日本和欧盟以美元计价的可转换证券并不多见，但是除日本之外的亚洲经济体发行可转换证券较多选择以美元计价。

在美国《144A 条例》允许增加发行频率之后，可转换证券并没有得到市场的友善接受，因为其中许多可转换证券只是隔夜发行，并没有经过注册登记，也没有通过持续数日或数周的路演（road shows）来进行充分营销。[32] 也就是说，在交易日结束时对外宣布发行可转换证券，在当天晚上或者第二天早上一早被全部征购，并且在第二天早上市场交易开始之前结束该证券交易。随着时间的推移，对于《144A 条例》关于发行规定的不满逐渐得到调和，因为投资者们已能够接受其出现的必然性。市场对于可转换证券产品的需求在很大程度上没有受到影响，因为发行人无须像注册登记发行那样允许投资者花费许多天来研究该企业财务的详细状况和（或）交易计划书，这又是因为其在很大程度上涉及能够迅速对新发行可转换证券做出迅速反应的对冲基金、机构认购者和合格的机构购买者。

在美国，尽管与投资级发行和高收益发行相比较，此类资产的总发行规模相对较小，但是它们仍然较为稳健。并且在直接债务市场不发达的国家和地区，可转换证券成为这些经济体弱化银行融资的备选工具。由此，我们将在下文讨论可转换证券的估价。

42.2 可转换证券的基本特征

最简单的可转换证券是传统的可转换债券。从一个固定收益投资者的角度看，它可以是一个其他条件完全相同的不可转换债券和一个看涨期权（该期权可以将债券转换成普通股）的混合体。从以股票投资为主的投资者的角度看，它可以是一个拥有基础股票的多头，同时拥有一份看跌期权（可以将基础股票转换成其他条件均相同的不可转换债券）和一个互换（用基础股票分红交换可转换债券息票利息）的混合体。这几乎是欧式看跌/看涨期权平价理论的直接表达。[33] 前面讨论中对赎回特征以及其他存在于许多可转换结构及其变形中的嵌入期权的介绍也许过于复杂了，但基本概念和原理是一致的。

□ 价值图示及描述方法

可转换债券的价格行为可以用图表42—2来解释，该图表展示了可转换债券的价值是由它的债务和权益构成决定的。图表中的横轴表示基础股票价值，它等于股票价格乘以转换比率。这个价值常被称为可转换债券的**平价价值**（parity value），或简称**平价**（parity）。直线*ODQ*也代表平价，*ACDB*表示相应普通债券的价值，*ACVS*表示可转换债券的价值。由于可转换债券为投资者提供的权利（允许投资者将债券转换为基础股票）超过了其他条件相同的不可转换债券，因此，其价值应该等于或大于对应的债务价值或平价的较大部分。相应地，在价值图上，*ACVS*等同于或者高于线段*OD*，此时债券价值高于平价，同时，*ACVS*等同于或者高于*DQ*，此时平价大于债券价值。[34]

一般有三个术语可用来描述可转换债券的溢价，它们是**转换溢价**（conversion premium）、**点溢价**（points premium）和**投资溢价**（investment premium）。*ACVS*线表示可转换债券的价值，它与债券底价（bond floor）线*ACDB*（或投资价值线）间的垂直距离表示可转换债券价值超过其投资价值的部分，这个部分被称为投资溢价，计算公式为：

$$投资溢价=[(可转换债券价格/投资价值)-1]\times100\% \qquad (42—1)$$

可转换债券价值线*ACVS*与平价线*ODQ*间的垂直距离表示**对平价的溢价**（premium over parity），也可表述为点溢价，等于可转换债券价值减去平价后的差额，一般表示为票面价值的百分比。例如，如果可转换债券价格为1 047.50美元，平价为920美元，那么点溢价为12.75点。同样，溢价也可以用转换溢价表示，计算公式为：

$$转换溢价=[(可转换债券价格/平价)-1]\times100\% \qquad (42—2)$$

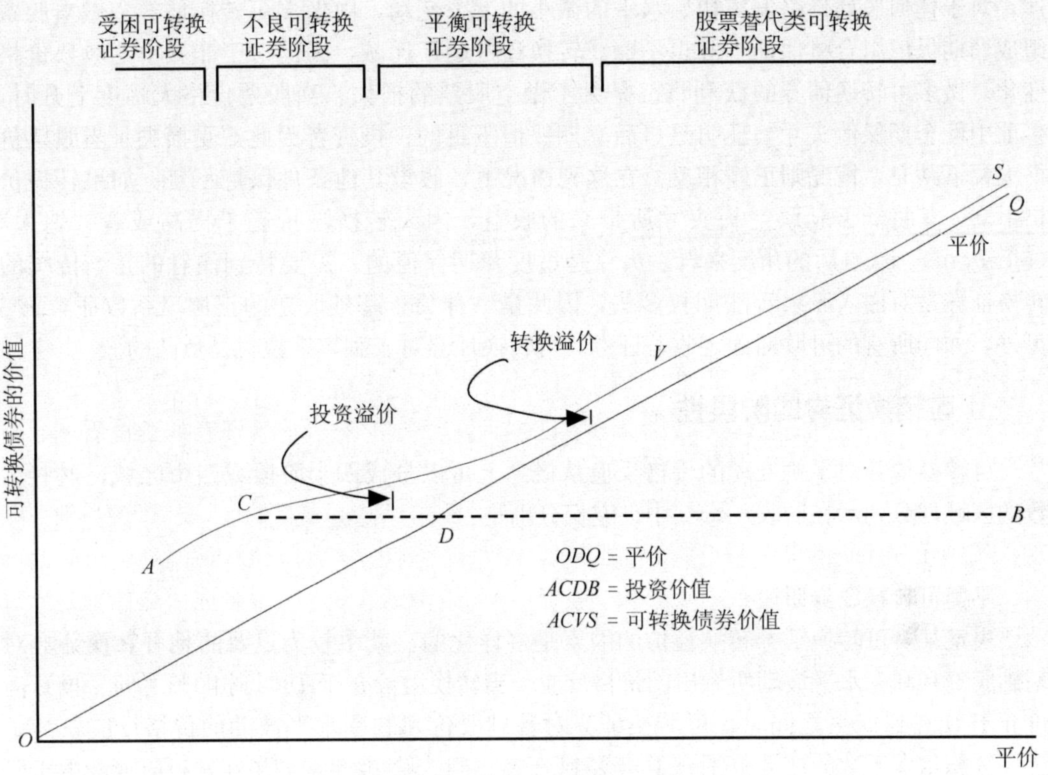

图表 42—2　可转换债券价值图

在上面的例子中，转换溢价为 13.86%。转换溢价，或简称溢价，是一种重要的和被普遍使用的度量方法。它与投资溢价和转换系数（下面定义）共同使用，可以帮助我们了解可转换债券价值随基础股票价格变动的特征。

可转换债券价值变动额与基础股票价值（平价）变动额的比值，称为可转换债券的**平价德尔塔系数**（parity delta）。如同股票看涨期权系数一样，平价德尔塔系数在 0 和 1 之间变化。平价德尔塔系数又是每股可转换债券的德尔塔系数，或称**中性套期保值比率**（neutral hedge ratio）。这里每股是暗含的假定。当德尔塔系数为 0 时，可转换债券的价格表现与普通债券一样；当德尔塔系数为 1 时，可转换债券价格的表现与普通股相同。因此，可转换债券的德尔塔系数也可以被看作可转换债券价格与基础股票价格变动的相关系数。65%的德尔塔系数表示当基础股票价格有微小变动，如 0.10 美元时，平价变动额＝每股价格变动额×每一可转换债券含有的股票数量＝0.10 美元×6.621＝0.662 1 美元。于是，预期的可转换债券价格变动额＝平价变动额×套期保值比率＝0.662 1 美元×0.65＝0.430 4 美元，或者 0.043 04 个债券点。如果一个可转换债券持有者想对股票投资风险进行套期保值，在理论上，他需要做空的头寸为：

转换比率×德尔塔系数＝6.621×0.65＝4.303 7 股/债券

这就是需要建立的**德尔塔系数中性头寸**（delta neutral position）。

中性套期保值比率是可转换债券价值曲线在特定股票价格下的切线和斜率。如上所述，对于任何股票价格偏离初始水平的微小的上下变动，由做多可转换债券和做空股票组成套期保值组合将保证不亏也不赚。转换溢价趋于递减，因此对于非微小的股票价格变化，做多可转换债券的获利将总是大于做空股票的损失。当股票价格大幅度上升时，事前中性套期保值头寸被证明是事后套期保值不足的，投资者因此遭受损失。当股票价格大幅下跌时，情况则正好相反。在这种情况下，假设其他条件保持不变，如果转换价格下降，其将低于股票空头头寸所带来的收益，因为转换溢价趋于提高或者“熄灭”(blow out)。从事后的角度来看，头寸是过度套期保值的。需要特别注意的是，传统的转换证券是对嵌入股票看涨期权多头，因此是一种关于基础股票的正伽玛系数证券。[35]另外，如同所有的可赎回固定收益证券，可转换证券对于利率来说也是负凸的。

□ 可转换证券的阶段性

可转换债券对平价变动的价格反应从概念上可以分成四个阶段或四个区域，这些大致的区域划分列示在图表 42—2 中，它们分别是：

平衡可转换证券阶段

决定某一可转换证券转换溢价的因素是多样化的，其中较为重要的是可转换证券对基础股价和利率水平波动所做出的价格反应。当转换溢价介于 15％到 40％之间、投资溢价介于 15％到 25％之间时，可转换证券对基础股价和利率水平波动的价格反应较为敏感。其德尔塔系数的变动范围介于 55％到 75％之间。[36] 因此，如果在发行时或者由于股价波动的引致而具有上述特征，可转换证券被称为**平衡可转换证券**（balanced converts）。它们价格的向上和向下参与属性以及它们的风险收益均衡特征吸引了专业可转换证券基金和股票基金的关注，它们希望从发行人那里寻求普通股的风险规避工具或者加码头寸，这种产品的发行人通常已经发行了具有吸引力的基础股票。在其他条件相同的情况下，从购买者的角度来看，溢价越低，可转换证券越具有吸引力。

股票替代类可转换证券阶段

当股票价格大大超过传统可转换证券的固定转换价格，或者在增值可转换证券的情况下超过有效转换价格时，可转换证券处于较大实值状态。如果其转换溢价等于或低于 15％，同时投资溢价高于 40％，那么这种可转换证券被称为**股票类可转换证券**（equity like converts)，也被称为**股票替代类可转换证券**（equity substitute converts)。这种可转换证券对平价变化极为敏感，对利率和利差的变化不太敏感。它的德尔塔系数通常介于 80％到 85％之间。显然，这种（价值上升的）变动是由于存在投资者交换可转换证券的可回售期权而造成的，因为这时可转换证券的赎回价处于较大虚值状态。尽管在这个阶段，股票价格是影响可转换证券价值的重要因素，但其重要性还谈不上压倒一切。其他因素，如剩余赎回保护期和股票价格波动性，实际上也影响了它的价值。剩余的赎回保护期越短（越长），投资者愿意支付的转换溢价就越低（越高）。投资者的自我选择将引起专业可转换证券投资基金出售证券，以取得其他理想可转换证券，这也将导致股票收益基金购买这些证券。随着股价波动，对冲基金的交易地位逐渐提升，即所谓的**“伽玛交易”**（gamma trading)。在此阶段，可转换证券具有明显的正凸性特征，并且高德尔塔系数导致了投资组合杠杆和小额净资本需求。因此，可转换证券的这一阶段为对冲基金构建了潜在的有利可图的交易机会。

不良可转换证券阶段

如果股票价格下降，以致转换期权有较大虚值，同时可回售期权有较大实值，则转换溢价将会提高，同时投资溢价将会下降。此阶段的转换溢价通常大于50%，有时可能高达200%，但投资溢价还不到15%。随着转换期权变得基本不值钱，可转换债券的价值接近其他条件相同的不可转换债券，其价格下跌到一个由有关收益率指标决定的水平。对于传统的可转换证券来说，这些指标就是当前收益率（current yield）和到期收益率。对于价值增值型可转换证券来说，这些指标就是回售收益率（yield to put）和（或）到期收益率。专业可转换证券投资基金会将持有的这种**不良可转换证券**（busted converts）出手，凭借信用分析的专业知识，将其转换成固定收益基金追求的参与型股票和对冲基金。如果可以实现，通过购买信用违约互换（CDS）可以抵消信用风险。如果特殊发行人无法购买信用违约互换，那么还可以采用相似的信用对冲方法，包括购买相同产业部门的相似信用的信用违约互换、做空发行人的普通债券（尤其是在发行人基于套期保值比率在一定期间内拥有相等的优先权的情况下）、通过做空比债券的股权德尔塔系数所建议的更多的股票，来购买股权卖权或者进行过度套期保值。尽管在其基础信用分析或者基础信用分析模型结果显示风险—收益比率非常高的情况下，某些基金可能会选择保留信用敞口，但是通过放弃收益率换取有较大虚值的可转换期权的做法非常少，并且有时甚至是被坚决排斥的，因为在这个阶段市场缺乏有效性。当然，那些一向投资于优先或次级优先债券的固定收益基金可能会不太情愿购买（纯粹的）次级债务，一般也不会购买不良可转换优先股。

受困可转换证券阶段

受困可转换证券（distressed convert）可以被看作不良可转换证券的细分部分，所不同的是，这里股票价格已经跌到很低，这使得违约的可能性大幅度增加。这时，证券的级别会被降低，既可能通过评级机构明确宣布降级，也可以通过市场做出降级的暗示。信用级别的改变会导致这种可转换证券与国债利率间的信用利差加大或大幅提升CDS溢价。在其他阶段假定投资溢价是稳定不变的（见图表42—2），但进入这个阶段，债券底价随股票价格下降而快速下跌。这时，固定收益基金退出市场，**受困基金**（distress funds）和**投资互需基金**（vulture funds）成为主要的投资者。这些基金擅长于评估破产的可能性和在破产情况下进行合法的修复。在这个阶段，转换溢价和投资溢价都小到可以被忽略的程度。有趣的是，股票价格的微小改变会大幅度改变德尔塔系数，因此股票价格的伽玛系数会变得出奇地高。

受困基金可能会根据相对其他优先股的价值或者用作对冲工具的同等优先权的债务看多或看空可转换证券，这同时也取决于建立较大虚值的保护性看跌套期保值的可得性和相对吸引力。

从以上讨论中可以得出几个重要结论。第一，几个阶段之间并没有十分严格的界限。

例如，欧洲新发行的可转换证券可能拥有较高的转换溢价，但是投资溢价较低，并且该地区的德尔塔系数介于55%到70%之间。投资级可转债中很高的隐含评级导致了较高的债券价格下限，因此导致了此种现象。第二，可转换债券不是静止不变的，其价格会对各种有关变化做出反应。随着风险收益状况的变化，它们会变得越来越像股票，或越来越像债券。因此，需要选择适当的股票基础研究和固定收益证券估价的分析工具，以便对可转换证券的资产组合进行管理。第三，尽管转换溢价经常被作为随时可用的衡量指标，用来确定可转换证券当前所处的阶段，如是否处于不良阶段、实值阶段或其他阶段，但相比之下，投资溢价是一种更合适的衡量指标。例如，一个有延长的剩余赎回期权保护、处于实值状态的可转换证券，如果基础股票价格波动大且股息率较低，其转换溢价会很大。然而，可转换证券的投资溢价越高（低），其实值的程度也就毫不含糊地越高（低）。

42.3 可转换证券的估价方法

在本部分，我们将要讨论传统的估价方法和分析方法，以及较为精密的数学建模。其中，分析方法变得越来越标准化，尽管投资者们通常还是同时采用这两种方法，并灵活调整以实现二者之间的互补。

□ 传统估价方法

传统估价方法基于这样的假定：购买一个可转换证券相当于溢价购买普通股，溢价程度相当于一段时间内从可转换证券中获得的较高利息收入与基础股票的较低股息之间的差额。[37] **回收期**（payback period）或盈亏平衡期（breakeven period）是主要的数量度量指标，用来评估可转换证券相对于普通股的吸引力。回收期越短，可转换证券越有吸引力，当回收期比赎回保护期短时尤其如此。我们在下面还要看到，回收期这个概念是有缺陷的，然而一些偏好股票资产的投资者依然用这个概念作为分析基础股票基本情况的附加手段。遗憾的是，这种度量方法并不适用于一些新出现的证券，实践证明它有时还会产生误导。甚至在传统的结构化产品范围内，过去10年中发行的大多数可转换证券依然无法通过回收期测试。下面举例说明传统估价方法。

示例

我们考虑PQR公司发行的一种可转换证券，其票面价值为1 000美元，年息票利率为2.625%，5年期，可以被转换成16.142 1股PQR的普通股。由于该证券发行后股价上涨，并且随着时间的推移，现在大约还剩4年到期，目前该证券按121个债券点（按照面值的百分比表示）进行交易，同时PQR普通股的价格为65.06美元。在过去和现在，普通股都不支付股息。

如果一个投资者购买一份121个债券点的PQR可转换债券，而不是按转换比率购买相同数量的 PQR 普通股，那么他需要支付 159.75 美元的溢价（=1 000×121%−65.06×16.142 1）或 15.975 个债券点。然而，所支付的溢价将从可转换债券和基础股票之间的现金流差额中得到补偿。

$$
\begin{aligned}
\text{年现金流差额} &= \text{面值}\times\text{息票利率}-\text{平价}\times\text{股息率} \\
&= 1\,000\times 2.625\%-1\,050.25\times 0\% \\
&= 26.25\ \text{美元}
\end{aligned}
$$

这意味着，每年债券持有者的收入比对应数量 PQR 普通股的分红多 26.25 美元。因此，

$$
\begin{aligned}
\text{回收期} &= \text{支付的溢价}/\text{年现金流差额} \\
&= 159.75\ \text{美元}/26.25\ \text{美元} \\
&= 6.09\ \text{年}
\end{aligned}
$$

经过简单推导还可以得出下面计算现金流回收期的公式[38]：

$$
\text{现金流回收期}=\frac{\text{转换溢价}/(1+\text{转换溢价})}{\text{当前收益率}-\text{股息率}/(1+\text{转换溢价})} \qquad (42—3)
$$

式中，当前收益率指可转换证券的当前收益率。对 PQR 可转换债券来说，转换溢价为 15.211%，当前收益率为 2.625%/1.21* =2.169%，普通股股息率为 0。将这些数值代入公式（42—3），得出的回收期同样为 6.09 年。所有代入值均应该是小数。

另外一种计算回收期的方法尽管缺少严格证明，却得到了更广泛的使用。这就是**比较回收期法**（dollar-for-dollar payback）。这个方法隐含的问题是："如果我用购买可转换债券的货币资金购买相同金额的一定数量的普通股，溢价的回收期是多少？"

在上例中，如果用同样的货币额购买 PQR 股票，可以买到 18.598 2 股（=1 210 美元/65.06 美元）。考虑到 PQR 股票不分红，用这种方法计算出的年现金流差额和以前是一样的。然而，如果有较大的股息支付，比较回收期会大于现金流回收期。比较回收期的计算公式如下：

$$
\text{比较回收期}=\frac{\text{转换溢价}/(1+\text{转换溢价})}{\text{当前收益率}-\text{股息率}} \qquad (42—4)
$$

式（42—4）的分母称为**收益率优势**（yield advantage）。请注意，回收期超过 6 年就会大于 PQR 可转换债券的剩余期限（约 4 年）。这到底是由于估价异常，还是由于估价方法有缺陷？

尽管对回收期的定义可以用股息增长率和现金流贴现的方法予以完善，但传统估价方法的根本缺陷在于它没有考虑到嵌入在可转换证券中的期权。也就是说，传统方法假设可转换证券肯定会转换成普通股。按照传统可转换债券，一旦股票价格不超过转换价时，债券持有人有权利但无义务行使转换权。这时，他们将会在到期日按面值收回投资额。对于价值增值型证券，回收期概念的意义就更成问题了。例如，购买零息票可转换

---

* 原文为 2.625%/121，疑有误。——译者注

债券的投资者没有现期现金收入，因此，可转换债券的收益率优势为零或为负，其回收期无法用以上两种方法计算。人们也许会用到期收益率或下次回售的收益率替代当前收益率。然而，这又暗含着这样的假定：可转换证券的转换概率是100%，并且不存在发行人违约的可能性。

□ 可转换证券估价模型

事实上，现今被市场专业人士使用的所有可转换证券估价模型都追随费希尔·布莱克、迈伦·斯科尔斯和罗伯特·默顿开创的或有索偿权分析的经济学框架。[39] 各种可转换证券价值模型的结构所使用的随机变量数各不相同。[40] 比较简单的单因素模型假定股票价格，或者更准确地说是股票收益率，是唯一主要的相关随机变量。所有其他影响可转换证券价值的因素都是可描述的和静态的变量。在更复杂的双因素模型中假定无论股票收益率还是利率都是随机变量，并在下文进行讨论。

□ 影响可转换证券价值的描述性要素和变量

描述性要素是指证券的确定属性，如标明的到期日、息票利率、赎回和回售的计划。静态变量是指那些可以被估计的输入变量，尽管会有估计误差。静态变量的例子包括未来股息率和证券套期保值成本。可以影响可转换证券价值的描述性变量包括：

- **基础普通股的现货价格：** 股票价格越高，转换期权的实值程度越高（或越远离虚值状态），可转换证券的价值也就越高。
- **基础普通股的股息率：** 股息率越高，可转换证券的价值越低，因为高股息率会降低可转换证券的收益率优势，并因此降低可转换证券作为普通股替代物的吸引力。从另一角度看，较高的股息率会抑制股票价值的升值空间以及可转换证券进入实值状态的潜力。该分析逻辑也适用于股息增长率。如今，新发行可转债对普通股的月分红支付超过了事先规定的水平，则在发行文书中明确包括红利保护条款，以对投资者进行现金或转换价格下跌的补偿。
- **息票利率或优先股股息率：** 可转换证券的分配额越高，收益率优势越明显，从而可转换证券的价值越高。
- **发行人赎回：** 较长的不可赎回期会从两方面增加可转换证券的价值。首先，投资者可以在更长的一段时间内享有收益率优势；其次，如果投资者不进行自愿转换，转换期权的最短期限就等于距离可转换证券首次赎回日的期限。因此转换期权的期限越长，可转换证券的价值越高。对投资者来说，在期限相同的情况下，一个有强制不可赎回期权的可转换证券比一个有软约束赎回期权的证券更有价值。
- **到期日：** 假设有两个可转换证券，它们除了到期日不同外，其他方面均相同，则到期日较长的那个可转换证券价值会较低。这看起来似乎有些矛盾，因为我们知道看涨期权的期限越长，其价值就越大。虽然较长的期限增加了转换期权的价值，但是债券底价的降低会从负面对其产生影响。导致债券底价降低的原因是，较长的期限使对现金流贴现的利率提高。同样地，债券久期延长，其价值就会下降。对于具有较高实值的可转换证券来说，由于可转换价值就是下限，所以利率上升的直接影响不大。然而如果利率上升使得股价下跌——这很可能会发生——那么利率对高实值期权的二阶影响也是负的。

• **投资者回售**：到期赎回和投资者在到期日回售是等价的。一个到期前可回售的可转换证券的价值大于没有这种权利的可转换证券。在其他条件相同的情况下，回售日越提前，可转换证券的价值越高。回售的价格越高，其价值也越高。

• **流动性成本**：可转换证券的流动性越低，可转换证券的价格越低，因为即使是中等规模的交易也会显著改变可转换证券的价格，使卖方能够实现的收益下降，而买方的支付价格提高，根据可转换证券借入股票做空的成本也会比较高。正如2007—2008年期间所看到的那样，市场流动性不足导致可转换证券的价格大幅下跌，因为当时需要卖出对冲基金头寸以满足客户的赎回需求。不足为奇的是，流动性最强的可转换证券容易被卖出，虽然有时会以折扣价格卖出。即使市场波动性加剧，可转换证券的**隐含波动性（率）**（implied volatility）也会下降。换句话说，图表42－2中的可转换证券的定价曲线是递减的。在流动性不足期间，转换溢价并没有随着股价下跌而“开放”或者提高。因此，甚至是融资情况较好的基金或者直接基金的头寸，也可能会面临按照市值计算的损失（mark-to-market loss）。“流动性不足溢价”的概念变得更加有意义。

• **借款成本**：股票借入成本的提高与基础股票股息的提高一样，会产生同样的影响。当可转换证券的流通性变差和（或）股票借入成本过高时，可转换证券的交易价格可能会低于平价，这会导致可转换证券持有者自愿行使他们在正常情况下厌恶行使的转换权。就算是单一的投资者也会受到套期保值成本提高的影响。投资银行的交易部门可能会因此扩大卖单、缩小交易规模或者按照“工作顺序”（work the order）接受单一投资者的卖单顺序，这使得投资者需要持有未套期保值的或正在套期保值的头寸，直到找到另一个买主，并且不得不面临市场敞口风险，直到头寸被完全卖出。

• **国家风险**：如同其他非国内证券一样，可转换证券，尤其是基础股票所面临的国家风险评估需要根据经济总体增长潜力进行平衡。因此，不足为奇的是，大部分总部在美国的直接投资组合通常不会投资于非美国可转换证券。国际基金、特定地区基金以及举足轻重的对冲基金构成了非美国可转换证券投资资金池的主体，因为它们拥有一系列证券来对冲货币风险以及至少一部分国家风险。作为通行的规则，由于面临较高的国家风险，由这些国家发行的可转换证券一般发行溢价较低，并且（或者）其价格波动的风险不能被充分估价。另外，由大型跨国企业发行的可转换证券，特别是由G-10集团成员国家发行的可转换证券，由于拥有较高的企业信用级别和较低的国家风险而被普遍接受。

可以被用于可转换证券价值模型中的候选随机变量包括：

• **股票收益**：这是最基础的解释变量，也是所有可转换证券价值模型中的一部分。单因素模型假定股票收益是唯一的随机变量，并对股票收益及其方差变动做出一定假设。[41]不足为奇的是，既然期权估价过程中波动性起到了关键作用，那么在可转换证券的估价过程中，此模型得出的价值对股票收益率的波动非常敏感，而股票收益率的波动程度也理应如此。有些模型将平和的波动性作为输入变量，并假设其不随时间的变化而变化，也不随估价的波动而变化，这是运用波动性期限结构的较为复杂的模型。但是，其他模型可能也会将**选择波动率偏离**（option volatility skew）这一变量纳入分析之中，此时对波动性的估计取决于随着时间的推移不断变化的股价偏离实值的程度。

● **利率**：债券期权估价模型将利率作为主要的随机变量。由于可转换证券价格的动态变化在很大程度上取决于普通债券及其凸性特征，因此用双因素模型为可转换证券估价时，要把利率期限结构包括进来作为第二个因素。收益率波动性是一个估计变量，它与上述单因素模型中的股票收益率波动类似。

如前所述，高利率会减少可转换证券的债券价值的底价，因为此时贴现可转换证券现金流的利率也较高。利率对债券嵌入期权的影响比较复杂。利率的上升（下降）会提高（降低）转换期权的价值；如果投资者具有"早熟"可回售特征，那么可回售期权价值的变动方向恰好相反。从发行人的角度来看，如果可转换证券为虚值，较高（较低）的利率会降低（提高）发行人赎回期权的价值，因为发行人要通过在较高（低）利率水平上发行新债进行融资，以赎回可转换证券。当可转换证券为实值的时（一般此时会有多数可转换证券被尽快赎回），随着利率不断趋于上升，发行人为强制转换而行使赎回期权的积极性会不断提高。

● **信用利差**：发行人的信用质量越低，其违约概率就越高，因而信用利差就越大。例如，一个 Baa3 或 BBB 级债券的发行人也许有相对 5 年期次级债券 210 个基点的信用利差。如果信用质量更差，信用级别为 Ba1 或 BB+，那么信用利差会继续扩大 50～150 个基点，甚至更多。[42] 因此，信用利差对可转换证券与利率的影响相同。信用利差越来越被看作一个随机变量，并且其波动性被密切追踪。[43] 单个公司发行的流动性信用违约互换、互换用语的标准化、流动交易信用违约互换指数以及资产互换的发展，使得投资者们能够对冲大部分投资级债券和非投资级债券的信用风险。信用连结产品是可转换投资和套期保值交易，以及资本结构及股权波动的相对价值交易中增长最快的部分。

● **汇率**：考虑一种以美元计价（其息票和面值都用美元标价）并且可以转换成以英镑标价的基础股票的债券。除了与投资者将债券期权转换为普通股期权相关的股票风险外，美国的投资者还暴露于汇率风险中，因为该股票用不同的货币即英镑进行标价。如果每份债券交换的股票数量是固定的，英镑相对于美元的升值会有利于投资者，贬值会降低投资者持有的头寸价值。因此，投资者的可转换证券中有一个嵌入的关于英镑的看涨期权，或等同地，拥有一个嵌入的关于美元的看跌期权。

因为汇率是随机变化的，它应当成为可转换证券估价模型中的第三个考虑因素。汇率的波动性也必须进行估计。

□ 分析评估模型和要素选择

评估可转换证券的独立分析模型不断发展，已经远超过初始债券加可分割认股权证的方法以及几乎完全照搬由布莱克、斯科尔斯和默顿发明的未定权益分析方法（contingent claims approach）。这其中较早期的发展是布伦南和施瓦茨（Brennan and Schwartz）[44] 以及英格索尔（Ingersoll）[45] 在这方面所做出的贡献。一般的做法是建立适用于企业证券的偏微分方程，此方程的建立基于影响基础资产收益的随机变动过程。因此，未定权益分析方法服从于与模型所估计的特定企业证券（例如，此时为可转换证券）相关的边界约束条件。这些约束条件包括与该转换证券价值有关的以下情况：

（1）在任一时点上，该证券的价值不得低于其转换价值，其中非转换期间除外。

（2）在到期时，该证券的价值须高于其票面价值或者转换价值。

(3) 该证券的价值不得低于其债券底价或者违约时的回收价值，不管二者中的哪个更低。

(4) 在虚值可转换证券的赎回期间，该证券的价值须低于或者等于其赎回价格。

(5) 如果该证券是可回售的，其价值须高于或者等于估算时可回售价格的贴现值。

尽管将可转换证券视为债券加上附加的、可分割期权的看法较为普遍（FASB采用这种观点是出于会计核算的目的），但是可转换债券的实际情况更加复杂，因为其中所包含的期权通常是不可分割的，除非是只有到期时才能赎回或者只有到期时才能转换的极为简单的情形，也就是说，该发行人期权和投资者期权都属于欧洲式期权。可转换证券区别于“债券加认股权证”之处还体现在，美国式转换附加了一种有利于可转换证券投资者的利率期权，通过此该投资者可以提交一种满足执行价格的可转换债券，尽管该债券构成部分的价值低于执行价格，而执行价格通常等于该债券的票面价值。在“债券加认股权证”的情况下，可转换证券不具有这一有用的债券特征。在到期日之前执行的情况下，认股权证的执行价格可以通过现金的形式进行支付，其价值等于票面价值，没有任何减少。

很明显，可转换证券是一种属性复杂的证券。在上述边界约束条件之下，其未定权益分析方法不会形成封闭式解，而需要通过大量数值计算来求解。隐式有限差分方法和显式有限差分方法是通常被采用的两种有限差分方法。[46] 关于显式有限差分方法的一个特殊的情况是二项式法，迄今为止这种方法是对衍生品估价最常用的一种方法。随着额外的随机变量被包括到模型中，计算量呈指数增长。用二叉树方法的语言来表达，就是二叉树迅速变得“非常茂盛”。因此，即便用不可转换债券的期权估价模型（在该模型中，短期利率和长期利率是符合逻辑的两个不同随机变量），大部分市场参与者对于短期利率依然倾向于使用单因素模型，并假定长期利率的变化与短期利率相关。因此，把一个随机变量包括进来或排除出去的做法涉及对以下两方面进行权衡：一方面是理论上的尽善尽美和（或）高度准确性；另一方面是计算的成本和复杂性。按照一般的行事规律，如果把一个新的随机变量包括进分析模型，会使计算的准确性被估计误差所抵消，那么比较妥当的做法是尽力改善对输入变量估计的准确度，同时选择一个较简单的模型。

无须多言，某一证券的理论价值是所选择的特定未定权益分析方法的函数。在可转换证券估价的情况下，单因素模型将基础股票收益率作为随机变量因素的做法在实践中运用得最为广泛，这是因为普通股票交易较为频繁并且相关记录较为准确。在这种情况下，假设利率和信用利差被纳入分析模型的参数。许多模型对单一因素模型进行了修正（探索性的修正或者是市场校准），以弥补随机利率损失这一缺陷。也就是说，将利率作为第二个因素的双因素模型正日益受到青睐。

实际上，所有的模型都排除了作为备选的第三个或第四个因素，以便于简化计算。例如，为了避免将这些因素中的每一个都当作独立的随机变量进行考虑，进一步避免由此导致的计算成本的指数增长以及时间成本过度高昂（使得这种计算无法操作），往往可以将信用利差与利率捆绑在一起，并且假设两者均服从一个随机过程。类似地，通过创造一个股票价格系列，可以表示汇率对用两种货币标价的可转换证券的影响。例如，用英镑表示的基础股票价格乘以单位英镑的美元汇率，然后估计由此产生的美元价格系列的波动性。波动性是股票价格收益率波动性期限结构的一种近似表示，可以通过对历史数据和隐含的波动性数据进行主观修正的方式估计得出，并且假设这一估计结果在该证券存续期内保持不变，即假设这一波动性较为平和。也就是说，在估计相关证券之间的波动性套期保值概率的过程中，并不经常使用波动率曲面（volatility surfaces）。单因素估价模型在理论方面的完美性是基于将企业价值作为基础资产，从而导致广泛的做法是，对所有公司证券（债券、股票、期权以及所有其他特殊情况下的衍生产品）都采用一致的分析模型。虽然如此，对于每种证券以及每种资本结构的资产所采用的单独的个体估价模型继续趋于标准化，尽管其前提假设条件中通常暗含了本质上的不一致性。原因是多样的，其中主要的原因是，企业价值并不是一个已被交易的资产，因而几乎无法观测其价格，即使有也很难获悉，并且对它们的分布特征无法构建实证分析模型。各类别证券的复杂性以及它们彼此间的相关性，使那些并不总是受欢迎的假定还有存在的必要。但是，将公司证券作为企业价值期权的建模程序取得了进展，并且其中一些模型已被付诸商业用途。[47]

由于篇幅受限，我们无法具体描述二项式树的构建过程及其逆向归纳（backward induction）。[48] 此外，在市场操作中，还有几种“常备的”（off-the-shelf）可转换证券的估价模型可供选择。因此，不足为奇的是，大部分交易部门会选择这些模型[49] 中的一种或者几种，并且集中精力估计这些模型中的投入参数。在此没有进行解释的前提假设条件是，市场参与者所采用的不同的模型构建技术使得估计结果落在相互之间可以接受的范围内，在此投入参数的数值是一样的。

图表 42—3 列示了一种常用估价模型——KYNEX 可转换模型的网站界面。

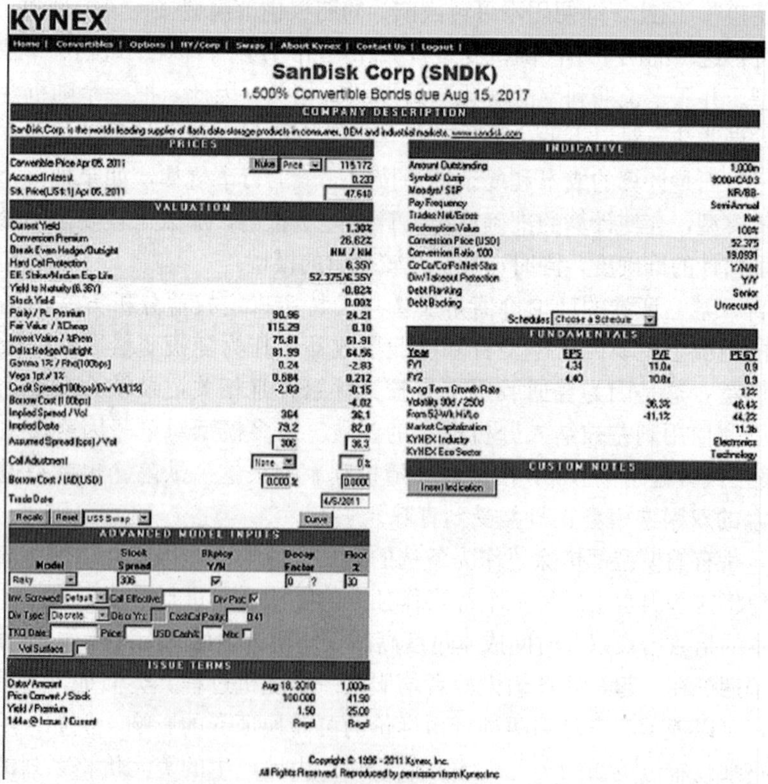

图表 42—3　一种可转换分析模型：样本界面

□ 关于利率、信用利差和波动性的进一步讨论

交易者和投资组合管理者通常并非这些分析模型的开发者，因此他们需要对模型的具体情况进行了解。本部分将集中讨论模型开发中与利率、信用利差和波动性估计相关的问题、应用以及变动情况，因为它们会在很大程度上影响可转换证券的价值以及后续的交易或套期保值建议。

利率

用于求解偏微分方程的二项式树中每一时点的利率输入变量都是根据零息票收益率曲线推导得出的，而零息票收益率曲线来自新发行国债收益率曲线或者 LIBOR 曲线，其中 LIBOR 曲线被更广泛地用作基准利率。某些分析模型可能会采用平的期限结构，通常也会采用平的信用利差。尽管形成信用违约互换曲线上各点的数据可能会不足，但是基于信用违约互换曲线的信用利差期限结构来推导信用利差的做法也可能被采用。

许多分析模型使用单一利率，数值等于基准利率（LIBOR）与信用利差之和。这让模型在分析上更容易处理，并使分析结果符合“看跌—看涨期权”平价理论。但是，这就出现了一个问题。假设对一个可以被分为债券和认股权证的可转换证券进行估价。如果使用单一利率，并令其等于国债利率加上适当的利差，将意味着不仅债券价值而且认股权证价值的确定都必须按照同一利率进行贴现。然而当二者分别进行交易时，认股权证和期权在估价中不使用信用利差，因为衍生产品的风险中性估价方法与基础股票的违约风险无关。所以如果使用单一利率，就会高估嵌入净转换期权的价值。为了与期权交易市场取得一致，国债利率被用于对期权进行估价，而国债利率加利差被用来对息票利息和面值进行估价。在实践中，套期保值组合的股票空头收益率是短期无风险利率，而不是用来贴现可转换证券现金流的国债利率加信用利差。在这里，“看跌—看涨期权”平价原理被放弃了。

对两种利率的进一步修正需要使用一个加权平均的套期保值比率，该套期保值比率是对无风险利率与无风险利率加信用利差加权平均得到的。如果可转换证券处于较大虚值状态，转换概率会很低，可转换证券更像一个普通债券，它的德尔塔系数为 0。因此，所有与可转换证券相关的现金流都要以基准利率加信用利差进行贴现。在另一种极端的情况下，如果可转换证券处于很大的实值状态，转换概率会很高，可转换证券更像普通股，其德尔塔系数等于 1。由于是 100%套期保值，遭受损失的可能性完全不存在，投资组合的收益率应该等于基准利率。在两种极端的中间情况下，可以使用的利率是加权平均利率，权重是节点（node）上的德尔塔系数。

信用利差

对于既定分析模型，理想的投入变量是可适用于该证券的**期权调整利差**（option-adjusted spread）。然而，关于这一变量的相关信息非常难获得。由于信用违约互换的重要性和流动性正在快速提升，它们已成为信用利差近似估计值的主要投入变量。除了上述变量之外，某些分析模型还允许使用者将信用利差确定为一个参数，该参数为以估价水

平为变量的函数。这其中的逻辑关系是，随着股价上升（下降），债务与股权比率会下降（上升），因此信用利差会相应地下降（上升）。然而，企业信用利差对于估价变动的调整速度和过程仍是未知的，并且不同的证券在不同时间的调整速度各不相同。因此，虽然期权调整利差这一变量较完美，但是使用时需谨慎处理，并且大多被用于风险情况的评估。

股票波动性

在任何或有索偿权的模型中，对或有索偿权证券在存续期内有可能发生的波动性估计值是必要的输入变量。波动性估计对于有长期嵌入期权的可转换证券来说更为重要。估计股票波动性时需要收集以下数据：

（1）1～12个月期间波动性的历史数据以及发展趋势。

（2）上市交易的期权和长期股票预期证券（LEAP）的隐含波动性趋势。后者为超过9个月期的股票（或指数）期权。需要特别注意的是**“隐含波动性偏度”**（implied volatility skew）。

（3）同一发行人发行的任何现存可转换证券的隐含波动性。

（4）可转换证券市场的隐含波动性。

（5）期限与首次回售时间或可转债到期日相匹配、来自发行人（或相近替代主体）的信用违约互换价格隐含波动性。

基于以上数据以及在普通股和（或）可转换证券流动性不充分的情况下，对数据做向下修正就可以形成波动性估计值。非常高的波动性估计值（高于40%）通常被称为上限，预期将会出现波动性均值反转的信号。[50]

□ 运用估价模型

显然，估价模型通常被用来确定某一证券在任何时点上的理论价值。假设证券的理论价值是104.5，但是按面值进行交易，那么可以说该证券的价格便宜了4.5%。评价面值低于或者高于理论价值的其他途径是通过隐含波动性或者隐含信用利差（或者隐含的期权调整利差）。当然，低于或高出的幅度取决于输入变量以及所采用的估价模型。因此，估价模型需要定期进行校准，以根据流通的可转换证券的市场价格来校正它的估价偏差。在首次校准后，大部分市场参与者更关心的是模型效果的一致性，而不是绝对准确性。如果该模型同时能够进行情景分析，那么交易任务就较容易执行，因为它可以变更持有期间、利率、利差、波动性，从而调整当前情形下面值低于或者高于理论价值的幅度。并且，当模型构建涉及投资组合管理、风险分析和交易执行系统时，交易任务也较易执行。多数交易分析模型都具有这些特征，包括上述提到的分析模型。

理论分析的透彻与否并不是决定投资者要投资某种可转换证券的唯一因素。此外，还包括可转换证券相对于其他候选可转换证券的相对价值、预期风险收益率及其对该投资组合的贡献等。下面我们将逐一讨论上述部分分析因素。

偏导数

通常用来监测股票和债券的衍生风险收益率的偏导数在这里也同样适用。简言之，除了套期保值比率或德尔塔系数（Δ）之外，我们还需要关注以下统称为**“希腊字母”**（greeks）的其他偏导数：

- **θ**（theta），也称希塔，其用以度量可转换证券中内嵌期权价值的时间衰减，尤其是对于其短期期权，例如，在**赎回通知期**（redemption notice period）内[51] 以及接近强制性转换日期或者到期日之时。

- **ν**（vega）。波动性较高的基础股票，如近期的网络股、高科技股、通信股等存在波动性崩溃的风险，尤其是面临隐含波动性崩溃的风险。由隐含波动性崩溃而导致的市场流动性不足会使可转换证券的溢价和价值骤降。这种情况在 1994 年曾发生过，并在 1998 年俄罗斯和新兴市场危机、2005 年美国互联网泡沫破灭以及 2007—2008 年最严重的全球经济危机中也曾发生过。在风险分析报告中，普遍采用对于证券组合的头寸以及对于急剧市场动荡的潜在利润损失敞口的 ν 估计。大部分无方向性的对冲基金能够对冲其 ν 敞口风险。

- **γ**（gamma），也称伽玛，是衡量凸性或德尔塔变化的指标，是受到密切关注的二阶导数。买权或卖权造成的短期期权空头以及卖空可转换证券会导致负伽玛头寸，将会迅速引发基础股票剧烈波动，从而导致大规模损失。另外，高实值可转债的多头通过股票空头头寸来对冲德尔塔，等价于做多卖权，因此构成了正的证券凸性头寸。然而，除非通过做多信用违约互换来进行信用对冲，否则可转债多头等价于做空信用凸度或信用伽玛，其原因在于持有者此时暴露在债券信用风险当中。目前，信用久期或德尔塔、信用伽玛以及信用波动性等概念已经成为风险管理当中的重要组成部分，对可转换证券的交易以及资本结构套期保值具有指导意义。

- **ρ**（rho）是衡量利率和信用利差的微小变动所导致的可转换证券价值的变化幅度的指标。当利率或收益率波动性加剧时，交易员和投资者就得注意可转换证券中嵌入的利率久期和负凸性，并判断是留存这些风险，还是通过利率远期或期权来将其对冲掉。**信用利差德尔塔**（credit-spread delta），或者简称为**信用德尔塔**（credit delta），是用来监测并将利率风险从头寸的信用风险中分离出来的重要的交易和风险度量指标。

- **交叉偏导数**（cross-partials）。它也很重要，是风险的二阶导数。下面我们将讨论股价变化对债券信用利差的影响或者对股票波动性的影响。但是，对这些指标的估计依然难以求解。

隐含违约概率与隐含回收率

可转换证券（或普通债券）持有人可以通过持有合适规模的信用违约互换（以所持有债券为参考证券）多头来对冲信用风险。另外，资本互换可以用来同时对冲息票支付的利率风险和债券的信用风险。而隐含违约概率和违约事件发生时的隐含资产回收率隐含在信用违约互换和资产互换价格之中。

隐含波动性和隐含信用利差

从投资者相对价值分析的角度来说，某一证券相对于基础股票历史波动性的隐含波动性越高（低），该证券就越贵（便宜）。类似地，可转换证券的信用利差需要与可比可转换证券和普通债券进行比较。

尽管隐含波动性、信用利差、违约概率和回收率是非常有用的衡量尺度，但是我们还需要特别注意对其含义的解释。首先，对于隐含变量进行估计的前提条件是，所有被纳入分析模型的输入变量以及该估价模型本身都不是绝对值估计。此外，如果利用同一组数据来对这些变量进行顺次估计，那么就会产生要素的循环性。其次，众所周知，当可转换证券接近零值时，可转债的价值对波动性的敏感度最高；当可转换证券具有较高虚值时，可转债价值对信用利差的敏感度最高；当可转换证券具有较高实值时，可转债价值对二者都不敏感。如果不注意控制嵌入期权的价内价外特性，那么就会产生有误导性的隐含波动性估计。

42.4 行使嵌入期权

在这一节，我们将讨论投资者和发行人面对嵌入可转换证券中的期权如何决策的问题。显然对于博弈的参与者来说，有一些关于预期行为和反应行为方面的博弈论内容。

□ 投资者的期权

转换期权

当可转换证券被发行人赎回时，它在赎回通知期的最后一天就失去了可转换的权利。问题是，投资者在赎回通知期中的哪个时点对债券进行转换操作？在此假设，可转换证券为实值的。当赎回通知公布后，如果股价低于每股有效赎回价格[52]，投资者可能会选择接受赎回价格。因此，赎回通知触发了可回售期权，该期权的期限等于赎回通知期的天数。因为美国式嵌入长期转换可回售期权的存在，在正常情况下，当基础股票不支付任何普通股息时，它们不应被提前执行。对于支付股息的基础股票，美国式可回售期权的提前执行能够得到保证，因为该可回售期权整个生命周期内的股息现金流现值超出了按照执行价格可能获得的利息现值。这大致上意味着，当普通股的股息率超过可转换证券的当前收益率时，对可转换证券进行自愿转换是理性的，这时收益率优势变成负的。[53] 不过，这种情况很少发生。

因此，通过将上述两种期权之一的执行延迟到赎回期到期之前，那么转换期权更值得还是赎回期权更值得将显而易见，并据此做出相应选择。在赎回通知期内选择销售其可转换证券的投资者可能会在可转换套利基金中选择现成买主（ready buyers）（他们通常会为剩余的选择权支付一定的价值），以降低交易成本。有时候，当股票借入成本非常高昂时，自愿转换也可能会发生，并且会产生与负收益率优势相同的效果。普通股的投票权不太可能成为自愿终止该可转换证券生命周期并获得这些股权的原因。

最后，在没有赎回通知的情况下，如果基础价格高于**临界股票价格**（critical stock price），不到期转换也可能是合理的。股价上升时将会达到某一价位，在这一价位上，付息股票的收益率优势将变为负的。在这个股价水平上，可回售期权的价值正好等于将股息转换为利息的互换价值的绝对值（目前的价值为负），这一股价水平就叫作“临界股票价格”。在这一临界价格上，转换溢价为零，持有可转换证券还是接受普通股对投资者而言是无差异的。股息率越高，股票的临界价格就越低。对于大部分股票来说，这个临界点约为转换价格的 175%。[54]

可回售期权

在可转换证券有可回售期权的情况下，如果估计在回售日后可转换证券的价值会低于回售价格，投资者就会行使回售权。一些发行人想知道在什么情景下可转换证券会被回售给他们，这些情景将成为他们选择融资工具时重要的考虑因素。考虑到延迟回售操作可能会发生，某一投资者可能会按照该转换证券既定的回售计划，在下一个回售操作结束后，自愿和非自愿地在某一合理价格水平上立即嵌入一种额外的回售操作。这被称为“回售展期诱惑”（put extension sweetener）。

控制权变动可回售期权（change of control put option）

在某种特殊场合下，如某经济实体要求取得基础普通股总量的一个特定百分比，通常为 51%，大多数可转换证券允许投资者按面值或略高于面值的价格回售。回售时要求用现金支付，这种做法具有“毒丸效应”，在可转换证券为虚值时效果尤其明显。如果可转换证券的交易价格高于回售价格，行使回售权会使投资者损失转换溢价超过回售价格的部分，这时可转换证券会被终止。在企业被收购的情况下，较为常见的情况是，收购方企业用自己的普通股按一特定交换比率替代目标企业的普通股，这样将保留转换期权以及部分或全部转换溢价。投资者的决策原则永远是选择价值最大的投资方案。价值最大化的要求可能需要也可能不需要行使控制权变动可回售期权，尤其是在可转换结构包括**收购保护条款**（takeover protection clause）的情况下。

□ 发行人的期权

发行人的最优行为是使可转换证券持有者的收益最小化，使股东的利益最大化。从概念上看，在没有赎回通知期的情况下，最佳赎回时刻应该是平价（转换价值）正好等于赎回价格的时间。如果存在赎回通知期，最优决策及采取行动的时间就成为发行人意图、可转换证券是否为实值以及在多大程度上是实值的函数。如果发行人不在意可转换证券是否被转换或是否用现金赎回，那么对它来说最优的决策就是在第一个机会到来时赎回。在可转换证券构成大企业资产负债表上一个主要组成部分，并且（或者）相应的融资容易以较低的净成本筹集时，这种情况会发生。最常见的发行人期权包括：

- **强制赎回转换**：对股票持有者来说，强制转换所带来的好处包括：可以节约利息支出；降低财务杠杆；转换使资产负债表的股权增加，从而使企业负债能力增强。如果可转换证券的税后利息成本低于股息率，或者如果增值可转换证券的税后现金流对于发行人是正的，发行人可能会选择推迟赎回。若给定赎回通知期，发行人需要留有一个安全边际，譬如股价低于有效转换价格的概率要处在一个可接受的水平上。发行人对不可转换证券负面影响的风险厌恶程度越高，其自我保护程度就越高，结果就会导致所谓的

赎回延迟（call delay）。强制转换失败的负面影响是严重的，对于小企业来说其甚至会导致财务危机。最起码的影响是，发行人不得不通过现金或者债务的形式为赎回证券再去融资，使资本结构偏离计划目标。或者，发行人需要（通常是不情愿地）说服投资银行接受一份回售保证转换协议。这种回售期权很难对冲，因此银行不愿意购买。即便银行愿意帮客户这个忙，这些期权也会由于巨大的伽玛值和事件风险而变得相当昂贵。赎回延迟越长，可转换证券的价值就越高。赎回延迟的规模随着时间的推移趋于缩减，目前的占比介于15%到30%之间，并且它是基础股票价格波动性、赎回通知期长度、发行人风险厌恶程度的函数。[55]

- **债务再融资赎回**：如果发行人不希望证券转换发生，赎回延迟的逻辑也可以应用在这里，但股票的当前价低于有效赎回价进而导致希望得到转换缓冲的情况不在考虑之列。发行人借债赎回可转换证券的原因包括：希望降低每股盈利的稀释程度，以更低的利率进行融资，并且（或者）延迟到期日。与优先级别和期限相匹配的债务成本是根据资本成本预期得到的。

- **回售展期诱惑和或有支付**：如前所述，在对持有人来说执行回售期权在经济上是最优的，而发行人却不希望回售被执行的情形下，这时就会使用回售展期诱惑。此外，敲入支付（knock-in payments）也可能被采用。

- **发行人回购**：通常热衷于向发行人回售债券以获取好处（此时，国债可能被交易或者被标记）的对冲基金会向发行人出售非流动性、深度虚值的可转换债券或持有成本（股息和股票借入成本）很高的可转换债券。通过回购这类债券并且小心避免违反证券交易委员会的规定，发行人能够降低债务/权益比率，并通过以低于面值的价格回购债券而获利。这一获利水平通常为，高于该可转换证券估计值或基准值的0.5～3个债券点，并用双方同意的现金或等额增持股票的方式进行支付。

42.5 预测未来

可转换资产家族的成长伴随着分析和交易复杂度的提升，同时也带来了产品多样性和复杂性。对冲基金和机构投资者在市场上扮演着主导性角色，使得该类资产更富效率。由于对冲基金是可转换证券二级市场上最为活跃的参与者，因此很容易将其视为主导定价的边际交易者。那么，对冲基金和风险缓释工具（如资产互换和信用违约互换等）中可转换资产组合的风险、收益以及现金流又是怎样的？

对冲基金

发行人通常不喜欢此类投资者，因为当他们购买可转换证券和做空股票时，会对股价施加向下的压力。当股价上升时，套期保值比率趋向1.0，做空的股票量会增加。然而被忽视的一点是，如果股价下跌，对冲基金还会支持股价。此时对冲基金会买回股票来降低套期保值比率，并且达到一个较低的中性套期保值头寸。因此，对冲基金对降低基础股票的波动性是有贡献的。设想一个不允许做套期保值的情况，如 2007—2008 年危机期间不同国家所发生的事实。因为可转换证券组合管理者受合约限制，禁止持有转换后的普通股和股份持有证明，他们不得不出售这些股票，结果在预期有转换的情况下，很可能发生严重的分裂（disruptions）（但不会立即发生）。

实证研究表明，在转换发生时，基础股票的价格会下降 2%～3%，不过在 2～4 周内会恢复。这主要是套期保值组合针对其持有的有较大实值的可转换证券做空股票所致。实际上，对冲等价于提前转换。这样一来，本可能发生的单日集中抛售将得以避免。最近，流入对冲基金的资金流通过隔夜交易帮助发行人销售新发行证券，从而消除了发行人在发行新证券的路演过程中本应承担的风险敞口。

资产互换

资产互换的购买者是愿意接受隐含在可转换证券中的利率和信贷风险的固定收益证券资金组合及金融机构。交易部门参与基础可转换证券的可赎回互换交易，互换具有背对背赎回特征。如果发行人赎回可转换证券，交易部门就可能从资产互换的购买者那里赎回可转换证券。到此时为止，可转换证券的现金流都被转递出去，交易部门保留股票的期权。一旦固定收益风险从可转换产品中的证券期权中分离出来，市场就变得更富有效率，因为此时出现了专注于风险的细分市场，其中参与者都是承担风险和为风险定价的专家。另外，这也为遭降级的可转换证券（面临信用质量约束）和新发行可转换证券（规模因此很大）提供了流动性。

信用违约互换

此类产品以及相似或相关的信用产品经过发展，将通过诸如可转换证券等“桥梁产品”（bridge products）为公司债券和股票交易带来前所未有的紧密关系。在一些顶级投资银行中，信用衍生品交易台已经位于可转换证券交易台附近。而证券衍生品交易台也位于相似位置。在公司债券定价方面，整体定价思路的发展令人兴奋，理应创造出更新的衍生产品来分隔已然更为精细的证券内在风险，并允许资产组合经理主动选择留存或对冲风险，从而最终带来更富效率和流动性的市场。

市场增长与市场低迷

如前所述，伴随着经济及相关部门的日益增长，可转换证券的发行和资产类型的增长是最有意义的。因此，不足为奇的是，在全球经济中，虽然亚洲以及其他新兴经济体基础规模较小，但其可转换证券的发展速度较快，而美国、西欧发达经济体以及日本仍然占主导地位（尽管其经济增长速度有所放缓），因为其金融市场较为发达。然而，预期这种结构也会适时地改变。可转换证券产品的多功能性、广泛性以及有效性在以下两方面得到体现：一方面，当可转换证券产品被陷入经营困境的企业用来平衡资产负债表时，如花旗集团在其危机最严重时期所强制实施的那样；另一方面，如美国闪迪（SanDisk）在 2010 年的融资增长阶段。我们预期，可转换证券产品的这种灵活性将会得以持续，并进一步得到提升。

42.6 关键知识点

• 可转换证券是一种非常复杂的证券，它由数个嵌入的、交织在一起的期权构成。

• 可转换证券的范畴涉及从股权证券到债务证券。为此，其具有创新性和灵活性的结构使得它们能够满足证券发行人和投资者的需求，并且能够满足监管、会计以及税收等方面的要求。这种结构灵活性将继续确保可转换证券成为企业资本结构中重要的安全性资产。

• 为了理解可转换产品的资产类别、权衡与估价，应采用传统估价分析方法和未定权益估价分析方法。

• 在具体操作中，需采用传统估价分析方法和未定权益估价分析方法两种方法，同时需要结合股权和信用基础分析方法，来分析基础股权和信用的交易、对冲、投资组合以及这些股权连接证券的风险管理。

• 在高利率背景下，或者在诸如银行融资、债务或者股权等其他融资方式难以实现或不尽如人意时，可转换证券的发行更具有吸引力。

• 虽然大部分可转换证券的发行没有进行投资评级或者信用评级，但是它们仍然通过投资评级发行人带来了筹集资金的可观收入，并且能够不费额外努力就筹集到几十亿美元的发行资金。

• 与股票和债务相比，可转换证券是一个规模非常小的资产类型，并且其发行规模和交易规模对市场流动性非常敏感。此外，当企业的资产负债表严重失衡时，可转换证券市场仍然是一种可供开发的、具有吸引力的收入来源。

【注释】

[1] 投资者不可能提前执行转换期权，因为这样做会失去证券中嵌入的转换期权的时间价值。尽管如此，如果可转换证券的结构赋予发行人全部或部分地以现金结算可转换证券的选择权，则该发行的总负债被认为是短期负债。初始不可转换期避免了对发行人的当前资产与当前负债比率的这一不合意损害。

[2] 信用违约互换产品将基础**参考债务证券**（reference debt security）的违约风险从参考债务的持有人（即信用违约互换的买方）转移到信用违约互换的卖方。信用违约互换买方向卖方按规定每季度或每半年支付溢价作为代价，直到到期为止，除非在此之前发生了违约事件。通常情况下，信用违约互换卖方（一般为希望承受该信用风险敞口的金融机构）在发生违约事件时，同意向买方按规定支付一定比例的参考债务名义本金，同时从买方那里获得可交割证券（deliverable security）。信用违约互换的裸购买，即不同时持有或得到基础可交割参考证券，是一项定向信用赌注，即参考证券的信用将会衰退，而且（或者）参考证券的发行者将会违约。在欧元区以及世界其他地区的不同主权政府曾抱怨，通过信用违约互换（不论是覆盖购买还是裸购买）所创造的信用不足以应对其本国经济发展所承受的金融压力，甚至曾在一定期间内禁止过信用违约互换交易，但这样做的是非曲直仍备受质疑。

[3] 大型可转换债券发行的例子是 KfW 银行于 2003 年 7 月发行的 AAA 级可交换票据，总额为 50 亿欧元（56.6 亿美元），利率为 0.75%，可交换债务的到期日为 2008 年 8 月 8 日。微软公司于 2010 年

6月发行的可转换债券也被定级为AAA级，其额度为12.5亿美元，0%封顶看涨，到期日为2013年6月15日。另一个案例是中石化于2011年2月发行的阶梯式息票（step-up coupon）可转换债券，额度为230亿元（35亿美元），尽管中石化的这次发行没有被定级。

[4] 尽管可转换债券可以在纽约证券交易所（NYSE）和美国证券交易所（AMEX）挂牌交易，但它们最活跃的交易场所是场外交易市场（OTC）。因此，媒体上报告的价格对当前市场价格表现并不具有很好的代表性。在证券交易委员会注册的可转换优先股一般在NYSE和AMEX交易。按《144A条例》发行的可转换优先股先在OTC市场上交易，直到它们被注册或增发（seasoned）之后才可以在NYSE或AMEX上市交易。

[5] 在“后互联网泡沫崩盘”时期，这些可转换债券的这一重设特征曾受到批判，并被称为“死亡螺旋”或者“有毒的”可转换债券。然而，这些可转换债券在发行时，由于市场对股价增长率的预期，发行人没有意识到这一重设特征的极端稀释效应，也没有意识到持有人会建立可转债空头来对冲自身股票敞口，从而对股价造成持续压力。即使当时有人意识到了这一点，也没有将这些效应当回事儿。这些“有毒的”可转换债券已不受青睐。

[6] 为了使这一章的内容前后一致，如果没有特别注明，所有可交换产品均用“可转换产品”表示。正如人们所预期的，可交换产品主要用来帮助经济实体（既可以是企业，也可以是个人）将其持有的其他公开交易的普通股变现。

[7] 关于信用评级机构对权益的信用评级不在本章讨论的范围之内。要说明的是，评级机构一直重复指出，普通股是个例外。按照定义，它的股票信用达到100%。评级机构并不一定非要用约定俗成的方法为证券或者公司发行人评定级别。尽管如此，一家评级机构还是指出了一系列金融工具的股票信用的大致范围。具体参见 Libby Bruch, “Integration of Rating Scales and Re-evaluation of Equity Credit,” *Standard & Poor's CreditWeek*, February 24, 1999, pp. 9-11。

[8] 所有可转换产品的转换比率都需要在拆股和重大事件发生（如特殊分红和分配，一般在每种可转换证券条款中有明确规定）时进行调整。

[9]“2年不可赎回加1年130%临时确定”是指可转换证券在发行后头2年不可赎回，在发行后第3年如果股票价格连续20～30个交易日超过转换价格30%，则可有条件赎回，3年后可无条件赎回。临时确定的触发价格范围一般是120%～150%。

[10] 例如，亚马逊公司（Amazon.com）于1999年1月发行了一笔12.5亿美元、10年期的可转换债券，息票利率为4.75%，转换溢价为27%。亚马逊公司股票价格波动性很大，作为互联网行业的领头羊，公司的知名度很高。只做了一天的发行推销，公司的可转换债券的发行规模就直线上升。应投资者的要求，发行量从最初宣布的5亿美元增加到12.5亿美元。按照设计的债务结构，没有不可赎回保护。相反，有3年期的150%的临时确定赎回，就是说在债券发行以后的第一个3年以内，如果价格触发点的条件得到满足，发行人就可以强制转换。但是，发行人还需要对每份赎回的债券向投资者支付212.6美元现金（=1 000－1 000/1.27）。对投资者来说，最终的投资效果就相当于在可转换债券发行那一天购买了亚马逊公司的普通股。目前，更为常见的安排有别于**“一次性支付溢价提前赎回”**(premium makewhole)，而是**“一次性支付息票提前赎回”**（coupon makewhole)。在这种安排下，如果赎回在补偿期进行，那么发行人需要支付赎回权到期前所有规定利息流的算术和与赎回前已支付利息之差。

[11] 这一重设结构于20世纪90年代在日本提出，当时日本经济增长达到顶峰。在此，存在“死亡螺旋”可转换债券。然而，向下的重设限制特征通常被包括在这一重设结构中，例如，转换价格下降的幅度不会超过其初始转换价格的50%，总体的“死亡螺旋”就得以避免。

[12] 流动性收益率期权票据是美林证券公司的标志性产品。

[13] 我们用数字计算来说明这个过程：假定基础股票的价格是每股45美元，初始转换溢价是

25%，初始转换价格为56.25美元/股（=45×1.25）。20年期、增值率为5%的债券转换比率等于发行价格除以初始转换价格，为6.621（=372.43/56.25）。在5年中，债券将增值到476.74美元，这是发行价格按照2.5%在10个半年中复利计息的结果。于是，有效转换价格将是每股72美元（=476.74/6.621）。

[14] 回售是顺序偿付欧洲式回售，也被称作**百慕大回售**（Bermudan puts），既可以是**硬回售**（hard puts），也可以是**软回售**（soft puts）。起初，回售时买方支付现金。后来，支付时可以用现金，也可以用股票，或二者兼用，具体取决于发行人的选择，但支付总额必须等于回售价值总额。按照早期版本，将发行同样价值总额的普通债券作为第三种支付方法，目前这种方法已经被摒弃，因为新债券的价值界定不清晰。

[15] 假设股票的结算价格为45美元，债券的转换比率为32，那么该债券的内在价值为45×32=1 440美元。在净股票结算的情况下，投资者得到票面价值1 000美元现金，以及440/45=9.777 8股股票。

[16] 关于分叉原理，需要进行简要的注释：根据债务方法（debt method），账面价值为1 000美元的可转换债券可以被视为850美元的折扣债务和150美元的股票，其中前者在到期时会上涨到1 000美元，后者被当作股权。在到期之前，利息成本随着时间的推移趋于递增，其数额等于递增债券责任乘以可转换证券发行时可用于债券的直接不可转换债务率。值得注意的是，根据传统方法，债务成本等于票面价值乘以可转换证券的现金息票，其中可转换证券的现金息票可能会低于不可转换债券利率。增加的利息支出流被算作收益。在转换时，根据上述债务方法，每股收益会被更多地稀释掉，或者根据完全稀释"股权方法"，债券所含有的所有基础股票都被纳入计算，而不像净股票结算方法那样只计算支付的股票。

[17] 近期，受2007—2008年金融风暴的影响，"CoCo债券"这一术语被运用到一个完全不同的领域。这些CoCo债券由银行及金融机构发行，并且当发行银行经营失败并导致其核心资本率下降到低于监管水平时，它们可能会选择将其转换成股票。实际上，债券投资者已经向发行金融机构售出嵌入式信贷可回售期权，因此，如果这种类型的CoCo债券将来被转换成股票，那么无疑将会损害投资者的利益。与此处讨论的CoCo债券完全不同的是，其更像是一种反向可转换证券（reverse convertible），在此也包括一种由投资者出售给发行人的嵌入式信贷可回售期权。不足为奇的是，这些发行人可回售证券都没有在可转换市场进行交易。

[18] 尽管漏掉优先股不分红不会导致违约风险，但它会严重地压抑股票价格。对普通股分红的限制、优先股股东在董事会的席位以及其他对企业产生影响的措施，均会使被拖欠的优先股股息得以支付。因此，对漏掉优先股分红的选择权，尽管嵌入在这一产品结构中，但是也只有当企业陷入金融危机之际才会实施。

[19] 在大多数情况下，发行传统的优先股被看作是防止信用级别下降的手段，但基本无助于信用级别的提升。由于从结构上看，强制可转换证券在3～5年内肯定会被转换成普通股，因而从特征上看更接近普通股，并因此获得85%的股票信用。这几乎适用于所有类型的强制可转换证券，如优先股、可交换债券、混合税收扣减优先股等。

[20] 当30年期国债是最长有限期流动性基准时，优先股的价格低于其到期收益率。但是，自2001年以来，财政部停止发行通常的30年期国债——尽管2006年之后被恢复发行，但是在发行频率和流动性方面均设有限制。而10年期美国合约成为最具流动性的长期美国国债，转换债券也以此标准进行支付。信用违约互换（CDS）通常也是5年合约期，偶尔会延长期限。

[21] 这个逻辑适用于所有可转换产品。

[22] 这种证券的变形允许发行人拥有将其交换成另外一种债券的期权，该债券是一种其他条件相同、只是初始期限为10年的次级可转换债券。发行人一般在处于纳税状态时行使该期权。

[23] 优先股权赎回累积股票（PERCS）是摩根士丹利公司的标志性产品。

[24] 微软公司于1996年12月17日发行的1999年12月15日到期、上限为28%、利率为2.75%的A系列可转换优先股。

[25] 产品名称的大写字母缩写由发明它的投资银行提出。如DECS（花旗）、PRIDES（美林证券）、ACES（高盛）、PEPS（摩根士丹利）、SAILS（瑞士信贷第一波士顿）。

[26] 假定一只股票的当前价格为100美元，强制可转换优先股的发行价也是100美元。如果转换溢价是20%，最低转换比率就等于发行价格除以转换价格，具体为0.833 3股/强制可转换优先股（=100美元/120美元）。如果股票价格等于或者高于120美元，投资者就会收到0.833 3股。如果股票价格等于或者低于100美元，投资者就会收到1股，这是每股强制可转换优先股可以转换的最大股票数量。所以，如果股票价格在到期日是65美元，投资者每股会损失35美元。如果股票价格位于100美元到120美元之间，投资者得到的股票数量位于0.833 3股到1股之间。其价值等于初始投资额100美元。有时候出于标准化的考虑，股票的账面数额设定为50美元或者1 000美元，转换比率的计算过程完全与此相同。

[27] 按月收入的可转换优先股和按季收入的可转换优先股都是高盛公司的标志性产品。信托发起的优先证券是美林证券公司的标志性产品，也是对此产品结构最具解释力的产品。

[28] 按照1940年的《投资公司法》（Investment Company Act），信托在建立时类似于封闭式基金。

[29] 参与型复式期权票据可交换证券（participating hybrid option note exchangeable securities，PHONES）是美林证券公司的标志性产品。另一家投资银行称其为“ZONES”。

[30] 夏普比率被定义为资产组合超额收益率与组合风险的比率。组合风险用其收益率的标准差表示。其中投资组合的超额收益率等于组合的已实现收益率减去无风险资产收益率。该比率试图衡量资产组合在管理人的运作下，每单位风险所得到的超额收益。该指标适用于资产组合或资产类别。夏普比率越高，组合管理人或资产类别的业绩表现就越好。

[31] 随着市场在1995年实现复苏并于1998年中期达到顶峰，有税收减免的强制性转换产品和有税收减免但非强制性转换产品的重要性日益受到重视。1998年，传统可转换债券的发行量曾一度大幅下降。继1998年中期俄罗斯政府宣布无力偿付债务、亚洲和新兴市场国家出现金融动荡之后，传统可转换证券的新发行实际上已停止。由于担心利率上升，1999年上半年可转换融资与往年相比显得很冷清，但是在1999年第四季度反弹复苏并迎来一轮繁荣周期。在2000年和2001年，可转换债券占可转换证券总发行量的比重跃升至超过80%。随着网络泡沫的破灭，在2002年，优先股结构性产品所带来的收益占可转换证券总收益的42%。然而，2003年，可转换债券的发行量恢复了其主导地位，尤其是零息票、部分息票或CoCo结构性产品，这主要是因为实际利率继续维持在极低的水平。CoCo泡沫的破裂源于前文所述的美国财务会计准则委员会的变化。

[32] 在证券交易委员会注册的可转换证券可以向任何投资者发行，包括个人投资者。《144A条例》发行是另一种公开发行方式，证券可以出售或再出售给较大的机构投资者以及合格的机构投资者（QIB）。那些目前正在向证券交易委员会提交报告并等待注册的企业，以及那些愿意向投资者公布财务报告的企业，也可以采取《144A条例》发行方式。因此，新发行或者次级交易可以快速执行，省去了注册这一耗时的过程。

[33] 参见John Cox and Mark Rubinstein，*Option Markets*，Englewood Cliffs，NJ：Prentice Hall，1985，pp. 41－43。

[34] 在双因素分析模型中，可转换债券的价值由三维变量表示：y轴表示可转换债券价值；x轴表示股票价格（第一个因素）；z轴表示利率（第二个因素）。在上述较为简化的二维空间模型中，假定利率与信用利差之和不变，并且市场波动情况保持不变，那么可转换证券的定价区域平行于x、y平面。另外，如果假设利率与信用利差之和保持不变，而市场波动性（以z轴表示）随着股价水平的变

化而变化，那么可转换证券的波动平面也可以通过图形表示。

[35] 伽玛系数是可转换价值对平价的二阶导数，表示对普通股价格的德尔塔系数变动率，这是可转换交易中的一个重要的考虑因素。在市场波动剧烈时期，诸如近年来的市场动荡时期，每个头寸的伽玛、每个交易者头寸的伽玛和企业头寸的伽玛的加总，是用来衡量市场主体的潜在利润/损失敞口规模的风险指标。正的伽玛系数通常是合意的，而负的伽玛系数则表示"吉芬品"。

[36] 在其他条件相同的情况下，信用利差越高（越低），转换溢价越低（越高）。较高的债券最低利率使得可转换证券对于利率的价格反应较敏感，而对股价的反应较迟钝。

[37] 请注意这种方法和或有索偿权方法的差异。或有索偿权将可转换证券看作三种产品的综合，即股票、取得普通债券的可回售期权以及用基础股票的股息交换可转换债券利息互换的综合。

[38] 对于那些有变动息票利率和股息率的可转换证券，譬如阶梯式可转换证券来说，这个公式并不适用。这时，回收期可以按照定义直接计算。

[39] 参见 Fischer Black and Myron Scholes，"The Pricing of Options and Corporate Liabilities，" *Journal of Political Economy*，May-June，1973，pp. 637 - 659；以及 Robert C. Merton，"Theory of Rational Option Pricing，" *Bell Journal of Economics and Management Science*，Spring 1973，pp. 141 - 183。

[40] 当某种变量在一段时间内按照一种无法确定、不稳定的方式变化时，这个变量就被称为随机过程。

[41] 一般的假设是：支配股票价格收益率变动的过程是一个几何维纳过程。在时间 Δt 内，股票收益率按照均值 $\mu\Delta t$ 和方差 $\sigma^2\Delta t$ 呈正态分布，其中 μ 和 σ^2 分别是股票价格收益率的瞬时均值和方差。

[42] 在此案例中，随着该证券从投资级证券向非投资级证券转移，信用利差可能会进一步扩大。

[43] 在 1998 年下半年爆发的亚洲和俄罗斯债务危机期间以及最近的 2007—2008 年全球金融市场流动性不足危机期间，尽管国债利率趋于下降，但是信用利差在全球范围内的扩大使资产组合管理人更加谨慎地监视利差的变化趋势

[44] Michael J. Brennan and Eduardo S. Schwartz，"Analyzing Convertible Bonds，" *Journal of Financial and Quantitative Analysis*，1980，pp. 907 - 929.

[45] Jonathan E. Ingersoll，Jr.，"A Contingent-Claims Valuation of Convertible Securities，" *Journal of Financial Economics*，1977，pp. 289 - 322.

[46] 泰勒级数可以近似地表示偏微分方程中的偏导数。与显式有限差分方法相比，尽管隐式有限差分方法更具有稳定性，但是在计算过程中更耗费时间，而显式有限差分方法更具有灵活性，也更容易理解。

[47] 信用风险模型（CreditGrades）和穆迪公司的 KMV 模型属于这类模型。可能会有人辩驳，在 2007—2008 年全球金融危机爆发期间，这些分析模型的表现并不好；主要的原因是基于历史估计值的期权相关性估计并没有满足实际实现的相关性远超过估计的相关性这一条件。

[48] 感兴趣的读者可以进一步参阅 Kevin B. Connolly，*Pricing Convertible Bonds*，Hoboken，NJ：John Wiley & Sons，1998。

[49] 此类分析模型既可以通过订阅获得，例如彭博，也可以从经纪公司处免费获取，经纪公司希望通过提供这一客户服务来促成交易。

[50] 估计波动性还有一个更复杂的方法，这就是广义自回归条件异方差法（generalized autoregressive conditional heteroskedasticity，GARCH）。该方法赋予最近的波动性观察值以累增权重，权重按照一个估计的衰减参数调整，类似于利率模型中的平均修正参数。参见 Tim Bollerslev，"Generalized Autoregressive Conditional Heteroskedasticity，" *Journal of Econometrics*，1986，pp. 307 - 327。

[51] 赎回通知期是指事先规定好的发行人发出赎回通知之后的天数，通常为 15～30 天。在此期间内，证券持有人必须执行转换期权。如果没有在规定期限内执行，该证券持有人被视为已经选择了赎

回规模。

[52] 有效转换价格等于赎回价格除以转换比率。例如，尽管转换价格为每股 67.272 美元（=1 000/14.865)，如果某债券的赎回价格是 1 035 美元，转换率是 14.865，则有效转换价格为每股 69.627 美元（=1 035/14.865)。在看涨证券的情况下，有效转换价格等于看涨价格除以转换比率。

[53] 之所以说“大致上”，是因为一些基础股票股息率很高的可转换证券始终按负收益率优势发行。投资者很明智地将这种可转换证券看作非常有价值的可回售期权的股票，也将其看作有很强防卫性的证券。

[54] 这解释了为什么在强制不可赎回期后，按照 175%或更高价格水平确定的一年的暂定赎回保护会在价值上大致等于另一年的强制赎回保护。

[55] 具体地，赎回延迟等于 $\sigma\sqrt{t}$ ，其中 σ 表示在既定时期内的股票波动性估计值，t 是以年计的赎回通知期长度。用具体数字来进行说明，假设 t 为 1 个月，每年的短期波动性估计值为 30%，且不发生任何跳跃，股票价格的预期波动范围就是 $0.30\times\sqrt{1/12}=0.866$。也就是说，股票价格在一个月内变动±8.66%的概率是 68%。在考虑两个标准差的情况下，一个月内股票价格超过有效转换价格 17.32%的可能性为 95%，此时假设股票价格服从对数正态分布。

第 6 部分

信用风险

第 43 章

公司债券的信用分析*

马丁·弗里德森（Martin Fridson），注册金融分析师

法国巴黎银行资产管理部全球信贷策略师

弗兰克·J. 法博齐（Frank J. Fabozzi）博士，注册金融分析师，注册会计师

EDHEC 商学院金融学教授

亚当·B. 科恩（Adam B. Cohen），法律博士

Covenant Review 公司创始人

本章的目的是为公司债券的信用分析提供一个框架。尽管未偿付的公司债券的种类有许多，但是债券可以根据其发行单位细分为三个主要种类：工业债券、公用事业债券和金融公司债券。本章将把重点放在对工业债券的全面介绍上，然后讨论公用事业债券和金融公司债券。高收益公司债券的信用分析必须考虑的特殊因素也将会进行讨论。在本章的末尾，将会介绍可用于确定潜在违约债券发行人的信用评分模型。

* 本章的主要内容基于本书前面版本的简·特里普·豪（Jane Tripp Howe）撰写的章节。

43.1 信用分析的方法

传统意义上的公司债券信用分析主要集中于债券的违约风险，也就是债券持有人不能收回预计利息或到期本金的可能性。在这种单维度定义下，分析主要涉及对历史上与固定收益证券投资相关的一系列比率的计算，常见的有固定费用保障比率、杠杆比率以及资金流/总债务比率。这种方法适用于利率稳定并且投资者出于持有至到期的目的而购买债券的情况。在这种情形下，由利率变化导致的债券市值波动最小，同时由债券发行人信用质量变化导致的债券价值波动由于投资者在到期前不准备出售债券而减小了。但是，在过去30多年里购买债券的目的已极大地改变了：投资者仍然因为安全性而购买债券并放弃如普通股之类资产的高收益；而越来越多的投资者购买债券是为了积极地进行交易来获取由利率变化或信用质量的绝对或相对变化所带来的债券收益。此时，公司债券信用分析与后一种购买债券的目的有关：影响债券价格的信用质量发生变化的可能性有多大？其所运用的分析方法主要考虑各种比率以及盈利性趋势，如股权收益率、营业利润率以及资产周转率，这种分析和普通股分析相关联。在实际应用中，这两种分析方法都应该被应用于公司债券的分析之中。从某种意义来说，这两种方法考虑了同一个问题，即违约或信用风险。然而，分析师只有同时使用这两种方法才能达到持有债券的双重目的：利息和本金的安全以及债券存续期内信用风险的稳定或降低。

另一种迅速的转变是从买入并持有战略（buy-and-hold strategies）向积极的债券管理的转变，这是对影响公司为涵盖利息费用而产生现金流能力的信息所做出及时反应的一种溢价。股价的骤然波动可能会显著地反映一些关于某一公司未来盈利能力的新信息，而债券市场却不能反映这些信息。通过从股票市场上所得到的线索，一位精明的投资者可能会抢先于竞争对手，从而抓住发行人所发行债券价格的上升周期，或者回避下行周期。

除了这种被动方法之外，债券投资者还可以运用股权信息来进行系统性的潜在盈利能力分析。期权分析[1]的发展使得认为股票分析和债券分析相互交错的观点得以进一步发展。这一推理路线的基础是以下基本观点，即某一公司的所有债务都源于与之等值的现金流。这意味着股权的内在价值必须等于债务的内在价值。（需要注意的是，股权价值在此是指经济价值，而不是持股人的股权在资产负债表上所体现的会计价值。）

从这些见解中获取分析便利的能力源于一个预期，即如果该公司所有者手中的股权的价值下降为零，那么他们将会停止支付利息，也就是说他们会违约并拒绝偿付债务。这一理性的反应类似于当抵押贷款超过房屋价值时，房屋所有者将会“把钥匙寄送给银行”，而不是继续支付贷款利息。由此可以得出结论，债券持有人的股本坐垫（equity cushion）越高，违约概率越小。

图表43—1解释了较高的股本坐垫（以该公司在股票市场的股价来衡量）意味着较低概率的违约这一观点。在该图表中，22家美国投资级化学公司依照其股权的市场价值与总债务之间的比值（MV/TL）按从大到小的顺序进行排序。股权估值与相应的债券评

级二者之间的关系是显而易见的。排名的前半部分包括 7 家评级为 A 类公司中的 6 家（占 86%）；后半部分包括 14 家评级为 BBB 类公司中的 10 家（占 71%）。

图表 43—1　投资级化学公司的股票信用比较

名称	MV/TL	债券级别
Mosaic Co.	8.54	BBB−
Sigma-Aldrich Corporation	7.86	A
Monsanto Co.	4.81	A+
Ecolab Inc.	3.88	A
Albemarle Corp.	3.26	BBB
Praxair Inc.	3.25	A
The Sherwin-Williams Company	3.19	A
FMC Corp.	2.81	BBB+
Lubrizol Corporation	2.59	BBB+
Westlake Chemical Corp.	2.48	BBB−
Air Products & Chemicals Inc.	2.45	A
International Flavors & Fragrances Inc.	2.37	BBB
HB Fuller Co.	1.97	BBB
Airgas Inc.	1.94	BBB
Cabot Corp.	1.55	BBB+
Eastman Chemical Co.	1.52	BBB
The Valspar Corporation	1.50	BBB
RPM International Inc.	1.48	BBB−
EI DuPont de Nemours & Co.	1.47	A
Cytec Industries Inc.	1.31	BBB
PPG Industries Inc.	1.31	BBB+
The Dow Chemical Company	0.87	BBB−

资料来源：根据 Capital IQ 的数据编制。

然而，这种排序无论如何也称不上完美。最醒目的是，在上述排序中，Mosaic 公司的 MV/TL 比率最高（8.54），但其评级是最低的（BBB−）；与之相反，DuPont 公司的 MV/TL 比率排名为第十九，但是其评级位居第二（A）。此类异常现象有助于投资者识别评级有误的债券，这可能是因为评级公司没有对股票市场已经融入该公司股价这一变化做出充分反应。实际上，在 2004 年 10 月至 2008 年 6 月这一期间，标准普尔公司对 Mosaic 公司的评级从 BB 提高到了 BBB−。这一评级调整落后于穆迪公司一步，并且调整后的信用级别仍低于穆迪评级，即经过长时间的努力之后，Mosaic 公司的评级从 2006

年 11 月的 B1 提高到 2009 年 8 月的 Baa2。在识别公司的违约风险真正下降这一方面，评级公司可能正在变得比股票市场更加谨慎。

然而，要给出定义性的结论，只给出某一公司的信用评级与股票价格之间的简单对比尚且不足，还需要更多的信息。其他的因素可能会对 Mosaic 和 DuPont 两家公司之间的评级差异给出解释。首先，与 DuPont 公司相比较，作为钾盐和磷酸盐生产商的 Mosaic 公司，其生产线的多样化程度较低，并且其经营收入对易挥发商品价格的波动非常敏感。其次，2010 年，在经历了必和必拓公司（BHP Billiton）试图收购其旗下的钾盐公司，将投资者们的关注焦点转移到钾盐储备的价值之后，Mosaic 公司的股价曾一度暴涨。这一效应被实践证明只是暂时性的。尽管 2010 年缓慢的经济复苏对 DuPont 公司的经营收入施加了短期限制，但是从长期来看，该公司不太可能发生违约风险。

更一般地来说，违约概率方程不仅涉及股本坐垫的绝对大小，还涉及这一变量的波动程度。如果一家公司的股本坐垫相对较小，并且预期其估价是稳定的，那么它可能会获评较高的信用等级。非常稳定的股票价格使得该公司的股权价值不太可能下降为零，继而不太可能发生违约事件。

在信用分析的框架下，关于股权估价解释需要提醒的最后一点是，在特定情况下，股本坐垫的增加可能预示着发生违约风险概率的提高。杠杆收购（leveraged buyout，LBO）所导致的最终效应体现在，在公司资本结构中，很大比重的股权为债务所代替，从而导致信用风险的加剧。例如，由于 2005 年的杠杆收购，标准普尔对桑盖德数据系统公司（SunGard Data Systems）的信用评级从 BBB＋下调至 B＋。但是，为了达成交易，杠杆收购发起人要从现有持有人手中获取股票，必须支付高于市场价值的溢价。有时候，在交易被正式对外宣布之前，杠杆收购的消息被市场所泄露，结果会推高股票价格。这些结果在短期内会增加股本坐垫，但是当股价上升的真正原因水落石出之时，急于认为信用风险会趋于下降的分析家会遭受当头一棒。

43.2 行业分析

分析债券的第一步是熟悉行业情况。只有在行业范围内进行公司分析才是正确的。例如，一个年增长率为 15%的公司可能显得很有吸引力，然而，如果行业的年增长率为 50%，则该公司是没有竞争力的。行业分析要考虑的因素有很多。但是，了解本节将要讨论的以下 9 个变量可以为一般的固定收益债券分析师提供一个框架，从而对公司前景做出合理预测。

- 经济周期；
- 发展前景；
- 研发费用；
- 竞争；
- 供应来源；

- 监管程度；
- 劳动力；
- 会计；
- 事件风险。

例如，在某些行业，关于劳动成本的分析必须考虑技术进步因素的影响，因为技术进步使得部分劳动能够被外包给工资水平较低的国家。相关案例包括客户询盘的处理、诊断结果的分析以及财务报表的分析。此外，会计标准的国际差异也会使得隶属于不同国家的业内同行之间信用质量的比较变得复杂。

□ 经济周期

行业的经济周期是分析师在分析某个行业时要考虑的首要变量。该行业是否如零售业一样与国内生产总值（GDP）的增长密切相关，或者如受到监管的电力行业一样不太受经济衰退影响但增长率较低？应该将公司每股收益的增长与行业增长趋势相比较。如果与行业增长趋势有较大偏离，那么就应该做进一步分析。某些行业可能与总体经济发展关系不大却对人口变化相当敏感。例如，美国人口老龄化促使对健康医疗需求的增长速度快于总体经济的增长速度。但是，分析家必须时刻牢记，政府和雇主对于控制健康医疗成本的努力可能会抑制收入增长。其他行业，如银行业则对利率比较敏感。对于拥有较多联邦基金头寸的银行，当利率上升时其收益会低于整个市场，这是由于其贷款收益滞后于资金成本的增长。相反，当利率下降时银行业的收益会高于整个市场，这是由于此时的利率滞后变化对银行业有利。

但是，一般来说，很少有某个行业的收益仅与一种经济统计量完全相关。不仅各行业对众多经济变量敏感，而且公司或行业内的不同部门还会经常逆经济周期而变化或者相对于总体经济有不同程度的滞后。例如，建筑业可分为房屋建筑业和装修装饰业两个部门。从历史上来看，房屋建筑业领先于GDP的增长，而装修装饰业对总体经济趋势不太敏感。因此，在分析建筑业公司时，应该将其各业务部门的业绩与相应行业部门的增长相比较。

□ 发展前景

与经济周期相关的第二个变量是行业的发展前景。该行业的发展是否如家政业一样预计会增长并且保持在一个较高的水平，或者如军工业一样预计会下降？不同的发展前景对于公司的意义是不同的。在高速增长的行业，需要有多少产量来满足需求，以及如何为此进行融资？在低速增长的行业（如铁路行业），行业内是否有分散经营或联合经营的趋势？处于高速增长行业中的公司比处于增长水平低于平均值的行业中的公司更有提高其信用质量的潜力。然而，在分析行业的发展前景时还必须考虑准入壁垒和增长的可持续性。如果某个行业发展很快，许多新公司可能会进入该行业，这将会使得产品过剩以及利润降低，还可能导致公司破产。

行业的发展前景也应该在国际范围内加以考虑，特别是对承受国际风险的公司。一般来说，行业的发展前景在各个国家并不相同。例如，软饮料在美国是一个衰退行业，而在许多新兴市场国家则是一个成长型行业。

□ 研发费用

对发展前景所做的一般性评估可通过第三个变量来做进一步分析，即用来维持或扩大市场份额的研发费用。有高技术含量的产品可能很快就变得过时，因此，虽然某一公司可能在该行业处于领先位置，但如果没有资金来保持技术领先或者至少跟上当时的技术水平，从长期来看其行业地位很可能会受到损害。然而，短期内一个研发费用持续低于行业平均值的公司可能会由于利润的增加而得到高于行业平均值的业绩。

由于要考虑技术发展方向，对研发费用的评估变得更加复杂。成功的公司不仅要花费足够的资源用于发展，而且要正确估计行业发展方向。若资金的投向不正确，花费足够多的资金也不一定能防止信用等级的下降。例如，由于主机业务的下降，那些坚持向主机业务投入大部分资金的计算机公司就遭受了信用等级的下降。对于诸如软件和电信之类的行业，新技术层出不穷，但并非所有的技术都符合市场发展前景。如果一家公司将其生产计划关联于错误的技术，那么将不仅不能覆盖高额的研发投入费用，而且会丧失竞争优势。

□ 竞争

竞争基于多种因素，并且各种因素的相对重要性因行业而异。通常情况下，价格是一个重要的考虑因素，但是产品质量也会影响客户的决策。对于许多消费品来说，很难通过客观的标准来衡量产品质量。为此，品牌知名度和明星代言往往会形成对产品质量的认知。此外，某些公司还通过力求打造分销优势或者通过与客户之间培养长期合作关系来增强自身的竞争力。

有些公司凭借专利和商标，能够在较长的期间内维持较强的竞争优势。另外，专利有效期的结束可能会导致严重的营业收入损失。这尤其符合药品制造商的情况，因为一旦某种畅销产品的专业保护期结束，该药品制造商不得不开始与仿制药生产商进行公平竞争。另一种危险的信号是，经营收入在很大程度上依赖于少数客户。在这种情况下，某一关键客户转而选择其他供应商的决定可能会对该公司带来沉重的打击。

逐渐地，各种形式的竞争都具有国际性，并且受相对货币价值波动的影响。营运良好的企业是那些在国际上有竞争力并且集中在最有发展潜力的地区的企业。只要产品的质量好且价格合理，消费者并不关心该产品产自哪个国家。被运往美国的在墨西哥制造的汽车和汽车零部件的显著增加体现了这一事实。

某一行业内的竞争直接与该行业的市场结构有关，并影响定价的自由度。不受监管的寡头地位是令人羡慕的，它可以将价格定在使其利润最大化的水平。大多数行业都具有一定程度的自由市场形式，因而必须根据供求关系以及相似产品的价格来为其产品进行定价。在寡头垄断市场，通常存在一个定价领袖。令人关注的是一个走向寡头垄断的行业中的小企业的命运。在这种环境下，小企业的生产成本可能会高于行业领袖，却必须接受行业领袖制定的价格。在极端情形下，价格战会迫使小企业停止营业。这种情形曾经发生在汽车行业，并持续了数十年，首先是在国内市场，后来蔓延至全球市场。随着美国汽车市场逐渐缩小为三寡头（通用汽车公司、福特汽车公司和克莱斯勒汽车公司）垄断市场，许多美国本国的汽车生产商被大型汽车公司淘汰或吞并。除了在成本和定价方面遭受竞争压力之外，小型汽车生产商在产品种类多样化方面也不具有竞争优势，导致其相对于行业领袖对消费者偏好的变化更为敏感。类似地，随着行业全球化趋势不断增强，仅局限于世界某地区的生产是不利的。通常情况下，经济衰退的严重程度因国家而异，因此全球性生产商能够通过在各大洲扩张销售市场来降低其对经济衰退的脆弱性。

另一个令人关注的问题是行业的生产能力过剩。生产能力过剩经常与价格战同时出现。价格战一般会导致整个行业内财务状况的恶化，这是由于伴随着对市场份额的争夺会出现利润的下降或损失的发生。

□ 供应来源

行业的市场结构和各种竞争力量对第五个行业变量有着直接的影响，即主要生产部件的供应来源。若某一公司不完全由自己供给生产原料却有能力避开成本的增长，则说明该公司的处境比较好。

□ 监管程度

在诸如发电行业之类的管制垄断行业，产品价格由政府部门决定。其目的在于防止企业获取超额利润，为资本提供一个公平的收益率。管制垄断政策旨在维护经营收入的稳定性，而与经济发展环境如何无关。然而，国家监管委员会对于降低费率以弥补成本提升的各种需求的反应是不同的。

非垄断行业也会面临管制，例如在劳动实践、财务报告、产品安全和环境影响等领域。满足此类管制要求的成本通常是高昂的，并且将这一成本转嫁到客户身上的程度也因行业而异。如果一国的管制比其他国家严格，那么该国家的企业为满足相关监管要求而相对于外国企业在一定程度上丧失国际竞争力。违反监管规定会导致高昂的罚金和剩余损失，而这又可能导致业务损失。

□ 劳动力

行业的劳动力状况也是应该分析的变量。该行业中是否有强大的工会？若有的话，发生罢工的历史情况如何？管理者可在多大程度上削减劳动力？当目前的劳动合约到期时，立即进行清算的可能性有多大？劳动力状况对没有工会的公司也是重要的，特别是对劳动力比较紧缺的公司。公司管理人员的更替情况如何？公司职员如高技术工程人员被竞争对手雇用的可能性有多大？非工会公司的工会活动可能是什么？这个州是工会组织可能保障（非工会会员）就业权（right-to-work），因此更难加入工会的州吗？非工会公司比工会公司具有多少成本优势？

越是劳动密集型行业，劳动力状况越是重要。美国汽车业就是这样的例子，该行业过剩的生产能力以及强大的工会组织导致了较高的固定成本以及周期性的经营亏损。

有时，分析师关注单位小时的工资。这可能会产生误导作用。对劳动力状况的评估应关注劳动章程，这是由于对某一组织来说劳动章程要比工资率更为重要。劳动章程是影响某些汽车制造商盈利性的一个重要因素。

□ 会计

另外一个要考虑的行业变量是会计。该行业是否有特殊的会计处理，如保险业和电力行业？若有的话，分析师应该在进行公司分析之前熟悉这些会计处理。另一个重要因素是公司是积极地还是保守地运用会计准则。分析师应该确认行业标准得到了遵守，并应该分析可比较的数字。

我们应该特别关注那些运用的会计体系不同于公认会计准则的公司。这些公司的报表应该被调整到按照公认会计准则所提供的报表。另外，还应该仔细考察公认会计准则的变化。

使用历史数据时也要小心。各公司经常要对以前年度的会计结果进行调整，从而反映其经营的非连续性和会计规则的变化。这些调整可能会掩盖那些不好的趋势。例如，经常处理掉其经营业绩不佳的业务并因而突出其较高盈利能力业务的公司，可能正试图掩盖其经营管理的不善。为了对各种趋势进行估计，分析师应该同时分析未调整的报表结果和调整后的报表结果。

当出现并购时也应该注意其中的会计操作。有多少账面价值是由允许在账面上出现的未实现收益所引起的？有多少商誉是由并购产生的？合约的价值是否由于提出收购的公司认为能提高被收购公司的经营业绩而被高估？谨慎的分析师应该留意这些会计科目，并要判断这些科目所反映的是实际情况还是对未来形势的过高估计。

□ 事件风险

最后一个需要考虑的行业因素是事件风险。事件风险是指某一企业的财政状况中出现的重要的不连续性，包括彻底改变企业资本结构的交易，诸如杠杆收购和企业接管之类的在很大程度上靠债务进行融资的交易。事件风险还包括诸如自然灾害、环境灾难、国有化、恐怖袭击和会计欺诈的披露等冲击事件。

冲击事件可能会对企业信用产生严重影响，甚至会导致其破产。例如，在 2010 年 6 月，穆迪投资者服务公司曾持续调低了英国石油公司的信用评级，从 Aa1 下调为 A2。两级信用下调反映了该公司在墨西哥湾大规模漏油事件所引发的遏制政策、海湾清理、诉讼和罚金等方面的潜在成本。从性质上来说，冲击事件不可预测，但是在一定程度上能够预估公司遭受冲击事件的概率。

43.3 财务分析

在了解了行业状况后，接下来就要进行财务分析。财务分析应该分三个阶段进行。第一个阶段是进行传统的比率分析；第二个阶段与普通股分析相关，涉及对公司股东权益报酬率进行成分分析；最后一个阶段要考虑包含管理水平以及外汇风险暴露在内的一些非财务因素，同时还要对公司债券契约进行分析。

□ 传统的比率分析

可以计算出很多比率来对债券进行传统的比率分析。本小节将要讨论其中的 8 个比率：

- 税前利息保障倍数；
- 杠杆比率；
- 现金流；
- 净资产；
- 无形资产；
- 无资金准备的养老金债务；
- 设备年限和状态；
- 营运资金。

所选的这些比率的应用最为广泛。然而，在分析某一特殊行业时，其他比率可能会比较重要，应该予以考虑。

税前利息保障倍数

一般来说，进行信用分析时要计算的第一个比率是税前利息保障倍数（pretax interest coverage)。该比率度量了税前收益是利息费用的多少倍。税前利息保障倍数等于税前收益加上利息费用之和除以总利息费用。保障倍数越大，债券信用级别越高。若利息保障倍数小于 1，则公司必须运用借款、使用现金流或者出售资产的收益来支付利息费用。

由于利息费用是税前费用，因而公布的倍数值一般都是税前值而不是税后值。虽然税前利息保障倍数比较有用，但是其使用效果与公司的其他固定债务有关。例如，若公司有大量其他固定债务，如租金或租赁费用，那么更合适的倍数值应该包括这些固定债务。零售业就是一个例子，该行业内的公司通常都有租赁费用。在这种情形下，简单地计算税前利息保障倍数将会有误导作用，因为此时除利息之外的固定债务已经变得非常重要。

分析师还应该留意任何或有债务，如公司对另一公司的债务所做的担保。尽管所分析的公司可能永远不必为担保的债务支付利息或本金，但担保的存在还是降低了运用税前利息保障倍数的效果。此外，所担保的债务质量也必须加以考虑。

计算出税前利息保障倍数和固定费用保障倍数以后，还需要分析这些比率的绝对水平及其与行业数值相比较时的相对水平。例如，电力行业中税前利息保障倍数为 3.0 的公司，其信用级别会相应地达到 A 级，然而在制药业中具有同样倍数值的公司，其信用级别将会低于 A 级。

图表 43—2 展示了由标准普尔报告的各种主要的税前利息保障倍数，以及评级机构是如何计算它们的。图表中定义了在比率和公式中使用的每种测量方法。

图表 43—2　　　　　　　　　　标准普尔关于主要比率的术语和计算公式

术语

持续经营产生的税前收益：在特殊项目、少数股东权益、债务收益或重购以及所得税之前来自持续经营的净收益。

8 倍租金：用资本化因子 8 乘以总租金。

权益：股东权益（包括优先股）加上少数股东权益。

经营活动自由现金流：经营活动产生的资金减去资本支出再减去（加上）营运资金（除去现金、可交易证券以及短期债务的变化）的增加（减少）。

经营活动产生的资金（或资金流）：持续经营的净收益加上折旧、摊销、递延税款以及其他非现金项目。

总利息：在减去资本化利息及利息收益之前发生的全部利息。

总租金：转租收益前支付的全部经营租赁的租金。

利息费用：发生的利息减去资本化利息。

长期债务：包括资本化租赁负债在内的资产负债表列示项目。

营业收入：销售收入减去销售成本（在折旧前和摊销前）、销售费用、管理费用以及研发费用。

总债务：长期债务加上应付债款、应付票据以及其他短期借款。

主要比率的计算公式

税前利息保障倍数=(持续经营产生的税前收益+利息费用)/总利息

包括租金的税前利息保障倍数=(持续经营产生的税前收益+利息费用+总租金)/(总利息+总租金)

息税折旧摊销前利润（EBITDA）利息保障倍数=(持续经营产生的税前收益+利息费用+折旧和摊销)/总利息

经营活动产生的资金(或资金流）占总债务的百分比=(经营活动产生的资金/总债务)×100%

经营活动自由现金流占总债务的百分比=(经营活动自由现金流/总债务)×100%

永久资本税前收益率=[（持续经营产生的税前收益+利息费用)/(应付账款、长期债务、递延税款、少数股东权益以及股东权益的年初和年末平均值+财务报表脚注中短期借款的年度平均值)]×100%

营业收入占销售收入的百分比=(营业收入/销售收入)×100%

长期债务占资本总额的百分比=[长期债务/(长期债务+权益)]×100%

总债务占(资本总额+短期债务)的百分比=[总债务/(总债务+权益)]×100%

(总债务+8 倍租金)占(资本总额+短期债务+8倍租金)的百分比=[（总债务+8 倍租金)/(总债务+权益+8 倍租金)]×100%

资料来源："Adjusted Key U. S. Industrial Financial Ratios," *Standard & Poor's Credit Week*, September 20, 2000, pp. 39 - 44.

杠杆比率

第二个重要的比率是**杠杆比率**（leverage)，该比率有好几种定义方式。然而，最常用的杠杆比率定义是长期债务占总资本的比率。债务水平越高，所需的用以支付固定债务的营业收入就越多。若公司的杠杆比率较高，分析师还应考虑其**安全边际值**（margin of safety）。安全边际值用营业收入可以降低的百分数来定义，降低后的营业收入仍能保证公司支付其固定债务。

计算杠杆比率的传统方法使用公司最近的资产负债表所显示的资本结构。对这一传统比率的有益补充是**市场调整债务比率**（market-adjusted debt ratio）。它把资产负债表所报告的债务（作为已披露的持有人股权的替代指标）作为所有已发行股票的市场价值。

传统意义上的、以账面价值为基础的杠杆比率的缺点之一在于，会计制度通常要求实物资产按照历史成本入账。在会计核算中，可能会通过减记价值来反映实物资产的损耗，但是并不通过加记价值来反映其经济价值的增加，除非实物资产涉及企业收购。此外，现行会计制度要求对很多支出项目进行直接费用化而不是资本化，因此会产生大量的长期价值。这样的例子包括研发、品牌名称的产生以及高效销售组织的建立。因此，传统的杠杆比率可能会低估公司股权的经济价值，从而会高估杠杆比率。

市场调整债务比率是对传统杠杆比率的一种非常有用的矫正，因为在正常条件下，股票市场会反映企业资产的账面价值和经济价值二者之间的差异（或正或负）。但是，分析家们应该牢记，股票价格可能会极度不稳定。伴随着公司的股票市场价值的校准，可以预期一个月后的杠杆比率要明显高于当前，而且这一变化主要反映公司股票价格的整体下降，而不是公司收入前景的基本下滑。

通常情况下，金融行业公司是杠杆比率最高的一类公司。对于**控制金融公司**（captive finance companies）（其为从事产品制造或者零售服务的母公司的销售业务进行融资，并且从母公司获得债务担保）来说，其债务—股权比率等于 10：1 的情况并不奇怪。对于非控制金融公司，当前其债务—股权比率通常介于 5：1 和 7：1 之间。投资者能够容忍金融行业公司的较高的杠杆比率，因为其资产一般具有流动性特征。一般来说，贷款、应收账款以及其他融资工具能够被卖出，而且如果为了满足偿付到期债务的需要，这些融资工具的卖出不会导致面值的严重损失。相反，工业企业通常涉及大量工厂和设备，它们不能够得到如此迅速的处理。因此，如果一家工业企业的以票面价值计算的杠杆比率等于或大于 5：1，那么其将被视为从事高杠杆投机。

除了要考虑公司杠杆比率的绝对和相对水平之外，分析师还应考虑债务本身的情况：有多少债务是固定利率，有多少是浮动利率？若公司的大部分债务与优惠利率相关联，那么当利率上升而公司产品价格没有相应地上升时，公司的利润会减少。这种债务结构在利率周期的特定阶段可能是有利的，但是以后年份的利息费用得不到精确的估计。一般来说，在杠杆比率相似的条件下，浮动利率债务较少的公司比浮动利率债务较多的公司处境要好。

债务的到期结构也应考虑。在今后 5 年内到期的债务比例有多少？由于要对这些债务重新融资，公司的债务成本将怎样变化？

经营租赁的存在也会使得杠杆比率被低估。要得到杠杆比率的真实值，经营租赁就应该被资本化。

公司的信贷额度经常会占公司全部债务的较大一部分。要仔细分析这些额度以确定其为公司带来的财务便利性。分析这些额度时要考虑未使用的额度和授予的抵押权益（security interest）。另外，分析师还应确定是否包含实质性负面变化（material adverse change，MAC）条款，在该条款下信贷额度可以被收回。例如公司在使用完信贷额度且处于将触发 MAC 条款的处境时，要为任何债务重新融资都可能会遇到困难。类似地，对于未使用额度应通过在需要时该额度可替代商业票据的能力来进行评价。在公司商业票据级别下降的情况下，公司发行商业票据的能力会很快消失。在此情形下，公司被迫使用信贷额度来替代到期的商业票据。有银行信贷额度支持商业票据的公司比没有这种支持的公司处境要好。

同样，图表 43—2 也展示了标准普尔使用的主要的杠杆比率以及每个比率的计算公式。

现金流

第三个重要的比率是现金流占总债务的比例。**现金流**（cash flow）经常被定义为持续经营活动产生的净收入加上折旧、损耗、摊销以及递延税项。在为信用分析而计算现金流时，分析师还应从子公司上交的利润中除去非现金部分。实际上，分析师应该关注由经营活动产生的现金。任何非正常的资金来源和使用在确定现金流总体趋势时都应该被剔除。对于从子公司获得的现金股利应考虑其适度性（相对于子公司的收入来说太高还是太低）以及母公司对上缴股利的控制。上缴的股利是否有法律限制？如果有限制，目前的股利水平与这种限制值的接近程度如何？

净资产

第四个重要的比率是净资产与总债务的比率，其衡量某一公司通过变现资产以偿付债务的能力。公司在正常情况下不会通过资产变现来偿付债务，而其通常的做法是当债务到期时通过筹集资金或者通过操作现金流来偿付债务。在资产趋于贬值并且公司资金紧张的情况下，公司最有可能通过资产变现的方式来偿付债务。因此，分析师必须意识到变现价值非常重要，它可能在很大程度上不同于资产负债表所登记的当前价值，也可能不同于现行市场价值。

资产的账面价值和变现价值之间的差异源于许多固定资产本身所具有的流动性不足的内在属性。下面我们来考虑在偏远地区一家矿业公司的专用的重型机械设备的情况。该资产在资产负债表上显示的价值等于其购买价格减去所登记的、自购入以来的折旧费用。这一价值并未体现购买者为之所支付的运输成本。此外，折旧费率是在机械设备购买时确定好的，并不考虑后来引入更具有竞争力、成本节约型生产方式的可能情况，而这种情况可能会降低早期设备的价值。

为了识别账面价值与变现价值之间的差异，分析师可以从类似资产的销售方面获取可用信息。例如，在能源部门，被广泛报道的石油储备销售价格为每桶石油的美元价格提供了参考基准。同样地，零售连锁店和饭店的收购价格也可以为具有类似属性收购的现行市场价值提供有用的估算参考价值。

但是，即使能够获取此类市场数据，债务持有人也必须慎重考虑其本金最终能否通过资产变现的方式得以全部偿付。例如，假设航空业处于繁荣发展时期，某航空公司以飞机为抵押售出债券。那么，为购入二手飞机而支付的价格意味着，抵押资产的价值很轻松就会超出债券的账面价值。但是，作为发展周期性较强的航空业来说，如果其转而步入衰退时期，债券可能会到期，那么这将导致债务人难以通过筹集资金来偿付债务。当市场达到抵押物的变现价值远低于债券账面价值这一点时，对二手飞机的需求可能会达到最小。

公司收购、资本结构重组以及其他的结构调整通常会提高资产覆盖保护的重要性。对于某些债券持有人来说，遗憾的是，公司兼并或收购可能会给公司原本偿付优先于债券持有者的资本结构增加更多的债务，从而严重影响其资产覆盖保护程度。分析家虽然很难预测收购时间，但是关键要预估由收购和其他结构调整所带来的保护程度（证券契约所约定的）。

在极端情形下，分析师还要考虑破产时的资产保护。由于债务人在破产时有权取消租赁合约，因而这对于租赁债务尤为重要。在取消租赁合约时，资产保护要依赖于租赁合约被裁定为是真正的租赁还是一种融资安排。即使被确定为真正的租赁，还要进一步确定租赁合约中涉及的是非住宅性不动产还是个人资产。这两者在安全性上（即破产时的回收率上）的差别是很大的。非住宅性不动产租赁的损失额仅限于3年的租赁费用，而个人资产租赁的损失额可以是租赁的所有应付款。

除了刚刚讨论的主要变量之外，分析师还应考虑其他几个变量，包括无形资产、养老金债务、设备年限和状态以及营运资金的充足性。

无形资产

无形资产经常只代表资产负债表资产方的很小一部分。有时，特别是对于有收购计划或者已完成收购计划的公司，无形资产可能会占资产的较大比例。在这种情形下，分析师应该估计其实际价值并确定该价值与市场估计值是否一致。若账面价值明显高于市场价值，表明有可能要对资产的账面价值进行下调。实际价值下调只有在公司卖掉与形成无形资产有关的子公司时才会发生。然而，分析师应该意识到这种价值下调的可能性并且对资本化比率作相应调整。

无资金准备的养老金债务

无资金准备的养老金债务也会影响信用分析。尽管高的信用评级不一定需要养老金债务有充足的资金准备，但是无资金准备的养老金债务在占净资产的比例超过10%时则会有负面影响。值得注意的是，无资金准备的养老金债务在比例足够高时甚至会影响公司的计划。[2] 例如，20世纪80年代末，对于有大量无资金准备的养老金债务的钢铁公司，由于所涉及的养老金成本，公司可能会延迟或不愿关闭无盈利的工厂。分析师还应注意假定的养老基金收益率和工资增长比率。在一组统计假设的前提下，假定的收益率越高，公司需要为养老基金投入的资金就越少。公司在发生收入上的困难时，可能会提高统计假设条件，并由此在减少其养老金投入的同时提高收入。这种做法对收入的影响很大。在其他情形下，公司也可能为了提高收入而试图从有多余资金的退休计划中“盗用”资金。

在利率下降时，分析师还应考虑公司用于对其未来债务进行贴现的贴现率。各公司一般用AA级公司债券的收益作为贴现因子。这种基准已经受到了市场分析师的批评。

设备年限和状态

一旦公司设备的使用年限与行业标准有较大差别，就应该对设备进行评估。对于处于重工业的公司，如果其设备平均使用年限明显高于同行业公司，那么该公司很可能已经在低效率地使用老化的设备。从长期来看，设备的使用年限隐含地表示了未来更换设备所需的资本费用。另外，计提较少的设备折旧也会明显地提高报告的收益。

对于设备平均使用年限及其状态的信息，其获取的难易程度随公司的不同差异很大。比如，各航空公司就非常乐意提供与飞机平均使用年限和用于购置新式飞机的资金有关的资料；而对于一些公司来说，用于和行业标准进行比较的设备平均使用年限数据并不总是可以得到的，比如造纸类公司。另外，对旧工厂进行管理一般需要不断地增加资金，这也会使直接比较的结果不准确。在这种情形下，应该仔细阅读近几年的年报中公司对营业成果所做的说明。这一部分经常会显示有高于平均水平的维护费用以及超出使用年限的机器设备。这些报表附注表明设备和机器的状态可能不像所说的那么好。

营运资金

评估公司财务状况的最后一个变量是营运资金的多少及其流动性。营运资金被定义为流动资产减去流动负债。该变量是公司财务弹性的主要指标。其他的这类指标还包括流动比率（流动资产除以流动负债）和速动比率（现金、可交易证券以及应收账款之和除以流动负债）。流动比率越高，公司抵御现金流下降的能力越强。

在评估这一变量时，分析师应该考虑公司和行业正常的营运资金需求，另外还应该对营运资金的成分进行分析。虽然应收账款被视作流动资产，但是当应收账款的平均回收期增加时则表明需要有更多的营运资金来保障公司的有效营运。另外，公司经常会有应收账款融资，其中一些还有追索权条款。在这种情形下，在同行业各公司之间进行比较时就会产生偏差。

在考虑营运资金的需求时还要考虑公司业务处于收缩状态还是扩张状态。通常，汽车公司在销售量扩大的年份就需要增加营运资金。

□ 股东权益报酬率的成分分析

一旦完成了以上分析，债券分析师一般要进一步分析公司收益率的变化趋势以及股东权益报酬率（return on equity，ROE）的历史情况。这一分析受到重视的程度常常不如传统的比率分析。然而，这一分析同样很重要，因此也需要重视。分析收益率增长和股东权益报酬率对于确定信用等级是至关重要的，它可以使分析师对股东权益报酬率的成分和未来收益率的增长点有必要的了解。股票分析师花费了大部分时间来对股东权益报酬率进行成分分析，他们的研究成果可作为有价值的资料来源。

有关股东权益报酬率成分分析的一种基本方法是将股东权益报酬率分解为四种主要成分：税前利润、资产周转率、杠杆比率、1－税率。[3] 这四个变量相乘就等于净收益/股东权益，即股东权益报酬率，如下所示：

$$\begin{aligned}\text{净收益/权益} = &(\text{税前净收益/销售收入} + \text{税前营业收入/销售收入})\\ &\times(\text{销售收入/总资产})\times(\text{总资产/权益})\times(1-\text{税率})\end{aligned}$$

分析师应该分析最少五年和一个经济周期之内的股东权益报酬率的四种主要成分的变化趋势。要将每个变量的变化趋势与相同行业变量的变化趋势进行比较，并要进一步分析其相对于行业标准数值的偏离。例如，两家公司可能有类似的股东权益报酬率，但是一家公司使用了较高的杠杆比率而另一家公司却使用了较高的资产周转率来得到相同的结果。由于杠杆比率的大小在很大程度上是一种管理上的决策，因而分析师应该集中考虑资产周转率。为什么前一公司的销售收入下降了？这种下降是由于行业的普遍下降，还是由于公司资产的快速增加使得公司正处在消化这些资产的过程中？相反，资产周转率的较高增长可能表明需要投入更多资本。若果真如此，公司应如何进行融资，以及这种融资对公司的资金成本将会有何种影响？

分析师不应该预期某一行业内所有公司都有类似的股东权益报酬率成分。对行业标准值的偏离常常表明了不同的管理理念。例如，一家公司可能强调资产周转率，而同一行业中的另一家公司可能强调的是利润率。与财务分析一样，对这些成分进行趋势分析与进行绝对值分析一样重要。

□ 非财务因素

在完成了传统的债券分析后，分析师还应该考虑一些非财务因素，这可能会改变对公司的评估结果。这些因素包括公司对国外的依存度、管理水平以及公司所有权。公司对国外的依存度应通过分析年度报告加以确定。然而，有时候公司对某一国家的依存度并不是显而易见的，这是由于公司的年度报告经常是根据大致的地域划分来列出公司对国外的依存度。若公司的大部分收入来自具有潜在不稳定性的地区，分析师应该仔细考虑来自该地区的总收益以及相关的资产，并且进一步考虑在发生资产国有化时公司的前途问题。此外，还应确定公司的外汇风险暴露。若外汇的波动性较大，公司是否对其风险暴露进行了套期保值？

债券市场的国际化和公司在其他国家发行债券的能力使得理解货币风险的重要性提高了。例如，一些墨西哥公司在 20 世纪 90 年代早期发行了以美元标价的债务。由于美国利率一般低于墨西哥利率，这种发行方式对这些公司有正面影响。然而，在 1994 年 12 月比索大幅贬值时，一部分公司在偿付美元债务时就遇到了困难。特别需要关注的是那些收入以比索计算而利息支出以美元计算的公司。

公司管理水平的质量与深度更加难以评估。对公司管理水平进行评估的最佳方法是在条件允许时直接与公司管理层进行接触。公司收益的历史趋势较好地反映了公司的管理水平。对公司管理水平有负面影响的因素包括公司由某人创建和领导，而此人即将退休却没有选好继承人。同样具有负面影响的因素是公司频繁变换管理层以及经营理念。另外，过度的稳定并不总是可取的。穆迪投资者服务公司在讨论影响信用等级评级的因素时提出了以下有关管理质量的观点：

> 虽然难以量化，但管理质量是支持发行人信用强度的最重要因素之一。当意外发生时，管理者做出适当反应的能力将会维持公司的业绩。[4]

举例来说，穆迪公司的分析师在评估管理质量时会试图理解公司管理层制定的战略和政策。以下是考虑的因素：(1) 战略方向；(2) 金融理念；(3) 稳健性；(4) 业绩记录；(5) 接任计划；(6) 控制系统。

近年来，考察重点一直在公司治理和董事会的作用上。内部章程是公司治理的规则。内部章程定义了工作人员、董事会成员和股东的权利与义务。一些公司已经开发出了评估公司治理的服务。一种类型的服务提供有关一个公司的公司治理措施相对强度的保密评估。这项服务的客户是对其目前的做法寻求外部评价的公司。另一种类型的服务是为公司治理机制评级（或打分）。一般来说，这些评级是应要求评估的公司的要求公开做出的。

公司的所有权也需要被考虑到。若一个家族或少数投资者集团控制了公司股权，他们对市场变化的反应可能会比较保守。另外，还应该考虑公司所有人是策略性的还是财务性的。通常，财务性的购买者进行的是短期和中期投资，他们希望在获利时卖掉他们持有的股份（或整个公司）。如果这种出售涉及杠杆收购，那么公司债券的信用等级会有所下降，在一些时候甚至会有大幅度下降。

43.4 财务因素和非财务因素结合分析

要对一家公司的信用状况做出最终判断，必须同时考虑其财务风险预测和经营风险预测两方面。其中一方面信用状况的改善可能会被另一方面信用状况的恶化所抵消。图表43—3解释了一种融合这两种风险预测分析模型的方法。

图表 43—3　　经营风险预测和财务风险预测矩阵

经营风险预测	经营风险预测					
	最低	较低	中等	较高	非常高	高度杠杆化
非常低	AAA	AA	A	A－	BBB	—
较低	AA	A	A－	BBB	BB	BB－
中等	A－	BBB＋	BBB	BB＋	BB－	B＋
较高	—	BBB－	BB＋	BB	BB－	B
非常高	—	—	BB	BB－	B＋	B－
极高	—	—	—	B＋	B	CCC＋

注：表中所示信用评级结果只作为分析用途，实际等级应该是指示性评级结果中的一点。

标准普尔将公司的经营风险划分为从“非常低”到“极高”的6个等级，将财务风险划分为从“最低”到“高度杠杆化”的6个等级，从而构成矩阵。图表43—3给出了在信用等级范围内分配给该企业既定单元的中间点。通常情况下，实际的信用等级应该是这一等级范围内的一点。例如，在对数情况下，如果一家企业的经营风险预测为“中等”，财务风险预测为“中等”，那么其信用等级应介于BBB＋和BBB－之间。

图表中的某些单元格是空白的，例如经营风险预测为“非常低”和财务风险预测为“高度杠杆化”交叉的单元格。这是因为，此类极端的组合情况不太可能发生。对于某些企业，诸如主要诉讼、资产负债表抑制收购（balance-sheet-straining acquisitions）之类的整体风险落在上述矩阵之外。最后，因为定义的原因，上述矩阵将低于CCC＋的信用等级排除在外，属于这类信用等级的企业表现出严重的脆弱性，或者面临迫在眉睫的危机。

特定债务因为其自身的安全性，其信用等级可能会高于企业的总体信用等级；也可能因为其在企业资本结构中处于从属地位，其信用等级低于企业总体信用等级。从属地位包括**结构性从属地位**（structural subordination），此时控股公司的债务偿付能力取决于其从分支机构所得到的股息。按照法律规定，分支机构只有偿付了自身债务之后，才能够支付股息。

图表 43—4 对属于 6 种财务风险预测类型的企业进行了归类。例如，如果一家公司来自运营现金流（funds from operations，FFO）与债务的比率介于 45%到 60%之间，债务与息税折旧摊销前利润（earnings before interest，taxes，depreciation，and amortization，EBITDA）比率介于 1.5 到 2 之间，并且债务与资本比率介于 25%到 35%之间，那么就被认为其财务风险“适中”。标准普尔以这些基准比率为参考基准，而不是作为绝对准则。例如，如果一家企业的财务比率非常稳定，其可能会被归类为特殊金融风险类型，尽管与图表 43—4 所示的比率相比，其 FFO/债务比率多少有点儿偏低或者其债务/资本比率偏高。电力公司就受益于这一“余地”（leeway），因为其在获取资本方面具有明显优势，债务偿付能力较强，并且其资本项目与到期日程管理较为有效。

图表 43—4　　财务风险指示性比率（企业）

	FFO/债务（%）	债务/EBITDA（倍）	债务/资本（%）
最低	大于 60	小于 1.5	小于 25
较低	45～60	1.5～2	25～35
中等	30～45	2～3	35～45
较高	20～30	3～4	45～50
非常高	12～20	4～5	50～60
高度杠杆化	小于 12	大于 5	大于 60

43.5　契约条款

契约（indenture）是规范债券发行的借贷双方权利和义务的法律文件，对于债券问题，债务持有人通常以契约受托人为代表。对于投资者所主要关心的三个问题，契约确定了基本规则：（1）债券发行人向债券持有人进行支付；（2）对发行人所从事的可能会影响债券持有人得到偿付的行为范围进行限制；（3）如果债券发行人拒绝履行其偿付义务，债券持有人可以诉诸强制执行机制。

第一，契约以及代表债务关系的有关票据赋予债券持有人按时得到本息偿付的权利。债券还有可能服从于特殊的定价和赎回条款，诸如基于信用等级的息票利息递增（coupon step-up）条款、提前赎回和换新条款、互利赎回条款、偿债基金（sinking fund）条款以及维持和替代基金条款。这些支付条款已在第12章中进行过论述。

第二，契约包括被称为**“契约义务”**（covenants）的条款，用以约束债券发行人所从事的可能会提高信用风险的行为。例如，如果债券发行人为了向其股票持有人支付股息，将其已经很高的未偿债务又扩大了一倍，而不考虑在其经营中进行再投资，那么，债券持有人所面临的债券偿付违约风险会提高。约束性较强的债务契约或者受限的支付企业能够约束此类资本重构事件。契约分析主要集中在限制性“契约义务”的做法，不仅有助于评价免受债券发行人的风险行为损害的契约性保护，而且如果发行人试图采取措施，这种做法会提高关于债券的**同意征求**（consent solicitation）或者溢价的可能性，否则发行人的这些措施将会被债券契约所严格限制。“契约义务”保护对市场定价具有重要意义，尤其是在杠杆收购（leveraged-buyout，LBO）的情况下。2007年，得州公用事业公司（TXU Corp.）旗下的得州电力公司（Texas power company）被收购，当时它拥有三个不同法人实体的大量债券。持有公司债券的得州公用事业公司所面临的“契约义务”保护非常脆弱，仍持有未偿贷款，并且在得州电力公司被杠杆收购之后的很多年连续以低于票面价值的价格进行债券交易。然而，得州公用事业公司的能源子公司的债券面临的“契约义务”保护比较坚实，因此其债券被赎回并获得溢价，否则最优的杠杆回购融资可能会受到破坏。第三类债券的价值受保护程度居中，因为其发行人属于政府管制分支机构，其借款能力会受到限制。

即使是同一发行人所发行的债券，其契约保护也可能迥异，但是这些契约保护基本上可以被划分为投资级契约和高收益型契约。某些诸如房地产投资信托公司（real estate investment trusts，REITs）和财务公司之类的产业集团具有特殊的契约特征，这将在后文中进行论述。需要注意的是，因为投资者对事件风险的敏感程度各异，并且“市场”情况不断发生变化，因此“契约义务”的内容会随着时间的推移而发生变化。例如，1988年雷诺兹-纳贝斯克公司（RJR Nabisco）杠杆收购案发生之后，对于投资级债券的投资者们，控制权变动（change of control）卖出选择权和担保债务限制变得非常重要，但是这一趋势在接下来的20年间逐渐衰退，直到2005年左右出现公司收购热潮并且导致债券持有人遭受损失之际，投资者才重新诉诸此类保护措施。

第三个主要考虑的问题是契约的强制执行。如果出现契约**违约**（default）的现象，那么应该根据通常适用于所有公司契约的细则来强制债务人履行合约责任，从而维护债券持有人的合法权益。一般来说，如果因契约本金和利息未能按时支付而发生**支付违约**（payment default），不仅单个债券持有人会向法院提起诉讼要求债务人偿付，契约受托人也会主动地向法院提起诉讼要求债务人偿付。如果发生**契约义务违约**（covenant default），诸如违反资产销售契约的资产出售行为，那么契约义务的强制执行可以通过集中途径来实现。债券发行人可能会意识到其自身的失误，并试图尽量弥补其违约行为。债券发行人可能会要求债券持有人接受“同意征求”，放弃债券发行人必须履行契约条款的约定，或者修改契约条款从而变更契约义务。债券持有人或者债券受托人可能已经察觉到违约将要发生，并且正式发出违约通知，以尽量促成债券的提前偿付。有时候，债券发行人、债券受托人和债券持有人有可能对契约义务条款的解释存在争议，并就此向法院提起诉讼。例如，泰科国际公司（Tyco International）将自身经营业务一分为三之后，其中的公开市场交易公司的债券持有人因该公司违反兼并契约义务而向法院起诉，要求其暂停交易事务，泰科国际公司通过付款的方式解决了这一诉讼事件。通常情况下，要正式宣布一项违约并试图促成债券的提前偿付，必须由债务受托人或者25%以上的债券持有人提议。

对债券契约的分析应该考虑银行信贷协议中的契约义务条款。一般情况下，贷款契约义务条款比债券契约义务条款更加严格。特别是，银行信贷协议经常包括**维持契约义务**（maintenance covenants），这要求借款方必须将其总净资产、总债务与现金流的比率以及能够近似代表借款方信用状况的其他财务指标维持在一定水平。如果借款方违反了维持契约义务条款，那么贷款方有权要求其提前偿付贷款。债券持有人有时候希望银行信贷协议所规定的更加严格的条件可以为其自身提供一定程度的保护，但是投资者并不这么想。借款方经常要求贷款方放弃其必须履行契约义务条款或者修改契约义务条款，并且近几年发生的很多案例表明，一些市场参与者根据其对契约义务违约可能性的预期来对对方的信用情况做出判断，而这往往被证明是不正确的。例如，2009年，美高梅国际酒店集团［MGM Mirage（Resorts）］获得了来自其贷款方对契约义务条款所做出的一系列修改，同时被要求提供额外的抵押担保。同样地，一些分析家根据美国清晰频道公司（Clear Channel）在2009年违反了其杠杆维持契约义务的事实，预期其将会面临破产，但是这一观点对信贷协议的定义存在误解。

需要注意的是，债券的招股说明书和发行备忘录包含关于义务条款的解释，但具有法律约束力的控制条款是契约，因此契约应该被用于义务条款的分析。如果美国债券发行人为公开市场交易公司或者在美国证券交易委员会注册登记，那么其契约通常可以从美国证券交易委员会的埃德加网站（EDGAR website）上获取。此外，招股说明书会列明债务受托人，因此也可以从债务受托人处获取契约，有时候还可以从债券发行人处直接获取契约。

下面将简要介绍最常见的契约义务条款，以及它们是如何根据投资级契约和高收益债券契约这两种契约类型而不同的。然后，我们将介绍一些特殊行业和债券类型。需要注意的是，契约义务条款与一种类型的“系统”相伴而生，在这种“系统”中，公司行为包含多重契约条款。

□ 典型的债券契约义务条款

担保义务条款或未来担保义务条款

债券主要是指其发行人必须履行的义务。债券发行人经常是控股公司，其依靠所属分支机构来回笼现金，从而偿付其对债券持有人所负有的债务。如果债券发行人到期无法偿付，那么债券持有人可能会希望向掌握运营资产的发行人的分支机构追偿债务。如果契约中事先规定了**子公司担保条款**（subsidiary guarantees），债券发行人的子公司承诺在其母公司无法按期偿付债务时，将由其代为偿付本息，那么上述愿望是有可能实现的。某一债券在发行之时就规定了子公司担保条款，也可能会规定**未来担保义务条款**（future guarantors covenant），其要求子公司在未来为债务偿付提供担保。对于濒临破产的企业，能否起死回生，关键在于上述两种债务担保条款，尤其是在其子公司也负有巨额债务、遭受贸易索赔或者负有其他债务的情况下。担保条款能够使债券持有人对债务的追偿与债券发行人子公司所面临的其他债务追偿受到平等对待。

投资级债券企业通常没有子公司担保条款，而高收益债券契约一般会附有上述两种担保条款。

债务义务条款

债务义务条款（debt covenant）对债务发行人额外借贷的额度施加限制。在投资级债券契约中该条款很少见，但是在高收益债券契约中包含债务义务条款是惯例做法。关于债务义务条款最典型的解释版本是，债券发行人及其子公司一般情况下不能招致债务，除非在满足**债务比率测试**（ratio test）的前提下，这通常要求在形式上满足 2×EBITDA 这一比率，即利息支出保障倍数或者最大化债务，也即 EBITDA 杠杆比率。但是，即使是在不能满足债务比率测试的情况下，某些类型的**允许债务**（permitted debt）也是被认可的。允许债务包括诸如一定数量信贷措施、信贷计划和收购融资之类的特定分拆债务以及出于通用目的的一篮子债务。一般来说，债务分拆是为了让债券发行人在其 EBITDA 和总资产递增的情况下能够借到更多的钱。对于债券持有人来说，其所面临的风险在于在财务状况恶化的情况下新债反而不断增加，因为债务分拆并非维持义务条款。

重要的是，对于债务分拆以及其他限制性义务条款，投资者必须明确资本结构中的哪个经营实体必须履行契约义务条款。理想的情况是，债券发行人及其所有子公司都必须履行契约义务条款，但是实际上许多企业都将所谓不受约束的子公司排除在外。

子公司债务义务条款

投资级债券契约偶尔会包含**子公司债务义务条款**（subsidiary debt），以限制分支机构的借款额度，从而降低由结构性从属问题所带来的风险。

消极担保或留置义务条款

通常情况下，债券持有人不希望债券发行人对其他债务提供优先担保甚至平等条件的担保，因为在企业破产清算时，担保债务的偿付要优先于非担保债务。这一担心可以通过以下两种类似条款中的一种来解决，不过二者之间也存在重要的、实质性的差异。**消极担保义务条款**（negative pledge covenant）适用于大多数非担保债券，并且在其他债务被担保的情况下需要这一条款，因此所有债权必须得到平等且按比例的偿付担保。投资级债券契约中的消极担保义务条款一般只对特定债券发行人的总资产（例如，制造业工厂）的担保实施限制，而不包括金融资本支出和资产收购，并且在资产负债表中，**总担保债务拆分比率**（general secured debt carveout）介于 10%到 15%之间，例如有形总净资产和股票持有人的股权。对于高收益债券契约来说，消极担保义务条款一般适用于所有债券发行人的资产，但是冗长的**允许留置义务**（permitted liens）需要债务分拆与允许债务和其他例外债务的特殊项目相匹配。

作为比较，担保债券契约应该包含真正的**留置义务条款**（liens covenant），对债券发行人为其他债务提供担保进行限制，并且禁止债券发行人通过对现有债券按比例提供担保而对新债务提供担保，但是仍然认可某些允许留置的存在。

销售或售后回租义务条款

销售或售后回租义务条款（sale/leaseback covenant）是投资级债券契约的标准条款，在债券发行人拥有制造设备或者高价值实物资产（例如，拥有所有权的公寓大楼）等大规模信贷支持的情况下，这一条款尤为重要。如果企业卖出实物资产之后又租回其使用权，那么债券持有人将遭受双重损失：第一，企业破产时，可以用以恢复生产的资产变少了；第二，债券发行人将承诺在未来支付相应的租赁费用。因此，该义务条款往往会阻碍销售或回租交易的发生，除非为了搬迁而进行融资，或者销售收入用于偿付长期债务或收购新资产。在高收益债券契约中，该条款不再使用，部分是由于这一销售行为为高收益债券契约中的资产销售义务条款所涵盖，同时，这一回租行为为债务和留置义务条款所覆盖。

限制支付义务条款

限制支付义务条款（restricted payments covenant）主要对债券发行人可以支付给股权持有人股息的额度进行限制。此类股息限制条件偶尔出现在投资级债券契约中，但是经常出现在高收益债券契约中。一般来说，债券发行人净收入中的50%可以用来支付股权持有人的股息，并且理论上另外一半的净收入可以用于日常经营再投资或者偿付债务。用净收入来支付股息也通常必须满足债务义务条款所要求的形式上的比率测试。同样的限制支付义务条款也通常用来限制股权购买、到期之前偿付次级债务以及对经济实体（例如，无须履行契约义务的合资企业）的投资。

资产销售义务条款

在投资级债券契约中，**资产销售义务条款**（asset sales covenant）很少出现，但是在高收益债券契约中，该条款是标准条款。该条款不会阻碍资产销售，但是通常要求将销售收入用于收购新资产或者偿付担保债务（或者偿付优先于债券的债务）。如果没有这样做，那么债券发行人必须在一年之内主动购回该债券。

并购义务条款

并购义务条款（mergers covenant）也被称为继任者义务条款，其目的在于确保在债券债务和债券发行人所拥有的支撑这一债务的资产之间存在一定程度的连续性。如果债券发行人并购了其他公司，或者将其绝大部分资产转移给了其他公司，那么被并购的公司或者被转移合并的资产必须继续对该债券负有偿付义务，否则投资级债券发行人就会卖掉全部资产，只剩空壳公司，从而对债券持有人不利，因为此种债券契约通常不包含资产销售义务条款。

同样地，高收益债券契约也包含并购义务条款，但是其通常要求满足债务义务条款所规定的比率测试条件，并以此作为进行并购或者资产转移的前提条件。

控制权变动义务条款

控制权变动义务条款（change of control covenant）在高收益债券契约中的运用极为普遍，根据既定的控制权变动条款，债券持有人可以以101%的价值将债券归还给债券发行人。该条款对于非金融投资级债券契约也非常常见，但是需要满足附加条件，即债券的信用评级必须低于投资级别。控制权变动的概念包括下列一个或多个触发条件：（1）几乎所有资产都被售出；（2）第三方收购了债券发行人超过一半的有投票权的股权；（3）与另外一家公司合并；（4）公司变现；（5）董事会发生有不良影响的变动。控制权变动卖出选择权可以对杠杆收购所产生的信用损坏杠杆风险、对债券发行人新所有权的重估风险以及低于面值的债券交易中101%卖出选择权所产生的风险具有一定的预防作用。

□ 特殊义务条款及其适用条件

在某些行业和特殊情况下，债券义务条款不同于通常模式，接下来我们将对此进行简要介绍。

房地产投资信托

房地产投资信托公司几乎总是投资级债券的发行商，并且它们的债券契约中的义务条款在很大程度上都相互类似。根据担保债务、非担保债务和利息保障倍数，房地产投资信托契约通常会包含一项或多项维持义务条款。

公用事业公司

公用事业公司往往是投资级债券的发行商，但是通常负有担保债务。这类债券通常被称为“第一抵押债券”（first mortgage bonds），其债券契约已被持续使用数十年，有时候具有维持和替代基金（maintenance and replacement funds）以及偿债基金的特征。此类担保债券对以一定比重的净资产为抵押的额外债券规模实施了限制。目前，许多公用事业公司所发行债券的契约含有限制义务条款，这看起来与其他投资级债券发行人的情况相似，不同之处只体现在其具有标准的提前赎回选择权。然而，令投资者们稍许心安的是，国家公用事业管制能够有效地限制该行业企业的债务杠杆水平。

金融业公司

金融业公司通常是投资级债券的发行商，并且其债券契约中所包含的义务条款并不比过去简单。消极担保类型的留置义务条款较为常见，并且如果债务发行人是一个金融业经营公司的子公司，例如通用资本（GE Capital）是通用电气旗下的一家金融子公司，那么母公司会提供支持保障，母公司会承诺向其旗下的金融子公司进行投资，以使其资产净值（或者其他信用衡量指标）维持在一定水平之上。

银行和保险公司

在通常情况下，银行和保险公司的控股公司为投资级公司，并且其债券包含有限的留置义务条款，以限制其核心子公司的担保份额，同时也可能包含有限的资产销售义务条款，以限制核心子公司对重要少数股票的卖出。受管制投资子公司能够自行发行有较高信用等级的债券，其契约中的义务条款往往并不那么重要，因为国家法律和联邦法律明确限制此类子公司的对外借款规模。

分拆评级债券发行人

具有投资级评级和高收益评级的债券通常包含投资级义务条款，并且可能会包含较强的未来担保义务条款或者有限的限制支付义务条款以控制股息支付比例。

担保高收益债券

通常情况下，银行贷款是有担保的，而债券没有担保。21 世纪初，这一状况开始发生明显改变，因为银行贷款者逐渐接受一种想法，即允许债券在附加第二留置权的情况下被出售，而第二留置权得以恢复的背后支撑是银行贷款。2010 年，超过四分之一的美国高收益债券在抵押保护条件下被售出，并且现在第一留置权和第二留置权都比较常见。此类债券往往会签订**关联债权人协议**（intercreditor agreement），以证实贷款者留置权的重要性，并对债券持有人在企业破产中所遭受的损失有所限制。

私人债券

所谓的私人债券的发行量一般较小，只销售给一些机构，不会进行频繁的交易，并且很少受到研究机构和媒体的关注。此类债券契约往往涉及很多谈判，并包含类似于贷款的维持义务条款。

43.6 公用事业公司

公用事业公司一直以来都是被监管的垄断性公司。这些公司的运营一般都有较高的财务杠杆比率和较低的固定费用保障倍数（相对于工业公司而言）。长期以来，这些财务参数被投资者所接受的原因在于，公用事业行业所具有的监管，以及投资者相信这些公司提供的服务是必需的，从而几乎不存在破产风险。

然而，由以下几个因素造成的电力行业结构的逐步变化已经改变了人们的上述看法。这些因素分别是：对核电装置的大量投资、这些装置的内在风险以及公用事业逐步向取消监管的过渡。早先，由三里岛核事故所突然导致的通用公用事业公司（General Public Utilities）岌岌可危的财务状况以及监管当局在这一事件上决策的延迟，就已经显示了公用事业中存在的违约风险。最近，华盛顿公共电力供应系统所发行的几只债券的违约、图森电力公司（Tucson Electric Company）的重组、新罕布什尔州公共服务公司和埃尔帕索电力公司（El Paso Electric Company）的破产以及向放松监管的过渡再一次强调了该行业中的违约风险。另外，该行业还面临着酸雨问题以及在建成本与增长率方面不断增加的不确定性。

□ 公用事业行业中的各部门

公用事业行业有三个主要的部门：电力公司、天然气公司以及电信公司。本章将主要讨论电力公司。许多企业同时涉足电力服务和天然气服务，因此全面分析需要掌握这两方面业务的相关工作知识。随着传统电力公用事业公司偏离了它们的传统战略，一些公司专门负责输电和配电，而另一些公司负责发电，因而还需要掌握电力公用事业行业的不同方面的工作知识。

□ 非财务因素

虽然财务因素在分析任何公司时都是重要的，但是非财务因素在对电力公司的分析中更为重要，甚至有可能会改变信用评估的结果。下面所列的非财务因素在公用事业分析中非常重要：（1）监管程度；（2）公司能源的来源；（3）公司业务的增长及其稳定性；（4）资本结构；（5）竞争地位。

为了反映非财务因素的重要性，标准普尔利用“10分制”标准来对公用事业经营风险进行评估。2004年6月，标准普尔又制定了新的经营概况评分标准，以更合理地评估公用事业和电力公司所面临的相对风险。基于这一点，评级公司也将公用事业公司划分为不同部门，以对其信用评级分配情况以及信用等级变更情况进行更加深入的统计分析。该行业的细分部门包括：从事水力、天然气和电力传输和分配的部门，只从事电力、天然气和其他能源传输的部门，从事电力和天然气相关业务的综合部门以及联合部门，从事多样化能源和多样化非能源相关业务的部门，能源商业部门、开采商、交易与销售部门等。

监管程度

公用事业行业既包括受监管的实体部门，也包括不受监管的实体部门。在某些情况下，这两种类型的实体部门作为分支机构同时构成统一的企业结构。有些国家已经解除了对发电部门的监管，电力批发公司可以按照市场竞争价格销售产品，但是另外一些国家仍没有解除监管。传输部门接受监管的程度仍然较高。对零售分销部门已经解除监管，消费者可以根据服务的价格和质量自由选择供应商。

对于受监管的实体部门，监管也许是信用分析中最重要的变量。监管者主要是国家政府部门，它们在很大程度上决定公用事业单位获取多少利润和留存多少收益。如果某一公司在多个州有受到监管的业务，那么分析师应该以公司在各个州的收入水平作为权重，对相应的管制环境进行评估。

对监管委员会进行评估是一个动态的过程。委员会的成员可能由于退休、任命以及选举而发生变化。人事变动的影响只有在决策做出后才会清楚。例如，由选举产生的委员不一定总是亲消费者的，而由保守的州长所任命的委员也不一定总是亲厂商的。几家经纪公司可以联合对监管委员会进行评估。

此外，联邦能源监管委员会（Federal Energy Regulatory Commissions，FERC）负责管理州际业务及能源的批发销售。当前，一般认为FERC的监管在某种程度上比各州监管委员会的监管更为得力。

正在建造或营运核电站的电力公司同时会受到核监管委员会（Nuclear Regulatory Commission，NRC）的监管。NRC 对核电站的建造及营运有着广泛的监管权。更重要的是，NRC 可以审批核电站的经营许可证以及该许可证的转让。

可以通过监管当局最近的价格决策以及这些决策的未来趋势对监管程度进行最好的量化。尽管要分析的公司最近可能没有发生定价变化，监管委员会对位于同一州的其他公司所做的决策仍然可以被用来作为一种替代。而监管委员会既可以是由任命产生的，也可以是由选举产生的。不管是哪种情况，政治氛围对于其未来决策的趋势都会有重要的影响。

分析师经常错误地将注意力仅仅集中于核准的股东权益报酬率或者需要资助的百分比，而监管当局在对价格进行决策时却会考虑大量相关的问题。例如，监管委员会可能会要求一家电力公司将价格降低 10%。然而，如果监管委员会同时还允许该公司对其资产加速折旧，那么价格降低对公司现金流造成的负面影响就可以在很大程度上被抵消，在该公司的股东权益报酬率已经超过或者预计会超过其核准值的情形下更是如此。监管委员会还要决定在建工程有多少可以进入成本基数。一家公司可能会有较高的股东权益报酬率核准值，但是只有一小部分资本被允许产生收益，同时其在建工程还不能产生任何收益。在 20 世纪 80 年代，由于电力公司对核电厂在建工程投入了高额的预算费用，建设这些工厂又需要很长的时间，因而在建工程获准进入成本基数就变得尤为重要。一些公司有一半以上的资本投入了在建工程，而这些工程却没有被获准产生任何收益。

新罕布什尔州公共服务公司（PSNH）的财务困境以及该公司在 1988 年 1 月提出的破产申请，就突出显示了在建工程是否可以获准进入成本基数的重要性。PSNH 公司的西布鲁克（Seabrook）1 号核电站在 1986 年已经完工。然而，营运许可的延迟以及新罕布什尔州关于禁止在建工程进入成本基数的法律是导致这一破产案的主要因素。

此外，通过对会计处理方法的核准及其决策实施的快慢，监管委员会也可以在很大程度上控制公司的现金流。

公司能源的来源

公司能源的来源是需要考虑的第二个重要变量，其会影响燃料成本，尤其是对已商业化的发电公司。对每种染料的评价，必须考虑该公司的总体运营成本。在很长一段时期内，核能发电并不受欢迎，因为其许可经营要求较多，资本成本较高，并且设备拆撤费用较高。与以天然气和煤炭为能源的公司相比较，高度依赖核能发电的公司的竞争力较低。最近，核能发电公司受到诸多投资者的青睐，因为它们已经实现了资本成本的降低，而同时煤炭所引发的环境污染问题不断升级，石油和天然气的成本也上升了。此外，在 2005 年左右，许多核能公用事业公司成功拿到了 20 年延长经营的许可证。

公司业务的增长及其稳定性

分析能源的来源还与第三个变量有关，即公司业务的增长及其稳定性。虽然高于平均水平的增长对于工业公司是有利的，但是对于电力公司来说，高于平均水平的增长却褒贬不一。增长水平高于电力公司的平均水平，与同类公司相比，可能需要根据公司服务业务中的供给/需求平衡与监管程度提前进行投资建设。

如果公司的生产能力过剩，那么较慢的增长也不一定有积极作用。为了更好地匹配供求关系而采取的合作发电以及公司合并也可能使公司面临风险。例如，在公司A出售电力给公司B时就可能面临这种风险。如果公司B的购买能力恰好在合约的到期日下降，而公司B没有续签合约，那么除非公司A能够将电力出售给第三家公司，否则它将会受到负面影响。增长问题由于以下几点而变得更加复杂：放松监管、许多州要求将发电业务与传输及配送业务进行分离以及允许消费者选择供应商。在新的情况下，从事发电业务的公司必须对电力的供求关系进行匹配。

资本结构

还应该考虑第四个变量，即公司是否为一家控股公司的子公司。控股公司的地位允许非公用事业子公司的存在，但是这些子公司（即使非常成功）不一定会提高公司整体的信用等级。这一点要取决于行业监管。此外，当拥有多家电力子公司时，母公司更可能对实力较弱的子公司注入相对多的股权。实力较强的子公司还可能不得不支持其他子公司。最后，应当按照合并债务对控股公司进行分析。虽然某一子公司可能有较强的财务指标，但是表外融资有可能会降低整体的评估结果。

竞争地位

最后一个非财务因素是公司的竞争地位。具有相对较低投资收益率的电力公司通常在要求提高投资收益率或者申请收益率冻结方面处于更有利的地位，与投资收益率高于地区平均水平的公司相比更是如此。

随着消费者选择的增加，电力公司的竞争地位变得越来越重要。那些总体价格较高，尤其是对商业性客户收取较高价格的公司可能会在可获得的传输与配送线路不断增加的同时逐渐失去客户。

□ 财务分析

由放松监管而引起的电力行业中竞争特征的不断变化，使得我们应该对传统的电力公司评估方法进行调整。尽管仍然要进行传统的比率分析，但是对电力公司的评估还应该考虑这种新的竞争形势。新电厂的生产成本是否低于已有的电厂？公司是如何对剩余现金的使用进行计划的？在如今的兼并浪潮中，公司是被收购者还是收购者？公司是继续从事发电业务还是出售其发电业务而仅仅从事传输与配送业务？公司选址也同样重要。一些商业发电厂的建造距离电源网络太远，导致无法正常运营。

在分析电力公司时，应该考虑下列主要财务比率：（1）杠杆比率；（2）税前利息保障倍数；（3）现金流/资本支出。

杠杆比率

要计算一家电力公司的债务杠杆比率，长期债务规模与资本总额的比重是标准的指标。但是，还应该考虑短期债务的规模，因为其通常是浮动利率债务。较高比重的短期债务也可能意味着在近期会发行长期债券。此外，有些公司为其子公司（受监管或者不受监管）的债务提供了担保。在计算杠杆比率时，也应该考虑此类担保的情况。

税前利息保障倍数

电力公司的固定费用保障倍数比工业企业要低。投资者会因为公用事业行业的稳定性而接受这一点。但是，不仅需要特别注意保障倍数的准确数据，还要特别关注保障倍数的变化趋势和统计质量。

现金流/资本支出

第三个重要的比率是净现金流与资本支出之间的比率。这一比率的计算周期应该用三年来近似代替（一般的电力企业营建所需要的周期）。其绝对值以及变动趋势能够对其他财务变量的变动趋势给出重要的解释。如果该比率趋于提高，则说明公司的营建花销可能正在削减；如果该比率处于较低水平，则意味着监管委员会会给出该比率不充足的核定，并且说明该公司的营建成本预算很高。关于公司营建支出的预估，将被列入该公司的年度报告中。尽管这一预估结果还会进行修正，但是在发电厂营建期间是合理可靠的。在计算现金流的过程中，要沿用前文所述的标准定义，但是应该扣除营建期的资金使用补贴（allowance for funds used during construction，AFUDC）。

43.7 金融公司

金融公司本质上是金融中介，其职能是从公众或私人手中购买资金并将这些资金放贷给消费者或其他借款人。金融公司通过在资金成本和对借款人收取的利息之间保持一个正的利差来获得利润。按照贷款类型和公司所有权，金融业被分割成很多部门。这一节将简要地介绍该行业内的一些主要部门。下一节将讨论在分析金融公司时要用到的一些主要比率及其他关键变量。

□ 金融业各部门

金融业可按经营业务和所有权类型进行划分。为满足各种不同的资金需求，金融公司提供了多种贷款形式。五种主要的形式分别是：(1) 销售融资；(2) 商业贷款；(3) 批发商或经销商融资；(4) 消费贷款；(5) 租赁。在大多数情况下，金融公司会经营这些业务中的几项而并非仅仅某一项。销售融资是对在信用基础上出售的商品或服务进行融资。在大多数情况下，提供销售融资的金融公司要对售出的商品或服务收取利息。商业贷款通常以担保为基础。但是，在该融资形式下，担保品在绝大多数情况下都是借款者的应收账款。在另一种不同类型的商业贷款即保理（factoring）中，金融公司实际上购买了贷款公司的应收账款，并承担了应收账款的信用风险。

批发商或经销商融资是指发放对存货进行融资的贷款。这种类型的贷款由获得融资的存货提供担保，因而本身就是短期贷款。而租赁则是一种中长期贷款，其中出租人拥有设备，并为承租人的使用提供融资，出租人通常还保留了与所有权相关联的税收好处。

消费贷款一直以来都是短期无担保贷款，该贷款为单个借款人提供相对少量的资金。由于较为宽松的破产条款以及该类贷款较高的违约率，部分提供消费贷款的金融公司已经大幅度地增加了第二抵押（second mortgage）的比例。与这类贷款向个人收取的较低利率相对应，这类贷款具有较高的安全性和较低的违约风险。

除了刚刚讨论过的类型之外，还有许多其他贷款类型，其中包括房地产贷款以及进出口融资。

金融公司的所有权结构能够显著地影响对公司的评估。在某些情况下，所有权结构还将是最重要的分析变量。金融公司的所有权结构主要有三种类型：(1) 附设型（captives)；(2) 独资型（wholly-owned)；(3) 独立型（independents)。

附设型金融公司，如福特汽车信贷公司（Ford Motor Credit)，为其母公司所拥有，完全或主要为母公司的商品或服务提供融资。通常在母公司与附设型金融公司之间还存在维持协议，在该协议下，母公司同意将金融公司的一个或多个财务参数，如固定费用保障倍数维持在一个最低水平之上。由于母公司与附设型金融公司之间具有这种密切的关系，母公司的财务实力对于分析金融公司是一个重要的变量。然而，附设型金融公司的信用等级也可能会高于或低于母公司的信用等级。

独资型金融公司主要在两个方面不同于附设型金融公司：第一，它主要为母公司之外的公司商品与服务提供融资；第二，母公司与子公司之间的维持协议一般并不是正式的。还经常会存在一些契约条款，它们规定了母公司可从金融子公司提取股息的程度。这些条款的目的在于避免实力较弱的母公司耗尽状况良好的金融子公司，从而对子公司的债券持有人造成损害。

独立型金融公司可能被公开地持有，也可能只被少数人持有。由于没有母公司，这类公司的分析结果将严格依赖于公司自身的实力。

□ 财务分析

在分析金融公司时要考虑几组比率及其他一些变量。与其他类型的公司相比，这些比率与变量之间有着更紧密的联系。例如，对于一家有着较高杠杆比率和较低流动性的金融公司，如果它有一个实力较强的母公司以及维持协议，那么该公司可能会被认为具有较高的投资等级。我们不应该孤立地看待各变量，而应当在金融公司和母公司的整个关系框架内考虑问题。

资产质量

分析金融公司时最重要的变量就是资产质量。遗憾的是，目前仍然没有确切的方法来度量资产质量。但是，如果我们把几个变量结合起来考虑，便可较好地揭示资产质量。

分散化程度是一个用于度量组合资产质量的尺度。组合资产是否按照不同贷款类型进行了分散化？如果公司集中于或者仅仅经营一种类型的贷款，那么组合资产是否按地区进行了分散化？对于仅仅在对经济状况敏感的底特律地区经营消费贷款的公司，其处境就不如对贷款按地区进行了分散化的公司。账面质量在评估组合资产的质量时也是一个重要的因素。贷款的安全性也是分析组合资产质量的一个重要变量。安全性越好，贷款质量就越高。分析师应主要关注与同类公司相比较时的贷款水平及与贷款类型相关联的风险。例如，对于没有担保的消费贷款，其预计损失将要高于第二抵押担保消费贷款。然而，对前一类贷款所收取的较高费用应当能够补偿其较高的风险。

许多比率，如损失准备金/净注销额、净损失额/平均应收账款以及坏账/平均应收账款，都可以较好地揭示资产质量。然而，由于金融公司在坏账的确认和报告以及贷款的注销方面有着相当程度的自主权，因此未经调整的比率在各公司之间不具有可比性。另外，各公司还会定期地调整注销政策。

尽管反映资产质量的各比率具有不足之处，它们对于揭示资产质量和盈利性趋势还是有用的。在这些比率中，损失准备金/净注销额也许是最重要的比率，它揭示了公司有多大的缓冲能力。该比率的降低表明公司有可能没有为未来的注销额提取足够多的准备金。这将会导致公司在未来可能要大幅增加其准备金并随着费用的增加而降低收益。净损失额/平均应收账款和坏账/平均应收账款是反映资产质量的另外两个指标。这些比率的提高揭示了资产质量的下降。应收账款的缩水或者低速增长会使得资产质量的下降进一步恶化。另外，由于不同的会计处理，如果在不断恶化的经济形势下仍有比较稳定的净损失额/平均应收账款，那么有可能表明公司延迟了对损失的确认。应收账款的年限也应该被考虑。近年来，一些金融公司在短期内大幅度增加了放贷额，并由此报告其整个财务指标有明显的改善。在贷款增加而没有提取足够准备金的情况下，这些结果具有误导性。随着组合资产年限的增加，损失经常也会大幅上升。

公司的长期历史也是反映信用质量的一个指标。管理部门是否有一个稳健的风险管理的历史？管理层上任了多久？管理部门是否有加速增长的压力？管理部门是否利用了风险更大的业务来应对这种压力？是通过企业并购还是内部扩张？

杠杆比率

杠杆比率是金融公司分析中第二重要的比率。由于经营业务的特性，金融类公司通常比工业类公司有更高的杠杆比率。杠杆比率对于获得足够的资本收益率是必需的。然而，可接受的杠杆比率范围要依赖于其他一些因素，如母公司的支持、组合资产质量以及业务类型。杠杆比率的确定主要基于总债务/股东权益，也可能基于总负债/股东权益这样的变化形式。对于具有较高资产质量的分散化经营的公司，5：1 的杠杆比率是可以接受的。对于有很强的母公司支持的公司，7：1 的杠杆比率也是可以接受的。分析师应该通过与类似的公司进行比较来分析金融公司的杠杆比率。

流动性

金融公司分析的第三个重要变量是流动性。由于金融公司的资本结构，该行业中公司的破产主要是由于流动性差而导致的。如果由于某种原因，金融公司不能在公开市场或私募市场进行融资，那么公司可能会很快破产。这一融资能力的恶化或者来自内部因素，如收入的恶化；或者来自外部因素，如信贷市场的突然中断。不管哪种原因，公司都应该有一些流动性缓冲。变卖资产作为流动性缓冲，只能作为最后的解决办法，这是由于变卖资产会对收入有长期的恶化效应。传统的流动性比率是现金、现金等价物以及一年内到期的应收账款之和与短期负债的比率。该比率越高，安全边际就越大。应收账款自身的流动性以及在发生财务危机时能够为公司提供短期融通的银行信贷额度的存在与否也应该被考虑。对流动性的计算还应当考虑公积金贷款的合约义务。总的来说，相对于有实力较强的母公司支持、在市场环境紧张时可从母公司获得无息借款的公司，规模较小且实力较弱的公司应该拥有较高的流动性缓冲。最后，分析师应该考虑公司筹集担保基金的能力，既可以从银行或私人投资者那里筹集，也可以通过资产支持证券工具进行筹集。

资产保障

与刚刚讨论的三个变量相联系，金融公司分析的第四个重要变量是向债券持有人提供的资产保障。在评估资产保障时，分析师应该考虑贷款组合的清算价值。

由于金融公司资产定价的弹性，对资产价值进行准确评估比较困难。例如，在房地产市场不景气的环境下，计划在 12 个月之内出售其商业房地产资产的金融公司对于其资产价值的估计值，要远低于在 3～5 年内有计划地出售同样资产的情形下所做的估计值。金融公司资产证券化所创造的只付利息证券的价值也是主观的，取决于未来信用经验及预付账款。管理部门在为这些投资工具估价时是保守的还是激进的？管理部门是怎样为汽车租赁的残差估值的？是否存在定期销账？是否有来自这些贷款的收益？

收益记录

第五个要考虑的变量是金融公司的收益记录。金融业已经相当成熟并具有某种周期性。每股收益的年增长越高越好。然而，我们应该预计到某种周期性的存在。另外，分析师还应注意公司管理层是如何对商业环境的重大变化做出反应的。个人破产条款多年以来的放松以及个人破产变得更容易为社会所接受这一事实，导致了无担保消费贷款损失很大。一些公司对这一变化的反应是减少个人无担保贷款，而增加有第二抵押权的个人贷款。

管理水平

第六个要考虑的变量是金融公司的管理水平。该变量很难加以评估。然而，访问公司并结合运用商业策略评估和信用评级方法（用以评估贷款申请人的分析）可以为该变量的评估提供一些见解。

规模

与金融公司相关的最后一个因素是公司规模。一般来说，规模大的公司比规模小的公司更容易受到肯定。公司规模在市场对债券出售和分散化的认可方面有重要的意义。与小企业相比，规模大的公司更容易在贷款类别和地理位置等方面加以分散化，并因此减少了组合资产的风险。

除了采用以上变量分析公司的财务实力之外，分析师还要分析公司与其母公司的关联度。如果这种关系很强，它还可能成为信用分析中的主要变量。母公司与其金融子公司的关系很明显，分别是附设型、独资型以及独立型。然而，母公司支持其金融子公司的程度却不太明显。从传统上来看，母公司与控股金融子公司二者合一的关系表明子公司有最大限度的潜在支持。然而，越来越明确的是，独资型金融子公司与母公司之间仅限于从属关系。例如，通用电气资本公司（General Electric Capital）很少为其母公司通用电气公司制造的产品融资，然而通用电气公司从与通用电气资本公司的合并纳税中得到了明显的税收好处。此外，通用电气公司对其金融子公司有大量的投资。在这种情况下，母公司同样与通用电气资本公司之间存在正式的协议。如果固定费用保障倍数无法维持在 1.1 的水平，根据这一协议，母公司将有义务为通用电气资本公司进行注资。即使不考虑上述协议的约束，也存在一个约束力较强的前提条件，即如果其融资子公司需要援助，通用电气公司将保护其自身在通用电气资本公司的投资。在其他情况下，较强的关联关系和维持协议所带来的好处可能会被母公司较为脆弱的金融状况所抵消。

除了关联关系、关联方盈利性和维持协议之外，分析师还应该考虑其他任何会影响金融公司信用等级的因素。例如，新法律法规的出台可能会对金融业结构或者盈利能力产生明显影响。近年来这方面的案例包括：2005 年出台的《防止滥用破产法和消费者保护法》以及 2010 年出台的《多德-弗兰克华尔街改革和消费者保护法案》。

43.8 对于高收益公司债券的分析

高收益债券有时被轻蔑地称为“垃圾债券”（junk bonds），是由企业发行的被评级为投机级（低于 Baa/BBB一级）的债券。与所有的公司债券类似，高收益债券同时包含利率风险和信用风险，但不同于投资级债券的是，在其价格波动过程中信用风险起决定性作用。高收益债券被划分为两类：一类是“堕落的天使”（fallen angels），是指在发行时被评为投资级别，之后逐步降级为投机级别的债券；另一类是初始发行高收益债券，是指在发行时就被评为投机级别的债券。“堕落的天使”的劣势体现在相对于初始评级的“失败者”义务条款上。但是，在很多情况下，此类债券为投资管理者所正常运作，这些管理者企图通过促进评级提升的审慎的财务决策，恢复这些债券的投资级别评级。初始发行高收益债券的优势体现在约束力较强的义务条款上，但是在有些情况下，对于一些还没有为业内所熟知的、新加入的发行人，他们所发行的债券可能会被评级机构和债券投资者低估。

许多被用于评估投资级债券的工具也可以应用于高收益债券的分析，但是分析的重点会有所不同。投资级债券发行人直接违约的概率极低，投机级债券发行人的年均违约率却超过 4%。[5] 因此，高收益债券分析家必须密切关注发行企业经营的下滑态势、流动性来源以及发生违约时其资产的残值。

企业所发行的高风险债券的价格，如同其股票价值一样，对其经营利润前景的微小变化非常敏感。因此，高收益债券分析师和股票分析师一样，会参与该企业盈余电话会议，并且持续跟踪可能会预示企业未来利润前景的行业数据的变动情况。与股票分析师相比，债券分析师会更详细地研究债券发行人的融资能力和契约义务条款，尤其是在企业财务承受压力的情况下。

接下来的几个小节将讨论信用分析中应当扩展到高风险公司债券分析的几个方面。

□ 竞争

通常的观点认为，高收益企业一般为市场中的小型企业，但是多年来的事实证明存在很多例外情况，例如，美国汽车制造商三大巨头（通用汽车、福特汽车和克莱斯勒）、世界上最大的卫生医疗设施运营商（HCA 公司）以及世界上规模最大的赌场运营商（凯撒娱乐公司）。经营规模不一定会为企业带来竞争优势，不具有规模经济效应的小型企业的获利能力也不一定低。某些小型企业并非涉入所有的市场部门，包括成熟和竞争激烈的市场部门，而是力求开创利润空间较大的利基市场。它们的目的不在于通过最大化生产规模来实现产品单位成本的最小化，而是通过提供优良的选择和便利性来收取高价格。

同样地，分析师不能轻信评级机构因企业规模小而轻率甚至错误地对高收益市场推广者所做出的不假思索的论断。评级机构不是因为企业规模小而将其评级为投机级别，而是因为规模小所带来的某些后果。

某些小型企业在选址方面的多样性不足，因此对地区经济衰退高度敏感。还有一些小型企业缺乏可靠的继承方案，因为创立者的强势性格使他们在企业管理的后续发展中很难吸引并留住能够胜任的候选人。私人股份公司可能也会出现类似情况，因此分析师不应该认为，如果核心员工所持有的股权比重较大，那么强有力的推动者不会让公司走向破产。

□ 现金流

分析高收益证券的最重要因素之一是现金流。在最近几年里，分析师已经越来越关注**自由现金流**（free cash flow，FCF），其从定义上来说等于企业运营中的现金流减去资本支出。自由现金流可以通过以下公式进行计算：

息税前利润×(1－税率)＋折旧和摊销－营运资本的变动－资本支出
＝自由现金流

产生自由现金流的企业并不依赖外部融资，因此不应该因临时得不到信贷支持而受阻。并且，在资本市场对外开放期间，产生自由现金流的企业在为到期债务再融资方面最为有利，但只是对于实力最强的高收益率借款者来说的。对于属于这一类型的企业来说，投资者在理论上只需要考虑正向的自由现金流创造被证明不可持续所带来的风险即可。

自由现金流日益受到关注的部分是对过去几十年滥用现金流替代指标——息税折旧摊销前利润（EBITDA）所做出的反应。在 20 世纪 90 年代，债券交易竞争促使债券走上了杠杆收购这一极端道路，使得债券发行企业从标准的财务比率（例如，EBITDA/利息支出）来看显得非常脆弱。为此，债券承销商提出了“调整的 EBITDA”这一指标。这一新型的比率有效地减轻了反映“债务重组”（这是对投资经营失败的一种常用的委婉说法）的经营损失所带来的影响。即使在这一事实扭曲盛行之前，EBITDA 作为现金流的衡量指标也存在严重的不足，因为其忽视了对资本支出和营运资本的要求。这是在信贷紧张时期企业面临融资困难时必须投入现金的领域。

尽管存在诸多不足，但是 EBITDA 仍然是高收益市场计算杠杆比率的标准指标。当 EBITDA 出现某些“拐点”时，分析师就认为该企业的总体债务水平达到了严重的程度。例如，假设一家企业的债务规模等于某时刻 EBITDA 的 4 倍，而收购者和杠杆收购发起人为购入规模相当的企业需要支付 6 倍于 EBITDA 的价格。当债券违约事件发生时，该公司的股票持有人会感到安心，因为该企业破产后进入拍卖程序所获取的资金能够完全覆盖其本金。如同自由现金流一样，关键的前提假设是现金创造水平不会下降。相当于大幅降低的 EBITDA 6 倍的收入将无法覆盖该公司的债务负担。

□ 净资产

在分析债券时，必须明确或至少大致知道公司资产的清算价值。这些资产在资产负债表中是否被合理地估值？要特别关注的是房地产价值。例如，在分析博彩业公司时就应该包括对地产市值的估算。另外，在有必要时还应考虑这些资产被清算的可能性。什么人拥有这些资产？它们是否被抵押或作为担保品？资产有时会被划归公司的股权所有者，在这种情形下，债券持有人可能会突然遭受信用等级的明显恶化。某些债券可能由特定的资产如铁路机车或核电站而得到担保。在这些情形下要确定担保品的价值及其市场流动性。担保品的定义必须明确，同时也要对其进行明确的分析。在发现十几辆铁路机车已经过时而且多年未经维护以前，这些机车可能还会一直充当合适的担保品。直到发现五架飞机在财务上是单独存在的并且它们不能构成担保品之前，这些飞机可能也会一直充当合适的担保品。

特别要关注的是在收购时的资产保护问题。在这种情形下，原先为投资者的债券提供担保的资产可能被用于为新发行的有更高收益的债券进行担保。

分析师还应关注资产的地理位置。若资产位于国外，分析师还应熟悉该国关于资产外移的法律。在特殊情形下分析师还应熟悉该国的破产法。尽管高收益证券的投资者通常宣称他们主要关注硬资产的可被证实的价值，实际上通常的做法是将大部分价值归于特定物品，而根据现行惯用的会计核算准则，这些物品不能被登记为资产。例如，媒体和电信公司经常通过给定每位客户或潜在客户一定美元金额来进行价值估算。当前的估价可以根据公司兼并和收购交易过程中可比资产的价格进行调整。但是在未来，随着新技术的不断出现促使电信服务成本更低、效率更高，此类非官方资产的价值可能会缩水。如果陷入财务困境，公司还可能会面临现有客户（尤其是商业客户）转向其他服务供应商的风险。

□ 管理

对任何一家公司价值的评估，管理都是一个关键的因素。在足够长的时间内，管理不善能够使最繁荣的企业陷入破产。相反，有效管理是任一企业得以长期发展的必要条件。

许多成功的企业都是由业内领先公司的顶层设计者或者销售人员创立的。他们可能具备超强的才能和干劲，但是分析师需要对整个精英团队的实力进行评价，以确保所有关键职务都掌握在有能力的人手中。该公司是否拥有优秀的财务经理？该公司的控制权分配是否合理？工作积极性也是决定公司长期发展的一个重要因素。管理层掌握公司大部分股权通常是有利的，即便并非灵丹妙药。

对管理进行评价有两种主要的方式：一种是根据工作结果来评判管理团队，这需要通过财务分析来完成。二是通过与高层管理者面谈，直接评判其对公司发展愿景和相关业务的理解。这需要通过参加新增融资路演、安排“一对一”会议来完成或者参加公司的季度盈余电话会议（如果可以的话）来实现。

分析师必须对这样的会议有所准备。如果准备不充分，分析师可能会被推销公司的华而不实的演示所左右。在向债券潜在投资者所作的介绍中，一家生产天然气泵喷嘴的公司的高级管理层提出，公司将会从欧洲业务中获得增长，因为环境保护标准的提高要求减少服务站的汽油烟雾。在评估这一新盈利空间的潜力的努力过程中，分析师要求高级管理层讨论欧洲环境法的现状及其与美国环境法的不同之处。结果，该公司的高级管理层没能给出答案。后来，这家公司申请破产了。

□ 杠杆比率

发行投机级债券的公司常常有较高的杠杆比率，这本身并不是坏事，在某些情形下对公司的成长甚至是有利的。但是杠杆比率应该以它对公司财务弹性的影响来加以评估。正如之前所指出的，杠杆比率应该以绝对和经市值调整两种基准来进行计算。最普遍的市值调整方法是计算公司权益的市场价值。普通股在多大程度上以低于账面价值销售，运用传统方法计算就会在多大程度上低估杠杆比率的数值。部分公司在计算杠杆比率时还对公司债券的市场价值进行调整。这种方法令人关注，但是我们必须采用一致的方法来考虑权益等式中的可转换债券。对杠杆比率计算公式中的权益进行调整所具有的优点是明显的，公司权益的市场价值上升表明市场愿意接受更高的杠杆比率。对公司债券市值进行调整所带来的类似变化则表明公司信用质量的上升或整体利率的下降。在任意一种情形下，公司都可以以更低的成本进行再融资并因而提高盈利能力。

还应当注意没有在资产负债表上明确表示来源的杠杆比率的估算。这些来源可能产生于复杂的融资手段的使用。[6] 比如，考虑通常由高收益发行人使用的递延息票债券的例子。递延息票债券允许发行者将利息支付推迟到未来的某一年中。因此，利息的负担被放在未来的现金流中以满足利息支付。由于这方面的负担，递延息票债券的存在可能会损害债券发行人在未来一个时期内改善其信用质量的能力。此外，如果高级债券具有递延息票支付，那么次级债券将会随着时间的推移产生不利影响，这是因为随着时间的推移，高级债券的数量相对于次级债券的数量将会增加。举例来说，有一种类型的递延息票债券叫作实物支付债券（payment-in-kind，PIK），通常只发行一次。在这种债券结构中，高收益债券的发行者可以选择是以现金支付利息，还是支付相当于利息的具有相同息票利率的另一种债券。如果发行者不具备用现金支付的能力，那么用另一种债券支付将会增加未来的利息支付，从而产生不利于发行人的未来现金流。如果实物支付债券是高级债券，由于随着时间的推移，更多的高级债券将被补充到资本结构中，因此次级债券的不利影响将越来越大，未来利息支出也会进一步增加。

□ 公司结构

高收益债券发行者通常都拥有一个控股公司结构。控股公司支付给债权人的资产将会来自子公司的运营。因此，分析高收益债券发行者的公司结构至关重要。具体来说，分析师必须了解公司结构，以便评估子公司和母公司之间传递的现金将会是多少，子公司之间传递的现金将会是多少。公司结构可能非常复杂，以致支付结构可能会给分析师造成困惑。

例如，在 2005 年左右，特许通信公司（Charter Communications）构建了一种极为复杂的公司结构。有线电视系统经营商利用其快速提高的 EBITDA 创造并进一步杠杆撬动了一系列中介控股公司（intermediate holding companies）。最终，该运营子公司从属于一家运营母公司和不同层次的八家控股公司，其中后者包括特许通信持股有限责任公司（Charter Communications Holding Company，LLC）、特许通信控股有限责任公司（Charter Communications Holdings，LLC）和 CCHI 控股有限责任公司。

简单地计算附属公司的财务比率不能对特许通信公司的偿债能力做出准确的评价。每家控股公司支付利息的能力取决于公司等级中位居其下的公司向其支付的股息。根据法律规定，这些控股公司在满足自身的债务清偿条件之前是不能支付股息的，并且按照杠杆比率义务条款，它们还会受到其上游股息限制条件的约束。这是最终控股公司，即特许通信公司所发行的可转换债券的持有人尤其需要考虑的问题。

特许通信公司通过利用资本市场收回到期债务，维持了杠杆比率较高的有偿付债务能力的公司所构成的网络。大量存在的公司间贷款使这一情况变得更加复杂。当金融危机导致市场关闭之后，这一资本游戏也就随之结束了。2009 年，特许通信公司申请破产，这再次凸显了掌握高收益债券分析的错综复杂性的重要性。得到运营母公司和上层控股公司担保的放款人最接近于担保资产，因此其本金得到了 100%的偿付。相反，某些较低层次控股公司所发行债券的持有人得到偿付的金额可以忽略不计。有些反常的是，特许通信公司可转换债券的持有人是最远离该资产的人，但是其得到偿付的比例高于某些中介控股公司的债权人。这在一定程度上是由于可转换债券销售的现金收益被留存在了特许通信公司，以用于利息支付。

□ 契约

虽然分析师在评估任何债券（投资级债券或投机级债券）时都应当考虑契约，但是对于高收益债券发行人的分析，这显得尤为重要。一个高收益投资组合经理将了解契约的重要性总结如下：

> 契约提供了对公司战略的深入了解。作为信贷过程的一部分，投资者必须在公司战略的背景下阅读契约。聘请律师来审查契约是不够的，这是因为律师可能会错

过关键因素，而这些关键因素对于做出适当的决定是必要的。此外，契约上的漏洞也往往会提供有关管理团队意图的线索。[7]

但是，需要注意的是，一些专业的咨询公司因同时具备成熟的财务经验和丰富的法律专业知识，能够为契约义务条款的解释提供援助。

□ 定义

对于定义必须给予极大的关注。正如前面讨论现金流时所提到的那样，定义可以对现金流的预测产生重大偏移。当被问及若干条款的定义时，管理部门往往会声称这些定义是“标准定义”，但是并没有标准的定义。

也应该对契约中的定义进行评估。例如，“控制权变动”通常会引发向债券持有人101%出售选择权，但是这一概念并不一定涉及公司所有控制股权的变动。控制权变动的定义可以包括公司的收购，但是不包括公司的并购（公司独立的企业结构不复存在了）。在某些情况下，公司被主要的现有股东收购也被排除在外。

43.9 信用评分模型

截至目前，本章主要讨论了传统比率以及信贷分析师用以评估违约风险的其他手段。一些研究人员已经将这些测量方法作为采用多元判别分析（multiple discriminant analysis，MDA）的统计技术评估发行者的违约风险的入门。这种工具主要是一种分类技术，它帮助区分两组对象或多组对象，并确定每组对象的特点。多元判别分析的主要优势之一是它允许同时考虑大量特点，而且并不限制对于每一个个体属性的序贯评估的调查。举例来说，多元判别分析允许信用分析师研究公司债券的评级，以便在同一时间内检验对于多个财务比率的评级的总影响及联合影响、财务措施和定性因素。因此，分析师可以从烦琐和由孤立地观察每一个特点所带来的误导性任务中解脱出来。多元判别分析的目的是形成组，每组内部尽可能相似，但组和组之间尽可能不同。

从前面对于多元判别分析的描述中，可以看出为什么这个技术被应用于解决为何债券获得它们所得的评级以及哪些变量能够最好地解释债券的评级的问题。此外，多元判别分析已经被用来预测破产。虽然多元判别分析在预测债券评级和公司破产时所涉及的步骤是一个专门的主题，但是我们将会讨论由爱德华·奥尔特曼这位预测公司破产的多元判别分析的主要创新者所得出的结果。[8] 涉及该领域的奥尔特曼和其他人所提出的模型要定期更新。我们这里的目的仅仅是展示多元判别分析模型的轮廓。

奥尔特曼的其中一个早期模型被称为“Z 得分模型”。在这个模型中，奥尔特曼发现下列多元判别分析可以用来预测公司破产。[9]

$$Z=1.2X_1+1.4X_2+3.3X_3+0.6X_4+1.0X_5$$

其中，

X_1＝运营资本/总资产（用小数表示）；

X_2＝留存收益/总资产（用小数表示）；

X_3＝息税前利润/总资产（用小数表示）；

X_4＝权益的市场价值/总负债（用小数表示）；

X_5＝销售额/总资产（倍数）；

Z＝Z 得分。

给定某一公司的五个变量的值，Z 得分就可以计算出来。在区分公司是否可能出现一个会导致公司破产的严重的信用问题时使用的正是 Z 得分。具体来说，奥尔特曼发现 Z 得分低于 1.81 意味着公司有严重的信用问题，而 Z 得分超过 3.0 意味着这是一个健康的公司。

随后，奥尔特曼和他的同事根据更新的数据修订了 Z 得分模型。由此产生的模型被称为“泽塔模型”。该模型发现以下七个变量对于预测公司破产非常重要，并且这七个变量与债券评级高度相关[10]：

- 息税前利润/总资产；
- 息税前利润的估计值的标准差/标准化的总资产（10 年的）；
- 息税前利润/利息费用；
- 留存收益/总资产；
- 流动资产/流动负债；
- 权益的五年平均市值/资本总额；
- 标准化的总有形资产。

尽管信用评分模型对于分析师和债券投资组合经理很有帮助，但是用该模型来代替信用分析中人类的判断还有一定局限性。定量模型在识别与违约公司具有某些共同特征的公司方面是有效的，但是通过量化模型所识别的公司中有很多并没有违约。统计模型不能轻易得出引入能够使公司运营状况发生逆转并且防止违约事件发生的新公司管理的概率。因此，一位可能会因问题公司而遭受潜在巨额损失的投资者，可能会从评估公司自我重新调整方向的发展前景中获益。在具体实践中，专业的高收益债券和问题债券投资经理并不完全依赖于诸如 Z 得分之类的定量模型，而至多是将它们作为对事件分析的补充。

43.10 关键知识点

- 信用分析应从专注于债券“买入并持有”策略的违约风险分析转变为对公司债券投资组合的积极管理分析。
- 股权相关信息有助于进行系统分析，但是对信用风险的其他决定因素的考虑也很重要。
- 信用评估的主要方面包括行业分析、财务分析和契约条款。
- 对高收益公司债券或者投机级公司债券进行分析，需要特别关注公司经营的下滑、现金流状况以及公司管理质量。

• 定量信用评分模型不能完全替代亲身实践的信用分析，但是能够为其提供有力的补充。

【注释】

[1] 将在第45章讨论的这些信用风险模型被称为“结构模型”、“资产价值模型”和“公司价值模型”。

[2] 关于养老金的固定收益计划对关键财务度量单位（杠杆比率、利润和现金流）的影响以及调整这些度量单位以反映真实的养老金计划的经济影响的讨论，参见 David Zion and Bill Carcache, *The Magic of Pension Accounting: Part II*, Equity Research, Credit Suisse First Boston (October 15, 2003)。

[3] 该公式在 Jerome B. Cohen, Edward D. Zinbarg, and Arthur Zeikel, *Investment Analysis and Portfolio Management* (Homewood, IL: Richard D. Irwin, 1977) 中首次提出。

[4] “Industrial Company Rating Methodology,” *Moody's Investors Services: Global Credit Research*, July 1998, p. 6.

[5] 数据源于穆迪投资者服务公司。

[6] William A. Cornish, “Unique Factors in the Credit Analysis of High-Yield Bonds,” in Frank K. Reilly (ed.), *High-Yield Bonds: Analysis and Risk Assessment* (Charlottesville, VA: Association for Investment Management and Research, 1990).

[7] Robert Levine, “Unique Factors in Managing High-Yield Bond Portfolios,” in *High-Yield Bonds: Analysis and Risk Assessment*, p. 35.

[8] 参见 Edward I. Altman, *Corporate Financial Distress and Bankruptcy: A Complete Guide to Predicting and Avoiding Distress and Profiting from Bankruptcy*, 2d ed. (Hoboken, NJ: Wiley, 1993) 的第八章和第九章。

[9] Edward I. Altman, “Financial Bankruptcies, Discriminant Analysis and the Prediction of Corporate Bankruptcy,” *Journal of Finance* (September 1968), pp. 589 - 609.

[10] Edward I. Altman, Robert G. Haldeman, and Paul Narayann, “Zeta Analysis: A New Model to Identify Bankruptcy Risk of Corporations,” *Journal of Banking and Finance* (June 1977), pp. 29 - 54.

第 44 章 市政一般责任债券和市政收益债券的信用分析

席尔万·G.费尔德斯坦（Sylvan G. Feldstein）博士
美国嘉定人寿保险公司投资部主管

小亚历山大·格兰特（Alexander Grant）
RS免税高收益市政债券基金投资组合经理

戴维·拉特纳（David Ratner），注册金融分析师
产业顾问

投资于市政债券的安全程度一直被认为仅次于美国财政部发行的国债，但是从 20 世纪的最后 25 年开始许多投资者和承销商对市政债券潜在违约风险的担心正在逐渐增多。

一种担心来源于广为推销的数十亿美元的纽约市一般责任债券在 1975 年发生的违约。这一违约不仅使这些投资者面临着本金的损失，而且给一般的市政债券投资者发出了响亮而又清晰的警告。这一警告是，当发行人面临许多严重的预算平衡困难的时候，来自雇员联合会、卖主和社区组织的政治上的叫嚣和财务上的利益可能会成为决策过程最初的支配力量而不顾对债券持有人的强大的法律保护。

这一现实被自 1979 年 10 月 1 日正式生效的新《破产法》进一步加强，它使得市政债券发行人通过申请破产寻求保护而免受债券持有者追偿之苦变得更加容易。投资者已经增加的担心产生了一个副作用，这一副作用就是自 1975 年以来官方陈述变得更加复杂，而官方陈述是股票或公司债券发行时的招股说明书的等价物，并将包含法律方面和财务安全方面的主要特征。例如，众所周知，1975 年以前纽约市对于一般责任债券的销

售的官方陈述只有 6 页，而在 2003 年底出售的一只债券，其官方陈述却有 165 页之长。

最近，由于始于 2007 年 12 月的经济衰退、加利福尼亚州瓦列霍（参照美国《破产法》第 9 章）以及宾夕法尼亚州哈里斯堡众所周知的债券违约（参照美国《破产法》第 9 章）以及许多大州和城市的预算困境，市政债券的信用质量受到越来越多的关注。

对信用分析的兴趣增加的第二个原因来源于市政债券市场不断变化的特性。市政债券市场现在以私人和机构投资者的强势购买模式为特征。这一模式产生的原因部分是联邦、州和地方政府的高所得税税率。免税债券日益成为一种重要而且方便的隐藏收入的方式。买者对免税的强烈要求的一个必然结果是对 20 世纪 30 年代因违约经历而发展起来的传统安全性条款和债券持有者保护措施的侵蚀。一般责任债券的发行人肩负很高的税务和债务负担，地方经济不断衰退，而且长期存在预算平衡问题，但是要找到自愿的购买者很容易。同样，一些市政债券的安全条款未经法律检验，其利率只是中等水平，其债务准备金也较少，其附加债券检验也不充分，但这样的债券越来越多地进入了市场。由于安全条款的普遍削弱，审慎的投资者在决定购买市政债券之前认真地评价其信誉变得比以前任何时候都更加重要。

2009 年评级机构调高了它们对许多一般责任债券和必要服务收益债券的信用等级之后，这一担忧进一步加剧。它们认为，不论是从违约事件发生概率来看，还是从随后的复苏情况来看，市政债券都应该享有略高于公司债券的信用等级。因此，许多市政债券的信用等级都较高。

在分析一般责任债券、税收支持的债券或纯收益债券的信誉时，投资者应当询问以下五个方面的内容：（1）法律文件和意见书；（2）政策/管理；（3）承销商/财务顾问；（4）一般信用指标和经济情况；（5）危险信号。

本章的目的就是给出投资者在就特定债券提问时应当遵从的一般原则。

44.1 法律意见书

流行的看法是在一种债券发行过程中所做的大部分法律工作本质上是个样板文书，但是从债券持有人的观点来看，法律意见书和文件审核应当是最终的安全性条款，因为如果投资失败，债券持有人就可以通过起诉来实施他的安全权。因此，那些审核文件和给出法律意见书——这些意见书一般通过官方陈述得以概括——的律师的廉正性和能力显得尤为重要。

法律意见书与对市政一般责任债券和收益债券的分析之间的关系有三点值得一提。第一，律师应当核实并确认发行人在法律上的确有权发行要发行的债券。第二，律师需要了解债券发行人是否根据相关法规条例、决议案和信托契约为债券的发行做好了充分准备，并且没有违反任何其他法律法规。这些准备在以下两个高度技术性的工作方面显得特别重要，即根据联邦法律确定债券是否具备免税资格以及判断债券发行的组织过程是否违反联邦仲裁制度。第三，律师需要确认债券持有人所享有的安全保护措施和补偿措施以及债券发行人或第三方（比如银行通过信用证协议）为其提供的担保，确实符合联邦、州与地方政府相关法律法规的规定。

□ 一般责任债券

一般责任债券是由州、县、镇和校区发行的债务工具。它们以发行人的总税务能力作为安全担保。投资者应当检查官方陈述中概述的那些法律文件和意见书以确定哪些具体的“无限制的”税务能力是发行人（如果有必要）可以合法利用从而支付给债券持有人的，这些“无限制的”税务能力包括诸如房地产和个人财产税、公司和个人所得税以及销售税。通常对于小型政府部门，诸如校区及镇政府，唯一可以利用的无限制税务能力是财产税。如果其税务能力受到法律或宪法的限制，那么法律文件和意见书应当明确表述它们将怎样影响债券的安全性。

对于较大的一般责任债券的发行人，诸如拥有多种收入和税收资源的州及大城市，其法律意见书应当指明一般责任债券持有人对发行人的普通基金应有的索偿权。如果有必要，债券持有人对普通基金获得的初次收入（first revenue）有法定的索偿权吗？纽约州一般责任债券的持有人属于这种情况。债券持有人的索偿权是排在第二位的吗？加利福尼亚州发行的一般责任债券的持有人属于这种情况。或者说，法律对这些问题完全保持沉默吗？大多数其他州和地方政府属于这种情况。

另外，某些一般责任债券，诸如那些为了供水和排水目的而发行的债券，首先是通过使用费来做担保，然后通过一般责任抵押保证来担保。（这些债券通常被认为得到双重保护。）如果是这样，法律文件和意见书应当阐明这些债券如何通过其发行人的普通税务能力与普通基金以外的收入及基金得到安全担保。

□ 收益债券

收益债券是为项目或企事业单位融资而发行的债券，它以已完成项目自身产生的收入来为安全做担保；或者是为普通公共目的融资而发行的债券，发行人向债券持有人承诺以利税作为偿付来源，这些利税以前是普通基金的一部分。后一种类型的收益债券的设立，通常允许发行人筹集一般责任债务范围以外的债务，而且不必经过投票人的同意。两种类型收益债券的信托契约和法律意见书都应当向投资者提供六种债券安全方面的法律帮助：

- 基本安全性的限制；
- 资金流的构成；
- 利率、使用费或专项收入与税收义务条款；
- 担保收入索偿权的优先性；
- 附加债券的测试；
- 其他相关义务条款和问题。

基本安全性的限制

法律文件应当解释债券的担保收入指的是什么以及实际中这些收入可能会受到联邦、

州和地方法律怎样的限制。这样做的重要性是，虽然大多数收益债券是结构化的而且看起来受到可以确认的收入流的支持，但是那些收入有时候可能直接受到其他级别政府的负面影响。例如，20世纪80年代初怀俄明州发售的矿物使用费用收益债券（mineral royalties revenue bond）具有收益债券的大多数特征。该债券对抵押物收入具有第一置留权，而且如果满足125%的保障倍数测试，可以单独发行附加债券。而基本收入本身就是州政府从联邦政府那里收到的对联邦土地上的矿产品的使用费支付。美国国会绝对没有法律义务继续支持这种资助计划。因此，在官方陈述中概述的法律意见书必须清楚地叙述这些债券在安全性上的缺陷。

2011年，加利福尼亚州州长提议废除地方经济重建机构，并将其通过征税而增加的收入转移到其他用途上。如果所有的收入都被拿走，那么在最糟糕的情况下，政府将没有任何剩余资金来偿付经济重建机构债券的持有人。该州长虽然没有给出这样的提议，但是在相关法律文件中应该说明这种情况可能会发生。

资金流的构成

法律文件应当解释清楚债券发行人已经承诺的用获得的担保收入要做的事情。要说明在发行人对机构的营运支付、对债券持有人的支付、维护和特殊设备改建支付、债务利息准备金等各种会计资金中，收入流的顺序是怎样的。这有时候被称为“瀑布式”（waterfall）。另外，法律文件应当指明，收入在支付完毕上述顺序之后，超额收入应如何处理。它们会进入债券发行人的普通资金，还是留在债券契约中，以用于赎回债券或者资本补偿？

大多数收益债券的资金流量是按照“净收入”构建的（即债务利息支付是在支付了基本营业费和维护费以后但在支付其余一切费用以前支付给债券持有人的）。“毛收入”资金流量的结构是这样一种结构，即对债券持有人的支付甚至是在对机构营业费的支付以前进行的。由纽约城市交通管理局（New York Metropolitan Transportation Authority）发行的债券就是毛收益债券的例子。可是，虽然这些债券在法律上确实对费用栏所列的收入（fare-box revenue）具有先于其他要求者的索偿权，但值得怀疑的是，如果营业费（比如工资和电费）没能首先支付，这一制度能否发挥作用。

利率、使用费或专项收入与税收义务条款

法律文件应明确指出，债券发行人必须履行何种法律义务以维护债券持有人的合法权益。如果涉及使用费，那么债券发行人必须足额偿付这一费用，包括**债务支出**（debt service），其值等于一倍的债务保障倍数。一次性保障测试的计算是针对**年均债务支出**（average annual debt service）还是针对**最大年度债务支出**（maximum annual debt service）？此外，为了提供储备，是否需要较高的保障倍数（例如1.1倍或者1.25倍的债务偿付比率）？法律文件应明确说明，债券发行人是否有权在无须事先获得其他政府部门批准的情况下提高利率或者使用费。

担保收入索偿权的优先性

法律文件应当清楚地指明其他级别的政府或索赔人是否能够在发行人的收入开始经

过发行人的资金流量表之前就合法地对其进行分流。一个例子就是由波多黎各公路当局发行的公路收益债券。这些债券是通过波多黎各联邦汽油税的收入来提供一定程度担保的。但是，根据联邦宪法，如果在最糟糕的情况下，联邦政府没有可以利用的资金，该收入首先用于偿付联邦政府自己的一般责任债券。

附加债券的测试

法律文件应当指明在什么情况下发行人才能发行对其收入有相同索偿权的附加债券。通常，法律上的要求是对新债券的最大年债务利息支付应当和旧债券一样由明确规定的最小的计划净收入额来保障。这一指定的最小的计划净收入额可以等于一倍的保障额。一些收益债券要经过较强的附加债券测试以保护债券持有人。有些收益债券带有较严格的附加债券测试，目的在于保护债券持有人的利益。并且，如何计算历史收益也很重要。债券发行人能否选取特定的前几个月（如最后 15 个月中的 12 个月）？由谁来决定未来收益的计划规模？是否为该领域掌握专业知识的独立顾问？收益计划的保守程度如何以及如何对其提供保障？此外，收益的定义也很重要。其是否包括企业所创造的收益，或者是否还包括特殊的补充支付？在修订附加债券测试公式时，分析师必须解决上述所有问题。

其他相关义务条款和问题

最后，信托契约和法律意见书应当指明是否还有其他的相关协议对债券持有人提供保护。这些通常包括债券发行人所做的如下承诺：为了给项目提供保障（如果是项目融资收益债券）并向投资者及时提供报告，有发行人每年通过外部注册会计师审计的会计记录，有外部工程师每年对资本应用环境的评估，在债券存续期内保持机构运行。

除了以上提到的一般责任债券和收益债券具体收入结构的几个方面以外，最近另外两个方面的发展使得投资者仔细地检查官方陈述中概述的法律文件和意见书比以往任何时候都更加重要。其一是新融资技术的迅速发展，而这些技术可能依赖于法律上未经检验的担保结构。其二是对当地律师提供的法律意见书的应用的不断增加，而这些律师以前可能几乎没有市政债券工作经验。（按照惯例，法律意见书历来是由有经验的市政债券法律代理人书写的。）

□ 法律上未经检验的担保结构和新的融资技术

除了大多数传统的一般责任债券和公路桥涵收费收益债券之外，现在又有许多未经投票表决通过的、具有创新性的、安全性在法律上未经检验的融资机制和方法。这些创新性的融资方法包括租赁租金债券、道德责任住房债券、专项税收支持债券和结构化/资产支持债券、具有要求参与者增加支付以弥补可能的违约损失的结构条款的盈利支付电力债券（take-and-pay power bond）、商业银行支持的信用证看跌期权债券以及免税商业票据。这些比较新的债券与那些比较传统的一般责任债券和收益债券之间的区别是，它们几乎没有法庭裁决历史及其他诉讼法来强有力地保护债券持有人的权利。对这些新的融资方法，法律意见书应当包含对债券安全性在法庭上受到挑战时可能出现的后果的估计。但要注意的是，大多数官方陈述都没有向投资者提供这方面的信息。

□ 可靠的法律意见书的必要性

多少年来，对法律意见书可靠性的关心都没有像现在这么重要。在19世纪，由于大量债券违约以及相关的虚有其表的法律意见书，投资界要求法律文件和意见书必须由有组织的市政债券律师书写。因此，这些年来一小批主要位于华尔街的法律公司和一些在其他金融中心得到承认的公司统治着这一行业，并且制定了许多很高的职业标准。

但是，现在越来越多的发行人通过当地的法律公司做他们的法律工作，有些法律公司几乎没有任何市政债券的工作经验。这一发展连同更加具有创新性和在法律上未经检验的融资机制与方法的引入共同造成了对可靠的法律意见书的更大需求。一个特别值得关注的例子就是，发行人的律师必须完成法律文书以避免与国内收入署有关的套利问题。

截至2011年，在债券购买者的市政市场目录中所列明的国家，集中了成千上万的律师。他们标榜自己为市政金融法律方面的专家，能够提供多种政权结构和税收方面的咨询。问题在于，无法分类辨别他们所提供相关服务的质量，也很难确定他们是否具有相应的法律知识。

关于可转让债券的发行问题，对承销商的一种补救办法就是要求由它们自己的律师对这些法律文书做出审核并提供自己独立的法律意见书。

44.2 需要知道谁是“真正的”发行人

在购买一种市政债券以前，还有一个需要提出的普遍问题就是发行人属于哪一种类型？他们是具有明确公共目标的尽职尽责的人民公仆吗？他们有成功的管理公共机构的历史吗？他们已经做了职业化和严格的财务操作承诺吗？另外，由于政治派别之间或政治派系之间或个人之间经常发生冲突，处于这种拉帮结派及明争暗斗的环境中的发行人显然是要仔细审查的发行人和可能要避免的发行人。不管其周围经济环境的实力如何，这些发行人都应当被仔细审查。

□ 关于一般责任债券和税收支持债券

对于一般责任债券发行人，要关注主要执行者诸如市长、县执委、州长之间的政治关系及其立法机关之间的政治关系。对于其发行人不稳定的政治集团的债券要给予特别关注。当然，政治家之间的对抗行为并不一定是坏事。但是，如此钩心斗角的竞争可能会使敌对的政府官员在处理未来的预算问题时其合作受到破坏，这一点是我们所不愿看到的。由于这些分歧导致一个发行人被撤销的例子就是克利夫兰市。1978年该市的政治问题和市长库齐尼奇（Kucinich）与市议会之间的激烈冲突导致一种一般责任债券于该年12月违约。

□ 关于收益债券

在调查研究收益债券的发行人时，不仅要确定债券发行机构内成员之间的政治冲突（如果有的话）的程度，而且要确定那些能对债券发行机构发号施令的人之间的关系和冲突，这一点也很重要。另外，投资者要确定收益债券的发行人是否必须提前征得其他政府权限部门的同意才能征收使用费（user-fees）或其他费用。如果是这样，两个政府部门之间的政治关系的稳定性必须得到确定。

一个重要的例子是由堪萨斯州堪萨斯市发行的供水和电力收益债券。虽然该收益债券是通过市政厅发行的，但是具有决定水电价格权力的是经独立选举产生的 6 个成员组成的公用事业管理委员会。1981 年春，由于公用事业管理委员会一个小派系与政府专员（包括政府金融专员）之间的政治斗争，该委员会拒绝提高合约条款要求的公用事业费率。这种情况只有在进行一次新的选举并把该委员会的成员换成赞同市政厅提议的成员后才能得到控制。

除了以上制度上和政治上所必须关注的问题以外，发行人的职员的技术能力和管理能力也应当受到评估，特别是对收益债券的发行人而言。收益债券分析与一般责任债券分析相比，职员的职业资格和能力是一个更加重要的因素。理由是，与一般责任债券不同，许多收益债券是以发行人所经营项目的收入能力与财务自立能力为保证的，而前者最终是以发行人的完全承诺、信用及无限制的税务能力为保证的。

为核电和其他公共发电设施、成套综合公寓、医院、给排水系统以及其他大型公共工程项目诸如会议中心与体育场之类建筑发行收益债券的市政当局的专业职员应当接受仔细的审查。保守的投资者应当避免那些有很高的管理费、项目成本超过限度或几乎没有从业经验的发行人，或至少要考虑到其可能表现出的风险要比对他们的商业信用评级高。另外，收益债券的发行人每年要让外部注册会计师对其会计记录进行审计，这对向投资者提供一个更加准确的反映发行人财务健康状况的描述是有帮助的，虽然这一点也不是强制性的。

44.3 关于财务顾问和承销商

对投资质量的简略描述是：(1) 若有需要，发行人选择谁作为他们的财务顾问；(2) 债券销售进入谈判阶段时它的主要承销商是谁；(3) 债券发行以竞价方式进入市场时其财务顾问是谁。另外，如果存在重大的信用质量问题，许多审慎的承销商将不愿参与其中。因此，知道谁是竞价债券销售的承销商也是有用的。

确认财务顾问和承销商有两个重要原因。

□ 完备的而不仅仅是足够的投资风险披露的必要性

第一个原因与发行人提供给投资者的信息的质量和详尽程度有关。官方陈述或私募发行文件（private placement papers）（如果发行是私下进行的），通常是在律师和财务顾问的协助下由主要承销商编写的。行业范围的披露规则通常附在官方陈述上，但并不是所有官方陈述都能提供给投资者关于潜在风险的全面讨论，这些潜在风险可能要么来源于项目的具体经济环境，要么来源于具体的社会背景以及安全条款的操作细节。通常正是这一文件的起草者决定了官方陈述中哪些应该强调、哪些应该轻描淡写。文件的起草者在提供公正和完备的有关发行人的信息方面越专业而且越明确，投资者对发行人提供的信息和对信用质量做出的结论就会越满意。

□ 完整性与真实性对公司声誉的重要性

就其本身来说，发行人的财务顾问和/或承销商的声誉不应当是信用质量的决定性因素，但的确也是投资者应当考虑的一个问题，特别是在具有复杂的资金流和担保结构的可行性小的债券发行的时候。债券业不同于其他行业（比如房地产业），其交易和投资委托通常通过电话进行，随后几天才是票据结算。许多机构投资者，诸如银行、债券基金、房地产公司和非寿险公司，已经学会了通过它们经营的公司判断发行人。机构投资者比较保守，它们对由确定的大家公认的具有诚实声誉的财务顾问和承销商提供的财务信息感到更放心。个体投资者和分析师采用这种方法也会取得好的绩效。

44.4 信用分析中的一般信用指标和经济因素

最后分析的因素是债券发行人或通过债券收入融资的特殊项目的经济健康状况或生命力。经济因素包括许多值得考虑的事情。在分析一般责任债券的发行人时，不仅应当考虑一般经济环境，而且要着眼于发行人详细的预算和债务特征。对于项目融资收益债券或者企业收益债券，经济情况主要受到项目从用户那里获得足够的使用费以支付债券持有人的能力的限制，此即所谓的纯收益债券。

对于那些不依赖于使用费而是依赖于一般用途的税收和收入的收益债券，分析基本上应当采用与一般责任债券相同的方法。对于这些债券，税收和收入转移到债券持有人那里而不是转向州或市的普通基金。

举一个例子，纽约州纽约市政援助公司（Municipal Assistance Corporation，MAC）债券是由普通纽约市销售税和每年州政府对地方公用事业的补助费拨款保证的。它在结构上似乎是纯收益债券，但本质上不是。这种债券所建立的债券结构使纽约市从严重的预算赤字中解脱出来。这种债券的声誉与它作为权限部门的声誉联系在一起，而这种权限部门已经把它的部分税收能力和普通基金收入转向保护这种新的收入型救援债券（bailout bond）。因此，投资者除了考察它的收入特征以外，还必须考察其优先权。这些市政援助公司债券首次发行于1975年，经过多年之后得到偿付。应该指出的是，在2004年10月，市政援助公司债券已经得到偿付，但现在延长到了2033年，这是为了与“销售税应收公司”（Sales Tax Receivable Corporation）债券一起付清20世纪60年代的运营赤字。

□ 关于一般责任债券

对于一般责任债券，经济上需要关注的问题包括四个具体的方面：债务负担、合理预算、税务负担和整体经济状况。

债务负担

关于一般责任债券发行人的债务负担，一些更重要的需要关注的问题包括未偿付的债券和将要发行的由发行人的普通税务能力支持的以及由指定用途的收入支持的债务总量的确定。

例如，由纽约州校区发行的一般责任债券是发行人的一般责任债券，也是受到支付给发行人的州政府对地方公用事业的补助费保护的债券。如果发行人违约，债券持有人可以去找州主管会计，而且可以从下一次支付给发行人的州政府对地方公用事业的补助费中得到补偿。另一个指定用途的一般责任债券的例子就是伊利诺伊州一般责任运输债券——A 系列债券。对于这些州一般责任债券，债务利息支付是由该州的运输基金中的汽油税做保证的。

反映地方纳税人负担的主要债务比率是人均一般责任债务量和重叠或基础一般责任债券发行人的人均债务量。测量债务负担的其他主要方法包括确定未偿付的一般责任债券及其重叠部分的数量和百分比或对房地产价值的基本管辖权。这些数量和百分比可以与最近几年的中值相比较以及与发行人过去的历史数据相比较，由此确定债务负担正在增加、减少还是仍保持相对稳定的状态。

除了一般责任债券未偿付余额之外，该债券发行人的债务还包括租约、参与证书(certificates of participation，COPs)、拨款和“道德义务”债券。

此外，还需要确定无资金准备的养老金义务的规模。按照当前的年贡献率计算的公共雇员系统的预期资产与未来需要支付的收益之间有什么不同？如果债券发行人拥有减轻无资金准备的义务，那又将如何？当地政府能否单方面地削减养老金收益？在某些政府管辖区内允许对上述问题进行考虑，但是其他政府管辖区不然。关于后者的一个例子是纽约州，根据其州宪法的规定，养老金收益一旦被授予，将不得被削减。因此，与不存在这一担保的州政府相比较，纽约当地政府对无资金准备的养老金义务的履行要严格得多。

在 21 世纪头 10 年，另外一个特殊的债务项目也引起了人们的高度关注，其是指对为退休老人提供医疗卫生服务所产生的成本的精确核算。此类债务属于退职福利。在某些政府管辖区内，这些债务并非政府的强制性支付，而是通过“现收现付”(pay-as-you-go)的形式进行支付。在通常情况下，诸如工会联盟等强有力的政治集团以及退休工人本身会支持这一福利。在某些政府管辖区内，这一债务的潜在规模大于一般责任债券的未偿付金额。

为了确定特殊债务项目的规模（其代表最糟糕情况下的潜在债务），参与证书、拨款和租赁义务、道德义务、无资金准备的养老金义务以及退休职工医疗卫生花费都应该予以探索并考虑。

合理预算

关于一般责任债券发行人的预算的操作性和合理性，一些非常重要的问题包括：发行人在最近至少 5 年内是如何很好地保持预算平衡和资金准备的？发行人是如何依靠短期债务为每年的预算进行融资操作的？居民不断增加的对昂贵的社会公益服务的需求是如何得到满足的？也就是说，发行人是如何精打细算的？对公务员协会管理得怎样？他们常常为高工资、丰厚的退休金和其他昂贵的额外福利而游说。显然，对委托人的要求和公务员协会的处理模式导致税收增加并耗尽临时的预算准备金是不受欢迎的。最后，另一个在预算方面投资者普遍关心的问题是发行人的预算和会计记录的可靠性。基金间的借款报告了没有？谁审计的报告书？

应当引起注意的是，2011 年电子商务和互联网的应用在美国消费者中正稳步地增长。在过去的 50 年中，许多州、县和市政府已经从现在不适用于互联网销售的销售税中获得了巨大的收入。在一定范围内，发行人 20%以上的收入可能来源于地方销售税。互联网的发展过程是如何影响税收来源的现在还不清楚，但是在不远的将来可能对一些发行人的预算以及它们的由此税金保证的债券产生巨大的消极作用。

税务负担

关于税务负担，首先搞清楚两件事是很重要的。第一件事是在发行人的普通基金中最主要的收入来源是什么？第二件事是发行人是如何依靠每一项收入来源的？如果一般责任债券的发行人越来越依靠财产税、工资和所得税或者销售税作为每年不断增加的预算拨款的主要融资来源，那么税负很快会变得很高以致赶走他们的生意和客户。许多具有相对高的所得税、销售税和财产税的北部较大的州和大城市好像正在经历这个过程。还有另一个值得关注的方面就是发行人对政府间收入（比如，州或联邦为其年度预算拨款融资而进行的收入分享）的依赖程度。支持这种财政转移计划的州或联邦政府级的政治联盟是永久性的，有可能很快就经历戏剧性的变化。因此，对于近期具有相对低的税务负担但是获得大量政府间资金的发行人，投资者要仔细地审查。如果政府资助的资金能减少，正如在许多联邦立法机关计划下正在发生的那样，某些发行人可能会主要通过增加他们的税收而不是减少他们的支出以适应减少的联邦拨款。

整体经济状况

一般责任债券分析的第四个即最后一个方面是关注发行人的整体经济状况。对于地方政府，比如县、市、镇以及校区，主要分析事项包括弄清前 10 年全部应纳税房地产总价值的年增长率并确定 10 种最大的应纳税财产。各项财产出现过什么样的交易活动？这 10 种最大的财产在整个财产税基中占了多大的百分比？在至少最近的 5 年中其发展趋势是什么？整个房地产中有多大的比例是免税的？应纳税财产是按怎样的标准分配的（比如住宅、商业、工业、铁路和公用事业）？5 个最大的雇主是谁？要考虑的最后一个事项是社区问题，那些只有一个大雇主的社区比那些具有多样性的就业和房地产基础的社区更容易受到迅速变化的不利的经济形势的影响。至于那些揭示经济健康或衰退状况的其他信息，我们必须明确在过去的10年中社区居民的年龄是趋向老龄化还是年轻化，收入是在增长还是在下降，以及月度和年度的失业率与全国平均的失业率及社区以前的历史失业率相比是上升还是下降。

对于发行一般责任债券的州政府，其经济分析应当包括许多适用于地方政府的相同问题。另外，投资者还应当确定州一级的个人收入和零售额在过去5年中的年增长率以及州政府不得不从联邦失业信托基金（Federal Unemployment Trust Fund）那里借到多少资金来支付失业救济金。这最后一项对该州的长期经济吸引力特别重要，因为根据现行的联邦法律，各州拥有大量联邦拖欠贷款的雇主必须向联邦政府缴纳增加的失业税。

□ 关于收益债券

飞机场收益债券

对飞机场收益债券，其经济状况是因所涉及的债券担保的类型不同而变化的。有两种基本的担保结构。

第一种类型的飞机场收益债券是以运输产生的收入为基础的收益债券，该运输收入是由竞争和乘客对机场的需求而产生的。关于机场经营的财务数据应当来源于经过审计的财务报表，而且至少需要回溯3年的数据。如果一项新的设施正在酝酿，应当检查由认可的顾问提供的可行性研究报告。可行性研究报告应当具备以下内容：（1）关于服务地区的详细说明、人口统计分析研究和机场使用趋向的市场及需求分析；（2）关于研究项目营运成本和收入的财务分析。

机场的收入可能来源于航空公司支付的机场使用费、乘客设备收费，由餐馆、商店、报摊、停车场支付的场地特许使用费以及停机坪使用费和加油费等。

同样，在确定一个机场的长期经济生存能力时，投资者应当确定服务地区的财富是否向好的方向发展；机场是否依赖于旅游或作为一个大型转运站；过去5年来处理的航空客运量和航空货运量是否正在不断增长；飞机燃油成本以及维护机场安全的成本的增加是否会使其他运输比如铁路运输与汽车运输在该特定地区更具有吸引力；该机场是否为国内航空系统的一个枢纽，从而由航空公司管理层对航空时刻表所做的改动引起的路线变化对该机场有很大影响。

第二种类型的飞机场收益债券是通过租赁给一个或多个航空公司作为特殊设施诸如终点站或飞机库而由该租赁收入做保证的债券。这种租赁通常使它们的年支付额足以支付用于设施的花费和债务。对于大多数这种债券，航空公司的租赁分析是以承租人（航空公司）的信用质量为基础的。在债券存续期间，租赁是否需要扩大依赖于债券所涉及的具体机场和设施。对于主要的中心机场最好不要长期租赁，因为如果不出租，不论哪一家航空公司使用具体设施，机场获得的收费和收入都会随着运输量的增加而增加。当然，对于地方机场或新建机场，长期租赁给干线飞机（即主要航线）是首选。

在“9·11”事件之后，航空运输业遭受了一个特殊的暂时的衰退。虽然在恐怖主义袭击之后，航空运输仍然是一项重要的服务，但对于飞机场和航空公司关于破产问题的信用分析已经变得越来越严格了。

特许学校债券

特许学校债券是为民办学校而设计的，旨在使其在机构和学术方面比当地公办学校更具有灵活性。学生从传统的公办学校转学至特许学校之后，州政府通常会提供资金援助。债券收益被用于资本扩增。

在此需要提出的有关信用的重要问题包括：(1) 州政府或者学校片区政府授予的特许权为多长时间，并且是否可以延长期限？(2) 特许学校的历史入学率如何，是否趋于提高？(3) 特许学校是否经营专业学术领域，是否只是为了缓解当地公办学校学生过度集中的压力？(4) 其在社区的声誉如何？(5) 是否会参与市场竞争？(6) 是否具有等候批准的申请入学的学生名单？(7) 该学校是否在日常运营中较为谨慎地持有现金储备，即现金持有能够持续多少天？(8) 关于与收入和债务支出相关的运营和维持费用所占比重的要求是否合理？

退休人员服务社区债券

退休人员服务社区（continuing care retirement community，CCRC）为老年人提供住宿和健康护理服务，持续时间通常覆盖这些老年人的有生之年。这些非营利性机构通过发行由该社区居民所支付的入社费和月度服务费为担保的债券来筹集一部分资金，用以支付日常运营和业务发展所需成本。对于退休人员服务社区的潜在需求，在很大程度上取决于附近地区拥有稳定资产和收入来源的老年人的数量、既存和增加的竞争性机构以及当地房地产市场的繁荣程度。需要考虑的其他重要因素还包括：其预付费存款是否为部分或完全可偿付的，承办人和管理层经验的丰富程度，发起人的相关背景以及所持有的现金储备规模。对相关数据进行认真分析以及对任一可行性研究做出前提假设都是必要的。

专项税收支持债券和结构化/资产支持债券

就在最近，州和地方政府增加了债券的发行量，其债务利息支付是通过所谓的“专项”收入来进行的，这些专项收入有销售税、烟草结算支付、其他各项收费和罚款。许多债券都被结构化以仿效在应税市场（taxable market）中很普通的资产支持债券。为市政债券提供担保的“资产”是“专项”收入，而不是那些通常用于保护应税资产支持债券的信用卡应收款、住宅权益贷款和汽车贷款的收入。

另外，市政债券常常受到每年一度立法机关一些拨款形式的限制以及专门制定的保证确定的税金和收入以及容许债券销售的法令的限制。在 20 世纪 90 年代后期的经济繁荣时期，许多投资者和评级公司倾向于使这些债券与发行人拥有的一般责任债券之间的区别变得模糊。事实上，许多这种债券比有优先权的一般责任债券具有更高的信用等级，因为用于前者的“保障”看起来好像很高。在大多数情形下，一般责任债券在法律上规定是由特定的州宪法条款支持的，而专项税收债券和结构化/资产支持债券则是最近的立法创新的产物，而且未经紧张的预算情况、经济环境和政治环境的检验。

高等教育债券

高等教育机构经常发行债务，目的在于为营建或重建机构所需成本或者扩建机构所需购买土地的费用筹集资金。此类债券的偿付担保来自特定项目的收入、学生所缴纳的学费以及（或者）来自学校的一般责任。高等交易债券的投资者应该认真考虑以下问题：(1) 学生对于该高等教育机构的需求是否强劲，是否呈递增趋势？(2) 该学校针对增加师资或学生的需求是否具有灵活性？(3) 高级管理层和理事会的管理经验是否丰富？(4) 学校筹集资金的不同来源是什么？(5) 该学校的入学率如何，其发展趋势又如何？(6) 该学校管理成本和债券偿付的情况如何？(7) 学校配套设备的实际情况如何？(8) 是否存在某一营建或项目的特殊风险？

公路收益债券

通常有两种类型的公路收益债券。第一种类型债券的收入常常用于修建特定的能够带来收入的设施，比如收费的公路、桥梁和隧道。对于这些纯企业收益债券，债券持有人对由这些收费得到的收入有索偿权。这种债券的稳健性依赖于具体项目的自营能力。来源于第二种类型的公路债券收入通常用于公共公路的改进，对债券持有人的支付是通过诸如汽油税、汽车年检费和驾驶执照费等指定的收入进行的。

关于道桥费收益债券的经济生存能力，投资者应当提出以下若干问题：

(1) 交通历史如何？需求是缺乏弹性的吗？位于主要运输线路的收费公路、桥梁和隧道明显优于那些面临竞争的州际公路、收费桥梁或公共运输线路。

(2) 设施维护得如何？债券发行人是否已经建立了合理的维护服务基金用于诸如路面重铺和桥梁油漆？

(3) 债券发行人是否有能力提高收费以满足契约和债务利息支付的要求而不必征得其他政府参与者诸如州立法机关及州长的同意？在必须征得同意的少数情形下，应当问一问这些权力中心在过去对增加收费请求的赞成程度如何。

(4) 负债与股东权益的比率是多少？一些道桥收费当局曾收到联邦政府的重大无偿援助来补贴建设成本。这些援助当然减少了需要发行的债务量。

(5) 劳资关系的历史如何？公务员罢工会严重地减少道桥收费吗？

(6) 设施是什么时候建成的？一般来说，在 20 世纪 60 年代筹资建设的收费公路现在都有比较好的财务状况，因为融资成本比今天要低很多。许多这些比较老的收益债券的发行人已经在二级市场以深度折价购回债券从而提前收回了他们的债券，使债券退出了流通领域。

(7) 如果设施是一座可能被船只撞坏而且不能修复的桥，那么发行人有足够的使用和占有保险吗？

极少有道桥费收益债券违约，违约的债券要么是由于预料之外的免费公路和桥梁之间的竞争、欠佳的交通规划设计，要么是由于严重超标的建筑成本。西弗吉尼亚收费公路委员会（West Virginia Turnpike Commission）在 1952 年和 1954 年发行的收费公路收益债券就是这些少数的违约债券之一，其目的是为了给从查尔斯顿到普林斯顿 88 英里的公路融资。起初的交通工程估计是极其乐观的，建设成本比原来预算的 9 600 万美元几乎高出 3 700 万美元。由于交通量不足，收不到足够的道桥费，该债券在 1956—1979 年间发生违约。到 20 世纪 70 年代后期，随着乡村公路连接的完成，该收费公路成为州际交通的主要干线。在利息支付方面该债券能够自己维持。直到 1989 年所有未偿付的债券才得以被赎回。

最近，一些新的收费公路的启用是通过市政债券进行融资的。一些道路的收入预测被证明过于乐观。一些债券已经不得不动用债券储备金，而另一些已经不得不进行重组了。这样的例子包括佛罗里达州的圣罗莎湾大桥管理局（Santa Rosa Bay Bridge Authority）、南卡罗来纳州的南部连接收费公路（Southern Connector Toll Road）和加利福尼亚州的圣华金收费公路（San Joaquin Toll Road）。

关于公路收益债券的经济情况，由于这些债券不是纯粹的企业型债券，而是由指定的收入诸如汽油税、汽车年检费和驾驶执照费等做担保的债券，因而投资者应当提出以下若干问题：

● 这些指定的税收是以州宪法授权为根据的吗？比如俄亥俄州公路改善债券。或者是来自州立法机关颁布的法律吗？比如华盛顿州的第 56、121 和 167 章机动车燃油税收债券。宪法保护常常更持久和可靠。

● 在过去的 10 年中，可获得的用于债务利息支付的保障的变化趋势如何？是在扩大、保持稳定还是在减少？

● 如果指定的收入是汽油税，那么它是以卖出的每加仑汽油的一个特定数量还是以卖出的每加仑汽油的价格的一定比例为基础的？对于节油型和经济型汽车，后一种税收结构是首选，因为这样不易受汽油销售量下降的影响，而且可以从加油站增加的油价中直接获益。

● 在经济不景气和油价波动的时候，州范围内的汽油消费历史如何？

医院收益债券

医院的两种独有特征使得对于它们的债务分析变得更加复杂和具有不确定性。第一个要关注的是它们的收入来源；第二个要关注的是它们机构自身的基本组织结构。

在过去的 40 年中，大多数医院的主要收入来源一直是：（1）联邦支付（Medicare，医疗保险制度）和复合的联邦—州医院有偿援助项目（Medicaid，美国由各级政府资助的、以穷人和伤残者为对象的医疗补助制度）；（2）地方政府通过其税务能力给予的拨款。对医院来说，其年收入的至少一半来源于这两种收入并不罕见。但是，医院管理人员通过提供服务吸引更多的私人支付病号和商业保险公司的情况怎样？政府有偿支付预算是否适当？这些都是区分医院债券强弱的关键因素。

特别是对于社区医院（与用于教学的医学院校的附属医院相对照），其财务结构的唯一特征是，如果医院长期处于财务困境，它们主要的财务受益人——医生——不承担任何法律或财务责任。责任缺失可能引起众多的问题，其中一个例子就是内布拉斯加州萨皮县的米德兰（Midlands）社区医院收益债券所发生的问题。这些债券是为在内布拉斯加州奥马哈市以南 3 英里的地方建设一座新医院而融资的，以取代位于市区的一座旧医院。在医院修建以前对医生进行的可行性研究问卷调查表明，他们对新医院的修建表现出强烈的支持。许多医生一直把奥马哈市区的这家旧医院作为附近一家大型医院的后备医院。但遗憾的是，在萨皮县的新医院在 1976 年投入使用后不久，许多医生发现这家新医院无法作为那家大医院的后备医院，因为新医院距该大医院比旧医院距该大医院还远 12 英里。由于这些医生不去萨皮县的新医院给他们的病人看病，不久该医院就因无力支付债券的本金而被法院接管。

以上诸因素引起了许多社区医院长期的不稳定，但是一些主要指标的分析和趋势表明，许多有未偿付的收益债券的医院具有相对健康的经济状况。第一个指标是医院的流动性比率，比如流动资产中的现金与流动负债的比率。一般来说，有 5 年的高流动性比率趋势是比较理想的，因为这意味着医院具有支付短期债务的能力，并因此而避免预算问题。第二个指标是长期负债和股东权益比率，这可由不受限制的年终基金资产负债表（unrestricted end-of-year fund balance）中的数据得到。一般来说，长期负债和股东权益比率越低，医院的融资能力越强。第三个指标是前 5 年的实际债务利息支付率和计划支付率。第四个指标是前 5 年每年的床位使用率。第五个指标是医院内有多少医生是得到认可的（董事会承认的）职业医生、他们的年龄结构状况，以及他们中有多少把医院作为他们的主要供职部门。

对于新的或扩建的医院，以上大多数数据都应该在可行性研究报告中提供给投资者。对于新医院特别需要明确一点，即那些计划使用该医院的医生实际上是否住在该医院所处的地区。由于给这些问题提供答案非常重要，所以可行性研究报告必须由有声望的、富有经验的研究人员来编写。

住宅收益债券

对于住宅收益债券，其经济和财务问题因所涉及的债券担保的类型不同而不同。有两种基本类型的住宅收益债券，具有不同类型的担保结构。一种是由单户住宅项目做担保的住宅收益债券；另一种是由多户住宅项目做担保的住宅收益债券。

关于单户住宅收益债券，得到强有力的担保的债券通常有如下几个特征：

- 单户住宅贷款债券由政府国民抵押贷款协会（GNMA）、联邦国民抵押贷款协会（FNMA）或者联邦住房抵押贷款公司（FHLMC）提供抵押，或者住房贷款由联邦住房管理局、联邦退伍军人管理局或可以接受的私人抵押保险公司或具有相当能力的组织提供保险。如果单户住宅贷款没有被担保，那么其贷款价值比率不得超过 80%。在 2007 年之前，许多债券得到可以接受的私人抵押物的担保。
- 如果传统的住宅贷款最初的抵押保险率小于 100%，那么必须有额外的 5%～10%的抵押共同基金保险政策或者等价的政策。
- 此外，还应当有数量至少等于 1%的未偿付债券的抵押资产组合的抵押准备金。
- 单户住宅收益债券的发行人应当处于具有稳定的或强劲的经济增长的国家，这些国家的固定资产价值、个人收入、零售额都在增加，而失业率却比较低。
- 国家住宅融资机构的支持。

在 20 世纪 70 年代，单户住宅收益债券的州机构发行人在安排债券偿付期时接受了一定额度的提前偿付。在近几年，大多数发行人已经放弃了这种做法，但是投资者应当审查单户抵押收益债券的回收计划，以确定发行人在最近一年的现金流计算中是否已经接受了大量一次性抵押偿付。如果是这样，那么提前偿付负担是否适度？发行人是如何依靠该提前偿付来满足债务利息支付要求的？当然，虽然本章的重点是信用分析，但是投资者应该注意，抵押贷款的提前偿付可能会引发这些债券的特别赎回。

应当注意的是，自 20 世纪中期以来，发行人已经采用了类似于那些在应税抵押贷款支持债券市场中的担保结构，这种债券市场允许提前偿付。在免税单户住宅债券市场中，通常使用按计划摊还类别结构［planned amortization class（PAC）structures］。

通常州发行机构具有专业的内部职员密切监督住宅抵押资产组合，而地方发行人却做不到。最终，许多州发行机构在过去的几年中积累了大量的盈余基金，这些基金可以被看作是保护债券持有人的额外收入来源。

对于多户住宅收益债券，有四种特殊的担保结构，可能有些重叠。第一种类型的多户住宅收益债券是由联邦抵押保险担保的债券。通常，联邦保险保障除了未偿付债券的本金与可收集抵押额（通常 1%）的差和非资产债券（nonasset bond，即为偿付发行费和资本化利息而发行的债券）之外所有的资金。联邦保险的吸引力在于它在规定的期限内保护投资者抵御债券违约。该保险保护债券持有人而不管项目是否完全实施并产生租金支付。

第二种类型的多户住宅收益债券，是其项目所有年成本（包括债务利息支付）不是由承租人用租金支付而是根据《住房和城市发展部法》第 8 节的规定由联邦政府资助的债券。根据第 8 节的规定，符合条件的低收入的老年承租人仅支付其收入的 15%～30% 作为租金。由于最终的担保要来源于第 8 节规定下的津贴，而且在特定的地区这些津贴在正常情况下也随着居住成本的增加而逐步升高，因此债券持有人的主要风险涉及开发者完成项目的能力，以及根据联邦指导原则寻找符合项目条件的承租人入住，并且在债券存续期内要保持高的房间租用率。在项目建设时，投资者应当仔细审查项目的地理位置和所使用的建筑标准，以及项目经理选择承租人的能力，该承租人要爱护该建筑物并支付租金。就这一点而论，发行第 8 节所规定的债券的州代理机构比已经发行了该类债券的地方开发公司通常具有更丰富的内部管理经验和处理问题的对策。应当注意到，联邦政府已经取消了对该类新项目的拨款。自 1995 年起，联邦政府已经限制了该类租金的自动增加。这导致了财务方面的压力。

第三种类型的多户住宅收益债券，是指其对债券持有人的最终担保是通过项目本身从承租人那里获得足够的月租费以满足经营和债务利息支付费用来实现的债券。有一些债券可能获得政府的津贴（比如根据联邦法第 236 节的规定降低利息成本，扣减地方政府财产税），但是最终的安全性还是项目的经济生存能力。关键信息包括项目的地理位置、居住使用率、大型家庭或老人是否愿意在这些住宅居住、用于保证项目财务稳健性的租金是否要与周围社区的其他住宅项目竞争、项目经理是否具有保持良好服务和制定详细的承租人选择标准的历史记录。

第四种类型的多户住宅收益债券包括一些类型的基础房地产私人信用增级证券。这些信用增级包括保险公司的保证或担保、联邦国民抵押贷款协会进行的证券化或银行信用证。

多户住宅收益债券的其他令人满意的财务特征还包括债务利息支付准备金，其数量相当于该债券的年债务利息支付的最大值，还有抵押准备金和大型修理及维护基金。

许多多户住宅收益债券，特别是那些由州家庭住宅建设局发行的债券的另一个特征就是州政府的道德责任保证。几个州政府有关当局已经发行了住宅收益债券，万一债券利息支付准备金不足，该债券可能担负着弥补它们潜在的年债务利息支付准备金不足的义务。在大多数情况下，如果债务利息支付下降发生，州家庭住宅建设局必须向州长和州预算主管报告不足的支付量。接着，州立法机关可能拨出要求的资金量，尽管在法律上没有强迫要求州政府必须这样做。具有这种补偿条款的债券被称为道德责任债券。

道德责任给州立法机关提供了向处于困难中的州家庭住宅建设局提供拨款的一种权力——非强制权力。因此，经济分析应当确定：(1) 州政府是否有用于补贴家庭住宅建设局发行的收益债券的预算盈余；(2) 对于使用州一般责任收益债券来补贴多户住宅建设项目，州政府有关部门和立法机关是否取得一致意见。

工业收益债券

一般来说，工业收益债券是由州政府和地方政府代表个体公司及企业发行的债券。该类债券的安全性通常依赖于所涉及的特定公司和企业的经济稳健性。如果是为一个大公司的子公司发行的债券，要问的一个问题是母公司是否为该债券进行了担保？它是否仅有通过租赁支付债券持有人的责任，或没有任何责任支付债券持有人？如果母公司对债券没有任何责任，那么投资者除了关注母公司的经营以外，还必须密切关注子公司的经营。

对已经公开发行了可交易普通股的公司，经营数据在财务季报（10-Q）和年报（10-K）中可以很容易得到，但必须向证券交易委员会提出申请。对私人公司，要得到其财务数据更困难。

在估计投资于工业收益债券的经济风险时，需要问的另一个问题是债券持有人或受托人是否持有财产抵押物。虽然在估计其财产具有非常有限的商业价值的医院或低收益债券、多户住宅收益债券时，持有抵押物并不是一个重要的经济因素，但对工业发展收益债券的持有人来说，这可能是一个很重要的因素。如果债券是通过零售商（比如凯马特）或行业机构（比如大批发商）的财产抵押来担保的，那么不管发行债券的公司发生什么样的事情，财产所处的地理位置和固定资产转卖价值可以对债券持有人提供一定保护。当然，不管所涉及的特定固定资产有多大的吸引力，投资者始终要避免可能的破产情况。原因是破产过程通常需要几年的诉讼和大量的法庭听证会，而这是任何一个投资者所不希望看到的。

以土地为担保的“泥土”债券

公共基础设施的成本源于在原始土地上开发新的项目，这经常通过发行以土地为担保的债券来进行融资，也被称为“泥土”债券。由额外附加税或者对于通过上述改善所获取资产的评估所带来的收入是对债券持有人最主要的偿付保障。另外的偿付保障源于政府实体发起人在财产所有人拖欠税款或者评估不当的情况下，发起止赎程序和税收出售的能力。在此，需要考虑的重要信用要素包括：(1) 这一开发项目的地理位置、人口状况和竞争能力有利吗？(2) 该开发商是否具备丰富的经验和融资资源？(3) 是否存在债务支出储备以及其他资金，它们是如何筹集的？(4) 税收或评估所产生的留置权是固定的还是可变的，由此导致的债务支出保障倍数能够提供什么？(5) 土地相对于未偿付留置权的价值是否足以阻止财产所有人离开？

租赁租金债券

租赁租金债券通常是按照收益债券的结构设计的，而且每年州或地方政府的支付额包括了经营成本、维护成本和债务利息支付。应当注意的是，许多参与证书债券（certificate of participation bond）在担保结构上是类似的，因为它们也依赖于每年立法机关的拨款程序。通过这些债券发行来融资的公共设施包括公共办公大楼、消防局、警察局、大学建筑、精神康复中心、公路以及办公设备和计算机。在一些情况下，支付可能来源于学生的学费、对患者的收费及指定的税收，而州和地方政府在法律上无义务必须支付可以利用的指定收入以外的超额租金。但是，对于许多租赁租金债券，承租州、县和市都用立法机关年度拨款普通基金进行支付。例如，纽约州的首府奥尔巴尼县发行的南商业街租赁租金债券就是为州政府的办公大楼筹集资金的。虽然严格来说该债券是奥尔巴尼县的一般责任债券，但是真正的担保来自纽约州每年的租赁支付。

公共电力收益债券

公共电力收益债券是为发电厂建设融资的债券。债券的发行人可能建设并经营电厂，可能从批发商那里买来电力再进行零售，也可能建设和经营几个电厂或与其他公共及私人电力公司联合为一个或多个电厂进行融资。后一种安排被称为联合电力融资结构。虽然有几种电力收益债券对联邦当局的收入有索偿权（比如华盛顿公共电力供应系统的2号核电项目收益债券），还有其他几种电力收益债券不管电厂是否完成和正在运营都可以要求参与市政电力系统对债券持有人进行盈利分配（如密歇根州公共电力公司收益债券），但问题的焦点是投资者如何确定哪一个电力项目将有能力无须具备这些支持性担保特征而维持自己的经营。

在评估公共电力收益债券投资的稳健性时，至少有以下六个主要问题要问：

• 债券发行人有权适时提高电价而无须有关监管部门批准吗？如果必须通过大力提高电价来支付新电厂建设或电厂改造的费用，这一点是特别重要的。

• 在住宅用户、商业用户和工业用户之间的分散化程度怎样？

• 随着人口、个人收入和商业或工业活动等服务领域的不断扩大，现有的或新的电力设施是否能够保证电力的供应？

• 与邻近的 IOU 存在价格竞争吗？

• 由该系统所发电的计划成本和实际成本是多少？如何与国内其他地区进行竞争？对那些用电多的工业大户来说，要保证该地区经济的长期吸引力，电价是特别重要的。

• 燃料是不是多样化的？发行人只依赖于诸如水坝、石油、天然气、煤或核燃料中的一种能源吗？

关于核发电厂，1979 年三里岛核事故的后果已经导致了大量的建造和维修检查以及由联邦核管制委员会提出的昂贵的安全经费。联邦核管制委员会监督这一行业。在过去，虽然预计建造核电厂远比其他电厂花费要高，但是人们也相信一旦开始运行，相对低的燃料和维修费用可以抵消起初的资金及费用。可是，三里岛核事故的发生使人们对公共安全的担忧开始增加，因此即使核电厂已经投入使用，人们也预期要对它进行修理并对它的设计进行修改。当然，这会增加现在的发电成本并减小核能替代石油、天然气、煤的吸引力。

公私合作债券

私有化是市政融资的一种形式，即由私有企业承担市政运营中较大比重的开支，并且经常会营建或者改善政府资产（例如常用的收费公路）。购买这些资产的企业会发行债券，以为庞大的前期费用进行融资，并且将运营收益作为偿付债券持有人的保障。此类债券被称为公私合作债券（public-private partnership bonds，PPP）。关于此类债券需要关注的主要问题包括：(1) 特许协议的有效期是多长？(2) 服务价格或者过路费如何进行确定？(3) 政府实体是否会共享任何收益？(4) 是否存在非竞争性条款？(5) 需要多少维持费用、资本支出和债务支出？(6) 债券发行人不履行契约义务的条件是什么，将会产生什么反响？(7) 实施任何一项可行性研究所需要的前提假设条件是什么，将会产生什么结果？

烟草收益债券

某些烟草债券的偿付担保只来自烟草大和解协议（Tobacco Master Settlement Agreement，MSA）的收益，即烟草公司每年向州政府上缴的收益。此类债券所涉及的重要信用问题为：(1) 每年都需要支付收益的烟草公司的信用质量；(2) 用于计算初始债券发行规模的卷烟消费假设条件，即所使用的杠杆比率如何；(3) 当前的卷烟消费趋势及其对企业现金流和债务偿付能力的影响；(4) 不同法院案件的情况。

部落赌场债券

一般情况下，美国本土政府通过发行债券的形式为其赌场娱乐设施的建设筹集资金。部落赌场债券（tribal casino bonds）从这些娱乐设施的运营中获取收益。如果收入来源渠道有限并且缺乏用作抵押物的硬资产，那么对新建娱乐设施运营的未来可行性和盈利性进行评估就是必要的，包括人口统计特征、竞争性要素以及赌场管理质量的分析。债券购买者还需要对发行部落实体的财务健全状况、政府结构和开发项目经验进行评判。其他需要考虑的问题包括：所发行债券的现金陷阱和债务支出储备资金是否充足，与州政府之间是否签订了某项娱乐协议或者收益共享安排，以及相关监管政策可能发生的变化。需要注意的是，近来位于威斯康星州的美国联邦地区法院的监管政策，偏向于支持试图废除其债务偿付义务的部落赌场债券的发行人，声称相关契约违反了联邦部落娱乐监管规定。这一案例正处于法律诉讼过程中。

给排水收益债券

给排水收益债券是为了满足地方社区的基本需要而发行的债券，因此通常不受一般经济变化的影响。由于是为重要的公用事业服务，它们各自的财务结构在设计上通常具有尽可能低的使用费，而且仍然能保持良好的财务状况。一般来说，利率合约要求使用费要足以支付经营费、维护费、大约 1.2 倍的年债务利息支付和准备金要求，这种合约是最理想的。一方面，对于未曾预料到的收款速度减慢或因通货膨胀引起的经营费用和维护成本的增加，较低的合约利率只提供了一种很低的边际利润收入。另一方面，为了获得 1.2 倍的年债务利息支付和准备金要求的收入而制定的利率，可能会对给排水系统的用户增加不必要的财务负担。一个能表明发行人经营稳健性的有用指标就是把该给排水公司的平均每季客户业务总量与其他给排水公司的业务量相比较。假定有良好的客户服务，那么具有相对低的客户营业费的给排水系统一般表明具有有效的经营措施，因而具有比较强的未来支付能力。

投资者需要提出的问题包括如下几个：

• 债券发行人是通过地方法规的强制性必须修建给排水网的吗？同样，地方健康指导委员会反对井水污染和使用化粪池，它常常能够通过强制联网实现同样的目标。

• 债券发行人必须遵守与美国环境保护局达成的协议并因此发行大量的债券吗？

• 就工厂、管线和仪表而言，设施的物质条件如何？为了维护设备并满足预期的社区扩大，哪些资产必须进行改进？

• 特别是对于供水系统，确定该系统的供水是否超过近期的最高纪录和设计要求是很重要的。正在运行的又没有完全得到利用的系统能够为未来的客户提供服务并带来收入，同时不必为扩大设施而增发额外的债券。

• 给排水公司近 5 年的经营记录如何？

• 如果债券发行人没有自己的给排水系统，但是还要向有给排水系统的发行人收费分享地方政府的利益，那么这些费用是基于实际抽取的水流量（对于供水收益债券）和处理的污水量（对于排水收益债券）还是基于规定的加仑量？

• 对于为农业地区发行的供水收益债券，所涉及的是什么作物？在加利福尼亚州种植一英亩地的柑橘或樱桃比在艾奥瓦州种植一英亩地的玉米或小麦带来的收入要多。

• 为了扩大给排水系统，发行人在近两年内是否有净收入达到或超过合约收入率的记录？将要建设的设施是否会增加发行人的净收入？

• 发行人是否已经设立了债务和维护准备金或为此进行了融资来处理不可预料的现金流问题或用于系统维修？

• 债券发行人是否对那些没有支付供水或排水账单的部门的固定资产具有税收留置权？虽然投资者不想拥有一个会引起法律诉讼的债券，但是这种权利的存在往往对用户及时地支付供水或排水账单提供了一种经济上的激励机制。

附加债券只有当设施的需求、成本以及建设计划通过独立的咨询工程师的鉴定，而且只有当过去的和计划的收入足以支付经营费用和债务利息时才能发行。当然，对于一个新的没有经营历史的系统，咨询工程师提供的报告的质量是至关重要的。

44.5 投资者应当注意的危险信号

除了刚刚分析的诸方面以外，有些危险信号或消极倾向预示着信用风险会有所增加。

□ 关于一般责任债券

对于一般责任债券，在财政稳健性参数中，能够预示一个州、县、镇、市或校区行使其职责的能力下降的信号包括：

- 不断下降的财产价值和不断增加的不履行职责的纳税人；
- 相对于其他地区来说每年不断增加的税务负担；
- 不断下降的人口数量和不断增加的财产税税率；
- 新建筑的许可证发放数量及其价值的下降；
- 实际普通基金收入持续地下降到其预算数量以下；
- 不断增加的年末普通基金赤字；
- 预算支出逐年增加（超过通货膨胀率）；
- 无资金准备的养老基金债务不断增加；
- 一般责任债务不断增加而财产价值停滞；
- 不断衰退的经济（失业率不断增加、个人收入不断下降）。

□ 关于收益债券

对于收益债券，预示信用质量下降的一般信号包括：

- 通过净收入支付的债务利息支付范围逐年下降；
- 发行人使用债务准备金和其他准备金；
- 为了满足经营预算开支，发行人对不可预测的联邦或州补助拨款的财务依赖不断增加；
- 长期拖延提供给投资者的年度财务审计报告；
- 不可预测的成本超支和基本建设项目的计划延期；
- 经常性的或大幅度的利率增长；
- 拖延厂房设备的维修和改进；
- 过多的管理环节和费用；
- 萎缩的消费者基础；
- 新的不可预测的竞争。

44.6 分析的信息来源

□ 官方正式声明

官方声明通常对某一债券以及债券发行人准备增发债券进行说明。预备官方声明是在最终正式声明之前进行的。这些声明被称为 OS 和 POS，能够向投资者们提供大量信息。声明包括关于即将发行的债券的规模、到期日、息票、收益的使用、信用等级、发行人的总体情况以及承销商和销售团队成员的姓名等基本信息。大多数这些信息往往会出现在官方声明的封面或者最前面几页。正式声明也会包括以下详细信息：债券及其偿付资金来源、资金的来源与使用、债务支出要求、相关风险因素、发行人的财务状况、债券契约的内容概要、相关协议、任何既存或未决诉讼的通知、债券发行政策规定（如果已经出台）以及债券法律顾问的意见形式等。官方声明可以为投资者做出有根据并且专业的投资决策提供所需的绝大部分信息。

□《15c2-12 规则》中的持续信息披露

《15c2-12 规则》于 1995 年正式实施，其要求债券交易者确定债券发行人是否在发行新的市政债券之前做出相应的安排，以对其未来的财务信息（至少是年度信息）进行披露，并且确定如果该规则所列明的 11 种“重要事件”中任一事件发生时，是否予以通知。截至 2011 年，该规则的修订版本包括了 14 条重要事件的通知。截至 2011 年，重要事件的年度报告和通知都以所要求的统一电子形式，交给市政证券规则制定委员会（Municipal Securities Rulemaking Board，MSRB）。该委员会指定市政电子市场准入制度（Electronic Municipal Market Access system，EMMA）作为这类信息披露的唯一参照模板库，可以从网站 http://emma. msrb. org 自行下载。需要注意的是，诸如医院、收费公路和退休人员服务社区之类的债券发行人，通常向其债券持有人提供未审计的临时季度甚至月度信息。

□ 市政分析师全国联合会

市政分析师全国联合会（National Federation of Municipal Analysts，NFMA）成立于 1983 年，截至 2011 年，其拥有 1000 多名市政专业人士会员。这些会员中，部分来自市政债券的机构投资者，他们主张为投资者提供更多且及时的相关信息。截至 2011 年，其管理层已经制定了详细的信息披露准则，并指出了市政证券中的风险要素，从特定信贷部门到交易结构。他们建议市政债券发行人向投资者和分析师提供现行的财务信息和运营信息。该机构的官方网站为 www. nfma. org。

□ 政府会计准则委员会

政府会计准则委员会（Governmental Standards Accounting Board，GSAB）是一家非营利性机构，为国家政府或地方政府制定公认会计准则（generally accepted accounting standards，GAAP）。该委员会于 1984 年设立，并提供了详细的指导原则。在很多年期间，该委员会有效提高了国家政府和地方政府报告中的财务报告标准，而各级政府报告被分析师、审计师和其他使用者所关注。通过提高国家政府和地方政府会计核算的透明度，政府会计准则委员会有效改善了债券发行人预算赤字和长期债务的清晰度，而这些方面的不清晰在过去是由预算灾难和债券违约所导致的。该委员会的官方网站为 http://gasb. org。

44.7 关键知识点

● 在分析一般责任债券、税收担保债券和纯粹的收益债券的信用状况时，需要考虑以下5类问题：(1) 法律文件和意见书；(2) 政策或管理；(3) 承销商或财务顾问；(4) 一般信用指标和经济发展状况；(5) 危险信号。

● 从债券持有人的角度来看，法律意见书和法律文件的内容应该作为最终的担保条款。原因在于如果其他条件都不可用，债券持有人不得不诉诸法庭来强制实施其资产安全权。法律意见书与一般责任债券和收益债券这两种市政债券分析之间的关系体现在：(1) 律师需要核实并确认债券发行人按照法律的确有权发行该债券；(2) 律师需要了解债券发行人是否根据相关法规条例、决议案和信托契约为债券的发行做好了充分准备，并且没有违反任何其他法律法规；(3) 律师需要确认债券持有人所享有的自身安全保护措施和补偿措施以及发行人或者第三方为其提供的担保，确实符合联邦政府、州政府和地方政府相关法律法规的规定。

● 在购买市政债券之前，投资者应该考察债券发行人的行政人员是否具有以下特征：(1) 是否为具有明确的公共目标的有责任心的公务员；(2) 是否具备公共机构管理的成功经验；(3) 是否已经正式承诺要进行专业化并且严格的财务管理操作。此外，还有一点非常重要，即密切考察（且尽可能避免）高度紧张和党派争斗的背景下的债券发行人，因为在这种背景下，在政党之间或者政治派系之间或者政治人物之间通常会发生冲突。

● 对投资行为质量的衡量指标包括：(1) 债券发行人选择谁来成为其财务顾问？(2) 如果债券的销售需要谈判，其主要承销商的表现如何？(3) 如果债券发行面临市场竞争，其财务顾问的表现如何？此外，弄清楚谁是所发行的债券的承销商也非常有用。

● 评价债券的信用状况时需要考虑的一个具有分析意义的因素是，债券发行人或者以债券收益为资金来源的特定项目的经济发展前景的稳定性和波动性。经济因素包括很多方面。当对一般责任债券发行人进行分析时，需要考虑发行人特定的预算情况和债务情况，还需要考察整体经济发展环境。对于项目融资和企业收益债券来说，需要考虑的经济因素主要集中在该项目从其使用者那里获取收入并足以偿付债券持有人的能力。对于以该项目使用者所支付的费用而不是以一般税收和收入为收益的收益债券，需要采用与一般责任债券分析基本相同的分析方法。对于上述类型的债券，转移到持有人手中的税收和收入原本是进入国家普通基金或者城市普通基金的。

第45章 信用风险模型

蒂姆·巴克夏尔（Tim Backshall）
信用衍生产品研发股份有限公司首席信用衍生产品策略师

凯·吉塞克（Kay Giesecke）博士
斯坦福大学管理科学与工程助理教授

丽莎·戈德伯格（Lisa Goldberg）博士
摩根士丹利资本国际公司研究部执行董事
加州大学伯克利分校统计学兼职教授

在过去的几年中，我们看到信用风险研究领域出现了许多理论发展。从市场条件的大规模变化的角度来看，更复杂的市场参与者进入市场以及投资资产的复杂性的增加使得大多数研究都集中在公司债券的定价上。但这其中许多模型都未能实事求是地描述出现实世界的现象，比如信用利差。本章以从业者为导向，试图描述信用风险模型的历史和未来以及存在信用风险的资产的估值问题。

信用风险是指由于金融协议中交易对方的信用质量的意外变化而导致的金融损失的分布。信用风险的例子种类繁多，范围包括从机构降级到未能偿付债务而导致的清算等。信用风险几乎遍及所有金融交易。信用损失的分布是复杂的。在它的中心是违约概率，违约是指任何类型的未能履行金融协议的情况。要估计违约概率，我们需要确定：

- 投资者的不确定性模型；
- 可用信息以及这些信息随着时间的推移发生变化的模型；

- 定义违约事件的模型。

但是，仅有违约概率是不足以为风险敏感型证券定价的。除此之外，我们还需要：

- 无风险利率模型；
- 违约恢复模型；
- 投资者要求作为承担系统性信用风险补偿的溢价的模型。

将实际违约概率映射到市场隐含概率的信用溢价被包含在市场价格之中。为了给对多元发行者的信用风险敏感的证券定价，并且为了衡量总投资组合的信用风险，我们还需要确定：

- 连接不同单位的违约的模型。

在分析信用时有三个主要的定量方法。在**结构方法**（structural approach）中，我们对公司资产的动态、资本结构以及债务和股权持有者做出明确的假设。如果按照一些测量方法，一个公司的资产是不足的，那么该公司会违约。在这种情况下，公司负债可以被定性为公司资产的期权。**简化形式方法**（reduced-form approach）没有解释为什么一个公司会违约。相反，违约的动态是通过一个违约率或违约强度外生给定的。在这种方法中，信用敏感型证券的价格就可以通过使用一个经过违约强度调整过的无风险利率作为其利率而被计算出来，就好像该证券是无违约风险的一样。**不完全信息方法**（incomplete-information approach）将结构方法和简化形式方法结合起来了。在避免这两种方法所面临的困难的同时，不完全信息方法选择了这两种方法的最佳特点：结构方法的经济性和直观性以及简化形式方法的可追踪性和实证性。

在这一章中，我们将会从多个方面介绍我们刚才提到的三种方法。我们的目的是为越来越多的信用风险文献提供一个简洁的概述和指引。[1]

45.1 结构信用模型

结构方法的基础是公司的负债是公司资产上的或有权益，这可以追溯到布莱克和斯科尔斯（Black and Scholes）[2] 以及默顿（Merton）[3]。公司的市场价值是该公司信用风险产生的不确定性的根本来源。

□ 古典方法

考虑一个公司具有市场价值 V，这代表了公司的预期未来现金流的贴现值。该公司通过股票和一个具有票面价值 K、到期日为 T 的零息票债券融资。公司合约的义务是在时间 T 向债券投资者偿付金额 K。债券合约授予债券投资者绝对优先权：如果公司不能履行其支付义务，则债券持有人可以立即接管该公司。

图表 45—1 展示了公司价值的几种可能的路径。如果公司价值在到期日低于债券的票面价值 K，将会发生违约。公司价值的具体路径在这里已经变得无关紧要，只有 T 时刻的公司价值是很重要的。因此，违约概率与公司价值在到期日低于债券的票面价值的

概率相等。为了计算这个概率，我们对债券到期日的公司价值的分布做出假设。该标准假设是，公司价值是对数正态分布的。因此，企业价值对数正态密度函数中在 0 和票面价值之间的面积即是违约概率，正如图表 45—1 中显示的那样。因此，该违约概率可以根据 K、目前公司价值 $V(0)$、公司价值的波动、公司价值的增长率以及 T 而计算出明确的结果。

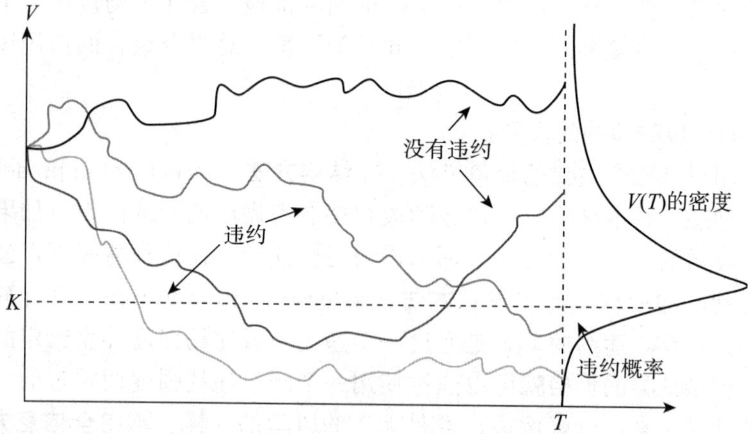

图表 45—1　古典方法对于违约的解释

假设该公司既不能回购股份，也不能发行新的优先级债务，那么在债务到期日 T 该公司负债的清偿情况被总结在图表 45—2 中。如果资产价值 $V(T)$ 超过或者等于债券的票面价值 K，那么债券持有人将会得到他们的承诺支付 K，而股东将得到剩余的 $V(T)-K$。但是，如果资产价值 $V(T)$ 小于 K，公司的所有权将移交给债券持有人，他们将会损失金额 $K-V(T)$。由于是有限责任公司，因此股票将变得毫无价值。

图表 45—2　　古典方法中到期日的清偿情况

事件描述	资产	债券	股票
没有违约	$V(T)\geqslant K$	K	$V(T)-K$
违约	$V(T)<K$	$V(T)$	0

总而言之，债券的价值相当于一个投资组合的价值，该投资组合由两部分组成：一是时刻 T 到期、票面价值为 K 的无违约贷款；二是该公司资产的短期欧洲看跌头寸，其执行价格为 K，到期日为 T。股票的价值相当于该公司资产的欧洲看涨期权的清偿额，该期权的执行价格为 K，到期日为 T。因此，为股票和具有信用风险的债券定价就简化为为欧洲期权定价。

信用利差是可能违约的债券的收益率与等同的无违约风险的零债券的收益率之间的差额。它给予了债券投资者需要的超额回报，也要求债券投资者承担潜在的违约损失。信用利差是到期日 T、资产波动性（该公司的业务风险）、初始杠杆比率 $K/V(0)$ 和无风险利率的函数。

假定初始杠杆比率是 80%，无风险利率是 6%，在图表 45—3 中，我们绘制了不同资产波动性的信用利差的期限结构模型。我们可以清楚地看到，如果资产波动性（业务风险）上升，那么市场所需的利差也会上升，以补偿违约风险。该图表的其他显著特征是随着到期期限缩短，利差迅速下降到零，以及当波动性上升到较高水平时，曲线的波峰形状更加明显。

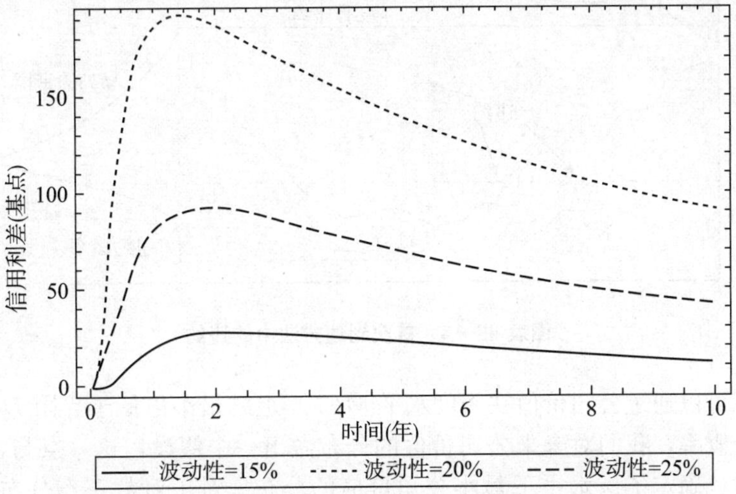

图表 45—3　古典方法中不同资产波动性的信用利差的期限结构

□ 首次到达方法

在古典方法中，公司的价值可以减少到几乎为零，而且并不触发违约。正如布莱克和考克斯所指出的那样，这对债券持有人来说是不利的。[4] 因此，债券的契约条款经常包括安全性条款，以给予债券投资者当公司价值低于一个给定的界限时重组公司的权利。

首次到达时间模型将古典模型更加一般化了，它认为违约不仅发生在债券合约的到期日，也可能发生在任何时点。该模型假设，如果公司价值 V 到达了一个特定的违约界限 D，那么违约发生。一般情况下，违约界限是一个随机过程，如同公司价值一样。但是，为了易于处理，人们往往仅仅使用只依赖于时间的、非随机的界限，或者只使用一个固定的界限。

假设违约界限 D 是零和最初企业价值之间的一个常数，这是合理的，因为我们预计负债是非负的，并且要小于流动资产。那么违约的时间可以更加真实地定义为当公司价值低于违约界限时的时间。换句话说，公司除了可以在债券到期日违约之外，还可以在任何时间违约。这种对古典方法中违约事件的欧洲性质的放松，提供了一些更加现实的特点。

图表 45—4 展示了公司价值的几种可能路径，以及违约界限常数 D。暂时假定 D 与公司债券的票面价值相等。如果在时刻 T 之前的任意一个时点，公司价值下降到违约界限以下，违约发生。如图表所示，不同的公司价值路径对应于不同的违约时间。与之前讨论过的古典模型不同的是，这里整个公司价值路径的走向都是有意义的。在古典方法中意味着不违约的公司价值路径在首次到达方法中可能意味着违约。因此，首次到达方

法意味着比古典方法更高的违约概率。

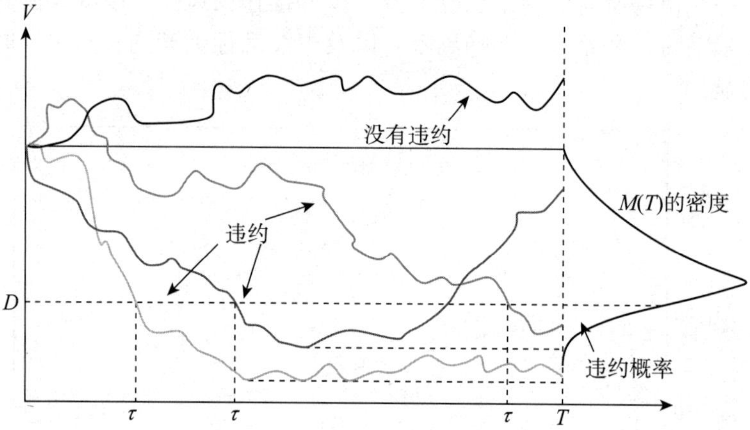

图表 45—4　首次到达方法中的违约

违约概率可以通过公司价值在密度水平 $M(T)$ 上的最小值低于界限 D 的概率给出。为了计算这个概率，我们对未来公司价值的分布做出一个假设，这一点与古典方法是一样的。这同样也确定了该水平下最小公司价值的分布。对于对数正态分布的公司价值，该分布是逆高斯分布。因此，违约概率等于逆高斯分布曲线零和违约界限 D 之间的面积。

我们现在来考虑企业负债中支付给投资者的部分。为了简单起见，我们假设违约界限与公司债券的票面价值相等。如果在债券的期限中，公司价值从来没有下降到该界限以下，那么债券投资者获得债券的票面价值 K，而股票投资者获得剩下的 $V(T)-K$。但是，如果在债券的期限中，公司价值在某一时点下降到了该界限以下，那么公司就违约了。在这种情况下，公司停止运营，债券投资者接管其剩余资产，而股票投资者什么也得不到。

因此，股票头寸相当于执行价格等于债券票面价值，界限水平等于违约界限，到期期限等于债券到期期限的公司资产的下降敲出看涨期权（down-and out call）。债券的价值就等于公司价值和股票价值之间的差额。因此，为股票和具有信用风险的债券定价就简化为为欧洲界限期权定价。

我们现在来考虑图表 45—5 中的首次到达模型中隐含的信用利差。我们假设违约界限是常数，并等于债券的票面价值。我们设定杠杆比率为 60%。而无风险利率为 6%，如同图表 45—3 一样。我们假设在违约的情况下，债券投资者能收回他们初始投资的一部分——50%。

随着到期期限 T 的临近，利差逐渐趋近于零。这与实证观察的结果不一致。对于许多公司来说，利差往往会随着到期期限的增加而增加，这反映了在遥远的未来不确定性要大于短期内的不确定性的事实。两种模型的特性存在以下差异：公司价值以一个正的速率（无风险利率）增长，而且资本结构不变，并假设是确定已知的。我们可以使用科林-迪弗雷纳和戈德斯坦（Collin-Dufresne and Goldstein）的方法[5]，通过假设债务总额以一个正的速率增长或者假设公司保持一些目标杠杆比率的方式来解决这一问题。对这

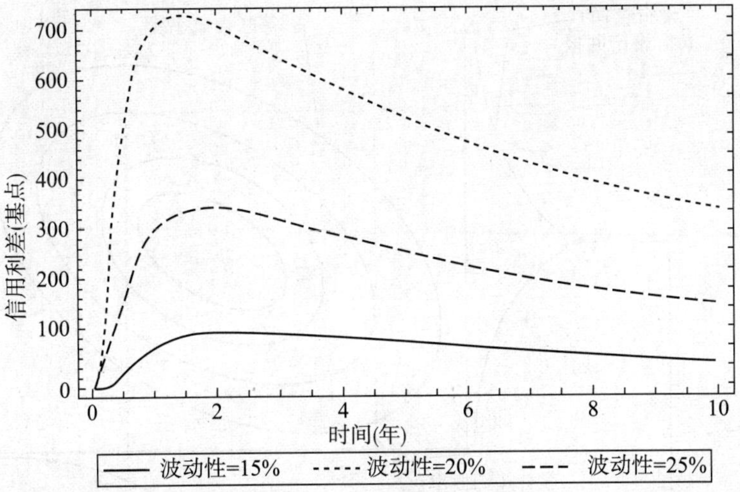

图表 45—5　在首次到达模型中，不同资产波动性的信用利差的期限结构

一点的关键理解是，首次到达模型中的利差水平要远高于并且远真实于古典模型中的利差水平。这是由于首次到达方法中违约概率更高的事实，正如我们前面讨论的那样。

□ 非独立违约

不同发行者的信用利差在时间上是相关的。利差的时间序列有两种形式。第一种是利差与一般宏观经济因素以一种相关的方式平滑变动。这意味着不同公司依赖于共同的经济环境，这导致了违约之间的循环相关性。第二种涉及利差的跳跃。我们观察到，这种现象对于几家公司甚至是整个市场都是很常见的。这表明一个发行者的信用风险突然发生的巨大变化，首先会导致利差的跳跃，然后会传递给其他发行者。其理由是，经济危机具有传染性，会从一家公司传递到另一家公司。这些影响的一个典型渠道是借款和贷款链。因此，一家公司的财政健康度也取决于其他公司的状况。

我们试图将这两种违约相关机制纳入信用分析的结构方法。要引入循环相关性，我们很自然地假设一些公司的公司价值在时间上是相关的。与此对应的是，决定资产回报率的因素是共同的。我们现在考虑最简单的情况：只有两家公司，其公司价值是对数正态分布的。我们按照古典方法对违约进行定义。

图表 45—6 说明了这一情况。轴表示的是两家公司的边际资产回报的分布。个体资产回报都是正态分布的，因此具有钟形形状。个体回报是通过线性因素模型建模的，该模型代表了系统性风险和企业特定风险。系统性风险是通过共同隐性变量 X 进入模型中的，该变量导致了两家公司的资产回报的系统性变化。公司回报对于这种共同因素的敏感性控制着公司之间的资产的相关性。这种资产相关性导致了两家公司之间违约的相关性。

椭圆形代表了等联合资产价值概率线。左下角的阴影区域表示联合违约概率。联合违约概率被定义为发行者 1 的资产价值低于其违约界限并且发行者 2 的资产价值也低于其违约界限的面积。

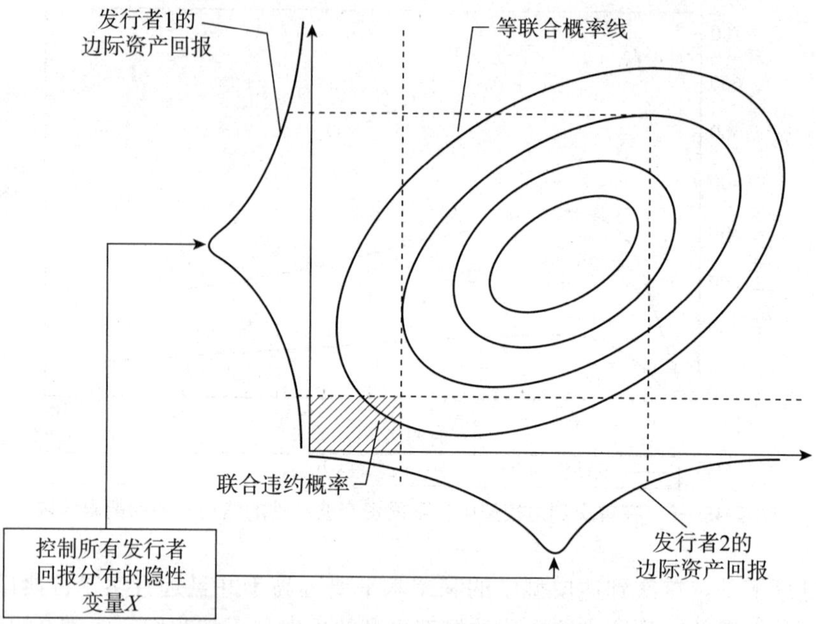

图表 45—6　基于结构的联合违约模型示例

资产相关性以一种自然的方式获取公司对于共同经济因素的依赖。但是，为违约的传染效应建模要困难得多。一个简单的想法是考虑公司价值的跳跃扩散模型（jump-diffusion model）。我们规定，在某一给定公司的价值的向下跳跃出现之后，会以一定概率触发其他公司的公司价值的跳跃。这是与经济危机的传播相对应的。但是，这种方法是难以实现的，这是由于缺少公司的历史资产向下的联合分布的封闭形式的结果，而这恰恰是我们在计算联合违约概率时所需要的。

一个比较成功的方法是通过违约界限 D_i 引入的交互效应。假设界限是随机的，并且取决于公司的流动资金状态，而公司的流动资金状态反过来又取决于公司的交易对方的违约状态。如果一个公司的流动资金储备受到了由于交易对方的支付违约而产生的压力，它会通过发行更多债券来为这些亏损融资。这增加了违约和违约界限：在所有其他条件相同的情况下，该公司现在违约的概率更大了。如果没有交易对方的违约，违约界限就不会受到影响。这个模型能使得信用投资组合损失分布得到一个封闭形式的近似。

□ 信用溢价

信用敏感型证券的发行者们共同依赖于经济环境。因此，总信用风险不是可分散的。这种不可分散风险或者说系统性风险拥有一个溢价，这个溢价可作为风险厌恶型投资者承担信用风险的补偿。

信用溢价在实证中也是有据可查的。它的重要性涉及一个量化的信用模型的使用。作为违约概率的预测工具，信用模型必须反映出历史的违约情况。作为信用敏感型证券的定价工具，信用模型必须符合观察到的市场价格。要在信用模型的校准和应用中既使用市场数据又使用历史违约数据，我们需要了解实际违约和可违约证券定价之间的关系。

这里风险溢价开始发挥作用：它将违约的实际可能性 $p(T)$ 映射到包含在证券价格中的市场隐含的违约可能性 $q(T)$。

我们通过使用图表 45—7 中的一个简单例子来研究二者之间的差异。我们考虑一个只有一期的市场，该市场上有两种证券：一种是支付价格为 10、交易价格为 10 的无风险债券，无风险利率为零；另一种是可违约债券，交易价格为 5，在交易时期结束时，在没有违约的情况下支付 20，在发行者违约的情况下支付零。

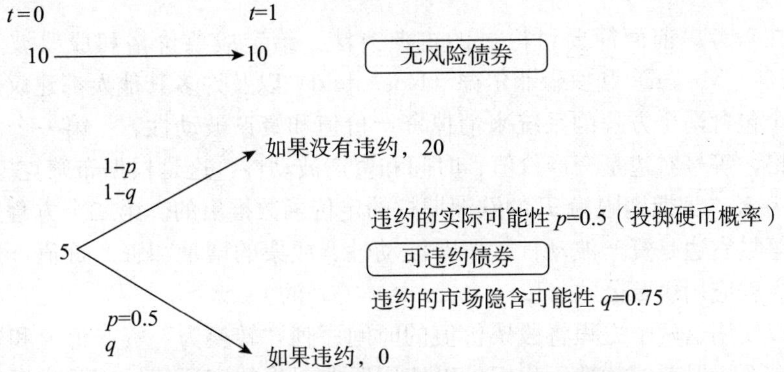

图表 45—7　现实世界和市场隐含的违约概率

假设违约的实际概率为 $p=0.5$(50%，或者说投掷硬币概率)。但是，这并不是市场在为债券定价时使用的概率：该概率将会使得定价等于 $p\times20+(1-p)\times0=10$，这是债券实际交易价格的两倍。在这个价格下，风险厌恶型投资者宁愿同样花费 10 美元，而将自己的资金投入无风险债券，除非他们能够得到作为违约风险补偿的折扣。市场要求这个折扣是 5，并且相应的价格反映了违约的市场隐含概率 q，它满足 $5=(1-q)\times20$。这就使得$q=0.75$（违约概率为 75%），这比违约的实际概率 $p=0.5$ 要大。

为了在计算可违约债券的预期支付时体现风险厌恶，市场把更多的权重放在了公司违约的不利状态上。在如前所述的公司价值是动态的结构信用模型中，采用恒定的无风险利率，情况只会变得更复杂。

在不存在套利机会的情况下，信用风险溢价 α 是通过如股票和债券之类的信用敏感型证券的市场价格而唯一确定的，并以超过无风险回报的公司资产的超额回报来衡量。如果市场是风险厌恶的，那么 α 是正的：投资于具有信用风险的公司资产的投资者要求一个高于无风险回报的回报。任何信用敏感型证券的超额回报都可以通过使用其波动性乘以 α 而得到。

□ 模型校准

量化信用模型的校准与其使用密切相关。为了使用结构模型为单名信用敏感型证券定价，我们需要校准无风险利率、资产波动性、资产价值、债券的票面价值、违约界限和债券的到期期限。违约界限仅仅在首次到达方法中有所涉及。为了使用该模型来预测实际违约概率，我们还需要额外校准公司资产的增长速度，或者等价地校准信用风险溢价 α。在多个企业的设定下，我们除了单名证券所使用的参数外，还需要估计资产的相关性。

公司价值是不可观测的。我们的目标是估计基于可观测到的上市公司股票价格的公司价值变动过程的参数。无风险利率可以从通过标准程序定价的无违约国债的价格而估计出来。我们将绕开资产负债表中的公司债务的票面价值和到期期限的估计，如果给定公司的复杂的资本结构，该估计就是非平凡的。在实践中，这些参数往往被设定为固定值，比如，设为短期和长期债务的平均值。我们将在后面引入一个对该问题的更合理的解决方案。

我们现在来考虑前面简要讨论过的古典方法。给定股票价格和股票波动性，琼斯（Jones）、梅森（Mason）和罗森菲尔德（Rosenfeld）以及许多其他人都建议通过用数值方法求解一个包含两个方程的系统来消掉资产价值和资产波动性。[6] 第一个方程等号左边是股票价格，等号右边是资产价值、时间和资产波动性，这是根据布莱克-斯科尔斯对于执行价格为 K、到期期限为 T 的欧洲期权的定价函数推出的。第二个方程等号左边是股票价格，等号右边是资产波动性、股票波动性、股票的增量和资产价值。这个关系式是对第一个方程应用伊藤公式（Ito's formula）得到的。

我们可以使用这两个方程将股票价值的时间序列“转换为”资产价值和资产波动性的时间序列。至于股票波动性，我们可以使用股票回报的实证的标准差或者使用类似于巴拉股票风险模型（Barra equity risk models）这样的真正的预测模型。给定资产回报的时间序列，实证的增长速度可以产生对于信用风险的市场价格的估计量。但是，对于公司增长率的估计是非常差的：它仅仅基于两个资产回报的观测值。

此外，给定一些公司的资产回报的时间序列，可以估计出资产相关性。另外，我们可以引入一个正态分布的资产回报的线性因素模型，这表示出了企业共同依赖于同样的总体经济因素的思想。这与我们之前讨论过的想法类似。

□ 我们可以预测未来吗？

在一定程度上，结构模型的使用者隐含假设了他们可以使用结构模型。在结构模型中，公司价值是产生信用风险的不确定性的唯一来源。当违约的距离随着时间的推移而变化时，投资者一直在观察该距离。如果公司价值没有发生跳跃，那么这意味着违约事件不是一个完全的意外。“预违约事件”的出现宣告了公司的违约。在首次到达方法中，我们可以把资产危险地下降到接近违约界限的第一次出现作为预违约事件（参见图表45—8）。

结构模型对于市场价格的拟合有几个重要的推论。首先，因为违约是可以预期的，因此模型对于信用敏感型证券的定价是不断收敛于其回收价值的。其次，随着距离到期期限的时间趋于零，模型的信用利差也趋于零。[7] 这些是由古典方法和首次到达方法中隐含的信用利差所推出的信息（参见图表 45—3 和图表 45—5）。这两个特点都与直观感受和市场的现实格格不入。市场价格会出现突然的向下跳跃，从而违约。即使到期期限非常短，只有几周的时间，市场信用利差还是保持正的。这表明投资者对于违约实际上存在短期不确定性，这与结构模型的预测相反。

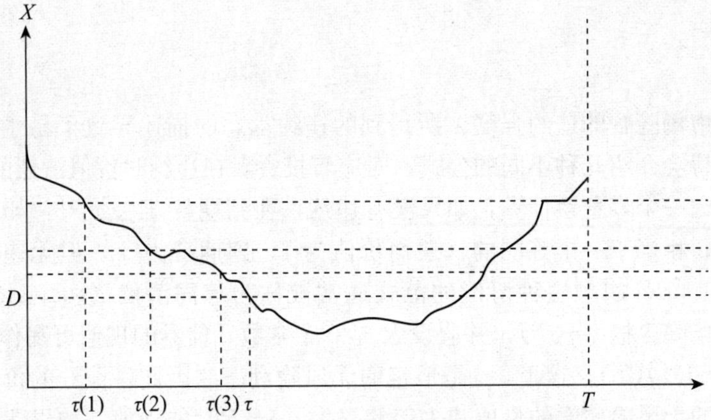

图表 45—8　首次到达方法中的预违约事件序列宣告的违约时间

45.2 简化形式信用模型

简化形式模型是在 20 世纪 90 年代发展起来的。[8] 在该模型中，我们假设违约是在没有警告的情况下出现的。这意味着，投资者面临着短期信用风险，这是我们前面讨论的结构模型中所没有的。这是一个理想的模型属性，因为它允许我们用模型拟合市场信用利差。

□ 违约强度

违约出现的速率被称为**违约强度**（default intensity），我们用 λ 来表示。我们可以把 t 时刻的违约强度当作已知公司在时刻 t 之前没有发生违约，但是会在时刻 t 马上发生违约的条件概率。因此，它描述了投资者面对的短期信用风险。

违约强度是所有简化形式模型的核心成分。它按照市场隐含概率之下的一个（非负）随机过程建立模型。违约强度的时间变化反映了一个公司的瞬时违约概率的变化。违约强度模型采用公司发行的信用敏感型证券的市场价格进行校准。违约强度与对应的违约概率之间存在一一映射。

我们给出两个关于违约强度和对应的违约概率之间关系的简单而有用的例子。

- **例 1。**假设 λ 是一个常数，那么违约是一个泊松到达（Poisson arrival），而违约时间是一个参数为 λ 的指数函数。因此，违约概率可以通过 $q(T)=1-\exp(-\lambda T)$ 得出。
- **例 2。**假设 $\lambda=\lambda(t)$ 是由时间 t 确定的函数，那么违约是一个非齐次的泊松到达。一个经常使用的简单但有用的参数设置是假设 $\lambda(t)$ 是在利差曲线上有限的时期中分段定义的。这些分段定义的常数很容易用市场数据进行校准。

这些例子仅仅构成了违约强度的可能的参数设置中的小样本。还有许多其他的选择，而这些参数化设置往往是从基于短期利率的古典期限结构模型中借鉴过来的。这样做的动机是出于我们接下来要比较的可违约期限结构模型与古典、不可违约期限结构模型的相似性。

□ 估值

对于通过市场隐含的违约强度 λ 所得到的违约动态的描述导致了易于处理的估值公式。下面我们将会介绍几种不同的公式，对应着投资者在违约时价值清偿的不同单位。

我们来考虑一个零息票债券，如果没有违约，在到期日 T 支付 1，如果在到期日 T 之前出现违约，相当于一个等同的（票面价值为 1，到期日为 T）但无违约的债券的一部分 R 违约，$0<R<1$。这种清偿的范式通常被称为**等同清偿**（equivalent recovery）。给定违约的市场隐含概率$q(T)$，并假设 R 是一个常数，债券的现值可写作 $\exp(-rT)-\exp(-rT)(1-R)q(T)$。这里，$r$ 是恒定的无风险利率。因此，债券的价值就是一个以其他方式等同的无风险债券的价值减去违约损失（$1-R$）的现值。如果违约强度是常数（见例 1）而且清偿是零，我们将获得今天的债券价格 $\exp[-(r+\lambda)T]$。这意味着，可违约债券价值的计算就如同该债券是无风险的，这是通过使用一个违约调整后的贴现率实现的。这个新的贴现率是无风险利率 r 和违约强度 λ 的总和。将可违约债券的定价公式和以其他方式等同的无违约债券的定价公式进行比较是简化形式模型的最佳特点之一。

另一种清偿模型被称为**预违约市场价值的部分清偿**（fractional recovery of predefault market value）。这里假定在违约之前，债券清偿债券市值的一部分 $0<R<1$。如果清偿率和违约强度是常数（见例 1），我们可以非常方便地得到下面的债券定价公式：$\exp\{-[r+\lambda(1-R)]T\}$。当债券发行者的违约强度“减薄”到 $\lambda(1-R)$ 时，这就是零清偿可违约债券的价值。背后的直观解释如下：假设债券的违约强度是 λ。在违约的情况下，债券以（$1-R$）的概率变得毫无价值，并以概率 R 保持价值不变。显然，通过这种方式看待违约，债券的预违约价值不变。因此，在定价时，我们可以忽略“无害”的违约，违约以强度 λR 发生。然后，我们可以为债券定价，就如同它是零清偿的，并且违约强度是 $\lambda(1-R)$。这样，部分清偿定价公式就隐含在等同清偿的公式中了。

更为复杂的信用敏感型证券的估值结果与此类似，并且在一般情况下，信用敏感型证券可以被当作它对信用风险不敏感而进行估值，这是通过使用贴现支付的调整利率实现的。

我们现在来仔细观察一下简化形式模型隐含的信用利差。在清偿为零和一些技术条件都得到满足的简单情况下，我们可以看出短期信用利差趋近于 λ，而不是趋近于零。这应该同结构模型进行对比，因为在结构模型中，随着距离到期日的时间趋近于零，利差也趋近于零。在简化形式模型中，违约事件是不可预测的；它在没有警告的情况下出现。对于违约事件，总是有短期不确定性存在，因此投资者需要一个溢价，这个溢价通过违约强度得出，并以收益率的形式表达出来。

违约的不可预测性还有另一个重要的结果。在违约的情况下，信用敏感型证券在模型中的价格会急剧下降到其清偿价值，这是符合实证观察的。这与之前讨论过的结构模型有着直接的冲突，结构模型中价格收敛到其违约或有价值，并且因为股票价值降为零而保持不变。

□ 违约相关性

在简化形式方法中，我们可以通过假设公司的违约强度是在时间上相关的而引入周期违约相关性。与相关违约结构模型类似，我们可以引入决定公司违约强度的系统因素和公司特有因素。公司对于系统因素的敏感性控制着公司间的违约强度的相关性。这种违约强度的相关性造成了公司违约之间的相互依赖。联合违约概率可以通过观察投资组合中第一次违约的强度而计算出来，该概率是投资组合中所有个体发行者的违约强度的总和。

简化形式模型为多个发行者的信用风险的动态建模提供了一个灵活的框架。但是，用市场变量为模型校准是不平凡的，这是因为违约数据的稀缺以及同时需要为大量参数建模。也有研究指出，由于其他原因，该方法可能是存在问题的。

在简化形式方法中考虑具有传染性的违约相关性并不是一件容易的事。这个想法是存在与我们在信用利差中观察到的相关跳跃对应的企业违约强度的相关跳跃。该想法的一个变体是假设存在能触发联合违约的整个市场事件。[9] 另一个变体是假设公司的违约强度明确地依赖于市场中相关交易对方公司的违约状态。[10] 为了避免进入一个循环论证，可以假设只有指定的“主”公司的违约对于其他“次”公司存在影响。

虽然贾罗和于（Jarrow and Yu）[11] 把信用敏感型证券定价的重点放在了传染效应的存在上，这种方法还是难以计算联合违约概率和投资组合损失分布。如同戴维斯和罗（Davis and Lo）[12] 以及吉塞克和韦伯（Giesecke and Weber）[13] 所指出的那样，如果关于企业的同质性和与它们交易对手关系的对称性有更多的限制性假设，我们就可以得到损失分布的易于处理的封闭形式。

□ 模型校准

简化形式模型通常是根据市场隐含的概率直接构建的。这表明，我们可以用各种信用敏感型证券的市场价格直接进行校准。尽管贾罗认为，股票也是一个好的候选品[14]，人们还是经常使用流动性债券价格或者信用违约互换利差。根据校准证券的特点，可能也会对清偿过程的参数做出一些必要的假设。比如，使用部分清偿和零债券，问题就变成了选择调整后的短期利率模型 $r+\lambda(1-R)$ 的参数，以使得模型的债券价格能够最好地拟合观察到的市场价格。

这里，人们既可以直接为调整后的短期利率估计参数，也可以分别指定各成分的过程。在分别指定的范式中，识别问题可能会出现，这是因为只有乘积 $\lambda(1-R)$ 进入刚才提到过的定价公式。在一般情况下，在估计过程中，人们可以借鉴关于不可违约的期限结构模型与简化形式可违约模型所给出的相似类比经验。[15]

45.3 不完全信息信用模型

从测量违约风险的目的来看，结构模型和简化形式模型都没有明确地说明投资者依赖的信息是不完美的这一事实。本节中所描述的框架通过从相同视角考察简化形式模型和结构模型直接解决了这个问题。这一视角导致了先前无法辨识的混合模型，该模型在把两种传统方法的最佳特点结合起来的同时避免了它们的缺点。

不完全信息信用模型是由几位研究人员引入的。[16] 吉塞克和戈德伯格（Giesecke and Goldberg）[17] 介绍了一种基于不完全信息的结构简化形式混合违约模型。这种模型，以下简记为 I^2，是一个首次到达时间模型：它假设当公司的价值下降到低于某个界限时，公司违约。所有的首次到达时间模型都需要说明公司价值和违约界限。I^2 模型与我们前面所描述的传统首次到达时间模型的区别是，它假设投资者不知道违约界限。有关违约界限不确定性的建模的重要性在一些例如安然、泰科和世通这样的公司的备受瞩目的丑闻中得到了强调。在上述情况下，公共信息导致了对于违约界限的估计很差。

在 I^2 模型中，预期违约界限及其不确定性都可以根据已知信息进行校准。假设一家公司被认为财务状况良好，但有某个分析师认为情况恰恰相反。这个分析师可以通过提高界限的预期价值以使预测符合自己的意见。他还可以调整违约界限的方差，以满足他在报告公司负债水平时的信心水平。

其他不完全信息模型也可以设想出来。考虑这样一个情况：我们并不能观察到公司价值，或者接收到公司价值的噪声信息或滞后信息。另一种情况是，我们对于公司价值和违约界限都不确定。

由于不完全信息，违约变成了一个意外事件。它不再像传统首次到达模型那样能够被预期到。因此，投资者面临着简化形式模型中的短期信用风险。由于短期不确定性，不完全信息模型所产生的模型价格能够为市场价格提供最好的拟合。特别需要指出的一点是，模型价格与观察到的围绕违约公告的价格中的跳跃相一致。模型利差与在信用市场观察到的非零短期利差相一致。图表 45—9 展示了假设无风险利率为 6%时 I^2 模型所隐含的信用利差的期限结构。严格为正的短期利差反映了投资者面临的短期信用风险的补偿。

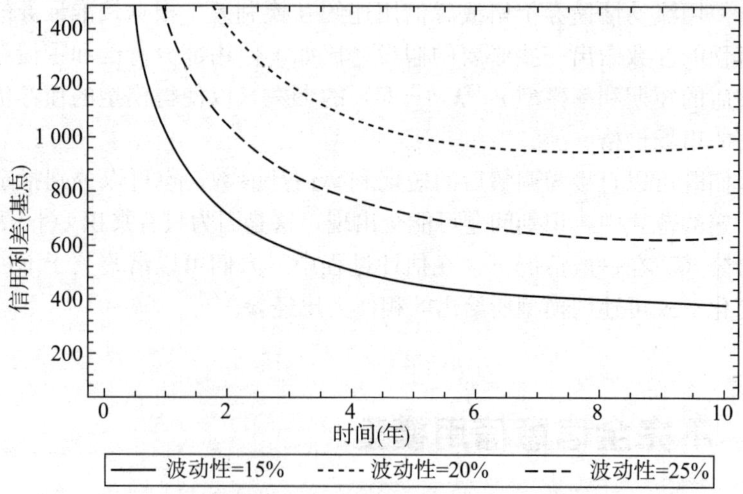

图表 45—9　在 I^2 模型中，不同资产波动性的信用利差的期限结构

吉塞克和戈德伯格用市场数据对 I^2 模型进行了校准，并进一步分析其实证特点。特别需要指出的是，I^2 模型的结果与传统首次到达模型的实证比较，可以得出两个主要结论。I^2 模型的反应更加迅速，这是因为它直接考虑了公共信息的整个历史，而不是仅仅考虑当前值。此外，I^2 模型为处于困境的公司预测出了正的短期利差，而传统的首次到达模型总是预测短期利差为零。

□ 非独立违约

由于不完全信息模型是基于结构方法的，因此我们可以通过公司价值的相关性为周期违约相关性建模。

在不完全信息的情况下，具有传染性的违约相关性是很自然地出现的。考虑 I^2 模型。由于随着时间的推移，企业违约陆续出现，我们可以了解到未违约的公司的不可观察的违约界限。[18] 这意味着，我们可以从交易对方公司的意料之外的违约中抽取信息，来对公司违约界限的分布进行更新，并重新估算公司的违约概率。我们不能直接观察到公司价值的情况是非常类似的。[19] 在这两种情况下，我们在信用市场观察到的信用利差发生的“传染性”跳跃是由信息不对称导致的。

□ 信用溢价

信用风险溢价是真实概率和市场隐含概率之间的映射。为了理解溢价的结构，我们在 I^2 模型中研究了公司价值和公司负债的动态过程。我们之前曾经提出，由于违约的不可预测性，包括公司股票和债券在内的信用敏感型证券的价格会在违约时急剧下降。实证观察表明，股票价格会下降到接近零。这是有道理的，因为股票持有人没有违约后的公司的股权。由于破产成本，债券的价值会减小，这可以通过部分清偿 R 加以描述。

由于公司的价值等于股票价值和债券价值的总和，因此公司价值在违约时也会下降。如图表 45—10 所示。因此，公司价值的不确定性有两个来源：

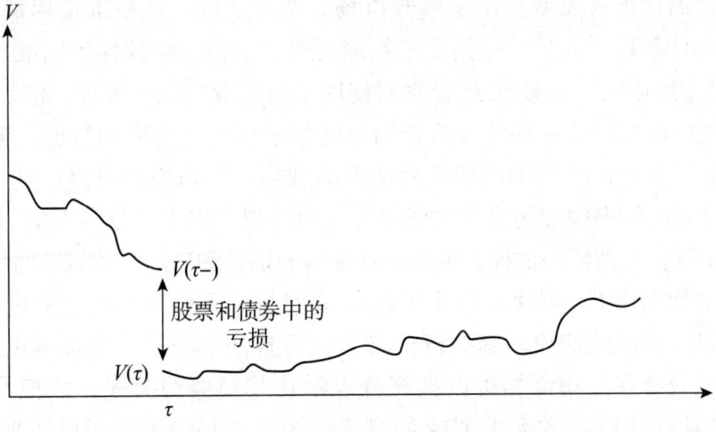

图表 45—10　不完全信息模型中的公司价值

● 首先是扩散的不确定性。

● 其次是与违约时向下跳跃相联系的不确定性。

吉塞克和戈德伯格指出，在 I^2 模型中，信用风险溢价可以被分解成两部分，这与不确定性的两个来源相对应[20]：

● 扩散的风险溢价 α 为公司价值扩散的不确定性对投资者进行了补偿。与传统的结构模型相似，这也是通过公司价值动态过程中的漂移期限（drift term）的改变而实现的。

● 违约事件风险溢价 β 并不存在于传统的结构模型中。它为公司价值的跳跃不确定性对投资者进行了补偿，并通过违约概率的改变而实现。德里森（Driessen）[21] 的实证研究证实，这种事件风险溢价在公司债券回报中是一个重要的因素。

吉塞克和戈德伯格指出，无套利的假设在 α 和 β 的数学关系中，在市场假定的清偿率中，在可交易证券的定价过程的系数中实现。该定价过程显然取决于杠杆比率，因此溢价 α 和 β 也取决于杠杆比率。正如吉塞克和戈德伯格所讨论的那样[22]，这违反了莫迪利亚尼-米勒定理（Modigliani and Miller theorem，MM 定理）的一个重要条件。[23] 因此，I^2 模型与莫迪利亚尼-米勒定理是不一致的。它提供了一种测量真正的市场与莫迪利亚尼-米勒定理认为的理想化市场的偏差的新方法。

不完全信息风险溢价的结构与厄尔·卡鲁伊和马特里尼（El Karoui and Martellini）[24] 以及贾罗、朗多和于（Jarrow，Lando，and Yu）[25] 所提出的简化形式模型的风险溢价类似。与公司价值过程有关的扩散风险溢价对应于违约强度过程的扩散风险溢价。事件风险溢价与违约强度基础上的模型中的违约事件风险溢价类似。但是，在不完全信息的设定中，它的定义并不需要一般简化形式模型中的违约强度的存在。

□ 模型校准

关于校准信用应当采用什么数据在文献中存在激烈的争论。贾罗[26] 指出，在这个问题上结构模型使用者和简化形式模型使用者应该有一个分工。传统上，结构模型适用于股票市场，而简化形式模型适用于债券市场。贾罗认为，在校准信用模型时可以使用股票和债券的总计数据。此外，他给出了在简化形式的设定中这样做的准则。

吉塞克和戈德伯格[27] 在校准 I^2 模型时使用了与贾罗类似的推理。估计程序一并使用了股票市场、债券市场和信用违约互换合约市场关于历史违约率的数据。黄和黄[28] 提供了实证证据，证明如果在校准中使用两种类型的数据，结构模型可以得到更合理的结果。更重要的是，自然的概率和市场隐含的概率可以同时拟合出来。校准得出的结果包括风险溢价的估计、市场银行清偿的估计、模型证券价格的估计和违约自然概率的估计。

吉塞克和戈德伯格[29] 解决的一个问题是模型与实际资本结构之间的关系。在古典设定中，股票是一种欧式期权，其执行价格和执行日期等于一个零债券的票面价值与到期日。这个模型只有在公司债券可以被充分表示为零债券的时候才能拟合出市场数据。吉塞克和戈德伯格使用不完全信息带来的灵活性为股票描绘了一幅更加真实的图画。具体来说，股票是一个具有随机执行价格的下降敲出看涨期权。这个方法避开了关于描述就单一票面价值和到期日期而论的复杂的资本结构这一棘手的问题。

45.4 关键知识点

● 信用风险是指因金融协议中交易对方的信用质量发生意外变化而导致的金融损失的分布。

● 要估计违约概率，我们需要确定：(1) 投资者的不确定性模型；(2) 可用信息以及这些信息随着时间的推移而发生变化的模型；(3) 定义违约事件的模型。

● 仅有违约概率不足以为风险敏感型证券进行定价。除此之外，我们还需要确定：(1) 无风险利率模型；(2) 违约恢复模型；(3) 投资者要求作为承担系统性信用风险补偿的溢价的模型。

● 将实际违约概率映射到市场隐含概率的信用溢价被包含在市场价格之中。

● 为了对多元发行者的信用风险较为敏感的证券进行定价，并且为了衡量总投资组合的信用风险，我们还需要设定连接不同参与主体的违约行为的分析模型。

● 对信用进行分析有三种主要的定量方法：结构信用模型、简化形式信用模型和不完全信息信用模型。

● 结构信用模型的基础是布莱克-斯科尔斯-默顿分析框架（Black-Scholes-Merton framework）。在此分析框架中，公司负债是对公司资产的或有索偿权。公司的市场价值是该公司信用风险的发生具有不确定性的根本原因。结构信用模型对公司资产的动态变化、资本结构及其债务和股权持有者都做出了明确假设。如果按照既定测量方法某公司的资产是不充足的，那么该公司将会违约。在这种情况下，公司负债可以被定性为该公司资产的期权。

● 首次到达时间结构模型将古典模型的运用更加一般化，它认为违约不仅发生在债券合约的到期日，也可能发生在任何时点。

● 不同发行者的信用利差在时间上是相关的，必须被纳入信用风险分析模型。利差的时间序列有两种形式：(1) 利差与一般宏观经济因素以一种相关的方式平滑变动；(2) 利差出现跳跃的现象，这种现象对于若干公司甚至整个市场都是很常见的。

● 简化形式信用模型假设违约在没有任何预兆的情况下发生。也就是说，其没有对为什么一个公司会违约这一问题做出解释。相反，违约的动态变化是通过给定一个违约率或违约强度而外生决定的。在这种分析方法中，信用敏感型证券的价格就可以将一个经过违约强度调整过的无风险利率作为其利率而被计算出来，就好像该证券是无违约风险的一样。

● 不完全信息信用模型整合了结构信用模型和简化形式信用模型二者的最佳优点，同时也回避了这两种模型的不足之处。更具体地来说，不完全信息信用模型结合了结构信用模型的经济性和直观性以及简化形式信用模型的可追踪性和实证性。

【注释】

[1] 有关数学方面的更多介绍请参见 Kay Giesecke, "Credit Risk Modeling and Valuation: An Intro-

duction," in David Shimko (ed.), *Credit Risk: Models and Management*, Vol. 2 (London: Riskbooks, 2004)。

[2] Fischer Black and Myron Scholes, "The Pricing of Options and Corporate Liabilities," *Journal of Political Economy* 81 (1973), pp. 81-98.

[3] Robert C. Merton, "On the Pricing of Corporate Debt: The Risk Structure of Interest Rates," *Journal of Finance* 29 (1974), pp. 449-470.

[4] Fischer Black and John C. Cox, "Valuing Corporate Securities: Some Effects of Bond Indenture Provisions," *Journal of Finance* 31 (1976), pp. 351-367.

[5] Pierre Collin-Dufresne and Robert Goldstein, "Do Credit Spreads Reflect Stationary Leverage Ratios?" *Journal of Finance* 56 (2001), pp. 1929-1958.

[6] E. Jones, Scott Mason, and Eric Rosenfeld, "Contingent Claims Analysis of Corporate Capital Structures: An Empirical Investigation," *Journal of Finance* 39 (1984), pp. 611-627.

[7] See Kay Giesecke, "Default and Information," *Journal of Economic Dynamics and Control*, 30 (2006), pp. 2281-2303.

[8] See Philippe Artzner and Freddy Delbaen, "Default Risk Insurance and Incomplete Markets," *Mathematical Finance* 5 (1995), pp. 187-195; Robert A. Jarrow and Stuart M. Turnbul, "Pricing Derivatives on Financial Securities Subject to Credit Risk," *Journal of Finance* 50 (1995), pp. 53-86; and Darrell Duffie and Kenneth J. Singleton, "Modeling Term Structures of Defaultable Bonds," *Review of Financial Studies* 12 (1999), pp. 687-720.

[9] See Darrell Duffie and Kenneth J. Singleton, "Simulating Correlated Defaults," working paper, GSB, Stanford University, 1998; and Kay Giesecke, "A Simple Exponential Model for Dependent Defaults," *Journal of Fixed Income* 13 (2003), pp. 74-83.

[10] 关于这一点的理由，请参见 Robert A. Jarrow and Fan Yu, "Counterparty Risk and the Pricing of Defaultable Securities," *Journal of Finance* 56 (2001), pp. 555-576。

[11] Jarrow and Yu, "Counterparty Risk and the Pricing of Defaultable Securities."

[12] Mark Davis and Violet Lo, "Infectious Defaults," *Quantitative Finance* 1 (2001), pp. 383-387.

[13] Kay Giesecke and Stefan Weber, "Cyclical Correlations, Credit Contagion, and Portfolio Losses," *Journal of Banking and Finance* 28 (2004), pp. 3009-3036.

[14] Robert A. Jarrow, "Default Parameter Estimation Using Market Prices," *Financial Analysts Journal* 5 (2001), pp. 1-18.

[15] 戴和辛格尔顿为现有的技术提供了综述。参见 Qiang Dai and Kenneth Singleton, "Term Structure Dynamics in Theory and Reality," *Review of Financial Studies* 16 (2003), pp. 631-678。标准方法包括极大似然法和最小二乘法。

[16] 参见 Darrell Duffie and David Lando, "Term Structures of Credit Spreads with Incomplete Accounting Information," *Econometrica* 69 (2001), pp. 633-664; Giesecke, "Default and Information"; and Umut Cetin, Robert A. Jarrow, Philip Protter, and Yildiray Yildirim, "Modeling Credit Risk with Partial Information," working paper, Cornell University, 2002。关于非完全信息模型的非技术性讨论，参见 Lisa R. Goldberg, "Investing in Credit: How Good Is Your Information?" *Risk* 17 (2004), pp. S15-S18。

[17] Kay Giesecke and Lisa Goldberg, "Forecasting Default in the Face of Uncertainty," *Journal of Derivatives* 12 (2004), pp. 14-25.

[18] 对这个问题的详细讨论，请参见 Kay Giesecke, "Correlated Default with Incomplete Information," *Journal of Banking and Finance* 28 (2004), pp. 1521-1545。

[19] 对于这个问题的分析，请参见 Pierre Collin-Dufresne，Robert Goldstein，and Jean Helwege，"Are Jumps in Corporate Bond Yields Priced：Modeling Contagion via the Updating of Beliefs，" working paper，Carnegie Mellon University，2002。

[20] Kay Giesecke and Lisa Goldberg，"The Market Price of Credit Risk，" working paper，Cornell University，2003.

[21] Joost Driessen，"Is Default Event Risk Priced in Corporate Bonds，" working paper，University of Amsterdam，2002.

[22] Kay Giesecke and Lisa Goldberg，"In Search of a Modigliani-Miller Economy，" *Journal of Investment Management* 2 (2004)，pp. 1 - 6.

[23] Franco Modigliani and Merton H. Miller，"The Cost of Capital，Corporation Finance and the Theory of Investment，" *American Economic Review* 48 (1958)，pp. 261 - 297.

[24] Nicole El Karoui and Lionel Martellini，"A Theoretical Inspection of the Market Price for Default Risk，" working paper，Marshall School of Business，University of Southern California，2001.

[25] Robert A. Jarrow，David Lando，and Fan Yu，"Default Risk and Diversification：Theory and Applications，" working paper，Cornell University，2003.

[26] Jarrow，"Default Parameter Estimation Using Market Prices. "

[27] Kay Giesecke，and Lisa Goldberg，"Calibrating Credit with Incomplete Information，" working paper，Cornell University，2004.

[28] Jay Huang and Ming Huang，"How Much of the Corporate-Treasury Yield Spread Is Due to Credit Risk?" working paper，Stanford University，2003.

[29] Giesecke and Goldberg，"Calibrating Credit with Incomplete Information. "

第 7 部分

多因素风险模型

第 46 章 固定收益多因素风险模型及其应用*

安东尼·拉扎纳斯（Anthony Lazanas）博士
巴克莱资本常务董事

安东尼奥·巴尔达克·达·席尔瓦（António Baldaque Da Silva）博士
巴克莱资本董事

拉杜·格布代安（Radu Gabudean）博士
巴克莱资本副总裁

阿恩·D. 斯塔尔（Arne D. Staal）博士
巴克莱资本董事

风险管理是投资流程不可分割的组成部分。风险模型在实践中非常重要，可以使得经理人量化分析资产组合中的风险。风险模型可以让经理人深入了解资产组合中的不同风险来源。它有助于投资组合经理在决策过程中解决以下重要问题：我的长期敞口如何影响资产组合风险？金融产品多元化不足是否可以对冲我在银行的过重资产？风险模型还被广泛应用于其他领域，比如资产组合的构建、业绩归因、情景分析。

* 感谢布鲁斯·费尔普斯（Bruce Phelps）和安迪·斯帕克斯（Andy Sparks）提出的有价值的意见。

在这一章我们介绍线性的多因素风险模型，阐述这些模型如何帮助分析固定收益资产组合的风险。我们会回顾固定收益证券的主要风险，介绍一些相关的风险因素。我们还会将风险模型应用于有效资产组合构建及其管理。在第 47 章，我们会详细研究一个具体的资产组合风险模型报告，强调它可以带给资产组合经理的信息和见解。

46.1 固定收益多因素风险模型背后的动机和结构

在这一节，我们讨论固定收益多因素风险模型背后的动机和结构。

我们假设资产组合经理想要判断一个大型固定收益产品组合的波动性。直观的想法是计算资产组合的历史收益率的波动性，用这个指标来预测未来的波动性。不过，这种做法不能深入了解资产组合中不同证券之间的关系或者不同风险之间的关系。比如，它不能帮助资产组合经理实现资产组合多样化，也不能构建更好的风险调整绩效（risk-adjusted performance）指标。另外，固定收益资产组合的特征会随着时间的推移不断发生剧烈变化，因为证券会到期或者会受到违约事件的影响。

资产组合经理不会用资产组合的历史收益率来估计资产组合的波动性，而会采用其他策略。资产组合的收益率是单个证券工具收益率（比如美国国债、公司债券、信用衍生品、市政债券、利率互换，等等）的函数，也是这些证券在资产组合中的市场权重的函数。根据这一点，我们可以计算资产组合（σ_P^f）预计的波动性，它是证券收益率在资产组合中的权重（w）和协方差矩阵（Σ_S）的函数：

$$\sigma_P^f=\sqrt{w^T\times\Sigma_S\times w}$$

其中上角标 T 代表矩阵转置。这个协方差矩阵可以分解成单只证券的波动性预计收益率之间的相关性。

波动性测度的是单只证券收益率的风险，相关性代表的是不同证券收益率之间的相关性。通过测度这些相关性和波动性，资产组合经理可以深入了解其资产组合中不同组成部分的风险，以及如何实现资产组合多样化。正如前面所指出的，要估计资产组合的波动性，我们就必须估计每一对证券之间的相关性。遗憾的是，这意味着需要估计的参数量会以资产组合中的证券数量呈平方增长。[1] 对于现实中的大部分资产组合，数量较多的组合使得我们难以用稳健的方法来估计证券收益率之间的关系。另外，这个框架是用单只证券收益率的历史来预测未来证券收益率的波动性。然而，证券的特征是动态的，因此使用不同时期的收益率可能不会产生好的预测结果。[2] 这些缺陷促成了这一章对于多因素风险模型的讨论。

多因素模型的主要特征是，它可以用相对较少的一组变量来描述资产组合的收益率，这些变量被称为**因素**（factors）。这些因素应该体现主要的（系统的）市场波动，还应该体现各个资产组合的细微差别。比如，固定收益市场的主要因素可以体现固定收益市场的一般变化，但是不能体现不同债券的不同变化。比如，如果资产组合严重偏向于美国国债收益率曲线的远端，或者倾向于特定行业的信用债券，那么主要的市场因素不能很好地反映资产组合的收益率。我们还需要其他因素来反映那些更具体的风险。

大部分因素模型是线性的，因为总收益被分解为因素贡献（被称为系统性收益）与异质性成分之和。**系统性收益**（systematic return）是总收益的组成部分，它受到常规（市场）风险因素变化的影响。另外，**异质性收益**（idiosyncratic return）可以被看成是剩余部分，不能用系统性因素来解释。在大部分因素模型中，不同发行人之间的异质性收益不存在相关性。因此，不同发行人之间的证券相关性受系统性风险因素的影响，还受到这些因素之间的相关性影响。

以下方程表明系统性部分和异质性部分构成了证券 s 的总收益：

$$r_s = L_s \times F + \varepsilon_s$$

系统性收益等于该证券对系统性风险因素的负荷量（loadings）（L，也被称为敏感度）乘以这些因素（F）的收益。异质性收益为 ε_s。

在这些模型中，资产组合波动性的估计值为：

$$\sigma_p^f = \sqrt{L_p^T \times \Sigma_F \times L_p \times w^T \times \Omega \times w}$$

其中的 L_p 是资产组合对风险因素的负荷量（为各只证券产品负荷量的加权平均），Σ_F 是因素收益的协方差矩阵，Ω 是异质性证券收益的协方差矩阵。异质性证券收益通常被认为是不相关的。因此，这个协方差矩阵是一个对角线矩阵，除了对角线之外的元素都是零。[3] 所以，随着资产组合的证券数量增加，资产组合的异质性风险会呈现多样化。当然，这是不相关的敞口相加之后得到的多样化收益。

对于大部分实际的资产组合而言，因素的数量明显小于资产组合中的证券数量。因此，Σ_F 中的参数数量少于 Σ_S 的数量，得到更稳健的估计。另外，用适当的方法设计这些因素可以使得它们比单只股票收益相对更稳定，使得模型有更好的可预测性。在这个背景下，每只证券的变化都能够通过它对不同风险因素的负荷量得到反映。

使用因素模型的另一个重要优势是，我们可以详细了解资产组合的结构和性质。这种模型可以根据系统性因素来描述证券收益的特征，这（可能）具有直觉上的经济意义。关于系统性的以及异质性的风险和收益方面，线性因素模型可以给出重要的深刻见解。这个分析可以帮助经理更好地理解他们的资产组合，引导他们完成不同的任务，比如资产组合的调整、对冲，改变资产组合的倾向。

显然，风险模型的成功是因为它能够解释历史数据和当前数据，对未来资产组合风险做出评估。因此，我们应该探索那些**准可预测**（quasi-predictable）数据的性质；也就是说，给定现在所有已知的信息，对未来结果的估计错误相对较小。比如，众所周知，金融资产的预期收益是很难预测的。另外，历史数据包含的信息足够让风险模型对未来收益的波动性给出良好的估计。然而，我们不要忘记，即使是最复杂的风险模型也只能给出风险的一个估计。众所周知，金融市场受**事件风险**（event risk）的影响（即地缘政治事件或金融事件引起的市场环境突变）。这种事件之后通常会有一段时间风险资产出现大的负收益，而被认为是安全港的资产会出现大的正收益。其波动性很大，且（正的或负的）相关性很高。风险模型不可能预测什么时候会发生这样的事件。因此，有必要用

假设分析（what-if analysis）作为对基于模型的风险管理和资产组合构造的补充。假设分析是在应力条件（stressed conditions）下估计资产组合收益及风险；它所指的场景是，最大限度地实现市场收益，协方差矩阵波动性较大，并且**绝对相关**（absolute correlations）。

46.2 固定收益风险模型

固定收益证券面临各种不同的风险。这一领域的多因素风险模型首先确定了不同维度的共同风险根源，从而找到了这些风险，即**固定收益系统性风险因素**（systematic fixed income risk factors）。没有包含在这些系统因素中的所有风险都被看成是异质性风险，它们取决于系统性风险因素的选择。固定收益系统性风险因素通常被分为两类：影响各类资产证券的因素（比如收益率曲线风险）和影响特定资产证券的因素（比如证券化产品中的提前偿付风险）。

有很多方法可以定义系统性风险因素。比如，可以单纯地通过统计方法观察市场来定义这些因素（比如收益率曲线），或者通过对资产收益的估计来定义这些因素。在固定收益证券中，标准的方法是使用定价模型来分析计算，这种方法是风险因素负荷（risk factor loadings）（前文用 L 来表示）的最佳选择。在这个背景下，风险因素是可观察的（比如收益率曲线的变化），或者可估计的：对横截面资产收益与灵敏度工具进行回归分析。巴克莱资本全球风险模型[4] 使用了这个方法。本章也将使用该方法进行阐述。

在这个风险模型中，资产组合的风险预测是依靠系统的因素和异质性的（也被称为特定的、非系统的或专门的）因素。系统性风险的预测受到风险因素中资产组合与基准之间的错配的影响，比如收益率或利差。（净）资产组合风险是对证券进行分析得到的。系统性风险还受到风险因素波动性的影响，以及风险因素之间的相关性的影响。在这个背景下，证券之间回报率的相关性受到这些证券承载的系统性风险因素相关性的影响。由于模型使用证券回报率分析来估计风险因素，它可以还原每种证券的异质性回报。这是扣除所有系统性因素之后的回报。详细分析异质性回报可以估计出具体的异质性风险。

□ 系统性风险因素

系统性风险因素的准确界定取决于因素模型的目的，但是我们通常会强调几种影响固定收益风险的因素。

曲线风险

曲线风险（curve risk）是固定收益工具的主要风险来源。这种风险内嵌于几乎所有固定收益证券中；因此，曲线形状与基准的不匹配通常是导致资产组合风险的主要原因。

在分析曲线风险时，我们需要用到我们感兴趣的参考曲线（curve of reference）。根据资产组合以及背景条件，这种曲线通常是政府债券曲线或互换曲线（swap curve）。[5] 在平静期，互换曲线往往会与政府债券曲线匹配。然而在流动性危机期间（比如 1998 年的俄罗斯危机和2008年的信贷危机)，它们的分歧非常大。为了充分掌握这些不同的行为，我们需要使用以下分解方法：对于政府的产品，可以使用政府债券曲线来评估曲线风险。对于资产组合中的其他产品(通常可以替换互换曲线)，可以用国债曲线和互换利差(即互换曲线与政府债券曲线之间的利差)来度量这种风险。当然也可以使用其他曲线分解方法。

与这些曲线相关的风险包括资产组合在曲线的不同点上面临的风险、这些点的可变性以及点的变动所存在的相关性。有时候我们用凸性来表示证券工具曲线变化的二阶敞口(second-order exposure)。这种证券工具有较长的期限或内生化的选择性，比如抵押贷款支持证券。对于典型的资产组合，可以观察数量相对较少的曲线点(被称为关键利率)，进而准确描述其曲线。这些曲线点包括6个月、2年、5年、10年、20年、30年的点。另外，也可以用统计分析方法研究不同的收益率曲线点的历史数据，从而界定另一组因素。这组因素被用来体现收益率曲线风险。最广泛使用的统计方法是**主成分分析法**(principal component analysis，PCA)。这种方法定义的因素在统计上相互独立。通常有3～4个这样的因素就可以解释与收益率曲线上收益率变化相关的风险。PCA分析存在一些缺点，必须小心使用。使用大型的经济因素数据集，比如前面提到的关键利率，更符合直觉，而且可以更好地体现特定的资产组合风险。因为这些原因，很多资产组合经理在大多数风险问题中喜欢使用关键利率方法。

信用风险

由可能会违约的公司或实体发行的证券工具被认为有信用风险。这些证券的持有人需要额外的收益率(超过无风险收益率)来补偿这种风险。这个额外的收益率通常用参考曲线的利差来度量。比如对于公司债券而言，参考曲线通常是互换曲线。信用利差的水平决定相关资产组合面临的信用风险。[6]

信用债券的某些特征与信用利差风险的系统性根源天然相关。比如，根据经济周期，某些行业可能会经历特殊的困难时期。所以行业属性是一种天然的系统性风险。类似地，具有不同信用等级的债券通常会被认为具有不同程度的信用风险。信用等级是另一个维度，我们可以将它用于测度系统性信用风险。最后，发行人所在的国家是信用债券的另一种系统性风险的来源。给定这些观察结果，在信用风险的因素模型中，我们一般会使用国家、行业以及信用等级作为系统性风险因素。最近的研究表明，直接使用债券利差而不是信用等级的风险模型，比较适合相对短期/中期的风险分析。[7] 在这个方法中，特定债券负荷的信用风险因素是常见的利差久期(spread duration)，但是现在会乘以债券的利差。这个负荷被称为久期乘利差(duration times spread，记为DTS)。我们会在第55章提到这个概念。我们在定义信用风险因素负荷时直接使用债券利差，不需要用具体的风险因素来体现信用等级效应或相似的质量效应。它们会自动地体现在利差水平上，并且随着债券利差的变化而变化。利差水平包含在债券负荷的信用风险因素中。举例而言，在这个背景下，我们仍然可以使用不同的系统性风险因素来区别因为国家的不同导致的信用风险。[8]

提前偿付风险

证券化产品通常会面临提前偿付风险。最常见的证券化产品是住房抵押贷款支持证券（RMBS 或简称 MBS）。这些证券代表着证券池，允许借款人在贷款或交易到期之前提前偿付他们的债务。这种情况通常发生在贷款利率比较低的时候。这种期权意味着证券持有人面临一种额外的风险。当再投资利率比较低的时候，这种风险是持有现金的风险。因此，这些证券有两种风险：利率风险（包括凸性）和提前偿付风险。

有一部分提前偿付风险会以提前偿付模型的方式受到利率的影响。可以用关键利率久期和凸性来表示这种风险，它是利率风险的组成部分。凸性对于这些证券工具而言通常是负的，它是一种显著存在的风险。当利率在两个方向上发生显著变化时，负的凸性对证券工具的市场价值具有损害效应（与正凸性或零凸性相比较而言）。实际上，递减的利率会导致提前偿付速度上升，进而减少价格上涨，因为利率会下降。相反，上升的利率会促进证券工具面临的价格下降，因为利率较高。

提前偿付风险的其他部分（没有体现在提前偿付模型中）必须用额外的系统性风险因素进行模型化。MBS 提前偿付速度的可变性（及其风险）通常依赖于三个特征：交易的程序/条款，债券的价格是折价还是溢价（比如，债券息票是否大于当前抵押利率），债券的成熟度。这个分析表明，风险模型中的系统性风险因素包含这三个证券特征。

隐含的波动性风险

很多固定收益证券有嵌入的期权（比如可提前赎回债券）。这意味着，用于证券定价的利率曲线或其他贴现曲线的未来预期波动性（隐含波动性[9]）对该期权价值会产生影响。如果预期的波动性增加，期权通常会变得更贵，进而影响包含期权的债券价格。比如，如果隐含波动性增加，那么提前赎回债券会变得更便宜，因为债券持有人缺乏可选择性（发行人提前赎回债券的权利）。因此，资产组合面临着收益率曲线的隐含波动性，这也是需要考虑的一种风险。我们通常用 vega 来测度证券对隐含波动性的敏感度。我们会用证券定价模型来计算 vega。隐含波动性因素可以用流动的固定收益期权的市场价格来计算（上限、下限、互换期权），也可以用债券的收益来表示。该债券中每种资产都内含期权。

流动性风险

很多固定收益证券都是在分散的市场上进行场外交易。有些交易的频率比较低，使得它们缺乏流动性。因此，我们很难确定它们的公平价格。这些债券会面临流动性风险。非流动性债券的持有人必须支付一个更高的价格来平仓，这通常意味着打折出售。这种折扣是不确定的，会随着经济周期的变化而变化。比如，这个折扣在发生流动性危机时会非常大，就像 2008 年那样。这种折扣的不确定性意味着，当其他条件相同时，越缺乏流动性的债券风险越大。可以用流动性风险因素来表示这种额外的风险。比如，在国债市场上，我们通常可以将新发国债与已发国债之间的波动性差异看成是流动性风险。

通胀风险

与通胀相关的证券是依据未来通胀预期来定价的。除了其他风险会带来不确定性外，比如名义利率，这个变量的不确定性又额外增加了债券的不确定性。预期通胀不是市场上可观察的变量，但是可以从那些与通胀相关的政府债券和通胀互换的价格中抽取出来。对这个信息进行总结就可以构造预期通胀风险因素。用专门的定价模型可以计算出证券对预期通胀的敏感性，它通常被称为**通胀久期**（inflation duration）。

税收政策风险

很多市政证券一般都是免税的。这使得它的持有人可以获得更多的收益。这种收益（包含在证券价格中）依赖于免税的程度。税收政策的不确定性（税收政策风险）增加了这些证券的风险。税收风险也不是市场上可以观察到的风险，必须从市政证券的价格中抽取。市政证券超过利率的收益，在一定程度上会受到税收政策预期变化的影响。不过，它也受到市政证券发行人信用可靠度以及其他因素的影响。在这种情况下，我们很难从其他因素中分离出导致市政债券利差的税收风险因素。因此，我们通常不会抽取具体的税收政策因素，而是抽取那些代表市政证券总体利差风险的因素。这种做法与信用风险模型相似。在信用风险模型中，根据地理位置、债券类型（通常是债务或收益）、税收状况等，证券被分成风险“相似”的几组。[10]

还有其他的系统性风险是这一节没有讨论到的。对于特定的证券组合，它们可能是重要的风险。我们可以设计具体的风险模型来研究这些风险。

□ 异质性风险

如果所有的系统性因素及其负荷都是确定的，我们可以把剩下的异质性证券收益作为证券总收益的组成部分来计算。这一部分不能用系统性因素来解释。对于单独的债券工具而言，异质性收益是总收益的重要组成部分。但是对于证券工具组合而言，这种异质性收益往往会迅速减少，因为证券工具的数量增加，集中度下降（前面提到的分散效应）。

异质性风险的计算所使用的主要变量是证券工具的特征以及过去的异质性收益。风险模型的建模者可以使用异质性剩余收益来寻找特征（比如证券工具利差、利差久期、行业属性）与异质性波动之间的关系。证券工具特征与异质性波动之间的这种映射关系，使得我们可以模型化新发行的债券，以及特征会随时间推移而变化的债券。如前面所提到的，不同发行人的异质性收益被假设为不相关。不过，同一个发行人的证券之间的差异，或者相关的基础工具（underlying instruments）的证券化产品，可以反映出一定程度的共同波动。这是因为它们都面临着具体的事件，这些事件会影响它们共同的发行人，但是又没有反映在系统性风险因素中。有趣的是，这种共同波动既不是完美的，也不是静态的。某个新闻事件就会对同一个公司发行的不同证券产生不同的潜在影响（比如股票、信用违约互换、债券、股票期权）。另外，这种关系会随着企业特定的环境变化而变化。比如，如果企业处于困境，拥有企业资产索偿权的证券的收益会有更高的相关性。好的多元资产风险模型应该反映出这些关于异质性风险的现象。

46.3 风险模型的应用

在这一节，我们讨论几个应用于资产组合管理的标准风险模型。所有的应用都要用到以下事实：风险模型需要将资产组合很多维度的特征转化成一组共同的可比较的数量。在某些维度上（风险预算和资产组合重整），我们需要用一个优化程序进行优化设置，来实现这一过程。风险模型只是这个优化程序的一个变量。

典型的资产组合经理的投资过程包含不同的步骤。给定投资的范围和目标，这些步骤通常包括资产组合的构建、风险预测以及业绩评估。在整个投资周期中，每个重整阶段都要重复这些步骤。这一节的例子采用因素模型，强调资产组合的构建和风险分析的步骤。另外，在资产组合过程中，资产组合构建阶段和风险评估阶段可以采用情景分析。这种做法可以让经理有更多的直觉去理解在特定经济环境下资产组合的风险程度以及资产组合的运行方式。我们通常会在史实情景或假设情景下，用压力测试来检测潜在的资产组合损失。这个压力测试还可以给出资产组合对经济变量和金融变量特定变化的敏感度。这一章最后的应用会给出这种分析。

□资产组合构建和风险预算

如前面所讨论的，固定收益资产组合面临各种风险因素。在构建资产组合的过程中，经理必须小心翼翼地选择这些因素的风险程度，在风险以及其他约束下实现最大可能的收益。风险模型可以帮助经理客观地、定量地实现这个目标。风险模型越来越多地被应用于资产组合的构建，这通常需要优化引擎的帮助。在这一小节，我们将阐述资产组合经理在风险模型导向的资产组合构建过程中，如何使用这一引擎来制定客户目标以及约束。[11]

资产组合经理可以有各种指令。有一些［通常被称为**指数器**（indexer）］需要遵循基准指数，不可以偏离。它们的目的是最小化资产组合与指数之间的跟踪误差波动性，并且最小化资产组合的交易成本。其他的，被称为**增强型指数器**（enhanced indexer），可以稍微偏离基准，以获得优厚的收益。偏离的尺度可以表示为一组约束风险因素的规则，但是它通常被称为**风险预算**（risk budget）；也就是说，它是资产组合与基准之间偏差的统计测量的上限。资产组合收益扣除基准收益之后的**跟踪误差波动性**（tracking error volatility，TEV）是最常见的一种测度。最后，绝对收益资产组合的经理不需要跟踪基准，而是以最高的资产组合收益为目标，并且可能会受到杠杆、资产组合构成、敞口以及风险的约束。在构建资产组合时，如何处理相互矛盾的观点，同时还要尊重风险预算？如何将这些观点融为一体，实现风险最小化？应该做怎样的取舍？风险模型得到广泛的应用，可以系统地、客观地解决这个问题：该模型可以度量每种观点的风险以及不同观点之间的相关性，达到某种资产组合状态，让每一种观点所对应的风险和预期收益实现最优的取舍。

我们用一个简单的例子来说明资产组合的构建。这个例子会用到风险模型。考虑一个固定收益资产组合的经理，他的基准是巴克莱资本美国综合指数。经理的指令是跑赢基准——20 个基点/月的风险预算（即资产组合的 TEV 必须每月保持在这个范围内）。在形成观点和约束之前，以及决定如何执行之前，经理需要选择一个投资范围。由于基准是巴克莱资本美国综合指数，经理可以选择的投资范围是这个指数中的所有债券，债务总额超过 3 亿美元。选择这个投资范围可以保证债务数额太小的证券不会被选入资产组合中。这会增加总体的资产组合流动性，减少交易成本。经理要考虑风险预算，然后选择相对于基准而言最小化的总资产组合 TEV。经理也可以考虑其他风险导向的目标，比如最大化夏普比率（Sharpe ratio）。这意味着经理要给予风险模型一定的空间，从可交易的范围内选择资产组合，最小化偏离基准的风险。这时的基准是巴克莱资本美国综合指数。最后，经理形成约束和观点。

为了说明这个问题，我们假设投资的资金数量是 1 亿美元。考虑这个资金额，并且为了避免购买的证券数量太少，经理决定采用的资产组合最多为 100 个头寸。考虑关于市场环境的观点，经理希望资产组合相对基准有较长的久期，在 0.40 年到 0.60 年之间，并且有高于基准 150～200 个基点的利差优势。最后，为了保证资产组合的头寸具有一定的多样性，经理规定相对于基准，每个发行人最多不能低于或高于 3%。[12]

我们的资产组合经理将这些设置合并成一个优化问题，并且得到的答案可以通过优化引擎反映约束与风险之间的最优取舍。这个结果是值得推荐的资产组合，满足约束条件，并且实现风险最小化。具体而言，这个资产组合（我们在本节会一直使用这个组合）由 100 只证券构成，预期 TEV 为 15.1 个基点/月，利率久期为 5.44 年，久期调整利差为 206 个基点（见图表 46—1）。利用因素导向的风险模型和优化引擎，这个资产组合将经理的不同观点融合在一起，并且满足风险预算要求，保证所有附加约束得到满足。

图表 46—1　　样本资产组合的资产组合特征以及基准特征

	总 TEV（基点/月）	久期（年）	利差久期（年）	利差（基点）
资产组合	15.1	5.44	5.23	206
基准		5.02	4.92	55

资料来源：巴克莱资本 POINT。

□ 资产组合风险分析

风险模型的主要应用是资产组合相对于它们基准的风险测度。基于多因素模型的风险分析可以有很多形式：从相对高层次的总体方法，到比较深入的单只证券工具和证券工具组的风险属性分析。多因素固定收益风险模型提供了在不同维度下分析资产组合风险分析的工具，包括面临的风险因素，证券/因素对总风险的影响程度，发行人的风险分析。如前所述，这种风险可以分解成系统性风险和异质性风险两部分。图表 46—2 表明，资产组合有 15.1 个基点/月的总 TEV，10.4 个基点/月的系统性 TEV，10.1 个基点/月的异质性 TEV。由于系统性风险和异质性风险是独立的，所以它们构成资产组合单独的（不相关的）风险，并且我们有

$$总\ TEV=\sqrt{系统性\ TEV^2+系统性\ TEV^2}$$

另一种描述不同风险对资产组合总风险影响的方法是**风险归因**（risk attribution）。风险归因使得经理可以用加总的方式将资产组合波动性分解成对 TEV 的贡献。图表 46—2 表明，系统性风险因素对总 TEV（CTEV）的贡献是 8.3 个基点/月，而异质性风险因素的贡献是 6.8 个基点/月。[13]

风险归因法可以进一步将总的资产组合风险分解为不同类别的贡献。这种类别代表的是各组证券（比如行业类别）或风险因素（比如与曲线相关或与信用利差相关的因素）。这种灵活的分解方式使得资产组合经理可以详细了解不同证券以及风险对资产组合总风险的影响。

图表 46—3 给出了单独的 TEV 以及对样本资产组合 TEV 的贡献。在这个图表中，我们对系统性风险因素进行风险划分（加上异质性风险），当然还有很多其他划分方法。在这个例子中，系统性风险最大的贡献来自“曲线”风险因素，有 5.2 个基点/月的 CTEV。如我们前面所看到的，异质性风险是这个资产组合风险中最大的部分，对总风险的贡献是 6.8 个基点/月。对于因素划分方法，要注意单独的 TEV 与对 TEV 的贡献之间的差异：单独的 TEV 反映的是单独的划分类别的风险，而对 TEV 的贡献包括某种风险，这种风险受不同类别之间相关性的影响。

图表 46—2　　样本资产组合的资产组合风险结果　　单位：基点/月

	单独的 TEV	CTEV
总的	15.1	15.1
系统性的	11.2	8.3
异质性的	10.1	6.8

资料来源：巴克莱资本 POINT。

图表 46—3　　样本资产组合的资产组合风险贡献　　单位：基点/月

风险因素划分类别	单独的 TEV	CTEV
总的	15.1	15.1
系统性的	11.2	8.3
曲线	11.4	5.2
互换利差	2.6	0.6
波动性	0.4	0.0
政府相关利差	3.4	0.0
信用和新兴利差	7.5	2.6
证券化利差	3.0	−0.1
异质性的	10.1	6.8

资料来源：巴克莱资本 POINT。

除了总的资产组合 TEV 和 TEV 贡献划分的分析之外，还有很多其他的风险分析指标。我们可以用线性因素风险模型来估算这些风险分析指标，比如关于基准的贝塔系数、对 TEV 的清算效应、对风险的边际贡献。不同的用户会根据不同的目标在不同程度上使用这些分析指标。

□ 资产组合重整

大部分经理会定期对资产组合进行重整，以反映观点以及市场环境的变化。比如，随着时间的推移，资产组合的特征会偏离目标水平。这可能是因为其所持股份的老化，市场环境的变化，或者诸如违约这样的发行人专属事件。定期按照投资指南重新组合资产并且改变投资观点，这被称为**资产组合重整**（portfolio rebalancing）。在很多其他背景下也会出现类似的需求：当经理收到额外的现金用于投资时，当他们的指令发生微小变化时，当他们想要将头寸向他们的观点倾斜时，等等。与初始资产组合的构建一样，风险模型在资产组合重整中也很重要。在重整中，资产组合经理通常会出售当前持有的债券，代之以其他债券。其他债券的性质与总体的资产组合目标更接近。这种买卖交易有成本，并且这个成本必定会妨碍资产组合向它们意愿的方向变化。风险模型可以告诉经理，特定的一组交易可以实现多大的风险降低（或增大），从而可以评价风险调整相对于交易成本的收益。

举例而言，假设资产组合经理希望减少资产组合相对于基准的失衡。具体而言，经理希望将净资产组合久期从 0.42 年减少到 0.2～0.4 年。在看到资产组合的行业状况之后，经理还决定将银行业的比重超标 6%降低到大约 4%。另外，经理将最低可接受的超额利差降低到 100 个基点。为了避免交易成本过高，经理还要求重整时的交易次数不超过 30 次。最后，我们假设没有资产组合的流入或流出，因此资产组合的市场价值必定保持不变。从最初 100 只证券的资产组合开始，风险模型和优化引擎可以调整某些约束条件，实现优化重整，反映资产组合经理的新目标。

图表 46—4 给出了优化程序推荐的最大交易的市场价值。果然，最大的销售推荐是金融企业。为了替换它们，优化程序里的风险模型推荐更大比例的国债和公司债。（为了保持资产组合利差处于要求的水平，需要公司债。）

图表 46—4　　推荐的交易名单

买	
识别码	描述
912828MZ	美国国债
74913GAG	奎斯特（Qwest）公司
03979GAL	阿尔丁（Arden）房地产有限公司
卖	
识别码	描述
16132NAV	渣打第一银行 FSB
FNA 08000	传统 FNMA
0258M0BZ	美国运通信用

资料来源：巴克莱资本 POINT。

有趣的是，优化问题中的重整和附加约束没有实质性地改变资产组合的风险。图

表 46—5 表明，资产组合的总 TEV 实际上下降到 13.4 个基点/月。这主要是因为在重整时增加了 13 个头寸（现在有 113 只证券）。这些增加的证券使得资产组合可以减少它的系统性风险和异质性风险。

图表 46—5　　　　重整的资产组合和基准性质

	总 TEV（基点/月）	久期（年）	利差久期（年）	利差（基点）
资产组合	13.4	5.31	5.06	153
基准		5.02	4.92	55

资料来源：巴克莱资本 POINT。

□ 情景分析

情景分析是风险管理和资产组合构建中常用的工具。在这一节，我们会依据因素模型阐述一种情景构建的方法。在这个背景下，资产组合经理可以表达关于特定金融变量收益率、指数、证券或风险因素的观点，并且利用情景分析工具（利用风险模型）可以计算出它们对于资产组合（净）收益的影响。

在这种情景分析中，我们的观点通常具有局限性。这意味着我们会对宏观变量、资产类别或者风险因素产生具体的观点，但是不太可能对资产组合分析中的所有风险因素形成观点。这就是风险模型有用的地方。线性因素模型的核心是一组风险因素，以及这些风险因素之间的协方差矩阵。在某些统计假设之下，协方差矩阵可用于“完善”具体的局部观点或情景，给出资产组合收益中情景的完整影响。具体而言，发生的过程如下。首先，经理将观点转化为一组风险因素的子集，然后将情景完善（利用风险模型协方差矩阵）得到所有的风险因素。最后在该情景下，资产组合的所有风险因素（净）负荷被用于得到它的（净）收益（负荷乘以该情景下的因素）。这种构建蕴含着一组假设，需要我们仔细理解。首先，假设经理可以用风险因素收益来代表或转化观点。所以，关于失业率的观点不能应用于这种情形。失业率通常不会作为风险因素。[14] 我们通常会假设所有因素服从平稳分布以及多元正态分布。虽然这些假设会使得这个分析不太适合研究极端事件和体制转换等情况，但是这个分析在很多情况下非常有用。

比如，将因素导向的情景分析用于计算该模型所蕴含的 100 只证券初始资产组合（即在重整之前）的经验久期。这是这一章前面分析过的。具体而言，假设资产组合经理的观点是，下个月利率将下降 25 个基点。图表 46—6 表明在这种情景下，相对于基准的 111 个基点，资产组合的收益是 116 个基点。与预期的一样，给定较长的久期，该资产组合可以跑赢基准。由于资产组合和基准中存在其他的风险，并且它们与曲线因素平均负相关（比如在这个背景下，利率下降 25 个基点意味着公司利差水平上升 5%），该资产组合的情景所蕴含的模型久期是 4.64（=116/25），而分析得出的久期是 5.44。该情景表明，基准久期会出现相似的下降。资产组合的净模型久期只有 0.22，几乎是净的分析久期 0.42 的一半。

在构建资产组合时，另一个特征是更高的目标利差。资产组合的构建会导致 206 个基点的资产组合 OAS，而基准为 55 个基点。资产组合经理会关注利差增加时资产组合的损失。为了评估这个风险，资产组合经理可以构建两种情景。在第一种情景下，信用利差扩大 20%，其他利差风险因素会随着信用利差的变化而变化，但是利率保持不变。在第二种情景下，利率随着信用利差的变化而变化。图表 46—7 给出了这两种情景的结果。在第一种情景下，资产组合遭受 0.84%的重大损失。基准的利差较低，遭受较少的 0.64%的损失。最终结果是—20 个基点的净收益。这个数字明显不同于我们用资产组合分析法计算出的收益。这种计算更复杂，并且考虑了资产组合中的证券构成，以及其他风险隐含的变化，比如互换和抵押利差。

图表 46—6　　情景分析：分析久期和模型隐含的久期

范围	情景下的收益（基点）	久期	
		情景（模型隐含的）	分析的
资产组合	116	4.64	5.44
基准	111	4.44	5.02

资料来源：巴克莱资本 POINT。

图表 46—7　　情景分析：公司利差增加 20%

范围	YC 变化的限制（收益，基点）	
	无变化	利差变化隐含的变化
资产组合	—84	49
基准	—64	58
净值	—20	—9

资料来源：巴克莱资本 POINT。

第二种情景比较好：资产组合与基准的净收益只有—9 个基点。实际上在这种情况下，资产组合和基准分别有正的收益率，0.49%和 0.58%。这表明它是完全不同的情景。实际上，利差的扩大意味着利率下降 25 个基点，这足以弥补资产组合和基准的利差扩大带来的损失。由于资产组合的利率久期比基准长 0.42 年，所以它的净收益相对来说有所改善，大约是（—0.42）×（—25）=＋10.5 个基点。这在一定程度上可以弥补信用利差扩大导致的损失。

这些非常简单的例子告诉我们，应该如何在合理的情景中研究不同环境下的资产组合和基准状况。这种基于事实的情景分析可以显著增强资产组合经理关于风险模型结论的直觉。

46.4　关键知识点

• 风险模型是用共同的语言来描述资产组合的不同失衡。风险模型对失衡状态进行了一致的相关分析。

● 风险模型对资产组合中存在的不同取舍提出了重要的见解，对于如何权衡具有指导作用。

● 所有固定收益证券基本的系统性风险是利率风险和期限结构风险。这可以用到期日不同的无风险利率和互换利差因素来表示。

●（利率）过度的系统性风险可以用每一种资产类别的具体因素来表示。这种风险最主要的成分是信用风险和提前偿付风险。其他比较重要的风险是波动性、流动性、通胀、税收政策。

● 在大型的资产组合和指数中，异质性风险具有多样性，而在小型的资产组合中，异质性风险是总风险非常重要的组成部分。对同一个发行人发行的证券的异质性风险相关性的模型化必须非常小心谨慎。

● 好的风险模型可以给出有关复杂资产组合风险的详细信息，是资产组合构建和管理的实用工具。它可以帮助经理跟踪特定的基准，构建资产组合，在给定的风险预算下表达观点，重整资产组合的同时避免交易成本过大。另外，通过确定资产组合最高的风险敏感度，它还可以以最有效的方式帮助资产组合经理减少（或增加）风险。

【注释】

[1] 举个例子，如果资产组合包含 10 只证券，那么我们需要估计 45 个参数；如果有 100 只证券，那么我们需要估计 4 950 个参数。

[2] 在危机时期尤其如此，这时证券的特征会在极短时间内发生极大的变化。

[3] 在更详细的因素模型中，异质相关性可能不是零。比如，同一个发行人的证券通常是正相关的；在这种情况下，异质性协方差矩阵是分块对角形式的。

[4] 巴克莱资本全球风险模型可以通过 POINT（巴克莱资本的资产管理工具）来获得。它是一种多重货币交叉资产（cross-asset）模型，覆盖了固定收益市场和股票市场上很多不同类型的资产，也包括这些市场中的衍生品。模型的核心是风险因素的协方差矩阵。模型包含几百个因素，很多是针对特定的资产类型。资产类模型会被定期复核。模型的构造可以增加这种大型协方差矩阵估计的稳健性。模型的估计基于历史数据。利用大量的证券历史数据可以对模型进行校准，并且每月可以更新。

[5] 也可以使用其他曲线，比如市政债券（免税）曲线、通胀调整（实际利率）曲线，等等。

[6] 除了信用风险之外，利差还可以补偿其他风险（比如流动性风险），但是为了方便讨论，我们将它们看成是信用风险主要的指标。

[7] 细节参见 Arik Ben Dor，Lev Dynkin，Patrick Houweling，Jay Hyman，Erik van Leeuwen，and Olaf Penninga，"A New Measure of Spread Exposure in Credit Portfolios，" Barclays Capital Publications，February 2010。

[8] 风险模型的一般原则是，利用资产收益历史数据中的信息来估计未来资产组合收益的变化。不过，好的风险模型必须能够将过去的资产收益转化到当前的背景中。这种转化需要设计特定的风险模型或风险因素，需要风险因素尽可能保持不变。保持不变可以使得因素分布的估计更稳健。在特定的 DTS 情况下，我们将负荷的利差加进来（而不是只使用标准的久期），改变预估的风险因素的性质。风险因素现在代表利差的百分比变化，而不是利差的绝对变化。前者明显有更稳定的分布。更多细节参见 Antonio B. Silva，"A Note on the New Approach to Credit in the Barclays Capital Global Risk Model，" Barclays Capital Publications，September 2009。

[9] 这个波动性被称为隐含波动性，是因为我们是通过期权定价模型，从流动性期权的市场价格中计算得到的。

[10] 进一步的讨论，参见 Arne Staal, "U. S. Municipal Bond Risk Model," Barclays Capital Publications, July 2009。

[11] 在我们的例子中，我们使用的是巴克莱资本 POINT 优化引擎。

[12] 另一种保证多样化的方式是将最小化的异质性 TEV 包含进来，作为目标函数中的一个特殊目标。

[13] 在这种情况下，由于 TEV 中系统性成分和异质性成分不相关，所以很容易计算出 CTEV。具体地，系统性风险中的 CTEV 计算结果是 $(11.2)^2/15.1=8.3$，系统性风险中的 CTEV 是 $(10.1)^2/15.1=6.8$。注意，根据定义，它们的和等于 TEV。在第 47 章中会给出更详细、更一般的讨论。

[14] 在大部分短期和中期的风险模型中，失业率通常不会作为风险因素。

第 47 章 固定收益多因素风险模型的风险分析*

安东尼·拉扎纳斯（Anthony Lazanas）博士
巴克莱资本常务董事

安东尼奥·巴尔达克·达·席尔瓦（António Baldaque Da Silva）博士
巴克莱资本董事

拉杜·格布代安（Radu Gabudean）博士
巴克莱资本副总裁

阿恩·D. 斯塔尔（Arne D. Staal）博士
巴克莱资本董事

资产组合经理经常会监控他们的资产组合扣除基准之后的风险状况，并且常常会问自己：什么是资产组合的利率久期？风险过度的国债有多危险？它与信用风险的关系如何？具体发行人面临的风险是什么？知道资产组合的持股比例和风险对于资产组合的经理而言是不够的，他们需要不断地依靠定量技术来将这个信息转化为标准的风险语言。风险语言使得不同资产组合或不同情形的比较成为可能。风险模型对于资产组合、风险以及两者之间的关系具有一致的看法。它们将资产组合的每种风险及其对于总风险的贡献进行量化。

* 感谢布鲁斯·费尔普斯和安迪·斯帕克斯提出的有价值的意见。

第46章概括了固定收益资产组合的线性因素模型。在这一章，我们会详细讨论模型在风险预测方面的应用。这种应用可以监控风险，并且获得有关资产组合风险状况的全面信息。

47.1 风险分析的方法

在整个这一章，我们会分析特定的债券组合的风险，讨论一个经理通常会考虑的各个方面的风险。我们从资产组合经理的角度做如下假设：

- 巴克莱资本美国综合指数是资产组合经理的基准。
- 资产组合经理相信利率会下降。为了按照这个观点实现资本化，经理需要建立资产组合，其利率久期比基准的利率久期更长。利率久期超过基准的利率久期，这样的资产组合被称为有“长久期”。当利率下降且其他市场因素保持不变时，这样的资产组合可以跑赢基准。
- 经理寻求收益率高于基准收益率的资产组合。这种资产组合产生的持股收益（carry return）（也被称为收入）比基准更高，但是面临更高的风险。资产组合的总收益可以分解成无风险收益和无风险收益利差。由于资产组合需要包含到期日较长的证券，以满足久期长的目标，所以它可以获得的无风险收益不同于基准的无风险收益（大部分情况下会更高，因为利率曲线通常是向上倾斜的）。为了进一步提高资产组合的收益，经理希望资产组合的利差目标也高于基准的利差。更高的利差通常会使得资产组合面临流动性风险和发行人违约风险。如果发生违约，或者如果资产组合经理因为流动性不足而被迫以极低的折扣出售证券，那么由此产生的损失可能会抵消高收益的优势，并且可能会导致资产组合的表现不如基准。经理必须确信这样的风险可以完全得到更高的持股收益的补偿。这个更高收益与更高的资产组合利差相关。
- 按照每个月计，资产组合经理需要保持资产组合收益与基准收益之间存在20个基点的差异。因此，资产组合经理必须调整长久期与高收益资产组合的头寸，以便满足这个约束。

总而言之，资产组合经理需要跟踪基准，但是可以向上偏离到某个点，从而表达出要求更高收益的观点。正如第46章所提到的，资产组合经理所持有的这一指令被称为增强型指示器（enhanced indexer）。允许偏离的量被称为**风险预算**（risk budget）（我们这个例子是20个基点），可以使用风险模型进行量化。风险模型对资产组合与基准之间的收益差异的波动性进行估计，这一波动性估计值被称为**跟踪误差波动性**（tracking error volatility，TEV）。[1] TEV给出了典型的跟踪误差的预测值。经理需要让资产组合的TEV等于或小于风险预算规定的水平。我们将要分析的最终资产组合包含100只证券，并且与经理的观点以及风险预算保持一致。

□ 市场结构与风险贡献

资产组合经理首先对比资产组合的持有状况与基准的持有状况。图表47—1表明，资产组合的构成与基准相比存在严重的错配。资产组合中的国债和政府相关证券比重低，加起来偏低 9.0%。公司债的比重加起来偏高 11.2%，尤其是在工业领域和金融领域。在这些领域，资产组合的公司债比重几乎是基准的 2 倍。其他错配还包括机构抵押贷款支持证券（机构 MBS）的比重偏低 3.8%，商业抵押贷款支持证券（CMBS）的比重偏高 1.9%。注意，收益率的要求会迫使经理离开（从违约风险的角度而言）相对安全的国债和机构 MBS，而进入更危险的公司债以及 CMBS。

图表 47—1　　资产组合与基准的市场比重

资产类别	资产组合	基准	差距
总计	**100.00**	**100.0**	**0.0**
国债和政府相关债	36.8	45.8	−9.0
国债	30.8	33.8	−3.0
政府相关	6.0	12.0	−6.0
公司债	**29.9**	**18.7**	**11.2**
工业	17.2	9.9	7.3
公用事业	2.3	2.1	0.2
金融	10.4	6.7	3.7
证券化	**33.3**	**35.5**	**−2.2**
机构 MBS	28.9	32.7	−3.8
ABS	0.0	0.3	−0.3
CMBS	4.4	2.5	1.9

资料来源：巴克莱资本 POINT。

如果经理关注的是股权而不是固定收益，这种信息（比如应用于资产组合中的不同行业或领域）对于资产组合的风险分析至关重要。对于固定收益的资产组合而言，情况并非如此。虽然这个分析也重要，但是它不能告诉我们固定收益资产组合有效的风险，这是因为固定收益证券有不同属性。如果资产组合中的国债久期显著高于基准会怎样：这种资产类别是否真的是“短的”？如果资产组合中的 CMBS 利差比基准的更小会怎样：权重错配是否重要？

为了回答这些问题，我们转向另一个典型的纬度：资产组合面临的主要风险，用利率久期这样的分析方法来度量。经理通常会监控的其他风险还包括利差久期、凸性、利差水平、vega（如果资产组合的很多证券有可选择性，比如抵押贷款证券或可提前赎回债券）。与之相关的风险在第 46 章已经讨论过。

在图表 47—2 中，我们从整体上分析资产组合、基准以及两者之间的差异。我们可以看到：

- 资产组合的利率久期更长（0.38 年），反映出经理对于利率变化方向的预测。
- 在利差久期方面，错配比较小（0.29 年）。假定经理对利差变化带来的风险没有意见，经理希望尽可能最小化这种风险。不过，利差久期的错配不可能是零，因为利差风险与经理有看法的其他风险相关，比如利率。

● 资产组合和基准有符号相反的凸性（资产组合的凸性是 0.14，而基准的凸性是 −0.04)。这是因为资产组合中 MBS 的权重比较小。

● 资产组合还有较高的负 vega，但是两个领域中的数字都比较小。

● 资产组合的利差（148 个基点）显著高于基准。这种错配符合经理的目标：资产组合的收益率高于基准。

图表 47—2　总体分析

分析指标	资产组合	基准	差距
利率久期	5.36	4.98	0.38
利差久期	5.20	4.91	0.29
凸性	0.14	−0.04	0.18
vega	−0.03	−0.02	−0.01
利差	204	56	148

资料来源：巴克莱资本 POINT。

我们可以将图表 47—1 和图表 47—2 中的分析结合在一起，更详细地描述不同风险的来源。图表 47—3 给出了一个有关资产组合利率久期的例子。利率久期错配（市场加权久期风险）的主要原因来自资产组合的国债成分（0.60 年)。有趣的是，即使资产组合缺少国债，但它在这种资产类别上的利率久期还是很长。这意味着，国债减持会导致利率上升，同时它对于资产组合的负面影响超过基准。由于该资产组合是净空头的国债头寸，这个结果必然意味着国债资产组合的利率久期比基准的国债成分更长。相反，公司债对净利率久期有负的影响，即使它们在市场价值上的比重较大。这意味着资产组合中，公司债的利率久期平均而言比基准要短得多。注意，这种分析还可以应用于其他的利率分析，比如利差或利差久期分析。

图表 47—3　每类资产的久期贡献

利率久期贡献	资产组合	基准	差距
总计	**5.36**	**4.98**	**0.38**
国债	2.38	1.78	0.60
政府相关债	0.47	0.50	−0.03
公司债	1.08	1.23	−0.15
证券化	1.43	1.47	−0.04

资料来源：巴克莱资本 POINT。

□ 在分析中引入波动性与相关性

前面的分析可以让经理对资产组合的不同风险有一个基本的认识。不过，现在还不能理解资产组合经理如何能够比较不同程度的风险。长的利率久期 0.38 年，附加的利差 148 个基点，哪一个风险更大？资产组合经理如何量化资产组合的 vega 错配带来的严重性？具体而言，资产组合的风险会受到风险因素的影响，还会受到每一种风险因素的风险程度的影响。

为了提高我们的分析能力，我们必须引入风险因素波动性。图表 47—4 给出了这种扩充的结果。尤其是，它以单独的方式展示了资产组合的不同风险（也就是说，唯一有效的失衡源自特定的风险因素）。比如，图表 47—4 表明，如果资产组合中唯一有效的权重是收益率曲线的错配，那么资产组合的风险是 11.3 个基点/月。在分析中加入波动性之后，经理可以进行量化分析：利率久期 0.38 年的错配导致资产组合付出 11.3 个基点/月的额外波动的“代价”；这是单独考虑的，因此它被称为单独的 TEV。[2] 记住，资产组合工具的风险预算是 20 个基点/月。类似地，如果唯一的错配是公司利差，那么资产组合的风险将是 6.9 个基点/月。我们还发现，政府相关领域和证券化领域的风险都不可忽视。有趣的是，这不符合图表 47—3 报告的小的利率久期失衡。因此，这些领域必定还有其他的重要风险。在分析中引入波动性后，我们可以比较并量化每一种资产组合失衡的影响。

图表 47—4　　每一类单独的风险

风险因素类别	风险
曲线	11.3
波动性	0.2
政府相关债利差	3.2
公司债利差	6.9
证券化利差	2.9

资料来源：巴克莱资本 POINT。

作为今后的参考，我们可以计算资产组合的波动性，假设所有这些风险来源都是独立的（比如相关性是零）。这个数字是 13.9 个基点/月。[3] 当然，这种情景不符合现实，因为这些风险来源不是独立的。另外，这个分析无法让我们了解不同失衡之间的相互影响。比如，我们知道与曲线相关的单独风险是 11.3 个基点/月。但是，长的或短的利率久期都可以实现这个结果。所以，单独的数值无法让我们了解曲线失衡对总的资产组合风险的影响。净影响（net impact）当然会取决于失衡的符号。比如，可以用长的信用敞口来实现长的曲线敞口的多样化（因为利率与信用利差之间存在负相关）。相比之下，相反的（短）曲线会增加长的信用敞口的风险。第一种情况的风险显然更小。

为了弥补这些不足，我们引入相关性。这可以使得我们了解资产组合总风险的各种不同的净影响，并且可以发现资产组合失衡多样化的潜在根源。图表 47—5 报告了每一组风险因素对总风险的贡献，考虑了所有的相关性。我们将这个数量称为跟踪误差波动性的贡献，或 CTEV。[4] 总风险（10.4 个基点/月）小于前面计算的零相关性风险（13.9 个基点/月），这是因为曲线与利差因素之间通常存在负相关。这个图表还可以将风险的主要贡献者分成曲线利差（6.9 个基点/月）和信用利差（2.9 个基点/月）。这与前面的单独分析得到的证据一致。不过，一旦考虑相关性，政府相关利差风险和证券化利差风险明显更小。

图表 47—5　　每类因素对总风险的贡献

风险因素类别	风险
总计	**10.4**
曲线	6.9
波动性	0.7
政府相关债利差	0.0
公司债利差	0.0
证券化利差	2.9

资料来源：巴克莱资本 POINT。

图表 47—4 报告的单独分析与图表 47—5 中总风险贡献之间存在的差异值得进一步讨论。为了简化起见，我们假设资产组合中只有两种风险：收益率曲线（Y）和利差（S）。资产组合（P）总的系统性方差表达如下：

$$\begin{aligned}\mathrm{VAR}(P)&=\mathrm{VAR}(Y+S)=\mathrm{VAR}(Y)+\mathrm{VAR}(S)+2\mathrm{COV}(Y,S)\\&=Y\times Y+S\times S+2(Y\times S)\end{aligned}$$

其中我们用乘积表示方差和协方差。表示这种求和的另一种方式是使用以下矩阵：

$$\begin{bmatrix}Y\times Y & Y\times S\\ Y\times S & S\times S\end{bmatrix}$$

表格中四个元素之和是资产组合的方差。图表 47—4 报告的单独的风险（按标准差计算）是对角线项的平方根。利差导致的单独分析可以表示为：

$$风险_{\substack{独立的\\利差}}=\sqrt{S\times S}$$

它的自变量是所有利差风险、所有这些因素的波动性以及它们相互之间的相关性。图表 47—5 报告的对总风险的贡献是：

$$风险_{\substack{贡献\\利差}}=[Y\times S+S\times S]/\sqrt{\mathrm{VAR}(P)}$$

也就是说，根据上面的矩阵，我们可以将利息行中的所有元素加总（第 1 行是 Y，第 2 行是 S），然后用资产组合的标准差对其进行正规化。这个正规化可以将相关性考虑进来，还可以保证对风险有影响的所有因素加在一起等于资产组合的总风险[5]：

$$风险_{\substack{贡献\\曲线}}+风险_{\substack{贡献\\利差}}=\sqrt{\mathrm{VAR}(P)}=\mathrm{STD}(P)$$

由于两种因素的相互影响$[2(Y\times S)]$，单独的风险与风险的贡献之间的差距被平均分配给每一种风险。如果单独的一种风险比另一种风险小，那么（$Y\times S$）项具有过大的影响。总而言之，单独的风险只考虑到每一种风险的单个表现，而对于关联风险的贡献会涉及不同风险的联合表现。

我们刚才采用的一般分析构成了资产组合风险描述的第一步。这个分析针对的是风险因素的类别（比如“曲线”或“利差”）。不过，因素导向的风险模型可以更深入地分析资产组合的失衡状况。前面提到的每一种风险类别都可以用翔实的风险因素集合来描述。在固定收益因素模型中，除了所有类别都有的共同因素集合（比如曲线因素）之外，每一类资产通常都有专有的风险因素集合。这些资产专有风险因素的目的是，体现该资产类别面临的特定风险。在下一节中，我们将以这种方式仔细研究风险报告，重点考察不同资产类别共有的或特有的风险因素。我们将用这种方法来阐述，从风险管理和资产组合构建的角度，风险报告如何提供相应的见解。

□ 详细的风险报告

在这一节，我们将延续前面介绍的资产组合分析，即 100 只债券的资产组合对比巴克莱资本美国综合指数的基准。我们的报告的产生使用到巴克莱资本跨资产的资产组合分析和构建工具 POINT，并且对资产组合的风险做了详细的描述。[6] 这个报告分为四个子报告：总结报告、因素敞口报告、发行/发行人层面的报告、情景分析报告。我们前面提到的某些信息可以被看成是总结报告。

总结报告

图表 47—6 给出了代表性的风险总结统计报告。它表明，资产组合有 100 个头寸，但是只有 48 个发行人。这个数字表明，异质性风险的多样化能力有限，正如我们接下来将看到的。这个报告证实，资产组合有较长的利率久期（资产组合为 5.36 年，而基准为 4.98 年），有较高的收益率（资产组合为 4.55%，而基准为 2.97%）和息票（资产组合为 5.07%，而基准为 4.24%）。

图表 47—6 还表明，资产组合总的波动性（127.7 个基点/月）高于基准（121.2 个基点/月）。这并不奇怪：较长的利率久期、较高的利差、较低的多样性都会导致资产组合波动性的增加。由于波动性更高，我们认为资产组合的风险高于基准。在研究资产组合波动性的不同成分之后，我们发现资产组合的异质性波动明显小于系统性波动（10.5 个基点/月对 127.3 个基点/月）。这是我们对中等规模投资级别的债券资产组合所预期的结果。

图表 47—6　　概括性统计报告

	资产组合	基准
A. 参数		
头寸	100	7 999
发行人	48	834
货币	1	1
市场价值（百万美元）	100	15 133
名义价值（百万美元）	97	14 260

续前表

	资产组合	基准	
B. 分析			差额
息票	5.07	4.24	0.83
平均期限	7.71	7.04	0.67
最低收益率	4.55	2.97	1.59
利差	204	56	148
利率久期	5.36	4.98	0.38
vega	−0.03	−0.03	0.00
利差久期	5.20	4.91	0.29
凸性	0.14	−0.04	0.18
C. 波动性			TEV
系统性	127.3	121.1	10.4
异质性	10.5	4.7	9.6
总计	127.7	121.2	14.2
D. 资产组合			1.05

资料来源：巴克莱资本 POINT。

给定系统性风险成分与异质性风险成分相互独立的事实，我们可以计算资产组合的总波动性：

$$TEV_{资产组合}=\sqrt{(127.3)^2+(10.5)^2}=127.7$$

关于这个数字有两个有趣的观察结果：

(1) 总波动性小于两种成分的波动性之和。

(2) 总波动性非常接近系统波动性。

第一个结果是将独立的风险来源结合在一起带来的多样性的好处。第二个结果表明，异质性风险是不相关的。正如我们后面将要看到的，这是错误的危险的结论。尤其是如果参照基准来管理，重点应该放在净敞口和风险上，而不是它们的绝对值。

在图表 47—6 中，总 TEV 是 14.2 个基点/月。这意味着，模型预测的资产组合收益率通常会比基准高或者低大约 14 个基点/月。这个数字符合经理的风险预算。这个图表还报告异质性 TEV 是 9.6 个基点/月。它的大小接近系统性的 TEV（10.4 个基点/月）。因此，当参照基准进行程度测度时，有一半的风险是异质性的。这与我们只观察资产组合波动性得到的结论相反。资产组合的 TEV 还会大于资产组合波动与基准波动之间的差距。仅当资产组合与基准完全相关时，它才会等于这个差距。

最后，报告表明，资产组合相对于基准的 beta 系数是 1.05。这个统计量衡量的是资产组合与基准之间的协同变化。我们对它的理解如下：模型预测基准的 100 个基点的变化会导致资产组合在相同方向发生 105 个基点的变化。注意，beta 系数小于 1 并不意味着资产组合的风险小于基准；它只是意味着资产组合对基准变化的敏感度低。为了弄清楚这一点，考虑资产组合与基准不相关的极端情况。在这种情况下，资产组合的 beta 系数是零，但显然这不意味着资产组合的风险是零。最后，我们可以为资产组合以及它的构成计算出各种不同的“beta 系数”。[7] 一个简单而且被广泛使用的 beta 系数是“利率久期 beta”，它是资产组合的利率久期与基准的利率久期之比。在我们的例子中，这个比率是 5.36/4.98 =1.08。这意味着，资产组合从收益率曲线变化得到的回报大约是基准的 1.08 倍。这个 beta 系数比资产组合的 beta 系数（1.05）更大。这意味着其他因素（比如利差）的净敞口“对冲”了资产组合的净曲线风险。

这第一个总结报告（图表 47—6）可以让经理对资产组合的风险有初步的了解。不过，经理希望更详细地了解这种风险是什么。风险可以按照不同的维度进行分解，有两个纬度我们前面已经提到过：证券组（资产类别）和风险因素。后面两个报告会沿着这两个维度进行更详细的风险分解。在第一个维度中，风险是按照不同的风险因素组进行划分的。在第二个维度中，风险是按照不同的证券组进行划分的。

图表 47—7 给出了四种不同的统计量，涉及每一个相关的风险因素集合。前两个在图表 47—4 和图表 47—5 中已经做过一些探究。[8] 这个图表第一列报告的是单独的 TEV，也就是只跟特定的风险因素集合相关的风险。我们发现在单独的分析中，系统性风险和异质性风险分别是在 10.4 和 9.6 达到平衡。

报告还给出了与系统性风险的主要成分相关的单独风险。正如前面所讨论的，系统性风险的所有成分都有不可忽略的单独风险。但是当我们考察 CTEV 时，只有曲线和信用利差是相关的。如果我们考虑所有的因素，主要的贡献者是异质性风险、曲线、信用利差。其他系统性风险比较小。

当我们分析图表 47—7 中的清算效应时，我们看到了另一种相关性。这个数字代表的是，当我们对这个特定的风险因素组进行完全对冲时 TEV 的变化。比如，如果我们对冲资产组合的曲线部分，那么 TEV 从 14.1 下降到 13.0，下降 1.1 个基点/月。有人可能认为给定曲线代表的单独风险的大小，这种下降比较小。但是，如果我们对冲曲线，我们也可以消除曲线与利差之间的负相关带来的降低风险效应。因此，当对冲曲线风险时，影响力受到的限制大于根据之前的数字预计的影响力。实际上我们发现，对于这个资产组合，对冲任何特定的风险因素集合都会对总风险产生有限的影响。

图表 47—7　　因素划分：风险分析

风险因素组	单独的 TEV（基点）	对 TEV（CTEV）的贡献（基点）	对 TEV 的清算效应（基点）	TEV 弹性（%）
总计	**14.2**	**14.2**	**−14.2**	**100.0**
系统性风险	10.4	7.6	−4.5	53.8
曲线	11.3	5.6	−1.1	39.2
波动率	0.2	0.0	0.0	0.1
政府相关债利差	3.2	0.0	0.4	0.1
公司债利差	6.9	2.1	−0.5	15.1
证券化利差	2.9	−0.1	0.4	−0.7
异质性风险	9.6	6.6	−3.8	46.2

资料来源：巴克莱资本 POINT。

当风险负荷发生变化时，最后一列报告的 TEV 弹性对于 TEV 的变化给出了另一种观点。具体而言，它可以告诉经理，在面临的特定因素集合发生变化时，TEV 的百分比变化是多少。比如，如果经理减少公司利差 10%，那么 TEV 会减少 10%×15.1% = 1.51%，因此它会变成 14.2 个基点×（1 − 1.51%）=14.0 个基点。

我们在图表 47—8 中进行类似的分析，但是将它应用于证券划分中。也就是说，我们不会考虑各只证券的单独风险来源（比如曲线），而对该证券内的所有风险来源加总，并且对这些证券的不同类别进行分析（比如子资产组合）。图表 47—8 报告了证券依照资产类别分组之后的结果。它表明，风险的主体（7.8 个基点/月）来自资产组合的国债部分。这部分的异质性风险低且利率久期存在明显错配，这种风险主要是系统性风险，这正是我们所预期的。公司也是资产组合风险的主要贡献者，大部分源自异质性风险。这反映出资产组合对这一部分大的净市场权重（NMW）。公司部分没有系统性风险，这是因为资产组合中总体曲线风险利差的对冲效应。注意，由于这个分析是站在资产组合的层面上，国债的净曲线风险与公司的利差风险之间的相互影响在一定程度上反映在总风险中属于公司的部分。相同的情况适用于其他利差领域，它们对于系统性风险没有什么贡献。机构 MBS 和 CMBS 对异质性风险的贡献都不可忽略。由于资产组合经理的目标是只用 100 只证券复制大型的基准，所以经理必须对所选择的发行人有信心。这个报告强调资产组合所面临的重要风险。

图表 47—8　　证券划分：风险分析Ⅰ

证券划分类别	对 TEV 的贡献			
	NMW（%）	系统性的	异质性的	总计
总计	**0.00**	**7.6**	**6.6**	**14.2**
国债	−3.00	7.7	0.1	**7.8**
政府机构债	−4.81	1.5	0.3	**1.8**
政府非机构债	−1.23	−1.3	0.1	**−1.2**
公司债	11.18	−0.4	4.6	**4.3**
机构 MBS	−3.82	0.3	0.8	**1.1**
ABS	−0.27	0.0	0.0	**0.0**
CMBS	1.96	−0.2	0.6	**0.4**

资料来源：巴克莱资本 POINT。

图表 47—9 是这个分析的最后部分，报告了资产组合中不同资产类别的其他重要风险统计量。这些统计量类似于图表 47—7 中划分风险因素时的分析，所以我们不重复它们的定义，只关注结论。我们考虑单独的 TEV，发现公司有 16.7 个基点/月的风险，高于资产组合的总风险。这意味着平均而言，其他资产类别的敞口对冲了公司资产组合。这对于国债也是如此。我们甚至可以进行进一步的分析：下一列显示出清算效应。如果我们消除了资产组合在公司上的失衡，那么我们将会使得资产组合的总风险增加 4.6 个基点/月。总之，我们将会消除这种资产类别为全球资产组合提供的套期保值，因此会增

加它的风险。由于相似的分析对于国债也成立，我们可以得出结论：国债和公司债的敞口可以保持彼此在资产组合中的平衡。最后，图表 47—9 还报告了资产组合中不同成分的 TEV 弹性。这个数字代表 NMW 的相对变化有多少转化为 TEV 的相对变化。因此，如果 NMW 是负的，我们需要用相反的符号来解读这些数字。尤其是，如果我们降低机构资产组合 10%的权重（使得它成为更大的负数，或者“更短”），那么我们实际上会让 TEV 增加10%×12.2 % =1.22%，使得它等于 14.2×(1+1.22%) =14.4 个基点。这个结果表明，机构债券头寸“一般而言”可以提供套期保值，但是进一步增加这个方面的敞口会增加资产组合的风险。换句话说，套期保值会超过它的最优价值。

图表 47—9　　证券划分：风险分析Ⅱ

证券划分类别	单独的 TEV	对 TEV 的清算效应	TEV 弹性（%）
总计	**14.2**	**−14.2**	**100.0**
国债	18.8	4.1	53.2
政府机构债	5.1	−0.9	12.2
政府非机构债	3.4	1.4	−7.5
公司债	16.8	4.6	32.1
机构 MBS	4.3	−0.5	7.6
ABS	0.6	0.1	−0.3
CMBS	3.5	0.0	2.7

资料来源：巴克莱资本 POINT。

这一组总结报告为我们清晰地呈现出主要的风险以及它们之间的相互关系。在下文中，我们将详细地分析单个异质性风险。

因素敞口报告

多因素风险模型的核心是系统性因素的定义。这些因素影响资产组合中的风险。如第 46 章中所描述的，固定收益资产组合面临各种不同的风险。我们接下来将重点研究三种类型：曲线风险、信用风险以及提前偿付风险。为了说明信用风险和提前偿付风险，我们分别用到资产组合中的公司债成分和机构 MBS 成分。另外，为了让例子简单一点，我们对这些风险的所有相关因素只做局部的讨论。

曲线风险　图表 47—10 详细给出了与美国国债曲线相关的资产组合中的风险。特别地，我们使用曲线上 6 个关键利率（KR）加上凸性作为与美国国债风险相关的风险因素。图表 47—10（a）中第一列描述了这些因素，并且用它们来测度那些与曲线特殊点的变化相关的风险。用这六个点的关键利率久期（KRD）来测度这些风险因素的敞口。图表 47—10（a）的第二列描述了负荷，而它对于资产组合、基准以及差额的数值放在下一列。关键利率久期也被称为部分久期，因为它们加起来等于资产组合的利率久期。比如，对于这个资产组合，关键利率久期是 0.13+0.47+1.74+0.93+1.00+1.09 =5.36，也是资产组合的总利率久期。将所有证券的部分久期加总，就可以构造它们的负荷。

考察这个图表，我们发现资产组合与它的基准之间存在久期方面的明显错配，即在曲线的10年点和30年点上。具体地，我们在10年点上短了0.44年，在30年点上长了0.41年。另外，我们在5年点和20年点上也明显更长。这样的错配有多严重？看看因素波动率那一列，我们会发现，曲线上的这些点有相当大的波动率，大约是30个基点/月。如果我们将这个波动率看成是一种典型的变化，那么图表47—10（b）的前两列表示的是扣除基准之后资产组合收益变化的潜在影响。比如，考虑单独移动的情况，国债曲线10年点上的向上移动（＋32.2个基点/月），将会带来正的＋14.2个基点的净收益。[9]在孤立的情况下，我们预期有正的影响。更有趣的是图表中具有相关性的数字。它以相关联的方式给出收益的影响。在我们分析的情景中，10年点的移动肯定会涉及曲线附近点的移动。所以，与前面提到的单独正效应不同，10年点向上变化的关联影响实际上是负的，为－5.5个基点。这个结果符合资产组合所具有的总体正的利率久期敞口：一般的（关联的）曲线向上移动会对资产组合产生负的影响。[10]作为曲线点另一种高度相关的表现形式，我们可以看到，曲线上不同点的关联变化会对最终的资产组合产生相似的影响，即使相关的敞口变化很大。最后，一般而言，关联影响对因素波动的比率可以产生资产组合的利率久期。这是模型隐含的局部经验利率久期。比如，如果我们关注10年点，我们得到5.5/32.2＝0.17。这种比较小的经验利率久期通常存在于包含利差敞口的资产组合中。给定这两种风险存在负相关，这种利差敞口在实践中往往可以对冲某些曲线敞口。另外，图表47—10还给出了与凸性相关的风险。我们可以发现，资产组合是长凸性（long convexity），而基准是短凸性。所以，收益率曲线的高阶变化对资产组合的影响与基准相反。

图表 47—10　　国债曲线风险

（a）敞口与因素波动率

因素名称	单位	敞口			因素波动率
		资产组合	基准	净值	
美国国债6个月期关键利率	KRD（年）	0.13	0.12	0.01	23.4
美国国债2年期关键利率	KRD（年）	0.47	0.67	－0.19	22.6
美国国债5年期关键利率	KRD（年）	1.74	1.40	0.34	30.9
美国国债10年期关键利率	KRD（年）	0.93	1.37	－0.44	32.2
美国国债20年期关键利率	KRD（年）	1.00	0.76	0.24	29.1
美国国债30年期关键利率	KRD（年）	1.09	0.67	0.41	28.3
美国国债凸性	OAC	0.14	－0.04	0.18	4.9

（b）其他风险统计量

因素名称	典型变动的收益影响（%）		对TEV的边际贡献	TEV弹性
	单独的	关联的		
美国国债6个月期关键利率	－0.2	－2.0	3.2	0.2

美国国债 2 年期关键利率	4.4	−2.8	4.5	−6.0
美国国债 5 年期关键利率	−10.6	−3.9	8.4	20.0
美国国债 10 年期关键利率	14.2	−5.5	12.4	−37.9
美国国债 20 年期关键利率	−7.1	−6.1	12.3	20.9
美国国债 30 年期关键利率	−11.7	−6.5	12.8	36.7
美国国债凸性	0.9	1.2	0.4	0.5

资料来源：巴克莱资本 POINT。

关于资产组合的国债曲线，我们还有很多其他的统计量可以分析。资产组合经理可以提出以下问题：如果我想要通过操纵国债曲线敞口来减少我的资产组合的风险，那么我可以改变什么？最有效的变动是什么？我的风险会实际变化多少？图表 47—10（b）中“对 TEV 的边际贡献”栏和“TEV 弹性”栏所报告的统计量，通常被用于回答这些问题。关于边际贡献，30 年点有最大的值。这表明，30 年点的敞口增加（减少）1 单位（在这种情况下有 1 年的久期），TEV 增加（减少）12.8 个基点。[11] 换句话说，如果我们想要通过操纵收益率曲线来减少风险，那么 30 年点似乎可以给出最快的跟踪轨迹。另外，图表 47—10 表明，所有国债风险因素与正的边际贡献相关。这意味着，任何一种因素的敞口增加，都会增加资产组合的风险（TEV）。这个结论即使对于敞口为负的因素也成立（比如 10 年期关键利率），因为它的敞口增加意味着负敞口的减少。换句话说，这个结论是资产组合总的长利率久期敞口的结果。增加久期敞口，不论经理具体是在什么点上增加，都会导致资产组合的风险增加。[12] 这个结论成立，因为我们考虑了国债曲线上不同点之间的相关性。

图表 47—10 还报告了每种风险因素的 TEV 弹性。这个概念在前面提到过。它的解释类似于边际贡献，但是会使用正规化的变化（百分比变化）。这种正规化使得不同性质的风险因素可以相互比较。它还可以用于研究整个资产组合等比例的杠杆作用。在我们的例子中，如果我们将 10 年期关键利率点的敞口增加 10%，从−0.44 到−0.484（实际上减少了长利率久期敞口），那么 TEV 将会下降 3.79%（从 14.2 个基点/月下降到 13.7 个基点/月）。

我们现在分析前面提到的曲线风险的其他成分：资产组合面临的互换利差风险，即互换曲线与国债曲线之间的差额。很多证券可以与互换曲线进行交易，使得它成为自然的选择，成为那些市场的基础风险曲线。为了与将国债看成基础曲线的市场分析相统一，我们将互换曲线分解成国债曲线（在图表 47—10 中分析）和国债以外的部分（互换利差）。[13]

在我们的方法论中，与互换曲线交易的所有证券（比如公司债和证券化债券）都面临国债风险和互换利差（SS）风险。后者的分析与国债曲线的分析非常相似，所以我们只考虑这个维度上资产组合的主要风险特征。图表 47—11 表明，互换利差敞口通常会小于国债曲线敞口。记住，国债不会负荷这类风险因素，所以市场加权敞口比较小。将互换利差波动率与国债曲线波动率相比（参见图表 47—10），我们会发现存在显著差异。观察因素波动的状况，我们发现它的波动率期限结构是 U 形的，短期的波动率非常大，而 5 年点的波动率最低。当流动性风险比较高的时候，通常是这样的情况。对于净敞口，该图表表明，最大的错配是在 10 年点上。在这个点上，资产组合缩短 0.35 年。有趣的是，从风险的角度而言，这个不是代价最大的错配：当我们考察最后一列时，我们会发现我们可以操纵互换利差曲线的短期敞口，即 6 个月期点，从而改变风险。

前面的图表可以让我们理解不同类型曲线风险的资产组合敞口，以及它们对于收益和资产组合风险的影响。它们还可以引导我们修改资产组合的风险预测。我们将继续分析特定资产类别的风险来源。

图表 47—11　　互换利差风险

因素名称	敞口（SS-KRD）			因素波动率	关联收益影响	对 TEV 的边际贡献
	资产组合	基准	净值			
6 个月期互换利差	0.13	0.09	0.04	20.4	−0.8	−2.2
2 年期互换利差	0.47	0.41	0.06	11.5	−0.7	−1.8
5 年期互换利差	0.67	0.85	−0.18	6.8	1.2	−1.0
10 年期互换利差	0.58	0.93	−0.35	8.9	3.1	1.9
20 年期互换利差	0.51	0.57	−0.06	10.4	0.6	1.0
30 年期互换利差	0.47	0.28	0.19	13.3	−2.5	0.5

资料来源：巴克莱资本 POINT。

信用风险　信用风险的分析可以有很多不同的维度，比如地理、产业、债务优先权、信用等级、利差水平。如第 46 章所讨论的，短期债券信用风险的决定因素是它的久期乘以它的利差，或 DTS。在这个背景下，证券的利差收益是它的 DTS 乘以利差的百分比变化。[14]

假设一组债券的利差百分比变化有相似的统计性质，我们可以将这个共同属性作为系统性利差变化的动因，产生 **DTS 系统性风险因素**（DTS systematic risk factor）。除了 DTS 之外，还有很多其他特征可以解释利差的系统性变化。比如债务优先权或信用等级存在系统性差异。不过，这些通常体现在每只证券的 DTS 水平上。因此，除了 DTS 之外，它们不能判断风险因素。另外，DTS 相似的债券可能会表现各异，取决于它们的地理或行业资格之类的因素。这种差异意义重大，使得我们可以在这些维度上使用不同的风险因素。在这个分析框架中，我们可以引入一些 DTS 因素来实现这一结果。这是风险模型所考虑的地区和行业的组合。

用这种方法分析我们例子中的资产组合，其结果呈现在图表 47—12 中，它给出了与信用风险相关的行业风险因素。这个资产组合面临单一的地区（美国）并且在 27 个行业有净头寸，跨越三大领域：工业（IND）、公用事业（UTI）、金融业（FIN）。我们在前面发现，资产组合在市场权重方面对金融业有显著的净敞口（3.7%，参见图表 47—1）。在风险敞口方面，图表 47—12 表明，银行业的净 DTS 是 0.62[15]，显然是所有领域中最高的。然而，来自这个行业的对 TEV 的边际贡献与所有其他行业的差不多，即使净敞口为零，比如佣金。这个结果表明，在当前的资产组合背景下，所有这些行业都可以相互替代。

图表 47—12 信用利差风险

因素名称	敞口（DTS）			因素波动率	关联收益影响	对 TEV 的边际贡献
	资产组合	基准	净值			
IND Chemicals	0.12	0.03	0.09	9.5	−0.8	−1.6
IND Metals	0.00	0.05	−0.05	12.5	0.6	−1.4
IND Paper	0.00	0.01	−0.01	10.5	0.1	−1.6
IND Capital Goods	0.00	0.05	−0.05	9.5	0.4	−2.0
IND Div. Manufacturing	0.20	0.03	0.18	8.6	−1.5	−2.1
IND Auto	0.00	0.01	−0.01	14.1	0.1	−2.0
IND Consumer Cyclical	0.06	0.04	0.02	10.5	−0.2	−2.0
IND Retail	0.38	0.05	0.33	11.0	−3.6	−2.0
IND Consumer Noncyclical	0.06	0.11	−0.05	8.9	0.4	−2.0
IND Health Care	0.22	0.02	0.20	8.7	−1.7	−1.7
IND Phamaceuticals	0.07	0.05	0.01	9.2	−0.1	−2.0
IND Energy	0.00	0.15	−0.15	10.6	1.6	−1.7
IND Technology	0.00	0.06	−0.06	9.8	0.6	−1.9
IND Transportation	0.06	0.04	0.02	9.4	−0.2	−1.9
IND Media Cable	0.07	0.06	0.02	10.7	−0.2	−2.0
IND Media Noncable	0.00	0.04	−0.04	10.5	0.4	−2.1
IND Wirelines	0.16	0.14	0.02	10.5	−0.2	−1.8
IND Wireless	0.00	0.02	−0.02	10.6	0.2	−1.5
UTI Electric	0.27	0.17	0.10	9.9	−1.0	−1.7
UTI Gas	0.00	0.08	−0.08	11.5	0.9	−1.5
FIN Banking	1.07	0.44	0.62	13.6	−8.5	−2.3
FIN Brokerage	0.00	0.01	−0.01	11.2	0.2	−2.8
FIN Finance Companies	0.03	0.08	−0.05	16.5	0.8	−2.5
FIN Life & Health Insurance	0.00	0.09	−0.09	14.8	1.3	−2.3
FIN P&C Insurance	0.11	0.05	0.06	8.7	−0.5	−3.2
FIN Reits	0.00	0.03	−0.03	13.2	0.4	−2.3
Non Corporate	0.19	0.26	−0.07	16.7	1.2	−1.2

资料来源：巴克莱资本 POINT。

另一个有趣的地方是，所有行业的边际贡献都是负的，即使有些行业（比如零售和医疗）的权重明显超高。这个分析表明，如果我们增加它们的风险敞口，实际风险会降低。这个结果仍然是由这些行业的利差与收益率曲线之间的强负相关导致的。比如，有一部分银行业的敞口对重要的长利率久期头寸进行套期保值。只有考虑因素相关性，理解模型所估计的相关性的重要意义，这种分析才是可接受的。

虽然用于测度风险的风险因素事先由因素模型决定，但是风险数值加总方式和报告的方式是灵活的。[16] 比如，用于产生图表47—12中的风险的信用风险模型，没有像系统性信用风险那样使用信用等级。它用的是DTS概念。不过，一旦得到风险数值，我们会使用某种资产组合划分方法来报告这些数字。

举个例子，图表47—13用等级对风险进行了分类。在这个图表中，主要风险来自AAA敞口（11.3个基点/月），在净权重方面存在最大的错配（－12.1%）。这类证券包含国债和政府相关证券。它们在资产组合中的比重偏低，从而产生显著的风险。如果经理只是在AAA上错配，那么资产组合的风险是22.8个基点/月，而不是实际的14.2个基点：其他敞口会对冲AAA中的风险。这个报告还确定了与每个等级子资产组合相关的系统性beta系数。当我们用资产组合的权重（不是NMW）作为求和的权重时，这些beta系数加起来等于资产组合的beta系数。比如，我们可以根据该图表推断，基准变化10个基点会导致资产组合中的AAA成分获得12.6个基点的回报。另外，资产组合中BAA2成分的beta系数0.22没有显示这个子资产组合的低波动性。它主要表明与基准之间的相关性低，这可能是因为这类债券的异质性风险起到关键作用。资产组合中系统性beta系数为零的类别，其持有量（接近）零。

提前偿付风险 大部分证券化债券，比如MBS或资产支持证券（ABS），具有不确定的现金流。这是因为借款人有可在任意时刻提前偿付债券的期权。利率是导致这种提前偿付行为的主因，如第46章中所解释的。因此，它会额外增加一种利率风险，这是其他债券所缺少的（不带期权的公司债）。利率和提前偿付模型可以容纳这一特征，只是不太完善。另外，还有其他因素会影响提前偿付风险。为了容纳这些局限性，风险模型合并了其他主要特征，这些特征与提前偿付风险有关。例子包括交易的项目/条款、债券是折价还是溢价（即债券息票是否大于当前抵押利率）、债券的成熟程度。

图表47—13 **每个等级的风险**

等级	NMW (%)	TEV				系统性
		CTEV	单独的	清算	弹性	
总计	**0.0**	**14.2**	**14.2**	**−14.2**	**100.0**	**1.05**
AAA	−12.1	**11.3**	22.8	5.8	76.9	1.26
AA1	−0.3	**−0.3**	0.8	0.3	−2.2	0.00
AA2	−1.4	**−0.5**	2.0	0.6	−3.5	3.27
AA3	−1.1	**0.8**	4.7	−0.1	6.2	3.42
A1	−1.5	**−0.9**	2.5	1.1	−6.1	1.73
A2	2.5	**1.1**	5.1	−0.1	7.3	1.13
A3	1.6	**0.7**	7.5	1.2	4.5	0.25
BAA1	−2.0	**−1.9**	5.3	2.7	−13.3	0.69
BAA2	6.8	**2.0**	9.6	0.7	16.9	0.22
BAA3	7.5	**1.9**	9.6	1.2	13.3	0.35

资料来源：巴克莱资本POINT。

图表47—14给出了潜在的一组风险因素，它们可以体现这些特征。被认为具有不同

提前偿付特征的项目有传统的（房利美和房地美）30 年期债券（作为分析的基础）、传统的 15 年期债券，以及吉利美 30 年期债券和 15 年期债券。债券的年龄由那些可以区别新债券和老（成熟）债券的因素来体现。最后，每种证券都可以按照证券价格来分类：折价、现价、溢价。在这个例子中没有成熟的折价债券，表明其中的市场利率处于历史低点。在风险敞口方面，这个图表表明，经理减持了 15 年期传统债券，增持了 30 年期传统债券（基础方案）。

图表 47—14　　机构 MBS（利差）提前偿付风险

因素名称	敞口（OASD）			因素波动率	关联收益影响	对 TEV 的边际贡献
	资产组合	基准	净值			
折价新债券	0.002	0.012	−0.010	26.0	−2.1	3.8
现价新债券	0.269	0.219	0.050	16.6	0.5	−0.6
溢价新债券	0.260	0.615	−0.355	20.2	1.1	−1.5
现价成熟债券	0.018	0.003	0.015	19.4	−0.7	0.9
溢价成熟债券	0.810	0.531	0.279	21.2	1.4	−2.0
吉利美 30 年期债券	0.237	0.291	−0.054	5.4	0.1	0.0
传统 15 年期债券	0.000	0.128	−0.128	10.1	−1.0	0.7
吉利美 15 年期债券	0.000	0.006	−0.006	8.5	0.0	0.0

资料来源：巴克莱资本 POINT。

风险来源之间的相互影响　到目前为止，我们分析了利差风险的主要来源：信用风险和提前偿付风险。为此，我们使用两种资产：公司 MBS 和机构 MBS。我们可以认为其中的风险是不相关的。不过，最新的进展表明，这些风险在其他资产类别中会同时出现，包括非机构 MBS、住房净值贷款以及 CMBS。[17] 在为特定资产类别设计风险模型时，我们需要预测资产当前的风险性质，或者未来可能会遇到的风险。隔离不同类别风险的设计及其能力取决于研究者对债券的阐述和分析。对于这一点，资产组合经理需要理解定价模型以及风险模型中为分析所做的假设。这可以让经理充分理解模型的结果，以及它的适用性和缺点。其他的风险，比如流动性风险，对于特定的固定收益资产组合而言至关重要。这些在第 46 章讨论过了。

发行/发行人层面的报告

前面的分析关注的是系统性风险。我们现在关注资产组合中蕴含的异质性风险或专有风险。这种风险测度的是由于单个发行/发行人的具体事件所导致的资产组合波动性。异质性风险在发行人之间是独立的，并且随着资产组合中发行人数量的增加而呈现多样化：对某些发行人而言是负效应的事件会被其他发行人的正效应事件所抵消。即使对于中等规模的资产组合，异质性风险也是总风险中重要的组成部分。图表 47—7 表明，异质性波动是 10.5 个基点/月，为基准的异质性波动（4.7 个基点/月）的两倍多。当我们考察针对基准的跟踪误差波动性时，图表 47—6 表明异质性风险是 9.6 个基点/月，接近系统性风险（10.4 个基点/月）。这意味着，每月净收益的主要部分会受到那些只影响发行人的事件的影响。因此，监督这些个体敞口尤其重要。

每种债券的异质性风险会受到两个变量的影响：它的净市场比重和它的异质性波动。后者取决于债券发行人的性质。比如，危机企业的债券的异质性波动大于政府相关机构的债券。

图表 47—15 给出了经理的资产组合中市场比重位于前 10 位的头寸，并对它们的异质性风险做了一个总结。毫不奇怪，10 个中的 7 个是国债或机构 MBS 证券，这符合基准中使用的指数构成。另外，假定资产组合中只有 100 个头寸，这些头寸有显著的市场比重。即使我们看到比较高的集中度，这些头寸的异质性 TEV 仍然比较小，因为它们没有面临明显的发行人风险。该图表最后一列表明，在这一组中，异质性风险最高的债券是公司债。一种是由 CVS 公司发行的，另一种是由肯纳金属有限公司（KMT）发行的。这并不奇怪，因为这些证券的事件风险更大。即使是在公司内，异质性风险仍然存在很大变化：它通常取决于行业、利差久期以及发行人的困境（通常用信用等级或债券利差来表示）。比如，CVS 和 KMT 债券的净头寸相似（分别是 3.06%和 3.00%）。虽然它们的到期日相似，但 CVS 债券的利差更高，导致异质性风险更高（3.5 个基点/月对 2.6 个基点/月）。为了管理资产组合中的异质性风险，资产组合经理需要密切关注资产组合与基准之间的错配。该基准的债券有较大的利差或较长的利差久期。这些都会不同程度地影响资产组合的异质性风险。

图表 47—15 **发行的专有风险**

识别码	代码	描述	到期日	利差（基点）	市场比重（%） 资产组合	市场比重（%） 净值	异质性 TEV
912828MA	US/T	US TREASURY NOTES	11/30/2016	3	5.02	4.83	0.6
912828NK	US/T	US TREASURY NOTES	6/30/2017	0	3.86	3.68	0.5
912828MD	US/T	US TREASURY NOTES	12/31/2016	2	3.67	3.48	0.4
126650BK	CVS	CVS CORP-GLOBAL	6/1/2012	915	3.06	3.05	3.5
61945AAA	MOS	MOSAIC CO	12/1/2014	400	3.01	3.00	1.4
489170AB	KMT	KENNAMETAL INC	6/15/2012	503	3.00	3.00	2.6
FNA08000	FNMA	FNMA Conventional Long T. 30yr	3/1/2029	189	2.61	2.61	1.4
313771AA	FHLB	FEDERAL HOME LOAN BANK IL	6/13/2016	224	2.55	2.54	1.1
912828NG	US/T	US TREASURY NOTES	5/31/2017	0	2.29	2.10	0.3
FNA04010	FNMA	FNMA Conventional Long T. 30yr	8/1/2040	28	2.15	1.59	0.4

资料来源：巴克莱资本 POINT。

虽然图表 47—15 的信息很重要，但是它不足以充分评估资产组合中蕴含的异质性风险。比如，资产组合经理会通过信用违约互换（CDS）购买 CVS 的信用保护，进而显著减少这个发行人的债券敞口。这个图表报告的头寸仍然很大，因为该图表没有反映出 CDS 保护。

更好的办法是观察发行人的异质性风险，而不是发行层面的异质性风险。发行人之间的异质性风险通常是独立的，但是我们不能假设同一个发行人的证券异质性风险不相关，因为它们会受到同一个企业具体事件的影响。好的风险模型应该考虑这样的相关性，并且针对不同的发行人和证券类型加以量化。比如，处于财务危机中的发行人，其所有类型的证券（债券、股票、可转换债券，等等）会以关联的方式发生变动，因为它们对于不良资产有相同的索偿权。将这个发行人更多的证券加入资产组合，不会增加多样性。另外，财务健康的发行人，其证券之间的变化完全不同。它们主要是受流动性或资本结构的影响，而不是信用。在这种情况下，即使在资产组合中增加该发行人的债券，资产组合经理也可以实现异质性风险的多样化（虽然有限）。

为了理解这种相互影响的净效应，我们可以回顾一下发行人对资产组合总的异质性风险的贡献。当我们把发行的风险（见图表 47—15）与发行人风险相加时，必须充分考虑前面提到的相关性。关于这种做法的结果，图表 47—16 给出了单独的异质性 TEV 最高的 10 个发行人的情况。在资产组合中，风险最高的发行人来自 Mellon Capital 公司，其单独的异质性风险是 4.0 个基点/月。注意，这个发行人的单只证券不会成为资产组合中最大的头寸（参见图表 47—15）。它强调的是发行人层面异质性风险加总的重要性。我们还可以观察到，NMW 中的异质性 TEV 不是单调的：Mellon Capital 公司和 Ameren 公司有相似的 NMW，但是前者的风险明显更高（4.0 个基点/月对 1.3 个基点/月）。即使资产组合中没有异质性风险，发行人仍然有可能面临重大的异质性风险，也就是说，发行人的债券在基准中有较大的市场比重。

最后要注意的是，由于不同发行人之间的异质性风险是独立的，几个发行人的累计风险很容易计算。比如，图表 47—16 中占比最大的两个发行人的总的异质性风险是：

$$TEV_{idio}^{BK+GS}=\sqrt{(4.0)^2+(3.5)^2}=5.3$$

在资产组合跟踪基准的大多数情形中，资产组合中的大部分发行人持有的比重超过基准。这是以下事实的自然结果：资产组合持有的头寸数量少于基准。资产组合经理难以支持资产组合中所有发行人的积极观点。实际上，有些头寸是被用来建立特定系统性因素的敞口，比如特定的行业或资产类别，而不是特定的发行人。不过，最重要的是，发行人必须支持那些对于异质性风险贡献最大的发行人的观点。如果不是这样，那么经理就是在承担重大的非计划的名称风险（name risk）。为了其他的具有相似特征的发行人，这种风险应该从资产组合中清除。对这些特征，经理持积极的观点。

图表 47—16　　发行人的专有风险

代码	名称	领域	NMW（%）	异质性 TEV
BK	MELLON CAPITAL Ⅳ	银行	1.50	4.0
GS	GOLDMAN SACHS CAPITAL Ⅱ	银行	0.75	3.5
CVS	CVS CORP-GLOBAL	零售	3.00	3.5
KMT	KENNAMETAL INC	多样化制造	3.00	2.6
KFW	KREDIT FUER WIEDERAUFBAU	非美国机构	−0.03	1.4

续前表

代码	名称	领域	NMW (%)	异质性 TEV
MOS	MOSAIC CO	化学	3.00	1.4
WFC	WELLS FARGO CAPITAL XIII	银行	0.76	1.3
AEE	AMEREN CORP	电气	1.27	1.3
PNC	NATIONAL CITY PRE CAP TR I	银行	0.78	1.1
JNJ	JOHNSON & JOHNSON	制药	0.54	1.0

资料来源：巴克莱资本 POINT。

情景分析报告

情景分析为资产组合的风险提供了另一种视角。这个分析有几种方法。比如，经理希望在特定的关于风险因素的情景（比如利率或利差）下对整个资产组合重新定价，并且在该情景下考察假设性的收益。另外，资产组合经理也可能希望在特定的历史情景下评估资产组合的业绩（比如 1987 年的股市崩盘或者 1997 年的亚洲金融危机）。与这个方法相关的一个具体问题是，给定证券的动态性质，具有当前性质的当前资产组合不会存在于这样的历史事件中。在这个历史阶段，某些资产组合的证券甚至还没有发行。解决办法是用当时的市场变量对当前证券定价。虽然这是一个有效的解决办法，但是很难实施。这是因为在那个历史时期，定价模型需要的输入变量可能不存在。

另一种方法是将当前资产组合表示为线性风险因素模型中所有系统性风险因素的负荷。然后我们可以将这些负荷乘以风险因素的历史数据。这个结果是历史的系统模拟收益。图表 47—17 给出了 2003 年 12 月至 2010 年 12 月的每月收益。黑色线代表资产组合的绝对收益，灰色线代表资产组合扣除基准之后的收益。注意，这个分析只使用静态的资产组合负荷。因此，这些模拟的收益可以被看成是具有这些特征的资产组合应该有的假设收益。正如我们所预测的，最大的波动性来自 2007—2009 年期间的危机。这时资产组合显示的收益介于−300 到 400 个基点之间。最大的低于基准的偏差出现在 2007 年 11 月，大约是−25 个基点。排在后面的有危机时期的另外几个月，比如 2008 年的 2 月和 9 月。高于基准的最大偏差（+30 个基点）出现在 2008 年年底，当时的资产组合（是长利率久期）受益于那时的利率暴跌。

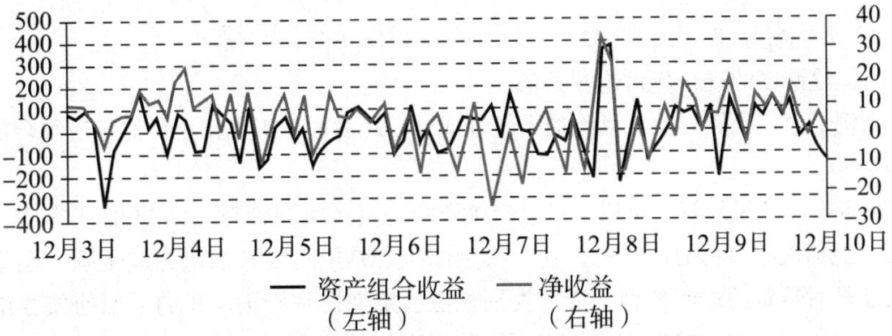

图表 47—17 历史模拟的系统性收益（基点）

资料来源：巴克莱资本 POINT。

这个分析有些缺陷，尤其是关于资产组合，其中的异质性敞口是主要的风险来源。这类风险通常难以体现，并且从历史的角度而言明显缺乏相关性，因为当前资产组合的发行人没有见证过任何过去的重要异质性事件。不过，这些以及其他类型的历史情景分析很重要，因为它们可以给经理带来某个暗示。这个暗示是资产组合可能的历史收益大小。它们通常是所有情景分析的出发点。经理需要经常对它们进行补充，加入与特定资产组合分析相关的其他非历史情景。风险模型可以用于表述这种情景，正如第 46 章所讨论的。

47.2 关键知识点

- 好的风险模型会给出关于资产组合敞口的详细信息。风险分析开始于与基准对比的资产组合中的比重失衡。对于固定收益资产组合而言，市场比重的分析必须补充其他的分析，才能更好地描述资产组合对不同风险的敞口。
- 风险的相关性是它的波动性（风险有多大）乘以资产组合对它的敞口。为了得到总的风险描述，我们必须将资产组合面临的不同风险的相关性加入分析。这些元素的结合产生了资产组合相对于基准的总风险，或者它的跟踪误差波动性。
- 分析资产组合风险的方法有很多。我们可以分析风险因素的类型（比如利率风险）或者证券的类型（比如公司）。很多不同的指标（比如对 TEV 的贡献、对 TEV 的清算效应、TEV 的弹性）可以加深我们对资产组合总风险的理解。
- 情景分析可以显著改进风险分析。有好几种方法可以做到这一点。一种方法是固定负荷不变，考察理论资产组合的历史表现。这种分析可以让经理理解，在重要的历史事件中具有这些特征的资产组合可能会有怎样的表现。

【注释】

[1] 在这一章，我们会交替使用 TEV、风险以及“资产组合净收益标准差”。

[2] 单独分离的 TEV 的解释参见第 46 章。

[3] 我们对图表中所有的数字求平方和，再求平方根，得到这个数字：

$$13.9=\sqrt{(11.3)^2+(0.2)^2+(3.2)^2+(6.9)^2+(2.9)^2}$$

[4] 对这一风险测度的进一步讨论参见第 46 章。

[5] 在这个例子中，我们只关注风险的系统性成分。在后面，正规化是针对资产组合的总风险，包含异质性风险。

[6] 巴克莱资本全球风险模型可以通过巴克莱资本的资产组合管理工具 POINT 获得。它是多种货币跨资产模型，包括这些市场的衍生品。这个模型的核心是风险因素的协方差矩阵。模型有数百个因素，很多因素是针对特定的资产类别。资产类别模型会定期得到修正。我们采用的债券结构可以提高这种大型协方差矩阵估计的稳健性。我们用历史数据来估计该模型，用大量的历史数据对模型进行校正，并且每月更新。

[7] 相关的例子参见图表 47—13。

[8] 注意，贡献的数字与图表 47—5 中不同，因为我们在那里考察的是对系统性风险的贡献，而不是总风险。

[9] 用因素波动率乘以净敞口将可以得到这个数字。它的符号取决于对因素的解读。在收益率曲线移动的情况下，我们知道 $R=-KRD\times\Delta KR$，其中 KRD 是与 KR 点相关的久期。在我们的例子中，－（－0.44）×32.2 个基点＝＋14.2 个基点。

[10] 这种逆转显然与以下事实相关：曲线上的 10 年点通常与 5 年点、20 年点、30 年点高度相关。在我们的例子中，10 年点上的短头寸会得到曲线其他点正的敞口的补充。相抵之后，当所有变化采取关联的方式时，正的敞口效应（长久期）占优。

[11] 边际贡献是 TEV 关于每个因素负荷的导数，所以它的解释只对小的变化成立。因此，更符合现实的解读是，如果我们将 30 年点的敞口减少 0.1 年，那么 TEV 会减少大约 1.3 个基点。

[12] 这个原理类似于我们前面用过的，当时我们用相同的符号来理解所有关联影响。

[13] 更详细的讨论参见第 46 章。

[14] 更具体地，利差收益＝$-SD\times\Delta S=-SD\times S\times(\Delta S/S)=-\text{DTS}\times\%\Delta S$，其中 SD 代表利差久期，S 代表利差，Δ 代表变化。

[15] 报告中所使用的 DTS 是基于用年表示的 OAS 久期（OASD）以及用百分比表示的 OAS。因此，OASD ＝5 且 OAS ＝200 的债券，它的 DTS 是 5×2 ＝10。DTS 的行业敞口是该行业中每种证券的 DTS 市场价值加权之和。

[16] 关于进行这种特定分析的详细方法，参见 Antonio Silva，“Risk Attribution with Custom-Defined Risk Factors,” Barclays Capital Publication，August 2009。

[17] 关于这一点更详细的讨论，参见 Radu Gabudean，“US CMBS Risk Model,” Barclays Capital Publication，October 2010。

第48章 对冲利率期限结构风险因素的模型

莱昂奈尔·马蒂里尼（Lionel Martellini）博士
EDHEC商学院金融学教授
EDHEC风险研究所科学主任

菲利普·普利奥里特（Philippe Priaulet）博士
法国Natixis银行股东网络固定收益销售主管
埃夫里大学数学系副教授

弗兰克·J. 法博齐（Frank J. Fabozzi）博士，注册金融分析师，
注册会计师
EDHEC商学院金融学教授

投资组合经理试图控制或对冲债券头寸或债券投资组合的价值在风险因素中的变化。相关风险因素可以分为两类：**期限结构风险因素**（term-structure risk factors）和**非期限结构风险因素**（non-term-structure risk factors）。期限结构风险包括期限结构的平行和非平行移动。非期限结构风险包括部门风险、质量风险和选择风险。只关注对冲利率风险敞口的多因素风险模型指的是**期限结构因素模型**（term-structure factor model）。

利率变化的敞口通常用债券或投资组合的**久期**来衡量。这是债券对利率变动的敏感性的一维测度。然而，有更复杂的情况：债券或者债券投资组合的价格受所有可能到期的利率变化（即利率期限结构的变化）的影响。也就是说，影响债券收益的风险因素不止一个，基于一维利率测度的简单方法，比如久期，将不允许投资组合经理恰当地管理

利率风险。[1] 因此，我们需要期限结构因素模型。

在本章中，我们将说明期限结构因素模型是如何被应用到利率风险管理中的。这些模型能更好地考虑利率风险的复杂特征。因为很难对冲具有如此多的利率不确定性来源的风险，所以减少利率期限风险因素的数量以及识别出少数共同因素总是合意的。有一些方法来实现它们，了解该过程中设定的严格假设以及评估投资组合经理有关特殊情境的假设的稳健性很重要。

我们首先简单回顾传统久期对冲方法，这在实际中仍广泛使用，并且在本书的一些章节中都说明过。该方法基于一系列非常严格且简单的假设，包括收益率曲线的微小及平行移动的假设。然后我们说明如何放松这些假设，如何实行关于收益率曲线可能变动的更宽集合的稳健的对冲策略。通过分析在实践中不同对冲技术的绩效，并说明使用收益率曲线动态的三因素模型可以得到满意的对冲结果。

48.1 定义利率风险

有关利率风险管理的最基本的事实可以用下面的表述来概括：债券价格与市场收益率运动方向相反。[2] 更一般地，我们定义利率风险为收益率曲线的位置和形状的任何既定变化对债券投资组合价值的潜在影响。

为了更深入地说明利率风险这一概念，我们考虑一个简单的实验。一个投资组合经理希望对冲债券投资组合的价值，即在未来交付的确定现金流，通常是固定附息国债的现金流。尽管这些现金流是提前知道的，但是债券价格随时变化，这使得投资者暴露于潜在的重大资本损失。

为了巩固该概念，我们考虑在日期 t 的债券（或债券投资组合），在未来日期 t_i，$i=1, \cdots, m$，得到 m 个确定现金流 CF_i。债券价格 V（表示为面值的百分比）可以写成未来现金流的和，并用与现金流到期日相一致的合适的零息票债券利率来贴现。

$$V_t = \sum_{i=1}^{m} \frac{CF_i}{[1+R(t, t_i - t)]^{t_i - t}} \tag{48—1}$$

其中，$R(t, t_i - t)$ 是相关的零息票利率，起始于日期 t 且剩余期限为 $t_i - t$ 年。

在等式（48—1）中我们看到价格 V_t 是 m 个利率变量 $R(t, t_i - t)$ 的函数。这表明债券价值受限于潜在更大数量 m 的风险因素。例如，10 年期的每年支付现金流的债券价格受 10 个零息票利率的潜在变化（也就是利率期限结构）的影响。为了对冲这只债券中的头寸，我们需要对冲所有 10 个风险因素的变化。

在实际中，很难执行存在很多风险因素的风险管理。原则上，必须设计一个全面的投资组合（global portfolio），从而投资组合对所有风险来源（m 个利率变量和时间变量 t）都很敏感。[3] 全面的投资组合包含了初始投资组合加上任何用于控制初始投资组合利率风险的对冲工具。一种简化问题的合适途径是减少风险因素的数量。本章所有讨论都可以被看作旨在减少利率风险管理问题的维度的一个变化。

我们首先考虑利率风险管理的最简单模型，也叫作**久期对冲**（duration hedging），它基于一个单一风险变量——投资组合的到期收益率。

48.2 久期对冲

久期对冲背后的直觉是通过鉴别一个作为整个期限结构的“代理”的单一风险因素，来避开多维利率风险的复杂性。所使用的代理测度是债券收益率。在债券投资组合情况下，它是平均的投资组合收益率。

□ 最初估计：使用一阶泰勒展开式

第一步包括把投资组合价格 V_t（面值的百分比）写成利率风险单一来源即其到期收益率 y_t 的函数，如下所示：

$$V_t = V(y_t) = \sum_{i=1}^{m} \frac{CF_i}{(1+y_t)^{t_i-t}} \tag{48—2}$$

在这种情况下，我们能清楚地看到，利率风险是（不完全）由到期收益率 y_t 来概括的。当然，只有在丧失更多一般性、强加重要而不是随意的简化假设下才能得到这个结论。到期收益率是整个期限结构的复合平均，只有当期限结构是平坦的时（也就是，对于每个到期日，到期收益率相同），它才能同化为期限结构。

第二步需要得到投资组合价值 V 的**泰勒展开式**（Taylor expansion），来试图量化由收益率的微小变化 y 所引起的价值变化程度。在说明如何做之前，让我们简单地回顾什么是泰勒展开式。泰勒展开式是一个积分工具，用于近似估计数学函数中由一个变量的变化所引起的价值变化。变化可以由一系列“阶”近似估计，每个阶都与函数的数学求导有关。当某人提到用一阶求导来近似一个数学函数时，这意味着只使用泰勒展开式的一阶。把二阶近似添加到一阶近似中能提高近似度。

现在让我们转到当利率变化时债券价值的近似变化。数学函数是等式（48—2）——债券投资组合的价值。函数依赖于收益率。我们记 dV 为投资组合的价值变化，其由收益率的微小变化（记为 dy ）引起。由收益率的微小变化引起的投资组合价值的绝对（absolute）变化的近似估计可用泰勒展开式表示为：

$$dV(y) = V(y+dy) - V(y) = V'(y)dy + o(y) \approx \$\,\mathrm{dur}[V(y)]dy \tag{48—3}$$

其中，

$$V'(y) = -\sum_{i=1}^{m} \frac{(t_i - t)F_i}{(1+y_t)^{t_i-t+1}}$$

这是债券价格函数关于到期收益率的导数。这个价值叫作**投资组合 V 的美元久期**

(dollar duration of the portfolio V)，记为＄久期，$o(y)$ 是可忽略项。

将等式（48—3）除以 $V(y)$，我们得到投资组合价值的**相对**（relative）变化的近似估计，为

$$\frac{dV(y)}{V(y)}=\frac{V'(y)}{V(y)}dy+o_1(y)\approx -MD[V(y)]dy \tag{48—4}$$

其中，$MD[V(y)]=-[V'(y)/V(y)]$ 叫作**投资组合 V 的修正久期**（modified duration of portfolio V）。

美元久期（＄ duration）和修正久期让我们能够计算对于到期收益率的微小变化 Δy、投资组合的绝对收益和损失（绝对 $P\&L$）以及投资组合 V 的相对收益和损失。即

$$\text{绝对 } P\&L \approx N_V \times \$\,\mathrm{dur} \times \Delta y$$
$$\text{相对 } P\&L \approx -MD \times \Delta y$$

其中，N_V 是投资组合的面值。

□ 执行久期对冲

我们试图对冲面值为 N_V、到期收益率为 y、价格记为 $V(y)$ 的债券投资组合。思路是考虑一个套期保值工具，其面值为 N_H，到期收益率为 y_H（与 y 相区别），价格记为 $H(y_H)$，建立一个价值为 V^* 的全面的投资组合，投资于初始投资组合以及一定数量 ϕ 的套期保值工具。

$$V^*=N_V V(y)+\phi N_H H(y_H)$$

目标是使全面的投资组合对微小的利率变化不敏感。利用等式（48—3）并假设到期收益率曲线只受平行移动的影响，从而 $dy=dy_H$，我们得到：

$$dV^*\approx[N_V V'(y)+\phi N_H H'(y_H)]dy=0$$

这可以转化为：

$$\phi N_H\,\$\,\mathrm{dur}[H(y_H)]=-N_V\,\$\,\mathrm{dur}[V(y)]$$
$$\phi N_H H(y_1)MD[H(y_H)]=-N_V V(y)MD[V(y)]$$

因此我们最终得到：

$$\phi=-\frac{N_V\,\$\,\mathrm{dur}[V(y)]}{N_H\,\$\,\mathrm{dur}[H(y_H)]}=-\frac{N_V V(y)MD[V(y)]}{N_H H(y_1)MD[H(y_H)]} \tag{48—5}$$

当与债券投资组合和套期保值工具面值相同时，投资于套期保值工具的合适数量只是等于债券投资组合的美元久期与套期保值工具的美元久期的比值的相反数。

当收益率曲线是平坦的时，也就意味着 $y=y_H$，等式（48—5）简化为：

$$\phi=-\frac{N_V V(y)D[V(y)]}{N_H H(y)D[H(y)]}$$

其中麦考利久期 $D[V(y)]$ 定义为：

$$D[V(y)]=-(1+y)MD[V(y)]=\frac{\sum_{i=1}^{m}\frac{(t_i-t)F_i}{(1+y)^{t_i-t}}}{V(y)}$$

在实际中，用远期合约或互换替代债券来对冲一只债券投资组合更合适，因为其具有显著的更低成本和更高流动性。例如，用远期合约来作为对冲工具，对冲比率 ϕ_f 等于：

$$\phi_f=-\frac{N_V\,\$\,\mathrm{dur}_V}{N_F\,\$\,\mathrm{dur}_{CTD}}\times cf \tag{48—6}$$

其中，N_F 是远期合约的规模，$\$\,\mathrm{dur}_{CTD}$ 是最便宜交割美元久期，cf 是转换因子（conversion factor）。

使用标准互换，对冲比率 ϕ_S 是：

$$\phi_S=-\frac{N_V\,\$\,\mathrm{dur}_V}{N_S\,\$\,\mathrm{dur}_S} \tag{48—7}$$

其中，N_S 是互换的名义数量，$\$\,\mathrm{dur}_S$ 是形成互换合约的固定息票债券的美元久期。[4]

久期对冲非常简单。然而，需要注意这一方法是基于下述非常严格的假设：

- 显然的假设是投资组合的价格可以由其一阶泰勒展开式近似得到。这个假设最受争议的是利率变化很大。也就是说，该方法依赖于到期收益率微小变化这一假设。这就是为什么对冲投资组合应该经常合理地再调整的原因。
- 还假设收益率曲线只受平行移动的影响。也就是说，利率风险只是简单地被认为是利率一般水平上的风险。

接下来，我们试图放松这两个假设来考虑利率期限结构的更实际的变化。

48.3 放松微小移动的假设

我们已经讨论过，美元久期为估计收益率的微小变化 dy 对债券或投资组合价格的影响提供了一个方便的途径。

□ 使用二阶泰勒展开式

久期对冲只在收益率发生微小变化时有效，因为作为收益率的函数的债券价格是非线性的。亦即，当收益率变化时，债券的美元久期也会变化。当投资组合经理期望期限结构有潜在的大移动时，就该引入凸性期限，并且如果某人通过明显地引入凸性期限能够考虑到这种非线性性，就能证明价格的近似变化。

让我们用下面的例子来说明这一点。我们考虑一个 10 年期、年利率为 6%的以面值交易的债券。其修正久期和凸性分别是 7.36 和 57.95。[5] 我们假设到期收益率突然从 6%变为 8%，并且在这个大变化之后为债券重新定价。债券的新价格，通过为其未来现金流贴现得到，现在等于 86.58 美元，价格的净变化是－13.42 美元(＝86.58－100)。使用一阶泰勒展开式，价格变化近似等于－14.72 美元（＝－100×7.36×0.02），这高估了价格下降 1.30 美元。我们总结为，当债券到期收益率变化很大时，一阶泰勒展开式不能为我们提供债券价格变化的恰当近似估计。

如果投资组合经理考虑大变化 dy 对债券投资组合价格的影响，就需要（至少）使用泰勒展开式的二阶形式，如下所示：

$$\begin{aligned} dV(y) &= V'(y)dy + \frac{1}{2}V''(y)(dy)^2 + o[(dy)^2] \\ &\approx \$\,\mathrm{dur}[V(y)]dy + \frac{1}{2}\$\,\mathrm{conv}[V(y)](dy)^2 \end{aligned} \tag{48—8}$$

其中 V''，也记为 $\$\,\mathrm{conv}[V(y)]$，被认为是债券 V 的美元凸性。

用 $V(y)$ 除以等式（48—8），我们得到投资组合价格的相对变化的近似值，为：

$$\frac{dV(y)}{V(y)} \approx -MD[V(y)]dy + \frac{1}{2}RC[V(y)](dy)^2$$

其中，$RC[V(y)]$ 叫作**投资组合 V 的（相对）凸性**［（relative）convexity of portfolio V］。

现在我们再考虑前面的例子，并用等式（48—8）来近似估计债券价格的变化。债券价格的变化现在近似等于－13.56 美元［＝－14.72＋100×57.95×（0.02）^{2}/2］。我们总结为，对于更大的利率变化，二阶近似更合适。

□ 执行久期—凸性对冲

考虑一阶和二阶的对冲叫作**久期—凸性对冲**（duration/convexity hedging）。为了执行久期—凸性对冲，投资组合经理需要采用两个套期保值工具。我们把两个套期保值工具的价值表示为 H_1 和 H_2。目标是得到一个既是美元久期—中性又是美元凸性—中性的投资组合。假设 $dy=dy_1=dy_2$，从而，持有这两个套期保值工具的最优数量（ϕ_1，ϕ_2）由在每个日期的方程组的解给出。方程组包括两个方程和两个未知量，并且用代数方法可以很容易求解。

更正式地，方程组为：

$$\begin{cases} \phi_1 N_{H_1} H_1'(y_1) + \phi_2 N_{H_2} H_2'(y_2) = -N_V V'(y) \\ \phi_1 N_{H_1} H_1''(y_1) + \phi_2 N_{H_2} H_2''(y_2) = -N_V V''(y) \end{cases}$$

这可以重新写成：

$$\begin{cases} \phi_1 N_{H_1}\$\,\mathrm{dur}[H_1(y_1)] + \phi_2 N_{H_2}\$\,\mathrm{dur}[H_2(y_2)] = -N_V\$\,\mathrm{dur}[V(y)] \\ \phi_1 N_{H_1}\$\,\mathrm{conv}[H_1(y_1)] + \phi_2 N_{H_2}\$\,\mathrm{conv}[H_2(y_2)] = -N_V\$\,\mathrm{conv}[V(y)] \end{cases} \tag{48—9}$$

或者

$$\begin{cases} \phi_1 N_{H_1} H_1(y_1) MD[H_1(y_1)] + \phi_2 N_{H_2} H_2(y_2) MD[H_2(y_2)] \\ \qquad = -N_V V(y) MD[V(y)] \\ \phi_1 N_{H_1} H_1(y_1) RC[H_1(y_1)] + \phi_2 N_{H_2} H_2(y_2) MD[H_2(y_2)] \\ \qquad = -N_V V(y) RC[V(y)] \end{cases}$$

48.4 放松平行移动的假设

久期和久期—凸性对冲是基于单因素模型，因为只考虑了一种利率。在本节中，我们将看到如何从单因素模型转到期限结构因素模型。[6]

□ 解释多种风险因素的存在

单因素模型的主要缺陷是它们意味着所有可能的零息票债券是完全相关的，使得债券成为多余的资产。但是，我们知道，有着不同期限的利率并不总是以同样的方式改变。尤其是，远期利率的波动性往往比短期利率更小。动态的利率期限结构的实证分析表明两个或三个因素解释了大部分收益率曲线的变动。它们可以被分别理解为平行移动、斜率和曲率因素（见下文）。这有力地表明期限结构因素模型应该用于固定收益证券的定价和对冲。

有不同的方式来概括久期对冲对期限结构的非平行变形的解释。以下是所有技术背后的一般原则。回到等式（48—1），让我们用零息票利率的整条曲线来表示投资组合的价值，这里我们明确了变量的时间依赖性，从而我们考虑 V_t 是零息票利率 $R(t, t_i-t)$ 的函数。风险因素是由 m 个组成部分表示的整体与先验（priori）收益率曲线，与单变量模型相对，到期收益率为 y 。

接下来的主要挑战是以最不任意的方式减少这些因素的数量。好消息是，人们可以以有限数量（2～3 个）设计适当的风险因素来解释整个期限收益率曲线的大部分变化。确实我们可以通过所谓的利率变化的**主成分分析**（principal components analysis，PCA）来达到这个目标，正如下面将要解释的。这无疑成为了利率风险管理的最新技术（state-of-the-art）。

□ 通过主成分分析来重组风险因素

主成分分析的目标是使用更小集合的不可观测的隐含变量来解释观测变量的行为。从数学角度来看，它包括把 m 个相关变量的集合转变成正交变量的简化集合，这些正交变量重新产生了呈现在相关关系结构中的初始信息。这一方法可以产生有趣的结果，尤其对于相关头寸的定价和风险管理。使用主成分分析和主要债券市场的历史零息票利率曲线，能够观察到即期曲线变动的前三个主要成分，可以理解为平行移动、斜率和曲率因素，解释了随着时间的推移，固定收益证券的收益变动的主要部分。更直观地来说，关于美国、德国、意大利、法国、瑞士和比利时政府债券市场上的即期利率的研究结果表明，收益变动的至少 90%能够通过三个要素来解释。平行移动是第一要素，其解释了收益波动的 59%～93%。[7]

利用收益率曲线的主成分分析，现在我们可以把在时间 t 、到期日为 θ_k 的零息票利率 $R(t, \theta_k)$ 的变化 $dR(t, \theta_k)=R(t+1, \theta_k)-R(t, \theta_k)$ 表示为主成分（不可观测的隐含因素）的变化的函数：

$$dR(t,\theta_k)=\sum_{l=1}^{m}c_{lk}C_t^l+\varepsilon_{tk}$$

其中，c_{lk} 是第 k 个变量对第 l 个变量的敏感度，定义为：

$$\frac{\Delta[dR(t,\theta_k)]}{\Delta(C_t^l)}=c_{lk}$$

这相当于每个因素分别变化，比如 1%，然后计算每条零息票收益率曲线与该单位变化相对应的绝对敏感度。

这些敏感度通常叫作**主成分美元久期**（principal component $ durations）。C_t^l 是第 l 个因素在时间 t 的价值，ε_{tk} 是不能由因素模型解释的 $dR(t,\ \theta_k)$ 的残差部分。

人们可以很容易地看到为什么这种方法很受欢迎。其主要成果是它允许风险因素数量的减少，并且允许信息有合适的微小损失。由于这三个因素（平行移动、斜率和曲率）（被看作风险因素）解释了利率变化的大部分差异，我们现在可以使用不超过三个对冲工具。现在我们把固定收益投资组合的价值变化写成：

$$dV_t^*\approx\sum_{k=1}^{m}\left[\frac{\partial V_t}{\partial R(t,\theta_k)}+\sum_{j=1}^{3}\phi_t^j\frac{\partial H_t^j}{\partial R(t,\theta_k)}\right]dR(t,\theta_k)$$

然后我们利用 $dR(t,\ \theta_k)\approx\sum_{l=1}^{3}c_{lk}C_t^l$ 得到：

$$dV_t^*\approx\sum_{k=1}^{m}\left\{\left[\frac{\partial V_t}{\partial R(t,\theta_k)}+\sum_{j=1}^{3}\phi_t^j\frac{\partial H_t^j}{\partial R(t,\theta_k)}\right]\sum_{l=1}^{3}c_{lk}C_t^l\right\}$$

或者

$$\begin{aligned}dV_t^*\approx&\sum_{k=1}^{m}\left[c_{1k}\frac{\partial V_t}{\partial R(t,\theta_k)}+\sum_{j=1}^{3}\phi_t^jc_{1k}\frac{\partial H_t^j}{\partial R(t,\theta_k)}\right]C_t^1\\&+\sum_{k=1}^{m}\left[c_{2k}\frac{\partial V_t}{\partial R(t,\theta_k)}+\sum_{j=1}^{3}\phi_t^jc_{2k}\frac{\partial H_t^j}{\partial R(t,\theta_k)}\right]C_t^2\\&+\sum_{k=1}^{m}\left[c_{3k}\frac{\partial V_t}{\partial R(t,\theta_k)}+\sum_{j=1}^{3}\phi_t^jc_{3k}\frac{\partial H_t^j}{\partial R(t,\theta_k)}\right]C_t^3\end{aligned}$$

这个表达式中的第一项通常叫作投资组合 V^* 关于因素 1 的主成分美元久期。

如果我们想设定对于利率的任何可能变化 $dR(t,\ \theta_k)$，或者，同样地，对于 C_t^l 项的任何可能演化，对冲投资组合 V_t^*（一阶）变化为 0，对于 $l=1,\ 2,\ 3$，我们可以把以下等式当作充分条件：

$$\sum_{k=1}^{m}\left[c_{lk}\frac{\partial V_t}{\partial R(t,\theta_k)}+\sum_{j=1}^{3}\phi_t^jc_{lk}\frac{\partial H_t^j}{\partial R(t,\theta_k)}\right]=0$$

这是主成分美元久期的中性目标。

最后，在任一可能日期，我们留下了三个未知变量 ϕ_t^j 和三个线性方程。让我们采用下面的矩阵形式：

$$H'_t=\begin{pmatrix}\sum_{k=1}^{m} c_{1k}\frac{\partial H_t^1}{\partial R(t,\theta_k)} & \sum_{k=1}^{m} c_{1k}\frac{\partial H_t^2}{\partial R(t,\theta_k)} & \sum_{k=1}^{m} c_{1k}\frac{\partial H_t^3}{\partial R(t,\theta_k)}\\ \sum_{k=1}^{m} c_{2k}\frac{\partial H_t^1}{\partial R(t,\theta_k)} & \sum_{k=1}^{m} c_{2k}\frac{\partial H_t^2}{\partial R(t,\theta_k)} & \sum_{k=1}^{m} c_{2k}\frac{\partial H_t^3}{\partial R(t,\theta_k)}\\ \sum_{k=1}^{m} c_{3k}\frac{\partial H_t^1}{\partial R(t,\theta_k)} & \sum_{k=1}^{m} c_{3k}\frac{\partial H_t^2}{\partial R(t,\theta_k)} & \sum_{k=1}^{m} c_{3k}\frac{\partial H_t^3}{\partial R(t,\theta_k)}\end{pmatrix}$$

$$\Phi_t=\begin{pmatrix}\phi_t^1\\ \phi_t^2\\ \phi_t^3\end{pmatrix}\quad V'_t=\begin{pmatrix}-\sum_{k=1}^{m} c_{1k}\frac{\partial V_t}{\partial R(t,\theta_k)}\\ -\sum_{k=1}^{m} c_{2k}\frac{\partial V_t}{\partial R(t,\theta_k)}\\ -\sum_{k=1}^{m} c_{3k}\frac{\partial V_t}{\partial R(t,\theta_k)}\end{pmatrix}$$

然后我们得到方程

$$H'_t\Phi_t=V'_t$$

解是

$$\Phi_t=(H'_t)^{-1}V'_t$$

在实际中，人们需要估计在时间 t 所使用的主成分美元久期。它们可以从 t 期前，例如，$[t-3$ 个月，$t]$，进行的主成分分析中得到。因此，该方法的结果变得非常依赖样本。在试图缓解关于稳健性的担心时，实际上更方便的是使用零息票收益率曲线的合适的函数识别，以证明它与主成分分析的结果一致。

□ 使用收益率曲线的三因素模型的对冲

这里的想法包括使用零息票利率函数模型。下面我们详细说明尼尔森-西格尔模型[8]以及斯文森（扩展的尼尔森和西格尔）模型[9]。人们也可以使用瓦西塞克模型[10]、扩展的瓦西塞克模型、考克斯-英格索尔-罗斯（CIR）（1985）模型[11] 以及其他很多模型[12]。

尼尔森-西格尔模型和斯文森模型

尼尔森和西格尔建议模型化连续复利零息票利率 $R^C(0,\theta)$ 为：

$$R^C(0,\theta)=\beta_0+\beta_1\left[\frac{1-\exp(-\theta/\tau_1)}{\theta/\tau_1}\right]+\beta_2\left[\frac{1-\exp(-\theta/\tau_1)}{\theta/\tau_1}-\exp(-\theta/\tau_1)\right]$$

之后这个函数由斯文森扩展成：

$$R^C(0,\theta)=\beta_0+\beta_1\left[\frac{1-\exp(-\theta/\tau_1)}{\theta/\tau_1}\right]+\beta_2\left[\frac{1-\exp(-\theta/\tau_1)}{\theta/\tau_1}-\exp(-\theta/\tau_1)\right]+\beta_3\left[\frac{1-\exp(-\theta/\tau_2)}{\theta/\tau_2}-\exp(-\theta/\tau_2)\right]$$

其中，

$R^C(0, \theta)$ 为在时间 0、到期日为 θ 的连续复利零息票利率；

β_0 为当 θ 趋于无穷时 $R^C(0, \theta)$ 的极限（在实际中，β_0 应当被看成是长期利率）；

β_1 为当 θ 趋于 0 时 $R^C(0, \theta)-\beta_0$ 的极限（在实际中，β_1 应当被看成是短期到长期的利差）；

β_2 和 β_3 为曲率参数；

τ_1 和 τ_2 为衡量短期和中期成分衰减为 0 时的利率的比例参数。

正如斯文森所表明的，对于收益率曲线估计，尤其是曲线的短期端点，扩展式是一个更加灵活的模型，因为它允许更加复杂的形状，例如 U 形和隆起形曲线。参数 β_0、β_1、β_2 和 β_3 通常利用普通最小二乘法（OLS）最优方案基于每天数据来估计得到，对于一篮子债券，它包括最小化市场价格和从模型中得到的债券的理论价格之间的差的平方和。[13]

我们可以看到零息票利率 $R^C(0, \theta)$ 的发展完全是由贝塔参数的发展、固定的比例参数来驱动的。

例如，在试图对冲一只债券时，人们需要设计由债券和对冲工具组成的全面投资组合，从而投资组合对于任一贝塔参数都有中性的敏感度。因此在实施该方法前，人们应该计算债券的任意投资组合对于任一贝塔参数的敏感度。

考虑一个提供本金和息票的债券，在时间 θ_i，$i=1, \cdots, m$，本金参数记为 F_i。在时间 $t=0$，它的价格 P_0 由下式给出：

$$P_0=\sum_{i=1}^{m} F_i e^{-\theta_i R^C(0,\theta_i)}$$

在尼尔森-西格尔模型和斯文森模型中，我们能计算出在时间 $t=0$，债券 P 对参数 β_0、β_1、β_2 和 β_3 的美元久期为 $D_i=\partial P_0/\partial \beta_i$，$i=0, 1, 2, 3$。它们由下式给出[14][15]：

$$\begin{cases} D_0=-\sum_i \theta_i F_i e^{-\theta_i R^C(0,\theta_i)} \\ D_1=-\sum_i \theta_i \left[\dfrac{1-\exp(-\theta_i/\tau_1)}{\theta_i/\tau_1}\right] F_i e^{-\theta_i R^C(0,\theta_i)} \\ D_2=-\sum_i \theta_i \left[\dfrac{1-\exp(-\theta_i/\tau_1)}{\theta_i/\tau_1}-\exp(-\theta_i/\tau_1)\right] F_i e^{-\theta_i R^C(0,\theta_i)} \\ D_3=-\sum_i \theta_i \left[\dfrac{1-\exp(-\theta_i/\tau_2)}{\theta_i/\tau_2}-\exp(-\theta_i/\tau_2)\right] F_i e^{-\theta_i R^C(0,\theta_i)} \end{cases} \tag{48—10}$$

对冲方法

下一步包括创建一个全面的投资组合，它不受参数 β_0、β_1、β_2 和 β_3 的（微小）变化的影响。这个投资组合将由以下因素组成：

- 被对冲的债券投资组合，其价格和面值记为 P 和 N_P；
- 四个对冲工具，其价格和面值记为 G_i 和 N_{G_i}，$i=1, 2, 3, 4$。

从而我们寻找分别投资于四个对冲工具 G_0、G_1、G_2 和 G_3 的数量 q_0、q_1、q_2 和 q_3 来满足下述线性方程组：

$$
\begin{cases}
q_1 N_{G1} \dfrac{\partial G_1}{\partial \beta_0} + q_2 N_{G2} \dfrac{\partial G_2}{\partial \beta_0} + q_3 N_{G3} \dfrac{\partial G_3}{\partial \beta_0} + q_4 N_{G4} \dfrac{\partial G_4}{\partial \beta_0} = -N_P D_0 \\
q_1 N_{G1} \dfrac{\partial G_1}{\partial \beta_1} + q_2 N_{G2} \dfrac{\partial G_2}{\partial \beta_1} + q_3 N_{G3} \dfrac{\partial G_3}{\partial \beta_1} + q_4 N_{G4} \dfrac{\partial G_4}{\partial \beta_1} = -N_P D_1 \\
q_1 N_{G1} \dfrac{\partial G_1}{\partial \beta_2} + q_2 N_{G2} \dfrac{\partial G_2}{\partial \beta_2} + q_3 N_{G3} \dfrac{\partial G_3}{\partial \beta_2} + q_4 N_{G4} \dfrac{\partial G_4}{\partial \beta_2} = -N_P D_2 \\
q_1 N_{G1} \dfrac{\partial G_1}{\partial \beta_3} + q_2 N_{G2} \dfrac{\partial G_2}{\partial \beta_3} + q_3 N_{G3} \dfrac{\partial G_3}{\partial \beta_3} + q_4 N_{G4} \dfrac{\partial G_4}{\partial \beta_3} = -N_P D_3
\end{cases}
\tag{48—11}
$$

在尼尔森-西格尔模型中，我们只有三个对冲工具，因为只有三个参数。

48.5 不同对冲技术的比较分析

现在我们分析在一个特定债券投资组合条件下三种方法的对冲表现。在这个赛马比赛中我们所考虑的方法是久期对冲、久期—凸性对冲和尼尔森-西格尔美元久期对冲。

我们假设在初始时间 $t=0$，连续复利零息票收益率曲线由尼尔森-西格尔模型的参数集合给出[16]：$\beta_0=8\%$，$\beta_1=-3\%$，$\beta_2=-1\%$，$\tau=3$。

这与标准的向上倾斜的收益率曲线相一致。我们考虑一只债券投资组合，其特点概括在图表 48—1 中。价格由面值的百分比表示，面值等于 1 亿美元。我们计算债券投资组合的到期收益率（YTM)、美元久期、美元凸性、平行移动、斜率以及曲率，如等式(48—10）所示。

图表 48—1　　被对冲的债券投资组合特点

价格	到期收益率	美元久期	美元凸性	平行移动	斜率	曲率
972.376	7.169%	−5 709.59	79 662.17	−6 118.91	−1 820.02	−1 243.28

为了对冲债券投资组合，我们使用三个普通的 6 个月期伦敦银行同业拆借利率互换，其特点概括在图表 48—2 中。美元久期、美元凸性和平行移动、斜率以及曲率都是包含在互换中的固定息票债券的相关参数。互换的本金是 100 万美元。它们的初始价格都是 0。

图表 48—2　　互换工具的特性

到期期限	互换利率	美元久期	美元凸性	平行移动	斜率	曲率
2 年	5.745 1%	−184.00	517.09	−194.55	−142.66	−41.66
7 年	6.671 7%	−545.15	3 809.39	−579.80	−242.66	−166.22
15 年	7.230 9%	−897.66	11 002.57	−948.31	−254.58	−206.69

考虑到债券投资组合和互换工具有相同的违约风险，从而我们不担心这种附加的不

确定性来源，并且我们可以使用相同的收益率曲线来为它们定价。这条曲线是之前所描述的有尼尔森和西格尔参数的曲线。

为了衡量三种对冲方法的表现，我们假设收益率曲线有 10 种不同的可能变化。这 10 种情况是通过假设尼尔森-西格尔模型中的贝塔参数的以下变化得到的：

- 微小平行移动，$\beta_0=+0.1\%$和$\beta_0=-0.1\%$；
- 大的平行移动，$\beta_0=+1\%$和$\beta_0=-1\%$；
- 短期向长期利差的下降或提高，$\beta_1=+1\%$和$\beta_1=-1\%$；
- 曲率移动，$\beta_2=+0.6\%$和$\beta_2=-0.6\%$；
- 收益率曲线的水平和陡峭移动($\beta_0=-0.4\%$，$\beta_1=+1.2\%$）和（$\beta_0=+0.4\%$，$\beta_1=-1.2\%$）。

最后六种情况表示非平行移动，显示在图表 48—3、图表 48—4 和图表 48—5 中。

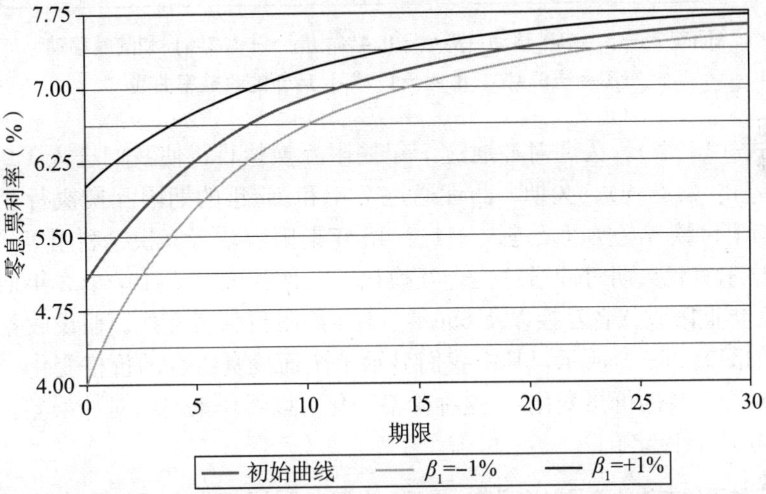

图表 48—3 斜率因素提高（$\beta_1=+1\%$）或下降（$\beta_1=-1\%$）后新的收益率曲线

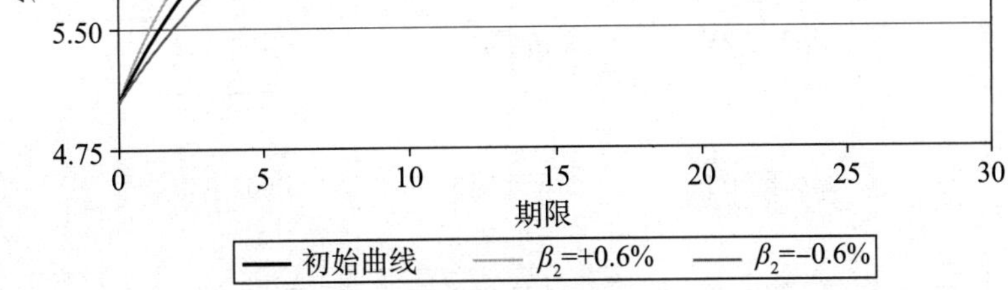

图表 48—4 曲率因素提高（$\beta_2=+0.6\%$）或下降（$\beta_2=-0.6\%$）后新的收益率曲线

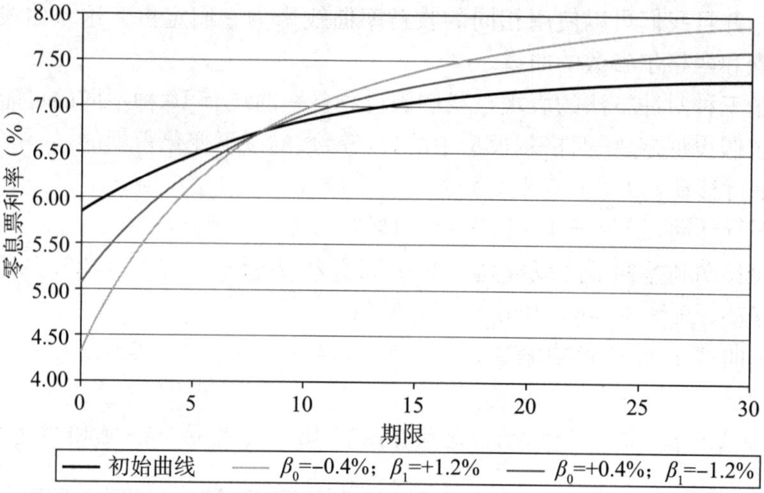

图表 48—5　水平移动（$\beta_0=-0.4\%$，$\beta_1=+1.2\%$）和陡峭移动（$\beta_0=+0.4\%$，$\beta_1=-1.2\%$）后新的收益率曲线

利用等式（48—7），久期对冲通过 7 年期限互换执行，使我们进入 1 047 个付款者互换。利用等式（48—9），久期—凸性通过 7 年和 15 年的期限互换执行，使我们进入 337 个 7 年期限付款者互换以及进入 841 个 15 年期限收款者互换。利用等式（48—11），尼尔森和西格尔美元久期对冲通过三个互换执行，使我们进入 407 个 2 年期限付款者互换、219 个 7 年期限收款者互换以及 696 个 15 年期限付款者互换。假设收益率曲线瞬间形成，结果如图表 48—6 所示，其中我们显示了全面投资组合的价格变化（加总了债券投资组合和对冲工具的价格变化）。这种价格变化可以看作策略的对冲误差。对于一个完美对冲，它可以几乎为零。

图表 48—6　三种不同方法的美元对冲误差：久期、久期—凸性和尼尔森-西格尔美元久期

收益率曲线情形	没有对冲	久期	久期—凸性	尼尔森-西格尔美元久期
$\beta_0=+0.1\%$	−6 076 494	−25 627	−97 826	8 573
$\beta_0=-0.1\%$	6 161 872	71 692	97 435	2 013
$\beta_0=+1\%$	−57 176 627	1 605 853	−1 050 770	475 891
$\beta_0=-1\%$	65 743 922	3 028 609	1 026 043	599 622
$\beta_1=+1\%$	−17 982 901	7 103 063	−4 934 261	15 557
$\beta_1=-1\%$	18 421 236	−7 311 245	5 001 463	−4 959
$\beta_2=+0.6\%$	−7 410 125	2 972 451	−400 339	1 131
$\beta_2=-0.6\%$	7 509 714	−2 991 594	381 400	−9 038
$\beta_0=+0.4\%$ $\beta_1=-1.2\%$	−2 438 405	−8 665 316	5 661 669	90 991
$\beta_0=-0.4\%$ $\beta_1=+1.2\%$	2 839 537	9 024 298	−5 474 877	94 636

债券投资组合的价值等于 972 375 756 美元。[17] 若没有对冲，我们清楚地看到投资组合的价值损失在相反的情况下非常明显。

正如所期望的，久期对冲只在收益率曲线进行微小平行移动时才有效。对于大的平行移动，对冲误差是正的，因为投资组合具有正凸性。对于非平行移动，由全面投资组合所引发的损失会非常显著。例如，当 $\beta_1=-1\%$时，投资组合价值在纯斜率情况下下降了 7 311 245 美元，在陡峭情况下下降了 8 665 316 美元。同样，正如所期望的，当发生大的平行移动时，久期—凸性对冲比久期对冲更好。另外，对于所有其他情况似乎都无效，即使对冲误差仍然比久期对冲中的好。最后，我们看到，对于所有类型的收益率曲线，尼尔森和西格尔美元久期对冲计划都是一个非常可靠的方法。在所有情形中，当与债券投资组合的初始价值相比较时，对冲误差显得微不足道。

48.6 关键知识点

- 利率的下降（上升）会导致债券价格的上升（下降）。
- 正如股票投资组合的风险通常由其贝塔值近似地表示，贝塔值是股票对市场变动的敏感度的衡量指标，债券价格的风险也通常通过债券利率的敏感度或者久期进行衡量。这是针对相对于利率变动的债券敏感度的一种便利的一维测度方法。
- 久期为投资组合经理提供了一种便利的对冲策略：为了抵消收益率曲线微小变化而引发的风险，投资组合经理应优化投资于对冲资产的比例，使其等于债券投资组合的（美元）久期与对冲工具的（美元）久期之比的相反数。
- 久期对冲非常便利，因为其操作非常简单。但是，它的使用须基于下述非常严格的假设条件：(1) 收益率曲线的变化是微小的；(2) 收益率曲线只受平行移动的影响。
- 然而，关于主要政府债券市场的实证分析结果表明，大的变化能影响到期收益率曲线，并且发现三个主要因素（平行移动、斜率和曲率）导致了收益率曲线的动态变化。这强有力地说明，久期对冲在很多情况下是无效的。
- 通过放松关于久期对冲的两个假设条件，可以发明更好的对冲分析方法。
- 尽管在对冲过程中引入了凸性调整，还是可以放松关于收益率曲线的微小变化的假设。凸性是关于美元久期对收益率变动的敏感性的测度。
- 一般来说，期限结构的非平行变形难以实施，因为它增加了问题分析的维度。
- 因为很难对冲因太多的不确定性而导致的风险，通常可行的做法是尝试减少风险因素的数量，并确定有限数量的共同因素。这可以通过利用适当的动态收益率曲线的统计分析，以系统的方式来实现。或者，可以选择利用一种贴现率函数模型。

【注释】

[1] 对于固定收益环境，这种复杂情况并不特殊。在普通股投资的世界里，实际上人们长期认为影响股票收益的风险因素不止一个。更一般的多因素模型，由均衡或者套利争论来从经济上证明，已

经被用于风险管理和投资组合业绩评估。

[2] 有一些衍生抵押贷款产品没有这一性质。

[3] 在本章中我们不考虑由时间引起的变化，因为它是一个确定项。我们只考虑由利率变化引起的价值变化。有关债券的时间价值的详情，参见 Don M. Chance and James V. Jordan, "Duration, Convexity, and Time as Components of Bond Returns," *Journal of Fixed Income* (September 1996), pp. 88 - 96。

[4] 对于有远期套期保值的例子，参见第 61 章。对于由远期合约和互换构成的对冲投资组合的例子，参见 Lionel Martellini, Philippe Priaulet, and Stephane Priaulet, *Fixed-Income Securities: Valuation, Risk Management and Portfolio Strategies* (Chichester, England: Wiley, 2003)。

[5] 注意到凸性可以用多种方式来划分等级。

[6] 同样参见 Lionel Martellini, Philippe Priaulet, and Stephane Priaulet, "Beyond Duration," *Journal of Bond Trading and Management* (October 2002), pp. 103 - 119。

[7] Robert Litterman and Jose Scheinkman, "Common Factors Affecting Bond Returns," *Journal of Fixed Income* (September 1991), pp. 54 - 61; Alfred Bühler and Heinz Zimmermann, "A Statistical Analysis of the Term Structure of Interest Rates in Switzerland and Germany," *Journal of Fixed Income* (December 1996), pp. 55 - 67; Joel R. Barber and Mark L. Copper, "Immunization Using Principal Component Analysis," *Journal of Portfolio Management* (Fall 1996), pp. 99 - 105; Rita L. D'Ecclesia and Stavros Zenios, "Risk Factor Analysis and Portfolio Immunization in the Italian Bond Market," *Journal of Fixed Income* (September 1994), pp. 51 - 58; Bennett W. Golub and Leo M. Tilman, "Measuring Yield-Curve Risk Using Principal Components Analysis, Value at Risk, and Key Rate Durations," *Journal of Portfolio Management* (Summer 1997), pp. 72 - 84; Lionel Martellini and Philippe Priaulet, Fixed Income Securities: *Dynamic Methods for Interest Rate Risk Pricing and Hedging* (Chichester, England: Wiley, 2000); Sandrine Lardic, Philippe Priaulet, and Stephane Priaulet, "PCA of Yield-Curve Dynamics: Questions of Methodologies," *Journal of Bond Trading and Management* (April 2003), pp. 327 - 349.

[8] Charles R. Nelson and Andrew F. Siegel, "Parsimonious Modeling of Yield-Curves," *Journal of Business* (October 1987), pp. 473 - 489.

[9] Lars Svensson, "Estimating and Interpreting Forward Interest Rates: Sweden 1992—1994," CEPR discussion paper 1051, October 1994.

[10] Oldrich A. Vasicek, "An Equilibrium Characterisation of the Term Structure," *Journal of Financial Economics* (November 1977), pp. 177 - 188.

[11] John C. Cox, Jonathan E. Ingersoll, and Stephen A. Ross, "A Theory of the Term Structure of Interest Rates," *Econometrica* (March 1985), pp. 385 - 407.

[12] 对这些模型的详细说明，参见 Martellini and Priaulet, *Fixed-Income Securities: Dynamic Methods for Interest Rate Risk Pricing and Hedging*。

[13] 更详细的说明，参见 Martellini, Priaulet, and Priaulet, *Fixed-Income Securities: Valuation, Risk Management and Portfolio Strategies*。

[14] 当然了，美元久期 D_3 只能在斯文森模型中得到。

[15] 对于平行移动、斜率和曲率美元久期的计算的例子，参见 Martellini, Priaulet, and Priaulet, *Fixed Income Securities: Valuation, Risk Management and Portfolio Strategies*。也可参见 Andrea J. Heuson, Thomas F. Gosnell, Jr., and W. Brian Barrett, "Yield Curve Shifts and the Selection of Immunization Strategies," *Journal of Fixed Income* (September 1995), pp. 53 - 64; and Ram Willner, "A New Tool for Portfolio Managers: Level, Slope and Curvature Durations," *Journal of Fixed Income* (June 1996), pp. 48 - 59。

［16］注意到，我们现在可利用以下等式来获得年化复利零息票收益率曲线：

$$R(t,\theta)=\exp[R^C(t,\theta)]-1$$

其中，$R^C(t,\theta)$ 为在日期 t 的到期期限为 θ 的连续复利零息票利率，$R(t,\theta)$ 则为年化的复利利率。

［17］假设投资者将要看空债券组合，以套期保值误差表示的相反结果也可以获得。

第 8 部分

债券投资组合管理

第 49 章 债券投资组合管理简介

肯尼思·E. 沃尔佩特（Kenneth E. Volpert），注册金融分析师
先锋集团应税债券部经理

传统的债券管理可比作赛艇比赛。指数是一艘领航船，因为它在参赛中不发生费用和交易成本，所有管理者（包括指数基金经理）都是其他参赛艇，他们试图缩短距离并超过领航船——或者至少与之并驾齐驱。可能用来缩小差别并超过领航船的策略包括多种风格和方法。图表 49—1 显示了这些方法的主要元素。

在本章中我们将研究债券指数匹配和不匹配的优缺点，比较构建债券投资组合的方式。我们将详细考察匹配债券指数的风险因素时所考虑的因素，以及可能用于为指数提供边界的方法。

图表 49—1　传统债券管理的风险范围

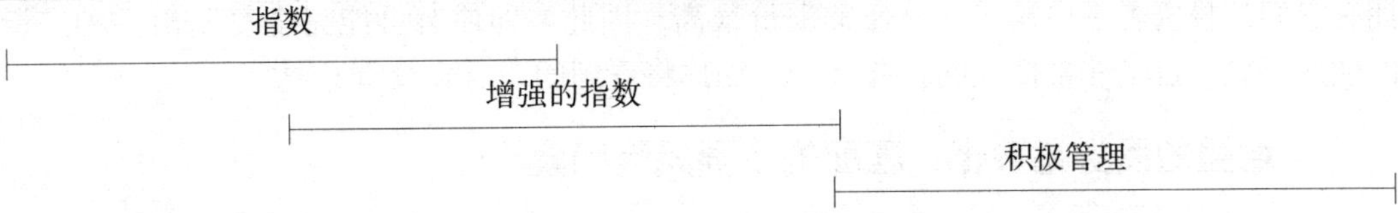

相对于基准的风险和预期收益

纯指数匹配（限制过高）	匹配主要的指数风险因素	较小的不匹配	较大的不匹配	完全的积极管理
● 尽可能地逐只匹配债券	● 久期 ● 现金流	● 现金流 ● 部门	● 现金流 ● 部门	● 较大的久期不匹配

● 无价值判断	● 部门 ● 质量 ● 可赎回性	● 质量 ● 可赎回性 ● 久期＝指数	● 质量 ● 可赎回性 ● 久期＝指数±x%	● 较大的部门和质量不匹配

|——事前追踪：5～40 个基点——|——事前追踪：40 或更多个基点——|

|——不存在久期对赌——|——存在久期对赌——|

49.1 传统债券投资组合管理概述

尽管债券投资组合管理很复杂，对投资方式的决定只需要回答一个相当简单的问题：你愿意承担多大的风险？

□ 纯债券指数匹配

相对于特定基准，纯债券指数对于债券管理来说是风险最低（并且预期收益最低）的方法。这种方法的实质是保证债券投资组合的收益与指数的差距为二者之间的差额（费用加上交易成本）。纯债券指数匹配试图通过使指数中所有债券的权重与债券指数相一致完全复制指数。然而，在债券市场中，这种方法难以实现，并且实施成本高昂。指数中的很多债券是多年前发行的并且缺乏流动性。此外，很多债券发行时的利率与当前利率差别很大。现在的债券持有者可能不愿把债券出售给指数基金来引起增值或损失。

2010 年 12 月 31 日，巴克莱资本综合债券指数包含了 8 200 多只不同债券，包括 190 多只国债、940 只联邦政府机构债券、4 200 只信用（公司和外国政府）债券、120 只资产支持型债券、1 550 只商业抵押贷款支持证券以及1 200 只大类抵押贷款证券（实际上包括成百上千个抵押贷款池）。在国债市场中，指数证券与证券相匹配是可行的，尽管不理想（之后会说明原因）。然而，在机构债券、抵押贷款证券或者公司债券市场中，完全复制并不可行。成千上万只机构债券和公司债券被锁定在长期债券投资组合中，必须从拥有它们的投资者手中购买——通常溢价很高。因此，即使有可能完全复制出一种广泛的债券指数，也是非常低效的。并且，正如你将看到的，这也没有必要。

□ 增强的债券指数化：匹配的主要风险因素

这种方法涉及投资于大样本债券，从而投资组合风险因素与指数风险因素相匹配。结果是与完全复制法相比，投资组合将有更高的月平均跟踪差异（跟踪差异的标准差），然而，其实现和维护的成本更低。更低的成本导致与指数非常相近的净投资表现。以前面的赛艇比赛为例，投资组合艇与指数艇保持在同一方向，但可通过“调整投资组合艇的船帆”使之更有效地运行。保持相同航向意味着使投资组合艇与指数艇处于同一方向，从而面临着相同的风向和风险。通过“调整船帆”，投资组合艇的航行位置和航行形状比指数艇更好，运行也更有效率。需要被匹配的风险因素是久期、现金流分布、部门、质量和赎回风险。因为相对于完全指数复制法，该方法提高了收益，所以它被认为是一种增强的指数化方法（随后将更为详细地探讨）。

□ 增强的债券指数化：较小的风险因素不匹配

这种方法允许风险因素（除久期外）出现较小的不匹配，使投资组合倾向于某些特定因素，比如某个部门、信用评级、期限结构、赎回风险或者其他因素。因为不匹配（以及对跟踪的影响）非常小，它仍可被视为一种增强的指数化方法。这些附加的增强实质上是“调整船帆”策略。

□ 积极管理：较大的风险因素不匹配

这是积极管理的一种保守方法。管理者为追求更高收益，有可能导致更大的风险因素不匹配。这种方法也可能产生小的久期错配。在绝大多数情况下，与纯指数匹配法或增强指数化方法相比，该方法的管理费用和交易成本都要高得多，但净投资收益通常更低。正是由于增加了这些额外成本，典型的指数投资组合在绩效测评方面通常优于积极管理方式。一般地，为了克服该策略的高成本，管理者将适度地改变航向来追求更强的风力（例如，比基准久期更长的期限会提高来自较低的预期利率的收益）。因此，管理者风险开始起作用，并且增强了投资组合偏离市场收益和结构的可能性。

□ 积极管理：完全的积极管理

这是一种较为激进的主动型方法，它的投资组合有较大的久期和部门不匹配，并且会出现显著的指数变化。应用这种方法的管理者绩效通常高于业内平均水平。因此，投资者选择此类管理风格时，需要进行比近期业绩更为深入的观察来辨别好坏。这种方法可能包括显著地改变相对于指数艇的“路径”，并且可能有显著的跟踪风险和投资组合结构变化。当然，这种冒险策略的目标是提供高于指数收益的收益。

49.2 核心/卫星资产配置法概述

尽管很多此类型传统方法仍在使用并且运行良好，很多投资管理者已经从传统模式中跨出了几步，而且正在构建保守的、低成本的（通常基于指数）核心和卫星投资组合，这可能包含各种各样的积极策略。如图表 49—2 所示，在严格的风险预算中，核心投资组合一般被用来对抗广泛的、流动的基准；基准通常比事前跟踪标准差低 40 个基点。正如我们将看到的，有一些方法可用来构建这样的核心和卫星投资组合。

图表 49—2　　核心/卫星风险范围

核心		卫星
相对于基准的风险和预期收益		
匹配主要的指数风险因素 ● 久期 ● 现金流 ● 部门 ● 质量 ● 可赎回性 ● 相对于广泛的流动的基准	较小的不匹配 ● 现金流 ● 部门 ● 质量 ● 可赎回性 ● 久期=指数+/−x% ● 相对于广泛的流动的基准	部门积极管理 ● 高收益率：发行者选择 ● 新兴市场：国家选择 ● 抵押贷款支持：池选择、结构选择 ● 国家间：货币选择 ● 相对于狭窄的完整的基准
事前跟踪：5～40 个基点		事前跟踪：40 或更多个基点

□ 风险因素匹配

在这一策略中，管理者创造一个广泛多元化的投资组合，它近似复制了基本的指数风险因素，比如投资组合久期、关键利率久期、部门、质量和可赎回性。事前的跟踪误差被预期为低于 20 个基点。因为假设这种高质量、流动的债券市场是有效定价的，所以超过指数的期望机会非常有限。所以，这种方法的目的是匹配和复制风险，并以最低可能成本（管理费用和交易成本）来获得目标基准的收益。

□ 较小的不匹配

这里，相对于广泛的流动基准特征，比如关键利率久期、部门和质量权重，甚至投资组合总体久期，管理者在一定程度上被给予了不匹配的更大风险预算（20～40 个基点）。预期是管理者将增加相对于宽基准的价值。这种预期增值的结果是，管理者也会有更高的费用结构。

□ 卫星投资

卫星部分集中于低流动性部门，它与高流动性的核心有更低的相关性。管理者被给予了更小的资产池以及与窄基准相比大得多的风险预算。更大的风险预算为管理者提供了采取相对于基准有意义的选择、部门和质量风险的机会，并且有增加相当大的价值的期望。

这种小的、低流动性市场的例子包括高收益率市场债券和新兴市场债券。在高收益率市场中，发行者和部门选择是相对于基准的附加价值的主要决定因素。在新兴市场中，国家选择是附加价值的驱动力量。在很多情况下，因为基于非机构市场上利率波动风险以及信用风险的结构复杂性，抵押担保证券市场（机构市场，尤其是非机构市场）也可以被看作卫星市场。受外币影响的证券和通胀保护型证券也被认为是卫星。

卫星成分的一个关键要求是，它起着多元化作用，并且因其非流动性和更低的信用质量而有更高的预期收益。

49.3 为什么要选择指数化？

正如我们已说明的，指数化在债券管理中起着很重要的作用。在某些情况下，管理者将其用于管理部分投资组合，而其他管理者将其用于管理整个投资组合。那么是什么使得指数化成为债券投资的有效方法呢？简单来说，债券指数化在过去 20 年里已经证明了它的潜质，它提供广泛的多样化并且成本低。成本低是债券指数化的一个极其重要的方面，因为降低成本意味着压缩指数跟踪范围。反过来，这意味着指数投资组合将提供有竞争力的绩效，其与它所跟踪的市场——或细分市场——相一致。这也意味着非指数（成本更高）的投资组合会发现它很难击败指数投资组合。最后，指数化提供了一个主要是心理上的好处：它允许投资者关注资产配置——或在核心/卫星方法的情况下，来选择最佳的投资组合经理。

□ 广泛的分散化

广泛的债券指数投资组合能提供很好的分散化。巴克莱资本综合债券指数（其被设计来反映美国整体的投资级债券市场）在 2010 年 12 月 31 日有 8 200 多只债券，其市值超过 15 万亿美元。为复制该指数所设计的大的债券指数投资组合，可能需要 1 000～3 000 只债券，从而产生显著的发行人多样化收益。大多数积极投资组合很注重选择特定发行人的债券，导致投资者面临显著的发行人事件（信用）风险。

此外，指数组合被设计来匹配巴克莱资本综合债券指数，这样的指数组合不仅暴露于国库券和机构部门，而且暴露于抵押贷款、工业、电子和电话设施、金融、美元计价外币以及资产支持部门。这类组合也同样暴露于有 1～30 年到期期限的债券的收益率曲线。这些多样化来源使得给定收益率情形下的组合风险比可获得的多样化程度更低的组合少。

□ 低成本

如前所述，指数基金的绩效竞争优势主要来源于较低的成本。这种较低的成本有两种形式：(1) 较低的管理费用；(2) 因投资组合周转率较低而产生的较低的交易成本。这种较低的成本优势是持久的，并且每年都可预测。晨星公司（Morningstar）的总裁唐·菲利普斯（Don Phillips）总结了高成本的这种影响："如果你给萨拉·李（Sara Lee）的执行经理过高的工资，它不会使奶酪蛋糕质量变差。但如果共同基金（投资管理）的管理费用太高，它将会被直接踢出市场。"事实的确如此！

□ 竞争性绩效

由于指数投资组合具有较低的管理费用和交易成本（因为投资组合的周转率比较

低），自然，它们的绩效表现通常优于平均的积极投资组合。毕竟，一个广泛的指数投资组合就是被设计来代表市场上的全部投资机会。因此，所有积极管理投资组合的总和应等于组合中的指数。此外，所有积极管理投资组合的投资绩效的总和（包括较高的管理费和交易成本）也应该等于指数投资组合的绩效。在共同基金市场，债券指数费用比率的优势大约为每年 0.8%。截至 2010 年 12 月 31 日，巴克莱资本综合债券指数（估计有 20 个基点的费用比率调整）的绩效在 3 年里超过其理柏集团（Lipper Group）49%，5 年里超过 60%，10 年里超过 71%。

□ 一致的相对绩效

图表 49—3 显示的是，从 1994 年开始，相对于理柏（中间投资级）的巴克莱综合债券指数绩效（估计有 20 个基点的费用比率调整）。

图表 49—3　　相对于理柏中间投资级的年度绩效一致性分析

	指数投资组合收益*	超过的比例（%）
1994	−3.12	64
1995	18.27	80
1996	3.43	70
1997	9.45	86
1998	8.49	80
1999	−1.02	68
2000	11.43	80
2001	8.24	82
2002	10.06	90
2003	3.90	42
2004	4.34	71
2005	2.43	84
2006	4.33	72
2007	6.97	90
2008	5.24	92
2009	5.93	9
2010	6.54	24
截至 2010 年 12 月 31 日的期间		
3 年	6.90	49
5 年	5.80	60
10 年	5.84	71

* 巴克莱综合债券指数收益为−0.2%。

在此期间，只有在 2003 年、2009 年和 2010 年，这个组合的绩效超过理柏的程度低于 50%。2003 年的“表现欠佳”主要是由于 MBS 部门绩效较差，它遭受了较大规模的再融资活动的较大影响。在2009年和2010年，理柏基金的信用等级被高估，这是2008年信用危机和经济衰退之后的一个明显的信用反弹。在其他年份，在到期日和质量类别的竞争中，组合的绩效优势都为64%～92%。在整整10年里，平均优势显著，为71%。产生这种一致的绩效优势的主要原因是指数投资组合的费用和交易成本都较低。

□ 市场绩效的可预测性

受到恰当管理的广泛债券指数组合可以保证与市场整体的绩效一致。不论市场走势如何，投资者确信多元化的广泛债券指数组合的绩效将会随之跟上。

□ 经得起时间检验的跟踪记录

自20世纪80年代初以来，人们对债券指数投资组合进行了成功的管理（即密切跟踪基金指数）——既经历了利率上升和下降的周期，也经历了信用利差扩大和缩小的周期。经历过所有这些市场变化之后，事实证明债券指数可以提供更具竞争力的收益，并且风险降低到中度。

指数化最显著的好处也许是，它能使投资者专注于更重要的决策，即正确地配置资产。有时候，时间和精力都浪费在企图为投资组合的有效定价的债券部分增加20～40个基点上，而对股票和国际投资的资产错配却使整个投资组合的绩效下降了数百个基点。指数化那些代表高流动性市场的投资组合核心，有助于更有效地使用对大多数投资者来说有限的决策资源。对于那些使用核心/卫星方法的人，指数化给集中精力为卫星选择最好的经理提供了一个机会。

49.4 应使用哪一种指数？

一旦你已经决定在债券管理中利用指数化方法，你的注意力就应该集中到下一个重要的问题：应使用哪一种指数？一只债券指数是由能应用到市场上的所有债券的一套规则（特征）来定义的。这些规则包括期限、规模、部门和质量特征。把符合这些规则的债券组合在一起，就像在一个投资组合中那样，每只债券的权重取决于其相对流通市值。

一般来说，指数越广泛，则作为比较基准就越好。我们所讨论的巴克莱资本综合债券指数是最广泛的美国债券指数。（雷曼兄弟综合债券指数与花旗集团投资级指数和美林国内主要指数基本上相同。）如前所述，在2010年12月31日，雷曼兄弟综合债券指数包括8 200多只债券，市值超过了15万亿美元。如图表49—4所示，该指数包括41%的政府（美国国债和机构）债券、23%的信贷相关（credit-related）（公司和外国政府）债券、3%的资产支持债券和商业抵押贷款支持债券、33%的抵押贷款支持证券。期权调整久期——反映债券被发行人赎回的可能性的值——是5.0，而平均期限是7.1，这使其成为美国国内最广泛的中间投资级指数。还可以根据不同的风险/收益创建巴克莱综合债券指数的次级指数来得到这一结果。例如，信用指数可能会吸引那些寻求高收益率的投资者，或者1～5年的政府/信用指数将更好地服务于那些正在寻求短久期投资组合的投资者。

选择指数的一个重要方面是要理解债券市场不同部门所包含的风险。这些风险主要是市值风险和收入风险，虽然它们适用于既定债券市场部门的程度可能有很大不同。

图表49—4　巴克莱综合债券指数的构成（截至2010年12月31日）

部门	市场价值份额（%）
政府债券	41
ABS/CMBS	3
MBS	33
信贷相关债券	23
期限	**市场价值份额（%）**
MBS	33
ABS/CMBS	3
1～5年期政府/信用债券	34
5～10年期政府/信用债券	19
10年期以上政府/信用债券	11

□ 市值风险

通常，债券投资组合的期限越长，其收益率越高。（假设收益率曲线正常倾斜。）债券的总收益包括息票（或收入）部分和本金（或价格变动）部分。由于收益率曲线（影响总收益中的本金部分）通常是变化的，所以长期债券投资组合不一定有较高的总收益。图表49—5显示了期限不同的证券在高利率和低利率环境下的一年期总收益。显然，随着投资组合的期限或久期变长，市场价值风险变大。此外，利率越低，市场价值风险越大，对于中期和长期投资组合尤其如此。这是由两个因素造成的：投资组合的久期随利率降低而上升，以及投资组合的到期收益率越低，它所提供的抵消本金损失的缓冲越小。因此，对那些就本金而言风险厌恶型的投资者来说，短期或中期指数比长期指数可能更合适。

图表49—5　市场价值风险：高利率和低利率背景下的1年期收益率

高利率环境				1年期收益（收入+价格溢价）	
息票利率	期限	价格	久期	利率上升1%	利率下降1%
12%	3年	100	2.5	9.6%	14.5%
12%	7年	100	4.6	7.5%	16.8%
12%	20年	100	7.5	4.9%	20.0%

低利率环境				1年期收益（收入＋价格溢价）	
息票利率	期限	价格	久期	利率上升1%	利率下降1%
4%	3年	100	2.8	2.1%	5.9%
4%	7年	100	6.2	−1.1%	9.4%
4%	20年	100	14.3	−8.2%	18.4%

□ 收入风险

许多投资者的投资目的是获得收入。他们只花掉投资所获得的息票收入，而避免动用本金。投资基金和离退休人员的投资目的是获得稳定的——且增长前景乐观的——收入流，以此作为当前和未来消费的资金来源。图表49—6显示了在各投资组合增长率相同的假设下，1万美元投资于短期（3年）、中期（7年）和长期（20年）共同基金在过去25年即从1980年到2003年利率不断下降的时期的收入流。很明显，如果投资者主要关注收入的稳定性和持续性，那么长期投资组合的风险最小，短期投资组合的风险最大。

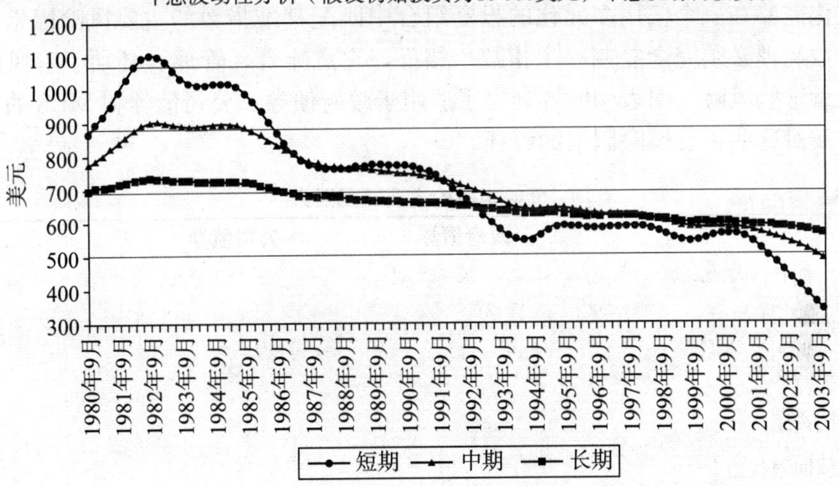

图表49—6 收入风险

□ 负债结构风险

养老基金和金融机构投资的目的是为未来的负债融资。长期负债需要投资于长期资产以使风险最小化，并使投资组合和负债流对利率变化同样敏感。从绝对收入的角度看，投资于短期债券的投资组合可能看起来风险较低，但当投资组合的市值与养老金负债的现值相比较时（不同的是盈余或赤字），它的风险实际上更大。这是因为短期投资组合与长期负债不匹配。当投资组合的久期与负债的久期相匹配（或“被免疫”）时，完全基金计划的“盈余”风险将会减小。

图表49—7包含了一个简单比较。它表明，具有最低市场价值风险的投资组合的收

入或负债风险最高。类似地，具有最高市场价值风险的投资组合的收入或负债风险最低。显然，风险结构的选择取决于投资目标是保本还是收入的可持续性。

图表 49—7　　债券市场风险概要

NAV 类型	市值风险	收入或负债风险	平均期限	当前久期	投资组合
稳定 NAV	最低	最高	30～90 天	0.1	货币市场投资组合
变化 NAV	低	高	2～4 年	2.5	短期投资组合
	中	中	7～10 年	5.0	中期投资组合
	高	低	15～25 年	10.0	长期投资组合

49.5　债券指数化的主要风险因素

尽管作为债券管理工具的指数化很有效，但它绝不可能完全消除债券投资风险。成功的指数化需要在一个信用多元化的投资组合中匹配基准指数的主要风险因素。这并不意味着指数经理必须完全复制一个指数。相反，它意味着，管理者必须了解风险因素以及如何度量这些风险。图表 49—8 列出了适用于政府债券、公司债券和 MBS 的主要风险因素，以及对这些主要风险因素的解释。

图表 49—8　　债券指数的主要匹配因素

	政府债券	公司债券	MBS
修正调整久期	×	×	
现金流现值	×	×	
部门和质量的比例		×	
部门的久期贡献		×	
部门/息票/期限权重		×	×
发行人风险控制		×	

□ 投资组合的修正调整久期

修正调整久期（modified adjusted duration）（或期权调整修正久期）是对投资组合利率风险的一种简单度量（见图表 49—9）。这是一个很好的出发点，但是用一种度量来充分跟踪指数是非常困难的。久期是收到债券现金流的现值的平均时间。当利率上升或下降（以一种平行方式）1%，投资组合久期将能为管理者提供立即观察到的价格变动的粗略估计。如果利率上升 1%，一只久期为 5 年的投资组合将经历 5%的下降［（+1%的收益率变化）×（投资组合的久期 5 年）×（−1）］。如果收益率曲线不以平行方式移动，那么久期价值将受限。很显然，把投资组合的久期与基准指数的久期相匹配是很重要的。

图表 49—9　巴克莱资本综合债券指数的关键利率久期分布（截至 2010 年 12 月 31 日）

关键利率久期	贡献	久期比例
6 个月	0.13	2.7%
2 年	0.68	14.0%
5 年	1.36	28.3%
10 年	1.33	27.5%
20 年	0.68	14.0%
30 年	0.65	13.4%
总计	4.82	100.0%

□ 关键利率久期

刻画收益率曲线风险的一种更准确的方法是匹配指数的关键利率久期（KRD）。收益率曲线的变化包括平移、扭转（例如，短期利率下降、中期利率不变、长期利率上升）和蝴蝶状（例如，短期和长期利率下降、中期利率上升）的运动。通过把指数（和投资组合）分解成一系列在未来支付的现金流，并把各笔支付贴现并加总，可以计算出指数（和投资组合）的市值。通过把在特定的时间间隔（即 KRD）到期的投资组合现值比例与基准指数的现值比例相匹配，可以在很大程度上使该投资组合消除与收益率曲线变化相关的跟踪误差（相对于基准）。由于投资组合久期等于基准指数的久期，所以这种方法将有助于预防收益率曲线的平行变化。因为所有时点（KRD）是按比例密切匹配的，所以任何局部期限结构移动（非平行变化）都不会影响跟踪，因为这些收益率变化风险实际上被免疫了。对于可赎回证券，需要根据赎回概率把现金流分布到各 KRD。一只很可能在 3 年内被赎回的 10 年期债券应该具有主要是被分布到 3 年 KRD 的现金流。

□ 部门和质量比例

若假设复制的投资组合能包含所有期限类别的债券，通过匹配各部门和质量的权重比例，就可以在很大程度上复制指数的收益率。匹配部门和质量的久期分布，而没有匹配暴露于部门和质量的投资组合的权重比例，就会使投资组合在极端胁迫期间暴露于很大的跟踪风险。这是由于违约风险能在一定程度上减少一个发行人的所有债券的价值，而不考虑到期日。

□ 部门的久期贡献

保护投资组合免受与部门利差（行业风险）变化相关的跟踪差异影响的有效方法是匹配来自不同部门的指数久期（见图表 49—10）。如果能够完成这一过程，那么部门利差的变化对投资组合和指数的影响完全相同。

图表 49—10 巴克莱资本综合债券指数的部门和质量贡献分析（截至 2010 年 12 月 31 日）

部门	现值占比（%）	久期	久期贡献	久期占比（%）
国债	33.7	5.4	1.81	37.6
机构债券	7.5	3.1	0.23	4.8
工业债券	9.8	7.1	0.70	14.5
公用事业债券	2.1	8.1	0.17	3.5
金融债券	6.6	5.5	0.36	7.5
主权债券	1.1	7.3	0.08	1.7
外国公司债券	2.4	6.7	0.16	3.3
超国家债券	1.2	3.3	0.04	0.8
GNMA	6.5	4.0	0.26	5.4
FNMA	15.4	3.4	0.53	11.0
FHLMC	10.5	3.4	0.36	7.5
ABS	0.3	3.6	0.01	0.2
CMBS	2.9	3.8	0.11	2.3
总计	100.0		4.82	100.0
质量	**现值占比（%）**	**久期**	**久期贡献**	**久期占比（%）**
AAA	77.9	4.3	3.36	69.7
AA	4.4	6.1	0.27	5.5
A	9.7	6.5	0.63	13.2
BBB	8.0	6.9	0.56	11.6
总计	100.0		4.82	100.0

□ 质量的久期贡献

类似地，保护投资组合免受与质量利差（杠杆/经济风险）变化相关的跟踪差异影响的最有效方法是匹配来自不同质量类别的指数久期。这对低级类别（特征为利差变化较大）尤其重要。

部门/息票/期限权重

指数的提前赎回风险是一种难以复制的因素。仅用凸性值（凸性度量一只债券的久期如何随收益率水平的变化而变化）是不够的，因为它度量的是在收益变化比较小的情况下久期的预期变化。此外，当收益率水平变化时，凸性变化可能非常不同。如果管理者只试图匹配指数凸性值，就会经常发现，为了保持匹配，他们需要买入或卖出流动性很差的可提前赎回债券，而在这一过程中会产生高昂的交易成本。匹配提前赎回风险的更好方法是匹配各可提前赎回部门的部门、息票和期限权重。通过匹配这些权重，就可以匹配指数的凸性。另外，当利率变化时，投资组合的提前赎回风险（凸性）的变化将与指数匹配，因而需要很少的再平衡操作或无须再平衡操作。

在抵押市场中，提前赎回（提前偿付）风险非常大。图表 49—11 显示了 1991—2010 年期间，巴克莱资本抵押贷款指数（度量抵押贷款市场的提前赎回风险程度）的期权调整久期的波动性。图表中还显示了抵押贷款银行家再融资指数（Mortgage Bankers Refinancing Index）（反向），它度量的是在该市场中出现的抵押贷款再融资程度。显然，再融资活动越多，指数久期越短，这是由于较高息票的债券（高于票面价格发行的债券）将被用较低息票的债券再融资的可能性更高。因此，匹配抵押贷款指数的息票分布至关重要。通过匹配由期限（气球式、15 年、30 年）、部门（FNMA、FHLMC、GNMA）、息票（0.5%增量）和季节（新的、中等的和成熟的）所构成的多维矩阵中的指数权重，可以实现最好的风险管理。这种详细程度在较大规模的投资组合（资产价值超过 10 亿美元）中很容易实现，但对于较小规模的投资组合比较困难。

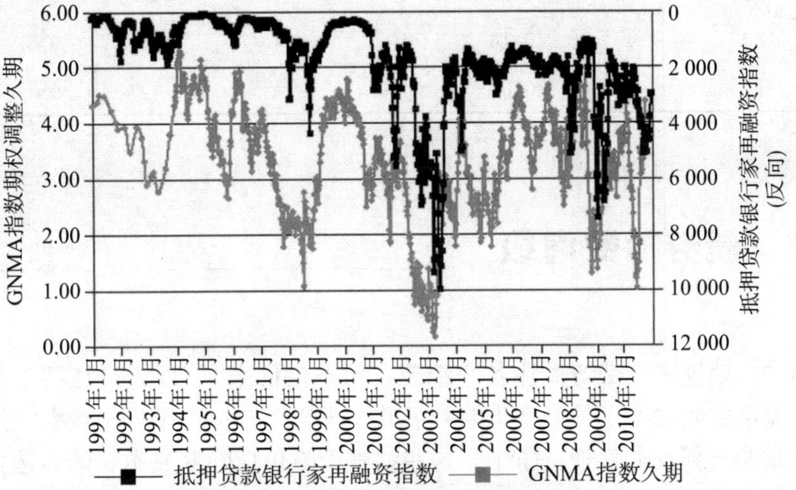

图表 49—11　抵押贷款赎回风险分析

近期 GSE 披露了 FNMA 和 FHLMC 附加池的详细信息，这些新的信息披露可能会导致指定池的预售（to be announced）（TBA）抵押贷款定价的进一步分化。

□ 发行人风险

即使已匹配以上所述的各主要风险因素，但若债券发行人的数量有限，则债券组合仍有相当大的风险，只不过仍然是可以分散的。“事件风险”——当发生显著的公司杠杆收购（LBO）时或经济明显衰退时广泛出现的风险——是需要度量和控制的。发行人风险，如同部门和质量风险，需要首先以相对于指数基准的比例的形式来度量，因为在严重的经济危机期间，不论债券拥有什么期限，债券价格都会突然下降。然而，仅仅设置市值限制范围的比例，而不考虑发行人的久期风险和发行人的指数权重是不够的。在发生负面的信用事件后，利差会立即扩大。因此，为度量发行人事件风险对投资组合的影响，另一种方法是度量利差扩大对投资组合市值的影响。这可通过计算投资组合中持有的每个发行人的久期（“久期贡献”）来度量。这种计算也适用于指数。跟踪利差扩大事件的基点影响将是（发行人的）利差变化×（投资组合与指数的）久期贡献之差×（−1）。图表 49—12 是以上分析的示例。发行人 XXX 公司对指数有相同比例的权重，但是它的久期贡献要多 0.16。如果发生了一个事件使 XXX 公司的利差扩大 100 个基点，那么与指数相比，这个投资组合将遭受不利的 16 个基点的跟踪差异［100 个基点的利差变化×0.16 的久期贡献优势×（−1）］。如果同样的 100 个基点扩大发生在 XYZ 公司的债券上，即使权重比例与指数相匹配，跟踪差异也会是有利的 8 个基点。为了有效地进行指数基金管理，（相对于指数的）久期贡献风险限制应该在发行人层面上来设置。

图表 49—12　　发行人风险比较（市值比例与久期贡献的比较）

	投资组合			指数			投资组合−指数	
	市值比例	久期	久期贡献	市值比例	久期	久期贡献	比例差异	贡献差异
XXX 公司	4%	8	0.32	4%	4	0.16	0%	0.16
ZZZ 公司	4%	4	0.16	4%	4	0.16	0%	0.00
XYZ 公司	4%	2	0.08	4%	4	0	0%	0.08*

49.6　债券指数增级

在航行中，速度来自密切关注各个细节，而不仅仅来自“风向观察”。在债券管理中，相对于基准的收益不只是利率策略的函数。投资组合经理可以“调整”投资组合船帆来更有效地参与到投资管理竞争中。这些调整策略包括降低成本、债券选择、收益率曲线定位、部门和质量定位以及提前赎回风险定位。

□ 为什么增级是必要的？

由于指数并不发生费用和交易成本，进行增级只是为了提供等同于指数的净收益。对费用的管理提供了显著的逆风，但与投资组合增长相关的交易成本是导致收益减少的主要因素。

图表 49—13 显示了相对于多贡献增长，与单贡献增长相关的交易成本和由此产生的跟踪误差。在这个例子中，单贡献投资组合具有与投资净现金流相关的 18 个基点的跟踪误差。在多贡献投资组合中，尽管交易成本相同（45 万美元），跟踪误差明显较高，为 41.2 个基点。因此，具有高增长率的投资组合将遭受额外的负跟踪误差。因此，为了使跟踪误差等于没有增长或增长缓慢的投资组合，进行增级是必要的。图表 49—14 以图形的形式显示了由国债、政府支持企业债券和公司债券构成的投资组合增长所导致的累计负跟踪影响。增长率越大——和/或市场流动性越低——对跟踪误差的负面影响越大。

* 英文原书为−0.08，疑有误。——编辑注

图表 49—13　　单贡献与多贡献投资组合的比较

	投资组合市值（美元）	贡献（美元）	交易成本（在 18 个基点处）（美元）	新投资组合价值（美元）	由交易成本导致的跟踪误差（基点）	
单贡献	—	250 000 000	450 000	249 550 000	18.0	18.0
多贡献	—	50 000 000	90 000	49 910 000	18.0	18.0
	49 910 000	50 000 000	90 000	99 820 000	9.0	27.0
	99 820 000	50 000 000	90 000	149 730 000	6.0	33.1
	149 730 000	50 000 000	90 000	199 640 000	4.5	37.6
	199 640 000	50 000 000	90 000	249 550 000	3.6	41.2
		250 000 000	450 000			

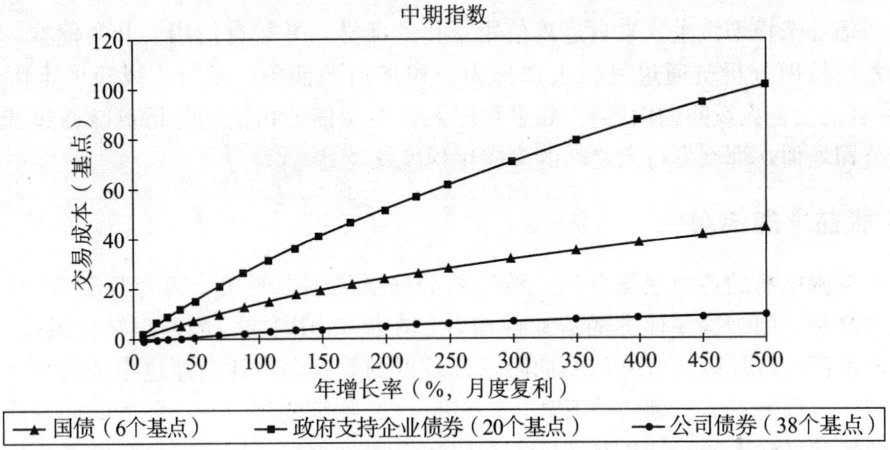

图表 49—14　为什么增级是必要的：1 年内交易成本对收益的影响

□ 低成本增级

一种最简单也最容易被忽视的增级方式是保持低成本。支出/管理费用和交易成本对投资组合绩效有重要影响。

增级型指数主动的管理者尽力（通常是不成功的）使投资组合总收益每年增加 25～50 个基点。然而，在共同基金管理行业中，债券基金的平均费用率（expense ratio）要比成本最低的指数投资组合的平均费用率高出 50～80 个基点，所以，高费用率基金的净收益明显更低。即使在指数领域，费用变动也较大。只要能提供与其他指数基金相媲美的净收益，只是围绕着具有最低费用的指数基金买卖投资者就能够提高收益。对于有着外部指数管理者的计划发起人，现有的基金经理和一个或两个其他有信誉的指数基金管理者每隔几年重新招标，将有助于确保费用尽可能低。

另一个主要的成本因素是交易成本。因为债券指数基金的年周转率（约 40%）要低于积极的投资组合（通常在 100%以上），所以指数投资组合的交易成本显著更低。此外，电子交易平台能够使管理者提高价格竞争力，这将进一步减少交易成本的影响。毫无疑问，在招标过程中必须包括许多经纪商。对于快速增长的投资组合来说，由于其中大部分交易是卖盘，一个高效的竞争性交易程序是必要的。一个可对来自多家经纪商的目标发行人的实时卖盘进行评估的用以比较相对价值的有效系统，将能明显地节省交易成本，从而进一步提高收益。

□ 债券选择增级

对于美国债券，选择便宜债券的主要工具是比较实际债券价格与理论上的“适当”价格。理论上的曲线是在各种曲线平滑规则下，使市场中所有国债的定价误差最小而推出的。然后比较每只债券的实际收益率与“适当”收益率，后者是利用理论曲线计算出来的。收益率高于适当收益率的债券是便宜的，否则是贵的。另一种有用的补充是分析债券收益率与适当收益率的最近历史信息。这种分析将表明一只便宜的债券是变得更便宜还是更贵了。

公司债券选择增级主要来自远离信用恶化的债券，并持有信用上升的债券。管理人员越是相信信用分析员通过发行人选择为公司增值的能力，发行人风险的上限就越大（见本章有关发行人风险的内容）。如果管理人员不相信公司信用分析员能通过选择发行人来为公司增值，那么发行人之间的多样化程度就越高。

□ 收益率曲线增级

沿着期限结构的各种期限总是一致地被低估或高估。例如，10 年期和 30 年期的国债往往被高估，因为这些债券的流动性偏好。在保持相同的一般期限结构风险的同时，对低估的期限赋权较高和对高估的期限赋权较低的策略，往往会超过指数的绩效。这种分析类似于寻找具有更有利的“下滑”（rolldown）特征的期限——随着时间的流逝，债券沿着收益率曲线下滑。结果是，证券在较低的收益率上交易，从而有更多的价格上升机会。曲线的价低部分往往具有有利的“下滑”，而曲线的价高部分（例如，在 30 年期部分）往往有很小的或没有“下滑”机会。

□ 部门/质量增级

部门和质量增级表现为两种形式：（1）收益率向久期较短的公司债券倾斜；（2）周期性的调整权重过高或过低的部门或质量。

收益率倾斜（yield-tilt）增级（也叫作“公司替代”）策略认为，在短期（低于 5 年）的公司债券中，可获得单位久期风险的最好的收益率利差。对 1～5 年期的政府债券赋权较低和对 1～5 年期的公司债券赋权较高的策略，将提高投资组合的收益率，但低于风险的相应增加——除了在严重经济压力期间。图表 49—15 显示了巴克莱 1～5 年期公司债券指数与巴克莱 1～5 年期国债指数的 12 个月的滚动总收益率的差。

除 1990 年、1998 年、2000 年和 2002 年的利差稍微扩大时期以及 2008 年非常明显的利差扩大时期之外，在过去 15 年内的所有时期中持久的收益增级是很明显的。经济下行导致从投资级债券到高收益债券的明显降级，或者会导致严重违约事件的发生，在此背景下，上述策略是灾难性的。

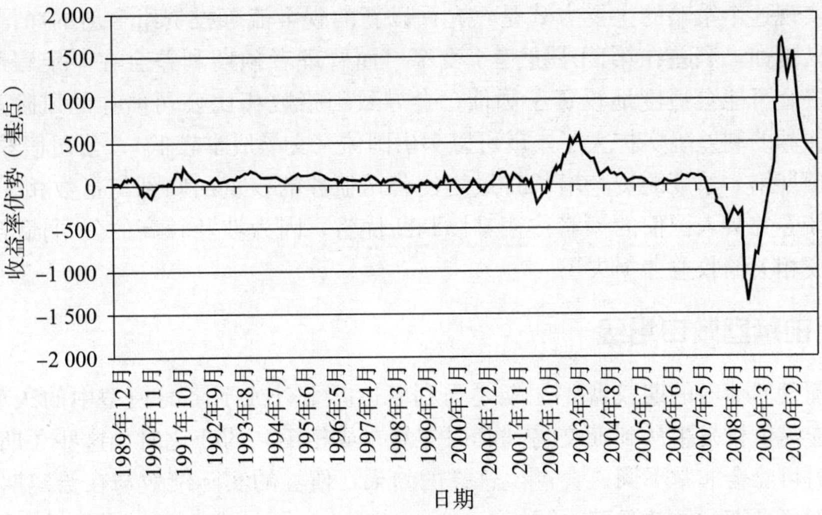

图表 49—15　巴克莱 1～5 年期公司债券指数与巴克莱 1～5 年期国债指数的比较：12 个月的滚动总收益率的差

该策略有效的主要原因是，短期公司债券的广泛多元化的投资组合的收益率优势要求与短期国债收益率同样的公司债券的利差在 1 年期内显著扩大。图表 49—16 显示的是，在 1 年持有期内与风险相同的国债相平衡所需的利差增加。随着时间的推移，公司债券的久期缩短了，与可比国债的收益率利差通常变窄。这两种风险降低与收益增级的力量，当与收益率利差优势相结合时，为在广泛的多元化的信用投资组合中给短期公司债券赋权较高提供了令人信服的理由。即使在窄的利差上，在低于 5 年的期限中，也可得到显著的保护。一个具有 40 个基点收益率利差的多元化的 2 年期公司投资组合，与久期类似的国债投资组合相比，在它的绩效变得与可比国债投资组合一样差之前，1 年后其利差可扩大 55 个基点。显然，随着期限的增加，利差扩大保护减少了。

图表 49—16　盈亏平衡的利差扩大分析：公司债券与国债相比（假设持有期为 1 年）

期限	宽利差	盈亏平衡的额外扩大	中等利差	盈亏平衡的额外扩大	窄利差	盈亏平衡的额外扩大
2 年	120	155	80	105	40	55
3 年	130	81	90	59	50	37
5 年	140	46	100	34	60	23
10 年	150	25	110	19	70	13
30 年	200	18	150	14	100	10

这个策略包含的风险是衰退的利差扩大风险（recessionary spread-widening risk）以及发行人违约风险。这种衰退的利差扩大风险往往是短期的，可很快被该策略所增加的收益率优势战胜。可通过广泛的发行人多元化（50 个或更多发行人）、把策略局限于 A 级或更高等级的发行人以及经验丰富的监督信用分析员来最小化发行人违约风险。

周期性调高或调低部门和质量的权重是积极的“部门轮换”的缩小版。在成本有效的基础上实现这个策略的主要方式是，允许以新的现金流（投资组合新的净增长）来减轻不匹配。例如，利差在第四季度趋于变窄，而管理者预期利差会在一定程度上扩大，那么新的资金可能会适度地投资于国债，会导致与指数相比公司债券的风险适当下降。一旦公司债券的利差确实扩大了，就可以卖出国债（交易成本较低），公司债券的权重随之上升。预期第一季度的资产增长将最终使公司债券的权重回归到与指数相一致。马上卖出公司债券并买入国债的策略往往难以判断优劣，因为涉及较高的公司债券交易成本以及与国债相关的收益"损失"。

□ 提前赎回敞口增级

可提前赎回债券的期权调整久期是当利率边际上升或下降时模型中的久期的均值。当债券的交易价格发生从到期交易到赎回交易（或相反）的变化时，这些久期在利率上升或下降时可能会非常不同。会产生这样的结果：债券的实际绩效与在给定期初的期限调整久期下所预期的绩效显著不同。

通常，预期的收益率变化越大，想要更多赎回保护的愿望就越强烈。对于溢价可赎回债券（提前赎回的债券），实际久期（观察到的价格敏感性）往往低于期权调整久期，导致在利率下降时绩效变差。对于折价可提前赎回债券（到期交易的债券），实际久期往往高于期权调整久期，导致在利率上升的环境中绩效变差。从指数风险到赎回风险的任何大的偏差应该有助于投资者识别出潜在的显著跟踪影响和赌注的市场风向。

49.7 度量成功性

当然，不能度量就无法管理。管理者知道这个道理，但是他们往往发现自己没有合适的度量工具。尤其是，他们没有对赌注大小及其收益和损失的准确度量方法。本章在有关"风险因素"和"风险增级"的两节中介绍了如何度量赌注大小。本节将讨论如何判断是否增加了价值——并且，如果存在增值，再讨论价值增值的来源。

□ 调整表现过好的指数收益

回到帆船主题，其关键总是在于理解相对于指数帆船，投资组合帆船正在做什么。投资组合正在做与指数不同的事吗？为了评估相对表现，需要根据下面三个因素对投资组合的收益率进行调整：定价、支出、增长和重新平衡的交易成本。定价是需要考虑的关键因素，特别是在增级指数化中，其中相对于指数的偏差可能比较微小，并且定价误差可能掩盖有价值的信息。如果以巴克莱资本综合指数作为基准，那么就该用雷曼兄弟指数对投资组合进行重新定价。定价时间或者定价矩阵的微小差异都可能导致在较短度量时期内周期性收益的重大差异（在定价服务中）。在更长的时期内，这些定价差异会消失，但是出于度量增值的目的，准确的周期性定价至关重要。

由于指数并不发生与资产增值、本金再投资或收益再投资相关的交易成本，为了考虑这些差异，就需要对投资组合的收益进行准确的调整。考虑这些因素的一种简单方法是，保持作为全部投资组合资产一部分的隐含交易成本的交易记录。把这些隐含成本进行周期性汇总，就能很好地估算与增值和收入再投资相关的跟踪误差阻力。

最后，还需要对费用进行调整。正如我们之前讨论过的，保持低费用是增加收益的一种简单方法。但是，出于度量的目的，投资组合收益应该“补偿”这些费用，从而平等对待投资组合和指数。

图表 49—17 显示的是规模较大的债券指数（增强的）共同基金按月调整后的跟踪差异。此投资组合是相对于巴克莱资本综合债券指数进行管理的。如果增级来源于多方面，并具有可控性，就可以预期平均跟踪差异将很小，且通常为正。在市场压力或利差波动性很强的时期（例如，2008 年信贷危机），增级策略可能会导致跟踪差异扩大。如图表 49—17 所示，在这段时期内月跟踪差异很小（在＋13 个基点与－4 个基点之间），且绝大多数情况下为正。图表 49—18 显示的是月调整后的跟踪差异的滚动 12 个月之和。具有良好的风险管理和多元化增级的指数化策略在多数时期内的表现应当强于指数。若在 12 个月期间低于指数收益，可能是由于未能恰当地匹配指数风险，或者是由于增长策略没有充分多元化，或者是由于强大的市场压力（三个或更多个标准差事件），它们给增级策略造成了不利影响。

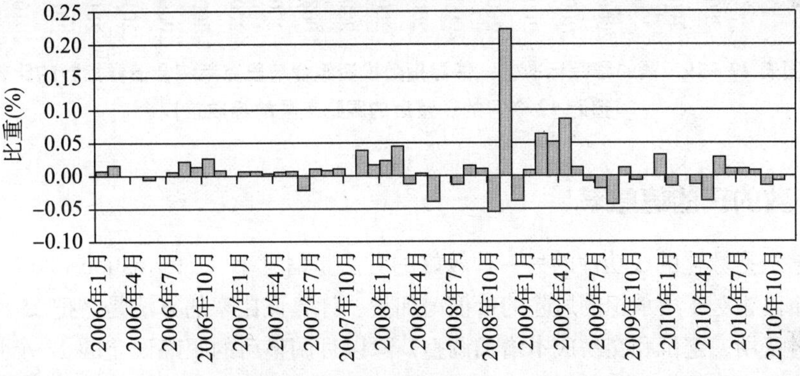

图表 49—17　一致的积极跟踪：债券指数投资组合与巴克莱资本综合指数的比较（月调整后的跟踪差异）

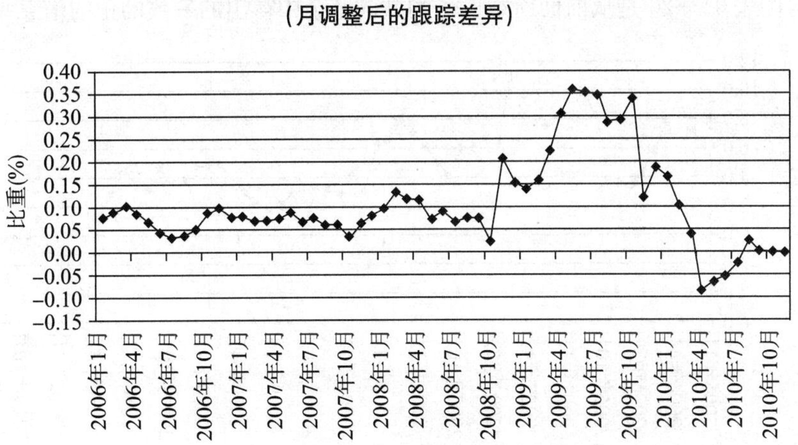

图表 49—18　一致的积极跟踪：债券指数投资组合与巴克莱资本综合债券指数的比较（追踪 12 个月的调整后的总跟踪差异）

□ 较低的和稳定的月跟踪差异

成功指数化的另一种度量是投资组合如何紧密地像指数那样暴露于相同的风险因素。这可通过评估投资组合相对于指数的滚动 12 个月的调整后的跟踪差异的标准差来度量。图表 49—19 是与图表 49—18 相同的对巴克莱综合债券指数进行管理的债券指数共同基金的示例。如果投资组合适当地暴露于指数风险因素，那么如图表所示，在大多数时期标准差将会很低并且稳定。在市场压力和利差波动很大的时期，跟踪差异的标准差可能会升高。然而，升高幅度应与利差波动性的增加大体上成比例，或者应该能被异质信用风险（样本风险）所解释。

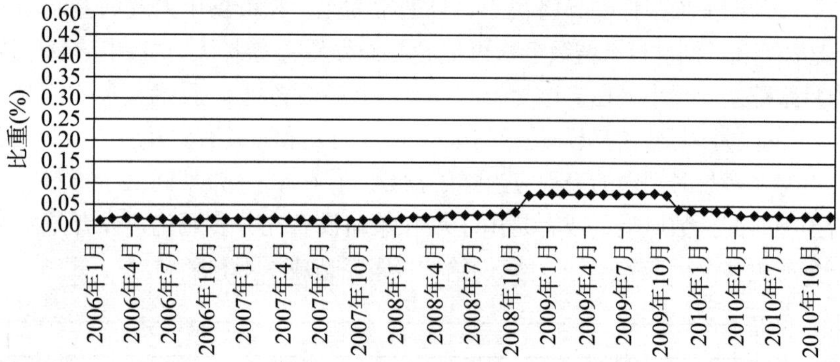

图表 49—19　紧的跟踪标准差：债券指数投资组合与巴克莱综合债券指数的比较（追踪 12 个月的调整后的跟踪差异的标准差）

□ 一致的正的信息率

评估增级指数化的成功性的另一种较好的方法是信息率（information ratio）。它度量的是与指数相比相对于所承担的风险的价值增加量。计算该比率的方法是，把 12 个月的跟踪差异（经过费用、定价和交易成本增长调整）除以月调整后的跟踪误差的 12 个月年度化的标准差。一种有效的、多元化的增级指数化策略应该能使该比率在大多数时期保持在 1～3 的范围内。图表 49—20 是从前面所举例子的共同基金中得出的一致的正的信息率的示例。

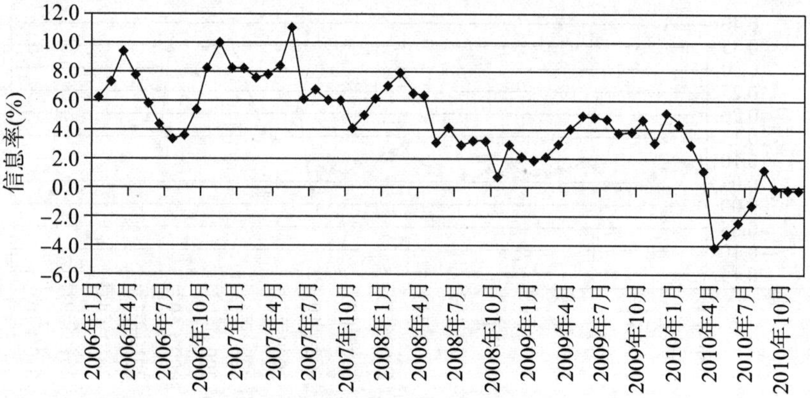

图表 49—20　一致的正的信息率：债券指数投资组合与巴克莱资本综合债券指数的比较（追踪 12 个月信息率）

□ 详细的业绩归因

为了准确地度量风险因素管理和增级策略的成功性，管理者需要良好的业绩归因工具。业绩归因分析应当能把跟踪误差归因到期限结构、部门赌注、质量赌注以及在部门和质量间的债券选择等因素上。

应当在相对于指数的投资组合层面来分析期限结构归因。应当在部门和次级部门（细化的部门和到期类型）且有能力深入发行人层面来分析部门和质量归因（配置和债券选择）。应当用次级部门、部门和在证券层面上滚动的投资组合收益对债券的业绩进行风险调整（相对于国债等值收益）。这种层面的归因能为管理者提供准确度量风险匹配和收益增级策略的工具，从而在竞争中打败指数并打败绝大多数管理者。

49.8 关键知识点

- 对于广泛债券指数的完全复制即使并非不可能，也是无效率的。
- 主动的债券管理者故意使投资组合各风险要素之间不匹配，目的是增加指数收益的价值。
- 核心/卫星方法通常针对核心投资组合采用低成本指数策略，而针对卫星投资组合采用多样化的高成本主动策略。
- 某一投资组合的卫星部分主要是流动性较低的部分，预期其与有广泛流动性的核心部分之间的关联性不强，并且债券选择可以增加价值。
- 指数债券的特点包括广泛多样性、低成本、有竞争性的业绩、相对一致的业绩、市场业绩的可预测性以及拥有经过时间考验的成功记录。
- 在特定风险水平上选择指数时，较广泛的指数（部门、期限、发行人等）通常要好于较狭窄的指数。
- 广泛指数的细分指数能够反映不同的风险/收益表现情况（例如，不同的久期、不同的信用敞口等）。
- 对于风险厌恶型（对于本金可能面临的损失）投资者来说，短期指数或中期指数比长期指数更合适。
- 如果收入的稳定性和持久性是主要的考虑因素，那么长期投资组合的风险性最低，而短期投资组合的风险性最高。
- 债券指数主要的风险要素包括：投资组合调整久期、投资组合关键利率久期敞口、投资组合部门和质量敞口（久期比重和久期贡献）、抵押贷款息票和期限敞口以及发行人多样化。
- 因为指数收益不会随着开支和交易成本的变化而调整，因此其收益提升只需要净收益等于指数即可。

● 可以用来弥补指数投资组合管理成本和交易成本的收益价值提升包括：降低管理和运营成本、发行选择策略、收益率曲线策略、部门/质量策略以及最佳提前赎回风险敞口策略。

● 如果关于风险的假设条件是相对于基准的，那么衡量成功能够带来相对于基准的价值增值。

第 50 章 基准投资组合的量化管理

莱维·丁金（Lev Dynkin）博士
巴克莱资本常务董事

杰伊·海曼（Jay Hyman）博士
巴克莱资本常务董事

瓦蒂姆·康斯坦丁诺维奇（Vadim Konstantinovsky），注册金融分析师
巴克莱资本董事

布鲁斯·D. 费尔普斯（Bruce D. Phelps）博士，注册金融分析师
巴克莱资本常务董事

现在大多数固定收益投资组合都是相对于基准来进行管理的。依赖于投资目标和风格，基准所扮演的角色也不相同。范围的一个端点是消极指数投资组合，它力争尽可能密切地与基准风险暴露和收益相匹配。另一个端点是具有较高风险承受力的积极投资组合，它投资于基准外部的债券并且把后者只当作不具约束力的参考点，从而自由地最大化业绩表现。大部分固定收益投资组合位于这两个极端之间。通常情况下，保荐人、投资委员会、首席投资官或者一些其他的设定投资目标的人员，详细说明了基准和偏离该基准的范围。从而对投资组合经理的评判就是通过他相对于基准所取得的优秀业绩以及产生该业绩所必须承担的风险数量进行的。

对于投资组合经理，基准相当于零风险头寸。随着时间的流逝，除非经理严重偏离基准，投资组合的绝对业绩在很大程度上取决于对基准的选择。因此，投资组合基准的选择非常重要。

主要的投资银行和其他数据机构发布了不断增多的债券市场指数。通常，可以从这些广泛的指数中选择一个适当的基准。但是在很多情况下，已有的指数都不能匹配投资组合的期望特征。为了确保基准能正确地反映既定投资机会的集合和约束，需要改进现存的指数。有时候，需要创建一个新的、非常特殊的指数。最后，对于某些投资者，正确的基准甚至可能不是传统的总收益指数。

固定收益市场是多种多样的，因此大多数指数倾向于包括成千上万只证券。影响固定收益证券的风险来源也是多种多样的，并且一般难以分析。这些条件把即使相对简单的投资组合任务也变得复杂化。这种“购买基准”问题对于大多数投资组合来说看似微不足道，却意味着如何选择相对较小的成分证券的子集，使得这些证券的行为类似于总体表现。理解相对于基准的投资组合风险也很复杂，因为有很多相关的风险维度以及风险间错综复杂的交互作用。

因此，基本上债券投资组合管理过程的所有函数都借助于稳健的量化方法。在本章中，我们回顾了一些债券投资组合经理面临的主要问题，以及处理这些问题的量化方法：基准的选择和定制、分析投资组合的风险和表现、复制基准以及优化投资组合结构以改善其风险调整收益。

50.1 基准的选择和定制

金融文献列出了基准表现的一些期望性质。一个好的基准被定义为可投资、含义清楚、提前知晓或者多样化。但是，往往不可能达到所有这些目标。尽管所有这些都是重要的属性，但首先且最重要的是，基准应该是**合适的**（appropriate）。一个合适的基准应该匹配投资组合资产的期望的或必要的策略分配，从而使投资组合的收益表现与投资者的总体目标基本一致。如果投资组合经理愿意并且能够“购买基准”，那么这一基准也是合适的。当把投资组合业绩与基准相比较时，关键是要知道任何差别都应归因于管理者的决策，而不是管理者没能控制的任何嵌入不匹配。强加于投资组合的限制其机会集合的任何约束也必须在基准中反映出来。

一个指数可能会为固定收益市场的特定部分的业绩提供准确指标，但是这不一定使它成为一个合适的基准。例如，尽管巴克莱资本美国综合指数是美国投资级固定收益市场中广泛使用的基准，但是这个指数的平均久期（在 2010 年 10 月 31 日是 4.59）可能不适用于某些为长期负债筹资的投资组合。

□ 反映投资者的机会集和约束

如果投资政策要求把资产专门分配于某些资产类别或者强加其他约束，或者可能是久期目标，那么定制指数可能就是合适的基准。最简单的例子是，定制的指数只是改变了标准指数成分的相对权重，而且仍然包括了标准指数中的所有证券。通常，投资政策给投资组合能够购买的证券施加最小信用评级临界值。对行业、国家等的最大暴露可能也会施加限制。投资组合债券的很多其他属性，比如最小或最大期限、时期、息票等，是可以控制的，且需要基准的相应改变。不过，在所有情况下，目标必须是尽可能保持基准的广泛及多样性，并且仍然满足投资政策的所有要求。不管对原始的基于市场的指数做了多大的改进，应该始终保留一个重要的基准属性：基准的客观性。也就是说，基准是基于一套事前确定的规则而且保持不变。基准的基于规则这一属性也允许对其过去行为进行历史分析。这样的分析在选择基准阶段时是很有用的。

获得优秀业绩的一种广泛使用的方法是投资于基准外部。这样的投资（例如，高收益率信贷或新兴市场债务）通常被称为“核心加法”。尽管在投资组合中出现暴露于核心加法资产的情形，很多管理者仍倾向于将这种资产置于基准之外。当然，他们的动机是使引起优秀业绩的潜在来源处于自己的掌控之下。但是，有一种情形可以把经常使用的核心加法资产纳入基准中。首先，将此类资产纳入基准之后，若管理者对这些资产进行持久性的分配，那么其所获得的相对收益的核算会更公平。其次，通常很难“卖空”核心加法类型的资产。但是拥有这些市场专业知识的管理者能够从卖空中获得同买空一样多且频繁的利益。能有效卖空这种资产的唯一方法是相对于基准低估它们。这当然只有在它们被包含在基准中时才有可能。无疑，只有在确保包含这些资产类别的基准对于投资组合的投资目标和风格仍然是合适的时，才可以做出这一决定。

□ 定位久期/现金流概述

有时候一个定制的基准之所以是必要的，不是因为部门、质量或者其他分布约束，而是因为期望投资组合有一个特别的期限结构敞口。例如，某些投资组合通常被用来为偿付债务提供特别的现金流。在最简单的水平上，投资组合久期可能与负债流的久期相等。专用是另一种广泛使用的方法，它保证了必要的现金流，同时（通常）最小化了投资组合成本。当然，在这种情况下，未来债务的融资是主要投资目标。然而，很多负债融资投资组合的实际投资政策会非常丰富，为追求优秀业绩同时保证充足的现金流提供了机会集。

这样的投资组合将受益于有现金流的多元化的基准，该现金流与期望债务流相匹配，同时完全反映了管理者的机会集。例如，考虑这样一个负债融资投资组合，它可随时投资于信用指数（credit index）中的任何证券。这个投资组合的合适的基准就要匹配信用指数的部门和质量分布，并且匹配负债的现金流。这样的“基于负债”的基准保留了广泛的基于市场的指数的很多期望性质：它是定义明确的，从而投资组合经理可以保持中立，并且可以使用市场价格来计算基准收益。因为这个基准包括了可在市场上出售的证券，其业绩可以由第三方指数提供者来计算和发布。[1]

即使在资产负债表之外，很多固定收益投资组合也有一个特定久期目标。如果这个目标不接近任何（发布的）标准指数的久期，合适的久期可能被创建为两个公开指数的融合，其中一个比目标更长，另一个比目标更短。尽管为得到期望久期必须对权重进行定期调整，但它们对于主要包含无期权证券的指数来说通常比较稳定。

对于包括很大比例的内置期权证券的投资组合，事情会变得更复杂。这种投资组合的久期很可能不稳定，随着利率变动做相应的改变。例如，抵押贷款支持证券投资组合的久期会剧烈波动。如果保持一个稳定的久期是很重要的必要条件，管理者可能会采用诸如德尔塔式对冲技术来战胜负凸性的影响，使久期保持在一个相对稳定的水平。规避技术需要各种成本，从更明显的交易成本到不明显但具有潜在毁灭性的“锯齿”成本。[2] 把必须采用高成本的德尔塔式对冲的管理者的业绩与不承担类似成本的基准业绩相比较是不公平的。两个可能的解决方法是：将德尔塔式对冲用于基准，或者创建一个“稳定久期”指数，该指数为德尔塔式对冲抵押贷款投资组合提供了一个更公平的基准。[3] 这种基准的例子有市场加权抵押贷款支持证券指数，它按照一系列规则通过国债或者期货合约的流动杠杆叠加来进行动态对冲。

□ 资产互换指数

一些投资者会拥有信贷头寸，但是被要求使它们的利率风险与其融资来源（比如，3个月期伦敦银行同业拆借利率）相匹配。例如，为了实现资产—负债管理目标，一些银行和保险投资经理必须管理他们的投资组合来达到短的久期目标，但是能自由发挥他们在资产选择方面的信贷能力。杠杆投资者通常集中于信贷风险，但是通过管理他们的投资组合久期来实现短期伦敦银行同业拆借利率融资，从而最小化利率风险。在适度信贷流和低利率（以及担心利率提高）的环境中，传统的总收益管理者也可能保持非常短的久期，同时在利差—部门维持高权重。这些管理者试图继续施展他们的信用技能，但是要规避期限结构风险。

创建和维持这种风险的最直接的方式是借助于浮动利率市场。但是，对于特定证券，这可能会导致系统性部门风险或者发行人异质性风险的意想不到的集中。在理想情况下，管理者希望匹配一个广泛信用市场指数的多元化的系统的利差—部门风险（也就是信用质量和部门风险），同时移除所有系统的国债关键利率风险因素（除最短期的关键利率，例如 3 个月期或 6 个月期之外）的风险。为这种投资组合设计基准的挑战是保证非常短的国债久期，同时把综合指数分布匹配到信贷部门。

为了施展他们的利差—部门时间安排技能并最小化利率风险，投资者可以在“资产互换”的基础上购买固定利率流资产。资产互换是固定利率债券（及其信用风险）和利率互换（固定利率息票与浮动利率息票相交换）的结合体。基本上，资产互换给投资者在较小期限结构风险下承担利差—部门风险提供了机会。

对资产互换的业绩表现没有正式的衡量指标。为了有效地衡量资产互换投资组合，基准必须是一个“中性”的利差—部门配置，从而管理者偏离中性会导致超过基准的优秀业绩。把伦敦银行同业拆借利率作为基准是不够的，因为它只反映了一种类型的利差风险（即互换利差），并且没有代表可能适用于投资管理者的利差—部门选择的宽范围。为资产互换投资组合设计的理想基准是浮动利率基准，它反映了利差—部门风险的多样化集合。创建这种基准[4] 的一种方式是为每一种资产类创建一个“反射”互换指数，该指数是一个利率互换的投资组合的指数，其与“反射”资产类的关键利率久期特征相类似。这些反射互换指数中的空头与一致资产类指数中的多头相结合，同时也与短期投资的多头（例如，1个月期伦敦银行同业拆借利率）相结合。这为基准中的所有资产类别创建了“资产互换指数”。最后，根据投资组合的“中性”配置，单个资产互换指数融进了最终的合成基准。

□ 基于账面会计的指数

固定收益投资者通常利用市场价格计算期初与期末的收益来衡量投资组合的业绩。使用市场价格的结果是投资组合的市场价值随着国债收益率、利差和偿付的变化而波动。大部分标准固定收益指数是基于市场收益，并且许多分析工具对投资组合也是基于同样的假设条件。

然而，很多投资者（例如，保险公司和银行）很少关心短期市场波动。他们购买固定收益资产来匹配负债，而负债的净现值不是依市值而是依账面价值或购买价格定价的。通常，这些固定收益投资组合相对不变。如果资产没有违约或以购买时没有预料到的速率提前偿付，投资者期望投资组合获得一个超过负债成本的足够利差。假定使用账面会计方法来给负债定价，这些投资者（及其管制者）倾向于以类似方式衡量投资组合业绩，或者通过投资组合的“账面回报率”，即账面收益除以账面价值，或者通过投资组合的“账面收益率”，即在购买时计算的内部收益率。然而，当大多数指数都是基于市场收益时，这些投资者如何衡量他们的投资能力呢？

最近，基于账面会计的投资者可以通过基于账面会计的指数或者“BOOKIN”来衡量投资组合的收益表现，在理论上，它是可复制的投资组合。例如，假设在 2011 年 1 月，有一名必须投资于巴克莱资本综合指数资产的投资者必须进行新的债务融资。投资者可以消极地投资于 JAN11 综合 BOOKIN。假定 BOOKIN 的构成必须反映 2011 年 1 月的综合指数，并且每个月都计算它的账面收益率和账面收益。在 1 个月期间，BOOKIN 会产生现金流（息票、提前偿付款、到期收益），它们会被再投资于 2011 年 2 月的综合指数。因此，在 2011 年 2 月，JAN11 综合 BOOKIN 成为了 1 月综合指数的原始投资和 2 月综合指数的更小投资的联合物。每个月都重复这一过程。JAN11 综合 BOOKIN 的业绩反映了投资者消极投资于始于 2011 年 1 月的综合指数所获得的收益（利用账面会计方法），并且这可以直接与投资者的实际投资组合的账面会计业绩相比。[5]

□ 基于策略的指数

最后，某些投资组合管理者必须在严格的收益限制条件下进行操作，例如，“在接下来的三个月内尽可能创造较多的收益，并且不能遭受任何损失”。许多官方机构就是按照这类限制条件来管理其债券投资组合的。对于这些投资者来说，最合适的基准是什么呢？现金基准（即零久期）不会遭受任何损失，但是会严重限制收益的获取。相反，较长期的久期基准可能会带来更多的收入，但是会使投资组合在持有期内面临遭受损失的风险。

合理的基准应该是在风险约束条件下最大化预期收益的久期。但是，要决定基准，又如何最好地产生预期收益呢？一种方法是使用证券收益的历史数据。其好处在于它是对预期收益的非主观性估计，但是历史收益并非对未来收益良好的预测方法。另一种方法是使用目前期限结构中所体现的预期收益。因为它们只服从于收益率曲线维持不变这一假设条件，此类估计值也是非主观性的（即“没有主观看法”）。这些非主观性的预期值能够反映当前的市场条件，而历史收益却不能做到这一点。

在收益率在既定概率水平下必须为正这一风险约束条件下，要实现预期收益的最大化，使用非主观性预期收益率和历史收益率可以构造一个基准。这一最优化问题的解就是能够用作基准的证券投资组合。因此，管理者负责使债券收益超过这一基准，或者如果管理者不想承担任何风险，则可能使收益率至少达到基准的水平。这一“没有主观看法”的国债基准是基准如何被客观地设计从而反映投资目标和约束条件的一个例子。[6]

50.2 基准的多元化问题

在信贷组合中，发行人特有风险是一个重要的考虑因素。然而，基准因任何嵌入其中的证券特有风险而受到的审查日益增加。不是只有投资组合经理才考虑对个别发行人的过度暴露。计划发起人现在重新审视基准的设计，并密切关注大的单一发行人的集中度（concentration）。这是一个重要问题，甚至对于非常广泛的市场指数使用者来说亦如此。如图表 50—1 所示，在 2010 年 10 月，巴克莱资本美国公司债券指数的前十大发行人占整个市场价值的 23%。对于一些计划发起人，这是非常高的证券特有风险。若资产管理者以市场价值权重的信用指数为基准，就会被迫暴露于某些大的发行人，只因为他们在基准中占有很大的权重。对一些普遍采用的基准的高发行人集中风险的担心，导致了基准设计的不断发展，以试图降低这种风险。

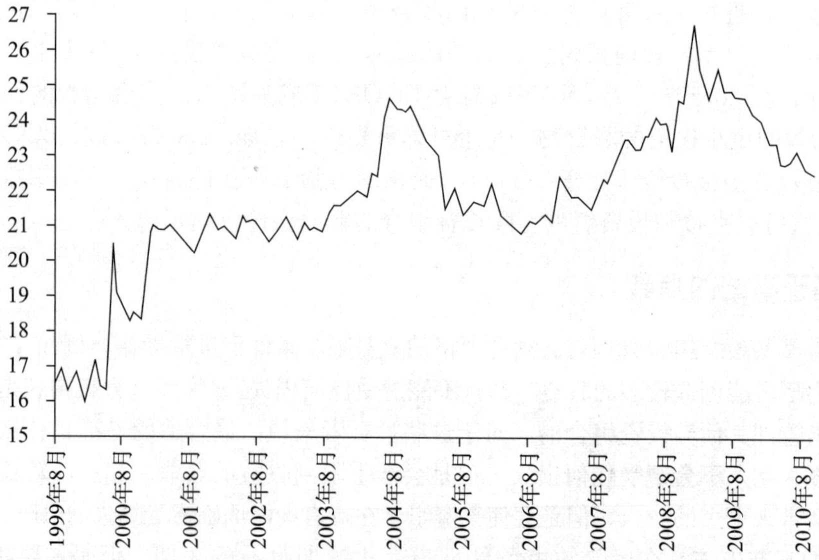

图表 50—1　1999 年 8 月—2010 年 10 月，巴克莱资本美国公司债券指数中前十大发行人的市场价值权重（%）

资料来源：巴克莱资本。

□ 发行人上限的基准

在发行人上限基准中发行人所拥有的市场价值权重的最大值，限制了发行人特有风险的暴露。当设定了市场价值上限（比如，1%）时，将用这一上限来检查每个发行人的资本总额。超过上限的市场价值必须被“剃掉”，并分配给指数中所有其他发行人，以与他们的市场价值权重成比例。对于不同的信贷利率，可以选择不同的上限来反映发行人特有风险更高和更低信用质量之间的区别。尽管发行人上限投资组合已经存在相当长一段时间，但发行人上限基准才刚刚起步，并且是为应对信贷市场中证券特有风险水平的不断提高而出现的。

发行人上限指数似乎非常直接。然而，上限水平和再分配规则会对指数的风险和收益特征产生重要的影响。相对于无上限指数，一些再分配规则通过无意地引入不适宜的部门—质量风险暴露，限制了上限发行人的收益。[7]

例如，“指数—范围”再分配规则把“超额的”市场价值分配给指数中所有其他没达到上限的发行人，以与他们的权重成比例。然而，与无上限指数相比，这个过程可能会产生一个有着非常不同的（很可能不是故意的）部门—质量风险暴露的指数。例如，下表说明，在1%发行人上限的巴克莱资本美国公司债券指数中，与无上限指数相比，指数—范围再分配规则赋予了Baa级和工业发行过大的比重，而金融产品的权重存在显著的不足。

	Aaa-Aa级	A级	Baa级	工业	公用事业	金融产品
平均	−2.62%	−0.39%	3.00%	3.17%	1.31%	−4.48%

“质量—部门—中性”再分配规则可以避免无意间引入潜在不适宜的部门—质量风险暴露，前者保护了无上限指数的部门和质量性质。

指数中限制大的发行人的另一个“副作用”是提高了较小发行人的权重。通过创建，在发行人上限指数中，有时候会出现这样戏剧性的一幕：较小发行人的市场价值权重超过了他们在市场中的实际权重。这引发了一个现实担忧，即在发行人上限指数中，可获市场供给可能不允许管理者去匹配（如果他选择这样做）必要的分配。

发行人上限也被用于主权指数债券。主权债券发行人的分布往往高度集中。例如，基于市场价值权重，在巴克莱资本全球国债指数中，日本和美国分别持有接近32%和26%的比重（截至2010年12月31日）。因此，日本和美国共同构成了巴克莱资本全球国债指数的约60%。在地理性区域，这些国家的权重甚至更大，其中日本证券占亚洲国债的比重超过90%，美国证券占美洲国债的比重为92%。主权债务发行人分布的不合理性可能会导致发行人上限对于投资者们具有吸引力。但是，如发行人上限信贷指数所体现的那样，当对任何超出上限的市场价值进行重新分配时都必须谨慎。

在指数债券的所有小规模主权债券发行人之间重新分配任何超出上限水平的市场价值的简单主权债券上限计划，并不能减少该指数债券的波动性。这是因为超额市场价值被按比例分配给了与上限国家在经济上关联较密切的其他国家。一种更有效的主权债务上限计划是，首先对不同经济区域的市场价值权重规定上限，并且在其他经济区域之间充分分配超额市场价值。然后，对某一经济区域内的单个经济体的主权债券规定上限，并且在该经济区域内部重新分配任何超出上限水平的市场价值。与不施加上限的主权债务指数相比较，这种双重上限计划能够降低该指数债券的波动性，并且不会影响该指数债券的收益表现。

另外一种主权债券上限计划是，根据不同国家经济基本面的相对情况来调整各自的市场价值权重。例如，对债务占 GDP 的比重低于平均水平的国家将会提高其在指数中的市场价值权重，而对该比重超出平均水平的国家则降低其相应权重。[8] 这种“基于经济基本面的”赋予权重的方案越来越受到青睐，因为主权信用已经显得越来越不确定。

尽管有这些难以捉摸的问题，发行人上限指数现在仍然是投资管理领域必要的工具。若判断准确，投资者能够设计发行人上限指数，从而满足他们处理发行人特有风险的风险管理偏好。

□ 基于互换的基准

在信贷市场中处理发行人特有风险的根本方法是不承受任何风险。除了采用所有国债基准的简单方法外，另一种流行的基准类型是基于利率互换的方法。互换提供了良好的流动性、实质性的非限制市场供给、有限异质性的或主要的风险，以及抓住投资于非国债产品的一些长期利差优势。自从 20 世纪 90 年代早期以来，互换已经成为债券市场的主要特点。实际上，在某些情形下互换市场比美国国债市场更大并且交易更频繁。

互换收益是基于伦敦银行同业拆借利率的，因此，平价互换利率曲线可以被看作大型高评级银行的一般收益率曲线，这些银行间的贷款利率构成了伦敦银行同业拆借利率。[9] 相应地，互换利差被认为是高级别信用利差（credit spread）的一般替代（互换利差没有反映交易对手风险，通过担保品管理能有效消除该风险）。

利率互换利差与高级别信用利差之间的这种关系促使一些投资者把互换当作他们的信贷组合的收益基准。然而，不像正常的固定收益证券收益，在市场中不能直接观察到互换的收益。此外，现金固定收益证券具有可作为计算收益基础的基础市场价值，但平价互换最初的市场价值为零。为了给互换市场创造总收益指数，需要一种新的指数方法。

巴克莱资本公司的利率互换指数方法[10] 依赖于互换曲线关于互换证券期限固定不变这一前提假设条件。在每个月的月初，从互换曲线上的特定到期时点，能够通过互换利率识别一系列的平价固定接受互换。例如，要设立 10 年期互换指数，10 年期平价互换与利率为 3 个月期 LIBOR、数量等于互换名义数量的现金投资将配成一对。在这个月内，10 年期互换的盯市（mark-to-market）收益与 LIBOR 存款的盯市收益相加，除以最初的名义价值，就能够得到 10 年期互换指数收益。目前，不仅针对美元存在利率互换指数，而且针对其他货币（例如，欧元、英镑和日元）也存在这一指数。[11]

不同货币的互换指数可以结合起来构造具有任一合意的期限结构（例如，与特殊债务久期目标相匹配）的互换指数。回顾前文关于资产互换基准的讨论，每种资产类型都有一个相关联的互换指数（反射互换指数），并且具有一个关键的利率久期与之相匹配。信贷投资组合管理者是中立的或者没有任何主观看法的信贷不能包含在投资组合中。相反，如果基准是市场指数，管理者就会不得不持有至少一点点基准中最大发行人的债券。

即使当管理者对公司指数中的大发行人持消极看法时，他也不可能持有零权重，因为它对基准创建了一个大的积极赌注。

□ 降级宽限基准

尽管是在利差严重波动的时期，许多投资者仍会坚持保留一定比例的信用分配，因为他们相信在假设的足够长的期间内，信用债券会赚到一个超过相似久期的国债的可观的利差溢价。信用利差溢价（credit-spread premium）是指任何超出实际违约损失的净收益，但不包括利差变动所带来的影响。“购买并持有”信用债券的投资者在到期日会获得利差溢价，并会忽略在此期间所发生的盯市波动性。

但是，投资者们的确能够赚取这一信用利差溢价吗？从理论上讲，他们只要维持信用持有分配直到到期日，就能够赚取这一溢价。例如，在巴克莱资本投资级指数的情况下，指数规则规定，如果债券被降级至投资级以下，则被剔除出该指数。因此，以该指数为基准的投资组合不得不卖出债券。通常情况下，当此类债券的利差幅度特别宽（一般要比任何随之导致的违约损失所调整的息差还要宽）时，上述情况更有可能发生。这一不合理的时间安排可能会导致以指数为基准的投资者们因受罚而丧失（至少是部分地）信用利差溢价。

另一种方法是，允许投资组合管理者继续持有降级债券，并且由他们自行选择卖出此类债券的时机。[12] 这种“降级宽限”企业指数所获取的利差溢价比标准指数要高出近80%。图表50—2展示了这两种指数之间的年度比较，考察期间为1990—2009年。在这20年期间内，“降级宽限”指数在每一年都赚取了较高的利差溢价，其风险结构与标准指数基本相同。[13]

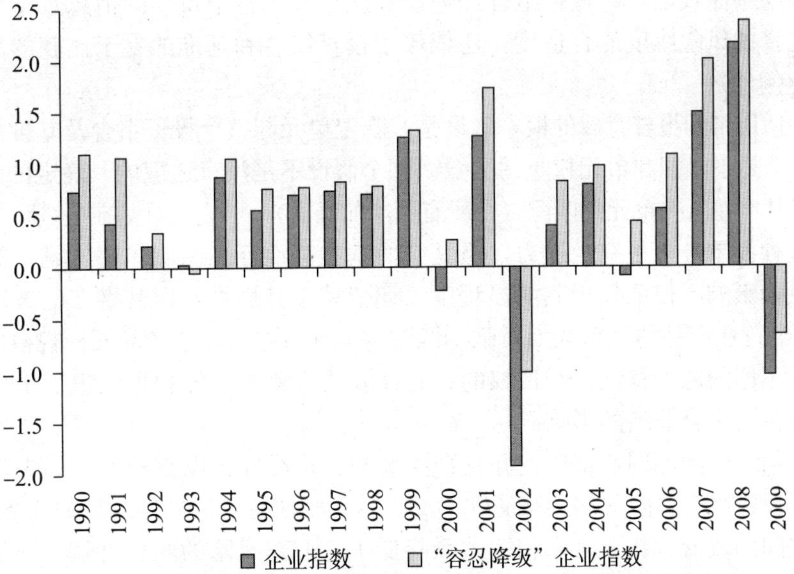

图表 50—2　年度信用利差溢价的估计结果（1990－2009年，%）

资料来源：巴克莱资本。

这些分析结果表明，如果投资组合管理者被允许继续持有被企业指数所剔除的债券，他们应该能够赚取明显较高的利差溢价，并且能够显著改善他们相对于基准的收益表现。

50.3 相对于基准的投资组合分析

选择投资指南和合适基准标志着投资组合管理过程的开始。一旦建立了投资组合，投资者就会持续监督其相对于基准的头寸。除了投资新的资金，定期交易有助于维持合意敞口，并反映市场前景的变化。

特定投资组合的监测活动通常定期（例如，按照日历月份）开展，并且按照固定的流程进行。其他的分析一般是有需要时才开展，也不一定遵循固定的流程。然而，即使具体操作的细节可能有所差异，但某些基本功能是投资组合管理者必须执行的，某些类型的工具也是完成这些任务所必需的。通常情况下，在任务执行期开始时，管理者会运用前瞻性或事前分析来构造或确定合意的投资组合头寸。在任务执行结束时，管理者会运用后顾性或事后分析来回顾和解释所实现的业绩，进而据此对投资组合进行调整。

□ 投资组合风险分析：一种基于单元的方法

分析投资组合相对于基准的风险的最直接的方法是对二者进行结构性比较，即把它们分割成单元矩阵。选择不同的分割变量，所关注的投资组合成分也不同。例如，公司投资组合很可能根据质量和行业类别分类（例如，基础行业、消费周期和能源）。久期分割突出了收益率曲线敞口。投资组合经理能够从这些报告中得到的信息数量和质量不仅依赖于所选择的风险维度的合适度，还依赖于投资组合和基准的易于比较的属性（除了市场价值比例外）。

当然，使用结构报告背后的根本假设是，既定单元与整个投资组合及基准风险的不匹配贡献基本上是不匹配和单元权重的函数。这个假设不是没有道理的。确定的是，如果投资组合与其基准在所有单元都匹配（在所有可能的维度），那么它对基准是风险中性的。

尽管这种简单分析很有吸引力，但是它的基本假设存在两个主要问题。第一，某个不匹配的风险影响不仅依赖于其明显程度，还依赖于其属性，即其潜在的波动性。一单位 Aa 级金融行业产品的利差久期贡献不匹配与 Baa 级电信行业产品同样规模的不匹配相比，有非常不同的风险特性。经授权的、有经验的投资组合经理可能识别出单个的不匹配的大小对投资组合业绩的影响。

然而，第二个问题同样重要，并且毫无疑问，是经验难以弥补的。如果没有特殊的量化工具，投资组合风险的多种来源间的交叉关系会使得评价总体风险的任务难以实现。如果它们之间的较低（甚至负）相关关系降低了它们对风险的联合贡献，那么两个不同单元的不匹配，即使每个单元单独具有明显风险，也有可能会相互抵消。相反，如果它们之间的相关程度很高，那么即使单独风险极小的几个不匹配也可能代表重大的风险。不用说，当不匹配的数量很多时，正如在相对简单的投资组合中容易出现的，试图通过

"目测"结构不匹配来找到共同风险特性也是不切实际的。

□ 投资组合风险分析：多因素风险模型

量化投资组合积极风险（即风险与基准）的一种可靠的方法是多因素风险分析。它的基本目标是帮助管理者根据相对于基准的预期风险敞口来构造投资组合。正因为这样，它通常不是被当作事后控制工具，而是被当作构造投资组合的事前工具。一个明显的要求是测度跟踪基准的投资组合的收益偏差的期望风险。另一个要求是用特定的优秀业绩或者 alpha 目标来为积极管理者形成一个可信风险估计。投资专业人士之间对相对于基准的**信息率**（information ratio）或者风险调整优秀业绩的现实可行水平达成了一个共识。通常认为高于 0.5 的实际信息率是很高的，并且 1.0 一般被看作实际上限。因此，量化积极风险允许管理者检验指定的 alpha 目标的可行性。例如，alpha 目标为每年 50 个基点的投资组合可容忍的积极风险为每年 50～100 个基点。作为政策约束的结果，如果预计风险被低估了很多，管理者就需要说明理由，或者是放松政策约束，或者是修正降低的 alpha 目标。

积极风险有**系统性风险**（systematic risk）和异质性风险（idiosyncratic risk）两个组成部分。前者来源于投资组合和基准对共同市场**风险因素**（risk factors）（例如，关键利率的变化、信用部门利差或者波动性）的敏感度的差别。异质性风险有时也被称为"可分散风险"，反映了对个体发行人的不平等敞口（通常在投资组合中权重过重），甚至在消除了所有系统敞口后仍会存在。这种类型的风险反映了个体发行人的剩余利差运动，不能被发生在他们同伴身上的事件所解释。除了异质性利差运动外，还有违约风险，这在更低质量的信贷投资组合中尤其重要。例如，在巴克莱资本风险模型中，违约风险与市场风险被分开来分析并给出结果。因此，违约风险包括系统性风险和异质性风险两部分。不同发行人之间的相关的违约组成了系统性风险。对于不相关的违约以及只反映特定发行人的事件，违约风险是异质性风险。分离违约风险的系统性风险部分和异质性风险部分是很困难的。

为了量化市场风险中的系统性风险部分，多因素风险模型使用了历史波动性和风险因素的相对较小集合的相关关系。把它们放入**协方差矩阵**（covariance matrix）中，这是模型最重要的部分。我们可通过测度特定发行或发行人在投资组合和基准的集中程度方面的差异来量化市场风险中的非系统性风险部分，然后用这些权重差异乘以异质性利差波动，这些波动只对既定发行人或其同伴有影响。

这些风险部分可以产生这个模型的主要结果——**跟踪误差波动性**（tracking-error volatility，TEV），定义为投资组合和基准之间的月收益率之差的预期标准差。TEV 是非常有效的测度，因为它为风险的很多不同来源提供了一个共同单元，加强了多样化风险敞口的比较，大大提高了投资组合的风险管理和风险预算。成熟的模型不仅计算 TEV，而且提供有关其风险构成部分的其他有用信息。例如，详细分析了 TEV 的来源、它们对总收益的相对贡献以及它们的相互依赖。[14]

当然，多因素分析依赖于历史观察，从而导致了批判，即风险因素的相关性是不稳定的，并且依赖于经济周期（波动也是如此）。然而，这些担心被证明是被夸大了。

不同的历史时期或多或少与现在的环境是相关的。一些资产类别随着时间的推移而发展，它们的风险特征也发生了变化。例如，美国住房抵押贷款市场显著提高了再融资效率，这使得 20 世纪 90 年代初之前的提前偿付历史对于评估接下来期间的提前偿付风险都是无关的。经济和市场条件也证明，重视一个特定历史时期的同时忽视其他时期是有益的。风险模型可以考虑这些风险动态因素。一种机制是给历史数据系列增加一个时间滞后变量，以增加当前数据的权重。

积极风险的异质性部分对基于历史的风险模型来说是一个更大的挑战。为了量化特定发行人的风险，模型需要估计所有市场部门中的剩余利差波动。只能从单只证券的剩余回报的历史时间序列中得到这些估计，其中剩余回报是由所有系统性风险因素不能解释的每只债券的那一部分回报。这需要大量单只证券层面的历史数据。

如同系统性风险，为异质性风险估计选择一个相关的历史时期也会产生问题。保守主义通常是一种好的做法。在特定发行人波动性达到顶峰之后的时间里，例如 2008 年发生在美国信贷市场的情形，风险模型需要从最新经验中快速“学习”。把时间衰减应用到历史数据中实现了这一点，并使模型产生了对未来异质性风险的更高估计。但是，风险模型有时可能对当前经验的关注少一些。在平静了很长一段时间后，模型需要转向具有相同权重的历史数据，从而避免低估发行人风险。

□ 基于历史的情景分析

在某种形式或其他形式中，投资组合经理广泛使用情景分析方法来研究投资组合（和基准）在不同收益率曲线、利差、波动性、提前偿付和汇率环境中的行为。管理者可能关注那些他们认为最有可能发生的情景，或者现在不可能但将来会发生的情景。情景分析完善了多因素风险分析。通过限制在风险模型中不一定与历史相一致的极端情况（“三个标准差事件”），它允许管理者重点检验基准投资组合。这种分析可能会强调风险偏差的潜在来源，这些来源在正常（根据历史标准）环境中没有表现出来。

当使用情景分析方法时，投资者通常会为特定的、可观察的市场维度（如关键市场利率、某些市场部门的信用利差、特定汇率等）做出明确预测。然而，很难规划出在方向和维度上与很多不同市场部门都一致的情景，也难以估计这些情景的概率。这个问题类似于在很多维度上同时分析风险。从而，解决方法也与多因素风险模型一样。可以使用从历史观察中估计出来的协方差矩阵构建“最大可能情景”。这种情景包含了投资者的一些明确预测，然后为矩阵中的所有其他元素推断与历史相一致的认识（预期），从而确定的和推断的元素预期的完整集合就转变成了单只证券的预期收益。

明确预测可能出现不太可能的情景。例如，如果历史收益率波动是每个月只有 25 个基点（假设是一个正态分布），那么一个月收益率改变 50 个基点（或更多基点）的假设就意味着事件概率大约为 2.3%。类似地，历史相关关系模式会不支持这样的预期，即信用利差扩大同时证券收益率提高，因为收益率和利差变化通常是负相关的。可以用情景产生模型来估计明确预测的可能性，该预测的依据是协方差，它是构成分析的基础；也可以用情景产生模型来重新调整预测，从而满足事先制定的可能目标。这种观点可以是相对的，也可以是绝对的。相对预测的一个例子是收益率曲线斜率预测，因为它没有对利率的总体方向做出预测。个体预测可能需要应用对它们的置信度。例如，投资者对信用利差变动比对货币和利率变化通常更有信心。一个稳健的情景分析框架应该能够包含这些信息。

□ 相对于基准的投资组合业绩归因

一个全面的业绩归因框架必须考虑投资组合业绩的所有可能来源，并且从这些来源中量化它们的贡献。过去收益的业绩归因可能是最重要的工具，在给定投资方式下资产管理者能够用来证实他们基于专业知识的主张。例如，如果一个基金声称擅长于发现价值低估的信贷，那么就可以用业绩归因来决定该基金的过去业绩有多大比例可归功于信贷选择。除非有很充足的证据来证明所产生的收益是来自所公布的来源，否则投资者可能会担心，任何优秀业绩皆是因为幸运，而不是因为技能，而且实际上可能是轻率的风险承担的一个标志。

资产管理公司在投资组合业绩的内部分析中使用业绩归因能够获益，这能帮助他们决定管理不同类型的敞口时所采用的技能，以及决定可能需要改进的部分。所取得的优秀业绩的来源应该与事前的风险来源相匹配。偏离基准的收益的定量分析会指出需要纠正的意料之外的投资组合敞口。对于决策分散化（不同的团队或个人负责收益率曲线定位、部门和质量分配、名称选择）的大基金来说，这特别重要。业绩归因分析可以帮助评估个人管理者在这一组织中的业绩表现。在这种分析中，灵活性非常重要。只有在与组合投资背后的实际决策过程相一致时，业绩归因框架才是有用的（并且被使用）。这个过程在不同公司会不同，并且在同一个公司内也会随着时间的推移而发生变化。

对于多货币投资组合，分析一般起始于整体水平，其中优秀业绩来自两个基本来源：汇率敞口以及对不同市场的资产分配敞口。将实施货币对冲作为一种保护措施的能力，使得管理者能够运用外汇期货或者远期将资产分配决策和货币分配决策分离开来。归因框架应该能够解释每一个要素的收益表现。

在评估了多货币的优秀业绩之后，资产组合头寸一般应根据货币区分开来，并且分别估计每个单一货币投资组合的业绩（相对于合适的单一货币基准）。在一个发达的固定收益市场中，例如美国，局部收益通常包括三个主要组成部分中的一个或更多：国债（收益率曲线）、波动性和利差。

巴克莱资本业绩归因体系依靠关键利率久期[15] 方法来计算由国债曲线头寸带来的优秀业绩。投资组合和基准都被假设的国债投资组合所替代，它们有同样的收益率曲线敞口，也就是说，有匹配的关键利率久期，从而可以比较这些“国债匹配”投资组合的收益。任何差异都来自完全不同的曲线敞口。国债匹配的投资组合中的债券一般不是真的证券，而是来自平价收益率曲线上的点，并且不产生价格噪声（例如由于新发行的债券）。该模型把优秀业绩的组成部分进一步分解成了单个的关键利率敞口。

隐含波动率的移动会影响嵌入期权债券的价格。量化由波动敞口的差异所带来的优秀业绩既需要一个很好的期限结构模型，该模型能够估计国债曲线的隐含波动率，也需要分析学知识，来计算投资组合和基准中的所有证券的波动敏感性（或者 vega）。

由利差敞口带来的优秀业绩可以分解成资产配置部分（资产类、部门、工业、质量等）和证券选择部分。当投资组合的资产类收益比基准更大（或者资产类损失比基准更小）时，就出现了第一个部分。证券选择优秀业绩来自挑选比同类更好的证券。两种方法都强烈地依赖于资产类或者证券同类群体的定义。

在现代资产管理者所需要的方法和工具中，业绩归因无疑是最复杂的一个。有很多技术要点和微妙之处需要把握，比如汇总每天的结果，计算日内交易，并且处理投资组合和基准间不同的价格和收益惯例。

50.4 复制基准的定量方法

除了指数基金，其投资授权明确要求以最小可能偏差跟踪基准，“购买基准”也经常是一个合理的策略，甚至对于那些通常追求积极战略的管理者来说也是如此。例如，当管理者对特定市场细分没有确定的看法时，把指数收益与那些细分市场相匹配是一个明智和安全的战略。很多时候，如果管理者在年底前获得了显著的优秀业绩，他们就会决定在当年剩余的时间里转向消极基准来维持其收益。最后，投资者有时候会使用所谓的代理投资组合，它复制了广泛的市场指数，是出于模型化目的，而不是出于直接投资的目的。主要原因一般是把同样的内部模型（例如，提前偿付模型）应用到投资组合和基准中，从而消除“模型噪声”，该噪声可能会很大。有时候因为处理时间和数据可得性的限制，在分析中不可能包含真实基准。与分析构成指数的成千上万只债券相比，当对数量较少的完美定价的证券进行分析时，以计算机为基础的分析会更简单并且更快捷。

正如我们之前所指出的，复制一个有多种收益来源的多元化的市场指数不是一个容易的任务，并且有时候需要复杂的技术和工具。这些技术主要可以分为两类：复制真实的或“现金”证券，复制衍生工具（例如期货和互换）。复制策略非常不同，反映了各种固定收益市场的多样化特征，以及不同投资者的目标与约束。例如，在具有高异质性风险的市场中，与基准中的发行人分布相匹配相对来说更重要。在系统性风险占主要地位的地方，复制技术应该密切关注依据重要风险维度来匹配基准配置。对于有着明显不断变化的现金流入和流出的投资组合，可能会首先采用衍生工具的复制策略，因为它们的流动性和低成本。当投资者采取“可转移 alpha”战略时，也就是构建流动性衍生市场来复制指数收益并把现金投资于指数外来得到 alpha，复制衍生工具也很受欢迎。

当然，复制一个指数的最简单方法是购买其中的大部分证券。然而，这种方法只对少数非常大的指数基金才可行，这些指数基金已经用很多年来集聚所发行的大部分指数。对于规模较小以及新的投资组合，仍然要求持有满足比重要求的大量债券，这将会导致零碎股（odd lots）的买卖，其市场可得性有限，交易成本却居高不下。此外，这一策略只对试图对长期基准保持中立的投资组合适用。

对于大部分投资者，现金复制是指购买一小部分指数债券以追踪指数变化。有两种基本方法能解决选择正确的指数证券子集的问题：单元匹配（分层抽样）、利用风险模型来最小化跟踪误差。二者之间的关系接近于测度投资组合风险的抽样方法和风险模型方法之间的关系。

50.5 利用现金工具的复制：分层抽样

抽样是“常识”方法。为了复制一个指数，人们试图把其贡献匹配到一些证券的每个重要部分。最简单的情况是，所持有的特定部分的总市场价值权重与指数权重相匹配。更常见的是，所持有的债券的贡献与指数久期匹配。为了进一步提高跟踪效果，管理者可能瞄准每个单个部分的其他特征，比如凸性或信用质量。当然，在每个部分购买的证券越多，投资组合就能越紧密地跟踪指数。

在同质市场，比如美国政府债券或抵押贷款支持证券市场，这种方法可能会令人相当满意。我们用来复制政府债券的一种非常简单而又有效的方法只需要六种证券。该指数被分成了三个具有特定市场期限的部分。对这些部分的选择反映了市场特征，如拍卖周期、期限分布或再融资政策。在每个部分内部，证券被分成了两组：一组的久期高于部门平均久期，另一组的久期低于平均久期。从每半个部分中挑选一个流动债券（liquid bond）。这两只债券的总计久期与它们所代表的部分的久期相匹配。因此这三对债券被赋予了合适的权重，从而与这些部分对指数的贡献相匹配。这个简单过程确保了期限结构配置的高度匹配，在政府市场中期限结构配置是风险的主要来源。

对于没有非系统性风险的美国抵押贷款支持证券市场，分层抽样运行良好。对于MBS复制，通常只从三个维度来抽样该指数就已经足够了：项目（GNMA30年期，传统债券30年期、全部债券15年期）、时效（到期的，未到期的）和价格（溢价、定点和折价）。[16] 对于面临严重非系统性风险（例如，信用风险）的市场，分层抽样运行得并不好。广泛风险维度之间的匹配会使代理投资组合对于债券发行人所带来的风险非常敏感，因为不可避免地，相对于基准来说，代理投资组合高估了每位发行人的权重。关于如何控制投资组合的发行人特定风险这一重要问题，将在下文予以讨论。

有时候分层抽样是唯一可用的复制方法，例如，在多因素风险模型不适用的市场中。真实技术，尽管仍然以抽样为基础，但可能会变得非常复杂。首先，在每个部分中挑选单只证券时（例如，从最大的发行人开始），以及在每个部分中设定分散化水平时（例如，以部分的历史波动性为依据），可能会使用特殊的规则。抽样过程会在一个优化环境中进行。在这种情况下，满足约束条件是主要目标，而目标函数是第二个考虑因素（例如，可能最大化收益率、利差或者流动性）。通过加强或放松约束条件，可以控制在所复制的投资组合中的证券数量。

以分层抽样为基础的复制技术面临的根本问题与分析风险时基于单元的方法所带来的问题是一样的。一些单元的匹配比其他单元的匹配可能更重要，因为与这些单元相关的收益波动性更高。基于抽样的技术忽视了单元之间的所有重要的相关性。

□ 利用现金工具的复制：跟踪误差最小化

正如我们之前所指出的，抽样技术试图“天真地”匹配指数风险参数，而常常忽略了历史变化和风险因素的相关性，从而与抽样技术相比，多因素风险模型通常为投资组合风险提供了更精确的估计。除了展现它们测度风险的主要功能外，还可以增强多因素模型的优化功能。给定代表可投资总体的证券集合，一个基准以及一个约束集，以多因素模型为基础的优化程序可以选择债券（投资组合）样本，并且与基准相比最小化了程序的跟踪误差。这可以在一个步骤中完成，其中模型基本上是一个“黑箱”并产生结果。或者该模型允许管理者通过运用其关于选择从一组候选人那里购买最优债券的知识，实现某一债券在某一时点上的最优化。

最小化跟踪误差的方法已经被成功地用来为美国和全球政府及信贷市场的广泛基准构建复制的投资组合。在复制巴克莱资本抵押贷款支持证券指数时也可证明这种方法是非常有效的。[17]

大部分真实的复制投资组合的实际业绩处于模型预测范围内。当然，从复制投资组合中得到的跟踪水平依赖于它所包含的债券数量。投资组合中加入更多的债券后，风险会降低。图表 50—3 阐明了这一过程，它展示了随着证券数量的增加，相对于巴克莱资本美国公司债券指数，公司复制投资组合的月度预测 TEV 是如何下降的。首先，在投资组合中加入更多的证券迅速降低了跟踪误差，但是慢慢地，降低速度放缓了。原因在于系统性风险和异质性风险之间的差别。如趋势图所示，在债券数量超过 60 之后，系统性风险就不再受到关注。当投资组合中债券的数量为 100 时，系统性风险为每月 2.6 个基点，这几乎可以忽略。因此，甚至是相对较小规模的投资组合也能与广泛市场指数的系统性风险敞口实现有效的匹配。对于小规模的投资组合来说，占主导地位的风险类型为异质性风险。当投资组合中的债券数量达到 100 时，在总体 TEV 中，异质性风险的影响程度几乎达到 100%，并且随着代理投资组合中债券的增加，这一影响程度的降低速度也很慢。

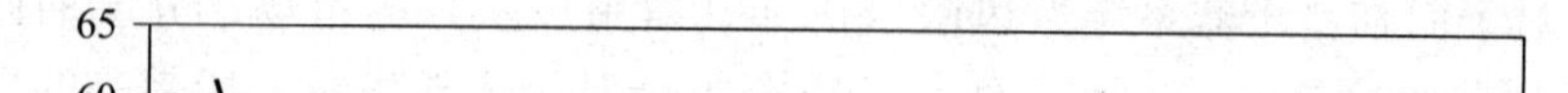

图表 50—3　相对于巴克莱资本美国公司债券指数，以投资组合中的债券数量为函数的跟踪误差波动性

资料来源：巴克莱资本。

多因素风险模型依赖于校准期间的历史经验。这个模型可能会忽略类似投资组合与指数投资组合之间的一个重要的结构错配，即历史没有导致收益波动性。总会有这样的时候，在下个月将不会保持历史模式，错配会比模型所考虑的造成更多后果。这就是即使存在强大的风险模型，分层抽样分析也有用的原因。它会提醒投资组合经理注意模型所忽略的结构错配。在这种情况下，管理者在决定是否依赖于历史模式时，就会依靠他们自己的判断。

□ 利用衍生工具的复制

衍生工具有效地减少了投资组合管理问题，简化了现金流入的资产配置变动和调配。因此，在复制基准的初始阶段，也就是当达到可交易规模的多元化现金投资不易行时，衍生工具特别有用。衍生工具也可用于可转移 alpha 策略，即管理者从一个策略中所增加的价值可以被“转移”到另一个策略。

国债期货被当作久期调整工具广泛使用，因为它有很多优点，例如没有投资组合分解、易于构建头寸和平仓、交易成本低。如果利用四个国债期货合约（2 年、5 年、10 年和 30 年）进行恰当混合，也即通过“单元匹配技术”来构造衍生工具，那么将能够有效复制任何固定收益指数的期限结构敞口。[18] 在这一复制法中，指数被划分成了四个期限（久期）单元，每个单元的市场价值配置和美元久期与现金及合适的期货合约相匹配。可以把现金投资于短期国债或其他短期工具。为了获得更多收益，可以把现金投资于风险更高和收益率更高的工具，比如商业票据或者浮动利率票据。对于有更频繁和重要的现金流入和流出的投资基金，用在交易所交易的期货来复制基准收益通常是一个战略选择。同样，因为它们的流动性和低交易成本，较大的资产配置变动起初与期货相关。因此当机会出现时，可以逐步地调配低流动性的现金资产。

尽管期限结构敞口可以只与国债期货有效匹配，但是需要分别规避利差风险。衍生工具复制技术的下一层次引入了欧洲美元期货和互换，从而复制有着信用利差风险的指数。以这些工具为基础的复制策略依赖于两方面的正相关关系，其中一方面是信贷或抵押贷款支持证券/资产支持证券利差，另一方面是国债—欧洲美元（TED）和互换利差。这些策略可以成功地复制信贷和抵押贷款基准。

进一步利用预售抵押贷款证券来复制抵押贷款部分，利用投资组合信用违约互换来复制信贷部分。在复制策略中预售抵押贷款证券为抵押池提供了两个主要优势：它们适合无资金准备的策略，因为它们要求无现金支出；结算更加简单，因为避免了每月利息支付和本金支付。投资组合信用违约互换（credit default swaps，CDS）是流动性非常高的工具，投资者可以用它来获得在信贷中的多头或空头头寸。信贷收益率可以分解为两部分：互换收益率和互换的信用利差。相应地，对互换收益率变动的信贷风险可以用利率互换来匹配，同时对伦敦银行同业拆借利率（LIBOR）信用利差变动的风险可以用信用违约互换（CDS）来匹配。例如，像 CDX 北美投资级指数（CDX. NA. IG）这种广泛交易的产品代表了一篮子权重相同的 5 年期和 10 年期 CDS，并且在复制信用指数时非常有用。TBA 和 CDX 互换减少了美国综合指数的跟踪误差波动性。[19]

最后，可以利用衍生工具来复制最广泛的多币种的固定收益基准。全球综合指数给那些需要管理投资组合的投资者带来了问题，包括多重收益率曲线、汇率，以及在某些市场中的信用和发行人风险。事实上，这种多样化的风险暴露使全球指数成为利用衍生工具的复制的特别好的候选。

在通常情况下，全球指数的单一市场部分是被分别复制的，然后组合成为最终的跟踪组合。全球指数的风险维数越大，能够为指数的每个子部分提供越多样化的跟踪误差波动性。例如，与复制美国抵押贷款支持证券部分相关的风险不可能与复制欧元的信用部分时的风险高度相关，因此会降低整体投资组合的跟踪误差波动性。

投资者有很多选择可供衍生工具来复制现金指数。例如，一位投资者希望复制巴克莱资本美国综合指数，并且能够从以下策略中做出选择：只有国债期货；期货和利率互换的组合；期货、互换和 TBA；期货、互换、TBA 和 CDS；只有互换；等等。此外，有时候，投资者也可能会寻找一个对手，与之共同获取一个以其自身的指数为基础的总收益互换。通过 TRS 指数，投资者同意从其对手那里得到以该指数为基础的总收益，并支付 LIBOR 加利差的成本。衍生工具复制策略的选择将取决于投资者对于月度跟踪误差相对于一段期间内累计跟踪误差的敏感性以及维持这一复制策略的成本（交易成本和监测成本）。

某些投资者很少有时间或者不倾向于管理衍生品头寸的复杂集合。为了调解这些投资者，经纪自营商可能会提供一种基于衍生品篮子的总收益的总收益互换，每个月会自动重新实现平衡，以实现基础指数预期跟踪误差的最小化。因为上述复制衍生品篮子中含有流动性较强的衍生工具（例如，期货和互换），这种总收益债券的复制互换指数的成本较低，并且流动性较强。

50.6 投资组合中的发行人特定风险的控制

通常像 2008 年那样的信贷危机会迫使投资组合经理采取更保守的做法，以分散投资组合的风险（虽然几年的平静往往会削弱该种谨慎）。在最简单的层面，经理尽量避免对单一发行人的大风险敞口，在实际中尽可能在自己的投资组合中囊括许多不同的发行人，后面会介绍到，一个更为复杂的方法对低等级债券施加了更严格的多样化要求，因为其事件风险更显著，不论是在频率方面还是损失严重性方面。

不通过名称选择追求 alpha 的经理人可能不会购买任何现金证券，而会选择另外的方式来获得信贷风险。这种“无证券”投资组合承担了基准的净发行人风险。对于足够广泛的市场指数，这种风险通常远低于典型的现金组合的发行人风险。发达和流动的多币种互换市场为获得信贷敞口提供了可行手段，而不用购买实际证券和对它们的发行人的相关敞口。信贷衍生产品市场，特别是信用违约互换，为其投资组合经理在控制信贷风险方面提供了更多灵活性。

□ 信贷投资组合的充分多样化

对任何信贷经理来说，通过多样化来减少发行人特定风险的需要是显而易见的。然而，很多时候，他们用简单方法来追求多样化，例如，通过设置发行人或证券配置限制，而没有考虑信贷质量。另外，多样化不应被视为绝对的好处，因为它也有缺点：增加了交易成本，摊薄了信用研究价值。这个问题已经在信贷组合的最佳多样化水平的研究中得到了解决。[20] 基于观察到的降级债券的历史差绩效和评级机构公布的转移概率，本书提出降级风险的一个简单模型。

这项研究有助于回答以下问题：对于一个给定债券数量的投资组合，需要持有多少数量的不同信用质量的债券来实现最低的由降级风险带来的跟踪误差？在不同质量间多样化水平（即所允许的最大头寸规模）的最优配置不平衡。事实上，在从 1988 年 8 月至 2010 年 9 月的研究期间，发现三大投资级信用类别的头寸规模的最佳比例是 3：1.5：1。换句话说，Baa 级债券的头寸规模是 AAA / AA 级债券的头寸规模的三分之一。与之前的期间相比，这一比率并不是非常不平衡，因为在 2008 年信贷危机期间，高质量债券、主要的 A 级和 Aa 级金融产品都经历了严重的混乱。[21] 这一比率只反映了一种类型的异质性风险——降级风险。当然，发行人特定的事件可能会相当显著，但是没有伴随降级。事实上，这种类型的波动通常在更高质量的市场部分占主导地位。当人们考虑不是由等级转换引起的利差波动时，头寸规模比例往往变得不那么引人注目，但仍暗示在低质量市场中使用较小的头寸约束。

显然，在构建信贷组合时，这些比率不应该被用来作为书面指令。它们在很大程度上依赖于方法和研究所覆盖的历史时期。然而，很清楚且持久的教训是，为了降低整体发行人特定风险，最重要的是要分散化对评级较低的发行人的风险敞口。这一结论对计划保荐人也有影响：投资组合的指导方针，即建立最大头寸规模来强制多样化，不应该在信贷质量间一致地实行。

为了尽可能抵消减少事件风险的愿望，管理者应该仔细考虑在投资组合中增加发行人的数量时所带来的相关成本。首先，投资组合交易更频繁且数额更小时，交易成本会增加。其次，监督数量更多的发行人需要花销。最后，当管理者出于多样化的缘故增加发行人时，他们将被迫把范围扩大到信贷分析师所给评级不太高的发行人。因此，多样化的最佳水平是由发行人特定风险的减少和业绩的摊薄之间的权衡决定的。定量模型发展到能找准这个最佳水平是可能的，但并不容易。这种模型需要同时考虑信用研究的边际成本和边际价值，以及投资组合的规模等诸多因素。

□ 作为总收益投资的互换

利率互换通常被用作风险管理工具，以调节投资组合的期限结构和利差风险。不过，最近，互换作为一种总收益投资得到了关注。

信用风险溢价的变化既影响互换，也影响信用利差。例如，预期未来国债供应会显著变化，以及个体国债的“特殊性”，都会影响互换和其他利差产品的国债利差。如前所述，巴克莱资本发布了利率互换指数，以帮助投资者把互换当作另一种资产类别，并完成对互换的定价、收益和分析。

正如我们前面提到的，已公布的互换指数之间是所谓的反射指数（mirror index），它与各种流行的固定收益基准的期限结构（即关键利率）敞口相匹配。尽管月度跟踪误差的波动性较大，在1992年8月—2010年10月这段很长的时期内，巴克莱资本综合指数中的现金部分的运行基本上与其反射互换指数相一致，因为利率风险敞口是固定收益资产收益表现的关键决定因素。但是，在市场紧缩期间，互换的表现通常会超预期。例如，2008年，巴克莱资本综合指数中每个子指数的收益表现都在很大程度上低于其反射互换指数。尽管这段时期是市场情况的极端时期，并且在历史上还存在互换的收益表现低于反射互换指数的其他时期，但在这一时期非常清晰的是，互换存在收益表现潜力，投资者应该将其与其他利差资产类型同等考虑。

通常互换利差与信用利差是一致的，尽管某些因素可能会导致它们之间出现分歧。例如，在一个陡峭的收益率曲线环境中，公司加强互换活动，导致互换利差收紧，但并没有相应的信用利差收紧。虽然这些因素削弱了作为信贷替代物的互换的价值，但它们强化了互换作为在总收益投资组合中多样化系统性风险的手段的角色。图表50—4显示，在1992年7月—2010年10月期间，5年互换的超额收益与巴克莱综合指数的相关性比该指数的任何4个主要部分更低。低的超额收益相关性意味着把5年互换加入机构证券、信用证券、抵押贷款支持证券、资产支持证券的多元化投资组合，可能会降低风险。

对作为总收益投资的互换的处理，应该从战术以及战略资产配置的角度来考虑。近年来互换所表现出来的优秀业绩和多样化属性使它们成为总收益投资组合经理的有用工具。

图表50—4　　相关性矩阵：1992年7月—2010年10月，相对于国债的超额收益

	总计	信用证券	机构证券	抵押贷款支持证券	资产支持证券	5年期互换
总计	1.00	0.92	0.71	0.66	0.72	0.48
信用证券		1.00	0.58	0.39	0.71	0.40
机构证券			1.00	0.55	0.34	0.69
抵押贷款支持证券				1.00	0.39	0.43
资产支持证券					1.00	0.20
5年期互换						1.00

资料来源：巴克莱资本。

□ 作为对发行人风险的保护的信用违约互换

信用违约互换（CDS）在许多投资组合中占有一席之地。CDS可被用来对冲投资组合中现有的信贷敞口，并创建新的敞口，例如，用空头头寸来表达消极观点。传统现金公司债券组合同时面临以下风险：利率风险、互换利差风险、信用利差风险（相对于互换），并且有可能还面临货币风险。CDS只允许投资者从这一系列风险中挑选出自己所合意的。有了CDS，投资者可以把他们对某一信用（发行人）的看法从对该发行人所从属的市场部分的看法中分离出来。

除了规避特定发行人违约风险的主要功能外，人们正以各种创造性的方式运用CDS。一些投资者下注于“信用违约互换基点”，也就是CDS和同一发行人的公司债务之间的利差，或者对两个发行人表达相对的意见。最后，CDS往往比基础公司债券更有流动性，这为获得合意风险敞口提供了一条更简单、更便宜的途径。

50.7 投资组合最优化的定量方法

自从50年前引入均值—方差分析以来，最优化就是投资业的一个重要部分。资产管理问题使它自己很自然地适用于最优化技术。它几乎经常是一个有着明确目标的多变量、多约束问题。金融资产的投资组合有两个基本特点：投资收益和风险（即关于收益多少的不确定性）。因此，在过去几十年里所开发出的无数最优化方法和工具，在控制其中一个特点的同时以另一个特点为目标。

从历史上看，投资组合最优化的目标函数通常是最大化相对于风险的预期收益。这需要提前估计在最优化时所考虑的所有资产的预期收益。正如我们将在下面讨论的，历史数据，无论是长期的还是近期的，对未来业绩的预测都非常差。分析师的预测也被证明是不完美的。在本节中，我们给出两个最优化技术的例子，它们不依赖于对资产业绩的明确预测。

□ 基于技能的最优风险预算

管理大型多资产投资组合通常依靠集体的努力。不同的管理者、分析师或团队对整体投资组合的特定部分形成相关意见。然后，中央决策当局考虑所有这些意见。这可能是一个由非常相似的投资组合经理组成的委员会，这些经理负责个体投资组合部分，并通常受首席投资官的监督。要调节很多建议：“走长久期路线”“曲线10年期那一段权重过大”“工业权重过小”“购买当前息票抵押贷款”等。决策者怎样才能从所有这些方面中确定风险程度？他们需要考虑所有预期风险的相互作用以及由此产生的整体投资组合风险。但首先和最重要的是，他们（明确地或不明确地）估计每一个特定建议的可信程度，其取决于那些提出这一建议的人的感知技能。

经理人的技能是一个关键因素，在很大程度上决定投资组合的业绩。虽然这是大家都明白的，但技能的概念在投资组合中配置风险或估计期望优秀业绩时很少被正式使用。更令人惊讶的是，很少以任何有约束力的方式来衡量技能。

我们进行了几项研究，考察技能在各种投资战略历史表现中的运用。[22] 这些基于技术的历史模拟产生了一个有趣的结论。对于一个给定的技术水平，每个多样化战略的信息率非常相似。显然，当在风险调整的基础上衡量业绩时，投资战略的特殊性质作用不大。业绩基本上是由战略的技能和维度（独立决策的数量）决定的。

这些实证结果证实了由格里诺尔德和卡恩（Grinold and Kahn）[23] 定义的“积极管理的基本法则”。该法则指出，投资策略的信息率是由两个因素决定的：“信息系数”，以预测和现实之间的相关性为基础（与基于概率的技能密切相关）；“广度”，或者依战略做出的独立决策的数量。

由于信息率等于优秀业绩（alpha）除以风险（跟踪误差波动性），我们可以用稍微不同的方式来表达该法则，即一个策略的 alpha 与风险、技能和独立决策的数量成正比。

这种想法对投资组合最优化有重要影响。传统的资产管理使用均值—方差的方法，对于给定的风险水平，找到最大化期望优秀业绩的最优资产配置或 alpha（或对于给定的 alpha，最小化风险）。这种方法的致命弱点是在优化时所使用的资产类（或战略）的预期收益。

巴克莱资本公司有专有的风险预算方法——ORBS（基于技能的最优风险预算）——依赖于技术水平、广度和方向性的意见，从而在宏观战略之间分配总风险预算，以最大化投资组合的 alpha。为特定战略选择时间的技术是指这一战略定向正确预测的百分比减去定向错误预测的百分比。然后分配给每个战略的风险被转化为与该风险相对应的正头寸的大小。风险预算方法的核心是基于所有所考虑战略的资产类的收益协方差矩阵。这个框架非常灵活，可以应用到任意一个资产类以及有任意个不同约束的投资战略。

□ 买入并持有型投资者的资产配置

公司债券在存续期内，对于违约所造成的较大损失（尽管可能性不大），只能为投资者提供一个相对较小的利差（相对于国债）。虽然违约风险是发行人特定的，并可以通过多样化来减少，但是发行人之间的违约相关性使得投资者无法完全消除它。这个信贷投资的不对称风险/收益情况与打算持有债券至到期的长期投资者的考虑紧密相连。相反，大多数总收益投资者有更短的时间框架，并得到一个非常不同、不对称且更低的风险/收益。对于总收益投资者，占主导地位的风险是利差波动性（基本上是对称的）和流动性可能发生的损失。至少在投资级市场，信贷质量恶化通常是逐渐发生的，所以总收益投资者的主要风险不是违约，而是降级（和相应的利差扩大）。

这种观念的差异对买入并持有型投资者产生了重大影响。在市场中所观察到的利差是所有市场参与者之间相互作用的结果，其中很多市场参与者是总收益投资者。如果这些投资者期望高的短期利差波动或流动性风险，他们就可以促成比长期违约风险所带来的更大的价差。这一行为对不受短期风险影响的长期信贷投资者有利。

长期投资者的风险/收益不对称性应该体现在他们的资产配置过程中。资产配置最常见的方法是均值—方差优化，但它一般不适合买入并持有型投资者。在均值—方差优化中，风险由资产收益的标准差来表示，其中隐含着一个对称分布。对于极不对称的收益，标准差不是风险的良好度量。事实上，在应对极端事件或“尾巴”事件时，没有一种风险度量是普遍适用的。处理“尾部风险”（tail risk）必须适应每个投资者的需求和风险承受能力。资产配置的一种方法侧重于下跌风险，也就是，低于一定的最低必要收益的收益分布部分。不过，这种方法需要对收益分布的完整描述；均值和标准差是不够的。

买入并持有资产配置过程中的核心问题是目前的信用利差和预期的水平违约之间的

根本权衡。从买入并持有的角度看什么时候信贷是“便宜的”？答案取决于投资组合中的违约风险水平。发行人的多样化能把违约风险降低到什么程度，也就是，投资组合应包含多少发行人，从而在给定置信水平下把违约损失限制在一定阈值内？或者给定尾部风险限制，在不同风险质量之间，什么样的配置能最大化利差？已经开发了先进的定量模型和技术来解决这些问题。[24] 有大量讨论违约风险建模特别是违约相关性的研究文献。

50.8 定量投资组合管理的工具

建立一个良好的定量投资组合系统所面临的挑战来自同时需要广泛的资产类别覆盖和所有资产类别分析的一致性。专业的系统通常能够为特定的资产类别提供先进的分析方法。投资组合系统的目的是，在一个一致的框架内处理广泛的资产类别，而没有丧失太多的准确性。

一个强大的分析系统的基础是证券基本面分析，如现金流预测、利差—价格转换或久期计算。“基本面”一词掩盖了这个任务的极端复杂性。向投资者提供的金融资产的多样性在不断增加，需要强大的相关的收益率曲线、抵押贷款提前偿付、期权定价和波动率模型。

在证券定价模型的基础上是广泛的投资组合层面的分析，也就是说，投资组合管理工具，被用来帮助管理者分析投资组合的风险敞口，估计投资组合结构的各种变化的影响，构造最优的投资组合，归因所取得的业绩。这个分析系统的一个重要组成部分是多因素风险模型。当这个模型增强了优化功能后，它就成为构造投资组合的强大工具。

对以历史为基础的风险建模的一个有益补充是灵活的情景分析。高级情景分析引擎能够把提供给使用者的少量输入扩大成所有相关风险因素的最大可能情景的完整集合。灵活的业绩归因模型是分析系统的另一个重要组成部分。各种投资组合优化工具，如前面描述的风险预算框架，完善了这一图景。所有这些构件都需要复杂的金融模型和计算机执行力。更大的挑战是要确保所有这些不同的工具之间的一致性。一个经理从风险模型中得出的结论不应该与从情景分析中得出的结论相矛盾。事后收益分析应该把所取得的优秀业绩归因于在事前的风险分析中所强调的风险敞口。

50.9 关键知识点

● 投资组合管理需要完成两项基本任务：针对宏观和/或安全级别形成市场观点，并将这些观点最大化地运用到投资组合管理实践中。

● 投资组合管理者通常会集中关注第一项任务。通过市场最佳时机选择、市场部分选择以及名称选择来成功披露相对价值，需要丰富的实践经验和准确的直觉，并且通常需要具备从事投资组合管理的天分。

● 构造反映合意观点的实际投资组合对于最终的收益表现具有关键的决定作用。正是这一任务在很大程度上得益于本章所描述的量化分析方法以及这些方法所带来的好处、工具以及研究成果的支持。

● 量化分析方法能够在投资组合管理过程中的以下每个环节增加价值：选择、定制和复制基准，作为基准的投资组合的构造和最优化，风险分析，收益表现归因以及投资决策的实证支持。

【注释】

[1] 可详见 Chapter 10 in Lev Dynkin, Anthony Gould, Jay Hymam, Vadim Konstantinovsky, and Bruee D. Phelps, *Quantitative Management of Bond Portfolios* (Princeton, NJ: Princeton University Press, 2007)。

[2] 负凸性引起久期随着利率降低而下降。“锯齿”指的是，在利率下降以及价格上升后必须增加久期，在发生相反变化后必须减少久期。

[3] Lev Dynkin, Jay Hyman, Vadim Konstantinovsky, and Ravi K. Mattu, “Constant Duration Mortgage Index,” *Journal of Fixed Income*, 10：1 (2000), pp. 79－96。

[4] 关于此方法的详细描述，可参见 *Quantitative Management of Bond Portfolios*, Chapter 12。

[5] 关于基于账面会计基准的详细描述，可参见 *Quantitative Management of Bond Portfolios*, Chapter 9。

[6] 关于这种没有主观看法的最优化和基准的讨论，可参见 *Quantitative Management of Bond Portfolios*, Chapter 22。

[7] 关于发行人上限信用指数基准的讨论，可参见 *Quantitative Management of Bond Portfolios*, Chapter 13。

[8] 关于该指数的详细描述，可参见“Barclays Capital Fiscal Strength Weighted Bond Indices,” Barclays Capital, July 2011。

[9] 在英国银行家协会的网站 www. bba libor. com 上，可以看到目前参与“伦敦银行同业拆借利率表”的银行的美元 LIBOR 和其他货币存款利率。

[10] Lev Dynkin, Yuri Greenfield, and Dev Joneja, “The Lehman Brothers Swap Indexes,” *Journal of Fixed Income* 12：2 (2002), pp. 28－42.

[11] 此外，巴克莱资本公司发布了一套 CDX 和 iTraxx 互换指数，用以衡量这些流行的信用违约互换投资组合指数中投资基金（卖出保护）的总收益。

[12] 在堕落天使债券之间绩效变化很大，因此对于这些债务的最佳销售时间没有明确的决策规则。然而，随着被允许的持有期的延长，我们可以在堕落天使的风险调整远期绩效中找到一个全面的改进方法。

[13] See Kwok Yuen Ng and Bruce D. Phelps, “Capturing the Credit-Spread Premium,” *Financial Analysts Journal*, 67：3 (2011), pp. 63-75.

[14] *Quantitative Management of Bond Portfolios*, Chapter 26.

[15] 尽管一个久期数字衡量了价格对整条收益率曲线平行移动的敏感性，但在其他条件不变的前提下，关键利率久期衡量了价格对曲线上不同点（关键利率）的变化的敏感性。

[16] 依价格来划分抵押贷款支持证券基本上等同于依息票来划分。依价格来划分的优势是定义边界的截断水平不随时间推移而变化。

[17] Lev Dynkin, Vadim Konstantinovsky, and Bruce Phelps, "Tradable Proxy Portfolios for an MBS Index," *Journal of Fixed Income* 11: 3 (2001), pp. 70 - 87.

[18] Lev Dynkin, Jay Hyman, and Peter Lindner, "Hedging and Replication of Fixed-Income Portfolios," *Journal of Fixed Income* 11: 4 (2002), pp. 43 - 63.

[19] Lev Dynkin, Anthony Gould, and Vadim Konstantinovsky, "Replicating Bond Indices with Liquid Derivatives," *Journal of Fixed Income* 15: 4 (2006), pp. 7 - 19.

[20] 关于原创研究，参见 Lev Dynkin, Jay Hyman, and Vadim Konstantinovsky, "Sufficient Diversification in Credit Portfolios," *Journal of Portfolio Management* 29 (2002), pp. 89 - 114.

[21] 在 1988—2002 年期间，这一比率较为极端，为 10∶3∶1。

[22] *Quantitative Management of Bond Portfolios*, Chapters 24 and 25.

[23] Richard Grinold and Ronald N. Kahn, *Active Portfolio Management* (New York, McGraw-Hill, 1999).

[24] *Quantitative Management of Bond Portfolios*, Chapter 16.

第 51 章　全球信用债券投资组合管理*

杰克·马尔维（Jack Malvey），注册金融分析师
纽约梅隆资产管理公司首席全球市场策略师

公司债券是全球债务资本市场上最挑剔也最迷人的子集。“公司”这个标志低估了这个新兴的资产类别的范围。作为一个整体债务组合中常见的交易和管理产品，**“公司资产类”**（corporate asset class）实际上比纯粹的法人实体包含更多。全球债券市场的这一部分不应该被称为“公司资产类”，而应该被列为**“信用资产类”**（credit asset class），它包括所有非机构抵押贷款支持证券（MBS）、商业抵押贷款支持证券（CMBS）和资产支持证券（ABS）。主权和政府控制实体发行的外币债券比国债的信用风险更大，它们也应被纳入。然而，为与固定收益市场的传统做法一致，本章的信用资产类的应用将只涉及公司债券、主权债券和政府控制的企业债。

在六大洲，数以千计拥有不同信用“故事”的组织（企业、政府机构、项目和结构性债务证券池）通过发行债务以维持其运作并支持其扩张。这些借款人使用数十种不同类型的债务工具［初级抵押债券（first mortgage bonds）、信用债券（debenture）、设备信托债券（equipment trust certificates）、次级信用债券（subordinated debentures）、中期票据（medium-term notes）、浮动利率票据（floating-rate notes）、私募债券（private placements）和优先股（preferred stock）］，发行多币种（美元、日元、欧元、瑞士法郎、

---

* 这一章的部分内容选自“Relative-Value Methodologies for Global Credit Bond Portfolio Management,” Chapter 5 in Frank J. Fabozzi (ed.), *Fixed Income Readings for the Chartered Financial Analyst Program* (New Hope, PA: Frank J. Fabozzi Associates, 2004)。

雷亚尔、人民币）、期限从一年到甚至一千年不等的债券。有时这些债券附有嵌入式期权，这就赋予了借款人或者投资者在到期前全部或部分赎回的选择权。有时息票利率随着短期利率浮动或者在固定间隔和信用评级变化后重设为一个更高的利率。

尽管存在信用风险，投资者仍然购买信用资产以期获得更高的长期回报。除了临近衰退和在经济衰退期内，公司债券收益率通常优于诸如美国国债之类的当地政府债券基准和其他高质量的“利差部门”，如美国机构证券、抵押贷款支持证券和资产支持证券。38 年间，自巴克莱/雷曼指数被采用以来（1973—2010 年），投资级债券年均收益率（8.31%）比美国国债（8.02%）高出 29 个基点（见图表 51—1）。[1] 一般来说，平均数掩盖了信用资产相对表现的每天、每周、每月、每年真实的波动性。在图表 51—1 中，1993—2010 年美国投资级信用债券的 5 年滚动超额收益率，既有慷慨得让人兴奋的时期，又有低得让人失望的时期。

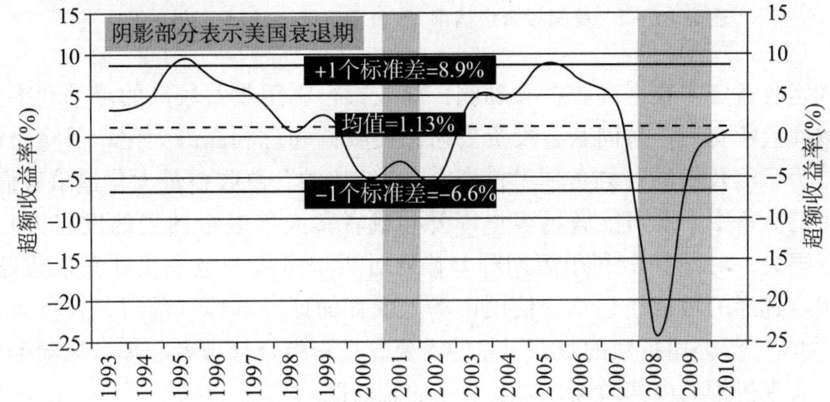

图表 51—1　美国投资级信用指数债券的 5 年滚动超额收益（1988—2010 年）

全球信用资产投资组合管理面临着严峻的挑战。在一级市场（发行市场）和二级市场上，成百上千的信用债券投资组合管理者每天都面临着成千上万的选择。投资者们除了要追踪一级和二级市场的信息流外，还要密切关注经常变化的发行人的基本情况、信誉、收购、收入、评级以及多个指标（债券价格、名义利差、利率互换利差和信用违约互换利差）所构成的价格映射。全球信用债券投资组合管理就是处理这些信用市场快速变化的信息（发行人、债券、交易商、竞争对手），并在风险承受范围内构造一个最高收益的投资组合。这一规律将股票分析的定性工具和固定收益债券分析的精确定量结合起来了。

图表 51—2 说明了信息处理的挑战的严峻性。从包括 5 000 个不同发行人的一组债券中，投资者可以形成 4×10^{55} 种含 20 种债券的不同投资组合。如果加上其他变量如评级（20 个）、发行数量（100 000）和币种（至少 20 种），含 20 种债券的可能投资组合数会有无穷多个。令人难以置信的是，20 种债券的信用投资组合数竟超出了已知的所有中子数。这种情况让我们怀疑我们能否在当前技术水平下达到最优的投资组合选择。虽然“最优选择”理论一直受到质疑，但“最优目标”一直是资产管理者的追求。

尽管信用债券投资组合的最优化十分困难，但对公司债券仍存在广泛需求。追求超出政府债券的递增收益率的人们成为了公司债券的投资者：中央银行的目的是依靠其持

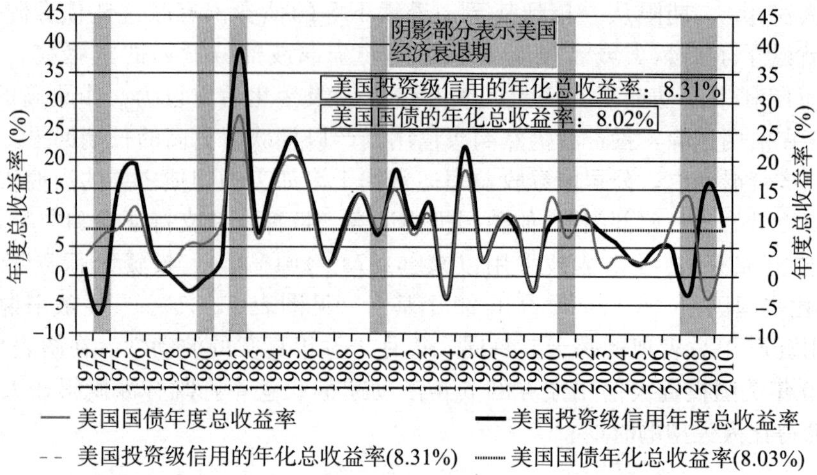

图表 51—2 美国投资级信用 VS 美国国债（1973—2010 年）

有的巨额固定收益资产获得高收益和利润；商业银行利用收益较高的浮动利率票据和低成本的存款间差额套利；共同基金投资公司想使收益和总利润最大化；保险公司和政府养老基金是为了给长期的计划负债筹措资金；“纯粹的”总收益最大化追求者们在每月、每季、每年的竞争中，既可能满足客户（公共或者私人养老金计划的发起人）的要求，也可能遭受损失；对冲基金利用短期利差，通过买卖多头或空头头寸获取收益。此外，影响投资组合选择的因素还包括：信用市场上现存的证券群体（部门、发行人、结构和货币）、限制与广泛公司指数的跟踪误差的需要、投资组合管理者心理（风险偏好、风险厌恶、投资管理机构的内部政策）以及市场的流动性。

利用传统的电话形式和迅速发展起来的电子商务技术如网站和电子邮件，借款人和投资者通过交易商进行交易。每天，大量信用债券交易商把二级市场头寸和新发行证券的信息从成千上万的公司借款人向公司债券投资组合管理人传递。交易商还通过投资银行和辛迪加组织建议投资者何时、如何卖出新债券。通过对固定收益债券的研究、销售数据和交易渠道，交易商将投资建议传递给投资组合管理者。

如图表 51—3 所示，全球信用债券投资组合管理的任务是处理信用债券市场上迅速

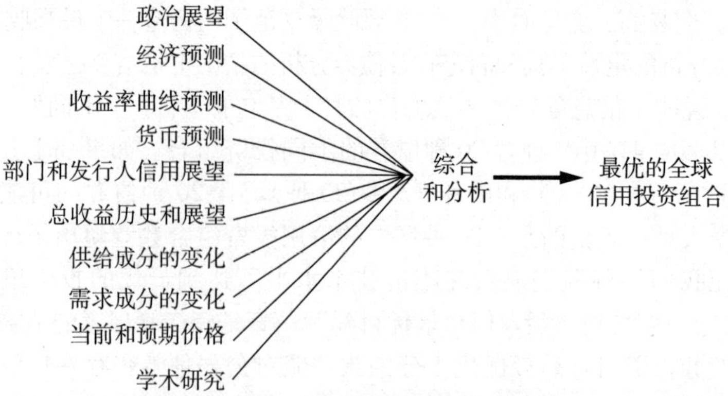

图表 51—3 全球信用部门资产配置方法

变化的信息（现金和衍生产品价格、行业和发行人的基本信息、评级、发行量、需求、经销商做市和竞争性资产管理者），并在可承受的风险范围内构建可带来最高收益的投资组合。

51.1 信用相对价值分析

如图表 51—4 所示，信用债券投资组合管理构成了多资产全球投资组合管理过程的一个主要组成部分。在确定币种分配（在本例中，为了方便分析起见使用美元）、关键债务资产种类（国债、机构证券、资产支持证券、商业抵押贷款支持证券和抵押贷款支持证券）分配后，债券投资组合管理者在构建最优信用债券投资组合结构时仍面临一长串的问题。一些例子如下：

- 全球经济周期和当地经济周期（繁荣、衰退、萧条、复苏）正处于哪个阶段？
- 整体资本市场流动性条件以及参与交易的经销商的接受能力如何？

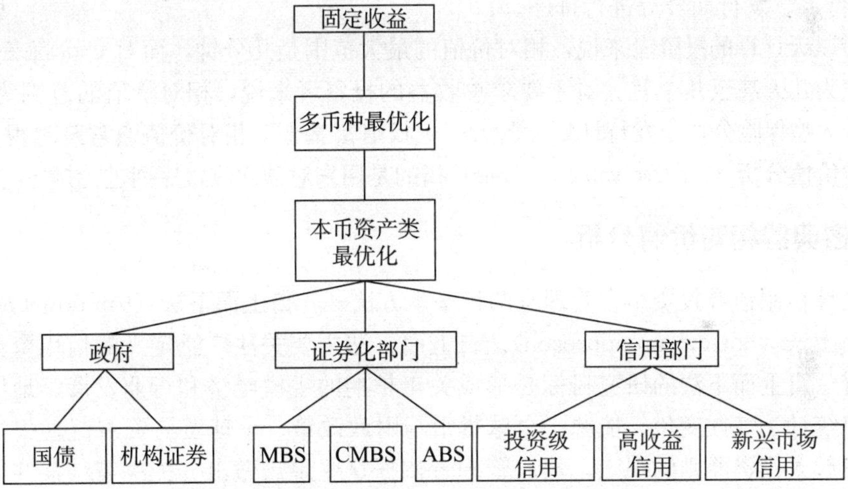

图表 51—4　固定收益投资组合管理过程

- 广泛市场主题中的结构变化、地缘政治风险、管制、评级机构评级原则以及投资组合管理方法是否会影响估价？
- 美国投资者应该增加非美国发行人发行的美元计价债券吗？
- 2011 年，全球信用市场投资者指望关键欧洲主权国家（希腊、爱尔兰、葡萄牙、西班牙、意大利）最终的财政复苏，还是等待更多的信息出现？
- 中央银行应该将优质的以欧元计价公司债券或新兴市场主权债券增加到它们的外汇储备中吗？
- 总部在伦敦的伦敦银行同业拆借利率基金的投资组合经理人应该购买固定利率的美国工业债券与浮动利率票据互换吗？
- 日本共同基金应该使用货币互换将以欧元计价的电信债券互换成美元或者日元吗？

• 美国保险公司是否应该购买由英国银行发行的永续浮动利率债券（perpetual floater，没有到期日的流动债券）并使用货币或者利率互换转换成固定利率的美元息票？

• 投资者应该在什么时候减少信用债券而增加政府债券，或采取战略升级交易（卖出 Baa/BBB 级信用债券，买入较高等级的 Aa/AA 级信用债券），或从工业领域转向公用事业和/或金融机构，或从周期性消费转向非周期性消费，或从高权重的航空业转向低权重的电信业，或运用信用衍生工具（例如卖空高收益指数或者卖出发行人特定的信用违约互换以减少对单一发行人的风险敞口）实现对他们投资组合的套期保值？

要回答这些问题，管理人需要从一个分析框架（相对价值分析）开始，再形成对全球信用债券市场的战略展望。

□ 相对价值

“价值”的概念和测度一直是经济学家长期争论的焦点。但固定收益从业者或许由于日常实用主义，已经对相对价值达成了一致的看法。在债券市场上，相对价值是根据未来某个时间段的预期表现，对固定收益投资序列按部门、结构（即固定利率还是浮动利率）、发行人、发行期号等进行排序。

对于以天计算的投资者来说，相对价值的最大范围是几分钟，而对交易商来说，相对价值扩大为几天甚至几个月。对于要求总收益的投资者来说，相对价值的范围为 1～3 个月。对于大型保险公司、发行计划发起人、主权财富基金，相对价值通常跨越很多年。因此，**相对价值分析**（relative value analysis）指的是用来对预期收益序列进行排序的方法。

□ 古典的相对价值分析

对全球信用债券投资组合管理有两种基本方法——**自上而下法**（top-down approach）和**自下而上法**（bottom-up approach）。自上而下法主要关注广泛定义的信用资产类的高水平配置。自上而下法的研究目标是形成关于长期的规模经济和行业发展、地缘政治风险、人口统计、气候变化、能源、全球货币与财政政策、全球贸易资本流动失衡以及发行计划发起人投资原则的观点，然后管理者依据这些观点做出分配决策（某些部门高权重，其他部门低权重）。自下而上的方法侧重于业绩优于同类的单个发行人和债券。经理人采用这种方法，希望通过出色的证券选择以使业绩优于他们的基准，在基准中各部门保持中立的比重。

古典的相对价值分析（classic relative-value analysis）是一个结合了最好的自上而下法和自下而上法的辩证处理过程，如图表 51—5 所示。这个过程融合了主要投资者、战略家、经济学家及投资组合管理人的大量信息以及信用分析师、数量分析师的大量信息。此方法的目的是选出最具潜在优势的行业，将最有代表性的发行人集中于这些最受欢迎的部门，并在收益率曲线上与投资者的总体久期目标和证券基准收益率曲线的展望相匹配的点选择指定发行人的结构。

对很多信用债券投资者来说，使用古典的相对价值分析方法往往会带来投资组合管理成功的测度。虽然部门、发行人、结构分析仍然是优越的相对价值分析的核心，但是随着越来越多可用信息和技术的使用，这一分析过程变得更为复杂。信用债券投资组合管理人拥有比以前更多的数据：部门、发行人、结构，新发行债券的数量和组成，投资者的产品需求，总的信用质量变动，多渠道的对单个发行人基本和定性的信用分析，收益率—利差，来协助他们进行相对价值分析。

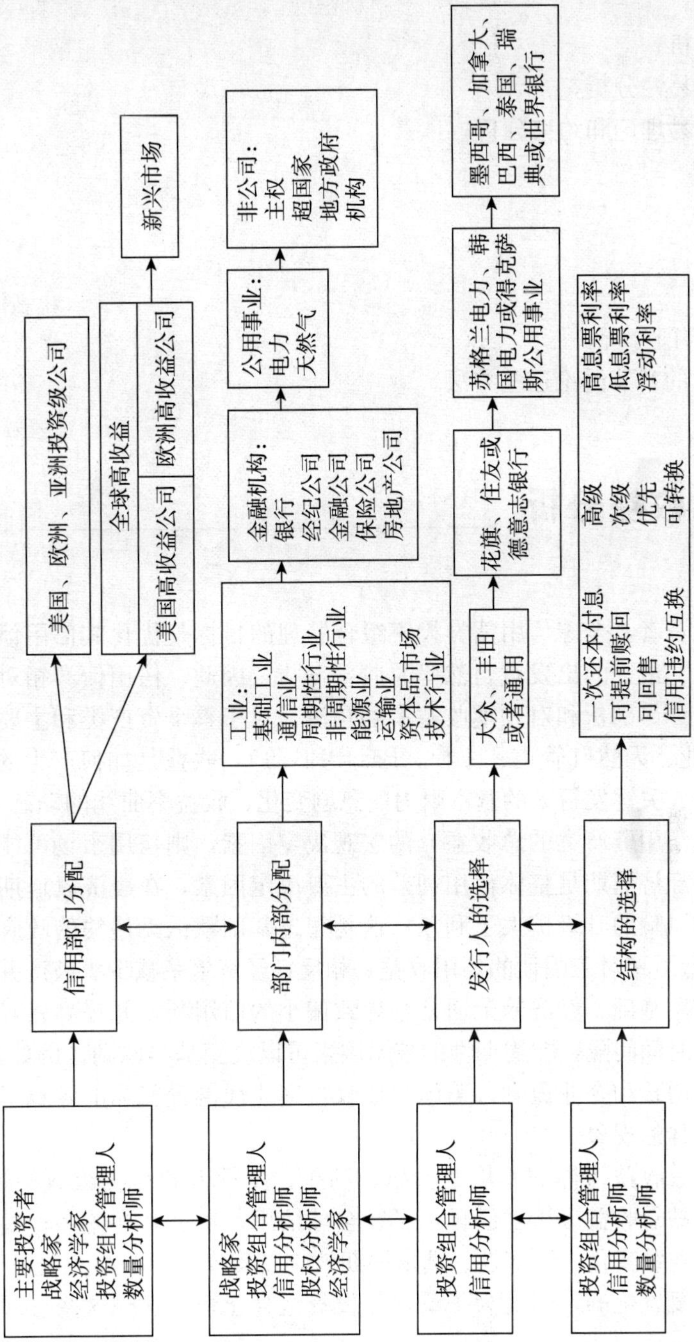

图表 51—5　信用部门投资组合管理过程：古典、辩证的相对价值分析

□ 相对价值方法

最大化信用债券相对价值的主要方法有：

- 总收益分析；
- 一级市场分析；
- 流动性和交易性分析；
- 二级市场交易理论和约束分析；
- 利差分析；
- 结构分析；
- 信用曲线分析；
- 信用分析；
- 资产配置/部门分析。

我们将在后面的章节讨论这些方法。

51.2 总收益分析

对于大多数投资者，全球信用债券投资组合管理的目标是优化其信用债券投资组合的风险调整总收益。最好的出发点自然是总收益分析。因此，信用债券相对价值分析开始于对过去收益的详尽剖析和对预期收益率的预测。对于整个资产类和主要贡献的部门（如银行、公用事业、天然气管道、主权、Baa/BBB等），收益是如何产生的？有多少是由于信用利差运动、关键发行人的基本财力的急剧变化、收益率曲线的动态变化引起的？如果有信用收益（信用资产类的总收益）的宏观决定因素，则信用市场可能会显示出规律性。例如，宏观经济周期是整体信用利差的主要决定因素。在经济衰退期间，运用此种分析方法，违约风险的升级扩大了利差（这是超过基础默认无违约的政府证券或互换的风险溢价），降低了相对于国债的信用收益。相反，经济繁荣减少了破产并增强了大部分发行人的整体信用基础。经济繁荣通常会导致偏小的信用利差并提高相对于国债的信用收益。在短暂的时间间隔，非周期性的技术因素可以改变基本原则。例如，在2000年尽管全球经济稳定增长和企业盈利，美国国债收益率曲线倒置实际上导致了更大的信用利差和信用收益不佳的现象。

由于信用债务总收益指标的发展（价格、利差、发行人和结构组成的数据库），每月、每年、跨年度的总收益分析已经显示了在全球信用市场上并存的多种模式（如大额发行与小额发行的业绩变化、季节性、选举周期效应以及政府基准拍卖效应等）。尽管这些模式并不总是重复发生的，但是为了最优化投资组合业绩，理解这些总回报模式是必要的。

51.3 一级市场分析

一级市场的分析是以新发行债券的供给和需求为中心的。在战术性的相对价值分析中，供给是一个常被误解的因素。预期的新供给不但使许多交易商、分析师和投资者对总体公司市场采取保守的投资组合态度，对单个的部门和发行人也是如此。然而，“供给有损利差”可能适用于单个发行人，但在整个信用市场上是站不住脚的。信用利差是由许多因素决定的。尽管重要，但是供给只是其中的一个决定因素。在大多数年份里，发行的增加（在每年的第一季度最为明显）与市场利差收缩和信用债券较高的相对收益相关。相反，供给的急剧减少总是伴随着利差的扩大和信用证券相对及绝对收益的较大滑坡。例如，这种违反直觉的效应在1998年8月到10月期间（俄罗斯贬值/违约以及长期资本管理公司倒闭）和2008年8月至12月期间（雷曼兄弟倒闭以及全球金融恐慌爆发）最为明显，面对信用利差的大幅增加，新债券发行几乎不存在。

在投资级信用债券市场上，当一级评估生效和二级评估提高时，较多的供给往往会缩减利差并提高信用资产的收益。当一级市场发行急剧下降时，二级市场的交易者失去了来自一级市场的援助而倾向于缩小他们的出价利差。与一般的供给—价格关系相反，在大量供给时期相对信用收益经常表现更好。例如，2009—2010年创造了新信用债券发行量史无前例的记录和全球信用证券最好的相对收益。

□ 市场结构动态效应

如果直接关注的焦点集中在每日和每周的交易，投资组合管理人在进行投资组合决策时经常会忽视短期和长期市场结构动态效应。因为市场结构变化的节奏往往是渐进式的，相对于长期战略性投资决策来说，市场动态变化对短期策略性投资决策的影响甚微。

在20世纪最后30多年以及进入21世纪以来，全球信用债券市场的构成经历了显著的变化。例如，20世纪80年代以来，中期票据（medium-term notes，MTN）在信用收益率曲线（1～7年期）前端部分的发行量占主导。20世纪90年代，结构性票据和互换产品的发展预示着衍生工具成为信贷市场的主流。20世纪80年代，高收益公司债券发展成为被广泛接受的资产类型，随后在20世纪90年代新兴市场国家的债券逐渐被市场所接受。20世纪90年代初期以来，全球性债券的发行在美国政府机构、超国家机构（例如，世界银行）、主权国家以及大型企业借款人之间变得越来越流行。

尽管在20世纪90年代衍生工具和高收益率产品迅速发展，但是完全信用市场全球化的快速推进是最重要的结构性趋势。1975年以来欧元债券市场的快速发展、20世纪90年代美元债券市场引入大量非美国发行人、1999年1月1日欧元的诞生均促生了真正的跨国信用投资组合的扩张式发展。以本国货币计价的债券发行量的快速增加，尤其是巴西、俄罗斯、印度和中国（即“金砖国家”），可能会被视为21世纪全球信用市场上最引人注目的演变特征。

全球信用资产类型构成的这些长期结构性变化之所以出现，是由于债券发行人希望运用不同的收益率曲线和收益率利差来最小化融资成本，同时也是积极主动的资产/债务债券管理人实现其风险与收益目标的需要。投资组合管理人将会对全球信用市场的这些结构性变化做出预期或者做出反应，进而据此调整其投资组合策略。

□ 产品结构效应

自 20 世纪 90 年代中期发行人的多样化程度减弱以来，全球信用市场在结构上变得更加同质了。具体来说，一次性还本付息和中期结构主宰了信用市场。一次性还本付息意味着发行是不可提前赎回、不可回售或者无须在其预定的最终到期日前偿付的。一次性还本付息证券的趋势并不属于存在回售选择权的高收益市场。伴随着信用质量的改善，许多高收益的发行人在到期日前以更低的利率进行再融资。

影响结构演变的战略投资组合有三种。首先，由一次性还本付息结构的主导转向有嵌入看涨和看跌期权特征结构的稀缺价值。也就是，嵌入期权的信用证券非常罕见并因此需要一个价格溢价。通常情况下，这个溢价在期权定价模型中并未考虑到，而这个“稀缺价值”应该在管理者信用债券的价值分析中被考虑。

其次，期限超过 20 年的债券占据所有信用债券很小的份额。这个转变缩短了信用资产类的有效久期并降低了对利率风险的总敏感性。对具有长远眼界的资产/负债管理人来说，这种到期日分布的转变意味着长期信用债券的价值上升，并有助于解释在 20 世纪 90 年代早中期以及 2010 年大量 100 年期限债券的最新发行至少在最初受到了热烈的欢迎。

最后，自 20 世纪 90 年代早期以来信用衍生工具的使用骤升。信用衍生市场的快速成熟导致投资者和发行人制定新的策略去与信用部门、发行人、结构所需的风险敞口匹配。尤其是，许多高频率交易者（交易者平台、对冲基金以及总收益主动管理者）倾向于对 CDS 市场的高流动性部分而不是传统的现金信用证券进行多头和空头操作。

51.4 流动性和交易性分析

短期和长期的流动性影响了投资组合管理的决策。以低的预期流动性为例，一些投资者常常不喜欢购买发行规模较小的债券（低于 10 亿美元）、中期票据、私募债券和非本地公司发行的债券。另外一些投资者则喜欢潜在流动性较差但附加高收益的债券。对于投资级发行人来说，即使其中期有效期超过 6 个月，对流动性的关注也时常被夸大。

信用债券的流动性随着时间的推移而发生变化。具体来说，流动性随着经济周期、信用周期、收益率曲线形状、供给和季节变动。像所有市场一样，未知的冲击，如违约浪潮的意外出现或者诸如“9・11”恐怖袭击之类的地缘政治风险的爆发，会使得信用债券的流动性下降，因为投资者不愿意购买新发行的债券，而且除非存在很大的利差，否则交易商不愿意在二级市场上买入头寸。事实上，这些暂时的流动性不足掩盖了全球信用资产类流动性加强的基本趋势。随着监管当局的逐步推动，全球信用资产类在从历史性的场外交易市场向全透明的股权或美国国债风格的市场转变中表现良好。20 世纪 90

年代晚期，新技术促进了电子通信网（ECN）的形成——一种必不可少的电子交易系统。2002年7月，美国监管机构——美国金融业监管局（FINRA）引入贸易报告和合规引擎（Trade Reporting and Compliance Engine，TRACE）来公开跟踪信用证券的机构规模的交易。反过来，公司买卖利差对于非常大的知名公司来说已有变小的趋势。这种强有力的技术创新和竞争相结合保证了一个更具流动性的全球信用市场在21世纪早期的快速发展。

51.5 二级市场交易理论和约束分析

资本市场预期不断变化。经济衰退迟早要到来，根据对货币政策调整的预期，收益率曲线会变得更加陡峭而不是更加平坦。汽车和造纸业的周期循环可能会从顶峰下跌。石油和天然气的高价格可能会受益于能源部门的信用质量。如果一个工业公司声称已有大量债务筹资，就会有评级方面的问题。一个主要的银行可能计划再购买15%未偿付的普通股（大多数为股东购买，但也导致了债务人高的债务杠杆）。利用这些日常信息流，投资组合管理者不断修正投资组合。为了了解交易流和信用市场的真正动态，投资者应考虑进行交易或者不进行交易的最普通的基本原理。

□ 交易的主流原因

在追求最优投资组合时有很多理论来引导二级市场交易。其中一些最流行的理论将在下文讨论。

收益率—利差采用交易

在全球信用市场的所有部门中，**收益率—利差采用交易**（yield-spread pickup trade）代表着常见的二级市场交易。从历史上看，至少有一半以上二级互换（secondary swaps）反映了投资者在久期和信用质量限制下增加额外收益的意图。如果5年期Aa2/AA+的通用电气资本公司债券以114个基点交易，比美国银行的3年期A2/A低79个基点，一些投资者会在确定评级和期限差异的无关性后，买入美国银行债券并卖出通用电气资本公司债券（一次发行互换），以获取每年79个基点的利差。

这种“收益率第一心理”反映了长期资产负债管理者（计划发起人和发行人）对机构收益率的需要。尽管过去了30多年，对收益率最大化的投资者偏见也可能是20世纪70年代初期总收益指数被引入并为市场所接受之前留下的方法论残骸。

信用升级交易

当债券资产管理者预期发行人信用质量的升级并未被反映在当前市场收益率利差中时，**信用升级交易**（credit-upside trades）发生了。在上文描述的通用电气资本公司和美国银行的例子中，一些投资者可能会基于美国银行潜在信用质量的提高而进行互换。显然，这样的交易依赖投资管理团队的信用分析技术。此外，管理者必须在市场之前识别潜在的升级，否则未来升级的利差已经在信用利差中体现出来了。

信用升级交易在被两大主要评级机构评为 Ba2/BB 到 Baa3/BBB－等级的证券的交叉部门尤为流行。在这种情况下，投资组合管理者表达了最高投机级别的债券发行（Ba1/BB+）有足够积极的信用基本面升级为投资级（即 Baa3/BBB－）这样一种预期。如果这种升级发生了，不仅基于信用改善而使发行的债券利差减小（相当于总收益随之增加），而且发行的债券也会受益于提高了的流动性，原因在于被禁止购买投机级债券的这些管理者会购买这些债券。此外，管理者还会期望投资组合整体风险状况的改善。

信用保护交易

随着地缘政治和经济不确定性的增加，**信用保护交易**（credit-defense trades）变得越来越受欢迎。社会部门的变化往往产生不确定性并且导致投资者买入防御性头寸。在预期更大的竞争情形下，在 20 世纪 90 年代中期一些投资者减少了投资组合在例如电力部门和电信部门的风险敞口。由于在 1997 年年中一些亚洲货币和股票市场出现了低迷，投资者减少了向亚洲债务市场上的投资配置。然而由于最大收益率要求与一些机构（如保险公司）厌恶损失，一些投资者对于信用保护的反应往往很慢。但是在经历了 2002 年大量的“堕落天使”之后，其中包括世通等信用领头羊的发行人以及 2007—2008 年期间许多金融机构的不幸遭遇，投资者更快地从他们的投资组合中抛弃那些具有潜在问题的信用债券。具有讽刺意味的是，一旦信用被评级机构降级，内部投资组合常在低于 A 级或投资级状态后立刻进行债务清算。这通常是出售证券的最坏时机，因为它使投资组合产生的损失最大化。

新发债券互换

新发债券互换（new-issue swaps）有助于二级市场资金周转。考虑到更好的流动性，许多投资组合管理者愿意把他们的投资组合转移到更具流通性、规模更大的新发行债券。这种意向通常由于美国政府债券市场上新发行债券的优良表现而得到进一步加强，这对许多发行公司来说已经成为一个自我实现的预言。此外，一些管理人利用新发债券互换增加对新发行人和新结构的风险敞口。

部门轮换交易

20 世纪 90 年代初以来，在公司和固定收益资产类中**部门轮换交易**（sector-rotation trades）成为更受欢迎的方法。在这一策略中，管理者会将投资组合从预期表现不佳的部门或行业转移到总收益坚信将会有所超越的部门或行业中。在 21 世纪初的全球信用债券市场中，随着债券流动性的提高和评估成本的降低，部门轮换交易在信用资产类中变得更为盛行。

在区分信用投资组合管理者的业绩方面，这种面向资产种类的评估方法扮演了主要角色。举个例子，1994 年 2 月美联储抵制通货膨胀的优先购买权的声明一经发布，投资者就正确地把固定利率公司债券转换为浮动利率公司债券。1995 年，由于害怕美国经济发生衰退，一些高收益公司债券的投资者将投资由周期性消费部门（如汽车和零售业）

转向非周期性部门（如食品、饮料、卫生等）。对 1998 年美国经济缓慢增长的预期使得投资组合管理人产生了防护性倾向，他们放弃了如造纸业和能源等其他周期性行业。1999 年亚洲和欧洲经济增长情况的好转刺激了对周期性行业、金融机构和能源债券的投资兴趣。2002 年信用投资组合管理者本可以通过降低公用事业和许多工业部门的权重、2007 年通过降低金融业的权重来避免巨大的投资组合业绩下降。

曲线调整交易

收益率曲线调整交易（yield-curve-adjustment trades），或者简称**曲线调整交易**（curve-adjustment trade），主要用来确定整体投资组合的久期。对大多数信用投资者来说，他们的投资组合久期在基准指数久期上下 20%范围内浮动。如果信用债券投资者能够完美预测美元、欧元、日元在 2002 年和 2008 年的收益率曲线移动，他们就可以在利率下降的预期下增加 2002 年和 2008 年的信用投资组合久期。虽然大多数投资于固定收益债券的投资者喜欢用更具流动性的国债来构建投资组合久期，但在信用债券市场上也能实行战略性投资组合久期倾斜方法。

基于对信用期限结构或者信用曲线变化的预期，这些交易也是可以进行的。例如，如果一个投资组合管理者认为在利率保持相对稳定时信用利差将会收紧（无论是整体还是某一部门），他可能会将投资组合的风险敞口转向其所倾向的具有更长利差久期的信用债券。

结构化交易

在投资级固定利率信用证券集合中，随着全球信用市场的不断同质化（中期一次性还本付息），**结构化交易**（structure trades）的比重已经变小。结构化交易是指针对结构性产品（例如，可提前偿付结构性产品、子弹形结构性产品和可回售结构性产品）的互换，在预期市场波动既定并且收益率曲线形状既定的情况下，这一操作预期能够实现更好的收益率业绩。结构化交易还包括从不太严格的债券契约向较为严格的债券契约的互换，这能够在债券发行人可能面临财务困境时为债券投资者提供更强有力的保护。通过扩大固定收益信用债券的可选择范围，进而包括浮动利率证券、优先股、优先偿付证券，甚至可转换证券，结构化交易依然非常普遍。下面的例子将说明操作良好的结构化交易的投资组合收益。

- 1998 年下半年美国再一次出现利率大跌和收益率曲线波动加剧，与一次性还本付息结构相比，可提前赎回结构的表现受到了极大限制。
- 1999 年，美国利率的向上反弹和利率波动的下降使可提前赎回结构较一次性还本付息结构的表现相对更佳。
- 在 2001—2007 年的全球中央银行货币政策宽松周期，如果当时采取从浮动利率债券向固定利率债券的互换，可能有助于提高信用投资组合的收益。
- 2009 年 3 月，如果从传统的投资级信用债券向风险性较高的次级结构性债券、优先股和可转换债券轮换，可能会显著提升投资组合的收益表现。

基础性交易

交易者和资产管理人通常徘徊在债券、名义利差、OAS、利率互换利差以及信用违约互换利差价值之间，以寻求相同或者相似债券之间的差异，即使这一差异很小。这些差异可能促生了较为有利的**基础性交易**（basis trade）互换的出现。

现金流再投资

现金流再投资（cash-flow reinvestment）的需要迫使投资者几乎每周进入二级市场。在某些年份，所有息票、期限及部分赎回（包括投标、偿债基金和其他发行人提前偿付）的数目几乎等于美元债券市场上所有新发行债券总额的100%。在向债券市场配置任何新投资净额之前，投资者有充足的再投资现金流来购买几乎所有新债券。一级市场上的一些投资组合现金流在期中就已经产生了，有时候市场的组成与投资组合的目标并不一致。在这些时期，信用投资组合管理者转向二级市场上寻找投资机会以保持充足的资金或者在短期使用CDS和金融期货复制公司债券指数。那些将现金流再投资分析纳入信用市场估值中的投资组合管理者可以充分利用现金流再投资对利差的效应进行投资组合头寸买卖。

□ 交易约束

信用投资组合管理者也应该关注不进行交易的主要原因。有时最好的投资决策是不进行交易。相反，一些最糟糕的决策源自过时和不合时宜的陈旧的约束观念（例如，避免投资评级低于Aa/AA级的债券）。优秀的投资组合管理者保持非常开明的思维，注重不时从成功和失败中总结经验及教训。

投资组合约束

总的来说，投资组合约束极大地助长了全球信用债券市场的无效性。这里有一些例子：

● 因为很多资产管理者都被限制购买投机级证券，他们被迫立即出售被降级到投机评级（Ba1/BB+及以下）的发行人的债券。反过来，降级时的出售为有更灵活约束的投资者提供了以暂时的折扣去购买新降级证券的机会（前提是发行人的信誉在降级后保持稳定）。

● 一些主权财富基金和美国的一些州雇员养老基金由于行政和立法的规定不能购买评级低于A3/A－的信用证券。

● 一些美国养老基金在拥有MTN和非美国公司发行的债券上也受到限制。

● 监管机构对美国保险公司投资于高收益公司债券进行限制。

● 一些欧洲投资者只被允许投资于以年付的欧洲债券形式发行的A级债券，有时甚至被要求只能购买Aa3/AA－或以上等级的公司债券。

● 一些投资者被局限于本币市场——日元、英镑、欧元、美元。通常，相同的发行人如通用电气资本，在不同地区市场以不同的利差进行交易。

● 在全球范围内，许多商业银行必须在浮动利率债券范围内操作；所有固定利率证券，除非通过利率互换转换成浮动利率的现金流，是被禁止的。

“故事”争论

“故事”争论对投资组合管理者的优势和劣势起作用。交易商、卖方、卖方分析师和战略家以及买方信用研究人员应用可能有益于提高投资组合表现的许多交易理论。二级交易的拥护者可能会提供有说服力的论据，但是如果投资建议不能提供预期回报，投资组合管理人不会愿意冒“亏空风险”。例如，在 1998 年初，分析师和投资者普遍对亚洲主权债券的短期评价持不同意见。在对 1997 年亚洲债券的表现失望后，1998 年初亚洲债券支持者们根本没有机会说服悲观主义者购买亚洲债券。从技术上讲，对信用债券市场缺乏一致性认识通常是存在高投资收益的信号。事实也是如此，大多数亚洲债券在 1998 年和 1999 年都表现出良好的业绩。经过艰难的 2002 年，2003 年期间同样的“反弹效应”在电力公司中被观察到。当然，“故事”争论也会产生相反的作用。例如，在 2001 年底安然公司破产前以及 2008 年 9 月雷曼兄弟公司破产前，其债券都被视为非常稳健的信用债券。坚持长远眼光的资产管理人在 2001 年夏天对安然公司以及在 2008 年初对雷曼兄弟公司的不利消息就未能做出满意的回应。

购买并持有

虽然在 20 世纪 90 年代大多数长期资产/负债管理者声称更专注于总收益，会计约束（不能在低于账面价值时卖出头寸，或者在大大超过账面价值时仍然持有）常常限制了投资者的交易能力。实际上，这些投资者（主要是保险公司）仍是传统上的“购买并持有”型投资者。而一些激进的债券管理者一般按照咨询师的建议通过与“购买并持有”类似的过程控制投资组合的资金周转率。1997—1998 年亚洲金融危机以及由 2008 年 9 月—2009 年 3 月金融恐慌所导致的大萧条的后果是：谨慎的交易商导致市场流动性的下降，使交易减少的倾向更加明显。在 2000—2002 年期间以及 2007—2010 年期间，“购买并持有”策略表现为严重削减了投资组合的业绩。在系统范围的信用事件（系统性风险）以及发行人出现信用问题（异质性风险）显露出最初迹象时，许多信用投资组合本来应该通过减少日益恶化的信用债券或总信用债券的风险敞口以提高总回报。在系统性风险事件发生时，投资组合接下来的相对收益表现，本可以通过增持暂时受困于信用配置失当的债券来改善。

季节性

评级较低的信用（Baa/BBB）在 8—10 月期间往往收益表现较差，因为按照年终结算方法，交易者和投资者在此时变得比较保守。相反，在一年中的第一个季度，由于对整个日历年度的经济、产业以及发行人基本面的发展前景判断较为乐观，评级较低的信用通常收益表现良好。

二级市场交易通常在月末减少、在季末更少，在年末则是最少的。交易商通常喜欢在会计年度末［12 月 31 日或 3 月 31 日（日本）］简化资产负债表，而投资组合管理者则花时间处理投资组合和为他们的客户准备报告，并为下一年度制定战略。在这些时段里，一些最引人注目的证券的二级市场交易也会清淡下来。

51.6　利差分析

根据惯例，某些高收益市场部门和新兴市场仍喜欢利用债券价格或者债券收益率而不是利差来衡量价值。但对全球债券市场的其他部门来说，以名义利差（相同期限公司债券和政府债券收益率差异）作为价格和相对价值分析的基本单位已经有 200 多年了。

□ 可选利差度量

为了更容易与“vol”（波动率）部门（抵押贷款支持证券和美国机构债券）[2] 相比较，美国许多从业者喜欢根据期权调整利差（option-adjusted spreads，OAS）来评估投资级公司债券的价值。不过 20 世纪 90 年代（参见下面的结构分析）嵌入期权结构的迅速减少，使得期权调整利差在一级和二级定价市场上的使用也在投资级信用资产类中减少了。而在 20 世纪 90 年代标准单因素二项式模型[3] 中，并没有考虑到信用利差的波动性。由于信用风险在期权调整利差期权估值模型中被排除，期权调整利差估值仅在类似股权、高收益公司债券和新兴债务资产类的较高风险市场上出现了有限扩展。

开始于 20 世纪 90 年代早期的欧洲、在 20 世纪 90 年代后期得到发展的利率互换已经成为测量固定利率债券、浮动利率债券相对价值的一般标准。美国投资级和投机级债券市场最终可能更加依赖互换利差以与欧洲和亚洲相一致。但是，随着 2000 年以来信用违约互换（credit-default swap，CDS）市场经历了指数增长，信用违约互换利差已经成长为大型信用发行人用于相对定价的标准测量指标。

其他一些美国信用债券利差的计算方法也被不时地提出，它们非常明显地偏离了美国机构债券基准曲线。2000 年这一短命的建议源于不切实际的假设：21 世纪前 10 年美国政府预算的持续过剩和美国未偿付国债的有效清偿。再来看 2002 年的情况，历史告诉我们这些假设有可能是错误的。虽然一些从业者可能基于分析目的选择信用机构利差，但这种实践不可能成为标准市场惯例。

在 2000—2002 年期间和 2007—2010 年期间信用市场存在巨大压力之时，信用违约互换利差作为最新的估价工具应运而生。特别是，信用违约互换（CDS）利差在涉及名义利差、期权调整利差和互换利差时进行同时估价。因此，市场可以通过使用多重利差标准进行信用工具的定价。从历史来看，利差测度将国债收益率曲线或者国债即期利率曲线作为基准。鉴于互换利差将成为新基准的可能性，这些相同的测度将会与互换而不是美国国债关联变动。

这里对债券管理者如何使用利率互换利差给出了一个例子。假设福特公司 2016 年息票利率为 4.5%的债券以高出美国 5 年期美国国债利率 2.75% 113 个基点的买入价（交易商为购买债券所愿意支付的价格）交易。这就等于 3.88%（=2.75%+113 个基点）的到期收益率。在交易日，5 年期互换利差是 83 个基点（相对于 5 年期美国国债）。回想一下互换的计算，固定利率支付人对同一期限国债的支付等于互换的基础国债利率加上互换利差。同时固定利率支付人收到了伦敦银行同业拆借利率，即不会在此基础上增加。这样，如果债券管理者投资于福特公司债券并买入一个5年期的互换，结果就会如下：

从福特公司债券取得的收入	3.88%
(2.75%+113个基点)	
一互换支出 (2.75%+83个基点)	−3.58%
+互换收入	+LIBOR
净值	LIBOR+30个基点

这样债券投资管理人通过互换将福特汽车公司的固定息票利率转换成 LIBOR+30个基点。如果追求总收益的管理者预期未来市场利率上升，则他会通过这样一个互换来固定支出并获取浮动收益。

互换的构造使管理者（还有发行人）更容易比较固定利率市场和浮动利率市场。互换利差的构造在投机级证券上很少进行相关应用，因为违约风险显得更加重要。与专业的资金管理人相比，个人投资者基于互换利差的债券评估并不是十分方便。传统的名义利差框架为个人投资者所了解，在长期市场规则中具有优势并适用于从 Aaa 到 B 的整个信用质量范围。然而，在比较固定利率市场和浮动利率市场的相对吸引力时，名义利差分析框架则显得不足。

□ 利差工具

在投资决策过程中投资者也应该了解如何最好地评估利差水平。利差估值包括**均值回归分析**（mean-reversion analysis）、**质量利差分析**（quality-spread analysis）、**百分比收益率利差分析**（percent yield spread analysis）。

均值回归分析

在单只证券和跨行业部门的利差分析中，均值回归分析是最常见的技术方法。**均值**（mean）是在确定的时间范围内（一般是信用债券市场的一个经济周期）一些变量的平均值。**均值回归**（mean reversion）则是指一些变量值的回归趋势（如向前回归）。均值回归分析是一种基于两个部门或两个发行人的利差回归到其历史水平的假设的相对价值分析形式。这就会导致投资者去购买所谓“便宜”的部门或发行人债券，因为历史上它们的利差更小并且会最终回归到该较小的利差水平。这也会驱使投资者出售所谓“贵”的部门或发行人债券，因为它们的利差曾经更大并且在未来也会变大。

均值回归分析运用统计分析方法来评估当前利差对平均值的偏离是否显著。例如，假设在过去的6个月内某一债券的平均利差是80个基点，并且标准差是12个基点。假设现在这一债券的利差是98个基点。这个利差高出平均利差18个基点，或者高出平均利差1.5个标准差。管理人可以运用这个信息去决定这样的利差偏离是否足够购买债券。

这个分析方法同样可以用于对一个部门一系列债券的排序。

均值回归分析在有益的同时也会产生误导。均值高度依赖于对期间的选择。在适当期间的选择上市场并没有达成共识并且信用市场具有持续性，意味着低价的证券，主要是信用不确定性的函数，经常会变得更加便宜。高价的证券，往往是高品质的债券，会保持高价。

质量利差分析

质量利差分析主要是用于检测低质量债券和高质量债券之间的利差差异。例如，在质量利差不足的周期性低潮期，投资组合管理者会被建议考虑"信用升级交易"。在经济恶化的情况下低质量债券产品的收益增量优势可能不能补偿投资者低质量利差的扩张。另外，信用投资组合管理者在经济周期向上运动的一开始就高权重配置低质量的债券将会长期受益。

百分比收益率利差分析

追溯到20世纪初，百分比收益率利差分析（相同期限的信用债券收益率与政府债券收益率的比值）是投资者所使用的另一种流行的技术工具。这种方法有严重的缺陷，从而限制了它的有用性。百分比收益率利差是一个衍生的而不是解释性或预测性变量。在1997年、1998年、2000年和2008—2010年的低利率时期里，百分比收益率利差的扩大夸大了风险和信用债券的相对吸引力。在基准收益率曲线向上移动时，百分比收益率利差的缩小并不必然标志着信用资产类将会表现不佳。实际上，潜在基准的绝对水平只是决定信用资产种类相关价值的诸多因素（需求、供给、收益性、违约性等）之一，这些其他因素可能会抵消或加强来自百分比收益率利差分析的任何结论。

51.7 结构分析

在本章之前已经提到，市场上有一次性还本付息、可提前赎回、可回售的偿债基金结构。**结构分析**（structural analysis）仅仅对本章讨论的不同结构的表现进行分析。在20世纪80年代对信用债券结构的评估极其重要，而自20世纪90年代中期起由于一些原因它在信用债券市场的影响变小了。首先，欧洲债券市场上几乎都是中期一次性还本付息债券。其次，如图表51—6所示，美国信用和全球债券市场正在向欧洲一次性还本付息标准结构同质化发展。结构多样性仍然存在于美国高收益债券和新兴债券市场。不过，这些投机级部门的投资组合更多地根据纯粹信用差别而不是发行选择的结构多样性来确定决策。

但结构优化仍可以提高信用风险调整的收益率。不考虑信用，发行结构分析和结构分配决策通常既要依赖于收益率曲线和波动性预测，又要根据对期权定价模型输出结果的解释（参见以下讨论）。这也是在结构信用债券、抵押贷款支持证券和资产支持证券中做相对价值决策时的关键投入。在短期内或者假设发行人的信用等级不变的情况下，收益率曲线和波动性变化将极大地影响结构的性能。不过，投资者也应该考虑到影响市场成分和公司指数基准的长期市场动态。

特别需要指出的是，可提前赎回结构在美国投资级信用债券市场上已经较为罕见。由于自 1990 年以来一种几乎持续具有正斜率的美国期限结构和 1993 年、1997 年、1998 年、2002 年和 2008—2010 年收益率曲线间歇地跌落到几十年来的最低水平，因此，美国公司债券市场的成分与中期一次性还本付息的欧洲债券和以欧元标价的债券趋于一致。为了看到这种趋势，我们只需要考察雷曼投资级信用债券指数的结构成分。一次性还本付息债券从 1990 年初的 24％增加到 2010 年底的 96％（基于本金）。在这期间，可赎回债券从 72％下降到仅为指数成分的 3.5％。偿债基金结构曾经是天然气管道和许多工业部门债务结构的主要部分，如今却成为濒临消失的品种，从 1990 年占公众债券市场的 32％下降到 2010 年的 0.1％。尽管 20 世纪 90 年代中期有几次短暂的发行恐慌并且 20 世纪 90 年代末可提前赎回结构/可回售结构被引入，可回售市场份额仍从 1990 年的 5％下降到 2010 年的 0.4％。纯粹的公司零息债券也处于消亡的危险之中：从 1990 年的 4％下降到 2010 年的几乎可以忽略不计。

图表 51—6　　美国投资级信用市场组成变化*

组成	1990 年（％）	2003 年（％）
一次性还本付息债券	24	94
可提前赎回债券	72	3
偿债基金	32	1
可回售债券	5	2
零息债券	4	N/A

*图中数字加总并不等于 100％，因为一些结构可能包含多种期权（如可提前赎回公司债券也可能含有偿债基金及回售条款）。

资料来源：Lehman Brothers U. S. Investment-Grade Credit Index.

□ 一次性还本付息债券

下面将为大家概述不同类型的投资者是如何运用不同到期日的一次性还本付息结构的。

前端一次性还本付息债券（front-end bullets）（期限为 1～5 年）对于采用哑铃策略的投资者具有极强的吸引力。这些投资者在曲线前端使用信用债券，在较长期限使用国债。通过利率互换，一些非美国机构把短期一次性还本付息债券转换为浮动利率产品。这种转换被称为资产互换，参与这些交易的投资者被称为资产互换者。

中期一次性还本付息信用债券（intermediate credit bullets）（5～12 年期限），尤其是 10 年期债券，已经成为美国和欧洲投资级和高收益信用债券市场最受欢迎的部分。15 年期相对来说较少见，但有时也被银行用来完成某一类型的互换。因为具有 15 年到期期限的结构要用 5 年的时间沿正斜率的收益率曲线下滑到基础 10 年期债券，这些结构很少受到企图通过价格上升获取收益的投资者的欢迎。相反，罕见的 20 年期限结构却受许多投资者欢迎。这些结构的利差不如 30 年期的国债。在斜率为正的收益率曲线上，20 年期结构的收益率比 10 年期和 15 年期高，而比 30 年期的债券受到的影响小（较低的久期）。

30 年期债券是全球信用市场上长期证券中最受欢迎的一类。50 年期（半个世纪）和 100 年期（一个世纪）的证券于 1992 年、1993 年、1995 年、1997 年和 2010 年在美国信用市场上曾流行过一小段时间。这些较长期的证券通过修正久期的一个小增长，为投资者提供了正凸性。亚洲金融危机，特别是 1998 年 8 月以及 2007—2009 年期间的大萧条的较大的利差一部门冲击，加上风险厌恶和流动性溢价的周期性增长，大幅度降低了发行人和投资者对长期结构的兴趣。

□ 可提前赎回债券

通常在 5 年或者 10 年的等待之后（对一些发行量较少的证券来说，等待时间更长），各种信用结构都可根据投资者的喜好提前赎回，赎回价通常设为面值的溢价（面值＋初始息票），并在到期日之前 5～10 年间每年线性下降到面值。具有在较低利率情况下重新融资的能力相对于发行人来说是极其有利的。相反，投资者厌恶在市场利率较低的情况下过早赎回的风险。

在发行可提前赎回债券时，发行人为了持有赎回期权而要付给投资者年利差溢价（高质量发行人是 20～40 个基点）。像所有的证券价值一样，赎回溢价随着资本市场环境的变化而变化。给定较高的提前赎回可能性，赎回期权在低利率和利率不稳定时期价格要高很多。1990 年以来，就投资级发行人来说，赎回期权的溢价变化范围为 15～50 个基点。可提前赎回债券在收益率曲线快速下降时的表现明显低于一次性还本付息债券。当债券市场上升时，可提前赎回债券常常由于赎回价格的上限而不能充分获益。相反，在熊市上，可提前赎回债券由于不存在赎回可能，其表现优于一次性还本付息债券。

□ 偿债基金

偿债基金（sinking funds）这种结构允许发行人在到期日前执行一系列部分赎回（1 年或半年）。通常还提供在偿债基金日收回发行债券的额外部分的选择权，通常的范围是强制偿债基金债务的 1～2 倍。历史上，特别是在 20 世纪 80 年代早期，敏锐的总收益投资者们偏爱以低于面值的价格买入偿债基金。这些折价的偿债基金在利率上升时保持价格优势（假设债券价格低于面值）。精明的发行人要求每年至少以面值赎回一部分债券，这些偿债基金的价格在利率上升时才不会像可提前赎回债券及一次性还本付息债券一样下跌。应该指出的是，精明的具有资产负债管理技能的发行人有时在优先开放市场以低于面值的价格购买来满足全部或者部分年偿债基金的义务。但是发行人的这种年偿债基金的购买义务在利率上升时期限制了债券价格的折价。

□ 可回售债券

从概念上讲，可回售债券（putables）的结构要比可提前赎回债券简单。然而在交易周期中，可回售债券的价值常常引起很多争论，美式可提前赎回债券期权允许发行人在任何时间以给定的赎回价在不可提前赎回期满后赎回债券。可回售债券通常向投资者提供一次性的、指定日期的回售期权（欧式期权）来要求以面值全部支付。有时，回售期权包括第二、第三回售期权日。在等级下降时（通常低于投资级），很少有发行人给予投资者以面值把这样的债券回售给发行人的优先权。

由于利率下降，20 世纪 90 年代发行人避开了新的可回售债券。比起以更高的成本在 10 年或者 5 年内偿付可回售债券的风险，许多发行人更喜欢支付额外 10～20 个基点的溢价来发行较长期限的债券。

可回售债券为投资者提供了抵御利率急剧上升的部分保护。假设发行人仍有能力承受突如其来的负债，可回售债券可以保证投资者在发行人信用恶化时免受损失。也许这种保护性结构相对稀少，它的表现和价格对许多资产管理者来说是一种挑战。与可提前赎回债券不同，回售价格与一般的波动率价值框架形成的预期价格不一致。具体来说，一项期权隐含的收益率波动可以从期权价格和估值模型中计算出来。可回售债券可用如二项式模型的估值模型将隐含波动率计算出来。在保持其他因素不变时，隐含的波动率对于看涨期权和看跌期权来说应该是一样的。对于可回售债券，自 1990 年以来隐含的波动率在 4%到 9%间变动，明显低于同一时期可提前赎回债券 10%～20%的波动率。隐含波动率在可提前赎回（高）和可回售（低）之间的差异表明资产管理者被提高投资组合收益率的欲望所驱使，在具体条件下发行人由于给予投资者向发行人回售证券的权利而减少支付。换句话说，典型的回售债券应该以一个比普通债券低的收益率在市场上交易。

对于这种较少见的债券结构来说，由于这种结构更强的流动性和更标准的交易约束，除非回售大量涌现，这种可回售债券和公司债券隐含波动率的不对称会继续。同时，只有那些对利率坚定看跌的投资者才会把这种结构当作一种获取优秀业绩的工具。

51.8 信用曲线分析

20 世纪 90 年代中期以来信用衍生工具迅速增长，已经激起了理论家和从业者开发更精湛的技术来分析公司利差曲线的期限结构（1～100 年）和信用结构（Aaa/AAA 到 B2/B；违约的投机级债券以价格而不是以利差为基础进行交易）的浓厚兴趣。

信用曲线，包括期限结构和信用结构，大多斜率为正。在努力减少投资组合风险的同时，许多资产管理者选择承担短期和中期证券的信用风险并用长久期的证券组合替代低风险的政府债券。这种策略称为**“信用哑铃策略”**（credit barbell strategy）。因此，这种策略的应用减少了许多总收益投资者、共同基金和银行投资组合管理者对于较长期信用债务工具的需求。幸运的是，对于那些希望发行长期债券的发行人来说，保险公司和养老基金发起人常常会购买期限超过 20 年的长期信用债券。

当信用等级下降时，违约风险非线性增加。在任何一年中，评级为投资级（Aaa/AAA 到 Baa3/BBB－）的公司违约的绝对风险保持在非常低的水平。但是被限制于高质量投资的投资者们常常视降级为准违约。在某些情况下，如从 A 级降到 Baa/BBB 级，投资者在严格的投资组合指导方针下被迫卖掉某些债券。相反，当信用评级从投资级下降时，潜在的信用困境可能性增大，投资者理所当然地要增加利差溢价。

信用利差在高收益评级（Ba1/BB+到D）债券中急剧增加。违约风险，尤其当评级为B和CCC时，非常有可能发生。当信用风险逐步升高时，信用债券市场很自然地给予更高的风险溢价（利差）。图表51—7显示了两个信用部门（Baa级和A级工业债券）的信用曲线，并说明了随着期限的延长要求一个更高的利差。

特别地，投资级信用债券市场对10～30年期限的债券发行人信用曲线斜率非常感兴趣。像基本的国债曲线一样，信用利差曲线在经济周期中会改变形状。通常债券市场的利差曲线在市场对利率和信用风险更加警惕时变得更陡峭。利差曲线在基准曲线变平或者逆转时也有变陡的倾向。这种利差曲线/收益率曲线松散的联系反映了当短期和中期信用产品有可能获得高的总收益率时，投资者不愿意承担长期情况下的曲线和信用风险。

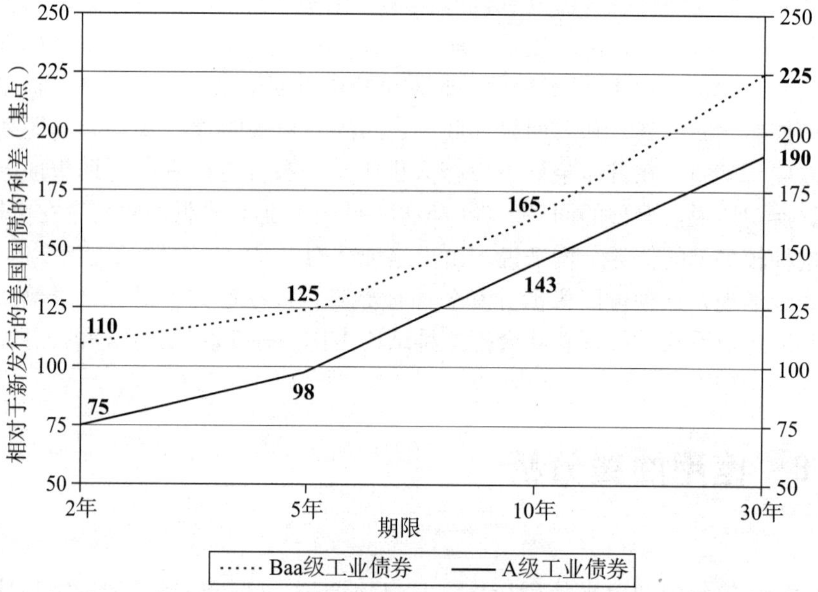

图表51—7　两种典型的美国投资级信用曲线

资料来源：雷曼兄弟基于1990—2003年平均公司曲线的美国投资级信用指数。

51.9　信用分析

在寻求信用升级和发行人/发行利差缩小以及更重要的避免信用降级与发行人/发行利差扩大的持续探索中，高级信用分析已经成为并将一直是信用债券投资组合的相对表现分析中最重要的决定因素。与股票估价、相对利差运动以及互联网（能追踪与投资组合持有相关的所有信息的智能机构）相联系的信用分析工具能够对传统信用研究和评级机构意见做出有益的补充。但是一些完全依赖如利率变化等变量和期权估价技术中引入的二项式过程的信用模型，对如IBM公司、英国天然气公司、得克萨斯公用事业公司、浦项钢铁公司、住友株式会社和巴西等的预期信用表现的排序并不是特别有用。

信用分析对许多自上而下的投资组合管理者和战略家来说是没有吸引力且费力的，它把焦点主要集中在宏观变量上。真正的信用分析实际上包括研究发行人的财务状况和会计技术，了解发行人如何管理、评价行业问题，查阅合约和公司章程以及形成对评估机构对各种行业及发行人评级观点的一种认识（可以是不一致的）。

然而，这种严格分析的好处可能与全球债券信用产品的迅速增加相冲突。2000年早期，在全球信用债券市场上总共有5 000种不同的信用产品。随着国有企业的不断私有化、新的加入者进入高收益领域以及新兴债务市场预期的长期成长，全球登记在册的发行人到2025年会增加到7 500个。把这些全球信用债券的新的登记者分为绩优者、符合市场表现者和绩差者要求资产管理者建立和维护一种强大的信用评价体系。

51.10 资产配置/部门分析

部门轮换策略（sector rotation strategies）在股票投资组合管理中扮演着关键的角色。在信用债券市场上，宏观部门轮换在工业、公用事业、金融行业、主权国家部门和超国家部门已经有很长的历史了。在20世纪的最后25年，主要的变动是投资者开始转向这些主要的信用部门。在80年代早期到中期，公用事业对于过多供给和核爆炸式增长保持了市场谨慎。美国和欧洲金融机构克服了20世纪80年代末和90年代初投资者对资产质量问题的担忧。20世纪90年代末类似的投资者的谨慎影响了对亚洲金融机构债务的需求。工业债券部门在20世纪80年代中期到末期陷入了严重的事件风险，1990—1992年陷入衰退，20世纪90年代末在公司合并和收购大潮中又一次陷入事件风险，并在2001—2002年的会计和公司治理上受到了一系列严重的打击。主权债券部门受到魁北克独立、不同国家的政治风险（如俄罗斯）、1997—1998年亚洲金融危机、阿根廷的完全违约（2001年）的影响暴露出定期市场局限性。

相对来说，微观部门轮换策略在信用债券市场上历史较短。美国直到1993年、欧洲直到1999年，信用指数提供商才提供了主要信用子部门（即银行、经纪、能源、电力、传媒、铁路、主权部门、超国家部门和技术部门）的风险/回报的具体分析（即平均收益率和标准差）。自20世纪90年代中期，当投资组合管理者对信用部门与这些统计数据的关系有了进一步的了解时，信用资产类的微观部门轮换策略才变得更具影响力。

图表51—8说明了影响部门轮换和发行人的策略选择的主要因素。例如，评级机构对一个部门实际的或感知的心理变化和对某一特殊行业的盈利性预测的修正仅是影响相对部门表现的众多因素中的两个。

提高信用投资组合业绩的常用战术也在图表51—8中得以强调。尤其是季节性因素值得一提。在大多数年份下半年债券市场上对风险规避的每年轮换助长了“第四季度效应”，即投机级债券中的B级和投资级债券中的Baa级要比相应的有更高评级的债券的表现差。市场乐观情绪几乎在每个新年都会出现。这时低评级信用债券的表现要超过高评级信用债券，这被称为“第一季度效应”。这种情况给出了一个非常简单而又受欢迎的投资组合策略：到每年第三季度中期前低权重配置低质量信用债券，而到第四季度高权重配置低质量信用债券和所有信用产品。

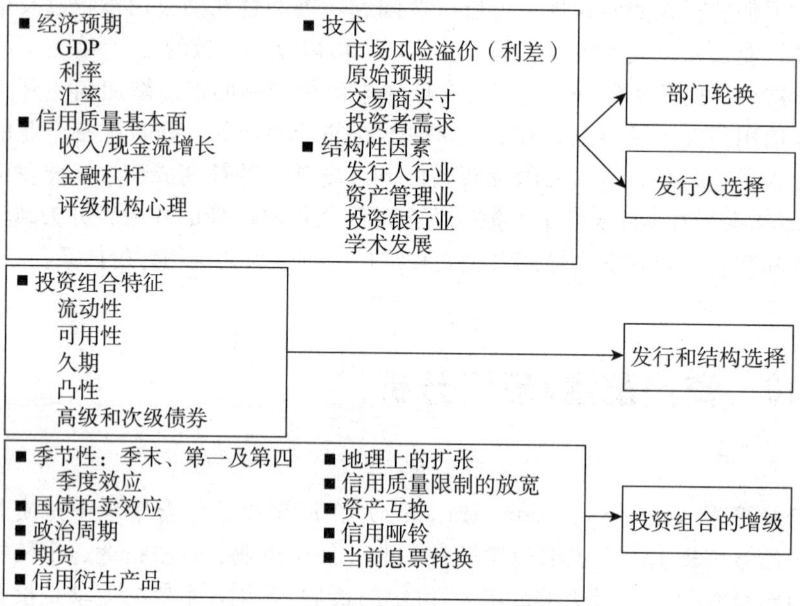

图表 51—8　一些提升业绩的方法

51.11　关键知识点

● 根据资本市场理论，投资者应该得到与增量风险相应的报酬。在全球信用市场中，实际情况与上述理论相符。从长期来看，与被假设无风险的政府证券相比较，信用产品能够创造更高的长期收益。

● 信用收益和风险通常被认为是非对称性的。在某些情况下，资产管理人可能会因为系统性风险事件（如 2008 年 9 月爆发的金融恐慌）而遭受证券收益相对下降。并且，在违约事件发生的情况下，单个信用证券的价格可能会从账面金额下跌至零。

● 与其他债务资产类型相比，信用债券投资组合的管理需要更多的运作和资产管理方面的企业基础设施。得益于新兴市场经济体债券发行人的进入，在 21 世纪，多样化的信用选择、诸多证券形式、多层次的投资结构以及全球信用资产类型的规模都得到了发展。

● 在过去 20 年间，全球债券管理的原则经历了快速的演变历程。1999 年欧元的诞生抑制了货币策略的实施。因为久期时间管理的经常性失败，在资产管理人中，主要的投资组合久期赌注（低于或高于指数基准久期的比率超过 10%）已经变得不那么普遍了。信用违约互换的使用不断增加。有助于相对价值排序以及资产分配（即风险预算）的量化分析工具不断出现。并且，尤其是对于大型资产管理公司而言，信用投资组合已经确确实实地实现了全球化。

● 伴随着公司债券的长期收益确实较高，以及“只有政府债券的指数基准”正在向“政府债券＋公司债券的证券化指数基准”过渡，货币和时间曲线使得在竞争性日益加剧的资产管理产业，投资者越来越倾向于将最优化全球信用投资组合作为有利于实现投资组合总体收益超额表现的方法。

【注释】

[1] 基于1973年关键巴克莱/雷曼指数的绝对收益。

[2] 这些部门被称为“vol”部门，这些证券的价值取决于预期的利率波动性。这些“vol”证券中嵌入了看涨期权，期权价值与证券价值取决于预期利率的波动性。

[3] 这个模型之所以被称为“单因素模型”，是因为只有短期利率被用于构建利率树。

第 52 章 管理高收益债券投资组合的要素

马克·R. 申克曼（Mark R. Shenkman）
申克曼资本管理公司总裁兼首席投资官

尼古拉斯·R. 萨尔切斯（Nicholas R. Sarchese），注册金融分析师
申克曼资本管理公司高级副总裁

高收益投资组合管理涉及该组合的投资匹配其基础目标及总体风险概况的艺术与科学。其焦点在于平衡风险与绩效这两者，要带着在完整的信贷周期上获得卓越的风险调整（risk-adjusted）收益的目标。从投资组合管理的视角来看，高收益市场是一个独特的资产类别，这是由于存在着这样的事实，即高收益证券呈现出包括债务工具与股权这二者的特点。给定与杠杆高企的公司相关联的较高风险，当违约损失成为核心关切（key concern）时，潜在的基础性信用的变动就是收益随时间推移而变动的主要驱动因素。然而，作为固定收益资产类别的一部分，这种证券的债务属性，诸如息票、到期日、契约（covenants）及评级等，同样影响价格及绩效。

与大多数其他固定收益投资相比较，高收益债券提供显著的增量收益及收入。然而有必要把它们的非对称风险记在心里。那就是，一只债券的向上一面一般受限于它在到期日的面值或者是提前赎回溢价，而向下一面可以包括违约情况下本金的完全损失。为了捕捉通过投资于高收益债券而获得的有吸引力的增量收益及利差，把违约及信用风险最小化就是达成此等目标的关键成分。

恰当地评估并管控风险对于管理一个高收益投资组合是关键元素。风险控制要求开

发富有洞察力的、综合的程序步骤以便在以下三个关键方面识别并控制风险：

（1）自下而上（bottom-up）的信用/证券分析。

（2）自上而下（top-down）的高收益市场驱动因子及宏观考量。

（3）投资组合考量。

图表 52—1 识别了这三个方面并且标出了需要考虑的元素。最为成功的组合经理具有吸纳所有三个方面的能力，因为交叉点是组合决策过程的节点所在。这三个方面及其元素将在下文详细讨论。

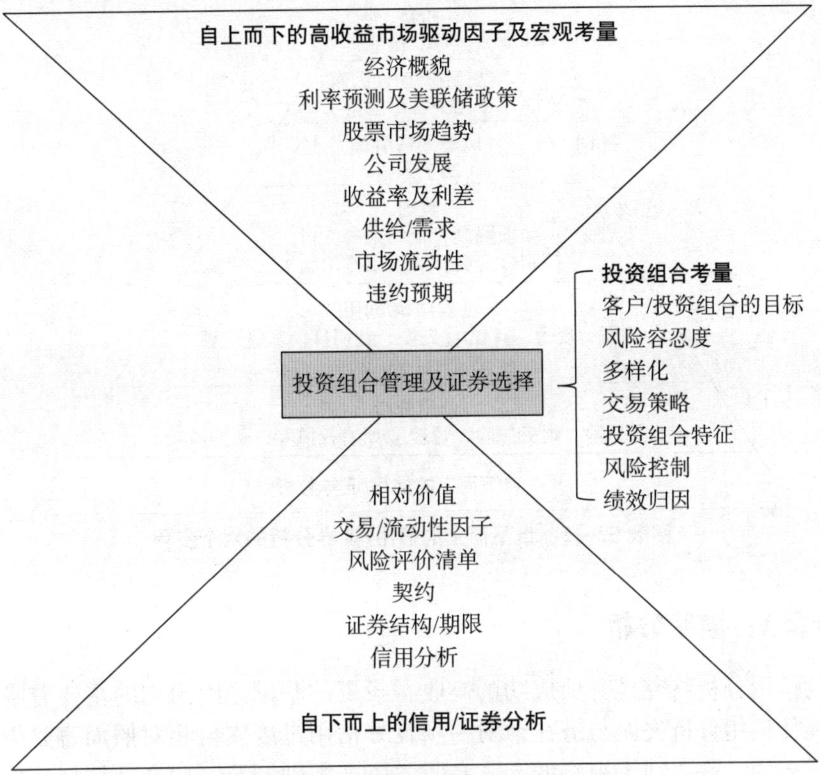

图表 52—1　管理高收益债券组合的元素

在长期（并且跨越不同的经济周期），那些规避了违约及主要交易损失的组合经理已经代表性地跑赢多种高收益基准了。

52.1　自下而上的信用/证券分析[1]

尽管信用分析可经论证属于自下而上投资过程中最重要的构件，证券结构/期限、契约、交易流动性因素及相对价值最终决定了一个“良好信用”是否将会变身“良好投资”。逊色的相对价值及对一项良好信用的过度支付（overpaying）可能导致绩效欠佳。疲软的交易流动性因素能够放大向下一面并且在负面冲击（negative surprise）情境中颠覆价值等式。在执行一项买卖决定时，要求用按部就班的过程来确保一致性及纪律严明的决策。图表 52—2 凸显了在分析高收益债券时的六个步骤。每一个步骤都应该使用正、负属性的检查表。同样重要且需要强调的是，所有自下而上的步骤凭它们各自本身的条件就是重要的。对多个步骤的有利性评估的重要性未必超过在该过程中识别出来的个别风险成分。

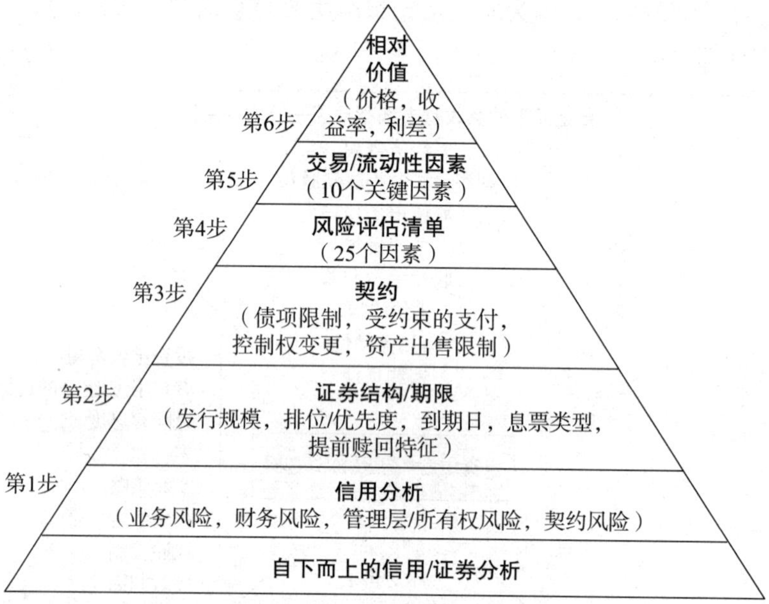

图表 52—2　自下而上的信用/证券分析的六个步骤

□ 步骤 1：信用分析

缜密的信用分析终究是一项成功的高收益投资的基础，因为它的主要着眼点就是规避违约。促使信用分析失误与潜在地对一项良好信用过度支付相对照而言是更大的投资风险。很重要的、需要纳入视野的是，高收益资产类别涉及一些高度杠杆化的公司，它们给错误留下的余地非常小。债券非对称的向上一面/向下一面的收益概况同样凸显了规避有意义的向下一面信用风险的重要性。在实践中，与过度支付一项良好信用相关的绩效欠佳，当与持有信用违约债券的最终向下一面进行比较时，就稍逊一筹了。记住一只债券的向上一面受制于面值（加上一个可能的提前赎回溢价），而向下一面理论上是零。如果一只债券从面值跌落 50 点，那么为了弥补这一信用上的下降，将需要 10 只债券中的每只提升 5 个点才行！股票组合没有类似的动态，因为一个投资可以狂飙 500%，从而抵补众多其他交易中的损失。然而，在一个组合中能够跃升 5 个点及以上的债券数量可能是有限的。

信用分析可以被简单定义为确定借款者履行其到期利息及本金义务的能力。它经常由财务比率分析来得到识别。然而真正的信用分析更具综合性而且包括更具深度的检查。例如，两个有着相同财务比率的信用可能并不代表同样的信用风险。正如图表 52—3 所概述的那样，信用分析可以被分为四个关键方面：业务风险，财务风险，管理层/所有权风险，以及契约风险。

若没有对所有四项风险因素的详尽考察，则缜密的信用分析就是不完全的。在四个方面中任何一个方面的弱化都可能抵消其余三者的强化，并且导致一个特定发行者的高信用风险（见图表 52—4）。

投资者必须把他们的分析聚焦到所有四大风险方面的“前瞻性”（forward looking）观点之上。尽管历史结果对前景是重要的，但将会影响绩效的终究还是未来的信用趋势。

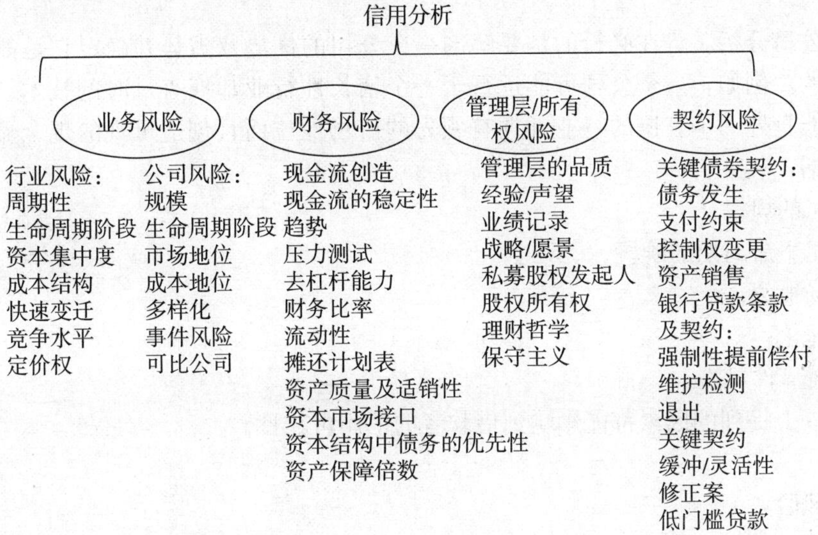

图表 52—3　信用分析的四个关键成分

图表 52—4　　信用分析实例

实例包括：
强劲财务概况＋强劲管理＋强劲契约保护
当遇到行业结构不利并且该公司地位卑微时，这些优势可能不足以抵消业务风险
强劲业务/行业基本面＋强劲财务概况＋合理的契约保护
这些优势可能不足以抵消实行激进财务政策的松散管理团队或者对债券持有人不友好的私募股权发起人的负面影响
强劲业务/行业基本面＋强劲财务概况＋强劲管理
这些优势可能不足以抵消虚弱的整套契约的负面影响
强劲业务/行业基本面＋强劲管理＋强劲契约保护
这些优势可能不足以抵消一个过度杠杆化公司的财务风险

业务风险

分析一个特定信用的业务风险涉及更多从战略视角来看的行业风险及公司特定风险的评估。这项分析不仅应该决定行业结构及基本面是否有利，而且要探明公司在其行业内的战略地位。甚至连所谈及行业内的最好公司都可能难以撑得过主要的结构变迁。

(1) 行业分析。高水平的债务对某些行业来说是可管理的且是合适的，但是对其他行业来说则未必。某些行业更倾向于杠杆化，因为它们的高营业毛利率、可靠的增长率及盈利的连贯性使得该部门内的公司得以偿付较高程度的债项。用来评估一个行业的因素包括现金流的稳定性、行业生命周期的阶段、资本集约度（capital intensity）、成本结构/营运杠杆比率、快速变迁的程度、竞争力、规制及定价权。除了提供增强版的信用描画外，拥有更有利前景的行业也因为有正向的宏观考量及投资者支持而倾向于具有好一些的交易。

(2) 公司分析。势在必行的是要解剖一个公司的优势及劣势并确定它是如何融入其所在行业的。例如，一个公司可能运行于一个增长性行业却拥有过时的技术。相反，一个公司可能身处一个衰退的行业却拥有领先的市场地位而且创造可观的现金流。要考虑的因素包括：

- 公司的规模；
- 公司生命周期的阶段；
- 市场地位；
- 多样化；
- 潜在事件风险。

所有以上提到的因素都能影响到借款者的信用可靠性。

财务风险

在评估了一个行业及公司的业务风险之后，下一步要考虑借款者的总体财务风险及信用状况了。这种考量应该把该公司的资本化及杠杆程度纳入视野。一个公司的基本面运营前景及信用状况是可能驱动债券绩效的关键变量。更进一步讲，缜密的分析必须评估过去的财务结果来理解业务的驱动因素。

财务风险的关键变量包括：

- 现金流的稳定性；
- 最近及较近时期预测的绩效趋势；
- 压力测试（公司的信用状况如何能够更好地经受住负面冲击）；
- 自由现金流及去杠杆能力分析；
- 杠杆及保障倍数统计；
- 现金及可获流动性；
- 分期摊还/到期日计划表；
- 资产质量及适销性；
- 资本市场接口；
- 资产保障倍数。

管理层/所有权风险

尽管与信用分析相关的因素至关重要，公司的高管却要负责为业务建立目标、宗旨及战略愿景。说到底，伟大的管理层能够在证券绩效中发挥显著作用。

（1）直线通信。投资组合经理或报告分析师应该与高管有直接联系（也就是说，一对一会见或者通话，公司参观，等等）。直接接触是理解并评估管理层的最好方式，并且能够提供关于一个特定发行者风险参数的更多洞察。进一步说，分析师应该与公司管理层保持对话。在紧迫时期（during times of duress），如果管理层联系不上，投资者对公司的信心可能被动摇，而该债券可能会绩效欠佳。

（2）管理层的品质。高管团队的品质对做好投资意义重大。虽然成功的公司必须追求有效战略，开发并执行那些战略却以掌权的管理团队为轴心。尽管管理层评估有点主观，并且随经验而改进，在管理团队中找寻的最好品质包括：人员流动率低，在该行业内的任期及声望，坚实的业绩记录，填报财务报告的时效性，回应提问时直截了当，有战略愿景，有优质替补人员，成功完成约定目标。伟大的商业领袖能够有效传达该公司的战略及愿景，清晰表达公司面临的机遇及风险，并且在变动时代果断行动抢占先机。

（3）私募股权发起人/所有权。经常性地，一家高杠杆化的公司可能由一个私募股权发起人所拥有。在这些情况下，私募股权发起人驱动着该公司的战略方向及财务政策，而运营高管（也就是说，CEO，COO，CFO）通常对公司的总体方向及财务风险承受能力方面的影响较小。记住该私募股权发起人在很多情形下的利益可能与债券持有者并不一致这一点永远都是重要的。例如，发起人可能会尽可能快地发布一项大的现金分红来提升他们的股权回报，尽管这种行动可能导致该公司信用质量的恶化。如果发起人很少有资本涉险，则他们可能会尝试采用“打全垒”（swing for the fences）类型的策略，因为如果此种策略奏效，他们拥有很少的向下一面（已经把他们的投入资本撤出了）却拥有显著的向上一面。此种“没有资本涉险”（no capital at risk）策略对债券持有者并不理想，因为公司可能拥有很少的资本缓冲，特别是在徘徊不前的经济中。该种发起人的投资记录、违约历史以及用现金支付债务的记录应该受到仔细审查。另一种因素是管理团队所拥有的股权百分比。如果股票所有权遍布于管理层，他们有较大可能会精心投入总体企业的成功之中。

（4）理财哲学。投资者必须考虑所有者及管理团队这两者关于公司资产负债表的意向。管理团队更倾向于高水平债务及高杠杆比率吗？或者他们更加保守并且宁愿拥有更多财务弹性及较低杠杆比率吗？管理团队对当前债务数量感觉舒适吗？或者以现金偿付债务具有关键优先性吗？管理层是如何致力于用现金偿付债务的？在下面的情况下管理层是否存在机会主义？是否即使涉及增加该公司的财务风险水平，管理层依然考虑进行一项有吸引力的收购？如果管理团队对于当前的债务水平感觉舒适，他们可能集中注意力于把现金流用于支付红利进行股份回购，或者为额外的并购筹资。如果债务偿付具有关键优先性，并且公司创造了大量的自由现金流，那么发行者的信用测度很可能得到改善。了解管理层对债务的哲学理念在预测该公司的信用状况方面至关重要，因为它将充当自由现金流运用的指针。它同样提供了一个路标用以评判他们在达成事前约定目标方面的成功程度及其可信度。例如，如果管理层已经宣布了它去杠杆化的意图并紧接着启动了一项大规模的股票回购，则债券很可能绩效欠佳，因为“信用故事”不符合预期，并且投资者可能已经减少了对高管的信心。

契约风险

对契约的详尽审查是信用分析的关键部分。尽管债务的每一分券都可能包含它自己的特定债务契约，但集合起来后，它们影响借款者总体的信用风险状况及财务弹性。评估该公司所有契约（银行贷款及债券契约）的集合性影响对理解一家公司的总体信用风险是重要的。在一个发行者的银行贷款中存在强劲契约套装可能对债券绩效具有显著影响。在某些情况下，有限契约弹性可能会改善该公司的总体信用状况，因为它可能为提前赎回创造机会或者是限制了财务风险的增加。相反，也存在一些情况，有限契约弹性可能会被确认为对借款者信用状况的显著风险，因为它可能会在经济周期中的某一不合时宜之点强加一次流动性事件。契约将作为步骤 3（个别证券的分析）的一部分进行更详细的论述。

□ 步骤 2：证券结构及期限

一项特定债券投资的关键考量是它的期限及结构。大多数投资者倾向于钟爱那些具有并列于或者优于市场标准的期限及结构的债券。然而因为期限随市场条件而变动，投资组合经理必须理解与替代结构相关的寓意及风险，并且如果可以接受，确保它们可得到恰当的补偿。

如下因素必须进行详细评估：

- 发行规模；
- 排位/优先度；
- 到期日；
- 息票类型；
- 提前赎回特征。

发行规模

一只债券的发行规模将影响它的流动性及其对其他市场成分（constituents）的一般吸引力。例如，一个小于 2.5 亿美元的发行规模将可能有较小的投资者基数（base）及由此而来的较小的交易流动性。取决于存在一个此种证券出售者的程度，给定了较低的交易流动性，以及愿意购买较小的、较低流动性的证券的较窄投资者范围，则对市场的向下一面的影响可能会比较大。相反地，大盘发行（大于 10 亿美元的发行规模）可能经历较大的价格波动性。因为在高收益市场中它们倾向于成为流动性的“基准”（benchmark）发行，它们在总体市场的激烈动荡期间可能展现出较高的 beta 值，因为机构投资者能够更容易地执行交易并表达它们的市场情绪（market sentiment）。

排位/优先度

一只证券的排位及优先度在评估一只证券的风险及吸引力时是至关重要的因素。排位及优先度指的是证券在该发行者的资本结构内部的位置以及破产时索赔的优先度。排位及优先度范围包括：优先有担保，优先有担保第二留置权，优先无担保，优先次级，次级，以及结构化次级。在资本结构中优先度越高的证券一般来说相对收益率越低。另外，除了在资本结构中所处的排位外，投资者必须确知提供的担保水平以及相对于公司的资产债务各分券所居何处。投资组合经理应当恰当识别出与特定证券的排位/优先度条款相关的风险，从而他们能够确定合适的收益率。

到期日

债券的到期日涉及技术考量及信用考量。从一个自上而下的视角来看，投资者可能关注利率的显著上升，并且因此在所给定资本结构内部钟爱较短的到期日选择。从自下而上的视角来看，投资者可能对给定信用下的短期前景及流动性感到满意，但是对公司的长期生存能力较不满意，并因此在带有多种到期日的资本结构内部钟爱较短的到期日选择。最后，当给定对“非标”（non-standard）债券感兴趣的潜在较少投资者基数时，到期日不常见的债券可能具有较大的价格波动性。高收益债券已经由来已久地用 7～10 年的最后到期日来加以结构化。然而新近看来，发行者已经参与到具有 11～12 年较长到期期限的市场，以便从低利率环境中得到好处。这些不寻常的到期期限迄今已经得出了复杂的结果。

息票类型

虽然高收益市场主要由现金支付债券组成，替代结构同样存在，包括零息票、实物偿付债券（pay-in-kind，PIK）或者 PIK 开关（PIK toggle）。虽然作为不利于投资者的提前偿付条款的结果，替代结构化产品倾向于提供较高收益率，它们也通常拥有较大的交易流动性风险，这是由于在高收益范围内它们倾向于吸引一个小得多的投资者基数。

提前赎回特征

在高收益市场内部提前赎回特征很常见。例如，最为典型的债券结构为 8 年期，其不准赎回期为 4 年；或者 10 年期，其不准赎回期为 5 年。这种类型的债券在其存续期的前半段是不可提前赎回的，但之后可提前赎回的选择权则在公司手里，并且依据一个对面值支付溢价的计划表，此溢价随最后到期日的临近而递减。最近，发行者参与有较少赎回保护的市场以换取一个小额额外溢价。投资组合经理在评估提前赎回特征时必须小心翼翼，这是由于它们能够限制债券潜在的向上一面而对收益产生显著影响。

□ 步骤 3：契约

所有高收益债券发行的凭单当中都包含发行公司及债券持有者之间的某种契约（或者叫作协议）。契约在本质上是出借者/债券持有者强加到借款者/发行者身上的约束，要求该公司可以进行某些活动或避免进行某些活动。这种契约主要被设计来保护债券持有者免遭信用恶化，这种信用恶化可能削弱该公司偿付利息并且按时偿付债务的能力。

契约常常被称作“严约/强约”或者“宽约/弱约”，这取决于特定条款及它们为发行者提供的最终财务灵活性。虚弱的整套契约可能显著增加高收益债券投资的风险，即使该信用的业务及财务风险状况可能是坚挺的。作为结果，契约套装可能无法通过对发行者的大量行为做出禁止性规定来保护债券持有者，虽然这些行为可能会伤害到发行者偿付债券本金及利息的能力。

契约分析是任何高收益债券投资过程中至关重要的部分。尽管强大的整套契约不能弥补一个疲软信用的风险，它却能为投资者提供显著的财务保护。虚弱的整套契约可能不必然排除投资于特定的发行；然而，它可能由于较高的风险水平而提升投资者所要求的收益率。

从投资立场出发，有以下四类关键契约要分析：债项限制，受约束的支付，控制权变更，资产出售限制。

债项限制

债项限制契约约束了一个发行人可以招致的额外债项的数量。如果与营运现金流及资产不保持一定比例，则额外的债项将最终稀释现有债券持有人的索偿权并且由于增加了的偿债（debt-service）要求而削弱该公司的信用状况。

受约束的支付

受约束的支付契约保护债券持有人在公司资产中的权益，这是通过限制公司在公司以外分配货币或者资产的能力，从而保持该公司偿付其债项的能力。受这种契约限制的不受欢迎的分配及资产转移包括分红、股票回购、投资于不受约束的第三方、在清偿本债券之前先清偿比该债券次级的债务。重要的是要认识到受约束的支付契约不限制收购（acquisitions）及资本支出，这二者的结果应该是增量现金流及投资回报。此检验终究是后顾型的，因为它决定了该公司是否已经取得了进行一项有益于该公司的股权而非其债权的支付权利。

控制权变更

控制权变更契约要求，如果控制权变更发生，则发行人需出价本金的101%购买该债务。它是债券持有人可以接受抑或放弃该出价的选择权。实际上，这项契约给了债券持有人一项在某事件发生时的卖出期权。控制权变更契约背后的基本原理如下：它针对某一所有者控制权变更来保护债券持有人，该所有者可能有着不同于该发行人的财务策略，而后者可能最终导致信用质量的恶化。

资产出售限制

与其标题形成鲜明对照的是，资产出售限制契约并不必然限制发行人出售资产的能力。它的真实目的是定义来自资产出售的收益的合意用途。此等收益必须被用于常备偿付债务或者再投资于重置资产。其基本原理是，所出售的资产通常创造用于偿付债务的盈余及现金流，而且应该被相似的资产所重置。

□ 步骤4：风险评估清单

优化组合的关键方法论之一是采用一个能帮助识别隐藏风险因素的变量清单。与一个被要求在起飞前执行检查清单的飞行员相类似，投资组合经理应该致力于类似的严格检查（rigid review）。图表52—5是一个可能会引起意外损失及波动性的25种因素的清单。越多的指标显示为负，与该项投资相关的风险水平就越高。这个清单绝不是所有潜在风险因素的完整列表。然而，它的用意是凸显出可能较少受到投资者关注的某些风险。

	是	否	
1			资本结构中的实物偿付/开关
2			双边评价3C级
3			项目融资
4			144A终身条例
5			堕落天使
6			第2或第3层承销商
7			交易规模小于2.5亿美元
8			弱契约套装
9			易陷入衰退行业
10			杠杆率大于6倍或者大于企业价值的85%
11			长久期（大于10年）
12			高度周期性行业
13			弱及/或失信的管理层
14			高风险违约行业或者前期曾违约公司
15			发起人具有对债券持有人的不良记录
16			当前或预期的负自由现金流
17			较少或没有硬资产
18			分红交易
19			中间市场公司
20			控股公司的债务及相对其他债务的结构化次级
21			预测的低迷季度以及/或者低迷年度
22			主承销商也是公司的股票持有人
23			欠佳的信息流动或者管理层联系
24			未来12~24个月内违背契约的预测
25			未来2年内所需的重大再融资
合计			

图表52—5　风险评估清单

□ 步骤5：交易/流动性因素

尽管信用分析聚焦于评估一个特定债券发行的财务风险，交易及流动性风险分析评估一只债券发行可能会经历的额外波动性。交易流动性能够降低可能具有良好信用风险的债券发行的绩效，但比这更显著的风险是，欠佳的交易流动性可能戏剧性地放大一个虚弱信用的向下风险。一项虚弱或者正在恶化的信用可能已经很难引起投资者的兴趣及获得新的买家；然而，在很大程度上更具挑战性的是在一个同时具有欠佳交易流动性的虚弱信用中开发新的需求。例如，如果该次发行具有良好的交易流动性，则一份令人失望的盈余报告可能导致2个点的债券价格下跌，然而，如果该债券具有稀薄的交易流动性，则同一份盈余报告可能导致5个点（或5个点以上）的价格下跌。投资组合经理对具有有限流动性的信用应该持有极高的信念水平并且在那些情形下要求较高的回报。

流动性风险[2]

流动性风险涉及量度按时卖出特定信用的能力。虽然股票常常在有组织的股票交易所或者电子化地进行交易，买家及卖家得到匹配，而高收益债券采取场外交易方式进行交易。债券投资者依赖于经纪自营商来做市。同样，不同于股票，绝大多数高收益债券不会在任何给定日期交易。一个有趣的类比是把高收益市场想象为如同一个湖泊，它一英里宽却仅有数英寸深。如果一个特定的高收益债券具有有限流动性，投资组合经理可能不能够执行他们的买/卖决策。

投资组合经理应该把下面的关键因素纳入考虑以评估一个特定债券的流动性风险。

（1）公众或者私人公司：私人公司常常比公众公司具有较小的流动性，因为要么市场上没有关于该公司的足够信息，要么此种信息未得到广泛传播。例如，一个由私人公司发行的未登记债券（比如《144A 条例》）的潜在购买者通常只能通过向承销商或交易柜台索取来得到关于该发行者的信息。新的购买者在寻找信息时可能会很谨慎小心，因为他们可能向交易柜台发送有关他们的购买意图的信号，从而引起经纪自营商提高该信用的卖方开价（offered price）。

（2）做市商数量及追踪该发行者的分析师数量：在华尔街上交易或者积极"追踪"某只债券的从业人员较少，减少了关于一个公司的可获信息。仅有一个做市商并且分析师缺位的债券发行可能太不具流动性，以致它们依预约交易（trade by appointment）（意即一个卖家不得不发出一个订单给某个经纪自营商，后者尝试在一段时间内出售一只债券）。

（3）资本结构中债务分券的数量：一个公司未偿债务的分券或者发行次数越多，有较多交易者及分析师追踪一个给定发行的概率就越高。大量的分券在一个发行者内部提供了较多的活动，因为存在成对交易的可能性，诸如卖空优先债券并购买次级债券。在一个信用当中跨资本结构交易的能力拓展了对债券感兴趣的投资者范围。

（4）管理层的可接近度：由管理层不可接近的公司发行的债券通常会抑制交易活动，因为投资者缺少充分信息来给自己安慰或者信念，尤其是在波动性的市场里。如果管理层团队在时机适宜时不情愿发表意见，他们在时机变坏时就更不愿意发表意见了。

（5）CDX—挂牌发行者：CDX 是广为交易的 100 个信用违约互换（CDS）的指数，它镜像了较宽泛的高收益市场。CDX 指数、基础信用违约互换及基础债券都由套利联结起来。当 CDX 与 CDS 或者实际的债券相比变得过于便宜时，套利就会现身。因此 CDX 中 CDS 的基础债券倾向于更频繁地交易，因为投资者可能正在执行套利交易。更进一步，CDX—挂牌发行倾向于更具波动性，因为它们是最具流动性的信用。

（6）来自 TRACE（交易报告与合规引擎）的交易额：经纪自营商被要求向一个自律组织（self-regulating organization）报告高收益债券交易，这使得某些高收益债券的一些交易细节可为公众获得。这个系统被称为 TRACE（交易报告与合规引擎）。具有 TRACE 历史的债券通常具有更大的流动性，因为历史模式及数据点能够得到并加以量度。

(7) 发行者在其行业内是主要公司：分别在其所在行业内拥有真实“存在”的公司的债券因为两个理由而倾向于拥有更多流动性。第一，如果基础公司是它所在行业的主角（major part），它就成为该行业的代理人（proxy）并且允许投资者获得对某个部门的敞口。第二，高收益交易者通常喜欢拥有并交易某一行业部门内最大的那些信用。

(8) 发行规模：某一债券的潜在买家的范围通常随着该发行的现金规模而扩展。潜在购买者的较大池子提升了一个持有者出售特定发行的能力。

(9) 发行者及发行的评级：高评级的信用在高收益范围内倾向于比较频繁地交易，因为它们被认为比较稳定而且具有较大需求。评级为3C级的债券通常要求较多的时间及信念，导致交易员不太愿意持有投资者可能需要较多时间来分析的债券。

(10) 混合信用：那些同时从投资级及高收益买家中创造需求的债券，诸如公用事业，提供较大的流动性。那些被认为是混合公司的高收益债券催生了一个投资级购买者的新类型，他们偶尔也放低身段并且购买高收益债券的分券。由于此等买家及卖家的范围较大，流动性常常得到改善。

基于这十项准则，每一个信用都应该被归类为L1、L2或L3。L1信用由多家做市商按日交易；L2信用由两家或两家以上做市商按周交易；L3信用由一家或一家以上做市商每月交易几次，这可能导致不能够按时执行交易。在很多情况下，如果原始承销商不再承付或者在该信用中做市，一个L3债券可能变成“孤儿”（orphan）信用。

组合中由L1、L2或L3流动性评级所代表的百分比应该得到计算与监控，以便决定每一个类别的合适权重。

□ 步骤6：相对价值

相对价值是自下而上证券分析过程中的最后一步。一旦一个证券的信用及流动性风险已经被确定并得以评估，该证券的总体预期风险溢价就能够被适当地确立下来。利差分析通常是确定该证券的收益与其总体信用及投资风险相当与否的最恰当尺度。

风险/报酬

在高收益市场中确定相对价值与其说是科学，不如说是一门艺术。古老格言“买家当心”（Buyer Beware）在高收益市场上警钟长鸣，因为所有风险并不是生而均等！例如，与确定必须有多大的增量收益（incremental return）或收益率来补偿那些由能够被用来危害债券持有者的重大契约灵活性（covenant flexibility）所带来的潜在风险这样的事情相比，比较并估价两种信用产品的财务杠杆的风险这件事儿就要容易得多了。有些投资者使用评级（通常由穆迪及/或标准普尔）来确定它们的信用风险，然后在此基础上评估利差。例如，一个比无风险美国国债收益高出500个基点的B级发行可能被认为是有吸引力的，相对于另一个高出350个基点的发行，或者相对于平均利差为400个基点的当前高收益B级指数。然而，为了做出这种评估，投资者必须假设这种信用评级本身是准确的，并且它们是信用风险的“领先”指标。更重要的是，投资者应该意识到信用评级并不再三考虑上面讨论过的许多投资风险，诸如债券契约、发行规模、承销商（团）品质、做市商数量、华尔街发起资格（Wall Street sponsorship）及信息流，仅列数例。

仅仅依靠信用评级来确定风险将不会给出完整画面并且当处于信用周期的某些阶段时可能是危险的练习。

比较个案

评估相对价值的基本模式是把待评估证券的利差与业界同行（industry peers）的债券及类似风险的其他信用的利差进行比较。图表52—6是能够帮助评估一只债券相对于另一只的相对价值的代表性“比较表”(comp sheet)。

分析图表52—6中的信用比较个案可知，很明显公司C是较弱的信用。当与其他两家公司比较时，公司C具有较高的杠杆比率、较弱的利息保障倍数（interest coverage)、负现金流及似乎缺少充足流动性来应对的近期摊还。给定较高的风险信用状况，公司C的次级票据之上的利差如所预料的那样比它的比较对象更宽。作为对比，公司A的坚挺信用状况已经导致了比它的比较对象更紧的利差。尽管它当前年度已经有相当大的债务摊还，但是它似乎有充足的流动性（以它的现金及易得性来量度）来消化这些摊还。信用比较个案应当包含过去12个月运营成果的快照以及未来12个月的前瞻性信用预测。

象限分析

许多投资者使用信用评级来确定风险及评估比较利差。给定市场中评级的普遍存在及市场参与者对它们的认可，投资组合经理们不应该依赖这些评级作为信用可靠性的主要评估。更确切地说，投资组合经理们应当建立更加综合性的风险评估，使其可以被裁剪来纳入他们认为合适的因素。

图表52—6　　样本信用比较个案分析

样本信用比较表			
	公司A	公司B	公司C
LTM期间	当前	当前	当前
收入	**6 000**	**800**	**3 500**
EBITDA	**1 000**	**140**	**430**
毛利率	**16.7%**	**17.5%**	**12.3%**
资本支出（Capex)	350	11	180
利息	250	80	288
税收	50	0	30
现金流	**350**	**49**	**(68)**
营运资本变动	50	(10)	0
其他（包括收购/分红）	0	0	0
自由现金流（FCF)	400	39	(68)

续前表

样本信用比较表			
	公司 A	公司 B	公司 C
LTM 期间	当前	当前	当前
财务统计数据			
EBITDA/利息	4.0	1.8	1.5
(EBITDA－资本支出)/利息	2.6	1.6	0.9
银行债务/EBITDA	**2.8 倍**	**3.8 倍**	**2.6 倍**
优先票据/EBITDA	**3.0 倍**	**3.8 倍**	**6.0 倍**
次级票据/EBITDA	**3.0 倍**	**6.3 倍**	**7.2 倍**
总债务/EBITDA	**3.6 倍**	**6.3 倍**	**7.3 倍**
净债务/EBITDA	**2.9 倍**	**5.9 倍**	**6.7 倍**
自由现金流/总债务	11%	4%	−2%
总债务/总企业价值	46%	—	99%
总企业价值/EBITDA	**7.9 倍**	**—**	**7.3 倍**
流动性			
现金	750	60	250
可获得性	650	50	275
总流动性	**1 400**	**110**	**525**
第 1 年摊还	270	12	15
第 2 年摊还	70	11	500
第 3 年摊还	70	11	15
第 4 年摊还	70	11	400
第 5 年摊还	70	11	15
第 6 年及以上摊还	3 050	824	2 185
资本化			
银行债务	2 800	530	1 120
优先票据	200	0	1 460
次级票据	0	350	500
其他债务	600	0	50
总债务	**3 600**	**880**	**3 130**
优先股	250		
股份数量	150	—	75

续前表

样本信用比较表			
	公司 A	公司 B	公司 C
LTM 期间	当前	当前	当前
股价	$37.00	—	$7.00
权益市场资本	5 550	—	525
总企业价值（TEV）	8 650	—	3 405
减去：现金	(750)	(60)	(250)
减去：其他		—	
调整后 TEV	**7 900**	**—**	**3 155**
债券定价			
息票	7.500%	9.500%	11.500%
到期日	11/15/16	4/15/18	12/1/17
穆迪/标普评级	B1/BB−	B3/B−	Caa1/B−
价格	**98.00**	**91.50**	**77.75**
最差收益率（YTW）	**7.91%**	**11.04%**	**16.65%**
最差利差（STW）	458	730	1 289
每单位净杠杆比率的利差	161	125	192

建立一个风险/收益矩阵在确定一个架构（framework）时是有帮助的。基于它们的风险及潜在收益水平，信用可被分为四个象限，如图表 52—7 所示。每个象限的文字描述如下：

- 象限Ⅰ：具有强大信用统计的牢靠信用、温和的杠杆比率以及强大的自由现金流。典型特色将包括可预测的及正在改善现金流的公司；去杠杆化的公司；拥有显著多于债务的资产的公司。目标：资本保全。
- 象限Ⅱ：有显著杠杆的良好信用，呈现出稳定性，及/或通过改善了的结果及较低的杠杆比率而使信用状况得以改善。象限Ⅱ的公司能够升值或贬值，这依赖于它们执行业务计划的能力及最终的信用趋势。这些公司通常具有超过平均信用的可靠性、充足的资产负债表及相对较低的资产价值对总债务的保障倍数。目标：总收益。
- 象限Ⅲ：疲软的信用，具有极其高的杠杆比率，或者信用趋于恶化或处于风险中。这些信用为失误留有较小的余地，因此要求较高的收益率来补偿债券持有者面临的额外风险。典型特色包括最低限度到负数的自由现金流（最好相对于总债务来量度）及正在恶化中的信用统计数字。它们也可能包括相对较新的公司、有大量资本要求的公司以及采用激进资本结构的公司，它们使用零息票、实物偿付债券（PIK）或者 PIK 开关票据。总债务的资产价值保障倍数通常较低。目标：高风险/高收益。

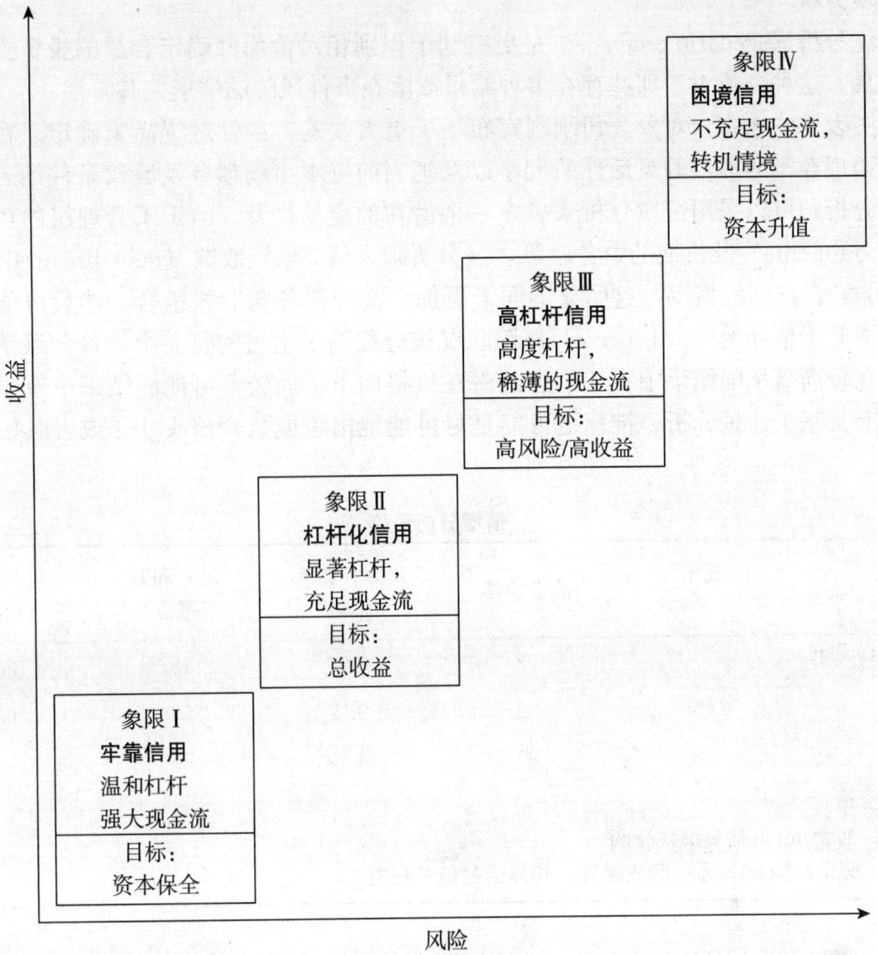

图表 52—7　象限矩阵

- 象限Ⅳ：受压的或受困的陷入麻烦的信用，并且可能处于实际的或技术上的违约之中。债券很可能受损并因此会要求更高的类股权（equity-like）回报。目标：资本升值。

当对特定信用指定象限时，它们被评估时应该强调前瞻性的观点，因为市场主要关注的是信用的未来趋势而非现状。那些能更正确地预测信用趋势的投资组合经理应该跑赢其同行。过度强调以往结果可能最终提供一个短视的风险评估并因此限制了风险/收益等式及相对价值分析。

在象限概念中，利差能够相对于在同一象限中的信用得到分析。在某一特定象限中给定信用质量的潜在范围，发行者可以被进一步细分进入较低及较高的象限。一旦象限已经指定，组合经理应该比较在同一象限内最为类似的公司的利差。凡属可能时，应该对同一行业及象限内的公司进行比较。其他相对考量因素包括交易历史、股票及银行贷款/信用违约互换（CDS）价格以及久期。

情境分析

情境分析（scenario analysis）是更有利于识别相对价值并确定合适的投资推荐的另一种工具。这种分析对于那些存在多种结果或潜在事件风险的情形尤其有用。

在图表 52—8 中，对象公司刚刚宣布一项重大收购，尽管融资尚未确定。在评估了由该公司现存契约提供的灵活性的大小以及把当前资本市场债务及股权条件纳入考虑之后，该分析师可以采用情境分析来确定一个潜在的交易推荐。给定了管理层的预先意见（prior comments）及长期的财务政策，该分析师为债务融资收购（debt-financed acquisition）分配了 75%的概率，这明显不同于更加平衡的债务与股权组合。然后可能的潜在交易水平基于估计的（pro forma）风险状况被分配给了上述的每一个情境。该情境分析表明，在较高概率的结果中有 6 个点的潜在价格向下，而较不可能的结果中有 1 个点的价格向上。基于这种分析，推荐更可能是尽可能地出售或减少该头寸，或者起码要谨慎从事。

图表 52—8 **情境分析示例**

	概率（%）	债券价格	最差收益率（%）	最差利差（基点）	杠杆倍数（倍）
当前交易水平		98	8.3	487	5.0
情境 A	75	92	9.4	596	6.3
情境 B	25	99	8.2	470	4.7

假设：
情境 A：假定 100%债务融资收购
情境 B：假定收购 60%通过股权融资，40%通过债务融资

交易历史

取决于一个发行者持有未偿付债券已经一段时间的程度，投资组合经理应该检查那些债券的交易历史。图表 52—9 提供了一些关键交易历史的问题列表。

图表 52—9 **关键交易历史问题**

该发行者的债券价格历史是什么？如果该债券已经是波动的，在哪种情况下较高的风险溢价可能更合适？

相对于当前的利差，该发行者的债券利差的历史是什么？在它的历史幅度（historical range）内，它是处在窄端（tight end）还是宽端（wide end）？它与其信用概貌相符吗？

相对于其所在行业或者相对于高收益指数，该发行者的债券利差是什么？这种关系随时间推移已经呈现何种趋势？在它的历史幅度内，它是处在窄端还是宽端？相对于当前信用概貌的价格在哪里？

相对于发行时的利差而言，当前利差水平是什么？它已经剧烈趋宽或趋窄了吗？这些移动与信用概貌的变动相联系而非与较多的因素相联系吗？

股票价格

既然许多较低评级的公司都是过度杠杆化的，它们的债券绩效常常与它们的股票价格高度相关。在某些情况下，股票价格可能是个先导指标，而在其他情况下债券价格可能引领股票市场。无论如何，特定信用或者它的公众发行的同行（public peers）及竞争者的股票价格（如果它是公开发行的）可能对债券价格具有显著影响。当股票价格上涨或下跌时，该公司的股票估值就会变化，这实质上测度了在该特定信用上的“股票缓冲”（equity cushion）的程度。例如，一个已经下跌了20%的股票价格可能预示着相对于该债券的隐含资产价值缓冲同样已经戏剧性地减少了，从而增加了该信用的总体风险。如果投资组合经理在考虑处于同一行业、具有同一杠杆比率的两个相似信用，他或她最好是拥有那家具有较高企业价值对息税折旧摊销前利润估值倍数（Enterprise Value-to-EBITDA valuation multiple）的公司，因为它最终意味着较大的资产价值保障倍数并因此而较少风险（所有其他因素保持一致）。在图表52—10中，某公司的杠杆比率在过去4个季度中没有发生剧烈变动，但是由于股票价格严重下跌，该公司的企业估值已经下降。作为其结果，总债务的企业资产价值保障倍数已经显著下降，并且信用风险已经增加。股本缓冲（equity cushion）是图表52—10中的浅灰色区域。

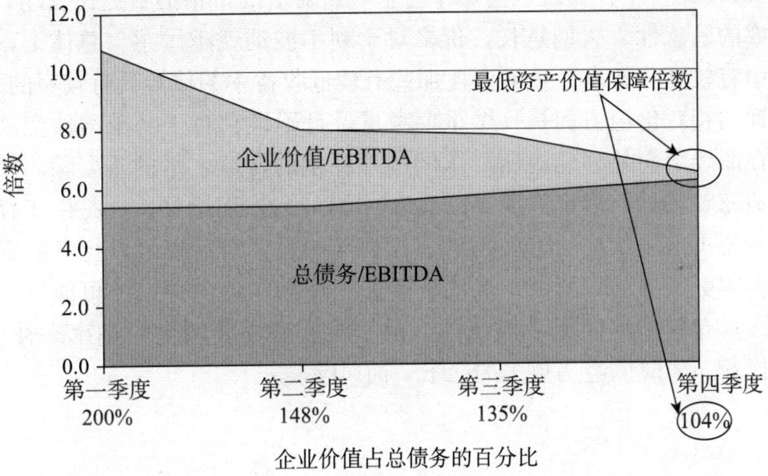

图表52—10　企业价值/EBITDA与杠杆比率

如图表52—10所示的例子说明了为什么投资组合经理不应该从基于股票价格及企业价值的高隐含资产保障水平中寻求安慰。如果股票投资者对该公司的增长前景不再乐观，倍数可能就会下降。因此，对信用分析重要的是要包含资产及企业估值的交替独立方法，与此同时要监测并考虑到当前公众股票价值的移动。尽管信用量度（credit metrics）不可能在短期内发生剧烈变动，但是在确定已感知的企业价值保障倍数及交易展望时，对股权估值持有前瞻性观点就可能很重要。在图表52—10中，在第四季度中104%的企业价值对总债务保障倍数让人想到该债券要求类股票收益，因为它的隐含的资产价值保障倍数较低。

银行贷款价格/信用违约互换（CDS）

除了应该监测单一信用违约互换（single-name CDS）趋势以外，投资组合经理还应该监测资本结构中优先工具（senior instruments）的价格。进一步说，高收益债券与银行贷款之间的界线由于这两个市场及投资者基数的交汇而正变得日益模糊。例如，如果某个公司的定期贷款（term loan）的收益率过于紧贴它的债券的收益率，这可能表示其中一种工具或两种工具都被错误定价了。为了做出合适的比较，投资组合经理必须在等价基础上评估两种收益率，因为银行贷款收益率是浮动利率的并且基于 LIBOR，而债券是固定利率的并且基于有可比期限的美国国债。监测信用违约互换（CDS）趋势同样提供了窗口来观察针对特定发行的市场情绪（market sentiment）的潜在变动。给定了许多高收益债券的非流动性，通过交易与基础债券形成对照的信用违约互换，投资者表达他们对一个给定发行的信用观点（credit opinion）有时会更容易。照此，市场情绪在该债券中变得显而易见之前有时可能较快地反映在信用违约互换的价格波动中。评估并监测资本结构内部的所有证券对妥善的证券选择而言是必不可少的。

久期

久期（duration）不仅量度收益率平行移动所对应的价格的百分比变动，而且量度价格对于收益率的敏感性。久期越长，价格对于利率波动就越敏感。总体上，具有同样到期日的债券中有较高收益率的债券要比那些有较低收益率的债券具有较短的久期。

久期在评估相对价值方面是一个重要考量，且不说它对于基础国债变动的敏感性以及对于确定在曲线上向外移动时所要求的额外补偿的合适水平的重要性。第一，信用风险将很自然地随着较长的标定到期日（dated maturity）而增加，这是由于存在着能随时间推移而改变公司信用状况的许多因素，并且这些因素对投资级发行者的影响比对杠杆化发行者的影响更加深远。第二，取决于近期出现潜在负向冲击的可能性，一个较长久期的债券应该具有较多的向下一面风险。由于投资者需要增量收益率来补偿该种风险，较长久期的债券一般应该经历更多的向下一面风险。

52.2 自上而下的高收益市场驱动因子及宏观考量

尽管组合管理的自下而上的成分应该是证券选择的主要驱动因子（primary driver），但重要的是纳入关于关键宏观的自上而下因子的观点，这些因子不仅影响个体行业及信用，还将影响市场。理解这些驱动因子对于评价过往绩效并构建个体投资组合（individual portfolios）是必不可少的。更进一步说，宏观考量在为个体行业及信用配置提供适宜的环境方面是个关键成分。

高收益市场拥有八个主要驱动因子。投资组合管理过程的自上而下（宏观）成分在图表 52—11 中得到进一步凸显并在后面进行讨论。

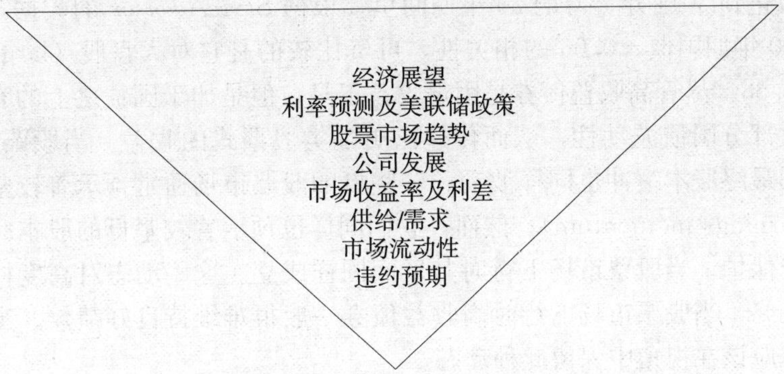

图表 52—11　自上而下的高收益市场驱动因子及宏观考量

□ 经济展望

所有自上而下的宏观观点都要求某种形式的经济分析（economic analysis）。对当前及预期未来经济条件的评估对投资组合管理是必不可少的，因为经济绩效与构成高收益市场的公司的绩效及盈利性具有显著关系。对一般经济的分析通常从经济周期开始。行业配置决策的一个决定因子是预测宏观经济是正在改善还是正在恶化。一项不同于共识的预测能够对战略及绩效具有显著影响。经济指标诸如 GDP、通货膨胀、消费者情绪、消费者支出、商业投资、失业率、住房及美国供应管理协会（ISM）指数等，为开发一个信息充足的观点及预测提供必要数据。理想化地说，这种数据应该用源自与直接管理层接触的一手调查研究来补充。用一手调查研究来补充经济数据可以为制定经济预测提供较高水平的信念。更进一步说，它可能会凸显共识观点（consensus view）中的风险并为组合经理提供增加价值及提高收益的机会。一旦经济展望已经创立，就有必要确定那种预测对于特定行业的影响，因为不是所有部门都对经济周期同等敏感。例如，一项消极的经济展望可能使防御性行业（defensive industries）及保守资本化信用（capitalized credits）占较高权重显得适当。与之相反，一项积极的预测将施惠于更具经济敏感性的行业及信用。

□ 利率预测及美联储政策

上升的利率及紧缩的货币政策倾向于对固定收益投资具有负面影响。尽管从历史上看，与许多其他固定收益资产类别诸如投资级公司债券比较，高收益债券与美国国债之间显示出相对较低的相关性，但是构想出一个利率展望能够为组合的建立提供一个框架。例如，如果利率预测呼唤一个显著的利率增长，那么一个组合减轻其对于低息票利率、较长到期日以及最为利率敏感的较低收益率的信用敞口就可能是适宜的。另外，从信用视角来看，在上升的利率环境当中某些对利率高度敏感的（比如理财产品）行业可能面临额外的风险及技术性压力。

□ 股票市场趋势

与流行观念相反，高收益债券市场与股票市场的相关性比它与 10 年期美国国债的相关性更高。截止到 2011 年 2 月的 20 年期间里，根据 *StyleAdvisor* 的数据，高收益市场展示了其对 10 年期国债－0.06 的相关性，可资比较的是它对大盘股（large cap equity）的相关性是 0.58。尽管高收益债券是固定收益工具，但是加于国债之上的有意义的风险溢价消化了大部分国债波动性，从而传递出更加类股票式的收益。当股票市场波动时，债务投资者的最终股本缓冲也同样波动。较坚挺的股票市场通常预示着较坚挺的展望及收入动能（earnings momentum）；然而，它们同样也预示着较坚挺的股本缓冲及对债券持有者的资产保护。当股票市场下行时其反面同样成立。这些动态对高度杠杆化公司则被放大了。最终，当股票市场下行时高收益债券一般很难维持良好绩效。当管理风险时投资组合经理应该在视角中保留此种动态。

□ 公司发展

恰如公司基本面良好有助于增加个体发行者的收益一样，总体上公司发展的向好趋势也影响着高收益市场。举例说明，坚挺的股票市场可能驱动许多私人公司进行公开募股并且用实收款项来偿付债务（一个积极的信用事件）。与此相反，过剩的可得信用可能激励私募股权发起人举债以便筹资向股东支付分红而让现有的债券持有者付出代价。取决于公司发展趋势的好坏，它可能正面或负面地影响高收益市场，因为投资者预计其他发行者很可能采取类似的正面或负面行动。

□ 市场收益率及利差（相对于历史平均值并且与此对照的是其他资产类别）

在为他们较大的总体组合确定资产配置时，投资者最终要考虑高收益债券的相对收益率及利差，不仅相对于其他资产类别及投资替代品，而且相对于历史平均值。此种考虑为高收益投资组合经理提供了一个重要视角，因为它是一个除了驱动市场技术面之外还驱动高收益市场的总需求的关键影响力。在开发一个相对视角时，组合经理应当考虑如下参照点（reference points）以及它们如何与历史幅度及平均值相比较。

- 高收益市场相对于国债的利差；
- 高收益市场绝对利差；
- 高收益市场相对于投资级公司债券的利差；
- 高收益市场收益率相对于标普 500 的分红收益率。

例如，如果高收益利差一直处于高位，由于新买家进入市场利用这种机遇，将会有强大的技术面压力及最终需求来驱动收益率紧缩。另外，如果超越投资级公司债券的增量高收益市场利差一直处于历史上的紧缩位，投资者可能判定该增量收益率不够充足，从而创造了向下一面的技术压力。

□ 高收益市场供给/需求

新发行供给及基金流在该市场的绩效中起着重要作用。尽管较长期收益更多受到总体公司债券展望及预期违约率的影响，供给及需求特征可能难以预测，但不容忽视。新发行的破纪录的供给可能会引发二级市场上的技术性抛售压力，如若不然，这个市场将处于低违约预期的基本面坚挺的高收益信用环境中。与此相反，缺少供给则有助于增加二级市场上对现存证券的需求并在类似的环境中驱动价格走高。

尽管通过多种管道新发行供给能够被轻易地量度并监测，需求却比较难以判明。虽然零售共同基金流在每周都可获得，它们却只能提供总体高收益市场需求的一个有限画面。零售共同基金代表着总体高收益市场略低于15%。另外，这些基金可能不会精确体现较大的机构投资者的情绪，后者代表着高收益市场的主体。尽管零售基金流提供了进入总体需求的窗口，具有重大机构资产的最大的高收益经理可以通过他们自己的营销活动及内部认购/赎回（subscriptions/redemptions）的水平来更好地量度需求。需求能够对市场收益具有显著影响，特别是在新发行供给有限的时期。

□ 市场流动性

经纪自营商提供流动性来满足高收益证券市场保持活跃的需要。久而久之，流动性范围变得更宽泛的趋势诸如银行合并（bank consolidation）及外国新进入者已经对市场流动性产生了影响。近来，由于金融危机促发的经纪自营商之间的合并，少数仅聚焦于二级市场交易的较小厂商已经进入高收益市场来填充由金融危机之后的合并所造成的空白。除了流动性范围变得更宽泛的趋势，提供给经纪自营商交易柜台的资本数量是在高收益市场上有效交易能力的重要决定因子。例如，一个经纪自营商的高级管理层可能决定（无论是由于宏观关切还是由于公司特定情况）“调低”（dial down）它的风险敞口（risk exposure）并由此限制它向其高收益交易柜台提供的资本。结果是，它的交易员变得不太情愿投入资本。结果，投资者可能会体验到较长的执行时间、较高的交易成本以及较大的价格波动性。市场流动性可能还基于人员配置及新发行日历而呈现出季节性。例如，夏季末及节假日前后的时段由于经纪自营商由骨干团队运转并且限制资本而呈现较低的流动性。更进一步，交易员不太情愿冒资本风险，这是由于他们已趋近财政年末（fiscal year-end）并怕会因此影响他们的年初至今（year-to-date）损益。重要的是，投资组合经理要理解影响到市场上执行交易的能力的长期及较短期的趋势。

□ 违约预期

自其发轫之初，高收益市场最重要的驱动因子就是违约率。在那些违约预期低的时段内，高收益市场倾向于有良好绩效，这是由于较低的违约预期影响了高收益回报的两个重要成分：风险溢价（risk premiums）及违约损失（default loss）。

$$预期高收益回报=无风险利率+风险溢价-违约损失$$

在一个有较低违约预期的环境里，通过信用利差来量度的风险溢价应当降低，因为投资者不太担心违约风险并且愿意接受较低的收益率，从而驱动债券价格上升。另外，较低的预期违约风险减少了预期的违约损失，从而增加了总体预期高收益回报。投资组合经理可以基于他们的总体违约预期来调和他们的风险容忍度。例如，当违约率趋向于降低时投资组合经理可能会情愿承担较多风险，而在面对趋增的违约率时可能有必要采取更加防御性的姿态。

52.3 投资组合考量

投资组合考量是被投资组合经理所应用的分析框架，用于最终决定哪些证券最适于纳入一个给定组合中。它们充当了利用本章所讨论的自下而上及自上而下考量来筛选潜在投资范围的过滤器。这些组合考虑包括：

- 客户/投资组合目标（client/portfolio objectives）；
- 风险容忍度（risk tolerance）；
- 多样化（diversification）；
- 交易策略（trading strategy）；
- 投资组合特征（portfolio characteristics）；
- 风险控制（risk controls）；
- 绩效归因（performance attribution）。

□ 客户/投资组合目标

投资组合目标对于为组合建立及日常投资决策提供总体方向必不可少。引用诗人 Ella Wheeler Wilcox 的诗作为这些目标重要性的一个良好类比。“一船向东一船西，同向风吹本无异（One ship drives east and another drives west with the selfsame winds that blow）；船行所归风不语，却是群帆指踪迹（'Tis the set of sails and not the gales which tells us the way to go）。”就组合管理而言，投资目标充当了把组合导向适当方向的船帆。最为生死攸关的组合目标是收益目标及风险容忍度。客户或投资组合经理必须决定主要的投资目标是什么（亦即，收益创造、总收益、基准、绝对收益或者资本保全）。多数投资组合经理有一个主要目标（primary objective）和一个二级目标（secondary objective）。例如，以绝对总收益作为主要目标而以高额当期收入作为二级目标。对目标的界定越清晰，策略就越有可能有效且成功。

□ 风险容忍度

在高收益债券的范围内，保全资本与控制风险是在完全信用及经济周期之上创造超级收益的至高无上的要素。校准组合的风险容忍度与组合的投资目标携手前进。

例如，总体收益策略将使较高风险容忍度成为必要，这是由于经理们必须购买伴有较高风险溢价的证券以获取高收益。然而，这些较高的收益及较高的风险溢价很可能既导致违约损失的较高概率，又导致收益的较大波动性。最终，投资组合经理必须清晰定义他们的核心风险容忍度是保守的还是激进的，并且面对变动的市场保持坚定不移的风格。尽管在下行市场中以保守策略或者在上行市场中以激进风格打败基准是行得通的，但同时在牛市及熊市中胜出的激进/保守风格的组合就是极具挑战性并且有缺陷的了。高收益市场缺少交易流动性并且许多证券不易获得，从而限制了投资组合经理在短期内转换风格。尽管投资组合经理的核心策略及风险容忍度必须保持原貌以便在整个市场或者信用周期内获得成功，但是当市场条件变动时这一点不应妨碍投资组合经理在他们核心的保守或者激进策略内部增加或减少他们的风险容忍度。然而，这些风险容忍度的变动必须保持增量式而非激进式。成功与否以在整个市场或信用周期上达成最高的风险调整后的投资来测度。

□ 多样化

多样化是减少风险并有助于达成投资目标的关键因素。多样化不应以组合中持有的投资数量来简单量度，而必须在许多关键水平上加以评估以便适当地管理并降低总体风险。投资组合经理最常犯的一个错误就是他们“爱上”某种行业并且/或者某种信用而没能够恰当地多样化他们的高收益组合。

评价组合多样化需要纳入考虑的一些关键因素包括：

- 发行者集中度；
- 行业集中度；
- 风险；
- 流动性；
- 久期。

发行者集中度

发行者的多样化应该在几个水平上进行量度。持有数量及平均头寸规模是最重要的多样化指标之一。某些投资者可能相信，投资组合管理的比较集中化的“最佳点子”路径（＜35个发行者）将达成最高收益；然而，考虑到最严重的信用损失倾向于是那些预料之外者，它可能在一个高得多的风险水平上做到这一点。与此相反，某些投资组合经理可能相信较多的持有数量（＞200个发行者）除了提供较小的基准跟踪误差外，还提供较多的针对个体损失（individual loss）的保护；然而，这比较常见于指数基金（index fund）路径并且很难断定在此情境中一个投资组合经理正在增加许多价值。最终，一个恰当多样化的组合应该以每个名称下平均头寸规模1%～2%为目标，以便以较多价值增加的机遇来平衡多样化的益处。需要记住的重要事情是，较大的组合不可避免地将被迫持有多种证券，因为它们的规模限制了能够被持有的给定发行者的合意证券数量。除了持有数量及平均头寸规模外，个体发行者限制及前十集中度（top 10 concentrations）也应该加以考虑。在一个适度多样化的组合里，投资组合经理应该以每个发行者不多于3%为限来保持多样化百分比，并且组合的前十持有量不应该超过组合的25%。投资组合经理必须同样确信他们的前十头寸会创造最佳收益。如果排名靠前的头寸绩效不佳，想达成卓越结果是极为艰难的。

行业集中度

行业集中度应该被保持在15%～20%的范围内并且应该集中于那些具有强大技术面及基本面特征的行业。另外，该组合五个最大行业的权重应该代表的总资产不多于50%。恰当的多样性不仅应该减少组合的波动性，而且这些权重还应该有助于缓和一个发行者出人意料的声明或者事件影响到行业整体的效应。

风险

管理风险是高收益组合经理的关键任务。多数投资者关注组合的评级（例如穆迪/标普）分布并监控跨评级类别的集中度。然而，投资组合经理应该为了评价并监控信用风险敞口及集中度而维护他们自己的专有框架（proprietary framework）。另一个重要的风险因素是识别并监控主承销商、优先级贷款者（senior lender）及私募股权发起人的持有百分比。主承销商与优先级贷款者之所以重要是因为并非所有承销商及贷款者都会均等地致力于该资产类别。某些承销商—经纪商在牛市时对高收益发行表现积极而在熊市时放弃其努力，留给购买者持有一个缺爹少娘的（orphaned）债券。更进一步来说，经纪自营商对其交易柜台上的资本拥有变化着的量度。与此同时，私募股权发起人拥有不可忽视的业绩记录。某些私募股权发起人以其频繁从他们杠杆收购（LBO）的公司中抽取多数分红而著称，因此令那些实体更加杠杆化而对债务持有者没有任何益处。对任何这些因素的过分集中度都可能在长期中危及绩效。

流动性

流动性风险涉及量度按时出售特定信用的能力。如果一个特定的高收益债券有欠佳的流动性，组合经理也许不能够执行其买/卖决定。组合中由 L1、L2 或者 L3 流动性评级所代表的比例应该被计算与监控。在零星地交易的 L3 级信用上的集中度应该是一个关键焦点（key focus），因为这些证券的向下一面风险将被它们的非流动性所放大。

久期

由于上面讨论的理由，债券的久期是它的波动性的重要驱动因子。投资组合经理必须考虑他们对较长久期及较短久期这两种债券的总体敞口。对其中任一类别的集中度可以把组合定位为要么属于防御性的（短久期），要么属于进攻性的（长久期）。重要的是评估这些集中度并确保它们与投资组合经理的总体市场展望及组合目标相一致。

□ 交易策略

投资组合经理一般有不同的交易风格，我们能够捕捉到他们可资对照的两种偏爱：一种在于创造短期交易利润，另一种在于聚焦于整个信用周期的较长期的突出绩效。给定高收益市场的显著交易成本及流动性限制，短期交易可能成本高昂。进一步来说，它合并了与对市场进行计时（to time the market）的尝试相关的较大程度的风险，这将能够影响长期绩效。无论交易策略的类型如何，投资组合经理必须开发出并坚守一个反映他们的风格与哲学的买卖纪律（buy and sell discipline）。

买入纪律

在执行买入决定时，要求有一个循序渐进（step-by-step）的过程来确保一致性及训练有素的决策制定。关键是投资组合经理要采纳严格的自下而上的信用/证券选择过程，并佐之以自上而下的宏观考量。投资组合经理不应该假借权宜之名或者由于可能会失去"热门"机会而牺牲这一过程。如果没有足够的时间来完成对特定发行的充分尽职调查，则该投资不应该进行。理想的投资应该在上面讨论过的所有六大关键证券分析步骤上展现出积极的特征，并且与该组合的总体投资目标及风险容忍度相一致。例如，投资组合经理应该基于某信用债券的吸引力来判定该公司是否具有良好的信用。

卖出纪律

具有纪律严明的出售过程对高收益投资至关重要。知道什么时间出售常常比知道买什么更重要，因为损失通常比收益更大，而这是由于内含于高收益债券的赎回约束特性。执行卖出决定的能力可以把一个平庸的投资组合经理与一个非凡的投资组合经理区别开来。三个卖出债券的主要理由是：

- 信用恶化；
- 相对价值（风险/收益失衡）；
- 管理层变动。

有说服力的信用分析及持续不断的深入监控是信用风险管理的关键组成部分，因为一只证券一旦被购买，证券分析过程将永不终结。

（1）信用恶化。如果一个信用正在经历（或者被预测到将要经历）可能会显著增加违约风险的基本面变动，该证券就应该被卖出。一个投资组合经理越是积极进取，当价格恶化及违约损失被最小化时，总体组合收益就越高。

（2）相对价值。尽管基本面原因应该永远都是重要的卖出准则，相对价值及管理风险/收益平衡在驱动长期收益方面是生死攸关的因素。例如，一个发行者可能并不必然面临近期违约风险，但是如果他的风险状况已经实质性提升（或者被预测将会提升），假如收益率还没有反映出此种关切，则可能会有一个卖出机会。相反地，如果一个信用的收益率已经收紧到远超所评估的风险，也要考虑卖出该债券。最后，那些信用风险状况已得到显著改善的信用债券可能不再提供有吸引力的收益率。尽管信用状况当前可能比较有说服力，但是一个投资级的信用状况可能并不适合一个高收益组合目标。

（3）管理层变动。如前所述，管理团队的质量是分析公司时的重要考量因素。管理层的领导力及诚实度对做出此项评价非常关键。管理团队背弃其预先声明目标（或目标群）或误导投资者的公司的债券必须被卖出。这些管理团队代表着难以评估或定量化的较高水平的风险。

红旗

对强有力卖出纪律的一个重要补充是需要揭示通过传统测控未能揭示出来的潜在风险。价格漂移及信用漂移是两个需要受到监控的关键元素。债券价格的下跌应当受到监控并且当下跌达到10%时必须进行自动复审。尽管持续不断的信用分析可能还没有发现有效的足够显著的风险变动来证明价格变动的合理性，但是投资组合经理欣赏与理解此种变动的理由是重要的纪律。信用漂移也是要受到监控的重要元素。为此目的，投资组合经理应当开发出专门方法来监控信用漂移。对主要评级机构（如穆迪及标普）公布的信用评级被动地做出反应将不可避免地成为糟糕的策略，因为市场可能已经基于修订版的信用评级进行定价。

□ 投资组合特征

投资组合管理的一个关键元素是监控并评估组合的全部持有对象。除了前面讨论过的多样化考量以外，某些要受到监控的特征包括最差收益率、最差利差、平均价格、评级以及风险。监控组合的特征是投资组合管理的重要工具，因为它帮助确保组合持有对象与宏观考量及组合目标相一致而非仅仅是自下而上选择的结果。逐日及逐周的复审是必要的，以便投资组合经理能够做出信息充足的决策，这些决策基于反映了市场变动的事实真相而非基于“听凭经验的”（seat-of-the-pants）直觉。显示百分比及差异计算的条理分明的、量身定做的而且内容详尽的报告对于关键的决策制定是必不可少的。

□ 风险控制

避免重大损失的关键之一就是建立牢靠的风险控制程序以及开发并维护一个正式的信用复审过程，这一过程用于审查本章所包含的关键风险因素，即信用风险、流动性风险以及投资组合/多样化风险。

在许多货币管理组织中风险控制通常被提及但很少被实施。在大多数情况下，仅当危机过后各组织才着手开展严格的综合的风险控制工作。然而，投资组合经理应该仔细量度并监控所有三种类型的风险。实施前端合规系统来监控关键参数是一个控制风险并引导组合符合其目标的关键工具。前端合规系统通常涉及一个经整合的投资组合管理及交易系统，在其中组合的各种约束及限制得到归类并受到实时监控。其结果是，如果一个投资组合经理的一项交易命令与组合的指导方针或者风险容忍度不相符，他就不能够录入这一命令。一个综合的前端合规系统比后端合规系统更加合意，后者当交易业已被执行时仅仅捕获其中的违规者或那些不合意的敞口。监控投资组合的集中度及多样化也是另一个风险控制的重要元素。

□ 绩效归因

绩效归因是使投资组合经理得以评估个别绩效并精炼该策略的重要工具。其目标是把一个组合的积极收益及被动的市场收益之间的差异分解为多种细节，以便进一步分析。这种分析用于阐明投资组合经理的决策制定过程并揭示那些有益于或有损于给定时段内绩效的诸因素。它对识别出使用被动市场指数（passive market index）作为基准所内含的多种瑕疵很重要，尤其对于高收益市场，在那里它的基础构成成分的相对非流动性使得该指数实际上几乎不可能被复制。绩效归因充当了一个有益的参照物，除了有助于投资组合经理对投资组合进行调整外，还可让投资组合经理更好地理解他们的投资决策的结果。

52.4 关键知识点

• 高收益债券是一个独特并且动态的资产类别，结合了固定收益证券与股票二者的特征。正因如此，管理高收益组合的总体方法必须涉及对三种关键风险的固有的潜在聚焦：信用风险、流动性风险及投资组合风险。

• 高收益投资组合管理包含三个关键焦点领域：（1）自下而上的信用/证券分析；（2）自上而下的高收益市场驱动因子及宏观考量；（3）投资组合考量。所有三种元素对有效投资组合管理都是关键的并且个别证券选择发生于这些焦点领域的交汇处。

• 自下而上的信用/证券分析充当投资决策的基础。尽管信用分析可以说是投资过程的最重要的成分，证券结构/期限、契约、交易流动性因子及相对价值最终决定一个“良好信用”是否将会造就“良好投资”。重要的是，要强调所有自下而上的步骤具有独立的重要性，要强调对多个步骤给予好评并不必然加大对识别出来的个别风险成分的权重。

• 理解并评估自上而下的高收益市场驱动因子及宏观考量是高收益投资组合管理的另一个关键成分。尽管投资组合管理的自下而上的成分应该是证券选择的主要驱动因子，但是包含一个关键宏观的自上而下因子的视角是重要的，后者除了影响个体行业及信用外，还将最终驱动/影响高收益市场。

• 投资组合考量因素被投资组合经理应用于最终决定哪些证券最适于纳入给定组合。它们创造了一个过滤器，该过滤器利用自下而上及自上而下考量方法来筛选潜在投资证券。

• 高收益市场提供了令人满意的收益机会，但是投资者必须同样记住那句老话：回报越高，风险越大！选择带有高收益率的证券是容易的。交付一致而优越的风险调整收益并且伴随较低的波动性，这就是把最佳投资组合经理区别于平庸之辈的东西。

• 高收益证券在周末及节假日赚取利息，而股票却不这样。

【注释】

[1] 这一节改编自 Nicholas Sarchese，Amy Levine，“Credit Analysis and Analyzing a High-yield Issuance，” Chapter 7 in William F. Maxwell，Mark R. Shenkman（ed.），*Leveraged Financial Markets：A Comprehensive Guide to High-Yield Bonds，Loans，and Other Instruments*（New York：McGraw-Hill，Inc.，2010）.

[2] 本节选编自 Mark R. Shenkman，“Principles of Managing High-Yield Assets，” Chapter 12 in *Leveraged Financial Markets：A Comprehensive Guide to High-Yield Bonds，Loans，and Other Instruments*。

第 53 章

国际债券投资组合管理*

卡西克·拉马纳坦（Karthik Ramanathan）
富达管理与研究公司/富达锥体国际顾问公司高级副总裁

詹姆斯·M. 杰拉德（James M. Gerard）
富达管理与研究公司/富达锥体国际顾问公司量化研究分析师

弗兰克·J. 法博齐（Frank J. Fabozzi）博士，注册金融分析师，
注册会计师
EDHEC 商学院金融学教授

本章将集中讨论国际债券投资以及投资组合管理人向这一领域的固定收益市场进行资产配置所需要考虑的许多复杂因素。首先，讨论国际投资组合管理的基本框架构成，包括货币风险和基准选择；然后，介绍用以创造超额收益的投资工具，包括货币敞口的管理、利率管理以及部门和证券品种的选择。

再接下来，我们将运用基本投资法给出战略性和策略性资产配置的定义，这将成为投资组合构建的核心问题。投资组合构建包括很多构成部分，必须充分解决活跃于不同国际债券风险要素之间的交叉问题。风险中的任何构成要素，包括货币、利率和证券品种

* 在此，要衷心感谢富达管理与研究公司的本·塔劳（Ben Tarlow）和柯特·霍林斯沃思（Curt Hollingsworth），感谢他们对本章撰写工作所给予的大力支持。此外，克里斯托弗·B. 斯图尔德（Christopher B. Steward）和 J. 汉克·林奇（J. Hank Lynch）参与过本章之前版本的撰写，并且某些部分直接源自之前的版本，因此他们对本章的更新做出了突出的贡献。

选择，都能够在分析过程中被分解出来。进行货币风险对冲的决策是投资组合管理人所面临的风险与收益的最重要的决定因素，因此在讨论远期利率的决定要素以及例证分析收支平衡之前，本章将事先详细讨论这一问题。这些选择问题的分析基础在于国际债券投资组合管理人用以支持其投资决策、绩效归因以及投资组合敞口评估的分析框架。

尽管本章中的许多案例与分析都是从一个美国债券管理人对美国以外的地区进行投资的角度来写的，但希望读者注意，这些基本原则适用于每一个跨境债券管理人对母国以外的债券市场的投资决策。当投资的债券不以本国货币标价的时候，美国债券管理人所要面临的现金管理问题也同样适用于世界各国的债券管理人。

此外，要在一章的篇幅中尽可能广泛地涉及国际固定收益投资的有关方面，意味着其中某些方面并不能够得到应有的深度讨论。例如，关于货币管理这一问题，内容涉及广泛且目前仍存在诸多争论。在此，我们只简单介绍相关的基本原则。

53.1 国际债券市场投资概述

随着美国以外的固定收益市场在广度和流动性方面的不断发展，投资者们已逐渐将此类证券纳入自己的投资组合管理。向国际债券进行资产配置有利于投资组合的风险分散，并扩展提高投资收益的机会。并且，随着投资者们的研究范围不断拓展，稳健风险的分析体系逐渐建立，赚取投资收益的竞争日益加剧，其自身投资组合管理能力的不断增强，漠视这一投资领域的赚钱机会着实不属上策。

许多斗转星移的变化也使得全球债券市场日益备受青睐。其中，布雷迪债券市场起源于20世纪80年代末期爆发的拉丁美洲危机以及亚洲债务和货币危机，这引发了20世纪90年代大量主权债务的违约，从而为1999年欧洲采用统一货币创造了契机。

一些投资者曾担心，于1999年成立的欧洲货币联盟（European Monetary Union，EMU）会削弱全球债券投资的风险分散效应。但实际上，在欧洲货币联盟成立之前，欧洲大陆经济体之间的经济关联性已非常紧密，并且在启动单一货币计划之前的若干年里，大部分欧洲国家的中央银行已开始追随德意志联邦银行的利率政策。

因此，欧洲货币联盟对全球债券投资组合的风险分散效应的削弱影响非常微小。但是，欧洲货币联盟的成立为欧洲营造了更稳健的信用市场，因为债券发行人和投资者不再局限于其本国市场，而是可以进入更广阔的、更具流动性的泛欧洲债券市场。在欧洲市场上，公司债券的发行规模迅速扩张，从而创造了大量类似于只有在美国债券市场才能获得的信用产品和工具。

正如欧洲货币联盟成为21世纪初的主要焦点一样，亚洲债券市场的兴起再次拓展了全球债券市场的投资机会。其中，包括韩国、墨西哥和巴西在内的主要主权国家是亚洲债券市场的定期债券发行人。重要的是，亚洲每个经济体的企业以及其他机构都能够获取本币以及非本币所创造的市场流动性。

目前，中国经济正向投资者们不断开放，金融体系的自由化进程不断推进，并且人民币离岸市场交易和在岸市场交易将进一步推动这一发展进程。人民币债务市场的显著扩张，以及低利率环境和货币贬值并存孕育着潜在的投资收益，这足以促使投资者纷纷进入国际债券市场。

同时，虽然国际债券市场所带来的投资收益的确可观，但是也需要充分了解此类市场投资所存在的风险。在过去几十年间，投资者经历了多个回合的市场波动和资本损失，因此对于国际债券市场的资产分配需要一个更稳健的投资过程。相对于国内债券投资组合管理，国际债券投资组合管理面临更复杂的挑战。其所属时区、本国市场结构、结算和保管问题以及货币管理等方面的差异性，都可能使任一固定收益投资管理人针对国际债券投资的基本决策变得更加复杂，这些基本决策是指决定如何根据久期、部门和收益率曲线进行投资组合的定位。

任何一个投资管理过程的基本行为都包括确定投资目标、制定与实施投资组合策略、监测投资组合以及投资组合的再平衡。一个设计良好、运行合规的投资过程还需要解决跨境投资者相对于国内债券市场所面临的额外复杂性。对于国际债券投资管理过程，应对诸如此类的挑战至关重要。

53.2 投资目标和政策声明

大多数投资者都被全球债券市场所吸引，因为作为一种资产类别，全球债券的收益率一直以来都高于美国债券的收益率；另外一些投资者则被全球债券在风险分散方面的作用所吸引。国际债券组合投资的基本原理包含两点：一是确定合适的收益目标（return objectives）；二是寻找适当的风险容忍度（risk tolerance）。

从广义上来讲，投资者规范（investor specification）中包括收益目标和风险容忍度两个方面。这两大投资目标对国际债券投资组合的管理者而言具有启示和约束作用，而且应该反映在投资政策的说明之中。

无论是从收益还是从风险分散方面来说，国际债券起初都只占全部投资组合的一小部分。随着过去二十年间对国际债券市场的进一步了解，投资者增持了不同种类的资产配置。战略资产配置（strategic asset allocation）的标准一是要明确资产的类别，二是要提供一个每个投资管理人都努力达到的业绩指标。收益目标通常是以基准收益率的形式来反映，例如，在市场周期的基准收益率上加 100 个基点。

收益目标和风险容忍度的选择不仅对应着最合适的基准（benchmark），同时也对应着最合适的投资管理风格。那些主要关注资产多样化的投资者们，希望通过对基准所减少的头寸大小设定严格的限制来确保多样化对于风险分散的作用。另外，单纯追求收益的投资者会更少地考虑多样化的作用，而是把注意力集中在收益方面而非与收益有关的基准方面。

投资政策声明应该具有足够的灵活性，以确保投资组合管理人有足够的空间来进行积极的投资管理工作，与此同时，投资政策声明又应该保证投资组合与基准相符，以维持自上而下的资产配置。

投资政策声明应该强调所允许的投资范围，包括：

(1) 投资国家的范围，包括新兴市场国家。

(2) 允许使用的金融工具，包括抵押贷款债券、公司债券、资产支持债券和通货膨胀调整债券等。

(3) 最低的信用级别。

(4) 现金基准头寸和风险限制。

(5) 对使用衍生工具例如远期、期货、期权、互换和结构化债券等方面的规定。

时间跨度对于投资组合的表现也有很重要的影响。比较短的时间跨度，例如一个季度，可能会鼓励更多的短线交易，这就将减少国际债券作为一种资产类别在分散投资组合风险方面的作用。强调减少风险或多样化的国际债券投资者，应该有一个较长的投资时间跨度，也许是 3～5 年。由于经济周期可以延长，这就为在一个完整的经济周期中增加多样化收益提供了足够的时间。

□ 基准选择

国际债券投资组合基准的选择有很多细枝末节之处，必须认真对待。例如，当选择一个国际股票基准指数时，如果选择一个纯粹的市值加权指数，就可能使得投资于日本市场上的权重相对于投资者的负债和风险分散水平不成比例。对于美国投资者来说，全球债券投资组合除了包括国际债务之外，还包括一些以美元计价的国内债务的资产配置。全球债券投资组合能够扩展债券管理人可以投资的范围，但是可能会降低收益率，甚至会降低风险分散所带来的好处。

虽然为基准选择的股票指数通常是以投资者的当地货币（未对冲）报价，但国际债券的基准可能是对冲的、未对冲的，或根据投资者的目标部分对冲的。对冲水平的高低会改变投资组合的风险与收益，而且反映了投资国际债券的基本原理。

□ 可获取的基准

基准可以从已有的债券指数中选择，可以选择其中一个或者多个组合：

- 全球债券组合（所有国家，包括本国）。
- 国际债券组合（不包含本国）。
- 仅政府债券或者以 GDP 为权重。
- 多部门或广泛组合（包含公司债券和抵押贷款债券）。
- 货币对冲债券。
- G7 国家债券。
- 有期限约束的组合（例如 1～3 年、3～5 年、7～10 年）。
- 新兴市场债券组合。

另外，你还可以自定义一个指数或组合。较常用的固定收益基准为花旗集团世界政府债券指数（WGBI）和巴克莱资本全球综合债券指数。基准往往同时提供收益目标以及对投资组合的风险的度量。跟踪误差，即投资组合相对于基准的收益表现，就是关于投资组合风险的这样一种度量。

□ 基准的货币头寸

货币管理是一个在学术文献中备受争议的问题。跨国投资自然会产生外汇风险。尽管这些货币风险可以被动管理，但大部分债券管理人还是在一定程度上选择进行主动管理。

管理人选择主动管理是因为如果能正确地判断货币的走势，就可以获取巨大的收益。由于货币收益率的波动性远远超过债券市场收益率的波动性，因此即使是很小的头寸也可能会导致显著的跟踪误差（tracking error）。某些债券管理人在处理债券和货币风险时，都假设相同的基本经济因素影响着债券收益率和汇率水平。

但是，对于同样的外部冲击，债券和货币的反应往往是截然不同的。因此，积极主动地对货币风险进行监测和管理就其本身来说就显得非常重要。不同货币的同时波动所带来的风险和机会意味着，某些货币的集中投资是有担保的，尤其是在国际债券市场的资产配置不断增强的情况下。对于债券投资组合，汇率风险在总体市场波动中占主导地位，约占总体未对冲收益波动的95%，这解释了为什么从业者往往会将对冲汇率风险视为债券投资中非常重要的风险因素。[1]

基准选择的第一项任务是确定对于投资目标来说合适的中立的或战略性的外币敞口。某些关于针对美元投资者的货币对冲的学术研究指出，对于全球债券投资者来说，风险最小化货币策略接近于完全的货币对冲，使得对美元的多头头寸被维持在适中水平。[2] 实际上，基于货币只有在市场波动时才会增持但是预期收益为零这一观点，货币对冲有时候被描述为“免费的午餐”。[3]

其他研究成果认为，与完全对冲基准和未对冲基准相比较，部分地对冲基准能够带来更高的风险调整收益。[4] 根据这一研究成果，一些人建议用50%的对冲基准作为一种消极的货币管理策略，或者对于积极主动的货币管理人来说，它是一种良好的初始对冲头寸。有趣的是，Russell 和 Mellon 于 2004 年所开展的一项研究表明，只有约13%的机构投资者使用对冲比率，而不是0%、5%或100%。[5] 这一基准一旦被选定，就需要确定一个合理的货币对冲头寸。

例如，如果一个以美元为基础的固定收益投资经理的主要目标是减少风险，那么他可能采取对冲或大部分对冲的基准，这些基准必须从历史表现中分散化程度较高的国际组合中选取。尽管对冲后的国际债券组合与美国债券市场的相关性要比未对冲的国际债券高，但对冲国际债券提供更好的风险分散作用，因为全球组合的标准差要小于美国债券市场组合的标准差。[6]

此外，这种波动性较小的对冲后的国际债券组合能更准确地对未来收益进行预测。相反，如果投资者有更高的收益率要求和更高的风险容忍度，他应该采取未对冲或大部分未对冲的基准组合，这种选择会给主动的货币管理提供更大的操作空间。

从美国投资者的角度来看，图表 53—1 描述的是 1985—2010 年 25 年间，不同对冲水平下投资组合的收益水平和波动率。国际债券指数采用的是花旗集团世界政府债券指数，但将美国的债券排除在外（记作“非美国 WGBI”）。

投资于对冲的国际债券组合降低了收益水平，但在大多数时候也大幅降低了收益的波动率。从图表 53—1 显示的花旗集团世界政府债券指数 25 年来的历史表现可以看出，对冲的国际债券的收益率小于未对冲的国际债券，甚至落后于 WGBI 中的美国债券。但是，对冲的非美国 WGBI 的波动率小于未对冲时的波动率，也小于 WGBI 中的美国债券的波动率。

图表 53—1　　1985—2010 年对冲和未对冲的收益率

	非美国 WGBI	美国债券	对冲的非美国 WGBI	50%对冲
1985—2010 年				
收益率	9.57%	7.71%	7.14%	8.46%
波动率	10.04%	4.95%	3.25%	5.97%
夏普比率	0.51	0.66	0.84	0.67
1985—1998 年				
收益率	13.23%	9.75%	9.11%	11.28%
波动率	10.85%	4.96%	3.63%	6.49%
夏普比率	0.66	0.77	0.89	0.82
1999—2010 年				
收益率	5.46%	5.37%	4.90%	5.26%
波动率	8.92%	4.88%	2.62%	5.19%
夏普比率	0.30	0.54	0.83	0.49

资料来源：富达投资管理与研究公司，花旗集团世界政府债券指数。

为了比较不同波动率水平下的收益率水平，我们可以使用夏普比率。在 1985—2010 年期间，尽管未对冲的非美国 WGBI 有着更高的收益率，但其夏普比率低于对冲后的非美国 WGBI 和花旗集团世界政府债券指数中的美国债券。

如前所述，使用 50%的对冲组合提供了一个中间的选择。其收益率几乎在未对冲非美国 WGBI 和 WGBI 中的美国债券的收益率中间。与未对冲的指数组合相比，它具有更低的波动率和更高的夏普比率。[7] 当然，对冲的指数与未对冲的指数的优劣还取决于本国货币（美元）的表现，其在投资周期中的表现直接影响到最终的收益率水平。

使用部分对冲基准的好处可以通过图表 53—2 的均值—方差模型进行说明。我们首先假设能够对图表 53—1 中所列四种资产类型进行任意组合的投资，运用这四种投资组合的（未加权的）样本收益率、方差和协方差来构造总体效率边界，并且存在两条分别限制美国债券＋非美国 WGBI（对冲）以及美国债券＋非美国 WGBI（50%对冲）这两种投资组合持有量的次级边界线。

站在美国投资者的角度来看，增持 50%对冲的全球债券肯定能够大幅提高投资组合在考察期间的总体收益率水平，同时总体风险维持在接近于只持有美国债券这一投资组合的风险水平。事实上，美国债券＋非美国 WGBI（50％对冲）这一投资组合的风险水平仅次于只持有美国国债的情况，因此这一投资组合被证明非常接近于最优的投资组合。

在此需要特别注意的是，此类基于历史数据形成的效率边界更适合作为关于长期投资组合构建的一种说明而非行为指导。例如，图表 53—1 中名为“夏普比率”的行展示了对冲与未对冲投资组合二者之间的关系是如何随着时间的推移而变化的。当然，这一变化的动因源自全球长期利率的波动，这一波动贯穿于 WGBI 的大部分发展历程。还需要注意的是，2007—2009 年金融危机明显改变了所有资产类型（包括各国货币和利率）之间的关联关系。

得益于美元相对于其他主要国际性货币币值趋于贬值，美国发行的部分对冲全球债券投资组合的收益率也得到了提升，尤其是在欧洲货币联盟成立之后。随着全球利率不断趋于收敛，远期利率可能趋于（明显）提高，全球投资组合管理人在未来必须实施跨国资产配置和货币风险规避策略。接下来，我们将简要介绍此类投资管理策略形成的分析基础。

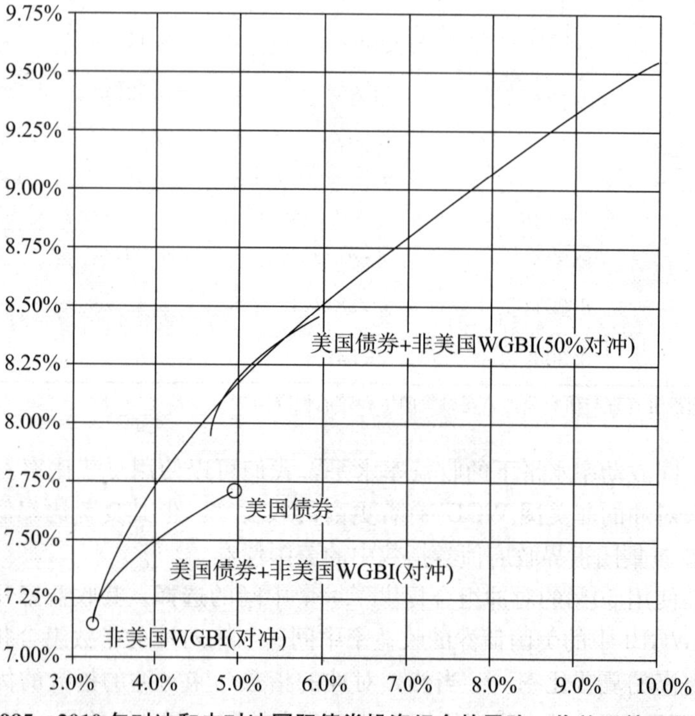

图表 53—2　1985—2010 年对冲和未对冲国际债券投资组合的风险—收益（基于美国投资者视角）

资料来源：富达投资管理与研究公司，花旗集团世界政府债券指数。

□ 风险限制

许多投资指南（investment guideline）都包含了明确的债券和货币头寸风险限制、久期以及信用风险方面的规定。敞口极限（exposure limits）可以表示为绝对百分比或作为基准的相对数。在越来越多的投资指南里，跟踪误差限制也已被用来设置风险限额。

对于基准以外的国家投资的限制也应在一开始就规定。尽管使用久期来衡量利率风险有一定的缺陷[8]，但对久期的风险限制无疑是有用的，因此也应该不断加以完善。就被允许的敞口范围而言，债券头寸往往比现金头寸范围更宽。

信用风险限制，通常是主要信用评级机构给出的最低加权平均信用评级，对于低投资级别或非投资级别的信用限制也应该包括在内。除了违约风险，评级较低的证券的流动性不足可能会削弱债券管理者随心所欲地改变头寸的能力。在过去，这是由于在许多国家都缺少流动性充足的公司债券市场，并且与国内债券市场相比欧元区内债券流动性相对不足。

53.3 制定一个投资组合策略

一旦建立了投资政策声明，投资组合管理人就需要制定一个最适合投资者收益目标和风险容忍度的投资组合策略。正如在许多其他领域的投资管理一样，投资组合管理人往往遵从不同的管理模式和投资规范（investment discipline）。

大多数投资组合管理人的管理好坏是用基准收益（benchmark return）而不是绝对收益[9] 来衡量的。投资组合管理人可以通过一系列方法来提高投资收益；然而，相当大部分的超额收益却来自更广泛的债券市场和货币配置的决策。一项规范性的投资决策必须以基本面经济因素（fundamental economic factors）为基础，或者是能促进市场和货币选择过程的市场价值指标。在此再一次指出，由于货币收益在历史上有较大的波动，所以对货币管理方法的研究成为一个主要问题。

□ 国际固定收益债券组合管理方式

国际固定收益投资组合管理人所面临的挑战与那些国内固定收益投资组合管理人有所不同。首先，国际固定收益投资组合管理人必须在美国债券市场以及其他 10～20 个市场上同时进行操作，而各个市场有着相对独立的市场动态；其次，利率的变动一般而言对美国债券市场的不同板块的影响大致相同（抵押贷款证券除外），只是影响的幅度可能会有所不同，但国际债券市场也经常因为经济条件和投资者风险承受能力不同而向不同的方向变动。

国际债券管理人还可以使用一个或多个不同的管理方式。他们大致可以被分为四类：**经验交易派**（experienced trader）、**基本面分析派**（fundamentalist）、**暗箱操作派**（black box）和**图表分析派**（chartist）。

经验交易派通常利用自己的经验和直觉来发掘市场机会。经验丰富的交易者往往在市场上非常活跃，并试图通过国际固定收益投资组合管理人（例如对冲基金、养老基金、中央银行）的市场操作来预测出市场的下一轮变化趋势。他们的交易基于对竞争对手头寸的估计和市场价格变化及信息流下的风险容忍度。经验丰富的交易者往往会逆势而上，在许多投资者都大幅亏损从而被迫退出市场的情况下寻求利益。

基本面分析派的管理方式依赖于一个重要的信念：债券和货币的交易量会随着经济周期的走势而变化；同时，经济周期还会影响到公司债券投资中对不同行业板块的轮换投资，因为不同行业在同一经济周期中的不同时点会表现出更好的业绩，投资者也需要进行调整以获得更大的收益。崇尚基本面分析的管理人中，有些人相信经济周期是可预测的，并且在很大程度上依赖于在债券市场和货币市场中进行的经济分析及预测。这些管理人通常换手率较低，因为经济的基本面对于短期价格变动的影响较小。“自下而上”的公司债券选择也可能被定义为一种基本面分析方法，尽管这种方法主要针对具体的发行方进行基本分析而非更广泛的经济基本面分析。

暗箱操作是定量分析管理人常用的方法，他们相信通过计算机模型可以拟合出常人难以发现的市场之间的关系信息。这些模型可以完全依赖于经济数据、价格数据或者两者的结合。定量分析管理人认为，普通管理人在进行市场操作时会因为对其岗位的情感依赖、交易纪律的缺失或者同时处理好几个变量的能力的缺乏而导致操作失误。但利用计算机模型就可以避免这些缺陷，并创建一个更严谨的投资方法。

所谓的图表分析派，也叫技术分析派，或者说技术人员，主要依靠技术分析来确定要买入或卖出哪些资产。图表分析师会仔细分析每天、每周、每月的图表，试图确定影响市场趋势的各种力量大小，从而确定潜在的市场转折点。趋势跟踪的方法，如移动平均法，目的是让投资组合经理探求到市场动向。逆向分析方法（countertrend approaches），如相对强度指标和振荡器，都试图确定最近的价格趋势在何时会出现逆转。

只有极少数国际债券投资组合管理人会单独采用一种债券管理方法，实际上大多数管理人都会将上述这些方法综合起来使用。比如，依靠对经济周期的预测来确立投资的管理人，会时不时地选择违背他们中期战略的头寸，这样做是因为通过技术分析得出了短期的市场情况，由此他们就会改变头寸以从短期内被低估或者被高估的市场上获利。

即使是大量依赖计算机模型来决定投资决策的数量分析专家也偶尔会推翻从模型中得出的结论而转向其他管理方式，从而提高投资的收益。无论管理人采取什么样的投资管理方式，投资决策必须是在投资指南所规定的范围之内，并且要与投资者的收益率目标和风险承受水平相吻合。

国际债券投资组合管理人都采取规范性的方法来进行债券买卖。这就要求每一个偏离基准的买卖决策都有一个更具体的目标价格（更常见的是收益率差或汇率水平）并按照基本原理来执行。基于不同管理方式，头寸的大小也应该反映出投资者的信念和模型的信号强度。

只要支撑最初的投资决策的基本原理不变，那么一旦市场向相反的方向变化，管理人就将保持原有的头寸或者更可能的是增加头寸。每一次交易都应该考虑到与之相关的债券收益率和汇率随着时间推移的变化。例如，如果汇率的变动表现出一定的趋势，与恢复平均水平的趋势相比，则需要一个不同的买卖规则。

53.4 超额收益的来源

任何国际债券投资组合的标杆都是基准投资组合。然而，为了在缴纳管理费后赚取超过基准的收益，投资组合管理人必须想方设法增加收益。这些超额收益可通过以下五个战略相结合来产生：

(1) 货币选择；

(2) 久期管理/收益率曲线投机；

(3) 债券市场的选择；

(4) 部门/信用水平/证券品种的选择；

(5) 投资指数之外的市场（如果允许）。

这些战略都可以提高收益率水平，但货币选择和债券市场的选择的影响一般更为显著。我们将在下文中详细讨论这些超额收益的来源。

□ 货币选择

大多数投资指南允许一些积极的货币管理和风险敞口。积极的货币管理的吸引力是强烈的，因为潜在的收益是如此之大。由于货币收益的波动性一般高于债券市场收益的波动性，因此所取得的超额收益必须相对于额外的风险进行评估。

对于积极的货币管理战略，如果想一直提供卓越的风险调整后的收益，货币走势的预测是必需的，而且需要预测未来的即期汇率（未来外汇汇率）而非远期汇率（可通过远期合约在即期市场上锁定）。远期外汇利率并不是未来的即期汇率的预测值，它仅是由两种货币的短期利差决定的。

学术研究表明可以通过积极的货币管理策略创造利润。此外，远期外汇的汇率预测并不是未来即期汇率的良好预测值的事实已被广泛接受。从历史上看，持有较高短期利率且未对冲的货币头寸可以带来优厚的收益。同时，那些即将贬值的货币（即提供比投资者的当地货币利息更高的货币）的贬值幅度将会小于隐含在远期利率中的贬值幅度。相比于实际利率较低的货币，增持实际利率较高的货币可以带来更丰厚的收益。[10]

此外，部分货币的走势不是一个随机游走过程，却表现出序列相关（即汇率变动具有某一趋势）。[11] 在一个具有趋势的市场中，简单的技术分析可能会获得超额收益。[12] 这些研究结果共同证明：积极的货币管理可以带来一贯的超额收益。这也为积极的货币管理提供了一个强有力的支撑。并且，随着货币市场变得越来越透明、流动性越来越强，这些投资策略越来越被广泛熟知，传统管理技术的有效性将可能日渐衰退，需要更先进的投资管理技术的出现。

□ 久期管理

尽管久期与债券市场的选择有着密切的关系，但通过对久期的管理一样可以提高债券组合的收益率。在某一特定的债券市场中，投资者通过使用子弹与哑铃形策略便可在陡峭或平坦的收益率曲线中提高收益率和总收益。除了这些可以在国内市场中运用的战略之外，国际固定收益投资组合的管理人可以在投资组合久期不变的情况下，在不同的市场间转移来提高收益水平。

过去几十年间，国际债券投资组合中的久期结构管理工具已被越来越广泛地使用。在国际债券市场中，利率互换市场通常流动性较高，也被机构投资者广泛地用于管理利率风险。在大多数市场，利率期货这一工具能够为迅速改变久期结构或市场敞口提供流动性，并且成本较低。

在管理久期风险敞口时，发行流动性较高的政府债券以及发展“带状市场”（即将政府债券的现金流分割为个体利率支付和本金支付两部分）也能够成为投资组合管理人的有效工具。

□ 债券市场的选择

超配表现最好的债券市场的债券可以使得整个组合的收益率大大超过基准指数的收益率。国际债券投资组合管理人运用许多技术工具来识别这些债券市场，这些工具包括宏观经济预测、量化分析模型以及主权风险。市场混乱、市场非流动性以及市场信息不充分也会创造相对价值的空间，进而吸引债券管理人进入该市场。

□ 部门/信用水平/证券品种的选择

某些全球债券指数只包括政府债券，而有些全球债券指数（诸如巴克莱资本全球综合指数和花旗集团全球广泛投资级指数）还包括其他投资工具，包括公司债券和抵押贷款债券。当企业想得到比从国内投资者那里得到的更多的市场流动性并在国际市场上发行债券时，对于投资组合管理人来说，总体公司债券市场成为非常具有吸引力的收益来源。

现在，原本通常运用“自下而上”的核心分析方法、基于信用基础因素来识别价值的投资组合管理人，能够集中关注更广泛领域的证券。同样地，抵押贷款债券、高收益率债务、担保债券和资产支持证券也能够提供更多的机会来提高投资收益。在某些情况下，市场运行平稳或者市场利率环境非常稳健，这时部门选择和证券品种选择可成为投资收益相对于久期管理的主要来源。

□ 投资于指数之外的市场

如果允许，部分投资于指数以外的市场也可以显著提高收益而不会明显改变投资组合的风险水平。例如，如果资产被配置于企业信贷或者抵押债务，那么用花旗集团世界政府债券指数作为其基准的投资组合管理人将会采取基准赌注。

选择指数外市场的过程和在国内市场上进行投资类似，重点在于管理人需要决定是否在指数外市场上进行投资。管理人需要通过总收益来评估指数外市场的表现。但作为一个国际债券投资组合管理人，还必须考虑到汇率变动的影响及对冲决定对投资指数外市场收益的影响。

53.5 基于基本面的投资分析方法

投资组合策略往往是由一个中期的战略配置和一个短期的战术配置组成。战略配置需要持有1~3个月或更长时间的头寸以利用长期的经济趋势。组合的战略配置需要使用基本面分析方法。基本面分析法的投资是最朴实的，但可以与数量和暗箱风格相结合来预测相关的战略因素。

战术的分配可能会受到近期价格逆转预期的驱动。有经验的交易者，如暗箱投资者和行情分析的投资者，往往会在他们的战术分配决定中使用技术分析组合。

超配哪只债券市场和货币的战略决策通常建立在经济前景以及货币走势预测的基础上。经济长期运行的周期与债券收益率的变化密切相关，而且二者往往会持续一年或更长的时间。如果能够对经济增长或者经济周期的转折点做出准确的预测，那么所获取的潜在收益将会是可观的。因此，主要的金融机构和资产管理人将很多资产配置到这些任务上。

然而，预测未来的即期利率是非常困难的。学术文献一般认为，通过利率预测无法产生一致的风险调整后的超额收益。部分是因为短期内市场价格可能大大偏离长期中基本面所决定的均衡水平，而经济基本面影响在中长期的维度上影响着债券和货币的价格。

此外，某些经济数据序列的波动可能导致个别数据的过度反应进而偏离实际的经济趋势。这些偏差可能会持续几个月，直到最初的数字被修订或多个后续的数据被发布才揭示了最初的偏差。

建立一个相对独立的经济预测在很多方面都有着重要的作用。首先，它可以帮助确定市场对经济数据的解读是否极端，并通过正确的预测来调整市场调查中未能完全反映的数据。

其次，因为不是利率的绝对变化，而是相对其他市场利率的变动决定着国际固定收益证券投资的表现，所以对每个国家的绝对经济增长预测并不是那么必要，重点在于对不同国家经济增长差异的预测上。此外，无论投资组合是否投资于美国债券，美元和美国政府债券对其他国家市场的重大影响都使得对美国经济的预测变得尤为重要。

因此，对经济前景的预测是对债券和货币进行战略配置的基础。对每个国家的经济前景的预测可以帮助经理们对不同市场的相对吸引力进行排名。然而，虽然某个特定国家的经济基本面特别好，但过高的债券价格可能仍会使其失去吸引力。

同样地，即使是基本面很糟糕的国家，低廉的债券价格一样可以提供一个有吸引力的投资机会。因此，对经济前景的预测需要和基于调查的经济预测及市场价值衡量相结合，以确定并评估有吸引力的投资机会。

战略配置关注的是，相对于投资基准，需要在哪个市场超配及在哪个市场低配。在此之前，管理人需要对经济趋势、技术和价值因素做出评估并得出预期收益。下面将从用于经济预测的最基本因素开始对以上每个变量进行探讨。

主要的基本经济因素是周期性的经济指标。通货膨胀、货币政策、财政政策、债务、收支、政治等每一个因素都需要评估，以确定其对市场预期、债券价格和汇率的可能影响。这些因素在宏观经济学和国际经济学的书籍中都有详细的介绍。

确定经济基本面的趋势可以帮助识别市场上最具吸引力的投资机会，但使用一些尺度来衡量相对价值是必要的。确定相对价值是非常主观的。三个比较客观的价值衡量标准是实际收益率、技术分析和市场情绪调查。

实际收益率（real yield）是市场对持有长期固定收益证券所要求的经通货膨胀调整后的收益率。实际收益率会迅速被持续的通货膨胀所蚕食。其受多种因素的影响，包括资本供需以及通胀预期等。实际收益率等于名义债券收益率减去预期通货膨胀率，但是，预期通货膨胀率往往难以量化。

一些国家，包括美国，发行通货膨胀指数化债券，支付高于通货膨胀率的实际利率。这类债券不仅可以在通货膨胀率激增的情况下对投资者提供保护，而且提供了一个衡量投资者通胀预期的途径。[13]

在名义收益率上减去当前的通货膨胀率可以近似得出实际利率。尽管这种方法不太精确，但容易测度，并可用于日常的债券估值之中。实际收益率可以在不同市场上进行比较，或是通过观测每个市场上的长期平均水平，如每5年或10年，而最终得出。实际收益率用于衡量相对价值的作用已经开始减弱，因为全球的通货膨胀率已经降到非常低的水平。

技术分析（technical analysis），可以简单到绘制图表上的趋势线，也可以复杂到计算艾略特波浪的第三个脉冲波的目标价格。除了用来对债券和货币进行估值，技术分析还可以用于从股票到黄金、猪肚等各种有价值的事物。所有技术分析的共同点是，它试图通过研究过去的价格变动来预测未来的价格。大多数技术分析模型分为两个阵营：顺势和逆势。前者试图找出趋势的持续时间，而后者则试图预测最近趋势在何时会调转方向。

市场情绪（market sentiment）有时可被用来作为衡量价值的方式。某个国家的债券市场的超配就意味着较少管理人会投资于这个市场，更多的管理人最终会选择出售该市场的债券。市场情绪可由投资者情绪调查或由投资流动的方向进行估计。在评估市场情绪时，应综合考虑历史趋势以及整体水平。

例如，管理人减持日本国债的迹象可能导致一些人得出这样的结论：日本国债的收益率应该反弹。即便国际固定收益经理们因为其较低的名义收益率而一直在减持，然而，景气调查可能无法俘获所有市场参与者，因此只是为国际债券投资组合管理人提供了一种简单的衡量指标。

53.6 投资组合的构建

将一个战略性的前景展望转变成一个实际的投资组合，需要构建一个分析框架来评估预期收益与组合风险。收益来源可以被分为三个组成部分：债券的超额收益、货币的超额收益和短期无风险利率。这种分类方法可以帮助我们确定出市场价格与经济前景最不一致的地方，同时也确定出债券市场上的货币风险应该在何时被对冲。

□ 收益的组成部分

为了解释国际债券投资组合总收益的组成部分[14]，我们将使用下面的符号。我们将用“本国货币”（home currency）来表示管理人所使用的货币。也就是说，对美国的管理人而言，“本国货币”指的就是美元，对于日本的投资组合管理人而言则是日元。我们引入符号 H 来表示。

“当地货币”（local currency）是指管理人投资地所使用的货币，我们用符号 L 来表示。因此，对一个美国投资组合管理人来说，在日本市场上购买以日元计价的债券时，日元就是“当地货币”；对日本投资组合管理人来说，在美国市场上购买以美元计价的债券时，美元就是“当地货币”。

以本国货币来表示的未对冲的国际债券投资组合的预期收益取决于三个因素：

（1）不同国家的债券在整个投资组合中所占的比重；

（2）以当地货币表示的各国债券市场的预期收益率；

（3）本国货币与当地货币的预期汇率变化的百分比。

在数学上，以本国货币衡量的未对冲的债券投资组合预期收益可以表示为如下形式[15]：

以管理人本国货币表示的投资组合的总收益

$$=W_1\times(r_1+e_{H,1})+W_2\times(r_2+e_{H,2})+\cdots+W_N\times(r_N+e_{H,N}) \qquad (53—1)$$

其中，

N＝投资组合中债券所对应的国家数量。

$W_i=i$ 国债券在投资组合中所占的比重（$i=1, 2, \cdots, N$）。

r_i＝以当地货币表示的 i 国债券的预期收益率（$i=1, 2, \cdots, N$）。

$e_{H,i}$＝本国货币和 i 国当地货币的汇率变化百分比。

我们把 $e_{H,i}$ 称为**“货币收益”**（currency return）。

管理人会根据对基础债券敞口的国家分配而改变货币的敞口，从而由式（53—1）所给出的预期投资组合收益也会发生变化。一个常见的改变外汇敞口的工具就是货币远期合约。两个国家的即期汇率、即期利率和货币远期合约中的远期汇率之间的关系被称为**“利率平价”**（interest-rate parity）。这个极其重要的关系表明，当管理人在远期外汇市场上进行对冲操作之后，无论是在国内市场投资还是在国外市场投资，都可以锁定同样的收益率。这种套汇的操作可以加强利率平价的作用，并被称为**“抵补套利”**（covered interest arbitrage）。

我们可以得出，投资者本国的货币（H）和 i 国货币之间的远期汇率为：

$$F_{H,i}=S_{H,i}\left(\frac{1+c_H}{1+c_i}\right) \qquad (53—2)$$

其中，

$F_{H,i}$＝投资者本国货币和 i 国货币的远期汇率。

$S_{H,i}$＝投资者本国货币和 i 国货币的即期汇率。

c_H＝与远期合约期限相匹配的本国短期利率。

c_i＝与远期合约期限相匹配的 i 国短期利率。

c_H 和 c_i 被称作**“现钞利率”**（cash rate），现钞利率一般是指与远期合约期限相匹配的该种货币的欧洲存款利率（也就是离岸存款利率）。欧洲存款利率包括美元以及许多其他主要的货币，甚至包括以欧元计价的存款的利率。

将式（53—2）重新排列可以得出：远期汇率贴水或升水（从即期汇率到远期汇率变动的百分比）等于两国短期利率之差，如果用 $f_{H,i}$ 来表示，则[16]：

$$f_{H,i}=\frac{F_{H,i}-S_{H,i}}{S_{H,i}}\approx c_H-c_i \tag{53—3}$$

也就是说，要让两种货币的现钞存款收益率相同，那么低利率货币就必须提高远期的外汇汇率。

远期利率既可以用“基点”的形式来表示，也可以用远期利率和点利率之差 $F_{H,i}-S_{H,i}$ 来表示。当外国的利率更低时［也就是远期点数（forward points）为正］，远期的汇率将上升。

□ 货币对冲的决定

如果全球债券组合是完全对冲的，那么公式（53—1）中的投资组合收益就会发生变化。特别是，如果管理人在所有的国家都使用货币远期合约来对冲外汇风险，那么对于完全对冲到本国货币的投资组合的总收益可以表示如下：

$$\begin{aligned}&\text{完全对冲到本国货币的投资组合的总收益}\\&=W_1\times(r_1+f_{H,1})+W_2\times(r_2+f_{H,2})+\cdots+W_N\times(r_N+f_{H,N})\end{aligned} \tag{53—4}$$

其中，$f_{H,i}$ 表示本国货币和 i 国的当地货币之间的远期汇率贴水或升水。也就是说，在构建对冲的时候，管理人已经锁定了远期汇率从即期汇率变化的百分比（远期汇率贴水/升水），这样就不必再遭受某些可预计到的本国货币和 i 国的货币汇率变化而带来的损失。

那么现在，是什么因素决定了管理人是否要通过货币的远期合约进行对冲操作呢？这主要取决于对持有外国货币预期可获得的收益和远期升水或贴水带来的收益波动之间的比较。也就是说，如果管理人更倾向于相信未对冲的货币持有收益变化大于远期汇率升水或贴水的变化，那么管理人就不会用远期合约来对冲外汇风险。

相反，如果管理人认为货币收益小于远期汇率贴水或升水的可能性更大，那么他将通过远期合约来对冲外汇风险。

如果管理人认为货币头寸的收益率大于远期贴水或升水，那么 i 国未对冲的收益就可以被表示为：

$$R_{H,i}=r_i+e_{H,i} \tag{53—5}$$

如果管理人认为货币收益比远期贴水或升水要少，那么我们可以用利率平价关系来表示利用远期汇率进行对冲所获得的收益。如式（53—3）所示，远期升水和贴水就相当于短期利率之差，也就是：

$$f_{H,i}=c_H-c_i$$

将这个关系代入式（53—4）中，对单独一个国家来说，其对冲收益（hedged return）HR 可表示为：

$$i\text{ 国的预期对冲收益 } HR_{H,i}=r_i+f_{H,i}\approx r_i+c_H-c_i \qquad (53—6)$$

然而，管理人仍然将面对两个更具体的对冲选择：交叉对冲（cross-hedging）和代理对冲（proxy hedging）。

□ 交叉对冲

“交叉对冲”其实有点用词不当，因为它并不会降低外汇风险，而只会用 j 国的外汇风险来替代 i 国的外汇风险。

例如，假定一个美国的管理人在 i 国投资了一个很有吸引力的债券，但如今因为汇率风险的存在而想要放弃。此时管理人并没有通过签订美元和 i 国货币的远期合约来消除外汇风险，而是选择将 i 国的外汇风险转移到 j 国。

这伴随着一项远期合同的签署，该合同约定用 j 国货币交换 i 国非意愿的货币敞口。如果预期本国货币将会贬值，那么投资管理人可能会进行交叉对冲，并且会导致 j 国货币的收益表现要好于 i 国货币的情况。

当进行了交叉对冲之后，对 i 国而言，其对冲收益 $HR_{H,i}$ 可以从式（53—6）中改写成如下形式：

$$\text{交叉对冲下 } i\text{ 国的预期收益 } CR_{H,i}=r_i+f_{j,i}+e_{H,j}$$

其中，$f_{j,i}$ 是指 j 国与 i 国之间货币的远期贴水或升水。

这个公式表明，对 i 国的交叉对冲收益取决于：

（1）i 国的预期债券收益率；

（2）j 国和 i 国通过交叉对冲锁定的货币收益；

（3）本国货币与 j 国货币之间的货币收益。

我们还可以根据利率平价公式将之前的公式改写成短期利率的形式。也就是，对 $f_{f,i}$，我们用 c_j-c_i 来替代。经过这样的变换可得：

$$\text{交叉对冲下对 } i\text{ 国的预期收益 } CR_{H,i}\approx(r_i-c_i)+(c_j+e_{H,j}) \qquad (53—7)$$

公式（53—7）表明，对 i 国的交叉对冲收益取决于：

（1）i 国的债券收益率与 i 国的短期利率之差；

（2）j 国的短期利率；

（3）本国货币与 j 国货币的货币收益。

□ 代理对冲

代理对冲会保留 i 国的外汇风险，但同时也会通过构建一个 j 国货币短期头寸来实现对冲。为什么一位管理人要进行代理对冲操作呢？这个策略主要被用于 i 国和 j 国的货币高度相关的时候，并且 j 国的套期保值成本比 i 国更低。一个代理对冲也可能意味着看涨本国货币，并且相对于 i 国货币，更加看跌 j 国货币。

当进行代理对冲操作时，对 i 国的对冲收益，公式（53—6）中的 $HR_{H,i}$ 可以被重写为如下形式：

$$代理对冲下 i 国的预期收益 PR_{H,i}=r_i+e_{H,i}+f_{H,j}-e_{H,j}$$

其中，$f_{H,j}$ 是本国和 j 国的远期贴水或升水。

从公式中可以看出，本国与 i 国的汇率风险并没有被完全对冲。这时，代理对冲就可以通过缩小本国与 j 国货币收益之间的差异来发挥作用。

根据利率平价理论，我们可以用短期利率之差 c_H-c_j 来代替 $f_{H,j}$，从而可得：

$$代理对冲下 i 国的预期收益 PR_{H,i}\approx r_i+e_{H,i}+c_H-c_j-e_{H,j}$$

这就相当于（加上或减去 i 国短期利率 C_i）：

$$PR_{H,i}\approx(r_i-c_i)+(c_i+e_{H,i})+[(c_H-c_j)-e_{H,j}] \tag{53—8}$$

公式（53—8）说明通过代理对冲，i 国的预期收益主要取决于：

（1）i 国的债券收益与 i 国的短期利率之差；

（2）根据 i 国货币收益调整后的 i 国的短期利率与本国货币的比较；

（3）根据 j 国短期货币头寸调整后的本国与 j 国短期利率之差。

□ 重构短期利率的关系

当我们用短期利率差来代替远期的汇率升水或贴水时，从式（53—6）、式（53—7）和式（53—8）就可以明显地看出，对冲、交叉对冲、代理对冲各自收益率的不同完全取决于短期利率和外汇风险的不同。从式（53—5）中也可以看出，对于一国未对冲的收益也符合这一点。将式（53—5）重新变形就可以得到：

$$i 国未对冲的预期收益 R_{H,i}=(r_i-c_i)+(c_i+e_{H,i})$$

这样一来，未对冲的预期收益就表示为：

（1）i 国的债券收益率与 i 国短期利率之差；

（2）i 国根据货币收益调整后的短期利率。

这些式子表明了短期利差对于货币对冲的决定起着重要的作用。这意味着：

（1）短期利差应该与货币决策相关联；

（2）债券市场收益率应该被计算为超额收益，也就是减去当地短期利率的部分。通过在未对冲、对冲、交叉对冲和代理对冲四种关系中分别加上或减去本国短期利率就可以明显地得出这一结论。这样一来，远期升水就能被嵌入货币收益的分析中，给出：

$$i 国未对冲的预期收益 R_{H,i}=c_H+(r_i-c_i)+(e_{H,i}-f_{H,i}) \tag{53—9}$$

$$i 国对冲的预期收益 HR_{H,i}=c_H+(r_i-c_i) \tag{53—10}$$

$$i 国交叉对冲的预期收益 CR_{H,i}=c_H+(r_i-c_i)+(e_{H,j}-f_{H,j}) \tag{53—11}$$

i 国代理对冲的预期收益 $PR_{H,i}=c_H+(r_i-c_i)+[(e_{H,i}-e_{H,j})-f_{j,i}]$ (53—12)

从式（53—9）到式（53—12），我们可以看出每一个策略的收益都可以被分为三个部分：

第 1 部分：本国的短期利率（c_H）；

第 2 部分：i 国的债券收益高于 i 国短期利率的部分 r_i-c_i；

第 3 部分：无论是对冲、交叉对冲还是代理对冲策略下的超额货币收益。

前两个部分，c_H 和 r_i-c_i 对于每一个策略都是相同的。超额货币收益（第 3 部分）是超出远期升水（或贴水）收益的部分，成为是否要采取对冲决策的基础判断。（我们将在下面详细说明。）债券决策只是简单地选择可带来最大超额收益 r_i-c_i 的市场，而且债券和货币分配的决策完全是相互独立的。

在某种意义上，对冲操作的预期收益可以被认为是基本预期收益，因为它是未对冲、交叉对冲和代理对冲预期收益的组合。因此，第 3 部分中的超额货币收益被用来评估其是否还可以在基本对冲预期收益中增加任何价值。这种分析收益来源的方法，实际上是将债券和货币收益看作期货与远期合约的合成。

值得注意的是，只有对冲头寸消除了所有的货币风险，也是唯一可以在确定了投资范围后确定收益的头寸。交叉对冲减少了一种外汇风险，但也保留了另一种外汇风险。在代理对冲策略下，如果代理对冲货币相对投资货币升值，那么这种操作就会使投资组合暴露于"基本"风险之中。

□ 根据息票支付频率调整的债券收益率

在美国和其他大多数使用美元的国家，债券都是每半年付息一次的，也有其他市场遵循这种做法。如先前讨论过的，计算每半年支付债券的收益率有两个步骤。第一，半年期收益率应使每半年一次的现金流贴现后的现值等于债券价格与应计利息的和。通过这一等式可以计算出半年期收益率。第二，由于第一步中计算的利率是半年期的，所以要乘以 2 进行年化。由第二步计算得出的收益率称为等价收益率。

在欧洲市场（除英国和意大利）息票是每年支付而非每半年支付的。因此，该利率就是使得未来现金流的现值等于债券价格与应计利息之和的收益率，也就没有年化的必要。

我们常说的**惯例收益率**（conventional yield）是指按照本国习惯定义的收益率。例如，在德国等每年支付利息的国家，惯例收益率就是一年期收益率。

尽管各国市场存在收益率衡量的差异，管理人仍要比较不同国家和市场的收益率差异。撇开汇率变动等潜在因素，收益率对比还要先对惯例收益率进行调整，以使得参与对比的两个国家是以同一种标准来衡量的。

例如，法国政府债券每年支付利息，而美国政府债券每半年支付利息。如果将美国政府债券的收益率和法国政府债券的收益率进行比较，要么将美国政府债券收益率调整成以每年付息为基础的收益率，要么就将法国政府债券收益率调整成等价收益率的形式。

具体调整如下所示：给定每年付息的债券收益率，它的等价收益率（例如，等价于半年支付利息的债券收益率）计算如下：

每年付息债券的等价收益率

$=2\times[(1+半年付息的债券收益率)^{0.5}-1]$

例如，假设法国政府债券的惯例收益率为 4.55%，那么其等价收益率就是 4.50%，计算过程如下所示：

$$2\times[(1+0.045\,5)^{0.5}-1]=0.045\,0=4.50\%$$

由上述内容可以看出：每年付息债券的等价收益率要小于其惯例收益率。

如果给定的是每半年付息债券的惯例收益率，我们也必须将其调整为以每年付息为基础的等价收益率，这样才能与每年付息债券的收益率进行比较。其计算方法如下：

以每年付息为基础的等价收益率

$=(1+债券的惯例收益率/2)^{2}-1$

例如，假设美国的惯例收益率为 4.2%，那么美国债券调整后的以每年付息为基础的等价收益率为：

$$(1+0.042\,0/2)^{2}-1=0.042\,4=4.24\%$$

可以看出，以每年付息为基础的等价收益率将大于 4.2%的惯例收益率。

我们也会经常计算某个特定市场债券的收益率和基准收益率之间的差额，美国国债市场和欧洲互换市场是两个最常用的基准。

远期利率和盈亏平衡分析

如前所述，有多种方法可以用来评估国际债券市场中的相对价值。在利用这些方法进行资产配置之前，管理人需要将他们的战略预期和已经过市场检验的策略进行对比。这一步骤可以通过以下两种途径完成：第一，管理人可以将经济预期细化到债券和货币的层面；第二，通过当前的市场环境预测远期利率，并将其与经济预测中的数值进行对比。

债券和货币的盈亏平衡收益率一般是指在一定的时期内，相对于某一基准市场收益率，使得债券和货币取得相等收益时的收益率水平。在某一投资跨度内，两个市场之间较大的利差则预示着一个更大的“缓冲”（即使得两个市场的总收益率相等的利差水平，或者是均衡利率）。

对比不同市场间的远期利率，可以帮助发现战略预测和市场价格之间的差异，进而发现投资价值。远期利率利用收益率曲线的形状来计算隐含远期债券收益率，并能够快速将均衡利率（考虑到不同市场上的收益率差异）和短期无风险利率（零超额收益）进行比较。这将和一个超额收益为零的债券相对应，正如在式（53—9）～式（53—12）或（r_i-c_i）所表示的那样。

远期利率是某一市场内而非跨市场的均衡利率。债券的战略配置只需要超配那些债券预期收益率最大的市场，也就是债券预期收益率和远期收益率差额最大的市场。远期利率的数据可以从彭博等机构获取。

远期汇率是使得对冲和非对冲货币收益相等的汇率水平，在前面的收益构成分析中我们已经进行了讨论。从式（53—9）、式（53—11）和式（53—12）可以看出，当汇率变动的幅度等于远期升水或贴水时，货币的超额收益率为0。因为货币的远期汇率是由当前市场上的短期利差决定的，所以可以通过存款利率尤其是欧洲存款利率对远期汇率进行估计。如式（53—2）和式（53—3）所示，我们可以很容易地从彭博社和路透社获取这些信息。

均衡分析提供了分析市场间相对价值的另外一种思路。由于基准债券的价格会受到息票效应（coupon effects）和基准变更的影响，因此许多国际固定收益证券的交易员发现：相对于针对各个市场的债券价格进行调整，跟随收益率的变化会更加容易。此外，因为不同基准债券间的到期期限和息票的差异，使得各个市场对于利率变化的敏感性差异很大，所以，当每个市场收益率改变时，尽管利差稳定，但收益还是会随着变化。

为了说明这一点并演示盈亏平衡分析法的运用，我们以2002年12月3日10年期的美国债券和日本政府债券的收益率为例。美国国债的收益率比日本债券高出322个基点。也就是说，购买美国债券的日本投资者每个季度可以多获得80个基点的收益。然而实际上，这些额外的收益却因为两国利差的不利变动而降低至80个基点以下。这种不利变动可能有以下两种情况：

- 日本债券收益率下降，造成日本政府债券价格的上涨；
- 美国债券收益率上升，导致美国国债价格的下降。

当然，二者也可能同时发生。为了量化利差变动对投资于高收益率市场的影响，我们需要进行盈亏平衡分析。

在这里必须明确，盈亏平衡分析不同于总量分析。盈亏平衡分析仅适用于分析以本币计价的债券收益率而不考虑汇率的变动的影响。对于使用统一货币的债券市场，例如在欧元区，盈亏平衡分析就显得十分有效。然而，当在不同币种的债券市场运用盈亏平衡分析时，就必须考虑货币自身的因素。

在上例中，如果美元在一个季度内对日元贬值超过0.8%，那么美国债券市场上的额外收益将会被完全侵蚀。下面我们将举例说明如何利用对冲收益率或是简单的两国间远期汇率的升水或贴水来进行对冲的盈亏平衡分析。

在这个分析当中，日本债券的久期为9.4，这意味着日本债券收益率变动100个基点，债券价格大约往相反方向变动9.4%。如果收益率变动为50个基点，那么日本债券的价格将反向变动4.7%。我们可以将其概括如下：

债券价格变动＝9.4×收益率变动

如果我们定义利差为W，可以将以上公式重新记为：

债券价格变动＝9.4×W

我们想确定日本债券收益率多大幅度的变动才能恰好抵消购买美国债券时每季度0.8%的额外收益。因此，我们必须计算出使得日本债券价格上涨0.8%所对应的债券收益率下降幅度，这样才能使得日本投资者在两个市场上的投资收益不存在差别（忽略两国货币汇率可能变动的影响）。计算公式如下所示：

$$0.80\%=9.4\times W$$

计算出 W，

$$W=0.80\%/9.4=0.085\%=8.5\text{ 个基点}$$

因此，日本债券收益率下降导致利差扩大 8.5 个基点，进而使得购买美国债券的额外收益被抵消。换句话说，债券收益率至少要下降 8.5 个基点，才能抵消购买美国债券每季度 80 个基点的额外收益。

我们将这种利差的变动称为盈亏平衡利差变动分析法（break-even spread movement）。请注意这种分析必须和某一特定的投资期限相关，并且使用两国中较大的债券修正久期。使用最大修正久期的好处在于，可以计算出抵消额外收益所必需的最小利差变动。

因此，在我们的例子中，3 个月期的日本债券收益率的盈亏平衡利差变动是 8.5 个基点，这意味着日本利率下降 8.5 个基点就可以消除投资于美国市场的额外收益。如果在盈亏平衡利差变动分析中使用美国债券 8.1 的久期，日本利率就至少要变动 9.9 个基点（0.8/8.1=9.9），和 8.5 个基点相差 1.4 个基点。

这种盈亏平衡利差变动分析法完全忽略了货币变动对收益的影响，同时也忽略了隐含的货币升值或贬值将对远期升水或贴水所产生的影响。如果我们同意本章前面讨论的将现金收益归功于货币决策和债券市场收益的测算的数学方法，那么利用盈亏平衡利差变动分析法来分析对冲基础将会得到非常不一样的结果。

如果我们加入远期外汇贴水和升水，就可以很容易地计算出对冲的盈亏平衡利差变动。那么此时盈亏平衡利差变动分析中，日本 3 个月期的利率为 0.067 5%，美国则为 1.425%。

这样，我们就可以从式（53—3）中得到嵌入的远期利率，也就是：

$$f_{¥,\$}=c_{¥}-c_{\$}=(0.0675\%-1.425\%)/4=-0.34\%$$

假定利率没有变化，预期的 3 个月期的对冲收益就是名义利差（0.80%）和远期升水（−0.34%）之和，即 0.46%。这样一来，对冲基础上的盈亏平衡利差变动就只有 5 个基点（$0.46\%=9.4\times W$），而不是基于当地货币计算的 8.5 个基点。

因此，一个日本投资者会预期到要么利差不会扩大超过 5 个基点，要么就会认为美元会相对于日元贬值且贬值的幅度将低于嵌入的远期利率，从而使得这个交易具有吸引力。因为货币对冲成本（远期升水或贴水）是由短期利率决定的，所以基于对冲的盈亏平衡利差变动和与有较高短期利率的货币作对冲时情况总是相似的。

我们用式（53—10）来计算一个基于日元的投资者 3 个月期的预期对冲收益，并且将之与同一时期日本的 10 年期债券相比较。首先我们必须将美国政府债券收益率调整为年化的收益率，从而保证和日本收益率的可比性。美国的惯例收益率的年化收益率是 4.20%，政府债券的年化收益率是 4.24%。假定利率保持不变，那么预期的对冲收益是：

$$\begin{aligned}[(r_{\$}-c_{\$})+c_{¥}]/4&=[(4.24\%-1.43\%)+0.07\%]/4\\&=2.88\%/4\\&=0.72\%\end{aligned}$$

预期的日本债券收益是1.02%/4，也就是0.26%。

从而预期的基于对冲的收益是0.44%，与我们第一次计算的结果0.46%非常接近。

□ 部门和证券品种选择

一旦做出了债券市场配置的决策，每个市场的最优化久期与收益率曲线就将选定，全部的投资组合结构也需要通过单只证券的买卖得以构建。许多国际债券投资者都更倾向于只交易基准债券，因为这些基准债券在同时到期的债券中具有最强的流动性。这有时会导致收益率曲线“隆起”，因为投资者们更偏好一个固定的债券或者投资板块。债券市场上的回购操作或者短期内供给和需求的不匹配也会导致这种现象的发生。

部门选择需要在固定收益证券中选择一种特定的资产类型，其价值可能会相对于其他资产类型被低估。例如，一位投资组合管理人认为英国存在收益可能性，他可能倾向于投资于国内公司债券而不是政府发行的债券。但是，这一观点不一定只局限于一个国家。例如，同一个投资者认为英国发行的公司债券比意大利发行的公司债券更具有吸引力，可能会更加高估前者的价值。辨别此类投资机会需要对各部门之间的相对动态表现做出整体分析，例如利率、经济增长前景以及其他异质性风险所产生的影响。此外，某一部门的专业术语需要在不同区域之间通用。

证券品种选择也是全球债券投资组合潜在收益的另一种来源，要完成这项任务必须有具备丰富经验的信用研究团队。这一研究团队必须能够在不同国家和不同金融市场之间识别出信用证券。要组建这样一个具备深入了解当地市场状况以及影响信用质量的素质的研究团队本身就需要长期努力。但是，进入这一信用分析师行列的投资组合管理人所能够创造的投资收益，要远远超过那些只关注表现活跃的货币、利率和部门管理这些基本要素的管理人所创造的收益。

作为一个例子，一位投资组合管理人可能会高比重地持有特定国家的诸如金融机构之类的特定产业组合的债券。例如，作为全球信用研究机构的研究成果与建议，相对于英国的同类机构，全球投资组合管理人可能会倾向于持有日本某些金融企业的债券。通过高比重地持有这些特定的日本金融机构的债务，投资组合管理人能够获得更高的潜在收益。这一投资策略同样需要构建稳健性的风险管理体系，以最小化异质性风险。但是，这些额外增加的投资收益能够提升该投资组合收益的整体表现，尤其是在利率和/或汇率窄幅波动的情况下。

同样地，如果投资组合管理人认为日本的GDP增长速度将快于德国，那么他可能会倾向于投资日本消费品公司所发行的债券，而不是德国的同类债券。与这一观点相一致，该投资组合管理人可能会完全持有特定日本消费品公司所发行的债券。另一种可行的操作方法是，高比重地持有该日本消费品公司所发行的债券，同时低比重地持有德国同类消费品公司所发行的债券。属于风险偏好型并且高度信任其研究团队的分析结果的投资组合管理人，更有可能选择彻底卖出德国消费品公司所发行的债券。

当选择购买单只证券的时候，税收问题也需要被考虑进来。例如，有些市场上有鼓励投资者持有低票息债券的税收制度，因而有些债券就会因它们的息票利率曲线而被高价或低价交易。在市场征收预提税时，国际固定收益投资组合管理人经常会用一些有同样期限的债券来代替那些即将到期的债券，以此来使税收负担最小化。由于各市场税收规定不同也会造成市场异常。

因此，国际债券投资组合管理人拥有许多能够创造收益的途径，包括强劲的货币、利率管理以及特定部门投资。此外，在强有力的全球研究团队的支持下，这些投资组合管理人也能够识别出能够增加投资组合收益的特定产业部门或特定债券发行人。如果全球固定收益债券类型固定不变，所有这些资产都可以根据其他国家的利率、部门和特定证券品种所创造的机会来进行配置。同时，国际债券投资组合管理人在拥有很多创造收益的潜在机会的同时，也会比国内债券管理人面临更多的风险。为了能够在国际债券市场上成功运作，这些投资组合管理人必须开发强有力的、能够运用于全球债券投资组合的风险管理框架，以及实施操作熟练的投资策略。

53.7 关键知识点

- 全球债券敞口是总体资产组合资产配置中的一个正在成长的领域，同时基于收益和风险分散的双重目的。
- 投资政策评估应该解决被允许的投资问题，包括投资范围所涉及的国家、被允许纳入投资组合的证券类型、货币基准头寸和风险限制、时间维度以及衍生工具的使用。
- 国际债券投资组合的基准选择涉及许多方面，并且需要谨慎进行，因为它既能够确定收益目标，又能够提供投资组合风险的衡量指标。
- 在全球范围内进行投资自然会产生外汇风险敞口，投资管理人可以根据风险准则和收益目标来对其进行主动管理或者被动管理。
- 采用50%对冲的投资组合通常能够提供一种折中的投资方式，其收益介于未对冲非美国WGBI和美国债券二者之间，并且收益的波动性显著低于未对冲指数的情况，使得其夏普比率高于未对冲指数。
- 国际债券管理人也会采用一种或者多种不同的管理方式，通常被划分为四种类型：经验交易派、基本面分析派、暗箱操作派和图表分析派。
- 国际债券投资组合的超额收益源于以下五种战略的相互组合：货币选择、久期管理/收益率曲线投机、债券市场的选择、部门/信用水平/证券品种的选择以及投资于指数之外的市场。
- 在基于基本面的国际债券投资管理的分析方法中，诸如经济增长、货币政策、财政政策和政治因素等方面都会影响战略性资产配置的决策。

● 其他用以识别具有吸引力的投资机会的工具包括实际收益率、技术分析以及市场情绪调查这三个指标。

● 以本国货币表示的未对冲的国际债券投资组合的预期收益取决于三个要素：不同国家的债券在整个投资组合中所占的比重，以当地货币表示的各国债券市场的预期收益率，本国货币与当地货币的预期汇率变化的百分比。

● 在对冲国际债券投资组合中，预期收益随着管理人（运用诸如相对于该国基础债券敞口分配的货币远期合约之类的工具）对货币风险敞口的改变而改变。

● 国际债券投资组合管理人可以采用的其他对冲选择还包括交叉对冲和代理对冲。

● 对冲、交叉对冲和代理对冲所带来的投资收益之间的差异，完全取决于短期利率和货币风险敞口之间的差异。

● 债券和货币的盈亏平衡收益率一般是指在一定时期内，相对于某一基准市场收益率，使得债券和货币取得相等收益时的收益率水平。

● 对比不同市场间的远期利率，可以帮助发现战略预测和市场价值之间的差异，进而发现投资价值。

● 一旦做出了债券市场配置的决策，每个市场的最优化久期与收益率曲线就将决定，全部的投资组合结构也需要通过单只证券的买卖来得以构建。

【注释】

[1] Jochen M. Schmittmann, "Currency Hedging for International Portfolios," IMF Working Paper 10/151 (June 2010), p. 12.

[2] John Y. Campbell, Karine Serfaty-De Medeiros, and Luis M. Viceira, "Global Currency Hedging," *Journal of Finance* 65 (2010), pp. 87 - 121.

[3] Andre F. Perold and Evan C. Schulman, "The Free Lunch in Currency Hedging: Implications for Investment Policy and Performance Standards," *Financial Analysts Journal* 44 (May/June 1988), pp. 45 - 50.

[4] 有关货币对冲的更广泛讨论，可参见 Gary L. Gastineau, "The Currency Hedging Decision: A Search for Synthesis in Asset Allocation," *Financial Analysts Journal* (May-June 1995), pp. 8 - 17。

[5] Campbell, Serfaty-De Medeiros, and Viceira, "Global Currency Hedging," p. 4.

[6] 现代投资组合理论强调了组合中债券的相关性对于多样化所能带来的收益起着决定性作用。

[7] 夏普比率衡量了每单位标准差所能带来的风险溢价（相对于无风险收益率）。在图表 53—1 中，无风险收益率为 3 个月期国库券利率。

[8] 当投资于单一债券市场时，将久期作为利率风险的衡量指标是有利的，但是，对于国际债券投资组合来说，这一久期的衡量方法则不再适宜。这时，久期指标的核算必须合理地考虑投资组合管理人所投资的所有国家的利率的同时的、一致性的水平移动。因此，国际债券投资组合中的总体久期并不适用。

[9] 然而，在国际债券管理业务中，绝对收益作为债券收益率表现的衡量方式正在日益受到青睐，尤其是在总体利率水平较低的情况下。

[10] See Gastineau, "The Currency Hedging Decision," pp. 13 - 14.

[11] 对这种市场趋势的一种解释是各国的中央银行都试图通过干预手段来减轻外汇市场上的波动，而央行的干预并不受利益最大化的驱动，所以它们的行为使得外汇市场并不是完全意义上的有效

率。参见 Robert D. Arnott and Tan K. Pham，“Tactical Currency Allocation，” *Financial Analysts Journal*（May-June 1993），pp. 47 - 52。

［12］See Richard M. Levich and Lee R. Thomas，“The Merits of Active Currency Risk Management：Evidence from International Bond Portfolios，” *Financial Analysts Journal*（September-October 1993），pp. 63 - 70.

［13］名义到期收益率由实际收益率和通货膨胀预期组成（名义到期收益率＝实际到期收益率＋预期通货膨胀率）。政府债券的名义收益率和同等期限通货膨胀指数化债券的实际收益率的差额，可以用来衡量预期的通货膨胀率，我们也称之为“盈亏平衡通货膨胀率”（break-even inflation rate）。

［14］这部分讨论的结构源自 Brian D. Singer and Denis S. Karnosky，*The General Framework for Global Investment Management and Performance Attribution*（Charlottesville，VA：The Research Foundation of the Institute of Chartered Financial Analysts，1994）。本章中所用的符号也与作者一致。

［15］式（53—1）所展示的关系并不是完全准确的，因为债券市场和外国投资收益应该更准确地表示为由两部分构成的复合收益：$(1+r_i)\times(1+e_{\$,i})-1$。

［16］式（53—2）假定汇率是以直接标价法（direct terms）来标记的，也就是说，每单位本国货币相当于多少单位的当地货币，不过在不同的市场，标价的惯例有所不同。场外交易的远期合约遵从市场惯例，大部分美元是用间接标价法（indirect terms）来标价的（每单位美元所兑换的当地货币单位）。在式（53—3）中，使用间接标价法时，远期贴水或者升水就变成了 $f_{H,i}=c_i-c_H$ 。为了避免复杂的计算，我们假定时间间隔为 1 年。

第54章 固定收益投资组合转换管理

阿南什·马达范（Ananth Madhavan）博士
黑石集团常务董事
丹尼尔·加莱戈斯（Daniel Gallegos）
黑石集团董事

投资是一个动态过程。随着市场的波动或者投资的变化，证券投资组合往往会随时间的推移发生转换。证券投资组合转换管理是指机构投资组合被有效率地或者成本节约地重新配置的过程。

从现有的投资组合配置向意愿的投资组合配置转换要进行风险—成本权衡，这类似于我们所熟悉的投资管理过程中的风险—收益权衡。从此种意义上来说，证券投资组合转换与短期投资配置非常相似。证券投资组合转换管理的主要目标是，在投资者的风险—成本级别偏好一定的前提下，确定并实施某一战略，以实现效率最大化的目标投资组合。

引发证券投资组合转换的原因有很多，最主要的包括：资金管理变化（诸如对表现不好的投资组合转换经理进行更换）、资产配置（如从股票转换到固定收益债券）、投资风格（如行动指数）和基准比较（例如，标准普尔500指数与罗素1 000指数之间的比较）的转换。[1] 证券投资转换的范围非常广泛，既包括基金资产的直接清算，也包括涉及多种资产类型和多个国家的整个投资组合的彻底重构。

从历史发展的角度来看，证券投资组合转换通常被视为一个操作性问题，即作为一项较大的投资决策中的一个次级结果。受托人指示以前的投资组合转换经理清算原始（传统）投资组合，并指派新的投资组合转换经理将现金收益投资到合意的（目标）投资组合，由此会产生双向的交易成本，并且这种情况时常发生。对交易成本的清醒认识和对清算责任的关心，使得机构投资者会越来越多地选择投资组合转换经理来重构投资组合。[2]

然而，尽管投资组合转换非常重要，但是许多投资专业人士并未对其复杂程度有充分的了解。的确，有些投资组合转换可能会在仅仅几天的时间内就经历急剧的收益波动。正如我们将在下文阐述的，这一点对于固定收益投资组合转换尤为重要，因为在其转换过程中资产往往流动性不足，并且投资市场不够透明。在本章中，我们将阐述证券投资组合转换的管理以及关于投资组合风险与交易成本的合理均衡；介绍成本与风险的度量方法；讨论固定收益证券投资组合转换的独特特点，并通过案例分析展示其中的几个因素。

54.1 固定收益投资组合转换的基础

在对相关风险与成本进行深入分析之前，我们有必要先概括性地给出固定收益投资组合转换的基本知识，包括相关事件的推进表、任何转换都必须进行管理的风险类型（不论资产类型如何）以及固定收益投资组合转换的独特特征。

□ 固定收益投资组合转换事件的推进表

固定收益投资组合转换管理过程可以被划分为若干不同的阶段：投资组合转换经理的选择、投资目标的沟通、交易清单的确定、交易的事前分析、交易策略的制定、交易的实施以及交易的事后报告。接下来，我们将依次详细描述这些不同管理阶段的特征及其对整个投资转换事件推进的重要性。

（1）投资组合转换经理的选择。当投资机构决定雇用投资组合转换经理之后，受托人或者计划发起人就会启动尽职调查程序以选择合意的投资组合转换经理。通常情况下，在投资组合转换过程中，投资者试图得到与他们从资产管理者那里所期望得到的同等水平的市场专业知识、风险管理技能、流动性的可获性、运营基础设施以及受托人监督。如果固定收益投资组合转换没有得到妥善管理，那么可能会导致明显的绩效不佳和超额费用。投资组合转换经理可以是券商、托管人，也可以是专业的投资组合转换经理，他们所具备的流动性的可获性、交易技能和风险控制能力存在差异。成功的投资组合转换经理能够通过减少交易过程中的市场影响和机会成本，并且通过审慎地控制诸如佣金和价差之类的交易成本，积极地降低交易风险。

（2）投资目标的沟通。投资组合转换经理必须了解客户动机、期望的投资转换时机及客户对风险和成本的承受能力。客户也可能对度量成本有基准偏好（例如，以前的收盘价、交易量加权平均价格等）。可能会影响投资组合转换的其他因素也和这次的投资组合转换经理进行沟通（如禁止进行内部交叉交易的监管规定等）。

（3）交易清单的确定。在确立了传统投资组合和目标投资组合之后，投资组合转换经理就要确定所持有的能够相互之间进行转换的证券（这意味着，被保留在目标投资组合中的潜在证券能够直接进行转换，不存在任何成本和风险，而不是清算）。剩余的证券必须在市场上进行交易。关于这一点，还必须解决基本的操作步骤以及必要的法律和行政问题。

（4）交易的事前分析。投资组合转换经理运用交易前分析模型评估交易清单的流动性特征（关注由领域、交易量、部门、产业和国家等所引起的崩溃），并估计投资组合的总体交易成本以及这些成本可能发生的变动。投资组合转换经理还用风险模型，通常是基本的多因素模型，来估计传统投资组合与目标证券投资组合之间的跟踪误差。

（5）交易策略的制定。交易策略因投资者的冒险精神和投资本身的复杂程度而异。通常的策略是在整个投资组合转换过程中简单地从事交易清单中固定的一部分，目标是在整个投资组合转换期间以交易量加权的平均价格（volume-weighted average price，VWAP）进行。在某些情况下，投资组合转换经理可能会运用最优化工具来确定对于投资组合转换来说最合理的动态交易策略。在投资组合转换开始之前，投资组合转换经理要与客户就投资组合转换所持续的时间、成本估计以及收益的分散进行沟通，以构造一个用来衡量投资组合转换的最终收益的目标基准。

（6）交易的实施。接下来，投资组合转换经理将基本按照在之前的步骤中所构成的交易策略开始实施交易，当然也会根据市场情况的变化做出必要的调整。实际的投资组合转换所持续的期间从一天到一个月不等，这取决于客户的交易目标和交易本身的复杂程度。

（7）交易的事后报告。投资组合转换经理会向客户提交一份详细的报告，尤其是要清楚说明相对于交易之前的估计值的成本执行情况（包括佣金、买卖价差和市场影响成本）。在此需要注意的是，对证券投资组合转换收益表现的衡量从投资组合转换经理能够开始实施资产组合重构之日（与客户做出决策之日不同）开始，到真实反映投资组合转换经理所做出的努力为止。

□ 投资组合转换风险的类型

一个管理不善的投资组合重构（即没有合理地评估并化解所有风险的投资组合重构）可能会导致整整一年的投资收益归零。所有的投资组合转换都必须进行管理的风险包括以下四种类型：

- **敞口风险（exposure risk）：**也被称为**投资风险**（investment risk）。这种风险的发生与可能对投资组合的价值产生负面影响的因素有关。投资组合转换经理通过运用多种过程（各种类型的交易分析）、投资工具（例如，投资组合优化）以及市场专业知识（包括与券商的关系）来帮助实现敞口风险最小化。
- **执行风险（execution risk）：**投资组合转换策略确定之后，仍存在投资计划在实施过程中得到次优结果的风险，尤其是不能变现的资产类型。识别流动性的关键在于弄清楚被交易的每种债券的内在价值以及结构性细微差别。
- **过程风险（process risk）：**沟通隔阂和未检查的假设条件会引发过程风险，进而导致额外的转换成本。采用严格的、精细的方法有助于最大限度地降低过程风险。
- **操作风险（operational risk）：**这是一种因操作细节（诸如账户设立和对账等）的

疏忽和延迟而导致的风险。投资组合转换经理通过编制透明的、可审计的报表，能够降低操作风险的发生概率。

在每一投资组合转换过程中，上述每一类型的风险都应该得到系统性的管理。特别是对于固定收益证券投资组合，由于存在若干市场因素（将在下文进行讨论），因而这些投资组合转换过程尤其充满挑战。

□ 固定收益投资组合转换的独特性

固定收益证券本身的性质使得该资产类型所涉及的投资组合转换相对于其他资产类型（特别是股票）的投资组合转换显得非常独特。对于固定收益证券投资组合转换的成本和风险，如下因素尤其重要：

- **市场结构**：在通常情况下，固定收益证券不在公开的交易所进行交易，因此其定价缺乏统一性和透明性。[3] 不同的期限、由于利率不稳定而导致的价格波动性、投资特征的细微差别以及货币价值波动，都会对固定收益证券投资组合的转换产生显著的影响，这都远远超过了大多数股票转换所涉及的范围。在上述分析框架中，报表中没有显示最近开展的投资交易（例如，大多数固定收益证券的自动收报纸带）使得采用缺口框架（shortfall framework）难以衡量实际成本，更别说在投资转换开始之前做出准确的估算。
- **价格发现和流动性**：市场结构和投资工具的复杂性也会影响交易策略的制定与实施。不同于股票，价格发现和流动性来源对于固定收益投资组合转换尤为关键。单一的集中化的债券交易以及投资工具多样化的缺失使得必须通过识别流动性来实现交易的最优化。为此，投资组合转换经理会积极主动地通过多元化的交易平台来寻求交易对手。通过与世界范围内的券商建立长期的稳定业务关系，投资组合转换经理能够充分利用交易机会，并更好地执行投资策略，因此从中获益。
- **敞口风险的类型**：如上文所述，我们很难实时测算复杂的债券投资组合的主动风险（跟踪误差），继而难以实施最优化的交易策略。通常的固定收益投资组合转换可能面临多维度的风险，包括：

a. 利率风险；

b. 波动性风险；

c. 信用价差（又称“信用利差”）风险；

d. 异质性风险。

固定收益投资组合转换经理会针对固定收益证券发明专门的技术工具、度量工具和编制报表工具，并将其付诸实施，以通过最小化潜在的风险，实现投资者的目标证券投资组合。

54.2 固定收益投资组合转换的度量指标与目标

在了解了固定收益投资组合转换所面临的独特风险之后，我们就可以对风险和成本进行更加深入的分析。通常情况下，多种成本和风险的度量指标被用来衡量一项投资转换的收益表现。本章将主要讨论执行缺口和跟踪误差这两种度量指标。首先，执行缺口用来衡量传统证券投资组合的收益没有达到目标证券投资组合的收益水平的程度。通过采用这一度量指标，投资者可以评估其证券投资组合在重构期间的收益表现。当投资组合转换经理规划重构策略时，预期的执行缺口在投资组合转换之前已经被确定，并被分解成若干收益要素。

为考察某一项投资组合转换的收益表现，我们还可以通过证券投资组合的跟踪误差这一指标来集中研究风险情况。跟踪误差指的是传统投资组合与目标投资组合之间收益的绝对差。掌握了上述两种度量指标之后，接下来我们将给出转换经理的目标的定义表达式。

为了说明为什么使用这两种度量指标最合理，进一步进行表达形式的描述是有用的。假设 N 表示传统投资组合和目标投资组合联合起来的总体的资产规模，Ω 表示资产收益的 $N\times N$ 方差—协方差矩阵。从投资组合转换经理的角度来看，投资组合转换过程从 t_0 这一天开始，这时转换经理首次开始进行传统投资组合的交易。[4] 我们用 V_0 表示投资组合在 t_0 这一天的初始价值。投资交易无须立即进行。例如，转换经理可能会通过延长交易来识别流动性，或者会发生不可预期的延迟交易。在日历时间 t_b（此时 $t_0\leqslant t_b$），转换经理开始实施投资组合转换。我们用 T 表示投资组合转换所持续的时间，在此以天为单位，但是也可以视情况以小时或者其他一天以内的时间为单位。在每个交易日中，投资交易是分拨进行的（以 $k=1$，…，T 表示），并且在 $t_1=t_0+T$ 这一天完成整个投资组合转换过程。投资组合转换的时间轴如图表 54—1 所示。

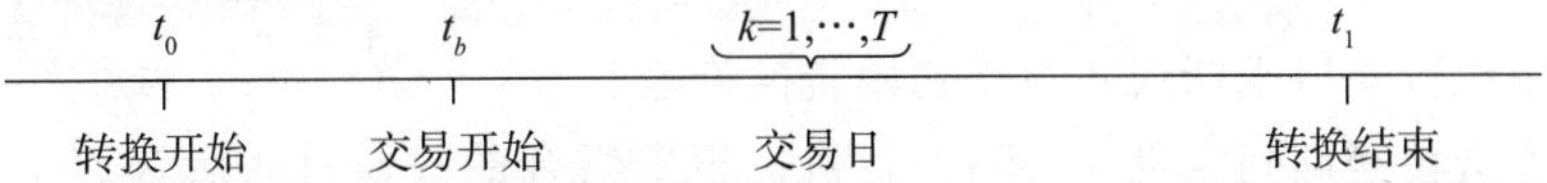

图表 54—1　转换时间轴

我们用 L 表示对传统投资组合资产持有量的 $N\times1$ 向量，其中每一行表示持有该资产的份额，同样地，用 Q 表示对目标投资组合资产持有量的 $N\times1$ 向量 。用 h_L 和 h_Q 分别表示传统投资组合和目标投资组合中资产持有（权重）的对应向量，其中资产持有向量中的第 i 个元素表示资产 i 在投资组合中所占的权重，并作为投资组合总价值的一部分。

主动风险被定义为传统投资组合与目标投资组合之间的距离，表示为

$$\sigma_{L,Q}=\sqrt{(h_L-h_Q)'\,\Omega(h_L-h_Q)} \tag{54—1}$$

我们可以发现，当投资组合转换是直接清算为现金时，我们有 $h_Q=0$，即为零向量，此时的主动风险就表现为简单的传统投资组合的标准差，即 $\sigma_L=\sqrt{h_L{}'\,\Omega h_L}$。同理，当投资转换表现为现金投资时，$h_L=0$，此时主动风险可表示为目标投资组合的标准差，即 $\sigma_Q=\sqrt{h_Q{}'\,\Omega h_Q}$。由此，非再平衡投资组合转换（不论是转换为现金还是从现金转换出来）的主动风险通常高于其中至少有一部分共同资产的投资组合转换的情况。

□ 转换成本的定义

假设交易清单仅为股票的 $N \times 1$ 向量，则有

$$X=(Q-L) \tag{54—2}$$

按照惯例，向量中正的元素表示买进，负的元素表示卖出。

总交易成本包括显性成本（佣金、税金和手续费）和隐性成本（买卖价差和市场影响）。[5] 在某一投资组合转换过程中，不同于大多数机构交易，交易（几乎）总能达成，因此无法实施投资策略的机会成本基本为零。[6] 延续之前的分析，关于成本的解释是相对于交易前的基准价格［履约价格（strike price）］。如果用公式来表达，对于资产 $i=1, \cdots, N$，实现的交易成本可以表示为

$$C_i=\frac{\sum_{k=1}^{T}(p_{i,k}^{e}+\varphi_{i,k})x_{i,k}}{p_i^b\sum_{k=1}^{T}x_{i,t}}-1 \tag{54—3}$$

其中，交易时间为 $k=1, \cdots, N$ 。$p_{i,k}^{e}$ 表示执行价格。$x_{i,k}$ 表示已经签约的交易规模。$\varphi_{i,k}$ 表示显性交易成本（按照惯例，如果其符号为正，则表示买入；如果为负，则表示卖出）。p_i^b 是相对于成本的基准价格或者履约价格。

对于股票的购买，其预期成本为正；对于股票的销售，其预期成本为负。美元执行缺口是相对于时点 t_b 的基准价格的总成本，等于 $C(t_b)=\sum_{i=1}^{N}(p_i^b\sum_{i=1}^{T}x_{i,k})C_i$ 。贯穿本章，我们将用执行缺口来指代相对于初始转换价值 $c(t_b)=C(t_b)/V_0$ 的总实现成本。

在整个投资转换期间（从 t_0 到 t_1），目标投资组合的收益被表示为 $r^Q(t_0, t_1)$；这是从投资转换一开始就已经持有目标投资组合的投资者所能获取的收益。从 t_0 到 t_1，传统（被重构）投资组合的实际收益表示为

$$r^L(t_0,t_1)=\frac{V_T^L-V_0}{V_0}$$

传统投资组合一旦完成转换，其最终价值是以转换末期的价格来衡量的股票持有量（$L+X$），其小于交易过程中的净现金流。运用关于成本的定义，我们容易得到

$$r^Q(t_0,t_1)-r^L(t_0,t_1)=c(t_b)+r^L(t_0,t_b) \tag{54—4}$$

其中，$c(t_b)$ 表示作为投资组合价值一部分的隐性成本和显性成本的总和（假设在交易之前正好达到的基准点）；$r^L(t_0, t_b)$ 表示从传统投资组合转换开始所带来的收益，是一项时间成本。当投资组合转换的启动不存在延迟时，在时点 t_0 达到基准价格，因此 $p_i^b=p_{i,0}$。并且，我们从中可以看出，执行缺口成本等于投资组合转换（传统投资组合）账户中的实际收益相对于目标基金的收益之间的差额，其中投资组合转换瞬间完成，且不存在任何成本。这一解释说明了为什么执行缺口是对成本的准确衡量指标。其准确地体现了传统投资组合和目标投资组合之间的差异，反映了投资组合转换过程中所发生的所有成本。[7]

□ 投资组合转换均衡

明确了风险和成本在表达形式上的定义之后，我们就能够给出可能的投资转换目标函数。如上所述，投资组合转换经理和客户根据客户所期望的目标共同决定交易策略。通常情况下，这会涉及成本与主动风险之间的权衡。从表达形式来说，在时间轴为 T 个交易日的基础上，最优化投资转换策略可以被定义为交易波的集合，这一集合被期望用来最小化由 $c(t_b)$ 和 $\sigma_{L,Q}$ 所构成并且以 λ 为权重的凸函数。其表达方式为

$$\min_{\{X_1,\cdots,X_T\}} E_0\left[(1-\lambda)c(t_b)+\lambda\sigma_{L,Q}\right] \tag{54—5}$$

并且满足条件

$$\sum X_k = X$$

成本和风险都取决于过程中所选择的特定的交易波。例如，如果 λ 的取值非常高，并且交易策略非常激进，那么较大量的交易清单可能在第一个或者第二个交易波中已经完成（回顾一下，一个交易日中可能会发生多个交易波），此时可能会产生较高的交易影响，但是有较低的跟踪误差。

实现这一目标的最优解是什么？通常情况下会采用多种试探性的方法，但是往往不能够真正实现成本最小化。某些投资组合转换经理认为，最大化的通过率（crossing rate）往往会最小化市场影响，继而最大限度地降低成本。然而，这并不能降低由于投资组合转换延迟而导致的额外风险，而这又往往是许多通过率属于小概率事件的固定收益证券所面临的共同问题。另一个共同投资策略（通常是指 VWAP 策略，因为其伴随着交易量加权的平均价格的交易基准）可以简单地表示为 $X_t=X/T$，其中的交易指令在交易期间被等量地分解。然而，VWAP 策略可能并非最优解（即使当 $\lambda=0$ 时），并且可能也无法最大限度地降低成本。

相反，最优解可以通过随机动态规划（stochastic dynamic programming）求得，前提条件是对价格和流动性的波动情况做出一定的假设。这一具有前瞻性的分析方法的思想基础是在整个交易时段 k 的任一时点的解（或者政策函数）必须也是剩余投资项目的最优解。[8] 采用前瞻性的分析方法还可以允许投资组合转换经理掌握在整个投资组合转换期间可能会发生的流动性或者波动性的变化情况（导致成本的关键因素）。例如，如果投资组合转换在具有高度预期的宏观经济事件发生的期间内（例如，财报季）被执行，那么我们可以认为，价格和交易数量将相对稳定。通过采用这种分析方法，还能够在 λ 有多种取值的情况下对成本和风险进行权衡，便于客户形象地表达其可选投资方案。动态规划需要对投入估计结果具有很强的信心，但是这对于流动性不足的资产来说并不总能够实现。在这些情况下，投资组合转换经理可凭借其经验和判断（有时会受到正式分析的引导），根据客户的预期目标，做出正确的投资交易决策。有的投资决策可以通过公式加以描述，有的不能够用公式进行描述，但是上面提到的基本权衡关系在每个投资组合转换项目中都存在。

□ 执行缺口示例

为了形象地解释上述概念，我们接下来考虑价值 10 亿美元的国际股票转换的例

子。某一国家的退休体系通过在两个新的投资组合转换经理之间重新分配传统的投资组合，以求实现国际收支的再平衡。投资组合转换的总体期间为 8 天，其中交易期为 5 天。投资交易清单的预估成本率为 0.51%。投资组合转换经理运用专门的分析工具来匹配和拆分股票买卖，然后运用交易成本模型预测（一半的）买卖价差和市场影响的估计值。在此基础上，投资组合转换经理再加上佣金、手续费和税金来估算总预测成本，并作为评估投资组合转换的基准。年化主动风险（即传统投资组合和目标投资组合之间的跟踪误差）为 3.5%。根据这些数字，交易期间的预估风险为 0.39% $\left(\text{每年的交易日为 250 天，则 } 0.495\% = 3.5\%\sqrt{\frac{5}{250}}\right)$。据此可以确定投资转换缺口的上下限。

事后，实际的平均主动风险为 0.38%，这意味着投资组合转换经理为了降低投资组合转换早期阶段的风险而采取了较为激进的交易策略。在此期间，传统投资组合的收益表现为 0.69%，而整个投资组合转换过程中的目标投资组合获取了 1.40%的收益；根据式（54—4）可以得到总执行缺口，数值为 0.71%（=1.40%−0.69%）。已经实现的交易差额为 0.58%（0.42%的市场影响加上 0.16%的佣金和手续费），与投资交易的事前估计值保持一致。时间成本占 0.14%，反映了投资交易开始之前的 3 天内，目标投资组合相对于传统投资组合的业绩表现出色。[9] 总之，尽管总成本略高于预测值（7 个基点），但是结果处于事前与客户沟通的可能的结果范围之内，证明这一投资组合转换是成功的。

□ 关于风险—成本权衡的重新考虑

在上述风险—成本权衡方面，固定收益投资组合转换和股票市场转换的情况相同，但是其投资组合转换的具体实施存在实质性差异。如同大多数美国股票一样，大多数投资级债券可以在短期内进行流通或者购买。但是，当买卖速度过快时，通常会发生额外成本。相反，如果投资组合转换实施得太慢，将会延长重构时间轴，并将资产置于更大的执行缺口的风险之下。任何一种情况都可能对资产重构的成本和质量产生实质性的影响。预估每个投资组合的构成并预测风险—成本权衡，以设计并实施一项合理的投资组合重构策略，从而满足客户的时间目标，是投资组合转换经理应尽的职责。

□ 固定收益所特有的执行特征

要实现固定收益投资组合转换的最优化，必须解决下列问题：

- 行业权重错配；
- 期限结构曲线差异；
- 流动性不足的证券；
- 外汇；
- 时间偏好。

尽管上述问题中的多数属于所有投资组合的共同特征，但是关键在于实施一项策略来降低与各投资组合在这些问题上所特有的细微差距有关的投资成本。投资组合转换经理的另一项职责是分辨目标投资组合和传统投资组合之间的结构差异，然后提出最优的投资组合转换策略，以转移由这些结构性差异所带来的风险。

预估流动性来源

投资组合转换经理必须对任一固定收益证券的诸多细节做出预估，以识别其真正的流动性来源。常见的描述性资料对诸如息票类型、期限、从属结构、发行人等细节进行了回顾和记录。对于不同的投资结构可能存在大量的问题，并且每一发行机构可能与不同的银行集团合作向市场发行债券。例如，IBM注册登记有近30种在到期日和息票类型等方面不同的公司债，而不是只发行单一的股本证券。这只是固定收益证券的类型之一，而传统投资组合可能持有许多不同类型的证券（诸如抵押贷款支持证券、国债、公司债、市政债券等）。在投资组合转换过程中，所涉及证券类型的多样化使得识别每种资产的真正流动性来源变得更加复杂。为了有效地估计流动性来源，操盘手必须具备多种市场和证券类型方面的经验。投资交易研究团队也有助于识别交易瓶颈问题、最优的执行数据和偏好的交易对手。

运用衍生工具来管理风险或降低成本

在固定收益投资组合转换管理中，衍生工具起到非常重要的作用，尤其是在流动性被隐藏以及传统投资组合和目标投资组合之间在风险特征方面存在极大差异的情况下。既然在最小化执行缺口时传统投资组合和目标投资组合之间的收益表现差异趋于递减，那么能够迅速且低成本地实现投资组合的风险特征的重构是关键。

在改变传统投资组合的期限的投资转换过程中，通常会用到衍生工具。当传统投资组合的流动性时间轴预计较为缓慢时，衍生工具也显得尤其重要。事实证明，美国国债期货合约在投资组合转换过程中非常有用：其能够以较大的概念性规模快速进入市场，只产生甚至不产生任何市场影响，并且所需资金也是最小的。衍生工具还被用来解决资产重构过程中部门权重错配的问题。

在操作障碍和传统障碍导致衍生工具的效率低下的情况下，交易所交易基金（ETF）可能是更有效率的选择，尤其是在选择目标投资组合转换经理之前确定所期望的β敞口的情况下。通过使用交易所交易基金，投资者们可以在不增加个别风险的前提下实现多元化的行业敞口，这可能与大规模的现金债券有关。

54.3 风险管理的案例分析

建立了投资组合转换管理的分析框架之后，我们接下来分析一个案例，以说明上述某些风险要素以及衍生工具在投资组合转换过程中降低风险的作用机理。某一投资委员会决定将价值1亿美元的美国国债投资组合的期限转换成他们认为有利的计划，从到期曲线中间部位的分散点移动到曲线短期末端和长期末端的集中点。传统投资组合的基准为7～10年指数；目标投资组合更像杠铃的形状，1～3年期证券的比重约为60%，20年以上期限的证券比重约为40%。尽管构成成分迥异，但两种投资组合拥有相同的加权平均期限（7.26 年）。

然而，两种投资组合之间在关键利率久期方面存在错配，或者每种投资组合的构成要素对于利率变动的敏感度不同（见图表 54—2）。这一错配可能会转化为严重的风险，即使是在仅仅一个交易日的交易过程中。现在考虑 15 年期利率急剧提高可能会对投资组合转换过程中的投资组合所产生的影响（见图表 54—3）。

15 年期国债的价格为 0.51 美元（或者是收益的 4 个基点），30 年期国债的价格为 1.10 美元（或者是收益的 7 个基点）。假设国债价格具有非对称性特征，通常来说，在收益率曲线的长期末端会出现较高的价格分散程度。通过关键利率久期来分析投资组合，有助于识别风险隐藏在成熟曲线的什么位置。

在这种利率冲击的情况下，传统投资组合和目标投资组合之间在期限结构框架方面所存在的差异，导致了价值为 31 万美元的跟踪误差。在一个单独的投资组合重构过程中，约 10%的预期年化收益率被置于风险之下。

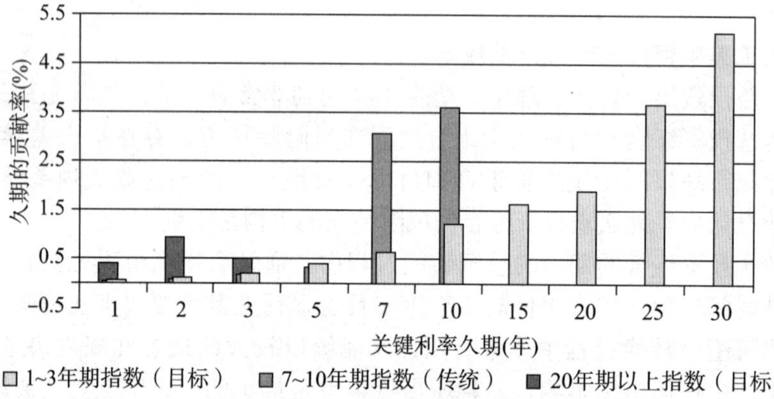

图表 54—2　关键利率久期

资料来源：黑石和巴克莱资本，截至 2011 年 1 月 13 日。所包含的指数是巴克莱资本的美国 1～3 年期国债指数、巴克莱资本的美国 7～10 年期国债指数和巴克莱资本的美国 20 年期以上国债指数。

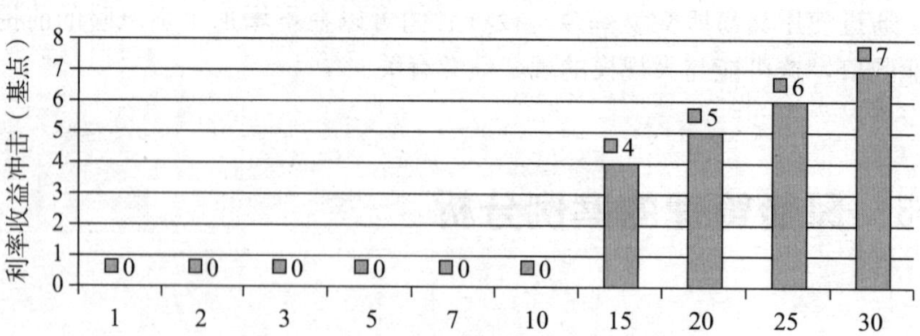

图表 54—3　利率冲击的影响（2011 年 1 月 13 日）

资料来源：黑石和巴克莱资本，截至 2011 年 1 月 13 日。

针对这一投资组合转换的投资策略，主要考虑管理投资组合的关键利率风险。在所持有的 7～10 年期债券开始交易之前的晚上，期货合约被买卖以使得传统投资组合的关键利率久期结构重新实现平衡，并且与目标投资组合的关键利率久期结构更加匹配。所有五个合约都被买入或者卖出，导致到期曲线凸出部分的分散度趋于降低，而使得长期末端的凸出部分的分散度趋于增强。这一项单独的投资组合转换几乎能够完全解决两种投资组合在预期收益方面所存在的错配；年化主动风险从 491 个基点下降到 24 个基点。

当 7～10 年期交易完成时，期货合约被平仓，所获得的收益被用于购买目标投资构成。

如果这一投资组合转换策略主要考虑加权平均久期（而不是关键利率久期），长期国债风险可能会被掩饰，并且投资组合可能沿着较为陡峭的利率曲线对价格变化做出敏感的反应。

尽管传统投资组合和目标投资组合都只持有美国国债（既不存在信用利差，也不存在异质性风险），但是在这一投资组合转换过程中，大规模的资金被置于风险之中。通常情况下，固定收益投资组合转换会涉及比国债期限转换更多的问题，这意味着为了保持在每一投资组合重构过程中的投资组合的价值，急需专业性的分析和投资步骤。

54.4 关键知识点

● 投资组合转换管理是一个通过最优化风险—成本权衡的方式，对某一证券投资组合进行重构的过程。

● 固定收益投资组合转换通常较为复杂，并且可能成本较高。固定收益市场结构的透明度较低，并且对于市场流动性的识别和预估都有很高的要求；投资工具种类的变化多端使得交易过程更加充满挑战，并使得风险要素更加复杂（相对于股票市场的情况）。

● 鉴于在固定收益证券的投资转换过程中，常规的市场波动可能会对预期的年化收益率产生大规模的冲击，因此必须具备能够系统性地管理投资组合转换的能力。

● 在固定收益投资组合转换过程中有两种度量指标能够有效地帮助投资者预估其重构跟踪误差，用以测算证券投资组合的主动风险水平。执行缺口这一度量指标可以被用来估算某一证券投资组合在重构期间的收益表现情况。

● 对于固定收益证券投资组合转换来说，衍生工具是一项非常重要的管理风险和成本的工具。衍生工具能够以较大的概念性规模快速进入市场，只产生甚至不产生任何市场影响，并且所需资金也是最小的。

【注释】

[1] 诸如资金流动性、企业合并等其他事件也会引致证券投资的转换。

[2] 理想的情形是，在不雇用投资组合转换经理时所发生的预期成本要高于投资转换管理费用的情况下，投资者应该雇用投资组合转换经理。这是显著的投资组合重构情况下的通常做法。在这种情况下，投资者关注的是获取出色的投资收益质量和/或维持既定的股市敞口，尤其是在复杂的投资组合转换（例如，包含奇异证券和零星证券的投资组合）以及极为不稳定的投资环境下。

[3] 例外情况包括固定收益期货合约和在特定电子交易中所进行的交易（例如，Market Axxess 和

Tradeweb)，这通常属于流动性管理问题。

[4] 在此之前，投资计划过程已经开始，包括投资组合转换经理的选择以及其他若干操作步骤，但是，我们所集中关注的是实际投资组合转换过程中的投资收益表现。关于实际投资组合转换成本的相关数据，可以参见 Anna Obizhaeva，"Information vs. Liquidity: Evidence from Portfolio Transition Trades," Working Paper, Sloan School of Management, MIT, Cambridge, MA (2008)。

[5] Andre Perold, "The Implementation Shortfall: Paper Versus Reality," *Journal of Portfolio Management* (Spring 1988): 4-9.

[6] Donald B. Keim and Ananth Madhavan, "Anatomy of the Trading Process: Empirical Evidence on the Motivation for and Execution of Institutional Equity Trades," *Journal of Financial Economics* (March 1995): 371-398.

[7] 证券业已对投资组合转换的收益表现规定标准的衡量方法。许多成本是被隐藏的（例如，保管机构按照低于现行市场价格的价格水平有计划、有步骤地执行外汇交易），投资组合转换经理的收入也是不透明的（投资组合转换经理向对方收取佣金，或者从事自营业务）。T 准则（T-Standard）是证券业运用执行差额方法制定的、用以衡量投资转换收益表现的、统一标准的首次尝试。

[8] See Robert Almgren and Neil Chriss, "Optimal Execution of Portfolio Transactions," *Journal of Risk* 3 (Winter 2000): 5-39. See also Dmitri Bertsemas Dmitri and Andrew W. C. Lo, "Optimal Control of Liquidation Costs," *Journal of Financial Markets* 1 (February 1998): 1-50.

[9] 这反映了许多因素，例如，顾客可能会选择等到月末，以获取更高的通过概率；在国际交易中，资产交付可能会发生延迟现象。

第 55 章

使用久期乘以利差法来管理信用组合的利差风险

埃里克·本·多尔（Arik Ben Dor）博士
巴克莱资本公司董事

列夫·邓肯（Lev Dynkin）博士
巴克莱资本公司常务董事

杰伊·海曼（Jay Hyman）博士
巴克莱资本公司常务董事

对组合或者基准（benchmark）的资产配置的标准表达是占市场价值的百分比。广为认可的是，这对于固定收益组合是不充分的，因为久期的差异可能使得具有相同市场权重配置的两个组合暴露于迥然不同的宏观风险。其结果是，固定收益组合经理已经习惯于依据对久期的贡献（contributions to duration）——某个给定市场单元（market cell）占组合市场价值的百分比与构成该单元的各只证券平均久期的乘积来表示它们的配置。这代表着组合对于该市场单元内部所有证券的收益率平行移动（parallel shift）的敏感性。对信用组合而言，对应的指标将是对利差久期的贡献（contributions to spread duration），用来量度对于利差平行移动的敏感性。确定来自不同市场单元及/或不同发行者的积极利差久期的赌注（组合与基准之间的敞口差异）集合是信用组合经理的主要决策之一。

然而所有的利差久期不是生而平等的。正如可以创建一个依市场权重（market weights）精确匹配基准的组合，但是明显承担较高信用风险（例如通过在每一个单元内部投资于最长久期的信用），也可以依利差久期贡献来精确匹配该基准而仍然承担较大的信用风险——通过在每个单元内部选择具有最宽利差的信用。这些信用可假定因为某种原因而比它们的同类组别交易更广；那就是，市场共识（market consensus）已经确定了它们是风险更高的——而且它们常常被称为“高 beta 值”信用，因为它们的利差倾向于比市场其余部分对任何系统性冲击（systematic shock）做出更为强烈的反应。

基于此种想法，并且遵循一项公司债券利差行为（spread behavior）的广泛分析，我们自 2005 年起倡导了一项风险敏感性的新指标，它使用利差（spreads）作为信用组合管理过程的基础部分。为了反映较高利差信用代表了部门特定（sector-specific）风险的较大敞口的观点，我们把部门敞口（sector exposures）表示为对久期乘以利差（duration times spread，DTS）的贡献，其计算是市场权重（market weight）、利差久期（spread duration）及利差的乘积。市场风险的测度从利差久期敞口向 DTS 敞口的转换囊括了一个信用利差运动的不同范式（paradigm）——以相对利差变动的形式而非以利差平行移动的形式。

这种源自 DTS 概念的范式转换（paradigm shift）对组合经理具有很大影响，既有对他们管理行业敞口（exposures to industry）及质量因素（系统性风险）的方式的影响，也有对他们管理发行者敞口（异质性风险）的方法的影响。第一，在相对而非绝对意义上对利差变动建模产生了对于超额收益波动性的改进了的前瞻性估计。第二，为了计算出构成市场中性（market-neutral）信用交易所需的对冲比率（hedge ratios），作为市场敏感性指标的 DTS 比“经验性 beta 值”具有相对优越性。第三，为了复制指数，根据对 DTS 的贡献来匹配一个信用指数（credit index）的部门—质量（sector-quality）配置与根据对利差久期的贡献的匹配相比较会导致有所改进的追踪。以同样的方式看待宏观敞口（macro exposures）也有助于更精确地表述积极的组合权重。第四，当强制实行组合多样化约束时，基于 DTS 的发行者限制可被考虑作为对比较标准化的发行者市场权重上限的替代物。第五，把 DTS 路径结合到多因素风险模型（multifactor risk models）的设计中来可有助于使此种模型更加稳健、更加紧凑并更加精确。在本章，在对支持 DTS 概念的大量证据进行简要综述之后，我们将依次考察这些应用。

55.1 对信用利差敞口新测度的需求

当利差久期贡献不充分时市场条件的两个例子如图表 55—1 所示。在 dot. com 危机期间，一个发生于 2001 年 1 月的恢复性反弹导致整个通信部门的利差临时紧缩。然而，那次反弹并不以纯粹平行移动为其特征；更确切地说，具有较宽利差的发行者紧缩得多些。图表 55—1（a）显示了构成巴克莱资本公司指数（Barclays Capital Corporate Index）通信部门的关键发行者在那个月所经历的利差变动。[1] 图表 55—1（b）显示了在 2010 年 12 月期间银行业部门（banking sector）的关键发行者的利差紧缩情况；相似的效果在这个行业幅度的反弹中可以见到。

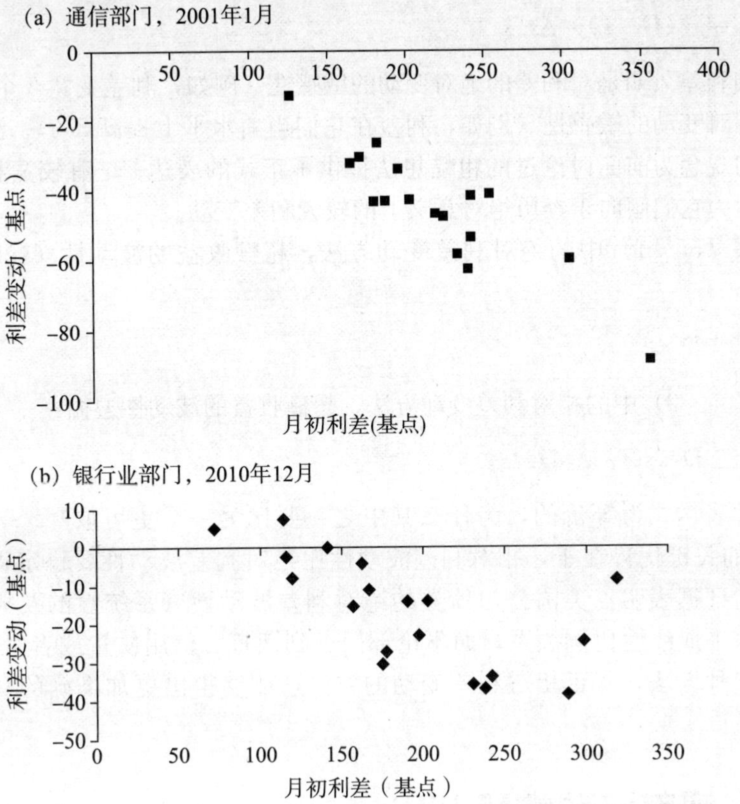

图表 55—1　巴克莱资本公司指数通信及银行业部门关键发行者的利差变动

资料来源：巴克莱资本。

由此种类型的市场事件所触发，我们对公司债券利差行为进行了广泛的研究并且开发出了测度利差风险敏感性（spread risk sensitivity）的新方法。由于较高利差的信用具有部门特定风险的较大敞口，我们把部门敞口表示为对久期乘以利差（DTS）的贡献，其是市场权重、利差久期及利差的乘积。通过购买利差为 80 个基点、利差久期为 3 年的债券而实施的对某一市场单元的权重增权 5%将被视为与用平均利差为 50 个基点、利差久期为 8 年的债券实施 3%的权重增权相等价（$0.05\times0.80\times3=0.03\times0.50\times8=0.12$）。

这一点如何言之有理呢？如前所述，一个组合的给定的市场单元内部对利差久期的贡献，是它对该单元内所有债券的利差的平行移动的敏感性。在这个新测度背后的直觉是什么呢？

事实上，这种直觉非常简单。让我们来看完全由于利差变动而引起的一个给定债券的收益的简单表达式 $R_{利差}$。设 D 表示该债券的利差久期并且 s 是它的利差；该利差变动收益（spread change return）则由下式给出：

$$R_{利差} = -D \times \Delta s \tag{55—1}$$

非常容易看出这个等式的等价形式为：

$$R_{利差} = -(D \times s) \times \Delta s / s \tag{55—2}$$

换言之，正如利差久期是对利差的绝对变动的敏感性（例如，利差变宽 5 个基点），DTS 是对利差的相对变动的敏感性（例如，利差在它们当前水平上提高 5%）。注意到这个相对利差变动的观念为前面讨论过的粗糙想法提供了正式的表达——有较宽利差的信用有较高风险，因为它们倾向于经历绝对意义上的较大利差变动。

基于等式（55—1）中的绝对利差变动方法，超额收益的波动性（volatility）可近似为：

$$\sigma_{收益} \cong D \times \sigma_{绝对利差} \tag{55—3}$$

而基于等式（55—2）中的相对利差变动方法，超额收益的波动性遵循：

$$\sigma_{收益} \cong D \times s \times \sigma_{绝对利差} \tag{55—4}$$

给定上面两种表达式为等价的，为什么其中之一要比另一个更可取呢？等式（55—4）中 DTS 方法的关键优势在于，相对利差波动性比绝对利差波动性要稳定得多。我们发现的大量经验证据表明，美国公司债券的绝对利差波动性（系统性的及异质性的两者都）与利差水平成线性比例关系，而不论部门、到期日、信用质量或者时间段如何。[2] 这暗示着第二种方法，基于相对利差变动的方法，能够得出更加准确的利差波动性的预测。

55.2 利差波动性和 DTS

系统性利差变动的波动性与平均月初利差水平之间的关系的散点图见图表 55—2。进行此项分析使用了介于 1989 年 9 月—2005 年 1 月期间评级为 B 及以上的巴克莱资本的公司及高收益指数所有成分证券的拥有 560 000 个月度观察值的大样本。[3] 三个主要部门（金融、工业及公用事业）的债券都被均匀配置到三个久期桶（duration bucket）里（分为短期、中期及长期）。每一个久期桶内的债券随后又基于利差被划分成不同的预设单元。利差单元（spread cell）的断点（breakpoints）依部门及久期而异以确保每个利差单元逐月得到很好填充。[4] 这个步骤产生了 66 个相互区别的时间序列数据集合；每一个都由一个相当同质化的债券集合组成，都有它们的利差及利差变动的月度数据。每个月给定单元中的系统性利差变动直接表示为组成该单元的所有债券的平均利差变动。然后我们计算了每个单元这些系统性利差变动波动性时间序列及随着时间变化的平均利差。

结果显示出在利差波动性及利差水平之间的几乎完美的线性关系，可以正式表示为：

$$\sigma_{绝对利差}(s) \cong \theta \times s \tag{55—5}$$

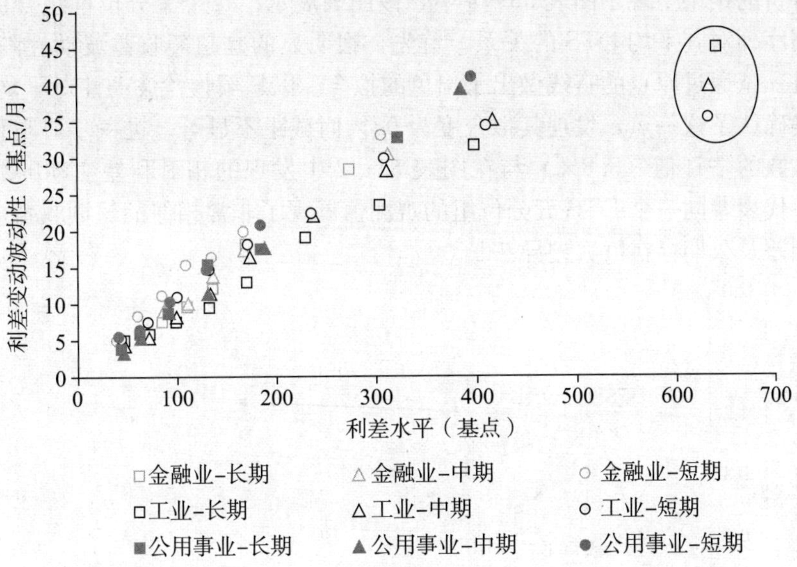

图表 55—2　系统性利差变动的波动性与利差水平的时间序列

注：基于巴克莱资本公司及高收益指数所有成分中评级为 B 及以上的证券的月度观察值，1989 年 9 月—2005 年 1 月。

资料来源：巴克莱资本。

基于方程（55—5）的简单回归估计非常出色地拟合了数据（R^2 超过了 90%），使用全部观测值时斜率系数 θ 等于 9.1%，而如果排除了三个被圈出来的离群（outliers）数据则 θ 等于 9.4%。[5] 进一步来说，对一个给定的利差水平，在部门及久期桶上的差异是相当微小的。由此，系统性利差运动的历史波动性能够被相当简洁地表达出来，仅对部门或久期有较小的依赖度，以每月 9%～10%的相对利差的波动性来表示。就是说，以 50 个基点进行交易的某个细分市场，其利差波动性应当为 4.5～5.0 个基点/月，而另一个以 200 个基点进行交易的细分市场的利差波动性应当为 18～20 个基点/月。

我们也研究了是否异质利差波动性也类似地与利差水平相关联。针对全部个体债券的利差变动与它们各自单元的平均利差变动之间的差异，我们计算了其标准偏差（standard deviation），入池（pooled）了所有债券及所有月份的数据。然后把每个市场单元的异质利差波动性的这个入池测度（pooled measure）对应该单元的利差中值绘制散点图形。我们再一次发现在利差与异质利差波动性之间存在非常可靠的线性关系，其斜率类似于为系统波动性所估计的斜率。

为了确证这些发现，我们也考察了超额收益波动性与 DTS 之间的关系。如果系统性利差变动的波动性与利差水平成比例，那么方程（55—4）暗含着一个组合的收益回报的波动性应该随它的 DTS 而线性递增，其斜率等于相对利差变动的波动性。另外，那些具有相似 DTS 的组合的超额收益波动性应该大致相等，即使它们的利差或利差久期并不相同。

为了检验这些预测，债券被分为 DTS 五分位组，后者再依次进一步细分到依据利差的 6 个等距填充的桶中。每个桶的平均超额收益及中值 DTS 都按月独立计算。这些统计量稍后被用于计算所有时间序列的超额收益波动性及平均 DTS。

这项分析的结果呈现于图表 55—3 中，该图表展示了每个五分位桶组合的超额收益波动性时间序列对其平均 DTS 的关系。首先，很明显的是超额收益波动性随 DTS 水平而递增并且一条通过原点的直线做出了出色的拟合。以超额收益波动性对平均 DTS 进行回归也的确确认了这一点，发现其拟合度为 98%而截距不显著。进一步，与预期相符的是，斜率系数的估计值（8.8%）与在图表 55—2 中发现的相对利差变动的波动性相一致。其次，代表着同一个 DTS 五分位组的观测值展现了非常相似的超额收益波动性，尽管它们的利差及久期存在巨大差异。[6]

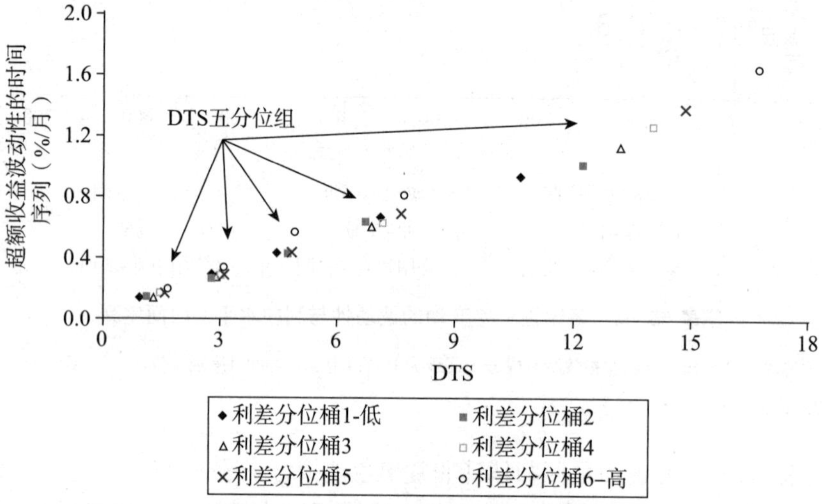

图表 55—3　超额收益的波动性与 DTS

注：基于巴克莱资本公司指数所有成分证券的月度观察值，1989 年 9 月—2005 年 1 月。

资料来源：巴克莱资本。

在 2009 年，我们重新考察了在 2007—2009 年的信用危机中隐含于 DTS 概念之中的关键发现是否保持其有效性。[7] 我们显示了利差水平与随后波动性之间的基础关系在所有部门及信用评级之间都保持着一个线性式样，尽管比例因子（proportionality factor）从 10%增加到了约 15%。虽然这隐含地说明长期校准的 DTS 模型可能没有完全俘获危机月份当中的利差风险，我们仍然展现了它比任何其他基于利差久期的测度更为有效。对在波动时段中管理信用组合而言，明确把 DTS 框架下的利差作为风险气压表（risk barometer）来使用被证明具有至高无上的重要性。

这种利差比例性及 DTS 的概念并非仅限于美国公司债券。从理论上来说，我们表明了诸如默顿模型（Merton model）的结构化信用风险模型（structural credit risk models）意味着利差水平与波动性之间的近似线性关系（near-linear relationship）。[8] 随后的经验研究的确发现 DTS 的可应用性扩展到了其他具有显著违约风险的利差资产类别（spread asset classes）。例如，我们考察了美国美元及欧元市场这两者的 CDS（信用违约互换）利差[9]，运用了与最初用于美国公司债券研究不一样的估计方法、样本区间及数据频率。尽管有这些数据与技术上的不同，我们发现了在利差波动性与具有非常相似的斜率的利差水平之间线性关系的明确证据 。[10] 类似的结果也见诸以美元计价的欧洲公司债券及主权债券以及新兴市场主权债券的相关文献中。[11]

55.3 风险预测：预估利差波动性

或许对于成功管理信用组合最重要的要求是精准测度它的风险的能力。DTS 在预测利差波动性方面的主要优势在于它使用当前利差水平来快速适应变化中的市场条件。对照之下，基于过往已实现的利差波动性的估计可能要花较长时间来适应，这依赖于用来校准的时间窗口。被选中的时段具有内在的主观性，而可能不会完美地反映当前的市场状态。

2007—2009 年的信用危机为考察基于 DTS 的预测与依赖历史实现利差变动的传统测度这两者之间的差异提供了绝好机会，这至少有两种理由。第一，危机的量级史无前例。美国投资级债券的利差从 2003—2006 年良性时段的低点约 1%扩张到了一个高于 6%的历史高点（all-time high）。类似地，高收益债券的利差上升到了高于 18%，而信用违约指数互换（credit default index swap，CDX）的利差以 5 为系数增长。不仅量级而且利差扩张的超乎寻常的速度也把很多投资者弄了个措手不及。与此相伴的是，基于前几年持续的“流动性干涸”（volatility drought）的风险估计正在严重低估公司债券的利差风险。第二，由于 DTS 的概念于 2005 年才首次引入，这一危机时段贡献了真正的样本外有效性检验。

图表 55—4 展示了对几个利差波动性预测进行标准化处理后的巴克莱资本美国公司指数的月度利差变动。该预测始于 2006 年 1 月，大大超前于危机的最初迹象被观察到之时，截止到 2010 年 3 月，彼时市场已经处于复苏模式（recovery mode）。基于 DTS 的波动性的首个预测量是月初利差水平与（大概的）相对利差波动性（10%/月）的乘积，我们已经基于图表 55—2 所示的初始研究对该相对利差波动性进行了估计。图表 55—4 同时给出了两个估计量：一个基于过去 36 个月的时间窗口，另一个基于长期历史（自 1989 年 9 月起）。

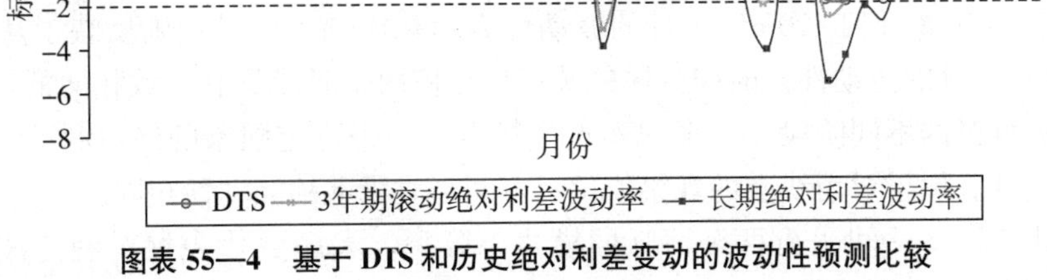

图表 55—4 基于 DTS 和历史绝对利差变动的波动性预测比较

注：标准化 利差变动得自利差的月度变动值除以基于斜率为 10%的 DTS 的波动性预测值，绝对利差变动依据过去 36 个月或者自 1989 年 9 月以来所有可得历史数据计算。这些结果在 2006 年 1 月—2010 年 3 月之间逐月报告。

资料来源：巴克莱资本。

该图表说明了基于过去36个月的预测虽似已相当良好地拟合了前危机时期的低波动性水平，但是诸如2007年7月及2007年11月的大幅突然冲击则是脆弱的，这两次冲击分别产生了5.1和6.3的标准差实现值（standard deviation realizations）。

尽管该估计量逐渐适应了市场条件的变化，危机开始1年多后它仍继续保守估计了风险的水平，2008年9月给出8.4的标准差实现值。

与其相对照，“长期”预测则在危机之初有较好的准备，这是由于它合并了前期极端市场事件诸如1998年及2002年危机时期的信息的缘故。尽管它的预测波动率，以2007年7月为例，比“短期”估计量高一些，但它对直至2008年底的风险预测还是极度低估了。因为对变化的市场条件的调整是缓慢的，当使用长期波动性测度方法时达到了11.6的标准差实现值。类似地，该估计量低估了当市场条件开始改善时始于2009年初的利差紧缩的量级。

在该时段上的DTS波动性估计量始终如一地优于使用已实现波动性的两个预测量。基于DTS的预测快速地（尽管并非完美地）反映出自危机开始爆发时风险水平的提升，以及2009年市场条件的反转，其中大多数利差变动实现值都低于2个标准差。一个值得注意的例外是2008年9月。尽管利差水平已经提高了，但是雷曼兄弟及华盛顿互惠银行的违约及AIG在该月的紧急援助共同导致了一个4.5的标准差事件。然而，如前所述，使用已实现绝对利差波动性的预测量，以多于基于DTS的预测量2～3倍的系数低估了风险。

始于2007年的信用危机不仅影响了公司债券的发行者，而且影响了主权发行者。随之欧元区一些具有高赤字及/或负债比率的经济体正在恶化的经济条件在许多投资者中引起偿付关切。结果，诸如葡萄牙、爱尔兰、意大利、希腊及西班牙等国的利差在2010年相对于德国国债显著放宽，以致投资级债券指数中的主权债利差的风险贡献增量超过了公司债券的风险贡献。[12] 许多市场参与者不得不事发突然地重新评估它们的风险管理惯例。很明显的是在这个市场上过往绝对利差变动的波动性已经不能再作为前瞻性风险预测的基础了，因为自从1999年引入欧元后主权利差（sovereign spreads），大多数都已经非常紧凑与稳定了。楔入上升中的利差水平的DTS范式，则不要求一个长时段的增加了的利差波动性来保证前瞻性风险估计量的增加。进一步地，如前所述，理论揭示出DTS应该应用于所有具有信用成分的证券而不论其发行实体是谁，而且较早的结果也的确确认了它可以适用于新兴市场国家。因此，有趣的是来看看使用DTS范式来预测欧元主权发行者的利差风险原本可以在多大程度上帮助该资产类别的投资者。

图表55—5比较了一些欧元区国家的每日利差波动性，大致跨越危机时期的两个独立时段。2008年8月到2009年7月的波动性表示在横轴，而纵轴则反映了从2009年8月到2010年7月的波动性。时间分区的选择旨在使两个时段具有大致相同的长度而对应着主权债务危机的不同阶段。每个观察点都代表了一个特定国家的绝对利差波动性或相对利差波动性。位于对角线上的观察值预示着两个时段上的波动性相同。

在图表55—5中可见到两个清晰的模式。第一，大多数代表绝对利差波动性的观察点的位置都远远高过该直线，表明在样本的第二个时段中有显著波动性提升。形成对照的是，相对利差波动性相当稳定，几乎所有观察点都位于穿过原点的直线附近，而这代表着在两个时段中有相等的波动性（绝对的或比例的）。这是因为第二个时段中的波动性提升伴随着利差的相似提升。特别是，希腊的绝对利差变动的每日波动性几乎以 10 为系数（从 5.9 个基点到 51.6 个基点）提升，而在相对的意义上它只是从 4.3%增加到了 6.8%。

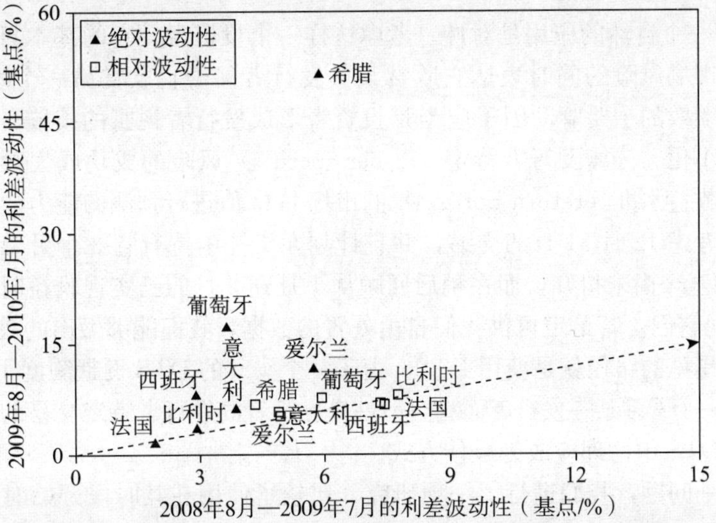

图表 55—5　选定欧洲主权发行者每日利差变动的绝对与相对波动性

注：绝对与相对利差波动性以相似量级的单位来表示。然而其解释是不同的：绝对利差变动的 10 代表了一个国家利差放宽了 10 个基点，而相对利差变动的 10 意味着利差变动了其当前水平的 10%（即是说从 50 到 55，从 200 到 220）。

资料来源：巴克莱资本。

第二，很多国家的相对利差的每日波动性[13] 范围相当狭窄，其范围从 4.5%到稍微高于 8%，与此同时，绝对波动性的范围就要宽得多了，葡萄牙为从 1.6 个基点到高于 17 个基点，而希腊则还要高。进一步，利差比例性（spread proportionality）似乎不仅更好地捕捉了那些身陷危机中心（葡萄牙、希腊、西班牙、爱尔兰和意大利）的国家的利差动态，而且对那些较少受到影响的国家如比利时及法国也是如此。虽然图表 55—5 显示这两个国家的绝对利差波动性同样基本保持不变，然而使用相对利差提供了这样的优越性，即所有主权债发行者都有类似的波动性。

图表 55—4 及图表 55—5 举例说明了与基于绝对利差变动的风险估计相比较而言 DTS 方法的优越性。DTS 方法不要求主观选择一个历史校准时段，并且考虑到了快速纳入反映在利差水平里的市场条件。这个特性在那些市场波动性超越任何历史先例的场合尤其有价值，就如同在这两个图表中阐明的 2007—2010 年的信用及主权债务危机一样。同样重要的是要指出基于 DTS 的风险预测量可以立即适应变化中的条件。基于已实现的每月波动性的模型将仅仅在每个月底才得到更新，而 DTS 估计量可以紧随利差变动而更新——月内（intra-month）甚至是日内（intra-day）更新。

55.4 对冲：预估对市场利差变动的敏感性

DTS的另一个自然的应用是对冲。考虑这样一个投资者，它的基本目标是在尽可能少地承担定向市场风险的同时表达它欣赏某一发行者甚于它欣赏另一个发行者的观点。这样的策略的绩效的主要驱动因子应当是投资者形成发行者视野的技能，而与此同时将系统性风险最小化。分离发行者特定（issuer-specific）风险的成功或失败蕴涵于他对每只证券相对于收益水准（return horizon）的市场beta值进行预测的能力。

假定我们考虑12月31日的交易，并且计划在头寸中持有它3个月。这项对冲使用的beta值我们至今尚未得知，而在稍后回顾从1月到3月的已实现收益时我们将会事后（ex post）发现它们。若给定可供我们自由处置的数据，我们能够做出的最佳预测是什么呢？一个显而易见的路径就是使用DTS。由于一个头寸的DTS贡献测度了它的系统性利差敞口，在对一个看多某一发行者而看空另一个发行者的发行者特定交易的市场风险敞口进行对冲时，DTS中性理应成为最佳方式。

为考察这一问题，我们进行了一项研究，比较了使用在某时段开始时可获得的仅有数据来预测该给定时段上的个体CDS的市场beta值的两种不同方法。[14] 第一种方法依赖于个体CDS的DTS与该时段开始时市场的DTS之比率。第二种方法是投资者通常使用的，即基于前一时段该个体CDS相对于市场的经验性beta值。我们把大约包含三个年度的每周数据的数据集合分割为无重叠等长时段，每个时段长为26周或52周。对除了第一个以外的每个时段，每只证券的beta值都用两种方法来估计：要么使用该时段的开始时的利差，要么使用该证券前一时段的beta值。然后我们在这两个备选预测量之上对该时段的已实现beta值进行回归分析。由于每个时段上有84个发行者，当使用26周估计时段时这些回归有5×84个观察值，而当使用52周估计时段时有2×84个观察值。这些回归的结果呈现在图表55—6中。

某些事实在图表55—6中显而易见。首先，我们看到DTS比率为下一时段的beta值提供了较好的预测，其R^2值两倍于使用前一时段经验性beta值时的R^2值。其次，回归结果为两个模型讲述了非常不同的故事。当使用DTS比率时，截距统计不显著，而且系数非常接近1；就是说，该时段开始时的DTS比率是即将到来那个时段的市场beta值的无偏估计量（unbiased estimate）。而对经验性beta值则并非如此。截距与前一时段的beta值扮演着接近同等的角色，而不论是在系数意义上还是在t统计量的意义上均如此。这意味着如果我们想要基于在前一个时段中观察到的经验性beta值来预测下一个时段的beta值，无偏预测会假定该beta值将位于前一个观察值与1之间的半道上。也就是说，beta值是中值回归性的。这个观察完好吻合了在股票市场中关于经验性beta值的现存文献。例如，Grinold和Kahn关于股票beta值做了如下观察：

> 在某一时段中具有较高历史beta值的股票将最有可能在接下来的时段中有较低（但仍然会高于1.0）的beta值。类似地，在某一时段中具有较低历史beta值的股票将最有可能在接下来的时段中有较高（但仍然会低于1.0）的beta值。

图表 55—6　基于时段开始时的 DTS 比率或者前一个时段的经验性 beta 值的市场 beta 值预测量

预测 beta 值的解释变量	Beta 值估计的时段	R^2 值	变量	回归结果	
				系数	t 统计量
前一时段经验性 beta 值	26 周	0.19	截距	0.56	9.83
			前一时段 beta 值	0.44	9.85
前一时段经验性 beta 值	52 周	0.23	截距	0.49	5.63
			前一时段 beta 值	0.51	6.97
DTS 比率	26 周	0.36	截距	−0.09	−1.1
			DTS 比率	1.09	15.31
DTS 比率	52 周	0.5	截距	−0.04	−0.5
			DTS 比率	1.05	12.86

资料来源：巴克莱资本。

另外，基于公司基础属性而非它过往的（比如 60 个月）收益的 beta 值预测，被证明是对未来 beta 值的更好的预测。[15]

罗森伯格提供了支持此种说法的证据，并且显示了巴拉（Barra）的 E1 风险模型的 beta 值预测如何比仅仅使用历史 beta 值更好地完成了下一个时段的 beta 值的预测。[16] 他的结果指出，使用某一时段的 beta 值对来自前一个时段的历史 beta 值进行简单回归产生了 0.58 的系数。

这些结果或许有助于为一般意义上的 DTS 概念增添另外的视角。在首次接触 DTS 方法时，一些投资者已经注意到了与更加熟悉的 beta 值调整利差久期概念的惊人相似性。这两种方法都承认，横跨某一行业的系统性利差变动并不倾向于产生平行移动，而是某些发行者将比其他发行者移动得更多。这两种方法之间的不同点在于，在一种方法中前瞻性的市场 beta 值基于它的过往市场 beta 值来预测，而在另一种方法中它基于它当前的利差水平来预测。基于图表 55—6 中展示的这两种估计方法的面对面比较，我们可能使这两种方法达成一致。一个组合对于某一部门的 DTS 敞口现在可能被视为与它的 beta 值调整的利差久期敞口等价，其 beta 值的估计由市场以利差形式来提供。

在考察了使用 DTS 来估计个别发行者相对于市场的对冲比率之后，我们把这种方法应用到来自同一行业的两个发行者的成对多头/空头 CDS 交易的对冲当中。[17] 从一个给定行业中随机地选定两个发行者 x 和 y，我们将做多一个单位 x（通过卖出保护）并通过做空某些数量的发行者 y（通过买进保护）来对冲该系统性部门敞口。一个使用 DTS 比率来决定要用多少发行者 y 的对冲策略与一个基于经验性 beta 值的策略进行比较。这种分析的细节超出了本章的范围，但是它们再一次确立了基于 DTS 的对冲比率相对于基于经验性 beta 值的对冲比率的优越性。DTS 对冲交易被发现有较低的损益波动性（P&L volatilities）、有更加稳定的对冲比率以及一个与部门利差系统性变动之间较小百分比的差异。经验性 beta 值被证明更难以估计，更缺乏稳定性。

以DTS方法建立对冲具有几个明显优势。首先，对冲比率的计算简单明晰并且节省了投资者关于beta值应如何估计的困难抉择。（什么频率的数据？多长的窗口？近期数据应当比较老的数据重要吗？）其次，DTS比率既是对个体发行者的市场beta值的良好预测量，又是中和多头/空头交易的市场敞口的可靠机制。最后，当处理匹配到期日的互换交易时，DTS中性交易也将是套利中性的[18]，优雅地规避了形成负套利（negative carry）组合的可能性。

尽管我们把调研局限于对冲个体发行者以及成对的CDS多头/空头交易，但是其结果可应用于广阔得多的投资组合语境（portfolio context）。那些能够持有CDS多头/空头头寸的组合经理甚至不必为其每笔交易本身进行对冲。更确切地说，多头与空头头寸是根据经理的观点而建立的，该组合的总敞口得到对冲来达到合意的系统性敞口，要么是被动适应指数，要么是主动反映经理的宏观观点。我们相信与此处所用的对冲机制相一致的管理利差风险的正确方式，就是根据净DTS贡献来测度行业敞口。为了维护一个中性敞口，人们将试图将每个行业中的敞口清零。如果一个组合包含了积极的行业敞口，总体风险的计算应当包括每个部门相对利差变动之间的相关性。这种方法在上一节中已举例说明，那里讨论了利差资产类别的风险模型是如何得以围绕DTS概念而建立的。

55.5 复制：创建指数跟踪组合

组合经理常常需要创建紧密追踪所选定基准的收益的组合。建立现金工具的组合来复制某一指数可通过多种方法来实现，但最常使用的方法是分层抽样法。它把该指数分区成单元，这些单元代表着经理对于影响给定市场的常见因素（比如，对于信用而言，这些可能是部门和评级）的观点。组合经理稍后将基于某些准则将债券从每个“单元”中选出来，并赋予权重以便它们匹配该单元的不同特征，例如利差久期贡献。此种方法的优点是它的简单性与灵活性，而缺点是它忽视了各单元之间的相关性。[19]

在本节，我们提供了一个实例来说明分层抽样方法，使用了巴克莱资本美国公司债券指数，并且每次仅仅匹配单一特征：DTS或者利差久期。我们的用意不在于设计“最优”的复制组合，而宁愿聚焦于某一特征相对于其他特征的相对效力之上。

为创建这两个复制组合，我们首先把指数分区成24个单元（8个部门×3个信用评级）。[20] 然后我们选择10只债券来代表组合中的每个单元。[21]

这10只债券的相同集合被用于该复制组合的两个变体当中，其目的是减少来自发行者选择的噪声并且集中注意力于系统性风险敞口的差异。关键的差异在于我们如何为每个单元中的债券加权：在基于DTS的组合中，我们在每个单元中匹配指数的DTS敞口，而在基于利差久期的组合中，我们匹配指数的利差久期敞口。[22] 例如，图表55—7显示了这个复制练习所用到的依部门/质量分区的巴克莱资本美国公司债券指数市场报告。对分区的每个单元，报告以三种方式来刻画指数对于那个细分市场的敞口：通过市场权重，对期权调整利差久期（OASD）的贡献，以及对DTS的贡献。基于利差久期的复制组合的建立要令其在每个指数部门中匹配对OASD的贡献（从右数第二栏）；最右边一栏基于DTS的复制组合匹配的是DTS贡献。

图表 55—7　　巴克莱资本美国公司债券指数部门/质量描画，截至2010年12月31日

	市值（%）	OASD	OAS	DTS	OASD（贡献）	DTS（贡献）
汇总	**100.00**	**6.30**	**155.7**	**10.26**	**6.30**	**10.26**
Aaa-Aa	17.74	5.65	103.0	6.26	1.00	1.11
A	45.53	6.30	144.2	9.46	2.87	4.31
Baa	36.72	6.63	195.3	13.18	2.43	4.84
银行业	**24.57**	**5.05**	**190.3**	**9.94**	**1.24**	**2.44**
Aaa-Aa	7.28	4.51	123.5	5.77	0.33	0.42
A	15.40	5.25	203.4	10.98	0.81	1.69
Baa	1.88	5.46	342.2	17.54	0.10	0.33
金融业	**11.21**	**5.92**	**191.2**	**11.74**	**0.66**	**1.32**
Aaa-Aa	3.49	5.32	117.8	7.40	0.19	0.26
A	3.78	6.40	176.8	11.49	0.24	0.43
Baa	3.95	5.99	269.9	15.83	0.24	0.62
基础行业	**10.30**	**6.26**	**140.6**	**9.30**	**0.64**	**0.96**
Aaa-Aa	0.68	5.11	89.1	4.67	0.03	0.03
A	4.57	6.04	91.4	6.04	0.28	0.28
Baa	5.05	6.61	192.1	12.87	0.33	0.65
消费者周期性行业	**5.32**	**7.15**	**121.8**	**9.39**	**0.38**	**0.50**
Aaa-Aa	1.18	8.17	75.9	7.97	0.10	0.09
A	1.57	6.78	86.6	7.13	0.11	0.11
Baa	2.57	6.92	164.3	11.41	0.18	0.29
消费者非周期性行业	**12.82**	**6.49**	**106.7**	**7.59**	**0.83**	**0.97**
Aaa-Aa	2.80	6.86	71.2	5.85	0.19	0.16
A	5.42	6.61	86.0	6.34	0.36	0.34
Baa	4.59	6.12	152.9	10.14	0.28	0.47
通信业	**15.38**	**6.69**	**152.1**	**11.18**	**1.03**	**1.72**
Aaa-Aa	0.30	6.85	49.4	3.97	0.02	0.01
A	8.00	6.78	126.6	9.92	0.54	0.79
Baa	7.08	6.59	185.4	12.90	0.47	0.91

续前表

	市值（%）	OASD	OAS	DTS	OASD（贡献）	DTS（贡献）
能源业	**9.10**	**7.32**	**141.6**	**11.30**	**0.67**	**1.03**
Aaa-Aa	1.68	6.38	72.4	5.28	0.11	0.09
A	2.38	7.09	105.4	8.24	0.17	0.20
Baa	5.04	7.74	181.8	14.76	0.39	0.74
公用事业	**11.31**	**7.50**	**146.9**	**11.69**	**0.85**	**1.32**
Aaa-Aa	0.33	11.23	95.3	12.90	0.04	0.04
A	4.41	8.30	109.0	10.44	0.37	0.46
Baa	6.57	6.77	175.0	12.47	0.44	0.82

资料来源：巴克莱资本。

对于任何一个指数复制尝试来说最重要的都是选择构成该复制组合的债券。在现实的组合管理设置中，证券选择在决定绩效中扮演重要角色，而且有几种不同准则可以适用于证券选择过程，这取决于组合设置。如果最小化跟踪误差是主要目标，则每个单元中的证券权重应该聚焦于基准的主要发行者敞口。另外，经理可能旨在最大化流动性，或者通过选择他们相信会跑赢大盘的证券来提升价值。然而理想情形是，只要在宏观层面组合已经匹配了基准配置（benchmark allocations），则在任何重大行业回升或者衰退发生时，它都能准确跟踪其变化。其关键是要匹配正确的宏观敞口集合。

为了本研究的目的，我们的兴趣不在于发行者选择机制（issuer selection mechanism），而在于检查哪一个宏观敞口集合是要匹配者中最为重要的。因此选择机制在任何意义上（例如，最小化跟踪误差波动性或者最大化绩效）都不需要是最优的。更确切地说，我们想要使用几种不同的发行者选择机制测试我们的复制方法，以确保这两种复制组合的（匹配 DTS 的和匹配利差久期的）差异独立于所选定的特定债券。一种方法是模拟（simulation），此处每个单元中的债券都将被随机选取，复制结果被记录在案，分析重复数次。另一种方法，即替代方法，是基于债券特征而列举显式选择准则。尽管此种方法导向（在每个准则下）一个单一复制组合，它近似地模仿了出于指数跟踪目的而构造复制组合的实际过程。

我们分析五个潜在债券选择准则。第一个准则，基于市场价值，从每个单元中选取最大的 10 只债券。由此，它的结果是可投资性及流动性最高的组合（因为较大的体量通常与流动性的增加相联系）。剩余四个准则的设计主要用来最大化我们在两种复制策略中进行区分的能力。第二个及第三个准则依赖于利差而且选择具有最高（最低）利差水平的债券。这代表了试图最大化套利（最小化风险）的复制策略。最后两个准则使用了一种算法，它们的设计要使得从每个单元内选取的债券的利差久期或 DTS 二者之一的分散度最大化。用来匹配指数的具有最大潜在分散度的债券选择，应当放大组合与基准之间以没有被强制匹配的敞口来表示的错配。这将转而使得在两种敏感性测度的复制结果之间的比较容易进行。

图表 55—8 呈现了始于 2007 年 1 月的 24 个月期间复制组合的跟踪误差波动性，对应着多种债券选择准则。不受选择准则的影响，匹配每个单元的 DTS 都比匹配它的利差久期获得了较低的跟踪误差波动性，尽管此种改善范围颇广，从 1.2 个基点/月到几乎 15 个基点/月。观察分给每只债券的权重在两种匹配方案下的差异（见第三栏）提示了当权重差异扩大时（也就是说，当复制组合彼此之间的相似性降低时），TEV 的减少通常更有意义。[23]

举例说明，如果选择准则是市场价值，在两种复制方案下每个选定债券的权重（与总的指数市场价值成比例）的平均（绝对）差异是 0.46%，并且 TEV 从匹配利差久期敞口时的 22.9 个基点/月下降到匹配 DTS 敞口时的 21.4 个基点/月。如果最大化利差准则被替代使用，权重差异上升到 0.72%，而当匹配 DTS 而不是匹配利差久期敞口时，TEV 的降低量是 14.7 个基点/月。

重要的是要指出通过匹配指数 DTS 获得的卓越跟踪并没有伴随绩效受损。图表 55—8 的最后两栏列出了复制组合的平均跟踪误差。

图表 55—8　　指数复制，使用分层抽样法

选择准则	跟踪误差波动性（基点/月） SD 匹配	跟踪误差波动性（基点/月） DTS 匹配	每只债券权重差异（占总指数市值的百分比，%）	平均跟踪误差（基点/月） SD 匹配	平均跟踪误差（基点/月） DTS 匹配
市场价值（最大）	22.9	21.4	0.46	−11.5	−8.0
利差（最低）	20.7	15.6	0.89	−10.6	−14.0
利差（最高）	33.0	18.3	0.72	−11.7	−4.4
利差久期分散度	17.0	15.8	0.47	1.9	5.8
DTS 分散度	28.2	24.7	0.59	−6.1	−1.5

注：巴克莱美国公司指数复制是通过逐一匹配分区中 24 个单元（8 个部门 * 3 个信用评级）的利差久期（SD）或者 DTS 特征来进行的。基于月度观察值（2007 年 1 月—2008 年 12 月）。

资料来源：巴克莱资本。

结果显示，尽管我们的简单复制练习在任一债券选择准则下都趋向于跑输指数（underperform the index），但基于 DTS 方法要比基于利差久期方法能给出更好的平均跟踪误差（有一个例外情况）。

通过分层抽样（stratified sampling）法来复制指数时运用 DTS 敞口（DTS exposures）远非一种理论练习。这种方法已经用于构建一个高流动性的债券组合以追踪巴克莱资本美国投资级信用指数（Barclays Capital U. S. Investment-Grade Credit Index）。[24] 一个纯粹规则驱动（rules-driven）的抽样方法确保了透明度。该复制方法运用了五个部门依五种久期范畴（duration categories）的分区，其每个单元以两只债券为代表。债券基于专有的流动性测度来选择，并且其权重确定需使每个单元中指数 DTS 敞口（index DTS exposure）得到匹配。此种策略的历史后验测试（historical backtesting）显示用它来追踪指数比用基于流动性衍生品包括国债期货（Treasury futures）、互换

(swaps) 及 CDX（信用违约互换指数）的某一替代策略都更加准确。

55.6 在积极组合中表达宏观观点

关注组合的 DTS 敞口无论对被动型组合经理还是对主动型组合经理都是必不可少的。在许多金融机构中，对组合的管理是承担不同独特任务的团队合作的结果。经常是，一个小组形成宏观观点集合并且把它们表达为该组合应当相对于基准而采纳的、对多种细分市场的权重加磅或权重减磅的集合。第二个小组可能负责对个体证券实施这个计划，然而又常常遵从第三个小组关于发行者选择的建议。然而，为了最精准地实施该宏观观点，它们必须以最能反映市场移动方式的敞口类型来表达。重新提及展示于图表 55—7 中的指数，我们看到被动型信用投资者将会通过匹配最右边一栏中的 DTS 贡献而最有效地复制指数的宏观敞口，而非匹配市场价值权重或者匹配 OASD 贡献。类似地，主动型投资者应该依据 DTS 贡献来表达相对于基准的合意权重加磅或权重减磅。

55.7 组合构建：发行者风险分散的最优化

在除最为被动型信用组合以外的所有组合管理中，确定信用敞口的规模必须找到两组对立需求之间的恰当平衡。为控制风险，重要的是要避免持有任一给定发行者的过分集中的头寸。相反，为了基于分析师推荐来创造第一（ to generate alpha)，重要的是受荐的提名在组合中要拥有充分的权重来跑赢大盘；过于强调多样化能够稀释发行者选择的价值。其结果是，投资者常常要寻求对一个给定组合而言“正确的”多样化水平。

在组合多样化的传统方法中，计划发起人对组合施加约束，即要明确该组合中可以投资于任何单一发行者的、以市场权重计的最大百分比。这种发行者限制可以依赖于信用质量，允许较多集中于高评级的发行者。在过去，我们基于一项关于降级的绩效影响的经验研究，已经制定出一个最适于确定这些质量依赖（quality-dependent）的限制集的方法。[25] 这项分析确定了容许头寸规模的比率应该建基于不同质量组别中的相对风险之上。如果唯一的关切是降级风险，则基于 1988—2001 年收集的信用市场数据库所指出的比率大约是 9∶4∶1。这意味着如果我们把在评级 Baa 的发行者上持有的容许组合权重设为我们的单位规模，则在评级为 A 的某证券上的头寸可以是其 4 倍那么大，而在评级为 Aa-Aaa 的某发行者上的头寸可以是其 9 倍那么大。如果“自然的”利差波动——它在不存在评级传递（ratings transition）时发生——也被包括在风险测度当中，不同评级范围之间的差异将变小，该种比率将变成4∶3∶1。这个模型的最新版本发现了 2007—2009 年危机期间的经验甚至对较高评级发行者也不支持大规模集中。同样的模型，更新后包括了截至 2010 年末的数据时发现了，当基于纯粹的降级风险时，最优头寸规模比率是

2.8∶1.6∶1，而当包括了来自降级与自然利差波动这两者的所有非系统性风险时，比率是2.6∶1.6∶1。

我们如何把DTS模型应用于这个问题呢？达成此目标的第一步就是保留戴在发行者市场权重（market-weight）上的评级依赖帽子框架，但是头寸规模比率的计算要基于每个信用质量分组（credit quality group）中平均DTS水平的比率。这种方法给出的比率随着利差放宽或紧缩而变动，对变化着的市场条件迅速做出反应而不是需要等待对已实现损失的事后分析。举例说明，截止到2001年12月，来自DTS方法的头寸规模比率是4.3∶1.7∶1，类似于来自包括了降级与自然利差波动这两种风险的经验方法的结果。当随后年份市场波动性（及利差）下降到较低点时，这些比率上升，2005年3月达到峰值6.6∶3.0∶1。然而，当2008年利差飞涨时，头寸规模比率下降了，在2008年9月达到了1.4∶1.1∶1的低点，此时正当所有信用质量都被视为具有高度风险之时。截止到2010年12月，基于DTS的比率2.1∶1.4∶1与来自更新版经验研究的比率相当合拍。[26]

然而，DTS范式转换建议用一个完全不同的方法来控制组合集中度，而非仅仅是简单的再校准。与对给定发行者（可能其规模依赖于质量）的组合市场权重施加限制不同，不论信用质量如何，对任何发行者的DTS贡献都应该施加一个限制。这可能会有一种效果，即容许组合拥有对低利差发行者的大规模集中度同时对高利差发行者实行较严格的多样化约束。尽管这种思想在原则上具有吸引力，但是正如我们即将讨论的那样，它的实施遭遇了几个实际问题。

这种基于DTS的方法在某些方面相当近似于传统方法，发行者帽子（issuer caps）以市场权重来说明，后者基于信用质量而不同；然而仍存在一些关键差异。在两种方案中，基础原则是对那些被认为风险较低的发行者容许较大的集中度，并且当风险较大时要求较多的多样化。两种方法的根本区别是风险评估来源：由评级机构分配的质量抑或由市场分配的利差。各有各的优势。

基于信用评级的市场权重限制非常适合用来为特定委托管理详细说明投资政策。一项容许的头寸容易识别且不易经受争议。进一步讲，当评级变动相当缓慢时，指导方针是稳定的，经理也不会被迫随着市场变动而调整组合。

相反，利差能够更迅速地对市场事件做出回应。当特定发行者在信用质量上发生恶化时，通常基于利差的指标比基于评级的指标将会更快地表明风险已经增加。尽管就测度风险而言这可能是一个明显的优势，然而并不那么明确的一点是，要求经理们在价格回转（price gyrations）时交易是不是合意的；这样的政策的代价可能是无法承受的。加于DTS敞口上的严格帽子（strict cap）可能有做出限制时依赖于定价的劣势，而且可能导致无效率的强制出售。

比如说思考一下，严格实施一项限制DTS贡献的政策。假定我们限定对任一发行者的最大DTS贡献为3.0，并且经理在利差为100基点、久期为5年的发行者XYZ上建立了0.5%的头寸，其DTS贡献为100×5×0.5%＝2.5。如果利差放宽到超过120个基点，该经理将随后被要求出售部分头寸以符合限制。这个简单例子凸显了一系列与此种安排相关的难处。首先，定价的不确定性可能使得给定头寸是否处于指导方针之内这一点并不清楚。其次，要依据利差变动来调整头寸的需求代表着这样两点——经理们无休止的困境以及投资者交易成本的增加。

与排他性地基于 DTS 贡献的政策相伴的另一个难处是，它可能会潜在地容许对于短期公司债券的非常大规模的敞口。尽管此种头寸的风险在利差波动性或超额收益波动性的意义上可能并不巨大，但是从尾端风险的观点来看则很明显不合意。预防尾端风险的谨慎方法是限制对于任何单一事件的总体组合敞口。

尽管如此，非常难以忽略这样的证据：信用评级不总是呈现完整画面。甚至当巨大的利差差异存在于这个对等分组之中时，仍容许给所有评级为 A 的发行者以同样的头寸规模这种粗线条的处理，明显留下了改进的余地。把发行者 DTS 贡献的信息合并进来改进了我们估计发行者风险的能力，这一点是没有疑问的。其难度在于，如何建立起能合并这些信息的规则或指导方针而又不要求超出常理的成交额。若巧施心智，也有可能既收获基于 DTS 的风险控制的好处又不至于施加过重的运营负担。举例说明，可以建立两层级约束，为新增及现存头寸设立不同门槛。比如说，在上述例子中，如果 DTS 贡献限制设定如下：新购买者为 3.0 而现存头寸为 4.0，则如果利差不从 100 放宽到 160，那么 XYZ 的头寸仍符合指导方针。可以假定，在发生这个级别的利差变动后要求重新评估一个发行者，不大会被认作过度干预。

发行者 DTS 贡献限制系统面临的一个更困难的挑战可能是公司债券利差的一般性上涨，如同 2008 年所见。在这种危机环境下，可能情况是信用组合中的几乎每个发行者都会超越先前为发行者敞口建立的帽子。我们可能会强迫经理们大规模地再平衡组合从而进入一个没有流动性的市场吗？

一般而言，强迫出售是不合意的，因而应该尽可能地加以避免。我们已经进行了降级到投资级以下的债券的强制出售对公司债券指数的绩效影响方面的经验研究。[27] 这些研究表明，在面临较大降级时，投资者将会通过紧紧抓住“堕落天使”来避免更大的损失，这是由于平均而言，当投资级经理被迫一次性出售所有证券时他们所经受的损失往往更大。当利差被放宽甚至没有任何评级的变动时，这些结果如何应用于利差扩大的出售政策？这一点都不明确。人们可能会争辩说，这可能有助于减少最终来自降级的损失；或者，相反地，这只有助于锁定许多将立即复苏而永不遭受降级的债券上的损失。一般来说，与这一策略相似的动量策略（momentum strategy）在趋势性市场中表现良好而在波动性市场中表现欠佳。

即使当 DTS 限制已就位，人们也可能想要包括一个市场价值权重的硬约束，来确保组合中不存在真正大规模的集中度，即便是集中于非常短期或低利差的证券之上。

总之，我们会建议为了在组合委托书内详细列明对发行者敞口的硬约束，计划发起人应当保留久经考验的市场权重限制。然而，我们也相信经理们应当追踪并控制发行者 DTS 敞口，并确保单一敞口不会变得过大。与通过一个一旦越线就下令出售的硬中断（hard cutoff）来实施这个规则不同，经理们应当已经粗略定义了发行者 DTS 敞口的上限，并且依据市场条件在管理这些敞口中运用他们的判断力。

55.8 建模：校准信用风险因子

许多组合经理依赖多因素风险模型（multifactor risk models）来帮助他们测度并控制组合风险，在绝对值意义上或者相对于基准而言。DTS 方法非常适合用于此类模型中估计利差风险。举例来说，一个风险模型可能包含用于测度对三种不同类型不利市场事件的敞口的模块：在全市场（market-wide）或特定部门发生利差的系统性变动；发生发行者特定的利差变动；发生违约。DTS 的运用能够帮助改进这三种类型信用风险中前两种的建模。

对特定细分市场中信用利差系统性变动的敞口可以用该细分市场中所有组合投资的 DTS 贡献的总和来测度。与这些敞口相关的风险因子是横跨该部门的相对利差移动；举例来说，所有金融利差在它们当前水平上增加 10%。与此相对照，在一个不基于 DTS 的模型中，将会假定风险因子是一个横跨某部门的利差平行移动（比如说，所有金融利差放宽 10 个基点），并且该敞口因而就是对利差久期的贡献。这样，在基于 DTS 的模型中，一个特定部门的关键风险因子波动性可能会是它的相对利差变动的估计波动性，参见方程（55—4），而替代模型则可能按照方程（55—3）来估计绝对利差变动的波动性。

基于 DTS 的方法具有三个独特优势。首先，它给出了不同组合的相对风险的较好评估。如果两个组合在给定部门中具有相同的市场权重及平均利差久期，但是组合 A 比组合 B 以较高的利差资产来实施这种配置，只有基于 DTS 的模型将正确呈现出组合 A 比组合 B 对整个部门的利差放宽具有较大的敞口。其次，基于 DTS 的方法通过减少估计风险因子波动性中的不确定性而改进了风险预测的精确性。如我们所见，相对利差波动性要比绝对利差波动性更加稳定。因此，即使我们的确持续更新每个部门内我们对相对利差波动性的估计量，我们也发现它们比对应的绝对利差波动性的估计量变动要缓慢得多，而且它们对估计过程中使用的时间窗口选择的敏感性也较小。

DTS 提供的第三个优势是可能比较精致，但是为模型结构的最为深刻变动敞开了大门。时至此刻，我们已经抽象地讨论了对“给定细分市场”的敞口，而没有精确说明市场是怎么进行分区的。然而，选择借以测度系统性敞口的分区是风险模型设计的最关键元素之一，涉及在各种目标中进行仔细权衡。合意情况是限制模型的直觉因子的数量，既是为了最大化所生成风险报告的清晰度及实用性，也是为了确保可获得足够数量的债券来精确校准每个风险因子。相反，重要的是包括足够的因子来获得充分的解释能力。举例说明，一个测度组合对美国公司债券的敞口的单一风险因子可能会测度公司债券的潜在回升或下降对该组合的作用，而非测度金融业债券相对于工业债券的相对增加对该组合的作用。我们希望对该范围进行足够精细的分区，以便捕捉所有主要的部门轮换效应。

在引入 DTS 模型之前，在为美国公司债券构建系统性利差风险模型时，我们把这个范围分区为部门/质量格栅（grid），使用了 9 个行业分组和 3 个信用评级，形成总共 27 个风险因子。[28] 按质量分区被认为绝对必要是基于这样的假设，即给定市场单元中的系统性利差变动倾向于表现为利差平行移动的形式。在把这种模型校准到市场数据时，我们发现，Baa 级金融产品比 Aa 级金融产品的绝对利差变动的波动性要大得多。尽管代表着这两个单元的风险因子可能高度相关，但波动性的显著差异还是阻止我们合并这些单元。

如果我们转而假定横跨某行业的利差变动是一个相对移动，我们发现不再需要按信用质量来隔离我们的模型。Baa 级金融产品比 Aa 级金融产品倾向于有较大风险的事实被反映在较高的利差中了。这一点在风险模型中将基于相对利差波动性而显现为对相同风险因子的较大敞口，而非显现为对具有较大（绝对利差）波动性的不同风险因子的敞口。就简洁性与解释能力之间的权衡而言，这将把风险模型设计者置于巨大优势地位。模型可以被设计为与以前具有大致相同的解释能力却使用数量少得多的风险因子，或者我们可以使用较为精致的行业细分来创造一个具有相似数量的因子却具有更大解释能力的模型。我们所构建出的模型选择了后面那种方法，将细分行业数增加到了 27 个。[29]

55.9 关键知识点

• 利差波动性——包括系统性和非系统性两者——倾向于与利差成比例。这个经验性观察具有理论支撑，在信用组合管理方面有许多应用。

• 把相对利差波动的长期历史估计量与当前利差水平相结合的利差波动性预测量，要比绝对利差波动的历史估计量更加精确，并且会较快适应变动中的市场条件。

• 基于 DTS 比率的市场 beta 值的估计量相比于基于经验性市场 beta 值的过往观察值的估计量，会生成对未来市场 beta 值的较好预测量。

• 匹配指数对 DTS 的敞口相比于匹配对市场权重或者对利差久期贡献的敞口，是构造指数复制组合的更好方式。对主动型经理来说，信用部门的权重加磅及权重减磅应该依据 DTS 敞口来进行详细说明与实施。

• 测度与控制对个体发行者的 DTS 敞口可被视为对基于市场权重及信用质量的发行者限制的替代或补充。

• 固定收益的组合风险模型可以改进模型的精确性及稳健性，其手段是结合 DTS 方法来预测源自系统性部门权重加磅及个体发行者的组合集中度这两者的风险。

【注释】

[1] "关键发行者" 指的是未偿付发行证券的市场价值超过该部门总市场价值 1%的发行者。图表 55—1（a）显示了代表了 216 个未偿付发行的 17 个发行者；图表 55—1（b）包括 19 个发行者及其 420 只债券。

[2] Arik Ben Dor, Lev Dynkin, Patrick Houweling, Jay Hyman, Erik van Leeuwen, and Olaf Penninga, "DTS (Duration Times Spread): A New Measure of Spread Exposure in Credit Portfolios," *Journal of Portfolio Management*, 33 (Winter 2007), pp. 77 - 100.

[3] 参见 Ben Dor, Dynkin, Houweling, Hyman, van Leeuwen, Penninga, "DTS (Duration Times Spread): A New Measure of Spread Exposure in Credit Portfolios" 可得到关于图表 55—2 及图表 55—3

中的分析的更加详尽的内容。在本节中，我们使用截止到2005年的数据来报告我们的原始结果。在后续内容中，我们使用该日期之后的市场数据作为这些关系的极端例外检验（extreme out-of-sample test）。

[4] 债券被分配到其断点延伸范围为从100个基点到超过500个基点的66个单元之一（金融、工业及公用事业部门的到期日桶分别有7个、9个及6个利差单元）。为消除异质性后果，若某月份内存在一个被填充少于20只债券的单元则该月份被排除。而使用加权波动性估计（以每月观察值的个数作为加权因子）产生了非常相似的结果。

[5] 那三组最高利差单元（以高于500个基点以上的利差交易的债券）的成员分布在大多数研究时期（study period）都非常少见。结果它们的大多数月度利差实现值被排除在外（由于最小债券成员分布要求）。这些最为极端的数据点的统计相关性因此而受到质疑。

[6] 一个例外出现于最高的DTS五分位组，在那里依据利差的细分也引起了DTS的宽幅变化。结果该组观测值不再形成紧簇（tight cluster），但仍然遵循DTS和超额收益波动性之间的同样的一般关系。

[7] Madhur Ambastha and Arik Ben Dor, "DTS (Duration Times Spread) in the Credit Crunch: Did It Live Up to Expectations?" *Barclays Capital* (April 2009).

[8] Arik Ben Dor, Lev Dynkin, and Jay Hyman, "A Theoretical Basis for DTS (Duration Times Spread)," *Lehman Brothers* (December 2007). Robert C. Merton, "On the Pricing of Corporate Debt: The Risk Structure of Interest Rates," *Journal of Finance* 29 (May 1974).

[9] Arik Ben Dor, Simon Polbennikov and Jeremy Rosten, "DTS (Duration Times Spread) for CDS: A New Measure of Spread Sensitivity," *Journal of Fixed Income*, 16 (Spring 2007), pp. 32-44.

[10] Ben Dor, Polbennikov and Rosten (2007) 使用最大似然法（maximum likelihood）估计了美国及欧洲违约互换的利差波动性与利差水平之间的关系，基于2004年7月到2006年5月期间的周数据。

[11] See Arik Ben Dor, Lev Dynkin, and Jay Hyman, "DTS—Further Insights and Applicability," *Lehman Brothers* (August 2005). Arik Ben Dor, Albert Desclee, Jay Hyman, and Simon Polbennikov "Managing European Sovereign Spread Risk," *Barclays Capital* (August 2010). Madhur Ambastha, Arik Ben Dor and Lev Dynkin, "DTS (Duration Times Spread) for Emerging Market Securities—A New Measure of Spread Exposure," *Lehman Brothers* (February 2007).

[12] See Ben Dor, Desclée, Hyman, and Polbennikov, "Managing European Sovereign Spread Risk."

[13] 由于依据的是相当短暂的相关时段，本节的结果基于每日数据。此处报告的相对利差波动性因此似乎比早先报告的信用市场的相对利差波动性显得高出很多。假定所有的每日利差波动都是独立的，并且每个月包含大约20个工作日，那么一个6%的每日波动性将会对应于一个每月相对利差波动性，后者以 $\sqrt{20}$ 为系数大于它，或者说多于26%。这个明显的差异部分地反映了这样的事实：本节的分析直接考察了个别发行者的利差波动性，而没有试图从发行者特定（issuer-specific）影响中分离出系统性影响。如果使用我们的更新过的、贯穿2007—2008年信用危机期间的系统性及异质性利差波动性估计（每月15%）来计算一个发行者的总利差波动性，那么隐含的每月约21%的总利差波动性与这里给出的欧元主权债券的每日结果（转换为每月频率）并不会有太大差别。它也同样强调了这个平方根规则的近似属性以及比较每日与每月波动性的困难。

[14] Arik Ben Dor, Jay Hyman, Simon Polbennikov and Jeremy Rosten, "Hedging Pairwise CDS Trades Using DTS," *Lehman Brothers Global Relative Value* (April 16, 2007).

[15] Richard C. Grinold and Ronald N. Kahn, *Active Portfolio Management*, 2nd ed. (New York: McGraw-Hill, 2000), p. 14.

[16] Barr Rosenberg, "Prediction of Common Stock Betas," *Journal of Portfolio Management* (Winter 1985), pp. 5-14.

[17] 更详细的讨论，参见 Ben Dor, Hyman, Polbennikov, and Rosten, "Hedging Pairwise CDS Trades Using DTS."

[18] 如果该交易的两侧久期相同，则匹配久期×名义本金×利差将与匹配名义本金×利差相同，这恰恰是计算 CDS 每月溢价支付（premium payments）的方式。这意味着该交易两端的每月溢价流量恰好彼此抵消，而该交易的总收益将完全基于利差变动。

[19] 分层抽样方法对单元之间的相关性"视而不见"。这一点可以通过使用考虑了各单元之间相关性的优化因子来补充分层抽样方法而加以补救。

[20] 部门细分是：银行业、金融业、基础行业、消费者周期性行业、消费者非周期性行业、通信业、能源业及公用事业。

[21] 从每个单元中选择的债券的数量设定为 10 是由于它达成了以下两者之间的良好平衡：拥有复制组合的理想体量（240 只债券）与减少异质性风险。如果以较少的债券来代表每个单元，跟踪误差的方差可能就不仅仅反映两种系统性风险测度（DTS 与利差久期）之间的差异了，还同时反映了所选定债券集合的异质性绩效。

[22] 在每个单元内部为 10 只债券赋权的方案相当复杂，涉及进一步细分每个单元到 4 个象限之中，来通过一个总是以所有选定债券拥有正数权重为其结果的基于规则的算法，而确保我们能够同时匹配市场权重以及合意的附加特征。详情可见于 Ambastha and Ben Dor, "DTS (Duration Times Spread) in the Credit Crunch: Did It Live Up to Expectations?"

[23] 对每个选定债券，我们计算它在 DTS 和利差久期匹配中被分配到的权重（作为指数总市场价值的某一比例）的差异。图表 55—8 中每只债券的权重差异计算方法为所有选定债券权重差异的绝对值求平均。

[24] Ariel Edelstein, Siddhartha Dastidar, and Bruce Phelps, "Tradable Credit Portfolio (TCX) to Track the USD IG Credit Index," *Barclays Capital* (April 2010).

[25] Lev Dynkin, Jay Hyman, and Vadim Konstantinovsky, "Sufficient Diversification in Credit Portfolios," *Journal of Portfolio Management* (Fall 2002), pp. 61 - 75.

[26] Lev Dynkin, Jay Hyman, and Vadim Konstantinovsky, "Sufficient Diversification in Credit Portfolios: Balancing Two Approaches ," *Barclays Capital* (January 2011).

[27] Kwok Yuen Ng and Bruce Phelps, "Capturing Credit-Spread Premium: Alternative Benchmarks for Credit Investors," *Barclays Capital* (January 2010). 这篇文章追踪了一旦降级到高收益级就立即甩卖债券的规则对信用指数超额收益所产生的影响。指数及其他被迫出售者在这些债券上遭受了显著损失却从未在随后的复苏中尝到甜头。也可参见 Arik Ben Dor and Jason Xu, "Fallen Angels: Characteristics, Performance and Implications for Investors," *Journal of Fixed Income* (Spring 2011), pp. 33 - 58。这篇文章研究了在围绕降级日期的 3 年时段上堕落天使的价格动态。

[28] "The Global Risk Model: A Portfolio Manager's Guide," Chapter 26 in Lev Dynkin, Anthony Gould, Jay Hyman, Vadim Konstantinovsky, and Bruce Phelps, *Quantitative Management of Bond Portfolios* (Princeton, NJ: Princeton University Press, 2007).

[29] 使用 DTS 方法对信用建模的多因素风险模型的详细表述可参见本书第 47 章。

第 56 章 投资于受困结构化信用证券*

阿尔弗雷德·村田（Alfred Murata），法律博士
太平洋投资管理公司执行副总裁

结构化信用市场包括由范围宽泛的资产所支持的证券。结构化信用证券通常通过住房抵押贷款、商业抵押贷款、学生贷款、信用卡贷款、汽车贷款、公司贷款或者其他结构化信用证券来保护。虽然如此，仍有众多的结构化信用证券是由比较异质的担保贷款来支持的，比如飞行器、航运集装箱、轨道车、饭店特许经营费、烟草税收入、机场建设费以及小企业贷款等。在一个繁荣的市场中，投资于受困结构化信用证券的策略也许是不可行的，但是如果机会真能现身，一个固定收益投资者理应对该策略足够熟悉以便利用机会。本章详细讨论受困住房抵押贷款（distressed residential mortgage）投资策略，它是受困结构化信用证券投资策略的一个子集。源自受困住房抵押贷款投资策略的思想常常能够应用到结构化信用市场中其他部门的投资当中。

56.1 背景

截至 2007 年底，史无前例的居民住房价格下滑使得大多数现存范围的非机构（未得到任何政府机构比如房利美、房地美或者吉利美担保的）抵押贷款支持证券移动到了

* 感谢克里斯·迪阿里纳斯（Chris Dialynas）所提供的真知灼见。

受困市场（distressed market），导致了受困抵押贷款支持证券投资策略的发展。

非机构抵押贷款支持证券的创制过程是，把抵押贷款池的现金流归并到一个信托当中并且把这些现金流按照预定规则分配到不同分券中。在现金流分配瀑布中具有最高优先权的（从而是最低信用风险暴露的）证券被出售给风险厌恶（risk-averse）的买家（比如银行、保险公司及货币经理），他们乐于接受购买证券时的较低收益率。另外，比较厌恶风险的买家购买决策中的一个重要因子是，这些证券通常是由国家认可的评级机构（比如穆迪、标准普尔或惠誉）评为 AAA 级的。

到 2010 年，全国住宅价格已从其峰值下滑了 29%，抵押贷款信用绩效已经显著差于原始预期（从交易创始之时，压力情境住宅价格假设通常假定持平的价格）。事实上，绩效是如此之差，以至即使是在 2006 年及 2007 年创制的大多数证券化产品中最优先的分券迄今也已经遭遇了部分本金减记（principal writedowns），或者被预期将来会承担部分本金减记。

由于穆迪、标准普尔或惠誉的评级方法都要求凡是遭遇哪怕任何一点点减记（即使本金的 99.99%被以面值返还）的债券都要被降级到 CCC 级或更低，绝大多数 2006 年和 2007 年发行的非机构抵押贷款支持证券现在都已经被所有评级机构降级到了 CCC 级或者比 CCC 级更低。非机构抵押贷款支持证券的评级机构降级之所以重要是因为，一旦评级机构的评级已经降低到某一阈值之下，许多投资者（包括许多大型银行、保险公司及货币经理）都被明令禁止购买或者是持有那些证券。另外，即使投资者没有受到评级机构评级的约束（比如对冲基金或者受困基金），具有较低评级机构评级的债券也倾向于以较低劣的回购条款（repo terms）进行融资，由此降低了这些证券的杠杆收益率（levered yield）。

结果，居民住宅价格的骤降不仅对非机构抵押贷款支持证券具有负面的基本面影响（由于违约对基础抵押贷款的影响导致了本金减记），也同时对市场空间具有非常显著的负面技术面影响（由于受评级约束的投资者的被迫出售）。受评级约束的投资者的被迫出售导致了市场交易水平的下滑。随着这个价格下滑，许多杠杆投资者接收到追加保证金通知（margin calls），导致进一步的被迫出售（甚至来自那些不受评级约束的投资者），其结果是一个市场交易水平的自持（self-sustaining）性滑落。另外，不同于投资领域的许多利基部门（niche sectors），在非机构抵押贷款支持证券市场，没有愿意利用被迫出售机会的受困证券的大型买家。

首先，非机构抵押贷款支持证券市场非常巨大（截至 2010 年末面值为 1.4 万亿美元），并且相当复杂（特别是对非执业人员而言）。另外，由于早在价格洼地（trough）到来之前几乎所有了解如何分析非机构抵押贷款支持证券的市场参与者就已经把非机构抵押贷款支持证券视为非常“便宜”了，兼而具有资本、信用及如何分析非机构抵押贷款支持证券来阻止被迫出售的知识的投资者就非常之少了。在 2009 年早期的最低点，由 2006 年或 2007 年优质最优惠利率的可调利率抵押贷款（ARM）担保品（最初在面值附近出售）所支持的转手证券（pass-through securities）的价格已经骤降到了 40 美元水平（每 100 美元面值）。随后，该市场回升，使得这些债券在 2010 年末得以在 80 美元区域（每 100 美元面值）进行交易。

56.2 经济（信用）风险与财务（杠杆）风险

来自每个基础抵押贷款的现金流依据预先详细说明的现金流分配瀑布分配到众多分券中去。注意到很有可能的情况是，即使对一个最低质量抵押贷款池而言，至少某些现金流也会得以产生，而即使对一个最高质量的抵押贷款池而言，也可能会有某一贷款违约并遭受损失（并从而使池子总体遭受损失）。因此，通过调整现金流优先性及交易结构（deal structure）就有可能基于即便是最具风险的担保物而创建出非常安全的债券，基于即便最安全的担保物而创建出风险债券。

非机构抵押贷款支持证券的投资者有两种主要的增加收益的方法：要么承担经济（信用）风险，要么承担财务（杠杆）风险。采用其中任一种策略都将在出现有利情境时增加投资者的收益，而在出现不利情境时减少投资者的收益。承担经济（信用）风险的投资者将购买由较弱的基础担保物支持的证券（也就是由次级担保物支持的证券而非由优先级担保物支持的证券），以及/或者那些具有较少结构化保护（也就是在现金流瀑布中优先级不够的）的证券。与此相反，承担财务（杠杆）风险的投资者将（或者在回购市场上显式地，或者在衍生品市场上隐式地）借入资金并将其用于购买追加保证金（additional securities）。

在抵押信用绩效恶化的环境中（最有可能源自住宅价格的下降或者抵押贷款信贷易得性的下降），承担抵押信用风险的策略可能导致较少的收益，这是由于自愿提前偿付低于预期而违约高于预期。与此对照，如果保持对回购融资（repo funding）的适度接触，盯市价格（mark-to-market price）的下降没有大到足以引发被迫出售行为，并且抵押贷款信用绩效的恶化也没有充分到负向地影响那些采用了财务杠杆风险而非采用信用风险的组合中较高质量债券的现金流，那么采用财务杠杆风险的策略可能产生具有吸引力的收益。另外，在财务条件恶化的环境中（即使这些情形与住宅市场的状态没有瓜葛），下降的回购易得性与盯市价格下跌相结合可能也会导致追加保证金通知以及被迫出售（导向基于财务杠杆的策略的非常差的绩效）。注意到通过购买在现金流瀑布中优先级较低的证券，投资者实际上正在其投资上锁定于无追索权条款融资（nonrecourse term funding）。融资利率为瀑布中较高优先级债券的持有到期收益率（hold-to-maturity yield）。投资为显式购买的分券，再加上现金流瀑布中优先级更高的所有分券。

56.3 非机构抵押贷款支持证券的分析

非机构抵押贷款支持证券的分析通常可分为三个主要范畴：（1）基础抵押贷款分析；（2）利息偿付分析，它会影响从基础抵押贷款收到的现金流；（3）交易结构分析，凭借它将来自每个基础抵押贷款的现金流在多种证券中进行分配。所有三种类型的分析都必须完成，以便制定一项有根有据的投资决策。

□ 基础抵押贷款分析

抵押贷款分析涉及对支持该抵押贷款支持证券的每个基础抵押贷款的众多属性的回顾，其最终目标是为在一系列情境下的池子中每个抵押贷款创建一个向量，其元素包括提前偿付、违约、损失幅度（loss severity）以及拖欠率（delinquency rates）。尽管人们常常受到诱惑通过假定池子是由具有每个基础贷款的“平均”特征的贷款所组成以简化这种分析，但是如此简化可能导致错误的分析，这是由于多种贷款特征在违约和提前偿付可能性之上的非线性。举例来说，有两个抵押池。一个池子由两个贷款组成，每个贷款的贷款价值比（loan-to-value）为 80%；另一个池子也由两个贷款组成，其中一个的贷款价值比为 60%，另一个的贷款价值比为 100%。前一抵押池可能比后一贷款池有低得多的损失预期（因为随着借款者在他或她的财产中所拥有的股权数量的减少，其违约的可能性急剧增加）。所以，与简单归总所有贷款到一起并把贷款池视为“平均”抵押贷款的做法相比，单独分析池子中每个抵押贷款将导致精确得多的结果。

预测抵押贷款的自愿提前偿付、违约、损失幅度及拖欠率将依赖多种抵押贷款特征。抵押贷款特征通常可分为三种主要类型：(1) 静态贷款特征；(2) 动态贷款特征；(3) 经济驱动因子。静态贷款特征是那些在贷款产生时所获得的多种数据，比如信用评分、债务收入比、贷款价值比、留置权头寸、混合贷款价值比（即当拖累财产权的所有抵押贷款都包括在内时的贷款价值比）、原始贷款规模、邮政编码等。动态贷款特征是继贷款产生之后才被观察到的，包括贷款依赖信息比如拖欠状况、再融资激励，以及按市值计价的贷款价值比等。经济驱动因子是继贷款产生之后观察到的因子，它们可能影响无数贷款；这种驱动因子可能包括区域住宅价格变动及抵押贷款利率等。

通过回顾历史数据，可以建立一个抵押信用模型并用它来预测在不同经济情境下抵押贷款池中每个贷款的自愿提前偿付、违约、损失幅度及拖欠率等。尽管理论上显示建立一个抵押信用模型是相对简单的，但在实践中很难做到。注意到有众多需要考虑的变量，许多变量似乎立即变动（使得模型很难校准），而且数据本身也存在众多问题（一方面由于在抵押贷款创立过程中由参与者一方做出的误报，另一方面由于发行报告要求方面的差异）。进一步，给定了需要分析的大规模数据集合（数以百万计的贷款，关于历史绩效数据的每个月份的众多数据），就可能有必要采用专业化的计算机系统，比如具有数以百计微处理器的网格计算机（grid computers），以便在一个合理的时间段内计算模型预测量。另外，由于抵押贷款信用模型的基础是历史数据，人们也应该小心翼翼地使用模型预测，尤其是当试图预测在迥然不同于之前已经发生过的那些情境中将会发生的情况时（考虑到在此情此景中意料之外的行为的不断增加着的可能性，比如政府公共政策活动）。

□ 利息偿付分析

服务者在抵押贷款支持证券交易中的角色是从基础抵押贷款中聚集现金流。服务者通常按月获得一笔酬金支付，按正在偿付的贷款余额的某一百分比来计算，而不论服务者实际履行什么任务。在很少出现拖欠现象的持续增长的住宅价格环境中，服务者的任务相对简单，基本上就是从借款者那里接收支票并兑现。另外，在伴随天量拖欠的住宅价格下跌环境中，偿付成本将会猛增，因为服务者将需要消化聚集过程中增加了的成本。除了当贷款被拖欠时增加了的聚集成本之外，服务者通常还被要求预付契约规定的利息和本金给信托（甚至对拖欠的贷款也一样）。尽管服务者有权在贷款被清算时回收这些预付款项，但是如果拖欠贷款在它的偿付组合中所占百分比增加，一个有资本约束的服务者可能会有流动性压力。

按照交易文件，当做出偿付决策时服务者通常有责任使到达信托的现金流的现值最大化。虽然如此，交易文件通常为服务者在决定以哪种方法来最大化现值方面提供了广泛的选择维度。非机构抵押贷款支持证券交易中的绝大多数抵押贷款由大型银行的附属机构来偿付利息。除了为抵押贷款支持证券交易中的特定抵押贷款偿付利息之外，这家银行可能已经创立了这项抵押贷款，投资于由这项抵押贷款支持的证券，或者可能拥有在该抵押贷款支持证券交易中从属于第一留置权抵押贷款（first lien mortgage）的第二留置权抵押贷款（second lien mortgage）。所以，服务者可能会有积极性以其他投资者受损为代价来最大化他们的回收率。

在住房价格出现实质性下跌及拖欠率飙升的环境下，人们已经发展出大量公共政策试图指挥服务者"把借款者圈在房子里"，而仅仅把取消财产上的抵押品赎回权作为最后手段。一种试图把借款者圈在房子中的方式是修改抵押贷款以减少该借款者的违约可能性。

贷款修改（loan modifications）可以采取多种形式。当住宅市场繁荣时，贷款修改的通常类型是贷款资本化（loan capitalization）。在贷款资本化中，拖欠的抵押支付被加总到贷款余额中，并且该借款者被认为是流动的（尽管现在可能有了较大的抵押贷款余额来偿付）。这种类型的贷款修改在借款者由于疏忽而忘记完成抵押贷款支付或者面临暂时的（并且现在已解决的）收入瞬断而发生拖欠时（因为借款者有能力和意愿支付，并且贷款资本化把借款者放回到流动状态并允许他们恢复进行抵押支付）效果很好。

在住宅价格骤降且经济疲软的环境中，拖欠的主要原因是借款者没有能力承担所要求的支付（例如房屋所有者丢掉了工作），或者无支付意愿（如果该借款者在该财产中具有负的权益头寸）。贷款资本化修改解决不了严重的缺乏支付能力及支付意愿的问题。结果，利率降低修改（降低抵押贷款上的利率）或者本金豁免（减少该抵押贷款上的本金余额）修改已被证明在把借款者圈在房子里这方面比贷款资本化修改更成功。

当抵押池绩效恶化时，由于服务者在拖欠贷款解决中的广泛介入，债券现金流（从而债券估值）变得对利息偿付实践日益敏感了。给定这样的事实，即服务者的利润率与抵押贷款支持证券投资者的收益之间有着微弱的关联度，当做出投资决策时，人们必须认识到服务者与抵押贷款支持证券投资者之间在制定投资决策时存在的利益冲突。

□ 交易结构分析

非机构抵押贷款支持证券是通过把抵押贷款池的现金流归并到一个信托当中并且把这些现金流按照预定规则分配到众多分券中来进行创制的。给定有数以千计的非机构抵押贷款支持证券的交易，而它们中的每个都有自己的现金流瀑布这样的事实，许多市场参与者使用第三方现金流建模系统，当提供了贷款水平、分组水平或者交易水平的自愿提前偿付、违约、损失幅度及拖欠率假设时，这些建模系统预测众多抵押贷款支持证券分券之间的现金流分布。尽管这些第三方现金流建模系统通常是精确的，但是有许多现金流不曾被正确建模的情形，常常导致对债券估值的实质性影响。因此，极端重要的是在执行交易之前要仔细回顾交易文件并且核实建模的现金流与交易文件的一致性。

□ 一个说明性例子

现在我们讨论非机构抵押贷款支持证券样本的分析：一个超级优先分券，由负摊还可调利率抵押贷款支持。

图表 56—1 凸显了该债券的交易结构。可以看到有很多分券 A，即在其名称中包含字母 A（也即 1A1、2A1 等）的分券。分券 A 最初被评级为 AAA，在损失分配优先性上优先于分券 M，分券 M 在损失分配优先性上优先于分券 B（在分券名称中包含字母 B，如 B1、B2 等）。考虑到当时为止抵押池的疲软绩效，损失已经高于预期了。结果，许多次级分券现在已被核销（write off）。分券 B2、B3、B4 及 B5 已经由于到当时为止已引起损失而被完全核销了。在基础抵押品上的未来损失现在将被用于减记分券 B1，其后随之发生的损失在分券 A 开始遭受减记之前将导致分券 M 的减记。

尽管所有分券 A 在损失分配优先性上都优于分券 M 及分券 B，但是在各个分券 A 自身之间也有损失分配优先性上的差异。首先，有三个不同的抵押池。来自 1 号池子的现金流（以及在分券 M 与 B 被核销之后的损失额）通常在各分券 1A（1A1、1A2 等）之间分配，来自 2 号池子的现金流（以及在分券 M 与 B 被核销后的损失额）通常在各分券 2A（2A1、2A2 等）之间分配，而来自 3 号池子的现金流（以及在分券 M 与 B 被核销后的损失额）通常在各分券 3A（3A1、3A2 等）之间分配。其次，通过回顾交易文件，可以看到分券 2A3 在损失分配优先性上优先于分券 2A4，分券 2A4 在损失分配优先性上优先于分券 2A5，分券 2A5 在损失分配优先性上优先于分券 2A6。事实上，考虑到由资本结构中比较劣后（junior）的分券提供的实质性信用保护，如果损失立即实现，抵押品损失可能需要达到未偿抵押品余额的 40.9%，分券 2A3 甚至才消化了 1 美元的损失。列在图表中分券名称旁边的是一个叫作信用支持百分比（credit support percentage）的百分数，所指的是需要承担达到该百分比的抵押品损失时该债券才开始承受损失。

尽管有 40.9%的信用支持，债券 2A3 仍然存在遭受本金减记的风险。首先，尽管债券 2A3 有 40.9%的信用支持（假定所有损失立即发生），本金依照比例在优先级债券之间分配，意味着如果损失随时间而非立即发生，则由分券 2A4、2A5 和 2A6 所提供的信用支持将实质上被减少。其次，考虑到自从贷款创立以来住宅价格的实质性下跌，抵押

1号池子					2号池子			3号池子	
1A3 55.2%57.3% 1A6 46.7%48.8% 1A7–2 29.6%31.7% 1A8–2 21.1%23.1% 1A9–2 12.5%14.6%	1A6 46.7%48.8% 1A7–1 29.6%31.7% 1A8–1 21.1%23.1% 1A9–1 12.5%14.6%	1A5 46.7%48.8% 1A4–1 29.6%31.7% 1A8–3 21.1%23.1% 1A9–3 12.5%14.6%	1A1 12.5%14.6%	1A10 12.5%14.6%	2A1 31.4%24.6% 2A5–1 22.0%15.2% 2A6–1 12.5%5.7%	2A2 22.0%15.2% 2A6–3 12.5%5.7%	2A3 40.8%34.0% 2A4 31.4%24.6% 2A5–2 22.0%15.2% 2A6–2 12.5%5.7%	3A1 45.4%67.1% 3A3 25.7%47.4% 3A4–1 19.1%40.8% 3A5–1 12.5%34.3%	3A2 25.7%47.4% 3A4–2 19.1%40.8% 3A5–2 12.5%34.3%
M 1.7%1.7% B1 0.0%0.0% B2 0.0%0.0% B3 0.0%0.0% B4 0.0%0.0% B5 0.0%0.0%									

图表56—1　样本债券损失分配结构

品绩效也要比初始预期大幅度地变差。

图表56—2呈现出每个池子中的贷款按市值计价的混合贷款价值比（combined loan-to-value ratio，CLTV）的分布图。混合贷款价值比等于拖累着该财产（第一留置权加上所有劣后留置权）的所有抵押债务的总和除以该财产的市场价值。另外，对从现在起1年或2年内混合贷款价值比分布会如何的预测也被包括到了按市值计价的混合贷款价值比的当前分布图之中了。总体而言，76%的借款者在该财产中拥有负权益（negative equity）。考虑到未来一年中住房价格下跌的预期，人们预测从现在起1年内81.2%的借款者将在他们的财产中拥有负权益。在接下来的一年中，预期将有住宅价格的较小增长，导致在从现在起的2年内80.2%的借款者预期在其财产中拥有负权益。

在这个池子中的基础贷款是负摊还可调利率抵押贷款。根据这些抵押贷款的条款，在最初的5年里，容许借款者进行最小逐月抵押贷款支付，这在许多情况下甚至都不足以覆盖在抵押贷款上累积应计的利息。在逐月付款不足以覆盖在抵押贷款上累积应计利息的情形下，其差额被加计到现存抵押贷款余额当中，意味着未偿付本金余额随时间推移在增长，而非在减少。当与下跌中的住宅市场协力时，在这些贷款上的抵押贷款本金余额在增长的事实，对抵押信用绩效产生了相当大的负作用。结果，54.6%的借款者当前在他们的抵押贷款上发生了两次或两次以上的支付拖欠。

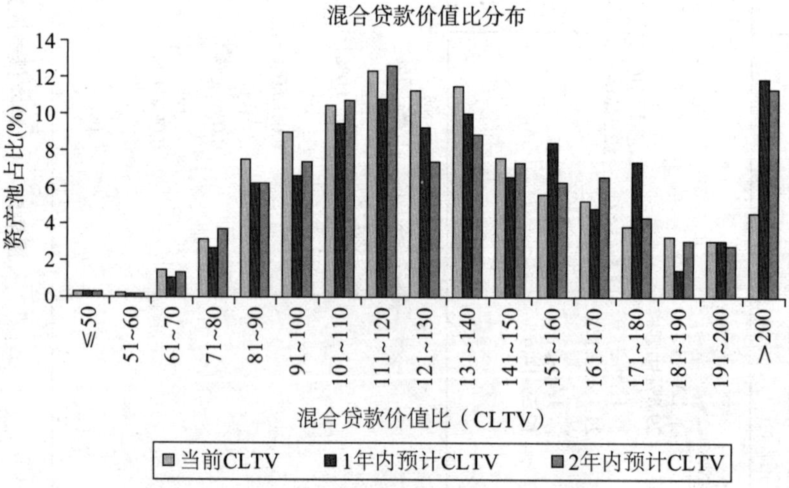

图表56—2　样本债券混合贷款价值比分布

图表56—3提供了关于该池子中抵押品绩效的一些总结性数据点。可以注意到加权平均的当前混合贷款价值比是130%，相对于这些贷款创立之时的77%的混合贷款价值比有一个显著的增长。如前所述，混合贷款价值比增长的主要驱动因子是从交易开始时房屋价格的显著下跌和基础贷款的负摊还。图表中其他值得注意的数据是非常低的自愿提前偿付率（1%的提前偿付率对应着每年有1%的贷款以它进行自愿提前偿付的某个比率）和一个非常低的恒定违约率（1%的恒定违约率意味着每年有1%的贷款违约）。

图表 56—3　　　　　　　　　　抵押品近期绩效表

月份	贷款数量	平均贷款规模（千美元）	平均贷款寿命（月）	当前混合贷款价值比
初始	1 044	366.8	0	77
2010 年 7 月	511	394.6	61	128
2010 年 8 月	507	394.1	62	130
2010 年 9 月	503	393.6	63	131
2010 年 10 月	501	392.6	64	132
2010 年 11 月	499	392.7	65	134
2010 年 12 月	497	392.0	88	130
绩效	**自愿提前偿付率**	**恒定违约率**	**万一贷款违约时的损失幅度（%）**	**累计抵押品损失（%）**
2010 年 7 月	0.0	17.1	52.9	5.6
2010 年 8 月	0.0	8.4	61.2	5.8
2010 年 9 月	1.6	7.1	73.0	6.0
2010 年 10 月	2.3	1.4	75.9	6.1
2010 年 11 月	0.0	3.3	79.9	6.2
2010 年 12 月	0.0	4.1	58.3	6.2

注意到 54.6%的抵押贷款当前已发生两次或两次以上的支付拖欠，因此可能恒定违约率将不得不大幅提升来使这个拖欠贷款的积压得以出清。

图表 56—4 摘录自收益率表，显示了多种情境下债券的收益率（作为自愿提前偿付、违约及损失幅度假设的函数），其假定购买价格是 62 美元（每 100 美元面值）。在实践中，投资者可能使用情境范围宽广得多的收益率表（那样的话它就很难展示了）。另外，假定利率偏低时的收益率以及利率遵循利率远期曲线时的收益率已给出。

注意到在基础案例（假设 CPR 为 0.5%、CDR 为 16%及寿命损失幅度为 68%）里，池子中 84.8%的剩余贷款违约，然而这些债券仍然提供了 7.66%的到期收益率（当假定利率遵循远期利率曲线运行时）。这个基础案例同时合并了一个相对保守的假设，即 7.95%的本金由于贷款修改而得以豁免，然而这些修改导致了抵押品绩效的改善。虽然相对于近期经验而言预期的违约率可能显得高了些，必须考虑到的事实是池子中 54.6%的贷款已经错过两次或两次以上的支付，并且违约率将不得不提升以便让池中的拖欠贷款积压得以出清。可以注意到（如同预期），当违约率增加时债券收益率倾向于降低，并且当损失幅度增加时债券收益率倾向于降低。进一步注意到当远期利率（而非静态利率）进入假设时，债券收益率会明显高出一些。

提前偿付	损失幅度		远期曲线 违约率 4	远期曲线 违约率 16	远期曲线 违约率 28	统计曲线 违约率 4	统计曲线 违约率 16	统计曲线 违约率 28
0.5	48	平均寿命	12.62	7.43	5.21	11.26	6.81	4.74
		收益率	11.45	12.04	12.24	7.57	8.86	9.96
		估计利差	818	941	1 014	…	…	…
		DM	779	922	1 010	713	837	944
		减记	0.5	23.3	29.1	0.2	17.9	25.1
		累计损失（初始）	11.9	19.4	20.5	11.1	18.7	20.1
		累计损失（当前）	26.7	44.1	47.1	24.9	42.4	46.3
		累计违约（当前）	47.6	84.8	92.2	43.8	81.3	90.4
	68	平均寿命	13.38	7.86	5.64	11.91	7.15	5.12
		收益率	11.05	7.66	2.64	7.04	4.08	(0.28)
		估计利差	772	484	24	…	…	…
		DM	734	476	41	661	372	(58)
		减记	4.7	43.9	51.9	3.2	36.2	47.2
		累计损失（初始）	15.4	26.3	28.0	14.3	25.2	27.5
		累计损失（当前）	34.7	59.7	64.4	32.2	57.4	63.3
		累计违约（当前）	47.6	84.8	92.2	43.8	81.3	90.4
	58	平均寿命	13.92	8.18	5.91	12.39	7.40	5.42
		收益率	10.47	2.80	(7.58)	6.31	(1.20)	(11.48)
		估计利差	711	(28)	(1 037)	…	…	…
		DM	673	(35)	(1 044)	590	(153)	(1 209)
		减记	12.3	66.0	75.6	9.2	56.4	70.8
		累计损失（初始）	19.0	33.1	35.5	17.5	31.8	34.8
		累计损失（当前）	42.8	75.4	81.8	39.4	72.4	80.3
		累计违约（当前）	47.6	84.8	92.2	43.8	81.3	90.4

图表 56—4　样本债券收益率表

虽然在提供不同情境下的债券收益率总结这一意义上收益率表是有用的，人们仍需要了解两种主要的局限性。首先，该种表呈现的是在自愿提前偿付、违约率及损失幅度恒定的情境中的收益率——在现实中这些因子可能会随时间推移而变化。尽管构建其中的提前偿付率等随时间而变化的收益率表是可能的，但是这将会使收益率表非常难以理解。其次，如前所述，基础贷款的特征中可能会有显著的分散。为作为整体的池子假定某一提前偿付率等，实质上从对池子贷款特征的概括降格为对“平均”贷款特征的概括了。虽然这样做在某些情形下是合理的，但是它会在其他场合导致显著的误差。

56.4 关键知识点

● 非机构抵押贷款支持证券的投资者有两种增加收益的主要方法——要么承担经济（信用）风险，要么承担财务（杠杆）风险。

● 非机构抵押贷款支持证券通常可分为三种主要范畴：(1) 基础抵押贷款分析；(2) 利息偿付分析，它可能会影响从基础抵押贷款中收到的现金流；(3) 交易结构分析，凭借它来自每个基础抵押贷款的现金流得以在多种证券中分割。

● 住房抵押贷款分析涉及对支持该抵押贷款支持证券的每个基础抵押贷款所具有的多种属性的回顾，其最终目标是为一系列情境下池子中每个抵押贷款都创建一个提前偿付、违约率、损失幅度及拖欠率的向量。

● 抵押贷款支持证券中服务者的角色是从基础借款者处聚集钱款。由于服务者在拖欠贷款解决中的广泛介入，当抵押贷款池绩效恶化时，债券现金流（从而债券估值）变得对偿付实践日益敏感。人们必须认识到服务者与抵押贷款支持证券投资者之间在做出投资决策时的利益冲突。

● 非机构抵押贷款支持证券是通过把来自一个抵押贷款池的现金流归集到一个信托当中并依据预定规则在多种分券中分配这些现金流而创立的。极端重要的是，要在执行交易前仔细回顾交易文件并核实建模的现金流与交易文件相一致。

第 57 章

对冲基金固定收益策略

埃伦·拉克林（Ellen Rachlin）
水手投资集团有限公司常务董事

克里斯·P. 迪阿里纳斯（Chris P. Dialynas）
太平洋投资管理公司常务董事

威内尔·班萨利（Vineer Bhansali）博士
太平洋投资管理公司常务董事

在本章，我们将讨论许多最为流行的对冲基金（hedge fund）固定收益投资策略，包括宏观、资产支持信用、资本结构套利、多头/空头信用、受困、基差交易、指数套利及相关性交易，以及波动性交易。我们相信扎实了解宏观经济条件、经济环境以及政策制定者与参与者的影响对任何稳健投资策略都是至关重要的，包括固定收益对冲基金投资策略。因此，我们以对固定收益宏观投资策略的讨论作为开端，聚焦于利率及货币，并且随后转入对其他策略的进一步讨论，除了讨论长期偏好策略外，还讨论相对价值、套利策略。所有这些策略的绩效都依赖于组合经理利用资产价格对于它们公允价值（fair value）的背离能力。这个过程要求有分析工具和一个历史语境，在其中为资产价格背离及它们的修正潜力确定尺度。相对价值、资产支持及套利策略要求更为精密的估值工具来计算证券现金流的期望值。[1]

57.1 宏观投资（学）

固定收益投资的所有元素要求理解宏观经济框架和宏观政治经济环境。宏观初始条件将指定一个增长与价格稳定偏好（bias）。宏观政策偏好（macro policy bias）将决定适合于达成政策偏好目标的政策选择集合。政策制定者的哲学偏好，如图表 57—1 所示，在给定现存的宏观经济制度架构时会影响借以诊断初始条件的分析框架。

图表 57—1　　2011 年 1 月汇集的情况

	美国	欧洲	日本	中国
经济偏好	坚定的凯恩斯主义	奥地利学派	温和的凯恩斯学派	重商主义
银行系统	有保险的	有保险的	有保险的	受控制的
央行偏好	增长	价格稳定	出口	出口
央行政治偏好	激进的储备货币	保守	平衡	受控制的
初始条件	非常杠杆化；依赖外国资本	中等杠杆化；国家之间分配不均	极端杠杆化；内部融资的	净储蓄者；资本输出者
政府资产负债表	高度杠杆化	中等杠杆化	极端杠杆化	没有杠杆化
政治决策制定	难	中等难	中等难	易
货币汇率	浮动	浮动	浮动	有管理的浮动/固定

这些考量的相互作用的复杂动态的结果将是对事关组合经理的许多（若非全部）风险参数的一个方向性偏好。如图表 57—2 所示的利率方向、收益率曲线的形状、利率的波动性、风险利差及币值（currency valuation），连同它们相对应的二阶导数（second derivatives）一道，都是由宏观系统的动态所主导的。

图表 57—2　　市场变量相对于经济增长变动的预期变动

	早期增长	中期增长	后期增长	衰退
利率	稳定	增长	增长	下降
收益率曲线	正	扁平	转向	陡峭
波动性	低	中等	高	高
风险利差	紧缩	紧缩	紧缩	放宽
币值	升值	升值	升值	贬值

许多属性定义了宏观政治经济环境。制度架构当然是非常重要的。制度架构指的是政治、银行及法律制度体系。尽管这些组织实体从概念上易于理解，但是它们随时间推移而蜕变，这除了是由于可能发生得更慢的普通大众的态度转变之外，还由于当权者的

政治/哲学的偏好变化了。

理解每个区域的哲学经济偏好对预测政策及政策变动至关重要。主要目标是简洁直白的。在美国，设定目标是稳定的通货膨胀率及充分就业。欧洲国家则更多关注它们自身的价格稳定性。中国似乎关注经由重商主义出口政策的内部产业发展。每个国家在特定时间都有特定目标，并且随着时间的推移任何特定目标的重要性都将随条件变化而变化。进一步说，哲学偏好随国家演变而演变。在他的《理想国》中，柏拉图描述了一个貌似非常可信的政治规则的演化。那些考量包括：民主（democracy）、贵族政治（aristocracy）、寡头政治（oligarchy）、哲学家王（philosopher kings）、君主制（monarchy）、社会主义（socialism）、极权主义（totalitarianism）及专制（dictatorship）。前述每种考量的含义对投资决策都相当重要，就像从一种政体向另一种政体迁移那样。图表 57—1 刻画了许多重要金融经济体中少数几个的制度构成（institutional composition）。注意市场参与者之间的差异。

在他的《货币政策的作用》（美国经济学会，1968）一书中，米尔顿·弗里德曼（Milton Friedman）详细阐述了公共政策优先性、潜在政策选择以及有效实施的困难等。

> 设若以不同方式陈述该一般性结论，货币当局控制名义数量——直接地，就是它自身的负债。原则上，它可使用这种控制来盯住一个名义数量——汇率、价格水平、国民收入的名义水平，这样或那样定义的货币数量——或者钉住某个名义数量的变化率——通货膨胀率或通货紧缩率、名义国民收入的增长或负增长率、货币数量的增长率。它不能使用它对名义数量的控制来盯住实际数量——实际利率、失业率、实际国民收入、实际货币数量、实际国民收入的增长率，或者实际货币数量的增长率。[2]

□理解统计量的成分

投资者应当带着解剖汇总过的统计数字的眼光来分析图表 57—3 中的数据。理解任何特定统计量的趋势是不充分的。理解统计数字成分的分布至关重要。就此而言，最为重要的是区分包括公共与私人在内的债务形成（debt formation）的消费分布与投资分布。重要的是理解与通货膨胀相联系的价格分布，以及理解贸易的成分，包括出口与进口，以及它们与消费及投资的联系。这些分布的含义对于预测未来及对于从推理上理解政策制定者及公众整体的动机极其重要。同样至关重要的是要理解何时政策终点已近及其含义。对数据的详细理解将使投资者能够决定为每个统计量分派什么样的系数并在合适的时机改变它们。

图表 57—3　　统计资料的成分：2011 年 1 月

野村证券	美国	德国	日本	中国
债务/GDP	57%	76%	189%	17.70%
出口占 GDP 的百分比	12.50%	52%	15.30%	28.50%
进口占 GDP 的百分比	16.30%	46%	14.10%	25.50%
银行系统杠杆比率	8	26	19	8
总银行资产	14.6 万亿	9.1 万亿	1 388 万亿	9 520 万亿

续前表

野村证券	美国	德国	日本	中国
政府名义支出	3.5 万亿	1.1 万亿	17 万亿	760 万亿
个人储蓄率	5.30%	12.50%	5.50%	36.90%
净国民储蓄	−3.50%	5%	−0.50%	52%
1 年期外汇预期变动	−3.40%	−2.50%	−5.80%	6%
通货膨胀率	1.10%	1.60%	0.10%	5.10%
GDP 名义增长率	4.60%	4.20%	2.60%	12%
GDP 实际增长率	2.60%	3.90%	4.60%	7%
失业率	9.40%	7.50%	5.10%	4.20%
花旗	美国	德国	日本	中国
政府债务/GDP	90.9%	77.4%	209.9%	20.4%
出口占 GDP 的百分比	12.5%	47.2%	15.3%	34.8%
进口占 GDP 的百分比	16.3%	42.2%	14.1%	29.1%
银行系统平均杠杆因子	17.2	26.1	20.6	67%
银行系统总名义资产	6.3 万亿美元	6.9 万亿马克	870 万亿日元	1 373 万亿元
政府总名义支出	3.5 万亿美元	1.127 万亿马克	117 万亿日元	1 060 万亿元
个人储蓄率	5.3%	11.2%	9.3%	31%
净国民储蓄（占 GDP 的百分比）	11.8%	22.6%	3.6%	54%
1 年期汇率预期变动	−10.8%	10.8%	2%	−5%
通货膨胀率（标题）	1.14%	1.85%	0.1%	5.1%
通货膨胀率（核心）	1.1%	1.0%	−0.9%	1.5%
GDP 名义增长率	4.6%	2.9%	2.6%	15.6%
GDP 实际增长率	2.6%	2.8%	4.5%	8.9%
失业率	9.40%	7.50%	5.10%	4.20%

有了数据的武装，虽然估计量随来源、哲学/经济/政治的说服力以及制度架构而有所不同，但是组合经理的挑战是预测多种风险参数，同时知晓经济行为比统计资料更能说明问题。组合经理必须同时考虑到规制变动（regulatory changes）、社会条件、政治风险及参与者的心理。人们指望从市场上寻求假定综合了所有这些准则的推理性估值。毕竟，赚钱是针对远期价格下赌注。所以，在评估了所有统计数据以及所有政治/经济/哲学判断之后，远期利率、收益率曲线及币值就是组合经理的决策的所有必要输入变量了。

□大变化是非常重要的

资产价格朴素地讲就是供给与需求的交叉点。积极（activist）的政策机构如美国联邦储备银行、欧洲央行（ECB）、英格兰银行及日本银行已经决定把它们的地位从裁判员改变为球员兼裁判员并且以价格制定者的身份直接介入市场。这是对资本主义最重要的基础性变革。在资本市场上政府的直接干预意味着价格较少服从于此处所描述的基本面宏观估价而更多地成为政策制定者“社会性”愿望的函数。这是个巨大的变革，而且在此种变革期间组合经理必须考虑把政治的、社会学的及哲学的预测放置到优先于与“资本主义”体制相联系的传统经济预测的地位。

□收益率曲线

收益率曲线是某一特定发行者在不同贷款时段利率的图形映射。收益率曲线的形状可能变化多端并且收益率曲线形状的变化可能是投资者收益的重要来源。较长到期期限证券通常收益率较高，因为它们内嵌着较多的亲通胀（pro-inflation）风险和信用风险，并且与较短到期期限证券相比，其流动性较小。若不存在信用风险考量，较长到期期限证券的收益率会降低，这是由于它们有较高的凸性，在利率的波动性增大时凸性能增加较大价值。在图表 57—4 中列示了两个例子，其风险变动从信用风险到利率（通胀）风险，反之亦然。另外，我们观察了图表 57—5 中美国政策的亲通胀倾向。

图表 57—4　利率风险的演化

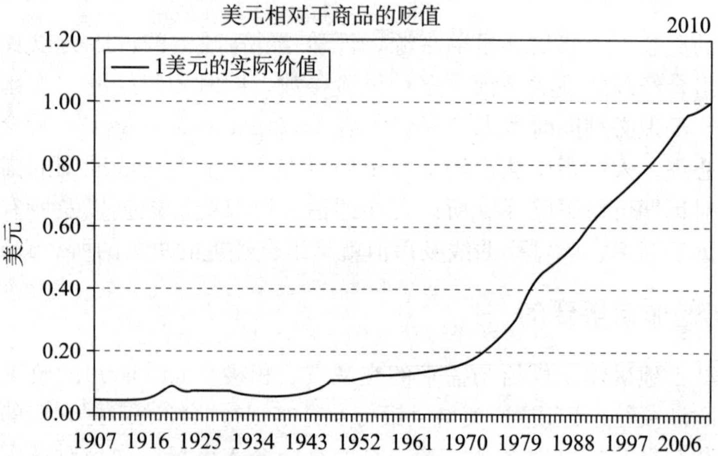

图表 57—5　美国的通胀政策

债权人通常无法取消主权发行者的止赎权。主权发行者的违约导致“重组”，债权人从中收回他们本金的一部分。所以，在有潜在重组的预期中，主权债券的利率增加反映了增加的信用风险。利率的增加进一步损害了主权债券的信用，从而增大了违约概率，这是因为利率本身比主权债券的增长率要高；增长率本身被较高的利率降低了。进一步说，从非常长的时段来看，如果有一个大规模的未偿债务，人口统计学趋势就变成了日益重要的变量。人口增长率的降低可解释为较少工人贡献于债务偿付而远期人口的增加则减轻了债务负担（debt burden）。

然而主权债务违约互换（CDS）市场是对主权债务信誉及信用状况变动的另一种核查。CDS 市场是在其中投资者可以买卖主权信用的保险的市场。按照 CDS 合同的规定，当且仅当违约发生或者发生重组时保单被触发并且保险金被收取。CDS 利差是相对于标准化的 LIBOR 条款而言的，而且应当就近映射到具有同一期限利率的那种主权债券的收益率利差上。技术性合同规范及潜在监管干预引起的这两种利差并不相等。然而，这些利差的方向大部分时间都应当一致。

经济推理与动态、利率及币值的预测，如前所述，在高度全球化的世界经济中更加复杂。传统上，币值预测是利率差异、增长率及通货膨胀率、贸易及资本流动、差异及购买力平价等的函数。经过 2008 年的金融危机之后，相对要素生产率增长及净贸易流动的与日俱增引起了更多的关注。某国军事实力总是非常重要的考量因素。

许多金融经济学家和投资者相信产出缺口是通货膨胀的一个重要决定因子。产出缺口和通货膨胀负相关，这是因为产出缺口测度了该经济体中资源丰富的程度。产出缺口理论依赖经验性的菲利普斯曲线分析（Phillips curve analysis），它测度了最为重要的资源——劳动和通货膨胀之间的历史关系——如图表 57—6 为美国和英国所描绘的那样。

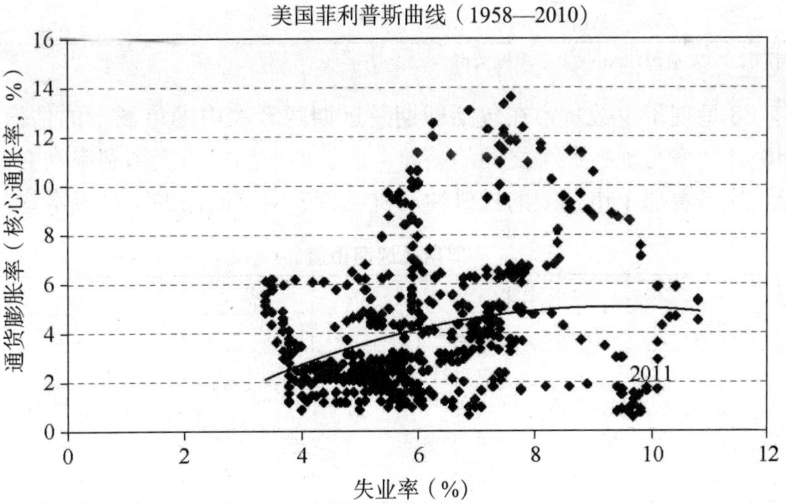

图表 57—6　菲利普斯曲线

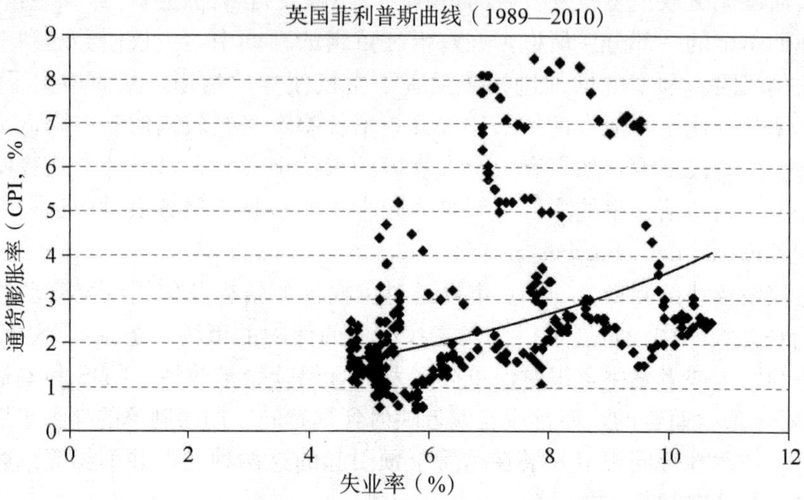

图表 57—6　菲利普斯曲线（续）

可供主权随意支配的除了监管工具诸如资本控制以外，通货贬值、通胀及征税都是替代性征用工具。工具的选择与图表 57—7 中显示的现行条件结合起来使用，使主权债券的投资者及货币的选择都产生了很大改观——一如既往地相对于远期价值。图表 57—7 是给定特定政策环境下货币及债券策略的粗略图示。

图表 57—7　**政策选择的含义**

	资本控制	增加税收	降低税收	通胀	通缩	增加支出	降低支出
债券	－	＋	－	－	＋	－	＋
币值	－	Amb	Amb	－	＋	Amb	Amb

注：＋表示买，－表示卖，Amb 表示模棱两可。

图表 57—8 呈现了少数货币在包括即期及远期两者在内的市场上的估值。从概念上讲，由远期隐含利率与现行利率之间的差异，以及那个国家与美国利率（在这种情形下）之间的差异，代表着那个市场上的投机性动机或者表明了高昂的交易成本。

图表 57—8　**即期及远期币值**

		1 年		3 年		5 年	
	即期	远期	隐含	远期	隐含	远期	隐含
美国			0.45%		1.33%		2.23%
欧洲	1.3592	1.3518	0.98%	1.3405	1.80%	1.3561	2.34%
澳大利亚	0.9912	0.9456	5.28%	0.8725	5.59%	0.8251	5.91%
中国	6.585	6.4625	－1.35%	6.2577	－0.40%	6.0015	0.57%

□ 政治利己主义与主权利益

政治家及政策制定者可能会倾向于去做最符合他们的利益而非国民利益（national interest）的事情。国民利益，如同本章开头所讨论过的那样，是关于某人基础的政治/

哲学/经济的信仰的某个函数。取决于政治家通过支出项目（spending programs）向公众提供好处而获得连任的程度，我们将观察到随着时间推移的债务积累及广义的通胀。这想当然地已经就是美国的情形了。图表 57—9 支持这样的论点：民主国家的政治家具有增加债务的激励，其目的在于为选民提供更多好处以提高连任的胜算。

图(a)　美国联邦债务占GNP的百分比(%)

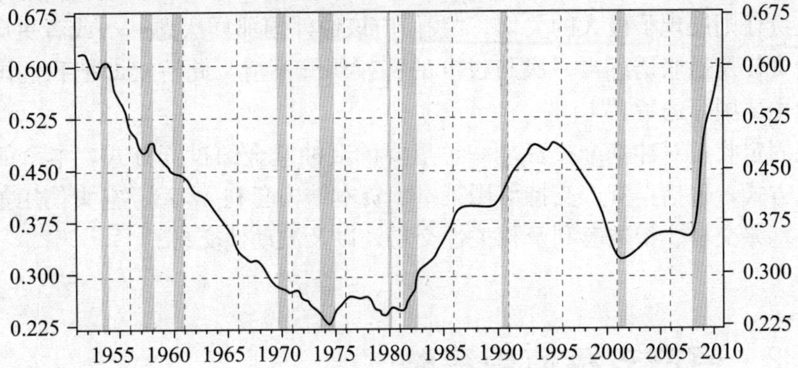

资料来源：哈沃分析。

图(b)　美国非金融债务占GNP的百分比(%)

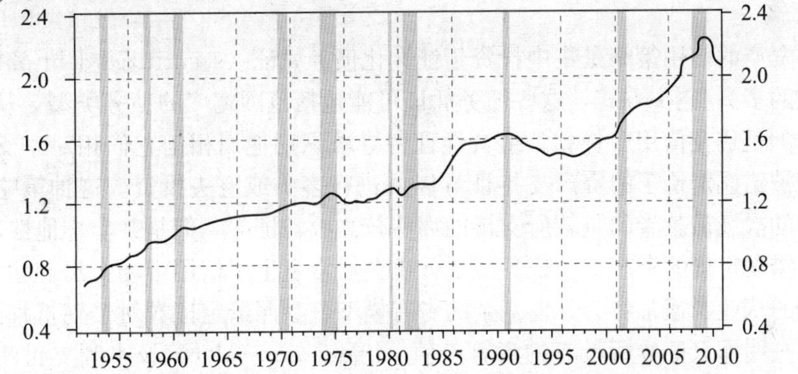

资料来源：哈沃分析。

图(c)

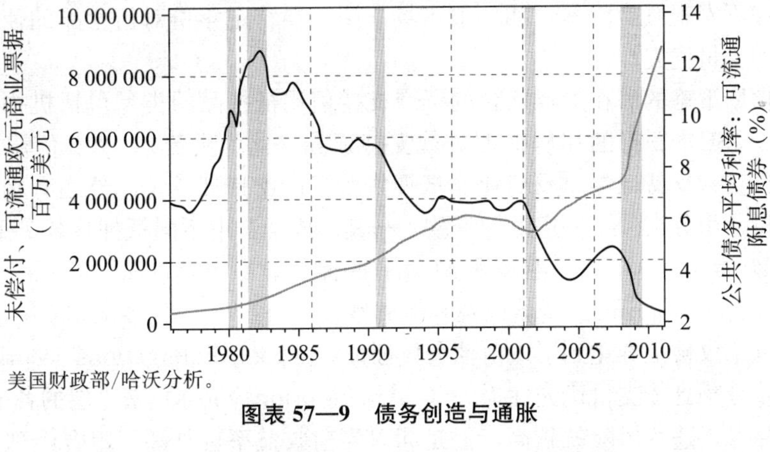

资料来源：美国财政部/哈沃分析。

图表 57—9　债务创造与通胀

债券及货币投资者必须考虑当遗留问题（legacies）正在酝酿当中时对政策制定者行

为的心理影响。从 2008 年金融危机直到 2011 年的时段是遗留问题危机四伏而且影响深远的全球性金融与社会变革正在进行当中的时段。是时候让债券和货币投资者对除了现行政策的现实主义替代及其含义进行评估外，还要对政策效率、政策可持续性进行评估了。投资者应当留心过去著名经济学家们的顾问班子。特别地，凯恩斯为金融危机所开的政策药方可能导致“食利者的安乐死”[3]，罗伯特·特里芬（Robert Triffin）对储备货币受托人责任则展现了极大的关切。“我们应该像外国那样厌恶——或者更厌恶些——可怕的政治责任及通胀诱惑再一次与过度的特权纠缠不清，此特权即把我们国家的通货用作世界的主要国际通货。”[4]

宏观固定收益对冲基金投资是一种重要的对冲基金的投资方式。本章的其余部分将分析其他方式，包括：资产支持信用策略、资本结构套利、多头/空头信用策略、受困投资策略、基差交易、指数套利及相关性交易，以及波动性交易。

57.2 资产支持信用策略

基于资产的信用策略是集中投资于证券化债务凭证（securitized debt obligations）的组合管理的多头/空头方式，这些债务凭证可能包括范围宽广的债务类型，从住房及商业抵押贷款到租赁及信用卡贷款。组合经理将寻求识别他们相信它们相对于支持贷款抵押品的价值被错误定价了的资产支持证券以便进行多头或空头投资。这种策略通常聚焦于由较冒险的次级借款者的贷款所支持的那些较高收益证券，但是并非排他性地这么做。

购买错误定价的资产支持证券的最佳机会通常发生于信用市场上出现明显错位期间。此种策略的从业者通常将会开发复杂的专有模型，参照给定证券对个别抵押品进行估值，其目标是查明那只证券所具有的清算价值（liquidation value）及本利支付流是否比已内嵌于当前定价中的更多。这些估值模型将包括当前信息比如该证券预期寿命内的支付预测以及支付拖欠。这些模型将具有分析贷款数据的能力。此种策略中的对冲或做空可能倾向于对冲如下宏观风险因素，如一般市场下降、在特定年份对衍生品的使用、对证券化债务凭证的支付优先性。

被视为信用策略的潜在投资集合的资产支持信用抵押品的类型包括机构及非政府支持企业（non-GSE）发行的住房抵押贷款支持证券（此为主流）、消费信用资产支持证券、商业抵押贷款支持证券以及商业非抵押贷款资产支持证券，此外还有别的证券。最大的资产支持信用分组——住房抵押贷款——其组成证券由不同抵押贷款类型提供支持，其中有准优级债券（Alt-a）、期权可调利率抵押贷款（option adjustable-rate mortgages）、其他次级（subprime）贷款以及其他类型。

这些贷款不仅被证券化到了入池债务凭证证券（pooled obligations securities）之中，而且被进一步分割到依支付优先性损失（payment priority loss）来分层的各个分券之中。支付优先性越低，违约风险就越高，但是同时当前收益率也越高。组合经理不仅要识别被错误估值（misvalued）的证券，还要识别被错误估值的分券，这是这种投资策略的一部分。有时最廉价的证券可能会最先遭受损失，而在其他情况下它可能位居结构顶层。怀着违约具有某种周期性的观点，组合经理也可能依据他们关于市场环境的印象来决定最合适的分券结构。

组合经理也可能选择购买“饱经风霜的”（seasoned）证券，意思是它们较老些。目前已经开始支付的借款者，从历史观点上说，倾向于继续支付。然而，饱经风霜的证券倾向于定价更加充分而更不便宜。做空策略（short strategies）倾向于防御系统性风险，比如对抗所有资产价格的普遍恶化，包括股票及债券两者，较少针对某个证券，更不是指衍生品，这是由于做空或者从该资产类型中借用保证金（cash securities）的能力受到限制。

某些受到组合经理监控的基础抵押品包括住房及商业财产权价格升值、累计违约率（cumulative default rates）、拖欠趋势、累计损失率（cumulative loss rates）、来自销售的损失幅度、贷款价值比、贷款修改水平、清算率、地理、拥有的不动产（REO）水平、商业部门需求以及失业率等。因为违约率是这个资产类别的主要风险因子，资产支持信用组合经理将监控所持有的以及已纳入考虑并可能会包括到他们组合中来的那些资产支持证券背后的基础贷款的绩效。部分细节包括已发生拖欠的参照贷款的数量、拖欠的时间长度、不良贷款、丧失抵押品赎回权及被清算状况，以及重组及重建绩效。

随着时间的推移，在范围与潜力方面，这种对冲基金策略的对冲技术及可能性已经得到极大拓展。人们曾经一度在对冲系统或周期性风险的意义上仅仅能动动脑子而已。人们可能会选择应用广泛的信用、利率甚至是股票指数来提供向下一面的保护。然而，在住房债务市场危机的开始阶段，按类型参照了资产支持证券及资产支持证券的分券的衍生产品的增值得以实现，那样就提供了更加直接地对冲或卖空住房类及稍后的商业资产支持证券的多种方式。这些产品中的一部分包括 Markit ABX-HE、Markit CMBX、Markit TRX. NA、Markit iBoxx European ABS 以及住房股权资产支持证券的信用违约互换。这些衍生品被划分为不同分券，容许更加具体的资产支持对冲或者卖空类型。

57.3 资本结构套利

资本结构套利（capital structure arbitrage）是通常聚焦于受压（stressed）或受困（distressed）公司的投资策略。典型地，这些是具有高资产负债表杠杆的公司。一个资本结构套利组合经理考察某一公司的所有证券（债券及股票）以寻找可能的错误定价或相对的错误定价。他们从依靠当前现金及未来盈余潜力的支付优先性角度看待这些证券。他们通过公司支付债务凭证的能力以及已实现股权（potential realized equity）估值来对公司进行估值。资本结构套利策略是一项灵活且范围足够宽广的可以容纳来自整个信用周期的机会的投资策略。例如，组合经理这样做可能会更有建设性：当处于经济复苏时期，持有便宜的股票比持有一个优先债务空头对冲更有利；当处于经济紧缩时期，卖空股票并持有优先担保债务（senior secured debt）更有利。在其他时间，公司未偿付证券的财务指标可能独立于经济情形。组合经理将有可能识别出那些纠正优先级相对于劣后证券的相对价值错误定价的特定催化事件。这种催化事件可能是即将到来的再融资或者是一个业务特定事件。此种策略倾向于使用低水平杠杆，这是由于投资于其中的公司具有高水平的资产负债表杠杆的缘故。

某一公司内部证券的层次可能相当多变，从具有牢靠契约的优先级担保银行债务到最劣后级的证券或者基于股权的证券。这些证券中的每种都可以预期有一个独特的波动性特征。越是劣后的证券，它就越有可能是波动性较大的。组合经理在定位于多头及空头时必须考虑到这种波动性，这是由于这将影响到他们组合的总体损益波动性敞口。

组合经理必须评估未偿债务契约并确定支付优先性，这可能会很复杂。最难以评估的是有着复杂层次的多重子公司的公司的债务契约。子公司与控股公司可能有交叉负债而且未必完全自立。组合经理还必须同时将债务到期计划表（debt maturity schedules）包括进来，作为对公司未来履行利息和本金偿付能力的预测的重要元素。通常支付优先性及财产权归属是在法庭上解决的。组合经理必须拥有深思熟虑的方式来评价涉及未偿付的各种债务工具的可能的破产诉讼结果。此种过程可能相当冗长且结果并不确定。然而，这些证券通常可以在最终司法决定达成之前就出售或交易。

资本结构套利组合可能在许多公司的资本结构内部的多种证券中包含有多种头寸。作为有意义的当前或未来公司事件的结果，每家这类公司都可能正在或者被预期经历着某种形式的结构性变动（structural change）。这些事件可能不仅包括特定公司的资本结构变动，而且可能代表由该经济体众多部门构成的较大宏观经济环境所造成的财务变动。通常资本结构套利组合可以按部门来加以集中化，这是由于行业动态可以以一种唯一地为该部门创造机会的方式而立即影响多家公司。组合经理依据带有概率性结果的多种情境来思考。多头及空头的证券赋权将反映他们的概率估计。举例说明，当较为坚挺的经济增长预期近在眼前时，多头们可能持有较大的权重。事件都具有变动着的时间框架而且组合经理也可能基于头寸中证券的预期价格变动的现值来评估某个机会的吸引力。

此种策略中的对冲倾向于针对特定公司，不论是基于劣后证券还是优先证券。然而，在此种策略中看到针对行业水平的对冲甚至针对指数的对冲也是寻常事。资本结构套利组合可能倾向于净多头持有公司特定头寸。其他更广义的对冲技术可能常常合乎情理地被用来减轻总体市场 beta 值敞口。

57.4 多头/空头信用策略

多头/空头信用策略（long/short credit strategy）也被看作相对价值策略或者固定收益套利策略，其中包括多种子策略或者投资方法。某些子策略可能具有非常具体的高度对冲的套利而其他子策略具有更加系统性的或者广义的对冲方法。多头/空头信用策略可以包括整个信用谱系（credit spectrum）中的债务证券，从投资级到高收益及受困的证券。所有方法都依赖于对某一公司基于它的商业模型及收入前景来偿付其债务凭证的能力的自下而上的分析。类似地，组合经理聚焦于经济和杠杆周期，这影响着公司履行它们债务凭证的能力。多头及空头信用组合可以由多样化债券头寸组成，包括做多及做空组合经理基于当前违约概率而非当前价格认为应该看多或看空的公司债券。可以预期组合经理会保持范围从净多头到较接近于市场中性的总敞口。从实践上说，一个组合一贯保持净空头是不正常的。

现金公司债务（贷款、债券及优先股）和衍生品，除了参照指数及指数的分券之外，也参照单独公司，是所用到的主要工具，作为对主权债务工具的补充。然而利率与股票工具被用于对冲或强调某种合意的敞口。具体来讲，现金公司债务是万一公司违约时具有某种索偿权或支付优先性的那些债务。衍生工具——信用违约互换，通常是签约双方之间基于参考实体（referenced entity）的财务状况的双边支付协议。一旦发生违约，这些工具并不代表被参考公司的直接义务。这些工具的评价将基于给定实体的未来现金流、资产质量、契约保护、可改变某实体未来盈利能力的可能催化剂、行业趋势、总违约率、信用条件、行业以及广泛的经济因子，寥举数例。

多头/空头信用组合经理可能采取数种不同方法来构建他们的组合。他们可以建立一个信用多头账户（credit long book）及一个信用空头账户（credit short book），其净敞口及毛敞口反映着关于基础市场波动性及近期走向的某些宏观观点。一般而论，可以预计的是，与较低评级、较宽利差债务相比较，那些较高评级、较窄利差债务所对应的托管资产的汇总头寸的总市场价值要高一些。此种做法反映了后者可能会更具价格波动性的风险态度。

定向多头（directional longs）可能包括这样一些债务或信用衍生品：它们来自失宠的、受压的、受困的公司，其价格似乎低于组合经理所评估的公允价格，或者来自正经历着正向变动的公司。定向空头可能包括这样一些债务或信用衍生品：它们来自正在经历周期性衰退的公司，其价格似乎高于组合经理所评估的当给定了未来盈利潜力时的公允价格，或者提供从所有公司债券利差都放宽时杠杆周期（leverage cycle）所处的阶段中盈利的机会。可以预计的是，组合经理将使用杠杆但是会保留某个无产权负担的合理份额或过剩现金来覆盖它们的保证金要求（margin requirements）。持有的无产权负担的现金的数量将依赖于市场的总体条件而升或降，包括来自周期性及来自机会这两种原因。取决于组合经理的风险胃纳（risk appetite），他们的组合有可能高度多样化从而包含数以百计的头寸或者可能更加集中化。一般地，随着时间的推移，一个组合越是集中化，可以预计那个组合的估值就越有可能波动。集中度可以指头寸大小、特定债务发行的所有权百分比、地理、行业以及信用质量，寥举数例。

对于给定的债务发行，它的投资评级越高，违约概率就越低；然而，此种债务发行的收益分布将是负的非对称倾斜的，其向下一面的潜力多于向上一面。这正是使对冲在此种策略中变得有趣的东西。对冲可以是针对特定公司的，它与资本结构套利相重叠，而且除了涉及参考信用违约互换以外，还涉及同一公司的其他债务。对冲或做空除了在市场混乱（market turmoil）时期维持一个净空头头寸之外，还可以用于表达对一个公司或者对一个部门的负面观点。本质上对冲也可以宽泛到包括广义股票、信用及利率对冲（interest-rate hedges）。一个给定的组合越是更紧密地对冲、越是市场中性或者越是聚焦于投资级，其杠杆相比于不这样做时更高的可能性就越大。由于这种类型的组合比市场中性的组合具有更大的波动性，集中化的或净多头的组合可以预期会有更低程度的杠杆化。

57.5 受困投资策略

受困投资策略（distressed investing strategy）是聚焦投资于正在经历财务压力（financial stress）的那些公司的各种证券的策略。它们可能是也可能不是陷入违约的证券。投资情境可能是公司资产负债表正在改善。其他情境则可能包括清算投资，在其中某个公司的证券可能代表着对贵重资产的某种债权，包括现金；某些流动性投资，在其中再融资将提供必要的时间供某个公司恢复元气；或者诉讼投资，在其中组合经理可能参与债权人委员会，而某些证券的价值将在法庭上决定。同样地，某些头寸可能是做空那些状况正在恶化的公司的头寸，它们在失去市场份额或在性质上是周期性的。一般来说所有头寸将与一个可识别的催化剂或某一事件相联系而建立，通常是法人特定的，它将释放组合中所持有的证券的价值潜力。

受困策略组合中持有的证券除了包括在资产支持证券策略那一节所描述的加总债务证券外，还可能包括某一公司、控股公司或者子公司的资本结构中的所有部分。证券范围从优先担保债务（比如银行贷款）到从属性债务（比如第二留置权债务）再到劣后担保证券（比如以远低于可转换债券价格及股票价格交易的破产可转换债券）。其他类型的债务证券仅与正在经历财务困境的公司并存，比如债务人持有资产（DIP）或者救助融资（rescue financing）。在资本结构或者支付优先性中所处层级越低，可以预计其现金价格就越低。

受困组合经理可以采取数种方法来建立他们的组合。这种策略主要是多头偏好的，建立的组合中所持有证券的特征将会包括：它们是作为行业领导者或者有重要影响力的公司的债务或股权，它们不仅相对于当前估价是廉价的，而且拥有经济低迷（downturn）及市场波动性时期的保护垫，在该公司做生意的行业和地区中拥有适宜的定价。组合经理可能使用其他类似行业中的公司估值来确定目标公司的价值，进而确定他们正持有的证券的总估值。值得注意的是，此种策略的一个方面与资产支持信用策略重叠，这是由于受损的结构化信用比如都属于捆绑多种公司债务凭证的担保债务凭证（CDO）及贷款抵押债券（又称担保贷款凭证，CLO），常常是受困组合经理投资集合的一部分。这些证券可被分解为贷款或债券并依据基础公司债务的当前市场定价加以估值。组合经理将针对这些部分对担保债务凭证的总和进行估值并在有合适的错配时谋利。总的来说，受困组合将有可能由多家公司的多种头寸组成，但是也可以加以集中化，即前 10 个公司的证券代表了所投资的托管资产的绝大部分。

此种策略的对冲将从策略性多头头寸存在于其中的资本结构的其他部分横跨到指数对冲或者利率对冲。对冲也可以将位于相同或者相似行业中的其他公司的债务或股权作为策略性多头头寸。给定行业趋势及经济前景，这种策略也可能包括那些财运不济的公司的空头头寸。然而，在周期性的情景中，组合经理可能倾向于限制资本流入，甚至会在机会匮乏时退还资金给投资者。战术性地，组合经理可能会在资本结构中“上蹿下跳”，在经济或行业周期的较疲软部分购买优先担保头寸，而在周期的增长阶段持有更劣后的证券头寸、未担保的债券或股票。尽管这种策略不一定是一种良好的对冲技术，但它确实是一种有助于缓解风险的技术。

57.6 基差交易

基差交易（basis trading）涉及同步购买及出售两种紧密相关的证券来利用相对的错误定价。

在经典期货基差交易中，投资者可以购买现金国债而出售一份期货合约。在信用基差交易中，投资者购买或出售现金公司债券并通过购买或出售信用违约互换来对冲该信用风险。其他版本也同样流行，如交叉货币基差互换（cross-currency basis swap），它涉及在一种货币中完成筹资而通过货币远期汇率市场进行互换，比如伦敦银行同业拆借利率—联邦基金（LIBOR-fed funds），或者有较长到期日的互换利差（swap-spread）交易。

所有基差交易的特征（hallmark）是某一因子的分离，它只能出现于交易的某一端。在期货基差交易中，交付期权是重要因子。在交付篮子中的每只债券的毛基差等于远期价格与期货合约的转换价格（交付价格，等于期货价格乘以由交易所规定的转换因子）之差。为了得到净基差，毛基差要依据净息差进行调整，净息差等于息票收入加再投资收入减去筹资成本或者债券回购利率。当净基差是正数时，一个做多现金/做空期货的基差交易有一个等于该基差的负数期望损失。例如，如果净基差是2/32，并持有至期货的到期日，则该做多现金、做空期货的头寸预计将损失2/32。负数预期收益的理由是，做空期货合约者有交付篮子中债券之一的期权，且该期权的价格等于净基差的价值。空头实际上为此期权支付了多头期货持有者。由于所有期权价值都与波动性的上升正相关，当利率波动性上升时，期权的价值可能上升。在期货基差交易的情形中，当波动性上升时会有另一只债券变身成为最便宜交割债券的概率上升了。因此有空头期货头寸的人在波动性上升的环境中将实现交付期权价值的上升。期货基差交易实际上是一种期权交易。

在现金信用违约互换基差交易中，投资者更喜欢购买现金公司债券而通过使用信用违约互换合约为它购买保护。如果现金债券的收益比该种保护的价格高，则投资者可能获得无风险利润。对现金信用违约互换交易历程（这里在总额水平上描画）的追踪，阐明了对基本面驱动因子的一些重要见解。在2008年危机之前，现金信用违约互换基差交易围绕着零值在很小的范围内进行。然而，那场危机造成了利差的实质性放宽，并且基差变成了负数，就是说，现金债券交易的范围实质上宽于信用违约互换交易。换句话说，在危机的顶峰时期，拥有现金的投资者可以购买现金公司债券并为信用风险购买保护而绩效仍然比那些没有现金并被迫清算现金债券的投资者领先数百个基点。换言之，现金信用违约互换公司基差交易是由重要的流动性风险因子所驱动的。当流动性充足时（如同在美联储注入流动性之后基差交易的收敛所阐明的那样），现金及 CDS 之间的利差快速回落，如图表 57—10 所示。

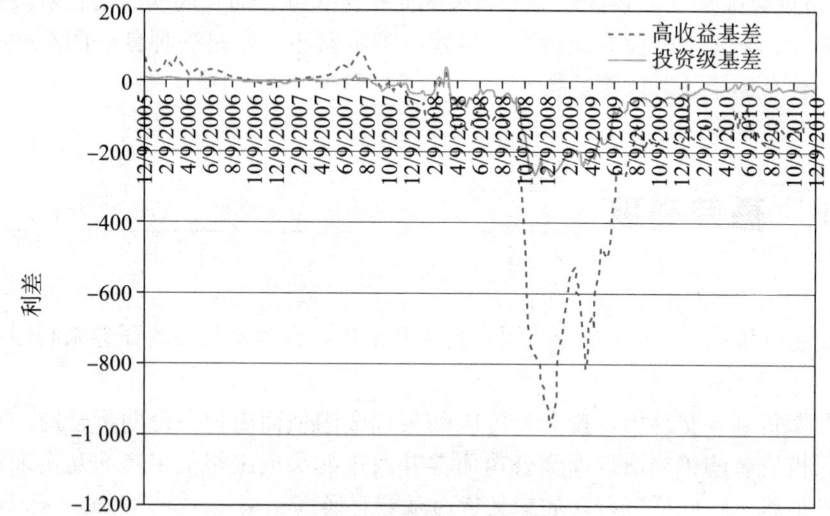

图表 57—10　现金与 CDS 之间的利差

57.7　指数套利及相关性交易

广义地说，指数套利（index arbitrage）及相关性交易（correlation trading）利用指数及其分券（“复合”证券）的估值与它的成分证券的加权估值之间的错误定价。由于大多数指数都有数量众多的成分证券，不得不对成分之间的关系做出各种假设以便减少计算的复杂性，因此指数套利也被称为“相关性”套利。

投资级信用违约互换指数（CDX）由 125 个投资级信用构成，它们由某一财团挑选出来用于代表投资级信用。在高收益证券市场、欧洲（ITRAXX）、新兴市场及其他相关性交易的潜在市场中也有类似的指数。为简化讨论，我们将着眼于 CDX（投资级）指数。

CDX 指数分券市场承担 125 个组成部分的损失并且将它们分为不同的分券。第一个分券是 0～3%或者股票分券，它承担初始 3%的损失。接下来的三个（夹层）分券是 3%～7%分券、7%～10%分券及 10%～15%分券，它们分别承担 3%～7%、7%～10%及 10%～15%的损失。最后，优先分券及超级优先分券是分别依据 15%～30%及 30%～100%的依附水平而定义的。因此这些分券相当于把利差加入基础指数的损失之上。

相关性交易始于这样的观察：如果所有相关性都上升，大规模损失的可能性提升，这是由于许多基础实体的违约可能性增加了。因此，如果相关性上升，人们因为在超级优先分券上出售保护而收到的溢价就应该提升。类似地，当相关性提升时，股票分券溢价下滑，这是由于没有损失或较低损失的可能性也增加了。对中间（夹层）分券的情形分析则要复杂得多，因此通常要求建立模型。在相关性交易中，组合经理对相关性持有某一观点，并从资本结构堆栈（stack）中混合不同分券来表达他们的观点，同时保持对基础指数的偏低的敞口或无风险对冲。与使用隐含波动性的股票期权交易类似，参考了隐含相关性的分券交易是个流行策略（也伴有类似的短处）。对股票期权交易而言，相关性是通过把布莱克·斯科尔斯分布拟合到期权价格上并抽取隐含的波动性参数值而得以隐含的。对分券交易而言，流行方法是使用高斯尾部相关性方法（Gaussian copula approach）来对违约的共同行为建模，并对隐含的相关性持有观点。

采用简单模型的相关性交易在 2005 年 5 月陷入了麻烦，当时用夹层分券对冲的股票分券与模型所隐含的数字严重不符。这可被追溯到指数中公司的降级，它产生了一个陡峭的相关性偏差（类似于出现市场崩溃时的波动性看跌期权偏差）来解释较高的系统性风险。

57.8 波动性交易

波动性交易（volatility trading）聚焦于购买与出售市场上隐含的波动性。在它最直接的形式中，波动性交易试图从固定收益期权市场中的机会及觉察到的错误定价中获得益处。由于期权价格主要是由基础参考证券的隐含波动性决定的，组合经理可以从不同角度来分析此种机会。

第一种方法是当隐含波动性与其长期水平的测度相比显得贵或贱时就购买或出售期权。为这样做，组合经理运用多种估值技术来测度与预测已实现波动性。如果隐含的波动性高于已实现波动性的预测量，期权被出售而且基础证券的风险被以某种模型进行无风险对冲。典型地，期权价格反映了风险溢价，这是由于期权的出售者要求得到高于公允价值的补偿以便出售它们。从长期来看，来自出售固定收益期权的平均收益，尤其当它们被持有至到期日时，已经是正数了，这是由于收益自然就是均值回归的（高利率放缓经济增长的速度并由此引起收益率下滑）。许多组合经理遵循隐含波动性对已实现波动性的比率来等待启动这些交易。对那些不想对基础证券风险进行无风险对冲的人，在可以做出与波动性冲击相关的关于波动性水平的直接对赌的场合，诸如方差与波动性互换这样的工具是可供使用的。当然，这种策略在波动性水平及利率水平这两者上都是具有方向性的，这是由于利润与亏损的驱动来自不确定性水平以及对冲者的期权需求水平这两者的变动。

交易波动性的另外一种方法是观察波动性界面（volatility surface）并从特定的冲击、期满及到期日中发现错误定价的机会。对互换期权的波动性“立方体”的说明依据的是互换期权到期日以及互换“尾部”。给定互换到期日和基础远期互换，这些互换期权将互换“尾部”变成不同的执行利率。例如，当利率较低且收益率曲线的前端限定为零时，资产组合经理会认为，如果执行利率高于当前远期，那么买方互换期权（payer swaptions，让出固定支付权利的一方）的隐含波动率的定价会存在非常大的波动。他们可以出售那个互换期权并得到波动性溢价和付款方偏差（由于通胀对冲对高冲击付款方互换期权的需求，当前付款方互换期权波动性比收款方互换期权高）。

许多组合经理同样会横跨多种固定收益证券来看待隐含可选择性（implied optionality）。例如，由于上升的波动性增加了提前偿付的概率，抵押贷款支持机构转手证券（mortgage backed agency pass-through）对波动性变动比较敏感。抵押贷款转手证券买方自然看空住宅拥有者的提前偿付期权，并在额外利差的意义上获得期权补偿。如果互换期权波动性低于隐含在抵押贷款证券中的期权波动性，则组合经理可以通过购买 MBS 及互换期权来建立波动性套利头寸。

波动性交易的进一步拓展是跨市场执行该种交易。人们可以持有美国的期权波动性高于欧洲固定收益的期权波动性的观点，从而在一处出售期权并在另一处购买。或者认为固定收益期权市场上的波动性高于或低于较长期限的货币期权市场上的波动性。这两者是相关的，因为货币远期是由即期汇率及利率差异这两者共同驱动的，而对较长期限的远期而言，较长期利率的波动性及相关性就变成了主导性的相对价值因子了。

57.9 关键知识点

• 固定收益投资的所有元素都要求理解任一时点上的宏观经济框架及宏观政治经济环境，以及该投资发源国家或地区的当前及未来。这些考量因素之间相互作用的复杂动态将导致事关组合经理的许多（如果不是全部）风险参数的方向偏好。利率走向、收益率曲线形状、利率波动性、风险利差及币值，以及前述每种因素的二阶导数都由宏观系统的动态所支配。

• 基于资产的信用策略是集中投资于证券化债务凭证的组合管理的多/空方式，这些债务凭证可能包括范围宽广的债务，从住房及商业抵押贷款到租赁及信用卡。

• 资本结构套利是通常聚焦于受压或受困公司的投资策略。典型地，这些都是有高资产负债表杠杆的公司。

• 多头/空头信用策略也被看作相对价值策略或者固定收益套利策略，其中包括多种子策略或者投资方法。某些子策略可能具有非常具体的高度对冲的套利而其他子策略具有更加系统性的或者广义的对冲方法。多头/空头信用组合可以由多样化债券头寸组成，包括做多及做空组合经理基于当前违约概率而非当前价格认为应该看多或看空的公司债券。

• 受困投资策略是聚焦投资于正在经历财务压力的那些公司的证券的策略。它们可能是也可能不是陷入违约的证券。投资情境可能是公司资产负债表正在改善。其他情境可能包括清算投资，在其中某个公司的证券可能代表着对贵重资产的某种债权，包括现金；某些流动性投资，在其中再融资将提供必要的时间供某个公司恢复元气；或者诉讼投资，在其中组合经理可能参与债权人委员会，而某些证券的价值将在法庭上决定。

• 基差交易涉及同步购买及出售两种紧密相关的证券来利用相对的错误定价。在经典期货基差交易中，投资者可以购买现金国债而出售一份期货合约。在信用基差交易中，投资者购买或出售现金公司债券并通过购买或出售信用违约互换对冲该信用风险。

• 指数套利及相关性交易利用指数及其分券（“复合”证券）的估值与它的成分证券的加权估值之间的错误定价。

• 波动性交易聚焦于购买与出售市场上隐含的波动性。在它最直接的形式中，波动性交易试图从固定收益期权市场中的机会及觉察到的错误定价中获得益处。

【注释】

[1] 对其中部分策略更详尽的讨论，请见 Ellen Rachlin, “Fixed Income Arbitrage,” Chapter 1 in Izzy Nelken (ed.), *Hedge Fund & Investment Management Securities* (Oxford, UK: Elsevier, 2006)。

[2] Milton Friedman, “The Role of Monetary Policy,” *American Economic Review* 58, 1 (1968), pp. 1 - 17.

[3] Chapter 24 in John Maynard Keynes, *The General Theory of Employment, Interest, and Money* (Cambridge, MA: Harcourt, Brace and Company, 1936).

[4] Robert Triffin, “The International Role and Fate of the Dollar,” *Foreign Affairs*, 57, 2 (1978/79), Council on Foreign Relations.

第 58 章 债券市场中的融资安排

弗兰克·J. 法博齐（Frank J. Fabozzi）博士，注册金融分析师，注册会计师
EDHEC 商学院金融学教授

史蒂文·V. 曼（Steven V. Mann）博士
南卡罗来纳大学摩尔商学院金融学教授

杠杆策略要求投资者借入资金。对于在债券市场上借入资金，有几种行之有效的安排。最常见的做法是将证券作为贷款的担保品。在这种情况下，交易被称作担保贷款。在这一章中，我们将着眼于四种类型的以债券作为担保品的担保贷款：债券回购协议、滚动贷款、保证金购买和证券借贷。

担保贷款不是投资者用于创造杠杆的唯一机制。衍生工具合约也是一种使投资者能够综合地创造杠杆的工具。这是因为衍生工具合约使投资者每一美元的投资比相同数额的现金市场投资承受更大的风险。例如，投资者为获得在国债期货合约市场上的多头头寸所必须支付的期货初始保证金，使国债承受的风险显著大于同等数量的期货初始保证金用于购买国债本身的风险。在利率互换的情况下，要考虑固定利率接受者的头寸。这一方是在浮动利率的基础上进行有效的借款同时承受固定利率债券头寸的风险，而该债券头寸的面值与利率互换的名义金额相等。同样，也存在含有嵌入式杠杆工具的现金市场工具。例如，一个反向浮动利率头寸相当于以浮动利率借入资金以获得一个固定利率。

58.1 债券回购协议

债券回购（repo）是指债券交易的双方在进行债券交易的同时，以契约方式约定在将来某一日期以约定的价格，由债券的“卖方”向“买方”再次购回该笔债券的交易行为。债券必须被回购的价格即所谓的**回购价格**（repurchase price），债券必须被回购的日期即债券的**回购日期**（repurchase date）。基本上讲，回购协议是一种担保贷款，其担保品为出售并随后被回购的证券。

假设一政府债券交易商以 4%的折扣于 2011 年 5 月 24 日（星期二）购买了于 2021 年 5 月 15 日到期的一份国债。头寸的票面金额为 100 万美元，票据全价为 1 001 545.52 美元。此外，假设交易商要隔夜持有该头寸，那么交易商从哪里能获得资金来购买这一头寸？当然，交易商可以使用自有资金或从银行借贷来购买这一头寸。通常情况下，交易商会使用回购协议或回购市场获得融资。在回购市场上，交易商可以将购买的国债作为贷款的担保品。交易商同意支付的贷款的期限和利率是指定的。该利率即为**回购利率**（repo rate）。当回购期限只有一天时，它被称作**隔夜回购协议**（overnight repo）。相反，超过一天的贷款被称作**定期回购协议**（term repo）。该交易之所以被称作“回购协议”，是因为它要求在未来的某一日期将债券销售或回购。销售价格和购买价格在协议中已经确定。购买（回购）价格和销售价格之间的差异是美元贷款的利息成本。

现在让我们回到交易商需要融资购买并计划持有一天的国债上。结算日是担保品必须被交付且贷款用于交易启动的日期。同样地，回购协议的终止日期是 2011 年 5 月 25 日。这时我们要问，谁是交易商的交易对手（即资金的借贷方）？假设交易商的一个客户拥有 1 001 545.52 美元的过剩资金，即所谓的结算货币，同时也是回购协议的贷款资金量。[1] 在 2011 年 5 月 24 日，交易商同意交付（“出售”）价值 1 001 545.52 美元的国库券给客户，并以第二天即 2011 年 5 月 25 日的回购利率确定的数量回购相同数量的国库券。[2] 假设这一交易的回购利率为 0.08%。然后，正如下面将要解释的，交易商同意交付价值 1 001 545.52 美元的国库券，并且在第二天回购价值 1 001 547.75 美元的相同债券。1 001 545.52 美元的“出售”价格和 1 001 547.75 美元的回购价格之间相差的 2.23 美元即为融资的美元利息。

下列公式被用于计算回购协议的美元利息：

美元利息＝美元本金×回购利率×(回购期/360)

要注意的是，利息与其他货币市场工具一样，通过使用（实际天数/360）的天数惯例计算得到。在我们的例子中，使用的是 0.08%的回购利率和 1 天的回购期，那么美元利息为 2.23 美元，如下式所示：

2.23 美元＝1 001 545.52 美元×0.000 8×(1/360)

交易商在短期的基础上使用回购市场的优势是，借贷利率（即回购利率）小于银行的融资成本。（这样做的原因如下所示。）从借贷资金的实体角度来看，回购市场为高流动性的短期抵押交易提供了一个有吸引力的收益水平。

回购市场不仅可以为市场头寸提供融资，而且能够平仓一个空头头寸。例如，假设一个交易商在两星期前卖空一项债券，并且现在必须对其进行平仓，也即购买债券发行。交易商可以做一个**反向回购协议**（reverse repo）（即同意购买债券并对其进行卖回）。当然，交易商最终会从市场上购买所发行债券，以平仓其空头头寸。在这种情况下，交易商实际上为交易对方提供了一项担保贷款。

与回购协议相关的术语很多，并且被广泛使用。这些市场专用词汇已经在第16章关于私人货币市场工具部分讨论论过。尤其需要记住的是，回购交易是简单直接的，其中一方贷出货币并接受债券作为抵押品，另一方借入货币并为此提供担保品。

□ 信用风险

回购协议应被仔细设计以减少信用风险。借出的金额应小于作为担保品的证券的市场价值，从而为证券市场价值的下降向贷款人提供一些缓冲。作为担保品的证券的市场价值超过贷款金额的部分，被称作**回购交易保证金**（repo margin）或**保证金**（margin）。保证金也被称为“折扣”（haircut）。回购保证金一般为1%～3%。对于信誉较低和/或将流动性较差的证券用作担保品的借款人，回购保证金可以为10%或以上。

为了说明回购协议中的折扣作用，让我们再次回到政府证券交易商购买一份享有3.125%的折扣的国库券和需要进行隔夜融资的案例。回想一下，该头寸的票面金额为100万美元，票面全价为1 001 545.52美元。在包含折扣的情况下，客户愿意贷款的金额将减少证券市场价值的一个百分比。在这种情况下，担保品的价值是被借出金额的102%。因此，为确定借出金额，我们将证券的票面全价1 001 545.52美元除以1.02得到981 907.37美元。假设此交易的回购利率为0.08%，那么，交易商会同意交付价值981 907.37美元的国库券，并在第二天以981 909.55美元的价格将其购回。981 907.37美元的销售价格和981 909.55美元的回购价格之间相差的2.18美元即为融资的美元利息。采用0.08%的回购利率和一天的回购期，美元利息的计算如下所示：

$$2.18\text{ 美元}=981\ 907.37\text{ 美元}\times 0.000\ 8\times(1/360)$$

控制信用风险的另外一种做法是，定期记录市场的担保品。（标记市场头寸，即记录下该头寸的市场价值。）当头寸的市场价值按一定比例发生变化时，回购的头寸会进行相应的调整。当头寸的市场价值下降至某一特定金额以下时，则会导致保证金出现赤字。BMA回购主协议赋予借款人一项选择权，即通过提供额外的现金或转让贷款人能够接受的额外的证券来消除保证金的赤字。假设相反地，头寸的市场价值上升到要求提供保证金的金额以上，那么这会导致超额保证金的情况。在这种情况下，BMA回购主协议赋予贷款人一项选择权，即给予借款人与超额保证金数额相等的现金或将已购买的证券转让给借款人。

由于BMA回购主协议涵盖所有的交易，因此，对于保证金的维持不能从一个单一交易或证券的角度来看，而要将其放入与同一对手的所有回购交易的框架中来进行分析。

用来标记市场头寸的价格应在协议中确定。市场价值被定义为“被交易双方普遍认可的定价来源或来自某一定价来源的最近的竞价收盘价”。

构建回购协议中存在的一个问题是向贷款人交付担保品。最明显的程序是，借款人向贷款人或现金贷款人的结算代理提供担保品。在这种情况下，担保品被称作“交付”(delivered out)。在回购期结束时，贷款人返还担保品以获得借款本金和利息支付。由于存在与担保品交付相关的费用，这一过程，特别是对于短期回购协议来说可能会过于昂贵。交付成本将以一个较低的且借款人愿意支付的回购利率内嵌在回购协议中。贷款人未享有担保品所有权的风险是，借款人可能出售证券或将同一债券作为担保品与另一方进行回购交易。

作为交付担保品的一种替代做法是，贷款人可能会同意，允许借款人将证券存入一个独立的客户账户。当然，贷款人仍然面临担保品欺诈的风险，即借款人可能将其作为另一个回购协议的担保品。如果资金的借入方不交付而是持有担保品，那么该交易被称作**“持有托管回购”**(hold-in-custody repo，HIC 回购)。尽管存在与 HIC 回购相关的信用风险，这一交易仍然会被用于担保品难以交付（如全部贷款）或交易金额较小且资金借款人信誉良好的某些交易。

另外一种方法是借款人通过自己的结算银行向贷款人的托管账户交付担保品。之后，托管人则以贷款人的名义持有该担保品。这一做法降低了交付成本，因为它仅仅涉及借款人结算银行的内部转移。例如，如果一个交易商与客户 A 签订了隔夜回购协议，那么第二天担保品将会转回给交易商。因此交易商可以继续与客户 B 进行 5 天的回购交易，而无须重新交付担保品。结算银行可以简单地为客户 B 开设一个托管账户，并在该账户中持有该担保品。这种特殊类型的回购安排被称作**三方回购**（triparty)。事实上，对于一些监管机构来说，如联邦特许信用社，这是唯一被允许采用的回购类型。

该协议涉及引发一方违约的事件（即“违约事件”）和非违约一方可选择的方案。在由借款人违约可能导致银行破产的情况下，美国的破产法给予一个合格回购交易的资金贷款人特殊的地位。它是通过从破产法的规定中豁免某些类型的回购交易来实现的。这意味着，资金贷款人能够通过清算担保品而立即获得现金。

□ 回购利率的确定

正如不存在唯一的利率一样，也不存在唯一的回购利率。出于多种原因，回购利率因交易而异、因时而异。这些影响因素包括：(1) 抵押品的质量；(2) 回购期；(3) 担保品的交付；(4) 担保品的可获得性；(5) 现行的联邦基金利率。这些影响因素已经在第 16 章进行过详细的讨论。

58.2 滚动贷款

在抵押贷款支持证券市场中，一种特殊类型的担保贷款，因其自身特点和交易商将其借入用于补平空仓的需求而得到发展。这一安排被称作**“滚动贷款”**(dollar roll)，这一名称是因为交易商“转入”证券，并在将证券返还给投资者时“转出”证券。

至于回购协议，它是一份要求对证券进行销售和回购的担保贷款。与回购协议不同的是，在滚动贷款中，借入证券的交易商不必返还相同的证券。具体来说就是，交易商仅需返还“大致相同的证券”。这意味着，借入证券的交易商返还的证券，必须匹配原来的票面利率和证券类型（即发行人和抵押贷款的担保品）。这就为交易商提供了灵活性。同时，交易商需要提供100%的融资来交换这种灵活性。也就是说，不需要超额抵押或超额保证金。此外，灵活性使这一交易的融资成本可能会低于一个回购交易。最后，与回购交易不同的是，交易商会在贷款期间维持利息水平及任何本金支付。

□ 融资成本的确定

这一交易中融资成本的确定不像回购交易那么简单。在假定交易商进行借入证券/借出资金的前提下，融资成本确定的关键因素包括：

（1）销售价格和回购价格；

（2）票面利息的支付数额；

（3）由预定的本金支付确定的本金支付数额；

（4）证券销售的预计提前偿付款项（即交易商的借入）；

（5）返还的大致相同的证券的属性（即交易商的返还）；

（6）允许的不足或超额交付数额。

让我们分析一下这些因素。在一项回购协议中，证券回购价格大于销售价格；二者的差异代表回购利息，即所谓的**下降**（drop）。在滚动贷款的情况下，回购价格不必大于销售价格。事实上，在一个正斜率的收益率曲线的环境里（即长期利率超过短期利率），回购价格将低于购买价格。出现这样的情况主要是由于第二个因素，即票面利息的支付。交易商需要维持票面利息的支付。

第三个和第四个因素涉及本金偿付——预定本金和预计提前偿付款项。对于票面利息的支付，交易商会在协议期间维持本金支付。如果交易商折价购买证券，那么在任何本金支付的情况下交易商都能够获得收益；反之，在溢价购买的情况下则会蒙受亏损。由于提前偿付款项的存在，将要支付的本金是未知的，因而，正如我们所看到的，融资成本的确定存在着风险。

第五个因素涉及另外一种风险，这是因为有效的融资成本将取决于交易商在协议结束时将要转出的大致相同的证券的属性（即将要返还给证券借出者的证券）。最后，交付公差允许有少量的不足或超额情况。在滚动贷款交易中，投资者和交易商拥有不足或超额交付的选择权：在交易开始时交付证券的投资者和在回购日期时返还债券的交易商。方差是交付可能偏离原始交易金额的数额。允许存在的方差曾经可能会对有效融资成本产生重大的影响，但在今天，由于吉利美、房利美和房地美的预售抵押证券交易的存在，方差的影响微乎其微，方差只占由各方商定的原始交易美元金额±0.01%。特定的资金池交易不允许对方差进行补贴。

为了说明滚动贷款交易的融资成本如何计算，我们假设一个投资者与经销商签订了一份协议，协议约定投资者以$101\frac{7}{32}$美元的价格销售面值1 000万美元（即无偿总量平衡）

的吉利美 8s 债券，并在一个月后以 101 美元的价格（回购价格）回购类似的证券。因此，价格的下降为 7/32。虽然允许不足或超额交付的存在，我们仍然假定投资者将交付面值 1 000 万美元的债券给交易商，同时接受交易商在一个月后返还与面值相同的金额。由于销售价格为 101 $\frac{7}{32}$美元，投资者将获得 10 121 875 美元（＝101.218 75×10 000 000÷100）的现金。在回购日，投资者能够以 101 美元的价格回购大致相同的金额为 10 100 000 美元的证券。因此，投资者能够以 10 121 875 美元的价格卖出证券，并以 10 100 000 美元的价格回购该证券。二者的差别，即价格的下降，为 21 875 美元。

为了弥补这一点，投资者会损失与交易商协议期间的票面利率。由于票面利率为 8%，那么损失的票面利率为 66 666 美元（＝8%×10 000 000/12）。交易商也有权要求任意本金的偿付，包括预定本金及提前偿付款项。由于交易商以 101 $\frac{7}{32}$美元的价格从投资方购买证券，那么任意本金的预先偿付都会导致每 100 美元面值的偿付本金有价值 1 $\frac{7}{32}$美元的损失。从投资者的角度来看，这是一种优势，能够有效地降低融资成本。虽然能够确定定期安排的金额，但是提前偿付款项必须基于公共证券协会（PSA）的还款速度来预计。在我们的例子中，为了简化计算，我们假设基于公共证券协会的速度，每月支付的预定本金为 6 500 美元，预计的预付账款为 20 000 美元。由于每 100 美元的面值偿付会有 1 $\frac{7}{32}$美元的损失，那么交易商会因为定期安排的本金支付$\left(1\frac{7}{32}\times 6\ 500/100\right)$而损失 79 美元，同时因预付款项$\left(1\frac{7}{32}\times 20\ 000/100\right)$而损失 244 美元。

每月的融资成本如下所示：

损失的票面利息	66 666 美元
抵销	22 198 美元
下跌（回购收益）	21 875 美元
本金偿付的溢价收益	323 美元
来自预定本金	79 美元
来自提前偿付款项	244 美元
融资总成本	44 468 美元
每月融资成本	0.004 39
年度融资成本（月度利率×12）	5.27%

计算得到的融资成本为 5.27%，必须将其与替代的融资机会进行比较。例如，可以通过回购协议使用类似的吉利美担保品借入资金。在比较融资成本的时候，重要的是，要将成本的美元金额与贷款金额相比。例如，在我们的例子中，通过将月度成本乘以 12 而实现成本年度化。其他融资市场的年化惯例可能会有所不同。

□ 投资者角度的滚动贷款交易的风险

由于作为担保贷款载体的滚动贷款交易的特殊性质，它可能是唯一能够估计融资成本的交易形式。从我们的例子可以看出，当交易价格高于面值时，提前偿付款项的偿付速度会影响融资成本。最大的融资成本可以通过假设没有提前偿付款项而得到。在这种情况下，总的融资成本将会增加 244 美元或达到 44 712 美元。这使得每月的融资成本由 5.27%上升到 5.29%，或提高了 2 个基点。在实践中，投资者可以通过敏感性分析确定提前偿付款项对融资成本的影响。

除了提前偿付款项的不确定性之外，交易商可以选择大致相同的证券进行交付。然而，即使是在大致相同的证券中，也存在一些业绩较差的证券池。因此这里的风险是指交易商将交付业绩不佳的证券池。

58.3 保证金购买

投资者可以通过借入资金购买证券，并将证券本身作为与一家经纪公司签订的标准保证金协议的担保品使用。用于购买证券的资金将由经纪人提供，而经纪人则从银行获取资金。银行因这些交易而向经纪人收取的利率被称作通知存款利率（也被称作经纪人贷款利率）。而经纪人要向投资者收取通知存款利率外加服务费用。

经纪人并不能够自由地为投资者提供其希望的尽可能多的资金用于购买证券。1934 年颁布的《证券交易法案》，禁止经纪人的贷款超过证券市值的特定百分比。初始保证金是投资者必须以现金支付的证券总市值的一定比例。1934 年的法令赋予美国联邦储备委员会根据 T 和 U 条例设置初始保证金的职责。初始保证金会因股票和非政府/非机构债券而有所差异，虽然它已经低于 40%，但是目前的一般水平为 50%。这一法令对政府和政府机构债券没有任何限制。

美国联邦储备委员会还设立了一项维持保证金的要求。这是与总市值相比的需要在投资者的保证金账户中存有的最低权益。如果投资者的保证金账户的净额低于最低维持保证金，投资者需要注入额外的资金。此时，投资者会收到来自经纪人的要求将指定的额外现金注入保证金账户的通知。如果投资者未能将额外的现金补足，那么证券会被出售。

58.4 证券借贷

证券借贷交易涉及两个交易方。首先是同意将证券借给另一方的证券所有者。这一方被称为**证券贷出者**（security lender）或受益人。同意借入证券的另一方被称为证券借入者。证券借贷交易指的是在交易初始时，证券所有者将特定证券贷给**证券借入者**（security borrower），同时证券借入者承诺在未来的某一时间将相同的证券返还给证券贷出者。证券贷出者可以向证券借入者发出交易终止通知，但是通知发出日一般不能超过交易后的5个工作日。

为了防范信用风险，证券贷出者会要求证券借入者提供担保品。担保品可以采取以下形式：(1) 现金，(2) 信用证，(3) 证券，且担保品的价值应至少与借出证券的价值相等。在美国，担保品最常见的形式是现金。在美国以外，很多类型的证券都已经被作为担保品使用，包括普通股和可转换证券。在通常情况下，如果交易的担保品是一种证券，那么需要每日调整其市价。

当把现金作为担保品时，证券贷出者可以对其收益进行再投资。证券的贷出者也会面临与现金再投资相关的风险。证券借入者从现金再投资中获得的收益通常会少于证券所有者贷出证券的收益，因为证券贷出者需要赚取现金再投资收益与同意支付给证券借入者的收入之间的差额。在进行现金抵押时，证券贷出者收取的费用被称为**嵌入式费用**(embedded fee)。双方议定的由证券贷出者支付给证券借入者的金额被称为**回扣（返还）**(rebate)。如果现金担保品的再投资所赚取的收益超过了回扣，那么证券贷出者只赚取手续费。事实上，如果证券贷出者赚取的收益低于回扣部分，那么证券贷出者会承担这笔费用。

当把信用证或证券作为担保品时，证券借入者会补偿给证券贷出者一笔事先确定的费用。这笔费用被称作**借入费用**（borrow fee)，并且根据借入证券的价值来确定。值得注意的是，虽然证券贷出者在非现金抵押的情况下已知费用的金额，但是这一情况仍非现金抵押。这里的费用起到了与拥有现金担保品的证券或组合进行再投资所获收益相同的作用。

在将证券贷给证券借入者期间，可能会存在一项利息支付（在股票情况下的股息支付)。证券贷出者有权从证券借入者那里获取一项支付或与其金额相等的其他形式的支付。证券借入者出于此目的而给予证券贷出者的支付即所谓的**替代支付**（substitute payment）或**代替支付**（in-lieu of payment)。

证券投资组合的所有者可以直接借给需要证券的交易对手、使用中介服务或将前两者进行结合。如果交易一方决定直接贷出证券，那么他必须具备对交易对手的风险进行内部评估的能力。而当采用中介贷出证券时，交易一方需要向中介支付服务费。中介可以是一个代理机构（即能够代表证券贷出者的利益，且不承担主要风险）或委托人（即需要承担主要风险)。可能的代理机构，包括目前的国内/全球证券托管人或证券借贷领域的第三方专家。

在必须进行现金担保品的再投资时，证券贷出者必须对直接进行现金再投资或使用外部基金经理人的服务做出选择。如前所述，证券贷出者在进行现金抵押再投资时，可能会获得少于回扣金额的一份收益。

□ 与回购协议进行比较

将以现金作为担保品的证券借贷交易与回购协议交易进行比较是有意义的，因为这两种形式都代表了一种抵押贷款交易。我们将引入一个案例进行说明。交易各方如下所示：

- X经理，证券A的受益人；

- Y 经理，需要证券 A 来平掉空仓。

同时假设证券 A 是一种需要支付票面利息的债务工具。

X 经理和 Y 经理按照下面描述的协议进行交易：

(1) X 经理同意将证券 A 转移给 Y 经理；

(2) Y 经理同意支付现金给 X 经理；

(3) 在未来的某个时间，Y 经理同意将证券 A 返还给 X 经理；

(4) 当 Y 经理将证券 A 返还给 X 经理时，X 经理同意将现金返还给 Y 经理。

本次交易的经济学内涵很简单：它是一种现金抵押贷款，Y 经理是现金的贷出方，X 经理是现金的借入方。证券 A 是这一贷款的担保品。这一交易能够被构造为证券借贷或回购协议。不管它被称作什么，其经济内涵都是不变的。

如果这一交易被构造为证券借贷协议，那么

(1) X 经理是证券贷出者（受益人）；

(2) Y 经理是证券借入者；

(3) X 经理将从 Y 经理那里获得的现金进行再投资，并在交易结束后将部分收益返还给 Y 经理；

(4) X 经理从证券借贷中获得的收益是不确定的，实际上可能为负；

(5) Y 经理将 X 经理可能从证券发行中得到的利息收入支付给 X 经理；

(6) 在未来的某个时间，X 经理将要求 Y 经理返还证券 A，同时会将现金担保品返还给 Y 经理。

如果这一交易被构造为回购协议，那么

(1) X 经理是担保品的销售方，或者等价地，以证券 A 作为担保品的资金的借入者；

(2) Y 经理是担保品的购买者，或者等价地，资金的贷出者；

(3) X 经理将从 Y 经理那里获得的现金进行再投资，并在回购日将基于回购利率计算得到的利息支付给 Y 经理；

(4) X 经理从证券借贷中获得的收益是不确定的，实际上可能为负；

(5) Y 经理将 X 经理可能从证券发行中得到的利息收入支付给 X 经理；

(6) 在回购日，X 经理以回购价格（含利息）从 Y 经理那里将证券 A 购回。

正如本章前面讨论的那样，交易是否为一个回购或逆回购交易取决于交易双方的观点。值得注意的是，与回购协议不同的是，回购日期可以展期，但是在证券借贷交易中不存在回购价格。

58.5 关键知识点

- 回购协议是指在销售债券时，以契约的方式约定在将来某一日期以约定的价格，由债券的卖方向买方再次购回该笔债券的交易行为。
- 回购保证金或者折扣等于债券的市场价值超出贷款金额的部分。

● 滚动贷款是抵押贷款支持证券市场中的一种特殊类型的担保贷款。

● 投资者可以通过借入资金购买证券，并将证券本身作为与一家经纪公司签订的标准保证金协议的担保品使用。

● 证券借贷交易涉及两个交易方：一方是债券的贷出者和担保品的接受者，另一方是债券的借入者和担保品的提供者。

● 为了引导债券借入者提供现金而不是其他形式的物品（例如，另一种债券或者信用证）作为担保品，债券贷出者会向该债券借入者支付一种预定费用，被称为回扣。

【注释】

[1] 例如，客户可能是拥有税收收据的市政机构，它刚把这笔税征收上来但尚没有花费这笔资金的计划。

[2] 在这个例子中，我们假设借款人将提供与贷款等值的担保品。实际上，贷款者要求借款者提供超过贷款价值的担保品。当讨论回购保证金时，我们将会说明如何实现这一点。

第 9 部分

衍生工具

第 59 章

利率期货和期权合约的引入

弗兰克·J. 法博齐（Frank J. Fabozzi）博士，注册金融分析师，注册会计师
EDHEC 商学院金融学教授

史蒂文·V. 曼（Steven V. Mann）博士
南卡罗来纳大学摩尔商学院金融学教授

马克·皮茨（Mark Pitts）博士

罗宾·格里弗斯（Robin Grieves）博士
南卡罗来纳大学摩尔商学院临床教授

随着利率期权、期货和远期合约的引入，积极的固定收益证券风险管理进入一个更为广阔的空间，投资管理者和经营商也有了更大的选择自由。这样，经济快速地调整固定收益证券组合的灵敏度成为可能。之所以称为**衍生工具合约**（derivative contracts），是因为它的价值衍生自基础证券，它提供给投资管理者和交易商一种风险与收益的模式，这种模式在以前不存在或者使用起来太昂贵。期货合约可以被用来控制风险敞口，其中套期保值是消除风险的一种特殊的情形。此外，期货合约还可以用来构建标的资产的合成头寸。

本章的目的有两个：一是阐述期权、期货和远期合约的基本特征；二是回顾交易最活跃、最有代表性的场外交易（OTC）和在该市场交易的合约。在本章不讨论利用期货进行套期保值，这将在第 61 章详细论述。

59.1 衍生工具合约的基本特征

□ 期货合约

期货合约（futures contract）是指在买者（卖者）与确定的期货交易或清算所之间建立的协议，这个协议要求在一特定时间内买者（或卖者）同意以一特定的价格收取（或交付）特定数量的商品、股票和债券等有价资产。对大多数期货合约来说，到期结算时用现金交割而不是实物交割。

当投资者持有期货头寸时，就说这位投资者**做多期货**（long the futures）或者说**在期货市场是多头**（long position in the futures）。相反，当一个人一开始就销售期货合约时，就说他**在期货市场是空头**（short position in the futures）。

基于金融工具或金融指数的期货合约又叫作**金融期货**（financial futures）。它分为利率期货、股票指数期货和货币期货三类。本章重点讨论利率期货，包括对当前交易的最重要的利率期货的描述。

为了说明金融期货怎样操作，假设甲购买了乙的期货合约，该合约规定从现在起1年后乙以100美元的价格交付给甲一张息票利率为6%的5年期国债。其中，100美元是期货价格，就是说1年后乙要交付一张息票利率为6%的5年期国债，同时收到100美元，而甲要收取一张息票利率为6%的5年期国债，同时付出100美元。

买卖双方在期货合约中是盈利还是损失，取决于交割当日的期货价格和利率。例如，如果息票利率为6%的5年期国债在交割日的市场价格为110美元，因为利率下降了，这样，买者盈利了，因为他支付100美元得到了一张值110美元的证券。相反，卖者损失了，因为一张值110美元的证券以100美元交付了。如果息票利率为6%的5年期国债的利率升高，使市场价格下降为90美元，那么该期货合约的卖者盈利，而买者却遭受损失。

当投资者第一次持有期货合约的头寸时，他必须在交易所存入交易所规定的每份合约的最小美元金额。由于期货合约的价格是波动的，所以投资者持有头寸的净值也是变化的。在接近交易日的时间里，任何市场盈利都将导致投资者净值的增长，相反，任何市场损失都将导致投资者净值的减少。这个过程叫作**盯市**（marking to market）。如果一个投资者的净值降低到交易所规定的数目以下，他必须交付额外的保证金。另外，如果投资者的净值增长，他可以提取现金。因此，期货头寸在交割日前包含频繁的实质现金流动。本章的后面部分将详细阐述保证金。

□ 远期合约

远期合约（forward contract）很像期货合约，它是指在特定的时间以特定的价格在将来交易一定数量有价资产的协议。期货合约是规定了交易日期（或月份）、可交付的数量和质量要求的标准化协议，它在有组织的交易所交易。相反，远期合约通常是非标准化的，它通过买卖双方之间的直接合约在场外交易市场交易。

虽然期货合约和远期合约都阐明了交易的条件，但是期货合约没有准备在到期日结算。实际上，通常仅仅一小部分未结清的期货合约才到最后期限结算。然而，远期合约是准备在到期日结算的。一些最流行的远期合约是用现金交割而不是实物交割。

远期合约不一定盯市，因此，它没有中间时间段的现金流动。

最后，远期合约的双方都表现出信用风险，因为每一方都可能违约。相比而言，期货合约的信用风险是最小的，因为和交易相关联的清算公司（clearing corporation）将会为任何一笔交易的另一方提供担保。

□ 期权

期权（option）是期权的卖方赋予期权的买方在指定的一段时间内以指定的价格购买或出售某种资产权利的一种合约。卖方赋予买方权利的同时也得到一定数目的金钱，这叫作**期权价格**（option price）或者**期权费**（option premium）。

证券被买卖的价格叫作**执行价格**（exercise price or strike price）。在某日期后期权作废的日期叫作**到期日**（expiration date）。**美式期权**（American option）可以在到期日之前包括到期日的任何时间执行。**欧式期权**（European option）仅在到期日执行。

当期权卖方赋予买方购买某种资产的权利时，这叫作**看涨期权**（call option）。当期权卖方赋予买方出售指定资产的权利时，这个期权叫作**看跌期权**（put option）。任何期权的买方被看成**期权多头**（long the option），卖方被看成**期权空头**（short the option）。

比如，考虑息票利率为6%的5年期国债的1年期期权，其执行价格是100美元。假设期权价格是2美元，国债的当前价格是100美元，并带有6%的收益率。如果期权是看涨期权，那么买方在1年内就有用100美元购买息票利率为6%的5年期国债的权利。如果买方执行他的权利，卖方必须以100美元的价格出售它。假设国债的利率降低，导致其价格上升到110美元，则买方通过执行看涨期权获利，因为他用100美元获得了价值为110美元的国债。在考虑买进期权的成本2美元后，净利润为8美元。同时，卖方损失了8美元。相反，如果市场利率上升导致国债的价格降到100美元以下，则看涨期权的买方将不会执行他的权利，因此损失了期权费2美元。卖方将获得2美元的利润。因此，看涨期权的买方将从利率降低中获利（这导致期权的基础固定收益证券的价格升高），而卖方则遭受损失。

如果是看跌期权而不是看涨期权，一方面，国债利率降低，其价格上升到100美元以上，则期权买方不会执行其权利。因此买方会损失整个期权费。另一方面，如果国债利率上升，其价格下降到100美元以下，则买方通过执行期权获利。对于看跌期权，买方从利率升高中获利（这导致期权的基础固定收益证券的价格降低），而卖方亏损。

期权买方亏损的最大金额是期权费。期权卖方所能获得的最大利润也是期权费。期权买方可以享有潜在的上升收益，期权卖方面临着潜在的下跌风险。期权头寸的风险与收益的关系将在第64章进行论述。

期权能以现货工具或期货形式出售，后者叫作**期货期权**（futures option），它仅仅在交易所交易。现货工具期权也在交易所交易，但更通常的是在场外交易市场交易。这些**场外交易期权或交易商期权**（OTC options or dealer options）是根据特定的国债、抵押证券或利率指数定制的期权（tailor-made options）。本章的后面还将阐述期权合约。

□ 期权和期货（或远期）合约的差异

不像期货和远期合约，期权赋予买方**权利**（rights）而没有要求他们履行**义务**（obligation），而卖方却要履行义务；对于期货和远期合约，买卖双方都要履行义务。此外，期货和远期合约不用因接受义务而支付费用给卖方，但是，期权的买方却支付期权费给卖方。

因此，两种合约的风险与收益特征也不同。对期货和远期合约，当它们的价格上升时多头盈利，当它们的价格下降时则多头亏损。空头则正好相反。期权不能实现类似的风险与收益关系。多头损失的至多是期权费，但是多头拥有获得所有上升收益的潜在可能性。但是，这个盈利会因为期权费而有所减少。空头能获得的利润至多是期权费，但是空头有面临更大损失的潜在可能性。

59.2　典型交易所交易的利率期货合约

利率期货合约可以根据基础证券的期限进行分类。短期利率期货合约的基础证券在1年内到期，或者参考利率为短期利率。长期利率期货合约的基础证券期限则长于1年。图表59—1列举了在美国交易的大部分利率期货合约。这些利率期货合约通过超长期债券合约沿着短期利率的收益率曲线进行安排。值得注意的是，部分期货合约以实物的形式交割，而其他期货合约以现金的形式交割。期货合约要成功地实现现金交割，那么在核算过程中其价格或收益不能被操纵。接下来，我们将具体介绍各种长期期货（中期国债期货、长期国债期货、机构债券期货以及市政债券期货等）与短期期货（国库券期货、欧洲美元定期存单期货、利率互换期货以及联邦基金期货等）。

图表59—1　　**典型交易所交易的利率期货合约**

合约	形式	合约金额	合约月份	结算
1个月期欧洲美元	期货	3 000 000美元	第一次连续的12个日历月份	现金
30天期联邦基金	期货	5 000 000美元	第一次连续的24个日历月份	现金
3个月期欧洲美元	期货	1 000 000美元	3月/6月/9月/12月 40个合约月份=10年	现金
3个月期隔夜指数互换	期货	1 000 000美元	在3月季度周期出现的第一次8个月（即红色和白色到期年）	现金
2年期国债	期货	200 000美元	在3月、6月、9月、12月季度周期的第一次连续五个合约月份	实物

续前表

合约	形式	合约金额	合约月份	结算
2年期新发行国债	期货	100 000美元	对应于2年期中期国债拍卖，最终结算日是下一个新的中期国债拍卖日的早上（在指定的到期月）	现金
3年期国债	期货	200 000美元	在3月、6月、9月、12月季度周期的第一次连续五个合约月份	实物
5年期国债	期货	100 000美元	在3月、6月、9月、12月季度周期的第一次连续五个合约月份	实物
5年期新发行国债	期货	100 000美元	对应于5年期中期国债拍卖，最终结算日是下一个新的中期国债拍卖日的早上（在指定的到期月）	现金
5年期互换债券	期货	100 000美元	在3月、6月、9月、12月季度周期的第一次连续三个合约月份	现金
7年期互换债券	期货	100 000美元	在3月、6月、9月、12月季度周期的第一次连续三个合约月份	现金
10年期国债	期货	100 000美元	在3月、6月、9月、12月季度周期的第一次连续五个合约月份	实物
10年期新发行国债	期货	100 000美元	对应于10年期中期国债拍卖，最终结算日是下一个新的中期国债拍卖日的早上（在指定的到期月）	现金
10年期互换债券	期货	100 000美元	在3月、6月、9月、12月季度周期的第一次连续三个合约月份	现金
长期国债	期货	100 000美元	在3月、6月、9月、12月季度周期的第一次连续五个合约月份	实物 从交割月的第一天算起，至少15年才到期，但不超过25年
超长期美国国债	期货	100 000美元	在3月、6月、9月、12月季度周期的第一次连续五个合约月份	实物 从交割月的第一天算起，25年及以上才到期
30年期互换债券	期货	100 000美元	在3月、6月、9月、12月季度周期的第一次连续三个合约	现金
巴克莱美国指数	期货	100美元×巴克莱资本综合债券指数的指数价值	3月、6月、9月、12月（3月季度周期）	现金

□ 长期国债期货合约

长期国债期货合约是最成功的利率（或商品）期货合约。长期国债期货合约的价格和收益率是按照一个（假想的）息票利率为6%、20年期的国债进行报价的，但是期货合约进行交易的场所，如芝加哥商品交易所（Chicago Mercantile Exchange，CME）允许借用大量不同的债券去交割，以满足合约中空头的需要。特别地，任何至少15年但不超过25年才到期的国债从交割月的第一天起就具有交割的资格。只有超长期国债期货合约是例外，因为其基于至少25年才到期的国债。

长期国债期货合约要求空头（即卖方）交割100 000美元面值的任何种符合资格的国债。然而，由于长期国债的息票和到期日范围广泛，买方支付的价格取决于卖方选择交割的是何种债券。CME使用的规则是：通过一个转换系数来调整期货价格，这个转换系数反映的是当债券的收益率为6%时，期货在交割月开始时出售的价格。使用这个规则时，给定债券和给定交割月的转换系数是常量，它不受债券和期货合约价格波动的影响。

卖方有权选择交割哪一种符合资格的债券，在交割月内，交割必须实现。当债券交割完毕后，买方有义务支付卖方一定数量的货币，它等于期货价格乘以合适的转换系数，再加上交割债券产生的利息。在此需要着重强调的是，当这一期货合约所涉及的基础债券是一个设想的问题并因此使得其本身不能够被交割成期货合约时，债券期货合约不属于现金交割合约。为结算某一国债期货合约，我们可以抵消期货头寸，也可以交割一项符合条件的合约。

CME长期国债的成功可部分归因于交割机制并不是跟它开始时显现的一样简单这一事实。有好几种期权隐含在债券期货的头寸中。第一，由卖者选择哪一种债券去交割。因此，卖方就有一个期权，用于在债券间进行互换。如果卖者正用债券A去交割，而此时债券B又变得便宜，宜于交割，这样，他就可用债券B置换债券A，以获得更多的交割利润。第二，按照CME规定的规则，由卖方来决定在交割月内何时交割，因此，卖方就有一个时间期权（timing option），这有利于卖方。第三，空头保留有使用百搭牌（wildcard play）的可能性。这能带来潜在的收益，因为在交易所已经关门和期货交割价格已经确定后的几个小时内，卖方知道了有利于自己的价格方式。在一个价格趋跌的市场里，卖方就可使用百搭牌期权从确定的交割价格中获利。

卖方期权常使一个合约理解起来更困难，但是同时，它又使这个合约更吸引投机者、套利者、交易者和对这个合约的了解比其他市场参与者要好的任何其他人。因此，国债期货合约的复杂性有助于提升它的流动性。

□ 中期国债期货

中期国债期货（treasury note futures）合约包括三种：10年期、5年期和2年期。这三种合约继长期国债期货合约之后也成为典型国债，也被CME用于交易。10年期国债期货合约的基础证券是假定的100 000美元面值的息票利率为6%的10年期国债。也有许多被空头交割的其他可接受的国债。如果期限从交割月的第1天起不少于6.5年且不大于10年，那么这个国债是可接受的。交割选择权属于空头，最小波动价格也跟长期国债期货合约一样。

5 年期国债期货合约的基础证券是 10 万美元面值的美国国债，这种国债还要满足以下条件：从交割月的第一天起初始期限不多于 5 年零 3 个月，并且剩余期限不少于 4 年零 2 个月。

2 年期国债期货合约的基础证券是 20 万美元面值的美国国债，这种国债的剩余期限不多于 2 年且不少于 1 年零 9 个月，并且它的初始期限不多于 5 年零 3 个月。而且，交割来满足 2 年期期货的票据的初始期限不得多于 5 年零 3 个月。

□ 国库券期货合约

国际货币市场（International Monetary Market，IMM）的国库券期货合约是短期债务工具的第一种合约，它是后来短期债务期货合约的模型。这种合约是基于面值为 100 万美元的 3 个月期国库券。从 2011 年第三季度开始，国库券期货合约几乎不存在未平仓合约。

这种合约是根据期货价格报价和交易的，但是，实际上这种期货价格是报出期货利率的另一种方式。特别地，期货价格等于 100 减去年度化期货利率（annualized futures rate）。比如，97.5 的期货价格的意思是在期货市场上交易的国库券的利率为 2.5%。买方付给卖方的实际价格通过下面的国库券常用公式计算：

清单价格=1 000 000 美元×[1－利率×(距到期天数/360)]

其中，利率以小数形式表示。根据公式，利率每改变一个基点（或者说期货价格改变 0.01）将使 90 天期国库券的清单价格改变 25 美元。因此，这种期货合约改变 0.01 的价值总是 25 美元。

国库券期货合约比长期、中期国债合约要简单得多。首先，因为所有相同期限的国库券的经济价值都相同，所以仅发行了一种有效的可交割国库券，即 3 个月期国库券。3 个月的期限可能是 90 天、91 天或 92 天，这取决于国库券期货合约的发行日。实际上，3 个月期国库券可能是刚发行的 3 个月期国库券，也可能是当前仅剩下 3 个月期的以前发行的国库券，但这无关紧要，因为刚发行的和以前发行的国库券在现货市场上的交易相同。因此，国库券期货市场上就没有所有的微小转换系数和最好的可交割国债。其次，在交割日的选择上有很少的不确定性，因为交割必须在一个非常短的时间内进行，通常是 3 天。交易规则事先明确指出了交割的确切日期。最后，因为没有转换系数，在国库券期货市场上也就不能使用百搭牌。

虽然国库券期货很简单，因此可能不会提供跟复杂的长期和中期期货合约一样多的投机与套利机会，但是它确实提供了套期保值或投机于收益率曲线短期部分（short end）的一种直接方法。因为国库券利率是其他短期利率定价的基准，所以国库券期货合约满足了许多市场参与者的明确需要。

□ 欧洲美元期货合约

欧洲美元定期存单（CD）以美元计价，主要在伦敦发行。发行方为美国、加拿大、欧洲以及日本的银行，利率固定，与 LIBOR 挂钩。LIBOR 期限利率来自伦敦银行同业拆借利率，是一家伦敦银行向另一家信用较高的伦敦银行以活期存款形式拆出资金的利率。在每个工作日早上，这一利率就被英国银行家协会根据成员银行报价的均值“固定”下来。

3 个月期 LIBOR 是欧洲美元期货合约的基础产品。这些期货的交易地点包括芝加哥商品交易所的国际货币市场以及伦敦国际金融期货交易所（LIFFE）。欧洲美元期货合约的面值为 100 万美元，交易价格为指数基点。期货合约报价中的指数价格基点等于 100 减去年化的期货 LIBOR。例如，如果一份欧洲美元定期存单期货的报价为 97.50，那么 3 个月期 LIBOR 为 2.5%。

该期货的最小价格变动单位（tick）为 0.005，或半个基点。相应地，按照以下公式即可计算出最小变动价值为 12.50 美元：

$$最小变动价值=1\,000\,000\text{ 美元}\times(0.005\times 90/360)=12.50\text{ 美元}$$

欧洲美元期货以现金交割。

有的欧洲美元期货合约可以按照季度到期日（3 月、6 月、9 月和 12 月）来进行交易，并且到期期限可以延长到 10 年。因此，市场参与者有可能在接下来的 10 年期间，按照 3 个月期 LIBOR 进行套期保值或者投机操作。

欧洲美元期货合约通常被用来进行收益率曲线的空头操作，并且许多套期保值者认为这是对于诸多套期保值情况来说最理想的合约。此外，欧洲美元期货市场和利率互换之间是密切关联的。当起初对利率互换进行估值时，浮动利率的未来波动路径来源于欧洲美元期货合约的头寸。

90 天期英镑 LIBOR 利率期货合约在主要的伦敦期货交易所（LIFFE）进行交易。合约的构成与上述欧洲美元期货合约相同。其报价为 100 减去利率，到期月为 3 月、6 月、9 月和 12 月。合约金额为 50 万英镑。最小价格变动单位为 0.01 或者一个基点，最小变动价值为 12.5 英镑。

LIFFE 也会进行其他币种包括欧元、日元和瑞士法郎的短期利率期货交易。其他币种的短期利率期货合约与 90 天期英镑 LIBOR 利率期货合约相同，在诸如位于法兰克福的德意志期权及期货交易所（Deutsche Terminbourse）和位于巴黎的法国国际期货交易所（Marché à Terme International de France，MATIF）等交易所进行交易。

□ 互换期货合约

利率互换将在第 62 章讨论。CME 于 2001 年引入了互换期货。基础工具是固定利率的 10 年期利率互换的名义价格，该利率互换的名义本金为 10 万美元，而其半年利率支付是基于 6%的固定利率或者基于 3 个月期 LIBOR 的浮动利率。

互换期货合约以现金支付，结算价格由合约到期前的最后一日的国际互换与衍生品协会基准 10 年期互换利率确定。这一基准利率由美联储统计公报 H.15 延后一天公布。合约结算月份为 3 月、6 月、9 月和 12 月，与我们前面讨论的 CME 利率期货合约一样。

LIFFE 引入的第一个互换期货为 Swapnote，该互换期货以欧元利率互换曲线为参考。Swapnote 有 2 年期、5 年期和 10 年期三种。

□ 联邦基金期货合约

30 天联邦基金期货合约被构建来满足金融机构及公司使风险控制在联邦基金利率范围内的需求。这些合约的名义金额为 500 万美元，合约可于当月或多至 24 个月被冲销。合约的标的是交割月份的简单平均隔夜联邦基金利率（即实际利率）。因此，合约在该月的最后一个交易日以现金交割。正如前面讨论过的其他短期利率期货合约，价格是用 100 减去交割月份的隔夜联邦基金利率。这些合约依据纽约储备银行所发布的实际联邦基金利率来盯市。

□ 其他期货合约

如果收益率曲线是平坦的并且是水平的直线，那么对于所有的固定收益套期保值和投资目的，单一的期货合约是充分的。不同的票据或债券头寸之间的不同只体现在套期保值所需要的契约数量。例如，伴随着完全相关的利率波动，我们可以通过国库券期货来对长期债券进行套期保值。用来套期保值的国库券期货可能需要是该长期债券票面价值的许多倍，但是这会很容易操作。其中唯一的挑战可能是准确地确定套期保值的规模。

从演变历史来说，收益率曲线的移动方向与其自身平行，逐渐变得陡峭或者平坦，然后演变为或多或少地弯曲的曲线。因此，对到期日不断变化的长期债券进行套期保值需要多种类型的合约。此外，因为信用差额宽窄不一，要实现套期保值至少需要一个能够体现信用风险的合约。

新发行（on-the-run，OTR）美国债券期货合约的基础是源自新发行（最近拍卖的）2 年期、5 年期和 10 年期国债收益率的价格。这些合约的安排使得采用者面临美国国债收益率曲线上最容易变化的基准期限所产生的复杂风险。不同于通常的国债期货，新发行国债期货可以进行现金结算。其名义基础是面值为 10 万美元、半年利率支付基于 6% 的固定年利率的美国国债。

如前文所述，信用利差宽窄不一，并且与收益率曲线的移动并不完全相关。这种情况意味着，应该有一个从债券衍生出来的、具有信用风险敞口的期货合约。我们考虑在 CME 交易的巴克莱资本美国综合债券指数期货合约的情况。其基础工具是指数价值乘以 100 美元。这一指数包括所有债券市场的构成部门：国债、机构债券、公司债券、机构抵押贷款支持债券、资产支持债券和商业抵押贷款支持债券。

□ 期货交易机制

交易指令的类型

当交易商想买卖期货合约时，执行该交易指令的价格和条件必须跟期货经纪人交流。交易中最简单但从交易商的角度来看又最危险的一种指令是**市场交易指令**（market order）。在市场交易指令下达后，只要指令一到达期货交易所（所有具体的合约都在这里交易），经纪人就要尽可能以最好的价格进行交易。市场交易指令的风险在于不利于交易商的情况可能会在交易商下达指令与指令到达交易所这段时间内发生。

为了规避市场交易指令的这种风险，交易商下达了**限价交易指令**（limit order or resting order)，这种指令规定了一个执行交易的最低价格。如果是**买入限价指令**（buy limit order)，就要以指定的或更低的价格买入期货合约；如果是**卖出限价指令**（sell limit order)，就要以指定的或更高的价格卖出期货合约。

限价交易指令的危险在于不能确定交易指令能否执行，限定的价格可能在市场上不存在。甚至如果合约被指定以某一特定价格交易，那么有可能这个交易指令不能下达，因为市场不可能在某一特定价格或更好的价位上交易足够长的时间以利于投资者下达所有未下达的指令（outstanding orders)。尽管如此，限价交易指令的风险要小于市场交易指令。投资者对限价交易指令有更多的控制权，因为只要投资者还没有下达该指令，就可以根据当前最新的市场价格修改指令中的限定价格。

限价交易指令是一个附条件指令，即仅当达到限定价格或更好的价格时才执行该指令。附条件指令的另一种类型是**停止交易指令**（stop order)。停止交易指令是指直到市价达到指定价格时才执行该指令，在这时该指令变成市场交易指令。**买入停止交易指令**（buy stop order）是指直到市价升高到指定价格时才执行该指令（例如，以指定价格或更高的价格交易或出价)；**卖出停止交易指令**（sell stop order）是指直到市价降低到指定价格时才执行该指令（例如，以指定价格或更低的价格交易或要价)。当期货投资者持有头寸但又不能随时监测市场时，停止交易指令是很有用的。投资者通过允许市场波动去激发停止交易指令来锁定账面利润或使持有头寸的损失最小化。在卖出（买入）停止交易指令中，指定价格小于（大于）期货合约的当前市价。在卖出（买入）限价交易指令中，指定价格大于（小于）期货合约的当前市价。

停止交易指令有两种风险。因为期货市场有时会出现突然的价格波动，所以价格波动的方向是临时的，这导致过早地结清头寸。另外，一旦达到限定价格，停止交易指令就成为市场交易指令，这样，它又要面临前面提到的市场交易指令中执行价格的不确定性风险。

停止限价交易指令（stop-limit order）是停止交易指令和限价交易指令的结合，是规定了限定价格的停止交易指令。因此，当达到停止价格时，停止交易指令就变成市场交易指令，而停止限价交易指令就变成限价交易指令。该指令用来减轻停止交易指令的市场影响力，即在下达停止交易指令后，投资者可以限定可能的交易价格。而对于限价交易指令，在该指令被下达后市价很有可能永远不会达到限定价格，因此，该指令也执行不了。这样，停止交易指令的目的之一——锁定账面利润或限定损失——就没有实现。

投资者也可以下达**触价交易指令**（market-if-touched order)。该指令很像停止交易指令，因为当达到指定价格时它就变成了市场交易指令。但是，买入型触价交易指令是在市价降到指定价格时变成市场交易指令，而买入停止交易指令则是在市价升高到指定价格时变成市场交易指令。类似地，卖出型触价交易指令是在市价升高到指定价格时变成市场交易指令，而卖出停止交易指令则是在市价降低到指定价格时变成市场交易指令。停止交易指令被看成是在可接受的价格上（没有指定确定的价格）退出现有头寸的交易指令，而触价交易指令被看成是在可接受的价格上（没有指定确定的价格）进入头寸的交易指令。

投资者可以在当天交易开始或结束时发出买入或卖出证券的指令。**开市交易指令**（opening order）是指仅在当天开市后最初的一段时间内交易；**闭市交易指令**（closing order）是指仅在当天快要闭市的一段时间内交易。

期货经纪人的客户可以允许经纪人尽量得到最有可能的价格。**自主交易指令**（discretionary order）允许经纪人在一定的价格范围内自主填写指令。例如，自主交易指令是限价交易指令，该指令给经纪人"一点"(one-tick)（例如，1个基点或1/32）自主交易权，以尽量获得比限定价格更好的价格。因此，即便限定价格已经达到，指令可能也在这个价位上已经填好，但是经纪人也能等待以期出现更好的价格。然而，如果确信市价会出现较糟糕的结果，那么经纪人必须填写指令进行交易，但是最坏情形不能超过规定的限定价格的"一点"。**不追究交易指令**（not-held order）给经纪人完全的自主交易权。它可以被下达为前面提到的任何一种指令（如市场交易指令、停止交易指令、限价交易指令等），但是如果经纪人确信下达该指令是不明智的，他就不必执行该指令。

客户可能下达包含指令撤销条款的指令。**不执行即撤销指令**（fill-or-kill order）一到达交易所就必须执行，否则就被立即撤销。**取一交易指令**（one-cancels-other order）是两个同时存在的指令，但是当一个指令被执行时另一个自动撤销。

交易指令可以规定该指令的有效时间，可能是一天、一周，也可能是一天内的某段确定时间。**开口交易指令**（open order）或**撤销前有效交易指令**（good-till-cancelled order）是指它们在被声明撤销前一直有效。如果在有效时间内没有被声明撤销，那么通常假定指令仅到当天结束时有效。一些交易指令，如市场交易指令，没有特定的有效时间，因为它们被要求立即执行。

当执行交易指令时，期货经纪人必须提供交易证明，该证明包含交易的所有基本信息。当指令要求清偿头寸时，在该证明中就显示出该头寸的利润或损失以及交易成本。

持有和清偿头寸

一旦期货投资者在经纪人处开立了账户，他就可以在市场中持有头寸。如果投资者买入期货，则称他持有多头；如果投资者卖出期货，则称他持有空头。

期货投资者有两种清偿头寸方式。为了在交易日前清偿账户，他必须在同一类合约中持有结清头寸（offsetting position）。对多头来说，这意味着要卖出同等数量的合约；对空头来说，这意味着要买入同等数量的合约。

另一种方式是等到交割日清偿。这时投资者通过以协定的价格取得期货合约基础证券的方式来清偿多头，或者通过以协定的价格交付证券的方式来清偿空头。由于利率期货合约不要求实际交割（如欧洲美元期货），所以在交割日用现金以交割价格进行交割。

清算公司的作用

当投资者在期货市场上持有头寸时，总是有另一部分投资者持有相反的头寸并同意遵循该合约中提出的条款。由于**清算公司**（clearing corporation）与每次交易关联，投资者不必担心持有相反头寸的投资者的财务实力和信用等级。在执行交易指令之后，双方的关系终止。清算公司在每次出售中充当买方，在每次购买中充当卖方。因此，投资者可以自由地清偿头寸，而不用原始交易的另一方参与，也不用担心另一方会违约。但是，该投资者面临部分期货经纪人违约的风险。因此，每个组织应该确信期货经纪人［特别是交易期货的**子公司**（subsidiary）］有足够的资本金以确保它没有信用危机。

保证金要求

当投资者第一次持有期货合约头寸时，他必须在交易所存入其规定的每份合约的最小美元现金（经纪人可以要求存入比最小额更多的钱，但不可少于这个最小额）。这个数额叫**初始保证金**（initial margin），它形成了良好的信用保证。初始保证金可以是国库券。由于期货合约的价格经常波动，所以持有头寸的净值也在跟着改变。在每一个交易日结束时，持有头寸要盯住市场，以使头寸的任何收益或损失都反映到账户的净值上。盯市价格是当天的结算价格。

维持保证金（maintenance margin）是指在未追加保证金前由于不利的价格波动导致净值头寸下降到一个最小保证金水平。追加保证金也叫**价格变动保证金**（variation margin），简单地说，它是使投资者账户中的净值维持在初始保证金水平的一定保证金数额。和初始保证金不一样，它必须用现金交纳。同样，如果账户中有多余的保证金，那么投资者可把增加部分提现。[1]

如果要追加价格变动保证金，那么经纪公司就要联系投资者并通知他们必须在账户中存入额外的现金，同时，签发追加保证金通知书。甚至如果期货价格在随后又向有利于投资者的方向变动，也仍然要存入价格变动保证金。若在合理的时间内投资者不能追加价格变动保证金，那么经纪公司将出售账户中的证券。

保证金要求随着期货合约和交易的类型而变动，即证券头寸可能是单纯的多头或空头，或是两者的结合，交易目的可能是投机或套期保值。投机交易的保证金要高于套期保值头寸的保证金，单纯头寸的保证金要高于价差头寸的保证金。保证金要求也在期货经纪人之间变动。交易所和经纪公司改变它们的保证金要求，是因为它们认为合约有或多或少的风险，或因为它们认为某种类型的头寸（通常是投机交易）是不应该被持有的。

59.3 典型交易所交易的期货期权合约

虽然期货合约是相对直接的金融投资工具，但是**期货期权**（options on futures, or futures options）值得另加解释。期货期权与其他期权很相似，比如现货固定收益证券期权，它的看跌期权和看涨期权都按照固定收益期货的方式进行交易。看涨期权的买方有以规定价格买入其基础期货合约的权利；看跌期权的买方有以规定价格卖出其基础期货合约的权利。如果买方要执行期权，那么期权的卖方有义务对看涨期权出售期货，或对看跌期权买入期货。

期货期权仅在一点上不同于传统的期权，即它的基础工具不是现货证券（spot security），而是证券中的期货合约。因此，举例来说，如果看涨期权的买方执行期权，那么他就要求持有期货多头，而不是现货证券多头；而看涨期权的卖方则是在相同期货合约中持有相应的空头。对看跌期权来说，双方的情况正好相反，即如果看跌期权的买方执行期权，则他就要求持有期货空头，而卖方则是在相同期货合约中持有多头。最终的空头和多头期货头寸类似于任何其他期货头寸，它要每天盯市。

要求持有期货头寸的投资者在当前的期货价格上盯市。但是，如果期权的执行价格不等于执行时的期货价格，期权卖方必须补偿期权买方这个差额。因此，当执行看涨期权时，看涨期权的卖方必须支付买方当前期货价格减去执行价格的差额。另外，看跌期权的卖方必须支付买方执行价格减去当前期货价格的差额。（实际上，在执行价格上建立期货头寸时就完成了这些交易，然后立即盯市。）注意：不像现货证券期权，交易时转移的现金数量仅仅是执行价格与当前期货价格的差额，不是整个执行价格。当然，持有期权的人不必执行期权去获取收益，他也可以出售期权。

现在我们讨论期权合约本身。我们论述最重要合约中的两个，即 CME 长期国债期货期权和 IMM 欧洲美元期货期权。也有 5 年期和 10 年期国债期货期权，但是由于它们在结构上与中期国债期货期权相似，所以本章不予讨论。

□ 长期国债期货期权

CME 长期国债期货期权在许多方面都比它的基础期货合约简单。通常，长期国债期货的转换系数、绝大多数可交割、百搭牌的使用和其他一些细微之处是长期国债期货期权不必关心的。虽然这些因素影响了公开价格，但是这种影响已反映在期货价格上。因此，当买卖期货期权时不必再考虑它们。

长期国债期货期权在许多方面是指数期权。这里的“指数”是指期货价格本身，即假设的息票利率为 6%的 20 年期国债的价格。期货合约的面值是 10 万美元。因此，举例来说，设期货价格为 95、交割价格为 94 的看涨期权有 1 000 美元的内在价值，而执行价格为 100 美元的看跌期权有 5 000 美元的内在价值。

为了尝试与场外交易期权市场竞争，**可变国债期货期权**（flexible treasury futures options）被引入。这类期货期权允许对应的投资者在一定限制范围内使期权规范化。特别地，执行价格、到期日和执行类型（是美式还是欧式）都被规定在 CME 的限制范围内。一个关键的限制是可变国债期货期权的到期日不能超过在 CME 交易的最长期限的标准期权的到期日。不像 OTC 期权，它的买方面临其对应投资方的风险，而可变国债期货期权由清算所保证。投资可变国债期货期权的初始最小数目要求是 100 个期货合约。

长期国债期货期权的期权费是根据几个百分点和一个百分点的 1/64 来报价的。因此，1—10 的期权价格是面值的 1.156 25%，或者 1 156.25 美元；最小的价格波动也是 1%的 1/64。

虽然长期国债期货期权不等同于长期国债期权，但是它们具有相同的目的。因为长期国债现货和期货价格是高度相关的，套期保值者和投机者常常发现长期国债期货期权具有长期固定收益证券期权的本质特征。

□ 欧洲美元期货期权

在交易所交易的套期保值产品中欧洲美元期货期权有它独特的地方。这种期权是当前唯一存在的基于短期利率的期权合约。

（在 CME 交易的）欧洲美元期货期权是基于欧洲美元期货报价的（如 100 减去年化收益率）。这种合约的大小跟其基础期货一样，是 100 万美元，价格每改变 0.01 的价值是 25 美元。同样，期权费也是根据基点报价的。因此，举例来说，若期权费报价为 20（或 0.20），则意味着期权价格为 500 美元；125 的期权费（或 1.25）则说明期权价格为 3 125 美元。

和其他债务期权一样，欧洲美元期货看跌期权的买方随着利率升高而获利，而看涨期权的买方随着利率降低而获利。因此，负债或资产随着短期利率而波动的机构能使用欧洲美元期货期权去套期保值，规避短期利率波动的风险。考虑负债随着短期利率波动的机构，这些机构包括发行大额存单或吸收基于现货市场利率存款的银行与储蓄机构，以及发行商业票据、浮动利率证券或浮动利率优先股的工业与金融公司。同样地，那些从事可调利率抵押贷款业务的公司也面临类似的风险。[2] 举例来说，随着短期利率的增长，对借方来说负债会越来越重，因此，负债的借方需要一种限制利息费用的方法。虽然欧洲美元期货期权不能扩展成为许多借方喜欢的期货，但它们是近期内对短期利率套期保值的一种有效工具。因此，拥有浮动利率负债的机构能通过购买欧洲美元期货看跌期权来购买利率**上限**（cap）。当利率上涨时，看跌期权的利润趋向抵消部分或全部增加的利息费用。

另外，浮动利率证券的买方面临相反的风险，这个买方包括购买现货市场存款、浮动利率证券、浮动利率优先股和可调利率抵押贷款的投资者。持有大额存单或商业票据的投资者也面临相同的问题。当利率下降时，投资者收到较少的利息收入，因此，他们需要购买利率**下限**（floor）。利率下限是基本的看涨期权。当利率下降时，债券看涨期权将升值，这会抵消投资者的利息损失。

总之，欧洲美元期货期权能用来限制短期利率波动带来的风险，若利率上升则通过买入看跌期权实现，若利率下降则通过购买看涨期权实现。

□ 期货期权的交易机制

为了持有期货期权头寸，投资者要跟期货经纪人合作。用来买卖期货期权的交易指令的类型通常与期货合约的交易指令相同。清算所与期货期权的交易所联系紧密，它又一次处在买方和卖方之间。而且，我们在期货中讨论的交易成本和相关证券的发行也常适用于期货期权。

对期货期权的买方没有保证金要求，但是当购买期权时要全额支付期权价格。因为不管期货期权的基础期货的价格向不利于买方的方向运动多大，期权价格是买方所能损失的最大数额，所以没必要交纳保证金。

因为期货期权的卖方已同意接受基础证券中所有的头寸风险，卖方不仅要为基础期货存入必要的保证金，而且要存入期权价格。而且，若逆向价格变动影响了卖方头寸，则要增加保证金。

59.4 场外交易合约

固定收益期权和远期合约有广阔的场外交易市场。(远期合约是期货合约在场外交易市场交易的等价物。)举例来说，在场外交易市场中，能较容易地买卖 LIBOR 期权、商业票据、国库券和优惠利率(prime rates)，也能买卖任何类型的国债，能买卖到期日长至 1 天短到 10 年的期权。在场外交易市场中，投资者容易获得远期头寸，它使 3 个月和 6 个月 LIBOR 的期限增加到大约 2 年。

特别是在期权市场，在场外交易市场和挂牌交易市场之间存在一道天然的屏障。假定有一小部分期货合约，交易所有标准化要求，并且有期货期权合约与其基础期货合约相互交易的协同作用，这样，交易所在期货期权交易方面是最成功的。因为场外期货期权被禁止，所以它不能在场外交易市场交易。另外，由于场外交易市场擅长于创造弹性结构和处理差异化的条款，所以在现货证券期权和现货市场利率期权的交易方面，它比交易所有优势。

在下面的章节中，我们将讨论场外交易固定收益衍生工具市场的结构以及它们相对于交易所市场的优缺点。我们还将讨论在该市场上最重要的合约，包括抵押贷款期权、国债期权、LIBOR 上限和下限以及远期利率协议。

□ OTC 市场结构

与其他 OTC 市场一样，OTC 固定收益期权和远期合约没有中心市场，只要买卖双方协商并认可了一个价格，双方就可以进行交易。不像交易所交易行为，合约的条款、数量和价格常不对其他市场参与者公开。因此，OTC 市场的透明度比交易所市场小，并且查明当前某一期权和远期合约的市场价格也更困难。但是，有两个群体可以解决这个问题。第一个群体就是 OTC 市场做市商。OTC 固定收益期权和远期合约的做市商的典型代表是投资银行和商业银行。做市商，根据定义，一般从事买卖给定的期权或远期合约以满足客户的需求。为了使交易有效，做市商必须是自愿的，而且能够处理大量交易指令，它必须使买卖价差合理地缩小。

第二个能够给 OTC 市场带来交易指令的群体是经纪人。经纪人的主要工作是把买卖双方联系起来，而在期权和远期合约中持有头寸不是他们的义务。经纪人为了做好工作必须发布价格信息，从中可以看到什么交易可以在哪个价位进行。这些信息通过电话和大众媒体被散布给潜在的买方和卖方。

由于 OTC 固定收益期权和远期合约没有中心市场，因此也就没有清算所。因此，持有 OTC 合约的投资者必须关注他们交易对方的信用等级。举例来说，售出期权或持有远期利率协议的实体有潜在的负债，负债额等于这些实体净值(net worth)的好几倍。而且，不能保证交易对方有有效的套期保值手段或者实际上无法获知他们是否有套期保值。再者，部分交易对方的财务问题使交易对方很难有能力去优化合约中的规定，即使有套期保值。因此，在交易所交易市场，投资者不用知道也不用担心交易的另一方，但在

OTC 市场，知道交易另一方是很重要的。信用等级是交易中最重要的考虑因素之一。

和 OTC 交易相关的潜在信用危机可采用很多方法减轻。第一，一些机构不会随便购买一方的远期利率协议，而是购买有良好信用等级的大型机构的远期利率合约。第二，一些机构要求交易对方在交易完成后立即提供担保品。这个担保品与期货和期货期权协议中的初始保证金有相同的作用。第三，一些机构有这样的权利，即当市场向不利于交易对方的方向变动时，这些机构可从交易对方那里要求额外的担保品。这类似于交易所交易市场上的变动保证金。虽然这些规定可能不像中心清算所那样好，但是很明显它们对大量组织来说是足够好的，对一个大市场来说也有利于它的发展。

由于流动性能容易地终止现有头寸，所以在 OTC 市场流动性受到限制，OTC 期权和远期合约常常是不可转让的。因此，举例来说，若一方售出期权，与这个期权相关的或有负债不能转嫁给第三方，除非期权买方表示许可。如果期权卖方想冲销空头期权，最好的方法就是从第三方买入相似期权去抵消初始期权的风险。但是，如果冲销方的信用值得怀疑，或冲销期权是不同的，那么期权卖方仍保留有风险。如果在到期日前终止期权，期权买方也面临类似的问题。期权买方不能售出相同的期权去抵消初始期权的事实再加上信用因素，使期权买方有效地终止期权存在很大困难。由于远期利率协议包含交易双方的或有负债，所以类似的问题也存在于远期利率的买卖双方中。

跟 OTC 市场相关的一些问题产生于合约非标准化这个事实。但是，非标准化又带来了很多好处。如上所述，OTC 合约能确定为任何买卖双方都接受的条款，因此，潜在的买方或卖方能从做市商那里获得任意需要的结构，并且很多时候（但不是所有时候）都可以在合理的价位上得到这些结构。与交易所交易市场特别清晰的结构相比，这是一个显著的优点。

□ OTC 合约

抵押贷款期权

固定收益证券期权的 OTC 市场在 20 世纪 70 年代中期就以**备用承付款项**（standby commitments）的形式开始。备用承付款项本质上是抵押看跌期权，它允许持有者（通常是抵押银行）在确定时间内以确定的价格销售担保品。虽然备用承付款项开始在联邦国民抵押贷款协会流行，但是不久之后，其他组织也开始出售期权。特别地，储蓄机构不久成为抵押看涨和看跌期权的卖方。它常出售虚值（out-of-the-money）看跌期权（它以与当前收益率相关的收益率执行，这个收益率看起来是吸引人的）和虚值看涨期权（常以基础证券在储蓄机构的成本执行）。直到 20 世纪 80 年代初，在 OTC 抵押贷款期权市场还没有真正的做市商，因此，直到想购买期权的最终使用者（end-user）能与另一个想出售期权的最终使用者配对时交易才能发生。处在这双方之间的中介机构不愿意持有一方的头寸，除非同时持有另一方的头寸。

今天，虽然最初的备用承付款项不再存在，但是抵押贷款期权市场已有许多参与者，投资银行和商业银行在该市场中扮演主要角色。一些大的投资银行和商业银行即使在没有交易对方的情况下也愿意持有抵押贷款期权，这使市场比其他情况下更具有流动性和灵活性。抵押贷款期权的最终使用者没有多大改变，但是使用者数目大大增加了。抵押银行继续购买抵押贷款看跌期权；储蓄机构继续出售看涨和看跌期权。由于一些储蓄机构现在也扮演抵押银行的角色，所以它们也成为抵押贷款看跌期权的买方。货币管理者也成为市场的一部分，在它们的投资组合中通常成为抵押贷款看涨期权的卖方。

目前，抵押期权市场几乎整个是由标准的机构转手抵押贷款证券期权组成的。CMO分券、IO、PO期权以及类似的期权都不是OTC抵押贷款期权市场的重要组成部分，最主要的是30年期抵押贷款期权，也有使用15年期的。根据到期期限，抵押贷款期权交易趋向于集中在更短的到期期限，大多数是60天到期，也有一年的。根据执行价格，大部分交易是两平（at the money）期权和虚值期权。

国债期权

OTC的国债期权市场虽然不像OTC抵押贷款期权市场那样年代久远，但是它们具有同等规模和相同的流动性。在抵押贷款期权市场中，投资银行和商业银行扮演做市商的角色，它们常乐于买卖上亿美元或者金额更高的国债期权。大多数这种操作的期权期限为60天。这种交易是两平或虚值的。国债期权集中在新发行的证券（on-the-run issues)，其余的交易证券是旧证券。

除了对国债期权没有多大兴趣的抵押银行外，国债期权的最终用户与抵押贷款期权市场中的最终用户基本相同。储蓄机构趋向于是虚值看跌和看涨期权的卖方，货币管理者和共同基金趋向于是抛补看涨期权（covered call）的卖方。

LIBOR上限和下限

冲销收益率曲线短期部分的主要OTC期权是3个月期和6个月期LIBOR上限和下限。从本质上说，LIBOR上限是一系列基于债券的LIBOR看跌期权；LIBOR下限是一系列基于债券的LIBOR看涨期权。

上限或下限买方在合约中拥有很多权利，这与其他期权一样。当然，它们的卖方从买方处收到期权费，但卖方有义务履行合约。

为了弄清楚这些合约是如何运作的，考虑一个5年期的、以4%交易的1亿美元的3个月期LIBOR上限。这样一个合约规定了重设日期（reset dates)，每3个月发生一次，一共要重设20次。第一次重设通常是立即发生或在交易日的一两周内发生，最后一次重设通常发生在合约规定的到期日前3个月左右。为了确定对上限买方的偿付额，在每一个重设日都要把4%的交易利率同3个月期的LIBOR（预先确定的）做对比，若3个月期LIBOR是4%或低于4%，上限卖方不欠上限买方任何钱；然而，若3个月期LIBOR在4%以上，上限卖方必须支付买方该利率超过4%之差的货币价值。在这种情况下，对90天计息期，每一个基点的价值是2 500美元（=0.000 1×100 000 000×90/360)。因此，举例来说，如果在一个特定重设日的3个月期LIBOR是4.5%，那么上限卖方就会因为这个重设而欠买方12.5万美元；在下一个重设日若3个月期LIBOR是6%，则上限卖方要欠买方50万美元；又在下一个重设日若3个月期LIBOR是3.5%，则上限卖方不欠买方钱。在许多情况下，上限卖方要支付给买方一定数目的货币，这是在应计利息期间的后期因为某一重设欠买方的钱，在这种情况下，这个时期指在重设日后的3个月。

除了当利率下降到某一确定水平以下，支付发生外，下限与上限是相似的，对下限来说，当利率上升到某一确定水平以上时，支付才发生。举例来说，若某人购买了2 500万美元7年期的利率为3%的6个月期LIBOR下限，则共有14个重设日。在每一个6个月期LIBOR与3%做对比，若它在3%以上，则下限的卖方不欠买方钱；若它在3%以下，则对180天计息期来说下限卖方对6个月期LIBOR在3%以下的每一个基点欠买方1 250美元。

上限和下限市场跟其他OTC期权市场一样，由做市商、最终用户和经纪人组成，做市商是大型投资银行和商业银行。但是在上、下限市场做市商的利差一般比抵押或国债期权市场少，特别是对虚值上限和较小范围内的虚值下限。

上限和下限的最终用户主要是那些想要冲销风险的机构。举例来说，持有基金空头和债务多头的机构会因为短期利率的上升而发生损失；类似地，持有像商业票据等短期证券或持有与LIBOR、优惠利率挂钩的银行借款的基金组织，也会因为短期利率的上升而发生损失。这些机构包含许多储蓄机构、银行和金融公司，也包括工业和建筑公司，它们能通过购买上限来抵御短期利率上升风险。若利率下降，下限的最终用户是面临损失的公司。举例来说，如果一个机构以嵌有下限的浮动利率借款，那么像这样的事情是可能发生的。像这样的机构可能被组建以使浮动利率不出现问题，当它们借款时的浮动利率不再浮动时，问题就产生了，因为下限已经达到了。这个机构可以买入下限，这样，无论何时浮动利率下降到下限利率以下，该机构都可以从下限卖方那里得到货币补偿，因此冲销了利率降低的风险。

上限和下限的卖方不同于做市商，他们是动态的。在一些情况下，这些卖方直接出售上限或下限以获得溢价收入；而其他人出售上限或下限以修匀某担保品衍生物等其他固定收益证券的现金流。在其他情况下，这些卖方仅秘密出售上限或下限。下面这个例子说明了这两种卖方。

当上限市场正向上发展时，出现许多上限的自然买方而很少的自然卖方，这变得非常明显。投资银行有许多上限的潜在买方，当它们意识到上限可被发展为浮动利率票据(FRN)市场的一种衍生物时，它们成功地创造了上限的卖方。FRN的发行人定期发行利率依LIBOR重设的票据。而且，有很多著名的带上限的FRN的买方，但是，带上限的FRN比不带上限的FRN的息票额高，这是为了补偿FRN的买方，因为他们承担了超过上限的风险。如果发行人出售带上限的FRN，实际上他从FRN的买方购买了LIBOR上限，然后这个上限被卖给了投资银行，接着银行又将这个上限卖给购买上限的客户，这个交易就以这种形式进行。投资银行为某一FRN发行方承销带上限的FRN，发行方同意给他的投资银行像上限那样的支付，然后银行把上限卖给其他客户，但这不引起任何市场风险，因为这两种潜在的支出互相抵消了。由于投资银行使用了部分上限出售收入，所以它同意支付货币给发行方，以使浮动利率负债的成本降到不带上限浮动利率票据的成本以下。因此，投资银行、FRN的发行方与买方和最终购买上限的用户都进行了一场令人满意的交易。

像这样一个例子说明了当不存在明显的卖方时，金融创新是怎样被用来创造投资工具卖方的。在这个例子里，在假定FRN的发行人找到愿意向他们出售上限的某人时，他们也愿意出售上限。上限的最终卖方是带上限 FRN 的买方，但是，他们仅是暗藏的上限卖方，从这个意义上说，在他们的账簿中从来没有明显的上限头寸。

这个例子是许许多多例子当中的一个，它说明了做市商怎样从表面和隐含两方面吸引金融产品的最终用户去买卖金融工具，这些工具允许做市商在 OTC 市场上冲销它们的头寸。这并不是说做市商具备了交易中其他方的优点。正因为如此，交易各方都提前出现了。

远期利率协议

远期利率协议（FRA）市场是原来在交易所交易的短期利率期货合约在场外交易的等价物。FRA 是银行间短期存款的一种自然快速增长，但是，它又像银行间市场，事实上任何信用机构都可以买卖 FRA。

FRA 市场中具有流动性和易介入的部分是 3 个月期和 6 个月期 LIBOR，这个利率被广泛用于结算，这个结算从 1 个月远期开始，然后每个月结算一次直到大约 6 个月远期。因此，举例来说，任何给定时期的远期利率都可以通过 3 个月期和 6 个月期 LIBOR 的 1 个月远期得到，这两个远期分别冲销了从 1 个月开始到 4 个月结束的利息期间和从 1 个月开始到 7 个月结束的利息期间，这些合约被称为 1×4 和 1×7 合约。在同一天，也将有 3 个月期和 6 个月期 LIBOR 远期利率协议进行 2 个月远期的结算，这是 2×5 和 2×8 合约。类似地，对 3 个月期和 6 个月期 LIBOR 来说，可以结算 3 个月、4 个月、5 个月和 6 个月远期，这些合约也可以用它们覆盖的利息期间的开始和结束月数表示。

在接下来的每一天，到交割日前的相同结构类型的合约即 1 个月期、2 个月期合约等，将再一次被出售。因此，虽然在任何确定的日期内只有相对有限的结构被广泛应用，但是在每一天的开始都有新交割日的新合约被出售。这与期货市场十分不同，在期货市场，相同交割日的相同合约是逐日交易的。

对其他 OTC 债务投资工具来说，也有做市商和经纪人，他们使市场能正常运行。然而，在 FRA 市场上的商业银行与其他 OTC 衍生工具不一样，它们在 FRA 做市商中是支配力量，这是因为银行能把它们的 FRA 交易掺和到银行间交易和整个基金操作中。因此，许多银行愿意利用一个比上面阐述的标准结构更广泛的结构。投资者可以选择期限而不是 3 个月期和 6 个月期 LIBOR，可以选择许多交割日而不是期货中的多个月份。

在许多情况下，出售 FRA 是为了到交割日时无须货币换手。为了确定交割日的现金流，从预先确定的资料得到的 LIBOR 要与 FRA 合约中规定的 LIBOR 进行对比，实际换手的美元数额是这两个利率差额的美元值，这个价值是基础 LIBOR 的期限即 3 个月或 6 个月的现值。这个现值的合理性是：若 FRA 用于给一项存款（或其他短期投资工具）套期保值，则在存款的到期日而不是签发日要支付（获得）由于利率的改变而引起的损失（盈利）。因此，由于 FRA 的现金支付是在结算日（可能与存款的签发日相同），所以存款的利息费用（或收入）的现值将等于在 FRA 中实际收到或支付的货币。

最后，FRA 市场的一个特征值得注意。若一个人购买了 FRA，那么他将从利率上升中获益；若一个人出售了 FRA，那么他将从利率下降中获益。

59.5 关键知识点

• 远期合约与期货合约相似，是指在特定的时间以特定的价格在将来交易一定数量有价资产的协议，但是与期货合约不同的是，它是非标准化的，并且不需要在有组织的交易所进行交易。

• 远期合约的双方都将承受对手信用风险，即对手不履行合约义务的风险。

• 期货合约是指在买者（卖者）与确定的期货交易或清算所之间签订的协议，这个协议要求在特定时间内买者（或卖者）同意以某一特定的价格收取（或交付）特定数量的有价资产。

• 期货合约的双方必须满足利润条件。

• 如果某一投资者持有期货多头头寸，那么当期货价格上涨时将获得收益；如果某一投资者持有期货空头头寸，那么当期货价格下跌时将遭受损失。

• 对于长期国债期货合约，基础证券是假定的 100 000 美元面值的、息票利率为 6%的 20 年期国债。

• 转换系数被用来调整长期国债期货合约的发票价格，使合约双方平等地进行交割。

• 长期国债期货合约的空头有多种交割期权。

• 继长期国债期货合约之后，10 年期、5 年期和 2 年期中期国债期货也成为典型国债。

• 3 个月期 LIBOR 是欧洲美元期货合约的基础产品。这种期货合约属于现金结算合约，也是世界上交易量最大的期货合约之一。

• 联邦基金期货合约属于现金结算合约，合约标的是交割月份的简单平均隔夜联邦基金利率。

• 互换期货合约的基础工具是固定利率的 10 年期利率互换的名义价格，该利率互换的名义本金为 10 万美元，其半年利率支付是基于 6%的固定年利率的浮动利率。

• 利率期权包括固定收益证券期权和利率期货期权，后者被称为期货期权。

• 利率上限和下限是交易双方之间达成的协议，其中垫付前期费用的一方同意当最终确定的利率水平不同于预先设定的利率水平时给予另一方补偿。

• 远期利率协议是一种场外交易的衍生工具，其本质上是一种远期起点贷款（forward-starting loan），但是不存在本金交换，因此交易双方交易的现金额只取决于利率之间的差异。

• 远期利率协议的要素包括远期利率协议的利率、参考利率、名义数量、合约期限和结算日。

• 远期利率协议的买方同意支付远期利率协议的利率，卖方则同意接受远期利率协议的利率。必须在结算日交易的数额等于利差的现值。

• 与利率期货合约不同，如果参考利率上升，则远期利率协议的买方将会获益；如果参考利率下降，则卖方获益。

【注释】

[1] 虽然用保证金购买股票和债券都有初始保证金与维持保证金，但它们的保证金概念与期货是不同的。当用保证金购买证券时，要从经纪人处借入证券价格和初始保证金之间的差额。被购买的证券要充当担保物，因为投资者要支付贷款的本利和。对期货合约来说，初始保证金可有效地充当信用保证金，这表明投资者将很好地履行合约的义务。期货买方没有借入现金；类似地，期货卖方也不能借入现金或证券。

[2] 更深入地说，可调利率抵押贷款的利率支付有上限和下限，这种证券的性质限制了发行人和投资者的风险。

第 60 章 期货定价及其投资组合应用

弗兰克·J. 法博齐（Frank J. Fabozzi）博士，注册金融分析师，
注册会计师
EDHEC 商学院金融学教授

马克·皮茨（Mark Pitts）博士

布鲁斯·M. 柯林斯（Bruce M. Collins）博士
西康涅狄格州立大学金融学教授

持有期货头寸的大多数交易商和投资者关心的主要问题之一是，它们交易的期货价格是否为公平价格。买方担心价格可能太高，更有经验的交易商会利用买方因为没有经验而造成的错误并从中获利。卖方担心价格由于人为原因被压得太低，精明的交易商可能操纵市场价格从而得以廉价买入。而且，对于在期货市场上时常发生的剧烈价格波动，市场参与者经常找不到合理的解释。关于有效市场的理论不能给任何一个了解或经历了发生于有高杠杆作用的期货市场上的突然损失的人带来安慰。

幸运的是，期货市场不像它开始看起来那样不合理了，若它还是那样，那就不是成功的市场。尽管利率期货市场不是完全意义上的有效市场，但它还是比较接近于有效市场的。此外，有非常清楚的原因说明为什么期货价格是这种价格，而且有很多方法，交易商、投资方和借方能通过这些方法迅速消除在期货价格和合约公平价格水平之间的任何差异。

本章将解释期货合约的理论价格或公平价格的确定，然后解释一些更重要的利率期

货的投资组合应用。

60.1 期货合约的定价

给期货定价有很多不同的方法，幸运的是，所有方法对一确定的合约来说都会产生相同的公平价格。每种方法都依据**一价定律**（law of one price），这个定律是指不管通过什么方式来创造一种资产（或负债），这种确定的金融资产（或负债）的价格必须相同。本章将阐述一种方法，通过这种方法期货能和现货市场的投资工具结合去创造现金流，这个现金流等于其他货币证券产生的现金流。[1] 一价定律隐含地说明了人为创造的货币证券必须与实际货币证券有相同的价格。类似地，现货投资工具也能被联合起来创造现金流，这种现金流等于期货合约的现金流。根据一价定律，期货合约必须与由现货投资工具人为创造出来的期货合约有相同的价格。

□ 基本原则的举例说明

为了搞清楚期货合约应该怎样被定价，现考虑下面这个例子。假设一个 20 年期的债券，息票利率为 12%，面值为 100 美元并且以面值出售。另外，假设这只债券可在 3 个月后期货结算时移交。若当前 3 个月期利率是每年 8%，该利率是资金的借贷利率，那么这个期货应该怎样定价？

假设期货合约的价格是 107 美元，考虑下面的交易策略：

以 107 美元出售期货合约；

以 100 美元购买债券；

以每年 8%的利率借入 100 美元，期限为 3 个月。

借入资金被用来购买债券，这样这个策略中没有初始现金支出。从现在起 3 个月后债券必须被移交以结算期货合约，并且要偿付贷款。这些交易产生的现金流如下：

期货合约结算时	
债券平价	107 美元
应计利息（12%的利率，3 个月期限）	+3 美元
总收入	110 美元
在贷款时	
偿付贷款本金	100 美元
贷款利息（8%的利率，3 个月期限）	+2 美元
总支出	102 美元
利润	8 美元

这个策略保证了利润为 8 美元，而且利润是在无初始支出的情况下产生的，因为是借入资金购买债券。不管在结算日的期货价格是多少，利润都能实现。很明显，在一个

有效市场里，套利者将购买债券和出售期货，从而迫使期货价格降低而抬高债券的价格以抵消利润。

相反，假设期货价格为 92 美元，而不是 107 美元，考虑以下交易策略：

以 92 美元买入期货合约；

以 100 美元出售（空头）债券；

以每年 8%的利率投资（或贷出）100 美元，期限为 3 个月。

又一次没有初始现金支出。从现在起 3 个月后要购买债券去交割期货中的多头，然后这只债券被用来冲销空头（例如，冲销现货市场的卖空）。在 3 个月后的结果如下：

期货合约结算时	
债券平价	92 美元
应计利息（12%的利率，3 个月期限）	+3 美元
总支出	95 美元
在贷款时	
到期投资收回的资本金	100 美元
从 3 个月投资中获得的利息 （8%的利率，3 个月期限）	+2 美元
总收入	102 美元
利润	7 美元

利润 7 美元纯粹是套利利润，它不要求初始现金支出，不管在结算日期货价格为多少，这个利润都能实现。

但是期货价格将消除套利利润。若期货价格是 99 美元，就没有套利存在。再考虑如果前两个交易策略被执行和期货价格为 99 美元会发生什么。首先，考虑如下策略：

以 99 美元出售期货合约；

以 100 美元购买债券；

以每年 8%的利率借入 100 美元，期限为 3 个月。

3 个月后的结果如下：

期货合约结算时	
债券平价	99 美元
应计利息（12%的利率，3 个月期限）	+3 美元
总收入	102 美元
在贷款时	
偿付贷款本金	100 美元
贷款利息（8%的利率，3 个月期限）	+2 美元
总支出	102 美元
利润	0 美元

没有套利利润存在。

接下来，考虑下面的逆现金与结转交易策略：

以 99 美元买入期货合约；
以 100 美元出售（空头）债券；
以每年 8%的利率投资（或贷出）100 美元，期限为 3 个月。

3 个月后的结果如下：

期货合约结算时	
债券平价	99 美元
应计利息（12%的利率，3 个月期限）	+3 美元
总支出	102 美元
在贷款时	
到期投资收回的资本金	100 美元
从 3 个月投资中获得的利息	
(8%的利率，3 个月期限)	+2 美元
总收入	102 美元
利润	0 美元

因此也没有产生利润。99 美元的期货价格是均衡价格，因为任何较高或较低的期货价格都将产生套利利润。

基于套利定价模型的理论期货价格

考虑刚提出的套利合约，根据如下信息可以确定期货的均衡价格：

- 现货市场债券的价格。
- 债券的息票利率，在本章的例子中，息票利率是每年 12%。
- 借款利率。这个利率称为**融资利率**（financing rate）。在本章的例子中，融资利率是每年 8%。

设：
r 为融资利率；
c 为当前收益率，或除以现货市场价格的息票利率；
P 为现货市场价格；
F 为期货价格；
t 为到期货结算日的时间，用年表示。

然后考虑如下的在计息开始日发生的交易策略：

以 F 出售期货合约；
以 P 购买债券；
以 r 借入 P，期限直到结算日止。

在结算日的结果如下：

期货合约结算时

债券平价	F
应计利息	$+ctP$
总收入	$F+ctP$

在贷款时

偿付贷款本金	P
贷款利息	$+rtP$
总支出	$P+rtP$

这个利润为：

$$
\begin{aligned}
\text{利润} &= \text{总收入} - \text{总支出} \\
&= F+ctP-(P+rtP)
\end{aligned}
$$

当处于均衡状态时，理论期货价格产生，这时，该交易策略的利润为0。因此，为了处于均衡状态，必有：

$$0=F+ctP-(P+rtP)$$

解出理论期货价格，得：

$$F=P+Pt(r-c)=P\left[1+t(r-c)\right] \tag{60—1}$$

接下来，考虑下面的逆现金与结转交易策略：

以 F 买入期货合约；

以 P 出售（空头）债券；

以 r 投资（或贷出）P，期限直到结算日。

在结算日的结果如下：

期货合约结算时

债券平价	F
应计利息	$+ctP$
总支出	$F+ctP$

在贷款时

到期投资收回的资本金	P
所得利息	$+rtP$
总收入	$P+rtP$

这个利润为：

$$
\begin{aligned}
\text{利润} &= \text{总收入} - \text{总支出} \\
&= P+rtP-(F+ctP)
\end{aligned}
$$

设利润等于0，则没有套利利润。解出期货价格，仍得到与等式（60—1）相同的期货价格等式。

我们把公式（60—1）应用到上面的例子中，设：

$r=0.08$，$c=0.12$，$P=100$，$t=0.25$

那么，理论期货价格为：

$$F=100+100\times0.25\times(0.08-0.12)$$
$$=100-1=99$$

这与本章前面得到的均衡期货价格是一致的。

理论期货价格既可能高于现货市场价格，也可能低于现货市场价格，这取决于 $r-c$ 的值。$r-c$ 又叫作**净融资成本**（net financing cost），因为它由所赚得的息票利息来调节融资利率。更常见地，它被叫作**持有成本**（cost of carry）。**正持有成本**（positive carry）是指当前收益率大于融资成本（即 r）；**负持有成本**（negative carry）是指当前收益率小于融资成本。这个关系可以表示如下：

持有成本	期货价格
正（$c>r$）	以低于现货价格出售（$F<P$）
负（$c<r$）	以高于现货价格出售（$F>P$）
0（$c=r$）	以等于现货价格出售（$F=P$）

对利率期货来说，持有成本（短期融资利率和债券收益率的关系）取决于收益率曲线的形状。若收益率曲线是向上倾斜的，则通常短期融资利率会小于债券收益率，产生正持有成本，期货价格小于债券的现货价格。当收益率曲线向下倾斜时则相反。

对理论期货价格的进一步讨论

为了使用套利合约得到理论期货价格，本章做了几个假设。现在讨论这些假设的含义。

期间现金流（interim cash flows）。由于追加保证金或息票利息支付，该模型假设无期间现金流。但是，我们知道期间现金流的发生是因为下面两点原因：一是因为我们假设没有追加保证金，这样得到的价格从技术上说是远期合约的理论价格（该合约在每个交易日末不盯市）。若利率上升，期货空头将由于期货价格的降低而获得保证金，并且保证金能以更高的利率进行再投资；相反，若利率下降，就必须追加保证金，这部分保证金可通过卖空头寸来融资，但是，由于利率已经下降，所以能以较低成本融资。因此，无论利率如何移动，相对于未盯市的远期空头来说，期货空头盈利。相反，相对于未盯市的远期多头来说，期货多头遭受损失。这些事实也解释了期货和远期的差异。

定价模型吸收期间现金流不是很困难。但是，在结算日息票支出的价值取决于它们再投资的利率。因此，期货期限越短，息票利率越低，再投资收入在确定理论期货价格中的作用就越不重要。这是第二点原因。

短期利率（融资利率）。在得到理论期货价格的过程中，要假设借入和贷出利率相等，但是，常常是借入利率高于贷出利率。

设：r_B 为借入利率，r_L 为贷出利率，考虑以下交易策略：

以 F 出售期货合约；

以 P 购买债券；

以 r_B 借入 P，期限直到结算日止。

不产生套利利润的期货价格为：

$$F=P+P(r_B-c) \tag{60—2}$$

现在考虑以下策略：

以 F 买入期货合约；

以 P 出售（空头）债券；

以 r_L 投资（或贷出）P，期限直到结算日。

不产生套利利润的期货价格为：

$$F=P+P(r_L-c) \tag{60—3}$$

公式（60—2）和公式（60—3）一起提供了理论期货价格的边界值，公式（60—2）提供了上限边界值，公式（60—3）提供了下限边界值。举例说明，假设借入利率为8%，或3个月期为2%，贷出利率为每年6%，或3个月期为1.5%。然后代入公式（60—2）和前面的例子，则上限边界值为：

$$\begin{aligned}F(\text{上限})&=100+100\times(0.02-0.03)\\&=99\text{ 美元}\end{aligned}$$

利用公式（52—3）得到下限边界值为：

$$\begin{aligned}F(\text{下限})&=100+100\times(0.015-0.03)\\&=98.50\text{ 美元}\end{aligned}$$

在计算这些边界值时，我们假设在持有头寸过程中不包含交易成本。实际上必须考虑进入和退出现货头寸的交易成本和期货合约的来回交易成本（round-trip transaction cost），这些成本的确影响了期货价格的边界值。

可交割债券和结算日的不确定性。在本章的例子中，我们假设仅有一种债券是可交割的，且结算日在从现在起的3个月后。在本章前面就解释过，长期和中期国债期货被设计出来以允许空头选择许多可交割债券中的一种去交割，同样，结算日也是不确定的。

由于有更多的可交割债券，市场参与者追踪每一个可交割债券的价格并确定哪一种债券的交割是最便宜的，这样期货价格就与交割最便宜的债券联系起来了。若交割最便宜的债券跟期货空头交易，则这种债券将产生最小的损失或最大的收益。[2]

除了已经讨论的原因外，还存在几种原因使实际期货价格偏离基于套利定价模型的理论期货价格。第一，存在这样的风险，即虽然持有期货头寸时债券是最便宜交割债券，但是在这之后这种债券可能不是最便宜交割债券。因此，理论期货价格和实际期货价格之间存在差异。存在差异的又一个原因是空头拥有其他的可交割期权。最后，CME 转换系数也存在偏差。

可交割债券是一篮子债券。市政指数期货是基于一篮子证券的现货交割合约。在该种期货中套利的困难之处在于它太贵而不能买卖指数中包含的每一种债券，相反，可以选择一小部分债券组成债券组合，用它去跟踪指数。然而，套利不再是无风险的，因为存在证券组合不跟踪指数的风险，这叫作**跟踪误差风险**（tracking error risk）。构建证券以进行套利的又一个问题是要定期修改指数成分。因此，从事这种套利交易的任何人必须不断地监视指数，并定期地重新平衡已构建的证券组合。

60.2 证券组合管理的应用

本节将描述货币管理者使用利率期货的各种方法。

□ 利率风险控制

利率风险控制可能是对利率期货合约的最普遍的使用。其通过改变投资组合的久期来实现。对利率变动方向具有很强预期的资金管理者将会调整其投资组合的久期，以资本化其预期。尤其是，如果他们预期利率将上升，那么将缩短投资组合的久期；如果预期利率将会下降，则延长投资组合的久期。并且，任一采用结构性投资组合策略的管理者都必须定期调整投资组合的久期，使之与特定基准久期相匹配。

尽管资金管理者能够通过现金市场工具来调整其投资组合的久期，但是实现这一目标的一种快速而低成本的方式（尤其是在临时情况下）是使用期货合约。通过购买长期或中期国债的期货合约，他们能够延长投资组合的久期。相反地，可以通过卖出长期或中期国债的期货合约来缩短投资组合的久期。

□ 套期保值

期货的套期保值就是用持有的期货头寸去暂时替代以后在现货市场进行的交易。[3]如果现货和期货价格同时变动，套期保值者从一个头寸（现货或期货）中蒙受的任何损失都将由从其他头寸中获得的利润抵消。当从头寸中得到的净利润或净损失确实跟预期的结果一样时，这个套期保值就会被看成是**完美的套期保值**（perfect hedge）。

实际中，套期保值不是那么简单。净利润的数量可能和所预测的不一样。当进行套期保值时，套期保值的结果将依赖于现货价格和期货价格之间的关系。现货价格和期货价格之间的差异称为基差（basis）。因基差以不能预测的方式变化而带来的风险被称作**基差风险**（basis risk）。

在大部分套期保值运用中，经套期保值的债券跟期货合约中的基础债券不相同。这种套期保值被称为**交叉套期保值**（cross hedging）。在交叉套期保值中可能有实实在在的基差风险。非套期保值头寸面临价格风险，即存在现货市场价格逆向运动的风险。套期保值头寸用基差风险代替了价格风险。

空头（或者卖出）套期保值是用来抵御一个固定收益证券现货价格的下跌。要想执行空头套期保值，就要卖出期货合约。通过建立空头套期保值，套期保值者就锁定了未来的现货价格，并把价格风险转移给期货合约的购买者。下面是一个空头套期保值为什么将被执行的例子。假设一个养老金管理者知道为了支付养老金受益人 500 万美元，债券必须在 40 天内清偿。如果利率在 40 天内上升，那么为了达到 500 万美元就不得不清偿更多的债券。为了保证不出现这种可能，管理者将在期货市场上卖出债券以锁定卖出价格。

多头（或者买入）套期保值是用来抵御一个固定收益证券现货价格的上升。在多头套期保值中，套期保值者买入期货合约以锁定购买价格。当养老金管理者预期有大量的现金支出并且担心利率会下降时，他可以使用多头套期保值。如果货币管理者知道债券最近将到期并且他预期利率将会下降，那么他就能用多头套期保值来锁定利率。

□ 资产配置

养老金发起人可能希望改变养老基金资产在股票和债券之间的构成比例。改变资产配置的一种有效方法是使用金融期货，包括利率期货和股指期货。

□ 为提高收益率创造合成证券

可通过使用期货头寸和可交割证券来合成创造现货市场证券。合成证券的收益率应该等于现货市场证券的收益率，若两个收益率存在差异，就能开发这种合成证券以提高这种组合证券的收益率。

为了搞清楚怎样开发，考虑投资者拥有 20 年期国债并出售国债期货，并被要求从现在起 3 个月内交割这种债券。该长期国债的期限是 20 年，但是投资者有效地缩短该债券的期限为 3 个月。

因此，20 年期国债多头和期货空头相当于 3 个月期无风险证券的多头。这个头寸是无风险的，因为投资者锁定了他从现在起 3 个月后收到的价格，即期货价格，这样投资者通过持有债券多头和期货空头合成创造了 3 个月期国库券。投资者预期从这个合成头寸中获得的收益率应该等于 3 个月期国库券的收益。若合成的 3 个月期国库券收益率大于现货市场国库券的收益率，则他要通过创造合成的短期证券去提高收益率。创造合成证券的基本关系如下：

$$RSP=CBP-BFP \tag{60—4}$$

式中，CBP 为现货债券头寸；BFP 为期货债券头寸；RSP 为无风险短期证券头寸。

在头寸前的负号代表空头。针对前面的例子，CBP 是现货债券多头，在 BFP 前的负号代表期货空头，RSP 是合成的无风险 3 个月期证券或国库券。

公式（60—4）说明了持有现货市场证券多头和期货空头的投资者预期能获得无风险证券的收益率，该风险证券的期限等于期货交割期限。为了得到现货市场证券多头，对公式（60—4）变形得到：

$$CBP=RSP+BFP \tag{60—5}$$

公式（60—5）说明现货债券头寸等于短期无风险债券加上债券期货多头。因此，可以通过购买期货和投资国库券来合成创造现货市场债券。

为得到债券期货头寸，对公式（60—5）变形得到：

$$BFP = CBP - RSP \tag{60—6}$$

公式（60—6）告诉读者可以通过持有现货市场证券多头和短期无风险证券空头来合成创造期货多头。持有短期无风险证券空头相当于借款。注意当期货定价过高时，在得到理论期货价格时使用公式（60—6）。当期货价格为107时，得到套利利润的策略是出售期货合约和通过用借入资金购买债券来创造合成的期货多头，这正是公式（60—6）精确描述的。在这个例子里，不是用公式（60—4）和公式（60—5）来创造合成的现货市场证券，而是创造合成期货。合成期货多头比实际期货多头便宜的事实提供了套利机会。

如果我们颠倒公式（60—6）两边的符号，就能知道期货空头是怎样被合成创造的。

在有效市场上，收益率增加的机会不会长期存在。但是，即使在收益率不增加的情况下，货币管理者也能利用合成证券去给组合证券头寸套期保值，因为由于流动性缺乏或其他限制，在现货市场上采用组合证券头寸去套期保值是很困难的。

60.3 可转移阿尔法策略

投资管理有积极和消极两种基本风格。消极管理指的是以实现确定组合的基准表现为目的，而积极管理指的是寻找表现可能超过平均水平的单一资产。积极策略的回报包括敞口收益以及选择技巧带来的额外收益。如果具有超凡的选择技巧，那么获得的收益就称为**"阿尔法"**(alpha)。在纯阿尔法策略中，市场风险被完全规避，因此收益与市场动向无关。多/空策略就是一例：此时市场保持中立。

当股市波动性上升、同时收益增加的前景转为黯淡之时，机构投资者就会谋求将资金重新配置在固定收益证券等较为稳定的资产上。更进一步地，此时机构投资者面临资金短缺与收益低下同时出现的投资环境，因此促使其寻找其他更有效的收益来源。**可转移阿尔法策略**（portable alpha strategies）因此有用武之地。这一策略可以用来降低敞口风险，同时产生接近股票的收益。这一策略既可以用作资产组合中的核心策略，也可以用作外围策略。

可转移阿尔法策略指的是一种投资方法或流程，通过将传统资产组合与其他投资策略相混合，达到不承担更多风险而增加收益的目的。"可转移"这一概念，是指将其他策略整合到传统资产之上并没有影响整体投资风格，也没有恶化可接受的风险参数。这意味着可以轻易通过覆盖操作将这一策略移植到既有资产或者基准组合之上，来获得目标敞口。因此，阿尔法独立于核心资产，由衍生品传递，最终能够维持核心组合的特征。

可转移阿尔法策略的重要性在于资产配置决策可以独立于资产组合阿尔法的寻找过程。因此，可转移阿尔法策略是收益增强策略，而非资产替代策略。其优势在于灵活性，在增加收益的同时不带来风险的上升。[4] 很多可转移阿尔法策略同时包括多头和空头。交易流通中的期货合约可以完整构成可转移阿尔法策略，既可以用来覆盖既有的核心资产组合，也可以作为将核心敞口全面稳定在固定收益资产当中的手段。[5]

可转移阿尔法的基础突出表现在投资管理流程中市场收益与纯阿尔法收益二者的分离。[6] 纯阿尔法策略是一个乘子，或者说是市场中性的，与市场动向毫无关系。可转移阿尔法策略的目标是提升获得增量收益的效率。对于股票来说，这意味着选股；对于固定收益证券来说，这意味着选债或者发现收益率曲线上的无效率。不管何种情况，包含期货与互换的衍生品都是获得策略资产配置敞口的关键。这种明确分离市场收益与阿尔法的模式，对于经理选择和风险控制来说都具有重要意义。

由于阿尔法是总收益减去市场收益，因此阿尔法的产生并不取决于市场动向，所以所有市场环境下阿尔法都可能是正的。可转移阿尔法策略既可以覆盖在既有资产组合上，也可以作为单独的投资手段，利用互换和期货来维持资产配置策略的构成。理论上，可转移阿尔法策略可以从任何假设包含阿尔法的策略中产生，因此有足够多的流动性来实行这种策略。所以，运用可转移阿尔法来构造策略有三种基本途径：

（1）发现阿尔法并用以构建资产组合多头，利用期货消除市场风险，然后将这一组合覆盖在既有资产之上；

（2）从对冲基金或基金的基金中发现纯阿尔法部分，卖出部分组合资产，并用期货和阿尔法替代从而构造出头寸；

（3）将整个组合全部替换为纯阿尔法，并利用衍生品来稳定目标市场敞口。

可转移阿尔法策略意味着投资活动中的变革，也是一种全新的思考风险及收益的方式。在很多可转移阿尔法投资项目中，期货合约是策略构成中的必要部分。

60.4 关键知识点

● 期货合约的理论价格取决于净融资成本或者持有成本。

● 持有成本等于融资成本与基础现金工具的现金收益之间的差额。

● 期货合约的基本定价模型必须进行修正，以考虑特定期货合约之间存在的细微差异。

● 证券投资组合经理对期货合约的操作是，为提高投资收益率而改变投资组合的久期（风险控制）、资产配置、创造合成债券，以及采取可转移阿尔法策略。

● 套期保值是控制利率风险的一种特殊情况，在此过程中操作者希望将投资组合的久期降为零。

● 可转移阿尔法策略可以被用来将风险敞口维持在波动较小的资产所面临的风险水平，同时带来与股票所带来的收益相接近的收益水平。

【注释】

[1] 给期货定价的其他方法，参见 Mark Pitts and Frank J. Fabozzi，*Interest-Rate Futures and Options*（Chicago：Probus Publishing，1990）的第 5 章。

[2] 另一种方法是隐含（盈亏平衡）回购率。如果买入债券，同时出售对应债券的期货合约，在这种情况下不产生任何利润或损失的收益率就是隐含回购率。最便宜交割债券有最高的隐含回购率。

[3] 第 61 章将详细讨论套期保值。

[4] 另外，实行可转移阿尔法策略可以极大地扩展投资经理的活动领域，使其突破自身风格或投资取向带来的限制。

[5] 可转移阿尔法覆盖策略的例子请见 Edgar E. Peters and Perr J. Vieth，"Portable Alpha Overlay Via PanAgora's Fixed Income Active Core Strategy，" PanAgora Asset Management，未出版。

[6] 请见 Adele Kohler，"Implementation Guide for Portable Alpha and Efficient Beta Exposure，" State Street Global Advisors，未出版。

第 61 章 运用期货及期权控制利率风险*

弗兰克·J. 法博齐（Frank J. Fabozzi）博士，注册金融分析师，
注册会计师
EDHEC 商学院金融学教授

什里坎特·拉马穆尔蒂（Shrikant Ramamurthy）
顾问

马克·皮茨（Mark Pitts）博士

在第 59 章我们介绍了利率期货和期权的特征。本章将重点介绍如何运用这些衍生工具来控制资产组合的利率风险。

61.1 运用期货控制利率风险

利率期货合约价格变动的方向与利率变动的方向相反：当利率上升时，期货合约价格下降；而当利率下降时，期货合约价格将上升。买进利率期货合约，在利率上升时资

* 本章内容选自：*Professional Perspectives on Fixed Income Portfolio Management*：Vol. 1（New Hope，PA：Frank J. Fabozzi Associates，2000）。

产组合的风险敞口将增加，亦即资产组合的久期将增加。若卖出利率期货合约，在利率上升时资产组合的风险敞口将减小，这意味着该组合的久期减小。因而，通过买进和卖出利率期货合约可以改变资产组合的久期。

资产管理人也可以利用现货市场工具（如买卖国债）来改变投资组合的久期，但与长期的国债交易相比，运用利率期货来调整组合的久期具有以下三个优势：

优势1：期货交易成本低于现货市场交易成本；

优势2：期货交易方式下的保证金要求较低，能够更好地发挥杠杆效应；

优势3：期货市场比国债市场更易于进行卖空操作。

另外，在构建更长久期的资产组合时，运用期货比运用货币市场工具更加方便有效。例如，假定在某利率水平下，为实现特定的投资目标，养老金基金管理人必须构建一个久期为15年的资产组合。但现实中这么长久期的债券可能很难找到，然而，通过购进适当数量和类型的期货合约，该基金管理人能够达到将资产组合的久期调高至15年的预期目标。

□ 利率风险控制的基本原则

利用期货控制利率风险的基本原则，是将当前资产组合中的美元敞口（dollar exposure）和期货头寸中的美元敞口结合起来，进而使总的美元敞口等于目标美元敞口。这意味着组合管理人必须能够准确地测度当前组合的美元敞口和引入期货合约后的美元敞口情况。

对利率变化所引起的债券或债券组合价值变动的测度，通常有以下两种方式：基点价格（price value of a basis point，PVBP）和久期。PVBP是指相对于某一基点收益率变动而引起的价格变动。久期是指利率变化100个基点条件下的债券价格的近似变化（给定价格变化百分比，在利率变动也给定的条件下，价格的变动值可以计算出来）。对久期的测量有两种，一是**修正久期**（modified duration），二是**有效久期**（effective duration）。对于嵌入期权债券，有效久期是一种比较合适的测量方法（在本章中提及久期时，我们特指有效久期）。另外，由于资产管理人对美元价格敞口（dollar price exposure）感兴趣，我们也应该采用有效美元久期。对于一个基点利率变化，PVBP等于利率变化一个基点情形下的有效美元久期。

为估计有效美元久期，必须有一个好的估价模型。估价模型的作用是针对利率变动对债券组合重新评定价值。通过估价模型计算出的利率变动所引起的债券组合价值的变动，即为美元价格敞口。相应地，控制利率风险的出发点，就是要建立一个可靠的估价模型。对基金管理人在利率风险控制中运用的衍生交易合约，我们也需要有可靠的模型加以准确估价。

假设资产管理人以利率预期或特定客户风险（client-specified exposure）为基础来设立组合的**目标久期**（target duration）。而给定目标久期，则可以得出利率较小基点变动下的目标美元久期。例如，假设利率变动50个基点，以目标久期乘以组合现金价值，再除以200，就可以计算出美元久期。比如对于价值5亿美元的资产组合，其管理人设定目标久期为6，这表明对应50个基点的利率变动（假设各种到期债券的利率平行变动），管理人寻求的资产组合的价值变化为3%（1 500万美元），即用5亿美元乘以目标久期6，再除以200，得出目标美元久期为1 500万美元。

然后，基金管理人需要确定当前组合的美元久期。对于利率变动50个基点的美元久期，它是由组合的现金价值乘以当前久期再除以200而得出的。因而，对于现有的5亿美元的组合，假设当前的久期为4，那么当前的美元久期为1 000万美元（4乘以5亿美元再除以200）。

让我们比较一下目标美元久期与当前美元久期。实际上，这两种美元久期的差异也就是期货合约头寸所提供的美元敞口。如果目标美元久期超过了当前美元久期，期货头寸必须增加美元敞口，增幅即为差值。为了增大美元敞口，必须购进适当数量的期货合约。如果目标美元久期小于当前美元久期，则必须出售一定数量的期货合约。亦即

目标美元久期－当前美元久期＞0时，买入期货合约

目标美元久期－当前美元久期＜0时，卖出期货合约

建立期货头寸后，资产组合的美元久期等于无期货头寸的当前美元久期加上期货头寸的美元久期。即

组合的美元久期＝无期货头寸的当前美元久期＋期货头寸的美元久期

建立期货头寸，使得组合的美元久期与目标美元久期相等，进而达到控制组合的利率风险的目的。这样，

组合的美元久期＝目标美元久期

于是，有：

目标美元久期＝无期货头寸的当前美元久期
＋期货头寸的美元久期　　(61—1)

随着时间的推移，组合的美元久期与目标美元久期逐渐偏离，管理人可以改变期货头寸以调整组合的美元久期至目标美元久期。

确定合约数量

每一期货合约的建立都需要交割一定数量的基础工具（underlying instrument）。当利率变化时，基础工具的价值将发生变化，因而期货合约的价值也发生变化。而对利率变化所引起的期货的货币价值变化量则必须做出估计，这一数量称作**每一期货合约的美元久期**（dollar duration per futures contracts）。例如，假设某利率期货合约的期货价格是70美分，基础工具的面值为100 000美元，则期货的交割价格为70 000美元（＝0.7×100 000）。假定利率变化50个基点导致每一期货合约价格大约变动0.03美元，此时每一期货合约的美元久期为2 100美元（＝0.03×70 000）。

期货头寸的美元久期等于期货合约数量乘以该期货合约的美元久期。即

期货头寸的美元久期＝期货合约数量×每一期货合约的美元久期　　(61—2)

为了达到目标美元久期，需要多少期货合约？把式（61—2）代入式（61—1），可以

得到：

$$\text{期货合约数量}\times\text{每一期货合约的美元久期}=\text{目标美元久期}-\text{无期货头寸的当前美元久期} \quad (61—3)$$

求解期货合约数量，可得：

$$\text{期货合约数量}=\frac{\text{目标美元久期}-\text{无期货头寸的当前美元久期}}{\text{每一期货合约的美元久期}} \quad (61—4)$$

方程（61—4）给出了调整资产组合的美元久期至目标美元久期所需买进的期货合约的大致数量。数量为正表示需要买进期货合约；数量为负则表示应卖出期货合约。从上式可看出，如果目标美元久期大于无期货头寸的当前美元久期，则分子为正值，因而应买进期货合约。如果目标美元久期小于无期货头寸的当前美元久期，则分子为负值，应卖出期货合约。

期货头寸的美元久期

下面介绍债券期货头寸美元久期的衡量问题。在本节的讨论中，我们必须牢记的目标是：衡量利率变动情况下债券期货头寸的价格敏感性。

在给定利率变动的情况下，计算期货头寸美元久期的基本方法是直接应用估价模型。其程序和计算任一现货市场工具的美元久期的程序相同，即根据利率上升和下降相同基点的变化来确定平均的价格变化。

在计算中长期国债期货合约的美元久期时，我们需要做一个调整。期货合约的定价取决于最便宜交割债券（CTD 债券）。[1] 计算中长期国债期货合约的美元久期需要确定利率变化对期货合约价格的影响，以及进而对期货价格将会产生的影响。中长期国债期货合约的美元久期可按如下方法得出：

$$\text{期货合约的美元久期}=\text{CTD 债券的美元久期}\times\frac{\text{期货合约的美元久期}}{\text{CTD 债券的美元久期}}$$

在期货合约中，每一债券都有一个可接受的转换系数。该转换系数使得期货合约买卖双方的交易是公平的。对每一可交割债券，期货价格和转换系数的乘积即是根据该债券调整后的期货价格。这种调整的价格被称为**转换价格**（converted price）。与上面的方程相关，方程右边的第二项比率即近似等于 CTD 债券的转换系数。这样，上式可写作：

$$\text{期货合约的美元久期}=\text{CTD 债券的美元久期}\times\text{CTD 债券的转换系数}$$

从这些关系式中我们可以看出关注的重点是美元久期而非久期。我们知道久期是价格变化百分比的近似值，对于期货这样一种杠杆工具，投资者不必以全价来购得头寸，只是在初始保证金上需要付出现金或现金等价物，那么，投资者所做的基础投资是什么？之所以计算久期，不是为讨论应该用什么来作为基础投资，而是着眼于利率变动所引致的风险敞口。正如我们所强调过的，计算久期是为了确定在利率变动的情况下，期货头寸将会怎样改变组合的风险敞口。一旦我们知道期货头寸对组合的美元久期会产生怎样的改变，我们就能够确定该组合的美元久期。给定资产组合中投资者投入的资金量，可以计算出组合的久期。

□ 运用利率期货进行套期保值

期货套期保值要求利用期货头寸来暂时替代晚些时候的现货市场交易。如果现货价格和期货价格一起变动，套期保值者某一头寸（不论是现货还是期货头寸）上的所有损失都可由另一头寸的获益抵消。套期保值是控制利率风险的有效方式。在套期保值行为中，管理人追求的目标是久期或美元久期为零。

空头套期保值（short hedge）［**卖出套期保值**（sell hedge）］是为应对未来债券价格下跌而采取的行为。为实行空头套期保值，必须卖出期货合约。通过建立空头套期保值头寸，管理人可以锁定远期现货价格，并把资产价格风险转移给期货合约的买方。为理解空头套期保值行为，我们来看一个例子。假设一养老基金管理人得知在 40 天后必须变现 500 万美元向受益人进行支付，如果利率在这 40 天内上升，债券价格下跌，则必须变现较多的债券才能获得 500 万美元。为防止这种不利情况发生，该基金管理人可以在期货市场卖出债券以锁定出售价格。

进行**多头套期保值**（long hedge）［**买进套期保值**（buy hedge）］的目的是为了防范债券价格上升造成损失。在多头套期保值中，基金管理人买入期货合约以锁定债券买入价格。例如当养老基金管理人预期有大量现金流入并认为利率将会下降时，他就可以运用多头套期保值策略。另外，在基金管理人得知在不远的将来将有债券到期并预期利率下降时，他也可以运用多头套期保值以锁定再投资收益率。

在债券组合管理中，有一种特殊的套期保值，即套期保值的债券与期货合约中的债券并不相同，这类套期保值通常称为**交叉套期保值**（cross hedging）。

套期保值可分为以下四个步骤：

第一步：确定合适的套期保值工具；

第二步：确定套期保值目标；

第三步：确定套期保值头寸；

第四步：对套期保值进行监督和评价。

下面分别讲解每一步骤。

确定合适的套期保值工具

在选取套期保值的最佳期货合约时考虑的首要因素，是期货合约收益率与利率的关联度如何，资产管理人希望消除其中隐含的风险。例如，一个长期公司债券组合与长期国债期货进行套期保值比与国库券进行套期保值更好，这是因为长期公司债券的收益率与长期国债期货的相关性比与国库券期货的相关性更高。另外，确定合适的交割月份也非常重要。如果资产管理人希望锁定 9 月份的收益率或价格，他将采用 9 月份期货合约，因为 9 月份期货合约的相关性最高。

然而，如果套期保值计划的规模很大，相关性不是唯一的考量因素。例如，如果一个管理人要为在远期交割月份的 6 亿美元的现金头寸进行套期保值，流动性就成为重要的考量因素。在这一情形下，该管理人可能需要将这一套期保值分散到两个或更多的不同合约。

确定套期保值目标

在确定合适的期货合约和交割月份后，资产管理人接着应该决定他所预期的套期保值结果是什么，即通过套期保值可以平均锁定何种收益率水平，也就是确定**目标收益率**（target rate）或**目标价格**（target price）。如果目标收益率定得太高（卖出期货时）或太低（买入期货时），则套期保值可能不是处理非意愿风险的合适策略。确定套期保值目标（计算目标收益率或价格）通常并不容易，后面将涉及资产管理人在简单套期保值和复杂的套期保值中的目标确定问题。

套期保值的风险和预期收益。当资产管理人开展套期保值时，其目标是锁定证券买卖的安全收益率。然而，在运用期货进行套期保值时，对收益率和价格应预期锁定于何种水平上，投资者持有很多不同意见。下面是两种有代表性的观点：

观点 1：平均而言，资产管理人只能够锁定债券的即期收益率（即当前现货市场收益率）。

观点 2：资产管理人平均能够按所买卖的期货合约锁定收益率水平。

事实通常存在于以上这两种观点之间。然而，正如下面的例子所显示的，每一种观点在特定的环境下都是完全正确的。

持有至交割日的套期保值目标。持有至期货交割日的套期保值是按期货收益率锁定的套期保值（即第二种观点）。在运用中长期国债期货对中长期债券进行套期保值时，其中的复杂性在于交割选择权问题，即资产管理人不知道交割发生的确切时间和交割债券种类，因为交割选择权在期货卖方手中。[2]

下面举例说明持有至交割日的国债期货如何锁定收益率。为简化起见，我们可以先假设资产管理人知道交割发生在交割月的最后一天，并知道交割何种国债。假设交割的是 1999 年 9 月的期货合约，对可交割国债的转换系数为 1.283，进行交割的投资者将会从购买人那里获得：期货结算价格乘以 1.283 再加上应计利息。在交割中，有一条重要规律，即现价与期货价格乘以转换系数后的值必须趋于一致，这种**收敛性**（convergence）表明在交割时现价和期货价格不会出现差异。如果这种收敛未出现，则将会有套利者在低位买进高位卖出，赚取无风险收益。相应地，资产管理人可以通过出售国债期货合约（出售价格为 1.283 乘以债券面值）来锁定 1999 年 9 月国债的卖出价。例如，我们可以通过出售面值 1.283 亿美元（1 283 手合约）的债券期货，来对 1 亿美元面值债券进行套期保值。

资产管理人锁定的出售价格为 1.283 乘以期货价格（转换价格）。因而，如果开展套期保值时的期货价格为 113 美元，到 1999 年 9 月交割时，不论市场处于什么样的利率水平，资产管理人所锁定的出售价格均为 144.979 美元（＝113×1.283）。图表 61—1 显示了一些券种在期末价格下的现金流以及相对于 144.979 美元的目标价格，期货合约是如何抵消收益或损失的。

让我们先看一下图表 61—1 的各列数据并对其计算加以解释。表中长期国债的实际出售价格对应的收益率为 11.25%。以第一行（实际售价为 140 美元）为例，根据收敛性，在交割日的期末期货价格（第 2 列）必然等于按转换系数调整后的国债实际出售价格。下面特别列出了这种调整。我们知道：

$$转换价格=\frac{国债价格}{转换系数}$$

根据收敛性，有：

$$期末期货价格= 转换价格$$

这样，就有：

$$期末期货价格=\frac{国债实际出售价格}{转换系数}$$

因而，根据上式，可以从图表 61—1 中第 1 列所给出的国债实际售价，计算出第 2 列中的期末期货价格。由于收益率为 11.25%的国债的转换系数为 1.283，相对 140 美元的实际出售价格，期末期货价格为：

$$期末期货价格=\frac{140}{1.283}=109.119\ 3 美元$$

第 3 列显示的是国债的市场价值。市值是通过把第 1 列中的国债实际出售价格除以 100，得到每一美元面值的实际出售价格，然后再乘以 1 亿美元面值。即

$$国债的市场价值=\frac{实际出售价格}{100}\times 100\ 000\ 000 美元$$

当实际出售价格为 140 美元时，第 3 列中的市场价值为：

$$国债的市场价值=\frac{140}{100}\times 100\ 000\ 000=140\ 000\ 000 美元$$

第 4 列显示的是期货头寸在交割日的价值。它是通过把第 2 列中的期货价格先分成 100 份，得到每一美元面值的期货价格，然后乘以每一期货合约面值 10 万美元，再乘以期货合约数量。即

$$期货头寸价值=\frac{期末期货价格}{100}\times 100\ 000 美元\times 期货合约数量$$

在这个例子中，期货合约的数量是 1 283，国债实际出售价格是 140 美元，期末期货价格是 109.119 3 美元，因而，第 4 列显示的价值为：

$$期货头寸价值=\frac{109.119\ 3}{100}\times 100\ 000\times 1\ 283$$
$$=140\ 000\ 062 美元$$

但表中第 4 列中的数值为 140 000 000 美元而不是 140 000 062 美元，这是因为采用了近似的结果。

图表 61—1　　　　持有至交割日的国债套期保值　　　　单位：美元

需套期保值的金融工具：利率为 11.25%的 1 亿美元 2015 年 2 月 15 日长期国债

1999 年 9 月的转换系数＝1.283

出售时的期货合约价格＝113 美元

目标价格＝1.283×113＝144.979 美元

套期保值的面值＝100 000 000 美元

期货合约数量＝1 283

期货头寸＝目标值＝144 979 000 美元

(1)	(2)	(3)	(4)	(5)	(6)
利率为 11.25%的长期国债的实际价格	期末期货价格*	长期国债的市场价值	期货头寸价值**	来自期货头寸的损益**	有效出售价格***
140	109.119 251 8	140 000 000	140 000 000	4 979 000	144 979 000
141	109.898 675	141 000 000	141 000 000	3 979 000	144 979 000
142	110.678 098 2	142 000 000	142 000 000	2 979 000	144 979 000
143	111.457 521 4	143 000 000	143 000 000	1 979 000	144 979 000
144	112.236 944 7	144 000 000	144 000 000	979 000	144 979 000
145	113.016 367 9	145 000 000	145 000 000	－21 000	144 979 000
146	113.795 791 1	146 000 000	146 000 000	－1 021 000	144 979 000
147	114.575 214 3	147 000 000	147 000 000	－2 021 000	144 979 000
148	115.354 637 6	148 000 000	148 000 000	－3 021 000	144 979 000
149	116.134 060 8	149 000 000	149 000 000	－4 021 000	144 979 000
150	116.913 484	150 000 000	150 000 000	－5 021 000	144 979 000
151	117.692 907 2	151 000 000	151 000 000	－6 021 000	144 979 000
152	118.472 330 5	152 000 000	152 000 000	－7 021 000	144 979 000
153	119.251 753 7	153 000 000	153 000 000	－8 021 000	144 979 000
154	120.031 176 9	154 000 000	154 000 000	－9 021 000	144 979 000
155	120.810 600 2	155 000 000	155 000 000	－10 021 000	144 979 000

* 根据收敛性，期末期货价格必然等于债券价格除以转换系数。

** 债券期货交易报价以 1/32 平滑增加，因而期货价格和保证金流量只是近似值。

*** 交易成本和保证金融资费用忽略不计。

下面我们看一下来自期货头寸的损益情况，这体现在第 5 列中。回想在空头期货合约中，售出的期货价格是 113 美元。因而，如果期末期货价格超过 113 美元，这将意味着期货头寸出现损失，即买进的期货合约价格将比出售价格要高。相反，如果期货价格低于 113 美元，则表明期货头寸存在盈余，因为期货合约的买入价低于卖出价。下面的公式给出了损益的计算：

$$\left(\frac{113}{100}-\frac{\text{期末期货价格}}{100}\right)\times 100\ 000\text{ 美元}\times\text{期货合约数量}$$

在本例中，期末期货价格是 109.119 3 美元，期货合约数量是 1 283，因而有：

$$\left(\frac{113}{100}-\frac{109.119\ 3}{100}\right)\times 100\ 000\times 1\ 283=4\ 978\ 938.1\text{ 美元}$$

但第 5 列中显示的价值是 4 979 000 美元，这是由于对图表 61—1 中的期末期货价格采用了高阶十进制后的结果。这个价值为正意味着期货头寸获得了收益。图表 61—1 中所有期末期货价格高于 113 美元的合约都会出现负值，期货头寸发生损失。

最后，第 6 列显示了国债的有效出售价格。该值按如下等式得出：

国债的有效出售价格＝国债实际出售价格＋期货头寸损益

例如实际出售价格为 1.4 亿美元，期货头寸的损益为 4 979 000 美元，那么国债的有效价格为：

140 000 000＋4 979 000＝144 979 000 美元

该有效价格就是国债的目标价格。实际上，从图表 61—1 的第 6 列可以看出，对于所有国债的实际出售价格，其有效出售价格就是其目标价格。然而，目标价格是由期货价格决定的，故在建立套期保值时，目标价格可能高于也可能低于现货（即期）市场价格。

当我们承认这种可能性存在，即在上例中可以被交割的是债券而不是其他交割工具（交割其他工具可能更有利）时，问题就有点复杂化了。在这种更加现实的案例中，资产管理人可以决定不进行交割，但如果资产管理人决定交割，他仍然可以确保有效出售价格接近 144.979 美元。如果资产管理人不进行交割，这可能是因为存在其他更有利的交割机会，这时，资产管理收益就会比目标价格状态更好。

总之，如果资产管理人建立持有至到期日的期货套期保值，他将能够确保按照套期保值实现当日的期货收益率（而非即期收益率），以相应的有效价格实现保值。

短期持有的套期保值目标。当资产管理人必须先于交割日前转移套期保值时，套期保值时间越短，所获得的有效收益率将越接近当前的即期收益率。这种套期保值与持有至交割日的套期保值之间的主要差异在于：前者在套期保值终了时通常不存在收敛性。

资产管理人在持有非常短期的套期保值时，为什么预期锁定的套期保值是即期收益率而不是远期收益率？为了对此加以说明，现在我们回到前面的持有至交割日的套期保值例子。该例假定只有可交割长期国债适用于长期国债期货合约。假设套期保值在交割日的 3 个月前建立，而资产管理人计划在建立保值 1 天后转移套期保值。这样，债券现货价格与期货转换价格（即期货价格乘以转换系数）更加可能是平行关系而非随时间收敛趋于一致关系。

持有期仅为一天的套期保值只是极端例子。如果不是承销商、经纪商、交易商经常重新配置资产，通常资金经理很少对这样的短期交易感兴趣。然而，这种超短期的套期保值行为也说明了这样一个事实，即在套期保值中，资产管理人不要因为进行了期货套期保值，就想当然地预期锁定了期货收益率（或价格）。当且仅当持有套期保值至交割日时，期货收益率才是锁定的，在交割时它才发生价格收敛。如果持有套期保值仅为期一天，资产管理人应预期锁定一天的远期利率[3]，该利率非常近似于即期利率。在通常情况下，套期保值持有期远远超过 1 天，但也未必被持有至交割日。

基差影响套期保值目标收益率的途径。在交割日之前转移的套期保值合适目标的确定取决于基差。所谓基差就是指现价与期货价格之间的差异，即

基差＝ 现价－期货价格

在债券市场中，当试图将基差概念运用于实际时，我们需要注意一个问题。在交割时，期货报价并不等于交割现价。对于中长期国债期货合约，实际的期货价格等于期货报价乘以一定的转换系数。相应地，在债券市场中运用基差概念，我们就需要用期货交割实际价格而不是报价来定义基差。这样就有如下债券价格基差的定义：

价格基差＝现价－期货交割价格

出于套期保值的需要，我们常常也采用利率定义替换价格定义。**利率基差**（rate basis）定义如下：

利率基差＝即期利率－期货利率

这里，即期利率是指套期保值工具的当前利率，期货利率是对应可交割工具的期货交割价格的利率。

利率基差有助于解释为何早先解释的两种套期保值观点预期锁定不同的利率。为此，我们首先对**目标利率基差**（target rate basis）加以定义，即定义为套期保值转移当天的预期利率基差。在交割日转移套期保值时，按照收敛性，预期的利率基差为零。这样，套期保值的目标利率应是期货合约利率再加上预期的零利率基差亦即期货利率。当套期保值在交割日之前转移时，1 天之内的基差变动预期不会太大。因而，目标利率基差等于即期利率与期货利率之间的差异，即期货利率加当前利率基差等于即期利率。

对任何套期保值，资产管理人都可按期货利率加上目标利率基差来确定目标利率。即

套期保值目标利率＝期货利率＋目标利率基差

如果用价格替换利率来确定基差将更加便于管理（为中长期期货管理所常用），用目标价格基差代替目标利率基差也更加容易运用。**目标价格基差**（target price basis）仅是为套期保值转移日设计的价格基差。对于一项可交割证券，套期保值的目标将变为：

套期保值目标价格＝期货交割价格＋目标价格基差

目标价格或利率基差的思想对为什么持有至交割日的套期保值能够确定地锁定价格而其他套期保值则不能的现象给出了解释。有很多例子已经表明了这种解释的正确性。对持有至到期的套期保值，围绕目标基差已经非常确定；根据收敛性，套期保值转移日的基差一定为零。对时间很短的套期保值，基差将近似于套期保值转移时的当前基差，但我们并不知道套期保值的实际价值。在期货交割日前转移的、时间长于 1 天的套期保值存在着巨大的基差风险。这是由于套期保值可在转移日的很宽的基差范围中随时终止。这里，套期保值结果的不确定性直接受制于套期保值转移当日基差的不确定性（即目标基差的不确定性）。

在套期保值转移时基差价值的不确定性被称作**基差风险**（basis risk）。对于给定的投资期限，我们通过套期保值用基差风险替换价格风险，这样，套期保值证券价格的不确定性就替换成为基差的不确定性。随之，当套期保值未达到理想结果时，我们通常把原因归于基差风险。但实际上，只有在严格地限定套期保值目标的情况下，基差风险才真

正成为风险。基差风险应仅指现价和期货价格之间未预想的或不可预测的关系，这种关系因时而变的事实本身并不表示就存在基差风险。

基差风险的确切定义是指与目标利率基差或目标价格基差相关的不确定性。因而，在评估套期保值的风险和预期收益时，正确地确定目标基差是非常重要的。

确定套期保值头寸

套期保值建立之前的最后一步，是确定套期保值所需的期货合约的数量，即所谓的**套期保值比率**（hedge ratio）。通常，套期保值比率是一标准量的相对值。因而，如果某一套期保值比率为 1.2，则每 100 万美元面值套期保值证券需要 120 万美元面值的期货合约，才能抵消其风险。在我们这里的讨论中，套期保值证券的价值是确定的，所以确定套期保值比率也就是确定期货合约数量。

首先，我们对期货市场上的交叉套期保值做如下定义，即用于套期保值的证券在期货合约中是不能进行交割的。例如，某资产管理人希望对长期公司债券的出售价格进行套期保值，由于非国债证券不能满足期货合约的交割条件，他可以运用长期国债期货合约进行套期保值，这一套期保值即为交叉套期保值。某资产管理人可能希望对与合约中证券品质相同但利率不同的证券进行套期保值，由于两者有着不同的到期时间（例如，国库券、中期国债、长期国债品质相同，到期时间不同，因而不适用于期货合约的交割），就需要采用交叉套期保值。可以看出，当套期保值证券与期货合约中的证券在质量或到期时间上存在差异时，即形成交叉套期保值。

由于交叉套期保值牵涉以下两种关系，因而交叉套期保值在形式上要比可交割证券套期保值更为复杂。首先是最便宜交割债券（CTD）和期货合约之间存在关联；其次是套期保值债券和 CTD 债券之间存在关联。实际的考虑将不时引导资产管理人缩减这两步关联，并直接关注套期保值债券和期货合约之间的关联，进而忽略 CTD 债券。然而，这样做会让资产管理人冒误算目标利率和套期保值风险的危险。进一步，如果套期保值未能如预期实现，这种缩减将难以对其中的原因做出解释。

交叉套期保值中使风险最小化的关键是确定正确的期货合约数量。这依赖于套期保值债券的相对美元久期和期货头寸。等式（61—4）给出了为达到特定目标美元久期的期货合约数量的计算方法。套期保值目标是使目标美元久期等于零。用零代替等式（61—4）中的目标美元久期，可以得到：

$$\text{期货合约数量}=\frac{\text{无期货头寸的当前美元久期}}{\text{每一期货合约的美元久期}} \qquad (61—5)$$

为计算债券的美元久期，资产管理人必须及时知道美元久期计算的精确点（由于随着债券逐步到期，波动通常趋于下降），以及价格或收益率的美元久期计算的精确点（因为对于给定的收益率变化，较高的收益率通常会降低美元久期）。在债券存续期中计算波动性的相关点就是套期保值将要转移的点。任何其他点的美元久期基本不相关，这是由于它们只在特定日子达到价格或利率从而锁定目标。同样，初始计算美元久期的相关收益率就是目标收益率。相应地，等式（61—5）中的分子就是预期套期保值交割当日的美元久期。为确定美元久期而在当日选用的收益率是远期收益率。

下面来看一下在利用国债期货合约进行套期保值时，我们是如何运用等式（61—5）的。期货合约数量将受到CTD债券美元久期的影响。我们可以对等式（61—5）做如下改动：

$$期货合约数量=-\frac{无期货头寸的当前美元久期}{CTD债券美元久期}\times\frac{CTD债券美元久期}{每一期货合约的美元久期} \quad (61—6)$$

如前所述，CTD债券转换系数是上式右端第二个比值的较好近似。这样，等式（61—6）可以写作：

$$期货合约数量=-\frac{无期货头寸的当前美元久期}{CTD债券美元久期}\times CTD债券转换系数 \quad (61—7)$$

下面以单一债券的交叉套期保值为例说明如何用美元久期来推导套期保值合约的正确数量。假设在1999年6月24日，某资产管理人持有面值为1 000万美元、利率为6.25%的联邦国民抵押贷款协会（FNMA）不含期权债券，它将于2029年5月15日到期，售价为88.39美元，收益率为7.20%。该资产管理人希望卖出1999年9月国债期货以对FNMA债券的未来出售进行套期保值。当时，1999年9月国债期货合约的价格为113。2015年2月15日的CTD债券收益率为11.25%，即时交易价格为146.19美元，收益率为6.50%，CTD债券转换系数为1.283。简而言之，FNMA与CTD债券的收益率利差维持在0.70%（即70个基点），计划出售日为1999年9月的最后一个工作日。

CTD债券套期保值的目标价格为144.979美元（=113×1.283），目标收益率为6.56%（与144.979美元的价格对应）。由于设定FNMA债券的收益率高于CTD债券的收益率70个基点，因而FNMA的目标收益率为7.26%，其相应的目标价格为87.76美元。在此目标水平，每100美元的CTD债券和FNMA债券收益率变动50个基点的美元久期分别为6.255美元和5.453美元。在计算时，令结算日与预计出售日相同，即为1999年9月的最后一天。这样，1 000万美元价值的FNMA债券的美元久期为54.53万美元（=1 000万÷100×5.453）。对面值10万美元的CTD债券，其每一期货合约的美元久期为6 255美元（=100 000÷100×6.255）。

因而可知：

无期货头寸的当前美元久期=FNMA债券的美元久期=545 300美元

CTD债券的美元久期=6 255美元

CTD债券的转换系数=1.283

把以上式子代入等式（61—7），得到：

$$期货合约数量=-\frac{545\ 300}{6\ 255}\times 1.283=-112手合约$$

因而，为套期保值FNMA债券头寸，必须卖空112手国债期货合约。

图表 61—2 中的分析给出了上例中 FNMA 债券在不同的价格下持有至交割日的套期保值结果。下面分别看一下每一列。

第 1 列为 FNMA 债券的出售价格。第 2 列显示的是基于第 1 列价格的相应的收益率，该收益率源于价格/收益率关系。第 3 列是 CTD 债券的收益率，它是根据假定 CTD 债券收益率比 FNMA 债券收益率低 70 个基点得出的，所以第 2 列数减去 70 个基点，即可得出第 3 列数。根据第 3 列中的数据，我们可以算出面值为 100 美元的 CTD 债券的价格，见第 4 列。

图表 61—2　　对不可交割债券持有至交割日的期货套期保值

需套期保值的金融工具：1 000 万美元利率为 6.25%的 2029 年 5 月 15 日 FNMA 债券

套期保值当日（1999 年 6 月 24 日）的 FNMA 债券价格＝88.39 美元

1999 年 9 月的转换系数＝1.283

期货合约的出售价格＝113 美元

FNMA 债券的目标价格＝87.76 美元

套期保值的面值＝10 000 000 美元

期货合约数量＝112

期货头寸＝12 656 000 美元

FNMA 债券的目标市值＝8 776 000 美元

(1)	(2)	(3)	(4)	(5)	(6)	(7)	(8)
FNMA 债券的实际售价（美元）	出售时收益率（%）	利率为 11.25%的长期国债的收益率（%）*	利率为 11.25%的长期国债价格（美元）	期货价格**（美元）	期货头寸价值（美元）	期货头寸损益（美元）	有效出售价格***（美元）
8 000 000	8.027	7.327	135.813	105.855 81	11 855 850	800 150	8 800 150
8 100 000	7.922	7.222	137.031	106.805 14	11 962 176	693 824	8 793 824
8 200 000	7.818	7.118	138.234	107.742 79	12 067 193	588 807	8 778 807
8 300 000	7.717	7.017	139.422	108.668 75	12 170 899	485 101	8 785 101
8 400 000	7.617	6.917	140.609	109.593 92	12 274 519	381 481	8 781 481
8 500 000	7.520	6.820	141.781	110.507 40	12 376 829	279 171	8 779 171
8 600 000	7.424	6.724	142.938	111.409 20	12 477 830	178 170	8 778 170
8 700 000	7.330	6.630	144.094	112.310 21	12 578 744	77 256	8 777 256
8 800 000	7.238	6.538	145.250	113.211 22	12 679 657	−23 657	8 776 343
8 900 000	7.148	6.448	146.391	114.100 55	12 779 261	−123 261	8 776 739
9 000 000	7.059	6.359	147.531	114.989 09	12 878 778	−222 778	8 777 222
9 100 000	6.972	6.272	148.656	115.865 94	12 976 985	−320 985	8 779 015
9 200 000	6.886	6.186	149.766	116.731 10	13 073 883	−417 883	8 782 117
9 300 000	6.802	6.102	150.875	117.595 48	13 170 694	−514 694	8 785 306
9 400 000	6.719	6.019	151.984	118.459 86	13 267 504	−611 504	8 788 496
9 500 000	6.637	5.937	153.078	119.312 55	13 363 005	−707 005	8 792 995

* 根据假设，CTD 债券的收益率较 FNMA 债券的收益率低 70 个基点。

** 根据收敛性，期货价格等于 CTD 债券价格除以 1.283（转换系数）。

*** 忽略了交易成本和保证金融资费用。

继而从 CTD 债券价格转移到期货价格。如图表 61—1 中描述的方式，把第 4 列中的 CTD 债券价格除以 CTD 债券的转换系数（1.283），我们可以得到第 5 列中的期货价格。

期货头寸价值的确立方式与图表 61—1 中的完全一样。首先把期货价格除以 100，我们可得出单位美元面值的期货价格，然后再以此价格乘以期货合约面值（100 000 美元）及期货合约数量，即

$$期货头寸价值=\frac{期货价格}{100}\times 100\ 000\ 美元\times 期货合约数量$$

已知出售的期货合约数量为 112，上式可写为：

$$期货头寸价值=\frac{期末期货价格}{100}\times 100\ 000\ 美元\times 112$$

第 6 列数据即按上式计算得出。例如在 FNMA 债券的实际售价为 800 万美元时，对应的期货价格为 105.855 81 美元，因而期货头寸价值为：

$$\begin{aligned}期货头寸价值&=\frac{105.855\ 81}{100}\times 100\ 000\times 112\\&=11\ 855\ 850\ 美元\end{aligned}$$

在第 7 列中我们计算了期货头寸的损益情况，计算方式与图表 61—1 中解释的一样。由于在套期保值开始时期货合约出售的价格为 113 美元，所以期货头寸的损益可按下式得出：

$$\left(\frac{113}{100}-\frac{期末期货价格}{100}\right)\times 100\ 000\ 美元\times 期货合约数量$$

例如，在图表 61—2 的第 1 行，期货价格为 105.855 81 美元，卖出期货合约数量为 112 手，则期货头寸损益为：

$$\left(\frac{113}{100}-\frac{105.855\ 81}{100}\right)\times 100\ 000\times 112=800\ 150\ 美元$$

由于期末期货价格低于 113，期货头寸存在收益。而对于图表 61—2 中所有期末期货价格高于 113 美元的套期保值，由于存在负的收益，这意味着期货头寸形成损失。

位于最右端的第 8 列显示了 FNMA 债券的有效出售价格。计算方法如下：

$$\begin{matrix}\text{FNMA 债券的}\\ 有效出售价格\end{matrix}=\begin{matrix}\text{FNMA 债券的}\\ 实际出售价格\end{matrix}+\begin{matrix}期货头寸\\ 损益\end{matrix}$$

在实际出售价格为 800 万美元时，存在 800 150 美元的收益，故 FNMA 债券的有效出售价格为：

$$8\ 000\ 000+800\ 150=8\ 800\ 150\ 美元$$

由图表 61—2 的第 8 列可以看出，在附有简单假设的条件下，采用推荐的期货合约数量（112）进行套期保值，基本可以锁定 1 000 万美元 FNMA 债券的目标价格。

对收益率利差进行改进。对非交割证券的套期保值，我们通常有必要加以改进。这

种改进涉及关于CTD债券和套期保值债券之间相对收益率利差的假设。在早先的讨论中，我们假定收益率利差是不变的。然而实际上，收益率利差是变化的，不仅随着金融工具的到期时间、利率水平的变化而变化，许多不确定因素以及非系统因素的存在也影响了利差的稳定性。

资产管理人可通过回归分析来把握收益率水平与收益率利差之间的相关性，并从中获益。在进行套期保值时，选择的变量是套期保值债券的收益率和CTD债券的收益率。回归方程如下：

$$\text{套期保值债券的收益率} = a + b \times \text{CTD 债券收益率} + \text{误差项} \quad (61—8)$$

b 是回归程序中的一个估计量，它是对两种债券间相对收益率变化的预期比率。参数 b 称作收益率 β。在前述例子中将利差定为常量，即表示假设收益率 β 等于 1，a 等于 0.70（假定利差为 0.70）。

对所讨论的FNMA债券和CTD债券，假设收益率 β 的估计值为 1.05。这样，预期FNMA债券收益率比国债高5%。为正确地计算期货合约的数量，这一情况必须考虑进去。因而，在前例中导出的期货合约数量还应乘以 1.05。相应地，为对 1 000 万美元债券进行套期保值而卖空的112手国债期货合约，就应变为118手。

针对收益率 β 的影响，现对期货合约数量的计算公式修正如下：

$$\text{期货合约数量} = -\frac{\text{无期货头寸的当前美元久期}}{\text{CTD 债券美元久期}} \times \text{CTD 债券转换系数} \times \text{收益率}\ \beta \quad (61—9)$$

收益率 β 可由方程（61—8）对套期保值债券收益率和CTD债券收益率进行回归而推导出来。

在套期保值执行之前，我们可以对CTD债券和收益率利差变化的影响加以评估。这需要建立一个类似于图表61—2的表，同时放宽假设条件。例如，在套期保值转移时不同的收益率水平下（图表61—2的第2列），将有一个不同的合适的收益率利差，而且另一个不同的债券成为CTD债券。资产管理人能够确定其对套期保值结果所产生的影响。

对套期保值进行监督和评价

在目标确定和套期保值建立后，我们还有两大任务：一是在套期保值存续期间对其加以监督，二是在套期保值结束后进行评价。绝大多数套期保值在其存续期间只需要很少的主动监督。实际上，对多数套期保值而言，过于积极的管理比消极管理产生了更多的不良影响，因为这样使得资产管理人在套期保值存续期间通常接收不到足够的新信息来对套期保值策略中的变化做出判断。例如，就日常新数据的出现及收益率 β 估计值的变化而言，资产管理人不宜经常重新调整套期保值比率。

然而，对惯例也有例外。当利率变化时，美元久期发生变化。相应地，套期保值比率应稍加改变。在其他情形下，如果有合理的缘由表明收益率 β 确已发生变化，我们也可以进行调整。尽管存在一些例外，但通常是尽量采用原套期保值比率，仅辅以轻微调整。

对套期保值的评价往往是在套期保值转移之后。评价内容包括套期保值是否较好地锁定了目标利率以及套期保值误差有多大。为做出有意义的误差解释，资产管理人应计算如果不进行套期保值，交易将会偏离目标多远。对已结束的套期保值进行评估，我们可以确定套期保值过程中的误差源，并希望资产管理人能从中有所了解，进而对以后的套期保值方案有所帮助。在对套期保值进行评估时，资产管理人将可能发现套期保值中的三个误差源：

（1）套期保值工具的美元久期不正确。

（2）套期保值转移日的预测基差价格有误。

（3）回归参数（a 和 b）估计不准确。

回顾在第 7 章中关于久期的计算上，利率上下浮动非常小的基点，证券价值需要重估，在久期计算公式的分子中要采用重新计算的价值。上面所列的第一个误差源说明套期保值的工具可能是一个复杂工具（即有嵌入期权），当利率变化时，估价模型不能很好地进行证券估价，因而美元久期的计算不正确。

第二个主要的套期保值误差源即不准确的基差价格预测，是一个更为困难的问题。遗憾的是，没有令人满意的简单模型（如回归方法）能用于基差预测，基差波动的简单模型只能确定非波动债券的等价关系。另外，理论上严格的模型是非常抽象的，通常必须借助于复杂的数量方法。无疑，基差变动模型化是资产管理人的套期保值中面对和寻求解决的最重要和最困难的问题。

61.2 期权套期保值

运用期权的套期保值策略涉及建立期权头寸及基础债券头寸，在这种方式下，期权头寸的价值变动将抵消其他头寸的任何不利的价格（利率）变动。首先我们将介绍基本的期权套期保值策略，接着以本章中已讨论过的期货套期保值来说明运用期货期权对 FNMA 债券进行套期保值的一些基础策略。运用期货期权对债券套期保值的事例本身就是非常有价值的。它描述了运用期货期权的复杂套期保值流程，并对其中的关键参数做了说明；同时，它还将对期货套期保值和期货期权套期保值的结果加以比较。

□ 期权套期保值基本策略

通常有三大常用的期权套期保值策略：（1）买进保护性看跌期权策略；（2）卖出抛补的看涨期权策略；（3）双限策略。下面分别加以讨论。

买进保护性看跌期权策略

设想债券资产管理人希望进行套期保值以防范利率上升风险，显然，可运用的期权套期保值策略是买入债券看跌期权。这种套期保值策略就是**买进保护性看跌期权策略**（protective put-buying strategy）。这里的看跌期权通常是虚值（out of money）看跌期权，既可以是现货债券看跌期权，也可以是利率期货看跌期权。如果利率上升，看跌期权将增加价值（假定其他条件不变），从而抵消资产组合中部分或全部的价值减损。

买进保护性看跌期权策略是看跌期权多头与现货债券多头的简单结合。这样的头寸组合价值下跌空间有限，价值上升潜力较大。在利率下降的情况下，资产组合中的债券溢价要减去期权购买费。实施买进保护性看跌期权策略与未保值头寸损益的比较见图表 61—3。

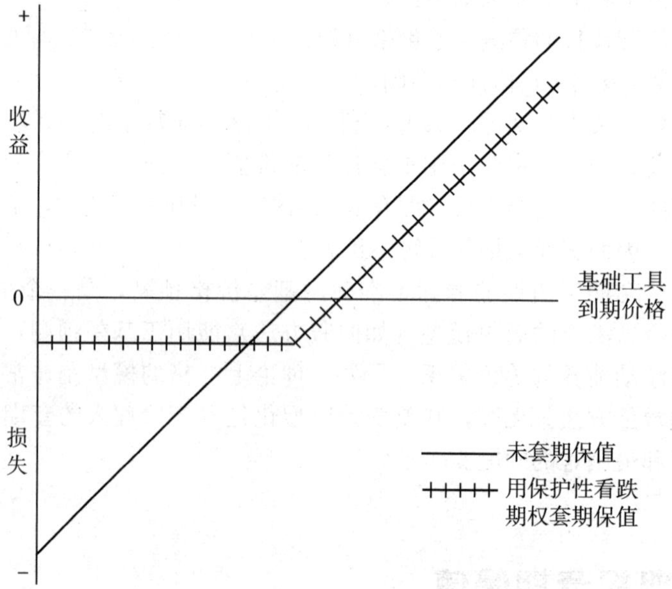

图表 61—3　买进保护性看跌期权策略

人们常把买进保护性看跌期权策略看作购买保险。在保险中，支付的保费是不可退还的，并且保费在保障开始前支付。资产组合受保护的程度取决于期权的执行价格。期权执行价格也常被比作保单中的免赔额（deductible）。免赔额越低（即执行价格越高），保护水平和保护成本越高。相反，免赔额越高（执行价格越低），资产组合的可能损失越大，但保护成本越低。图表 61—4 对一个未套期保值头寸与几个买入保护性看跌期权做了比较，其中的每一个期权都有不同的执行价格或者说是不同的保护水平。如图表 61—4 所示，不存在一种策略优于其他策略，相应地，不可能断言某一执行价格必然就是最优执行价格，甚至也不能说买入保护性看跌期权必然胜于无为状态。

卖出抛补的看涨期权策略

许多资产组合管理人使用的另一期权套期保值策略是针对债券组合出售看涨期权，这种套期保值策略被称作**卖出抛补的看涨期权策略**（covered call-writing strategy）。出售的看涨期权通常是虚值看涨期权，它既可能是现货债券看涨期权，也可能是利率期货看涨期权。卖出抛补的看涨期权策略是债券头寸多头与看涨期权头寸空头的结合。显然，在套期保值方面，该策略比买入看跌期权要承担更多的下跌风险。实际上，许多资产组

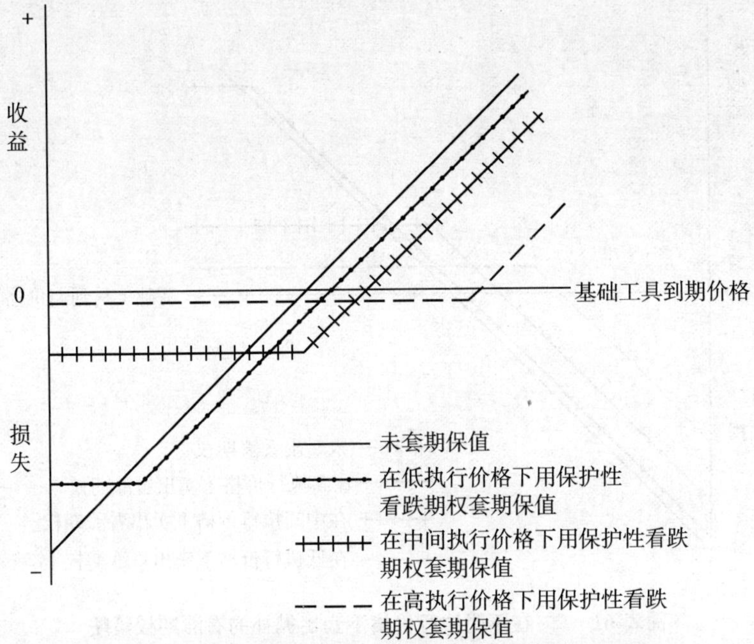

图表 61—4　不同执行价格下的买进保护性看跌期权策略

合管理人并不把卖出抛补的看涨期权策略视作套期保值策略。

无论怎样分类，我们需要认识到尽管卖出抛补的看涨期权仍然承担显著的价值下跌风险，但这里的风险比单一的未套期保值头寸承担的下跌风险要小。在下跌中，未套期保值多头与卖出抛补的看涨期权策略之间的价值差异就是后者出售看涨期权的收益。这一所得对债券资产价值下降是一个缓冲，它减少了利率上升所造成的部分损失，资产管理人获得这一缓冲的成本是放弃潜在的资产价值上升收益。当利率不断下降时，卖出抛补的看涨期权形成了更大的负债，不断增长的负债削减了资产管理人在利率下降环境中已实现的收益。

这样，抛补的看涨期权的卖方为了防范组合价值下降而得到一个缓冲，但同时放弃了部分或全部的资产组合价值上升潜力。放弃的升值潜力越大（即看涨期权的执行价格越低），组合价值下降的缓冲越大（期权出售费越高）。图表 61—5 对未套期保值头寸与几个卖出抛补的看涨期权策略的比较即说明了这一点，图中出售的看涨期权的执行价格各不相同。与买进保护性看跌期权策略一样，对抛补的看涨期权的出售方来说，也不存在所谓的正确的执行价格。

双限策略

这是资产组合管理人经常运用的另一种期权套期保值策略。例如，许多资产管理人组合运用买进保护性看跌期权策略与卖出抛补的看涨期权策略，通过对一虚值看跌期权多头与一虚值看涨期权空头的组合，资产管理人创造了双限式多头，这种策略被称作**双限策略**（collar strategy）。资产管理人运用双限策略部分地消除了资产组合的贬值风险，

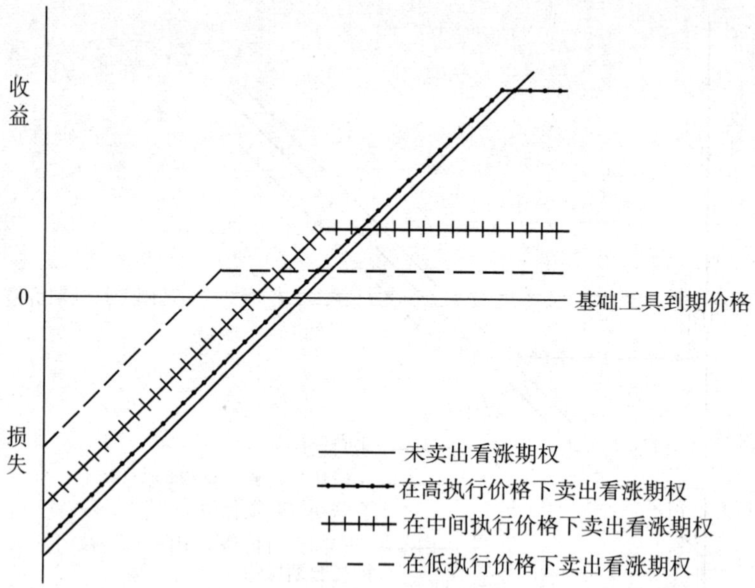

图表 61—5　在不同执行价格下卖出抛补的看涨期权策略

同时放弃部分潜在升值收益。如图表 61—6 所示，它描述了多头双限套期保值策略。

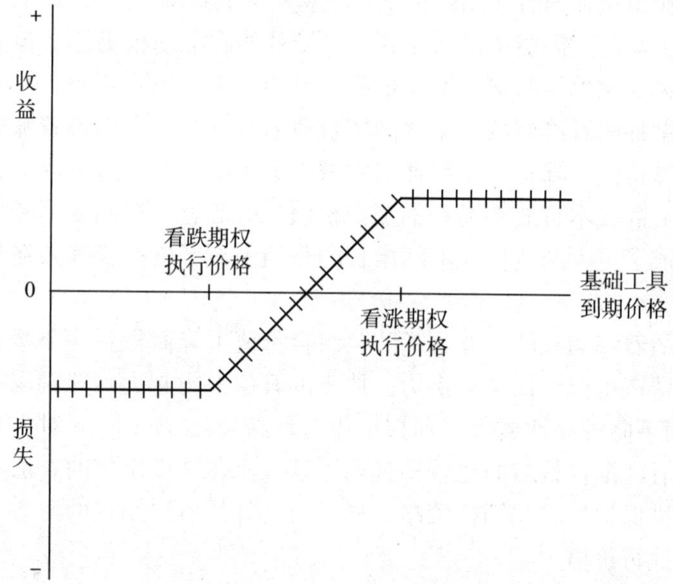

图表 61—6　多头双限套期保值策略

双限策略在某些方面类似于买入保护性看跌期权，在某些方面又类似于卖出抛补的看涨期权，在有些方面还类似于未套期保值头寸。双限策略在限制利率上升时资产组合的可能损失方面，类似于买入保护性看跌期权；在限制资产组合的升值潜力方面，类似于卖出抛补的看涨期权；而在执行价格所确定的限制范围内，资产组合价值随利率变化而变动，则又类似于未套期保值头寸。

选择最优策略

对买入保护性看跌期权策略和卖出抛补的看涨期权策略这两大基础套期保值策略加以比较，我们并不能指出其中一种一定优于另一种。最优策略（以及最优期权执行价格）依赖于资产管理人对市场的看法。如果资产管理人基本看空，那么买入看跌期权并支付所需的费用是可取的。而如果资产管理人是中性地温和看空，则理应采取卖出抛补的看涨期权策略，并得到期权费。如果资产管理人对市场根本没有倾向性看法，但希望尽可能降低风险，则应选择期货套期保值。如果资产管理人基本持牛市观点，则不进行任何套期保值即可能是最优策略。

□ 期权套期保值步骤

与期货套期保值一样，资产管理人在着手期权套期保值之前，也应该考虑好几个步骤。主要包括：

步骤1：确定最优的期权套期保值合约。最优期权合约的选用依赖于期权价格、流动性及与套期保值债券的相关性等因素。在非有效价格（price-inefficient）市场，由于所有期权并非以同一种方式定价或有同样的波动性假设，这时期权价格就是选择期权合约时的重要参考因素。由于一些期权价格可能被高估，一些可能被低估，这样，在其他因素相同的条件下，买入时最好选取价格低估的期权，而在卖出时则选取价格高估的期权。

由于期权头寸可能在到期之前的任何时点结清，因而流动性也是重要的考虑因素。如果特定的期权不能清偿，头寸结清费用可能高得可怕，资产管理人也将失去较早结清头寸或把头寸滚动至其他更具吸引力的头寸的灵活性。与套期保值基础债券的相关性是选择期权合约时的另一考虑因素。相关性越高，最终的损益与期末利率水平的函数关系就被限定得越精确；相关性越低，不确定性越大。

尽管期权套期保值的不确定性大多数来自利率本身的不确定性，但套期保值债券与期权合约的基础工具之间的相关性也加大了风险，相关度越低，风险越大。

步骤2：确定合适的执行价格。在交叉套期保值中，资产管理人希望把实际买入或卖出期权的执行价格转换成等价的实际套期保值债券的执行价格。

步骤3：确定合约数量。用套期保值比率来表示期权买卖的数量。

第2步和第3步关于执行价格和合约数量的确定，以期货期权为例可以得到很好的解释说明。

□ 买入保护性看跌期货期权套期保值策略

如上所述，为防范利率上升，资产管理人可以买入看跌期权对债券资产进行套期保值；而买入看跌的期货期权是防范利率上升的最为容易的方式之一。这里仍以国债期货套期保值中所采用的FNMA债券来对买入保护性看跌期权策略进行说明。[4] 在该例中，资产管理人持有1 000万美元面值的、利率为6.25%、到期日为2029年5月15日的FNMA债券，并用1999年9月国债期货合约来锁定期货交割日的债券出售价格。下面让我们来看一下如何利用期货期权代替期货来防范利率上升风险。

在 1999 年 6 月 24 日，FNMA 债券的出售价格是 88.39 美元，收益率为 7.20%，CTD 债券的收益率是 6.50%，FNMA 债券与 CTD 债券的收益率利差为 70 个基点。

选择执行价格

资产管理人必须确定建立套期保值的 FNMA 债券的最低价格。在这里，我们假设在买进看跌期权之前 FNMA 债券的最低价格为 84.453 美元，这就意味着资产管理人希望构建的看跌期权套期保值债券的执行价格为 84.453 美元。但是，资产管理人所购买的并不是 FNMA 债券的看跌期权，而是国债期货合约的看跌期权。因而，资产管理人必须确定与 FNMA 债券的执行价格（84.453 美元）等价的国债期货合约看跌期权的执行价格是多少。

可以借助于图表 61—7 的流程来进行说明。从图形的左上角方框开始，由于 FNMA 债券的最低价格是 84.453 美元，这表明资产管理人试图实现的最大收益率为 7.573%，我们可以从价格和收益率之间的关系得出，FNMA 债券价格给定为 84.453 美元时的收益率为 7.573%，箭头转向图表 61—7 左下角方框。假设 FNMA 债券与 CTD 债券的利差为 70 个基点的常量，FNMA 债券的最大收益率 7.573%所对应的等价的 CTD 债券的最大收益率为 6.873%（转到图表 61—7 中中间栏的下框）。给定 CTD 债券收益率为 6.873%，我们就可确定在加上购买看跌期权成本之前的 CTD 债券的最低价格（即图中中间栏的上框）。收益率为 6.873%的 CTD 债券对应的价格是 141.136 美元（从 CTD 债券的特征可得出）。通过把 CTD 债券价格除以转换系数，我们可得到对应的期货价格。由于转换系数为 1.283，期货价格约为 110 美元（=141.136/1.283）。这表示执行价格为 110 美元的国债期货合约的看跌期权，基本等价于执行价格为 84.453 美元的 FNMA 债券的看跌期权。

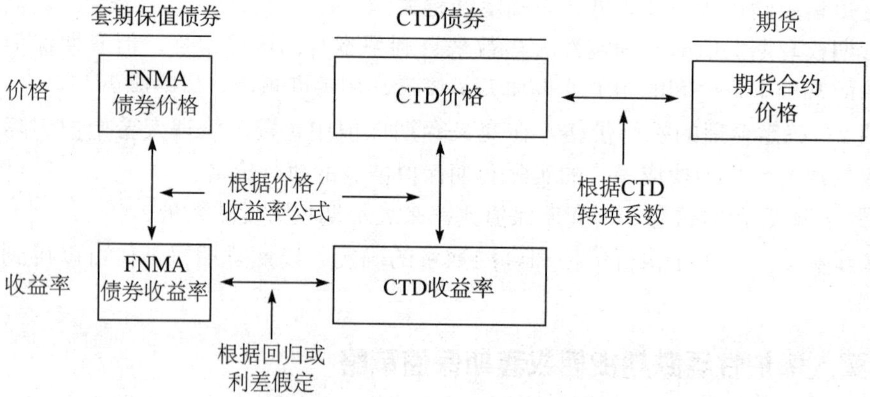

图表 61—7　利用期货期权套期保值的执行价格和收益率计算

有几个重要步骤对得出恰当的看跌期货期权的执行价格是必要的。这里过程并不复杂，主要包括确定：(1) 价格和收益率之间的关系；(2) 套期保值债券间的收益率利差与 CTD 债券之间的关系；(3) CTD 债券转换系数。如同前面关于期货套期保值的描述，套期保值策略的成功依赖于：（1）CTD 债券是否变化；（2）套期保值债券和 CTD 债券之间的收益率利差。

期权合约数量的计算

由于假定套期保值债券与 CTD 债券的利差为常量，可用下面与方程（61—7）相似的方程来确定套期保值比率：

$$\text{期权合约数量}=\frac{\text{无期权头寸的当前美元久期}}{\text{CTD 债券的美元久期}}\times\text{CTD 债券转换系数}$$

利率每变动 50 个基点的美元久期如下：

无期权头寸的当前美元久期＝ 512 320 美元

CTD 债券的美元久期＝ 6 021 美元

注意，这里的美元久期不同于在期货套期保值中被用于计算期货合约数量的那些美元久期。这是因为美元久期是以期货期权执行价格（110 美元）相对应的价格计算的，而不是期货价格（113 美元）。我们可以得出期货期权合约的数量为：

$$\text{期权合约数量}=\frac{512\ 320}{6\ 021}\times 1.283=109$$

因而，为对 FNMA 债券头寸进行套期保值，我们必须买入 109 手国债看跌期权。

套期保值结果

我们可利用图表 61—2 中的数据来建立保护性看跌期权套期保值的表格。图表 61—8 给出了买入保护性看跌期权策略的情况分析，其中前 5 列数据与图表 61—2 中的一样，第 6 列给出了看跌期权头寸在到期日的价值。如果期货价格大于或等于期权执行价格（110 美元），则看跌期权头寸在到期日的价值为零。如果期货价格低于 110 美元，那么期权到期时为实值期权，看跌期权头寸的价值为：

$$\text{看跌期权头寸价值}=\left(\frac{110}{100}-\frac{\text{期货价格}}{100}\right)\times 100\ 000\ \text{美元}\times\text{看跌期权数量}$$

例如，图表 61—8 中实际售价为 800 万美元的债券相应的期货价格为 105.855 81 美元，所买看跌期权的数量为 109，这样，看跌期权头寸价值为：

$$\left(\frac{110}{100}-\frac{105.855\ 81}{100}\right)\times 100\ 000\times 109=45\ 717\ \text{美元}$$

FNMA 债券的有效出售价格为：

有效出售价格＝ 实际售价＋看跌期权头寸价值－期权成本

下面看一下期权成本。假定执行价格为 110 美元的看跌期权的每一合约价格为 500 美元，当总期权数为 109 时，套期保值的总费用为 54 500 美元（＝109×500，未包含融资成本及佣金），相当于每 100 美元面值保值的费用为 0.545 美元。期权成本列在第 7 列。

图表 61—8　　利用看跌期货期权对不可交割债券套期保值至交割日

需套期保值的金融工具：利率为 6.25%的 1 000 万美元 2029 年 5 月 15 日 FNMA 债券

套期保值当日（1999 年 6 月 24 日）的 FNMA 债券价格＝ 88.39 美元

1999 年 9 月的转换系数＝ 1.283

期货合约的出售价格＝ 113 美元

FNMA 债券的目标价格＝ 84.453 美元

最低有效出售价格＝ 83.908 美元

套期保值的面值＝ 10 000 000 美元

看跌期权的执行价格＝ 110 美元

看跌期货期权合约数量＝ 109

每一合约价格＝ 500.00 美元

看跌期权头寸购入成本＝ 54 500 美元

(1)	(2)	(3)	(4)	(5)	(6)	(7)	(8)
FNMA 债券的实际售价（美元）	出售时收益率（%）	利率为 11.25%的长期国债的收益率（%）	利率为 11.25%的长期国债价格*（美元）	期货价格（美元）	看跌期权头寸价值**（美元）	看跌期权头寸购入成本（美元）	有效出售价格***（美元）
8 000 000	8.027	7.327	135.813	105.855 81	451 717	54 500	8 397 217
8 100 000	7.922	7.222	137.031	106.805 14	348 239	54 500	8 393 739
8 200 000	7.818	7.118	138.234	107.742 79	246 036	54 500	8 391 536
8 300 000	7.717	7.017	139.422	108.668 75	145 107	54 500	8 390 607
8 400 000	7.617	6.917	140.609	109.593 92	44 263	54 500	8 389 763
8 500 000	7.520	6.820	141.781	110.507 40	0	54 500	8 445 500
8 600 000	7.424	6.724	142.938	111.409 20	0	54 500	8 545 500
8 700 000	7.330	6.630	144.094	112.310 21	0	54 500	8 645 500
8 800 000	7.238	6.538	145.250	113.211 22	0	54 500	8 745 500
8 900 000	7.148	6.448	145.391	114.100 55	0	54 500	8 845 500
9 000 000	7.059	6.359	147.531	114.989 09	0	54 500	8 945 500
9 100 000	6.972	6.272	148.656	115.865 94	0	54 500	9 045 500
9 200 000	6.886	6.186	149.766	116.731 10	0	54 500	9 145 500
9 300 000	6.802	6.102	150.875	117.595 48	0	54 500	9 245 500
9 400 000	6.719	6.019	151.984	118.459 86	0	54 500	9 345 500
9 500 000	6.637	5.937	153.078	119.312 55	0	54 500	9 445 500

* 这些数值为近似值，因为期货交易报价单位为 1/32。

** 根据公式[(110/100－期货价格/100)×100 000 美元×109]计算的最大值。

*** 交易成本和保证金融资费用忽略不计。不包括交易费用及期权头寸融资成本。

对于图表 61—8 中的每一 FNMA 债券，其相应的有效出售价格列在表的最后一列。这些有效出售价格只会高于 83.908 美元，即高于期权执行价格为 110 美元时的 FNMA 债券价格（84.453 美元）减去看跌期权的成本（每 100 美元债券的套期保值成本为 0.545 美元），因而最低有效价格在套期保值开始之前即可以计算出来。（当 FNMA 债券价格下降时，有效出售价格实际上将高于 83.908 美元的预定最低出售价格，这是因为，尽管当收益率变化时，根据套期保值比率计算的相对久期会发生变化，但套期保值安排及套期保值比率未变。）然而，当 FNMA 债券价格上升时，套期保值债券的有效出售价格一并提高，并不同于图表 61—2 中的期货套期保值情况。在利率上升情形下，买入看跌期货期权套期保值对投资者是一种防范性保护；而在利率下降时，则会使投资者获益。

□ 卖出抛补的看涨期货期权套期保值策略

与买入保护性看跌期权策略不同，卖出抛补的看涨期权的目的不是为了防范利率上升而采取套期保值措施。抛补的看涨期权的出售方认为市场交易不会比当前价格水平高出或低出太多，从而针对现有资产组合，卖出虚值的看涨期权。看涨期权的出售会带来期权费收入，在利率上升时也能提供部分的保护作用。当然，这种保护与买入看跌期权头寸的保护作用不能相提并论，但这种额外的收入可以部分抵消债券价格下降的损失。对看涨期权的出售方，空头是一种持续的负债。在利率下降时，负债增加，这使得现有资产组合价值的上升总是有限度（执行价格以内）的，即限制了抛补的看涨期权出售方的资产组合升值潜力。当然，在价格变化有限时这种策略并不差。

为了看清买入保护性看跌期权例子中的债券是如何被应用于抛补的看涨期货期权策略的，我们建立一个与前面相似的表。设套期保值开始当日的期货出售价格在 113 美元左右，看涨期权的期货出售价格为 117 美元。假定套期保值债券与 CTD 债券的收益率利差为 70 个基点（与前面一样），再假定执行价格为 117 美元的看涨期权合约的单位价格为 500 美元，出售的期权合约数量为 109，每一合约的基础债券面值为 1 000 万美元。这样，出售 109 手看涨期权的收益为 54 500 美元（$=109\times500$），每 100 美元面值套期保值的收益为 0.545 美元。

图表 61—9 列出了上述条件下套期保值策略的结果。图表的前 5 列与图表 61—8 的前 5 列完全一样。第 6 列是卖出看涨期权所导致的负债。当期货价格小于期权的执行价格（117 美元）时，负债值为零；当期货价格高于 117 美元时，负债值计算如下：

$$\left(\frac{\text{期货价格}}{100}-\frac{117}{100}\right)\times 100\,000\text{ 美元}\times\text{看跌期权数量}$$

例如，在图表 61—9 中 FNMA 债券的实际出售价格是 9 500 000 美元，相应的期货价格为 119.312 55 美元，出售的看涨期权合约数量为 109，因而有

$$\left(\frac{119.312\,55}{100}-\frac{117}{100}\right)\times 100\,000\times 109=252\,068\text{ 美元}$$

也即，

$$\text{有效出售价格}=\text{实际出售价格}+\text{看涨期权出售收益}-\text{看涨期权头寸负债}$$

其中，期权出售收益为 54 500 美元，则有：

$$\text{有效出售价格}=\text{实际出售价格}+54\,500\text{ 美元}-\text{看涨期权头寸负债}$$

图表 61—9 的最右列显示的是每一情形的有效出售价格。

图表 61—9　　卖出抛补的看涨期货期权对不可交割债券进行套期保值

需套期保值的金融工具：利率为 6.25%的 1 000 万美元 2029 年 5 月 15 日 FNMA 债券

套期保值当日（1999 年 6 月 24 日）的 FNMA 债券价格＝ 88.39 美元

1999 年 9 月的转换系数＝ 1.283

期货合约的出售价格＝ 113 美元

FNMA 债券的目标最高价格＝ 92.858 美元

套期保值的面值＝ 10 000 000 美元

看涨期权的执行价格＝ 117 美元

看涨期货期权合约数量＝ 109

每一合约价格＝ 500.00 美元

看涨期权头寸价值＝ 54 500 美元

FNMA 债券目标最大价值＝ 9 285 800 美元

(1)	(2)	(3)	(4)	(5)	(6)	(7)	(8)
FNMA 债券的实际售价（美元）	出售时收益率（%）	利率为 11.25%的长期国债的收益率（%）	利率为 11.25%的长期国债价格*（美元）	期货价格（美元）	看涨期权头寸价值**（美元）	看涨期权头寸购入成本（美元）	有效出售价格***（美元）
8 000 000	8.027	7.327	135.813	105.855 81	0	54 500	8 054 500
8 100 000	7.922	7.222	137.031	106.805 14	0	54 500	8 154 500
8 200 000	7.818	7.118	138.234	107.742 79	0	54 500	8 254 500
8 300 000	7.717	7.017	139.422	108.668 75	0	54 500	8 354 500
8 400 000	7.617	6.917	140.609	109.593 92	0	54 500	8 454 500
8 500 000	7.520	6.820	141.781	110.507 40	0	54 500	8 554 500
8 600 000	7.424	6.724	142.938	111.409 20	0	54 500	8 654 500
8 700 000	7.330	6.630	144.094	112.310 21	0	54 500	8 754 500
8 800 000	7.238	6.538	145.250	113.211 22	0	54 500	8 854 500
8 900 000	7.148	6.448	146.391	114.100 55	0	54 500	8 954 500
9 000 000	7.059	6.359	147.531	114.989 09	0	54 500	9 054 500
9 100 000	6.972	6.272	148.656	115.865 94	0	54 500	9 154 500
9 200 000	6.886	6.186	149.766	116.731 10	0	54 500	9 254 500
9 300 000	6.802	6.102	150.875	117.595 48	64 907	54 500	9 289 593
9 400 000	6.719	6.019	151.984	118.459 86	159 125	54 500	9 295 375
9 500 000	6.637	5.937	153.078	119.312 55	252 068	54 500	9 302 432

* 这些数值为近似值，因为期货交易报价单位为 1/32。

** 根据公式[(期货价格/100－117/100)×100 000 美元×109]计算的最大值。

*** 交易成本和保证金融资费用忽略不计。不包括交易费用及期权头寸融资成本。

如同买入保护性看跌期权策略中预先计算的最低有效售价一样，对卖出抛补的看涨期权策略，我们也可以预先计算出最大有效出售价格。最大有效出售价格是与期权出售的执行价格相对应的套期保值债券的价格加上期权费。在本例中，看涨期权中的期货执行价格为117美元。与期货价格117美元对应的CTD债券价格是150.111美元（=117×转换系数1.283），对应的收益率为6.159%。在70个基点的利差区间下，等价的套期保值债券的收益率为6.859%，对应的价格为92.313美元，加上每100美元面值套期保值得到的0.545美元的期权费，我们可以得出最大有效出售价格约为92.858美元。如图表61—10所示，如果套期保值债券以假定的高出CTD债券70个基点的收益率进行交易，套期保值债券的最大实际有效出售价格略高于92.858美元。图表61—9中的不一致是由于四舍五入以及即使对应美元久期随着收益率的变化而变化但头寸并未调整所造成的。

□ 套期保值策略比较

前面考察了债券头寸套期保值的三种基本策略：（1）期货套期保值；（2）买入虚值看跌期权套期保值；（3）卖出虚值抛补的看涨期权套期保值。从套期保值结果看，资产管理人所采取的策略往往是相近的，并非截然不同；另外，也不存在最优策略，每一种策略都有其优点和缺点，任一种策略都只能有所取舍——为得到有价值的东西，必须付出其他的东西——因而均非完美。

为了在这些策略中做出适当选择，我们需要逐个地筛选可替代策略。运用期货例子和期货期权例子，图表61—10列出了多种套期保值选择所对应的资产组合的最终价值。从图表61—10中容易看出，在某一收益率水平下，如果一种套期保值方式优于另一种，那么在另一收益率水平下，优劣关系可能相反。

图表61—10　几种替代性策略的比较　单位：美元

（1）	（2）	（3）	（4）
FNMA债券的实际售价	期货套期保值的有效出售价格	买入保护性看跌期权套期保值的有效出售价格	卖出抛补的看涨期权套期保值的有效出售价格
8 000 000	8 800 150	8 397 217	8 054 500
8 100 000	8 793 824	8 393 739	8 154 500
8 200 000	8 788 807	8 391 536	8 254 500
8 300 000	8 785 101	8 390 607	8 354 500
8 400 000	8 781 481	8 389 763	8 454 500
8 500 000	8 779 171	8 445 500	8 554 500
8 600 000	8 778 170	8 545 500	8 654 500
8 700 000	8 777 256	8 645 500	8 754 500
8 800 000	8 776 343	8 745 500	8 854 500
8 900 000	8 776 739	8 845 500	9 954 500
9 000 000	8 777 222	8 945 500	9 054 500
9 100 000	8 779 015	9 045 500	9 154 500
9 200 000	8 782 117	9 145 500	9 254 500
9 300 000	8 785 306	9 245 500	9 289 593
9 400 000	8 788 496	9 345 500	9 295 375
9 500 000	8 792 995	9 445 500	9 302 432

然而，我们不能得出某一策略是最优策略的结论。进行决策的资产管理人通常不是在具体的结果中做出选择，而是在概率分布中做出策略选择。这些都不是完美套期保值，因而资产组合的最终价值总是存在于一个可能的范围内。如何正确地确定范围及与每一可能结果相关的概率，这与主观判断有很大关系。

□ 现货工具期权套期保值

与期货期权套期保值相比，运用现货债券期权进行套期保值相对较为直接。但不论是期货期权还是现货期权（options on physicals）保值，所运用的大多数套期保值策略（包括买入保护性看跌期权、卖出抛补的看涨期权及双限策略）本质上都是相同的，只是在期权合约交易的方式及流动性方面存在一定的差异，而基本原理几乎是完全相同的。

运用现货期权套期保值，通常会使资产管理人免受与期货期权套期保值相关的大部分基差风险。例如，中长期国债资产管理人通常可以买入或卖出与资产组合中的证券对应的期权。与国债现货期权保值比较，在运用期货期权套期保值时必然会引入新的不确定性因素。

由于现货期权与期货期权的原理基本相同，对现货期权无须额外说明。唯一重要的差异是在套期保值比率和等价的执行价格的计算方面。为导出现货期权的套期保值比率，必须求助于含有相对美元久期的表达式。对于假定收益率利差为常量的现货期权，套期保值比率为：

$$\frac{\text{无期权头寸的当前美元久期}}{\text{期权基础工具的美元久期}}$$

在套期保值债券与期权基础工具的收益率的关系估算出来后，恰当的套期保值比率为：

$$\frac{\text{无期权头寸的当前美元久期}}{\text{期权基础工具的美元久期}}\times\text{收益率}\,\beta$$

与期货期权不同，这里只有一个合约可以交割，因而没有转换系数。但在运用现货期权进行交叉套期保值时，求解套期保值债券的等价执行价格的程序与期货期权是非常近似的。给定期权执行价格，利用期权基础工具的价格/收益率关系能够容易地确定期权执行时的收益。然后给定期权基础工具收益率与套期保值债券收益率之间预定的关系，我们可以导出套期保值债券的等价执行收益率。最后，运用套期保值债券的收益率与价格关系公式，我们可以计算出套期保值债券的等价执行价格。

61.3 关键知识点

- 买进利率期货合约会增加资产组合的久期；卖出利率期货合约会减小投资组合的久期。

● 运用期货而非现货市场工具来调整投资组合的久期的优势体现在：交易成本较低、保证金要求较低以及期货市场更容易进行卖空操作。

● 利用期货来控制利率风险的基本原则是将当前资产组合中的美元敞口和期货头寸中的美元敞口结合起来，进而使总的美元敞口等于目标美元敞口。要实现目标美元久期所需要的期货合约数量取决于无期货头寸的当前美元久期和每个期货合约的美元久期。

● 运用期货进行套期保值要求以期货头寸来暂时替代晚些时候发生的现货市场交易。管理人预期实现的目标是某一头寸（不论是现货还是期货头寸）上的任何实际损失，都可以由另一头寸的获益而抵消。

● 套期保值是控制利率风险的一种特殊的情况，其目标久期或目标美元久期为零。

● 当套期保值的债券与期货合约所涉及的债券并不相同时，就会出现交叉套期保值。空头套期保值或卖出套期保值是为应对未来债券价格下跌而采取的行动；进行多头套期保值或买进套期保值是为了防范债券价格上升造成损失。

● 套期保值的操作可分为以下四个步骤。第一步：确定合适的套期保值工具；第二步：确定套期保值目标；第三步：确定套期保值头寸；第四步：对套期保值进行监督和评价。

● 在选取套期保值的最优期货合约时应考虑的首要因素是期货合约收益率与利率之间的相关程度，其隐藏着资产管理人希望消除的风险。

● 资产管理人应该决定目标利率或目标价格，即他从套期保值中期望得到的预期结果。套期保值比率等于为了套期保值所需要的期货合约数量。

● 套期保值的基差是指现货价格（或即期利率）与期货价格（或期货利率）之间的差异。

● 总之，如果资产管理人建立持有至到期日的期货套期保值，他将能够锁定期货收益率（或期货价格）。当通过国库券期货和中期国债期货进行套期保值时，相关合约所涉及的交付选项使情况变得复杂。如果在交付日之前进行了套期保值，那么套期保值时间越短，所获得的有效收益率（或有效价格）越接近当前的即期收益率。

● 在交割日之前完成的套期保值合理目标的确定取决于基差。基差风险的确切定义是指与目标利率基差或目标价格基差相关的不确定性。

● 套期保值将利率风险替换为基差风险。

● 利用国债期货对非国债债券进行套期保值时，在确定套期保值比率时需要考虑两个关系：（1）非国债债券和 CTD 债券的现价；（2）CTD 债券价格和期货价格。

● 在计算非交割债券的套期保值比率时，我们要考虑收益率 β。我们可以用回归分析估计收益率 β，并考察收益率水平与收益率利差二者之间的关系。

● 在套期保值目标确定及套期保值建立以后，我们必须在套期保值存续期间进行检测，并且在套期保值完结后进行评价。分析并确认套期保值中的误差来源非常重要，我们可以从中汲取经验，进而在其后的套期保值中加以借鉴。

● 期权套期保值有三个常用的策略：买入保护性看跌期权策略、卖出抛补的看涨期权策略和双限策略。

● 资产管理人可运用买入保护性看跌期权策略进行保值，以防范利率上升风险。买入保护性看跌期权策略是一种看跌期权多头与现货债券头寸多头的简单复合。

● 卖出抛补的看涨期权策略是针对债券组合而卖出看涨期权。在对资产组合价值的保护上，卖出抛补的看涨期权策略所承担的债券组合价值下跌风险远远高于买入保护性看跌期权策略的情况，因此许多资产管理人不把卖出抛补的看涨期权看作套期保值的行为。

● 对于买入保护性看跌期权策略和卖出抛补的看涨期权策略，我们不能说其中哪一种套期保值策略是更好或更正确的选择。所谓的最优策略（和最优执行价格）取决于资产管理人对市场的看法。

● 双限策略是买入保护性看跌期权策略和卖出抛补的看涨期权策略二者的组合。施行双限策略的资产管理人通过放弃资产组合的部分潜在的价值上升收益，消除部分的资产组合价值下跌风险。

● 期权套期保值的步骤包括：确定最优期权套期保值合约、确定合理的执行价格、确定期权合约的数量。在着手期权套期保值时，对于买入保护性看跌期权策略，我们需要计算出最低的有效出售价格；对于卖出抛补的看涨期权策略，我们则需要计算出最高的有效出售价格。

● 所谓的最优期权合约取决于期权价格、流动性以及该合约与需要进行套期保值的债券之间的相关性。

● 对于交叉套期保值，资产管理人希望把实际买入或卖出期权的执行价格转换成进行套期保值债券的等价的执行价格。在运用国债期货期权进行套期保值时，套期保值比率依赖于当前资产组合的相对美元久期、CTD 债券、期权到期日的期货合约以及 CTD 债券的转换系数。

● 尽管在交易方式上，现货期权和期货期权存在一些机制方面的不同，并且在流动性上也可能存在显著的差异，但基于这两种合约作为套期保值策略的基本经济原理实际上是相同的。运用现货期权套期保值，通常能大大降低资产管理人所承担的与期权套期保值相关联的基差风险。

【注释】

[1] 最便宜交割债券是指在所有可交割的满足合约要求的债券中，在现金和套利交易中获得最高收益率的那一只债券。这种收益率被称作**隐含回购率**（implied repo rate）。

[2] 参见第 59 章关于交割期权的解释。

[3] 远期利率已在第 36 章阐述。

[4] 如同第 59 章的解释，国债期货期权是机构投资者较为常用的。期货期权的交易机制如下：如果看跌期权交易成立，期权买方将持有基础期货合约的空头，期权卖方则持有相对应的多头。双方头寸的期货价格即是看涨期权的执行价格。交易所标出市场头寸，多空双方平衡的期货价格为期货现价。同理，在看涨期权交易成立时，期权买方将持有基础期货合约的多头，期权卖方则持有相对应的空头。双方头寸的期货价格即是看涨期权的执行价格。交易所标出市场头寸，多空双方平衡的期货价格即为期货现价。

第 62 章

利率互换与互换期权

弗兰克·J.法博齐（Frank J. Fabozzi）博士，注册金融分析师，
注册会计师
EDHEC 商学院金融学教授

史蒂文·V.曼（Steven V. Mann）博士
南卡罗来纳大学摩尔商学院金融学教授

穆拉德·查德瑞（Moorad Choudhry）博士
苏格兰皇家银行企业财政、全球银行业与市场部总经理

市场参与者也广泛使用互换和互换期权来控制利率风险，其中最常见的互换合约是**利率互换**（interest-rate swap）合约。利率互换合约向他们提供了一种工具来改变现金流的属性，以及资产组合或资产负债表的利率敞口。本章将会解释如何分析利率互换产品，具体内容包括描述一般利率互换产品、互换相关人、互换的风险与收益，以及互换产品的经济学含义。之后，我们将关注浮动利率支付及其现值的计算，然后研究给定互换率下固定利率支付的计算。在计算互换价值之前，先行研究如何计算互换率。在给定互换率下，我们再来看互换发生情形下互换的价值。此外，我们也将讨论其他类型的互换，以及互换上的期权——**互换期权**（swaption）。作为利率风险管理工具，互换期权甚至使用更为频繁。本章将会论述这些工具，在第 63 章将论述它们的价值。

62.1 什么是利率互换

在利率互换中，双方（称作“对手方”）同意交换按期支付的利息。用来交换的利息货币量基于一些事前确定的美元资产面值——**名义本金**。对手方互相支付的美元数量，是由一致同意的利率乘以名义量得到。对手方之间交换的唯一价值是利息，而不是名义本金。相应地，名义本金的作用仅在于将利率比例放大为现金流。在最常见的互换合约中，一方同意在合约期限内向另一方以指定利率支付固定利率。该方称为**固定利率支付方**（fixed-rate payer）。另一方则同意支付浮动利率，利率根据某种参考利率进行浮动。这一方称为**浮动利率支付方**（floating-rate payer）。

在利率互换中浮动利率可以参考各种各样的货币市场利率：国库券利率、伦敦银行同业拆借利率（LIBOR）、商业票据利率、银行汇票利率、大额定期存款利率、联邦基金利率，以及优惠利率等。其中最为常用的是 LIBOR。LIBOR 是主要银行间相互支付给定期限欧洲美元存款的利率。LIBOR 并不只有一个利率，而是根据期限变化的一组利率。例如，有 1 个月期 LIBOR、3 个月期 LIBOR 以及 6 个月期 LIBOR。

为具体描述利率互换，假设 X 方同意在接下来的 5 年当中付给 Y 方每年 10%的固定利率，而 Y 方则同意付给 X 方 6 个月期 LIBOR（参考利率）。X 方是固定利率支付方/浮动利率接受方，而 Y 方则是浮动利率支付方/固定利率接受方。假设名义本金为 5 000 万美元，并且 5 年当中每 6 个月进行一次利息交换。也就是说，每 6 个月 X 方（固定利率支付方/浮动利率接受方）要支付 Y 方 250 万美元（10%×5 000 万÷2）。另外，Y 方的支付量等于 6 个月期 LIBOR 乘以 5 000 万美元再除以 2。假如 6 个月期 LIBOR 等于 7%，那么 Y 方就将支付 175 万美元（7%×5 000 万÷2）给 X 方。注意，由于计算的是半年利息，所以需要除以 2。

利率互换是柜台交易产品。也就是说，交易并不发生在交易所内。机构投资者如果希望进行一笔互换交易，那么就得去找办理此项业务的证券公司或商业银行。这些机构可以通过以下方式来提供互换服务。第一，证券公司或商业银行可以安排或者代理希望互换的双方来完成一笔利率互换交易。此时，证券公司或商业银行扮演的是经纪人的角色。

证券公司或商业银行完成互换交易的第二种方法是直接成为交易的另一方。也就是说，证券公司或商业银行此时扮演的是交易商角色，而非经纪人。作为交易商时，证券公司或者商业银行就会像处理其他证券产品一样进行头寸对冲。同理，互换交易商也就自然构成了交易对手方。

在签订互换合约时，双方所承担的风险是另一方不能完整履约。也就是说，每一方都面临违约风险。互换协议中的违约风险称为**“对手方风险”**（counterparty risk）。只要合约强制双方必须依据合约条款行事，那么对手方风险就是指对手方将违约的风险。在期货和交易所交易期权当中，违约风险是指清算行违约的风险。一般来说，参与者认为这一风险很小。但是，在互换协议中，对手方风险就不容小觑。

正是由于这种对手方风险，一部分证券公司和商业银行无法成为交易商。一些证券公司已经建立起资本独立的子公司，因此获得了较高的信用评级，从而可以作为交易商进入互换协议当中。

因此，互换双方都面临对手方风险。记住这一点至关重要。

62.2 互换头寸的解释

互换头寸可以通过两种途径来解释：(1) 一篮子远期/期货合约；(2) 买卖现货市场工具带来的一篮子现金流。

□ 一篮子远期合约

继续沿用上面解释互换时用到的利率。观察 X 方的头寸。X 方同意支付 10%，并收取 6 个月期 LIBOR。更具体地，假设有 5 000 万美元名义本金，X 同意以 250 万美元购买名为“6 个月期 LIBOR”的产品。这就相当于一份 6 个月的远期合约，其中 X 同意支付 250 万美元来交换 6 个月期 LIBOR 的利息。因此，固定利率支付方实际上就是基于 6 个月期 LIBOR 的 6 个月期远期多头；而浮动利率支付方实际上是基于 6 个月期 LIBOR 的 6 个月期远期空头。进而，对应于每个交换日期，都隐含有一份远期合约。

因此，利率互换可以被看作一篮子更基础的利率衍生产品——远期。在一篮子远期合约中，交割日期与互换交割日相同，并且基础资产利率也就是参考利率。进而，利率互换的价格也就取决于这一篮子远期合约的价格。

尽管利率互换也许和一篮子远期合约无甚区别，但是出于以下原因，该种产品并非多余。第一，远期或期货合约的期限并不能像利率互换那么长。实际上，一份利率互换的期限可以长达 15 年或更久。第二，利率互换交易起来也更富效率。利用利率互换，交易者可以快速建立一篮子远期合约的等价支付产品，而无须再针对每一份远期合约进行协商。第三，自从 1981 年利率互换市场建立以来，该市场的流动性已然经历成长。现在，利率互换市场的流动性比远期市场更为充足。当合约期限较长时，这一优势更加明显。

□ 一篮子现货市场工具

为了理解互换如何等价于一篮子现货市场工具，请看下面的例子。假定投资者进行如下交易：

- 按名义本金买入 5 000 万美元 5 年期浮动利率债券，每半年按 6 个月期 LIBOR 付息；
- 购买上述 5 年期浮动利率债券的融资方式是借入 5 000 万美元，5 年内偿付，年利率为 10%，半年付息一次。

这一交易组合的现金流如图表 62—1 所示。第 2 列表示购买 5 年期浮动利率债券所带来的现金流，包括一笔 5 000 万美元的现金流出，以及之后的 10 笔现金流入。这 10 笔现金流数量不确定，因为取决于 6 个月期 LIBOR 的未来水平。下一列所显示的是以固定利率借入 5 000 万美元所产生的现金流。最后一列计算出整个交易的净现金流。

图表 62—1　　以固定利率融资并购买 5 年期浮动利率债券的现金流

交易：
- 买入 5 000 万美元 5 年期浮动利率债券：浮动利率＝LIBOR，半年付息一次；
- 借入 5 年期贷款 5 000 万美元：固定利率＝10%，半年付息一次。

6 个月期	现金流（百万美元）		
	浮动利率债券*	借款成本	净现金流
0	－50	＋50.0	0
1	＋（$LIBOR_1$/2）×50	－2.5	＋（$LIBOR_1$/2）×50－2.5
2	＋（$LIBOR_2$/2）×50	－2.5	＋（$LIBOR_2$/2）×50－2.5
3	＋（$LIBOR_3$/2）×50	－2.5	＋（$LIBOR_3$/2）×50－2.5
4	＋（$LIBOR_4$/2）×50	－2.5	＋（$LIBOR_4$/2）×50－2.5
5	＋（$LIBOR_5$/2）×50	－2.5	＋（$LIBOR_5$/2）×50－2.5
6	＋（$LIBOR_6$/2）×50	－2.5	＋（$LIBOR_6$/2）×50－2.5
7	＋（$LIBOR_7$/2）×50	－2.5	＋（$LIBOR_7$/2）×50－2.5
8	＋（$LIBOR_8$/2）×50	－2.5	＋（$LIBOR_8$/2）×50－2.5
9	＋（$LIBOR_9$/2）×50	－2.5	＋（$LIBOR_9$/2）×50－2.5
10	＋（$LIBOR_{10}$/2）×50＋50	－52.5	＋（$LIBOR_{10}$/2）×50－2.5

* LIBOR 的含义为浮动利率债券期限内时点 *t* 时的 6 个月期 LIBOR。

如最后一列所示，初始现金流为 0（现金流入和流出相互抵消了）。在全部 10 期当中，净头寸带来 LIBOR 流出和 250 万美元流出，并且和固定利率支付方/浮动利率接受方的头寸完全相同。

从图表 62—1 可以看出，固定利率支付方的现货市场头寸等价于浮动利率债券多头和固定利率债券空头的组合，注意到借贷导致的空头头寸等价于发行固定利率债券的头寸。

那么，浮动利率支付方的头寸是什么样子的？很容易发现，浮动利率支付方的头寸等价于购买固定利率债券并通过浮动利率债券进行融资的组合头寸，其中融资债券的浮动利率等于互换参考利率。也就是说，浮动利率支付方的头寸等价于固定利率债券多头和浮动利率债券空头的组合。

62.3　术语、惯例和市场报价

让我们首先回顾市场中用到的一些术语，并解释如何报互换的价格。**交易日**（trade date）是指互换合约提交的那一天。交易条款包括固定利率、期限、互换面值，以及互换双方的支付基础。确定浮动利率的开始日期称为**重置日**（reset date）或者**设定日**（setting date），也可以称为交易日。和 FRA 交易相同（参见第 59 章的讨论），利率确定日领先计息期开始日两个工作日。第二个（以及后续的）重置日都将领先第二个（以及后续的）交换区间开始日两个工作日被确定下来。**生效日**（effective date）是指互换利息开始计算的日期，通常比交易日晚两天。在**远期互换**（forward-start swap）里，生效日是未来的某个时点，并将在互换条款中说明。在每期开始时，该期的浮动利率就被固定下来，所以利息支付的多少双方事先都知道（当然，固定利率是双方已经知道的）。

虽然我们的解释假设对于固定利率支付方和浮动利率支付方现金流的安排是同步的，但是实际互换中这种情形很少见。事实上，在互换协议中，固定利率支付方只需每年支付一次，而浮动利率支付方的支付频率更高（半年或者每季度支付）。并且，交易双方的计息方式也有差别。一般来说，固定利率支付方按照 30/360 天来计算实际支付利率，而浮动利率支付方支付美元或者欧元计价的互换时，使用实际天数/360 天来计算利息，如同这些货币的市场工具一样。英镑计价互换则使用实际天数/365 天来计息。

相应地，由于后续息票期限不同，固定利率支付之间还有轻微的不同。而浮动利率支付的影响因素包括计息天数和参考利率的变动。

由于互换头寸既可以表述为一篮子现货市场头寸，也可以表述为一篮子期货/远期市场头寸，所以描述互换市场参与者头寸的术语中就同时包括了现货市场行话和远期市场行话。我们已然说明，利率互换的对手方既可以是固定利率支付方，也可以是浮动利率支付方。

固定利率支付方接受浮动利率支付，被称为“做多”或“买入”互换。从概念上讲，多头买入的是浮动利率票据（因为多头接受浮动利率支付），并发行固定利率债券（因为多头每隔一定时间就按照固定利率进行支付）。从本质上讲，固定利率支付方以固定利率借入资金，并投资于浮动利率资产。空头则相当于买入附息债券（因为空头接受固定利率支付）并发行浮动利率票据（因为空头支付浮动利息）。浮动利率支付方借入浮动利率资金，并投资于固定利率资产。

互换报价惯例随着互换规模而演进。当前，互换交易者将浮动利率设定为参考利率，然后报出固定利率。为了进一步解释这一惯例，考虑以下某交易商提供的 10 年期互换产品：

- 浮动利率支付方：每季度支付 3 个月期 LIBOR。每半年接受 8.75%的固定利率。
- 固定利率支付方：每半年支付 8.85%的固定利率。每季度接受 3 个月期 LIBOR 支付。

交易商报给固定利率支付方的卖价是支付 8.85%，接受 LIBOR 平价（意思是没有利差）。而交易商报给浮动利率支付方的买价是支付 LIBOR 并收取 8.75%，买卖点差是 10 个基点。

为了巩固我们的直观感受，不妨将互换市场设想成为两个对手方将浮动参考利率与固定利率进行一系列交换的市场。事实上，互换市场就是买卖 LIBOR 的市场。因此，购买互换（支付固定利率/获得浮动利率）的行为可以视作在每个重置日以事先约定好的固定利率购买 LIBOR 的行为。相反，出售互换（获得固定利率/支付浮动利率）的行为实际上是在每个重置日以事先约定好的固定利率出售 LIBOR 的行为。在这一思路下，以上买卖价差就很容易理解了。使用之前的数字，8.75%的买价是交易商愿意支付给对手方以获得 3 个月期 LIBOR 的价格。也就是说，按此价购买 LIBOR。相似地，卖价 8.85%的意思是，交易商从对手方接受这一价格来出售 LIBOR。也就是说，按此价出售 LIBOR。

固定利率比具有相同期限的国债收益率曲线的利差高。在我们的例子中，假设 10 年期国债收益率为 8.35%，那么交易商向固定利率支付方报出的卖出价格就是支付 10 年期国债收益率再加上 50 个基点得到的 LIBOR 平价。对于浮动利率支付方，交易商报出的买入价格是支付 LIBOR 平价和得到 10 年期国债收益率再加上 40 个基点。交易商会对上述互换多报出 40～50 个基点，意味着交易商愿意进行 LIBOR 平价互换，并支付多余 10 年期国债收益率 40 个基点的固定利率，同时愿意支付 LIBOR 并得到多余 10 年期 50 个基点固定利率的互换交易。

62.4 利率互换定价

在利率互换中，对手方相互同意按期交换利息收入。所交换的利息货币量基于名义本金。在多数普通互换当中，存在固定利率支付方和固定利率接受方。互换利率报价的惯例是，交易商将浮动利率设定为参考利率，之后报出进行交易的固定利率。

□ 计算互换支付

在前一节，我们大概描述了固定利率支付方和固定利率接受方的现金流，但是没有给出任何细节。所解释的是假定互换利率为 6%，面值为 1 亿美元，那么固定利率支付就是每年 600 万美元，之后支付根据清算频率进行调整。如果是半年支付，那么就是 300 万美元。如果是季度支付，那么就是 150 万美元。相似地，浮动利率支付额可以通过参考利率乘以面值再根据支付频率进行调整得到。

这里有必要通过简单计算上述支付来揭示利率互换的基本特征，并解释利率变动带给交易双方的收益和损失。然而，本章的目的是为互换定价。为了实现这一目的，必须确定固定利率支付和浮动利率支付的现值。二者之差即为互换的价格。通过下面的解释我们将会看到，期权价值是正（资产）还是负（负债）将取决于身处交易哪一方。

在互换刚开始执行的时候，互换条款将会保证固定利率支付的现值等于浮动利率支付的现值。也就是说，互换价值此时为零。对于确定互换利率（固定利率支付方的支付利率）来说，这是根本原则。

先给出下述研究的总体路径。首先，我们将研究如何计算浮动利率支付的现值。这将从考察参考未来利率的决定方法开始，以获得该期的浮动利率支付。从参考利率的未来值出发，我们进而思考如何计算浮动利率支付，并考虑支付期间的天数这一因素。接下来，计算给定互换利率之下的固定利率支付。在最终确定互换价值之前，我们还得搞清楚如何计算互换利率。这就涉及利率互换下任意现金流的现值如何计算的问题。当给定了浮动利率支付及其现值，互换利率就可以计算出来。计算的原理是浮动利率支付现值必须等于固定利率支付现值。最后，我们将考察互换价值在执行之后的决定机制。

□ 计算浮动利率支付

对于第一次浮动利率支付来说，支付量已知。而对于所有后续支付来说，浮动利率支付额取决于浮动利率确定时点的参考利率值。为了说明与计算浮动利率支付相关的问题，我们假设：

- 互换于今天开始，即第 1 年 1 月 1 日（互换交割日）。
- 浮动利率支付按季度进行，按照“实际天数/360”来计算。
- 互换面值为 1 亿美元。
- 互换期限为 3 年。

季度支付的浮动利率计算方法基于实际天数/360 天的惯例。回忆一下，在该惯例下，1 年假定有 360 天，并且在计算每季度利息时，所用到的是该季度的实际天数。浮动利率支付在每季度开始时确定，但是在该季度结束时才发生，也就是说，浮动利率支付以未付账款形式出现。

假设今天 3 个月期 LIBOR 为 4.05%。考察固定利率支付者在第 1 年 3 月 31 日（第一次互换支付的交割日）所得金额。此时浮动利率支付没有不确定性。而一般地，浮动利率支付金额由下式确定：

名义本金×3 个月期 LIBOR×(当期天数/360)

在本例中，假设年份为平年，那么从第 1 年 1 月 1 日到第 1 年 3 月 31 日（第一季度）的天数为 90。如果 3 个月期 LIBOR 是 4.05%，那么固定利率支付者将会在第 1 年 3 月 31 日获得的浮动利率支付为：

100 000 000×0.040 5×(90/360)=1 012 500 美元

现在的难点在于，如何确定第一季度之后的浮动利率支付。对于 3 年互换来说，共有 12 次浮动利率支付。所以，尽管第一季度支付已知，但是剩余 11 次未知。然而，通过远期合约，可以对冲未来 11 次浮动利率支付。特别地，用来对冲参考利率为 3 个月期 LIBOR 的互换合约中未来浮动利率支付的远期合约，就是欧洲美元期货合约。

□ 确定远期浮动利率支付

现在来确定未来浮动利率支付。利用欧洲美元期货合约，这些支付可以在互换期内锁定。以下展示如何根据这一合约来计算浮动利率支付。

计算从下一季度开始，也就是从第 1 年 4 月 1 日到第 1 年 6 月 30 日，包括 91 天。浮动利率支付将会在第 1 年 4 月 1 日由当日 3 个月期 LIBOR 决定，并在 6 月 30 日支付。那么，今日（第 1 年 1 月 1 日）的固定利率支付方应当查看何处来预测第 1 年 4 月 1 日的 LIBOR 呢？一个可行之处是欧洲美元期货合约市场。在该市场上，有 3 个月期欧洲美元期货合约，交割日为第 1 年 6 月 30 日。该远期合约将包含市场在第 1 年 4 月 1 日对 3 个月期 LIBOR 的预期。例如，如果 6 月 30 日交割的 3 个月期欧洲美元期货合约价格是 95.85 美元，那么如前所述，3 个月期的欧洲美元期货利率为 4.15%。我们将这一 3 个月期 LIBOR 称为“远期利率”。因此，如果固定利率支付方在第 1 年 1 月 1 日（互换开始日）买入 100 手于第 1 年 6 月 30 日交割的 3 个月期欧洲美元期货合约，那么该季度（第 1 年 4 月 1 日到第 1 年 6 月 30 日）的支付额就会被锁定为：

100 000 000×0.041 5×(91/360)=1 049 028 美元

注意每手远期合约为 100 万美元，因此 100 手合约的名义本金就是 1 亿美元。

相似地，欧洲美元期货合约可以用来锁定接下来 10 年的浮动利率支付。再次郑重强调，每期开始时的参考利率决定了该期应当支付的浮动利率。不过只有到了该期结束，才会实际进行浮动利率支付。

图表 62—2 将以上内容以 3 年期互换为例展示了出来。第（1）列是季度开始时的情景，第（2）列是季度结束时的情景。第一季度末（第 1 年 3 月 31 日）将会发生支付，金额为 1 012 500 美元。如前所述，此部分浮动利率支付是已知的，也是唯一已知的。第（4）列中信息为当前 3 个月期 LIBOR 水平（4.05%），是计算第一次支付的信息来源。支付金额在最后一列即第（8）列中显示。

注意，第（7）列中将季度标记为 1～12，并且第（7）列的标题说明每一季度在结束时进行标记。这一细节之所以重要，是因为我们最终将对这些支付（现金流）取贴现值，从而必须小心理解支付交换的具体时间，从而准确决定贴现日期。因此，对于第一次支付 1 012 500 美元来说，支付接受日期在第一季度末。我们提及任意支付的时间时，所指的就是季度末。所以，第五次支付 1 225 000 美元即为第 5 期的支付金额，而第 5 期是指支付将在第五季度末进行交换。

□ 计算固定利率支付

互换合约将会写明固定利率支付的交割频率，而这一频率不一定与浮动利率支付相同。例如，在我们用来举例说明浮动利率支付计算的 3 年期互换当中，支付频率为每季支付。而固定利率支付可以是半年支付，而未必是按季进行。

在我们的说明中，假设固定利率支付是按季进行的，与浮动利率支付相同。计息日计算转换法则与浮动利率支付相同，都是实际天数/360，则每期固定利率支付金额的决定公式为：

名义本金×互换利率×(该期天数/360)

这一公式与浮动利率支付决定式基本相同，不过此处“互换利率”取代了浮动利率支付公式当中的“参考利率”。

例如，假设互换利率为 4.98%，该季度有 90 天。那么该季度的固定利率支付为：

100 000 000×0.049 8×(90/360)=1 245 000 美元

如果每季度有 92 天，那么相应的固定利率支付是：

100 000 000×0.049 8×(92/360)=1 272 667 美元

注意，每一季度的利率都是一样的，但是实际支付量还需计算该期计息天数。

图表 62—3 中给出了基于不同互换利率的固定利率支付。该表的前三列信息与图表 62—2 相同——季度始末和该季度天数。第（4）列仅仅给出了季度记号，其中，第 1 期表示第一季度末，第 2 期表示第二季度末，依此类推。该表的其他列则给出了不同互换利率假设下的支付。

图表 62—2　　**基于期初 LIBOR 和欧洲美元期货的浮动利率支付**

(1)	(2)	(3)	(4)	(5)	(6)	(7)	(8)
季度开始	季度结束	季度天数	当前 3 个月期 LIBOR (%)	欧洲美元期货价格 (美元)	远期利率 (%)	期数=季度末	季度末浮动利率支付额 (美元)
第 1 年 1 月 1 日	第 1 年 3 月 31 日	90	4.05		—	1	1 012 500
第 1 年 4 月 1 日	第 1 年 6 月 30 日	91		95.85	4.15	2	1 049 028
第 1 年 7 月 1 日	第 1 年 9 月 30 日	92		95.45	4.55	3	1 162 778
第 1 年 10 月 1 日	第 1 年 12 月 31 日	92		95.28	4.72	4	1 206 222
第 2 年 1 月 1 日	第 2 年 3 月 31 日	90		95.10	4.90	5	1 225 000
第 2 年 4 月 1 日	第 2 年 6 月 30 日	91		94.97	5.03	6	1 271 472
第 2 年 7 月 1 日	第 2 年 9 月 30 日	92		94.85	5.15	7	1 316 111
第 2 年 10 月 1 日	第 2 年 12 月 31 日	92		94.75	5.25	8	1 341 667
第 3 年 1 月 1 日	第 3 年 3 月 31 日	90		94.60	5.40	9	1 350 000
第 3 年 4 月 1 日	第 3 年 6 月 30 日	91		94.50	5.50	10	1 390 278
第 3 年 7 月 1 日	第 3 年 9 月 30 日	92		94.35	5.65	11	1 443 889
第 3 年 10 月 1 日	第 3 年 12 月 31 日	92		94.24	5.76	12	1 472 000

图表 62—3　　几种不同互换利率下的固定利率支付

(1)	(2)	(3)	(4)	(5)	(6)	(7)	(8)	(9)
季度开始	季度结束	季度天数	期数＝季度末	固定利率支付 (美元)，假设互换利率为				
				4.980 0%	4.987 3%	4.987 4%	4.987 5%	4.988 0%
第1年1月1日	第1年3月31日	90	1	1 245 000	1 246 825	1 246 850	1 246 875	1 247 000
第1年4月1日	第1年6月30日	91	2	1 258 833	1 260 679	1 260 704	1 260 729	1 260 856
第1年7月1日	第1年9月30日	92	3	1 272 667	1 274 532	1 274 558	1 274 583	1 274 711
第1年10月1日	第1年12月31日	92	4	1 272 667	1 274 532	1 274 558	1 274 583	1 274 711
第2年1月1日	第2年3月31日	90	5	1 245 000	1 246 825	1 246 850	1 246 875	1 247 000
第2年4月1日	第2年6月30日	91	6	1 258 833	1 260 679	1 260 704	1 260 729	1 260 856
第2年7月1日	第2年9月30日	92	7	1 272 667	1 274 532	1 274 558	1 274 583	1 274 711
第2年10月1日	第2年12月31日	92	8	1 272 667	1 274 532	1 274 558	1 274 583	1 274 711
第3年1月1日	第3年3月31日	90	9	1 245 000	1 246 825	1 246 850	1 246 875	1 247 000
第3年4月1日	第3年6月30日	91	10	1 258 833	1 260 679	1 260 704	1 260 729	1 260 856
第3年7月1日	第3年9月30日	92	11	1 272 667	1 274 532	1 274 558	1 274 583	1 274 711
第3年10月1日	第3年12月31日	92	12	1 272 667	1 274 532	1 274 558	1 274 583	1 274 711

□ 计算互换利率

现在，如果给定（1）3 个月期 LIBOR 的当前值，（2）欧洲美元期货合约中隐含的 3 个月期 LIBOR 的预测值，以及（3）互换利率假设值，我们已经知道如何计算参考利率为 3 个月期 LIBOR 的互换合约下浮动利率和固定利率双方的各自支付。现在我们就能够进一步计算互换利率。

在利率互换的初始，双方交换未来支付，然而并没有任何实际支付发生。这意味着，互换条款必须保证各方所接受的支付现值大于或等于所要支付的金额现值。事实上，为满足无套利条件，一方的支付现值将会等于该方获得的支付现值。支付现值相等（或称无套利）是计算互换利率的关键原则。

由于必须计算支付现值，我们首先探讨这一步的计算方法。

□ 计算浮动利率支付的现值

如前所述，我们必须小心计算支付的现值。特别是，必须当心以下两点：（1）支付时间；（2）用来贴现的利率。第一个问题已经进行过讨论。在构建支付表格的时候，我们指出支付发生在季度末。因此，我们以季度末为切分点标记时间区间。

现在来讨论贴现利率。首先，每笔现金流应当利用其自身贴现率的即期值来贴现。也就是说，如果利用 t 期即期利率来贴现一笔价值 1 美元的现金流，那么现值应当为：

t 期接受的 1 美元现值＝1 美元/(1＋t 期即期利率)^t

其次，远期利率从即期利率中计算而来，所以，如果利用远期利率进行现金流贴现，所得结果应当与使用即期利率时相同。也就是说，t 期接受的 1 美元现值公式可以改写为：

t 期接受的 1 美元现值

＝1 美元/[(1＋1 期远期利率)(1＋2 期远期利率)…(1＋t 期远期利率)]

我们将 t 期接受的 1 美元现值称为**“远期贴现因子”**（forward discount factor）。在涉及互换的计算中，我们将会利用远期利率来获得远期贴现因子，而这些因子等于计算浮动利率支付时所用的远期利率。这些利率从欧洲美元期货中获得。此处只需再进行一处调整：必须将远期利率按照各期（本例中为各季度）天数计算公式来调整，方法与计算支付时进行的调整方法相同。特别地，一期的远期利率，也称为**期远期利率**（period forward rate），用以下公式计算：

期远期利率＝年远期利率×(该期天数/360)

例如，图表 62—2 中，第 4 期的年远期利率是 4.72%，那么第 4 期的期远期利率就为：

期远期利率＝4.72%×(92/360)＝1.206 2%

图表 62—4 中的第（5）列给出了所有 12 期（从图表 62—3 中得来）的年远期利率。注

意第 1 期的期远期利率是已知的 3 个月期 LIBOR，即 4.05%。

图表 62—4 中也给出了全部 12 期的远期贴现因子，放置在最后一列中。这里给出第 1、2、3 期的远期贴现因子的计算方法。第 1 期的远期贴现因子为：

远期贴现因子＝1 美元/1.010 125＝0.989 976 49

第 2 期：

远期贴现因子＝1 美元/(1.010 125×1.010 490)＝0.979 699 17

第 3 期：

远期贴现因子＝1 美元/(1.010 125×1.010 490×1.011 628)
＝0.968 438 39

给定某期的浮动利率支付和该期的远期贴现因子，支付的现值就能够计算出来。例如，图表 62—2 中给出第 4 期的浮动利率支付是 1 206 222 美元。图表 62—4 中给出第 4 期的远期贴现因子为 0.956 896 09。因此，该支付的现值为：

第 4 期支付现值＝1 206 222×0.956 896 09＝1 154 229 美元

图表 62—5 给出了每笔支付的现值。12 笔浮动利率支付的现值总和是 14 052 917 美元。因此，固定利率支付方所能够得到的现值为 14 052 917 美元，而固定利率获得方所支付的现值也将是 14 052 917 美元。

□ 互换利率的确定

固定利率支付方要求基于互换利率水平计算的固定利率支付现值不可超过浮动利率支付的现值总和 14 052 917 美元。固定利率获得方也会要求所收到的固定利率支付现值至少等于要付出的 14 052 917 美元现值。这就意味着双方都会要求固定利率支付的现值为 14 052 917 美元。在这种情况下，固定支付的现值将会等于浮动支付的现值，那么对双方来说，互换合约价值在达成之时都为零。并且，在计算现值的时候用到的利率应当与贴现浮动利率支付的利率相等。

为了展示计算互换利率的方法，我们从最基本的无套利关系开始：

浮动利率支付现值＝固定利率支付现值

已知等式左边的值。

如果令

SR＝互换利率

并且

天数$_t$＝t 期的天数

那么 t 期固定利率支付就等于：

名义本金×SR×(天数$_t$/360)

图表 62—4 计算远期贴现因子

(1)	(2)	(3)	(4)	(5)	(6)	(7)
季度开始	季度结束	季度天数	期数＝季度末	远期利率(%)	期远期利率(%)	远期贴现因子
第1年1月1日	第1年3月31日	90	1	4.05	1.012 5	0.989 976 49
第1年4月1日	第1年6月30日	91	2	4.15	1.049 0	0.979 699 17
第1年7月1日	第1年9月30日	92	3	4.55	1.162 8	0.968 438 39
第1年10月1日	第1年12月31日	92	4	4.72	1.206 2	0.956 896 09
第2年1月1日	第2年3月31日	90	5	4.90	1.225 0	0.945 315 97
第2年4月1日	第2年6月30日	91	6	5.03	1.271 5	0.933 447 45
第2年7月1日	第2年9月30日	92	7	5.15	1.316 1	0.921 321 83
第2年10月1日	第2年12月31日	92	8	5.25	1.341 7	0.909 124 41
第3年1月1日	第3年3月31日	90	9	5.40	1.350 0	0.897 014 71
第3年4月1日	第3年6月30日	91	10	5.50	1.390 3	0.884 714 72
第3年7月1日	第3年9月30日	92	11	5.65	1.443 9	0.872 122 24
第3年10月1日	第3年12月31日	92	12	5.76	1.472 0	0.859 470 83

图表 62—5　　计算浮动利率支付的现值

(1)	(2)	(3)	(4)	(5)	(6)
季度开始	季度结束	期数＝季度末	远期贴现因子	季末浮动利率支付 (美元)	浮动利率支付现值 (美元)
第1年1月1日	第1年3月31日	1	0.989 976 49	1 012 500	1 002 351
第1年4月1日	第1年6月30日	2	0.979 699 17	1 049 028	1 027 732
第1年7月1日	第1年9月30日	3	0.968 438 39	1 162 778	1 126 079
第1年10月1日	第1年12月31日	4	0.956 896 09	1 206 222	1 154 229
第2年1月1日	第2年3月31日	5	0.945 315 97	1 225 000	1 158 012
第2年4月1日	第2年6月30日	6	0.933 447 45	1 271 472	1 186 852
第2年7月1日	第2年9月30日	7	0.921 321 83	1 316 111	1 212 562
第2年10月1日	第2年12月31日	8	0.909 124 41	1 341 667	1 219 742
第3年1月1日	第3年3月31日	9	0.897 014 71	1 350 000	1 210 970
第3年4月1日	第3年6月30日	10	0.884 714 72	1 390 278	1 229 999
第3年7月1日	第3年9月30日	11	0.872 122 24	1 443 889	1 259 248
第3年10月1日	第3年12月31日	12	0.859 470 83	1 472 000	1 265 141
总计					14 052 917

将上式乘以远期贴现因子，就得到了 t 期固定利率支付的现值。如果令 FDF_t 表示 t 期远期贴现因子，那么 t 期的固定利率支付现值就等于：

$$名义本金 \times SR \times (天数_t/360) \times FDF_t$$

现在，可以将每期固定利率支付的现值进行加总，来获得浮动利率支付的现值。用符号 $\sum$ 表示加总，并令 N 表示互换跨越的期数，那么固定利率支付现值可以用下式表达：

$$\sum_{t=1}^{N} 名义本金 \times SR \times (天数_t/360) \times FDF_t$$

还可写为：

$$SR \sum_{t=1}^{N} 名义本金 \times (天数_t/360) \times FDF_t$$

无套利条件意味着之前表达式给出的固定利率支付的现值应当等于浮动利率支付的现值。也就是说，

$$SR \sum_{t=1}^{N} 名义本金 \times (天数_t/360) \times FDF_t = 浮动利率支付现值$$

解之即可得互换利率：

$$SR = \frac{浮动利率支付现值}{\sum_{t=1}^{N} 名义本金 \times (天数_t/360) \times FDF_t}$$

所有计算所需参数都已知。

利用上述公式来确定 3 年期互换的互换利率。图表 62—6 中给出了公式的分母。第（5）列中给出了每一期的远期贴现因子。这是从图表 62—5 的第（4）列得来的。图表 62—6 的最后一列给出了互换利率公式的分母之和 281 764 282 美元。从图表 62—5 中可知，浮动利率支付的现值为 14 052 917 美元。因此，互换利率

$$SR = \frac{14\ 052\ 917}{281\ 764\ 282} = 0.049\ 875 = 4.987\ 5\%$$

有了互换利率，**互换利差**（swap spread）就能够确定了。比如，对于我们的 3 年期互换来说，管理上通常使用 3 年未到期国债利率作为基准。如果该债券的收益率为 4.587 5%，那么互换利差就是 40 个基点（=4.987 5%−4.587 5%）。

所有互换利率的计算都服从相同的原理：固定利率支付和浮动利率支付的现值相等。

图表 62—6　　计算互换利率公式的分母

(1)	(2)	(3)	(4)	(5)	(6)	(7)
季度开始	季度结束	季度天数	期数＝季度末	远期贴现因子	天数/360	远期贴现因子×(天数/360)×名义本金（美元）
第1年1月1日	第1年3月31日	90	1	0.989 976 49	0.250 000 00	24 749 412
第1年4月1日	第1年6月30日	91	2	0.979 699 17	0.252 777 78	24 764 618
第1年7月1日	第1年9月30日	92	3	0.968 438 39	0.255 555 56	24 748 981
第1年10月1日	第1年12月31日	92	4	0.956 896 09	0.255 555 56	24 454 011
第2年1月1日	第2年3月31日	90	5	0.945 315 97	0.250 000 00	23 632 899
第2年4月1日	第2年6月30日	91	6	0.933 447 45	0.252 777 78	23 595 477
第2年7月1日	第2年9月30日	92	7	0.921 321 83	0.255 555 56	23 544 891
第2年10月1日	第2年12月31日	92	8	0.909 124 41	0.255 555 56	23 233 179
第3年1月1日	第3年3月31日	90	9	0.897 014 71	0.250 000 00	22 425 368
第3年4月1日	第3年6月30日	91	10	0.884 714 72	0.252 777 78	22 363 622
第3年7月1日	第3年9月30日	92	11	0.872 122 24	0.255 555 56	22 287 568
第3年10月1日	第3年12月31日	92	12	0.859 470 83	0.255 555 56	21 964 255
总计						281 764 282

□ 互换的价值

一旦互换合约达成，那么市场利率的变动就会改变浮动利率方的支付。互换双方支付现值的价差就是利率互换合约的价值。此时欧洲美元期货合约隐含的 3 个月期 LIBOR 远期利率用来计算浮动利率支付以及支付现值的贴现因子。

为了详细解释，不妨再以之前用来说明互换利率计算方法的 3 年期互换为例。假设一年之后，利率发生了改变。具体变动列示在图表 62—7 的第（4）列和第（6）列中。第（4）列中给出了 3 个月期 LIBOR，第（5）列中给出了每期欧洲美元期货的价格。这两列用来计算第（6）列中的远期利率。注意，图表 62—7 给出了 1 年之后的利率上升，对应数字大于图表 62—2 中的数字。如图表 62—2 所示，当前 3 个月期 LIBOR 和远期利率是计算浮动利率支付的基础，而这些支付的大小在图表 62—7 的第（8）列中给出。

在图表 62—8 中给出了每一期远期贴现因子的计算结果。计算方法与图表 62—4 中获得每期远期贴现因子的方法完全相同。图表 62—8 中最后一列给出了每期远期贴现因子的计算结果。

图表 62—9 中列出了来自图表 62—8 的远期贴现因子和来自图表 62—7 的浮动利率支付。固定利率支付无须重新计算，在图表 62—3 的第（8）列中已经直接给出。这些固定利率支付是在 4.987 5%的互换利率下计算出来的，再次列示于图表 62—9 中。现在，这两股支付流必须按照新的远期贴现因子进行贴现。如图表 62—9 底部数字所示，这两个现值分别为：

浮动利率支付现值：11 459 495 美元

固定利率支付现值：9 473 390 美元

两个现值并不相等，所以对于一方来说，互换的价值上升；而对于另一方来说，互换的价值下降。继续考察双方的盈亏状况。

固定利率支付方将会收到浮动利率支付，其现值为 11 459 495 美元。而固定利率支付方必须进行的支付的现值为 9 473 390 美元。所以，对于固定利率支付方来说，互换拥有正的价值，等于两个现值之差 1 986 105 美元。这就是对于固定利率支付方来说的互换价值。注意，这与我们之前的结论一致：当利率上升时（本例中的情景），固定利率支付方由于互换价值上升而获益。

相反，固定利率接受方必须出让现值为 11 459 495 美元的支付，但只能得到现值为 9 473 390 美元的固定利率支付。因而，对于固定利率接受方来说，互换的价值就是 −1 986 105 美元。又如之前所言，固定利率支付方受到利率上升的损害，因为这导致了互换价值的下降。

更复杂的互换也适用于同样的价值法则。例如，在一些互换里，互换期限内交换的是名义本金，交换方式提前确定。这些互换包括本金摊还互换（amortizing swaps）、本金递增互换（accreting swaps）和过山车互换（roller-coaster swaps）。一旦支付流确定，那么只需调整名义本金即可调整支付量现值，从而按照之前所述方法求得支付现值——方法完全没有差异。

图表 62—7　　1 年后利率上升时的利率和浮动利率支付

(1)	(2)	(3)	(4)	(5)	(6)	(7)	(8)
季度开始	季度结束	季度天数	当前 3 月期 LIBOR (%)	欧洲美元期货价格（美元）	远期利率 (%)	期数＝季度末	季度末浮动利率支付额（美元）
第 2 年 1 月 1 日	第 2 年 3 月 31 日	90	5.25			1	1 312 500
第 2 年 4 月 1 日	第 2 年 6 月 30 日	91		94.27	5.73	2	1 448 417
第 2 年 7 月 1 日	第 2 年 9 月 30 日	92		94.22	5.78	3	1 477 111
第 2 年 10 月 1 日	第 2 年 12 月 31 日	92		94.00	6.00	4	1 533 333
第 3 年 1 月 1 日	第 3 年 3 月 31 日	90		93.85	6.15	5	1 537 500
第 3 年 4 月 1 日	第 3 年 6 月 30 日	91		93.75	6.25	6	1 579 861
第 3 年 7 月 1 日	第 3 年 9 月 30 日	92		93.54	6.46	7	1 650 889
第 3 年 10 月 1 日	第 3 年 12 月 31 日	92		93.25	6.75	8	1 725 000

图表 62—8 **1 年后利率上升时的期远期利率和远期贴现因子**

(1)	(2)	(3)	(4)	(5)	(6)	(7)
季度开始	季度结束	季度天数	期数＝季度末	远期利率(%)	期远期利率(%)	远期贴现因子
第 2 年 1 月 1 日	第 2 年 3 月 31 日	90	1	5.25	1.312 5	0.987 045 03
第 2 年 4 月 1 日	第 2 年 6 月 30 日	91	2	5.73	1.448 4	0.972 952 63
第 2 年 7 月 1 日	第 2 年 9 月 30 日	92	3	5.78	1.477 1	0.958 790 23
第 2 年 10 月 1 日	第 2 年 12 月 31 日	92	4	6.00	1.533 3	0.944 310 80
第 3 年 1 月 1 日	第 3 年 3 月 31 日	90	5	6.15	1.537 5	0.930 011 86
第 3 年 4 月 1 日	第 3 年 6 月 30 日	91	6	6.25	1.579 9	0.915 547 49
第 3 年 7 月 1 日	第 3 年 9 月 30 日	92	7	6.46	1.650 9	0.900 678 29
第 3 年 10 月 1 日	第 3 年 12 月 31 日	92	8	6.75	1.725 0	0.885 405 05

图表 62—9　　1 年后利率上升时的互换价值

(1) 季度开始	(2) 季度结束	(3) 远期贴现因子	(4) 季末浮动现金流（美元）	(5) 浮动现金流现值（美元）	(6) 季末固定现金流（美元）	(7) 固定现金流现值（美元）
第2年1月1日	第2年3月31日	0.987 045 03	1 312 500	1 295 497	1 246 875	1 230 722
第2年4月1日	第2年6月30日	0.972 952 63	1 448 417	1 409 241	1 260 729	1 226 630
第2年7月1日	第2年9月30日	0.958 790 23	1 477 111	1 416 240	1 274 583	1 222 058
第2年10月1日	第2年12月31日	0.944 310 80	1 533 333	1 447 943	1 274 583	1 203 603
第3年1月1日	第3年3月31日	0.930 011 86	1 537 500	1 429 893	1 246 875	1 159 609
第3年4月1日	第3年6月30日	0.915 547 49	1 579 861	1 446 438	1 260 729	1 154 257
第3年7月1日	第3年9月30日	0.900 678 29	1 650 889	1 486 920	1 274 583	1 147 990
第3年10月1日	第3年12月31日	0.885 405 05	1 725 000	1 527 324	1 274 583	1 128 523
总计				11 459 495		9 473 390

汇总	固定利率支付方	固定利率接受方
收入现值	11 459 495	9 473 390
支出现值	9 473 390	11 459 495
互换价值	1 986 105	−1 986 105

62.5 互换利差的主要决定因素

如果能够通过一组金融工具复制互换现金流，具有相同的收益和融资结构，那么影响互换利差的因素就完全能够通过分析该组金融工具与国库券之间的利差影响因素来发现。在接下来的讨论中，我们会看到影响 5 年或者更短期限互换合约利差的关键因素在于利用欧洲美元期货合约的对冲成本。尽管上市的欧洲美元期货合约期限可以超过 10 年，但是 5 年期以上合约的流动性显著下降。对于更长期限的互换来说，利差则主要由公司债券市场上的信用利差来决定。特别地，更长期限的互换价格是根据传统固定利率、浮动利率产品市场上的投资级别债券的利率来决定的。

由于互换可以被视为一篮子期货/远期合约，所以短期互换利差直接对应着欧洲美元期货的价格。如前所述，在欧洲美元期货合约市场上，3 个月期合约可以在大约 5 年的时间里享受流动性。市场参与者可以购买一族欧洲美元期货（每份 3 个月期期货都对应着合意的到期日），以此来创造固定利率合成证券或者固定利率筹资工具。

例如，假设某金融机构拥有固定利率资产和浮动利率负债，期限都为 3 个月。负债利率每 3 个月根据 3 个月期 LIBOR 进行重置。为了对冲这一错配的资产负债头寸，该金融机构可以购买一族共计 3 年的欧洲美元期货合约。只要这样做，该金融机构就能够在接下来 3 年里获得 LIBOR 收益，同时支付固定数量现金（也就是期货价格）。之所以能够对冲头寸，是因为此时资产利率固定，同时这族长期欧洲美元期货合约被合成为另一种固定利率产品。从接下来 3 年中将要进出的现金流出发，可以计算出该金融机构所面临的有效固定利率。另一种方法是，该金融机构可以通过购买一份 3 年期互换来创造综合性固定利率产品。在该互换下，买方获得固定利率，同时付出 3 个月期 LIBOR。在其他条件保持相同的情况下，该金融机构可以通过使用这一工具以最低成本来对冲错配头寸。也就是说，金融机构会将合成固定利率产品的利率（以高于美国国库券的点数来表示）和 3 年期互换利差进行比较。在正常情形下，二者之间的利差应当维持在有限基点之内。

但是，由于流动性下降，我们不再能够依赖欧洲美元期货合约。作为替代，固定利率市场以及浮动利率债券市场上的投资级公司债券利率就成为更长期限互换的定价基准。因为互换可以被视为一篮子固定利率债券和浮动利率债券多空头的组合，所以这两个市场的信用利差就成为互换利差的基本决定因素。经验上，互换收益率曲线高于国库券收益率曲线，低于未到期 AA 级银行债券收益率曲线。[1] 由于互换头寸可以轧差结平头寸，因此信用风险较低，从而互换固定利率低于 AA 级债券。

除此之外，还有大量其他技术性因素影响互换利差水平。[2] 其中，尽管一些因素是临时的，但在短期内可能产生不可忽视的影响。这些因素包括：(1) 国库券收益率曲线的水平和形状；(2) 利率互换市场上固定利率和浮动利率支付方的相对供给状况；(3) 影响互换交易的技术性因素；(4) 资产互换的活跃度。

美国国库券收益率曲线的水平、斜率和曲率是影响不同期限互换利差的重要因素。

这其中的原因在于，收益率曲线中包含着市场对于未来利率走向的预期。尽管有时候这种预期难以分辨，但以固定利率借贷还是以浮动利率借贷的决策，还是会部分基于此种预期。此外，互换市场上固定利率支付方和浮动利率支付方的相对供给态势同样会受这些预期影响。例如，很多公司债券发行者——尤其是金融机构和联邦机构——会将其新近发行的固定利率债券通过互换市场换成浮动利率负债。最后，与信用利差相似，随着期限的上升，互换利差也倾向于上行。

互换利差还受到互换交易商对冲成本的影响。交易商为了对冲互换多头（空头）的利率风险，会做多（做空）与互换有同样期限的国库券，并在回购市场上借入（拆出）资金。因此，LIBOR 和对应回购利率之间的利差就是对冲成本的重要影响因素。当未到期国库券“走俏”时，相应地利用国库券进行对冲就变得更为昂贵。这使得互换利差变大。[3]

另外，资产互换交易量对互换利差会产生影响。资产互换交易通过买卖既有证券，同时执行一份互换条约，从而创造了一种综合证券。例如，在 1998 年 8 月俄罗斯债券违约和贬值之后，风险厌恶型投资者抛出公司债券，涌入相对安全的美国国库券市场。信用利差大幅扩大，而流动性急剧下降。此时，具有反向思维的浮动利率投资者（如金融机构）可能会利用此种态势，以相对较低的息票利率购入新发行的投资级企业债，同时做多利率互换（支付固定利率/获得浮动利率）。相应地，该金融机构最终能够获得高于 LIBOR 的复合浮动资产利差。

同理，投资者可以利用互换创造复合型固定利率证券。例如，在 20 世纪 80 年代，很多银行在欧洲债券市场上发行永续浮动利率票据，永久支付浮动利率现金流。债券利率每 3 个月根据债券公式重置为参考利率（如 3 个月期 LIBOR 水平）加上利差，并支付利息。1986 年下半年，永续浮动利率票据市场崩盘。高利差传染到其他浮动利率市场上。[4] 很多浮动利率产品价格暴跌。和上例相同，具有反向思维的投资者此时可以利用该形势，买入相对便宜（以该名投资者的视角来看）的浮动利率产品，同时卖出一份利率互换（支付浮动利率/获得固定利率）。该投资者支付给对手方浮动利率（例如基于 LIBOR）并获得相当于国库券收益率加上互换利差的固定利率。相应地，这只合成证券的固定利率等于以下各项之和：(1) 匹配互换期限的国库券收益率；(2) 互换利差；(3) 浮动产品指数利差。

62.6 奇异利率互换

互换市场极为灵活，可以根据单个客户的需求来定制符合要求的产品，因此市场上也有大量不同种类的互换合约进行交易。在互换的浮动端，虽然半年一付的浮动利率普遍采用 6 个月期 LIBOR 作为参考利率，还是有别的利率可以进行参考，比如 3 个月期 LIBOR、优惠贷款利率（应用于美元互换）、1 个月期商业票据利率、国库券利率，以及市政债券利率。

互换期限也不一定需要固定下来，既可以**延长**（extendible），也可以**赎回**（putable）。在可延长互换中，交易双方中有一方有权（但无义务）将互换期限延长至超过固定利率期限的时间，而在可赎回互换中，一方则有权在特定期限之前提前终止互换。

最后，还可以将期权附加在互换之上，构成**互换期权**（swaption）。互换期权是指在期权有效期内某一时点进行互换的权利。本质上，互换期权是将固定利率债券现金流与浮动利率债券现金流进行互换的期权。更多细节将在稍后进行讨论。

以下介绍其他种类的期权。

□ 常期限互换

在**常期限互换**（constant-maturity swap）中，双方互换 LIBOR 和固定互换利率。例如，互换形式可以为 6 个月期 LIBOR 和 5 年期互换利率（或 5 年期政府债券利率）进行交换，固定利率半年支付一次，互换期限为 5 年。在美国市场上，与政府债券利率相交换的互换称为**常期限国债互换**（constant-maturity Treasury swap）。

□ 本金递增互换和本金摊还互换

在普通互换当中，互换期限内名义本金保持不变。然而，名义本金在互换期内发生变动的交易也是可能的。在本金**递增互换**（accreting swap）（或称本金步增互换）中，名义本金初始时保持一定水平，之后随着时间的推移不断增加。相反，在本金摊还互换中，名义本金量随着时间的推移不断减少。本金递增互换有其价值。比如，当所对冲的融资负债不断上升时，就需要在互换交易中相应增加本金。相反，如果借债人发行的债券具有减债特征，也就是说，在债券期限内的特定时点可以偿付部分本金余额，那么就可能需要本金摊还互换。此外，如果名义本金不断浮动，比如今年上涨而明年下跌，那么这种互换就称为**"过山车互换"**（roller-coaster swap）。本金递增互换还可以用来对冲本身就是递增的贷款负债。本金递增互换与普通利率互换的估值及定价方法没有差异，都是用相关贴现因子进行计算，并利用互换初始净现金流为零来最终确定互换利率。

□ 基差互换

在传统互换当中，一方采用固定利率，另一方采用浮动利率。但是在**基差互换**（basis swap）中，两方都采用浮动利率，不过连接的是不同的货币市场指数。通常，一方与 LIBOR 相连接，另一方连接的可能是 CD 利率或者商业票据利率等。美国的银行会用到该种类型互换，以对冲按照 LIBOR 融资但以优惠利率支付的贷款。基差互换能够降低银行收入和利息支出之间的利差风险。此外，基差互换的双方还可以都与 LIBOR 相关联，但是期限不同。比如，一方参考 3 个月期 LIBOR，而另一方则参考 6 个月期 LIBOR。在此种互换下，由于支付频率不同，基差就会产生。其中一方半年支付，而另一方每季度支付。

□ 议价互换

在互换交易进行时，固定利率是以当前市场上对应期限的利率报出的。如果固定利率与该市场利率不同，这种互换就称为**议价互换**（off-market swap）。此时一方要向另一方进行补偿性支付。议价互换可以用来满足特殊对冲需求。比如，债券发行人希望在通过互换对冲债券风险的同时，还能赚回债券发行成本，那么此时就可以利用议价互换。

□ 远期启动互换

在**远期启动互换**（forward swap）中，交易双方同意在未来某特定时间进行互换。[5]互换日期在当前就协议确定，并且届时必须进行交换。相应地，互换生效日期（开始日期）不是通常的在交易日期一两天之后，而是更久之后，比如再过 6 个月。例如，期限为 3 年的利率互换的生效日期可能在从今天起算的一年之后。一旦生效日期临近，那么远期启动互换就和一般利率互换并无差异。在本章前面，我们曾经提到，可以将常规利率互换市场看作交易对手间用浮动参考利率换取一系列固定价格的场所。将这一直觉判断推而广之，那么远期启动互换其实就是交易浮动参考利率的远期市场，从而与即期市场相对。

远期启动互换合约将会写明未来生效日期到来时双方同意在互换期限内交易的固定利率。这一利率称为**"远期互换固定利率"**（forward swap fixed-rate）。

□ 隔夜指数互换和 Eonia/SONIA 互换

隔夜指数互换（overnight-index swap，OIS）是货币市场上的利率互换。虽然期限较短，但是一般与利率互换完全相同，因此也被视为资本市场工具。

在本章前面，我们已经介绍了利率互换这一资本市场工具。利率互换是交易对手方之间互换固定利率支付和浮动利率支付的合约，交换价值根据名义本金计算，并且在互换期限内定期进行支付。互换可以等价于一系列前后相承的远期合约。每一份远期合约都紧随前一份合约到期而开始。在互换交易刚开始时，浮动利率基础就作为合约的一部分被确定下来。传统互换的浮动利率参考 LIBOR，然而，最近货币市场上令人惊喜地发展出了 OIS。在英镑市场上，这种产品被称为**英镑平均隔夜利率互换**（sterling overnight interest rate average swaps，SONIA），而欧洲货币 OIS 称为 Eonia。本小节将详细考察 OIS 互换这一商业银行和投资银行都普遍交易的产品。

伦敦批发市场经纪商协会（London Wholesale Markets Brokers' Association）会员之间每天 15:30 之前完成的隔夜英镑存款交易中，每笔存款的利率平均值即为 SONIA。利率报价由交易量加权平均而得。在 SONIA 互换协议中，固定利率（互换利率）的交换对象是互换期内隔夜利率报价的几何平均数。互换到期时发生利息交换。SONIA 是英镑收益率曲线极短尾部的投机或对冲工具。也就是说，SONIA 可以用来对冲隔夜利率敞口。[6] 尽管 2 年期互换已经推出，但一般来说互换交易期限为 1 周到 1 年。

传统互换利率基于政府债券收益率曲线计算，反映了银行间违约风险带来的超出政府收益率的信用贴水。本质上说，互换利率反映了当期政府债券（零息债券）收益率曲线中蕴含的远期利率平均值。SONIA 中的固定利率代表市场参与者对互换期内隔夜利率期望的平均值。在实践当中，这一利率是作为英格兰银行回购利率的函数进行计算。回购利率是一种 2 周利率，是英格兰银行在公开市场上与对手方进行逆回购交易时产生的。

也就是说，这是银行的基准利率。理论上，因为隔夜存款的信用风险很低，SONIA 利率在长期应当与回购利率非常接近。然而，事实上，SONIA 利率和英格兰银行回购利率之间的利差波动非常剧烈。正因为此，需要用互换来对冲隔夜头寸。

以美元交易的隔夜互换与联邦基金利率相关联。由于该利率远低于 LIBOR，所以银行并不常用这种互换来对冲隔夜负债的利率风险敞口。当负债利率与 LIBOR 关联时尤其如此。

62.7 撤销互换

当金融机构进行互换交易来对冲负债利率风险时，互换就会被持有至到期。然而，可能发生其他的情况，或者金融机构可能改变对利率的预期，那么就存在需要撤销互换的情形。为达到这一目的，最直接的办法是再签订一次合约来抵消之前的互换。在这种安排下，除非二者极为精确地抵消，否则就会存在残余现金流。第二份互换条款并非标准化的（不可能精确到同时到期，除非在第一份互换签订整周年时签订），并且价格高于普通互换。由于第二份互换利率不可能严格相等，所以两份合约的固定利率端不会全然抵消。此外，如果第二份互换不是在第一份之后的整周年签订交易，那么支付期也不会匹配。

由于上述原因，机构可能更希望全部撤销互换。为了实现这一目的，该机构就会向互换做市商询问“撤销费”。银行会用每期相关贴现因子对互换剩余的现金流进行贴现，来计算撤销费。实践中，只有固定利率端会进行贴现，并与 LIBOR 轧差。因此所有现金流的净现值就是撤销互换的公允价格。此时之前介绍的定价原则依然成立：如果利率下降，那么固定利率方就需要支付撤销费来要求撤销互换；当利率上升时，情形相反。

62.8 信用风险

银行间市场上的利率报价假设交易对手方支付给银行一系列款项，所以互换利率就反映了合格银行间交易对手的信用风险。信用风险在互换利率和相同期限的政府债券利率之间的利差中得到反映。尽管上文中也曾提到，这一利差还是包含了流动性和供求因素等影响，不过这还是合适的反映指标。互换的信用利差区别于利率风险或者市场风险，指的是对手方不能如约履行互换义务的可能性。如果互换在违约时的净现值为正，那么银行就有损失这一部分价值的风险。另外，尽管市场风险可以对冲，但信用风险对冲起来困难重重。衡量信用风险的一般指标是系列支付款项的限制、抵押物价值、交易对手类型的多样化程度，以及用来监管信用风险敞口的信用风险价值管理形式。

这样，银行就暴露于交易对手可能全部违约的互换交易风险中。在违约时，如果互换的净现值为正，那么这一价值就面临潜在风险，很可能将会被转售。相反，如果违约时互换的净现值为负，那么虽然现实中对手方的管理层会竭力从客户那里挽回这一部分价值，但理论上这应算作银行的潜在收入。在这种情况下，互换银行就既没有净收入，也没有净损失。银行的风险管理部门会经常评估处于正净现值互换交易中的对手信用资质。

62.9 互换期权

本章以互换期权的讨论作为结论性总结。**互换期权**（swaptions）是在未来某个时刻进行利率互换的权利。互换期权合约写明了期权期限、固定利率以及内含互换的期限等。互换固定利率称为互换期权的**执行利率**（strike rate）。互换期权分为支付固定利率和收到固定利率两种。固定利率支付型（获得型）互换期权赋予买方未来进行利率互换的权利，并支付（获得）固定利率现金流，获得（支付）浮动利率现金流。

接下来我们将举例说明。假设有一种互换期权是对 5 年期、名义本金为 1 000 万美元的通用利率互换的互换期权，其中买方将从中获得固定现金流并支付浮动利率现金流。假设这一互换期权为欧洲互换期权，因此其只有到期时才能进行操作。我们进一步假设，利率互换的固定利率为 3.351 88%，而浮动利率水平与 3 个月期 LIBOR 持平。如果互换期权在其到期日，例如 2012 年 1 月 1 日这一天进行操作，5 年期利率互换则开始于 2012 年 1 月 1 日，按照 3.351 88%的固定利率水平交换浮动利率现金流，并于 2017 年 1 月 1 日结束操作（“到期”）。

在对利率衍生品或含权债券进行估值时，衡量未来利率波动性是最重要的一步。相应地，第 40 章中讨论的分叉树法也是对互换期权的常用估值方法。互换期权价值依赖于一些关键参数，包括市场变量（如当前收益率曲线）以及互换期权合约变量（如到期时间）等。为了验证我们对互换期权的感觉，这里将考虑关键变量的变动将会带给互换期权价值的影响。特别地，我们将会考虑以下因素：收益率曲线（水平值和斜率）、波动性、执行利率，以及到期时间。

□ 收益率曲线的变动

与传统看涨或看跌期权相同，支付型或获得型互换期权也大多对内在参数的变化做出相反的反应。例如，当收益率曲线向上移动时，固定利率支付型互换期权的价值将会上升；当收益率曲线向下移动时，固定利率获得型互换期权的价值将会上升。为了说明，不妨考虑 1 年期欧洲固定利率支付型互换期权，标的是 5 年期综合利率互换，票面价值为 10 000 000 美元，执行利率为 6%。在期权到期时，买者要么执行期权（支付 6%的固定利率，获得浮动利率），要么任由期权作废。如果到期时 5 年期互换利率高于 6%，固定利率支付型互换期权的买者就会行使权利，否则就会让其作废。获得型互换期权也是同理，只不过情形正好相反。

接下来考虑收益率曲线形状的改变对期权价值的影响。特别地，我们将会讨论陡峭型和倒挂型收益率曲线的效果。如果收益率曲线变陡，那么固定利率支付型互换期权的价值上升，而固定利率获得型互换期权的价值下降。直觉上，这个结论很直观。收益率曲线变陡意味着远期利率上升速度快于之前的收益率曲线，而高利率意味着标的互换的浮动利率现金流将会高于之前的预期。这一效应对固定利率支付型互换期权的买方有利，因为如果买方执行期权，将会获得高于预期的浮动利息。对于获得型互换期权的买方来说，情况相反。同理，倒挂型收益率曲线显示隐含的远期利率将会下行。若果真如此，那么固定利率支付型互换期权的价值就会下降，而固定利率获得型互换期权的价值就会相应上升。

□ 波动性

互换价值和隐含利率波动性之间存在正相关关系。如果利率波动性上升，而其他变量保持不变，那么标的互换的价值向对自己有利的方向（对固定利率支付型互换期权来说，有利方向就是更高的浮动利率现金流；对于固定利率获得型互换期权来说，有利方向就是更高的固定利率现金流）变动的概率就会上升。利率波动性的变动对期权价值的影响用 vega 值表示。对于互换期权来说，vega 表示隐含利率波动性变动 1%时互换期权的变动大小。

市场计算隐含波动性的惯用做法是，运用对于商品期货的期权的布莱克定价模型将期权型利率衍生产品转换成隐含波动性。大多数市场参与者运用互换期权合约来估计利率波动性。“25%的隐含收益波动”表示什么意思呢？为做出解释，我们需要认识到，这一数字是从基于布莱克定价模型观察到的期权价格衍生而来的。因此，这一数字的含义不仅取决于关于市场能够对该期权进行准确定价的前提假设，还取决于市场实际上根据布莱克定价模型对该期权进行定价这一实际情况。在这些假设条件下，我们可以做出解释，即期权市场预期该隐含工具在该期权到期日获得一个固定不变的年化收益波动率 25%。

关于布莱克定价模型的两个主要前提假设条件都存在疑问。第一，其假设利率水平固定不变。这一假设条件被用来推导期权的定价公式，但是根据将来的利率（远期利率）水平是随机波动的这一客观事实能够准确地推导出期权的定价公式。布拉克定价模型隐含了期限结构的时间演变路径，其促生了套利机会。换句话说，布莱克定价模型本身隐含地违背了衍生产品定价行为中不存在套利空间的基本精神。

第二，其假设期货价格的波动性或者远期利率的波动性在整个合约期间内是固定不变的。这一假设条件与相关实证记录并不相符，与我们的直观感觉也不相符。例如，与一年到期的远期合约相比较，一个月到期的远期合约对于当前期限结构的变化更加敏感。因此，远期利率的波动性与合约的到期时间负相关。

□ 执行利率

互换期权的价值本质上就是执行利率与定价时市场互换利率之差。在到期日，固定利率支付型互换期权只有在互换利率高于执行利率时才会被执行。相反，在到期日，固定利率获得型互换期权只有在互换利率低于执行利率时才会被执行。有鉴于此，显然可见，支付型和获得型互换期权对于执行利率变动的反应恰好相反。给定其他条件不变，执行利率上升会降低固定利率支付型互换期权的价值，而提升固定利率获得型互换期权的价值。这里的逻辑如下：当执行利率上升时，如果期权被执行，固定利率支付型互换期权的买方就会在互换期内支付更高的固定利率现金流。显然，如果浮动利率不变，那么这显然比不过低固定利率时的期权价值。对于固定利率获得型互换期权的买方来说，如果执行期权，那么在整个互换期内，执行利率的上升意味着买方能够获得更高的固定利率现金流。如果执行利率下降，那么这些效应将会相反。

□ 到期时间

对于金融市场上的大部分期权（买权或卖权）来说，期权到期时间越长，价值就越高。但是，对于互换期权来说并非如此。事实上，互换期权的期限既可能提高期权价值，也可能降低期权价值。之所以不确定，是因为期限变长可能会和其他互换期权价值的决定变量——当前收益率曲线、波动性和执行利率等——相互影响。

62.10 关键知识点

- 利率互换是双方（称作“对手方”）同意在未来按期按照名义本金额交换利息支付的合约。
- 在最常见的互换合约中，一方同意在合约期限内向对手方支付固定利率，获得浮动利率，而另一方则同意支付浮动利率，获得固定利率。
- 在利率互换中，浮动利率最通常的参考利率是 LIBOR。
- 利率互换属于柜台交易产品。
- 互换协议中的违约风险被称为“对手方风险”。
- 互换头寸可以通过两种途径来进行解释：(1) 一篮子远期/期货合约；(2) 买卖现货市场工具所产生的一篮子现金流。
- 互换利率报价的惯例是，交易商将浮动利率设定为参考利率，之后报出进行交易的固定利率。
- 关于互换利率的确定，就是要找到一个利率水平，使得利率互换中固定利率支付方和浮动利率支付方的现金流现值相等。
- 在以 LIBOR 为基准的利率互换中，浮动利率支付方的现金流通过欧元—美元期货合约来确定。
- 用来计算利率互换中现金流现值的贴现率为远期利率。
- 现有利率互换的价值等于固定利率支付和浮动利率支付二者现值之间的差异。
- 互换利差是指在互换初始阶段由固定利率支付方必须支付的高于国库券收益率的利差。

- 奇异利率互换包括常期限互换、本金递增互换和本金摊还互换、零息票互换、基差互换、议价互换、伦敦银行同业拆借利率滞后互换、场外互换、差额互换、远期启动互换。
- 所有现金流的净现值就是撤销互换的公允价格。
- 互换期权是在未来某个时刻进行利率互换的选择权。
- 影响互换期权价值的关键因素为收益率曲线、波动性、执行利率以及到期时间。

【注释】

［1］关于此点的讨论，请见 Andrew R. Young，*A Morgan Stanley Guide to Fixed-Income Analysis*（New York：Morgan Stanley，1997）。

［2］参见 Ellen L. Evans and Gioia Parente Bales，“What Drives Interest-Rate Swap Spreads，”Chapter 13 in Carl R. Beidleman（ed.），*Interest-Rate Swaps*（Burr Ridge，IL：Irwin Professional Publishing，1991）。

［3］交易人员通常利用回购市场来取得特殊证券以覆盖空头头寸。如果某种证券供不应求，那么以该证券为抵押的回购交易中的回购利率就会低于一般（综合）抵押的回购利率。当某只证券的回购利率显著下降时，就称这只证券“走俏”。这种证券的所有者此时可以将这些证券以担保品拆出，同时以较低利率借入资金。

［4］Suresh E. Krishman，“Asset-Based Interest-Rate Swaps，”Chapter 8 in *Interest-Rate Swaps*.

［5］远期启动互换也称为远期互换（forward swap）、延迟互换（delayed swap）或推迟互换（deferred swap）。

［6］一般来说，隔夜利率在白天会大幅波动，反映白天资金的短缺程度。尽管金边回购的引入降低了隔夜利率的波动性，但是隔夜利率依然经常不可预测。

第 63 章 利率互换和互换期权的估值

小杰拉尔德·W. 布托（Gerald W. Buetow，Jr.）博士，注册金融分析师
Innealta 资本公司首席投资官

布莱恩·J. 亨德森（Brian J. Henderson）博士，注册金融分析师
乔治·华盛顿大学金融学助理教授

利率互换是一份协议，双方同意在未来的时期交换支付。未来交换的现金流取决于商定的利率以及协议的大小或名义本金（notional principal）。在最基本的利率互换中，有一方同意进行可变支付（variable payments），并且随着短期利率“浮动”，而另一方按照商定的固定利率进行固定支付。这种互换通常被称为“传统型利率互换”（plain vanilla interest-rate swap）。

互换是风险经理的重要工具，可以提供一种经济有效的方法来改变利率敞口。这种控制利率的实用工具可以通过各种方式实现定制化。比如，在分期偿付互换中，名义本金会随着时间的推移而减少。在增长型互换中，名义本金会随着时间的推移而增加。另一种互换，被称为远期启动互换（forward-start swap），是这样一种互换协议：该协议在规定的未来时期开始生效。还有一种互换协议形式是基差互换（basis swap），其中的支付交换会参考两种不同的利率，比如 3 个月期 LIBOR 和 3 个月期国债。

在这一章，我们的重点是更复杂的互换结构。我们假设读者熟悉传统型互换以及传统的估值方法。该方法用 LIBOR 期货合约中的隐含远期利率来评估互换协议，计算出互换的固定利率（swap fixed-rate，SFR）。除了互换之外，我们还涉及对互换期权的估值。

互换期权赋予其所有者在未来某个时间进入互换协议的权利。

与传统型利率互换不同，互换期权有现金流，它取决于未来某个时点的利率。这个特征需要用常见的方法来评估。分叉树的估值方法被证明是非常实用的方法，因为它有两个重要特征。第一，采用分叉树方法的利率模型适用于无套利的环境，这意味着定价符合使用远期利率的现金流套利价值。第二，利率分叉树背后的利率模型包含假设的利率波动，使得这种方法可以处理期权的特征。

这一章的内容安排如下。我们首先用传统型利率互换来阐述分叉树的估值方法。然后我们给出分叉树方法在远期启动互换中的应用。接下来我们会介绍互换期权并对互换期权定价，重点关注重要参数（到期时间、执行利率、波动性）的定价影响。最后，我们会讨论基差互换并给出结论。

63.1 利用分叉树方法对互换估值

传统的互换估值方法是通过隐含的远期利率贴现来获得无套利的互换现金流价值。隐含的远期利率来自欧洲美元期货合约的市场价格。遗憾的是，传统方法不具备评估现金流的能力，现金流会随着远期利率的变化而变化。在这方面，分叉树模型是一种实用的工具，可以对利率衍生品进行估值，比如互换和互换期权。与传统的互换估值方法不同，分叉树模型包含利率波动，并且考虑了利率未来的变化。它提供了一个灵活的估值框架，容易适用于特殊的（非传统的）证券工具。

一般而言，分叉树估值方法首先要构建利率分叉树。[1] 利率分叉树中的值代表未来可能的利率，可以描述利率随着时间的演化。在构建利率分叉树之后，我们在分叉树的每个“节点”上计算互换现金流，得到互换现金流分叉树。然后，分叉树中的利率被用于计算未来现金流的现值。这个过程被称为**逆向法**（backwardation）：在分叉树上向后贴现未来的预期现金流，得到现值。

构建利率分叉树，首先要用利率模型描述利率的时间动态过程。虽然从业者使用过很多利率模型，但是最常用的模型是单因素模型，可以描述短期利率（一期利率）的演化过程。单因素的意思是短期利率是唯一被模型化的利率，并且它唯一地决定期限结构。利率模型对于短期利率与利率波动性之间的关系进行了重要的假设。这种关系通常可以用标准差来衡量。[2] 本章的例子采用的是卡洛泰、威廉姆斯以及法博齐（Kalotay，Williams，and Fabozzi）的利率模型。[3]

在选择利率模型描述利率演化过程之后，我们需要用分叉树来表达这个模型。该分叉树是由离散的时期构成。二项式分叉树上的每个节点代表在这个离散的时间步上可能的短期利率。利率可以进化到下一个时间步上，有两个可能的取值。有的模型允许每个后续阶段存在更多可能的利率，比如三项式模型允许三种利率。为了避免过于复杂，我们还是用二项式模型来阐述分叉树估值过程。利率模型的重要特征是，它们满足“无套利”条件，这意味着它们产生的利率与债券价格中隐含的即期利率匹配。另外，利率模型包含关于利率波动的假设。利率波动是对利率或有索偿权（contingent claims）估值的关键，因为或有索偿权的现金流取决于未来利率。我们后面会看到，波动性假设对互换期权价值具有直接的影响。

为了说明估值的分叉树方法，我们首先对 5 年期传统型利率互换定价，互换固定利率（SFR）为 3%。为了方便阐述并且不失一般性，我们假定互换具有半年一次的支付，而不是季度性支付。

图表 63—1 给出的是估值过程中会用到的利率分叉树。模型的单因素模型描述了短期利率（一期利率）的可能路径。当前短期利率是 0.385 0%。根据模型，下一期的短期利率将是 0.795 0% 或 0.690 2%。这两种可能性相同。利率树有 10 个半年的时间周期，涵盖了互换协议的 5 年期限。

估值的下一步是计算每个节点上的现金流。互换支付会出现延后，但是会在期初就确定下来。比如，第一次互换支付是今天决定的，$t=0$，并且是基于当前短期利率。参考图表 63—1，当前利率是 0.385 0%。在第一期期末，互换合约的对方进行固定利率的支付，支付的金额是：

固定利率支付＝SFR×NP×(期间天数/360)

其中 NP 是名义本金，期间天数是支付期限内的天数。

年数	0.50	1.00	1.50	2.00	2.50	3.00	3.50	4.00	4.50
0.3850%	0.7950%	1.5968%	2.5178%	3.4300%	4.4031%	5.4226%	6.5216%	7.6208%	9.1446%
	0.6902%	1.3862%	2.1857%	2.9776%	3.8225%	4.7075%	5.6615%	6.6158%	7.9386%
		1.2034%	1.8975%	2.5850%	3.3184%	4.0867%	4.9149%	5.7433%	6.8917%
			1.6472%	2.2441%	2.8808%	3.5477%	4.2667%	4.9859%	5.9828%
				1.9481%	2.5009%	3.0799%	3.7041%	4.3284%	5.1938%
					2.1711%	2.6737%	3.2156%	3.7576%	4.5089%
						2.3211%	2.7915%	3.2621%	3.9143%
							2.4234%	2.8319%	3.3981%
								2.4584%	2.9500%
									2.5609%

图表 63—1　利率树

为了方便阐述，我们假设半年一次的现金流，且年分（fraction of the year）是 0.5。互换合约的另一方（浮动利率支付方）付款。金额等于：

浮动利率支付＝浮动利率×NP×(期间天数/360)

由于互换现金流通常是净值，所以期末的互换现金流是：

净现金流＝(浮动利率－SFR)×NP×(期间天数/360)

注意，当浮动利率定期地高于 SFR 时，浮动利率支付方对固定利率支付方进行净现金流支付。相反，当浮动利率定期地低于 SFR 时，固定利率支付方向浮动利率支付方支付净现金流。图表 63—2 给出了分叉树中每个节点上的净现金流。这个分叉树是图表 63—1 中 5 年期半年互换协议，SFR 是 3%，名义本金是 100 美元。要说明这个计算过程，我们需要参考图表 63—1 中利率分叉树右上方的节点。在 4.5 年时的短期利率是 9.144 6%。在这个节点上，短期利率是 9.144 6%。回忆一下，现金流是在期初决定的，但是会延后支付。因此，在 4.5 年时的短期利率决定了 $t=5$ 时的现金流。互换得到的净现金流是：

净现金流＝(浮动利率－SFR)×NP×(期间天数/360)

＝(9.144 6%－3.0%)×100×0.5＝3.072 3

在分叉树的每个节点上都会重复这个过程。记住，互换的现金流会延迟支付（在期末），但是会在期初由当时的利率决定。

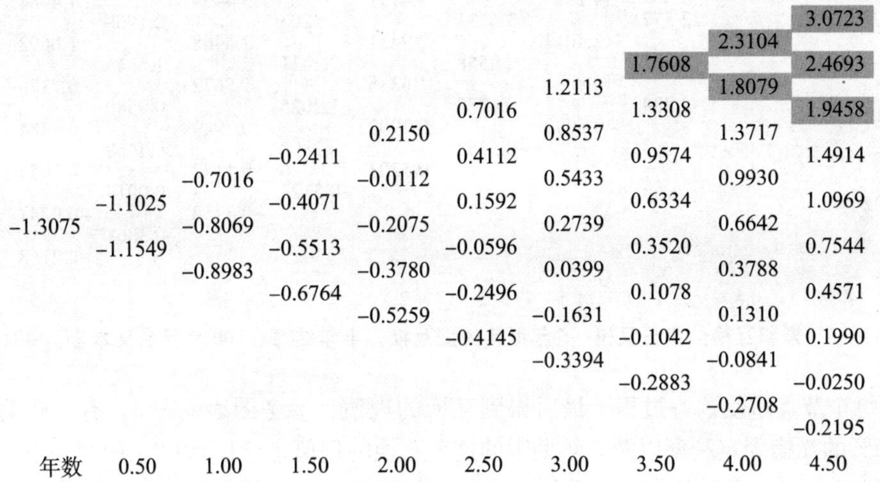

图表 63—2 现金流分叉树图示：5 年期传统型互换，半年结算，100 美元名义本金，SFR＝3%

在估值过程的这一刻，我们使用利率分叉树来计算分叉树上每个节点的互换现金流。为了得到利率互换的值，下一步我们要构建另一个分叉树。它被称为**累积互换估值分叉树**。累积互换估值分叉树上的每个节点上的数字都是现金流分叉树上发生在该时刻之后，所有节点的互换现金流的现值（参见图表 63—2）。为说明这个过程，我们需要参考图表 63—3 中右上角的阴影区域。在 $t=4.5$ 处的节点，其累积互换估值是 $t=5$ 处的现金流的现值。注意这里的时间参考点：现金流（$t=4.5$）与现金流现值（$t=5$）。由于互换协议在 $t=5$ 年到期，收益不需要考虑后续的现金流。因此，在 $t=4.5$ 的阴影区域，我们可以把这些数值看成 $t=5$ 时的现金流现值（参见图表 63—3），贴现率见图表 63—1：

3.072 3/(1＋9.144 6%/2)＝2.938 0

2.469 3/(1＋7.938 6%/2)＝2.375 0

1.945 8/(1＋6.891 7%/2)＝1.881 0

逆向回到上一个时间步（$t=4$），需要对 $t=4.5$ 的数值贴现，再加上发生在 $t=4.5$ 的延后现金流。在每个节点上，下一时间步都有两个可能的值，并且可能性相同。举例说明，在图表 63—3 中阴影部分的 $t=4$ 节点上，其数值取决于

$$(0.5\times 2.9380+0.5\times 2.3750+2.3104)/(1+7.6208\%/2)=4.7846$$
$$(0.5\times 2.3750+0.5\times 1.8810+1.8079)/(1+6.6158\%/2)=3.8099$$

计算出 $t=4$ 时的累积互换值之后，我们继续逆向操作，计算 $t=3.5$ 时的数值。举例说明，计算图表 63—3 中 $t=3.5$ 时阴影的数值，它是 $t=4$ 时的现值加上 $t=4$ 时收到的延迟现金流：

$$(0.5\times 4.7846+0.5\times 3.8099+1.7608)/(1+6.5216\%/2)=5.8667$$

数值分叉树

年数	0.5	1	1.5	2	2.5	3	3.5	4	4.5
−1.5892	0.5799	2.5771	4.1975	5.3698	6.0786	6.2657	5.8667	4.7846	2.9380
	−1.1495	0.7923	2.4011	3.6131	4.4151	4.7561	4.5818	3.8099	2.3750
		−0.7893	0.8084	2.0558	2.9411	3.4203	3.4469	2.9515	1.8810
			−0.5999	0.6788	1.6386	2.2411	2.4468	2.1968	1.4481
				−0.5358	0.4902	1.2025	1.5672	1.5345	1.0692
					−0.5203	0.2893	0.7949	0.9540	0.7378
						−0.5122	0.1177	0.4458	0.4484
							−0.4752	0.0014	0.1957
								−0.3868	−0.0247
									−0.2168

图表 63—3　累积互换估值分叉树：5 年期传统型互换，半年结算，100 美元名义本金，SFR=3%

在每个节点重复这一过程，最后得到互换的现值。参考图表 63—3，有 100 美元名义本金、3%的互换固定利率以及 5 年期限的这个互换的现值是−1.589 2。回忆一下，我们是从固定利率支付方的角度来计算现金流的，这意味着当浮动利率低于互换固定利率时，现金流是负的（流出）。因此，负值表明，固定利率支付（3% SFR）的现值大于收到的浮动利率支付的现值。当合约对方进入传统型互换时，现值是零。这意味着我们可以在分叉树模型中用迭代的方法重复计算 SFR，直到在 $t=0$ 时累积互换估值的现值等于零。在这个例子中，2.665 0%的 SFR 导致互换的初始值等于零。这就可以说明在 SFR 是 3%的例子中，为什么固定利率支付方的互换值是负的。从 SFR 3%传统型互换的初期，利率就下降了。

一定要注意，通过分叉树模型得到的传统型互换与通过传统估值方法得到的结果相同。这种等价的原因是，我们在无套利的条件下推导该利率模型，使用的远期利率取决于市场数据。分叉树方法的核心优势会在后面的章节中体现出来。那时我们考察利率互换期权，需要考虑远期利率路径的波动。

我们已经介绍了二项式分叉树，接下要来介绍更复杂的互换结构和互换期权。

63.2　远期启动互换

远期启动互换是一种在未来某个规定的时期开始的互换协议。一个例子是 3 年后开始的 2 年期互换。我们用两个日期来表示远期启动互换，一个是互换开始的日期，一个是互换到期的日期。它的符号是（y_{start}，y_{end}）。因此，3 年后开始的 2 年期互换可以表示为（3，5）。除了开始日期和到期日之外，远期启动互换协议还规定了互换固定利率以及名义本金。远期启动互换的互换固定利率被称为远期互换固定利率（forward swap fixed-rate）。

举例说明远期启动互换的估值，我们用图表 63—1 中的利率分叉树来估价 3 年后开始的 2 年期互换。固定利率是 3.250%，名义本金是 100 美元。我们首先计算利率分叉树上每个节点的互换现金流，然后用上一节提到的方法构建累积互换估值分叉树。图表 63—4 是这个互换的累积估值分叉树。注意互换是 3 年后才开始，并且分叉树特别强调了 $t=3$ 时的可能取值。

年数	0.5	1	1.5	2	2.5	3	3.5	4	4.5
−2.7754	−0.4794	1.6427	3.3845	4.6750	5.4998	5.8014	5.5164	4.5487	2.8184
	−0.2170	−0.1503	1.5803	2.9115	3.8305	4.2874	4.2283	3.5722	2.2548
		−1.7392	−0.0192	1.3480	2.3515	2.9476	3.0907	2.7123	1.7602
			−1.4335	−0.0343	1.0445	1.7650	2.0883	1.9562	1.3267
				−1.2535	−0.1079	0.7233	1.2066	1.2927	0.9473
					−1.1218	−0.1926	0.4324	0.7111	0.6156
						−0.9964	−0.2464	0.2020	0.3258
							−0.8407	−0.2431	0.0728
								−0.6320	−0.1478
									−0.3402

图表 63—4　累积互换估值分叉树：(3，5) 远期启动互换，SFR=3.250%

当 $t=3$ 时，累积互换估值分叉树有远期启动互换的 7 个可能值。这些数值可以用于决定互换协议的值。在这里缺失的一个环节是每个分叉树取值的概率。到达树上任意一个节点的概率取决于通过分叉树到达该节点的路径数量。在二项式分叉树中，利率在下一阶段有两种可能的行动，以下公式可以用于计算到达任意给定的节点时路径的数量：

$$路径数量=\frac{n!}{j!\ (n-j)!}$$

其中 n 是阶段的数目，j 是下节点的数量。图表 63—5 给出了到达每个节点的路径数量。参考分叉树中时间 3 上的路径，我们用前面的公式举例说明计算过程。由于分叉树在 $t=3$ 的时间是相当于第 6 个半年的时间步，所以 $n=6$。在最顶端的节点上没有下节点，所以 $j=0$。用数值表示这个公式，我们发现到达顶端节点的路径数量是 6!/(0!(6!))=1。这是有道理的，因为达到顶端节点的唯一路径就是单独的向上运动。在 $t=3$ 时，顶端下面的第二个节点，它的时间阶段仍然是 6，但是在这个节点上有一个向下的节点，所以 $j=1$。用数值表示这个公式，到达这个节点存在 6!(1!(5!))=6 个可能的路径。

在演示的最后，我们要计算 $t=3$ 时顶端下面第 3 个节点的数量。在这个节点上，$n=6$

且存在两个下节点，所以 $j=2$。应用计算公式，到达第 3 个节点的路径数量是 6!/(2!(4)!)=15。

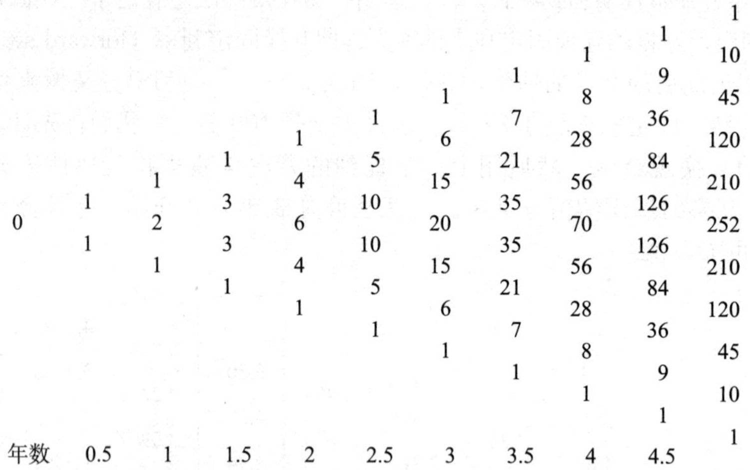

图表 63—5　到达分叉树每个节点的路径数量

在 $t=3$ 时，6 个节点总共有 64 个可能的路径。到达每个节点可能的概率就是到达这个节点的路径数量除以这一时刻到达所有节点的可能路径数量。远期启动互换的价值是，对应于远期启动互换起始日期的每个累积互换估值节点乘以到达该节点的概率。图表 63—6 给出了这个计算，它在 $t=3$ 时有 7 个节点。相应的 $t=3$ 节点的累积互换估值见图表 63—5。到达每个节点的概率是，到达该节点的路径数量除以这一时刻到达所有节点的路径总数。累积互换估值与概率的乘积得到概率加权值。概率加权值之和得到远期启动互换值。在这个例子中，100 的名义本金、3.250%的远期启动固定利率，(3，5) 远期启动互换的价值是 1.870 89。注意，这个价值是对固定利率支付方的价值。回忆一下，我们在计算每个节点的现金流时，是用利率分叉树上的利率减去互换固定利率。因此，这个正的价值表明，浮动利率支付的价值超过固定利率支付的价值，意味着固定利率支付方得到正的价值。这个互换对于浮动利率支付方的价值是负的，为－1.870 89。产生零的 FSS 价值的 SFR 是 4.233%，它的计算方法类似于计算零值传统型互换的 SFR 所使用的迭代程序。

图表 63—6　　第 3 年概率加权值的计算

节点	累积互换估值	到达节点的路径数量	到达该节点的概率	概率加权值
1	5.801 4	1	1.56%	0.090 65
2	4.287 4	6	9.38%	0.401 94
3	2.947 6	15	23.44%	0.690 85
4	1.765 0	20	31.25%	0.551 56
5	0.723 3	15	23.44%	0.169 52
6	−0.192 6	6	9.38%	−0.018 05
7	−0.996 4	1	1.56%	−0.015 57
合计	14.335 6	64	100.00%	1.870 89

理解了这个过程之后，我们就可以用相同的 SFR 来对远期启动互换进行估值。SFR 始于分叉树上的每个节点，终于第 5 年。也就是说，我们可以估值其他方面完全相同的互换（0，5）、(0.5，5)、(1，5)、(1.5，5)、(2，5)、(2.5，5)、(3.5，5)、(4，5)、(4.5，5)。图表 63—7 给出了分叉树每个时间段上远期启动互换价值的计算。

									0.0055
								0.0178	
							0.0431		0.0396
						0.0906		0.1116	
					0.1719		0.2312		0.1238
				0.2922		0.4019		0.2967	
			0.4231		0.5985		0.5071		0.2177
		0.4107		0.7279		0.6908		0.4279	
	−0.2397		0.5926		0.7348		0.5710		0.2331
−2.7754		−0.0751		0.5055		0.5516		0.3535	
	−1.1085		−0.0072		0.3264		0.3299		0.1515
		−0.4348		−0.0086		0.1695		0.1556	
			−0.1792		−0.0169		0.0709		0.0534
				−0.0783		−0.0181		0.0221	
					−0.0351		−0.0135		0.0051
						−0.0156		−0.0076	
							−0.0066		−0.0026
								−0.0025	
									−0.0007
年数	0.5	1	1.5	2	2.5	3	3.5	4	4.5
远期启动支付固定利率互换	−0.3482	−0.0993	0.8293	1.4386	1.7797	1.8709	1.7332	1.3750	0.8265
远期启动获得固定利率互换	1.3482	0.0993	−0.8293	−1.4386	−1.7797	−1.8709	-1.7332	−1.3750	−0.8265

图表 63—7　概率加权累积估值的互换价值（SFR＝3.250%，100 名义本金，5 年到期）以及远期启动互换的价值

63.3　互换期权估值

互换期权是一种关于利率互换的期权合约。互换期权的所有者有权在规定的未来日期或在此之前启动互换协议。互换期权规定了几个重要的互换特征，包括互换的期限和互换的固定利率。互换固定利率是期权的执行利率。与远期启动互换不同，在该互换中合约双方有责任进行互换，而互换期权的所有者拥有互换的权利，但是没有责任进行互换。我们将用利率分叉树来说明互换期权的估值过程，讨论重要参数对互换期权估值的影响。

一个支付方互换期权（支付固定利率互换期权）给予期权所有者进入利率互换协议的权利，使所有者成为固定利率支付方并且收到浮动利率支付。互换期权既可以是欧式的，也可以是美式的。其差别是，欧式互换期权的所有者是在互换期权到期时执行互换的权利，而美式互换期权的所有者是在互换期权到期前的任何时间都可以执行互换权利。我们在这里考虑的是欧式的互换期权。

一个接受方互换期权（获得固定利率互换期权）给予所有者进入利率互换协议的权利，使所有者成为浮动利率支付方和固定利率接受方。举个例子，考虑一个固定利率为

3.650%、期权期限为2年、互换期限为3年的互换期权。该互换期权的购买者有权在2年后进入互换，到时候他们进行浮动利率支付，并且得到3.650%的固定利率支付。我们用符号（$y_{\text{cxpiration}}$，y_{tcnor}）来表示互换期权的到期日和互换的期限。因此，这个接受方互换是（2，3）互换期权。

下面举例说明互换期权定价，我们对几个执行利率为3.650%的支付方互换进行定价。分叉树方法会有助于互换期权的估计。另外，估值的例子使用图表63—1中的利率分叉树。在构建利率分叉树之后，估值过程的下一步是为传统型互换构造支付固定利率分叉树。该互换的名义本金是100，互换固定利率是3.650%。回忆一下，在分叉树的每个节点上，现金流取决于互换固定利率、名义本金以及利率分叉树上对应的节点：

$$现金流\ w_{i,j}=(F_{i,j-1}-SFR)\times NP_j\times 0.5$$

其中，$F_{i,j-1}$是节点（i，$j-1$）上的浮动利率，表示在时间j的延后现金流。图表63—8给出了执行利率为3.650%的传统型互换的现金流分叉树。我们用分叉树右上方的节点举例说明现金流的计算。注意，现金流发生在$t=5$时，但是取决于$t=4.5$时的利率。利率分叉树上对应的利率是9.144 6%，所以该节点上的现金流是：

$$现金流=(9.144\,6\%-3.650\%)\times 100\times 0.5=2.747\,3$$

年数	0.5	1	1.5	2	2.5	3	3.5	4	4.5	5
										2.7473
									1.9854	
								1.4358		2.1443
							0.8863		1.4829	
						0.3766		1.0058		1.6208
					−0.1100		0.5287		1.0467	
				−0.5661		0.0862		0.6324		1.1664
			−1.0266		−0.3362		0.2183		0.6680	
		−1.4275		−0.7321		−0.1658		0.3084		0.7719
	−1.6325		−1.1319		−0.5325		−0.0511		0.3392	
		−1.4799		−0.8763		−0.3846		0.0270		0.4294
			−1.2233		−0.7030		−0.2851		0.0538	
				−1.0014		−0.5746		−0.2172		0.1321
					−0.8509		−0.4881		−0.1940	
						−0.7395		−0.4292		−0.1260
							−0.6644		−0.4091	
								−0.6133		−0.3500
									−0.5958	
										−0.5445

图表63—8　传统型互换的支付固定现金流分叉树（执行利率=3.65%）

在完成图表63—8中现金流分叉树的构建之后，互换期权估值程序的下一步是构造传统型支付固定利率互换期权（pay fixed swaption）的累积互换估值分叉树。图表63—9给出了累积互换估值分叉树。累积互换估值分叉树可以用于估值支付固定利率互换期权。

举例说明互换期权的估值，我们对（3，2）支付固定利率互换期权定价，如图表63—10所示。期权在第3年到期，到期时的价值被称为到期价值（expiration value）。每个节点（这里是$t=3$）的到期价值来自累积互换估值分叉树（参见图表63—9）。回忆一下，互换期权给予所有者进入支付固定利率互换的权利，而不是义务。当$t=3$时2年期互换的价值是正的，所有者才会执行该权利。因此，互换期权的到期值是零或对应的累积互换估值分叉树节点上的最大值。举例说明，当$t=3$时，在分叉树底端节点上，支付固定利率互换的累积估值是－0.771 1。直觉上这是有意义的，因为底端节点对应于低利率，而低利率对固定利率支付方会产生负面影响。

价值分叉树

									2.6272
								4.1713	
							4.9558		2.0624
						5.0585		3.1920	
					4.5738		3.6628		1.5669
				3.5634		3.5373		2.3295	
			2.0837		2.8952		2.5209		1.1325
		0.1477		1.7888		2.1913		1.5713	
	−2.1743		0.2672		1.4080		1.5146		0.7524
−4.6732		−1.6585		0.2157		1.0031		0.9058	
	−3.9251		−1.3433		0.0939		0.6295		0.4200
		−3.2589		−1.1752		−0.0434		0.3225	
			−2.7672		−1.0647		−0.1476		0.1296
				−2.4020		−0.9635		−0.1880	
					−2.0842		−0.8289		−0.1239
						−1.7711		−0.6345	
							−1.4255		−0.3449
								−1.0245	
									−0.5377
年数	0.5	1	1.5	2	2.5	3	3.5	4	4.5

图表 63—9　累积互换估值分叉树，5 年期半年传统型互换，执行利率＝3.65％

在确定互换期权的到期值之后，分叉树剩下的部分是用逆向递推的方法来填充。利率分叉树上对应的利率决定了贴现率。举例而言，在图表 63—10 中，2.5 年处的顶端值是：

$$0.5\times(5.058\,457+3.537\,322)/(1+4.403\,1\%/2)=4.205\,307$$

						5.058457
					4.205307	
				3.448802		3.537322
			2.768908		2.81059	
		2.153258		2.158727		2.191292
	1.615948		1.571992		1.571144	
1.170195		1.091484		1.019616		1.003132
	0.728946		0.626107		0.494444	
		0.371439		0.244479		0
			0.121241		0	
				0		0
					0	
						0
年数	0.5	1	1.5	2	2.5	3

图表 63—10　(3，2) 支付固定利率互换期权，执行利率＝3.65％

在图表 63—10 的整个分叉树上重复这一过程，我们可以得到，每 100 名义本金的 (3，2) 支付固定利率互换期权的价值是 1.170 195。值得注意的是，分叉树估值过程需要利率分叉树和互换估值分叉树作为输入变量。只要这些变量确定了，那么我们很容易对具有相同固定利率的互换期权进行定价。分叉树估值框架非常灵活，可以很容易进行调整，比如改变名义本金（分期偿付或一次性偿付）。这样的灵活性使得分叉树估值方法非常受欢迎。

63.4 估值基础互换和非 LIBOR 导向的互换

对于这个问题，我们已经研究过互换结构的估值，包括浮动利率支付与固定利率支付之间的交易。在这个交易中，互换的浮动部分是基于 LIBOR。接下来，我们要推广我们的讨论，涵盖新的互换。在这个互换中，互换的双方支付都是浮动的。互换的结构是基于利率而不是 LIBOR。

基差互换是一种互换协议，其中互换的双方支付是基于不同的利率。比如，90 天期国债利率与 3 个月期 LIBOR 之间的利差被称为 **TED 利差**（TED spread）。在 LIBOR TED 互换中，合约的一方基于 LIBOR 进行支付，收到的支付是基于 90 天期国债利率加上一个利差。这被称为**支付 LIBOR TED 互换**（pay LIBOR TED swap）。

我们举例说明利用分叉树方法来估值 1 年期支付 LIBOR TED 互换，利差为 0.376%。由于互换的双方都是参考浮动利率，所以分叉树方法需要两个利率的分叉树。图表 63—11 给出了 1 年期 LIBOR 利率分叉树和 90 天期国债利率分叉树。注意，我们假设 LIBOR 的波动率是 10%，国债利率的波动率是 7.5%。在前面的例子中，我们假设支付的周期是半年。在这个例子中，我们假设是季度性的支付。

在确定了两个利率分叉树之后，估值过程的下一步是计算支付 LIBOR TED 互换的现金流。每个节点 i 在 j 阶段的现金流计算如下。注意，在这个例子中我们忽略了精确的天数计算法，假设每个阶段正好是一个季度。

$$CF_{i,j}=(\text{国债}_{i,j-1}+\text{利差}-\text{LIBOR}_{i,j-1})\times 0.25\times NP_j$$

需要指出的是，利差是对国债利率的调整，使得两种支付流的现值相等。为了得到这个能够使得两种现金流相等的利差，我们可以迭代计算利差值。

根据图表 63—11 中的两个利率分叉树，下一步是计算树上每个节点的支付 LIBOR TED 互换的现金流。举例而言，考虑互换到期日最高的节点。根据图表 63—11，这个节点上的 LIBOR 和国债利率分别是 1.01%和 0.29%。利用 0.376%的利差，100 美元名义本金的支付是：

$$\begin{aligned}CF_{i,j}&=(\text{国债}_{i,j-1}+\text{利差}-\text{LIBOR}_{i,j-1})\times 0.25\times NP_j\\&=(0.29\%+0.376\%-1.01\%)\times 0.25\times NP_j\\&=-0.085\end{aligned}$$

图表 63—12 给出了所有时间段里互换的现金流。在构建现金流之后，支付 LIBOR TED 互换估值的最后一步是计算累积价值分叉树。这个程序与前面章节中展示的完全一样。图表 63—13 给出了这些值。注意，预期支付的现值是零，它表明 0.376%的利差给互换带来的价值是零。这意味着，LIBOR 的现值与国债加利差的现值完全相同。在这个例子中，如果利差大于（小于）0.376%，那么支付 LIBOR TED 互换就有正的（负的）现值。要注意分叉树估值方法的灵活性，它可以直接将前面章节中提到的程序扩展到基差互换的互换期权估值。

LIBOR利率分叉树，波动率=10%

			1.01%
		0.68%	
	0.44%		0.91%
0.35%		0.61%	
	0.40%		0.82%
		0.56%	
			0.75%
年数	0.25	0.5	0.75

90天期国库券利率分叉树，波动率=7.5%

			0.29%
		0.22%	
	0.17%		0.26%
0.14%		0.20%	
	0.15%		0.24%
		0.18%	
			0.21%
年数	0.25	0.50	0.75

图表 63—11　LIBOR TED 互换的一年期利率分叉树

				−0.0854
			−0.0204	
		0.0258		−0.0683
	0.0415		−0.0095	
		0.0322		−0.0529
			0.0004	
				−0.0389
年数	0.25	0.5	0.75	1

图表 63—12　支付 LIBOR TED 互换的现金流，利差为 0.376%

				−0.0852
			−0.0969	
		−0.0576		−0.0682
	0.0000		−0.0699	
		−0.0254		−0.0528
			-0.0454	
				−0.0388
年数	0	0.25	0.5	0.75

图表 63—13　支付 LIBOR TED 互换的累积价值分叉树，利差为 0.376%

63.5　影响互换估值的因素

分叉树估值方法的灵活性有助于分析互换期权对于互换期权条款以及市场输入变量（比如波动）的敏感性。这一节，我们将分析互换期权估值对利率波动以及执行利率的敏感性。

利率分叉树中的数值有两个决定因素：当前期限结构和利率波动。回忆一下，利率分叉树是分叉树互换期权估值方法的基石。改变互换到期日会改变互换期权的价值，但是价值的直接变化取决于当前期限结构、波动性以及执行价格。不过，保持其他条件不变，利率的波动会增加互换期权的价值。

图表 63—14 给出了利率波动和互换到期日对四种不同的支付固定利率互换期权的影响。为了构建这个例子，我们使用了图表 63—1 中的 LIBOR 利率分叉树，并假设支付固定利率互换期权的执行利率都等于 3.5%。在这个图表中，互换期权到期日与价值之间不存在单调性的关系。不过，每个互换期权的价值都会随着波动率的增大而增加。

我们接下来考虑执行利率和利率波动对利率互换期权的联合效应。图表 63—14 表明，保持其他条件不变，互换期权的价值会随着利率波动性的增加而增加。执行利率对互换期权的价值有重要影响。对于支付固定利率互换期权，期权所有者有权进入互换协议，支付固定利率并且得到浮动支付。随着执行利率的增加，支付固定利率互换期权的价值会下降，因为固定利率支付的价值会相对高于这一方所得到的浮动利率支付。相反，在获得固定利率互换期权（receive fixed swaption）中，期权所有者有权进入互换协议，获得固定利率并且支付浮动利率。期权的价值随着执行利率的上升而增加。

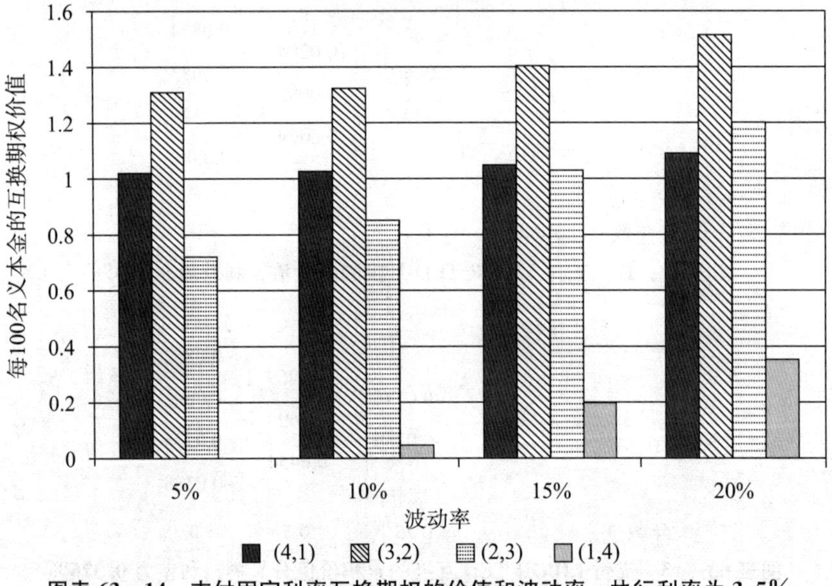

图表 63—14　支付固定利率互换期权的价值和波动率，执行利率为 3.5%

图表 63—15 给出了执行利率和利率波动对（2，3）支付固定利率互换期权价值的联合效应。互换期权价值的曲面图会随着波动的增加而上升（波动率较高，互换期权的价值较大），随着执行利率的上升而下降（执行利率越低，固定利率互换期权的价值越大）。图表 63—16 是图表 63—15 的镜像，它表明执行利率对获得固定利率互换期权价值的影响与它对支付固定利率互换期权的影响相反。接受方互换期权的价值与波动率具有正比例关系。接受方互换期权的价值会随着假设的利率波动率的增大而增加。

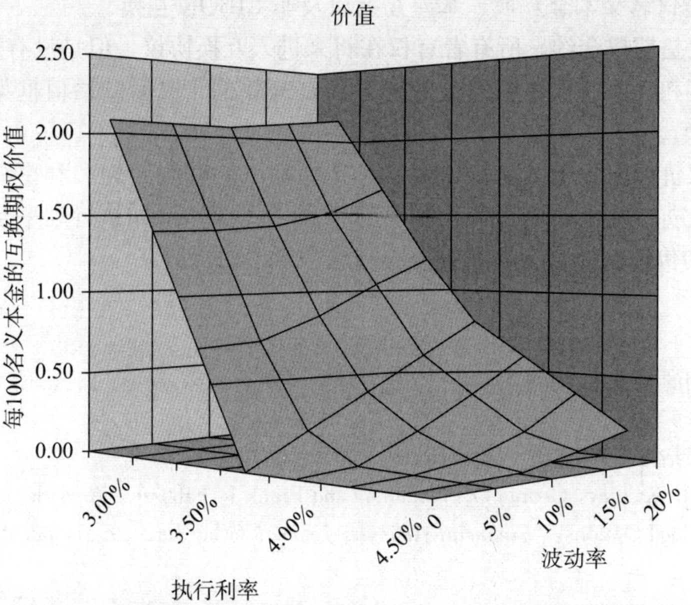

图表 63—15　执行利率和利率波动对（2，3）支付固定利率互换期权价值的影响

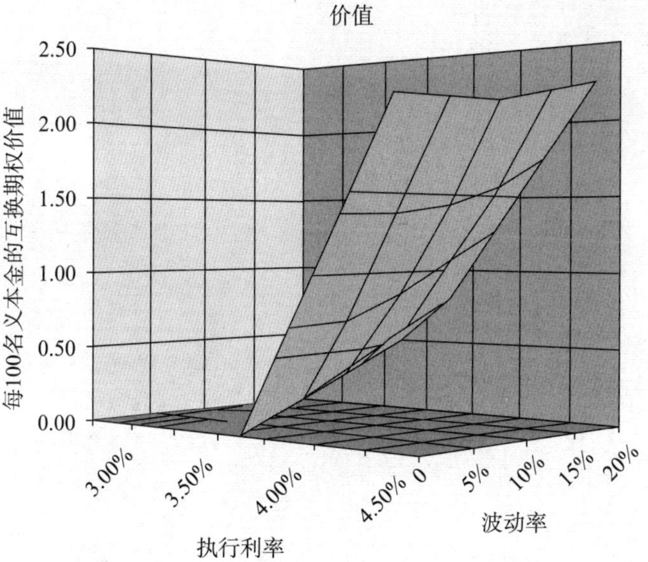

图表 63—16　执行利率和利率波动对（2，3）获得固定利率互换期权价值的影响

63.6 关键知识点

- 利率互换协议是双方同意在未来商定的时间交换支付。
- 独特的互换协议是定制化的合约。常见的协议包括远期启动互换、摊还名义本金互换、一次性偿付名义本金互换、基差互换以及非 LIBOR 互换。

● 互换期权是期权合约，所有者有权在将来进入互换协议，但是没有这个义务。

● 互换估值和互换期权估值的分叉树方法是有效的、灵活的估值框架，可以适用于各种独特的互换。

● 互换期权价值取决于市场输入变量，比如利率的期限结构和利率波动，以及合约的具体规定，比如期限和执行利率。保持其他条件不变，增加执行利率会降低支付固定利率互换期权的价值，但是会增加获得固定利率合约的价值。

【注释】

[1] 这里采用的方法会运用分叉树（二项、三项）、网格（有限差分）、路径（蒙特卡罗）等得到利率估值。

[2] 有关期限结构建模细节的内容已经超出了本章的范围。

[3] Andrew J. Kalotay, George O. Williams, and Frank J. Fabozzi, "A Model for the Valuation of Bonds with Embedded Options," *Financial Analysts Journal* (May-June 1993), pp. 35 - 46. 也可参考本书第 40 章。

第 64 章 利率期权的基础

威廉·J. 加特兰（William J. Gartland），注册金融分析师
邦仕马克有限责任公司（Benchmark Solutions）常务董事

尼古拉斯·C. 莱蒂卡（Nicholas C. Letica）
花旗环球金融有限公司常务董事

由于投资者更加老练和多样化，对期权等衍生工具的需求已经相应增加。曾经只被少数投机者掌握的期权策略，现在对每个希望在日新月异的技术市场上保持竞争优势的投资者来说，都是必须掌握的。而且，新的期权技术已经被成功地应用于有期权特征的债券，例如可提前赎回债券和抵押贷款支持证券。

在第 59 章，我们描述了下列期权合约：交易所交易的现货证券期权、交易所交易的期货期权、场外期权。在这一章，我们将讨论如何运作期权、它们的风险/收益率曲线、期权估价的基本原则以及一些普通的交易和组合策略。套期保值策略的一些更详细的讨论请参见第 61 章。

本章将主要讨论现货期权。然而，这些原则对期货期权同样适用。

64.1 期权如何运作

期权（option）是以一固定价格买入或者卖出一种证券的权利而不是义务。买入的权利称为**看涨期权**（call），卖出的权利称为**看跌期权**（put）。如果价格上升，看涨期权

获利，如果价格下降，看跌期权获利。

如果期权的所有者使用期权买入或者卖出基础证券，我们称期权**被执行**（exercised）。因为持有者不需要一定执行期权，持有者的损失不会大于期权的购买价格——期权是限定债务的工具。

对于一个给定证券的期权，通过给出它的执行价格和到期日来确定。**执行价格**（strike price）是非强制购买时的价格。例如，一个执行价格是面值的看涨期权是以面值购买证券的权利。**到期日**（expiration date）是期权能被执行的最后一天：在那以后，它就没有价值了，即使在到期日时它还有价值。如果一个期权被允许到期，它被称为**终止**（terminated）。在到期日或者之前，期权持有者可以决定以市价卖出期权，这被称为**结清**（pair-off）。

一些期权能在到期日及以前的任何时候执行，它们被称为**美式期权**（American options）。另外，一些只能在到期日执行的期权被称为**欧式期权**（European options）。因为延迟美式期权的执行直至到期日总是可能的，所以美式期权总是至少和它相应的欧式期权的价值一样多。在实际情况中，提早执行是有利的情况很少发生，因此美式期权很少比欧式期权价值大很多。

分析证券头寸和基于证券的期权的最容易的方法是**盈亏图**（profit/loss graph）。盈亏图表明了在**分析日**（analysis date）（“现在”）和**界限日**（horizon date）一组证券的头寸价值的变化。

假设一个看涨期权今天以面值 1 点被购买。到期时，如果证券的价格在面值以下，期权将被允许无价终止；在这种情况下损失 1 点。如果证券在到期时高于面值，期权将被执行；在这种情况下对证券在面值以上的每一点都有对应的点数减去最初期权成本的获利。图表 64—1 为最后的盈亏图。

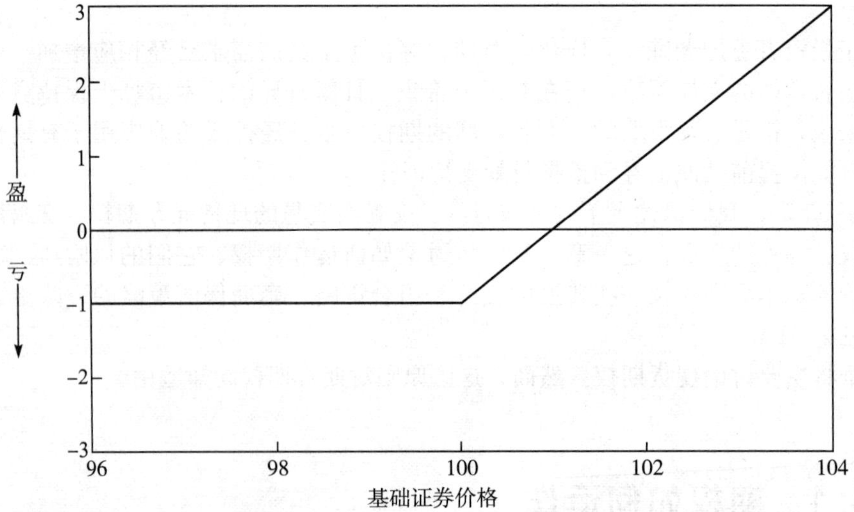

图表 64—1　买入执行价格等于面值、期权费为 1 点的看涨期权到期日的盈亏图

注意，如果基础证券的价格上升 1 点，期权购买收支相抵，这种情况之所以会发生，是因为到期时期权的价值等于最初的购买价格。101 的价格对看涨期权是盈亏平衡价格：

如果基础证券的价格到期时超过 101，购买看涨期权将可以获利。

看跌期权是看涨期权的相反情况。见图表 64—2，这是看跌期权以面值 1 点购买的盈亏图。到期时，如果证券的价格大于执行价格，看跌期权是没有价值的；如果低于执行价格，对每一点来说都有一个点的价值。盈亏平衡价格是 99，因此，如果基础证券到期时价格在 99 美元以下，购买看跌期权将获利。

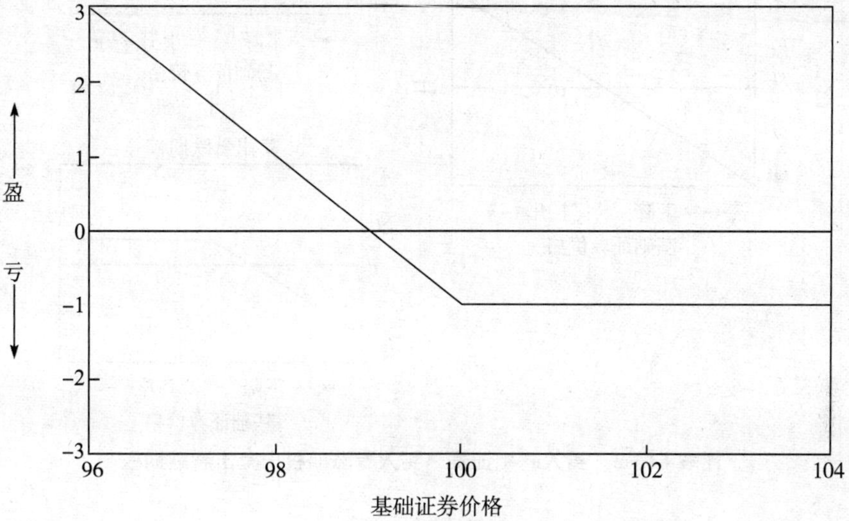

图表 64—2　买入执行价格等于面值、期权费为 1 点的看跌期权到期日的盈亏图

□ 看跌—看涨平价

两平的看跌和看涨期权把基础证券的盈亏图分成两部分。考虑由买入一个看涨期权和卖出一个看跌期权所构造的头寸，两个期权的执行价格都等于基础证券的价格。如果证券的价格上升，看涨期权将被执行；如果证券的价格下降，看跌期权将被执行。在任何一种情况下，在到期日基础证券以执行价格被支付。因此在盈亏方面，拥有看涨期权和卖出看跌期权与拥有基础证券是相同的。

图表 64—3 至图表 64—5 把基础证券的盈亏图分为买入看涨期权图和卖出看跌期权图。我们可以推出下面三个结论：

买入证券＝买入看涨期权＋卖出看跌期权　　（图表 64—3）

买入看涨期权＝买入证券＋买入看跌期权　　（图表 64—4）

买入看跌期权＝卖出证券＋买入看涨期权　　（图表 64—5）

这种关系被称为**看跌—看涨平价**（put-call parity），它是期权市场的基础。根据这些事实，看涨期权能够由买入看跌期权和基础证券得到，或者看跌期权能由买入看涨期权和卖出基础证券得到。这种在看跌和看涨期权间转换的能力对期权头寸的管理非常重要。

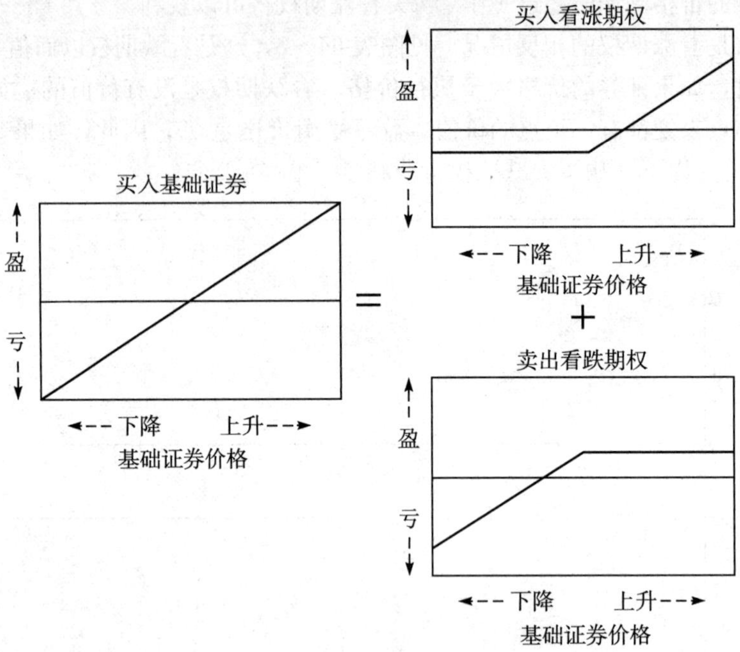

图表 64—3　买入基础证券＝买入看涨期权＋卖出看跌期权

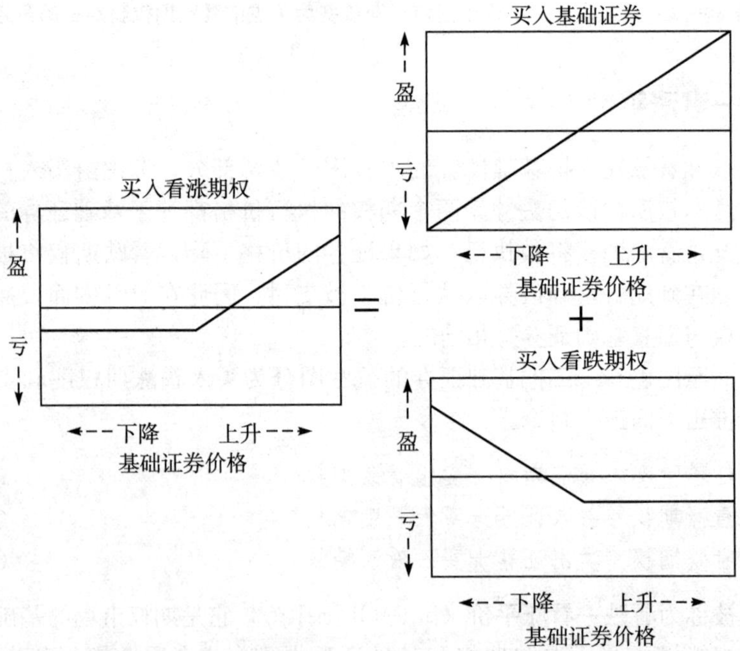

图表 64—4　买入看涨期权＝买入基础证券＋买入看跌期权

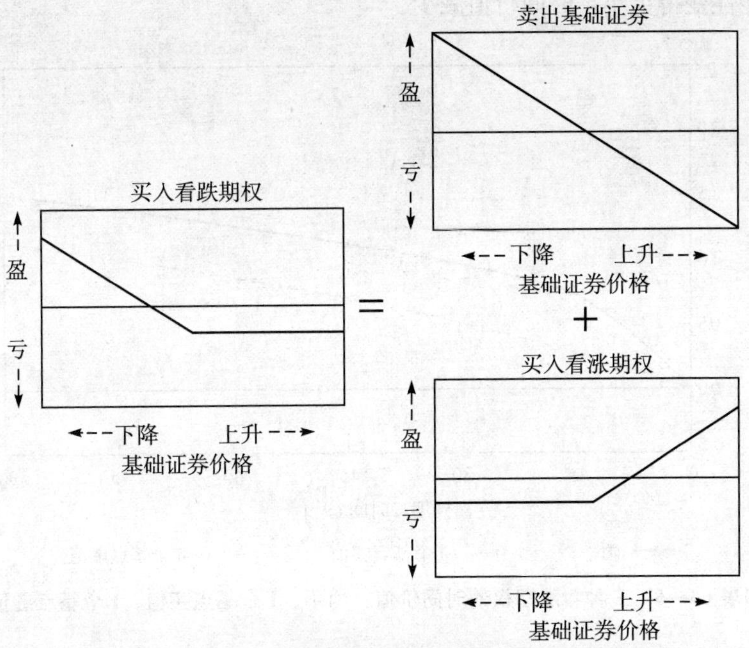

图表 64—5　买入看跌期权＝卖出基础证券＋买入看涨期权

□ 期权估价

决定期权的第一个因素是它的价值。对每类期权有许多种期权估价模型，每种都使用不同的参数和收益率，其估价也略有不同。然而，期权价值的五个主要决定因素是基础证券的价格、期权的执行价格、期权的到期日、基础证券的波动性和融资成本。

期权价值最明显的成分是它的**内在价值**（intrinsic value）。期权的内在价值是它被立即执行的价值。有内在价值的期权是**实值**（in the money）期权。当基础证券恰巧以执行价格交易时，期权被称为**两平**（at the money）期权。另外，没有内在价值的期权被称为**虚值**（out of the money）期权。

期权可以有超过内在价值的价值，称为**时间价值**（time value）。内在价值是期权被立即执行的价值，而时间价值是距到期日期权剩下的价值。很明显，距到期日的时间越长，时间价值越大。

图表 64—6 显示当离到期日的时间增加时期权的价值。图表 64—7 比较了期权立即到期时和离到期日有 1 个月和 3 个月的价值。在图表 64—7 中，执行价格处有一个尖角，当离到期日的时间减少时，尖角变得更尖。这个尖角的存在使得当到期日临近时，做一个两平期权的套期保值更加困难。

如果期权是虚值的，因为有可能期权在实值时执行，所以它有时间价值；当期权处于深度虚值时，这种可能性减少，时间价值减少。

如果期权是实值的，它的时间价值取决于如下事实，即持有期权比持有基础证券更好，因为如果证券折价交易，期权的潜在损失被限制在期权价值；当期权处于深度实值时，这种可能性变得更小，时间价值减少。

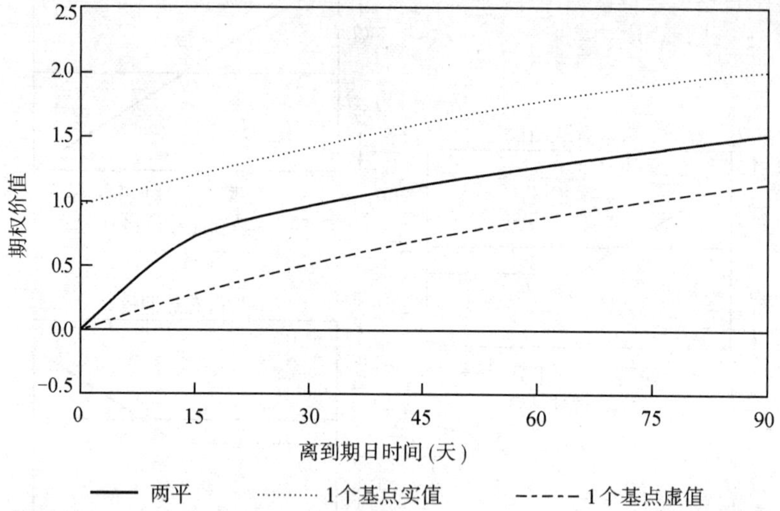

图表 64—6　三种看涨期权的时间价值：两平、1 个基点实值、1 个基点虚值

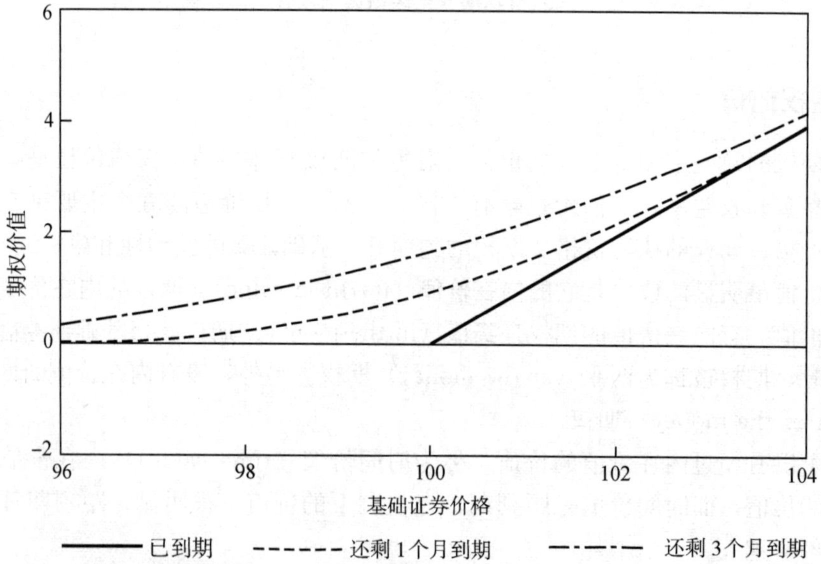

图表 64—7　执行价格为面值，还有 1 个月到期、3 个月到期和已到期的看涨期权的价值

在任何一种情况下，时间价值取决于证券将以执行价格进行交易的可能性。反过来，这种可能性依赖于证券交易价格与执行价格相差多远和预期证券价格到到期日时会有多大变化。**波动性**（volatility）衡量证券价格或者收益率的变异性。它仅仅测度变动的强度而不是方向。标准期权估价模型没有做有关价格未来方向的假设，而仅有有关价格分布的假设。波动性是期权估价的理想参数，因为它测度分布将会有多广泛。我们在本章末将更详细地讨论波动性。

证券的波动性越大，有关该证券期权的价格就越高。如果一只证券没有波动性，例如，证券在购买期权时和到期时总是有相同的价格，那么所有的期权将以它们的内在价值估价。一只证券的波动性增加，有关该证券期权的时间价值就会增加，因为期权价格向执行价格移动的可能性增加。一个两平期权在价值上的增加与基础证券波动性的增加近似成比例。图表 64—8 表明当基础证券的波动性增加时期权的价格如何变动。

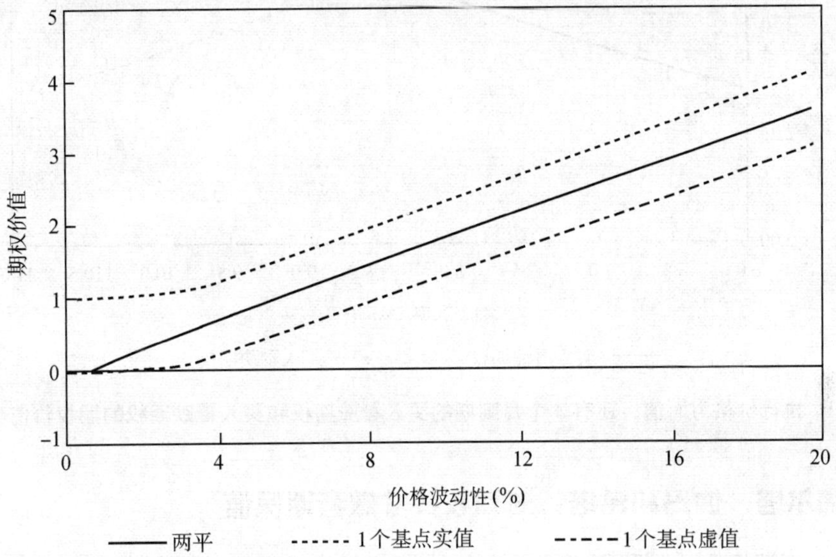

图表 64—8　还有 3 个月到期的三种看涨期权的价值和价格波动性：两平、1 个基点实值、1 个基点虚值

影响期权价格的最后一个因素是基础债券的持有成本。持有成本是指证券的息票支付价值与融资成本之间的差。按照通常的上扬的收益率曲线，大部分证券有正的持有成本。

持有成本效应能通过比较当基础证券有正持有成本时两平看涨期权的价格和两平看跌期权的价格来看到。当看涨期权的立权人预料到可能需要支付证券时，他会买入证券做套期保值；看跌期权的立权人通过卖出基础证券做套期保值。看涨期权的立权人获得持有成本而看跌期权的立权人损失持有成本，因此看涨期权成本低于看跌期权。当收益率曲线倒转即短期利率高于长期利率时，持有成本为负，看涨期权的成本高于看跌期权。

根据看跌—看涨平价，卖出一个两平看涨期权和买入一个两平看跌期权与卖出基础证券是等价的。期权交易获得的现金扣除交易成本，弥补了期权持有者直至到期日时基础证券的持有成本。这个交易被称为**转换**（conversion）。当由于会计原因购买或者出售基础证券不可能时，它经常被用于获得证券购买或者出售的效果。

图表 64—9 比较了不同融资利率下两平看涨期权和看跌期权的期权价值。当看涨期权和看跌期权有相同的价值时，两条曲线交叉：当基础证券的融资成本等于证券的息票利率时，这种情况会发生，因此持有成本是零，持有基础证券和卖出基础证券相比没有优势。

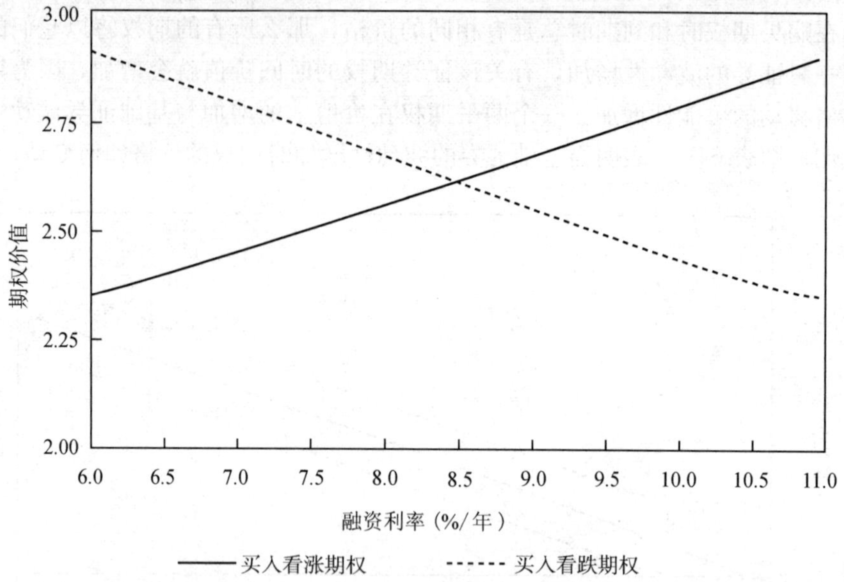

图表 64—9　执行价格为面值、还有 3 个月到期的买入看涨期权和买入看跌期权的期权价值和融资利率

□ 德尔塔、伽玛和希塔：对期权头寸做套期保值

为了管理期权头寸，我们需要更多描述期权行为的精确的定量方法。期权交易者为了这个目的，创造了**德尔塔**（delta）、**伽玛**（gamma）和**希塔**（theta）等概念。德尔塔测定期权的价格灵敏性，伽玛测定期权的凸性，而希塔测定期权价值随着时间推移的变化。

对于一个给定的期权，德尔塔是当基础证券价值有较小变化时，期权价值变化与基础证券价值变化的比率。一个典型的两平看涨期权的德尔塔为 0.5，这意味着基础证券增长 1 美分，看涨期权的价值将增长 0.5 美分；另外，一个两平看跌期权的德尔塔为 −0.5，因为当基础证券的价格增加时，期权的价值将下降，所以看跌期权有负德尔塔。

图表 64—10 总结了影响期权价值的因素和每种因素如何影响价值。

图表 64—10　因素增加对期权价值的影响

	买入	卖出
基础证券的价格	增加	减少
执行价格	减少	增加
持有成本	减少	增加
离到期日的时间	增加	增加
波动性	增加	增加

对一个期权头寸做套期保值的标准方法被称为**德尔塔套期保值**（delta hedging），它使用了德尔塔作为判断依据。在德尔塔套期保值背后的理论是对小的价格移动，期权价格的变化与基础证券的价格变化成比例，因此基础证券可被用来对期权进行套期保值。

例如，1 000 000 份德尔塔为 0.25 的看涨期权对小的价格移动将有 250 000 份基础债券的头寸，因此包含 1 000 000 份买入看涨期权和 250 000 份证券卖空的头寸将被德尔塔套期保值。头寸的总德尔塔表明有多少头寸被买入或者卖出。在上述例子中，总德尔塔是：

$$0.25\times 1\,000\,000-1\times 250\,000=0$$

因此头寸既不是多头，也不是空头。

在直觉上，期权的德尔塔是期权中预期被支付的债券数量。例如，一个两平看涨期权的德尔塔为 0.5，这意味着持有的每两种看涨期权中有一种债券预期被支付。也就是说，一个两平看涨期权可能被执行的机会和可能不被执行的机会是一样的。一个深度虚值期权将有一个接近于 0 的德尔塔，因为期权几乎没有可能被执行。一个深度实值期权将几乎一定被执行。这意味着一个深度实值看跌期权的德尔塔为－1，因为期权的持有者将肯定执行这个看跌期权，并把一种债券支付给看跌期权的立权人。

看跌—看涨平价告诉我们对基础证券的头寸可以通过买入看涨期权和卖出有相同执行价格和到期日的看跌期权来复制。那么，看涨期权的德尔塔减去看跌期权的德尔塔应该是基础证券的德尔塔。基础证券的德尔塔是 1，因此我们得到以下公式：

德尔塔(看涨)－德尔塔(看跌)＝1

这里看涨期权和看跌期权是有关同一种证券、有相同的执行价格和到期日的期权。这就是说，一旦看涨期权被买入和看跌期权被卖出，债券一定被交割；如果看涨期权是虚值的，看跌期权就是实值的。而且，看涨期权基础证券被交割的可能性变小，而看跌期权不得不接受交割的可能性变大。图表 64—11 比较了买入看涨期权和卖出看跌期权的德尔塔。

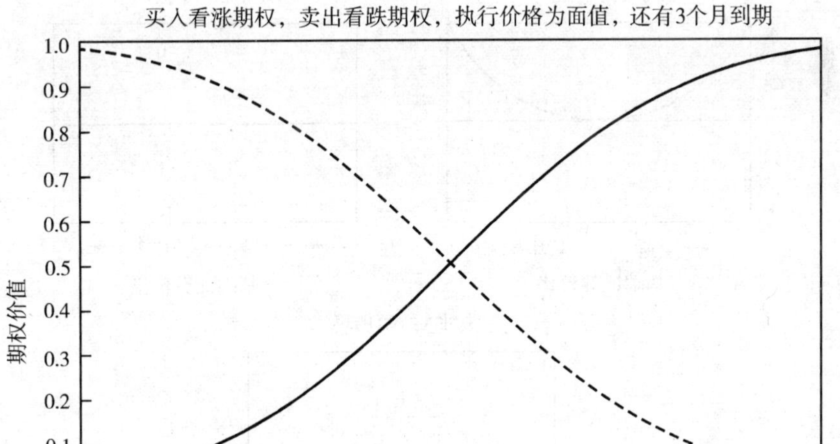

图表 64—11　期权德尔塔和基础证券价格

然而，头寸的德尔塔中性（delta neutral）并不能解决所有的套期保值问题。这从图表 64—12 中可以看出。这三个头寸的每一个都是德尔塔中性的，但是头寸 1 明显比头寸 2 更可取，头寸 2 又比头寸 3 好。这三个头寸不同的是**凸性**（convexity）。头寸 1 有一条向上弯曲的曲线，它有正凸性，而头寸 3 有一条向下弯曲的曲线，因此有负凸性。

伽玛（gamma）测度期权的凸性，它是基础证券价格小幅变化时德尔塔的变化。如果一个头寸有正伽玛，那么当市场上升时德尔塔增加，当市场下降时德尔塔减少。当市场上升时这个头寸变得更大，而当市场下降时这个头寸变得更小，像这样的头寸被称为**多头凸性**（long convexity）或者**多头波动性**（long volatility）。这些名字来源于下面的事实，即无论市场朝着哪个方向变动，这个头寸都将优于有相同德尔塔和较低伽玛的头寸。图表 64—13 描述了这个现象。

多头期权总是有正伽玛。当市场上升时，看涨期权的德尔塔从 0 增加到 1，看跌期权的德尔塔也增加，从－1 变动到 0。图表 64—1 和图表 64—2 为曲线上扬时期权的盈亏图。因为这个原因，期权交易者经常说买入或者卖出波动性，它是买入或者卖出期权的同义语。

有零伽玛的头寸被称为**平坦凸性**（flat convexity）或者**平坦伽玛**（flat gamma）。这里，基础证券价格的变化不改变头寸的德尔塔。这个头寸的交易与没有期权买卖的基础资产的交易一样。如果这个头寸另外还有一个零德尔塔，那么它的价值不被基础证券在任一方向上的小的价格变化所影响。在图表 64—12 中头寸 2 是一个零德尔塔或者伽玛头寸的盈亏图。

有负伽玛的头寸被称为**空头波动性**（short volatility）或者**空头凸性**（short convexity）。基础证券的盈亏曲线从目前的价格向任一方向变动时都向下倾斜，因此当市场下降时头寸变得更大，当市场上升时头寸变得更小。如果有任一方向上的重大价格变动，这个头寸都会有损失。见图表 64—12 中的头寸 3。

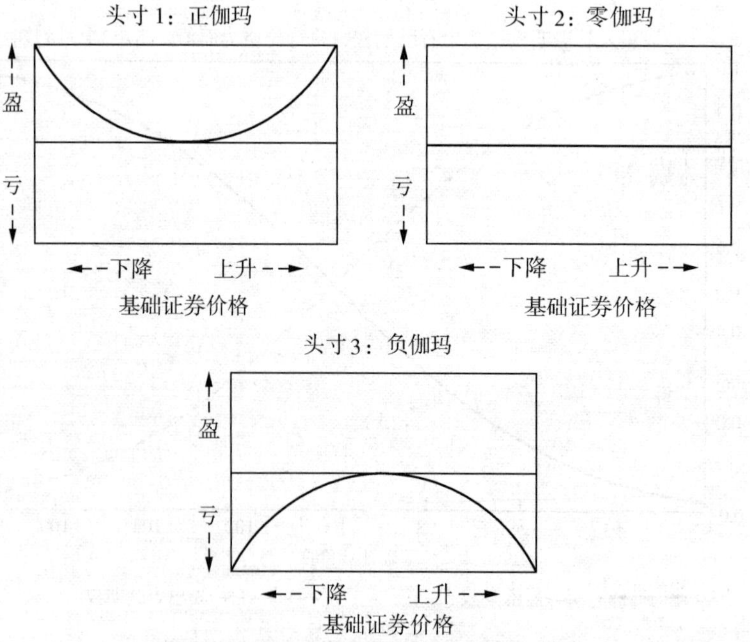

图表 64—12　具有不同伽玛的德尔塔中性头寸

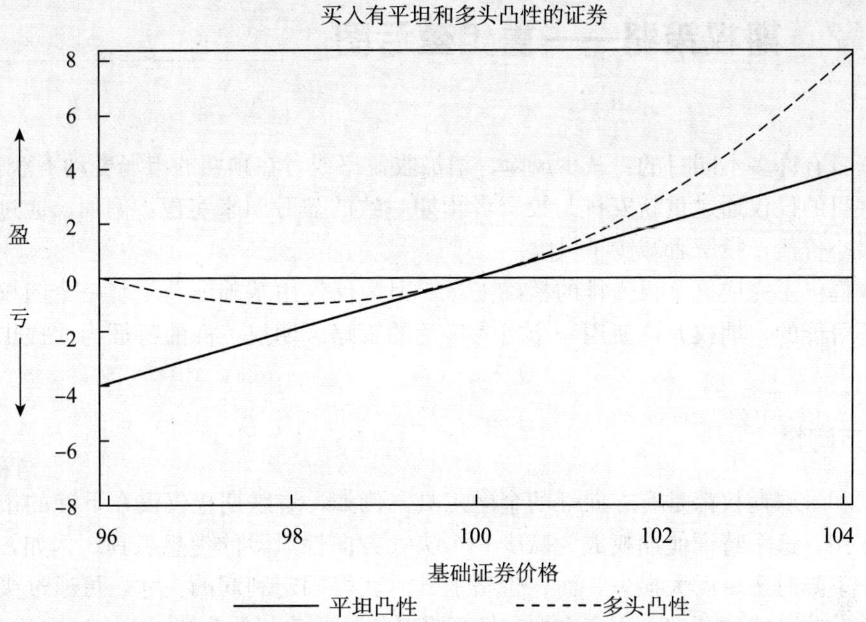

图表 64—13　凸性的盈亏图

一个有多头波动性的头寸明显优于有空头波动性的相同头寸。空头波动性的持有者必须因此而获得补偿。为了创造一个多头波动性的头寸，购买期权和花钱是必要的；而且，如果市场不变动，当离到期日的时间减少时，期权的价值将下降，那么在一个稳定的市场中这个头寸将有损失。

相反，创造一个空头波动性的头寸涉及卖出期权和获得现金。随着时间的流逝，因为这些期权的时间价值下降，它们的价值下降，这样在一个稳定的市场中这个头寸将获利。然而，在一个波动的市场上这个头寸有可能会遭受大的损失。

描述期权时间行为的最后一个测量尺度叫作**希塔**（theta）。期权的希塔是指如果所有其他参数（价格、波动性）保持不变，期权价值的突然改变。这意味着多头期权有负希塔，因为当到期日临近时，期权的时间价值将减为零。例如，一个 90 天的两平看涨期权值 2 点，该期权可能有每天－0.45 点的希塔。

图表 64—14 比较了不同的波动性头寸。

图表 64—14　　不同波动性情况比较（所有头寸都是德尔塔中性）

	空头波动性	平坦波动性	多头波动性
凸性	有负凸性：伽玛＜0	无凸性：伽玛＝0	有正凸性：伽玛＞0
期权购买	供大于求	供求平衡	供小于求
时间价值	随着时间流逝获利：希塔＞0	随着时间流逝保持不变：希塔＝0	随着时间流逝损失价值：希塔＜0
市场变动	市场朝任一方向变动都损失	情况不随市场的变动而改变	市场朝任一方向变动都获利

64.2 期权策略——重组盈亏图

投资者有许多不同目的：减少风险、增加收益率或者在预期的市场变动下获得收益。通常这些目的仅仅通过重新安排与投资者预期一致的盈亏图来实现。例如，通过增加这个图的最小价值，投资者减少了风险。

期权提供了完成这个再安排的精确工具。因为仅仅用基础证券复制一个期权头寸的业绩是不可能的，期权允许使用一个更为广泛的策略。期权下面的特征为此提供了一个解释。

□ 方向性

看跌和看涨期权都是有方向性的金融工具。例如，看跌期权仅仅在下降的市场中才能发挥作用。这个特征使期权成为减少一个头寸方向性风险的理想工具。例如，对于一个在市场下降时遭受巨大损失，而在价格上升时获得固定利润的头寸，可通过买入看跌期权放弃一些可能的利润，用来交换市场下降时的显著改善的业绩。

□ 凸性

买入和卖出期权使调整每种方式的凸性成为可能。因为场外交易市场期权能以任一执行价格和到期日被买入，凸性能在盈亏图的任一位置被买卖。例如，一个持有价格刚刚超过面值的抵押贷款支持证券的投资者可能会预测到如果市场上升，对这只证券的提前偿付将开始显著增加，这就减少了可能的价格利得。也就是说，投资者认为这个头寸是高于市场的空头凸性。为了调整盈亏图，看涨期权能以与市价相同或者高于市价的执行价格被买入。这种交易出售了一些有关国债的价差组合来交换当市场上升时提高的业绩。

□ 期权费收入

一个希望在稳定的市场中增加业绩的投资者能通过立权和获得期权费收入来出售凸性。这样可以增加头寸的当前收益率，但其代价是在盈亏图的一些区域增加了波动性风险。一个典型的例子是古老的抛补看涨策略，即投资组合的管理者卖出这个组合部分的看涨期权，放弃了在上升市场中的一些盈利来交换在稳定或者下降市场中一个更大的收益。

□ 杠杆投机

有较高风险/收益偏好的投资者希望增加他们的获利，愿意承受更大的下降风险。在这种情况下，期权能被用来构造一个高杠杆头寸以在一个特定的市场运动下获得意外的盈利。一个坚定的看涨投资者可以用 1/2 点买入 1 点的 30 天到期的虚值看涨期权。如果市场到期日时以 2 点终止，这个期权将值 1 点，投资者的最初投资将翻倍；基础证券相应的头寸价值也将被提高 2%。当然，如果市场上升不到 1 点，这个看涨期权将无价终止。

64.3 典型的期权策略

本节将对最简单的纯期权策略给出一个扼要的解释。

□ 跨式组合策略

最单纯的凸性交易被称作**跨式组合**（或对敲，straddle），由具有相同执行价格的一个看涨期权和一个看跌期权组成。图表 64—15 表明了到期日执行价格为面值、3 个月到期的跨式组合的盈亏图。

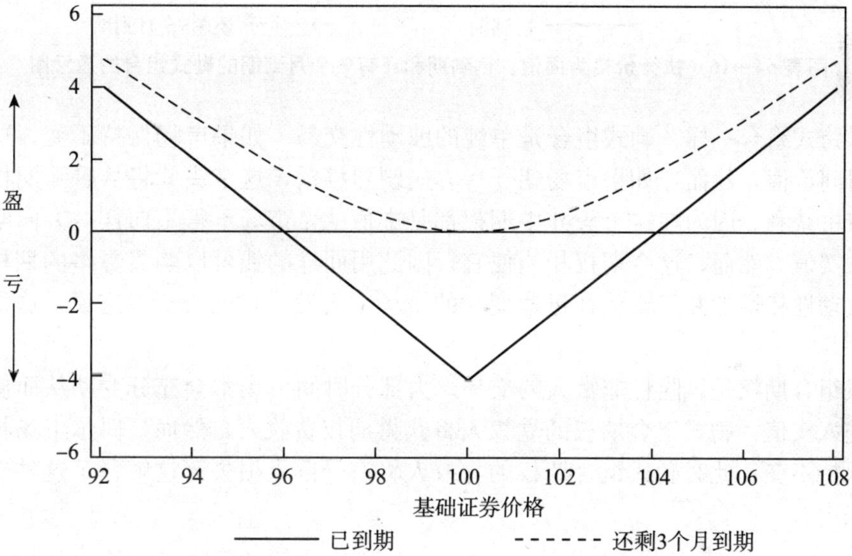

图表 64—15　执行价格为面值，已到期和还有 3 个月到期的跨式组合的盈亏图

因为隐含着没有市场偏差的假设，这个头寸是德尔塔中性的。如果市场保持不变，由于期权的时间价值随着到期而消失，这个头寸将有所损失。如果市场向任一方向移动，或者看涨期权或者看跌期权将变为实值，这个头寸将盈利。这种策略对以一个特定的执行价格买入凸性是最有用的。那些认为波动性下降和预期市场不变的投资者可以卖出跨式组合从时间价值中获利。

□ 勒式组合策略

勒式组合（strangle）与跨式组合相似但有更大的杠杆作用。两平勒式组合由一个虚值看涨期权和一个虚值看跌期权组成。其盈亏图如图表 64—16 所示。

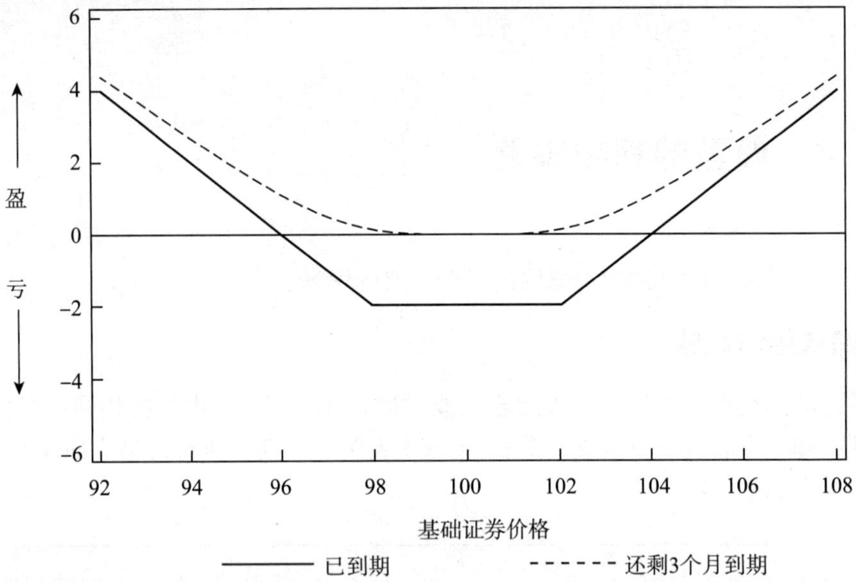

图表 64—16　执行价格为面值，已到期和还有 3 个月到期的勒式组合的盈亏图

就像跨式组合一样，勒式组合是单纯的波动性交易。如果市场保持不变，这个头寸将损失时间价值，然而，如果市场朝任一方向剧烈移动，这个头寸将从看涨期权或者从看跌期权中获利。因为在这个头寸中期权都是虚值的，市场不得不向任一方向剧烈移动才能进入实值。然而，这个期权相当便宜，因此用同样的钱可以购买更多的期权。对坚定认为波动性将增加并且希望在迅速变动的市场中大发横财的投资者来说，这是一个理想的头寸。

勒式组合期权是风险性非常大的交易。大部分时间市场不会充分变动从而使任何一种期权进入实值，勒式组合期权的立权人将获得期权费收入。然而，偶尔市场将急剧下跌或者保持不变，此时勒式组合期权的立权人将遭受巨大损失。这解释了这种交易逼真名字的来由。

□ 价差组合策略

价差组合交易（spread trades）是指买入一种期权并通过卖出另一种期权来筹集购买这个期权的全部或者部分资金。**牛市价差组合**（bull spread）能通过持有基础证券，在当前价格以下买入一个看跌期权，并在当前价格以上卖出一个看涨期权来构造。因为两种期权都是虚值的，所以安排执行价格使看跌期权的成本等于看涨期权的费用收入是可能的。如果证券价格降到看跌期权的执行价格以下或者升到看涨期权的执行价格以上，合适的期权将被执行，证券将被出售。否则，任何盈利或者损失仅仅是基础证券的盈利或者损失。也就是说，除了在到期时最终的价值在两个执行价格之间外，这个头寸与拥有基础证券是类似的。图表 64—17 为已到期和还有 3 个月到期的头寸的盈亏图。

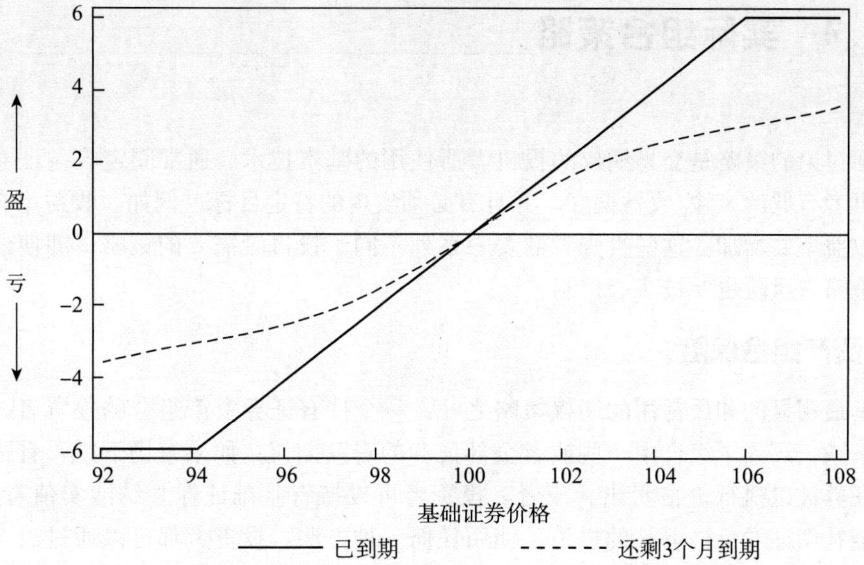

图表 64—17 执行价格为面值，已到期和还有 3 个月到期的牛市价差组合的盈亏图

另一种价差组合交易是**熊市价差组合**（bear spread），它与牛市价差组合相反。它能通过卖出牛市价差组合得到。利用看跌—看涨平价，它也可以通过持有基础证券，买入实值看跌期权，卖出实值看涨期权来建立。一个熊市价差组合与基础证券的卖出头寸等价，这里头寸必须以这两个执行价格之间的一个价格收盘。图表 64—18 为熊市价差组合的盈亏图。

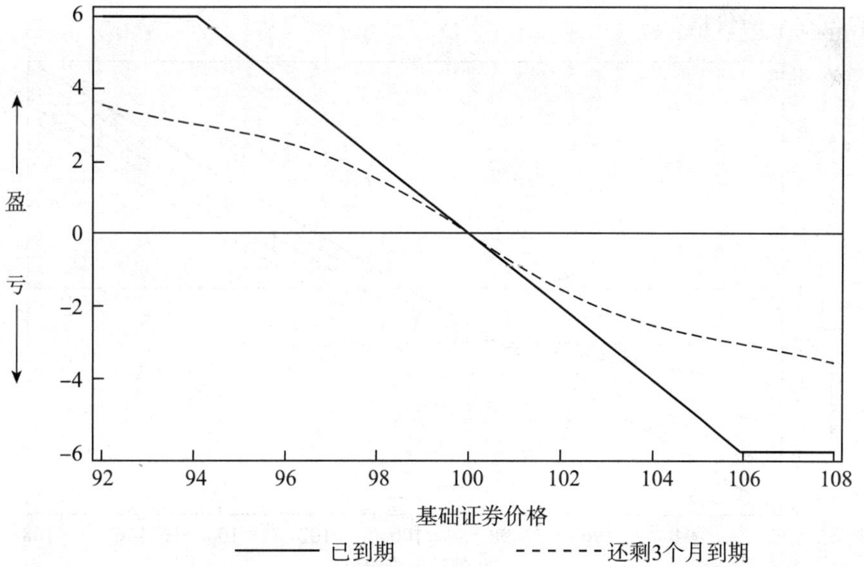

图表 64—18 执行价格为面值，已到期和还有 3 个月到期的熊市价差组合的盈亏图

64.4 实际组合策略

前面讨论的策略是交易期权的投机者所使用的基本技术。通常固定收益证券的投资者比投机者有低的风险/收益偏好，并且有必须实现的特定目标，例如，收益率有下限或者当前收益率要增加。这些投资者需要一系列不同于投机者需要的策略；即使经常使用相同的策略，风险也要被小心控制。

□ 资产组合保险

这是最明显的和最常用的期权策略之一。一个持有证券资产组合的投资者，由于担心市场下跌，买入了组合中一些或者全部证券的看跌期权；如果市场下跌，看跌期权被执行，证券被以执行价格卖出。或者，投资者可以持有基础证券并结清实值看跌期权，获得现金补偿证券价格下跌的损失。使用任何一种方法，投资者都可以通过放弃在稳定或者上升市场中的一部分收益来限制资产组合的损失。

当看跌期权的执行价格上升时，它的成本和对稳定市场收益率产生的影响也增加了。在这种情况下，虚值期权经常被使用；执行价格越低，收益率下限也越低；但是期权的成本降低意味着如果市场保持不变或者上升，少量的收益也被放弃。通过看跌—看涨平价，这个头寸与持有一个两平或者实值看涨期权是等价的。

另一种流行的策略是买入组合中部分证券的两平期权。这可以减少但是不能消除下降风险。图表 64—19 为用两平看跌期权套期保值的不同百分比组合的头寸到期时的盈亏图。注意所有的线在一点交叉。这是期权最初的成本等于期权到期时价值的点，它是这个交易的盈亏平衡价格。

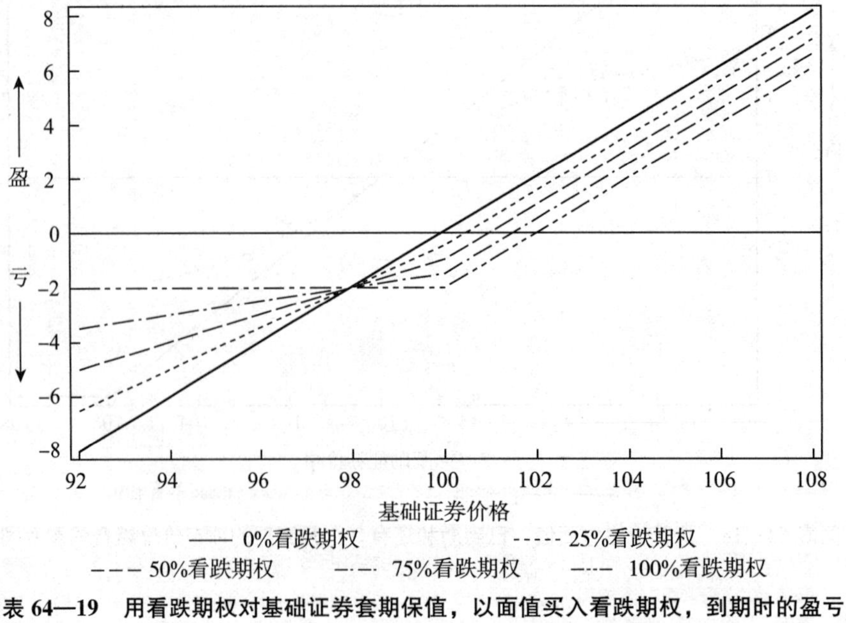

图表 64—19　用看跌期权对基础证券套期保值，以面值买入看跌期权，到期时的盈亏图

由于买入组合内持有多种证券的期权是不可能的，对这些证券的完美的保险是难以做到的。但是交叉市场套期保值将允许下跌风险降到可以接受的水平。

□ 抛补看涨期权

立抛补看涨期权是一种出售波动性从而获得期权费收入的策略。持有资产组合的投资者出售组合中一些或者所有证券的看涨期权以获得期权费收入。如果市场不变或者下降，投资者获得期权费。如果市场上升致使看涨期权有实值，期权持有者则要求投资者执行看涨期权。也就是说，资产组合可能的收益以期权费被出售了。

投资者经常希望保留一些上涨的可能性。就像在资产组合保险的例子中，有两种不同的方法做到这一点。看涨期权可以在虚值时执行，也就是说，在当前的市场价格以上。这个策略允许获得到期执行价格的所有收益。如果组合中的证券当前正以低于最初购买价的价格进行交易，一个通用的策略是出售执行价格为最初购买价的看涨期权。这种做法提供了期权费收入，增加了当前的收益率，并且减少了证券以低于最初购买价的价格被赎回，从而使资产组合发生资本损失的可能性。

否则，可以出售基于组合中部分证券的看涨期权。这样剩下的证券可以获得无限的价格利得。图表 64—20 描述了一个基于资产组合的不同部分的抛补看涨期权方案的盈亏图。

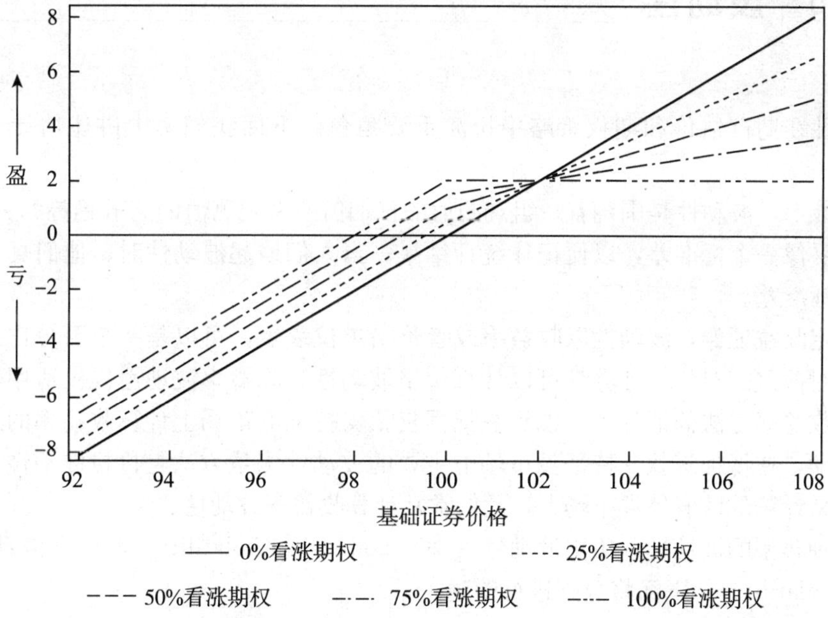

图表 64—20　抛补看涨期权立权方案：出售到期执行价格为面值的看涨期权

□ 购买—立权和立看跌期权

虽然绝大多数投资者认为购买—立权和立看跌期权是两种完全不同的策略，但实际上它们是非常相近的出售凸性的策略。投资者为了执行购买—立权策略，要购买一种债券，同时对同一交易者设立基于这种债券的看涨期权以获得期权费收入。如果债券到期时价格在执行价格以上，债券将被赎回，投资者仅仅可以获得期权费。如果债券的价格下跌，投资者将持有债券，但是可以从债券总成本中减去期权费。根据看跌—看涨平价，这个交易与立两平看跌期权是相同的。在两种情况下，债券仅仅在价格低于最初的销售价格时被交割。

在抵押贷款支持证券市场上，购买—立权由买入远期合约和卖出基于远期支付合约的看涨期权组成（标准的 TBA 交易）。如果看涨期权被执行，它抵消了远期合约的购买，购买者得不到证券支付，只能获得期权费收入。否则，购买者将在远期清算日以最初的远期销售价格买入证券，尽管总价格中减去了期权费。

立看跌期权是一种更平常的策略，它可被应用于所有的固定收益证券期权市场。投资者立看跌期权获得期权费，如果在到期日证券低于执行价格进行交易，他将获得基础证券。如果仔细构造，这可能是一种非常有效的策略。投资者可能感觉如果证券被以低于市场价格的某一价格购入，它将提供真正的价值，投资者可能会接着立以那一价格为执行价格的看跌期权。如果证券价格降到执行价格之下，投资者可以以比当前价格更好的价格买入证券。否则，投资者仅获得期权费收入。

64.5 波动性

波动性在期权估价和期权策略中扮演重要角色。下面我们集中讲述估计波动性的方法。

在统计上，波动性是围绕着一组观测值的预期值或者观测值的离散趋势的分布情况。波动性似乎像一个标准差，以便记住统计结果。当人们谈起波动性时，他们真正在谈的就是一个标准差。

对固定收益证券，波动性以收益率或者价格单位表示，可以是一个百分比，也可以是一个绝对偏差。对任一证券都可以计算价格波动性。收益率波动性仅仅适用于那些有一致计算收益率方法的证券。考虑到在抵押贷款支持证券市场上计算收益率的复杂性和结果的变动，在抵押贷款支持证券市场上主要的波动性测量方法是价格波动性。在收益率比较容易计算的政府债券市场上，我们常常计算收益率波动性。

有两种典型的波动性：历史波动性（率）（empirical volatility）和隐含波动性（率）（implied volatility）。下面将分别进行阐述。

□ 历史波动性

历史波动性是某一特定证券的实际的历史的市场波动性。历史波动性可以根据各种时间段计算得出（10 天、30 天、360 天），并通常被年度化。[1] 计算一个历史波动性仅仅是计算一个时间序列的标准差。在正态分布假设下，绝对波动性是每日价格或者收益率变化的年度化标准差。

如果假设价格或者收益率服从对数正态分布，那么百分比波动性是每日价格或者收益率对数变化的年度化标准差。与每日的绝对收益率变化相同，每日收益率变化的对数对低收益率有轻微的偏差。在正态分布假设下，计算百分比波动性的直觉上的方法是计算每日收益率的标准差。只要分布与正态和对数正态分布有同样的特点，而且采用的价格变化间隔较小，例如天，这种方法对对数正态假设是同样适用的。

如前所述，历史波动性可以在各时间段测量得出。计算标准差所采用的最普通的间隔是 30 天；其他常用的间隔是 10 天和 360 天。间隔的选择决定历史波动性以何种速度和程度对标准差做出反应。当时间段变短时，因为每种资产对方差的影响变大，波动性能更好地反映目前的状况但同时也更不稳定了。相反，当间隔增加时，计算结果将更加缓慢和平滑。

用于计算历史波动性的间隔应该与期权合约的期限相匹配。这样可以让投资者看出基础证券最近是如何变动的，以及这种变动和用来给期权估价的波动性是如何相关的。

因为没有波动性单位的行业标准，在绝对的或百分比的价格和收益率波动性之间的转换是有用的技能。从一种单位转换成另一种单位的方法如图表 64—21 所示。一种证券的修正久期提供了价格波动性和收益率波动性的联系。修正久期被定义为价格变化的百分比除以收益率变化的绝对值。

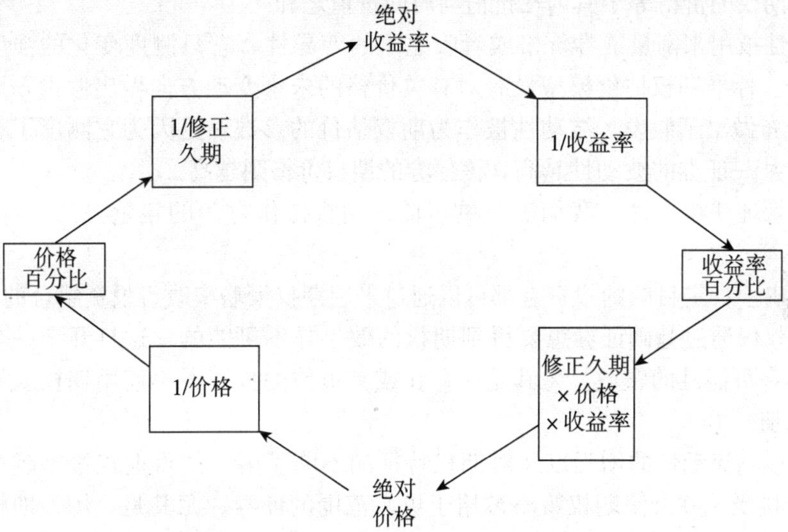

图表 64—21　波动性衡量方法转换图示

□ 隐含波动性

隐含波动性仅仅是市场在一个特定的时期对未来波动性的预期。期权的价格是所采用的波动性的函数，因此只要知道期权的价格，隐含波动性就能推导出来。尽管这听起来容易，但是由于预期不能被直接观察，计算隐含波动性远比历史波动性复杂。在推导波动性时，必须采用期权估价模型及相关的数学方法。这种计算的结果是百分比价格波动性，它能被转换成前面讨论的各种类型的波动性。

由于固定收益期权的存在和流动性，我们能从国债市场中得到隐含波动性的代表者。在芝加哥期货交易所（CBOT）上列明的国债期货期权经常是计算隐含波动性的最好工具。计算出的隐含波动性为那些与特定的债券期货合约市场到期日相同的国债的预期波动性提供了一个很好的暗示。例如，一个 10 年期债券期货合约的隐含波动性可以很好地代表市场上中期国债的预期波动性。

64.6 关键知识点

- 期权是以某一固定价格（执行价格或履约价格）买入（看涨期权）或者卖出（看跌期权）一种证券的权利，但不是义务。到期日是期权能够被执行的最后一天。一些期权能在到期日及之前的任何时候执行（美式期权）；而另一些期权只能在到期日才能执行（欧式期权）。
- 买入证券价格、买入看涨期权价格与卖出看跌期权价格之间的关系被称为看跌—看涨平价，它是期权市场的基础之一。
- 某一期权的价格等于其内在价值与时间价值之和。
- 波动性被用来衡量证券价格或者收益率的变异性。它只测度变化的强度而不辨别变化的方向。标准期权估价模型没有对有关价格的未来变动方向做出假设，而只是对这些价格的分布做出了假设。波动性被作为期权估价的参数，是因为它测度了相关价格分布的广度。某一证券的波动性越高，该债券的期权价格则越高。
- 为了管理期权头寸，我们需要更多描述期权操作行为的定量方法，包括德尔塔、伽玛和希塔等概念。
- 任一出于特定目的的投资者都可以通过采用期权策略来改善投资组合的收益表现。
- 因为仅仅通过基础证券想要得到期权的效果是不可能的，这打开了一个在策略上全新的、存在可能性的领域。尤其是，存在或有负债的投资者不使用期权就不能创造充分的套期保值。
- 期权市场流动性的增强以及对期权特征的不断了解，使得期权策略越来越被普通的投资者所接受，并且使期权策略被用于更广范围的证券。尤其是，场外期权市场允许期权以任一希望的执行价格和到期日被购买和出售。
- 一个市场上的证券和期权往往能够合成另一个市场上的证券。在这些市场上，期权定价技术的进步也不断推动着跨市场交易行为的发生。当期权交易穷尽所有套利机会时，不同市场间的关系会增强。

【注释】

[1] 当把波动性年度化时，计算中内含着一些假设。例如，把日波动性转换为年波动性时，将日波动性乘以一年中交易日的平方根。交易日近似等于 250 天。

第 65 章 利率上限和下限

乔治·L. 阿尔伯塔（George L. Albota）
美国美林银行伦敦分行资本市场/市场风险管理部主任

拉杜·S. 图纳鲁（Radu S. Tunaru）
肯特大学商学院数量金融学教授

上下限和它们的孪生工具互换期权已经成为固定收益市场中主要的利率衍生品。在这一章，我们将讨论这些重要的衍生品，尝试给出一些见解，但不会深入探究复杂的数学建模。我们首先描述上下限、它们的混合产品以及潜在的应用。然后我们会考察几个简单而有效的定价因素。我们的考察会依据布莱克（Black）关于上限买权（caplet）和下限卖权（floorlet）的公式，它们是上下限的主要构成。这一章的最后部分会用一些例子来说明远期利率曲线的波动和倾斜对于校准的重要性。利率上下限的市场不同于互换期权市场，但是由于这两种产品与远期利率及其波动存在本质的联系，所以它们可以结合在一起来制定高级的交易策略。

65.1 上下限的定义

通过设计，**上限**（cap）可以为浮动利率设立天花板。如果市场利率超过上限利率，那么购买者可以获得上限期权的执行利率和基础指数利率之间的差额，并且在相应的期间内累积。这种期权只能在买卖双方同意的具体结算日期执行。比如，银行按照浮动利率基准来借钱，它可以购买上限期权，防止利率上升超过执行利率。因此，借款人的利率成本不会超过上限的执行利率。

下限（floor）是上限的对立面。如果市场利率低于下限利率，那么购买者可以获得下限期权执行利率与基础利率之间的差额。财务主管和资产经理通常会购买下限期权，以便锁定负的利率资产的最低收益率。下面的例子可被用来说明这一点。预计未来一段时间市场利率将会比较低，资产经理决定购买利率 1.5%的下限期权，参照与 3 个月期 EURIBOR 相关的浮动利率资产的收益率。在 2009 年 2 月 11 日，资产经理联系一家银行，同意购买基于 3 个月期 EURIBOR 的下限，名义本金为 1 000 万欧元，期限为 4 年，执行利率为 1.5%。图表 65—1 给出了在交易日的 3 个月期远期曲线，兑现了的 3 个月期 EURIBOR 利率，下限的实际支付，以及剩下的定价日的潜在支付。它依据的是 2011 年 2 月 14 日的远期曲线。在每个下限重设日（reset date），如果 3 个月期 EURIBOR 的定价低于 1.5%的执行利率，那么资产的损失由下限的正的支付来补偿。资产收益的实际下限会低于 1.5%，因为资产经理为了进入下限期权需要支付费用。这个费用可以被看成是下限有效期限内的利差，并且可以从下限执行利率中扣除。如果我们例子中的溢价是 40 个基点（bp），那么不论资金的贴现效应是多少，每年的平均成本是 10 个基点，实际下限是 1.40%。（正确的方法是用下限有效期限内的费用除以年费。）

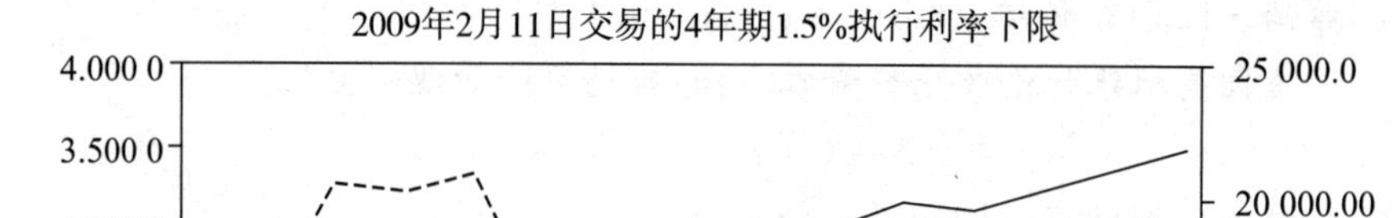

图表 65—1　下限期权的例子

资料来源：彭博财经资讯。

65.2 双限和走廊

双限（collar）是一种交易策略，买入一个上限（下限）的同时卖出一个下限（上限），且到期日、参考利率和名义本金都相同，只是执行利率不同。上限和下限通常是虚值（out-of-the-money）期权。由于在上限（下限）支付的费用在一定程度上会得到在下限（上限）收到的费用的补偿，所以双限是一种更便宜的套期保值方法。这种成本节约的代价是失去有利的利率变化带来的潜在好处。这种变化是在两个执行利率所规定的范围之外。借款人进入双限，是为了避免利率上升超过上限执行利率，但是失去了利率下跌到下限执行利率以下带来的好处。在两个执行利率之间，借款人仍然要支付指数利率。与上限期权或下限期权不同，费用的支付可能依赖于两个执行利率、波动性以及名义本金，但也可能不依赖。当上限的费用和下限的费用相等时，可以构造“零成本双限”。在两个执行利率界定的范围之外，双限在现金流方面会等价于一个利率互换，支付固定利率并得到浮动利率。

走廊（corridor）是一种策略，购买一个上限的成本会因为同时出售另一个具有更高执行利率的上限而得到补偿。购买者可以避免执行利率之间的指数利率上升带来损失，但是如果利率超过较高的执行利率，就会失去这种保护。将较高的执行上限再提高，这样可以完全弥补较低的执行上限的成本。不过，如果指数利率超过较高的执行利率，那么购买者将不再受到保护，因为两个上限之间存在名义错配。

65.3 混合型工具

在上限和下限市场取得成功之后，出现了各种旨在减少用户风险的混合型工具。我们下面将描述比较流行的几种工具。

条件费用上限/下限（conditional premium cap/floor）是双方的合约，如果基础利率指数高于/低于指定的定价日的固定执行利率（上限/下限），卖方同意向买方支付。卖方支付利差（比如指数利率与执行利率之间的差），根据相关的天数进行调整。仅当期权具有内在价值时，买方按照名义本金的一定百分比向卖方支付费用。因此，如果指数利率没有定在执行利率之上/之下，那么买方没有必要支付费用。

选择器上限/下限（chooser cap/floor）是利率上限/下限，且在总的市场定价时间之外有固定的操作次数。如果利率指数定在上限执行利率之上/下限执行利率之下，操作的次数超过规定的数量，那么买方将失去保护。这个合约的成本低于传统的上限/下限，因为它的费用与激活期的数量有关。

另一种混合型产品是**重设执行利率上限/下限**（reset strike cap/floor），它是标准的上限/下限，但是有一个二级执行利率。如果基础指数利率高于/低于它的二级执行利率，那么这一阶段的上限/下限执行利率转变成重设执行利率。它的费用是初始名义本金的一个百分比，可以预先支付，也可以现收现付。

65.4 上限和下限的潜在应用

以下是一些关于上限和下限应用的例子：

(1) 资产/负债内含的期权套期保值：保险公司和养老基金通常会使用上限/下限来对冲保障支付（guaranteed-payoff）年金产品的利率上升。

(2) 浮动利率资产/负债套期保值：债务经理可以购买下限来防止利率下降时未偿付固定利率债务的潜在损失（固定息票债务也可以互换，变成浮动利率债务，加入一个上限，固定住最大利率）。

(3) 建立综合头寸：利用上限和下限或者再加上其他衍生品，投资者可以实现多种损益分析。

(4) 提高收益率：对冲基金通常会利用上限/下限来表达对于不同时点上利率水平的观点。通过购买期权，如果他们的观点正确，他们的下跌有限（支付了保险费），但是上升无限。一般而言，这些头寸不会对冲。如果这些策略有利可图，对冲基金可以适当进行对冲，锁定它们的利润。它们也可以在到期之前平仓。有时候，这些基金可以出售上限和下限来提高投资收益率。

65.5 上限买权和下限卖权

在购买一个上限或一个下限时，购房者实际上是进入了一批依次到期的欧式期权。它们有相同的执行利率，分别被称为上限买权和下限卖权。如果基础利率高于/低于执行利率，上限买权/下限卖权是正的。它使得购买者得到基础利率，下限是执行利率；或者支付基础利率，上限是执行利率。

上限买权/下限卖权通常要用到参考利率，比如 3 个月期 LIBOR/EURIBOR。我们通常可以在上限买权/下限卖权的计算周期开始时的重设日（D_R）观察到利率（L）。对于大部分货币而言，重设日是上限买权/下限卖权的实际起始日期（D_S）之前的两个营业日。在到期日（D_E），将利率与执行利率（K）进行比较，支付金额在计算期间内累积（从 D_S 到 D_E）。在支付日期，上限买权的支付可以表达为：

$$\max[L_R(\text{期限})-K,0]cvg(D_S,D_E)$$

其中 $cvg(D_S,D_E)$ 是累积期间，可以用天数计算法将它表示为年的比例。这是各种货币的表达习惯（通常是实际天数/360；从 D_S 到 D_E 期间的天数用 1 年的天数进行标准化）。

市场的传统做法是利用布莱克公式（对数正态模型，有时候是正态模型）来对上限买权/下限卖权定价。[1] 图表 65—2 概括了两种模型的定价公式。

图表 65—2　　正态模型和对数正态模型的布莱克定价公式

模型	上限买权价格	下限卖权价格
正态	$\sigma_{bp}\sqrt{t_R}[n(d)+dN(d)]cvg(D_S,D_E)df(0,t_E)$	$\sigma_{bp}\sqrt{t_R}[n(d)-dN(-d)]cvg(D_S,D_E)df(0,t_E)$
LN	$[FN(d_1)-KN(d_2)]cvg(D_S,D_E)df(0,t_E)$	$[-FN(-d_1)+KN(-d_2)]cvg(D_S,D_E)df(0,t_E)$
	$d=\dfrac{F-K}{\sigma_{bp}\sqrt{t_R}}$	$d_{1,2}=\dfrac{\ln\left(\frac{F}{K}\right)}{\sigma_{LN}\sqrt{t_R}}\pm\dfrac{1}{2}\sigma_{LN}\sqrt{t_R}$
	$N(d)=\int_{-\infty}^{d}\dfrac{1}{\sqrt{2\pi}}e^{-\frac{1}{2}x^2}dx$	$n(d)=\dfrac{1}{\sqrt{2\pi}}e^{-\frac{1}{2}d^2}$
远期利率	$F=F(0,t_S,t_E)=\left[\dfrac{df(0,t_S)}{df(0,t_E)}-1\right]\dfrac{1}{cvg(t_S,t_E)}$	

注：t_R 和 t_E 代表从估值日期开始的时间（年数）。$F(t,t_S,t_E)$：在 t 时间观察到的跨越 t_S 和 t_E 期间的远期利率（$t=0$ 是当前时间）。$df(t,t_S)$：从时间 t 到 t_S 的贴现因子。

我们给出数字实例，依据对数正态模型计算上限买权/下限卖权的价格。下面给出期权的细节，估值日期是 2011 年 2 月 14 日，它等价于 $t_R=4.994\ 21$：

开始日期	结束日期	定价日期	cvg	远期	执行	DF	波动率	价格（基点）
16/02/16	16/08/16	12/02/16	0.505 56	3.942 34%	4.234%	0.849 13	23.29%	72.73

$$d_{1,2}=\frac{\ln\left(\frac{3.942\ 34\%}{4.234\%}\right)}{23.29\%\sqrt{4.994\ 21}}\pm\frac{1}{2}23.29\%\sqrt{4.994\ 21}$$

$$\begin{aligned}\text{上限买权}&=(3.942\ 34\%N(0.123\ 0)-4.234\%N(-0.397\ 5))\\&\quad\times0.505\ 56\times0.849\ 13\\&=0.301\ 0\%\end{aligned}$$

$$\begin{aligned}\text{下限卖权}&=(-3.942\ 34\%N(-0.123\ 0)+4.234\%N(0.397\ 5))\\&\quad\times0.505\ 56\times0.849\ 13\\&=0.426\ 3\%\end{aligned}$$

由于上限买权/下限卖权本质上是关于利率的看涨/看跌期权，所以看跌—看涨平价关系成立。上限买权中的多头加下限卖权中的空头等价于远期利率协议（FRA）中的头寸：

$$\text{上限买权}-\text{下限卖权}=(F-K)cvg(t_S,t_E)df(0,t_E)=FRA$$

因此，出于定价的目的，只有上限买权或下限卖权需要定价。

赫尔（Hull）讨论过布莱克模型的有效性。[2] 如果合约期限内的利率是固定的或确定的，那么远期价格等于未来价格，这会使得布莱克对数正态模型很适用。另外，如果利率是随机的，假定今天的到期日 t_E 给出的贴现率是零，用 $df(0, t_E)$ 表示，那么布莱克模型成立。总而言之，布莱克的利率模型存在的缺陷与布莱克-斯科尔斯股票模型是一样的，即它假设波动性不变。

65.6 关于上限和下限交易的见解

市场上的上限/下限交易既可能是即期启动的（即它是一个 A 年到期的交易），也可能是远期启动的。在第二种情况下，市场惯例是将这个交易命名为 $A\times B$ 上限/下限，意思是合约在 A 年之后开始，在 B 年之后到期。当基础利率是 LIBOR 利率时，上限买权/下限卖权的数量通常取决于利率的期限；也就是说，如果期限是 3 个月，这个交易每年将有 4 次上限买权/下限卖权。

当我们利用市场数据校准模型时，报价的差异非常重要。一系列价格有不同的到期日，这意味着会有一个波动曲面。我们用业绩来判断不同的模型，而业绩取决于它们在没有套利的情况下如何适应这种曲面。

图表 65—3 给出的是关于欧元、英镑、美元的一些两平（at-the-money，ATM）远期启动上限/下限交易的价格（2011 年 2 月 14 日）。这些价格可以在金融市场中经纪人的屏幕上看到。

这些合约最常见的参考利率是 LIBOR，或者最具流动性的货币的同等利率：欧元、美元、英镑、日元。不过，固定期限互换（CMS）利率和 CMS 利差的上限/下限市场很大。后者可以作为**单一回望期权**（single look options，可以重新设定上限买权/下限卖权并延后支付）或者作为常规的即期或远期启动互换来交易，息票是季度性的或半年的。它与 CMS 上限/下限合约的差别是，利率指数是互换利率，远期利率是远期利率指数加凸性调整。费用是初始名义本金的一个百分比。费用可能预先支付，也可能最后支付，覆盖整个合约期限。

由于上限（下限）是上限买权/下限卖权的集合，我们可以选择 ATM 执行利率，使得所有的上限买权/下限卖权都接近 ATM。传统做法是把它定义为单个上限买权/下限卖权的 ATM 执行利率（远期利率）的加权平均。权重对应于每个上限买权/下限卖权到期日的贴现因子。ATM 执行利率满足以下等式（这里的“cvg”代表两个时间之间的差）：

$$\sum_{i=\text{start}}^{\text{end}-1} F(0, t_i, t_{i+1}) cvg(t_i, t_{i+1}) df(0, t_{i+1}) = \sum_{i=\text{start}}^{\text{end}-1} K_{ATM} cvg(t_i, t_{i+1}) df(0, t_{i+1})$$

其中 $t_{\text{start/end}}$ 是上限/下限的启动/结束日期。如果上限执行利率高于 ATM 执行利率，那么上限是实值的，否则上限是虚值的（out-of-the-money，OTM）。对于下限，相反的情况成立。

图表 65—3　　上限/下限交易市场价格（2011 年 2 月 14 日）

上限/下限	两平费用		
跨式组合	EUR	USD	GBP
1×2	86	101	110
2×3	116	148	152
3×4	136	169	169
4×5	144	183	171
5×6	146	192	171
6×7	148	190	164
7×8	148	189	156
8×9	144	183	150
9×10	142	177	144
2×4	255	325	325
5×7	295	383	335
5×10	732	937	788
10×15	669	794	634
10×20	1 276	1 408	1 171

资料来源：彭博财经资讯。

由于 ATM 执行利率是远期利率的加权平均，所以在远期利率曲线比较陡峭的情况下，某些上限买权处于深度实值状态，因此它们会比较贵。在这种情况下，以较低的成本得到相似套期保值效果的方法是使用**阶梯式上限**（step-up cap）。它是标准上限的变异，逐步利用更高的执行利率（而不是对所有上限买权都一样的单一的固定执行利率），沿着远期利率曲线得到更高的远期利率。类似的产品是灵活的上限/下限（flexible cap/floor）。在这种产品中，执行利率的范围处于一个事先同意的水准，不会增加或减少。

利用上限买权/下限卖权的看跌—看涨平价关系，我们可以很容易证明，上限的多头加上特征相同的下限空头，相当于即期支付固定的利率或远期启动互换。两边有相同的重设频率和天数计算惯例。

上限和下限的重设以及支付的惯例是，预先重设并延后支付。也就是说，在上限买权/下限卖权开始阶段就可以观察到支付利率，在每个上限买权/下限卖权结束时发生支付。由于这个特征，即期开始的合约没有第一个上限买权/下限卖权，因为支付利率的重设发生在交易日，因此我们可以准确知道这个支付。比如，即期开始的 2 年上限，观测值是季度性的，那么它只有 7 个上限买权。其他版本，比如延后重设且延后支付，在市场上也有报价和交易。

另外，常见的期权特征适用于上限和下限。购买者支付费用，该费用受到执行利率、期间以及基础利率波动性的影响。上限/下限的成本是每个上限买权/下限卖权费用之和。银行/经纪人的账簿是由大量的上限/下限构成，这些上限/下限有不同的启动日期和到期日。每个交易的定价用到的波动性不同，取决于产品的具体特征。为此，银行/经纪人构造出上限买权/下限卖权的波动率曲线。对于相同的基础利率，这些曲线显示出不同到期日的上限买权/下限卖权波动性。这些波动性可以从上限/下限的报价中得到（ATM 上限/下限的交易：这个交易是同时持有一个上限和一个下限，且名义本金、执行利率、到期日和基础利率都相同）。关于利率波动性的信息还可以从短期利率期货期权价格中推断出来（比如 EURIBOR 或者欧洲美元期货）。一般而言，这些期货合约的流动性都是短期的。因此，很多交易者的组织程序会使用这两种工具，作为它的投入（即短期的期货期权和长期的远期启动上限/下限）。用不同的插值方法可以推断出缺失值，但是这些方法超出了本章的范围。图表 65—4 给出了一个关于欧元上限/下限波动率曲线的例子。

市场惯例是根据隐含波动率给出上限/下限的报价，设定布莱克模型的价格等于市场费用。这是为了方便起见，因为隐含的波动性比费用更稳定。但是这不意味着，市场参与者可以把布莱克模型看成是关于现实的正确描述。

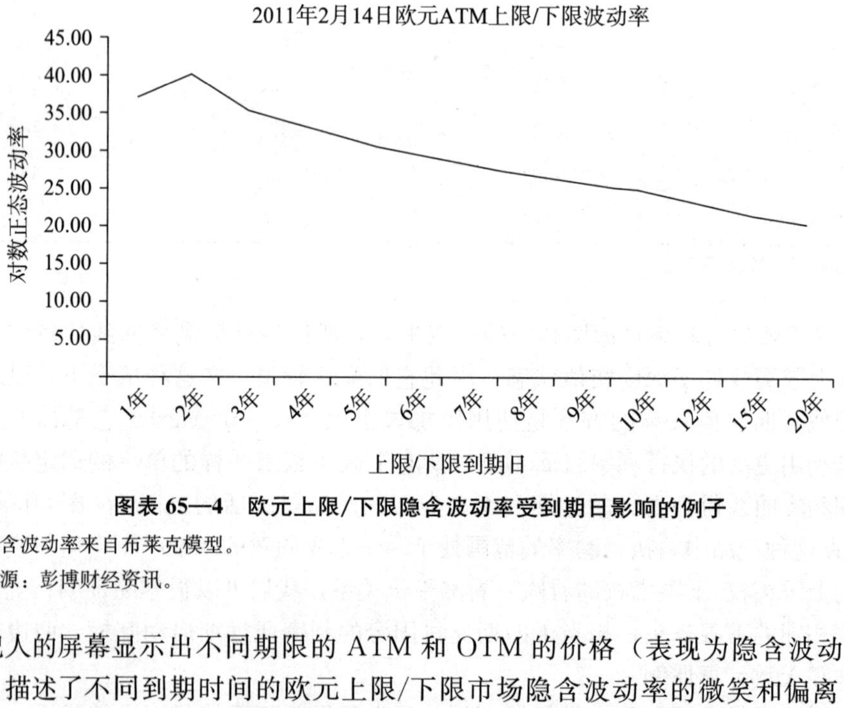

图表 65—4　欧元上限/下限隐含波动率受到期日影响的例子

注：隐含波动率来自布莱克模型。

资料来源：彭博财经资讯。

经纪人的屏幕显示出不同期限的 ATM 和 OTM 的价格（表现为隐含波动率）。图表 65—5 描述了不同到期时间的欧元上限/下限市场隐含波动率的微笑和偏离（smile/skew）。关于基础指数利率的惯例会因为不同的货币而有所不同。比如，欧元上限/下限市场对于 2 年的期限会使用 3 个月期 EURIBOR，而对于更长的期限会使用 6 个月期 EURIBOR。

波动率微笑和偏离的存在清楚表明，布莱克模型是一种比严格推断估值方法更常用的定价方法。在模型化波动率微笑时，上限/下限和互换期权的市场标准是黑根（Hagan）和他的同事开发的随机 alpha、beta 和 rho（SABR）模型。[3] 关于上限/下限，还有更复杂的模型，因为我们需要对基础上限买权/下限卖权的波动率微笑进行建模。

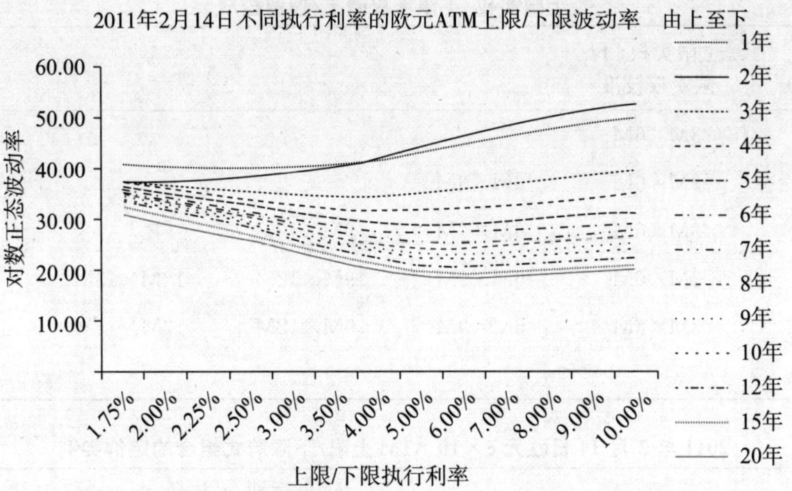

图表 65—5　欧元上限/下限隐含波动率受执行利率影响的例子

资料来源：彭博财经资讯。

市场上的传统做法是，给每一个上限买权指定开始和结束时间。比如 6M×9M 上限买权是 6 个月之后开始，9 个月之后到期。在理想化的世界里，上限/下限有连续的到期日（即美元每 3 个月到期）。校正上限买权/下限卖权的波动率微笑有以下方法。首先从 3M×6M 上限买权开始，并校准 SABR 模型。不同执行利率的价格可用于该上限买权。选择某个特定的执行利率，比如 K，并且移动到 9 个月上限/下限，执行利率 K。利用（上一步的）3M×6M 上限买权/下限卖权在执行利率 K 的价格，来确定6M×9M 上限买权/下限卖权在执行利率 K 的价格以及它隐含的波动率。对所有可得的执行利率/价格重复这个程序，我们可以建立 6M×9M 上限买权/下限卖权的微笑/偏离，并且以它为准来校正 SABR 模型。这个过程一直持续到某个期限（通常是 30 年，有 119 个上限买权/下限卖权）的所有上限买权/下限卖权都得到校正。图表 65—6 说明了这个过程。

在现实中，校准过程比较困难。一个问题是不同期限的基础指数利率存在差异（比如，2 年的欧元上限/下限参考 3 个月期 EURIBOR 以及其后 6 个月期 EURIBOR）。另一个问题是，到期日的网格比较粗陋，使得我们需要用插值法来计算中间的上限买权/下限卖权波动。有些补救措施是可行的，银行/经纪人可以使用不同的方法来克服这些问题。关于 3 个月期远期利率微笑/偏离的信息可以从短期利率期货（欧洲美元或 EURIBOR 期货）的期权中得到。过去，当基础的 3 个月期到 6 个月期利率比较小并且不易波动时，一种方法是利用两个连续的 3 个月期 EURIBOR 和一个 6 个月期 EURIBOR（组合）的关系，以及 3 个月期 EURIBOR 的自相关。这个方法可以用于获得 3 个月与 6 个月波动性之间的关系。一旦每个上限买权/下限卖权的 SABR 参数可得，那么任何上限/下限都可以利用 SABR 模型中隐含的正态/对数正态波动率来定价。图表 65—7 给出了一个为 2011 年 2 月 14 日欧元 5×10 ATM 上限/下限跨式组合（cap/floor straddle，CFS）定价的例子。该定价实例显示该跨式组合从 5 年后开始，10 年后结束。

图表 65—6　　上限买权/下限卖权微笑/偏离校准

期限（上限/下限）	上限买权/下限卖权校准				
6个月	3M×6M				
9个月	3M×6M	6M×9M			
1年	3M×6M	6M×9M	9M×12M		
15个月	3M×6M	6M×9M	9M×12M	12M×15M	
18个月	3M×6M	6M×9M	9M×12M	12M×15M	15M×18M
…					

图表 65—7　　2011年2月14日欧元 5×10 ATM 上限/下限跨式组合的定价实例

启动日期	结束日期	支付日期	定价日期	*cvg*	远期利率（%）	执行利率（%）	DF	波动率（%）	价格（基点）
2016-02-16	2016-08-16	2016-08-16	2016-02-12	0.505 56	3.942	4.234	0.849 13	23.290	72.73
2016-08-16	2017-02-16	2017-02-16	2016-08-12	0.511 11	4.098	4.234	0.831 71	23.290	76.31
2016-02-17	2017-08-16	2017-08-16	2017-02-14	0.502 78	4.082	4.234	0.814 98	22.190	73.15
2017-08-16	2018-02-16	2018-02-16	2017-08-14	0.511 11	4.198	4.234	0.797 86	22.190	76.57
2018-02-16	2018-08-16	2018-08-16	2018-02-14	0.502 78	4.216	4.234	0.781 30	20.850	72.13
2018-08-16	2019-02-18	2019-02-18	2018-08-14	0.516 67	4.308	4.234	0.764 29	20.850	75.82
2019-02-18	2019-08-16	2019-08-16	2019-02-14	0.497 22	4.347	4.234	0.748 13	20.020	71.23
2019-08-16	2020-02-17	2020-02-17	2019-08-14	0.513 89	4.419	4.234	0.731 51	20.020	74.86
2020-02-17	2020-08-17	2020-08-17	2020-02-13	0.505 56	4.385	4.234	0.715 65	19.150	70.62
2020-08-17	2021-02-16	2021-02-16	2020-08-13	0.508 33	4.439	4.234	0.699 86	19.150	71.82
								合计	735.247

65.7 上限/下限对比互换期权

互换期权是欧式期权，可以让购买者进入互换。传统做法是在A年描述一个互换期权，B年进行交易。也就是说，当期权在A年到期时，双方进入互换，持续时间是B年。互换期权可以分为两种类型：支付方互换期权和接受方互换期权，即互换期权的购买者（从A年开始）进入B年的互换。他将支付/得到固定利率，该固定利率等于互换期权的执行利率。

由于互换可以定义为远期利率的资产组合，权重是贴现因子，所以互换期权可以被看成是远期利率资产组合的期权。

$$SR = \sum_{i=1}^{nr.\ flt\ coupons-1} \frac{cvg(t_i,\ t_{i+1})df(0,\ t_{i+1})}{\sum_{j=1}^{nr.\ fxd\ coupons-1} cvg(t_j,\ t_{j+1})df(0,\ t_{j+1})} F(0,\ t_i,\ t_{i+1})$$

其中 SR 代表平价互换利率，其他符号与前面一样。

在这一章开始时，我们提到上限/下限和互换期权是利率衍生品市场的基石。另外，我们也看到，上限/下限是单个远期利率期权的资产组合，而互换期权是远期利率资产组合的期权。自然而然会出现的一个问题是，上限/下限的价格与互换期权的价格之间是否存在关联？上限/下限的多头/空头与互换期权的空头/多头二者有相同的一组远期利率。这被称为楔子（wedge）。最常见的一些楔子有 2×4 上限/下限跨式组合（CFS）对比 2Y2Y P/R/S 支付方/接受方跨式组合（P/R/S），5×10 对比 5Y5Y。

如果我们假设上限买权/下限卖权可以决定远期利率的波动率，那么上限/下限和互换期权之间的价格差背后的驱动力显然是远期利率之间的相关性。另外，两个工具的支付函数会约束它们的费用之间的关系。由于支付的凸性，我们有以下不等式（我们在这里假设互换期权的基础互换，其两边具有相同的天数计算法和支付频率）：

$$\sum_{i=1}^{nr.\ forward\ rates} df(t_1,\ t_{i+1})\max(F(t,\ t_i,\ t_{i+1})-K,\ 0)cvg(t_i,\ t_{i+1})$$

$$\geqslant \max\left(\sum_{i=1}^{nr.\ forward\ rates} df(t,\ t_{i+1})(F(t,\ t_i,\ t_{i+1})-K,\ 0)cvg(t_i,\ t_{i+1}),\ 0\right)$$

这个不等式意味着，支付方互换期权的价值将始终小于上限的价值（假设双方有相同的远期利率集合）。

在现实中，两个产品的表现相互独立，并且远期利率之间隐含的相关性有时候会超越正常范围，或者说超越了市场角度下的贵贱之分。某些市场参与者——银行和对冲基金——试图利用这种差异，在关联性上加入套利。一般而言，这些策略要求长期持有，因此会面临逐日结算的波动。在金融市场的某些情形下，平仓（与预期的不一致）导致了楔子严重的位移。

楔子的波动性比较高，原因是两个产品属于不同的市场，供给/需求的动态不同。在上限/下限市场中，银行是上限/下限波动性的自然供应商，发行特定的证券结构，比如雪球、有上限/下限的浮动利率票据（FRN）、区间计息、可提前赎回交易等。相比之下，银行可以决定购买上限，作为一种“更便宜的”抵制通胀的方式；购买下限，作为一般的资产/负债管理方式。更成熟的投资者通常会进入互换期权市场，比如银行、养老基金以及对冲基金。

上限/下限与互换期权波动性之间的利差是均值回归（mean-reverting）。我们同样可以直接观察到楔子。收益率曲线的未来形状（牛市/熊市走峭或拉平）与波动性之间的相互影响是影响楔子动态的主要因素。当我们决定进行这种交易时，“债券利差交易”是非常重要的问题。另一个重要的方面是，“平均而言”上限/下限比互换期权有更多的 gamma[4]（这两种交易有相同的有吸引力的远期利率）。

我们前面提到过，曲线未来形状和波动性是影响楔子行为的重要因素。通过对收益率曲线的历史分析，我们可以预测在不同曲线情景下远期利率与波动性之间存在的某种相关性的表现。从直觉的角度而言，相关性的降低意味着远期利率变动的独立性增加，因此上限/下限的价值更高。另外，由于互换是远期利率的资产组合，有正的权重，所以我们可以预计波动性较低，因此互换期权的价值较低。在这种情景下，上限/下限的价值相对更高。一些关于收益率曲线形状的研究证明，在陡峭环境下相关性会下降。远期利率曲线变得逐渐陡峭，并且远期的相关性下降。基于这样的观察结果，市场参与者可以持仓楔子。图表 65—8 给出了欧元 2×4 CFS 对比 2y-2y 互换期权跨式组合楔子的演化过程，以及斜率曲线（5y-2y）。该图表进一步证实了以下观察结果：陡峭导致远期利率之间的相关性下降，并且使得楔子更有利。

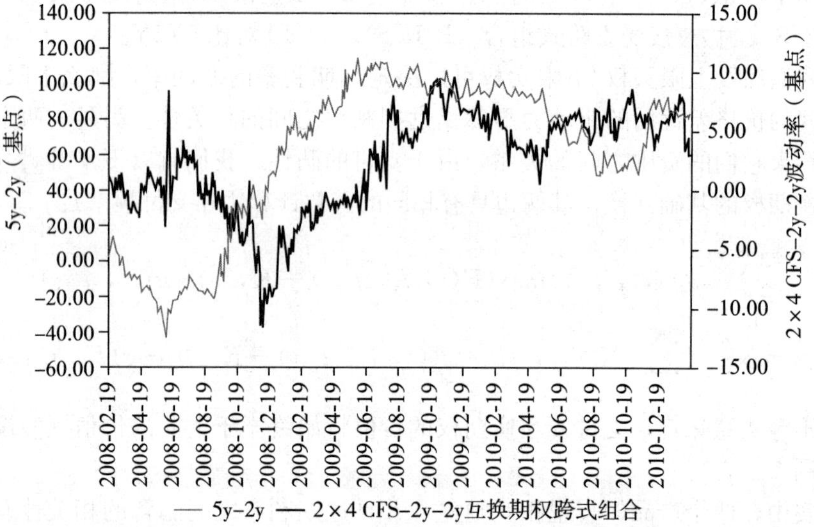

图表 65—8　欧元 2×4 CFS 对比 2y-2y 互换期权跨式组合楔子以及 5y-2y 互换利差的例子

资料来源：彭博财经资讯。

65.8　关键知识点

● 上限/下限是欧式期权的资产组合，它们可以为规避利率波动风险提供合适的解决方案。

● 混合型上限/下限包括条件费用上限/下限、选择器上限/下限、重设执行利率上限/下限。

● 每个上限买权/下限卖权都有一个定价，并且存在看跌—看涨平价关系。

● 放弃向上机会并建立诸如走廊和双限的交易策略，可以得到成本较低的对冲方案。互换期权是另一种可行的规避利率波动风险的办法，但是互换期权市场与上限/下限市场通常存在差别。

● 布莱克模型可以很方便地用于定价。大部分银行会使用 SABR 模型来校准不同到期日的隐含波动率。

● 高级交易策略的实施，比如楔子，需要理解波动性如何影响远期利率。

【注释】

[1] Fischer Black，"The Pricing of Commodity Contracts，" *Journal of Financial Economics*，3 (1976)，pp. 167-179.

[2] John C. Hull，*Options*，*Futures and Other Derivatives*，5th ed.（Upper Saddle River，NJ：Prentice Hall，2003）.

[3] See Patrick S. Hagan，"Convexity Conundrums：Pricing CMS Swaps，Caps and Floors，" *Wilmott Magazine*（March 2003），pp. 38-44；Patrick S. Hagan，Deep Kumar，Andrew S. Lesniewski，and Diana E. Woodwar，"Managing Smile Risk，" *Wilmott Magazine*（Autumn 2002），pp. 84-108；Patrick S. Hagan，Andrew S. Lesniewski，and Diana E. and Woodward，"Probability Distribution in the SABR Model of Stochastic Volatility，" Working Paper，2004.

[4] gamma 是上限/下限对于利息收益率大幅变化而发生的敏感性变化。它可以用上限/下限价格关于收益率的二阶导数来表示。

第 66 章

信用衍生工具*

多米尼克·奥凯恩（Dominic O'Kane）博士（牛津）
EDHEC 商学院金融学助理教授

自 20 世纪末以来，信用衍生工具市场已经成为对冲信用风险的主要场合。信用衍生工具市场还提供了传统现金信用市场所没有的基于信用的投资工具，主要产品有两种。一种是个体信用违约互换（single-name CDS），用于转移某一公司或主权的违约风险。另一种是信用违约互换指数（CDS index），将一系列 CDS 打包成投资组合进行一次性交易。这两种产品在所有的信用衍生工具交易中的占比超过 90%。

本章旨在对信用违约互换合约进行全面描述，并详尽地探讨其作用机制。在此基础上，我们对信用违约互换指数的原理进行详细描述。第 67 章将深入讨论 CDS 和 CDS 指数的定价和风险管理。而本章我们以信用衍生工具市场的演进历史作为开始。

66.1 信用衍生工具市场的演进

信用衍生工具市场始于 20 世纪 90 年代初，作为结构化金融的分支，主要为满足特定的需求提供高度定制化的交易。这些需求包括对冲信用风险、创造结构化投资产品或管理应对主权信用风险和公司信用风险的监管资本。

* 感谢塞缪尔·摩根（Samuel Morgan）和马克·埃姆斯（Mark Ames）的有益评论。

到20世纪90年代中期，CDS合约的概念已被提出，然而对于触发合约的信用事件和受保护的债务，市场仍缺乏标准化的法律定义。这意味着交易之前的各方谈判通常需要法律援助以确保清晰地定义和理解触发事件和对冲的债务，除了提高交易成本，这还意味着交易需要花费几天的时间来批准和执行。

因此，1999年国际互换与衍生品协会（International Swaps and Derivatives Association，ISDA）首次发布了《信用衍生工具定义》（*Credit Derivative Definitions*），此后CDS市场迎来了最重要的发展阶段。该文件被称为ISDA'99，回应了1997年亚洲金融危机和1998年俄罗斯主权违约之后出现的法律争议。除了新定义，ISDA'99还创建了简易形式的确认文档，交易各方只需在相应的项目打钩以确认交易特征。由此市场得以形成标准化合约，即合约包含若干由大多数买卖双方达成一致的条款，以实现最佳的流动性。随着ISDA'99的采用，CDS市场开始快速扩张，2001年未到期的票面总额为6 320亿美元，2007年末已增长到62万亿美元。[1]

2000—2003年，信用衍生工具市场发生了一些重大变化，相当一部分是为了应对互联网热潮结束后的信用事件[2] 以及"9·11"事件，并解决了参考发行实体规范、担保人、债务重组、交割清算与债务继承等问题。其中关于信用事件重组的探讨最为困难，因为其在不同市场中标准不同。这一部分内容稍后会详细讨论。

2004—2007年的这一时期见证了CDS指数的诞生。CDS指数迅速被市场所接受，成为具有高流动性的热门交易产品。如同股指期货允许投资者在宏观层面上对股票市场进行交易，CDS指数被视为一种信用市场敞口的简单而低成本的交易方式。

2003年末，美国存管信托和清算公司（Depository Trust and Clearing Corporation，DTCC）在纽约建立了信用衍生工具市场的自动交易确认系统，以加快交易的确认速度，减少未签名交易的积压。2007年末，DTCC建立了综合交易数据库，保存所有已确认交易的官方合法记录，同时为交易后处理的自动化和标准化提供了基础设施。

雷曼破产和金融危机之后监管的转变使得CDS市场在2008—2010年间发生了重大变动。雷曼兄弟破产时在DTCC注册的CDS还有720亿美元的敞口，在全市场的拍卖程序下得以顺利清算[3]，尽管如此，该事件引发了监管部门对金融部门的系统性风险的担忧。大量的未到期合约以及对真实的信用风险缺乏了解都可能引发系统性风险。[4]

为了减少交易对手风险，监管部门决定要求将标准的信用衍生工具分配至一个中央集中交易对手（Centralized Counterparty，CCP）。为此市场引入了一些新的法律协议作为基础。2009年4月，被称为"大爆炸"的首个修订条款诞生，带来了以下变化：

（1）在市场范围内设立判定委员会（determinations committee，DC），负责对是否构成信用事件的判定。

（2）若发生除重组以外的信用事件，在市场范围内启动自动拍卖机制以清算触发的CDS合约。

（3）将CDS信用事件保护[5] 的开始日期设定为向判定委员会提出判定信用事件申请时间的前60天。该变更用于确保当信用事件发生后，即使CDS合约生效时信用事件尚未被判定，仍然能够触发全部现有合约。

与此同时，当市场交易基于相同票息标的CDS时，还存在一个重新计息的过程。这和之前的惯例不同，之前在交易 CDS 时，通常票息在交易初始时刻设定以满足 CDS 合约在期初价值为 0。现在市场发生了变化，此时的 CDS 标准合约在第一期初存在一次完整的计息，即第一次计息包含之前所有的累积票息，即使 CDS 交易发生在支付票息的中期。这些变化有助于增加 CDS 合约的可替代性并促使其可以向中央集中交易 CDS 合约靠拢，可以净额清算。

2009 年末，被称为“小爆炸”的第二项协议开始启用。该协议在重组事件触发 CDS 方面扩展了“大爆炸”的内容。由于重组在北美 CDS 市场不是标准的信用事件，该协议主要适用于欧洲 CDS 市场。

2010 年初，DTCC 正式连接到美联储，被纳入包括美国和国际监管机构在内的全球监管框架。将信用衍生工具交易移交给中央集中交易对手的举措在稳步推进，特别是 CDS 指数，至 2011 年初，北美和欧洲的洲际交易所（ICE）完成清算的 CDS 指数交易额超过 15 万亿美元。2011 年 2 月，首单通过 CCP 清算并符合《多德-弗兰克法案》监管要求的交易完成。虽然大多数 CCP 在交易所内进行，CDS 市场的交易仍在场外市场进行。CCP 在交易中置身于双方之间。

2011 年，CDS 及 CDS 指数市场的规模约为 2007 年峰值时的一半。导致市场规模下降的重要原因之一是过去两年市场进入压缩周期（下面会讨论）。其他因素还包括随着更多奇异信用衍生工具的出现，尤其是合成抵押债务凭证（synthetic CDO），导致了基于 CDS 和 CDS 指数的对冲行为的减少。事实上，2011 年初信用衍生工具市场的数据表明，信用衍生工具交易的票面总额中，CDS 占 57%，CDS 指数占 34%，其他类型的交易只占 9%。[6]

□ 市场参与者

自信用衍生工具市场诞生起，商业银行和投资银行始终是市场的主角。商业银行使用 CDS 对冲其债券账户的信用风险，CDS 的优势是允许银行非公开地和双边地对冲特定贷款的风险。与卖出债券相比，银行更倾向于选择 CDS，因为在卖出债券时银行需要通知债务人，卖出行为可能会被债务人视为一种负面信号而损害银行与债务人之间的关系。对信用衍生工具市场的问卷调查普遍发现，出于债券账户的对冲需要，商业银行买入的保护合约多于卖出，成为保护合约的净多头。商业银行卖出保护合约的目的是获得收入以及分散其投资组合的风险敞口。

作为交易商的投资银行和商业银行的交易部门，在信用衍生工具市场扮演着重要的角色。总体来说，它们的账户是平衡的，买入和卖出的保护合约数量相同。

信用衍生工具的另一类重要用户是保险公司，当保险公司成为保护合约的净空头时，信用衍生工具是其资产端的主要投资形式。对冲基金在多空两端参与信用市场，持有两个方向的合约数量大致相同，也是市场的主要参与者。对于对冲基金而言，信用衍生工具市场的吸引力在于做空和杠杆交易。CDS 合约的杠杆交易需支付的前端费用远远低于合约的名义本金。

其他市场参与者的市场份额较低，包括养老金、共同基金和公司。共同基金通常更青睐 CDS 指数产品，以此建立分散化的宏观信用风险敞口，在此基础上，共同基金可以增加特定的信用敞口。

公司对信用衍生工具的使用通常是定制化的，公司可能面临对冲某一特定信用风险敞口的需求但不愿在债券市场卖出，或是希望承担某一特定信用敞口但债券市场上没有相应的产品可以买入。例如，某公司面临来自另一家公司未来应收账款的信用风险，就可能会使用 CDS 工具进行对冲。

□ 信用衍生工具的使用

由于信用衍生工具用途广泛，CDS 和 CDS 指数市场经历了规模的大幅增长。信用衍生工具的用途在于以下几个方面：

- **转嫁信用风险**：CDS 的首要功能是将信用风险从一方转嫁到另一方。例如，银行通过持有 CDS 将其资产负债表中的信用风险转嫁给资本市场中的投资者，从而在资产负债表中创造了新的贷款能力。
- **对冲信用风险**：在 CDS 之前，很难通过卖空公司债券来对冲现有的信用风险，而通过 CDS 获得保护则可以轻易实现同样的目标。CDS 指数可用于对冲市场内信用风险价格变化以及个别实体的违约风险。
- **定制**：由于 CDS 市场是双边的场外市场，交易各方可根据实际需求定制包含任意形式交易要素的 CDS 合约。交易要素包括币种、到期日、优先级等。个性化的成分偏离市场标准越多，相应的成本越高而流动性越差。
- **简化**：借助于 CDS 指数，在交易中承担分散化投资组合的信用敞口变得更简单。较窄的买卖点差使得平仓成本低于现金等价物。
- **杠杆交易提高收益**：CDS 和 CDS 指数合约通常要求的前端支付费用很低，与全额支付的现金债券相比，更容易对潜在的风险和收益施加杠杆。
- **纯粹的信用游戏**：不同于固定利息的公司债券，CDS 和 CDS 指数对利率不敏感，几乎是纯粹的信用游戏。信用风险的隔离对于信用基金经理而言具有很大的吸引力。
- **风险分解**：在证券的多种风险中，CDS 可用于对冲某些特定的风险。例如，以隔离嵌入期权价值的形式对冲可转换债券的信用风险。
- **投机**：市场参与者通过持有 CDS 的头寸表明对潜在风险的多空观点，而 CDS 指数可以让市场参与者在宏观层面上做多或做空市场风险。
- **结构化信用投资产品**：CDS 可以作为构建更加奇异的结构化信用投资产品的基础，这些产品的风险收益特征根据投资者的具体需求而开发。
- **管理监管资本**：银行可以使用 CDS 对冲有较高监管资本要求的资产，前提是监管者认可该对冲是经济有效的。

66.2 信用违约互换

最为简单的理解方式是将 CDS 看成一种保险合约。合约的买方对特定公司或主权实体发行的债券或贷款按照一定的面值支付保费，一旦发生违约，买方能够得到赔付。合约的卖方获得保费收入并承担信用风险。信用风险一端是买方、一端是卖方，因此 CDS 并不创造信用风险，只是将其从合约买方转嫁给合约卖方，如图表 66—1 所示。而与保险合约不同的是，CDS 合约可被交易，本身具有价值。合约卖方基于对参考实体违约风险的判断，认为保费收入有利可图，因此卖方实际上是信用风险的投资者。

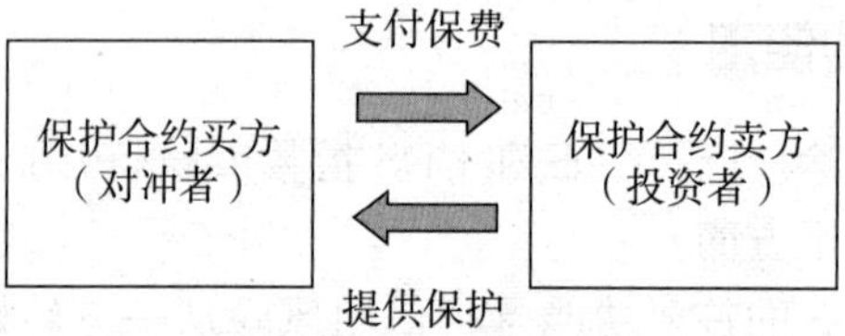

图表 66—1 CDS 是保护合约买方与卖方之间的双向合约

交易 CDS 时指明合约的头寸必须格外小心。在市场中，“买入”CDS 合约表明买入保护，而获得保护在经济意义上等同于卖空信用风险或卖出某一参考实体发行的公司债券。同样，“卖出”CDS 合约在经济意义上等同于承担信用风险，因此类似于买入公司债券。我们将在第 67 章证明这种等价关系。为避免歧义，“买入 CDS 合约”应该加上“保护”一词，即“买入 CDS 保护合约”，同样称“卖出 CDS 合约”为“卖出 CDS 保护合约”。应当注意的是，CDS 指数市场与此不同，CDS 指数的“买方”通常是指卖出 CDS 投资组合保护合约的投资者。因此，明确说明合约持有人的角色以防混淆是至关重要的。

66.3 CDS 运行原理

如上所述，CDS 合约的目的是将指定的**参考实体**（reference entity）（公司或主权）发行的一定面额的债务所对应的**信用事件**（credit event）的风险从保护合约的买方转嫁给保护合约的卖方。

合约所覆盖的债务被称为**标的债务**（deliverable obligation），通常是具有某种优先级的债券或贷款。指定同一主体发行的另一债务为**参考债务**（reference obligation），与之相比，标的债务至少享有同等权利。如果发生了信用事件，合约买方得到的赔付等于未发生违约的同等债务价格与违约后的债务价格之差。

同一份合约的保护对象可以是一篮子标的债务，可用来对冲债务人发行的任一债务的风险，因此提高了市场的流动性。如果市场交易的 CDS 只针对债务人发行的特定债务，合约的流动性和互换性将会大打折扣而成本却会提高。而一篮子设计也有其副作用，即合约买方有权选择被保护的债务，相当于持有**交割期权**（delivery option）的多头。关于如何看待这一副作用，我们将在有关“重组型信用事件”的一小节中讨论。

CDS 合约需要交易双方通过交易商在电话或电子交易系统中完成。合约一方向另一方支付一笔前端费用（根据下面讨论的各种因素确定），可能是保护合约的卖方向买方支付，或反之。第 67 章将详细介绍前端费用的定价模型。

信用保护合约于**生效日**（effective date）开始执行。2009 年“大爆炸”协议之前，生效日即为交易日的第二天。而在新的协议框架下，若向判定委员会提出申请判定信用事件是否成立，则保护合约在申请提出日之前的 60 天开始生效。这一变化使得所有存续的合约都会被触发，无论其交易发生在昨天还是去年，从而带来一种不寻常的情况，即保护合约的买方可以在信用事件发生后买入保护合约并得到赔付。然而这一改变并没有表面上看起来那样不合理，因为保护合约的购买需要在信用事件被判定之前完成。并且如果信用事件的发生是公开信息，即使事件尚未被判定，保护合约的购买价格也会很高，且接近于事件判定后的合约价值。

CDS 保护合约会一直生效到计划终止的日期，通常称为 CDS 到期日。一般是下列日期之一：3 月 20 日、6 月 20 日、9 月 20 日或 12 月 20 日，逢周末也不调整，又叫 **CDS 日期**（CDS date）。也就是说，具有良好流动性的 T 年 CDS 合约的到期日是距生效日正好 T 年后的第一个 CDS 日期。举个例子，2011 年 4 月 3 日生效的五年期标准 CDS 合约的到期日是 2016 年 6 月 20 日。流动性较好的 CDS 合约有 1 年期、3 年期、5 年期、7 年期和 10 年期，其中 5 年期合约的流动性最佳。

□ 保费端

为购买信用保护，保护合约的买方需要向卖方支付一笔前端费用（可能为负）以及定期的固定利息。这些费用被称为 CDS 合约的**保费端**（premium leg）。现在我们讨论固定利息，本节结尾时再讨论前端费用。

固定利息在合约中有明确的设定，决定了保护合约的买方每季度支付给卖方的固定费用额。每期实际发生的现金支付等于固定利息乘以合约票面金额，再乘以上一个付息日至今的天数在一年中的比例，惯例为一年按 360 天算。

2009 年之前，利息的大小不仅与参考实体有关，还与 CDS 合约签订的时间有关。利息被设定为使 CDS 合约生效时的价值为 0，因此不需要支付前端费用。从 2009 年开始，CDS 合约的固定利率只取决于其债务发行人，而与合约交易时间无关。因此，信用风险的价格反映在前端支付的大小中，而非息票利息的大小。

不同时间支付的保费应怎样计算的细节问题超出了本节的讨论范围，将在第 67 章中进一步介绍。需要强调的是，2008 年之后的市场准则要求，即使合约交易发生在两个付息日之间，交易的合约也包含第一期的利息。因而具有相同到期日的新合约与存续合约的现金流完全相同。这将在第 67 章中举例说明。

保费端的重要特点是，当信用事件发生后，不再有固定支付。如图表 66—2 所示。保护合约的买方在保费端的支付总额等于上一个付息日到信用事件发生时增加的利息。CDS 的该特点意味着，一旦发生信用事件，将停止支付保费，合约随之终止。

□ 保护端

CDS 的另一端是保护端，也称为不定端，指的是保护合约的卖方对损失的债务面值的赔付，只有在信用事件发生后才会被触发。在经济上，赔付的价值等于票面价格减去标的债务的恢复价格。恢复价格由市场通用的拍卖过程来决定，下面详细介绍这一过程。

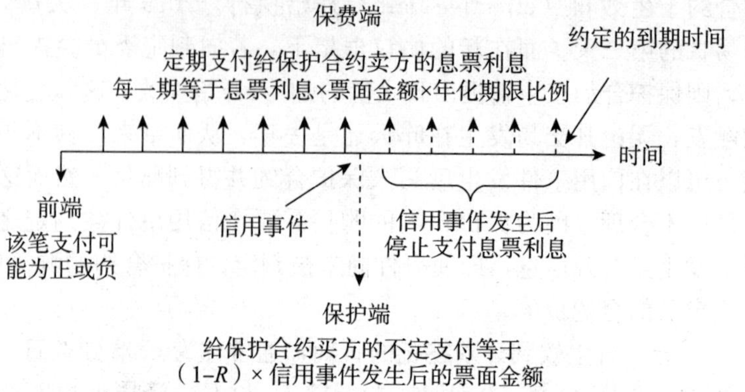

图表 66—2　CDS 合约的保费端和保护端

注：本例中的 3 年期 CDS 合约每季度支付利息。

市场中有两种机制供保护合约卖方选择，赔付方式不尽相同。一种是现金交割，支付票面价格和由拍卖决定的恢复价格的差额；另一种是实物交割，即支付合约的票面价值，再收到由拍卖决定的价格下的相应面值债务的价值。

这两种机制也适用于保护合约的买方收到保护支付。保护合约的买方可以选择收到一笔现金支付，其数额等于票面价格和由拍卖决定的恢复价格的差额，也可以选择实物交割，即收到合约的票面价值，再支付由拍卖决定的价格下的相应面值债务的价值。

选择实物交割的保护合约买方可以选择具体的标的债务。他们实际上持有“交付期权”的多头，期权价值与标的债务的价格范围有关。选择实物交割的保护合约的卖方必须接受买方选择的标的债务。下面进一步讨论。

□ 前端支付

CDS 合约的前端支付和保费端的固定息票利息共同组成了保护合约的成本。该成本的支付使得合约生效，成本可能为正或负，取决于交易者是保护合约的买方还是卖方，以及与 CDS 合约的固定息票利息相比，市场对参考实体信用质量的评判。信用质量的优劣由 CDS 报价价差来衡量，该指标的具体定义在第 67 章中介绍。

举个例子，考虑一份 CDS 保护合约的空头，合约的固定利息是 100 个基点，最近由于信用质量下降，该合约在 CDS 市场上的报价价差是 160 个基点，因此保护合约的买方需要向卖方支付现金，即前端支付，以补足息票利息与市场风险补偿价格之间的差额。按照 2009 年之前的市场规则，该合约的息票利息应该是 160 个基点，因此无须再发生前端支付。

报价价差的大小反映了市场对于参考实体的信用风险大小的观点，加上利率水平的变动，CDS 合约在交易之后的市值会随之变动。

如果对不包含固定利息的 CDS 合约的估值方法很熟悉，引入固定利息后，估值方法和风险管理方法与之前大同小异。合约交易时发生的前端费用不影响合约的价值。例如，持有 CDS 保护合约的多头，息票利息是 100 个基点，当前市场报价价差是 160 个基点。保护合约的买方获得了正的价值，因为他通过支付 100 个基点获得了风险保护，而市场对该风险的定价为160个基点。而该头寸的损益情况还不足以判断（忽略在某一时刻已支付的利息），这取决于合约达成交易时前端支付的价值。在固定利息的规则执行之前，CDS合约的利息即为合约达成时的市场价差，由于前端支付为0，CDS合约的市值除去利息即为持有头寸的损益。

CDS合约的估值和风险管理将在第67章中介绍。

66.4 信用事件

信用事件（credit event）是指信用衍生工具市场中触发CDS保护合约赔付的事件。当债务主体是公司时，信用事件可能是债务违约或重组。当债务主体是主权国家时，构成信用事件的情形更为复杂，因为国家不会正式申请破产。取而代之有若干种违约方式，例如，拒付债务或重置外币债务。CDS合约中定义的标准的信用事件应当广泛地包括这些情形。图表66—3中列出了主要的信用事件。

图表66—3中我们将信用事件标注为“硬性”和“软性”。这种分类是指信用事件发生后，债务主体发行的债务应如何处理。大多数信用事件发生后，债务立即到期需要偿付。也就是说，对于债务主体发行的享有同等权利的债务，无论期限与息票利息大小，都享有对公司剩余价值的相同索偿权，因此具有相同的价格。这类事件我们称之为**硬性信用事件**（hard credit events）。

图表66—3　　CDS市场中的主要信用事件

信用事件	硬性或软性	描述
破产	硬性	公司资不抵债，无力清偿债务
债务到期未能支付	硬性	债务主体不能如期还款，债务逾期
债务加速到期	硬性	由于债务主体违约导致的债务在约定的到期日之前到期，主要发生于新兴市场主权债务
债务未能按时履约	硬性	由于债务主体发生违约事件导致债务提前到期并偿付。这类事件较少
拒绝清偿/延期还款	硬性	债务主体或政府当局拒绝清偿债务。适用于主权信用
重组	软性	债务主体发生了债务相关的变动，导致信用等级下降

□ 重组型信用事件

重组是唯一的软性信用事件。在重组型信用事件中，公司不申请破产，而是与债权人达成债务重组的共识，但对债权人会带来负面影响。

重组型信用事件是指破产前的庭外重组，通过所有受到损失的债权人匿名投票达成一致。由于公司仍在持续经营，债务不会立即到期和清偿。因此，重组型信用事件不会导致所有享有同等权益的债务以同样的价格成交，债务价格仍与期限结构和利息效应有关（即对于相同期限的债券，高息债券的交易价格高于低息债券）。

单独介绍软性信用事件的原因在于，保护合约的买方借此获得了交付期权。之前我们提到，保护合约的买方可以在一篮子债券中选择 CDS 合约的标的债券。重组事件不影响标的债务继续交易，根据利息与到日期的不同，债务价格有所差别，期权便具有了一定的价值，保护合约的买方有动机选择价格最低的债券或贷款作为标的债务。

因此，如果保护合约买方持有的标的债务价格不是最低的，就可以将其卖出而买入价格最低的债务，以进行套利。标的债务的价格最低，相应地，保护合约的卖方承担的风险达到最大。

以 2000 年美国保险公司康赛可的债务重组事件来说明。康赛可的债务重组对其短期贷款的影响较小，持有其短期贷款和 CDS 保护合约多头的银行以接近票面价值的价值卖出这些贷款，再以 65～80 美元的价格买入深度折价的债券，利用保护合约获得票面价值的赔付，从而赚取了差价，给保护合约的卖方造成了相应的损失。

保护合约卖方对此颇有微词，于是 2001 年的 CDS 修订文件引入了新的条款，即关于重组的修订条款。该条款试图通过限制标的债务的期限来减少一篮子债务的范围，以降低交付期权包含的价值。该条款只适用于北美 CDS 市场。

2003 年，欧洲市场也引入了关于重组的条款。由于是北美条款的变体，欧洲条款被称为**关于重组的再修订条款**（modified-modified restructuring，Mod-Mod Re）。两者之所以存在差异，是由于不同区域的监管要求以及两个市场中银行与投资者之间地位的差别。

到目前为止，我们介绍了三种关于重组的条款，对于标的债务的期限的要求各不相同，具体如下：

- **关于重组的原条款**（Old-Re）：2003 年之前的标准，要求标的债务的期限不得超过 30 年。
- **关于重组的修订条款**（Mod-Re）：修订条款对于标的债务的期限的具体限制非常复杂。不妨粗略地将其解读为，标的债务的最长期限不能超过以下两者中较晚的一个，即 CDS 合约的计划终止日期以及重组日期后的 30 个月。用 RMLD 来表示重组债务的到期日限制，有

$$\text{RMLD}=\max\{TD，RD+30\text{ 个月}\}$$

其中，TD 是 CDS 合约的计划终止日期，RD 是重组事件发生的日期。

- **关于重组的再修订条款**（Mod-Mod Re）：与修订条款类似。差别在于标的债务的最长期限的公式是

$$\text{RMLD}=\max\{TD，RD+A\}$$

其中，对于重组债务，A 等于 60 个月，对于非重组债务，A 等于 30 个月。

关于债务重组还有第四种情况，认为重组不属于信用事件，简单称之为无重组（No-Re）。图表 66—4 总结了 2011 年初关于信用事件的相应标准。

图表 66—4　　不同区域 CDS 和 CDS 指数的标准信用事件

地域	标准 CDS 和 CDS 指数合约的信用事件
北美*	破产 债务到期未能支付
欧洲	破产 债务到期未能支付 再修订条款认定的重组事件
亚洲	破产 债务到期未能支付 原条款认定的重组事件

* 标准北美合约称为 SNAC。

□ 信用事件的清算

信用事件发生后，CDS 合约清算的关键在于确定标的债务的最终追偿价格。这一过程由拍卖机制来实现，主要目的有以下几个方面：

(1) 能够处理当购买的保护合约票面价值接近或超过未清偿的标的债务票面价值的情况。这种情况会带来逼空行情，未持有标的债务的保护合约买方会购买债务以获得合约清算。此时标的债务的价格已经被推高，因为信用事件发生后，保护合约买方就已争相购买标的债务。

(2) 能够保证 CDS 市场中的追偿价格是唯一的。这是为了防止同时持有相同要素的保护合约多头和空头的市场参与者进行套利。必须通过公开拍卖的机制确定一个统一的追偿价格。

(3) 能够处理软性信用事件的情况。回忆一下硬性信用事件会导致享有同等权利的债务以相同的价格交易。我们还提到重组事件发生后标的债务能够继续交易，形成了交付期权的隐含价值，并引出了关于重组的修订条款和再修订条款。需要拍卖过程来实现这些重组条款。

在下一节中我们将看到，以上要求是如何在 CDS 合约清算程序中实现的。

66.5　CDS 合约清算流程

现在我们介绍信用事件发生后 CDS 合约的清算机制。近几年 CDS 的清算机制做出了一些重大调整。为了使读者有一个整体的认识，图表 66—5 的时间轴展示了信用事件认定之后各个阶段的清算流程。

□ 信用事件判定

在 2009 年之前，信用事件是否成立由合约双方共同认定，保护合约买方向卖方提供信用事件发生的证据，包括报纸或网络上关于公司破产、无力支付到期债务或重组事件的公开报道。[7] 在大多数情况下，相关信息的来源是可靠的，报道的事件明确属于信用事件，合约即被触发。

而有时信用事件不是公开发生的，关于信用事件的信息并不明确或有争议，不同合约的持有人之间可能对信用事件的判定有分歧。这给对冲中间方造成了难题，可能出现一份合约被触发而相应的对冲合约却没有被触发的情况，还有可能在两份合约都触发时，追偿比例却不一致，带来不可预料的损益。

针对这一问题，2009 年的"大爆炸"协议对相关的法律条款做出了修订，引入了新的市场机制来判定信用事件。**判定委员会**（determinations committee，DC）这一机构就此成立，以负责判定信用风险事件成立与否。在实务操作中共有五个判定委员会，分别负责下列区域的判定事宜：美国、亚洲（除日本）、日本、澳大利亚和新西兰，以及 EMMA（欧洲、中东和非洲）。

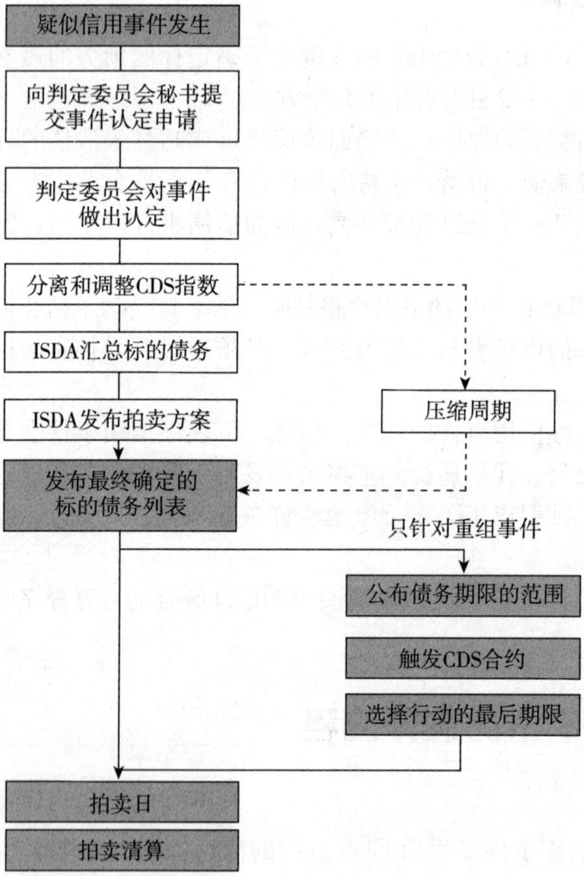

图表 66—5 信用事件时间轴

为避免判定结果的偏向性，判定委员会的成员里有合约多空双方的代表，判定结果需要获得超过 80%的绝大多数成员的同意才能生效。

凡签署 2009 年生效的关于信用衍生工具的新条款的合约双方，均可向判定委员会提出申请，以判定某信用主体是否发生了信用事件。必须有关于该事件的公开报道，申请才会进入判定程序。判定委员会需要两个工作日来商讨、调查和投票决定信用事件是否成立。如果所需时间超过两个工作日，判定委员会可以通过投票延长这一时间。

当硬性信用事件被判定成立，与该信用主体相关的所有 CDS 合约都将会自动触发。这是“大爆炸”生效之后程序中的重大改变，在此之前，CDS 合约的一方有权选择是否触发合约。

在信用事件被判定为重组的情况下，保护合约双方的选择都只能是触发合约，先触发合约的一方将主导标的债务篮子的构成。这方面的内容在后面会进一步讨论。

重组情况下的保护合约被设定为非自动触发，原因在于重组事件并不是破产事件，而可能演化为破产事件，因此保护合约的买方会更倾向于选择继续持有合约直至发生硬性信用事件时再触发合约。

□ 压缩周期

“压缩周期”过程是信用衍生工具市场近年来的重要创新之一。通过压缩周期，合约各方持有的头寸相互抵消，只剩下净头寸。整个信用衍生工具市场会定期完成这一过程(通常是一季度一次)。

曾经“压缩周期”只是在信用事件清算过程中的一个特殊阶段，而现在却十分重要，发生在信用事件判定成立与拍卖开始之间。经纪商必须申请参与压缩周期，其持有的 CDS 合约才能加入这一过程。压缩周期的作用是精简参与后续拍卖的合约数量，从而减少了信用事件清算所涉及的实物资产的数量。

压缩服务主要由 TriOptima 公司提供。之所以由第三方公司来执行是因为压缩是三个以上经纪商所持合约头寸之间的相互抵消，各方需要向交易对手公开自己的实际头寸，或者引入中立的第三方。经纪商通常选择后者，为了避免披露持仓数据，而通过第三方来采集信息。

压缩周期通过算法来计算一些交易的执行能否减少未清偿合约的数量。这些交易被反馈给经纪商供其选择是否执行。2008—2010 年，压缩周期过程共减少了市场上 14.5 万亿美元的信用衍生工具合约。

□ 非重组型信用事件的标的债务

判定委员会认定硬性信用事件成立时，会发布一个时间表说明信用事件被认定、拍卖举行和清算的时间。同时发布的还有标的债务清单。[8] 对于硬性信用事件，由于到期日最长是 30 年，所有相关的 CDS 合约只有一篮子标的债务，因而只进行一次拍卖。

□ 重组型信用事件的标的债务

对于重组型信用事件，各地的处理方法有所不同。北美的标准合约中并没有重组型信用事件，因此只有一次拍卖。亚洲使用旧的重组惯例，所有合约的标的债务篮子是一样的。欧洲的情况更复杂一些。虽然重组型信用事件包括在市场标准之内，但再修订重组条款的规定是，标的债务篮子依赖于 CDS 合约的计划到期日。

欧洲对 CDS 合约实施标准的再修订重组条款，意在限制标的债务篮子以减少期权的价值。计划到期日为 *TD* 的 CDS 合约，其标的债务的重组到期限制日期（RMLD）可以用下式大致计算：

重组债务：

重组到期限制日期(RMLD)＝max［*TD*，重组事件发生日期(*RD*)＋60 个月］

非重组债务：

重组到期限制日期(RMLD)＝max［*TD*，重组事件发生日期(*RD*)＋30 个月］

两种情况下的标的债务篮子都主要取决于 CDS 合约的到期日（*TD*）。

这种限制与拍卖机制之间存在一定的冲突。如果信用主体的债务分别有不同的到期日，那么对应每一个 CDS 到期日，可能会有不同的标的债务篮子。假设 CDS 合约最晚在 10 年后到期，每一季度会有一个 CDS 计划到期日，那么同一信用主体可能有超过 30 个不同的标的债务篮子。[9] 而同时进行这些拍卖会带来巨大的成本，也会影响合约的整体性和同一性，导致合约的流动性下降和拍卖中的价格竞争。

为解决这一问题，市场规定将 CDS 合约按期限的长短分为 8 类，分别对应一次排名，因此市场至多存在 8 个拍卖。图表 66—6 展示了各类别的具体内容。实务中不一定每个类别的到期日都有债务分布，因此可能会少于 8 个类别，只有到期日最早的一类才参与拍卖。另外，最低流动性的要求指出，只有某一类别触发的合约数量达到 300 份以上且持有合约的经纪商至少为 5 个时，才会进入拍卖程序。

图表 66—6　　重组型信用事件的拍卖类别集合

期限类别
不超过 30 个月的非重组型债务和不超过 5 年的重组债务
不超过 5 年的债务
不超过 7.5 年的债务
不超过 10 年的债务
不超过 12.5 年的债务
不超过 15 年的债务
不超过 20 年的债务
不超过 30 年的债务

若某一期限类别不被采用，保护合约双方有权置换为其他期限。合约买方可以选择最近的下一个到期日类别，而卖方可以选择置换为最长的 30 年期限。双方同时提出置换，将优先考虑合约买方。

在拍卖之前，所有 CDS 合约都必须有对应的期限类别。为简便起见，判定委员会的职责之一是计算并发布 CDS 合约的到期日与各个期限类别的对应表。而在 CDS 合约持有者确切知道该对应关系以及所持有的合约涉及的拍卖之前，还有最后一个步骤，即触发决定。

□ 重组：触发 CDS

与硬性信用事件不同，重组型信用事件引发的合约触发不是自动执行的。标的债务篮子由先触发合约的一方来决定，从这个角度而言合约是非对称的。具体的规则是：

- 若保护合约是由买方触发的，标的债务篮子应与该 CDS 合约具有相同的到期日。
- 若保护合约是由卖方触发的，标的债务篮子应具有最长的 30 年期限。

该规则使得合约双方都没有率先触发的动机。要明白这一点，我们考虑一个 5 年期保护合约的买方。他希望卖方先触发合约，因为 30 年比 5 年的期限类别包含了更多的标的债务，合约包含的期权价值更大。而合约卖方并不希望对债务承担长久的赔付责任，因此也希望买方会先行触发。

而重组型事件发生后，若买方不能在指定的时间内触发合约，对该事件的触发机会将会失效，被称为“要么使用要么失效”。因此合约双方通常都会等到最后一刻才触发合约，而双方也都必须足够小心以防错过触发期限。

此外，合约双方关于是否触发合约的决定期限并不相同。通常双方的期限始于同一个时点，买方有 5 天时间做出决定，而卖方只有 3 天。[10]

如果双方都没有触发合约，并不意味着合约的保护效力就此丧失。只是这一次信用事件不使用保护，而后续的信用事件依然在该合约的保护之下。

□ 拍卖过程

在拍卖之前，CDS 合约的持有者需要决定使用现金清算还是实物清算。选择实物清算的买方在拍卖后会得到票面价值的现金和标的债务的空头，相当于将债券卖给了保护合约的卖方。同样，选择实物清算的卖方会付出一笔现金而得到标的债务，相当于从保护合约买方手中买到了债券。

拍卖过程打破了保护合约买卖双方的联系，因此合约双方可以自主选择清算方式，无论对方选择现金清算还是实物清算。

在拍卖过程开始之前，市场参与者可以在拍卖前一日的下午 5 点之前通过经纪商提交指令以选择实物清算。指令必须与市场参与者持有的 CDS 合约净头寸相一致（合约净多头的指令是卖出债券，反之亦然）。

保护合约卖方可能会认为当前的赔付价格较低，拍卖之后会上涨，基于这样的观点他们选择实物清算而非现金清算，因此他们会持有实物资产。

拍卖分为两阶段，由 Creditex 和 Markit 管理执行，通过 Creditex 的经纪商电子交易平台完成，因此非经纪商不能直接参与市场而是需要通过经纪商代理完成交易。两个阶段都在拍卖日当天完成，通常是上午进行第一阶段，下午进行第二阶段。

拍卖：第一阶段

拍卖的第一阶段用于决定标的债务的赔付价格以及买卖实物资产的净开仓意向，这在第二阶段中会用到。第一阶段只针对持有 CDS 头寸且选择实物清算的交易者。

处理过程很短暂，只有 15 分钟。期间参与的交易商对于标的债务提交买卖双向的报价，同时为自营或代客交易发出实物清算指令。交易商报价的买卖价差有上限，以确保市场报价是竞争性的。交易规模也有下限。价差的上限与交易规模的下限是关于流动性和信用主体在市场上未清偿票面价值的函数，由判定委员会事先做出设定。

15 分钟的处理过程结束后，拍卖管理人还有 15 分钟来计算和发布标示赔付价格。这一价格的算法是，去除异常的价格组合（防止操纵），剩下的价差取最接近的八分位数，然后取均值。更正式的名称是场内中间价（internal market midpoint price，IMMP）。在拍卖的第二阶段，场内中间价用于限制最终的拍卖价格。

最后计算的是净开仓意向，简单而言是实物清算指令的集合。其反映了市场参与者实物清算的总体规模和方向，即拍卖第二阶段需要交易的标的债务总量以及净开仓意向是买入还是卖出标的债务。[11]

拍卖：第二阶段

当市场参与者的报价满足第一阶段确定的净开放利息后，就开始拍卖的第二阶段。这一阶段处理得到的市场赔付价格将适用于所有 CDS 合约的清算，包括现金和实物两种形式的清算。

自第一阶段结束至第二阶段开始有两三个小时，给市场参与者对第一阶段结果做出反应预留了时间。与第一阶段参与者只限于 CDS 头寸的持有者不同，只要签署了 ISDA 协议，即可参与到第二阶段的拍卖。这使得市场有尽可能多的参与者以提高拍卖的竞争程度。

如果第一阶段的净开仓意向是卖出债券，第二阶段需要将这些交易与买入债券的需求相匹配；如果第一阶段的净开仓意向是买入债券，那么第二阶段的任务则是寻求债券的卖家。

第二阶段开始时，拍卖参与者有 15 分钟的窗口期提交交易指令，交易的规模需在净开仓意向的规模之内。有限规模指令单的报价可自主决定，但成交价格以最终的拍卖价格为准。

这一阶段结束后，有算法用于匹配所有提交的指令。如果开仓意向是买入债券，拍卖参与者的报价是卖出债券。从最低的卖出报价开始撮合交易意向，直到满足全部开仓意向。此时的价格即为最终拍卖价格。如果开仓意向是要卖出债券，那么拍卖参与者提供报价买入债券。从最高的买入报价开始撮合，直到全部开仓意向得到匹配，同样此时的价格是最终拍卖价格。

由于最终拍卖价格必须处于第一阶段计算的场内中间价（IMMP）的一定范围，称为“限额”，因此上述价格可能还不是正式的最终拍卖价格。如果上述价格超出了场内中间价加上浮动值，那么最终拍卖价格将等于场内中间价与浮动值之和。如果上述价格低于场内中间价减去限额，那么最终拍卖价格将等于场内中间价与限额之差。

拍卖完成之后，经纪商将第一阶段的买卖标的债务指令与第二阶段的开仓意向相撮合，依次进行所有代客交易的实物资产清算，至此清算阶段全部完成。

□ CDS 指数

除 CDS 以外，信用衍生工具市场最重要的产品是 CDS 指数。与 CDS 不同，CDS 指数的主要用途是使投资者更容易获得分散化的信用风险敞口，因为投资者可以在一次交易中获得广泛的市场敞口。CDS 指数交易的前端费用通常只是票面价值的很小一部分，这为 CDS 交易提供了杠杆。CDS 指数也被用于对冲多个信用主体资产组合的信用风险。信用市场基金、对冲基金和银行用其对冲市场的系统性信用风险。

第一份 CDS 指数合约诞生于 2002 年，在各区域的市场中都有若干家指数提供商相互竞争。这一状态延续到 2004 年年中，市场指数的名称开始统一，北美市场指数以 CDX 开头，而欧洲和亚洲市场均以 iTraxx 开头。图表 66—7 展示了目前市场上交易的主流 CDS 指数。其中最具流动性的是北美和欧洲的投资级指数，分别是 CDX IG 和 iTraxx Europe。

注意在 CDS 指数市场中，"买入指数"表明卖出保护合约收入保费而承担信用风险。而在 CDS 市场中，"买入"意味着买入保护合约。值得注意的是，与股票指数通常采用市值加权或价格加权不同，CDS 指数在发行时各成分是等权重的。信用市场中传统的固定收益基准指数以发行主体未清偿的债务为权重，也不同于 CDS 指数的编制方法。CDS 指数的等权重是出于简化考虑，而且能最大限度地分散化。但指数在存续期内的成分权重可能会发生改变，例如有公司分立或合并的情况。

□ CDS 指数成分

CDS 指数是符合一定标准的 CDS 的投资组合。例如，CDS IG 指数包含了北美市场上交易的 125 个最具流动性的投资级 CDS。主流 CDS 指数的纳入标准整理在图表 66—7 中。

由于每 6 个月各种 CDS 指数都会发行新的指数合约，因此市场上交易的每种 CDS 指数并非只有一个，而是有一系列同时存在。虽然新指数的成分纳入标准与该指数的存续版本一致，但由于自上一个发行日之后发生信用等级变化、违约或流动性降低等原因，在不同时间发行的相同指数可能有不同的构成。最近发行的指数序列叫作"最新指数"(on-the-run)，通常具有最好的流动性。

按照不同的到期日，CDS 指数有更细的分类。在新序列的发行日，同一指数序列通常包括 1 年期、3 年期、5 年期、7 年期和 10 年期合约。T 年期指数合约的到期日是标准 CDS 到期日之一——3 月 20 日、6 月 20 日、9 月 20 日和 12 月 20 日。

图表 66—7　　标准 CDS 指数的类别和构成

名称	市场和类别	成分数量
CDX. NA. IG	北美投资级	125
CDX. NA. HY	北美高收益	100
CDX. NA. XO	北美跨级*	35
CDX. EM	新兴市场主权	15
CDX. EM. Diversified	新兴市场主权/公司	40
iTraxx Europe	欧洲投资级	125
iTraxx Europe Crossover	欧洲跨级	40
iTraxx Japan	日本投资级	50
iTraxx Asia ex-Japan	亚洲（除日本）投资级	50
iTraxx Australia	澳大利亚投资级	25

*跨级（crossover）是指原先是投资级的信用主体被降级至次投资级。

每年 3 月 20 日和 9 月 20 日继续发行的指数序列，到期日分别是 T 年后的 6 月 20 日和 12 月 20 日，因此 T 年合约的实际期限是 T 年加 3 个月，而 6 个月以后发行的 T 年期指数合约的实际期限是 T 年减 3 个月。投资者可以持续滚动交易至最新合约，平均期限大约是 T 年。

□ CDS 指数运行原理

CDS 指数的买方（保护合约的卖方）向卖方支付前端费用，该支付可能为正或负，因此有可能是卖方向买方支付。支付的金额取决于指数的固定息票价值以及该指数的当前交易水平。

CDS 指数在发行日会设定息票支付，息票在指数存续期内固定不变。息票价值的设定通常使前端支付约为 0。指数发行后，前端支付会随信用主体的信用质量变化而改变。CDS 指数与 CDS 市场的运行原理完全类似，自 2009 年开始，所有信用主体的合约都支付固定息票。

CDS 指数的价值等同于 CDS 合约的资产组合，其息票价值等于一篮子 CDS 合约的息票价值之和。与 CDS 一样，CDS 指数也有保费端和保护端两个部分。

□ 保费端

CDS 指数的保费端是指数买方的定期支付。金额大小是指数的固定利率乘以上一次付息日至今的天数[12] 再乘以指数标的资产组合的剩余票面价值。初始的剩余票面价值就是合约的票面价值，如果发生了信用事件，该价值会改变。

如果标的资产组合中有信用主体发生了信用事件，指数剩余的票面价值按信用主体的数量成比例减少。例如，125 个信用主体中有 2 个发生了信用事件，那么剩余的票面价值是初始票面价值的 123/125，同时息票价值也减少为原价值的 123/125。注意票面价值与违约事件的赔付比例大小无关，只取决于信用事件的数量。

CDS 合约的保费端在经济价值上等于指数中各信用主体对应的 CDS 合约投资组合的保费端，指数的息票价值等于指数中各信用主体对应的 CDS 合约支付的息票价值之和。合约存续期内始终会有保费支付，除非出现指数中所有信用主体同时发生信用事件的情况。

□ 保护端

CDS 指数的保护端等于指数中各成分 CDS 保护端的等权重相加之和。如果指数中有信用主体发生了信用事件，指数的买方向卖方就该事件支付赔付。过程如下：

（1）信用主体从该指数移除，包括在不同时间发行的不同期限的同一指数。

（2）不含有该信用主体的新指数会有新的版本编号以区别于该指数的先前版本。

（3）被移除的信用主体称为独立的 CDS 头寸，其票面价值等于指数中的票面价值。例如，指数的标的资产是 1 000 万美元，包括 125 个信用主体，那么每个独立的 CDS 合约的票面价值是 8 万美元。

独立的 CDS 头寸在前面介绍的标准拍卖阶段参与清算。指数买方向卖方支付的价值是 CDS 票面价值减去通过拍卖得出的赔付价值。

信用事件的类型为重组时，情况略复杂一些。这时，指数买方和卖方均有触发合约的选择权。若双方都不触发合约，则合约并不发生赔付，而在有效期限内继续生效，直至下一次信用事件的发生。这种情形只存在于欧洲和亚洲的 CDS 指数，而北美指数将重组型事件排除在信用事件之外，如图表 66—4 所示。

66.6 CDS 市场的重要性

信用衍生工具市场已经成为信用市场的重要分支。单个 CDS 交易的便捷使其成为很多风险管理师最有价值的对冲工具，尤其是管理银行贷款的信用风险。对于试图快速便捷地获得宏观层面的信用风险敞口的投资者而言，CDS 指数也是一种重要的投资工具。

2008 年金融危机之后，为提高合约的可替代性从而降低对手方风险，市场对 CDS 合约的形式和机制都做出了重大调整。对合约触发和清算规则也进行了修订，以建立起市场内的统一程序，将清算不能完成的风险降到最小。

很多规则的修订都基于同一个出发点，即使得通过中央集中交易对手（CCP）参与市场比通过经纪商更为便捷，以降低大型经纪商违约带来的系统性风险。从 2009 年至 2011 年 2 月，大型清算机构——北美的 ICE Trust 以及欧洲的 ICE Clear——一起完成了超过 15 万亿美元的信用衍生品清算，其中 80%以上是 CDS 指数交易。

2008 年之前市场信息的不透明饱受诟病，信用衍生工具交易变得类似于场外交易。设立在纽约的美国存管信托和清算公司（DTCC）负责 CDS 交易的清算，其公布的高质量交易头寸数据包括市场规模、交易的信用主体以及交易对手的类型，增加了市场信息的透明度。

信用衍生工具市场始终在动态调整。一旦信用危机暴露了市场机制的缺陷，市场规则会得到迅速调整以防同样的问题再次发生，因此市场机制的完善至关重要。在不断的调整之下，如今的信用衍生工具市场已经得以完善，信息更加透明，面临的系统性风险更低，监管也更加健全。

66.7 关键知识点

- 信用衍生工具市场的主要产品是个体信用违约互换（CDS）和 CDS 指数。
- CDS 和 CDS 指数因其用途广泛，市场规模持续增长。CDS 和 CDS 指数的功能包括转嫁信用风险、对冲信用风险、隔离信用风险、使用杠杆放大收益、结构化信用市场投资以及管理监管风险。
- 最简单的方法是将 CDS 理解为一种保险合约，合约买方支付一定的保费，若作为信用主体的公司或主权发生了信用事件，合约买方可以获得对债券或贷款一定金额损失的赔付。
- CDS 合约卖方可以理解为保护合约的卖方，收到买方支付的保费并承担信用风险。

若CDS存续期内发生信用事件，卖方需按合约内容向买方进行赔付。

• 在信用衍生工具市场中，“信用事件”指的是可以触发CDS合约赔付的事件。信用事件包括破产、债务到期未能支付、债务加速到期、拒绝清偿/延期还款以及债务重组。

• 重组是一种“软性”信用事件，因为在重组之后，带有期限结构的债务仍能交易。这给合约买方提供了一种内含价值的“执行权”，而被排除在北美的CDS合约标准之外。但各个市场的监管有所差异，欧洲和亚洲的标准合约将重组纳入了信用事件。

• 为避免信用事件之后发生“逼空”现象，保证市场对同一事件有相同的赔付率，CDS市场采用拍卖机制，信用事件相关合约的持有者参与拍卖，标的债务的净头寸参与实物交易清算。

• 信用违约互换指数是最多125个CDS的等权重资产组合，可以对CDS资产组合进行一次性交易，具有较高的流动性。CDS指数用于承担或对冲全市场或某部门的信用风险敞口，是具有高流动性的资产管理方式。

• 2008—2009年的金融危机之后，信用衍生工具市场做出了一系列重大改革以建立信用事件后更有序的市场清算机制，提高市场透明度，通过中央集中交易对手的作用降低系统性风险。

• CDS和CDS指数合约在到期之前的任意时点可以卖出以实现盈利或亏损，价格变动体现了市场对信用主体信用质量的评估。

【注释】

[1] 数据来源于ISDA对其会员在全球范围内进行的半年度调查。

[2] 包括阿根廷、阿姆斯特朗（Armstrong）、康赛可（Conseco）、安然（Enron）、马可尼（Marconi）、国家电力（National Power）、线路（Railtrack）、世通（Worldcom）和施乐（Xerox）。

[3] DTCC的交易信息仓库负责处理雷曼公司的触发CDS合约，没有报告未成功处理情况。

[4] 值得注意的是，雷曼的交易账户中有超过90万份OTC衍生工具合约，只有一份由于交易确认单而受到质疑。见《金融危机咨询委员会报告》，http：//www. fcic. gov/report。

[5] 对于连续事件，法律保护开始于申请前的90天。

[6] 资料来源于DTCC《交易信息仓库报告》中2011年2月11日的市场头寸。

[7] 或合约约定的其他形式的信用事件。

[8] 有关信息参见ISDA网站：http://www2. isda. org/。

[9] 根据再修订重组条款，30个月内的合约只有一个期限。超过30个月的合约根据每季度的到期日有不同的期限。例如，在33，36，39，…，120个月，共有1+30=31个期限。

[10] 关于这一点的讨论超出了本章范围。更多信息请参见Dominic O'Kane，“Testing the Protocols,” Nomura International Fixed Income Research，March 2010。

[11] 净开放利息、各种买卖报价以及计算的场内中间价都在www. creditfixings. com网站发布。

[12] 实际天数在一年中的比例，一年按360天计算。

第 67 章 信用衍生工具估值和风险*

多米尼克·奥凯恩（Dominic O'Kane）博士（牛津）
EDHEC 商学院金融学助理教授

本章将介绍 CDS 和 CDS 指数的估值方法。在第 66 章我们提到，CDS 是交易中最为常见的信用衍生工具，也是构建 CDS 指数的基础。因此要理解 CDS 指数和其他信用衍生品的估值和风险管理方法，必须先掌握 CDS 的估值和风险管理方法。

67.1 CDS 估值

CDS 合约有以下两个重要特征与估值相关：

● 保护合约的买方以一定的频率向卖方支付固定金额的息票，图表 67—1 描述了北美和欧洲市场的具体规则。在合约到期前或信用事件发生之前，买方需要持续支付息票。若信用事件发生在两次付息日之间，市场惯例是要求合约买方支付上个付息日到信用事件判定日[1] 之间的利息。

● 信用事件发生后，卖方需要支付的金额等于合约的票面价值减去赔付价值。赔付比例通过拍卖过程得到（参见第 66 章），在拍卖结算日后立即支付。

* 感谢塞缪尔·摩根和马克·埃姆斯的有益评论。

因此未来现金流与信用事件具有相关性。在风险中性的度量方法下（即信用事件发生的概率对应的期限结构定价刚好等于该 CDS 的市场价格），未来现金流的期望现值即为 CDS 合约的价值。

图表 67—1　　北美和欧洲市场上标准 CDS 合约规范

规范	北美	欧洲
到期日	CDS 日期	CDS 日期
应计日期	调整的 CDS 日期（除到期日）	调整的 CDS 日期（除到期日）
支付日期	CDS 日期（节假日顺延）	CDS 日期（节假日顺延）
息票	100 和 500 个基点	25、100、500 和 1 000 个基点
频率	每季度	每季度
天数计算基准	实际天数/360	实际天数/360
违约发生后支付未付利息	是	是

图表 67—1 列出了保费支付时间的具体规则。其中 CDS 日期是指 3 月 20 日、6 月 20 日、9 月 20 日和 12 月 20 日。

□ 定价模型

由于以下几个方面的原因，CDS 合约的定价和风险管理需要用到定价模型。

(1) CDS 市场是场外交易，不存在集中交易的场所，价格得不到及时披露。CDS 合约的价格由合约双方私下约定。Markit[2] 等价格提供商提供的市场数据是在每个交易日结束时基于各经纪商提交的报价汇总得到的。

(2) 即使 CDS 在交易所交易，报价仍很复杂，因为存续的合约之间存在太多差异。考虑同一个信用主体的一类合约，除到期日外其他要素均相同，最长的期限是 10 年。由于每季度都有到期合约，因此这一类合约实际上是 40 种不同的合约，流动性互不相同。对每份合约提供报价过于繁杂，更好的方法是通过定价模型，只要输入不同的参数即可得到不同合约的定价。

(3) 虽然有标准的 CDS 合约，但定制化合约可以与标准有所偏离。例如，某公司希望购买一份将在未来某个日期开始生效的远期 CDS 合约。需要通过模型对所有合约准确定价。

(4) 估值模型对风险管理也很重要。对于债券的风险管理而言，我们至少需要了解债券的到期收益率和收益率曲线以对冲债券投资组合的利率风险。CDS 投资组合也是一样。必须使用模型将价差风险进行量化，以对冲 CDS 对其他相关合约的敏感性带来的信用风险。

CDS 合约的价值即为合约交易时支付的前端价值。对保护合约卖方而言，等于保费端的未来息票收入的期望现值减去保护端的期望现值。合约买方支付息票而收到赔付，因此买方的合约价值是卖方合约价值的负值。

在引入模型之前，考虑几个影响 CDS 合约价值的因素。我们分别考虑保费端和保护端：

(1) 保费端的价值是所付息票价值的现值，息票按合约约定持续支付到合约到期或信用事件发生。如果信用主体的信用质量下降，意味着信用事件发生的可能性变大，息票可能无法完全支付。保费端的现值会相应下降。同时，保费端相当于带有固定息票的年金，利率上升会导致现值下降。具有较长期限的 CDS 合约包含更多的息票，因此保费端的现值更高。

(2) 信用主体的信用质量下降时，发生赔付的概率上升，因此保护端的现值上升。同理，期限更长的合约具有更高的现值。在利率上升时，未来不确定支付的现值会降低。

在介绍估值模型之前，我们首先说明可以通过现金债券市场与 CDS 市场间的无套利关系来确定保护合约的前端价值。

67.2 CDS 与债券间的关系

基于若干重要假设，CDS 前端的价值与同一信用主体发行的浮动利率债券价格之间存在基本的无套利关系。特别地，我们来证明期限为 T 的 CDS 合约的前端价值 U 应等于期限为 T、以 LIBOR 加上固定价差 C 为浮动利率的债券价格 P。其中价差 C 应等于 CDS 的固定价差。考虑以下交易策略：

(1) 在 T_0 时，投资者以 LIBOR 利率借入总额为 $P+U$ 的资金。假设投资者拥有高评级的信用质量，每季度支付利息，直到时间 T。

(2) 在 T_0 时，投资者买入某信用主体发行的票面价值为 P、期限为 T 的浮动利率债券。为简化起见，假设购买时刚好是付息日，因此不用考虑增加的利息。

(3) 同时，投资者使用 U 买入期限为 T 的同一主体的 CDS 保护合约。注意 U 可能为正，也可能为负。如此构成了对冲的投资组合，每季度投资者会得到固定的息票支付。

对该策略进行分析需要考虑四个不同时点的支付情况：(1) 初始时间 T_0；(2) 付息日；(3) 发生信用事件之后；(4) 到期日 T（未发生信用事件时）。图表 67—2 给出了各时点的现金流情况。

为简化起见，我们假设信用事件刚好发生在付息日，因此支付的金额刚好是借款的面值 $(P+U)$，而不需要对 CDS 支付额外的利息。

图表 67—2　　债券加 CDS 保护合约的无套利策略

时间	借款	债券	CDS	净现金流
初始时间 T_0	$P+U$	$-P$	$-U$	0
付息日	$-(P+U)\Delta L$	$(L+C)\Delta$	$-C\Delta$	$-(P+U)L\Delta+L\Delta$
发生信用事件时	$-(P+U)$	R	$(100\%-R)$	$100\%-(P+U)$
到期日 T	$-(P+U)$	100%	0	$100\%-(P+U)$

初始时的净现金流是 0，由于策略组合没有任何成本，未来现金流的期望值应等于 0。要使这一点成立，令 $P+U=100\%$，也就是说，CDS 的前端价格与同一信用主体发行的浮动利率债券价格不存在套利空间。例如，当浮动利率债券与 CDS 合约的平价价格相同时，前端价格为 0。如果浮动利率债券价格高于 CDS 合约的平价价格，那么前端价格为负；反之，如果浮动利率债券价格低于 CDS 合约的平价价格，那么前端价格为正。

以上关系需要基于一些简化的假设得到。主要有以下几条：

(1) 假设投资者能够以 LIBOR 利率借入资金，借入期限可以持续到 CDS 合约到期。而在实际操作中，债券的资金拆借通常在回购市场中进行，拆借时间往往不能满足资金需求的整个时间段。因此投资者面临着融资风险，可能有利也可能有弊。拆借的资金量可能会缩减，取决于所抵押债券的市场风险。

(2) 假设存在期限为 T 的同等权利浮动利率债券，利率等于 LIBOR 加 C，其中 C 是 CDS 合约的固定价差。

(3) 忽略标的债务选择权的影响，即合约买方可以选择价格较低的债券（如果有）作为标的债券。当 CDS 合约将重组视为一种信用事件时，该选择权将具有一定的价值，使得合约的成本更高。

(4) 假设信用事件刚好发生在 CDS 付息日。在实务操作中，若违约发生在两个付息日之间，则合约买方需要支付这段时间新增的利息。对债券而言，意味着破产清算时债券持有人的权利中包含了未支付的息票。

(5) 忽略 CDS 合约中交易对手方风险的影响。预付抵押品通常可以降低交易对手方风险。

(6) 忽略利息和本金在应税制度上的不同带来的税收效应。

(7) 忽略交易成本和市场机制效应。市场机制效应指的是在 CDS 市场上做空信用风险更容易，因此信用市场的负面消息首先影响的是 CDS 市场，导致 CDS 合约前端价格的上升要早于债券价格的下降。

我们希望建立起 CDS 前端价格与同一信用主体发行的特定债券价格之间的联系。而在实际中用这种方法给 CDS 合约定价并不可行。原因在于通常不存在期限为 T 的同等权利浮动利率债券，支付的利息恰好等于 CDS 的息票。以上假设还表明，虽然债券和 CDS 合约价格之间在理论上存在较强的相关性，但实际上相关性并不绝对。

□ CDS 基差

现金债券市场价差与 CDS 市场价差之间的差称为 CDS 基差，记为

CDS 基差＝CDS 平价合约价差－债券 LIBOR 价差

这一定义并不唯一，因为有多种方式来度量债券 LIBOR 价差。[3] 市场上广泛采用的一种是，与 CDS 合约具有相同期限的同一主体发行的债券的资产互换价差。

CDS 基差交易已经成为一些信用市场的投资者特别是信用对冲基金的相对价值策略。进行基差交易的目的是找出上述哪一个假设条件会导致 CDS 价差与债券价差的偏离，进而判断当前的定价是否正确或者是否会发生变化。

标准的基差交易是“负基差交易”，投资者买入债券和保护合约。与上面的 CDS 基差定义相反，投资者将得到债券价差而支付 CDS 价差，因此被称为负基差交易。

□ 存续合约的估值

考虑一个投资者在 T_0 时卖出一份 5 年期 CDS 保护合约。前端成本，即合约签订时支付的价格，记为 $U(0)$。投资者定期收入息票 C，我们称 C 的期望现值为保费端的价值。一旦在合约存续期内发生信用事件，他需要向对手支付合约面值的 $(1-R)$。我们称该支付的期望现值为保护端的价值。因此，$U(0)$ 是合约的成本，初始状态时

$$U(0)=V_{保费}(0,5)-V_{保护}(0,5)$$

随着息票的支付、到期日的临近以及市场对违约风险的观点变化，在 t 时刻合约两端的价值会发生变化。此时的合约价值是

$$U(t)=V_{保费}(t,5)-V_{保护}(t,5)$$

一年后，该投资者想平掉这一头寸。由于之前是卖出保护合约，现在必须买回保护合约。买入合约的成本即为 $-U(1)$：

$$U(1)=V_{保费}(1,5)-V_{保护}(1,5)$$

由于买入的新合约的付息日以及不确定的保护赔付都与原合约完全相同，因此组合头寸的未来现金流等于 0。在所有时刻，空头保护合约的市场价值都等于具有相同期限的原多头合约的前端成本。这与先卖出合约，一年后再通过买入合约平仓得到的损益不同。前端成本 $U(1)$ 等于未来所有息票再减去初始合约的成本 $U(0)$。

□ 市场定价

CDS 的定价参考当前市场标准合约的交易价差。标准合约是指期限为 6 个月、1 年、2 年、3 年、4 年、5 年、7 年和 10 年的合约。价差的表示方法有两种，分别是：

（1）平价价差：T 年合约的平价价差是指不含初始成本的 T 年合约的息票。

（2）水平报价价差：T 年合约的水平报价价差使得 CDS 合约平价价差曲线上隐含的前端价值与市场报价的前端价值相同。由此可以忽略 CDS 市场期限结构的影响，水平报价价差是债券到期收益率的等价 CDS 价差。

直到 2010 年，平价价差都是 CDS 市场的报价惯例。平价报价的问题在于，必须了解与该 CDS 合约具有相同或更短期限的合约期限结构，才能计算前端价值。CDS 前端价值的计算需要有多个平价价差，但无法通过 CDS 前端价值确定平价价差的期限结构。因此，水平的报价价差取而代之成为新的市场标准，满足了 CDS 合约基于市场价差报价的需求。采用水平报价价差要求有市场标准赔付率，目前对优先级无担保债务的赔付率设定在 40%。

由于价差报价方法假设价差曲线是水平的，那么 T 年期 CDS 水平报价价差和前端价值之间存在一对一的关系（基于下面要介绍的定价模型）。注意，如果平价价差曲线确实是水平的，那么该价差对于所有到期日都是相同的，也等于其平价价差。[4] 为帮助理解，

接下来我们用符号来表示不同的息票和价差，见图表 67—3。

图表 67—3　　价差和息票的表示符号

符号	描述
$C(T)$	T 年期 CDS 合约的息票
$U(t)$	T 年期 CDS 合约在 t 时刻的前端价值
$S(t, T)$	初始费用为 0 的 T 年期 CDS 合约在 t 时刻的平价价差
$\overline{S}(t, T)$	使得模型隐含的前端费用与市场价值相同的 T 年期 CDS 合约平价价差曲线在 t 时刻的报价水平

67.3　模型

CDS 通过模型来估值。模型必须满足以下要求：

(1) 能够描述未来任意时间发生的信用事件。

(2) 能够描述违约时间以及将未来违约率处理为关于时间的函数，即具有期限结构。

(3) 发生信用事件后的支付是票面价值减去赔付价值。

(4) 能够准确为市场价格的期限结构重新定价。

(5) 能够对市场价格变动做出迅速的调整。

市场标准模型建立在生存概率 $Q(T)$ 的基础上。$Q(T)$ 是信用主体在 0 到 T 时间内不发生信用事件的概率。$Q(T)$ 的值在 0 到 1 之间，应当是常数或关于 T 的递减函数。

□ 保费端的估值

CDS 合约的保费端是指在合约存续期内且未发生信用事件时，每季度固定支付的息票。因此每张息票都是一项条件支付——条件是信用主体在息票支付日未发生违约。将未来条件息票用 LIBOR 利率进行贴现。假设保费端有 N 次待支付息票，那么有

$$V_{保费}=C(T)\sum_{i=1}^{N}\Delta(t_{i-1}, t_i)Z(t_i)Q(t_i)$$

上式中，每个付息日的固定利息 $C(T)$ 乘以上一个付息日到当前日期的时间（以一定天数的年化比例计[5]），再乘以信用主体在息票支付日的生存概率 $Q(t_i)$，最后乘以贴现因子 $Z(t_i)$，使用 LIBOR 利率计算当前现值。

由于 CDS 只有在未发生信用事件的前提下才支付息票，一旦发生信用事件，上一个付息日至信用事件发生之间的利息没有在上式中体现。对应计利息的精确计算超出了本章的讨论范围。我们通过下面的方法来进行大致的估算。假设信用主体在下一个付息日前会发生信用事件，平均而言信用事件发生在两个付息日的中间。因此，累计的应付利息是

$$\frac{C(T)\Delta(t_{i-1},t_i)}{2}$$

即全部利息的一半。在付息之前该段时间内的违约概率是 $Q(t_{i-1})-Q(t_i)$。假设这一部分的利息支付发生在该段时间的末端，已简化计算，对准确性也没有太大的影响。由此得到该段时间内息票价值的增量为

$$\frac{C(T)}{2}\sum_{i=1}^{N}\Delta(t_{i-1},\ t_i)Z(t_i)(Q(t_{i-1})-Q(t_i))$$

将其加入保费端的价值得到

$$V_{保费}=\frac{C(T)}{2}\sum_{i=1}^{N}\Delta(t_{i-1},\ t_i)Z(t_i)(Q(t_i)+Q(t_{i-1}))$$

重新记为

$$V_{保费}=C(T)A(T)$$

其中

$$A(T)=\frac{1}{2}\sum_{i=1}^{N}\Delta(t_{i-1},\ t_i)Z(t_i)(Q(t_i)+Q(t_{i-1}))$$

该数量被称为风险年金。若每年支付 1 美元的息票，加上信用事件发生时应支付的息票比例，整体的期望现值是这一数量。由于每一笔利息的支付都以到付息日时的生存概率加权，因此风险年金是整条生存曲线的函数。

□ 保护端的价值

信用事件发生后，保护端将赔付（$1-R$）。[6] 计算该值的现值需要考虑支付发生的时间。我们将期初至合约结束的时间分成很多小段，确定每一段时间的违约概率，进而贴算到现值。

假设我们将期初（0 时刻）至到期日 T 年分为 M 段，每段时长 T/M。保护端的价值是

$$V_{保护}=(1-R)\sum_{n=1}^{M}Z(t_n)(Q(t_{n-1})-Q(t_n))$$

其中，（$1-R$）是信用事件发生后的赔付额，假设其不随信用事件发生的时间变化。$Q(t_{n-1})-Q(t_n)$ 是 t_{n-1} 和 t_n 时刻之间发生违约的概率。

实际中 M 必须取一个足够大的值以更好地刻画生存概率曲线和贴现曲线。而 M 也不宜过大，否则 CDS 合约定价的数值计算速度会非常慢。[7]

□ 前端费用

我们将前端费用定义为建立 CDS 保护合约买方需要付出的成本，应该等于保护端的期望现值减去保费端的期望现值。即

$$U(0)=V_{保护}-V_{保费}$$

其中，

$$V_{保费}=\frac{C(T)}{2}\sum_{i=1}^{N}\Delta(t_{i-1}, t_i)Z(t_i)(Q(t_i)+Q(t_{i-1}))=C(T)A(T)$$

以及

$$V_{保护}=(1-R)\sum_{n=1}^{M}Z(t_n)(Q(t_{n-1})-Q(t_n))$$

都是 0 时刻的价值。

□ 前端价差与平价 CDS 价差

T 年 CDS 合约的平价价差 $S(T)$ 是使得合约现值等于 0 的息票价值。因此有

$$S(T)A(T)-V_{保护}=0\Rightarrow V_{保护}=S(T)A(T)$$

实际支付的息票构成的合约价值在 0 时刻是

$$U(0)=V_{保护}-C(T)A(T)$$

代入保护端的价值，有

$$U(0)=(S(T)-C(T))\,A(T)$$

使用水平价差的合约价值是

$$U(0)=(\overline{S}(T)-C(T))\overline{A}(T)$$

与平价价差估值的公式几乎完全一致。但有一个重要的区别是，风险年金的价值是水平报价价差 $\overline{S}(T)$ 的函数，而平价价差的风险年金是平价价差期限结构的函数。显然，水平报价价差与价差的期限结构无关。

□ 生存曲线插值

模型在使用之前必须调整到市场价格的期限结构。调整体现在多个方面，包括前端费用的期限结构、平价价差的期限结构以及水平价差的期限结构。相关调整需要用到到期日开始 6 个月直到 10 年的年度价格数据。通过这 11 年的市场价格数据对生存概率的期限结构进行调整，需要对期限结构进行简化使其能被 11 个变量较为准确地描述。每组数据有一个未知的变量，能够通过简化的期限结构来准确估计市场价格。

简化的方式有很多种。市场标准是引入连续的复合远期违约率 $h(t)$，生存概率定义为

$$Q(T)=\exp\left(\int_0^T h(t)dt\right)$$

通常做出的简化假设是，该连续的复合远期违约率函数是分段水平的，如图表 67—4 所示。

给定 11 个市场价格，连续复合远期违约率有 11 个不同的取值：$h(0.5)$，$h(1.0)$，$h(2.0)$，…，$h(10)$，其中每个 $h(t)$ 对应连续复合远期违约率从上一个时点到 t 的取值。于是有

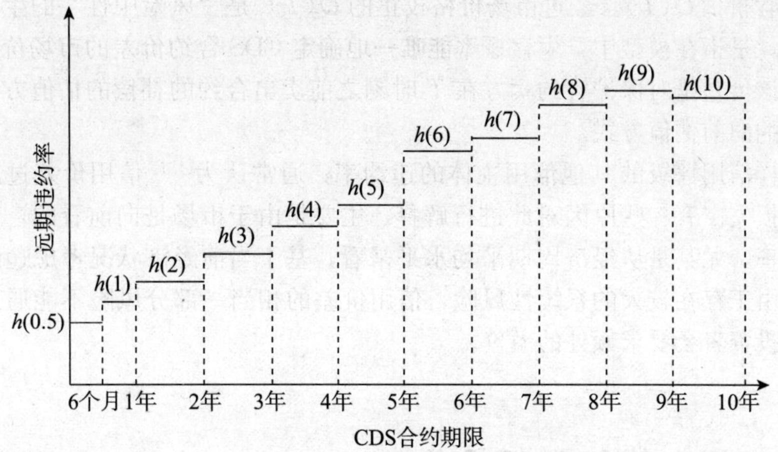

图表 67—4 对 6 个月、1 年、2 年直至 10 年 CDS 前端价格调整得到的分段水平的远期违约率期限结构

$$Q(0.5)=\exp(-0.5\times h(0.5))$$
$$Q(1)=Q(0.5)\times \exp(-0.50\times h(1.0))$$
…
$$Q(10)=Q(9.0)\times \exp(-h(10.0))$$

这一方法的用处在于能够通过生存曲线在其他时点进行插值。例如我们可以得到

$$Q(0.3)=\exp(-0.3\times h(0.5))$$
$$Q(0.7)=Q(0.5)\times \exp(-0.20\times h(1.0))$$
$$Q(1.9)=Q(1.0)\times \exp(-0.90\times h(2.0))$$

生存概率的整个期限结构由连续复合远期违约率的 11 个值决定。只要 $h(t)$ 的值大于等于 0，CDS 价差的期限结构就不存在套利空间。[8]

□ Bootstrap 校正法

在上述模型和插值方法的基础上，还需要一个参数将连续复合远期违约率修正到 CDS 合约的市场价格。该参数的取值是期望赔付率 R。注意到市场通常设定 40%的赔付率将水平报价价差转换为前端或后端报价价差，而 R 的取值不一定要与之相同，可以由建模者自行选择。[9] 有以上信息就可以进行模型的修正，通常使用 bootstrap 方法。[10] 过程如下：

（1）找出 $h(0.5)$ 的值，使得模型隐含的前端价值等于包含固定息票的 6 个月期合约的市场报价前端价值。由于只有一个未知数和一个价格，能够确定 $h(0.5)$，进而得到市场价格。

（2）已知 $h(0.5)$，可以计算 $h(1.0)$ 使得模型隐含的前端价值等于包含固定息票的 1 年期合约的市场报价前端价值。

（3）重复第二步，通过已知的 $h(t)$ 计算下一个较长期限的值。

完成上述步骤，我们能够得到每一组市场价格的 h 值，进而能够计算任意未来时间

T 的市场隐含价值 $Q(T)$。经过市场价格校正的 $Q(T)$ 是“风险中性”的生存概率。所谓风险中性，是指在模型中，生存概率能唯一地确定 CDS 合约价差的市场价格，不存在套利机会。该价差是对保护合约卖方在 T 时刻之前卖出合约的补偿的估值方式，是与信用水平相关的向前估值方式。

基于同样信用评级的其他信用主体的违约率，通常认为[11] 信用价差过度补偿了投资者的期望损失。有一些原因对此进行解释。主要是由于市场是向前看的，可能没有考虑历史违约率，尤其是从经济周期平均水平来看，基于当前经济状况考虑违约率更为合适。而且，由于存在较大的系统性风险，信用价差的相当一部分风险不能通过分散化来规避，因此投资者会要求额外的溢价。

67.4　新合约与存续合约

CDS 估值模型计算得到的价格是全价，即得到保护合约实际支付的现金总额。决定该价格的合约要素之一是合约开始产生保费的日期。为了提高市场上 CDS 合约的可替代性，规定新合约必须全额支付第一次息票，也就是说，即使合约在近期有交易或清算，当期的利息仍从上一个付息日开始累计。因此具有相同期限的合约也具有相同的现金流。同时也意味着在合约存续期间购买的对冲者需要支付一定的费用以弥补前端价值。总之，购买保护合约时支付的前端价值等于保护端的期望现值减去保费端的期望现值，保费端包含完整的第一期利息。

这一规定的实际作用可以通过以下例子来简单说明。假设 CDS 合约需要支付的固定息票是 100 个基点，同等期限的平价价差也是 100 个基点。但是，平价价差是基于 $T+1$ 时开始生效的 CDS 合约，即交易日的后一天，按照定义，其前端价值应该为 0。满足这一条件的生存概率曲线由 CDS 模型经过校正可以确定。在更普遍的情况下，用于校正 CDS 估值模型的相同期限 CDS 合约的价值是

$$U_{校正}(t)=V_{保护}-C(T)A(t,T)=0$$

使用这条曲线对存续合约进行定价，合约的价值是

$$U_{合约}(t)=V_{保护}-C(T)A(t_0,0)$$

其中，t_0是上一次付息的时间。可以写成

$$A(t_0,T)\approx A(t,T)+\Delta(t_0,0)$$

上式是对 $A(t_0,T)$ 的非常近似的估计。[12] 因此有

$$U_{合约}(t)=V_{保护}-C(T)A(t,T)-C(T)\Delta(t_0,0)$$

等式右边的前两项等于合约的前端价值，我们将其校正为 0，于是得到

$$U_{合约}(t)=-C(T)\Delta(t_0,0)$$

是自上一个付息日累计的利息的负值。买方买入合约时得到了上个付息日之后累计的利息，但他需要在下一个付息日时将这部分支付给卖方，因此存续合约的买方不能享受这部分收益。显然，息票可能在未来三个月内支付（待支付的时间越长，已累计的利息相应地越少），而前端费用的支付在交易日后三天，节假日顺延。因此，除了在零利率的市场环境下，将合约价值设为已累计利息的负值是一个较好的近似。

需要考虑的另一个问题是——CDS 合约为今天之前 60 天内发生的信用事件提供保护。如果判定委员会（见第 66 章）认为信用事件成立，CDS 合约进入信用事件后的清算程序，前端费用大约是票面价值减去期望赔付价值。如果信用事件还未被判定，隐含的假设是市场预期过去 60 天发生的信用事件已经体现在 CDS 价差曲线的定价中。

67.5 风险管理

现在我们希望了解 CDS 合约估值的影响因素。特别地，我们希望能够计算出对冲比例，使得同一信用主体的 CDS 合约组合可以抵御 CDS 价差曲线和 LIBOR 利率曲线的变动风险。我们将 t 时刻 CDS 合约（空头）的前端价值记为

$$U(t,S(t,T))=(C-S(t,T))A(T,S(t,T))$$

其中 $S(t,T)$ 是 T 年期 CDS 合约在 t 时刻的平价价差。注意到前端价值和风险年金 $A(T,S(t,T))$ 都直接依赖于平价价差，因此平价价差的改变和调整会引起生存概率期限结构的改变，风险年金和前端价值也随之发生变化。

67.6 CDS 的 DV01 价差

CDS 合约的信用久期称为 DV01 价差，是指当 CDS 价差曲线向上平移 1 个基点时，合约前端价值的变化。对保护合约的空头有

$$\text{DV01 价差}=U(t,S+1\text{ 个基点})-U(t,S)$$

得到

$$\text{DV01 价差}=-A(T,S+1\text{ 个基点})\cdot 1\text{ 个基点}+(S-C)\cdot(A(T,S)-A(T,S+1\text{ 个基点}))$$

DV01 价差有两部分：

(1) 第一项是保护合约空头的前端价值减少了 $A(T,S+1$ 个基点$)$ 乘以价差的变动。价值的降低是由于隐含信用价差的扩大，表明信用质量下降，导致保护合约的空头价值降低。

第67章 信用衍生工具估值和风险

（2）第二项说明价差的变化导致 $A(T, S)$ 的值发生变化。由于这一项要乘以价差 $(S-C)$，通常比第一项小得多。这一项的符号也取决于 $(S-C)$。若为正，则抵消了第一项的影响，降低了 DV01 价差；若为负，则扩大了价差。

因此保护合约空头的 DV01 价差约等于风险年金 $A(T, S)$ 的负值乘以 1 个基点，当 $S=C$ 时刚好相等。[13] 从保护合约多头的视角来看，价差的变动刚好与保护合约空头的情况相反。

使用 DV01 价差对冲不同的 CDS 头寸只有在不同合约的报价价差或平价价差变动相同的情况下才真正有效。对于到期日不同的合约，要求 CDS 曲线的移动是平行的，但这种情况并不总能成立。因此 DV01 价差的使用通常只针对到期日相近的合约。除了 DV01 价差，还需要计算 CDS 合约对曲线上不同点（例如，1 年、3 年、5 年、7 年以及 10 年）变动的敏感性，进而确定为对冲价差变动风险而应在投资组合中持有的各合约的头寸。[14]

□ CDS 合约的利率久期

CDS 合约的利率敏感性被称为 IR DV01，指的是平价价差曲线不变时，LIBOR 曲线向上平行移动 1 个基点导致的合约前端价值的变化。由于利率变量只出现在风险年金部分，因此有

$$\text{IR } 01=(C-S).(A*(T)-A(T))$$

其中，$A*(T)$ 是由利率曲线计算的风险年金的价值。它是未来现金流的现值，因此有 $A*(T)-A(T)<0$。我们可以得到以下结论：（1）$C=S$ 时，CDS 的利率敏感性为 0；（2）$S<C$ 时，IR DV01 为负；（3）$S>C$ 时，IR DV01 为正。

通常 CDS 的利率敏感性较低，尤其是与到期日相同的固定利率公司债券相比。这是由于债券在到期时支付本金加利息，而 CDS 相当于一种年化利息为 $(C-S)$ 的信用风险年金，在到期时不像债券那样需要支付本金。实际上，CDS 合约的利率敏感性与同一信用主体发行的相同到期日的浮动利率债券的利率敏感性非常接近。

□ 案例

图表 67—5 中展示了购买 CDS 合约的定价实例[15]，该合约将在 2016 年 3 月 20 日到期，合约息票（交易价差）为 100 个基点。当前的水平价差体现了 CDS 的价格，叫作合约到期前的“报价价差”，是 34.32 个基点。只要有这一报价价差即可确定合约的前端价值。交易和报价价差都假设市场标准赔付率为 40%。[16]

图表 67—5　　CDS 合约的价值

交易描述			
票面金额	1 000 万美元	交易日	2011 年 2 月 3 日
到期日	2016 年 3 月 20 日	清算日	2011 年 2 月 8 日
买/卖	买入保护合约	报价价差	34.32 个基点
交易价差	100 个基点	币种	USD

估值结果			
价格	103.220 35	应计利息	－12 778 美元（46 天）
本金	－322 035 美元	DV01 价差	5 036.41
现金总额	－334 813 美元	IR DV01	84.26

下面我们来解释图表 67—5 中的估值结果：

● **价格**：是保护合约卖方同时买入 CDS 合约和平价的 LIBOR 浮动利率债券的“净”价格。不包括实际交易中需要支付的应计利息。

● **本金**：是合约的“净”（不包括应计利息）价值，用下面的现金总额减去应计利息得到。

● **应计利息**：是自上一个付息日或第一个应计日期之后累计的利息。无论是新合约还是存续合约，都是从交易前的付息日开始累计。对于保护合约买方，应计利息始终为负，而对合约卖方是正值。在本例中，应计利息从上一个付息日 2010 年 12 月 20 日开始计息，到交易日 $T+1$ 天，即 2011 年 2 月 4 日为止，共有 46 天 100 个基点的利息。

● **现金总额**：是交易达成时实际支付的前端价值。“－334 813 美元”这一数值表明保护合约买方在交易中收到 334 813 美元。买方在持有合约的过程中需要支付最多五年的年化 100 个基点的利息，而合约的报价价差是 34.32 个基点。息票价值高于报价价差对应的保护合约成本，因此合约买方在前端价值中得到补偿。

● **DV01 价差**：计算得到合约多头的价差敏感性是 5 036 美元，表明报价价差曲线上升 1 个基点，会导致 CDS 合约的多头价值上升 5 036 美元。

● **IR DV01**：合约的利率敏感性也是正值，但比价差敏感性小得多，只有 84.24 美元。这清楚地说明了 CDS 合约几乎只与信用价差相关。

图表 67—6 中展示了 CDS 保费端的现金流，支付日期和相应金额的计算都基于 360 天的计算惯例。贴现因子通过 LIBOR 利率和合约互换利率计算得到。最后由 CDS 估值模型可以得到生存概率。违约率等于 1 减去生存概率。

图表 67—6　　CDS 交易实例的支付日期、金额以及相应的贴现因子和生存概率

支付日期	金额	贴现因子	生存概率	违约率
2011 年 2 月 8 日星期二		0.999 965	0.999 920	0.000 080
2011 年 3 月 21 日星期一	25 277.78	0.999 681	0.999 268	0.000 732
2011 年 6 月 20 日星期一	25 277.78	0.999 050	0.997 822	0.002 178
2011 年 9 月 20 日星期二	25 555.56	0.998 083	0.996 362	0.003 638
2011 年 12 月 20 日星期二	25 277.78	0.996 830	0.994 920	0.005 080
2012 年 3 月 20 日星期二	25 277.78	0.994 574	0.993 480	0.006 520
2012 年 6 月 20 日星期三	25 555.56	0.991 120	0.992 031	0.007 969
2012 年 9 月 20 日星期四	25 555.56	0.987 678	0.990 585	0.009 415
2012 年 12 月 20 日星期四	25 277.78	0.984 285	0.989 157	0.010 843
2013 年 3 月 20 日星期三	25 000.00	0.979 280	0.987 747	0.012 253

续前表

支付日期	金额	贴现因子	生存概率	违约率
2013年6月20日星期四	25 555.56	0.972 176	0.986 309	0.013 691
2013年9月20日星期五	25 555.56	0.965 123	0.984 874	0.015 126
2013年12月20日星期五	25 277.78	0.958 198	0.983 456	0.016 544
2014年3月20日星期四	25 000.00	0.951 042	0.982 056	0.017 944
2014年6月20日星期五	25 555.56	0.943 351	0.980 627	0.019 373
2014年9月22日星期一	26 111.11	0.935 557	0.979 170	0.020 830
2014年12月22日星期一	25 277.78	0.928 074	0.977 761	0.022 239
2015年3月20日星期五	24 444.44	0.920 894	0.976 400	0.023 600
2015年6月22日星期一	26 111.11	0.913 285	0.974 950	0.025 050
2015年9月21日星期一	25 277.78	0.905 980	0.973 548	0.026 452
2015年12月21日星期一	25 277.78	0.898 733	0.972 147	0.027 853
2016年3月21日星期一	25 277.78	0.888 739	0.970 749	0.029 251

注：支付日期在节假日时有相应调整。

□ 近似方法

彭博 CDSW 指令下的 CDS 定价计算器对于评估交易策略的作用有限，基于 Excel 的定价计算器虽然不完全精确，但更加有用。这里有必要介绍一个简单的近似方法。CDS 风险年金的价值与水平报价价差 $\overline{S}$ 以及假设的赔付率 R 相关，因此有以下近似：

$$A(\overline{S},T)\approx\frac{1-\exp\left(-\left(W+\frac{\overline{S}}{(1-R)}\right)T\right)}{W+\frac{\overline{S}}{(1-R)}}\times\frac{365}{360}$$

其中 W 是 T 年期合约的互换利率，365/360 用于调整按 360 天惯例计算的保费支付金额。[17] CDS 合约多头的价值由下面的标准估值公式给出：

$$U(t)=(\overline{S}-C)A(\overline{S},T)$$

在上面的例子中，报价价差是 34.23 个基点，当前至合约到期日还有 5.122 年，5 年的互换利率是 2.4%，可以得到

$$A(\overline{S},T)=\frac{1-\exp\left(-\left(0.024+\frac{0.003\ 432}{1-0.4}\right)\times 5.122\right)}{0.024+\frac{0.003\ 432}{1-0.4}}\times\frac{365}{360}=4.817\ 64$$

由此计算得出

$$U_{当前}(t)=10\ 000\ 000\times\frac{34.32-100}{10\ 000}\times 4.817\ 64-12\ 778$$

$$=-329\ 992 \text{ 美元}$$

将其与彭博计算的估值结果－334 8131 美元相比较，1 000 万美元的票面价值的误差大约是 5 000 美元。注意应当减去在第一个付息周期末合约买方支付的 46 天的应计利息，共 12 778 美元。原因是合约要求买方在下一个付息日支付当期的全部利息。而 34.32 个基点的报价价差对应的合约从 $T+1$ 日开始生效。考虑到这一点，买方应当在未来得到额外的支付以得到补偿，扣除应计利息是一种较好的近似方法。这一估值与彭博的结果误差不到 1.5%——考虑使用互换曲线的斜率对 CDS 现金流贴现使用的利率进行修正可以进一步提高近似的精度。[18]

67.7 CDS 指数估值

第 66 章中介绍了 CDS 指数的原理。我们已经证明了 CDS 指数等同于一组 CDS 的投资组合，其中每一份 CDS 都支付与指数相同的息票 $C_I(T)$。在这一节，我们希望证明在估值过程中，CDS 指数可以被视为一份 CDS 合约来处理。回忆一下第 66 章的内容，指数的买方卖出一组 P 个不同时间的 T 年期 CDS 合约的投资组合，收到价值为 $C_I(T)$ 的息票并承担信用风险。若有信用事件发生，相应的 CDS 合约被移出指数，进入第 66 章中介绍的拍卖清算程序。

每个付息日支付的息票价值与当前的 CDS 组合价值成比例。当信用事件发生时，息票价值按照实际绝对值计算。

因此，与个体 CDS 合约不同，CDS 指数不会因一次信用事件的发生而失效。CDS 指数在到期之前都始终存续[19]，若发生信用事件，会损失相应部分的支付。

□ 指数估值

从指数买方（保护合约卖方）的角度来看，CDS 指数的价值等于 P 个包含与指数相同息票的标的 CDS 合约的保费端价值减去 P 个保护端的期望现值。使用图表 67—7 中的符号，我们将保费端的指数价值记为

$$\frac{C_I(T)}{P}\sum_{p=1}^{P}A_P(T)$$

图表 67—7　CDS 指数估值中的符号

符号	描述
$C_I(T)$	T 年期 CDS 指数的息票
$U_I(T)$	T 年期 CDS 指数的前端价值
$S_I(T)$	初始费用为 0 的 T 年期 CDS 指数的平价价差
$S_P(T)$	信用主体 P 的 T 年期 CDS 合约的平价价差
$\overline{S}_I(T)$	报价价差是 CDS 指数价差曲线上使模型隐含的 T 年期 CDS 指数前端价值等于其市场价值的取值

我们可以将指数的保护端写成个体 CDS 价差的形式

$$\frac{1}{P}\sum_{p=1}^{P}S_P(T)A_P(T)$$

这里我们假设所有的信用主体都是等权重的。[20] 指数头寸（卖出保护合约）的价值是

$$V^{Index}=\frac{1}{P}\sum_{p=1}^{P}(C_I(T)-S_P(T))A_P(T)$$

彭博的 CDSW 函数是最常用的 CDS 指数定价应用程序。在 CDS 的基础上，CDS 指数的定价可以由水平报价价差来确定。基于标准的 CDS 定价模型，水平报价价差使指数的模型定价等于其市场前端价值。因此有

$$V^{Index}=\frac{1}{P}\sum_{p=1}^{P}(C_I(T)-S_P(T))A_P(T)=(C_I(T)-\overline{S}_I(T))\overline{A}_I(T)$$

上式表明由 CDS 指数到个体 CDS 合约的对应关系使得对个体 CDS 的分析可以用于对 CDS 指数的估值和风险管理。尽管指数有其自身的生存概率 $Q_I(t)$，通过这种方法我们可以给 CDS 指数定价。假设指数中所有信用主体都有同样的期望赔付率，那么有

$$Q_I(t)=\frac{1}{P}\sum_{p=1}^{P}Q_p(t)=N_I(t)$$

其中 $N_I(t)$ 是 t 时刻指数的期望剩余票面价值。在实际定价中没有用到这一关系，因为所有赔付率相同的假设不能始终成立。但大体上是合适的，也为指数生存概率的含义提供了一种解释。

□ CDS 指数基差

上面的关系不成立时会导致理论上的错误定价。而由于以下原因，这种理论错误定价可能不存在套利空间：

（1）模型价格通常是市场的中间价。因此当我们考虑从错误定价中获利所需的买卖价差的成本时，该错误定价可能并不是真正的套利机会。

（2）可能无法准确获得 CDS 指数中所有成分的瞬时水平价差。

（3）在 CDS 和 CDS 指数交易采用不同的重组条款的情形下，两者之间不存在严格的对应关系，CDS 和 CDS 指数价格的复制并不准确。

尽管如此，CDS 指数价格在交易中仍会偏离 CDS 隐含的价差，常常是由于市场技术因素造成的，例如市场需要成熟的买卖系统。一旦价格偏离的程度大到存在套利空间，对冲基金和其他市场参与者纷纷实现套利，直到套利机会消失。

□ 风险管理

由于 CDS 指数合约可以被视为个体 CDS 合约，其价格敏感性与具有相同平价价差或报价价差的期限结构、相同赔付率、相同到期日和相同利率环境的个体 CDS 合约完全一致。因此，关于 CDS 指数的价格敏感性，建议读者参考 CDS 风险管理部分的内容。

67.8 关键知识点

● 自 2009 年 CDS 合约引入固定息票以来，签订 CDS 合约时都会发生初始前端现金支付，支付的价值可能为正，也可能为负。

● 对保护合约卖方而言，合约初始现金价值的正负与大小依赖于固定息票是否足以补偿市场认同的信用风险。如果息票过低，交易时合约卖方会收到现金支付。如果息票过高，卖方需要向买方支付现金。对保护合约买方而言刚好相反。

● 对 CDS 和 CDS 指数进行估值的目的是计算前端。合约保费端和保护端的期望现值需要通过估值模型决定。

● 定价模型需要考虑信用事件发生的概率和时间。在保费端，需要考虑不能支付所有息票的风险。在保护端，需要对发生信用事件时票面价值减去赔付的未知支付价值进行估计。模型应当具有一定的灵活性以准确定价市场报价价差的期限结构。

● CDS 的一种市场报价方法是平价价差，是使合约在交易时的前端价值为 0 而需要在保费端支付的息票价值。CDS 的合约价值是关于 CDS 平价价差的期限结构的函数。

● 自 2011 年起，CDS 市场开始采用另一种报价方式——水平报价价差。该价差在平价价差的利率期限结构上刚好使模型估值等于市场报价的前端价值。因此，只需要一个报价价差即可对 CDS 合约进行估值。

● CDS 市场价差隐含的信用事件发生率通常高于该信用主体发行的相同信用级别的合约的历史违约率。这是由于市场通常向前看，价差中包含了风险溢价。

● CDS 头寸的持有者可以通过模型计算合约价值对报价价差变化的敏感性，进而通过其他 CDS 合约头寸对冲该风险。

● CDS 指数在估值时可以视为个体 CDS 合约处理，CDS 估值模型也可用于 CDS 指数的估值和风险管理。

【注释】

[1] 即向判定委员会（DC）提交判定信用事件申请的日期。

[2] www. markit. com.

[3] 包括资产互换利差、等面值浮动利率债券利差、贴现差额和零波动率利差。

[4] 在相同的赔付率设定下。

[5] 市场标准是实际天数/360。实际操作中应注意应计日期与实际支付日期的差别。特别地，合约到期时如果最后应计日期是周末或假期，实际支付日期会有所调整。

[6] 严格来说，支付发生在信用事件后的拍卖结算日。第 66 章中介绍了拍卖的两个步骤。

[7] M 的合适取值的讨论请参见 Dominic O'Kane，*Modelling Single-Name and Multi-name Credit Derivatives* (John Wiley & Sons，2008).

[8] 如果保护端在 $T1$ 时的价值大于 $T2$ 时的价值，且 $T2>T1$，那么 CDS 价差的期限结构存在套利空间。在某些情况下存在以零成本获得无风险正收益的策略。

[9] 使用不同赔付率的影响是，虽然用合约的市场价格来校正模型，但保护端和保费端的价值会

与采用市场标准赔付率下的保护端和保费端价值不同。

[10] Bootstrap算法使用递归法逐个解出一组方程，只有确定上一组参数才能得到下一组的解。

[11] 文献参考 John Hull, Mirela Predescu, and Alan White, “Bond Prices, Default Probabilities and Risk Premiums,” *Journal of Credit Risk* 1 (2) (2005), pp. 53 - 60。

[12] 累积的利息会在下一个付息日支付，若有违约发生，应当立即支付。在当前和下一个付息日之间较短的时期内，这相当于一笔无风险支付。由于时间很短，我们可以忽略时间价值的影响暂不计算。

[13] 并非严格相等，因为 $S=C$ 时 DV01 价差等于 $-A(S+1)$ 而不是 $-A(S)$。

[14] 对该过程的详细讨论见 O'Kane, *Modelling Single-Name and Multi-name Credit Derivatives*。

[15] 这里的估值方法由彭博终端的标准 CDS 估值计算器生成，彭博代码是 CDSW。

[16] 只有对固定赔付率的违约互换进行定价时有所不同。

[17] 非闰年时，使用 360 天的基数，一年中实际支付的息票总额超过了使用这一比例调整的年化票息。风险年金的准确近似应当考虑这一点。

[18] 产生误差的主要原因是 2011 年 2 月 5 年期互换曲线的斜率上升，从 0.46%增加至 2.4%，偏离了水平互换曲线的假设。使用期限加权的平均互换利率 1.67%，得到的估值误差小于 0.1%。

[19] 严格地说，当 CDS 指数中所有信用主体都发生违约时，CDS 指数合约将终止。而 CDS 指数通常由 50～125 个不同的信用主体构成，可以认为在存续期内同时发生违约的概率接近于 0。

[20] 这是指数发行时的情况。若信用主体发生分立或合并，会使其比其他信用主体占有更小或更大比例的平价价值。即使发生这种情况，也不影响本章对指数定价的分析内容。

第 68 章

对冲尾部风险*

史蒂芬·J. 安特科扎克（Stephen J. Antczak），注册金融分析师

近期发生的金融危机使大量关注集中在“尾部风险”以及如何最小化风险敞口的方法上。在风险管理者和交易员的视野里，“尾部风险”已经成为交易词典中最常见的词语。其实它的常用场合远不止交易领域（例如，在谷歌中搜索“尾部风险”得到的结果数量惊人）。实际上，新近创立的一些对冲基金希望通过尾部风险实现盈利。

在本章我们首先讨论为什么尾部事件的发生似乎具有规律性。我们发现几乎所有尾部事件都与三个特征（杠杆、融资以及投资决策的非经济目标和约束的影响）之一相关。随后我们在三个特定的尾部风险“对冲”方面介绍一些背景信息。尾部风险会导致股票市场剧烈下跌、公共部门财政失衡以及经济衰退。将股票市场的下跌视为固定收益投资者的风险非常重要，一部分原因是股票和固定收益证券市场存在高度的相关性。图表68—1展示了2001年5月至2010年5月间股票市场和高收益信用债券市场的联动情况。另外，很多债券投资者以及更广泛的投资者，比过去几年更加关注跨市场的机遇和风险。

关于对冲头寸的构建，我们接下来强调大多数对冲面临的四个重要问题：(1) 被保护投资组合和对冲工具之间的相关性；(2) 成本；(3) 潜在滑点；(4) 对历史关系的依赖，这些历史关系可能随时间推移而消失。然后我们考虑两个广义上的对冲策略：无资金对冲和有资金对冲。这两种策略都面临上述问题（见图表68—2）。我们将无资金对冲

---

* 本章是当初作者在任法国兴业银行的美国信用策略部主管时撰写的。感谢 Jung Lee 和 Sandeep Mody 对撰写本章内容所给予的帮助。

图表 68—1　股票市场与高收益信用债券市场的联动性，2001 年 5 月至 2010 年 5 月

注：数据截至 2011 年 3 月 14 日。

资料来源：法国兴业银行跨资产研究部。

定义为投资者使用自有资金的一部分来保护投资组合。从某种意义上说，无资金对冲类似于购买保险。有资金对冲的使用者大多是不能或不愿支付全部保险成本的市场参与者。他们仍有对冲的需求，因此需要持有相应资产的多头头寸来作为购买保险的支付。当市场下跌的触发事件无法预测时，有资金对冲策略的使用较为普遍，这是因为如果保费持续支付而风险事件并未发生，对冲工具的表现将非常滞后。我们将评估不同的对冲工具在股票市场剧烈下跌的尾部事件中的表现。

接着我们将评估不同的有资金对冲在面临第二种风险（主权信用风险）和第三种风险（经济衰退风险）时的效果。最后，我们将讨论交易中的特定对冲风险，比如交易对手方风险。我们会发现有资金对冲策略比无资金对冲策略的风险更大，在很大程度上是由于有资金对冲策略变动的成分更多，但并不是说有资金对冲策略不如无资金对冲策略有效。

图表 68—2　　无资金对冲和有资金对冲的特征

	无资金对冲	有资金对冲
定义	投资者使用自有资金保护投资组合	持有资产作为一种保险
关心的主要问题	损失规避	成本，收益的非对称性，损失规避
目标	广泛应对各种事件以保护投资组合	针对发生可能性较大的特定事件保护资产
对冲模型	历史数据（很大程度上）	情景分析（很大程度上）
关心的重要问题（不限于）	成本、相关性、滑点、历史关系依赖性	成本、相关性、滑点、历史关系依赖性、更多的“变动成分”导致的额外风险

资料来源：法国兴业银行跨资产研究部。

68.1 对冲步骤

尽管不存在完美的对冲工具或方法，但我们认为在构造对冲组合时使用下面六个步骤非常有用。

第 1 步，决定是否对冲。在信用债券投资组合基金经理看来，尾部事件发生的可能性很大，这意味着他一定需要对冲吗？也许需要，但不是必需的，因为有一系列因素决定了无须对冲。假设基金经理运用的资金占总投资金额的 25%。如果基金经理认为将发生尾部事件，将 75%的闲置资金转为现金，会发生什么？如果基金经理还进行了对冲，就造成了过度对冲。如果基金经理预期到违约风险上升，而且市场上对此已经形成了一致预期，又会发生什么呢？市场价格已经体现了风险，此时对冲的成本就非常高了（见图表 68—3）。

图表 68—3　美国投机级债券违约率与高收益债券指数

注：2011 年 1 月 31 日的数据。违约率是和之前一年相匹配的 LTM 数据。
资料来源：法国兴业银行跨资产研究部、彭博、穆迪。

第 2 步，决定对冲什么。若投资者认为有必要进行对冲，最重要的是理解对冲什么。不同类型的尾部事件（例如，主权信用违约和英国石油泄漏）需要不同类型的对冲方案。

第 3 步，识别并警惕对冲中的问题。有一系列问题可能影响对冲工具的实际效率。这些问题包括对冲工具之间的相关性、对冲成本、对冲工具和被对冲资产之间潜在的滑点，以及预测未来表现时对历史数据的依赖。

第 4 步，决定是否需要资金。在某种意义上可以将对冲类比于保险，如何支付保费是一个重要的选择。一种方式是简单地使用自有资金购买保险，这样做节省了保费支出。但不利的一面是，如果尾部事件并未发生，投资组合的表现会受到影响，可能低于标的资产或竞争对手的收益率。另一种方式是投资者持有对尾部事件不太敏感的资产多头头寸，这种方式的缺点是，可能会引入新的风险因素。

第 5 步，制定有效对冲。制定一个有效对冲组合，能够在很大程度上平衡尾部事件带来的冲击。另外，情景分析法可用于识别可承受的市场下跌风险。

第 6 步，识别特定交易风险。尽管我们已经识别了普遍意义上可能影响对冲的四个问题，但更重要的是考虑特定交易的相关风险。例如，一些对冲方式可能带来很大的交易对手风险，而在一些交易中，流动性是一个更为重要的因素。

68.2 对冲的必要性

理论上，尾部风险的发生频率很低，可以说如同百年一遇的风暴，但现实与理论还是存在差别。图表 68—4 展示了 1990—2010 年间引发市场暴跌的一些事件。从图表 68—4 中我们看到，这些事件出现得相当频繁，大约每三年就会发生。

尽管没有单一的因素能够解释尾部事件频繁发生的原因，但在这些事件中可以观察到三个共同的特征：过度使用杠杆（无论是金融杠杆、操作杠杆还是其他）、资金来源不稳定以及潜在的非经济投资目标或约束。包括俄罗斯主权信用违约和美国房地产泡沫在内的风险事件都有上述特征。

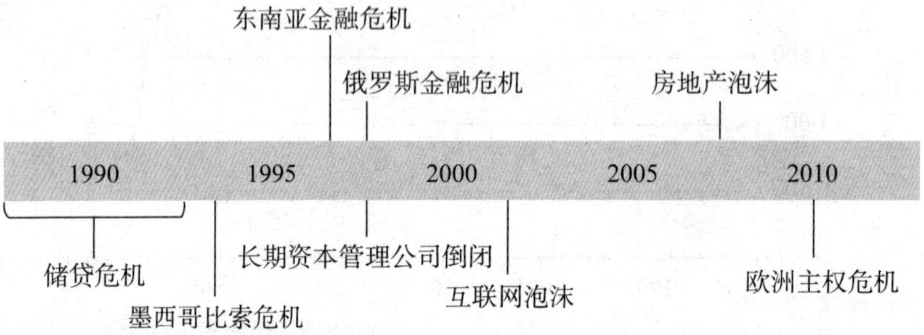

图表 68—4 引发市场重大下挫的一些事件，1990—2010 年

资料来源：法国兴业银行跨资产研究部。

至于非经济的目标和约束，出于种种原因，一些市场参与者可能会受到套利因素的影响，这些套利因素不一定与投资效率有关。例如，很多市场参与者的投资表现是以季度或年度为基准来衡量的，因此他们持有现金的机会很少。2010 年，尽管很多投资经理并不认为债券收益率很有吸引力，但债券市场资金流入很稳定，因为他们不能持有过多的现金余额。实际上，一些投资者被动买入资产。但以我们的经验，一旦波动性或不确定性变大，由“被动投资者”推动的估值水平值得怀疑。这些投资者会重新配置资金到相对更加安全的投资组合。

我们认为，除了上述因素以外，市场还表现出低估价格渐进累加的趋势。也就是说，如果要充分发挥资金的作用，投资于 4.5 倍的杠杆收购与 4 倍的杠杆投资有实际的差别吗？5 倍杠杆与 4.5 倍杠杆有实际的差别吗？照此逻辑，这一项目会离实际价值越来越远。8.5 倍杠杆与 8 倍杠杆有实际的差别吗？并没有，但是与 4 倍杠杆差距甚远。最终过度的杠杆融资之间就会发生到期日不匹配的情况。如果资金来源紧张，就会引发强制卖出资产进而如滚雪球般引发不可控的危机。资金期限错配会以多种途径影响资产估值（例如对冲基金撤回投资或抵押要求的提高）。

2007 年初的住房市场危机体现了上述特征。在图表 68—5 中，新发放的低质量的抵押贷款供给从 2001 年到 2007 年逐渐增加，增长速度随着时间的推移比初始时高出很多。在 2001 年和 2002 年，准优级贷款（Alt-A）的质量比次级贷款高一级，平均每月新增 20 亿美元。接下来的几年，这一数字屡创新高，2003 年平均每月增加 44 亿美元，2004 年是 61 亿美元。此时尚在可控范围内，但不久之后平均每月新增贷款达到了 150 亿美元以上。

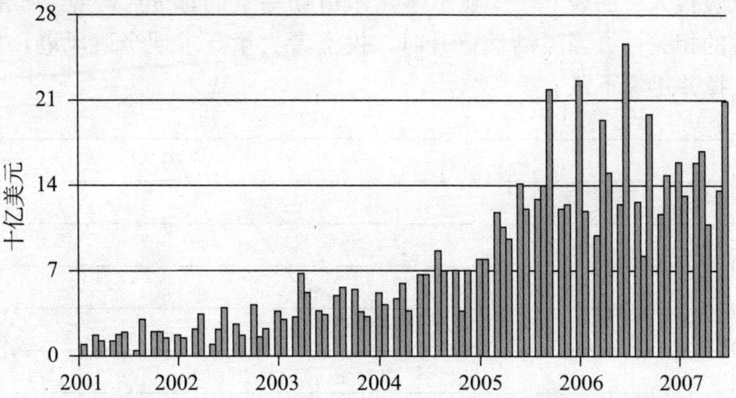

图表 68—5　2001—2007 年每月 Alt-A 抵押贷款债券供应量

资料来源：法国兴业银行跨资产研究部、彭博。

杠杆可以以多种形式构成。持续发行的低质量抵押贷款债券并不是 21 世纪初住房市场杠杆的唯一来源。如果将杠杆定义为“标的”资产价值变动导致更多的风险敞口（本例中是房价），那么结构化产品市场也极大地推动了整个市场体系中杠杆的形成。

我们来回顾一下市场上结构化产品的常见结构，如图表 68—6 所示。本质上，低质量的抵押贷款用于创造资产支持证券（ABS），夹层债券可以用于创造另一只杠杆更高的债券，即 ABS 担保债务凭证（ABS CDO）。然后 ABS CDO 中的夹层债券又被用于创造另一只新的以 CDO 为抵押的 CDO，通常称为 CDO 平方，造成的结果是很小的基础资产支撑了巨大的债务量。

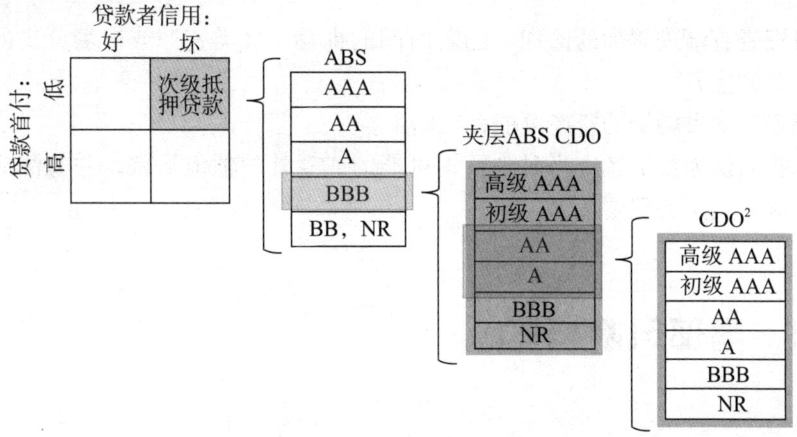

图表 68—6　抵押贷款相关的杠杆结构化产品衍生过程

资料来源：法国兴业银行跨资产研究部。

所以尽头在何处？考虑最终的杠杆水平，违约率只要达到 13.4%（假设回收率为50%并且存在重复抵押），从 CDO 平方到 3A 层级的整个序列都将遭受损失。需要指出，根据彭博的数据，2010 年第三季度次级贷款的严重逾期的比例[1] 是 27.7%，超过了影响到 3A 级债券的违约率的 2 倍。同时，“被动市场参与者”的数量在上升，多种衡量方式都表明当市场已经完全高估，导致抵押贷款债券市场面临更大波动性或不确定性时，市场波动的风险很大。图表 68—7 显示了货币市场基金的总资产与宽基抵押贷款债券投资组合总收益的相关性。当波动性上升时，投资者大量寻求现金避风港，抵押贷款债券的价格失去支撑并迅速下跌。

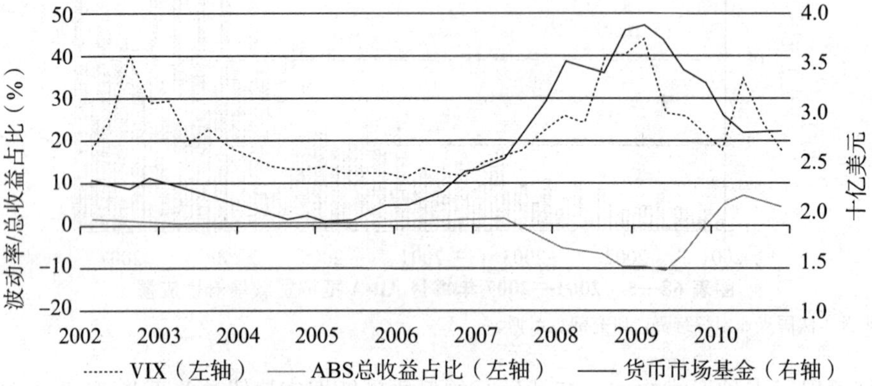

图表 68—7　货币市场基金总资产与 CBOE 波动率指数（VIX）以及抵押贷款债券投资组合的表现

注：2010 年第四季度的收益率是前四个季度的移动平均。

资料来源：法国兴业银行跨资产研究部、彭博。

我们的主要观点是，现在市场更多地关注尾部事件，一部分原因在于其发生的频率超出了预期。我们认为尾部事件在很大程度上与以下三个因素有关：

(1) 一些与投资效率无关的因素可能会影响市场参与者的行为，进而迫使投资者采取被动的投资策略。由这种“被动投资者”推动的价格在波动性或不确定性上升时下跌风险很大。

(2) 投资者有渐进累加的倾向，随着时间的推移，某类资产或市场分支的风险水平在不经意间急剧上升。

(3) 融资与支撑融资的资产可能存在错配。

因此，我们认为投资者应当时刻警惕可能的或意外的估值下跌，并关注应对下跌的保护方法，这一点至关重要。

68.3　尾部风险概览

历史经验表明，尾部风险发生的情况有无数多种。郁金香热潮？南海公司投机泡沫？白银投机泡沫？互联网泡沫？房地产市场泡沫？泡沫很难被识别，更不用说预测泡沫何时破灭了。然而这并不意味着不存在有效的方法来对冲泡沫的潜在风险。

本章旨在提供一个对冲尾部风险的框架，因此我们选取了三种特定的风险来建立对冲模型：

(1) 股票市场暴跌。

(2) 主权信用风险事件。

(3) 经济衰退。

下面我们对这些尾部事件进行概述。

□ 股票市场暴跌

很多投资者，无论是否投资于股市，都对股市的表现有所认识。由于股票市场具有相对较好的流动性，一部分投资者基于自己参与市场的广度和深度，认为股票是反映跨市场风险偏好的重要参考指标。如果股票市场估值有压力，那么其他市场的估值也会遇到压力。

股票市场（以标准普尔 500 指数为代表）暴跌并不频繁。以 1985—2010 年的月度表现为例，标准普尔 500 指数在 25 年间有 12 次波动超过 2 个标准差，3 次超过 3 个标准差（见图表 68—8）。

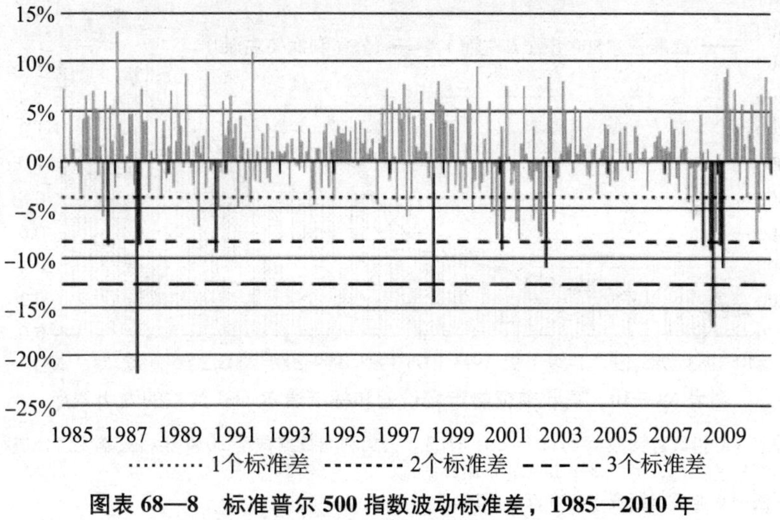

图表 68—8　标准普尔 500 指数波动标准差，1985—2010 年

注：数据截至 2010 年 12 月 31 日。1985 年以来的月度波动。
资料来源：法国兴业银行跨资产研究部、彭博。

由于股票市场和固定收益市场存在较高的相关性（如图表 68—9 所示），我们将股票市场的下跌视为固定收益投资者面临的风险。另外，债券投资者在某种意义上是更广泛的投资者，都比以前更加重视跨资产市场的机会和风险。

实际上，对股票市场的潜在风险进行对冲对于各类资产的投资者而言都十分重要。

此外，股票市场还与各种经济指标的表现相关（甚至领先于经济指标）。如图表 68—10 所示，我们将标准普尔 500 指数与上市公司利润的历史数据相叠加，得到非常相近的趋势。由此可以预计，在经济下行时期或之前，会发生股票估值的下跌，对其他市场也有所预示。

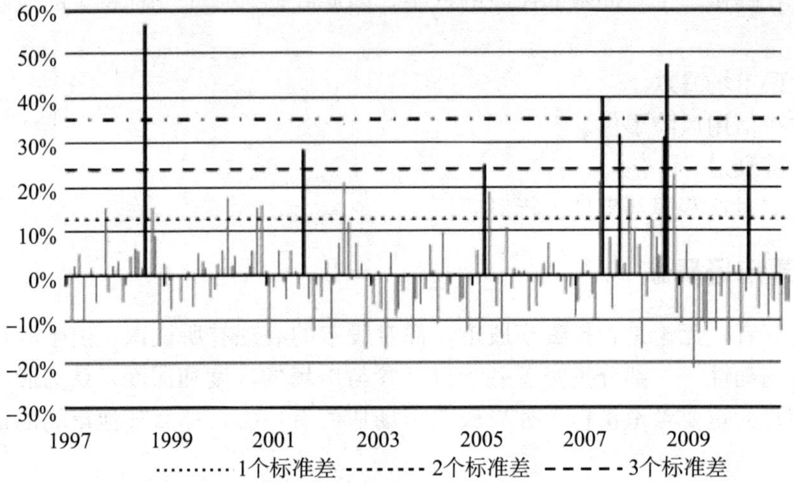

图表 68—9　高收益债券市场波动标准差，1997—2010 年

注：数据截至 2010 年 12 月 31 日，月度波动。

资料来源：法国兴业银行跨资产研究部、彭博。

图表 68—10　高收益债券市场价差和标准普尔 500 指数的溢出效应

注：标准普尔 500 指数数据截至 2011 年 1 月 31 日，公司利润数据截至 2010 年第三季度。公司利润包括库存估值的调整和资本消耗的调整，为经季节调整的年化数据。

资料来源：法国兴业银行跨资产研究部、彭博。

□ 主权信用风险事件

自 2008 年以来，很多发达国家公共部门财政赤字上升。一些投资者担心这可能成为又一个市场焦点，会对估值产生影响。

为理解该问题的重要性，图表 68—11 显示了美国和葡萄牙自 2007 年以来的未清偿债务总额。需要指出很多国家的公共部门也面临相似的情况。历史数据表明，任何公共部门的信用事件都会对其他部门的估值产生重要影响。举例来说，2010 年春天欧洲主权信用风险上升时，很多金融产品信用价差迅速扩大，因为投资者担心主权信用风险敞口要求对资产进行重估。甚至在更远的市场，例如美国高收益债券市场和标准普尔 500 指数，都承受了较大的压力，如图表 68—12 所示。

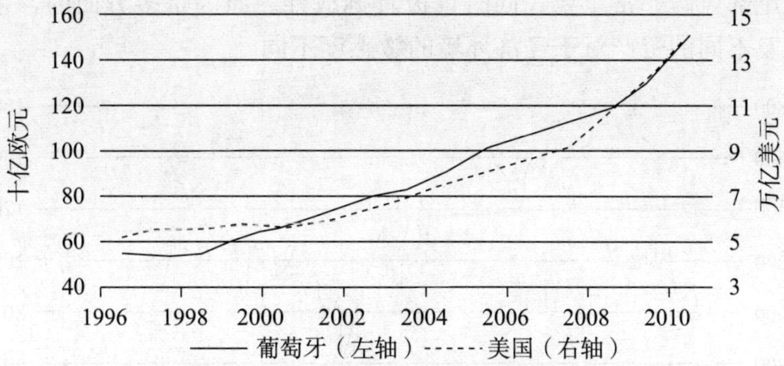

图表 68—11　葡萄牙和美国总债务水平

注：总债务水平。
资料来源：法国兴业银行跨资产研究部、彭博、IGCP。

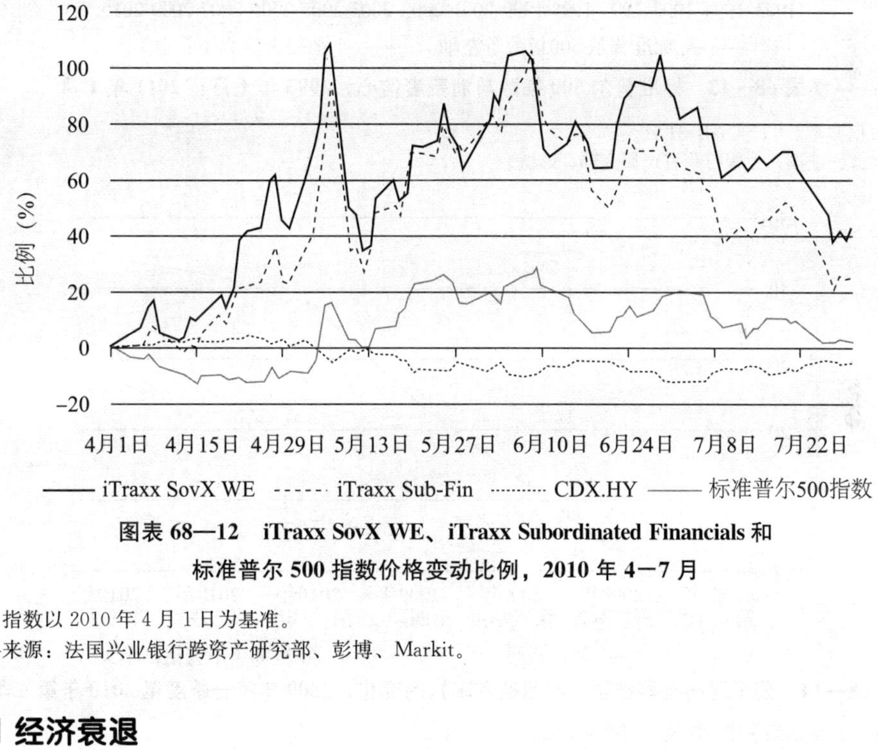

图表 68—12　iTraxx SovX WE、iTraxx Subordinated Financials 和标准普尔 500 指数价格变动比例，2010 年 4—7 月

注：指数以 2010 年 4 月 1 日为基准。
资料来源：法国兴业银行跨资产研究部、彭博、Markit。

□ 经济衰退

大多数资产在一定程度上会受到广泛的经济环境的影响。例如，经济环境的一个重要指标是消费者信心，图表 68—13 表明这一经济指标与股票市场的表现存在很高的相关性。

然而经济环境的构成相当复杂，因此对于无法预期的经济衰退进行对冲是一个巨大的挑战。如图表 68—14 所示，经济系统中的两个重要成分——零售额和公司利润可能对公司价值产生重大影响，但是在 2009 年和 2010 年的表现截然不同。特别是在 2009 年 3 月到 2010 年 9 月间，零售额始终保持平缓的增长，而公司利润的变化最高达到 44%。此时的经济是好是坏？

对冲经济尾部风险非常重要，同时也极具挑战性。原因是多方面的，包括经济指标数量庞大，以及不同的资产对于经济环境的敏感度不同。

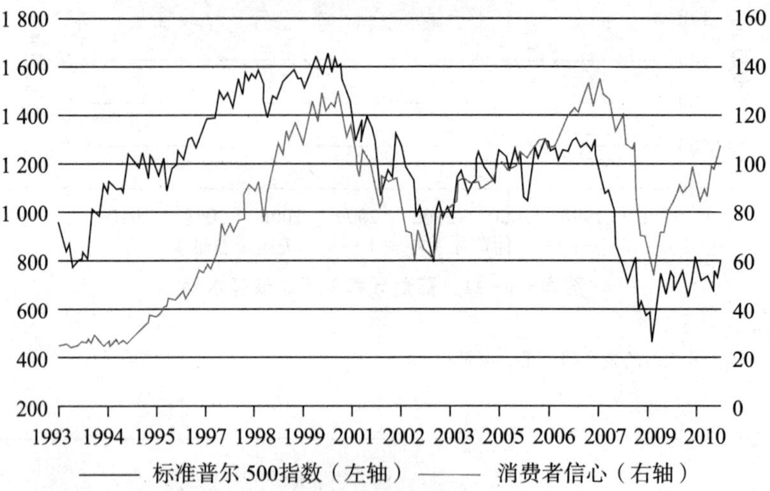

图表 68—13　标准普尔 500 指数与消费者信心，1993 年 1 月至 2011 年 1 月

注：数据截至 2011 年 1 月 31 日。

资料来源：法国兴业银行跨资产研究部、彭博。

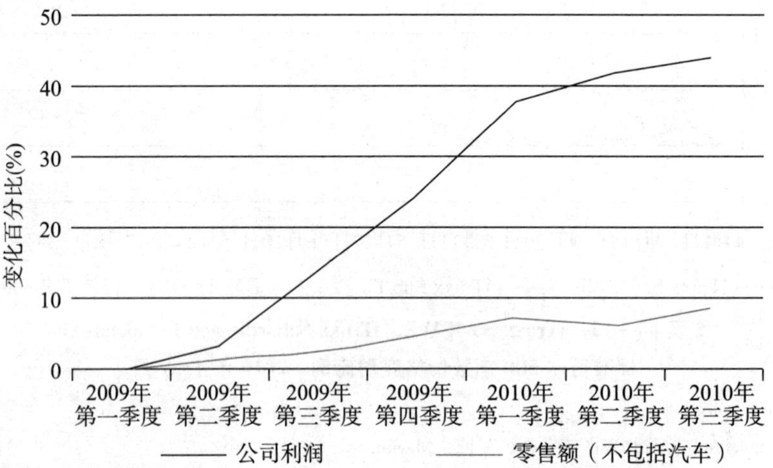

图表 68—14　公司利润与零售额（不包括汽车）的变化，2009 年第一季度至 2010 年第三季度

资料来源：法国兴业银行跨资产研究部、彭博。

68.4　对冲过程中遇到的问题

正如之前讨论过的，市场不存在完美的对冲。在尝试对上一节介绍过的三种尾部风险创建“高效”的对冲之前，我们必须首先讨论下面几个对冲过程中经常遇到的问题。

(1) 被保护的投资组合与对冲工具之间的相关性。

(2) 对冲成本。

(3) 潜在的滑点。

(4) 历史关系的可靠程度，因为这些相关性可能会随着时间的推移而改变。

□ 相关性

我们所关注的第一个问题是相关性，也就是说，被保护的投资组合与对冲工具变动方向不同以及（或者）变动幅度不同。换句话说，假设购买了保险来抵御风险事件，但是当风险事件发生时收到的赔付和实际发生的损失不一致。

为了更好地看待这个风险，我们考虑在历史上股票市场遭到抛售时一些特定对冲工具的表现情况（这里我们使用风险的狭义定义）。图表68—15显示了标准普尔500指数和罗素2 000股票指数在1980—2010年间价格的变化，以及一些工具的价格变化，例如10年期美国债券和现货黄金。需要再次说明，我们预期股票市场暴跌后会对某些固定收益市场产生溢出效应。

图表68—15显示了标准普尔500指数或罗素2 000股票指数跌幅达到或者超过20%的时间段。图表68—15中的各种对冲工具只要价格变动达到或者超过10%就可以被认为至少成功地发挥了部分对冲效应（当然，价格要朝着正确的方向变动）。

图表68—15　　不同对冲工具的表现，1980—2010年

时期		风险资产（%）		常用的对冲工具（%）				
		标准普尔500指数	罗素2 000股票指数	黄金	美元指数	10年期美国国债	VIX指数	CDX. IG指数
1980年2月	1980年3月	−17	−27	−32	12	−14	47	
1981年6月	1981年9月	−16	−23	−13	3	−4	47	
1987年10月	1987年11月	−31	−39	4	−8	10	332	
1990年7月	1990年10月	−20	−30	10	−9	−3	111	
1998年4月	1998年10月	−15	−37	−5	−9	8	130	246
2000年3月	2000年4月	−4	−25	−8	6	3	74	38
2001年1月	2001年4月	−20	−17	9	6	2	58	14
2001年7月	2001年9月	−22	−26	8	−6	6	127	23
2002年3月	2002年7月	−32	−28	4	−7	8	148	48
2002年8月	2002年10月	−19	−20	−12	−2	4	52	22
2007年10月	2008年3月	−17	−21	31	−9	11	85	240
2008年8月	2009年3月	−48	−54	22	17	9	164	75
2010年4月	2010年7月	−16	−20	7	6	6	93	54
			平均	**2**	**0**	**4**	**113**	**84**
			朝着正确方向变动的比例/（%）	**62**	**46**	**77**	**100**	**100**

资料来源：法国兴业银行跨资产研究部。

这个研究给我们提供了三个值得关注的要点：

(1) 在 1980—2010 年，股票市场跌幅曾经 13 次达到或者超过 20%，我们发现很多次对冲工具都没有向“正确”的方向变动。例如，虽然黄金在市场动荡时期是一个“寻求安全”的受益者，但是它在抵御股票价格下跌方面几乎没有发挥作用。现货黄金只有三次朝着“正确”的方向变动。此外，美元指数在股票市场大幅下跌期间的价格变动情况基本和抛硬币一样，46%的时间上涨，54%的时间下跌。

(2) 即使被保护的投资组合与对冲工具变动方向高度相关，变化幅度上的差异一样也会限制对冲的作用。例如，美国国债在市场压力下受到“寻求安全”的追捧。图表 68—15 表明，10 年期美国国债向“正确”的方向变动的时间达到了 77%。但是，其价格的变动相对于股票市场的跌幅来说相当不明显（10 年期国债价格在此期间平均仅上涨 4%，而标准普尔 500 指数则平均下跌了 21%）。投资者不得不去购买非常多的美国国债进行对冲，而这又会带来新的问题。

(3) 仅从相关性来看，我们发现 VIX 指数和 CDX. IG 指数的对冲是有效的。从对冲效果的一致性来看，两个对冲工具在标准普尔 500 指数或罗素 2 000 股票指数跌幅达到或者超过 20%的时间段全部朝着“正确”的方向变动，而且两者的变化幅度也远在“价内”，分别为 113%和 84%。

□ VIX 指数和 CDX. IG 指数的独特之处

VIX 指数和 CDX. IG 指数具有很多特殊的性质，但是它们从对冲工具中脱颖而出主要是由于它们的价格朝着“正确”的方向变动（非对称的收益情况）。为了便于观察，我们总结出标准普尔 500 指数、VIX 指数和 CDX. IG 指数上涨或者下跌的幅度超过其一年移动平均值 25%的次数，在图表 68—16 至图表 68—18 中显示。通过图表我们可以看出，标准普尔 500 指数出现极端波动的情况相当少（只有 4%），而相比之下 VIX 指数（28%）和 CDX. IG 指数（43%）就很频繁。注意到我们观测标准普尔 500 指数和 VIX 指数的时间段比 CDX. IG 指数要长。

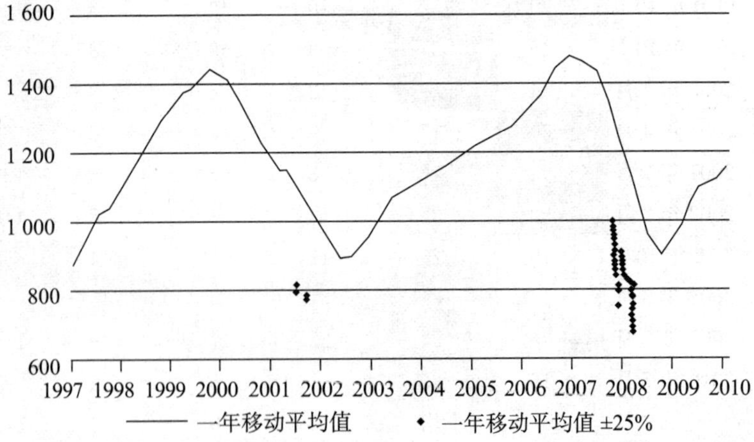

图表 68—16　标准普尔 500 指数波动超过一年移动平均值 25%的观测值，1997 年 1 月—2010 年 2 月

注：数据截至 2011 年 2 月 10 日。

资料来源：法国兴业银行跨资产研究部。

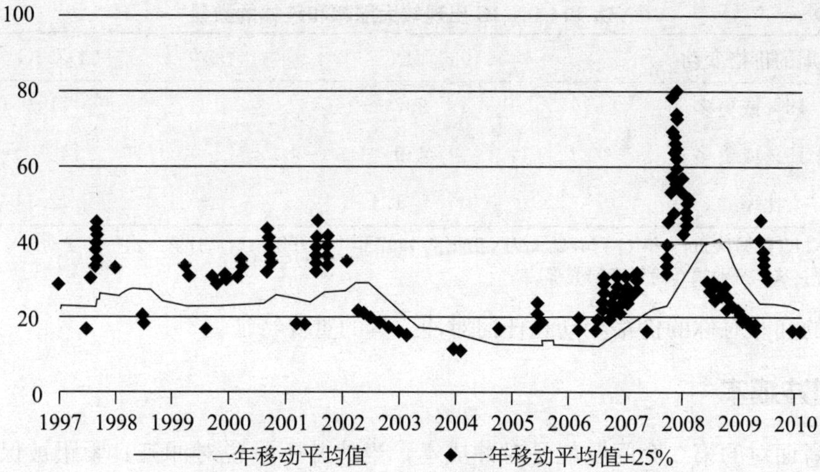

图表 68—17　VIX 指数波动超过一年移动平均值 25%的观测值，1997 年 1 月—2010 年 2 月

注：数据截至 2011 年 2 月 10 日。

资料来源：法国兴业银行跨资产研究部。

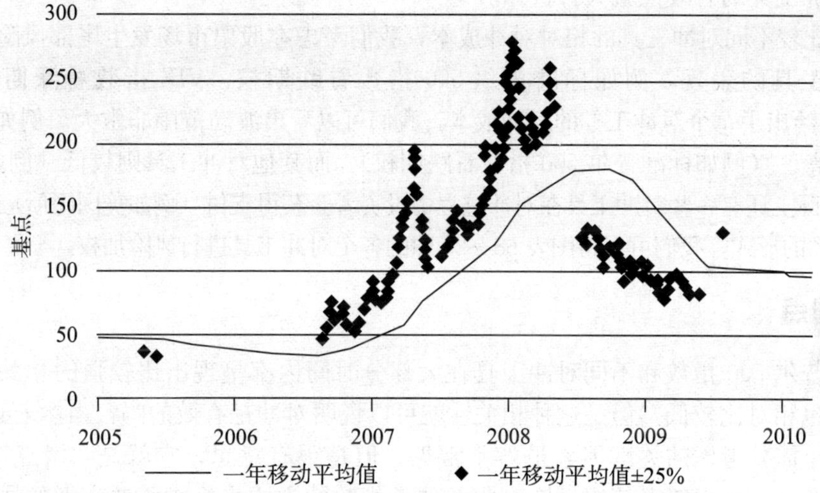

图表 68—18　CDX. IG 指数波动超过一年移动平均值 25%的观测值，2005 年 1 月—2010 年 2 月

注：数据截至 2011 年 2 月 10 日。

资料来源：法国兴业银行跨资产研究部。

现在考虑收益情况的非对称性，我们观察 VIX 指数和 CDX. IG 指数价差在两周观测期内的表现。我们只关注变化达到或者超过 15%的观测值（见图表 68—19）。我们发现自 1997 年开始，VIX 指数在两周观测期内上涨和下跌达到或者超过 15%的次数都非常多（分别是 459 次和 337 次）。自 2004 年底开始，CDX. IG 也是这种情况（71 次价差收窄达到或者超过 15%，156 次价差展宽达到或者超过 15%）。

图表 68—19　　VIX 和 CDX. IG 出现较大涨幅和跌幅的数量

两周的价格变动	VIX	CDX. IG
－15％或更多	337	71
＋15％或更多	459	146
比率	1.4	2.1

注：CDX. IG 数据从 2004 年 11 月开始。VIX 数据从 1997 年 1 月开始。两周计算一次价格变动。
资料来源：法国兴业银行跨资产研究部。

较大的和非对称的价格变动是任何对冲工具的重要特征。

□ 对冲成本

对冲者面对的第二个问题就是对冲成本，当然并不是说对冲工具紧跟被保护投资组合变化的程度或者在尾部事件发生时对冲成本较高的情况下对冲工具的变化幅度一定非常重要。在只考虑短期限相关性的情况下，标准普尔 500 指数平价看跌期权可能是抵御标准普尔 500 指数下跌风险的不错的对冲方法，但是一旦考虑对冲成本后，使用看跌期权作为对冲工具的有效性就大打折扣。

为了比较不同对冲工具的相对对冲成本，我们考虑在股票市场发生尾部风险时 7 种常用的对冲工具的表现，例如标准普尔 500 指数看跌期权、VIX 指数看涨期权等。图表 68—20 给出了每个对冲工具的对冲成本，我们可以看出波动范围非常大。例如，期权的成本相当高[2]（例如标准普尔 500 指数看跌期权），而其他对冲工具则较低（例如 CDX. IG 指数）。实际上还有一些对冲工具在对冲过程中投资者会获得支付（例如美国国债）。注意到按照对冲比率的形式，我们可以将图表 68—20 中的各个对冲工具进行风险加权。

□ 滑点

标准普尔 500 指数和不同对冲工具在大部分时间内都呈现出比较强的相关性，并且对冲成本也相对比较低。但是这种相关性就可以说明对冲是有效的吗？当然未必。

另一个需要考虑的关键因素虽然不常见，但是很有意思，它就是“滑点”。为了说明，我们假设一个投资者使用做空高收益债券指数的方式来抵御股票市场的暴跌。做出这个决定的原因之一是这种对冲方式相对便宜。假设这个投资者在 2009 年 1 月 2 日建立了对冲的头寸。未来一年标准普尔 500 指数上涨了 20％，因此按照道理，高收益债券市场应该下跌了差不多这个幅度。然而事实并非如此。一个“独特”的事件发生了，高收益债券市场从流动性回归中受益，很多债券发行方都能够在债务到期时重新进行融资。结果是，高收益债券的公司违约率大幅下降（见图表 68—21），并且在 2009 年高收益债券的总收益率达到了 56％。因此，我们例子中投资者的投资组合的收益会被这种情况抵消，她会遭受 36％的损失（标准普尔 500 指数 20％的收益－高收益债券市场 56％的收益＝－36％，以名义对冲率计算，见图表 68—22）。

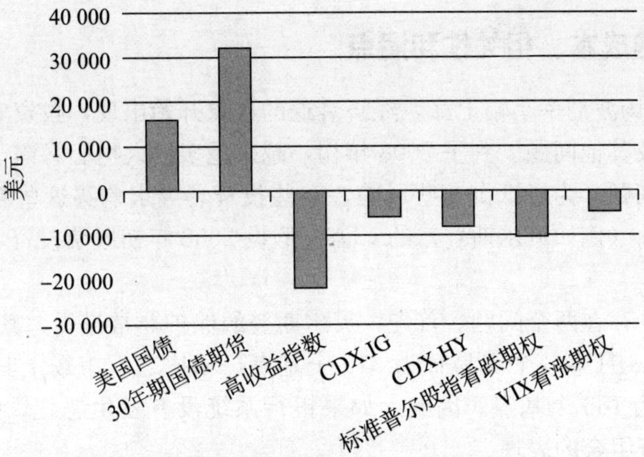

图表 68—20　不同对冲工具的对冲成本

注：数据截至 2011 年 1 月 21 日。
资料来源：法国兴业银行跨资产研究部、彭博。

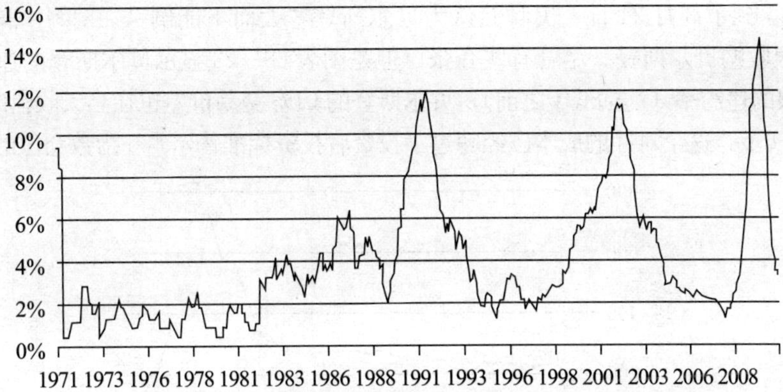

图表 68—21　美国投机级债券的违约率，1971—2010 年

注：数据截至 2011 年 1 月 31 日。
资料来源：法国兴业银行跨资产研究部、穆迪。

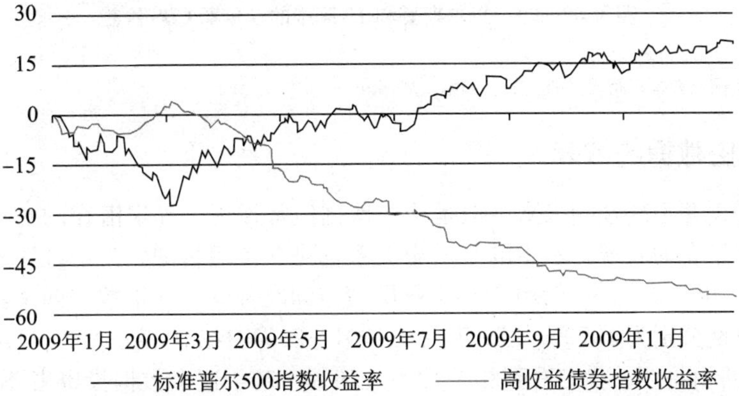

图表 68—22　2009 年标准普尔 500 指数收益率和高收益债券指数空头头寸的收益率

资料来源：法国兴业银行跨资产研究部、彭博。

□ 实际中的成本、相关性和滑点

在 2007 年市场波动率小幅上涨，经济衰退的迹象开始出现，投资者越来越担心房地产的潜在泡沫以及其他问题。到了 2008 年初，越来越多的人担心暴露于银行和经纪商的风险敞口和其他问题。为了抵御这些风险，一些投资者寻求购买这些看起来表现特别糟糕的银行和经纪商（例如贝尔斯登）的 CDS。假设 2008 年初股票投资者购买了 5 年期贝尔斯登的保护。

这个对冲至少存在两个问题。首先，贝尔斯登的保护非常昂贵，其 5 年期 CDS 的交易价差在 2008 年 3 月第一个交易日为 315 个基点，相比之下市场上其他高评级银行的 CDS 交易价差仅为 165 个基点。因此，如果银行系统没有发生恶化，购买这个“保险”会极大地影响投资组合的表现。

第二个也是更为显著的问题就是 CDS 与标准普尔 500 指数之间的相关性存在滑点。尽管贝尔斯登 CDS 与标准普尔 500 指数之间历史相关性很高，但是特殊事件可能会在一定程度上影响这个相关性。同样，我们假设一个投资者在 3 月以 315 个基点的价差购买了贝尔斯登的 CDS。到了 3 月 24 日，美联储认为贝尔斯登“大而不能倒”，并采用非常规的方法鼓励 JP 摩根收购贝尔斯登。尽管有些夸张，但是图表 68—23 显示贝尔斯登的违约率瞬间等同于 JP 摩根的违约率（远远低于之前），贝尔斯登的 CDS 交易价差也在当天收盘时下降到 186 个基点。事实上，这个对冲的成本已经超过了投资者投资标准普尔 500 指数仓位的下跌幅度。

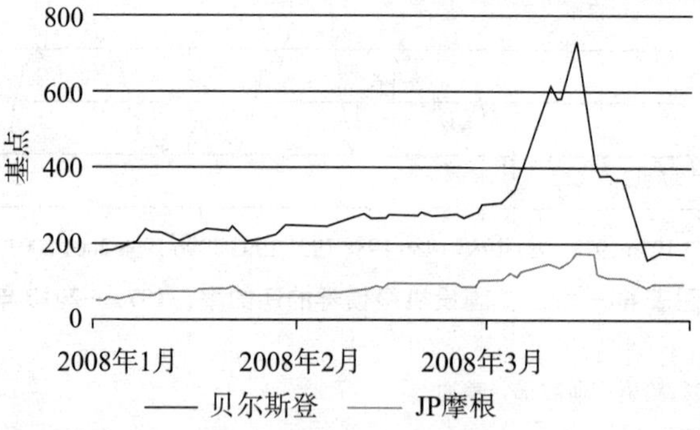

图表 68—23　贝尔斯登和 JP 摩根的 5 年期 CDS 价差

注：数据截至 2008 年第一季度。
资料来源：法国兴业银行跨资产研究部、彭博、Markit。

□ 对历史数据的依赖

过往的表现并不能预测未来。但是历史数据经常被用于确定潜在的对冲工具相对于一个特定投资组合的表现。不幸的是历史关系都是非常短暂的。为了说明这一点，图表 68—24 和图表 68—25 显示了 10 年期美国国债与标准普尔 500 指数在两个不同时期的相关性，两个时期分别为 1970—1979 年以及 2001—2010 年。图表 68—24 显示了两者在 20 世纪 70 年代的相关性，我们看到相关性为－19％。基于这个数据投资者不会认为 10 年期美国国债会是股票市场的一种有效的对冲工具。然而，这种相关性并没有随着时间的推移而保持稳定，图表 68—25 表现出两者在 2001—2010 年的相关性大幅上升。这种反复的相关性走势是非常危险的。

图表 68—24　标准普尔 500 指数和 10 年期美国国债的相关性，1970—1979 年

资料来源：法国兴业银行跨资产研究部、彭博。

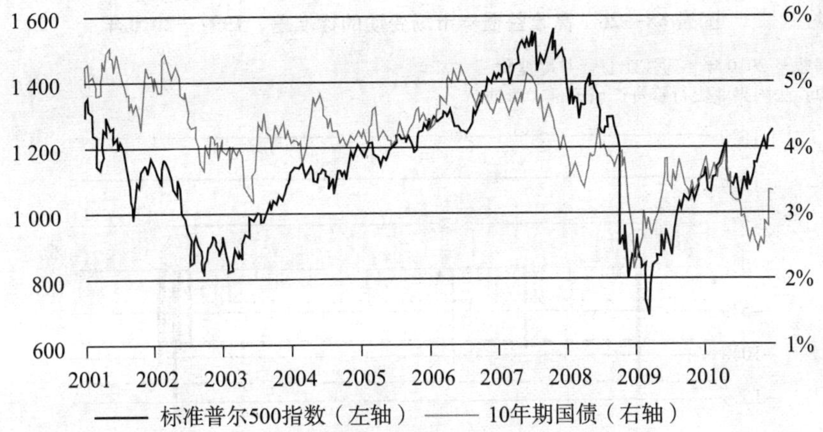

图表 68—25　标准普尔 500 指数和 10 年期美国国债的相关性，2001—2010 年

资料来源：法国兴业银行跨资产研究部、彭博。

68.5　无资金对冲（保险）

债券投资者使用购买保险的方式作为无资金对冲策略。在本节，我们考虑在前面章节介绍过的四种问题的背景下各种无资金对冲工具发挥的作用。我们定义标准普尔 500 指数的暴跌为尾部风险。之前介绍过，在 1985—2010 年的 25 年间，标准普尔 500 指数一共经历了 12 次超过两倍标准差的跌幅，经历了 3 次超过三倍标准差的跌幅。

从本质上说，股票市场和信用市场的表现高度相关，因此债券投资者担心他的债券组合受到股票市场抛售的溢出效应影响。图表 68—26 展示了 1997—2010 年的高收益债券市场的表现，通过此例我们可以看出，高收益债券市场经历了8次超过两倍标准差的跌幅（同期标准普尔500指数也有8次超过两倍标准差的跌幅，如图表68—27所示）。在标准普尔500指数的跌幅超过两倍标准差的期间，高收益债券市场的信用价差平均展宽了19%，并且有三次出现股票市场和高收益债券市场同时暴跌的重叠。

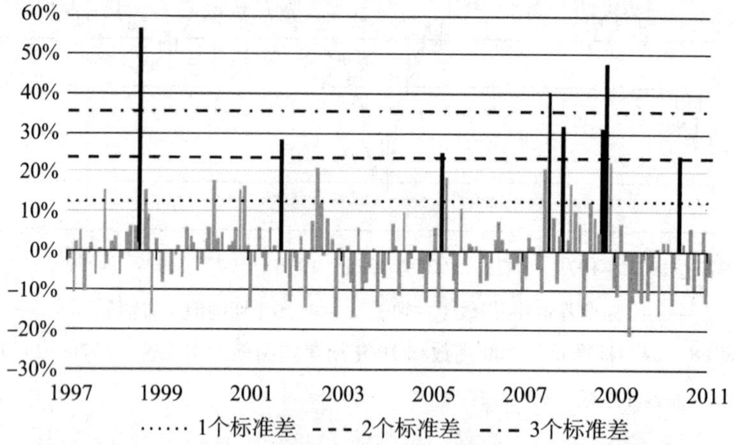

图表 68—26　高收益债券市场变动的标准差，1997—2010年

注：数据截至2010年12月31日，月度变化。
资料来源：法国兴业银行跨资产研究部、彭博。

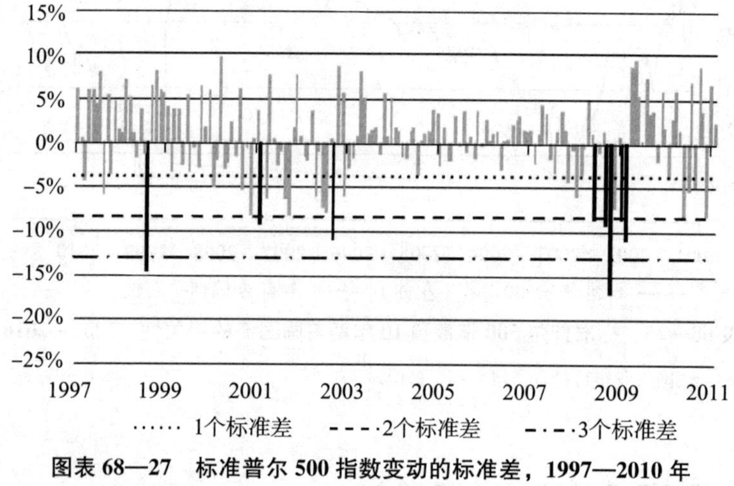

图表 68—27　标准普尔500指数变动的标准差，1997—2010年

注：数据截至2010年12月31日，月度变化。
资料来源：法国兴业银行跨资产研究部、彭博。

□ 评估不同对冲工具的效用

我们常用的7种对冲工具包括国债、国债期货、高收益指数、CDX. IG、CDX. HY、SPX看跌期权和VIX看涨期权。我们发现不存在完美的对冲，交易需要根据特定投资者的偏好、目标和限制条件进行权衡。注意到我们在本节中讨论了涵盖范围广泛的对冲工具，因为投资者在实际中债券市场出现下跌时会在“工具箱”中寻找尽可能多的对冲工具来满足其潜在的对冲需求。

在我们开始讨论之前，有四个计算细节需要注意。第一，每个对冲工具的表现是基于常规市场情况的预期之上的。特别地，我们假设最有可能的市场环境是标准普尔 500 指数区间震荡（也就是有 70%的概率收益率在−2%到 2%的范围内），但是也有显著的概率（30%）标准普尔 500 指数可能会下跌 15%。对冲工具的表现就是基于这种概率和幅度的市场假设，随后我们改变市场环境，表现结果也随着改变。

第二，最终对冲工具的表现是以加权的形式表示的，其名义本金是在风险中性情况下决定的。也就是说，对冲工具的表现在以我们计算出的在美国国债市场 1 000 万美元投资的各个市场环境下以美元计价的损益范围。然后我们将其他对冲工具的权重剔除，计算单一对冲工具的风险情况（损益范围）。

第三，每个对冲工具的预期损益都基于 2005 年以来它们相对于标准普尔 500 指数（日度数据）的贝塔值。我们对每个对冲工具计算 4 个市场环境下的贝塔值，这些市场环境包括牛市中标准普尔 500 指数温和上涨（收益率小于 7.5%）、标准普尔 500 指数剧烈上涨（收益率大于等于 7.5%），以及相应的熊市市场环境（标准普尔 500 指数下跌小于 7.5%和标准普尔 500 指数下跌大于等于 7.5%）。最后，假设观测期为 30 天。

我们下面特别讨论四种情况：

（1）收益情况的显著差异；

（2）持有头寸过程的变化；

（3）假设发生错误的概率；

（4）滑点。

收益情况的显著差异

图表 68—28 显示了 7 种对冲工具的损益情况。我们发现不同对冲工具的美元损益情况存在显著差异，在 2011 年 1 月损益范围为 0～40 000 美元。

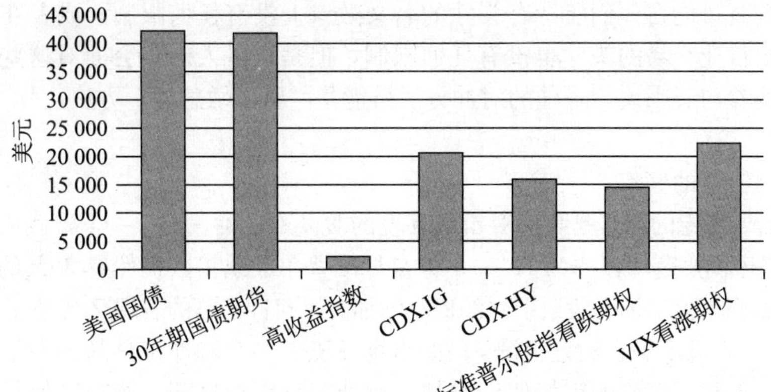

图表 68—28　不同对冲工具在市场假设环境中的损益情况（标准普尔 500 指数 70%的时间段维持区间震荡行情，30%的时间段可能会下跌 15%）

注：数据截至 2011 年 1 月 21 日。我们假设持有期都是 30 天，每个对冲工具的名义本金都经过加权处理，这样可以保证它们承担的风险一致。我们使用期权的理论价格来计算收益。

资料来源：法国兴业银行跨资产研究部。

通过国债市场（看多现金或期货）进行对冲的方法是效果最好的，因为它可以在市场正常环境中盈利，也可以在熊市环境中盈利。有趣的是，标准普尔股票指数看跌期权的表现排在第六位，部分原因是它的成本昂贵。高收益现券市场排在最后，部分原因是它的对冲成本也相当昂贵，同时它还受到对股票的影响更小的因子（如违约）的影响。

持有头寸过程的变化

但是，这并不意味着使用美国国债进行对冲本身就是最好的选择。也就是说，这个42 000美元的收益需要在相当长的时间内抵御任何股票下跌带来的损失，而且要记住获得这个收益所需要的名义敞口是1 000万美元。相比之下，看跌期权头寸的名义敞口只需要43 000美元。在考虑名义敞口的情况下，看跌期权的头寸优势明显，收益率为33.8%，而美国国债的收益率仅为0.4%（见图表68—29）。

图表68—29　考虑名义敞口的收益情况

资产	损益（千美元）	名义敞口（千美元）	收益率（%）
国债	42.4	10 000	**0.4**
30年期期货	42.3	6 700	**0.6**
高收益指数	2.4	3 800	**0.1**
CDX. IG	20.8	8 400	**0.2**
CDX. HY	16.1	2 375	**0.7**
SPX看跌期权	14.6	43.1	**33.8**
VIX看涨期权	22.6	69.3	**32.6**

注：数据截至2011年1月21日。
资料来源：法国兴业银行跨资产研究部。

一些投资者可能在他们所持有头寸的名义敞口上没有任何限制，或者在资产负债表上在某个特定行业交易的头寸也没有任何限制，但是很多人确实会面对这些限制，因此对于这些市场参与者来说，最佳的对冲方法可能是“资本敏感型”方法。[3]

假设发生错误的概率

另一个需要考虑的因素是我们对市场环境的假设不正确。回想一下，我们对市场环境的基本假设是区间震荡（概率为70%），但是标准普尔股票指数仍然有30%的概率下跌达到15%。那么当市值增加和股票上涨的概率增加时，对冲工具的表现又会是什么样的呢?

图表68—30显示了在股票上涨5%的市场环境中各个对冲工具的损益情况。这里可能最重要的一点是不正确的市场假设对某些对冲工具影响显著，而对其他对冲工具影响不大。例如，标准普尔股票指数看跌期权最多损失的就是其期权费（43 000美元，注意这和图表中反映的不一样，因为图表中反映的仅是这一个月持有期的损失情况）。相反，高收益现券市场损失了64 000美元，部分来自息票利息的支付（22 000美元），还有盯市估值的损失42 000美元。国债对冲在这个市场环境中表现很好，主要是因为这种对冲方式没有前端成本，对冲可以赚取息票利息而不是支付息票利息。

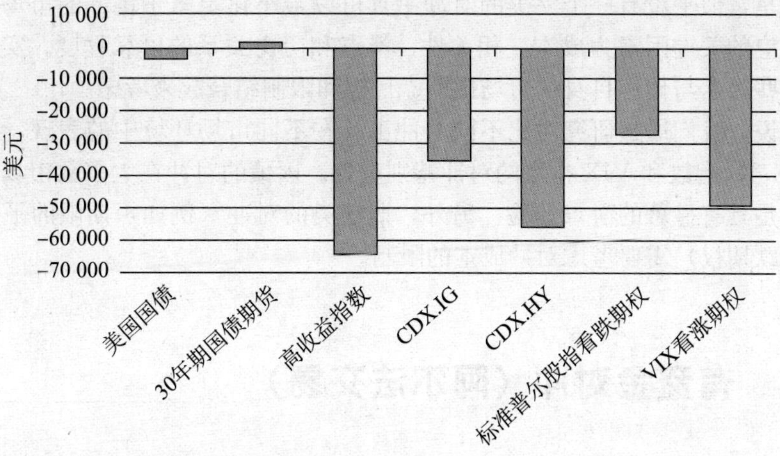

图表 68—30　在温和牛市环境中各个对冲工具的损益情况（标准普尔 500 指数上涨了 5%）

注：数据截至 2011 年 1 月 21 日。我们假设持有期都是 30 天，每个对冲工具的名义本金都经过加权处理，这样可以保证它们承担的风险一致。我们使用期权的理论价格来计算收益。

资料来源：法国兴业银行跨资产研究部。

滑点

即使在国债对冲特别有效的情况下，有些对冲工具相对其他工具波动也更为剧烈，比如滑点的问题。也就是说，股票和国债之间的历史相关性可能非常强，但是国债市场对于货币政策和通胀预期等因素的敏感性要远大于股票市场，因此结果会在某个时点产生不匹配的滑点。

举例说明，假设一个投资者持有 30 年期的国债头寸来抵御股票市场 2009 年 1 月 15 日之后可能发生的下跌。在随后的几个月中，股市表现不错，但是国债遭受到远大于其贝塔值（相对于标准普尔股票指数）的抛售，主要原因是债券市场开始反映通胀预期。结果对冲的头寸在未来几个月中亏损了 25%，这显著大于股票市场 9.6%的收益（见图表 68—31）。

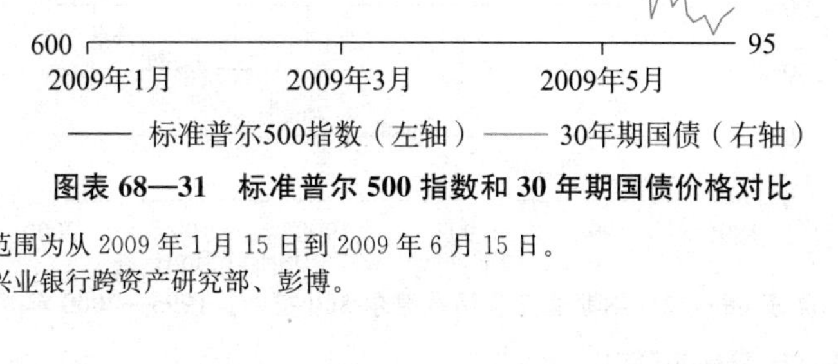

图表 68—31　标准普尔 500 指数和 30 年期国债价格对比

注：数据的时间范围为从 2009 年 1 月 15 日到 2009 年 6 月 15 日。

资料来源：法国兴业银行跨资产研究部、彭博。

遗憾的是，似乎没有一个完美的对冲工具可以最小化暴露于尾部的市场风险。四个影响对冲效应的关键因素为成本、相关性、滑点和历史关系的可靠程度。实际上，投资者需要将这些因素与他们自身的市场预期、目标和限制结合起来考虑。

这就是说，我们通过研究对比不同对冲工具在不同市场环境中的表现，发现在这些情况下 CDX. IG 指数和 VIX 指数的对冲特别有效。国债的对冲在大多数市场环境中表现不错，但还是具有显著的滑点风险。另外，期权类的对冲（例如短期限的平价标准普尔股票指数看跌期权）需要考虑对冲成本的限制。

68.6 有资金对冲（阿尔法交易）

在上一节我们讨论了无资金对冲，它在某些方面类似于直接购买保险。对冲成本显然是需要考虑的问题，但不是投资者需要关注的主要问题。我们在本节将讨论有资金对冲，也就是用持有风险敞口来支付保险的费用。结果是净对冲成本下降，但是其他方面带来的新的影响会变得更加显著。例如，交易对手信用风险在采用有资金对冲时是一个非常重要的考虑因素。

许多市场参与者使用有资金对冲的原因往往有两个。首先，几乎不可能准确预测尾部事件的发生时间。在实际中，至多能预测某个尾部事件在特定时间范围内发生的概率。其次，很多投资者的表现都是在短期内相对一个市场基准指数或其他市场竞争对手的程度来度量的。在这种情况下，如果尾部事件不在短期内发生，使用**无资金对冲策略**（unfunded strategy）的投资者的相对表现在某些情况下就有可能为负。

假设回到 1995 年初，一个股票投资者的表现度量基准是标准普尔 500 指数的年度收益，她担心市场进入“非理性繁荣”。她做空了她认为最有可能被高估的股票市场——纳斯达克。遗憾的是，对于这名投资者来说，尽管股票市场已经非常非理性，但是这种非理性又持续了 5 年。在 2000 年初，纳斯达克股票指数较 1995 年的低点已经上涨了 500%，而这名投资者落后于她的基准 300%，如图表 68—32 所示。

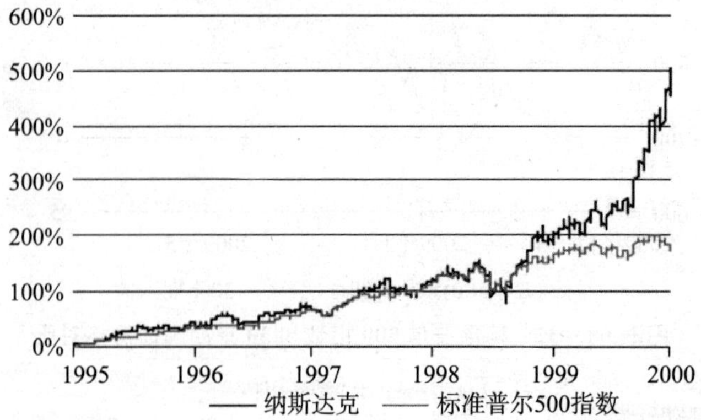

图表 68—32　纳斯达克和标准普尔 500 指数，1995—2000 年

资料来源：法国兴业银行跨资产研究部、彭博。

在本节中，我们在两种特定环境（主权信用风险、经济衰退风险）中评估有资金对冲的效应，但在此之前有三点需要注意：

(1) 专注： 作为一个经验法则，相对于有资金对冲，无资金对冲往往用来保护投资组合抵御较为广泛事件的风险，这主要是因为有资金对冲组合同时持有多头头寸和空头头寸（而无资金对冲组合仅持有空头头寸）。有资金对冲组合本质上是做空对特殊风险事件表现敏感的资产，同时做多对特殊风险事件表现稳定的资产。

(2) 使用情景分析而不是历史数据： 在上一节我们对对冲效率的分析在很大程度上基于历史数据，即如果标准普尔 500 指数变动 *X* 幅度，那么对冲 XYZ 将变动 *Y* 幅度。但是有资金对冲更多地依赖情景分析而不是历史关系。有资金对冲的本质目标是建立在不同市场环境中下行风险有限的具有非对称收益情况的对冲组合。在这种情况下需要更多的定性分析。

(3) 额外的风险： 相对无资金对冲，有资金对冲组合同时还具有更多的“变动”特征，因此带来了额外的风险需要考虑。例如，交易对手方风险、盯市估值风险以及流动性风险等，这些风险都可以在有资金对冲的过程中出现。

在本节中，我们提供两个有资金对冲的例子。我们首先关注主权信用风险对冲，然后考虑抵御经济衰退风险的对冲。尽管有资金对冲具有更多的“变动”特征和潜在风险，但是这些风险通常都可以被有效地管理。

□ 财政失衡风险

虽然几十年来，财政偿付能力危机的问题多发生在新兴市场，但是目前主权债务违约也成为发达经济体的风险。自 2007 年以来公共部门债务水平（见图表 68—33）屡创新高，并且已经有人开始相信所有的政府都有足够的政策来解决这个问题。

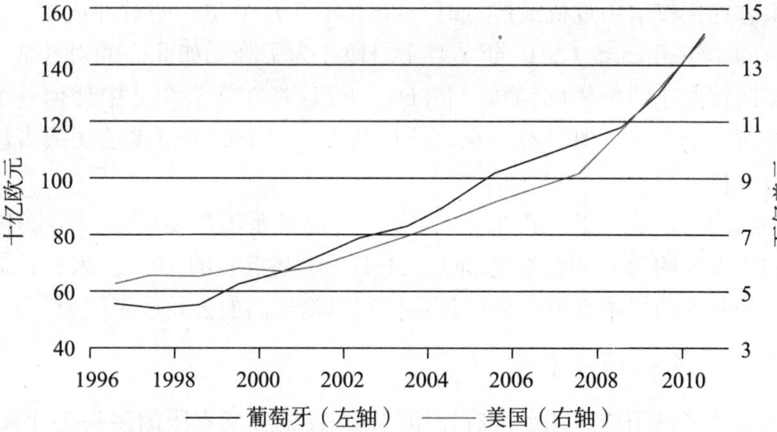

图表 68—33 葡萄牙和美国的总债务水平，1996—2010 年

注：总债务水平。
资料来源：法国兴业银行跨资产研究部、彭博、IGCP。

一个抵御潜在主权信用风险事件的具有较低成本的策略是做多几乎没有直接公共部门财政风险并且短期到期风险非常有限的资产。这个对冲组合的收益可以用来对冲直接暴露于具有主权信用风险的债务发行方的敞口以及其他的短期到期风险敞口。

考虑图表68—34显示的对冲组合。对冲组合中多头头寸和空头头寸所对应的公司和国家的名字不方便公开，但是图表中显示了其在2010年9月的真实市值。对冲组合的空头头寸由2010年末具有以下特征的公司和国家组成：

(1) 和较差信用风险评级的公共部门直接相关。

(2) 具有较大金额支付即将到期（2012年总到期金额约为2 950亿美元）。主权国家和公司比较担心再融资，因为这会使市场参与者开始担忧风险将开始在银行系统蔓延。

(3) 具有容易被经济衰退所影响的周期性（如2010年9月）。

图表68—34　　主权信用风险的首次违约对冲例子

多头敞口（单一CDS）					空头敞口（首次违约CDS组合）			
债务发行方	1年期CDS信用价差（基点）	名义本金（百万美元）	2010—2012年到期债务（十亿美元）		债务发行方	1年期CDS信用价差（基点）	名义本金（百万美元）	2010—2012年到期债务（十亿美元）
公司A	170	10	0.04		公司F	265	—	2.2
公司B	152	10	0		公司G	90	—	2.3
公司C	110	10	0.20	vs.	国家A	367	—	23.2
公司D	321	10	0		国家B	243	—	263.4
公司E	119	10	0		公司H	205	—	3.6
					合计	1 170	10	
						↓×70%		
收入	970	50	0.24		成本	819	10	295

注：数据截至2010年9月。

资料来源：法国兴业银行跨资产研究部、彭博。

该对冲组合在主权信用危机最严重时（2010年9月中旬）的对冲成本为1 170个基点，基于当时的1年期CDS（2010年9月14日）。为了降低如此高的对冲成本，投资者可以使用1年期首次违约保护的结构（FTD）。FTD将在空头头寸中任何一个公司或者国家发生违约时提供支付，但只有一次。此后两个、三个或者更多公司或者国家发生违约时就不进行支付。

使用这种结构的好处在于，它在建立空头头寸时几乎不需要成本。在2010年9月中旬时该结构的成本大约为对冲组合总价差（1 170个基点）的70%。因此，对冲组合只需要支付819个基点的成本就可以做空那些信用风险较高的公司或者国家。

$$1\,170\times70\%=819\text{个基点}$$

这个空头头寸可以用持有几乎没有短期到期风险的非常有限的多头头寸来融资建立。部分原因很简单，因为图表68—34中的多头头寸的公司或者国家几乎没有在2010—2012年间到期的债务。总共五个公司中的三个没有在2012年到期的债务，并且五个公司总共只有大约2.4亿美元在2012年内到期。

此外，多头头寸的平均隐含违约率要远远低于空头头寸（0.7%的平均隐含违约率相对于3.0%的平均隐含违约率，假设2010年9月14日公司的回收率是40%，主权国家的回收率是 70%)。市场没有太多关注短期到期风险(同样在 2010 年 9 月)。

而短期到期风险在信用价差展宽以及头寸具有正利差时(2010 年利差为 151 个基点)容易迅速蔓延。

潜在风险

这种对冲组合可以从主权信用风险事件发生中获益,但还是有一些风险需要考虑。例如,FTD 是一个场外衍生产品,它的价格是非标准化的,需要银行或者其他交易商提供流动性,因此它经常会发生流动性不足的情况。然而这种风险可以解决,因为投资者可以将最差流动性情形的短期对冲组合持有至到期(一年期)。

加总的 delta 不匹配也同样是个风险,但是有很多方法可以帮助解决这个问题。具体来说,对冲组合的短期限限制了美元金额绝对价值的冲击,同时市场的区间震荡环境限制了 delta 不匹配带来的冲击程度。图表 68—35 显示在 2010 年下半年高信用评级的债券市场交易价格区间非常狭窄。如果信用价差没有变化,delta 不匹配不会产生很大影响。

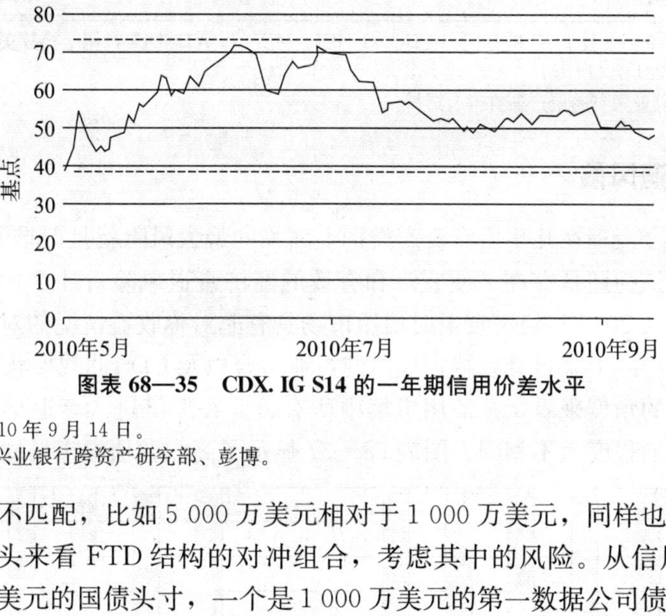

图表 68—35 CDX. IG S14 的一年期信用价差水平

注:数据截至 2010 年 9 月 14 日。
资料来源:法国兴业银行跨资产研究部、彭博。

名义本金的不匹配,比如 5 000 万美元相对于 1 000 万美元,同样也是一个潜在的风险。让我们回过头来看 FTD 结构的对冲组合,考虑其中的风险。从信用风险的角度来看,一个是 1 亿美元的国债头寸,一个是 1 000 万美元的第一数据公司债券头寸(评级为 B3/B/B),哪一个风险更大?是小概率事件上的大头寸还是大概率事件上的小头寸?从风险调整的角度来看,投资者往往认为国债的头寸风险更低。

盯市估值:FTD 对冲

尽管这些对冲组合非常复杂,但是它们用于对冲非常有效。例如,我们对 FTD 对冲交易在过去三个月(截止到 2010 年 12 月 15 日)进行盯市估值。图表 68—36 显示这个对冲组合处于深度价内,多头头寸部分的信用价差收窄了 429 个基点,空头头寸部分的信用价差展宽了 109 个基点。以美元计价,这意味着获得了 230 万美元的收益,这可以在很长时间内用来抵御组合中任何主权信用评级下调所带来的风险。

图表 68—36　　FTD 对冲的盯市估值

多头敞口（单一CDS）					空头敞口（首次违约CDS组合）			
债务发行方	1年期CDS信用价差（基点）	名义本金（百万美元）	2010—2012年到期债务（十亿美元）		债务发行方	1年期CDS信用价差（基点）	名义本金（百万美元）	2010—2012年到期债务（十亿美元）
公司A	170	10	0.04		公司F	265	—	2.2
公司B	152	10	0		公司G	90	—	2.3
公司C	110	10	0.20	vs.	国家A	367	—	23.2
公司D	321	10	0		国家B	243	—	263.4
公司E	119	10	0		公司H	205	—	3.6
					合计	1 170	10	
收入	970	50	0.24		成本	819	10	295
	收窄109个基点					展宽109个基点		
收入	541	50	—		成本	928	10	—

注：数据截至 2010 年 9 月 14 日和 12 月 15 日。对 HEI、MEO 和 WENDEL，用于换算美元信用价差的汇率为 1.299 8（9 月）和 1.321 4（12 月）。

资料来源：法国兴业银行跨资产研究部、彭博。

□ 经济衰退风险

投资组合基金经理在几乎所有资产类别上面临的最大风险就是严重的经济衰退风险。尽管如此，我们认为还是存在“便宜”和有效的经济衰退风险对冲方式。在本节中，我们给出一个在进入 2007 年经济衰退时信用市场具有非对称收益情况的对冲例子。最好的收益情况在很大程度上来自具有特定性质的行业组合以及 CDS 曲线形状的选取。

从行业特征的角度来看，在信用市场中所有行业在经济进入衰退早期往往都会遭受损失，但是损失的程度大不相同。图表 68—37 显示了高收益债券市场周期性和非周期性

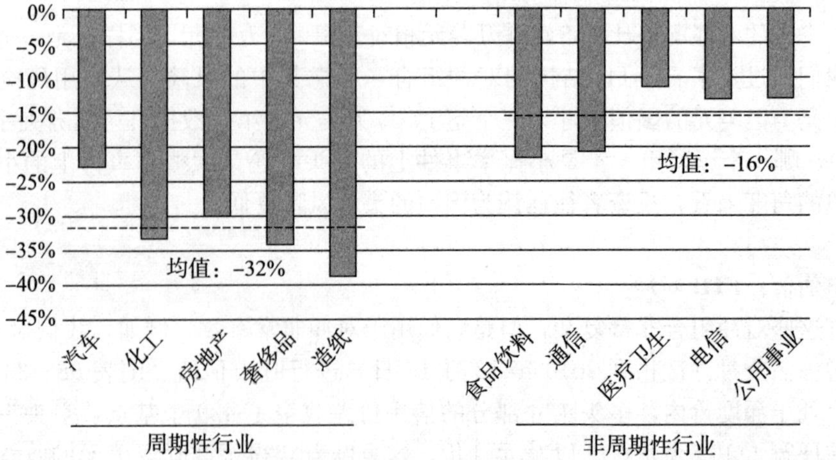

图表 68—37　高收益债券市场周期性和非周期性行业在 2008 年的总收益情况

资料来源：法国兴业银行跨资产研究部、彭博。

行业在 2008 年的总收益情况。周期性行业在 2008 年的平均总收益为－32%，而非周期性行业却好得多（－16%）。因此，从这个角度看选择做空周期性行业可能是最有效的对冲交易。

但是具体选择做空哪一个行业？某些行业在进入经济衰退时会比其他行业表现得更加糟糕。如上所述，在 2007 年初经济开始衰退时有市场面临相当大的冲击，但是大多数冲击都集中在房地产市场的潜在泡沫上。所以在理想情况下，在 2008 年做空暴露于房地产市场的周期性公司，例如房地产开发商，会是一个很好的对冲。

但是对冲的成本如何？事实证明，在上一次经济衰退时做空房地产开发商并没有什么优势。尽管在经济衰退时表现糟糕，但是房地产开发商的平均信用价差在经济衰退时与其他行业基本一致。图表 68—38 显示了房地产开发商的信用价差（292 个基点）基本和传统周期性行业（298 个基点）及传统非周期性行业（273 个基点）保持一致。

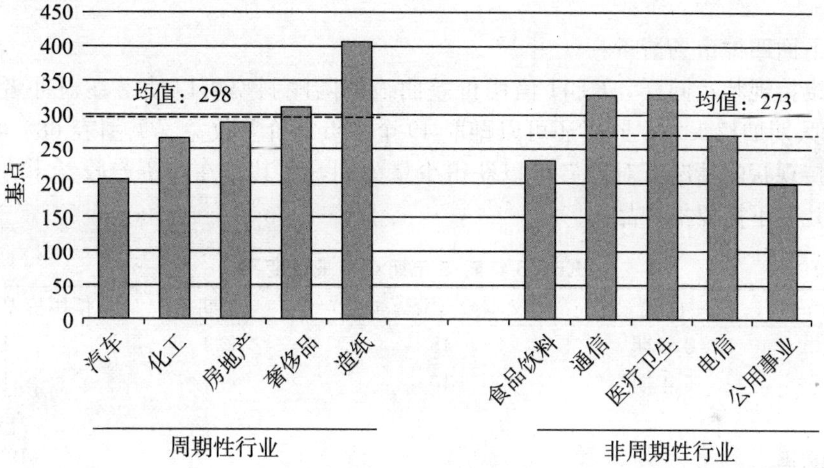

图表 68—38　高收益债券市场周期性和非周期性行业在 2007 年的信用价差情况

注：数据截至 2007 年 1 月 2 日。

资料来源：法国兴业银行跨资产研究部、彭博。

房地产开发商在经济衰退时似乎表现特别糟糕，但是其信用价差水平又和市场其他行业保持一致。因此承受冲击的能力是有效对冲需要考虑的。

但是实际上对冲组合的交易成本并不高，并且具有不对称分布的收益情况。我们可以利用一个事实，即很多房地产开发商在 2008 年之前就呈现出非常陡峭的信用价差曲线。例如，KB 家园公司（KBH），一个房地产开发行业的一级市场债券发行方，在进入 2008 年的经济衰退时，其 3 年期与 5 年期之间信用价差曲线的斜率达到了 111 个基点（见图表 68—39），而传统的高收益债券市场的这一数字约为 100 个基点。

陡峭的信用价差曲线可以使潜在投资者利用久期加权的方式对曲线进行押注变平同时还可以赚取利差收入。实际上，投资者可以买入（等同于做空）名义本金为 1 500 万美元的 3 年期 KBH 信用保险，同时卖出（等同于做多）名义本金为 1 000 万美元的 5 年期 KBH 信用保险，此时久期保持中性并且可以赚取 49 个基点的利差收入（见图表 68—40）。当该公司受到经济衰退影响使得其信用价差展宽时，就产生了不对称的收益情况。

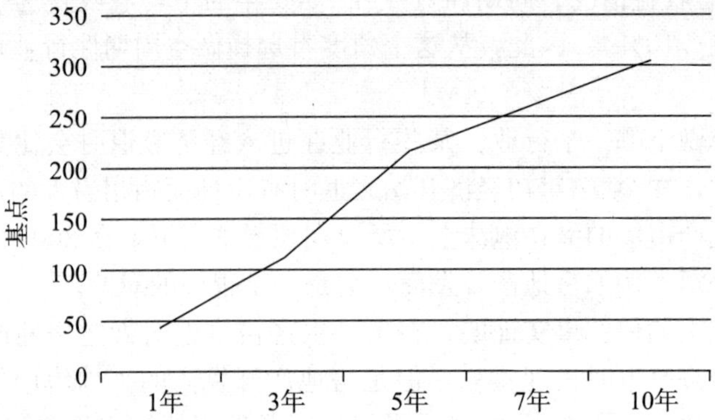

图表 68—39　KBH 在 2007 年 3 月 15 日的 CDS 曲线

资料来源：法国兴业银行跨资产研究部、Markit。

考虑下面四种市场情景：

(1) 维持现状：同样，KBH 信用价差曲线的陡峭斜率可以使潜在对冲者建立 3 年期/5 年期久期加权头寸，同时还可以赚取 49 个基点的价差收益（见图表 68—40）。结果就是在维持现状的情况下对冲者可以获得少量盈利，尤其是在净资产收益率方面（在该位置建仓几乎不需要抵押品）。

图表 68—40　KBH 3 年期/5 年期 CDS 曲线变平

操作	曲线	名义本金（百万美元）	久期	信用价差（基点）
买	3 年期	15	2.9	111
卖	5 年期	10	4.4	215
利差				+49
净资本收益率				19%

注：数据截至 2007 年 3 月 15 日。我们假设风险较低，计算的初始本金为 25 万美元，基于总名义本金。

资料来源：法国兴业银行跨资产研究部、彭博、Markit。

(2) 抛硬币（五五开）：如果经济没有发生衰退，那么头寸的估值就会来回波动，并且不会产生任何影响，因为久期是相互匹配的。

(3) 牛市：如果经济没有发生衰退，但是信用价差展宽，这种风险可以被利差收入和押注曲线变平的头寸收入抵消。问题在于信用价差展宽多少时，前端可以盈利？

(4) 熊市：从经验来看，当经济发生衰退时违约风险会增加，而当违约风险增加时信用价差曲线会大幅变平（见图表 68—41 和图表 68—42）。对冲组合会获利，这一获利不但来自 CDS 信用价差的非比例变化（短期限价差比长期限价差展宽动力更大），还来自购买信用保护的非比例名义本金（1 500 万美元和 1 000 万美元）。

我们在持有一年后（2008 年 3 月 14 日）对 KBH 的对冲组合头寸进行定价。图表 68—43 表明 KBH 的信用价差曲线大幅变平，3 年期信用价差展宽了 407 个基点，而 5 年期信用价差仅展宽了 251 个基点。图表 68—44 表明对冲头寸组合获得了 30 万美元的收益（净资产收益率为 122%）。

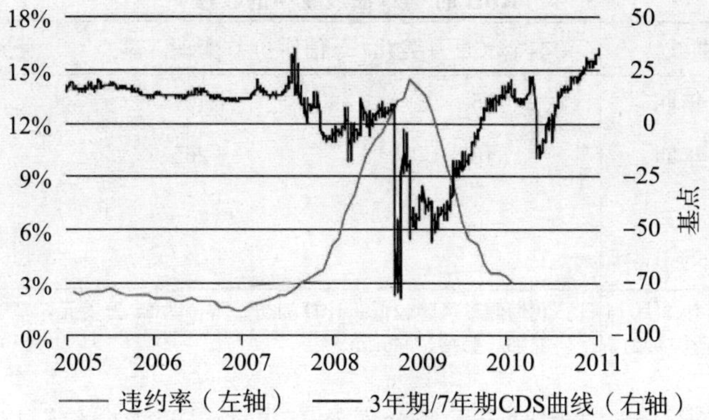

图表 68—41　高盛银行（GS）的 3 年期/7 年期 CDS 曲线与美国投机级公司的违约率

注：数据截至 2011 年 1 月 18 日。违约率是 LTM 美国投机级公司的数据。它和高盛 1 年期 CDS 曲线相匹配。
资料来源：法国兴业银行跨资产研究部、Markit、穆迪。

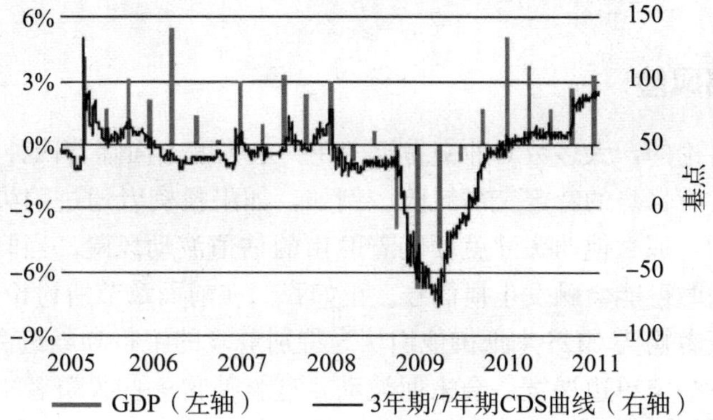

图表 68—42　彭尼公司（JCP）的 3 年期/7 年期 CDS 曲线与美国 GDP

注：数据截至 2011 年 1 月 18 日。
资料来源：法国兴业银行跨资产研究部、Markit。

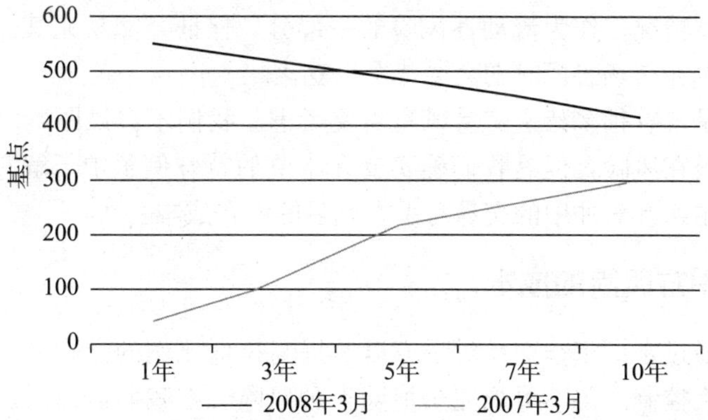

图表 68—43　KBH 在 2008 年 3 月 14 日的 CDS 曲线

资料来源：法国兴业银行跨资产研究部、Markit。

图表 68—44　　　　　　　　　　　　　　　　**KBH 的 CDS 曲线变平的收益**

操作	曲线	名义本金（百万美元）	信用价差变动（基点）	美元收益（百万美元）
买	3 年期	15	+407	+1.1
卖	5 年期	10	+265	−0.8
净收益				+0.3
净资本收益率				122%

注：数据截至 2008 年 3 月 14 日。我们假设风险较低，计算的初始本金为 25 万美元，基于总名义本金。

资料来源：法国兴业银行跨资产研究部、彭博、Markit。

根据经验，有资金对冲相对于无资金对冲有更多“变动仓位”以及潜在风险。而这些风险是可以进行管理的。在本节中我们使用有资金对冲来管理两种特殊风险——公共部门财政失衡风险和经济衰退风险，同时我们从理论上提供了一个收益情况非对称的具有正利差的对冲交易。然后我们对这个对冲组合进行盯市估值，并且证明理论结果符合实际。

□ 特定交易风险

正如之前所讨论的，大多数对冲交易至少在一定程度上面临着四种冲击影响。另外，许多对冲组合也含有自身的特定交易风险。例如，如果投资者通过购买 CDX. IG 指数来进行信用风险保护，那么他的头寸就面临着盯市的估值波动风险。当盯市的对冲组合发生损益的剧烈波动时可能会触发止损信号。正如我们在前面章节所讨论的，在 2007 年市场波动加剧，投资者购买 CDS 来抵御他们认为特别危险的银行和经纪商的信用风险。但是由于信用利差不一定单边展宽，会来回波动，这就使得一些投资者不得不面临中途被迫止损的情况，尽管最终他们的仓位都会盈利。

前面讨论的主权信用风险对冲在大多数情况下都具有流动性风险（例如买卖点差在投资者大量平仓时会大幅展宽）和交易对手方风险。对于流动性风险，投资者需要在市场正常情形和恐慌情形下分别考虑建仓和平仓的交易成本，以此来在交易有盈利的情况下确定实际的损益情况。作为流动性风险的一部分，保证金交易尤其需要警惕，保证金比例或者担保比例在市场恐慌时期会突然发生变化。

需要注意的是，有很多特定交易风险需要考虑。我们不会试图确定或者分析不同对冲方式中的所有潜在风险，但是我们确实要在本节的特殊例子中了解它们。特别是，我们之前计算的贝尔斯登对冲中的交易对手方风险的潜在成本。

□ 交易对手方风险的成本

投资者可以通过定期审查交易对手方以及提高担保比例的方式来控制交易对手方风险，但是无论怎么控制，都不可能完全消除这种风险。在我们前面的例子中，一个投资者购买了贝尔斯登的 CDS 作为对贝尔斯登信用风险的对冲。同样的例子，假设还是这名投资者在 2008 年 3 月以 315 个基点的信用价差购买了贝尔斯登 5 年期的 CDS 作为保护，但是他的交易对手方是雷曼兄弟。那么问题来了，雷曼兄弟是否会对贝尔斯登的违约做出赔付？请注意雷曼兄弟的CDS当时的交易信用价差为228个基点。

交易对手方风险在很大程度上是以下两个因素的函数：

（1）联合违约概率（例如贝尔斯登和雷曼同时违约的概率）

（2）出现违约情况下的损失，这取决于贝尔斯登和雷曼的回收率。也就是说，如果贝尔斯登违约，雷曼兄弟就欠这位投资者确定金额的赔付，但是如果雷曼兄弟同时也违约，投资者就无法得到全额赔付。

我们使用下面的公式来计算交易对手方风险（以基点表示）：

交易对手方风险＝联合违约概率×[100×(1－贝尔斯登的回收率)
×(1－雷曼兄弟的回收率)]÷贝尔斯登的久期

如果我们假设贝尔斯登和雷曼兄弟的回收率都是40%，并且5年期CDS的信用价差水平完全反映当前的信用风险，贝尔斯登的隐含违约率将是23.1%，雷曼兄弟的隐含违约率将是17.3%。在这种情况下，该投资者的交易对手方风险应该为36个基点：

联合违约率＝贝尔斯登的违约率×雷曼兄弟的违约率
＝23.1%×17.3%＝4.0%

对手方成本＝4.0%×[100×(1－40%)×(1－40%)]/4.0＝36个基点

因此，实际上贝尔斯登的信用违约保护成本可能会比315个基点高。根据计算得到交易对手方风险成本是36个基点，进而可以得到贝尔斯登的实际信用违约保护成本为351个基点（＝315＋36）。

68.7 关键知识点

● 现在市场更多地关注尾部事件，在很大程度上与以下三个因素有关：（1）一些与投资效率无关的因素可能会影响市场参与者的行为；（2）投资者有渐进累加的倾向，随着时间的推移，风险水平在不经意间急剧上升；（3）融资与支撑融资的资产可能存在错配，资金来源紧张会引发强制卖出资产进而如滚雪球般引发不可控的危机。

● 若投资者认为有必要进行对冲，最重要的是理解要对冲什么。不同类型的尾部事件（例如，主权信用违约和BP石油泄漏）需要不同类型的对冲方案。

● 市场不存在完美的对冲。大部分对冲工具需要考虑四个对冲过程中经常遇到的问题：（1）被保护的投资组合与对冲工具之间的相关性（例如被对冲的资产和对冲工具的变动方向和幅度不一致）；（2）对冲成本；（3）潜在的滑点，特别是在受到对冲强度的影响或者被对冲资产的事件冲击时；（4）历史关系的可靠程度，因为这些相关性可能会随着时间的推移而改变。另外，还需要考虑一些特定交易风险（例如交易对手方风险、流动性风险等），这些风险都可以在有资金对冲的过程中出现。实际上，投资者需要将这些因素与他们自身的市场预期、目标和限制结合起来考虑。

● 无资金对冲定义为投资者使用自有资金的一部分来保护投资组合。从某种意义上说，无资金对冲类似于购买保险。对冲成本显然是需要考虑的问题，但不是投资者需要关注的主要问题。

- 我们通过研究对比不同对冲工具在不同市场环境中的表现，发现在这些情况下CDX. IG 指数和 VIX 指数的对冲特别有效。对比的结果表明较大的和非对称的价格变动是任何对冲工具的重要特征。
- 有资金对冲定义为投资者通过持有风险敞口来支付保险的费用。结果是净对冲成本下降，但是其他方面带来的新的影响会变得更加显著。
- 许多市场参与者使用有资金对冲的原因往往有两个。首先，几乎不可能准确地预测尾部事件的发生时间。其次，很多投资者的表现都是在短期内度量的。尽管有资金对冲具有更多的“变动”特征和潜在风险，但是这些风险通常都可以被有效地管理。

【注释】

[1]“严重逾期”比例的定义是逾期 90 天以上或抵押品不可收回的贷款比例，未经季节调整。

[2] 我们假设持有期都是 30 天，每个对冲工具的名义本金都经过加权处理，这样可以保证它们承担的风险一致。我们使用期权的理论价格来计算收益。

[3] 尽管我们知道美国国债的担保要求很低，但我们的分析中并未明确考虑杠杆的冲击。

第 *10* 部分

业绩评估和收益归因分析

第 69 章 投资组合业绩贡献度分析原则*

安东尼·拉扎纳斯（Anthony Lazanas）博士
巴克莱资本常务董事

安东尼奥·巴尔达克·达·席尔瓦（Antonio Baldaque Da Silva）博士
巴克莱资本常务董事

克里斯·斯图哈恩（Chris Sturhahn）
巴克莱资本副总裁

埃里克·P. 威尔逊（Eric P. Wilson）
巴克莱资本副总裁

张潘（Pam Zhong），注册金融分析师
巴克莱资本副总裁

投资组合业绩贡献度分析在投资组合管理中发挥着重要作用。它有助于明确投资组合风险和业绩的来源，量化分析投资决策者与市场结构性的贡献。当前的业绩贡献度算

* 特别感谢列夫·丁金向我们介绍业绩贡献的概念，感谢杰伊·海曼多年来很多富有见地的想法和 Attakrtit Asvanunt 对本章很多概念的发展更新。

法通常是基于不同行业的算法或者基于不同风险因子的算法，但都不足以应对现代投资组合管理的复杂性。在本章中，我们首先讨论业绩贡献度的分析原则。我们回顾了基于不同行业和基于不同风险因子的业绩贡献度算法框架，接着介绍综合业绩贡献度模型[1]，它结合了以上两种算法，具有适应大多数投资组合管理结构的灵活性。本章最后介绍了投资组合业绩贡献度分析的应用，它不仅是一个投资组合管理工具，还是一个数据质量检测工具。此外，我们还引入并讨论了投资组合业绩贡献度分析在实践中的应用。在本章中，我们使用的案例来自巴克莱资本综合业绩贡献度模型[2]，它被应用在巴克莱资本投资组合的分析报告和模型平台中[3]。

69.1 业绩贡献度分析原则概述

管理一个全球性多元化金融资产的投资组合是一项复杂的任务，它需要汇总来自不同市场的投资观点，并将其应用到实际交易中。整合并使用来自彼此之间相互影响的各种市场的投资观点，使得非常难以量化每个投资决策者对投资组合业绩的贡献。业绩贡献度模型就是一个量化框架，它通过将投资组合的总超额业绩按照每个投资决策和交易行为进行分解，并将其与市场基准进行比较后确定业绩贡献度。

复合投资组合的投资流程通常由不同基金经理的一系列交易决策组成，这些基金经理负责特定的市场或者特殊类型的证券。这就是传统上按照产品和行业进行划分的投资流程。随着现代投资组合风险管理的应用，对不同资产产生相同影响的特定风险因子越来越重要，这也使得基于风险因子的投资组合管理技术得到广泛应用。汇率和利率是两个常见的风险因子，它们可以从投资组合中独立出来进行管理，而各产品和行业的基金经理只需要专注于管理其领域内的超额业绩。

一个投资组合的超额业绩取决于所有投资组合基金经理的业绩加总以及市场的总体表现。而通常情况下分清不同基金经理的投资决策对业绩的贡献非常困难。一个有效的业绩贡献度算法需要具有以下三个重要的特性：

- **可加性**：多个行业的业绩贡献度等于这些行业各自的业绩贡献度之和；
- **完备性**：投资组合的总超额业绩等于所有投资组合的超额业绩之和；
- **公平性**：总投资组合超额业绩对各个行业的分配方法保持公平。

这些特性非常重要，因为业绩贡献度往往用于度量基金经理的投资能力并根据评估结果来确定对其的薪酬。同时投资组合超额业绩的分配方法为保持公平性，还必须考虑到投资组合的管理结构。此外，优秀的业绩贡献度模型或系统需要适用于多个较长时期业绩的复利计算，并且需要有足够的灵活性以适应现代投资组合管理的需求。

□ 多期业绩贡献度的复利计算

一般而言，业绩贡献度模型首先度量投资组合在不同市场期初的风险敞口，然后度量每个市场在投资期内对投资组合的业绩贡献，具体算法是用该市场的风险敞口乘以市场价格的变动。由于主动管理型投资组合经常会根据市场的变动来动态调整其风险敞口，因此传统的业绩贡献度模型无法准确追踪和度量主动管理型投资组合的业绩贡献。

例如，考虑一个在期初没有针对特定行业存在风险敞口的投资组合，在投资期内该行业股票反弹，基金经理分配给该行业风险敞口。随后该行业股票下跌，并在最终到期时抹去了之前所有涨幅。由于该投资组合在期初没有风险敞口，但是在投资期内该行业股票反弹后进行了主动操作，分配了风险敞口，此后该行业股票下跌时持有风险敞口，因此投资组合在投资期内实际上产生了亏损。传统的业绩贡献度模型无法度量这些亏损，因为该投资组合在期初风险敞口为 0 并且行业股票在投资期内的价格没有变化。同样，即使考虑了投资期内平均风险敞口的业绩贡献度模型也无法度量这些亏损，因为该行业股票在投资期内的价格没有变化。而将投资期分割为两个或多个子投资期，然后结合不同子投资期的市场表现来解释和度量在整个周期的总投资组合的业绩，这样的业绩贡献度模型就能有效地识别和追踪投资期内风险敞口的调整以及解释投资组合最终产生亏损的原因。

业绩贡献度子投资期的长度被用来确定在总投资期内业绩更新的频率。结合各子投资期的收益率算法被称为复利算法。子投资期的长度影响着投资业绩，尤其是在投资期内产生现金流的变动。由于现金流的变动会影响投资组合的市值，因此核心的问题在于，各子投资期的收益应该使用时间加权还是市值加权的方法来进行复利计算。例如，考虑一个投资组合，它的一项本金为 1 000 000 美元的投资在上半年获得了 100%的收益率，市值翻番。由于它的成功，投资组合吸引了另外 100 000 000 美元的投资，其市值变为 102 000 000 美元。然而不幸的是，在下半年该投资组合亏损了 10%，年底的市值仅剩 91 800 000 美元。那么该投资组合的年化收益率是多少？假设追加的投资发生在半年末，那么市值加权的算法得出如下年化内部收益率：

$$1\,000\,000\times(1+r)+100\,000\,000\times(1+r)^{0.5}=91\,800\,000\Rightarrow r=-17.24\%$$

时间加权的算法忽略了投资组合的规模，得出如下年化收益率：

$$r=(1+100\%)\times(1-10\%)-1=80\%$$

鉴于这两种方法在投资组合业绩贡献度计算方面的巨大差异，主要原因在于是否考虑投资组合的当前规模，因此需要慎重选择计算方法。现金流的影响是否应该体现在投资组合的业绩度量上取决于基金经理是否对投资组合现金流变动负责。如果基金经理需要负责，那么应该采用市值加权的计算方法。而在共同基金和养老基金中，基金经理无法控制资金的流入和赎回，那么采用时间加权的计算方法比较合适。在接下来的章节中，我们都使用时间加权的计算方法。

一旦确定了复利计算的方法，下面的问题就是如何分解投资组合各个部分的收益。难点在于复利计算公式是一个非线性函数，因此总收益中来自相互影响的部分也必须进行分配。例如，考虑一个投资组合，它的收益来自两个部分，每期的收益率均为 10%。第一部分的收益在第一期实现，第二部分的收益在第二期实现。那么时间加权的复利计算方法将得到投资组合的收益率为$(1+10\%)\times(1+10\%)-1=21\%$。每个部分贡献 10%，剩下的收益率 1%也应该分配给每个部分。一个多期业绩贡献度模型必须采用满足可加性、完备性和公平性的收益和超额业绩的复利算法。这些算法将在第 71 章更为详细地讨论。

业绩贡献度模型的计算频率与投资组合交易决策的变化频率相匹配非常重要。如果业绩贡献度模型使用的计算频率太低，正如上面的例子所示，投资组合的一部分收益就无法解释。相反，如果业绩贡献度模型使用的计算频率太高，有可能导致投资组合超额业绩出现错误高估的情况。大多数固定收益产品的投资组合每天进行估值管理，特别针对它们密切相关的利率风险敞口，因此日度频率的业绩贡献度模型通常用于固定收益产品的投资组合。日度频率的业绩贡献度模型对投资组合中各证券的市场数据质量和分析要求很高。因此从这个角度来看，成熟的业绩贡献度模型也可以用于检验数据质量。数据的质量影响着评估结果的质量。我们会在本章的后面进行讨论。

□ 灵活性

一个实用的业绩贡献度模型必须反映投资组合基金经理在投资过程中的投资决策情况。投资组合基金经理各自的投资风格存在巨大的差异。没有一个特定的业绩贡献度模型可以反映所有投资组合基金经理的投资偏好。因此，为了更加实用，业绩贡献度模型还必须满足以下要求：

(1) 明确与投资组合基金经理的投资决策相对应的风险因子。

(2) 独立度量每个风险因子在投资组合管理过程中的贡献。

(3) 及时追踪基金公布的收益情况，同时及时追踪该基金相对应的市场基准收益。

(4) 可以及时获取各项数据。

(5) 投资期不论长短都可以充分地解释业绩贡献结果。

总之，一个实用的业绩贡献度模型需要对投资组合基金经理在解释、分析其投资决策并量化其投资决策对整个投资过程的影响方面发挥作用。

69.2 业绩贡献度的算法

业绩贡献度的算法通常是基于行业分配或者基于风险因子分配的算法。这两种算法都遵循总投资组合的超额业绩等于各个子投资组合的超额业绩之和的特点。各成分的业绩贡献由投资组合经理的投资决策和市场基准共同决定，他们根据自己的投资决策将风险敞口分配到不同的市场中，而不是仅仅关注一个特定的市场或者风险因子。在本节中，我们首先讨论简单框架下基于行业分配和基于风险因子分配的业绩贡献度算法，然后引入融合以上两种算法的综合业绩贡献度模型，它可以支持几乎所有类型的投资组合及其投资风格。在此基础上我们将开发通用的基于行业和风险因子的业绩贡献度的量化框架。在第 70 章和第 71 章，我们将讨论这个框架在固定收益产品投资组合业绩贡献度分析中的应用。

□ 基于行业的业绩贡献度算法

评估投资组合超额业绩的模型，最简单的形式分为两个步骤：第一步是给不同的行业赋予不同的权重，第二步是在每个行业中选取相应的证券。这个经典的业绩贡献度模型称为 Brinson 模型。[4] 投资组合的收益率等于各行业收益率 R_S 经市值 w_S 的加权求和：

$$R^P = \sum_s w_s^P R_s^P$$

同样地，市场基准收益率也可以通过市值加权求和的方式得到：

$$R^B = \sum_s w_s^B R_s^B$$

对于投资组合的超额业绩 $R^P - R^B$，关键是要确定两个要素：一是各行业分配的权重 w_s，二是各行业的收益率 R_s。由行业权重贡献的超额业绩称为资产分配带来的超额业绩贡献，由行业收益率贡献的超额业绩称为证券选取带来的超额业绩贡献。为了使得投资组合的超额业绩分解后满足等式两边相等，我们需要加入一个“交互项”，反映了资产分配和证券选取两者对投资组合超额业绩的共同影响：

资产分配贡献项： $$\sum_s (w_s^P - w_s^B) \cdot R_s^B \qquad (69—1)$$

证券选取贡献项： $$\sum_s w_s^B \cdot (R_s^P - R_s^B) \qquad (69—2)$$

交互项： $$\sum_s (w_s^P - w_s^B) \cdot (R_s^P - R_s^B) \qquad (69—3)$$

交互项通过非线性函数的乘积形式反映了资产分配和证券选取两者共同对投资组合超额业绩的贡献。交互项理论上是不可取的，因为超额业绩贡献度应该明确分解为各个基金经理或者机构的单独贡献。因此，我们把交互项合并到投资组合某一特定部分的超额业绩中。合并进来的标准通常取决于该部分投资决策以及交互项的相对大小。

模型一般假设资产分配的过程在证券选取的过程之前（即投资组合的管理是一个自上而下的过程），那么很容易将交互项合并入后者：

资产分配贡献项： $$\sum_s (w_s^P - w_s^B) \cdot R_s^B \qquad (69—4)$$

证券选取贡献项： $$\sum_s w_s^P \cdot (R_s^P - R_s^B) \qquad (69—5)$$

另外，如果投资组合内行业部分的收益率高于该行业的市场基准收益率（比如得益于基金经理的投资技术或者投资加了杠杆），那么更合适将交互项合并入资产分配贡献项。结果就是，资产分配贡献项为 $\sum_s (w_s^P - w_s^B) \cdot R_s^P$，证券选取贡献项为 $\sum_s w_s^B \cdot (R_s^P - R_s^B)$。很容易看到在两种情况下，投资组合的超额业绩都等于资产分配贡献项和证券选取贡献项两部分之和。

上面的公式会将投资组合正超额业绩的贡献归因于具有市场基准正收益的行业权重超配部分。但是，如果所有分配的行业都有正的市场基准收益，那么超配给表现最差的行业也会被认为是一个好的投资决策。这在投资组合管理的直觉上是错误的，因为分配给这些表现差的行业的权重应该分配给那些收益更高的行业。因此，我们将上面公式的资产分配贡献项中的收益率替代成超出市场基准（所有市场基准收益率的加权平均）的超额收益率：

$$资产分配贡献项：\quad \sum_s (w_s^P - w_s^B) \cdot (R_s^B - R^B) \qquad (69—6)$$

$$证券选取贡献项：\quad \sum_s w_s^P \cdot (R_s^P - R_s^B) \qquad (69—7)$$

注意到，不论每个行业资产分配的权重如何变化，总的资产分配贡献项仍和上面的公式保持一致，因为

$$\sum\nolimits_s w_s^P = \sum\nolimits_s w_s^B$$

投资组合分配给各行业的权重加总等于 1 的限制凸显出了行业基准收益率与全市场基准收益率之间的比较。如果允许使用杠杆，也就是对每个行业的分配权重没有限制，那么配置权重较高并且获得正收益的行业对投资组合的超额业绩贡献就很大。在这种情况下，我们就不需要将每个行业的收益率与该行业的基准收益率进行比较，类似公式（69—4）和公式（69—5）所显示的那样。然而在实际中，往往会限制杠杆的使用（通常来自风险的考虑），因此无论是市场基准收益率还是 0 作为被比较的最低资本收益率都不合适。在下面的讨论中，我们将使用 R^H 作为最低资本收益率。它适用于以上两个模型。当$R^H=0$ 时，模型就是公式（69—4）和公式（69—5）；当 $R^H=R^B$ 时，模型就是公式（69—6）和公式（69—7）。

递归分配算法

多数大型投资组合的管理层级都很健全，资产配置的决策非常规范。例如一个投资组合的全球策略可以将资产配置到全球市场，负责美国的基金经理可以将资产配置到美国的主要资产（股票、债券、商品等）中，固定收益投资策略可以将资产配置到不同的行业中，等等。

在这种情况下，证券选取就不仅仅局限于证券本身，还涉及资产分配，这类似于对每只证券组合再进行证券选取。事实上，每个行业证券组合可以看成一个子投资组合，上面的公式都可以层级递归来使用。因此我们用“行业管理”来代替“证券选取”，但我们在无法进一步分解的层级依然保留“证券选取”这一项。

每个行业对它的上一个层级的行业管理贡献 $w_s^P \cdot (R_s^P - R_s^B)$ 可以分解为下面两项：

$$资产分配贡献项：\quad w_s^P \sum_r \left(\frac{w_r^B}{w_s^P} - \frac{w_r^B}{w_s^B}\right) \cdot (R_r^B - R_s^H) \qquad (69—8)$$

$$行业管理贡献项：\quad \sum_r w_r^P \cdot (R_r^P - R_r^B) \qquad (69—9)$$

通常情况下，行业基准收益率 R_s^B 作为子行业资产分配的最低资本收益率。通过这种方式，我们可以将行业管理贡献的超额业绩进行分解，直至投资组合的最后一个管理层级。由于每个层级都可以依次进行分解，总的超额业绩也可以进行分解。该算法满足业绩贡献度算法的两个特性：可加性和完备性。我们将在下面的讨论中看到，它具有足够的灵活性从而可被应用到不同的投资组合管理结构，因此，同样也可以被认为满足公

平性，从而满足了业绩贡献度算法的全部三个特性。

基于行业的业绩贡献度算法最大的优点就是具有灵活性。它可以用于任何资产配置与任何行业的投资组合分析，适应各种投资和管理风格。它的主要缺点是在同一个行业分析收益率曲线和信用价差的时候采用了市值加权的方法，这不符合标准的固定收益产品投资组合的管理实践。

□ 基于风险因子的业绩贡献度算法

与基于行业的业绩贡献度算法相比，基于风险因子的业绩贡献度算法优势更为明显。它将投资组合或者市场基准的收益率分解为一些风险因子的贡献加上一个残差项。残差项表示无法由风险因子解释的收益贡献。风险因子的系数 α_k 称为投资组合对每个风险因子 f_k 的负荷或者敏感度。在通常情况下，投资组合收益率可以分解成风险因子贡献度的线性组合加上残差项：

$$R^P = \sum_k \alpha_k^P f_k^P + \varepsilon^P$$

对于固定收益证券来说，风险因子包括利率、隐含波动率、信用价差等，负荷就是针对这些风险因子敞口（期权调整久期、关键利率久期、vega、价差久期以及其他相关度量）的敏感度。基于风险因子的业绩贡献度算法将投资组合的超额业绩分解为各个风险因子的贡献：

$$R^P - R^B = \sum_k (\alpha_k^P - \alpha_k^B) \cdot f_k^P + (\varepsilon^P - \varepsilon^B) \qquad (69—10)$$

基于风险因子的业绩贡献度模型希望通过设置一系列风险因子来解释投资组合的所有系统性收益。在这种情况下，超额业绩是非系统性的收益，它对于一个充分分散的投资组合来说非常小。这种方法的缺点是它几乎不将非系统性收益归功于证券选取的投资策略，另外，它在定义风险因子时也具有一定的局限性。当然，后者的缺点可以通过因子重新映射的方式来改进[5]，这样就能反映投资组合基金经理投资策略下的风险和收益的贡献。

□ 业绩贡献度算法的统一框架

现在我们基于之前章节介绍的理论建立一个业绩贡献度算法的统一框架，融合了基于行业和基于风险因子的业绩贡献度算法。这个框架可以解释大型投资组合复杂投资管理策略下的业绩贡献，因此被广大投资组合基金经理所接受，巴克莱的复合资本业绩贡献度模型使用的就是这个框架。该框架可以根据投资决策将投资组合任意分层，具有很大的灵活性。它可以最大限度地使投资组合业绩贡献度与其投资决策过程相匹配。这个框架可以简单地划分成三个步骤：收益分解、风险因子业绩贡献度的计算和递归推广。我们接下来介绍这三个步骤。

步骤 1：收益分解

投资组合的总收益和市场基准的总收益可以分解成风险因子贡献度的线性组合[6]：

$$R^P = \sum_k \alpha_k^P f_k^P \qquad R^B = \sum_k \alpha_k^B f_k^B$$

注意，我们把残差项也作为一个风险因子贡献度，它的负荷为 1。

步骤 2：风险因子业绩贡献度的计算

步骤 1 中的风险因子可以进一步分组为普通风险因子和特殊风险因子。我们将普通风险因子组记为 C，把特殊风险因子组记为 A，那么投资组合总的超额业绩可以表示为：

$$R^P - R^B = (\sum_{k \in C} \alpha_k^P f_k^P - \sum_{k \in C} \alpha_k^B f_k^B) + (\sum_{k \in A} \alpha_k^P f_k^P - \sum_{k \in A} \alpha_k^B f_k^B) \tag{69—11}$$

每个风险因子都有它所对应的业绩贡献。对于每个风险因子，我们将其贡献度按照行业进行分解[7]：

$$\alpha_k^P f_k^P - \alpha_k^B f_k^B = \sum_s \alpha_{k,s}^P f_{k,s}^P - \sum_s \alpha_{k,s}^B f_{k,s}^B \tag{69—12}$$

普通风险因子的业绩贡献可以使用自下而上的方式进行汇总，即按照投资组合每个层级该风险因子的净风险敞口进行汇总。此外，如果一个风险因子确实对投资组合的每个层级都有普遍影响，该风险因子在投资组合中的收益等于该风险因子在市场基准中的收益，则该风险因子对投资组合超额业绩的贡献可以表示为：

$$\alpha_k^P f_k^P - \alpha_k^B f_k^B = \sum_s (\alpha_{k,s}^P - \alpha_{k,s}^B) \cdot f_{k,s} \tag{69—13}$$

通过使用自下而上的方式将普通风险因子组的业绩贡献进行汇总，这种方式可以比按照行业分类的算法更好地解释风险因子对整个投资组合业绩的贡献。例如，评估收益率曲线风险敞口的业绩贡献，首先将投资组合暴露于久期的风险敞口与市场基准进行比较（判断是超配还是低配），然后决定来自收益率曲线风险敞口的业绩贡献。交易策略被设计来充分利用收益率曲线的扁平性或陡峭性，只有在投资组合或者子投资组合的层级上度量这些交易策略的业绩贡献才是关键且有意义的。

特殊风险因子的超额业绩贡献可以使用以下两种分配方法：绝对分配法和相对分配法。下面我们进行讨论。

不同于普通风险因子，即使反映相同类型的风险，特殊风险因子在不同证券和行业中也具有不同的表现形式。信用利差就是一个很好的例子，即使在同一个行业中，每只债券的信用利差也不一样。在绝对分配法下，投资组合暴露于每个风险因子的敞口由所有行业的基金经理共同决定，尽管每个行业的基金经理对每个风险因子的观点可能会不一致。在这种情况下，业绩贡献中每个行业的资产分配项仅取决于该行业暴露于一个特定风险因子的净敞口：

$$\text{资产分配贡献项：} \quad \sum_s (\alpha_{k,s}^P - \alpha_{k,s}^B) \cdot f_{k,s}^B \tag{69—14}$$

$$\text{行业管理贡献项：} \quad \sum_s \alpha_{k,s}^P \cdot (f_{k,s}^P - f_{k,s}^B) \tag{69—15}$$

在相对分配法下，投资组合的暴露于每个风险因子的敞口由所处的投资组合层级

（或者更高的层级）来决定。资产分配项的计算就基于每个行业暴露于该风险因子的敞口。该风险因子给每个行业带来的超额业绩就会不一样。

资产分配贡献项： $\alpha_k^P \cdot \sum_s \left(\frac{\alpha_{k,s}^P}{\alpha_k^P} - \frac{\alpha_{k,s}^B}{\alpha_k^B}\right) \cdot (f_{k,s}^B - f_k^H)$ (69—16)

行业管理贡献项： $\sum_s \alpha_{k,s}^P \cdot (f_{k,s}^P - f_{k,s}^B)$ (69—17)

最高层级投资组合的风险敞口为：

$$(\alpha_k^P - \alpha_k^B) \cdot f_k^H \quad (69—18)$$

注意在相对分配法下，最低资本收益率 f_k^H 实际上变成了一个普通风险因子。

步骤 3：递归推广

在自上而下分配的行业管理项中，$f_{k,s}^P - f_{k,s}^B$ 可以使用递归的方法进行分解。

在分解的最后阶段，当行业无法更进一步分解成子行业时，行业管理项就变成了证券选取项。自上而下的每一步分解相当于将每个行业的超额业绩贡献分解为该行业每只证券的超额业绩贡献。在这种情况下，行业管理项通常为 0，因为风险因子对投资组合中相同证券带来的收益与对应的市场基准收益相同。

综合业绩贡献度模型的例子

为了说明综合业绩贡献度模型如何应用，我们考虑一个非常简单的模型，债券的收益来源于两部分：一是由债券收益率产生的时间收益，二是由债券久期乘以收益率反向变动产生的市场收益。这种分解可能并不全面，因此我们假设还存在一个残差项。

$$R_i = Y_i \Delta t - D_i \Delta Y_i + \varepsilon_i \quad (69—19)$$

投资组合（或者市场基准）的收益率由投资组合（或者市场基准）中每只债券的收益率加权平均得到。投资组合或者市场基准中债券权重加总为 1。不在投资组合中的债券对应的权重为 0。

$$R^P = \sum_i w_i^P R_i = \sum_i w_i^P Y_i \Delta t - w_i^P D_i \Delta Y_i + w_i^P \varepsilon_i$$
$$R^B = \sum_i w_i^B R_i = \sum_i w_i^B Y_i \Delta t - w_i^B D_i \Delta Y_i + w_i^B \varepsilon_i \quad (69—20)$$

收益率和久期通过加权求和得到，收益率的变动需要根据久期的长短进行插值计算。

$$Y^P = \sum_i w_i^P Y_i \qquad Y^B = \sum_i w_i^B Y_i$$
$$D^P = \sum_i w_i^P D_i \qquad D^B = \sum_i w_i^B D_i \quad (69—21)$$

$$\Delta Y^P = \sum_i \frac{w_i^P D_i}{D^P} \Delta Y_i \quad \Delta Y^B = \sum_i \frac{w_i^B D_i}{D^B} \Delta Y_i \quad (69—22)$$

我们现在可以在最高层级的基础上将投资组合和市场基准的收益表示为：

$$R^P = Y^P \Delta t - D^P \Delta Y^P + \sum_i w_i^P \varepsilon_i$$
$$R^B = Y^B \Delta t - D^B \Delta Y^B + \sum_i w_i^B \varepsilon_i \quad (69—23)$$

我们假设时间收益（利差）和残差项都由普通风险因子决定：

利差收益： $(Y^P - Y^B) \cdot \Delta t$ (69—24)

残差项： $\sum_i (w_i^P - w_i^B) \cdot \varepsilon_i$ (69—25)

市场收益由分配给一系列行业债券久期的风险敞口 $w_s^P D_s^P$ 来决定，这些债券由基金经理在每个行业中选择。

如果最高层级的投资组合久期没有限制，而且完全由所选行业债券的久期净敞口决定，那么我们应该使用绝对分配法来计算业绩贡献，设定 $\alpha_k \leftarrow D$，$\alpha_{k,s} \leftarrow w_s D_s$，$f_{k,s} \leftarrow -\Delta Y_s$。投资组合和市场基准中每个行业对应的久期和收益率变化的权重一致。由于资本分配项中的风险因子仅仅由久期决定，因此不存在最低资本收益率，投资组合的总超额业绩仅存在资本分配贡献项和证券选取贡献项。

资产分配贡献项： $-\sum_s (w_s^P D_s^P - w_s^B D_s^B) \cdot \Delta Y_s^B$ (69—26)

证券选取贡献项： $-\sum_s w_s^P D_s^P \cdot (\Delta Y_s^P - \Delta Y_s^B)$ (69—27)

另外，如果投资组合的净久期敞口被主动管理，我们应该使用相对分配法来计算业绩贡献。在这种情况下，我们设定最低资本收益率等于市场基准收益率的变动。

资本分配贡献项： $-D^P \cdot \sum_s \left(\frac{w_s^P D_s^P}{D^P} - \frac{w_s^B D_s^B}{D^B}\right) \cdot (\Delta Y_s^B - \Delta Y^B)$ (69—28)

证券选取贡献项： $-\sum_s w_s^P D_s^P \cdot (\Delta Y_s^P - \Delta Y_s^B)$ (69—29)

最高层级投资组合的风险敞口为：

$-(D^P - D^B) \cdot \Delta Y^B$ (69—30)

69.3 业绩贡献度模型的应用

除了本身根据基金经理的表现来度量其投资组合贡献度的既定目标外，灵活的业绩贡献度模型还能通过系统地揭示业绩和风险的本质来源，使投资组合的管理流程更加清晰明确化。将投资组合的超额业绩和投资决策联系在一起，基金经理可以识别超出预期的风险来源并及时相应地调整其投资决策。此外，模型将投资组合的超额业绩根据不同的风险因子进行分解，有利于及时发现和修正会计系统数据的错误。在本章的剩余部分，我们将通过一个特定投资组合的例子来介绍业绩贡献度模型的应用。

□ 作为投资管理工具的业绩贡献度模型

考虑下面的例子。一个投资组合基金经理的任务是跟踪巴克莱资本全球货币综合指数G4，她需要根据自己对市场的判断来提高投资组合的整体收益，同时保证每个月投资组合与市场基准的收益率之差的波动性（跟踪误差波动性）低于40个基点。在某个特定时点，该基金经理看涨日元，看跌欧元，对美元和英镑保持中性观点。她认为全球利率将处于下降通道。她除了美元市场外对其他市场的任何行业都没有观点，她只喜欢投资公司债券，不喜欢投资资产证券化债券。根据自身的任务和对市场的观点，她构建了具有以下特征的投资组合：

- 该投资组合相对于基准指数超配5%的权重给日元，低配5%的权重给欧元，对美元和英镑的权重与基准指数一致；
- 该投资组合的期权调整久期（OAD）比市场基准超出一年；
- 该投资组合在美元市场相对于市场基准超配5%的权重给公司债券，低配5%的权重给资产证券化债券，对美国国债和政府债券的权重与市场基准保持一致。

我们在巴克莱资本POINT系统中输入并创建这个投资组合，使用全球风险模型进行评估，得到每个月该投资组合的跟踪误差波动性为32个基点，满足低于40个基点的要求。

我们接下来在系统中运行业绩贡献度模型一个月，生成一份详细的业绩贡献度分析报告。报告显示运行一个月后，投资组合和市场基准的收益分别为188.7个基点和150个基点，它们之间的差38.7个基点就是投资组合的超额业绩，如图表69—1所示。报告接下来将投资组合的超额业绩按照不同的风险敞口进行分解。这种分解可以让基金经理在分析细节之前首先对超额业绩的来源有一个大致的了解。在图表69—2中，我们首先按照全球资产的层级将投资组合的总超额业绩来源分成三个部分：外汇资产分配及对冲（28.3个基点）、本地市场资产分配（－8.7个基点）和本地市场投资管理（19.1个基点）。在图表69—3中，本地市场投资管理带来的超额业绩来源进一步分解为收益率曲线的风险敞口（20.6个基点）、资产分配（0.2个基点）和证券选取（－1.7个基点）。

图表69—1　投资组合总超额业绩

全球市场超额业绩	
投资组合收益	188.7
市场基准收益	150.0
总超额业绩	**38.7**

资料来源：巴克莱资本POINT。

图表69—2　全球市场超额业绩汇总　单位：基点

外汇资产分配及对冲	28.3
本地市场资产分配	－8.7
本地市场投资管理	19.1
合计	**38.7**

资料来源：巴克莱资本POINT。

图表 69—3　本地市场投资管理超额业绩　单位：基点

收益率曲线	20.6
资产分配	0.2
证券选取	−1.7
合计	**19.1**

资料来源：巴克莱资本 POINT。

外汇风险敞口贡献的超额业绩

外汇资产分配及对冲贡献的超额业绩（28.3 个基点）表明该投资组合基金经理在外汇市场的判断是正确的。通过图表 69—4 我们可以看出，市场的走势与基金经理的预判保持一致，日元较美元升值，欧元较美元贬值。同时我们看到该投资组合持有 5%的日元净多头敞口和 5%的欧元净空头敞口。其中，日元的敞口在投资期一共获得 319.4 个基点的收益，它包括日元对美元汇率的变动以及两个货币的短期利差。[8] 由于投资组合超配 5%的权重给日元，因此日元对投资组合的差额业绩贡献为 5%×319.4=+16.0 个基点。这种计算其实不准确，因为这个例子中使用的业绩贡献度模型是按照日度复利计算的。在净敞口在投资期内没有显著变动的情况下，这种简单的计算误差不大。图表 69—4 报告的日元的超额业绩贡献度是 16.1 个基点，与上述简单的计算结果只有不超过 1 个基点的误差。

我们可以同样分析欧元的 12 个基点的超额业绩贡献。至于英镑，它在投资期内对美元也贬值，但是由于没有英镑敞口，因此它的超额业绩贡献为 0。最后，我们还要考虑一下外汇与本地资产收益之间的交互项，在本例中仅为 0.2 个基点。

图表 69—4　外汇资产超额业绩分解

	美元	欧元	日元	英镑	**合计**
期初汇率	1.000 0	1.302 8	0.011 5	1.566 1	
期末汇率	1.000 0	1.271 0	0.011 9	1.536 9	
平均存款利率	0.23	0.28	0.12	0.57	
汇率加存款利率收益	2.1	−242.1	321.5	181.5	
超出基准存款利率的收益	0.0	−244.1	319.4	183.5	
投资组合的权重	45.5	23.2	25.6	5.8	**100.0**
市场基准的权重	45.6	28.1	20.5	5.8	**100.0**
P-B 均值	−0.1	−4.9	5.0	0.0	
P-B 最小值	−0.2	−5.0	5.0	−0.1	
P-B 最大值	0.0	−4.9	5.1	0.0	
外汇资产分配	0.0	12.0	16.1	0.0	**28.1**
外汇与本地市场交互项	0.0	0.1	0.0	0.1	**0.2**

资料来源：巴克莱资本 POINT。

本地市场资产分配的超额业绩

本地市场资产分配的超额业绩可以被用于评估该基金经理在本地债券市场的投资情况。在本例中，本地债券市场的业绩贡献为－8.7 个基点。图表 69—5 表明投资组合的主要业绩贡献来自日元市场和欧元市场。和外汇市场押注日元升值和欧元贬值一样，该基金经理在本地债券的风险敞口上同样超配日元市场和低配欧元市场。日元市场的表现不佳是因为日元债券收益率仅比存款利率高 64.2 个基点，远远低于基准收益率与存款利率的差 164.1 个基点。因此，日元债券市场的业绩贡献近似为(64.2－164.1)×5%＝－5.0 个基点，和图表 69—5 中报告的结果一致。同样，欧元债券市场也表现不佳，因为欧元债券收益率为 239.2 个基点，而我们的风险敞口低配了欧元市场。它的业绩贡献近似为(239.2－164.1)×(－5%)＝－3.8 个基点，和图表 69—5 中报告的－3.7 个基点的结果保持一致。加总起来我们得到了本地市场资产分配所带来的超额业绩贡献。

将外汇市场和本地资本市场的业绩贡献单独分开还有助于评估不同的投资风格。在一些投资组合管理结构中，外汇敞口可以与本地市场资产敞口独立，通过衍生品（例如外汇远期）来管理。然而在我们的例子中，本地市场风险敞口与该基金经理对相应货币的观点一致，没有区别。因此，将二者加总得到 28.3－8.7＝＋19.6 个基点，这就是投资组合对整个货币市场投资观点的超额业绩贡献。

图表 69—5　　本地市场资产分配超额业绩

货币市场	本地市场收益（基点）				市场权重（%）					超额业绩（基点）	
	本地市场基准收益			本地市场投资组合收益	均值		超配				
	总收益	存款利率收益	超出基准存款利率的收益		投资组合	市场基准	均值	最小值	最大值	本地市场资产分配	本地市场投资管理
美元	129.8	2.1	127.8	161.6	45.5	45.6	−0.1	−0.2	0.0	0.0	14.6
欧元	241.7	2.5	239.2	269.0	23.2	28.1	−4.9	−5.0	−4.9	−3.7	6.3
日元	65.3	1.1	64.2	74.8	25.6	20.5	5.0	5.0	5.1	−5.0	2.4
英镑	445.5	5.1	440.5	371.5	5.8	5.8	0.0	−0.1	0.0	0.0	−4.2
合计	**166.0**	**2.2**	**164.1**	**176.3**	**100.0**	**100.0**				**−8.7**	**19.1**

资料来源：巴克莱资本 POINT。

本地市场投资管理的超额业绩

一旦每个本地市场的资产分配确定下来，就可以评估及比较同一个本地市场资产的收益率与该市场的基准收益率。通过图表 69—3，我们可以得知收益率曲线的风险敞口贡献了 20.6 个基点。图表 69—6 会进一步详细讨论每一个本地市场的情况。

我们可以看出，收益率曲线风险敞口的超额业绩贡献主要来自美元和欧元市场，而英镑市场的业绩贡献则是－11.5 个基点。我们同样可以看到，本例中资产分配在业绩贡献中的作用并不突出。而债券选取的决定却对每一个本地市场的业绩贡献都发挥了显著的作用，尽管加总起来仅为－1.7 个基点。特别地，美元和英镑投资组合的债券选取的业绩贡献均为正值，分别为 5.9 个基点和 6.2 个基点，但是欧元投资组合的债券选取的业绩贡献是－13.3 个基点。

图表 69—6　　本地市场超额业绩分解

	美元	欧元	日元	英镑	合计
投资组合权重（%）	45.5	23.2	25.6	5.8	100.0
本地市场投资管理（基点）	14.6	6.3	2.4	－4.2	19.1
收益率曲线	11.2	17.9	3.0	－11.5	20.6
资产分配	－2.5	1.5	－0.1	1.3	0.2
证券选取	5.9	－13.3	－0.5	6.2	－1.7

资料来源：巴克莱资本 POINT。

收益率曲线风险敞口的超额业绩

我们现在关注收益率曲线风险敞口的超额业绩贡献，基金经理想知道她的做多久期策略一年后的业绩表现，并分析各个市场的业绩贡献。图表 69—7 显示了投资组合中美元债券部分的收益率曲线超额业绩情况。

每一个市场的报告都按照其持有的资产展示，用统一的标准来评估基金经理的业绩贡献。这样可以显示基金经理在每个市场的表现情况，即使这个市场在总投资组合中的比例很低或者业绩贡献不显著。我们需要将不同市场的超额业绩乘以该市场在投资组合中的权重来反映该市场在整体投资组合中超额业绩的贡献度。在本例中，图表 69—6 给出了不同货币市场的分配权重：美元市场占 45.5%，欧元市场占 23.2%，日元市场占 25.6%，英镑市场占 5.8%。

图表 69—7 的收益率曲线超额业绩报告包含了很多信息，基金经理可以很快看出美元债券收益率曲线呈现变平的趋势，长端利率下降超过 40 个基点。她还可以看出投资组合的久期约为 0.5 年。这与她做多久期的交易策略保持一致，当利率下降时，这个策略是赚钱的。我们更进一步分析，债券收益率较市场基准收益率的平均变化为－31.6 个基点，乘以久期 0.48 年，得到大约 15.2 个基点的超额业绩贡献。使用日度复利计算的方法得到的超额业绩贡献为 14.6 个基点，它考虑了久期敞口在投资期限内的变动。美元债券收益率曲线的超额业绩贡献包括收益率曲线的变化带来的收益以及持有债券带来的利差收益，一共是 24.6 个基点。其他的超额业绩大部分来自收益率曲线的蝶形交易策略，做多 20 年期债券，久期为 1.36 年，同时做空 5 年期、10 年期和 30 年期债券来对冲。由于 20 年期债券的收益率下滑最大（－48.7 个基点），因此蝶形交易策略表现不错，带来超额业绩。这个算法根据不同的关键利率点分别计算收益率曲线的超额业绩贡献。

图表 69—7　　　　　　　　　美元债券收益率曲线超额业绩分解

美元	收益率			收益率曲线市场权重（%）			久期（年）			超额业绩（基点）		
	水平（%）		变动（基点）	均值		超配	均值		超配	利差	收益率曲线	
	投资组合	市场基准		投资组合	市场基准	均值	投资组合	市场基准	均值	利差	变动	合计
平行移动												
平均	1.311	1.245	−31.6	99.7	100.0	−0.3	4.66	4.18	0.48	−0.3	14.6	14.3
关键利率点和现金												
现金	0.241	0.241	−1.3	−18.2	−11.2	−7.0	0.00	0.00	0.00	1.0	0.0	1.0
6个月	0.179	0.179	1.3	35.3	32.4	2.8	0.18	0.16	0.01	−0.3	−0.5	−0.8
2年期	0.534	0.534	−5.2	42.3	35.6	6.7	0.84	0.71	0.13	−0.5	−3.5	−4.0
5年期	1.628	1.628	−26.1	19.8	24.9	−5.1	0.96	1.21	−0.25	−0.4	1.4	1.0
10年期	3.055	3.055	−45.7	7.1	12.1	−5.0	0.64	1.09	−0.45	−1.0	−6.6	−7.6
20年期	3.795	3.795	−48.7	12.3	3.2	9.1	1.83	0.47	1.36	1.6	23.8	25.3
30年期	4.000	4.000	−42.1	1.1	2.9	−1.8	0.21	0.54	−0.33	−0.3	−3.8	−4.1
曲线变形和凸性										0.0	−0.6	−0.6
收益率曲线变动的超额业绩合计										−0.3	24.9	24.6

资料来源：巴克莱资本 POINT。

该基金经理还关心总超额业绩中敞口随着美元债券收益率曲线的非线性变动带来的贡献。我们用美元债券收益率曲线非线性变动的超额业绩 24.6－14.3＝＋10.3 个基点乘以美元债券市场的权重 45.5%计算得到这部分超额业绩贡献为 4.7 个基点。这些随收益率曲线非线性变动的敞口也需要谨慎控制。

图表 69—8 展示了其他三个市场的收益率曲线超额业绩报告。欧元债券收益率曲线的超额业绩分析和美元债券类似。它的久期大约为 1 年，同样使用了蝶形交易策略。和美元债券收益率曲线类似，欧元债券收益率曲线也呈现变平的趋势，这带来了总共 77.4 个基点的超额业绩，再乘以欧元市场 23.2%的权重，那么在投资组合总超额业绩中的贡献就为 17.9 个基点。日元债券的久期比较大，为 2.7 年，但是日元债券收益率曲线变动不大，平均仅下滑 7 个基点。日元债券同样还有显著的蝶形交易策略业绩贡献，在 20 年期债券上配置较多，该期限的久期超过 3 年。尽管如此，日元债券收益率曲线没有显著变化，只贡献 11.8 个基点的超额业绩，再乘以日元市场 25.6%的权重，因此只为投资组合总超额业绩带来 3 个基点的贡献。英镑债券市场就完全不同。它的久期为－3.8 年，伴随着收益率曲线的剧烈变平，收益率平均下滑 44.9 个基点。这种负久期的配置使得其

相对市场基准产生了－199.2 个基点的负业绩贡献。即使英镑市场只有 5.8%的低权重，但还是对投资组合整体的超额业绩产生了－11.5 个基点的不利影响。

至此，该投资组合基金经理应该清楚理解管理收益率曲线风险敞口对投资组合业绩表现的重要性。她也会在进行资产分配和投资决策之前确定好不同本地市场的收益率曲线管理模式。在这种情况下，需要引入一个不同的业绩贡献度算法，它不包括本地市场的资产分配和投资管理超额业绩贡献中来自收益率曲线的部分。我们将在第 71 章详细讨论。

图表 69—8　　欧元、日元和英镑债券收益率曲线超额业绩分解

欧元	收益率			收益率曲线市场权重（%）			久期（年）			超额业绩（基点）		
	水平（%）		变动（基点）	均值		超配	均值		超配	收益率曲线		
	投资组合	市场基准		投资组合	市场基准	均值	投资组合	市场基准	均值	利差	变动	合计
平行移动												
平均	2.030	1.698	－50.2	100.0	100.0	0.0	6.68	5.62	1.05	2.9	54.2	57.1
关键利率点和现金												
现金	0.279	0.279	0.0	－13.1	－14.5	1.3	0.00	0.00	0.00	0.2	0.0	0.2
6 个月	0.381	0.381	0.6	4.0	16.2	－12.2	0.02	0.08	－0.06	1.8	3.1	5.0
2 年期	0.771	0.771	－22.6	39.5	37.4	2.2	0.79	0.74	0.04	－1.4	－1.3	－2.6
5 年期	1.726	1.726	－43.1	22.0	33.7	－11.7	1.07	1.64	－0.57	－1.2	4.0	2.8
10 年期	2.708	2.708	－57.3	40.1	18.5	21.6	3.65	1.68	1.97	0.8	14.1	14.9
20 年期	3.377	3.377	－64.7	7.5	5.8	1.7	1.16	0.89	0.26	－0.1	3.5	3.4
30 年期	3.324	3.324	－69.6	0.0	3.0	－3.0	0.00	0.59	－0.59	－0.1	－11.5	－11.6
曲线变形和凸性												
										0.0	8.3	8.3
收益率曲线变动的超额业绩合计												
										2.9	74.4	77.4

日元	收益率			收益率曲线市场权重（%）			久期（年）			超额业绩（基点）		
	水平（%）		变动（基点）	均值		超配	均值		超配	收益率曲线		
	投资组合	市场基准		投资组合	市场基准	均值	投资组合	市场基准	均值	利差	变动	合计
平行移动												
平均	0.822	0.617	－7.0	100.0	100.0	0.0	9.54	6.85	2.69	0.7	18.5	19.2
关键利率点和现金												
现金	0.126	0.126	－1.2	－6.6	－13.2	6.6	0.00	0.00	0.00	－0.5	0.0	－0.5
6 个月	0.124	0.124	－1.3	－0.3	15.3	－15.6	0.00	0.08	－0.08	1.2	0.4	1.6

2年期	0.145	0.145	−3.3	19.2	33.9	−14.7	0.38	0.68	−0.29	1.0	1.3	2.3
5年期	0.344	0.344	−5.3	51.8	19.7	32.1	2.58	0.98	1.59	−1.0	−3.0	−4.0
7年期	0.616	0.616	−12.2	2.6	14.9	−12.3	0.18	1.03	−0.85	−0.6	−4.6	−5.1
10年期	1.034	1.034	−5.1	−1.1	16.2	−17.3	−0.11	1.57	−1.67	−1.5	3.2	1.7
20年期	1.776	1.776	−8.1	27.5	10.0	17.5	4.85	1.77	3.09	1.2	2.7	3.9
30年期	1.876	1.876	−7.6	6.9	3.1	3.8	1.65	0.75	0.90	0.2	0.7	0.9
曲线变形和凸性												
										0.0	−8.1	−8.1
收益率曲线变动的超额业绩合计												
										0.7	11.1	11.8

美元	收益率 水平（%） 投资组合	收益率 水平（%） 市场基准	收益率 变动（基点）	收益率曲线市场权重（%） 均值 投资组合	收益率曲线市场权重（%） 均值 市场基准	收益率曲线市场权重（%） 超配 均值	久期（年） 均值 投资组合	久期（年） 均值 市场基准	久期（年） 超配 均值	超额业绩（基点） 利差	超额业绩（基点） 收益率曲线 变动	超额业绩（基点） 合计
平行移动												
平均	1.990	2.833	−44.9	100.0	100.0	0.0	4.78	8.58	−3.81	−5.0	−172.4	−177.4
关键利率点和现金												
现金	0.573	0.573	−0.4	−11.7	−10.5	−1.2	0.00	0.00	0.00	−0.3	0.0	−0.3
6个月	0.579	0.579	−5.3	5.2	11.2	−5.9	0.03	0.06	−0.03	1.8	1.2	3.0
2年期	0.936	0.936	−22.1	53.3	21.1	32.2	1.06	0.42	0.64	−2.9	−14.7	−17.7
5年期	2.205	2.205	−43.4	24.7	24.8	−0.1	1.19	1.19	0.00	1.2	−0.1	1.2
10年期	3.417	3.417	−46.7	28.4	23.0	5.4	2.51	2.03	0.48	1.9	0.9	2.7
20年期	4.210	4.210	−49.5	0.0	14.9	−14.9	0.00	2.14	−2.14	−1.1	−10.1	−11.2
30年期	4.277	4.277	−44.9	0.0	15.5	−15.5	0.00	2.74	−2.74	−0.6	0.1	−0.5
曲线变形和凸性												
										0.0	0.9	0.9
收益率曲线变动的超额业绩合计												
										−5.0	−194.2	−199.2

资料来源：巴克莱资本POINT。

资产分配和债券选取

现在该基金经理将她的注意力转移到剩下的超额业绩中。首先，她希望了解她在美元资产的投资观点所带来的业绩贡献。通过图表69—6，她已经知道美元市场的资产分配为总超额业绩贡献了−2.5个基点。图表69—9展示了美元市场的资产分配情况，我们可以看到大部分的负业绩贡献都由公司债券产生，这些负业绩贡献还要通过美元市场45.5%的权重来反映到投资组合总超额业绩中。特别地，投资组合在美国公司债券上5%的超配比例在这里转换为10.9%（30.9%−19.8%＝11.1%，近似等于5%/45.5%），因此，−2.5个基点的超额业绩在图表69—9里就转换为−5.5个基点（近似等于−2.5/45.5%）。公司债券贡献了−5.2个基点的超额业绩，这是用公司债券的收益−70.2个基点与其行业基准−22.0个基点比较得到的，近似等于11.1%×(−70.2+22.0)=−5.35个基点，与报告中的−5.2个基点的结果非常接近。国债和政府债券对投资组合资产分配的超额业绩没有贡献，因为它们的资产分配权重和市场基准一致。最后，资产证券化债券对投资组合资产分配上的超额业绩贡献最小，尽管它相对于市场基准低配，但是它的收益（−19.0个基点）和市场基准的收益（−22.0个基点）非常接近。

图表 69—9　　美元市场资产分配超额业绩分解

不同板块	市场权重（%）					收益率曲线超额收益（基点）		超额业绩（基点）	
	均值		超配						
	投资组合	市场基准	均值	最小值	最大值	投资组合	市场基准	资产分配	证券选取
合计	**100.0**	**100.0**				**−14.6**	**−22.0**	**−5.5**	**13.0**
美国国债	31.7	31.7	0.1	−0.1	0.2	−4.7	−2.2	0.0	−0.8
政府债券	14.3	14.3	0.0	0.0	0.1	17.6	−7.7	0.0	3.7
公司债券	30.7	19.8	10.9	10.7	11.0	−33.5	−70.2	−5.2	11.1
资产证券化债券	22.8	33.4	−10.7	−10.9	−10.6	−23.3	−19.0	−0.3	−1.0
现金	0.5	0.8	−0.3	−0.5	0.0	0.0	0.0	−0.1	0.0

资料来源：巴克莱资本 POINT。

报告中同样给出了每一个行业中证券选取带来的业绩贡献。我们再来看一下，公司债券11.1个基点的超额业绩贡献在美元市场的证券选取部分13个基点的超额业绩贡献中占了绝大部分。为了进一步理解证券选取的超额业绩贡献来源，该基金经理仔细阅读了图表69—10中美元市场证券选取部分的报告。报告列举了每一个行业中选取的具体债券以及它们的收益率曲线超额收益。我们可以看出，该基金经理在美国公司债券中确实选取了很多收益超过市场基准的债券。唯一的例外是2037Comcast债券，它在投资组合公司债券的部分中占有10.1%的权重（较市场基准超配10%），结果产生了−280个基点的损失（远大于市场基准−70.2个基点）。

为了评估公司债券中来自证券选取的超额业绩贡献，我们需要考虑公司债券在美元市场投资组合中的权重30.7%，得到30.7%×10%×(−280.0+70.2)=−6.4个基点。再考虑美元市场在总投资组合中的权重45.5%，我们计算得到Comcast债券对全球投资组合的超额业绩贡献为45.5%×(−6.4)=−2.9个基点。这充分体现了当投资组合市值较小时，个体债券对投资组合的影响十分显著。

该基金经理同时也关注了在欧元市场来自证券选取的业绩贡献，如图表69—6所示，为−13.3个基点。图表69—11列举了欧元市场来自证券选取的超额业绩贡献情况，加总起来为−57.4个基点（再乘以欧元市场的权重23.2%，等于−13.3个基点），同时图表69—11显示意大利债券是亏损的最主要来源。事实上，在没有明确方向性的判断下，欧元区政府债券投资组合基本上由意大利政府债券构成，由于意大利的主权信用评级被调降，导致产生了显著的亏损。这也表明该基金经理需要调整和控制欧元区市场的主权信用风险敞口。

图表 69—10　美元市场证券选取超额业绩贡献分解

不同板块	债券发行方	市场权重（%）		收益率曲线超额收益（基点）*		证券选取（基点）
		投资组合	基准	投资组合	基准	
美元		100.0	100.0	−14.6	−22.0	13.0
美国国债		31.7	31.7	−4.7	−2.2	−0.8
912828MQ	US TREASURY NOTES	54.9	0.9	−1.0	−1.0	0.2
912810FF	US TREASURY BONDS	19.5	0.2	−1.1	−1.1	0.1
912810FP	US TREASURY BONDS	25.6	0.4	−15.5	−15.5	−1.1
基准证券	不在投资组合中		98.5		−2.1	0.0
政府债券		14.3	14.3	17.6	−7.7	3.7
46513EFF	ISRAEL STATE OF	14.3	0.1	68.0	68.0	1.5
31359MRK	FEDERAL NATL MTG ASSN	62.0	0.1	9.0	9.0	1.5
31359MTP	FEDERAL NATL MTG ASSN	22.0	0.1	7.5	7.5	0.5
RUSSIA	RUSSIA GLOBAL	1.7	1.6	43.3	9.3	0.1
基准证券	不在投资组合中		98.2		−8.0	0.0
公司债券		30.7	19.8	−33.5	−70.2	11.1
MS	MORGAN STANLEY DEAN WITTER	10.0	1.8	57.7	72.1	3.9
RABOBK	RABOBANK	11.5	0.5	39.0	47.5	3.7
JPM	JP MORGAN CHASE & CO	13.9	2.3	3.7	−108.6	3.4
UBS	UNION BANK OF SWITZERLAND	10.0	0.5	22.2	7.4	2.7
AXP	AMERICAN EXPRESS CO	10.4	0.8	9.7	−41.5	2.5
WDCAU	WESTFIELD CAPITAL CORP	5.8	0.2	59.9	−12.1	2.3
GS	GOLDMAN SACHS GROUP	9.7	2.3	−33.3	−104.9	1.3
DTV	DIRECTV HOLDINGS/FING	9.5	0.3	−76.9	−123.4	−0.3
WLP	WELLPOINT INC-GLOBAL	9.2	0.2	−133.8	−118.6	−1.8
CMCSA	COMCAST CORPORATION	10.1	1.0	−280.0	−143.7	−6.3
基准证券	不在投资组合中		90.1		−68.7	−0.4
资产证券化债券		22.8	33.4	−23.3	−19.0	−1.0
FNA05003	FNMA Conventional Long T. 30yr	21.3	2.0	14.2	14.2	1.5
FNA04403	FNMA Conventional Long T. 30yr	11.2	0.4	6.0	6.0	0.6

续前表

不同板块	债券发行方	市场权重（%）		收益率曲线超额收益（基点）*		证券选取（基点）
		投资组合	基准	投资组合	基准	
FGB04403	FHLM Gold Guar Single F. 30yr	10.3	0.2	−21.0	−21.0	−0.1
FNA04409	FNMA Conventional Long T. 30yr	19.7	5.8	−26.5	−26.5	−0.2
GNA04403	GNMA I Single Family 30yr	8.6	0.0	−50.7	−50.7	−0.6
GNF04403	GNMA I Single Family 15yr	29.0	0.0	−52.7	−52.7	−2.2
基准证券	不在投资组合中		91.5		−19.4	0.1
现金		0.5	0.8	0.0	0.0	0.0
USD-Unsettled	CASH-U. S. Dollar-Unsettled	52.3		0.0		0.0
USD-Settled	CASH-U. S. Dollar-Settled	47.7	62.0	0.0	0.0	0.0
基准证券	不在投资组合中		38.0		0.0	0.0

* 政府债券和公司债券的结果是按照债券发行方的水平进行加总的。由于每只债券的发行方可能具有不同的投资组合与市场基准，因此每只债券发行方投资组合和市场基准的收益率曲线超额收益也不一样。

资料来源：巴克莱资本 POINT。

图表 69—11　　欧元市场证券选取超额业绩贡献分解

不同板块	债券发行方	市场权重（%）		收益率曲线超额收益（基点）		证券选取（基点）
		投资组合	基准	投资组合	基准	
欧元		100.0	100.0	−121.0	−69.7	−57.4
欧元区国债		44.0	55.4	−275.8	−122.4	−66.6
IT0003644769	ITALY（REPUBLIC OF）	4.7	0.5	−270.5	−270.5	−2.7
BE0000308172	BELGIUM（KINGDOM OF）	38.5	0.3	−149.7	−149.7	−3.9
IT0004594930	ITALY（REPUBLIC OF）	5.6	0.5	−321.9	−321.9	−4.5
IT0004513641	ITALY（REPUBLIC OF）	18.3	0.5	−253.7	−253.7	−10.5
IT0004009673	ITALY（REPUBLIC OF）	15.8	0.6	−433.4	−433.4	−20.7
IT0004356843	ITALY（REPUBLIC OF）	17.1	0.5	−420.6	−420.6	−21.6
基准证券	不在投资组合中		97.0		−116.2	−2.7
政府债券		7.5	15.3	−110.4	−6.3	−8.2
POLAND	POLAND（REPUBLIC OF）	100.0	2.1	−119.4	−82.6	−8.1
基准证券	不在投资组合中		97.9		−4.7	−0.1
公司债券		43.8	17.6	18.4	−23.0	18.2
GE	GE CAPITAL CORP	24.0	2.4	54.4	−8.7	8.0
TELEFO	TELEFONICA EMISONES SAU	11.8	1.1	49.1	16.9	3.6

续前表

不同板块	债券发行方	市场权重（%）		收益率曲线超额收益（基点）		证券选取（基点）
		投资组合	基准	投资组合	基准	
RBS	ROYAL BANK OF SCOTLAND	6.8	1.6	108.4	43.4	3.5
IBESM	IBERDROLA	22.7	0.7	1.1	10.6	2.2
BAC	MERRILL LYNCH & CO INC	13.2	1.7	5.5	−74.1	2.0
IMTLN	IMPERIAL TOBACCO FIN PLC	16.7	0.5	0.9	34.1	1.6
C	CITIGROUP INC	4.8	1.4	−181.4	−137.0	−2.7
基准证券	不在投资组合中		90.5		−22.8	−0.1
资产证券化债券		4.4	11.7	11.3	26.3	−0.7
ES0312298237	AYT CEDULAS CAJAS GLOBAL	100.0	0.2	11.3	11.3	−0.7
基准证券	不在投资组合中		99.8		26.3	0.0
现金		0.3	0.0	0.0	0.0	0.0
EUR-Unsettled	CASH-European Monetary Unit-Unsettled	0.0		0.0		0.0
EUR-Settled	CASH-European Monetary Unit-Settled	100.0	100.0	0.0	0.0	0.0

资料来源：巴克莱资本 POINT。

到目前为止，该基金经理已经很好地理解了投资组合各个部分的超额业绩的主要贡献，并且得出全球投资组合管理过程中一些有用的结论：

（1）收益率曲线是最重要的风险因子，必须明确管理各个货币市场在收益率曲线上的风险敞口；

（2）仅仅用久期来管理收益率曲线的风险敞口是不够的，同时还需要考虑来自收益率曲线变形的风险；

（3）需要在全球资产层级管理收益率曲线的风险敞口，不能由各个本地市场的资产分配和管理决策来决定；

（4）当投资组合市值较小时，个体债券对投资组合的影响十分显著，因此对公司债券发行方要严格审查，有问题的公司债券应停止投资；

（5）类似欧元区市场的主权信用风险需要单独进行管理。

更进一步，我们可以通过定价模型用所有可用的分析变量来对投资组合的收益和超额业绩进行完全分解。在这个模型中，不能被分析变量解释的所有超额业绩都被归为残差项。完全分析模型将在第 70 章详细介绍。我们可以使用这个模型得到图表 69—12 中展示的本地市场的业绩贡献结果。

图表 69—12　　完全分析模型下本地市场投资管理超额业绩　　单位：基点

本地市场投资管理超额业绩	
收益率曲线	20.6
隐含波动率	0.9
资产分配	−0.9
证券选取	−2.2
抵押贷款偿付率	−3.7
残差项	4.4
合计	**19.1**

资料来源：巴克莱资本 POINT。

和图表 69—3 中的报告结果进行比较，我们可以看出本地市场投资管理的超额业绩贡献结果发生了变化。收益率曲线风险敞口的业绩贡献还是 20.6 个基点，而资产分配的业绩贡献从 0.2 个基点变成了−0.9 个基点，同时证券选取的业绩贡献从−1.7 个基点变成了−2.2 个基点。有新的项目出现，隐含波动率的风险敞口贡献了 0.9 个基点的业绩，抵押贷款偿付率的风险敞口贡献了−3.7 个基点的业绩，另外还有残差项贡献了 4.4 个基点的业绩。完全分析模型使得除了收益率曲线以外的超额业绩贡献来源更加清晰，这有助于基金经理了解超额业绩的不同来源，我们将会在第 70 章详细介绍。我们特地把本例中欧元市场证券选取的超额业绩贡献评估报告列在图表 69—13 中，可以看出，欧元市场的投资组合不仅集中投资于意大利政府债券，同时持有的债券都具有比较长的期限，这意味着欧元市场投资组合在政府债券的价差久期敞口上超配。这会给基金经理另一个重要的提示：价差久期敞口的信用风险必须谨慎对待。

图表 69—13　　欧元市场证券选取超额业绩贡献分解

不同板块	债券发行方	投资组合市场权重（%）	超额业绩（基点）				
			证券选取		其他		
			信用价差	信用价差变动	定价	残差	合计
欧元		100.0	2.9	−53.7	0.6	17.2	−33.0
欧元区国债		44.0	1.5	−59.3	0.6	16.9	−40.3
BE0000308172	BELGIUM	38.5	−0.2	6.2	0.0	0.0	6.1
IT0003644769	ITALY	4.7	0.1	−2.2	0.0	0.0	−2.0
IT0004594930	ITALY	5.6	0.1	−3.6	0.0	0.0	−3.5
IT0004513641	ITALY	18.3	0.6	−22.3	0.6	17.4	−3.7
IT0004356843	ITALY	17.1	0.5	−16.8	0.0	−0.1	−16.4
IT0004009673	ITALY	15.8	0.3	−17.1	0.0	−0.1	−16.9

资料来源：巴克莱资本 POINT。

□ 业绩贡献度模型作为数据质量检测工具

一个全面细致的业绩贡献度模型可以作为检测数据质量的工具，可以让使用者及时准确地发现问题并进行修正。

图表 69—13 的报告显示，意大利政府债券（编号 IT0004513641）是整个残差项中贡献最大的债券。的确，它为欧元投资组合超额业绩的残差项贡献了 17.4 个基点，再乘以欧元市场投资组合的权重 23.2%，反映到全球投资组合的残差项层面上则为超额业绩贡献了 4 个基点（和图表 69—12 中报告的结果4.4 个基点接近）。谨慎的基金经理会立即调查残差项。产生残差项可能是由于以下四个原因：

- 错误的总收益。这可能是由价格数据的缺失或者错误、交易过程中的错误以及债券发行公司公布信息的错误造成的；
- 在债券估值过程中分析变量的缺失或者错误；
- 业绩贡献度模型存在不足，某些特定风险因子无法在收益分解中体现；
- 业绩贡献度模型的算法以及在实现过程中出现的问题。

基金经理非常有必要理解这四个原因。随着时间的推移，模型的不足之处可以在很大程度上被修正，只剩下数据质量的问题，收益数据和分析变量的质量成为产生业绩贡献残差的主要原因。

在这个投资组合的例子中，我们调查发现，该意大利政府债券（编号 IT0004513641）的 2.5%的支付利息被记录了两次。该债券在付息日的价格近似为 110，因此在该债券层级的残差项业绩贡献为 227.3 个基点。再考虑权重，那么该意大利债券对欧元市场投资组合的残差业绩贡献为 44.0%×(18.3%−0.5%)×227.3＝＋17.8 个基点，非常接近报告中的残差业绩贡献 17.4 个基点。在修正错误后重新运行一下模型，得到和图表 69—12 非常类似的图表 69—14，这里投资组合的收益较之前低了 4.2 个基点，总超额业绩由 38.7 个基点变为 34.5 个基点，同时残差项的超额业绩贡献从 4.4 个基点降低到 0.2 个基点。

数据问题将显著影响投资组合超额业绩评估的质量，同时也会影响到超额业绩的分解。合理使用基于理论分析的业绩贡献度模型可以帮助使用者及时发现问题并进行修正。

图表 69—14　　数据修正后的完全分析模型结果　　单位：基点

a. 投资组合超额业绩	
投资组合收益	184.5
市场基准收益	150.0
超额业绩	**34.5**
b. 投资组合超额业绩构成	
外汇资产分配及对冲	28.3
本地市场资产分配	−8.7
本地市场投资管理	14.9
合计	**34.5**

c. 本地市场投资管理超额业绩构成	
收益率曲线	20.6
隐含波动率	0.9
资产分配	−0.9
证券选取	−2.2
抵押贷款偿付率	−3.7
残差项	0.2
合计	**14.9**

资料来源：巴克莱资本 POINT。

69.4 关键知识点

● 投资业绩贡献度分析在投资过程中发挥着重要作用。它有助于明确投资组合风险和业绩的来源，评估投资决策者的贡献。

● 一个有效的业绩贡献度算法需要具有以下三个重要的特性：可加性、完备性和公平性。

● 一个优秀的业绩贡献度模型需要具有适应动态投资组合管理的时间周期复利计算方法。大多数固定收益产品的投资组合每天进行估值管理。

● 一个优秀的业绩贡献度模型需要具有反映投资组合不同管理风格的灵活性。最好的业绩贡献度模型是与投资组合管理决策过程相结合的模型。

● 业绩贡献度的算法通常是基于行业分配或者基于风险因子分配的算法，但是无论哪一种算法都不能够完全应对现代投资管理的复杂性。

● 融合了基于行业和基于风险因子的业绩贡献度算法具有适应大多数固定收益产品和股票投资组合管理结构的灵活性。

【注释】

[1] 关于综合业绩贡献度模型的另一个讨论，参见 Chapter 27 in Lev Dynkin, Anthony Gould, Jay Hyman, Vadim Konstantinovsky, and Bruce Phelps, *Quantitative Management of Bond Portfolios* (Princeton University Press, 2007)。

[2] 关于模型的细节，参见 Anthony Lazanas, Chris Sturhahn, and Pamela Zhong, *The Barclays Capital Hybrid Performance Attribution (HPA) Model* (Barclays Capital Publications, October 2010)。

[3] 综合业绩贡献度模型和 POINT 版权都归属巴克莱资本。

[4] Gary L. Brinson and Nimrod Fachler "Measuring Non-U. S. Equity Portfolio Performance," *Journal of Portfolio Management*, 11, 3 (1985), pp. 73 - 76 and Gary L. Brinson Randolph. Hood and Gilbert Beebower "Determinants of Portfolio Performance," *Financial Analysis Journal*, 42, 44 (1986), pp. 39 - 44.

[5] António aldague da Silva, "Risk Attribution with Custom-Defined Risk Factors," *Barclays Capital Publications*, August 2009.

[6] 用于收益分解的连续估值方法将在第 70 章介绍。

[7] 不同的行业可以适用不同的风险因子。

[8] 参见第 71 章的详细讨论。

第 70 章 固定收益证券投资组合的业绩贡献*

安东尼·拉扎纳斯（Anthony Lazanas）博士
巴克莱资本常务董事

安东尼奥·巴尔达克·达·席尔瓦（Antonio Baldaque Da Silva）博士
巴克莱资本常务董事

克里斯·斯图哈恩（Chris Sturhahn）
巴克莱资本副总裁

埃里克·P. 威尔逊（Eric P. Wilson）
巴克莱资本副总裁

张潘（Pam Zhong），注册金融分析师
巴克莱资本副总裁

相对于股票的简单和不透明性，固定收益证券被认为是承诺未来支付现金流的结构性投资品种。现金流的大小可以是固定的，或者可以依赖于可观测的变量（例如实际通

---

* 特别感谢列夫·丁金向我们介绍业绩贡献的概念，感谢杰伊·海曼多年来很多富有见地的想法和 Attakrtit Asvanunt 对本章很多概念的发展更新。

货膨胀率、抵押贷款本金提前偿付率，或者具有看涨/看跌期权特性的债券价格)。固定收益证券这种准程式化的特性使得其现值表现为经济变量（主要是利率和信用价差）的随机函数，它可以对观测到的参考债券市场价格进行校准并以此建立定价模型。换言之，定价模型是用经济变量来表示固定收益证券（或衍生品合约）的现值的函数。这个函数也可用于估算债券现值对于经济变量变化的灵敏度。这种敏感性和期权中的**希腊字母**（greek）类似，在债券中被称为**久期/凸性**（duration/convexity)，它们可以被用作在固定收益证券投资组合业绩分解和贡献度计算中起到关键作用的负荷因子。

在本章中，我们详细讨论如何使用第 69 章介绍过的综合业绩贡献度模型来分析固定收益证券投资组合的超额业绩。综合业绩贡献度模型结合了传统 Brinson 模型基于风险因子的业绩贡献度算法，对固定收益证券的业绩贡献度分析特别适用，因为其收益来源通常包括一个共同显著的风险因子——利率。在本章中，我们只讨论单一期限的情形。和第 69 章讨论的一样，单一期限仅为固定收益证券的单一交易日。基于复利计算的多期业绩贡献度模型将在第 71 章中详细介绍。

我们首先讨论通用的定价模型，将固定收益证券的收益分解到不同的风险因子的贡献中。我们接下来详细讨论最重要的风险因子——利率、隐含波动率和信用价差。然后我们分别讨论两类具有特殊性的重要固定收益资产——抵押贷款债券与通胀连结债券。最后，我们将综合业绩贡献度框架通过不同的方法应用到不同资产类型和不同投资管理风格的固定收益证券投资组合中。

在本章中，我们只讨论单一货币的投资组合。多货币投资组合的复杂情形会在第 71 章进行讨论。所有业绩贡献度报告均来自巴克莱资本综合业绩贡献度模型[1]，它被应用在巴克莱资本投资组合的分析报告和模型平台中[2]。

70.1 收益分解

具有确定性现金流的债券价格由现金流根据参考收益率曲线贴现计算得到。当未来现金流数额不清楚时，可以通过建立基于经济变量（通常是利率）和债券特征的函数模型来预估债券的价格，这时一些较为复杂的统计模型被广泛使用。这些模型预测得到一组与当前债券收益率曲线和市场流动性最好的利率期权隐含波动率相一致的利率路径。每条利率路径的现金流都相应进行贴现，所有路径贴现后现值的加权平均值视为债券的价格。在这种情况下，债券的现值是利率、隐含波动率以及其他变量的函数。

定价模型可以得到证券的模型价值。对于场外交易的衍生品，模型价值通常用来进行盯市估值。当证券在市场上公开交易时，它的市场价格通常不等于模型价格。为了使它们相等，模型的参数需要进行调整。例如，对于债券，通常需要对现金流在所有的期限进行额外的贴现。在大多数模型中，现金流都是用无风险参考收益率曲线（国债收益率曲线或者互换利率曲线）进行贴现，额外的贴现率就是期权调整价差（OAS)，它可以反映在考虑到信用风险、流动性风险以及其他类型风险的情况下需要额外贴现的部分。

因此该模型使用的分析变量也称为期权调整分析变量。

一般地，债券定价模型可以用下面的公式表示：

$$MarketValue = f(Time, YC, Vol, Other, OAS)$$

式中，YC 代表收益率曲线，Vol 代表隐含波动率，Other 代表其他市场风险因子或者定价模型的参数。

对单货币的投资组合，我们首先将投资组合的收益分解到不同的风险因子中。很多定价模型用债券价格对风险因子的一阶敏感性（一阶偏导数）来反映。有时二阶敏感性（二阶偏导数）（例如利率凸性）也被采用。通过这些敏感性，投资组合的收益可以近似地表示为各个风险因子业绩贡献的线性组合：

$$R \approx \frac{\partial f}{\partial Time}\Delta Time + \frac{\partial f}{\partial YC}\Delta YC + \frac{1}{2}\frac{\partial^2 f}{\partial YC^2}\Delta YC^2 + \frac{\partial f}{\partial Vol}\Delta Vol + \frac{\partial f}{\partial OAS}\Delta OAS$$

尽管一些定价模型还提供其他的敏感度（例如价差凸性，或者相对于抵押贷款债券偿付速度等其他风险因子的敏感度），但是大多数情况下实际的收益与上述模型近似的收益相差不大。这个误差，也就是通常所说的**残差项**（residual），主要来自其他模型输入变量和参数、风险因子的高阶偏导数和交叉偏导数以及实际运行中数据和计算的偏差等因素的影响。分析和理解残差项，看它是否合理或者来自数据和计算的偏差，是业绩贡献度模型中非常重要的部分。成熟的业绩贡献度模型使用基于市场情景的收益分解方法，它没有残差项。这种收益分解方法分为两个阶段：

第一阶段：基于情景分析的广泛收益分解。

第二阶段：基于理论分析的细致收益分解。

在第一阶段，基于情景分析的单期收益分解从投资组合期初的市值开始[3]，然后一次变动一个参数到期末，直至所有的参数都变动，最终获得投资组合期末的市值。在每一步，债券的市值通过每次改变参数完全重新计算得到。这一阶段分类较为广泛，如图表 70—1 所示。

当然，这不是唯一的分解方法。分解更广泛或者更细致都是可行的，但是这种特定的分解方法是一个能够很好地平衡大多数投资组合计算的复杂性以及信息的完整性的方法。在第二阶段，不同定价模型中债券的敏感度被用于进一步分解收益。这两种分解方法的结合使得残差项在主要的收益贡献部分之间进行分解，这样可以对其潜在的来源有更深入的了解。

图表 70—1　　基于情景分析的收益分解

不确定性收益	实际现金流与模型预测的未来债券价格之差
时间收益	到期日临近的影响
收益率曲线变动的收益	收益率曲线变动的影响
隐含波动率变动的收益	隐含波动率曲面变动的影响
其他市场收益	其他市场参数变动的影响
信用价差变动的收益	期权调整价差变动的影响

我们下面详细讨论图表 70—1 中收益分解的各个组成部分。

□ 不确定性收益

不确定性收益对应着债券未来现金流和未到期金额的不确定性。例如，对于抵押贷款债券，由于提前偿付导致了现金流和未到期金额的不确定性；对于通胀连结债券，它的现金流依赖于所连结的通胀指数。债券定价模型将事前假设好的参数变量输入模型并以此对债券价格进行预估。通过情景分析得到的收益结果在参数和模型预测结果保持一致的情况下接近实际收益。如果参数和模型预测结果不一致，那么实际收益与模型预测的收益结果之间的偏差就是不确定性收益。

抵押贷款提前偿付的不确定性收益

举个例子，考虑一个抵押贷款债券，交易价格为 105。模型预计在下个月的提前偿付率为 2.4%，因此预计由提前偿付带来的收益为－11.4 个基点。[4] 如果实际的提前偿付率为 1.3%，由此带来的实际收益为－6.2 个基点，这中间 5.2 个基点的利差就是不确定性收益。模型预计的－11.4 个基点的由提前偿付带来的收益也是时间收益的一部分。

通胀指数变化的不确定性收益

再举一个例子，考虑一个通胀连结债券，价格与当前的通胀率一致，模型预测下个月的通胀率是 3.0%。如果实际通胀率变为 3.5%，它会带来 4.2 个基点[5] 的不确定性收益，因为实际通胀率大于预测的通胀率。我们会在下面详细讨论这个由通胀率变化带来的收益。

□ 时间收益

时间收益是固定收益证券收益中的确定部分，在市场参数没有变化的前提下，这个收益可以由定价模型预测得到。[6] 对于大多数固定收益证券，时间收益可以分解成收益率曲线利差收益、信用价差收益和隐含波动率的衰减收益。通胀连结债券还含有通胀率价差收益。这些时间收益可以通过定量分析得到，我们在下面的章节将进行详细介绍。

□ 收益率曲线变动的收益

利率的变化主要通过贴现因子的变化来影响债券的价格。此外，一些债券的现金流可以表示成利率（抵押贷款支持债券、浮动利率债券等）的函数。那么收益率曲线的变动就可以给债券带来收益。债券在收益率曲线上的敞口主要是它对于一系列因子变动的敏感性，这些因子包括收益率曲线的平行移动、期权调整久期（OAD）、收益率曲线在一系列关键点的变动，也就是关键利率久期（KRD），还包括它对收益率曲线变动的二阶敏感性，也就是期权调整凸性（OAC）。在日度业绩贡献度模型中，收益率的日度变化不显著（一天波动 15 个基点已经非常罕见），因此凸性的业绩贡献通常要远远小于久期的业绩贡献。由此收益率曲线凸性的业绩贡献不需要特别进行评估。[7]

收益率曲线变动的收益分解

将收益率曲线变动带来的收益分解到久期和凸性贡献的部分在很大程度上会受到投资组合敞口的管理频率影响。为了和实际中大多数投资组合的管理保持一致，我们设定时间频率为日度。我们考虑一个利率久期为5、利率凸性为−2的投资组合。假设在两周的时间内，利率每个交易日下降10个基点，总共下降100个基点。那么投资组合由于利率变动产生的收益可以用久期凸性公式表示：

$$R^{\Delta YC}=-OAD\cdot\Delta r+\frac{1}{2}\cdot(OAC/100)\cdot\Delta r^2$$

这里收益和利率都用基点表示。

将这个公式应用到上述例子中，时间周期为两周：

久期收益：	$-5\times(-100)=$	+500个基点
凸性收益：	$0.5\times(-2/100)\times(-100)^2$	−100个基点
总收益：		+400个基点

另外，如果将公式的时间频率改成日度，分解的结果就不一样了。日度算法就需要考虑投资组合久期的变化以及复利。很显然在这种情况下就不能简单地将久期和凸性的日度收益贡献分别表示为$-5\times(-10)=+50$个基点和$0.5\times(-2/100)\times(-10)^2=-1$个基点，然后在将10天进行加总得到久期收益贡献500个基点和凸性贡献−10个基点，总收益为490个基点。相反，投资组合的日度久期会由于利率的下降而变化。根据久期和凸性的定义，利率变动引起的久期变动可以表示为：

$$\Delta OAD=(OAD^2-100\cdot OAC)\cdot\Delta r/10\,000$$

这里久期和凸性是标准单位，利率的变动用基点来度量。由于投资组合的凸性比较高，在经历10个交易日后，久期降低到2。此外，投资组合的总收益和久期凸性贡献的收益都要进行复利计算（在第71章详细讨论）。经过调整之后，总收益的分解如下：

久期收益：+408个基点

凸性收益：−10个基点

总收益：+398个基点

这个调整之后的总收益非常接近之前以两周为时间周期计算得到的结果，但是分解到久期和凸性上的收益部分完全不同。在日度模型中，凸性的贡献远远小于久期的贡献。

日度模型通常只使用关键利率久期来反映收益率曲线变动带来的贡献。任何关键利率变动反映到收益率曲线变动中的收益之外的部分，就在凸性和其他二阶敏感性项中产生。

□ 隐含波动率变动的收益

具有期权特性的债券需要参考隐含波动率来调整定价模型中的利率变化。在固定收益证券中，大多数模型使用布莱克隐含波动率曲面作为输入变量来计算债券价格对于隐含波动率变化的敏感性[8]，这也是我们常说的希腊字母vega，它表示布莱克隐含波动率曲面平行移动1%所引起的债券价格变动。vega无法反映隐含波动率曲面非平行移动所带来的债券价格变化，以及收益率曲线由于利率模型中参数变化所带来的债券价格变化。显然，它不能完全反映由隐含波动率曲面变动引起的债券价格变动。一些高级模型[9]使用偏vega来反映债券价格对波动率曲面在一系列关键点上的敏感性，还有高级模型使用向量参数来刻画波动率曲面。在这些情况中，隐含波动率变动的收益分解就更加细致。

如果只考虑vega，那么通过不同的市场情景来反映隐含波动率变动的影响就非常有必要了。基于情景分析的隐含波动率变化的收益可以分解成隐含波动率平行移动带来的收益，也就是用vega乘以波动率的变动，另外还有隐含波动率非平行移动带来的收益，也就是由波动率模型中其他输入变量和参数变化所带来的影响。

□ 其他市场收益

尽管收益率曲线和隐含波动率是大多数固定收益证券定价模型中最重要的风险因子，但是它们无法反映引起现金流变化的各个原因，因此需要更多的风险因子。现金流受到其他风险因子影响的债券和衍生品需要增加定价模型中的输入变量，例如提前偿付率和通胀水平。这些输入变量变化带来的收益不能归因于收益率曲线和隐含波动率变动的贡献。这些由其他风险因子变动带来的收益我们都归类于其他市场收益。

例如，抵押贷款债券的定价模型预测的现金流取决于抵押贷款风险因子，以及房价增幅、互换利率价差等模型其他特有参数。这些参数的贡献都属于其他市场收益。各个风险因子贡献的收益分解需要使用特别的算法和分析。

□ 信用价差变动的收益

OAS变动带来的收益可以用信用价差变动的收益来反映。债券价格相对于信用价差变动的敏感性用价差久期（OASD）和价差凸性（OASC）来度量。由于市场上信用价差变化非常明显，因此有必要使用价差凸性。OASD和OASC贡献的信用价差变化收益与基于情景分析得到的信用价差变化收益的差记为残差收益项。

投资组合和市场基准的债券收益分解报告有助于投资组合基金经理详细了解投资组合敞口和收益的来源。在收益分解的报告中，业绩贡献度模型需要对收益组成的各个部分进行划分。例如我们在本章介绍的巴克莱资本综合业绩贡献度模型，它根据不同风险因子对投资组合收益组成的各个部分进行了总结，如图表70—2所示。图表70—3显示了几个债券收益分解的具体案例。

图表70—2　　收益分解的组成部分

收益来源分解		收益风险因子分解	
不确定性收益	抵押贷款提前偿付率 通胀率的变动	收益率曲线	收益率曲线利差 关键利率变动 收益率曲线的其他变动

续前表

收益来源分解		收益风险因子分解	
时间收益	收益率曲线利差 信用价差变动 波动率衰减 通胀累积 通胀价差的利差收益 价差的利差收益 时间残差项	隐含波动率	波动率衰减 波动率的平行移动 波动率的其他变动
收益率曲线变动的收益	关键利率的变动 收益率曲线的其他变动	信用价差	价差变动 价差久期 价差凸性
隐含波动率变动的收益	波动率的平行移动 波动率的其他变动	抵押贷款债券	抵押贷款提前偿付不确定性收益 抵押贷款债券信用价差的变动 抵押贷款债券其他风险因子的变动
其他市场的收益	抵押贷款债券信用价差的变动 抵押贷款债券其他风险因子的变动 通胀价差变动的收益	通胀率	通胀的不确定性收益 通胀累积 通胀价差的利差收益 通胀价差的变动
信用价差变动的收益	价差久期 价差凸性 价差残差项	残差项	价差残差项 时间残差项

资料来源：巴克莱资本。

图表 70—3　债券收益分解

行业		国债	政府债券	公司债券	资产证券化债券
标号		912810FP	XS0114288789	20030NAM	FNA04409
息票		5.4	7.5	6.5	4.5
到期日		2/15/2031	3/31/2030	3/15/2037	2/1/2039
编码		US/T	RUSSIA	CMCSA	FNMA
总收益		702.6	253.4	366.8	75.0
收益率曲线	利差	33.6	23.3	32.5	13.2
	收益率变动	684.5	186.8	614.2	88.3
隐含波动率	衰减	0.0	0.0	0.0	6.7
	平行移动	0.0	0.0	0.0	−108.0
	曲面变形	0.0	0.0	0.0	61.3
OAS	利差	0.2	16.8	17.0	1.8
	久期变动	−12.1	27.0	−300.1	−34.4

续前表

行业		国债	政府债券	公司债券	资产证券化债券
	凸性变动	0.1	5.3	2.8	1.5
抵押贷款因子	提前偿付率	0.0	0.0	0.0	6.2
	抵押贷款信用价差	0.0	0.0	0.0	45.8
残差项		−3.6	−5.7	0.3	−7.7

资料来源：巴克莱资本 POINT。

70.2 超额业绩分解

投资组合的收益按照上述分析可以分解到不同的风险因子中，那么接下来很容易倾向于把风险因子的超额业绩贡献自下而上地加总。然而，实际上投资组合基金经理不都是按照风险因子去管理敞口，也不是所有的基金经理对风险因子所反映的投资组合风险都意见一致。许多投资组合是由行业或资产类别进行划分管理的，采用自上而下的方式分解超额业绩可能更为合适，因为投资组合和市场基准在每个资产类别上的收益可能会有所不同。一个灵活的综合业绩贡献度算法会使用这两种方法将总收益巧妙地分成两部分：一是由影响整个投资组合的普通风险因子贡献的部分，二是由资产分配和证券选择过程中产生的特殊风险因子贡献的部分。

普通风险因子贡献的部分用自下而上的方法进行加总，也就是将投资组合与市场基准的风险敞口的差乘以风险因子的收益。例如，收益率曲线敞口对应的风险因子是久期，因此收益率曲线变动带来的超额业绩就是投资组合在久期上超配的敞口乘以收益率的负向变动。特殊因子风险贡献的部分用自上而下的方法进行分解，过程中用到第 69 章讨论过的分层和递归的算法，我们接下来还会详细讨论。

这种方式可以适应不同的投资管理风格。它同样也使得基金经理可以比较不同的收益和超额业绩分析方法，以更好地理解对投资组合超额业绩的贡献来源。例如，许多做高收益债券的基金经理不喜欢将总收益分解到收益率曲线、隐含波动率和信用价差上，理由是收益率曲线和隐含波动率与信用价差之间存在高度的负相关。相反，他们更喜欢将管理的投资组合总收益作为一个整体。即使当他们确实想将收益率曲线贡献的收益分开，单独管理非收益率曲线收益贡献的部分，他们也不会考虑用价差久期和价差凸性来评估他们的风险敞口。然而，当信用价差在 2005 年非常窄的时候，很多高收益债券的基金经理也开始尝试使用价差久期进行风险敞口管理。

由于普通风险因子贡献的部分通常使用自下而上的方法，而特殊风险因子贡献的部分通常使用自上而下的方法，因此下面提供的三种模型能够支持大多数投资组合的管理决策结构：总收益模型、超额收益模型和完全分析模型。

总收益模型（total return model）是最简单的模型，这里总收益被认为是一个单因子。换句话说，不存在普通风险因子，总收益根据市值权重和证券选取来进行自上而下的分解。

超额收益模型（excess return model）的优势在于，它将收益按照风险因子的类型不同进行分解。普通风险因子贡献的收益使用合适的权重（例如 OAD、vega、市场 beta 等）按照自下而上的方式进行加总。对于固定收益证券投资组合，收益率曲线和隐含波动率通常被认为是普通因子。其他风险因子（特殊风险因子）贡献的收益使用总收益模型的自上而下的方法进行分解。

完全分析模型（fully analytical model）是最详细的模型。它充分利用了收益分解算法和复合分配算法的优点，每一个风险因子贡献的业绩都可以使用自上而下或者自下而上的方式通过合适的权重进行加总。

在下面的章节中我们详细讨论这些不同类型的模型。

70.3 总收益模型

总收益模型是最基本的业绩贡献度模型，它遵从基于行业的资产分配和证券选取的经典框架。它适用基金经理的投资决策只基于债券总收益的投资组合。最符合条件的投资组合，就是基金经理按照他们对行业和债券收益率的观点进行资产分配的投资组合。该模型通用于上述资产分配原则下的债券投资组合。基金经理可以按照地域、金额大小以及收益表现情况进行资产分配，本质上和基于风险因子的资产分配方式类似。同样，两种投资组合的管理结构也类似。

总收益模型使用我们在第 69 章介绍过的自上而下的分解方法，行业市值的权重 w_s 就是资产分配权重 $\alpha_{k,s}$，行业 s 的总收益为 $f_{k,s}$，市场基准的总收益率为最低资本收益率。

资产分配贡献项 $$w^P \cdot \sum_s \left(\frac{w_s^P}{w^P} - \frac{w_s^B}{w^B}\right) \cdot (TR_s^B - TR^B) \qquad (70—1)$$

行业管理贡献项 $$\sum_s w_s^P (TR_s^P - TR_s^B) \qquad (70—2)$$

最高层级风险敞口 $$(w^P - w^B) \cdot TR^B \qquad (70—3)$$

在没有杠杆的情况下，投资组合和市场基准最高层级的权重都等于 1，所以最高层级的风险敞口总是 0。

让我们重新回到第 69 章业绩贡献的例子来说明模型结果如何变化。提醒一下读者，我们在第 69 章曾经将一个多货币投资组合与巴克莱资本全球货币综合指数 G4 进行比较并分析其一个月的超额业绩。这里，我们只讨论投资组合中美元部分 32.1 个基点的超额业绩。[10]

我们使用总收益模型进行分析，假设资产主要分配到美国固定收益市场，投资组合的总超额业绩分解为资产分配的贡献 18.9 个基点和证券选取的贡献 13.2 个基点，如图表 70—4 所示。

图表 70—4　　总收益模型的超额业绩分解

超额业绩（基点）		超额业绩细节（基点）	
投资组合收益	161.6	资产分配	18.9
市场基准收益	129.5	证券选取	13.2
超额业绩	**32.1**		

资料来源：巴克莱资本 POINT。

每个资产类别的贡献可以用资产分配项公式（70—1）和证券选取项公式（70—2）计算得到，结果在图表 70—5 中显示。

公司债券贡献了 7.4 个基点的超额业绩，因为它的资产超配 10.9%（投资组合在公司债券中的资产分配为 30.7%，市场基准为 19.8%），并且它的业绩（196.1 个基点）远远超过市场基准（129.8 个基点）。那么公司债券的超额收益可以近似地[11] 计算出来，为 10.9%×(196.1－129.8)=＋7.2 个基点，与报告中的结果 7.4 个基点非常接近。证券选取部分的贡献同样可以用每个行业的权重乘以超额收益计算得到。对于公司债券部分，这部分超额收益为 30.7%×(107.9－196.1)=－27.1 个基点，与报告中的结果－27.3 个基点非常接近。

图表 70—5　　总收益模型资产分配的超额业绩

板块	市值权重（%）均值		普通风险因子收益（基点）		超额业绩（基点）	
	投资组合	市场基准	投资组合	市场基准	资产分配	证券选取
合计	100.0	100.0	161.6	129.8	18.9	13.2
国债	31.7	31.7	315.4	201.1	0.0	36.3
政府债券	14.3	14.3	123.9	129.5	0.0	－0.8
公司债券	30.7	19.8	107.9	196.1	7.4	－27.3
资产证券化债券	22.8	33.4	49.1	27.1	11.0	5.1
现金	0.5	0.8	0.0	0.0	0.5	0.0

资料来源：巴克莱资本 POINT。

我们在这里假设资产分配只在主要资产类别的层级上进行（美国国债、政府债券、公司债券、资产证券化债券以及现金）。其实还可以对每个主要资产类别继续进行次要资产类别的分配。例如，资产证券化债券部分还可以进一步分成住房抵押贷款支持证券(RMBS)、商业抵押贷款支持证券（CMBS）、资产支持证券（ABS）以及担保债券等。就像第 69 章讨论过的，一个灵活的业绩贡献度算法应该可以适用多种资产分配的方法。在我们的例子中，我们根据巴克莱资本全球综合指数中的定义给出了一种次要资产类别分配的方法。在这种情况下，总收益模型中按照资产分配和证券选取分解的超额业绩在图表 70—6 中显示。这里，资产分配贡献的收益部分从 18.9 个基点缩水到 2.9 个基点，而证券选取贡献的收益部分从 13.2 个基点增加到 29.2 个基点。

图表 70—6　　总收益模型的超额业绩分解（两层级资产分配）

超额业绩（基点）		超额业绩细节（基点）	
投资组合收益	161.6	资产分配	2.9
市场基准收益	129.5	证券选取	29.2
超额业绩	**32.1**		

资料来源：巴克莱资本 POINT。

直观上来看，更加细致的资产分配方法将更加强调资产分配投资决策的重要性。在这个条件下，如果资产分配一直持续到单只债券的层级，那么投资组合的超额业绩都来自资产分配所带来的贡献。相反，如果资产分配只在一个层级进行，那么投资组合的超额业绩都来自证券选取的贡献。注意这两种极限状态之间的转化过程不是单调的，因为单只证券的收益可能对资产分配和证券选取的贡献带来正面或者负面的影响。灵活地定义资产分配的层级是业绩贡献度模型的一个重要特征，因为它需要使用不同的投资组合管理风格，业绩的表现对应着投资组合管理决策。

为了理解单层级资产分配和双层级资产分配之间的区别，我们讨论一下图表 70—7 显示的结果。在层级 1 的报告中，资产分配的超额业绩贡献分为两列，最高层级资产分配的业绩贡献为 18.9 个基点，更进一步层级资产分配的业绩贡献为－16.0 个基点，两者加总为 2.9 个基点，和图表 70—6 中资产分配的贡献结果一致。在层级 2 的报告中，显示了更进一步层级资产分配的细节。没有进一步层级分配的资产类别（例如美国国债和现金）在层级 2 的报告中就没有相应的业绩贡献。

图表 70—7　　总收益模型两层级资产分配的超额业绩

层级 1：投资组合市值权重 100%

板块	市值权重（%）		普通风险因子收益（基点）		超额业绩（基点）		
	均值				资产分配	进一步资产分配	证券选取
	投资组合	市场基准	投资组合	市场基准			
合计	100.0	100.0	161.6	129.8	18.9	−16.0	29.2
国债	31.7	31.7	315.4	201.1	0.0		36.3
政府债券	14.3	14.3	123.9	129.5	0.0	−4.7	3.9
公司债券	30.7	19.8	107.9	196.1	7.4	−8.6	−18.7
资产证券化债券	22.8	33.4	49.1	27.1	11.0	−2.6	7.6
现金	0.5	0.8	0.0	0.0	0.5		0.0

层级 2：政府债券市值权重 14.3%

板块	市值权重（%）均值		普通风险因子收益（基点）		超额业绩（基点）		
	投资组合	市场基准	投资组合	市场基准	资产分配	进一步资产分配	证券选取
政府债券	100.0	100.0	123.9	129.5	-4.7		3.9
中央机构债券	98.3	70.5	121.7	94.3	-1.4		3.9
地方机构债券		6.8		330.7	-2.0		0.0
主权机构债券	1.7	12.6	253.4	232.7	-1.6		0.0
超主权机构债券		10.0		113.5	0.2		0.0

层级 2：公司债券市值权重 30.7%

板块	市值权重（%）均值		普通风险因子收益（基点）		超额业绩（基点）		
	投资组合	市场基准	投资组合	市场基准	资产分配	进一步资产分配	证券选取
公司债券	100.0	100.0	107.9	196.1	-8.6		-18.7
工业债券	19.6	51.1	171.3	214.6	-1.8		-2.6
公用事业债券		10.4		251.2	-1.8		0.0
金融机构债券	80.4	38.5	92.4	157.0	-5.1		-16.1

层级 2：资产证券化债券市值权重 22.8%

板块	市值权重（%）均值		普通风险因子收益（基点）		超额业绩（基点）		
	投资组合	市场基准	投资组合	市场基准	资产分配	进一步资产分配	证券选取
资产证券化债券	100.0	100.0	49.1	27.1	-2.6		7.6
RMBS	100.0	92.2	49.1	15.9	-0.2		7.6
ABS		0.6		101.2	-0.1		0.0
CMBS		6.4		181.3	-2.3		0.0
担保债券		0.8		35.5	0.0		0.0

资料来源：巴克莱资本 POINT。

我们现在再来关注公司债券部分在层级 2 中-8.6 个基点的业绩贡献。它在层级 2 的分配表明了这个负业绩贡献的原因：投资组合在金融机构债券上超配，在实体公司债券上低配，在公用事业公司债券上没有配置。而实体公司债券和公用事业公司债券的收益都超过公司债券的市场基准，金融机构债券只有157.0个基点的收益，低于公司债券的市场基准196.1个基点。因此，所有这三个子资产类别都对投资组合的超额业绩起到了负面的影响，其中金融机构债券的比例最大（－5.1个基点）。同样，它可以近似地用公式（70—1）得到：30.7%×(80.4%－38.5%)×(157.0－196.1)＝－5.0个基点，与报告中的－5.1个基点非常接近。证券选取列的数字代表了每一个子资产类别的资产选取贡献。

70.4 超额收益模型

超额收益模型先将总收益分解到普通风险因子贡献的部分，再考虑剩下的特殊风险因子贡献的超额收益部分。在固定收益证券投资中，投资组合基金经理通常喜欢通过普通风险因子来管理他们的敞口，例如决策基于收益率曲线的变动和隐含波动率曲面的变动。例如，一个基金经理选择将收益率曲线平行移动的敞口完全对冲，只考虑收益率曲线其他风险因子的影响。在这种情况下，她会将投资组合的总收益分解为收益率曲线平行移动带来的收益贡献以及其他风险因子的超额收益贡献，这样她就可以评估敞口对冲的有效性，同时将资产分配和证券选择分开评估。

我们下面详细讨论普通风险因子敞口的超额业绩贡献，使用自下而上的方法进行加总。超额收益是使用第69章介绍的资本分配模型自上而下的方法进行分解，然后赋予行业超额收益和行业市值权重，如同总收益模型一样。

资产分配贡献项 $$w^P \cdot \sum_s \left(\frac{w_s^P}{w^P} - \frac{w_s^B}{w^B}\right) \cdot (ER_s^B - ER^B) \qquad (70\text{—}4)$$

行业管理贡献项 $$\sum_s w_s^P \cdot (ER_s^P - ER_s^B) \qquad (70\text{—}5)$$

最高层级风险敞口 $$(w^P - w^B) \cdot ER^B \qquad (70\text{—}6)$$

再次强调，在没有杠杆的情况下，投资组合和市场基准最高层级的权重都等于1，所以最高层级的风险敞口总是0。

图表70—8显示了使用超额收益模型进行分解的投资组合总超额业绩，以及前面例子中的两层资产分配的结果。图表的左边显示了利率作为普通风险因子的收益贡献。大部分超额业绩（24.6个基点）来自收益率曲线敞口的贡献，另外，资产分配贡献了－2.2个基点的收益，证券选取贡献了9.7个基点的收益。图表的右边表明，除了利率以外，隐含波动率同样也作为一个普通风险因子。隐含波动率贡献了1.9个基点的超额业绩，资产分配贡献了－4.0个基点的超额业绩，证券选取贡献了9.6个基点的超额业绩。

图表 70—8　　　　超额收益模型的超额业绩分解

收益率曲线的超额收益		收益率曲线和隐含波动率的超额收益	
超额业绩细节		超额业绩细节	
收益率曲线	24.6	收益率曲线	24.6
资产分配	−2.2	隐含波动率	1.9
证券选取	9.7	资产分配	−4.0
		证券选取	9.6

资料来源：巴克莱资本 POINT。

□ 收益率曲线敞口的超额业绩贡献

如同本章开始时讨论的一样，固定收益证券的定价模型是对未来现金流按照利率路径的贴现。国债、利率互换或者评级为 3A 的政府债券收益率曲线都可以作为参考的收益率曲线。

收益率曲线敞口的超额业绩贡献包括收益率曲线的变化，也就是利率变化带来的影响，收益率曲线的利差变化，也就是在假设利率不变的情况下贴现因子或者现金流随时间变化带来的影响。利率变化可以产生两种不同影响，即收益率曲线的利差变化以及收益率曲线的利率变化，同时也存在两种不同的超额业绩分解方法。然而在不同的方法下，收益率曲线的总业绩（加总）都是相同的。

方法 1：展期到远期的方法

当实际利率完全和之前利用远期利率计算得到的隐含利率一致时，收益率曲线将保持不变。例如，如果我们认为一条收益率曲线一个月后保持不变，那么 1 年期的利率就等于用当前收益率曲线计算得到的从 1 个月往后 1 年的远期利率。使用这种方法，收益率曲线的变动就可以使用远期利率计算得到短期利率来累计利差收益。

这个方法并不经常使用（特别是对于现金投资者），因为它在估计收益率曲线的变动（固定收益产品的收益中最重要的部分）时过于复杂，而且远期利率不一定是当前利率路径的最好预测指标，这也在一定程度上降低了该方法的使用频率。

方法 2：收益率曲线平行移动

当收益率曲线的价位水平和形状都保持不变时，收益率曲线将保持不变。例如，如果我们认为一条收益率曲线 1 个月后保持不变，那么 1 年期的利率就等于当前收益率曲线的 1 年期利率。使用这种方法，收益率曲线的变动就可以使用当前的收益率曲线计算得到，利差收益取决于现金流在不同利率水平的累计。

更进一步，收益率曲线的表现形式（例如平价利率、零息利率和远期利率等）非常重要，对收益率曲线的总收益在收益率变化和利差之间分解影响非常大。如果使用当前的远期利率来表示收益率曲线，那么每一个现金流就以现金流发生日期的远期利率来累计利差收入。具有确定现金流的债券使用现金流发生日期的加权平均远期利率来累计利差收入，权重为每一个现金流的现值。但是实际中并不经常使用远期利率来表示收益率曲线，因为远期利率无法在市场上直接观测到。在远期利率的假设下，收益率曲线的现金流利差收益的计算十分复杂。在前面的讨论中，收益率曲线的收益以及收益率曲线变动和利差变动带来的超额业绩分解在一定程度上是比较主观的。投资组合基金经理应该灵活地选取和他们的投资管理风格相适应的计算方法。

由于收益率曲线上的利率点无限多，我们只需要用有限的参数来表示和描述。最简单的方法是选择收益率曲线上的一系列离散点（关键利率点）。前提是这些关键利率点的变动能在很大程度上反映整条收益率曲线的变动。收益率曲线假设和这些关键利率点的线性组合变动一致。对于大多数货币，通常选取的关键利率点包括 6 个月、2 年、5 年、10 年、20 年和 30 年的利率点。其他收益率曲线也通常选取 1 个月、3 个月、1 年、3 年、7 年、12 年、15 年、25 年和 40 年的利率点。一些基金经理喜欢使用关键利率点的线性组合作为风险因子来表示收益率曲线。这些风险因子的集合一般包括价位水平、斜率和蝶形的集合，以收益率曲线的主成分分析表示。收益率曲线表现形式的选择取决于投资组合在收益率曲线上风险敞口的类型，同时还取决于分析系统的功能。

尽管关键利率点或价格水位、斜率以及蝶形的风险因子这些收益率曲线的表现形式用来反映收益率曲线从风险的角度来说高度精确（能够反映利率方差的 99%），但是在收益方面仍然存在偏差，特别是在所用关键利率点较少的情况下。的确，在某些情况下，比如 3 年期美国国债利率的变动，与用 2 年期和 5 年期美国国债利率隐含计算得到的 3 年期利率的变动显著不同。理论分析方法（关键利率久期）可以解释收益率曲线的大部分超额业绩。情景分析方法可以通过收益率曲线的利率点和凸性来解释超额业绩的残差项。

收益率曲线利差的超额业绩

正如之前讨论的，即使对于平价利率和零息利率的收益率曲线，收益率曲线的利差计算起来也很复杂。一个计算收益率曲线利差的近似方法，称为曲线匹配投资组合方法（CMP），可以让计算变得简便。

该方法首先定义了一系列平价和零息的参考债券，它们的收益率曲线利差可以通过理论分析方法简单地计算得到，然后建立一个和相关债券投资组合以及市场基准的收益率曲线利差匹配的组合。该方法试图通过匹配的算法建立一个和上述收益率曲线利差一致的投资组合。

平价债券的匹配能使息票率等于相关期限关键点上的利率并且债券价格为平价（100）。利息支付频率和日期计算管理都和平价债券的收益率曲线结构匹配。因此，所有匹配的平价债券在利息支付日的期权调整价差都为 0。零息债券不用支付利息，但是收益率必须和在各个利息支付日利息为 0 的债券匹配。

一个由参考债券和现金组成的曲线匹配组合使得现金流情况与债券投资组合和市场基准相匹配。由于处理债券现金流（通常是不固定的）比较困难，一些算法使用关键利率久期来表示现金流在每一个关键利率点附近的集中度。因此，匹配与曲线对应的投资组合和债券的关键利率久期是考察它们的现金流情况和曲线利差的近似方法。现金在匹配投资组合的过程中被加入或减去，以确保匹配的组合与债券具有相同的限制。现金流的数量需要根据债券久期和价格的变化来对任何特定债券进行复制。例如，如果使用平价债券对投资组合中票息率比较高的债券进行匹配，那么必须在匹配投资组合的过程中加入杠杆以匹配债券的现金流分布情况（以短期利率借入资金来投资未来的现金流）。这导致匹配的投资组合中现金配置为负。

匹配参考债券通常在关键利率点上选取平价或者零息债券。这些参考债券（或者现金）的权重通过投资组合和市场基准的所有头寸进行加总。我们用 ω_j^P 和 ω_j^B 来分别表示参考债券和现金在投资组合和市场基准中的分配权重，j 表示不同的关键利率点。如果我们用参考债券和现金的收益率（关键利率）乘以期限作为近似的利差收益 $y_j\Delta t$，那么收益率曲线的利差超额业绩就可以按照不同的关键利率点进行分解：$\sum_j(\omega_j^P-\omega_j^B)\cdot y_j\cdot\Delta t$。如果我们定义投资组合或者市场基准的平均收益率作为所有关键利率点的平均利率，使用CMP资产组合的权重来表示，那么上面的公式可以重新写成 $(y_{avg}^P-y_{avg}^B)\cdot\Delta t$。超过平均利差贡献的收益率曲线利差超额部分可以另外进行定义，但是这些超额部分在所有关键利率点上的和为0。

通常情况下，收益率曲线的利差收益可以通过下面的公式进行分解：

平均收益率曲线利差的超额业绩　$(y_{avg}^P-y_{avg}^B)\cdot\Delta t$　(70—7)

关键利率点的超额业绩贡献　$\sum_j(\omega_j^P(y_j-y_{avg}^P)-\omega_j^B(y_j-y_{avg}^B))\cdot\Delta t$

(70—8)

如果将投资组合和市场基准的平均收益率都设为0，那么平均利差就为0，收益率曲线利差的超额业绩由每个关键利率点贡献。如果平均收益率通过投资组合和市场基准的CMP权重计算，那么平均利差就等于收益率曲线利差的总业绩贡献，超过平均利差贡献的收益率曲线利差超额部分加总等于0。对于平均收益率的其他假设也同样可行。

收益率曲线变动的超额业绩

收益率曲线变动的超额业绩来自收益率曲线变化时投资组合与市场基准久期敞口之差。之前介绍过的基于情景分析的投资组合收益分解用来计算收益率曲线变动的总收益以及超额业绩。接下来，使用分析变量（*OAD* 和 *KRD*），收益率曲线变动的总超额业绩进一步被分解成来自收益率曲线平行移动的部分、来自收益率曲线变形（在关键利率点）的部分以及来自收益率曲线凸性贡献的部分。

收益率曲线平行移动贡献的超额业绩使用自下而上方式进行加总，使用关键利率久期作为负荷（敏感度）和使用关键利率点的变动作为风险因子。同收益率曲线利差的情况类似，收益率曲线平均变动（平行移动）可以用来控制收益率曲线变动的超额业绩如何被分解成关键利率点和平行移动的贡献部分。

收益率曲线平均平行移动的超额业绩　$-(OAD^P-OAD^B)\cdot\Delta y_{avg}$　(70—9)

收益率曲线变形的超额业绩　$-\sum_j(KRD_j^P-KRD_j^B)\cdot(\Delta y_j-\Delta y_{avg})$

(70—10)

如果收益率曲线的平均变动为 0，那么收益率曲线变动的超额业绩就分配给各个关键利率点。如果收益率曲线的平均变动恰好等于平行移动，那么关键利率点就反映了超额业绩来源于收益率曲线平行移动之外的部分，也就是收益率曲线变形的贡献部分。

由于我们用关键利率点来表示收益率曲线的形状，因此会存在一小部分收益率曲线变动的超额业绩无法用上述方法得到的情形，就像本节开始时解释的那样。图表 70—9 显示了无法被关键利率点反映的收益率曲线变动。

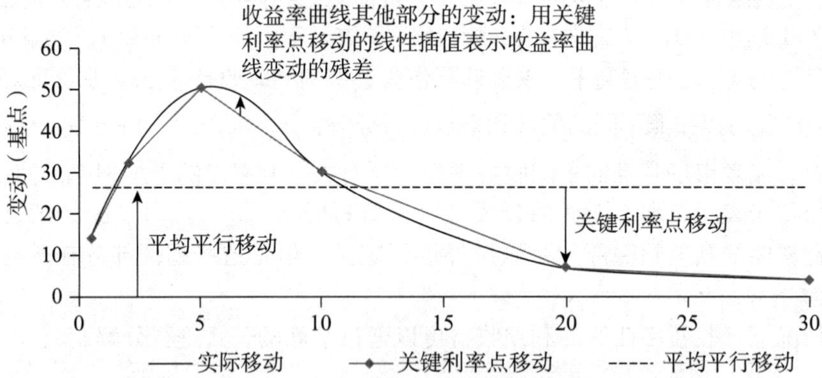

图表 70—9　用关键利率点近似表示收益率曲线的变动

资料来源：巴克莱资本。

收益率曲线变动的超额业绩，用基于情景分析分解的收益率曲线变动的总收益与收益率曲线平均变动和变形的总收益之差计算得到，这包括关键利率点以外部分变动的收益以及来自凸性和其他高阶项的收益。

图表 70—10 显示了巴克莱资本综合业绩贡献度模型[12] 下的收益率曲线业绩报告。收益率曲线的总超额业绩为 77.4 个基点，其中 2.9 个基点来自收益率曲线的利差，74.4 个基点来自收益率曲线的变动。这两部分可进一步被分解成收益率曲线平均变动的贡献、收益率曲线平均变动以外关键利率点的贡献、凸性以及收益率曲线其他部分的贡献。投资期内（本例中为 1 个月）关键利率点的水平及其变动、匹配投资组合权重的收益率曲线各敞口以及关键利率久期都被用来更好地理解收益率曲线超额业绩的分解结果。

我们现在用收益率曲线利差收益的计算讨论这个图表。投资组合和市场基准的平均收益率用收益率曲线相对应的投资组合收益率计算得到。由于在斜率向上的收益率曲线中投资组合的久期大于市场基准，因此它的平均收益率（2.030%）高于市场基准（1.698%）。相应的收益率曲线利差的平均超额业绩贡献可以用公式（70—7）近似得到[13]，即用投资组合的超额收益率乘以时间期限，(2.030%－1.698%)×(1/12)＝＋2.8 个基点，接近于报告中 2.9 个基点的结果。关键利率点的超额业绩贡献可以用公式（70—8）计算得到。例如，2 年期的关键利率点贡献了大约［39.5%×(0.771%－2.030%)－37.4%×(0.771%－1.698%)］×(1/12)＝－1.3 个基点的超额业绩，接近于报告中－1.4 个基点的结果。

图表 70—10　　收益率曲线超额业绩报告

	收益率				收益率曲线匹配的市值权重（%）		久期（年）		超额业绩（基点）		
	水平（%）		变动		均值		均值		收益率曲线的贡献		
	投资组合	市场基准	投资组合	市场基准	投资组合	市场基准	投资组合	市场基准	收益率曲线利差	收益率曲线变动	合计
合计									2.9	74.4	77.4
均值	2.030	1.698	−50.2	−50.2	100.0	100.0	6.7	5.6	2.9	54.2	57.1
关键利率点及现金									0.0	12.0	12.0
现金	0.279	0.279	0.0	0.0	−13.1	−14.5	0.0	0.0	0.2	0.0	0.2
6个月	0.381	0.381	0.6	0.6	4.0	16.2	0.0	0.1	1.8	3.1	5.0
2年	0.771	0.771	−22.6	−22.6	39.5	37.4	0.8	0.7	−1.4	−1.3	−2.6
5年	1.726	1.726	−43.1	−43.1	22.0	33.7	1.1	1.6	−1.2	4.0	2.8
10年	2.708	2.708	−57.3	−57.3	40.1	18.5	3.6	1.7	0.8	14.1	14.9
20年	3.377	3.377	−64.7	−64.7	7.5	5.8	1.2	0.9	−0.1	3.5	3.4
30年	3.324	3.324	−69.6	−69.6	0.0	3.0	0.0	0.6	−0.1	−11.5	−11.6
凸性以及收益率曲线其他部分									0.0	8.3	8.3

资料来源：巴克莱资本 POINT。

□ 隐含波动率敞口的超额业绩贡献

对于具有期权特性的固定收益证券，定价模型通常会根据市场的布莱克隐含波动率曲面对价格进行调整。因此，隐含波动率曲面的变化会引起内嵌期权价值的变化，从而给投资组合带来业绩贡献。和度量收益率曲线的业绩贡献一样，情景分析和理论分析都可以用来分解隐含波动率敞口的超额业绩贡献。隐含波动率敞口的超额业绩贡献通常用波动率衰减、波动率曲面平行移动以及波动率曲面变形的形式来计算。

波动率衰减

波动率衰减反映了随着到期时间减少期权价值的变化。波动率衰减带来的收益很难精确计算，因为它需要重新模拟生成利率路径，并且需要使用两个独立的时间变量（一个用于利率变化，一个用于贴现）来计算债券价格。然而，波动率衰减的收益可以近似地用总收益与其他部分的收益（例如收益率曲线和利差带来的收益）之差来表示。波动率衰减的收益也可以用投资组合与市场基准的加权平均波动率衰减收益之差来表示。

隐含波动率的变化

隐含波动率变化贡献的超额业绩是投资组合和市场基准的波动率敞口之差与隐含波动率曲面的变动的乘积。波动率曲面平行移动的风险敞口用 vega 来度量，波动率曲面平行移动的收益等于 vega 乘以隐含波动率曲面的平均变动。而波动率曲面变形以及其他参数变化产生的收益则等于基于情景分析的隐含波动率总收益与波动率曲面平行移动产生的收益之差。

图表 70—11 显示了一个巴克莱资本综合业绩贡献度模型的隐含波动率收益的报告。[14] 隐含波动率产生的超额业绩分解为投资组合与市场基准主要资产类别的贡献。

图表 70—11　　隐含波动率超额业绩报告

	波动率		市值权重（%）		波动率平行移动的敞口		超额业绩（基点）			
			均值		均值		波动率的贡献			
	初始水平（%）	总变动（%）	投资组合	市场基准	投资组合	市场基准	波动率衰减	波动率曲面平行变动	波动率曲面变形	合计
合计							−0.5	6.2	−3.8	1.9
国债	30.6	5.71	31.72	31.66	0.00	0.00	0.0	0.0	0.0	0.0
政府债券	30.6	5.71	14.32	14.29	0.00	−0.03	0.0	0.2	−0.2	0.0
公司债券	30.6	5.71	30.71	19.85	−0.12	−0.01	0.1	−0.6	0.9	0.3
资产证券化债券	30.6	5.71	22.76	33.42	−2.49	−3.60	−0.6	6.6	−4.5	1.5
现金	0.0	0.00	0.49	0.78	0.00	0.00	0.0	0.0	0.0	0.0

资料来源：巴克莱资本 POINT。

这份报告包括了各个资产类别波动率水平的初始状态以及它在期限内的变化情况。[15] 例如，只有政府债券、公司债券和资产证券化债券才有波动率的风险敞口。可赎回债券具有的赎回债券的权利以及抵押贷款债券具有的提前偿付的权利都给了债券发行方选择的权利，因此债券发行方具有隐含波动率多头的敞口。反过来，债券持有方具有隐含波动率空头的敞口，因此敞口的数值为负。投资组合在公司债券持有多头，在资产证券化债券持有空头，也就是投资组合在公司债券低配波动率的敞口，在资产证券化债券超配波动率的敞口。由于当月的平均隐含波动率增加了 5.71%，公司债券在隐含波动率平行移动上的超额业绩贡献为−0.6 个基点，资产证券化债券在隐含波动率平行移动上的超额业绩贡献为 6.6 个基点。总体来看，投资组合是持有波动率多头，因为资产证券化债券上的波动率敞口远大于公司债券和政府债券。波动率曲面平行移动带来的业绩贡献为 6.2 个基点。隐含波动率曲面的变化带来的总业绩贡献需要分为不同的情景计算。通过计算，我们得到波动率曲面的变形（非线性变动）以及波动率模型中其他参数变化带来的业绩贡献为−3.8 个基点。最后，投资组合的波动率多头还要承担波动率衰减带来的损失。在这里可以计算得到该损失为−0.5 个基点。加总在一起，隐含波动率对投资组合带来的总超额业绩贡献为 1.9 个基点。

70.5 完全分析模型

完全分析模型具有适应不同投资组合管理结构的灵活性，同时它具有不同的风险因子收益分解的所有优点。该模型既可以使用自下而上的方法进行收益加总，也可以使用自上而下的方法进行收益分解，这取决于投资组合管理的不同风险因子敞口。它适用于多资产类别的投资组合，这些投资组合持有不同市场风险因子的敞口。例如，我们考虑一个由公司债券、抵押贷款支持债券和通胀连结债券组成的投资组合，除了所有债券都有利率和隐含波动率的敞口之外，抵押贷款支持债券还有提前偿付率和抵押信用价差的风险敞口，通胀连结债券还有所挂钩的通胀指数的风险敞口。因此各资产类别在收益率曲线风险敞口的管理上类似，抵押债券和通胀连结债券还需要管理其他风险因子的敞口。这些特殊风险因子敞口带来的超额业绩分解对于基金经理评估自己投资组合决策的影响非常重要。

更进一步，完全分析模型允许基金经理使用市值以外的度量作为资产分配的权重。这对于基于风险敞口而不是基于市值进行资产分配的基金经理尤为有用。例如，一个基金经理对行业债券利差的变动持有观点，他可以选择超配或者低配期权调整利差久期（OASD）的敞口。在信用债券交易中，还有一个类似追踪一段时期内信用价差风险[16]的指标——久期乘以利差（DTS）。那么，信用债券投资组合基金经理可能会更青睐用 OASD 或者 DTS 的敞口作为业绩贡献中资产分配的权重。

根据完全分析模型的特点，我们将考虑如下使用完全分析模型：收益率曲线和隐含波动率视为普通风险因子，它们的超额业绩贡献使用自下而上的方法进行加总，这一点和之前介绍的一样；抵押债券提前偿付率和通胀率等特殊风险因子（也就是所谓残差项）的超额业绩贡献同样使用自下而上的方法进行加总，我们将在下面的章节中详细介绍它们的收益分解。这些风险因子的贡献可以根据具体的证券来计算，然后按照证券选取项进行加总。对于利差带来的超额业绩贡献，我们对信用价差变动带来的超额业绩贡献使用自上而下的基于理论分析的风险敞口权重，而对信用价差利差带来的超额业绩贡献使用市值作为权重，我们下面将会详细介绍。

□ 信用价差敞口的超额业绩贡献

信用价差的超额业绩通过使用自上而下的方法按照定义的层级和行业分解到资产分配和证券选取的贡献部分。信用价差超额业绩贡献的三个部分（利差、价差久期和价差凸性）都使用自上而下的方法进行分解。信用价差的利差超额业绩使用市值加权的绝对分配法。对信用价差变动的超额业绩分解，我们考虑两种不同的办法：最高层级法和行业层级法。

最高层级法

最高层级法假设首先投资组合（最高层级）相对于市场基准在价差久期风险敞口上超配或者低配，接下来将价差久期敞口分配到各个行业中。这意味着资产分配权重用每个行业价差久期占投资组合价差久期的比率 $w_s OASD_s$ 来度量。换句话说，我们使用第69章讨论过的相对分配法对超额业绩进行自上而下的分解，其中 $\alpha_k \leftarrow OASD$，$\alpha_{k,s} \leftarrow w_s OASD_s$，$f_{k,s} \leftarrow -\Delta OAS_s$，$-\Delta OAS^B$ 为最低资本收益率。

$$资产分配贡献项：-OASD^P \cdot \sum_s \left(\frac{w_s^P OASD_s^P}{OASD^P} - \frac{w_s^B OASD_s^B}{OASD^B}\right) \cdot (\Delta OAS_s^B - \Delta OAS^B) \quad (70\text{—}11)$$

$$证券选取贡献项：-\sum_s w_s^P OASD_s^P \cdot (\Delta OAS_s^P - \Delta OAS_s^B) \quad (70\text{—}12)$$

$$价差久期错配项：-(OASD^P - OASD^B) \cdot \Delta OAS^B \quad (70\text{—}13)$$

这里，最高层级的风险敞口命名为价差久期错配项。

行业层级法

和最高层级法相反，行业层级法假设在投资组合层级没有进行价差久期的风险敞口分配。也就是说，资产分配没有受到最高层级的限制。在这种情况下，最合适的价差久期风险敞口分配方法应该是绝对分配法，而不是相对分配法。更进一步，最低资本收益率设为0，因为行业分配基于行业信用价差变动的绝对值，而不是相对值。换句话说，我们使用绝对分配法对超额业绩进行自上而下的分解，其中 $\alpha_{k,s} \leftarrow w_s OASD_s$，$f_{k,s} \leftarrow -\Delta OAS$。

$$资产分配贡献项：-\sum_s (w_s^P OASD_s^P - w_s^B OASD_s^B) \cdot \Delta OAS_s^B \quad (70\text{—}14)$$

$$证券选取贡献项：-\sum_s w_s^P OASD_s^P \cdot (\Delta OAS_s^P - \Delta OAS_s^B) \quad (70\text{—}15)$$

图表70—12显示了本章前面部分讨论的美元资产投资组合使用完全分析模型中最高层级法和行业层级法对美元资产本地市场价差久期投资管理超额业绩进行分解的结果。我们假设价差久期敞口在两个层级进行分配，第一个是投资组合层级，第二个是行业层级。在两种分析方法中均出现了抵押贷款风险因子[17]，它贡献了－8.2个基点的超额业绩。在两种分析方法中，证券选取贡献项的超额业绩贡献均为9.3个基点。区别来自对价差久期敞口的不同处理方式。最高层级法是在投资组合层级（特别是一般性风险因子）分配价差久期敞口，这部分的超额业绩贡献为－1.8个基点，来自价差久期错配，而资产分配的超额业绩贡献为5.0个基点。行业层级法将价差久期敞口视为分配决策的一部分，从而行业层级法将价差久期敞口与资产分配合而为一，资产分配的超额业绩贡献为3.2个基点。

图表 70—12　　完全分析模型的超额业绩分解

完全分析模型（最高层级）		完全分析模型（行业层级）	
超额业绩细节		超额业绩细节	
收益率曲线	24.6	收益率曲线	24.6
隐含波动率	1.9	隐含波动率	1.9
资产分配	5.0	资产分配	3.2
证券选取	9.3	证券选取	9.3
价差久期错配	−1.8	抵押贷款风险因子	−8.2
抵押贷款风险因子	−8.2	残差项	1.3
残差项	1.3		

资料来源：巴克莱资本 POINT。

图表 70—13 显示了使用行业层级法的主要资产类别（分配的第一层级）的资产分配超额业绩报告。图表 70—13 还显示了每个行业板块来自资产分配和证券选取的超额业绩贡献，同时还有其他重要的信息，例如 OAS、OAS 的变动、OASD、OASC 以及市值权重。

资产证券化债券的信用价差变动超额业绩贡献最大，为 4.4 个基点，而公司债券的超额业绩贡献最小，为−1.7 个基点。下面具体解释这些数据。资产证券化债券在价差久期上低配−0.3 年（它的价差久期为 0.8 年，而市场基准为 1.1 年），该板块的信用价差展宽了 15.9 个基点。注意到我们使用的是行业层级法，最低资本收益率为 0，因此，我们不需要将各个行业信用价差的展宽情况与市场基准进行比较。信用价差变动的超额业绩贡献可以近似计算为（−0.3）×（−15.9）＝＋4.8 个基点，和报告中 4.4 个基点的结果非常接近。

信用价差的利差的资产分配超额业绩贡献为 1.5 个基点，主要来自公司债券，其具有较高的信用价差 186.5 个基点（而市场基准只有 57.1 个基点），并且它的市值权重超配为 30.7%（而市场基准只有 19.8%）。信用价差的利差的超额业绩贡献可以近似计算为（30.7%−19.8%）×（186.5−57.1）×（1/12）＝＋1.2 个基点。名为“进一步资产分配”的那一列表示资产分配中子行业的信用价差风险敞口的超额业绩贡献。[18]

图表 70—13 同样给出了自上而下算法中美元资产价差久期的错配项（如图表 70—12 的左半边所显示的）。确实，投资组合比市场基准的价差久期要略微长一些（投资组合的价差久期为 4.7 年，而市场基准为 4.5 年），市场基准的信用价差平均展宽了 8.3 个基点。用信用价差风险敞口的权重乘以市场基准信用价差的负向变动可以近似得到价差久期错配项的超额业绩贡献＋0.2×（−8.3）＝−1.7 个基点，与图表 70—12 中的结果−1.8 个基点非常接近。

图表 70—13　　完全分析模型行业层级的资产分配超额业绩报告

板块	OAS（基点）				OASD（年）		市值权重（%）		OASD 的业绩贡献（年）	
	均值		变动		均值		均值		均值	
	投资组合	市场基准	投资组合	市场基准	投资组合	市场基准	投资组合	市场基准	投资组合	市场基准
合计	74.2	57.1	5.5	8.3	4.7	4.5	100.0	100.0	4.7	4.5
国债	0.8	−1.3	0.5	0.5	6.5	5.2	31.7	31.7	2.1	1.6
政府债券	80.4	65.1	−2.4	3.7	3.7	4.0	14.3	14.3	0.5	0.6
公司债券	182.5	186.5	11.8	14.1	4.4	6.2	30.7	19.8	1.4	1.2
资产证券化债券	28.1	33.4	13.1	15.9	3.4	3.2	22.8	33.4	0.8	1.1
现金	0.0	0.0	0.0	0.0	0.0	0.0	0.5	0.8	0.0	0.0

板块	超额业绩（基点）					
	资产分配			进一步资产分配		
	信用价差的利差收益	信用价差变动的收益	合计	信用价差的利差收益	信用价差变动的收益	合计
合计	1.5	2.6	4.1	0.3	−1.2	−0.9
国债	0.0	−0.3	−0.3			
政府债券	0.0	0.1	0.1	−0.2	0.1	0.0
公司债券	1.2	−1.7	−0.4	0.9	0.1	1.0
资产证券化债券	0.2	4.4	4.6	−0.4	−1.5	−1.9
现金	0.0	0.0	0.0			

资料来源：巴克莱资本 POINT。

□ 抵押贷款债券风险因子

抵押贷款债券的现值还取决于其他类型的风险因子，例如提前偿付率。下面我们介绍这些风险因子。

提前偿付带来的不确定性收益

具有提前偿付特性的债券使用对未来现金流的预测模型来进行定价。在一个月的时间内，实际提前偿付率通常和模型预测的提前偿付率不同。这个差别产生了理论分析无法得到的收益部分：这个收益需要作为提前偿付带来的不确定性收益单独计算。在以巴克莱资本全球货币综合指数 G4 作为市场基准的例子中，提前偿付率在每个月的第一个交易日由模型预测得出（如果实际值和模型预测值不同，就会产生超额收益）。在这一个月的过程中，实际提前偿付率可以更加准确地预测并且用来调整收益，这会产生一些交易日超额收益不为 0 的情况。一旦实际提前偿付率已知并且收益根据其进行了调整，那么在这个月就不会产生不确定性收益。注意到投资组合关于提前偿付的会计准则可能会不一样。如果它们和市场基准的会计准则不一样，业绩贡献度模型会报告提前偿付带来的不确定性收益，这些收益不是经济层面的，而是在会计层面产生的。

抵押贷款信用价差变动收益

影响所有抵押贷款债券现金流的一般性风险因子是模型隐含的抵押贷款利率与市场实际抵押贷款利率之差。这个差值称为抵押贷款价差，债券相对于抵押贷款价差的敏感度为抵押贷款价差久期。抵押贷款价差变动产生的收益通常由抵押贷款价差久期乘以抵押贷款价差的负向变动 $-MtgRtDur \cdot \Delta MtgSpread$ 估算得出。由此带来的超额业绩就是投资组合与市场基准之间抵押贷款价差加权平均收益之差。

其他抵押贷款风险因子

例如房屋价格涨幅预测以及信用违约互换价差等其他参数同样也可用于抵押贷款债券的定价模型中。在基于情景分析的收益率分解中，所有这类参数都用于解释其他市场收益情景。对于抵押贷款债券，其他市场收益与抵押贷款价差收益之间的差反映了理论风险因子无法解释的收益部分。如果这个差值非常显著，那么就意味着需要使用更多的分析变量来更好地理解定价模型下风险的来源以及抵押贷款债券的业绩表现。

图表 70—14 显示了本章前面讨论的美元市场投资组合在各个头寸上的超额业绩。每个头寸的超额业绩贡献按照不同的风险因子进行分解。超额业绩按照惯例以自上而下的方式进行分配，信用价差的利差收益和信用价差变动的收益被放在“证券选取”的贡献部分。各部分按照惯例以自下而上的方式进行加总，抵押贷款风险因子和残差项被放在“其他”贡献部分。图表 70—14 主要针对资产证券化债券行业进行讨论，因此只需要关注由抵押贷款风险因子贡献的－8.2 个基点的超额业绩。这个报告可以帮助基金经理仔细了解各个头寸的情况以及理解每个风险因子的超额业绩贡献。

图表 70—14　　完全分析模型的头寸层级超额业绩报告

债券标号	超额业绩（基点）					
	证券选取		其他部分			
	信用价差的利差收益	信用价差变动的收益	提前偿付率	抵押贷款价差	残差项	合计
资产证券化债券	0.3	3.7	－1.2	－7.0	1.4	－2.7
RMBS	0.3	3.7	－1.2	－7.0	1.6	－2.5
FNA05003	0.0	1.2	0.6	2.6	－0.3	3.8
FNA04403	0.0	1.1	0.2	1.3	－0.2	2.4
FNA04409	0.0	1.0	0.2	1.2	－0.2	2.1
FGB04403	0.0	0.7	0.1	1.1	－0.1	1.7
GNA04403	0.0	0.5	0.0	0.7	0.0	1.2
GNF04403	0.2	－1.3	0.1	0.3	0.7	－0.1

资料来源：巴克莱资本 POINT。

□ 通胀风险因子

通胀连结债券拥有和连结的通胀指数相应的现金流。例如，美国政府通胀连结债券（TIPS）的本金及利息支付和未经季节调整的大中城市消费者价格指数（CPI-U）挂钩。通胀连结债券的价值和收益取决于实际通胀率和债券投资期限内的远期通胀率预测值。

人们对通胀连结债券的风险以及业绩表现的分析方法争议比较大。一个学术机构可能更喜欢将它们与名义利率独立开，用实际利率（名义利率减去预期通胀率）的函数来解释通胀连结债券的风险和业绩。在这种分析方法下，通胀连结债券的收益来自实际利率的变动，以及包含了实际利率利差和实际通胀累积的时间收益。

另一个学术机构可能会更喜欢将实际利率分解成名义利率和预期通胀率，这样就会将所有债券的名义利率的风险敞口纳入超额业绩的评估中。我们下面的计算都遵循第二种方法。[19] 预期通胀率由负贴现价差（类似于 OAS）来表示，通常称为通胀价差。通胀连结债券的收益用名义利率和通胀价差的变动来解释。时间收益用名义利率的利差收益来反映，它随着负通胀价差的利差递减，随着实际通胀率的累积递增。由于实际通胀率每个月只公布一次，因此需要用模型来预测当月的通胀率以保证数据平滑。当实际通胀率公布后，它通常与预测的通胀率不同，这会产生一个很难解释的收益部分。通胀连结债券的这部分收益被称为通胀不确定性收益，它需要被单独汇报。通胀不确定性收益同时也会在当月预测通胀率发生变化时产生。

图表 70—15 显示了巴克莱资本连结 US TIPS 指数的通胀债券的收益分解结果，时间跨度为 2010 年 7 月 16 日到 2010 年 8 月 13 日。这些日期和美国大中城市消费者信息指数分别在 7 月和 8 月的公布日期一致。因此，债券连结的通胀率在整个 7 月应该和之前公布的实际通胀率保持一致（直到 8 月 13 日公布新的实际通胀率）。

通胀连结债券投资组合的总收益是 169.9 个基点，主要来自名义利率的风险敞口（27.7 个基点的利差收益和 184.6 个基点的收益率曲线变动带来的收益）。通胀连结债券的收益为－40.6 个基点，主要因为预期通胀率下降（通胀价差的变动为－29.7 个基点）。整个 7 月的通胀累积收益为－3.0 个基点，意味着在月初，市场预期年化通胀率下降，－0.03％×12＝－0.36％。通胀不确定性收益为 5.3 个基点，意味着实际通胀率为正，尽管数值相当低。实际通胀率带来的总收益为 2.3 个基点，由通胀累积收益（以市场预期通胀率计算）加上通胀不确定性收益得到。因此通过上面的计算结果得到 7 月的实际年化通胀率的估计值约为＋0.023％×12＝＋0.28％。的确，实际公布的 6 月 CPI 指数为 217.965，7 月 CPI 指数为 218.011，也就是说，7 月的实际通胀率为 218.011/217.965－1＝2.11 个基点或＋0.25％。通胀价差的利差收益为－13.1 个基点，部分抵消了收益率曲线的利差收益 27.7 个基点，这是由投资组合的名义利率风险敞口造成的。这两部分的差可以认为是由投资组合的实际利率（名义利率减去预期通胀率）风险敞口带来的。

图表 70—15　　　　　　　　通胀连结债券的收益分解

债券标号	到期日	收益率曲线		通胀率				残差项	总收益
		收益率曲线的利差收益	收益率曲线变动的收益	通胀累积收益	通胀价差的利差收益	不确定性收益	通胀价差变动的收益		
合计		27.7	184.6	−3.0	−13.1	5.3	−29.7	−1.9	169.9
9128277J	1/15/2012	6.4	5.9	−3.0	−6.5	5.2	30.4	−1.0	37.5
912828GN	4/15/2012	7.1	8.9	−3.0	−6.1	5.2	31.5	−0.6	43
912828AF	7/15/2012	7.8	12.5	−3.0	−7.5	5.2	34.4	−0.2	49.2
912828HW	4/15/2013	11.5	29.6	−3.0	−8.7	5.2	19.4	1.1	55
912828BD	7/15/2013	12.7	36.6	−3.0	−8.5	5.2	26.4	1.7	71.1
912828BW	1/15/2014	15.7	55.1	−3.0	−8.5	5.2	14.5	2.7	81.8
912828KM	4/15/2014	17.4	66.7	−3.0	−10.0	5.2	−7.7	2.9	71.6
912828CP	7/15/2014	19	77.3	−3.0	−9.6	5.2	−0.2	2.8	91.5
912828DH	1/15/2015	22.9	103.4	−3.0	−9.9	5.3	−6.6	2	114
912828MY	4/15/2015	25.5	120	−3.0	−12.2	5.2	−31.5	1.4	105.3
912828EA	7/15/2015	26.8	128.6	−3.0	−11.0	5.3	−21.2	0.4	125.8
912828ET	1/15/2016	28.6	154.3	−3.0	−11.5	5.3	−29.4	0.6	144.9
912828FL	7/15/2016	29.8	176	−3.0	−12.5	5.3	−49.4	0.7	146.8
912828GD	1/15/2017	31.4	199.3	−3.0	−12.6	5.3	−63.7	0.3	156.9
912828GX	7/15/2017	32.4	217.5	−3.0	−13.7	5.3	−66.4	0.1	172.1
912828HN	1/15/2018	34.5	245	−3.0	−14.2	5.3	−80.5	0.1	187.1
912828JE	7/15/2018	35.7	265.4	−3.0	−15.2	5.3	−88.9	−0.1	199.3
912828JX	1/15/2019	35.8	272.4	−3.0	−15.2	5.3	−88.9	−0.4	205.9
912828LA	7/15/2019	36.7	289.4	−3.0	−16.0	5.3	−93.2	−0.7	218.5
912828MF	1/15/2020	37.8	309	−3.0	−16.4	5.3	−105.6	−0.9	226.3
912810FR	1/15/2025	39.9	337	−3.0	−17.4	5.4	−66.1	−8.1	287.7
912810FS	1/15/2026	39.9	335.1	−3.0	−17.6	5.3	−89.8	−8.7	261.3
912810PS	1/15/2027	38.7	320.3	−3.0	−17.6	5.4	−62.0	−8.4	273.3
912810PV	1/15/2028	38.2	315.7	−3.0	−17.9	5.4	−33.9	−8.3	296.2
912810FD	4/15/2028	36	292.1	−3.1	−16.8	5.3	−34.6	−7.5	271.5
912810PZ	1/15/2029	36	292.8	−3.0	−17.7	5.3	−30.9	−7.3	275.3
912810FH	4/15/2029	34.7	279	−3.1	−16.9	5.4	−14.2	−6.6	278.3
912810FQ	4/15/2032	33.6	237.5	−3.0	−17.7	5.3	11.5	−7.0	260.1
912810QF	2/15/2040	35.5	107.3	−3.0	−19.1	5.2	59.6	−9.0	176.4

资料来源：巴克莱资本 POINT。

另一个有意思的现象是，预期通胀率不是在所有期限都一致下降。确实，短期债券呈现正的通胀价差收益，意味着预期通胀率在未来三年呈现递增趋势。同样，对于超长期限债券如30年期债券也呈现预期通胀率递增的趋势。预期通胀率只对期限在3.5年到20年之间的债券下降。这意味着通胀连结债券投资组合的基金经理需要更加关注预期通胀率风险敞口的期限结构，并且使用更多具体的分析变量来反映通胀期限结构的敏感性。

70.6 选取一个合适的业绩贡献度模型

从上面的讨论中，我们知道存在多种多样的业绩贡献度模型，投资组合基金经理必须选取一个和投资组合管理决策结构匹配度最好的模型。图表70—16显示了多种模型对第69章讨论过的美元计价的投资组合的超额业绩分析结果。所有模型都假设资产分配有两个层级，第一个是在主要资产层级进行分配，第二个是将每个资产类别在行业层级进行分配。

图表70—16　使用不同模型分解的超额业绩

	总收益模型	收益率曲线超额收益模型	收益率曲线和隐含波动率超额收益模型	完全分析模型（行业层级）	完全分析模型（最高层级）
合计	32.1	32.1	32.1	32.1	32.1
收益率曲线		24.6	24.6	24.6	24.6
隐含波动率			1.9	1.9	1.9
价差久期错配					−1.8
资产分配	2.9	−2.2	−4.0	3.2	5.0
证券选取	29.2	9.7	9.6	9.3	9.3
抵押贷款风险因子				−8.2	−8.2
残差项				1.3	1.3

资料来源：巴克莱资本POINT。

从本质来看，模型在收益对应的风险因子以及相应分配的敞口（基于风险因子的投资管理）和收益对应的行业分配以及证券选取（基于行业的投资管理）上各有不同。

每个模型都有一个普通风险因子。收益率曲线超额收益模型将收益率曲线的风险敞口作为普通风险因子，收益率曲线和隐含波动率超额收益模型将隐含波动率作为普通风险因子，行业层级分配的完全分析模型将信用价差之外的其他分析变量（这个特定投资组合只含有抵押贷款风险因子）以及残差项作为普通风险因子，最高层级分配的完全分析模型将最高层级的价差久期作为普通风险因子。

灵活性是业绩贡献度模型的重要特征。由于投资组合的管理风格迥异，因此业绩贡献度模型需要具有足够的灵活性来适用每一个选定的投资管理风格。另外，运用不同的业绩贡献度模型也有助于投资组合基金经理了解他们持有的风险敞口，同时帮助他们改进自己的投资管理流程。

70.7 关键知识点

- 债券的总收益可以根据不同类型的定价模型分解到不同风险因子的贡献中，风险因子包括收益率曲线、隐含波动率、信用价差、抵押贷款偿付率和通胀率等。
- 不同的模型可以根据不同投资组合的管理结构将收益以不同的方式进行分配。
- 总收益模型认为所有收益都来自一个风险因子，超额业绩由行业的资产分配产生，行业业绩按照市值进行加权。
- 超额收益模型包含一系列普通风险因子，例如收益率曲线和隐含波动率，它将特殊风险因子贡献的超额业绩按照自上而下的方式分解到资产分配和证券选取的部分。普通风险因子的超额业绩贡献的收益按照自下而上的方式进行加总。
- 完全分析模型将任何收益仿照普通风险因子的业绩处理方法使用自下而上的方式进行加总。权重可以使用类似价差久期的方式从风险的角度计算资产分配的结果。
- 选取一个和投资组合管理决策结构匹配度最好的模型在实际运用中最有效。这样就提供了一个使用投资决策过程中风险因子的敞口来评估投资组合业绩的更加有效的方法。

【注释】

[1] 关于模型的细节，参见 Anthony Lazanas，Chris Sturhahn，and Pamela Zhong，*The Barclays Capital Hybrid Performance Attribution*（*HPA*）*Model*（Barclays Capital Publications，October 2010）。

[2] 综合业绩贡献度模型和 POINT 版权都归属巴克莱资本。

[3] 正如第 69 章讨论过的，较长期限的业绩贡献度需要使用较短期限的业绩贡献度进行复利计算。单期的时间长度需要和投资组合的管理风格保持一致。主动管理的投资组合需要使用短期限进行评估，通常是日度。买入并持有的被动管理的投资组合需要使用较长期限进行评估，例如月度甚至是年度。我们这里介绍的算法可以应用于任意时间长度。但是请记住，使用定价分析法来管理风险敞口的风格通常是主动管理，它们每天进行投资组合管理，因此需要使用日度复利计算业绩贡献度。

[4] -11.4 个基点$=(100-105)\times 2.4\%/105$。

[5] 准确的计算为$(3.5\%/12-3.0\%/12)/(1+3\%/12)=4.16$ 个基点。

[6] 我们将在本章的后半部分讨论收益率曲线“不动”的定义。

[7] 对于收益率波动较大的货币，凸性成为一个确定日度收益的重要因素。在这种情况下，可以将凸性直接作为解释变量加入算法。

[8] 互换期权是使用经典布莱克-斯科尔斯模型推广形式进行定价的利率互换的期权，参见 Fischer Black and Myron Scholes，“The Pricing of Options and Corporate Liabilities，” *Journal of Political Economy* 83（1973），pp. 637 - 654。布莱克-斯科尔斯模型中输入的波动率和互换期权的市场价格保持一致。互换期权有两个特殊的参数，一个是期权的期限，一个是标的互换的到期日。因此，市场交易的互换

期权用两维矩阵来表示，也就是波动率曲面的形式。

[9] 在简单的对数正态分布模型中，利率相对变化的随机成分和对数正态分布的波动率成比例，因此与利率本身没有关系。其他更好地反映利率真实特征的模型将随机项表示成波动率以及利率水平和其他模型参数的函数。

[10] 这个数字可以用图表 69—6 中报告的美元资产投资组合超额业绩贡献（14.6 个基点）除以美元资产投资组合的权重（45.5%）所得比率近似。这种计算不是特别准确，因为美元资产投资组合的权重在一个月内会波动。

[11] 这个计算结果是近似的，因为所使用的巴克莱资本 HPA 模型使用日度复利计算生成报告。这种算法对单日的结果是准确的。

[12] 该报告中使用的投资组合和市场基准是第 69 章示例的全球投资组合中以欧元计价的部分。

[13] 强调这些公式适用于单期业绩贡献度的计算，本例中使用的是一个月内使用日度复利计算的业绩贡献度算法。

[14] 该报告中使用的投资组合和市场基准是第 69 章示例的全球投资组合中以美元计价的部分。

[15] 尽管在该报告中每个行业的平均波动率被认为是相同的，但在通常情况下每只债券暴露于波动率曲面的不同点。由于很难针对每只债券对应的波动率曲面上的点进行评估，因此该报告使用了最简单的平行移动计算方法，它假设所有债券都暴露于波动率曲面上相同的点。由于隐含波动率变动的总影响是用基于情景分析的方法进行收益分解，因此这种计算方法只会影响波动率的平均变动和波动率变形部分的收益分解结果。

[16] See Arik Ben Dor，Lev Dynkin，Patrick Houweling，Jay Hyman，Erik van Leeuwen，and Olaf Penninga，*A New Measure of Spread Exposure in Credit Portfolios*（Barclays Capital Publications，February 2010）.

[17] 我们将在下文进一步进行讨论。

[18] 有趣的是，注意到更进一步的资产分配必须使用相对价差久期资产分配模型，因为每个主要资产类别的价差久期都已经在资产分配的第一个层级确定。较低层级的价差久期必须和之前确定好的资产类别的价差久期保持一致。

[19] 这种方法参见 Anthony Lazanas and Jeremy Rosten，*Risk Modelling and Performance Attribution for Inflation-Linked Securities*（Lehman Brothers Publications，October 2005）。

第 71 章

对业绩贡献的进一步讨论

安东尼·拉扎纳斯（Anthony Lazanas）博士
巴克莱资本常务董事

安东尼奥·巴尔达克·达·席尔瓦（Antonio Baldaque Da Silva）博士
巴克莱资本常务董事

克里斯·斯图哈恩（Chris Sturhahn）
巴克莱资本副总裁

埃里克·P. 威尔逊（Eric P. Wilson）
巴克莱资本副总裁

张潘（Pam Zhong），注册金融分析师
巴克莱资本副总裁

我们在第 69 章介绍了业绩贡献度的评估原则，并且在第 70 章详细讨论了固定收益投资组合的业绩贡献。在本章我们将结合实际对更为复杂的投资组合的业绩贡献进行进一步讨论。我们使用一个多币种的投资组合作为案例进行分析。由于投资组合中含有对外汇敞口的对冲，因此对于外汇的业绩贡献，需要区分哪些来自实际外汇敞口，哪些来自对冲。另外，本章还将讨论投资组合中使用衍生工具和杠杆带来的业绩贡献。它们会

改变原始的收益，所以我们会详细讨论改变相应的分析方法来保持业绩贡献度评估的基本原则。最后，本章还会讨论在投资组合业绩贡献分析过程中遇到的其他问题，包括多期复利计算的问题、交易处理过程的问题以及数据缺失或者错误的问题。

71.1 多币种投资组合的业绩贡献

我们在第70章对本地市场针对特定货币的投资组合进行了业绩贡献分析。多币种投资组合增加了投资组合管理层级的复杂性。例如，在全球资产分配层级，需要基金经理做出对不同国家市场或者外汇敞口进行资产分配的投资决策。在这一章，我们将详细讨论全球层级总超额业绩在外汇资产分配、本地市场资产分配以及本地市场投资管理上的分解。

为了讨论投资组合收益中的外汇收益部分，我们需要首先确定基本货币，也就是我们用来度量投资组合收益的货币。注意在这种定义下，基本货币计价的债券没有外汇敞口和外汇方面的收益。

□ 外汇收益分解

由于投资组合基金经理通常单独管理不同敞口的外汇风险，因此外汇收益分解的第一步就是将非基础货币计价的证券的外汇部分和本地市场部分的收益区分开。证券 i 基础货币计价的收益 ${}^{b}R_i$ 可以用它的所在市场货币计价的收益 R_i 和该市场货币的外汇收益 F_i[1] 表示

$$ {}^{b}R_i = F_i + R_iF_i + R_i \qquad (71\text{—}1) $$

这里，我们假设所有取决于多种货币（例如外汇互换和外汇远期的形式）利率的现金流敞口都分解为只以一种货币计价并取决于该货币市场参数的不同风险敞口。注意到此时交叉项为外汇收益与本地市场货币计价收益的乘积。这两个收益可以区别计算，但是在大多数情况下，这个交叉项都包含在外汇收益中，因为我们假设外汇收益往往远大于本地市场货币计价的收益。这种情况在固定收益证券投资组合中比较常见，但是对于价格波动比较大的资产，比如股票和商品，就不太符合。

为了将外汇敞口的业绩贡献与本地市场投资管理的业绩贡献区别开，我们需要将每种货币的利息收益都考虑进外汇敞口的收益。[2] 事实上，任何外汇上的现金投资都会赚取外汇汇率收益以及所投资货币在投资期限内的存款利息 R_i^{depo}，无须承担任何本地市场风险。

$$ {}^{b}R_i = (F_i + R_i^{depo}) + R_iF_i + (R_i - R_i^{depo}) \qquad (71\text{—}2) $$

投资组合的总收益可以表示成来自本地市场在多币种投资组合第一层次分配的资产的收益之和。尽管单货币投资组合也可以进行外汇敞口的收益分解，但是不可以在本地市场的收益分解上使用同样的方法。实际上很多基金经理将本地市场的敞口按照地理、

资产类别或者行业进行分配，而不是根据货币进行分配。我们假设有 m 个不同的市场并且这些市场不都是由单货币的敞口组成，单货币敞口的市场有 c 个，投资组合外汇敞口的收益可以用如下形式表示：

$$^{b}R^{P}=\sum_{c}{}^{b}w_{c}^{P}\cdot(F_{c}+R_{c}^{depo})+\sum_{c}{}^{b}w_{c}^{P}R_{c}^{P}F_{c}+\sum_{m}{}^{b}w_{m}^{P}\cdot(R_{m}^{P}-R_{m}^{depo,P}) \tag{71—3}$$

公式（71—3）中的三项分别对应于外汇敞口收益贡献项、外汇与本地市场敞口收益交叉贡献项以及本地市场敞口收益贡献项。这里，$^{b}w_{c}^{P}$ 和 $^{b}w_{m}^{P}$ 代表 c 个单货币敞口和 m 个本地市场敞口在投资组合中以基础货币计价的市值权重。注意到在单货币市场中每只债券对应的现金存款利息和外汇收益都一样，因此投资组合和市场基准的现金存款利息和外汇收益都一样。然而 m 个不同的市场可能在不同货币上都持有敞口，因此我们将现金存款利息 $R_{m}^{depo,P}$ 记为每个市场债券的加权平均收益。由于每个市场的投资组合和市场基准的收益分解不同，因此我们用标记 P 来区别每个投资组合。

□ 外汇对冲

使用外汇衍生工具进行外汇对冲的目的是，在不影响本地市场风险敞口的前提下调整改变投资组合的外汇敞口，这在多币种投资组合中经常被使用。它可以使基金经理将投资组合结构分成外汇敞口和本地市场敞口分别管理。通常用来对冲的工具是外汇远期，基本上都是短期限的，到期后再进行展期。长期限的外汇远期可以用来降低展期成本。

尽管外汇对冲的目的是保持本地市场风险敞口不变，但在实际过程中外汇对冲工具仍然会对投资组合产生一定的影响，这些都需要在统一的业绩贡献度框架中考虑。下面我们详细介绍这些影响。

暴露于本地利率风险敞口

理想的外汇对冲收益主要来自每个货币的汇率，利率久期为 0。实际上，外汇对冲工具确实暴露于短端的本地市场利率曲线。当市场发生危机时，短期利率发生剧烈波动，这种暴露于本地利率风险敞口带来的影响就非常明显。在通常情况下，这部分收益会被认为是对冲收益，因为它来自一个由投资组合对冲带来的本地利率市场敞口，并不是本地利率市场的投资策略。

现金流的影响

随着外汇汇率的波动，盯市估值的外汇远期不再是 0，表示成现金流（正向或者负向）。只要这些现金流不进行定期再投资，它就代表了一种非原始投资策略带来的收益（当现金流为负时，这等同于使用杠杆）。这种影响比较显著，需要在业绩贡献度框架中考虑。为此，一个可行的解决方案就是，在外汇对冲带来的现金流在投资组合里进行日度再投资的情况下，用实际的投资组合收益减去理论假设的投资组合收益的差来反映这部分影响。和暴露于本地利率风险敞口一样，这部分影响也应该报告成对冲收益。

一旦这些影响得到解释，外汇对冲的贡献就仅仅体现在外汇市场的总收益和相关价差项，本地市场的收益保持不变。

□ 外汇资产分配和对冲带来的超额业绩

外汇市场超额业绩被定义为总超额业绩来自投资组合和市场基准中基础货币与其他非基础货币之间汇率波动的部分。公式（71—3）的前两项——纯外汇项和外汇本地市场交叉项——组成了外汇市场的超额业绩。我们下面将它们单独分开进行讨论。

我们定义对冲后投资组合和市场基准暴露于每一个外汇即期汇率的敞口为${}^{b}h_{c}^{P}$和${}^{b}h_{c}^{B}$。我们接下来用下面的公式表示投资组合超额业绩中纯外汇超额业绩部分：

$$ {}^{FX}R^{P}-{}^{FX}R^{B}=\sum_{c}{}^{b}h_{c}^{P}\cdot(F_{c}+R_{c}^{depo})-\sum_{c}{}^{b}h_{c}^{B}\cdot(F_{c}+R_{c}^{depo}) $$

我们现在可以应用第 69 章介绍过的相对分配模型和自上而下的分解方法，得到对冲后的外汇资产分配结果：

$$ \sum_{c}({}^{b}h_{c}^{P}-{}^{b}h_{c}^{B})\cdot(F_{c}+R_{c}^{depo}-R_{b}^{depo}) \qquad (71—4) $$

为了推导出公式（71—4），我们仿照第 69 章的形式定义以下变量：

$$ \alpha_{k,s}={}^{b}h_{c},\ \alpha_{k}=\sum_{c}{}^{b}h_{c}=1,\ f_{k,c}=F_{c}+R_{c}^{depo},\ f_{k}^{H}=R_{b}^{depo} $$

公式（71—4）通常用来度量纯外汇资产分配。然而，我们还可以得到一个未对冲的类似的超额业绩分解结果。未对冲的外汇资产分配结果如下：

$$ \sum_{c}({}^{b}w_{c}^{P}-{}^{b}w_{c}^{B})\cdot(F+R_{c}^{depo}-R_{b}^{depo}) \qquad (71—5) $$

我们现在讨论外汇本地市场交叉项。为了简化，我们只将投资组合分解成原始投资组合（P，权重为w）和对冲的投资组合（H，权重为$w-h$）。通过公式（71—3），我们得到投资组合的交叉项收益为$\sum_{c}{}^{b}w_{c}^{P}R_{c}^{P}F_{c}^{P}$。然而，对冲的投资组合$H$需要支付每一种货币的存款利息$R_{c}^{depo}$。因此，对冲后投资组合（$P+H$）的净收益为：

$$ \sum_{c}({}^{b}w_{c}^{P}R_{c}^{P}-({}^{b}w_{c}^{P}-{}^{b}h_{c}^{P})\cdot R_{c}^{depo})\cdot F_{c}^{P} $$

我们可以看到，外汇对冲确实对外汇本地市场交叉项贡献了收益。外汇本地市场交叉项对投资组合总超额业绩的贡献为：

$$ \sum_{c}({}^{b}w_{c}^{P}R_{c}^{P}-{}^{b}w_{c}^{B}R_{c}^{B})\cdot F_{c}^{B}+(({}^{b}w_{c}^{P}-{}^{b}h_{c}^{P})-({}^{b}w_{c}^{B}-{}^{b}h_{c}^{B}))\cdot R_{c}^{depo}\cdot F_{c}^{B} \qquad (71—6) $$

由于交叉项是两个收益的乘积，所以它比任何一个收益都要小。然而随着时间的推移，交叉项的业绩贡献会慢慢累积（类似于凸性项），并且相对本地和外汇收益更为显著。更进一步，外汇本地市场交叉项在外汇市场收益与本地市场收益方向相反的时候更为显著。例如，如果外汇市场收益为 5%，本地市场收益为－4%，总收益为 5%－4%＋5%×(－4%)＝0.80%。没有交叉项的影响，总收益应该为 1%，因此交叉项为－0.2%，这让总收益降低了 25%。在极端的情况下，如果外汇市场收益和本地市场收益方向相反并且数量相同，那么总收益完全就是交叉项。而在大多数情况下，外汇本地市场交叉项不显著，但最好还是把它解释清楚。

除了我们上面讨论过的公式（71—3）的前两项，本地市场收益和对冲工具的市值以及它们的交易收益都需要单独考虑。这就需要我们将本地市场收益和超额业绩中任何来自对冲工具的收益在下一个层级单独分开。

□ 本地市场资产分配带来的超额业绩

在讨论完外汇市场敞口和对冲带来的业绩贡献后，剩下的超额业绩为：

$$ {}^{L}R^{P} - {}^{L}R^{B} = \sum_{m} {}^{b}w_{m}^{P} \cdot (R_{m}^{P} - R_{m}^{depo,P}) - \sum_{m} {}^{b}w_{m}^{B} \cdot (R_{m}^{B} - R_{m}^{depo,B}) \qquad (71—7) $$

有很多种根据不同交易策略分解超额业绩的方法。最直接的方法是假设资产分配的第一层级为不同本地市场按照市值风险敞口分配。接下来，每个本地市场的风险敞口根据各自的市场基准单独管理。我们可以应用第 69 章自上而下的分解算法来定义本地市场资产分配的超额业绩贡献：

$$ \sum_{m} ({}^{b}w_{m}^{P} - {}^{b}w_{m}^{B}) \cdot ((R_{m}^{B} - R_{m}^{depo,B}) - (R^{B} - R^{depo,B})) \qquad (71—8) $$

本地市场投资管理的超额业绩贡献为：

$$ \sum_{m} {}^{b}w_{m}^{P} \cdot ((R_{m}^{P} - R_{m}^{depo,P}) - (R_{m}^{B} - R_{m}^{depo,B})) \qquad (71—9) $$

特别地，我们使用第 69 章的定义来构建上面的公式 $\alpha_{k,s} = {}^{b}w_{m}$，$\alpha_{k} = \sum_{c} {}^{b}w_{m} = 1$，$f_{k,s} = R_{m} - R_{m}^{depo}$，$f_{k}^{H} = R^{B} \quad R^{depo,B}$。注意到这个分解结果等同于第 70 章介绍过的总收益模型。

如果每个本地市场包含的债券都以同样的货币计价，那么公式（71—9）就可以简化为 $\sum_{c} {}^{b}w_{c}^{P} \cdot (R_{c}^{P} - R_{c}^{B})$。本地市场超额业绩来自外汇的部分 $R_{c}^{P} - R_{c}^{B}$ 可以使用第 70 章介绍的任何一种模型和算法来进行分解。另外，如果本地市场包含不同货币计价的债券，那么只有第 70 章的总收益模型可以用于本地市场投资管理超额业绩的分析。使用模型进行分析时需要考虑参考利率曲线。

□ 基于风险因子的本地市场资产分配

按照市值加权的资本分配方法省略了不同市场投资决策过程中的复杂性。的确，本地市场风险敞口的分配过程需要考虑产生市场收益的不同风险因子，例如收益率曲线、隐含波动率、信用价差等。为了更好地量化某一特定本地市场持有的风险，我们可以使用不同风险因子的敞口来描述资产分配的决策，例如收益率曲线的利率久期敞口、隐含波动率的 vega 敞口以及信用价差的价差久期敞口等。

仿照第 69 章介绍过的方法，我们可以将公式（71—7）重新写成将本地市场收益按照风险因子分解的形式：

$$
\begin{aligned}
{}^{L}R^{P}-{}^{L}R^{B}&=\sum_{k}\sum_{m_k}{}^{b}w_{m_k}^{P}\alpha_{k,\,m_k}^{P}f_{k,\,m_k}^{P}-\sum_{m}{}^{b}w_{m}^{P}R_{m}^{depo,P}\\
&\quad-\Big(\sum_{k}\sum_{m_k}{}^{b}w_{m_k}^{B}\alpha_{k,\,m_k}^{B}f_{k,m_k}^{B}-\sum_{m}{}^{b}w_{m}^{B}R_{m}^{depo,B}\Big)
\end{aligned}\tag{71—10}
$$

每个风险因子都可以存在于不同的本地市场，用 m_k 来区分。我们可以将本地市场的超额业绩来自资产分配、投资管理和杠杆的部分按照风险因子的不同权重进行分解。本地市场超额业绩来自资产分配的部分为：

$$
\sum_{k}\Big(\sum_{m_k}({}^{b}w_{m_k}^{P}\alpha_{k,\,m_k}^{P}-{}^{b}w_{m_k}^{B}\alpha_{k,\,m_k}^{B})\cdot(f_{k,\,m_k}^{B}-f_{k}^{H})\Big)-\sum_{m}({}^{b}w_{m}^{P}-{}^{b}w_{m}^{B})\cdot R_{m}^{depo,B}\tag{71—11}
$$

本地市场超额业绩来自投资管理的部分为：

$$
\sum_{k}\Big(\sum_{m_k}{}^{b}w_{m_k}^{P}\alpha_{k,\,m_k}^{P}\cdot(f_{k,\,m_k}^{P}-f_{k,\,m_k}^{B})\Big)-\sum_{m}{}^{b}w_{m}^{P}\cdot(R_{m}^{depo,P}-R_{m}^{depo,B})\tag{71—12}
$$

最后，最高层级的资产分配或者使用杠杆的超额业绩部分可以表示为：

$$
\sum_{k}\Big(\sum_{m_k}{}^{b}w_{m_k}^{P}\alpha_{k,\,m_k}^{P}-\sum_{m_k}{}^{b}w_{m_k}^{B}\alpha_{k,\,m_k}^{B}\Big)\cdot f_{k}^{H}\tag{71—13}
$$

□ 案例：本地市场的收益率曲线分配

类似我们刚才介绍的本地市场资产分配的例子，考虑一个投资组合基金经理，主要负责管理投资组合中的全球利率头寸。在这种情况下，我们可以使用上述方法来将投资组合本地市场超额业绩分解成全球收益率曲线资产分配的部分以及其他部分。投资组合基金经理可以使用关键利率久期来控制前者的敞口，而用市值权重来控制后者的敞口。我们将本地市场超额业绩按照全球收益率的风险敞口进行分解，使得每个市场 c 对应唯一的收益率曲线。大多数时候，这种分解方法等同于单一货币市场的分解，但是也有例外的情况。例如，可能会使用单独国家政府债券收益率曲线来分析欧元区债券。这种方法使我们可以回答以下问题：

● 哪些是整个投资组合中来自全球利率久期头寸的超额业绩贡献（全球利率久期与市场基准不匹配）？

● 哪些是来自持有利率久期敞口（主权信用敞口）超过参考利率曲线敞口（本地市场利率曲线敞口）的超额业绩贡献？

● 哪些是来自持有每个货币其他风险因子敞口的超额业绩贡献（收益率曲线以外的超额业绩贡献）？

在这个例子中，我们会进一步将收益率曲线收益分成来自曲线利差和曲线变动的两部分收益。为了解释公式（71—7）中来自收益率曲线利差的收益，我们从收益率曲线利差的超额业绩中减去货币存款利息的收益。每条收益率曲线 c 上每个关键利率点 i 的利差敞口由第 70 章介绍过的曲线匹配投资组合（CMP）中的权重 $\omega_{c,j}$ 构建。CMP 使用由收益率曲线利差可以简单计算得到的平价债券来复制投资组合中的每只债券。接下来我们用 CMP 中的债券利差来计算得到投资组合或市场基准相关债券的利差。我们定义每个关键利率点的收益率曲线利差收益为 $R_{c,j}^{carry}=y_{c,j}\Delta t$。利用公式（71—11）到公式（71—13），我们使用以下变形 $\alpha_{k,m_k}=\omega_{c,j}$，$f_{k,m_k}=R_{c,j}^{carry}-R_c^{depo}$，设定最低资本收益率等于利差收益超过参考货币（通常是基础货币）存款收益的部分 $f_k^H=R_{ref,j}^{carry}-R_{ref}^{depo}$。我们得到如下超额业绩分解结果。

本地市场收益率曲线利差资产分配的超额业绩贡献为：

$$\sum_c\sum_j({}^bw_c^P\omega_{c,j}^P-{}^bw_c^B\omega_{c,j}^B)\cdot((R_{c,j}^{carry}-R_c^{depo})-(R_{ref,j}^{carry}-R_{ref}^{depo}))\qquad(71\text{—}14)$$

本地市场收益率曲线利差投资管理的超额业绩贡献为：

$$\sum_c\sum_j{}^bw_c^P\omega_{c,j}^P((R_{c,j}^{carry}-R_c^{depo})-(R_{c,j}^{carry}-R_c^{depo}))=0\qquad(71\text{—}15)$$

全球收益率曲线利差收益超出相关货币存款收益的部分为：

$$\sum_c\sum_j({}^bw_c^P\omega_{c,j}^P-{}^bw_c^B\omega_{c,j}^B)\cdot(R_{ref,j}^{carry}-R_{ref}^{depo})\qquad(71\text{—}16)$$

注意到由于 c 代表了单一货币的利率曲线，那么无论对于投资组合还是市场基准，每个关键点的利差收益以及货币存款利息在所有债券敞口上都是一致的。在这种情况下，收益率曲线利差投资管理贡献的超额业绩为 0。更进一步，如果我们不使用参考利率曲线，那么全球收益率曲线利差收益项依然为 0，全球收益率曲线利差贡献的超额业绩就可以简单地按照每条曲线和每个关键利率点分解如下：

$$\sum_c\sum_j({}^bw_c^P\omega_{c,j}^P-{}^bw_c^B\omega_{c,j}^B)\cdot(R_{c,j}^{carry}-R_c^{depo})\qquad(71\text{—}17)$$

我们现在转向收益率曲线收益的第二部分——收益率曲线变动带来的收益。收益率曲线变动的超额业绩贡献可以简单地使用关键利率久期分解，其中结合资产分配的权重和关键利率点收益率的负向变动表示收益，$\alpha_{k,m_k}=KRD_{c,j}$，$f_{k,m_k}=-\Delta y_{c,j}$，$f_k^H=-\Delta y_{ref,j}$。

在这种假设下，本地市场收益率曲线变动资产分配的超额业绩为：

$$-\sum_c\sum_j({}^bw_c^PKRD_{c,j}^P-{}^bw_c^BKRD_{c,j}^B)\cdot(\Delta y_{c,j}-\Delta y_{ref,j})\qquad(71\text{—}18)$$

本地市场收益率曲线变动投资管理的超额业绩贡献为：

$$-\sum_c\sum_j{}^bw_c^PKRD_{c,j}^P\cdot(\Delta y_{c,j}-\Delta y_{c,j})=0\qquad(71\text{—}19)$$

最后，全球利率久期与市场基准不匹配带来的收益为：

$$-\sum_c\sum_j({}^bw_c^PKRD_{c,j}^P-{}^bw_c^BKRD_{c,j}^B)\cdot\Delta y_{ref,j}\qquad(71\text{—}20)$$

同样地，无论对于投资组合还是市场基准，特定收益率曲线的变动对于所有的债券都是一致的。这使得收益率曲线变动投资管理贡献的超额业绩为 0。另外，如果没有参考利率曲线，那么全球利率久期与市场基准的不匹配为 0，全球收益率曲线变动贡献的超额业绩就可以简单地按照每条曲线和每个关键利率点分解如下：

$$-\sum_{c}\sum_{j}({}^{b}w_{c}^{P}KRD_{c,j}^{P}-{}^{b}w_{c}^{B}KRD_{c,j}^{B})\cdot\Delta y_{c,j} \quad (71—21)$$

当利率曲线风险敞口的超额业绩贡献确定下来后，剩下的来自外汇敞口和收益率曲线敞口的收益部分可以使用前面章节有关本地市场资产分配带来的超额业绩的内容中讨论的方法来进行分析。

□ 全球收益率曲线资产分配的实际应用

为了解释刚才介绍过的概念，我们考虑下面的例子。将一个以美元计价的投资组合的业绩和巴克莱资本全球货币综合指数 G4 进行比较，该指数由四种货币计价的政府债券组成：美元债券、欧元债券、日元债券和英镑债券。该投资组合的基金经理需要根据自己对市场的判断来使投资组合的收益超越 G4 指数。在这种情况下，该基金经理认为欧元汇率将会强于美元，同时美元利率将会上升而欧元利率将会下降。她对日本市场没有主动性的风险敞口。最后，为了降低主权信用风险，她更青睐投资于欧元区经济基本面较强国家的债券。

根据上面的观点，该基金经理建立了如下投资组合：

- 该投资组合做多欧元/美元汇率（美元是投资组合的计价货币）；
- 该投资组合使用 6 个月外汇远期，卖出日元/美元汇率，使得投资组合的日元敞口和市场基准保持一致；
- 该投资组合持有欧元计价的债券利率久期净多头，持有美元计价的债券利率久期净空头；
- 该投资组合总的利率久期敞口相对市场基准保持中性；
- 该投资组合在欧元区只持有评级为 AAA 的国家债券。

投资组合的主要风险敞口显示在图表 71—1 中。

图表 71—1　投资组合各货币的主要敞口情况

货币	市值（%）			OAD 业绩贡献		
	投资组合	市场基准	净值	投资组合	市场基准	净值
合计	**100**	**100**	**0.0**	**6.46**	**6.47**	**−0.01**
美元	24.1	28.6	−4.5	1.05	1.50	−0.45
欧元	34.4	29.8	4.6	2.33	1.88	0.45
日元	34.5	34.5	0.0	2.45	2.46	−0.01
英镑	7.0	7.1	−0.1	0.63	0.63	0.00

资料来源：巴克莱资本 POINT。

图表 71—2 给出了一个月内投资组合与市场基准相比的超额业绩分解结果。总超额业绩是 10.5 个基点。可以看出，如果按照不同货币进行分解，在最高层级美元资产超额

业绩贡献为15.5个基点。当然，也可以按照不同类型的风险敞口进行分解，我们可以看到外汇敞口的超额业绩贡献为14.3个基点，本地市场敞口（包括利率风险敞口）的超额业绩贡献为6.5个基点，而本地市场投资管理的超额业绩贡献为－10.3个基点。和预期一致，大部分外汇资产分配带来的超额业绩来自欧元的风险敞口（14.4个基点），表明基金经理认为欧元将表现强势的观点完全正确。分解结果同样表明日元的对冲带来了很小一部分超额业绩贡献——0.1个基点。和之前讨论的一样，6个月的日元/美元外汇远期对冲贡献了两部分非外汇敞口的超额业绩：一部分来自短期日元和美元收益率曲线的变动，另一部分来自不断累计的盯市价值形成的现金流。两部分都带来了非零的对冲超额业绩贡献。收益率曲线资产分配的超额业绩贡献为3.1个基点，美元和欧元区各自贡献了14.9个基点和－12.0个基点。从这一个月的结果可以看出，该基金经理认为美元收益率曲线的变动方向与市场一致，而欧元收益率曲线的变动则不同。本地市场资产分配来自收益率曲线以外的超额业绩贡献部分为3.4个基点。最后，本地市场投资管理拖了后腿。特别是在欧元区的债券选取方面，超额业绩贡献为－11.1个基点。

图表71—2　　投资组合各货币的超额业绩分解结果

	合计	美元	欧元	日元	英镑
超额业绩	10.5	15.5	－5.1	0.5	－0.4
外汇资产分配和对冲	**14.3**	**0.0**	**14.4**	**0.0**	**－0.1**
对冲后的外汇资产分配	14.6	0.0	14.8	－0.1	－0.2
外汇本地市场交叉项	－0.4	0.0	－0.4	0.0	0.0
外汇对冲效应	0.1			0.1	
本地市场资产分配	**6.5**	**16.5**	**－9.7**	**－0.3**	**0.0**
本地市场收益率曲线	3.1	14.9	－12.0	0.2	0.0
本地市场收益率曲线资产分配	3.4	1.6	2.3	－0.5	0.0
本地市场投资管理	**－10.3**	**－1.0**	**－9.8**	**0.8**	**－0.3**
资产分配	0.6	－1.1	1.3	0.4	0.0
债券选取	－10.9	0.1	－11.1	0.4	－0.3

资料来源：巴克莱资本POINT。

我们现在仔细讨论外汇资产分配带来的超额业绩结果（见图表71—3）。和基金经理的观点一致，欧元表现强势，相对于计价货币美元，欧元资产贡献了包括汇率收益和存款利息在内的306.1个基点的超额业绩。由于欧元资产的平均权重为4.6%，因此它为投资组合贡献的外汇敞口超额业绩为14.8个基点。这个结果也可以通过欧元资产的平均权重乘以欧元资产的超额业绩得到：4.6%×306.1＝＋14.1个基点。这个数字与图表71—3中报告的结果14.8个基点有偏差，因为业绩贡献度系统是按日进行复利计算，这就会包含风险敞口的波动。通过图表71—3我们还可以看到日元敞口的对冲带来了8.5个基点的成本，因为日元同样在这一个月的投资期内升值。而如果不进行对冲，日元相对美元贬值也会给投资组合造成损失。因此，日元资产外汇对冲资产分配的收益接近于0。这也表明该基金经理在投资组合中达到了她的目标：降低日元相关风险敞口的波动性和影响力。

图表 71—3　　投资组合各货币外汇分配超额业绩分解结果*

货币市场	期初外汇汇率	期末外汇汇率	超过存款利息的收益	平均市值权重（%）			未对冲的外汇资产分配	对冲后的外汇资产分配	外汇本地市场交叉项
				投资组合	市场基准	超配权重			
美元	1.000 0	1.000 0	0.0	24.1	28.6	−4.5	0.0	0.0	0.0
欧元	1.301 8	1.341 6	306.1	34.4	29.8	4.6	14.8	14.8	−0.4
日元	0.011 9	0.012 3	327.4	34.5	34.5	0.0	8.4	−0.1	0.0
英镑	1.557 4	1.565 7	56.3	7.0	7.1	−0.1	−0.1	−0.1	0.0
合计				**100**	**100**		**23.1**	**14.6**	**−0.4**

＊对冲效果列不包括在本表中，它在图表 71—2 中已经显示。

资料来源：巴克莱资本 POINT。

接下来，我们详细讨论全球收益率曲线的超额业绩结果（见图表 71—4）。投资组合来自收益率曲线利差的超额业绩贡献几乎没有，为−0.1 个基点。大部分超额业绩来自投资组合的利率久期头寸。在投资期内，所有 G4 货币的收益率曲线都上升。然而，相比较来看，欧元收益率上涨得要比美元收益率少。在不改变投资组合总利率久期的情况下，投资组合获得了 3.2 个基点的超额业绩。这可以通过做空美元债券利率久期（超额业绩贡献为 16.3 个基点）同时做多欧元债券利率久期（超额业绩贡献为−13.1 个基点）来实现。总之，利率久期敞口由基金经理决定。日元和英镑市场几乎没有贡献，因为它们的久期和各自的市场基准保持中性。

图表 71—4　　全球收益率曲线资产分配超额业绩贡献

货币市场	平均收益率（%）	超过存款利息的利差收益（基点）	收益率市值权重（%）		平均收益率变动（基点）	久期（年）		收益率曲线的超额业绩（基点）		
			投资组合	市场基准		投资组合	市场基准	收益率曲线利差	收益率曲线变动	合计
美元	2.7	20.4	21.6	28.6	35.0	1.05	1.50	−1.4	16.3	14.9
欧元	3.1	23.4	34.4	29.8	28.0	2.33	1.88	1.1	−13.1	−12.0
日元	1.2	9.1	37.0	34.5	5.0	2.45	2.46	0.2	0.0	0.2
英镑	3.6	25.0	7.0	7.1	20.0	0.63	0.63	0.0	0.0	0.0
合计			**100.0**	**100.0**		**6.46**	**6.47**	**−0.1**	**3.2**	**3.1**

资料来源：巴克莱资本 POINT。

图表 71—4 的超额业绩贡献结果可以通过公式（71—17）和公式（71—21）计算得

到，在计算的过程中考虑了投资组合中每个货币关键利率点的风险敞口。为了在本例中简化，我们假设投资组合的收益率曲线敞口均匀地分布在所有关键利率点。在这种情况下，公式可以简化如下：

$$\sum_c \sum_j ({}^b w_c^P \omega_{c,j}^P - {}^b w_c^B \omega_{c,j}^B) \cdot (R_{c,j}^{carry} - R_c^{depo})$$
$$\approx \sum_c ({}^b w_c^P - {}^b w_c^B) \cdot (\overline{R_c^{carry}} - R_c^{depo})$$

以及

$$- \sum_c \sum_j ({}^b w_c^P KRD_{c,j}^P - {}^b w_c^B KRD_{c,j}^B) \cdot \Delta y_{c,j}$$
$$\approx - \sum_c ({}^b w_c^P OAD_c^P - {}^b w_c^B OAD_c^B) \cdot \overline{\Delta y_c}$$

这里，$\overline{R_c^{carry}}$ 和 $\overline{\Delta y_c}$ 代表了收益率曲线的平均利差收益和平均变动收益。

例如，欧元的平均收益率为 3.1%，这意味着在投资期内（一个月）超过存款利息的利差收益[3] 为 23.4 个基点。因此欧元资产在收益率利差方面的超额业绩可以用欧元资产的权重乘以平均利差收益得到，即（34.4%－29.8%）×23.4＝＋1.1 个基点。欧元利率久期敞口的超额业绩贡献可以用久期乘以收益率的平均负向变动得到，即（2.33－1.88）×(－28)＝－126.6 个基点。这很接近报告中的－13.1 个基点的结果，但还是存在偏差，原因在于简化的假设以及日度复利计算带来的影响。详细的关键利率点层级的报告可以获得更多的信息。需要指出的是，投资组合在一些货币上的市值权重与在图表 71—3 和图表 71—4 中报告的不一样。特别地，美元资产在图表 71—3 中的权重为 24.1%，而在图表 71—4 中为 21.6%。日元资产在图表 71—3 中的权重为 34.5%，而在图表 71—4 中为 37.0%。欧元和英镑的权重没有变化。这是因为日元对美元远期的市值被排除在本地市场业绩贡献分析之外，这些头寸被认为是外汇对冲的头寸。这部分贡献的超额业绩由之前讨论过的对冲产生的现金流来解释。

如果我们分析图表 71—4 中不同货币的业绩，我们可能会错怪基金经理，因为欧元敞口带来了非常大的负超额业绩。我们可以用参考利率曲线来替代分析来自全球收益率曲线的超额业绩，如公式（71—14）、公式（71—16）、公式（71—18）和公式（71—20）所示。图表 71—5 采用了这种方法，使用美元收益率曲线作为参考利率曲线。尽管全球收益率曲线的超额业绩结果和之前保持不变，但是不同货币资产之间的超额业绩分解结果发生了变化。

例如，日元现在对投资组合贡献了负的收益率曲线利差超额业绩。尽管日元本身超过存款利息的利差收益在这个月为 9.1 个基点，但是这个收益远远低于美元超过存款利息的利差收益 20.4 个基点（参考货币利率曲线）。因此，结果就呈现出负的超额业绩。全球收益率曲线利差超额业绩贡献结果可以用下面的公式近似得到：

$$\left(\sum_c {}^b w_c^P - \sum_c {}^b w_c^B\right) \cdot (\overline{R_{ref}^{carry}} - R_{ref}^{depo})$$

由于投资组合（不加杠杆）和市场基准在所有货币利率曲线上的权重之和都为 1，

因此这个近似超额业绩贡献结果通常为 0。然而，在实际计算过程中使用的是每个关键利率点的风险敞口，因此实际的全球收益率曲线利差超额业绩贡献结果可能不为 0。

欧元对投资组合贡献了正的收益率曲线变动超额业绩，因为它相对于美元收益率曲线表现出色。来自欧元的收益率曲线变动超额业绩可以计算为－(2.33－1.88)×(28－35)＝＋3.2 个基点，非常接近报告中 3.1 个基点的结果。和之前的结论一样，该基金经理对全球收益率曲线敞口的配置观点在投资期总体上为投资组合贡献了正的超额业绩。美元收益率曲线（参考利率曲线）没有贡献超额业绩。全球利率久期敞口的超额业绩贡献结果可以用公式$-(OAD^P-OAD^B)\cdot\overline{\Delta y_{ref}}$计算得到，即－(6.46－6.47)×35＝＋0.3 个基点，与报告中的结果 0.1 个基点非常接近。

解释完了收益率曲线的超额业绩贡献，我们将剩下来自收益率曲线收益之外的超额业绩分解到本地市场资产分配和本地市场投资管理的贡献中。这种方法可以应用到很多市场，在这个例子中我们还是使用 G4 市场来进行收益率曲线的超额业绩分解。图表 71—6 显示了分解的详细结果。总体来看，所有 4 个市场收益率曲线风险敞口资产分配的超额业绩贡献为 3.4 个基点，其中欧元市场的贡献最多，为 2.3 个基点。这个结果也可以用欧元市场的超配权重乘以欧元市场的超额收益近似得到，4.6%×(67.9－22.5)＝＋2.1 个基点。另外，欧元市场收益率曲线以外的本地市场投资管理超额收益表现不佳，贡献了－9.8 个基点的超额业绩，这个结果也可以近似得到，34.4%×(40.5－67.9)＝－9.4 个基点。这个表现不佳的结果可以通过第 70 章关于债券发行方水平的报告细节更好地理解。在这个例子中，报告显示出低评级的欧元区国家在投资期内信用价差大幅收窄。尽管大量集中在高评级的欧元区国家的投资会降低投资组合的长期风险，但是在这个特殊时期却产生了负的业绩表现。

图表 71—5　　美元收益率曲线作为参考利率曲线情形下的全球收益率曲线超额业绩

货币市场	平均收益率（%）	超过存款利息的利差收益（基点）	收益率市值权重（%）		平均收益率变动（基点）	久期（年）		收益率曲线的超额业绩（基点）		
			投资组合	市场基准		投资组合	市场基准	收益率曲线利差	收益率曲线变动	合计
全球利差/久期			100.0	100.0		6.46	6.47	0.0	0.1	0.1
美元（参考）	2.7	20.4	21.6	28.6	35.0	1.05	1.50	0.0	0.0	0.0
欧元	3.1	23.4	34.4	29.8	28.0	2.33	1.88	0.1	3.1	3.2
日元	1.2	9.1	37.0	34.5	5.0	2.45	2.46	－0.2	0.0	－0.2
英镑	3.6	25.0	7.0	7.1	20.0	0.63	0.63	0.0	0.0	0.0
合计			**100.0**	**100.0**		**6.46**	**6.47**	**－0.1**	**3.2**	**3.1**

资料来源：巴克莱资本 POINT。

图表 71—6　　收益率曲线之外的超额业绩分解结果

货币市场	收益率曲线之外的收益		市值权重（%）			超额业绩	
	投资组合	市场基准	投资组合	市场基准	超配权重	本地市场资产分配	本地市场投资管理
美元	−2.0	0.5	21.6	28.6	−7.0	1.6	−1.0
欧元	40.5	67.9	34.4	29.8	4.6	2.3	−9.8
日元	6.3	4.7	37.0	34.5	2.5	−0.5	0.8
英镑	2.0	7.5	7.0	7.1	−0.1	0.0	−0.3
合计	**16.0**	**22.5**	**100.0**	**100.0**	**0.0**	**3.4**	**−10.3**

资料来源：巴克莱资本 POINT。

71.2　衍生工具和杠杆

衍生工具在资产对冲以及交易策略中使用非常广泛。它们的支付情况和标的证券的价值变动联系在一起，它们的市值也通常和风险因子的实际敞口大小无关。在本节，我们将讨论含有衍生工具的业绩贡献度模型，以此来保持业绩贡献度分析结果的固有特性。

□ 收益率和收益率计算基础

衍生工具的收益率一般情况下很难度量。衍生合约的市值与它的名义本金敞口相比通常非常小（有时为0），并且标准定义下的收益率（损益除以市值）可能是一个非常大的数值（甚至是无穷大）。例如，衍生工具的市值管理实行的是每日盯市，比如国债期货，如果在日度结算时市值为0，那么理论上就产生了无限大的收益率。为了理解每单位衍生工具损益的定义，我们寻找一个分母，用其来表示实际头寸的大小。我们称其为收益率计算基础或者简单地称为计算基础。我们应当对每种类型的利率衍生工具定义合适的收益率计算基础。在通常情况下，收益率计算基础等于衍生工具的名义本金，当然有时候也会采用债券等价的方法给出收益率计算基础的特殊定义。

为了解释后面章节衍生工具的复杂性，在此不使用多期收益率复利计算的标准方法。考虑下面关于单期和多期收益率的定义，PL_t 和 R_t 是期限（$t-1$，t）内的损益和收益率。那么投资组合的收益率定义如下：

$$R_t = \frac{PL_t}{MV_{t-1}}$$

多期收益率为：

$$R = \left(\prod_{t=1}^{T}(1+R_t)\right) - 1$$

通过将衍生工具市值作为收益率的计算基础并且以此来进行复利计算，我们得到了

市值在时刻 $t=0$ 和 $t=T$ 之间的关系，并且得到了期限（0，T）内的收益。[4]

$$MV_T = MV_0(1+R)$$

如果将计算收益率的基础改为不是衍生工具市值的一定比例，那么上述得到的这些结果都将发生改变。当收益率特别大时更加明显。考虑一个极端的例子：一个期货合约每日进行盯市估值，在日度结算时的市值为 0。那么此时计算收益率合理的基础应该是该合约的名义本金。假设该合约的名义本金是 1 000 美元，在两天内，该合约的盯市损益分别为−500 美元和1 000 美元。使用名义本金作为计算收益率的基础，那么这两天的收益率分别为 −50% 和 100%。而使用复利计算法得到的这两天的累计收益率为 0：(1−50%)×(1+100%)−1=0%。显然，这个结果和这两天最终 500 美元的净损益不一致。当使用的收益率计算基础不是衍生工具的市值时，这种情况会经常出现，而当收益率的数值比较小时，这样的影响也相对小一些。为了避免这样和直观上明显不一致的结果，我们应当对衍生工具收益率的复利计算做出适当调整，有些理论超出了本章的范围。

□ 含有衍生工具的投资组合以及行业的收益率

单个衍生工具合约的收益率计算基础我们在上面进行了讨论。然而，大多数投资组合中都既含有现券，也包含衍生工具合约。当我们分析这些投资组合的各部分时，例如按照行业以及信用等级归类的债券，都含有现券和衍生工具合约，此时通常使用市值作为计算收益率和权重的基础。[5] 当然，衍生工具的存在对分析结果带来了一些改变。

我们定义每只债券的杠杆比率为 β_i，计算的基础是该债券的市值。那么每只债券的杠杆权重就是市值权重乘以杠杆比率 $w_i\beta_i$。投资组合的收益率可以写成每只债券无杠杆收益率的杠杆加权之和：

$$R^P = \sum_i \frac{PL_i^P}{MV^P} = \sum_i \frac{MV_i^P}{MV^P}\,\frac{basis_i^P}{MV_i^P}\,\frac{PL_i^P}{basis_i^P} = \sum_i w_i^P \beta_i^P R_i^P$$

尽管这种变形没有改变收益率，但是需要注意到，当投资组合中含有衍生工具时，杠杆权重之和不再为 1。

$$\sum_i w_i\beta_i \neq 1$$

因此，当我们分析每个衍生工具对证券选取超额业绩的贡献时（自上而下分解方法的最后一步，见第 69 章），衍生工具产生了超额业绩的增加项，这来自它们本身隐含的杠杆。下面的例子将介绍这个情况。

案例：衍生工具的杠杆和证券选取超额业绩

考虑一个信用债 A 的子投资组合，超额收益率为 10%，而相关的市场基准组合包含两个等权重的债券，一个是投资组合中的债券 A，另一个是投资组合中的债券 B，收益率为 0。因此市场基准的总收益率为 5%。我们同时假设该子投资组合在整个投资组合中的市值权重为 20%，那么该子投资组合的证券选取超额业绩贡献为：20%×(10%−5%)=1.0%。

具体到债券 A 的证券选取超额业绩贡献为：20%×(100%−50%)×(10%−5%)=0.5%，债券 B 的证券选取超额业绩贡献为：20%×(0%−50%)×(0%−5%)=0.5%。

现在假设投资组合同时做空一只债券 A 的信用违约互换，其收益率计算基础为债券 A 的市值，也就是说，该投资组合持有债券 A 两倍的风险敞口。我们假设信用违约互换是平价的，它的市值为 0，同时它已经获得了 10%的收益率（使用名义本金作为收益率计算基础）。由于该子投资组合的市值不变，但是损益为原来的两倍，因此该子投资组合的收益率为 20%，并且其中的证券选取项为 20%×(20%−5%)=3.0%。注意到债券 A 的市值权重为 100%，同时信用违约互换的权重也为 100%（收益率计算基础为子投资组合的市值）。根据上面讨论的结果，债券 A 和债券 B 的证券选取超额业绩贡献为 0.5%，信用违约互换的证券选取超额业绩贡献为 20%×(100%−0%)×(10%−5%)=1.0%。以上债券加上衍生工具的加总超额业绩贡献为 2%，剩下还有 1%的证券选取超额业绩贡献无法解释。

这部分超额业绩来自子投资组合的杠杆。确实，该子投资组合的债券权重加总为 200%，而市场基准仅为 100%。这产生了一个超额业绩 20%×(200%−100%)×5%=1.0%，这就解释了上面证券选取超额业绩中剩下的 1%。这类似在第 70 章中介绍过的超额收益模型中最高层级风险敞口的相关内容。

通常在投资组合含有衍生工具的情况下，最高层级项可以作为来自子投资组合杠杆部分的超额业绩贡献单独报告，并且归入证券选取项。当然，它也可以作为来自总投资组合层级杠杆部分的超额业绩贡献。

□ 杠杆的一般性框架

杠杆使得投资组合收益率计算以及和市场基准进行比较变得复杂。更进一步，有很多种在投资组合中加杠杆的方式，并且可以在投资组合管理决策结构中的任何一个层级加入杠杆。例如，拆借现金可以用来增加整个投资组合的杠杆，而衍生工具可以用于在投资组合特定行业增加杠杆。后者可以进一步区分成资产分配经理或者行业投资经理的决策。下面，我们从整体上采用第 69 章的理论分析方法来解释杠杆在投资组合中的框架。

我们将杠杆比率的定义进行拓展，然后将其应用到整个投资组合。我们假设一个"融资"后的市值，它和通常情况下的真实市值不一样，可以用于投资组合、子投资组合和单独证券，并且作为计算无杠杆收益的基础。收益计算基础与真实市值的比值称为投资组合的杠杆比率。

$$R^{P}_{leveraged}=\frac{basis^{P}}{MV^{P}}\cdot\frac{PL^{P}}{basis^{P}}=\beta^{P}R^{P}$$

我们同样可以通过定义各个行业杠杆比率的方法来按照行业分解投资组合的收益：

$$R^{P}_{leveraged}=\sum_{s}\frac{PL^{P}_{s}}{MV^{P}}=\sum_{s}\frac{MV^{P}_{s}}{MV^{P}}\cdot\frac{basis^{P}_{s}}{MV^{P}_{s}}\cdot\frac{PL^{P}_{s}}{basis^{P}_{s}}=\sum_{s}w^{P}_{s}\beta^{P}_{s}R^{P}_{s}$$

对市场基准使用同样的方法，总杠杆超额业绩可以表示成杠杆比率和无杠杆收益的函数：

$$R_{leveraged}^{P}-R_{leveraged}^{B}=\beta^{P}R^{P}-\beta^{B}R^{B}=\sum_{s}w_{s}^{P}\beta_{s}^{P}R_{s}^{P}-\sum_{s}w_{s}^{B}\beta_{s}^{B}R_{s}^{B}$$

我们现在将考虑投资组合总超额业绩在资产分配和行业投资之间的不同分解方法。值得注意的是当允许使用杠杆时，基金经理在行业或单只债券分配的风险敞口就没有任何限制。结果就是没有必要将行业收益率与最低资本收益率（参见第 69 章）进行比较来确定来自资产分配决策的业绩贡献。

每个行业基于市值和杠杆的单独分配

在这种情况下，尽管每个行业都存在一个市值分配的预算，但是行业投资经理在行业内可以无限制地使用杠杆。我们将市值分配与每个行业的杠杆分配分开进行考虑。简单的资产分配和行业管理公式可以应用到这种情况。投资组合和市场基准的行业收益在杠杆基础上进行比较。在这种情况下，杠杆决策带来的超额业绩就被融入行业管理项中。特别地，资产分配带来的超额业绩贡献为：

$$\sum_{s}(w_{s}^{P}-w_{s}^{B})\cdot\beta_{s}^{B}R_{s}^{B} \tag{71—22}$$

行业管理带来的超额业绩贡献为：

$$\sum_{s}w_{s}^{P}\cdot(\beta_{s}^{P}R_{s}^{P}-\beta_{s}^{B}R_{s}^{B}) \tag{71—23}$$

行业最高层级风险敞口的分配

此外，杠杆可以由资产分配经理而不是行业投资经理决定。在这种情况下，最高层级风险敞口决定了其下每个行业的无杠杆收益。[6] 同样地，资产分配和行业管理的公式都可以在此应用，但是我们现在需要用最高层级风险敞口来替代相应的市值来作为资产分配的权重。在这种情况下，杠杆决策带来的超额业绩就被融入资产分配项中。资产分配带来的超额业绩贡献为：

$$\sum_{s}(w_{s}^{P}\beta_{s}^{P}-w_{s}^{B}\beta_{s}^{B})\cdot R_{s}^{B} \tag{71—24}$$

而行业管理带来的超额业绩贡献为：

$$\sum_{s}w_{s}^{P}\beta_{s}^{P}\cdot(R_{s}^{P}-R_{s}^{B}) \tag{71—25}$$

总体来看，我们假设杠杆决策可以在投资组合和行业层级进行决定。负责最高层级的基金经理可以在投资组合最高层级（同样对于市场基准）决定杠杆的使用，接下来负责资产分配的基金经理决定从最高层级分配到每个行业的风险敞口。因此，如果投资组合层级的杠杆被确定，那么接下来最高层级分配到每个行业的风险敞口就会受到投资组合杠杆的限制，必须根据确定好的杠杆来进行度量。我们现在需要使用相对的总风险敞口（总风险敞口除以投资组合或者市场基准的杠杆）作为资产分配的权重，而不是绝对的总风险敞口。我们同样需要使用最低资本收益率，因为行业层级的风险敞口已经受到了部分限制。

在这个情景下，投资组合超额业绩的分解含有一些额外项，如下面所示。资产分配带来的超额业绩贡献可以表示为：

$$\beta^P \sum_s \left(\frac{w_s^P \beta_s^P}{\beta^P} - \frac{w_s^B \beta_s^B}{\beta^B}\right) \cdot (R_s^B - R^H) \qquad (71\text{—}26)$$

而行业管理带来的超额业绩贡献为

$$\sum_s w_s^P \beta_s^P \cdot (R_s^P - R_s^B) \qquad (71\text{—}27)$$

最高层级的杠杆为：

$$(\beta^P - \beta^B) \cdot R^H \qquad (71\text{—}28)$$

如果我们没有假设杠杆比率遵从线性加总，即一般情况下 $\beta^P \neq \sum_s w_s^P \beta_s^P$ 且 $\beta^B \neq \sum_s w_s^B \beta_s^B$，那么为了保证超额业绩能够完全分解，我们需要增加一项，可以称为“分散项”。

$$\left(\sum_s w_s^P \beta_s^P - \beta^P \frac{\sum w_s^B \beta_s^B}{\beta^B}\right) \cdot R^H \qquad (71\text{—}29)$$

如果我们假设市场基准不加杠杆，那么分散项变为：

$$\left(\sum_s w_s^P \beta_s^P - \beta^P\right) \cdot R^H$$

更进一步，当杠杆比率遵从线性加总时，该分散项为 0，此时，

$$\beta^P = \sum_s w_s^P \beta_s^P,\ \beta^B = \sum_s w_s^B \beta_s^B$$

然而，也有我们不需要杠杆比率遵从线性加总的时候。例如，假设贝塔值由风险因子定义，那么如果不同行业之间不相关，投资组合的贝塔值可能会比所有行业贝塔值之和要小。这就是我们熟知的风险分散化效应，也是我们为什么给这一项起名分散项的原因。在这种情况下，杠杆产生了风险分散化的作用，此时投资组合收益率和最低资本收益率都是正值。

杠杆的处理方法通常是第 69 章介绍过的自上而下的分解算法，无杠杆收益就是风险因子的收益，杠杆权重就是风险因子的负荷，同时我们假设杠杆比率遵从线性加总（此时就不存在分散项）。这种分析方法同样类似第 70 章介绍的信用价差超额业绩的分解算法。

□ 特定类型衍生工具的处理方法

通常情况下，衍生工具被用于对冲管理特殊类型的风险敞口，并不是一定要参与到一般性的投资组合资产分配和证券选取的管理框架中。我们在本章前半部分已经遇到过

这个问题，并且讨论了将汇率衍生工具作为外汇对冲工具来处理这个问题。同样的情况也会出现在使用利率衍生工具作为对冲工具来集中管理利率风险时。在这两种情况下，我们都需要解释衍生工具带来的不属于原始对冲功能的收益部分，以及由于衍生工具在不同清算日的市值变化产生的隐含现金流。另外，信用衍生工具通常和现券工具一起被用来管理债券行业和发行方的风险敞口，因此它们要参与到投资组合资产分配和证券选取的过程中。我们将根据投资组合不同层级的分析将这些衍生工具产生的不同类型收益单独报告。下面，我们进一步详细讨论不同类型的衍生工具及其常用的处理方法。

汇率衍生工具

外汇远期是常见的外汇对冲工具。在这种情况下，它们的收益和超额业绩贡献应该不能影响本地市场（除去外汇的部分）的超额业绩分析。在本章的开头我们曾经讨论过一个将外汇远期从非外汇市场超额业绩分析中剔除的简单方法。然而，从本地市场超额业绩分析中剔除外汇对冲的部分会带来两种影响：（1）外汇对冲的非汇率收益需要进行报告。这些收益在市场发生危机时或者对冲工具期限较长时会非常显著。（2）由于外汇对冲不是每日进行的，所以衍生工具累积的市值将会对投资组合产生影响。如果市值为正，将会带来现金流的分配；如果市值为负，将会带来杠杆效应。这种被称为“外汇对冲产生的现金流”的影响会对投资组合的超额业绩产生贡献，并且需要被单独进行报告。

利率衍生工具

对冲利率风险因子敞口的利率衍生工具通常在核心利率头寸确定后被投资组合持有。这些利率衍生工具，例如国债期货和利率互换，通常会影响投资组合的收益率曲线收益，但对收益率曲线以外的收益部分影响不大。通常情况下，它们仅用于投资组合中收益率曲线的业绩贡献度模型（超额收益模型在第 70 章讨论过）。在这些模型中，利率衍生工具只贡献收益率曲线的超额业绩，而且在资产分配的超额业绩分解过程中需要被剔除。两个除了使用利率衍生工具之外其他方面都一样的投资组合应该具有相同的资产分配和证券选取收益。

和汇率对冲的情况类似，从资产分配和证券选取的超额业绩分析中剔除利率衍生工具也会在利率衍生工具市值不为 0 时产生现金流的影响。确实，正的衍生工具市值会产生隐含的现金流分配，而负的衍生工具市值会产生隐含的拆借资金效应，也就是杠杆效应。另外，场内交易的衍生工具可能会产生不能由相应的收益率风险敞口解释的收益。例如，国债期货的交易价格通常与它们的真实价值有价差。这些价差变化带来的收益就无法用利率变动进行解释。然而，这些收益应该被解释和报告成由利率对冲产生的收益。

信用衍生工具

与汇率和利率衍生工具不同，信用违约互换（CDS）、信用指数违约互换（CDX 或 iTraxx）以及总收益互换（TRS）主要被用于对冲管理非收益率曲线风险因子的敞口。通常情况下，这些信用衍生工具参与到投资组合资产分配和证券选取的超额业绩分解过程中。单只债券发行方的信用违约互换具有很小的利率风险敞口，因此对收益率曲线的超额业绩影响很小，但是它们主要的风险敞口在于债券发行方的信用风险。信用违约互换的表现应该与它们相应的债券发行方的情况联系在一起。同样，信用违约互换的收益也应该包含在投资组合资产分配和证券选取的超额业绩分解中，以保证权重和收益正确，反映投资组合每个部分的真实信用风险敞口。信用衍生工具收益率的计算基础不是它们的市值。因此，和之前讨论的一样，它们产生了部分杠杆效应。

71.3 学以致用

为了满足实际需要，业绩贡献度模型应该能够应对投资组合日度管理过程中的不同特殊情形。这些情形包括债券价格或债券理论价格的缺失、质量不高的价格或分析、投资期内的交易、清算惯例的不同、投资组合和市场基准定价的不透明等。下面，我们将讨论这些情形。

□ 收益和超额业绩的复利计算[7]

多期总收益率由单期收益率的乘积复利计算得到：

$$R=\left(\prod_{t=1}^{T}(1+R_t)\right)-1$$

如同第 69 章讨论的一样，业绩贡献度模型一开始就将单期总收益分解成不同风险因子的贡献 $R_t=\sum_{k}\alpha_{k,t}f_{k,t}$ ，这会产生如何将分解的收益进行复利计算，以保证分解的收益经复利计算后的加总等于经复利计算后的总收益。这对于保持业绩贡献度模型的可加性和完备性非常重要。

一个解决的办法如下：我们定义 $\widehat{R}_k$ 为风险因子的多期复利收益。令 $\widehat{R}_k$ 等于单期风险因子收益 $f_{k,t}$ 按照每个投资期期初经复利计算的投资组合市值为权重的加权求和：

$$\widehat{R}_k=\sum_{t=1}^{T}\alpha_{k,t}f_{k,t}\prod_{s=1}^{t-1}(1+R_s),\ 其中\prod_{s=1}^{0}(1+R_s)=1 \tag{71—30}$$

这里保证了多期收益分解的可加性，$R=\sum_{k}\widehat{R}_k$。这 个分解算法非常简洁，并且具备可加性和完备性，但是否也满足公平性？

考虑一个只有两个风险因子和两个投资期的简单例子。我们假设每个风险因子贡献 20％的收益，但是风险因子 A 所有的 20％的收益都是在第一个投资期贡献的，它在第二个投资期的收益为 0，而风险因子 B 在第一个投资期的收益为 0，所有的 20％的收益都是在第二个投资期贡献的。因此投资组合的总收益为 （1＋20％）×（1＋20％）－1＝44％。根据上面的算法，风险因子 A 的收益贡献没有用市值进行加权，因为它发生在第一个投资期，而风险因子 B 的收益贡献用投资组合在第一个投资期内的市值（1.2）进行加权，因此它的收益贡献变成了 24％。尽管可能会有人认为这样的分解不公平，因为这种算法偏向风险因子B而不是风险因子A，但是第二个风险期的收益贡献受到第一个风险期的影响，因此从投资组合整体来看，这种分解算法在实际中通常被认为满足公平性。

除了总收益和收益分解的复利计算外，任何多期业绩贡献度算法同样需要考虑超额业绩的复利计算。在简单的基于风险因子的业绩贡献度模型中可以应用以下算法：

$$R^P - R^B = \sum_k (\hat{R}_k^P - \hat{R}_k^B)$$

然而，一般业绩贡献度模型需要根据投资组合和市场基准的不同情况将超额业绩在各个层级分解（资产分配或证券选取），那么上述简单的分解就不能满足要求了，需要更为复杂的算法。

由于单期的业绩贡献度模型的分解方法满足完备性、可加性和公平性，因此大多数多期复利算法需要对每个投资期设置系数，以使得调整后的单期超额业绩之和等于多期总超额业绩。[8]

$$R^P - R^B = \sum_t \beta_t (R_t^P - R_t^B)$$

一旦β_t确定下来，它就可以应用到超额业绩贡献的每个组成部分（收益率曲线、资产分配、证券选取等），因为单期业绩贡献都满足可加性和完备性。

实践中一个普遍的方法是最优联系参数法。[9] 这个方法背后的主要思想是寻找能够在大多数情况下避免出现极端值的参数。的确，如果定义得不恰当，系数可能变成0或者非常大的数值，这样会扭曲超额业绩的分解结果并使其不公平。最优联系参数法确定的β_t值如下：

$$A = \frac{(R^P - R^B)/T}{(1+R^P)^{1/T} - (1+R^B)^{1/T}}$$

$$C = \frac{R^P - R^B - A\sum_{t=1}^{T}(R_t^P - R_t^B)}{\sum_{t=1}^{T}(R_t^P - R_t^B)^2}$$

$$\beta_t = A + C(R_t^P - R_t^B)$$

□ 交易过程中的问题

收益和超额业绩的计算需要适应不同类型的交易过程。通常远期清算的债券交易会产生“投资期内”收益，这和“未清算”头寸类似。识别投资期内收益非常重要，因为它不参与之前讨论过的超额业绩分解过程。另外，区分清算过的未清算的头寸也很重要，因为只有清算过的头寸才有利差收益。

日内收益

日度业绩贡献度模型使用交易日结束时的收盘价来复利计算收益和超额业绩。然而，这些模型允许存在以实时价格成交的日内交易，这就和以收盘价计算交易债券的日度收益有所区别。模型的这种灵活性保证了投资组合的收益（包括实时交易中的收益）都可以被明确反映出来。交易价格与收盘价格的差应该作为“交易”收益单独报告。更进一步，不能由交易日结束时投资组合的数据所体现的日内交易过程中产生的收益，同样应该被单独解释并被报告成“日内交易”超额业绩。

未清算的头寸

大多数债券交易都是远期清算，现金和债券都是在未来的工作日进行互换。例如公司债券在交易后第三个工作日（$T+3$）进行清算，而大多数政府债券在交易后第一个工作日（$T+1$）进行清算。某些抵押贷款支持证券（TBA）具有特殊的清算规则，它们一个月才清算一次。一个综合业绩贡献度模型应当允许交易在任何一个远期工作日清算。

债券的买方在交易后会立刻面对债券价格的波动，但是他们在清算日前不会获得债券的息票收益（更准确的是，债券的时间收益 r^{carry}）。相反，他们却可以继续获得在清算日支付现金的利息收益 r^{cash}。因此，投资组合未清算的债券会获得收益 $r^{cash}+r^{price}$，而同样的债券清算后获得的收益就变成 $r^{yield}+r^{price}$。收益 $(r^{cash}-r^{yield})\cdot\Delta t$ 是需要解释的真实存在的超额业绩（通常是负的），其中 Δt 为从交易到清算的时间。相反，当投资组合卖出债券时，它在清算日前债券被买方实际拿到之前获得债券的收益（而不是现金收益）。这些对超额业绩的影响需要在模型中有所体现并且在每个模型中被报告为利差贡献的超额业绩。

□ 数据处理不连续或者数据缺失

用于计算市场基准收益率的债券价格数据可能会随着投资组合基金经理估值方式的不同而不同。[10] 对于任何超额业绩的分解算法，债券价格数据都非常重要，并且要确保相同债券的收益率保持连续性。在大多数情况下，基金经理会使用他们自己的价格数据来计算投资组合的收益率。我们通常使用默认的投资组合收益率数据。然而，由于计算市场基准的收益率通常需要使用连续的公开数据，因此业绩贡献度模型需要将在定价过程中由数据差异带来的超额业绩贡献单独报告。

当业绩贡献度计算期内发生数据缺失的情况时，模型可以选择将该债券从分析中完全剔除或者在数据缺失合理的情况下将价格数据推算出来。在数据缺失的期限内，模型可以依据最近交易日的分析变量和市场变动推算出价格数据，用来计算日度的超额业绩。这种方法在价格数据在期初和期末都存在时特别适用，这样就可以得到该期限内相对准确的业绩贡献结果。

71.4 关键知识点

- 多币种投资组合增加了投资组合管理层级的复杂性。业绩贡献度模型需要在全球资产层级将总超额业绩分解成来自外汇资产分配、本地市场资产分配以及本地市场投资管理的贡献。
- 准确地将来自实际外汇头寸的业绩与来自外汇对冲的业绩区分开非常复杂，但对于任何多币种投资组合都特别重要。

• 基于风险因子的本地市场资产分配，例如基于久期的全球收益率曲线资产分配，可以比使用本地市场市值作为权重的资产分配更好地量化某一特定本地市场持有的风险和收益。

• 衍生工具改变了收益率定义的计算基础。需要对衍生工具使用特殊的处理方法来保持业绩贡献度分析结果的固有属性。

• 收益率和超额业绩的复利计算非常重要，因为需要对任何多期业绩贡献保持可加性和完备性。

• 一个完整的业绩贡献度模型需要能够处理日内交易、未清算头寸以及价格的缺失和不连续。

【注释】

[1] 该公式只适用于没有杠杆的全资证券。当杠杆存在时，例如衍生品，它需要进行适当调整。

[2] Brian D. Singer, and Denis S. Karnosky, "The General Framework for Global Investment Management and Performance Attribution," *Journal of Portfolio Management* (Winter 1995), pp. 84 - 92.

[3] 该期欧元存款利率为 0.3%。因此月度超过存款利息的利差收益为 (3.1%−0.3%)/12。

[4] 我们假设投资组合没有显著的现金流。如果现金流确实存在，上面的公式不成立。更多细节可参见第 71 章关于时间加权和市值加权的讨论。

[5] 在以净（或总）市值为基础的前提下，总市值在分析高杠杆或者多空策略基金的收益时也可以用来作为整个投资组合的分母。

[6] 这里总风险敞口定义为市值乘以杠杆。

[7] 关于多期业绩贡献和复利计算的介绍参见第 69 章。

[8] 这种多期业绩贡献度的算法是目前业绩贡献度研究领域有争议的议题。在 2001 年秋季的《业绩度量杂志》中有详细讨论。

[9] Jose Menchero, "An Optimized Approach to Linking Attribution Effects over Time," *Journal of Performance Measurement* (Fall 2000), pp. 36 - 42.

[10] 通常不用于流动性不好的债券。

经济科学译丛

序号	书名	作者	Author	单价	出版年份	ISBN
1	税收经济学(第二版)	伯纳德·萨拉尼耶	Bernard Salanié	42.00	2018	978-7-300-23866-1
2	公司治理(第五版)	罗伯特·A.G.蒙克斯	Robert A. G. Monks	69.80	2017	978-7-300-24972-8
3	国际经济学(第15版)	罗伯特·J.凯伯	Robert J. Carbaugh	78.00	2017	978-7-300-24844-8
4	经济理论和方法史(第五版)	小罗伯特·B.埃克伦德等	Robert B. Ekelund. Jr.	88.00	2017	978-7-300-22497-8
5	经济地理学	威廉·P.安德森	William P. Anderson	59.80	2017	978-7-300-24544-7
6	博弈与信息:博弈论概论(第四版)	艾里克·拉斯穆森	Eric Rasmusen	79.80	2017	978-7-300-24546-1
7	MBA宏观经济学	莫里斯·A.戴维斯	Morris A. Davis	38.00	2017	978-7-300-24268-2
8	经济学基础(第十六版)	弗兰克·V.马斯切纳	Frank V. Mastrianna	42.00	2017	978-7-300-22607-1
9	高级微观经济学:选择与竞争性市场	戴维·M.克雷普斯	David M. Kreps	79.80	2017	978-7-300-23674-2
10	博弈论与机制设计	Y.内拉哈里	Y. Narahari	69.80	2017	978-7-300-24209-5
11	宏观经济学精要:理解新闻中的经济学(第三版)	彼得·肯尼迪	Peter Kennedy	45.00	2017	978-7-300-21617-1
12	宏观经济学(第十二版)	鲁迪格·多恩布什等	Rudiger Dornbusch	69.00	2017	978-7-300-23772-5
13	国际金融与开放宏观经济学:理论、历史与政策	亨德里克·范登伯格	Hendrik Van den Berg	68.00	2016	978-7-300-23380-2
14	经济学(微观部分)	达龙·阿西莫格鲁等	Daron Acemoglu	59.00	2016	978-7-300-21786-4
15	经济学(宏观部分)	达龙·阿西莫格鲁等	Daron Acemoglu	45.00	2016	978-7-300-21886-1
16	发展经济学	热若尔·罗兰	Gérard Roland	79.00	2016	978-7-300-23379-6
17	中级微观经济学——直觉思维与数理方法(上下册)	托马斯·J·内契巴	Thomas J. Nechyba	128.00	2016	978-7-300-22363-6
18	环境与自然资源经济学(第十版)	汤姆·蒂坦伯格等	Tom Tietenberg	72.00	2016	978-7-300-22900-3
19	劳动经济学基础(第二版)	托马斯·海克拉克等	Thomas Hyclak	65.00	2016	978-7-300-23146-4
20	货币金融学(第十一版)	弗雷德里克·S·米什金	Frederic S. Mishkin	85.00	2016	978-7-300-23001-6
21	动态优化——经济学和管理学中的变分法和最优控制(第二版)	莫顿·I·凯曼等	Morton I. Kamien	48.00	2016	978-7-300-23167-9
22	用Excel学习中级微观经济学	温贝托·巴雷托	Humberto Barreto	65.00	2016	978-7-300-21628-7
23	宏观经济学(第九版)	N·格里高利·曼昆	N. Gregory Mankiw	72.00	2016	978-7-300-23038-2
24	国际经济学:理论与政策(第十版)	保罗·R·克鲁格曼等	Paul R. Krugman	89.00	2016	978-7-300-22710-8
25	国际金融(第十版)	保罗·R·克鲁格曼等	Paul R. Krugman	55.00	2016	978-7-300-22089-5
26	国际贸易(第十版)	保罗·R·克鲁格曼等	Paul R. Krugman	42.00	2016	978-7-300-22088-8
27	经济学精要(第3版)	斯坦利·L·布鲁伊等	Stanley L. Brue	58.00	2016	978-7-300-22301-8
28	经济分析史(第七版)	英格里德·H·里马	Ingrid H. Rima	72.00	2016	978-7-300-22294-3
29	投资学精要(第九版)	兹维·博迪等	Zvi Bodie	108.00	2016	978-7-300-22236-3
30	环境经济学(第二版)	查尔斯·D·科尔斯塔德	Charles D. Kolstad	68.00	2016	978-7-300-22255-4
31	MWG《微观经济理论》习题解答	原千晶等	Chiaki Hara	75.00	2016	978-7-300-22306-3
32	现代战略分析(第七版)	罗伯特·M·格兰特	Robert M. Grant	68.00	2016	978-7-300-17123-4
33	横截面与面板数据的计量经济分析(第二版)	杰弗里·M·伍德里奇	Jeffrey M. Wooldridge	128.00	2016	978-7-300-21938-7
34	宏观经济学(第十二版)	罗伯特·J·戈登	Robert J. Gordon	75.00	2016	978-7-300-21978-3
35	动态最优化基础	蒋中一	Alpha C. Chiang	42.00	2015	978-7-300-22068-0
36	城市经济学	布伦丹·奥弗莱厄蒂	Brendan O'Flaherty	69.80	2015	978-7-300-22067-3
37	管理经济学:理论、应用与案例(第八版)	布鲁斯·艾伦等	Bruce Allen	79.80	2015	978-7-300-21991-2
38	经济政策:理论与实践	阿格尼丝·贝纳西-奎里等	Agnès Bénassy-Quéré	79.80	2015	978-7-300-21921-9
39	微观经济分析(第三版)	哈尔·R·范里安	Hal R. Varian	68.00	2015	978-7-300-21536-5
40	财政学(第十版)	哈维·S·罗森等	Harvey S. Rosen	68.00	2015	978-7-300-21754-3
41	经济数学(第三版)	迈克尔·霍伊等	Michael Hoy	88.00	2015	978-7-300-21674-4
42	发展经济学(第九版)	A.P.瑟尔沃	A. P. Thirlwall	69.80	2015	978-7-300-21193-0
43	宏观经济学(第五版)	斯蒂芬·D·威廉森	Stephen D. Williamson	69.00	2015	978-7-300-21169-5
44	资源经济学(第三版)	约翰·C·伯格斯特罗姆等	John C. Bergstrom	58.00	2015	978-7-300-20742-1
45	应用中级宏观经济学	凯文·D·胡佛	Kevin D. Hoover	78.00	2015	978-7-300-21000-1
46	计量经济学导论:现代观点(第五版)	杰弗里·M·伍德里奇	Jeffrey M. Wooldridge	99.00	2015	978-7-300-20815-2
47	现代时间序列分析导论(第二版)	约根·沃特斯等	Jürgen Wolters	39.80	2015	978-7-300-20625-7
48	空间计量经济学——从横截面数据到空间面板	J·保罗·埃尔霍斯特	J. Paul Elhorst	32.00	2015	978-7-300-21024-7
49	国际经济学原理	肯尼思·A·赖纳特	Kenneth A. Reinert	58.00	2015	978-7-300-20830-5
50	经济写作(第二版)	迪尔德丽·N·麦克洛斯基	Deirdre N. McCloskey	39.80	2015	978-7-300-20914-2
51	计量经济学方法与应用(第五版)	巴蒂·H·巴尔塔基	Badi H. Baltagi	58.00	2015	978-7-300-20584-7
52	战略经济学(第五版)	戴维·贝赞可等	David Besanko	78.00	2015	978-7-300-20679-0
53	博弈论导论	史蒂文·泰迪里斯	Steven Tadelis	58.00	2015	978-7-300-19993-1

经济科学译丛						
序号	书名	作者	Author	单价	出版年份	ISBN
54	社会问题经济学(第二十版)	安塞尔·M·夏普等	Ansel M. Sharp	49.00	2015	978-7-300-20279-2
55	博弈论:矛盾冲突分析	罗杰·B·迈尔森	Roger B. Myerson	58.00	2015	978-7-300-20212-9
56	时间序列分析	詹姆斯·D·汉密尔顿	James D. Hamilton	118.00	2015	978-7-300-20213-6
57	经济问题与政策(第五版)	杰奎琳·默里·布鲁克斯	Jacqueline Murray Brux	58.00	2014	978-7-300-17799-1
58	微观经济理论	安德鲁·马斯-克莱尔等	Andreu Mas-Collel	148.00	2014	978-7-300-19986-3
59	产业组织:理论与实践(第四版)	唐·E·瓦尔德曼等	Don E. Waldman	75.00	2014	978-7-300-19722-7
60	公司金融理论	让·梯若尔	Jean Tirole	128.00	2014	978-7-300-20178-8
61	经济学精要(第三版)	R·格伦·哈伯德等	R. Glenn Hubbard	85.00	2014	978-7-300-19362-5
62	公共部门经济学	理查德·W·特里西	Richard W. Tresch	49.00	2014	978-7-300-18442-5
63	计量经济学原理(第六版)	彼得·肯尼迪	Peter Kennedy	69.80	2014	978-7-300-19342-7
64	统计学:在经济中的应用	玛格丽特·刘易斯	Margaret Lewis	45.00	2014	978-7-300-19082-2
65	产业组织:现代理论与实践(第四版)	林恩·佩波尔等	Lynne Pepall	88.00	2014	978-7-300-19166-9
66	计量经济学导论(第三版)	詹姆斯·H·斯托克等	James H. Stock	69.00	2014	978-7-300-18467-8
67	发展经济学导论(第四版)	秋山裕	秋山裕	39.80	2014	978-7-300-19127-0
68	中级微观经济学(第六版)	杰弗里·M·佩罗夫	Jeffrey M. Perloff	89.00	2014	978-7-300-18441-8
69	平狄克《微观经济学》(第八版)学习指导	乔纳森·汉密尔顿等	Jonathan Hamilton	32.00	2014	978-7-300-18970-3
70	微观经济学(第八版)	罗伯特·S·平狄克等	Robert S. Pindyck	79.00	2013	978-7-300-17133-3
71	微观银行经济学(第二版)	哈维尔·弗雷克斯等	Xavier Freixas	48.00	2014	978-7-300-18940-6
72	施米托夫论出口贸易——国际贸易法律与实务(第11版)	克利夫·M·施米托夫等	Clive M. Schmitthoff	168.00	2014	978-7-300-18425-8
73	微观经济学思维	玛莎·L·奥尔尼	Martha L. Olney	29.80	2013	978-7-300-17280-4
74	宏观经济学思维	玛莎·L·奥尔尼	Martha L. Olney	39.80	2013	978-7-300-17279-8
75	计量经济学原理与实践	达摩达尔·N·古扎拉蒂	Damodar N. Gujarati	49.80	2013	978-7-300-18169-1
76	现代战略分析案例集	罗伯特·M·格兰特	Robert M. Grant	48.00	2013	978-7-300-16038-2
77	高级国际贸易:理论与实证	罗伯特·C·芬斯特拉	Robert C. Feenstra	59.00	2013	978-7-300-17157-9
78	经济学简史——处理沉闷科学的巧妙方法(第二版)	E·雷·坎特伯里	E. Ray Canterbery	58.00	2013	978-7-300-17571-3
79	管理经济学(第四版)	方博亮等	Ivan Png	80.00	2013	978-7-300-17000-8
80	微观经济学原理(第五版)	巴德、帕金	Bade, Parkin	65.00	2013	978-7-300-16930-9
81	宏观经济学原理(第五版)	巴德、帕金	Bade, Parkin	63.00	2013	978-7-300-16929-3
82	环境经济学	彼得·伯克等	Peter Berck	55.00	2013	978-7-300-16538-7
83	高级微观经济理论	杰弗里·杰里	Geoffrey A. Jehle	69.00	2012	978-7-300-16613-1
84	多恩布什《宏观经济学(第十版)》学习指导	鲁迪格·多恩布什等	Rudiger Dornbusch	29.00	2012	978-7-300-16030-6
85	高级宏观经济学导论:增长与经济周期(第二版)	彼得·伯奇·索伦森等	Peter Birch Sørensen	95.00	2012	978-7-300-15871-6
86	宏观经济学:政策与实践	弗雷德里克·S·米什金	Frederic S. Mishkin	69.00	2012	978-7-300-16443-4
87	宏观经济学(第二版)	保罗·克鲁格曼	Paul Krugman	45.00	2012	978-7-300-15029-1
88	微观经济学(第二版)	保罗·克鲁格曼	Paul Krugman	69.80	2012	978-7-300-14835-9
89	克鲁格曼《微观经济学(第二版)》学习手册	伊丽莎白·索耶·凯利	Elizabeth Sawyer Kelly	58.00	2013	978-7-300-17002-2
90	克鲁格曼《宏观经济学(第二版)》学习手册	伊丽莎白·索耶·凯利	Elizabeth Sawyer Kelly	36.00	2013	978-7-300-17024-4
91	微观经济学(第十一版)	埃德温·曼斯费尔德	Edwin Mansfield	88.00	2012	978-7-300-15050-5
92	国际宏观经济学	罗伯特·C·芬斯特拉等	Feenstra, Taylor	64.00	2011	978-7-300-14795-6
93	卫生经济学(第六版)	舍曼·富兰德等	Sherman Folland	79.00	2011	978-7-300-14645-4
94	宏观经济学(第七版)	安德鲁·B·亚伯等	Andrew B. Abel	78.00	2011	978-7-300-14223-4
95	现代劳动经济学:理论与公共政策(第十版)	罗纳德·G·伊兰伯格等	Ronald G. Ehrenberg	69.00	2011	978-7-300-14482-5
96	宏观经济学(第七版)	N·格里高利·曼昆	N. Gregory Mankiw	65.00	2011	978-7-300-14018-6
97	宏观经济学:理论与政策(第九版)	理查德·T·弗罗恩	Richard T. Froyen	55.00	2011	978-7-300-14108-4
98	经济学原理(第四版)	威廉·博伊斯等	William Boyes	59.00	2011	978-7-300-13518-2
99	计量经济学基础(第五版)(上下册)	达摩达尔·N·古扎拉蒂	Damodar N. Gujarati	99.00	2011	978-7-300-13693-6
100	《计量经济学基础》(第五版)学生习题解答手册	达摩达尔·N·古扎拉蒂等	Damodar N. Gujarati	23.00	2012	978-7-300-15080-8
101	计量经济分析(第六版)(上下册)	威廉·H·格林	William H. Greene	128.00	2011	978-7-300-12779-8
102	国际贸易	罗伯特·C· 芬斯特拉等	Robert C. Feenstra	49.00	2011	978-7-300-13704-9
103	经济增长(第二版)	戴维·N·韦尔	David N. Weil	63.00	2011	978-7-300-12778-1

经济科学译丛

序号	书名	作者	Author	单价	出版年份	ISBN
104	投资科学	戴维·G·卢恩伯格	David G. Luenberger	58.00	2011	978-7-300-14747-5
105	宏观经济学(第十版)	鲁迪格·多恩布什等	Rudiger Dornbusch	60.00	2010	978-7-300-11528-3
106	金融学(第二版)	兹维·博迪等	Zvi Bodie	59.00	2010	978-7-300-11134-6
107	博弈论	朱·弗登博格等	Drew Fudenberg	68.00	2010	978-7-300-11785-0

金融学译丛

序号	书名	作者	Author	单价	出版年份	ISBN
1	固定收益证券手册(第八版)	弗兰克·J.法博齐	Frank J. Fabozzi	228.00	2017	978-7-300-24227-9
2	金融市场与金融机构(第8版)	弗雷德里克·S.米什金等	Frederic S. Mishkin	86.00	2017	978-7-300-24731-1
3	兼并、收购和公司重组(第六版)	帕特里克·A.高根	Patrick A. Gaughan	79.00	2017	978-7-300-24231-6
4	债券市场:分析与策略(第九版)	弗兰克·J·法博齐	Frank J. Fabozzi	98.00	2016	978-7-300-23495-3
5	财务报表分析(第四版)	马丁·弗里德森	Martin Fridson	46.00	2016	978-7-300-23037-5
6	国际金融学	约瑟夫·P·丹尼尔斯等	Joseph P. Daniels	65.00	2016	978-7-300-23037-1
7	国际金融	阿德里安·巴克利	Adrian Buckley	88.00	2016	978-7-300-22668-2
8	个人理财(第六版)	阿瑟·J·基翁	Arthur J. Keown	85.00	2016	978-7-300-22711-5
9	投资学基础(第三版)	戈登·J·亚历山大等	Gordon J. Alexander	79.00	2015	978-7-300-20274-7
10	金融风险管理(第二版)	彼德·F·克里斯托弗森	Peter F. Christoffersen	46.00	2015	978-7-300-21210-4
11	风险管理与保险管理(第十二版)	乔治·E·瑞达等	George E. Rejda	95.00	2015	978-7-300-21486-3
12	个人理财(第五版)	杰夫·马杜拉	Jeff Madura	69.00	2015	978-7-300-20583-0
13	企业价值评估	罗伯特·A·G·蒙克斯等	Robert A. G. Monks	58.00	2015	978-7-300-20582-3
14	基于Excel的金融学原理(第二版)	西蒙·本尼卡	Simon Benninga	79.00	2014	978-7-300-18899-7
15	金融工程学原理(第二版)	萨利赫·N·内夫特奇	Salih N. Neftci	88.00	2014	978-7-300-19348-9
16	投资学导论(第十版)	赫伯特·B·梅奥	Herbert B. Mayo	69.00	2014	978-7-300-18971-0
17	国际金融市场导论(第六版)	斯蒂芬·瓦尔德斯等	Stephen Valdez	59.80	2014	978-7-300-18896-6
18	金融数学:金融工程引论(第二版)	马雷克·凯宾斯基等	Marek Capinski	42.00	2014	978-7-300-17650-5
19	财务管理(第二版)	雷蒙德·布鲁克斯	Raymond Brooks	69.00	2014	978-7-300-19085-3
20	期货与期权市场导论(第七版)	约翰·C·赫尔	John C. Hull	69.00	2014	978-7-300-18994-2
21	国际金融:理论与实务	皮特·塞尔居	Piet Sercu	88.00	2014	978-7-300-18413-5
22	货币、银行和金融体系	R·格伦·哈伯德等	R. Glenn Hubbard	75.00	2013	978-7-300-17856-1
23	并购创造价值(第二版)	萨德·苏达斯纳	Sudi Sudarsanam	89.00	2013	978-7-300-17473-0
24	个人理财——理财技能培养方法(第三版)	杰克·R·卡普尔等	Jack R. Kapoor	66.00	2013	978-7-300-16687-2
25	国际财务管理	吉尔特·贝克特	Geert Bekaert	95.00	2012	978-7-300-16031-3
26	金融理论与公司政策(第四版)	托马斯·科普兰等	Thomas Copeland	69.00	2012	978-7-300-15822-8
27	应用公司财务(第三版)	阿斯沃思·达摩达兰	Aswath Damodaran	88.00	2012	978-7-300-16034-4
28	资本市场:机构与工具(第四版)	弗兰克·J·法博齐	Frank J. Fabozzi	85.00	2011	978-7-300-13828-2
29	衍生品市场(第二版)	罗伯特·L·麦克唐纳	Robert L. McDonald	98.00	2011	978-7-300-13130-6
30	跨国金融原理(第三版)	迈克尔·H·莫菲特等	Michael H. Moffett	78.00	2011	978-7-300-12781-1
31	统计与金融	戴维·鲁珀特	David Ruppert	48.00	2010	978-7-300-11547-4
32	国际投资(第六版)	布鲁诺·索尔尼克等	Bruno Solnik	62.00	2010	978-7-300-11289-3

Fabozzi, Frank J.
The Handbook of Fixed Income Securities, 8e
0071768467

北京市版权局著作权合同登记号：01-2016-6037

图书在版编目(CIP)数据

固定收益证券手册：第八版/（美）弗兰克·J. 法博齐（Frank J. Fabozzi）编著；范舟等译. —北京：中国人民大学出版社，2018.1
（金融学译丛）
书名原文：The Handbook of Fixed Income Securities（Eighth Edition）
ISBN 978-7-300-24227-9

Ⅰ.①固… Ⅱ.①弗… ②范… Ⅲ.①证券投资—手册 Ⅳ.①F830.91-62

中国版本图书馆 CIP 数据核字（2017）第 041225 号

金融学译丛
固定收益证券手册（第八版）
弗兰克·J. 法博齐 编著
范 舟 王新荣 胡东屿 王 博 周从意 房 悦 孙尚惠 等译
Guding Shouyi Zhengquan Shouce

出版发行	中国人民大学出版社		
社　　址	北京中关村大街 31 号	**邮政编码**	100080
电　　话	010-62511242（总编室）		010-62511770（质管部）
	010-82501766（邮购部）		010-62514148（门市部）
	010-62515195（发行公司）		010-62515275（盗版举报）
网　　址	http://www.crup.com.cn		
经　　销	新华书店		
印　　刷	涿州市星河印刷有限公司		
开　　本	787 mm×1092 mm 1/16	**版　　次**	2018 年 1 月第 1 版
印　　张	89.25 插页 2	**印　　次**	2024 年 7 月第 3 次印刷
字　　数	2 002 000	**定　　价**	228.00 元

教师反馈表

麦格劳-希尔教育集团（McGraw-Hill Education）是全球领先的教育资源与数字化解决方案提供商。为了更好地提供教学服务，提升教学质量，麦格劳-希尔教师服务中心于 2003 年在京成立。在您确认将本书作为指定教材后，请填好以下表格并经系主任签字盖章后返回我们（或联系我们索要电子版），我们将免费向您提供相应的教学辅助资源。如果您需要订购或参阅本书的英文原版，我们也将竭诚为您服务。

★ 基本信息					
姓		名		性别	
学校		院系			
职称		职务			
办公电话		家庭电话			
手机		电子邮箱			
通信地址及邮编					

★ 课程信息					
主讲课程-1		课程性质		学生年级	
学生人数		授课语言		学时数	
开课日期		学期数		教材决策者	
教材名称、作者、出版社					

★ 教师需求及建议			
提供配套教学课件（请注明作者 / 书名 / 版次）			
推荐教材（请注明感兴趣领域或相关信息）			
其他需求			
意见和建议（图书和服务）			
是否需要最新图书信息	是、否	系主任签字/盖章	
是否有翻译意愿	是、否		

教师服务热线：800-810-1936

教师服务信箱：instructorchina@mheducation.com

网址: www.mheducation.com

麦格劳-希尔教育教师服务中心

地址：北京市东城区北三环东路 36 号环球贸易中心 A 座 702 室 教师服务中心 100013

电话：010-57997600

传真：010 59575582